《尚書》為先秦儒家兩部主要經典之一，起釘弱冠承王先謙先生入室弟子先祖吟古公授讀，及長承恩師顧頡剛先生教導。謹積其所學，歷時三十餘年（1963—1999），備經交困以撰成此書。為紀念師恩，特以與先師合著名義發表，以就正於方家。

尚書校釋譯論

顧頡剛 劉起釪 著

第 一 冊

中 華 書 局

圖書在版編目(CIP)數據

尚書校釋譯論/顧頡剛,劉起釪著.—北京:中華書局,
2005.4(2025.2 重印)
ISBN 978-7-101-02425-8

Ⅰ.尚…　Ⅱ.①顧…②劉…　Ⅲ.尚書-注釋
Ⅳ.K221.04

中國版本圖書館 CIP 數據核字(2000)第 12037 號

封面題簽:顧頡剛
特約編輯:張忱石　汪聖鐸　王景桐
責任編輯:胡　珂
封面設計:劉　麗
責任印製:管　斌

尚書校釋譯論

顧頡剛 劉起釪 著

（全四冊）

*

中 華 書 局 出 版 發 行

(北京市豐臺區太平橋西里 38 號　100073)

http://www.zhbc.com.cn

E-mail:zhbc@zhbc.com.cn

北京建宏印刷有限公司印刷

*

850×1168 毫米 1/32 · 70¾印張 · 8插頁 · 1420 千字
2005 年 4 月第 1 版　　2025 年 2 月第 8 次印刷
印數:9901-10500 冊　　定價:248.00 元

ISBN 978-7-101-02425-8

目　錄

第 四 册

92.12.20—98.1.19 为定单陶谟(白)校对
98.2.4—4.15 多定 （白写初稿）
4.20—430 改、一个校 补校
1997.12.20—98.1.19 《定皋陶谟注译》算定稿
98.1.20—23 改定它18校，挂封元裕
1.28—30 改初稿
1.31—2.3 改定
98.2.4—2.9
2.20—2.28
3.5—3.20
3.21—4.18
4.28—一校
4.22—430
郑州 93785号

			皋陶謨				

《皋陶謨》所屬為先秦已存在的古書篇，先秦文獻中經初步查考後現定共被稱引3次。為西漢伏生傳《今文尚書》28篇的第2篇，亦為傳入秘府的後得《古文尚書》29篇的第2篇。西漢所傳《百兩本書序》百篇中列《皋陶謨》為《虞夏書》15篇，另有《益稷》為第16篇。東漢馬融注本以《古文內書》中，《皋陶謨》本為《虞夏書》第2篇。《另有《益稷》篇次于《皋陶謨》，但未作注，列在秘府24篇中）。東晉偽《古文》出，襲取《皋陶謨》下半从"帝曰來禹汝亦昌言"以下冒充《書序》百篇中的《益稷》篇。於是《皋陶謨》乃依冒《益稷》遂依次為偽《古文尚書》中的《虞夏書》第4篇第5篇。今傳偽《古文》分出的《益稷》併归《皋陶謨》篇中，惟為其在漢今文古文中的篇次為第2篇。其情況详後面的"討論"。使我們今本所全錄偽本《皋陶謨》以甘等三篇以成文，只是傳錄了些世本的珍貴文資料而已。加之記録道及篇大都以漢代語言譯寫，即所謂以訓詁字代經文，這就使我們知道漢代對這整文白的理解，有助于我們探思這些篇章文白的原有意义。如今文在記錄此篇全文首加数語云："帝舜期，禹伯夷皋陶相与語帝前，皋陶述其謀曰。"並就据漢代所传資料説明此篇為皋陶和伯夷在帝舜殿廷上的問答之語。

7

劉起釪先生手迹

尚书高案影日录辫(样稿)

为书为中国最古之史书、亦为问题最复杂、争论最纷歧
之古籍。乃注此书、绝至三部。其一为考集古今之家说、加以
批判接受、诸童考证工作、供专家、阅读及普及之根据、
且为高级型、极费时间而读者不多。其二为级型之简
化、啊、疏说其源委、供大学文史诸生之阅读、是
为中级型、本册是也。其三、更就中级型加以简化、但举
较势、解释、撰采而不疏源委、供一般人之阅读、是为
初级型。如我四十年前所许、圣广金胜等。高似
型者名曰"尚书详注"、中级型者名曰"尚方详注"、初
级型辫名曰"尚书今译"、本册作为中华书局为判起好
同志而作。为于中级读物之范例、顾祈命记。八二十月

级型辫名曰"尚书今译"。本册作中华书为判起好

顾颉刚先生手迹

1996年春攝於北京勁松寓所書齋，
時正撰寫《堯典》校釋

1975 年10月與顧師攝於北京東城
乾麵胡同顧寓窗前，時正準備恢復整理
《尚書》

序　言

　　我在 1989 年 6 月出版的拙著《尚書學史》書前的"小引"中說：
"我國最早的一部歷史文獻就是《尚書》。它是我國進入文字
記載的歷史時期以後最早的三個王朝夏、商、周的最高統治者在政
治活動中所形成的一些誥語、誓詞、談話紀錄等，由史臣載筆寫下，
經歷了多災多難複雜曲折的流傳過程，才從當時衆多文獻中僥幸獲
得保存下來的少數幾篇。雖然在流傳中除西周極少幾篇誥詞外各
書篇大都程度不等地受過後來文字的影響，但總之是唯一保存下來
的夏、商、周政治活動中最早的歷史見證，是研究這三代的第一手文
獻資料，同時書中更保存了我國古代豐富的人文科學的和自然科學
的各種重要資料。"——這是該"小引"的第一段，説明了《尚書》本
身原來的實質情況。它只是夏、商、周史事的第一手文獻資料，並保
存了珍貴的古代科學資料。不過被孔子彙編作爲儒家兩部重要課
本之一的歷史課本，教授門徒。

　　"到了漢代，它却被尊奉爲儒家'五經'中最重要的一經，其間
出現了今文、古文不同本子，由此它和《左傳》、《周禮》一起（後來還
加上其它一些經）引起了學術史上長期的今古文之爭。到東晉又出
現了僞古文，糾葛更多。然不論發生些什麼變故，它總是隨着二千
多年封建王朝的歷史發展，始終雄踞在意識形態領域的最高寶座

上，成了歷代帝王和封建士大夫必讀必遵的政治與道德教科書，給了漢以後全部封建時代的政治和思想以巨大影響。"——這是該"小引"的第二段，説明原來的一部歷史文獻，漢代起被奉爲儒家教義的神聖經典，作爲政治道德教科書的權威，指導着紛亂的封建時代，從而構建了整個封建時代的統治思想，還由它卵育了完整的封建史學體系。

"現在所見到的《尚書》，它的形成過程很複雜，它的篇章内容很晦澀，它的經歷情況也很繁亂，在作爲中國學術史中心的經學史上的地位很特殊。因此這麼一部書的本身情況及它在漫長的歷史中所有的遭遇和其發展演變大要，就成了學術史上的一個重要課題。"——這是該"小引"的第三段，説明了今所見《尚書》這本書，經歷了複雜繁亂的情況。由上二項合此共三項，構成了中國學術史上一個重要課題，有待加以鑽研解決。"

由上面三段"小引"文中看到了有關《尚書》的全面情況。知道它原只是一部單純的史籍，可是後來既被作爲中國學術史中心的經學史上的一個重鎮，更是備受困阨處於葛藤叢棘的中國最古一部史籍，甚需要恢復其真實面目。在該"小引"的結語中説："現在把這麼一部曾作爲經典的重要史籍，根據它的歷史演進情況，尋其變遷遞嬗之迹……用以作一綜覽前後的闡述，作爲一部粗糙的《尚書學史稿》提出。"復在《尚書學史》後面的"簡短的跋語"中説："現在，……這部粗具規模的《尚書學史》，作爲《尚書校釋譯論》一書的姊妹篇先行向學術界提出。"

原來現在出版的這部篇幅較大共達一百五十多萬字的《尚書校釋譯論》，卻是那部篇幅較小的四十餘萬字的《尚書學史》的姊妹篇。二者相輔相成，作爲《尚書》之學的兩翼，希望能以之稍盡綿力，共同把《尚書》之學推向前進。《尚書學史》以《尚書》一書所經多灾多難迷離撲朔的經歷及圍繞它在歷代所發生的政治的、思想的、學術的各種糾葛爲其研究對象，從而以求了解有關《尚書》的各種來龍去脉及其成爲這麽一部書的遞嬗經過之迹的真相。《尚書校釋譯論》則以保存在《古文尚書》中的漢代今文二十八篇的内容爲其研究對象。凡兩千多年來有關《尚書》的文字糾葛、内容紛歧、經説爭執，以及以今日眼光所能探知其資料來源、神話原貌與其人爲的歷史化，從而出現的錯誤認識，對歷史的錯誤理解，對資料的錯誤使用，舉凡可以探得其真諦者力求探得之。把這部有名佶屈聱牙難於讀通的書，儘量求取粗通其意。真正難通之處，也展明其資料原貌，供學者繼續研究。以這種謹慎態度對待，使這作爲姊妹篇的兩部《尚書》著作，各在其本身領域内力求較踏實地寫成。

　　這兩部書的寫成，完全是源於吾師顧頡剛先生一生研究《尚書》，提出他的“《尚書》十種”計劃中所欲力求完成的數種。於1962年冬由中宣部把我從中國科學院南京史料處調來北京，協助顧先生完成他這一科學地整理《尚書》的宏願，就是在他的指導下，秉其整理《尚書》的意圖與規劃，來承乏整理《尚書》全書之責。我日夜竭盡綿薄，備經困阨，而後始獲先後寫成的。

　　在“文革”後期曾聽國家出版局徐光霄局長在一次報告中說，毛主席曾指示：“要把《尚書》整理翻譯出來，否則讀不懂，不好利用。”這句話顧先生在當時是不知道的，不像前此請顧先生負《資治通鑑》“總校”之責，是明白奉毛主席之命；後來負點校二十四史“總其成”之責，是明白奉周總理之命。此時則只是顧先生1962年在廣東從化休養地，遇周揚同志也在，相與談到《尚書》工作，顧先生以自己體力已衰，推薦在大學時曾從他治《尚書》的我來協助他，周揚同志把我的名字帶回中宣部，在一次會議上決定調我來京了。當時把我安排在中華書局任《尚書》研究專職，據顧先生告訴我，當時他和歷史所領導的關係搞不好，而中華書局領導金燦然同志熱情支持此工作，故做此安排。我幼承原為王先謙先生及門弟子的祖父用心教讀傳統典籍（其中《左傳》曾命我每年點讀一遍），至十六歲先祖父棄世時已粗諳古典學術門徑，粗具傳統文學根底。大學畢業後，陰錯陽差搞了十幾年現代史料工作，到這時我已四十五歲，正精力旺盛，以為好不容易回到我素所嗜好的古典學術途徑上來，獲得展布其所學的機會，這是多年夢寐以求的事，又得中華書局給以良好的環境與條件，因此愜心適意地全力投入工作。

　　按，顧師一生在古史研究上的卓越成就，主要是從《尚書》研究得來的。1922 年因對《尚書》和《詩經》、《論語》的比較研究，得出了“層累地造成的古史”這一有名學說。其後在南北各地大學都相繼開了《尚書》研究課。發現《尚書》內容涉及到全部古史，特別是儒家構建古帝先王體系，設計理想的政治制度，樹立道統中心，及《尚書》成為儒家五經中最尊的一經，成為牢籠百代的統治思想，都是運用《尚書》來造成的。因此以為要有效地從這四方面來清算古史，就必須用力攻破《尚書》這一堡壘。於是他此後孜孜汲汲地從事《尚書》研究，就按此構想進行。1928 年提出對《尚書》中可信的今文二十八篇的看法和考辨計劃。1936 年編成《尚書通檢》。在其序文中提出研究《尚書》的總的打算，一是把《尚書》經文各種字體的本子集為一編，見其變遷沿誤；二是輯出唐以前各書引用過的逸《書》；三是搜集歷代學者討論《尚書》之文，尋出若干結論；四是研究《尚書》用字造句的文法，並與甲骨文、金文比較。以為要把這四項做好，“最後才下手去作《尚書》全書的考定”。這些是顧師較早期對《尚書》研究的幾次通盤打算，其總的脉絡、總的歸趣及總的前後步伐，在以後的《尚書》研究中，基本按此做。只是補充了些具體項目，或作了較詳的規劃。也就由於長期忙於《尚書》的各項具體研究，因而就如《尚書通檢·序》所説的，一直未去做"最後才下手去作"的"《尚書》全書的考定"。

解放後，顧師1954年在上海寫的《法華讀書記》（一）中提出整理《尚書》擬作"《尚書》十種"。數月後在《法華讀書記》（二）中再度提此十書計劃，兩次計劃有九種相同（惟先後順序略異），而各有一不同。現在合録其九種相同的如下：（1）《尚書文字合編》，（2）《尚書通檢》，（3）《尚書校文》，（4）《尚書集釋》，（5）《尚書今譯》，（6）《尚書學史》，（7）《尚書學書目》，（8）《僞古文尚書集證》，（9）《尚書學論文選》。其二者各不同的一種，今亦依次列爲：（10）《尚書簡注》，（11）《金文選》。其後還多次提出過類似計劃，大抵同此，只有詳略多少的微異，或者側重點稍不同。這也可説是顧先生夢寐以求完成的《尚書》研究的十大項目了。

1954年，顧先生奉周總理之命調北京入歷史研究所，首先是任毛主席交辦的點校《資治通鑑》的總校。接着輔導蘇聯訪華學者越特金研究《史記》。而後自己點校《史記》三家注本，至1958年完成。這段時期無力顧及《尚書》。1959年始奉命整理《尚書》，見其《讀尚書筆記》（一）、（五）、（六）三者的"前記"中都記明"奉整理《尚書》之命"。不過其（一）的所記又記明"顧予老矣，百骸都觭，欲予如少年人之力作，勢已有所不可……因書其力不從心之苦於此"。當時科學院有每年夏送研究人員至青島休假的美政。這一年夏顧先生至青島休假，適逢我也自南京來此休假，師生愉快相見，談到奉命整理《尚書》，即以上述《筆記》所言之意，要我赴京相助，我自然表示樂意。如上所述,至 1962 年顧先生請於周揚同志,經中宣部批准,乃調我成功。

顧師自己於 1959 年起恢復整理《尚書》,考慮應該做《尚書通檢·序》中所説的“最後才下手去作《尚書》全部的考定”的工作,就決定整理今文二十八篇。並決定先整理最難讀的又是周代歷史最重要的《大誥》篇。1962 年寫出初稿,以篇幅過大,就擇要寫成《尚書大誥今譯(摘要)》發表於《歷史研究》1962 年第 4 期。全文分校勘、解釋、章句、今譯、考證五個部分。這是對《尚書》按篇進行校釋整理的試作,也作爲研究整理《尚書》的樣板,學術界極予重視。《歷史研究》1962 年第 5 期李平心文,盛譽此文優點有五,最後以爲全面、系統地弄清《尚書》各篇的歷史背景與脉絡,可以説是對《尚書》進行總結性的整理,提出了別具一格的著作體例。

我來整理《尚書》即依此篇體例進行。但我先要對《尚書》作歷史的了解,掌握這部書所有有關資料,自然要涉及整個經學有關文獻的資料,先花了半年時間每天覓資料於北京市内所有圖書館、舊書店(當時北京市内舊書店還很多),搜集群經所能見到的各種版本情況,用卡片把它記下來,歸而取自宋明以迄現在各種書目及文獻著録相對勘(自然還要稽之於漢、隋兩藝文經籍之志),撰成《尚書及群經版本録》;又取中華書局圖書館所藏有關歷代石經圖書、圖録、拓片等資料及北京圖書館、科學院圖書館等處有關石經圖書等各項資料,撰成《歷代石經》;最後據顧先生所藏和中華書局圖書館、北京圖書館、科學院圖書館所藏及所能複制隸古定寫本原照片、影印本、縮微膠卷本與有關著録、記載,撰寫《尚書隸古定古寫本》。這三種都是從來没有過的全面地系統地力求做到巨細無遺的總書目(這三種後來又經我於 1989 年訪日四個月及 1992 再訪日兩個多月詳加蒐尋補充了不少彼土資料，使之更臻完善）。有了這三種，就可全面詳細占有有關《尚書》與群經的資料情況了。

　　然後就依據顧師《尚書大誥今譯（摘要）》體例，開始撰寫各篇，先擇夏商幾篇中最短的撰寫，記得寫了《高宗肜日》、《西伯戡黎》、《微子》等篇，將其中《高宗肜日》篇油印，邀請當時參加二十四史點校專家二十餘人座談，請提意見。他們提出將顧先生文章五部分中的“章句”部分併入“解釋”部分。我采納他們的意見，定我撰寫之文爲“校勘、解釋、今譯、考證”四部分，徵得了顧師同意。

　　“文化大革命”一起，我所撰寫各篇全毀，唯幸《高宗肜日》有油印本，其版本、石經、隸古定諸篇有原始卡片或原始稿，“文革”後得據以恢復。

　　“文革”既過，塵埃落定，顧先生於1975年託白壽彝先生請於胡繩同志，調我歸歷史所，我於1976年到所。好容易以六十之年獲得坐下來讀書研究的機會，得以復我《尚書》故業，以爲是平生大幸，力求較好完成任務，用以仰副中宣部及胡繩同志委用之重，亦以不負老師付託之殷，兼以克盡自己所膺學術史上之重責。所幸我體力尚佳，精力尚盛，用能孜孜汲汲，日夜不懈，全力以赴，自1976年至1999年凡二十餘年，寫出四百五十餘萬字，百餘篇論文，八九部拙著。其中關於《尚書》者五部，而主要的是於今年完成的這部顧師找我來京叫我撰寫的主體著作《尚書校釋譯論》（即顧師《尚書通檢·序》中所説最後才下手作的“《尚書》全部的考定”一書）。

　　關於此書的撰寫，於1976年恢復《尚書》工作後即重新開始。原準備按《尚書》各篇依次寫下去，而且開始寫了第一篇《堯典》的前面一部分。顧師見了，以爲《堯典》、《禹貢》爲巨篇，會占時間多，不如先寫後面諸篇。因此我就壓下《堯典》，但在其整理過程中，幾經研析，以爲應該將原改定的“校勘、解釋、今譯、考證”四部分，再省併爲“校釋、今譯、討論”三部分，並定書名爲《尚書校釋譯論》，各單篇發表亦稱“校釋譯論”。取得顧師同意後，即先將顧師《大誥》篇按此三部分改寫，然後就寫《禹貢》之後的《甘誓》篇，由此以下各篇即按原篇順序依次寫下去。至 1980 年顧師不幸棄世之日，在其關注下已寫成了《甘誓》、《湯誓》、《盤庚》、《高宗肜日》、《西伯戡黎》、《微子》、《牧誓》、《洪範》、《金縢》、《大誥》、《康誥》、《酒誥》諸篇，其中經顧師審閱並以顧師與起釪合名發表者，有《甘誓》（《中國史研究》第 1 期，1979 年 3 月）、《湯誓》（《鄭州大學學報》，1980 年 1月）、《盤庚》（《歷史學》創刊號，1979 年 3 月；第 2 期，1979 年 6月）、《西伯勘黎》（《中國歷史文獻研究集刊》第一輯，1980 年 6月）、《微子》（《社會科學戰綫》，1981 年 2 月）等五篇。

　　顧師以 1980 年 12 月病逝，我們陷入哀悼中，1981 年起即無暇及於《尚書》，首先是助白壽彝師在報上寫哀悼之文，而後應各方刊物之請寫顧先生小傳或某方面學術成就之文。計迄 1982 年止，爲《中國歷史學年鑑（1982 年）》、《光明日報》社編《中國史學家評傳》、“中國歷史文獻研究室”編《中國史學家傳》，各就不同要求不同側重或長稿或小篇寫成，而《社會科學戰綫》則約寫《顧頡剛先生與〈尚書〉研究》（《新華文摘》1984 年 12 月轉載）。而當我經歷了這些後於 1983 年恢復《尚書》工作後，復歷年都有約寫顧師傳記者，如《國際著名史學家大辭典》，中國社會科學院編《當代中國社會科學名家》，《歷代地理學家評傳》的《作爲地理學家的顧頡剛先生》，《文史哲·紀念顧先生專號》的《顧先生卓越的尚書研究》等，在各方紛紛需要了解顧師學術的情況下，因而我勉力應時寫了《顧頡剛先生學述》一書，由中華書局於 1986 年出版，全面系統地介紹了顧先生學術，以專門一章談《對古史要籍〈尚書〉的研究》，其中專門一節論析顧師"把《尚書》學的研究推進到一個新水平新階段"。由於此書是我費了主要力量寫成的，所以在國際許多學者包括美國、聯邦德國、香港、臺灣及大陸之學者撰寫的七八部論析顧先生學術的同樣的專著中備受稱許（見1993年臺北陳志明《顧頡剛的疑古史學》一書的序言所稱引）。其中當然專章談了顧師的《尚書》研究。而有一段時期，有人起而貶抑顧先生學術，意在相扇成風，我以此書力揚師學，用以擁護胡繩同志在"顧頡剛先生誕辰一百周年學術討論會"上説的："不重視繼承顧頡剛先生以及其他類似的遺產的人，就不是真正的馬克思主義者。"因而我1989年赴國外時，很多地方要我談顧先生之學，如在東京大學中國學會及大東文化大學都講《顧頡剛先生的疑古學》，在早稻田大學講《顧頡剛先生之人物與學問》，在二松學舍大學講《顧頡剛先生與古史辨》，在臺北聯合報大廈國學文獻館講《中國現代史學奠基者顧頡剛先生》（此文發表於臺灣《國文天地》），等等。由於客觀需要分出力量寫了關於顧師學術的許多論文與專著，自然影響了我寫《尚書》專著的時間，《尚書》篇章只寫到《酒誥》上半篇，其下半篇未及寫，只好擱下。

當忙了兩年寫悼憶、紀念顧先生之文以及接着還加上些外力約寫的東西以後，我總想到要全力恢復寫《尚書》了，但如上所述分出主要力量寫別的東西，要寫《尚書》本身所餘時間就很少了。然而我當時還是想用很多力量來寫，而且想就寫大篇《禹貢》。這樣，我就在1983年開始寫《禹貢》。但一着手寫，確實問題太多，當時是承顧師《尚書大誥今譯（摘要）》體例並作兩次刪併後的格式寫，那麼在《尚書校釋譯論》一書中對《禹貢》的各州確實是無法容納那麼多資料的，因此就促使我想到另寫一部《禹貢地理叢考》，把它的結論寫到《尚書校釋譯論》一書的《禹貢》篇的各州中。例如寫了第一篇《冀州地理叢考》，共三萬七年二百字，把它結論摘寫入《尚書校釋譯論》中時不過二三千字。我就這樣寫下去，“冀州”篇寫好後發表在《文史》第二十五輯，日本《尚書》學術大師池田末利先生見了寫信給南京大學留日歸來的凌大波教授盛加稱譽，以爲《尚書》研究至是足稱精絶了。其後“兗州”篇發表在《文史》第三十輯，“青州”篇發表在《文史》第三十七輯，“徐州”篇發表在《文史》第四十四輯、第四十五輯，因爲這一篇近六萬餘字，所以分在兩輯。而且當時不僅是按州寫較詳的“叢考”，有些專題争論多、資料繁，如果併在各州中撰寫，仍嫌過於臃腫，就以專題另行撰寫。如1993年寫“冀州”時，遇到碣石問題太繁，就另寫《碣石考》，達一萬七千字。1994年寫“兗州”時亦然，就另寫《九河考》，達一萬九千字（二文後皆收入《古史續辨》）。當時則是把這兩專題的内容摘要寫入該兩州的“叢考”中，準備最後再濃縮寫入全書“校釋”中。但如此詳盡的研究，自然需要時間，正如上文所述的分出主要力量寫别的東西了，《禹貢》研究的進度自然就拖慢了，直至1995還只完成冀、兗、青、徐四州。

　　即使在力求專力寫《禹貢》的同時，受外力影響寫了和講了有關顧先生學術，還另外受到外力約寫了有關“《尚書》學”的不少文字，所幸這些都直屬專業的研究範圍内，其中有短文，也有專著，短文是1981年《中國大百科全書》約寫了《尚書》辭條。專著有四：（一）其最短者《尚書評述》，於1982年由中國社會科學院哲學所人員編《中國古代佚名哲學名著評述》所約寫，至1985由齊魯書社以該《評述》第一種出版。（二）《尚書源流及傳本考》，1985年遼寧大學出版社約請我據1979年至該校講《尚書》講稿撰寫成書，至1987年出版。1997年該社列入《國學研究叢刊》再版（惟錯字多）。（三）《尚書學史》，即上文所説本書之姊妹篇。係於1979年應遼寧大學之邀前往該校歷史系講《尚書源流大要》，我就多年所積的資料，開始按歷史先後整理排比出其源流體系，即摘取其大要去該校講述。歸來後，我開始把這些按歷史先後排比出的資料，着手按各朝代把其情況簡要叙述下來，到1985年已寫成了雛形的《尚書學史》底稿。所以此書底稿早於《尚書源流及傳本考》。當1986年據我講稿並參考此底稿寫成《尚書源流及傳本考》交遼寧大學出版社後，我即趁熱打鐵將雛形的底稿，正式撰成完整的《尚書學史》，於1989年由中華書局出版。先後獲三個大獎：1. "1988—1991年全國古籍優秀圖書一等獎"，2. 中國社科院歷史所"1977—1991年科研成果獎"，3. "中國社會科學院1977—1991年優秀科研成果獎"的最高項目"專著獎"。故1996年中華書局重印出版訂補版。（四）《日本的尚書學與其文獻》。1989年應日本學術振興會及東京大學之邀訪問四個月，在四五所大學講《尚書》和顧先生之學，相繼應京都大學之邀訪問兩周，講《周禮》。在兩處都以國家訪問學者的身份得到優待。好多日本有名文庫和大學圖書館都特許入其珍本所藏密庫觀其真本，常有陪同的日本學者驚嘆這些珍本他們過去一直不可能看到，因爲陪我而有幸看到了。我就感到這種殊榮太難得，而有這樣看到珍本的機會更不可輕易放過，因此在滯留日本期間我争取一切機會到日本各有名國立的或私家的文庫以及能訪問到的大學和學術機構的圖書館，訪尋有關《尚書》的各種文獻，舉凡中國古代《尚書》各種刻本及日本的和刻本，還有日本珍貴的古寫本等等，如入寶山應接不暇，我一一做了筆記。1990年回國後，爲了不虛此行，爲了不辜負日本各公私文庫和圖書館使觀看到原不開放的珍藏秘籍（其中有中土失傳之本）的學術盛情，爲了不辜負日本友人不辭辛勞爲我搜集不少書目並幫助購買到珍貴之本的熱情幫助，我即運用在日本所獲各種資料，包括我徵文訪獻時所詳記的筆記，和在日本以日本學術振興會所資助經費搜購到的《尚書》圖書，及由日本友人幫助搜集到的我無法去訪問的外地的圖書館的書目以及一些主要書店的書目，據以整理出日本所藏各種《尚書》文獻目錄，進而據所獲文獻的內容與筆記內容，於1991年開始撰寫《日本尚書學》，至1992年完成《日本的尚書學與其文獻》一書。這一年底我再度訪日，據原稿有目的地補充搜尋訪覓了不少資料，歸來加以補寫增訂定稿，於1997年由商務印書館出版。這些自1981年至1992年最初出於外力所引，而結果仍由主動努力寫的好幾種《尚書》學著作，費了不少時間精力，不自覺地也很自然地把《尚書校釋譯論》的工作擠到後面去了。可以自加寬解的是，這些都是《尚書》研究的本業以內的事，從寬來說，系統地掌握了《尚書》學知識，反而會有所裨益於“校釋譯論”工作。

可是有時爲外力所引，走得稍遠一點，就不能不耽誤《尚書校釋譯論》工作較大。這樣的外力，有些是友情所託，礙於情面，不便推却；有些則是國家任務，有不容不接受之勢。粗舉有下列幾項：（一）1981年歷史所有同志編《中國古代史料學》，邀我擔任其第二章“西周、春秋、戰國史料”，這是友情所託，不便推脫之例，然耗了我不短的時間寫成。（二）同是1981年，《中國大百科全書》約寫辭條，寫的是重要古籍的辭條；1985年又約寫了重要古史辭條。二者合共十餘條，其簡約者千餘字，長者達兩萬字，這是國家任務不能不接受之例，其耗我時間之多可知。（三）1983年老友楊伯峻君以體衰託我去接替他在北京大學歷史系研究生班開的《左傳》課，我以這樣正式開課，必然影響我的主業《尚書》工作，因而婉謝之。他說：“每周只有半天課，以你對《左傳》之熟，不需要備課，學校又有專車迎送，耽

攔的就是這半天，而且已同系主任鄧廣銘先生講明，請接替他來開
《左傳》課的，只有劉某才適宜，因此務請你勉力相助。"接着鄧先生
也來函誠意邀請，並派他的一位研究生來代他面邀，而且即以這位
學生在我全部講課期間照顧相助。在這種情況下我無法再推辭，只
是向鄧先生提出，希望將我在大學時所記顧頡剛師《左傳》課的筆記
作爲講義印發，供學生參考，鄧先生也接受了。但由於顧先生講課
内容受清末今文學派影響太大，主旨謂《左傳》是劉歆改編成的。爲
了"補偏救弊"，因而我就着手較全面系統地搜集自先秦以迄近世與
《左傳》有關的各種資料，彙成《春秋左傳研究輯證》一稿，與顧師之
書相輔相成，作爲講義一道印發。至課程開始前的春節前一天，來
了另一位研究生，入門即説："你要到北大講課，系裏派我來聯繫具
體的乘車時間諸問題。"我一聽，明明是楊先生力邀我去，鄧先生亦
熱情相邀，我才在影響《尚書》本業情況下勉强答應去的，現在在他
們心目中是我要去的，是我鑽營要到這所名牌大學去的。而開課日
子就在春節後的初七那天。這時天氣寒凍，我正受寒轉成肺感染，
在服藥養息，因此就對這位研究生説："我正病不能前去講課了，請
代向鄧先生致歉。"承鄧先生答覆説："可以稍緩幾周，等天氣轉暖身
子好了再去。"我以爲這樣會更耽誤青年學子時間，影響學業，仍歉
告不能前往，所以終於未去。其深層原因，顯然是我怕多耽誤《尚
書》時間。可是就是這蒐集《左傳》的"輯證"資料，已經花去了我兩
個多月時間，我想真到上課時，還不知道要多花多少時間。到 1985
年巴蜀書社出版我用文言寫的顧師《左傳》課的筆記，我又花了一點
時間，據"輯證"資料簡要寫了一篇《春秋左傳之演變遞嬗》附於書
後。

　　"走得稍遠一點"的下面兩項，則與《尚書》研究有着牽連，即：

（四）1983 年秋中華書局《史記譯注》工作小組約我寫《夏本紀譯
注》，因《夏本紀》全據《尚書》的《禹貢》、《皋陶謨》、《甘誓》三文寫
成，我運用《尚書》知識於 1984 年譯注了《夏本紀》。日本有一雄厚
的《史記》研究隊伍，其現代《史記》學權威水澤利忠教授也以同樣
原故邀我共同研究《史記》，於 1990 年邀我合撰《史記疏證初校
記》，我並撰《史記疏證抄本情況及其作者考略》，贊揚了水澤考定
《疏證》作者之功力，皆發表於《文教大學紀要》(5)、(6) 兩期上，並
由水澤邀同赴橫濱參加了《史記正義之研究》的定稿會議。（五）
《中國大百科全書》邀請撰寫的辭條，我大都先較廣泛搜集該辭條有
關資料，初步寫成較繁的短文，然後濃縮成辭條交去。因爲時常有
刊物索稿，我往往就這些原寫短文，再根據所集資料以及補充資料，
擴充寫成較長的專文以應，因而形成了一批萬餘字以上或數萬字的
論文。有時還因應一些刊物需要，就《尚書》研究中所遇到的問題寫
成專文（如甘的地點問題、“高宗肜日”問題、周公稱王問題等），這
樣，在這十餘年內寫成的專題論文頗不少，因此我就在 1987 年開始
擇其中有可取者三十餘篇選編爲《古史續辨》，以其內容爲考辨古
史、考辨古地理、考辨經籍三方面，與顧先生《古史辨》考辨的主要種
類相同，故用此書名，於 1993 年由中國社會科學出版社出版，至
1997 年選爲精品圖書，編入《社科學術文庫》爲其第一輯八種之一。
而在《古史續辨》之後，在日本，在香港、臺灣，以及回到國內，都不斷
有有關方面及友人約寫各種有關古史或《尚書》問題的專文，文長者
達三四萬字，少者亦萬餘字，就一直忙到 1995 年，始終沒有回到《尚
書》篇章的校釋工作上來。其間亦有遇合侘傺、情懷鬱悒的因素在
內。

　　白壽彝師了解到這一情況後對我說：“這不只關係於國家之委

用,老師之付託,而且是你自己的事業,現在誰不知道有劉某的《尚書》,你不把自己的事業抓緊完成,也辜負了自己。"中華書局的拙著《尚書學史》責任編輯張烈先生和古代史室主任張忱石先生也相偕到我家督促我快點寫《尚書》,當時他們看到我案頭正是一篇外力約寫的頗不短的稿子。他們說:"應該完全摒棄一切外力邀請寫的東西,從今天起消除干擾,杜絕一切外騖,全心全力寫《尚書》。外面請你寫的東西,沒有一篇比《尚書》重要,沒有一篇比《尚書》有價值,因此你應有決心斷絕一切外來影響。"再憶起故友楊伯峻君生前給我最後一信勖勉我完成《尚書》工作說:"要注意,千萬不可使千秋萬代有所責望!"這些愛之甚切的尊敬的師友的諄諄勸勉,使我感到慚懼,自知必須束心歸到《尚書》本身篇章的工作上來。

1992 年 5 月,國務院古籍整理出版規劃小組在北京香山召開第三次古籍會議,會上要制定重點圖書規劃,入選者有一筆經費資助。所以有人把自己的書爭取列入規劃。會上中華書局副總編輯趙守儼君對我說:"你的《尚書》可列入重點規劃,怎不見你提? 你提出吧。"我因《尚書》未寫的部分還多,怕列入規劃要限期出書,就說:"列入規劃我也在寫,不列入規劃我也在寫,當然列入自好,但不列入可任我自由選擇時間寫,還是不列入吧。"就沒有列入規劃。而1993 年我又應邀去香港、臺灣講學,又把《尚書》工作擱下了。歸來後又擺脫不了應臺灣友人所約寫的文章。

到 1995 年 3 月,中華書局古代史室主任張忱石君通知我,《尚書校釋譯論》列入《中國古籍整理出版"九五"重點規劃》,定在 2000年出書,要在 1998 年底交稿。列入規劃的書,簡稱"'九五'國家重點圖書"。這一下使我慌急了。《尚書》全書二十八篇,已整理好的只有《甘誓》至《酒誥》十二篇(《酒誥》尚有後小半篇未成)及《禹

貢》的前四州，合計才逾四十萬字，未整理者達十六篇，而且其中有
《堯典》、《禹貢》、《皋陶謨》等大篇，和次大的《顧命》、《吕刑》等篇，
其工作量顯然倍於已完成者，而 1998 年交稿，則所有工作時間只有
三年半了。粗粗看來，要在這麽短的時間内完成這麽大的工作量，
幾乎是不可能的，至少是困難重重的，但細細估算，雖説定 1998 年
底交稿，但定 2000 年出書，則拖一個尾巴到 1999 年上半年交，不會
影響出書時間，這樣就有四年時間來完成這十六篇，平均一年完成
四篇，那就是一季度完成一篇，這就成爲可能的了。而且其中有好
些短篇，可以争取在一個月左右完成，那麽騰出來的時間，就够幾個
大篇回翔的了。這也就使我暗自有了信心，決定鼓起勁頭，以全副
精力來幹，還得"杜門却掃"，真正斷絶一切外間來往。而可幸的是
我體力甚健，精神尚旺，雖然 1995 年我已七十九歲了，自忖體力與
精神的美好狀態，完全足以勝任愉快。因此在獲得通知後，用一兩
個月時間收束舊有的未了的事項，花一點時間清理和安排了繁多的
資料，於 1995 年 7 月起重新開始這一艱巨的工作。

　　我於 1995 年 7 月 5 日開始整理《堯典》，經一年多完成，近三十
萬字。接着是《禹貢》，繼冀、兗、青、徐諸州以下成其全篇，近二十三
萬字，又接着《皋陶謨》，九萬四千字。先吃掉此三巨篇，而後逐篇撰
寫相對來説較短之各篇。真成了摒棄一切外騖，"兩耳不聞窗外事，
一心專弄聖賢書"，没日没夜地趕，除了睡眠、吃飯時間外，其餘全是
寫稿時間，也没有了一定的作息時間，寫困了倒頭就睡，睡醒來立即
就寫。如是者整整五年，斷絶一切親朋來往，經常壓着幾十封信不
回覆，國外朋友的信也常積壓，往往收到他們數次來信後才回一信，
説明我的窘況，託他轉告其他國外朋友諒解，惟在收到他們寄贈著
作及新年賀柬始必奉覆。對國内親朋更然，也只有寄贈著作及新年

賀柬才奉覆，有時連寄贈著作也暫不作答。我知道這樣要得罪很多朋友，也顧不得了。不這樣，這點緊迫的時間，怎能完成這麼重的任務呢。（討厭的是1996年4月患肺炎，每天到協和醫院急診門診掛瓶治療，才治好，1997年3月至11月患腿痛，寸步不能行，每天到醫院理療，只收到一些減輕的效果，到12月我女兒從南京給我買了一種血液循環儀使用兩三月就痊愈了。這樣長時期共達十個月之久每天耽擱半天時間，心裏真急，爲了爭取減少一點浪費時間，我每天坐出租車來回，每天車費三十多元，幸虧我得了《尚書學史》獎金一萬元，剛好應付了此開支。）如果没有這兩次病耽擱我這麼多時間，肯定我的工作進度要快些。然而就這樣艱難困頓地推進，也終於在1998年底完成《尚書》二十八篇中的二十六篇，可以自己解嘲地説：總算是略打折扣地完成了應於1998年底交稿的任務，餘下兩篇（不過是問題較多的《顧命》、《吕刑》兩篇）拖到時間較寬裕的1999年上半年完成。總可以説，顧頡剛師困心衡慮以希冀的"最後才下手去作"的"《尚書》全書的考定"，至是敬謹地完成了。不論完成得好壞，總之是完成了。

　　回憶顧師平生做了不少次整理《尚書》的規劃，其最夢寐以求完成的是"《尚書》十種"（實際十一種，已見上）。就今天來看，其(8)《僞古文尚書集證》、(9)《尚書學論文選》，非《尚書》學急務；其(11)《金文選》，不必由《尚書》學者來做，即使説由《尚書》學者來做有其有益的一面，然在研究任務繁重情況下，亦難抽出時間人力來做。另有(10)《尚書簡注》，我早就打算此主體著作完成後即摘要爲之，今中華書局歷史室主任張君已主動提出要我俟本書出版後即據以擇其要點寫成簡明的《尚書譯注》，是此一"譯注"簡本之必寫，是無問題的。除上述自(8)至(11)之四項外，其餘七項中，其(1)

《尚書文字合編》早由顧師與顧廷龍先生合編成，於 1936 年由北平文楷齋木版摹刻完工，抗戰事起未及印出。今已由廷龍先生繼承其業，於 1996 年 1 月由上海古籍出版社影印出版，自佳於木板摹刻。其(2)《尚書通檢》，早由顧師自己編成，於 1936 年出版，近年又已重印。其(3)《尚書校文》、(4)《尚書集釋》、(5)《尚書今譯》三種，已由我合之爲一種，撰寫與顧師合名的這本《尚書校釋譯論》加以完成，還增益了"問題討論"的內容。其(6)《尚書學史》、(7)《尚書學書目》兩種，則在我尚不知道顧師"《尚書》十種"規劃之前，已就多年所積資料將此兩種合在一起撰成《尚書學史》一書，如上所述已獲三大獎，並於 1991 年 4 月在臺灣有盜版照相影印本。顧師曾致蔡尚思先生函言，如果整理《尚書》之作不能完成，將死不瞑目，其言沉重至此！今勉可告慰顧師之靈，可含笑瞑目了。

所惶恐的是，此書不知是否完全、正確地體現了顧師整理《尚書》的意圖，是否表達了顧師對《尚書》卓越的見解，只有靜候同門與學術界方家的批評指疵。至於書中有些地方對顧先生具體意見，以淺學薄知就該項具體事物提出了與顧師商榷的異議，這也是受到顧師主張師生之間在學術上應該平等討論之鼓勵，才敢提出不同意見。記得有一次我對某問題提出不同看法，顧師即取在燕大所編《尚書講義》相贈，因其中載有譚其驤先生對顧師漢十三州說提出異議，顧師覆信接受並進而討論有關文件，顧師對我表示他一向是主張師生自由討論的，所以我就有信心提出異說。即使我說有誤，也符合顧師所倡自由討論的精神，如果學生只知墨守師說，將會使學術停滯的。

這裏有一情節要說明一下，即 1998 年偶然看到《文史》第三十三輯上有顧師《酒誥校釋譯論》一文，甚以爲異，因顧師除示我以他所撰《尚書大誥今譯（摘要）》外，從來没有吐露過他曾撰寫過《尚書》其他各篇文字。顯然是要我一心依他的《大誥》篇做去就是。這篇是王煦華君在顧師殘亂遺稿中找出來的。王君在"後記"中説，這是顧師 1951 年在上海時撰寫的，當初他寫了周誥八篇，但現存《酒誥》、《梓材》、《召誥》、《多士》、《無逸》五篇，另有《洛誥》篇殘存後部一些零亂資料。我承王君及《文史》責任編輯汪聖鐸君之助，得到這幾篇複印件，以爲這是顧師親手所撰深刻研究《尚書》之文。吉光片羽尚且可珍，何況這是完整的五篇，亟應使之收入本書中。但它的體例是，注釋在全文之後，其編號一貫下去，而且太簡了。而本書各篇皆分節，注釋按節自爲起迄，而且大都較詳。除《酒誥》篇只取其尾部續在我已寫之《酒誥》篇之後外，其餘四篇將其全文依本書體例分節改寫，作必要的增訂，如《召誥》篇改易訂正較多，其餘大都改易其文字原貌而保持了原精神。這樣就使整個工作進程加快了進度，大獲裨益，所以能在年底完成二十六篇。

此書的寫成，從 1962 年調我進京開始，可説花了三十八年功夫。這三十八年中，我的思想裹就只有《尚書》兩個字，無論在工作中，或者生活中，念兹在兹，關心的總是《尚書》資料，即使十年動蕩中，只要有機會接觸到文獻，我所縈心的仍是《尚書》。而從 60 年代前期撰寫的三篇雖已損失，其中《高宗肜日》篇以油印本傳下來了，所以本書中撰寫最早的有 60 年代撰寫者，其次則爲 1976 年恢復《尚書》工作後撰寫的十餘篇。這些基本都是依照顧師《尚書大誥今譯（摘要）》爲範本所撰寫，每節校釋字數都有一些控制，而且還想全書完成後，各篇之間還要作適當的平衡，不要使繁者太繁，簡者太簡。《禹貢》篇之所以先寫《禹貢地理叢考》，一方面要使《禹貢》地理徹底考釋清楚一下，一方面又要保持本書中《禹貢》校釋不過

繁。可是一到 1995 年通知本書定爲"'九五'國家重點圖書"，限在
1998 年底交稿，時間太緊促，就顧不得以前那許多規矩，也不及預寫
《禹貢地理叢考》，一切資料能説明問題者，都寫進"校釋"中。當
然，一般的問題還不同《禹貢地理叢考》那樣詳細寫，能擇要説明問
題即止，而其中有一特殊的"黑水"，問題既多，資料又太繁，就不顧
一切，一古腦都寫進"校釋"中了，"黑水"一題遂成了一篇巨文夾在
"校釋"中，與其他條校釋繁簡相去太遠，也就顧不得了。這樣的繁
簡不勻，是本書的最大毛病之一，將被譏爲"爲例不純"，甚至是完全
沒有體例。這是這次五年時間突擊趕寫與過去二三十年中按部就
班撰寫的不同狀態造成的。

　　而本書總的傾向是偏重繁，"校釋"中萬字、數萬字的長文不少，
其所以敢於如此，與歷史所中一些中青年同志的鼓勵有關。當 60
年代初開始從事此業時，遇到一些問題資料繁，割棄之可惜，而又當
50 年代批判乾嘉學派繁瑣之後，頗存戒心，在辦公室中談起，一些中
青年同志因看過我發表的篇章引的資料頗多，爲他（她）們原所不
知，便説這非常有用，因此對我説，希望我寫的校釋中引的資料越多
越好，對他們有用處，有裨益，千萬不要管什麽繁瑣，何況現在（指
60 年代初期）也不批繁瑣了。到 70 年代恢復工作以後，寫《尚書》
篇章時，仍有中青年同志對我説：盼望您寫的材料豐富，對我們後學
取用方便，不要嫌繁多。因此我也就以爲爲了中青年研究讀者的裨
益，就背繁瑣的駡名也不足恤，我才敢放手引用該引用的資料。其
實所謂繁瑣，不在引用資料的繁多，而在所研究的問題有無意義。
像漢儒的繁瑣，"説《堯典》篇目兩字之誼至十餘萬言"（見《漢書·
儒林傳》）。"但説'曰若稽古'三萬言"（桓譚《新論》）。一個篇題
的兩個字怎麽能説上十餘萬字呢？又如西方中世紀經院哲學討論

"亞當被創造的時候身長若干?""一個針尖上能站幾個天使?"等等
問題,都是幾萬字的長文。對這些無聊的問題用這麼長的文字,這
才是真正的繁瑣。像馬克思寫《資本論》厚厚幾本的資料,可謂繁多
極了,但它們是研究資本問題所需要的豐富的資料,文字再多,也不
算繁瑣。所以只要是解決學術問題的需要,盡可放手引用資料,文
字無論怎樣多也不算繁瑣。所以本書引用古今資料較多,自以爲可
以。當然,仍盼方家指教。

　　還有本書引用資料書名,沒有體例,不合規格,當今有的著作在
全書之後詳細開列所引書名及作者名,還列明簡稱,全書中就一律
稱引該書簡稱,還看到更科學更現代化的(主要是西方人著作如此,
漢文著作也漸有采用此法者),即將全書所引作者給編了號,然後該
號作者的著作則編上子號,有幾部著作則編上幾個子號。在書中引
用時,一律用該人該書號碼,而不見人名書名,秩序井然,也省去人
名書名不少字數。本書在書後既沒有詳列所用書名和其作者名,更
沒有簡稱(只有《盤庚》篇一文在刊物上發表時在文後開列了所引
書名及作者名,並列明其簡稱,在本文中即一律用簡稱,收入本書全
書中時,因與其它各篇不一致,將篇後所開列表目取消了),當然更
談不到用現代化的數字代稱。而只是在全書中隨文引用,而引用又
無一定規格,或作者全名與書的全名並舉,或作者簡稱某氏,下接全
書名,或下接書名的最後二字;單用書名時,有時用書的全名,有時
只用書的最後二字;又或將作者名與書名皆省稱合爲書名,如孔穎
達《尚書注疏》簡稱《孔疏》,有些地方又隨資料稱"孔氏《正義》"。
僞《孔傳》省稱爲僞孔,以免去稱《孔傳》時要加書名號。總之引用
書名,亂七八糟,毫無規格。實由於成書倉促,只注意把文字寫通,
來不及注意這些細節,嚴格的説,作爲一部謹嚴的著作,這稱引書名

的規格化是應該做到的。但我没做到，等於這只是底稿，還没有作全書的統一規格化，請讀者寬恕，把它看做一部粗亂的底稿吧。

　　本書還有一隸古定文字問題。由於本書校勘以《唐石經》爲底本，而《唐石經》是據衛包將隸古定文字改爲楷書後所刻石，衛包不懂文字學，改錯了不少字，據隸古定則可發現《唐石經》中衛包所改錯之字。但隸古定是東晉僞古文根據一些字部加以拼湊創造的一種僞古董文字，探明它只能探明僞古文的文字，與漢魏時所傳先秦古文、隸書文字無關。但我整理之初，以其可以訂正《唐石經》中沿衛包所改錯的字，以爲有用，所以在校釋時，每篇都詳爲蒐列了該篇隸古定寫本文字，以爲比勘之用。當時得到一部日本學者小林信明氏之《古文尚書之研究》，其中利用了隸古定文字，我曾參考之。及故友楊伯峻君見我整理《尚書》時忙於弄隸古定，即對我説："《尚書》古文字之關鍵在先秦、漢、魏三時期，應研究者爲此三時期《尚書》的異文異字，隸古定是東晉僞古文本始有的文字，您整理《尚書》，所要忙的東西太多，不可浪費時間在這僞東西上面。"我説："我因它能糾正《唐石經》的誤字，所以才弄它。"楊説："您以後可以專文研究僞古文中隸古定與衛包的關係，不要在整理《尚書》本身忙不過來的情況下，浪費時間於隸古定上。"我很感謝他的忠言相告，但在整理過程中遇到隸古定足以幫助説明問題時，仍免不了使用它，只是我逐漸對它的興趣減低了。到 1996 年廷龍先生完成顧師遺願的《尚書文字合編》出版後，一編在手，各篇各句的不同隸古定文字羅列眼前，查閲非常方便，我才在繼續整理《尚書》各篇時，放棄了隸古定的運用。心裏想當如楊伯峻君所説，到《尚書》研究完成後，再作僞古文的隸古定研究。（現在，華東師範大學臧克和教授大著《尚書文字校詁》問世了，是專研究隸古定文字兼及《尚書》各篇正文用字，是一部佳作，在學術上是非常值得慶幸的事。）

　　最後要談到此書的出版在我交稿方面的困難，使我焦急萬分，終於得到我女兒曉瑜出力，才獲順利出版。當 1995 年得到通知此書列爲國家重點圖書，限在 1998 年底交稿時，其書稿情況是：在刊物上發表的五篇都已改爲簡體字，又沒有保存謄正交刊物的底稿；而中華書局出版此部最古的史籍是要用繁體字的，靠什麼力量來把這五篇簡體稿改爲繁體稿呢？又我已寫出的七篇稿子，當時爲求速度快，是用非常潦草的字寫成的，因在顧先生時，我寫的稿子由一專門擔任抄寫的尹如湆君謄正成繁體楷字，他能識潦草字，所以沒問題。現在怎樣把這七篇變成正楷繁體字呢？如果由我自己來謄正，耗時間會很多，我就無法趕寫新篇了。我已決定新寫的稿子要寫得排字工人認得清的較正楷體的字，那就可用我原稿付排，用不着謄正，現在問題是要解決原十二篇的謄正問題。我去找所領導商量，意思是想找尹如湆君謄正。所領導同意資助，但尹如湆遠居河北饒陽原籍，又已年老不能前來，經商量寄稿請他謄寫，最後因許多困難沒辦成。當我訪臺時看到老同學、臺灣“中央研究院”的院士黃彰健兄，他贈我以他的著作扉頁印“本書承某某會補助特此致謝”。我想，他們有這個辦法倒好，回到國內，正好看到“國家社會科學基金申報工作的通告”。我就按規定申請了，因爲這時我已知道電腦可以打繁體字，目的是想得資助用電腦打繁體的資金，沒有獲得批准。到正式得到定爲國家重點圖書後，想到只有靠社會科學院資助了，經先後給院領導寫了兩封信，報告所撰著之書已被定爲國家重點圖書，請予資助，都未得到答覆，日子日益迫近，使我急得像熱鍋上的螞蟻。到 1996 年暑假，在南京理工大學工作的女兒曉瑜來京探親，看到我的窘況，她說她已在學習電腦打字，回去抓緊學習好打字技能,一定幫我把全部稿子打好。她回去首先使用她辦公室的電腦,後來索性自己買了一臺電腦,不久又買了打印機,於是在 1996 年至 1998 年及 1999 年上半年的業餘時間把全稿二十八篇一百五十餘萬字打印得完完整整地交給了中華書局,中華書局歷史室主任張忱石先生表示很欣賞和很高興,因爲電腦打字的稿子,能幫助他們省去將原稿文字輸入電腦的時間,能加快出版速度,很有裨益。女兒這樣替我解決一個大問題,到底還是自己的女兒得力。

此書承國務院古籍整理出版規劃小組定爲"'九五'國家重點圖書",又承新聞出版署同意批定,並承中華書局總經理宋一夫同志,副總經理兼副總編輯李巖同志熱情支持出版,中華書局古代史室主任張忱石同志親爲責任編輯,不辭勞苦,親爲把關加工,使本書將獲順利出版,謹表我深摯的謝意。顧頡剛先生之靈亦當同致感慰與謝意。

劉起釪
1999 年 10 月於北京勁松寓樓

補記:

本書責任編輯張忱石先生於 2000 年 5 月光榮退休,兹後又由汪聖鐸先生、王景桐先生相繼擔任本書責任編輯。他們備極辛勤,繼續抓緊出版各個環節,使我倍加感佩,特於此專致謝意。

起釪
2003 年冬謹記

凡　例

一、《尚書》自元初趙孟頫始將僞古文本中的今文、古文分編,迄元學者吳澄、清學者段玉裁等專釋今文二十八篇,確然有據,本書即承吳、段諸家成規專釋今文二十八篇。(不過段氏以爲二十八篇即馬、鄭古文,故循其舊分出《康王之誥》。而清江聲、王鳴盛、孫星衍諸家以漢學立場,於二十八篇外復輯漢僞《太誓》以符馬、鄭所承杜林本二十九篇之數,實誤,故不從。)

二、自馬、鄭古文從《顧命》中分出《康王之誥》,又《盤庚》、《太誓》各分爲三,遂將杜林本二十九篇析成三十四篇。僞古文則自《堯典》中分出《舜典》,《皋陶謨》中分出《益稷》,仍從《顧命》中分出《康王之誥》,外加《盤庚》三篇,故將今文二十八篇析成三十三篇。本書一律不從,將所分出各篇一律歸入原篇,仍成二十八篇之數。

三、本書原擬對各篇按校勘、解釋、章句、今譯、考證五部分進行整理(見顧師《尚書大誥今譯(摘要)》,《歷史研究》1962 年第 4 期),經徵求學者們意見,將"章句"併入"解釋"中。後在撰寫過程中,發現很多校文常因釋義不同而用字不同,"校"與"釋"不能嚴格分開,遂將二者併成"校釋"。不過將主要談校者置於前,主要談釋者置於後。於是本書各篇遂分校釋、今譯、討論三部分。

　　四、今文二十八篇原所在的漢代今文、古文各傳習本皆失傳，唯有僞古文本中析成三十三篇之二十八篇隨僞古文本傳下。僞古文本最初爲隸古定寫本，中多奇字，唐天寶間改寫爲楷書本，開成間刻成《唐石經》，而後各種刊本皆自石經出。故《唐石經》實爲一切版刻本之祖，本書校勘遂以之爲底本，一切異文異字皆依《唐石經》比勘校訂。

　　五、校勘文字，首尋先秦文獻及出土文物所引《尚書》文字，次則漢代文獻及漢代石刻與出土文物所引今文遺字，再次則東流文獻及石刻中所引古文遺字，再次則《魏石經》中三體異文主要尋其古文，以及魏、西晋人所引古文文字。東晋以下則先尋隸古定寫本以及一般唐寫本文字，五代以後一依《唐石經》爲準。其中隸古定文字，在本書較先撰寫各篇取校較詳，自1996年1月《尚書文字合編》出版，隸古定文字一覽無餘，取閱方便，故自1996年9月以後所撰各篇於隸古定文字取校較簡。所有校勘工作皆充分利用清代學者成果，主要仰賴段玉裁、陳喬樅、皮錫瑞之書，其他各家著作則有關者采用之。

　　六、《尚書》文字過於晦澀，成爲典型的“佶屈聱牙”（韓愈語），有很難索解者，有須仰賴今日甲金文古文字之學成熟之成果以尋釋者，而過去注疏家、經師們大都就己見進行解釋，望文生義之處在所難免，故釋義之紛歧成爲古代典籍之最。今欲尋析某字之義，也就只能首先作歷史的了解，不論各家所釋之正或誤。先循其先後尋之，可見出關於每一字義解釋的歷史演變之迹。特別是漢學、宋學爲經學中兩大不同體系，其解釋動多牴牾，在《尚書》學中，漢學之代表作爲“二孔”（僞《孔傳》、《孔疏》），宋學之代表作爲《蔡傳》，故此二家之義大都必采及之，然後再攬各家要説。大抵自先秦而兩漢魏晉至唐尋其古義，主要爲漢學的；宋以後尋其宋學者；至清尋吳、皖、揚州各派，略及今文派之説；晚清至近世尋其由新文字成果所作之科學性新説。先予羅列，而後加以綜合、分析，作出評斷去取。有不能斷者則並存之，以俟進一步論斷。此爲本書“釋”的部分的大要。

　最近找出顧師50年代初存稿中《酒誥》、《梓材》、《召誥》、《多士》、《無逸》五篇校釋稿，除本書此次所寫稿中《酒浩》已大部分完成只采用其尾部小部分外，其餘四篇雖經按本書體例加以改寫並作必要增訂外，爲尊重顧師親筆，故儘量采其成果於篇中，則不循歷史作諸説之考察，而依顧師逕取以爲可作定論之某一説以爲釋（其中多爲近代人之説），故唯此四篇與全書稍異。

　七、本書譯文，係按句用今語意譯，不作直譯。因古語與今語相去太遠，不易按字對譯。總之以力圖表達原句本義爲最要。每句的譯文，皆根據“校釋”中的釋義來定，必反覆推敲“校釋”中各説，擇其合於本處文義並與前後文義能相協者始斟酌定之。總之不依腦子裏的認識來定，做到無一字無“校釋”的來歷以爲定。有時“校釋”中雜義並陳，很難決定哪一説最確，就在“校釋”中説明後面譯文姑取某一説爲今譯，極個別的在譯文中用夾注説明難以定論姑取某説爲譯。

　八、本書的“討論”，旨在弄明白各篇存在的問題。首先是該篇本身的問題，其次爲篇中内容所存在的問題，特別是争論多的問題。本身的問題，指該篇寫成年代、該篇作者及講話對象與對該篇長期存在的紛歧看法等等，還有些關於該篇的特殊問題。内容的問題，往往在“校釋”中揭出，集中到“討論”中較詳地加以討論。本書較早撰寫各篇，大都把問題集中到“討論”中處理，但稍後撰寫各篇，因内容問題多，集中到“討論”部分篇幅會過大，所以大都在“校釋”中較詳地解決。

　　九、本書引用各種文獻資料，大都在各篇中第一次出現引該書全稱，其後則用該書簡稱。由於本書所引用資料數量大，而撰書的時間雖長，相對來說每篇撰寫較爲勿促，因此没有來得及對引用書的方式作統一規定。像西方有些著作對所引的書定了細密規則，給書的作者編了號，每一作者不同著作又在作者號下編了分號，因而全著作中只見一組之作者號和書名號編在一起的號碼，而全著作中見不到所引資料的作者名和書名。科學系統化是做到了，但在本著作中叙述學術活動時就感到不方便，因而本書辦不到這點，就比較無一定之規地引用文獻資料，可能還是手工業方式，一時還無時間去達到現代化。現列出全書“主要引用參據書目”附於書後。在各篇的一些專章裏以及一些突出的專題裏，考據紛繁，引用資料往往很多，動輒數以百計，甚或更多，例如《堯典》的“羲和章”、“璿璣玉衡章”及專題“光被”、“六宗”、“九臣”等，《禹貢》“三江”、“九江”、“黑水”等，皆引據至夥，很多書目未能録入“主要引用參據書目”内。全書引用書當以千計，實無暇詳加清理，録入“主要引用參據書目”中。

　　十、本書標點有一需説明者，即《春秋》和《左傳》的年份，和《易》的卦名、《周禮》的官名一樣，都和《詩》的詩篇名、《書》的書篇名相同，是各書的内容，各書的組成部分，而不是指歷史上的年份、歷史上的官名，而可視同該書的一個章節。所以應括在書名號内，標爲《春秋·隱公元年》、《左傳·桓公二年》等形式，使和《詩·十月》、《書·大誥》、《周禮·司徒》一樣，使讀者知道是指該書内容。

　　十一、朱熹强調《尚書》不可通之處不要勉强去説通，這意見很重要，本書有些地方恐怕不能免於此譏。但本書要作“校釋”，要遍尋歷代主要各家之釋，各家或有在不可通之處勉使之通者；本書要作“今譯”，又不可缺了某句不譯。只好利用各家深入的探研成果及現代甲金文研究對古文字的深入了解，來作爲幫助讀通的條件，以勉圖讀通。現在據以完成此書，“知我罪我”，端在全國大方之家、學術通人與廣大愛好古典文史的好學青年的批評指教。

堯　典

　　《堯典》原為秦博士伏生（伏勝）傳授博士弟子之《尚書》本中的第一篇，至漢代繼續傳授為《今文尚書》二十八篇中的第一篇。伏生弟子歐陽、大小夏侯三家傳授之本因增漢代後出《太誓》而成二十九篇，此仍為其第一篇。先秦另有逸篇《舜典》未傳下，東晋出現偽《古文尚書》，將《堯典》後半自"慎徽五典"句以下割出冒充《舜典》篇。現特將其恢復，歸入《堯典》篇中。

　　《堯典》既為先秦已存在的《書》篇。先秦文獻中據初步蒐列共稱引《堯典》之文達十四次，是僅次於《康誥》（三十一次）、《太誓》（二十二次）、《洪範》（十九次）、《吕刑》（十六次）四篇引用次數較多之習用篇章。為西漢伏生《今文尚書》二十八篇之第一篇，亦為增入《太誓》後之伏生系今文三家二十九篇本之第一篇。今文三家的《尚書大傳》傳釋其文義之文稱《唐傳》，則似以《堯典》為《唐書》。另有《虞夏傳》，釋先秦《舜典》逸文。西漢所傳《書序》百篇中，列《堯典》為《虞夏書》第一篇，又另有《舜典》為第二篇。東漢馬融、鄭玄本《古文尚書》亦列為《虞夏書》第一篇，仍有《舜典》為第二篇。東晉偽《古文尚書》初出，缺《舜典》篇，乃取王肅注《堯典》從"慎徽五典"以下，分為《舜典》篇以續之。又在"慎徽五典"句之前，仿《堯典》篇首之文，先後偽增二十八字以為《舜典》篇首。南齊姚方興偽造《舜典·孔氏傳》，隋代以之取代王肅注，今本《舜典》遂為姚氏偽傳本，與《堯典》依次為偽古文《虞書》第一篇、第二篇。今恢復漢今文、古文相同之《尚書》篇次，將偽古文分出之《舜典》仍併歸《堯典》原篇中。其情況詳後面"討論"。《史記·五帝本紀》之《堯紀》錄載《堯典》"克明俊德"至"三載四海遏密八音"止，又其《舜紀》則引錄有關舜的其他資料後，又錄載《堯典》"舜格于文祖"至"分北三苗"止，不過大都改成漢代通行文字，即所謂以訓詁字改寫，成了我們今天研究《堯典》最有用的比較資料。

（一）校　釋

　　曰若①稽②古③帝堯④，曰放勳⑤，欽、明、文、思⑥安安⑦，允恭⑧克讓⑨，光⑩被四表⑪，格于上下⑫。

　　克明俊德⑬，以親九族⑭；九族既睦⑮，平章⑯百姓⑰，百姓昭明⑱，協⑲和萬邦⑳；黎民㉑於㉒變㉓時雍㉔。

　　①曰若——"曰"，古文作"粵"（即金文"雩"），或作"越"。偽

古文亦作"粵"，唐時改同今文"曰"。"若"，有古文異體。"曰若"，
爲無義的語首助詞。

　　"曰"，鄭玄所注《古文尚書》本作"粵"。《文選》之《東都賦》、
《魯靈光殿賦》李善注及《後漢書·李固傳》李賢注亦皆引作"粵"。
兩李皆唐人，其所見僞古文隸古定寫本如此。但《唐石經》已用唐玄
宗命衛包改寫今體"曰"字。敦煌唐寫本《經典釋文·堯典》及宋刊
唐孔穎達《尚書正義》也都作"曰"。

　　至宋代，一般刊本承《唐石經》作"曰"，日本古寫本内野本承唐
本亦作"曰"，惟出於宋次道、王仲至家後爲晁公武刻石及薛季宣據
以撰《書古文訓》之《古文尚書》本作"粵"。（段玉裁《撰異》云："宋
人多誤認此爲壁中真本。"）故《蔡傳》云："古文作粵。"臧琳《經義雜
記》云："李賢引經後即引鄭注，則鄭所注《古文尚書》作粵矣。宋薛
季宣《書古文訓》尚作粵，是《孔傳》本此字猶與鄭同，今本蓋後人所
改。"意謂《古文尚書》（包括薛氏所傳僞《古文尚書》）原作"粵"，流
行本僞古文作"曰"，是後人改用今文。證以緯書《考河命》、《契
握》、《摘洛戎》等亦均作"曰"，緯書文字原依今文，可知今文實係作
"曰"。（陳喬樅《經說考》謂"粵曰古今文之異"，是對的。皮錫瑞
《今文尚書考證》據《魯靈光殿賦》作粵，其作者王延壽爲今文家之
後，因謂今文三家本不盡同，亦有作粵者。按此說可商，王延壽生當
魏晉古文已成官學時，宜亦從用古文。）按，所謂後人當係唐玄宗時
的衛包。

　　粵字在金文中作"雩"，見小盂鼎、毛公鼎、麥尊等銘。王國維
《毛公鼎銘考釋》云："雩，古粵字。"楊樹達《積微居小學述林》之《彝
銘與文字》云："蓋古文有雩無粵，金文雩字之用與經傳之粵同，知粵
乃雩之變。"又其《毛公鼎跋》云："雩字誤作粵，經傳作越。"

宋人已指出"曰"亦作"越"。林之奇《尚書全解》云："李校書推本《古文尚書》，以'曰'字爲胡越之'越'。與《召誥》'越若來二月'同。此説甚善。"按《漢書·揚雄傳》師古注云："越，曰也。"《爾雅·釋詁》："粵，曰也。"是"越"、"粵"同於"曰"，其字自相通，《漢書·地理志》中吳越之"越"皆作"粵"，可證。故《蔡傳》云："曰、越、粵通。"王國維《觀堂學書記》云："雩、粵、越、曰，古通用。"

"若"，《魏三體石經》古文作 <sub>（薛摹作 ）。唐寫本《釋文》作"<sub>"。在甲骨文中作 （《通纂》第 14 片）、 （《後編·上》第 16 頁）。金文中作 （《大盂鼎》）、 （《師虎殷》）、 （《彔伯戎殷》）。吳大澂《説文古籀補》謂"彔伯戎殷之若字，古通作 "。其字象人舉手跽足並以口承諾之狀，實爲古"諾"字。《魏三體石經》似本於古字而稍訛異其形。劉逢禄《尚書今古文集解》云："若，古文作 ，即（《説文》）榑桑 木之若，怳忽之詞也。馬、鄭訓爲順，《説文》引申之謂擇，又借爲杜若香草，俱非本訓。"章炳麟《新出三體石經考》之吳承仕《附記》云："《説文》叒字形應作 ，如戴侗説。此作 者，即 形之變。上從叒，下從襄省聲。"于省吾《王若曰釋義》在簡述了甲骨文、金文中的若字至《説文》中訛作叒又與從艸從右訓爲擇菜之若相混淆後，釋云："《説文》訓叒爲叒木，與若字本義了不相涉。丁佛言説：'若義爲順，象人席坐兩手理髮之形，取其順也。'（《説文古籀補補》卷一）按丁氏解釋若字的形義甚是。"其實《説文》的叒、若二字，徐鉉並音"而灼切"，可知二者原即一字，即上述甲骨文、金文中所見若字或附"口"或不附"口"之二體。許慎誤以爲二字而分別著録之，又録叒之籀文作 ，亦即若字之傳寫形訛。《魏三體石經》古文出於漢時所傳古籀，故孫星衍《魏三體石經遺字考》謂石經此字當作 。

　　"若"又可與"越"通用。王先謙《尚書孔傳參證》:"《召誥》'若翌日',又云'越翌日';《漢書·律曆志》引《武成》'若翌日',僞《武成》作'越翌日'。越與若義同也。連言之則爲'曰若'。"

　　"曰若",爲語首助詞,《薛訓》及《蔡傳》均已指出:"曰若,發語辭。"劉淇《助字辨略》云:"曰,辭也;若,亦辭也。曰若,重言之也。"王引之《經傳釋詞》云:"若字皆是語詞之'惟'。"章炳麟《王伯申新定助詞辨》謂"以惟訓若,臆造無據"。按章氏所謂"據",係指漢代字書及經師傳注中所有者。其實王氏就大量材料歸納而得之結論,不得謂之無據。顏師古《匡謬正俗》云:"惟,辭也,蓋語之發端。"以惟訓"若",正合。

　　曰若,或粵若、越若、雩若,作爲無意義的語首助詞,尚見於《皋陶謨》與《逸周書·武穆解》均云"曰若稽古",《召誥》云"越若來三月",《逸周書·世俘解》云"越若來二月",《漢書·律曆志》引逸《武成》(實即《世俘》)云"粵若來二月"。(但王氏《釋詞》對此句均釋作"及也"。孫經世《經傳釋詞再補》則統釋作發語詞。孫說爲是。)又《小盂鼎銘》云"雩若翌乙亥",《麥尊銘》云:"雩若二月"."雩若翌日",其用法都相同。

　　②稽——僞古文作"乩"。"稽"是查考之意。

　　敦煌唐寫本《經典釋文》寫此字作"乩",内野本、薛氏本亦作"乩",皆僞古文。流行僞本改回作"稽"。

　　馬融訓"稽"爲"考",鄭玄訓爲"同"。僞《孔傳》、《孔疏》、《蔡傳》並訓爲"稽,考也"。按考字通常爲查考之意,現代語言中的"查"字當與古代語言中的"稽"字相當。近世公文於叙事之先,往往以"查"字開頭領起,正與古時用"稽"字相同。漢時策文中多用"惟稽古"字樣,即是《尚書》中的"曰若稽古"。

③曰若稽古——是史官追述古事的開頭用語。和下面的“帝堯”二字連讀。

此四字經學家聚訟紛紜,極繁瑣之能事。東漢初桓譚《新論》記今文家小夏侯學派的秦恭,解說“堯典”兩字至十餘萬言,解說“曰若稽古”四字至三萬言,其說未傳下。東漢末古文家鄭玄釋云:“稽,同;古,天也。言堯能順天而行之,與之同功。”意在頌堯功德同天而不顧其謬誤不通。馬融訓“稽”爲“考”是對的,但他釋此句爲“堯順考古道”,僞《孔傳》從之,王引之《經傳釋詞》指出訓“若”爲“順”,“於文義未協”。這些漢學的一貫說法,因爲要把《堯典》說成是“上所爲,下所書”爲“尚(上)書”(《論衡》之《須頌篇》、《正說篇》),即是說要表明這是堯時的史臣記載主上堯的言行之書。至宋學興,始有合理的說法。陳大猷《書集傳或問》引程頤說:“史氏記前世之事,曰稽古之帝堯其事云云。”林之奇《全解》云:“程氏云:若稽古者,史官之體,發論之辭也。史官記載前世之事,若考古某人之事言之。”《蔡傳》云:“史臣將敘堯事,故先言考古之帝堯者,其德如下文所云也。”清人大都依宋人此說,如焦循《尚書補疏》說是“自今述古之稱”。劉逢禄《集解》、魏源《書古微》都說是“周史臣之詞”,王先謙《尚書孔傳參正》亦從此說。

但焦、劉和段玉裁、王引之等都以爲應即以“曰若稽古”四字爲句。劉《集解》云:“以此四字屬下讀者,由《白虎通》不得其說,馬、鄭從而誤之也。”皮錫瑞《今文尚書考證》亦謂:“據桓君山所引,則小夏侯《尚書》以‘曰若稽古’四字絕句。”陳喬樅《今文尚書經說考》云:“此不盡然也。據《白虎通》引《臯陶謨》以‘曰若稽古臯陶’六字連文,則知今文家讀《堯典》亦‘曰若稽古帝堯’六字爲句。”王國維《學書記》亦主張“當以‘曰若稽古帝堯’六字爲句”。按緯書《考河

命》有"曰若稽古帝舜",《契握》有"曰若稽古王湯",《摘洛戎》有
"曰若稽古周公旦"。緯書文字原同今文,是此四字自以從漢代今文
家讀、以及古文家馬鄭讀,連下面"帝堯"二字讀爲六字句爲是。

　　④堯——古文本作"祅"。"堯"在此作爲帝名。

　　薛氏《書古文訓》作"祅",當承自漢古文。于省吾《尚書新證》
云:"《說文》垚部:'祅,古文堯。'《汗簡》祅字本此。《十鐘山房印
舉》之一,古鉨二,有祅字,即堯,與《說文》合。《殷墟書契後編》卷
下三二,有𡗗字,應寫作丼。祅作丼,畫有繁簡,猶《鄭文公碑》竟之
作覚也。"

　　《經典釋文》釋云:"堯,唐帝名。"《蔡傳》承用之。按此字經學
家有很多說法,古文家以爲謚,今文家以爲生名死謚,古史家(如譙
周)以爲號。文繁俱不引(可參看《孔疏》、孫星衍《注疏》、劉毓崧
《尚書舊疏考證》)。其實古代"帝"字指上帝。"帝某"總是指某一
天神。殷墟卜辭中的"帝"即指上帝(有時爲祭上帝的禘祭名。晚
殷才有兩個王稱帝乙、帝辛,是趨於沒落時借用帝稱以壯聲勢)。
《尚書·呂刑》中的"皇帝清問下民"之"帝"亦指上帝。神話全書
《山海經》中許多"帝某",都是指各種天神或各種氏族神。因古代
每一氏族都以爲自己的族起源於一個神,所以"帝某"往往就是某氏
族的宗祖神。氏族部落多,這樣的帝某也就多。所以《山海經》中記
載了那麼多。"帝堯"已見於《山海經》中,帝舜和禹也見於此書中,
但在該書的幾個顯赫的群神古帝世系中,沒有帝堯,可見他地位並
不高。但到儒墨兩家文籍中,把群神古帝中常見者由神話淨化爲歷
史人物,開始把堯、舜、禹推崇爲古代德業最高的聖王。此篇《堯典》
(還有下篇《皋陶謨》)即儒家搜集許多遠古素材加工編撰的宣揚
堯、舜、禹盛德大業的寶典。但篇中並未列出堯舜的朝代名。《墨

子》書中屢屢稱"三代聖王堯、舜、禹、湯、文、武"。把堯舜和禹一樣列在夏、商、周三代中。其書中雖然出現了虞字，但未列爲一個朝代，故《明鬼下》仍然說"虞夏、商、周三代之聖王"。把虞夏列爲一代，由於實際上虞、夏是通姻之族，同時活動之故。到史籍《國語》中，則夏代前有了虞代。其《晉語》中，在虞以前並有陶唐氏，但與堯無關。由《呂氏春秋·古樂篇》所排列古帝先後，陶唐氏排在黃帝前，堯則排在黃帝後第三位，亦可知陶唐與堯無關。但到戰國末備載氏族資料的《世本》中，始說"帝堯爲陶唐氏"。《史記·五帝本紀》承用其說，於是史籍中唐堯與虞舜、夏禹、商湯、周文王名號一致，成了戰國後期流傳的唐、虞、夏、商、周這一"二帝三王"歷史系統中的唐帝（其後"二帝"擴展成"五帝"，首見於戰國末《五帝德》中提出的第一種五帝說，在堯、舜前加了黃帝、顓頊、帝嚳等三帝。而先後共出現八種不同人物組合的五帝說，堯在其中六種五帝說中始終爲五帝之一）。堯的"唐帝"名位坐穩了，所以才有《經典釋文》這一注釋，也才有經學家許多紛紜緣飾的說法。而三代都稱王，爲什麼在其前較原始的朝代反而稱帝呢，經學家要給它尋出解釋，漢董仲舒《三代改制質文篇》說是商湯追尊唐堯，始稱之爲帝。這是向壁虛造的說法，他們不知道戰國學者根據神話資料改寫成歷史人物時，沿用了資料中的帝堯、帝舜等原來天神稱號照寫的，根本不是由於後王對他的尊稱，也根本沒有什麼或名或謚或號等等紛紜區別的（參看下文"皋陶"校釋所作的補充）。

⑤放勳——"勳"，古文作"勛"。"放勳"，相傳爲堯名。

薛季宣僞古"勳"作"勛"，實承自漢古文。見《說文》："勛，古文勳。"段玉裁《撰異》云："壁中故書作勛，孔安國、庸生乃易爲勳，許君存壁中之舊。"皮錫瑞《考證》引《大戴記·五帝德》、《孟子》趙岐注及武梁祠畫像皆作"勳"，謂"勳本今文"。又引《史記·三代世表》及諸書引《中候》皆作"勛"，謂今文亦有作"勛"者。

　　"放勳"，陳喬樅《經說考》據《中候》中"天子臣放勛"云："則放勛乃堯之名，此《今文尚書》說也。"馬融、鄭玄、皇甫謐亦謂是堯之名，同今文說。《釋文》謂"一云堯之字"，江聲《音疏》謂是堯之氏，沈彤《尚書小疏》及劉逢祿《集解》謂是堯之帝號。章炳麟《拾遺定本》亦說是"當時所稱號"。這些都是經生們的妄生紛擾。僞《孔傳》、《孔疏》、《蔡傳》釋"放勳"爲讚美堯功勳之辭，而不作堯名。其理由爲："允迪"不可爲皋陶之名號，故"放勳"、"重華"、"文命"亦不可爲堯、舜、禹之名號。此說是對的。但歷史上往往有以訛傳訛而成真的事。林之奇《全解》尋其故云："正如子貢之稱夫子曰：'固天縱之將聖又多能也。'蓋稱夫子之德如此，後世遂稱夫子爲'將聖'，與此正同。"所以先秦文獻中確已以此爲堯名。如《孟子·滕文公上》云："放勳曰：勞之，來之。"又《萬章上》云："放勳乃殂落。"而《離騷》中則以重華爲舜名。本來由傳說而成的歷史人物，他的名號可隨文獻使用，不用認真計較。

　　⑥欽明文思——"思"，今文作"塞"或"寋"。"欽明文思"，是對堯德業的讚美詞。

　　《後漢書》之《鄧后紀》、《第五倫傳》、《陳寵傳》、《郅壽傳》李賢注都引《考靈曜》"思"作"塞"。《隸釋》之《魏受禪表》、《衛尉卿衡方碑》仿用此字也都作"塞"。段玉裁《撰異》云："思與塞同部雙聲，故古'思'今'塞'。凡《古文尚書》與《今文尚書》乖異，不盡關乎音韻，此則關乎音韻者。凡緯書皆出於漢，《書緯》則皆襲《今文尚書》。"又《說文·心部》："寋，實也。從心，塞省聲。《虞書》曰：'剛而寋。'"此引《皋陶謨》之文，但今本《皋陶謨》仍作"塞"。陳喬樅《經説考》云：“塞、寒古相通用，寒即從塞省聲也。思、塞同部雙聲，故古文作思，今文作塞或寒。”江聲《音疏》、王鳴盛《後案》皆引作“寒”。段玉裁《撰異》云：“按塞字從土，近或改從心，作寒。傅會《說文解字》。……許書字各有本義，則盡改假借之字勒歸本字，如用寒改塞，其意改假借字歸本字也，不思塞實非故訓乎，六書假借可廢乎。”其意今文只是用假借字“塞”，不用本義之寒。楊樹達《積微居小學金石論叢》卷三云：“思，古讀如鰓。……又讀如塞。”

　　“欽、明、文、思”，各家都從字面緣飾來作爲讚美堯德行之詞。馬融注：“威儀表備謂之欽，照臨四方謂之明，經天緯地謂之文，道德純備謂之思。”（馬說全同於《逸周書·謚法解》，但彼“表備”作“悉備”，“純備”作“純一”。）鄭玄注：“敬事節用謂之欽，照臨四方謂之明，經天緯地謂之文，慮深通敏謂之思。”段氏《撰異》云：“《後漢書·郅壽傳》注引鄭《考靈曜》注云：‘道德純備謂之塞。’道德純備，充實之意也，故以訓‘塞’，此《今文尚書》說也。鄭注《古文尚書》云：‘慮深通敏謂之思。’此《古文尚書》說也。各如其字釋也。馬季長注《古文尚書》曰：‘道德純備謂之思。’此用《今文尚書》之說釋《古文尚書》，讀‘思’爲‘塞’，易其字也。”至僞《孔傳》乃依《爾雅·釋詁》直訓爲：“欽，敬也。”《蔡傳》云：“欽，恭敬也；明，通明也；敬體而明用也。文，文章也；思，意思也；文若見而思深遠也。”就文尋義，已比漢經師較簡明。《東萊書說》云：“散而在外則爲文，聰明之發見也；蘊而在内則爲思，聰明之潛蓄也。文、思，表、裏之謂。”是就這些字面來讚美堯的内在的和見於外的德行。

　　⑦安安——今文作“晏晏”。仍是對堯的風度的讚美詞。

　　《後漢書》之《鄧后紀》、《馮衍傳》、《第五倫傳》、《陳寵傳》、《郅壽傳》李賢注引《考靈曜》都作“晏晏”。《論衡·恢國篇》、崔瑗《司隸校尉箴》、蔡邕《司空袁逢碑》、《成都令唐扶頌》、《後漢書·何敞傳》所録何敞文，仿用此字也都作"晏"。惠棟《九經古義》云："春秋齊景公安孺子，《古今人表》作晏孺子，是安與晏通。"段氏《撰異》云："欽明文思安安，《古文尚書》也；欽明文塞晏晏，《今文尚書》也。"

郑玄注："寬容覆載謂之晏。"按《説文》："晏，天清也。"《爾雅》："晏晏、温温，柔也。"《疏》："寬緩和柔也。"《釋名·釋言語》："安，晏也，晏晏然和喜無動懼也。"這些含義足以讚美堯的風度寬容温和、包容大度。

⑧允恭——"恭"，古文作"龏"。"允恭"，確實恭勤。

《魏三體石經》的"恭"字作"龏"，薛季宣本也作"龏"。《江疏》云："龏，恭，古今字也。"又云："依《説文》當作龔。"章炳麟《新出三體石經考》云："《説文》龏、龔異字。龔訓給，與供同義；龏訓愨，與恭同義。"

《鄭注》："不懈於位曰恭。"《孫疏》："《詩·韓奕》云：'夙夜匪懈，虔共爾位。'恭同共，鄭用其義。"《尚書後案》專宗鄭學，故云"恭，古作共"。段氏《撰異》云："此誤也。《尚書》凡恭肅字皆從'心'，供奉供給字則作'共'，分用畫然。"又按，《詩》恭敬字皆作恭，惟《詩·韓奕》'虔共爾位'，鄭云：'古之恭字或作共。'與毛説異。然云'或作'，則知偶一有之，非其常也。"又《撰異·甘誓篇》有云："鄭君所謂古之恭字或作共者，據《左氏》言，他經不爾也。衛包誤認共、恭爲古今字。供、龔音訓俱同，而古經假共爲龔。龔訓奉，非恭敬之謂也。宋次道家《古文尚書》（薛本所祖）凡恭敬字皆作龔，此不通小學者所爲，適與衛包意見合。"按金文共字作𠬞（《𩰫共𣪘》）、𠬞（《且乙父己卣》）、𠬞（《叔夷鍾》），象兩手奉器供奉之狀

(見容庚《金文編》。郭沫若釋爲拱,見《金文餘釋之餘》),足爲段説佐證。然《詩·小明》亦云"靖共爾位",《禮·表記》引作"恭",可知"恭"古有假作"共",通"龔"。雖龔字原係供奉、供給之義,亦可通龏,作恭敬義。《金文編》有"龏"(頌鼎),即云通"龔"。

"允恭",《孔傳》、《蔡傳》並釋爲"信恭"。《孔疏》釋爲:"在于己身則有此四德(指欽、明、文、思),其于外接物,又能信實恭勤。"是説堯確能恭勤不懈於所職。

⑨克讓——"克"有古文異體。"讓",今文用古體"攘"字。"克讓",是善能推讓之意。

《魏三體石經》"克"字古文皆作,薛本作"亨"。江聲《音疏》云:"亨,可得反。今作克,訛也。"按克字在甲骨文、金文中作等形,《説文》中篆文、古文摹之而有訛變。然漢代廣漢郡書刀三已作克(見容庚《金文續編》),可知《魏石經》係摹古奇字(或謂係據六國文字)。《説文》有另一古文克作,略近於魏石經。

"讓",《漢書·藝文志·道家》引作"攘"。師古曰:"攘,古讓字。"皮氏《考證》云:"是今文亦用古字作攘也。"王先謙《參正》云:"允恭克讓,古文也,今文作允恭克攘。"按薛氏本亦作"攘",是薛本自居爲古文本,但只知搜尋古字,至昧於今古文兩學派用字之異。

《説文》:"攘,推也。""讓,相責讓也。"而鄭玄注此字云:"推賢尚善曰讓。"江聲《音疏》云:"攘,如向反,相推也。今作讓,讓訓責,非其誼矣。"孫星衍《疏》:"讓,假借字。"

"克讓",僞《孔傳》、《蔡傳》並釋"能讓"。《孔疏》補充爲"善能推讓"。並云:"持身能恭,與人能讓,自己及物,故先恭後讓。"是説堯首先能恭恪於自己立身行事,其後又能以謙虚推讓待人。

⑩光——今文作"横"(同"擴"),亦作"廣",並通"桄"。是充

滿之意。

《漢書》之《王莽傳》、《王褒傳》、《後漢書》之《馮異傳》、《崔駰傳》、班固《西周賦》、張衡《東京賦》並引今文作“横”，《禮緯·含文嘉》、《漢書·禮樂志》、《隸釋》之《靈臺碑》、《復華下民租田口算碑》、《成陽令唐扶頌》、《縣竹石堰碑》、《藝文類聚·樂部》引《五經通義》等都引今文作“廣”。以上皆據王引之《述聞》、皮錫瑞《考證》所舉。此二書又引《漢書》之《宣帝紀》、《蕭望之傳》並載黃霸等議引作“光”，班固《典引》亦作“光”，皮以爲亦今文。按黃霸習大夏侯氏學，班固習小夏侯氏學，是確爲今文亦有作“光”者。王、皮二書又引黃瓊《言宦者縱恣疏》、胡廣《邊都尉箴》亦作“光”。二人當漢安帝世，王朝尚行今文，則此可能亦今文。王、皮二書又引荀爽《易比卦》注、《北堂書鈔》引《樂緯》注、蔡邕《釋論》、高誘《淮南子》注、史晨《祀孔廟碑》、《魏公卿上尊號奏碑》、《吳封禪國山碑》、王粲《無射鐘銘》、曹植《求通親表》、徐幹《中論·法象篇》等皆引作“光”，王氏但説是《堯典》文，皮氏則明確謂此數者皆今文作“光”之證。但這些人都當《古文尚書》已大行之後，例如蔡邕且爲書寫古文石經者，則不能即説諸人所引即是今文。不過有了黃霸、班固所引，已知今文本確亦曾有用“光”者（是否受已盛行的古文影響，則不可知）。薛季宣本則作“芡”，係用《説文》的古文光字。

按《漢書·天文志》：“黃道，一曰光道。”《風俗通·皇霸篇》云：“黃者，光也。”《説文》云：“黃，從田，從芡，芡亦聲。芡，古文光。”“炗，古文黃。”這是説“黃”從“光”成字得聲。故王先謙注《天文志》云：“黃、光，古字通。”《魏三體石經·左傳》齊世子光之光字，殘存下半截作“⿱光”，孫星衍《魏三體石經遺字考》以爲係“⿰光”壞字。其《叙》又云：“黃爲⿰光。”可知即以光、黃同字，其古體同爲“⿰光”。又《山海經·海內經》:"吉光是始以木爲車。"吉光本爲馬名,故《抱朴子·博喻篇》云:"吉光饑渴于冰霜之野。"而《逸周書·王會篇》則云:"犬戎文馬,赤鬣縞身,目若黃金,名吉黃之乘。"是吉光又作吉黃,是光、黃古字同之證。但甲骨文和金文中,有人以爲截然爲二字。光字從甲骨之🔥,至金文之🔥、🔥、🔥,都如《說文》所云:"從火在人上,光明意也。"而黃字則爲🔥、🔥等形。據郭沫若《金文叢考·釋黃》云:"黃字實古玉佩之象形。"朱芳圃《殷周文字釋叢》則謂"象獸皮平張……於架上之形"。總之以爲是象形字,非《說文》所云從田從光之形聲字。但《說文》篆文作"🔥",明與金文相同,故商承祚《說文中的古文考》謂黃字"金文皆同篆文"。周谷城《古史零證》專文中說:"火與田字結合便成黃字,金文裏的黃字幾乎都是這個形。用火把東西燃燒起來,一方面獲得照耀曰光……另一方面被燒的東西燒完了也曰光。……《春秋左氏傳》陳侯之弟'黃',《公羊》、《穀梁》作'光'。《書》'光被'《漢書》作'橫被'。光與黃通,故光與橫亦通。豈獨通而已……簡直就是一個字。"這從文字構義上說明"黃"之爲"光",並由"光"與"黃"通進而與"橫"通,且進而爲同字。唐蘭《古文字學導論》云:"古鉨的🔥字,舊時也不識,《汗簡·止部》有🔥字,釋做光,這無疑是六國時的別體。"看到《公羊》、《穀梁》以"光"爲"黃"是六國通例。《尚書》今古文各本皆承自先秦而寫成於漢人之手,故由"光"而"黃"而"橫"之通用就見於《尚書》文字中。

《漢書·成帝紀》:"走入橫城門。"如淳曰:"橫,音光。"又《武五子傳》:"焚蘇文於橫橋上。"孟康曰:"橫,音光。"武億《群經義證》云:"《春秋》昭公二十一年《傳》:'樂大心禦華向於橫。'注:'梁國睢陽縣西南有橫亭,今在睢南縣西南,世謂之光城。'蓋光橫聲相近,習傳之非也。《水經》傳引《淮南子》'玉橫維其西北之隅'注:'橫,猶光也。’”是漢代習以“橫”字通“光”，故《今文尚書》寫此字作“橫”。

又《詩·敬之·毛傳》云：“光，廣也。”又《釋名》：“光，亦言廣也。”王引之《經義述聞·國語上》云：“光之言，廣也。……《荀子·禮論篇》：‘積厚者流澤廣。’《大戴禮·禮三本篇》‘廣’作‘光’。《大戴禮·曾子疾病篇》：‘君子行其所聞則廣大矣。’《漢書·董仲舒傳》‘廣’作‘光’。是‘光’與‘廣’同聲而字亦相通。”故今文此字亦有寫爲“廣”的。

總之，光、黃、橫、廣，由於同聲而通用。據《經典釋文》，“橫，古曠切”。實即後來“擴”字。

戴震曾提出一說云：“《堯典》古本必有作‘橫被四表’者。……橫轉寫爲桄，脱誤爲光，追原古初當讀古曠反，庶合充廓廣遠之義。”（見戴氏《文集》內《與王內翰鳳喈書》）王引之《經義述聞》反對之云：“光、桄、橫古同聲而通用，非轉寫訛脱而爲光也。三字皆充廣之義，不必古曠反而後爲充也。”又云：“光被之光作橫，又作廣，字異而聲義同，無煩是此而非彼也。”段氏《撰異》亦云：“伏生作橫，壁中作光，皆即桄字。《爾雅》、《説文》：‘桄，充也。’桄、橫通用，與《今文尚書》合。孫叔然《爾雅》作‘光，充也’，與《古文尚書》合。《古文尚書》光字即桄字之假借。”又云：“《孟子》曰：‘擴而充之。’擴即橫之異體。”“擴乃橫之俗字，《孟子》原書當是‘橫而充之’。”又云：“桄是本字，橫是假借字。橫之古音讀如黃，亦讀如杭，用爲桄之假借則讀如光。而恢廓之義則漢後橫、桄皆讀古曠。”皮氏《考證》：“光、廣古通用，光、橫古同聲亦通用。漢人引用或作橫，或作廣，或作光，皆歐陽、夏侯三家異字。然字異而義同，皆是充塞之義。”

《鄭注》訓“光”爲“光耀”（見《詩·噫嘻正義》），僞《孔傳》訓

“光”爲“充”。《撰異》云：“鄭君釋以光耀，此就本義釋之。僞孔云：
‘光，充也。’此就假借釋之，用今文注古文也。古今文字異而音同，
僞孔訓爲長。”皮氏《考證》以《漢書·陳寵傳》“聖德充塞，假於上
下”一語，證明釋爲“充塞”是原來的正解。

⑪光被四表——“被”，讀曰披（《漢書·揚雄傳》注）。僞孔釋
爲“溢”。《孔疏》：“《傳》以‘溢’解‘被’，言其饒多盈溢故被及之
也。”《蔡傳》釋爲“及”。當如《楚辭·招魂》注：“被，覆也。”即披覆
及之之意。敦煌唐寫本《釋文》：“表，古表字。《説文》古文作㡰。”
按《説文》作襮，此誤從方。薛本作“裱”。

僞《孔傳》釋此句云：“故其名聞充溢四外。”《孔疏》：“表裏，內
外相對之言，故以表爲外。”（戴震《尚書義考》引孔穎達《疏》云：“界
外之畔爲表。”《堯典》疏未見此言。）俞樾《群經平議》云：“光被四
外，甚爲不辭。……今按僖二十八年《左傳》：‘表裏山河。’表裏皆
以衣爲喻。……《説文·衣部》：‘表，上衣也。’又曰：‘裔，衣裾也。’
是表與裔本義皆屬衣。以其在極外而言，則曰四表，猶衣之有表
也。”意在釋“四表”爲四方之外極遠之地。

《書緯》另有“四表”之説。見《考靈曜》云：“二十八宿之外，各
有萬五千里，是謂四游之極，謂之四表。”鄭玄注云：“天旁行四表之
中，冬南夏北春西秋東，皆薄四表而止。”這是對天象的妄説，不過鄭
玄注緯書用今文説，由此亦可稍明“四表”之義。它是指四游之極。

⑫格于上下——“格”，今古文皆通用“假”。古文作“徦”、
“叚”，僞古文作“戓”、“或”。皆甲骨文、金文“各”的後起字，在此
訓爲“至”。“格于上下”，稱頌堯之德充溢至於天地上下。

《説文》：“假，非真也。从人，叚聲。一曰至也，《虞書》曰：‘假
于上下。’”段氏《撰異》：“許（慎）所稱《尚書》，乃孔安國壁中本

（按，實爲杜林古文本，依據一卷壁中本寫成，遂稱全書爲壁中本）。許所見壁中是‘假’字，而今本《堯典》‘格’字五見。考《毛詩》《楚茨》、《抑》作‘格’，毛云：‘來也，至也。’《雲漢》作‘假’，毛云：‘至也。’是古時‘格’‘假’通用。《尚書》作‘格’，其來已久。王逸注《招魂》曰：‘假，至也。《書》曰假于上下。’叔師多用《今文尚書》，此《今文尚書》與《古文尚書》同也。《後漢書·孝順帝紀》：‘丕顯之德，假于上下。’《史記》：‘假人元龜’，‘假于皇天’，‘假于上帝’。《漢書》：‘惟先假王正厥事。’《尚書大傳》：‘祖考來假。’此《今文尚書》有‘假’無‘格’之證。”皮氏《考證》補充云：“《後漢書》《明帝紀·詔》、《陳寵傳》疏皆引‘假于上下’。《馮異傳·安帝詔》云：‘昭假上下。’《白虎通·禮樂篇》引《尚書》曰：‘前歌後舞，假于上下。’所引是《太誓》之文，然作‘假’當無異。此皆漢人用今文作‘假’。”總之古時格、假通用。如《管子·地員篇》：“其木乃格。”俞樾《諸子平議》：“格讀爲《爾雅·釋木》櫠椵之椵。”亦可旁證。

　　“格”、“假”古文寫作“佫”、“徦”。《魏三體石經》凡“格”字皆作“佫”。章炳麟《新出三體石經考》云：“《說文》作‘徦’，漢《費鳳碑》‘有恥且佫’，已作‘佫’字。蓋古文《論語》如此。休寧戴氏（震）說《堯典》‘格于上下’，引《說文》‘木長’爲訓，以與‘橫被’相對。實不然也。然據莫高窟所傳《經典釋文》字亦作‘格’，是僞孔已不知用‘佫’字。而陸乃云古作‘戟’，《汗簡》因之，不知何所本也。”按敦煌寫本《釋文》作：“格，加百口。古作戟。”薛季宣本亦作“戟”。夏竦《古文四聲韻》錄存《古尚書》格字則是僞古文隸古定本的隸古奇字。

　　按大徐《說文》：“格，從木，各聲，古百切。”又：“各，古洛切。”又：“徦，從彳，叚聲，古頟切。”“假，古頟切。”可知由於“古”、“叚”

同爲見紐魚部字，“格”、“假”遂相通。而此兩字又皆屬古音第五部，由於平入對轉，故由“徦”而“假”。《方言》：“假、徦，至也。”兩字遂亦同訓。

　　楊筠如《尚書覈詁》：“吉金文通作‘各’，惟《師虎敦》作‘徦’，《庚嬴卣》作‘𨑃’。《方言》：‘徦，至也。’格者徦之假，徦又各之繁文。《説文》‘各’從口、夂。當是神祇來饗之意。引申之，凡來皆曰‘各’。”陳夢家《殷虚卜辭綜述》（第 81 頁）云：“卜辭常説王往、來、步入、至等字，西周金文只有‘王各于（某處）’。《方言》一説邠、唐、冀、兗之間以‘徦’爲來。所以‘各’是西土語。”楊樹達《積微居金文餘説自序》云：“各字甲文作𑀘、作𑀘，象足抵區域之形，此經傳格字訓來訓至之初字也。卜辭云：‘有各雲自東面母。’（《菁華》四）各雲者，來雲也。他辭云：‘其自東來雨。’（《通纂》375）……金文……‘王各’者，王至也。此皆用‘各’字本義者也。……此字第一步發展爲《方言》卷一訓至之‘徦’，此於初文‘各’字之旁加形旁‘彳’爲義也。第二步發展爲《説文》訓至之‘徦’，則取‘格’字之加旁‘彳’字爲形，別取與‘各’音近之‘叚’字爲其聲，而變爲形聲字。”據此顯然可知，“各”爲訓來與至之初文，“徦”、“徦”爲來、至義之後起字。其後“來”與“至”之義爲此二後起字所專，而初文“各”字失其初義，但爲各自之各。（《説文》：“各，異辭也。”）後來又把自有自己本義之“格”（木長貌）、“假”（非真也）二字，作爲“徦”、“徦”之假借字，使被借具有“來”、“至”之義。故僞《孔傳》、《孔疏》、《蔡傳》並訓“格”爲“至”，並釋“格于上下”爲至于天地。都是用“格”的假借義，而“上”“下”皆釋爲天、地。這是儒家欲極致頌揚帝堯德充天地的用意所在。

　　楊筠如《覈詁》則云：“《詩·烈祖》‘以假以享’，‘來假來饗’。

《楚茨》‘神保是饗’，‘神保是格’。格、饗同誼。猶《信南山》言‘是
烝是享’，《潛》‘以享以祀’，《載見》‘以孝以享’，烝、祀、孝同謂享
也。《論語》言‘禱爾于上下神祇’，合觀之可以知‘格于上下’之意
也。”是將格(各、假)釋爲與烝、祀、孝、享(饗)同義，此是甲骨文、金
文及不少《詩》《書》文獻中“各”、“格”、“假”諸字確有之義。但此
處如作此釋，則是説堯享祀天地上下神祇，與上文一氣説下來頌揚
堯德廣大充溢天地之意不相協了。《堯典》本來是儒家編造頌揚堯
德之文，所以寧取以上經師相沿之説爲釋，不取享祀義。

⑬克明俊德——“俊”，今文或作“峻”（駿）。《史記》引作“馴”
（訓）。唐寫本古文作“畯”，或作“儁”。“德”，古文作“悳”。“俊
德”，大德。也有釋爲倍於千百人的才德爲俊德。“克明俊德”，是
説堯能昭明發揚他的大德。

《禮記·大學》引“俊”作“峻”（陳大猷《書集傳》：“《禮記·大
學》俊德作駿。”是宋時本有作“駿”者）。《三國志·陳思王植傳》亦
引作“峻”。段氏《撰異》：“此與《古文尚書》合，特山旁人旁爲異
耳。”皮錫瑞《考證》以爲大小戴與夏侯同師，既《禮記》作“峻”，則夏
侯《尚書》當亦作“峻”。又據《漢書·平當傳》引作“峻”，而平當習
歐陽《尚書》。則今文三家皆作“峻”，然又據《論衡·程材篇》引作
“俊”，而王充習歐陽《尚書》，則歐陽別本有作“俊”者。是知今文或
作“峻”，或亦作“俊”，峻、俊通用。

《史記·五帝本紀》此字作“馴”，徐廣云：“馴，古訓字。”《索
隱》：“《史記》馴字，徐廣皆讀曰訓。訓，順也。”段氏《撰異》：“馴、
訓、順，三字通用。《堯典》在歐陽、夏侯當作‘克明訓德’，與‘五品
不訓’用字正同。徐中散（廣）在晋末，雖《今文尚書》已佚，而‘祖
饑’、‘謚哉’之類尚存一二，又采集舊聞，知馴即訓字，故云‘古訓

字’也。”又謂《史記》録《尚書》，“有所用《今文尚書》與古文本不同者，如‘俊德’作‘訓德’、‘萬邦’作‘萬國’是也”。依段氏言，則今文原作“訓”。

古文自作“俊”，然敦煌唐寫本《釋文》作“畯”，並釋云：“本又作‘儁’，皆古俊字。”敦煌唐寫本《說命下》“旁招畯乂”亦作“畯”。薛季宣本亦作“畯”。是知僞古文隸古定本作“畯”。而陸德明所據別本爲馬、鄭、王本，則馬、鄭、王所據杜林漆書古文本作“儁”。

鄭玄於《禮記·大學》訓“俊”爲“大”，《蔡傳》亦訓“大”。王鳴盛《後案》：“考‘峻’古無大訓，《爾雅》駿爲大，鄭蓋假借釋之。”《覈詁》：“《說文》：‘俊，才千人也。’引申爲大義。”

“德”，《魏三體石經》古文作“𢛳”，敦煌唐寫本《釋文》作“悳”，並釋云：“古德字。”薛氏本、内野本亦作“悳”。皆隸定古文德字，《說文》德字正作悳。

“俊德，鄭玄注：賢才兼人者”（見《正義》）。江聲《音疏》：“《逸禮·辨名記》云：‘十人曰選，倍選曰俊。’《淮南子·泰族訓》云：‘千人者謂之俊。’《說文·人部》：‘俊，才千人也。’所謂俊義雖有不同，然總是兼人之號，故云‘俊德，賢才兼人者’。”孫星衍《注疏》云：“《春秋繁露·爵國篇》云：‘萬人曰英，千人曰俊，百人曰傑，十人曰豪。’《說文》曰：‘俊，才千人也。’故以俊爲才兼人也。”總諸人之意，倍於千百人的才德爲俊德。

“克明俊德”，今文家釋爲堯自明其德。自漢代今文説（包括《禮記·大學》及《史記》所引），至宋儒如司馬光、朱熹、真德秀、陳櫟、蔡沈等，下及清今文學家魏源，與清季俞樾、皮錫瑞等，皆主此説。如《大學》云：“《帝典》曰‘克明俊德’，皆自明也。”《蔡傳》：“明，明之也。俊，大也。堯之大德，上文所稱是也。”《群經平議》：

“是謂堯自明其德，非謂明俊德之士也。”皮氏《考證》：“明德爲自明其德，鄭君以俊德爲賢才兼人者，非今文義也。”最後王國維謂《尚書》“俊德，當指一己之俊德也”。古文家釋爲堯明俊德之士而用之。如：鄭玄已言賢才兼人之士，僞《孔傳》云：“能明俊德之士任用之，以睦高祖玄孫之親。”《孔疏》之説更陋，至謂：“能明俊德之士者，謂命爲大官，賜之厚禄，用其才智，使之高顯也。”宋儒如程頤、吕祖謙、陳大猷等亦主此説，下及清人江聲、王鳴盛等皆主之。顯然，古文説不及今文説合理，亦與上下文歷叙堯本身之德不協。

⑭九族——以今天理解的意義説，是指當時許多氏族。

經學家對“九族”的解釋極爲紛歧繁雜，古文家説自高祖下至玄孫爲九族；今文家説爲父族四、母族三、妻族二（俱見《孔疏》）。或謂父、母、妻族各三（見《白虎通·宗族篇》引又一説）。均係根據《禮經》繁文如《喪服》等説聚訟紛紜。清汪琬、俞樾、張海珊、黄家辰等踵事增華，都撰有《九族考》專論之。其實應如宋吴棫、清汪中之説，以“九”爲古人約舉多數之詞。吴棫説見陳大猷《書集傳或問》所引云：“吴氏曰：九族者，數之極。凡王者於祖免之親，同姓之國，皆所當親也。”汪中説見其《釋三九》云：“三者，數之成也；……九者，數之終也。……生人之措辭，凡一二之所不能盡者，則約之三以見其多；三之所不能盡者，則約之九以見其極多。此言語之虚數也。實數，可稽也；虚數，不可執也。”其言甚是。證以《禮記·喪服小記》云：“親親以三爲五，以五爲九。”可見禮家之以三、五約數比類推求。《儀禮·士昏禮》云：“惟是三族之不虞。”《周禮·小宗伯》云：“掌三族之别，以辨親疏。”原來只言三族。歷史上秦漢有夷三族之酷刑。禮家既有以三爲五、以五爲九之推求，於是其後有誅九族之刑更酷。古文家所提九族之説，殆在防止殺戮過多。其實九族如真爲《堯典》作者心目中所指堯時情況,應係指當時許多氏族。卜辭中所見有"王族"、"多子族"、"三族"、"五族"等,正與九族提法相類。即下文的"百姓"、"萬邦"等提法,亦完全和此相同。可知九族是泛指各氏族,不應拘泥在"九"字的字面上糾纏不清,正像不能拘泥"百"字"萬"字一樣。而"族"字也不要認爲是家族。

　　⑮九族既睦——"既",古文作"旡"。"睦",古文作"睂"(⿱)。"九族既睦",各氏族都已親睦團結好。

　　敦煌寫本《釋文》"既"作"旡",並釋云:"古既字。"又云:"睦,古文作睂。"此二字薛氏本作"旡⿱"。僞《孔傳》:"既,已也。"王充耘《讀書管見》:"既字當訓作盡。"《蔡傳》:"睦,親而和也。"綜合諸義,是說對各氏族盡已親睦團結好了。

　　⑯平章——"平",今文作"便",通作"辨"、"辯"。古文異體作"采"或"⿰"。"平章"是辨別彰明之意。

　　《史記·五帝本紀》"平"作"便"。《索隱》:"《古文尚書》作'平'。……平既訓便,因作'便章'。其今文作'辯章'。……便則訓辯,遂爲'辯章'。"《詩·采菽》孔疏引古本《尚書大傳》作"辨"(元王天興《尚書纂傳》引元時《大傳》作"辯")。班固《典引》與《答賓戲》亦並作"辨"。《後漢書·劉愷傳》則引作"辯"。李賢注並引鄭玄注同(盧文弨據此所輯《大傳》遂作"辯章")。又《召誥》之"伻"字,《漢石經》皆作"辯"字。(《詩·采菽》之"平平左右",《左傳》引作"便蕃"。毛氏、服虔並訓:"平平,辯治也。")凡此皆今文用字。鄭玄用了今文。

　　《白虎通·姓名篇》作"采"(刻本或作"平")。《魏三體石經》"天壽平格"之平作"采"。章炳麟《新考》云:"與《說文》合。"因《說文·亏部》:"⿰,古文'平'如此。"敦煌寫本《釋文》仍作"平",當爲陳鄂所改。内野本亦作“平”。此爲古文用字。

惠棟《九經古義》云：“下文‘平秩’字，伏生作‘便’，鄭玄作‘辯’。《説文》云：‘釆，辨別也，讀若辨。’古文作‘𠔩’，與平相似。《亏部》云：古文平作‘釆’。孔氏襲古文，誤以𠔩爲平，訓爲平和，失之。辨與便同音，故《史記》又作‘便’。《汗簡》云：‘《古文尚書》平章字作𠔩。’《玉篇》同。”江聲、王鳴盛繼其説，以爲辨別之釆，古文作𠔩；平舒之平，古文作釆。二字不同，後世因其形聲易混而誤爲一，世遂無識釆章字者，遂誤爲平字。

但段、王反對此説。《撰異》云：“平、辨雖一在古音十一部，一在古音十二部，而同入最近。是以《周易》清、真通用，《洪範》偏、平合韻。《尚書》平、便皆訓使，此平章即便章之理也。不必如惠所説。”王引之《述聞》中有一篇詳論惠氏説之非，謂平、便、辨、辯音義皆同，非誤字明甚，係借“平”爲“辨”，不應誤以爲古文“釆”字。皮錫瑞亦同持此論。

司馬貞《史記·索隱》已指明“《古文尚書》作平”。“今文作辯章”。《述聞》則謂：“作‘辯章’者鄭氏本，作‘平章’者，馬融本。”《撰異》云：“鄭注《尚書》讀平爲辨，從《今文尚書》也。”陳喬樅《經説考》云：“《史記》作‘便章’，蓋本之歐陽《尚書》；他所引‘釆章’、‘辯章’者，殆大小夏侯之異文。”又云：“《今文尚書》一作‘辨章’，辨、辯古書通用。其作便者，音同假借字耳。”皮錫瑞《考證》云：“《白虎通》引今文亦作‘平’者，平、便一聲之轉。三家異文或同古文作‘平’（引崔駰《章帝謚議》、曹植《求通親表》、蔡邕《封事》等所引均作“平章”爲證）。”綜諸家所説，可知古文原作“平”，有從今文作“辨”、“辯”者（如《鄭注》）。今文原作“便”，或通假爲“辨”、“辯”，亦有同古文作“平”者（如《白虎通》）。

“平章”（辨章），鄭玄注：“辨，別；章，明也。”僞《孔傳》：“平，和；章，明。”《蔡傳》：“平，均；章，明也。”陳大猷《書集傳》：“王氏（安石）曰：‘治而夷之之謂平，成而著之之謂章。’”總之是辨別、彰明百官之意。

⑰百姓——即百官。依金文當作“百生”。以今天理解的意義説，指各氏族首領人員，包括其在部落聯盟機構中任職者。

僞《孔傳》：“百姓，百官。”《孔疏》：“百姓即百官也。百官謂之百姓者，隱八年《左傳》云：‘天子建德，因生以賜姓。’謂建立有德以爲公卿，因其所生之地而賜之以爲其姓，令其收斂親族，自爲宗主。”陳大猷《或問》：“平章百姓，是正已用之官，即在朝者言天也。”王國維《學書記》云：“此句極可疑，因古書中無‘姓’字，而姓氏之制成于周室，且皆女人所稱。惟金文中‘百生’字常見，此處亦當作‘百生’，與下文‘黎民於變時雍’爲類。”楊筠如《覈詁》云：“‘百姓’，吉金文止作‘百生’。《伯吉父盤》：‘其惟諸侯百生。’《史頌敦》：‘里君百生。’王師（國維）謂‘百生’即百官。考《逸周書·商誓解》：‘昔及百官里居。’又曰：‘百姓里居。’居爲君字之訛。是百姓即百官之明證。”楊樹達《善鼎跋》亦證百生即百姓，百姓即百官。所言均甚確。是“百姓”原當寫作“百生”。宋學諸家（如《蔡傳》等）多謂百姓指王畿之民，係據“百姓”二字之後世意義理解，由於不知有“百生”古字古義之故。

按《詩·麟之趾》“振振公姓”《傳》云：“公姓，公生也。”《白虎通·姓名篇》云：“姓者，生也。”是漢人知“姓”即“生”字。許慎《説文》則釋“姓”爲“人所生也”。猶存“姓”與“生”的關係。《書序·汩作》“別生分類”之《孔傳》云：“生，姓也。別其族姓，分其類使相從。”是東晉僞《孔傳》作者尚知“生”爲“姓”字，且知按其族定姓。

須知金文中所有"百生"都是按周代制度指得姓之百官。《國語·楚語》下云："民之徹百官,王公之子弟之質能言能聽徹其官者,而特賜之姓以監其官,是爲百姓。"故韋昭云："百姓,百官也。"《堯典》原稿成於周世,其"百生"一詞原來的概念,當即係周時制度的概念。然其指説堯時,如曾根據原始傳説素材(由下文"羲和章"確知根據不少原始素材),則當氏族部落之世,各自有其圖騰,後因圖騰得姓(按很早得的姓如姒、姜、姬等都從女,可能在母系氏族公社時期就開始得姓)。而這種得姓,當時就叫"名官"。例如少昊氏部落原以鳥爲圖騰,後來就以各種鳥名做其部落中各氏族的姓——也就是各氏族首領的官名。昭十七年《左傳》記載了這事,就説"以鳥名官"。計有鳳鳥氏、玄鳥氏、伯趙(勞)氏、祝鳩氏、爽鳩氏等十二姓,每姓都指出了其所司之官。因此原來氏族時期的"百姓"(百生),就是指各氏族首領等得姓的"百官"。所以"平章百姓"的意思,就是團結好了各氏族之後,就要把各氏族以至部落的首領、長老或軍事領袖等辨別、表揚、處理得很好。

⑱昭明——"昭"即明。"昭明",明上加明、很清明之意。

僞《孔傳》："昭,亦明也。"陳大猷《書集傳》："昭明,明之著也。"

⑲協——古文作"叶",和合之意。

《論衡·齊世篇》引作"叶"。《説文》："叶,古文協。"薛氏僞古文本亦作"叶","和"則作"咊"。内野本亦作"叶咊"。陳喬樅《經説考》據《論衡》所引謂"此亦《今文尚書》之存有古字者"。皮錫瑞《考證》："《大傳》:'不叶于極。'《白虎通》:'叶時月。'皆引作'叶'。是伏生今文亦有古文之證。"

按《史記·五帝本紀》引此文作"合"。司馬遷常依訓義譯《尚書》原文,此乃以"合"訓"協"譯用之。《説文》:"協,衆之同和也。"僞《孔傳》仍依《史記》訓"協"爲"合"。《孔疏》云:"《釋詁》以'協'爲'和'。和、合義同,故訓'協'爲'合'也。"

⑳協和萬邦——"邦",今文作"國"。此句以今天理解的意義來説,就是聯絡團結好當時各部落。

《史記》、《漢書》並引"邦"作"國"。或疑係避劉邦諱。洪邁《隸釋·論語殘碑跋》辨之云:"漢人作文不避國諱,威宗諱'志',順帝諱'保',《石經》皆臨文不易。《樊毅碑》'命守斯邦'、《劉熊碑》'來臻我邦'之類,未嘗爲高帝諱也。"段氏《撰異》亦云:"國字非爲本朝諱,自是《今文尚書》本作'國'。漢人《詩》、《書》不諱,不改經字。……司馬遷作《史記》曰:'先王之制,邦内畿服,邦外侯服。'又曰:'盈而不持則傾。'於'邦'字'盈'字亦不改易。"所言皆有據。陳垣《史諱舉例》言漢代之諱,"大約上書言事不得觸犯廟諱,當爲通例。至若臨文不諱,《詩》《書》不諱,禮有明訓。漢時近古,宜尚自由"。在此情況下,可知《今文尚書》作"協和萬國"(皮錫瑞、王先謙皆持此説)。陳喬樅《經説考》據《後漢書·明帝紀》所載中元二年詔曰"協和萬邦"。明帝從桓榮習歐陽《尚書》,因而謂今文亦作"邦"。

薛氏僞古文本隸古定字"邦"作"峀"。

王氏《後案》:"邦,從邑,丰聲。邦、雍亦協韻也。"段氏《撰異》:"或云邦離韻語,國則不韻。予曰:此不必韻。《老子》:'修之國,其德乃豐。'未嘗非古合韻也。"

"萬國",《論衡·藝增篇》云:"《尚書》'協和萬國',是美堯德致太平之化,化諸夏並及夷狄也。言協和方外可也;合萬國,增之也。……夫千與萬,數之大名也,故《尚書》言'萬國'。"江聲《音疏》

從其説，以爲"充（王充）以萬爲盈數，萬國言其多，不必備一萬國"。皮氏《考證》："仲任（王充字）以萬國爲增而非實，蓋歐陽説。與班孟堅、夏侯説不同。"按班氏《漢書·地理志》云："方制萬里，畫埜分州，得百里之國萬區。"班氏習小夏侯《尚書》。是實定爲萬國。與九族説之必落實爲九者，同爲拘泥之陋説。

㉑黎民——當是指其時氏族成員。不過在原作者筆下，當係用周代"黎民"二字的概念。

《爾雅》："黎，衆也。"故僞《孔傳》亦釋"黎"爲"衆"。《孔疏》云："謂天下衆人。"王引之《述聞》肯定此説。

《蔡傳》："黎，黑也。民首皆黑，故曰黎民。"《詩·天保》："群黎百姓，遍爲爾德。"鄭玄注云："黎，衆也。"同《孔傳》用《爾雅》義。然朱熹注云："群，衆也。黎，黑也。猶秦言'黔首'也。"王引之《述聞》反對此説云："衆民謂之黎民，猶衆賢謂之黎獻。《皋陶謨》'萬邦黎獻'，傳訓爲衆賢，是其例也。不聞'黎'訓爲黑而謂之黑賢也。"

于省吾《尚書新證》復提出新説，謂"黎民"即《盤庚》"視民利用遷"之"民利"。以"黎"、"利"同字。並據《利鼎》、《師遽尊》、《宗周鐘》等之"利"字及甲骨文"騾"作"𥝫"、《西伯戡黎》之"黎"《説文》作"𥟖"等，謂"從秝、從黎，一也"。又云："《漢書·匈奴傳》'莉庶亡干戈之役'。宋本'莉'作'秾'（秾即利）。顔注：'莉，古黎字。'按，莉即黎。《城壩碑》黎首作莉首，《韓勑後碑》黎民作莉民。凡此可爲黎、利同字之證。"其結論云："蓋黎民、民黎，皆古人語例。"此從文字結構以尋"黎民"、"民黎"爲古人常語，未聞其原訓義訓"衆"或訓"黑"。

按《墨子·備梯篇》云："禽滑釐子事墨子三年，手足胼胝，面目黧黑，給身役使，不敢問欲。"畢沅校云："黎字俗寫作從黑。"由於黎訓黑,始有此俗寫作形聲字之"黧"。足見原係指手足胼胝操作於烈日下面目黧黑的勞動者,故稱黎民,此義似亦有據。

　　無論訓"衆"或訓"黑",總之"黎民"是古代稱庶民的常語。由《爾雅》"黎、庶,衆也"可知古代稱黎民就是庶民之意。(庶民一詞見《禮·大傳》:"庶民安則財用足。")據《秦誓》云:"以保我子孫黎民。"又云:"以不能保我子孫黎民。"可知"黎民"一詞,在周代至少是關中常用成語。《堯典》原篇在戰國前已存在,故數用此詞。其下文云:"黎民阻飢。"同時之《皋陶謨》亦有"黎民懷之"及"萬邦黎獻"之語。都可知周代慣用此語。

　　至戰國改稱黔首。《禮記·祭義》有"以爲黔首則"語。秦併六國後,"黔首"一詞成爲全國之通用語。《說文·黑部》:"黔,黎也,從黑,今聲。秦謂民爲黔首,謂黑色也。周謂之黎民。"由是"黔首"遂成秦時通用語,周時通行之黎民一詞遂不通行。然仍爲文人筆下之常言。據《隸釋·益州太守城壩碑》,則漢時文人有牽合二詞寫作"黎首"者。到僞《古文尚書》屢用"黎民"。《大禹謨》云:"黎民敏德"、"黎民懷之"。《五子之歌》云:"黎民咸貳。"僞古文作者搜舊籍中這些詞彙,作爲虞夏時代用詞,不知它只是周代用語。

　　黎民、黔首又和"蒼生"同義。《皋陶謨》:"至于海隅蒼生。"孫星衍《注疏》云:"《文選》史岑《出師頌》'蒼生更始'李善注云:'蒼生,黔首也。《說文》云……秦謂民爲黔首,周謂之黎民。'是蒼生猶言黎民。"可知黎民、黔首、蒼生,都是周秦時對庶民的稱呼。其詞彙的構成是有共同點的,都以蒼黑之色標明其特點。

　　近人有謂黎民爲黎族之民者。始見於夏曾佑《中國古代史》。繼者楊筠如《尚書覈詁》云:"按此黎民當即九黎之民。《楚語》:'其後三苗復九黎之德,堯復育重黎之後,始復典之。'即黎民於變之事。”方孝岳《尚書今語》既承認黎民是周代泛稱人民的用語，又謂《堯典》“黎民”是指蚩尤“九黎”之後。並云：“黎民云者，由專名而變成通名，初指九黎，其後通指一切蠻夷奴虜之隸民，最後泛稱一切民庶。”是也肯定黎民是周代稱呼庶民的用語。

㉒於——有古文異體二，或作“鴥”。是無義語助詞。

《魏三體石經》“於”古文作“継”。章炳麟《新考》云：“與《說文》合。”高本漢寫定《尚書》引某本作“鴥”（見斯德哥爾摩《遠東古物館館刊》第20期，1948年，英文）。

《孔傳》釋此句爲“言天下衆民皆變化從上，是以風俗大和”。是訓“於”爲“皆”。《漢書·成帝紀》顏注引應劭云：“言衆民於是變化，用是大和也。”是訓“於”爲“於是”。《孔疏》：“於變，猶言爰變也。《釋詁》云：‘爰，於也。’”是訓“於”爲“爰”。《蔡傳》：“於，歎美辭。”陳經《尚書詳解》訓“於”爲“美”。鄒季友《音釋》：“於，音烏。”江聲《音疏》從之云：“於，古文烏。”段氏《撰異》反對其說云：“於，陸（德明）無音，《正義》釋以‘於是’，或疑本作‘於’，衛包改之。玉裁按：蓋相傳舊本如是，如《毛詩》‘俟我於城隅’，‘於我乎夏屋’，皆作‘於’也。兩‘夔曰於予’，陸氏亦不音烏。”王引之《釋詞》云：“於，語助也。‘於變’與‘時雍’對文。‘於’字釋文無音，蔡氏以爲歎美辭，非是。”楊樹達《詞詮》云：“於，語首助詞，無義。”當以《孔疏》、王引之、楊樹達之解爲是。

㉓變——今文本作“蕃”，或假借爲“弁”、“卞”（漢碑作“玣”）。古文本有“變”之古文異體。弁、卞（蕃、變），喜樂之意。

《漢書·成帝紀》引此字作“蕃”。《隸釋·孔宙碑》作玣。《魏三體石經》此字古文作“黲”，敦煌唐寫本《釋文》作“彪”，並釋云：“古變字。”郭忠恕《汗簡·彡部》有“彭”、“彪”二形，釋爲“變”字，云出《尚書》。薛氏本遂作"彰",内野本作"彰",足利本作"㰤"。

　　《漢書·成帝紀》師古注既引應劭說爲變化之義,又引韋昭曰:"蕃,多也。"師古繼注云:"此《虞書·堯典》之辭也。今《尚書》作'變',兩說並通。'蕃',音扶元反。"段氏《撰異》云:"蓋應(劭)用《古文尚書》讀'蕃'爲'變',韋(昭)注'蕃'爲'多',則如今文說不改字。"陳喬樅《經說考》云:"《易·文言》曰:'天地變化,草木蕃;天地閉,賢人隱。'故應劭以變化說蕃字之義也。《古文尚書》作'於變',《今文尚書》作'於蕃'。"

　　孫星衍《注疏》:"《潛夫論·考績篇》云:'此堯舜所以養黎民而致時雍也。'以養釋蕃。"

　　段氏《撰異》又云:"漢《孔宙碑》'於卉時雍','卉'即今之卞字,弁之變體。'弁'蓋'蕃'之假借,古音弁讀如盤。"章炳麟《古文尚書拾遺定本》云:"案《詩·小雅》'弁彼鸒斯'《傳》:'弁,樂也。'(按《爾雅·釋詁》:"卞,樂也。")《說文》正作'昪'。云:'喜樂貌。'此義實較蕃變爲長。蓋上言親九族,則下言九族睦;上言平章百姓,則下言百姓昭明;上言協和萬邦,則下言黎民於樂時和;義皆相應。若言'變'言'蕃',非協和之效矣。《五帝德》說堯事云:'四海之内,舟輿所至,莫不悦夷。'悦夷,即樂之謂。"吳閩生《尚書大義》承之云:"於弁,於樂也。"當以訓喜樂之義爲是。"卞"字具喜樂之義不顯,後來加心旁變成形聲字歡忭之"忭",喜樂之義就很顯明了。

　　㉔時雍——"時",古文異體作"旹"。(《說文》:"旹,古文時,从之、日。")"雍",亦有異體作"雝"(今文)、"邕"(古文)。"時",是也(《詩·十月之交》傳)。按金文中皆作"是",知"時"爲"是"的同音假借。"時雍","是和"之意。亦"是以風俗大和"之意(有釋"時"爲時代,或釋爲"而",只可備一說)。"黎民於變時雍"句《史

記》省去不載。

　　《魏三體石經》古文"時"作"旹"，薛氏本、内野本亦皆作"旹"，江聲《音疏》從之。漢《孔宙碑》"雍"作"廱"。薛氏本、内野本作"邕"。

　　《漢書·成帝紀》應劭注及僞《孔傳》、《蔡傳》並釋云："時，是也。雍，和也。""黎民於變時雍"，僞《孔傳》釋作"言天下衆民變化從上，是以風俗大和"，與應劭釋爲"言衆民於是變化用是大和也"義略同。

　　孫星衍《注疏》："《潛夫論》云致時雍，疑又以時爲時代之時。"皮錫瑞《考證》："案《後漢書·魯恭傳》曰：'夫王者之作，因時爲法，深惟古人之道，助三正之微，定律著令，冀承天心，順物性命，以致時雍。'則今文說有以'時'爲時代之時者。"

　　吳闓生《尚書大義》："時雍，調和也。"

　　裴學海《古書虛字集釋》："時，猶'而'也。'時'訓'而'，猶'之'訓'而'也。時與之古字通。"又云："四例，《讀書雜志》皆讀'時'爲'而'。兹訓'時'爲'而'，即襲其意。""'黎民於變時雍'，於，則也。言黎民則變化而和也。"裴氏此釋較牽强。

　　按《顧命》云："率循大卞，燮和天下。""大卞"即同此篇之"於變"，"燮和"即同此篇之"時雍"。

　　以上這一節，對堯作總的頌揚讚美。實際是儒家塑造堯盛德大業的總的形象，以符合《論語·泰伯篇》孔子讚美堯的話。孔子指不出實際内容（民無能名焉），只好空洞説堯巍巍乎同天一樣偉大，這一節實定了這一偉大。同時略按儒家明德、修身、齊家、治國、平天下的"大學之道"中心綱領，編造這些較具體内容，以充實孔子之説。宣揚一個以君主爲中心，藉宗法爲維繫，經由王朝一直到四境諸侯，連條共貫,從而使黎民擁護,天下雍和,共同向往的政治理想境界。

乃命①羲和②,欽若昊天曆象③——日月星辰④,敬授民時⑤。

分命羲仲⑥宅⑦嵎夷⑧曰暘谷⑨,寅賓出日⑩,平秩東作⑪。日中⑫、星⑬鳥⑭,以殷仲春⑮。厥民析,鳥獸孳尾⑯。

申命⑰羲叔宅南交⑱,平秩南爲⑲,敬致⑳。日永㉑星火㉒,以正仲夏。厥民因,鳥獸希革㉓。

分命和仲宅西㉔曰昧谷㉕,寅餞納日㉖,平秩西成㉗。宵中㉘、星虛㉙,以殷仲秋。厥民夷,鳥獸毛毨㉚。

申命和叔宅朔方㉛曰幽都㉜,平在朔易㉝。日短㉞、星昴㉟,以正仲冬。厥民隩,鳥獸氄毛㊱。

帝曰:“咨汝羲暨和㊲,朞三百有六旬有六日㊳,以閏月定四時成歲㊴。”

①乃命——“乃”,《漢書·律曆志》引作“迺”,今文原字,與西周金文合。金文“迺”、“乃”二字有別。“迺”,副詞,“於是”也。“乃”,第二人稱代詞領格,即“你的”。此處應作迺。但《漢石經》今文、《魏石經》古文都假用“乃”,遂沿用下來。用於語句發端,即作“於是”解。薛季宣本用原字稍變作“卨”,“命”則作“龠”,都成隸古奇字。“命”,在此即“任命”。

②羲和——“羲”,《論衡·是應篇》引作“曦”,薛季宣本僞古文作“戲咊”。“羲和”在本篇裏作爲主管天文曆象的官員,是由古神話中的太陽女神演化來的。在隋唐以上的注疏家都據下文把它釋

爲羲氏、和氏二家，並以爲是重黎的後代，分別擔任司天、司地的官（有一説不司地）。其中今文家以爲是四人（説羲和就是下文的羲仲、羲叔、和仲、叔四位），爲專掌天文星曆的官。古文家以爲是六人（以四位爲羲氏、和氏二人之子共六人），爲組成政府的六卿之官（附會《周禮》天地春夏秋冬六官），並兼任下文的“四岳”（四方的長官）。僞古文認爲人數是四人，只兼任了四岳。其實“羲和”與“重黎”毫無關係，是鄭玄據《國語·楚語》附會到一起的。原來的“重黎”是楚民族古代先祖神話中的火神，文獻中也説他“世叙天地”。實際是能“絕地通天”的“光照四海”的神。而“羲和”是東夷族古代先祖神話中上帝帝俊（即文獻中殷祖帝舜）的妻子，是生太陽的女神（見《山海經·大荒南經》）。演化爲太陽本身（見《文選》之《遊仙》、《秋懷》等詩），又演化爲太陽的駕車者（即“日御”，見《離騷》、《天問》、《廣雅·釋天》、《淮南子·天文訓》原本）。又由語音之變，分化成羲和與娥皇、常儀三個神名（王國維説，見郭沫若所引王氏《釋夋》一文，《觀堂集林》此文未見到此語）。娥皇也作上帝的妻子（《山海經·海内經》），到《尸子》和《列女傳》中成爲舜妻，也就是本篇下文“釐降二女于嬀汭”中的老大（《列女傳》：二女，長曰娥皇，次曰女英。《尸子》中又一説，二女一名娥，一名女皇）。常儀一作常義（常儀見《帝繫》，常義見《山海經》。《檀弓正義》引作常宜），是上帝的另一妻子，並且是生月亮的女神（見《大荒西經》）。神話傳説繼續演化，羲和和常儀兩位女神下降到人間的歷史中，就由生日、月的母親，分別變成黄帝手下的司日、司月的兩位男性官員（見《吕氏春秋·勿躬篇》“羲和作占日，常儀作占月”及《史記·曆書索隱》、《玉海》引《世本》等）。而且仍然很奇異，“羲和”在黄帝時是占日官員一人，到帝堯時變爲天文曆象官員四人或六人（見本篇），到夏代仲康時，又變回來合爲一人（見《書序·胤征》）。以後文籍中就實定爲管天文曆象的官員了。生月亮的女神"常羲"後來又變成嫦娥——"常羲""娥皇"二字合成，成爲夏代一個英雄"后羿"（原也是《山海經》中之神）的妻子，不過她始終没有從神話中跳出來，仍然跑回她的老家月宫裏去了。

③欽若昊天曆象——"欽"，敬。"若"，順。"昊"，《説文·大部》作"㚁"。與浩、皓、皞、顥等字同音通用，是"廣大"之意。"昊天"，廣大的天空（今文家歐陽氏説"春曰昊天，夏曰蒼天，秋曰旻天，冬曰上天"。許慎《五經異義》駁之，以爲此處"總敕四時，知昊天不獨春"。鄭玄又駁許説。這些經師的紛紜之説不足據）。"曆"，《史記·曆書》引作"歷"。歷字本義爲經歷、經過，用於天象時，原指日月星辰在天球面上的經歷運轉，所以也叫"步"。"象"即現象。"歷象"，日月星辰在天上運轉的現象。後來的曆法是根據這些歷象測定的，所以才稱"歷法"。漢以後歷字改寫作曆，以從"日"來表示"曆法"意義。本篇此字原作"歷"，衛包改寫作"曆"。"曆法"二字通行後，又可轉過來理解曆象二字是作爲曆法根據的日月星辰的現象。《史記·五帝本紀》作"數法"，是字面譯意，作動詞用。

"欽若昊天曆象"，是很虔敬地順着（即按照）天空中日月星辰的本來現象來看，意即按照天上曆象本身的面目去認識它。舊注疏家都以"欽若昊天"四字斷句。"曆象"二字連下，或作爲名詞，或作爲動詞，至有謂曆爲曆書、象爲儀器者。都是不確的。

此處有一問題，"天"字在殷墟甲骨文中與大同義，有時加在地名人名前，有時逕作地名人名，而不用以指上天。在周人語言中，"天"就是上帝，原也不指天空。到《周易》爻辭中，除作"上帝"者外，也有作爲天空的“天”。《詩》之《雲漢》、《瞻卬》等篇始有“昊天”與“天”同用。時間在西周晚期。其“天”字既指天空，也指上帝。“昊天”能瞻仰，顯指天空，但又稱“昊天上帝”。至於比他們早的《詩·昊天有成命》的“昊天”，則分明是上帝。此篇用了“昊天”專指天空，可知這是西周晚期以後始有的用法，似亦可證明本篇的寫成不能早於西周晚期。

④星辰——敦煌唐寫本《釋文》作：“𠨷，古文辰。”吳氏《釋文校語》云：“今本缺此條，注疏本改作辰。案《說文》辰，古文作𠨷，隷變爲𠨷。小篆作𠨷，隷變爲辰。”古代關於辰字的用法很多。昭公七年《左傳》載晉平公云：“多語寡人辰，而莫同。”即是他要臣下把“辰”的許多不同解釋講給他聽。昭公十七年《公羊傳》云：“大火（心宿）爲大辰，伐（參宿）爲大辰，北辰亦爲大辰。”到宋代所知辰的用法還多。《夢溪筆談》有“天事以辰名者爲多”條，略舉：“十二支謂之十二辰，一時謂之一辰，一日謂之一辰，日月星謂之三辰，北極謂之北辰，大火謂之大辰，五星中有辰星，五行之時謂之五辰。”等等。又引《左傳》“日月之會是謂辰”（見昭七年），謂“一歲日月十二會，則十二辰也”。以釋十二支稱“辰”之故。李約瑟《中國科學技術史》第四卷《天學》第180頁解釋中國的辰字，以爲“辰的古義可能是天上的標記點”。其實本篇這“辰”字指的只是“星”，和昭十七年《公羊傳》以心星、參星、北極星等爲“辰”都是辰的較早用法。王引之《述聞》也指出：“辰者，星也。桓二年《左傳》‘三辰旂旗’，杜注曰：‘三辰，日、月、星也。’是星亦得謂之辰。”隨着人類對天文曆象觀測利用的發展順序，首先認識到月亮的圓缺，能根據它來定時間的一月。但無法用來認識季節的變化。而人類生産實踐在逐步前進，對於農事的安排和生活上的需要，都必須掌握一年季節的變化。只有天空

中幾顆在一定時間出現的最顯眼的星辰，才可作爲分辨季節的標
準。於是就把這些據以分辨季節的標準星象稱做"辰"，這就是辰的
本來意義。是正式曆法産生前的所謂"觀象授時"時代的辦法。古
人就是這樣據辰以觀象，憑象以定季節的。本節下文對四中星的觀
測，正是這一時代的活動，是和這辰字的用法一致的。隨着天文觀
測的進步，"辰"的使用也逐漸在增加，就出現了上述古代的許多
"辰"。所謂"日月之會謂之辰"，已進了一步，知道觀察日月在空中
的運行，把它們的視運動在天球面上的會合之處叫做"辰"了。但這
就必須把天球的赤道（我國古代用）或黄道（西方古代用）按固定星
象作一定的劃分，例如十二辰、二十八宿之類，才能定日月交會之
點。與十二辰區劃相當而順序相反的十二次，則是供觀察歲星即木
星用的。這必須天文觀測達到一定水平才行，如十二辰（其名稱即
子丑寅卯等十二支）大概要到殷代才有，二十八宿大概要到西周才
有，而十二次大概要到春秋之世才有。（十二次的名稱是：星紀、玄
枵、娵訾、降婁、大梁、實沈、鶉首、鶉火、鶉尾、壽星、大火、析木。）儒
家編寫本篇時，當然"辰"已有上述幾種用法（注疏家遂大都以日月
交會釋此辰字）。但在這裏是指下文四中星，其所根據的顯然是早
期材料。因此所説的"星辰"就是"星"。（漢代以一日的十二時也
稱爲十二辰以後，"辰"遂具有"時"的意義，"時辰"也就是"時"。
由此也可知，"星辰"也就是"星"。）

　　⑤敬授民時——"民"，通行本作"人"，是唐代避李世民的諱所
改。《史記》、《漢書》所引原文及《尚書大傳》和鄭玄所注釋的本子
都作"民"，今依江聲《尚書集注音疏》改回爲"民"。這句是説，把對
日月星辰所作觀察活動得到的天象節令知識傳授給人民（即告訴人
民），即把按"辰"觀"象"之所得授時與民，以便於民間從事農事的

安排，所以叫"敬授民時"。在殷代甲骨文中可看出，供王室祭祀用的紀時法，和供民間農事用的紀時法，是有區別的。後者就可稱爲"民時"。（本篇"民時"加藤常賢《真古文尚書集釋》即釋爲"農耕曆"）。

⑥分命羲仲——分別任命羲仲。是相對於上面總的"乃命羲和"來說的。薛季宣本"羲仲"寫作"戲￼"。

⑦宅——鄭玄注《周禮·縫人》引本篇"宅"字作"度"，與《漢石經》用字同。《方言》："度，居也。東濟海岱之間或曰度。"江聲《音疏》："今文'宅'皆爲'度'。宅、度字同讀，當從'度'。"段氏《考異》："凡《古文尚書》皆作宅，凡《今文尚書》皆作度。"《史記·五帝本紀》則逕用訓詁字作"居"。宋儒釋度爲測量，說是測量日出入之影（如朱熹持此說。但《蔡傳》仍釋爲"居"）。這是套用稍後的天文觀測活動，原意當不如此。

⑧嵎夷——《史記·五帝本紀》作"郁夷"，《釋文》引《尚書考靈曜》作"禺銕"，唐寫《釋文》但存"嵎，音隅"三字，餘字殘缺。《虞書·正義》引夏侯等書及小徐《說文·暘》都作"嵎鐵"，大徐《說文》略異作"嵎銕"。以上皆是漢代今文。《說文·土部》作"堣夷"。此是許慎據古文本（參據段氏《考異》）。《廣韻》誤作"嵎峓"，宋刊本《尚書》有從之而誤者，《考異》亦謂不可信。薛季宣本則作"堣㠯"，內野本作"嵎㠯"，是用夷的古文稍訛同仁字古文。按《禹貢》青州有"嵎夷"與此同，金文《小臣謎毀》有"五䪞"。都是在今山東境內。于省吾《尚書新證》云："五䪞即嵎夷，當係東夷之一種。亦猶《楚語》之稱三苗九黎也。……以其背山故作嵎，以其面海爲潟鹵之地故作䪞。《說文》作堣，則與金文鞻字同。金文凡從土之字多作￼。"但本篇作者原意是指東方海隅最遠的迎日出的地方，是不是指山東

境,似稍嫌近。《説文·土部》説堣夷在冀州暘谷。冀州東境達遼河以西,故《説文·山部》説嵎銕在遼西。二説相近。《禹貢》青州跨海而東的轄境遼東半島是嵎夷族的居地。《後漢書·東夷傳》:"夷有九種,曰:畎夷、于夷、……風夷、陽夷,故孔子欲居九夷也。昔堯命羲仲宅嵎夷,曰暘谷,蓋日之所出也。""贊曰:宅是嵎夷,曰乃暘谷,巢山潛海,厥區九族。"把居於遼海以東的九種"東夷"均稱爲嵎夷。胡渭《錐指》云:"范史以東夷九種爲嵎夷,必有根據。"可知嵎夷是九種東夷的總稱,原是氏族名。然後把其族所居之地叫嵎夷,成了地名,就成爲本篇"嵎夷"之地。地在渤海東岸,正是儒家編此篇時意中所指的遥遠的東方。

⑨暘谷——《説文·山部》作"崵谷",而《日部》作"暘谷"。錢大昕、段玉裁皆説前者是今文,後者是古文。唐寫《釋文》作:"暘,古陽字。"今本《釋文》暘改陽,删"古陽字"三字。據《説文·土部》作"陽谷",陳喬樅亦説是古文。但先秦及漢代其他文籍如《楚辭·天問》、《山海經》、《淮南子·天文訓》、《史記》舊本及《説文·灥部》都作"湯谷"。《山海經》之《海外東經》、《大荒東經》都説湯谷上有扶桑木,是太陽出入和居住的地方。可知湯谷原是神話中的地名。《淮南子》和《説文·灥部》的湯谷及《日部》的暘谷都承此説,不過把它説成只是日出的地方。

⑩寅賓出日——"寅賓",薛氏本隸古字較繁,係摹《説文》古文隸變而成。"寅",是夤的假借字,其義爲"敬"。"賓日",在殷代甲骨文中,是一種由殷王親自祭"日"的典禮。在西周金文中,"賓"爲侯伯郊勞天子使者或國賓奉敬禮物之詞,含有恭謹的敬意。"賓日"之賓早於它而原亦有敬意,才爲西周所承用。其後《禮記·禮運》"儐鬼神"。《孔疏》:"以接賓以禮曰儐。以郊天祀地及一切神明是

儐鬼神也。”都是指具有禮敬之意的祭祀。而在甲骨文中，另外有對“出日”、“入日”的專用祭名叫“又”（侑）。此處是對“出日”之賓禮之祭（參看胡厚宣《殷代之天神崇拜》，載《甲骨學商史論叢》）。由此可知儒家編寫此篇時，是根據了一些古代原始材料的。不過這裏把宗教活動改成了曆法活動。所以“賓”字不得不改釋爲“引導”（《史記》譯此句爲“敬導日出”僞孔傳承用導字義）。“迎接”（《尚書大傳》說）、“禮接”（宋儒說）等意，基本失去原來的祭禮意義了。但這一宗教活動還保存在周代當迎日之地的齊國的“八神”中。其中第七神就叫“日”，《史記·封禪書》說它“最居齊東北隅，以迎日出”。

　　⑪平秩東作——“平”，漢代今文作“辯”（《大傳》）或“辨”（《風俗通·祀典》）或“便”（《史記》）。古文作“苹”（馬融注）或“辨”（鄭玄注，或云鄭此處用今文）。“平”、“便”都有“使”的意義，“辨”“辯”和“便”通用（參看“平章”校釋）。唐寫《釋文》云：“平，如字，均也。馬作苹，普□（庚）反，□（云）使也。下亦（皆）放□（此）。”〔所加（ ）內字皆據今本《釋文》〕“秩”，漢代古文作“䄷”（見《說文·豐部》），薛季宣本遂承用作䄷，下文諸秩字同。《史記》作“程”，是譯用的訓詁字。唐寫《釋文》云：“秩，如字，序也。《說文》（下缺）”“平秩”，就是使之有程序（下文兩“平秩”同）。“作”，薛氏本隸古字作“迮”，作就是“作爲”，指生產活動，這裏主要指農事活動。此“東作”與下文“南爲”，是交互使用文字來說春夏的農活。“平秩東作”趙岐注《孟子·萬章篇》說就是“治農事”，這裏是指春天的農事，故稱“東作”。蘇軾《書傳》：“東作，春作也。”本文以東、南、西、北分別配春、夏、秋、冬。《尚書大傳》從而加以闡明云：“東方者何也？動方也。物之動也。何以謂之春？春，出也。故謂東方

春也。”下文同樣對南方、西方、北方作了配合夏秋冬的牽强的闡述。比《吕氏春秋·十二紀》、《禮記·月令》、《淮南子·時則訓》等以東、南、中、西、北五方硬將四時拉成五時以相配用以納入五行説者，爲時要早。可知此處所據資料，在五行説出現以前，不過其説後來成爲五行説所利用的基礎。

日本學者加藤常賢《真古文尚書集釋》提出一説，以爲羲仲是東方方位神，東作是東方支配神（下文西、北的神也一樣）。此説很有道理，惜未提出資料依據。不過《堯典》原是根據古代大量神話資料加以歷史化的。則這些原爲神名，顯然是具有必然性的。但既然把原來神話采入本文中已净化爲人事了，則仍只能作出如上面這樣的解釋。

⑫日中——指白晝的長度適中，也就是説白天和夜晚一樣長，即指春分和秋分時節。這裏指的是春分時節。

⑬星——薛氏本作“曐”，與甲骨文、金文皆合，《説文》亦合，確爲古字。此處星字從漢代起都解釋爲“中星”。因爲本文所舉鳥、火、虚、昴四星，分别爲古時春分、夏至、秋分、冬至的標準星。根據其後《月令》昏、旦中星的説法，這四星自亦釋爲“中星”，而且被稱爲“四仲中星”，即仲春、仲夏、仲秋、仲冬的中星。所謂“中星”，是傍晚在南方天空正中的星。也就是後代球面天文學所説的在子午綫上的星，並指該星的“上中天”。古人憑這種按一定時日於黄昏時出現在南方的中星來辨别和確定季節。這種星就成了前注④所説的“辰”。（我國古代觀測作爲辰的星偏重昏星，即所謂“偕日没”的星。和古埃及專重晨星即所謂“偕日出”的星不同。）

⑭鳥——古代對一恒星的名稱。“鳥”和下文的“火”這兩星在殷王武丁時的卜辭中已有記載，同時還有“大星”和“鱗”星。李約

瑟《中國科學技術史》第四卷《天學》之五(2)指出殷代"大概四仲中星都完全了"。竺可楨則以爲鳥星作爲仲春中星,是不能早於商代以前的現象(《論以歲差定〈尚書・堯典〉四仲中星之年代》)。儒家編寫本篇時的周代,早已在這幾個星的基礎上發展成完整的二十八宿了(二十八宿的設定,竺可楨説在周初,新城新藏説周初或其前,李約瑟説從殷代中期逐漸發展起來的)。但這裏顯然仍只是采用了殷代鳥星材料,還未與他星組合。到周代定二十八宿,遂爲"南宫朱鳥"井、鬼、柳、星(七星)、張、翼、軫七宿中間之"星"宿。進而指全朱鳥(僞《孔傳》:"鳥,南方朱鳥七宿")。朱鳥七宿相當於十二次中的鶉首、鶉火、鶉尾三次,合稱鶉鳥,故"鳥"亦指鶉鳥。終當以"七星"(星宿)爲其本體。其當春分中星,伏生今文以爲張宿(《大傳》),馬鄭古文以爲星宿(《《孔疏》),唐一行爲之説云:"鶉火,柳、星、張三宿也,自驚蟄至清明逐次爲中星,當春分之夕則星宿。"(《開元大衍曆》)清《傳説彙纂》"四中星圈"亦以春分鶉鳥正七宿之中星鳥。惟僞傳、《孔疏》、《蔡傳》皆以爲是全朱鳥,朱熹遂亦以爲"以象言"(朱鳥一象)。此失昏中之意,故竺可楨以爲"決非指朱鳥七宿"(《以歲差定中星年代》文)。其"推算表"列柳、星、張三宿爲參考,惟確認"星"初度。朱鳥七宿相當西名雙子宫(Gemini)至烏鴉座(Corvus)六個星座,柳、星、張當其中長蛇座(Hydra),七星距星爲長蛇座 α(據陳遵媯《恒星圖表》。下文火、虛、昴三中星同)。橋本增吉、新城新藏、飯島忠夫、墨特霍斯特(Medhurst)皆以春分中星即長蛇座 α(劉朝陽《堯典年代考》引)。能田忠亮《東洋天文學論叢》以爲長蛇座 ν^1(張宿三),能田引哥倍爾以爲長蛇座 α 及 ν^1。哥倍爾即清初傳教士宋君榮(A. Gaubil)。當以長蛇 α 爲是。

　　現將柳、星、張三宿繪圖如下:

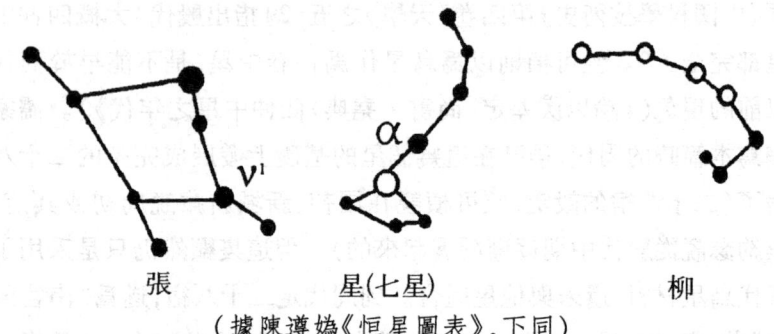

張　　　　　星(七星)　　　　　柳

（據陳遵嬀《恒星圖表》，下同）

今陽曆四月黃昏在南方天空中可見到。

　　竺可楨論四中星文以爲星鳥作爲春分中星，不能早於商代以前。

　　⑮以殷仲春——“殷”，和下文“以正仲夏”的“正”相同，是據以端正、使之正之意。“仲春”，《史記》“仲”作“中”。薛氏本、内野本亦皆作“中”。仲春爲春分所在之月。“以殷仲春”，意即定春分節令。按，以孟仲季稱春季的三個月，孟春爲正月，仲春爲二月，季春爲三月（夏、秋、冬同此）。

　　⑯厥民析鳥獸孳尾——“厥民析”，《史記》作“其民析”。《爾雅·釋言》：“厥，其也。”知《史記》用訓詁字。僞《孔傳》亦云：“其民老壯分析。”薛氏本作“屰民斻”，内野本作“屰㞢析”。薛氏顯係據郭忠恕所刊隸古定《尚書》，内野本稍訛變之。另隸古字，據《説文》“弋，橜也”，再在弋下加屰字下半而成。按，郭忠恕先將傳抄的隸古定《尚書》和陸德明《釋文》訂定後刻版印行（見《玉海》三十七），然後將《尚書》中的隸古定古文收入所編著字書《汗簡》中。惜所刊兩書失傳，唯《汗簡》傳至今。《汗簡·氏部》云：“屰，厥。出《尚書》。”按《説文·厂部》：“厥，發石也。”不作“其”解。又《氏部》：“氐，木

本……大於末，讀若厥。"始將"乓"讀若《尚書》之"厥"，但猶未標明"其"義。而"乓"字是金文中入(《太保簋》)、<(《克鼎》)、<(《邾公釛鐘》)等此字的隸定，在金文中確實具有"其"義。如"弘厭厥德"(《毛公鼎》)、"畯正厥民"(《大盂鼎》)……等等，都是第三人稱代詞領格，意爲"他的"，亦即"其"義。可知僞古文所用隸古奇字中亦自有真正的先秦古字根據者。而字書讀"乓"若"厥"，遂使"厥"取得"乓"的"其"字義行於文籍中，其"發石"之義反而不見了。"朸"字則是"析"的隸古奇字，以片代木，其被斧斤所剖析義同。

"厥民析鳥獸孳尾"，是《堯典》作者見到一組至遲自商代傳來的古代四方神名和四方風名的一套完整的神話資料，完全不理解其原有神話意義，只因其爲遠古資料，就生吞活剝地把它作爲堯時的民事和物候的歷史資料，寫成這不可理解的文句。下文南、西、北三方的"厥民""鳥獸"的句子，就是從同一組原資料中用同樣改頭換面的方式寫成的。原來殷代武丁時甲骨文中，有幾片完整地記載着四方的方名和四方的風名。方名亦即該方之神名。而風名在神話中恐亦即風神之名，不過後世文獻中淨化爲風名。甲骨文中關於東方的神名和風名原文爲"東方曰析，鳳曰劦"(《合集》14294)。另一版風名作"鳳曰劦"(《合集》14295)。"鳳"即風字。這和《山海經·大荒東經》所記："東方曰折，來風曰俊，處東極以出入風。"基本相同。惟"折"字與析字形近傳寫致異，《堯典》作"析"不異。"俊"則《夏小正》"正月"亦云："時有俊風。"但在《山海經》另一處作"飈"，見《北山經》云："雞號之山，其風如飈。"《説文》"劦"字引云："《山海經》曰：'惟號之山，其風若劦。'"則知固作"劦"。史籍如《國語·周語》記耕耤"瞽告有協風至"。《鄭語》亦云："虞幕能聽協風。"可知俊風亦作飈風、劦風、協風，亦即卜辭中的劦風、劦風。這一重要的古代史料的原始面貌由胡厚宣《甲骨文四方風名考證》最先發現，並進而以《釋殷代求年于四方和四方風的祭祀》暢其説。他認爲《堯典》確沿用了遠古資料，但較《山海經》沿用保持了神話原貌者時間要晚，致有蜕變。因指出：“甲骨文言‘東方曰析’，《堯典》言‘宅嵎夷厥民析’。甲骨文言‘鳳曰劦’，《堯典》則由鳳皇引申而爲鳥獸。不知甲骨文鳳之義乃假爲風也。”接着楊樹達《甲骨文中的四方風名與神名》指出方名即神名，並補充了四方神名風名的意義。陳邦懷《殷代社會史料徵存》對方名風名作了不同解釋。于省吾《釋四方和釋四方風名的兩個問題》，訂正了西方北方兩個解釋。由這些就可以對《堯典》所據的原資料有更多的了解。由於《堯典》作者顯然不懂得這些原是神話資料，却硬把它作歷史資料使用，於是東方之神名“析”，就變成了無法理解的東方之民“析”。不懂古“鳳”字原作爲“風”字用，就硬把鳳説成鳥獸。把有和合意義的“劦”（韋昭釋協風爲和風），胡亂説成是“孳尾”。注疏家只得硬替他們尋找種種解釋，結果都盲人説象，一無是處。如僞《孔傳》釋“民析”爲人民老壯分析開來，釋“孳尾”爲“乳化曰孳，交接曰尾”（按：“孳”，孳乳，指哺乳動物的生殖。“尾”，交尾，指蟲鳥之類的生殖）。《蔡傳》所釋同。《史記》“孳乳”二字作“字微”，是用同音通假字，實際成爲毫無意義的兩個字攏在一起。而楊樹達、于省吾二先生文中指出，此材料在甲骨文中和《山海經》中都没有和四時發生關係，到《堯典》中才把四方和四時相配，這也是《堯典》作者生吞活剥了這些材料，着意進行編排的一種表現，前注⑪已提到了四方配四時這一點（最近臺灣學者蔡哲茂贈閲他的近作《甲骨文四方風名再探》，以爲“厥民析”等四句的“民”字爲“鳳”（風）字之訛，並舉蔣善國《尚書綜述》“並把風改作民”一語爲佐證。如其言，則當作“厥民劦”，不當作“厥民析”了。雖該文曲折取證，用力甚勤，尚不足以折服人。至蔣氏之語，尤空言無據）。按，《堯典》此處文義雖妄，然已成爲《堯典》內容，後面的“今譯”仍得依其妄語以爲譯。下文同。

⑰申命——“申，重也。”（《爾雅·釋詁》）即重復、又、再等義。“申命”，又任命。

⑱南交——本篇作者心目中南方最遠的地名。自漢武帝置交阯九郡，並以此九郡爲交州以後，我國地理書中才有交阯、交州之地。可是戰國時《墨子·節用》說：“古者堯治天下，南撫交阯，北際幽都。”《韓非子·十過》也說堯“其地南至交阯，北至幽都”。稍晚的《大戴禮·少間》也說舜嗣堯“朔方幽都來服，南撫交趾”。又《五帝德》言顓頊“南至于交趾”，帝舜“南撫交趾”。其他《呂氏春秋·求人》、《楚辭·大招》，亦提到交阯。《天問》則作玄阯。“幽都”是神話中虛擬的北方地名，南方的交阯同樣原非確切之地。而且這些話多來自游士騁說之辭。當是從遠涉海外的經商、遠遊者的傳說中，得知南方有這麼一個稱爲交的地方，就像東方有日出入之地的暘谷作爲東方極遠之地一樣，就把“交”的地名作爲南方極遠之地。正好《大戴禮·少間》在緊接“南撫交阯”所說“出入日月，莫不率俾”，就表現了和暘谷一樣的意味。《堯典》大抵出西周而歷春秋之世，其稿傳入戰國後，就和墨、韓諸子之書一樣受到傳說影響，約略知道南方極遠地方有叫“交”或“交阯”之地（諸子聽到的是“交阯”，《堯典》作者聽到的是“交”），就把它寫入篇中。由於要和春天、冬天所宅的嵎夷、朔方一樣都是兩個字，所以就寫成了“南交”。

注疏家可能發現這裏有問題，便另尋解釋。如僞《孔傳》說：“南交，言夏與春交。”真是不知所云，羲叔怎樣去住這夏與春交之點呢？江聲《音疏》改成“火與土交，故曰南交”，更悠謬可笑。《史記

·索隱》已駁正了僞孔說之誤。王引之《述聞》據《尚書大傳》“中祀大交”。與“秋祀柳谷”、“冬祀幽都”對文。鄭玄注：“南稱大交。”因而他以爲應以“宅南”爲一句，“南”字下應有“曰大”二字，成爲“宅南，曰大交”。以和下文“宅西，曰昧谷”相對應。近人楊筠如《覈詁》則謂“交”假爲“徼”。“南徼”即南方邊塞。這些都是立意要把它解通而提出的，並不符合這裏文字情況，所以不足深論。

其實這裏應從鄭玄的注中體會出文字有殘缺。鄭云：“夏不言‘曰明都’，三字摩滅也。”因其他三季在“宅某地”之後，緊接說明其地名，如春“曰暘谷”，秋“曰昧谷”，冬“曰幽都”。鄭以爲夏季也應有這樣三字，但摩滅失去了。他以南與北對，又明與幽對，北方既有一個出於神話中虛擬的“幽都”地名，因之他也用了一個與之相對應的“明都”地名。這些都是經學家挖空心思想把說不通的經文字句說通，可以不去管它。但由此使我們知道這裏文字有殘缺脫失。如本句之下，“平秩”句之上，不像春季秋季都有關於出日、納日的一句，此處沒有，顯然是脫失了。冬季也無此句，同樣是脫失。而此“平秩”句下卻多了“敬致”二字，很大可能是本句下關於對日敬致禮的殘文錯列到平秩下去了。所以這些都看出是文字殘缺錯亂的結果。王肅駁鄭之說，而以爲夏無明都，是爲了避“敬致”二字。不知“敬致”原是錯亂字。王說近臆語（下文“宅西”也是文字錯亂脫失）。

⑲南爲——通行僞古文本作“南訛”，今據司馬貞本《史記》所用今文改回。“南爲”和“東作”一樣都是指農事活動。故司馬貞《索隱》云：“爲，依字讀（糾正《集解》引“孔安國曰‘爲，化也’”）。春言東作，夏言南爲，皆是耕作營爲勸農之事。孔安國强讀爲‘訛’，字雖則訓‘化’，解釋亦甚紆回也。”而張守節本《史記》作“南譌”。蓋同於鄭玄據古文本用以注《周禮·馮相氏》作“南譌”。《漢書·

王莽傳》則作“南僞”，宋抄本《周禮·馮相氏》之《釋文》與之同。段玉裁《撰異》云：“莽所用多《今文尚書》。此《今文尚書》與《古文尚書》同作‘僞’之證。”按，“僞”即爲字（見《荀子·性惡》）。“譌”則“僞”的誤寫。而“爲”和“化”古音相通（見段氏《撰異》及劉師培《化即古爲字說》），僞古文遂由“譌”變爲“訛”。其實皆當作“爲”。在甲骨文金文中，“爲”字是以手牽象使供勞作之形。這是“爲”的本義。

⑳敬致——這兩字在句中位置有錯亂，文字亦有脫落，見上注⑱。注疏家所作的種種牽強解釋是不足據的。（如僞孔釋云：“敬行其教以致其功。”《蔡傳》釋云：“敬致，《周禮》所謂冬夏致日。”）並因唯夏季有此二字錯在“平秩”句下，其他三季皆無之，僞孔不知其錯亂之故，遂強爲解釋云：“四時同之，亦舉一隅。”謂舉此夏季一隅，以反映春秋冬皆有此二字，過於牽強。原文此處錯簡不動，譯文移於“南爲”前，以與春季東作之文一致。

㉑日永——“永”，長也（《釋詁》）。日永，白晝最長的日子，指夏至。

㉒火——古代對一恒星的名稱（不是後代所知九大行星中的火星）。在卜辭中，“火”“鳥”二星同爲商代所祭祀的著名的星。“鳥”是代表商族祖先圖騰的星，“火”是代表商代的星，是商代的“辰星”，所以也就專稱“辰星”或“商星”（卜辭中的“鱻”星可能是此二星的合稱）。古籍中又說它叫大火，《夏小正》云“五月，初昏大火中”即此。並云“大火，心也”，即金履祥《尚書注》：“心宿有三星，中一星名曰大火。”稱心宿二。古代設“火正”官專司觀測大火的昏見和主其祭祀（見《左傳》襄九、昭元、《公羊》昭十七、《晉語》《鄭語》等）。到春秋世制定十二次後，“大火”就成爲該星所在之次之名。該次略當二十八宿“東方青龍”角、亢、氐、房、心、尾、箕七宿中的房、

心兩宿及尾宿一部分。故僞傳云:"火,蒼龍之中。"蒼龍(青龍)七宿當十二次的壽星。大火、析木三次。其當夏至中星,伏生今文以爲"火"(《大傳》),馬、鄭、伏虔古文以爲心星(《孔疏》、王應麟《天文編》),實則火即心星;僞傳、《孔疏》則仍誤指以火爲中心之七宿;朱熹以爲尾、陳祥道以爲房,陳懋齡以爲氐、房之間(竺引《天文編》及陳本人書),劉朝陽文則以爲朱熹"夏至取星火所在之次",則同於《蔡傳》以爲大火,則尾包括在內;《彙纂》"中星圖"則謂"大火正七宿之中",指"星火"。竺氏《推算表》列心宿二及房、尾二宿初度,終以爲"指青龍七宿中最明亮之心宿二無疑"。"青龍七宿約當西名室女宮(Virgo)至人馬宮(Sagittarius)共四宮略不足,房、心、尾三宿相當天蝎宮(Scorpio)。劉昭陽文引橋本增吉、新城新藏、飯島忠夫、歇來格爾(G. Schlegel)皆以此中星爲天蝎座 π(房一),能田忠亮以爲天蝎座 σ(心一),宋君榮(P. Gaubil)則以爲其 π、σ(房一、心一),然當以竺氏所主天蝎座 α(心宿二)特亮較可信。

　　現將房、心、尾三宿繪圖如下:

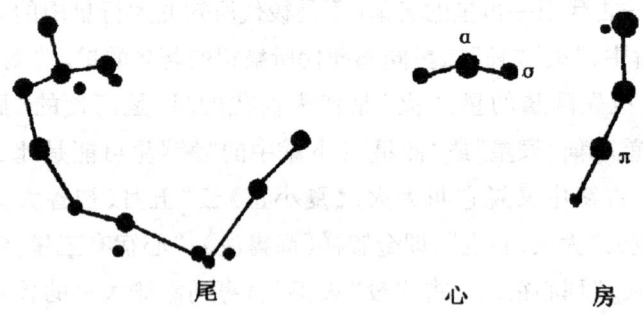

尾　　　　　　　心　　　　房

今陽曆七月黃昏在南方天空中可見到。

　　竺可楨論四仲中星之文，以爲大火作爲仲夏中星，不能早於商代以前。

　　㉓厥民因鳥獸希革——甲骨文中關於南方的神名和風名原文爲"南方曰夾，鳳曰㳙"（《合集》14294）。另一版甲骨文則作"南方曰㳙，鳳ㄅ"（《合集》14295）。《山海經·大荒南經》則作"南方曰因，乎夸風曰乎民，處南極以出入風"。胡厚宣氏文中謂"夾"有夾輔之義，而《釋文》以"襄""因"相訓，亦夾輔之義，故"因""夾"相通（楊樹達則謂二字同從大，傳寫之異）。又"㳙"即"微"，和希字相近。《堯典》作者在這裏又因不懂南方之神名爲"因"，就生吞活剝地寫成南方"厥民因"，顯然他自己也是不知道是在說什麼。僞《孔傳》則釋爲老弱因丁壯在田而往助農。《蔡傳》更釋爲："因，析而又析，以氣愈熱而民愈散處也。"更是不知所云。《堯典》作者又不懂"㳙"是南方風名，"鳳"是風字，就望文生義地、牽強地寫成不通的"鳥獸希革"。注疏家們從而替它尋的種種解釋，都是妄說（如說夏天鳥獸毛羽稀少革易之類）。按，此風名胡厚宣隸定作"㳙"，釋㳙即微，㳙風是微風。楊樹達以爲㳙即豈，豈風是凱風。據《爾雅》颽風爲南風。余永梁、商承祚隸定作"長"，徐中舒從之，謂是南方風名，其義爲生長。是各家各自爲說，在此只要知其爲南風之名就行，不用尋其義。

　　㉔宅西——按，東、南、北三方所言"宅"下皆二字，此獨一"西"字，顯然文字有脫缺，故《史記》以意於"西"字下補一"土"字，宜是。但也有一種可能，由於我國古代只知東和南都極於海隅，北方限於朔漠，而西方遙遠之地一直不能確知。直到漢武時於西域稱呼還不一定，有西北、西國、西海、西極等稱。《堯典》作者遠遠早於漢武之

世,對西方本來捉摸不定,就只好用一"西"字來表示他心目中西方最遠之地。

㉕昧谷——《尚書大傳》作"柳穀",徐廣所注《史記》所引今文"昧"亦作"柳",是漢今文作"柳穀"。然徐廣引"一作柳谷",又《尚書正義》卷二云:"夏侯等書'昧谷'爲'柳谷'。"是漢今文亦作"柳谷"。三國時虞翻所見漢漆書本古篆文作"丣",謂即"柳"字,譏鄭玄不當讀爲"昧"。然《説文》"丣"爲古"酉"字,是伏生今文誤認爲"柳"(據莊述祖《尚書今古文集解》説云:"伏生《書》借'柳'作'丣',如字讀之,今文之誤")。鄭玄本"丣"作"卯",以同音通假爲"昧"(據段玉裁《撰異》説云:"卯、丣二字易淆。壁中必是'卯'字,鄭於雙聲求之,讀當爲'昧'。……若壁中是'丣'字,則鄭豈不能比合今文'柳穀'爲説")。由是遂由鄭玄定爲"昧谷"(惠棟《九經古義》則謂"鄭康成依賈逵所奏,定爲'昧谷'")。偽孔本襲用。偽《孔傳》釋云:"昧,冥也。日入於谷而天下冥,故曰昧谷。"古籍中亦作"蒙谷"(《淮南子·天文訓》),或"蒙汜"(《楚辭·天問》、《列子》與魏晉詩賦),或"大蒙"(《爾雅·釋地》),爲神話中太陽落下和止息的地方。

㉖寅餞納日——"寅餞",唐寫《釋文》作:"寅淺,注作餞,同。"吳校語:"今本改作餞……開寶依唐石經改作餞。"宋代《集韻》、《群經音辨》等書引《尚書》"餞"字作"淺",並謂馬融讀"淺"作"餞"。宋薛氏本亦作"淺"。段氏《撰異》據《釋文》作餞,云:"餞,賤衍反,馬云'滅也'。"又據《集韻》二十八獮云:"淺,在衍切,滅也,《書》'寅淺納日'。"因謂:"《尚書》本作'寅淺'。""馬季長意則不讀賤,直就淺字訓爲薄迫之義,故云滅也。""偽孔云'餞,送也',是讀淺爲餞。""《釋文》至開寶中更定,乃有舊本新本之不同。""《集韻》所據

乃德明舊本,直云通作餞者,正謂《釋文》作淺。衛包所改《尚書》作餞。"然則薛氏本此字猶保存《尚書》之舊。

　　由於本篇上文曲解古代"賓日"祭禮的原意,又不知對"出日""入日"有專祭叫"侑",而誤以"賓"爲迎接"出日"(見注⑩),這裏就杜撰了一個具有送行意義之字來送"入日",則僞孔釋爲"送也"的"餞"字是適合於此地的,即使原文是"淺"字,也不必如段玉裁所説,而可認爲"餞"的假借字。

　　"納日",《大傳》作"入日"。亦即甲骨文中的"入日"。在金文中"内""入"同用,到文籍中"納""入"同用。《古文尚書》作"納日",《今文尚書》作"入日"(此據皮錫瑞《考證》所引)。又段玉裁《撰異》引古文之"出内朕命"、"内于百揆"、"内于大麓"、"出納五言"、"九江内錫大龜"等句的"内(納)",今文都作"入"。可知《古文尚書》之"内"或"納",《今文尚書》都作"入"。

　　此句《史記》作"敬道日入"。入字同此句今文,但餞字仍用"出日"句賓字的導引之義,没有用送行之義,疑原始材料此兩處都是"賓"字(段玉裁謂春之"敬道"與"導"同,秋之"敬道"與"蹈"同。在故意尋找不同解釋,不足據)。

　　㉗西成——和"東作"、"南爲"一樣,都是指農事活動。當因秋天農作物收成,故用成字。《蔡傳》云:"秋月物成之時,所當成就之事也。"就事物言成,尚不遠失。僞《孔傳》云:"秋,西方,萬物成,平序其政,助成物也。"就有點故作高深言之玄遠了。

　　㉘宵中——《爾雅》:"宵,夜也。""宵中",夜間的長度適中,即夜間和白天一樣長。這裏指秋分時節。

　　㉙虚——恒星名,在二十八宿中居"北方玄武"斗、牛、女、虚、危、室、壁七宿中間。玄武當十二次的星紀、玄枵、娵訾三次而略寬。

其爲秋分中星,除僞傳、《孔疏》誤指玄武七宿,其前伏氏、馬、鄭,其後朱熹、《蔡傳》、《彙纂》皆以爲即虛宿。竺可楨確認爲虛初度。玄武七宿當西名人馬宮(Sagittarius)一部分,經摩羯宮(Capricornus)至寶瓶宮(Aquarius)、附小馬座(Equuleus)、飛馬座(Pegasus)、仙女座α(α Andcomeda)等。虛宿一爲寶瓶宮β,虛宿二爲小馬座α。劉朝陽文中引新城、橋本、飯島皆以秋分中星爲寶瓶宮β(虛一),能田忠亮説同。虛宿之爲秋分中星基本論定,惟宋君榮(P. Gaubil)以爲是寶瓶宮β(虛一)及α(危一),説略異。

　　現將女、虛、危三宿繪圖如下:

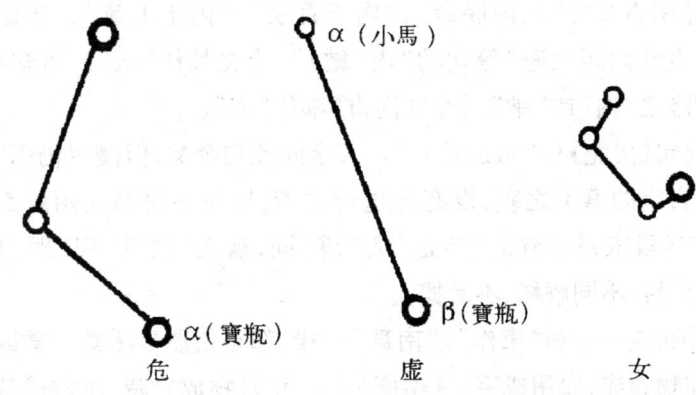

α(小馬)

α(寶瓶)

β(寶瓶)

危　　　　　　　　虛　　　　　　　　女

今陽曆九、十月之交黃昏在南方天空中可見到。

　　竺可楨論四仲中星之文中,以爲虛星作爲仲秋中星,是不能早於商代以前的現象。

　　㉚厥民夷鳥獸毛毨——殷虛甲骨文中關於西方神名和風名原文爲"西方曰彝,鳳曰㼅"(《合集》14294)。另一版甲骨文作"西方

曰夔，鳳曰東"（《合集》14295）（東字原版作東，另一版作東，從楊樹達
隸定）。《山海經·大荒西經》則作"有人名曰石夷（從袁珂校此處
脱"西方曰夷"四字），來風曰韋。處西北隅以司日月之長短"。這
裏《堯典》作者又以字形相近或字音相近，把西方神名東，改成不通
的西方"厥民夷"（《史記》作"其民夷易"），把西方風名夔改成不通
的"鳥獸毛毨"。胡厚宣釋"韋"字與卜辭中"東"形近，從木有茂盛
之意。而《説文》釋"毨"亦謂鳥獸毛盛。楊樹達謂東爲草木垂實之
狀。有此諸釋，可尋《堯典》曲折改用字義之迹。僞傳釋爲："夷，平
也。老壯在田，與夏平也。毨，理也，毛更生整理。"唐寫《釋文》云：
"毨，古洗字，先典反，理也。《説文》仲秋鳥獸毛盛，可選取以爲器
用也。讀若選。"《蔡傳》釋爲："夷，平也，暑退而人氣平也。毛毨，
鳥獸毛落更生，潤澤鮮好也。"僞傳的不知所云，《蔡傳》的力求講得
近理，都是望文生訓。

　　㉛朔方——《史記》作"北方"。是用《爾雅·釋訓》朔爲北方訓
詁義。從上文嵎夷、南交、西（土）諸例來看，可知朔方是《堯典》作
者心目中北方最遠的地名。唐寫《釋文》云："朔，翔字。《爾疋》云：
北方。"龔氏《考證》云："翔爲六朝通行俗字，故陸氏以朔爲古字，非
古文也。薛本作胐，《汗簡》引《尚書》同，即朔字易其左右耳。"吳氏
《校語》云："《説文》朔從月，屮聲。隸變爲翔。漢《孔龢碑》'丙子
屮'，即作屮。"劉朝陽《堯典之編成年代》文中云："以朔爲月之第一
日，此種紀法之成立，必在周初以後。""朔字之用作北字講法，又在
以朔爲月首之後。《堯典》朔字皆作北字講法，故因此字之出現，可
以推測其編成年代最早不過周初，或在《詩·小雅·十月》之篇
後。"唐寫《釋文》又云："方，古方字。"則陸德明所見宋、齊舊本隸古
定方字如此，薛氏本隸古字則作匸，凡《尚書》方字薛氏本皆如此。

按甲骨文中無朔字,而有許多方國(如土方、舌方等),都是殷族以外不同種姓異族,地點多在今山西境南部。到西周後期的《詩·出車》中有“方”和“朔方”,地點也多在晋西南一帶,可能因“方”在周都之北,故加上“朔”字。可知到周代稱爲“朔方”之地,實際還不是太遠的地方。自趙武靈王、秦始皇先後開發河套以北之地,直到漢武帝再加經營,才名爲朔方郡,然後“朔方”一詞才落實在一鄰於朔漠的具體地點。在此以前,人們心目中的朔方當指北方最遠之地。

③②幽都——《山海經·海内經》:“北海之内,有山名曰幽都之山。”可知原是神話傳説中北方的一座山名。此處成爲地名,而且又與“幽州”混而爲一。本篇下文“流共工於幽洲”,《莊子·在宥》作“流共工於幽都”。《釋文》:“李頤云:即幽州也。《尚書》作幽州,北裔也。堯六十四年流共工於幽州。”其他文籍亦多作幽都。上文注⑱“南交”已引《墨子·節用》、《韓非子·十過》、《大戴禮·少間》等都説堯地北至幽都,顯然都是據《堯典》爲説。尚有《尸子》卷下云:“堯南撫交阯,北懷幽都。”《淮南子·墬形訓》云:“北方之美者,有幽都之筋骨焉。”又《脩務訓》云:“堯……北撫幽都,南道交趾。”又書雖晚出而保存古代資料之《路史·國名紀》亦有幽都之記載。可知春秋戰國秦漢之世,幽都已成爲人們心目中極北之地北裔的地名。(《五帝本紀·顓頊紀》則又作“北至于幽陵”。《帝堯紀》亦作“幽陵”。)

③③平在朔易——《史記》及《尚書大傳》的今文都作“便在伏物”。《大傳》又作“辯在朔易”。“平在”,上文春夏秋三季皆作“平秩”,疑此“在”字因與“秩”音近訛寫。舊注疏家皆據《爾雅》釋“在”爲“察”,並説了所以易秩爲在的理由(如《孔疏》謂三時皆力役田野,當秩序之;冬則物皆藏入,須省察之。故異其文),實近牽強。

"朔易"，僞《孔傳》釋爲"歲改易於北方"。《蔡傳》則謂"歲事已畢
……所當改易之事"。皆望文生義曲爲解釋。"伏物"，楊筠如《覈
詁》説"伏"與"朔"同義，"物"爲"易"形訛。並舉鄒漢勛説"易"當
作"昒"，冥也，近蓋藏義。楊則謂"易"與"場"通用，指修築其疆易。
並舉甲骨吉金文易字頗象治土之器。今考"易"字有下列諸意義：
"治田"（《詩·甫田》"禾易長畝"傳、《國語·晋語》"雖獲沃田而不
易之"注、《孟子·盡心上》"易其田疇"注、《吕氏春秋·辨土》"農
夫知其田之易也"注），"修田壠"（《文選·射雉賦》"農不易壠"
注），"耕墾平易"（《荀子·富國》"民富則田肥以易"注），以及"平
治道路"（《左傳·襄三十一年》"司空以時平易道路"注）等。可知
與"作""爲"本義同（吳闓生《尚書大義定本》亦持此説）。所以"朔
易"即"北易"，和"東作"、"南爲"、"西成"一樣，都是指農事活動，
不過此處是指冬天的農事。

　　㉞日短——白晝最短的時候。指冬至時節。

　　㉟昴——是一簇恒星的名稱，亦稱旄頭，漢代俗呼爲留星，後代
俗呼爲七姐妹星。即冬天夜間看到天空有一簇不太顯明的密集的
星團，肉眼能看到六顆或七顆。竺可楨《論以歲差定堯典四仲中星
之年代》文中説，昴星能作爲仲冬中星，確是傳説中的唐堯時代即公
元前2300年以前的現象。這是他運用歲差數據，根據所觀測星的
現在赤經度數及該星距星的活動數據進行運算所得。西方天文學
者湛約翰（R. J. Chalmers）、俾奧（J. Biot）也發覺唯昴是堯時冬至
所見星，但將鳥、火、虛彌縫使之適合堯時。昴居二十八宿"西方白
虎"奎、婁、胃、昴、畢、觜、參七宿的中間。此七宿相當十二次的降
婁、大梁、實沈三次而略窄。其爲仲冬中星，僞傳、《孔疏》誤謂白虎
七宿。漢今古文、宋朱熹及《蔡傳》、清《彙纂》皆以爲昴星團。白虎

七宿約當西名仙女座（Andromeda）至獵户座（Orion）四個星座，昴宿
爲其中金牛座（Taurws）η 等七顆星。劉朝陽文引俾奧、飯島以冬至
中星爲金牛座 η（昴六），宋君榮以爲金牛 η 及 ε（昴六、畢一），橋
本、新城、墨特霍斯特、約翰威廉及能田以爲昴星團，竺氏以爲昴一，
趙元任《中西星名圖考》同之。顯以昴星團爲定論。

　　現將昴、畢、觜、參四宿繪圖如下：

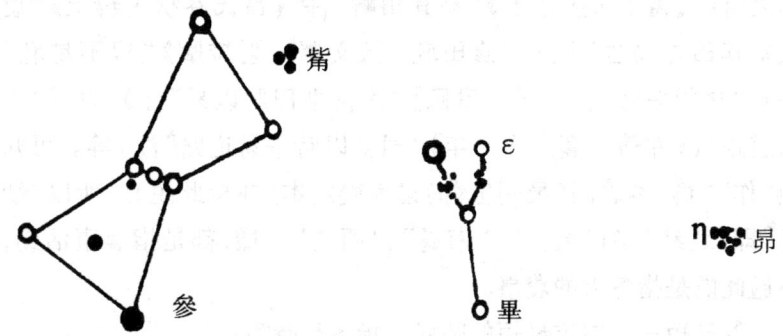

　　今陽曆一月黄昏在南方天空中可見到（因參宿易認，見參宿即
可找到昴宿）。

　　上文已引竺可楨説，昴作爲仲冬中星，是傳説中堯時以前的現
象。

　　此處看到春夏秋冬與四方相配的矛盾現象。《堯典》原將春夏
秋冬配東南西北，可是此處配四象七宿，却是春爲南方朱鳥，夏爲東
方青龍，秋爲北方玄武，冬爲西方白虎。從地平面四方來看，春從東
方始，按順時針方向，夏、秋、冬很自然地配上南、西、北。而四象則
成爲：春自南方朱鳥始，以逆時針方向，夏、秋、冬依次爲東青龍、北
玄武、西白虎。原來這是兩個不同系統，各不相干。《堯典》所據四
仲中星資料，是觀象授時時代的客觀現實，本與朱鳥、青龍等四象無

關,而且星在天球面上周流運轉,原無法分東西南北。當它爲初昏
中星時,則又無論春夏秋冬,都必須在南中天。即是説,它其時是南
方之星。《左傳·昭公四年》談到北陸、西陸,杜注北陸"日在虛
危",則即北方玄武,西陸"日在昴、畢",則即西方白虎。是四仲中
星已分別屬東南西北四象了。湖北隨縣出土約公元前430年左右
即春秋戰國之際所繪圍繞北斗的二十八宿星圖及左邊有青龍右邊
有白虎之圖,則四仲中星分屬四象至春秋末季已定。陳遵嬀《恒星
圖表》轉載高魯《星象統箋》所繪四象圖,形象明晰,四中星分屬與
原四季之方不同的四方。鄭文光《中國天文學源流》説:"四象同爲
二十八宿的組成部分,都是絡繹經過南中天的恒星群。爲什麼有東
宫、北宫、西宫、南宫之別? 這是因爲是以春天的觀測爲基準的。初
春的黄昏,朱鳥七宿正在南中天,它的東面是蒼龍七宿,西面是白虎
七宿,北面是玄武七宿(北方地平綫下)。"並引《書》傳云:"四方皆
有七宿,可成一形。東方成龍形,西方成虎形,皆南首而北尾;南方
成鳥形,北方成龜形,皆西首而東尾。"謂這個布局仍然是春天初昏
的星象布局。又以十二次和十二辰的關係其關鍵在午位鶉火。午
位南方,仍然是以鶉首、鶉火、鶉尾三次橫亘南中天而布列的。因而
謂我國古代恒星的布局確是以春天初昏的天象觀測爲基準點的。
現在我們知道,其所以春天初昏的星象成爲基準點,就是由於《堯
典》仲春中星所決定的。《堯典》仲春中星由古代所傳客觀實際資
料定於南方朱鳥了,其餘三仲中星當其爲中星時本應也是南方之星
者,至是被南方朱鳥所限定,只好分別被稱爲東方青龍,北方玄武、
西方白虎了。於是就不適合春夏秋冬原所配的四方了。這是至遲
春秋末季以迄戰國之際四象之説形成後所出現的干擾。在此以前
的四仲中星,當不會産生這一矛盾的。

㊱厥民隩鳥獸氄毛——"厥民隩"，《史記》作"其民燠"，段玉裁《撰異》說恐係淺人用馬說加火旁。按馬融注云"奧，煖也"（《釋文》引）。鄭玄注云"奧，内也"（《文選·赭白馬賦》李注引）。段氏斷定此字原當作"奧"，故僞孔云"室也"，與《爾雅》"室西南隅爲奧"義合。《爾雅·釋宫·音義》："奧，本或作隩。"亦知原本作"奧"，只是有别本作"隩"。段氏亦以爲係衛包所改。唐寫《釋文》作："炪，古燠字，於六反，室内也。馬云煖也。"薛季宣本亦作"炪"，仍爲隸古字。"氄毛"，《漢書·鼂錯傳》引用作"毳毛"，爲伏生今文。《説文·毳部》引作"襃毛"，《説文·毛部》引作"𣯩𣯩"。段玉裁謂"襃"，漢代今文。"𣯩"，漢代壁中古文。"氄"爲别體。《史記集解》引徐廣曰："氄，音茸。"唐寫《釋文》作隸古奇字𣯾。薛季宣本則用《説文·毛部》所引略變作𣯨。

殷墟甲骨文中關於北方的神名和風名的原文爲"北方曰宛，鳳曰殴"（《合集》14294）。按宛字原殘損，據胡厚宣補定（陳夢家以宛當爲夗。又據另一片《合》261作元）。另一版甲文作"北方曰㇆，鳳曰殴（字稍繁）"（《合集》14295）。《山海經·大荒東經》則作"北方曰鵷，來之風曰狻，是處東極隅以止日月，使無相間出没，司其短長"。這裏《堯典》作者又因字音相近，把北方神名"殴"誤改成不通的北方"厥民奧"，把北方風名"殴"誤改成毫不相干的北方的鳥獸生了細軟的毛。據胡氏考釋：《説文》："奧，宛也。"《爾雅·釋言》："懊，忼也。"是甲骨文之宛（或元）即《大荒東經》之鵷，《堯典》之奧。又"殴"即"役"。《説文》"伇"爲"役"古文。"役，戍邊也。"而狻有北方邊地獸之説，則役、狻、氄毛均與北邊寒地有關。楊樹達則據《吕氏·有始覽》、《淮南子·墬形訓》言"東北曰炎風"，疑與"狻"有關。僞傳釋此云："隩，室也。民改歲入此室處以避風寒。

鳥獸皆生奭毦細毛以自温焉。"《蔡傳》基本同。

㊲帝曰咨汝羲暨和——《史記》省去此七字不載。"咨",僞《孔傳》釋爲"嗟",當是據本篇下文"咨四岳"《史記》作"嗟四岳"而來。其實當如《説文》所釋"謀事曰咨"於此更適合。又《國語·周語》"咨之前訓"注則釋咨爲議。謀議即商量之意。上級向下級商量做某事,實際就是告知做某事。故此咨字相當於"告"。下文"咨十有二牧",《史記》作"命十二牧"。釋"咨"爲命令,意更明晰。"汝",原作"女"。薛氏等兩隸古定本即據古本作"女"。段氏《撰異》云:"女者,對己之詞。假借之字,本如字讀。後人分別讀同汝水,非也。因改爲汝字,則更非。""經籍中絶不用汝字,自天寶、開寶兩朝荒陋(指唐天寶間衛包妄改《尚書》、宋開寶間陳鄂妄改《釋文》),《尚書》全用汝字,與群經乖異。"並指出"女、乃、爾,雙聲。爾,古音近禰,今俗用你字,見《玉篇》,即古之爾字也"。按,實係爾之簡體"尔"字,再加人傍成"你"字。但今"汝"字已通用,且與男女之女易區別,故不拘古改回爲"女"字。"暨",段氏《撰異》據下文"暨臯陶"《説文》引作"臮臯陶",以爲壁中故書當作"臮"。漢人以今文讀爲暨。《爾雅·釋詁》"暨,與也"。唐寫《釋文》作:"臮,其器反,與也。"今見隸古定本皆作"臮",近於金文"眔"。爲並列連詞,與"及"同。"暨"與之同聲,久已通用。今亦不改回作臮或眔。

㊳朞三百有六旬有六日——《史記·五帝本紀》作"歲三百六十六日",係譯用簡明語。《漢書·律曆志》則作"歲三百有六旬有六日",只易朞爲歲。唐寫《釋文》作:"𥄂,本又作朞,皆古朞字,居其反。《説文》作稘,云復其時期也。"吳校語:"按稘爲稘之省文,今《説文》作'稘,復其時也'。'時'下無'期'字,疑元朗所見本有之。朞,《齊侯中罍》文:'天子曰朞則爾朞。'正作朞字。"薛氏本作

“旮”。爲《説文》古文期字。内野本“眘”作“眘”，二“有”字作
“ナ”。唐寫《釋文》：“ナ，古有字。”甲骨文、金文中“ナ”皆可作有
字用。

　　“眘”，《説文·禾部》引作“稘”，釋云：“復其時也。”故僞孔云
“匝四時曰眘”（匝，周也）。段氏《撰異》以爲作稘者爲漢代壁中古
文；《史記》作歲，爲漢代今文。但這裏眘是指一周歲，當是司馬遷據
後起年歲之歲的意義譯用稘的訓詁義（參看下文注㊿）。原材料不
當作“歲”而當作“稘”，可以假作“眘”。《説文》釋“稘”爲時間的一
個周期，所以和“期”字通。因而薛季宣隸古定本用了“期”的古文
“旮”。丌，《説文》云：“下基也。”故内野本易作“眘”。“稘”字從
禾，保存了較原始意義，和甲骨文“年”字從禾相同，都是指穀物的收
成。由於古代的生產水平，穀物的一屆收成就是一年，於是“年”字
引申爲後來年歲的“年”。而稘（眘）字也就表示一年時間。

　　“三百有六旬有六日”，是古代較早期所知的一年的日數。此句
的語法和卜辭中數詞加連詞的用法同，可知是一條較早的資料（但
若如《佚》123，則當作“三百日有六旬有六日”。顯見采用時曾略作
修飾，省去了前一“日”字）。而且以一年三百六十六日，是“四分
曆”出現以前的認識。新城新藏以爲四分曆是春秋中葉用圭表測日
至知道了一年爲三百六十五又四分之一日之後才建立的（見其《東
漢以前中國天文學史大綱》），也可證這一資料相當早。這是純粹根
據太陽的回歸年這一運動（即寒暑變化）來認識的，李約瑟《中國科
學技術史》第四卷《天學》第 26 頁闡明“回歸年是太陽接連兩次通
過春分點所需要的時間”（與地球公轉一周的恒星年相區別）。因
此是一種陽曆年。故竺可楨《我國古代天文學上的偉大貢獻》即指
出：“三百又六旬又六日，就是陽曆年。”

　　劉朝陽《從天文曆法推測堯典之編成年代》文中以爲"朞三百
有六旬有六日"本極分明,可是却有三派不同之解釋。現略録其意
如下:第一派確信堯時已求得一歲之真確日數,此處乃舉其大數。
如《孔疏》引王肅云:"四分日之一,又入六日之内,舉全數以言之,
故云三百六十六日也。"陳鵬遠之《堯典曆法考》(齊魯大學《國學叢
刊》第一集,1929年)云:"三百有六旬有六日,本舉大數言……我國
古代以無小數計算故,不得已改零數爲整數。"第二派以彼時已明知
一歲非三百六十六日,爲便於置閏,故意作三百六十六日計算。如
湛約翰《中國古代天文考》云:"《堯典》所云之朞三百有六旬有六
日,蓋爲使司天象者便於置閏而言。"第三派直認此時只知一歲之長
爲三百六十六日。如錢寶琮《東漢以前時月日紀法之研究》云:"春
秋僖五年、昭二十年兩次日南至之測定,雖不十分精確,然以一百卅
三年平均之,則每年所差無幾,較《堯典》所載'朞三百有六旬有六
日',已精確多矣。"劉氏以爲其意蓋謂《堯典》以一歲爲三百六十六
日,其曆法甚爲疏闊。劉氏同意第三派意見爲最自然而更近事實。
新城新藏以春秋中頃始知一年之長爲三百六十五日四分之一,《堯
典》以一歲爲三百六十六日,故其年代當在春秋中葉以前。此説亦
與竺可楨之説以三百六十六日爲陽曆年者相近。劉氏又引《管子·
輕重己》云:"以冬日至始,數四十六日,冬盡而春始。""以冬日至
始,數九十二日,謂之春至。"又引陳鵬遠文中語:"即謂四十五日有
餘及九十一日有餘也。……不是已以零數作整數,假使湛君聞之,
豈不駭然而譏中國尚有三百六十八日之歲周乎?"劉朝陽謂確係三
百六十八天,故以《堯典》之三百六十六天在《管子·輕重己》之後。
按前二説以後代曆法知識爲言,自以第三派之説較近早期的實際。
是否有三百六十八天之説姑不論它。總之三百六十六天之説當爲

早期的陽曆。

　　㊴以閏月定四時成歲——"閏"字在甲骨文中未發現,殷人稱閏月爲"十三月",則周代始有閏字。"定",《史記》作"正",是用訓詁字,薛氏本遂從而稍變作"正"。唐寫《釋文》云:"定,如字,古文作㐱,《説文》以㐱爲古文正字也。"戴震《義考》引宋晁以道説,以爲"古文定作正,開元方誤作定"。意謂衛包始改作"定"。"四時",據甲骨文學者之説,對殷代四時尚未論定。如于省吾《歲時起源新考》和《釋屯》等文,以爲卜辭中只有春、秋二字,雖有冬字但作爲始終之終。陳夢家《殷墟卜辭綜述》説亦同,以爲商代只春季、秋季,且分別代表禾季、麥季。是殷代季節究竟如何,尚待探研。應考慮到殷代生活地區在黃河中下游,是四季分明之地,前注⑭引李約瑟之説,殷代大概四仲中星都完全了。且既置閏月,也是爲了調整季節。既有這些客觀存在的環境因素,不容不反映到殷人生活中來。于省吾先生説了一句:"後來才發展爲四季。"就要看它是發展至何時了。"成",唐寫《釋文》作:"戌,古成字。"薛氏本作"戌"。"歲"字已出現於甲骨文中,除可能作祭名外,大都不是年歲或歲星諸意義,而只是有關於收成方面,並且一年分爲兩歲。因此它近於早期"季"字的用法(據《殷墟卜辭綜述》第七章)。作爲年歲的歲是周代的事,而且年和歲的用法也有區別。據顧炎武《日知錄》之《集釋》卷三十二云:"自今年冬至至明年冬至,歲也(三百六十五日,實際即陽曆年)。自今年正月朔至明年正月朔,年也(三百五十四日多,實即陰曆年)。"到戰國時,年和歲的意義基本不分了,因爲陽曆年和陰曆年已經混合了。由這幾點,就知道這一資料比上一資料時代要晚。故竺可楨《我國古代天文學上的偉大貢獻》文中説:"以閏月定四時成歲,乃陰陽曆並用。"自然就是在用純陽曆之後。由於月亮繞地球和

地球繞太陽兩個周期各自不同,陰曆十二個月比陽曆一年要少十一天多,必須幾年設一閏月才能使二者相合。這種陰陽曆合用在殷代已經實行了。但他們置閏法詳情尚不十分清楚,主要是置在年終,所以稱十三月。《殷墟卜辭綜述》說後來也曾實行年中置閏。總之不像後來四分曆置閏是在無中氣的月份。東周時代制定的四分曆,知道三年置一閏就多了幾天,若十九個陰曆年設七個閏月,就能和十九個陽曆年相等(陽曆年即歲),而且每年的四季也基本固定在相應的月份。所以才叫“以閏月定四時成歲”。劉朝陽《堯典之編成年代》文中引王韜“校勘春秋朔至日月與湛約翰書”謂“文公七年以前,不當閏而閏”;“文公七年以後當閏而不閏”。指出魯文公時期爲設閏有關係的時期。新城新藏《東漢以前中國天文學史大綱》亦云至文公時代始能大概合於十九年七閏的原則。但這樣的陰陽曆,它的平年十二月爲三百五十三或三百五十四日,閏年十三月爲三百八十三至三百八十五日,根本和“朞三百有六旬有六日”的純陽曆日數是相矛盾的,是不能同時在一個曆法中使用的。由此可知這兩句原不是同一時代的材料,是《堯典》作者湊到一起的。

以上這一節說堯任命天文官員,制定曆法,指導民事等等活動。實際是根據下列七種不同來源不同時代的古代神話和傳說等紛歧材料組織在一起的。七種不同材料是:(1)遠古關於太陽女神的神話和它經過轉化後的傳說;(2)遠古關於太陽出入和居住地點的神話和它轉化爲地名後的傳說;(3)古代對太陽的宗教祭祀有關材料;(4)古代對四方方位神和四方風神的宗教祭祀有關材料;(5)古代對星辰的宗教祭祀及有關觀象授時時代的材料;(6)往古不同時代的曆法材料(如純陽曆時期與陰陽曆合用時期的不同,朞字和年字歲字時期的不同等等);(7)往古不同時代的地名材料及它蒙受時代影響而遷變的材料。本篇作者把這些材料,其中主要先把各種神話和宗教活動的各不同原始資料,生吞活剥地净化爲歷史資料,按四方和四季整齊地配置起來,經營成一組體制粲然大備的記載古代敬天理民的最早由觀象授時、指導農作以至制訂曆法的形式嚴整的文獻。既已擺脱神話的面貌,又儘量保存材料的古色古香,意在將真正的遠古史料展現出來,使人們相信這篇《堯典》確是可靠的古代典籍。就在這種經過折射的材料裏,使我們看到一些極爲珍貴的遠古傳説素材,特別是值得珍視的天文材料。因此這段文字毫無疑問是值得珍惜和重視的。

允釐百工①,庶績咸熙②。帝曰:"疇③咨④若時登庸⑤?"放齊⑥曰:"胤子朱⑦啓明⑧。"帝曰:"吁⑨!嚚訟可乎⑩?"帝曰:"疇咨若予采⑪?"驩兜⑫曰:"都⑬!共工⑭方鳩僝功⑮。"帝曰:"吁!静言庸違⑯,象恭滔天⑰。"

①允釐百工——"允",《爾雅·釋詁》:"信也。"又:"誠也。"有確實、真實之義。裴學海《虚字集釋》以爲:"誠,猶云如果也。"爲假設之詞。謂《經傳釋詞》釋允爲用,失之。其説可參考。"釐",理也(《詩·臣工》箋)。僞《孔傳》釋爲"治",義相近,即治理整飭之意。唐寫《釋文》:"允釐,亦作釐,力之反,理也。"吳校語:"魏《孔羡碑》作釐,此又省作釐。""百工",百官(《詩·臣工》箋及僞孔釋同此)。故《史記》譯此句爲"信飭百官"。就是確實整頓百官。

②庶績咸熙——"庶",衆(《説文》)。唐寫《釋文》"庹,古庶字,衆也。""績",功(《爾雅·釋詁》,僞孔從之)。"咸",皆(亦《釋詁》,僞孔亦同)。"熙"有興盛、光美等義(據《釋詁》)。故《史記》

譯此句作"衆功皆興"。《漢書·律曆志》引此句作"衆功皆美"。揚雄《劇秦美新》引用此句作"庶績咸熙"。唐寫《釋文》："熙,古文熙字。許其反,廣也。馬云興也。"段玉裁《撰異》謂傳本《美新》作"喜",是熹字之誤。熹與熙古通用(見李登《聲類》)。以爲《今文尚書》別本作熹。薛本故作隸古"厎績咸熙"。獨僞《孔傳》釋此句爲"衆功皆廣"。

③疇——《說文·白部》："𤴑,詞也。……與疇同。《虞書》:'帝曰𤴑咨。'"段玉裁以爲是漢代壁中古文。又《說文·口部》："𦥑,誰也。……𦥑,古文疇。"唐寫《釋文》："𦥑,古疇字,誰也。"段氏以爲:"(此諸)字皆不行,漢人多假疇訓誰。"可知"𦥑"之義爲"誰",因書寫不便而不通用。由於其字原從疇之古文,遂假借疇字行之。疇字遂被借具有"誰"之義。故《爾雅·釋詁》云:"疇,誰也。"皮氏《考證》引漢《劉寬碑》、《魏元丕碑》、《吳谷朗碑》及《後漢書·崔駰傳》載崔篆《慰志賦》皆作"訓",以爲漢代今文別本作"訓咨"。是"訓"又當爲疇之同音假借。段氏《撰異》並云:"尋此經之語,當云'帝曰咨疇若時登庸'、'帝曰咨疇若予采',乃與'疇若予工'、'疇若予上下草木鳥獸'一例。"楊筠如《覈詁》謂"段說是也"。王鳴盛《後案》引《汗簡》卷上之一作"𦥑𦥑",云是《古文尚書》字。則似又可作疇字在下之證。

④咨——僞孔無釋,《蔡傳》釋云:"訪問也。"當係據襄公四年《左傳》"訪問於善爲咨"之義。然僞孔雖於咨字無釋,其於釋此句時順口以"疇咨"爲"疇能",《史記》亦作"誰可",則循此可尋咨字在此處所起之作用。如依上文所舉段玉裁說,咨字在上,則當爲無義語首助詞。或爲嘆詞。

⑤若時登庸——"若",舊注疏家皆釋爲"順",楊氏《覈詁》依

《爾雅·釋詁》釋作"善"。然在此句中當采《考工記·梓人》注"如也"、《管子·小問》注"似也"及《荀子·王霸》注"如此也"諸訓義較妥。意爲能如上文所説"衆功皆美"者。"時",内野本作"旹"。按《尚書》"時字"如本篇下文"惟時懋哉"、《皋陶謨》"咸若時",《史記》皆譯用訓詁字作"是",知"時"即"是"、"此"之義,爲指示代詞,此處即指代"庶績咸熙"(衆功皆美)。"登庸",唐寫《釋文》"登庸",龔考證:"《説文》訓用之庸正字作𤰇,寫本及薛本皆有譌,《汗簡》引古《尚書》作𤰇,不誤。"僞《孔傳》、《蔡傳》均釋登庸爲"登用之"。按《爾雅·釋詁》:"登,陞也。"《禮記·玉藻》、《周禮·羊人》鄭注並云:"升也。"又《禮記·月令》鄭注云:"進也。"是可用爲對人員提升之義。"庸",不僅本篇孔蔡兩傳皆釋爲用,《詩》之《兔爰》、《南山》等篇傳,《左傳》之《僖公二十四年》、《文公十八年》等注亦皆釋爲用。楊氏《覈詁》以爲庸有功勳義,是對的。然《國語·晋語》云:"無功庸者不敢居高位。"是必須其人有功庸始登用之,正亦本篇所倡之義。"疇咨若時登庸",《史記》譯作"誰可順此事"。僞《孔傳》釋爲:"誰能咸熙庶績,順是事者,將登用之。"皆誤訓"若"爲"順",致文義不暢,其實是説:誰能像衆功皆美(庶績咸熙)這樣做得好的,就提拔任用他。

⑥放齊——唐寫《釋文》:"放,方往反。注同。𠫼,古齊字。齊,臣名也。"龔考證:"薛本缺。足利本、《汗簡》引《尚書》同。"内野本作"𠫼",從《説文》原體,而下二增作三。"放齊",人名,在此作爲堯臣。

⑦胤子朱——"胤",嗣(《爾雅·釋詁》胤、嗣同訓"繼也")。"胤子朱",《史記》譯作堯的"嗣子丹朱"。以後各注經家及歷史記載就無不這樣説。只有唐寫《釋文》云:"𦙤,古文徹字,引信反。國

名。馬云'嗣也'。孿,古文子。"僞《孔傳》亦釋爲:"胤",國名。
"子",爵名。"朱",人名。意爲胤國之君而非堯子。實際這也是神
話中資料,《堯典》作者又把它作爲歷史資料說成是堯的嗣子。僞孔
則更是附會。

　　字又作"絑",《說文‧糸部》:"絑,純赤也。《虞書》丹朱如
此。"故江聲《尚書集注音疏》逕改作"絑"。段氏《撰異》以爲壁中故
書作"絑",孔氏以今文讀之乃易爲"朱"字。是謂原今文原作"朱"。
並謂既云《虞書》如此,則知他經丹朱不作絑。

　　"朱",在神話中原是一種神鳥,也叫"離朱"(見《山海經》之
《海外南經》、《海外北經》、《海外西經》)。《南經》郭璞注:"今圖作
赤鳥。"袁珂注:"即日中踆鳥。"《大荒南經》作"離俞",郭璞注:"即
離朱。"《莊子‧天地篇》以離朱爲人名,這是把神話人化之一例,但
把離朱與象罔並稱,仍是神性人物。又叫"讙朱"(見《海外南經》,
則爲有翼、有鳥喙、有人面、吃魚之神。一作"讙頭")。又叫"鴸"
(見《南山經》云:"有鳥焉,其狀如鴟……其名曰鴸")。這也就是轉
化爲《史記‧天官書》中的南宮朱鳥。亦僞《孔傳》所云"南方朱鳥
七宿"。《說文‧口部》有"咮"字,云:"鳥口也,从口,朱聲。"保存了
朱鳥傳說之遺迹,故從朱之口,就是鳥之口。但失記了原音。錢大
昕《養新錄》卷五云:"古讀咮如鬭。"並引《釋文》轉錄徐仙民音"都
豆反"以爲證。由《海外南經》"讙朱"亦作"讙頭",知"朱"音同
"頭",確讀如"咮"之都豆反。知"讙朱"、"讙頭"音同。郝懿行《箋
疏》引"讙朱"亦作"鵬鴸"。證以敦煌唐寫本《釋文》之《堯典》篇作
"鵬吺",該《釋文》所作《音義》云:"鵬,古驩字,呼端反。""吺,古
兜字,丁侯反。"而漢隸從舟、丹、月往往混同,如彤亦作肜、亦作胐,
故鵬亦作䲱、亦作鵬。是以鵬鴸可作鵬鴸、鵬吺。鄒漢勛《讀書偶

記》云：“驩兜（《舜典》、《孟子》）、騹頭、騹朱（《山海經》）、鵃吺（《尚書大傳》）、丹朱（《棄稷》），五者一也，古字通用。”其説甚是（惟所謂《舜典》即《堯典》下半。《尚書大傳》今本未見此鵃吺二字，唯鄭玄注有之，亦未直接傳下，今唯見於唐寫《釋文》。《棄稷》則即《皋陶謨》下半）。這些紛歧都是由《山海經》神話資料讙朱、讙頭以及離朱演變分化而成。按《海外南經》之離朱，曾演化爲《西山經》之“鵁鳥”，亦云“其狀如鴟”，與《南山經》之“鴸”略同。《淮南子·精神訓》篇則説“日中有踆烏”。注云“三足烏”，爲日中神鳥。而郝懿行箋釋《海内西經》“服常樹”條，引《莊子》稱老子曰：“南方有鳥……以璆琳琅玕爲實，天又爲生離珠，一人三頭。”袁珂以爲離珠即離朱。謂“此一人三頭之離珠，又爲日中三足神禽離朱演變而成者”。是知讙朱、離朱有種種演變分化。

《堯典》作者遇到這樣一些紛歧演化的神話傳説資料，和上文四方神名和風名一樣，也和下文堯舜朝廷中許多大臣人名一樣，都已不知其神話性，而作爲歷史資料使用。而這些明確是神話中的事物和神話中的人物，包括各部族的宗神名，或部族名，或部族首領神化之名。清人之説中，已有接觸到這點者。如馬國翰《目耕帖》云：“丹朱作絑……《吕氏春秋·召類篇》‘堯戰于丹水之浦，以服南蠻’。丹水，酈道元《水經注》亦引之，意者丹絑及鼻皆堯時南蠻酋長。”《詁經精舍經學文鈔》毛宗澄之文亦云：“《皋陶謨》之丹朱必本作丹絑。……丹絑與鼻並，《論語》鼻與羿對文，則疑當時諸侯之有權力者。”並謂騹兜國古作騹朱國，是兜、朱二字通用。或者丹絑即驅兜，爲南蠻之君。（皆據《古史辨》第七册上編第 303 頁楊寬文引。）其實《山海經·大荒北經》早已説：“騹頭生苗氏。”是他爲苗蠻族的宗祖神。可知神話中或者人名，或者物名，皆當有傳説可據之素地。像上面這些神鳥，由於我國古代東方各族大都有鳥爲圖騰的各種神話傳說，因而有這些不同的神鳥名。現在《堯典》作者不把它看爲鳥名，而作爲歷史資料成爲人名，就把"鴲"寫爲"朱"。《皋陶謨》作者則把"鵰鴲"寫爲"丹朱"，其音讀也由 huān－dōu 轉變爲 dān－zhū。而且兩篇都把他作爲堯的兒子，於是很多古籍就都這樣沿用下來了。

後來更有粉飾加工的，説堯子本名朱，後封於丹水，才稱丹朱。見《漢書·律曆志》謂"堯使子朱處於丹淵爲諸侯"。皮錫瑞《考證》以爲"朱之封丹，必在舜徵庸之後"。而《帝繫篇》原也編造説："帝堯娶于散宜氏之子，謂之女皇氏。"《世本》云："女皇氏生丹朱。"這些都是不確説法，不足據。

⑧啓明——《史記》譯作"開明"。意爲性格開朗明達，用以稱讚丹朱。段氏《撰異》云："或《今文尚書》本作'啓'，而訓爲開。或《今文尚書》本作'開'，與《古文尚書》作'啓'異。皆未可定。非必爲漢諱（指漢景帝名啓）也。"但段又舉《禮》古文作"啓"今文作"開"之證。皮錫瑞《考證》定從古文"啓"今文"開"之説。鄭玄注云："帝堯胤嗣之子名曰丹朱開明也。"（《史記正義》引）則"丹朱開明"四字皆作爲堯之子，豈非丹朱、開明二人？鄭玄喜采緯書説。漢緯《尚書·中候》説"堯之長子監明"。把"啓"字音轉爲"監"，是提出"監明"爲堯之子。這些都不對。其實原來也是神話中的資料，叫做日神"朱明"。見《文選·招魂》："朱明承夜兮。"李善注："日也。"顯然承古代日神説。由於光耀炎熠，故與火有關。《淮南子·天文訓》云："南方火也，其帝炎帝，其佐朱明。"炎帝（赤帝）爲五上帝之一（見《史記·封禪書》），朱明自爲日神。《堯典》作者和上一資料附會一起，寫成了"朱啓明"。

⑨吁——驚歎詞。僞孔釋爲"疑怪之辭",不如《蔡傳》釋爲"歎
其不然之辭"較切。

⑩嚚訟可乎——"嚚",僖公二十四年《左傳》云:"心不則德義
之經爲頑,口不道忠信之言爲嚚。"意爲不想正經事,不講正派話爲
頑嚚。皮氏《考證》云:"頑、嚚各有本義。對文則別,散文則通(意
謂用成對舉之句時二字義有別,而分散用時二字義相通)。下文'父
頑母嚚',史公文亦相同。"

"訟"馬融本作"庸"(《釋文》引)。《說文》:"訟,爭也。"王逸注
《楚辭·怨世》:"讙譁爲訟。"段氏《撰異》云:"馬本作庸,蓋假借字。
古'訟'通作'頌','頌'通作'庸'。《周禮》注'頌或作庸',《儀禮》
注'古文頌爲庸',是也。"是庸爲訟假借字。皮氏《考證》云:"江聲
以庸字屬下讀,爲'庸可乎?'非是。"

"可乎"皮氏《考證》云:"'可乎'二字,疑後人增入,古人語質,
但言其人不善,則不可之意自見。……'可乎'二字,非上世渾灝之
文,所有《尚書》一經,無用'乎'字爲句末助詞者。"其見甚卓。《尚
書》全書中確無句末用乎字者。惟《皋陶謨》"何憂乎驩兜"三叠句
用了三個句中助詞乎字(又僞古文《五子之歌》用了兩個句中乎
字)。這是不符合時代的用詞。何定生《尚書的文法及其年代》指
出:"《尚書》之所以不同於春秋間作品,從體驗上,從整個的感覺
上,大都由於助詞。"並舉"嚚訟可乎"的"乎字不得不加上,而《堯
典》之時代意識不知不覺間漏出來了"。這說明用"乎"字是到春秋
之世才有的事。就知此句文字寫定於春秋時。《皋陶謨》三句亦同
於此。管燮初《西周金文語法研究》也說:"西周金文中句末語助詞
只有一個'找(才)',用於感嘆句。"可知成於春秋以前的《尚書》篇
章,就不會有"乎"字(但據管燮初及陳夢家《殷虚卜辭綜述》說,殷

代卜辭偶有在句末安置語氣詞"乎"，作爲表示疑問句。可知殷人語言有此，但春秋以前周人語言中無之）。

"囂訟可乎"，僞孔釋云："言不忠信爲囂，又好争訟，可乎？言不可。"《史記》譯此句之意爲"頑凶不用"。"頑"，顯係用《左傳》與囂連用之"頑"。"凶"，孫星衍《注疏》釋之云："《釋言》云：'訩，訟也。'《說文》'訩'，或作'詾'，或作'說'。皆同字。……'凶'即'訩'省文。"是凶即訟。臧琳《雜記》謂："《今文尚書》作'頑訟'，史公訓'訟'爲'凶'。"段氏《撰異》謂："《爾雅》、《說文》皆曰：'詾，訟也。'疑本作'詾'，誤爲'凶'。"皮氏《考證》云："二說皆無確證，當仍從《史記》作'頑凶'。"並引《潛夫論·論榮篇》"丹凶傲"、樊毅《修西嶽廟碑》"彗掃頑凶"以證《今文尚書》作"頑凶"。又云："史公云'頑凶不用'，乃增'不用'二字以足經意，非以'不用'釋'可乎'也。下云'似恭漫天，不可'，'負命毀族，不可'，文義正同一律。此云'不用'，猶彼云'不可'也。"皮說是。

⑪帝曰疇咨若予采——"疇咨"，見前注③、注④，依段說當作"咨！疇"。"若"，舊釋"順"，當釋"如"，見注⑤。"予"，我的。"采"，《爾雅·釋詁》："事也。"馬融云："官也。"（《釋文》引）此句意爲堯問誰能如我職事的要求。《史記》承上文簡作："堯又曰：誰可者。"即誰可任我的職事官位。僞古文薛氏本"疇咨若"作隸古奇字屬資㪋。

⑫驩兜——來自神話中的人物，其有關情況已見前注⑦。此處已將神話資料淨化爲歷史資料，作爲堯的一個臣子的名字。而且本篇下文把他和共工、三苗、鯀作爲四個極壞的人（被稱爲"四凶"）而加以流放。按《山海經》中南方有神人叫驩頭、讙頭，又叫讙朱，是"苗民"的宗祖神，長着鳥翼、鳥嘴，喜吃海中魚。由上文注⑦知道它

與神鳥鵬鵊的神話有關，可能東方民族的神鳥，到南方民族中成了鳥形的異物，也可能本來是兩方民族的不同傳說，因有"鳥"爲其共通處，在民族融合中便混同起來了。"驩兜"二字，《大傳》鄭注及漢《鄭季宣碑》引作"鵬吺"，《漢書》作"讙兜"，《神異經》引作"鵬兜"，《說文》"吺"字徐鍇注引作"驩吺"，《廣韻·桓部》引作"鵬兜"，通作"鵬兜"，《集韻·桓部》引作"鵬吺"，通作"鵬吺"，薛季宣本同此。（鵬、鵬、鵬與驩、讙同）。除讙兜爲今文，鵬吺爲漢古文外，餘皆僞古文。

⑬都——僞孔云："都，於。歎美之辭。"即"都"作爲歎詞，相當"於"（音烏）字。

⑭共工——此處也作堯的臣名。同樣是從神話及遠古傳說中來的。原是古代西方姜姓部族（古代"西戎"羌族的一支）的宗祖神（《國語·周語》韋昭注說他是炎帝之後，而炎帝是姜姓更早宗神。而《周語下》又載明四岳是共工曾孫，是爲姜姓族的比共工晚的宗神。見下一節注②"四岳"），他和顓頊爭着做上帝，一怒用頭觸不周山，使天柱斷了，地就向東南傾斜（《淮南子·天文訓》、《論衡》之《順鼓篇》、《談天篇》）。他勝利稱雄，因此稱霸九州（"伯九有"）（說見《國語·魯語》、《禮記·祭法》）。而故事還有種種不同分化傳說，有的把他的名字說成是"康回"，也是怒而使地東南傾（《楚辭·天問》）。有的把和他相爭的對手，說成是高辛（《淮南子·原道訓》及《國語·魯語》韋昭注），或說成是祝融（《史記·補三皇本紀》），或說成是神農（袁珂引《珮玉集·壯力篇》引《淮南子》），或說成是女媧（《路史·太昊紀》）等。有的說他的兒子勾龍爲后土（社神，見《海內經》、昭公二十九年《左傳》、《魯語》）。還有更多的與水的傳說有關的資料。說他"以水紀"，說他把他的屬官"爲水師

而水名”（《左傳·昭公十七年》）。後來鄭玄注《堯典》此文時，就説
“共工，水官名”。僞《孔傳》遂亦云：“共工，官稱。”唐寫《釋文》亦
云：“共工，官名。”又有説他曾治水失敗（《國語·周語下》），這很可
能與本篇下文鯀治水失敗爲同一故事的分化。按近世學者已論定
共工即鯀，顧剛師《鯀禹的傳説》中指出：“‘共工’二字是‘鯀’字的
緩聲，‘鯀’字是‘共工’二字的急音。共工氏‘伯九有’，鯀‘始均定
九州’（《海内經》）；共工氏有子后土勾龍‘能平九土（州）’，爲社
神，鯀也有子禹能‘平水土’（《吕刑》），‘定九州’（《海内經》），爲社
神。”（《古史辨》第七册下）該文下面接着舉了共工即鯀的證據十餘
事。而所謂緩聲、急音，實際是“共工”爲“鯀”的反切音（《古史辨》
第七册上還有楊寬《鯀共工與玄冥馮夷》一篇詳述了鯀即共工）。
還有説共工“振滔洪水”，“以薄空桑”（《淮南子·本經訓》），成了
被指責攻擊的大罪。以致説他被禹所逐（《荀子·成相》：“禹有功，
抑下鴻，辟除民害逐共工”）。《大荒西經》並説“禹攻共工國山”。
《海外北經》説禹殺共工臣相柳氏。《荀子·叙兵篇》、《國策·秦
策》都説禹伐共工。結果“共工用滅”（《周語下》）。《淮南子·原
道訓》也説“共工與高辛争爲帝，遂潛於淵，宗族用滅”。而《韓非
子·外儲説右上篇》説“堯誅共工於幽州之都”。《淮南子·兵略
訓》説“共工爲水害，故顓頊誅之”。都是他爲水害而被滅的不同傳
説。他的“振滔洪水”，顯然《堯典》下文“滔天”二字與此傳説有關。
總之，他的本族對他的傳説都是讚美的，譽爲功烈甚大的。他的敵
對各族則對他的傳説都是惡意的，有意貶損他的。《堯典》作者把他
拉做了堯的臣子，但却只采用了東方各族對他懷有惡意的資料。

　　⑮方鳩僝功——《史記》譯其義作“旁聚布功，可用”。《説文·
人部》“僝”字引作“旁救僝功”，又《辵部》“逑”字引作“旁逑屛

功”。鄭玄注《士喪禮》云：“今文旁爲方。”陳喬樅從其説，以爲古文作旁，今文作方。段氏《撰異》則以爲：“《儀禮》則今文爲方，古文爲旁；《尚書》則今文爲旁，古文爲方。”並舉《史記》作“旁”、又“方施象形”《白虎通》作“旁”，“方告無辜”《論衡》作“旁”，爲今文作“旁”之證。皮錫瑞據此數證肯定段説，而否定陳説。段並云：“《廣雅·釋詁》曰：‘方，大也。’此古文家説也。又曰：‘旁，大也。’此今文家説也。”則今、古文皆釋方（旁）之義爲大。“鳩”，《史記》用其訓義“聚”，《説文》亦云：“逑，斂聚也。”救則爲其同音假借。段氏《撰異》云：“鳩，壁中故書作救，《集韻·十八尤》曰：‘勼，聚也。古作救，通作鳩。’此語必有所受之。《周官經·大司徒職》以救爲求，《尚書》以救爲勼，皆六書之假借也。孔安國以今文讀之，易爲鳩字。”“僝”，《釋文》“仕簡反”，又徐仙民音“撰”。又引馬融云：“具也。”即備具之意，與《説文》“㒤，具也”之義合。《史記》作“布”，義與之相近，蓋具備始能敷布。《漢書·楊賜傳》引作“孱”，此漢今文。僞孔釋“僝”爲“見”，與《史記》所釋義不合。然《蔡傳》承用之。朱熹云：“方鳩僝功，語未可曉，亦未灼然知僝功爲見功。且依古注説。”（《傳説彙纂》引）古注説的大意是：共工能廣聚衆力布備事功，因而可用。

　　僞古文薛季宣本的隸古奇字，於“驩兜曰都共工方鳩僝功”，作“䲹呄曰䄠共䄠工逑屪㓛”。內野本“功”亦作“㓛”。

　　⑯静言庸違——《漢書·王尊傳》作“靖言庸違”。《論衡·恢國篇》作“靖言庸回”皆三家今文。《左傳·文公十八年》有“靖譖庸回”之文，爲同一資料傳寫之異。《漢書·翟義傳》、《吴志·陸抗傳》、《楚辭》王逸注，皆作“静”，不作“靖”。所引皆今文。是“静”與“靖”原通用。僞古文之唐寫《釋文》作：“䛫，古静字，謀也。”薛

季宣本隸古奇字作"彭夆　暮莫"。内野本静亦作"彭"。按"静"
"靖"意爲巧善。段玉裁《説文》"靖"字注云："謂小人巧言。""言"
與"譖"字亦通用。"庸"，《説文》："用也。""回"與"違"通，《詩・大
明》傳："回，違也。"又《小旻》傳："回，邪也。"意爲邪僻。故《史記》
譯"静言庸違"之意云："善言，其用僻。"即善爲巧言，而行爲作用很
邪僻。

但這裏實際又是《堯典》作者采用了有關共工的神話傳説資料，
生吞活剥地寫成的。《楚辭・天問》有云："康回憑怒，墜（地）何故
以東南傾？"王逸注："康回，共工也。"可知神話中，共工的名字又叫
康回。這兩句即是説共工發怒，頭觸不周山，使天柱折，而地東南傾
的故事。但是在先秦已有人把他誤爲非人名，秦《詛楚文》云："楚
王熊相，康回無道。"董逌釋"康"爲"庸"。與《堯典》作者讀康爲庸
正同。故惠棟《九經古義》説："《楚辭》所謂'康回'者，即《書》所云
'静言庸回'也。""庸回"轉化爲斥責別人行爲惡劣的用語。董逌據
以解釋康回，都根本不懂得它原是人名了。《堯典》作者處於與《詛
楚文》作者相去不遠的時代，也不知道它是人名，但原資料必與共工
其他資料在一起，就以此作爲描述共工爲人的詞語了。

⑰象恭滔天——《漢書・王尊傳》引"恭"作"龔"，實當作龏（見
第一節注⑧）。《史記》譯此句作"似恭漫天"。以"似"釋"象"，以
"漫"釋"滔"。意爲貌似恭敬，而惡行漫天。僞孔則釋爲"心傲很若
漫天"。唐寫《釋文》云："滔，吐刀反，漫也。"自是注疏家大抵沿此
解釋，如孫星衍《注疏》釋爲"貌似恭敬而漫其天性"。惟皮氏《考
證》云："《史記》作'漫天'，與下文'洪水滔天'作'滔'字不同，疑經
所云'象龏滔天'、'鴻水滔天'兩滔字本非一字，水旁與心旁易亂。
此'滔'字當作'慆'。《史記》'漫天'字當作'慢'。蓋史公訓'慆'

爲‘慢’，以故訓字代經也。”亦成一說。宋人始懷疑此處“滔天”二字不好解，以爲是涉下文的“滔天”二字而成衍文，林之奇、朱熹、蔡沈、齊唐等皆持此說。孫詒讓《尚書駢枝》謂：“史遷所見已有此二字，則必非衍文。今考滔當爲謟。……謟、慆、滔聲同字通，‘象恭滔天’亦可謂貌爲恭敬而不信天命。……毛詩云，滔，慢也。慢天義尤切。”其實這也是共工資料中原已有的字，即上文注⑭中的“振滔洪水”等傳說。上面已提到共工治水和鯀治水可能是一個故事的分化，那麼這一“滔天”與下文“滔天”當然也是同源的，原是有關共工治水方面資料的殘文，《堯典》作者在這裏也是不管文字通不通硬抄在一起的。也看出《堯典》作者對所得到資料的重視和珍惜，不肯輕易刪削。

以上這一節，根據一些遠古不同氏族的神話傳說中流傳來的人物資料，寫堯怎樣整頓政治，選用人材。表示他怎樣大公無私，不用親信，不用壞人。仍然是不顧或不懂原材料的本來情況，生吞活剝地拼湊成的。

《蔡傳》則謂：“此下至鯀‘績用弗成’，皆爲禪舜張本也。”朱熹以爲：“自‘疇咨若時登庸’至篇末（指分出《舜典》後的《堯典》篇末），只是一事。皆是爲禪位設也。”把《堯典》看成專爲堯禪讓舜而寫，故把這些都看成是禪位給舜的準備。其實《堯典》作者原意儘量想鋪張堯一些政績，從羲和四子到此處，以及下文，都是把儘力搜集到的一些古代傳說資料，組織成敷陳堯舜的盛德大業的文字，以成包括禪讓內容的頌揚堯、舜各方面德業的一篇寶典。

帝曰：“咨①！四岳②。湯湯③洪水④方割⑤，蕩蕩⑥懷山⑦襄陵⑧，浩浩滔天⑨，下民其咨⑩，有能俾乂⑪？”僉⑫

曰："於⑬！ 鯀⑭哉。"帝曰："吁！ 咈⑮哉，方命⑯圮族⑰。"
岳曰："异⑱哉！ 試可乃已⑲。"帝曰："往，欽⑳哉！"九載㉑，
績用弗成㉒。

①咨——《史記》作"嗟"，歎詞。《白虎通·號篇》引作"諸"。
與"咨汝羲暨和"之"咨"訓"告"之義同，與下文"咨十有二牧曰"亦
合，但在此處憂水災，故依《史記》義。

②四岳——《尚書大傳》及《史記》作"四嶽"（下文各岳字皆同
作嶽）。《説文》"嶽"的古文作"𠚖"，《觀禮·賈疏》引"《堯典》云：
帝曰咨三岊"。唐寫《釋文》作"三岊，古岳字"。段氏《撰異》云：
"按《尚書》自有此一種，與今本絶異者。"薛季宣本遂從而作"帝曰
資三𡷫"。"四"之爲"三"，甲骨文、金文均如此。甲骨文岳字較《説
文》古文稍繁，《賈疏》所引"岊"似《説文》古文之隸定，薛本稍訛變，
實即楷體"岳"字。

"四岳"，各注疏家都以爲是官名。今文以爲即"四方諸侯"
（《漢書·百官表》），或主管四方諸侯的"方伯"（《國語》韋注），古
文以爲是"四時之官，主四岳之事"（《史記集解》引鄭注），僞古文則
説"即上羲和之四子，分掌四岳諸侯"（僞《孔傳》），宋學《蔡傳》則
説是"一人而總四岳諸侯之事"。這些都是據本篇文字得出的解釋。
其實四岳原來也是和共工及下文鯀、禹、伯夷相關的神話中的人物，
由《堯典》作者囫圇吞棗地用爲官名（或者大臣名）的。

四岳最早爲古代西方羌戎中的姜姓部族的宗祖神，是由於他們
居地的山岳之神衍成部族祖先神的。這一戎族輾轉居住在嵩山以
西達於甘隴一帶古時叫"九州之戎"所居的地區內。他們最早留居
地即今陝西隴縣境的叢山"四岳"是他們境內的首要險地（《左傳·
昭公四年》），爲全族所尊奉，他們就自稱爲這一山岳之神"四岳"的

後代(《左傳·襄公十四年》)。而他們的這位宗神四岳協助禹治水有功,由皇天賜姓姜,同時還賜稱吕氏(《國語·周語下》,古時同姓中再分爲氏)。其中申、吕、齊、許在西周時已東進成爲華夏族諸侯(《國語·周語》),九州地區内的"姜氏戎",則到東周時還保持少數民族地位(《左傳·襄公十四年》)。(以上參看顧剛師《九州之戎與戎禹》。)但"四岳"二字在一些古籍中寫作"太岳",而且太岳是配天的(《左傳》《隱公十一年》、《莊公二十二年》)。顯見"太岳"可能是原稱。因"大"字和兀字篆文形近而訛爲"四"(《墨子間詁·非攻下》)。也有寫作"西岳"的,"西岳"的後代也是氏羌(《海内經》),可知"西"字又由"四"字訛寫而成。有的則只簡稱"嶽",說"嶽"生了姜姓諸國(《詩·嵩高》)。大抵"嶽"當即《周禮·職方》雍州的"嶽山",也即《禹貢》的"岍山",《史記·封禪書》則以"岳山"與"吴岳"二名並列,實際同屬峰巒綿亘的叢山,就是陝西西部隴縣境的"岳山"(《禹貢錐指》卷十一上)。也就是古代稱爲"四岳"之山,戎族就是奉這一山的山嶽神作爲他們的宗祖神的。

　　既然"四岳"是姜姓部族的宗祖神,必然與姜姓另一宗神共工發生關係(《國語·周語下》韋昭注引賈侍中説共工姜姓),《周語下》接着説四岳是共工的從孫,則他們的親系脉絡就清楚了。當共工與鯀都治水失敗後,四岳佐禹治水有功,因而得國得姓。古代神話往往是由多源匯合演化的。共工和四岳顯然來自不同的源。此外還有另一不同源的傳説,説姜姓部族的祖先是"伯夷"(《國語·鄭語》),而《吕刑》裏伯夷是上帝派下來的三位天神的第一位,《山海經·海内經》則説"伯夷生西岳(四岳)",而西岳之子生氏羌,證實西岳即四岳,爲羌戎之祖,而伯夷爲其父(參看下文伯夷注)。至《國語·晉語》説炎帝居姜水而姓姜,與居姬水而姓姬的黄帝族世通婚姻。這樣,姜姓族最大的宗神又是炎帝了。

　　《堯典》作者把這些來源不同混糅交錯在一起的不同時期不同行輩神話人物資料,除炎帝外,都扯到一起,成了並列於堯舜朝廷的歷史人物。不過此處在神話中的"四岳",或"太岳"、"西岳",原來只是一個人物。到本文采用時,所據材料寫的是"四岳",注疏家就依字面把它分成了四個主管四方的官員。這本來是不確的。故蘇軾《書傳》云:"孔安國以四岳爲羲和四子,而太史公以……四岳爲齊太公之祖,則四岳非羲和也。當以史爲正。"又云:"四岳,堯欲使'巽朕位',則非四人明矣。"朱熹《語類》(七十八)承軾此語亦云:"不成讓與四人?"故《蔡傳》明確說四岳一人。明張燧《千百年眼》有《四岳爲一人》之文亦云:"孔平仲(宋人,撰有《良史事證》等書)以四岳爲一人。……《漢書》'三公一人爲三老,次卿一人爲五更'……安知四岳非知四方者乎!《書》內有'百揆、四岳'。以四岳爲四人,則百揆亦須百人矣。……蓋信孔平仲之言矣。"言亦甚明確。(惜未及見孔平仲原語。)但代表漢學的今文、古文、僞古文諸舊注疏家全憑"四岳"字面釋爲四人,這樣就對下文虞庭二十二人的總數造成許多混亂(參看下文"二十有二人"校釋)。仍當如神話原意及文籍所載以四岳爲一人。

　　③湯湯——唐寫《釋文》:"湯湯,音傷,流皃(貌)。"張守節《正義》謂唐時已讀如字,音湯。《蔡傳》:"湯湯,水盛貌。"實即波濤洶涌之意。

　　④洪水——大水。《史記·夏本紀》引作"鴻水",洪、鴻古通用。《孟子·滕文公下》云:"水逆行氾濫於中國。……《書》曰'洚水警余'(按,逸《書》)……洚水者,洪水也。"《漢石經》殘字《鴻範》篇"洪水"亦作"鴻水"。薛本錄古奇字作"㳽水"。

⑤方割——“方”，戴震、江聲、孫星衍、王念孫皆以爲當讀“旁”，與上文“方鳩僝功”之“方”同。“旁”的音義同“溥”，爲普遍之意。《説文》：“溥，大也。”“割”，同“害”。《詩·唐譜·正義》即引作“害”。唐寫《釋文》：“创，古割字，害也。”《大誥》的降害作“降割”同此。“方割”，意爲普遍的很大的禍害。

⑥蕩蕩——《説文》作：“潒，水潒瀁也。从水，象聲，讀若蕩（徒朗切）。”形容水動蕩之狀。《史記》作“浩浩”。亦譯用其意。僞孔云：“蕩蕩，言水奔突有所滌除。”

⑦懷山——“懷”，《漢書·地理志》作“襄”，唐寫《釋文》：“襄，古懷字，包也。”薛本同作“襄”。僞《孔傳》：“懷，包。”“懷山”，大水把山包圍。

⑧襄陵——僞孔云：“襄字，上也。”《釋文》：“大阜曰陵。”《蔡傳》：“襄，駕出其上也。大阜曰陵。”即大水將高阜之地淹没了。

⑨浩浩滔天——僞孔釋云：“浩浩，盛大若漫天。”《蔡傳》：“浩浩，大貌。滔，漫也。極言其大，勢若漫天也。”從“湯湯洪水”至“浩浩滔天”十六字，《史記·五帝本紀》作“湯湯洪水滔天浩浩懷山襄陵”。《夏本紀》同，惟無“湯湯”字。是此處有文字倒亂重復之嫌。（唐寫《釋文》云浩“古作頛”。薛本“浩浩”作“灝灝”）。

⑩咨——《史記》作“憂”。係據咨嗟憂愁之義（僞孔）譯用。“下民其咨”，薛本作“丁民亓資”。内野本作“丁㢟亓咨”。

⑪有能俾乂——《史記》以訓詁字譯作“有能使治者”。敦煌唐寫本《釋文》“有能”作“广耐”。薛本此四字作“广刜畀劈”。龔道耕《考證》：“薛本作刜，下‘女能庸命’及他篇皆作‘耐’，則從‘刂’者誤。鄭注《禮記》《禮運》、《樂記》並云：‘耐，古能字。’”

“有”，據王引之《釋詞》、劉淇《助字辨略》、裴學海《古書虛字集釋》，“有”同“或”，皆釋“誰”。楊筠如《覈詁》遂云：“有，誰也。”亦謂“有”“或”古通用，舉《孟子》“行或使之”、《詩·鴟鴞》“或敢侮予”之“或”皆訓“誰也”爲證。下文“有能奮庸”、“有能典朕三禮”之“有”皆訓“誰”。“俾”，《爾雅·釋詁》：“使也。”《覈詁》：“俾，治也。‘俾’與‘比’通。《詩·皇矣》‘克順克比’，《樂記》比作俾；《漸漸之石》‘俾滂沱矣’，《論衡·明雩》俾作比；即其證。‘比’又與庀通。《魯語》‘夜庀其家事’韋注：‘治也。’《左傳》‘子木使庀賦’杜注：‘治也。’”“乂”，《說文·辟部》引作“躠”（魚廢切），釋云：“治也。”皮氏《考證》云：“乂，今文當作‘艾’。《大傳》從作‘艾’。石經‘艾用三德’，可證。”王國維《釋辥》指出，彝器中多“辥”字，或作“辪”，爲經典中“乂”“艾”之本字。意爲“治”，引申爲“相”、“養”二義。如《毛公鼎》“辥我邦我家”，《克鼎》“辥王家”，“保辥周邦”，《宗婦鐘》“保辥鄍國”，《晉邦盉》“保辥王国”，即《康誥》之“用保乂民”，《多士》、《君奭》之“保乂有殷”，《康王之誥》之“保乂王家”，《詩·小雅》之“保艾爾後”。而《說文》“躠”，爲壁中古文，乃“辥”字譌。初以形近譌爲“辟”，後人因辟讀與辥讀不同，故又加乂以爲聲。經典作“乂”作“艾”，亦“辥”之假借云（《觀堂集林》卷六）。似此“保辥”爲西周成語。楊筠如《覈詁》謂“俾乂即保乂”亦即金文之“保辥”。

⑫僉——《說文》：“皆也。”大徐音“七廉切”。《釋文》：“又七劍反。”“僉曰”，《史記》譯作“皆曰”。上面注文已知四岳是一人，則此何以作“皆曰”？《蔡傳》釋之云：“四岳與……諸侯……同辭而對也。”對下文“岳曰”，則釋云：“四岳之獨言也。”

⑬於——《釋文》：“音烏。”嘆詞。

⑭鯀——《釋文》“故本反”，《國語·吳語》作“鮌”，薛本作

“骸”（音同）。《廣韻》作“鯀”，釋云：“禹父名，亦作‘骸’，《尚書》本作‘鯀’。”舊注疏家如馬融注云：“鯀，臣名，禹父。”（《史記集解》引）僞《孔傳》云：“鯀，崇伯之名。”《孔疏》：“《周語》云：‘有崇伯鯀。’即鯀是崇君，伯爵，故云‘鯀，崇伯之名’。”其實原來也是神話人物。《墨子·尚賢中》：“昔者伯鯀，帝之元子，廢帝之德庸，既乃刑之于羽之郊。”説他是上帝大兒子，因廢了上帝德庸而被誅，還没有説到他治水及與禹的關係。《山海經·大荒南經》説鯀子炎融生驩頭，是一“人面鳥喙，有翼，食海中魚，杖翼而行”的神人，鯀就是這一怪神人驩頭亦即丹朱（見上節注⑦）的祖父。《海内經》則説“黄帝生駱明，駱明生白馬，是爲鯀”。是鯀爲另一天神黄帝之孫，可是却身是白馬。這兩則神話故事也還没説到治水與禹的關係。神話史詩《天問》在談了天地開辟之後，最早的神就是鯀和禹，有了鯀治水失敗，永遏在羽山，三年後在他腹内剖出了禹及禹治水成功的故事。於是《山海經·海内經》也説了句“禹鯀是始布工，均定九州”。此鯀却在禹之後。説了他們布土定九州的傳説。《海内經》下文始説：“洪水滔天，鯀竊帝之息壤以堙洪水，不待帝命。帝令祝融殺鯀於羽郊。鯀復（腹）生禹，帝乃命禹卒布土以定九州。”這裏就把鯀禹爲父子，先後治水，失敗、成功的故事説得較完整了。而鯀被殺的罪名，則是他偷了上帝的生長不息的神土“息壤”去治水，没有得到上帝批准才被殺。還有鯀之生禹，是由鯀死三年不腐，用吴刀從他腹内剖出了禹的神異故事（郭璞注《山海經》及《初學記》引《歸藏》）。還有很多資料説他被殺在羽山後，變成黄熊（或作黄龍、黄能、玄魚及下面有三點的“能”字——三足鱉）跳進了羽淵（《左傳·昭公七年》、《晉語》、《天問》、《論衡·死僞篇》、《説苑·辨物篇》、《歸藏·啓筮》、《夏本紀·正義》、《拾遺記》、《述異記》等及袁珂

《海内經》注）。還有《呂氏春秋・行論篇》説堯以天下讓舜，鯀怒於堯曰："得天之道者爲帝，得地之道者爲三公。今我得地之道，而不以我爲三公。"於是"怒甚猛獸，欲以爲亂，比獸之角，能以爲城，舉其尾，能以爲旌。召之不來，仿佯於野以患帝，舜於是殛之於羽山"。這些完全是神話故事的情節。到《國語・周語》才作爲事件加以叙述，説先是共工用堙防的方法治水失敗，接着鯀用同樣方法治水又失敗，到禹和四岳順着地勢疏導才治水成功。有人指出共工與鯀治水失敗是同一故事傳説的分化，不僅二人名字是由一名的讀音緩急不同而成兩名，而且故事相同點達十餘處（見《古文辨》第七册關於鯀禹諸文、第五册關於五行之文、陳夢家《鯀與共工》文，參見上節注⑭）。《堯典》作者所根據的，顯然是已分化後的材料，所以上節叙了共工，這節又叙鯀。但下文並沒有叙禹治水，只在任命禹做司空時説了句"汝平水土"。到《皋陶謨》中才叙禹治水的經過。可知是隨着所遇材料情況來成文的。至於鯀既是共工的分化，而共工是西戎姜姓族宗神（見上節注⑭）。同時鯀又既與禹成爲父子，而禹也出於戎，稱"戎禹"（《潛夫論・五德志》）。鯀被稱爲"崇伯"（《周語》及《路史》注引《連山易》），禹亦稱爲"崇禹"（《逸周書・世俘篇》）。崇，舊誤釋爲崇高山（崇山），或豐鎬之崇（《周本紀正義》），或秦晉間之崇（皇甫謐注"趙穿侵崇"）。其實崇山就是夏文化興起的襄汾、翼城間的崇山，其地當太岳，在殷周間亦戎之區域（《古史辨》第七册第128頁），也屬九州戎地區。那麼鯀顯然也是西戎姜姓族神話中人物，因而與共工相關連。在傳説中也保存有不少對鯀讚譽的話（《國語》、《山海經》、《楚辭》、《淮南子》中都有）。如《離騷》："鮌婞直以亡身兮，終然殀乎羽之野。"《惜誦》："行婞直而不豫兮，鮌功用而不就。"顯然對鯀充滿同情。《堯典》作者把鯀由神話人物變爲歷史人物寫入本篇時，只保存有東方各族對他懷有惡意攻擊貶斥的話了。

薛季宣本"緜哉"作"骰才"。

⑮咈——《説文》："違也。"《釋文》："扶弗反。忿戾也。"僞《孔傳》："咈，戾。"即乖戾、違戾、忿惡之意。薛本作"咷"。

⑯方命——《史記》譯意作"負命"。《正義》："負，音佩。"錢大昕《養新録》謂古音"負"如"背"，"負命"即"背命"。戴震《尚書義考》謂"方、負一聲之轉"。但《漢書》傅喜、朱博等傳都引作"放命"。唐寫《釋文》："馬云：'方，放也。'徐（仙民）云：'鄭、王音放。'"是馬融、鄭玄、王肅皆與漢人同讀"方"爲"放"，謂"方命"是"放棄教命"。其實意思都是不遵上令、違背命令、違逆命令。故《孟子·梁惠王下》"方命虐民"趙岐注云："方，猶逆也。"楊筠如《覈詁》以金文材料證當如"廢"。其言云："放猶廢也。《詩·韓奕》'無廢朕命'，《盂鼎》'無法朕命'。金文假法爲廢，與此假方爲廢者同。"似楊釋較妥。

⑰圮族——"圮"，《釋文》："皮美反。"《爾雅·釋詁》："圮，毀也。"《史記》即譯作"毀族"。

⑱异——《説文·廾部》引《虞書》此字云："异，舉也。從廾，㠯（已）聲。"大徐音"羊吏切"。唐寫《釋文》："徐鄭音異，孔王音怡，已也。"僞孔釋云："异，已。已，退也。"《蔡傳》云："异義未詳，疑是已廢而復强舉之之意。"各據《説文》一義爲説，而皆不合此處文意。楊筠如《覈詁》以爲當用"㠯，《説文》用也"之義，較可通。然吳汝綸《尚書故》云："通'已'，歎詞。"此説與"异哉"連用語氣相合，釋爲歎詞較切。

⑲試可乃已——《史記》譯其意作"試不可用而已"。錢大昕

《史記考異》云：“古人語急，以不可爲可。”戴震《尚書義考》云：“試用或可而不可，乃退。古人語多省略。”孫星衍《今古文注疏》：“史公‘可’爲‘不可’者，聲之緩急。俗字增爲叵，即可字也。”俞樾《群經平議》：“已、以通用。‘以’，用也。‘試可乃以’者，言試之而可，乃用之也。《史記》不知‘已’當作‘以’，而疑‘試可乃已’文義難通，遂致‘可’爲‘不可’。”

⑳欽——《爾雅·釋詁》：“敬也。”薛氏本隸古字“往欽哉”作“迬欽才”。

㉑載——《爾雅·釋天》：“載，歲也。夏曰歲，商曰祀，周曰年，唐虞曰載。歲名。”除“商曰祀，周曰年”根據正確歷史資料，符合歷史實際外，由第二節注㊟“以閏月定四時成歲”，即知至商代“歲”猶不作紀時的年歲解，亦不作歲星解，而只是關乎年成的，大抵一年分爲兩歲（據《殷虛卜辭綜述》），怎麼早至夏代已稱一年爲一歲呢？作爲年歲的歲是周代的事。而早在傳說時代的唐虞，其紀年方法完全出於後代的假託。《釋天》所說的“唐虞曰載”，就完全是根據這篇所謂《唐書》、《虞書》的《堯典》、《舜典》中這幾個“載”字寫成的。由本篇下文“百姓如喪考妣三載”，《孟子·萬章上》作“百姓如喪考妣三年”。知春秋戰國之世，“載”確已作“年”用，而且二者通用。故《禹貢》“作十有三載”，《史記·夏本紀》及《漢書·地理志》皆作“作十有三年”。而此時“年”“歲”已混同通用（亦見第二節注㊟），故此處“九載”，《史記》譯作“九歲”。

薛氏本隸古奇字“九載”作“九𢧌”。下文凡“載”字同。

㉒績用弗成——《爾雅·釋詁》：“績，功也。”“績用弗成”，《史記》之《五帝本紀》、《夏本紀》皆譯作“功用不成”。薛氏本隸古字作“𪟪用㢆戌”。

　　以上這一節,是根據一些神話中的洪水和治水的傳說材料,來寫成堯命鯀治水的歷史故事。世界各地民族的古代差不多都有洪水傳説,這裏顯然是我國古代確實發生過洪水泛濫情況的反映。《堯典》作者獲得了這材料。其材料大概可信是從較原始時代傳下來的,只是本篇把一些神話内容净化成了歷史事迹。

　　帝曰:"咨! 四岳。朕①在位七十載,汝能庸命②巽朕位③。"岳曰:"否④德,忝⑤帝位。"曰:"明明⑥揚側陋⑦。"師錫帝曰⑧:"有鰥⑨在下,曰虞舜⑩。"帝曰:'俞⑪! 予聞⑫,如何⑬?"岳曰:"瞽子⑭,父頑,母嚚⑮,象傲⑯;克諧以孝,烝烝乂。不格姦⑰。"帝曰⑱:"我其試哉⑲!"

　　女于時⑳,觀厥刑於二女㉑,釐降二女于嬀汭,嬪于虞㉒。

　　①朕——唐寫《釋文》:"艅,直錦反。馬(融)云:'我也。'"《玉篇》艅同朕。古人自稱都可叫"朕"。秦始皇始規定只有皇帝自稱朕。(殷虚甲骨文中,"朕"只做單數第一人稱領格用,意即"我的"。到周代金文中,除仍用作"我的"外,也做單數第一人稱"我"字用。)

　　②汝能庸命——"汝能",唐寫本《釋文》作"女耐"。參見上節注⑪"有能俾乂"句。"庸",《説文》:"用也。""庸命"即用命,意爲遵用上命,聽從命令,很好地貫徹執行命令。鄭玄釋爲"順事用天命"(《史記集解》),不確。

　　③巽朕位——《史記》作"踐朕位"。唐寫《釋文》:"巽,音遜,順也。馬云:讓也。"鄭玄釋"巽朕位"爲"入處我位"。僞孔云:"巽,順也,言四岳能用帝命,故欲使順行帝位之事。"俞樾《平議》云:"諸説

於文義均未安。《史記·五帝本紀》作'踐',當從之。《尚書》作'巽'者,假字也。'踐'從戔聲,古音與巽近。……説者不知'巽'爲踐之假字,望文生訓,失之。"俞説是。是知"巽"爲"踐"的假借。"踐"就是履行。

④否——唐寫《釋文》:"否,音鄙。又方久反,不也。"(今音同痞)"否德",薛氏本遂作"不悳"。皮氏《考證》引臧琳説:"《今文尚書》作'鄙',《論語》'予所否者',《論衡·問孔篇》作'予所鄙者'。兩漢人所引《魯論》爲今文,《論語》作'予所鄙者'與《書》古今文正同。"《匡謬正俗》:"鄙,本字作否。"《文選·長笛賦》注:"鄙,陋也。"《廣雅·釋詁二》:"鄙,小也。"

⑤忝——《爾雅·釋詁》:"辱也。"

⑥明明——前一明字爲動詞,在此爲尊顯、顯揚之意。《國語·周語》"尊貴明賢"注:"明,顯也。"《禮記·禮運》"故君者所明也"注:"明,猶尊也。"即此義。後一"明"字爲名詞,亦稱"高明",指有地位聲望被稱爲賢明的人。《史記》譯"明明"爲"悉舉貴戚",一語探得了其實質,符合奴隸社會封建社會政權高層情況。但《堯典》所指的"堯"爲實行"禪讓"的君事民主制的部落聯盟時代的軍事首長,《堯典》作者和司馬遷都是運用自己所處時代之體會來寫這一句的。

⑦揚側陋——揚,《廣雅·釋詁》:"舉也。"唐寫《釋文》:"敭,古揚字,舉也。"薛季宣本承作"敭"。《宋書·恩倖傳論》、司馬貞《五帝本紀》贊也皆引作"敭"。與金文合,與《説文》古文亦合。"側陋",漢至晋人文中多引作"仄陋",内野本同。唐寫《釋文》:"仄,字又作庂,古側字。"薛氏本作"仄匫"。仄由側同聲取義,見《説文》:"仄,側傾也。"《史記》譯"側陋"爲"疏遠隱匿者"。"揚仄陋",就是

舉用埋没在民間的没有名氣的人才。

⑧師錫帝曰——《史記》作"衆皆言於堯曰"。皮氏《考證》云："是訓'師'爲'衆'。"故《爾雅·釋詁》："師，衆也。"唐寫《釋文》："師，或作师，衆也。古文作帥。"龔考證云："與《三體石經》師古文合。""錫"，甲骨文、金文作"易"。章炳麟《古文尚書拾遺定本》云："經傳以'錫'爲'賜'，而彝器字只作'易'。是西周尚無賜字，況虞夏時乎。……彼此相予，古只作'易'。其後乃有'賜'字，爲上予下之專稱。'賜'可通言易，'易'不可變言賜。'師易帝'者，謂衆予帝也。"楊筠如《覈詁》則謂："古下對上似亦稱'錫'。《禹貢》'九江内錫大龜'，又曰'禹錫玄龜'，'錫'並謂獻也。"是"易"（錫）爲給予之意，古時上對下、下對上都可稱"易"（錫），"師錫帝曰"，意爲"大家對帝説"。故《史記》譯文如此。

⑨鰥——唐寫《釋文》："鰥，故頑反，無妻曰鰥。"《孟子·梁惠王下》："老而無妻曰鰥。"《天問》作"鰥"，足利本同。《史記》作"矜"。按《詩·小雅·鴻雁》序"至於矜寡"《釋文》："矜、鰥同。古頑反。"章炳麟《新方言》以爲漢代"矜"讀如鰥而其義爲杖，因而變爲今天的"棍"字。今稱無妻者爲"光棍"，猶同於"矜"、"鰥"古義。

⑩虞舜——唐寫《釋文》作"氏舜"，薛氏本作"氏舜"，内野本稍變，作"処舜"。是墨家最先鼓吹的由堯禪讓給帝位的一位"聖王"，儒家接受了這一説，和所搜集到的古史資料一起，加以編造成美麗的冠於三代之上的"堯舜禹三聖傳授"體統的道德美備政教輝煌的黃金時代。此篇《堯典》和下篇《皋陶謨》就是儒家所編歌頌堯、舜、禹盛德大業的篇章。本篇在此以上述堯事，以下述舜事。舊注疏家對"舜"字，或說是名（今文家如《白虎通》、蔡邕《瑯玡王傳蔡公碑》，古文家如鄭玄及僞古文與唐寫《釋文》皆言"虞，氏。舜，名"），或説

是謚(《白虎通》及《釋文》載馬融説），或説是號(鄭注《中候》)。對
"虞"字，或説是氏(鄭玄、偽孔)，或説是地名(王肅、皇甫謐等)。都
不足據。

其實"舜"原是由東夷殷商族的神話中關於宗祖神上帝夋(夒)
的傳説分化而成。匯集古代神話的專書《山海經》中有一位天神帝
俊，日、月都是由他的妃子生出的。郭璞注："俊亦舜字，假借音也。"
王國維考定"帝俊"(夋)即其他文獻中的"帝嚳"(俈)(《帝王世紀》
載"帝嚳自言其名曰'夋'")。俊、嚳都是由殷卜辭中的"高祖夒"衍
出。即由"夒"音變而爲"嚳"、"俈"，形誤而爲"夋"、"俊"(見《殷虛
卜辭中所見先公先王考》)。是"舜"與"嚳"都是帝俊之化身，亦即
夒之演變。其後吳其昌、郭沫若、袁珂等都考定"夒"、"嚳"、"俊"之
即"舜"(見吳《卜辭所見殷先公先王三續考》、郭《中國古代社會研
究》、《青銅時代》、袁《山海經校注》第 345 頁)。證以《國語·魯語》
説"殷人禘舜而祖契，郊冥而宗湯"。可知舜確是殷商族的"高
祖"——最早的宗祖神，因爲他是殷人四位宗祖的最早的一位宗祖
神。所以《天問》把舜的故事叙在夏桀之後，明確他爲商代所宗的始
祖，使人看到文獻中的舜，合於卜辭中的高祖夒。《楚語》説"舜有
商均"。注："均，舜子，封於商。"即《帝繫》所載"帝嚳生商契"説的
傳異。總之，無論神話傳説和文獻記載都優足認定舜爲殷商宗祖
神。

和這個東夷殷商族的上帝"帝俊"(嚳、舜)並立在《山海經》中
的，還有西方姬姓族奉爲宗祖神的另一上帝"黃帝"。兩者原來各不
相涉。後來由於民族融合，才使這兩位上帝發生了聯繫。而且由於
姬姓的勝利，把黃帝做了東方的舜(俊)以及堯等人的祖先。見於
《世本》者，堯爲黃帝四代孫，舜爲八代孫。由於民族融合的過程和

情況都複雜，紛歧説法很多，又出現了倒過來把姬周的始祖"棄"同殷祖"契"及"堯"、"摯"等一樣，都説成是"嚳"（舜）的兒子（見《世本》、《大戴禮·帝繫》）。這顯然是東方人的説法。而《堯典》作者所根據的材料，顯然和上面兩種又有所不同，堯和舜是兩個没有血統關係的"賢聖"的帝王。

　　"虞"，王肅但説是地名，皇甫謐説是河東大陽山西虞地，黄度説是解州安邑縣（皆《彙纂》引）。薛氏本則説是河東虞鄉，爲舜始封。這都是指春秋時晋假道於虞以伐虢之虞。皆指今山西境。其更早的虞是《詩·緜》"虞芮質厥成"的虞，當周文王時，其地爲古吴岳之地。"吴"即"虞"（省卢），亦即四岳之地。在今陝西境。然這都是周代時所稱之地。《堯典》所稱舜之"虞"，遠在周之前。《孔疏》稱"舜居虞地，以虞爲氏"，所以才稱"虞舜"。《孟子·離婁下》説舜"東夷之人也"，則他所居地不會跑到山西、陝西去。所以當是至今尚有遺稱的河南省東部虞城縣附近，其地鄰近山東。一些有關歷史傳説中舜的活動地點如諸馮（菏澤南）、負夏（濮陽、滋陽間）、鳴條（開封附近）、歷山（在雷澤）、雷澤（在菏澤境）、河濱（定陶西南）、服澤（即負夏）、常陽（或謂恒山以南）、壽丘（曲阜境）、頓丘（河南清豐南）、姚墟（濟陰、城陽）等地（見《孟子·離婁下》、《墨子·尚賢》、《史記·五帝本紀》、《尚書大傳》、《風俗通·山澤篇》等，其今地所在見《古史續辨》第417頁附注），大都在今山東省西部，少數在今豫東，都和虞城相去不遠。即可證這"東夷之人"的舜所居的虞地在今豫東，因而其活動所及之地至於魯西。一些古籍中把舜的氏族稱"有虞氏"，稱舜爲"虞帝"（包括本篇所稱），及舜受"唐堯"禪位後建立的王朝稱"虞代"，排在夏代前。其實《墨子》書中已屢稱"三代聖王堯、舜、禹、湯、文武"。没有把堯舜另立爲不同朝代，而都包括在三代(夏、商、周)中。實因我國在夏代開始才進入奴隸制而有國家組織,堯舜時還處在父系家長制的部落聯盟盛期到瀕臨解體的時期。舜和堯一樣,都只是部落聯盟的軍事首長,而不是帝王,因而還沒有建立唐、虞兩個王朝。有關唐、虞兩王朝的歷史傳說,是不能作爲信史看待的。

大抵舜最先是東方鳥夷族中殷商族的宗祖神,因而有氏族傑出首領襲用其名,成爲黃河下游東夷各部落一個有名的軍事首長。而他原作爲商的遠祖,與禹約略同時,他和堯作爲東方夷族的代表,當東方夷族和西方夏族經過黃帝以來長期激盪交往的過程後,這時在黃河中游地區結成部落聯盟。堯、舜、禹先後交替擔任了部落聯盟軍事首長。這就是歷史上艷稱的堯舜禹"三聖傳授"的時代。實際通過他們使父系家長制的部落聯盟完成了解體的過程。

⑪俞——語詞。《史記》作"然"。《爾雅·釋言》:"俞,然也。"唐寫《釋文》:"俞,羊朱反,然也。"作爲應對副詞,"俞"與"然"同,猶現代語中的"好吧",亦與表示認可的語氣詞"噢"相近。

⑫予聞——《史記》譯作"朕聞之"。"予",同現代語言的"我"。但甲骨文、金文中第一人稱單數皆作"余"(多數爲"我",領格爲"朕")。是文獻中之"予"當爲"余"之同音假借。"聞",唐寫《釋文》作:"予𦕀,古聞字,《說文》古作𦕃,無此𦕀字。"足利本同。薛氏本作"𦕃",襲用《說文》"聞"的古文"𦕃"。内野本作"𦕀",薛氏本其他各篇亦同此形。與《魏石經》中《君奭》篇"聞"字古文"𦕃",二者皆漢代古文。實爲甲骨文、金文中從耳之"聞"字其另一邊旁各有訛變而成。"予聞",我聽說過。董作賓《集釋》:"有所聞,同時亦有所知之義。《卜辭一》'余聞',《孟鼎》'我聞',皆此義。"

⑬如何——《史記》作"其何如"。在這裏是問舜的爲人到底怎

麼樣,究竟怎麼樣之意。

⑭瞽子——唐寫《釋文》:"瞽,音古,無目曰瞽。"《一切經音義》二十三引《三倉》:"無目謂之瞽。""瞽子",《史記》作"盲者子",明譯其義。

⑮父頑母嚚——"頑"、"嚚",見第三節"嚚訟可乎"注。意爲愚頑、凶狠,不顧德義,不守忠信。"父",指傳說中舜的父親"瞽瞍"。由《史記》"盲者子"知瞽原指盲人,"瞽子"即今語"瞎子的兒子"。但傳說中由"瞽子"而稱其父爲"瞽叟",原意還只是"瞎老頭",却附會成這老頭的名字,再轉而成"瞽瞍",於是就確定爲舜父名了。《帝繫》云:"瞽叟產重華,是爲帝舜。"《左傳·昭公八年》記舜的上輩爲"自幕至於瞽瞍"。於是各種文籍相傳下來。"母",《史記》下文記《舜本紀》說:"舜父瞽叟盲,而舜母死,瞽叟更娶妻而生象。"知此"母"指舜繼母,因而對舜凶狠。

⑯象傲——《史記》作"弟傲"。以"象"爲舜的異母弟。皮錫瑞《考證》云:"臧琳說今文經作'弟傲'。按,臧說是也。舜之弟名象,堯未必知之。且象獨稱名,則與上云'父''母'不一例。當從《史記》作'弟'。"袁珂《山海經校注》云:"舜亦古神話中的神性英雄……其一生功業,厥爲馴服野象。然舜馴服野象神話之最古面目已湮昧難曉矣。可考者惟舜與其弟鬥爭之神話。《楚辭·天問》云:'舜服厥弟,終然爲害,何肆犬豕而厥身不危敗?'是此一神話之大概也。"可知關於舜與弟象之種種故事傳說,皆由神話中轉變而來。"傲",唐寫《釋文》作:"奡,古敖字,五報反。"吳校語:"今本改'傲'。……按《爾雅·釋言》:'敖,傲也。'經典多以敖爲本字,段懋堂氏謂傲恐爲天寶所改。《說文》:'奡,慢也,讀若傲。'引《虞書》'若丹本傲'。《管子·宙合篇》:'若敖之在堯也。'注:'慢而不恭曰

敖.’是敖與昪同義可通假。《汗簡》‘百部’引《尚書》正作‘昪’。”薛本亦作“昪”。

⑰克諧以孝烝烝乂不格姦——“諧”，《爾雅・釋詁》：“和也。”“烝烝”，《廣雅・釋詁》：“美也。”《詩・泮水》傳：“烝烝，厚也。”是爲美厚、美好之意。“乂”（見上節注⑪），《史記》譯作“治”，爲乂的本義。《石門頌》引作“艾”，意爲養，也有美好之意。“格”，《史記》譯作“至”（參看第一節“格于上下”注）。按，王引之《經義述聞》提出此處當斷句爲：“克諧。以孝烝烝，乂不格姦。”皆據漢魏人文章以“烝烝”形容孝。但《史記》譯此語作：“能和以孝，烝烝治，不至姦。”以“烝烝”形容治，非形容孝，又《酷吏列傳》亦有“吏治烝烝，不至于姦”語，似近于原意，以從《史記》句讀爲是。

⑱帝曰——《孔疏》謂馬融、鄭玄、王肅本皆無此二字，是皆東漢古文本。但《史記》譯此二字爲“堯曰”，《論衡・正說篇》亦引云：“堯曰，我其試哉。”知漢代今文本有“帝曰”二字。

⑲我其試哉——“其”，《詞詮》：“時間副詞，將也。”《論衡・正說篇》云：“說《尚書》曰：‘試者，用也。我其用之爲天子也。’……堯聞舜賢，四岳舉之，心知其奇，未必知其能，故言‘我其試哉’，試之於職。……夫文言觀試，觀試其才也。”王充指出西漢今文家“試用爲天子”說之非，以爲是試之於職，以觀其才。王說較妥。故鄭玄亦云“試以爲臣之事”（《孔疏》引）。僞孔及《蔡傳》意亦相近。

⑳女于時——“女”，僞孔釋爲妻（《釋文》“千計反”，去聲，動詞，即以女嫁給之意），釋此句爲“堯於是以二女妻舜”。顯然襲用《史記》譯作“於是堯妻之二女”。皆釋“于時”爲“於是”。將連詞“於是”倒置於名詞“女”字之後，與通常語法異。段氏《撰異》云：“時，是也，謂舜也。”以“時”爲指示代詞，指舜。意爲以女嫁給舜。

則語法順而文意更明，以用此釋較妥。

　　又"女"字"妻"字用法，《撰異》並有闡析云："古文每字必有法，古凡言'妻'（子計切）者，必爲其正妻。如'以其子妻之'、'以其兄之子妻之'是也。凡言'女'（尼據切）者，不必爲其正妻，如《左氏傳》'宋雍氏女於鄭莊公'、'驪戎男女晉以驪姬'、《孟子》'齊景公涕泣而女於吳'是也。……書法分別如是。然則《尚書》鄭注（見《孔疏》引云"鄭曰：'不言妻者，不告其父，不序其正。'"）其所見精矣。"可知先秦時此二字用法有明顯區別。但司馬遷往往將一些有區別之字同用。如"姓"與"氏"原義顯別，司馬遷則二字無別，往往稱"姓某氏"。此處亦將"女""妻"二字用法混同了。《堯典》寫成於先秦，必依原用法。但今天讀它時，可像司馬遷那樣不加區分。因爲原是傳説故事，二女嫁與舜是否爲正妻不用去深究了。

　　楊氏《覈詁》謂此女字"因下兩女字而衍"。意謂原無此"女"字，則"于時"自作"於是"解。可備一説。

　　㉑觀厥刑于二女——"刑"，即"型"字，金文作"井"。爲儀型、規範、法度、效法等意。唐寫《釋文》作"荆"。吳校語："按漢時無以'荆'爲'刑'者，當是六朝後起字。"本文偽《孔傳》及《詩·思齊》"刑于寡妻"傳、《禮記·緇衣》"儀刑文王"注都釋云："法也。"惟《思齊》之《正義》釋明："以禮法接待其妻。"正合上述之意。《史記》譯此句爲"觀其德於二女"。"其德"，指舜之德。牟庭《同文尚書》云："訓'厥刑'爲'其德'也。"

　　"二女"，源於神話中二女的資料（參看前面"羲和"注）。《堯典》作者獲得此資料，把它加以歷史人物化，就寫成上面的句子。注疏家就得想出各種辦法來把它説通。二女的名字，《堯典》和《史記》裏都沒有。注疏家根據神話遺存下來的材料注明是娥皇、女英

（《孔疏》始據《列女傳》注明，《蔡傳》繼之。馬、鄭及僞孔猶未及注）。神話書《山海經》中，上帝"帝俊"的妻子有娥皇、羲和、常羲（常儀）。王國維説娥皇、羲和皆由常儀衍出（《先公先王考》）。吴其昌、郭沫若分别考定都是由甲骨文"娥"或"羲"傳衍成（見吴氏《卜辭所見殷先公先王三續考》、郭氏《中國古代社會研究》）。"帝俊"既到歷史傳説中分化爲"嚳""舜"二人，二女也跟着分化。嚳的二妃成爲姜嫄、簡狄（《帝繫》後面又增二人）。舜的二妃成爲娥皇、女英（最先在《尸子》中，舜的二妃只叫"媓"、"娥"，《五帝德》只稱"倪皇"，《帝繫》稱"女匽"，《世本》及《古今人表》稱女瑩，到《列女傳》才確稱"娥皇"、"女英"）。

"觀厥刑于二女"，王充《正説篇》引漢今文家釋爲："觀者，觀爾（段《撰異》校正作"示"）虞舜於天下，不謂堯自觀之也。"王充反對此説，以爲堯"試之於職，妻以二女，觀其夫婦之法。職治修而不廢，夫道正而不僻"。是堯自觀舜之行爲。漢古文馬、鄭之説未傳下。僞孔釋云："以二女妻舜，觀其施法度於二女，將使治國，故先使治家。"（此《彙纂》稍修訂語句使文意暢明後之《孔傳》）《蔡傳》釋云："此堯言其將試舜之意也。《莊子》所謂'二女事之以觀其内'是也。蓋夫婦之間、隱微之際，正始之道，所繫尤重。故觀人者於此爲尤切也。"這是自漢至宋經學家對此句的解釋。説堯欲讓天下於舜，要試試他才能，先試以職事，又試以夫妻之道，因爲"治天下有則"，就在治家（此宋儒之説，實亦基於《大學》之道）。這使我們看來非常迂回曲折、勉强牽合的解釋，但經學家就是這麽解釋的。這句文意很晦澀，或有誤字。現在尋不到確解，只好暫依舊説。

㉒釐降二女于嬀汭嬪于虞——"嬀"，唐寫《釋文》作"嬴，字又作嬴，居危反，水名"。薛氏本作"釐夆弍女亏嬴内妼亏炍"。然其

訓解云："潙水出解州解縣，至河中河東縣入河。汭，小水入大水也。"明見其本原是"潙汭"二字。其作"嬴内"是偷襲舊資料與此不相干者故意立異。按《國語·周語》伶州鳩謂武王"反及嬴内"。韋昭注："嬴内，地名。"董增齡《疏》引宋公序《補音》："嬴音媯，内音汭。"段氏《撰異》云："本不與《尚書》相涉，而僞作《古文尚書》者（指薛季宣所據宋次道家所出之本）遂比附竄改。正陸氏（德明）所謂'穿鑿之徒務欲立異'者也。"然唐寫《釋文》係陸氏據宋齊舊本撰，知宋齊舊本所傳東晉初隸古定本已作"嬴"、"嬴"。

《史記》譯此處作："舜飭下二女於媯汭，如婦禮。"以"飭下"釋"釐降"。訓"釐"爲整飭（參見前"允釐百工"注）。訓"降"爲下（見《爾雅·釋詁》）。僞《孔傳》亦云："舜爲匹夫，能以義理下帝女之心於所居媯水之汭，使行婦道於虞氏。"實承《史記》之説以"釐降"爲舜所行事，惟稍易"釐"之訓爲義理。但《堯典》此處原文上承"帝曰我其試哉"，則明爲堯行事，故此處當依《蔡傳》所釋："史言堯治裝下嫁二女于媯水之北，使爲舜婦于虞氏之家也。"（按此據王肅所釋"釐降"爲"下嫁"。）

"媯"，《釋文》："居危反。常讀作規。水名。舊誤釋在山西境（如《孔疏》説在虞鄉縣，西流至蒲坂縣，上引薛氏説在河東縣等），然上文注⑩已知虞在今河南東部，作爲舜的後代媯滿所封陳國（見《史記·陳杞世家》）也在虞城西南，知媯水必指河南東部虞城西南附近的一條水。

"汭"，唐寫《釋文》："内，音汭，如鋭反。水之内也。杜預注《左傳》云：'水之隈曲曰汭。'"上引薛氏云"小水入大水"，是知一水注入另一較大之水其相交隈曲之地即叫"汭"。"媯汭"即媯水注入另一水之隈曲地帶。（《水經注》載"歷山有舜井，媯水出焉，南爲媯水，北曰汭水"。《五帝本紀正義》引《地記》："河東郡青山東山中有二泉，南流者嬀水，北流者汭水。"以嬀、汭爲二水。《彙纂》以爲"後人見嬀水北有一小水入嬀，遂蒙《堯典》文而加名耳"。甚是。）

"嬪"，唐寫《釋文》："妠，本又作姘，皆古嬪字，毗真反，婦也。"吴校語："《説文》：'賓，从貝，宁聲。'故嬪可省貝作妠。……男女私合曰姘，此漢以前古訓，尚無假姘爲嬪者。《汗簡》'女部'引《尚書》正作妠。"按薛本亦作"妠"。僞孔云："嬪，婦也。"實爲動詞：做媳婦。"嬪于虞"，到虞家做媳婦。《史記》譯作"如婦禮"，即盡其做媳婦之禮。

按《史記・五帝本紀》之《堯紀》譯此句之文已見上引，其《正義》足其意云："舜能整齊二女，以義理下二女之心於嬀汭，使行婦道於虞氏也。"《五帝本紀》之《舜紀》叙此事又較詳："於是堯乃以二女妻舜以觀其内，使九男與處以觀其外。舜居嬀汭，内行彌謹，堯二女不敢以貴驕事舜親戚，甚有婦道。堯九男皆益篤。"此與《孟子・萬章上》之説相近。《萬章上》云："帝使其子九男二女、百官、牛羊、倉廩備，以事舜于畎畝之中。"但其下文接叙舜父母使他完廩、浚井設法害死他諸情，及弟象欲分割牛羊倉廩與父母而自己得到舜宫和二嫂諸情。故事越傳越豐富了。《堯典》没有這些情節，只在上文説了"父頑母嚚弟傲"。

在《史記》譯此處作"舜飭下二女於嬀汭如婦禮"之後，緊接一句："堯善之。"意爲嘉許舜能釐降二女使行婦道於虞氏。但上文已辨明非如《史記》所釋之舜釐降二女，而是堯下嫁二女給舜，則此當爲堯遣嫁二女時訓誡她們要敬勉的話。尋之《堯典》原文，下面緊接"帝曰欽哉"一語，似《史記》譯用此語，然義不盡合。按"帝曰欽哉"實爲堯對舜之語，以領起下面一節文字，則"堯善之"似爲司馬遷根

據他上文所叙爲完足語意所加之語。不過在文中所居地位，確又當
“帝曰欽哉”之句。

　　以上這一節，寫堯準備讓位，同四岳等大臣商議，先頓挫一筆説
讓位給四岳。經辭謝後，由大臣們共同推舉舜。堯有意接受，但須
試其德行，先以政治婚姻方式嫁二女給舜以親近之（經學家舊説這
也是試的方式之一，以二女觀舜的内行）。此節描述了這一全過程。
但這裏所説舜的情況，與《孟子》書中所説情況不全同。這裏説舜在
大臣推舉前已行孝道把家庭感召好“不至姦”了，《孟子·萬章上》
所記則二女嫁舜後，舜的父、母及弟還用盡方法來謀害舜。可知此
處所據材料與《孟子》所據材料來源有所不同。

　　帝曰：“欽哉①！”慎徽五典②，五典克從③。納于百
揆④，百揆時叙⑤。賓于四門⑥，四門穆穆⑦。納于大麓，烈
風雷雨弗迷⑧。

　　帝曰：“格⑨汝舜，詢事考言，乃言厎可績，三載⑩。汝
陟帝位⑪。”

　　①帝曰欽哉——“欽”，敬（已見前引《釋詁》）。此語是堯誠勉
舜的話，意爲敬於所事，好好幹吧！

　　②慎徽五典——“慎”，陸氏《釋文·叙録》及陸氏所見隸古定
本及内野本皆作“音”，爲《説文》慎之古文，薛本則又稍變。段氏
《撰異》謂“慎”字爲衛包所改用。《史記》承“堯善之”句後緊接云：
“乃使舜慎和五典。”訓“徽”爲“和”。唐本《釋文》：“徽，許違反。
王（肅）云：‘美也。’馬（融）云：‘善也。’”僞孔則云：“徽，美也。”楊
氏《覈詁》引高晉生謂“‘徽’疑假爲‘散’，《説文》‘散，有所治也’。

徽敱並從妝聲。"總之,或釋爲和,或釋爲善,或釋爲美,或釋爲治,皆有把下面的"五典"搞好之意。"五典",僞姚方興傳釋爲"五常之教"(按僞古文本《舜典》原缺僞孔傳,由姚方興僞撰抵充),舉《左傳·文公十八年》使布五教於四方之"父義、母慈、兄友、弟共(恭)、子孝"爲其義。《蔡傳》釋:"五常也。父子有親,君臣有義,夫婦有別,長幼有序,朋友有信是也。"(據《孟子·滕文公》)總之皆釋爲五種倫常禮教。《史記集解》引鄭(玄)云:"五典,五教也。"亦五常之教。由於儒家經師重五倫德教之故。楊氏《覈詁》則以爲《曲禮》言天子之五官曰司徒、司馬、司空、司士、司寇,"五典",疑即五官之典。這是從堯誡勉舜好好從政出發,似近理。雖五官爲周代始有,與所說堯時無關,然《堯典》係摭拾先秦時所存歷史資料寫成,時代概念不强,則其采入此"五典"之義亦有可能。

此語薛氏本隸古字作"睿徽亖筷"。皮錫瑞《考證》云:"今文'典'一作'莄'。《尉氏令鄭季宣碑》引作'莄',《衡方碑》'典謨'作'莄謨',蓋今文異字。《劉熊碑》引'慎徽五典'仍作'典'。"可知今文異字有從草頭作"莄"者,僞古文沿用異字又改從竹頭作"筷"。都在花樣翻新以立異字。

③五典克從——《史記》譯作"五典能從"。唐寫《釋文》"五"作"乄","從"作"刕"。薛氏本作四隸古奇字。"從",有隨、順、合諸義,此處以訓釋爲"順"較切,意爲"五典"都已順妥了。《左傳·文公十八年》稱述此語云:"故《虞書》數舜之功曰'慎徽五典,五典克從'。無違教也。"意謂五典之教都已順行無違者。

④納于百揆——《史記》作"乃徧入百官"。知爲此句本義。由上文第二節(羲和章)的"寅餞納日"注,知"納"、"内"、"入"字同。金文中"内""入"同用,文籍中則"納""入"同用。其區別在今文作

“入”，古文作“内”或“納”。此處《史記》作“入”，用今文。薛本作“内”，襲用古文。通行僞古文本作“納”，亦沿用古文。“徧”同“遍”，“遍入百官”，即深入百官中。“揆”，度也（《爾雅·釋言》、《廣雅·釋詁》），動詞。僞孔以"度百事、總百官"爲“百揆”。繼云“納舜於此官”，已謬。其後譙周《古史考》謂“百揆堯初別置，於周更名冢宰”。以“百揆”當“冢宰”，更謬。依《史記》，知“百揆”泛指百官。《史記》下文《舜紀》亦云：“堯乃試舜五典、百官，皆治。”益證百揆即百官。“揆”與“官”雙聲，因而通用。皮氏《考證》引不少漢碑及漢文皆見漢人固以百揆爲百官。

　　⑤百揆時叙——《史記》作“百官時序”。意爲使百官都釐然有序。“時”，即“是”。作爲特别介詞，間於賓詞提置動詞前的句子中，使“百揆”作爲動詞“序”的賓詞。皮氏《考證》云：“‘叙’作‘序’，亦《今文尚書》。”並引《史記》、蔡邕《太尉楊公碑》、《太傅祠前銘》、禰衡《顔子碑》皆“叙”作“序”，爲今文作“序”之證。《史記·舜紀》亦云：“舜舉八愷，使主后土，以揆百官，莫不時序。”《左傳·文公十八年》稱述此二句則云：“納于百揆，百揆時序，無廢事也。”亦皆作“序”，而稱讚舜整齊百官使之就序，就使百事皆興而不廢弛了。

　　⑥賓于四門——《史記》同此原句，惟薛本作“闐亐三門”。江聲《音疏》遂亦從用“三”字，此雖甲骨文、金文及《説文》籀文原字，然先秦以來文籍早已習用“四”字，只見其炫用古字之可笑。“賓”，《孔疏》云：“鄭玄以‘賓’爲‘擯’，謂舜爲上擯以迎諸侯。”江聲引此作“儐”，釋云：“謂舜儐導諸侯於四門。”此儐字義已簡述於第二節“寅賓出日”注中，謂“接賓以禮曰儐”。“四門”，馬融簡注曰“四方之門”。以後各注疏家大都沿用之，很少異説。且沿用馬氏繼此句

後所闡述"諸侯群臣朝者,舜賓迎之皆有美德也"之義。惟《群書治要》本《舜典》所存王肅注釋作："四門,宮四門也。"至江聲《音疏》始云："四門,明堂四門。"並引《逸周書·明堂解》及《禮記·明堂位》之所載,按照明堂的四門,分別在某方的門接見某方來的夷狄要賓。孫星衍《注疏》、王先謙《參正》皆從之。其實明堂之說是周代才有的,而且其有關制度有各種紛歧的說法,《堯典》作爲叙述三代以前堯舜政事之典,自不當有明堂。然"四方之門"之說,其來却頗久遠,見神話史詩《天問》云："四方之門,其誰從焉。"是問天上的四門,或崑崙縣圃神境的四門。《堯典》作者蒐集了不少來自神話的資料。顯見其所據此句資料中原有這類從神話中來的不完全可解的句子,如上文的四方神名風名資料一樣,又照樣囫圇吞棗地抄入《堯典》中,使人不易理解。下文還有"闢四門,明四目"等語,同樣是不易確切理解的。

　　⑦四門穆穆——"穆穆",《爾雅·釋訓》:敬也。又《釋詁》:美也。《史記》載此云："賓於四門,四門穆穆,諸侯遠方賓客皆敬。"穆字用敬義。而上引馬融曰"舜賓迎之皆有美德",僞姚傳遂亦云："穆穆,美也。"則用美義。王先謙《孔傳參正》謂前者爲今文說,後者爲古文說。《左傳·文公十八年》先叙"舜臣堯,舉八愷,使主后土,以揆百事"及"舜臣堯,賓于四門,流四凶族叵之後,接叙"《虞書》數舜之功",於稱舉"慎徽五典"、"納于百揆"二事已畢,接着說："賓于四門,四門穆穆,無凶人也。"《史記》下文《舜紀》全錄《左傳》此文稍易其句云："舜賓於四門,乃流四凶族,遷于四裔,以御魑魅,於是四門辟,言毋凶人也。"則把"四門穆穆"說爲無凶人。是《左傳》把所說舜之美政"舉八元八愷"比附於"納于百揆","流四凶"比附於"賓于四門",而有此釋。《舜紀》從之。於是此語於上舉"敬"、

“美”二釋外，出現此又一釋。此外還有好些異釋，或說和上文寅賓、寅餞出入日有關，或說舜兼四岳理諸侯，或說舜代丹朱攝太子之職賓四方迎遠方諸侯，或說舜爲堯之謁者尊官、賓于四門諸侯穆穆，等等。皆經生妄生紛擾，不足論。

　　⑧納于大麓烈風雷雨弗迷——“大麓”，《群書治要》本《舜典》作“大禁”。唐寫《釋文》原據此本，遂云：“大禁，古文鹿字。”《史記·堯紀》此句作“堯使舜入山林川澤，暴風雷雨，舜行不迷，堯以爲聖”。又《舜紀》作“舜入于大麓，烈風雷雨不迷，堯乃知舜之足授天下”。《尚書大傳》，《淮南子》之《泰族訓》、《修務訓》，《論衡》之《正說》、《吉驗》、《感類》、《亂龍》，《鹽鐵論》，王逸《楚辭注》等大抵同此解釋。陳喬樅《經說考》以此爲漢代今文歐陽家之說。《釋文》引馬融、鄭玄皆云：“麓，山足也。”而鄭玄注《書序》，於《舜典序》亦云：“入麓伐木。”仍爲山麓義。陳以爲是漢古文家援用今文歐陽說。實際已成爲古文家所持之說。於是由此說發展附會出實有其地，爲堯禪舜之處（《風俗通·山澤》），其地或以爲即《禹貢》之“大陸”（《水經注》引應劭說，林之奇《全解》引或說），亦即鉅鹿（《水經注》引“古書云：堯將禪舜，納之大麓之野……故鉅鹿縣取名焉”）。又《十三州志》云：“鉅鹿，唐虞時大麓也。”或以爲即泰山之麓（王氏《尚書新經義》，呂氏《東萊書說》，又《全解》引或說亦謂泰山之足若梁父之類），或以爲柏人城北罏務山（《顏氏家訓》引闞駰《十三州志》）。

　　桓譚《新論》云：“昔堯試舜於大麓者，領錄尚書事。”讀“大麓”爲“大錄”。陳喬樅考定此據西漢今文夏侯氏說。《漢書·于定國傳》載漢元帝報定國書曰：“萬方霩事，大錄于君。”時于任丞相。陳氏據《漢書·儒林傳》周堪、孔霸俱受大夏侯學，皆於元帝爲太子時授讀，是元帝習大夏侯學。又《王莽傳》云：“予前在大麓，至于攝假。"莽亦承夏侯氏學。而桓譚習知秦延君之夏侯學，陳氏考定桓從張山拊受小夏侯氏學。故以大麓爲大陸，爲居攝、三公、丞相之位之說，出今文大小夏侯氏。又《論衡·正説篇》舉當時説《書》者有"言大麓，爲三公之位也"一説，以爲是當糾正蔪誤説。陳氏指出這是當時今文博士所傳之説。以今天看，把山麓之地説成是居攝三公之位，是非常荒謬的。然而當時爲政治野心家的需要，却成了非常盛行的一説，漢魏晋以來遂多據此義做文章。即古文家鄭玄注《尚書大傳》亦在"山足曰麓"句後緊接云："麓者，録也。……命舜陟位居攝，致天下之事，使大録之。"（鄭玄注經籍，往往隨所在而異説，在此用甲説，至彼用乙説。）《魏公卿上尊號奏》、《魏受禪表》亦侈陳大麓爲大録之義。唐寫《釋文》所釋《舜典》即王肅注《堯典》之下半，其釋"大麓"引王肅説云："王云：'録也。'"按王爲司馬氏張目，故釋爲"大録"。其説見《群書治要》本《舜典》。其注云："納舜於尊顯之官，使大録萬機之政。"沈約注《宋志》遂全引王此語。今本《舜典》篇之僞傳，係姚方興采用馬融、王肅注編造的（見《釋文·叙録》），亦云："麓，録也。納舜使大録萬機之政。陰陽和，風雨時。"蘇軾《書傳》録此段僞傳文後説："自漢以來有是説……而晋以後强臣將纂者爲之，其源出於此。考其所由，蓋古文'麓'作'禁'，故學者誤以爲'録'耳。"指出了其致誤之由。朱熹亦屢稱當依司馬遷説（其語見引於不少宋元人著作中，原出《語類》）。

不少宋儒又另尋解釋，王安石《新經義》云："大麓，泰山之麓也。後世封禪之説傅會於此。"（陳櫟《書傳纂疏》引）時宋儒不解大麓之祭是何祭，王安石云："古者易姓告代"之祭（林之奇《全解》引）。林之奇《尚書全解》又謂，五典從、百揆叙、賓四門諸事，即《孟子·萬章上》所説之"使之主事而事治"。納于大麓，是所謂薦之於天，即《孟子》所説之"使之主祭而百神享之"。吕祖謙《東萊書説》亦謂"納于大麓"是"堯使舜攝行祭事於泰山之麓，《孟子》云'使之主祭而百神享之'，言主祭而風雨不迷陰陽調和也"（陳大猷《或問》、陳經《詳解》皆從主祭之説。元王天與、陳櫟、董鼎之書亦録此説）。

《史記》所用歐陽氏"山麓"之説較早和較合理；夏侯氏"大録"之説完全是因同音而牽强附會之説；宋人之説後出，但指出是宗教祭祀活動，很可能合於原材料的原意。因爲這些材料顯然仍是由神話傳説中來的。古人以山澤爲群神所居之地，如《山海經》中許多名山都是百神之所居，其中崑崙且爲"帝之下都"，是到上帝那裏去必經的地方，以及種種神異。所以祭神要在山、澤、叢林（《禮記·祭法》："山林川谷丘陵能出雲爲風雨、見怪物，皆曰神，有天下者祭百神"）。封泰山禪梁父的祭禮，就逐步由此釀成的。《堯典》作者掌握了這類有關材料，抄入書中，司馬遷把它作爲歷史資料，作出理性的解釋。然而林之奇仍窺見《史記》所藴神話性。其《全解》有云："烈風雷雨弗迷有二説：孔氏謂陰陽和、風雨時，各以其節無有迷錯愆伏。王氏（安石）因之。……太史公以謂山林川澤烈風雷雨，舜行不迷。而蘇氏（軾）因之。……此二説不同，太史公之言，涉於神怪。"是知《史記》所載，透露了原資料是由神話資料中來的。

而清初王夫之、清季魏源皆提出異議。王氏《書經稗疏》肯定大録説，反對山麓主祭説。云："《孔傳》所謂'大録萬機之政'者是也。其以爲主祭者，不知所主何祭？"以爲小祭爲有司之事，大祭天子所事，不容攝。且大祭必在高丘高山，不容在山麓。這是王氏爲不滿宋儒之説而發。魏氏《書古微》云："以麓爲山足，風雨不迷爲實事，不知其義甚狹淺，非典謨之體也。"竟以經典不能講事實，只能講玄虚之論。蓋以麓訓録,風雨爲喻,是今文家之説;麓爲山足,風雨爲實,魏以爲是馬鄭古文家説。魏爲今文家,必反古文家。兩氏均有所針對而發,皆非諦論,其説不足據。又魏源云:“至魏代受禪,其公卿《上尊號表》引‘大麓’爲禪壇,是則王莽《周官》假託經義,更無足道。”此外牟庭《同文尚書》説“大麓”即“大禄”,是堯給舜大福。全據同音附會,更不足論。

薛氏本隸古字作“内亐大㯟𠟭風靁𠕲𢎗𢂴”。内野本前四字亦作“内亐大㯟”,後六字同通行僞孔本。

⑨格——參看第一節“格于上下”注。知“格”“假”通用,爲訓“至”的“洛”、“徦”的假借字。今文唯用“假”,古文“格”、“假”二字都用,僞古文隸古字作“𢦏”等體,故此處薛氏本作“𢦏女𠎜”。唯第一節訓“至”,此處僞傳、《蔡傳》皆訓“來”,亦“至”義。其實此處當訓“告”。牟庭《同文尚書》云:“格當讀爲‘嘏’。《士冠禮》‘孝友時格’,注曰:‘今文格爲嘏。’(可知“嘏”亦“假”之轉)《少牢饋食禮》‘以嘏于主人’,注曰:‘古文嘏爲格。’據此知‘格’‘嘏’古今字也。《家語·問禮篇》‘嘏以慈告’,注曰:‘嘏,傳先祖語於孝子。’然則傳相告語謂之‘嘏’。古文皆作‘格’,故下經‘格于藝祖’,‘格于文祖’。《盤庚》‘格于衆’,《湯誓》‘格爾衆庶’,《高宗肜日》‘惟先格王’,‘格’皆告語之義,可相證也。”按,格、告爲雙聲,同屬見紐,自可通用,可知此“格”即“告”。

《史記》於“堯以爲聖”句後緊接云“召舜曰”,即相當於此“格汝舜”三字,意即召舜相告。

⑩詢事考言乃言底可績三載——《史記》譯此爲:“女謀事至而言可績三年矣。”訓“詢事”爲“謀事”,意爲籌劃事功。孫星衍《注疏》云:“言字疑衍文。古文‘丂’似‘乃’,故重出‘乃言’二字。《史

記》文無之。宋本《北堂書鈔・歎美部》引‘詢事考言乃厎可績’，則古本無乃言二字。”此說有可取。但《皋陶謨》有“乃言厎可績”句，或者此句受《皋陶謨》句影響。楊筠如《覈詁》云：“按‘厎可績’爲‘可厎績’之倒。《禹貢》‘覃懷厎績’、‘和夷厎績’、‘原隰厎績’，並以‘厎績’連文。又如‘震澤厎定’，‘東原厎平’，《孟子》‘瞽瞍厎豫’，文法亦同。《皋陶謨》‘朕言惠可厎行’，尤其明證。”可知“厎績”爲當時成語。“厎”，當時習用之詞。《爾雅・釋言》：“厎，致也。”按唐寫《釋文》作厔，“之履反”。並録王肅云：“致也。”馬融云：“定也。本或作‘庢’字，非也。”《爾雅・釋詁》：“績，功也。”《史記・夏本紀》譯“覃懷厎績”爲“覃懷致功”，即當用“厎績”原義。“考言乃言厎可績”當爲“考言可厎績”，即稽考汝言可致功，《史記》撮舉大意作“言可績”。

⑪汝陟帝位——《史記》譯作“女登帝位”。訓“陟”爲“登”。唐寫《釋文》作“女陟，古文作伂”。吳校語：“《説文》陟，古文作傶，伂又從得省。”陟，《爾雅・釋詁》“陞也”，故僞傳、《蔡傳》皆釋作“升”，義與“登”同。

在“汝陟帝位”句後，有“舜讓于德弗嗣”一句，歷來經學家都以爲是堯欲舜陟帝位後舜的辭讓句，自應爲此節之末句。各經學家的解釋皆按此義展開，則該句的“校釋”自應置於此。

但在舜辭讓後，即緊接“正月上日受終于文祖”，文氣不接。所以過去有經學家指出此罅漏而提出補苴之説。如時瀾《增修書説》云：“下文若不相接，意必舜有再遜之辭，史官闕焉。當有如《大禹謨》所載舜命禹之辭曰‘惟汝諧’者，即《大禹謨》可以互見史官省文之體。”金履祥《書經注》云：“王文憲謂《論語》引‘堯曰：咨爾舜，天之歷數在爾躬，允執其中，四海困窮，天禄永終。’當在此。”曹學佺

《書傳會衷》云："案此下疑有缺文，金氏取《論語》補之，以接‘受終’之事，且使《大禹謨》十六字心傳有所本。"是這些經師以爲此處有缺文，或取《大禹謨》之句補之，或取《論語·堯曰章》補之，意在使文義連屬。不知《堯典》相傳本原如此，即使原有缺文，率意補以其他文句，都是不謹嚴的。現在于省吾先生《尚書新證》釋此句不爲舜辭讓之辭，而是表示黽勉襄政之辭，就使文義連屬了。

　　但在初讀于氏文時，覺得于氏此意甚新。然扭於舊解，認爲此處文意明明是舜表示辭讓而發，仍當如舊解較妥。經反復推求，以爲于先生此解基於文字學根柢，言之有據，尤其能解決此處上下文不相接的問題，能深合原文之意，顯非故立新説，因此當以采用于氏説爲是，特將此句移爲下節之首句，不過仍將舊有的歷代經學家關於此句之校釋文字，仍附列於此節之末，以存《尚書》學中舊經説有着這樣一些説法，是作爲本節之結句而提出的。

　　"舜讓于德弗嗣"。"讓于"，唐寫《釋文》作"攘于"。並注："音讓。"吳校語："《漢書·藝文志》‘合於堯之克攘’。……《史記·太史公自序》‘小子何敢攘焉’皆假攘爲讓。"《史記》譯作"舜讓於德不懌"。《集解》："徐廣曰：（懌）音亦。《今文尚書》作不怡。怡，懌也。"（按《爾雅·釋詁》："怡、懌、悦，樂也。"史公即用訓詁字。）又《索隱》："古文作‘不嗣’，今文作‘不怡’。怡即懌也。謂辭讓於德不堪，所以心意不悦懌也。"然《太史公自序》云："唐堯遜位，虞舜不台。"《索隱》："台音怡，悦也。"又云："惠之早實，諸吕不台。"《集解》："怡、懌也。不爲百姓所悦。"《後漢書·班固傳》載其《典引》云："于德不台，淵穆之讓。"章懷注："前書曰：‘舜讓于德不台。’《音義》曰：‘台讀曰嗣。’"段玉裁按曰："云‘前書曰’……者，《王莽傳》文也。‘《音義》曰台讀曰嗣’者，韋昭説也。"（韋昭撰《漢書音義》）

段氏《撰異》因此云："證以《自序》兩言'不台',及《漢書·王莽傳》、班孟堅《典引》皆作'不台',則《今文尚書》作'不台','台'者,怡也。"可知漢代今文本原作"不台",徐廣於晉時所知今文本作"不怡",唐司馬貞承舊所傳知今文亦作"不怡"。陳喬樅《經説考》云："其作'台'作'怡'者,皆三家之今文也。"

《文選·典引》李善注："《漢書音義》韋昭曰:'古文台爲嗣。'"上文引《索隱》亦云："古文作不嗣。"此爲三國時所見古文,爲東漢古文。故《魏公卿上尊號奏》引用云："光被四表,讓德不嗣。"裴松之注引魏王上書云："猶執謙讓,于德不嗣。"確知東漢古文本作"不嗣",唐司馬貞作《索隱》尚沿用。僞古文本承用"嗣"字,惟將今、古文同用之"不"字改爲"弗"。

惠棟《九經古義》云："古'怡''詒'字皆省作'台',古'嗣'字皆省作'司'。《高宗肜日》'王司敬民',《史記》作'王嗣敬民'。……是'司'爲古文'嗣'。或古'司''台'字相似因亂之也。"王引之《經義述聞》云："'司'與'台'篆隸皆不相似,寫者無由亂之。'不嗣'之爲'不怡',爲'不台'……皆以聲相近而通。……'司'與'台'聲相近,故從'司'從'台'之字可互通。"

段氏《撰異》云："台聲司聲古音同在第一'之咍部'。是以《公羊》'治兵'作'祠兵',《韓詩》'嗣音'作'詒音',今文《秦誓》'俾君子易辭'(籀文作嗣)作'俾君子怠(即怡)',與此'嗣'作'台'正同。"這用古韻之學來説明由於音韻相通而今文用"台"古文用"嗣"之故。

王先謙《參正》云："説'不台'有兩義:以薄德不爲百姓所悦爲遜讓之詞,六字作一句讀,是一義(按,此指《史記》所釋,惟"不爲百姓所悦"則用"諸吕不台"義);請更擇有德,不以有天下爲樂,'舜讓

于德’一句，‘不台’一句，又一義（按，上句當指王安石《新經義》“讓
於德者，遜于德之人也”，《蔡傳》從此義。下句當指《索隱》所云“所
以心意不悦懌也”）。

作爲“不嗣”則僞傳云：“辭讓於德不堪，不能嗣成帝位。”王安
石《新經義》云：“弗嗣者，弗肯陟帝位以嗣堯也。”（林之奇《全解》
引）《蔡傳》亦録存或說云：“謙遜自以其德不足爲嗣也。”都以“嗣”
爲嗣位。

蘇軾《東坡書傳》則云：“以德不能繼爲讓。”看來蘇氏之釋簡明
中肯，應爲舊說中較確切的一說，特別是釋“于”爲“以”，可稱創獲。
《蔡傳》即從其釋。清梁恩霖《五硯齋困知左傳說》提出“于”當訓
“以”之說，論者譽爲“殊爲有見”。而蘇氏早已作此說。梁氏於《左
傳·宣公十二年》“于勝之不可保”句，以爲“應照下句‘訓之以若敖
蚡冒’，‘于’字作‘以’字解”。並舉《儀禮·士冠禮》“宜之于假”，
注：“于猶爲也。”又“宜之見爲大矣”。《玉篇》曰：“以，爲也。”因而
說：“據此‘于’可訓‘爲’，‘以’又訓‘爲’，則‘于’即可訓‘以’也。”
推而及於《堯典》“讓于德弗嗣”，《盤庚》“歷告爾百姓于朕志”，《康
誥》“惟予兹不于我政人得罪”，“于”皆訓爲“以”。蘇氏、梁氏此說
實甚確，王引之《經傳釋詞》猶未及此，近人楊樹達《詞詮》始據《尚
書》諸“于”字句釋“于”爲“以”，此字之釋當可成定論。而後有助於
讀通此句。

上面將舊經說中有關此句的校釋文字録要於此。于先生新說
則隨該句經文録列於下節校釋文字之首。

以上這一節，承堯所說“我其試哉”一語，寫堯如何在政事上考
驗舜，及舜如何成功地通過考驗而取得堯的信任，而後堯正式宣布
禪讓帝位給舜。完成了從大臣推薦，經過堯的察試，最後決定傳位

給舜這一過程。

　　舜讓于德弗嗣①，正月上日②，受終于文祖③。在璿璣玉衡④以齊七政⑤。肆⑥類⑦于上帝⑧，禋⑨于六宗⑩，望于山川⑪，徧于群神⑫，輯五瑞⑬。既月乃日⑭，覲⑮四岳群牧⑯，班瑞⑰于群后⑱。

　　①舜讓于德弗嗣——此句的舊有校釋之文已見於上節注⑪“汝陟帝位”之後。知“嗣”爲古文，三家今文則作“不台”、“不怡”，《史記》譯用訓詁字作“不懌”。于省吾《尚書新證》云：“按‘懌’與‘斁’通。《梓材》‘和懌’之‘懌’，《釋文》‘又作斁’可證。‘斁’，金文作‘𣇃’、‘𢾣’。《毛公鼎》‘肆皇天亡𣇃’，《靜𣪘》‘靜學無𢾣’，《詩》亦假作‘射’。《秦誓》‘易辭’之‘辭’，《公羊》、《史記》均作‘怠’，即‘怡’。‘辭’本應作‘𤔲’，《齊鎛》、《邾公牼鐘》並有‘𤔲’字。‘𤔲’、‘怡’俱從‘台’聲。《史記·周本紀》‘怡悦婦人’，徐廣曰‘怡’一作‘辭’。《伯康𣪘》‘用夙夜無𤔲’，即‘用夙夜無斁’。蓋古從‘台’與從‘睪’之字同聲相假也。要之，‘弗嗣’亦即不台、不怡、無辭、無𤔲、無𤔲、不懌、不澤、亡𣇃、無斁。《詩》傳：‘斁，厭也。’‘舜讓于德弗嗣’者，‘讓’應讀贊襄之‘襄’，（“讓”，古作“攘”，不從言。《漢書·藝文志》“合于堯之克攘”。《曲禮》“左右攘辟”注：“攘，古讓字。”《詩·出車》“玁狁于襄”《釋文》：“襄，本或作攘。”《史記·龜策列傳》“西攘大宛”，徐廣曰：“攘，一作襄。”）‘于’猶‘以’也。言舜以德贊襄而不厭也。”舜既以德贊襄而不是推辭，所以就緊接着正月上日受位了。

　　如果以爲要改讀“讓”爲“攘”，以釋爲“襄”，稍嫌曲折，那麽

"讓"不改讀,亦可得此句非辭讓義。于氏已考明"嗣"即"辭"(實因"嗣"同辭、嗣,故通辭),而語言中常有省文。上文"帝曰咨四岳"節注⑲"試可乃已",《史記》作"試不可用而已",常語中亦以"敢"爲"不敢"義,可知"弗嗣"即"弗辭"亦即弗獲辭。故此句亦可釋爲舜以德謙讓而不獲推辭掉堯的禪位。但于氏説於文字學有據,仍宜從于説。

②正月上日——"正",《釋文》:"音政,又音征。"段氏《撰異》:"偁《大禹謨》'正月',徐仙民音'征',此古音也。漢以上'正'、'政'字讀平聲,淺人臆爲始皇名政,因改正月爲平聲之説,得仙民此語可以袪其惑矣。"《尚書大傳》釋此句作"上月元日"。"上月"當是涉"上日"而訛,"元日"則是對"上日"之釋。本篇下文"月正元日",姚方興偁傳云:"元日,上日也。"知以"元日"、"上日"互爲訓。而《五帝本紀集解》引馬融云:"上日,朔日也。"此處偁傳所釋承之。《孔疏》云:"每月皆有朔日,此是正月之朔,故云'上日',言一歲日之上也。下云'元日'亦然。"下文"月正元日"《孔疏》云:"上日,日之最上,元日,日之最長。元日還是上日。王肅云:'月正元日,猶言正月上日,變文耳。'"《蔡傳》云:"上日,朔日也。葉氏(當指葉夢得)曰:'上旬之日。'曾氏(當指曾旼)曰:'如上戊、上辛、上丁之類。'未知孰是。"王引之《經義述聞》對上述諸説除葉曾二氏説外皆予否定。以爲上日是"上旬吉日"而非朔日。

按王安石已釋"上日"爲"上旬之日"(林氏《全解》引),惟未説吉日。王氏《述聞》之説云:"上日、元日皆非謂朔日也。'上日',謂上旬吉日。當以葉氏曾氏之説爲是。'元日',善日也,吉日也。《王制》:'元日,習射上功,習鄉上齒。'《正義》以'元日'爲善日。《月令》:'孟春,天子乃以元日祈穀于上帝。'盧植、蔡邕並曰:'元,善也。'鄭注曰:'謂以上辛郊祭天。'上辛謂上旬之辛,不必在朔也。'仲春,擇元日命民社。'注曰:'祀社日用甲申日。'亦不必在朔也。古人格廟亦不必在朔日。"王氏於此列舉師秦宫鼎、師毛父敦、龙敦、邢敦、師𩛥敦、牧敦諸器銘文所載格廟之日,以證古人格廟不必在朔日。自張衡《東京賦》始以元日爲朔日,僞《大禹謨》乃謬云"正月朔旦受命于神宗"。漢以前無此義云。

③受終于文祖——《史記》承上句作"正月上日,舜受終於文祖",增一舜字以明之。唐寫《釋文》:受⿱𠔀彡,本又作𠔀。皆古終字。⿰文彡⿰爪且,古文祖字。古示邊多作爪,後仿此。薛季宣本作"受𠔀亐⿰文彡祖"。用《説文》"終"字古文𠔀,與甲骨文𠔀字、金文仌字相近。内野本作"受⿱𠔀彡亐⿰文彡⿰爪且",用《説文》"冬"字古文⿱𠔀日篆文⿱夂仌相併而有訛變。《魏三體石經》終字古文則作𠔀,與《説文》古文相近。

"受終",《群書治要》本《舜典》王肅注:"堯天禄永終,舜受之。"通行本姚方興僞傳及《蔡傳》都釋爲"堯終帝位之事"。林之奇《全解》云:"舜受堯之禪,終于文祖之廟。"薛氏《書古文訓》逕謂:"受終,受禪也。"黄式三《尚書啓幪》簡釋爲:"終,成事。"是"受終"謂堯已最終完成了他的帝位之事,由舜承受。楊筠如《覈詁》讀"終"爲"中",係貯册之器,"受終"爲受傳國寶册。

"文祖",《史記》在"舜受終于文祖"句後,接着釋之云:"文祖者,堯太祖也。於是帝堯老,命舜攝行天子之政,以觀天命。"《集解》:"鄭玄云:'文祖者,五府之大名,猶周之明堂。'"《索隱》:"《尚書帝命驗》曰:'五府,五帝之廟。蒼曰靈府,赤曰文祖,黄曰神斗,白曰顯紀,黑曰玄矩。'"《正義》:"舜受堯終帝之事于文祖也。……唐虞謂之五府,夏謂之世室,殷謂之重屋,周謂之明堂。皆祀五帝之所也。"唐寫《釋文》:"王(肅)云:'文祖,廟名也。'馬(融)云:'文者,天也。天爲文,萬物之祖,故曰文祖。'”王鳴盛《後案》爲之解,謂五帝之廟各祀感生之帝,鄭持感生説,“馬以文祖爲天,是感生之義,與鄭合也”。段氏《撰異》云:“文祖者,堯太祖也。太史公特用訓詁之法爲此語。堯太祖蓋謂黄帝,《集解》引鄭注釋之,相去萬里。”王肅專反鄭説者,其言云:“文祖是五廟之大名也。”(見《治要》本,《釋文》所引王云:“文祖,廟名。”義同而略)指出非如鄭説天神五帝之五府,而是天子之五廟。見《王制》疏引《禮稽命徵》云:“唐虞五廟,親廟四,始祖廟一。”(謂與周制天子七廟異)本篇僞傳釋爲“堯文德之祖廟”,《蔡傳》釋爲“堯始祖之廟”。薛氏本則釋爲“受禪於太廟,退而即位於明堂”。其實堯原是從神話中來的人物,他哪來的如《史記》所説的太祖呢?所以上面這些説法都是不足信的。

　　顯然“文祖”一詞,完全是套用《洛誥》中的“承保乃文祖受命民”及“乃單文祖德”的“文祖”來的。它原指的是周文王。因《洛誥》是對文王之孫成王説的。到《康誥》中對文王的兒子康叔講話,稱文王就稱“文考”了。“文”是周人尊美之詞,故稱先輩爲“前文人”(見《文侯之命》。《大誥》亦有之而字稍誤),稱祖父爲“文祖”,父親爲“文考”。這是周代禮俗、禮制中規定的稱法。《堯典》作者不懂此詞的明確含義,也不顧歷史時代的不同,就盲目地套用了。因爲不符實際,就儘可由經師們做出種種不同的解釋,除上面紛紜之説外,還有漢儒説這是堯舜禪位改正朔,宋儒説堯受終,則舜之正始;在祖廟神宗受堯之付託,係因受天下於人必告於其人之所從受者,文祖即堯所從受天下者;神宗既爲堯(僞《大禹謨》説),則文祖可指顓項;等等。其實都是捕風捉影之談。

　　但是也要知道,古代有“左祖右社”之制。見《考工記·匠人》。《周禮·小宗伯》亦云:“建國之神位,右社稷,左宗廟。”(《説文》:

"祖，始廟也。"）《尚書》中最早的一篇《甘誓》有"用命賞于祖，不用命戮于社"之文，可知"祖"、"社"爲行重要典禮之地。《墨子·明鬼》說："虞夏商周三代之聖王，其始建國營都時，必擇國之正壇，置以爲宗廟；必擇林木之修茂者，立以爲叢社。"其所說虞夏者，當是據周代之制推論之。但商代見於甲骨文中，確已有宗、祖（且）、社（土）等字，知其有此數者存在。至周代，則祖、社之制已大抵確如《墨子》及其他史籍和禮書所載，爲確切存在無疑了。故《堯典》作者據周代之制而說成舜承堯位用禮於祖，是合於古代禮俗的，只是所說"文祖"，則是套用《洛誥》來的。

　　④在璿璣玉衡——"在"，《爾雅·釋詁》："察也。"觀察之意。段氏《撰異》云："在之言，司也。'司'、'伺'古今字。'在'與'司'古音同在第一之咍部，'在'讀如士，故假'在'爲'伺'也。"意亦爲伺察。"璿璣"，《尚書大傳》作"旋機"，是西漢今文。《史記》之《律書》贊、《天官書》及《索隱》引《春秋緯》、京房《易略例》、孟郁《修堯廟碑》、《易乾鑿度》等皆同今文作旋機。段氏《撰異》云："機，《唐石經》以下皆作璣，此因上文璿從玉旁所誤也。……陸德明本作機，人所共識。"

　　《史記·天官書》及《索隱》引《春秋運斗樞》與《漢書·天文志》，都以旋機玉衡爲北斗七星（《說郛》引《運斗樞》亦同）。《尚書大傳》及《天官書》填星下引《文耀鈎》皆以旋機玉衡爲北極。《續漢書·天文志》引《星經》、《說苑·辨物篇》及《漢書·律曆志》等，則以旋機爲北極，玉衡爲北斗。總之都是指北天的中部古代叫紫微垣內的兩個主要星象，即西名大熊星（Ursa Mijor）（北斗）小熊星（Ursa Minor）（α爲北極）兩星座。但就《堯典》文意以觀（見下文），當以北斗七星即大熊星座爲是。《天官書·索隱》引《運斗樞》云："斗，第一、天樞（大熊星座 α），第二、旋（β），第三、機（γ），第四、權（δ），第五、衡（ε），第六、開陽（ζ），第七、瑤光（大熊座 η）。第一至第四爲魁，第五至第七爲杓（即《夏小正》所稱斗柄），合而爲斗。"二、三、四、五這四星亦稱天旋、天機、天權、玉衡。通常以"旋機"代表魁，以"玉衡"代表斗柄（如"玉衡指孟冬"即斗柄指孟冬），以"旋機玉衡"代表北斗七星。（亦即《春秋緯文耀鈎》所説："玉衡屬杓，魁爲璇璣。"又《晉書·天文志》所説："魁四星爲璇璣，杓三星爲玉衡。"）

　　到漢末古文家馬融、鄭玄始以璇璣爲渾天儀，且是玉製的。馬融説見《天官書索隱》所引，馬云："璿，美玉也。璣，渾天儀，可轉旋，故曰旋璣。衡，其中橫箭（簫），所以視星宿也（此句《孔疏》所引）。以璿爲璣，以玉爲衡，蓋貴天象也。"鄭玄説見《五帝本紀集解》所引鄭云："璿璣玉衡，渾天儀也。"又《天官書·索隱》引鄭注《大傳》云："渾儀，其中箭爲璿璣，外規爲玉衡者是也。"又《宋書·天文志》引鄭云："動運爲機，持正以衡，皆以玉爲之。"於是"旋機"二字也就加玉旁成了"璇璣"。（皮氏《考證》云："古書旋或作琁，或作璇，或作璿。"）僞古文本就承用了"璿璣"。唐寫《釋文》存璿字古體云："璿，古璿字，音旋。美玉也。馬本作瓊。"薛氏本、内野本於此四字競相作隸古奇字。

　　其實渾儀等天文儀器直至漢代的落下閎時才開始創製。雖《宋書·天文志》引三國時王蕃説："渾儀，羲和氏之舊器。"那完全是承馬鄭等對《堯典》的妄説。又李約瑟《中國科學技術史·天學》（即第四卷）中説渾儀"大概就是石申和甘德（公元前 4 世紀）所用過的儀器，而且直到落下閎和鮮于妄人的時代似乎依然如故。"（公元前 4 世紀爲戰國中期，石申、甘德的星象著作後編成《甘石星經》。）但也只是推想可能。較確切地談此事的，首有揚雄《法言·重黎》云：

"或問渾天,曰:落下閎營之,鮮于妄人度之,耿中丞象之,幾乎幾乎,莫之能違也。"而後有孔穎達《舜典》疏云:"閎與妄人,武帝時人。宣帝時司農中丞耿壽昌始鑄銅爲之象。"王應麟《六經天文編》所載同。戴震《尚書義考》云:"渾天之器創於此三人,遂以其轉旋名之曰璇璣,以其中之窺管名之曰玉衡,襲取古名,非唐虞時所謂機衡也。"是漢始有之物,自不能用於堯時。而且本篇上文所説堯時星曆水平,只認識二分二至和成歲,就靠觀測四仲中星。如有簡單儀器,還只能是圭表,自然不能用渾儀來解説旋機。李約瑟《中國科學技術史》也説:"就璇璣兩字的造字而論,無法證實它是渾儀。"(該書第四卷第380頁)同頁並引馬伯樂(Masparo)説,認爲璇璣是星座而不是儀器。這是正確的。

　　但李約瑟不同意馬伯樂説,却承吳大澂和米歇爾(Michel)之説。以爲二人所謂"象天地"之器"璧"和"禮天地"之器"琮",即吳大澂《古玉圖考》所載商周玉器中,有一種璧,外緣分三部分,都有一缺刻的突起(即牙),往往有幾個齒,吳以爲即《舜典》中的璇璣。又有一種琮,爲筒狀長方體,有四棱,兩端有短的圓筒狀。以爲是一種窺管,即玉衡。美國人牢佛(Laufer)襲此説宣揚之。至比利時人米歇爾首先肯定是天文儀器。稱之爲"拱極星座樣板"(夏鼐譯爲"環極星的觀測板"),把它套在琮上,以璧的一個刻缺處對準大熊座 α 和 δ,則小熊座 α 即在第二刻缺處。以此定位,則在琮管的中心窺見到真北極。還引用《周髀算經》一段爲此説之證(見《中國科學技術史》第四卷第384—399頁)。但夏鼐《所謂玉璇璣不會是天文儀器》一文(載《考古學報》1984年第4期。此前已有兩文及兩次國際學術會議上的報告),否定了此説。引英國卡楞(C. Cullen)核證了米歇爾故意移動許多星的位置以符己説,北極星也離圓孔中心甚

遠，根本不能起觀測的作用。夏氏稱此種璧爲“三牙玉璧”，簡稱
“牙璧”，以爲新石器時代大汶口、龍山、良渚、半山諸文化都有發現，
下限不晚於西周。出土時多在死者的胸部，且常和璜、玦在一起，顯
然都作爲裝飾物，可能帶有宗教、辟邪的作用。而從來沒有和玉製
窺管在一起，也沒有發現過玉製窺管。因而他的結論是：“不管是簡
單的三牙璧或多齒三牙璧，都是裝飾品，可能同時帶有禮儀上或宗
教上的意義，但並不是天文儀器，更不能叫做‘璿璣’。”然後他又引
倫敦大學亞非學院學報載卡楞和法勒（Farrer）合寫一文，也認證這
種玉器決不是璿璣，和天文儀器完全無關。此説是正確的。近見臺
灣有名古玉專家鄧淑蘋氏《古玉的論識和賞析》一文（《故宮文物》
第 141 期），據文獻和考古資料全面系統地簡析古玉問題，論及璧和
琮只作爲禮器使用，稍晚蜕變爲璧與圭作爲祭器使用，如《金縢》中
周公“植璧秉圭”即是。在所有玉璧中根本未看到作爲璿璣使用的
迹象。就可知從吳大澂到李約瑟認定這種玉璧爲璿璣之説是不確
的。更何況這些新石器時代的禮器深埋地下，《堯典》作者所處的先
秦時代還不會發現，自無由據以誤認爲天文儀器璿璣而寫入篇中
的。

　　皮錫瑞《今文尚書考證》指出：“古無測天儀器，故《大傳》、《史
記》不以機衡爲渾儀；古無測五星法，故《大傳》、《史記》不以七政爲
七緯（見下注⑤）。考兩漢人所引經義皆以機衡爲星。”其下文補充
了不少兩漢在《大傳》、《史記》及《星經》、《説苑》諸《春秋緯》以外
皆以機衡爲星的資料，計爲《春秋感精符》、揚雄《太玄攤》、《甘泉
賦》、《長楊賦》、劉歆《遂初賦》以及《後漢書·郎顗傳》、傅毅《明帝
誄》、崔駰《車左銘》、《襪銘》、《漢山陽太守祝睦碑》、蔡邕《巴郡太
守謝表》、《胡公碑》、《司空文烈侯楊公碑》、王逸《九辨序》、《九思》

等,皆以旋機爲星名,都在馬鄭異説尚未出之前。王先謙《尚書孔傳參正》又補充了馬鄭異説出現以後仍持旋機爲星之説者數家,計爲《魏志》載魏王上書、《蜀志·先主傳》載議郎陽泉侯上言、又《管寧傳》王基薦寧表等,皆承《大傳》、《史記》所釋機衡爲星象之説。這是由於意識到古無渾儀等儀器,因而只能釋爲天象,合於事物發展的先後,顯然是正確的。馬、鄭注經,往往昧於事物順序,錯亂歷史先後,因而是錯誤的。

因此,旋機玉衡只能解釋爲北斗七星。

⑤七政——經師們對此至少有四種不同之説:(一)《尚書大傳》云:"七政者,謂春、秋、冬、夏、天文、地理、人道,所以爲政也。人道正而萬事順成,故天道,政之大也。"(《天官書索隱》引)此伏生系今文家説。(二)《史記·天官書》云:"北斗七星,所謂旋璣玉衡,以齊七政。"此亦西漢今文説。皮錫瑞《大傳疏證》云:"《易通卦驗》曰:'遂皇始出握機矩。'是法北斗七星而立七政。《乾鑿度》曰:'合七八以視旋機,審矣。'"緯書皆今文説,同《史記》所用義。新城新藏《二十八宿起源説》亦以爲應指北斗,因中國古代曾以北斗爲觀測之目標。(三)《史記·律書》贊云:"在旋機玉衡以齊七政,即天、地、二十八宿、十母、十二子。"亦司馬遷用今文説。(四)馬融《尚書》注云:"七政者,北斗七星各有所主。第一曰主日法天,第二曰主月法地,第三曰命火,謂熒惑也,第四曰煞土,謂填星也,第五曰伐水,謂辰星也,第六曰危木,謂歲星也,第七曰罰(《後案》引作剟)金,謂太白也。日月五星各異,故名曰七政也。"(《史記·天官書》引)此援引北斗而强説爲日月五星。鄭玄乃明確説:"七正,日月五星也。"(《史記·五帝本紀·集解》引)(戴震、江聲誤謂鄭玄亦主《大傳》説,孫星衍輯《馬鄭注》不采二人説,皮錫瑞《考證》辨明鄭只

主日月五星説）。自古文家馬、鄭倡日月五星説，而後僞傳、《蔡傳》及宋元諸儒著作大都從之，很少異説。（戴震《義考》始謂五星"何以與日月並列稱七政"，魏源《書古微》謂"北斗七星無主日月五星之理"。）

"在旋機玉衡以齊七政"之作用，亦有數説。上引《大傳》説已云七政者所以爲政，道正而事成，重天道乃爲政之大者。《史記·天官書》云："斗爲帝車，運於中央，臨制四鄉，分陰陽，建四時，均五行，移節度，定諸紀，皆繫於斗。"京房《易略例》云："故處旋機，以觀大運。"《説苑·辨物篇》云："古者聖王既臨天下，必變四時之律，考天文，揆時變……旋機謂北辰、勾陳、樞星也。玉衡謂斗六星也（據孫星衍、魏源説補），以其魁杓之所指二十八宿爲吉凶禍福、天文列舍盈縮之占，各以類爲驗。"以上皆西漢今文説。馬融云："日月星皆以璿璣玉衡度知其盈縮進退失政所在，聖人謙讓猶不自安，視璿璣玉衡以驗齊日月五星行度，知其政是與否，重審己之事也。"（《孔疏》引）鄭玄云："動運爲機，持正爲衡，皆以玉爲之，視其行度觀受禪是非也。"（《宋書·天文志》引）此東漢古文説。大抵今文説是，就星斗以觀天道，來察人間政事。古文説則着重就星象吉凶，審思自己政事之是否，乃至説是否應受禪。

僞古文的本篇僞傳全承古文説云："七政，日月五星各異政，舜察天文，齊七政，以審己當天心與否。"以後經生多從之者。但宋林之奇《全解》云："此説不然。"以爲經烈風雷之試，舜德已合於天心。如果不當天心就不當授位。既已授之不當再察。朱熹《語類》亦謂僞傳説"未必然，祇是從新整理起"。故承其學的《蔡傳》云："舜初攝位整齊庶務，首察機衡以齊七政，蓋歷象授時所當先也。"而吕祖謙《書説》仍從僞傳説，以爲"昔者乃堯之試舜，今也舜亦欲自試以驗其身之如何也"。其他宋儒紛紜之説還多。

清儒戴震《義考》云："政之爲言,實人有政非天有政甚明。人之有政,論其一爲歲之政,分至啓閉如祭祀、典禮、登臺書雲物之屬是也。其一爲月之政,如聽朔、朝廟之屬是也。……遂順時序而舉夫木火土金水五者之政,如法制、禁令、協天時而布其事是也。"江聲《音疏》云:"斗柄所建可以審時,王者順天時以出政必督視之,故曰在旋機玉衡以齊七政。"魏源《書古微》云:"此與中星定月,皆唐虞羲和數十載講求測量,立此簡易之法,使民皆仰觀而得之,憑天象不憑儀器,天文以此正,地理以此分,人事以此齊,四時以此定,故曰以齊七政。"則一承日月五星説,一承北斗説,惟以人間政事解説之。但後一説以與中星定月之法相並立,則具有新意。

其實察旋機玉衡以齊七政,就是觀察斗柄所指方向來認識四季不同星象和物候特點,來安排民生首要的農事活動及有關生活處理和行政設施。這和《夏小正》按月觀察斗柄方向有關星象及各種物候、氣象、農事條件、人事活動,以及《天官書》所載"分陰陽、建四時、均五行、移節度、定諸紀",都是大體相符合的,也就是《大傳》説的"春、秋、冬、夏、天文、地理、人道"之政爲七政。按,《夏小正》所記載的是春秋戰國時代的星象、物候,而《堯典》正撰成於此時,所以正好接受了這一知識。這是古人在按四仲中星確定四季的"觀象授時"以外的另一階段的觀象活動。

劉朝陽《從天文曆法推測〈堯典〉之編成時代》文中,以爲這一句所指與上下文所指不一致,句子結構與前後各句也不同。如果删去此語,此段文氣始順暢,因此以爲此語是後來誤入的。這話有道理,顯見此句與此段確無關連。但《堯典》本來就是雜取很多不同材料拼湊成文的,篇中有不少句給人以這種感覺,很可能此句原來也就是這樣亂湊在一起的，因此只能承認它的存在。

⑥肆——僞傳："遂也。"下文"肆覲東后"同。《史記》於此兩肆字皆作"遂"。敦煌唐寫本《釋文》云："肆，音四字。王云：'次也。'馬云：'故也。'"《說文·𦘒部》有𦘒字，解云："《虞書》曰：'𦘒類于上帝。'"段氏《撰異》云："此壁中故書字也。作'肆'者，蓋孔安國以今文讀之者也。'肆，遂也。'見《夏小正》傳，故訓也。"並引《史記》之《五帝本紀》、《封禪書》及《漢書·王莽傳》皆作"遂類于上帝"，以爲未知今文是否作"遂"抑爲故訓字。而《論衡·祭意篇》引作"肆"，以爲今文作"肆"可知。皮氏《考證》以爲據《史》、《漢》所引，則今文原亦作"遂"，非故訓字。

⑦類——《說文·示部》作"禷"。敦煌唐寫《釋文》作"𦙶"，釋云："字又作'𦙶'，古'類'字。"按《說文》："𦙶，血祭也。从肉，帥聲。"古文作"脺"。吳士鑑《校語》云："《郊特牲》'取膟膋燔燎升首'，或因𦙶爲祭天之物而假借爲類。"龔道耕《考證》云："《類篇》：'𦙶，力遂切，音類。'蓋古文假𦙶爲類。"《釋文》所用《古文尚書》原爲僞隸古定本。《玉海》載郭忠恕"定《古文尚書》並《釋文》"刊行之，薛季宣又取較郭氏所刊更多奇字之本成《書古文訓》。今見此薛本及足利本作"𦙶"，內野本作"𦙶"，而郭忠恕《汗簡·肉部》作"𦙶"，注云"類"。《古文四聲韻·至部》"類"字引《古尚書》作"𦙶"，引崔希裕《纂古》作"𦙶"。知皆由郭氏摹刊僞隸古定本而來。

"類"爲古代對天的一種祭禮，分今、古文兩說。見《五經異義》云："《今尚書》夏侯、歐陽說：'類，祭天名也，以事類祭之。奈何？天位在南方，就南郊祭之是也。'《古尚書》說：'非時祭天謂之類。言以事類告也。''肆類于上帝，時舜告攝，非常祭。'許慎謹案：《周禮》郊天無言'類'者，如'類'非常祭，從《古尚書》說。"按《說文》

“禷”字解云：“以事類祭天神。”用今文説。陳壽祺《異義疏證》據鄭玄注《周禮·小宗伯》同許慎用古文義，而注《肆師》用今文義，以爲“二説固不相牾”。皮錫瑞《考證》云：“三代異物，唐虞之禮，不得以周禮繩之。《詩·文王》：‘是類是禡。’《毛傳》曰：‘於内曰類，於外曰禡。’《爾雅·釋天》云：‘是類、是禡，師祭也。’《王制》曰：‘天子將出，類乎上帝。’非必告攝乃有類祭。”總之，“類”是古代祭天的一種祭名。

⑧于上帝——《釋文》引馬融注云：“上帝，太一神，在紫微宮，天之最尊者。”這是純以漢代的上帝來釋此。《漢書·郊祀志》載方士繆忌説“天神貴者太一”，漢武帝聽信了，就把太一定爲最高的上帝，一直受到尊奉，怎能把它附會到所謂堯時？而且“類”是祀天之禮，就可知所祀的“上帝”與“天”是同義詞，而非祀太一（本來殷人語言中的帝即周人語言中的天）。所以“類于上帝”即以類禮祭天。

⑨禋——《釋文》：“音因。”《史記》之《五帝本紀》、《封禪書》、《漢書》之《郊祀志》、《王莽傳》、《叙傳》、《後漢書·光武紀》、《説苑·辨物》、《論衡·祭意》、《周禮·大宗伯》等皆作“禋”，《大傳》、《隸釋》之《魏公卿受禪碑》、《史晨孔子廟碑》、《樊毅修西嶽廟碑》、《西京賦》、《路史·餘論五》引《大傳》及其闡釋皆作“煙”。鄭玄注《大宗伯》“以禋祀祀昊天上帝”云：“禋之言，煙。”蓋以“煙”爲此祭名之本字。段氏《撰異》引《續漢書·祭祀志》劉昭注謂虞喜之本作“堙”，《虞書》改土正合祭義。段謂是劉昭所處蕭梁時《尚書》此字作“堙”，或從俗作“堙”，不作“禋”。段所見《尚書大傳·唐傳》曰：“《書》堙于六宗。”以爲當本作“堙”，俗人妄加水旁。並謂“堙”爲伏生所存古字，由《堯紀》、《莽傳》皆作“禋”，知伏生以後今文家早已易爲禋字。

　　《國語·周語》：“精意以享，禋也。”《説文》：“禋，潔祀也。一曰精意以享爲禋。”敦煌寫本《釋文》引馬融注全承“精意以享”之釋，僞傳、《蔡傳》皆從之。《釋文》又引王肅云：“絜祀也。”《周語》“不禋於神”韋昭解亦云：“潔祀四種。”這都是説“禋”是古代一種非常精意潔敬的祭禮。《尚書後案》引鄭玄云：“禋，煙也。取其氣遠昇報于陽也。”又鄭玄注《周禮·大宗伯》云：“禋之言煙，周人尚臭，煙氣之臭聞者也。”那就是一種燎柴使煙上昇的祭禮。不過他明言是周人所尚之禮。《孔疏》駁云：“《洛誥》曰‘明禋’，又曰‘禋于文王武王’，經傳此類多矣，非燔柴祭之也，知是精誠潔敬之名耳。”是“禋”終以精意之祭釋之之較合古人原意。

　　⑩六宗——僞傳云：“宗，尊也。”指六個尊重的神。哪六個尊神爲“六宗”，則古來經師、注疏家爭論歧説太多了，後魏時高閭謂異説凡十一，今所知至少有二十種以上。略陳如下：(1)天、地、四時(伏生《大傳》、馬融、高誘、崔靈恩等)，(2)天地四方之中神助陰陽者。謂上不及天、下不及地、旁不及四方、居中央有益於人者(今文三家歐陽、夏侯説，王充、何休、李郃、孟康等從之)，承此説又作二種稍異説法，(3)六宗居六合之間(王充、何休)，(4)天地間遊神(孟康)，(5)六宗：乾坤六子，亦稱《易》六子：水、火、雷、風、山、澤；六宗之屬：星、辰、水、火、河瀆(孔光、劉歆、王莽、顏師古等)，(6)天宗：日、月、星辰(《祭法正義》作北辰)；地宗：岱、河、海(賈逵，鄭玄注《大傳》引馬融説同此)，(7)天地四方之宗。天宗：日月、星辰、寒暑；地宗：社、稷、五祀；四方宗：四時、五帝之屬(《大宗伯》疏引《古尚書》説，司馬彪等)，(8)六神(《楚辭·惜誦》“戒六神與嚮服”，王逸注：“六神，謂六宗之神也。”劉向《遠逝》“訊九魁與六神”，下文舉太一與五帝爲六神。北魏孝文帝用向説，祭天皇大帝及五帝爲六宗，杜

佑從之),(9)星、辰、司中、司命、風師、雨師(鄭玄説,范甯、張融、吳商從之),(10)《周禮》祭祭、《月令》祭來年於天宗六宗之神(盧植、摯虞),(11)四時、寒暑、日、月、星、水旱(《禮記·祭法》、王肅《孔叢子》、《舜典》姚傳、蘇軾、蘇轍、朱熹、《蔡傳》),(12)日、陽宗,月、陰宗,北辰、星宗(蔡邕,《月令·正義》引《古尚書》説),(13)太極冲和之氣、六氣之宗(劉劭),(14)六爲地數,六宗爲祭地。謂"類于上帝"是祭天,"禋于六宗"是祭地(虞喜、劉昭),(15)社稷五祀(《魏書·禮志》載高閭引或説),(16)天、地、河、岱、幽、雩(羅泌説,按《祭法》幽禜祭星、雩祭水旱),(17)明堂六帝(惠棟據今文三家説推定,江聲從之),(18)東、南、西、北、上、下的"方明"之祀(姚鼐、金榜、汪中),(19)五行及社稷之祀,即《禹貢》"六府"(陳世鎔)等。以上是指天地間的各種神,還有指人的祖神的,如(20)"幽州秀才"張髦説,六宗是三昭三穆(王安石、程頤從之。陳大猷《或問》云"諸學者多取張髦説",(21)又有一説六宗是六代帝王(張迪),或(22)黄帝、少昊、顓頊、帝嚳,加開創之帝伏羲、神農(王庭植),等等。這樣言人人殊,正説明這是一可由經生們各逞己説隨意解釋的原無定論的問題,而且在今天看來實在毫無意義。但要記住《左傳·成公十三年》説:"國之大事,在祀與戎。"古代把祭祀看成頭等大事,只有戰事同樣重要,但還列在它的後面。所以無怪乎歷代統治者都極端重視而經師們都要絞盡腦汁爲尋解釋了。而且對六宗的解釋,古代往往成爲政爭的工具(如曹魏時),或者爲經師們爭學術地位的資本,就是由於它與古代政治密切相關之故(此處資料據《周禮·大宗伯·正義》、《續漢書·祭祀志》劉昭注、本篇《孔疏》、陳壽祺《五經異義疏證》、《尚書歐陽夏侯遺説考》、俞正燮《虞六宗義》、柯劭忞等《續修四庫全書提要》,參看皮錫瑞《今文尚書考證》、王先謙《尚書孔傳參正》、簡朝亮《尚書集注述疏》等）。

　　據《通典·禮四》載，周以禋祀祀昊天上帝。漢興，於甘泉汾陰立壇祀六宗，成帝時用匡衡議祀六宗（此句據《東觀漢記》，《通典》未載），平帝時用孔光、王莽議祀《易》六子。東漢光武時廢六宗祀，安帝時重立六宗用李郃議祀天地四方。魏明帝初立六宗承用《易》六子，景初二年用劉劭議改祀太極冲和之氣。晋初荀顗定四祀，以六宗異説多，廢之，摯虞請復立六宗，祀天宗之神。北魏明元帝泰常三年與群神之祀並立六宗，至孝文帝祀天皇大帝及五帝之神於郊天壇，不別立六宗壇。自後不再專祀六宗。故《孔疏》云：“近代以來皆不立六宗之祠也。”唐以後原六宗涉及之各神皆分別在各項有關祀禮中祭之，不專設六宗之祠來綜合祭祀。

　　按，殷墟甲骨文中有三示、六示、十示……等稱謂。治甲骨文者多指出，示與宗、主爲一字（唐蘭等）。示即指祖先神主，幾示就是幾代祖先的神主。例如“六示”就是殷始祖上甲微以下至示癸六代，或開國之君成湯以下六代，也指殷人神話中的祖先“河”以下六代。“三示”是指成湯大乙、太宗太甲、中宗祖乙三代（據陳夢家《殷虚卜辭綜述》第461—463頁）。卜辭中另有“宗”字是置神主之處，亦即是宗廟。既示、宗、主爲一字，則至周代就可能三示、六示和三宗、六宗無別，可直把“六示”讀成“六宗”。《堯典》作者在所獲得的古代流傳資料中可能遇到“六宗”這一資料，也就囫圇地作爲祭禮資料抄入本文中。原來就沒明確認清楚它的意義，因此後來經生或注疏家的紛紛之猜想都是不足據的。

　　⑪望于山川——《公羊傳·僖公三十一年》：“望，祭也。”《穀梁傳·僖公三十一年》范甯注引鄭玄云：“望者，祭山川之名也。”《五帝本紀正義》：“望者，遙望而祭山川也。”《漢書》之《郊祀志》、《王

莽傳》、《叙傳》、《續漢書·祭祀志》載光武封泰山刻石、《説苑·辨物》、鄭玄注《大傳》皆作"望秩于山川"（或省"于"字）。《東觀漢記·趙熹請封禪上言》、張昶《西嶽華山堂闕碑》、《魏公卿上尊號奏》都引"望秩"，和下文"東巡狩"時所用同。

⑫徧于群神——"徧"，《史記》作"辯"，《正義》："辯，音遍。謂遍祭群神也。"《集解》："徐廣曰：'辯，音班。'"樊毅《修西嶽廟記》亦引作"辯"，而揚雄《太常箴》，漢光武《泰山刻石》皆引作"班"，其他漢魏文多作"徧"。《儀禮·鄉飲酒禮》鄭注："今文辯皆爲徧。"又《士虞禮》鄭注："古文班或爲辨。"段氏《撰異》云："今古文蓋本皆作辯，或讀爲班，或讀爲徧，《儀禮》多以辯爲徧，古文家所由易爲徧也。"這説明了古文原用辯、辨而易爲徧的由來。總之諸字同音通用，而徧即遍，此句承上文説各種祭祀遍及於群神。"神"，唐寫《釋文》作："神，古神字，又作'�'。"

⑬輯五瑞——"輯"，《史記·堯紀》、《漢書·郊祀志》、魏《封孔羨碑》皆作"揖"，《漢書·兒寬傳》顔注引作"楫"，並謂輯、楫與集三字並同。《爾雅·釋言》云："合也。"《史記集解》引馬融云："輯，斂也。"亦集之義。唐寫《釋文》云："楫，徐音集，王云合也，馬云斂也。""五瑞"，五種美好的玉器。《説文》："以瑞爲信也。"相傳爲古代諸侯覲見天子時按級別分別拿着五種玉器：珪、璧、琮、璜、璋，由天子收集起來，用一種"瑁"套在五瑞上面來檢驗是否符合（見《白虎通·瑞贄》，參見《周禮·玉人》及《尚書大傳》，《説文》瑁字亦作此釋）。朝覲完畢後又退還給諸侯（即下文的"班瑞"），説這是"正君臣，定法度"之道（《白虎通·朝聘》）。如果確有此禮，大概是周代制度，但説法仍不一，有説"五瑞"是桓圭、信圭、躬圭、穀璧、蒲璧，由公侯伯子男分別執以贄見（見《周禮·春官·典瑞》，亦見《冬

官·玉人》），宋儒著作多從之。然五等爵之說並非周代原有定制，《春秋》、《孟子》始確確言之，則有關"五瑞"說之難以徵信可知，更不要說所謂的堯時了。

⑭既月乃日——《史記》據文意譯作"擇吉月日"，又《封禪書》及《漢書·郊祀志》亦同，此當得原意。僞傳與《蔡傳》及宋人著作皆於"既月"讀斷，"乃日"屬下句。並訓"既"爲"盡"，謂"輯五瑞"以上各事皆盡於正月中爲之，然後二月一日起乃天天見諸侯群牧。此說顯然牽强不合，不及《史記》所釋。戴震《義考》駁之云："按'日'者，擇其日之謂。朝覲禮大，待諸侯齊至然後擇覲日，《史記》所謂'擇吉月日'是也。言'輯五瑞'，則知諸侯咸至；言'班瑞于群后'，則知同時覲而頒之。"王先謙《孔傳參正》亦釋此句云："言既擇月，乃卜筮吉日也。"所釋亦是。孫詒讓《尚書駢枝》則另爲釋云："此既月疑當爲望後，猶云既望也。月之光以望日爲最圓滿，故既望亦云既月。"此可備一說。

⑮覲——《史記》譯作"見"，《爾雅·釋詁》同此訓。封建禮制中指下見上、諸侯見天子稱"覲"，而古代動詞往往不分主動、被動，這裏是被動，作爲"受覲"解。

⑯群牧——封建王朝派出的地方高級長官。漢武帝時，各州置刺史，漢成帝時改稱州牧，是地方高級長官稱"牧"之始。在秦行郡縣漢行州郡以前，各地只有"諸侯"，是沒有"群牧"的（秦時郡的長官稱"守"）。在《尚書·立政》中有"牧"，亦稱"牧夫"、"牧人"，是西周初年王室的三大重要官員之一。可能由於此"牧"列在《詩》《書》中，遂發生了不小影響。《魯語下》云："師尹惟旅牧。"此尚指王室官員。至《禮記·曲禮》："九州之長入天子之國曰牧。"春秋戰國時有了九州之說，遂有九州之長。但仍然說他要到王室才稱牧。

《左傳·宣公三年》：“昔夏之方有德也……貢金九牧。”《左傳》成於戰國時，記春秋之事，就承當時九州之説，託實夏時有“九牧”了，《荀子·解蔽》也説：“此其所以喪九牧之地。”仍只是泛言之。而究其所以稱牧，是把治民看作是畜牧牛羊一樣來的。《管子·牧民》：“凡有地牧民者，務在四時。”《逸周書·命訓解》：“古之明王奉此六者以牧萬民。”唐寫《釋文》：“群牧，牧養之牧。”都把治民稱爲牧民，治民之官就稱爲牧了。《周禮·大宰》：“而建其牧。”鄭玄注云：“以侯伯有功德，故加命作州長曰牧。”因爲是説周制，必須説地方之長爲侯伯，但又牽合漢代之制來注釋。而《周禮·大宰》又云：“牧以地得民。”又《大宗伯》云：“八命作牧。”《大司馬》云：“建牧立監。”鄭玄注就用漢代之制逕釋爲“州長”或“州牧”了，楊倞注《荀子·解蔽》也就説“九牧”是“九州之牧”了，《堯典》最後編定於春秋戰國時，遇到這麽一些“牧”的資料，就寫成“群牧”載入篇中了。

⑰班瑞——“班”，《周禮·宫伯》“頒其衣裳”鄭注：“頒，讀爲班。班，布也。”知班同頒，爲頒布、頒給之意。《説文》：“班，分瑞玉。”顯然就《堯典》本句得義。僞傳釋班爲“還”，亦只是就頒還瑞玉爲言。“班瑞”，就是把所“輯”諸侯的“五瑞”頒還給諸侯。《尚書大傳》云：“天子執冒以朝諸侯，見則覆之（謂以瑁覆在諸侯瑞圭上），故冒、圭者，天子所與諸侯爲瑞也。……無過行者，得復其圭以歸其國。有過行者，留其圭。能改過者，復其圭。”這是經生對這一段周代禮制的説法。無論可信程度多少，倒很可幫助理解《堯典》這幾句。

⑱于群后——《史記》之《五帝本紀》、《封禪書》及《漢書·郊祀志》引此文皆無此三字，可能司馬遷也察覺到“群后”與“群牧”相矛盾，故予删去。按，“后”即“王”，見《爾雅·釋詁》。古代神話中稱

至上神爲帝,稱帝所派出的群神爲后(見《左傳》、《墨子》、《楚辭》及本書《吕刑》等)。甲骨文中則當時的王稱王,死去的王稱后。王國維釋其字形爲"毓",象婦女生育之形,多后即多位死去的王(《殷虛卜辭中所見先公先王考·多后》)。郭沫若謂稱"王"爲"后",乃母權制的遺迹,以母的最高屬德生育以稱之(《釋祖妣》)。《盤庚》中的"前后"、"古后"、"先后"等和《商頌》中的"先后"都是指殷先王。周時活着的王也可稱后,所以有上引《爾雅》"后"就是"君"之訓。因而《左傳》、《墨子》、《楚辭》等書中往往后、帝並舉。但在秦以前,只有"群后",而没有"群牧"。漢代郡國並置,有了"群牧"與"群后"並立的可能。但漢代的君王已不能稱"后",而漢成帝以前州的長官也不能稱"牧"。這裏顯然是把不同時代的稱謂雜湊到一起的。

　　以上這一節,叙述舜在稱爲祖的殿堂接受堯的傳位後,以攝君位身份,進行君主始政必須進行的種種宗教禮儀活動,並按禮制受諸侯、地方長官的覲見。

　　歲二月①,東巡守②,至于岱宗③,柴④。望秩于山川⑤,肆覲東后⑥,協時月、正日⑦,同律度量衡⑧。修五禮⑨、五玉⑩、三帛、二生、一死贄⑪。如五器⑫,卒乃復⑬。

　　五月,南巡守,至于南岳,如岱禮⑭。

　　八月,西巡守,至于西岳,如初⑮。

　　十有一月,朔巡守,至于北岳,如西禮⑯。

　　歸格于藝祖,用特⑰。

　　五載一巡守⑱,群后四朝⑲。敷奏以言,明試以功,車服以庸⑳。

肇十有二州,封十有二山㉑,濬川㉒。

①歲二月——《御覽》引《禮記外傳》曰:"夏殷五載一巡狩,周制十二年一巡狩,皆在仲月。"二月爲仲春,下文五月、八月、十一月爲仲夏、仲秋、仲冬,故云。《史記集解》引鄭玄曰:"建卯之月也。"陳喬樅《經說考》駁之,以爲據上文"正月上日"爲堯建丑,則建卯當爲三月。按,此皆漢三正論之妄說。"歲二月",《史記集解》引馬融曰:"舜受終後五年之二月。"羅泌《路史》云:"歲二月者,乃次一年二月也。"這是無意義的爭論。堯舜事本出於編排,原文並未排定在哪一年。而且所謂夏殷周幾年一巡狩,更是無根據妄說。

②巡守——《史記》作"巡狩"。《左傳·莊公二十一年》:"王巡虢守。"又《莊公二十三年》:"王有巡守。"又《莊公二十七年》:"天子非展義不巡守。"《孟子·梁惠王下》:"天子適諸侯曰巡狩。巡狩者,巡所守也。"又《告子下》:"天子適諸侯,曰巡狩;諸侯朝於天子,曰述職。"《白虎通·巡狩》云:"王者所以巡狩者何?巡者,循也(故薛本作"徇",爲循、徇字之訛變)。狩者,牧也。爲天下巡行守牧民也。"是承《孟子》、《史記》狩字義。《尚書大傳》云:"巡,猶循也。狩,猶守也。循行守視之辭。"鄭玄云:"巡守者,行視所守也"(據孫星衍輯本)僞傳云:"諸侯爲天子守土,故稱守。巡行之。"朱駿聲《古注便讀》亦云:"守,諸侯所守之職也。"皆承用《左傳》、《堯典》守字義。段氏《撰異》云:"依《孟子》、《白虎通》訓故,作'狩'爲長。"《禮記·王制》載巡守事,文多同本篇。蓋《史記·封禪書》載漢文帝"使博士諸生刺六經中作《王制》"。其巡守之文即據《堯典》此處增益而成。又《周禮》地官之土訓、誦訓,夏官之職方、土方,秋官之大行人、掌客,皆有王巡守則爲之執役之文。《周禮》職文或據先秦原有,或爲漢代增益,亦同於《堯典》用守字。

③岱宗——《史記·封禪書》："岱宗,泰山也。"《風俗通·山澤篇》："泰山,山之尊者,一曰岱宗。岱,始也。宗,長也。"《釋文》："岱,音代。"岱、泰原是一聲之轉(泰,透紐。岱,定紐。皆舌頭送聲。泰岱以清濁相轉)。《爾雅·釋山》："泰山爲東嶽。"《大傳》："循行守視之辭,亦不可國至人見爲煩擾,故至四嶽,知四方之政而已。"這是解釋天子巡狩四方,爲避免過多煩擾,所以只到四嶽。先到東方的岱宗。《後漢書·張純傳》、《白虎通·封禪篇》、《續漢書·祭祀志》注引"因名山升中于天"盧植注,皆以爲巡狩至于岱宗,即是封禪。顧師《尚書研究講義》丙種之一引《史記·封禪書》云："自古受命帝王曷嘗不封禪?……《尚書》曰:'舜在璇璣玉衡以齊七政,遂類於上帝,禋於六宗,望山川,徧群神,輯五瑞,擇吉月日,見四岳群牧,還瑞。歲二月,東巡狩,至於岱宗(岱宗,泰山也)柴望秩於山川,遂覲東后。'"然後説:"是封禪之根據在《堯典》明矣。"

這裏原文只稱岱宗,沒有標明是東岳。下文依次稱南岳、西岳、北岳,沒有標出其山名。但顯然四岳已具備了,岱宗顯然當東岳。而《封禪書》照抄了此段後,標明:"南岳,衡山也。""西岳,華山也。""北岳,恒山也。"然後增添一句:"中岳,嵩高也。"則五岳俱備。但這是漢代才有的事。

由上文"咨四岳"一節的注②知道,古代有一座叫"四岳"的叢山(亦稱岳山或吳岳,即《禹貢》岍山),在今陝西隴縣境。居住該地之族奉四岳神爲宗祖神。而這位宗祖神佐大禹治水成功,遂由上帝賜該族爲姜姓。姜姓族與姬姓族通婚合作,東進建立齊、呂、申、許諸姜姓國。還有姜氏戎被迫遷晉之南境。都把嶽名帶到新居地。於是晉境即冀州境有太岳(見《禹貢》),姜氏戎的陰戎境有中岳(顧剛師《四嶽與五嶽》考定),齊境亦有地名嶽(見《左傳·襄公二十八年》、《孟子・滕文公》）。這是先秦所曾實有過的稱爲嶽的山名或地名，僅此而已，而且都是通常的山名、地名，並不像《左傳・莊公二十二年》所說的"山嶽則配天"那樣的特具神意的山。神話書《山海經》中倒見到西岳（《海內經》）。由它生了羌〔姜〕族，可知是四岳之誤寫）、南岳（《大荒西經》）、北嶽（《北山經》），另一部神話史詩《天問》中也有南嶽。皆虛無縹緲的山而非實際地名，是無法找到這幾處山的。《堯典》作者大量搜集神話資料並把它歷史化據以撰寫成書，所以他完全襲用這三個名稱。而當時神話資料中沒有東嶽，他也就沒有寫，只寫了東方實際的大山岱宗，因爲它是《管子・封禪篇》所說"古者封泰山禪梁父者七十二家"的名山，正適合於此處做天子巡守之地，相對於後面三岳來說，雖沒有標明，也自然地成爲東嶽了。

顧師《四嶽與五嶽》（見《史林雜識》）文中說："嶽之名起於汧之嶽……其後部族移徙，嶽之名遂廣被於他山。……《堯典》作者襲其分化之義，遂取《國語》四嶽之專名變而爲四嶽之通名，以分配之於四方。……四方之名固由中央來，故五嶽之說起。""五嶽之說在大一統制度下，固有其興起之必然性。但其出甚遲。"因而舉了漢武帝先後定嵩高爲中岳，灊之天柱山爲南嶽，常山（恒山）爲北嶽。惟未定西岳，因華山在都城長安之東未便定。到《漢書・郊祀志》載漢宣帝詔定祀五嶽之禮時，還是定了華山爲西岳。而其中灊山（一作潛山，即皖山，其西部稱霍山）在今安徽境，漢時已處國之中部。因此司馬遷撰《封禪書》、班固撰《郊祀志》逕據《禹貢》中最南之山改寫爲"南嶽，衡山也"。僞傳及《蔡傳》皆承用之。五嶽就從此定下來直傳至今。但在先秦時，各國據地紛爭，根本不可能產生此按全境劃分的"四岳"或"五岳"。《堯典》作者只是根據神話中尚未形成四岳、五岳時的零散的稱爲岳的幾個山名拼凑成文的,但它却影響後來五嶽的形成。

　　過去經師們不可能具有歷史的觀點,大率只就漢代已定五嶽之制來談五嶽。因而文獻中出現的五嶽說大都圍繞在漢代所定之五嶽。先看漢代的文獻,如《爾雅》、《尚書大傳》、《白虎通》、《説文》、《風俗通》等及緯書都説東嶽泰山、南嶽霍山、西嶽華山、北嶽恒山、中岳嵩山。其中《風俗通》説"南方衡山一名霍山",以調和當時已出現的南嶽衡山説(郭璞注《爾雅》亦以衡、霍爲一山)這是漢代五嶽説的一派,是根據漢宣帝所定功令來的。另《論衡・書虚篇》以岱霍華恒爲四岳,同於《堯典》。《史記・封禪書》、《漢書・郊祀志》、《周禮・大宗伯》鄭玄注,除其四嶽同於上一派外,獨主南嶽爲衡山,是根據《禹貢》南方衡陽之衡山來的,非指安徽之霍山。這一派流傳下來直至現代成爲定説。漢代出現的一異説是,《白虎通・疏證》轉引《鄭志・雜問》云:"周都豐鎬,故以吳岳爲西嶽。"顯然是推想之説,却影響了清儒。其後《通典》引南朝梁崔靈恩《三禮義宗》云:"唐虞以衡山爲南嶽,周氏以霍山爲南嶽。"此説尤影響了清儒。

　　接着看清儒之説,談五嶽者頗不乏人,其名篇有十餘家,這裏談其中三家,一爲邵晋涵《爾雅正義・釋山》云:"唐虞以霍太山爲嶽,是爲中嶽,在冀州帝都之内。周營成周,華山在王畿之内,故爲中嶽,故吳岳爲西嶽。"又云:"漢初儒者增益五嶽之名於《釋山篇》末,與《封禪書》同。""冀州之霍山與泰、衡、華、恒,唐虞之五嶽也。華、嶽、泰、恒、衡,周之五嶽也。泰、衡、華、恒、嵩高,漢初相傳之五嶽也。泰、華、霍、恒、嵩高,武帝所定之五嶽也。"一爲金鶚《求古録禮説・五嶽》云:"近邵二雲(晋涵字)謂周之五嶽有嶽山而無嵩高,其説自當。然以嶽山爲西嶽華山爲中岳則非。"亦謂古代有五嶽,他的唐虞夏的五嶽及周的五嶽都同於邵説，却增加了"岳、衡、華、恒、嵩高，殷之五嶽也"。在叙周之五嶽後説："東遷後復用殷制，秦漢因之，至於今不易也。"一爲陳立《白虎通義疏證》在引《鄭志》之説後云："是周家定以岳山爲西嶽，故以華山爲中嶽。……周人不以嵩高爲中嶽也。"又同意邵晋涵唐虞之五嶽、周之五嶽、漢初之五嶽、武帝所定之五嶽諸説。清代學者本有實證精神，言必有據，可是這幾位只因古文獻中偶有稱爲"嶽"之山，即馳騁空想。隨意附會唐、虞、夏、商、周各代五嶽之名，不知所説的這幾代根本没有五嶽，這幾位等於在痴人説夢，只是使人知道，在清代經學中，關於"五嶽"，有這麽幾句痴話而已。

④柴——《説文·示部》："紫，燒柴焚燎以祭天神。从示，此聲。《虞書》曰：'至于岱宗紫。'"是許慎所見古文本作"紫"。《説文》紫字末云："祡，古文紫。"段氏《撰異》云："祡字，此壁中《尚書》也。所稱'至于岱宗紫'。此孔安國所以今文讀之之《尚書》也。"所説壁中《尚書》，可能是。所説孔以今文讀之之本則非。因許慎所習《尚書》實爲杜林古文本，非孔氏本。唐寫《釋文》："《爾雅》云：'祭天曰燔柴。'馬（融）云：'祭山曰柴，柴加牲其上而燔之也。'今經典並只作柴薪字。"

⑤望秩于山川——《續漢書·祭祀志》載光武《封泰山刻石》文引此作"望秩于山川班于群神"。多"班于群神"四字。《詩·時邁》鄭箋引此則作"望秩于山川徧于羣神"，亦多四字，唯"班"作"徧"。按此已見上一節注⑪、⑫。段氏《撰異》云："蓋上文不言'秩'，故言'徧群神'；此言'秩'，故包攝'徧于群神'在内。"皮氏《考證》以爲今文本此處有此四字，古文本無之。《公羊傳·隱公八年》疏引鄭玄注此處云："望秩于山川者，遍以尊卑祭之。五嶽視三公，四瀆視諸

侯，其餘小者或視卿、大夫，或視伯、子、男矣。秩，次也。"段氏《撰異》引云："鄭注此云：'徧以尊卑次秩祭之。'是也。"是說祭山川之禮，根據山川大小，比照祭三公、諸侯、卿大夫等祭禮的尊卑秩序祭祀之。此古文經師根據此秩字所作解釋，似有點望文生義。楊筠如《覈詁》云："'秩'，疑假爲'祀'。《說文》'祀'或作'禩'，古讀如'祀'。'秩'讀如'迭'。《周禮·大司樂》'以祀天神'，《郊祀志》'祀'作'禩'，《列子·說符》釋文'失，一作矢'。是祀、秩可通之證。"王引之謂《尚書》字多假借，按假借義多可通，按本義往往不通，此或其一。然鄭此注爲歷代典禮所遵用。

⑥肆覲東后——《史記·五帝本紀》作"遂見東方君長"，譯用訓詁義。《封禪書》則作："遂覲東后。東后者，諸侯也。"鄭注繼上注⑤所引之後云："東后，東方之諸侯也。""后"之義已見上節注⑱。

⑦協時月正日——《史記》之《五帝本紀》、《封禪書》皆作"合時月正日"，用"協"的訓詁義。《白虎通·巡狩》、《續漢書·律曆志》元和二年詔及《月令章句》引"協"皆作"叶"。段氏《撰異》云："叶、旪，皆古文協字也。《尚書大傳》'不協于極'作'不叶'，《五行志》'協用五紀'作'旪用'。於此見《今文尚書》之字未嘗無古文也。"段氏《周禮漢讀考》又引《秋官·大行人》"協辭命"注云："故書'協辭命'作'汁詞命'。鄭司農云：'汁當爲叶。'"章炳麟《尚書拾遺定本》舉周時故書《三朝記》"虞汁月"之句，爲"叶"作"汁"之證。"協時月正日"，《五帝本紀·集解》引鄭玄云："協正四時之月數及日名，備有失誤。"又《通典·巡狩》引鄭玄云："其節氣晦朔，恐諸侯有不同，故因巡狩而合正之。"而本篇僞傳云："合四時之氣節，月之大小，日之甲乙，使齊一也。"

⑧同律度量衡——"同"，敦煌唐寫本《釋文》引王肅云："同，齊

同也。"所釋似可通。然實有問題,將於下文叙明"同"即"吕","同律"即"吕律"。

"律",唐寫《釋文》引馬融云:"律,法也。"僞傳云:"律,法則。"據《爾雅·釋詁》,律自可釋爲法。但此處以法釋之則皆誤。因"法"爲抽象名詞,"律"與度、量、衡(乃至"同")都爲具體器物的綜合名詞,自不能以抽象名詞釋之。唐寫《釋文》引王肅云:"律,六律也。"爲此處正解。

古人對律有一種特殊的信念。《史記》有《律書》,《漢書》等有《律曆志》,以盛稱其美。《律書》云:"王者制事立法,物度軌則,壹禀於六律。六律爲萬事根本焉。"《漢書·叙傳》云:"元元本本,數始於一,産氣黄鐘,造計秒忽,八音、七始,五聲、六律,度量權衡,曆算逎(攸)出。"由其連及度量權衡,是此"律"必當是"六律"之律。故《漢書·律曆志》首句即引云:"《虞書》曰:'乃同律度量衡。'"(按,比本句多"乃"字)唐寫《釋文》引鄭玄云:"同,陰吕也。律,陽律。"今本《釋文》作"鄭云:陰吕陽律也"。按,古來談律吕之書頗多,其較詳備之作有:宋蔡元定《律吕新書》,明朱載堉《律吕全書》,清康熙《律吕正義》,清著尤詳備。

大抵古代截十二個不同長度的管子(原用竹管,後改銅管),作爲定樂音高低的標準音,是爲十二律。按律管之長短,依次名爲黄鐘、大吕、太蔟(或簇)、夾鐘、姑洗、中吕(或仲吕)、蕤賓、林鐘、夷則、南吕、無射、應鐘(各管長短確數見《月令》鄭玄注)。居奇數位的爲陽律,偶數位的爲陰律。即《周禮·大師》所云:"陽聲:黄鐘、大蔟、姑洗、蕤賓、夷則、無射。陰聲:大吕、應鐘、南吕、函鐘(即林鐘)、小吕、夾鐘。"陽聲爲陽律,稱"六律";陰聲爲陰律,亦作陰吕,稱"六吕"。亦即《律曆志》所云:"律十有二,陽六爲律,陰六爲吕。"

但林之奇《全解》則謂："六律，黃鐘、大蔟、姑洗爲陽，蕤賓、夷則、無射爲陰。六吕，大吕、夾鐘、中吕爲陽，林鐘、南吕、應鐘爲陰。"係據蔡元定《律吕新聲》之説。可知諸律之爲陰爲陽並無定説。當陰陽二者並稱時，稱"律、吕"，但總稱諸律時，仍可稱"六律"，故鄭玄注"六律"爲"陰吕陽律"。是六律實包十二律。

我國古樂發展得很早，又較完備。但文獻中商以前較簡，唯周代始較詳，然文獻時間已較晚。《中國大百科全書·考古學》中殷瑋璋氏撰《商周樂器》詞條中，始備述考古發現商周早期音樂資料，先叙述了"八音"（見下文"二十有八載"節注⑤）的資料，接着叙述"五聲"宫商角徵羽（見下文"月正元日舜格于文祖"節注㉞）的資料，然後爲十二律資料。略云："發現的商周編鐘已超過四十套。……殷墟婦好墓出土的五件鐘約當 G、A、C、F（?）、G，可構成四聲音階序列。"〔今按：王力《古代漢語》第 811 頁列出十二律與現代西樂對照，大致相當於 C、#C、D、#D……G、A、#A、B 等十二個固定的音。即黃鐘（C）、大吕（#C）、太簇（D）、夾鐘（#D）、姑洗（E）、中吕（F）、蕤賓（#F）、林鐘（G）、夷則（#G）、南吕（A）、無射（#A）、應鐘（B）。殷氏此處所提，G 相當林鐘，A 相當南吕，C 相當黃鐘，F 相當中吕。〕戰國早期的曾侯乙……有三套音列結構相似的編鐘，而且十二個半音俱全，即傳統的音樂術語所稱的"十二律"。且從其各部位銘文中看出，戰國初期各諸侯國所用十二律的名稱和制度並不統一。如曾國的姑洗相當楚的吕鐘、太族相當楚的穆鐘、宗周的刺音等。不過其基本原理仍和宗周一致，曾國的六律至少有五律與宗周同"（殷氏文參據了吴劍、劉東昇《中國音樂史略》）。這些就使我們獲得了從文獻中無法獲知的商周十二律情況。（參看下文"月正元日"一節之注㉞"聲依永律和聲"之較詳資料。）

　　文獻中所述時間較早者，有《律書》所載“武王伐紂，吹律聽聲”。因不少典籍載武王伐紂時運用歌舞，即宣誓式的戰爭舞蹈（參閱本書《牧誓》校釋），是用吹律管指揮士卒，這是直接以六律用於大的軍事行動中者。到春秋時的《國語》記載六律資料較詳。因周景王要鑄“律中無射”的鐘，單穆公諫之，以爲鐘，“律度量衡於是乎生”。景王問伶州鳩關於律的知識（鑄鐘是要合十二律的，上文考古資料婦好鐘和曾侯乙鐘就是。這稱爲“鐘律”，與十二管的“管律”並行，其音律原理全同），伶州鳩指出：“律所以立均出度也。”（韋昭解：“均者，均鐘木，長七尺，有弦繫之。以均鐘者，度鐘大小清濁也。”董增齡疏引《思玄賦》李善注：“均長八尺，施弦。”又引京房始作律準，梁武帝謂之通，其制十三弦。《樂律表微》謂律準即均，均木有弦。這叫“弦律”，與管律、鐘律並行，其音律原理亦同。《續漢書·律曆志》詳載京房弦律數據。）然後伶州鳩備舉黃鐘至無射六律的要義，舉大呂至應鐘六項，可是稱爲“六間”。接着説：“律呂不易，無姦物。”仍然是律呂，可知“六間”即六呂。

　　至《周禮》則又改稱“六同”（疑與“六間”以形近互誤）。其《大司樂》云：“以六律、六同、五聲、八音……”《大師》云：“掌六律六同以合陰陽之聲。”《典同》云：“掌六律六同之和……以爲樂器……以上十二律爲之數度。”是“六同”即六呂。鄭玄注《春官叙官·典同》云：“同，陰律也。”並引《尚書》此語及《大師》職文“大師執同律以聽軍聲”，以明“同”與陽律對舉，是爲陰律（《史記集解》引鄭玄“同，音律”。孫星衍指出“音”爲“陰”之誤，甚確）。賈公彦疏據鄭引《尚書》語釋之云：“謂正定日之甲乙，陰同、陽律之長短，度之丈尺，量之斗斛，衡之斤兩，六者皆定正之。”陰同、陽律，並舉甚明。故較晚學者朱駿聲《古注便讀》、黃式三《尚書啓幪》皆釋“同”爲六同，池田末利《全釋漢文大系：尚書》亦用此釋，皆確。皮錫瑞《考證》云：“同，古書皆不以爲陰吕。”《周禮》、《鄭注》、《賈疏》皆古書，皮氏何以視而不見。

律之爲物，始見於《世本》云：“黄帝使伶倫造律吕。”先秦把許多創造都歸之黄帝，實際是説較早古代已創這種樂器了。《吕氏春秋·古樂篇》云：“昔者黄帝令伶倫作爲律……取竹於嶰谿之谷……斷兩節間……吹之以爲黄鐘之宫。……黄帝又命伶倫與榮將鑄十二鐘以和五音。”《漢書·律曆志》云：“黄帝使泠綸自大夏之西，昆侖之陰取竹之解谷，竅厚鈞者，斷兩節間而吹之，以爲黄鐘之宫。”《御覽》引蔡邕《月令章句》（《北堂書鈔》、《初學記》亦引）云：“律，率也。截竹爲管謂之律。律者，清濁之律之法也。”《後漢書·明帝紀》李賢注亦云：“聖人截十二管察八音之清濁，謂之律吕。”《大戴記·曾子天圓篇》也説：“截十二管以宗八音之上下清濁之律也。”都説明律是截取竹管造成的。

但後來改成以銅鑄。《禮記·月令》“律中大蔟”鄭玄注：“律，候氣之管，以銅爲之。”很可能是漢代的事。但《周禮·典同》“掌六律六同之和”鄭注引鄭司農（衆）云：“陽律以竹爲管，陰律以銅爲管。”這不大可能，二者音色不同，不宜配在一套律管中的，當是就當時有竹管有銅管牽合爲説。故鄭玄自己注云：“皆以銅爲。”然《左傳·昭公二十年》疏云：“《後漢書》：章帝時，零陵文學奚景於陰冷道舜祠下得白玉管，是古人或以玉爲管也。”

這些律的長短有定制。《吕氏春秋·古樂》始提出：“取竹……斷兩節間，其長三寸九分，而吹之以爲黄鐘之宫。”而其後典籍皆載黄鐘律管長九寸，畢沅校語引李光地核算，以爲三寸九分是黄鐘比應鐘長出的寸數。蔡邕《月令章句》云：“黄鐘之管長九寸（王力注明此晚周尺度，一尺約二十三厘米），孔徑三分，圓九分。其餘皆稍短。唯大小無增。"《漢書·律曆志》亦云："五音之本，生於黄鐘之律，九寸爲宫。"然後連叙三個整數的律管長度：黄鐘九寸，林鐘六寸，太簇八寸。並附后來爲天地人三統。後面詳叙某一律三分益一或三分損一生出另一律（如黄鐘九寸，三分損其一即爲林鐘的六寸）。鄭玄《月令》注詳記其各律生出另一律情況及其長度之數，除上舉三整數外，餘皆於寸下有分數。如南吕所生姑洗七寸九分寸之一，太簇所生南吕五寸三分寸之一。更細密者如無射所生中吕六寸萬九千六百八十三分寸之萬二千九百七十四。可知十二律之長度有非常嚴格的精密的一定的比例，亦即十二個定樂音高低的標準音管有一定的比例，是基於自然的樂理測定的，因而是完全合於科學的。

　　但是，從《吕氏春秋·十二紀》到《月令》，却將十二律配了十二月：孟春、大簇，仲春、夾鐘，季春、姑洗。孟夏至季冬各月依次爲：中吕、蕤賓、林鐘、夷則、南吕、無射、應鐘、黄鐘、大吕。《初學記》引《樂緯》載黄鐘等六律當十一月至九月等單月，大吕等六吕當十二月至十月等雙月。又《法言·吾子篇》"或問交五聲十二律也"李軌注云："十二律者，十二月之律吕也。"把十二律按陰陽附會爲十二月律，完全是陰陽五行説的妄説。把十二律分成六陰律六陽律，也全是陰陽五行妄説，都完全是反科學的。

　　所有這些，就是對本篇"同律"應有的理解。而由"律吕"即律，同即吕，知"同律"也就是律。

　　"度"，薛季宣本、内野本皆作"庀"。《漢書·律曆志》云："度者，分、寸、尺、丈、引也，所以度長短也。本起黄鐘之長，以子穀秬黍中者（師古云"不大不小也"），一黍之廣度之。九十分黄鐘之長，一爲一分。十分爲寸,十寸爲尺,十尺爲丈,十丈爲引,而五度審矣。”《史記集解》引鄭玄簡注云:“度,丈尺。”《孔疏》全録《律曆志》文,却將“九十分黄鐘之長一爲一分”句,易爲“千二百黍爲一分”,則大謬。林之奇《全解》亦要録《律曆志》文,竟亦誤從《孔疏》此句。黄鐘管長九寸,一寸十分九十分之一自爲一分。千二百黍之廣相積,必然遠遠超過一分。徒因下文“量”“衡”皆言千二百黍,遂亦比附“度”亦千二百黍,不自知其不合。

“量”,薛本作[illegible]。《律曆志》云:“量者,龠、合、升、斗、斛也,所以量多少也。本起於黄鐘之龠,用度數審其容,以子穀秬黍中者千有二百實其龠。……合(當作十)龠爲合,十合爲升,十升爲斗,十斗爲斛,而五量嘉矣。”《史記·集解》引鄭玄簡注云:“量,斗斛。”《孔疏》照録《律曆志》原文,惟更正“合龠”爲“十龠”。

“衡”,唐寫《釋文》:“奐,稱也,音衡。”薛本作奥,内野本作奧。《律曆志》云:“衡權者,衡、平也,權,重也。衡所以任權而均物平輕重也。……本起於黄鐘之重,一龠容千二百黍,重十二銖。兩之爲兩——二十四銖爲兩,十六兩爲斤,三十斤爲鈞,四鈞爲石。……五權之制,以義立之。”《集解》引鄭玄簡注云:“衡,斤兩也。”《孔疏》將《律曆志》此段文字仿度、量之文寫成云:“權者,銖、兩、斤、鈞、石,所以稱物知輕重也。本起於黄鐘之龠。一龠容千二百黍重十二銖,兩銖之爲兩,十六兩爲斤,三十斤爲鈞,四鈞爲石,而五權謹矣。權、衡一物。衡,平也。權,重也。稱上謂之衡(按此句見《文選·六代論》注引鄭玄注),稱錘謂之權,所從言異耳。”比《律曆志》叙次明白,並將“衡”與“權”作了解釋。

《孔疏》總引《律曆志》云:“度、量、衡,出于黄鐘之律也。”林氏《全解》云:“度起於黄鐘之長,量起於黄鐘之龠,衡起於黄鐘之重。”

朱氏《古注便讀》遂云："度量衡法制本起於黃鐘之管，故次於'同律'也。"《全解》並云："同律度量衡者，所以齊民信也。"

⑨五禮——唐寫《釋文》作"×瓜"，薛本、内野本皆作"×礼"。《史記集解》引馬融云："五禮，吉、凶、軍、賓、嘉也。"僞傳、《蔡傳》皆從之。《公羊傳·隱公八年》疏引鄭玄云："五禮，公、侯、伯、子、男朝聘之禮矣。"戴震《義考》云："五禮以周之吉凶軍賓嘉言者，非也。不惟唐虞時未必分設此名，此五者乃人事之經，鉅細必核，委曲繁重，豈覲於方岳下之頃所能舉而修之？……當從鄭説爲公侯伯子男朝聘之禮。"説非吉凶軍賓嘉五禮，甚確。説爲公侯伯子男之禮，甚誤。由上一節注⑬知五等爵非周代原有之制，更不要説所謂堯舜時代了。邵懿辰《禮經通論·論五禮》云："歷考荀卿、賈誼、韓嬰、董仲舒及大、小《戴記》言及於禮，必錯舉冠、婚、喪、祭，或朝覲、飲、射，旁及明堂、養老、軍旅、蒐狩，無合吉凶賓軍嘉而言之者。……要之五禮上承五典（指本篇上文"慎徽五典"），似即指父子、兄弟、夫婦、君臣、朋友五品之人所行之節文儀則而言。……《舜典》'修五禮'，亦即修此五典之儻然有文者，謂之'五禮'。……故吉凶賓軍嘉五者，特作《周官》者創此目以括王朝之禮，而非所語於天下之達禮也，不可以釋《皋陶謨》、《舜典》。"邵氏此釋較近是，由於《堯典》所託歷史時代早於《周禮》所指時代，自不能以《周禮》之説釋《堯典》。總之是泛指幾種禮，不必以後來"五禮"去套。

⑩五玉——《漢書·郊祀志》作"修五禮五樂"。"玉"作"樂"。師古云："'五樂'，《尚書》作'五玉'，今《志》亦有作'五玉'者。'五玉'即'五瑞'。"段氏《撰異》謂《史記》作"玉"，《漢書》作"樂"，同一《今文尚書》而讀之者各異。陳喬樅《經説考》引《禮記·王制》云"禮樂制度衣服正之"，則其所據《堯典》亦有"修五禮五樂"之文。

《漢書》與《禮記》同師承夏侯《尚書》，故相吻合。僞傳釋五玉爲"五等諸侯執其玉"，《蔡傳》則謂五等諸侯所執者即五瑞，與顏師古説同。皆實據《史記·集解》所引鄭玄注："即五瑞也。執之曰瑞，陳列曰玉。"王樵《尚書日記》據《周禮·小行人》注"諸侯相享之玉，各降其瑞一等"，因而云："瑞自是瑞，玉自是玉，傳疏相承以五玉即五瑞，誤也。"另孫星衍《注疏》謂《大傳》"五玉"亦作"五樂"，見《虞夏傳》"樂正"文。然該文叙樂達七種，非五樂，當是另叙樂正資料，非必指《堯典》文。

⑪三帛二生一死贄——"生"，《史記·封禪書》、《漢書·郊祀志》、《續漢書·祭祀志》、《風俗通》皆作"牲"，段氏《撰異》云："然則《五帝本紀》、《白虎通》作'生'，恐後人改耳。"（舉汲古閣本正文改"牲"爲"生"，而注作"牲"漏未改）陳喬樅《經説考》云："作'牲'者，蓋歐陽《尚書》本也。……《校勘記》云：'宋單疏本作牲。'是經文古本如此。"是陳之意以"生"爲夏侯本，"牲""生"並今文。馬、鄭古文及僞古文並承用"生"字。

"贄"，《史記》作"爲摰"。《釋文》亦云"本又作摰"。《史記正義》："摰，音至。摰，執也。"《白虎通·瑞贄》："臣見君有贄，何？贄者質也，質己之誠。"《孟子·滕文公下》"出疆必執質"趙岐注："質，臣所贄以見君者也。"《正義》又引鄭玄云："贄之言至，所以自致也。"鄭注《儀禮·士相見禮》又云："贄所執以至者，君子見於尊敬必執贄以將其厚意也。"是"贄"爲臣見君、晚輩見尊輩所獻禮物。

《史記·集解》引馬融云："三帛，三孤所執也。摰：二生，羔、鴈，卿大夫所執；一死，雉，士所執。"又《正義》引馬融云："按雉不可以生爲贄，故死雉。"而《周禮·大宗伯》職云："以禽作六摰。……孤執皮帛，卿執羔，大夫執鴈，士執雉，庶人執鶩，工商執鷄。"與此處的"二生一死"又有增益。鄭玄注："皮帛者,束帛而表以皮爲之。
……羔,小羊。取其群而不失其類。鴈,取其候時而行。雉,取其守
介而死不失其節。鶩,取其不飛。鷄,取其守時而動。"(加藤常賢
《真古文尚書集釋》謂鴈即鵝)按鄭注係據《白虎通・瑞贄》說,惟彼
文較繁。彼《瑞贄》又云:"卿大夫贄,古以麛鹿,今以羔雁,何? 以
爲古者質,取其内……今文,取其外。《禮・士相見經》曰:'上大夫
相見以羔,左頭如麛執之。'明古以麛鹿,今以羔也。"《史記正義》引
韋昭注《周語》全用《大宗伯》文,惟改"執鶩"爲"執鹿"。

　　《孔疏》引王肅云:"'三帛',纁、玄、黄也。附庸與諸侯之適子、
公之孤執皮帛,其執之色未詳聞。或曰:'孤執玄,諸侯之適子執纁,
附庸執黄。'"唐寫《釋文》大致同此,惟文字小有出入。末多一句:
"馬云:三公所執也。"僞傳及《蔡傳》全用王肅此説,惟叙諸侯嫡子
在前。

　　《公羊傳・隱公八年》疏引鄭玄云:"'三帛',所以薦玉也。受
瑞玉者以帛薦之。帛必三者,高陽氏之後用赤繒,高辛氏之後用黑
繒,其餘諸侯皆用白繒。《周禮》改之爲繅也。'二生一死贄'者,
羔、雁,生也,卿、大夫所執。雉,死,士所執也。"此純以三統説爲釋。
《史記正義》引《三統紀》謂天統尚赤,地統尚黑,人統尚白。而戰國
末編成的《帝繫》將華夏大地上各族統歸爲黄帝血裔,説全由黄帝二
大支派高辛、高陽二系繁衍出,堯、摯、商、周皆出自高辛一系,舜、禹
(夏)、黎、楚、秦皆出自高陽一系。鄭玄把高陽比附成了天統尚赤,
把高辛比附成了地統尚黑,其它者爲人統尚白。明明《三統紀》原以
伏羲爲天統,神農爲地統,黄帝爲人統。則黄帝後裔皆當尚白,怎麼
高陽、高辛又變了? 可知經師們對即使已遵信的方士化儒生搞的
"三統説",也不嚴格遵用,隨己意肆行比附之。由鄭玄與馬融、王肅

以及《禮》書的互異，可知經師們是隨己意亂説的。他們所説的這些大都不可信的。《堯典》作者原所抄集的這些資料，可能反映了一些古代呈贈禮物的情況，但已不能詳知其原始作法了。

⑫如五器——"如"，鄭玄云："如者，以物相授與之言。"（《公羊傳》疏引）劉敞云："如，同也。"（《蔡傳》引）王引之云："如者，與也，及也。"（《經義述聞》）鄭釋"授與"，動詞。劉釋"同"，介詞。王釋"與"，等立連詞。各隨其下文意義爲釋。唐寫《釋文》云："如乂器，並依字。費甝云：'鄭讀如音乃佐反。'"段玉裁《撰異》引《尚書集注》云："依《集韻》知鄭讀'如'爲'筊'，鳥籠也。"朱駿聲《便讀》據以云："筊也、籠也，謂授摯之器。"則又以爲名詞。

"五器"，約略計之有五説：（一）五玉説。《史記集解》引馬融云："五器，上五玉。"蘇軾《書傳》："五器，五玉也。"王炎《尚書小傳》亦從之，陳大猷《或問》云："新安王氏則以五玉爲贄，而與五器共爲一物。"陳氏亦從同此説。但楊筠如《覈詁》云："馬以五器爲五玉，未確。"（二）授贄之器説。《公羊》疏引鄭玄云："授贄之器有五：卿、大夫、上士、中士、下士也。"楊筠如《覈詁》云："似從鄭義爲長。"（三）五瑞説，亦稱圭璧説（恒圭、信圭、躬圭、穀璧、蒲璧爲五瑞）。僞傳："器，謂圭璧。"程頤《書説》："五器即五瑞。"《書説》已佚，見陳大猷《或問》引："孔（以姚氏僞傳爲僞孔）程諸家皆謂即五等諸侯所執之瑞。"戴震《義考》逕引程氏"五器即五瑞"之語。陳大猷駁之云："《周禮·大宗伯》及《小行人》言五瑞則元圭、信圭、躬圭、穀璧、蒲璧，而《大宗伯》言玉作六器蒼璧、黄琮、青圭、赤璋、白琥、玄璜，與《大行人》所言幣同。五器非五瑞甚明。"（四）五禮之器説。《蔡傳》引劉敞曰："五器，即五禮之器。"蔡沈從其説。明王樵《尚書日記》爲補充了吉、凶、軍、賓、嘉各禮之器物名。戴震《義考》引劉敞之説云：“五器者，吉凶禮樂及戎器。同之，一制度也。”（五）五瑞五玉五器三者爲一説，此即五瑞説之發展。戴氏《義考》引程頤云：“五器即五瑞。以其物言則玉，以其寶言則瑞，以成形言則器。”陳經《書詳解》及黄鎮成《書通考》引夏僎説，皆有“以寶言曰瑞，以物言曰玉，以形言曰器”之語。林之奇《尚書全解》則云：“有曰五瑞，有曰五玉，有曰五器，其實一也，蓋史官之變文也。”這麽一個小問題，引起千百年間經師們紛紜爭論，連篇累牘，造成各種紛歧，太無謂了。其實只要知道《堯典》作者記載過這麽一些有關禮器之文就行了。

　　王引之《經義述聞》中“如五器”一篇從文字方面闡析了此處文義，有助讀通此處。該文在引述馬融、鄭玄之説後云：“吉凶軍賓嘉出於《周禮》，不必唐虞亦與之同。‘修五禮’之下則云‘五玉三帛二生一死贄’，玉帛生死皆朝聘相見時所執，則所謂‘五禮’者正謂……朝聘之禮也。鄭説洵長於馬矣。然以‘如’爲授與，‘五器’爲授贄之器，則經傳無徵，殆不可從。馬以‘五器’爲‘上五玉’，亦非也。玉固可以稱器，然上既云五玉，則下云‘五玉卒乃復’可矣，何又枝蔓其文更改其字而言‘如五器’乎？今按‘五玉、三帛、二生、一死贄如五器’，皆蒙‘修’字爲義。‘如’者，與也，及也。言五玉、三帛、二生、一死之贄與所用之五器，皆因五禮而並修之耳。”

　　俞樾又提出一説，其《群經平議》云：“‘如’猶‘同’也。……律度量衡言‘同’，五器言‘如’，其義一也。‘五器’者，五兵也。《國語·周語》‘……利其器用’，韋注曰：‘器，兵甲也。用，耒耜之屬也。’是古謂兵器爲器。……《司馬法》曰：‘弓矢圉殳矛守戈戟助，凡五兵。’……是古者兵器有五，故謂之五器。天子巡守所至，必均同之，故曰‘如五器’也。”雖創説而取義頗曲折，只可備一説。

　　⑬卒乃復——有二説。《史記·集解》引馬融云：“五玉，禮終

則還之，三帛以下不還也。"僞傳承其説云："卒，終。復，還也。……如五器，禮終則還之，三帛生死則否。"此即上一節注⑰"班瑞"所謂天子受諸侯朝，無過行者將其五瑞班還給諸侯之義。另一説爲《公羊傳·隱公八年》疏引鄭玄云："卒，已也。復，歸也。巡守禮畢乃返歸矣。"則謂非返還五玉，而是禮畢返歸。朱熹承此説。《書經傳説彙纂》引朱熹云："'卒乃復'是事畢而歸，非是以贄爲復也。"《蔡傳》遂承師説云："'卒乃復'者，舉祀禮，覲諸侯，一正朔，同制度，修五禮，如五器，數事皆畢，則不復東行，而遂西向，且轉而南行也（意以下接南嶽之故），故曰'卒乃復'。"二説並傳，没有必要去辨其是非，知道經師們有此二説即行。

俞樾《平議》云："《周官·宰夫》職曰：'諸臣之復。'鄭注曰：'復之言，報也，反也。反報于王，謂于朝廷奏事。'又《太僕》職曰：'掌諸侯之復逆。'注曰：'復，謂奏事也。'‘卒乃復'，當從此義。謂一方禮畢，舜輒使人反報于堯也。下文'歸格于藝祖'，方是舜自歸。"提出較可通的第三説。

至楊筠如《覈詁》又提出新説云："此'復'字不當釋爲歸，'復'疑假爲服，《禮記·表記》注：'復，或爲服。'《爾雅·釋文》：'服，本作𦨶。'即其證。《說文》：'服，用也。'謂修治畢乃用也。"並前三説爲四説矣。

⑭至于南岳如岱禮——"南岳"，已見前注③。孫星衍《注疏》謂漢今文説以霍山爲南嶽，如《大傳》、《白虎通·巡狩》、《論衡·書虛篇》及所有緯書皆是，後來《水經·禹貢山水澤地篇》亦承今文説。《爾雅·釋山》既説五大名山"江南，衡"，孫氏以爲此用古文南嶽説。《爾雅》又説"霍山爲南嶽"，以爲用今文説。郭璞注云："漢武帝以衡山遼曠，因讖緯皆以霍山爲南嶽，故移其神於此。"此晋人

妄説，因漢武時尚無緯書；孫亦妄説，衡山爲南嶽載於司馬遷、班固書中，二人皆習今文，非古文説。孫所舉諸書皆漢代之作，自承用漢武帝所規定之説。司馬遷、班固據《禹貢》，此漢代諸作據當時功令，遂有此異。郭璞當東晉之初，見僞古文傳以衡山爲南嶽，遂誤以爲此先秦古説，而漢武定霍山爲南嶽，遂妄説嫌衡山遠而改定於此，不知漢武時根本無衡山爲南嶽之説。至於孫氏批評崔靈恩《三禮義宗》唐虞以衡山爲南嶽、周代以霍山爲南嶽之説，而以爲唐虞南嶽爲霍山，周代南嶽爲衡山。正見兩人囿於所處時代都無歷史觀念的妄説。繼孫氏之後，皮錫瑞《考證》補充了《説苑·辨物篇》、《説文·山部》、《廣雅·釋山》等亦用南嶽爲霍山的今文説。同樣持"霍山爲南嶽，其説甚古"的冬烘之見。皮氏甚至牽强説《史記》衡山即霍山。其實關於五嶽的實際情況當參閱上文注③。

"如岱禮"，是説巡狩南嶽之禮和巡狩岱宗之禮一樣。

⑮至于西岳如初——注③已叙明漢武只定了四岳，華山在都城之東定不下來。至漢宣始定華山爲西岳。所以《堯典》中的西岳只是懸空的西方的名山。南岳、北岳也一樣。《爾雅·釋山》叙五大名山："河西，嶽。"鄭玄、郭璞注都釋爲吳嶽，即《禹貢》之岍山，《周禮·職方》之雍州山鎮嶽山。《詩·崧高》疏引《鄭志》説："周都豐鎬，故以吳嶽爲西嶽。"其實上面注③已叙明這是姜姓族奉爲宗祖神所託的四嶽山，只是山名嶽，從來沒有列入過"五嶽"。鄭玄只是因它山名"嶽"，而漢代所知五嶽沒有它，《禹貢》又以爲是《夏書》，唯《周禮》爲周代書，遂意想周代定之爲西岳。不知周代根本沒有定過五嶽。所以自漢宣帝定華山爲西岳前，是沒有任何一山法定稱爲西岳的。

"如初"，和最初舉行的巡狩岱宗之禮一樣。

⑯朔巡守至于北岳如西禮——司馬遷於此三岳總叙云："五月南巡狩，八月西巡狩，十一月北巡狩，皆如初。"則"朔巡守"作"北巡守"，而"如西禮"同上文作"如初"。

敦煌唐寫殘本《釋文》云："至于北岳如初。馬本同，方興本作'如西禮'。"陸德明撰《經典釋文》所據《舜典》本，是僞孔本初缺《舜典》，取王肅本《堯典》下半充《舜典》，故其傳文非僞孔而是王肅傳。南齊時姚方興僞造《舜典》孔傳，南朝未接收入僞孔本中而有單行本爲陸氏所見。至北方劉炫取之入僞孔本中取代了王肅本流傳下來，宋陳鄂删改《釋文》時所據《舜典》已是僞姚本，故今所見《釋文》之經文已爲姚本"如西禮"，釋文已改爲："方興本同，馬本作'如初'。"總之，它和敦煌本未改《釋文》都説明馬本、王本爲"如初"，僞姚本乃爲"如西禮"。《公羊疏》引鄭玄云："五月不言'初'者，以其文相近。八月、十一月言'初'者，文相遠故也。"是鄭玄本亦作"如初"。

由《史記》，知漢今文本作"如初"。由馬、鄭、王本，知漢古文亦作"如初"。由原《釋文》知僞古文初用王肅本仍作"如初"。至姚方興僞造《孔傳》本始作"如西禮"，是仿照"如岱禮"寫成的，意謂和巡狩西岳之禮一樣。

由漢武帝所定的北岳恒山，據《禹貢山水澤地篇》，載明在中山上曲陽縣西北，爲恒水所出。即今河北省保定地區曲陽縣西北，《禹貢》中有此山，《夏本紀》作"常山"，爲避漢文帝諱所改，漢於其地置常山郡，地當太行山東北之河北省境内，其最高嶺名大茂山。宋時爲遼所占，金時以其在京城之南，遂改以晋北渾源境之玄岳山爲北岳恒山，清代承之，祀禮亦移其地。北岳恒山遂永爲太行山北之山西省東北境，直至現代。實際在《堯典》中，這幾個"岳"原没有指實什麼山，正像從神話中得到四方神名四方風名和星象資料中得到四仲中星等等，便編排得春夏秋冬四季妥妥帖帖一樣。這裏也是從神話中得到這幾個岳（嶽）名，便把它編排得東南西北四方巡狩也妥妥帖帖了。不過也根據古代對名山有各種祭祀之禮來的。

⑰歸格于藝祖用特——《史記》作“歸至于祖禰廟，用特牛禮”。《大傳·虞夏傳》作“歸假于禰祖，用特”。《白虎通·三軍篇》：“《尚書》曰：‘歸格于禰祖。’”（今本“禰”作“藝”，段玉裁謂淺人據今本《尚書》改）又引“《尚書》言‘歸格于祖禰’”。又《巡狩篇》：“《尚書》曰：‘歸格于祖禰。’”《公羊傳·隱公八年》何休注亦引《尚書》“歸假于禰祖”。《説苑·修文篇》、《後漢書》之《肅宗紀》、《安帝紀》亦皆作“祖禰”。此皆今文。其“格”、“假”相通，義訓爲“至”，已見第一節注⑫“格于上下”校釋。但此處應如上文“格汝舜”之格，訓爲“告”始合文義。皮氏《考證》謂“或作禰祖、或作祖禰，蓋傳本偶異，而今文義不異”。並舉《王制》“天子將出造乎禰”，與《大傳》同爲今文。敦煌本《釋文》：“蓺，魚石反。又馬、王云：‘禰也。’”又云：“禰，本又作‘禰’乃禮反。考廟。”《詩·我將》疏引鄭玄云：“藝祖，文祖。猶周之明堂。”知漢古文本作“藝祖”，僞古文承用至今。

由鄭玄釋“藝祖”爲文祖，注疏家大率從之，如僞傳云：“巡守四岳，然後歸告至文祖之廟。藝，文也。言祖，則考著。”《蔡傳》云：“藝祖，疑即文祖。或曰：‘文祖，藝祖之所自出。’”王充耘《讀書管見》至云：“文即藝，藝即文，故藝祖即文祖，非二人也。”“文祖”意義見上一節“受終于文祖”注，經師們大都承用文祖即太祖之義。故孫志祖《讀書脞錄》云：“宋人多以太祖爲藝祖，《日知錄》引之甚詳……僞傳以藝爲文，沿用之爾。”

　　《讀書脞録》又云："今案《書》之蓻祖，即《禮記・王制》、《尚書大傳》、《白虎通》之祖禰也。蓻禰聲相近。……豈有歸格于祖而不及禰者乎，當以馬、王說爲長。"孫星衍《注疏》亦云"蓻與禰聲相近，故史公與班氏同義也（指《史記》與《白虎通》都作祖禰）"。馬融、王肅"蓻，禰也"之說遂爲自清以來不少學者所承用。俞樾《平議》則云："蓻祖，禰祖，古、今文不同。……馬、王云'蓻，禰也'，是以今文說古文。……蓻當讀爲暬，暬從埶聲。古蓻字止作埶。《國語・楚語》'居寢有暬御之箴'韋注曰：'暬，近也。'暬之義爲近，禰之義亦爲近。襄十三年《左傳・正義》曰：'禰，近也。於諸廟，父最爲近也。'……字亦通作昵，《高宗肜日篇》'典祀無豐于昵'，《釋文》引馬曰：'昵，考也，謂禰廟也。'然則以暬爲禰，猶以昵爲禰。……今破蓻爲暬，以申明馬說，明今古文文異而義同。"

　　由蓻、暬訓近，當代學者遂由金文中覓獲"狀"字亦訓近，可爲蓻之原字。于省吾《雙劍誃吉金文選》録有《克鼎》、《番生毁》都有"擾遠能狀"語，《晉姜鼎》有"用康擾綏懷遠狀"，于氏釋云："擾讀柔，狀讀邇。""擾遠能狀"即《堯典》中的"柔遠能邇"。並引孫詒讓說，讀狀爲暬，《國語・楚語》韋注"暬，近也"。猶《詩》言"柔遠能邇"。又引王引之說，狀與埶通。由"格于蓻祖"之作"假于祖禰"，知蓻禰同用。王國維亦有此釋，楊筠如《覈詁》承師說亦謂埶禰古通。以證"蓻祖"即"禰廟"。（參閲下文"柔遠能邇"校釋及《高宗肜日》"尼"字校釋。）禰廟即最近親之廟，即父廟。

　　按字義及禮制，自宜作如上解釋。但這裏又出問題，是堯的父廟呢還是舜的父廟？按故事傳說舜父瞽叟此時尚在世，自然非其廟。堯父誰呢？傳說中出現的堯，他能有周代制度中的祖宗七廟嗎？其實經師們按周代甚至漢代禮制作的這些解釋都是多餘的。

《堯典》作者按想象中的古代禮制寫的這些，他所憑藉的史實倒影，頂多只能像上一節"受終于文祖"注所説的，他只能以古代"左祖右社"之制作背景資料，來歸告於稱爲"祖"的殿堂的。

"用特"，用一條牛的祭禮。見《禮記·王制》鄭注："特，特牛也。祖下及禰皆一牛。"僞傳："特，一牛。"《蔡傳》："特，特牲，謂一牛也。"《説文》釋"特"字云："樸特，牛父也。"則特牲所用者爲公牛。

⑱五載一巡守——《史記》"載"作"歲"，《西岳華山碑》則"一"作"壹"。皆今文。這是空想的制度，歷史上從來没有過五年一巡狩的事。《白虎通》、《風俗通》宣揚要五年一巡狩的理由，皆不足信。上文引《禮記外傳》説"夏殷五載一巡狩，周制十二年一巡狩"，也是無根據的虛言。《古本竹書紀年》載周昭王"南巡不返"，《左傳》説是"南征"。又載周穆王北征、西征、南征、東征，詳《穆天子傳》，是和乾隆遊江南一樣的旅遊。春秋二百四十二年中，載周王巡狩者，唯莊公二十一年一次，且地在虢，而非某嶽。另在莊公二十三年、二十七年談到天王有巡狩的規定。又在僖公二十八年載有"天王狩于河陽"的一次。杜注説得明明白白："晋實召王"，"經以王狩爲辭"。這是周王被霸主召來見諸侯，《春秋》經文以"狩"字維持王的面子，實只是一次假的巡狩。惟《秦始皇本紀》載始皇常出巡，且曾封禪。二十七年巡隴西北地。二十八年東巡，上泰山封祠祀，禪梁甫，南登琅邪，西南之衡山，至湘山祠。二十九年東遊陽武，登之罘刻石稱"時在仲春"（似與"歲二月"合）。三十二年之碣石，巡北地。三十五年道九原。三十七年至雲夢，望祀九疑山，至錢唐，上會稽，北至琅邪，西至平原津而病。十二名山封祀其四，但其他名山更多，並不是《大傳》所説的天子巡狩只至四嶽。且連年巡遊，不限五載。可知秦始皇不是巡狩，只是巡行。後來唯漢武、北魏文成、隋煬等有類似

的行動,實際歷史上絕沒有五年一巡狩的事。這只是儒生給帝王虛構的一個巡狩封襌藍圖。

⑲群后四朝——"群后",已見上節"班瑞于群后"注。"四朝",敦煌唐寫《釋文》作"三輈",薛本同。內野本作"三朝"。《釋文》釋云:"馬、王皆云四面朝於方岳之下也。鄭云:四朝,四年一朝京師也。"今本《釋文》被陳鄂改爲"鄭云四季朝京師也"。僞傳云:"各會朝於方岳之下,凡四處,故曰四朝。"是承用馬、王説。《史記集解》引鄭玄云:"巡守之年,諸侯見於方岳之下。其間四年,四方諸侯來朝於京師也。"《王制正義》全引此語,末多"歲徧是也"一句。是説巡狩的那一年,諸侯分別朝於四岳之下,巡狩相隔的四年中,四方諸侯來朝於京師,都叫"群后四朝"。《蔡傳》説:"五載之內,天子巡守者一,諸侯來朝者四。"基本承鄭説。但補充了東、南、西、北四方諸侯分別於第一、第二、第三、第四各年來朝。這些都是經師們爲"群后四朝"編排的解釋,是沒有歷史事實根據的。從《春秋左傳》看出,周代諸侯有朝會之禮,但二百四十二年中,魯朝王者二次,皆不在京師,而如京師者止成公十三年一次。那麼這些經師的話可信嗎?是全不可信的。

⑳敷奏以言明試以功車服以庸——"敷",唐寫《釋文》作:"尃,古敷字,音孚,陳也。""敷奏",《史記》作"徧告",用今文訓詁義。《漢書·宣帝紀》引作"傅奏其言"。師古注:"傅讀曰敷。"《後漢書·梁統傳》引作"傅奏如左"。則今文本"敷"又作"傅"。《皋陶謨》亦有此三句,惟"奏"作"納","試"作"庶"。《左傳·僖公二十七年》引《夏書》此三句,則"敷奏"作"賦納"。

至於《史記》作"徧告"之爲"敷奏"訓詁義,有可尋者。《詩·賚》"敷時繹思"鄭箋:"敷,猶徧也。"《公羊傳·桓公元年》疏:"諸

侯來朝時徧奏之言語也。"戴氏《義考》："敷如敷求之敷，徧也。故
《史記》作'徧告以言'。"孫星衍《注疏》："《書大傳》注云：'奏，猶
白。'白之義與告相近。言使諸侯徧以治術奏告也。"

　　《尚書大傳·唐傳》以"見諸侯問百年，陳詩以觀民風俗……觀
民好惡……改衣服制度爲畔（叛），畔者君討，有功者賞之"來引證
"明試以功，車服以庸"。又云："以賢制爵，以庸制禄。"皮氏《疏證》
引鄭玄注："庸，功也。"又《虞夏傳·皋陶謨篇》云："有功者，天子賜
以車服。"《漢書·宣帝紀》："傅奏其言，考試功能。"即意譯此二句。
應劭注："敷，陳也。各自奏陳其言，然後試之以官，考其功德也。"
《白虎通·考黜》："《禮説》九錫：車馬、衣服……能安民者賜車馬，
能富民者賜衣服。"《公羊傳·桓公四年》疏："'敷奏以言'者，謂諸
侯來朝之時，徧奏以言語也。言'明試以功'者，國功曰功，謂明試以
國事之功也。言'車服以庸'者，民功曰庸，若欲賜車服之時，以其治
民之功高下也。"段氏《撰異》以爲《白虎通》此文當是引鄭玄注。僞
傳承舊説綜言之云："敷，陳。奏，進也。諸侯四朝，各使陳進治理之
言，明試其言以要其功。功成則賜車服以表顯其能用。"《蔡傳》基
本同，惟引"程子（頤）曰：'敷奏以言'者，使各陳其爲治之説，言之
善則從而明考其功，有功則賜車服以旌異之"。這些是自漢至宋儒
生對這幾句所作的解釋。

　　其中對"庸"字解釋有歧異，鄭玄釋庸爲功，僞傳釋庸爲用。林
之奇《全解》引王安石《新經義》以爲放勳之"勳"即《周禮·司勳》
的"王功曰勳"，此"庸"爲《司勳》的"民功曰庸"，以民功爲主（王樵
以爲如教養萬民等事）。林氏駁之，以爲"庸與'格則承之庸之'庸
同，蓋言通用之也"。戴震《義考》則云："庸如功庸之庸，《國語》曰：
'無功庸者不敢居位。'"楊筠如《覈詁》亦云："庸，勳也。"（此據《後

漢書》朱祐等傳注）庸自以釋功釋勳爲是，始符《大傳》"有功者賞之"、"有功者天子賜以車服"之義。

　　㉑肇十有二州封十有二山——《史記》無"封十有二山"一句，《大傳》則作"封十有二山、兆十有二州"。山在州前，經師們解釋山爲十二州之鎮山，似宜先叙州，然後再叙州之山。"肇"唐石經作"肇"。《釋文》同。段氏《撰異》據以云："俗本作肇，非也。《玉篇》及《五經文字》皆云'肇，俗肇字'。"《大傳》則"肇"作"兆"，故唐寫《釋文》云："肇，音兆。始也。"二字義原異。《爾雅》："肇，始也。"僞傳承此訓義釋此句云："始置十二州。"《史記集解》引鄭玄注亦云："更爲之定界。"但鄭注《大傳》云："兆，域也。爲營域以祭十二州之分星也。"此域字作爲動詞，爲劃分疆界義，與"爲之定界"本合。然改釋祭分星。皮錫瑞《大傳疏證》云："十二州本非當時創置，故《大傳》作'兆'不作'肇'。《史記》作'肇'是通假字，其義亦當爲兆。《詩·后稷》'肇祀'，《禮記》引作'兆祀'。'肇域彼四海'箋云'肇當作兆'。是'肇''兆'古通之證。鄭注《大傳》不誤。"黃式三《啓幪》謂鄭注《大傳》將肇作兆，讀爲"垗"。《説文》："垗，畔也。爲四時界，祭其中。《周禮》曰：'垗五帝於四郊。'"皮氏《考證》云："然則垗爲古文，兆乃今文省借字，肇乃今文通假字。史公作肇，義當與《大傳》作兆不殊。"朱駿聲《古注便讀》云："肇，垗也，畔也。定十二州之界也。水中可居曰州，堯遭洚水，民居水中高土，故因以爲州國之名。"

　　"十二州"，《史記·集解》引馬融曰："禹平水土，置九州。舜以冀州之北廣大，分置并州；燕齊遼遠，分燕置幽州，分齊爲營州，於是爲十二州也。"《爾雅·釋文》引鄭玄注云："舜以青州越海，而分齊爲營州，冀州南北太遠，分衛爲并州，燕以北爲幽州。新置三州，並舊爲十二州也。"那就是在《禹貢》冀、兗、青、徐、揚、荆、豫、梁、雍九州之外,增加了并、幽、營三州。

其實《堯典》中但泛言十二州,並無具體州名。大約是如《左傳·哀公七年》所説:"制禮上物,不過十二,以爲天之大數也。"杜注:'天有十二次,故制禮象之。"當時十二名數者多,天之大數爲十二,有十二宮,地亦有十二支,年有十二月,日有十二時、十二辰,樂有十二律,等等。這些都是春秋戰國之世所習知的事,人們對十二有特異的信念。《堯典》作者援以入《堯典》,泛指十二州、十二山來表示舜撫有天下之廣,禮祀全境名山之勤。按,言州名數目者,以《禹貢》爲最早,它是春秋戰國之世日益流傳的九州之説成熟後的產物。但對九州之名,戰國以來還不盡一致。這是戰國紛爭之世對事物每有紛歧説法的常例。故《吕氏春秋·有始覽》九州同於《禹貢》者八,但無梁州而有幽州。《周禮·職方氏》同於《禹貢》者七,無徐州、梁州而有幽、并二州。《爾雅·釋地》同者亦七,無青州、梁州而有營、幽二州。於是較《禹貢》九州之名多出幽、并、營三州。漢代經師要爲《堯典》指實州名,就正好把九州加此三州,遂有馬融、鄭玄之注,牽强附會地説成這三州是舜從禹九州中的冀、兗兩州分出來,而後就成爲十二州了。

崔述《唐虞考信録》云:"十二州之名,經、傳皆無之。幽、并、營之爲州雖見於《周官》、《爾雅》,然彼自記九州之名,與舜之十二州初無涉也。……古書既缺,十二州名無可考證,適見《周官》、《爾雅》有幽、并、營三州名爲《禹貢》所無,遂附會之以補舜十二州之數……而不知其誤且誣也。"

郭沫若《金文叢考·金文所無考·四、九州》云:"《尚書·禹貢》稱夏禹敷治洪水,分天下爲九州。……《爾雅·釋地》、《逸周書·職方篇》、《吕氏春秋·有始覽》……諸書所錯見之州名恰爲十二，故又以爲乃《虞書》‘十有二州’之舊，按此皆莫須有之説也。”又以爲十二州之説可能係據十二宮以配十二國土之説。

顧師《尚書研究講義》第一册則云：“自來言分州者惟以九數，無以十二數者。”因舉金文《齊侯鎛》（《叔夷鎛》）及文獻《左傳》之《襄公四年》、《宣公三年》皆言禹迹九州、九藪以爲證。《禹貢》本文亦云：“九牧攸同……九山刊旅，九川滌源，九澤既陂。”又《周語》亦云：“封崇九山，決汩九川，陂障九澤，豐殖九藪，汩越九原，宅居九隩。”顧師總之云：“此可知當春秋戰國之時確信地制當以九數，舉凡州、牧、山、川、澤、藪、原、隩以及道路莫不受範焉。以此之故，《吕氏春秋·有始覽》曰：‘天有九野，地有九州，土有九山，山有九塞，澤有九藪。’不但地以九分而天亦以九分矣。此……在當時確有强烈之信仰在。故其後地域雖擴大，幽、并二州不能不立，則《職方》寧删去徐梁以遷就之，誠以地方可增廣而九數則不能改變也。直至漢武帝窮兵黷武，開拓三邊，境域過廣，當其分州之際，《禹貢》之州不足，則以《職方》之州補之；又不足，則更立朔方、交趾兩部；而後向之九州觀念因事實上之需要而被打破，《堯典》中遂亦應時而有‘肇十有二州’、‘咨十有二牧’之言，許九數擴張爲十二矣。”然後論定《堯典》中“覲四岳群牧”原文當爲“覲四岳九牧”，“肇十有二州、封十有二山”原文當爲“肇九州、封九山”，“咨十有二牧”原文當爲“咨九牧”，以爲今所見《堯典》之“十有二州”等文皆受漢武時影響所改寫。

《尚書研究講義》第三册載譚其驤致顧師函，指出西漢唯十一州，合朔方、交趾爲十三部，司隸在十三部外。東漢朔方合入并州，交趾爲交州，始爲十二州，合司隸爲十三部。因此説：“十二州既爲東漢之制而非西漢之制，故先生所謂‘《堯典》之十二州係襲諸漢武之制’一義應有所改正也。然此點之打倒，殊無傷於全文之大恉；不但無傷也，且蓋可證實之。此何以言？曰：西漢撫有朔方、交趾之地而不以爲州，《堯典》中之堯亦撫有朔方、南交之地而亦不以爲州，是之謂全然相合也。至西漢實際只有十一州，而《堯典》有十二州者，《堯典》作者之有意湊成天之大數也。”則仍以《堯典》十二州非襲漢武之制，而是按“天之大數”十二所寫。

勞榦《與顧頡剛討論〈堯典〉著作時代書》中有云：“秦以水德王，數以六爲紀，分部則如創三十六，終則四十八（從王國維説），鑄金人則十二，徙豪傑則十二萬户，則當時懸想之畫野分州，九伯不若十二之適。若爲漢制，則舍司隸則十三，合司隸則十四，十二之數，兩無可適。則從十二數字觀之，當爲秦人所作可知。”則又提出了依據秦制説。

陳夢家亦主秦制，提出“《堯典》爲秦官本”説。在其《尚書通論》中論及十二州諸語時，亦從顧師原爲九州、九山、九牧之説。並以爲原是天官家名詞，至秦時而後改爲十二。其言略以爲，《禹貢》九州加三州，爲漢室天官家十二州域之所本。九州本非實際的政治區域，舉《左傳》中一些州名（包括九州之戎），似戎人稱邑爲州。又舉《左傳》中一些分星（即一國所主之星如辰爲商星之類），而分星所在之域曰虛（如太皞之虛之類）。虛乃天野，相當於稍後之“分野”與“次”。《周語下》以歲之所在爲周之分野，始立分野之名。《吕氏春秋·有始覽》始備言此制。謂“天有九野，地有九土，土有九山”。即《周禮·保章》所謂“以星土辨九州之地，所封封域皆有分星以觀妖祥”。在漢武設十三部以前，九州或十二州仍爲天官家之名詞。指天上之星土相對於地下之區域，非地面上之九個分域，九州之名起於九天之名。以爲鄭玄注《大傳》“兆，域也。爲營域以祭九州之分星”是對的。今本《堯典》非先秦之舊，其改九爲十二，當在秦併天下以後。秦以六爲紀，各種器物皆六或六之倍數。除列舉各種以六紀之名物外，還説秦皇刻石皆四字三句十二字，三處刻石爲三十六句，一處刻石爲七十二句。無一非六之倍數，《封禪書》説“度以六爲名”。在此風氣下，《堯典》九州九山改爲十二州十二山，明據秦制。

　　顧、陳二先生皆謂“十二州”、“十二山”等，原文皆當作“九州”、“九山”等，其説只可作爲研究所得之説，不能據以改原文，動輒改原文是研治古籍之大忌。必須有確切的版本依據及歷史事實根據才可改字，上文“敬授人時”改正爲“敬授民時”才是必須改的。更何況如上文所説，《堯典》作者當時援天之大數十二寫成，就更不當改字。

　　“封十有二山”，戴震《義考》指出肇州封山浚川“此與巡守類叙”。由上注②知經師們以巡守岱宗即是封禪，既歸類叙之於此，則此“封”字自當作封禪之義解。《史記·封禪書·正義》：“泰山上築土爲壇以祭天，報天之功，故曰‘封’。泰山下小山上除地，報地之功，故曰‘禪’。”《大戴記·保傅》盧辯注：“封，謂負土石於泰山之陰，爲壇而祭天也。禪，謂除地於梁甫之陰，爲墠以祭地也。變‘墠’爲‘禪’，神之也。”《白虎通·封禪篇》：“所以必於泰山何？萬物之始，交代之處也。……故增泰山之高以報天，附梁甫之基以報地。”鄭玄《大傳》注：“祭者必封，封亦壇也。”又《周禮·肆師》注：“封，謂壇也。”《王制》注：“聚土爲壇也。謂爲壇以祭。”其後《續漢書·祭祀志》云：“封者，謂封土爲壇，柴告天代興成功也。”《後漢書·光武帝紀下》注亦云：“封，謂聚土爲壇。”由此可知，在大山上築土爲壇以祭天叫做“封”，在大山下小山上除地爲墠以祭地叫做“禪”。

封禪是有其作爲和目的的。其封泰山,是向天告受命;又以自己爲天命所歸以昭告天下。如《管子·封禪篇》:"古者封泰山禪梁父者七十二家,皆受命然後得封禪。"《史記·封禪書》:"古者受命帝王曷嘗不封禪。"《白虎通·封禪篇》:"王者易姓而起,必升封泰山,何? 報告之義也。始受命之日,改制應天。……功成封禪,以告太平也。"至於封其他大山,經師們説是爲了給各州定鎮山。如鄭玄《大傳》注:"祭者必封……十有二山,十有二州之鎮也。"僞姚傳:"封,大也(此據《周語》"封崇九山"注)。每州之名山殊大者以爲其州之鎮。"《蔡傳》:"封,表也。封十二山者,每州封表一山以爲一州之鎮,如《職方氏》言'揚州其山鎮曰會稽'之類。"

但原來只有九州,所以文獻中先提到者只有九山。如《國語》稱"封崇九山"而未提山名。《吕氏春秋·有始覽》始提出:"地有九州,土有九山。……何謂九山? 會稽、泰山、王屋、首山、太華、岐山、太行、羊腸、孟門。"《淮南子·墬形訓》亦同此九山。但除會稽、泰山外,餘皆在黄河中游,自無法分配給九州。《周禮·職方氏》(原載《逸周書》)始明列各州鎮山:"揚州,其山鎮曰會稽。""荆州,其山鎮曰衡山。""豫州,其山鎮曰華山。""青州,其山鎮曰沂山。""兗州,其山鎮曰岱山。""雍州,其山鎮曰嶽山。""幽州,其山鎮曰醫無閭。""冀州,其山鎮曰霍山。""并州,其山鎮曰恒山。"此爲《職方》九州之鎮,非鄭玄、《蔡傳》所要求的十二州之鎮。

文獻中提到封祀十二名山者,則爲《史記·封禪書》所載秦併天下後所祀之山。其文云:"及秦并天下,令祠官所常奉天下名山大川鬼神可得而序也。於是自殽以東名山五,大川祠二。曰:大室(大室嵩高也)恒山、泰山、會稽、湘山;水,曰濟、曰淮。……自華以西名山七,名川四。曰華山、薄山(襄山也)、岳山、岐山、吴岳、鴻冢、瀆山

（汶山也）；水曰河……沔……漱淵……江水……"合計名山十二，可是在華西者七，而華以西只有梁、雍二州，其餘十州皆在殽以東（惟并州勉可説在殽之北）。則十二山根本無法分配給十二州。鄭玄、僞傳、《蔡傳》只是空口説十二山爲十二州之鎮。他們能指出十二州州名，却無法指出十二山山名。故王先謙《孔傳參正》云："十有二州則山鎮當十有二，無文可知。"（朱駿聲曾爲徐、梁、營三州試補鎮山。）

其實《堯典》作者只是搜列了當時所信奉天之大數十二的一些資料，在叙述巡狩封祀四方之岳後，接着又增加封祀十有二山等等的資料，並没有説十二山爲十二州的鎮，只是經師們平添這些紛擾而已。

在此"封"字釋爲封禪之義的正確解釋之外，又出現了兩種不同解釋。一釋爲"封域疆理"。其根據是《國語・齊語》"正其封疆"韋昭注："積土爲封。"董增齡《正義》引《周禮・封人》鄭注爲解。按《封人》序官鄭注："聚土曰封，謂壇、墠、坿及小封疆也。"又《封人》職文："掌詔王之社壝，爲畿封而樹之。"鄭注："畿上有樹，若今時界矣。"賈疏："漢時界上有封樹。"又《大司馬》職"制畿封國"鄭注："封，謂立封於疆爲界。"《説文》："𡉚，古文封。"唐寫《釋文》則作："𡉚，古封字，古文作𡉚。"比《説文》多了一畫。而《汗簡》土部引《尚書》仍作"𡉚"。是象封土上植有樹之形。與甲骨文、金文中此字相近。是在封土上植樹以爲疆界，即"封"之義。故陳大猷《或問》云："肇州、封山、濬川，皆疆理地勢之事。"姚鼐《經説》則指出"封域"之目的云："封者爲之封域，既以康山林之神，又以養蕃草木鳥獸。"

又一釋爲"封殖"。蘇軾《書傳》云："封，封殖也。十二州之名山皆禁采伐也。"王安石《新經義》亦云："封山則林木不可勝用，濬

川則穀米不可勝食。"（陳大猷《或問》爲反對王説録存此二語）陳經
《書詳解》亦云："封，殖也，禁樵采。"此三家皆言封殖爲禁采伐。林
之奇《全解》云："據《左氏傳》曰：'將善是封殖。'《易》曰：'不樹不
殖。'則'封'之爲言，封殖之謂也。蓋洪水既平之後，封殖其山而加
樹藝焉。謂之封殖者，非必於每州封一山之最大者，凡十有二州之
山皆封殖之。"則强調其樹藝。

　此二釋皆宋儒提出，爲擺脱注疏舊説善能獨立思考之所得。此
二釋確曾爲"封"字原具有之義，但與封字尚有"封爵"、"封國建君"
之義一樣，都不能用來解釋此處類叙於巡狩封禪之義的"肇（垗）十
有二州、封十有二山"兩句。

　㉒浚川——唐寫《釋文》作"濬川，荀俊反，深也"。《史記》作
"决川"，用訓詁字。《説文·谷部》："睿，深通川也。……《虞書》
曰：'睿畎澮距川。'（按，爲《皋陶謨》"濬畎澮距川"句）……濬，古
文睿。"《史記·集解》引鄭玄注云："濬水害也。"僞傳："有流川則深
之使通利。"《孔疏》："山川無大無小皆當深之，故云濬川。"《蔡傳》：
"濬導十二州之川也。"上引王安石説"濬川則穀米不可勝食"，意謂
疏濬河流後使農業發展。林之奇《全解》則云："洪水既平，不可以
不時而疏導之也。"總之是説疏濬河流除水害而興水利。

　陳夢家《尚書通論》中，則就《封禪書》所載秦祠官所掌封祀十
二名山六名川事指出："秦之祠十二山及名川與《堯典》'封十二山
濬川'之事相合。《周書下》曰'封崇九山，决汩九川'，《史記·五帝
本紀》引《堯典》亦作'决川'。封者，《封禪書正義》謂'泰山上築土
爲壇以祭天報功曰封'是也。'濬'若'决'者，是祭川之名。謂祭名
川時深其川道，亦猶封山爲益土于山巔也。"陳氏以"濬"爲祭川之
名，與此處文義甚合。這樣，垗、封、濬就一致了，自當"類叙"於巡狩

封禪一節裏了。

以上這一節，叙述舜攝位後，舉行巡狩方岳、封祀山川的活動。吕祖謙《東萊書説》以爲自“歲二月”以下，至下文“過密八音”以前，皆爲雜載舜攝位二十八年中之事。則這一節所載，是他二十八年中率先舉行的活動，而且是不在朝中而在四境的事。

象以典刑①，流宥五刑②，鞭作官刑③，扑作教刑④，金作贖刑⑤，眚災肆赦，怙終賊刑⑥，欽哉！ 欽哉！ 惟刑之恤哉⑦！

流共工于幽洲⑧，放驩兜于崇山⑨，竄三苗于三危⑩，殛鯀于羽山⑪，四罪而天下咸服⑫。

①象以典刑——舊釋有二説，一爲象刑説，一爲常刑説。象刑説，就其作用言，自爲象徵性之刑；就其方式言，則資料中常稱爲“畫象”之刑。此説見於文獻者頗早，《墨子》佚文：“畫衣冠，異章服，而民不犯。”（見《墨子間詁》，係據《文選·永明策秀才文》注引）是爲畫象義。《荀子·正論篇》則云：“世俗之爲説者曰：治古無肉刑而有象刑。墨黥，慅嬰；共，艾畢；菲，對屨；殺，赭衣而不純。”是爲象徵義。《集解》引劉台拱釋之云：“共，當讀作宫。菲，當作剕。殺，當如字讀。言犯墨黥之罪者以草纓代之，宫罪以艾畢代之，剕罪以樹屨代之，殺罪以赭衣不純代之。”楊倞注：“象刑，異章服，耻辱其形象，故謂之象刑。”楊注又引《慎子》云：“有虞氏之誅，以畫跪當黥，以草纓當劓，以履樹當剕，以艾畢當宫。”（係據《北堂書鈔》引）而《御覽》六四五引《慎子》則云：“有虞之誅，以幪巾當墨，以草纓當劓，以菲履當剕，以艾韠當宫，布衣無領當大辟，此有虞之誅也。斬

人肢體，鑿其肌膚，謂之刑。畫衣冠，異章服，謂之戮（辱）。上世用戮而民不犯也，當世用刑而民不從。”〔按，墨（黥）、劓、剕（刖、臏）、宮、大辟（殺），爲《呂刑》所定“五刑”〕合楊倞注與《慎子》觀之，知這是一種恥辱之刑。當戰國紛爭、肉刑慘酷之世，而此説爲學者和世俗所共倡，顯然是對當世肉刑的一種反感和對尚未有肉刑之世的一種憧憬，羨慕“上世用辱而民不犯”，也可説是社會意識中對往古的一種朦朧的記憶，亦即遠古之世口耳相傳的遺聞往往會有傳下。很可能這即是尚無肉刑的遠古之世的一種恥辱刑資料，被《堯典》作者搜集到了。《堯典》編定於墨子、荀子稍早的時代，自會遇到這類資料。上文已看到他獲得了不少往古資料，如星象曆法資料，禮敬祭祀資料，各族宗神與各種神話傳説資料，他都把它歷史化載入篇中，則這裏顯然是他搜集到的古代在進入文明時代建立國家盛行刑法以前先民之間所曾施行的一種恥辱刑資料。恩格斯在《家庭、私有制和國家的起源》中指出：“這種十分單純質樸的氏族制度……没有軍隊、憲兵和警察，没有貴族、國王、總督、地方官和法官，没有監獄，没有訴訟，而一切都是有條有理的。一切爭端和糾紛，都由……氏族或部落來解決。……凡與未被腐化的印第安人接觸過的白種人，都稱讚這種野蠻人的自尊心、公正、剛强和勇敢。”在没有刑法的社會裏，他們的自尊心又如此强烈，萬一有過失而給予恥辱刑，是極大的懲罰。證以好些民族學資料，世界上不少較原始部族施行恥辱刑是常有的事，則《堯典》作者得到的“象以典刑”這一資料之來自遠古，應無問題。

　　到了《堯典》作者所處的已盛行肉刑的周代，還有着“象刑”的遺風存在。1975 年陝西岐山出土的夷厲時期的儠匜，是西周中後期之物，還在銘文中記載着墨刑與肉刑並用。唐蘭釋其中“黜墨”爲受墨刑並免職之刑,黥馭是受墨刑並以黑巾蒙面之刑。原銘載較重處罰是鞭刑後再給黥馭刑,較輕是鞭刑後再給黜馭刑(見《文物》1976年第5期的三篇專文)。可知西周正在用肉刑的同時還施用象刑。到春秋戰國之世見於禮書所載者,《周禮‧司圜》職云:"掌收教罷民(由鄭玄《玉藻》注,知罷民即惰游之士),凡害人者弗使冠飾,而加明刑焉。"鄭玄注:"弗使冠飾者,著墨幪若古之象刑。……鄭司農(衆)云:'罷民,謂惡人不從化爲百姓所患苦而不入五刑者。'"賈公彥疏:"以版牘書其罪狀與姓名著於背,表示於人,是明刑也。"又《禮記‧玉藻》:"垂緌五寸,惰游之士也;玄冠縞武,不齒之服也。"鄭玄注:"惰游,罷民也。"上文說罷民是要"著墨緌若古之象刑"的。這裏委緌五寸,是同樣的象刑之意,所以和其同類都着不齒之服。可知這些都是象刑仍以其遺意被實行着。則《堯典》作者既握有歷史資料,又有當時尚見遺存的事實背景,所以很自然地把這象刑的原有資料寫入篇中。

到了漢代,由於漢文帝的倡導,經《尚書大傳》的宣揚,象刑說遂成今文經說的典型定論,奄有一代。《史記‧孝文本紀》載他未即位前在代地十七年,對民間苦於苛刑當有感受,故即位之年即廢掉連坐收拿親族之法,受刑只及犯者本人。後又有感於緹縈救父所陳受刑之苦,遂決心廢除肉刑。下詔云:"蓋聞有虞帝之時,畫衣冠、異章服以爲僇(辱),而民不犯。何則?至治也。今法有肉刑三而姦不止,其咎安在?非乃朕德薄而教不明歟。……今人有過,教未施而刑加焉,或欲改行爲善而道無由也。朕甚憐之。夫刑至斷支體,刻肌膚,終身不息,何其楚痛而不德也……其除肉刑。"史載漢文反復強調肉刑之慘痛,務欲推行不傷肌體的象刑,自然就要運用經典來緣飾其說。漢立五經博士由文帝開始,歷景帝、武帝而完備。而《尚書》則由於當時無治之者,由文帝派晁錯到九十多歲的伏生那裏傳受,由伏生再傳授給歐陽生等今文三家。《尚書大傳》是伏生門徒歐陽生、張生承傳師學撰寫的。自然一遵漢帝之意强調象刑了。

《尚書大傳·唐傳》云:"唐虞象刑而民不敢犯,苗民用刑而民興相漸(指《吕刑》制定五刑)。唐虞之象刑:上刑赭衣不純,中刑雜屨,下刑墨幪,以居州里而民耻之。鄭玄注云:"純,緣也。時人尚德義,犯刑者但易之衣服,自爲大耻。《周禮》罷民亦然。"《大傳》又云:"唐虞象刑,犯墨者蒙皁巾,犯劓者赭其衣,犯臏者以墨幪其臏處而畫之,犯大辟者布衣無領。"這就看出象徵性意義很明顯,衣去掉領子象徵斬首,在膝蓋上蒙一塊黑布象徵削去膝蓋。以這種象徵方式代替慘酷的肉刑。這純是站在已屬行肉刑後的立場來看待象刑,以象刑爲肉刑的替代,已不是原來無肉刑之世只行羞耻刑的那種象刑的本意,但仍保持原象刑的效果,使受刑者"居州里而民耻之"。自是所有漢儒大都宗奉此説,直至東漢之末。較早者仍沿稱"象刑",稍後者乃逕稱"畫象"。稱"象刑"者如:《漢書·元帝紀》:"蓋聞唐虞象刑,而民不犯。"劉向《新序·節士篇》:"《書》曰象刑惟明,而禹不能。"揚雄《法言》:"唐虞象刑惟明,夏后肉刑三千。"又《連尉篇》:"唐虞象刑,天民自全。"王充《論衡·四諱》亦稱象刑,且舉出漢代所行象刑云:"古者用刑,刑毁不全,乃不可耳。方今象刑,象刑重者,髡鉗之法也,若完城旦以下,施刑,綵衣系躬,冠帶與俗人殊,何爲不可。"使人們看到了漢代遵從帝意依據《尚書》經義所施行象刑的大要。其稱"畫象"者如:《漢書·武帝紀》:"朕聞昔在唐虞,畫象而民不犯。"此稱畫象之較早者。《司圜》疏引《孝經緯》云:"三皇無文,五帝畫象,三王肉刑。畫象者,上罪墨幪、赭衣、雜屨,中罪赭衣、雜屨,下罪雜屨而已。畫象刑者,則《尚書》象刑。"(由《保氏》疏引，知爲《孝經緯援神契》，彼處只引"三皇無文"一句）此明確"畫象"即"象刑"。其後《白虎通·五刑篇》云："傳曰：三皇無文，五帝畫象，三王明刑，應世以五。"此以明刑當肉刑，與《司圜》職明刑同象刑者異。疑此"明"字爲肉字之訛。《司圜》則當同《皋陶謨》"象刑惟明"之意。《五刑篇》又云："五帝畫象者，其衣服象五刑也。犯墨者蒙巾，犯劓者以赭著其衣，犯臏者以墨蒙其臏處而畫之，犯宮者履雜屝，犯大辟者布衣無領。"《風俗通》佚文（《御覽》七七引）："三皇結繩，五帝畫象，三王肉刑，霸世黜（黠）巧。"《公羊傳·僖公二十九年》何休解云："三皇設言民不違，五帝畫象世順機。"徐彥疏云："五帝之時，黎庶已薄，故設象刑以示其恥辱。……畫猶設也。其象刑者，即《唐傳》云（見上引）"晚至《三國志》載魏明帝詔仍云："有虞氏畫象而民勿犯。"魏時帝室方面行鄭玄學（司馬氏行王肅學），而鄭玄注經往往隨所注者而異其説，其本人爲古文學，但在"象刑"上仍用今文學，故注《周禮》、《禮記》、《大傳》仍依象刑説。

象刑説源自上古，被學者和世俗鼓吹於戰國，大盛於漢代。但其現實背景，則戰國與漢代皆盛行肉刑者，因此站在現實立場者皆反對象刑説。率先反對者爲荀子，其《正論篇》在引"世俗之説"後即云："治古如是？是不然！以爲治耶，則人固莫觸罪，非獨不用肉刑，亦不用象刑矣。以爲人或觸罪矣，而直輕其刑，然則是殺人者不死，傷人者不刑也。……亂莫大焉。……故象刑殆非生於治古，并起於亂今也。"他以爲象刑不起於古代，而起於紛亂不遵守法紀的當世。他以儒家而重禮，由禮引申出重法思想，於是他兩個弟子韓非、李斯成爲大法家，屬行刑法亦即肉刑之治。到"擴摭秦法"（《漢書·刑法志》語）的漢代自屬行肉刑。該《刑法志》緒論即全承荀子禮刑之説，以爲："制禮以崇敬，作刑以明威。""聖人……制禮作教、立法、設刑，動緣民情而則天象地。"因而一依荀説不述及古有象刑。到其下文述漢文帝引《墨子》畫象説，令設象刑完城旦、鬼薪等等時，強調當時實際情況是："外有輕刑之名，内實殺人。"總之是不同意象刑或畫象之刑。宋儒欲將"象"字另作解釋，自更反對象刑畫象説。林之奇《全解》云："説者多以象刑爲畫象刑，其説皆出於《大傳》與漢帝之詔。此説雖近似，然以象刑爲畫象而解‘象以典刑’之句，其辭爲不順。而象亦有難治者，《荀子》曰：‘世俗之説曰……亂莫大焉。’薛氏又論‘世俗以爲畫衣冠異章服爲象刑，豈非讀《舜典》而誤歟’（此薛氏不詳何人，薛季宣書未見此語）。此説有理。"吕氏《東萊書説》亦云："象非畫象之象，乃象示之象。"清王鳴盛《後案》專宗鄭玄者，於此竟至説："以象刑爲畫象之象，其言出於戰國奸民遊士之口，故荀卿非之。"不顧鄭亦有闡釋象刑之語，唯宣揚下文所舉古文學派反象刑之另一説。然孫星衍及今文學派陳喬樅、皮錫瑞等仍相信象刑説。王先謙雖主古文常刑説，但仍相信"以象刑爲畫像，其義甚古"。

　　另一説爲常刑説。此説釋"象"爲"法"，釋"以"爲"用"，釋"典"爲"常"（象刑説釋"象"爲"畫象"，釋"以"爲"爲"，釋"典"爲"主"）。《史記集解》引古文家馬融云："咎繇（皋陶）制五常之刑，無犯之者，但有其象，無其人也。"鄭玄則稱"常刑"爲"正刑"。《周禮·秋官》疏引鄭玄云："正刑五，加之流宥、鞭撲、贖刑，此之謂‘九刑’。"僞傳云："象，法也。法用常刑，用不越法。"此常刑説之主要解釋，切合於用五刑（肉刑）之世。故《蔡傳》在宋人多異説時仍持此説云："典者，常也。示人以常刑，所謂墨、劓、剕、宫、大辟，五刑之正也。所以待……罪之不可宥者。"蘇軾《書傳》亦云："典刑，常刑也。殺人者死，傷人者刑，象其所犯。"程頤《書説》也以爲："象以典刑，象罪之輕重立以爲常典。”近人屈萬里《尚書集釋》云：“象，《周禮·太卜》鄭注：‘謂有所造立也。’典，《爾雅·釋詁》：‘常也。’言設立常刑也。”此另覓“象”的釋義仍以爲常刑説。

宋人大都不信有象刑而提出幾種新説。王安石《新經義》云：“象者，垂以示人之謂，若《周官》垂法象魏是也。”林之奇《全解》引此並云：“此説比先儒爲長。蓋王者之法如江河，必使易避而難犯，故必垂以示之，使知所避。……《周官·司寇》正月之吉，始和布刑於邦國都鄙，乃懸象刑之法於象魏，使萬民觀象挾日而斂之，此則唐虞之‘象以典型’之意也。”《蔡傳》在述常刑之義時，也在其前面加一句云：“象，如天之垂象以示人。”呂氏《東萊書説》在説“象非畫之象乃象示之象”後接着説：“蓋布象其法以示民，使曉然可見也。”清戴震《義考》云：“象刑之義，林氏所論，當矣。”按，垂象之義，《孔疏》在疏釋僞傳時已提出。其言云：“《易·繫辭》又曰：‘天垂象，聖人則之。’是象爲倣法，故爲法。”惟用以助釋僞傳。

《朱子語録》：“問：‘吳才老（棫）説是五典之刑，如所謂不孝不弟之刑。’曰：‘此是亂説。人有罪，合用五刑，如何不用。’”朱氏又云：“象其人所犯之罪，而加以所犯之刑。”這是承用蘇軾、程頤之説。但朱又承用他説云：“此言正法象，如象魏之象。或謂畫爲五刑之狀，亦可。”元王充耘《讀書管見》云：“象非如天之垂象以示人，蓋罪有小大，故刑有輕重，刑所以倣象其罪而加之耳。”清沈彤《尚書小疏》亦云：“朱子謂象者像其人所犯之罪而加之以所犯之刑，此説最確，詳見《語類》，孔、蔡解皆謬。”

清沈彤始謂“象”爲一種刑之名。其《尚書小疏》云：“‘象以典刑’二句，‘象’與‘流’皆刑名也。‘典’，主也。言‘象’所以主衆刑，而‘流’則所以寬其象刑也。”並舉惠棟謂“象”爲書名以證己見。

惠氏據《易》"在天成象",故治天之書皆稱《象》。韓宣子"聘魯見易象",謂《易》與《象》皆書名。近人楊筠如《覈詁》承之云:"象,刑名,《皐陶謨》'方施象刑'可證。……'以',《玉篇》'爲也'。'典',主也……常也,經也,法也。高晉生疑'典'假爲㥇,《説文》:'青齊謂慙曰㥇,謂㥇辱之刑,亦勝。"

近人曾運乾《尚書正讀》不詳其所據而爲刻畫説云:"象,刻畫也。蓋刻畫墨、劓、剕、宮、大辟之刑於器物,使民知所懲戒,如九鼎象物之比。俗説乃以畫衣冠異章服爲象刑,蓋傳之失其真也。"他否定了象刑説的最早一條資料,而未舉出其論據之所自,近於鑿空,無法深論它(唯朱熹引或説"畫爲五刑之狀",亦不詳其所指)。

②流宥五刑——"流",唐寫《釋文》:"汓,古流字,放也。"薛氏本、内野本、足利本、影天正本及《汗簡》引《尚書》皆作"汓"。吳校語:"《公羊傳》桓八年注:'汓血尤深。'《荀子·榮辱篇》:'其汓長矣。'……史晨後碑:'西汓里外。'均作'汓'。"《史記集解》引馬融注云:"流、放;宥,寬也。一曰幼少,二曰老耄,三曰憃愚。五刑:墨、劓、剕、宮、大辟。"唐寫《釋文》:"馬云:宥,三宥也。"是馬融此三項被稱"三宥"。《史記·正義》引鄭玄的三宥云:"三宥,一曰弗識,二曰過失,三曰遺忘也。"《孔疏》引鄭玄注云:"其輕者或流放之,四罪是也。"僞傳云:"宥,寬也。以流放之法寬五刑。"《大傳·甫刑篇》(即《吕刑篇》)述五刑内容云:"決關梁踰城郭而略盜者,其刑髕;男女不以義交者,其刑宮;觸易君命、革輿服制度、奸軌盜攘傷人者,其刑劓;非事而事之,令所不當爲也,出入不以道義而誦不詳之辭者,其刑墨;降叛寇賊劫略奪攘矯虔者,其刑死。"王樵《尚書日記》補述其方式云:"常刑有五:墨,黥也,先刻其面,以墨窒之。劓,截其鼻也。宮,男割其勢,女幽閉。剕,斷足也。周改臏作剕。大辟,死刑

也。"按，《困學紀聞》録北宋范鎮《正書》釋五刑云："舜之五刑：流也，宮也，教也，贖也，賊也。'流宥五刑'者，舜制五流以宥三苗之劓、刵、荆、宮、大辟（指《吕刑》五刑）也。"《紀聞》並云："胡氏（宏）《皇王大紀》本之，而以墨、劓、刵、宮、大辟爲'賊刑'之科目，可謂精確之論。"這是宋儒對此處五刑與《吕刑》五刑有歧異所得出的理解。

③鞭作官刑——"鞭"，唐寫《釋文》作："	，古文鞭字，必綿反。"薛本作"	"。按《説文》，"鞭"古文"	"。此二處稍異。《史記集解》引馬融云："爲辨治官事者爲刑。"僞傳云："以鞭爲治官事之刑。"如上注解本已通，然蘇軾《書傳》云："官刑，以治庶人在官慢於事而未入於刑者。"何以必須庶人在官者始鞭之，豈因刑不上大夫，非庶人爲官者不得鞭？然《左傳·襄公十四年》載衛獻公鞭師曹。師曹非庶人，又明代廷杖率皆大臣，則蘇氏説不必是。俞樾《平議》以"官刑"義不明，創"官"當爲"館"之説，謂館舍專爲庶人在官者而設。則更無據。

④扑作教刑——"扑"，唐寫《釋文》作"荷"，又作"笽"。薛本則作"荓"。《史記·集解》引鄭玄注云："扑，檟楚也。扑爲教官爲刑者。"僞傳亦云："扑，榎楚也。不勤道業則撻之。"《釋文》："扑，普卜反。榎，皆雅反。"蘇軾《書傳》："扑，榎楚也。教學者所用也。"《蔡傳》："扑作教刑者，夏楚二物，學校之刑也。"《彙纂》引《禮記·學記》"夏楚二物，收其威也"鄭注："夏，榎也。楚，荆也。《爾雅》注云：榎，今之山楸。"是檟亦作榎，又作夏，是一種山楸。楚則是荆條木。二者用於學校作懲戒"不勤道業"者之用。

⑤金作贖刑——《史記集解》引馬融曰："金，黄金也。意善功惡，使出金贖罪，坐不戒慎也。"僞傳："金，黄金。誤而入刑，出金以

贖罪。"《孔疏》:"古之金銀銅鐵,總號爲金,別之四名耳。此傳黃金,《吕刑》黃鐵,皆是今之銅也。古之贖罪者皆用銅。"按《吕刑》云:"五刑不簡,正于五罰。"僞傳云:"不簡核謂不應五刑,當正五罰。出金贖罪。"《吕刑》下文說墨刑罰百鍰(僞傳云:"六兩曰鍰,黃鐵也")。劓刑罰倍,剕刑倍差(僞傳云:"謂倍之又半"),宫刑罰六百鍰,大辟罰千鍰。這是出金贖罪之數,其意義即此處的金作贖刑。梁啓超《中國歷史研究法》中有一句名言:"《堯典》有'金作贖刑'一語,吾儕以爲三代以前未有金屬貨幣,此語恐出春秋以後人手筆。"梁意作爲三代以前唐堯之世的《堯典》自不能有此語。然《堯典》確出於春秋戰國之世儒家手筆,搜集了不少遠古資料,也搜集了某些春秋戰國資料足以摹古者,彙列以成篇。《吕刑》即周初資料,自然《堯典》有不少非三代以前資料列在篇中。

⑥眚灾肆赦怙終賊刑——《史記》"灾"作"烖","肆"作"過"。《集解》引徐廣曰:"終,一作衆。"敦煌唐寫《釋文》云:"眚,所景反,過也。注同。灾,本又作灾,皆古灾字。害也。《説文》:'灾,籀文烖字也。'灾或烖字古文作灾。""怙終",唐寫《釋文》作"怙愁,(怙)音户,恃也"。

《史記·集解》引鄭玄注:"眚灾,爲人作患害者也。過失雖有害則赦之。怙其姦邪,終身以爲殘賊,則用刑之。"《群書治要》錄王肅注云:"眚,過也。灾,害也。肆,失也。言罪過誤失所爲,當赦之也。"姚氏僞傳云:"眚,過。灾,害。肆,緩。賊,殺也。過而有害,當緩赦之。怙姦自終,當刑殺之。"《蔡傳》:"眚謂過誤,灾謂不幸,若人有如此而入於刑,則又不待流宥金贖而直赦之也。""怙謂有恃,終謂再犯,若人有如此而入於刑,則雖當賄當贖,亦不許其宥,不聽其贖,而必刑之也。"

按《春秋·莊公二十二年》"肆大眚"。《公羊傳》："肆者何？跌也。大省者何？災省也。"《穀梁傳》："肆，失也（惠棟謂即佚、逸）。眚，災也。"《左傳》杜注："赦有罪也。《易》稱'赦過宥罪'，《書》稱'眚災肆赦'，《傳》稱'肆眚圍鄭'（按見《左傳·襄公九年》），皆放赦罪人，蕩滌衆故，以新其心。有時而用之，非制所常，故書。"故蘇軾《書傳》釋本句云："《易》曰'無妄行有眚'。眚亦災也。眚災者猶曰不幸，非其罪也。肆，縱也。《春秋》'肆大眚'是也。"

明清之釋如王樵《日記》云："眚，過也，如所謂過失遺忘之類。災，謂不幸，如因水火亡失官物之類。肆，猶'肆大眚'之肆，謂不待流宥金贖而直赦之也。"清戴震《義考》云："眚本自眚惜，其義爲一時迷謬得過之名。災本天災，絕無因而入於罪戾，斯名爲災。故眚則肆之，災則赦之。有恃而犯爲怙，長惡不悛爲終；《春秋·傳》叔向之言曰'殺人不忌爲賊'（按見《昭公十四年》）。此三者皆必刑。"是戴以眚、災爲並立的二項，怙、終、賊爲並立的三項，分別按情況處理。

近人就字義提出新釋。于省吾先生《尚書新證》云："'眚災'，當讀作'省哉'。《康誥》'乃惟眚災'，王符作'乃惟省哉'，可證。'肆類于上帝'傳：'肆，遂也。''怙'即'故'，詳《康誥》'惟是怙'條。'故'通'固'，詳《經傳釋詞》。《儀禮·士相見禮》注：'固如故也。''賊'從則聲，'賊'、'則'古通。《盤庚》：'汝有戕則在乃心。''戕則'即'戕賊'。'眚災肆赦，怙終賊刑'，應讀作'省哉肆赦，固終則刑'。言罪之輕者，能省察遂赦之；如故自終者，則刑之。'省察'與'固終'爲對文。若訓'眚災'爲過失災害，則上下之義不相屬矣。"楊筠如《覈詁》云："眚，《說文》：'目病生翳也。'《易·訟》鄭注：'過也。''災'，《史記》作'烖'。'災'，疑假爲'哉'。《釋詁》：'哉，始

也。''肆',《釋詁》:'故也。''怙',借爲'辜',惡也。'賊',疑假爲
'則'。《盤庚》:'女有戕則在乃心。'《散氏盤》:'余有散氏心賊,則
爰(鋝)千罰千。''戕則在心',即《散氏盤》之心賊也。古'賊'字從
則作賊,故'則''賊'可通。"此二家皆重在循字義以尋文義,皆各有
所得。

其實此兩句原是概括《康誥》有關文意而來,其取義即據《康
誥》原有文意(見《康誥篇》校釋)。朱駿聲《便讀》已知引證《康誥》
"自作不典,不可不殺"之句。日本學者加藤常賢《真古文尚書集
釋》及池田末利《全釋漢文大系:尚書》皆簡明引證《康誥》文句以釋
此二句。其完整闡述此二句文義取自《康誥》者,則爲顧師《尚書研
究講義·丙種》所説:"按《康誥》云:'人有小罪,非眚,乃惟終,自作
不典,式爾,有厥罪小,乃不可不殺。'寫以近代之言,則爲:'人有小
罪,非其遭際之不幸,而由其故犯,且怙惡不悛,以此不法之事爲當
然,是則其罪雖小而不可不殺者。'此甚長之口語,《堯典》乃括以精
整之四字曰'怙終賊刑'。又云:'乃有大罪,非終,乃惟眚災,適爾,
既道極厥辜,時乃不可殺。'是謂:'人有大罪,非由其怙惡而由其遭
際之不幸,適然罹禍,既已服其罪矣,是則不可殺者。'此亦一甚長之
口語,而《堯典》復栝以精整之四字曰'眚災肆赦'。此豈非《堯典》
作者鍛煉《康誥》而成之文乎?"《康誥》爲西周初年封康叔於衛的誥
辭,全文完整地傳至春秋戰國,並一直傳至現代,據統計,先秦文獻
中稱引《康誥》的次數遠比他誥爲多(見拙著《尚書學史》),是爲當
時廣爲傳誦的一篇,《堯典》作者自然熟習它,在編排舜的刑法措施
時,就把這篇由周公誥誡康叔主要談法制原則的寶典中關鍵內容概
括寫入了篇中。

　　⑦欽哉欽哉惟刑之恤哉——《史記》"恤"作"静"。《集解》:

"徐廣曰：今文云'惟刑之謐哉'。《爾雅》曰：'謐，静也。'"《索隱》："案古文作'卹哉'。且今文是伏生口誦，'卹''謐'聲近，遂作'謐'也。"段氏《撰異》據《匡謬正俗》指出"惟"字《古文尚書》作'惟'，《今文尚書》作'維'。又"恤"字，《尚書》本皆作'卹'，衛包皆改爲'恤'，妄謂卹、恤古今字也。"又謂徐廣云今文作"謐"，是"歐陽夏侯書之散見僅存者也。《史記》作'静'者，以故訓易其字，使讀者易通。謐訓静，故易爲静也。若古文作卹，亦是静慎之意。"陳喬樅《經說考》云："作'謐'作'恤'，皆三家今文之異字。馬、鄭《古文尚書》與三家今文之作'恤'者同。"

　　僞傳釋其義云："舜陳典刑之義，勑天下使敬之，憂欲得中。"唐寫《釋文》："卹才，峻律反，憂也。"薛本作卹，今本《釋文》改作恤，仍訓"憂也"。故僞傳釋爲"憂欲得中"。是説舜敕令天下敬重他所制定的刑法，而舜自己則憂其刑實行得是否適中。至宋儒則以爲非舜之辭而是史臣之辭。如林之奇《全解》："孫氏（可能是孫覺）云：史官既言舜用刑之目（指上文象、流、鞭、扑、贖、眚、怙諸目），於是又言其明德、慎罰、恤刑之意。曰：'舜之用刑也，欽哉！欽哉！是刑之爲憂恤哉！言其哀矜憂恤之至。而或以爲舜話，非也。'此説爲是。"《東萊書説》亦云："史官叙舜制刑之法，歎曰：'欽哉！欽哉！'深美舜用心之欽，而曰'惟'者，見恤刑之至，無以加也。"其實無論舜言或史臣之言，都是《堯典》作者設想模擬制定美好刑制之語。

　　日本江户前期（當17世紀）傳朱子之學的一代宗師、開創崎門學派、門弟子數千人、各藩儒臣大都出其門的山崎闇齋氏，將此處"象以典型"至"惟刑之恤哉"一段録出，備引朱熹之説以爲釋，編纂成"朱熹《刑經》"一書，至江户後期新發田藩儒者崎門學派之水野重明寫跋重刊，並輯《刑經附録》於後。其書至今尚存新發田文庫。

託日本學者高橋智氏代爲查閱函告,該書首以"舜典曰"三字引録此段文字,次低一格録蔡沈《書集傳》此段全文,再低一格爲山崎氏之注,全引據朱熹之説以爲釋。水野氏《附録》,則抄輯有關刑制的《朱子文集》中文十三篇與《朱子語類》中語録二十則。當時山崎氏之文章注釋,對崎門派學者來説,成爲相當"經"的一種神聖可尊的東西。經過這樣的專書闡釋,就使《堯典》此段文字,在日本奉爲《刑經》,當對其時日本刑制思想産生不小影響。

⑧流共工于幽洲——"共工",見上文第三節即"允釐百工章"注⑭,並可參看同節注⑯。"幽洲",見上文第二節即"羲和章"注㉜"幽都"。並參看上節注㉑"肇十有二州"。此處二字《史記》作"幽陵"。《孟子·萬章篇》及《大戴禮·五帝德》述流共工之地,《射義》疏引此句及《左傳·文公十八年》疏引此句,《漢書·王莽傳》仿用此句,皆作"幽州",段氏《撰異》云:"今《尚書》作'洲'者,衛包以俗字改也。"《史記·正義》引《括地志》云:'故龔城在檀州燕樂縣界,故老傳云,舜流共工幽州居此城。'"《尚書地理今釋》注云:"今(清)直隸順天府密雲縣東北塞外地。"其實幽都、幽州本爲神話縹緲之區,即後演化稱十二州之幽州,亦出虚擬,非實有之地。至漢代設十三部十一州後爲十二州,始實定幽州地境,(約當今冀北遼寧境),在先秦根本無幽州之地可尋。《括地志》所云故老相傳流共工所居之城,爲民間喜扳附傳説古地名於本地之通常習俗,不足據。《史記·集解》引馬融注但泛稱"北裔也"。合於當時傳説之原意。因爲幽都或幽州,在故事傳説中只是指北方極遠的邊裔之地。

⑨放驩兜于崇山——"驩兜",見三節"允釐百工章"注⑦、注⑫,由神話中神鳥轉而爲神人、而爲南方苗民宗神、而爲南方蠻民酋長,而後净化爲歷史人物成爲堯的大臣。"崇山",《史記集解》引馬

融注亦云："崇山，南裔也。"也是泛指南方極邊裔之地某一山區之山，合於故事傳說原意。唐寫《釋文》作："崈山，古崇字。"《漢書·郊祀志》顏注亦云："崈，古崇字。"薛本及《汗簡》引《尚書》亦皆作"崈"。後來經師要給它實定某山，必然失之鑿。如《通典·州郡·古荆州》載："澧陽，漢零陵縣地，有澧水有崇山，即放驩兜之所。"又《御覽》四九引盛宏之《荆州記》曰："《書》云'放驩兜于崇山'，崇山在澧陽縣南七十五里。"澧陽即今澧縣，在洞庭湖西北岸。朱熹《語類》說："崇山，或云在今澧州慈利縣。"則在洞庭湖之西，鄰近湘西。吳澄《書纂言》則又說成慈寧縣之崇山。則不知所在。《尚書地理今釋》："崇山在今（清）湖廣永定衛西大庸所東。"即今大庸縣，深入湘西了。《禹貢》中最南地境已達衡山以南，《墨子》、《韓非子》、《大戴記》等書中更說有"南交"。這裏卻把南方極遠邊裔之地說在洞庭湖西，其爲妄說可知。《孔疏》云："《禹貢》無崇山，不知其處，蓋在衡嶺之南。"說較近是。

⑩竄三苗于三危——"竄"，《史記》作"遷"。《說文》小徐本引作"竂"。見"宀部"云："竂，塞也。從宀，叔聲。讀若《虞書》曰'竂三苗'之竂。"段氏《撰異》云："用本字爲音，《說文》全書內無此例。竄字今音七亂切，古音七外切。見《周易·頌·象傳》……等。古音沬與竄同也。……《孟子·萬章篇》'竄'作'殺'……即竄之假借字也。古無去聲，讀竄如鎩。《左氏·昭元年傳》……'蔡蔡叔'。陸氏德明曰：'蔡'，《說文》作'槃'。按《說文》七篇：'槭、槃，散之也……'經典竄、蔡、殺、槃四字同音通用，皆謂放流之也。"陳喬樅《經說考》云："段說未審。作竄者，《今文尚書》也。……竄字古文作竂，許所引《虞書》，據古文也。後人轉寫，不能分別竂、竂二字，故二竂字誤爲竂。與上文竂本字同耳。《集韻》云："竄，古作竂。

……《大戴禮》敠，敠字當亦竅字之訛。"

"三苗"，古代民族名。《釋文》引馬融注爲"國名"。三苗與九黎有族系淵源。《國語·楚語》："其後三苗復九黎之德。"韋昭云："三苗，九黎之後也。"由《呂刑》所載知三苗的先王爲蚩尤。該篇僞《孔傳》則明確言："九黎之君，號曰蚩尤。"自蚩尤在涿鹿被黃帝打敗後，其族逐步向南方遷移。由《楚語》説"少昊之衰敗，九黎亂德"，知是由於九黎的反抗，使少昊衰敗。可能就使蚩尤占住了少昊之地，故《逸周書·嘗麥篇》説："蚩尤宇于少昊。"經過《楚語》所載顓頊加以整頓，才使九黎馴服下來。其後三苗又起而恢復九黎所進行的鬥爭（即上引"復九黎之德"）。到堯又予以鎮壓，見《呂氏春秋·召類》所載："堯戰于丹水之浦，以服南蠻。"接着説："舜却苗民，更易其俗。"可見堯、舜都相繼與三苗作了鬥爭，《堯典》所記正是這一鬥爭的反映。據《戰國策·魏策》吳起説："三苗之居，左彭蠡之波，右有洞庭之水，文山在其南，而衡山（雉衡山，在今豫境）在其北。恃此險也，爲政不善，而禹放逐之。"三苗這一居地，顯然是在黃河下游被逐後，苗族最初南遷住留之地。和堯舜的抗爭當亦在這一地區進行。其地在今豫省南境以迄長江一綫，有險可守，因此能立足於此。《地理今釋》説是"今（清）湖廣，武昌、岳州二府，江西九江府地"。只主要指其長江一綫。但終經多次鬥爭失利，最後又敗於禹手。《墨子·非攻下》亦記載了此次戰爭説："禹親把天之瑞令以征有苗。"可見這族歷世和黃帝、少昊、顓頊、堯、舜、禹都不斷鬥爭着。就是説，它和黃河下游的東夷以及黃河上游的戎、夏都是敵人。最後因失敗而南遷，據《山海經·大荒北經》叙西北海外有苗民，爲驩頭所生，而在本篇《堯典》裏，驩兜是和三苗同被舜放逐的。實際是同一族的不同部落同被放逐，只是資料來源有異，被《堯典》作者同時采用寫入篇中。此處寫“竄三苗于三危”，下文寫“分北三苗”，是把苗族分出一部分放逐到西北的三危。到《禹貢》裏又記了“三危既宅，三苗丕叙”。是説被舜迫逐至三危的三苗，可能生活不安定，禹又重新給他們安排了居住地，使他們生活順遂。這一部分苗民後來可能融合到氐羌中去了，所以《後漢書·西羌傳》有“西羌之本，出自三苗”之説，是誇大地説了。其南遷未再遷的苗民，至今尚在南方。

“三危”，原爲神話中神山。《山海經·西山經》云：“（符惕之山）又西二百二十里曰三危之山，三青鳥居之。”《海內北經》載三青鳥是爲西王母取食之神鳥。然《天問》問云：“黑水玄趾，三危安在？”可知原是不知所在的虛無縹緲之地，由見載於“西經”“北經”，可約略知其在神話中西北之域。至《史記·集解》引馬融注此云：“三危，西裔也。”姚氏僞孔傳承之，稱爲“西裔之山”。《孔疏》指明：“其山必是西裔，未知山之所在。”這都符合原意，爲不知確址的西方極遠邊裔之地。

《蔡傳》云：“三危，西裔之地，即雍之所謂‘三危既宅’者。”既承傳統注疏之説，又同《禹貢》雍州之地挂鈎。即上引《禹貢》之文，將此三苗被竄放之地三危實定在雍州境內。雍州大抵包括秦嶺以北的陝、甘、寧全境及青海北境，則三危應在這一地域的最西部。所以一般以爲是敦煌境，因其地在最西，其境有三危山。地理書有較明確記載，見《括地志》云：“三危山有三峰，故曰三危。俗亦名卑羽山，在沙州敦煌縣東南三十里。”又《元和郡縣志》亦在敦煌縣下載明：“三危山在縣南三十里，有三峰故曰三危，《尚書》‘竄三苗于三危’，即此山也。”《太平寰宇記》敦煌縣下亦云：“《禹貢》雍州之域，亦西戎所居，古流沙之地，黑水所經，《書》所謂舜‘竄三苗于三危’，

'三苗既宅',即此地。"又《敦煌縣志》云:"三危山,《隋志》在敦煌縣,《括地志》在沙州東南三十里,山有三峰,故名。《明都司志》三危爲沙州望山,俗名昇雨山,在今城東南三十里,三峰聳峙,如危欲墮,故名。"史籍中提及此者,有《左傳·昭公九年》"允姓居瓜州"杜注:"允姓,陰戎之祖,與三苗俱放三危者,瓜州,今敦煌也。"傳說資料中則有《水經·禹貢山水澤地》云:"三危山在敦煌縣南。"《注》:"《山海經》曰:三危之山,三青鳥居之,是山也。"郭璞注三青鳥居之三危山亦云:"今在敦煌郡,《尚書》云'竄三苗于三危'是也。"又《江水注》:"《山海經》:三危在敦煌縣南,與岷山相接,山南帶黑水。"《孔疏》亦引云:"按酈元《水經》:黑水出張掖雞山,南流至敦煌,過三危山南。"至《後漢書·西羌傳》章懷注:"三危山在今(唐)沙州敦煌縣東南,山有三峰,故曰三危也。"金履祥《尚書注》亦云:"沙州敦煌縣東南四十里有卑雨山,一名化雨山,有三峰甚高,人以爲三危。"

由山有三峰,就叫三危,加上喜攀附古地名的習俗,於是稱爲三危之地就多。金履祥《注》因之云:"戎人凡山有三峰者,便指以爲三危。"因而西北羌戎區域有不少稱三危之地。

一爲鳥鼠之西說。見緯書《河圖括地象》云:"三危在鳥鼠西,南與汶山相接,黑水出其南。"《夏本紀索隱》:"鄭玄引《河圖》及《地說》云:'三危山在鳥鼠西,南與岐山相接。'"《禹貢》疏:"鄭玄引《地記》書云:'三危之山在鳥鼠之西,南當岷山,則在積石之西南。'"《漢書·司馬相如傳》"直徑馳乎三危"注:"張楫曰,三危山在鳥鼠山之西,與岷山相近,黑水出其南陂。《書》曰'導黑水至于三危'是也。"《續漢書·郡國志》:"隴西郡:首陽,有鳥鼠同穴山,渭水出。"劉昭注:"《地道記》曰:'有三危,三苗所處。'"首陽,今甘肅渭源縣,南鄰今隴西縣。此說指甘肅省東部的西南境。

其次河關説。見《後漢書·西羌傳》：“及舜流四凶，徙之三危，河關之西南羌地是也。”章懷注：“河關縣，屬全城郡。”按即今青海同仁縣。指其西南境，則其南有西傾山，其西有積石山，未確指何山。總之是在鄰甘肅西南之青海東部。

再次天水説。見陸德明《莊子音義》：“三危，今屬天水郡。”畢沅《山海經注》：“三危，山當在今秦州西，俗失其名。”秦州，即隴東天水。則在甘肅東南境。

再次過宕昌説。見傅寅《禹貢説斷》引程大昌説，謂黑水即葉榆澤，以之爲黑水之下流，“則雍州無黑水矣，故又求《唐史》東女弱水爲黑水之上源。東女之地，正東以及東南皆與今（宋）蜀茂雅二州接境，則正在漢益州之北……即雍州鄰境也。……又三危山無所證者，以三苗遺種在宕昌〔即今（宋）化外宕州〕，疑其當在東女弱水旁”。《蔡傳》亦證成云：“宕昌，即三苗種裔與三苗之叙於三危者。”按宕州之地在今甘肅岷縣南，則又爲甘肅東部西南境，惟岷縣之南在渭源鳥鼠西之東。

再次叠州説。見金履祥《尚書注》：“嚴昌羌，即三苗之種。其地有叠州，山多重叠，三危山有三重，或在其地。”此猶出推定，至蔣廷錫《地理今釋》逕云：“三危山在大河南，今（清）陝西岷州衛塞外古叠州西，西番界。”按叠州北周始置，唐寫《釋文》李勣曾任叠州都督駐此。其地當今青海東南境，處甘肅臨潭之西南。

上述諸地皆相去不遠，且或有重叠。大體上河關説指青海東部之偏北，叠州説指青海東部之偏南，鳥鼠西説指緊鄰青海東部之甘肅南部，宕昌説又緊鄰其東，天水説則又東指甘肅東南部。諸説皆不出甘青境。要而言之，實皆在甘肅東南境以迄青海境古羌族地區内覓山之有三峰者當之。

　　此外又有四川説。見《水經》：“江水又東過江陽縣南，洛水從三危山東過廣魏洛縣南，東南注之。”《注》：“《山海經》曰：‘三危在敦煌南……’經曰出三危山，所未詳。”按江陽即四川瀘縣，故畢沅《山海經注》謂此山當在四川省。

　　又有雲南説，復分涉三地。首爲滇池。《夏本紀集解》：“鄭玄曰：《地理志》益州滇池有黑水祠，而不記此山水所在。”《通典·州郡》亦引鄭玄云：“南當岷山，又在積石之西，南當黑水祠，黑水出其南。”《禹貢》疏云：“《地理志》益州郡……故滇王國也。……郡内有滇池縣，縣有黑水祠，止言有其祠，不知水之所在。鄭云今中國無也。”以爲有黑水祠，當有黑水，自當有三危，但不知其所在。《蔡傳》且云：“武帝初開滇嶲時，其地古有黑水舊祠，夷人不知載籍，必不能附會。”意謂並不是附會古籍中所載，而是此地本有黑水而後建此祠。欲以證實黑水、三危本在此地。次爲麗江，見易祓《禹貢疆理記》云：“樊綽《蠻書》載蠻水之入南海者四：西弭河……麗水……新豐川……盤江四也（《蔡傳》所録樊氏四水與此稍異）。其所謂麗水者，綽正指爲黑水。此黑水一名禄裨江。而羅些城北有山，即三危山。其水從羅些城三危山西南行，上流出乎西羌吐蕃，下流南至蒼望城，又南至雙王道勿川，有彌諾江西南來會之，南經驃國之東而入海。羅些，乃南詔、吐蕃南北相距之地。其西接吐蕃，其東接劍南東川之西境。”（《尚書纂傳》、《書纂言》等引）此地在滇北清代麗江府區域内。《禹貢錐指》云：“麗水，諸家以爲即金沙江，出今麗江府界者。”可知以麗水爲金沙江附會黑水，則三危所在羅些即在麗江府了。又雲龍州，見《錐指》云：“元人以瀾滄江爲黑水，因指雲龍州東江上一山爲《禹貢》之三危（自注：“州屬蒙化府。”按，據圖，屬大理府）。”蔣氏《地理今釋》云：“今（清）雲南大理府雲龍州西有三崇山，一名三危。瀾滄江經其麓,有黑水祠。或以爲即古三危也。按黑水即今之瀾滄江,若以三危在麗江府北,似乎太遠。雲龍州之説,頗亦近理。"顯然可見,如以金沙江爲黑水,則三危自安排在麗江府。如以瀾滄江爲黑水,則三危自移到大理府雲龍州了。戴震則又移之怒江,其《義考》云:"三危宜近怒江,今怒江實古黑水也。"

最後有藏衛説。以前藏、後藏、喀木爲三危。盛經祖《衛藏識略》、黄沛翹《西藏圖考》載此説,首持此見者爲康熙。朱錦屏《海藏紀行》引康熙之説云:"三危者,猶中國之三省也。"以康藏衛之地當之,並謂"雅魯藏布江爲貫穿其境之唯一大水,故非此莫屬"云云。到劉逢禄《尚書今古文集解》在簡述自漢至清主要數説後,即附説《西藏總傳》云:"衛在打箭爐西南,俗稱前藏;藏在衛西南,俗稱後藏;喀木在衛東南。三處統名三危,即《禹貢》'導黑水至于三危'也。"則三危非山而是三個較大區域,與上述諸説有異。然亦不過是許多紛歧之説中的一説而已。

三危原既從神話中來,自不需落實其地。然《堯典》已把它作爲西裔竄逐之處,《禹貢》又列於最西之雍州,而九州之境當時認爲是可知的天下,則在當時人心目中,可流放罪人的西方邊裔之地,就會認爲只有雍州最西的敦煌之地的三危了。

⑪殛鯀于羽山——"殛",《説文·歹部》:"殛,殊也。"《爾雅·釋言》:"殛,誅也。"其字義訓詁原如此,顯然由於《洪範》説"鯀則殛死",故《史記·集解》引馬融注云:"殛,誅也。"僞傳承之,可能覺四罪不當獨重鯀,遂云"殛、竄、放、流,皆誅也。"惟孫星衍《疏》云:"'殊'爲字誤,'誅'謂責譴之,非殺也。"段氏《撰異》云:"《天問》:'永遏在羽山,夫何三年不施?'王注:'言堯長放鯀於羽山,絕在不毛之地,三年不舍其罪也。'《吕覽·行論》曰:'帝舜於是殛之於羽

山,副之以吳刀。'高誘注云:'《書》云鯀乃殛死,先殛後死也。'玉裁謂《夏本紀》'舜行視鯀之治水無狀,乃殛鯀於羽山以死'此語最爲分明。因殛而死,非訓殛爲殺也。……先殛後死,高注明析。"段又引《鄭志·答趙商》云:"鯀非誅死。鯀放諸東裔,至死不得反於朝。"林之奇《全解》亦云:"《洪範》所謂'殛死'者,正如後世史傳言'貶死'也。"段氏並云:"《洪範》'殛死'本作'極死'。《左氏·昭七年·釋文》:'殛亦作極。'《多方》'罰殛'本又作'極'……然則《堯典》'殛鯀',亦是'極'字之假借。……'極',窮也。《孟子》言'極之於所往'是也。"陳喬樅《經說考》於《洪範》篇謂今文作"極",古文始用假借字"殛"。

　　"鯀",見上文"帝曰咨四岳湯湯洪水"一節的注⑭"鯀",參看其前"允釐百工"一節的注⑭"共工"。是西方姜姓族的宗神,而被東方堯、舜之族目爲敵人。

　　"羽山",是神話中流放鯀並死在那裏的地方,當然也無確址可尋的。故《史記集解》引馬融注仍云:"羽山,東裔也。"僞傳承其説亦云:"羽山,東裔,在海中。"是泛指東方很邊遠地,至海中。其記載殛鯀羽山這一神話的,有神話書《山海經》、《天問》,也有歷史典籍《左傳·昭公七年》、《國語》之《周語下》及《晉語八》,諸子辭賦如《墨子·尚賢中》、《孟子·萬章上》及《離騷》等,總之是廣泛流傳的神話。文獻中記載羽山所在地的有兩處。一爲《禹貢》把它列在徐州,但未指實它的地點。至《漢書·地理志》東海郡祝其縣下云:"《禹貢》羽山在南,鯀所殛。"自後不少文獻皆載在此地。至《清一統志》載明:"在今江蘇海州贛榆縣南。"又一爲《太平寰宇記》所載山東蓬萊。該書蓬萊縣下説羽山"在縣東十五里,即殛鯀處"。《泊宅編》謂登州海中有島五所,即羽山。按,由神話地點變爲歷史地

點，自不能認真拘泥，只要取得人們心理愜切就行。《禹貢》羽山叙
在徐州境內，只好取贛榆西南。殛鯀的羽山，地點應向東遠一點，又
應在海中，那麼就只好取《寰宇記》蓬萊東海中的地方了（蓬萊屬清
登州）。

關於這問題要參看《禹貢》、《洪範》兩篇中有關鯀與羽山的校
釋。

⑫四罪而天下咸服——"罪"，《史記》作"辠"。關於古代這一
由神話進入歷史中的所謂"四罪"或"四凶"的故事傳說，至少有兩
個不同的來源。一爲《左傳·文公十八年》所説，在叙述高陽氏有才
子八人稱爲八愷，高辛氏有才子八人稱爲八元，這十六族堯不能舉、
舜舉用之後，接着説："昔帝鴻氏有不才子，掩義隱賊，好行凶德，醜
類惡物，頑嚚不友，是與比周，天下之民謂之渾敦。少皞氏有不才
子，毀信廢忠，崇飾惡言，靖譖庸回，服讒蒐慝，以誣盛德，天下之民
謂之窮奇。顓頊有不才子，不可教訓，不知話言，告之則頑，舍之則
嚚，傲很明德，以亂天常，天下之民謂之檮杌。此三族也，世濟其凶，
增其惡名，以至于堯，舜不能去。縉雲氏有不才子，貪于飲食，冒于
貨賄，侵欲崇侈，不可盈厭，聚斂積實，不知紀極，不分孤寡，不恤窮
匱，天下之民以比三凶，謂之饕餮，舜臣堯，賓于四門，流四凶族：渾
敦、窮奇、檮杌、饕餮，投諸四裔，以禦魑魅。"這四凶與《堯典》中的
四罪是不同的。可見完全是不同來源的傳說資料。

《孟子·萬章上》："舜流共工于幽州，放驩兜于崇山，殺（竄）三
苗于三危，殛鯀于羽山，四罪而天下咸服。"此則與《堯典》之説完全
一致。《堯典》成書時代在春秋之世，顯然早於《孟子》成書時，則此
語爲《孟子》襲自《堯典》。且《孟子》書中下文明引"《堯典》曰，二
十有八載，放勛乃徂落……遏密八音"四句，更足爲證。但前面"殛

降二女于嬀汭”校釋，已知《孟子》所談同一事的内容與《堯典》有很大的不同，又《滕文公上》引“放勛曰勞之來之”五句，爲《堯典》應有之文而不見於今《堯典》，又舜命益、稷、契之文内容略同而文字與《堯典》有異，可知二者所獲得同一問題材料，往往來源不同而文字有異。

　　至《史記·五帝本紀》中的《堯紀》記此事云：“驩兜進言共工，堯曰‘不可’而試之工師，共工果淫辟。四嶽舉鯀治鴻水，堯以爲不可，嶽强請試之，試之而無功，故百姓不便。三苗在江淮荆州，數爲亂。於是舜歸而言於帝，請流共工于幽陵，以變北狄；放驩兜于崇山，以變南蠻；遷三苗于三危，以變西戎；殛鯀于羽山，以變東夷；四辠而天下咸服。”這基本是采用《堯典》資料，撮舉其上文談到諸人的過失，歸結爲所以作如此之處理，而增益了有關三苗的資料，以及“用夏變夷”的資料等。

　　《五帝本紀》中的《舜紀》，則全文抄録了《左傳·文公十八年》所載，自“昔高陽氏有才子八人”直至“遷於四裔以禦魑魅”。中間只稍稍精簡了一些指責四凶惡行的四字排句，而全部資料照録無損。這是與《堯典》所載完全來源不同的另一傳説系統。

　　《堯紀》與《舜紀》是緊緊相接的兩篇，司馬遷把這兩個不同資料分别載入此兩篇中，絶不牽混。司馬遷治史的一個最大特點就是忠實於原材料，除了以漢代語言改易不好懂的古語言（所謂寫以訓詁字）外，絶不竄改半點原資料。他把此二資料判然相異地載入此二篇中，就在表明此二者各不相同，是不能混而爲一的。

　　可是到經師家手裏，就要把它牽混起來。《孔疏》引鄭玄説云：“鄭玄具引《左傳》之文，乃云命驩兜舉共工，則驩兜爲渾敦也，共工爲窮奇也，鯀爲檮杌也，而三苗爲饕餮亦可知。”然後《釋文》在四人名下按此注明之,《孔疏》則爲之找出四罪、四凶各自罪惡相同所以爲一之證。《蔡傳》則在此後段傳文之末録列了此説,不過他較謹慎,説了一句"不知其果然否也"。其實這是古代不同傳説中自然存在的紛歧現象,根本没有必要去把它牽混起來。

以上這一節,叙述舜攝位二十八年中從外地巡狩回來後的政治活動中,所進行的刑制的建立,首先建立刑制項目,並提出恤刑原則,然後爲他所實行的重大刑案。林之奇《尚書全解》指出:"史官因言舜之明慎用刑,遂援其誅四凶之事以爲證。"見出《堯典》作者所用心塑造的舜的慎刑的形象。

二十有八載①,帝乃殂落②,百姓如喪考妣③。三載④,四海遏密八音⑤。

①二十有八載——指舜受堯禪攝帝位已二十八年。"二十",《唐石經》作"廿"。段氏《撰異》引《説文》:"廿,二十并也。""卅,三十并也。""廿讀如入,卅讀如颯。"據《廣韻》:"廿,今直以爲二十。""卅,今直以爲三十。"以爲唐以來"廿,仍讀二十,不讀入","卅,仍讀三十,不讀颯"。下文"三十徵庸"、"三十在位"之"三十"即如此。"載",參看前文"九載績用弗成"之"載"字注。經師們據此推定堯的立位年、讓位年以及終年百一十六歲、百一十七歲等等之説,皆妄説。《史記》采漢代經師説,亦不足據。

②帝乃殂落——"帝",指堯。《孟子·萬章上》云:"《堯典》曰:'二十有八載,放勳乃徂落。'"此先秦所見本《堯典》,"帝"作"放勳","殂"作"徂"。《春秋繁露·煖燠孰多篇》云:"《尚書》曰:'二十有八載,放勳乃殂落。'"《白虎通·崩薨篇》:"《書》言殂落,死者各自見義。"《爾雅·釋詁》亦云:"徂落,死也。"此漢代今文,"勳"作

"勳",然同屬今文的緯書《考靈燿》、《中候》仍作"勛"。唐寫《釋文》則作"放敖,方往反"。是王肅本《堯典》亦作"放勛"(《釋文》誤作敖)。段氏《撰異》云:"《孟子》、《春秋繁露》、《帝王世紀》皆作放勳字,董子用《今文尚書》者,許叔重皇甫士並用《今文尚書》者,疑古文作'放勛'今文作'放勳',皆不作'帝'也。""徂""殂"兩字皆用。而漢碑《涼州刺史魏元丕碑》、《祝長嚴訢碑》以及劉歆《遂初賦》則皆作"徂落"。知漢今文較通用"徂"字。《說文·歺部》:"殂,往死也。……《虞書》曰:'勛乃殂。'𣨛,古文殂。"(大徐本依《孟子》作"放勛乃徂落")薛本作"帝乃殂㱲"。《論衡·氣壽篇》謂堯"至殂落九十八歲"(今排印本作"殂落")。唐寫《釋文》釋云:"本又作'殈',古文作'㱲',皆古殂字,才楷反。死也。馬、鄭本同。方興本作'帝乃殂落'。"《漢書·王莽傳》"書曰過密之義"師古注據王肅本亦云:"《虞書》'放勳乃徂'。"此漢代古文,"勛"字或作"勛"、或作"勳",而皆作"放勛(勳)乃殂",無"落"字(按唐初陸德明、魏徵及稍後顏師古皆用王肅本析出之《舜典》,非用姚方興本)。惟王充雖亦接受古文,然仍習立於學官之今文。以上爲先秦本、西漢今文本、東漢古文本之同異。相同者都用堯名放勛或放勳;相異者,今文承先秦本作"徂落"(亦用"殂落"),古文本則單作"殂"(亦用"徂"字),無"落"字。據《釋文》,唯姚方興本獨用"帝"字。段氏《撰異》云:"《堯典》之紀堯也,始言曰放勛,終言放勛乃殂……古史文法精嚴如是。自僞《孔傳》不謂放勳爲堯名……則放勛乃殂,不可通矣。於是姚方興傅會之,易爲帝字。"

③百姓如喪考妣——《史記》譯此語作:"百姓悲哀,如喪父母。""百姓",據上文"平章百姓"注,指百官。故僞傳釋此仍爲"言百官感德思慕"。宋黃度《尚書說》釋《史記》"百姓悲哀如喪父母三

年”句，亦云“臣爲君服三年始於此”。清早期如王夫之，中期三位《尚書》巨著作者江聲、王鳴盛、孫星衍皆釋爲百官或群臣。晚至近人曾運乾《尚書正讀》尚云：“百姓，百官也。蓋有爵土者，爲天子服斬衰三年，禮也。《孟子》亦云‘舜既爲天子矣，又率天下諸侯以爲堯三年喪’。是百姓即百官之證。”這是拘泥於舊義爲釋。

　　《春秋繁露·烓燠孰多篇》已云：“堯視民如子，民視堯如父。《尚書》曰：‘二十有八載，放勳乃殂落，百姓如喪考妣，四海之內闕密八音三年。’”則顯然以“百姓”爲民。至林之奇《全解》明析之云：“孔氏云：‘言百官感德思慕。’非也。夫‘百姓’有指百官而言之者，若《堯典》‘平當百姓’是也。有指民而言之者，若《論語》‘修己以安百姓’是也。此‘百姓’蓋指民而言之。言堯之德及於民也深且久，其崩也百姓若失父母，無小大無遠近皆然，非獨百官而已。‘三載四海遏密八音’，指其地而言之則曰‘四海’，指其人而言之則曰‘百姓’，其實不異也。”故《蔡傳》承之云：“言堯聖德廣大，恩澤隆厚，故四海之民思慕之深至於如此也。”此說顯然合《堯典》作者原意。而不少經師連篇累牘牽合於儒家三年喪制爲說，王炎《《尚書小傳》云：“此言天下哀慕之情，非言喪服之禮也。”（陳櫟《書傳纂疏》、董鼎《書傳輯錄纂注》引）甚是。

　　“考妣”，《爾雅·釋親》：“父爲考，母爲妣。”郭璞注：“《禮記》曰：‘生曰父、母、妻，死曰考、妣、嬪。’”按此見《曲禮下》云：“生曰父、曰母、曰妻，死曰考、曰妣、曰嬪。”然郭璞注下文引《公羊傳》云：“惠公者何，隱之考也；仲子者何，桓之母也（按隱桓爲異母兄弟）。”是所引爲考、母並稱，而非考、妣。郭沫若《釋祖妣》云：“古今常語妣與祖爲配，考與母爲配。《易·小過》之六二：‘過其祖，遇其妣。’《詩·小雅·斯干》：‘似續妣祖。’又《周頌》、《豐年》及《載芟》‘烝畀祖妣'。此皆祖、妣對文之證。《雝》之'既右烈考,亦右文母',則考、母對文也。"然後舉金文中之證。如《齊侯鎛鐘》、《子仲姜鎛》、《陳逆𣪘》皆言皇祖皇妣、皇考皇母。《諶鼎》、《頌鼎》、《史伯碩父鼎》、《仲𠭙父鼎》、《召伯虎𣪘》、《師𧽐鼎》等單言皇考皇母或文考文母。其結論云:"準此可知考妣連文爲後起之事,《爾雅·釋親》'父爲考、母爲妣',當係戰國時人語。……《尚書·帝典》'放勳乃殂落,百姓如喪考妣三載',不獨'百姓'字無有(古金文作百生),三年之喪古無有,即此考妣二字連文,亦可知《帝典》諸篇爲孔門所僞託。"其説是。

④三載——《孟子·萬章上》承上句讀作:"放勳乃殂落,百姓如喪考妣三年。"以證成他在下文接着説的"舜……帥天下諸侯以爲堯三年喪"。儒家的三年之喪説是孟子所肆意鼓吹的,其實不合於此處文意。此處是説堯死後,百姓像死了父母一樣悲哀。並不是説爲堯服三年喪。"三年"二字不連上句而連下句,如《史記》所説的"三年,四方莫舉樂"。故《堯典》此處亦當先在"如喪考妣"讀斷句,而後"三載"啓下句,讀成"三載,四海遏密八音"。王樵《日記》以僞傳"三載屬下爲句,則是。蓋遏密不連三載爲句,則不見其哀思之久也"。

⑤四海遏密八音——《史記》譯意作"四方莫舉樂。以思堯"。《春秋繁露·煖燠孰多篇》則作:"四海之內閟密八音三年。"《爾雅·釋詁》:"遏,止也。""密,静也。"《集韻》:"閟,阿葛切。"實音遏。《廣韻》:"閼,止也。"趙岐注《孟子·萬章上》云:"遏,止也。密,無聲也。八音不作,哀思甚也。"江聲《音疏》:"密與謐古字通也。"《白虎通·禮樂篇》:"八音者,何謂也?《樂記》曰:土曰塤,竹曰管,皮曰鼓,匏曰笙,絲曰弦,石曰磬,金曰鐘,木曰柷敔。"(按今本

《樂記》無此八音記載，止有"金石絲竹樂器也"一語)《周禮·春官·大師》："播之以八音：金、石、土、革、絲、木、匏、竹。"鄭注："金，鐘、鎛也。石，磬也。土，塤也。革，鼓、鞀也。絲，琴、瑟也。木，柷敔也。匏(按，施簧者)，笙也。竹，管、簫也。"即由八種不同材料製成的樂器，僞傳稱金、石、絲、竹、匏、土、革、木，自後大率通用此順序。此處當然不是直指此八種樂器之音，《史記》最得其意，以爲"遏密八音"即莫舉一切音樂以盡對堯的哀思。

《中國大百科全書·考古學》所載殷瑋璋氏"商周樂器"詞條，大意謂考古出土已知有玉、石製、陶土製、青銅鑄、木製配絲弦、木製配皮面、竹製等樂器。除塤出自遺址土中，其餘大都出自墓葬中。塤在新石器時代早期河姆渡文化中已出現，至商代基本定型。鼓出現亦早，原有陶土燒製的土鼓，出土有商代銅鼓，當是仿木鼓製成(木質皮革鼓往往只存朽痕)。磬出現在商以前的夏縣東下馮遺址中，商代周代續磬多者達數十枚。鐘則商時大都三枚或五枚一套，西周八枚一套，東周九枚或十三枚一套。簴、笙、排簫、琴、瑟等則多出於東周墓中。可知八音在古代文化中有重要地位。《堯典》作者將八音寫入篇中，自有其歷史資料爲依據的。

這一節簡要叙述舜受堯禪，攝位二十八年之後堯死，渲染百姓對堯死的悲痛哀念之情。此節以下則專叙舜事。

月正元日[①]，舜格于文祖[②]，詢于四岳，闢四門，明四目，達四聰[③]。咨十有二牧[④]曰："食哉惟時[⑤]，柔遠能邇[⑥]，惇德允元，而難任人，蠻夷率服[⑦]。

舜曰："咨四岳[⑧]，有能奮庸，熙帝之載，使宅百揆[⑨]，亮采惠疇⑩?”僉曰⑪:“伯禹⑫作司空⑬。”帝曰:“俞!”咨禹⑭:“汝平水土,惟時懋哉!”禹拜稽首⑮,讓于稷⑯契⑰暨皋陶⑱。帝曰:“俞!汝往哉⑲!”

帝曰:“棄⑳,黎民阻飢㉑,汝后稷㉒,播時百穀㉓。”

帝曰:“契,百姓不親,五品不遜㉔,汝作司徒㉕,敬敷五教在寬㉖。”

帝曰:“皋陶,蠻夷猾夏㉗,寇賊姦宄㉘,汝作士㉙。五刑有服,五服三就㉚;五流有宅,五宅三居㉛。惟明克允㉜。”

帝曰:“疇若予工㉝?”僉曰:“垂哉㉞!”帝曰:“俞!”咨垂:“汝共工㉟。”垂拜稽首,讓于殳斨暨伯與㊱。帝曰:“俞!往哉,汝諧㊲。”

帝曰:“疇若予上下草木鳥獸㊳?”僉曰:“益哉㊴!”帝曰:“俞!”咨益:“汝作朕虞㊵。”益拜稽首,讓于朱、虎、熊、羆㊶。帝曰:“俞!往哉!汝諧㊷。”

帝曰:“咨四岳㊸,有能典朕三禮㊹?”僉曰:“伯夷㊺。”帝曰:“俞!”咨伯:“汝作秩宗㊻,夙夜惟寅,直哉惟清㊼。”伯拜稽首,讓于夔、龍㊽。帝曰:“俞!往,欽哉㊾!”

帝曰:“夔,命汝典樂㊿,教胄子(51)。直而温,寬而栗,剛而無虐,簡而無傲(52),詩言志,歌永言(53),聲依永,律和聲(54),八音克諧,無相奪倫,神人以和(55)。”夔曰:“於!予擊石拊石,百獸率舞(56)。”

帝曰:“龍(57),朕堲讒説殄行,震驚朕師(58),命汝作納言,夙夜出納朕命,惟允⑤⑨。"

　　帝曰:"咨汝二十有二人⑥⓪,欽哉! 惟時亮天功⑥①。"

　　三載考績,三考,黜陟幽明,庶績咸熙⑥②。

　　分北三苗⑥③。

　　①月正元日——見"舜讓于德弗嗣"一節注②"正月上日"校
釋。知"元日""上日"互爲訓。元日即上日。《孔疏》:"王肅云:
'月正元日,猶言正月上日,變文耳。'《禮》云'令月吉日',又變文言
'吉月令辰',此之類也。"王引之《述聞》引葉夢得、曾眂之說,以上
日爲上旬吉日;又引盧植、蔡邕之說,元日爲善日。總之"月正元日"
爲正月上旬吉祥美善的日子。

　　②舜格于文祖——"格",見上文"帝曰欽哉慎徽五典"一節注
⑨"格汝舜"之"格"字校釋,其義爲"告"。不過根據古代禮制,告於
祖廟必然是祭告。並可參看第一節注⑫"格于上下"校釋,知"格、
假"原義。"文祖",見上文"舜讓于德弗嗣"一節注③"受終于文祖"
校釋,並參看"歲二月東巡狩"一節注⑰"歸格于藝祖"校釋。

　　③詢于四岳闢四門明四目達四聰——"四岳",見上文"帝曰咨
四岳"一節注②"四岳"校釋。"四門",見上文"帝曰欽哉慎徽五典"
一節注⑥"四門"校釋。"四聰",《群書治要》錄王肅本作"四聽"。
可能是寫訛。姚氏僞傳釋此兩句爲:"詢,謀也。謀政治於四岳,開
闢四方之門未開者,廣致衆賢。"此據《尚書大傳》"闢四門,來仁賢"
之義。於"明四目,達四聰"兩句,則僞傳釋爲:"廣視聽於四方,使
天下無壅塞。"《蔡傳》基本承僞傳說綜釋此四句爲:"開四方之門以
來天下之賢俊,廣四方之視聽以決天下之壅蔽。"然前於《蔡傳》之
蘇軾《書傳》以僞傳之一語綜釋此四句云:"廣視聽於四方。"可謂簡

明地表述了此四句文意。《史記·舜紀》連上句至此四句述其意云：
"於是舜乃至于文祖，謀于四嶽，辟四門，明通四方耳目。""廣視聽
於四方"，即承"明通四方耳目"之義（惟馬遷仍訓"格"爲至）。

其文字情况，見段氏《撰異》據《説文》"闢"字引《虞書》曰"闢
四門，从門从芔"。以爲"芔，引也，普班切。所引《虞書》則壁中故
書然也。……孔安國以今文讀之改爲𤱲"。又據《左傳·文公十八
年》杜注："闢四門，達四窻。"《風俗通·十反》亦作"闢門開窻"。以
爲"《古文尚書》本作'囱'，窗者囱之或字，窻又窗之俗體，聰又囱之
同音字。作囱而或如字，或讀爲聰"。陳喬樅《經説考》引《漢書》之
《王莽傳》、《後漢書》之《郅壽傳》、《班昭傳》皆只言"闢四門、達四
聰"（後二傳"達"皆作開），而不及"四目"。《梅福傳》、《申屠剛傳》
皆只言"闢四門，明四目"，而不及四聰。《潛夫論》始全引此三句。
陳並引段氏説後，以爲是歐陽、大小夏侯三家異文。楊筠如《覈詁》
引《後漢書》郅壽、魯丕、班固諸傳只言"闢四門、開四聰"，疑有一本
無"明四目"三字，故直讀聰爲窻。

④咨十有二牧——《史記》作"命十二牧"。"咨"，見上文"乃命
羲和"一節注㊲"咨汝羲暨和"校釋，其義爲"告"，《史記》用"命"
字，義更明晰，與上文"咨！四岳"之咨爲歎詞者異。"牧"，見上文
"舜讓于德弗嗣"一節注⑯"群牧"校釋。漢置州長稱州牧，是承用
先秦文獻中"牧民"、"九牧"等詞來的。"九牧"爲九州之牧，"十有
二牧"則是十二州之牧。上文"歲二月東巡守"一節注㉑"肇十有二
州"校釋，指出《堯典》作者或據"天之大數"或據秦制，以對"十二"
的一種特殊信念改"九州"爲"十二州"，因而有"十有二牧"一詞，實
際是虛擬的。

⑤食哉惟時——唐寫《釋文》作"𠊈才，古食字"。薛本作"𠊈"，

内野本作"食"。《史記》在"命十二牧"句下未録此句，只以簡略數語表述了其下面的幾句文意。亦未見馬鄭古文注傳下。僞傳釋此句云："所重在於民食，惟當敬授民時。"就此句字面解釋通了，以後治經者大率從之。宋學代表作《蔡傳》亦云："王政以食爲首，農事以時爲先（王天與《書纂傳》謂此二句爲朱熹語）。舜言足食之道，惟在於不違農時也。"當時宋儒元儒大都持此説。但有釋"時"爲"是"者。早在蔡氏前之北宋蘇軾《書傳》云："十二州之牧，所重民食，惟是而已。"至南宋早期林之奇《全解》云："食哉惟時者，民之粒食當使之各得其時也。李校書曰：'稱惟時亮天功，惟時有苗弗率，皆以時訓是。此食哉惟時亦應訓是。而先儒乃謂當如敬授民時之時者，句自此絶，則訓字當異。此蓋與直哉惟清同句體也。'此説甚善。"指出訓"時"爲"是"在他句適合，在此處仍應釋爲"民時"之"時"。並引"直哉惟清"句例，證成此處確當爲"食哉惟時"一句。

　　至清孫星衍《今古文注疏》始讀斷爲："食哉"一句，"惟時柔遠能邇"一句。並釋前句云："食者，《方言》云'勸也'，《廣雅·釋詁》同。《爾雅·釋詁》云：'食，僞也。'案'僞'即'爲'也。言勸使有爲。"鄒漢勛《讀書偶識》云："孫伯淵星衍曰'食哉'絶句，是已。訓'食'爲'勸'，猶未盡也。漢勛聞之於鄒子，'食'讀'飭'，敕也。'時'，是也。是目十二牧之職守。"陳喬樅《經説考》云："案隸古定本《尚書》作'食哉惟時'……許宗彦（嘉慶時人），有《鑑止水齋集》曰：'食哉惟時'四字不辭，考此經下文云：'帝曰咨汝二十有二人，欽哉，惟時亮天工。'文法正與此同。'食哉'當爲'欽哉'之譌。篆文欽字偏旁與食字形近，文蝕其半，故譌作食耳。許説以經證經，極爲精确。"因而陳氏逕將經文改爲"欽哉"。朱駿聲《便讀》襲用其説。馮登府《十三經詁答問》、俞樾《太史茶香室經説》、于鬯《香草校書》並用此説。皮氏《考證》亦云"'食哉'疑是'欽哉'……然無左證,未敢據定。陳喬樅逕改經字作'欽',殊嫌專輒。"近人楊筠如《覈詁》亦襲上説,雜引之云:"按'食'當爲'飭'之假字,《説文》:'飭,从人从力,食聲。'《匡謬正俗》:'飭者,謹也,敬也。僞《孔傳》以'惟時'上屬爲句。據下文'惟時懋哉'、'惟時亮天工','惟時'自應下屬。'時'者,是也,此也。"

唯王先謙《孔傳參正》仍堅持"食哉惟時"句,不過改從"食"爲勸勉説。其言云:"案'惟時'不下屬爲合。'食哉',勸勉之意。'時',是也。'勉哉惟是',猶言'惟是勉哉',與下文'惟時懋哉'同義。文係倒裝。上文'女于時',《史記》釋爲'于是妻之',句法正同。本文可通,不勞改字。"其説可取。

大抵讀古籍,切忌憑理解改字。如無確切版本依據,絶不可輕易改動。何況上引林之奇之言,已據"直哉惟時"句例證"食哉惟時"之句。且此處相連數句皆四字句,亦不宜改易原來格局爲二字句、六字句。

⑥柔遠能邇——參見上文"歲二月東巡守"節注⑰"歸格于藝祖"校釋及《高宗肜日》篇"典祀無豐于昵"校釋。按,本書《顧命》、《文侯之命》及《詩·民勞》、《左傳·昭公二十年》皆有"柔遠能邇"句。是周代有此一成語,《堯典》作者采用了它。《詩·民勞》《毛傳》:"'柔',安也。"《鄭箋》:"'能',猶伽也。'邇',近也。安遠方之國,順伽近者。"《釋文》:"'揉',音柔,本亦作柔。'能',徐云:毛如字,鄭奴代反。伽,檢字書未見所出。《廣雅》云:'如,若也,均也。'義音相似而字則異。……鄭注《尚書》云:'能,恣也。'與此不同。"《孔疏》:"此云伽者,與恣同,謂順適其意也。……即《論語》所謂'悦近來遠'是也。……能邇謂中國,柔遠即綏四方也。"《左傳·

《昭公二十年》杜注：'柔，安也。邇，近也。遠者懷附，近者各以能進，則王室定。"《孔疏》："能，謂才能也。王者當以寬政安慰遠人使之懷附，則各以才能自進者是近人也。"《舜典》《孔疏》引王肅云："能安遠者，先能安近。"姚方興僞傳云："柔，安。邇，近。言當安遠，乃能安近。"《孔疏》："安近不能安遠，遠人或來擾亂。……但戒使之柔遠，故能安近。"以上漢至唐之釋，都據《爾雅·釋詁》："柔，安。邇，近。""能"則有伽、恣、才能三釋。其紛歧在王肅說先安近乃能安遠，姚氏僞傳說先安遠乃能安近。其"能"字或作"耐"。見本篇唐寫《釋文》："耐迩，古文邇，音爾，近。"

宋儒始提出新釋。蘇軾《書傳》云："能，讀如'不相能'之'能'，柔懷遠者，使與近者相能。"按，語見《左傳·襄公二十一年》："范鞅……與欒盈爲公族大夫，而不相能。"又《左傳·昭公元年》叙閼伯、實沈"居于曠林，不相能也，日尋干戈"。則"相能"謂親善友好相處。王安石《新經義》云："遠者，柔之而已；近者，吾所治也，故當能之。"（夏僎《書詳解》引）又同意王肅說，以治遠自近始，謂"未有不始乎近而後及乎遠也"（黃倫《書精義》引）。林之奇《全解》亦同王肅說，反對僞傳說云："《中庸》曰'君子之道譬如行遠必自邇'，皋陶曰'邇可遠在兹'，是先邇而後遠也。"然後釋"能"字云："李校書曰：'能者，耐也。古者能、耐同字。能邇者，居上以寬之謂也。'……恐亦不然。耐、能二字字通而義分。"呂祖謙《書說》："遠者柔之，邇者能之，尊德信善，皆於根本求之耳。"朱熹《語類》："柔遠却說得輕，能邇是奈何得他使之帖服之意。"《蔡傳》："柔者，寬而撫之也；能者，擾而習之也。"元吳澄《書纂言》云："柔謂撫綏之，能謂和協之。"明王樵《書日記》云："遠者宜柔而撫之，使向慕於德化；近者宜擾而習之，使服安於政教。"《傳說彙纂》引明末顧錫疇云："柔、能，以教化言,所以維此養道也。柔是順其自然而導之,不强之以所難也。能者,有教其所不能、責其所可能意。”此宋至明之釋,有從漢唐外加尋新義者。

清江聲《音疏》云:“安遠方之國,恣順其近者。”王鳴盛《後案》云:“安遠方之國,順伽其近者。……此云‘伽’者,與‘恣’同謂順適其意也。”二家皆據鄭玄説爲釋。至戴震《義考》始尋新義,其言云:“今以聲義考之。能、而、如、若,一聲之轉。後漢《督郵斑碑》:‘柔遠而邇,《易》利建侯而不寧。’《釋文》云:‘鄭讀而曰能。能,猶安也。’《禮運》:‘聖人耐以天下爲一家。’注云:‘耐,古能字。’《疏》云:‘亦有誤不安“寸”,直作“而”字。劉向《説苑》能字皆爲而也。’《爾雅》:‘若,善也、順也。’蓋‘柔’有使之馴服意,‘能’有與之調善意,下‘敦德、允元’對文,則‘柔遠、能邇’之爲對文明矣。”王引之《述聞》云:“古者謂相善爲相能。《康誥》曰:‘亦惟君惟長,不能厥家人。’”並舉《左傳》之僖九年“入而能民”、文十六年“不能其大夫”、昭十一年“而不能其民”、三十一年“言不能外内也”、又《公羊》僖二十四年“不能乎母也”、《穀梁》宣十一年“輔人之不能民”諸例,以爲各“能”字“並與‘柔遠能邇’之‘能’同義”。孫星衍《注疏》云:“《説苑·君道篇》云:‘……是以近者親之,遠者安之。’……‘能’,讀當爲‘而’。‘而’,如也。言安遠國如其近者。漢《督郵斑碑》作‘渜遠而邇’,‘而’‘如’通字。《説苑》以‘親’訓‘能’,趙岐注《孟子》:‘親,愛也。’《漢書》注(按係《百官公卿表叙》)師古曰:‘能,善也。’義相近。”清儒始比漢至明儒尋析字義較綿密。其釋“能”爲“善”之義於此處文義較適合。

近世學者因金文研究以及甲骨文研究,而得新的認識,獲知此四字原爲當時習用語。見《大克鼎》和《番生毁》,都有“擾遠能犾”

句,知"邇"作"狋"。《晋姜鼎》亦有"綏懷遠狋君子"之語。孫詒讓《克鼎釋文》釋"狋"爲"臬",謂"俗作'藝',《書·立政》'藝人表臣',藝人亦謂邇臣,與表臣爲遠正相對"(見《籀高述林》)。王國維《克鼎銘考釋》則謂"狋與臬通,《堯典》'歸格于藝祖',今文作'假于祖禰',知藝禰同用"(見《觀堂吉金文考釋》)。《商書·高宗肜日》"典祀無豐于昵",昵,唐以前皆作尼,注疏家亦多釋爲禰廟。王鳴盛、孫星衍指漢代才有禰字,漢以前只能作尼。據孫星衍、王國維之説,則原作臬。此字既見於《高宗肜日》,則商代已用之。今果見於甲骨文,《粹編》第991片"王其由臾"。郭沫若以爲臾即金文狋字。並同意孫星衍、王國維之釋,但進一步探索。他説:"二家言狋爲臬,狋假爲邇,臬亦通作邇若禰,均爲得之。然未言狋之本義。狋字從犬,不從尤,與臬非一字也。由卜辭與金文互證,知狋實臾之省。臾當從犬畀聲。畀者臬之異,從曰與從尤同意。是則臾若狋當是獼之古文矣。卜辭每假省爲獼,言'田省'。此言'田臾',文例相同,亦一互證也。"由此可知《堯典》及《顧命》、《文侯之命》中訓近之"邇"或"禰"以及《高宗肜日》中之假借字"尼"或"昵",其本字原爲"狋"及"臾","柔遠能邇"原爲周時習用成語,其字可溯及商代。

　　⑦惇德允元而難任人蠻夷率服——《史記》連上第一句至此三句譯述其大意云:"命十二牧,論帝德,行厚德,遠佞人,則蠻夷率服。"以"行厚德"譯"惇德允元",以"遠佞人"譯"而難任人"。依文句順序,似以"論帝德"譯"柔遠能邇"句或"食哉惟時,柔遠能邇"二句,然於文義皆不合,只能目爲司馬遷於此二句割棄未譯,而以"論帝德"三字總領此處文意。

　　"惇",唐寫《釋文》:"惇,本又作忳,皆古敦字,厚也。"今本《釋文》云:"音敦。"《爾雅·釋詁》:"惇,厚也。""允,信也。"《王制》"元

士"鄭玄注:"元,善也。"故上文"月正元日"爲善日。"惇德允元"即
"厚德真善"。《群書治要》録王肅注云:"所厚而尊者意也,所信而
行者善也。"姚方興僞傳釋云:"元,善之長。"釋此句云:"厚行德,信
使足長善。"蘇軾《書傳》釋爲:"惇厚其德,信用善人。"林之奇《全
解》云:"德者,有德也;元者,善人也。"《蔡傳》從而釋云:"德,有德
之人也;元,仁厚之人也。"皮錫瑞《考證》云:"漢《衡方碑》云:'敦厖
允元。'《孔彪碑》云:'惇懿允元。'疑《今文尚書》'惇德'字有作'敦
厖'與'惇懿'者。而《漢官儀》靈帝册書曰:'司徒胡廣,惇德允元。'
則《今文尚書》亦作'德'。衡方、孔彪二碑或以意改經字。"

　　"難",《釋詁》:"阻也。"僞傳:"拒也。""任人",《群書治要》本
王肅注云:"任,佞也。辯給之言易悦耳目,以理難之也。"姚方興僞
傳逕訓爲佞人。《皋陶謨》有"巧言令色孔壬"句,《史記·夏本紀》
譯作"巧言善色佞人"。《釋詁》:"任、壬,佞也。"故《史記·舜紀》
釋"難任人"爲"遠佞人"。唐寫《釋文》:"壬人,佞人。"段氏《撰異》
據皇侃《論語義疏》:"色厲而内荏,章江熙曰:'古聖難於荏人。'江
所據《尚書》作'荏'字也。"按,佞原從仁,女聲。由仁得其語義,其
義自不惡,故原義爲美才。《左傳》之《成公十三年》、《成公十六
年》、《昭公二十七年》等皆有"不佞"語。自稱"不佞",即自謙不才,
其佞爲美才之義甚明著。進而謂爲口才,《論語·雍也》"祝鮑之
佞"、又《先進》"惡乎佞者"注疏皆釋爲"口才",《曲禮》至有"近佞
媚也"句,《釋文》仍釋爲口才,這就成了《論語》之《學而》、《陽貨》
的"巧言令色鮮矣仁",《説文》乃釋爲"巧諂高才,从女,信省"。《晋
語》注至謂"僞善爲佞",《韓詩外傳》謂"佞,諂也"。《鹽鐵論·刺
議》:"以邪導人謂之佞。"《蔡傳》謂:"任,古文作壬,包藏凶惡之人
也。"於是佞人就成了以其邪佞之才專諂媚以做凶惡事的壞人。所

以依上文諸釋，"難任人"就是要遠佞人，要拒絕佞人，故王安石《新經義》云："難者，拒之使不得進也。"（程元敏輯《嬾真子》引）林之奇《全解》則云："難者，過絶之，使不得進也。"

"率"，亦作"帥"。《漢書·景武昭宣元成功臣表叙》云："昔《書》稱'蠻夷帥服'，許其慕諸夏也。"陳喬樅《經説考》云："案帥、率古者通用，此亦三家今文之異字也。《詩·周頌》'率時農夫'，《韓詩》作'帥時農夫'，是其古通之證。"皮錫瑞《考證》亦云："案《儀禮·聘禮》'使者朝服帥衆介夕'鄭注：'古文帥皆作率。''帥大夫以入'鄭注：'古文帥爲率。'古文作'率'則今文多作帥可知。""率"，《釋詁》："循也。"《左傳·宣公十二年》"今鄭不率"注："率，遵也。"《周書·大匡》"三州諸侯咸率"注："率，謂奉順也。"義皆相近，是"率服"意謂循服、順服。《詩·思文》"帝命率育"傳："率，用也。"而"用，以也"（見《一切經音義七》引《蒼頡》）。謂蠻夷以服。僞傳及《蔡傳》則皆釋作"相率"。僞傳云："佞人斥遠之，則忠信昭於四夷，皆相率而來服。"《蔡傳》云："言當厚有德，信仁人而拒姦惡也。凡此五者（包括"食哉""柔遠"二者）處之各得其宜，則不特中國順治，雖蠻夷大國亦相率而服從矣。"其義總之是説使蠻夷歸服了。如《東坡書傳》所説的："惇厚其德，信用善人而拒佞人，則蠻夷服。""蠻夷"見下文注㉗。

⑧舜曰咨四岳——《史記》作"舜謂四嶽曰"。是此"咨"字與前面"咨汝羲暨和"句之"咨"字同義，亦與本節上文"咨十有二牧"下文"咨禹"等及"咨汝二十有二人"之"咨"同義，皆"告"、"命"、"謂"之意。與"湯湯洪水方割"節"咨四岳"之咨作爲欺詞者異。僞傳云："稱'舜曰'以別堯。"林之奇《全解》云："稱'舜曰'者，所以別堯也。蓋自此而上稱'帝曰'者皆堯也，自此而下稱帝曰者，皆舜也。"

⑨有能奮庸熙帝之載使宅百揆——《史記·舜紀》作"有能奮庸美堯之事者,使居官相事"。又《夏本紀》作"有能成美堯之事者,使居官"。皆譯文意,並以"帝"指堯。皮錫瑞《考證》云:"今文宅爲度,史公蓋以居訓度也。史公釋'度百揆'爲居官,蓋不以百揆爲官名。"參看上文"納于百揆"校釋。

"有",王引之《釋詞》云:"有,猶或也。""或之者,疑之也。"劉淇《助字辨略》云:"《詩·豳風》:'今此下民,或敢侮予?'此或字猶云誰也。"裴學海《虛字集釋》亦云:"或,猶誰也,字或作有。"楊筠如《覈詁》遂逕釋云:"有,誰也。"參看前文"有能俾乂"校釋,知"有"確釋"誰"。"能",隸古定本作"耐"。

"奮庸",《史記·集解》引馬融云:"奮,明。庸,功也。"僞傳:"奮,起。庸,功。"蘇軾《書傳》:"奮,立也。庸,功也。……有能立功光堯之事者,當使宅百揆。"林之奇《全解》則謂"有能奮起其功以廣堯之事"。呂祖謙《書說》又云:"有能奮起事功以熙我之事者。"始以"帝"字非指堯而是指舜自己。至《蔡傳》云:"奮,起。熙,廣。……舜言有能奮起事功以廣帝堯之事者,使居百揆之位。"此除馬融釋"奮"爲明蘇軾釋之爲立外,大都釋"奮"爲起,釋"庸"爲功,並釋"載"爲事。又錯誤地釋"百揆"爲官名。另有釋"奮"爲發,釋"庸"爲勞者,見《史記·樂書·集解》引孫炎曰:"奮,發也。"《文選·答賓戲》注亦釋爲"發"。《孔疏》:"《釋詁》云:'庸,勞也。'勞,亦功也。"是爲奮發勤勞於事功。又有釋"奮"爲進,釋"庸"爲用者。孫星衍《注疏》云:"奮庸者,《廣雅·釋詁》云:'奮,進也。'言進用。"池田末利《全釋漢文大系:尚書》指出:"奮庸"與下文"疇若"相對爲文(裴氏《虛字集釋》又以"有能"與"疇若"同義)。大抵釋爲"奮起事功"較切。

"熙"，上引《史記》釋爲"美"，是爲最早得其確義者。然尚有下列諸釋曾用於此者。《爾雅·釋詁》："熙，光也。"《國語·周語》注及《後漢書·班彪傳》注同此。故蘇軾釋此句爲"光堯之事"。《國語·周語》注、《後漢書·和熹鄧后紀》注等皆釋"熙，廣也"。故僞傳釋此句爲"訪群臣有能起發其功，廣堯之事者"。《爾雅·釋詁》："熙，興也。"《漢書·禮樂志·集注》同此。上文"庶績咸熙"《史記》即譯作"衆功皆興"。加藤常賢《真古文集釋》遂謂此句應與"庶績咸熙"句同訓"興"。以上諸説，自以從《史記》最早之釋較妥。何況光、廣、興等義皆讚美之詞，與"美"字義相近。

"帝"，《史記》及大多經師皆以此"帝"字指堯，《東萊書説》以爲指舜，其實是泛指君主，與《擊壤歌》"鑿井而飲，耕田而食，帝力于我何有哉"之"帝"同義。

"載"，《史記》釋爲"事"。按，《逸周書·謚法解》："載，事也。"《詩·文王》傳、《漢書·禮樂志》集解、《孟子》"見瞽瞍"趙注以及《小爾雅·廣詁》等皆同。《文選·皇太子釋奠詩》注引王肅注此云："載，事也。"僞傳、《蔡傳》及大多經師亦皆釋爲事。又有釋爲"行"者，《小爾雅·廣言》、《周語》"登年以載"、注《管子》之《形勢》、《侈靡》等篇注、《荀子·榮辱》等篇注，皆以爲"載，行也"。《孔疏》引鄭玄注此處云："載，行也。"又有釋爲"成"者。《小爾雅·廣詁》、《國語·周語》"奕世載德"等句、《晉語》"求置晉君而載之"等注皆云："載，成也。"《孔疏》引王肅注亦云："載，成也。"自仍以《史記》最早之釋爲較妥。

"百揆"，上文"納于百揆"校釋已闡明百揆即百官而非相當於冢宰之官名。而僞傳、《蔡傳》及大多經師則釋爲官名。惟元王充耘《讀書管見》乃明確駁之。現録其主要一段如下："舜欲得人以宅百掇,而衆推禹爲司空。則司空以下,百掇也。不然,則自后稷以下皆有所命之職業,而百掇獨無職守,何耶?《傳》謂禹以司空兼百掇,經無兼官明文,其所命不過曰'汝平水土',其與'汝后稷播時百穀'、'汝作司徒五教'、'汝作士'、'汝作工'何以異哉?……是此九官所職者不一,所以名之爲百掇也。豈於九官之外,他有百掇者乎?"這是經師們中個別有見地之説。

⑩亮采惠疇——《史記·舜紀》將此四字寫成"相事"二字。蓋訓"亮"爲相,"采"爲事,實止譯用前二字。按過去經師們用釋於此句者,"亮"有相(《爾雅·釋詁》)、信(亦《釋詁》)、明(《文選·嵇叔夜詩》注)、導(《釋詁》)諸訓(段氏《撰異》:"古'輔相'與'相視'無二義,相視即《説文》'明也'之訓也。"是相有輔、視、明諸義)。"采"有事(《釋詁》,又上文"疇咨若予采"校釋)、功(僞傳)、庶事(《蔡傳》)、治(《覈詁》)諸訓。"惠"有順(《詩·燕燕》傳,又《釋言》)、惟(《覈詁·雒誥》)、澮(《覈詁》引高晉生説)諸訓。"疇"有類(《史記》之《禮書》、《樂書》索隱、《洪範》"九疇"傳)、誰(《釋詁》)諸訓。經師釋此句者,馬、鄭之注未傳下,姚氏僞傳釋此句云:"信立其功、順其事者,誰乎?"蘇軾《書傳》釋云:"其能信事而順者誰乎?"王安石《新義》則云:"亮采者,明其事也。惠疇者,惠其疇也。"(林之奇《全解》引。夏僎《詳解》所引多"百工者,百掇之疇也。百掇得人,則百工皆疇離祉矣"數句)林之奇《全解》承王説云:"此説雖勝,然以疇爲惠其疇,而引《周易》'疇離祉'爲證,以爲百工者百掇之疇也,百掇得人則百工皆疇離祉矣。以疇離祉證疇之義,又以離祉爲説,迂回甚矣。予竊謂'亮采'者輔相之義,與'寅亮天工'、'弼亮四世'之亮同。《爾雅》曰:'亮,左右也。'以是知亮有輔之義。'亮采'者,輔相朝廷之事。'疇'如'九疇'之疇,謂見下之事

各以其類，無不順也。"林意謂"亮采惠疇"是輔相朝廷使各類政事無不順。《東萊書説》云："亮采惠疇，宰相之道也。亮采者，謂明天下之事;……惠疇者，謂順天下人才而任之。"陳經《書詳解》則釋此句爲"弼事順類"。《蔡傳》云："以明亮庶事而順成庶類也。"清江聲《音疏》則依《史記》足其意云："相事而順其疇類。"近人楊筠如《覈詁》提出新説："亮，相、導也。居官治事曰采，采之言，治也。《皋陶謨》'亮採有邦'，與此同誼。惠，高晉生疑借爲澮。《山海經·中山經》'……五采惠之'，即假惠爲繪，故得假爲澮。《周禮·雍氏》……鄭注:'澮，田間通水者也。'……《論語》禹卑宫室而盡力乎溝洫，是其義也。"這是牽合禹治水爲説。此時原語只是泛指舜徵求重政人才，尚未及治水事，故楊説不確。當以宋儒承《史記》之説所作解釋較近是。

⑪僉曰——《史記》作"皆曰"。見上文"帝曰咨四岳湯湯洪水方割"一節注⑫"僉"校釋，《説文》:"僉，皆也。"此處指四岳與群臣共同對答。不是説四岳爲四人共同回答。

⑫伯禹——唐寫《釋文》:"柏，古以此爲伯仲字。帠古禹字，《説文》古文作帠。"薛本遂作"柏帠"，內野本、足利本、影天正本皆作"伯帠"。參見上文"湯湯洪水方割"一節注⑭"鯀"校釋。自神話中相傳禹從鯀腹中剖出，鯀、禹爲父子，而鯀稱崇伯。此處注疏家依此爲釋，僞傳云:"禹代鯀爲崇伯。"《孔疏》云:"以其伯爵，故稱伯禹。"《蔡傳》云:"禹，姒姓，崇伯鯀之子也。"各種典籍大都持此説。

關於禹的實際情況，大要見於起釪爲《中國大百科全書·中國歷史》卷所撰"禹"的詞條。但發表時有縮減，現據原稿要録於此:

禹在西周文獻《詩》、《書》中，是一位古代天神，大地是由他敷布降下的，商、周兩族都自承居住在禹所敷布的土地上(見《商頌·

長發》、《大雅·文王有聲》、《小雅·信南山》、《魯頌·閟宮》、《吕刑》、《康誥》等）。至春秋時齊靈公器《齊侯鎛》猶云“奄有九州，處禹之堵”。《秦公毁》亦云“鼏宅禹賣（蹟）”。到長篇神話史詩《天問》中，在天地開闢後最早的兩位天神就是鯀和禹。始見鯀治水失敗被刑後從其腹中剖出禹之説。禹治水成功，娶塗山氏女，生子啓。啓後來建立夏王朝，禹遂爲夏宗神。《國語·周語下》説禹治水成功，上帝嘉獎他，使有天下，賜他姓姒，稱有夏氏。《魯語上》稱其族爲夏后氏。從而《鄭語》稱他爲“夏禹”。而禹之爲夏族宗神，實際是先爲羌族西戎中的九州之戎的宗神而後轉爲夏宗神，故曾稱爲“戎禹”（見《書緯帝命驗》、《潛夫論·五德志》）。因禹這一族作爲羌族的九州之戎中的一支，步着其先輩黄帝族的前進路綫，東進至晉南創造了夏文化，形成爲後來建立夏王朝的夏族。禹就由羌戎宗神成爲夏的宗神（參看顧師《九州之戎與戎禹》）。夏族把宗神禹與古代洪水傳説相結合，禹就成爲治理洪水，敷布土地，奠定山川的天神。而《天問》中與鯀、禹相繼提到的第三個神是共工（見“允釐百工”節注⑭“共工”），而共工與炎帝、鯀、四岳都是源於羌族的姜姓族先後的宗神，夏族既然也是羌族西戎之所出，姜之四岳族又與夏后族通婚姻，族系淵源甚深，因此姜之宗神亦爲夏所尊奉，但因民族方言的關係，把“共工”讀成“鯀”，知二者原爲一神，在姜族爲共工，在夏族爲鯀。當把各宗神安排在一個祭壇上時，宗神鯀的時間在禹以前，產生了鯀爲禹父的神話傳説，附麗出了從鯀腹剖出禹的神奇的故事。到春秋戰國文獻中，禹在敷土、治水之外，增加了劃分九州之傳説（見《左傳·襄公四年》），在神職方面被崇奉爲社神（見《封禪書》引先秦資料、《五帝德》、《氾論訓》）。而禹也有了許多美稱，《逸周書·世俘》稱“崇禹”（由《周語》稱“崇伯鯀”來），《周語》、《天問》稱"伯禹"，《莊子·齊物論》稱"神禹"，《戰國策》稱"大禹"，《夏本紀》所録戰國資料稱"帝禹"。到儒、墨兩家著述中，禹與堯、舜這些神，都被人化爲歷史人物，被推崇爲古代最聖明最偉大的實行禪讓的三個聖王，爲道德最美備的三個典範。儒家編本篇《堯典》及下篇《皋陶謨》頌揚他們，並因禹平水土，特襲用《國語》、《天問》對他的稱呼爲"伯禹"。又將有所承傳至春秋之世已出現的一篇地理名作加工成《禹貢》，作爲記載他治水、分州盛業的寶典。《墨子·兼愛中》亦渲染宣揚了他的治水盛業(《荀子·成相》亦盛譽之)。《孟子·滕文公》及《尸子》還塑造了他辛苦治水多年(或云八年或云十三年)三過家門而不入的盛德(亦見《夏本紀》引先秦資料)。遂成了從茫茫洪水中拯救人民的人間聖王，無與倫比的大禹。而後《墨子·尚賢》、《孟子·萬章》都宣揚他受舜禪位做了天子。而在一些文獻中，還記載了禹的一些具體事迹。其中較有名的，如《左傳·哀公七年》："禹合諸侯於塗山，執玉帛者萬國。"《墨子·兼愛下》載禹征有苗時發布的《禹誓》，又《非攻下》載："禹親把天之瑞令，以征有苗。"《史記·夏本紀》載："十年，帝禹東巡狩，至于會稽而崩。"太史公贊辭則引另一説云："或言，禹會諸侯江南，計功而崩，因而葬焉，命曰會稽。會稽者，會計也。"既由神而人化，做了人間帝王，自然可以有這些活動了。《大戴記·五帝德》及《世本》則以史筆記載了禹的事迹。

　　作爲歷史人物的禹，可理解爲夏族部落一傑出的首領，或被神化爲宗神，或以其威望作爲本族原有宗神的化身出現，承用了宗神的名字。他和東方鳥夷族部落中傑出的首領堯、舜，由於民族長期激盪交往終於融合相親結成部落聯盟之後，在軍事民主制中依次擔任部族聯盟的軍事首長。但他們處的時代正是由部落聯盟的極盛走向解體的時代，到夏族中有勢力的首領相傳爲禹的兒子啓時，軍事民主制被破壞，啓不再由選舉產生而自身世襲爲國王，從此我國脫離傳說時代走向歷史時代。

⑬司空——爲周代官職名。始見於周武王伐紂的《牧誓》中云："王曰：嗟！我友邦冢君、御事、司徒、司馬、司空、亞、旅、師氏、千夫長、百夫長。"又周初周公告成王談建立官制的《立政》篇，在列舉所立中央王朝居王左右的機要大臣、宮中之官、府中之官後，接着舉"司徒、司馬、司空、亞、旅"。顧剛師論析此爲《立政》中繼前面三組的第四組處理侯國事務之官（見《周公制禮的傳說與〈周官〉一書的出現》）。這與《牧誓》叙在友邦冢君之後相合。《立政》所叙當是周文王、武王以迄周公時所實行並囑成王繼續實行的官制。又周公封康叔於衛時告誡康叔的《梓材》篇中有云："越曰：我有師師、司徒、司馬、司空、尹、旅。"這也是侯國之官。《詩·大雅·綿》頌文王之功有云："乃召司空、乃召司徒……縮版以載，作廟翼翼。"這也是文王尚處侯國地位時。這些都是西周早期文獻所載。

到西周中期漸有改變。見於金文周懿王時銅器免卣（觶）銘文所載，免被任命"乍嗣工"，即"作司工"，亦即任司空之職。知"司空"在金文中原作"嗣工"即"司工"。似已是王室之官。然另有屬王時器《矢人盤》載："淮嗣工虎乎"，"貎人嗣工騶君"，則仍爲地方官。郭沫若《周官質疑》（見《金文叢考》），舉此諸資料，尚有《司空毀》云："嗣工乍寶彝。"《叔山父簠》云："莫伯大嗣工召叔山父乍旅匠。"則有"大司工"之名。至彝器中載司空之職掌者，見於郭氏《兩周八文辭大系圖錄考釋》所錄亦屬王時器《揚毀》所云："王若曰：揚，乍工，官嗣量田甸、眔嗣立（居）、眔司羿（誓）、眔嗣寇、眔嗣工司（事）。"則這又是王室之官，他職掌不少：司田甸、司居、司誓、司寇、司工事。

　　到春秋時《國語·周語上》載耤田之禮前,周王先舉行祓禮,使各官員所掌的是:"司空除壇於籍。"《周語中》記陳國國政廢弛百事衰敗時説:"司空不視塗。"下文記周之《秩官》有云:"司空視塗。"韋昭注"除壇"云:"司空,掌地也。"注"視塗"云:"司空,卿官,掌道路也。"這是針對《國語》文義注明其有關職掌是主管土地和道路(其後承此解者,《白虎通·封公侯篇》云:"司空主地。"又云:"司空主土。"《淮南子·時則訓》高誘注:"司空主土。"《周禮·遂人》鄭注:"徑、畛、塗、道路皆所以通車途於國都也。……舉塗以包徑、畛、道路也")。

　　到戰國時《荀子·王制·序官》云:"脩隄梁,通溝澮,行水潦,安水臧,以時決塞,歲雖凶敗水旱,使民有所耘艾,司空之事也。"則説成主要是管水利了。《月令·季春》:"命司空曰:'時雨將降,下水上騰,循行國邑,周視原野;修利隄防,道達溝瀆;開通道路,毋有障塞;田獵罝罘、羅網畢翳,餧獸之藥,毋出九門。'"則國邑、原野、水利、溝瀆、道路、田獵都管了。《周禮》"冬官司空"的職掌則云:"掌邦事。凡營城起邑,復溝洫,修墳防之事,則議其利,建其功。四方水土功課,歲終則奏其殿最而行賞罰。"(見《通典》卷二十引載)爲今《周禮》失載之文,只城邑、水利二項,連《周禮·考工記》諸項皆未涉及。《詩·緜》鄭箋:"司空司徒卿官也。司空掌修國邑。"則又專提其修國邑之職。《考工記》"國有六職,百工與居一焉"鄭玄注:"司空掌營城郭、建都邑,立社稷宗廟、造宮室、車服、器械、監百工者。"則所掌者多。《禮記》中由漢代博士據"先王班爵授禄"之制撰寫的《王制》中所記司空職掌較詳,首段謂"司空執度度地,居民,山川沮澤,時四時,量地遠近,興事任力"。次段述應根據四方地理不同生活風習不同區別對待各地之民。末段云：“凡居民，則量地以制邑，度地以居民，地邑民居，必屬相得也。無曠土，無游民，食節事時，民咸安其居。”則其主要任務在量地以制邑居民。皮氏《今文尚書考證》引《尚書大傳》云：“溝瀆壅遏，水爲民害。田廣不墾，則責之司空。”則又主要掌水利。《大戴禮記·盛德》云：“司空之官以成禮。”當係據《周語》“司空除壇”之職。然北周盧辯注云：“凡宗社之設，城郭之度，宮室之量，典服之制，皆冬官所職也。”則除壇社之設，凡城郭、宮室之建立，典服之制定皆其所掌。而《通典》又載南朝宋制説司空“掌治水土、祠祀，掌掃除、樂器、大喪，掌將校，復土。歷代皆有之”。則自先秦至南朝宋、北朝周歷代司空職掌作了大要綜述。

　　大抵金文所述職掌是可靠的，其司田甸、司居、司工事諸職掌亦爲後代所見的司空之職。其司誓、司寇似爲當時兼職。其後文獻中則多出：清社壇、掌土地、道路、水利、溝洫、田獵、行視國邑原野、營建宗祀、城邑、宮室、度地居民、典服之制，等等。至《考工記》則全載掌百工製作之事，上舉營建城邑、宮室、溝洫以及典服等皆在其中。亦即金文中的“司工事”。這些都是司空一職在金文和文獻中所曾見過的職掌。

　　《周語中》記周之秩官，與司空並舉的三官是：“司徒具徒，司空視塗，司寇詰奸。”又《尚書·洪範》的“八政”：“四曰司空，五曰司徒，六曰司寇。”與武王、周公所布誓誥中的司徒、司馬、司空三者有了變異，次序也有倒易。顯然違失武王、周公時的原制。到《周禮》的六官，則編排成：冢宰、司徒、宗伯、司馬、司寇、司空。由於春秋之世事多變亂，《周語》、《洪範》是這種變亂的反映，《周禮》則主要依據以司徒、司馬、司空等職爲六卿的魯國官制（衛、鄭相近），再收集春秋之世變亂了的資料，“整齊故事”地做了系列安排，所以都和西

周早期《牧誓》、《立政》、《梓材》原始資料有異。《禮記・曲禮》則
保持了一種西周中期以來官制原貌的遺影。其言云："天子建天官，
先六大，曰：大宰、大宗、太史、大祝、大士、大卜，典司六典。天子之
五官，曰：司徒、司馬、司空、司士、司寇，典司五衆。天子之六府……
天子之六工，曰：土工、金工、石工、木工、獸工、草工，典制六材。"這
裏司徒、司馬、司空保持了原貌，只是加了司士、司寇與之並爲五官。
而見於上引金文《揚毁》資料，司寇是低於司空的。又這裏的六工，
到《周禮》"冬官"全成了司空的職掌。至東晋出現的僞《古文尚
書・周官》篇説"司空掌邦土，居四民，時地利"，則只截取了《王制》
中的度地、居民、時四時量地諸項。

　　郭沫若《周官質疑》一文，在"卿事寮"一節中，引述羅振玉《殷
虛書契考釋》以"卿事"即文獻中的《詩》的"卿士"，以爲至當。羅又
以《周官》六官之長爲卿釋之則不確。以爲："卿士當求之於《曲禮》
之六大，不當求之於《周官》之六官。""六大乃古之六卿，所謂'六事
之人'。五官古只三官，曰司徒、司馬、司空，其職爲大夫。《小雅・
雨無正》稱'三事大夫'，《書・立政》序司徒司馬司空於'大史尹伯、
庶常吉士'之下，《牧誓》序之於'友邦冢君御事'之下，均其證。司
士、司寇殆亞、旅之屬，《周官》司士隸於司馬，彝銘中有以司工而兼
攝司寇者，足見二官實不足與三事並列也。"並以爲這"六大"即金
文中的"三左三右"。大宰大宗大士爲三右，大史大祝大卜爲三左，
都是助王處理宗教祭祀國家大政列爲卿事寮的國家第一級文官。
"三事大夫"司徒司馬司空則爲低於卿事寮處理實際政務的職官。
這是從西周中期以來彝器中所反映的實際實行的比周初已有變異
的官制情況。然而歷史不斷演進，官制隨之繼續有變異。從《洪
範・八政》中所反映春秋變亂資料看出，"祀"降爲第三位，而政務

職官司徒司馬司空成爲第一級的國卿，至《周禮》中更明顯，此三者成爲六卿首要，即六官，而大卜、大祝、大史及其系列僚官皆隸在春官宗伯之下，皆抑爲下大夫。這一歷史性變化，郭沫若《兩周金文辭大系圖録考釋·小盂鼎》云：“世道開明，卜祝等失其魔力，遂淪爲下吏矣。”由此可知歷史上的司空一官，與司徒、司馬並立而三，初爲侯國職官，西周中期中央王朝亦有此官，但爲居卿士寮之下的第二級大夫之職，至春秋而上升爲六卿之列，實際由魯國六卿之職，由周魯鄭衛四個同一姬周系統之國同所采用，因而編排成體系完整的《周禮》一書，但在實際實行中彼此尚有紛歧。

　　《堯典》作者所處春秋時代是有司空一官的，且已爲王朝之官，因而寫入篇中。它的職掌當涉及上文所舉的諸種，但戰國時《荀子》書中所舉司空則純爲水利之官。顯然見過已編成的《堯典》，即就《堯典》文意把司空説成純爲水利之官。

　　本篇原文明明説舜叫推薦“奮庸熙帝之載使宅百揆”之人，可是臣下答以“作司空”之人，而舜下文也説“咨禹，汝平水土，惟時懋哉”。同意只任水利之官，則與自己前問不相協，然亦與本節任命二十二人皆擔任專職而非總百官之文相合。很可能這原是一組任命二十二人的資料，前面叫“宅百揆”之文爲另一資料，《堯典》作者又把它們硬凑在一起。也可能如上文薦舜於堯那一段一樣，這裏有薦禹於舜的一段，只是殘缺了，就形成了這裏前後不相銜接之文，注疏家就只好牽合成釋。《周禮·疏序》引鄭玄注云：“初，堯冬官爲共工，舜舉禹治水，堯知其有聖德，必成功，故改命司空，以官名寵異之，非常官也。至禹登百揆之任，舍司空之職爲共工與虞是也。”姚方興僞傳云：“禹代鯀爲崇伯，入爲天子司空，治洪水有成功，言可用之。”林之奇《全解》云：“蓋禹於是時以司空居平水土之任，已有成績矣,故四岳舉之,將使舜自司空擢升百揆之任也。”朱熹《語類》云:“禹以司空行宰相事。‘汝平水土’,則是司空之職;‘惟時懋哉’,則又勉以行百揆之事。”《蔡傳》:“平水土者,司空之職。時,是。懋,勉也。指百揆之事以勉之也。蓋四岳及諸侯言伯禹見(現)作司空,可宅百揆。帝然其舉,而咨禹使仍作司空,而兼行百揆之事。録其舊績,而勉其新功也。”這就是下文“汝平水土,惟時懋哉”之意。《史記》譯作“汝平水土,維是勉哉”。這都看出經師們調停牽合的用心,不論漢學者和宋學者,都只是在就文爲解,力圖彌縫過去。

《史記》在“皆曰伯禹爲司空”句後,多“可美帝功”四字。皮氏《考證》云:“史公不以百揆爲官名,故云‘伯禹爲司空可美帝功’。”非謂由司空遷百揆始可美帝功也。《尚書刑德放》、《説苑》、《鹽鐵論》、《潛夫論》、《論衡》、《吴越春秋》皆曰禹爲司空,不曰禹爲百揆,是今文家説,無以百揆爲官名者。

⑭帝曰俞咨禹——《史記》作“舜曰:嗟!然。禹”,“俞”,已見前文“朕在位七十載”一節注⑪“俞”校釋。同於應對副詞“然”,亦即今口語“好吧”、“好呵”之意(下文“俞”同,不再出注)。“咨”,同上注④“咨十有二牧”之咨,義爲“告”。但《史記》作嘆詞,且移在“俞”前。按本節共八個咨字,雖此處與下文“咨四岳”、“咨伯禹”、“咨汝二十有二人”共四個咨字《史記》皆譯作嘆詞“嗟”,但第一個“咨十有二牧”的咨字《史記》譯作“命”,即“告”之意,甚合文義。則全節諸咨字常同義,不必分爲二種用法。且《史記》譯“嗟”諸咨字,作爲“命”“告”之義仍合,故以皆釋爲“命”“告”之義較妥。

⑮拜稽首——唐寫《釋文》:“𢷎,古拜字,《説文》以爲今字。云古文作𠦬,又作𢪒。”蓋所據隸古本奇字。今本止作拜字。䭫,古稽

字，䰄，古首字。”“稽首，首至地，爲臣事君之禮。”段氏《撰異》以爲
“稽者，䭫之假借”。薛本、内野本、足利本、影天正本此三字皆依
《釋文》作，而各有訛變。《説文》：“頮，首至地也。”龔氏《釋文考
證》云：“此所引《説文》頮字，蓋即從比從兩古文手之字，而筆畫訛
異。……今經典唯《周官》用頮字。”見《周禮·春官·太祝》：“辨九
頮，一曰稽首，二曰頓首，三曰空首。”鄭注：“稽首拜，頭至地也。頓
首拜，頭扣地也。空首拜，頭至手，所謂拜手也。”賈疏略云：“空首者
先以兩手拱至地乃頭至手，以其頭不至地，故名空首。頓首者爲空
手之時引頭至地，首頓地即舉，故名頓首。稽首，稽是稽留之義，頭
至地多時則爲稽首，拜中最重，臣拜君之拜。”

⑯稷——唐寫《釋文》“稷，古稷字，官名。”《説文》“稷”，古文
稷。原爲姬周族之宗祖神，姬周族奉之爲始祖。《詩·大雅·生
民》：“厥初生民，時維姜嫄。……履帝武敏歆……載生載育，時維后
稷。”《魯頌·閟宫》：“赫赫姜嫄……上帝是依。……是生后稷。
……纘禹之緒。”《周語下》：“我太祖后稷。”是周人、魯人都説其始
祖是上帝和姜嫄生下的，以神化始祖是上帝的直接血胤（實反映知
母不知父的母系時代所生）。而且是繼天神禹之緒住在禹敷布的下
地上。那就是説，后稷遠在禹之後。其名是“后稷”，但也單名稷。
見《吕刑》“稷降播種”及《國語·魯語上》“周人禘嚳而郊稷”。也
可能原只稱稷，而後以訓爲君主之義的“后”字爲美稱，而稱之爲后
稷。下文“汝后稷”《孔疏》云：“單名爲稷，尊而君之，稱爲‘后稷’。
故《詩》、《傳》、《孝經》皆以后稷爲言。”已説明此義。

《周語下》及《左傳·昭公九年》以后稷爲官名，見下注㉒“汝后
稷”。《魯語上》及《左傳·昭公二十九年》則以稷爲神名。又稷有
另一名叫“棄”，見下注⑳“棄”。

　　在周人魯人自己歌頌始祖的詩篇中，明明説自己的始祖遠遠在禹之後，是不應在舜任命禹以官職的同時，又任命稷以官職。而《周語下》説：“自后稷之始基靖民，十五王而文始平之。”又云：“后稷勤周，十有五世而興。”《世本·帝繫》載后稷至文王正是十五世。通常以三十年爲一世，則十五世僅四百五十年。《左傳·宣公三年》云：“鼎遷於商，載祀六百。”則自文王上推四百多年，后稷生當商代中期偏早，比湯至少晚一百多年，更不要説隔了一個夏代，比禹不知要晚多少個世紀，怎麽能同時任命爲官呢？這當然是不合理的！但進入神話中，不同時的人是可以同時的。《吕刑》中已説，上帝派伯夷、禹、稷“三后”到人間來“恤功于民”。伯夷是四岳族宗祖神，禹是夏族宗祖神，稷是周族宗祖神，各自時代不同，但同被上帝派下來了（吕是四岳姜姓族，故把自己宗神排在第一）。遂爲《堯典》作者所本，把不同時期地區的各族宗神的材料搜集來，同時任命他們在虞舜的朝廷裏做官，使本節所叙“虞廷九官”，真成了顧剛師所説的“倒亂千秋式的拉攏”了。

　　⑰契——殷商族的宗祖神，被奉爲殷商族的始祖。《詩·商頌·玄鳥》云：“天命玄鳥，降而生商。”《商頌·長發》：“洪水茫茫，禹敷下土方……有娀方將，帝立子生商，玄王桓撥。”《國語·周語下》：“玄王勤商，十四世而興。”《荀子·成相》云：“契玄王，生昭明，居於砥石遷於商，十有四世乃有天乙是成湯。”説明玄王即是契，由上帝命玄鳥和有娀之女生出，居於禹所敷下的土方上，傳十四世而至於湯。故《國語·魯語上》云：“商人禘舜而祖契。”是商人把舜禘祀爲先祖之所自出，把契祖祀爲本族的始祖。而《禮記·祭法》則謂：“殷人禘嚳而郊冥，祖契而宗湯。”《禮記》文多後出，不及《國語》原始。《史記·殷本紀》承上述資料及有關傳説綜述之云“殷契，母

曰簡狄，有娀氏之女，爲帝嚳次妃。三人行浴，見玄鳥墜其卵，簡狄取吞之，因孕生契”（故事見《商頌》諸篇及《天問》、《離騷》等）。

“契”，又作“偰”、“卨”。見唐寫《釋文》：“卨，古文作䙷，皆古偰字，息列反，臣名也。”薛本作卨，内野本、足利本、影天正本皆作卨。《説文·人部》：“偰，高辛氏（即嚳）之子，堯司徒，殷之先。”段氏《撰異》云：“此正字也，别無他義。蓋爲玄王之名，故叔重之説解如此。蓋壁中《尚書》正作‘偰’也。《卨部》‘卨’下曰：‘讀與偰同。’可知漢人通用‘偰’，人所共曉。不知何時遺去人旁，借用書契。許云‘高辛氏之子’者，《左氏傳》舜舉高辛氏之子八元使布五教於四方，然則偰即……八元中之一也。班氏《古今人表》不得其主名，故既舉八元，復舉卨。‘卨’者，‘偰’之假借字。……《説文》卨字下云‘讀與偰同’者，此謂其音同，非謂其字同也。”除《説文》、《古今人表》著“卨”字外，《殷本紀正義》並引《括地志》“商州商洛縣”云：“商州東八十里商洛縣，本商邑，古之商國，帝嚳之子卨所封也。”其後薛季宣本、内野本及足利本並作“卨”。見敦煌唐寫《釋文》云：“卨，古文作䙷，皆古偰字，息利反。臣名也。”龔道耕《考證》：“《説文》‘卨’，古文作‘䙷’。今經典通用契，惟《漢書》有作‘卨’者。”

契（卨）作爲殷的始祖，而甲骨文中未見。王國維《殷虚卜辭中所見先公先王考》及《續考》，考定最早者“高祖夔”，字或作“夋”，即《山海經》中之“帝俊”。謂“以聲類求之，蓋即帝嚳”，“其或作夋者，則又夔字之譌”（按《山海經》神話中的“俊”至文獻中分化爲“嚳”和“舜”。簡述在拙著《古史續辨》第22頁）。但徐中舒、容庚、唐蘭、楊樹達都有異議，以爲‘夔’是“卨”字。陳夢家《殷虚卜辭綜述》引録了上述諸説後，據王國維指出王亥爲殷先公，稱“高祖亥”、“高祖王亥”最可注意，對他的祭祀隆重，因而説：“使我們傾向於王亥爲殷之主要的始祖，即契。"（《綜述》第 339 頁）又説："卜辭中的王亥，只能相當於契。"（第 340 頁）但羅琨《殷虚卜辭中的高祖與商人指的傳説時代》以爲卜辭中還有季和王恒，是王亥的父與弟，"這就決定了王亥不是商人記憶中的第一位男性祖先契"。其説有據。不過王亥在卜辭中地位是較特殊的，如依據《魯語下》殷人禘舜（或嚳）而祖契來看，則高祖夔顯然相當於舜（或嚳），王亥"是商人系中真實存在過的商王自出之祖"（羅琨文中語）。又獨在亥字上冠以鳥形，則實亦"玄鳥生商"這一圖騰傳説的反映，所以可稱爲玄王。則繼夔之後，似乎只有王亥足以相當於契。但如果以爲不能像王國維考定先公先王那樣確切有據，則不勉强地去作這一比附亦無不可。不過契在文獻中記載明確是殷商的始祖，按理是應該存在於甲骨文中的，則以王亥當之應該是較妥當的。

⑱暨皋陶——《史記》作"與皋陶"。《説文·㑗部》："㑗，衆詞與也。《虞書》曰：'㑗咎繇。'"（又《言部》"譕"字下亦引《虞書》"咎繇譕"）薛季宣本、内野本亦皆作"㑗咎繇"（惟薛氏本字形略異），敦煌唐寫本《釋文》云："㑊，音羔。繇，音遥。㑊繇，臣名。"龔道耕《考釋》云："此作㑊，筆畫小異。繇，寫訛。咎繇、皋陶，古書互見，而《尚書》則必作咎繇。《説文》'譕'下'㑗'下引《書》俱作咎繇，《漢書》亦作咎繇，顔注引《尚書》同，《唐六典》引《書》'帝曰咎繇'，皆可證。今作皋陶，衛包所改也。"按，段氏《撰異》就上引《説文》釋之云："蕭該《漢書音義》云：'㑗，《尚書》音巨泣反。'可證六朝時《尚書》作'㑗'。今本作'暨'，蓋衛包本。《音義》（指陸德明《釋文》）無'㑗'，恐開寶時删之也（然上引敦煌唐寫本亦無㑗字，是在開寶删改前）。《釋文》於'孔序'曰：'皋，本又作咎。陶，本又作繇。'考自來《古文尚書》有作'皋陶'者，有作'咎繇'者。是以顔注《漢書》

引《尚書》皆作‘咎繇’，李注《文選》則皆作‘皋陶’。要之，衡以古音，則皋陶二字古在尤幽，《説文》引《虞書》作‘咎繇’，則壁中原本也。”（按，實爲許慎承賈逵所傳杜林本而摹自壁中之本）是古本《尚書》皋陶、咎繇二體同用。

　　皋陶在較晚文獻即春秋中後期《左傳》及戰國典籍中，反映他爲群舒地區偃姓族的宗祖神。見《左傳·文公五年》：“臧文仲聞六與蓼滅，曰：‘皋陶、庭堅，不祀，忽諸！’”崔述《夏考信録》據《夏本紀》言“皋陶之後封於英、六”，而不言蓼，以爲六乃皋陶之後，蓼乃庭堅之後（因崔反對杜預注《左傳·文公十八年》所載庭堅“即皋陶字”之説，以爲古者不用字而皆稱名，則庭堅非皋陶）。而文公五年杜注云：“六國，今（晋）廬江六縣。蓼國，今安豐蓼縣。”地在今安徽西部六安、霍丘兩縣境。《春秋大事表》六云：“廬州府及六安州爲群舒地。”《詩·閟宮》“荆舒是懲”，即指此地區之族。《通志·氏族略》引《世本》：“舒蓼，偃姓，皋陶之後。楚東境小國也。”《左傳·文公十二年》“群舒叛楚”，杜注：“群舒，偃姓。”《正義》引《世本》：“偃姓：舒庸、舒蓼、舒糾、舒龍、舒鮑、舒龔。”而《秘笈新書》引《姓纂》云：“帝顓頊高陽之裔，顓頊生大業，大業生女莘，女莘生咎繇，爲堯理官，因姓李氏。”然《唐書·宗室世系表》云：“李氏出自嬴姓，帝顓頊高陽氏生大業，大業生女華，女華生皋陶。”則傳聞異辭了（倒合於劉師培所倡偃姓即嬴姓説）。至《夏本紀·正義》引《帝王紀》云：“皋陶生於曲阜。曲阜，偃地。故帝因之而以賜姓曰偃。”則把皋陶定在曲阜了。那麽皋陶活動之地在山東，即其得姓之地名偃亦在山東。

　　由於皋陶也是神話中來的人物，所以才有這些紛歧説法。《堯典》作者儘量搜集了來自神話的人物把他歷史化。這一做法當時似已得到共識,如《論語・泰伯》篇云:"舜有臣五人而天下治。"又《顔淵》篇:"子夏曰:……舜有天下,選於衆,舉皋陶。"則這一原爲群舒的宗祖神,現在成爲舜的臣下。他的職能,如《魯頌・泮水》云:"明明魯侯……淮夷攸服。矯矯虎臣,在泮獻馘;淑問如皋陶,在泮獻囚。"是説皋陶善於訊囚。古文籍中常謂皋陶爲理官,"理",即審判之官。本篇下文命皋陶"汝作士",即根據皋陶在泮獻囚來的。故僞傳云:"士,理官也。"

這些都是歷史化後關於皋陶的事迹。他的本源仍應尋之於神話中。實際上他和堯的神話不可分。"陶"與"堯"原是同音同義之字。因堯、陶、繇、窰諸字同屬古韻宵部,而堯的今音讀牙聲疑母,繇、窰讀喉聲喻母,是由古聲類通轉中的喉牙相轉造成。其實二字發音部位都在舌根,兩者聲紐原應完全相同,都應屬喻母四等字。根據古音通例"喻四歸定",此二字古音讀爲定母,與陶字讀音全同。可知堯、陶、繇、窰諸字同音 táo。後代語音中陶字本音仍保持定母未變,但作爲人名皋陶之"陶",則與堯、繇、皋都演化爲喻母四等,都讀 yáo 了。《詩・緜》裏周人所住的"陶復陶穴",今西北一帶仍叫作窰洞,是陶即窰,亦即堯。堯字在甲骨文中作 🝔,象人頂着陶器的土坯送去燒,而陶及窰是已成缸器的陶坯在窰穴裏。它們構形不同而取義相同,可能成字有先後之異,總之此諸字原是一字。

遠古氏族由蒙昧時代進入野蠻時代,是由製陶術開始,隨着野蠻時代由低級、中級進至高級而技術日益精進。可能當時有製陶技術特優之族,既以窰神做了他們的民族神,又如恩格斯所説的用這一想象的祖先做了他們氏族的名號。《禹貢》載古地名有陶丘,今山東省内還保存了這一地名叫定陶,可能就是這一氏族原來活動地區。"舜耕於歷山(在雷澤),陶於河濱"(《墨子》語)的傳説,其地點也和此相適應。在山東地區的龍山文化，有燒製技術很高的黑陶（如黑而薄的蛋殼陶）和各種陶器，大概就和他們有淵源。而一氏族之神傳説下去時後來發生分化。於是這一氏族之神分化成"堯"與"臯陶"兩個名字。在語源上，上文已説明"堯"與"陶"是一。而"臯"通"暭"，在語詞中作爲發聲詞。《儀禮·士喪禮》記古人對死者招魂時，長呼"臯某復"。鄭玄注："臯，長聲也。某，死者之名也。""復者，復魂也。"足證古人以臯爲發聲詞，是"臯陶"等於現代語的"阿堯"。由於稱呼既久，用字不同，一個神名分化成兩個神名，到典籍中作歷史記載，就成了兩個人名。也由於用字的分化，他們的氏族宗神用了堯字，而氏族名稱用了陶字，故該族居地稱爲陶丘。當由於陶氏族以擅製陶而成了有名氏族，它的承用宗神名字的傑出首領擔任了部落或部落聯盟的首領，一如恩格斯所説的："而部落首長的氏族則起源於一個更顯赫的神。"於是圍繞他就流傳着一些美好的傳説。到儒家"按往舊造説"時，就把這一神性的首領完全净化爲歷史上德聖最高的聖王，給他編寫了頌揚其盛德大業的本篇《堯典》，又把分化出來的喚做"阿堯"（臯陶）的神，也净化爲人，給他編寫了一篇宣揚其盛德實際是宣揚儒家政治倫理思想的《臯陶謨》，於是堯和臯陶在歷史上的聖君賢相的形象就樹立起來了。

　　⑲帝曰俞汝往哉——《史記》作"舜曰然往矣"。

　　⑳帝曰棄——《史記》作"舜曰棄"。"棄"，稷的另一名。是由一故事傳説來的。原來《詩·生民》在"載生載育，時維后稷"後繼云："誕彌厥月……無菑無害，以赫厥靈。……誕寘之隘巷，牛羊腓字之。誕寘之平林，會伐平林。誕寘之寒冰，鳥覆翼之。鳥乃去矣，后稷呱矣。"這只是根據關於始祖的一些傳説，聯綴起來歌頌其靈異，還説明他無災無害，更無其他不祥之意。但由於有這些靈異，就

逐漸流傳成了一則故事，最後載入《史記·周本紀》中云：“周后稷名棄，其母有邰氏女曰姜原。……姜原出野見巨人跡，心忻然……踐之而身動如孕者，居期而生子，以爲不祥，棄之隘巷，馬牛過者皆辟不踐；徙置之林中，適會山林多人；遷之而棄渠水上，飛鳥以其翼覆薦之。姜原以爲神，遂收養長之。初欲棄之，因名曰棄。”本來母系社會生子只知有母不知有父，《生民》原詩歌頌始祖由母親履上帝步武這種靈異誕生，生後又有許多靈異，都只是美化自己先祖。可是周人進入父系社會既久，在回憶自己先祖時，就帶着父系社會眼光來看，就以無父生子爲不祥，以至丢棄他，這完全是後起之説，遠非《生民》時的原觀點了。本來只名爲稷或后稷，又平空添出一個“棄”的名字了。這似由另一故事啓發而沿用其名。《左傳·襄公二十六年》：“宋芮司徒生女子，赤而毛，弃之堤下。共姬之妾取以入，名之曰弃。”文獻中載弃爲稷之名者，在稷被稱爲社神後。見《魯語上》云：“昔烈山氏之有天下也，其子曰柱，能殖百穀百蔬。夏之興也，周棄繼之。故祀以爲稷。”又《左傳·昭公二十九年》云：“稷，田正也。有烈山氏之子曰柱，爲稷，自夏以上祀之；周弃亦爲稷，自商以來祀之。”稷既爲神名，則爲之別立一名以當之，於是周祖成了“棄”了。此名出現於春秋時，故《堯典》作者得采用之。段氏《撰異》：“棄字《唐石經》皆作弃，此因其字中有世字，故避諱從古文作弃。”

　　㉑黎民阻飢——《史記》作“黎民始饑”。《集解》：“徐廣曰：《今文尚書》作‘祖饑’。祖，始也。”《索隱》：“古文作‘阻饑’。孔氏（指僞傳）以爲‘阻，難也’。祖阻聲相近，未知誰得。”《漢書·食貨志》則云：“舜命后稷，以黎民祖饑。”師古注：“孟康曰：祖，始也。”《集解》釋同此（孟康，三國人。《集解》作者裴駰，南朝宋人）。江聲

《音疏》、王鳴盛《後案》皆以爲古"祖"字"阻"字皆與"且"通。並舉幾件銅器銘文祖作且爲證。言阻厄於飢。段氏《撰異》云:"《周頌·思文》鄭箋云'昔堯遭洪水黎民阻飢'……《正義》引《舜典》'黎民阻飢……'注曰:'阻,讀曰俎。阻,厄也。'……蓋壁中故《書》作'俎',故鄭云:'俎讀曰阻。阻,厄也。'學者既改經文作'阻',則注文不可通,乃又倒之云:'阻讀曰俎。'……古'且'與'俎'音同義同。且,薦也。俎所以薦肉也。孔壁與伏壁當是皆本作'且'。伏讀'且'爲'祖',訓'始'。孔安國本則或通以今本作'俎',而說之者仍多依今文讀爲'祖',訓'始'。如馬季長注是也。(按唐本《釋文》引馬融注云:"祖,始也。")至鄭乃讀爲'阻',鄭意以九載績墮,黎民久飢,不得云始飢,故易字作'阻',云'厄也'。王子雝從之云'難也'(按見唐寫《釋文》)。姚方興采王注亦云'難也'。……而方興徑用鄭說易《尚書》經文本字作阻,不作俎。若《今文尚書》作'祖飢',則其證有五(略)。"按唐寫《釋文》正作"俎,本又作阻。……馬本作徂"。薛本作"俎"。陳喬樅《經說考》云:"馬鄭皆治《古文尚書》,鄭從古文家,故讀'祖'爲'阻'。馬參用今文家,故典《史記》訓合。"俞樾《平議》則云:"阻、祖皆且之假字。……《說文》'且部':'且,薦也。'然則'黎民且飢',猶言'黎民薦飢'。《詩·雲漢篇》'飢饉薦臻'毛傳曰:'薦,重也。'……其假字因其作祖而訓爲始,因其所阻而訓爲阨,俱未免望文生訓。"然《史記》作"始",實最早保持原義者,不宜輕予否定。于省吾《新證》云:"按金文'且'即'祖';'俎'作'圖',與'祖'通,《大豐毁》'王鄉大圖'可證。《儀禮·大射儀》'且左還'注:'古文且爲阻。'是'阻飢'即'且飢'。《呂覽·音律》'陽氣且泄'注:'且,將也。''黎民阻飢'者,黎民將飢也。"這是就"且"字的另一釋義以爲釋。然鄭玄以黎民久飢,不得釋爲始飢;

此則釋爲尚未饑而將飢，則去原來文意似遠。

“黎民”，見上第一節注㉑“黎民”校釋，主旨指庶民、衆民。

㉒汝后稷——上文“讓于稷契”句之“稷”爲人名，此句之“稷”爲官名。亦有以“后稷”二字爲官名者。然例以下文“汝作司徒”、“汝作士”、“汝典樂”等句，官名上一字爲動詞，則此句官名上“后”字亦當爲動詞。《經籍纂詁》輯録文籍中對“后”的各種釋義，絕大多數釋爲“君”，主要爲名詞，亦可爲動詞。此句《孔疏》本之以釋經文云：“往者洪水之時，衆民之難，難在於飢，汝君爲此稷之官。”又釋傳文時順口説了句“主此稷事”，本妥，可是接着説：“后訓君也，舜言汝君此稷言。”其後吳澄《書纂言》亦云：“后，君也。”朱駿聲《便讀》同此釋。然俞樾《平議》非之云：“稷曰后稷，猶夔曰后夔，羿曰后羿，所謂尊而君之者是也。帝命其臣，何得亦從尊稱而曰‘汝后稷’乎？若謂汝君此稷官，不辭甚矣。”可知此處后字釋君是不妥的。

又有釋爲“主”者。《纂詁》又引《漢書·百官公卿表上》顏注引應劭曰：“后，主也。爲此稷官之主也。”釋爲主是對的，不過以爲是名詞，其實應爲動詞。《孔疏》云：“稷是五穀之長，立官主此稷事。”得此后字之義。曾運乾《正讀》從之云：“后，主也。”屈萬里《集解》闡釋爲：“汝后稷，言汝主管農事，即爲農官也。”此釋爲允。

另有釋爲“居”者。始見《列女傳》“棄母姜嫄篇”云：“及棄長，而教之種樹桑麻。……堯使棄居稷官。……及堯崩，舜即位，乃命之曰：‘棄，黎民阻飢，汝后稷。播時百穀。’其後世世居稷。”其引原文，仍作“后稷”，而幾次述其義，都説居稷官。《論衡·初稟篇》云：“棄事堯爲司馬，居稷官。”《詩·閟宮》鄭箋云：“弃長大，堯登用之，使居稷官。”又《思文》疏引鄭注云：“汝居稷官。”皆釋爲居。宋林之奇《全解》亦云：“時居稷官。”清黄式三《啓幪》亦簡承此釋。至俞樾

《平議》云："疑鄭玄所據本作'汝居稷'。今作'后'者，后與居形似，又經傳多言'后稷'，因而致誤也。《國語·周語》'昔我先王世后稷以服事虞夏'，后字亦當作居，'世居稷'者，世居稷官也。"皮氏《考證》云："《今文尚書》作'居稷'，於義爲長。"又引《周本紀》帝舜曰"汝后稷"，下文云"號曰后稷"，因而云："據《史記》'號曰后稷'之文，則上文'汝后稷'之'后'亦當本是'居'字。"

新有釋爲"司"者。吳闓生《吉金文録·齊侯鎛鐘》"翦伐顨司"注："顨，古文夏字。見《汗簡》。……司與后反正同字。'顨司'即夏后也。《堯典》'汝后稷'，《國語》'昔我先王世后稷'，后皆當訓司，讀'后'則不可通。"于省吾《吉金文選·叔弓鎛銘》"删伐躒司"注："吳北江先生曰：'司、后反正同訓。'《堯典》'汝后稷'，即汝司稷也。"則依金文尋得"后"爲"司"的反體，爲同訓之字，故謂"后"訓"司"。

又有訓爲"繼"者。按《說文·后部》："后，繼體君也。"《易·象下》傳虞注："后，繼體之君。"故加藤常賢《真古文尚書集釋》闡"后"字意義云：后字本來有繼意，以故"后稷"即繼任稷官（原文爲日文，此摘述其意。按神話中棄繼烈山氏之子柱爲稷）。

以上諸釋，除釋爲君之義不適於此句外，其餘諸釋雖取義各有所重，但總之是說叫棄擔任稷官，即農政之官。（《周語》"稷爲大官"韋注："民之大事在農，故稷之職爲大官。"董疏："百穀稷爲之長，遂以稷名爲農官之長。"）

其以"后稷"二字爲官名者，見《國語·周語上》云："昔我先王世后稷以服事虞夏。"又云："農師一之，農正再之，后稷三之，司空四之。"《左傳·昭公九年》載周王曰："我自夏以后稷。……后稷封殖天下。"這些皆確以爲官名。《堯典》作者按資料分別采用，一篇内既用作人名，又用作官名。和下文“汝共工”一樣，也把上文用作人名的忽又用作官名。

按，《詩·生民》、《周語》、《周本紀》以至《列女傳》等都着意渲染棄幼時起就樂於農事，勤勞農事一生，《魯語》至說“稷勤百穀而山死”。《孟子·滕文公上》也說：“后稷教民稼穡，樹藝五穀，五穀熟而民人育。”由《周語上》說：“昔我先王世后稷以服事虞夏，及夏之衰也，我先王不窋（棄稷之子）用失其官，而自竄於戎翟之間。”此數語反映夏亡後夏族中之一支又回到西北原始民（即氐羌）之間，脫離農業生活。據《周本紀》記載，自不窋三世至其孫公劉時，復從事農業，並以宗農后稷的名義倡導這一生產活動，再一次從以畜牧爲業的氐羌戎狄族中分離出來，是爲形成農業部落周族的開始（所謂“周道之興自此始”）。再經歷八世至古公亶父時，《史記》說他“修復后稷、公劉之業”，“貶戎狄之俗”。就是說周族的農業從公劉開始，經過緩慢的進展，至古公時完全脫離畜牧生活，成爲特重農業之族，因而把宗神后稷特推重爲農業神，以光耀本族。《堯典》作者根據流傳的資料，就記載他擔任虞廷的農官。

㉓播時百穀——《詩·思文》疏引鄭注云：“‘時’讀曰‘蒔’。始者，洪水時衆民厄於飢，汝居稷官，種蒔百穀以救活之。”《說文·艸部》：“蒔，更別種。”此處《疏》文繼云：“是黎民阻飢後，稷播殖百穀也。《益稷》云：‘禹曰，予暨稷播奏艱食鮮食，烝民乃粒。’”段氏《撰異》云：“播殖百穀，殖、植古通用。亦即易‘時’作‘蒔’之意也。《呂刑》曰：‘稷降播種，農殖嘉穀。’《祭法》曰：‘其子曰農，能殖百穀，周棄繼之。’《鄭語》曰：‘周稷能播殖百穀蔬以衣食人民者也。’韋注：‘殖，長也。’”皆釋“時”爲“蒔”、爲“種殖”之義。

僞傳則釋云：“汝后稷布種是百穀以濟之。”則釋“時”爲“是”。

釋字只要能講通文義就行。此處終以釋爲種植較妥。

“播”，敦煌唐寫《釋文》作“𢿥”。此句薛氏本、内野本皆作“𢿥
苗百榖”（内野本仍作穀）。足利本同。《説文・釆部》：“𢿥，古文
番。”此處係假“番”爲“播”。《説文・釆部》：“敽，古文播。”諸隸古
定本係據原古文寫成。

㉔帝曰契百姓不親五品不遜——“帝”，《史記》作“舜”。“百
姓”，見上文“百姓如喪考妣”校釋，既可指百官，亦可指人民。此處
指人民。

“五品”，《史記・集解》引王肅注云：“五品，五常也。”引鄭玄注
云：“五品，父母兄弟子也。”則係據《左傳・文公十八年》“使布五教
于四方，父義、母慈、兄友、弟共、子孝”而來。故此處下文言“汝作司
徒，敬敷五教”。即全用《左傳》義。姚氏僞傳則亦用王説遝云：“五
品謂五常。”按《説文・品部》：“品，衆庶也。”《廣雅・釋詁》：“品，
式也。”《一切經音義》二十四引《廣雅・釋器》：“品，法也。”《國
語・鄭語》“以品處庶類”注：“品，高下品也。”於此數者，可領略品
字之義。赤塚忠《書經》之《堯典篇》注六二，以爲“五品”與上文“慎
徽五典”之“五典”同一内容，亦即《皋陶謨》“勑我五典五惇”之“五
典”，爲“五大法則”。父母兄弟子爲家族關係，義慈友共孝爲家族
道德。至如《孟子・滕文公上》所倡“父子有親，君臣有義，夫婦有
別，長幼有叙，朋友有信”五項，則兼家族關係與君臣關係言，其所倡
者爲五倫，所述者五常之教（原文爲日文，此撮述其大意）。

“遜”——《史記・五帝本紀》作“五品不馴”。《正義》“馴，音
訓”。上文《索隱》：“《史記》馴字，徐廣皆讀曰訓。訓，順也。”又
《殷本紀》則遝作“五品不訓”。《説文・心部》：“愻，順也。从心、孫
聲。《唐書》曰‘五品不愻’。”段氏《撰異》云：“愻訓順，遜訓遁。今

本古文作‘遜’，未審衛包所改，抑衛包以前已然。……漢魏人書内間有遜字，而不多見。……《古文尚書》‘五品不遜’，《今文尚書》作‘不訓’。‘訓’通作‘馴’，皆訓順也。”接着引漢代多種文籍皆作“訓”，然後云：“按此皆用《今文尚書》作‘訓’。訓，順也，非教訓之謂。”陳喬樅《經説考》亦云：“許所引《書》，據古文也，今文皆作‘訓’字。《五帝紀》作馴者，以訓詁代經文也。《漢書·孝文本紀》云：‘列侯亦無由教馴其民。’‘教馴’即‘教訓’，古書通用，此其驗已。”皮氏《考證》引《大傳》、《援神契》、《漢書》、《後漢書》各傳及漢文、漢碑等多種，以證今文皆作“訓”。

　　㉕司徒——參看上文注⑬“司空”校釋。爲周代官名，常與司馬、司空同時存在。在金文中作“嗣土”，見《散盤》、《幽尊》、《嗣毀》、《㦰毀》、《免簠》等，《舀壺》並作“冢嗣土”。較晚彝器則作“嗣徒”，見《無叀鼎》、《伯吴毀》、《伯㐭父鼎》等，《弘卣》、《仲白嗣》則稱“大嗣徒”。亦由郭沫若《周官質疑》載有關資料，並據《㦰毀》、《免簠》、《免毀》、《同毀》之所載，考定司徒在金文中所司的職掌是耤田、林衡、虞師、牧人諸職事。

　　在文獻中，除最早的周初《牧誓》、《立政》、《梓材》諸篇列舉司徒、司馬、司空之官外，其述及司徒職掌者，亦見於《國語·周語上》。確主要擔任耤田工作，當周王祇祓後，“王乃使司徒咸戒公卿百吏庶民”。韋注：“庶民，甸師氏所掌之民，主耕耨王之籍田者。”是司徒主管參加耤田禮的公卿、百官、庶民。下面接叙“司空除壇於籍”。是司徒、司空共同辦理耤田之禮。至“庶人終於千畝”即耕完耤田後，“其后稷省功，大史監之；司徒省民，大師監之”。又仲山父諫宣王不可料民於太原時説：“夫古者不料民而知其少多。司民協孤終，司徒協旅。”韋注：“司徒掌合師旅之衆。”《周語中》記周之秩官則云：“司徒具徒，司空視塗。”韋注：“具徒役修道路之要績。”所以後來鄭玄注說“司徒掌徒御之事”（《詩·緜》箋），是對的。證實了金文中的耤田之職，不過它在耤田禮中主要是掌徒御旅衆。金文中的林、虞、牧諸職掌文獻中別有專人，但既載在金文中應無可疑。當是後來分化出專職了。

至《孟子·滕文公上》云：“使契爲司徒，教以人倫，父子有親，君臣有義，夫婦有別，長幼有叙，朋友有信。”則司徒專掌教化，與金文及上所舉文獻中司徒所職完全不同了。顯然《孟子》完全是根據《堯典》此文爲説的。但稍後於《孟子》的《荀子·王制篇》的“序官”說：“司徒知百宗城郭立器之數。”楊倞注云：“百宗，百族也。城郭，謂其小大也。立器，所立之器用也。《周禮·大司徒》之職，掌建邦土地之圖與其人民之數。”按，楊倞所引此句爲《周禮·大司徒》職文的第一句，其下爲一千三百多字的長文談大司徒的職掌。除管土地之圖與人民之數（這點與《周語》所説同）外，還管九州地域，邦國疆封，辨山林、川澤、丘陵、墳衍、原隰之物産，施祀禮、陽禮、陰禮、樂禮及儀、俗、刑、誓之教，辨十有二土、十有二壤之物，以及以土圭之法測地深，並於正月之吉和布教於邦國都鄙，以鄉三物教萬民，等等。是除了管土地、人民、物産外，却以很多力量管教化了。在漢代由博士據“先王之制”撰寫的《王制》篇，專述司徒職掌之文四百多字，幾乎全是談教化、選士、興學、任能之文。至東晉初出現的僞古文《周官》篇，就簡要地説：“司徒掌邦教，敷五典，擾兆民。”司徒只一個單純的職掌——掌邦教了。要知這是與上述金文及較初期文獻所説司徒職掌是不合的。此管教化之説春秋戰國之世始出現，遂爲《堯典》作者所采用。

㉖敬敷五教在寬——《史記·殷本紀》繼“汝爲司徒”句後云：

"而敬敷五教,五教在寬。"重復"五教"二字(《五帝本紀·舜紀》則不重)。段氏《撰異》舉司馬彪《禮儀志》引夏勤策文,《後漢書·鄧禹傳》大司徒策文,袁宏《後漢紀》三十引《書》,皆作"敬敷五教,五教在寬",以爲"此皆引《今文尚書》也"。又云:"唐石經五教之下叠五教二字,字形隱隱可辨,後乃摩去重刻,然則唐時本有作'敬敷五教、五教在寬'者,與《殷本紀》合。"皮氏《考證》補充《後漢書·質帝紀》、鄭玄《商頌譜》引書並重復"五教"二字。又《明帝紀》、《和帝紀》、《王暢傳》、《寇榮傳》亦皆云"五教在寬",蓋以唐石經之字,因而謂"是今文與古文並有之也。《史記·五帝紀》不重'五教'二字,後人删之"。

句首"而"字,蔡邕《司空楊公碑》有之,足利本、內野本亦有之。王先謙《參正》謂"是《今文尚書》多一而字也"。

"敬敷",王氏《參正》引《漢孔宙碑》作"祗傅"。楊筠如《覈詁》增引《王莽傳》"傅"作"輔",《左傳》"敷"作"布"(見《文公十八年》"使布五教"),因而謂"訓布者是也"。按,《禹貢》"禹敷土",《夏本紀》作"傅土";《洪範》"用敷錫厥庶民",《宋世家》作"用傅錫其庶民"等,知敷、傅通用。又《儀禮·特牲饋食禮》"爲神敷席也"注引《釋文》:"本又作鋪。"輔爲鋪之通轉。知敷、鋪、輔通用。《詩·長發》"敷政優優",《左傳》之《成公二年》、《昭公二十年》皆作"布政優優"。故《禹貢》"禹敷土"鄭注:"敷,布也。"

"五教",《左傳·文公十八年》明白稱:"舜……舉八元使布五教于四方,父義,母慈,兄友,弟共,子孝。"(上文注⑰"契"引段氏説以爲契即八元之一)此當爲此處"五教"之原義無問題。因《堯典》作者可能即采此資料寫入篇中。而《孟子·滕文公上》引釋此文則稱:"后稷教民稼穡,樹藝五穀,五穀熟而民人育。人之有道也,飽食煖衣，逸居而無教，則近於禽獸，聖人有憂之，使契爲司徒，教以人倫，父子有親，君臣有義，夫婦有別，長幼有叙，朋友有信。……聖人之憂民如此。”則又明以此五者釋《堯典》五教之義。大抵《左氏》文當爲資料之原義，《孟子》之文則爲儒家解釋之義。由純家族道德增益了君臣道德（參用赤塚忠説）。由儒家特重君臣、父子等五倫，故增其義作此釋。明王樵《尚書日記》云：“掌教之官曰司徒者，夫家徒役，井牧什伍，頒事任職，戒糾考比，凡治衆之事皆教也。而其所以爲教者，不出於五，孟子嘗言之。”

　　“在寬”，姚氏僞傳云：“布五常之教務在寬，所以得人心。”林之奇《全解》云：“在寬者，孟子所謂‘勞之、來之、匡之、直之、輔之、翼之、使自得之，又從而振德之’（《滕文公上》）者也。”王天與《書纂傳》引朱熹云：“聖賢之事無不敬，此又事之大者，故特以敬言之。寬者，寬裕以待之也。”《蔡傳》承之云：“敬以敷教，而又寬裕以待之。”陳櫟《集傳纂疏》云：“施教之道，敬寬不可缺一。敬有嚴謹意，寬有優柔意。”按，此實本《中庸》“寬柔以教”之義。王樵《尚書日記》云：“敬敷五教而或取之太過，攻治太深，則非所以使自得之也，故在寬焉。……則夫防範雖密，禁董雖嚴，而其意何嘗不寬哉。敬寬一事也……非敬而又寬也。”

　　㉗帝曰皋陶蠻夷猾夏——“帝曰”，《史記》作“舜曰”。皮氏《考證》引《史記・五帝本紀》、《漢書》之《刑法志》、《食貨志》、《王莽傳》、《匈奴傳》、《後漢書・馮琨傳》皆作“猾”，以爲《今文尚書》作“蠻夷猾夏”。又引《大傳》、《潛夫論・志氏姓》、《法言・孝至篇》皆作“滑”，以爲今文一作“蠻夷滑夏”。唐寫《釋文》作“滑，于八反，亂（也）”。薛氏本亦作“滑”，內野本仍作“猾”。按于八反，龔道耕《考證》以爲當作乎八反，與今本《釋文》作户八反相合，當爲通行讀

音,但本人家鄉安化保存古音滑、猾仍讀于八反,則唐寫《釋文》作"于八反"未見得錯,不過不與今音同耳。頃讀《左傳·僖公二十一年》注所附《釋文》正作:"猾,于八反。"則唐寫《釋文》原不誤,龔説自誤。

《釋文》釋"滑"爲"亂",本於僞傳所釋:"猾,亂也。"當源於《史記·集解》引鄭玄所注云:"猾夏,侵亂中國也。"這是自來的確解。

此語始見於《左傳·僖公二十一年》:"任、宿、須句、顓臾,風姓也,實司太皞與有濟之祀,以服事諸夏。邾人滅須句,須句子來奔,因成風也。成風爲之言於公曰:'崇明祀,保小寡,周禮也。蠻夷猾夏,周禍也。'"杜注:"此邾滅須句而曰蠻夷,昭二十三年叔孫豹(當作婼)曰:'邾,又夷也。'"《詩·閟宫》疏云:"當僖公之世,東方淮夷小國見於盟會,唯邾、莒、滕、杞而已。"是邾爲淮夷,而須句爲風姓太皞之後,屬華夏。邾滅須句,故曰"蠻夷猾夏"。

按邾原爲居魯東濰水一帶的淮夷中較强的徐戎之族(《左傳·昭公元年》注"徐即淮夷"),《費誓》稱"徂兹淮夷徐戎並興"即是。周公東征的誥詞《大誥》序云:"武王崩,三監及淮夷叛。"《逸周書·作雒》則云:"三監及殷、東(鄘)、徐、奄及熊、盈以畔(叛)。"是與三監、殷、鄘一起反周的徐、奄、熊、盈諸族都是當時的淮夷。結果被周公征服,大量被南遷,少數西遷(詳顧剛師《周公東征史事考證》及起釪《禹貢徐州地理叢考》),留下來未遷者則徐戎的一部分作爲封給伯禽於魯的"殷民六族"之一,另有淮夷中之邾、莒、滕、杞仍在原地立國。到春秋時邾有滅須句之舉,被斥爲"蠻夷猾夏",原義甚明確。

牟庭《同文尚書》云:"《東京賦》薛注曰:'猾,狡也。'《一切經音義》引《三蒼》曰:'猾,黠惡也。'《詩·皇矣》箋曰:'夏,諸夏也。'

成十五年《公羊傳》注曰：'諸夏，外土諸侯也。'庭按，'猾夏'者，謂中夏人之狡猾者。僞《孔傳》云：'猾，亂也。'鄭注云：'猾夏，侵亂中國也。'皆非矣。僖二十一年《左傳》曰：'蠻夷猾夏，周禍也。'謂或蠻陌外夷，或中夏狡猾之人，皆爲周禍，非謂蠻夷侵中夏獨足爲禍也。"此語原爲針對邾滅須句而發，牟氏視而不見；又不理會邾和須句的歷史事實，故爲奇論。故其言不足據。

俞樾《俞樓雜纂》（卷二十五）云："《孔宙碑》云：'是時東嶽黔首，猾夏不寧。'東嶽、黔首亦華夏之人也，而云'猾夏'，殊不可通。竊疑《虞書》'猾夏'尚有別解。《説文》：'夏，中國之人也。从夊，从頁，从臼。臼，兩手；夊，兩足也。'此説蓋不可通。豈中國之人有首有手有足，而外國之人無之歟。又豈中國所以爲中國者，止以有首有手，有足歟。《説文》又有夒字，曰：'貪獸也。'又曰：'母猴，似人。从頁、巳，止又其手足。然則夏夒二字其意正同。而一以爲中國人，一以爲貪獸，何歟？愚謂夏夒二字音相遠而意正同，夒從手則是攪亂字，疑夏字亦有擾亂之義，故漢碑擾字往往作扰，《李益碑》：'時益部扰攘。'《樊敏碑》：'京師扰攘。'《周公禮殿記》：'會值扰攘。'皆省夒爲夏，蓋由義本相通，不得竟謂漢隸之苟且也。古字以'猾夏'二字連文同義。猾，亂也。夏亦亂也。"皮氏《考證》謂"俞説甚有理"。楊筠如《覈詁》全襲用之，並舉《廣雅》"猾，擾也"以證。按，俞説實誤。首先讀錯《孔宙碑》。古人行文中往往舉成語中一二字以代表該語全句原義。最習見的是用"而立"二字代表"三十而立"全句。其實這是用得不通的，但人們就是這麼習用它。又如《史記》、《漢書》有關鄒衍傳記，載他著有《終始五德之運》、《終始大聖》，而《藝文志》則載爲爲"鄒子《終始》"，《秦楚之際月表》則云："此乃《傳》所謂'大聖'。""終始"即代表《終始五德之運》；"大聖"

即代表《終始大聖》。又張蒼曾撰《終始五德傳》,《十二諸侯年表》則云:"張蒼曆譜'五德'。"此"五德"即代表《終始五德傳》。此類成例在文籍中至多,不勝枚舉,即現代言語中,仍不少這類用法。可知《孔宙碑》"猾夏不寧"一語,其義爲由於"蠻夷猾夏"而致不安寧。"東嶽黔首",正指魯東最低層的窮苦老百姓,他們是備受侵凌壓迫的庶民,既没有資格也没有能力去"猾夏",此時(是時)受到蠻夷猾夷之苦,正像日寇侵華時承受其害最深的是各地老百姓一樣。所以俞樾完全把此句理解錯了。又所舉幾個"擾攘"假借用"擾攘",假"夏"爲"嫭"。文字中通例,被假借之字不再具有原義而只有假借義,故此處夏被假借爲嫭時即嫭字,並不涉及它原字之本義,即其本義仍自存在而與假借義無關。夏字之義向來都在美好方面,從不有惡義如"亂"之類。如《方言》:"夏,大也。自關而西秦晉之間,凡物之壯大者而愛偉之,謂之夏。"與起自秦晉之間的夏族遂給自己起了這美好的名字。夏族發展成中國大地上的華夏族,故《説文》説"夏,'中國之人'。"文籍中處處釋"夏"爲"大"。如《詩》之"夏屋"、"時夏",《禮》之"肆夏",《穀梁》之"舞夏"等等,皆訓"大也"。《國語》"時夏"注:"樂章大者曰夏。"《春秋繁露·楚莊》、《白虎通·號篇》、《説苑·修文》、《論衡·正説》等皆云"夏者大也"。《楚辭·哀郢》"夏"爲大殿,《招魂》"夏"爲大屋,《淮南子·本經訓》"夏屋",大屋也。"夏臺",大臺也。不一而足。"夏"又與"華"本爲同聲同義之字(詳起釪撰《由夏族原居地縱論夏文化始於晉南》)。二字同具華彩、采章之義。更有榮、盛、光華諸義。總之"夏"字釋義無一不在美好方面,俞氏釋爲"亂",與夏之原義毫不相協,純是無據之言(讀梁啓超文,始悟俞之用意,似在避免舜時有夏代之夏字,乃爲此曲説)。

梁啓超《中國歷史研究法》第五章有云："《尚書·堯典》：'帝曰：皋陶，蠻夷猾夏。'此語蓋甚可詫。夏爲大禹有天下之號，因禹威德之盛，而中國民族始得'諸夏'之名，帝舜時安得有此語？假令孔子垂教，而稱中國人爲漢人，司馬遷著書，而稱中國人爲唐人，有是理耶？此雖出聖人手定之經，吾儕終不能不致疑也。"梁氏尚以《堯典》爲堯舜時之篇章，所以提出此疑，是提得對的。但現在我們知道《堯典》是成於春秋之世儒家之手，則他采用了《左傳》中所保存的春秋之世流傳的此句成語，是很自然的事，不足爲奇了。《堯典》作者本不具歷史時間的概念，篇中把不少周代的東西寫進了所謂堯舜的篇章中，此不過是其一例罷了。

"蠻夷"，治經者引《白虎通》、《風俗通》之釋義以爲釋（如皮錫瑞、王先謙等）。所引《白虎通·禮樂篇》云："夷者夷無禮義，蠻者執心違邪。"其下文繼云："戎者，强惡也。狄者，易也，辟易無別也。"又胡三省引《風俗通》逸文云："東方曰夷。夷者，舐也。""南方曰蠻，君臣同川而浴，極爲簡慢。蠻者，慢也。""戎者，兇也。""狄者，辟也，其行邪辟。"二者皆據《禮·王制》東夷西戎南蠻北狄之説，而據民族偏見加了對諸字之侮蔑性的解説。其實《禮樂篇》中説"東夷之樂"，"南夷之樂"，"西夷之樂"，"北夷之樂"，已不遵守東夷西戎南蠻北狄之説。而此處蠻夷明指魯境之徐戎，是蠻、夷與戎無別，指華夏族以外之族，初未分東南西北。此分配四方之説，實至漢文帝時之《王制篇》始提出，《白虎通》、《風俗通》等從之，並非先秦的歷史實際。兹參考《春秋大事表·四裔表》以觀《春秋》一書中戎族之地，西境但在臨潼、鳳翔、瓜州，中在豫境、晋境，而不在全境之西。而山戎更在今東北之遼西境。更有蠻氏戎，在汝水之地，名爲蠻而不在南。狄則赤狄在上黨一帶，白狄在真定、藁城，其中鮮虞一支至戰國且建中山國，皆不在北。夷則其中之淮夷在南；《禹貢》中之和夷在梁州，則在西。是除鳥夷、島夷確在東外，很多稱夷者不在東。更不要説與夏對舉之夷或四夷之泛稱少數民族，兼指四境之夷了。又先秦較集中叙述四方少數民族者，有《逸周書・王會篇》，其正東爲符婁、仇州、九夷、十蠻……等，正南爲甌、鄧、百濮、九菌……等，正西爲崑崙、狗國、貫胸、雕題……等，正北爲空同、大夏、代、翟……等，並無東夷西戎南蠻北狄之别。又《禹貢》按全境逐次相距五百里之甸、侯、綏、要、荒五服，夷在要服，蠻在荒服。又《周禮・大司馬》之“國畿”外亦爲遞差五百里之七畿，侯、甸、男、采、衛，此五畿之外爲蠻畿、夷畿。又《職方氏》之“王畿”外各五百里爲九服，侯、甸、男、采、衛五服之外，爲蠻服、夷服、鎮服、藩服。蠻、夷皆分處四境，並不按東西南北分。即按方爲言，《王制》云“北方曰狄”，《周禮・職方》鄭衆注則云“北方曰貉”。又同一族往往兼用各名。如《費誓》中之徐戎，《費誓》序則稱徐夷，而且它又屬淮夷。蠻氏稱蠻，却仍是戎。又《竹書紀年》武乙三十五年伐西洛鬼戎，俘翟（狄）王，是戎即狄。《易・既濟》、《詩・蕩》及甲骨文、金文都見鬼方，是鬼方、鬼戎、犬戎、狄實一。《五帝本紀》載古史資料黄帝“北逐葷粥”，王國維《鬼方昆夷獫狁考》論定其族自稱隗姓，寫成鬼戎，演變爲犬戎、畎戎、昆夷、混夷、獫鬻、葷粥等。周綜稱爲戎，爲狄，戰國秦漢稱胡、稱匈奴，等等。所以中國古代少數民族並沒有長期固定一個稱呼，更沒有按方位固定其一個稱呼。所謂“東夷西戎南蠻北狄”這一固定説法，是漢文帝時的儒生按“整齊故事”的故技編造的，是不合歷史事實的。此處“蠻夷”即泛指華夏族以外之各族。

㉘寇賊姦宄——《史記》作“寇賊姦軌”，《大傳》作“寇賊奸宄”。《釋名・釋言語》云：“姦，奸也。”而《漢書》之《刑法志》、《食

貨志》、《李固傳》皆作“姦軌”，《漢書·王莽傳》、《潛夫論》、高誘《吕覽》注則皆作“姦宄”。《説文》：“宄，从宀，九聲，讀若軌。奻，古文宄。宐，亦古文宄。”薛氏本遂作“思奻”。王先謙《參正》云：“軌，宄借字。”

“寇”，害也（《周禮目録》）。劫取也（《費誓》“無敢寇攘”鄭注）。强取爲寇（《周禮·司刑》疏引鄭注）。加藤常賢《真古文尚書集釋》引此作“强聚爲寇”，似更合本義。與下列諸釋亦相合：群行攻劫曰寇（姚氏僞傳）。謂群行攻剽者也（《一切經音義》引范寧注）。以群行攻劫攻剽合於常用寇字義。

“賊”，害也（《漢書·趙幽王友傳·集注》、又《吕覽·不屈》、《淮南子·説林訓》、《楚辭·招魂》注，《論語·先進》皇疏），傷害也（《左傳·僖公九年》注），賊害也（《論語·憲問》集釋），賊害人也（《荀子·宥坐》注），害人也（《左傳·昭公元年》注），“害良曰賊”（《荀子·修身》）。以上主旨皆訓“賊”爲害人。《國語·魯語》及《左傳·文公十八年》皆云“毁則爲賊”。杜注：“毁則，壞法也。”《説文》：“賊，敗也。”而《孟子》釋爲害仁、傷民。其《梁惠王下》云：“賊仁者謂之賊。”《告子下》“古之所謂民賊也”注云：“傷民故謂之賊也。”文籍中更多者釋爲殺人。《左傳·昭公十四年》：“殺人不忌爲賊。”《荀子·禮論》：“殺生而送死謂之賊。”又《正論》注：“劫殺謂之賊。”《周禮·司刑》疏引鄭玄注、姚氏僞傳皆云：“殺人曰賊。”（《吕刑》“罔不寇賊”疏沿此）。《晋語》“使鉏麑賊之”韋注逕云“殺也”。本篇上文“怙終賊刑”僞傳亦云“殺也”。《漢書·刑法志》“寇賊姦宄”顏注：“賊，謂殺人。”《泰誓》“賊虐諫補”孔疏：“殺人謂之賊。”是“賊”之古義實爲害人、殺人、害良、毁法。

“姦”，盜也（《廣雅·釋詁》）。盜器爲姦（《左傳·文公十八年》，顯爲《廣雅》之所據）。竊寶者爲宄，用宄之財者爲姦（《魯語》）。偽也《廣雅·釋言》），逐偽曰姦（《逸周書·常訓》當爲《廣雅》之所據）。邪也（《西征賦》“奸宄”薛注），以正從邪也（《莊子·徐無鬼》“夫姦，病也”《釋文》引王注），姦，謂邪謀也（《漢書·五行志上》注引臣瓚說）。惡也（《楚辭·招魂》“多賊姦些”注）。亂也（《淮南子·主術》“各守其職不得相姦”注）。奸也，言奸正法也（《釋名·釋言語》）。總之具盜竊奸邪惡亂之義。

　　“宄”，盜也（《廣雅·釋詁》）。奸也（《説文》）。竊寶曰宄（《西京賦》“姦宄是防”薛注。當是據《魯語》“竊寶者爲宄”）。是“宄”義主要爲奸盜、竊盜。

　　“姦宄”，《廣雅·釋詁》：“竊盜也。”二者有在内在外之辨，《左傳·成公十七年》：“亂在外爲姦，在内爲宄。”《晉語六》：“亂在内爲宄，在外爲姦。”《説文》：“外爲盜，内爲宄。”韋昭《魯語》“竊寶者爲宄”注：“亂在内爲宄。”姚氏偽傳承之云：“在外曰姦，在内曰宄。”於是《漢書》之《成帝紀》、《刑法志》、《魏相傳》集注，《後漢書》之《杜林傳》、《李固傳》注皆承此説，《蔡傳》遂亦承之。以《左傳》之經籍權威，内宄外姦説爲注家所共遵信。然《史記·集解》引鄭玄注云：“由内爲姦，起外爲宄。”與上説適相反。王先謙《參正》云：“鄭注互誤，引之者舛也。”意謂鄭注原不如此，由引用者弄錯。然《一切經音義一》引《三蒼》云：“在内曰姦，在外曰宄。”《纂詁》引《楚辭·惜賢》“盪湜湜之姦咎兮”注：“亂在内爲姦。”是内姦外宄之説亦有從之者。其實姦、宄具竊盜奸邪惡亂之義，古人要去區分其孰内孰外，實没有必要。

　　本書《盤庚》有“乃敗禍姦宄”、“暫遇姦宄”，《微子》有“好草竊姦宄”，《牧誓》有“以姦宄于商邑”，《康誥》有“寇攘姦宄”，《梓材》

有"姦宄殺人歷人宥",《吕刑》有"姦宄奪攘",皆凶惡奸邪之義。知
"姦宄"爲商周特別是周代習用的成語。《堯典》作者采用了它。

㉙汝作士——《吕氏春秋·君守》高誘注:"《虞書》曰:皋陶,蠻
夷猾夏,寇賊姦宄,女作士師。"王先謙《參正》引《文選》應劭注亦引
《書》"汝作士師",以爲今文别本多一"師"字者。按《周禮·秋官》
小司寇之下第一位大員即爲"士師",其職爲:"掌國之五禁之法,以
左右刑罰。"下文詳細記其職掌,是管理全國刑獄各項要政之官。
《論語·微子》云:"柳下惠爲士師。"則春秋時實有士師之官。何晏
《集解》:"孔曰:士師,典獄之官。"《孟子·公孫丑下》:"而請士
師。"趙注亦云:"士師,治獄官也。"所謂"治獄",實爲今語的"辦案
子"、"審理案件"。語所云:"屢興大獄"、"文字獄"等,"獄"都是指
刑獄案件,不簡單地指監獄。惟《孟子·梁惠王下》"士師不能治
士"注云"士師,獄官吏也",似指監獄官吏。但其釋"不能治士"爲
"不能治獄",則仍以"治獄"爲"辦理案件"。凡此皆與《周禮》士師
職掌合。

又"士師"與春秋時之"大士"同,見《左傳·僖公二十八年》云:
"衛侯與元咺訟,士榮爲大士。"杜預注:"大士,治獄者也。"士榮原
爲士而任大士,上文言士師所治者士,則知大士與士師同爲士之長。
按大士見於《禮記·曲禮》:"天子建天官,先六大,曰:大宰、大宗、
大史、大祝、大士、大卜。"郭沫若《周官質疑》謂"六大乃古之六卿,
所謂'六事之人'",又謂金文中之"卿事寮"當指此天官六大。則大
士爲第一級高官,以皋陶任之當亦適宜。但《堯典》中只稱士而不稱
大士,其或稱士師始與大士同。

按單稱之"士",大率亦稱爲刑獄之官,在文獻中確已見於春秋
之世。如《左傳·成公十八年》:"齊侯使士華免以戈殺國佐于内宫

之朝。"疏："士者，爲士官也。官掌刑政。"又《襄公二十六年》："衛侯如晋，晋人執而囚之于士弱氏。"杜注："士弱，晋主獄大夫。"曰刑政，曰主獄，與上文釋士師、士之職掌同。又金文中魯國亦有士，見魯士商戢毁。郭沫若《圖錄考釋》釋爲"此魯之士師名商戢者所作器。"然原文只稱"士"。金文其他的士常受命出使或典禮中作儐佐。如臣辰盉之士上，克鐘之士舀等。而杜預所注士爲主獄大夫，當據馬、鄭注。《史記·集解》引馬融釋"士"爲"獄官之長"。《舜典》疏引鄭玄注云："士，察也。主察獄訟之事。"則士之職確爲掌刑獄。《魯頌·泮水》："淑問如臯陶，在泮獻囚。"則歷史傳說中，臯陶在征服淮夷後確掌管刑獄，故《堯典》作者采以記臯陶爲士。加藤常賢《真古文尚書集釋》以爲釋"士"的"獄"之本字當爲《說文》"獄"字。《說文》："獄，司空也。……復說獄司空。"加藤常賢以爲"獄司空"爲漢代稱呼，甲文作㹜，金文作㹜，是非常古的官名。

　　經師以士爲司空之下屬。《周禮·大司徒》："其附于刑者，歸于士。"鄭注："士，司寇士師之屬。……士，謂主斷刑之官。"又《周禮·媒氏》："其附于刑者歸于士。"鄭注："不在赦宥者，直歸士而刑之，不復以聽。士，司寇之屬。"兩言司寇之屬，當指《周禮》大司寇之屬，繼在士師之職以下，尚有遂士、縣士、方士，分級掌管全國各級地方刑獄之"士"。既爲刑者歸于士，故《晋語七》有云："陷于大戮，以歸刑、史。"韋注："刑，刑官，司寇也。"是直稱刑官了，但其文指司寇所屬之"士"職。

　　"士"又同於"理"，姚方興僞傳云："士，理官也。"《漢書·東方朔傳》："臯陶爲大理。"注："師古曰：以其作士，士亦理官。"按《漢書·百官公卿表》："廷尉，秦官，掌刑辟。……景帝中六年更名大理。"《史記》"汝作士"《正義》釋"士"爲"若大理卿也。"《說苑·修文篇》亦云"皋陶爲大理"。較早文獻中載"理"的材料亦見於春秋時，《左傳·昭公十四年》："士景伯如楚，叔魚攝理。"杜注："士景伯，晋理官。"《國語·晋語九》則載："士景伯如楚，叔魚爲贊理。"韋注亦云："景伯，晋理官。"又云："贊，佐也。景伯如楚，故叔魚攝其官也。"董增齡《疏》引《禮·月令》鄭玄注云："理，治獄官也。"是鄭釋"理"與釋"士"全同。又《晋語八》："子輿爲理。"韋注："子輿，士蔦之字。理，士官也。"董《疏》云："《循吏傳》：'李離者，晋文公之理也。'故知晋國士官名之曰理也。"以上凡稱"理"之資料皆出自晋國，可知"士"之又稱"理"，確由晋國官制而來。而後楚亦有刑官稱理之資料，見《韓非子·外儲説右上》云："荆莊王有《茅門之法》曰：'……馬蹏踐霤者，廷理斬其輈，戮其御。'於太子入朝，馬蹏踐霤，廷理斬其輈，戮其御。太子……曰，爲我誅戮廷理。"而由《循吏傳》"李離"知"理"又作"李"。《漢書·胡建傳》："《黄帝李法》曰。"顔注："蘇林曰：'獄官名也。《天文志》左角李，右角將。'孟康曰：'兵書之法也。'師古曰：'李者，法官之號也；總主征伐刑戮之事也。故稱其書曰《李法》。'"是"士"又稱"理"，且又稱"李"，且有《李法》之書。

　　由顔師古謂法官總主征伐、刑戮之事，反映古者征伐與刑戮合。故顧師有《古代兵刑無別》一文（載《史林雜識》初編），以考論《堯典》此處任皋陶爲士之事。其文首段云："《書·堯典》載舜敕命皋陶之辭曰：'蠻夷猾夏，寇賊姦宄，汝作士，五刑有服，五服三就。'《史記·集解》於《五帝本紀》引馬融注'士'云：'獄官之長。'又云：'五刑：墨、劓、剕、宫、大辟。三就：謂大罪陳諸原野，次罪於市、朝，同族適甸師氏。既服五刑，當就三處。'按馬注士限於獄官，非也。墨、劓等五刑固皆爲市、朝之刑，獄官所司，但何爲而又有'陳諸原野'之大罪？且此五種刑以治'姦宄'則可，又何當於'蠻夷猾夏'？
蓋《堯典》此文實由古代兵、刑不別而來，馬融生於兵刑已分之後，遂
錯解之耳。"接着舉《呂刑》、《皋陶謨》、《左傳》之《僖公二十五年》、
《宣公十二年》、《國語》之《晉語六》、《魯語上》、《漢書·百官公卿
表》七種資料以證古代兵刑不分。其中《魯語上》云："刑五而已，大
刑用甲、兵，其次用斧、鉞；中刑用刀、鋸，其次用鑽、笮；薄刑用鞭扑，
以威民也。故大者陳之原野，小者致之市、朝，五刑三次。"據此以
爲："夫甲兵斧鉞，戰所用也，故曰'陳之原野'。……刀鋸鑽笮，墨
劓剕宮大辟所用也。……惟大辟致之於市，墨劓剕宮及鞭扑則在朝
之刑。'三次'者，原野爲一，市爲一，朝爲一。……馬融合市、朝爲
一，又依《周禮》增甸師氏，誤甚。"因而論定："《堯典》之出已遲，所
謂'五刑有服，五服三就'疑即本於《魯語》之'五刑三次'，猶得古代
兵、刑不別之實，故命皋陶爲士而畀以征誅與聽訟之兩大權也。"並
引《魯頌·泮水》平淮夷之詩，亦征伐而後訊囚，仍兵、刑合一，知皋
陶並不僅作獄官。又論之云："或曰：'兩周列國有司馬之官主軍旅，
又有司寇之官主刑罰，何也？'曰：萬事大抵由漸而變。兵、刑不分，
古代之事也；兵、刑分而爲二，秦、漢以下之事也。周介其間，必有同
乎古代而未全變者，亦必有開始蛻化而已略同於秦、漢者，言固不可
以一端泥。況司寇主刑罰而厥名曰'寇'，仍未脫兵戎之面目。……
馬融而後兵、刑必分之觀念，實承《周禮》'夏官司馬'與'秋官司寇'
而來。……夫兵、刑分工，原足徵政治制度之益趨細密，然而亦當知
古代之本無是事也。"按，《論衡·儒增篇》云："夫刑人用刀，伐人用
兵；罪人用法，誅人用武。武、法不殊，兵、刀不異。巧論之人，不能
別也。"足爲顧師此論佐證，是漢時王充尚知古代兵、刑不分。池田
末利《全釋漢文大系：尚書》同意顧先生兵刑不分之説，確認"士"不

能限於獄官。

　　按，宋王安石提出了同於顧先生之説，其《新經尚書義》有云："在周大司馬之職，當舜之時，以士官兼之。"（林之奇《全解》引）明確説舜時（實指古時）士官兼掌軍職。蘇軾反對王説，其《書傳》云："堯舜以德禮治天下……兵既不用，度其軍政必寓於農民。當時訓農治民之官如十二牧、司徒、司空之流當兼領其事，是以不復立司馬也。而或者謂堯時士與司馬爲一官，誤矣。夫以將帥之任而兼之於理官，無時可也。"林之奇亦反對王説，在其《全解》同樣無根據地説："以士官爲將帥，古無是理。"不知古時正是士官兼將帥。故其後宋儒有好幾家都持兵刑不分説，如林之門人呂祖謙《書説》云："古者合兵刑爲一官，兵即刑之大者。"陳經《書詳解》云："明刑，而制猾夏者在其中，古兵，刑之大也。"《蔡傳》於"汝作士"下無此釋，但於"二十有二人"下釋云："此以士一官兼兵刑之事，而《周禮》分爲夏秋兩官。"《傳説彙纂》引陳大猷曰："兵乃刑之大者……隆古之時，兵既不常用，但領之於士官，兵刑合爲一官。……疑者以士官不可爲將帥，夫爲將者非必盡是掌兵之官。如今（宋）之兵部樞密皆掌兵，而未嘗爲將，意者唐虞平時兵政，只以士官兼領。"陳櫟《書傳纂疏》亦引陳大猷曰："帝世詳於化而略於政，王者詳於政而略於化。虞，兵刑之官合爲一，而禮樂分爲二；周，禮樂之官合爲一，而兵刑分爲二。"薛季宣《書古文訓》亦云："《禮》，大刑用甲兵，則蠻夷盜賊之事亦領於士師也。"有了顧先生的科學論斷，而後知這些宋儒之説爲卓識，否則不易辨其然否。由此亦可見宋儒處在漢以來經師定論之後能獨立思考之可貴（其後王夫之《稗疏》反對兵刑合一之説，以爲"唐虞之世未有荒遠之夷窺犯邊陲之事……特以皋陶爲兼主兵者失之。舜所命主兵之官不見於史，其後命禹徂征，則六師或統於百揆。

……要非合兵刑而一之也。"其說迂甚，不合古代事理）。

　　以上搜列"汝作士"的"士"字各種資料及有關解釋，足以明自春秋歷漢至唐宋對此"士"字的認識（武士、文士之士及大夫、士之士與此無關，不在此考論之內），而終以顧師之說爲確論。且獲知不同歷史時代此士字之涵義。古代士之職兵刑不分，周代逐漸演變，至秦漢而兵、刑判然分離，而後此士之職掌始限於刑獄方面。《堯典》作者所采資料尚在未判然區分前，因此命皋陶"汝作士"之士，包括兵刑兩方面。

　　㉚五刑有服五服三就——"五刑"，見前文"流宥五刑"校釋，指《呂刑》所定之墨、劓、剕、宮、大辟。《史記‧集解》引馬融釋此處"五刑"即此五項。但《國語‧魯語上》"五刑三次是無隱也"韋注云："五刑，甲兵、斧鉞、刀鋸、鑽笮、鞭扑也。"《孔疏》云："《國語》云：五刑者，謂甲兵也，斧鉞也，刀鋸也，鑽笮也，鞭扑也，與《呂刑》之五刑異。"江聲《集注‧音疏》云："此五刑實不同前文五刑。馬於前文既爲是解，於此處又云然，則口費而煩且非也。……五刑自當有甲兵、斧鉞矣。至於刀鋸、鑽笮，據韋昭注。"陳喬樅《經說考》云："案江聲云，此五刑實不同前文五刑，當以賈（逵）韋（昭）說甲兵、斧鉞、刀鋸、鑽笮、鞭扑爲當。……喬樅謂江說甚允。"然則此五刑非指五種刑法，而是指五種刑具。此與上面兵刑不分之說亦合。

　　"有"，加藤常賢《集釋》云："有字，語助。"屈萬里《集釋》云："有，猶以也。《皋陶謨》'車服以庸'，《春秋繁露‧度制篇》作'舉服有庸'；《詩‧皇矣》'臨下有赫'，《潛夫論‧班祿篇》'有'作'以'；可證有、以互通。"按《經詞衍釋》云："《唐韻正》'有'古讀若'以'，故以與有多同義。"並舉文獻中九例，其中如《楚策》："今楚雖小，絕長續短，猶以數千里。"《史記‧信陵君傳》："以負於魏，無功於趙。"以、有二義全同,足爲屈氏説佐證。然此處即作有無之有,義亦通。

"服",此字解説很多,最早的且正確的一説是先秦的"服刑説",其次爲漢以來經師們的"服罪説",然後是雜説數種。(一)"服刑説"。始見於《書·吕刑》云:"上刑適輕,下服;下刑適重,上服。""適,宜也。"(《吕覽·適威》注)《蔡傳》釋此二句云:"事在上刑而情適輕,則服下刑";"事在下刑而情適重,則服上刑"。《孟子》亦有云:"善戰者服上刑。"《禮記·明堂位》亦云:"百官廢職,服大刑。"意即犯者被判刑後承受執行即爲服刑。是服刑即受刑,承受刑之執行。《左傳·昭公八年》杜注:"服,行也。"知刑之執行所以稱服刑。此語至今通用,如某人被判刑在監,即某人正在服刑。判幾年刑,即説服幾年刑。又有説法稍異,仍應列爲此説者,如宋黄度《尚書説》云:"服,言罪各有狀,使服其刑。"元吴澄《書纂言》云:"服,猶衣服之服,謂刑加其身也。"惠士奇《禮説》"上服下服"條亦同吴氏此説。俞樾《群經平議六》"何度非及"條云:"《周官·小司寇》曰:'以施上服、下服之刑。'刑以服言,蓋古語也。"也論定服刑之語始自先秦,其實即出自《吕刑》)。(二)"服罪説"。《説文·幸部》"報"字云:"从幸从艮。艮,服罪也。"《孔疏》引王肅注云:"惟明其罪,能使之信服。"姚氏僞傳繼云:"服,從也。"既從五刑,謂服罪也。"《孔疏》釋之云:"人心服罪,是順從之義,故爲從也。""經言'五服',謂皋陶所斷五刑皆服其罪。傳既謂'服'爲'從',故云'既從五刑謂服罪也'。"《蔡傳》亦云:"服,服其罪也。"又云:"能使刑當其罪,而人無不信服也。"林之奇《全解》云:"有服者,服其罪也。""刑而當其罪,則刑者服其罪。"薛季宣《書古文訓》亦云:"以三就用五刑,而五刑之人服其罪。"元王天與《書纂傳》引應鏞(南宋人)云:"刑與事稱之謂服。”按，此據《荀子·正論》“刑稱罪則治，不稱罪則亂”之語而來。“稱”，指相稱。即林之奇“刑而當其罪”語意，故使刑者服其罪。戴震《義考》亦云：“服，謂服罪之實狀也。”此諸説語句或有出入，大旨都是説斷刑符合罪狀，就使受刑者服罪。其餘諸雜説有如下一些：江聲《音疏》“五刑有服”〔注〕：“𠬝，治。”〔疏〕：“《五帝本紀·注》引馬融注……馬據周制以説《唐書》，恐未當也，故不用‘𠬝治説’。”朱駿聲《便讀》云：“鄭氏謂主察獄訟，則以司馬訓服，𠬝也。治，理也。”則馬、鄭有“服治説”。今所見馬、鄭遺説未直接見此説資料，不詳江、朱之所據。惠士奇《禮説》“上服下服之刑”條有云：“五刑故有五服。傳曰：‘罪多而刑五，喪多而服五，上附下附列也。’然則‘服’讀爲‘附’。”按《王制》有“附從輕，赦從重”之語。鄭注云：“附，施刑也。”《周禮·小司寇》亦云：“以五刑聽萬民之獄訟，附于刑。”加藤常賢引惠説釋爲“五刑有附”，謂其施刑目的格爲蠻夷與寇賊。此爲以服爲附之説。孫星衍《注疏》云：“五刑有服者，服謂畫衣寇。……《大傳》云：唐虞象刑而民不敢犯。”則以“服”爲畫衣寇之象刑説。前於孫氏之江聲《音疏》已指出：“夫蠻夷猾夏、寇賊瘡宄，豈象刑足以威之乎？”是以象刑説釋服難於成立。鄒漢勛《讀書偶識》云：“服，古通伏，即伏斧鉞之誼。五刑有服者，大辟服斧戉，宫刑服刀，劓服鋸，剕服鑽，墨服筆也。”曾運乾《正讀》云：“服，用也。五刑、五服，即《皋陶謨》‘五刑五用’也。”楊筠如《覈詁》云：“五刑五服之‘五’，疑當讀爲‘吾’，《周策》注‘吾當爲五’，即其證。”以上言人人殊，可以各就自己理解提出新説。典籍之廣，則必尚有異説未及見到。亦不用爲衆説所眩亂，終當以“服刑説”爲正解。

　　“五服三就”，已見上注㉘“汝作士”校釋所引顧師《古代兵刑無別》文中所作解釋,以爲即本之《魯語》之"五刑三次",並評馬融三次說有誤。按,《魯語上》原文云:"故大者陳之原野,小者致之市、朝,五刑三次,是無隱也。"《史記集解》引馬融注云:"三就,謂大罪陳諸原野,次罪於市朝,同族適甸師氏。既服五刑,當就三處。"顧師指出《魯語》三次爲原野、市、朝,馬融合市朝爲一,又依《周禮》增甸師氏,誤甚。其實在馬以前同是古文家的賈逵與其後三國吳時的韋昭所釋不誤。見《孔疏》所引"《國語》賈逵注云:'用兵甲者,諸侯逆命征討之刑也;大夫已上於朝,士已下於市。'"韋昭注云:"次,處也。三次,野、市、朝。"僞傳承之云:"行刑當就三處,大罪於原野,大夫於朝,士於市。"《孔疏》引《魯語》文後,以爲"所言'三次',即此'三就'是也",因而指出僞傳義與賈同,並指責馬、鄭、王都誤。其說云:"傳雖不言'已上'、'已下',爲義亦當然也。""馬、鄭、王三家皆以'三就'爲原野也、市朝也、甸師氏也。案刑於甸師氏者,王之同族刑於隱者,不與國人慮兄弟耳,非所刑之正處,此言正刑不當數甸師也,又市、朝異所,不得合以爲一,且背《國語》之文,其義不可通也。"清人江聲、陳喬樅皆辨馬說之誤,指出甸師氏出《周禮》,馬不應據周制說唐虞之事。

　　進而有謂"三處"或"三次"只能用於大辟,不能用於全部五刑者。《孔疏》始云:"行刑當就三處,惟謂大辟罪耳。……惟死罪當分就處所,其墨、劓、剕、宮無常處可就也。"林之奇《全解》繼言之,在引僞傳說後云:"則是皆於大辟之一刑矣。墨、劓、剕、宮必不然也。"董鼎《輯錄纂注》引朱熹云:"若大辟則就市,宮刑則如漢時就蠶室,其墨劓剕三刑,度亦必有一所在刑之。"《蔡傳》全承朱說爲注(但董鼎、陳櫟之書引朱熹另一說云:"三就只當從古注。"與此處之說異)。

　　宋儒有另尋解釋者，王安石《新經義》云：“行刑者或就重，或就輕，或就輕重之中，此之謂‘三就’。”（林之奇《全解》引）林氏在反對馬融“三就”及“三居”之說後，特引王氏此說，並推重之云：“此説爲善。”自後宋元儒者不少從王氏此説者。如呂祖謙《書説》云：“三就，輕、重與輕重之間。”陳經《書詳解》云：“三就，就輕、就重、就輕重之中。”皆全承王説。王天與《纂傳》引應鏞《尚書約義》另一説云：“就者，獄辭之成者。一就之不足而至於再，再就之不足而至於三，謂‘三就’也。《易》曰‘革言三就’，豈非參錯審訂省其已成之説乎？《周禮》有三刺、三赦、三宥之法，《王制》：‘三公（原文司寇）以獄之成告于王，王三宥然後制刑。’蓋雖後世斷刑，尚有三覆奏、五覆奏者，況隆古之盛乎？”

　　清鄒漢勛《讀書偶識》雖仍就朝市言，稍異其説云：“服斧鉞者就市，服刀者就宮，服鋸與鑽笮者就朝也。”其説去“野”而易之以“宮”，亦爲不同意馬融之説而另尋之解。

　　以上衆説紛紜，大率以《堯典》真爲唐虞盛世之文立言，必欲維護“隆古之盛”與後世不同，斤斤計較五刑、五服、三就之義。須知《堯典》不過采輯春秋之世當時的或所流傳古代的資料組織成文，虛擬爲記堯舜當時史事的篇章，其實不用去拘泥尋其是非。只要知道在此處“五刑”有二説；“五服”有多説，但當以服刑説最早出而又通行至今；“三就”可以理解爲行刑之三個不同場合或三個不同方式，亦以《國語》説早出於春秋之世，可能近於《堯典》作者采用時原義。此外不必深求了。

　　㉛五流有宅五宅三居——《史記》作“五流有度五度三居”。前文“宅嵎夷”校釋已闡明《尚書》的古文作“宅”，今文作“度”。宅、度字同讀，當從“度”。《方言》：“度，居也。”孫星衍《注疏》：“史公

'宅'俱爲'度'者,《王制》云:'度地以居民。'"《孔疏》云:"此'五流有宅',即'流宥五刑'也。"

《史記·集解》引馬融注云:"謂在八議,君不忍刑,宥之以遠,五等之差亦有三等之居,大罪投四裔,次九州之外,次中國之外。"《孔疏》引王肅注云:"謂在八議之辟,君不忍殺,宥之以遠。"《孔疏》釋云:"八議者,《周禮·小司寇》所云議親、議故、議賢、議能、議貴、議賓、議勤(漏議功)是也。以君恩不忍殺,罪重不可全赦,故流之也。"是說這"親"、"故"等八種人犯了罪可以不按刑判罪,以所謂"流"來寬宥之。《王制·正義》引鄭玄注云:"宅讀曰咤,懲刈之器,謂五刑之流皆有器懲刈。五咤者,是五種之器,謂桎一、梏二、拳三。"段氏《撰異》云:"咤,《說文》作吒。《集韻》云:'二形一字。'"《孔疏》又引鄭玄云:"三處者,自九州之外至于四海,三分其地,遠近若周之夷、鎮、蕃也。"(按,指《周禮·大司馬》"九畿"之最邊遠的夷畿、鎮畿、蕃畿)姚氏僞傳承馬融說略改其末句云:"謂不忍加刑則流放之,若四凶者。五刑之流,各有所居。五居之差,有三等之居;大罪四裔,次九州之外,次千里之外。"以上所錄古文及僞古文經師釋"五刑"宥爲"五流刑"後之流放地,必拘泥地釋爲三個不同的邊遠地區。

唐張守節《五帝本紀·正義》釋"五度三居"云:"按,謂度其遠近爲三等之居也。"始大略以遠近言。不拘泥於四裔、九州外、中國外(或千里外)的蹈空之論。《蔡傳》承此"三等"之說云:"五宅三居者,流雖有五,而宅之但爲三等之居。"

宋儒大都持遠近之說。王安石《新經義》云:"流者,或居遠,或居近,或居遠近之中,此之謂三居。"(林之奇《全解》引)林氏既引王說並評爲"此說爲善",復在評僞傳三就說之後復評其三居說云:

"此說尤爲無據。夫四凶流於四裔，蓋在九州之内。今謂‘大罪四裔，次九州之外’，無是理也。"陳經《書詳解》云："三居，居遠、居近、居遠近之中。"呂祖謙《書說》云："三居，遠、近與遠近之間也。"此外應鏞《書約義》更作闡釋云："罪不輕，流而必羈縻全獲，隨所在而有以宅之。流而各奠其所奠，則既得其所安矣，而亦不限之一處，且斟酌區處，别而爲三，自非窮凶極惡不可移徙者，未有不以漸而使之自新也。如《王制》：‘不帥教之人，自左卿移之右，自右卿移之左；不變，移之郊；不變，移之遂；又不變，屏之遠方。’未嘗不以其漸行之也。"（王天與《纂傳》引）朱熹於此處只傳"宅只訓居"一語（董鼎《輯録纂注》、陳櫟《書傳纂疏》引）。孫星衍《注疏》據上引《王制》文，以爲"三居者，郊、遂、遠方也"。

　　加藤常賢《集釋》以爲"居"是"置居"之義。五種之刑之流刑爲之置居；五流刑之流居有三個處所。並謂"有"亦語詞。

　　㉜惟明克允——《史記》作"惟明能信"係譯用訓詁義。"克"，能。"允"，信。皮氏《考證》："漢《衡方碑》云：‘維明維允。’《衡方碑》用《今文尚書》……則《今文尚書》有作‘維明維允’者。"楊筠如《覈詁》云："當從之。"

　　《史記·集解》引馬融注云："當明其罪，能使信服之。"賈公彦《周禮疏序》引鄭玄注云："此三官是堯時事，舜因禹讓，述其成功。"王氏《後案》："鄭云‘三官’者，稷、契、皋陶也。"姚氏僞傳承之云："言皋陶能明信五刑，施之遠近，蠻夷猾夏，使咸信服，無敢犯者。因禹讓三臣，故歷述之。"

　　宋人提出之釋，如林之奇《全解》云："理官惟明，故能允諾也。允，信於人也。蓋欲刑者之服其罪，流者之安其居，非信於人不可。"呂祖謙《書說》云："惟明克允，允，當也。明則當其情矣。……惟明克允者，則於三就三居之間恐有差舛，則非允之謂也。”陳經《詳解》云：“惟明，明則得其情。克，乃能。允，當。”董鼎《纂注》、陳櫟《纂疏》復引陳經另一說云：“《易》卦言用刑者如《噬嗑》、如《賁》、如《旅》，其象皆有取於《離》，用刑在惟明可知矣。居刑官不明，不足以盡人心，不足以當人罪，故戒以‘惟明克允’。”王天與《纂傳》引孫氏（未詳何人，可能是孫覺）云：“惟明則情僞必知，克允則輕重適當。”而後宋學之代表者《蔡傳》云：“戒以必當致其明察，乃能使刑當其罪，而人無不信服也。”

　　㉝帝曰疇若予工——《史記》作“舜曰誰能馴予工”。譯用訓詁義。“疇”，誰。見前文第三節“疇咨若時登庸”的“疇”字校釋。“若”有順、如、似諸義，亦見“疇咨若時登庸”句“若”字校釋。又《釋詁》：“若，善也。”曾運乾《正讀》從之。《說文》：“若，擇菜也。”牟庭《同文尚書》從之，以爲“若之本訓爲擇”。然《史記》用“馴”字訓“若”，王先謙《參正》云：“馴，亦順也。”《史記·集解》引馬融注“若予工”：“謂主百工之官也。”姚氏僞孔傳乃云：“問誰能順我百工事者？”古大都以順釋若，其實此處宜用《爾雅·釋詁》善字義較妥，謂“誰能善我百工事”，即誰能治理好百工之事。《蔡傳》云：“若，順其理而治之也。”說出了治之義，但仍釋若爲順，則治字成了“增字釋經”，自不如用善字之爲治理好較妥。

　　㉞僉曰垂哉——《史記》譯其意作“皆曰垂可”。“僉”，皆，見上注⑪“僉曰”。僞傳釋此句云：“朝臣舉垂。垂，臣名。”林之奇《全解》云：“垂有創物之巧，精於百工之技藝……其所製器，歷代傳之以爲寶，故傳所謂‘垂之竹矢’（按，此語見《顧命》，非傳）也。”《蔡傳》云：“垂，臣名，有巧思。《莊子》曰‘擺工垂之指’，即此也。”段氏《撰異》云：“工垂字他書皆作倕，《山海經》：‘南方不距之山，巧倕葬其

西。’郭傳云：‘倕，堯巧工也。音瑞。’《顧命》當同此篇。”以上皆經師學者之解說。

　　古代文獻中關於垂之資料頗不少。顧師《虞廷九官問題》（載《尚書研究講義》）文中曾予搜集，今再略加補充，依時序錄列如下：最早者爲西周早期的《尚書·顧命》載成王崩康王即位典禮中所陳寶器：“越玉五重……在西序；大玉……在東序；胤之舞衣……在西房；兌之戈，和之弓，垂之竹矢，在東房。”其餘資料大都在春秋後，如《荀子·解蔽篇》：“倕作弓，浮游作矢，而羿精於射。”《禮記·明堂位》：“夏后氏之鼓足，殷楹鼓，周縣鼓，垂之和鐘。”《世本》：“倕作規矩準繩。垂作末耜。倕，神農之臣也。垂作耒。垂作鐘。垂作銚（宋衷注：刈也）。”（據秦嘉謨輯本采自不同文獻所載《世本》佚文）《山海經·海內經》：“北海之內……有不距之山，巧倕葬其西。”又：“帝俊生三身，三身生義均。義均是始爲巧倕，是始作下民百巧。”《莊子·胠篋篇》：“毀絶鈎繩而棄規矩，攞工倕之指，而天下始人有其巧矣。”《吕氏春秋·古樂篇》：“帝嚳命咸黑作爲聲歌……有倕作爲鼙、鼓、鐘、磬、吹苓、管、壎、箎、鞀、椎、鍾。”又《重己篇》：“倕，至巧也。人不愛倕之指而愛己之指，有之利故也。”又《離謂篇》：“周鼎著倕而齕其指，先王有以見大巧之不可爲也。”《淮南子·本經訓》亦云：“能愈多而德愈薄矣，故周鼎著倕，使銜其指，以明大巧之不可爲也。”又《道應訓》有同樣之文，惟“銜其指”改同《吕氏春秋》作“齕其指”。又《齊俗訓》云：“昔者馮夷得道以潛大川……造父以御馬，羿以之射，倕以之斫，所爲者各異而所道者一也。”又《説山訓》亦用《重己篇》句云：“人不愛倕之手而愛己之指。”高誘注：“倕，堯之巧工也。雖倕巧，人不能以倕巧故愛其手也。謂倕手無益於己，故自愛其指也。”以上諸資料載垂之名又作倕，又名義均。其所處時代有神農時、帝嚳時、羿以前、帝俊之孫時、堯時諸説。諸文獻以成康之際的《顧命》時代最可靠，則可肯定垂的時代早在周前，也可肯定周以前確相傳有垂這個人。他作的矢傳至周初成了極被珍視的寶物，因而周鼎也鑄上倕的形象。而其爲人最大的特點是至巧、大巧、擅工藝之巧，遂被稱爲巧倕、工倕。他既善於作武器（弓、矢），又善於作樂器（鼓、鐘、磬、管、壎、鞀、鍾），還善於作農器（耒耜、耒耜），更善作一切工藝依據的規矩準繩。他"始作下民百巧"。但被畏爲太巧，以致在戰國末年的"絶聖棄知"的思想反映下出現了要"齗其指"的説法。這樣一位被稱爲天下之"大巧"的擅長工藝技能的人，在戰國至秦漢間被稱譽最多，遠在公輸魯班之上，所以要被稱爲巧倕。《堯典》作者遇到這樣稱道他的資料自然會不少，所以就把他寫進《堯典》中派定他做了舜的工官。

㉟帝曰俞咨垂汝共工——《史記》純以叙事表述此句直至"往哉汝諧"句爲"於是以垂爲共工"一句。"俞"，見前文"有鰥在下曰虞舜帝曰俞"之"俞"字校釋，《史記》譯作"然"，爲同意認可之意，近於今語的"好吧"。也與表示認可的語氣詞"噢"相近。"咨"，見本節上文注⑧，爲"告"、"命"之意。《釋文》："共，音恭。"段氏《撰異》："共，讀爲供。他處皆經衛包改，惟此幸存其舊。"

"共工"，大别之有兩説，一爲官名；一則"共"爲動詞，"工"爲百工之事。王先謙《參證》以前者爲今文説，後者爲古文説。

官名説者，即《史記》所載。又《漢書·百官公卿表》："垂作共工，利器用。"注引應劭曰："垂，臣名也。爲共工，理百工之事也。"《考工記》"國有六職，百工與居一焉"鄭玄注："百工，司空事官之屬。司空掌營城郭……監百工者，唐虞以上曰共工。"是都以共工爲監理百工之官。鄭玄顯然是據《堯典》此文，把共工説成即是唐虞時

的司空之官。與王安石説唐虞時無司馬，即以士爲司馬一樣。不過
鄭解釋了唐虞時另一度設立了司空，見《周禮·疏序》引鄭玄云：
"初，堯冬官爲共工。舜舉禹治水，堯知其有聖德，必成功，故改名司
空，以官名寵異之，非常官也。至禹登百揆之任，舍司空之職爲共工
與虞（"爲共工"，《考工記》疏引作"更名共工"），故曰'垂作共工'、
'益作朕虞'是也。"這也都是根據《堯典》之文加以編造成此説的。
唐寫《釋文》云："女共工，音恭。馬云：'共工，司空官名也。本或作
'女作共工'。"是説馬融明以共工爲官名。僞傳及唐儒都不主此
説，至宋林之奇《全解》云："'汝共工'，猶言'汝后稷播時百穀'，謂
使居是官也。"陳經《詳解》亦簡釋云："共工，官名。"清王鳴盛《後
案》云："據鄭以司空之官專爲禹設。禹既升天官，此官還爲共工，不
名司空，垂爲之。馬以垂即爲司空，非也。"孫星衍《注疏》亦以爲
"禹既升宅百揆，此官又當求賢也"。近楊筠如《覈詁》云："共工，官
名，猶上文之后稷。《説文》：'共，同也。'猶言統也。"

　　"共"爲動詞説者，見《史記·集解》引馬融注云："爲司空，共理
百工之事。"意謂舜任命垂擔任的是原來禹所任的司空之官，負責
"共理百工之事"。姚氏僞傳云："共，謂供其職事。"王先謙《參正》
謂僞傳本馬融説。《孔疏》云："上云'疇若予工'，單舉工名。今命
此人云'汝作共工'，明是帝謂此人堪供此職，非是呼此官名爲共工
也。"（按《孔疏》於上文《堯典》"共工方鳩僝功"之僞孔傳"共工，官
稱"下明確釋云："《舜典》命垂作共工，知共工是官稱。"與此處之釋
絕相反，只是恪遵"疏不破注"原則，傳文怎麽説，就順着怎麽解釋而
已。）林之奇《全解》駁之云："孔氏見文無'作'字，遂云'共謂供其職
事。'審如此説，則與《堯典》所稱者乃爲異文，無是理也。"元吴澄
《纂言》仍釋爲"共，謂供其職"。不過下文接着説："共工，蓋衆工之

長也。”近人屈萬里《集釋》亦云:“共,與供通,猶掌管也。”

就文字通例來看,以“共工”爲官名是不通的。但不必爲此兩説別其是非。就《史記》最早譯用意義來看,是《堯典》原意確實以“共工”爲官名。但就“汝作司徒”、“汝作士”、“汝典樂”等句例來看,官名上一字爲動詞。上句“疇若予工”已明言“工”爲官名,則其上之“共”字亦當爲動詞,正如“汝后稷”之“后”字亦爲動詞一樣。故段氏《撰異》云:“工乃官名,共工,猶作士也。師古注‘共讀曰龔’是也。”是此兩説都有根據。其根本原因是《堯典》作者囫圇地記“共工”或“工”爲官名,正如記“后稷”或“稷”爲官名一樣,都是有問題的,《堯典》作者只是把所搜集到的資料率意地用上而已。共工和后稷原都是神話人物,歷史化後都成爲歷史人物,怎麼他們的名字又都變成官名呢?鄭玄曾試圖解通其故,説先爲官名而後爲人名。“共工方鳩僝功”下《孔疏》引鄭玄説云:“其人名氏未聞,先祖居此官,故以官氏也。”薛季宣《書古文訓》亦云:“舜前共工不名,蓋世官也。其先共工蓋能平治水土,共工放後(指舜流共工於幽州),工官始分,而垂爲之也。”他們顛倒了歷史先後,事實是先有共工作爲神名轉化爲人名,其爲官名是到《堯典》中才有的。這些紛紜情況參見“允釐百工”一節的注⑭“共工”,及本節上文注⑯“稷”和注㉑“汝后稷”。

㊱殳斨暨伯與——《漢書·古今人表》“殳”作“朱”,“伯與”作“柏譽”。段氏《撰異》:“此《今文尚書》也。古‘伯’多借柏。”《世本》作“伯余”。唐寫《釋文》作“柏與”。“暨”,見前“帝曰咨汝羲暨和”校釋,與“與”、“及”同義,全書皆如此。《釋文》:“殳,音殊。斨,七良反。與,音餘。”

“殳斨”,人名。有一人、二人兩説。以爲一人者,《漢書·古今人表》即是。馬融之説未傳下。下文"咨汝二十有二人"《孔疏》云：
"鄭以爲'二十有二人'數殳斨、伯與、朱虎、熊羆，不數四岳。"陳喬
樅《經説考》云："是鄭亦以殳斨、伯與爲二臣也。"姚氏僞孔傳亦云：
"殳斨、伯與，二臣名。"江聲《音疏》云："《漢書·古今人表》以朱斨、
伯與爲二人，列於垂與伯益之間，《注》據之以爲説。"是《漢書》所從
今文、鄭玄古文及僞古文皆持一人説。宋儒蘇軾《書傳》、陳經《詳
解》亦從一人説。清人及近人多有從之者。

《山海經·海内經》："婦孕三年，是生鼓、延、殳，始爲侯。"郭璞
注："三子名也。殳音殊。"王夫之《書經稗疏》云："爲侯之殳，或即
此殳。既以殳爲一人，則斨自是别人矣。"王氏之釋實從宋人説。林
之奇《全解》云："孔氏以殳斨、伯與爲二臣，非也。禹讓稷、契、皐
陶，三人也，則曰'讓於稷、契暨皐陶'。伯夷讓於夔、龍，二人也，則
曰'讓於夔、龍'。此之所讓，與禹正同然，中加'暨'字，則爲三人也
無疑矣。殳一也，斨二也，伯與三也。"王天與《纂傳》引朱熹説云：
"殳以積竹爲兵，建兵車者。斨，方銎斧也。古者多以其所能爲名。
殳斨豈能爲二器者歟？"意謂殳、斨必須爲二人，各專長製一器。《蔡
傳》全承其説。元吳澄仍承朱説。清初王夫之《稗疏》在引《山海
經》證殳、斨爲二人後，又全用朱熹殳以積竹爲兵，古多以其所能爲
名之説，以爲殳也、斨也、伯與也，實爲三臣。戴震《義考》云："殳斨
暨伯與，當從林氏説爲三人。"直至近人曾運乾《正讀》仍用此説。

《堯典》作者根據所蒐獲資料寫入篇中，未必詳細區分"殳斨"
爲一人或二人。蓋遠古傳説資料，確亦不易捉摸。經師們尋析而爲
此二説，可以讓其並存。今譯時從一説，可以注明另一説。

"伯與"，人名。《世本》有云："伯余作衣裳。"（據《世本八種》
諸家所輯）宋衷注或作許慎注："黄帝臣也。"《淮南子·氾論訓》：

"伯余之初作衣也。"高誘注："伯余,黄帝臣也。《世本》曰:'伯余制衣裳。'"(雷學淇輯本引作"製衣裳")《路史·後紀》卷五亦引《世本》此語。可能有人以爲《世本》伯余爲黄帝時人,非此堯舜時之伯與。其實此亦來自神話傳説之古代資料,由漢世學者注其爲黄帝時人,而《堯典》作者采用時,初不别其爲黄帝時,逕作爲舜時人使用之。王夫之《稗疏》則釋之云:"《世本》:'伯余始作衣。'此伯與疑即伯余。'余''與'音同。然衣裳之制始於黄帝,則《世本》所言伯余當亦軒轅時人。乃古者以字爲氏,如厲王時有家父,桓王時又有家父,明此伯與或始作衣者之苗裔,以孫而蒙祖號。又古善射者唐有后羿,夏亦有后羿,習其技者可同其名。縫紩之工俱得名爲伯余耶?殳斨主兵器,伯與主服,工以器服爲重,唐虞之所尚也。"這仍是泥於伯余爲黄帝時人、伯與堯舜時人所尋的解釋。不知是《堯典》作者遇到遠古材料不區别其時代逕寫入篇中的。

　　㉟俞往哉汝諧——"諧",薛本及江聲《音疏》皆作"龤",下文"八音克諧",《説文·龠部》引作"八音克龤"。知諧字古有此體。僞傳釋此句云:"汝能諧和此官。"《蔡傳》云:"往哉汝偕者,往哉!汝和其職也。"林之奇《全解》語之較詳云:"帝曰俞者,然其讓也。雖然其所讓,然殳、斨、伯與又未若垂之善於其職,故使往諧其官也。"但王天與《纂傳》引朱熹説"不聽其讓也"。吳澄《纂言》解釋最明白云:"往哉者,以垂爲工官;汝諧者,以所讓三臣爲佐;汝與之諧和共治工事也。"戴震《義考》亦云:"汝諧者,與其佐協和治官也。"孫星衍《注疏》云:"或説諧者偕也。然,則然其讓矣,仍使諧往治事。"楊筠如《覈詁》謂"孫讀爲偕,是也"。曾氏《正讀》亦從孫説。屈氏《集釋》:"諧,《爾雅·釋詁》:'和也。'此言協和、適當也。"以上自僞傳歷宋清至近人相沿以爲是命垂往就工官任,但須與殳斨等

佐官諧和治事。明王樵《日記》則以爲是工、虞合和衆職。其言云：“工與虞各有治所……統有衆職。……故二官獨曰‘往哉汝諧’，飭以沇其治所而合和衆職也。”此諸人説皆從“諧”具偕和義爲説，顯見牽强，因此處原文中並無命殳斨等爲垂佐官之意。

提出正確解釋者爲宋元二位學者。蘇軾《書傳》云：“諧，宜也。”王充耘《書管見》云：“禹讓稷、契、皋陶而用稷、契、皋陶，伯夷讓夔、龍而用夔、龍，故皆不言‘汝諧’，是聽其讓也。益讓朱、虎、熊、羆而未嘗用朱、虎、熊、羆，垂讓殳斨、伯與而未嘗用殳斨、伯與，故各言‘汝偕’，言惟汝可以宜此職耳。”此釋符合原來文意，舜沒有接受垂的推讓，對垂説：“噢！往就官位吧，你行。”

㊳帝曰疇若予上下草木鳥獸——《史記》作“舜曰誰能馴予上下草木鳥獸”。《集解》：“馬融曰：‘上曰原，下曰隰。’”按《爾雅·釋地》：“下溼曰隰。”“廣平曰原。”《公羊傳·昭公元年》：“上平曰原，下平曰隰。”《詩·皇皇者華》毛傳：“高平曰原，下濕曰隰。”鄭玄《大司徒》注：“高平曰原者，對下濕曰隰而言。”知馬融注取此義。姚氏僞孔傳：“上，謂山。下，謂澤。順，謂施其政教，取之有時，用之有節。”加藤常賢《集釋》謂僞傳“上謂山、下謂澤”之語，係從馬融“虞，掌山澤之官名”一語而來。《蔡傳》遂從而謂“上、下，山林、澤藪也”。《孔疏》釋僞傳云：“上之與下，各有草木鳥獸，即《周禮》山虞、澤虞之官，各掌其教，知‘上謂山，下謂澤’也。順其草木鳥獸之宜，明是‘施其政教，取之有時，用之有節’也。”林之奇《全解》云：“此又求掌山澤之官。自上下，以其地言之；自草木鳥獸，以其物言之。《孟子》（梁惠王上）：‘不違農時，穀不可勝食也。數罟不入洿池，魚鱉不可勝食也。斧斤以時入山林，材木不可勝用也。……是使民養生送死無憾，王道之始也。’舜既命稷以播百穀，又求掌山澤

之官,蓋此二者誠足,國用之本也。"

㊴僉曰益哉——《史記》譯意作"皆曰益可"。《説文》:"僉,皆也。"《爾雅·釋詁》及《方言》同。由《史記》譯用皆字,知漢代今文作"僉曰"。然《孔疏》云:"馬、鄭、王本皆爲'禹曰益哉',是字相近而彼誤耳。"是東漢古文作"禹曰"。其所云"字相近"者,劉書年《貴陽經説》釋之云:"按《詩·秦譜正義》引《書》'疇若予上下草木鳥獸禽(汲古閣本如此,他本皆誤)曰益哉','禽'當爲'离'之誤。《説文》:'离,古文禹字。'……离與僉形似,故云'相近而誤'。……《漢書·藝文志》'雜家者流'《大离》三十七篇。……离即离字。"按,隸古定本如薛氏本作"离",内野本作"离"等,都足爲劉貴陽佐證。是今文本"僉"字以形近而誤爲古文本"禹"字。僞古文本此處偶承用今文所遺"僉"字,故《孔疏》指出馬、鄭、王本"禹"字之誤,其説甚確。自漢儒歷唐至宋元儒者,皆肯定此"僉"字無異議。

清儒乃多謂"僉"爲僞古文之僞字,以馬、鄭、王本作"禹"爲是。始提此説者爲閻若璩《古文疏證》云:"蓋禹同治水者二人,曰益,曰稷。稷既命之仍舊職矣,益是時烈山澤之功又畢,虞適缺官,禹蓋深知其才習於草木鳥獸,故特薦之。原僞作者心,必欲竄爲'僉曰',不過以上文薦禹及垂,下文薦伯夷,皆屬僉曰,此不宜別一例。不知唐虞朝大公,衆知其賢,則交口譽之而不爲朋黨。若獨知其賢,則越衆以對而亦不以爲異。愚於是嘆晚出《書》之紛紛多事也。"江聲《音疏》繼之云:"案揚雄《羽獵賦》云:'昔者禹任益虞,而上下和,草木茂。'實本此經,則古本皆作'禹曰'。……僞孔氏改作'僉曰',非也。"段氏《撰異》云:"此非枚頤之罪,乃姚方興之罪也。今按《毛詩·秦譜正義》:'《虞書》稱'舜曰疇若予上下草木鳥獸?禹曰益哉'……'此用馬、鄭、王本,不用方興本。《文選·羽獵賦》……善曰

（亦引《尚書》此句作“禹曰”）。李氏亦用馬、鄭、王本。”朱駿聲《便讀》云：“僉，當作禹。益……與禹同奏庶鮮食者，故禹舉之。”這些人完全不顧《史記》譯作“皆曰”爲《尚書》原文作“僉曰”之鐵證，妄生紛義。惟陳喬樅《經說考》云：“馬、鄭、王本皆古文，故作‘禹曰’，揚雄亦好古文，故以爲禹任益虞。《今文尚書》則但作‘僉曰益哉’，與上下文‘僉曰伯禹’、‘僉曰垂哉’、‘僉曰伯夷’爲一例。據《史記·五帝紀》云‘皆曰益可’，是《今文尚書》作‘僉曰’之確證據。”段氏《撰異》雖歷舉各種資料證僞孔本作“僉”之非，當從馬、鄭、王本作“禹”，但在其書中仍客觀地記述云：“《五帝本紀》作‘皆曰益哉’，‘皆’者‘僉’之訓詁字也，此《今文尚書》也。”不意皮氏《考證》竟云：“今文作‘禹曰益哉’。”並釋之云：“揚子雲著述存於今者，皆與《今文尚書》相合，則子雲亦習《今文尚書》，不得因子雲好古文字，遂傅會以爲《古文尚書》也。《羽獵賦》云：‘禹任益虞。’則《今文尚書》亦作‘禹曰’，與馬、鄭、王本同。蓋今、古文皆作‘禹曰’，惟方興本作‘僉曰’耳。《史記》亦當作‘禹曰’，今作‘皆曰’，乃後人據方興本改之。陳喬樅謂《今文尚書》作‘僉曰’，非是。”這種不顧事實的強詞奪理的說法，是清末今文學派凡古籍中不合他們意見的文字都說是劉歆竄改的故技。

　　“益”，《漢書·百官公卿表》云：“蒜作朕嗌。”應劭曰：“蒜，伯益也。”師古曰：“蒜，古益字也。”段氏《撰異》云：“按即《說文》所載籀文嗌字也，同音假借爲益字。……《漢書》伯益字亦惟此一處作蒜，餘不爾。”（按《說文·口部》：“蒜，籀文嗌”）敦煌唐寫本《釋文》作“蒜”，又作“茲”。故薛氏本稍訛作“蒜”，內野本作“蒜”。足利本、影天正本皆作“茲”。江聲《音疏》遂作“蒜”。

　　姚氏僞傳同應劭之說，遂釋“僉曰益哉”云：“言伯益能之。”以益即伯益,猶鯀稱伯鯀,禹稱伯禹。按《墨子・尚賢上》"禹舉益於陰方之中",《孟子・滕文公上》"舜使益掌火",又《萬章上》"益之相禹也",《荀子・成相》"得益、皋陶……",皆以此人單名"益"。《堯典》作者據當時流傳資料采入篇中,下一篇《皋陶謨》亦同樣采用爲"益",故《史記》譯載《尚書》亦承用"益"字。至《世本》乃云"嬴姓,伯益後"(據秦嘉謨輯本。其他輯本亦稱其名伯益),又《吕氏春秋・勿躬篇》云"伯益作井",《淮南子・本經訓》有同樣之句,《列子》言"伯益知而名之",《西京賦》則云"伯益不能名",《列女傳》"陶子生五歲而佐禹"曹大家注:"陶子者,皋陶之子伯益也。"是皆作"伯益",其他漢人著作中尚見如此作。應劭生當漢末,故注明益即伯益。顧師《虞廷九官問題》亦云:"伯翳既可爲伯益(見下文),則《孟子》所稱之益,當即由伯益來。"觀其焚山澤,驅禽獸,與《秦本紀》記之職務正相類,可見其爲一人。

"伯益",亦作"伯翳"、"柏翳"、"柏益"、"伯緊"。爲嬴秦之祖先,又名大費。《國語・鄭語》:"嬴,伯翳之後也。"《史記・秦本紀》:"秦之先……玄鳥隕卵,女脩吞之,生大業。……生大費,與禹平水土……佐舜調馴鳥獸……是爲柏翳,舜賜姓嬴氏。"《索隱》:"此即秦趙之祖嬴姓之先,一名伯翳,《尚書》、……《世本》、《漢書》謂之伯益,是也。尋檢《史記》上下諸文,伯翳與伯益是一人不疑。"《漢書・古今人表》"仁人"欄内有"栢益",在伯譽後,龍、夔前。《史記・鄭世家》云:"秦,嬴姓伯翳之後也,伯翳佐舜,懷柔百物。"《詩・秦譜》疏:"《鄭語》云:'嬴,伯翳之後。'《地理志》云:'嬴,伯益之後。'則伯翳、伯益聲轉字異,猶一人也。《地理志》又云:'秦之先曰伯益,助禹治水,爲舜虞官養草木鳥獸,賜姓嬴氏。'《秦本紀》云:'秦之先……大費,與禹平水土,又佐舜調馴鳥獸……是爲柏翳,

舜賜姓嬴氏。'是治水賜姓之事也。如《本紀》之言，則益又名大
費。"

　　或疑益與伯翳非一人，因《史記·陳杞世家》歷叙舜、禹、契、稷、
皋陶、伯夷、伯翳之後裔皆有封國，接着説"垂、益、夔、龍其後不知所
封"。故《索隱》云："秦祖伯翳，解者以翳、益則爲一人，今言十一
人，叙伯翳而又別言垂、益，則是二人也。且按《舜本紀》叙十人，無
翳而有彭祖。彭祖亦墳典不載，未知太史公意如何，恐多是誤。然
據《秦本紀》叙翳之功云'佐舜馴調鳥獸'，與《舜典》命益作虞'若予
上下草木鳥獸'文同，則爲一人必矣。"又《秦本紀》"生大費"下《索
隱》亦云："而《陳杞系（世）家》即叙伯翳與伯益爲二，未知太史公疑
而未決耶，抑亦謬誤爾。"按此處上文已斷言"伯翳與伯益是一人不
疑"。徒因《陳杞世家》之文而疑其二人，但終以爲當是史公誤文。
按司馬遷運用史料總是忠實地録原材料入之。《陳杞世家》既據秦
資料寫入伯翳，在叙及垂的資料時，順手將《尚書》中"垂益夔龍"一
併寫入，然"益"之後裔有封國，寫入"其後不知所封"句中是錯的。
顯然是當時未及注意將它删去，所以應如《索隱》所説是誤文，不能
據此以爲伯益與伯翳非一人。

　　"伯益"又作"后益"。稷可稱后稷，則益自亦可稱后益。《吕氏
春秋·勿躬篇》云："大撓作甲子……羲和作占日，尚儀作占月，后益
作占歲。"但其下文又有"伯益作井"。顧師《虞廷九官問題》云：
"《吕氏春秋》既有'伯益作井'，又有'后益作占歲'，此二人之名甚
相似，不知其爲一人之訛變否。"案，其爲一人之變甚顯然。古人著
作往往彙集不同來源的資料於一處，上引《陳杞世家》之例即是。楊
寬據顧師以后益即噎鳴而噎由益即燕之嗌聲來，因而論定后益即伯
翳，其説（見下文）是可信的。

"伯益"又訛作"化益"。《吕氏春秋·求人篇》:"得陶、化益、真窺、横革、之交五人佐禹。"畢沅校引王厚齋、應鏞云:"化益,即伯益也。"盧文弨説亦同。

"伯益"又訛作"百儀"。《漢書·叙傳》載《幽通賦》云:"嬴取威於百儀兮。"注引劉奉石曰:"百儀則柏翳也,語訛耳。"注又引應劭曰:"嬴,秦姓也,伯益之後也。伯益爲虞,有儀鳥獸百物之功,秦所由取威於六國也。"這是據儀字所作望文生訓的解釋,不足信。百儀只是柏翳亦即伯益之訛文,百儀就是伯益。而《文選》載《幽通賦》,却將此句中的"百儀"誤爲"伯夷",純由同音誤寫。注云:"夷一作儀。"知此句中此字原作"儀",不當作"夷"。伯夷爲姜姓宗祖,伯益爲嬴姓宗祖,决不可能混淆。自不能視"伯夷"爲"伯益"之或體,與"百儀"之即"伯益"截然不同。

"伯益"又被誤傳爲皋陶之子。上文引曹大家即持此説。又鄭玄《詩·秦譜》云:"堯時有伯翳者,實皋陶之子,佐禹治水。水土既平,舜命作虞官,掌上下草木鳥獸,賜姓曰嬴。"《釋文》亦云:"益,皋陶之子也。"(唐寫《釋文》作"咎繇子名")"益拜稽首"下《孔疏》云:"益是皋陶之子,皋陶即是庭堅也。益在八凱之内。"然林之奇《全解》已駁正此説,其言云:"或以益爲皋陶之子,是未必然。據伯益即伯翳也,其後爲秦,在春秋之時浸以强盛。使伯益果皋陶子,則秦乃皋陶之後也。而臧文仲聞六與蓼滅,曰:'皋陶、庭堅不祀,忽諸!德之不建,民之無援,哀哉。'(見《左傳·文公五年》)使皋陶猶有後於秦,則文仲之言不若是之甚也。案《史記》云:'帝禹立,而舉皋陶薦之,且授政焉。……卒,封皋陶之後於英、六,或在許。而後舉益任之政。'以是觀之,則益與皋陶不得爲一族也明矣。"不止《史記》以陶與益並舉,先秦之《荀子·成相》已云:"禹……得益、皋陶、横革、直成爲輔。"《呂氏春秋·求人篇》亦云："得陶、化益、真窺、横革、之交五人佐禹。"是在舊文獻中益與皋陶爲並立之兩人甚明。齊召南《尚書注疏考證》云："按皋陶即庭堅,《左傳》可據。若益則《史記》彼此不符。但益即與皋陶並列爲八凱(係據《孔疏》謂"益在八凱之内"。但《左傳·文公十八年》所列八凱有庭堅而無益),其非父子顯然。"本來益與皋陶原爲神話中人物,在傳説中自可分可合。不過歷史化後,進入史籍中,則有相對的穩定性,各屬於自己的領域。益爲西北嬴姓民族之祖,皋陶爲江淮偃姓民族之祖,即林之奇所説的"不得爲一族",自不宜將以牽合的。(劉師培有《偃姓即嬴姓説》之文。在這意義上,謂嬴姓由偃姓出,則當爲另一討論題矣。)

　　神話中有"噎鳴",實即"后益",亦即"伯益"。《山海經·海内經》云："共工生后土,后土生噎鳴,噎鳴生歲十有二。"又《大荒西經》云："羲和者,帝俊之妻,生十日。""帝俊妻常羲,生月十有二。"而《呂氏春秋·勿躬篇》載："羲和作占日,尚儀作占月,后益作占歲。"顧師《虞廷九官問題》云："以羲和之生十日而作卜日,常儀之生十二月而作占月之例推之,則后益即噎鳴。"由上文知后益即伯益,則伯益亦即噎鳴。楊寬《上古史導論》讚顧師"以后益即噎鳴,則實爲卓見"。以爲后益即柏翳,非如顧師下文所説"不與柏翳爲一人"之説。並尋后益爲噎鳴之故云："后益何以得稱'噎鳴'耶? 曰:噎、嗌乃聲之轉,揚雄《方言》云:'瘂,嗌,噎也。楚曰瘂,秦、晉或曰嗌,又曰噎。''噎鳴'即取義於燕之'鳴若嗌嗌'也。"

　　於是進而有"益"即"燕"之説。揚氏《導論》緊接上文云："然則'益'之與'燕',二而一,一而二,'益'之傳説蓋出於'燕'之神話耳。益之傳説出於燕之神話,故其祖先爲玄鳥(見《秦本紀》),其後裔爲鳥俗氏而鳥聲人言(亦見《秦本紀》)。"其下文引《墨子·耕柱篇》：“昔者夏后開（啓）使蜚廉折金於山川，而陶鑄於昆吾，是使翁難乙卜於白若之龜。”因而説：“此本亦東方神話，蜚廉爲中衛之玄孫，亦見於《秦本紀》。乙，當亦即益。乙能卜，而《吕氏春秋》亦云‘后益作占歲’可證也。”又説：“玄鳥，古人或釋爲燕，或代以鳳。”“鳳鳥古亦稱鷖鳥，《離騷》云：‘駟玉虬而乘鷖（《山海經》郭注引作鷖）。’王注：‘鳳皇別名。’鳳爲五彩之鳥，鷖即鳳，故亦爲五彩之鳥。《山海經·海内經》云：‘北海之内，有蛇山者，蛇水出焉，東入於海，有五采之鳥，飛蔽一鄉，名曰鷖鳥。’燕即乙，亦即鳳，又即鷖，而伯益又稱伯鷖或乙，則‘益’之即‘燕’，可無疑矣。”文末附注引馬昂《貨布文字考》、王蒼虬《燕化初後錢之研究》釋“⿰𠄌⿰化錢”之“⿰”字爲“燕”之古籀文。而諸可寶《古泉説》、孫詒讓《周大泉寶貨考》則釋爲“益”。孫氏之言云：“諦審其文，實當爲嗌字。《説文·口部》：‘嗌，咽也。’籀文作‘⿱’……經典或假爲‘益’字。”楊氏云：“今按‘嗌’、‘燕’實本一字，咽字有聲如‘燕’，故假用‘燕’字。‘嗌’則後出之形聲字耳。”今見甲骨文“燕”字作⿰（前五·二八·六），而《古籀彙編》著録《益鼎》之”益“作⿰，足爲此説佐證。

　　至於益之行事，典籍記載亦頗紛陳。其較早者多與草木鳥獸無關。如《國語·鄭語》：“伯鷖，能議百物以佐舜者也。”《皋陶謨》：“暨益奏庶鮮食。”（另有“暨稷播，奏庶艱食鮮食”句）《史記·夏本紀》記此事，首先言“禹乃遂與益、后稷奉帝命，命諸侯百姓興人徒以傅土，行山表木，定高山大川”。然後意譯此兩句云：“命益予衆庶稻，可種卑濕。命后稷予衆庶難得之食。”上文引《吕氏春秋·勿躬篇》及《淮南子·本經訓》皆言“伯益作井”。《世本》亦言“化益作井”。《勿躬》及《世本》皆言“后益作占歲”。這些皆未采入《堯典》篇中。

　　《堯典》作者所采用者爲益最擅名的與草木鳥獸有關的活動，此項資料頗多，今能見到較早者是《孟子·滕文公上》所云："舜使益掌火，益烈山澤而焚之，禽獸逃匿。"《秦本紀》云："佐舜調馴鳥獸，鳥獸多馴服，是爲柏翳。……孝王曰：'昔柏翳爲舜主畜，畜多息。'"《漢書·地理志》："伯益知禽獸。"《後漢書·蔡邕傳》："伯翳綜聲於鳥語。"等等。此外《鸚鵡賦》言"命虞人於隴坻，詔伯益於流沙"，是說叫虞官伯益到西北荒遠之地去捕鸚鵡，以其掌管鳥獸之故。而這類關於鳥獸的活動又前後矛盾。前者說烈山澤鳥獸逃匿，後者則說調馴鳥獸而鳥獸馴服。於是有經師爲之解釋，林之奇《全解》云："當禹治水之初，舜使益掌火，益烈山澤而焚之，禽獸逃匿，然後禹得而施其工。……是時禹居平水土之職，益但爲之佐耳。至是方正其爲虞之職也。"《東萊書說》云："舜當使益掌火烈山澤……地平天成之後，復使掌山澤之事，蓋因其昔所經歷而用之。"陳櫟《纂疏》引朱熹《語録》云："孟子說益烈山澤，是使之除障翳、驅禽獸耳，至舜命之作虞，然後使養育草木鳥獸也。"至閻若璩亦有類似之說，已見上釋"禹曰"之文所引。這些經師不知古代出自神話的歷史傳說，在流傳中自可發生各種紛歧。上所引述有關益的行事多種多樣，只是故事流傳中自然出現的現象，經師們必欲按後代命官任職的常例去說通它，過於拘泥了。

　　赤塚忠《中國古典文學大系：書經》引加藤常賢《少皋、皋陶嬴姓考》文中有云："伯夷、伯翳、伯益、少皋等爲同一之水神。"未見其原文，不詳其說之究竟。赤塚並引楊寬說，以爲益、柏翳、伯益自爲一系，與西羌一系之少皋、皋陶、伯夷之爲嶽神者有別，自爲東方鳥神神話之展開。此可備一說。

　　⑩帝曰俞咨益汝作朕虞——《史記》綜述其意爲一句云："於是

以益爲朕虞。”

　　《史記·集解》引馬融曰：“虞，掌山澤之官名。”《孔疏》引鄭玄曰：“言朕虞，重鳥獸草木。”僞傳承馬説云：“虞，掌山澤之官。”《蔡傳》：“虞，掌山澤之官，《周禮》分爲虞、衡，屬於夏官。”按，此誤。係屬《周禮·春官·大宰》：“以九職任萬民……三曰虞衡，作山澤之材；四曰藪牧，養蕃鳥獸。”是虞衡爲一官，而將《堯典》“虞”的職掌分爲虞衡、藪牧二官。但《地官·大司徒》下則有山虞、澤虞、林衡、川衡四官，分別掌山林、國澤之政令及林麓、川澤之禁令。按周時實有“虞”之官，亦稱虞人，也有虞侯。又有稱爲“衡”之官，名爲衡麓，亦單稱麓。較早者見於西周金文《散氏盤》云：“豆人虞丂彔貞……”王國維《散氏盤考釋》（載《王國維遺書》第六册）云：“豆，地名。……虞、彔……皆官名。彔，讀爲麓，《説文》麓之古文作禁。《春秋左氏·昭十九年傳》：‘山林之木，衡鹿守之。’亦麓也。丂、貞……皆人名。”按此爲地方之官，而金文中从虍之字常省虍，故虞亦作吳（參見郭沫若《大系·吳尨父殷》考釋、商承祚《石刻篆文編字·説“虞”》，載《古文字研究》第五輯）。商氏此《説“虞”》文中，即論析石碣“吳人慭亞”之吳人即虞人，掌山澤之官。見於《左傳·昭公二十年》：“齊侯田于沛，招虞人以弓，不進。”杜注：“虞人，守山澤之官。”《孟子·滕文公下》則云：“昔齊景公田，招虞人以旌，不至。”注：“虞人，守苑囿之吏也。”《禮記·月令》“季夏之月”：“是月也，樹木方盛，乃命虞人入山行木，毋有斬伐。”上所録王國維引《左傳·昭公十九年》微誤，當作《昭公二十年》，其文云：“山林之木，衡鹿守之；澤之萑莆，舟鮫守之；藪之薪蒸，虞候守之。”這些都是先秦關於虞、衡等職的資料，《堯典》作者采用“虞”以入篇中。

　　林之奇《全解》云：“曾氏（當是曾旼）云：‘案《周禮》云：大山、

澤虞中士四人，下士皆一人；中山、澤虞下士皆六人，下山、澤虞下皆
四人。益之爲虞，豈一山一澤之虞，蓋爲衆虞之長也。"明人馬明衡
《尚書疑義》云："《周禮》有山虞、澤虞，乃是育養禽獸魚鱉之官，其
職比此較輕。上古之時，洪水之後，山林川澤皆未能得所，益之爲
虞，蓋皆平治一番，與禹平水土相表裏，其事甚重，故孟子亦與禹並
言之。"這是經師們爲了解決先秦資料中"虞"爲一山一澤的小官而
舜任命益擔任之官不當如此小這一矛盾而尋的解釋。其實《堯典》
作者只是遇到這一管理山澤的官名就采用了，恐怕沒有多作其他考
慮。

　　"朕虞"，觀《史記》所寫，是把它作爲官名。其後《漢書·地理
志》云"爲舜朕虞"，《百官公卿表》云"益作朕虞"，《王莽傳》云"更名
水衡都尉曰予虞"（段氏《撰異》云："按予虞即《堯典》之朕虞。……
莽之不通文理，與更名大理曰作士，少府曰共工，同一可笑"），《漢
紀》云"益作朕虞"，《後漢書·劉陶傳》云"益典朕虞"，《文選》注引
應劭曰："益朕虞。"段氏《撰異》引應劭注劉向《上災異封事》"舜命
九官"云："《尚書》曰：禹作司徒（空之誤），棄后稷，契司徒，皋陶作
士師，垂共工，益朕虞，伯夷秩宗，夔典樂，龍納言，凡九官也。"段氏
以爲"與《五帝紀》、《百官公卿表》皆以共工、朕虞爲官名，今文家説
如是"。皮錫瑞《考證》據此諸資料，亦以爲"兩漢人用《今文尚書》
皆以'朕虞'兩字爲官名"。其實這是不通的。《孔疏》引鄭玄所説
"言朕虞，重鳥獸草木"，意思是舜因重視鳥獸草木，所以説"你做我
的虞官吧"。也有可能因"虞"原是地方山澤之官，故舜説："你做我
王朝的管理山澤之虞官吧。"段氏《撰異》亦云："謂朕之虞官也。"即
馬融注："虞，掌山澤之官名。"總之都只以"虞"爲官名。而後姚氏
僞傳據馬融原句以爲注。《孔疏》闡明之云："此官以虞爲名，帝言

'作我虞'耳,'朕'非官名也。"此古文、僞古文皆只以"虞"爲官名,是正確的。林之奇《全解》云:"'作朕虞',猶云'若予工'也。""予工"非官名,自"朕虞"亦非官名,故《蔡傳》承之,亦只注"虞,掌山澤之官"。元、明儒者大都遵用此説。清段氏《撰異》亦云:"又按《五帝本紀》皋陶爲大理,伯夷主禮,垂主工師,益主虞,棄主稷,契主司徒,龍主賓客,則司馬未嘗並朕爲官名也。"不意清儒除段玉裁、孫星衍不信"朕虞"説外,其餘清儒大都以"朕虞"爲官名,可見清儒在此問題上見解之陋。

劉逢禄《今古文集解》引述莊述祖提出的兩説。一説云:"朕虞,《王莽傳》作予虞。按《説文》:'侲,送也。从人,灷聲。……古文以爲訓字。'當爲'訓虞'。言訓庶虞之官也。漢時不識古文,誤以侲爲併,王莽又易併爲予也。"又一説云:"古文虞字作𧆞,即小篆𧆞字,轉作𤝋,形近火,《孟子》'舜使益掌虞',誤爲'掌火'。'益列山澤而樊之',謂表列山澤而藩籬之也。今'列'誤'烈','樊'誤'焚',本義遂乖。'象有齒以樊其身',宋本《北堂書鈔》焚作樊可證。"此清儒之就此問題能提出自己見解者,所以可嘉。惜其頗近穿鑿牽附。而其不同意"朕虞"爲官名,則是正確的(論定"象有齒以樊其身"尤確)。

㊶讓于朱虎熊羆——《史記》作"讓于諸臣朱虎熊羆"。薛氏本"虎"、"羆"作隸古怪字,不録。内野本則四字與今本無異。唐寫《釋文》:"羆,彼皮反。古文作𤎩。"按《説文》羆古文作𤎩,从皮聲,此稍異。

"朱虎熊羆",有二人説,四人説,最後一家提出三人説。

二人説者:姚氏僞孔傳云:"朱虎,熊羆,二臣名。垂、益所讓四人,皆在元、凱之中。"按,"四人",指殳斨、伯與、朱虎、熊羆。"元凱”，指《左傳·文公十八年》所載高辛氏子八元，高陽氏子愷。“八元”中有伯虎、仲熊，故云。段氏《撰異》云：“方興采馬、王說，朱虎、熊羆爲二臣名。”其後如宋蘇軾《書傳》、陳經《詳解》、清王鳴盛《後案》、朱駿聲《便讀》、近人曾運乾《正讀》皆從二人說。

四人說者：林之奇《全解》云：“朱虎能羆，孔氏亦以爲二臣。據《左傳》載高辛氏之子有伯（原誤仲）虎、仲熊。虎與熊既爲二人，則朱與羆亦當爲二人矣。朱博士（不詳何人，在林氏以前有朱弁《書解》十卷，或其人）云：‘夒、斨、伯與三人也，故言暨以別之，朱、虎、熊、羆四人也，故不言暨。’此說爲善。”其後從林氏說者頗多，宋之《蔡傳》、元之吳澄《纂言》、清之戴震《義考》、江聲《音疏》、段玉裁《撰異》、孫星衍《注疏》、劉逢祿《集解》、王先謙《參正》以及近人楊筠如《覈詁》、屈萬里《集釋》等皆承用此說。

三人說者，皮錫瑞《考證》云：“《古今人表》無朱，止有三人。則班氏似以爲朱虎爲一人，即柏虎、朱虎、熊羆共三人。與鄭注以爲二人異，亦不如段氏說以爲四人也。”

根據資料情況來看，自以四人說爲確。

“朱”，見前“允釐百工”一節注⑦“胤子朱”的校釋文中，原是《山海經》神話中的神鳥離朱。而離朱常與熊羆虎豹在一起，《海外南經》云：“狄山，帝堯葬于陽，帝嚳葬于陰。爰有熊、羆、文虎、蜼（郭注：獼猴類）、豹、離朱、視肉（《神異經》所載的一種異獸，肉被割能復生）。”又云：“一曰湯山，一曰爰有熊、羆、文虎、蜼、豹、離朱、鴟久（郝懿行注：鴟當爲鴞，即《說文》鴞舊）、視肉、虖交（袁珂云：未詳）。”又《海外北經》：“務隅之山，帝顓頊葬于陽，九嬪葬于陰。一曰爰有熊、羆、文虎、離朱、鴟久、視肉。”《堯典》作者遇到的資料顯然是朱、虎、熊、羆在一起，就采入篇中。神話資料變成了歷史記載。

《左傳》亦將神話資料變成歷史記載。文公十八年《傳》云：“昔高陽氏有才子八人……天下民謂之八愷。高辛氏有才子八人，伯奮、仲堪、叔獻、季仲、伯虎、仲熊、叔豹、季貍……天下之民謂之八元。此十六族也世濟其美……堯不能舉。舜臣堯，舉八愷使主后土……地平天成；舉八元使布五教於四方……内平外成。”這些由神話而變成的歷史資料，《堯典》作者未曾同樣蒐集到，《左傳》蒐列的虎、熊、豹、貍四族，《堯典》只搜列到其中虎、熊二者（《左傳》下文接叙流四凶與《堯典》四凶名亦不同）。《漢書·古今人表》據《左傳》將八愷八元全列入了“仁人”欄内，其八元的後四名寫成“柏虎、仲熊、叔豹、季熊”。師古注季熊曰：“即《左氏傳》所謂‘季貍’者。”段氏《撰異》云：“季貍，《古今人表》作‘季熊’。‘熊’疑‘羆’之誤。即益所讓之虎、熊、羆。”孫星衍《注疏》從段説。是知《堯典》、《左傳》、《人表》將神話資料變成歷史記載，都取自原所流傳的大要相同而細節或文字有出入的神話資料，《堯典》作者所取得者爲朱、虎、熊、羆四者。

赤塚忠《書經》説：“朱、虎、熊、羆是一群山澤之靈獸。”楊寬《導論》説：“益即燕，亦即玄鳥。玄鳥本東方民族所崇拜之神鳥，在神話中爲鳥獸之長（玄鳥亦即鳳鳥，《大戴禮》：“羽蟲三百六十，鳳鳥爲之長”）。故上帝（即堯舜）命其治理鳥獸，而燕（益）乃謙遜，竟欲讓給其他鳥獸中之佼佼者朱虎熊羆之類。其原始本爲一幕神話之趣劇。”現在《堯典》篇中已經歷史化而爲人話了，經師們不懂神話可歷史化，便以這些獸名爲人名之可異，而要尋出解釋，王天與《書纂傳》引朱熹曰：“以獸爲名，意亦以能服之獸得名歟。”意謂亦如上文所引朱熹釋殳、斨二人“古者多以其所能爲名”一樣，以能製殳、製斨，其人即名殳、名斨；以能服虎、服羆，其人即可名虎、名羆。《蔡傳》即全録朱熹此語以釋此四人。他們純憑想象來尋求這種"以獸爲名"之故，希望得到理性的解釋，不知其離開資料眞相已很遠了。

其實這種以獸爲名的現象，既淵源於神話，而原來神話却有先史時代氏族乃至胞族多以禽獸之名爲本族之名這一事實爲之素地。據摩爾根《古代社會》載一些古代氏族都以禽獸命名。如澳洲卡米拉羅依人六個氏族，分爲可通婚的兩組，一組三個氏族名鬣鼠氏、袋鼠氏、負鼠氏，二組三個氏族名鴯鶓氏、袋狸氏、黑蛇氏。美洲印第安人各族如此者尤多，如易洛魁人六個部落，各擁有數目不等的氏族，幾個部落所屬氏族名相同的有：狼氏、熊氏、龜氏、海狸氏、鹿氏、鷸氏、鰻氏；一些部落獨有的是：蒼鷺氏、鷹氏、球氏、蒼狼氏、黃狼氏、大龜氏、小龜氏等。又摩黑岡部落分三個胞族，第一狼胞族，有狼氏、熊氏、犬氏、負鼠氏四氏族；第二龜胞族，有小龜氏、泥龜氏、大龜氏、黃鰻氏四氏族；第三火鷄胞族，有火鷄氏、鶴氏、雛鷄氏三氏族。又摩基人有九個氏族，爲：鹿、沙、兩、熊、野兔、郊狼、響尾蛇、烟草、蘆草九氏族。全書介紹美洲印第安各部落的氏族名稱還很多，基本如上述之類。該書第二章中有云："在美洲各地的土著中，所有的氏族都以某種動物或無生物命名。……氏族成員聲稱他們就是本氏族命名的那種動物的子孫，大神把他們的老祖宗由動物變成了人形。……氏族成員不吃本氏族命名的那種動物。"書中沒有提到圖騰，但圖騰（totem）一詞原出於印第安語，意謂每個氏族與某動、植物有親屬關係，爲本氏族保護神和象徵。因此上舉這些顯然與圖騰有關。恩格斯《家庭、私有制和國家的起源》中説："每個氏族都起源於一個神。""這種神被假想爲氏族的祖先，並用獨特的別名表明這種地位。""氏族都有一個從它的假想的祖先傳給他們的名稱（按，就是上舉各氏族所得之名）。"然後以"一位英雄作爲自己的守護神……也就是部落的名稱。"摩爾根在其書第五章中就氏族組成部落建立聯盟，"其首任首領的名號，此後就成爲各個繼任者相沿襲用的名號"。這就使我們獲得對上述諸有關氏族名號的認識。摩爾根在該書第二章之首說："氏族組織……無論亞洲、非洲、美洲、澳洲，其古代社會幾乎一律采取這種政治方式。……不論在何處所見到的氏族社會，其結構組織和活動原則都是一致的。"因而在該書第十五章中，舉了印度的鄂臘翁部和孟達部許多克蘭都以動物爲名，如鰻氏、隼氏、鴉氏、蒼鷺氏等，又舉中國約有四百個姓，其中有馬、羊、牛、魚等。他不知這只是流傳至後代尚存在着的族姓，而中國不僅古代有許多像朱、虎、熊、羆一樣的族姓，即近代少數民族亦有由祖先傳說形成的以動物爲名的族系。如雲南碧江縣白族的勒墨人有虎氏族、熊氏族、蛇氏族、鼠氏族等，四川大涼山納蘇彝族有羊、獐、狼、熊、鼠等宗族，其中鼠宗族分衍成黑鼠、白鼠、花鼠、粗毛鼠等十二個小宗支（據羅琨、張永山《原始社會》所引資料）。這和古代以動物爲名之族沒有什麼兩樣。神話全書《山海經》中的許許多多大大小小奇異的神，實際大都是古代各氏族把許多動物植物無生物怪異物尊奉成的祖先神，亦即成爲該氏族名稱的名字。這類資料實在太豐富了。上文所引《海外南經》、《海外北經》所載者實皆爲氏族神名，即由氏族將靈異之物尊奉爲祖先神，並成爲該民族之名及該氏族首領遞相承用之名。《左傳·哀公七年》："禹會諸侯於塗山。"《史記·夏本紀》："帝禹東巡狩至于會稽。……或言禹會諸侯江南。"而《國語·魯語》云："禹致群神于會稽之山。"可知群神即是諸侯。亦即當時部族首領。上文引《左傳·文公十八年》所載諸族之名亦有可尋之於《山海經》者。這裏朱、虎、熊、羆四"靈獸"作爲神性的氏族之名及其首領之名載在《山海經》者，被《堯典》作者遇到後,便作爲舜的臣名載入篇中了。

⑫帝曰俞往哉汝諧——《史記》作"舜曰:'往矣!汝諧。'遂以朱、虎、熊、羆爲佐"。林之奇《全解》云:"禹讓于稷、契、皐陶,伯夷讓于夔、龍,故舜或稱其前功而申戒之,或使爲典樂、納言之職(見下文),而垂、益所舉數人,則無所遷擇者。……太史公謂舜以朱虎熊羆爲益之佐,理或然也。然《典》之所不載,不知太史公何從而得之耳。"誠不知太史公何所據而云然。

⑬帝曰咨四岳——《史記》作"舜曰:嗟!四嶽"。譯"咨"作"嗟",不妥。當如上文注④"咨十有二牧"《史記》作"命十二牧"及注⑧"舜曰咨四岳"《史記》作"舜謂四嶽曰"兩句,譯"咨"爲"命"爲"謂"較確。此處可譯作"帝謂四岳曰",即帝對四岳説。

⑭有能典朕三禮——《史記》照録此句。"有",誰。見上文注⑨"有能奮庸"句。詳"咨四岳湯湯洪水方割"一節注⑪"有能俾乂"句。

"能",薛本作"耐",據唐寫本《釋文》"能"皆作"耐",江聲《音疏》承用"耐"字。鄭玄《禮記》注云:"耐,古能字。"文詳前文"有能俾乂"句。

"典",江聲《音疏》云:"《周官》有'典婦功',鄭注云:'典,主也。'是謂:'典,主其事。'此'典朕三禮',謂主三禮之事。依'主'誼以求《説文》之字,則實是'敟'字。時俗相承省作'典'爾。故云當爲'敟'。'敟,主。'《説文·攴部》文。"既已省"攴"作"典","典"已具有主持之義,故《周禮·天官》序官"典婦功"鄭注爲"典,主也"。後《廣雅·釋詁三》亦云:"典,主也。"是不用改從"敟"。

"三禮",《史記·集解》引馬融曰:"三禮,天神、地祇、人鬼之禮也。"又引鄭玄曰:"天事、地事、人事之禮也。"《漢書·百官公卿表》

注引應劭曰："典天神、地祇、人鬼之禮也。"陳喬樅《經説考》以應劭習今文，謂"古文，今文説並相同也"。以後治《尚書》者皆宗此説。姚氏僞傳云："三禮。天、地、人之禮。"林之奇《全解》云："此《周官·大宗伯》之職也。大宗伯掌建邦之天神、人鬼、地示之禮。則此所謂三禮也。典禮之職，吉、凶、軍、賓、嘉之事雖無所不統，然實以郊廟祭祀爲主，故但云'典朕三禮'。"《蔡傳》云："三禮，祀天神，享人鬼，祭地祇之禮也。"戴震《義考》云："案周始分吉、凶、軍、賓、嘉爲五禮，唐虞時統名天地人之禮耳。此三禮者，五禮畢具其中。鄭康成《禮論》曰：'唐虞有三禮，至周分爲五禮。'是也。"江聲《音疏》："天神地祇人鬼之禮皆是祭禮，於《周禮》只是一吉禮耳。馬云然者，以唐虞未有吉凶賓軍嘉之五禮，而禮之重者莫重於祭，此特咨其重者爾。"這些經師們侈談唐虞三禮、周代五禮。"周五禮"猶有《周禮》大宗伯之職掌爲依據，而"唐虞三禮"所依據者就在《堯典》此句。他們不知道《堯典》並非唐虞時文獻，所以他們的紛紛之説，猶如"瞎子斷匾"，全不合實際。大抵《堯典》作者得到這一"三禮"的詞彙資料，就采用了，未必指實是哪三種禮，很可能如汪中《釋三九》所説的以三爲虛數約指而已。

⑤僉曰伯夷——《史記》作"皆曰伯夷可"。"伯夷"，《漢書·古今人表》作"栢夷"，列在"仁人"欄顓頊師大款與亮父之間。皮氏《考證》又引蔡邕《彭城姜伯淮碑》作"百夷"，顯爲字誤。敦煌唐寫本《釋文》作"栢尸"。釋云："伯夷，臣名也。馬本作'伯异'。"吴士鑑《校語》云："今本闕此條，《注疏》本改作'伯夷'。'伯夷臣名'句用孔傳。案《漢書·樊噲傳》'與司馬尸戰碭東'，注：'尸，讀與夷同。'《孝經》'仲尼居'《釋文》：'尸，古夷字。'按，原文作"尼本作尸，古夷字。"是'尸''夷'古通。"按，甲金文中有側立人形之字，學

者除視其字形微別隸定作"人"作"妣"外,亦常隸定作"尸",而釋爲
"夷"。例如《殷契粹編》第 1183 至第 1187 片,有征伐夷方之文,夷
字皆隸定作尸。又如《叔夷鐘》之夷,《兮甲盤》之南淮夷,亦皆隸定
作尸。陳夢家《殷虚卜辭綜述》中雖因字形微異分人方與夷方爲二,
而赤塚忠《殷金文考釋》以爲自從"殷末夷與人的字互用不别"。固
知甲金文中尸即夷。此字如加重文即作"层",或者如《説文》仁字
之古文作"层",於是古文獻中遂以"层"作"夷"。亦可見學者隸定
甲金文中之夷字作"尸",亦自有文獻依據。"伯夷",薛氏本同《釋
文》作"柏层",内野本則作"伯层"。(偶讀到郭沫若《大系》中的
《畏卣》考釋,現補録一段於此:"古金文凡夷狄字均作尸,卜辭屢見
尸方,亦即夷方。……《周禮·凌人》'大喪共夷槃冰'注云:'夷之
言尸也。實冰於夷槃中置之尸牀下所以寒尸……依尸而爲言者
也。'……又《左傳·成十七年》'吾一朝而尸三卿',《韓非子·内儲
説六微》尸作夷,此尸夷通用之明證。别有层字,《孝經》'仲尼居'
《釋文》'尼本作层,古夷字'。《漢書·高帝紀》'司馬层'。又《地
理志》越嶲郡'蘇示'下'层江在西北',顔師古均以爲'层,古夷
字'。")

吳士鑑《校語》又釋"馬本作伯异"之故云:"《説文》:'异,長踞
也。'《廣雅·釋詁》:'跠,踞也。''屎,踞也。'《論語》'原壤夷俟'馬
注:'踞也。'是從巳從夷,爲一聲之轉。故'夷'、'异'可以假用。"

伯夷的簡要情況,已見前"咨四岳湯湯洪水方割"一節注②"四
岳"的校釋文中。最初完全是神話人物,見於本書《吕刑》云:"蚩尤
惟始作亂,延及于平民……上帝監民罔有馨香德,刑發惟聞腥。
……皇帝(即上帝)清問下民……乃命三后恤功于民:伯夷降典,折
民惟刑;禹平水土,主名山川;稷降播種,農殖嘉穀。"又《國語·鄭

語》云："姜,伯夷之後也。……伯夷能禮於神以佐堯者也。"是伯夷
爲姜族之宗祖神,他與夏族之宗祖神禹,周族之宗祖神稷,同被上帝
派下來恤功於民。他擔任的是主刑獄之政。因《吕刑》篇中載明蚩
尤亂及平民,苗民染其惡德,立爲五刑恣意殺戮,冤死者訴之上帝,
上帝哀矜之,除懲罰苗民之惡外,特派伯夷下來降布刑典,以安下
民,免除了原來蚩尤遺禍苗民所屬行五刑之暴虐。這是伯夷以天神
身份對下民所施的盛德。他之爲姜姓宗祖神,《山海經》中原亦有記
載。《海内經》云："伯夷父生西岳(四岳),西岳生先龍,先龍是始生
氐羌。"由上舉"四岳"校釋文中,知"四岳"在個別文獻中寫作"太
岳"、"西岳",此處西岳實爲四岳。是姜姓得姓之祖四岳(見《周語》
載四岳佐禹治水有功上帝賜姓姜)爲伯夷所生。而姜爲羌族之姓,
許多文獻中都可證這點,章炳麟《論種姓》論定云："羌者,姜也。"是
伯夷爲姜姓族宗祖神,伯夷之子四岳從而也成了姜姓族宗祖神(即
姜姓得姓之神),都由《山海經》得到神話傳説的原始確證。伯夷、
四岳、先龍,就成了姜姓族的列祖列宗。又《周語》記四岳爲共工之
從孫,則在此列祖列宗的前面,還有共工爲姜姓族更早的宗祖。

　　現在舜叫四岳推薦主持禮政的官,四岳和群臣推薦了伯夷,不
是推薦了自己父親嗎? 要知神話來源是多元的,而且同一神話在流
傳中又可分化多歧的。在《山海經》神話中伯夷、四岳是父子,可是
在别的流傳中,可以伯夷自伯夷,四岳自四岳,《堯典》作者遇到這類
資料,就按資料分别采用,並組織到自加編排的堯舜朝廷裏做官。
神話歷史化,自不能按理性去苛求的。

　　顧師在《虞廷九官問題》中説："自《雅》《頌》觀之,禹、契、稷之
故事皆各個獨立發展者也,此篇(指《吕刑》)乃以伯夷、禹、稷組成
一個團體,是爲此種傳説之突變,自此以後處處有其聯絡性矣。然

組織此團體者爲上帝，而在此團體中者僅得三人，則猶是初變時情狀也。"並據伯夷爲姜姓呂王之祖，"故舉之於禹、稷之上，爲三后之首"。"又案：此以伯夷主刑獄，甚可注意。舍此篇(《呂刑》)外，更無作是說者。"又在引錄《孟子・滕文公上》列舉舜用益、禹、后稷、契、皋陶後云："上數條述諸人，惟伯夷不列，意者以《呂刑》言伯夷掌刑，於皋陶爲複出，故去之耶？"按，這可能也是《堯典》不按伯夷原掌刑應繼續任刑官這一慣例，而使之改任禮官的原因所在。

　　此外有一位被孔子稱譽爲"不念舊惡怨是用希"(《論語・公冶長》)及孟子極讚爲"聖之清者也"(《孟子・萬章下》)的伯夷，被司馬遷特寫爲列傳第一篇，是周武王時不食周粟的高士，與此伯夷只是名字相同而毫不相干的另一人。可能彼周初伯夷是真實的人，而此伯夷只是神話中人被誤載入史籍《堯典》、《呂刑》等文中。

　　赤塚忠《書經》引加藤常賢之說，以伯夷、伯益爲同一神，又以爲伯夷即夷方之伯，故稱之爲"夷伯"。據殷代之史實，東方夷之部族實爲殷建國初期之支持者，後期始離分。可參看陳夢家《綜述》第八章"方國地理"。至周之建國，懷柔東方部族長夷伯，故有稱夷伯的金文資料，即郭氏《大系》所錄《冕卣》之文。該銘文有云："王姜令作册冕安尸伯(即夷伯)，尸伯賓冕布。"是確有稱夷伯的直接資料，亦可見伯夷之爲夷方伯，亦即爲伯於夷方之意。義頗新穎，可成一說。

　　⑯帝曰俞咨伯汝作秩宗——《史記》作："舜曰嗟伯夷以汝爲秩宗。"唐寫本《釋文》作："女秩宗：本或作'女作秩宗'。作，衍字。"吳《校語》云："《周禮・春官・秩官》注：鄭司農曰：'《堯典》曰：帝曰俞咨伯女作秩宗。'是鄭本有作字。此無作字者必壁中古本也。秩作袟，爲隸變。"龔《考證》云："今本皆有作字，而《釋文》以爲衍，蓋

所見馬、王本（原有鄭字據吳説删）皆無作字，與‘汝共工’同。近出《熹平石經》《堯典》殘字亦作‘女秩宗’。”是漢今文本無“作”字，東漢所傳古文本（所謂壁中本實即馬、王傳本）亦無之。

　　“咨伯”史公譯爲“嗟伯夷”，“嗟”字不妥，已見上注㊸“咨四岳”。“伯”作“伯夷”，顯然史公所見本有夷字。其後流傳本脱夷字，至班固撰《白虎通》時所見本已無夷字，遂附會爲老臣不名。其文云：“先王老臣不名。親與先王戮力，共治國功于天下，故尊而不名。《尚書》曰：‘咨爾伯。’不言名也。”這裏已自矛盾，伯夷始由四岳薦任禮官，並非“親與先王戮力共治國功于天下”者。只因失去一個夷字，《白虎通》遂編爲此説。馬、鄭於此無説，惟《周禮·春官·秩官》鄭注引鄭司農所引《書》亦爲“咨伯”。僞傳於此只釋“秩宗”，未理會此説。唐寫本《釋文》云：“咨柏，本或作‘咨伯夷’。舊本皆無夷字。”是唐時舊本雖無夷字，而另有傳本有之。《蔡傳》及宋、元、明儒家遂皆未理會《白虎通》説。至清儒始紛紛提出議論。段氏《撰異》先引徐志祖之説云：“案舜帝之命官，於伯夷獨曰‘俞、咨伯’而不名，疑《白虎通》所云，乃古《書》説相傳如此。”然後段申以己説云：“玉裁案：蓋《今文尚書》説也。《五帝本紀》‘嗟伯夷’，豈太史公以意補夷字歟？”孫星衍《今古文注疏》先引《白虎通》文，爲之釋云：“不名者，貴賢者。此蓋今文説。史公則作‘嗟伯夷’，是古文有夷字。”皮氏《考證》云：“案孫説非也。《史記》一書多同今文，其作‘伯夷’乃史公以意增‘夷’字，猶以‘允子朱’爲‘嗣子丹朱’，使人易曉耳。”皮駁正孫以《史記》爲古文説之誤，是對的。因《史記》撰成時期漢代只行今文。但他同段氏一樣以爲史公增‘夷’字。則是錯的。因史公所據本原有夷字，上文已述明。王先謙《參正》則云：“今文一作‘咨伯夷’，一作‘咨爾伯’。”前者據《史記·舜紀》，後者據《白虎通》。並云:“作伯者,班用夏侯《尚書》,作伯夷者,史公用歐陽《尚書》,故不同。”乃爲調停之論。近人楊筠如《覈詁》云:“咨伯,《史記》作‘嗟伯夷’,則脱一‘夷’字。《白虎通》引作‘咨爾伯’,以爲老臣不名,蓋今文異説。”仍持兩端。屈萬里《集釋》云:“《史記》作伯夷,蓋是。《白虎通》以‘先王老臣不名’説之,恐非是。”雖所見甚是,尚以“蓋”“恐”作或然説。至池田末利《尚書》云:“當從《史記》‘伯’下補‘夷’字,下‘伯拜稽首’句同。”説始明決確當。

“秩宗”之“秩”,見本篇第二節“平秩東作”校釋。漢代古文作“豑”。見《説文·豊部》:“豑(直質切),爵之次第也。薛氏本訛作“豒”,江聲本從之而訂正爲“豑”。“秩宗”,《史記·集解》引鄭玄注云:“主次秩尊卑。”僞傳云:“秩,序。宗,尊也。主郊廟之官。”《孔疏》云:“宗之爲尊,常訓也。主郊廟之官,掌序鬼神尊卑,故以秩宗爲名。郊,謂祭天南郊,祭地北郊。廟,謂祭先祖。即《周禮》所謂天神人鬼地祇之禮是也。”是傳、疏皆以照應上文三禮爲注。蘇軾《書傳》簡釋云:“宗廟之官。”林之奇《全解》云:“秩宗,當時禮官之名也。”並引《國語·楚語》“使名姓之後”至“氏姓之出而心率舊典者爲之宗”一段,而後云:“以其名姓之臣,故謂之宗。以其率舊典,故謂之秩。秩,常也。周以禮屬宗伯,即此所謂‘宗’也。漢以禮官爲太常,即此所謂秩也。”《國語》董增齡《疏》引顔師古曰:“氏姓,謂神本所出及見所當爲主者也。宗,宗人。主神之列位尊卑者也。”《蔡傳》云:“秩,序也。宗,神廟也。秩宗……蓋以宗廟爲主也。《周禮》謂之宗伯。”經師解釋大抵類此,要義當爲主宗廟的禮官。

㊼夙夜惟寅直哉惟清——《史記》作“夙夜維敬,直哉維静絜”。《正義》:“静,清也。絜,明也。”是史公以敬訓寅,以静絜訓清。

“夙”,唐寫本《釋文》作“夙”,並釋云:“本又作𡖍,古夙字,早也。”薛氏本作“夙”。《説文·夕部》作“佩，早敬也”。徐鉉云：“今俗書作夙。”

“夜”，唐寫本《釋文》作“夙”。並釋云：“本又作夙，古夜字。”薛氏本作“夜”。吳《校語》云：“案《説文》夜作夜，此作夙，亦隸變也。”

“惟寅”，唐寫本《釋文》同，惟釋云：“徐音夷，又以真反。”

僞傳：“夙，早也。言早夜敬思其職，典禮司政教，使正直而清明。”林之奇《全解》云：“寅者，敬而不慢。直者，正而不諂。清者，潔而不汙。”董鼎《輯録纂注》引朱熹云：“惟寅故直，惟直故清。”《蔡傳》：“夙，早。寅，敬畏也。直者，心無私曲之謂。人能敬以直，內不使少有私曲，則其心潔清，而無物欲之污，可以交於神明矣。”江聲《音疏》云：“寅當爲黃，字之誤。黃，敬也。”並引《説文·夕部》云：“黃，敬惕也。”鄒漢勛《讀書偶識》斷句爲“夙夜惟寅直哉，惟清”。並云：“近儒讀多如此，勛謂：寅直，謂敬以直內也。”楊筠如《覈詁》以爲“直”假爲“識”，識義爲審。各持一説，各有所見，終當以林氏、朱氏之説較妥。

㊽伯拜稽首讓于夔龍——《史記》簡叙作“伯夷讓夔龍”。“拜”，薛氏本用《説文》篆書，江聲《音疏》從之。

“夔”，段氏《撰異》：“漢時緯書夔有作歸者。《水經注·江水篇》：《樂緯》曰：‘昔歸典協聲律。’宋忠曰：‘歸即夔。’《太平御覽》八十二引《尚書中侯》‘讓于益歸’。注：‘歸讀曰夔。’”唐寫本《釋文》作“夔”，並釋云：“求龜反，臣名也。”吳氏《校語》云：“案《説文》：‘夔，神魖也，如龍一足，从夂。象有角、手、人面之形。’與夔爲貪獸、從頁、巳、止、夂其手足者，本爲兩字。漢《劉寬碑》‘五官中郎將何夔’，以夔爲夔。《玉篇》云：‘夔，實則隸變無定形。漢《繁陽令楊君碑》陰‘至孝涅虁’，又有省變也。”

　　“龍”，唐寫本《釋文》作“竜”，並釋云：“古龍字，臣名。”吳《校語》云：“案《說文》‘龍’，‘從肉飛之形，童省聲。’此作竜者，蓋由童聲並省其形。《集韻》始有‘竜’字，乃六朝後起字也。”

　　姚氏僞傳及《蔡傳》皆云：“虁、龍，二臣名。”

　　“虁”之資料，亦首先當尋之於神話中。《山海經·大荒東經》：“東海中有流波山……其上有獸，狀如牛，蒼身而無角，一足，出入水則必風雨……其名曰虁。黃帝得之，以其皮爲鼓……聲聞五百里。”這是一神獸，其特點是一足；皮爲鼓，而鼓是重要樂器。這兩點影響它進入史籍中的形象。但直至東漢《說文》中仍說它爲神獸。《說文·夂部》云：“虁，神魖也，如龍，一足，從夂，象有角、手、人面之形。”（按《說文·鬼部》：“魖，耗神也。”）仍保持它“一足”的特點，但傳說演化異於《山海經》者，不是如牛而是如龍，不是無角而是有角、手、人面。然而據袁珂《校注》引《黃帝內傳》則仍作“虁牛”。其文云：“黃帝伐蚩尤，玄女爲帝製虁牛鼓八十面，一震五百里。”又引《廣成子傳》“虁牛”作“䝴牛”，同音通用。而虁牛見《山海經·中山經》之岷山，“其獸多犀象，多虁牛”。由虁牛鼓一震五百里，明其即是以皮爲鼓聲聞五百里狀如牛之虁。《國語·魯語》：“木石之怪曰虁蝄蜽。”韋昭解：“木石，謂山也。或云‘虁一足’，越人謂之‘山繰’，或作‘獟’，富陽有之，人面猴身，能言。或云獨足。蝄蜽，山精。”《正字通》引《神異經》：“西方深山有人，長丈餘，袒身捕蝦蟹，就人火灸食之，名山獟。其名自呼獟則作魖。”袁珂《山海經校注》第 272 頁引《北山經》、《神異經·西荒經》、《荊楚歲時記》、祖冲之《述異記》、《搜神記》、《抱朴子·登涉篇》皆載山獟不同傳說，字亦多異。最後引《酉陽雜俎·諾皋記》云：“山蕭一名山臊。”《神異經》

作㺒,《永嘉郡記》作山魅,一名山駱,一名蛟,一名濯肉,一名熱肉,一名暉,一名飛龍,如鳩……犯者能役虎害人,燒人廬舍,俗言山魈。其名暉者,猩也,山猩也。夔之音轉也。名蛟者,猱之音轉或岐之譌文也。袁氏綜言之云:“山猱,名目之大凡見于此矣。”按民間所傳山魈多怪異,然實有其物,產於非洲,身長三尺餘而性猛力強,爲狒狒的一種。神話化就多怪異,至與夔相混。《說文》另有蠷,爲貪獸、母猴,則與狒狒近,亦易與夔相混。董增齡《國語》疏引《東京賦》“殘夔魖與罔像”薛綜注:“夔,木石之怪,如龍有角,麟甲光如日月,見則其邑大旱。”(宋刻李善注本此爲善注。同篇賦中另有“后夔坐而爲工”句,已將歷史人物夔與神物夔區分)。《莊子·秋水篇》:“夔憐蚿,蚿憐蛇,蛇憐風。”陸氏《釋文》:“夔,一足獸也。”成玄英《疏》:“夔是一足之獸,其形如鼓,足似人腳而迥踵。”王先謙《集解》引司馬云:“夔一足,蚿多足,蛇無足,風無形。”又《達生篇》:“山有夔。”《釋文》:“司馬云:狀如鼓而一足。”成玄英《疏》:“大如牛,狀如鼓,一足行也。”這些都是有關夔的神話資料。其中夔一足爲其特色,怪異亦不少。

　　史籍中,有《左傳·昭公二十八年》云:“昔有仍氏生女,鬒黑而甚美……樂正后夔取之。生伯封……忿類無期,謂之封豕。有窮后羿滅之,夔是以不祀。”顧師《九官問題》云:“夔稱爲后,必是國君;然又稱曰樂正,則兼任王朝之官矣。其人時代未詳,觀其子伯封爲后羿所滅,當在夏初。”由是夔由神話中怪物成爲人間樂正,在典籍中常見。《荀子·成相》:“堯……舉舜……夔爲樂正鳥獸服。”《大戴記·五帝德》:“請問帝堯……伯夷主禮,龍、夔教舞。……請問帝舜……夔作樂以歌簫舞。”《禮記·樂記》:“夔始作樂,以賞諸侯。”鄭玄注:“夔,舜時典樂者也。”言爲舜時典樂,係據《堯典》所載而來。《堯典》作者遇到當時流傳的夔爲樂正的資料，就采入篇中，由舜任命他典樂。至是夔確實成爲歷史人物了，可是却始終和神話中的“夔一足”緊緊聯繫着。這就需要有所解釋。《韓非子·外儲説左下》云：“魯哀公問於孔子曰：‘吾聞古者有夔一足，其果信有一足乎？’孔子對曰：‘不也，夔非一足也。夔者忿戾惡心，人多不悦喜也。雖然，其所以得免於人害者，以其信也。人皆曰獨此一足矣。夔非一足也，一而足也。’哀公曰：‘審而是固足矣。’一曰：哀公問於孔子曰：‘吾聞夔一足，信乎？’曰：‘夔，人也，何故一足。彼其無他異，而獨通於聲，堯曰：夔一而足矣，使爲樂正。故君子曰：夔有一足，非一足也。’”《吕氏春秋·察傳》：“魯哀公問於孔子曰：‘樂正夔一足，信乎？’孔子曰：‘昔者舜欲以樂傳教於天下，乃令重黎舉夔於草莽之中而進之，舜以爲樂正。夔於是正六律，和五聲，以通八風，而天下大服。重黎又欲益求人，舜曰：‘夫樂，天地之精也，得失之節也，故唯聖人爲能和樂之本也。夔能和之，以平天下，若夔者一而足矣。’故曰‘夔一足’，非一足也。”以上假託孔子講的三段話，各有不同，一個共同的作用，就是想用理性的解釋，一如顧師《九官問題》中所説的：“曲解‘一足’爲‘一而足’，以泯其神話之迹。”因爲經過《堯典》的編造，夔已進入歷史中，不再用神話中説法了。

赤塚忠《書經》有對夔的較詳的論述。其文前面引述了《韓非子·外儲説左》、《吕氏春秋·求人》、《國語·魯語》及韋昭注諸説，作了論析。然後新提出三點：（一）清道光年間山東壽長縣出土《小臣艅犧尊銘》，記殷王巡狩至此，有關夔祖之參拜，出土地與其祭祀地，知夔爲夔族祭祀之神。（二）甲骨文中殷代王朝祭祀高祖夔。是夔爲真實的殷王族之高祖。而夔與猱同音同義，夔字爲猿之象形，本來是同一物同一神。（三）《左傳·僖公二十六年》，楚之屬國夔，地在今湖北秭歸縣（按，《水經·江水注》夒作歸）。以爲山東之夒族向南遷後之地。並參照貝塚茂樹《中國古代神話》，以爲夒爲俳優之優的原字，夒與優相通用。夒即夔，夒族音樂發達，在王朝世襲樂官之職。傳承了猿之物的舞踊之端緒。《舜典》（即《堯典》）成立以前，夒（夔）之與音樂相結合，遂爲《舜典》（《堯典》）所承受。按，赤塚此説有所見，惟其中以殷之高祖夒證此夔，尚可商。因在《説文》中此判然爲兩字，雖殷之高祖此字唐蘭曾釋"夔"，已爲甲骨學界所否定，群推王國維釋"夒"之説爲定論。故不能以夒牽附於夔。不過文獻中此二字常不免有相混，故此點並不妨繼續討論。但就今而論，二者不可相混。至於提出夒族原在山東，後南遷湖北秭歸立國之説，確有見地。上文論述朱、虎、熊、羆時，知古代各族常把動植物或怪異物作爲宗族神，亦即成爲該族名稱。則奉夒爲宗祖神之族自稱爲夒族，自是正常的。該族自山東遷至湖北，是此"夔"之後裔一直傳至春秋之世始爲楚所滅。由此可知夔作爲宗神所傳之族，實際存在於歷史中了。

　　"龍"，作爲人名，亦先見於神話中。《山海經·海内經》："帝俊生晏龍，晏龍是爲琴瑟。帝俊有子八人，是始爲歌舞。"這是一位與音樂有關的貴神，因帝俊是《山海經》中最高貴最煊赫的天帝之故。上文已引《山海經》中四岳所生的先龍，爲另一以龍爲名的氐羌族之祖。《山海經》中另有燭龍、應龍等，則是神性的靈獸之龍。上引《魯語》"木石之怪曰夔蝄蜽"。其上下文云："季桓子穿井得土缶，其中有羊焉，使問之仲尼。……對曰：'……丘聞之，木石之怪曰夔蝄蜽，水之怪曰龍罔象，土之怪曰羵羊。'"是龍和夔同樣能成靈怪，且兩者並立相偕。《孔疏》引賈逵《國語》注云："罔兩、罔象，言有夔、龍之形而無實體。"顧師《九官問題》云："洵如其説，是山川間之精怪有夔與龍之形而無其體者。"殷墟甲骨文中有龍方,據陳夢家《卜辭綜述》第283頁指出,此龍方與羌方似或合或分,兩者當相近。則與《山海經》中先龍和氏羌族有血胤淵源似有關。而作一種族存在於殷代,一如奉夔爲宗族神之族自稱爲夔族存在於歷史中,此奉龍爲元祖神之族稱爲龍方族,也存在於歷史中了。

進入歷史文獻中,作爲個人人名之龍遂亦常和夔在一起。但主要也當由於"爲琴瑟"擅音樂的晏龍,與爲樂正之夔聲應氣求之故。《吕氏春秋·古樂篇》:"帝顓頊好其音,乃令飛龍作效八風之音,命之曰《承雲》,以祭上帝。"由上文所引,知夔正六律、通八風,這裏是飛龍通八風,與之有相應之處。不過這裏説這位龍是顓頊時的樂官。但總之反映龍與夔都擅音樂。又上引《大戴禮記·五帝德》説堯時"伯夷主禮,龍、夔教舞"。注:"龍、夔,二臣名。舞,謂樂舞。"顧師《九官問題》云:"龍之爲堯臣,以前無所見,不知是否從《吕氏春秋》之飛龍來,抑由《海内經》之晏龍來,抑或與夔連稱,竟從《魯語》之'夔罔兩,龍罔象'來? 其實雖不可知,而自有此説,龍與夔遂結不解之緣矣"。自後典籍中,"夔、龍"遂往往相聯出現。相承以爲是虞廷中兩位重要賢臣。

㊾帝曰俞往欽哉——《史記》簡叙作"舜曰然"。"俞",然(見上文注⑭)。"欽",敬(見第一節注⑥引《釋詁》)。姚氏僞傳:"然其賢,不許讓。"林之奇《全解》:"'汝往哉','往哉汝諧','往欽哉',是皆不許其讓而使之往踐其職也。文雖少變,意皆不殊。必欲從而爲之説,則鑿矣。"吴澄《纂言》:"往欽哉者,令伯夷往踐其職,而主之以敬也。凡事無不當敬,典禮者尤當敬,故特言'欽哉'。"

㊿帝曰夔命汝典樂——《史記》簡叙作"以夔爲典樂"。"典",主(《周禮·天官》序官注、《廣雅·釋詁三》)。"典樂",主管音樂

的官。同於《左傳》、《荀子》、《韓非子》等書中所説的樂正。

(51)教胄子——《史記》作“教稺子”(王引之、段玉裁釋稺子即育子)。《説文》:“育,養子使作善也。……《虞書》曰:‘教育子。’毓,育,或从每。”揚雄《宗正箴》亦引作“育子”(文載《古文苑》十五,文云“各有育子,世以不錯”)。陸德明所據本《周禮·大司樂》“凡有道者有德者使教焉”鄭玄注:“若舜命夔典樂,教育子。”陸氏《釋文》承之爲釋云:“育,音胄。本亦作胄。”以上是作“教育子”者。《漢書·禮樂志》則引述云:“故帝舜命夔曰:‘女典樂,教胄子。’”至唐寫本此篇《釋文》作“𦣻孚”。龔道耕《考證》云:“胄作𦣻,六朝隸變字。”陸氏並釋云:“(胄)直又反。王(肅)云:‘胄子,國子也。’馬(融)云:‘胄,長也。教長天子之子弟。’(按今本《釋文》作“教長天下之子弟”)”《史記·集解》引鄭玄亦云:“國子也。”《禮記·王制》“樂正崇四術,立四教”鄭玄注:“樂正,樂官之長,掌國子之教。《虞書》曰:‘夔,命汝典樂,教胄子。’”皆與今流傳僞古文本“教胄子”同。這些都是作“教胄子”者。

王引之《經義述聞·尚書上》“教胄子”條云:“育子,稺子也。育字或作毓,通作鬻,又通作鞠。《邶風·谷風篇》‘昔育恐育鞠’鄭箋,解‘昔育’曰:‘育,稚也。’(稚與稺同)《正義》以爲《爾雅·釋言》文。今《爾雅》‘育’作‘鞠’。郭璞《音義》曰:‘鞠,一作毓。’(見《鴟鴞》釋文)《豳風·鴟鴞篇》‘鬻子之閔斯’毛傳曰:‘鬻,稚也。稚子,成王也。’《釋文》:‘鬻,由六反。’徐:‘居六反。’是鬻、鞠同聲同義。古謂稺子爲育子,或曰鞠子。《堯典》之育子,即《豳風》之鬻子,亦即《康誥》所謂‘兄亦不念鞠子哀’,《顧命》所謂‘無遺鞠子羞’者也。《王制》注引《尚書》傳曰:……是入學習樂在未冠之時。凡未冠者通謂之稺子。稺子即育子。故曰‘命女典樂,教育子’。西漢經師如夏侯、歐陽，必有訓育子爲稺子者，故史公以稺代育，蓋有所受之也。育、胄古音相近，作胄者假借字耳。”

段氏《撰異》云：“《古文尚書》作胄子，《今文尚書》作育子。……《史記》多以訓故字代經字，此稺子即經之育子。合之揚雄《宗正箴》……子雲著作多用《今文尚書》，然則《今文尚書》作育子可證也。知《古文尚書》作胄子者……陸用王本爲音義，王本、馬本作胄，則鄭本亦作胄可知。……考育、胄二字音義皆通，育從肉聲，胄從由聲，肉、由同部。……《爾雅·釋詁》：‘育，長也。’又曰：‘育，養也。’……長、養義近而育、胄訓同。馬云‘教長天下之子弟’，則與許君‘養之使從善’正合，皆‘教胄’連讀。而其他或訓爲‘稺子’，或訓爲‘國子’，則言其可長可養也，皆‘胄子’連讀。”

以上皆就文字本身異文、話訓等所作之論析。至於全句文義，則姚氏僞傳云：“胄，長也。謂元子以下，至卿大夫子弟，以歌詩蹈之舞之，教長國子中和、祗庸、孝友。”《孔疏》：“《説文》云：‘胄，胤也。’《釋詁》云：‘胤，繼也。’繼父世者惟長子耳，故以胄爲長也。謂‘元子以下至卿大夫子弟’者，《王制》云：‘樂正崇四術，立四教。王太子、王子、群后之太子、卿大夫元士之適（嫡）子皆造焉。’是下至卿大夫也。……彼鄭注云：‘王子，王之庶子也。’……國子以適爲主，故言胄子也。……《周禮·大司樂》云：‘以樂德教國子中和祗庸孝友。’……是言樂官用樂教之使成此六德也。”《史記·正義》：“孔安國云：‘胄，長也。謂元子以下至卿大夫子弟。’”

林之奇《全解》云：“胄子，謂元子以下公卿大夫之子孫。……古之仕者世禄，不可無教之人。……唐虞三代之際，仕於朝者非天子之族類，則世臣巨室之家……古之所以教胄子者有其具也。然其教之必典樂之官何也？古之教者非教以辭令文章也，惟長善救失以成就其德耳。……自興於詩，至成於樂，此教之序也。”

　　王引之《述聞》云：“馬注曰：‘冑，長也。教長天下之子弟。’訓冑爲長，始與史公異義。然以……‘教長’二字連讀而訓爲教長，非以‘冑子’二字連讀而訓爲長子也。……鄭王皆以‘冑子’二字連讀，然訓爲國子，則不專指長子而言。《周官·大司樂》‘合國之子弟’鄭注曰：‘國之子弟，公卿大夫之子弟當學者，謂之國子。’《王制》曰：‘王大子、王子、群后之大子、卿大夫元士之適子，國之俊選，皆造焉。’鄭注曰‘王子，王之庶子’是其證也。姚傳曰：‘冑，長。子（今本誤作“也”。據山井鼎《尚書古文考》改正），謂元子以下至卿大夫子弟。以歌詩蹈之舞之，教長國之中和祇庸孝友。’案，‘教長國子’，謂教長此國子，猶馬注言‘教長天下之子弟’也。此是訓‘教冑’爲教長，訓‘子’爲國子，非以‘冑子’二字連讀而訓爲長子也。且兼弟言之，則非獨長子明矣。孔穎達誤以長爲長子而釋之……又誤以傳内‘長國子’三字連讀而釋之曰：‘令夔以歌詩教此嫡長國子也。’自是之後，遂相承以‘教冑子’爲‘教長子’，與馬、鄭、王注及姚傳咸相違戾，而《史記》之‘教稺子’，更莫有能通其義矣。”

　　清儒考論此問題者尚多，江聲《音疏》、王鳴盛《後案》、孫星衍《注疏》、牟庭《同文尚書》、朱駿聲《古注便讀》、陳喬樅《經説考》、皮錫瑞《考證》、王先謙《參正》、陳澧《東塾讀書記》等皆有論析，而爲專文者尚有：洪榜《典樂教冑子説》（《初堂遺稿》内）、俞正燮《教育子義》（《癸巳類稿》内）、朱珔《與朱學博大詔論〈尚書〉教冑子書》（《小萬卷齋文稿》内）等，各有詳略深淺不同之探討，且各有所見。如江聲謂馬注爲“育長”不作“冑長”，並謂“育，養子使作善也”，引《説文》爲證。“教育子，樂正之職”，引《王制》爲證。孫星衍謂冑子即嫡子，爲古文説；稺子即育子，爲今文説。牟庭則謂冑子爲三家今文，育子爲古文。以典樂之官主教小子學樂，年已長大不復能學，故曰"教育子。"陳喬樅謂作"育子"者，歐陽《尚書》也，作"胄子"者，大小夏侯《尚書》也，皆三家今文。王先謙謂稺子即育子爲今文説，胄子爲嫡長子乃古文説，二説不同，王引之氏合而一也，非也。陳澧謂教胄子以詩言志，此學問之最古者，孔子教小子學詩，即大舜之教。俞正燮謂今僞傳采王肅傳，王本亦作"教育"。《釋文》引馬云"胄長也"，乃"育長也"之誤。王言"教長國子"，"教長"釋經"教育"，"國子"釋經"子"。不當謂經有"胄子"之文。諸説紛紜，或至牴牾。各抒己見，不一定皆合《堯典》原義。不必去重視它們，大抵依段、王説即可。

52直而温寬而栗剛而無虐簡而無傲——《史記》照録此原文。漢碑每有引經文而異者，可能傳寫致異，不一定經文別本。如皮氏《考證》引《衡方碑》"栗"作"慄"，以爲是三家今文異字。恐不盡然，"栗"本有戰慄義，碑文寫者通俗寫作"慄"。唐寫本《釋文》作："槀，古栗字。字又作㮚。戰栗也。"薛氏本作㮚，内野本作槀。按《説文·卤部》："槀，木也。……㮚，古文槀。從西，從二卤。"唐寫本《釋文》依《説文》稍省，内野本基本依《説文》，惟省一横畫，薛本據《説文》古文，而有訛變。

"剛"，唐寫本《釋文》作："但，古剛字。古文作佪。"薛氏本、内野本亦作"但"。吳《校語》云："《説文》剛古文作佪，隸變作爲佪，又小變其體作但。"龔《考證》："足利本同。薛本他篇多作佪，與《説文》古文剛合。"

"而無"，唐寫本《釋文》作："而亡。音無，古文'無'字皆爾。止失之字作亾，從人。"龔唐本《考證》云："止失，當作亡失。亡乃亾字隸變。有無之'無'《説文》作蕪，經典多假用'亡'。然謂亡、亾爲兩字則謬。”吳《校語》：“《詩》‘何有何亾’，《論語》‘亾而爲有’，皆以亾爲無也。”

“簡”，唐寫本《釋文》作：“‘柬，古簡字。’薛本作‘柬’。”龔《考證》：“《説文》‘柬’爲柬擇字，‘簡’爲簡牒字。書傳多通用。然謂柬爲簡之古體則非。字形亦訛。是謂柬爲柬字之訛。”

“傲”，《漢書·禮樂志》載此句，傲作“敖”。師古曰：“簡約而無敖慢也。敖讀曰傲。”“無傲”，唐寫本《釋文》作：“亡昇。五報反。”薛本作“亾昇”，内野本作“匕傲”。

“直而温”，《史記·集解》引馬融注曰：“正直而色温和。”姚氏僞傳：“教之正直而温和。”《孔疏》：“此‘直而温’與下三句，皆使夔教胄子使性行當然，故《傳》發首言‘教之’也。正直者失於太嚴，故令正直而温和。”蘇軾《書傳》故云：“直者患不温。”林之奇《全解》亦云：“直者易失於不温。”《蔡傳》承之云：“凡人直者，必不足於温，故欲其温。”自漢至宋經師所釋基本相同。清儒亦無異説。

“寬而栗”，上引漢碑“栗”作“慄”，爲戰慄義。《史記集解》引馬融注云：“寬大而謹敬戰栗也。”確解作戰栗。僞傳則云：“寬弘而能莊栗。”《孔疏》：“寬弘者失於緩慢，故令寬弘而莊栗。謂矜莊嚴栗。栗者，謹敬也。”蘇軾《書傳》承之爲釋云：“栗，莊栗也。……寬者患不栗。”林之奇《全解》：“寬者易失於不莊栗。”《蔡傳》則云：“栗，莊敬也。……寬者心不足於栗，故欲其栗。”按，欲其寬大而又戰慄，顯然有牽强之處，可能含有“戰戰兢兢，如臨深淵，如履薄冰”（《詩·小旻》）之意，故馬注加“謹敬”二字，僞傳、蘇傳、林解遂改爲“莊栗”，當取《論語·爲政》“臨之以莊則敬”之義，仍有“謹敬”之意。至孫星衍《注疏》云：“《聘義》云：‘縝密以栗。’注：‘堅貌。’性行寬大者勝之以堅栗。温和爲春生，堅栗爲秋成。……《表記》云：

'寬而有辯。'（鄭）注云：'辨，別也。猶寬而栗也。'是言寬而有分別。《詩》（鄭）箋云：'栗，析也。古者聲栗、裂同也。'則鄭以栗爲分析與辨別義相近也。梗直者加以温和，寬厚者加以明辨。性以相反者相成也。"是孫氏爲不滿於寬而又戰慄所尋之解釋。俞樾《平議》亦另尋解釋云："此栗字疑非戰栗之謂。栗，猶秩也。《詩·良耜篇》'積之栗栗'，《説文》引作'積之秩秩'。哀二年《公羊傳》'戰于栗'，《釋文》曰：'栗，一本作秩。'是栗與秩古通用。'寬而栗'，猶'寬而秩'也。言寬大而條理秩然也。"然其文末又引《表記》鄭注，而後云："然則鄭君以'寬而栗'爲寬而有辨別，得其旨矣。"俞意似謂條理秩然即爲有辨別。則又同於孫氏之説，只是另尋了一條論據。

　　"剛而無虐"，馬、鄭無注傳下。孫星衍《疏》引高誘《淮南子·覽冥訓》注云："虐，害也。"按《淮南子·脩務訓》注及《廣雅·釋詁三》亦訓"虐"爲"害"。《説文》訓"虐"爲"殘"。《金縢》"遘厲虐疾"僞傳則云："虐，暴也。"姚氏僞傳釋此句云："剛失入虐。"《孔疏》："剛强之失，入於苛虐，故令人鉻而無虐。"蘇軾《書傳》："剛者患虐。"林之奇《全解》："剛者易失於虐。"《蔡傳》亦云："剛者必至於虐，故欲其無虐。"釋義基本皆同。清人無異説。惟近人楊筠如《覈詁》釋"無"字云："無，猶不也。蔡邕《太尉橋公廟碑》直作不。"按，無通毋，勿也（《文選·思玄賦》舊注）。亦猶不也。

　　"簡而無傲"，馬、鄭亦無注。池田末利引《詩·簡兮》毛傳："簡，大也。"得其要義。而訓簡爲大者尚有：《爾雅·釋詁》、《詩·執競》"降福簡簡"毛傳、《論語·公冶長》"狂簡"何晏《集解》引孔注等，即本書《皋陶謨》"簡而廉"、《盤庚下》"予其懋簡相爾"、《多士》"夏迪簡在王庭"三處僞《孔傳》亦訓簡爲大。惟對此句簡字無訓,義亦當同。“簡”又有簡略、疏簡、寬大率略、傲慢諸義。見《文選·東京賦》“簡珠玉”薛注:“簡,猶略也。”《論語·雍也》“可也簡”皇疏:“簡,疏大無細行也。”《皋陶謨》“簡而廉”《孔疏》:“簡者,寬大率略之名。”《吕覽·驕恣》“自驕則簡士”高注:“簡,傲也。”《漢書·五行志上》集注:“簡,慢也。”《荀子·非十二子》“其容簡連”楊注:“簡連,傲慢不前之貌。”綜上諸説,知“簡”有大而率略傲慢之意。“傲”,上文已引《禮樂志》作敖,師古注爲敖慢,即傲慢。《説文·人部》:“傲,倨也。”“倨,不遜也。知傲即不謙遜之意。”對此句文義,僞傳釋云:“簡失入傲。”《孔疏》:“簡易之失,入於傲慢。故令‘簡而無傲’。剛簡是其本性,教之使無虐傲,是言教之以防其失也。”蘇《書傳》:“簡者患傲。”林之奇《全解》:“簡者易失於傲。”《蔡傳》亦云:“簡者心至於傲,所以防其過而戒禁之也。”

王安石《新經義》云:“此四句乃教者之事。”(陳大猷《或問》引)林之奇《全解》則云:“能直、能寬、能剛、能簡,教者則長其善;不温者、不栗者、虐者、傲者,則救其失。《大司樂》曰:‘以樂教國子中和、祇庸、孝友。’與此意同。”是説此四句在以樂德教國子。林氏並云:“直、寬、剛、簡,與《皋陶》言九德,《洪範》言三德,其大意則同;其先、後、多、寡之殊,本無他義。”

(53)詩言志歌永言——《史記》作“詩言意歌長言”(鄭玄《檀弓》注“志,意也”)。《集解》:“馬融曰:歌所以長言詩之意也。”《漢書·禮樂志》引作“詩言志歌咏言”。又《藝文志》:“《書》曰:‘詩言志,哥詠言。’故哀樂之心感,而哥詠之聲發。誦其言謂之詩,詠其聲謂之哥。”《論衡·謝短篇》:“《尚書》曰:‘詩言志,歌詠言。’”按《説文·言部》:“詠,歌也。从言,永聲。‘咏’,詠或从口。”王先謙《參正》云:“據馬注知古文作永,與班(固)王(充)用今文作詠不同。史公作‘歌長言’，以長代永，此又《堯典》用古文説之一也。”（按，史公用今文。“永”非古文所專用）唐寫本《釋文》依次作：“訨，古詩字。”“言芯，古志字。”“哥，古歌字。”“永言，如字，長也。下同。徐音詠。”薛氏本作隸古奇字。内野本“歌”作“哥”。足利本“詩”作“訨”，“歌”作“哥”。按《説文·欠部》：“歌，詠也。從欠，哥聲。謌，或從言。”又《丂部》：“哥，聲也。從二可。古文以爲謌字。”皮氏《考證》云：“謹案班氏引經典與史公不同，此亦歐陽、大小夏侯三家之異義也。班氏用夏侯説，蓋以咏爲歌咏之詠，不作永字解。《禮樂志》篇首云：‘和親之説難形，則發之於詩歌詠言，鐘石筦弦。’是以詠爲實字，其義甚明。《説文》云：‘歌，詠也。’又：‘哥，聲也，古文以爲謌字。’詠或作咏。是‘哥’‘歌’‘詠’‘咏’，皆即一字。”

　　“詩言志”，《詩·關雎》序云：“詩者，志之所之也。在心爲志，發言爲詩。情動於中，而形於言。言之不足故嗟歎之；嗟歎之不足故永歌之；永歌之不足不知手之舞之足之蹈之也。”此語足爲“詩言志”的確解。《樂記》云：“詩言其志，歌詠其聲，舞動其容。”鄭玄注云：“三者本志。無此本於内，不能爲樂也。”又《詩譜序》疏引鄭玄云：“詩所以言人之志意也。”僞傳云：“謂‘詩言志’以導之。”只是述此句在此之作用。《孔疏》闡明其義：“作詩者自言己志，則詩是言志之書，習之可以生長志意。故教其‘詩言志’以導胄子之志，使開悟也。”林之奇《全解》云：“在心爲志，發言爲詩，故曰‘詩言志’。”《蔡傳》：“心之所以謂之志。心有所之，必形於言，故曰‘詩言志’。”大抵皆沿《關雎》序以爲釋。清儒承之，無多異説。

　　“歌永言”，此句之解釋，全繫於“永”字之訓義，自來分爲“長也”、“詠也”二説。

　　訓“永”爲“長”者，除上引《史記》外，先秦主要典籍所用“永”

字注解者皆訓釋爲"長"，故《爾雅·釋詁》、《說文·永部》皆云：
"永，長也。"《禮記·樂記》云："故歌之爲言也，長言之也。說之，故
言之。言之不足，故長言之。長言之不足，故嗟歎之。嗟歎之不足，
故不知手之舞之足之蹈之也。"與上引《關雎》序"嗟歎之不足故永
歌之，永歌之不足不知手之舞之足之蹈之"意相近而稍異其說，且明
確訓"永言"爲"長言"。《史記·集解》引馬融注云："歌所以長言詩
之意也。"《詩譜序》疏引鄭玄注云："《詩》所以言人之志意也。永，
長也。歌又所以長言詩之意。"僞傳云："歌詠其義以長其言。"《孔
疏》："作詩者直言不足以申意，故長歌之，教令歌詠其詩之義，以長
其言，謂聲長遠之。定本經作永字，明訓永爲長也。"陸氏《釋文》
云："永言，如字，長也。"

　　顏師古注《漢書·禮樂志》"歌咏言"云："咏，古詠字也。……
咏，永也。永，長也。歌所以長言之也。"（皮錫瑞指顏說誤，見下
文）蘇軾《書傳》："言之不足，故長言之，吟詠其言而樂生焉，是謂
'歌永言'。"林之奇《全解》："言之不足，故嗟歎之。嗟歎之不足，故
永歌之。永，長也。永言，長言也。歌者，人聲也。"《蔡傳》："既形
於言，則必有長短之節，故曰'歌永言'。"清儒戴震、江聲、王鳴盛、
陳喬樅等皆持此說。

　　訓"永"爲"詠"者，見上引《漢書》之《禮樂志》、《藝文志》及《論
衡·謝短篇》等。《樂記》雖訓"永言"爲"長言"，然其篇中仍有"詩
言其志也，歌詠其聲也"之語，是又明言"歌詠"。《釋名·釋樂器》
云："人聲曰歌。歌，柯也。所歌之言，是其質也。以聲吟詠有上下，
如草木之有柯、葉也。故充冀言歌，聲如柯也。"劉熙《釋名》全據音
訓，以"歌"即"柯"顯見牽强，但他明以"歌永"爲"歌詠"這一音訓
則是對的。《釋文》則載徐邈音注"永"字爲"詠"。自宋至明學者大

抵皆從“長也”之訓,匆遽未見有釋爲“詠”者。清儒段玉裁《撰異》備舉《禮樂志》、《藝文志》及《論衡·謝短篇》之文,而後説:“玉裁按,古人引《書》多作‘詠’。”雖後面亦引《孔疏》言作永及《史記》作長以存異文,其傾向在於“詠”則很顯然。俞樾《平議》云:“謹按《史記·五帝本紀》作‘歌長言’,是亦訓永爲長。則下句‘聲依永’爲‘聲依長’矣,於義難通。……今按《漢書·禮樂志》曰‘歌咏言,聲依咏’,《藝文志》曰‘聲言志,歌詠言’。是《今文尚書》‘永’作‘詠’,當從之。‘詩言志,歌詠言’,謂詩所以言其志,歌所以詠其言也。……《古文尚書》作‘永’者,即詠之假字耳。《釋文》曰:‘永,徐音詠。’得之矣。”皮錫瑞《考證》云:“史公於上句‘歌長言’作長,乃以故訓代經。下句‘聲依永’不作長,仍爲永字,上下異文。疑史公所據經文上下兩永字其音義必有異,若皆作永皆訓長,上句‘歌長言’可通,下句‘聲依長’不辭甚矣。《釋文》云:‘永,徐音詠。’徐仙民讀永爲詠,蓋本《今文尚書》,疑《史記》‘永’字亦當讀詠。若《漢志》明作咏字,師古乃以永長之義解之,非也。陳喬樅謂當從《史記》作‘永’,蓋未解《漢書》作‘詠’之義。”當依此諸位清儒訓詠之説爲是,言、永(詠)二字皆動詞。

(54)聲依永律和聲——《史記》照録原文。《漢書·禮樂志》作“聲依咏,律和聲”。《史記·集解》引鄭玄注云:“聲之曲折又依長言而爲之(此三字據《詩譜序》疏所引增),聲中律乃爲和也。”《漢書》注師古曰:“依,助也。五聲所以助歌也。六律所以和聲也。”僞傳云:“聲謂五聲:宫、商、角、徵、羽。律謂六律六吕,十二月之音氣。言當依聲律以和樂。”《孔疏》:“《周禮·太師》云:‘文之以五聲:宫、商、角、徵、羽。’言五聲之清濁有五品分之爲五聲也。又:‘太師掌六律、六吕(按《周禮》原文吕作同)以合陰陽之聲。陽聲:黄鐘、太簇、姑洗、蕤賓、夷則、無射；陰聲：大呂、應鐘、南呂、林鐘、仲呂、夾鐘。'是六律、六呂之名也。《漢書·律曆志》云：'律有十二，陽六爲律，陰六爲呂。'是陰律名'同'亦名'呂'也。……'聲依永'者，謂五聲依附長言而爲之。其聲未和，乃用此律呂調和其五聲使應於節奏也。"

　　至宋蘇軾《書傳》云："聲者，樂聲也。永者，人聲也。樂聲升降之節，視人聲之所能至，則爲中聲。是謂'聲依永'。永則無節，無節則不中律，故以律爲之節，是謂'律和聲'。"林之奇《全解》："歌者，人聲也。……人聲之發，有洪纖小大，則有宮、商、角、徵、羽之五聲焉。……則樂器依之而作焉，古者作樂，升歌於堂，而後樂發，是所謂'聲依永'也。聲有洪纖大小……故必以十二律而和之。……蓋律有常數，數有常度，而聲有洪纖，咸取則於此，此之謂'律和聲'。"董鼎《輯録》、陳櫟《纂疏》、黃鎮成《通考》等皆録朱熹之説云："古人詩只一兩句，歌便衍得來長。宮、商、角、徵、羽五聲，依所歌而發，却用律以和之。如黃鐘爲宮，則太簇爲商之類，不可亂其倫序也。"朱又云："詩之作，本言志而已。方其詩也，未有歌也。及其歌也，未有樂也。以聲依永，以律和聲，則樂乃爲詩而作，非詩爲樂而作也。詩出乎志者也，樂出乎詩者也。詩者其本而樂者其末也。"朱又云："古人作詩，只是説他心下所存事，説出來，人便將他詩來歌。其聲之清濁長短，各依他作詩之語言，却將律來調和其聲。今人都先安排下腔調子，然後做言語去合腔子，豈不是倒了，却是'永依聲'也。古人是以樂去就他詩，後世是以詩去就他樂，如何解興起得人。"承朱熹之學的《蔡傳》云："歌永言既有長短，則必有高下清濁之殊，故曰'聲依永'。聲者，宮、商、角、徵、羽也。大抵歌聲長而濁者爲宮，以漸而清且短，則爲商、爲角、爲徵、爲羽，所謂'聲依永'也。既有長短清濁，又必以十二律和之，乃能成文而不亂。假令黃鐘爲宮，則太簇爲商,姑洗爲角,林鐘爲徵,南呂爲羽,蓋以三分損一隔八相生而得之,餘律皆然。即《禮運》所謂'五聲、六律十二管還相爲宮'。所謂'律和聲'也。"董鼎《纂注》引新安陳氏(陳櫟)云:"歌永言者,言之不足而永歌之也。聲依永者,宮商角徵羽之五聲依傍於永言之歌而見也。律和聲者,又以十二律而和此五聲也。"元吳澄《纂言》云:"歌辭之永,必憑依於五聲……故曰'聲依永'。""宮商角徵羽之高下無定準,必以律管之長短定之……故曰'律和聲'。"

清儒大抵疏釋以上之說,無多異義。惟俞樾《平議》駁《蔡傳》所言五聲之說云:"蔡沈《集傳》曰:'大抵歌聲長而濁者爲宮……所謂聲依永也。'夫五聲既有長短清濁之不同,即不得言依永也。豈將獨存宮聲而廢其四聲乎,蔡說非也。"王鳴盛《後案》則引《國語》、《周禮》資料以明鄭玄之說云:"既有宮、商、角、徵、羽五聲清濁不同,猶恐其聲未和,乃用律呂調和五聲使應節奏。《周語》云:'律所以立均出度,古之神瞽考中聲而量之制度律均鐘百官執義。'《春官》太師云'掌六律六同,以合陰陽之聲,皆文之以五聲,播之以八音'是也。"

由以上經師之說,知"聲依永律和聲"之"聲"與"律",即"五聲"、"六律"。與之相關者"八音",見下句"八音克諧"。按,"六律"已詳"歲二月東巡狩"一節之注⑧"同律度量衡"。"八音"已詳"二十有八載"一節之注⑤"四海遏密八音"。唯五聲僅在"同律度量衡"校釋中提到。上引經師之說皆據禮書以"五聲"爲宮、商、角、徵、羽,此確見於先秦文獻中。《國語·周語》云:"琴、瑟尚宮,鐘尚羽,石尚角,匏、竹利制。大不踰宮,細不過羽。夫宮,聲之主也,第以及羽。……故樂器重者從細,輕者從大。是以金尚羽,石尚角,瓦、絲尚宮,匏竹尚議,革、木一聲。……聲以和樂,律以平聲。"韋昭解：“聲，五聲，以成八音而調樂也。賈侍中云：律，黃鐘爲宮，林鐘爲徵，太簇爲商，南呂爲羽，姑洗爲角，所以平五聲也。”此處《國語》原文叙明五聲與八音的關係，賈逵注叙明五聲與六律的關係。同時的《左傳》亦屢有記載。《左傳·昭公二十年》云：“先王之濟五味、和五聲也。以平其心，成其政也。聲亦如味，一氣、二體、三類、四物、五聲、六律、七音、八風、九歌，以相成也。”説“聲”涉及到這九項，其中五聲、六律、七音即此處的主要項目。”

“五聲”，杜預注：“宮、商、角、徵、羽。”《釋文》：“徵，張里反。”（《昭公二十五年》“章爲五聲”杜注及《釋文》全同此）《孔疏》引《漢書·律曆志》云：“五聲者，宮商角徵羽也。所以作樂者，諧八音，蕩滌人心之邪志令其正性，移風易俗也。五聲和，八音諧而樂成。”志又云：“五聲之本，生於黃鐘之律，九寸爲宮，或益或損，以定商、角、徵、羽。九六相生，陰陽之應也。”又引鄭玄云：“聲始於宮，宮數八十一……三分宮去一以生徵。數五十四……三分徵益一以生商。商數七十二……三分商去一以生羽。羽數四十八……三分羽益一以生角。角數六十四……以黃鐘九寸自乘爲九九八十一，定之爲宮數，因宮而損益以定商、角、徵、羽之差，言其相校如此數也。言相準況耳，非言實有此數可用之也。”這是説五聲之間音量（清濁洪纖）之比有定數。

以上賈逵注及《律曆志》皆言宮生於黃鐘。然《禮運》云：“五聲六律十二管還相爲宮也。”杜佑《通典·樂三》“五聲十二律旋相爲宮”云：“若黃鐘之均，以黃鐘爲宮……林鐘爲徵……太簇爲商……南呂爲羽……姑洗爲角。此黃鐘之調也。”若大呂之均，以大呂爲宮……夷則爲徵……夾鐘爲商……無射爲羽……中呂爲角。此大呂之調也。”《通典》於其它十律亦依次類推言之，然後云：“此謂迭爲宮商角徵羽也。"繼叙"若黄鐘之律自爲其宫",直至"應鐘之律自爲其宫",十二律皆叙完,然後云:"所謂'五聲六律十二管旋相爲宫'者也。"這説明十二律都可定爲宫音。

"六律",此處杜預注引載黄鐘等十二律管之名,《孔疏》引《周禮・大師》等文及鄭玄之注。内容皆見前"同律度量衡"校釋。

"七音",非八音去一,而是五聲擴充爲七。杜預注:"周武王伐紂,自午及子凡七日,王因此以數合之,以聲昭之,故以七同其數,以律和其聲,謂之七音。"杜預録此傳説,顯然當時確以爲如此。《釋文》:"七音,宫、商、角、徵、羽、變宫、變徵也。"《孔疏》:"聲之清濁數不過五,而得有七音者,終五以外更變爲之也。賈逵注《周語》云:'周有七音七律,謂七音器也。黄鐘爲宫,太簇爲商,姑洗爲角,林鐘爲徵,南吕爲羽,應鐘爲變宫,蕤賓爲變徵。'是五聲以外,更加變宫變徵爲七音也。《周語》云:'景王將鑄無射,問律於伶州鳩,對曰:……以七同其數,而以律龢其聲,於是乎有七律。'是言周樂有七音之意也……故以七同其數,五聲之外,加以變宫變徵也。此二變者,舊樂無之,聲或不會,而以律和其聲,調和其聲使與五音諧會,謂之七音由此也。武王始加二變,周樂有七音耳,以前未有七。"這是根據武王伐紂經過七日而比附武王增五聲爲七音,説七音定於周初。

本爲五聲,增爲七不稱七聲而稱七音,則由於"五聲"原亦稱"五音",《孟子・離婁上》云:"師曠之聰,不以六律,不能正五音。"趙岐注即云:"五音,宫、商、角、徵、羽也。"是此五者在先秦已有"五音"之稱,自後《吕氏春秋・十二紀》、《禮記・月令》、《淮南子》之《原道》、《天文》、《時則》等皆承用五音之詞。但由於《吕氏》爲雜家之書,故其《察傳篇》仍稱"夔於是正六律,和五聲",並不全改用五音一詞。《左傳》書中始終稱"五聲",《周禮・大師》、《禮記・禮運》、《白虎通・禮樂》

等亦皆稱"五聲"，循《左傳》、《國語》用詞不變。

這裏需要引據王力先生《古代漢語》第 810—816 頁中關於古代樂律的一些解説，以便就現代樂理對上述資料獲得正確的簡明的理解。王先生文云："古人把宮商角徵羽稱爲五聲或五音，大致相當於現代音樂簡譜上的 1(Do) 2(Re) 3(Mi) 5(Sol) 6(La)。從宮到羽，按照音的高低排列起來，形成一個五聲音階：宮(1)、商(2)、角(3)、徵(5)、羽(6)。後來再加上變宮、變徵，稱爲七音。變宮、變徵大致和現代簡譜上的 7(Ti) 和 #4(Fis) 相當。這樣就形成一個七聲音階：宮(1)、商(2)、角(3)、變徵(#4)、徵(5)、羽(6)、變宮(7)。作爲音級，宮商角徵羽等音只有相對音高，没有絶對音高。這就是説，它們的音高是隨着調子轉移的。但相鄰兩音的距離却固定不變。只要第一級音的音高確定了，其他各級的音高也就都確定了。古人通常以宮爲音階的起點，《淮南子·原道訓》説：'故音者，宮立而五音形矣。'（即在本處上文所引"夫宮，聲之主也"及"聲始於宮"之意。）……其實商角徵羽也都可以作爲第一級音。《管子·地員》篇有一段描寫五聲的文字，其中所列的五聲順序是徵羽宮商角。這就是以徵爲第一音的五聲音階：徵(5)、羽(6)、宮(1)、商(2)、角(3)。音階的第一級音不同，意味着調式的不同：以宮爲音階起點的是宮調式……以徵爲音階起點的是徵調式……其餘由此類推。這樣，五聲音階就可以有五種主音不同的調式……七聲音階就可以有七種主音不同的調式。……上文説過，宮商角徵羽等音只有相對音高，没有絶對音高。在實際音樂中，它們的音高要用律來確定。試以宮調式爲例，用黄鐘所定的宮音（黄鐘爲宮），就比用大吕所定的宮音（大吕爲宮）要低。前者叫黄鐘宮，後者叫大吕宮。宮音既定，其他各音用哪幾個律，也就隨之而定。例如：

黄鐘宮

C	#C	D	#D	E	F	#F	G	#G	A	#A	B
黃	大	太	夾	姑	中	蕤	林	夷	南	無	應
鐘	呂	簇	鐘	洗	呂	賓	鐘	則	呂	射	鐘
宮		商		角		變	徵		羽		變
						徵					宮

（王原文未録變徵變宮,據賈逵注增）

（各律上原未列 C、D 等調,今據王氏文中所定增）

大吕宮

C	#C	D	#D	E	F	#F	G	#G	A	#A	B
黃	大	太	夾	姑	中	蕤	林	夷	南	無	應
鐘	呂	簇	鐘	洗	呂	賓	鐘	則	呂	射	鐘
	宮		商		角		徵		羽		

　　理論上十二律都可以用來確定宮的音高,這樣就可能有十二種不同音高的宮調式,商角徵羽各調式仿此(按,此即《通典·樂三》所載)。……五聲音階的五種調式……古人有所謂六十調之説。……七聲音階的七種調式……可得八十四調。……都只是理論上

有這樣多的可能組合,在實際音樂中不見得全都用到。例如隋唐燕樂只用二十八宮調……明清以來……常用的只有九種,即五宮四調(原注:前人把以宮爲主音的調式稱之爲宮,以其他各宮爲主音的調式統稱之爲調。……二十八宮調包括七宮二十一調)。"

由王先生這樣的解説,就可依現代的認識對五聲(五音)、六律(十二律)、七音獲得正確了解,對《吕覽·察傳》所説"夔於是正六律和五聲"及《孟子》所説"不以六律不能正五音"獲得正確了解,也對本篇此處的"律和聲"獲得正確了解。

由文獻資料向上追溯,還可約略尋之於考古資料中。《中國大百科全書·考古學》載殷瑋璋氏《商周樂器》中有云:"對中國五聲音階、七聲音階的形成與發展,學者之間歷來存在不同的看法,近年以來,學者們在實測古代樂器的基礎上對此進行了探討。有人認爲,中國古代五聲音階的形成在仰韶文化時期,七聲音階的形成在公元前第二千年前後;也有人認爲,七聲音階的出現不一定晚於五聲音階出現的時間,至少在晚商時期已出現完整的七聲音階;還有人認爲,七聲音階致遲在春秋戰國之際已經形成。"這就使人們知道中國的五聲音階即文獻中所説的"五聲"宮商角徵羽在先史時代仰韶文化時期已經形成。至於説七聲音階不會晚於五聲音階之説似不確,由較早文獻但稱宮商角徵羽來看,是原只有五聲,變徵、變宮不另稱專名,而就原有之徵之宮另以變用,似即可知其較後起。考古者以爲七聲音階形成於公元前二千年前後,則約當夏初左右;文獻中則以爲在周初,與晚商時期説相近。總之五聲音階出現很早,七聲音階出現亦不太晚。《堯典》作者采用了"聲"字,至《皋陶謨》始與《左傳》相同稱"五聲"。

"五聲"之"五"因音階高低自然而成,但戰國後期興起陰陽五行說逐漸盛行,遂强將五聲與五行相牽附,並與五行說的其他許多五相牽附,於是五聲與五行說許多的配合紛然雜陳。首先是與五行相配。《左傳·昭公二十五年》"章爲五聲"疏:"聲之清濁差爲五等,聖人因其有五,分配五行。其本未由五行來也。但既配五行,則五者爲五行之聲:土爲宮,金爲商,木爲角,火爲徵,水爲羽。"《白虎通·禮樂》:"宮商角徵羽,土謂宮,金謂商,木謂角,火謂徵,水曰羽。《月令》曰:'盛德在木其音角。'又曰:'盛德在火其音徵,盛德在金其音商,盛德在水其音羽。'"班氏撰《律曆志》復云:"協之五行則角爲木……商爲金……徵爲火……羽爲水……宮爲土。"於是各種典籍中大都宣揚此說。其與五色相配者,《左傳·昭公元年》"發爲五色徵爲五聲"杜注:"白聲商,青聲角,黑聲羽,赤聲徵,黃聲宮。徵,驗也。"其與五方相配者,《左傳·昭公二十年》孔疏引《律曆志》繼云:"聲之清濁凡有五品,自然之理也。聖人配於五方,宮居其中,商角徵羽分配四方。"《樂記》更分配爲君臣民事物。其文云:"聲音之道與政通矣。宮爲君,商爲臣,角爲民,徵爲事,羽爲物。……宮亂則荒,其君驕;商亂則陂,其官壞;角亂則憂,其民怨;徵亂則哀,其事勤;羽亂則危,其財匱。"《律曆志》全承用此說。至於與四時相配,據《禮運》云"播五行於四時",自《呂氏春秋·十二紀》硬將五行配四時,春夏秋冬分別配了木、火、金、水好辦,却硬在夏秋之間列了一個中央,配了土,叫"中央土"。於是五聲跟着配四時,春夏秋冬配了角、徵、商、羽,夏秋之間的中央則配了宮,以示它主導四方的角徵商羽。這樣又和五方相配了。春夏秋冬分別配了東南西北,而定夏秋之間爲中。《十二紀》進而按"五行說"的精神,把世間林林總總的事物,都綜爲五分配於四時,如五帝、五神、五蟲、五味、五臭(氣味)、五臟、五色及星辰、律數、奉祀等等,都和五行、五聲、五方一起分配在四時和中央。繼之者《禮記·月令》、《淮南子》之《時則訓》及《天文訓》全部承受了《十二紀》之説,《淮南子》還於"五帝"之下增加了"五佐"。這完全荒謬的説法,兩千多年中支配了中國人的思想,大家深信而不疑。由於它已成了"陰陽五行説"宗教教義之故。而這些配合,也都是和"五聲"的配合。我們必須認識清楚,這完全是荒謬的。

(55)八音克諧無相奪倫神人以和——《史記》"克"作"能","無"作"毋"。《説文》"諧"作"龤"。見《龠部》龤字下引《虞書》曰:"八音克龤。"段氏《撰異》云:"龤字今作諧,猶龢字今作和也。"唐寫本《釋文》作:"奪倫,如字。或作古敓字。"吴《校語》:"案《説文》'敓'下引《書·吕刑》'敓攘矯虔',今本亦作'奪'。"薛本全句作隸古字,内野本後二字作"目咊"。

《史記·集解》引鄭玄注云:"祖考來格,群后德讓,其一隅也。"看來似不知所云,蓋在釋"神人以和"一句。孫星衍《注疏》指出鄭據《皐陶謨》"祖考來格,虞賓在位,群后德讓"句以爲注。以"祖考"爲神,"群后"爲人。王氏《後案》則云:"鄭玄云者,神不特祖考,人不特群后,故云'一隅'也。"姚氏僞傳則頗扣住原文爲釋云:"倫,理也。八音能諧理不錯奪,則神人咸和,命夔使勉之。"《孔疏》:"倫之爲理,常訓也。八音能諧,相應和也。各自守分不相奪道理,是言理不錯亂相奪也。如此,則神人咸和矣。……《大司樂》云:'大合樂以致鬼神示,以和邦國,以諧萬民,以安賓客,以説(悦)遠人。'是神人和也。"

宋儒較多以理闡釋。林之奇《全解》云:"惟其以律和聲音,兹所以'八音克諧'也。……此八音者,其聲名不同,必以律和其聲,然後洪纖大小各得其當。苟有一音之不和於其間,則樂之合奏必雜而不得諧和，故曰無相奪倫。……樂既調矣，奏之於郊廟，則天地神祇祖考……而神莫不和矣；用之燕饗射而臣民之心無不和矣。幽而神，明而人，無有不和。”董鼎《輯録》引朱熹云：“至‘八音克諧，無相奪倫，神人以和’，此是言祭祀、燕饗時事，又是一節。”《蔡傳》：“人聲既和，乃以其聲被之八音而爲樂，則無不諧協而不相侵亂，失其倫次，可以奏之朝廷，薦之郊廟，而神人以和矣。”元吴澄《纂言》云：“相奪倫者，商太下則奪宫之倫，太高則奪徵之倫（以下依此句式叙角下奪商高奪徵，徵下奪角高奪羽，羽下奪徵高奪變宫）。不相奪倫而和……用之於神則神和，用之於人則人和。”

清儒多做文字校勘釐訂工作，無多異説。

屈氏《集解》：“奪，猶亂也，義見《禮記·仲尼燕居》鄭注。倫，序也，義見《孟子·離婁下》趙注。奪倫，猶亂其旋律也。”按此語與吴澄説相近。

加藤常賢《集釋》謂奪倫意爲脱倫，即走調子。此釋甚佳。

(56)夔曰於予擊石拊石百獸率舞——《史記》照録此原文。薛氏本“於”字，不同於前文“黎民於變時雍”及“僉曰於”二“於”字之該本自己的隸古奇字，而同於《魏石經》的古文“於”字（見前“黎民於變時雍”校釋）。皮氏《考證》引《漢紀》載劉向説“擊石拊石”作“擊磬拊石”，皮云：“疑今文異字。”薛本自此句下作：“擊后攷后百嘼衛꿈。”唐寫本《釋文》：“石，古作后，磬（也）。”龔氏《考證》：“案《説文》石從厂，厂之籀文作厈，故從石之字左旁有從𠂆者，厈之省也。《集韻》、《類編》並云‘石，古作后’。此后字當同薛本作‘后’，寫者脱一畫耳。‘磬’下脱‘也’字，以磬字釋石字也。”唐寫本《釋文》又作：“拊石，音撫，徐（邈）又音府。”今本《釋文》作：“（拊）音撫。”唐寫本《釋文》又作：“衛꿈，古舞字。”今本《釋文》被陳鄂删去此條。

吳《校語》：“注疏本改作‘率舞’。案《説文》‘舞’，古文作‘𦐈’。”龔《考證》：“薛本同，足利本作‘𦐈’，山井鼎云‘當作𦐈’。”今見内野本作“徽𦐈”（内野本此句於此二字以上“夔曰”以下諸字皆同今本）。

“於”，《史記·正義》：“於，音烏。”唐寫本《釋文》：“於予，並如字。讀者或以於爲‘烏’音而絶句，非也。”段氏《撰異》：“依《釋文》則當作‘于’，如《孟子》‘女其于予治’（見《萬章上》）。”是此“於”字有烏、于二讀，亦即不同二釋。“烏”，嘆詞。“于”，助詞。《經傳釋詞》：“於，語助也。……《堯典》曰：‘黎民於變時雍。’又曰：‘於予擊石拊石。’”《詞詮》明以此二於字爲語首助詞，無義。“於予”即予，亦即余。清代學者多同意讀“烏”者，如段氏《撰異》：“《尚書》既作‘於’，則音烏語絶是也。《史記·正義》曰：‘於，音烏。’”劉逢禄《集解》、王先謙《參正》皆引段氏説而從之。江聲《音疏》則云：“於，古文烏。陸德明反謂音烏而絶句者非，陸氏謬也。”王氏《後案》在引《釋文》文句後亦云：“《釋文》非也。”其同意《釋文》説者，唯孫星衍《注疏》云：“於，《釋文》曰：‘如字，或音烏而絶句非也。’《史記·正義》云：‘於，音烏。’不可從。”然不論讀烏讀于，於此處文義無大影響。作嘆詞，置於句前讀斷；或作語助，置於句首無義；皆不關“擊石拊石百獸率舞”之訓釋。其訓釋由此兩句字義自定。

“擊石拊石，百獸率舞”，較早注釋唯見鄭玄注云：“石，磬也（《公羊傳·哀公十四年》疏引）。百獸，服不氏所養者也。率舞，言音和也（《史記集解》引）。謂聲音之道與政通焉（《公羊傳·哀公十四年》疏引）。”《史記正義》：“磬，一片黑石也。拊，音福尤反。《周禮》云：‘夏官有服不氏，掌服猛獸。……’鄭玄云‘服不服之獸’也。”唐寫本《釋文》云：“服不氏，《周禮》有其職掌養鳥獸。”陸氏撰

《釋文》所據《舜典》爲王肅注本。知此處王肅注與鄭注有相同者。至姚氏僞傳云："石，磬也。磬，音之清者。拊，亦擊也。舉清者和，則其餘皆從矣。樂感百獸，使相率而舞，則神人和可知。"《孔疏》："樂器惟磬以石爲之，故云'石，磬也'。八音之音，石磬最清，故知磬是'音之聲清者'。磬必擊以鳴之，故云'拊亦擊之'。重其文者，擊有大小，'擊'是大擊，'拊'是小擊。音聲濁者粗，清者精。精則難和。'舉清者和，則其餘皆從矣'……'百獸率舞'，即《大司樂》云'以作動物'，《益稷》云'鳥獸蹌蹌'是也。人神易感，鳥獸難感，百獸相率而舞，'則神人和可知'也。夒言此者……言帝德及鳥獸也。"

至宋王安石《新經義》云："堂上之樂，以象宗廟朝廷之治；堂下之樂，以象鳥獸萬物之治。石者，堂上之樂也。夒方擊石拊石，以象宗廟朝廷之治，鳥獸不待堂下之樂，固已率舞，以此見舜功化之敏，樂之形容有所不逮也。堂上之樂非止於石，特曰'擊石拊石'者，蓋八音惟石難諧，舉石則餘不足道也。《詩》曰：'鼛鼓淵淵，嘒嘒管聲，既和且平，依我磬聲。'以此知樂之和由石聲而依之也。"（夏僎《詳解》引）《蔡傳》於此無説，惟承宋代多數學者之説，謂此數語爲脱簡，見下文。

清代學者加釋者有數家，兹舉江聲《音疏》釋鄭注云："《説文·石部》云：'磬，樂石也。'故云：'石，磬也。''拊，揗。'《説文·手部》文。《説文》又云：'揗，摩也。'則拊是撫摩輕擊之意也。故《周禮·大師》職云：'合奏擊拊。'先鄭（衆）注云：'樂，或當擊，或當拊。'鄭注……云'百獸，服不氏所養者'者，《周禮·夏官》有服不氏，掌養猛獸而教擾之。鄭彼注云：'服不，服不服之獸者，猛獸虎豹熊羆之屬。'鄭于此言之者，欲見難服之獸猶且率舞，則物無不和者矣。云

‘音聲之道與政通’者，《樂記》文。音能感物，則必能使群生咸遂，故與政通。”王鳴盛《後案》、孫星衍《注疏》基本與此同，惟詳略各稍異。

　　宋儒之以此數句爲脱簡於此者，首先爲林之奇所説的薛氏劉氏二人。林之奇《全解》云：“‘夔曰於予擊石拊石百獸率舞’，薛氏劉氏皆以爲《益稷》脱簡重出。蓋方命夔典樂，而夔遽言其擊石拊石致百獸率舞之效，非事辭之序也。而《益稷篇》又有此文，故二公疑其差誤，以理觀之，義或然也。”林氏但提薛、劉二人之姓，未詳其名。今一般所知持此數句爲錯簡説較早者爲蘇軾，林氏在軾後而獨提薛劉最初創此説，則此二人必在軾前。考宋初開創慶曆説學風多提出新説終促成宋學之形成者爲劉敞，撰有《七經小傳》，此語確出其著作中，戴震《義考》曾引其一段云：“劉氏敞曰：《益稷》之末又有‘夔曰於予擊石拊石百獸率舞’。然則《舜典》之末衍一簡也。何以知之耶？方舜之命二十有二人莫不讓者，惟夔、龍爲否，則亦已矣，又自贊其能，夔必不爲也。”是知此劉氏即劉敞。至於薛氏，宋代有名薛姓學者爲薛季宣，然其《書古文訓》中並無此語，且其人在南宋，自非此處薛氏。考宋早期學者中有薛肇朗（董鼎書中引作薛肇明），撰有《尚書解》，其人早在林之奇前，略同王安石時，至遲與蘇軾時間略同或稍早，則所謂薛氏當即此人，惜其書已失傳，無由見其原語，僅由林氏引述其大意。其以原書傳至今者，爲蘇軾《東坡書傳》云：“此舜命九官之際也，無緣夔於此獨稱其功，此《益稷》之文也，簡編脱誤，復見於此。”董鼎《輯録》引朱熹《語録》亦云：“夔曰於予擊石拊石，是重出。”《蔡傳》全録蘇氏之文，以見宋學對此問題的共同見解。董鼎《纂注》還引新安陳櫟（宋末元初人）云：“‘夔曰於’以下，爲《益稷》錯簡無疑。”這已爲宋元大多學者共識。

　　但亦有對此持保留意見或慎重態度者，如林之奇在引薛、劉之說，以爲"義或然也"後，即云："然筆削聖人之經以就己意，此風亦不可長。孔子曰：'多聞闕疑，慎言其餘，則寡尤。'此實治經之法也。"以聖人之經不可輕動，這是儒生尊經之見。但以闕疑態度對待典籍，則是對的。接着呂氏《東萊書説》亦云："或者以爲脱簡，亦未可知。不然！夔若自言其功，蓋聞舜之言，心領神受曰：於予擊拊之際，百獸尚將率舞，則神人以和可知。"陳經《書詳解》亦針對劉、蘇以夔自言其功之説爲之解云："惟舜樂之和，故擊拊之而獸舞焉，夔非自言其功，所以信舜樂感通之必然爾。獸且舞，況神人乎。"至清戴震《義考》云："案蘇氏劉氏以此條爲簡編衍誤，得之。然《史記》於此命官亦載夔之言，則漢初已訛舛矣。"皮錫瑞《考證》據《史記》在此，則云："是《今文尚書》'神人以和'下有此十二字也。"

　　至於奏樂而能使百獸率舞（僞傳釋爲"相率而舞"，可通。《經傳釋詞》釋率爲用，謂"百獸用舞"猶"神人以和"句式），此是否爲可能的問題。《論衡·感虛篇》云："傳書言：'匏芭鼓瑟，淵魚出聽；師曠鼓琴，六馬仰秣。'……《尚書》曰：'擊石拊石，百獸率舞。'此雖奇怪，然尚可信。何則？鳥獸好悲聲，耳與人耳同也。禽獸見人欲食，亦欲食之，聞人之樂，何爲不樂？然而魚聽、仰秣，玄鶴延頸，百獸率舞，蓋且其實。"是這位漢代學者已確信百獸率舞是可能的。又漢代的《尚書大傳·皋陶謨傳》云："蕤賓聲，狗吠，黿鳴，及倮介之蟲，皆莫不延頸以聽蕤賓。……此言至樂相和，物動相生，同聲相應之義也。"皮氏《疏證》引《韓詩外傳》一段，與此傳文字略同。陳喬樅《經義考》引《大傳》此段文後云："是擊石拊石，百獸率舞，茲其驗也。"是都相信奏樂能使百獸率舞，這是對的。今日世界不少大馬戲團的成就，各地大動物園動物作各種表演，小至印度馬路邊玩蛇者吹笛使蛇做各種動作,是確知百獸能聽樂而率舞。何況從《周禮》等古籍中看出,中國古代王朝所御使百工技藝之人分工很細,有專司教鳥獸之舞的職掌的,如服不氏即其一。

(57)帝曰龍——《史記》作"舜曰龍"。"龍",已詳上文注㊽"伯拜稽首讓于夔龍"之校釋中。作爲人名,是常與夔在一起也擅長音樂的虞廷官員。

(58)朕堲讒説殄行震驚朕師——《史記》作"朕畏忌讒説殄僞振驚朕衆"。《史記·集解》:"徐廣曰"一云'齊説殄行振驚衆'。"《説文·土部》"垐"字云:"堲,古文垐。从土、即。《虞書》曰:'龍,朕堲讒説殄行。'堲,疾惡也。"唐寫本《釋文》:"堲,徐音在力反。疾也。《説文》才尸反。云古文字,疾惡。"龔《考證》:"'古文',下當脱'垐'字。'才尸反'蓋出《説文》舊音,與《唐韻》'疾資'音同。"唐寫本《釋文》又:"讒説,如字。泣同。徐:失鋭反。"吴《校語》:"今本同。惟'讒'字下有'《切韻》士咸反'五字。"唐寫本《釋文》又:"殄,古文作尸。"吴《校語》:"今本無'古文作尸'句,有'《切韻》徒典反'五字。案《説文》:'𣦵,古文殄。'此作'尸',蓋隸體省變。《汗簡·亥部》引《尚書》正作'𣦵'。"唐寫本《釋文》又:"行,下孟反。注同。"今本《釋文》同此。

史公以"畏忌"訓堲,以"僞"訓行,以"衆"訓師。《三國志·吴志》注引馬融注曰:"殄,絶也。絶君子之行。"《史記·集解》云:"案鄭玄曰:所謂色取仁而行違是,驚動我之衆臣,使之疑惑。"《史記·正義》云:"僞,音危腫反。言畏惡利口讒説之人,兼殄絶奸僞人黨,恐其驚動我衆,使龍遏絶之,出入其命唯信實也(此語釋下句,於此連及之)。此'僞'字太史公變《尚書》文也。《尚書》'僞'字作'行',音下孟反。言己畏忌有利口讒説之人,殄絶無德行之官也。"

姚氏僞傳云：“聖，疾。殄，絶。震，動也。言我疾讒説絶君子之行，而動驚我衆，欲過絶之。”《孔疏》：“聖聲近疾，故爲疾也。殄，絶。震，動。皆《釋詁》文。讒人以善爲惡，以惡爲善，故言我疾讒説絶君子之行，衆人畏其讒口，故爲讒也。動驚我衆，欲過止之。”

宋蘇軾《書傳》云：“聖，疾也。殄，絶也。絶行，猶獨行，行之不可繼者也。惟讒説獨行爲能動衆。”林之奇《詳解》云：“顔淵問爲邦，孔子曰：……放鄭聲，遠佞人。舜……命龍以作納言，其命之之辭則曰‘朕聖讒説殄行震驚朕師’。此正孔子答顔淵問爲邦之意。……已安已治矣而至於危亂者，未有不由小人變白爲黑以是爲非者。故治定功成之後，尤宜以是爲戒也。”王天與《纂傳》引張氏（可能是張九成）曰：“燒土爲聖，所謂聖周是也。燭燼爲聖，所謂折聖是也。蓋聖有息滅之義，聖之使不生也。”又引朱熹曰：“讒，譖也。殄行，傷絶善人之事也。驚，駭也。言之不正而能變亂黑白以駭衆聽也。”董鼎《輯録》引朱氏語録云：“殄行是傷人之行，《書》曰‘亦敢殄戮用乂民’、‘殄廖乃讎’皆傷殘之義。”《蔡傳》承之云：“聖，疾。殄，絶也。殄行者，謂傷絶善人之事也。師，衆也。謂其言之不正而能變亂黑白以駭衆聽也。”元吳澄《纂言》云：“火熟之土曰聖，燭頭之燼亦曰聖，皆有熄滅不生之義。音與疾相近，古字或通用。故《孔傳》曰‘疾也’。‘讒説’，誣譖人之言也。‘殄行’，傷害人之事也。‘震’，動也。……帝言造譖讚以傷害人者駭動衆聽，易於惑人，我欲熄滅之。”

清代學者大都就漢唐之説加釋，今録戴、段、皮三氏之説。戴震《義考》云：“按《周禮·稻人》‘夏以水殄草而芟夷之’。鄭注云：‘殄，病也，絶也。’讒説殄行，謂是以傷病人之德行，舉其爲害之實也。”段氏《撰異》先釋《説文》“聖，古文坙，从土、即”云：“按‘即’下當有聲字,古文以即爲聲,小篆改從次聲者,古音次讀如漆。此堲字……乃疾惡字之假借。古次聲、即聲、疾聲同在第十二部,許君恐人不曉,故又箋之曰:‘堲,疾惡也。’”又釋《史記》所譯之文及徐廣説云:“按‘畏忌’者,堲之訓故。‘齊’者,讒之駁文。齊,疾也,謂利口捷給也。‘僞’,玩張氏《正義》,本只作‘爲’。張音‘危睡反’耳。‘爲’與‘行’義通。‘殄爲振驚朕衆’六字連讀。言盡爲振驚朕衆之事也。以‘爲’代‘行’,則行讀如字(意謂不讀下孟反)。據《賈捐之傳》,《今文尚書》亦作‘殄行’也。”(《漢書·賈捐之傳》:“《書》曰‘讒説殄行,震驚朕師’。”)皮氏《考證》亦釋《史記》文云:“案《史記》‘行’作‘僞’者,古以作僞爲行。《周禮·胥師》‘察其詐僞飾行價慝者而誅罰之’,疏謂後鄭以爲‘行濫又司市害者使亡’。鄭注:害,害於民,謂物行苦者。《群書治要》崔寔《政論》曰:‘器械行沽。’《潛夫論·浮侈篇》‘以牢爲行’。《後漢書·王符傳》作‘破牢爲僞’,是‘行’、‘僞’義同之證。”

近人録楊筠如説。其《覈詁》云:“按殄猶病也,敗也。《魯語》‘固國之殄病是待’,《詩·瞻卬》‘邦國殄瘁’,瘁亦病也。宣二年《左傳》‘敗國殄氏’,殄與病、敗義近可證。《周禮·稻人》注:‘殄,病也。絶也。’‘殄行’,猶言病行、敗行也。”襲戴震説而有所補充。

(59)命汝作納言夙夜出納朕命惟允——《史記》作“命汝爲納言夙夜出入朕命惟信”。是“作”作“爲”,“出納”作“出入”(參看“乃命羲和”節“寅餞納日”校釋),以古文作納,今文作入。“允”作“信”。唐寫本《釋文》“納言”作“内言,音納,下同。”薛氏本作“侖女迮内[illegible][illegible]出内朕侖惟允”。内野本“納言”、“出納”之納皆作“内”。

《北堂書鈔·設官部》引鄭玄注云:“納言,如今(漢)尚書,管主喉舌也。"姚氏偽傳云："納言，喉舌之官，聽下言納於上，受上言宣於下，必以信。"《孔疏》："《詩》美仲山甫爲王之喉舌（按見《詩·烝民》），喉舌者，宣出王命，如王咽喉口舌，故納言爲喉舌之官也。此官主聽下言納於上，故以納言爲名。亦主受上言宣於下，故言出朕命。納言不納於下，朕命有出無入，官名納言，云出納朕命，互相見也。必以信者，不妄傳下言，不妄宣帝命，出納皆以信也。"

宋儒原大都據偽傳、孔疏之釋，進而以理闓揚之，至南宋學者始强調"内審上言"審復封駁之義。陳櫟《纂疏》、董鼎《輯録》都引朱熹之説云："納言之官，如漢侍中，今（宋）給事中，朝廷誥令，先過後省，可以封、駁矣。"董鼎書還録朱熹語云："納言似今中書門下省。"

"納言之官，如今之門下審覆。自外而進入者既審之，自内而宣出者亦審之。恐讒説殄行之震驚朕師也。"王天與《書纂傳》引朱熹語一段，《蔡傳》全文承用之，無一字之異，今録如下："命令、政教，必使審之，既允而後出，則讒説不得行，而矯僞無所託；敷奏復逆，必使審之，既允而後入，則邪僻無自進，而功緒有所稽。周之内史，漢之尚書，魏、晋以來所謂中書門下省者，皆此職也。"《蔡傳》僅於"無所託"及"有所稽"下，各增一"矣"字。（陳師凱《蔡傳旁通》云："復逆者，《周禮》云：'小臣掌三公及孤卿之復逆。'《注疏》云：'復是報白之義，逆謂上書。'"又云："《周禮·春官》：'内史掌王之八枋之法，以詔王治。''執國法及國令之貳，以考政事，以逆會計。掌叙事之法，受詔王聽治。'秦改稱尚書，漢亦尊此官。明帝詔曰：'尚書蓋古之納言，出納朕命。'漢尚書稱臺，魏晋以來爲省，《晋志》云：'給事黃門侍郎與侍中，俱管門下衆事。'《舊唐志》云：'晋始置門下省，南北朝皆因之，侍中二員。隋曰納言，武德改侍中，掌出納帝命。'"）是以爲納言之職既審下言，復審上言。但猶沿偽傳孔疏出王命、納下言之義。

至宋元之際學者始據"出納朕命"原語，以爲所出、納皆上言，善者出，否則納。陳櫟及董鼎書並引胡一桂云："'出納朕命'，如《詩》'出納王命'。謹審之，善者宣出，否則繳納，如後世封還詞頭。在我者既允信，何憂讒説得入哉。"陳櫟書中有自己"愚謂"五六句，董鼎書中引之更詳云："新安陳氏曰：'自孔注'出納朕命'以爲聽下言納於上，受上言宣於下，《蔡傳》又分命令政教敷奏復逆以配出納，然於'朕命'二字欠通。竊意(此改陳氏"愚謂"二字，以下即原"愚謂"之文)欲其審君命之當否，當者出之，否者納之，惟至於允當而止，如後世批敕審覆之官，庶於'出納朕命'文義明順也。"是這些儒生着重於防範和匡正君主出言之誤，因而以爲納非納下言。

清儒大都循漢唐之説加以推闡，並在文字校釋及今古文之別上用功。惟戴震同意宋元之説。其《義考》云："《詩·大雅·烝民篇》曰：'出納王命，王之喉舌。'鄭箋云：'出王命者，王口所自言，承而施之也。納王命者，時之所宜，復於王也。'然其官名'納言'，且告之曰'朕聖讒説殄行震驚朕師'。是讒説之可畏，欲其審察下言不惑於讒説，然後出納上之命。出者，出宣之也。納者，入陳之也。蓋上之命既允，則直出宣之；上之命未允，則必入陳其當否，歸於允乃出之。故曰'夙夜出納朕命惟允'。陳氏(櫟)謂即後世批敕之官，得之。"

近人之作，一無新義可采。惟日本人赤塚忠《書經》以舜任命龍爲納言，由神話傳説以尋其演變之迹。從禹的神話的形象，歷商代有關奉祀爲神的龍及與龍有關的氏族、方國資料，叙至《左傳·昭公二十九年》載歷史上有關龍的人事化資料，而以《舜典》所載未詳爲何族神話之素材。其説足以啓發吾人思考。按《左傳·昭公二十九年》載"龍見於絳郊"後魏獻子與蔡墨關於龍的幾段對話。謂董父擾畜龍以服事舜,舜賜之姓,曰豢龍,封諸鬷川。這一舜封其臣爲豢龍的神話故事,當時必有流傳,既寫入《左傳》中,又爲《堯典》作者遇到其傳聞異辭的材料,把龍作爲人名受到舜任命爲官而寫入篇中了。

　　至此,所謂虞廷九官禹、稷、契、皋陶、垂、益、伯夷、夔、龍皆已任命完畢。陳櫟《書傳纂疏》黃鎮成《書通考》、董鼎《輯錄纂注》、吳澄《書纂言》皆引錄有"王氏曰"一段論此項任命先後之故的話。一般嘗以此"王氏"爲王安石,但《書經傳説彙纂》則定爲王炎(炎之學見《尚書學史》第28—29頁)。《彙纂》爲康熙、雍正時集當時主要學者纂成,考訂較深,則其定爲王炎諒有所據。兹錄該段文字如下:"百揆,百官之首,故先命禹。養民,治之先務,故次命稷。富然後教,故次命契。刑以弼教,故次命皋陶。工立成器以爲天下利,人治之末,故次命垂。如此,治人者略備矣,然後及草木鳥獸,故次命益。民物如此,則隆禮樂之時也,故次命夷、夔。禮先樂後,故先夷後夔。樂作,則治功成矣,群賢雖盛,治功雖成,苟讒間得行,則賢者不安,前功遂廢,故命龍於末。所以防讒間、衛群賢以成其終,猶命十二牧而終以'難任人',夫子答爲邦而終以'遠佞人'也。"案,此意前人已有言之者,如《孟子·滕文公上》云:"后稷教民稼穡……五穀熟而民人育。人之有道也,飽食暖衣,逸居而無教,則近於禽獸。聖人有憂之,使契爲司徒,教以人倫。"《潛夫論·德化篇》云:"舜先教契以敬敷五教,而後命皋陶以五刑三居。"董鼎《纂注》引"唐氏曰"(陳櫟《纂疏》作"唐孔曰"。檢《孔疏》無此語。黃鎮成《書通考》作"唐聖任曰"宜是):"命稷而後命契,富而後教之序也。"其實不應把典籍中記載官名之先後,看成官職任命之先後。例如今日一個國家組閣發表名單，同日任命。其官名排列之先後，並非任命之先後。《史記·集解》引鄭玄曰：這些官"皆格于文祖時所敕命也"。即知道這些官是同時任命的，其所以列名有先後，當如"讓于稷契、皋陶"下《孔疏》所云："三人如此次者（即如此先後次序），蓋以官尊卑爲先後也。"古今講尊卑，今則看該官職的重要性。凡發表組閣名單，總是幾個重要的部列在前面即是。

顧師《虞廷九官問題》文中，在引録了《論語·泰伯》"舜有臣五人而天下治"一語後，陸續引録了些可能是舜臣的材料。接着引録了《孟子·滕文公上》所述舜的諸臣。然後説："頡剛案：《論語》言'舜有臣五人而天下治'，五人爲誰，未舉其名，殊費人疑猜。孟子乃歷數之曰益，曰禹，曰后稷，曰契，曰皋陶，而後其目乃定。……則舜臣五人，禹爲姒姓民族之祖，契爲子姓民族之祖，后稷爲姬姓民族之祖，益爲嬴姓民族之祖，皋陶爲偃姓民族之祖。歷二千餘年傳國之統，舉夏商周秦四代之始祖而胥爲之臣焉，何其奇巧乃爾？"而後續引《荀子·成相篇》，乃云："頡剛案：此爲《孟子》後之舜臣又一結集，視《孟子》溢出三人——夔、橫革、直成。《論語》所謂'舜有臣五人'者，其數目遂不能維持矣。"接着又引《大戴記·五帝德篇》帝堯、帝舜的資料，然後説："頡剛案：此舉堯臣五人，曰伯夷、龍、夔、舜、彭祖；舜臣八人，曰禹、后稷、羲和、益、伯夷、夔、皋陶、契。《鄭語》以伯夷屬堯，此兼舜。《呂氏春秋》以夔屬舜，此兼屬堯。此諸臣中，前所未見者三：曰龍，曰彭祖，曰羲和。……龍之爲堯臣，以前無所見。"在録列了夔、龍和垂的資料後説："頡剛又案：舜之九官具見於此矣。傳説之興，禹爲最早。其有民族祖先傳説之背景六人，曰禹、契、后稷、伯夷、皋陶、益。其有神話之背景者二人，曰夔、龍。其因遺物之流傳而有傳説發揚之者一人，曰垂。惟傳説頗有類同而九官必須分職,故伯夷本刑官也,以皋陶起而轉爲禮官;夔、龍、垂本皆樂官也,以垂擅製作之譽而命爲共工、以《皋陶謨》有'予欲聞六律五聲八音七始留(詠之誤),以出納五言'之語,而命龍爲納言。經此布置,而後《吕刑》之三后,《論語》之五臣,其人數遂擴而爲九矣。亦惟經此布置,而後數千年中之重要人物,不論其時代早晚,皆萃集於一堂,得帝舜之俞咨矣。此古代史事之一大改變,亦即後人對於古史觀念之一大改變也。"這就成了顧師在《古史辨》第一册中《論今文尚書著作時代》所説《堯典》的人物是"倒亂千秋式的拉攏"了。也就如現代笑話中所説的把秦瓊和"關公"編在一個劇裏打仗了。

(60)帝曰咨汝二十有二人——《史記》作"舜曰嗟女二十有二人"。唐寫本《釋文》後五字作"二十𠂇二人"。薛本作"帝曰資女弍十𠂇弍人"。内野本"汝"作"女","有"作"𠂇"。《唐石經》"二十"作"廿"。

關於二十二人,因與經師釋"四岳"爲四人合"十二牧"、"九官"共二十五人之數不合,致釋之者歧説很多,大致有如下諸説:

(一)司馬遷説。見《史記·五帝本紀·舜紀》云:"天下歸舜,而禹、皋陶、契、后稷、伯夷、夔、龍、垂、益、彭祖自堯時而皆舉用,未有分職。於是舜乃至於文祖,謀於四嶽,辟四門,明通四方耳目,命十二牧。(此處譯載《堯典》任命禹、棄至夔、龍一大段)……舜曰:'嗟,女二十有二人。'"是將禹至彭祖十人加十二牧爲二十二人,不數四岳。但《堯典》中並無彭祖。唯《大戴禮記·五帝德》中"帝堯"一節有云:"伯夷主禮,龍、夔教舞,舉舜、彭祖而任之。"在《五帝德》後一篇《帝繫》中,言陸終氏産六子,"其三曰籛,是爲彭祖"。而其六季連芈姓,爲楚之始祖。則彭祖爲楚之從祖,列爲堯臣,不聞爲舜臣。史公列於二十二人中,顯不合《堯典》原意。曾運乾《正讀》則云:"史公數二十二人不及四岳者,四岳,四方諸侯之長,堯時所任,舜無所敕命也。……彭祖自堯時已舉,此命官中,疑有命彭祖一節,古文脱此也。……又言彭祖姓籛名鏗,在商爲守藏史,在周爲柱下史,然則彭祖世掌典籍……孔子曰竊比於我老彭。……老彭在唐時已在廿二人之列,禹等九人皆有分職,而彭祖未言,由《世本》推之,則老彭即唐虞史官也。"這是誤將唐虞王朝和後代王朝一樣看成信史,遂據一些古史傳説資料推擬言之,不知《堯典》作者只是就蒐遇到的資料寫入篇中,初非像後代王朝那樣設官分職得整整齊齊。顧師《尚書研究講義·丙種》云:"四岳與十二牧同其地位,今數牧而不數岳,於理亦可通乎?"可知太史公此説是有問題的。

　　(二)馬融説。《五帝本紀集解》引馬融曰:"稷、契、皋陶皆居官久,有成功,但述而美之,無所復敕。禹及棄已下皆初命,凡六人。與上十二牧、四嶽凡二十二人。"這是爲了從二十五人中減去三人,所勉强尋出的解釋。唐寫本《釋文》載王肅注亦承此説云:"禹、垂、益、伯夷、夔、龍六人,四岳、十二牧,凡二十二人。"姚氏僞傳從之云:"禹、垂、益、伯夷、夔、龍六人,新命有職,四岳、十二牧,凡二十二人,特敕命之。"《孔疏》爲之釋云:"傳以此文總結上事,據上文'詢於四岳'、'咨十有二牧'及新命六官等,適滿二十二人,謂此也。其稷、契、皋陶、殳斨、伯與、朱虎、熊羆七人仍舊,故不須敕命之。岳、牧亦應是舊而敕命之者,岳、牧外内之官常所咨詢,故亦敕之。"這是經師巧尋的解釋,同樣的情況,卻按需要或説成新敕命,或非新敕命。原無定準的。故宋林之奇《全解》批評之云:"此説不然。夫稷、契、皋陶是申命,四岳、十二牧豈非申命者哉而又敕戒之也?稷、契、皋陶是申命,此説不通。"而清江聲《音疏》卻附和此説云:"棄爲后稷,契作司徒，咎繇作士，皆在堯時，是時猶仍舊職，故云‘居官久’。上文鄭注亦云‘此三官名是堯時事’也。云‘無所復勑’者，謂此‘欽哉諒天功’之教，不勑及三臣。”本篇中明明舜命棄“汝后稷”，命契“汝作司徒”，命皋陶“汝作士”，上文堯只有命朱、命共工之議及命鯀命舜之事，經師們不顧這些，強説此諸人爲堯所命非舜所命，都是無據妄説。齊召南《注疏考證》云：“《孔傳》之失在解四岳爲四人，故於九官中強分禹垂六人爲新命。夫稷、契、皋陶……不在二十二人之數可乎？且十二牧中，豈必盡出新命；四岳則歷官最久矣，又何以得並數之。”顧師《講義·丙種》復云：“稷、契、皋陶……此三人之命實由於禹之讓，與夔、龍之命由於伯夷之讓者無異，將謂九官中當去其五人乎？……是其牴牾之甚，不在司馬遷下。”

（三）鄭玄説。《孔疏》引鄭玄云：“自‘咨十有二牧’至‘帝曰龍’，皆月正元日格於文祖所勑命也。”顧師《講義·丙種》云：“此語似甚輕淡，但言外正有深意，蓋彼自咨十二牧數起，即已將四岳屏於二十有二人之外也。然十二牧與九官僅有二十一人，將何以足數？《孔疏》述其義云‘鄭以爲二十二人，數殳斨、伯與、朱虎、熊羆，不數四岳’，是則彼既從《史記》説而去四岳，亦從馬融説而以稷、契、皋陶爲非初命者。去此七人，二十五人僅存十八人，乃以垂所讓之‘殳斨伯與’爲二人，益所讓之‘朱虎熊羆’亦爲二人，足二十二之數焉。此説已見駁於孔穎達，《疏》云：‘彼四人（指殳斨等）者，直被讓而已，不言居官，何故勑使敬之也？岳、牧俱是帝所咨詢，何以勑牧不勑岳也？’”清王鳴盛《後案》、孫星衍《注疏》皆從鄭説。加藤常賢《集解》以爲二十二人説中根本之錯誤在數四岳，四岳堯之官，非舜所命，因而云：“余取鄭玄‘十二牧禹、垂、益、伯夷、夔、龍、殳斨、伯與、朱虎、熊羆二十二人，皆月正元時格于文祖所勑命’之説。”

（四）皇甫謐説。皇甫在其《帝王世紀》中叙虞廷官員時，數九官、十二牧，及殳斨、伯與、朱虎、熊羆，共二十五人。則逕改二十二人之數，不顧《堯典》原文。而又不數四岳，此與（一）、（三）兩説同。

（五）蘇軾、朱熹説。蘇軾《書傳》云："《書》曰：'内有百揆、四岳。'堯欲使巽朕位，則非四人明矣。二十二人者，蓋十二牧、四岳、九官也。而舊説以爲四人，蓋每訪四岳必'僉曰'以答之。訪者一，而答者衆，不害四岳之爲一人也。"朱熹《語類》（七十八）云："正淳問：'四岳是一人、是四人？'曰：'汝能庸命巽朕位'，不成讓與四人？又如'咨二十有二人'，乃四岳、九官、十二牧，尤見得四岳只是一人。"王天與《纂傳》全文引録此語，《蔡傳》亦逕承之云："二十二人，四岳、九官、十二牧也。"薛季宣《古文訓》亦云："二十二人，四岳十二牧九官也。四岳爲一人者，外雖分治，内實一官。"自後元明學者多有承此二十二人説者。至清戴震《義考》云："案二十有二人皆主達官言之，故不數殳斨、伯與及朱虎、熊羆。蘇氏以四岳一人，合十二牧、九官，適二十二人，得之。"然王引之《述聞》竟非之云："案帝所咨者四岳也，所領諸侯安得越次而對乎！……經又云：'乃日覲四岳群牧。'……若以四岳爲一人，則群牧亦可謂之一人乎！經又曰：'詢于四岳，闢四門，明四目，達四聰。'凡言四者，其數皆實有四也。如謂四岳爲一人，則四門亦可謂之一門，四目亦可謂之一目，四聰亦可謂之一聰乎！四岳分掌四方……皆爲方伯，故《周語》謂之'四伯'。若以四岳爲一人，則何以不云一伯而云四伯乎？"王氏功力湛深，所考論類皆極精確，爲清儒之最。獨於此處因不知《堯典》采自神話傳説資料，四岳在傳説中原爲一神，即入史籍中如《周語下》四岳爲共工從孫，爲姜姓得姓之祖，自仍爲一人。及載入《堯典》中，經師們就字面釋爲四人，王氏從之而不能自拔，遂據經文錯誤資料得出錯誤結論。不意顧師竟推崇王說，在《講義·丙種》中云：“王氏所舉之理由均甚充足，四岳之人數決不能以遷就‘二十有二人’一語之故而解爲一人，絕無疑義。”這是由於顧師另尋出了二十二人之解釋〔見下文第（九）說〕，因而同意了王氏論定四岳爲四人之說。然王氏之說因昧於四岳原義，實不足以破蘇軾、朱熹之說。

（六）林之奇說。林氏行誼略早於朱熹，然其後期及見朱熹之說。其《全解》云：“或者欲以四岳爲一人，並九官十二牧爲二十二人（按此當指蘇軾說）。四岳之非一人，今論之詳矣（以駁蘇說）。朱氏謂‘二十二人，四岳九官十二牧也’。而但有二十有二人者，其間或有兼官故耳。此說爲通。”是林氏前已有人提出兼官說，林氏推重之。但其人爲誰，不傳其名，較詳地闡釋此說者爲林氏，今所見亦唯林氏之說，故歸之林氏。其《全解》繼云：“《周官》在三公六卿，有侯伯。而《顧命》乃同召太保奭、芮伯、彤伯、畢公、衞侯、毛公。以人言之則六人，而以職言之則不止於六人也。蓋有以三公爲六卿者，有以侯伯入居公卿之位者，故雖六人而實兼數職也。此四岳九官十二牧當有二十五人，但言二十二人者，蓋或有兼居岳牧之位者，或有在州牧之中而又居九官之列者，世代遼絕，皆不得而知也。”顧師《講義·丙種》云：“彼以僞《古文尚書·周官》中之制度合之於《顧命》中之史事，而定周有兼職之官；又以周之兼職推虞廷之有兼職，而謂以二十二人居二十五官。其說亦甚巧，然有何證據乎？且以《堯典》之文觀之，九官之職守甚專，事務甚重，何能兼任外州長官。……此說後爲王鳴盛所采，故《尚書後案》謂四岳之官介乎內外之間，內則爲王朝之卿，外則爲諸侯之長。又謂舜之所以首咨四岳者，以四岳爲六卿所兼故也。否則先外後內，殊非其次。然舜之命官，十二牧先於九官，非先外後内乎？……且此説尚有一最大之罅漏，即四岳既由王朝之卿（九官）兼攝，則舜所咨者但有十二牧與九官，二十一而已，尚有一爲誰乎？”林之後，尚有陳經《書詳解》亦承其説云：“四岳、十二牧、九官共二十五人，曰二十二人者，有一人而兼二職者也。”空引其説，未作任何闡釋與補充。

（七）張穆説。張爲清道光時人，承林之奇説，爲之填塞只有二十一人之罅漏。其《月齋文集・二十二人解》云：“蓋嘗反復考之，而知禹稷等九人中當有兼四岳者三人，其四岳一人蓋彭祖也。《大戴禮・五帝德》云：‘堯舉舜、彭祖而任之。’《史記・五帝本紀》云：‘禹、皋陶、契、后稷、伯夷、夔、龍、垂、益、彭祖，自堯時而皆舉用，未有分職。’舜命九人而不及彭祖，則彭祖惟爲四岳，不兼他官可知矣。《國語》：‘共之從孫四岳佐禹，祚四岳國，命爲侯伯，賜姓曰姜，氏曰有吕。’則伯夷者，堯時爲四岳，舜命爲秩宗，仍兼岳也。鄭玄以崇伯鯀爲堯時八伯。禹嗣崇伯，《周書》亦稱崇禹。其宅百揆而仍兼岳，如周公爲太宰仍分陝也。《大傳》記孔子曰：‘昔者舜左禹右皋陶。’則皋陶爲右相仍兼岳也。”顧師《講義・丙種》云：“依張氏説，彭祖、伯夷、禹、皋陶爲四岳，稷、契、垂、夔、龍不兼者六人爲内官，加以十二牧，是得二十有二人。此真可謂極精密之解釋。然《國語》既云‘四嶽佐禹’，則禹之非四岳明矣。《國語》既以四嶽爲共工之從孫，皆姓姜而氏吕，而皋陶依《世本》爲偃姓，則皋陶之非四岳明矣。八伯者，《王制》之制，非《堯典》之制也；以東漢末之鄭玄謂鯀爲堯時八伯而遂信禹爲堯時四岳，其可乎？《史記》於九官下特出一彭祖，未嘗言其任何職，遂以是而證彭祖爲四岳，又可乎？張氏掇拾雖勤，對此亦恐無以自解也。”顧師駁詰張氏之説自皆有理，然張氏説本皆牽强附會，並無確證，其説本難成立。而行誼稍早於張氏之劉逢禄，其學術活動在嘉道時，但其前期著作爲幾部《公羊》學及《左傳》學之作，晚期至道光間成《尚書今古文集解》，及見張穆之書，竟在自己書中全文襲用張氏此説。亦謂九官中伯夷、禹、皐陶三人兼四岳，另四岳一人爲彭祖。而不知此説之全誤。

（八）王引之説。王在《經義述聞》（卷三）云：“今案‘二十有二人’，上‘二’字當作‘三’，傳寫者脱去一畫耳。三十二人者，四岳爲四人，十二牧爲十二人，禹、稷、契、皐陶、垂、伯夷、夔、龍爲九人，殳、斨、伯與爲三人，朱、虎、熊、羆爲四人。合計之，則三十二人也。”顧師《講義·丙種》云：“此以校勘學中傳寫誤脱之例施之於經文，自爲可能之事，可有之説。但殳、斨等七人實未受命而亦列之於舜咨之中，終覺其牽强。……夫上‘二’字既可作‘三’，下‘二’字何嘗不可作‘一’，使九官與十二牧即足此數；亦何嘗不可作‘五’，使其能兼容四岳乎？”而牟庭《同文尚書》全承用三十二人之説。改動經籍原字來牽合己説，爲整理典籍之大忌。且可改“二”爲“三”何不逕改“二十二”作“二十五”，使絞盡腦汁之數字矛盾迎刃而解乎？爲正確之整理典籍之方法不可以如此也。

（九）顧頡剛説。顧師《講義·丙種》云：“此問題之解決，不當求之於《堯典》之内，而當求之於戰國秦漢間人之分州觀念。洵如是，則四岳確爲四人，九官確爲九人，不必以兼職之説通之；二十二人之語亦不誤，不必變其數字。蓋此問題之關鍵乃在向不爲人所注意之‘十有二牧’上。仍與漢武帝時地域擴張有深切之關係者也。自來言分州者惟以九數，無以十二數者（此處引《齊侯鎛》、《左傳》之《襄公四年·虞人之箴》、《宣公三年·王孫滿言》、《禹貢·總叙》、《周語下·太子晉之言》、《吕氏春秋·有始覽》皆言九州以及九野、九山、九塞、九藪之文，其後地域擴大增幽、并二州，去徐、梁以遷就之，以九數不能改變也）。直至漢武帝窮兵黷武，開拓三邊……
而後向之九州觀念因事實上之需要而被打破，《堯典》中亦遂應時而
有‘肇十有二州’、‘咨十有二牧’之言，許九數擴張爲十二矣。……
然則今之《堯典》之文顯然有受時勢影響而增竄者，其迹可推也。試
列之如下：（一）‘觀四岳群牧’之原文當爲‘觀四岳九牧’。（二）
‘肇十有二州，封十有二山’之原文當爲‘肇九州，封九山’。（三）
‘咨十有二牧’之原文當爲‘咨九牧’。……知‘十二牧’之爲‘九
牧’，則合以四岳、九官，正得二十二人。”這是顧師根據其《堯典》受
漢武事實影響最後寫定的見解而來，本來只是探索之說；而此處用
改易經文以就己說的方式，更是不妥的。因此此說只能作爲假定的
一說。後來陳夢家竟完全襲用此說，在其《尚書通論·堯典爲秦官
本尚書考》中有云：“四岳十二牧並九官共二十五人，與二十有二人
之數不合，漢以來說之者凡數家（引馬融、朱子、林之奇、王念孫四
說）。今謂十二牧於先秦本作九牧，則並四岳、九官適二十二人也。”
雖襲用有自，終屬推論而得，嫌無版本確據。

　　以上諸說，終當以蘇軾、朱熹之說爲至確，關鍵在四岳本爲來自
神話中的一人，經師們就“四岳”字面分爲四人，是完全錯誤的。已
詳“咨四岳湯湯洪水方割”一節的注②“四岳”的校釋文中，此處不
作重復論證。（正如不能把李四光分爲李家四個光輝人物一樣。）

　　61欽哉惟時亮天功——《史記》作“敬哉惟時相天事”。皮氏
《考證》引丁孚《漢儀》夏勤策文、蔡邕《橋公廟碑》皆作“時亮天
工”，《陳太印碑》作“惟亮天工”。皆“功”作“工”。《皋陶謨》即有
“天工人其代之”語。

　　此句中“時”有時字本義及“是也”二訓，歧義不大。曾運乾《正
讀》釋爲“承也”。惟未注明其出處。

“亮”，依《史記》所用訓詁義，訓爲“相”。段氏《撰異》云：“亮訓相，此本《爾雅·釋詁》。”《詩·大明·釋文》引《韓詩》“亮彼武王”詩義亦云：“亮，相也。”江聲《音疏》讀“亮”爲“諒”，亦訓“相”。而“相”尚有下列諸義：“視也”，見《史記·正義》。“助也”，見《呂刑》“今天相民”馬融注。（朱駿聲《便讀》則輾轉以亮爲倞，謂讀爲景，如影之附形，合而相助也。）“弼也”，見陳經《書詳解》。“輔相也”，見《樂記》“治亂以相”釋文。“相”尚有他義多種，與此處文義無多相涉，故不錄。“亮”又訓爲“信”，段氏《撰異》云：“姚方興於‘亮采’及此皆訓‘信’。按《説文》：‘諒，信也。’‘亮，明也。’是假亮爲諒也。”又訓爲“治”，見《左傳·昭公二十五年》“相其室”杜注：“相，治也。”

“功”，訓爲事。《詩·七月》“載纘武功”傳：“功，事也。”段氏《撰異》：“功，蓋《今文尚書》作‘工’，故《五帝紀》於此曰‘相天事’。於《皋陶謨》‘天工人其代之’亦詁以‘天事’。古者‘工’有事訓也。”又《周禮·眡瞭》注亦云：“能其事曰工。”

對於此句釋義，最早漢人之釋自爲《史記·五帝本紀》此語。然只簡譯本句。《史記·正義》闡明其義云：“相，視也。舜命二十二人各敬行其職，惟在順時視天所宜而行事也。”至姚氏僞傳釋云：“各敬其職，惟是乃能信立天下之功。”段氏《撰異》以爲“‘假亮爲諒也’，假借無礙於説經。然曰‘信立其功’，‘信立天下之大功’，不亦拙乎。”

宋林之奇《全解》云：“欽者，使四岳十二牧九官各敬其事也。……以其所亮者莫非天工也。亮有輔相之義，與‘亮采惠疇’之亮同。皋陶曰……‘天工人其代之’。蓋所謂設官分職者，凡以代天工。而至四岳九官十二牧莫非所以代天工者，故以‘亮天工’言之。

《史記》作‘惟是相天事’尤爲明白。”陳經《詳解》亦云：“岳牧九官之事皆天之事也。”呂祖謙《書説》云：“欽哉唯時亮天功，二十二人治職之統要也。”陳大猷《或問》則釋云：“皆當敬以趨時，以輔相顯明天之功。”元吳澄《纂言》云：“人君之位，天位也；人臣之職，天職也；天下之事，無一非天之事；故曰天功。舜……總命之曰‘汝二十有二人者，其敬哉惟于是而亮天之事’。蓋明於其事則善於其職矣。”

　　清儒大抵循常釋者，如牟庭《同文》云：“尚欽敬哉！惟是各官所職皆天之事，而汝其輔相之。”朱駿聲《便讀》云：“功猶事也。帝王治世，民事即天事，故曰‘天功’。”近人曾運乾《正讀》云：“天功，人事也。言‘天’者，大之也。《皐陶謨》云：‘天工，人其代之。’下言五典、五禮、五服、五刑；則天工即人事也。”屈萬里《集釋》則云：“古人以爲事皆天定，故云‘天功’。”皆圍繞文字爲釋，故相去不遠。

　　不意江聲、孫星衍却提出異釋，係根據惠棟《明堂大道録》所作出。江《音疏》云：“敕命二十二人皆在明堂。明堂天法，故曰天事。”其自疏云：“敕命二十二人……皆假於文祖時事。文祖，即明堂。天法者，《大戴禮·盛德篇》文。……明堂之制，內有太室象紫微宮，南出明堂象太微。故云‘明堂天法’。《盛德篇》云：‘故明堂，天法也。禮度，德法也。所以御民之嗜慾好惡，以慎天法，以成德法也。’明堂政令必慎天法，故以‘天功’爲言。此説本諸惠先生《明堂大道録》。”孫《注疏》全襲其説而簡言之云：“格於文祖所敕命者，謂敕命於明堂。《盛德篇》云：‘明堂，天法也。’故云‘亮天功’。”明堂是至周代始相傳有之，且爲儒者所聚訟不清的東西。所謂“明堂天法”，更是腐儒妄語，與此處文義何干？重視這種腐儒語言，正見江、孫二氏識見之陋。

⑫三載考績三考黜陟幽明庶績咸熙——《史記》作“三歲一考功三考紬陟遠近衆功咸興”。《尚書大傳》作“三歲考績”。與《史記》所用今文作“歲”同。是今文本“載”作“歲”。然《漢書》之《食貨志》、《谷永傳》、《李尋傳》、《白虎通·考黜篇》、《潛夫論·考績篇》、《漢紀》卷八、《後漢書·楊賜傳》皆引作“三載考績”，是今文本亦有作“載”者，當爲三家異文。唐寫本《釋文》：“黜，勑律反，退也。”吳《校語》今本作丑律反，無‘退也’二字。”陟，《爾雅·釋詁》：“陞也。”薛本唯“黜”、“幽”、“咸”三字與今本同，餘皆隸古字。内野本唯“三”作“弍”，餘皆與今本同。江聲本亦從作“弍”。

“庶績咸熙”，王引之《述聞·爾雅》“績宜”條云：“‘績，業也。’‘功、績，成也。’功、績、業皆事之已成者，故績、業、公又爲‘事也’（公、功古字通）。……《堯典》‘庶績咸熙’，庶績即庶事也。”又《述聞·尚書》“股肱喜哉”條：“喜也、起也、熙也皆興也。……《堯典》‘庶績咸熙’，《史記·五帝紀》作‘衆功皆興’。揚雄《劇秦美新》、《膠東令王君碑》並作‘庶績咸喜’。《學記》鄭注曰：‘興之言，喜也，歆也。’……是喜與熙皆有興起之義。”

此十四字有兩種不同的句讀：

（一）讀至“黜陟”句斷，讀成：“三載考績，三考黜陟，幽明庶績咸熙。”蓋依《史記》讀作：“三歲一考功，三考紬陟，遠近衆功皆興。”《漢書·李尋傳》引“經”曰：“三載考績，三考黜陟”。又《食貨志》先引“三載考績”，續引“三考黜陟”。《白虎通·考黜篇》三引《尚書》曰：“三載考績，三考黜陟。”《三國志·杜恕傳》亦引“三考黜陟”，皆與《史記》同。段氏《撰異》云：“李尋、班固皆言‘三考黜陟’，不連幽明字。合之《五帝本紀》……以‘遠近’詁‘幽明’而下屬，然則今文家皆於‘黜陟’句絶也。”皮氏《考證》則云：“蓋三家今文之異也。”因今文《大傳》讀至“幽明”句斷，非今文皆於“黜陟”句絶。

（二）讀至“黜陟幽明”句斷，讀成：“三載考績，三考，黜陟幽明，庶績咸熙。”《尚書大傳》云：“《書》曰：‘三歲考績，三考，黜陟幽明。’其‘訓’曰：‘三歲而小考者，正職而行事也。九歲而大考者，黜無職而賞有功也。”《論衡·治期篇》、《潛夫論·考績篇》、《漢書·谷永傳》、《風俗通·山澤篇》皆引“黜陟幽明”句，與《大傳》同。今所傳僞孔本承用此一句讀，僞傳云：“三年有成，故以考功。九歲則能否幽明有别，黜退其幽者，升進其明者。考績法明，衆功皆廣。”段氏《撰異》云：“姚方興讀‘黜陟幽明’，蓋本馬、王歟。”意謂馬融、王肅古文本承《大傳》句讀，僞傳本再承馬、王句讀。

《孔疏》云：“自此以下，史述舜事，非帝語也。”陳經《書詳解》亦云：“三載以下史臣述舜事，非舜語也。”皆指出“三載考績”以下諸句非“帝曰咨汝二十有二人”之語，不能誤包括在“帝曰”之内。《孔疏》繼釋云：“言帝命群官之後，經三載乃考其功績，經三考則九載黜責幽明，明者升之，闇者退之。群官懼黜思升，各敬其事，故得衆功皆廣。”此以闇釋幽，並承僞傳以廣釋熙。

皮氏《考證》以爲漢今文釋“考績”有二説：

（一）三考始黜陟。《路史》注引《大傳》曰：“九歲大考，絀無職，賞有功也。一之三以至九年，天數窮矣，陽德終矣。積不善至於幽，六極以類降，故絀之。積善至於明，五福以類升，故陟之。皆所自取，聖無容心也。”《春秋繁露·考功名》云：“考績之法，考其所積也。……考績黜陟，計事除廢，有益者謂之功，無益者謂之煩。……有功者賞，有罪者罰。功盛者賞顯，罪多者罰重。……則百官勸職，爭進其功。”又云：“考試之法，大者緩，小者急，貴者舒而賤者促。諸侯月試其國。州伯時試其部，四試而一考。天子歲試天下，三試而一考；前後三考而絀陟，命之曰計。"是黜陟須九年。

（二）一考即黜陟。《白虎通・考黜篇》云："所以三歲一考績何？三年有成，故于是賞有功，黜不肖。《尚書》曰：'三載考績，三考黜陟。'何以知始考輒黜之。《尚書》曰：'三年一考，少黜以地。'《書》所以言'三考黜陟'者，謂爵、土異也。"陳立《疏證》云："今文以黜陟須至九年，與此謂一考輒黜之義殊也。所引《尚書》'三年一考'二語，當是《尚書》經生說。又引《書》'三考黜陟'，謂爵土之異者，以三年一考黜陟以地，二考則黜陟以爵。"又《潛夫論・三式篇》曰："是故三公在三載之後，宜明考績黜剌。"皮云："皆以爲一考即黜陟，與《大傳》、《繁露》所云三考始黜陟不同。"

這些是漢儒紛紜之説。宋林氏《全解》云："三考黜退其幽，陞進其明，而加賞罰焉，若《周官・太宰》歲終則令百官府各正其治，受其會，聽其致事，而詔王廢置，三歲則大計群吏而誅賞之。此即唐虞考績之法也。然而其制已密，不若唐虞之寬也。"指出見於《周禮》的那些規定，"唐虞之世"是不會這樣詳密的，那麼漢儒這許多紛紜之説，當然更不會有了。何況《大傳》、《繁露》、《白虎通》還有很多細緻的歲試三試，一考，三考，黜陟爵、土，一削再削三削等詳盡規定，《堯典》所載怎麼能與這些發生關係呢？林之奇《全解》下文接着說："衆功必待於考績而後興，況德不如舜，臣不如禹、皋陶、稷契，則考績之法何可廢也？而後世此法雖存，徒爲文具，而無實效，殊可惜也。"揭露後世的考績法規確實是有的，可是成了紙上空文。那麼漢代經生這許多構想，更成了紙上空談了，試看歷史上哪一個朝代哪一個政權曾實行過經生們所空談的那樣嚴格的考績黜陟呢！

顧師《講義・丙種》引董仲舒《繁露・考功名》之文後云："此非

即《堯典》之‘三載考績，三考，黜陟幽明’乎？何以不引《堯典》也？此無他，董仲舒之壽僅及武帝之中葉，彼固不能見《堯典》，而《堯典》之作者則可從容讀董仲舒書耳。”顧師以此作爲《堯典》寫定於漢武時證據之一。按《堯典》被先秦文獻引用者十餘處，《左傳·文公十八年》與《孟子·萬章上》引用尤明確。是《堯典》寫成於先秦時當無問題。顧師在《古史辨》第一册《論今文尚書著作時代》文中尚以《堯典》取事實於秦制，取思想於儒家，定其爲秦漢時之書，及至《研究講義》中始完全以今本《堯典》寫成於漢武時，自嫌過晚。《洪範》已以六極五福申黜陟之義，而管子、商君、韓非莫不重官吏之考核賞罰，即《荀子·王霸篇》亦云：“度其功勞，論其慶賞。歲終奉其成功以效于君，當則可，不當則廢。”與此數句之意已相近，且明白以歲終察之。度當時類此之句已有流傳，《堯典》作者蒐集到或稍加整齊文句以寫入篇中，才形成這幾句的。

　　㊌分北三苗——《史記》同此。唐寫本《釋文》：“分北，並如字。北又音佩。”今《釋文》：“（北）如字，又音佩。”龔《考證》：“山井鼎引足利本：‘北’作‘公’。”薛本、内野本唯“三”作“弍”，餘同今本。

　　惠棟《九經古義》云：“分北三苗，‘北’讀爲‘別’。古文‘北’字從二人，‘別’字重八八。𠤏（北）𠦂（別）字相似，因誤作北。《說文》於‘八部’曰：‘𠦂，別也。’……又‘丫部’曰：‘𠤏，古文別。’……虞翻曰：‘鄭玄注《尚書》‘分北三苗’：‘北，古別字。’又訓‘北’，言‘北，猶別也’。若此之類，誠可怪也。‘棟按北字似別，非古別字。’又北與別異，不得言‘北猶別也’。虞、鄭皆失之。”惠弟子江聲《音疏》中“注”云：“兆亦分也。字從重八。”自“疏”云：“《說文·八部》云：‘兆，分也。从重八。’此經‘分兆’聯文，故云‘兆亦分也’。兆字與𠤏相似，而古今字輒變易，凡兆字文皆改作別，經傳中不復有兆字。

學者遂不知有兆字，故見此經之兆誤認爲八字。……《三國·吴志·虞翻傳》注引翻奏……鄭注訓‘北’。……鄭君云：‘兆猶別。’……則鄭君不訓爲北也。……翻誣鄭，不可聽也。”王鳴盛《後案》亦謂“虞駁非也”。

段氏《撰異》云：“古北、背同音通用。韋昭《吴語》注曰：‘北，古之背字。’許君云：‘八，別也。象分別相背之形。’又云：‘八，猶背也。’與鄭注‘北猶別也’正互相發明。……許不云‘八背也’而云‘猶背也’，鄭不云‘北別也’而云‘猶別也’，凡古訓故之言猶者，視此矣。虞翻不知《堯典》經文自作北字，鄭注是古義，輒欲改爲八字而譏鄭，非也。《説文·八部》又曰：‘公，分也，從重八。八，別也，亦聲。’《孝經·説》曰：‘故上下有別。’虞蓋因北字篆作八，疑爲八（公之篆）字之誤，不知北可訓別，無煩改字。且‘公’‘別’同義、同首而異字，許君未嘗以公爲古文別字，繫諸冎部別字後也。《玉篇》、《汗簡》皆云‘八，古文別’。誤由仲翔（虞翻字）也。”可知《堯典》此“北”字即有“別”義，無煩改爲“公”字以訓爲“別”。

“三苗”，見“象以典刑”一節注⑩“竄三苗於三危”校釋之文内，其歷史事實當如該校釋之所考論。此處經師們的解釋多不確，然爲儒生思想之反映，故依次擇要録之如下：

《孔疏》引鄭玄注云：“流四凶者，卿爲伯、子，大夫爲男，降其位耳，猶爲國君。故以三苗爲西裔諸侯。猶爲惡，乃復分北流之。謂分北西裔之三苗也。北，猶別也（後四字據吴志注）。”《孔疏》又引王肅注云：“三苗之民有赦宥者，復不從化，不令相從，分北流之。”《孔疏》復釋之云：“王肅意彼赦宥者復繼爲國君，至不復從化，故分北流之。”至姚氏僞《孔傳》云：“衆功皆廣，三苗幽闇，君臣善否，分北流之，不令相從，善惡明。”《孔疏》釋經文云：“前流四凶時，三苗之君竄之西裔，更紹其嗣，不滅其國。舜即政之後，三苗復不從化，是閹當黜之，其君臣有善惡，舜復分北流其三苗。北，背也。善留惡去，使分背也。"又釋僞傳云："分北三苗，即是黜幽之事。故於考績之下言其流之。分謂別之。云北者，言相背，必善惡不同，故知三苗幽閹宜黜，其君臣乃有善否，分背流之，不令相從。……言舜之黜陟善惡明也。……《孔傳》：竄三苗爲誅也，其身無復官爵，必非黜陟之限，其所分北非彼竄者。……禹繼鯀爲崇伯，三苗未必絶後，傳意或如王（肅）言。"是漢至唐經師釋"分北"爲分別（分背）善惡，以承黜陟幽明文義。

　　宋儒之釋分爲二説。一説全承漢唐舊解，不過加以闡釋，仍釋"北"爲別爲背。一説"分北三苗"不與上文相連，釋"北"爲北方之北。

　　前一説如蘇軾《書傳》云："苗之國左洞庭右彭蠡，南方之國也。而竄之西裔必竄其君耳，其民未也。至此治功大成，而苗民猶不服，故分北之。"林之奇《全解》則反對鄭玄説而全承僞傳與《孔疏》説。其言云："鄭氏以謂此即竄於西裔者復不從化，故分北之。北説不然，《禹貢》曰'三危既宅、三苗丕叙'，則是所竄於三危者，當洪水既平之時已丕叙矣。蓋彼之所恃以負固而不服者，三苗洞庭之險耳。"又云："衆功皆興，所未化者三苗而已。三苗之國，左洞庭，右彭蠡，蓋負固不服之國也。前已竄其君於三危矣，然不滅其國，不更其嗣。至是猶未從風，舜未忍加誅也。於是而爲之分別善惡，其惡之顯然者則黜退之，其善者則留之。唐孔氏云：'惡去留善，使分背也。'是也。"自後宋元儒者（如陳經《詳解》、董鼎《纂注》及其所引王氏或謂王安石或謂王炎，及元吳澄《纂言》等）大都承此説。王天與《書纂傳》則引朱熹一段話云："此言舜命二十二人之後，立此考績黜陟之法,以時舉行,而卒言其效如此。北猶背也。其善者留,不善者竄徙之,使分背而去也。三苗見於《典》、《謨》、《益稷》、《禹貢》、《吕刑》詳矣。蓋其負固不服,乜臣乜叛,舜攝位而竄逐之。禹治水之時,三危已宅,而舊都猶頑不即工。及禹攝位,帝命徂征,而猶逆命。及禹班師,而後來格。於是乃得考其善惡而分北之。《吕刑》言遏絕則通本末而言,不可以先後論。"《蔡傳》全抄此文,惟移"其猶背也"四句於其首而已。這些宋儒都是説舜行考績收效,衆功皆興,唯有留在南方舊地之苗,負固不化,遂分別其善惡,善者留,惡者去,以竟黜陟幽明之功。

後一説如夏僎《書詳解》云:"分北三苗,不與上文相連,不可曲爲之説。北,只音如字。三苗國在南,遷之於北,如周遷頑民之類。"這一解説非常明快,比上述許多經師"曲爲之説"要近是。夏爲林之奇私淑弟子。林嫡傳弟子吕祖謙在其《書説》中亦云:"三苗左洞庭右彭蠡,本在南方。至於此遷之北,如遷商頑民,變薄俗之道也。前此竄三苗但竄其君耳,惡黨未化,故遷之於北(原誤此,據文意當爲北)。史官獨載'分北三苗',與《堯典》獨書共、鯀之事,同見萬國皆順軌也。"此説顯然要近理,只是吕氏最後三句,又在故尋解釋爲什麼獨載此一句,是又一種曲爲之釋。不過他在意存誇飾堯舜之德業耳。

似可理解爲:"分北三苗"原是關於舜的資料流傳中分散孤立的一句,《堯典》作者在蒐集資料時遇到了這麼一句,他忠實於資料,既不割舍,也不竄改,就按原句生吞活剥地安排在叙舜政事的末尾。然而與上文舜敕命二十二人毫無聯繫,顯得是非常突兀的一句。所以加藤常賢在其書中説這是奇怪之言,過去都是强爲解釋。曾運乾《正讀》則以爲"分北三苗乃大事之特殊者,附言於末,欲諸臣知所警惕也”。這又是一種“曲爲之説”。其實人們只要知道,在關於舜政事的傳説中,有分出三苗一部分遷到北方這件事就行了(參看“竄三苗于尾”校釋)。

以上這一節,叙述舜踐位後的政治活動,唯任命官吏並加以誥誡及考績。《三國志·步騭傳》言:“舜命九賢則無所用心,不下廟堂而天下治。”陳櫟《書傳纂疏》云:“舜即位初惟咨岳、牧、命九官,即以九載黜陟繼之,幾五十年無事。孔子曰:‘無爲而治者其舜也歟。’”吳澄《書纂言》亦云:“舜初年除咨命群臣之外,惟有考績、分北二條。夫子曰:‘無爲而治者其舜也歟。’朱子曰:‘紹堯之後,又得人以任衆職,故無所事。’”是《堯典》作者蒐列所僅獲得的資料寫成此節,它事無多,就被儒生利用來宣揚《論語·衛靈公》所載孔子讚美舜的“無爲而治”了。

舜生三十徵庸,三十在位,五十載[①],陟方乃死[②]。

①舜生三十徵庸三十在位五十載——《史記》載舜年事連下句“陟方乃死”内容,與《堯典》此處文字有異。其文云:“舜年二十以孝聞,年三十堯舉之,年五十攝行天子事,年五十八堯崩,年六十一代堯踐帝位。踐帝位三十九年南巡狩,崩於蒼梧之野,葬於江南九疑,是爲零陵。……舜子商均亦不肖,舜乃豫薦禹於天,十七年而崩。”此叙在《五帝本紀·舜紀》“衆功咸興,分北三苗,此二十二人咸成厥功……”之後,正與此處數句相當。但《舜紀》上文又云:“舜年二十以孝聞,三十而帝堯問可用者……舜得舉用事二十年,而堯使攝政。攝政八年而堯崩,三年喪畢,讓丹朱,天下歸舜。”叙述舜踐位前之年事,基本與上引文合。《大戴記·五帝德》亦云:“舜之少也,惡頗勞苦,二十以孝聞乎天下,三十在位,嗣帝所,五十乃死,葬

于蒼梧之野。"段氏《撰異》則引《論衡·氣壽篇》與《孟子·萬章篇》趙岐注，"三十在位"皆作"二十在位"。又以《史記》舜"年三十堯舉之，年五十攝行天子事"計之，亦"徵庸二十在位"。故以爲漢今文"三十在位"作"二十在位"。又考定馬、鄭、王古文本皆作"三十在位"。其言云："《通鑑外紀》引王肅注云：'歷試三載，其一在徵用之年，其餘二載與攝位二十八年，凡三十歲。'然則王本作'三十在位'甚顯白。馬、鄭本當同也。"《孔疏》引"鄭玄讀此經云：'舜生三十'，謂生三十年也。'登庸二十'，謂歷試二十年在位"。《撰異》因而以爲是鄭玄以今文之"二十"改讀古文之"三十"。非如王應麟以來所説鄭本作"二十"。僞古文之薛氏本，唯"生"字、三個"十"字及"位"字同於今通行僞孔本，其餘皆隸古奇字。内野本則唯"三"字作"弍"，餘同今通行本。

此十三字有多種句讀：

（一）鄭玄古文本讀作："舜生三十，登庸二十，在位五十載。"蘇軾《書傳》全承此讀，惟"二"依僞古文作"三"。

（二）僞古文本讀作："舜生三十徵庸，三十在位，五十載，（陟方乃死）。"朱熹云："舜生三十徵庸數語，只依古注點自好。"（董鼎《輯錄》引）又云："徵，召也。舜生三十，堯召用之。"（王天與《纂傳》引）

（三）林之奇《全解》説此十三字云："此只當作一句讀。"

（四）牟庭《同文尚書》讀作："舜爲一句，生三十爲一句，徵庸三十爲一句，在位五十載爲一句。"

今一般已通行僞古文本讀法。

帝堯、帝舜原是《山海經》神話中有朦朧的事實爲素地的天神。歷春秋迄戰國百家爭鳴之世，諸子百家爲宣揚自己學説，競相稱説古史,就多方搜集往古傳説中有名神話人物,按自己理想依時代的理性把他們净化成歷史人物。於是堯舜便被儒墨兩家按不同角度塑造成上古最偉大最完美的聖王。但《韓非子·顯學》揭露説:"孔子、墨子俱道堯、舜,而取舍不同,皆自謂真堯、舜。堯、舜不復生,將誰定儒墨之誠乎? ……今乃欲審堯舜之道于三千歲之前,意者其不可必乎。無參驗而必之者愚也,弗能必而據之者誣也。故明據先王必定堯、舜者,非愚則誣也。"批評得很深刻。儒家就是儘量搜集往古流傳資料,按自己的理解和意圖編寫這篇《堯典》,來編排堯舜禪讓爲君的史實和塑造他們的聖王形象的。那麼一切叙述的可靠程度就可知了。這裏是全篇的結尾,编造了舜一生的行事年歲(朱熹云:"此於篇末總序始終。"王天與《纂傳》引),是由一神話人物的傳説資料加以歷史化編排而成,只能算是"姑妄言之",人們也就只能"姑妄聽之",是不能認真的。

　　由於經師們的尊經崇聖,確信舜的這樣的年歲是真實的。而又有《史記》、《大戴記》的不同文字記載,今文、古文、僞古文經師及術數家的不同解説,就把這問題弄得非常複雜,討論争議的文字連篇累牘,就成了"經義"研究中一個聚訟紛紜的問題(包括下句"陟方乃死"在内)。如果認爲這些争論太無謂,應當一筆勾銷,不予理睬,確實爽快。但這不是解決問題,而是躲避問題。爲了弄清經師們在這問題上争論了些什麼,交鋒的要點是些什麼,特從紛繁的材料中,擇要約略介紹下列諸點,以認識此問題的大概。

　　其一是溝通《史記》與《堯典》的説法。原先《孔疏》指責《史記》之説謬誤。林之奇《全解》亦云:"太史公曰:'舜生三十……五十九而堯崩。'其説特異於經,當以經之言爲證。"至段氏《撰異》將《史記》之説與《古文尚書》之説作比較,指出:"《五帝本紀》曰:'舜生三十堯舉之。'此'生三十而徵庸'也。'年五十攝行天子事'，此'徵庸二十'而'在位'也（即年五十減去生年三十）。'年五十八堯崩'，此所謂'二十有八載放勳乃殂落'也（即五十八減三十）。'年六十一代堯踐帝位'，此三年闋密之後乃踐帝位也（即五十八加三年）。'踐帝位三十九年南巡狩崩於蒼梧之野'，此'在位五十載陟方乃死'也（此三十九之數《堯典》無之。蓋《史記》以之與六十一湊成一百，以與今文《堯典》之三十加二十加五十爲一百相合）。由此可知《史記》據今文言舜行事歷三十年、二十年、五十年爲一百歲，改按舜年歲言之，亦合成一百歲，故二者相一致。惟與古文二十爲三十者相差十年。

其次，就形成舜年歲的三個不同說法：

一爲一百歲說。上引《今文尚書》及《史記》之說就是。漢代承今文流行之說者大都持此說。《大戴記》言舜二十以孝聞，三十在位，五十乃死，亦爲一百歲。《論衡・氣壽篇》亦云："舜生三十徵庸，二十在位，五十載陟方乃死，適百歲矣。"《孔疏》引"鄭玄讀此經云：'舜生三十'，謂生三十年也。'登庸二十'，謂歷試二十年。'在位五十載陟方乃死'，謂陟位至死爲五十年。舜年一百歲也"。《史記・集解》徐廣曰："皇甫謐云：舜以堯之二十九年壬午即真，百歲，癸卯崩。"段氏《撰異》另據《太平御覽》卷八十一引皇甫謐《帝王世紀》曰："舜年八十即真，八十三而薦禹，九十五而使禹攝政，攝五年有苗氏叛，南征，崩於鳴條，年百歲。"段氏以爲皇甫謐亦用《今文尚書》說。此說當確。皇甫謐處於魏、晉之交，此時僞古文尚未出，而今文本尚有存者，宜其與鄭玄一樣采用今文說。此今文及受今文影響者所持一百歲之說。韓愈《諫迎佛骨表》所言帝舜年爲一百歲即據此。

　　二爲一百一十歲説。王天與《書纂傳》引邵雍《皇極經世》云："舜丙辰即位，至禹十七年，陟方乃死，通爲壽一百一十年。"董鼎、陳櫟之書及黃鎮成《書通考》亦引之。黃氏並引朱熹云："舜年百有十歲。"蓋同意《皇極經世》説而言之。陳經《詳解》則據經文"三十徵庸，三十在位（攝位二十八年，居喪三年），五十載陟方（舜踐位三十三年，薦禹於天攝位十七年）"，自然合爲一百一十歲。《蔡傳》亦録經文年數，惟釋"三十在位"云："歷試三年，居攝二十八年，通三十年。"然後録"又五十年而崩"，則合計亦百十歲。黃鎮成《通考》則加析論云："愚按經言'三十徵庸，三十在位'，《禹謨》'三十有三載求禹禪位'，《孟子》曰'舜薦禹於天十有七年'，正得一百一十年。"下面接着批評了偽孔傳説之誤，然後言"史既以舜始終年數總括於後，爲有明文，又合《皇極經世》所紀，故朱子云云。"這説道士術數家所持及承道士之説的宋元儒生所持的一百一十歲説。清牟庭《同文尚書》從之。

　　三爲一百一十二歲説。姚氏偽孔傳云："三十徵庸，三十在位，服喪三年，其一在三十之數，爲天子五十年，凡壽百一十二歲。"段氏《撰異》據《舜典》傳係姚方興采馬、王之注偽爲之，因而云："舜年百一十二歲之云，非馬季長（融）語，則王子雍（肅）語也。"是原爲馬、王古文家説，偽古文承之。《孔疏》釋之云："孔以'月正元日'在'三載過密'之下，又《孟子》云'舜服堯三年喪畢，避堯之子'，故服喪三年。三年之喪二十五月而畢，其一年即在'三十在位'之數，惟有二年。是舜年六十二爲天子五十年，是舜'凡壽百一十二歲'也。"宋學之健者蘇軾《書傳》同此説云："堯崩，舜服喪三年然後即位，蓋年六十二矣。在位五十載而崩，壽百有一十二。"林之奇《全解》亦同此説云："舜居於側微者三十年；歷試二年，居攝二十八年，共爲三十;堯崩,居三年之喪畢,而後即帝位,五十年而崩。《大禹謨》'朕宅帝位三十有三載',《孟子》曰:'舜薦禹於天,十有七年。'以三十有三載並有七年,是在位五十載也。是舜崩之年,蓋年百有一十二歲爾。《書》載舜之年數蓋如此。"黄鎮成《通考》指出:"孔氏又增服喪三年,其一在三十之數,爲百一十二年,蓋采舜殂落之後有三載四海遏密八音,及《孟子》有三年之喪畢之説。然史既以舜始終年數總括於後,爲有明文。"以此譏僞傳説之誤。至清江聲《音疏》、王氏《後案》,孫氏《今古文注疏》無一不指斥僞傳説之誤,但皆從鄭玄之説。

其實這種種紛歧争議,如"瞎子斷匾",本爲虚無縹緲的東西,各作出的種種解説都是無稽之談,不用去區分其孰是孰非。

②陟方乃死——上引《史記》作"南巡狩,崩於蒼梧之野,葬於江南九疑",是據另一史料中的神話傳説記載舜死事。薛氏本作"倰匚[illegible][illegible]"。内野本全同今文通行本。《檀弓》釋文:"陟,知力反,升也。"

"陟方乃死",亦一争議紛紜的問題,至少有下列七種不同的解説:

(一)巡狩説。已見上引《史記》所載,亦見《禮記·檀弓》云:"舜葬於蒼梧之野,蓋三妃未之從也。"此説是從較早的神話中來的。《山海經·海内經》云:"南方蒼梧之丘,蒼梧之淵,其中有九嶷山(各種典籍皆作九疑,惟此處及《説文》與《文選·琴賦》注作九嶷),舜之所葬,在長沙零陵界中。"又《海内南經》云:"蒼梧之山,帝舜葬其陽。"又《大荒南經》云:"赤水之東,有蒼梧之野,舜與叔均之所葬也。"郭璞注:"叔均,商均也(相傳爲舜之子,一名義均,封於商)。舜巡狩,死於蒼梧而葬之。商均因留,死亦葬焉,基(墓)在今九疑之中。”《山海經》只保留了舜葬蒼梧的資料，然遠葬南方邊荒之地，古者以爲帝王只有巡狩才遠出，則神話傳說中自可能謂帝舜巡狩而死其處，故郭璞逕注“舜巡狩死於蒼梧”。

故事流傳至漢代，故《史記》、《檀弓》皆載之，《說文·山部》亦云：“九嶷山，舜所葬，在零陵營道，从山，疑聲。”《淮南子》亦載舜死蒼梧，但不說是巡狩〔見下第（四）說〕。《論衡》則言儒書載舜巡狩葬於蒼梧，而他另有解說〔見下第（三）說〕。可知此傳說至漢猶流行，且相傳下來，南齊姚氏僞孔傳承之云：“方，道也。舜即位五十年，升道南方巡守，死於蒼梧之野而葬焉。”對此問題之解說，“方”字之釋義是其關鍵。僞傳釋爲“道”，《孔疏》補充之云：“《論語》云：‘可謂仁之方也已。’（按見《雍也篇》）孔注亦以‘方’爲‘道’，常訓也。……‘昇道’，謂乘道而行也。天子之行，必是巡其所守之國，故通以巡守爲名，未必以仲夏之月巡守南嶽也。’（按，此句意義參看“歲二月東巡守”一節注①“歲二月”之校釋自明，因《堯典》載巡狩皆在每季的仲月，且春夏秋冬分別巡東南西北四嶽。）《檀弓》云‘舜葬蒼梧之野’，是舜死蒼梧之野，因而葬焉。”按，“方”之訓“道”，典籍中尚多見之，如《易·繫辭》“方以類聚”虞注：“方，道也。”又《繫辭下》“而揆其方”、《樂記》“是先王立樂之方也”、《國語》之《周語》“百不易方”、《晋語》“利方以求成人”、《鄭語》“具萬方”、《吳語》“王其無方”及《楚辭》、《淮南子》等書中一些方字之注皆云：“方，道也。”知僞傳之釋有據。然於此終覺牽强。

宋以來逐漸有人另尋解釋。朱熹云：“方，猶‘雲徂乎方’之方。”（按，此據揚子《法言·寡見篇》：“雲徂乎方，雨流乎淵。”注云：“徂，往也。方，四方。”朱此語見《書纂言》等書引，爲《蔡傳》承用。）陳櫟《纂疏》釋“方”爲“天一方”。陳經《詳解》則云：“方，退。”此三家釋字不同而另成解説〔見下第（六）説〕。其爲巡狩説另尋方字解釋者，則有元王充耘《書管見》釋“方”爲“方國”。其言云：“‘陟方乃死’爲巡守而死之説爲是。以後面周公教成王‘以詰戎兵、陟禹迹’推之可見。蓋欲成王整點六師，巡守方國，則以陟方爲巡守何疑。”明朱昇《尚書旁注》釋“方”爲“方岳”。在其書之經文旁簡注云：“巡守而昇方岳。”清戴震《義考》承朱昇説，以爲“於義爲近。”而牟庭《同文尚書》則釋“陟”爲“勑”，釋“方”爲“四方”、爲“方國”。其言云：“陟當讀爲勑，《皋陶謨》‘勑天之命’，《夏本紀》作‘陟天之命’。《封禪書》‘伊陟’，《集解》徐廣曰：‘古作伊勑’。此古書陟、勑通用之證也。勑與勅亦同也。《表記》注曰：‘方，四方也。’《易・既濟》干寶注曰：‘方，國也。’庭按：勑方，謂整勑方國，即巡守也。僞孔傳云‘方，道也，昇道南方巡守’，非也。”這些儒生努力尋求釋義，企圖把“陟方”之爲巡狩解通。其實《左傳・莊公二十一年》杜注云：“天子省方謂之巡守。”早把這一意義説明白了。省視方岳、方國即爲巡狩。不過是省方而非陟方。

　　此巡狩説有二問題。其一問題是《尚書大傳》説帝王巡狩只至四嶽，《封禪書》增爲五嶽。那麼舜南巡當只至南嶽而止，怎麼到了蒼梧呢？儒生們有兩種彌縫之説，一種如孫星衍、皮錫瑞以爲“巡狩至五岳而止”，因而對‘陟方’提出另一解説，見下第（五）説。又一種如皮錫瑞《考證》引“近人“之説（此近人當爲清末人，待查）。其文云：“近人又以虞時南嶽爲九疑，故舜南巡及之。而據今文家説，虞時南嶽是霍山，並非衡山。若九疑爲南嶽，其説尤不見他書，皆臆説不足據也。”（參看“歲二月東巡守”一節注③“岱宗”）其二問題是《白虎通・巡狩篇》所云：“王者巡狩崩於道，歸葬何？夫太子當爲喪主，天下皆來奔喪。京師，四方之中也。即如是，舜葬蒼梧，禹葬會稽何？於時尚質，故死則止葬，不重煩擾也。”《論衡·書虛篇》亦云：“儒書言舜葬於蒼梧，禹葬於會稽者，巡狩年老，道死邊土，聖人以天下爲家，不別遠近，不殊内外，故遂止葬。”這都是儒生彌縫的話。不知本來是出於神話傳說的故事，是用不着去彌縫其間矛盾的。

　　舜道死蒼梧的神話故事中，還有一重要内容，即二妃相從於後的問題。《檀弓》說舜葬蒼梧，“三妃未之從”。林之奇《全解》引作“二妃未之從”。其他典籍亦多作二妃（參看“咨四岳朕在位七十載”一節注㉑“觀厥刑于二女”校釋）。這二妃故事見於《山海經》神話中。《中山經》“洞庭之山”云：“帝之二女居之，是常遊於江淵，澧沅之風，交瀟湘之淵。”袁珂注云：“郭璞云：‘天帝之二女而處江爲神也。’汪紱云：‘帝之二女，謂堯之二女以妻舜者娥皇、女英也。相傳謂舜南巡狩，崩於蒼梧，二妃奔赴哭之，隕於湘江，遂爲湘水之神，屈原《九歌》所稱湘君、湘夫人是也。’珂案，堯之二女即于帝之二女也。蓋古神話中堯亦天帝也。”又《海内北經》“舜妻登比氏”下袁注云：“珂案：《尸子》（孫星衍輯本）卷下云：‘（堯）妻之以媓，媵之以娥。’此二妃皆堯女，所謂娥皇、女英（見《列女傳·有虞二妃》）者是也。《禮記·檀弓上》云：‘舜葬蒼梧，蓋三妃未之從也。’鄭玄注：‘舜有三妃。’則除上所說二妃而外，另一蓋即此登比氏也。羅泌《路史·後紀十一》亦以三妃爲娥肓（娥皇）、女瑩（女英）、癸比（登比），是也。”故事繼續流傳，《博物志》云：“堯之二女，舜之二妃，曰湘夫人。舜崩，二妃啼，以涕揮竹，竹盡斑。”《群芳譜》云：“斑竹即吳地稱湘妃竹者，其斑如淚痕。世傳二妃將沉湘水，望蒼梧而泣，灑淚成斑。”神話故事越傳越哀婉絢麗。《堯典》作者將神話人物淨化作歷史叙述，把所有這些舜葬蒼梧、二妃啼竹等神話故事都刊落了。

（二）巡行説。這是對巡狩説的修正。因巡狩有嚴格的年月規定（見《禮記外傳》：夏殷五載一巡狩，周制十二年一巡狩，皆以仲月），又有嚴格的地點規定（《堯典》本文載春夏秋冬分別巡狩東南西北四嶽，《大傳》加以規範化）。事實上一些帝王出巡，無一按這些規定辦，他們只是巡行，不是巡狩。前面"歲二月東巡狩"一節注⑱"五載一巡狩"已叙明這種巡行而非巡狩的情況。而巡狩的"省方"之"方"，指方岳、方國。即四方之岳，與屬於某方之岳的方國。但文獻中往往有不是通名而是專名之方。如《詩·出車》"往城于方"，又《六月》"侵鎬及方"，皆確切地名。《路史·國名紀》："方，方叔采。"亦是。今於甲骨文中，獲知殷代之方國甚多，常稱多方。大都是殷族以外不同種姓之族的稱呼，主要者有土方、邛方、鬼方、亘方、羌方、龍方、尸方、黎方、人方、盂方……等，陳夢家《卜辭綜述》第八章"方國地理"有考述。島邦男《卜辭綜類》第458頁彙錄殷代各種方國達四十二之多。其載王徝方之辭達十六片。屈萬里《尚書集釋》云："陟，登也。義見《詩·皇矣》鄭箋。方，即多方之方，國也。此義甲骨文中習見。陟方，意謂巡行各國。巡行而曰陟者，猶後人出行曰登程之比。"此但説巡行，不説巡狩，已將其前此出版之《尚書今注今釋》所釋"陟方，彼各國巡守也"予以改正。顯然屈氏經過考慮才作這樣的改訂，當由於他感到這些活動不符合巡狩的規定，只能稱爲巡行。赤塚忠《書經》自稱參照屈氏之説以作考論，其文首亦引僞傳、蔡傳之釋，接着引甲骨文《殷虛書契續編》五卷一四頁之"貞、今春王徝方，帝授我佑"，又同書三卷一〇頁之"今春王徝土方，受大佑"，以爲徝方是徝某方。徝，示往來之行動關係，有直視之意。意味着前赴直視，示王在作督察。又引《龜甲獸骨文字》一卷二七頁之"王徝伐土方"，則徝方與征伐相關連。並謂依屈氏説，則值方意思近陟方。這是屈氏、赤塚氏據殷代資料,以爲陟方只是巡行、巡視,修正了巡狩説。

　　(三)治水説。這是王充完全否定蒼梧巡狩説而提出的解説。其《論衡・書虛篇》在引録了儒書言"舜葬於蒼梧,禹葬於會稽……故遂止葬"一段後説:"夫言舜、禹,實也;言其巡狩,虛也。舜之與禹,俱帝者也。共五千里之境,同四海之內;二帝之道,相因不殊。《堯典》之篇,舜巡狩東至岱宗,南至霍山,西至太華,北至恒山。以爲四嶽者,四方之中,諸侯之來,並會嶽下,幽深遠近,無不見者。聖人舉事,求其宜適也。禹王如舜,事無所改,巡狩所至,以復如舜。舜至蒼梧,禹到會稽,非其實也。實禹舜之時,鴻水未治,堯傳於舜,舜受爲帝,與禹分部,行治鴻水。堯崩之後,舜老亦以傳於禹,舜南治水,死於蒼梧;禹東治水,死於會稽。賢聖家天下,故因葬焉。"皮氏《考證》不同意此説,以爲:"仲任(王充字)自爲説以爲治水,然舜、禹崩時,已無水患。舜、禹分部治水,其事絶不見他書。"

　　(四)征苗説。此亦爲巡狩不當至蒼梧而提出。《淮南子・脩務訓》:"舜……南征三苗,道死蒼梧。"高誘注:"三苗之國,在彭蠡。舜時不服,故往征之。《書》曰'舜陟方乃死',時舜死蒼梧,葬於九疑之山,在蒼梧馮乘縣東北,零陵之南,千里也。"《檀弓》"舜葬於蒼梧之野"鄭玄注:'舜征有苗而死,因葬焉。《書》説舜曰'陟方乃死'。蒼梧於周南越之地,今(漢)爲郡。"《國語・魯語》:"舜勤民事而野死。"韋昭注:"野死,謂征有苗死於蒼梧之野。"《北堂書鈔》卷九十二及《太平御覽》卷八十一引皇甫謐《帝王世紀》云:"舜……九十五而使禹攝政,攝五年有苗氏叛,南征,崩於鳴條。"這些都是不言巡狩但言征苗。但亦有調和二者爲説者,如朱駿聲《便讀》云:"陟方,巡守也。蓋分北之後,三苗有在南越之地者,舜南巡時征之,道死蒼梧，因葬於九疑山，在今（清）湖南永州府寧遠縣南也。”皮氏《考證》亦云：“《國語》云‘勤民事而野死’，今文説以爲巡狩征苗是也。”

（五）考績分北三苗説。亦由巡狩不至五嶽而至蒼梧特意提出。孫星衍《注疏》云：“陟方者，史公説爲巡守。案巡狩至五岳而止，此至蒼梧者，蓋此行分北三苗且行九歲之大考也。”皮氏《考證》亦云：“以經考之，‘三考黜陟’‘分北三苗’之後，即繼以‘陟方乃死’之文，則舜之陟方，必爲考績並分北三苗而往。”據《尚書大傳》云：“古者巡守……見諸侯問百年，命太師陳詩以觀民俗，命市納賈以觀民好惡。……（諸侯）不敬者削以地……不孝者黜以爵……不從者君流……畔（叛）者君討，有功者賞之。”又云：“《書》曰：‘三載考績，三考黜陟幽明。’其訓曰：‘三歲而小考者，正職而行事也。九歲而大考者，黜無職而賞功也。（下文接叙賞有功而黜無職的具體規定）”《白虎通・巡狩篇》亦有關於巡狩屬行黜賞的規定。則知這些對諸侯的黜賞大事，要由天子巡狩時親自處理，事關重大，所以舜才跑到蒼梧去處理這些考績大事的，加上“分北三苗”的大事，所以舜才巡狩蒼梧了。這只是儒生巧爲尋覓的解釋。出於神話的巡狩的傳説，任由儒生去添枝添葉。

（六）昇遐説。這是反對巡狩蒼梧有力的一説。最早提出此説者爲韓愈《黃陵廟碑》，陸續爲宋代治《尚書》者所引用。蘇軾《書傳》云：“説者以爲舜巡守南方，死於蒼梧之野，韓愈以爲非，其説曰：‘地傾東南，巡非陟也。陟方者，猶曰昇遐爾。《書》曰惟新陟王（按見《康王之誥》）是也。傳《書》者以乃死爲陟方之訓，蓋其章句。而後之學者誤以爲經文。’此説爲得之。”林之奇《全解》云：“漢儒遂有舜葬蒼梧之説，至今蒼梧之地有舜廟、冢存焉。……揆之以理，有所甚不可者。夫堯老而舜攝，則不復以庶政自關，而舜實行巡狩之事。舜既耄期倦於勤，而使禹攝矣，則巡狩之事禹實行之。蒼梧在舜之時其地在要荒之外，舜已禪位使禹攝矣，豈復巡狩於要荒之外而死，死而葬於蒼梧之野，以是禹率天下諸侯以會舜之葬於要荒無人之境，此理之必不然者。司馬溫公詩曰：‘虞舜在倦勤，薦禹爲天子，豈有復南巡，迢迢渡湘水。’此說爲得之。‘陟方’者，猶云昇遐也。‘乃死’謂昇遐而死，猶云‘帝乃徂落’也。韓退之謂‘乃死’者以釋‘陟方’爲言耳。……揚子曰‘黃帝堯舜徂落而死’（按，見《法言·君子篇》），與‘陟方乃死’文勢正同。”薛季宣《書古文訓》亦引云：“韓氏以爲舜老而禹攝矣，尚何南方之守？且南方地下，不可謂之陟方。”《書纂言》較詳地引韓子曰：“陟方乃死，傳謂舜昇道南方以死。《竹書紀年》帝王之没皆曰‘陟’。陟，昇也，謂昇天也。《書》曰‘殷禮陟配天’（按，見《君奭》篇），言以道隆，其德協乎天也。舜之殂云‘陟’者，與《竹書》同文。‘方乃死’者，所以釋‘陟’爲死也。地之勢東南下，如言舜爲南巡而死，宜言‘下方’，不得言‘陟方’也。”《纂言》又引朱子曰：“案此（指韓愈説）得之。但不當以‘陟’字爲句絕爾。‘方’，猶‘雲徂乎方’之方。”《蔡傳》全承用此二段以爲注，惟於其末增用《法言》句云：“陟方乃死，猶言‘徂落而死’也。”此後宋元迄明儒生之作，大都承用此説。如陳經《詳解》逕釋“陟方”爲“昇遐”，陳櫟《書傳纂疏》則云：“陟方，猶言昇天一方。”等等，不一而足。成爲反對漢儒巡狩蒼梧説之宋學要説。上面第（二）至（五）説雖皆反對巡狩説，但仍相信南至蒼梧，不過另尋解説。此説則根本否定“陟方”爲舜至南方的任何活動，逕釋爲舜死。至清人著作又大都從漢人説，無論古文派今文派皆然。（按，“昇遐”，帝王死之稱。《三國志·蜀先主傳》“奄忽昇遐”。《通鑑·梁武帝紀》“先帝昇退”,胡注“昇退即登遐”,故《梁書·元帝紀》作“先帝登遐”。《列子·周穆王》“世以爲登假焉”,張湛注“假字當作遐”。《禮·曲禮》“告喪,曰天子登假”,鄭注:“登,上也。假,已也。上已者,若仙去云耳。”《釋文》:“假,音遐。”可知由登假而登遐而昇遐,皆言帝王之死。)

（七）卒於鳴條説。是這七個不同解説中最早的一説。出於戰國時期,孟子所首倡。由於前面六説皆直接釋“陟方”,故彙列如上。《孟子》之文非釋陟方而同樣談舜之死,《蔡傳》且以之與巡狩蒼梧之説作爲此問題唯一並立的二説,其言云:“《史記》言舜巡狩崩於蒼梧之野,《孟子》言舜卒於鳴條,未知孰是。”則此説於此問題之重要可知。《孟子·離婁下》云:“孟子曰:‘舜生於諸馮（今諸城）,遷於負夏（今濮陽、滋陽間）,卒於鳴條（今開封陳留境）,東夷之人也。’”這是對於絲毫沒有神話性的作爲歷史人物的舜一生行誼的概括叙述,在歷史文獻中是有權威性的。符合於前面“咨四岳朕在位七十載”一節注⑩“虞舜”校釋文中所叙:舜最初爲東方鳥夷族中殷商族的最早的宗祖神,後其族有傑出首領襲用舜名,成爲東方鳥夷部落中一位有名的軍事首長。史載“舜居虞地,以虞爲氏”（《孔疏》引）。虞在今豫東虞城一帶。虞舜的活動地區遂主要在今山東省西部及虞的根據地豫省東部。鳴條正在豫省東部,因而是比較可信的。而戰國時提出舜葬地的不同地名尚有多家,經過學者考訂即是這一帶。《墨子·節葬篇》:“舜西教乎七戎,道死,葬南己之市。”《吕氏春秋·安死篇》:“舜葬於紀市,不變其肆。”其後引用者,多以《墨》之“已”即《吕》之“紀”。據畢沅、王念孫、王引之父子先後按《墨子》所引者,《北堂書鈔》、《初學記·禮部》引《墨子》仍作“南己”。《後漢書·趙咨傳》“墨子勉以古道”注則引作“舜葬紀市”,全同《呂氏》。《御覽》五五五則引作“南紀”，惟又引《尸子》則同於《墨子》作“南己”。又有一引《墨子》而字訛者，爲《後漢書·王符傳》“桐木爲棺”注：“墨子曰：舜西教于七戎，道死，葬南巴之中。”其爲“南己之市”的誤字是顯然的。

　　於是持不同解説者，各將此諸地作符合於本説的解釋。如主張巡狩蒼梧説者即多曲爲之釋。高誘注《呂氏》“舜葬於紀市”云：“傳曰‘舜葬蒼梧九疑之山’，此云‘於紀市’，九疑山下亦有紀邑。”《北堂書鈔》卷九十二、《太平御覽》卷八十一引《帝王世紀》云：“舜南征崩於鳴條，年百歲，殯以瓦棺，葬於蒼梧九疑山之陽，是爲零陵，謂之紀市。在今營道縣。”《史記·集解》引《皇覽》曰：“舜冢在零陵營浦縣。”則鳴條、紀市都到了蒼梧。王念孫父子校云：“《墨子》稱舜所葬地，本不與諸書同，不必牽合舜葬九疑之地。”畢沅校《呂氏》與校《墨子》兩異其説。其《呂氏春秋新校注》云：“案《路史》注云：‘紀即冀。故紀后爲冀后。今（宋）河東皮氏東北有冀子國也。鳴條在安邑西北，其地相近。’《記》謂舜葬蒼梧，《皇覽》謂在零陵營浦縣，尤失之。”孫詒讓《墨子閒詁》指出《路史》注之説“欲傅合諸説爲一，實不可通”。又畢氏對《墨子》“葬南己之市”校文云：“《後漢書》注又一引作‘葬南巴之中’。……按‘南己’實當作‘南巴’。形相近，字之訛也。高誘以爲紀邑，非九疑古巴地。《史記·正義》引《周地志》云：‘南渡老子水，登巴領山南回記大江。此南是古巴國，因以名山。’是已。”王念孫校云：“巴即己之誤。”並引諸書或作“南紀”或作“紀市”，因而云：“則己非誤字也。若是巴字，則不得與紀通矣。……至謂九疑爲古巴地，以牽合南巴，則顯與上文‘西教乎七戎，不合，此無庸辯也。”孫氏《閒詁》云：“案王説是也。”孫氏又引另二説云：“近何秋濤又謂《周書·王會篇》‘正西枳己’即此南己，云‘紀市’與‘枳己’聲近，蓋即一地。尤臆説不足據。劉賡《稽瑞》引《墨子》曰：‘舜葬於蒼梧之野，象爲之耕。’與此不同。疑誤以他書之文改此書。”按袁珂《山海經校注》第461頁引《稽瑞》此文，以爲是《墨子》佚文，並以爲是舜服野象的神話傳説中的重要内容，足爲舜服野象傳説的一個證據。則此又牽涉到神話資料，自與歷史典籍中之説不易相協。而由上引這些紛紜之説，知《墨》、《孟》、《吕》等書所提供舜死葬之地資料，被各方率意牽合比附者正多。

究而言之，終當以歸之鳴條之説較近是。上文已指明，《孟子》之説較符合於作爲歷史人物的舜之史迹。《國語·魯語》“舜勤民事而野死”董增齡疏：“《孟子》言‘舜卒葬於鳴條’。《汲郡古文》……沈約注：‘鳴條有蒼梧之山，帝崩，遂葬焉。’（王國維《紀年疏證》引此，句末多“在海州”三字）王應麟曰：‘今蒼梧山在海州，近莒之紀。’則《史記》、《吕氏春秋》皆與《孟子》合。”是將蒼梧移到鳴條了。此亦孫氏《間詁》批評“欲傅合諸説爲一，實不可通”之一例。即使鳴條果有小地名蒼梧山，然傳説中舜巡狩之蒼梧實在南方之梧州。王應麟《困學紀聞》之説，實引自薛季宣。薛氏《書古文訓》云：“《書》《傳》多稱舜南巡守而崩於蒼梧，葬九疑。惟《孟子》以爲舜遷負夏、卒於鳴條；《吕氏春秋》舜葬於紀。韓氏（愈）以爲‘舜老而禹攝矣，尚何南方之守？且南方地下，不可謂之陟方。’稽於《孟》《吕》之書，其説當矣。蒼梧山在海州界，近莒之紀城。舜後虞國在應天（宋以宋州爲應天府）虞城，鳴條亭在陳留之平丘，負夏今（宋）兗州之瑕丘（在今滋陽西），則蒼梧不在南也。”薛氏附會蒼梧爲蒼梧山，然其用意在闡明非南巡蒼梧，當如韓愈所言陟方爲舜死，而活動地區皆在豫東魯西，以證死於鳴條。其下文並論説二妃非湘君、湘夫人，以證舜未嘗南巡。其言云：“《記》曰：‘舜葬蒼梧之野，二妃未之從也。’今二妃墓在蒲坂，自秦博士對始皇帝，已謂：‘君山，二妃所葬。’後世亦以《九歌》湘君、湘夫人附會《山海經》‘帝之二女居之’之說。郭璞注《山海經》，二女之神遊九江瀟湘，已知二妃爲妄。按《九歌》有雲君，而雲中夫人、湘夫人爲之配，皆水神耳，非二妃。”這樣，否定了二妃曾南從湘中，則舜自然也就未曾南巡湘以南了。

　　大抵要正確理解此“陟方”問題，不能將神話故事和歷史傳說相混淆，必須將二者分開。舜南巡蒼梧，死葬九疑，二妃從於後，淚滴成斑竹，死爲湘水神的神話故事，不應否認它，古代民間自有此故事存在。但作爲歷史人物的舜，一生活動地區全在黃河下游，未曾遠離過此區域。何況歷史上直至春秋之世，楚國大抵活動在長江以北，春秋後期至戰國以後才逐漸向長江以南擴展。則自春秋以前華夏族之政治勢力根本不可能越長江以南，被盛推爲“三代聖王”的帝舜不可能到長江以南，更不要說被稱爲一百多歲的舜還能幾千里南巡或南征了。秦漢以後，除魯西豫東外，尚有河北涿鹿、陝西安康、浙江上虞、餘姚等地，都和湖南一樣有舜的傳說遺迹，那是出於舜的故事深入人心競相攀附的結果（參據徐旭生《中國古史的傳說時代》第88頁。徐說是舜這樣的聖王“神氣”造成的）。近年考古發現，江以南各地文化遺存與中原文化遺存有相通之處，那是先民在物質生活方面承受中原影響的文化現象，並不是中原政權就領有南方之地，可以去巡狩、去考績他們。《堯典》作者搜集各種資料，在歷史資料如竹書記載中看到帝王之死稱“陟”，自然就采用了（當時的魏襄王承用了竹書資料並命自己的史官繼續撰寫）。而遇到神話資料要把它歷史化，一些神話色彩强的就不采用（例如蒼梧在當時地理知識之外，地理名著《禹貢》最南空洞地說到衡陽，根本不知有蒼梧，則在《堯典》作者看來和《山海經》許多神山一樣是虛無縹緲的地方,所以不采用)。而網羅天下放失舊聞的司馬遷,則把神話故事净化成歷史故事,除二妃故事太神化不采用外,而蒼梧到漢代已是確知的地方,就把巡狩蒼梧的故事作爲史實寫入《史記》中,因而與《堯典》所載相歧異,耗盡其後經生們的腦汁企圖去圓攏它。不知神話自神話,歷史自歷史,不應當混淆。要知道"巡狩蒼梧"是神話,應把它擱置一邊;"陟方"是説帝王之死,這是歷史資料,應當認可它、相信它。

以上這一短節,綜述舜之年事及其死,以結束全篇。

(二) 今　譯

查得古時候的那個帝堯,名叫放勳,爲人莊敬嚴肅,明達事理,形於外者風度文雅,蓄於内者思慮精明,寬厚温和,包容大度。對於工作恭勤認真,又能推賢讓能,重用人才。他的道德光輝,充塞四海之外,至於天地上下。

他閃耀着他的大德以身作則,親和着九族;九族和睦了,就辨明彰顯朝中百官;朝中百官協調好後,就進而協和團結萬國諸侯。因而天下庶民都親善和樂,天下的風俗也很淳美了。

於是任命羲氏和氏按照天上星曆現象去認識日月星辰,把觀測天象所得的節令知識傳授給人民以定農時,以便人民按時耕作。

分別任命羲仲居東方嵎夷之地的日出之處叫暘谷的地方,主持對初出之日的賓禮之祭,然後督促春天的農作活動按程序進行。當白晝和黑夜一樣長的日子,傍晚在南方天空正中看到鳥星(朱雀七宿中間的"星"宿),那就憑以確定是仲春(後稱春分)節令了。在這時氣候温和,人民從屋子裏走出來分散在田野裏工作,鳥獸也都在繁殖。

又任命羲叔居南方的南交之地,也主持對日的敬致之禮(原錯簡在"南爲"下,譯文改正),督促夏天農作活動按程序進行。當白晝最長的日子,傍晚在南方天空正中看到大火之星(青龍七宿中的心宿二),那就憑以確定是仲夏(後稱夏至)節令了。這時氣候炎熱,農事正忙,人民無論老幼都出來幫助壯年人農作,鳥獸也毛羽稀少以避炎熱。

又分別任命和仲居西方太陽落下之地叫昧谷的地方,主持對落日的禮祭,然後督促秋天農作物收成活動按程序進行。當黑夜和白晝一樣長的日子,傍晚在南方天空正中看到虛星(玄武七宿中間的虛宿),那就憑以確定是仲秋(後稱秋分)節令了。這時氣候秋涼,農作告成,人民不再緊張而很平静了,鳥獸也在長出新的毛羽。

又任命和叔居北方叫幽都的地方(此處缺祭日之文,當是脱簡),督促冬天的農作活動也按程序進行。當白晝最短的日子,傍晚在南方天空正中看到昴星團(白虎七宿中間的昴宿),那就憑以確定是仲冬(後稱冬至)節令了。這時氣候寒凍,人民都住到屋子裏面了,鳥獸也生出細軟的毛以自保温了。

帝堯説:"告知你羲與和,一朞年時間有三百六十六日,你們用設置閏月的方法調整好四季以制定每個年歲吧。"

確切地整頓百官,使庶政都辦理得很好。帝堯説:"誰能做到像上面所提庶政都辦得很好的,就提拔任用他。"大臣放齊説:"您的胤子丹朱開通明達,可用。"帝堯説:"呵!他口不講忠信之言,而又常喜爭鬧,是不可用的。"帝堯又説:"誰可任我的政事官職?"大臣驩兜説:"噢!共工吧。他能廣聚衆力建立事功。"帝堯説:"唉!他巧言善辯，可是行爲却很邪僻，貌似恭敬而惡行漫天咧！”

　　帝堯説：“哎！四岳呵，洶涌澎湃的洪水正造成廣泛普遍的傷害，蕩蕩無涯地包圍了高山，淹没了丘陵，形成了浩浩滔天之勢，下面的人民處於痛苦不堪的危境中，誰能治水保護人民呢？”四岳與群臣都説：“呵！鯀呀。”帝堯説：“唉！這人秉性忿戾，常違背廢棄上面的命令，毀傷自己同族。”四岳説：“可異呵！試試吧。可以的話幹去，不行的話再免去就是。”帝堯説：“那就去吧！要敬重所職，小心謹慎地幹呀！”可是鯀治了九年的水没有成功。

　　帝堯説：“唉！四岳，我在位七十年了，只有你能完成我交給你的使命，你來接替順承我的帝位吧。”四岳説：“我的德行太淺薄了，是不足沾辱這崇高的帝位的。”帝堯説：“那就你們看看朝中貴戚大臣，或者推舉處在民間低層尚無名氣的賢才。”於是大家都對帝堯説：“有一個單身漢處在低層，名叫虞舜，是這樣的賢才。”帝堯説：“不錯，我也聽説過，到底他的情況如何？”四岳説：“是一個瞎老頭的兒子，父親愚頑，繼母凶狠，異母弟象却傲慢逞强。但舜以自己的孝行感動全家和睦相處，家庭生活蒸蒸日上，家人們也都不至於再有奸邪行爲。”帝堯説：“那我就試試他吧！”於是堯以二女嫁給舜，以觀察舜齊家治國的能力。二女下嫁到舜的家鄉媯汭，做虞家的好媳婦。

　　帝堯對舜説：“敬於所事，好好幹吧！”於是叫舜謹慎地推行五種倫常禮教，舜能把父義、母慈、兄友、弟恭和子孝的五常之教推行得很好；又納舜於百官之上，能整飭百官使之就序；又叫展四方之門以接待各方諸侯來朝者，能使諸侯賓客肅穆地敬重他；又叫舜入山林川澤，攝行祭事於泰山之麓，烈風雷雨不迷亂，陰陽能調和。堯以爲舜足以授天下。

　　帝堯説："舜,我看你的謀劃很周到,所説的話都可一一見諸實效,已經三年了,你登帝位吧。"

　　舜欲以德贊襄堯而不自厭,自然也不能推辭堯的讓位。正月吉日,舉行攝行天子之政的大典於稱爲文祖的祖廟裏。而後依天象以勤人事,觀察璇機玉衡即北斗七星的星象,視其斗柄(玉衡)所指方向來認識四時、節令、物候。以處理"春、夏、秋、冬、天文、地理、人道"這七項與民生有關的要政。遂以禷祭禮祭天,以精意潔敬的禋祀之禮祭六宗之神(六個尊貴的神),以望祭之禮祭名山大川,以各種祭禮遍祭了群神。於是收集諸侯覲見時按爵級所持的五種瑞玉,擇吉月吉日受四岳、諸侯、地方長官的覲見。覲見禮畢後,就按獎懲規定把瑞玉頒還給諸侯帶回去。

　　這年二月,舜向東巡狩,到泰山,用燔柴的祭禮祭天,以望祭之禮按山的大小尊卑遍祭各山川,遂受東方君長的覲見,協正他們所用日曆,凡氣節,月之大小,晦朔,日之甲乙,使之齊一。也確定音律和度、量、衡的定制,修定五種禮節,制定臣下入覲時所獻的贄見禮物,依身份、爵位等級分別爲:五種瑞玉,三種顏色不同的帛,兩種活物——羊羔和鴈(鵝),一種死雉(野鷄),還有所用的五器。在巡狩之禮完畢後,就返回了。

　　五月,向南巡狩,到南嶽,一如到泰山巡狩之禮。

　　八月,向西巡狩,到西嶽,和最初到泰山巡狩之禮一樣。

　　十一月,向北巡狩,到北嶽,一如西巡狩之禮。

　　歸來,告祭於稱爲藝祖的祖廟,用一條牛的祭禮祭祀祖先。

　　規定五年巡狩一次。巡狩之年,諸侯按方位分別朝於方岳之下。其他四年,諸侯按四方分別各朝京師一次。朝見時,諸侯口頭奏陳他的治績,然後明察他的實際功績,按他的功績來賞賜以車馬冠服。

姚域以祀十二州野，封土以祀十二名山，疏瀹而後以祀名川，竟巡狩之功。

以在衣服冠履上用不同顏色畫象之法施行象刑（象徵之刑）作爲主刑，以流放之法寬宥犯罪以代替五刑，以鞭笞爲辦理公事而犯錯誤者所用之刑，以榎楚爲不服從教育者所用之刑，可以用金來贖刑。凡過失造成不幸灾害，可直赦之。有恃而犯，且始終怙惡不悛，則必處刑。敬慎呵！敬慎呵！要憂恤刑法，嚴酷會傷害人呵！

於是流放共工到幽州，流放驩兜到崇山，竄逐三苗到三危，流貶鯀到羽山而後來死在那裏。判處了這四罪，普天下都心服了。

舜攝帝位二十八年之後，帝堯逝世。老百姓們如死了父母一樣悲痛。三年之內，四海之民都停止了音樂娛樂活動。

正月上旬吉日，舜祭告於文祖的廟堂，然後詢謀政事於四岳，廣開四方之門，以招致天下賢俊；通四方之耳目，以廣開聞見於四方，使遠近無壅塞。告十二州的長官説：“王政以食爲首，農事以時爲先，能安遠者須能安近，惇厚德行，信任善人，遠絕巧佞之人，就能使四方蠻夷之族受感動而相率歸服了。”

帝舜對四岳説：“誰能奮發有爲以光大帝業，就使他總領百官，輔相我管理政事，順成各類庶政。”四岳和群臣都説：“用伯禹作司空很好。”帝舜説：“好吧！”就對禹説：“你平水土有功，於這個工作要很好地勤勉呀！”禹即下拜稽首，推讓給稷、契或臯陶來擔任。帝舜説：“噢！還是你去擔任吧。”

帝舜説：“棄！庶民久陷饑荒中，你去擔任主管農政的稷官，領導好播植百穀糧食的工作。”

帝舜説：“契！現在人民之間無親睦凝聚之力，父、母、兄、弟、子女之間五常之教也不講求，你去擔任司徒之官，虔敬推行父義、母慈、兄友、弟恭、子孝這五教，但不要推行得迫促嚴峻，要以寬柔的精神施教，人民是樂於接受的。”

帝舜說：“皋陶，現在外則蠻夷侵亂中國，內則群行攻劫殺人、盜竊姦宄之事層出不窮，你去擔任兼掌軍事和刑獄的士官。甲兵、斧鉞、刀鋸、鑽笮、鞭扑這五刑，都有承服其刑者。服這五種刑要就三個不同處所行之：大刑甲兵、斧鉞行於原野，中刑刀鋸、鑽笮和小刑鞭（官刑）扑（教刑）分別行於市肆和朝堂。還有由五刑寬宥施行的五種流刑，都要安置住所。五種流刑的住所按距離分爲居遠、居遠近之中、居近三等。斷獄判刑一定要明察才能平允，才能罰當其罪而使受刑者信服。”

帝舜說：“誰能主管好我的百工職事？”群臣都說：“用垂呀！”帝舜說：“好吧！”就對垂說：“任命你擔任共工之官。”垂下拜稽首，推讓給殳、斨和伯與三人（或以殳斨爲一人）。帝舜對垂說：“噢！往就官位吧，你行。”

帝舜說：“誰能順時管理我的山澤草木鳥獸之政（亦即林牧副漁之政）？”群臣都說：“用益呀！”帝舜說：“好吧！”就對益說：“任命你擔任我的掌管山澤的虞官。”益下拜稽首，推讓給朱、虎、熊、羆諸人。帝舜說：“噢！往就官位吧，你行。”

帝舜說：“告四岳，有誰能主持我的三禮之政？”四岳和群臣都說：“伯夷可任此官。”帝舜說：“好吧！”就對伯夷說：“任命你擔任禮政之官秩宗，不論一早一晚都要虔敬祀典，主持禮政要奉祀宗廟鬼神以及敷布政教，只有敬畏才能正直，只有正直才能清明。”伯夷下拜稽首，推讓給夔、龍二人。帝舜說：“噢！你好好去幹吧。”

帝舜說：“夔，任命你擔任主管樂政之官。教導國子學中的胄子

（育子、稺子）。要把他們教育得正直而溫和，寬宏而又能嚴肅，剛直而不苛虐，寬大簡略而不傲慢。運用詩教涵養他們高尚志節情操，運用歌詠以宣暢詩中所言所寄以使之感善。而歌詠則需要宮商角徵羽五聲以成歌〔宮商角徵羽即今之 1(do)、2(re)、3(mi)、5(sol)、6(la)，後加變徵 4(fis)、變宮 7(ti) 二聲〕，亦即五聲依歌詠的需要而運用之。而五聲的音高要用六律律管來確定，即由律成調以和聲。做到金石絲竹匏土革木八種樂器之音和諧地演奏，不奪亂諸音旋律。這種和諧的旋律，用之於神則神和，用之於人則人和了。"夔說："我按音律有輕有重地拊擊石磬，發爲樂歌，連百獸都受感動相率起舞了。"

帝舜說："龍！我憎惡那些愛講讒言的人和珍絕傷害善人之事。這些人能混淆黑白以聳動我衆，我欲遏絕這些壞人。特任命你作納言之官，替我早晚掌管出納命令政教，必須信實不誤，做到令出則萬民信服，遏絕上面這些壞行。"

帝舜說："告汝二十二人（四岳一人，十二牧十二人，此處任命九官九人），敬重你們所膺受的重任，各盡其職，完成你們所膺受的上天的事功。而後每三年進行一次考績。經過三次考績，將黜退其沒有成績的，晋陞其有功勞的，使國家庶政都振興起來。"

然後將又不服的三苗遺民遷一部分到北方去。

舜年三十歲時被堯徵用，攝帝位三十年，即帝位又五十年，而後陟方（昇遐、昇天）死去。

（三）討　論

《堯典》問題之多，令人咋舌，顧頡剛師說，《堯典》牽涉古史的各個方面，所以問題成堆。因此就不能和其他各篇一樣，把篇中問題集中到後面的"討論"部分來談，而只能在"校釋"部分隨其問題所在就地討論。所以在此處有關問題"討論"部分就主要只談《堯典》的寫成年代問題，及對其內容組成的理解，還談一下全篇在流傳過程中的演變情況。

首先，《堯典》的寫成年代問題。

《堯典》在先秦時被引用約達十四次，其引用之書爲《國語》、《左傳》、《孟子》、《荀子》、《禮記》、《逸周書》等。除逕引文句外，大都稱引"《書》曰"，《孟子·萬章上》稱引一次《堯典》篇名，《禮記·大學》則稱引作《帝典》。先秦文獻中偶見按三代分別稱呼的《夏書》、《商書》、《周書》，但未見《虞書》之名，亦未見《尚書》之名。在《左傳·文公十八年》誤稱一次《虞書》，顧炎武《日知錄》卷一指出古時只有《夏書》無《虞書》，《墨子·明鬼下》云："尚者（"者"誤作"書"，依王念孫校正）《夏書》，其次商、周之《書》。"足證成顧氏之說。可知先秦時《堯典》依其時序可能列於《夏書》，則當以爲《堯典》是夏代史臣所書。

至漢代，伏生三家今文的《尚書大傳》有《唐傳》釋《堯典》，似以《堯典》爲《唐書》；又有《虞傳》釋《九共》，《夏傳》釋《禹貢》，似以《九共》爲《虞書》，《禹貢》爲《夏書》。另有《虞夏傳》釋逸《舜典》文與《皋陶謨》，則以二者爲《虞夏書》。漢成帝時張霸獻"百兩篇"中的"書序"百篇，中有《虞夏書》二十篇。其中第一篇爲《堯典》，第二篇爲《舜典》。至東漢馬融、鄭玄古文欲以《堯典》爲堯舜臣下記堯舜言行，馬釋"曰若稽古"爲"堯順考古道"，鄭釋"稽古"爲"同天"，謂堯德同於天。皆指當時史臣所記。而馬、鄭注"書序"百篇，仍以《堯典》屬《虞夏書》，與《商書》、《周書》並稱"三科之教"（虞夏爲一科）。則仍以《堯典》爲虞史所記之書。

漢代唯一能獨立思考之學者王充《論衡・須頌篇》云："古之帝王建鴻德者，須鴻筆之臣褒頌紀載。鴻德乃彰，萬世乃聞。問説《書》者'欽明文思'以下，誰所言也？曰："篇家也。'篇家誰也？'孔子也'。然則孔子鴻筆之人也。"直以孔子爲《堯典》作者，這在漢代實屬卓見。但漢代今、古文經師囿於所見，竟無一人從王充説者。以後注疏家亦無從王充説者。

至東晉僞古文出。其僞序云："先君孔子……討論墳典，斷自唐虞以下。"則以第一篇《堯典》爲唐虞墳典。但將全書篇章分爲《虞書》、《夏書》、《商書》、《周書》，將原今文中的《堯典》及分《堯典》下半冒充之《舜典》皆爲《虞書》，《禹貢》、《甘誓》爲《夏書》。《孔疏》釋之云："《堯典》雖曰唐事，本以虞史所録，未言舜登庸由堯，故追堯作典，非唐史所録，故謂之《虞書》也。"仍以《堯典》作者爲虞史臣。

由以上知先秦當以《堯典》爲《夏書》。自漢代至唐有多説，或以《堯典》作者爲唐史臣，或以爲虞史臣。其列之《虞夏書》者，仍以《堯典》屬之虞，其他中篇屬之夏。此説不僅與篇首"曰若稽古"相矛盾，且與《墨子》的《尚質》、《天志》、《明鬼》、《貴義》等篇盛推的"三代聖王堯舜禹湯文武"不相合，而《明鬼》篇更稱"虞夏商周三代之聖王"，是明以虞包括在三代中，無獨立之虞代，更沒有唐代。故知先秦有名顯學學者斷言無唐虞二代，則言《堯典》成於唐代或虞代，其謬妄自不待辯。

至宋程頤始明確説爲"史氏記前世之事"。林之奇《尚書全解》引之，謂"程氏云：'若稽古者，史官之體，發論之辭也。'"宋儒大都持此説，始不以爲唐虞當時的記載，而是後史官所記。但一般不詳言何代。薛季宣《書古文訓》乃云："堯，唐堯也。而以《虞書》名典，記言之史，其始於有虞氏乎？《虞書》詳於舜而略於堯，追記爲可知也。"明言爲"追記"，却仍舊説爲有虞之史。蔡沈《集傳》基本仍沿《孔疏》語云："《堯典》雖記唐堯之事，然本虞史所作，故曰《虞書》。其《舜典》以下，夏史所作，當曰《夏書》，《春秋傳》亦多引爲《夏書》，此云《虞書》，或以爲孔子所定也。"則指出了應爲夏史，而把東晋始定的"虞書"，妄歸之孔子所定。

元鄒季友《書傳音釋》云："按《書》自《禹貢》以後，每篇各紀一事，獨典、謨所載不倫，而五篇體制相似（指《堯典》、《舜典》、《大禹謨》、《皋陶謨》、《益稷》五篇），皆以'曰若稽古'發端，蓋出於一人之手。恐難分《堯典》獨爲舜史所作。……唐、虞、夏雖曰異代，實相去不遠，而典謨載堯舜事皆曰'稽古'，其爲夏啓以後史臣所作明矣。"明王樵《尚書日記》承鄒氏之意云："舜史記堯事，禹史記舜事，不應皆曰'稽古'，以理考之，紀載出於虞史，而緒成於夏啓以後史臣之手。'稽古'等字，夏史所加也。"是元明有名學者認定爲夏史。

至清顧炎武如上文所引，説先秦只有《夏書》無《虞書》，這是對的，因爲《左傳》等先秦文獻中確實存在着"夏書"一詞。但他下文云："以夏之臣追記二帝之事，不謂之《夏書》而何？夫惟以夏之臣而追記二帝之事，則言堯可以見舜。"則因其稱《夏書》遂謂爲夏臣所記，亦承元明學者之説，自後清代學者承此説者頗不乏人。其實皆不足據。

以今日的歷史學常識來看，知道夏代剛剛脱離先史時代進入有史時代。觀殷墟甲骨文字尚只是漢字形制已經達到定型的文字，夏代文字很難説，即使已有原始文字，也只是漫長歲月中進展很慢的朝着定型的漢字形制前進的文字，是無法寫出長篇的文章的。像最初由口耳相傳，到有了可記事的文字時始加以記載，至商周始寫定成篇的夏代開國寶典《甘誓》，只那麼簡短幾句，顯然夏代是不可能產生《堯典》這樣的長篇大作的。所以上引宋元明清一些學者的《堯典》成於夏代史臣之説，全是無根據的妄説。

清劉逢禄《尚書今古文集解》、魏源《書古微》、王先謙《尚書孔傳參正》皆云："周史臣之詞。"這就逐漸與時代接近了。康有爲《孔子改制考》云："吾讀《書》，自《虞書》外未嘗有言堯舜者。"繼引《召誥》、《多方》、《立政》之文，以爲"皆夏殷並舉，無及唐虞者"。又引《吕刑》三后爲伯夷、禹、稷，以爲"亦無稱堯舜者"。因而謂"若《虞書·堯典》之盛，爲孔子手作"。並引《論衡·須頌》、《王制》、《堯典》篇首"光被四表"四語，調諧詞整，爲孔子文筆；及不當有"猾夏"四證，斷言"《堯典》一字皆孔子作"，則由周代作落實爲孔子作了。承其説者郭沫若《古代社會研究》中説："《帝典》、《皋陶謨》、《禹貢》三篇是後世儒家僞託的(此據顧先生説)，論理該是孔丘。"又在《釋祖妣》文中以"考妣"爲戰國時人語，因而謂"可知《帝典》諸篇爲孔門所僞託"。至《先秦天道觀之進展》文中，郭氏又以爲是孔子之孫子思所作。

近世其他學者如王國維《古史新證》以爲"必爲周初人所作"。梁啓超《先秦政治思想史》以爲"《虞夏書》是周人所追述的"(《古史辨》第一册第 104 頁引)。錢玄同《答顧頡剛先生書》以爲"《堯典》、《皋陶謨》、《禹貢》、《甘誓》等篇，一定是晚周人僞造的"。舉此數位代表性學者，皆以爲是周代人所作，不過有周初、晚周之異。

較晚的陳夢家《尚書通論》(1957 年出版)則以爲《堯典》是秦

官本,寫了《堯典爲秦官本尚書考》專章,以爲其編成定本當在秦併六國之後。舉了十有二州、同律度量衡及五載巡狩等理由,實沿襲顧頡剛先生之説而論定在秦代。

至顧頡剛先生始作周詳細緻的研究,他在1923年準備撰《堯典臯陶謨辨僞》,寫出提綱,載《古史辨》第一册第203頁。其提綱總分八項,每項下或分細節。現録其提綱全文如下:(1)堯舜之説未起前之古史。(2)春秋時的堯舜與戰國時的堯舜。(3)一時並作的《堯典》、《舜典》(《論語・堯曰篇》及《孟子・萬章篇》所引)。(4)今本《堯典》、《臯陶謨》的出現:1.取事實於秦制。2.取思想於儒家。3.取文材於《立政》(三宅、九德)與《吕刑》(降三后,絶苗民)。(5)《堯典》、《臯陶謨》與他書的比較:1.《堯典》上的舜臣與《論語》上的舜臣。2.《堯典》、《臯陶謨》上的禹與《詩經》、《周書》、《論語》、《楚辭》、《禹貢》上的禹。3.《堯典》上的后稷與《詩經》、《論語》上的后稷。4.《堯典》上的伯夷與《吕刑》上的伯夷。5.《堯典》上的鯀與《洪範》、《楚辭》上的鯀。6.《堯典》、《臯陶謨》上的苗與《吕刑》上的苗。7.《堯典》上的五服與《周書》上的侯甸男衛。(6)《堯典》、《臯陶謨》的批評:1.“倒亂千秋式”的拉攏。2.思想進化程序的違背,(一)商周人的先王和上帝的神權思想與《堯典》等的人治思想。(二)商周人的威力思想與《堯典》等的德化思想。(三)商周人的大邦小邦並立思想與《堯典》等的中央集權思想。(7)所以考定爲秦漢時書之故(此條或可併入第四條):1.“南交”即秦之象郡,交趾至秦始入版圖。2.羲和四宅惟西無地名,這因秦都咸陽已在國境西偏了。3.帝號之作爲帝位和稱謂始於秦。4.巡狩封禪始於秦。5.秦以六紀,而此之山、州、師亦均以六紀。(8)《堯典》、《臯陶謨》雜評:1.“蠻夷猾夏”係春秋時成語。2.金作贖刑由《吕刑》來。3.甲骨文只有"十三月"而無閏，閏名當始於周。4."日中星鳥"、"日永星火"話説得太簡單，不能斷爲紀元前2400年時確是如此(這須請教天文學家)。5.啓與禹的關係，啓與夏的關係。6.皋陶與益在春秋戰國間的傳説。7.契與玄王。"其中(1)、(2)、(3)諸項及(4)項之2、3，(6)項之2在此處未及論列，其(4)項之1，(6)項之1與(5)、(7)、(8)諸項"則在上面"校釋"中基本皆作了考述，有所論列，且超出此諸項外作了更多的考論。至1933年，顧師在燕京大學任教，編《尚書研究講義》，其戊種之一爲"《堯典》著作時代問題"，丙種之一爲"《尚書》各篇之評論"，專論《堯典》，言《孟子》兩引《堯典》，是在其前已有《堯典》存在。但今日所見之《堯典》則多襲秦漢之制，如疆域四至、十二州、南交、朔方、三載考績、封禪等等皆是，因此以爲今本《堯典》寫定於漢武時。

綜上以觀，自先秦至於近世，論《堯典》之寫成年代，竟有唐、虞、夏、周、秦、漢諸説。唐、虞、夏説之謬誤上文已闡明，周、秦、漢之説後起而尚未論定。其實我們只要對《堯典》的內容構成獲得了解，則對此問題"思過半矣"。前面"校釋"部分已儘量弄清楚材料來源與寫成情況，對我們了解其內容構成提供了條件，從而可尋索其寫成年代，大抵以寫成於周代之説較近是，只是尚須論定其周初或晚周，而在流傳過程中不能免受秦漢的影響。欲了解其究竟，有待於下述對其內容構成的理解。

其次，《堯典》內容可理解爲由三部分組成，現依次考述之。

(一)遠古的素材

(1)主要是神話資料，《堯典》作者將它歷史化，寫入篇中，很多神話人物就成了歷史人物。前面"校釋"部分幾乎詳載了每一神話歷史化的過程。而"校釋"文中於"朱虎熊羆"條下引恩格斯的話，每個氏族起源於一個神。神往往被假想爲氏族祖先，由假想祖先傳給他們氏族名稱，或以一位英雄爲自己的守護神，也就是部落名稱。摩爾根指出部落首領名號爲繼任者承襲使用，那就是部落傑出首領有承用始祖神名號的。而在神話書《天問》、《山海經》中載了繁多的這種氏族、部落的始祖神名，《堯典》作者采用了不少。首先是堯、舜，以及禹、契、稷、臯陶、益、伯夷，還有朱、虎、熊、羆以及苗族宗祖神驩兜……等等。有些部族有先後時間不同的宗神。如舜爲商族最遠的宗祖神，契則是商族神性的始祖（上帝叫玄鳥生下的始祖）。在《國語·魯語》中商族所奉祀的前後幾個宗祖神是舜、契、冥、上甲微、湯，甲骨文中則是高祖夒（夋、俊、嚳即舜）、高祖亥（《天問》作㱞，陳夢家謂即契）、高祖上甲（微）、高祖乙（湯）。又如共工、伯夷、四岳是姜姓族的先後相次的宗祖神（詳"校釋"。四岳是姜姓得姓的始祖，伯夷之子，共工的從孫）。這許多宗神尊奉他的氏族不同，時代不同，地域也各不同，彼此原不相干，可是都被《堯典》作者搜集到一起，安排爲堯、舜朝廷中的大臣了。

除各族宗神外，還有其他神話人物，收入本篇時，往往發生很大變化。如羲和，"校釋"文中載明她原是上帝的妻子、生太陽的女神。但後來演化爲太陽本身，又爲太陽的駕車者，而後與上帝另一妻子、生月亮的女神常儀一道下降到人間，成爲黃帝手下司日、司月的兩位男性官員。《堯典》作者遇到羲和材料，却把他安排爲觀測日月星辰的羲氏和氏二家，分化出他們的仲、叔，共成爲司日月星辰的六人了。甲骨文給了比較研究的資料。

還有資料來源不詳的傳說人物如放齊、夆垳、伯與及資料來源頗詳的垂等，這些顯然淵源於神話，都收入《堯典》中，列爲堯舜朝廷有關的甚至重要的人物。

還有流傳至春秋時放四凶的重要傳説，這些也淵源於古代民族鬥争的神話，《左傳》載了其不同來源的材料，《堯典》作者則得到了傳聞異辭的材料寫入篇中。還包括了夷、夏族長期與苗蠻族相鬥争的史影在内。

又如神鳥離朱、驩兜、神獸夒、龍則變化更大，都成了人名載入篇中。

神話中還有重要的神名，除見於神話書外，還見於甲骨文，它們提供了其來自古的實證。即四方名和四方風名，實爲方位神和四方風神之名。《堯典》作者遇到這一組材料，完全不懂其原意，硬把它配入羲和四子主管四方的民事活動和物候觀察中。致使歷代注疏家絞盡腦汁解釋，終成爲一組不能明其究竟的神奇叙述。前面“校釋”文中已據甲骨學者的研究，獲知其原義，成了《堯典》作者獲得來源甚古的神話素材却不懂其原始意義即生吞活剥地作人事資料胡亂來寫的典型例子。

（2）重要的先民文化活動積累的天文知識，早期觀象授時資料與原始曆法資料。

其最可貴的是以鳥、火、虚、昴四仲中星定四時之中的資料。在人類制定曆法以前，有一觀象授時的時代。由於人們爲了生産和生活的需要，要知道季節早晚，便留心天上一些按一定季節出現的星象，逐漸發現這四座星出現在南方天空正中時，分別代表仲春（春分）、仲夏（夏至）、仲秋（秋分）、仲冬（冬至）四節令。前面“校釋”部分較詳地叙述了這四仲中星有關資料。舊注疏家都相信是堯時天象，西方不少天文學家也好心地測算是帝堯時的天象。但他們大都根據注疏家所提供資料以爲説。惟竺可楨氏《論以歲差定尚書堯典四仲中星之年代》（《科學》十一卷十一期，1925 年）一文，進行科學推算，根據這些星的現在赤經度數，運用歲差數據（即地軸方向每年轉動 50. 2564 + 0. 022T 之弧度），以一定的時間，一定的緯度，及此諸恒星距星本身之運動數據，進行精確運算，來求得這四中星在南方上中天時的真正年代，推算出"鳥、火、虛三星至早不能爲商代以前之現象，星昴則爲唐堯以前之天象"。他的結論是："《堯典》四仲中星蓋殷末周初之現象也。"但他這結論與上面兩點認識不全符。（當時 1930 年的《東北大學周刊》第 108 期有吳貫因一文，以鳥、火二者所指之星尚未確定、不當放棄昴星專用鳥火虛三星、又觀測時間之昏測法爲經文所無這三點理由駁竺先生之說。其實尚有一點，即竺先生以堯都平陽定其緯度，不知平陽爲堯都之說尚成問題，是不宜輕率以平陽爲據的。）但不論怎樣有可商榷之處，竺先生之文確是第一次以科學方法研究四中星的要著。又天文學家劉朝陽《從天文曆法推測堯典之編成年代》（《燕京學報》七期，1930 年）一文，據新城新藏以中國古代自公元前 2000 年（通常所說堯舜時代）至前 600 年（春秋中期）爲據辰以觀象時期，因而以爲"曆象日月星辰敬授民時"即觀象授時，推定《堯典》當作於公元前 600 年以前時期內。而所有這些星象資料傳至公元前 600 年前後，即春秋時期，《堯典》作者遇上了這些資料，就把它們作爲帝堯時觀象授時活動據以定春、夏、秋、冬四仲（二分二至）的標準星了。

劉朝陽氏文中歷述了西方天文學者研究這四仲中星的情況，較早者墨德霍斯脫（Medhurst）於 1846 年所撰《堯典》注釋中，以堯時春分日没南中星爲鳥星，則正午必爲昴星。而昴星在西曆 1800 年間距春分點 56 度又 1/3，春分點之移動每年 50 秒又 1/10，以之除其距春分點度數，可追溯春分正午昴星在南中之年代爲 4050 年前，減去 1800 年，爲西紀前 2250 年，與所說帝堯時代符合，因而謂"《堯

典》之紀録實有頗大之真實性"。劉氏指出墨氏係以《書經傳説彙
纂》之"四仲中星圖"爲依據，其推算結果自與所謂堯時相合，其實
無確據。1865 年萊格（J. Legge，李約瑟譯作理雅各）之英譯《書經》
在香港出版，卷首有湛約翰（R. John Chalmers）之《中國古代天文學
考》（向達譯文載《科學》十一卷十二期，1926 年），以爲堯之天文知
識係根據傳説，當時諸星昇至南中天約在下午六時，除冬至外，中國
各處此時皆未日没，羲仲等四人殆有三人不能見到。故如非堯之觀
測，即屬傳自乃祖乃宗。按此與竺可楨氏謂昴星爲唐堯以前之天象
之説相近。又一同時期的俾奧（J. Biot）撰文以爲西紀前 2357 年爲
堯即位之年，並求得二分二至之昏時各爲下午幾時，而後研究得出
此年四仲中星僅冬至之昴星與《堯典》所記相合。遂斷定《堯典》所
記係本於冬至昏時之昴中點，以規定其他三星之點。因而謂"此可
證明通常承認之《堯典》年代似頗真確"。劉氏指出俾奧以《堯典》
之昴星與西紀前 2357 年之天象相合，故以《堯典》爲此時代之實録，
而不顧其他三星足證《堯典》之不真確。又有索緒爾（Saussure）在
1907 至 1922 之《通報》上發表《中國天文學之起源》，討論中國古代
之天文曆法，以《堯典》所紀四仲中星爲標示二分二至，並從星座之
命名，二十八宿與歲星之知識及五行、十干、十二支等所有證據，主
張中國天文學之起源在帝堯時代，即西紀前 2400 年左右。所有以
上諸家大都相信堯處於公元前 2300—2400 年左右，而後據以推算
四中星適合此年代。另有一位歇萊格爾（G. Schlagel 於 1875 年）著
《星辰考源》一書，以爲《堯典》所載天文知識，在帝堯以前已經存
在。彼參照二十八宿之配置，東方七宿之中央爲房，南方七宿之中
央爲星＜西方七宿之中央爲昴，北方七宿之中央爲虚，遂據春分點
爲房，斷定此爲一萬八千五百年前天象。陳遵嬀《中國古代天文學

簡史》第6頁指出此人誤解了中國經典,把中國天文學上推到一萬六千年前,且以爲西方天文知識多源於中國,竺可楨《中國古代天文學的偉大貢獻》文中亦指出歇氏誤解中國經典所説過於誇張,劉朝陽氏則指出歇氏分明誤用了《書經傳説彙纂》所引宋儒鄭伯熊之説,致有此失實的説法。

　　劉朝陽文談到日本學者如那珂通世、林泰輔、新城新藏諸人,都據《堯典》之天文,擁護公元前二千多年的普通信仰。新城《支那上代之曆法》(《藝文》第四卷第5—9號,1913年)文中,假定觀測年代爲公元前2300年,觀察之時間爲初昏(據《漢書·律曆志》晝夜漏刻規定之初昏時刻),則求得《堯典》中的鳥、火、虛、昴各在春分、夏至、秋分、冬至之昏中赤經位置,與實際公元前2300年赤經微有誤差,遂斷言此觀測在二分二至前十五日左右,就使推測結果基本合於公元前2300年左右,再加上600年的回旋餘地(即±300)。可知新城氏在苦心維持《堯典》中星爲堯時天象之説。而在日本創建新的東洋學派一貫懷有輕視中國文化偏見的白鳥庫吉在其批判《尚書》的文中,以爲《堯典》的天文紀事非中國古代實地之觀象,實本占星術之思想,妄説此等知識是孔子以前從迦勒底、亞述、叙利亞方面傳入中國的。白鳥的信徒橋本增吉撰《書經之研究》,面對確切的中國天文資料無法否認,遂就此四中星現在距春分點之度數與堯時距春分點之度數,求得其差額,據以折成年數,則極不一致,多者四千多年,少者三千多年,遂不相信《堯典》之紀事,並因其中含有陰陽説(不知《堯典》叙四中星陰陽説何在?真妄説),遂臆説此四中星爲周代之作品,其目的在把時代向後拉。又有飯島忠夫《支那古代史論·書經詩經之天文曆法》(陳嘯仙譯,載《科學》十三卷一期,1928年),則更向下拉至戰國中期。他以冬至點之測定爲中國曆法之基礎。而四中星觀測時間則在午後七時，以此四星昇到子午綫上爲條件。因而就一般相信之公元前2300年與測定冬至之年代作比較，得出他的結論是公元前400年午後七時稍後，四中星全在南中天，故《堯典》四中星爲公元前400年即戰國中期所編定。劉朝陽氏以爲飯島之説未可信，午後七時日尚未有没，無由見星，自不能作觀測。按，竺可楨氏之精確測算，四仲中星至晚在殷代，無由晚至戰國時代。且《堯典》據繁多的往古素材，其寫定成篇在春秋時代，此重要材料不可能在其編成後始出現。李約瑟對新城新藏及飯島忠夫之論有評説，見下文。

在劉朝陽氏文之後始出版的日本天文學者能田燭亮《東洋天文學史論叢》（東京恒星社版，1943年），在其第五篇《月令天文考》中，論其與《堯典》天文之比較時，測定《堯典》四仲月之中星與《月令》四仲月之中星的赤經差數據（詳列成表），然《月令》四中星所采之標準在月初，而《堯典》四中星在二分二至，即各月之中。相差半月，相當15°，應減去此數。換言之，《堯典》四中星與《月令》四中星之赤經分別爲22°、13°、5°、35°，平均相差19°，以歲差求之，19°之相當年數約1400年。而《月令》天象爲西元前620年頃所測定，是知《堯典》天象大略當西元前2000年頃。能田氏自言其此一測算方法，實受啓發於戴震《續天文略》（《微波榭叢書》本）。按戴氏關於古代天文之説集中於此書中，而將其中四中星之説另撰《釋堯典中星》一文（載《湖海文傳》卷三十九），以爲《堯典》與《夏小正》、《月令》三者相爲表裏，皆觀星象以授民時。因列舉《夏小正》資料與《堯典》相覆按，能田則取《月令》資料以與《堯典》相覆按以成其説。

能田書中引哥俾爾（P. Gaubil）即宋君榮（清初繼南懷仁、湯若望之耶穌會傳教士）所著《論中國年代學》（1749 年），將《堯典》“乃命羲和”約略譯述，闡明虛、星（鳥）、昴、房（火）爲四中星。宋君榮名著《中國天文學論文集》（1732 年），其中《書經中所見之天文》一章，以二分二至時太陽與四中星的關係位置，推算出其時代約在西曆 1700 年以前 3900 年，亦即公元前 2200 年。宋君榮之方法後來爲俾奧所采用。（李約瑟書譯本將俾奧譯作比約，並謂“比約的研究方法遠較前人系統化”。）

　　最近李約瑟（Joseph Needham）《中國科學技術史》第四卷《天學》（科學出版社譯本，1975 年），作了系統的研究，甚多珍貴的見解。他説中國“古代天文學資料是在《書經·堯典》中發現的”（第 16 頁）。“中國的天象紀事可以看出，中國人在阿拉伯人以前，是全世界最堅毅最精確的天文觀測者。後面我們將談到，有很長一段時間，幾乎只有中國的紀事可供利用”（第 3 頁）。“當 16 世紀末利瑪竇（Matteo Ricci）到中國同中國學者討論天文學時，中國天文學家的思想……都比利瑪竇自己的托勒密—亞里士多德式的世界觀更爲近代化一些”（第 4 頁）。“這些傳教士自然完全没有想到，竟會有另一套完整的天文學體系存在。……利瑪竇、湯若望（S. Bell）、南懷仁（F. Verbiest）和晚一輩的宋君榮（A. Gaubil），在中國固有科學不知不覺地衰落的時期（明代和清初）居留在中國……存在着幾乎無法克服的困難……像宋君榮那樣的人竟會了解得那麽多。……比約（I. B. Biot）在上一世紀中葉，德莎素（de Saussure）在本世紀初，對中國天文學都曾求得比較令人滿意的了解”（第 6—7 頁）。“利用中國數據能不能成功，視數據出自何處而定。如果史籍的記載可靠，例如采用西漢以後的記載時，計算的結果便有價值；但是，如果采用的是半傳説時代的古書，例如采用年代很難確定的《書經》的記

載……計算結果便不會有什麼價值"（第 8 頁）。"馬伯樂（ Maspe-
ro）認爲中國天文學出現得很晚……直到公元前 6 世紀或 5 世紀"。
"馬伯樂寫文章時，未能把公元前 14、13 世紀殷墟卜辭透露的有關
中國天文學的事實考慮在内"。但馬伯樂認爲中國天文學的發展完
全没有受到巴比倫的影響"（第 15—16 頁）。"對於那些只想……
知道一點中國天文學……的人來説，只需介紹他們從恰特萊（Chat-
ley）和馬伯樂的論文中去找所需要的内容就够了。……還應當加
上德莎素一系列論文中的第一篇和最末一篇。……作更詳細的了
解，從馬伯樂兩部出色的著作中可以找到關於中國天文學到漢末爲
止的發展情况的論述。艾伯華（Eberhard）的某些見解也是值得參
考的"（第 27—28 頁）。"對那些願意在這方面深入下去的人……
宋君榮是最先對中國天文學史進行研究並作出全面解釋的。……
宋君榮的早期著作，大部分已在蘇西葉（Souciet）所編的三卷本中刊
行，書名是《數學、天文學、地理學觀測——采自中國古籍及耶穌會
傳教士……的觀測》。……主要著作被編入第二卷（1732）的《中國
天文學簡史》，和同年發表的第三卷《中國天文學論文集》。……宋
君榮逝世（1759）若干年後，另一部《中國天文學史》（1749）才在
1783 年……刊出。……宋君榮曾把他的《論中國年代學》寄回法
國，但此書在 1814 年被拉普拉斯發現（出版）以前並未出版，有一份
重要手稿迄今仍存巴黎天文臺。……對於想徹底研究中國天文學
的人，宋君榮的著作仍然是不可少的"（第 28—31 頁）。"1819 年里
夫斯（Reevas）又製成一種星名對照表，偉烈亞力（Wylie）製成另一
種很完全的星表。這個表現在還是有用的。里夫斯的星表成了施
古德（Schlegel，劉朝陽譯作歇萊格爾，李約瑟書第一卷中譯作舒來
格爾）的《中國天文圖》的藍本，有畫得很好的星圖。……不幸……

出於誤解和計算錯誤，施古德所用的年代十分荒唐，他説中國人在公元前 16000 年左右就已開始有了關於天文的知識"（第 31—32頁）。"屈納特（Kühnert）則傾向於同意施古德所提出的荒唐的年代"。"德莎素……駁斥了屈納特的議論"（第 34 頁）。"法國天文學家兼化學家比約……1840 年……在《學者報》上對中國天文學作了一般的介紹。……後來對印度天文學作了同樣的研究，研究結果後來併入一本迄今仍與宋君榮的著作同樣重要的書，即 1862 年出版的《印度和中國天文學研究》。比約的研究方法遠較前人系統化"（第 32—33 頁）。"到 19 世紀，東方學家中又出現了另外一些卓越的人物……第一個就是了不起的理雅各（Legge，劉朝陽譯爲萊格，李書第一卷譯爲賴格）本人，其次是湛約翰（Chalmers）。（湛約翰）曾爲理雅各的《書經》譯本寫過一篇關於中國天文學的介紹。此外還有駱三畏（Russell）——北京同文館的一位教授，以及施古德和京策爾（Ginzel）。德莎素的著作指出，這些人沒有一個懂得《書經》中所提到的恒星上中天時刻。""德莎素曾當過海員和航海家，因而是較之比約更有實際經驗的天文學家，並且有相當豐富的漢學知識，雖説同宋君榮相比的確還差得多。他連續發表許多論文……至今仍然是很有參考價值的。……他還駁斥了惠特尼（Whitney，誤解了比約的著作）、塞迪約（Sedillot，誤謂二十八宿出於印度或阿拉伯）、屈納特的議論"（第 33—34 頁）。"近期發表的關於中國天文學的優秀著作：……竺可楨（其著作第 7 種）。恰特萊（Chatley）的《古代中國的天文學》，米歇爾（Michel）的著作四種。……一般中國天文學史方面，陳遵嬀、張鈺哲、竺可楨都有簡短而有價值的著作"（第 35—37 頁）。

　　李約瑟對日本有關學者的評説云："在日本也有大量關於中國

天文學史的文獻。日本已形成兩個學派，領導者是新城新藏和飯島
忠夫。前者認爲中國天文學基本上是獨立發展而未受任何西方影
響，後者則極力想證明中國天文學是由希臘（或至少是由巴比倫）派
生出來的。關於他們全部論斷的簡單介紹，最完全的大概是能田忠
亮的著作（《天文曆法》，京都，1942 年），但艾伯華（Eberhard）（德
文）的著作也可參考。……劉朝陽曾（在《中山大學語言歷史所周
刊·天文學史專號（1929）》上）摘要介紹並批判了飯島忠夫的觀
點。……新城認爲不存在中國天文學不能獨立發展的理由，並指出
兩者有許多値得注意的不同之點。例如干支紀日、干支紀年，每月
不分爲幾星期而分爲幾旬，周天不分爲 360 度而分爲 365 又 1/4
度。星座名稱完全不同，以及構成各星座的星群差別很大等等。”
（第 37—38 頁）這些看出飯島忠夫承白鳥庫吉立意貶低中國文化的
意圖而牽強周納及新城新藏實事求是忠於學術的客觀研究二者之
間的高下之別。

　　李約瑟書中直接談到四仲中星問題說：“幾乎所有研究中國天
文學的人（例如 18 世紀宋君榮，其後比約、湛約翰和德莎素）都明
白，只要按照歲差規律算出這些星對於二分二至點的相對位置，就
可定出這項古代資料的年代。所有這種計算所得出的年代都是早
達公元前第三千紀，具體地說即公元前 24 世紀（例如比約堅決認爲
應當是公元前 2357 年）。但是，困難在於原文沒有指出準確的觀測
日期和時間，而在計算中相差一小時，便會造成十幾個世紀的差異。
例如橋本增吉曾把觀測時間定爲下午七時，而不像德莎素那樣定爲
下午六時，結果便把年代推遲到公元前 8 世紀或更晚。這個問題還
不能看作已經解決。”（第 16—17 頁）“《堯典》中‘朝廷任命’部分和
‘星辰四季’部分的文字穿插混雜，現在我們要研究的是後者。……

這段文字表面上是非常明確的，它長期以來使學者們很想利用歲差來定出它的年代。例如，比約曾經成功地證明，在公元前 2400 年前後，上述四宿大概是在二分點和二至點（0°、90°、180°、270°）上。這一結論的確没有大錯。馬伯樂對各項假定（主要是關於觀測上中天的時刻）曾經提出批評，而橋本增吉却把觀測時間定爲午後七時，從而把年代推遲到公元前 8 世紀或 8 世紀之後。他們兩人對於悠久的傳統大概未曾予以充分重視。根據宋君榮的記述，傳統的觀測上中天的時間是午後六時，如果受到天光的妨礙，即用漏壺予以核對。但過了一個世紀之後，普拉特（Peatt）指出任何一項正確確定年代的工作都是非常困難的。恰特萊的説法是最晚近的意見之一，他一方面承認比約和德莎素的意見有説服力，另一方面却又增加了一些不肯定的因素。按廣義的説法，鳥可以包括七宿以上（即東宫的全部），火可以包括三宿。……虛和昴這兩個在赤道上占地位較小的單個的宿，則彼此很不一致，前者所指出的年代是公元前 3500 年左右，後者是公元前 1400 年左右。這個問題的解決還很遥遠，也許殷墟卜辭對此能有所幫助。根據我們現在對中國古代歷史的了解，從寬估計，《堯典》的數據未必能早於公元前 1500 年。"（第 166—169 頁）按，前 1500 年即商代。這是李約瑟的結論，看樣子是受了竺可楨説的影響，但根據他本書自注説明是基於其書第一卷第 181 頁那一節，即"中國文字應該是在商代前期（公元前 1600 年前後）才開始從圖畫文字中發展起來的"這一所謂對中國古代歷史的了解而立論的。這就使我們一接觸他這一結論就感到很突兀，不像上文所引述的許多天文學家其中著者如宋君榮、比約、湛約翰、德莎素及新城新藏、能田忠亮等皆就四中星本身進行研究得出的結論，而是離開所研究對象的事物本身另外去找與之無直接聯繫的歷史現象來立論，在方法論上是可商的。李約瑟在第701頁引述德莎素一段描述性的話說:"《堯典》在我們面前揭開了這樣一個場景……這裏便是司天之臺。閃爍不定的火光顯示出正在進行的事情。從那投射在漏壺刻度上的光綫,我們可以看到天文學家們正在選擇四顆恒星。當時這四顆星正位於天球赤道的四個等角距的點上,但是它們注定要用它們的移動來爲後世説明,這幕場景發生在四千多年以前。"這仍就四中星本身談,得出四千多年前結論。其實李約瑟文中已指出:"這個問題還不能看作已經解決。""這個問題的解決還很遙遠。"應該是到目前爲止對這個問題應有的正確認識。而且李氏下列的話也説得較妥慎:"這段文字(指四中星文)的最重要的意義並不在於用它來定出準確的年代,而是在於它明確地告訴我們,中國古代已曾系統地利用四仲中星來確定四季,以及確定二分日和二至日太陽在恒星間的位置。"(第170頁)

　　除直接涉於四中星者外,關於載四中星的那一節母體文字即"羲和章",李約瑟在其書第41頁上有下列兩句話:"'任命羲和'的部分可能屬於公元前7、8世紀,'曆象日月星辰'的部分可能屬於公元前5、6世紀。"同樣不知他何所據。公元前7、8世紀即西周,公元前5、6世紀則爲春秋末期戰國前期。他沒有説明自己這兩句論斷所據的理由,是不是就完全根據馬伯樂的話呢,但他自己已據甲骨卜辭否定馬伯樂的話了(見前)。他在此處既沒有提出論據,我們只好對他這兩句話持謹慎態度認它足以存備一説。

　　這裏附帶更正一句李約瑟對漢文的誤譯,即第111頁李氏引《計倪子》"未始有極"一句,譯爲"無起點而有限度"。與原意適相反。"未始",即未嘗、未曾、從未之意,與英文的 Never 之義相當。"未始有極",即"從未有終極"、"未曾有終極"、"不會有限度"之意。

　　觀象授時活動中還有觀察北斗的資料，見《堯典》云：“在璇璣玉衡以齊七政。”接近於《夏小正》所載，是觀象授時進一步的活動，已詳前面“校釋”部分中。但它雖産生於正式曆法以前，却被早期曆法完全吸收了。李約瑟書第 57 頁説《夏小正》是“最古的曆書”，“實質上是一種農曆，不過其中有許多關於氣候星象以及物候方面的叙述”。並在第 58 頁引述“恰特萊曾對《夏小正》的天文學内容進行過仔細的研究，他認爲成書年代很可能是公元前 350 年左右。……書中紀事文字的簡古却表明，其年代可能早至公元前 7 世紀”。這就是説對於北斗的觀察資料可能出於西周末至春秋前期，李約瑟認爲《夏小正》“也許是公元 5 世紀的書”，自然觀察北斗的資料只能在此以前，才被它收入書中。書被説成是“農曆”，正如加藤常賢説《堯典》“敬授民時”的“民時”是“農耕曆”，意義一樣。

　　繼“羲和章”後的兩句：“朞三百有六旬有六日，以閏月定四時成歲。”則是先民經過觀象授時時代，進到初步創立曆法時代的資料。竺可楨《中國古代天文學的偉大貢獻》（載《科學通報》三期，1951 年）文中指出：“三百有六旬有六日，就是陽曆年。以閏月定四時成歲，乃陰陽曆並用。”古代文化知識積累和發展是緩慢的，需要較長歲月的。那麼這種代表先民積累曆法發展早期兩個階段的資料，其由來也應經過較長歲月的。

　　（3）遠古氏族社會部落聯盟政治生活的遺迹保存在傳説資料中，《堯典》作者蒐集到了，遂寫入篇中。《堯典》全篇就像是一個部落聯盟會議的會議紀録。前半篇記堯主政時是這樣，後半篇記舜主政時也是這樣。宛像部落聯盟首長和參加聯盟的各部落首領在會上的民主討論的氣氛，躍然紙上。如百官的選任，大事故的處理（如

洪水），法制建設，禮教的重視，等等，都在會上討論。而最高首領的
交迭，被潤飾爲禪讓方式出之，而仍是經過會議上的推選，最後仍由
前任首長裁決。范文瀾《中國通史簡編》（1948 年版）有云：“《堯
典》等篇，大概是周朝史官掇拾傳聞，組成有系統的紀錄；雖然不一
定有意捏造，誇大虛飾，却所難免。其中‘禪讓’帝位的故事，在傳子
制度實行已久的周代史官，不容無端發此奇想，其爲遠古遺留下來
的史實，大致可信。據説堯在帝位，咨詢四岳（炎帝族），四岳推舉虞
舜作繼位人。舜受各種試驗後，攝位行政。堯死，舜正式即位。舜
也照樣咨詢衆人，選出禹來攝行政事。……所謂‘禪讓’制度，實際
就是氏族社會的會議選舉制度。這種制度在後世落後民族中如烏
桓、鮮卑、契丹、女真、蒙古都曾行施，有記載可以考見。‘禪讓’是一
種選舉方式，堯舜以前，這種方式應該早已存在。堯舜禪讓就是許
多部落的聯盟，共同選舉一人當大酋長。主要任務是主持祭祀及對
苗黎的防禦。”這些話勾畫出了《堯典》所保存遠古資料中所反映的
氏族社會部落會議的簡要情況。

　　范氏文中指出部落會議選出的大酋長主要任務是主持祭祀和
對付苗黎。這二者材料也都保存在《堯典》中，“竄三苗於三危”、
“分北三苗”即有關處理苗族的事。至於祭祀之事，更爲古代氏族特
重之事，摩爾根、恩格斯書中屢有記載。從卜辭中看出商代統治者
的大量活動，就是祭祀與戰事，西周金文差不多大都與祭祀有關。
郭沫若《中國古代社會研究》憑《周易》大量材料統計當時建立政治
機關後，所做的事情第一就是享祀，他的《周官質疑》就金文材料得
出周官第一級之卿事寮，全是些助王處理宗教祭祀活動的大宰、大
宗、大史、大祝、大士、大卜等。故《左傳·成公十三年》説：“國之大
事，在祀與戎。”商、貯猶如此，則其前更可知。《堯典》作者承商周

重視祭祀的環境，所以文中有關宗教祭祀的活動自然很多。舉如受命、告至，則要受終於文祖，歸格於藝祖，格於文祖；敬禮天地百神，則要欽若昊天，類於上帝，禋於六宗，徧於群神；對於日月尤有專門奉祀迎送之禮、寅賓出日、寅餞納日，及日月出入之地暘谷、昧谷隨出日納日爲禮；對於山川，則有望於山川，望秩於山川，至於岱宗柴，至各嶽之禮祀，以及封山川之禮。對於肆覲群后，又有輯五瑞、班瑞、修五禮、五玉、五器諸禮，此諸禮皆於奉祀群嶽活動中行之，大抵許多原始宗教性奉祀活動，在注疏家筆下往往説成封建王朝一般禮儀活動了。

堯命舜陟帝位，舜受命莅位達二十八年之久，而後堯逝世，當時四海以堯爲在位君主崩逝而哀悼，顯然是二十八年時間兩“帝”並在位（其後舜舉禹情況亦同）。舊注以舜攝位釋之。按恩格斯在《家庭、私有制和國家的起源》中談到易洛魁人的聯盟時説：“聯盟有兩個具有平等職能和平等權力的最高軍事首長（類似斯巴達人的兩“王”，羅馬的兩執政官）。”説明古代氏族社會的部落聯盟有兩個最高政長。雖然各氏族社會的歷史不會完全雷同，可以有各自不同的表現形式。由儒墨兩家所盛推的我國往古的先聖禪讓盛德保存在《堯典》中者，其事實素地當爲古代氏族社會部落聯盟中的兩頭政長爲之背景。墨儒既推爲禪讓，又不理解其同時在位，注疏家只得據儒家的正統觀念釋爲一在位一攝位了。

所有以上神話資料、文化活動積累的資料及傳説中的歷史資料這三項，都可肯定是遠古遺存下來的素材，被《堯典》作者采入篇中，作了理性化的歷史的叙述。然通過其實質看出其確爲遠古素材的遺影，因而成了充塞《堯典》篇中最具史料價值的極珍貴部分。

　　(二) 儒家的思想

　　孔子據以宣揚其思想的主要典籍是《詩》、《書》兩種，因而法家
和秦政權全力打擊儒家的也就是這兩種，可見《詩》、《書》是儒家思
想的根本典籍。而孔子教導其門徒的課程是詩、書、禮、樂四門。見
《論語·述而》云：“子所雅言，詩、書、執禮。”又《泰伯》云：“學於詩，
立於禮，成於樂。”所以孔子的教學課程原是詩、書、禮、樂。而禮、樂
二門是在課堂外的排練實習課，則課堂上的教材只有《詩》、《書》二
種，《詩》還是應排練禮樂實習課所需用的樂歌，並供官方於外交典
禮上誦歌之用，因此《書》才是通過歷史遺典進行政治哲學教育和道
德教育的主要教材。這是孔子在“文獻不足”（《論語·八佾》）的情
況下，“好古敏以求之”（《論語·述而》）得來的。孔子一生服膺周
公糾正商代尚鬼尊神厲行刑戮之弊而提出的德教之治，因此主要搜
集周公在各種重要政治軍事活動中諄諄告誡的誓、命、誥詞，構成
《周書》的主要各篇，作爲宣揚儒家道德説教的主要篇章。但爲了要
宣揚周公德教之治古已有之，剛巧搜集到上述有關古代神話、天文
曆法、氏族生活等重要遠古素材，原本是分散的資料，正好編排爲頌
揚堯、舜、禹盛德大業諸聖道的篇章。於是就利用這些素材，妥善編
排，多加潤色修飾，寫成這篇宣揚儒家所理想的聖王道德的寶典。
篇首讚揚堯的爲人那一段話，完全就是《論語·泰伯》孔子稱美堯所
説的：“大哉堯之爲君也！巍巍乎！唯天爲大，唯堯則之。蕩蕩乎，
民無能名焉。巍巍乎其有成功也，煥乎其有文章！”《論語》中孔子
還只是籠統的讚美，《堯典》中則孔子讚美之意展現爲描述堯的行爲
品德高尚卓越的十二句美好的辭藻。進而貫串着儒家所倡的誠意、
正心、修身、齊家、治國、平天下的中心綱領，這在後來總結爲收入
《禮記》的“大學之道”，朱熹把它提出來作爲儒家標準的道德規範。
《堯典》實際在闡述這點，宣揚以君主爲中心，藉宗法網絡爲紐帶，經

由王朝一直到四境諸侯，上下相維，達到天下黎民衆庶一體雍和之治。這實際是孔子夢寐以求恢復的西周宗法維繫天下大一統的政治爲藍圖的一種憧憬。

其下文又説了對胄子之教要"直而温，寬而栗，剛而無虐，簡而無傲"。和《皋陶謨》的九德"寬而栗，柔而立，愿而恭，亂而敬，擾而毅，直而温，簡而廉，剛而塞，彊而義"是一精神，這都是儒家德教之義，《論語》、《孟子》這方面的闡揚不少，只是不像此兩處集中提出其簡要規定，成爲儒家中庸之義的醒目的提法。

不僅對命夔典樂作了這樣的教導，即九官任命和其誥誡，大抵無不注重了儒家德教。

堯崩而百姓如喪考妣，三載遏密八音，則是把儒家所倡的三年之喪寫入了篇中。

把氏族社會部落會議民主選舉，按儒家思想闡釋爲禪讓，上文已説過了。

李約瑟書第四卷第 2 頁説："天文曆法，一直是正統的儒家之學。"這是李約瑟的深刻認識。只要看各史所載天文學家大都是儒家即可知。《春秋》"春王正月"一詞，注疏家反復討論爭議的，實際就是李約瑟所窺見的意義。《堯典》在叙述了堯的大德後，接着即把所獲得的古代觀象授時、四方星名、四方風名等材料，組織爲第二大段，正是儒家思想重視天文曆法的表現，主要是對"曆象日月星辰，敬授民時"的重視。《論語·雍也》强調"博施於民而能濟衆"就是聖道，以及《論語》全書中不斷出現的孔子愛民、重民的思想，所以才重視天文曆法對人民的利益，因而就有很重要的"羲和章"的寫成。乃至篇中因不理解四方神名、四方風名而錯誤寫成物候、民事，也是利用天文曆象重視人民的一種表現。所以這一章把幾種不同來源材料組織得很完整地表述天文星象四方四時農事物候周洽民事的"羲和章"，正是儒家思想的表現。

由這裏看，《書》既與《詩》是孔子重要的兩本教材，由他自己諄諄教讀弟子，那麼這部教材要不是親自編成於孔子之手，恐怕很難找到更合適的編成的人了。那些三代王者爲了某次軍政大事所作的"誥誓號令"文件，孔子當然把原篇彙集起來作爲教材講授，而三代以上零散材料彙編加寫成《堯典》等篇，則這一工作恐怕只能落於孔子之手了。那麼，兩千年來一直被冷落不受人重視的王充之説："欽明文思"以下爲"鴻筆之人"孔子所寫，這很可能是非常正確的。惜絕響兩千年，一直到清末康有爲始復引王充之説，斷言"《堯典》一字皆孔子作"。郭沫若亦曾觸及此點，可是不久又放棄了。雖康有爲很多説法皆不確，這一説則似乎道着了歷史的實際。

可引劉朝陽《從天文曆法推測〈堯典〉之編成年代》一文中的一些結論以爲佐證。如以"觀象授時"時期的下限爲公元前 600 年，"朔"字的出現在公元前 776 年之後，"朞三百有六旬有六日"在春秋中期前或《管子·輕重己篇》之後，"閏"字的出現在周的後半期，"歲"字的出現在殷代之後，因而云："知《堯典》編成之時限，最大之範圍爲自殷代至春秋中頃，最小之範圍爲自西紀前 776 年至西紀前 600 年。案春秋之紀事始於魯隱公元年，時當西紀前 772 年，故《堯典》或爲春秋前半期或稍前之作品。"文中舉孔子生於西紀前 551 年，因而云："據此處所得之結論，則《堯典》之傳説實在春秋前期前後，孔子之前即已存在。"劉氏考定上述各項天文曆法資料的存在時限大抵在春秋中期以前，而另對四仲中星、璇璣玉衡、寅賓出日、寅餞納日等項則説法紛歧，故存而不論，可見其態度謹嚴，則其已定各資料皆存孔子以前，基本是可信的。不過他誤以爲這些資料存在時期即《堯典》編成時期，如其説則《堯典》之編成有殷末、前776年、前600年等好幾個不同時期了。其實是這些資料至孔子前都已存在，正好供這位首創私人講學誨人不倦而好古敏以求之的孔子樂於搜集，用以編成《堯典》這篇寄託其宣揚堯舜禹聖道思想的篇章，以之教導其門徒並向社會宣揚其政治哲學和道德説教的思想。又前面"校釋"部分闡釋天字原只指上帝，西周後期始兼指天空。此篇用了"昊天"專指天空，係西周晚期始有的用法，足證《堯典》的寫成不能早於西周晚期，亦與孔子"天何言哉，四時行焉，萬物生焉"（《論語・陽貨》）的觀點相合，更足證《堯典》正適合於春秋時孔子之手。

　　本人前在《春秋時承周公遺教的孔子儒學》（載《古史續辨》）文中，説到孔子與《堯典》，"就搜集一些散見的古代資料，用以作爲記堯、舜、禹聖道的文獻，充實入《尚書》的篇章中，這主要就是後來由他的七十子後學大約在戰國之世編成完整的《堯典》、《皋陶謨》、《禹貢》諸篇的資料，在孔子的時候，還只是由於他的好古敏以求之的精神搜集到這些資料，作爲古代歷史來印證和宣揚自己承自周公的德教學説"。把《堯典》的編定歸之七十子後學，這是受徐旭生先生肯定和稱讚顧先生定此三篇成於春秋戰國之説的影響。現在經過研究，認爲孔子搜集這些資料後，即已編定成篇，以之教授門徒，七十子後學只是承其教而已。在流傳中可能發生些歧異（見下節），但《堯典》原篇之編成定稿當出孔子手。觀《孟子》已引《堯典》，《荀子・成相》叙堯、舜、禹及諸臣事迹，實全用《堯典》之説，都可幫助印證《堯典》必早已編成於儒家祖師孔子之手，早於孟、荀的《國語》、《左傳》皆引《堯典》之文，更足爲證。

孔子編成《堯典》以宣揚堯舜盛德,並在《論語》中屢載他稱頌堯舜的偉大。墨子則在其書《三辨》、《所染》、《禹賢》、《天志》、《明鬼》、《貴義》等篇魴屢稱頌三代聖王堯舜。《韓非子·顯學》指出:"孔子、墨子俱道堯舜,而取舍不同。皆自謂真堯舜,堯舜不復生,將誰使定儒墨之誠乎?……無參驗而必之者愚也,弗能必而掘之者誣也。故明據先王必定堯舜者,非愚則誣也。"而魏襄王墓出土的《竹書紀年》載:"舜囚堯於平陽,取之帝位。""復偃塞丹朱使不與父相見。"則《堯典》裏的堯舜,並非歷史上的堯舜,而是儒家理想中的堯舜。顧先生在一篇"憶往"的文中説:"現在可以看得清楚,儒家編造《堯典》、《皋陶謨》、《禹貢》等篇的用意所在,前兩篇是儒家政治理想的結晶而把它史事化的。也就是把自己的政治理想作爲古代固有的歷史提出,作者儘量利用了不少遠古材料,借了堯、舜、禹、稷、契、皋陶、伯夷等許多古代不同時期不同民族的不同傳説中的祖先或神話人物,倒亂千秋式的拉攏,集中安排到一個朝廷裏,成爲同氣連枝的君臣、兄弟、姻戚,又從編排其在位的先後,成爲前後相承的政權繼承人。又把他們説成是理想的聖人,做出了很多美政,這就使人們讀了之後,只覺得美好的堯舜盛世早已存在於遠古,大家只應一心向往着儒家指出的黃金時代,朝着他們指引的這一方向走去。"而這三篇又各有側重,以《堯典》宣揚禪讓盛德以建立古史帝王系統和古代制度,以《皋陶謨》描述他們的政治道德與理想,以《禹貢》作爲禹治水分州的紀録,綜述大一統的地理和貢賦等。據顧先生的看法,這幾篇就構成了上古史的重心。尤其《堯典》可説牽涉到古史的各個方面。司馬遷遂以爲這些是古代傳下的真史料,《史記》的第一篇《五帝本紀》,就全文抄録《堯典》,再加上戰國末編成的儒籍《帝繫姓》和《五帝德》而成。第二篇《夏本紀》,就全文抄録了《禹貢》、《皋陶謨》兩篇，再加上《甘誓》及《世本》中的夏世系而成。可知儒家編造的這三篇，就構成了我國最早一部大史書中的全部上古史。

徐旭生《中國古史的傳說時代》第22頁說："西歐直到19世紀中葉以後，批評史料的風氣才大爲展開……自辛亥革命以後，這個潮流才逐漸擴展到中國，我國歷史界受了西方的影響，對於古史才逐漸有所謂疑古學派出現（按除受西方影響外，主要還是由於自己學術發展趨勢造成）。這一次參加的人數很多，工作成績也很豐富，一大部分由顧頡剛先生及他的朋友們搜集到《古史辨》裏面。他們最大的功績就是把在古史中最高的權威、《尚書》中的《堯典》、《皋陶謨》、《禹貢》三篇的寫定歸還在春秋戰國時候（初寫在春秋、寫定在戰國）。"後面第26頁重復說："疑古學派最大的功績，是把《尚書》頭三篇的寫定歸之於春秋戰國的時候。"徐先生這一評定是可貴的。原先誤認爲堯舜禹時期真史料的這三篇，被顧先生考定爲春秋戰國時期儒家的作品，因而是對古史研究的功績，徐先生這評價是公允的。但後來顧先生說現存《堯典》寫定於漢代，其說之過偏將在下文談到。但現在要論定，《堯典》之編定者是春秋時的孔子，用以寄託其儒家理想，到戰國時其門徒七十子後學承傳之，可能有所傳異增省，然其原本當成於孔子作爲其《詩》、《書》兩大課本，當無疑義。

（三）秦漢的影響

《堯典》中有秦漢事實竄入篇中，是無庸諱言的。由於秦焚禁天下私相傳習偶語《詩》、《書》，而秦博士官所掌《詩》、《書》不僅不焚禁，且予保護傳習。陳夢家《尚書通論》中有《堯典爲秦官本尚書考》專篇，極言漢世所傳《堯典》爲秦博士官本，其編成定本所增易秦代材料凡三：一、襲顧先生之說以爲《堯典》中原爲九州、九山、九牧，而後以爲依秦制改爲十二州、十二山、十二牧（惟顧先生以爲依漢制改）。其實《左傳·哀公七年》有"十二，以爲天之大數"之說。二、以爲"協時月正日"及"同律度量衡"，爲秦始皇併六國後所力行。其實"同"另有解說，見"校釋"。三、五載一巡狩。以爲始皇巡狩第一次二十七年，第二次三十二年，第三次三十七年，正五年一巡狩。這是妄說。"校釋"中已叙明始皇頻年巡行，根本不是五年一次。因此陳氏所舉三理由皆可商。惟勞榦因不同意顧先生以爲承漢制之說，仍主張受秦以水德王，數以六爲紀之影響，依秦制所改（見"校釋"）。至於顧先生以今本《堯典》成於漢武時，則是據篇中有些內容似非漢代不能有。這是由於漢代經生重新寫定《堯典》時，因缺乏時代觀念無意地擧進去的一些東西。顧先生在《堯典臯陶謨辨僞提綱》中及《尚書研究講義》中所舉的事例，雖有好些尚待商榷，但也有一些也值得參考的。他說："《堯典》所述之地，以漢武帝日之疆域度之，幾於不差累黍。"因而舉了有關地名，並舉郊祀、封禪、舉賢良、廢肉刑、制贖刑、三載考績等制度，都到漢代才有，等等。這些姑不詳論，即使如此，也正像司馬遷撰《史記》一樣，是人所共知的事，可是現在所見的《史記》中，也有不少司馬遷死後才有的事。如《酷吏傳》載杜周治桑弘羊，是漢昭帝時事，《楚元王世家》有宣帝地節年號，《齊悼王世家》、《將相名臣年表》有成帝年號，此皆崔適《史記探源》所摘，最晚至王莽時揚雄評司馬相如的話，也寫入《史記·司馬相如傳》之末。所以春秋時寫成的《堯典》，到漢代摻入些秦漢的東西是不足爲奇的，並不影響《堯典》原篇成於春秋孔子時，正像上述司馬遷身後事摻入《史記》中，並不影響《史記》成於司馬遷手一樣。

最後,談《堯典》在流傳過程中的演變情況。

《堯典》自春秋時孔子編成作爲《書》的第一篇授徒後,經由弟子三千、傑出者七十餘人廣爲傳播。《漢書・儒林傳》載:"仲尼既殁,七十子之徒散遊諸侯,大者爲卿相師傅,小者友教士大夫,或隱而不見……受業(者)……爲王者師。"其體現孔子政治哲學和道德教範的《堯典》自爲其主要教本。法家著作《商君書》、《韓非子》等全力攻擊的就是《詩》、《書》,嗾使秦始皇嚴酷焚禁。《史記・秦始皇本紀》載:"非博士官所職,天下敢有藏《詩》、《書》、百家語者,悉詣守尉雜燒之,有敢偶語《詩》、《書》,棄市。"見出當時《詩》、《書》廣泛傳布"天下",爲法家及秦政權所畏懼。拙著《尚書學史》中,統計先秦流傳《書》篇情況,仍以傳至漢代立於學官的二十八篇及後得增爲二十九篇之《書》篇稱引最多,其中稱引尤多的五篇是《康誥》、《太誓》、《洪範》、《吕刑》及《堯典》。《尚書學史》中亦曾蒐列先秦引《堯典》者《國語》、《左傳》、《孟子》、《荀子》、《禮記》之《大學》、《祭法》、《王制》、《逸周書・武穆解》共達十四次,所引内容大都與今所傳《堯典》相同。可知今本《堯典》之原本確爲春秋時孔子編寫用以教授門徒之本。

顧師《尚書研究講義》中,錄《孟子》所引《堯典》文六則,以爲其中三則與今本《堯典》不同,可目爲《堯典》第一本;今所見《堯典》成於漢武時,爲第二本;東晉僞古文,爲第三本。這是顧師據其所蒐列資料加意研求所得之見解,自屬深入思考之所得,可列爲《尚書》學中之一説,雖尚非定論,足以啓發吾人進一步研究。按,拙《尚書學史》所錄《孟子》引《堯典》五則,除"勞之來之"五句似爲《堯典》逸文外,餘四則皆與今本《堯典》合,則知孟子所引本即孔子《堯典》本。《孟子》書中另有數處叙舜事與《堯典》不同(見"校釋"),當是劉歆所見"逸《書》"十六篇中的逸《舜典》本，甚至先秦流傳的關於舜的故事其它文件，而非另一《堯典》本。因《堯典》編成時，據所遇到的材料編寫，尚有其它未遇到的材料而爲孟子見到者，不能說是另一《堯典》本。孔學爲當時顯學，其教本遂成爲通行之本，秦博士所職掌之《書》自亦用儒家習讀之本。由秦博士伏生傳至漢代形成三家今文之本即原習讀之本，惟文字稍有傳異，《漢石經》載三家異文於後。雖稍有異文，不影響其同爲先秦傳下之同一本，即孔子所編定授徒、由儒家傳習之本。

顧師又以爲《論語·堯曰》篇"咨爾舜，天之歷數在爾躬"之文，當是堯禪舜之中心文辭，必爲另一《堯典》本，此亦深入思考有得之言。但《堯曰》篇在《論語》最末，而"天之歷數"又爲戰國末鄒衍所倡"五德終始"之語，其爲戰國末方士化儒生竄入《論語》之末無疑，恐與《堯典》不相關連。顧師又以爲在據漢制改爲十二牧、十二州、十二山之前，先秦有一九牧、九州、九山之本。又《五帝德》載舜年事與《堯典》所載歧異（見"校釋"），因以爲《堯典》變易《五帝德》之文，是《五帝德》所引當爲另一《堯典》本。按，以《堯典》原文當爲九牧、九州、九山，係據推論，並無資料或版本依據，尚難遽斷爲有此本。至關於舜年齡，本爲源自神話傳說極多轉化成的歷史人物，對於其年齡的傳聞異辭，自不能免，各依所據資料載入，自難說其爲另一《堯典》本。總之顧師新的看法，均可備《尚書》學上的一說，有助於繼續研究，不必泥其是否爲定論。

先秦《堯典》傳至漢代，以隸書體寫爲《今文尚書》傳習之本，無論其所初承的伏生所傳二十八篇本，大小夏侯二家所傳二十九篇本（二十八篇加後得《太誓》），歐陽家二十九篇三十二卷本（《盤庚》分爲三篇故章句三十一篇，加書序共三十二卷），《堯典》皆爲其第一篇。凡《史記》所譯載,漢碑所引用,《漢石經》所刊刻,皆此本。

　　西漢中期孔子十一世孫孔安國任武帝今文博士,因武帝明詔求書,以家藏孔子傳下的用先秦古籀文字寫的《古文尚書》應詔獻上。當時發現它比《今文尚書》多“逸《書》”十餘篇。西漢末期劉歆校皇家中秘書,發現稱爲孔壁本(因當時已流傳孔安國獻上之書爲魯恭王壞孔子宅壁中所得之説)的《古文尚書》比今文多逸《書》十六篇(其中有《舜典》篇)。至東漢出現《古文尚書》學派傳習的古文本,但没有劉歆所見孔壁本古文“逸《書》”十六篇,而只有杜林在西州所得漆書古文一卷,遂據以改寫當時社會上傳習之今文二十九篇使成爲古文本。此時《堯典》不知是在漆書古文一卷中,還是在改寫的古文諸卷中,總之成爲古籀寫的古文本了。這種字體被許慎收入《説文解字》的古籀文中。魏正始中,以所謂科斗文形體刻入魏《三體石經》中,此古文本徐巡爲作音,衛宏、賈逵、馬融、鄭玄等東漢名學者及魏學者王肅爲作注,爲魏、西晋及北朝所通用,而三家今文不再流傳了。

　　東晋逃亡江南始建政權,即廣徵經籍,而有僞《古文尚書》出現。陸德明《經典釋文·叙錄》云:“江左中興,元帝時豫章内史枚賾奏上孔傳《古文尚書》,亡《舜典》一篇,購不能得,乃取王肅注《堯典》從‘慎徽五典’以下,分爲《舜典》篇以續之。……齊明帝建武中,姚方興采馬、王之注,造孔傳《舜典》一篇,云於大桁頭購得,上之……不行用。……其《舜典》一篇仍用王肅本。”陸氏在《舜典》釋文中説明徐邈所音及他撰《釋文》都是用王肅本。

　　姚方興本《舜典》傳至今者,於“慎徽五典”前,多“曰若稽古帝舜曰重華協于帝濬哲文明温恭允塞玄德升聞乃命以位”二十八字,和《堯典》前面“曰若稽古帝堯曰放勳”至“格于上下”二十七字完全相似，是用心仿造的。孔穎達《疏》在"曰若稽古帝舜曰重華協于帝"下說："此十二字是姚方興所上，孔氏傳本無。阮孝緒《七録》亦云然。方興本或此下更有'濬哲文明温恭允塞玄德升聞乃命以位'。此二十八字異，聊出之，於王注無施也。"劉知幾《史通·古今正史篇》在叙述僞古文取王肅本《堯典》下半充《舜典》後說："自是歐陽、大小夏侯家等學、馬融、鄭玄、王肅諸注廢，而古文孔傳獨行。……齊建武中，吳興人姚方興采馬、王之義以造孔傳《舜典》……不見用也。及江陵板蕩，其文入北，中原學者得而異之，隋學士劉炫遂取此篇列諸本第。故今人所習《尚書·舜典》原出於姚氏者焉。"《孔疏》説明隋開皇初購求遺典，始得姚本，必即劉炫所進，姚本遂取代王本列於官定本中。是今所見僞《古文尚書》各篇皆梅賾所獻的僞孔安國所撰"傳"，不詳撰傳者何人；獨《舜典》篇的僞孔傳爲姚方興所撰。至篇首增加的二十八字，遞經唐宋以來學者討論，至清臧琳《經義雜記》、王鳴盛《尚書後案》都論定"曰若稽古帝舜"以下十二字是姚方興所上，"濬哲文明"以下十六字則是劉炫所增入。

　　姚方興注《舜典》本雖在隋時取代王肅注列入僞《古文尚書》中，但直至唐初王肅注本仍流傳而習之者不乏人。除上舉陸德明仍據王肅注本撰《經典釋文》中的《舜典音義》外，今發現日本宮内廳書陵部所藏至宋代已失傳的魏徵《群書治要》，其卷二《尚書》中的《舜典》篇，篇首即無所增的二十八字（《堯典》篇首則自有二十七字），篇中注文與今本僞古文《舜典》篇的姚氏注文大異。是知此本即王肅注本。爲唐初魏徵所采用（今有日本汲古書院影印本）。這是僞古文出現前魏晉時王肅所作《尚書》注殘存的孑遺。

　　僞古文出現時，爲表明它是真古董，便創製了一種叫做"隸古定"的字體，即用隸書筆劃把古籀字體寫定下來，因而造成了許多奇奇怪怪的字，被稱隸古奇字。它在東晉初年初創的本子沒有傳下來，只有宋齊兩代傳寫本傳至隋唐時，陸德明稱之爲宋齊舊本。而當時又流傳一種比宋齊舊本稍晚出而奇字更多之本，陸德明斥爲穿鑿之徒所爲。陸氏撰《經典釋文》用的是宋齊舊本，顏師古、孔穎達有關著作亦用之。這種奇字多的本子不好讀，自然需要改寫成通行文字。《釋文・叙錄》載東晉末"范寧變爲今文、集注"，今文意即今字，指晉至唐已通行的楷書。《隋書・經籍志》有"《今字尚書》十四卷"，當即范寧改寫本。又有"《古文尚書・舜典》一卷，晉豫章太守范寧注"。孔穎達《舜典》疏謂范寧注本與王肅注本"皆以'慎徽'以下爲《舜典》之初"，即皆無姚方興等所加的二十八字，但范寧改今字本至唐初已失傳。隸古定本直通行至唐天寶前，天寶間命衛包將隸古定《尚書》改寫爲楷書本，因衛包不懂文字學，改錯了不少字，至開成間此楷書本刻成《唐石經》傳至今，五代以後版刻本亦皆據《唐石經》刊刻。衛包改錯字的《古文尚書》遂流傳至今。但隸古定本仍在唐至宋有流傳本。唐寫本有保存隸古字多者，有雜以不少唐代別體字、俗體字者，這些隸古定唐寫本一部分在當時傳至日本，一部分保存在敦煌石室中幸而傳至現代。陸氏所斥穿鑿之徒所爲奇字甚多之本，至五代由郭忠恕把它和陸氏《釋文》雕板印行。宋代呂大防等人傳其本，晁公武刻石於蜀（今有殘字傳下），薛季宣取其全文於其下加注釋撰成《書古文訓》，今保存在《通志堂經解》中，段玉裁稱之爲僞中之僞本。但因衛包改錯經文不少字，得此完整的隸古定本，可覆勘衛本之誤字。又陸本《釋文》至宋開寶間被陳鄂改得體無完膚，並被刪去不少，今從敦煌唐寫本《釋文》獲知陸氏《釋文》遭此大厄，今已無法獲知《釋文》原貌，對《尚書》研究是極大的損害。

　　現在既知僞古文本的《舜典》篇原是《堯典》篇的下半,自應恢復原狀,合成完整的《堯典》篇;所增二十八字僞文,自應删去。

臯　陶　謨

　　《臯陶謨》亦為先秦已存在的《書》篇，先秦文獻中經初
步蒐列發現它共被稱引三次。為西漢伏生《今文尚書》二
十八篇的第二篇，亦為增入《太誓》後《今文尚書》二十九篇
的第二篇。西漢所傳"《書序》百篇"中列《臯陶謨》為《虞
夏書》第十五篇，另有《益稷》為第十六篇。東漢馬鄭注本
《古文尚書》中，《臯陶謨》亦為《虞夏書》第二篇（另有《棄
稷》篇次於《臯陶謨》，但未作注，列在所述二十四篇中）。
東晋偽古文出，截取《臯陶謨》下半從"帝曰來禹汝亦昌言"
以下冒充《書序》百篇中的《棄稷》篇並改題《益稷》篇。於
是《臯陶謨》及假冒《益稷》遂依次為偽《古文尚書》中的
《虞書》第四篇、第五篇。今將偽古文分出的《益稷》仍併歸
《臯陶謨》原篇中，恢復其在漢今文、古文中的篇次為第二
篇。其情況詳後面的"討論"。《史記·夏本紀》全録《禹
貢》、《臯陶謨》、《甘誓》三篇以成文，只是增録了些《世本》
的夏世系資料而已。而《史記》對這幾篇大都以漢代語言
譯寫，即所謂以訓詁字代原文，這就使我們知道漢代對這些

文句的理解,有助於我們探悉這些篇章文句的原有意義。
而《史記》在録此篇全文前加數語云:"帝舜朝,禹、伯夷
(?)、皋陶相與語帝前,皋陶述其謀曰。"顯然據漢代所傳資
料記明此篇為皋陶和禹在帝舜朝庭上的問答之語。

(一) 校　釋

曰若稽古①皋陶②曰:"允迪厥德③,謨明弼諧④。"禹
曰:"俞⑤! 如何?"皋陶曰:"都⑥! 慎厥身修,思永⑦。惇
叙九族⑧,庶明厲翼⑨,邇可遠在兹⑩。"禹拜昌言⑪,曰:
"俞。"

①曰若稽古——"曰若",發語辭,亦即無義的語首助詞。詳
《堯典》篇首校釋。"曰若稽古",是史官追述古事的開頭用語。"曰
若稽古皋陶",就是"古時候那個皋陶"。

②皋陶——亦作"咎繇",唐寫《釋文》:"咎,音羔,繇,音遥。"古
本《尚書》皋陶、咎繇二體同用,音同。皋陶原是神話中人物,爲戰國
時群舒族所尊之宗祖神。《論語・顏淵篇》:"子夏曰:……舜有天
下,選於衆,舉皋陶。"則春秋、戰國時歷史傳說中,皋陶已明確爲舜
臣。故《堯典》中載舜任命皋陶爲"士"(司法官)。詳《堯典》"舜命
九官"一節中注⑱"暨皋陶"校釋。"曰若稽古皋陶曰",古時候那個
皋陶説。

③允迪厥德——《史記》作"信道其德"(通行本《史記》"道"誤
在"其"下,依段玉裁《撰異》校正),是逐字翻譯。"允",信(見《釋

詁》)。爲真的、確實是之意。"迪",道(見《釋詁》)。爲行道之意,故僞孔釋爲"蹈",爲踐履之意。"厥",其(見《堯典》"厥民析"校釋)。此句是説確實能實踐履行其德行(僞孔釋"其"爲古人,"其德"爲古人之德,似可不必)。

④謨明弼諧——《史記》作"謀明輔和",亦逐字翻譯。"謨",謀也。"弼",輔也。"諧",和也。皆見《爾雅·釋詁》(惟釋"弼"爲"俌",《説文》"俌,輔也")。僞孔釋此兩句爲:"言人君當信蹈行古人之德,謀廣聰明以輔諧其政。"不如《蔡傳》釋爲:"言爲君而信蹈其德,則臣之所謀者無不明,所弼者無不諧也。"

⑤俞——《史記》作"然"。《爾雅·釋言》:"俞,然也。"詳《堯典》俞字校釋。僞孔釋"俞如何"句云:"然其言,問所以行。"即同意皋陶説的話,問他怎樣去實踐他的話。

⑥都——《史記》作"於"。《爾雅·釋詁》:"都,於也。"《堯典》"驩兜曰都"僞孔云:"都,於,歎美之辭。"(按於作歎美之辭,當即"於虖"之於,音烏)此處僞孔云:"歎美之重也。"即今所謂驚歎詞,略如今語之:"呵呀!""好哇!""都"本有美好義,見《漢書·司馬相如傳上》集注:"都,美也。""都,閑美之稱。"故"都"爲歎美之辭。

⑦慎厥身修思永——《史記》作"慎其身修,思長"。純用訓詁義爲譯。《釋文》云:當讀至"身修"斷句。僞孔云:"慎修其身,思爲長久之道。"實謂謹慎地修身,長遠地考慮。

⑧惇叙九族——《史記》作"敦序九族"。《漢書·王莽傳》引作"惇序九族"。《三國志·蜀志·先主傳》引作"敦叙九族"。《釋文》:"惇,都昆反。""惇"同"敦"。《爾雅·釋詁》:"惇,厚也。"鄭玄注亦云:"惇,厚也。"(《後漢書·班固傳》注引)"叙"同"序",鄭玄注:"叙,次序也。序九族而親之。"(《蜀志·先主傳》裴注引)即按

照順序以親九族。"九"，依汪中《釋三九》爲泛指多數。"九族"，衆多氏族。詳《堯典》"以親九族"校釋。在部落時代首先當指本部落諸氏族，然後依次爲部落聯盟諸氏族。依本文原意，把舜看作王朝君主，首先指組成本王朝的宗室、血緣諸氏族，依序擴展至與本王朝合作的以迄臣服的諸氏族，所以下文表示了由近及遠之意。

⑨庶明厲翼——《史記》作"衆明高翼"，此亦逐字按義譯其意。"庶"，衆也。見《爾雅·釋詁》。鄭注亦云"庶，衆也"（《蜀志·先主傳》裴注引）。"厲"，今流傳僞孔本由衛包妄改作"勵"，《唐石經》亦從之。段玉裁《撰異》云："古者'砥礪'、'勉勵'皆作'厲'，無作'礪''勵'者。厲本旱石，引申爲勉厲。'厲，作'（指裴注引鄭注"厲，作也"），不獨鄭本作'厲'，王、孔本亦作'厲'（此糾正僞孔釋爲"勉勵"、《孔疏》引王肅釋爲"以衆賢明爲砥礪"二處用字）。"按，《三國志·先主傳》正引作"庶明厲翼"，足爲漢代本作"厲"之證。又孫星衍《注疏》云："（《史記》）以'厲'爲'高'者，高誘注《淮南·修務訓》云：'厲，高也。'"則知史公以訓詁字"高"譯"厲"，足證史公所見西漢《尚書》本實作"厲"。是段氏說至確，今依其說恢復爲"厲"字。

《孔疏》引王肅注此句云："以衆賢明爲砥礪，爲羽翼。"又引鄭玄注云："厲，作也。以衆賢明作輔翼之臣。"僞孔釋此句云："衆庶皆明其教，而身勉勵翼戴上命。"《孔疏》指出鄭孔說不同。《蔡傳》則釋爲"群哲勉輔"。以"群"釋"庶"；以"哲"釋"明"，指哲士，亦即賢明之士；以"勉"釋"厲"；以"輔"釋"翼"。逐字爲釋，亦可講通文義。略近鄭注。俞樾《群經平議》則云："明當讀爲萌……是'明''萌'古通用也。《史記·三王世家》……索隱曰：'萌一作甿。'《漢書》……師古注並曰'萌與甿同'。……然則'庶萌'猶'庶民'矣。

《詩·卷阿》鄭箋曰：‘翼，助也。’‘庶萌厲翼’，言庶民勉厲以助上也。”徒然改字，仍未脱僞孔窠臼。故俞雖説不同意僞孔説，實仍在僞孔影響之下，不如用略近鄭説之《蔡傳》説較妥。

⑩邇可遠在兹——《史記》作“近可遠在已”。仍以訓詁字譯原句。皮錫瑞《考證》云：“‘兹’，爲‘已’者，《釋詁》云：‘兹、已，此也。’”《夏本紀集解》引鄭玄總釋此三句云：“次序九族而親之，以衆（賢）明作羽翼之臣，此政由近可以及遠也。”

⑪昌言——《史記》作“美言”。“禹拜昌言曰俞”，《史記》作“禹拜美言曰然”。《説文》：“昌，美言也。”《孟子》趙岐注引作“禹拜讜言”。《逸周書·祭公解》作“黨言”。《字林》：“讜言，美言也。音黨。”

段玉裁《撰異》云：“古文《尚書》作‘昌’，今文《尚書》作‘黨’。《孟子·公孫丑篇》‘禹聞善言則拜’趙注云：‘《尚書》曰“禹拜讜言”。’此今文《尚書》作黨之證也。班固《西都賦》云：‘讜言宏説。’李善注引《字林》：‘讜言，美言也。音黨。’孟堅蓋亦用今文《尚書》耳。‘讜’，《逸周書》作‘黨’。《祭公解》：‘拜手稽首黨言。’盧氏召弓曰：‘黨讜古字通。《荀子·非相篇》‘博而黨正’注：謂直言也。又見張平子、劉寬二碑。’玉裁謂平子碑‘黨言允諧’，劉寬碑前云‘朝克忠讜’，後云‘對策嘉黨’，可見漢人‘黨’‘讜’通用。……古‘昌’‘黨’音同。如閶闔，子雲賦作‘閬闔’，鼓聲不過閶閶即鼟字，可證。此古文作昌，今文作黨，音同義同也。《説文》曰：‘昌，美言也。’與《字林》‘讜’字訓同。然則‘昌’本字，‘黨’假借字也。”陳喬樅《經説考》云：“作‘讜’作‘黨’者，蓋大小夏侯之本也；其歐陽《尚書》但作‘昌’字。……同於古文《尚書》。”

以上這一節，皋陶提出“允迪厥德”的總的綱領。自“慎厥身

修”以下五句，與《堯典》第一節所倡的修身、齊家、治國、平天下的
“大學之道”一致，是儒家的根本思想所在。故王安石《新經義》云：
“身立則政立，故皋陶先言‘修身’。能修其身然後可以齊家，故繼
之以‘惇叙九族’，家齊而後國治，故繼之以‘庶明勵翼’，國治而天
下平，故繼之以‘邇可遠在兹’。”（據程元敏輯夏僎《書詳解》引）

　　皋陶曰：“都[①]！在知人，在安民[②]。”禹曰：“吁[③]！咸
若時[④]，惟帝其難之[⑤]。知人則哲，能官人[⑥]；安民則惠，黎
民懷之[⑦]。能哲而惠[⑧]，何憂乎驩兜，何遷乎有苗，何畏乎
巧言令色孔壬[⑨]？”

　　①都——《史記》作“於”，歎美之詞。見前節注[⑥]。

　　②在知人在安民——《蔡傳》：“皋陶因禹之‘俞’而復推廣其未
盡之旨，嘆美其言，謂在於知人、在於安民二者而已。”孫星衍《注
疏》云：“民謂衆民，人謂官人也。”楊筠如《覈詁》云：“此文‘人’與
‘民’對言。‘人’謂‘政人’，猶《康誥》‘不於我政人得罪’是也。
《洪範》‘凡厥庶民無有淫朋，人無有比德’。又曰‘人用側頗辟，民
用僭忒’。皆人與民分別對舉之例也。”

　　③吁——驚歎詞。和今語“哎”、“哎呀”相近。《彙纂》引顧憲
成云：“知人安民未易言也，禹故吁嗟以嘆其難。”

　　④咸若時——《史記》作“皆若是”。“咸，皆也。”“時，是也。”
並見《爾雅·釋詁》。“若”，如也，似也。見《考工記》鄭注、《管子·
小問》尹注。“咸若時”，都像這樣。

　　⑤惟帝其難之——“惟”，楊筠如《覈詁》云：“惟，疑讀爲雖。古
唯、雖通用，唯即惟字。”按，此襲用《蔡傳》說，並用王引之《經傳釋

詞》“雖通作唯”之說，且亦引王氏所引《荀子》注爲證。其實此處“惟”字用其發語詞本義即妥，不必改“唯”通“雖”。王引之《釋詞》即明引此句之“惟”爲發語詞可證。其言云：“惟，發語詞也，《書·皋陶謨》曰：‘惟帝其難之。’”其說可從，不必曲折改字以釋之。

　　“帝”，僞孔云：“言帝堯亦以知人安民爲難。”《蔡傳》亦云：“帝，謂堯也。……二者兼舉，雖帝堯亦難能之。”其後治經者大都亦以此“帝”字指堯。林之奇《全解》云：“自先儒、王氏（安石）皆以‘惟帝其難之’爲指堯而言之。獨張橫渠以帝爲舜，所以必從張橫渠之說者，蓋禹不當謂堯爲帝，於《大禹謨》‘帝德廣運’已論之詳矣。”按，依《史記》說，此爲禹與皋陶相與語於帝舜前，則此帝字只當指舜，何緣牽涉及堯？張載、林之奇之言近是。但其實在原語中，此字實泛指爲君主者，不必實指某人。

　　“其”，段玉裁《撰異》舉《漢書·五帝紀》及《論衡》之《定賢篇》、《是應篇》、《答佞篇》所引此句皆無“其”字，作“惟帝難之”。陳喬樅《經說考》補充《後漢書·虞延傳》所引此句亦無“其”字。皮錫瑞《考證》遂謂漢代今文本有作“惟帝難之”者。其實這些引用者皆配合上句四字，刪去“其”字使此亦成四字句，這是做文章常用的方法，初非漢今文原文亦爲無“其”字之四字句。觀段玉裁《撰異》錄《白虎通·封公侯篇》引此句爲五字句，皮氏《考證》補充《鹽鐵論·論誹篇》所引亦爲此五字句。足證漢代今文原爲“惟帝其難之”，並沒有無“其”字之句。

　　⑥知人則哲能官人——“哲”，《史記》作“智”，僞孔云：“哲，智也。”實據《爾雅·釋言》。《漢書·五行志》引作“悊”。師古注：“悊，智也。能知其材則能官之，所以爲智也。”是哲、悊皆智義。“官人”之“官”，名詞作動詞用，指以官位授人。

⑦安民則惠黎民懷之——《史記》"安"字前有"能"字,蓋蒙上"能官人"句誤衍此字。僞孔釋此句云:"惠,愛也。愛則民歸之。""惠",《釋詁》云:"愛也。""懷",《釋詁》云:"思也。"又云:"至也。"《左傳·成公八年》杜注:"懷,歸也。"故僞孔成此釋。

⑧能哲而惠——《史記》作"能知能惠"。"知"即上句"智"字。見《法言·問道》:"智也者,知也。"《白虎通·情性》:"智者,知也。""能惠"之"能",皮氏《考證》以爲與上"能哲"之能字同,漢代今文《尚書》有此,並舉衡方碑、鄭季宣碑作"能惠"爲證。惟衡方碑智作悊,全句作"能悊能惠"。皮氏以爲"悊"字與《漢志》合,"能惠"與《史記》合,是漢今文有此句。皮氏又引《淮南子·泰族訓》引《書》曰"能哲且惠"。以爲今文《尚書》有作"能哲且惠"句者。此句實總上"知人則哲"、"安民則惠"兩句而言。

⑨何憂乎驩兜何遷乎有苗何畏乎巧言令色孔壬——《史記》於末句作"何畏乎巧言善色佞人"。按《堯典》載舜處理四罪:"流共工于幽州,放驩兜于崇山,竄三苗于三危,殛鯀于羽山。"此處舉了驩兜、有苗二事,於是經師爲之尋解釋。《孔疏》引馬融注云:"禹爲父隱,故不言鯀。"《夏本紀集解》引鄭玄注云:"禹爲父隱,故言不及鯀。"陳喬樅《經說考》以爲四罪中鯀被隱不提,那麼馬鄭"皆以佞人爲指共工。此古文說也"。又以爲:"《論衡·答佞篇》云'驩兜大佞',《恢國篇》云'三苗巧佞之人',據此則今文說以巧言令色孔壬即指驩兜、有苗言之,不以佞人爲共工也。"按驩兜、有苗、鯀、共工已見《堯典》校釋,據《山海經·大荒北經》,知驩兜(讙頭)爲苗族宗祖神。苗族當時爲華夏族在中原這塊大地上相互角逐的主要敵人,逐步被趕到南方,相傳舜時將苗族一部分遷到北方,把它的頭頭驩兜放逐到當時極南的崇山。這是華夏族口耳相傳的重大史事。《堯

典》作者把這二者和當時與堯舜族也有爭鬥的姜姓族宗祖神分化出的鯀和共工的鬥爭資料作爲"四罪"寫入篇中。這裏《臯陶謨》則只談到了政治傳説中特別重要的驩兜和苗民的兩則，未提到鯀和共工事，不必如馬融、鄭玄按後代人倫觀點説成是"禹爲父隱"。

陳氏《經説考》繼云："《論語·學而篇》'巧言令色，鮮矣仁'包咸注云：'巧言，好其言語。令色，善其顏色。'與《史記》訓合。'孔壬'，猶言甚佞。"按，"孔"，甚也。見《爾雅·釋言》。"壬"，佞也。見《爾雅·釋詁》。

以上這一節，臯陶提出知人、安民的政治綱領。經師們大抵以知人、安民爲《臯陶謨》一篇之體要。

臯陶曰："都，亦行有九德，亦言其人有德①。"乃言曰："載采采②。"禹曰："何？"臯陶曰③："寬而栗④，柔而立⑤，愿而恭⑥，亂而敬⑦，擾而毅⑧，直而溫⑨，簡而廉⑩，剛而塞⑪，彊而義⑫。彰厥有常，吉哉⑬！日宣三德，夙夜浚明有家⑭。日嚴祗敬六德，亮采有邦⑮。翕受敷施，九德咸事，俊乂在官⑯。百僚、師師、百工惟時⑰，撫于五辰（辰），庶績其凝⑱。無教逸欲有邦⑲。兢兢業業，一日二日萬幾⑳。無曠庶官，天工人其代之㉑。天叙有典，勑我五典五惇哉㉒；天秩有禮，自我五禮有庸哉㉓；同寅協恭和衷哉㉔；天命有德，五服五章哉㉕；天討有罪，五刑五用哉㉖；政事懋哉懋哉㉗！天聰明，自我民聰明；天明畏，自我民明威㉘。達于上下，敬哉有土㉙。"

臯陶曰："朕言惠可厎行㉚？"禹曰："俞，乃言厎可績㉛。"皐陶曰："予未有知，思曰贊贊襄哉㉜。"

　　①都亦行有九德亦言其人有德——《史記》句首作"然，於！"下句無"人"字。《唐石經》亦無"人"字。按《史記》以"然"譯"俞"，以"於"譯"都"。此處上多"然"字，則其所據漢代今文本《皐陶謨》此句句首當有"俞"字（段玉裁《撰異》已有此説）。這是先肯定對方的話，然後以歎詞"都"引出自己的話。"亦"，與"繄"同音通用，爲語首助詞，無義。見《左傳·隱公元年》"繄我獨無"《杜注》："繄，語助。"（王引之《釋詞》亦釋"亦"爲語助，惟據《孔疏》釋"繄"爲"唯"，不如《杜注》妥。又江聲《音疏》釋"亦，古掖字，扶持也"過於迂僻，不適此用）此"亦行"與"亦言"對舉。"行"《釋文》："下孟反。"指品行、行爲。"言"指言語，言談。"人"，段玉裁《撰異》云："今本'有德'之上有'人'字，非也。考《唐石經》每行十字，獨此行'其有德乃言曰載采采'九字。諦視則有德二字初刻本是三字，人字居首，波撇尚可辨。然則'亦言其人有德'唐時有此本。唐元度覆定石經，乃刪人字重刻。今注疏本則沿襲別本也。唐石摩去重刻者多同於今本，此獨異於今本。《夏本紀》云：'亦言其有德。'則今文《尚書》亦無人字也。"

　　《論衡·答佞篇》："唯聖賢之人，以九德檢其行，以事效考其言。"是據漢代無"人"字句爲釋。蘇軾《書傳》："亦行有九德者，以其自修也；亦言其人有德者，以此求人也。"則據僞古文流行本有"人"字句釋之。而僞孔則兩句都指人。其釋云："言人性行有九德，以考察真僞則可知；稱其人有德，必言其所行某事某事以驗之。"（此連下句"載采采"爲釋）《蔡傳》則以爲上句總說"德"，下句說"人之有德"。其釋云："'亦言有九德'者，總言德之見於行者，其凡有九也；'亦言其人有德'者，總言其人之有德也。"總之是說德有九種，人要有德。

②乃言曰載采采——《史記》作“乃言曰始事事”。譯“載”爲“始”，譯“采”爲“事”。逐字用訓詁義。“載”，始也。見《詩·載見》毛傳，亦見《詩》之《皇矣》、《載見》、《閟宫》諸篇鄭箋。孫星衍《注疏》云：“《釋詁》云：‘哉，始也。’載同哉。”“采”，事也。見《爾雅·釋詁》，已見《堯典》“若予采”校釋。孫氏疏並引王充《論衡·答佞篇》云：“唯聖賢之人以九德檢其行，以事效考其言。行之不合於九德，言不驗於事效，人非賢而佞矣。”皮氏《考證》亦引之云：“據仲任（王充字）説，則‘乃言’當作‘考言’。丂、乃形近，疑今文有作‘考言’者。”可備一説。此句之意，可如僞孔所釋：“必言其所行某事某事以驗之。”亦即《蔡傳》所云：“總言其人有德，必言其行某事某事爲可信驗也。”

③禹曰何皋陶曰——《史記》無此六字。因上文下文皆皋陶所説，故刪去此中間插話。禹插話問：“何？”僞孔云：“問九德品例。”《蔡傳》則云：“‘禹曰何’者，問其九德之目也。”下文皋陶之語即九德之目。

④寬而栗——漢碑有引“栗”作“慄”者，見皮氏所引《衡方碑》。《孔疏》引鄭玄注云：“寬謂度量寬弘。”鄭又云：“凡人之性有異，有其上者不必有下，有其下者不必有上，上下相協乃成其德。”即指此處“九德”，都是兩個相對的行爲概念，合成一個道德概念。也可説是由每一對相異的範疇，構成一個統一的範疇。故《孔疏》在引鄭説後概括言之云：“是言上下以相對。各令以相對兼而有之，乃爲一德。此二者雖是本性，亦可以長短自矯。寬宏者失於緩慢，故性寬宏而能矜莊嚴栗，乃成一德。九者皆然也。”故譯此句爲：“人性有寬弘而能莊栗也。”其所承之僞孔云：“性寬弘而能莊栗。”《蔡傳》所釋

全同。所謂“莊栗”，指莊敬、嚴肅。即《論語·爲政》“臨之以莊則敬”之義。“寬而栗”，是既寬弘又莊敬嚴肅。林之奇《全解》云：“寬則易失之放縱，故必能莊栗，然後爲成德。”即此義。蘇軾《書傳》：“栗，懼也。寬者患不戒懼。”則栗即慄義。不如寬弘又莊敬嚴肅之釋較妥。詳《堯典》“寬而栗”校釋。

⑤柔而立——《孔疏》引鄭玄云：“柔謂性行和柔。”僞孔云：“和柔而能立事。”《孔疏》即譯此句爲“和柔而能立事也”。《蔡傳》基本同僞孔云：“柔順而植立也。”意謂性格柔和而行事又堅定自立。林氏《全解》云：“柔則易失之懦弱，故必有以立志，然後爲成德。”

⑥愿而恭——《史記》作“愿而共”。《孔疏》引鄭玄云：“愿謂容貌恭正。”僞孔云：“愨愿而恭恪。”《孔疏》云：“愿者，愨謹良善之名。謹愿者失於遲鈍，貌或不躬，故愨愿而恭敬乃爲德。”故譯此句爲“愨愿而能恭恪也”。王天與《書纂傳》引王安石云：“愿愨或失於樸陋，恭謂恭肅有禮。”蘇軾《書傳》云：“愿，愨也。愨者或不恭。”林氏《全解》云：“愿則易失於樸野，則必成以恭。”《蔡傳》云：“愿而恭者，謹愿而恭恪也。”以上漢古文及東晉僞古文之經師體現漢學之説，以及宋儒體現宋學之説，皆釋“恭”爲恭敬義。段玉裁《撰異》云：“《夏本紀》作‘共’，疑《本紀》是也。謹愿人多不能供辦……德與才不能互兼也。《史記》恭敬字不作‘共’。即《堯典》允恭、象恭可證（參看《堯典》“允恭克讓”校釋引段説）。今文《尚書》作‘愿而共’，勝於古文《尚書》。”意謂《史記》作“共”即非恭敬義而是供辦義。今文謹愿而能供辦之釋，勝古文謹愿而恭敬之釋。楊氏《覈詁》承段説亦云：“按共與供通，言能供職有才能，與謹愿之意正相反。其義視古文爲長。”這是清學之異於漢宋兩學者。因謹厚者往往無用。此欲其謹厚而又有供職幹辦的才能。二説孰是孰非，恐難遽行論定，只

能兩存其説。今譯只能取一説,擬取謹厚而又有幹辦之才爲説。

⑦亂而敬——《史記》作"治而敬",用訓詁字。《爾雅·釋詁》:"亂,治也。"這就是所謂相反相成之訓。《孔疏》引鄭玄云:"亂謂剛柔治理。"僞孔亦云:"亂,治也。有治而能謹敬。"《孔疏》云:"有能治者,謂才高於人也,堪撥煩理劇者也。負才輕物,人之常性。故有治而能謹敬,可爲德也。愿言'恭'治云'敬'者,恭在貌,敬在心。愿者遲鈍,外失於儀,故言恭以表貌。治者輕物,内失於心,故謂敬以顯情。恭與敬,其事亦通愿。其貌恭而心敬也。"故譯此句爲"治理而能謹敬也"。《蔡傳》全同僞孔,文字稍異云:"亂,治也。亂而敬者,有治才而敬畏也。"蘇軾《書傳》提出稍異之釋云:"橫流而濟曰'亂'(按,見《禹貢·梁州》"亂于河"校釋)。故才過人可以濟大難者曰'亂'。'亂臣十人'(按,見《書·泰誓》)是也。才過人者,患在於夸傲。"意謂救其夸傲在敬。林氏《全解》亦云:"亂者有濟亂之材,如武王所謂'亂臣十人'是也。易失於輕忽,故當成之以敬。"兩氏之意仍謂其材過人者要謹敬。于省吾《尚書新證》提出新説云:"按九德每句上下二字義皆相反,故用'而'字作轉語。'亂而敬'《史記》作'治而敬',治與敬,辭不相屬,義不相反。《説文》籀文'辭',從司。金文治作嗣或嗣,與辭通用。嗣與亂形似而訛。舊説訓亂爲治,非的詁也。辭、怡聲同相假,《史記·周本紀》'怡悦婦人',徐廣曰:'怡,一作辭。'詳《堯典》'舜讓于德弗嗣'條。怡悦者易於不恭,故曰'怡而敬',亦《禮記·表記》'樂而毋荒''安而敬'之意也。"此自是深論,從文字學指出亂訓治非的詁,尤爲要論。因每讀到"亂,治也",就感到別扭。此釋足以正視聽。但《史記》已用"治",這是最早的引用此句者,顯然仍據舊訓。今如以治爲悦,自見恰當。但只是依據文字學推定,無直接版本依據。整理古籍最忌改

字,因此要將此"亂"字改爲"怡",終無此膽量。只能仍保持此"亂"字或"治"字,取于氏説釋之爲"怡",或者可以。

⑧擾而毅——《夏本紀集解》引徐廣曰:"擾,一作柔。"段玉裁《撰異》云:"擾,古音讀如柔。是以《韓非·説難》'龍之爲鱗,可柔狎而騎'。《史記》'柔'作'擾'。《管子書》'擾桑',即《毛詩》之'柔桑'也。但此經'擾'與上文之'柔'義別。若作'柔',則復上矣。"是段氏不主張擾作柔。段又引《玉篇·牛部》"犪":"牛柔謹也,從也,安也,又馴也。《尚書》'犪而毅'字如此。"可知梁時顧野王所見僞古文本《尚書》"擾"字有作"犪"者,顯爲隷古定本故作別於常字所尋之異字。

《孔疏》引鄭玄注云:"擾謂事理擾順。"又《蜀志》裴注引鄭注云:"擾,訓也。致果曰毅。"然僞孔亦云:"擾,順也。致果爲毅。"不知裴注是否引誤。《孔疏》云:"《周禮·大宰》云:'以擾萬民。'鄭玄云:'擾,猶馴也。'《司徒》云:'安擾邦國。'鄭云:'擾亦安也。'擾是安馴之義,故爲'順'也。'致果爲毅',宣二年《左傳》文。彼文以殺敵爲'果'。致果爲毅,謂能致果敢殺敵之心,是爲毅貌也。和順者失於不斷,故順而能決乃爲德也。"故《孔疏》譯此句爲"和順而能果毅也"。林氏《全解》云:"順擾者多失於無斷,故以果毅成之。"蘇軾《書傳》、《蔡傳》並釋"擾,馴也"。蔡所釋全句云:"擾而毅者,馴擾而果毅也。"大抵釋義相近,都是説性格和順者又要能果敢堅毅。于省吾《新證》先舉金文"擾遠能藝"文獻中作"柔遠能邇",而後云:"是柔擾同聲相假。九德以'柔而立''擾而毅'並列,則柔擾應有別。《大宰》注:'擾猶馴也。'《論語》'士不可以不弘毅',包注:'毅,强而能決斷也。'蓋柔和者易於因循而無所樹立,馴擾者易於猶豫而無所決斷,故曰'柔而立'、'擾而毅'也。"對此兩句作了比較,而釋義仍基本承前人説。

⑨直而温——《孔疏》引鄭玄注云:"直謂身行正直。"僞孔則云:"行正直而氣温和。"《孔疏》即譯此句爲"正直而能温和也"。林氏《全解》云:"直者多失於不能容物,故以温和成之。"《蔡傳》云:"'直而温'者,徑直而温和也。"對此句之釋無多歧義。

⑩簡而廉——《孔疏》引鄭玄注云:"簡謂器量凝簡。"僞孔云:"性簡大而有廉隅。"《孔疏》遂譯此句爲"簡大而有廉隅也"。並釋云:"簡者,寬大率略之名。志遠者遺近,務大者輕細,弘大者失於不謹,細行者不修廉隅,故簡大而有廉隅乃爲德也。"《彙纂》引朱熹云:"簡是好資質,較之煩苛瑣細者不同。廉,有分辨。"按朱熹注《孟子·滕文公》"豈不誠廉士哉"云:"廉,有分辨,不苟取也。"蘇軾《書傳》:"簡易者或無廉隅。"林氏《全解》:"簡者易失於略,故必濟之以廉隅。"《蔡傳》:"簡而廉者,簡易而廉隅也。"所謂"廉隅",指志行端正,《禮·儒行》"砥礪廉隅"疏:"言儒者習近文章,以自磨厲,使成己廉隅也。"段玉裁《撰異》云:"《中庸》'簡而文,温而理'。鄭注曰:'簡而文,温而理,猶簡而辨,直而温也。'按此用《尚書》,而'廉'作'辨',未詳也。"然據朱熹之釋"廉,有分辨",豈鄭引用時用其釋義歟?俞樾《平議》則云:"此經'廉'字鄭讀爲'辨',言'雖簡約而有分别'也。《論語·陽貨篇》'古之矜也廉'。鄭注曰:'魯讀廉爲貶。'《禮記·玉藻篇》'立客辨卑'。鄭注曰:'辨讀貶。''廉、辨並可讀爲貶。'是其聲相近也。故鄭讀此經廉字爲辨。凡人惟過於簡約,則無等威,易於無别,《書》曰'簡而辨',《禮》曰'簡而文',其義一也。鄭説洵長於枚(指僞孔)矣。"是找出了廉爲辨的資料依據。于氏《新證》云:"《論語·雍也》'可也簡'皇疏:'簡,謂疏大無細行也。'《管子·正世》'人君不廉而變'注:'廉,察也。'簡與廉爲

對文。簡放者易於疏略，故以廉察爲言。《中庸》‘簡而文，溫而理’鄭注：‘猶簡而辨，直而溫也。’辨、察同義。《堯典》言簡而無傲。簡傲與廉隅義不相反，僞傳說非是。”是考釋了廉、辨同義。

⑪剛而塞——《史記》作“剛而實”。段玉裁《撰異》云：“《說文》十篇‘心部’曰：‘𢛳，實也。从心，塞省聲。《虞書》曰：剛而𢛳。’玉裁按：作𢛳者，壁中原文。作塞者，蓋孔安國以今文讀之也。《毛詩·邶風》‘其心塞淵’，《毛傳》：‘塞，瘱也。’《鄘風》‘秉心塞淵’，《鄭箋》：‘塞，充實也。’《大雅》‘王猶允塞’，《鄭箋》：‘信自實滿。’《毛傳》訓‘瘱’，亦允塞意也。崔靈恩《集注》本‘瘱’作‘實’，與許君合。《堯典》今文《尚書》‘文塞晏晏’，從土與從心之字音義皆同。”接着批評有人輒改《堯典》、《皋陶謨》“塞”字作“𢛳”（指江聲），自以爲尊《說文》明小學，而實失《說文》小學之意。指明𢛳爲古文，塞爲今文，二字通用，無煩改字，其訓義爲充實。《史記》即用訓詁字。

《孔疏》引鄭玄注云：“剛謂事理剛斷。”僞孔云：“剛斷而實塞。”《孔疏》從而譯此句爲：“剛斷而能實塞也。”（實際不知所云）並進而釋之云：“塞訓實也。剛而能斷，失於空疏，必性剛正而内充實乃爲德也。”俞樾《平議》：“剛而能斷，安見必失之空疏，《正義》（即《孔疏》）所說非也。”林氏《全解》云：“剛者多失於上氣而好爭，故必濟之以塞實。”《蔡傳》一循僞孔云：“剛而塞者，剛健而篤實也。”惟蘇軾《書傳》又稍提異說：“剛者或色厲而内荏，故以實爲貴。《易》曰‘剛健篤實輝光，日新其德’（按，見《易·大畜》）。”此以“剛健篤實”釋此句，似比僞孔等說爲優。俞樾《平議》提出新釋云：“塞當讀爲思。《堯典篇》‘欽明文思’，今文《尚書》作‘塞’。《正義》引鄭注曰：‘慮深通敏謂之思。’此古文說也。《後漢書·郅惲傳》注引鄭注

《尚書考靈耀》曰：‘道德純備謂之塞。’此今文説也。是鄭君各依本字爲説。……説詳段玉裁《撰異》。蓋思、塞雙聲，故義得相通。《堯典》思字，馬以塞字讀之，然則《皋陶謨》塞字亦可以思字讀之。‘剛而塞’者，剛而思也。剛斷之人恐或不能審思，則失之於不當斷而斷者多矣。故必剛而思乃爲德也。”這是各家各尋字義提出自己的解釋。若就《史記》訓爲“實”，爲此處此字最早之釋，則寧取此釋，以此句爲剛勁而又平實之義。

⑫彊而義——《後漢書·楊震傳》注引作“強而誼”。“彊”，同“強”。《康熙字典》云：“‘彊’與‘強’，平、上、去三聲經史並通用。”與從土之“疆”異（有時亦可通，如“辟彊”即“辟疆”）。《孔疏》引鄭玄注云：“強謂性行堅強。”僞孔釋云：“無所屈撓，動必合義。”《孔疏》譯此句爲“強勁而合道義也”。並釋云：“強直自立，無所屈撓，或任情違理，失於事宜，動合道義，乃爲德也。鄭注《論語》云：‘剛謂強志不屈撓，即剛強。’義同此剛強。異者，剛是性也，強是志也。……剛強相近。”林氏《全解》云：“強則無所屈撓，多不中節，故成之必在合義。”《蔡傳》：“彊而義者，彊勇而好義也。”曾運乾《正讀》云：“彊者恃勇而不審宜，故以彊而義爲德也。”諸説義較相近，而以最後曾氏説爲簡明。王引之《經義述聞·尚書上》則提出新解云：“義，善也。謂性發強而又良善也。《大雅·文王篇》：‘宣昭義問。’《毛傳》曰：‘義，善也。’《緇衣》曰：‘章義癉惡。’《皇侃疏》：‘義，善也。’字通作‘儀’。《爾雅》：‘儀，善也。’……《正義》曰：‘九德上下相對，必兼而有之，乃爲一德。’……然則彊與義亦是上下相對。昭元年《左傳》曰：‘不義而彊，其斃必速。’正與此相反也。若云彊而合義，則九德皆當合義，非獨‘彊’也。”此説比以上諸説皆優，特別是由“不義而彊，其斃必速”一語，知必須“彊而義”才不至促自己滅

亡。很可能"彊而義"一詞,即由有懲於"不義而彊"一語而來。

⑬彰厥有常吉哉——"彰厥",《史記》作"章其"。逐字譯用訓詁字。"彰"、"章"義同,高誘注《呂覽》、《淮南》及此處僞孔云:"彰,明也。"鄭玄注三《禮》亦皆云:"章,明也。""其",爲"厥"之訓義,詳《堯典》"厥民析"校釋。《後漢書·鄭均傳》:"元和元年詔云:'《書》不云乎:'章厥有常吉哉。'其賜均,義穀各千斛。'注云:'章,明也。吉,善也。言爲天子當明其有常德者優其廩餼,則政之善也。"孫星衍《注疏》引此文後云:"疑今文之義。"《說文》:"吉,善也。"僞孔承之以釋此句云:"明九德之常,以擇人而官之,則政之善。"實亦略近王肅說。《孔疏》引王肅云:"明其有常,則善也。言有德當有恒也。"接着釋之云:"其意亦言彼能有常,人君能明之也。"《孔疏》又引鄭玄云:"人能明其德,所行使有常,則成善人矣。"接着釋之云:"其意謂彼人自明之,與孔異也。"《孔疏》自釋云:"此句言用人之義。所言九德,謂彼人常能然者,若暫能爲之,未成爲德。故人君取士必明其九德之常,知其人常能行之,然後以此九者之法擇人而官之,則爲政之善也。明,謂人君明知之。"林之奇《全解》以爲"雖以此九德觀夫人才之成不成,又必其德之有常者而後可",並舉霍光"於九德之一能守有常,武帝彰而用之"。與《後漢書·鄭均傳》所言相合。蘇軾《書傳》云:"常於是德,然後爲吉。"及《蔡傳》云:"彰,著也。成德著之於身,而又始終有常,其吉士哉。"是於此句之解釋可分二說,一爲《後漢書·鄭均傳》注,王肅、僞孔、林之奇等以爲天子獎勵德行有常之人乃爲善政,一爲鄭玄、蘇軾、蔡沈等以爲人能德行有常乃爲吉士。前一說即《鄭均傳》所述之說,爲漢人所理解的此句文義。自較爲合於此句原義。

以上九德皆叙畢,《孔疏》以之與《堯典》"教胄子"諸德相比較云："此九德之文，《舜典》云'寬而栗、直而温'，與此正同。彼云'剛而無虐、簡而無傲'，與此小異。彼言剛失之虐，此言剛斷而能實塞。實塞亦是不爲虐。彼言簡失之傲，此言簡大而有廉隅，廉隅亦是不爲傲也。"又《孔疏》引鄭玄説，則以之與《洪範》諸德相比較。所引鄭玄之言，以寬、柔、擾三者相類，即《洪範》云柔克也。愿、亂、直"三者相類即《洪範》云正直也。簡、剛、强三者相類，即《洪範》云剛克也。而九德之次從柔而至剛也。惟'擾而毅'在'愿''亂'之下耳。其《洪範》三德，先人事而後天地，與此不同。"《堯典》諸德與此九德，皆出儒家之手，自可比較。《洪範》則商代原件，與此相去絶遠，各成體系，無由作正面比較，只能較其差異。按《逸周書·常訓解》亦有云："九德：忠、信、敬、剛、柔、和、固、貞、順。"又《寶典解》載"九德"：一、孝，二、悌，三、慈惠，四、忠恕，五、中正，六、恭遜，七、寬弘，八、温直，九、兼武。此二篇屬於保存有西周資料、其文字可能寫定於春秋時的篇章（見《尚書學史》第96頁），後一篇顯然爲儒家思想，《常訓》則篇中有同於《洪範》之文，故其九德重視剛、柔、和、固、順等，然前加忠、信，顯然亦受儒家思想影響。可知當時談"九德"，頗成風氣，《皋陶謨》在此氣氛下，提出了較完整的九德説。

　　⑭日宣三德夙夜浚明有家——《史記》作"日宣三德蚤夜翊明有家"。段玉裁《撰異》云："馬云：(浚)大也。則'浚'同'俊'。《史記·夏本紀》'浚'作'翊'。是古文《尚書》作'浚'，今文《尚書》作'翊'也。'翊'同'翌'。《爾雅》'翌，明也'。'翊明'，重言之。"又皮氏《考證》云："《尚書大傳》：'翊，輔也。'則今文作'翊'是也，然《大傳》以'翊'爲輔，與段説不同。蔡邕《司空文烈侯楊公碑》曰：'翊明其政'與《史記》文正合，乃今文作'翊'之明證。"前於皮氏之陳喬樅《經説考》云："《爾雅·釋言》'翊，明也'。郭璞注引《書》曰

'翊日乃瘳'。而《尚書》作'翼日'。是翊、翼，古相通假，故《大傳》以翊訓輔，知翊即翼之假借字也。"又段氏云："僞孔傳：'浚，須也。'不可解。（按林之奇《全解》已云：孔氏以浚爲須，於義無所據。）馬季長曰：'浚，大也。'（按，見《釋文》）說者傅諸'駿，大也'之訓。玉裁謂：'浚'當是'俊'之字誤。古'竣'多假'俟'，'俟'，須也。即'竣'，須也。馬云'俊，大也'，即《說文・人部》之'俊，大也'。"按《魏石經》三體品字式殘石正作"俊"，可證段說之確。又皮氏《考證》云："《史記》於'夙夜維寅'、'夙夜出入朕命'皆不作'蚤夜'，則此云'蚤夜'，乃今文《尚書》本文，非故訓字也。"此皮氏的推定。安知《史記》於此句不用故訓字乎？

　　僞孔云："三德，九德之中有其三。宣，布。夙，早。浚，須也。卿大夫稱'家'。言能日日布行三德，早夜思之，須明行之，可以爲卿大夫。"與下句"祗敬六德亮采有邦"僞孔釋爲"可以爲諸侯"。於是行三德而有家爲卿大夫事，行六德而有國爲諸侯事，遂爲注疏家經師們解此兩句的共識。《孔疏》云："大夫受采邑，賜氏族，立宗廟，世不絕祀，故稱'家'。位不虛受，非賢臣不可，言能日日布行三德，早夜思之，待明行之，如此念德不懈怠者，乃可以爲大夫也。"釋明大夫之有家。下文《孔疏》云："天子分地建國，諸侯專爲己有，故有國謂諸侯也。"釋明諸侯之有國。《蔡傳》全承僞孔連下句釋之云："'有家'，大夫也。'有邦'，諸侯也。'浚明'、'亮采'，皆言家、邦政事明治之義，氣象則有大小之不同，三德而爲大夫，六德而爲諸侯，以德之多寡、職之大小概言之也。夫九德有其三，必日宣而充廣之，而使之益以著；九德有六，尤必日嚴而祗敬之，而使之益以謹也。"按《皋陶謨》爲孔子教授門徒兩大課本《詩》、《書》中的主要政治道德教科書，《書》的第二篇，所處的時代當春秋之世。其政治現實正是諸侯擁有其國，卿大夫擁有其家，則這樣的解釋，應該説是符合當時政治實際的。孔子力倡禮樂征伐自天子出，通過皋陶口中，由天子掌握九德之考核，視其履行德之多少而定其保有其國、保有其家，亦符合當時孔子所建立儒家的政治信念。因此對這兩句的解釋，應該是近於當時人們的信念的。

　　林之奇《全解》對所説的"三""六"提出了質疑。他説："皋陶之論官人，於天子曰'翕受敷施'，固無可疑者。其於諸侯局之以六，大夫則限之以三，此則學者以意逆志而得之，不可泥其文於章句之間也。"指出上面的解釋是學者根據自己的理解推論而得，不應拘泥於其説。確實，機械地規定其數目爲諸侯用其六德，卿大夫用三德，是説不通的。因此只能體會其意，不能拘泥其數。至江聲《音疏》則推翻此説另立新説云："翊，假借字也，當爲翼。翼，敬也。……日顯著其三德，早夜敬明其德於家者，謂未仕者也。日益儼然敬行六德以相事於國者，謂已仕者也。"這是用後世的"家"與"國"的概念來解釋此兩句。家是個人的家，國是大家所共屬的政權的國。以此來解釋，在今天看來較合理。但與古代諸侯之國與卿大夫之家的政治現實不相合，以之來解釋此兩句，是未見其妥當的。

　　⑮日嚴祗敬六德，亮采有邦——《史記》作"日嚴振敬六德，亮采有國"。"祗"作振，"邦"作國。段玉裁《撰異》："經典多嚴儼不分。如《無逸》'嚴恭'馬作'儼'。《論語》'儼然民望而畏之'，本又作'嚴'。'祗'，《夏本紀》作振，《盤庚》'震動萬民'，《石經》作'祗動'。《柴誓》'祗復之'、《無逸》'治民祗懼'，《魯世家》作'振復'、'振懼'。然則'祗'、'振'古通用，合韻最近，又爲雙聲也。《内則》'祗見孺子'，注云：'祗或作振。'"是古籍中"祗""振"常通用。"祗"之義爲敬（見《釋詁》，本書校釋屢見），"振"之義爲整（《左

傳·隱公五年》注），亦引申爲敬。"振敬"、"祗敬"，同義複詞。《夏本紀·集解》引馬融云："'亮'，信。'采'，事也。"

此句釋義已附見上句。僞孔云："有國諸侯，日日嚴敬其身，敬行六德以信治政事，則可以爲諸侯。"《蔡傳》之解釋全同此義，已見上句引錄。然而宋儒又開始出現另一說，以爲不是大夫、諸侯自己行這些德獲得保有其家、國，而是大夫、諸侯選用有這些德的賢才來治理其家、國。首見於王安石《新經義》云："日宣達三德之賢，使任有家；日嚴祗敬六德之賢，使任有邦。"（《書傳纂疏》引）蘇軾《書傳》亦云："宣，達也。浚，盡其才也。明，察其心也。言九德之中得三人而宣達之，盡其才而察其心，則卿大夫之家可得而治也。得六人而嚴憚敬用之，信任以事，則諸侯之國可得而治也。"林之奇《全解》亦用此意，闡明天子用九德之人，諸侯用九德中六德之人，卿大夫則用九德中三德之人。至清黃式三《啓幪》承諸說簡釋之云："嚴，急也，見《說文》。祗，即敬也。亮，佐也。有邦，諸侯也。日急敬六德之人，能佐事以有邦土，言諸侯必備用此六德之吉人也。"按《皋陶謨》原文但言"三德"、"六德"，并未言三德之人、六德之人。且與"彰厥有常，吉哉"所說的天子彰用有德之才相冲突。儒家之意在尊天子，而諸侯卿大夫必須恪遵德行以靖恭其職。則此後一說自不合原意，仍當以僞孔及《蔡傳》之釋爲合。

⑯翕受敷施九德咸事俊乂在官——《史記》首句作"翕受普施"。末句則《文選·曹植責躬詩》李善注引此句乃作"雋乂在官"。又《漢書·谷永傳》谷永上書引作"九德咸事俊艾在官"（此皆段氏《撰異》所引）。皮氏《考證》補充漢碑如《樊敏碑》、《李孟初碑》及王褒《聖主得賢臣頌》等皆作"浚艾"，以爲是今文夏侯氏作"艾"。又引《鹽鐵論》、《論衡》、《後漢書》之《楊震傳》、《楊賜傳》及緯書

《中候》與此處《史記》文皆作"俊乂在官"，以爲史公、王充、楊氏父子皆習歐陽《尚書》，是今文歐陽氏作"乂"。皮氏又引孫星衍訓"俊"爲大、"艾"爲老，而谷永言"未有賢布於官而不治者"。似以"俊"訓賢，"艾"訓治。以爲與孫説不同，不必從孫"。按《孔疏》引"馬鄭皆曰'才德過千人爲俊，百人爲乂'"。其實俊乂指超過常人的才智之士，不應拘泥其人數。

偽孔釋此數句云："龠，合也。能合受三、六之德而用之，以布施政教，使九德之人皆用事，謂天子如此，則俊德治能之士並官。"王安石釋云："合九德而受之，敷九德而施之。"（《書纂傳》引）蘇軾《書傳》云："九德并至……能合而受之爲難。能合而受之矣，則以能行其言爲難。故曰'龠受敷施，九德咸用'，此天子之事也。"《蔡傳》云："德之多寡雖不同，人君惟能合而受之，布而用之，如此則九德之人咸事其事，大而千人之俊，小而百人之乂，皆在官使。"這都是釋爲天子用九德之人。

亦有理解爲天子本身應具備九德。見皮氏《考證》云："《東觀書》曰：章帝初即位，賜東平憲王蒼書曰：'朕夙夜伏思，念先帝躬履九德。'《魏受禪碑》：'九德既該。'疑今文家有以九德屬君德者。"是東漢早期之章帝，當今文家盛時，漢末簒國之魏帝，則受王肅古文學者，皆以天子要踐履九德。此與諸侯要行六德，卿大夫要行三德，是一致的。則經師們有此一説也是合理的。但《皋陶謨》原文此處談天子"能官人"之事，即就"九德"之賢才任之以官。並非説天子本人行九德的問題。故此釋與此處原義不合。何況皮氏下文舉了一些九德屬天子大臣的資料。見《考證》云："《漢書·王尊傳》曰：'三公典五常九德。'《後漢書·楊震傳》曰：'方今九德未事。'班固《薦謝夷吾》曰：'行包九德。'蔡邕《太傅胡公碑》曰：'九德咸修。'《陳太丘碑》曰：‘兼資九德。’《汝南周巨勝碑》曰：‘備九德。’《盧江太守范式碑》曰：‘九德靡爽。’皆不以九德爲君德。”這可以看出，這一說是：天子朝中的卿事大臣要備九德，以與諸侯要備六德、卿大夫要備三德相一致，就使九德、六德、三德配成體系。回頭看看，先以“亦行有九德”爲之綱領，引出九德德目，然後相繼説“日宣三德”，“祗敬六德”，以迄“九德咸事”，秩序是井然的。

　　⑰百僚師師百工惟時——自此起至“五服五章哉”共十六句，《史記·夏本紀》皆省去，而總括其意爲“百吏肅謹，毋教邪淫奇謀，非其人居其官，是謂亂天事”四句。

　　《釋文》：“僚，本又作寮。”阮元《校勘記》：“按依《説文》當作‘寮’，俗省作‘寮’，假借作‘僚’。”段玉裁《撰異》孫《注疏》陳《經説考》皮《考證》皆録《鹽鐵論·刺復篇》、《中論·譴交篇》引《尚書》曰“百僚師師，百工惟時”。《刺復篇》且釋云：“言官得其人，人任其事，故官治而不亂，事起而不廢，士守其職，大夫理其位，公卿總要執凡。”《譴交篇》則云：“各隨其才之所宜，不以大司小，不以輕任重，故《書》曰‘百僚師師，百工惟時’，此先王取士官人之法也。”孫《注疏》以爲：“公卿謂俊义，大夫謂百僚，士謂百工也。史公説百僚百工俱爲百吏者，《詩·傳》曰：‘工，官也。’”

　　僞孔釋此二句云：“‘僚’、‘工’，皆官也。‘師師’，相師法。‘百官皆是’，言政無非。”林氏《全解》云：“俊义既在官矣，於是百官皆相師法，而百工之事各得其時也。孔氏云‘百官皆是，言政無非’，既以‘時’爲是，又以‘是’爲政無非，此説爲迂。‘百僚’‘百工’皆指百官也，‘師師’，指其人而言之，故曰百僚。‘惟時’指其事言之，故曰百工。其實一也。”陳櫟《纂疏》云：“惟時，如‘食哉惟時’（見《堯典》）、‘惟時惟幾’（見本篇末），皆天時也。”《蔡傳》則略承僞孔而多承林氏云：“‘師師’，相師法也。言百僚皆相師法，而百工皆及時以趨事也。‘百僚’、‘百工’，皆謂百官。言其人之相師則曰‘百僚’，言其人之趨事則曰‘百工’，其實一也。”凡此皆以“百僚”、“百工”爲百官，是無異議的。“師師”也一致釋爲相師法，已爲經師們共識。然實際並無足够依據。

　　俞樾《平議》云：“《爾雅·釋詁》曰：‘師，衆也。’《廣雅·釋訓》曰：‘師師，衆也。’猶之‘雝’爲和，‘雝雝’亦爲和。‘肅’爲敬，‘肅肅’亦爲敬。古人之詞類然。‘百僚師師’乃衆盛之貌。猶《詩》言‘濟濟多士’也。《微子篇》‘卿士師師非度’，《梓材篇》‘我有師師司徒司馬司空亞旅’。凡言‘師師’皆言衆也。馬融釋‘卿士師師非度’曰：‘卿士以下轉相師效爲非法度。’見《史記集解》。枚傳（指僞孔）以‘師師’爲相師法，蓋即襲馬融説，然非古義矣。”俞説有其見地。可知釋“師師”爲相師法太牽强。知其爲衆盛之貌，則與“濟濟”義同。

　　于鬯《香草校書》提出又一解釋。其言云：“師師在百僚、百工之間（其下文云：“此八字當讀作一句。”知其讀爲“百僚、師師、百工惟時”而非“百僚師師，百工惟時”），亦當是官稱。《益稷》（即本篇下半）篇云‘州十有二師’，陸德明《經典釋文》引，鄭云：‘師，長也。’……則唐虞之官固有名‘師’者。師既非一人，故曰‘師師’。……蓋百僚者，内官也；師師者，外官也。……《微子篇》云：‘卿士師師非度。’亦謂内官外官皆非度也。《梓材篇》云：‘我有師師、司徒、司馬、司空、尹旅。’師師在司徒諸官之上，則其爲官稱，非相師法蓋顯。”説師師爲在司徒、司馬、司空之上的官稱，言較有據，比以師“師”爲相師法要妥。即《微子篇》就有太師、少師之官，足爲其説之證。

　　俞、于二説皆有可取，但今譯時只能取一説，擬定從于説。以"師師"爲較高級的長官之稱，"師師"爲其複數。

　　⑱撫于五長（辰）庶績其凝——前四字通行本作"撫于五辰"，僞孔以"五辰"爲"五行"之時。其釋此句云："凝，成也。言百官皆撫順五行之時，衆功皆成。"林氏《全解》云："撫于五辰，言使百官各舉其職以順此五辰之時，則衆功皆興也。"接着舉木火水金土附會於四時，然後説："蓋五行之時，分而言之則爲十二辰，合而言之則五辰，其實一也。"《蔡傳》云："撫，順也。五辰，四時也。木火金水旺於四時，而土則寄旺於四季也。《禮運》曰'播五行於四時'是也。凝，成也。言百工趨時而衆功皆成也。"凡此皆釋"其凝"爲"皆成"。王引之《釋詞》則釋云："其，猶乃也。"並舉此句爲例。則是"乃成"。王説較妥。因"其"字無"皆"義。至於這一五行之五辰説，是非常謬誤的。原始的五行只是天上五星的運行，與金木水火土無關。五星之名與金木水火土相結合當在春秋以後事，至結合四時則更是漢代陰陽五行説盛行後之事，所謂的舜、禹、皋陶時期，根本没有金木水火土五行説（詳《甘誓》篇校釋及討論）。所以此説的荒謬是不足道的。

　　于鬯《校書》認爲"五辰"是"五長"之誤。甚精確。其言云："鬯按，五辰殊無義。'辰'，疑'長'字之誤。長、辰二字隸書形近，故五長誤爲五辰。五長者，即《益稷》篇所云'外薄四海，咸建五長'也（見本篇下半）。……謂之五長，止是爲長者五人而已。'外薄四海，咸建五長'，但謂外薄四海建五長耳。……陸釋云：'五長，衆官之長。'其説却得。……故承上文百僚、師師、百工，而曰撫于五長，即謂百僚也、師師也、百工也，悉撫順於五長也。若如《傳》解'五辰'爲五行，則上文百僚師師百工皆承俊乂在官而言，何緣忽及五行，是知‘辰’之爲誤字矣。”有同一篇中“咸建五長”之句爲證，此處原文之必作“五長”，于豐之説是完全正確的。加藤常賢《真古文尚書集釋》承于氏之説，以爲與下文“咸建五長，各迪有功”相合，而司徒、司馬、司寇、司空、大宗伯各官之長是亦五長。池田末利《全釋漢文大系·尚書》以爲視下文中央政府、地方政府都建五長，于氏之説必可從。能於衆説紛紜中獨重于氏之説，可見兩氏深有見地。

“惟時”二字，于氏以爲應下屬此句。其言云：“上文‘惟時’二字讀，似當屬此句之上：惟時撫于五長。猶《舜典》云‘惟時柔遠能邇’。又云‘惟時懋哉’。又云‘惟時亮天功’。‘惟時’皆屬下讀。‘惟時’者，語辭也。非《傳》所云‘政無非’也。以‘惟時’屬此‘撫于五長’讀，則上文‘師師’之義爲官稱益明矣。”按此可備一説，不必即從其讀，已詳《堯典》“食哉惟時”校釋。

⑲無教逸欲有邦——《孔疏》“毋者禁戒之辭”。段玉裁《撰異》：“按《今文尚書》多用毋字，《古文尚書》多用無字。此正以毋釋無。”又引《玉篇·人部》“佚”字下云：“《書》曰‘無教佚欲有邦’。佚，豫也。”是“逸”作“佚”。《撰異》又云：“《漢書·王嘉傳》嘉奏封事曰：‘臣聞咎繇戒帝舜曰：“亡敖佚欲有國，兢兢業業，一日二日萬機。”’此《今文尚書》也。……《夏本紀》‘毋教邪淫奇謀’，或《尚書》本作‘敖’而依博士讀爲‘教’；或《史記》本作‘敖’而後人改之，皆未可知也。師古曰：‘敖讀曰傲。’”按《漢書·王嘉傳》顔注云：“言有國之人不可傲慢逸欲，但當戒慎危懼，以理萬事之機也。敖讀曰傲。”是王嘉引此句，“無”作亡，“教”作敖，“邦”作國。而《後漢書·陳蕃傳》引此句作“皋陶戒舜，無教逸遊”。則“欲”作遊。

顔師古釋此句係據“敖”（傲）字。僞孔則據“教”字釋此句云：“不爲逸豫貪欲之教，是有國者之常。”《孔疏》則指出不是上面

"教",而是下面"效"。其言云:"毋者,禁戒之辭。人君身爲逸欲,下則效之。是以禁人君使不自爲耳。"《蔡傳》亦采此意云:"無與毋通,禁止之辭。'教',非必教令,謂上行而下效也。言天子當以勤儉率諸侯,不可以逸欲導之也。"(《彙纂》引陳大猷釋此二字云:"'逸',豫怠遊宴之類,'欲',聲色嗜好之類。)俞樾《平議》就文字學上闡釋了"教"之義爲效。以爲"逸豫貪欲非美名也,必無以此爲教者。……《説文·教部》'教,上所施下所效也'。《春秋玄命苞》曰:'教之爲言效也。言上爲而下效也。'《釋名·釋言語》曰:'教,效也。下所法效也。'蓋教從孝聲。《説文·子部》曰:'孝,效也。'從爻聲。《周易·繫辭傳》曰:'爻也者,效此者也。'是爻孝教三字並聲近而義通。'無教逸欲'猶'無效逸欲',與'無若丹朱傲'同義。'有邦'二字屬下讀,'有邦兢兢業業',言有國者不可不慎也。"

⑳兢兢業業一日二日萬幾——"兢兢",一作"矜矜"。見《三國志·王基傳》載王基戒司馬景王曰:"天下至廣,萬幾至猥,誠不可不矜矜業業坐以待旦也。"陳喬樅《經説考》云:"按兢、矜聲同,此作'矜矜業業',疑亦三家之異文。""幾",一作"機"。故《釋文》云:"幾,徐音機。"(徐當爲徐邈)段玉裁《撰異》云:"《漢書·百官公卿表》:'相國丞相,助理萬機。'玉裁按:漢、魏、晋、南北朝用'萬機'字,皆從木旁。班固《典引》李注:'《尚書》曰:兢兢業業,一日二日萬機。'"

僞孔釋云:"兢兢,戒慎。業業,危懼。幾,微也。言當戒懼萬事之微。"《孔疏》:"《釋訓》云:'兢兢,戒也。業業,危也。'戒必慎,危必懼。《傳》言慎、懼以足之。《易·繫辭》云:'幾者,動之微。'故幾爲微也。一日二日之間微者尚有萬事,則大事必多矣。……馬、王皆云:'一日二日,猶日日也。'"《蔡傳》:"一日二日者,言其日之至淺,萬幾者,言其幾事之至多也。蓋一日二日之間事幾之未且至萬焉。是可一日而縱欲乎。"孫氏《注疏》:"言有國者……當戒其危,日日事有萬端也。"諸説參互近之。

㉑無曠庶官天工人其代之——"無",一作"毋"。見《漢書·孔光傳》策免光文及《論衡·藝增篇》皆引《尚書》曰"毋曠庶官"。"工"一作"功",見《尚書大傳》及《漢書·律曆志》皆引《書》曰"天功人其代之"。此皆段玉裁《撰異》皮氏《考證》所引。

"無曠庶官",《史記》以"非其人居其官"表述此句之意。《論衡·藝增篇》釋之云:"曠,空。庶,衆也。毋空衆官,實(置)非其人,與空無異,故言空也。"偽孔承之亦釋云:"曠,空也。位非其才爲空官。"《蔡傳》則釋爲:"曠,廢也。言不可用非才而使庶官曠廢厥職也。"

"天工",一説以爲即"天官","其",裴學海《虛字集釋》以爲猶"則"也。"其"與"則"爲之部疊韻字,故互訓。是此句之意爲"天官人則代之"。漢代大抵釋此句爲法天建官,從而代天官人。見皮氏《考證》引《潛夫論·貴志篇》云:"《書》稱'天工人其代之',王者法天而建官,自公卿至於小司,莫非天官也。"《論衡·紀妖篇》云:"天官百二十,與地之王者無以異也。地之王者官屬備具,法象天官,稟取制度,《春秋説》云:'立三臺以爲三公,北斗九星是爲九卿,二十七大夫内宿部衛之列,八十一紀以爲元士,凡百二十官焉。'"皮氏以爲這就是"今文家法天建官之説"。又引《中論·爵禄篇》云:"爵禄者,先王之所重也,非所輕也。故《書》曰'無曠庶官,天工人其代之。'"《後漢書·劉元傳》載李淑上書曰:"夫三公上應臺宿,九卿下括河海,故天工人其代之。"又《馬嚴傳》:"嚴上封事曰:《書》稱'無曠庶官,天工人其代之'。言王者代天官人也。"皮氏以爲"是漢儒皆以此爲代天官人之義。這是一句比較不好懂的話，漢儒作了這樣的理解，把句子説通。僞孔遂亦云：“言人代天理官，不可以天官私非其才。”後半句爲僞孔增以自己的理解，以爲不可私以非才任天官。

一説以爲“天工”即“天功”，或説即“天事”。見《堯典》“惟時亮天功”校釋。彼處闡釋較詳，可助釋此處。此處資料則有：《尚書大傳》：“《書》稱‘天功人其代之’，夫成天地之功者，未嘗不蕃昌也。”《漢書·律曆志》：“人者，繼天、順地、序氣、成物，以終天地之功。”顏師古注云：“言聖人秉天地造化之功，代而行之。”蘇軾《書傳》云：“天有是事則人有此官，官非其人，與無官同，是廢天事也，可乎？”《蔡傳》云：“天工，天之工也。人君代天理物，庶官所治，無非天事。苟一職之或曠，則天工廢矣，可不深戒哉。”“時亮天功”《史記》作“時相天事”，即可理解天功之即天事。吳澄《書纂言》云：“人君之位，天位也；人臣之職，天職也。天下之事，無一非天事，故曰天功。”有助於對此句之理解。

《漢書·王莽傳》：“太后下詔曰：‘蓋聞天生衆民，不能相治，爲之立君以統理之。君年幼稚，必有寄託而居攝焉。……《書》不云乎，天工人其代之。……其令安漢公居攝踐阼。’”皮氏《考證》指出：“引‘天工人其代之’爲居攝義，此傅會之説，非正解。”由這裏也可看出，所謂“經義”，往往可以隨自己需要牽強傅會以成説的。

曾運乾《正讀》云：“‘天工人代’一語，結上文以起下文。”

㉒天叙有典勑我五典五惇哉——《釋文》：“‘有典’，馬本作‘五典’。”陳氏《經説考》云：“有典‘有’字作‘五’，非是。何以明之，此經下文云‘天命有德’‘天討有罪’，文法與上典、禮二節一例，則此句宜作‘天叙有典’矣。”王先謙《參正》亦云：“有典、有禮、有德、有

罪相配爲文，馬本‘有典’作‘五典’，誤字。”“勑”，段玉裁《撰異》：
“《五經文字》曰：‘敕，古勑字，今相承皆作勑。’《廣韻・廿四職》曰：
‘敕，今相承用勑。’‘勑’，本音賚。”

　　僞孔釋此句云：“天次叙人之常性，各有分義。當勑正我五常之
教，使各合於五厚厚天下。”所釋很不明晰。《蔡傳》云：“‘叙’者，君
臣父子夫婦兄弟朋友之倫叙也。‘敕’，正。‘惇’，厚。典、禮雖天
所叙事秩然，正之使叙倫而益厚，用之使品秩而有常，則在我而已。”
強調五典爲五倫而文義仍不清楚。王先謙《參正》云：“《釋詁》：
‘順，叙也。’郭注謂次序。《說文》：‘敕，誠也。’《釋詁》：‘惇，厚
也。’先謙案皋陶言天叙人以五常之性，則施之政事者惟誠用我五常
之德，使五者愈歸於厚。”則逐字按原句作了訓釋。（同僞孔釋“五
典”爲五常。參看《堯典》“愼徽五典”校釋。）

　　㉓天秩有禮自我五禮有庸哉——“有庸”，《釋文》：“有庸，馬本
作五庸。”按，此處並列之四句其他三句作“五典五惇”、“五服五
章”、“五刑五用”，則此句亦當作“五禮五庸”甚明，故馬、鄭古文本
作“五庸”是對的。但僞孔釋此句爲：“庸，常。自，用也。天次序有
禮，當用我公侯伯子男五等之禮以接之，便有常。”則僞孔本此句原
自作“有庸”，而非“五庸”，沒有沿用馬、鄭本。《唐石經》亦作“有
庸”，成爲僞孔本通行本。我們整理《尚書》以《唐石經》爲底本，自
不能改動“有庸”原句，但記明古文原本爲“五庸”，僞孔本“有”是誤
字。

　　對此句的解釋，僞孔所釋已見上引。《孔疏》釋僞孔云：“‘庸，
常。’《釋詁》文。又云：‘由，自也。’‘由’是用，故自爲用也。‘天次
序有禮’，謂使賤事貴、卑承尊，是天道使之然也。人意既然，人君當
順天意‘用我公侯伯子男五等之禮以接之’。……上言天叙，此云天

秩者，叙謂定其倫次，秩謂制其差等。……王肅云：‘五禮，謂王、公、卿、大夫、士。’鄭玄云：‘五禮，天子也，諸侯也，卿大夫也，士也，庶民也。’此無文可據，各以意説耳。”此指出王肅、鄭玄各以意説五禮，甚確。僞孔所説的公侯伯子男五禮，同樣是以意説之。江聲《音疏》竟以“禮不下庶人”指責鄭説之誤，而提出“五等諸侯爲三，卿大夫四，士五”爲五禮。俞樾《平議》又指江聲之誤，提出天子、公侯、伯子男、卿大夫、士庶人之五禮。這都是孔穎達所説的“各以意説耳”，自周時公侯伯子男並未成爲五等爵，哪來此五禮。詳《堯典》“修五禮”校釋。當如該處所云：“總之是泛指幾種禮，不必以後來五禮去套。”（按“秩”字《説文》作“𧝄”，云“爵之次第也”。故薛季宣本所傳宋齊以來隸古定本即作“𧝄”，如《孔疏》説之所本。）

㉔同寅協恭和衷哉——“寅”，《爾雅·釋詁》：“恭、寅，敬也。”“協，和也。”《説文》：“協，衆之同和也。”《堯典》“協和”《史記》作“合和”，史公好用訓詁字，是協，合也。“衷”，《周語》“其君齊明衷正”韋注：“衷，中也。”皮氏《考證》：“蔡邕《中鼎銘》曰：‘同寅協恭，以和天衷。’則今文説‘和衷’爲和天衷。”僞孔則釋：“衷，善也。”

《孔疏》引鄭玄釋此句之意云：“鄭玄以爲并上之禮，共有此事。”僞孔則云：“以五禮正諸侯，使同敬合恭而和善。”王鳴盛《後案》云：“鄭云‘并上典禮共有此事’者，鄭意總承上五典五禮皆當同敬合恭也。孔專承五禮，非也。鄭注《無逸》‘嚴恭寅畏’云：‘恭在貌，敬在心。’則於此亦當寅在心恭在貌也。”《彙纂》引朱熹云：“同寅協恭，是君臣上下一於敬。”故《蔡傳》云：“君臣當同其寅畏，協其恭敬，誠一無間……所謂和衷也。”實即上下一心誠敬和衷共濟之意。

㉕天命有德五服五章哉——僞孔云：“五服，天子、諸侯、卿、大

夫、士之服也。尊卑采章各異，所以命有德。"《孔疏》："《益稷》（即本篇下半）云：'以五采彰施于五色作服，汝明。'是天子、諸侯、卿、大夫、士之服也。其尊卑采章各異，於彼《傳》具之。"所釋頗明。《周禮·小宗伯》疏引鄭玄云："五服，十二也，九也，七也，五也，三也。"意不明晰，蓋指本篇下文古人之象：日、月、星辰、山、龍、華蟲、宗彝、藻、火、粉米、黼、黻，共十二種。天子之服全用十二種，諸侯以下以迄大夫，依次分別用九種、七種、五種、三種，以彩繪於其衣服上。這些古代服飾，注疏家說法還有種種不同，不必去詳究它。而且主要載於《周禮》，則所謂舜、禹、皋陶時期究竟怎樣，是無法說了。

㉖天討有罪五刑五用哉——獨此兩句《史記·夏本紀》照錄。王先謙《參正》引《夏本紀》及薛季宣本"罪"作"辠"。《說文·辛部》："辠，犯法也。……秦以辠似皇字，改爲罪。"按《說文·网部》："罪，捕魚竹網。从網、非。秦以'罪'爲'辠'字。"可知"罪"原義爲捕魚竹網，秦爲避用"辠"字，就用了同音的"罪"字代替，見大徐音二字皆爲徂賄切。"罪"遂成爲犯罪之字。而先秦金文中犯罪字確作"辠"，如《中山王䜌鼎》即有"辠"字。可知《史記》或本及隸古定本襲用"罪"的原字。"用"，《魏石經》三體品字式殘字中此字作"庸"。而《後漢書·梁統傳》亦引作"天討有罪，五刑五庸哉"。皮氏《考證》以爲"與《史記》諸書不合，或據夏侯《尚書》"。黃彰健《經今古文學問題新論》第 522 頁云："品字式《皋陶謨》'用'作'庸'，是《古文尚書》作庸。"又第 581 頁云："皮氏著書時，《魏石經·皋陶謨》殘石尚未出土，故皮氏據《梁統傳》如此立說。"

僞孔釋此句云："言天以五刑討有罪，用五刑宜必當。"《孔疏》云："天又討治有罪使之絶惡，當承天意爲五等之刑，使五者輕重用法。""討"有下列諸義：《說文》："討，治也。"故《孔疏》言"討治"。

又《白虎通·誅伐》：“討，猶除也。”《左傳·成公三年》疏：“討者，責其罪狀。”《孟子·告子上》注：“討者，上伐下也。”《王制》注：“討，誅也。”此處大抵適用這些意義。

《左傳·昭公七年》：“《夏書》曰：‘昏、墨、賊、殺。’皋陶之刑也。”杜注：“逸《書》。三者皆死刑。”這是春秋時尚存在而後來失傳的《夏書》篇章中所保存皋陶所定之刑，舉了昏、墨、賊三種死刑。此處“五刑”，孫星衍《注疏》、皮氏《考證》皆舉《尚書大傳》“唐虞象刑”爲釋此五刑的今文説，而以班固所引《國語》説爲古文説。按班氏《漢書·刑法志》云“《書》云‘天秩有禮，天討有罪’，故聖人因天秩而制五禮，因天討而作五刑。大刑用甲兵，其次用斧鉞，中刑用刀鋸，其次用鑽鑿，薄刑用鞭扑。大者陳諸原野，小者致之市朝。其所繇來者上矣。”此數語全録自《國語·魯語上》，唯“鑽鑿”原作“鑽笮”。以此五項爲“五刑”，見《堯典》“五刑有服”校釋。但一般釋者以此五項爲“五用”。《堯典》“流宥五刑”校釋則舉主要之説以“五刑”即《吕刑》之劓（割鼻）、刖（割膝）、宮（割生殖器）、黥（刺墨）、大辟（處死）。惟個別宋儒稱此五項爲“賊刑”之科目。過去經師們以《吕刑》爲周代之作，因而不敢以其五刑説爲皋陶時之五刑。如孫氏《注疏》云：“五刑始於有苗，制自夏代、唐虞所無。”（因《吕刑》篇中謂苗民弗用靈而作五虐之刑）足爲此説代表。其實《吕刑》雖列爲《周書》，但其材料神話性强，來源很早，《皋陶謨》當寫成於春秋時，自可吸收《吕刑》五刑之説。至“大刑用甲兵其次用斧鉞”之説，確適合於釋此處“五用”。

㉗政事懋哉懋哉——自此句歷“天聰明自我民聰明”等句直至“皋陶曰”共八句，《史記》皆删去。

“懋”，《説文》：“懋，勉也。”《堯典》“惟時懋哉”《釋文》：“懋，音茂。王云'勉也'，馬云'美也'。"懋"一作"茂"，"哉"一作"才"。段玉裁《撰異》："《漢書·董仲舒傳》：仲舒對曰：'《書》云茂哉茂哉，彊勉之謂也。'師古曰：'茂哉茂哉，《虞書·咎繇暮》之辭也。'玉裁按，古懋茂音同通用，《左氏傳》引《康誥》'惠不惠、茂不茂'（按，見《左傳·昭公八年》）。今《尚書》作'懋不懋'。《爾雅·釋詁》：'茂，勉也。'郭注：'《書》曰'茂哉茂哉'，《釋文》曰：'茂，又作懋，亦作忞。'同注：'茂哉或作茂才。'此可證《尚書》'哉'字本或作'才'。"按甲骨文、金文"哉"字作"才"，可知此字保存了古體。隸古定本亦多作"才"，如薛氏本"哉"皆作"才"，是有意襲用了古體字。陳喬樅、孫星衍、皮錫瑞、王先謙皆謂今文作"茂才"，古文作"懋哉"。然僞古文如薛氏本則作"楙才"。

《漢書·章帝紀》注："懋，美也。"上引馬融亦釋"美也"。又《文選·東京賦》"四靈懋而允懷"薛注："懋，悦也。"可知"懋"有美好之義，則此句實云"政事美哉美哉"。

㉘天聰明自我民聰明天明畏自我民明威——"天聰明自我民聰明"這一思想是周文王武王伐紂時提出的。爲了反對殷代純信天命的絕對神權和純用刑戮的嚴酷統治，强調"天命靡常"（《詩·文王》），"天匪忱"（"匪忱，不可信"。見《書·大誥》及《君奭》）。因而在《周語》、《鄭語》及《左傳》之《襄公三十一年》、《昭公元年》所載武王伐紂原《太誓》詞中提出"民之所欲，天必從之"的鮮明宣言，宣揚天意根據民意。又在《孟子·萬章上》所引《泰誓》詞中更明確提出"天視自我民視，天聽自我民聽"，指出天的視聽是由民的視聽來，那麼"天聰明自我民聰明（聰是耳聽，明是目視），天明畏自我民明威"這兩句，不僅是"民之所欲天必從之"的具體闡釋，更是"天視自我民視，天聽自我民聽"的直接翻版。《詩·烝民》箋："《書》曰

'天聰明自我民聰明'。"《孔疏》:"引'《書》曰'者,《泰誓》文也。彼
注云:'天之所謂聰明有德者,由民也。言天所善惡與民同,引之者
證天從民意也。'"段玉裁《撰異》以爲《孔疏》所言"《泰誓》文"是
"《皋陶謨》"之誤。其實此思想之語首先出自《太誓》,孔穎達所熟
悉的"天視自我民視"等語出自當時所見的《泰誓》,故爲此疏。在
他當是憑記憶寫此,顯然不是筆誤。孔所引"彼注"(陳謂鄭玄《尚
書》注,孫謂今文《太誓》注)數語則闡明了此句之意。

　　"天明畏",《釋文》:"畏如字。徐音威,馬本作威。"《考工記》
鄭注:"故《書》畏作威。杜子春云:當爲畏。"段玉裁《撰異》云:"古
畏威二字同音通用,不分平去也。"今所見金文中確爲畏與威通用。
《周禮·卿大夫》職文鄭注引此兩句,其中亦作"天明威"。《賈疏》
云:"天雖明察可畏,不用己之明威,用民之明威。"説天自己有明威
不用,才用民之明威。失《太誓》原義。陳喬樅《經説考》云:"鄭君
注《禮》在贊《書》之前,所引《尚書》自是當時所立學官之本,據此知
今文亦與古文同,皆作'明威'也。"

　　僞孔對此二句之釋義太不清楚,唯《孔疏》云:"皇天無心,以百
姓之心爲心。民之所欲,天必從之,此即《泰誓》所云'天視自我民
視,天聽自我民聽'。"《蔡傳》則云:"威,古文作畏,二字通用。(林
氏之奇曰:"'天明畏'馬本作'天明威'。'自我民明威'古文作'自
我民明畏',畏、威不必分也。")明者顯其善,畏者威其惡。天之聰
明非有視聽也,因民之視聽以爲聰明。天之明畏非有好惡也,因民
之好惡以爲民畏。"孫氏《注疏》云:"明、威,言賞、罰。《吕刑》云'德
畏惟威,明德惟明'是也。《周語》'尊貴明賢',韋昭注云:'明,顯
也。'"故楊氏《覈詁》云:"明、威相對成義",即引《吕刑》此語以證
之。

㉙達于上下敬哉有土——江聲《音疏》云:"達,通。"並自疏釋云:"《説文·辵部》云:'通,達也。'同誼轉訓,故云'達,通'。"皮氏《考證》云:"達,今文皆作通。"惟未舉例證。王氏《參正》云:"達當爲通者,以《禹貢》例也,當然。"

"上下",《堯典》"格于上下"校釋,引經師們皆釋上、下爲天、地。此處承上文"天聰明自我民聰明,天明畏自我民明威"。故《蔡傳》云:"上下,上天下民也。"又云:"言天人一理,通達無間。"江聲《音疏》承此釋後亦云:"天之賞罰皆由民,是上下通也。"

"有土",僞孔只説"有土之君",《孔疏》云:"《喪服》鄭玄注云:'天子諸侯及卿大夫有地者皆曰君,即此有土。可兼大夫以上。但本文主意實主於天子。戒天子不可不敬懼也。"《蔡傳》云:"有土,有民社也。"以"土"爲"社",此則保存了古誼,甲骨文、金文中往往土即社。如《前》四·一七·三"奉年于邦土"。王國維釋云:"土讀爲社,乃土地之神。邦社,即《祭法》之國社。"即指國君之社稷。孫氏《注疏》則云:"'有土',即謂上'有邦'者。重言以爲戒。"不過上文"有邦"專指諸侯,如《孔疏》所引鄭玄說則兼指天子諸侯卿大夫。故僞孔釋此句爲:"言天所賞罰,惟善惡所在,不避貴賤,有土之君不可不敬懼。"(是僞孔釋"上下"爲"貴賤",不釋"天與民")是説所有有土者都要戒懼,都要"敬哉"。

㉚朕言惠可厎行——《史記》録此句作"吾言厎可行乎"。以"吾"譯"朕",删語詞"惠"字,以原句爲問語,故改用"乎"字於語末以見問句意。"惠",發聲語詞,《左傳·襄公二十六年》"寺人惠墻伊戾",《孔疏》:"服虔云:'惠、伊,皆發聲。實爲墻、戾。'""厎",《釋言》云:"致也。"詳《堯典》"乃言厎可績"校釋。陳氏《經説考》引蔡邕《獨斷》云:"朕,我也。古者尊卑共之,貴賤不嫌,則可同號

之義也。……皋陶與帝舜言曰:'朕言惠可厎行。'此其義也。"皮氏《考證》云:"《史記》曰'吾言厎可行乎',蓋省文。"意爲:"我的話行嗎?"較詳一點理解,意爲:"你以爲我的話能貫徹實行嗎?"

㉛俞乃言厎可績——《史記》作"女言致可績行"。省去"俞"字。"乃",第二人稱領格,"汝",亦可爲第二人稱領格。"汝"原作"女",詳《堯典》"咨汝羲暨和"校釋。孫氏《注疏》云:"説績爲績行者,《春秋左氏·哀元年》'復禹之績'。《釋文》云:'本亦作迹。'績、迹通。《楚辭》王逸注云:'迹,行也。'《文選》顔延年詩注引《春秋合誠圖》宋注云:'迹,行迹,謂功績也。'是'績行',猶云履而行之也。"《釋詁》:"績,功也。"僞孔釋此句云:"然其所陳,從而美之曰:'用汝言,致可以立功。'"得此句之意。林氏《全解》云:"然其言,而又謂汝之言不但見於空言而已,亦可以致行其功。蓋欲勉皋陶以共行其知人安民之言也。"

㉜予未有知思曰贊贊襄哉——《史記》作"余未有知,思贊道哉"。《正義》:"皋陶云:'我未有所知,思之審贊於古道耳。'謙辭也。"

"思",王引之《釋詞》:"思,語已詞也。《詩·漢廣》曰:'南有喬木,不可休思。'《毛傳》曰:'思,辭也。'"又云:"思,發語詞也。"引《詩·泮水》"思樂泮水"等句爲例。又云:"思,句中語助也。"舉《關雎》"寤寐思服"、《桑扈》"旨酒思柔"等句爲例。楊筠如《覈詁》云:"思,《詩·傳》亂(辭)也。亦通作惟,《詩》'我行其野,不思舊姻',《白虎通·嫁娶篇》作'不惟舊因'。此文亦言'予未有知,惟曰贊贊襄哉'也。"楊氏往往引用清儒之説,此不詳出處,待查。總之王、楊皆闡明"思"字在此爲語詞。可從。

"曰",《孔疏》:"經云'曰'者,謂我上之所言也。"段玉裁《撰異》爲之釋云：“是此字音越，《唐石經》正作‘曰’。今俗本作‘日’，讀‘人實反’，誤也。”但王安石《新經義》及蘇軾《書傳》皆云：“曰當作日。”而未述其理由。林氏《全解》云：“張橫渠、薛氏皆以曰當作日字，下文‘予思日孜孜’相類。此說比先儒爲優……如《洛誥》曰：‘今王即命曰。’《釋文》‘一音作曰’。《吕刑》曰：‘今爾罔不由慰，日勤。’《釋文》‘一音作曰’。以是知日字曰字經文多相亂。此下文又有‘予思日孜孜’與此文勢正相類，蓋有憑據，故可從也。”《蔡傳》遂亦云“曰當作日”。宋元明學者多從之。但元王充耘《書管見》云：“傳者謂思曰之曰當作日，以《益稷》篇有‘思日孜孜’之語故也。然作‘曰者’是而作‘日者’非。蓋皋陶純乎臣道，故言吾所思者亦曰助君以成功耳。若云日孜孜，則不成文理，且無意義。”清代學者亦多以爲曰字。孫《注疏》：“思曰，‘日’字《史記》所無。或當爲‘曰’。‘爰’‘曰’轉訓，見《釋詁》。《洪範》‘土爰稼穡’，《史記》作‘土曰’。是‘爰’‘曰’字通也。”孫又云：“疑以‘曰’爲‘言’。”王氏《參正》：“曰，亦言也。”

　　“贊”，孫氏《注疏》云：“史公以‘贊’爲‘道’者，《周語》‘内史贊之’，韋昭注云：‘贊，道也。’道謂導之。張守節《正義》云‘贊于古道’，非也。”《孔疏》引鄭玄曰：“贊，明也。”又引王肅云：“贊贊，猶贊奏也。”黄倫《書精義》録張九成《書詳說》之言云：“贊贊，所助非一事。”王鳴盛《後案》云：“《説文》：‘贊，見也。’見有明義。《詩譜序‧疏》亦云：‘贊，明也。’”王先謙《參正》云：“孫云：‘……道謂導之。’先謙按，道，猶言也。謂以所言贊明帝德也。”

　　“襄”，《釋文》：“襄，息羊反。上也。馬云：‘因也。’”《撰異》引《爾雅》作“儴，因也。如羊反。”《孔疏》接着王肅云“贊贊猶贊奏也”後繼云：“顯氏（疑“顧氏”之誤，當指顧彪）云：‘襄，上也。謂贊

奏上古行事而言之也。'經云'曰'者，謂我上之所言也。傳不訓
'襄'爲上，已從'襄陵'而釋之(指《堯典》"蕩蕩懷山襄陵"傳："襄，
上也")。故二劉(指劉焯、劉炫)並以'襄'爲'因'。若必爲'因'，
《孔傳》無容不訓，其意言進習上古行事，因贊成其辭而言之也。傳
雖不訓襄字，其義當如王說。"《孔疏》又引鄭玄云："贊，明也。襄之
言，揚(今通行本作"暢")。言'我未有所知，所思徒贊明帝德，揚我
忠言而已'。謙也。"陳氏《經說考》云："鄭注《古文尚書》與馬融訓
異，蓋參用今文家說也。"孫氏《注疏》："馬注見《釋義》，以襄爲因
者，《釋詁》云：'儴，因也。'《諡法解》：'因事有功曰襄。'鄭注見《書
疏》，以贊爲明者，明即勉。贊贊猶明明，明明即勉勉也。故云'贊明
帝德'。謂贊勉之。'揚我忠言'者，'襄''揚'聲相近，得爲'揚'。
今本'揚'作'暢'，誤字。云'忠言'者，疑以'曰'爲'言'也。"林氏
《全解》云："'贊贊襄哉'者，孔氏以謂'贊奏上古行事而言之'，薛氏
曰'日夜進進不已，知進而不知退，知上而不知下也'。蓋《爾雅》襄
字惟有二訓，其一訓除，其一訓上。既不可訓除，而用《爾雅》訓故，
遂以訓上必曰贊贊上哉。故其說不得不如此。鄭氏雖知《爾雅》二
訓不可從，又以襄字訓暢，言我未有所知，所思徒贊明帝德，暢我忠
言，其說尤爲無據。惟王氏(安石)曰：'襄，成也。思——贊襄以成
禹之功也。'按《春秋左氏傳·定十五年》'葬定公，雨，不克襄事'。
杜元凱曰：'襄，成也。'王氏之訓蓋出諸此。此說爲善。"

　　僞孔釋此全句云："言我未有所知，未能思致於善，徒亦贊奏上
古行事而言之。因禹美之，承以謙辭，言之序。"林氏《全解》："臯陶
曰'予未有知，思曰贊贊襄哉'。襄哉者，言禹雖勉臯陶共行安民知
人之言，而臯陶猶辭讓不敢當也。"未引王安石"思——贊襄以成禹
之功"作爲本句之解。《蔡傳》則云："禹然其言，以爲致之於行，信

可有功。皋陶謙辭我未有所知，言不敢計功也，惟思日贊助於帝以成其治而已。"

以上這一節，是皋陶和禹對話中，皋陶所作較詳的一次講話，提出了成套的政治哲學。他提出了"九德"的條目。和《堯典》中所說德的精神是一致的，但這裏多達九項，就顯得完備，而且以相反的兩概念構成一個德的概念，也顯得完整。以爲帝王當根據具備這些德的多少來分別選用人才，務使兢兢業業，人代天功。又以五典、五禮、五服、五刑對待人才，即以倫理政法規範着從政人員，務須做到和衷共濟。特別強調天的聰明、明畏，來自人民的聰明、明威，指出天人相通，而民意爲立，告誡有國者對此必須特別敬慎，充分體現了周武王伐紂的《太誓》誓詞中所提出的天的視聽源於民的視聽這一反對殷代尊神重刑而具有革命性的思想，這實際形成後來儒家的中心思想，形成重視人民注重德教的"周政"思想。(《漢書·元帝紀》載元帝勸宣帝用儒家思想，宣帝說："奈何純任德教，用周政乎？")所以也看得出這篇《皋陶謨》是儒家就所蒐集得的資料運用自己的德教思想加工編寫成的。

以上三節合起來，就是原《皋陶謨》篇被僞古文作者截去下半篇爲《益稷》後，所剩下的上半篇作爲僞孔本《皋陶謨》篇的全文。過去經師們就以此《皋陶謨》作爲指導爲君之道的寶典。而對其中要領，歷代經師往往提出自己的理解，有不同的側重，現略舉數例：

宋陳經《書詳解》云："知人、安民，《皋謨》一篇綱領。'九德'以下，知人之道也；'天叙'以下，安民之道也。"

元董鼎《書傳纂注》云："愚謂皋陶發明知人之謨，尤覺詳於安民之謨者，蓋二者雖均爲難事，而知人爲尤難。必明於知人，則安民有不難者矣。然於言知人之餘，則戒逸欲、崇兢業，惟恐人君不知戒

懼而至於曠官廢事；於安民之中，則懋政事，敬有土，惟恐人君不知
懋敬而至於褻天玩民。蓋以人君一心又知人安民之根柢歟！"

　　《傳說彙纂》引明薛瑄（瑄有《讀書錄》）云："《皋陶謨》典、禮、
刑、賞四者，萬世爲治之大經不出於此。先儒謂知人、安民，《皋謨》
一篇之體要，竊謂'允迪厥德'，又知人、安民之本源也。蓋'允迪厥
德'者，實踐此德於身也。至若知人，智之事；安民，仁之事。則皆此
德之推行耳。苟非此德實踐於身，則私欲盛而天理微，知天之智何
自而明、安民之仁何自而行哉？"

　　這些就看出後代儒家對先秦儒家蒐集材料所編成的《皋陶謨》
的理解。

　　帝曰："來！禹，汝亦昌言①。"禹拜曰："都！帝，予何
言？予思日孜孜②。"皋陶曰："吁！如何③？"禹曰："洪水
滔天，浩浩懷山襄陵，下民昏墊④。予乘四載，隨山刊木⑤。
暨益奏庶鮮食⑥。予決九川距四海⑦，濬畎澮距川⑧。暨稷
播奏庶艱食⑨、鮮食，懋遷有無化居⑩，烝民乃粒，萬邦作
乂⑪。"皋陶曰："俞！師汝昌言⑫。"

　　①帝曰來禹汝亦昌言——《史記》作"帝舜謂禹曰：'女亦昌
言。'"自此句以下直至篇末"往欽哉"止原爲《皋陶謨》下半篇，《史
記·夏本紀》作爲《皋陶謨》全文照錄入篇中（不過往往改用訓詁字
及略有刪節）。僞古文則割裂爲獨立的一篇，以冒充古文《棄稷》
篇，且改爲《益稷》篇題。實際主要是禹的講話，舜和他作了較長的
對話，及皋陶略有插話，最後加上夔言樂及舜皋陶對歌而已，與益、
稷毫無關係。只因其中禹提到了一句益，也提到了一句稷，僞古文

作者遂取以爲篇名以影射原古文中的《棄稷》。僞孔爲之釋云："禹
稱其人，引以名篇。"《孔疏》更粉飾爲："二人佐禹有功，因以二人名
篇，既美大禹，亦所以彰此二人之功也。"宋儒認識到此文與益稷二
人毫無關係，而以之爲篇名，遂尋其説，如林氏《全解》云："篇名《益
稷》者，蓋以篇首有'暨益、稷'之文，故借此二字以名其簡册。猶
《論語》有《顏淵》、《微子》，《孟子》有《公孫丑》、《萬章》等名篇也。
而唐孔氏則謂'二人佐禹治水有功……'則過論也。"呂氏《東萊書
説》亦云："益、稷名篇非有意，但以禹首舉益、稷爲言，故取以紀其
目，如《論語》之《學而》、《子罕》，無他義理。皆由於他們不知此爲
僞篇，遂曲爲彌縫。經吳棫等開始疑辨，遞經元明學者進一步考索，
直至清初閻若璩推翻僞古文，而後始知其爲僞造篇題，不值駁論。

　　此句僞孔釋云："因臯陶謀九德，故呼禹使亦陳當言。"《東萊書
説》亦云："臯陶之謨既陳，舜見禹在側，故來禹亦使昌言而無隱。"
林氏《全解》則云："'帝曰來禹汝亦昌言'而下，實與《臯陶謨》'思
曰贊贊襄哉'之文相接，則伏生之書合而爲一者是也。"以後宋元儒
者多承此説。

　　②禹拜曰都帝予何言予思日孜孜——《史記》作"禹拜曰於予
何言予思日孳孳"。此依例譯"都"作"於"，删"帝"字。而以"孜
孜"作"孳孳"。孫氏《注疏》云："'思'，猶'斯'也。《詩·泮水》'思
樂泮水'，《禮器》疏作'斯'。又'我行其野，言歸思復'，《唐石經》
作'斯復'。知'思'語詞也（此義見王引之《釋詞》）。'孜孜'，古
文。'孳孳'，今文也。《説文》云：'孜，汲汲也。'引《周書》曰'孜孜
無息'。又云：'孳，汲汲生也。'是與'孜'同。彼《泰誓》文，《史記》
亦作'孜孜'，與《説文》異。《説文》所載壁經也。《廣雅·釋訓》
云：'孜孜，劇也。'劇蓋勮也，言勞劇，古文説也。禹言予此日汲汲不

遑耳。"孜孜爲勤勉不懈怠之意（俞樾《平議》此"日"字亦如上文皋
陶"思曰贊贊"之"曰"。純出推論，不足據）。

　　③皋陶曰吁如何——《史記》作"皋陶難禹曰：'何謂孳孳。'"這
是以意譯原句，使其意義完足。

　　④洪水滔天浩浩懷山襄陵下民昏墊——《史記》"洪"作"鴻"，
"下民昏墊"作"下民皆服於水"。"洪"與"鴻"通，水也。故《洪
範》，《吕氏春秋》之《貴公》、《君守》等篇皆引作"鴻範"。"浩浩懷
山襄陵"，同樣的句子見《堯典》"蕩蕩懷山襄陵，浩浩滔天"。彼處
校釋中釋明"浩浩，盛大、大貌"，"懷，包也"，"襄，上也"，謂大水把
山包圍，把高阜淹没。

　　"下民昏墊"，《孔疏》引鄭玄注云："'昏'，没也。'墊'，陷也。
禹言洪水之時人有没溺之害。"《逸周書·謚法解》云："服，敗也。"
故《史記》譯此句爲"下民皆服於水"。

　　⑤予乘四載隨山刊木——《史記》作"予陸行乘車，水行乘舟，
泥行乘橇，山行乘檋，行山栞木"。"四載"，即指陸行、水行、泥行、
山行所乘用四種不同旅行工具。《史記》直接舉出此四載内容，故删
"予乘四載"句。按，"四載"爲四種運載工具，自先秦（《尸子》、《慎
子》）兩漢（《史記》、《漢書》、《説文》今古文諸家）以來無異辭。至
宋代竟有人以鯀治水九載無成，經禹治水四載，合成《禹貢》所説的
兖州"作十有三載"。是"四載"爲禹治水年數，宋代有人喜其説新
奇。蘇軾《書傳》舉了"四載"的實質及鯀治水時間與禹治水時間相
去遠二理由駁斥之。其實宋世此説之謬是不值一駁的。

　　"栞木"即"刊木"。"隨山刊木"見《禹貢》篇首此句釋。一般
釋爲在山林中刊去木皮以爲行道標記。鄭玄、僞孔以爲是隨着山嶺
的形勢，斬木通道，以便治水。意謂山脉與水脉相通，觀山脉亦可以

知水脈。所以隨山刊木是治水的一項準備工作。于鬯《校書》謂"隨當讀爲墮",舉《管子·白心篇》"其事也不隨"王念孫《雜志》以爲"隨當爲墮"以證,而墮山即鑿山。謂禹鑿龍門,關伊闕,折底柱,破碣石,皆禹墮山之事云。可謂求之過深反失之近者。無論鑿龍門、關伊闕等本爲荒唐傳説,本無其事,禹並無鑿山之事,即"墮山刊木"一詞亦非事理之常,故于説不確。

⑥暨益奏庶鮮食——《史記》作"與益予庶稻鮮食"。"暨",與。詳《堯典》"暨皐陶"校釋。"益"亦作"伯益",爲傳説中秦之祖先,其資料較紛雜,詳《堯典》"命九官"一節中"僉曰益哉"校釋。古文資料中常説益和稷佐禹治水有功。即由《皐陶謨》中此處"暨益"、"暨稷"兩句演繹發展而來。《史記·夏本紀》在引録《禹貢》全文之前,稍録了幾句禹與益稷奉帝命治水資料,顯亦摘取《皐陶謨》此處之文,故亦簡述了乘四載,並有"令益予衆庶稻"、"命后稷予衆庶難得之食"二句。此處《史記》即併合前句與本句成文。僞孔云:"奏,謂進於民,鳥獸新殺曰鮮。與益槎木獲鳥獸,民以進食。"江聲《音疏》云:"奏,進也(見《説文》)。與益進衆民於鮮食。馬融曰:'鮮,生也。'(見《釋文》)(小字注引《周禮·庖人》鄭衆注:"鮮謂生肉,薨謂熟肉。")鄭康成曰:'鮮食,謂魚鱉也。'(見《詩·思文》疏惟"鮮"作"鱻")聲謂'鮮食',鳥獸魚鱉皆是。"無論諸家釋稍有出入,總之都是指活着的新鮮食物。另有釋"鮮"爲"少",見下"鮮食懋遷有無化居"校釋。

⑦予決九川距四海——《史記》作"以決九川致四海"。僞孔釋云:"距,至也(見《釋詁》)。決九州名川通之至海。"《史記》釋同此意。段玉裁《撰異》謂"距"原作"岠",衛包改爲"距","九川"、"四海"皆泛指,參看《禹貢》"九州攸同"章校釋。

⑧濬畎澮距川——《史記》作"浚畎澮致之川"。"畎"、"澮"，《說文》作"〈"、"〈〈"。"〈"字下云："甽，古文〈，从田、从川。畎，篆文〈，从田犬聲。六畎爲一畝。""川"字下引此句云："《虞書》曰：'濬〈（畎）〈〈（澮）距川。'"又"睿"字下引此句云："《虞書》曰：'睿畎澮距川。'"段玉裁《撰異》云："《說文》兩引此句而一作濬，一作睿。濬者倉頡古文，睿者小篆也。一作〈一作畎，〈者倉頡古文，畎者小篆也。一作〈〈一作澮，〈〈者倉頡古文，澮者同音假借字也。"又云："《夏本紀》濬作浚。《說文》曰：浚，抒也。"按，"濬"，《爾雅·釋言》："深也。"《舍人》注："下之深也。""浚"，《易·恒》注及《釋文》皆釋云："深也。"《春秋·莊公九年》"浚洙"注："浚，深之也。"是濬、浚二字同音同義通用，義爲疏浚水道使之深。

"畎澮"，《考工記·匠人》云："匠人爲溝洫，耜廣五寸，二耜爲耦。一耦之伐，廣尺深尺謂之畎。……廣二尺深二尺謂之遂……廣四尺深四尺謂之溝……廣八尺深八尺謂之洫……廣二尋深二仞謂之澮（按，尋，八尺。見《周語》注。仞，七尺。見《論語·子張》包咸注，程瑤田《通藝錄》考定）。把尺碼說得這麼固定，但可知最小的溝稱畎，最大的稱澮。合舉"畎澮"就包括了其中大小不同的遂、溝、洫等等。《夏本紀·集解》引鄭玄注："畎澮，田間溝也。"《文選·長笛賦》注引鄭玄注："澮，所以通水于川也。"籠統地作了解說，不機械地談其尺碼大小，深通此意（參看《禹貢》青州章"岱畎"校釋）。

⑨暨稷播奏庶艱食——《史記》作"與稷予衆庶難得之食"。譯成平易語句。"稷"，爲周始祖，被奉爲發展農業的宗神，原名棄。詳《堯典》"命九官"一節的稷、棄、后稷諸校釋。《堯典》本文云："汝后稷，播時百穀。"又《國語·鄭語》"周棄能播殖百穀"注云："播，布也。"此處沿用"播"字。"奏"，江聲據僞孔釋"進"，"庶"，釋"衆

民”。“進衆民於艱食”，不成辭。《史記》譯“奏庶艱食”但云“予衆
庶難得之食”，實得此句本義。鄭玄則釋“播奏”爲教。見《孔疏》引
鄭注云：“禹復與稷教民種澤物菜蔬艱厄之食。”“澤物”，孫氏《注
疏》云：“《周禮·司徒》‘川澤其植物宜膏物’，注云：‘膏當爲藁字之
誤也。蓮芡之實有藁韜。’是澤物爲蓮芡之屬也。”鄭釋“艱食”爲
“艱厄之食”。保持艱難之義。江氏《音疏》釋云：“鄭注《堯典》云：
‘始者鴻水時，衆民厄於饑。’此言‘艱厄之食’，謂澤物菜蔬可以濟
艱厄者也。”而《釋文》引馬融注云：“根生之食，謂百穀。”以“艱”爲
“根”（《釋文》：“艱，馬本作根”）。顯見牽強，不如史公鄭玄之釋。
俞樾《平議》又提出新説，謂艱當讀爲饘，《説文》艱之重文𡞞，𡞞、饘
二字同聲通用。饘食謂熟食，正與鮮食相對成義云云。《史記》譯
“艱食”爲“難得之食”保存此句原義甚清楚，俞氏驚奇矜異，故爲此
不合原義之説，不足據。

　　⑩鮮食懋遷有無化居——《史記》作“食少，調有餘補不足，徙
居”。此非逐字翻譯，而是用常語譯其大意。“鮮”（上聲），《左傳·
昭公元年》杜注及《論語》幾處集解、疏皆釋云：“少也。”又《易·繫
辭》、《詩》、《左氏》幾處《釋文》皆云：“鮮，少也。”是“鮮食”即“少
食”，故《史記》譯作“食少”。《文選·西京賦》“憯則尠於驪”注：
“尠，少也，與鮮通也。”又《易·乾》注：“尟，本亦作鮮。”《易·繫
辭》“君子之道鮮矣”《釋文》：“鄭作尟。”是鮮、尠、尟三字相通，皆上
聲。江聲《音疏》逕改經文“鮮”作“尟”，殊不謹嚴。

　　“懋遷有無化居”，僞孔釋云：“化，易也。居，謂所宜居積者。
勉勸天下，徙有之無，魚鹽徙山，林木徙川澤，交易其所居積。”純釋
此句爲貿易活動。故江聲《音疏》又逕改“懋”爲“貿”。以爲《文
選·永明九年策秀才文》李善注引《尚書》作“貿遷”。段玉裁《撰

異》："'調有餘補不足'，謂'懋遷有無'也。《漢書・食貨志》説禹曰：'楙遷有無，萬國作乂。'師古曰：'楙與茂同。'"孫氏《注疏》云："《漢書・叙傳》作'茂'。'懋'、'茂'、'楙'，俱'貿'假音字。……《釋言》云：'貿，買也。'《説文》云：'貿，易財也。'"'遷'者，《孟子・離婁篇》'遷於負夏'，《史記》説遷爲'就時'，是此'遷'亦'就時'也。'化'即古'貨'字，古布以'化'爲'貨'。（按，此據《日知録》云："化者，貨也。"自注："古化貨二字多通用，《史記・仲尼弟子傳》'與時轉貨貲'《索隱》曰：《家語》'貨'作'化'。"）'居'者，積貯之名。《晋語》叔向曰：'假貸居賄。'韋昭注云：'居，蓄也。'《史記・吕不韋傳》云：'此奇貨可居。'《漢書・食貨志》'廢居居邑'注：如淳曰：'居賤物于邑中以待貴也。'"皮氏《考證》云："徙居即化居，化古貨字，謂遷徙其居積之貨也。"（楊氏《覈詁》謂"居"當如高晋生讀若買賣曰沽之"沽"，借爲"賈"。只可備一説。）這都是逐字作釋，不如《史記》籠統地以大意釋全句，得其在此處本義。

⑪烝民乃粒萬邦作乂——《史記》作"衆民乃定，萬國爲治"。此亦逐字譯其意。惟譯"粒"爲"定"，與後來注疏家異。孫氏《注疏》云："史公説'烝'爲'衆'者，《釋詁》文。'立'爲'定'者，《詩・思文》作'立'。"王引之《述聞》云："粒當讀爲《周頌・思文》'立我烝民'之立。立者，成也，定也。……非專指艱食言之，則非米粒之粒可知。"皮氏《考證》云："蓋今文《尚書》'粒'作'立'。……故史公以'定'訓之。《詩・思文》'立我烝民'，即此之'烝民乃定'也。《左傳》、《周語》皆引'立我烝民'，並不作'粒食'解。自古文《尚書》誤作'粒'，鄭以粒食訓之，又破《詩》之'立'字爲'粒'，以致《詩》、《書》皆失其解，此由鄭氏古文已誤，僞孔不任咎也。"按，《詩・思文》疏引鄭玄注云："粒，米也。乂，養也。衆民乃復粒食，

萬國作相養之禮。"僞孔承之云:"米食曰粒,言天下由此爲治本。"
今觀所有隸古寫本與《唐石經》皆作"粒",是僞古文本承馬、鄭古文
本皆作"粒",相承已久,覺其解釋可通。既由清代學者考明原作
"立",又有《史記》之譯"定"證之,是原當作"立"無疑。然鄭玄箋
注《思文》云:"立當作粒。"其實《詩》之"立我烝民"自可作"定我烝
民",此處自可作"烝民乃粒",義各不同。就《皐陶謨》此處言"稷播
奏庶艱食鮮食",與上文言"益奏庶鮮食",皆反復以民食爲言,則鄭
注"粒"爲米,與此處全文文義相合。亦不必遽定今文是而古文非。

⑫俞師汝昌言——《史記》作"然,此而美也"。江聲《音疏》:
"《史記》録《尚書》,輒以詁訓代經文,據其文即可以究經誼。……
'然'即'俞','而'即'汝','美'即'昌言',誼訓同也。'師'與
'此'絕不類,'斯'則聲近'師'而誼爲'此',據《史記》'此'字推《尚
書》當爲'斯'。……然則'師'當爲'斯'。"其言有見。然但據聲音
推定而無他證,自不能遽改經文,視"師"爲"斯"之假借即可。

　　以上這一節,是舜呼禹也和皐陶一樣談談自己的意見,禹首先
談自己全力以赴的事功就是搶治洪水以拯救人民免於饑饉,受到皐
陶稱讚。這是文獻中集中談禹治水功績的一段話,是儒家所着意寫
成。

　　禹曰:"都! 帝慎在位①。"帝曰:"俞!"禹曰②:"安汝
止③,惟幾惟康④;其弼直(悳),惟動丕應⑤。徯志以昭受
上帝⑥,天其申命用休⑦。"帝曰:"吁! 臣哉鄰哉,鄰哉臣
哉⑧!"禹曰:"俞⑨。"

　　帝曰⑩:"臣作朕股肱耳目⑪。予欲左右有民,汝翼⑫;

予欲宣力四方，汝爲⑬；予欲觀古人之象⑭：日、月、星辰、山、龍、華蟲、作會，宗彝、藻、火、粉米、黼、黻、絺繡，以五采彰施于五色作服⑮，汝明⑯；予欲聞六律、五聲、八音⑰、七始詠（在治忽）⑱，以出納五言⑲，汝聽⑳；予違，汝弼㉑。汝無面從，退有後言㉒。欽四鄰㉓，庶頑讒説㉔，若不在時㉕，侯以明之，撻以記之㉖，書用識哉，欲並生哉㉗，工以納言，時而颺之，格則承之、庸之，否則威之㉘。”

禹曰：“俞哉㉙！帝光天之下，至于海隅蒼生，萬邦黎獻，共惟帝臣㉚。惟帝時舉，敷納以言，明庶以功，車服以庸㉛，誰敢不讓，敢不敬應㉜。帝不時，敷同日奏罔功㉝。”

①都帝慎在位——《史記》作“於！帝，慎乃在位”。以訓詁義譯此句。增“乃”字。“乃”，汝。見上文“乃言底可績”。（《廣雅·釋言》：“乃，汝也。”）此禹誡舜慎在其位之辭。

②帝曰俞禹曰——《史記》删此五字。以“都帝慎在位”爲禹對舜説的話，“安而止”以下亦爲禹對舜説的話，故删去舜在此處的插話，使禹的話一貫説下來。“帝曰俞”，僞孔釋爲“然禹言，受其戒”。意爲以禹的話説得對，願接受其告誡。

③安汝止——《史記》作“安爾止”。《詩·雄雉》箋：“爾，汝也。”《集解》引鄭玄注云：“安汝之所止，無妄動，動則擾民。”曾運乾《正讀》云：“言安汝之所止，如《大學》言‘爲人君止於仁，爲人臣止於敬，爲人子止於孝，爲人父止於慈，與國人交止於信’也。”亦即《大學》篇首所云“在止於至善，知止而後有定”之義。加藤常賢《集釋》則謂“安”讀“按”，“止”爲“趾”之本字，其義指“行爲”。釋此句爲按抑自己行爲。可爲新解之一説。

④惟幾惟康——《史記》删此四字。“幾”，僞孔於本篇三“幾”字皆釋“微”，於《顧命》“幾”字釋“危”。曾氏《正讀》於此“幾”字亦釋危。與《爾雅·釋詁》“幾，殆也”之義近。故江聲、孫星衍亦皆釋“殆”。楊筠如《覈詁》則釋“謹”，屈萬里《集釋》則云：“幾、機古通。幾，謂機兆，事態尚未顯著時也。”各尋新釋以圖解通此句。“康”，自僞孔以下大都據《釋詁》釋“安”（惟楊筠如釋“静”，意爲慎也。池田末利氏以爲此稍迂曲）。僞孔釋此句云：“念慮幾微以係其安。”《蔡傳》釋云：“惟幾，所以審其事之發；惟康，所以省其事之安。即下文‘庶事康哉’之義。”大抵意爲重視其事之機微，以確保安康。江聲《音疏》云：“‘惟’，思，‘幾’，殆，‘康’，安也。言思其危殆，思所以保其安。”孫星衍《注疏》則云：“言君能思危以圖其安。”

⑤其弼直惟動丕應——《史記》作“輔德，天下大應”。《爾雅·釋詁》：“弼，輔也。”“直”作“德”，按“德”字原作“悳”。《説文·心部》：“悳，外得於人内得於己也。”是爲道德之“德”字。又《彳部》：“德，升也，从彳，悳聲。”是“德”字從“悳”得聲。後遂代爲“悳”字。江聲《音疏》論此直字云：“直當爲悳，壞字也。”其言是。《音疏》又云：“‘丕’，大。《釋詁》文。……動則天下大應之。”孫星衍《注疏》云：“言其君能思危以圖其安，其輔臣用有德者，雖動則天下大應之，言無妄動，動必依德。”

加藤常賢《集釋》並列“安汝止，惟幾惟康”與“其弼悳，惟動丕應”兩者爲對句。屈萬里引高本漢《書經注釋》亦讀作：“安汝止——惟幾惟康”，“其弼德——惟動丕應”。兩説皆足增益對此兩對句之理解。知“惟幾惟康”上承“安汝止”以成義，“惟動丕應”上承“其弼德”以成義。

⑥儆志以昭受上帝——《史記》作“清意以昭待上帝命”。段玉

裁《撰異》：“清與徯，於音韻‘支’與‘清’之通轉也。”江聲《音疏》云：“‘徯’，待。《釋詁》文。……若依《史記》以說此經，當云動則天下大應之，清其志意以待上帝命。”其說本甚確，惜他另用所謂“順經文爲說，故不據《史記》”而妄解“徯志”爲“待志”於下者，謂民安其志意以待於下也。真不知所云。其實《史記》完全是“順經文”以譯通文意。楊筠如《覈詁》云：“昭，古通紹。《文侯之命》‘用克紹乃顯祖’，《唐石經》作‘昭’，即其證。字亦作邵，《毛公鼎》‘用印邵皇天’，與《召誥》‘王來紹上帝’，此經所謂‘昭受上帝’，義並同也。《釋詁》：‘紹，繼也。’謂承繼之義。”池田末利《尚書全釋》云：“楊氏說爲勝。”

⑦天其申命用休——《史記》作“天其重命用休”。《集解》引鄭玄注云：“天將重命汝以美應，謂符瑞也。”符瑞爲漢人妄說，不應用來釋此句。惟譯“其”爲“將”，可取。《爾雅·釋詁》“申，重也。”王氏《釋詞》：“用，詞之以也。《一切經音義》七引《蒼頡篇》曰：‘用，以也。’”又《釋詁》：“休，美也。”連用了上文“丕應”之應，稱“美應”以釋“休”字，亦可。

⑧臣哉鄰哉鄰哉臣哉——《史記》作“臣哉臣哉”。刪二“鄰哉”。《三國志·魏紀》載何晏奏曰“鄰哉鄰哉”，則又無“臣哉”字。《孔疏》引鄭玄注此云：“臣哉汝當爲我鄰哉，鄰哉汝當爲我臣哉！反復言此，欲其志心入禹。”於鄰字之釋不明。王充耘《書纂見》揆其意云：“禹言‘帝慎乃在位’，以歸重於君。舜曰‘臣哉鄰哉’，以倚重其臣。”江聲《音疏》云：“‘志心入禹’者，猶言推心置腹。”僞孔則釋云：“鄰，近也。言君臣道近，相須而成。”是釋“鄰”爲“近”。渾言君與臣道近，與鄭注之專言臣道者不同。《孔疏》進而闡明僞孔意云：“帝以禹言已重，乃驚而言曰：‘吁！臣哉近哉’，臣當親近君也；

‘近哉臣哉’，君當親近臣也。”蘇軾《書傳》另作新釋云：“鄰，近臣也。助我者四鄰之臣，而助四鄰者凡在朝之臣也。”按，《尚書大傳》云：“天子必有四鄰，前儀、後丞，左輔，右弼。”（“前儀”別本作“前日疑”）《蔡傳》承蘇說稍變其意云：“‘鄰’，左右輔弼也。‘臣’，以人言；‘鄰’，以職言。帝深感上文‘弼直’之語，故曰：‘吁！臣哉鄰哉，鄰哉臣哉！’反復歎詠以見弼直之義如此其重，而不可忽。”孫氏《注疏》則云：“臣謂禹，鄰謂下四鄰。……史遷說鄰爲臣，故下‘欽四鄰’爲‘欽四輔臣’。”曾運乾《正讀》云：“按禹言責重帝躬，帝言亦須良輔，所謂君臣交儆。”屈萬里《集釋》云：“蓋上句謂臣乃親近之人，下句謂親近之人乃臣也。”

以上諸說，對“臣”字大抵泛指爲臣者，有一說專指禹，然禹爲主政大臣，其義仍指大臣。對“鄰”字則有三解：（一）近。細分又有道近（道義相近）、親近二義。（二）近臣，泛指左右輔弼。（三）專指四鄰（見《大傳》）。對此二句則有兩解，一說以爲這二句都是指臣而言，即都是對臣的要求；一說上句指臣，下句指君。意謂上句要求臣親近君，下句要求君親近臣。由於這兩句實在不好懂，所以出現了這些勉強尋出的解釋。《史記》把它和下句“臣作朕股肱耳目”連讀，將此兩句簡作“臣呀！臣呀！”略去“鄰哉”不提。作爲呼叫臣下兩句後，要他們作股肱耳目。如此是亦簡便。

就文句中的地位來看，“臣”和“鄰”是並列的兩個事物，應該都是名詞，很難說一是名詞一是動詞（親近）。就對話來看，在禹說了舜應以其行動昭受上帝命後，舜連續說四個“臣呀”（鄰即是臣）是什麼意思呢？顯然臣與鄰又應有所區別。所以以上諸不同解釋很難定其是非。爲了在今譯中能把它譯通，只好取鄭玄、屈萬里之說會通以譯之。

⑨禹曰俞——《史記》删去此三字。此爲禹稱讚舜上兩句話之語。《爾雅·釋言》"俞，然也"，已見《堯典》及上文諸校釋。

⑩帝曰——《史記》删此二字。以"臣哉"兩句及下文"臣作朕股肱"等句皆帝舜所説，故將禹的插話又重新提明"帝曰"等字皆删去。

⑪臣作朕股肱耳目——《釋文》："股，音古。肱，古閎反。"《論語·憲問》皇氏《疏》："膝上曰股，膝下曰脛。"《太玄·玄數》注亦言"膝上爲股"。是股爲大腿。《詩·無羊》"麾之以肱"毛傳："肱，臂也。"《論語·述而》"曲肱而枕之"《集解》釋亦同。是肱爲手之上臂。《後漢書·臧洪傳》注："股肱，謂手足也。"《廣雅·釋詁一》："股肱，臣也。"股肱二字連用，以手足來比喻君主左右重要大臣。

《孔疏》引鄭玄釋此句云："動作視聽皆由臣也。"以"動作"釋股肱之作用，以"視聽"釋耳目之作用。僞孔釋此句云："言大體若身。"是説君臣相合如首之與手足一樣，有如一個身體。《蔡傳》釋云："君，元首也。君資臣以爲助，猶元首須股肱耳目以爲用也。"

⑫予欲左右有民汝翼——"汝翼"，《史記》作"女輔之"。譯用其訓詁義。《集解》引馬融注云："我欲左右助民，汝當翼成我也。"《易·泰》"象曰：以左右民"。鄭玄注："左右，助也。"僞孔承之釋此句云："左右，助也。助我所有之民富而教之，汝翼成我。"《蔡傳》云："左右者，輔翼也。猶《孟子》所謂輔之翼之，使自得之也。"諸釋義相近，皆可通。

自此句"汝翼"及下文"汝爲"、"汝明"、"汝聽"、"汝弼"諸句，皆要求"臣作朕股肱耳目"所當做的事。

⑬予欲宣力四方汝爲——《史記》删去此八字。觀皮氏《考證》引蔡邕《司空文烈侯楊公碑》曰："帝欲宣力于四方，公則翼之。"知

漢代《尚書》有此句。僞孔釋爲："布力立治之功,汝群臣當爲之。"
不如《蔡傳》所釋較明晰云:"宣力者,宣布其力也。言我欲左右有
民,則資汝以爲助;欲宣力四方,則資汝以有爲也。"江聲《音疏》則
據《周禮·司勳》"治功曰力"爲釋云:"言我欲宣播治功於四方,女
其爲之。"

⑭予欲觀古人之象——觀此句下所述各種古人之象,皆指或彩
繪或絺繡於貴族服裝上的各種圖案,是知"古人之象"指古代貴族服
飾上的各種綵繪圖象。《孔疏》釋爲"我欲觀示君臣上下以古人衣
服之法象"。因古貴族以衣服之等差嚴別君臣上下之等級,故衣服
上之圖象成爲法定之圖象,故稱爲法象。

⑮日月星辰山龍華蟲作會宗彝藻火粉米黼黻絺繡以五采彰施
于五色作服——《史記》照錄前面"日月星辰"四字,自"山龍華蟲"
至"五色作服"二十六字則概括爲"作文繡服色"五字以當之。《魏
石經》則"五采"作"五介"。

日、月、星辰、山、龍、華蟲六者爲"作會"。《孔疏》引鄭玄注云:
"會,讀爲繪。"

宗彝、藻、火、粉米、黼、黻六者爲"絺繡"。《孔疏》引鄭玄注云:
"絺,讀爲黹。黹,紩也。"(按《説文》段注云:"以鍼貫縷紩衣曰黹。"
即以針穿綫縫衣叫做黹。"紩",縫也。)

鄭注又云:"自'日月'至'黼黻'凡十二章,天子以飾祭服。凡
畫者爲繪,刺者爲繡。此繡與繪各有六。衣用繪,裳用繡,至周而變
之。"《孔疏》又引《周禮》鄭玄注以華蟲爲一物。則以爲"以日、月、
星辰、山、龍、華蟲六章畫於衣也;藻、火、粉、米、黼、黻六章畫於裳
也"。此去宗彝而分粉、米爲二,然鄭注明言"虞夏以上取虎彝蜼
彝"又"粉米,白米也"。是鄭注有宗彝而粉米爲一物。此處下文所

引,明此爲顧彪之説。《孔疏》下文云:"鄭意以華蟲爲一,粉米爲一,加宗彝謂虎蜼也。……此經所云凡十二章,日也,月也,星也,山也,龍也,華蟲也,六者畫以作繪,施於衣也。宗彝也,藻也,火也,粉米也,黼也,黻也,此六者紩以爲繡,施之於裳也。"

"星辰"即星,見《堯典》"歷象日月星辰"校釋。"華蟲",《孔疏》引顧彪説"華取文章,雉取耿介",以"華""蟲"爲二。如上引鄭玄説,以"華蟲"爲一物,同於僞孔。即僞孔所云:"華蟲,雉也。""宗彝",《孔疏》引鄭玄注云:"宗彝謂宗廟之鬱鬯樽也,故虞夏以上蓋取虎彝蜼彝而已。"又云:"至周而變之,以三辰爲旂旗,謂龍爲袞,宗彝爲毳,或損益上下,更其等差。"意謂虞夏繪日月星三辰於衣(即據《皋陶謨》此處之文言之,以其爲舜所講,故謂之虞時)。至周代以日月星尊貴,只能繪於旂旗上(據《周禮·司常》爲言)。又據《周禮·司服》袞服繪龍。毳冕繪宗彝中之虎、蜼,以爲是周代損虞夏之制爲之。總之宗彝照樣作爲一種圖案繪於服飾中。"藻",僞孔云:"水草有文者。"《孔疏》云:"《詩》云:'魚在在藻。'是藻爲水草。草類多矣,獨取此草者,謂此草有文故也。""火",僞孔云:"火,爲火字。"《孔疏》云:"火爲火字,謂刺繡爲火字也。《考工記》云:'火以圜。'鄭司農云:'謂圜形似火也。'鄭玄云:'形如半圜然。'《記》是後人所作,何必能得其真。今之服章繡爲火字者如孔所説也。""粉米",鄭玄注云:"粉米,白米也。"《孔疏》以僞孔釋爲"粉若粟冰,米若聚米"從而釋之云:"粉之在粟,其狀如冰;米若聚米者,刺繡爲文類聚米形也。"總之刺繡成許多米粒之狀。"黼",僞孔云:"黼若斧形。"《孔疏》:"《考工記》云:'白與黑謂之黼。'《釋器》云:'斧謂之黼。'孫炎云:'黼文如斧形。'蓋半白半黑似斧,刃白而身黑。""黻",僞孔云:"黻爲兩己相背。"《孔疏》云:"謂刺繡爲己字,兩己字相背也。《考工記》云：‘黑與青謂之黻。’刺繡爲兩己字以青黑綫繡也。”
所有以上這些，都是繪繡在貴族衣服上的圖案。不過是有嚴格的等
級規定的。

　　《禮記·明堂位》云：“有虞氏服韍，夏后氏山，殷火，周龍章。”
是說上述十二章圖案各代曾使用。故此處舜說“予欲觀古人之象”，
是《皋陶謨》編者心目中古人之象。鄭玄注此數語云：“韍，冕服之
韠也。舜始作之，以尊祭服。禹、湯至周，增以畫文，後王彌飾也。
山，取其仁可仰也。火，取其明也。龍，取其變化也。天子備焉，諸
侯火而下，大夫山，士韍韋而已。”這是文獻中也談到十二章的資料，
所作的一些解及按爵位分別采用，恐只能體會爲周、漢時之義。

　　“以五采彰施于五色作服”，這就是作嚴格的等級規定。本處
《孔疏》引鄭玄注云：“性曰采，施曰色。”《禮記·月令》《孔疏》引鄭
玄注云：“未用謂之采，已用謂之色。”本處《孔疏》繼云：“以本性施
於繒帛，故云‘以五采施于五色’也。”又云：“此雖以服爲主，上既云
‘古人之象’，則法象分於器物，皆悉明之，非止衣服而已。旂旗器物
皆是彩飾，被服以明尊卑，故總云‘作服’以結之。”以上對本句文字
的解釋。

　　至申其等級意義者，《尚書大傳》云：“天子衣服，其文華蟲，作
繢、宗彝、藻、火、山、龍。諸侯作繢，宗彝、藻、火、山、龍。子男宗彝
藻、火、山、龍。大夫藻、火、山、龍。士山、龍。山龍青也，華蟲黃也，
作繢黑也，宗彝白也，藻火赤也。天子服五，諸侯服四，次國服三，大
夫服二，士服一。”又《孔疏》引馬融注同於“孔傳”云：“上句日月星
辰山龍華蟲，尊者在上；下句藻火粉米黼黻，尊者在下。黼黻尊於粉
米，粉米尊於藻火，故從上以尊卑差之。士服藻火，大夫加以粉米，
并藻火爲四章。”《孔疏》又引鄭玄云：“作服者，此十二章爲五服。

天子備有焉，公自山龍而下，侯伯自華蟲而下，子男自藻火而下，卿大夫自粉米而下。”今所見僞“孔傳”云：“天子服日月而下，諸侯自龍袞而下，至黼黻。士服藻火，大夫加粉米。上得兼下，下不得僭上。以五采明施於五色，作尊卑之服。”經師們詳談了這些衣服上圖案使用時的詳分等級，其具體劃分是否如此，不足深考。總之這些東西是有着嚴格的等級規定的，而且各代不會相同，每一王朝建立都要改正朔、易服色，各有所規定（見《春秋繁露·三代改制質文篇》）。《皋陶謨》中所載是先秦時儒者根據當時實際材料加以整齊釐訂的。

王國維《以五介彩施於五色説》（《觀堂別集》卷一）云：“魏《三字石經》‘采’作‘介’。……案《隋書·禮儀志》大業元年虞世基奏：‘近世故實，依《尚書大傳》，山龍純青，華蟲純黃，作繪采彝純黑，藻純白，火純赤，以此相間而爲五采。’是《今文尚書》或本作五介，故《大傳》説以青、黃、黑、白、赤相間爲説，五者相介以發其色，故曰：‘以五介章施于五色。’《考工記》：‘畫繢之事……青與赤謂之文，赤與白謂之章，白與黑謂之黼，黑與青謂之黻。五采備謂之繡，雜四時五色之位以章之謂之巧。’是繢次以相對爲義，繡次以相承爲義。與《大傳》不同，此又一説也。鄭以未用已用分釋采、色。然未能得章施之説，不如石經作‘五介’得之。”是王氏肯定了此句當作“以五介彰施于五色”，並提出了他的解釋，是爲研究此句的一新説。

⑯汝明——《史記》作“女明之”。由於所承古代以來的服色規定很複雜，所以需要把它弄明白。

⑰予欲聞六律五聲八音——詳見《堯典》“同律度量衡”、“四海遏密八音”、“聲依永律和聲”、“八音克諧”諸校釋。六律指律吕，即黃鐘等十二律管之名。五聲指宫商角徵羽。八音指金石絲竹匏土

革木八種樂器所奏出之音。

⑱七始詠（在治忽）——《史記》作"來始滑"。按，《漢書·律曆志》引作"七始詠"，《漢唐山夫人房中歌》引作"七始華"，漢《熹平石經》殘字則作"七始滑"，《隋書·律曆志》轉引作"七始訓"。《夏本紀·索隱》引作"采政忽"。以上爲漢今文本對此句的六種異文。鄭玄所注古文本則作"在治留"（鄭釋留爲笏）。今所見僞古文本又訛作"在治忽"。此三字在今僞本中連上文作"欲聞六律、五聲、八音、在治忽"。"在治忽"顯然不通。按《尚書大傳·虞傳》釋此的有關文句云："定以六律、五聲、八音、七始。"鄭玄注："七始，黃鐘、林鐘、大簇、南呂、姑洗、應鐘、蕤賓也。"是皆指樂律，參據《漢書·律曆志》，顯然原文當作"予欲聞六律、五聲、八音、七始詠"。自以《律曆志》所引此句今文爲正確。故吳澄《纂言》云："《漢書·律曆志》引《書》曰'七始詠'今從之。七始《國語》謂之七均。……正聲五，變聲二，每律用七聲爲均，相和而均調，故曰七均，七聲迭用以終始一調，故曰七始。"（按《律曆志》云："七者，天地四時人之始也。"）其所以出現諸錯誤的原故，當由於古籀文字中"七"作"十"，易形訛作"十"，此即"在"字；又漢簡中常見漢人喜用"桼"字代"七"字，又易形訛爲"來"字、"采"字（故段玉裁《撰異》云"七亦作桼，或誤作來，或誤作采"）；而"始"字形訛爲"治"，再由治字義訛爲"政"；"詠"字形訛爲"訓"，再音訛爲"滑"、"華"、"留"、"忽"。按《史記索隱》已云："蓋來采字相近，滑忽聲相亂，始又與治相似，因誤爲來始滑。今依今文音采政忽三字。"《經說考》引楊慎云："《史記》來字乃桼字之誤。"魏源《書古微》亦初步尋析之云："蓋經文原作'七始詠'，《史記》作'桼始滑'，其作來作采者皆桼之形訛。桼又七之音訛，其始作治，忽作滑，采作在者則聲之訛。"其中有些說得對，也有些說得不

對,當以本處所論析者爲是。而後就出現這許多奇奇怪怪的紛歧。《漢熹平石經》堂而皇之所刻東漢今文此句還只誤一滑字,而前於石經的《夏本紀》所引西漢今文某本乃作"來始滑",全然不通。這是由於漢人對《尚書》文句本來多屬不懂,對這一句也只是不懂,"來始滑"、"采政忽"就讓它"來始滑"、"采政忽"了。

⑲以出納五言——《史記》"納"作"入",見《堯典》"寅餞納日"校釋,古文皆作納或内(同金文之内),今文皆作入。《史記集解》引鄭玄釋此句以䀌爲笏,謂"臣見君所秉,書思對命者也,君亦有焉,以出内政教於五官"。僞孔釋云:"以出納仁義禮智信五德之言,施於民以成化。"則憑空拉上仁義禮智信。蓋牽附《漢書·律曆志》在引《書》之此數句後所云"順以歌詠五常之言"。但《律曆志》云:"五言者,五聲之言。"而孫星衍《注疏》則援用《漢書·律曆志》"合於五行"一語以五行釋五言,逾走逾遠。蘇軾《書傳》云:"五言者,詩也。以諷詠之言寄之於五聲,蓋以聲言也,故謂之五言。"林氏《全解》云:"聲音之道與政通……故聞六律五聲八音,則可以察治忽也。忽,不治也(此可見經師們善於依附經文牽強成釋)。予欲聞六律五聲八音以察治亂,又在乎出納五言。出五言者,爲之詩歌播於聲音宣之於下……納五言,謂取下之言播於詩歌者以達於上。"葉夢得《書傳》云:"五言,即五聲。……雖言也,播之於律之所和則爲五聲,雖聲也,本於詩之所諷則爲五言。文云於言爲出,采之於下爲納。"呂氏《東萊書説》云:"五言,樂之成言者,三百篇之《詩》是也。詩有出於上者爲出,有出於下者爲納。出納作之於樂。"《蔡傳》:"五言者,詩歌之協於五聲者也。自上達下謂之出,自下達上謂之納。"吳澄《纂言》云:"八音之外有人聲也。人聲之精者爲言,五言,脣齒舌牙喉之音,爲言各不同也。或曰五方之言也。樂工審於聲

音,故亦能辨人之聲音而使之出納五言也。"清儒除王鳴盛《後案》宣揚鄭玄注外,其餘諸家大率以五行合五常以釋五言。近人曾運乾《正讀》始如吳澄所提到而釋之云:"五言者,五方之聲詩也。《禮·王制》:'五方之民,言語不通,嗜欲不同,道其志,通其欲。東方曰寄,南方曰象,西方曰狄鞮,北方曰譯。'(按這是指通譯四方語言的方式)合之中國,則五也。"這就是所謂五方之言。

　　以上關於"五言"之解釋,以牽合於"五常"進而附會於"五行"之説最謬,因原文根本不帶此義。次則鄭玄因誤讀傳訛之本"詯"字爲"笴",順其義釋爲"出納政教於五官",雖無大謬,亦不符合原義。此句原文爲"予欲聞六律五聲八音七始詠以出納五言",故宋以來很多學者皆就諷詠寄於五聲以釋爲詩。詩歌、傳歌之協五聲、樂之成言者等等,這些雖措辭有出入,大抵是正確的,當依此説。此外尚有循樂律八音之外的人聲以五個發音部位不同而稱五言,又有尋釋爲五方之言者,皆在避五常、五行謬説,然仍不合此句原義。顧師《顧頡剛讀書筆記》卷五第2713頁云:"《堯典》伯夷以秩宗讓夔龍,而舜命夔典樂,命龍作納言。明此三人所司皆禮樂之事。……此'出納五言',即《堯典》之'納言'。而納言之術在於用六律、五聲、八音,其爲藉歌詠以諷諫明矣。《詩·大雅》中若干史詩即由此而創作而保存者。"則上引宋以來儒者釋五言爲詩歌之義蓋知其正確。

　　⑳汝聽——《史記》作"女聽"。你們爲我詳審聽之。陳氏《纂疏》引王安石《新經義》云:"汝翼,作肱;汝爲,作股;汝明,作目;汝聽,作耳也。"

　　㉑予違汝弼——《史記》作"予即辟,女匡拂予"。"辟",即避,與違義相近,《荀子·修身篇》有"辟違而不愨"之語,此辟違即有違失義。"予即辟"即"予違"。"拂"、"弼"同音。《説文·大部》:

“奔,大也。从大,弗聲,讀若予違汝弼。”《孟子·告子下》言“法家
拂士”,孫奭音“拂士”爲“㢸士”。是拂㢸同音通用,故“女匡拂予”
即“汝弼”。此語意爲我如有違失,你們就要匡正輔弼我。

㉒汝無面從退有後言——《史記》作“女無面諛,退而謗予”。
此譯語使原意更清楚。

㉓欽四鄰——《史記》作“敬四輔臣”。“欽”,《爾雅·釋詁》:
“敬也。”“四鄰”,鄰字已見前“臣哉鄰哉”校釋。《尚書大傳》云:
“古者天子必有四鄰,前曰疑,後曰丞,左曰輔,右曰弼。”(《華嚴經
音義》八十引《大傳》作:“天子必有四鄰,前儀、後丞、左輔、右弼。”)
《禮記·文王世子》則云:“虞夏商周有師、保,有疑、丞。設四輔。”
《大戴禮·保傅》則引《明堂之位》作道、充、弼、承四者。其文云:
“《明堂之位》曰:‘……道者,導天子以道者也。……充者,充天子
之志也。……弼者,拂天子之過者也。……承者,承天子之遺忘者
也。……四聖維之……其輔翼天子,有此具也。’可知四者之名稱,
原未一定。惟“四輔”一詞早見於西周初年的《洛誥》中所云:“王
(成王)曰:公(周公)……誕保文武受民,亂爲四輔。”曾運乾《正讀》
釋云:“亂,率也。四輔者,道、充、疑、丞也。《大戴禮·保傅篇》云:
‘篤仁而好學,多聞而道慎,天子疑則問,應而不窮者謂之道。道者,
導天子以道者也。常立於前,是同公也。’”《史記》錄《皋陶謨》“四
鄰”之文,改用了周初已使用的且意義更易懂的名稱“四輔”,即他
慣用的以當時人們懂得的字與詞譯寫難懂的古文獻中的字與詞的
方式之一。皮氏《考證》引鄭玄注《大傳》云:“四鄰(《孔疏》引鄭注
作“四近”),左輔右弼前疑後承。”以爲鄭從《大傳》今文説。又舉
《列子》、《莊子》皆有“舜問乎丞”之文,其丞即四輔之一。僞孔則釋
云:“四近,前後左右之臣,勑使敬其職。則只渾言之。”故《孔疏》釋

爲"前後左右四者近君之臣"。王樵《日記》云："伏生以爲左輔右弼、前疑後丞，皆以意言，無確據。細玩上下文意，首曰臣哉鄰哉，即繼之曰臣作股肱耳目，則四鄰正指股肱耳目矣。此於經有據。"

陳櫟《纂疏》云："愚按'欽四鄰'上下疑有闕文，朱子已嘗疑之。"

㉔庶頑讒説——《史記》作"諸衆讒嬖臣"。以"諸衆"譯"庶頑"，以"讒嬖臣"譯"讒説"，意更明顯。孫星衍《注疏》引《爾雅·釋詁》："庶，衆也。"《廣雅·釋詁》："頑，愚也。"《楚語》韋昭注："説，媚也。"（是此"説"當讀作"悦"）"讒説，謂讒媚之人。"此外《説文》云："讒，譖也。"《左傳·昭公五年》："敗言爲讒。"《荀子·修身》："傷良曰讒。"僞孔則簡釋此句爲"衆頑愚讒説之人"。

㉕若不在時——自此句直至"敢不敬應"共二十一句，《史記》皆省去，而以"君德誠施皆清矣"一句以當之，惟從二十一句中間取"禹曰俞哉"一句譯爲"禹曰然"，緊接在"君德誠施皆清矣"句後。皮氏《考證》云："史公以'君德誠施皆清矣'七字總括經義，至'否則威之'止（按明明至"敢不敬應"止，皮言非），'君德誠施'渾括'侯明''撻記'八句而言（此説可從），'皆清矣'三字承上'諸衆讒嬖臣'言，謂舉賢則讒嬖自遠，故曰'皆清'，非專解'侯以明之'一句也（此句指正孫星衍以爲止於"侯以明之"句之説）。"按，"皆清矣"自可包括光天之下萬邦黎獻明庶以功誰敢不敬應諸語而言，何只止於"否則威之"。

僞孔釋"在"爲"察"，釋"時"爲"是"，釋此句爲："若所行不在於是而爲非者，當察之。"《蔡傳》釋："'時'，是也。'在是'，指忠直爲言。"指忠直，過於拘泥。既"是"與"非"對，指不爲非作歹的正當行爲包括忠直在內。朱駿聲《便讀》連下句釋爲"汝若不察於是，當以大射擇士之禮明察其善惡”。

加藤常賢《集釋》獨取朱彬《經傳考證》之説：“不在，在也。”意謂“不”同“丕”，“時”爲“是”。解此句爲“若丕在是”。楊筠如《覈詁》釋“在”爲“察”，“時”爲“是”。曾運乾《正讀》二字所釋同，惟釋“若，語詞”。屈氏《集釋》則釋“時”爲善。池田末利《尚書全釋》蒐列了多家不同解釋而取朱駿聲、楊筠如之説。實仍承僞孔以來之釋。惟朱彬説稍異。

㉖侯以明之撻以記之——《説文》“撻”古文作“𢽤”，並引《書》曰“𢽤以記之”。其釋撻字云：“《鄉飲酒》罰不敬，撻其背。从手，達聲。”僞孔釋此二句云：“當行射侯之禮，以明善惡之教；笞撻不是者，使記識其過。”《蔡傳》亦云：“侯，射侯也。……蓋射所以觀德，頑愚讒説之人其心不正……其中必不能多（謂其心不正則不能射中靶，這是經師邏輯），審如是則其爲頑愚讒説也必矣（射不中靶則必是壞人，這也是經師邏輯）。……撻，扑也。即‘扑作教刑’者，蓋懲之使記而不忘也。”蘇軾《書傳》説比蔡爲近理云：“衆頑讒説之人不率是教者，舜皆有以待之，夫化惡莫若進善，故擇其可進者以射侯之禮舉之；其不率教之甚者，則撻之。”蘇遠在蔡前而蔡不從其説，可見理學家觀點之謬。元王天與《纂傳》云：“按，此化庶頑以射侯之禮者，與《王制》‘待不帥教之人，元日習射，上功；習鄉，上齒’之意同。蓋古人鄉射，其中包涵教人意思最爲深遠。又鄉射禮‘司射搢扑’，即‘撻以記之’之意。侯明、撻記，文脉相聯，不可析爲二句解。”明王樵《日記》云：“侯以明之，蓋射以觀德。……蔡氏謂欲明其衆頑愚讒説與否，夫庶頑讒説若不在時，帝先已洞燭之矣，豈待射侯而始明其果否乎。”這是直接指出蔡説之非。清江聲《音疏》云：“此以下言教國子之事。……衆頑讒説之人女若不察於是，讒以射侯之禮明

之。"王氏《後案》朱氏《便讀》亦皆遵僞孔射侯之禮之説。皮錫瑞謂射侯之禮即古貢士之禮,其《考證》云:"古者諸侯歲獻貢士於天子,天子試之於射宮,故有'侯以明之'等語。"足爲蘇軾佐證。這是解釋"侯"字的傳統的權威的一説,直至近人楊筠如《覈詁》、曾運乾《正讀》皆承此説謂"侯"就是射靶。

至孫氏《注疏》始提出一新説,謂"侯"就是君。其文云:"史遷説'侯'爲君,'明'爲清,云'君德誠施皆清矣'。"其自疏云:"侯者,《釋詁》云:'君也。'言如不能察是讒媚之人,故設有土之君以明察之。"這是一創新的見解,但無從其説者,皮氏《考證》論及其説未加否定,但對他説史遷之本止於"侯以明之",譏其武斷。此説亦未必得其本義,解釋亦稍牽強。

屈萬里《集釋》云:"侯,維也。"只此三字(惟注明見《詩·下武》毛傳),未詳其釋義。

既然新説亦未必得當,不如姑仍舊説。

關於"撻以記之"孫星衍《注疏》引"《周禮·閭胥》'各掌其閭之政令','凡事掌其比觵撻伐之事'注:'觵撻者,失禮之罰也。觵用酒,其爵,兕角爲之,撻,扑也。'……'記之'者,謂記其過"。孫詒讓《尚書駢枝》云:"案撻,即《舜典》(即《堯典》)之'鞭作官刑,扑作教刑'。然與記識事無涉,下文'書用識哉'乃正是記識之事爾,此'記'疑當爲'誋'。《説文·言部》云:'誋,誡也。'笞撻並是警誡過誤之刑。'誋''記'形聲並相近,故經通作'記'。"參看下一條校釋。

㉗書用識哉欲並生哉——僞孔釋云:"書識其非,欲使改悔,與共並生。"蘇軾《書傳》繼上句"其不率教之甚者則撻之"後云:"其小者則書其罪而記之,欲其並居而知恥也。"王引之《釋詞》:"用,詞之'以'也。……'侯以明之,撻以記之,書用識哉',用亦以也,互文

耳。”裴氏《虛字集釋》：“哉亦之也，皆互文耳。”《釋文》讀此“識”字爲“職吏反”，故《蔡傳》云：“識，誌也。録其過惡以識於册，如周制鄉黨之官以時書民之孝悌睦婣有學者也。聖人不忍以頑愚讒説而遽棄之，用此三者之教……使其遷善改過，欲其並生於天地之間也。”孫星衍《注疏》云：“《春秋繁露・度制篇》説‘誰敢弗讓’之義云：‘朝廷有位，鄉黨有序。’‘朝廷有位’，謂‘侯以明之’。‘鄉黨有序’，謂鄉飲酒罰不敬也。‘記之’者，謂記其過。‘書’者，刑書。《吕刑》云：‘明啓刑書胥占。’《周禮・司救》：‘凡民之有衺惡者，三讓而罰之。罰而士加明刑。’注云：‘罰謂撻擊之’也，‘加明刑’者去其冠飾而書其衺惡之狀著之背也。可證此經之義。過小則記之，大則識其罪。‘欲並生’者，鄭注《周禮》云：‘生，猶養也。’”曾運乾《正讀》承孫氏之説，略有所補充云：“‘明之’，所以耻之也。‘撻’古文作𢫦，挾也。‘記之’，謂懲之義，俾不忘也，《周禮・閭胥》（照録上一校釋録孫星衍所引之文注：“撻者，失禮之刑也。”）‘書’者，《周官・大司寇》云：以明刑耻之。注：書其罪惡於大方版，著其背。（此處又録“司救”文至“著其背也”。）‘識’，亦記也。‘哉’，亦之也。《釋詁》‘哉’‘之’同訓門，謂言之門也。‘生’者，不爲死刑也。言侯以明之，撻以記之，書以識之，皆欲生之，不致之死地也。”楊筠如《覈詁》曾承孫詒讓之説，亦有所補充云：“孫詒讓謂‘記’讀爲‘誋’。《説文》：‘誋，誡也。’‘書’，謂著之刑書。襄廿三年《左傳》：‘斐豹，隸也，著于丹書。’是其義也。”

　　陳大猷《書集傳或問》云：“侯、撻行於一時，書識示於悠久，使其悔耻而遷善，改過以並生於天地之間也。”陳櫟《書傳纂疏》云：“或曰：書用識其善惡：書其孝友睦婣，識其善也；斐豹欲除丹書，識其惡也。愚謂：射侯，以禮教也。既撻，書以愧耻之於先，納言以樂教也,復時颺以感發之於後,有耻且格,欲與並生之心遂矣,用之宜也。"

㉘工以納言時而颺之格則承之庸之否則威之——"工",《廣雅》:"官也。"僞孔:"工,樂官。"《孔疏》:"《禮》通謂樂官爲工,知工是樂官。如《周禮》大師、瞽、矇之類。""納言",見《堯典》"帝曰龍……命汝作納言"。係針對"讒説殄行"之官。顧師《讀書筆記》卷五第 2713 頁云:"納言殆與《國語》'天子聽政,使公卿至于列士獻詩,瞽獻典……師箴,瞍賦,矇誦'相類。此爲藉音樂以納諫的一種方式。"參看《堯典》"命汝作納言"校釋。"時",僞孔釋爲是、是正。"颺",《釋文》:"音揚。"《説文》:"揚,飛舉也。"《易·象上傳》"遏惡揚善"虞注:"揚,舉也。"《堯典》"明明揚仄陋"即是。"格",僞孔釋爲"至",《蔡傳》釋爲"格":"有耻且格'之格,謂改過也。""承",《蔡傳》訓爲"薦",實釋爲"進",孫氏《注疏》云:"承同烝,進也。《釋詁》文。""庸",《説文》:"用也。""否",《釋文》:"音鄙。"仍爲不、不是(見《説文》)、不然(《韻會》)之義。"威",畏。見《詩》毛傳等,如《常棣》"死喪之威"傳:"威,畏也。"金文中威、畏常通用。《賈子·容經》"有威而可畏謂之威"。

僞孔釋此數句云:"樂官掌誦詩以納諫,當是正(意即糾正)其義而颺道之。天下人能至於道,則承用之,任以官。不從教,則以刑威之。"黃倫《尚書精義》錄王安石《新經義》之説云:"'工以納言時而颺之'者,所謂以樂教也。'格則承之庸之'者,既教而成矣,則有德者承之,而承之者使之在位也;有能者庸之,而庸之者使之在職也。'否則威之'者,教之不率而後威之以刑。先王所以成就天下之材至於如此,可謂至矣。"蘇軾反王學,其《書傳》繼"記之欲其並居而知耻也"之後云:"此士之有罪而未可終棄者,故使樂工采其謳謠諷諫之言而颺之，以觀其心。其改過者則薦之，且用之；其不悛者，則威之、夏楚之、寄之之類是也。"王氏謂此爲教育人材的方法，蘇氏則謂只是對待"士之有罪"者的方法。《蔡傳》綜承宋人之說釋之云："聖人於庶頑讒說之人，既有以啓發其憤悱遷善之心，而又命掌樂之官以其所納之言時而颺之，以觀其改過與否。如其改也，則進之用之；如其不改，然後刑以威之。以見聖人之教無所不極其致。"義已明。

　　㉙禹曰俞哉——《史記》作"禹曰然"。

　　㉚帝光天之下至于海隅蒼生萬邦黎獻共惟帝臣——"光"，自僞孔據《爾雅·釋言》釋《堯典》"光被四表"之"光"爲"充"，至清儒訓"光"同"黃"、"橫"、"廣"、"擴"諸字，釋其義皆爲"充"，自是治《尚書》者釋"光"字無不爲"充"之義。其實當如今人口語"光天化日之下"一樣，古人稱爲"光天之下"，對天的一種美稱，無用深求他義。"隅"，《說文》："陬也。"然又釋"陬，阪隅也"。《廣雅·釋丘》則云："隅，限也。"《楚辭·逢尤》注："隅，旁也。"總之是限曲邊旁之地。"海隅"，大海限曲邊旁之地。即海邊之地，瀕海之地。"蒼生"，義同"黔首"，亦同"黎民"、"衆民"、"庶民"即老百姓。參看《堯典》"黎民"校釋。"黎獻"，僞孔釋爲"衆賢"，以"衆"訓黎，以"賢"訓獻。是。王引之《述聞》"萬邦黎獻"條引《廣雅》"儀，賢也"。又引《爾雅》"儀，善也"。並云："《酒誥》曰：'女劼毖，殷獻臣傳'，訓'獻'爲善，善賢義相近，故'儀''獻'同訓爲賢，又同訓爲善也。"又引三處漢碑皆作"黎儀"，推論《皋陶謨》之"黎獻"今文本當作"黎儀"。可備一說。但僞孔以"黎獻"釋爲"衆賢"作爲一詞，意爲衆多的賢人，則不妥。參見《大誥》"民獻有十夫"之"民獻"校釋。指一部族中的上層人員，被稱爲賢者，實即其貴族頭面人物。這裏"黎獻"指

老百姓和貴族，包括通常所説貴賤、賢愚。“共”，《説文》：“同也。”
《廣雅·釋詁四》亦云：“共，同也。”《禮記·内則》“共帥時”注：
“共，猶皆也。”意爲今口語中的“都”。“惟”王引之《釋詞》云：“《玉
篇》曰：‘惟，爲也。’《書·皋陶謨》曰：‘萬邦黎獻，共惟帝臣’。某氏
傳曰：‘萬國衆賢，共爲帝臣。’”意謂萬國貴賤上下都爲君主的臣
下。此數句是説，普天之下直到海邊上，所有老百姓，包括各國黎民
衆庶和貴族頭頭們，都是陛下的臣下。又王氏《釋詞》“惟”亦釋
“是”，則此句亦可逕作“都是陛下的臣下”。

　　㉛惟帝時舉敷納以言明庶以功車服以庸——“時”，即時間之時
的本義。僞孔釋爲“是”，後來治經者多從之，無此必要。因上文説
普天下無論貴賤都是帝的臣下，所以説帝要隨時舉用之。《蔡傳》亦
釋“時”爲“是”，而其釋此句云：“萬邦黎民之賢孰不感應興起，而皆
有帝臣之願，惟帝時舉而用之爾。”“時舉而用之”得此句原義，如依
僞孔釋爲“帝舉是而用之”，顯見牽强。

　　“敷納以言，明庶以功，車服以庸”，《堯典》有同樣三句作“敷奏
以言，明試以功，車服以庸”。文義已詳《堯典》校釋。惟“納”作
“奏”，“庶”作“試”。此處“敷”字《左傳》引作“賦”。見僖公二十七
年《傳》載趙衰曰：“《夏書》曰：‘賦納以言，明試以功，車服以庸。’君
其試之。”杜注云：“《尚書·虞夏書》也。賦，猶取也。庸，功也。”段
氏《撰異》按王符《潛夫論·考績篇》所引與《左傳》合。又《漢書》
引作“傅”，見《文帝紀》、《成帝紀》詔選賢良，言“傅納以言，明試以
功”。師古注：“傅，讀曰敷。敷，陳也。”“明庶以功”，《左傳》及《堯
典》都作“明試以功”，即以功試用之，作“試”是，“庶”當爲音訛。
“車服以庸”，孫氏《注疏》云：“‘車服’者，謂車馬衣服。‘庸’即用
也。”又云：“‘庸’者，《釋詁》云：‘勞也。’《漢書·韋元成傳》注孟康

引此文云:‘庸,功也。’”是“庸”有用、勞、功諸釋。依杜預注,爲報其勞。此四字《春秋繁露·度制篇》引作“輿服有庸”。《鹽鐵論》“大夫曰”及《後漢書·左雄傳》雄上疏,皆引作“輿服有庸”。《樊安碑》曰:“庸以輿服。”知漢今文本確作“輿服”。楊氏《覈詁》:“車、輿同義。以、有通用字。”

此三句釋義,首見《左傳·僖公二十七年》杜預注云:“賦納以言,觀其志也。明試以功,考其事也。車服以庸,報其勞也。”而後見《堯典》僞孔傳云:“敷,陳。奏,進也。諸侯日朝,各使陳進治理之言,明試其言以要其功,功成則賜車服以表顯其能用。”《蔡傳》所釋基本相同。此處僞孔云:“使陳布其言,明之皆以功大小爲差,以車服旌其能用之。”是其釋義亦基本同於前釋。孫氏《注疏》則云:“但此謂舉賢,與《堯典》考績不同。”其實是《堯典》作者與《皋陶謨》作者在歷史資料中同樣遇到此三句,同樣采入自己篇中,初不必去勉加區分。不過由春秋前期的僖公時期已流行此句,可知它是在春秋以前已存在的文句,是周代較早已有的歷史資料。

㉜誰敢不讓敢不敬應——《潛夫論·考績篇》引《書》云:“誰能不讓,誰能不敬應。”“敢”作“能”,下句多“誰”字。皮氏《考證》謂“皆今文異字”。楊氏《覈詁》:“敢,能義近,有‘誰’字則較古文爲長。‘應’,《爾雅·釋樂》李巡注:‘承也。’”加藤常賢《集釋》據《康誥》言“應保”,《洛誥》則言“承保”,知“應”有承義。

《春秋繁露·度制篇》:“故貴賤有等,衣服有别,朝廷有位,鄉黨有序,則民有所讓而不敢争,所以一之也。《書》曰‘輿服有庸,誰敢不讓,敢不敬應’,此之謂也。”這是漢代今文學大師董仲舒對此二句的解釋。按今文家要著《尚書大傳》云:“古之帝王必有命民,能敬長矜孤、取舍好讓者,命於其君,然後得乘駟車、駢馬,衣文錦。未有命者不得衣、不得乘。乘、衣者有罰。"皮錫瑞《大傳疏證》云："《皋陶謨》言'舉黎獻'，又有'誰敢不讓，敢不敬應'之文，與此《傳》云'敬長''好讓'之文相合。"又引《韓詩傳》、《潛夫論·浮侈篇》皆有類似之文。這些都是漢儒對此處文意的理解。皮《疏證》又引漢制買人不得衣錦、乘車，爲古非命民不得衣乘遺意。又引秦、漢有賜民爵一級之事，爲古命民遺意。這裏把《皋陶謨》原意只是賞功酬庸並因公平而得到擁護的句子，按嚴格的封建等級制進行闡釋。

　　僞孔釋此二句云："上惟賢是用，則下皆敬應上命而讓善。"簡明地體現了原意。《蔡傳》承上文三句而釋之云："敷納以言而觀其蘊，明庶以功而考其成，旌能命德以厚其報，如此，則誰敢不讓於善，敢不精白一心，敬應其上，而庶頑讒説豈足慮乎。"基本同於僞孔之説而稍加詳。此二句釋義當即如此。

　　㉝帝不時敷同日奏罔功——《史記》作"帝即不時，布同善惡則罔功"。以意譯完足原句。王氏《釋詞》："即，猶或也。或與若義相近。""布"，《禹貢》"禹敷土"鄭玄注："敷，布也。"本篇下文"翕受敷施"，《夏本紀》作"翕受普施"。則"布"同敷，同普。"普同善惡"，即賢劣善惡的人同樣對待不加區別。"奏"，《説文》："進也。""罔"，《爾雅·釋言》："無也。"

　　此句與上文"惟帝時舉"爲並立之句。上句言帝時舉用賢者，此句則言帝不時舉賢者，反而普同賢劣善惡的人同樣進用，自會無功。僞孔釋此句云："帝用臣不是，則遠近布同而日進於無功，以賢遇並位，優劣共流故。"基本得本句原義。

　　以上這一節，爲禹和舜的對話，主要談爲君之道與用人之道。禹欲舜慎其帝位，主要在思危圖安，動必依德，以待上帝之命。舜則指出君離不開臣的輔佐，大臣應爲君主的股肱耳目，因而對大臣提出了汝翼、汝爲、汝明、汝聽、汝弼的五項要求。君主則自己應親賢遠讒，要有一套考察和舉用臣下的良好方法。然後禹讚揚了舜舉賢任能的意見。

帝曰①："無若丹朱傲②，惟慢遊是好③，敖虐是作，罔晝夜頟頟④，罔水行舟⑤。朋淫于家⑥，用殄厥世，予創若時⑦。"

禹曰⑧："予娶塗山，辛壬癸甲⑨，啓呱呱而泣，予弗子，惟荒度土功⑩，弼成五服，至于五千⑪，州十有二師⑫。外薄四海⑬，咸建五長⑭，各迪有功。苗頑弗即工，帝其念哉⑮。"

帝曰："迪朕德，時乃功惟叙⑯。"皋陶方祇厥叙，方施象刑惟明⑰。"

①帝曰——通行僞古文本《尚書》無"帝曰"二字，《史記》所錄漢今文本《尚書》則有此二字。倘使如僞古文本，則"無若丹朱傲"句緊接"敷同日奏罔功"句，直承上"禹曰俞哉"一段後，成爲禹語。《史記》所錄今文本有"帝曰"，則作爲舜戒禹語，至下文"予娶于塗山"句前《史記》所錄本復有"禹曰"二字，作爲禹答語。按文意顯然《史記》所錄語合理，故張守節《正義》云："此二字及下'禹曰'，《尚書》無。太史公有四字，帝及禹相答，極爲次序。當應別見《書》。"段玉裁《撰異》云："此'帝曰''禹曰'字《尚書》所無，《史記》有之，此《今文尚書》也。"並引《漢書·楚元王傳》劉向上奏曰"臣聞帝舜戒伯禹'毋若丹朱敖'"之語以證之。又云："《論衡·遺告篇》云：

'舜戒禹曰：毋若丹朱敖。'……又《問孔篇》：《尚書》曰：'毋若丹朱敖，惟慢遊是好。'謂帝舜勅禹毋子不肖子也。……仲壬所據多《今文尚書》，然則有'帝曰''禹曰'者，爲《今文尚書》甚顯白。"如無此"帝曰""禹曰"字，則文意錯亂，今既知漢《今文尚書》原有之，特據以恢復此處"帝曰"及下文"禹曰"。

　　②無若丹朱傲——"無"，《史記》作"毋"。義同。"丹朱"，相傳爲堯子，名朱，因居於丹水，故稱丹朱。實際這是由神話轉變成的歷史傳説。朱原爲神話中的神鳥轉變成的人名，詳《堯典》"胤子朱"校釋。

　　"傲"，上引《漢書》載劉向奏文及《論衡》之《譴告》、《問孔》等篇與《後漢書·梁冀傳》載袁箸上書皆引作"敖"。知漢今文如此。段玉裁《撰異》云："此字蓋本作'敖'，衛包乃改作'傲'也。'敖虐'（見下句）正承此，不當有二字。"又云："《管子·宙合篇》'若敖之在堯也'。房注引《書》'無若丹朱敖'。此天寶以前本不作'傲'之證也。"《説文·喬部》"㒼，嫚也。……《虞書》曰：'若丹朱㒼。'讀若傲。《論語》：'㒼湯舟。'"（按見《憲問篇》"羿善射㒼盪舟俱不得其死"）是此字又作"㒼"。段玉裁《撰異》："按許所引壁中故書也。"故《釋文》云："傲字又作㒼。"《撰異》又云："㒼蓋安國以今文讀之，易爲'敖'，讀若傲之傲。當作敖。"又云："《論語》作'㒼'，假借字也。"《爾雅·釋詁》："敖，戲謔也。"《離騷》"保厥美以驕敖"注："侮慢曰敖。"僞孔釋云："敖，戲。"《撰異》："《説文》：'敖，出游也。'徐仙民讀'五根反'者，六朝時敖戲讀此音也。"

　　自此句至"予創若時"皆叙丹朱不肖之事。丹朱不肖之故事爲先秦所盛傳，《史記·五帝本紀》遂采入篇中云："堯知子丹朱之不肖，不足授天下，於是乃權授舜。"《尚書大傳》："堯知丹朱之不肖，必將壞其宗廟,滅其祀稷,而天下同賊之,故堯推崇舜而讓之。"《史記索隱》:"父子繼立,常道也。求賢而禪,權道也。權者反常而合道。"這是根據後世帝位世襲之制的眼光來看待古代氏族部落時期部落首長由民主選舉產生這一歷史遺影所尋出的解釋,以爲世襲是常道,禪賢是權宜之計。不懂得選賢舉能是古代氏族部落時期的常道,反而編造並渲染了堯子丹朱、舜子商均都不肖,因而不獲繼承帝位的故事。這完全是不符合古代實際的編造。然古者常以此相戒,僞孔即釋此句云:"丹朱,堯子,舉以戒之。"

③惟慢遊是好——《史記》作"維慢游是好"。江聲《音疏》依《說文》作"嫚游"。釋云:"嫚游,佚游無度也。"孫氏《注疏》:"慢者,《說文》云:惰也。"

④敖虐是作罔晝夜頟頟——《史記》删此二句。《孟子·梁惠王篇》漢趙岐注:"《書》曰:'罔水行舟。丹朱慢遊是好,無水而行舟。'"所引亦無此二句。孫氏《注疏》:"'虐'與謔聲相近,《釋詁》云'戲謔也'。'作'者,高誘注《呂氏春秋》云:'爲也。''罔晝夜'謂日夜不息。"《潛夫論·斷訟篇》:"晝夜鄂鄂,慢遊是好。"是"頟頟"作"鄂鄂"。王先謙《參正》:"'罔晝夜頟頟'古文也,今文作'鄂鄂'。"是皆漢時異文。《釋文》:"頟,五客反。"《孔疏》引鄭注:"居舟中,頟頟使人推行之。"僞孔釋此二句云:"敖戲而爲虐,無晝夜常頟頟,肆惡無休息。"《蔡傳》即釋:"頟頟,無休息之狀。"王先謙《參正》云:"頟即額字,額、鄂雙聲通用。《釋名·釋形體》:'額,鄂也。有垠,鄂也。故幽州人謂之鄂。'《漢書·霍光傳》:'群臣皆驚鄂失色。'顏注:'凡言鄂者,皆謂阻礙不依順也。'《大戴禮·曾子立事篇》:'是故君子出言以鄂鄂。'注:'鄂鄂,辨厲也。'出言不順人爲鄂鄂,行事不順人亦爲鄂鄂。晝作夜息,人道之常,今不分晝夜無有休息,是於

天時人事皆阻礙不順,故曰鄂鄂也。楊氏《甄詁》云:‘朱彬謂無晝夜皆頟頟,即《詩》所謂‘式乎式號,俾晝作夜’(按,見《詩·蕩》,原句作"式號式呼"),指慢遊傲遊而言。則頟頟疑爲詻詻之假字。《説文》:‘詻,論訟也。’《傳》曰:‘詻詻孔子容。’《廣雅》:‘詻詻,語也。’是詻詻即謂爭訟呼號,非推舟之謂也。按:詻與鄂古通,《集韻》:‘蕚或作蘁。’《爾雅》:‘太歲在酉曰作噩。’《史記》作‘鄂’,《漢書》及《殷阮碑》並作‘噩’,即其證。《説文》:‘咢,譁訟也。’《廣雅》:‘諤諤,語也。’朱説甚是。"孫氏《注疏》云:"‘頟頟’者,《説文》有‘舠’字云:‘船行不安也,讀若兀。’"曾氏《正讀》襲其説。由於"頟頟"在文獻中不習見,可云只見於此篇中,於是尋其解釋者如此其紛歧,終當以王先謙據漢代今文異字所作出之解釋爲有據而可信,從而僞孔及《蔡傳》之説亦可通。

⑤罔水行舟——《史記》作"毋水行舟"。罔、毋皆同無(見《釋言》云:"罔,無也。""毋水"趙岐注《孟子》作"無水")。《孔疏》引鄭玄注云:"丹朱見洪水時人乘舟,今水已治,猶居舟中,頟頟使人推行之。"孫氏《注疏》云:"‘丹朱見洪水時人乘舟’者,《夏本紀》云:禹‘水行乘舟’,治洪水也。云‘今水已治猶居舟中’者,‘洪水退’,釋‘無水’也。‘居舟中’,是舟行以爲戲也。云‘頟頟使人推行之’者,水淺舟滯,使人人推舉行之,此所謂‘慢遊’也。或以爲陸地行舟,謬矣。"按"陸地行舟"説見僞孔云:"丹朱習於無水陸地行舟,言無度。"言陸地行舟,自無此理。故《蔡傳》但云"罔水行舟,如舁鎏舟之類"(按舁鎏舟傳説見《論語·憲問》及《左傳·襄公四年》。可參看楊伯峻《論語譯注》)。其實此句只是述説河中無水實即水淺不足以行船,而仍然要行船,就强迫人把船推着走,表示丹朱的不肖狂亂。編造的罪行要編造得過火,才能聳動視聽。

⑥朋淫于家——《史記集解》引鄭玄注云："朋淫,淫門内。"僞孔云："朋,群也。群淫於家,妻妾亂。"《蔡傳》云："朋淫者,朋比小人而淫亂於家也。"

"朋",一作"堋",見《説文》,爲朋的假借字。段玉裁《撰異》云："《説文》十三篇'土部'曰:'堋,喪葬下土也。從土,朋聲。《春秋》傳曰:朝而堋。《禮》謂之封。《周官》謂之窆。《虞書》曰:'堋淫于家。亦如是。'……引《虞書》者,壁中文。安國以今文讀之,乃易'堋'爲'朋'也。古書假借,借堋爲朋。……'淫',過也。'朋淫',如言群居終日、言不及義、好行小慧、恒舞于害、酣歌于室、徇于貨色也。'于家',對上行舟于外言之。……況《説文》引經,自有義例可尋。《春秋》傳之堋,其本義也,故先引,而用封、窆申明之。《虞書》之堋,義之假借也,故列入《春秋》傳之後。而言'亦如是',言其義不同而字亦如此作也。"

"朋",又作"風",見《後漢書》。孫氏《注疏》云："《後漢書·樂成靖王傳》安帝詔曰:'風淫于家。'風、放聲相近也。'淫'者,王逸注《楚辭》云:'游也。'……'朋'者,《詩傳》云:'比也。'"楊氏《覈詁》:"'朋',本古鳳字。卜辭風並作鳳。故朋、風可通。風,放也。《左傳》'風馬牛不相及也'《秦誓》:'馬牛其風。'《釋名》:'風,放也。'"曾氏《正讀》:"'朋',讀爲風,放也。牝牡相誘謂之風。'淫',淫亂。鄭云'朋淫,淫門内',是也"。

⑦用殄厥世予創若時——《史記》作"用絶其世,予不能順是"。亦逐字譯其義。"用",《一切經音義》七引《倉頡》:"以也。""殄",《爾雅·釋詁》:"絶也。""厥",《釋言》:"其也。""世",《國語·周語》韋昭注:"父子相繼曰世。""予",余之假借字。"創",《説文》:"傷也。"僞孔云:"懲也。""若",《爾雅·釋言》:"順也。""時",《釋

誥》：“是也。”孫氏《注疏》在引上述中的一些釋義後，即釋此句云：
“言予以順是爲傷，故不順之。史公説‘不能順是’者，趙岐注《孟
子》云：‘順，愛也。’義亦同。”按史公將“創”字譯爲不能，因“創”有
創傷、受懲等義，則其時自陷於不能之境。惟“若”在此不能釋
“順”，應釋“像”、“如”。裴學海《虛字集釋》則謂“若猶於也。創，
懲也。時，是也”。因而釋此句爲“余懲於是”。意爲以此爲教訓。
釋亦可通。

　　此句依文意一氣呵下，自爲舜之語。故當爲此段最後一句。
《史記》以此語爲“帝曰”之末句，甚是。但只因王充《論衡·問孔
篇》云：“《尚書》曰：‘毋若丹朱敖，惟慢游是好。’謂帝禹勑禹毋子不
肖子也。重天命，恐禹私其子，故引丹朱以勑戒之。禹曰：‘予娶若
時，辛壬癸甲，聞呱呱而泣，予弗子。’陳己行事……不敢私不肖子
也。”段玉裁《撰異》遂云：“司馬以‘予創若時’系諸帝，仲任（王充
字）則系諸禹。”因而今本僞古文以“用殄厥句”爲上一段末句，而以
“予創若時”屬之下文禹“予娶塗山”之首。完全違史公時所見《尚
書》之原意。而對於《論衡》所用“予娶若時”之“若時”，劉逢禄《集
解》、鄒漢勛《偶志》及皮錫瑞《考證》皆訂正爲“塗山”二字之誤，則
王充並未以此句屬下文爲禹語，故今仍依《史記》以此句爲帝舜語之
末句。

　　⑧禹曰——此二字流傳僞古文本無之，《史記》所録漢今文本則
有，今據以恢復。詳上文“帝曰”校釋。

　　⑨予娶塗山辛壬癸甲——《史記》作“予辛壬娶塗山，癸甲生
啓”。流傳僞孔本則作“娶於塗山，辛壬癸甲”。兩處皆有文字錯
亂。《史記索隱》云：“今此云‘辛壬娶塗山，癸甲生啓’。蓋《今文尚
書》脱陋，太史公取禹言亦不稽其本意，豈有辛壬娶妻，經二日生子，

不經之甚。"陳喬樅《經説考》云："小司馬（指《索隱》作者司馬貞）
所據《史記》本蓋傳寫有舛錯耳,宜爲訂正之。觀裴駰《集解》引僞
《孔傳》曰：'辛日娶妻,至于甲,四日,復往治水。'則知裴所見《史
記》本實作'予娶塗山,辛壬癸甲生啓'也。《正義》亦云'禹辛日娶,
至甲四日往理水'。是《正義》所見《史記》本皆與裴同,小司馬蓋偶
來授離他善本耳。竊謂《史記》原文當讀'予娶塗山,辛壬癸甲'爲
句,'生啓予不子'爲句。如使《史記》果作'辛壬娶塗山,癸甲生
啓',則徐廣、裴駰等必早有辨駁之語,豈待小司馬時始覺其不經
耶？"是訂正《史記》原文作"予娶塗山,辛壬癸甲",甚確。

　　《經説考》又云："案《説文·屾部》云："嵞,會稽山。一曰九江
嵞也。民以辛壬癸甲之日嫁娶。从屾,余聲。《虞書》曰：'予娶山
嵞。'"此據古文也。《史記》作塗山,據今文也。《大戴禮·帝繫
篇》：'禹娶於塗山氏,塗山氏之子謂之女憍氏,産啓。'字亦作'塗',
與《史記》合,皆據今文也。江聲曰：'僞孔本删去"禹曰"字,則"予
創若時"下即接"予娶"之文,嫌"予"字重叠,乃遂改爲"娶于塗山"。
意謂後人可盡欺也。賴有《説文》猶存其真,今特據以刊正。'（按,
見江聲《集注音疏》）"此據漢代所傳古文本訂正《尚書》原文作"予
娶塗山,辛壬癸甲"。甚確。《經説考》又云："據《論衡》所引,亦作
'予娶',足證古文今文皆有予字矣。"故今據以改正僞孔本之"娶于
塗山",恢復爲"予娶塗山"。

　　"塗山",《説文》載其地所在有二説,一在會稽,一在九江當塗。
會稽之説,《吴越春秋》亦主之,然實源出神話傳説。九江者則《漢
志》九江郡當塗侯國下應劭云："禹所娶塗山氏國也。"《左傳·哀公
七年》云："禹會諸侯於塗山,執玉帛者萬國。"杜注："塗山在壽春縣
東北。"其地在今安徽懷遠縣。縣境南淮水南岸有小山名塗山,與荆

山隔淮河相對，是此文塗山之所在。然以此爲禹娶塗山氏地，則出故事傳說。王楙《野客叢書》云：“塗山有四：一、會稽；二、渝州；三、濠州；四、當塗。而蘇軾、蘇轍塗山詩，皆指濠州，與杜注《左氏傳》在壽春東北合。則以塗山在懷遠縣爲正。”在渝州者，即今四川巴縣境。常璩《華陽國志》：“禹娶塗山，今江州塗山是也。”《水經注》：“江水北岸有塗山，常璩、庾仲雍（南陽宋人，撰《江記》）並言禹娶於此。”按《清一統志》指出：“禹娶在壽春當塗，不在此也。”禹娶塗山既爲神話傳說，則各地皆可攀附，不必實定在某處。

《經說考》論析今文古文兩家不同之塗山說云：“許君（指許慎《說文》）盦山備存兩說，蓋兼采今、古文。《左傳·哀七年》云：‘禹會諸侯于塗山，執玉帛者萬國。’《國語·晋語》云：‘禹致群神于會稽之山，防風氏後至，執而戮之。’即禹會諸侯之事。故古文家以盦山爲會稽也。《漢書·地理志》‘九江郡當塗侯國’應劭云：‘禹所娶塗山侯國也，有禹虛。’杜預《左傳》注云：‘塗山在壽春東北。’壽春即九江郡治，此晋今文家說也。時代久遠，傳聞異辭，故兩存之。《水經》曰：‘淮水又東過當塗縣北。’《注》云：‘淮水自莫邪山東北逕馬頭城北，魏馬頭郡治也。故當塗縣之故城也。’《呂氏春秋》曰：‘禹娶塗山氏女，不以私害公，自辛至甲四日復往治水，故江淮之俗以辛壬癸甲爲嫁娶之日也。禹墟在山西南，縣即其地。’然則今文家之說，夫有所受矣。《正義》（指本篇《孔疏》）引鄭玄注云：‘登用之年始娶于塗山氏，三宿而爲帝所命治水。’此亦用今文家說。”其言可備參考。然謂杜預爲晋今文家，乏依據。

“辛壬癸甲”，文獻中論及此者至紛歧。皮氏《考證》綜述此較簡明，今録其文如下：“《呂氏春秋》曰：‘禹娶塗山氏女，不以私害公，自辛至甲四日復往治水，故江淮之俗以辛壬癸甲爲嫁娶日也。’

（按此爲《水經注》所引，未著其篇名）《藝文類聚》、《太平御覽》引《列女傳》曰：‘禹娶四日而去治水，啓既生，呱呱而泣，禹三過其門不入子之。’趙曄《吳越春秋》：‘禹娶塗山謂之女嬌（按《帝繫》篇作憍），取辛壬癸甲，禹行十月，女嬌生子啓。’鄭注：‘娶于塗山，三宿而爲帝所命治水。’王逸《楚辭·天問》注：‘禹以辛酉日娶，甲子日去，而有啓也。’其義與孫説合。”按孫星衍《注疏》云：“蓋塗山道遠，娶之行二日，癸甲生啓者，在家二宿也。《廣雅·釋詁》云：‘腹，生也。’言二日而娠啓，即往治水。”故皮以爲王逸注與孫説合，只言此辛壬癸甲四日之内懷了孕，非如司馬貞指責的娶妻經二日生子，這就合理了。僞孔即承《吕氏春秋》與王逸之説釋此句云：“塗山，國名。懲丹朱之惡，辛日娶妻，至于甲日復往治水，不以私害公。”把此句説通其意。至《吕氏春秋》與《説文》所説的江淮、當塗民俗以辛壬癸甲之日嫁娶，顯然是依此成俗。

⑩啓呱呱而泣予弗子惟荒度土功——《史記》作“生啓予不子以故能成水土功”。以意譯原句。“啓”，相傳爲禹之子，始見於《世本》、《大戴禮·帝繫》。“呱”，《説文》：“小兒啼聲。從口，瓜聲。”大徐音“古乎切”。“子”，江聲《音疏》引《中庸》“子庶民也”鄭注：“子，猶愛也。”江又云：“鄭又注《金縢》云：‘愛子孫曰子。’誼亦同也。《孟子·滕文公上》云：‘禹八年于外，三過其門而不入。’竊意禹聞呱呱之聲必當過門之時，以急於治水故不遑入省，故云急於治水，子生不顧，過門不入。上文帝引丹朱以相戒，則此言不子其子，荒度是勤，是述往事以推來，明不敢效丹朱也。”此意已見於林之奇《全解》云：“此又言己之懲創於丹朱之惡起於一日之慢遊，故不敢不黽勉以成事功也。”按，“子”在此爲動詞，指撫育兒子之事，意爲沒有在家撫育兒子。“荒”，大也。見《詩》之《蟋蟀》、《公劉》、《天

作》毛傳及《左傳・昭公七年》“有亡荒閲”杜注(《詩・殷武》疏引鄭玄另釋爲“荒，奄也。奄大九州四海之土”。其實仍不離“大”之義)。“度”，就也。見《廣雅・釋詁》。就亦成就之義。故《史記》譯“荒度”爲“能成”。僞孔則釋此云：“啓，禹子也。禹治水，過門不入，聞啓泣聲，不暇子名之，以大治度水土之功故。”宋儒亦大都承此説。與《史記》義相去不遠。都是説禹爲了忙於完成治水大功，來不及撫育照顧剛生下來的兒子。亦有深尋其意，以爲禹向舜表明自己不效丹朱的覆轍才這樣做。

　　⑪弼成五服至于五千——《史記》作“輔成五服，至于五千里”。《爾雅・釋詁》：“弼，輔也。”《説文・卩部》：“㔻，輔信也。從卩，比聲。《虞書》曰：‘㔻成五服。’”是字又作“㔻”。仍同輔義之“弼”。段玉裁《撰異》云：“‘㔻成五服’，蓋壁中本如是，‘弼成五服’，孔安國以今文讀之者也。……《夏本紀》以詁訓字易之作輔。”陳氏《經説考》云：“㔻、弼古通，漢以後少用㔻字，遂多作弼耳。”僞孔云：“五服，侯、甸、綏、要、荒服也。服五百里，四方相距，爲方五千里。治洪水輔成之。”所釋“五服”即據《禹貢》篇末所附者，唯彼順序甸在侯前。所釋“輔”則爲治洪水後輔成之。《蔡傳》則釋爲：“五服，甸、侯、綏、要、荒也。言非特平治水土，又因地域之遠近以輔成五服之制也。疆理宇内，乃人君之事，非人臣之所當專，故曰弼成也。”王樵《尚書日記》亦云：“弼成五服二句，《禹貢》甸服五節即其事也。主之者帝，而分畫之者禹，故曰弼成。”這是按君臣之義釋“弼成”。按“五服”既載於《禹貢》，也載於《國語・周語上》。惟彼此有所不同。顧剛師《史林雜識》有《畿服》一文加以論析，要義已引入《禹貢》校釋中，可參看。大抵據歷史遺影，古代確曾實行三服制(見《康誥》、《召誥》、《酒誥》有侯、甸、男三服，見秦議帝號之辭有甸、侯、夷三

服,見於《王制》有甸、采、流三服。名號稍不同,其爲三服則同。金文《兮甲盤》等數器亦反映爲分三個區域)。至《周語》乃出現甸、侯、賓、要、荒五服之紙上文章,與歷史事實已有違失,然猶保存三服制的一些原材料。至《禹貢》五服制則完全脱離歷史實際,全出於空想的荒謬規劃,竟機械地按飛鳥距離五百里來劃分天下地域,於是每服五百里,五服爲二千五百里,兩面數之則爲方五千里,《皋陶謨》作者即據《禹貢》資料,遂寫成"弼成五服至于五千里"了。

⑫州十有二師——《史記》作"州十二師"。"十二師"之解釋有三説:(一)《尚書大傳》以爲是地方之制。其義云:"古八家而爲鄰,三鄰而爲朋,三朋而爲里,五里而爲邑,十邑而爲都,十都而爲師,州十有二師焉。"附《注》云:"州凡四十三萬二千家,此蓋虞夏之數也。"(二)鄭玄以爲是州牧之官佐。見《釋文》引鄭玄注云:"州十有二師,二千五百人爲師。師,長也。"又《詩·蓼蕭》疏引鄭云:"九州,州立十二人爲諸侯師,以佐其牧。"(三)僞孔及孔穎達以爲治水所役人功數。見僞傳云:"一州用三萬人功,九州二十七萬庸。"《孔疏》云:"《周禮·大司馬》注:'二千五百人爲師,每州十有二師,通計之一州用三萬人功,總計九州用二十七萬庸。'"庸亦功也。然據此處文意,已非指治水,亦非指官佐,當是指地方之制。

⑬外薄四海——《釋文》云:"諸本作'外敷四海'。"敷、薄聲近通用。僞孔云:"薄,迫也。言至海。"《爾雅·釋詁》:"薄,至也。"按,四海指四方,普天之下。詳《禹貢》"四海會同"、"聲教訖于四海"校釋。該兩處校釋資料足以充分説明四海與三江、五湖、九州等詞彙一樣是當時流行的語言中的習稱,只是一種較空泛的地理概念而非指四個海。在該兩處所舉資料外,尚見於下列資料:孫氏《注疏》據《曲禮正義》引《爾雅》李巡注云:"四海遠于四荒,晦暝無形,

不可教誨，故云四海也。海者晦也。言其晦暗無知。"又引《詩》箋云："九夷八狄七戎六蠻謂之四海（按此據《爾雅·釋地》），國在九州之外，雖有大者，皆不過子。"孫《疏》釋之云："《王制》……八州三百三十六長，此要服內之長。外至四海亦建焉。《曲禮》'其在東夷北狄西戎南蠻，雖大曰子'。《左傳》稱驪戎男。是四海之外，小曰子，大曰男也。"這些都說明"四海"爲地域觀念，爲少數民族所居之地。

⑭咸建五長——《詩·蓼蕭》疏引鄭玄注云："九州州立十二人……以佐其牧。外則五國立長，使各守其職。"五國是什麼，沒有說明。僞孔釋云："諸侯五國立賢者一人爲方伯，謂之五長，以相統治，以獎帝室。"是說諸侯中每五國立一個方伯爲之長。這完全是經師們空想作出的解釋，歷史上從來沒有每五個諸侯國立一個長的事實。林氏《全解》乃云："四海每方各建五人以爲之長。"是說一方立五個長。其末句云："其若干諸侯而置一師，若干部落而置一長，則世代久遠不可得而知矣。"實際上提出了他的質疑。吳澄《纂言》云："外迫四海之遠皆建五等諸侯爲之長。"則以爲建五長即建五等諸侯。王氏《後案》謂"《王制》'五國爲屬，屬有長'，此建五長亦如彼文"。于鬯《筆記》云："其實謂之'五長'，止是爲長者五人而已，書中咸字多有爲語辭者……'外薄四海，咸建五長'，但謂外薄四海建五長耳。"于氏最後說五長之官是最尊者，如陸氏釋文所說"五長，衆官之長"，因而指"百揆、四岳"。楊氏《覈詁》不同意王說而取吳說云："《王制》五國以爲屬，屬有長。按五國立一長，恐不能謂之五長。《曲禮》'其在東夷北狄西戎南蠻，雖大曰子'。子者，五爵之一。疑此五長，即指五爵。……此謂四海之外同建爲諸侯耳。"曾氏《正讀》另尋解釋云："《左傳》管仲云：'五侯九伯，汝實征之。'（按

見《僖公四年》）五侯當此之‘外建五長’，九伯當此之‘州十有二師’
也。”杜預解爲：“五等諸侯，九州之伯。”故曾氏實亦謂五長指五等
諸侯。加藤常賢《集釋》承上文“撫于五長，庶績咸熙”，則謂中央王
朝之司徒、司馬、司寇、宗伯、司空亦可云五長。則與于邕指衆官之
長同。但此與“外建”之語不合。解釋如此紛歧，説明它是不易得其
確解的文句，只好以意逆志，取其勉强可説得通的楊、曾二氏之説。

　　⑮各迪有功苗頑弗即工帝其念哉——《史記》“迪”作“道”，
“弗”作“不”。《爾雅·釋詁》及《説文》皆云：“迪，道也。”又《廣
雅·釋言》及《法言·先知》注皆云：“迪，蹈也。”見本篇上文“允迪
厥德”校釋。《易·屯》虞注及《詩·東門之墠》毛傳等皆云：“即，就
也。”《説文》：“念，常思也。”楊氏《覈詁》云：“念，亦敬也。”僞孔釋
此數句云：“九州五長各蹈爲有功，唯三苗頑凶，不得就官。善惡分
別。”《蔡傳》云：“謂十二師五長，内而侯牧，外而蕃夷，皆蹈行有功，
惟三苗頑慢不率，不肯就工，帝當憂念之也。”曾氏《正讀》補充云：
“帝其念哉者，言丹朱既殄厥世，而苗頑凶惡尤甚，當思有以懲治之
也。”按，由《堯典》、《皋陶謨》、《禹貢》、《吕刑》等篇屢屢叙及三苗
之事，反映華夏族在中原大地上的發展，長期遇到的勁敵是三苗。

　　⑯迪朕德時乃功惟叙——《史記》譯作“道吾德，乃女功序之
也”。“迪”，道，蹈。“時”，是，作爲不完全内動詞，與“乃”同，故
《史記》譯用乃字。“時乃功”，是你的功。“時乃功”之“乃”爲第二
人稱代詞領格。《史記》譯用女（汝）字。“叙”，同序。《孔疏》引鄭
玄注云：“歸美於二臣。”（指禹與皋陶）僞孔釋云：“言天下蹈行我
德，是汝治水之功有次序，敢不念乎。”則歸功禹一人。《蔡傳》云：
“帝言四海之内蹈行我之德教者，是汝功惟叙之故。”所釋亦同。大
抵此句即可如此釋。

⑰皋陶方祗厥叙方施象刑惟明——《史記》作"皋陶於是敬禹之德,令人皆則禹。不如言,刑從之。舜德大明"。"皋陶於是敬禹之德",譯寫"皋陶方祗厥叙"句。"祗",《説文》:"敬也。""厥叙",譯爲"禹之德"。孫《疏》:"《釋詁》云:'業,叙也。'業猶德也。"故史公以"德"譯"叙"。自"令民"句以下至"舜德大明"四句,譯當"方施象刑惟明"一句,意義不完全相應,司馬遷以意寫之,使完足文意。漢代今文"方祗厥叙"作"旁祗厥緒","方施象刑"作"旁施象刑",正如《堯典》"方鳩僝功",今文作"旁逑屏功"一樣。段玉裁《撰異》云:"《尚書》今文爲'旁',古文爲'方'。"見皮氏《考證》引丁孚《漢儀》及袁宏《漢紀》皆作"旁祗厥緒"。又《白虎通·聖人篇》作"旁施象刑惟明",《新序·節士篇》作"象刑旁施維明"。段玉裁《撰異》謂今、古文釋"方"與"旁"之義均爲"大也"。故通用。"象刑",參看《堯典》"象以典刑"校釋。

僞孔釋此二句云:"方,四方。禹五服既成,故皋陶敬行其九德、考績之次序於四方,又施其法行皆明白,史因禹功重美之。"此稱許皋陶敬禹之德,而推行法制明白。並謂此數句爲史臣所記,讚美禹功而記皋陶行法之善。《蔡傳》則以爲是舜連上文所説,其言云:"帝言四海之内蹈行我之德教者,是汝功惟叙之故。其頑而弗率者,則皋陶方敬承汝之功叙,方施象刑惟明矣。曰明者,言其刑罰當罪,可以畏服乎人也。"其説似合文理,然頗不近《史記》説。在這幾種不同解説中,毋寧取最早的《史記》之説,就因他是接近古義的最早的一個説法。

以上這一節,記舜禹繼續對話,舜舉堯子丹朱不肖的例子以相儆戒,禹則表明自己新婚四日懷着了孩子,就離開家忙着治水,孩子在家裏哭着也不能盡父職,終於治水成功,區劃疆域,搞好建制,但苗民尚未聽命,希望舜注意。舜答語慰勉禹之功,並説皋陶因敬禹之功正在加强境内的法制工作。

　　夔①曰:"戛擊鳴球,搏拊琴瑟以詠。祖考來格②。虞賓在位,群后德讓③。下管鼗鼓④,合止柷敔⑤,笙鏞以閒⑥。鳥獸蹌蹌⑦。簫韶九成⑧,鳳凰來儀⑨。"夔曰:"於!予擊石拊石⑩,百獸率舞⑪,庶尹允諧⑫。"

　　帝庸作歌曰⑬:"勑天之命,惟時惟幾⑭。"乃歌曰:"股肱喜哉,元首起哉,百工熙哉⑮!"皋陶拜手稽首颺言曰⑯:"念哉⑰!率作興事,慎乃憲,欽哉⑱!屢省乃成,欽哉⑲!"乃賡載歌曰:"元首明哉!股肱良哉!庶事康哉⑳!"又歌曰:"元首叢脞哉!股肱惰哉!萬事墮哉㉑!"帝曰:"俞!往欽哉㉒!"

　　①夔——虞、舜朝廷中典樂的官員,實際亦是來自神話的人物。詳《堯典》"讓于夔龍"校釋。《釋文》:"夔,求龜反。"

　　②戛擊鳴球搏拊琴瑟以詠祖考來格——《史記》自"夔曰"至此三句共十六字,意譯成簡明的"夔行樂、祖考至"六字,加"於是"於上以接上文。孫《疏》指出據此知史公以此段爲虞史之言,而鄭玄注《大司樂》引此爲"夔曰"、"夔又曰",則以爲是夔言。

　　《堯典》於命夔典樂一段文字之末亦祇録此段文字之末"夔曰於予擊石拊石百獸率舞"十二字。

　　"戛擊",《釋文》:"戛,居八反。"《釋文》引馬融注:"戛,櫟也。"《大司樂》孔疏引鄭玄注亦云:"戛,櫟也。戛擊鳴球以下數器。"江永《群經補義》云:"櫟,音略。"江聲《音疏》云:"按,《廣雅》云:'鏞,擊也。'然則戞亦是擊也。"按,元吳澄《纂言》已云:"戞亦擊也。戞輕擊重。"即"戞"是輕擊,"擊"是重擊。此處《孔疏》指出鄭所云"數器",指鳴球、搏拊、琴、瑟四器。江聲《音疏》亦云:"鳴球以下數器,謂搏拊也、琴也、瑟也。上言'戞擊',下備目此數者,則是總蒙戞擊之文也。案《禮記·明堂位》云'揩擊大琴大瑟',揩與戞同字。"孫氏《注疏》云:"'戞擊',《文選·長楊賦》作'桔隔',注引韋昭曰:古文'隔'爲'擊'。"是亦作"桔擊"、"桔隔"。

"鳴球",《周禮·大司樂》疏引鄭玄注云:"鳴球,即玉磬也。"按《説文》:"球,玉也。"林氏《全解》云:"揚子云《長楊賦》云:'戞滴鳴球。'劉良注云:'球,樂器也。戞滴,拊擊也。'顏師古曰:'戞擊,擊考也。'以是知鳴球固可以戞擊矣。"江聲《音疏》云:"兹云鳴球,則是以爲樂器而有聲者。以玉爲樂器則爲磬也。"孫氏《注疏》云:"鳴球,即《明堂位》之玉磬,亦先言之者,《白虎通》、鄭氏俱以爲玉聲清,故以合堂上之樂。《商頌·那》亦以'鼓管之聲依我磬聲'也。"可參看《堯典》"擊石拊石"校釋。

"搏拊",《釋文》:"搏音博,拊音撫。"其義有二説:一説以爲是樂器。始主此説者爲漢儒。上文引鄭玄注戞擊鳴球以下數器,其中有一器即搏拊,與鳴球、琴、瑟並爲四器。《尚書大傳》云:"以韋爲鼓,謂之搏拊。"《周禮·大師》鄭玄注云:"拊形如鼓,以韋爲之,著之以穅。"僞孔亦云:"搏拊,以韋爲之,實之以穅。所以節樂。"段玉裁《撰異》云:"搏拊,《明堂位》謂之拊搏。《周官·太師》、《禮記·樂記》謂之拊,亦謂之相。或倒呼,或單呼,其制一也。"孫氏《注疏》襲用之並加補充云:"搏拊,即《明堂位》之器,一名拊鼓。亦名相。《周禮·大師》:'大祭祀帥瞽登歌令奏擊拊……'……《樂記》:'會守拊鼓。'注云:'言衆皆待擊鼓乃作。'《樂記》又云:'治亂以相。'注

云：‘相，即拊也。’”清儒李惇、段玉裁、王鳴盛、孔廣森、孫星衍、皮
錫瑞等皆從之。又一説以爲搏拊是擊樂器的動詞，始主此説者爲宋
儒。《堯典》“擊石拊石”校釋已載明“擊是大擊，拊是小擊”。《廣
雅・釋詁三》及《左傳・成公十二年》杜注皆云：“搏，擊也。”《荀子
・正論》注：“搏，手擊也。”林氏《全解》云：“沈内翰（按即沈括）曰：
‘鳴球非可戛且擊，和之至，詠之不足，有時而至於戛且擊；琴瑟非可
以搏且拊，和之至，詠之不足，有時而至於搏且拊。所謂手之舞之足
之蹈之而不自知。’（按，見《夢溪筆談》卷五）據沈意，但以戛擊爲戛
擊鳴球，以搏拊爲搏拊琴瑟。意此説爲可矣。至謂‘和之至詠之不
足手舞足蹈而不自知，則亦不必如此。”始以戛擊、搏拊皆爲動詞，各
擊有關之樂器。故《蔡傳》釋此句云：“蓋戛擊鳴球，搏拊琴瑟，以合
詠歌之聲也。”元吳澄《纂言》亦云：“戛，亦擊也。……搏，猶擊也。
輕手取聲曰拊。……鳴球、琴瑟，其聲清越和平，可與人聲相比，故
戛擊、搏拊之而詠也。”明王樵《日記》亦云：“戛擊鳴球，搏拊琴瑟以
合詠歌之聲。”此説顯然合理。即是説，宋、元、明儒生比漢、唐、清儒
生之説合理。清儒反對宋儒，竟仍撿漢唐儒生唾餘，相信不合理之
説。如他們所習舉的《明堂位》原文明明是：“拊搏玉磬，揩擊大琴、
大瑟、中琴、小瑟，四代之樂器也。”漢唐及清儒却讀爲：“拊搏、玉磬、
揩擊、大琴、大瑟、中琴、小瑟，四代之樂器也。”以至於不通。證以
《大戴禮・禮三本篇》云：“縣，一磬，而尚拊搏。”明以玉磬有待拊
搏。即如《皐陶謨》此處之文，自然而然是：“戛擊鳴球，搏拊琴、瑟，
以詠。”可是鄭玄却讀作：“戛擊鳴球、搏拊、琴、瑟，以詠。”唐、清儒
生偏宗信之，乃至使人不可解。總之宋儒擊樂器之説是，漢儒樂器
之説非。

　　“琴瑟”，琴與瑟二者都是弦樂器。孫氏《注疏》云：“琴瑟，即

《明堂位》之大琴、大瑟、中琴、小瑟。"《傳説彙纂》引鄭玄云："琴,五弦。瑟,二十四弦。"《爾雅》疏云："琴,長三尺六寸六分。五弦,後加文武二弦。大瑟,長八尺一寸,廣一尺八寸,二十七弦。雅瑟,長八尺一寸,廣一尺八寸,二十三弦,常用者十九弦。頌瑟,長七尺二寸,廣一尺八寸,二十五弦,盡用之。"

"以詠",《周禮·大司樂》疏引鄭玄注云："以詠者,謂歌詩也。"林氏《全解》云："堂上之樂唯取其聲之輕清者,與人聲相比,故曰'以詠'。故詠者但戛擊鳴球搏拊琴瑟,以詠歌人聲也。"《蔡傳》全襲用此數句,惟將末句改爲"以合詠歌之聲也"。以上自"夔曰"至此,《史記》以"夔行樂"三字概括之。

"祖考來格",即《史記》之"祖考至"。《爾雅·釋親》："父爲考。父之考爲王父。祖,王父也。""格",今古文皆通用"假"字,由"各"字發展而來,其義爲"至"、"來"。用於享祀時有神祇來饗之意。《蔡傳》釋爲："'格',神之格思(按《詩·抑》語)之格。"詳《堯典》"格于上下"校釋。《周禮·大司樂》疏引鄭玄注云："神來至也。"僞孔釋此數句云："此舜廟堂之樂,民悦其化,神歆其祀,禮備樂和,故以'祖考至'明之。"

③虞賓在位群后德讓——《史記》删去"虞賓在位"四字,存後一句作"群后相讓"。《周禮·大司樂》疏引鄭玄注云："'虞賓在位'者,謂舜以爲賓,即二王後丹朱也。"僞孔亦云："丹朱爲王者後,故稱賓。"這種"封二王後"之説,純爲漢代三統説所鼓吹,並非先秦歷史實際。如《周本紀》載周武王取得天下後,"武王追思先聖王,乃褒封神農之後於焦,黄帝之後於祝,帝堯之後於薊,帝舜之後於陳,大禹之後於杞",並非所謂封二王之後。又"封商紂子禄父、殷之餘民……使其弟管叔鮮蔡叔度相禄父治殷"。這是一種羈縻殷餘民穩定

當時局面的措施，亦非所謂封二王後。至《白虎通·王者不臣篇》始云：“王者所不臣者三，何也？ 謂二王之後、妻之父母，夷狄也。不臣二王之後者，尊先王，通天子之三統也。《詩》云‘有客有客，亦白其馬’，謂微子朝周也。《尚書》曰‘虞賓在位’，謂丹朱也。”

所謂“天子之三統”，即董仲舒所首倡的“三統説”的赤統、黑統、白統，謂歷史上的朝代是按此三統輪流遞嬗的。其《春秋繁露·三代改制質文篇》詳述此説。他把一個王朝本代和前二代列爲“三王”（即本屆三統），三王之前的五代列爲“五帝”，五帝之前的一代列爲“九皇”，但王莽把它修正爲五帝之前的三代列爲“三皇”（詳《古史辨》第五册第 442 頁）。既然本王朝和前二代爲“三王”，所以就專稱前二代爲“二王”。他們被封的後代稱“二王後”，作爲本朝的“賓”而不爲臣（王莽還把二王前的二代之後稱爲“恪”）。這完全是漢代儒生編造的“三統説”中的花樣，怎麼用來解釋《皋陶謨》中的文句呢！ 而且在本篇中編造了那麼多文句講丹朱的不肖，怎麼一下又成爲虞廷可敬之“賓”呢，不自顯矛盾嗎？ 經師們就這樣不顧本篇原有文句肆意牽附爲釋。

陳立《白虎通疏證》録《文選》注引《大傳》説云：“舜爲賓客而禹爲主人。”鄭玄注：“舜既使禹攝天下事，于祭祀避之，居賓客之位。”陳立以爲“是今文説也，與此異”。即與《白虎通》説異。《白虎通》亦主要爲今文家説，不過成於東漢；《大傳》則成於西漢，其説避免了丹朱説之矛盾，但舜禹明明爲君臣關係，却説成舜爲禹賓，亦牽強之甚。近人曾氏《正讀》含渾釋爲：“虞賓，謂前代帝王之後，舜以爲賓也。”亦避免了丹朱的矛盾，在文字上是説通了，但仍然用的是三統説二王後爲賓之説。最痛快的是《史記》把這句删去，免掉了這些紛擾。

　　另外赤塚忠《書經》別尋解釋云：“虞，虞主（祭祀用之木主）。虞祭（葬禮終了的祭禮）。”“賓爲對來訪者的敬稱。”意爲舉行虞祭禮的來賓。按《釋名·釋喪制》：“既葬還祭於殯宮曰虞。謂虞樂安神使還此也。”《儀禮》有《士虞禮》專篇，專談士的虞禮，當然與君主的虞禮有別。赤塚以“虞賓”爲虞祭禮之賓，自有新意。此段“夔行樂”釋者皆謂在宗廟祭禮上舉行，故有祖考來格，可能此虞禮即在宗廟舉行之禮，非如士虞之禮。則屬虞祭禮之來賓，説亦可通。

　　“群后德讓”，“后”，《爾雅·釋詁》：“君也。”“群后”，指諸侯。《大司樂》疏引鄭玄注云：“‘群后德讓’者，謂諸侯助祭者以德讓。以上皆宗廟堂上之樂所感也。”僞孔亦云：“言與諸侯助祭，年爵同，推先有德。”《史記》作“相讓”，即以德相讓之意。

　　④下管鼗鼓——自此句連下“合止柷敔，笙鏞以間”共三句《史記》皆删去。“鼗”，《釋文》：“音桃。”字亦作“韶”，亦作“靴”。見《白虎通·禮樂篇》：“《書》曰：‘下管韶鼓。’”又《詩·那》“置我靴鼓”。

　　“下”，《周禮·大司樂》疏引鄭玄注曰：“云‘下管鼗鼓’以下，謂舜廟堂下之樂，故言‘下’。”僞孔亦云：“堂下樂也。”按上文“夔曰戛擊鳴球……祖考來格”數句，僞孔即釋爲“此舜廟堂之樂”，《蔡傳》亦釋爲“樂之始作升歌於堂上則堂上之樂”。至“虞賓在位群后德讓”，則鄭玄以爲“以上皆宗廟堂上之樂所感”。故於此處則以爲是堂下樂。江聲《音疏》云：“此經言‘下’，不但謂管、韶鼓，并下文柷敔笙庸皆在堂下，故云‘以下言舜廟堂下之樂，故云下’。”

　　“下管”，《周禮·大師》有“下管”。鄭玄注云：“特言管者，貴人氣也。鄭司農（衆）云：‘下管，次管者，在堂下。’”賈疏云：“凡樂歌者在上，匏竹在下。故云‘下管’。……‘特言管者貴人氣也’者，以管籥皆用氣,故云貴‘人氣’。”林氏《全解》云:“堂上之樂以歌爲主,故謂‘升歌’。堂下之樂以管爲主,故謂之‘下管’。”孫氏《注疏》云:“《明堂位》‘升歌清廟’之下,即云:‘下管象,朱干玉戚,冕而舞《大武》。’《樂記》:‘聖人作爲鞉、鼓、椌、楬、壎、篪,此六者德音之音也。然後鐘、磬、竽、瑟以和之,干、戚、旄、狄以舞之,此所以祭先王之廟也。’《論語》:‘樂則韶舞。’(按,見《衛靈公篇》)《詩·簡兮》:‘左手執籥,右手秉翟。’鄭箋云:‘籥舞。’《韓詩外傳》云:‘韶用干戚。’是知下管即有舞。”

“管”,孫氏《注疏》云:“管爲竹樂之總名。《白虎通·禮樂篇》引《樂記》云:‘竹曰管。’(按,不見今《樂記》)高誘注《淮南·原道訓》云:‘管,籥也。’《孟子·梁惠王》‘聞王管籥之音’趙氏注:‘管,笙。’《説文》云:‘籥,音律,管壎之樂也。’(按今見《説文》作“籥,書僮竹笘也”)‘龠,管音也。’(按今見《説文》作“管樂也”)是管兼笙鏞壎篪也。”按《説文·竹部》云:“管,如篪,六孔,十二月之音。物開地牙,故謂之管,从竹,官聲。琯,古者玉琯以玉。舜之時,西王母來獻其白琯。前零陵文學姓奚於伶道舜祠下得笙、玉琯。夫以玉作音,故神人以和,鳳凰來儀也。从玉,官聲。”這裏説明兩點:一、管如篪六孔,二、字又作琯,並附麗以神話。又引《尚書》“神人以和”、“鳳凰來儀”語以證此爲玉琯。同於《説文》之資料尚有:鄭衆注《周禮·小師》云:“管如篪,六孔。”按,《風俗通·聲音》云:“篪,管樂,十孔,長尺一寸。”江聲《音疏》云:“形制相似,惟孔不同,故云‘管如篪’。”又《風俗通·聲音》“管”云:“《禮·樂記》:‘管,漆竹,長一尺,六孔,十二月之音也。象物貫地而芽,故謂之管。’(按今所傳《樂記》無此文。陳立《白虎通疏證》則以爲當在劉向刪去的《樂記》佚十二篇中的“樂器”篇,並謂是周制。)《尚書大傳》:‘舜之時,西王母來獻其白玉琯。’昔章帝時，零陵文學奚景於泠道舜祠下得笙、白玉管。知古以玉爲管，後乃易之以竹耳。夫以玉作音，故神人和，鳳皇儀也。”與《説文》之主要兩點皆同。另有異於《説文》者二，一爲鄭玄對《周禮·小師》職“小師掌教鼓、鼗、柷、敔、塤、簫、管、弦、歌”逐字作了注解，其注“管”字在引鄭衆注“管如篴”之文後説：“玄謂管如篪而小，併兩而吹之，今大子樂官有焉。”一爲江聲《音疏》引《廣雅》云：“管象簫，長尺、口寸、八孔，無底。”（王念孫《疏證》本《廣雅·釋樂》作：“管象籈，長尺、圍寸、有六孔，無底。”）是江聲所引本與《説文》異，而王念孫本則孔數與《説文》合。此外林氏《全解》云：“管，猶《周禮·大司樂》曰‘陰竹之管，孤竹之管，孫竹之管’是也。”《蔡傳》全襲用此説。以上見管字的資料頗紛歧，當以“管爲竹樂之總名”一語爲確解。

“鼗鼓”，鄭玄注《周禮·小師》掌教“鼗”字云：“鼗，如鼓而小，持其柄搖之，旁耳還自擊。”孫氏《注疏》云：“鼗，《説文》作‘鞀’，又作‘鞉’。《王制》疏引《漢禮器制度》云：‘鞀如小鼓，長柄，旁有耳，搖之使自擊。’《詩·那》傳云：‘鞉鼓樂之，成也。’高誘注《吕氏春秋·五月紀》云：‘鞀鞞，所以節樂也。’《釋名》云：‘鞉，導也，所以導作樂也。”皮氏《考證》云：“《白虎通》引下管鞀鼓爲舞時所用，鞀所以進舞。《王制》：‘賜諸（公？）侯樂則以柷將之，賜伯子男樂則以鼗將之。’”

所有以上這些，大都以周制漢制釋這些器物，而且往往紛歧，然亦有大體一致處。

⑤合止柷敔——《史記》删此句。“柷敔”又作“祝圉”。見皮氏《考證》引《漢孟郁修堯廟碑》。《釋文》：“柷，尺叔反。敔，魚吕反。”

　　《周禮·小師》鄭衆注云：“柷如漆筩，中有椎。敔，木虎也。”
《周禮·大司樂》疏引鄭玄注本篇云：“云‘合止柷敔’者，合樂用柷，
柷狀如漆筩，中有椎，搖之所以節樂。敔狀如伏虎，背有刻，以物擽
之，所以止樂。”《爾雅·釋樂》：“所以鼓柷謂之止，所以鼓敔謂之
籈。”郭璞注云：“柷如漆桶，方二尺四寸，深一尺八寸，中有椎，柄連
底，挏之令左右擊，止者，其椎名也。敔如伏虎，背上有二十七鉏鋙，
刻以木，長一尺，擽之，籈者其名也。”《孔疏》引此後云：“戛即擽也。
《漢禮器制度》及《白虎通》，馬融、鄭玄、李巡，其説皆爲然也。惟郭
璞爲詳。”僞孔前釋“戛擊”云：“戛擊，柷敔，所以作、止樂。”並釋“戛
擊”至“祖考來格”數句爲“此舜廟堂之樂”，釋“下管”至“合止柷
敔”爲“堂下樂也”。因而釋此句云：“上下合止樂，各有柷敔，明球
弦鐘籈各自互見。”其所謂“球弦”即指上文鳴球、琴瑟，在堂上。所
謂“鐘籈”即指下文笙鏞（笙爲籈，鏞爲鐘），在堂下。以上鄭衆、鄭
玄、郭璞、僞孔之説，爲較早而較具權威之説。

　　　各種禮書及其後各經師關於“柷敔”的解説非常紛雜，現從池田
末利氏《尚書全釋》較簡引述江永、金鶚、張文虎諸家之説的意見中，
獲得較佳理解，特尋取清儒江永、金鶚兩家原説。江氏《群經補義·
尚書》云：“柷敔之用，所以節歌也。‘合止柷敔’，合者，協也。謂與
歌相協而擊柷以節之。止者，歌句之中有當暫一止，則擽敔以止之。
此柷敔之用也。後則易之以拍板，柷敔之音粗厲，拍板之音清亮。
大樂陳柷敔者，存古焉耳。後人不識柷敔之用，謂始作擊柷，將終擽
敔，惟首尾各一用，誤矣。”金氏《求古錄禮説補遺》有《柷敔考》專文
指出：“柷梧之制，舊説誤者有五。”其一指出劉熙《釋名》云“柷狀如
伏虎”，與鄭衆、鄭玄、郭璞之説皆不合，爲傳聞之誤。其二指出《荀
子》以鞉、柷、拊、椌、楬並列，以柷、椌爲二物。然據《樂記》鄭注及

《周頌·有瞽》毛傳皆以柷椌爲一物,荀説誤。其三指出《白虎通》云"柷敔,乾音也",以以柷敔所以止樂,有終之義,其非乾音甚明。下文接着牽附金木水火等五行爲説。這裏《白虎通》及金氏之説皆五行妄説,不足據。其四指出鄭玄所倡而羣儒皆從之的柷作樂、即合樂亦即始樂及敔止樂之説之誤,此説爲金鶚説之重點,與江永説相合,舉了較詳的資料,作了較詳之論析,如云:"《書》曰'合止柷敔',謂合其句而止之,合有和之義焉,止有節之義焉。合止指兼柷敔,非柷合而敔止也。鄭以爲合樂於始,僞《孔傳》因以'作'字易'合'字。然作與合文義迥殊,豈可訓合爲作乎? 又'止'爲暫止,非終止也。先儒皆以爲終止,既與節字之義不合,而《虞書》此句亦不當叙於'笙鏞以閒'之先矣。"其説可取。其五指出堂上堂下皆有柷敔説之誤。以僞孔以戛擊爲柷敔謂上下各有之,與經典中從未以戛擊爲樂器之説不合〔按《孔疏》亦云"戛擊是作用之名,非樂器名",其言甚是。可是"疏"須尊注(即"疏不破注"),竟曲解爲由於戛擊非樂器,故以柷敔當之,以使堂上有此樂器,真大謬〕。除第三點外,其餘四點金説皆確。池田末利氏書中還徵引更多資料作了較詳論析,如引張文虎《舒藝室隨筆》謂"合"爲人聲、樂聲,"止"爲節一篇、一章、一句,與江、金説有異,又引了高誘注《吕氏春秋》、大徐本《説文》、小徐本《説文》,徐灝《説文段注箋》及《風俗通》有關資料,對此問題尋繹頗深入。又引于氏説,未舉其名,故不詳其人。現尋于省吾氏當之。

　　于省吾先生《新證》在引鄭玄注、《白虎通》、《漢書·律曆志》之説後云:"漢以後學者皆謂柷以始樂,敔以止樂,最爲傅會。是由於誤解合、止二字,以爲敔有止義。'止'指敔言,則'合'指柷言。惟《説文》謂'柷所以止音爲節',猶存古義。……《禮記·王制》'則以柷將之'注：'柷敔皆所以節樂。'《吕覽·仲夏紀》'飭鐘磬柷敔'注：'柷……左右擊以節樂。'是可證柷並無始樂之義。《説文》：'敔，禁也。一曰樂器椌楬也。'《詩·有瞽》'鞉磬柷圉'傳：'柷，木椌也。圉，楬也。'圉即敔。敔字雖有禁義，並未言止樂時用敔也。蓋樂有舒疾斷續之音，柷敔皆所以止音節樂，而無關於終始之義也。合止之'止'即'之'字。《沇兒鐘》'永保鼓之'，之作㞢，《齊鎛》'𥍦叔之孫'，之作㞢。金文之字多如此作。然則'合止柷敔'者，合之柷敔也。與下句'笙鏞以間'義同，特文法有變化耳。猶言'合之以柷敔，間之以笙鏞'也。"于先生以爲柷敔非終始之義，與江永、金鶚之説合，而廣蒐了文獻中之證外，尤以引金文爲證，則比江、金二氏之説更進一步了。因而是深可取的。

⑥笙鏞以間——《史記》删此句。

"笙"，《説文·竹部》："笙，十三簧，象鳳之身也。笙，正月之音。物生故謂之笙。大者謂之巢，小者謂之和。从竹，生聲。古者隨作笙(按見《世本·作篇》)。"《爾雅·釋樂》："大笙謂之巢，小者謂之和。"郭璞注："列管瓠(即匏)中施簧，管端大者十九簧，小者十三簧。簧者，笙管中金薄葉。笙管有簧，故或謂笙爲簧也。"《白虎通·禮樂》云："匏曰笙。"又云："笙者，大蔟之氣，象萬物之生，故曰笙。"《釋名·釋樂器》云："笙，生也。竹之貫匏，象萬物貫地而生。以匏爲之，故曰匏也。"《風俗通·聲音》云："謹按《世本》'隨作笙'。長四寸，十簧(據《説文》及《爾雅注》當作十三簧)。"以上除所謂"正月之音"、"象物之生"等語爲經師妄説外，所記笙之形制、簧數等等是關於古代笙的資料。林氏《全解》始簡明釋之云："笙，樂器也，以匏爲之，列管於匏中，又施篁於管端。笙，竽類也。三十六篁者謂之竽，十三篁者謂之笙。"至《大司樂》疏引鄭玄注云："東方之樂謂之笙。笙，生也。東方生長之方，故名樂爲笙也。”則爲五行妄説。郭璞《爾雅·釋樂》注云：“《周禮·眡瞭》‘掌凡樂事，播鼗，擊頌（即庸）磬、笙磬’。故鄭以笙爲東方之樂，庸爲西方之樂，皆樂縣也。”指出鄭注東方西方之樂，只是指東面西面兩處之樂縣（懸）。孫氏《注疏》先引《儀禮·大射》“樂人宿縣于阼階東，笙磬西面，其南笙鐘……西階之西，頌磬東面……鼗倚于頌磬西絃”鄭注：“言成功曰頌。……是以西方磬鐘謂之庸。古文‘頌’爲‘庸’。”孫氏因云：“鄭以經言笙庸而東西階樂器畢舉。兼有磬鏞諸器縣也。宮縣之制，黃鐘、蕤賓、無射、太簇、夷則、姑洗是也。故天子左五鐘右五鐘，天子將出則撞黃鐘，右五鐘皆應；入則撞蕤賓，左五鐘皆應。”附引鄭注關於六律及宮縣之解釋，又引《周禮·小胥》“正樂縣之位”職文。而後孫氏云：“西縣（懸）磬，東縣（懸）磬，此樂縣之大概。”皮氏《考證》亦在引《大傳》“六律者何”之文後，論析之云：“鄭注云：‘天子宮縣，黃鐘蕤賓在南北，其餘則在東西。’鄭注《尚書》云：‘東方之樂謂之笙，西方之樂謂之庸。’則言笙庸而東西階樂器畢舉。與注《大傳》義同。”則知鄭所注東方西方，原指東西兩階言之，尚自合理。所誤者在承用當時統治思想陰陽五行説對此兩句，加上了五行誤説。

　　“鏞”，《説文·金部》：“大鐘謂之鏞，从金，庸聲。”《爾雅·釋樂》：“大鐘謂之鏞，其中謂之剽，小者謂之棧。”《孔疏》引李巡注云：“大鐘音大，鏞，大也。”孫炎注云：“鏞，深長之聲，亦作‘庸’，《商頌》‘庸鼓有斁’。毛云：‘庸，大鐘也。’”又郭璞注云：“《書》曰‘笙鏞以閒’。亦名鎛。”而《大司樂》疏引鄭玄注繼上引“名樂爲笙也”後云：“西方之樂謂之鏞，庸，功也。西方物熟有成功。亦謂之‘頌’。頌亦頌其成也。”其誤一如上句。僞孔則云：“鏞，大鐘。閒，迭也。吹笙擊鐘。”段玉裁《撰異》引録《大司樂》所引《虞書》及鄭注“鏞”字皆作“庸”，因而云：“今本《注疏》經俗人妄改‘庸’爲‘鏞’。致不可讀。而《眠瞭》注曰：‘頌，或作庸。庸，功也。’疏曰：‘注云頌或作庸者，《尚書》云：笙庸以間。孔以鏞爲大鐘，鄭云庸即《大射儀》之頌，一也。’又《大射儀》‘頌磬’注曰：‘言成功曰頌……古文頌爲容。’疏曰：‘《尚書》笙庸以間……庸亦功也，亦有成功之義。’據此諸條，鄭、孔《古文尚書》皆作‘庸’，惟訓不同耳。僞孔訓笙庸爲二器，庸爲鏞字之假借。鄭則訓以《大射儀》之‘笙頌’。頌、庸古通用。《尚書》‘笙、庸’兼阼階之‘笙磬’‘笙鐘’、西階之‘頌磬’‘頌鐘’言之。”是肯定爲庸字，仍以之釋樂器。〔《蔡傳》引葉氏（可能爲葉夢得《書傳》）曰：“鐘與笙相應者曰笙鐘，鐘與歌相應者曰頌鐘。”似此則磬當亦然。〕皮氏《考證》云：“《白虎通》、《風俗通》皆作‘鏞’，疑《今文尚書》或從俗加金旁也。”既庸鏞可相假借，《白虎通》、《風俗通》所反映的是漢代今古文通用鏞字，不必説是從俗加金旁。

　　“以間”，《釋文》：“間，閒厠之閒。”是即今通常所用之“間”字。《大司樂》疏引鄭玄注云：“‘以間’者，堂上堂下間代而作。”僞孔釋云：“間，迭也。”宋林氏《全解》云：“上言‘以詠’，此言‘以間’，相對而言，蓋與詠歌迭奏也。案《儀禮》云：‘歌《鹿鳴》以笙《南陔》間，歌《魚麗》以笙《由庚》間，此所以迭奏也。”（按大略見《鄉飲酒禮》）《蔡傳》襲用之。清儒江氏《音疏》王氏《後案》全承用鄭玄説，王並云：“非迭作也。”則反僞孔之説。孫氏《注疏》云：“間者，《釋詁》云：‘代也。’間代，謂如《樂記》云：‘鐘磬竽瑟以和之。’《鄉飲酒義》：‘工人升歌三終，主人獻之；笙人三終，主人獻之。間歌三終，合樂三終，工告樂備。’”皮氏《考證》云：“笙鏞以間，則舞後所用。‘間’即‘間歌三終’。”似以林之奇説最通達，孫氏説似亦有據。然《儀禮》

爲周代禮，此純以周代禮制釋此處文義。古代禮制太繁，無法詳知，亦不知孰爲正解，今姑取林説，補充以孫説。

⑦鳥獸蹌蹌——《史記》作“鳥獸翔舞”。以大意譯之。《説文》“蹌”作“牄”。見其《倉部》云：“牄，鳥獸來食聲也，从倉，爿聲。《虞書》曰‘鳥獸牄牄’。”鄭玄本亦作“牄”。見其《大司樂》注引本文。《説苑》作“鶬”，見其《辨物篇》云：“《書》曰：‘鳥獸鶬鶬，鳳凰來儀。’”按《説文·足部》云：“蹌，動也。从足，倉聲。”《爾雅·釋訓》亦云：“蹌蹌，動也。”故《蔡傳》承之云：“蹌蹌，行動之貌。”《大司樂》疏引鄭玄注本篇云：“云‘鳥獸牄牄’者，謂飛鳥走獸牄牄然而舞也。”僞孔云：“吹笙擊鐘，鳥獸化德，相率而舞蹌蹌然。”林氏《全解》云：“言樂者不獨感神人，至於鳥獸無知，亦且相率而舞蹌蹌然也。”《蔡傳》襲用之。此諸釋意義相近，與《史記》意亦合，當與漢代今文儒生所釋此文原意相合。《釋文》引馬融曰：“鳥獸，笥簴也。”指懸鐘磬之架，顯見與今文儒生説不合，然却是一種獨立的意見。

⑧簫韶九成——《史記》照録此句，文字未改易。《説文·音部》：“《韶》虞舜樂也。《書》曰：‘簫韶九成，鳳凰來儀。’從音，召聲。”見於《白虎通·禮樂》引《禮記》曰：“黃帝樂曰《咸池》，顓頊樂曰《六莖》，帝嚳樂曰《五英》，堯樂曰《大章》，舜樂曰《簫韶》，禹樂曰《大夏》，湯樂曰《大濩》，周樂曰《大武象》。”是説舜之樂就叫《簫韶》。故《公羊·哀公十四年》疏引鄭玄注本篇云：“《簫韶》，舜所制樂。宋均注《樂説》云：‘簫之言肅。舜時民樂其肅，敬其紀堯道，故謂之《簫韶》。’”或以爲舞舜樂者秉簫，故稱“《簫韶》”。見宋均注引“或説”云：“《韶》，舜樂名。舜樂舞者其秉簫乎。”亦作“《箾韶》”，見《説文·竹部》：“箾，从竹，削聲。虞舜樂曰《箾韶》。”按《左傳·襄公二十九年》記季札觀樂云：“見舞象箾南籥者。”杜注：

"象箾,舞所執。南籥,以籥舞也。"又云:"見舞《韶箾》者。"杜注:
"舜樂。"孔疏:"箾,即簫也。《尚書》曰:'《簫韶》九成,鳳凰來儀。'
此云《韶箾》,即彼《簫韶》是也。"亦作"《九韶》"或"九磬"或"《九
招》",見《莊子‧至樂》云:"奏《九韶》以爲樂,具太牢以爲膳。"又
云:"《咸池》、《九韶》之樂,張之洞庭之野。"《列子‧周穆王》:"奏
《承雲》、《六瑩》、《九韶》、《晨露》以樂之。"《周禮‧大司樂》:"九德
之歌,九磬之舞,於宗廟之中奏之。"《吕氏春秋‧古樂》云:"帝嚳命
咸黑作爲聲歌《九招》、《六列》、《六英》。……帝舜乃令質修《九
招》、《六列》、《六英》。"《史記‧五帝本紀》亦云"禹乃興《九招》之
樂"。《獨斷》則引作《大韶》或《大招》,蓋源於周代六舞之一的《大
磬》。見《周禮‧大司樂》云:"以樂舞教國子,舞《雲門》、《大卷》、
《大咸》、《大磬》、《大夏》、《大濩》、《大武》。"《大司樂》又云:"舞
《雲門》以祀天神,舞《咸池》以祭地示,舞《大磬》以祀四望(注:"四
望:五嶽、四鎮、四瀆"),舞《大夏》以祭山川,舞《大濩》以享先妣,舞
《大武》以享先祖。凡六樂者,文之以五聲,播之以八音。"可知這六
者實是周代六種樂舞的舞曲,不過借用了古帝之名,《韶》即借用了
舜之名。其借用之名往往又不一致,如《〈白虎通〉引〈禮記〉》說黄
帝樂曰《咸池》,堯樂曰《大章》。而《大司樂》舉六樂之名,本渾言周
樂,未附會古帝名。鄭玄注則謂黄帝樂曰《雲門》即《大卷》,堯樂曰
《大咸》即《咸池》。又《吕氏春秋》既說嚳樂有《九招》,又說舜樂有
《九招》。可知附會的古帝名本不足據,完全是隨意編排。這些只是
周代六種樂舞之曲,用以祭祀天地山川祖妣的六種最大的樂曲。

關於"韶"樂,古代迭有盛譽。《左傳‧襄公二十九年》載季札
請觀周樂,在歷觀了各國風及雅、頌之後,及"見舞《韶箾》者",曰:
"德至矣哉! 大矣! 如天之無不幬也,如地之無不載也。雖其盛德,

其蔑以加於此矣。觀止矣，若有他樂，吾不敢請已。”又《論語·述而》云：“子在齊，聞《韶》，三月，不知肉味。曰：‘不圖爲樂之至於斯也。’”都是儘量形容所聽到的《韶》樂是所有音樂中最美好的感人最深的最高級的音樂。史載明確，季札觀的是“周樂”，孔子聞的也是在齊國當時所奏的《韶》樂，也都是周代的樂，與舜原無關，不過被儒生利用本篇所載借用舜的嘉名，附會爲舜樂而已。實是本篇作者將此名樂曲名寫入篇中的。

除見於經史的上兩則有名讚美韶樂資料外，尚復見於先秦子書及辭賦等。《莊子·至樂》云：“昔者海鳥止於魯郊，魯侯御而觴之於廟，奏《九韶》以爲樂，具太牢以爲膳。”又《達生篇》亦有同樣描述。這是說把最美好的音樂奏給海鳥聽，把最高級膳食供給海鳥吃。《至樂》又云：“《咸池》、《九韶》之樂，張之洞庭之野，鳥聞之而飛，獸聞之而走，魚聞之而下，人卒聞之，相與還而觀之。”《楚辭·離騷》云：“奏《九歌》而舞《韶》兮，聊暇日以媮樂。”又《遠遊》云：“虙妃張《咸池》、奏《承雲》兮，二女御《九韶》歌。”可知先秦時期各方面都盛推《九韶》爲最美好的音樂、舞樂。

“九成”，《公羊·哀公十四年》疏引鄭玄注云：“樂備作，謂之成。”《禮記·樂記》鄭玄注云：“曲一終爲一成。”本篇《孔疏》云：“成，謂樂曲成也。鄭云：‘成’，猶終也。每曲一終必變更奏，故經言‘九成’傳言‘九奏’（按僞孔云：“備樂九奏，而致鳳皇”）。《周禮》謂之‘九變’，其實一也。”按《周禮·大司樂》云：“若樂九變，則人鬼可得而禮矣。”在其上文述“六變”，鄭注云：“變，猶更也。樂成則更奏也。”由這些資料，知“簫韶九成”原意是說《簫韶》樂章，共分九章，可以演奏九遍。

⑨鳳凰來儀——《史記·夏本紀》照錄此句，文字未改易。《五

帝本紀》則作：“禹力興《九招》之樂，致異物，鳳凰來翔。”《説苑·修文篇》同此語。其《辨物篇》亦云：“鳥獸鶬鶬鳳凰來儀。”這是漢代今文家瑞應之説，《論衡·指瑞篇》云：“或曰：鳳凰麒麟，太平之瑞也。太平之際見來至也。”又云：“儒者説鳳凰麒麟爲聖王來，以爲鳳凰麒麟，仁聖禽也。”這些是王充所舉今文派“儒者”之説，以鳳凰爲神鳥、祥鳥，具仁聖之德，國家“聖主”有盛德，則有祥鳥來臨。但王充都有駁異。《大司樂》疏引鄭玄注云：“若樂九變，則人鬼可得而禮，故致得來儀。乘匹謂致得，雄曰鳳，雌曰皇。來儀，止巢而乘匹。”全承今文家説。僞孔又承之云：“雄曰鳳，雌曰皇，靈鳥也。儀，有容儀。備樂九奏而致鳳皇，則餘鳥獸不待九而率舞。”《孔疏》云：“簫韶之樂作之九成，以致鳳凰來而有容儀也。”又云：“《釋鳥》云：‘鷗鳳，其雌皇。’是此鳥雄曰鳳，雌曰皇。《禮運》云：‘麟、鳳、龜、龍，謂之四靈。其鳳凰爲神靈之鳥也。’《易·漸卦·上九》：‘鴻漸于陸，其羽可用爲儀。’是儀爲有容儀也。”由盛德形容之音樂所感，致鳳凰飛來而有容儀，是謂其飛舞形態之美。

　　東漢古文家之説則以爲是樂器之形體像鳳凰之儀。《風俗通·聲音篇》云：“簫，謹按《尚書》，舜作。‘簫韶九成，鳳凰來儀。’其形參差，像鳳之翼，十管，長一尺。”是説簫的十管參差排列，其形象鳳之儀。雖其篇首云：“《易》稱‘先王作樂崇德，殷薦之上帝以配先祖’。《詩》云‘鐘鼓鍠鍠，磬管鏘鏘，降福穰穰’。《書》曰‘擊石拊石，百獸率舞’。鳥獸且猶感應，而況人乎！況於鬼神乎！”應劭身處漢末陰陽五行説籠蓋一世之際，自不免作此語，然實際是所謂“抽象肯定，具體否定”，在談到具體的“鳳凰來儀”時，則作此合於情理之解釋。觀漢代今文家盛倡陰陽五行，其撰“《洪範》五行”之傳者連篇累牘，作者多家；而古文家無一人撰有關《洪範》五行的東西，所以在這問題上古文家亦不推波助瀾，務爲平實之論。如許慎釋樂聲象鳥獸來食之聲，王充對各種瑞應皆找理性的理由，馬融釋此"鳥獸"爲"筍簴"即懸鐘磬之架之裝飾花紋，都和《風俗通》説用意一致。這些都是幾位有名古文家。當以古文家之説比較平實近情理。但《史記》用今文家説，反映較早期漢代儒生對此句的理解，而又長期爲世所遵用。

⑩夔曰於予擊石拊石——《史記·夏本紀》全删此句。按《堯典》録存了此句，和下句"百獸率舞"聯在一起。《史記·五帝本紀》全文照録。釋義詳《堯典》校釋。大致"於"爲語首助詞，"擊"是大擊，"拊"是小擊，"石"指磬。因樂器唯磬以石爲之。

⑪百獸率舞——《史記》照録此四字。《堯典》此句僞孔及此處鄭注皆釋爲"相率而舞"，可通。王氏《釋詞》釋"率"爲用，以爲此句同於"神人以和"句式。《堯典》"蠻夷率服"，亦用此釋。從語法進一步探尋，亦可。《公羊·哀公十四年》疏引鄭玄注云："百獸，服不氏所養者。"《大司樂》疏引鄭玄注云："夔語舜云：磬有大小，予擊大石磬，拊小石磬，則感百獸相率而舞。"奏音樂而使百獸舞，這事是可能的，與"鳳凰來儀"不同，詳《堯典》"百獸率舞"校釋。不過漢儒宣揚"百獸率舞"，與宣揚"鳳凰來儀"同一用意。

⑫庶尹允諧——《史記》作"百官信諧"。此逐字譯其意。《大司樂》疏引鄭玄注云："庶，衆也。尹，正也。（按："正，長也。"）允，信也。言樂之所感，使衆正之官信得其諧和。"僞孔云："尹，正也。衆正，官之長。（林氏《全解》："庶尹者，百官府之長也。"）信皆和諧，言神人洽，始於任賢，立政以禮，治成以樂，所以太平。"林氏《全解》闡釋云："非庶尹之諧，在於百獸率舞之後，蓋言百獸從風，猶且如此，況百官者乎？"都以"百官信諧"和"百獸率舞"皆是"簫韶九

成”的音樂效果所致。又《史記》此數句相聯作：“簫韶九成，鳳凰來儀，百獸率舞，百官信偕。”確把鳳凰、百獸、百官這三項都作爲受“簫韶九成”感動的結果。所以下文才接着“帝用此作歌”，意謂有了此數種祥和，帝舜才開始作歌，而皋陶也和他唱和的。

⑬帝庸作歌曰——《史記》作“帝用此作歌曰”。“庸”，用，本書已習見。句讀當作“帝庸作歌，曰”，段玉裁《撰異》即如此讀。因“曰”字下兩句非歌辭的正歌而是序曲性的兩句，其正歌在此兩句後。所以不能讀作“作歌曰”。

⑭勑天之命惟時惟幾——《史記》作“陟天之命，維時維幾”。江聲《音疏》云：“《史記》述此經云：‘陟天之命’，斯爲允當。必古《尚書》原文也。云陟帝位庸天命，故曰‘陟天之命’也。”此爲對《史記》句之索解。按，勑，同敕，見本篇上文“勑我五典五惇哉”。《孔疏》引鄭玄釋此句云：“戒臣。”僞孔較詳釋之云：“用庶尹允諧之政，故作歌以戒，安不忘危。勑，正也。奉正天命以臨民，惟在乘時，惟在慎微。”蓋訓“勑”爲正；“時”，如本字；“幾”，微。呂氏《東萊書說》：“‘勑’者，整勑之意也。‘時’者，時時勑之。‘幾’，又時之微者。”吳澄《纂言》：“凡樂必有歌辭，上章載《韶》樂感應之效驗，此章載帝朝君臣之歌詩。‘勑天之命’，謂以天命難保，相教戒督勉也。‘惟時惟幾’，謂無一時不勑，無一事不勑，雖須臾不敢忘，雖細微不敢忽也。此帝先言其所以作歌之意。”此訓“勑”爲教戒、戒勑，訓“幾”爲微。《蔡傳》承上諸說云：“‘庸’，用也。‘歌’，詩歌也。‘敕’，戒敕也。‘幾’，事之微也。‘惟時’者，無時而不戒敕也；‘惟幾’者，無事而不戒敕也。”孫氏《注疏》云：“經文作勑，同敕，‘勑’者，《釋詁》云：‘勤勞也。’又云：‘勞勤也。’《廣雅·釋言》云：‘敕，謹也。’《樂書》‘太史公曰’：‘余每讀《虞書》，至於君臣相敕，惟是

幾安,而股肱不良,萬事墮壞。'知史公用今文作'陟',又引古文義作'相敕',義兩通也。'惟幾'者,《釋詁》云:'惟,思也。幾,危也。'《説文》云:'幾,微也,殆也。'《荀子·解蔽篇》引《道經》曰:'人心之危,道心之微,危微之幾,惟明君子而後能知之。'以釋舜之治天下也,不以事詔而萬物成。史公又説'惟時惟幾'爲'維是幾安'者,'時',是,《釋詁》文。以'幾'爲危,以'康'爲安,即下'庶事康哉'之義。"楊氏《覈詁》云:"'勑',勞也。然則'勑天之命',殆猶《毛公鼎》'勞堇大命'矣。'時',猶謹也、慎也。'幾',亦謹也。時、幾相對成義,與上文'惟康能幾'略同。"諸説皆有助於此處釋義。以《纂言》、《蔡傳》説爲扼要,《覈詁》説有新義。總之是説,在謹承天命後,在時機上,在大小政事上,都要特別注意戒敕。意即《蔡傳》所云:"頃刻謹畏之不存,則怠荒之所自起;毫髮幾微之不察,則禍患之所自生。不可不戒也。此舜將欲作歌,而先述其所以歌之意也。"

⑮股肱喜哉元首起哉百工熙哉——《史記》照録此三句,字未改易。"股肱",指左右大臣,見上文"臣作朕股肱耳目"。"元首",指君主。見《尚書大傳》云:"元首,君也;股肱,臣也。""百工",即百官,指群臣。參見《堯典》"允釐百工"校釋。喜、起、熙,同韻。在段氏古韻第一部(見段玉裁《六書音均表》)。"熙",興也(美也),見《堯典》"庶績咸熙"校釋。王引之《述聞》云:"喜也、起也、熙也,皆興也。故下文皋陶曰'率作興事'也。《堯典》'庶績咸熙',《史記》作'衆功皆興'。揚雄《劇秦美新》……作'庶績咸喜'。"……是喜與熙皆有興起之意。《東萊書説》指出:"君對臣,則先言'股肱'。"時瀾補充之云:"臣歌先元首,君歌先股肱,交相責任之義也。"王充耘《書管見》亦云:"帝作歌則先股肱,欲倚重於其臣;皋陶賡歌,則先

元首,以責望於其君。"僞孔釋此三句云:"股肱之臣喜樂盡忠,君之治功乃起,百官之業乃廣。"則訓"熙"爲廣。《蔡傳》意亦近之云:"人臣樂於趨事赴功,則人君之治爲之興起,而百官之功皆廣也。"皆就字句作出講解,未能表述與下文政治毁墮三句完全相反的積極氣氛。

⑯皋陶拜手稽首颺言曰──《史記》照録此句,惟"颺"作"揚"。"颺"同揚,舉也。見上文"時而颺之"校釋。僞孔云:"大言而疾曰颺,承歌以戒帝。"林氏《全解》云:"上言股肱者,專指大臣而言之也。舜既望大臣如此,則皋陶於是拜首稽首颺言以奉承所歌之意也。拜手者,自首至手,稽首者,自首至地。言盡敬於君也。颺者,大言而疾曰颺。"《蔡傳》全承用此數句。關於"拜首稽首",參見《禹貢》"禹拜稽手讓于稷契"校釋。關於"颺言"亦有異説,見王充耘《書管見》云:"所謂颺言者,乃歌之漸,非大言而疾也。與'工以納言,時而颺之'者同,蓋有韻則爲歌,無韻則爲言。而兩語皆以'欽哉'繫其後,有咏歎歌颺之意,亦歌之類也。"大抵釋"颺"爲"揚",即是,不必爭執是否大言而疾。孫氏《注疏》據《爾雅·釋詁》云:"揚,續也。"但又引郭璞《爾雅》注云:"未詳。"皮氏《考證》則云:"《釋詁》云:'虘、揚,續也。'史公作'揚',當訓爲'續'。承上作歌而言,謂拜手稽首而續言也。"則可將此句説通。

⑰念哉──《史記》同。《史記集解》引鄭玄注云:"使群臣念帝之戒。"僞孔云:"承歌以戒帝。"則一以爲戒臣,一以爲戒帝。林氏《全解》雖意同鄭而言之較周詳云:"皋陶既拜手稽首而又揚言曰'念哉'者,蓋舜之所歌泛指當時大臣,而皋陶欲使當時大臣皆念夫帝所歌之意,於是宣言於衆,謂凡我同列大臣皆念帝所歌之意,故曰'念哉'。"

⑱率作興事慎乃憲欽哉——《史記》全録此，惟"作"作"爲"，"欽"作"敬"，皆同義字。"率"，僞孔《蔡傳》皆釋爲率領之率。"興"二家亦皆釋爲起。僞孔釋此句云："憲，法也（按見《釋詁》）。天子率臣下爲起治之事，當慎汝法度，敬其職。"《蔡傳》釋此句云："率，總率也。皋陶言人君當總率群臣以起事功。又必謹其所守之法度。"至江聲《音疏》釋："率，先道也。"其下文未循此釋此句，曾氏《正讀》依以釋云："率作興事，言元首當爲股肱先導也。"大意相去不遠。即可依上述諸語之義釋此句。

⑲屢省乃成欽哉——《史記》删此句。"屢"，《漢書·谷永傳》引作"婁"。師古云："婁，古屢字也。""省"，《釋詁》云："察也。"僞孔釋云："屢，數也。當數顧省汝成功，敬終以善，無懈怠。"粗得其意而語未透。《蔡傳》較詳釋云："屢，數也。興事功而數考其成，則有課功覈實之效，而無誕慢欺蔽之失。兩言'欽哉'者，興事、考成，二者皆所當深敬而不可忽者也。此皋陶將欲賡歌，而先述其所以歌之意也。"

⑳乃賡載歌曰元首明哉股肱良哉庶事康哉——《史記》首句作"乃更爲歌曰"，末句作"萬事康哉"。段玉裁《撰異》云："《説文十三篇·系部》曰：'賡，古續字。'許意蓋謂此字會意非形聲也。……考《詩·大東》'西有長庚'。毛傳云：'庚，續也。'《書·正義》引作'賡'。《爾雅》：'賡，續也。'《詩·正義》引作'庚'。古庚、更通用。如《列子》云：'五年之後，心庚言是非，口庚言利害。七年之後，從心之所念庚無是非，從口之所言庚無利害。'皆以'庚'爲'更'。更有轉移、相續二訓，相反而相成也。'賡'之訓與音亦同。……《夏本紀》'乃更爲歌曰'，以'更'代賡，與《列子》合。"

"載"，《史記》譯作"爲"。《孔疏》引鄭玄注云："載，始。"僞孔

注云："載，成也。"《孔疏》云："鄭玄以載爲始，孔以載爲成，各以意
訓耳。"其評論甚確。孫氏《注疏》引鄭説後，復引《孟子·滕文公》
"自葛載"，以注云"載，始也"作爲證。然又引注云："一説當作再
字。"因而云："言續帝歌再爲歌也。"載字尚有多種釋義，此處終以
史公釋作"爲"爲是。按《周禮·大宗伯》"大賓客則攝而載果"，鄭
注亦云："載，爲也。"近世學者曾氏《正讀》、屈氏《集釋》亦皆從而釋
"爲"。楊氏《覈詁》則云："載，事也（按《堯典》"熙帝之載"亦釋載
爲事）。引申爲作爲之義，故《史記》作'爲'。"可知此處"載"字以
釋"爲"爲確。"乃賡載歌"即"乃更爲歌"。

明、良、康，同韻，在《六書音均表》古韻第十部。

㉑又歌曰元首叢脞哉股肱惰哉萬事墮哉——《史記》照録此數
句，字未改易。惟汲古本《史記》誤作"舜又歌曰"。段玉裁《撰異》
誤以爲"此今文不同也"。王先謙《參正》云："下文有'帝拜曰'，此
處不當爲舜歌。且《夏本紀》'帝舜謂禹曰汝亦昌言'之下四'帝
曰'，皆作'帝'，不應此獨作舜，明係誤衍。段説非。"

"叢脞"，《釋文》："脞，倉果反，徐（仙民）音鎖。"並引馬融注
云："叢，摠也（摠即總）。脞，小也。"《孔疏》引鄭玄注云："叢脞，摠
聚小小之事以亂大政。"《説文·丵部》云："叢，聚也。"聚，義同總。
《説文》無脞字而有睉字，《目部》云："睉，目小也。"徐鉉注云："案
《尚書》'元首叢脞哉'，'叢睉'猶細碎也。今從肉，非是。"段玉裁
《撰異》云："按鼎臣（徐鉉字）此語最誤。《尚書》脞字從肉，自來古
本如是。豈得因《説文》無脞字，妄思易之。……脞之訓小，猶睉之
爲小目，皆坐聲字也。徐仙民脞音鎖，此因鄭注易云'瑣瑣，小也'，
傅合爲説。"王先謙《參正》云："《廣雅·釋詁》：'叢湊，遽也。'治事
急遽無序，則衆務叢湊於前。脞、湊，雙聲字。"僞孔云："叢脞，細碎

無大略。"《玉篇》釋"叢脞"全用僞孔語。《集韻》釋之云："小也。一曰'切肉爲脞'。"可知脞字原義爲切肉碎小。總之君主爲政不務大略而身親細碎小事是爲叢脞,故鄭玄釋爲"揔聚小小之事以亂大政",得此詞原義。

　　"惰",《廣雅·釋詁二》"嬾也"(即懶也),《説文·心部》作"憜,不敬也"。墮,《説文·𨸏部》作"隓"。大徐注云："今俗作墮。"《方言》云："隓,壞也。"《廣韻》、《集韻》、《玉篇》並作"陊"。《玉篇》釋云："壞也。"《廣韻》釋爲"下坂貌,又落也"。

　　僞孔釋此數句云："叢脞細碎無大略,君如此則臣懈惰,萬事墮廢,其功不成,歌以申戒。"《孔疏》云："君無大略則不能任賢,功不見知則臣皆懈惰,萬事墮廢,其功不成,故又歌以垂戒也。'庶事''萬事'爲義同而文變耳。"以上爲漢學的解釋。宋學則如林氏《全解》云："叢脞者破碎而無大略也。君叢脞於上,則臣懈怠於下,故股肱惰則事所以墮廢不成也。范内翰(按係范祖禹)嘗論此言,以謂君以知人爲明,臣以任職爲良,君知人則賢者得行其所學,臣任職則不賢者不得苟容於朝,此庶事所以康哉。若夫君行臣職則叢脞矣,臣不任君之事則惰矣,此萬事所以墮也。……禹爲相,總百官,自稷而下分職以聽焉。君人者如天運乎上,而四時寒暑各司其序,則不勞而萬物生也。君不可不逸也,所治者大,所司者要也。臣不可不勞也。所治者寡,所職者詳也。此説盡之矣。夫有虞之治所以能冠百王之上者,惟其君臣各任其職而已。孔子曰:'無爲而治者,其舜也歟!夫何爲哉,恭己正南面而已矣。'(按,見《論語·衛靈公篇》)又曰:'舜有臣五人而天下治。'(按,見《論語·泰伯篇》)蓋君無爲而執其要於上,臣有爲而致其詳於下,其治歷萬代而不可及,原其所以致此者,亦無出於'賡歌'之數語耳。"這把君掌大略於上臣盡職責於下這三句詩的要義解釋成爲孔子所倡的無爲而治。正和《堯典》任命二十二人後無他事記載，也被儒生附會宣揚孔子所倡爲君要無爲而治的思想一樣。

此歌胜、惰、墮三字同韻，在《六書音均表》古韻第十七部（因此三字所隸哿、箇二韻皆在古韻七部）。

㉒帝曰俞往欽哉——《史記》作："帝拜曰：然！往欽哉！""俞"與語詞"然"同，已詳《堯典》"俞，予聞"校釋。《尚書》中多用之。"欽"，敬（見《釋詁》）。"欽哉"，《尚書》中習見。"往欽哉！"兩見於《堯典》及本篇。意爲："去吧，敬於所職呵！"僞孔釋此云："拜受其歌，戒群臣自今以往，敬其職事哉。"林氏《全解》云："'帝拜曰俞往欽哉'者，蓋拜受其言而然之，自今而往，君臣皆當欽其事而踐其言也。《禮》曰：'君於臣則無答拜。'蓋至尊之勢無所屈也。然太甲之於伊尹，成王之於周公，皆有拜手稽首之義，所以尊師重道也。皋陶之賡歌，舜拜而受之，豈亦以師傅之禮而待皋陶歟？"故《蔡傳》承其意云："帝拜者，重其禮也。重其禮然其言而曰：'汝等往治其職，不可以不敬也。'"

以上這一節，《皋陶謨》作者將兩段不同來源的資料雜湊在一起。首段爲典樂官夔述自己掌樂政的盛況，用了不少周代的禮樂器數名物，所宣揚的則是其樂舞感動了鳳凰、鳥獸、百官。由於有了這幾種祥和，舜才因之作歌，引出了後一段舜與皋陶相唱和的三首歌。林之奇《全解》強調："夔言其所以作樂之功，其文當爲一段，不與上下文勢相屬。"可見古人已見到這一點，不像有的經師説成這是舜治定制禮、功成作樂紀其治功的完整篇章，進而宣揚篇末三歌反映了舜的無爲而治，就相去更遠了。

（二）今　譯

　　古時候那位臯陶説：“要真誠地引導德教，提出明智的謀議，共同團結一致地輔佐天子。”禹説：“噢，説得對！但怎樣實現您所説的呢？”臯陶説：“呵！要謹慎地修養自身的品德，多從長遠考慮，仁厚地團結各宗族，推舉衆多賢明的人才作輔翼之臣，使政務逐步地由近及遠以推行到全境。”禹拜領這樣美好的話，説：“對呀！”

　　臯陶又説：“呵！這全在於善於知人，全在於安定老百姓。”禹説：“唉！要都能做到這樣，連陛下也將感到是一件不容易的事。知人要有知人的明智，才能識拔真正的賢才任職；安民要使人民得到實惠，才能使人民懷恩感德。能够知人善任，又能够實惠於人民，還怕什麼驩兜的作亂？還需要什麼放逐三苗，還畏懼什麼花言巧語善於作僞的壞人呢？”

　　臯陶説：“呵！人本該有九種德行，有必要談談一個人該具有的這種德行。”於是就列舉説：“説人有德，就要從他的件件行事來看。”禹説：“怎麼樣呀！”臯陶説：“寬仁而又嚴肅，柔和而又堅定自立，謹厚而又能謙恭幹辦，治事有爲而又敬慎，和順而又果毅，正直而又温良，簡率而又有廉隅操守，剛勁而又踏實，强直無所屈撓而又合於義行。這些品德能昭彰爲人所共見而又能經常保持這樣做，那就好了。如果對這九種德行每天能做到其中三種，從早到晚都能敬勉遵行，就能有你們大夫的家；如果每天能嚴敬地做到其中六種，用以誠信地治理政事，就能有你們諸侯的國；能綜合受有這九德而普加施行，使備有九德的人都獲在(王朝的)職位，賢俊之才都能任職，百官們相師法，凡百職司都及時以趨事功，並督勉地方長官(五長)，使國家所有各種政績都獲成功。勿使逸樂腐化者占有國家職位，大家都要兢兢業業地戒愼恐懼地洞察每日每天萬事之幾微。不要讓不稱職者曠廢了庶政要職，因王朝官位實爲天的職位，所有這些天職是要由人來代行的(所以不能曠廢)。天所定的君臣父子等等的倫常叙次，自有其常典。這種典有五，應敕正我們這五典成爲五種惇厚之典呀！天所制的尊卑貴賤等等的高低品秩，自有其常禮。這種禮有五，應使我們這五禮成爲五種有用之禮呀！同僚們應敬肅地相協恭誠和衷共濟呀！上天是要嘉命有德的人的，那就以五種服色按德行大小彰顯榮寵之；上天是要討伐有罪的人的，那就以五種刑罰按罪行輕重以五種用刑方式執行之。這樣，政事就美好呀！美好呀！上天的聰明來源於下民的聰明，上天的明威來源於下民的明威，通於上天與下民。虔敬呀！有土之君。”

臯陶說：“我這些話可以成功地貫徹實行嗎？”禹說：“你的話完全可以成功地實行的。”臯陶說：“其實我並無所知，不過是想贊助治國之道罷了。”

帝舜對禹說：“來！禹。你也說說你的好意見。”禹拜手說：“呵！我說什麼呢？我只想到每天要孜孜地爲陛下工作。”臯陶於是插話說：“什麼叫孜孜呀！”禹說：“滔天的洪水，浩浩蕩蕩包圍了山岳，漫没了丘陵，老百姓都有没溺之患，我乘的是‘四載’。即走旱路坐車，走水路坐船，走泥濘的路坐橇，走山路用屐底有齒的樏。循行山岳刊削樹木以爲表識。和益一道給老百姓稻穀和生鮮食物。我把九州的河流疏通使入海中，把溝渠修通使入河流中。又和稷一道使老百姓在難於得到食物時能得到食物，缺糧少食的地方，調有餘地方的糧食來補其不足(此依《史記》所錄《皋陶謨》原句，僞古文本則以爲是貿遷貨物)，廣大群衆才得以吃到糧食，萬國之地才得以安定了。"皋陶在旁説："對呵! 應該學習你這種美好的話了。"

禹對舜説："呵! 陛下在帝位上要特別謹慎小心呀!"帝舜説："是呀!"禹説："應該安於您所能做到的，不要有當止而不得其止者。注意事之幾微，才可不致釀成大故而使得到平安。還要輔之以德。君主有所行動立即得到天下巨大回應。因此要有清新的意志以昭受上帝之命，上帝就會申命賜給您以美好的命運。"帝舜説："大臣至親呵! 至親的是大臣呵! 禹説："是呀!"帝舜説："臣子成爲我的手足耳目。我要佑助人民，你們應輔助我完成這樣的大業；我要宣力於四方，你們應盡瘁而爲來把它完成；我要觀察古人昭分上下等級的服色綵象，那些以日、月、星辰、山、龍、華蟲(雉，一種美麗的野鳥)等圖案作成的彩繪，那些以繪有虎、猨等形的宗廟彝器圖案及水藻、火焰形、粉米、黼(斧形)、黻(亞形)等圖案作成的織物刺繡，用五種色彩的顏料按五種色別來彩繪刺繡以成不同官爵穿着的章服，你們要把它考訂研制明確；我要諦聽六律、五聲、八音、七始詠等各種樂律，用以結合吐納，緣音樂工作所進行的采風所得的五方之言，你們要爲我好好詳審聽清；我有違失之處，你們要匡正輔弼我。你們不要當面唯唯諾諾地聽從我，下去就在背地里講我的壞話。我敬重前後左右大臣。當省察那些進讒言邀寵幸的邪惡壞人，及所行不在於正道的人。運用大射之禮以識別善惡賢愚，用鞭扑方式使之記過認錯，用文書方式識其爲非作歹之迹以儆之，以此三種施教方式欲那些人並獲新生。由專官以納言之職負舉善責過之責，有善則揚之，有遷過至善者則進之用之，如其不善則用刑以威之。"禹説："呵呀! 光天之下遠至海邊的小百姓，萬邦千邑的貴賤之民，都是陛

下的臣民,全在於陛下以時舉用之,普遍省納其心聲,鮮明公正地試
之以其功,以不同等級的車輛服色酬其勳。這樣,誰敢不讓功服善,
誰敢不恭謹以敬應上命。如果陛下不是這樣,而使賢愚善惡的人同
時在位,那麼治國就不會成功的。"

　　帝舜説:"不要像丹朱那樣沉溺於慢遊嬉戲,只知傲狠暴虐,無
晝無夜肆惡無休息。河中水道淺涸也强迫行船,在家裏也肆行淫
亂,終使他自己的世系斷絶了。我們不能像他這樣。"禹説:"我娶塗
山氏的女兒是辛日,到了甲日就離開了家去忙着治水。以後生了我
的兒子啓,在家哭着,我也不曾盡過撫育兒子的責任,所以全力完成
了平治水土之功。終於輔助陛下完成劃天下爲五服的大業,使疆域
每方達到五千里,每州又制定了十二師的地方行政區劃,外則疆域
遠至四海,五方諸侯各給建立君長,他們都能各按正途建立事功。
最後只有苗民頑梗不就事功,陛下要加以注意。"帝舜説:"你宣導我
的德教於天下,這些全是你的功叙所獲致的。現在皋陶正敬重您的
功叙,對頑梗者正在明正地推行刑政以畏服之。"

　　樂正夔説:"(樂工在堂上)敲擊玉磬,搏拊琴瑟,以協合詠歌之
聲。樂聲感動祖先神靈全來降臨。這時虞賓在祭位,諸侯助祭,也
都以德互相禮讓。(而堂下之樂)下管及鼗鼓並奏,合之節樂的樂器
柷敔,協調匏笙及鏞鐘相間而奏,樂聲悠揚中感致鳥獸蹌蹌而舞,舜
的大舞樂章《簫韶》演奏九遍,全樂九成奏畢,神鳥鳳凰也儀態萬方
地翩翩前來翔舞。"夔還説:"我擊打大小玉磬,以協奏全部樂章;感
通百獸相率而舞,百官對樂聲感受更深,也都能真誠地配合和諧一
致。"帝舜因此高興地唱起歌來,序曲説:"勤勞了上天的大命,只是
在順時,只是在慎微。"接着唱正曲道:"大臣們欣喜呵!元首奮起
呵!百官們和樂於治理呵!"皋陶拜手叩首揚聲地説道:"注意呀!

要總率群臣興起事功,必須慎重陛下的法令,可千萬要誠敬呵! 還要不斷考察督率才能使事功有成,更該誠敬呵!"於是皋陶接着歌唱道:"元首英明呀! 大臣都賢良呀! 萬事就能綱舉目張呀!"停了一會兒又唱道:"元首治事忙於瑣細叢脞呵! 大臣們就會怠惰呵! 萬事都會墮毀呵!"帝舜聽了,拜手説:"對呵! 去吧! 大家好好地敬謹努力吧!"

(三) 討 論

本篇所要討論的是下列四問題:

(一)本篇著作時代的問題。顧師 1923 年 6 月 1 日致胡適《論今文尚書著作時代書》中,提出了擬寫《堯典皋陶謨辨僞》及《禹貢作於戰國考》二文的提綱。其前一《辨僞》提綱分八項:(1)堯舜之説未起前的古史。(2)春秋時的堯舜與戰國時的堯舜。(3)一時並作的《堯典》、《舜典》。(4)今本《堯典》、《皋陶謨》的出現:1. 取事實於秦制,2. 取思想於儒家(禪讓)與陰陽家(五行),3. 取文材於《立政》與《呂刑》。(5)《堯典》、《皋陶謨》與他書的比較(共舉 7 條,關於《皋陶謨》2 條)。(6)《堯典》、《皋陶謨》的批評(舉 3 條)。(7)所以考定爲秦漢時書之故(舉 5 條)。(8)《堯典》、《皋陶謨》雜評(舉 7 條,關於《皋陶謨》2 條)。這兩文《提綱》以致胡適書的形式發表在《古史辨》第一册,雖然後來並沒有按這提綱寫出此兩文,但提綱中提出的意見陸續不斷發表在他的各論著中,爲學術界所共知。所以徐旭生先生《中國古史的傳説時代》書中説:"顧頡剛先生及他的朋友們……最大的功績就是把古史中最高的權威,《尚書》中的《堯典》、《皋陶謨》、《禹貢》三篇的寫定歸還在春秋和戰國的時候。"(該書第22頁)也就是學術界大抵接受了顧先生的意見。

　　本書在經過對《尚書》的進一步研究後,首先是充分肯定了顧先生的意見,對掃除兩千多年來以爲《堯典》是唐虞時之作、《皋陶謨》是虞舜時之作、《禹貢》是夏禹時之作這種錯誤説法,確建立了很大的功績。人們不再相信它們是堯、舜、禹時期原有的古史篇章了。爲對古史取得正確認識奠定了基礎。但也對顧先生關於這三篇的具體意見作了些修訂補充。對《堯典》、《禹貢》兩篇著作時代的具體意見所作的修訂補充,已見該兩篇"校釋譯論"的最後"討論"部分中。關於對《皋陶謨》著作時代的具體意見,現在亦可討論一下。顧師在上述《堯典皋陶謨辨僞》提綱第四項中説《皋陶謨》與今本《堯典》的出現:1. 取事實於秦制,2. 取思想於儒家與陰陽家,3. 取文材於《立政》(三宅、九德)與《吕刑》(降三后、絶苗民)。那麽《皋陶謨》之寫成,晚至秦代了。又在《顧頡剛讀書筆記》第三卷中,以《泰誓》中有"天視自我民視,天聽自我民聽"爲《孟子》所引,而《皋陶謨》中有"天聰明自我民聰明,天明畏自我民明威"與之相同,遂以爲"可見《孟子》時出現大批僞《書》,《泰誓》與《皋陶謨》爲同時代的作品",是説《皋陶謨》同《泰誓》一樣,爲戰國時代僞作。同卷又以《皋陶謨》"慎厥身修思永"至"邇可遠在兹"四句襲用《孟子》"道在邇而求諸遠"至"長其長而天下平"四句。又以《皋陶謨》"巧言令色孔壬"襲《論語》"巧言令色"句。《筆記》第二卷中,以《老子》"是以聖人方而不割"四句,意同於《皋陶謨》"九德"諸句,準之上引與《泰誓》句同則爲與《泰誓》同時出現之説,是亦以《皋陶謨》與《老子》出現於同時。這就是説《皋陶謨》著作時代晚於《論語》、《孟子》

或亦晚於《老子》。總之是説《皋陶謨》成於戰國時代。

　　我們在探析先秦時《尚書》各篇流傳情況（見《尚書學史》第二章）後，獲知《皋陶謨》的文句已被先秦文獻引用，但未出篇名。而伏生任秦博士所掌《尚書》中有題爲《皋陶謨》之篇。其先秦文獻引用之文見於《春秋左傳》兩處，一爲《僖公二十七年》云：“《夏書》曰：‘賦納以言，明試以功，車服以庸。’”這是明見於本篇的文句，其所以稱《夏書》，因春秋戰國時《書》篇分爲《夏書》、《商書》、《周書》三部分（見《墨子·明鬼》云：“上者《夏書》，其次商、周之《書》。”《墨子》的《尚賢》、《天志》、《明鬼》、《貴義》諸篇都稱堯、舜、禹、湯爲“三代聖王”，把堯舜列在夏代，所以有關堯、舜、禹的篇章都稱《夏書》）。故與舜對話的《皋陶謨》列在《夏書》。僖公屬春秋前期，這是明確見於春秋前期的《皋陶謨》之文。又一爲更在其前即《春秋》早期的《莊公八年》文云：“《夏書》曰：‘皋陶邁種德，德乃降。’”此語未見於今本《皋陶謨》，可能爲逸文，但顯然看出它是指《皋陶謨》篇宣揚九德之文。那麼有關皋陶的篇章已見於春秋早期。又《周禮·大司樂》云：“以六律、六同、五聲、八音、六舞、大合樂以致鬼神示。”則與本篇“予欲聞六律、五聲、八音、七始詠”基本相合，唯詳略稍異。又與“搏拊琴瑟以詠祖考來格”精神相合。《周禮》係在承西周末期資料的春秋早期據姬周官制寫成（見拙作《周禮真偽之爭及其書寫成的真實依據》，載《古史續辨》）。可知其書運用了《皋陶謨》資料，故鄭玄即用本篇整段資料以注釋《周禮》此處。又《禮記·明堂位》云：“拊搏玉磬，揩擊大琴大瑟中琴小瑟。”亦與本篇“戛擊鳴球（即玉磬），搏拊琴瑟”相合。文字有出入，這是引用書篇常有現象。《禮記》之爲書，自春秋之世儒家因講解禮書的需要而產生，遞經戰國以至西漢續有所作。其引用春秋時典籍是自然的事。

總之自春秋早期已見《皐陶謨》，自後繼續傳誦下來。

至於顧師以爲《泰誓》與《皐陶謨》有相同文句而爲《孟子》所引，謂此兩篇皆《孟子》時出現的僞書。我們已查得春秋至戰國時文獻中引武王伐紂的《太誓》篇中的文句共二十二次，早者爲《國語》、《左傳》所引，晚者爲《孟子》、《管子》及《禮記》所引，其中《國語》、《左傳》皆幾次引到武王在《太誓》中所説“民之所欲，天必從之”等語，又有相同意義的“天視自我民視，天聽自我民聽”之語。這是針對商代唯知重鬼尊神、絶對相信天命而發，提出了遠爲進步的天意是根據民意的思想，因而是可信的武王伐紂誓詞的流傳至春秋戰國時的文句，這些文獻就引用了它。因爲這是武王、周公所倡的思想，儒家就更重視這一思想，因爲寫入了所整理編定的搜集原有流傳的資料寫成的《皐陶謨》篇中，這是很自然的事。顧師又指出《皐陶謨》襲用《論語》、《孟子》文句，還有可能用《老子》文句。我們經過研析，認爲正是《論語》、《孟子》襲用了《皐陶謨》。《皐陶謨》在不少佶屈聱牙的文句中，有“巧言令色孔壬”一句，《論語·陽貨篇》有“子曰：‘巧言令色，鮮矣仁”句。顯然是孔子引用了《皐陶謨》此句，加以闡述。陳澧《東塾讀書記》即云：“‘鮮矣仁’三字，孔子説《尚書》也。”其言至確。又《皐陶謨》有云：“慎厥身修思永，惇叙九族，庶明勵翼，邇可遠在茲。”而《孟子·離婁上》有云：“道在邇而求諸遠，事在易而求諸難，人人親其親、長其長，而天下平。”顧師以其內容略同，即以爲《皐》襲《孟》。其實只要看此兩段文字風格，一古樸，一流暢，其時代先後已很判然。這是憑直覺可感到的，《孟子》之語已和後世文言文差不多，後代習作古文者即學《孟子》此類文句，決不學古拙的《皐陶謨》這類文句。據何定生《尚書的文法及其年代》説：“《尚書》之所以異於後代之文，是因爲連詞及助詞之關係。”

《尚書》有常用的連詞爲越、矧、肆、今及惟、乃、則等，前幾個連詞後世大體不用，又語氣詞、歎詞俞、都、於等後世也大體不用，而使春秋戰國以後及後世之行文流暢琅琅可誦者，主要是句中句尾有着《尚書》所無的連詞、助詞（主要爲語氣詞、歎詞）之類。所以要判別《皋陶謨》之文遠遠早於《論語》、《孟子》之文，根據這些詞類，即可顯而易見。因此根據先秦引用《書》篇情況，及其文字風格，就可完全肯定《皋陶謨》篇之句在春秋早期就已存在了。但不一定是完全整理定稿了。因爲還要由春秋時期的儒家整編加工。

（二）儒家利用蒐集到的原資料加工整理編定成本篇，寄託了儒家重要的德教思想的問題。只是可能因原資料中未曾有"仁"字，所以孔子儒學中重要的仁字未在本篇出現，但篇中如"安民則惠"，釋爲"惠，愛也"，則即《論語·學而篇》的"泛愛衆而親仁"及《顏淵篇》的"仁者愛人"之義。又本篇九德有寬、柔、恭、直、等九項。《論語·陽貨篇》說"能行五者於天下爲仁"。此"五者"指恭、寬、信、敏、惠。能行五德即爲仁，況多至九德，自然充分體現儒家仁德思想了。可見本篇主要反映儒家重德的思想，只因資料內容的不同而使本篇有豐富的內容。

起釪撰《我國古史傳說時期綜考》（載《古史續辨》）的第六節"戰國後期加工編成的古史傳說"，其第（1）小節"儒墨兩家推崇堯舜禹所形成的'二帝三王'歷史系統"文內，曾說："儒家還搜集古代各種神話、傳說資料，把它歷史化，編成《堯典》、《皋陶謨》兩篇，作爲宣揚堯舜禹盛德大業的寶典；又把當時一篇地理要著加工編成《禹貢》篇，作爲禹治水分州的紀錄文獻。這樣精心地把堯、舜、禹塑造成古代最理想的聖王，描述他們的時代是最理想的黃金時代，希望後王按照他們的模式去做。於是二帝（堯、舜）三王（夏禹、商湯、周文武)的歷史系統就構成了。由此《堯典》、《皋陶謨》、《禹貢》三篇和下文要談的《帝繫》、《五帝德》兩篇,就成了中國古史定型的權威性文獻。司馬遷撰《史記》,第一篇《五帝本紀》就全部抄錄《堯典》、《帝繫》、《五帝德》三文寫成,第二篇《夏本紀》就全部抄錄《禹貢》、《皋陶謨》二文並附《甘誓》寫成,不過稍加了《世本》中的夏世系。於是我國最早的古史,就由儒家這幾篇文獻把它編成了。"可知《皋陶謨》在儒家編定古史體系時起過重要作用。

由於經過進一步研究,獲知這三篇不是編定於戰國後期,資料來源較早,大抵最後定稿於春秋時期。其中《禹貢》經過深入探析其內容,並采納考古學者的意見,其編寫時間還要早,詳本書《禹貢》篇"討論"中。大抵其九州的劃分,是源於自龍山文化時期已自然形成經歷三代繼續存在的一種人文地理區系。這是由於《禹貢》九州的劃分原據自然地理而不據政治地理,剛好有這一客觀的自然形成的人文地理區系存在,那麼九州的劃分就會自然地符合這一人文地理區系了。它的藍本可能出於商史文官對夏史口碑的追記,而基本定型的《禹貢》這篇純地理著作則是周初史官對夏商史迹的追記。但把這部純地理著作加上首尾幾句改定爲大禹治水分州的文獻,並把春秋時始出現的關於疆域區劃的空想的"五服制"附入《禹貢》篇中,則是春秋時期的事,正是儒家廣蒐文獻編定兩部主要教本《詩》、《書》以授讀其門生確定其儒學體系時的事,所以《禹貢》的最後附麗儒説的定本,和《堯典》、《皋陶謨》的最後編定基本在同時,《堯典》篇"討論"中論定《堯典》基本成於春秋時創立儒家學派的孔子之手,《皋陶謨》的編定大概亦相去不遠。總之這三篇最後由春秋時儒家編定收入與《詩》並行的這兩部主要教本的《書》中,應是無問題的。

　　不過"二帝三王"的古史系統,已由《堯典》、《禹貢》二篇構成了。《皐陶謨》這篇則主要是補充和充實他們的德教之治,林之奇《全解》釋云:"虞史既述二典,又叙《皐陶謨》、《益稷》篇以備二典之未備。"即在探述此意。全篇利用當時蒐集到的往古流傳下來的皐陶和舜、禹等的一些散見的片段資料,按照儒家所要宣揚的德教,加工組織成篇,表示武王、周公針對商代純恃天命,尊神、尚鬼、重刑之失所提出的重德思想,古已如此。在儒家推行的文獻中,除周初周公諸誥反復强調"德"外,其爲儒家所編寫的文件,則《皐陶謨》是談"德"最多最具内容的一篇。其篇首第一句爲"允迪厥德"。《史記》譯爲"信道其德",即確實行其德,成爲全篇的綱領。

　　作爲本篇特色的,是提出了"九德"項目,即:"寬而栗,柔而立,愿而恭,亂而敬,擾而毅,直而温,簡而廉,剛而塞,强而義。"這裏所説德的項目是較多的,《堯典》亦録存了相同的資料,但只有"直而温,寬而栗,剛而無虐,簡而無傲"四項,且略有出入。而《逸周書》却有三處提出了"九德",不過項目有不同。首先見於保存有西周資料而寫成於春秋之世的《常訓》、《寶典》兩篇中。按周公對成王講的《立政》篇,有"忱恂于九德之行"一語,則西周之有"九德"之説出現,自是可信之事。此《常訓》篇云:"九德:忠、信、敬、剛、柔、和、固、貞、順。"這裏出現了儒家所重的"忠",而與《皐陶謨》相同的則有敬、剛、柔、順(擾)四項。《寶典》篇則記周武王召周公曰:"朕聞曰:何脩非躬,躬有四位,九德。……九德:一、孝,孝子畏哉。……二、悌,悌乃知序。三、慈惠,知長幼,樂養老。四、忠恕,是謂四儀。……五、中正,是謂權斷。……六、恭遜,是謂容德。……七、寬宏,是謂寬宇,準德以義。……八、温直,是謂明德。……九、兼武,是謂明刑。"這裏出現了儒家所重的孝、悌、忠、恕,同於《皐陶謨》的只有

恭、寬、溫直三項,另有“明刑”見於《皋陶謨》“象刑惟明”而不在九
德中。繼見於屬戰國兵家之作的《文政》中云:“九德:一、忠,二、
慈,三、祿,四、賞,五、民之利,六、商工受資,七、民之死,八、無奪農,
九、足民之財。”這裏有儒家所重的忠,而儒家的重民思想則分別談
成四項。其餘四項皆與《皋陶謨》不同。由以上情況看,顯見自西周
流傳至春秋戰國,紛紛出現“九德”之説,而《皋陶謨》所記資料,比
《常訓》、《寶典》、《文政》所記者時代要早,要較原始。比《堯典》所
記者要全。到戰國初年門弟子再傳弟子所記春秋時孔子言論行事
的《論語》一書,所載德的項目,據楊伯峻先生《論語譯注》書末所附
的統計,全書共談“仁”109 次,“禮”74 次,“道”60 次,“德”、“信”各
38 次,“智”25 次,“義”24 次,“直”22 次,“忠、忠恕”20 次,“孝”19
次,“恭”13 次。除“禮”、“德”、“直”、“恭”、“義”外,都不見於《皋
陶謨》中。這些是孔子經常談的道德項目,亦即儒學德目的主要者。
其全書中所載 10 次以下者,計有“愛”9 次,“惠”、“和”各 8 次,
“慎”、“篤”各 7 次,“簡”6 次,“溫”、“剛”各 5 次,“寬”、“莊”、“果”
(包括果敢)、“悌”(字作弟)各 4 次(另有兄弟之弟 7 次),“謹”3
次,“恕”、“敬”、“誠”各 2 次,“廉”、“毅”各 1 次。則《皋陶謨》中的
“德”、“禮”、“直”、“恭”、“義”已進入孔子主要德目,其餘“惠”、
“寬”、“毅”、“溫”、“廉”、“剛”等則亦爲孔子所沿用。而孔子最高
的道德是“仁”,力倡“爲政以德”,其完整的道德體系是“仁、義、禮、
智、信、忠、孝”。及《里仁》篇所載“夫子之道,忠恕而已矣”。這些
最基本的孔子儒學的“德”,《皋陶謨》都不具有,因此顯然看出《皋
陶謨》不能是孔子所編定,不像《堯典》那樣之可能編定於孔子手。
《論語》中只有一處頗似於《皋陶謨》之文,即《陽貨》篇所載:“子張
問仁於孔子,孔子曰:‘能行五者於天下爲仁矣。’請問之,曰:‘恭、

寬、信、敏、惠。恭則不侮,寬則得衆,信則人任焉,敏則有功,惠則足以使人。'"這就看出孔子也曾受過《臯陶謨》篇影響。(《老子》五十八章有云:"聖人方而不割,廉而不劌,直而不肆,光而不燿。"也見出春秋戰國間人喜爲此等語。)但總的來說,自周公盛倡德教以來,西周至春秋之世出現過三、四種"九德"説,《臯陶謨》是其中一説,雖入儒家之手,相互交糅影響,但和最後定型的孔子德教有距離,因而可知是較早的一説。在作爲儒家唯一兩部教本中的一篇,其受儒家影響是必然的。原材料在篇中按儒家意圖編排成文是其影響之一,將原材料按儒家思想潤飾增訂亦是影響之一,這就是今《臯陶謨》中的"九德"受儒家影響所見的中庸思想。

自西周傳下至少四種"九德"説,其他三種每德都是一字,偶有兩字成一詞彙,意義也相一致,則《臯陶謨》的"九德"原來亦應如此。可是現在所見者皆相反意義的兩字組成一德,即鄭玄注所説:"人之性相異,有其上(指"寬而栗"等的上一字)者不必有其下(指下一字),有其下者不必有其上。上下相協,乃成其德。"亦即孫星衍《注疏》歷舉此"九德"的上一字與下一字意義皆相反,因而謂"此似相反,而實相成"。其用意就是不要走極端,不要只行此德的一個方面,而是要把它中庸化,把與它相反的德折衷起來,走中庸之道。例如此"九德"中有一"强"德,而《左傳·昭公元年》云:"不義而强,其斃必速。"這顯然是春秋時期通行之語。《臯陶謨》編定者見到"九德"中的這一"强"字,懲於不義而强者必斃,就把它修訂成"强而義",這就不過火了,中庸了。其它八德亦同樣把它中庸化,就成了今天所見的樣子。《論語·雍也》説:"子曰:中庸之爲德也,其至矣乎。"把"中庸"鼓吹得如此高,成了儒家中重要的一德。後來朱熹把《禮記》中作爲追述孔子中庸思想的《中庸》篇及述統治者必須修、齊、治、平的大學之道的《大學》篇提出來成爲獨立之文，與《論語》、《孟子》並稱"四書"，確實朱熹抓到了儒學的要義。《臯陶謨》的"九德"承受了中庸思想，下面要談的"君德"則包括了大學之道，都是儒學施加於《臯陶謨》的。

下面就接着談本篇總綱"德"內涵中的君德、臣德兩項：

君德，亦即爲君之道。周初周公諸誥强調敬德、奉德、明德、用德、秉德，都是對君主說的，要君主敬德用德等等，不像後來儒家則主要教一般人奉行道德。如《梓材》云"王其德用"，《召誥》云"王其疾（速）敬德"、"王其德之用"等等皆是。《臯陶謨》保持了這一精神，重視君德，諄諄告誡君主要奉行德。在篇首"允迪厥德"句後，接着即說"慎厥身修思永，惇叙九族，庶明厲翼，邇可遠在兹"。這就是"修身、齊家、治國、平天下"的"大學之道"，不過說得很簡要和不甚切近，不像《堯典》那樣說得較確切詳近，總之把它作爲君德亦即爲君之道的第一個要點提出來。

爲君之道的又一個要點是："在知人，在安民。"而知人善任是爲了安民，目的在安民。這也完全體現了周武王提出、周公所推重而儒家所奉行的重民思想。《蔡傳》云："知人，智之事；安民，仁之事。"仁爲孔子所倡最高的道德，以爲能安民，就達到君德最高點。篇中的"天聰明自我民聰明，天明畏自我民明威"，直接與周武王《太誓》"天視自我民視，天聽自我民聽"之語完全相同，必爲西周以來流傳之語，以其高度重民而收入篇中，構成此篇君德中重要內容。

爲君之道的再一要點是"在知人"所需要的用人之道，篇中"侯以明之"一段，即妥記君主如何用人；"撫于五長"至"兢兢業業，一日二日萬幾，無曠庶言"等句，則爲君主總領百僚之道；下文接着的"勑我五典五惇"，"五禮有庸"，以五服五章獎有德，以五刑五用討有罪,全爲君駕馭群下之各種措施。

　　爲君之道的更重要一點,是"慎乃在位"、"安汝止"等句至"昭受上帝,天其申命用休",則全在君主行動上的知所戒慎,舉止要有所自律。到最後舜與皋陶唱和,强調要君明臣良,君主不能親瑣務,代臣職,這樣就會萬事墮壞。經師們解釋爲"無爲而治"。實際是説君主只總領在上,明於用人就行,一切政務由群臣分掌,君主不可侵越臣職,成所謂"垂拱而天下治"。起釪曾撰《禮失而求諸野的〈尚書〉所倡爲君之道》(載紀念白壽彝教授八十五華誕的《歷史科學與歷史前途》),闡述了此義。

　　《皋陶謨》遂以擅言君德即爲君之道見稱,歷代經師大率憑此闡釋爲君之道,或以此進講。例如薛季宣《書古文訓》云:"本諸安止知人,君明臣良,而有無爲之化,人君之道,於有虞氏《書》見之矣。"日本最後一個傳經世家最後一位儒者安井小太郎,爲明治年間名儒,長期爲日本天皇授讀經典,其子曾記載他於明治七年在官中進講《尚書·皋陶謨》,專講述爲君之道,爲世所稱。就可知《皋陶謨》所言爲君德即爲君之道影響之深遠。

　　臣德,即爲臣之道。篇中在叙"九德"之後,即言按各人所行九德中德行的多少,來分別授其官位之高低。能行九德中之三德者,則可爲大夫以有其家,能行其中六德者,則可爲諸侯以有其國。能全行九德者,則可爲王朝公卿大臣。並按其德行大小分級授予章服、車服。既由此可以看出,《皋陶謨》中的德,全爲貴族而發,上自天子下至大夫所當分別履行,與一般平民無關。而且實際是紙上空談,古代自出現國家機構以來,其王朝大臣、諸侯、大夫,決不會按履行九德的多少來分任,而是由其世襲的政治地位來決定,即章服車服也由官爵高低來決定,與德行大小無關。不過看到《皋陶謨》編者的主觀願望，由他的重德，希望貴族們也都能重德，鼓勵他們多行德以爭取高的官位爵位。雖不切實際，却看出他所鼓吹的爲臣之道中，首先要重視的是德。

在"臣哉鄰哉"以下一大段中，較集中的談爲臣之道。總的要求是臣下要爲君主的手足耳目，並盡力完成君主的五項要求，特別是君主在解決民生疾苦，治理天下四方等大政方面，臣下應有所作爲地輔助君主以建立事功；君主在内政的制禮作樂方面，也應克盡臣職；君主有所違失時，要能匡正弼助他。決不能當面順從君主，背面却有不滿意見。這些都是爲臣之道的要點。最後要君明臣良，不可怠惰而壞國事。《皋陶謨》中强調的臣德大略如此。

"重德"（包括君德、臣德）作爲《皋陶謨》全篇特點，大要也就如此。

（三）本篇原爲零散的不相干的西周流傳下來的資料由儒家雜湊成篇的問題。篇中除重點談德的文句外，還有禹治洪水及播種糧食以完土功濟民食的資料，丹朱不肖的資料，禹生兒子不顧，在外割定疆域的資料，皋陶施象刑的資料，夔作樂的資料，等等，這些都是與"德"這一主題並不相關連的資料。即使被組織在談德中的資料，也不少原是彼此孤立的，如大學之道的資料，五典五禮五服五刑這一組資料，天的視聽源於民的資料，以及舜與皋陶唱和的資料等，這些被勉强作爲了鼓吹德這一主題的個别内容。如此紛然雜陳的資料湊進了一篇中，歷代經師們就儘量説成它是完整的一篇，是舜、禹、皋陶等在舜的朝廷裏君臣對答的一篇。並且加以許多美好的歌頌。

但過去也有學者偶能有所察覺，例如夔作樂一事與篇中其他内容之不合是顯然的。因此林之奇《全解》指出説："自此而下，夔言其所以作樂之功也，其文當爲一段，不與上下文勢相屬。蓋舜之在位三十餘年，其與禹、皋陶、益之徒相與答問者多矣。夫史官取其尤彰明者爲此數篇以昭後世……史官集而記之，非其一日之言也。諸儒之説，自《皋陶謨》至此篇（指《皋陶謨》分出之《益稷》）末，皆謂其文勢相屬，故薛氏以謂：‘舜以苗民逆命，皋陶方祇厥叙而行法，故夔又進陳言鬼神猶可以樂語，鳥獸猶可以樂致，而况於人乎。’王氏則以謂：‘治定制禮，功成作樂，舜之治功於是乎成矣，故夔稱其作樂以美舜也。’凡此皆欲會同數篇所載，以爲一日之言，豈史官獨載一日之言，而盡遺其餘乎，此理之必不然也。理之所不然而必爲之説，故其説皆牽沿而不通，今不取。”《蔡傳》全襲用此説。然此但知夔作樂一事與篇中其他内容不合，不知篇中許多内容彼此皆不合而强湊一起，如上文所舉者，大率皆如夔作樂一樣原是獨立流傳之文，由《皋陶謨》作者强行合到一起的。

　　所有這些資料都是西周流傳的資料，因而絶大多數爲以周代事實爲背景的資料，當然也會有夏、商傳下來的資料，更不可免的是必將有早於夏商周的資料，那就是與先民進入文明時代建立奴隷制的王權即夏商周三代以後完全不同的歷史時代，即傳説中的堯舜禹所處的屬於父系家長制氏族的部落聯盟的盛期到瀕臨解體前的時期，堯、舜、禹只是在軍事民主制中擔任了部落聯盟的首長，把他們稱爲帝堯、帝舜等，是由於周代編寫有關他們的篇章時，遇到的是他們處在神話中的資料，原是這樣稱呼的（《山海經》中群神都稱“帝某”）。就正好利用神話中的尊稱，轉化爲人間君主的尊稱了。而堯、舜、禹與皋陶、益、稷及《堯典》中所載虞廷二十二人，都處於平等的地位。所以本篇所載他們的對話，實是部落聯盟成員之間以民主精神平等對話的遺影，本篇編纂者搜集到這些當時可能是部落聯盟民主會議上對話情況的資料寫入篇中，被經師們解釋爲君臣上下對答，也如《史記·夏本紀》所説的"帝舜朝，禹、伯夷、皋陶相與語帝前"（伯夷語不見於篇中，可能佚去，也可能伯益之訛），完全按後世王朝的情況來加以描述。於是經師們對於一些與後世君臣之禮不符合的情節便感到迷惑，而要加以粉飾曲解。例如皋陶對舜賡歌後，"帝拜曰"一語，就苦了經師們。林之奇《全解》只好解釋説："帝拜曰'俞往欽哉'者，蓋拜受其言而然之，自今而往，君臣皆當欽其事而踐其言也。《禮》曰：'君於臣則無答拜。'蓋至尊之勢無所屈也。……皋陶之賡歌，舜拜而受之，豈亦以師傅之禮而待皋陶歟！"《蔡傳》也只好説："帝拜者，重其禮也。"由於經師們所處時代，無法理解其爲原始氏族社會部落成員之間或參加會議之時情況的遺影，只能按後代封建王朝的模式來認識，就牽强彌縫地做出如上解釋。其實人們從這些遺影中，可窺見當時部落聯盟政治生活一些生動的信息。只是全篇所蒐獲録存的資料，大都爲王權時代三個王朝主要是周王朝的資料，它們大量反映的是周代德教、禮制等等的資料，只在字裏行間保存了一些氏族部落生活的殘存痕迹，使人們窺見其一鱗半爪，這是本篇資料中的可貴部分。

（四）《皋陶謨》篇被僞古文竄改的問題。這只需簡單談談。秦官本《尚書》由博士伏生傳至漢代，其中有先秦流傳過的《皋陶謨》篇。而無漢代出現的"百篇《書序》"中緊接在《皋陶謨》後的《棄稷》篇。棄又稱稷，爲周族所奉的始祖（詳《堯典》"稷""棄"二字校釋），則該篇當爲專記周祖棄稷言行之篇。但先秦文獻中未見引到《棄稷》篇的文句，則其篇在先秦是否存在尚是問題。到東晉僞古文出現，要凑齊漢末古文本《尚書》的五十八篇，除僞造二十五篇外，還將漢代古文二十九篇强行分出數篇使成爲三十三篇，合之以成五十八篇之數。《堯典》篇題下《孔疏》，敘述了分出的這些篇名，即從《堯典》分出的《舜典》，從《顧命》分出的《康王之誥》及《盤庚》分爲三篇，而《皋陶謨》則分出下半篇“帝曰來禹汝亦昌言”以下冒充《書序》百篇中的《益稷》篇，但内容與棄稷無關，便利用篇中禹的講話中提到益與稷，便改篇題爲《益稷》以影射《棄稷》。但篇中只是舜和禹及皋陶的對話，與益稷無關，使得經生們只好對這篇題作粉飾的解釋（見上文校釋中）。而僞古文本的僞孔安國序，却倒打一耙説：“伏生又以《舜典》合於《堯典》，《益稷》合於《皋陶謨》，《盤庚》三篇合爲一篇，《康王之誥》合於《顧命》。”裝模作樣説伏生把他古文本的《舜典》、《益稷》、《康王之誥》三篇併入了今文本的《堯典》等三篇中，却正好無異自己招供，亦即證實了僞古文本的《舜典》是從《堯典》分出的，《益稷》是從《皋陶謨》分出的，《康王之誥》是從《顧命》分出的。既然如此，現在自然應恢復今文原狀。前面已將《舜典》恢復到《堯典》篇裏了，下面還要將《康王之誥》恢復到《顧命》篇中，這裏就自然把《益稷》恢復到《皋陶謨》篇中了（自清代以來不少反僞古文的著作都已這樣做了）。

尚書校釋譯論

顧頡剛　劉起釪　著

第 二 册

中 華 書 局

禹　貢

　　《禹貢》是最早的一篇系統地全面地記載我國古代地理的專著。它託用"禹"的名字來名篇,塑造他治理了洪水,奠定了我國疆土,並按自然地理把這塊疆土劃分為九個州,然後按州記錄了其山川、土壤、物產等項,從而根據當時各地農業發展的水平給各州田地分了等級,並據各地總的經濟繁榮程度來定各州貢賦的高低,每州之末有一句敍述該州輸送貢賦到帝都(冀州)的貢道以作結,這就是《禹貢》以"貢"名篇的用意所在。九州之後又用兩章分別總敍了全境的山系和水系。最後一章談"五服制"顯然是後加的,它是與全篇的自然地理根本不相協的,略有點古史事實背景而大抵出於虛構的有關政治地理的一個空想性規劃(例如全境按東西南北各依一定的里數劃分政治區域,各距離五百里、三百里,絲毫不差),這就成為《禹貢》篇的一個贅疣。

　　這篇被譽為"雄篇大作"(日本內藤虎次郎《禹貢製作時代考》語)的文獻,其寫成所據資料不晚於春秋時期(例如不知道春秋時期黃河改道這件大事，仍寫自大伾北行的古河道，就是它不能晚到春秋中期的鐵證），亦有更早於此者，當然也有不免晚於此者。那是流傳過程中摻進去的，這是古代文獻中常有的現象。據當今考古學者研究，認為"九州實為黃河長江流域公元前第三千年間龍山時期即已形成，後歷三代變遷仍繼續存在的一種人文地理區系"（1988 年《九州學刊》第 2 卷第 2 期邵望平氏《禹貢九州風土考古學叢考》）。這一認識是根據"迄今所發現的中華史前遺址二萬七千多處，確立了近三十個考古學文化，以碳 14 斷代法測出了數百個史前年代數據，由此大體上建立起中國主要的黃河長江流域史前文化發展的時空框架"。以為這一"龍山文化圈是中國古代文明的基地。而這一基地與《禹貢》九州的範圍雖不是完全脗合却大體相當"（1987 年《九州學刊》總第 5 期邵望平氏《禹貢九州的考古學研究》）。既然《禹貢》作者是根據自然地理區劃九州，而實際上已存在着長期形成的這一人文地理區系，當然就客觀地據以反映這一區系而寫成《禹貢》了。

　　所以《禹貢》是客觀地按經過長期形成的人文地理區系為依據，完全撇開了三代實際的政治地理區域來寫成的。在西漢今文本中，為伏生今文二十八篇中的第三篇，亦於伏生弟子今文三家本中被列為繼《虞夏書》後的《夏書》的第一篇，東漢古文本則列為《虞夏書》的第三篇，而二者都作為當時《尚書》二十九篇中的第三篇。《史記·夏本紀》和

《漢書·地理志》都全載此文，惟《史記》中有些文句以漢代
書面語言譯寫（所謂用訓詁字），並略有增益之語以通其
意；《漢書》則不譯不增，但有時刪削助詞以求簡。晉代僞
《古文尚書》即今流傳本與漢代的文字稍有不同，被列爲
《夏書》第一篇，在全書中爲第六篇。其有關情況詳後面
"討論"。

（一）校　釋

　　禹①敷土②，隨山刊木③，奠高山大川④。

　　①禹——各隸古定寫本皆作"𥂁"，襲用古籀文字而略有訛變。
禹最早是我國古代神話傳說中由上帝派下來在茫茫洪水中敷土的
神（見《詩·長發》及其它周代早期文獻如《詩》之《信南山》、《文王
有聲》、《韓奕》；《尚書》之《呂刑》、《立政》、《洪範》，春秋時文獻如
《詩·殷武》與稍後的《楚辭》及資料來源甚古而成書較晚的《山海
經》等），春秋時已認爲他是較古的一位人王（見《詩·閟宫》及《論
語》），到戰國時明確認爲他是有夏氏的君主，稱"夏后"，最後演變
成爲歷史上治水有功受舜禪位建立夏王朝的第一代夏王（見《左
傳》、《國語》、《墨子》、《孟子》、《荀子》、《論語·堯曰篇》、《堯典》及
一部分《楚辭》等，詳見《堯典》篇"伯禹"校釋）。

　　《史記》據此記載，說詳顧剛師《古史辨》第一册。郭沫若《中國
古代社會研究》附錄九《夏禹的問題》也說："禹當得是夏民族傳說
中的神人。"在本篇中，禹仍保存着神話資料中"敷土"的核心內容，

但把它作爲人王的治理洪水區劃九州的勳績歷史化了；同時禹在本篇還是一個獨立行動奄有天下的人王，他治理洪水成功後，自己直接向上帝告成功，沒有作爲舜臣的痕迹。

②敷土——"敷"，《荀子・成相》"禹傅土平天下"作"傅"；《史記・夏本紀》"（禹）興人徒以傅土"亦作"傅"，《索隱》云："《大戴禮》作'傅土'，故此紀依之。"段玉裁謂今本《大戴禮・五帝德》由後人改作敷。"傅"爲今文，"敷"爲古文（《撰異》）。張衡《司徒吕公誄》"傅土佐禹"及鄭玄《周禮・大司樂》注"禹治水傅土"並言"禹傅土"，皮錫瑞《考證》謂此皆用今文。《漢書・地理志》（下簡稱《漢志》）作"敷土"，陳喬樅《經説考》謂係據夏侯本，兼存古字。按毛傳本《詩・長發》"禹敷下土方"固作"敷"。本書敦煌唐寫本P3615及日本古寫本内野本皆作"尃"，爲"敷"的古文（《篇海》），薛季宣本作"専"，與"尃"同字（《唐韻》、《正韻》等），皆與《唐石經》"敷"同，可知僞古文本沿古文作"敷"。

専、傅、尃、敷，古今字之異，皆從甫得聲，同義。《説文》："専，布也。"《詩・小旻》毛傳釋亦同。《撰異》據《長發》"敷政優優"及本篇"篠簜既敷"之"敷"，《左傳・成公二年》及《夏本紀》分別引作"布"，證古時"敷"訓爲"布"。故僞《孔傳》釋"禹敷土"爲"禹分布治九州之土"。《周禮・大司樂》賈疏云："敷也，布治九州之水土。"承僞孔義。《夏本紀・索隱》云：敷，即付也，謂付功屬役之事，謂令人分布理九州之土地也。稍有補充調和。但馬融注云："敷，分也。"（見《史記・集釋》及陸氏《釋文》）《蔡傳》承其義云："分別土地以爲九州也。"顯然此字原義，在原始神話中是上帝派禹下來在茫茫洪水中敷下土方，只能釋爲"布"，就是説布下土地。到《禹貢》中轉成歷史記載，去掉神話意義，就只能依馬融説，釋爲"分"，是説禹劃分

土地爲九州。這是神話净化爲人事的一個著例。至《索隱》釋爲
"付功屬役之事",則是就禹治水之説所作的解釋。

　　③隨山刊木——《夏本紀》作"行山表木",係譯用訓詁字;下文
則引《皋陶謨》作"行山栞木"。《淮南子·修務訓》及《漢書·地理
志》皆作"隨山栞木"。《説文·木部》引《夏書》作"栞",並以"栞"
爲篆文,《撰異》據此謂"栞"爲古文,李斯始改爲小篆"栞",今文用
之。《經説考》及《考證》亦謂三家今文用"栞"。敦煌本 P3615 及薛
本皆作"栞",是僞古文亦襲用今文。但顔師古注《漢書·地理志》
云:"栞,古刊字。"司馬貞《夏本紀·索隱》云:"表木謂刊木。"内野
本亦作"刊木"。皆早於唐天寶衛包改字前。《撰異》謂"《唐石經》
以下作刊,衛包改也"。似不確。故又爲存疑之説:"玩《正義》,則
栞之改刊,在天寶以前。"近是。

　　此句有兩種解釋:

　　《説文》:"栞,槎識也。……讀若刊。"《撰異》:"槎,衺斫也。衺
斫木使其白多,以爲道路高下表識。"故《夏本紀》以此義譯此句爲
"行山表木"。《索隱》釋爲"表木謂刊木立爲表記"。顔師古《漢
書》注亦同。孫星衍《今古文注疏》引韋昭注《周語》云"古者刊樹以
表道",用以證此釋。這是一説,以爲是在山林中刊去木皮,做行道
的標記。

　　《孔疏》引鄭玄注云:"必隨州中之山而登之,除木爲道,以望觀
所當治者,則規其形而度其功焉。"僞《孔傳》釋云"隨行山林,斬木
通道"。《孔疏》也説:"於時平地盡爲流潦,鮮有陸行之路,故將欲
治水,隨行山林,斬木通道。"宋儒就此説進一步闡釋者甚多,現録吕
祖謙《東萊書説》一段:"或謂隨山刊道,以觀水勢;或謂隨山即所以
導水,升高可以視下……山脉與水脉相通,觀山脉亦可以知水脉。"

這是一説，主要釋此句爲隨着山嶺的形勢，斬木通道，以便治水。

今采用後一説，因儒家此《禹貢》一文宣揚禹治水功績，禹之所以登山，爲的是治水，要看了山的脉絡，才定出治水的方案。

④奠高山大川——“奠”，《夏本紀》作“定”，《周禮·司市》賈鄭注：“奠讀爲定。”杜子春云：“奠當爲定。”江聲《音疏》承之云：“奠讀當爲定。”皮氏《考證》亦承之云：“是古作‘奠’而漢作‘定’之證。《史記》作‘定’，或史公以訓故代之，或今文本作‘定’。”僞古文各種本子（包括敦煌寫本及《唐石經》）皆作“奠”。

“奠，定也。”（僞《孔傳》）自今文《尚書大傳》釋“高山大川”爲“五岳四瀆之屬”，“奠爲定其差秩祀”（祭祀禮的等第），古文家馬融（《夏本紀·集傳》引）、鄭玄（《大傳》注）及僞古文《孔傳》皆承此釋，且丟掉“之屬”（之類）二字，以爲只是定五岳（岱、霍、華、恒、嵩）四瀆（江、河、淮、濟）的祭禮。宋儒紛起反對此説，林之奇《全解》、陳大猷《或問》論其不合尤切。《東萊書説》釋云：“奠高山大川者，先定每州之高山以爲每州之標準，次辨其大川之所歸，亦以爲標準也。”《蔡傳》云：“定高山大川以别州境也。”並列舉《商書》所列各州用以别其州境的山川名，謂“定其山之高者與其川之大者以爲之紀綱”，此説甚是。意思是説高山和大川是劃分九州的綱領，文中的九州，就是根據由這些山川形勢造成的自然地理區域而劃成的。

按，《史記·蒙恬傳》在記蒙恬將三十萬衆之後，又説：“乃使蒙恬通道，自九原抵甘泉，塹山堙谷千八百里，道未就。”又《水經注》“濡水”云：“陳壽《魏志》：‘田疇引軍出盧龍塞，塹山堙谷五百餘里，逕白檀，歷平罔，登白狼，望柳城。’”又：“盧龍之險，峻坂縈折，故有‘九峥’之名矣。燕景昭元璽二年，遣將軍步渾治盧龍塞道，焚山刊石，令通方軌，刻石嶺上，以記事功。”這些記載都反映通山道之何等艱難,則此處託之遠古夏禹時代進行"隨山刊木",當不知如何艱巨辛苦,全篇之"導山",就更難想象其艱巨程度了。

以上這一節,是全篇的總綱。

以這樣精煉的三句作爲全篇總綱,是當初《禹貢》編定者拿當時這篇地理專著來作爲禹治水"分下土方"勳業的記錄時加上的。作爲完整地記述古代地理的這篇《禹貢》,當初它只有九州和導山導水共十一章。爲了表明它是禹治水敷土的文獻,必須加上這幾句。到漢代儒生爲了更切題,又加了"禹別九州,隨山濬川,任土作貢"三句作爲這篇的《書序》,就更概括了全篇内容和突出了這篇"任土作貢"的"經典"的重要意義,可以看出自戰國至漢代儒家逐步裝點這篇文獻的痕迹。

冀州①。既載壺口,治梁及岐②。既修太原③,至于岳陽④。覃懷底績⑤,至于衡漳⑥。厥土:惟白壤⑦。厥賦:惟上上,錯⑧。厥田:惟中中⑨。恒衛既從⑩,大陸既作⑪。鳥夷皮服⑫。夾右碣石入于河⑬。

①冀州——"冀","冀",敦煌唐寫本 P3615 及《唐石經》均作'㝹',省文。《夏本紀》"冀"上有"禹行自冀州始"六字,即增語以通其意。

《吕氏春秋·有始覽》:"兩河之間爲冀州,晋也。"(《爾雅》同此說)《周禮·職方》:"河内曰冀州。"僞《孔傳》:"堯所都也。"又:"夾右碣石入於河。"《傳》:"此州帝都,不説境界,以餘州所至則可知。"《孔疏》:"八州皆言境界,而此獨無,故解之'此州帝都,不説境界,以餘州所至則可知'也。兗州云'濟、河',自東河以東也;豫州云'荆、河',自南河以南也;雍州云'西河',自西河以西也:明東河之西,西河之東,南河之北,是冀州之境也。馬、鄭皆云:'冀州不書其界者,時帝都之使若廣大然。'文既局以州名,復何以見其廣大,是妄説也。"《蔡傳》:"冀州,帝都之地,三面距河,兖河之西,雍河之東,豫河之北。"凡所説冀州地境是對的,但他們所説没有提明境界的理由則不確。其實是由於脱簡,失去了説明山川境界的話,詳下文注⑨"厥田惟中中"校釋。

《通典·州郡》始按《禹貢》九州詳列秦至唐代各府州郡名,《輿地廣記》亦按州詳載宋代各府州名,《禹貢錐指》先備列了州境内所當春秋歷隋唐迄金各代州郡,又詳舉清代府縣地名,對本州西、南、東三面距河與鄰州分界情況作了叙述,而北境標明極於陰山。北境的西頭止於東受降城(今托克托境);東頭抵醫巫閭山,以大遼水爲限;東頭之北又迄於柳城(今朝陽境),即相當現在的山西全省,略帶河南省的北部,還有河北省西邊小半部,以及内蒙古陰山以南,東及遼寧省遼河以西的大部。這是《禹貢》作者假想的王畿,即是天子直接管理的地方。

冀州之名得自古代晋南的冀國(今山西河津縣境)。《晋語》記楚成王説讓晋重耳回去做"冀州之土"的令君,是冀州原來就是指晋國境。自後先秦文獻中不少把冀州指中土。《路史》説:"中國總謂之冀州。"顯見隨時代的演進而擴大其應用範圍,凡華夏聲教所及之地,可稱爲中國的也可稱爲冀州。《禹貢》作者搜集州名時,冀州一詞仍保留其朔義,不過隨着三晋的地域而作了些擴展(詳起釪撰《禹貢冀州地理叢考》,以下簡稱《叢考》)。

②既載壺口治梁及岐——漢代今文以"冀州既載"斷句(見皮錫瑞《考證》),古文馬融、鄭玄、王肅及僞孔本同。僞傳並依馬融、王肅説,釋爲先以冀州之"貢、賦、役載於書";鄭玄則釋:"載之言,

事。事謂作徒役。”下以“壺口治梁及岐”爲句，説治水自壺口至岐、梁，爲從東而西。蘇軾《書傳》始讀“既載壺口”爲句，林之奇《全解》、夏僎《詳解》、《蔡傳》皆從之。林以爲與《詩·大田》“俶載南畝”句同，“謂始有事於南畝也”。《蔡傳》遂釋“載”爲“始治”。説禹既治壺口，仍即治梁。按本篇中更無“壺口治梁及岐”相類似句法，其造語亦不詞；而緊接有“既修太原”句例，自以蘇軾等讀法爲是，今從之。

“既”隸古定本如敦煌本、内野本及薛季宣本皆作“旡”（下文同）。甲骨文、金文中“既”字從旡，但無以旡爲既者，《説文》亦然。至《汗簡》下之二作“旡”之隸古字，釋爲“既”。《汗簡》主要收集了僞《古文尚書》隸古字體，可知隸古定本始以“旡”作“既”之古文。“既，已也。”（《易·小畜》“既雨既處”虞注）“既者，已事之辭。”（朱熹《語類》）

“載”，古籍中用“載”作語詞，如《詩·氓》“載笑載言”，又《斯干》“載弄之璋”。金文中有與載同樣作語詞之“𢧵”，見《卯簋》、《沈子簋》等。另有《師虎簋》字作“𢧵”，典籍作語詞之“載”當由此來。隸古定本仿用此古體而有訛變；又用爲動詞，與金文及古籍中常用義亦不合。其義或釋“記載”（見前引馬、鄭、僞孔説。《釋文》“載於書也”），或釋“始”（《漢志》注及前引林、蔡説，亦見《詩·載見》傳），或釋“事”（前引鄭注及韋昭《國語》注等），俞樾始據《白虎通·四時》釋爲“成”，謂“禹治壺口既成”（《平議》）。後二釋近是，以釋“事”爲較切。《逸周書·謚法》：“載，事也。”《詩·文王》“上天之載”傳亦同。《堯典》“有能奮庸思帝之載”，《史記》即作“事”，此皆名詞。在本文作爲動詞，即鄭玄所説的“作徒役”。

“治”，薛本作“乿”，《汗簡》下之一有此字，惟所從之“爪”作

“＜”，知此爲隸古奇字而稍訛。治即治理之義。

“岐”，内野本作“埞”，薛本作“嗒”。《汗簡》中之二嗒字，皆據《説文・邑部》“邧”（岐）之古文，而内野本稍訛。

馬融云：“壺口，山名。”（《釋文》引）據《漢志》在河東郡北屈縣，即今山西吉縣西南。僞《孔傳》釋壺口及梁、岐爲冀州、雍州的山。此三山的所在地，舊文獻中計有三説：

一、分列在冀、雍二州説。《漢書・地理志》、《史記・夏本紀・正義》引鄭玄注、僞《孔傳》、《河渠書正義》、《夏本紀・正義》引《括地志》、《孔疏》及顏師古《漢志》注皆以爲壺口山在冀州，梁山、岐山在雍州。宋人曾旼、林之奇、吕祖謙、陳經、傅寅等皆主此説。

二、皆在冀州説。《水經・河水注》並引司馬彪説（按不見《續漢志》中）、王天與《尚書纂傳》引晁以道據《爾雅》説，以爲梁山即吕梁山，在離石縣，岐山即孤岐山，在介休縣。宋人朱熹、蔡沈、王天與、董鼎、陳大猷、元人吳澄、陳櫟、黄鎮成等皆主此説。

三、地在雍州古屬冀州説。宋黄度《尚書説》主此説。

胡渭《禹貢錐指》以第二説之地距黄河過遠而支持第一説，以梁山在韓城西，即龍門的南山，治梁之餘，因而及鳳翔的岐山。崔述《唐虞考信録》卷三云：“《詩》詠梁山而云‘維禹奠之’，則此梁山即《禹貢》之梁山明甚。然則梁山當在韓地，其後韓滅於晉。……説者誤以陝西之韓城縣爲古韓國，因謂梁山在河西，不知韓實河東國也。……唯岐無可考，然山同名者多……烏得以雍州有岐遽謂冀州不得有岐乎。蓋此二山皆當跨河，在雍冀之界上，故能阻塞河流，而梁、岐又當在壺口之下。”林之奇云：“及禹既載壺口，治梁及岐，二山在孟門龍門之間，實河之所經。”（《錐指》雍州“灃水攸同”下引）足以佐證，此説可取。王引之《經義述聞・穀梁傳》云：“此梁州則在馮翊夏陽縣西北,臨於河上(見《爾雅》郭注)……夏陽,春秋之梁國,亦非韓也。自康成箋詩始誤以'奕奕梁山'爲夏陽之山,又以韓城爲晉所滅之韓國,而隋人遂改夏陽爲韓城縣,楊氏不能糾正,而承用之,疏矣。"近代學者辛樹幟先生《禹貢新釋》也說地名是可以跟隨人們遷移的,雍州地名可遷於冀。大抵壺口在今吉縣西南,梁山在今韓城東北,即今龍門山的南山;岐山在今永濟縣之北,榮河之南。都是黃河水道上幾處險要山地。

　　史念海《歷史時期黃河在中游的下切》文中指出,壺口、孟門原在一地,由於河水下切作用,經過長時期的滴水上溯,壺口位置就向上推移五公里(見《河山集》第二集第 175 頁)。河水在這裏由寬束窄,由高瀉下,《水經注》對它的驚濤駭浪作了盡情描寫。因其上下落差至巨,懸爲瀑布,下注石槽,水勢汹涌,就形成了獨稱嶄絕的天險,遂附會爲大禹所鑿成(詳《叢考》)。

　　③既修太原——《呂覽》高誘注、《禮記》鄭玄注皆云:"修,治也。"曾肜云:"經始而治之之謂載,因其舊而治之之謂修。"從而葉夢得、蔡沈等皆據歷史傳說釋爲禹修鯀之功(依次見傅寅《集解》所引和《蔡傳》)。其實當如《錐指》引邵氏《簡端錄》所釋的"載、治、及、修、至於,皆言施功也"爲較通達。《尚書大傳》:"大而高平者謂之大原。"字作"大"。《撰異》云:"'大',《唐石經》以下作'太',非古本也。漢人書碑,廟號如太宗,官名如太尉……地名如太原、太陽之類皆作'大'。……此經如大原、大行、大華、大甲、大戊等,衛包皆依俗改爲'太'。"但各隸古寫本、刊本皆作太,是在衛包改字前僞孔本已如此作。而《孔疏》云:"太原,原之大者。"顯然唐初僞孔本字原作大,始作如此解釋。

　　"太原",注疏家皆以爲即今山西省會太原境的古晉陽,顧炎武

《日知録》卷三始就《詩·六月》考之，以爲《六月》的太原在今甘肅東部的平涼境，但《禹貢》的太原仍在晉陽。胡渭《錐指》則謂《六月》與《禹貢》太原是一，但其地在甘肅固原州而非平涼。然據《詩·六月》、《古本竹書紀年》夷王、穆王、宣王紀事（《後漢書·西羌傳》引）、《春秋·昭公元年》及是年《左傳》、《公羊傳》、《穀梁傳》，又成六年《左傳》、《史記·魏世家正義》引《括地志》等等資料考訂，知太原在今山西南部。顧剛師指出，《禹貢》"由西河說起，自西而東，北至霍山。太原在壺口、梁山之東，霍山之西，則必指今趙城鎮以南，冀城以西，永濟以東，平陸以北的一片盆地"（《從古籍中探索我國的西部氏族——羌》第四節）。可知即中條山以北、太岳山和呂梁山南脉以南，橫卧在晉西南境的運城盆地和臨汾盆地（詳《叢考》）。

　　④岳陽——《夏本紀》、《漢志》"岳"皆作"嶽"。《說文》嶽字的古文作岳，即岳的古體。是漢代今文作嶽，古文作岳。《釋文》云："岳，字又作嶽。"是說僞孔《尚書》別本作嶽，則僞古文本二字皆有用者，故薛季宣隸古定本亦作嶽。二字既同用，本篇爲省便計，一例寫作岳。《文選·思雲賦》李善注云："岳，即山也。"

　　"陽"，諸隸古定寫本如敦煌本 P3615 及内野本皆作"易"。《說文》："易，開也。从日、一、勿。"朱駿聲《通訓定聲》云："按此即古'昜'，爲会易字。会者，見雲不見日也。易者，雲開而見日也。……經傳皆以山南水北之'陽'爲之。"其意"易"爲昜的初文，係陽光之陽的本字。而從"阜"的"陽"則爲專指山南水北的本字，故《穀梁傳·僖公二十八年》云："水北爲陽，山南爲陽。"范寧注："日之所照曰陽。"因水的北岸和山的南坡爲日光所照，故名昜（陽），取易光照射在高阜上之義。所以"陽"爲"山南曰陽"的本字，後來才假借陽爲易，陽通行而易不用了。此處僞傳遂亦云：“山南曰陽。”按甲骨文、金文中皆有“易”，即朱駿聲所說的陽光之陽的本字。而金文中另有“陽”及“陰”，確爲山南水北之義，且即用於指地名，如《虢季子白盤》“於洛之陽”，《䲹羌鐘》“先會於平陰”，等等，都是。此處指太岳山之南，自當用陽字。

鄭玄注云：“岳陽，太岳之南。……岳，太岳，在河東故彘縣東，名霍太山。”（《詩譜·唐譜疏》引）即今山西省霍縣境，霍太山即縣東南太岳山，構成陰山山系太岳山脉，其主峰爲霍山。岳陽指太岳山南的大片地區。

《禹貢》記全國山脉而尚無“五岳”之説，只有此岳山。到漢武時設定五岳，霍山之名移到今安徽的天柱山爲南岳，而原來冀州的霍山反失去岳的地位。但此岳山原亦由古代“四岳”移來。顧剛師《四岳與五岳》（《史林雜識》初編）指出：“岳之名起於汧之岳。”其地在隴縣，以綿延之廣，被有四岳之名，又稱太岳。姜姓之族居於四岳，自稱四岳之裔。後來遷居晉南，就把“岳”或“太岳”的山名帶到了晉南（詳《叢考》）。

⑤覃（《釋文》音“徒南反”）懷厎績——“覃”，隸古定薛本作“覃”，係據《說文·早部》覃字篆文略省變。“懷”，薛本、內野本皆用《說文·衣部》此字。按《堯典》“懷山襄陵”，爲夾、包之義，用“懷”字去偏旁，自是。此爲地名，當用通行之“懷”字。“厎績”，《夏本紀》作“致功”，係用訓詁字譯寫。（《釋言》：“厎，致也。”《釋詁》：“績，功也。”）

“覃懷”鄭玄注：“懷縣，屬河內。”（《夏本紀·集解》引）僞《孔傳》：“覃懷，近河地名。”《孔疏》：“《地理志》河內郡有懷縣，在河之北，蓋‘覃懷’二字共爲一地。”曾旼云：“覃懷，平地也。當在孟津之東,太行之西,淶(當作沁)水出乎其西,淇水出乎其東。"(《蔡傳》引)《尚書後案》以爲其地平衍易受河患。郭豫才《覃懷考》以爲"覃"與"沁"同音,即沁水。懷地爲沁水所縈回,故合稱"覃懷"(《禹貢半月刊》三卷六期)。辛樹幟先生以爲此釋不合。大抵沁水爲此地患,需要治理,而禹已治理致其功(詳《叢考》)。

⑥衡漳——"衡",敦煌本 P3615 及薛本皆作"奐",用《說文》衡字古文。"漳",《漢書·地理志》作章,《周禮·職方》鄭注亦同。皮氏《考證》以爲今文作章。《禹貢班義述》則謂"章,古文;彰,今文"。蓋以《夏本紀》作漳,用今文,《漢志》用古文也。似《班義述》較近是。

"衡漳"解釋有兩說:(一)衡與漳爲二水說。《釋文》引馬融注、《孔疏》引王肅注、司馬貞《夏本紀索隱》皆主此說,清王夫之《書經稗疏》、牟庭《同文尚書》等亦從之。(二)衡漳爲一水說。《孔疏》引鄭玄注及僞孔皆云:"漳水橫流入河。"《孔疏》:"衡即古橫字,漳水橫流入河,故云橫漳。"按《水經注》實稱濁漳爲衡水,是衡漳即濁漳,今采用鄭玄此說。

《水經注》、《禹貢疆理記》、《錐指》、《地理今釋》、《尚書後案》等皆有漳水流經各地的記載。大抵漳有清濁二源。清漳水出山西昔陽縣西南沾嶺,經和順、左權等縣至河南林縣北河北涉縣南之交漳口入濁漳水。濁漳水出山西長治縣西南發鳩山,東經長治、襄源、黎城等縣,至交漳口合清漳後,出太行東行,故稱橫漳(曾旼謂河北流而漳東流,則河縱而漳橫)。《水經·漳水注》:"漳水東逕屯留縣南,又屈逕其城東,東北流,有絳水注之。"自是漳水亦稱降水(《錐指》指出漳水經屯留、襄垣、黎城、涉縣以迄曲周,即降水所經)。《漢志》廣平國斥章縣(今曲周、肥鄉)注引應劭說漳水在此入河,即

《禹貢》所記河入大陸澤前"北過降水"之處。可知降水或漳水原在今曲周縣境注入大河（所謂禹河）。《錐指》指出《禹貢》之漳水、降水盡於此。其說甚是。及東周後期河徙，河的故道遂成爲漳的河道，漳水延伸，流過獻縣境，其故河道歸徙駭河，漳水折至景縣與清河合，至東光入東徙後之河。及王莽始建國三年河改道至利津入海，漳水自曲周循故河道東北流至平舒（今河北大城）南境東入海（見《水經·漳水注》）。隋時，漳自新河縣附近東折至滄州入永濟渠運河，仍有分支在東光入運。自宋迄明迭有分支流徙，清康熙時，導漳水至大名縣境合於衞河以濟運河，就成爲現在漳河水道（詳《叢考》）。

⑦厥土惟白壤——《夏本紀》"厥"作其（下文同），係譯用訓詁字。又無"惟"字。"白壤"，薛本作"𦣞𡑞"，皆隸古奇字，"𦣞"，摹《説文》"白"字古文而隸變。"壤"，摹《説文》"襄"字古文而全訛（二字下文皆如此，不復校）。

"惟"，《文選·甘泉賦》李善注："惟，是也。"楊樹達《詞詮》釋此類惟字爲不完全内動詞，全句意爲："它的土是白壤。"

"壤"，《説文》："柔土也。"馬融注："壤，天性和美也"（《釋文》引）鄭玄云："壤亦土也，變言耳。以萬物自生焉則言土，土猶吐也；以人所耕而樹藝焉則言壤，壤，和緩（《全解》、《錐指》引作"綏"）之貌。"（《周禮·大司徒》注）《釋名·釋地》："壤，瓤也，肥瓤意也。"僞孔云："無塊曰壤。水去，土復其性，色白而壤。"《漢志》顏注云："柔土曰壤。"以上除鄭玄以土指生土、壤指熟田外，其餘大意都是指無塊礫的柔性土壤。《尚書全解》云："欲辨土壤之所宜有二：曰白、曰黑之類，辨其色也；曰墳、曰壤之類，辨其性也。先辨其色性之不同，然後知其播種之所宜，如《周禮·草人》糞種騂剛用牛……冀州者,色別其土則白,性別其土則壤。"《蔡傳》、《書集傳或問》、《書纂言》、《錐指》等皆承此説。孫詒讓《周禮正義》"大司徒"職文疏則釋鄭玄義云:"和緩即柔土之意。……蓋地率爲堅土,即經人所耕種,則解散和緩,故謂之壤。……壤即熟田也。"近代專治土壤學者陳恩鳳《中國土壤地理》一書,對《禹貢》各州土壤作了科學的分析。其第七章《禹貢所述之古代土壤》一節,將各州土壤簡列成表,並爲之説云:"表中白、黑、赤、青、黄等皆示土壤顔色,此種對於土色之辨别,迄今仍爲土壤分類之一重要方法。壤、墳、垆、壚、塗泥等則示土壤之質地或地形。"又《禹貢所述土壤之解釋》一節中釋"壤"字云:"壤,又分黄壤、白壤與壤,分布於雍、冀、豫各州。……壤無塊而柔,斯指疏鬆而不堅硬;水去而復其性,斯指土面一乾,鹽分復因蒸發而聚積,足證同爲沙質含鹽之土壤。……冀爲今之河北、山西,平原每爲鹽漬土壤,微呈白色,或即所稱白壤。"並説是屬"由内黄河衝積之次生黄土"。尚有萬國鼎《中國古代對於土壤種類及其分布的知識》,載1956年9月《南京農學院學報》第一期,即據陳氏説,對《周禮·草人》所記九種土壤等資料作了闡釋。他以爲現代土壤學中"壤土"一詞即含上述古代關於土壤的釋義。又鄧植儀《有關中國上古時代農業生産的土壤鑒别和土壤利用法則的探討》,載1957年12月《土壤學報》第5卷第4期。辛樹幟先生《禹貢新釋》皆作了稱引。辛書第三編第一節《九州土壤與田賦》對《禹貢》土壤作了全面研究。又夏緯瑛《管子地員篇校釋》(1981年農業出版社出版),則對《地員》所記五種土壤進行了研究。此外《周禮·大司徒》"周知九州之地域廣輪之數……辨十有二壤之物",亦與辨析土壤有關,皆可與《禹貢》土壤作比較。

　　《北堂書鈔》卷一四六引《紀年》:"晋幽公七年,晋大旱,地生鹽。”是晋地土壤鹽鹼自古就有之證。《漢書·溝洫志》載史起引漳水溉鄴，民歌有云：“終古舄鹵兮生稻粱。”又《左傳·襄公二十五年》疏引：“《吕氏春秋》稱魏文侯時，吴起爲鄴令，引漳水灌田，民歌之曰：‘決漳水以灌鄴旁，終古斥鹵生稻粱。’”《吕氏春秋·樂成》：“史起因往爲之……水之行，民乃大得其利，相與歌之曰：‘鄴有聖令，時爲史公，決漳水、灌鄴旁，終古斥鹵，生之稻粱。’”終古的舄鹵當就是白壤，靠搞好灌溉來生產糧食。近人席承藩等著《山西省的鹽漬土與盆地土壤》説：“階地上……坡積與洪積覆蓋，黄土層以下爲第三紀湖泊沉積層埋藏。這種湖泊沉積物中含鹽較多，露出後形成鹽地，同時也是本地區土壤底層有明顯含鹽特徵的原因。”由上列諸説，可知白壤是一種鹽漬土壤。

1978年8月11日《光明日報》關於華北農大教師與曲周農民搞科學實驗，摸索出綜合治理鹽鹼地經驗的報導，有云：“我國黄淮海大平原約有鹽鹼低產田五千多萬畝，其中河北省黑龍港地區就占一千多萬畝。這些地區由於受到春旱、夏澇、土鹼、水鹹等自然灾害的侵襲，糧食畝産長期徘徊在一二百斤左右。”這一地區屬兖州區域，但它説明了鹽鹼地的特點，白壤現代如此，古代更可知，當時所有稱爲白壤的農作物產量必然是很低的。

冀州之土但標白壤，不能理解爲只有白壤而無其它，曾旼云：“冀州之土豈皆白壤，云然者，土會之法從其多者論也。”（《尚書纂疏》引）傳寅《集解》也引王氏（安石）曰：“曰白壤者，其大致然也，餘州蓋皆如此。”是説《禹貢》所言土壤，只是舉了各州主要作爲代表性的土壤。不應拘泥認爲某壤就全是該種土壤。

⑧厥賦惟上上錯——《夏本紀》此句無“厥”字、“惟”字，《漢志》無“惟”字，皆馬、班轉録時所删。

　　僞《孔傳》："賦，謂土地所生以供天子。"（顏師古《漢志》注用此義）《孔疏》："賦者，稅斂之名。……謂稅穀以供天子。"以上強調賦是斂取土地所生產的作物即糧食作爲稅收，是用春秋以來田賦之説爲釋（事見魯宣公十五年的"初稅畝"。"田賦"一詞見哀公十二年）。《東坡書傳》則云："賦，田所出穀米、兵車之類。"除斂取糧食外，還有兵車之類，是兼用古代軍賦之説爲釋（見《春秋》成公元年的魯"作丘甲"與昭公四年的鄭"作丘賦"）。《漢書·刑法志》謂"因井田而制軍賦"，並記方一里爲井，十六井爲丘，每丘所出馬、牛、車、甲、士卒之數。鄭玄注《周禮·小司徒》："賦謂出車徒給繇役也。"又注《大司馬》："賦給軍用者也。"《錐指》以爲蘇説非是，謂"周以前無所謂兵爲賦者……王耕野云：'九州田賦止是米穀，非必兵車。'此言得之。然蘇説並非獨創，仍出於鄭（指《詩》之《韓奕》、《信南山》鄭注）……不可援以入《禹貢》"。按，土地私有制奠立後，始按田畝抽取實物税，當古代主要用繇役税（力役之徵）的賦制時，則所謂稅斂穀米兵車就不確切。但《禹貢》編定於春秋戰國之世，用這樣的解釋，或者尚近作者原意。

　　"上上"，第一等。《禹貢》把九州的田和賦都分成九等，即是：上上、上中、上下，爲一、二、三等；中上、中中、中下，爲四、五、六等；下上、下中、下下，爲七、八、九等。"錯"，馬融云："地有上下相錯，通率第一。"（《釋文》引）僞孔云："錯，雜。雜出第二之賦。"《孔疏》："交錯是間雜之義，故錯爲雜。……此州以上上爲正，而雜爲次等，言出上上時多，而上中時少也。多者爲正，少者爲錯。"陳大猷《或問》引朱熹説"常出者爲正，間出者爲雜"並釋云："歲有豐凶，不能皆如其常，故有錯法以通之。"董鼎《書傳》引其説而申之。是説在原則上是第一等，但間或錯出第二等。

　　據下文冀州田爲第五等，爲什麽賦竟是第一等？這問題很不好解釋。於是注疏家就各尋各種説法。鄭玄説："此州入穀不貢。"（《孔疏》引）是説冀州不像各州都有貢，而只徵穀爲賦（貢等於包括在賦里面），所以賦最多。僞孔不直接談冀州，而於荆州則説："田第八，賦第三，人功修。"於雍州則説："田第一，賦第六，人功少。"《孔疏》爲之總結曰："人功有强弱，收獲有多少。""據人工多少總估以定差。"劉敞《七經小傳》則提出："九州之境，有大小之不齊，其定田也，以田之美惡爲等；……其定賦也，以賦之多寡爲差，州大者其賦多，州小者其賦少，不盡繫其美惡。"是説由州的大小決定賦的多少。（胡渭《錐指》指出冀兗二州與劉説合，但豫州小於雍梁而賦反多，揚州大於青徐而賦反少，則劉説不確。）葉夢得則以爲：賦有出於土者，有出於田者。"賦不皆出於田，故有田上而賦寡……有田下而賦多"（傅寅《禹貢説斷》引）。林之奇始以爲是根據各州收入的總數來決定。其《全解》云："有九等之差者，蓋九州之賦税計其所入之總數，而多寡比較，有此九等。冀州之數比九州爲最多，故爲上上。"按《左傳·襄公二十五年》載楚司馬蒍掩治賦，詳記其登記、丈量土田、山林、藪澤、隰皋等一切能生産之地，"量入修賦"。則林氏之説，似合古時情況。呂祖謙《書説》謂"冀，帝都也，百物所聚，百事所出，利之淵藪，所以賦特重於他州"，係據林意而稍實其説。《蔡傳》則云："賦高於田四等者，地廣而人稠也。"是依劉敞説加上人口。當然，剥削的對象多，賦必然就多，但不如林説以爲賦之等第由所入的總數來決定點明了要點。此外，宋元學者類似而略有不同的説法尚多，不備舉。

　　也有對此持闕疑謹慎態度的，如蘇軾《書傳》云："冀州，畿内也，田中中而賦上上，理不應爾。必當時事有相補除者，豈以不貢而多賦耶？然不可以臆説也。"是他雖基本傾向於鄭玄説，而仍以爲不必去臆度它。林之奇雖解釋了冀州賦"上上"的問題，但對於賦與田的不一致，仍以爲不能强求解釋。其《全解》説："賦之所入與田之等級有如此之懸絶也，其在禹之時則必有説也，自今而求之則又不可得而見也，而曾彦和（即曾旼）、袁思正（名然，著《尚書解》）之徒皆曲爲之説（按曾袁説未詳），以臆度之，未必得古人所以輕重之意也。"因此也以爲不必去臆度它。

　　總之，這是一難得確解的問題。很可能是越近王都的地方受的剝削榨取越重，如《荀子・王制》所説："相地而衰政（徵），理道之遠近而致貢。"只要看下文五服中的甸服按道里遠近徵收穀物有輕重就可知道，由《周禮・載師》所説，王畿之內，各種不同田地都要徵賦，而且場圃等園藝區和漆樹等森林區都要徵賦，田不耕的夫家也要徵賦，這樣賦就加重了。林之奇《全解》也有一段提到這一點説："蓋王畿千里之地，天子之所以自治，併與場圃、園田、漆林之類而徵之，如《周官・載師》之所載，則非盡出於田賦也。"上引《左傳・襄公二十五年》的記載更是幫助了解這點。這些大概就是《禹貢》中冀州的田賦所以獨重的原故。

　　⑨厥田惟中中——《夏本紀》作"田中中"，無"厥"、"惟"字。《漢志》作"厥田中中"，無"惟"字，皆轉錄入史時所刪省。

　　新出《漢石經》殘石"恤衛既從"上有"黑"字（見《考古學報》1981 年第 2 期許景元《新出熹平石經〈尚書〉殘石考略》圖二拓片），則此句成"厥田惟中中黑"，與上句"厥賦惟上上錯"相對成文，顯然漢代歐陽氏今文如此作。然既與上文"白壤"矛盾，且黑墳土屬於兗州，因而有人以爲石經也有衍字（見許景元文），但漢代所以刻石經，專爲了統一文字，特鄭重地派蔡邕、堂谿典等人認真精校，全文後且

附有校記,則其出現衍文,實爲不可解之事。很可能西漢今文確作
"厥田惟中中黑",現因其義與上下文不協,不作如此認定,而推斷它
可能是"厥貢"中的文字錯在此,見下文論錯簡處。

鄭玄云:"地當陰陽之中能吐生萬物者曰土,據人功作力竟得而
田之則謂之田。"(《孔疏》引)闡明原始的生地稱爲土,由農業勞動
開闢的耕種地稱爲田。《禹貢》各州田分上上至下下九等,這些等級
按什麼區分,歷來注疏家爭議很多。馬融説:"土地有高下。"(《釋
文》引)鄭玄説:"田著高下之等者,當爲水害備也。"(《孔疏》引)顏
師古注《漢志》用此説。《孔疏》以爲這一説是按地形高下分等。王
肅説:"言其土地各有肥瘠。"《孔疏》以爲這一説是按地質肥瘠分
等。僞孔則綜合釋爲按"田之高下肥瘠"來分等。《孔疏》加以評論
説:"如鄭之義,高處地瘠,出物既少,不得爲上;如肅之義,肥處地
下,水害所傷,出物既少,不得爲上。故孔云高下肥瘠共相參對,以
爲九等。"他作爲疏,只能肯定僞孔説。林之奇《全解》則云:"於九
州之土,以其色以其性言之。至於其田分爲九等之差者,蓋自其發
生萬物言之。"這就是以其生產物之多少來分等。宋元儒家各種類
似説法還多,不備錄。至江聲《音疏》説:"九州在昆侖之東南,故西
北高,東南下。雍州在西北,其田上上,揚州在東南,其田下下,明以
高爲上,低爲下也。"這是依馬、鄭説發揮之,故純宗鄭氏的《後案》
亦尊此説,孫星衍《疏》略同而加引申,林春溥《開卷偶得》卷二推崇
江説云:"按顏師古注《地理志》'冀州厥田中中'云'言其高下之形
總於九州之中爲第五也',可證江説之有據。"於是田按地形高下分
九等之説幾成定論。但《禹貢》各州的田所分一至九等的次序是:
雍、徐、青、豫、冀、兗、梁、荊、揚。依此理論,應是雍州最高,徐州次
高;揚州最低,荊州次低。然核諸我國地形實際,徐、豫、兗最低,而梁、

冀皆高於雍，荆、揚的大部分亦皆高出徐、豫、兗，可見此説不確。

其實就上列各州九等次序可以看出，它大體上是按我國祖先在這塊大地上的開發先後所表現出來的生產水平來談的。黃河流域是華夏文化的搖籃，雍、徐、青、豫、冀各州早就是炎黃族活動地區，地力開發早，農藝水平較高，農產品較豐，所以就列在前面。尤其是雍州。以岐周最早開發農業擅名，《詩》之《大雅》、《周頌》對這方面的歌頌不一而足，商鞅復獎農戰，使這地區農業進一步發展，鄭國渠的建立，關中沃野無凶年，《貨殖列傳》所謂“關中自汧、雍以東至河、華，膏壤沃野千里。自虞夏之貢，以爲上田，而公劉適邠，太王、王季在岐，文王作豐，武王治鎬，故其民猶有先王之遺風，好稼穡，植五穀，地重。”《漢書·地理志》亦云：“號稱陸海，爲九州膏腴。”自當列爲上上。徐、青承管仲獎勵生產之後，《貨殖列傳》所謂“齊帶山海，膏壤千里，宜桑麻”。自然也列上等。而荆、揚則如《貨殖列傳》所描述：“楚、越之地，地廣人稀，飯稻羹魚，或火耕而水耨……偷生無積聚。”又《後漢書·王景傳》：“遷廬江太守，先是百姓不知牛耕，致地力有餘而食常不足。”直到東漢，這個地方的生產還這樣落後，可以想象寫成《禹貢》的背景時期，即先秦的時代，其生產不知落後到什麼程度，其田地的等級自然要列在下下了。

由上述可以知道，《禹貢》九州田地的分等，大體是根據當時農業發展情況，不是率意編排的，也不是根據什麼地形高下或地質肥瘠，而只是反映了《禹貢》編寫者所處的周代華夏這塊大地上各地區農業生產水平的高低。由此並可悟各州賦入的等第當也有所據，大體當是根據各地經濟繁榮程度來定的。當然，對於九州剛好分爲九等，每州剛好相差一等，也不應機械理解。要知道古人有喜歡“整齊故事”的習慣，對一些本來不那麼整齊的事往往要把它編排得整整齊齊,於是九個州便要把它編排成九個等級,這實際是不可能符合客觀的,我們不要爲它所拘泥。

《禹貢》把當時各州的田的等級和賦的等級列了出來,這兩者都成了供我們探索當時各地發展不平衡的經濟情況的最好的資料,可以對它好好加以利用。

這裏賦與田的叙次的先後,引起了歷代經師的聚訟紛紜,因其餘八州所叙的先後次序都是:(一)厥土、(二)厥田、(三)厥賦、(四)厥貢,這是合理的。獨冀州賦在田前,又没有貢,於是就引出各種解釋,其異議集中在兩點上:(一)爲什麽冀州賦在田前?《孔疏》云:"賦以收獲爲差,田以肥瘠爲等,若田在賦上,則賦宜從田,田美則宜賦重,無以見人功修名,故令賦見於田也,此見賦由人功。此州既見此理,餘州從而可知,皆令賦在田下,欲見賦從田出,爲此故殊於餘州也。"林氏《全解》則云:"餘州先田後賦,冀州賦獨先於田者,蓋王畿千里之地,天子之所以自治(中數語見上引),則非盡出於田賦也,故以其文屬於'厥土'之下。而餘州皆田之賦也,故先田後賦。"宋元儒談此者尚多,不及備録。胡渭則反對孔説,同意林説,其《錐指》云:"孔説非是,欲見人功之修否,不在田賦先後之間,經殊不如此。蓋餘州先田後賦,正例也;梁州兼有土賦,故特變例書之,以見賦皆不出於田耳。林説確不可拔。"(二)爲什麽冀州没有貢?馬融云:"貢者,侯國獻其土物于天子,冀州天子自治,故不言貢。"(王天與《纂傳》引)鄭玄云:"此州入穀不貢,下云'五百里甸服',《傳》云'爲天子服治田',是田入穀,故不獻貢篚,差異於餘州也。"《全解》駁之云:"鄭氏此説必不然,蓋將謂此州治田出穀,餘州獨非治田出穀乎。……嘗考冀州之所以不言貢篚者,蓋畿内之地,天子之封内,無所事於貢也。"陳經《詳解》云:"賦出於田,貢出於地。他州專田賦而以地所生供貢，冀，帝都，天子自賦，田、地一也，貢在賦中，所出不止在田，故獨不言貢，而賦在田先。"胡渭對帝都王畿不貢之說提出了異議。《錐指》云："周王畿千里之內亦有貢，一是'九職'所稅太府謂之萬民之貢，其目則具於《閭師》。……一是采地所入，《左傳·昭十三年》子產曰：'卑而貢重者甸服也。'……衡漳、恒衛、大陸之區，當爲侯服，時已就疆理，不知何以無貢？……義實難曉，姑識此以待來哲。"提出了存疑的說法。

其實上面這些紛紜的說法都是多餘的，冀州原文並不會是賦在田前，也不會是沒有貢，只是由於錯簡、脫簡，才造成了這一段文字情況。

按《禹貢》各州的文句都有一定的順序，首先爲各州的州域，記明它的山川和有關要地；中間依次是厥土、厥田、厥賦、厥貢四項，厥土有時附其草、木，厥貢則各附各種不同物產及筐（裝織物）包（裝植物、食物）等，凡該州有少數民族的，則將少數民族貢物亦以厥筐厥包等形式叙在"厥貢"之內；最後爲貢道。所有各州都遵此次序，不可能有一州例外。但現在則有兩州亂了，一是雍州錯簡一處，即最後叙貢道的三句夾亂在厥貢的"琅玕"與"織皮"中間。再則是冀州亂得很多，首先在"冀州"二字前脫去了說明山川境界的話，而以下八州都是有的。（這也引起了經師們許多解釋，如謂：王者無外；王者以天下爲界，不當如餘州之局以山川；即以餘州之界爲界；以及其它一些議論，等等。甚無謂，故上文未予論列。）其"厥田"又錯簡到了"厥賦"後面，屬於州域的"恒衛既從大陸既作"八字錯簡到了"厥田"後面，又脫失了"厥貢"的簡文，但仍保存了有關貢文中的"鳥夷皮服"一句，它和青州"厥貢"中的"萊夷作牧"、徐州"厥貢"中的"淮夷蠙珠暨魚"、揚州"厥貢"中的"鳥夷卉服"等句完全一樣，可證原來的冀州文中確是有"厥貢"的。由《夏本紀》所録本文已這樣，可知從先秦傳至西漢的本子已經是這樣的錯簡、脱簡了。那麽自漢以來許多經師爲它尋出的許多解釋，顯然都是妄説。宋代王柏《書疑》勇於改動經文，指出這篇那篇的許多錯簡，但也没有發現冀州的這些錯亂。清牟庭《同文尚書》始將田移在賦前，但將"恒衛"兩句誤移在"治梁及岐"之下，與地理不合；又不知有"厥貢"的脱簡，都有待於今天把它弄清楚。

因此，"厥田惟中中黑"應移在"厥賦惟上上錯"前。並由此體認到，《漢石經》所保存此句末的"黑"字，可能是所脱失"厥貢"文句中殘存的遺字。

《管子·乘馬數》云："公曰：'賤策乘馬之數奈何？'管子對曰：'郡縣上臾之讓守之若干，間壤數之若干，下壤守之若干，故相壤定籍而民不移；振貧補不足，下樂上。故以上壤之滿，補下壤之衆，章四時，守諸開闔。'"《齊語》云："相地而衰徵則民不移。"韋昭注："相，視也。衰，差也。視土地之美惡及所生出以差行政賦之輕重也。移，徙也。"作爲稷下之學最好老師的荀子的《王制》篇也説："相地而衰政（徵）。"由此可悟《禹貢》一篇的用意正是"相地衰徵"、"相壤定籍"，即觀察土地之美惡田壤之上下來定其斂取之數額。所以先説"厥壤（土地）"，接着説"厥田"，然後説"厥賦"、"厥貢"。相地相壤的目的，就是爲了定它的賦、貢。

⑩恒衛既從——"恒"，《夏本紀》作"常"，《索隱》："此文改恒山恒水皆作'常'，避漢文帝諱故也。"皮氏《考證》謂"漢人'恒''常'通用，不關避諱"。其實先由避諱，到東漢乃通用，與《堯典》"邦""國"字情况同。《唐石經》缺末筆作"恒"，則係避唐穆宗李恒諱。"厥"，已見前。"從"，諸隷古定本作"刀刀"，係據古籀稍訛變，甲

骨文、金文中皆有"刟"字,從二"人",即"從"字,此訛爲從二刀。

"恒衞既從大陸既作"八字係錯簡,原應在"至於衡漳"下,"厥土"上。說見前。歷代儒家又對它叙在"田、賦"之下尋了許多解釋,如曾旼《講義》、林氏《全解》及《蔡傳》謂先治水的在田賦之上,田賦定後才治水的在其下;傅寅《說斷》謂大河既治,冀州之患已平,恒衞非其所急,故緩之於後;吕氏《東萊書說》則謂水害大的治於田賦之前,小的則治於後。此外異說尚多,皆妄推度,不足論。

《漢志》載常山郡上曲陽縣恒水所出,東入滱(古亦稱嘔夷水)。又代郡靈丘縣載滱河東至文安入大河。又常山郡靈壽縣爲衞水所出,東入虖池(即溥沱)。《水經注》、《書古文訓》、《錐指》、《地理今釋》等皆記有諸水流程。大抵恒水出今河北曲陽縣,東入發源於山西渾源恒山下的滱水,滱水遂亦稱恒水,原至文安縣注入古黄河,周末黄河南徙至章武入海,離開文安,滱水自行入海。今則名唐河,經唐縣、定縣、清苑,至安新匯於西淀(白洋淀)。衞水出今河北靈壽縣,南入發源於山西繁畤的溥沱河,溥沱河遂亦稱衞水,原也至文安入河,今經正定、藁城、深澤等地,過獻縣,合滏陽河爲子牙河,至天津合北運河入渤海(詳《從考》)。

"恒衞既從",有釋爲二水從其故道,有釋爲二水從黄河走,總之不外說水治好了,恒衞二水已經流洩了。

⑪大陸既作——"陸",薛本作"𨽛",據《說文》陸字籀文而有訛變。"作",《夏本紀》譯用"爲"字。薛本作"𢓜",係用《說文》中訓起之辵字冒爲作的隸古奇字。

《吕氏春秋·有始覽》云"晋之大陸",又云"趙之鉅鹿"。孫星衍《注疏》據此云:"是則秦時說大陸、鉅鹿爲二處。"《漢志》鉅鹿下云:"《禹貢》大陸澤在此。"《夏本紀·集解》引鄭玄注:"大陸澤在鉅鹿。"《續漢書·郡國志》亦云:"鉅鹿,故大鹿,有大陸澤。"是大陸即鉅鹿。大與鉅義同,陸與鹿音同,即一地之異稱。晋有大陸,趙承晋之大陸語稍變耳。《爾雅》郭璞注(引者皆言孫炎注)云:"今鉅鹿北廣阿澤是也。"《通典》、《元和郡縣志》及注疏家《孔疏》、《蔡傳》、《纂傳》、《稗傳》、《錐指》、《地理今釋》、《後案》等對其地點皆有闡述。大抵古大陸澤即鉅鹿澤,在今河北巨鹿以北、束鹿以南地區。《河北平原黑龍港地區古河道圖》表明巨鹿、南宮、冀縣、束鹿、寧晋、隆堯、任縣間有一個範圍廣大的古湖澤遺迹,證實有此澤。據《漢志》"鉅鹿"注:"應劭曰:'鹿,林之大者也。'臣瓚曰:'山足曰鹿。'"(參看《堯典》"納于大麓"校釋)按巨鹿無大山,臣瓚說不合,故顏注謂"應說是"。可知"大陸"當時以巨大森林區得名,澤當即是森林區的低窪地。秦以後漸淤,分爲二泊。北泊名寧晋泊,在寧晋縣南,爲洨河、汦河等水所匯;南泊名大陸澤,在任縣東北,爲洺河、沙河、滏陽河等水所匯。現大都淤成平地,諸水大抵匯成滏陽河東北流,至獻縣合滹沱河爲子牙河以入海。

"作",指耕作。《漢志》注:"言恒衛之水各從故道,大陸之澤已可耕作也。"

⑫鳥夷皮服——此脫簡"厥貢"文中殘存的一句。"鳥"各隸古定寫本及薛本作島,《唐石經》作"島",各刊本沿用作"島"。"夷",敦煌本 P3615 及薛本作"屍",吳大澂《字說》:"古夷字作𡰥,即今文尸字也。"並舉金文中𡰥乃夷之重文。《漢書·樊噲傳》注云:"屍,讀與夷同。"誤認屍爲古夷字。是隸古定本即據漢以來誤認夷之重文爲夷而襲用之。"皮",内野本作"笍",薛本稍變,係各據《説文》皮字古文而隸定略異。"服",薛本據《説文》服字古文而右旁訛變爲几。

　　《夏本紀》載此句作"鳥夷皮服"，揚州句作"島夷卉服"，是今文本冀州鳥夷、揚州島夷顯然有別。《漢志》將揚州島夷誤同冀州鳥夷，偽古文則將冀州鳥夷改同揚州島夷，顯然皆誤。據《孔疏》："孔讀鳥爲島。……王肅云：'鳥夷，東北夷國民也。'"則王肅本古文固作鳥。偽孔本隸古字亦作鳥，但把它讀爲島。胡渭、段玉裁謂開元中衛包據孔讀改寫爲島，核以諸隸古寫本及薛本皆作島，則其改寫在衛包前的宋齊舊本。今據《禹貢》原文改回爲"鳥夷"。

　　《夏本紀·集解》引鄭玄注："鳥夷，東北之民。"知鳥夷是古代中國居於東北地區的民族，其實爲我國東方（包括東北）原以鳥爲圖騰之族。文獻中風姓（即鳳姓）的太皞氏（見《左傳·僖公二十年》），紀於鳥的少皞氏（見《左傳·昭公十七年》），玄鳥降生的殷商族（見《詩·玄鳥》）等，原都是鳥夷。《後漢書·東夷傳》載天降下雞卵所生的夫餘族及其祖先肅慎族，就更是《禹貢》冀州的鳥夷。

　　"皮服"，偽孔及《孔疏》釋爲鳥夷以鳥獸之皮爲衣服，是錯誤的。這是指鳥夷的貢物。《詩》之《大東》、《都人士》諸篇反映周代貴族服用皮毛爲裘，就取自貢物。《爾雅·釋地》說："東北之美者，有斥山之文皮焉。"《後漢書·東夷傳》也載東北諸族大都貢各種珍禽異獸皮毛，可證"鳥夷皮服"記的就是古代東北少數民族向中央王朝貢送各種禽獸皮毛（詳《叢考》）。

　　⑬夾右碣石入于河——漢至唐注疏對此句解釋皆誤，宋周希聖始提出各州之末這一句是叙貢道，《蔡傳》以下皆承此説。《禹貢》以貢名篇，在記了每州地理情況並規定各地以特產入貢之後，必以貢道作結，就是其全篇用意所在。《禹貢》作爲紀録禹功的典籍，自然以禹都所在的冀州爲帝都之地，各地貢物皆送冀州。冀州三面是河，故九州貢物送到帝都來都必須經由大河，因此各州末叙水道都

説“人于河”或“達于河”（惟青、徐、揚説法稍異，最後仍達于河，詳該章）。

“夾右碣石”，《釋文》：“夾，音協，帶也。”此句是説鳥夷入貢，沿遼東灣西岸向南航行，然後循右拐向西轉航於渤海北岸之下，最後入於河。碣石正在向右的轉角上，故云“夾右碣石”。因此碣石是在航行道上右邊的一座可以作爲轉航向黃河入海口的航行標記的特立之石。

碣石的所在地的説法非常紛歧，計有九説：（一）漢驪成縣（今河北樂亭），（二）漢絫縣（今河北昌黎），（三）漢遂成縣（今朝鮮平壤西北），（四）北魏柳城（今遼寧朝陽凌源南），（五）漢九門縣（今河北藁城），（六）漢薊縣（今北京大興），（七）谷口御河入海處（今河北滄縣以東海畔），（八）海豐馬谷山黃河入海處（今山東無棣境），（九）沙門島對岸之鐵山（今山東蓬萊對岸遼寧西南角渤海海峽入口處）。近代更提出與冀州毫不相干、相去萬里的廣東南海碣石鎮。

出現這許多紛歧，其集中爭議點是：

（一）碣石淪於海説。漢人王橫始謂九河淪於海（見《漢書·溝洫志》），《水經注》依王説並據張折的論定，以爲碣石淪於海中。宋程大昌、蔡沈、元金履祥、清胡渭等皆主此説。

（二）碣石未淪於海説。《漢志》所載及秦漢君主登臨碣石皆在陸地，至元代王充耘《讀書管見》指出樂亭、昌黎一帶正南別無石山在海中，淪海之説無據，明韓邦奇、清王夫之、閻若璩、王鳴盛、焦循、江昱、徐文清及同治《昌黎縣志》等皆主此説。

主淪海説者，堅持碣石原在海畔，反對任何昌黎以北之説，主未淪海者，則以爲在昌黎以北陸地或其它幾處。核諸歷史實際，渤海西、北岸並無陸地淪海之事，而只有大片海域因長期衝積洪積升成了陸地（《中國歷史地圖集》前後八集反映了此海岸綫逐漸東移的消長之迹），故碣石淪海之説是無根據的。

　　大抵關於碣石所在，除第三説不在夾右地位，且不在我國境内，第五、第六兩説其地無山，均應排除外，其原作爲"夾右入于河"標誌的碣石，是當時處在右轉角處即今河北樂亭縣南的靠岸邊的海中之石（第一説），秦皇、漢武、魏武登臨的碣石，是在陸地上可以"觀滄海"的今河北昌黎縣北的碣石山（第二説）。其餘諸説反映隨着黄河入海口的南移，碣石之地也跟着沿渤海西岸自北向南逐步移徙着，都是不足據的臆説。要知最初《禹貢》所指的碣石，只可能是樂亭縣南的海邊之石（可能是縣南祥雲、李家、桑坨島，或其中某一島）（詳《碣石考》，載《古史續辯》）。

　　以上這一節，是"冀州章"。

　　濟河惟兗州①。九河既道②，雷夏既澤③，灉沮會同④。桑土既蠶⑤，是降丘宅土⑥。厥土：黑墳⑦，厥草惟繇，厥木惟條⑧。厥田：惟中下⑨。厥賦：貞⑩；作十有三載，乃同⑪。厥貢：漆、絲⑫，厥篚織文⑬。浮于濟、漯⑭，達于河⑮。

　　①濟河惟兗州——"濟"，《漢志》作"泲"（顏注："音姊"）。下文三濟字亦皆作泲。《後案》謂"《禹貢》山水見前《志》者或爲古文"，《蜀石經》殘石及薛季宣隸古定本作泲。疑此據古文。敦煌本P3615作"泲"，《古文四聲韻》載《古尚書》亦如此作，是僞古文亦據《説文》"濟"的小篆爲隸古。惟《夏本紀》作濟，皮氏《考證》以爲是今文。《説文·水部》："泲（大徐音子禮切），沇（以轉切）也，東入於

海。”又:“沇水出河東東垣王屋山,東爲泲。”又:“濟水,出常山房子贊皇山,東入泜。”“泜水,在常山。”按《漢志》河東郡垣縣下云:“《禹貢》王屋山在東北,沇水所出。”又常山郡房子縣下云:“贊皇山,石(古)濟水所出,東至癭陶入泜。”是許慎據《漢志》以濟與泲別爲二水,而以泲與沇爲一水。觀《周禮·職方》兗州、幽州皆云“其川河、泲”。成孺《禹貢班義述》並引古本《爾雅》、《漢志》滎陽、臨邑、壽良、封丘、臨淄等縣皆有泲水,則兗州此水固通行泲字。

顏師古注《漢志》云:“泲,本濟水之字,從水,朶聲。”而《夏本紀》固作濟。段氏《撰異》云:“依《說文》當作泲,但此等字古文假借,當仍其舊。如《夏本紀》作濟,《地理志》作泲,可證漢人通用也。”皮氏《考證》歷舉《呂氏春秋》、《春秋説題辭》、《釋名》、《風俗通》、《廣雅》等亦濟與河並舉,以爲“皆作‘濟’,與史公同,蓋用假借字,非贊皇山所出之濟水也”。此諸説皆以此水本名泲水,依《説文》即沇水,但可假借“濟”字稱爲濟水,而非出於贊皇山之小流濟水。

“惟”,《夏本紀》作“維”。

“兗州”,《夏本紀》作“沇州”,此爲今文。《漢書·天文志》:“角、亢、氐,沇州。”當系承用今文。《集解》引鄭玄注亦作“沇州”,則爲古文。敦煌寫本 P3615 亦作“沇州”,則爲僞古文。《爾雅·釋地》:“濟河間曰兗州。”《釋名·釋州國》亦作“兗州”,皮氏《考證》以此爲今文説。是漢今文又用此體。《説文》“沇”字重文云:“沿,古文沇。”薛本逐作“沿州”,是僞古文隸古定本摹用古字。

錢大昕《史記考異》云:“沇州本以沇水得名,《尚書》作‘兗州’,由隸變立水╣爲橫水𝌆,又誤𝌆爲‘六’耳。”按《禹貢》下文“導水章”敘述“導沇水”全過程,字固作沇。不當一篇同一名而用二字,則原文固當作沇州，錢說可信。段玉裁《撰異》提出不同意見，不可從。

　　“導水章”簡明記載了沇水全程，《水經注》詳記了濟水所經各地流變情況。閻若璩《四書釋地續》與《潛邱劄記》略叙至清初濟水的變遷，胡渭《錐指》詳考了沇水（濟水）全程。大抵沇水出王屋山，東南流至溫縣，稱濟水入河，大河在廣武（滎陽境）分出一條支津，古人誤以爲是濟水橫過黃河南流，故稱南濟。南濟續向東，過陽武（今原武境）、封丘、濟陽（今蘭考東）、定陶，東北至乘氏（今巨野西南），南分爲菏水，北爲濟瀆。另自濟陽之北分出北濟，歷冤朐（今定陶西）至乘氏與濟瀆合，過巨野澤，至壽張，汶水東注，然後北過今東阿、平陰、濟南、歷城、鄒平、高青、博興諸縣即漢千乘郡以入海。漢成帝與王莽時，兩次河決皆至濟南、千乘入海，東漢河水遂大體利用濟水河道。宋慶曆間河決商胡（今濮陽境）而離開了濟水。南渡後有大小清河之分。大清河自東阿至歷城即濟水故道（歷城以下則爲漯水故道），小清河則自歷城以東皆濟水故道。清咸豐時河決銅瓦厢（今蘭考境），又奪大清河以入海，從此古濟水（沛水、沇水）自歷城以上就成了今天黃河下游河道，歷城以下則另行流成小清河，不復有稱爲濟水的河流了（詳《禹貢兗州地理叢考》，以下簡稱《叢考》）。

　　“濟河惟兗州”，《夏本紀》“惟”作“維”。其今古用惟字之區別，已見《堯典》校釋。“惟”同“是”。見冀州校釋。《吕氏春秋·有始覽》云：“河濟之間爲兗州，衛也。”高誘注“河出其北，濟經其南”。鄭玄注此句云：“言沇州之界在此兩水之間。”（《夏本紀·集解》引）雖後來注疏家有不同解釋，高誘、鄭玄說終是正確的。即從東南的古濟水到西北的古河水之間就是兗州的區域。它主要是今河北省的南半部以北至天津以南的黑龍港地區，南至山東的北部、西部，以及河南自封丘、延津、浚縣、内黄以東的東北一角。

②九河既道——“既”，各隸古定本作旡，已見上文（下不復校）。

“導水章”記大河“東過洛汭，至於大伾；北過降水，至於大陸；又北，播爲九河，同爲逆河入於海”。可知九河是古黄河下游流過大陸澤後，向北（實爲東北）分布爲九條入海的河。

鄭玄注、僞《孔傳》、《孔疏》皆釋“九河既道”爲分成九條河道，《蔡傳》釋爲“既順其道”。王引之《經義述聞》始據《法言·問道》與《左傳·襄公三十一年》杜注“道，通也”，釋此爲“九河既通”，其説是。

《孟子·滕文公上》説“禹疏九河”。《墨子·兼愛中》説禹“灑爲九澮”，畢沅注九澮即九河。是戰國已傳禹疏九河。漢時《爾雅·釋水》提出了九河名稱是：徒駭、太史、馬頰、覆釡、胡蘇、簡、絜、鈎盤、鬲津。然《漢書·溝洫志》記漢代各時期河官都想恢復九河故道來治河，可是九河已“既滅難明”。博士許商指出了其中三條河：徒駭河在成平（今河北交河北），胡蘇河在東光（今屬河北），鬲津河在鬲（今山東德州南），其餘皆不知。《水經·河水注》亦指出九河故迹已不知其所。唐《通典》、宋《輿地廣記》共增舉了四條河的所在。程大昌《禹貢論》及《蔡傳》皆指出其附會不可信。元于欽《齊乘》、明王樵《尚書日記》各據目驗對九河進行了探索。清代很多學者研究了九河，搜集不少資料，但胡渭《錐指》指出漢以來所附會某河名者未必即古九河，不名某河者未必非九河，主張“無事深求”，“不必取足於九”。於是很多學者即據汪中《釋三九》之説，以爲《禹貢》“九江”、“九河”等也不該看做實數。近代學者多用此説。

　　1978 年 2 月 28 日《光明日報》載河北省黑龍港地區地下水綜合科學考察取得重大成果,此區域包括衡水、滄州、廊坊、邢臺、邯鄲五個地區四十六個縣市,正是《禹貢》的大陸澤東北九河區域。計共查明黑龍港地區有九條大的古河道帶,包括古河道三百多條段。河北省地理研究所繪成《河北平原黑龍港地區古河道圖》,載此九條古河道帶是:(1)大名、館陶、清河、棗强、景縣、滄州的黄、清、漳河古河道帶,(2)大名、衛東地區,中間經山東至吳橋、東光、南皮、滄州和吳橋、鹽山、孟村的黄河古河道帶,(3)魏縣、廣平、巨鹿、新河、束鹿、深縣的黄、漳河古河道帶,(4)成安、肥鄉、曲周、平鄉、巨鹿的漳河古河道帶,(5)冀縣、衡水、武强、獻縣、交河、滄州的黄、漳、滹河古河道帶,(6)沿子牙河一帶的漳滹河古河道帶,(7)安平、饒陽、河間、大城的滹沱河古河道帶,(8)肅寧、河間、任丘的滹、沙、唐河古河道帶,(9)任丘、文安的拒馬河古河道帶。其中(2)、(1)、(4)、(8)又是四條較大的古河道帶。

　　這就得到了解決九河問題的科學資料,雖據以定名的有些河道是後起的,但河道形成總由地勢決定,前河移徙,後起的河往往循舊河道,此次探測中就常發現不少地下古河道在垂直方向上重疊,這表明在古大陸澤東北直至海濱,客觀地存在着九條古河道帶,是古河水的入海之路。所以這些古河道帶完全可以作爲印證《禹貢》九河的資料(詳另撰《九河考》,見《古史續辨》)。

　　③雷夏既澤——薛本作“畾靁旡皋”,其“雷”“夏”二字皆據《説文》古文而略變,夏字與《魏石經》從日、疋聲之夏形體亦異,與《汗簡》“人部”夏字略近。其“澤”字作“皋”,據《説文·大部》:“皋,大白澤也,從大從白,古文以爲澤字。”知此三字皆偏隸古定本采自漢古文。

《漢志》濟陰郡成陽縣下云:"《禹貢》雷澤在西北。"鄭玄注:"雷夏,兗州澤,今屬濟陰。"(《五帝本紀·集解》引)其後《續漢志》成陽亦云"有雷澤"。《水經·瓠子河注》:"瓠河又東逕雷澤北,其澤藪在大成陽縣故城西北一十餘里。其陂東西二十餘里,南北一十五里,即舜所漁也,澤之東南即成陽縣。"自後《括地志》、《通典·州郡》、《元和郡縣志》並記雷夏澤,似至唐時尚存在,《宋史·地理志》雷澤縣已不言有澤。胡渭《錐指》:"今(清)山東兗州府曹州(即菏澤)東北六十里有成陽故城。……雷夏在曹之東北,濮之東南。"孫星衍《今古文注疏》:"其水故道在今(清)山東省濮州,河漫,變爲平陸矣。"

《孔疏》釋"雷夏既澤"云:"洪水之時,高原爲水,澤不爲澤。雷夏既澤,高地水盡,此復爲澤也。"此釋是。史念海氏指出,兩周時期,黃河流域多湖泊,主要集中在下游,曹濮一帶原爲沮洳地,容易形成澤藪(《河山集》第二集第334—343頁)(詳《叢考》)。

④灉沮會同——"灉",《夏本紀》及《漢志》皆作"雍",此爲今文。《周禮·職方》"盧維"鄭注亦引作"雍",此爲古文。敦煌本P3615作"邕",岩崎本作"澭",與今、古文均異。薛本作雍,同於今、古文。内野本作灉,竟同衛包改本。段氏《撰異》:"按雍者雝之隸變,字不從水。《夏本紀》、《地理志》皆作雍,不從水,是古今文《尚書》本皆不作灉也。後人加水旁而釋以《爾雅》'河山爲灉',恐非是。《釋文》云:於用反。蓋王肅以雍塞釋之,故云爾也。"

"會",P3615本、内野本、薛本皆作"劧",與《汗簡》中之二作"𠇷",《古文四聲韻》去聲十一部作"𠇹",二書皆注出"古《尚書》"。則知爲郭忠恕、吕大防等所傳出"宋齊舊本"以外之本所造隸古奇字。岩崎本所作炏則又其訛變。"會同"即合聚於同一處。

《夏本紀·集解》引鄭玄注：“雍水沮水會同此澤（指雷夏澤）。”又《正義》引《括地志》：“雍、沮二水在雷澤西北平地也。”《元和郡縣志》：“灉水、沮水二源俱出濮州雷澤縣西北平地，去縣四十里（引者多作十四里，此從《今釋》）。”《元豐九域志》：“濮州有沮溝，即《禹貢》‘灉沮會同’者。”《今釋》：“宋時河決曹濮間，灉沮之源適當其衝，久而泥澤填淤，二水遂涸。”所言皆可據，宋以後提出許多説法，皆不確。

史念海氏云：“據唐代記載，曹濮之間往往有水流散出於地（《新唐書·許敬宗傳》），這可能就是解釋雍沮二水出於雷夏澤附近的根據。……可能與當地地下水淺有關。……戰國時期這裏能够有雍沮兩水，唐代的人不能以這裏散出的水流來解釋《禹貢》，其中消息是可以看到的。”（《河山集》第二集第337—338頁）

總之雍沮二水出曹濮一帶沮洳地，即今山東省鄄城、菏澤二縣之間，流入漢成陽縣（今菏澤縣東北六十里）的雷夏澤，到宋代此二水與雷夏澤都已乾涸（詳《叢考》）。

⑤桑土既蠶——《孔疏》：“宜桑之土既得桑養蠶矣。”林之奇《全解》云：“洪水既平矣，於是蠶桑之利始獲。……然而九州之民皆賴蠶桑以爲衣被，而獨於兗州言之者，蓋兗州之貢絲與織，尤宜於此，故於此州言之。”王炎《禹貢辨》云：“今德、博、河間產絲最多，《漢志》稱齊人織作冰紈繡綺，號爲冠帶衣履天下，其地宜桑。”都説明古代蠶桑業以兗州爲最發達。邵望平氏《九州風土考古叢考》引錄賈蘭坡、竺可楨二氏據古動物群及古文獻所作氣候研究後説：“從賈、竺等先生的研究中可知道，西周以前的黃河流域的氣候條件猶如今日之長江流域，而那時的長江流域則與今日之嶺南相似。《禹貢》還記載兗州貢漆絲，豫州貢漆，北方諸州亦用竹筐做爲貢品的包

裝物。漆竹絲籩……盛産地却在長江流域。兗州中的‘桑土既蠶’一語説明當時兗州猶如今之太湖周圍以桑蠶業爲主要生業的。”

鄭玄説桑土是地名（見《詩·譜》正義引），不確。

辛樹幟先生云：“《禹貢》上僅兗州之‘桑土’及荆州之‘雲土’兩土字，這是代表地貌的。這種‘土’也似雍州的‘原隰’，同是地貌名稱。”（詳《叢考》）

⑥是降丘宅土——《夏本紀》譯爲“於是民得下丘居土”。以“是”爲“於是”。《風俗通》“是”作“乃”。《漢志》則全句用原文，皮氏《考證》以爲“蓋夏侯《尚書》與古文合”。按楊雄《兗州牧箴》亦云“降丘宅土”，固用今文。《風俗通·山澤篇》云：“謹按《尚書》：‘民乃降丘度土。’”段氏《撰異》云：“此《今文尚書》也。‘是’字作‘民乃’二字，‘宅’作‘度’。此‘文字異者七百有餘’（按此《漢書·藝文志》劉向校《尚書》語）之目也。凡《古文尚書》‘宅’字，《今文尚書》作‘度’，説見《堯典》。揚子《方言》曰：‘度，居也。’《史記·夏本紀》……所據《今文尚書》亦當作‘民乃降丘度土’。‘度土’作‘居土’，亦猶‘度西曰柳穀’作‘居西’也。”

“降丘宅土”，僞孔云：“地高曰丘，大水去，民下丘居平土。”《孔疏》引鄭玄注云：“此州寡於山而夾於兩大流之間，遭洪水，其民尤困。水害既除，於是下丘居土。”

“丘”，《説文》：“土之高也，非人之所爲也。”《爾雅》以下各種字書及注疏家大都以自然生成的高出平地的土山爲丘。顧頡剛師《釋丘》一文統計《左傳》十一國中丘的多少，以河濟間最多。並指出：“丘這個名字是和水患有關係的。……只有住在高丘上的人能够免於水患。……河濟夾着百川入海……水患是不可免的，所以多的是丘了。”（見《禹貢》半月刊第四期）辛樹幟先生説：“丘應是兗州的代表地貌名稱。"(《禹貢新解》第173頁)史念海先生説,黄河下游的丘多是孤立的,高約十餘米,水退,下丘居於平地,説明居丘不是一時偶然現象(《河山集》二)。這些是以往學者所作的解釋。近多年來考古學的空前成就,因而有考古學者對這問題作出新的研究。如邵望平氏《禹貢九州風土考古叢考》論及此問題時説:"筆者曾在魯西平原及魯中進行訪古考察,注意到有許多高出平地數米的堌堆遺址,與一馬平川的自然地貌甚不協調。後菏澤地區博物館鄭田夫、張啓龍先生《菏澤地區堌堆遺址的時代》一文,指出魯西平原的堌堆並非自然形成,而是先民在同水患鬥爭中選地勢稍高處靠人力堆築而成,即所謂丘者。大多數堌堆遺址爲龍山時代、商代的遺址。有的上部有晚期堆積,屬東周時代者,多爲墓地。這一分析頗具見地。經過發掘的梁山青堌堆……豫東南的黑狐堆均如是。……這種現象似可説明:築丘而居與降丘宅土的更替,主要是龍山時代至商代這一地區先民生活的特點。"這就可以對"降丘擇丘"從考古知識得到更新的了解。原來兖州的這種丘大都人工築成,與《説文》、《爾雅》之説適相反,是由於先民與洪水鬥爭的需要所促成的。

　　⑦厥土黑墳——《夏本紀》"厥"作其。馬融注云:"墳,有膏肥也。"(《釋文》引)表示是一種含有膏沃肥料的土壤。《周禮·地官·草人》"墳壤用麋"鄭衆注:"墳壤,多盆鼠也。"鄭玄注:"墳壤潤解。"《禮記·檀弓》鄭玄注:"土之高者曰墳。"按,此當據《方言》"墳,地大也,青、幽之間凡土而高且大者謂之墳"。與此處文義不協。又《國語·晋語》"地墳"韋昭注:"墳,起也。"亦見《左傳·僖公四年》,原指鴆毒性烈使地高起來。僞《孔傳》遂據此釋"黑墳"爲"色黑而墳起",近於望文生義。

林之奇《全解》云："墳者,土膏脉起也。"江聲《音疏》："鄭注
《周禮·草人》云:'墳壤潤解。'然則墳是土之潤澤者,故云有膏肥
也。"孫星衍《今古文注疏》云:"墳,肥,聲之轉。故《漢地理志》'壤
墳',應劭讀墳爲肥。《太平御覽》引《倉頡解詁》云:'膹臐多瀋也'。
墳音近膹。"都解釋墳爲肥土,是。

茅瑞徵《禹貢匯疏》引田汝成曰:"墳,土之大而高者。九州惟
兗、青、徐三州稱墳。"朱駿聲《尚書古注便讀》云:"墳,蚡也。蚡鼠
能穿地起土,故謂之瀵然而起者爲墳。"則仍用墳起高大義,與本文
原義不合。

于省吾先生《尚書新證》釋此句與豫州"下土墳壚"云:"墳即
𡧱,壚即盧,馬云:'墳,有膏肥也。'按《廣韻》:'𡧱,美也。'《文侯之
命》'盧弓一'《傳》:'盧,黑也。''黑墳'、'墳壚'同義。僞傳訓'墳'
爲墳起,未允。"義亦確。

陳恩鳳氏《中國土壤地理》第七章中《禹貢所述土壤之解釋》節
內,對"墳"的解釋云:"墳,又分黑墳、白墳、赤埴墳,分布於兗、青、
徐各州。古人釋墳爲土脉墳起,馬(融)傳稱'墳有膏肥',孔穎達稱
'土黏曰埴'。墳爲高起之地而有膏肥,似指丘陵土壤而不盡肥沃;
埴墳顯指黏質丘陵土壤。考其所在,則兗爲今山東西部,丘陵地多
爲棕壤,惟《禹貢》稱兗州'厥草惟繇,厥木惟條',想見當時草長林
茂,土壤中黑色腐殖質必多,或於古代爲灰棕壤,即所稱黑墳。"又萬
國鼎《中國古代對於土壤種類及其分布的知識》釋《周禮·草人》
"墳壤"云:"可能是黏壤。"此說可作爲陳說的補充。總之,由陳說,
可知黑墳是一種含有黑色植物腐質肥料的灰棕壤。

⑧厥草惟繇厥木惟條——《夏本紀》作"草繇木條"四字,《漢
志》則作"屮繇木條"。師古曰:"屮,古草字也。"隸古定諸本如

P3615 本、內野本、薛本雖爲八字兩句，而"草"亦作"屮"。《説文》："屮，艸木初生也，象丨出形，有枝莖也。古文或以爲艸字，讀若徹。"僞隸古定遂用爲草。"繇"，薛本作蕘，段氏《撰異》云："草，《説文》作艸，《地理志》作屮……按班書多以屮爲艸。《説文》一篇'艸部'曰：'蕘，草盛貌，从艸、繇聲。《夏書》曰"厥草惟蕘"（徐鍇本艸作草，蕘作繇）。'玉裁案，陸德明、王伯厚皆不引《説文》'厥草惟蕘'爲異字，今按楚金（徐鍇字）本作'惟繇'（即今繇字），繇，隨從也。此引《書》以證蕘字從艸、繇，會意。……繇，古音讀如'由'。"成孺《禹貢班義述》補充云："《荀子·富國》：'刺屮殖穀。'《漢外黃令高彪碑》：'狱獄生屮。'並以屮爲艸，班書尤夥見，禮樂、五行《志》，晁錯、蘇武、董仲舒、司馬相如、公孫弘、趙充國、貢禹、魏相、谷永、揚雄、貨殖、王莽諸《傳》及《叙傳》，日本山井鼎《七經孟子考文·古文考》正作'屮'，與《漢志》合。……蓋古文以屮爲艸，今文以草爲艸也。"並指出："古今文並作'繇'，大徐（指今本《説文》）作'蕘'，殊乖。段注雖知正鼎丞（大徐）之誤，而未悟屬竄之故。"

　　《撰異》又云："《夏本紀》'草繇木條'二句皆無'其'、'惟'字，而揚州有之。《地理志》則二州皆無'厥'、'惟'字，疑《今文尚書》本皆無'厥'、'惟'字。《史記》揚州有之者，後人增之。"此説當是。《禹貢》各州依次叙"厥土"、"厥田"、"厥賦"、"厥貢"四項，獨兖、徐、揚三州在"厥土"之下增叙了草木，以補充該州土壤特色。今本"徐州章"即云："厥土赤埴墳，草木漸苞。"並無"厥"、"惟"二字，此處顯係後人仿"厥田"、"厥賦"等文而增。觀《夏本紀》兖州及《漢志》此三州都無"厥"、"惟"二字，當是漢代今文《禹貢》原貌。而《夏本紀》揚州有之，其爲後人據僞古文本增入無疑。自以無"厥"、"惟"二字爲確。

　　馬融注云："繇，抽也。"（《釋文》）鄭玄《詩·墻有茨》箋云："抽，猶出也。"按，抽爲植物萌長生條之義，如《文選》束皙《補亡詩》："草以春抽。"《説文》："𣛹，木生條也。"繇讀爲由，抽以由得義，通𣛹，故有生條之義（參看《盤庚》校釋）。僞《孔傳》："繇，茂；條，長也。"《孔疏》："繇是茂之貌，條是長之體，言艸茂而木長也。九州惟此州與徐、揚二州言草木者，三州偏宜之也，宜草木則地美矣。"顏師古《漢志》注："繇，悦茂也。條，脩暢也。"徐鍇《説文繫傳》："《尚書》……'厥土黑墳'，又云'……厥草惟繇，厥木惟條'，是必肥美之地也。"薛季宣《書古文訓》云："草木暢茂，見黑墳之宜草木也。"皆釋爲地肥而草木繁盛。

　　林之奇《全解》始駁云："九州之勢，西北多山，東南多水。多山之地則於草木爲宜……此三州比九州之勢最居下流，其地卑濕沮洳，遭洪水之患，草木不得遂其性而生育，其已久矣。至是而或絲、或條、或夭、或喬、或漸包，故於三州遂言之，以見水土既平，草木得遂其性，非謂此三州偏宜草木也。"時瀾增修《東萊書説》云："兗州水害最重，草木不得其性。繇，始抽也。條，始長也。與'漸包'、'惟喬'之義異矣。"承林説而指出兗與徐揚之草木尚有別。自宋至清治《尚書》者多宗林氏之説。

　　按，兗州居濟、河之間，主要爲九河之地，屬今河北黑龍港地區（見上"九河"考釋）。據《河北平原黑龍港地區古河道圖》的"説明"中指出，這一地區"是歷史上旱、澇、鹼、鹹灾害嚴重的地區，是我省糧棉産量低而不穩的地區"。雖然自九河之南至濟水流域還有沃地，而且古今情況可以發生差别，但其根本地貌當不會大變，九河地區又占兗州的絶大部分，所以把兗州這塊土地過分的夸張爲肥美之地是不完全符合實際的。宋儒着重説明它原來水害重，由於治理使得草木復盛,應是説得通的。

清王夫之《稗疏》又提出與宋儒相異之説云:"穀之産因於地之宜,地之宜驗於草木之生。故《經》於辨土之後,紀其草木之別,所以物土宜而審播種也。南北異地,九州異質,風氣異感,故草木異族而百穀亦異産矣。繇、條、漸包、夭、喬者,草本因地性之故別,非由治水而始然也。……林氏乃謂洪水爲患,草木不得其生,至是始遂其性。豈知草木之性遂,適以害嘉穀,塞途徑,深沮洳,釀嵐蟲,蕃禽獸,以與人爭命乎。……《經》紀草木以物土而非序績可知已。……所以惟兗、徐、揚三州紀草木者,此三州平衍之區,無高山大谷,草木尠生,可以區別。而六州之或山或谷,或原或澤,其地不齊,一州之間各自殊別,不可定也。"這是説各州是根據土壤物産的特點來作記載,而不是叙禹治水功績,則更近實。辛樹幟先生《禹貢新解》説:"王船山氏以物土之宜釋兗、徐、揚三州的草木是對的。"但對後面幾句話提出批評説:"這可説只知其一,不知其二。我以爲兗、徐、揚三州屬平衍之區,各州之間無高山爲之阻隔,三州自南至北地域相連,由物産之異足以説明南北氣候之殊。《禹貢》作者特於此三州記載草木,其原因或屬於此。"這一説兼及氣候,討論就比較深入些了。

⑨厥田惟中下——《夏本紀》作"田中下",《漢志》作"厥田中下"。此史文删削之異。僞孔云:"田第六。"指出兗州田是第六等。根據"冀州章"的解釋,可推知當時兗州農業發展水平在各州中居於中下等。

⑩厥賦貞——《夏本紀》、《漢志》皆無"厥"字。隸古寫本松田本此句"賦"下有"惟"字,當是蒙上數句增衍。鄭玄將"貞"字連下句讀,作"貞作十有三載"。其注云:"貞,正也。治此州正作不休十三年,乃有賦與八州同,言功難也,其賦下下。"(《夏本紀·集解》

引。孫星衍《注疏》則爲鄭斷句爲“厥賦貞作”，失鄭意。）此州賦等第原未明叙，鄭玄除作出解釋外，並補其等第爲“下下”。江聲《音疏》所引《史記集解》如此作，今流行殿版同，然自宋人至清人所引《史記》別本多作“中下”，陳喬樅《經説考》云：“中下當爲下下之誤。”

僞《孔傳》云：“貞，正也。州第九，賦正與九相當。”《孔疏》：“《周易》‘彖’、‘象’皆以貞爲正也。諸州賦無下下，貞即‘下下’爲第九也。此州治水最在後畢，州爲第九；成功，其賦亦爲第九。列賦於九州之差，與第九州相當，故變文爲‘貞’見此意也。”意謂變用“貞”字表示下下之意。

宋人多提出新解。蘇軾《書傳》云：“貞，正也。賦隨田高下，此其正也。……此州田中下，賦亦中下，田賦皆第六，故曰貞。”林之奇《全解》駁之云：“九州之賦相校而爲上下之等，雍州之賦出第六，而兗州之賦不應又出於第六也。”茅氏《滙疏》引朱氏云：“貞者，隨所卜而後定之名也。”《錐指》駁云：“以貞爲卜，義亦未當。”薛季宣《書古文訓》云：“貞，無交錯之名也。九州之賦交正庶土，用相補除。……兗州正出本等，無補除也。”葉夢得《書傳》云：“九州之賦無下下，賦以薄爲正，則貞謂下下也。”曾旼《尚書講義》、蔡氏《書集傳》、黃鎮成《書通考》等，皆承用“薄賦爲正”之説。陳大猷《或問》駁之云：“以薄爲正，豈他州之賦皆非其正乎？孟子言‘輕於堯舜者爲貉道，重於堯舜者爲桀道’。故古人以什一爲天下中正，豈但取於薄乎。皆失牽强，故缺以待知者。”後袁仁《尚書砭蔡篇》全襲用陳説以駁蔡沈。

宋末馬廷鸞（端臨父）《六經集傳》云：“貞字不過‘下下’之誤耳，不煩於貞字取義。”（陳櫟《書傳纂疏》引）此説甚有見地，不知是

其創見,抑受稍後進的金履祥的影響? 金氏《尚書表注》云:"貞,本
'下下'篆文重字,但於字下從二。兗賦下下,古篆作'丟',或誤作
'正',遂訛爲貞。又古通作歪,尤與'下下'易善互也。"這是根據宋
代發達的金石學的成就提出的卓見,因古金文中常見重文以"二"爲
標識。馬、金倡此説,陳櫟又稱引之,是宋元以來頗重此説。胡渭
《錐指》始反對之云:"此説尤非。《經》果曰'厥賦下下',則下文義
不可通矣。"這是出於傳統的偏見。清儒仍有相信馬、金之説者,如
沈彤《尚書小疏》云:"此説近是。"近人曾運乾《正讀》亦從之。此確
是諸説中有價值的一説。

　　胡渭之説見於《錐指》云:"韓康伯注《易》'貞勝'曰:'貞,正
也,一也。'貞訓正,兼有一義。'厥賦貞',謂十二歲之中賦法始終
如一也。……第十三載然後賦法同於他州(此指下一句)。……兗
賦法異於他州,言'貞'則其義見,言'下下'則其義不見,故不曰'厥
賦下下'而曰'厥賦貞'也。《易·文言》'貞固是以幹事',是貞亦兼
有固義……'厥賦貞'當作此解。"這是根據《易》的貞字的一些訓義
生吞活剥地來作解釋,説給兗州的賦規定十二年不變。

　　王氏《後案》釋鄭玄"正作不休"云:"此'貞作'自是謂使民自治
其田。"孫星衍《注疏》云:"讀'厥賦貞作'爲句,以'作'爲耕作也。
應劭注《漢書》云:'東作,耕也。'蓋兗州被水害最深,故成賦最後。"
朱駿聲《便讀》依孫氏句讀釋爲:"作,起而耕治也。"都以"貞作"連
讀,釋爲耕作。

　　牟庭《同文尚書》云:"賦第九謂之貞者,元爲始,貞爲終。……
賦之終殿爲'賦貞',其義同也。……上供薄少,則人情耻惡,故田可
以言下下,而賦獨變文而稱貞耳。"竟以爲説"賦下下"面子不好看,
故改用好聽的"貞"字。

　　俞樾《平議》云："鄭訓'貞'爲正者，蓋謂正當也。《廣韻》曰：'正，正當也。'厥田中下，厥賦亦中下……故變文曰'厥賦貞'也。"此與蘇軾《書傳》之説同，林之奇已駁之矣。俞氏又謂鄭玄"正作不休"之"正"爲工字之誤，係涉上文誤寫，只可備一説。簡朝亮以"貞"爲問龜之義，略近《匯疏》引米氏説，但用法不同。其《述疏》云："凡歲計之時，賦者問歲之既往而定之，異乎卜者問歲之未來而定之也。"楊筠如《覈詁》亦從卜問之義出發，並亦句讀爲"厥賦貞作"，釋云："貞即偵探之偵。《説文》：'貞，卜問也。'《廣雅》：'偵，問也。'是其義相同。《晉語》'貞之無報也'，'貞'亦當爲偵。《集韻》：'貞又作偵。'《周易》：'恒其德，貞。'《禮記·緇衣》貞作偵。貞、偵蓋古今字，由卜問之義引申而爲偵察之義也。'作'，當如'任土作貢'之作。'貞作'，即言作賦之事，謂偵察而作也。"

　　上引諸家巧尋了許多解釋，還有不少未曾加以引録，説明這是一不易捉摸的問題，盡可由得各人馳騁自己的想法看法。其實諸説中唯有馬廷鸞、金履祥以"貞"爲"下下"之誤一説爲較近實。因爲：（一）《禹貢》各州"厥賦"下都叙明該州賦的等第，這是通例，兗州不容例外。（二）九州賦爲九等，文中自上上至下中都有了，獨缺下下，正是兗州賦所缺的等第。（三）貞字在此不通，是一明顯的誤字，各家震於它是"經"文，只能順着它去解釋，都成了瞎子斷匾式的妄説。（四）馬、金提出"貞"爲"下下"之誤，有當時的金石學知識爲根據。（五）近代金文常識足以印證此説正確。今采用其説。

　　⑪作十有三載乃同——"載"，《夏本紀》、《漢志》皆作"年"，以爲今文。《釋文》："載，馬、鄭本作年。"以爲古文。僞古文始作"載"。《同文尚書》謂"王肅作載，而僞孔從之"，不詳其所據。薛本載字作隸古異體，同"既載壺口"之載，見該處校釋。《後案》云："《爾

雅》：‘唐虞曰載，夏曰歲，商曰祀，周曰年。’僞古文斤斤守之不失（中列舉僞《大禹謨》、《胤徵》、《伊訓》、《太甲》、《泰誓》等篇按各代用此諸字。）豈知古人臨文正不拘，《堯典》‘三載汝陟帝位’，鄭作‘三年’；‘百姓如喪考妣三載’，《孟子》作‘三年’；劉歆引《伊訓》云：‘惟太甲元年’；《論語》引《書》‘高宗諒陰三年不言’；《多方》前云‘五年’，後云‘五祀’：是皆通稱。此載字當從馬、鄭作‘年’。”“乃”，《漢志》作“廼”，作爲副詞，當用廼字，詳前《堯典》“乃命羲和”校釋。

　　馬融注云：“禹治水三年八州平，故堯以爲功而禪舜。”《孔疏》引此並爲之説云：“是十二年而八州平，十三年而兗州平。兗州平在舜受終之年也。”僞《孔傳》云：“治水十三年，乃有賦法與他州同。”《孔疏》：“‘作’者，役功作務，謂治水也。治水十三年乃有賦法，始得貢賦與他州同也。他州十二年，此州十三年，比於他州最在後也。《堯典》言鯀治水九載績用不成……禹治水三載功成。……此言十三載者，併鯀九載數之。”這是將十三年釋爲治水年數，包括鯀、禹兩人治水年數在内。

　　自宋迄清不乏承此治水説者，惟計算年數或有異。如朱熹云：“禹治水八年，此言十三載者，通始治水八年言之，則此州水平其後他州五年歟？”又云：“禹用功處多在河，所以於兗州下記‘作十有三載乃同’。此言等爲治河也。”（董鼎《輯録纂注》引）黄度《書説》同此義。清孫星衍《注疏》引《史記·河渠書》所載《夏書》曰“禹抑鴻水十三年，過家不入門”，以校馬融説，以爲與上引鄭玄説異。皮錫瑞《考證》亦引《河渠書》此語，以爲鄭説與《史記》合，而馬融説與《史記》不合，以爲是古文異説。皮未深考鄭説非言治水，年數雖同而實與《史記》不合。皮又引《三國志·高唐隆傳》謂“文命（相傳禹名)隨山刊木前後歷年二十二載",亦合禹之十三年與鯀九年計之,同《史記》説云。皮此處襲用曾旼《尚書講義》語(見林之奇《全解》引)。清末吳汝綸《經説》據《夏本紀》説禹"勞身焦思居外十三年"及《河渠書》之文,又孟子所説禹"八年在外三過其門"等語,以評馬融説之不盡合。這些都是把傳説中禹治水的年數作信史來推求,是不足信的。

另有也持治水之説而説法不同者,爲元吳澄《書纂言》:"同,謂一州之内或高或下,水患皆平。若有一處未平,則不可謂同也。兗水最甚,故作治十有三載乃同也。"是把"同"字不釋爲賦税同而釋爲州内治水同。

上文"厥賦貞"校釋引鄭玄注:"治此州正作不休十三年,乃有賦與八州同。"則明謂十三年是治兗州年數。至宋林之奇《全解》云:"説者多以十三載爲禹治水所歷之年……此文承於'厥賦貞'之下……是專爲兗州之賦而言也。蓋兗州之賦必待十有三載然後同於餘州,非所謂此州治水必至十三年而成功,則其文勢不應在於'桑土既蠶是降丘宅土'之下也。"始明確指出非治水之年。王炎《禹貢辨》云:"水患未盡去,則賦難定其等,故十三載始校所收而定其賦之下下。"(陳櫟《纂疏》引)此亦謂治此州之年。《蔡傳》繼云:"兗當河下流之衝,水激而湍悍,地平而土疏,被害尤劇,今水患雖平,而卑濕沮洳未必盡去,土曠人稀,生理鮮少,必作治十有三載,然後賦法同於他州,此爲田賦而言。"接着批評了僞孔的錯誤。元人王充耘《書管見》云:"兗州……當河下流,又有九黃河衝冒,受患最深,其用功最先而成功獨厚。水平之後,田地既可耕作矣,又必優之十二年,待其一紀之後,歲星一周,天道變於上,地力復於下,然後使之供輸於公上。此同他州,蓋因其受患之深,所以優恤之至。"

明王樵《尚書日記》云："作十有三載乃同，此句因田賦而言，則'作'爲耕作之作，乃合記田賦之通例。九州通例，記水土平治後，始及田賦，並無田賦之後又言治水。兖地雖最下，亦不應治水獨至十三年之久也。注疏附合十三年之數尤鑿。"清牟庭《同文尚書》說："須耕作十三年，乃與諸州同入賦也。"這一派的解釋，比治水說要正確。

胡渭《錐指》云："《禹貢》言'作'者四：冀，'大陸既作'；青，'萊夷作牧'；荊，'雲夢土作乂'；及此'作十有三載乃同'是也。彼三州皆以'作'爲耕作，則此州何獨以'作'爲治水耶？總由漢儒錯解此經以十有三載爲河水初平之年，後人逐踵其謬耳。今按禹之治兖……其功已畢，民皆降丘宅土矣，豈必遲之又久而後平，乃始有賦法也哉！以初年所入之數爲準，一紀之中概從其薄，貞一而不變，此是兖之賦法而與他州不同，至十有三載，地力加厚，人工益修，乃同於他州平。"胡氏進一步闡明了非治水之說而爲治兖州之說，是可取的。其文末又重復了王天與歲星十二周年美惡周而一復的占星家說法，則是不科學的。王氏《後案》由於尊鄭，亦反對馬融、僞孔治水之說。此說直至近代多爲學者所相信，如簡朝亮《述疏》、楊筠如《覈詁》等皆同意此治兖州而非治河水之說。

⑫厥貢漆絲——敦煌本 P3615、薛本漆皆作"𣾰"，岩崎本作"𣾰"。按《古文四聲韻》諸漆字之古體，顯然是六朝時造作的一種隸古奇字，不過郭忠恕《汗簡》未收此字，或係夏竦據另一隸古傳本。段氏《撰異》云："依《說文》'桼'爲木汁，'漆'爲水名。《周禮》'桼林之徵'故書'桼林'爲'漆林'。杜子春云：'當爲桼林。'然則自古通用，姑仍舊也。"

鄭玄注云："貢者，百功之府，受而藏之。"（《孔疏》引）蓋據《周禮·天官》：“大府掌九貢九賦九功之貳，以受其貨賄之入。”又：“内府掌受九貢九賦九功之貨賄。”以及其他如玉府、外府、《春官》天府等都有典藏財貨寶器之責，因而成此注。又鄭注《周禮·小司徒》“以任地事而令貢賦”云：“貢謂九穀三澤之材也，賦謂出車徒給徭役也。”又《周禮·太宰》“五曰賦貢”鄭玄注云：“賦，口率出泉也。貢，功也，九職之功所税也。”鄭一人説即不一致，不如《太宰釋文》引干注云：“賦，上之所求於下；貢，下之所獻於上。”尚較簡明而得其實質。其實當時所謂“賦”，主要是指斂取土地上的各項出産（見“冀州章”校釋，又《公羊傳·哀公十二年》何休注：“賦者，斂取其財物也。”）而所謂“貢”，則是指各州本土所出的特産獻給中央王朝。故《蔡傳》云：“貢者，下獻其土所有於上也。”由《禹貢》所記之貢即明此義，如兗州在古時擅名的特産是漆和絲，就以此作爲該州的貢物。

⑬厥篚織文——“篚”，《漢志》作“棐”。師古注：“棐與篚同。篚，竹器筐屬也。”《漢書·食貨志》：“禹平洪水，定九州，制土田，各因所生，土遠近賦入貢棐。”是漢今文作棐。僞古文隸古定本中薛本襲用棐字（全篇同，下不復出校）。

“織”，薛本作“䙵”，敦煌本 P3615、岩崎本作“䙦”，按《汗簡》“戈部”及《古文四聲韻》“職部”引《古尚書》及《纂古》皆同此字而筆畫略有增益。金文中《叔夷鐘》有“䙵”字，孫詒讓《古籀遺拾》釋爲織，通職；郭沫若《考釋》逕釋爲職。《毛公鼎》有“䙵”字，吳闓生《吉金文録》釋爲職之借字，意爲織的本字，與孫説同。並云：“折職猶言隕職僨事也，諸家皆以緘字釋，未是。”孫、吳説並確，知隸古定此字原有古籀根據。

鄭玄注云：“貢者……其實於篚者，入於女功，故以貢篚別之。”

《孔疏》引此並釋云：“歷檢筐之所盛皆供衣服之用，入於女功如鄭言矣。”説明放在筐中的衣用之物也屬於貢物。僞《孔傳》云：“織文，錦綺之屬，盛之筐篚而貢焉。”《孔疏》：“綺是織繒之有文者，是綾錦之别名，故云‘綿綺之屬’，皆是織而有文者也。篚是入貢之時，盛在於篚，故云‘盛之筐篚而貢焉’。”所謂“織而有文者”，是指有花紋圖案的絲織品。朱熹云：“織文，綾羅之屬。”（《匯疏》引）吳澄《書纂言》承此云：“織而成文，綾羅之屬。”又釋揚州章之“織貝”云：“染其絲五色織之成文者曰織貝，不染五色而織之成文者曰織文。”依此説，則織文是非彩色的有花紋的素絲織品。而徐文靖《禹貢會箋》則云：“據《禮記·深衣》‘士不衣織’。鄭注曰：‘織，染絲織之。士衣染繒也。’是織文乃染絲織之而有文，非必爲錦綺也。”則又釋爲染色者。此等處不必深求，總之是有圖紋的絲織品，因它貴重而又易損壞，所以裝在竹筐裏進貢，和漆、絲的包裝方式不同。黄鎮成《尚書通考》“貢篚”下云：“愚按八州言貢復别篚者，篚所以盛精致之物，非織文則纖縞之屬是也。若漆絲鹽絺之類，其重且多，非可以篚盛之，故别言也。”指出了精致之貢物入篚，量多而重之物不入篚，似尚近理。

　　按，林氏《全解》襲用鄭玄注云：“有貢又有篚者，所貢之物入於篚也。”因説明篚中的織文和前面的漆、絲同樣是貢物。黄鎮成之説即在此説基礎上按貢物情況亦不同提出。可知厥篚是“厥貢”中的一部分，正和“厥草”是叙述“厥土”中的一部分一樣，不能就字面把二“厥”字看成是並列的。

　　⑭浮于濟漯——“濟”，原作“泲”，已見上。“漯”，原作“濕”。段氏《撰異》云：“《五經文字》‘水部’濕、漯二字下曰：‘他帀反。’上，《説文》；下，經典相承隸省。兗州水名，經典相承以爲燥溼之溼

（石本涇作濕），別以灅爲此字。《夏書》與《釋文》合，與字義不同。顧氏藹吉《隸辨》曰：'累即絫之省，而訛"曰"爲"田"耳。'如顯亦從絫。《綏民校尉熊君碑》'顯'皆爲'㬎'，與'濕'之爲'灅'正同。《漢書・功臣表》有濕陰侯，《地理志》、《霍去病傳》、《王莽傳》皆作灅陰，則濕、灅本是一字。王氏鳴盛曰：'漢千乘郡有濕沃縣，濕水所經，《地理志》作涇而《水經注》不誤。'玉裁按，漢碑借濕、灅爲涇字，今人以濕爲涇本字，而濕水乃作灅。據《五經文字》，則《釋文》已然，不煩議改。"成氏《班義述》云："灅者濕之隸變。漢隸從絫之字或變從㬎，如《處士嚴發殘碑》'以顯寶玉'……是。或又省從絫，如《綏民校尉熊君碑》……是。濕之變灅，正與此同。灅非古文所有。……濕即㬎之省。《漢孝堂山石室畫像題字》、《韓勑修造孔廟禮器碑》……字正作濕。㬎，古文。灅，今文。"是灅水原稱濕水，見《説文・水部》及漢碑濕字。因字訛變而稱灅水，已習用，不改。

　　戰國時《孟子・滕文公上》已有禹治濟、漯的話，所流傳的《穆天子傳》也説周穆王釣於漯水和飲馬於漯水。《史記・河渠書》説禹治洪水，導河至大伾後分爲二渠，曹魏時孟康注明二渠爲河及漯水。《漢書・地理志》有漯水出東武陽（今山東莘縣南），出高唐（今山東禹城西）兩説。《水經注》記漯水逕東武陽、高唐等十餘縣至千乘縣馬常坑入海，至北魏時已輟流。自後《孔疏》、《通典》、程大昌《禹貢論》、《蔡傳》、陳師凱《書傳旁通》、黃度《尚書説》、《金史・地理志》、王樵《尚書日記》、茅瑞徵《禹貢匯疏》、王夫之《稗疏》、胡渭《錐指》、蔣廷錫《今釋》、王鳴盛《後案》、成孺《班義述》、楊守敬《禹貢本義》及近人史念海《河山集》等等著作，各對漯水作了詳略不等的考訂或論述，可以相互參校，取得對漯水的簡要認識。

　　大抵據"導水章"，古大河過洛汭後，東流至今滎陽境分出一條支津濟水；再稍東北流至大伾山之西即今浚縣境，河身北折。在此地向東分出最大的支津漯水，又稱武水、會水，俗又名土河、源河。漯水歷今濮陽、清豐、范縣、莘縣、聊城、博平鎮、高唐、禹城、濟陽、高青等縣，至馬常坑（在春秋齊千乘邑、漢千乘縣、今高青東、濱縣、利津南）入海。古時濟水通漯，漯水通河，《禹貢》中列爲兗州的貢道。濟漯相通處據《錐指》考定在今茌平縣東的四瀆津，即由枝津逕通。一説謂周定王五年（前605）河徙，由宿胥口（今浚縣西南）東行占了漯川，至長壽津（今滑縣東北）舍漯別行（見《錐指》）。一説否定了此年有宿胥口河徙之事，以爲戰國末期河水有一部分在阿、鄄、聊城、平原一綫奪占漯水東行（見史念海《論〈禹貢〉的導河和春秋戰國時期的黃河》）。總之不影響漯川主要河道綫。到漢武帝元光三年（前132）河水東徙，從頓丘（今濮陽北）入占漯川，東行至東武陽南的委粟津（今范縣之北）離開漯水東南流，漯水在河道之北自行向東北流，約四百餘里至高唐（今禹城縣西）境，又逢河水自南來，河水橫絶漯水北去，折而東北流至渤海郡以入海，分出一部分河水由漯水河道向東北流入海（見《水經注》謂漯水“河盛則通津委海，水耗則微涓絶流”）。北魏之世漯水已經輟流，然歷唐至宋，或有或無，蓋至宋始全涸。金時偶或見其片段，亦不大可據。後世河流大體可當漯水故道的，有范縣以下至於濟陽的徒駭河，但自濟陽以下，當是大清河至濱縣以上的一段（今爲黃河河道，非拒馬河唐河合流之大清河）。因古漯水止於今濱縣以上的高青縣境，其在古千乘縣（今高青東）馬常坑入海之迹，因已升爲陸地而不可尋了（古海岸綫在今墾利、沾化之西，利津正在海濱，馬常坑實爲在其南的一小海港）。

　　“浮”，僞《孔傳》云：“順流曰浮。”顏師古《漢志》注云：“浮，以舟渡也。”林氏《全解》引顏説云：“以舟行水曰浮，言泛舟於濟漯而後達於河也。”毛晃《禹貢指南》、蔡沈《蔡傳》、吳澄《書纂言》等皆承顏說，而陳經《尚書詳解》承僞孔說。自以泛舟於水釋“浮”字義較切，因自濟入漯、入河皆非順流。

　　⑮達于河——“達”，《夏本紀》及《漢志》皆作“通”，下文青、徐、揚三州達字，《夏本紀》皆作“通”，惟豫州者仍作“達”；《漢志》惟揚州者作“通”，青、徐皆作“達”，而豫州作“入”。《撰異》謂《夏本紀》、《漢志》之“達”都是“通”之誤，並云：“凡《古文尚書》皆作‘達’，凡《今文尚書》皆作‘通’。《顧命》‘用克達殷’，《漢石經》作‘通殷’，是可以得其例。《史記》多以故訓之字易其本字，而‘通’字則仍今文之舊，非易字也。《漢書》述《禹貢》不易字而皆作‘通’，此可證《今文尚書》本如是。”

　　僞《孔傳》云：“因水入水曰達。”《孔疏》：“當謂從水入水，不須舍舟而陸行也。‘揚州’云：‘沿于江海達于淮泗。’是言水路相通，得乘舟徑達也。”毛晃《指南》則云“自此通彼曰達”，似作一般字義解釋，實際采《夏本紀》、《漢志》“通”字爲釋，指自此水通彼水。《孔疏》亦用此義而解釋更較具體。

　　以上這一節，是“兗州章”。

　　海岱惟青州①。嵎夷②既略③，濰④淄⑤其道⑥。厥土：白墳⑦，海濱廣斥⑧。厥田：惟上下。厥賦：中上⑨。厥⑩貢：鹽⑪、絺⑫、海物⑬、惟錯⑭，岱畎⑮絲、枲、鉛、松、怪石⑯，萊夷作牧⑰，厥篚檿絲⑱。浮于汶⑲，達于濟⑳。

　　①海岱惟青州——“惟”，《夏本紀》作“維”。皮錫瑞《考證》據此句謂“歐陽、夏侯之本不同”。以班氏世傳夏侯《尚書》，《漢志》用

夏侯本,《夏本紀》用歐陽本,皆今文。說與《匡謬正俗》今文作維、古文作惟之說異。以爲維惟古通用,非是《漢書》用古文。《匡謬》說已見《堯典》校釋。

　　“海”,《錐指》釋爲東海,古時東海係泛稱,此州之海實指今山東半島所臨的黃海和半島北面的渤海。“岱”,岩崎本訛作“峸”。《史記·封禪書》:“岱宗,泰山也。”鄭玄注《禹貢》此句云:“東至海,西至岱。”(《夏本紀集解》引)僞《孔傳》:“東北據海,西南距岱。”《孔疏》:“青州之境非至海畔而已,故言‘據’也。漢末有公孫度者竊遼東,自號青州刺史。”公孫度當根據該地傳統的地名,是青州包括遼東。《史記正義》云:“舜分青州爲營州、遼西及遼東。”亦反映青州原包括今山東半島及遼東遼西諸地。故《東坡書傳》云“西南至岱宗,東北跨海至遼東”。州境即從西南邊的泰山越過東北的渤海、黃海到遼東全境。“海岱惟青州”,跨海部分和岱山之間的區域是青州。

　　《通典》、《輿地廣記》、《文獻通考》、《錐指》等書先後載明青州地域範圍所當先秦至清代郡國州縣名,大抵即今山東半島和遼東之地。其東面的鴨綠江與朝鮮分界;其南面以泰沂山脉及汶水與徐州分界;其西面南段以古濟水(即今黃河和小清河)與兗州分界,北段以遼河與冀州分界;其北面則隨嵎夷族包括鳥夷族(如肅慎等)所至之境爲境。

　　《呂氏春秋·有始覽》云:“東方爲青州。”可知青州之得名,是由於五色配五方的思想來的。(40年代長沙出土戰國繒書中五色配五方,尚未形成陰陽五行說思想。參看起釪《釋尚書甘誓的五行與三正》,載《古史續辯》。)山東半島與遼東半島處九州之最東,故有此名。入漢以後有轉稱營州者(《爾雅》有營州無青州),由於此地以營丘擅名(即齊都臨淄)，而青、營一聲之轉(古韻皆耕部，古聲紐皆齒音)所致。亦由於當初以青爲州名時，尚處五行思想準備階段，在《禹貢》內未廣泛采用(各州土壤亦不合五方色)，所以後來稱此州不怎麽株守它，可以寫成同音異字(詳起釪撰《禹貢青州地理叢考》，以下簡稱《叢考》)。

②嵎夷——《夏本紀·索隱》："按《今文尚書》及《帝命驗》並作'禺銕'，在遼西。'銕'，古夷字也。"(此據殿本)《撰異》："司馬貞所云《今文尚書》，蓋漢《一字石經》拓本存於秘府及民間者也。《堯典·釋文》亦云：'《尚書考靈曜》及《史記》作禺銕。'凡緯書出於漢，故《考靈曜》、《帝命驗》皆《今文尚書》也。"《說文·土部》"堣"字下引《尚書》作"堣夷"，此爲古文。敦煌本 P3615、內野本、岩崎本皆作"嵎尸"，《蜀石經》殘石及薛本作"堣尸"，此爲僞古文(尸字見上"鳥夷"校釋)。而《夏本紀·索隱》所引今文，早期流傳本《史記》皆作"禺鐵"，見《錐指》所引，並云："檢《史記》無作'禺銕'者，唯《說文》作'嵎銕'。銕字見金部云：'古文鐵從夷。'從夷則可讀爲夷(江聲《音疏》："鐵，弋脂反")，不當作鐵，其作鐵者蓋後人傳寫之誤。"段氏所見本亦作禺鐵，《撰異》指出"鐵當作銕"。殿本已據以校正作銕。而《五帝本紀》"嵎夷"作"郁夷"。于省吾《尚書新證》謂"以其背山故作嵎，以其面海石瀉鹵之地故作齫"(並見《堯典》嵎夷校釋)。

"嵎夷"是古代東方"九夷"總的稱呼(九夷見《後漢書·東夷傳》)，沿諸族鳥圖騰遺習，統稱鳥夷，其中有九類居住在東方海隅轉稱隅夷，《禹貢》青州所叙的，是指居住在遼東的這一部分少數民族。

③既略——《蜀石經》殘石及薛本作"旡觺"。林氏《全解》引曾旼說，及《禹貢匯疏》引楊慎說，又《錐指》說，皆援《左傳》的《昭公七

年》、《定公四年》有關“封略”之文，釋“略”爲劃定疆界。“嵎夷既略”，是說已給青州境内的嵎夷劃定疆界，使之安定居住（與②並詳《叢考》）。

④濰——《漢志》與隸古定、敦煌本 P3615、《蜀石經》殘石及薛本皆作“惟”，岩崎本作“淮”。《釋文》：“濰，音惟，本亦作‘惟’，又作‘維’。”按《説文》濰字亦云“從水，維聲”。顧炎武《日知録》云：“其字或省水作‘維’，或省糸作‘淮’，又或從心作‘惟’，總是一字也。《漢書·地理志》琅邪郡朱虛下、箕下作‘維’，靈門下、横下、折泉下又作‘淮’，上文引《禹貢》‘惟甾其道’又作‘惟’，一卷之中，異文三見。（馬文煒曰：《漢書·王子侯表》城陽頃王子東淮侯類封北海，按北海郡別無淮水，蓋亦濰之異文。）《通鑑·梁武帝紀》魏李叔仁擊邢杲於惟水。（胡三省注：“惟當作濰。”）古人之文或省或借，其旁並從鳥佳之佳則一爾。後人誤讀爲‘淮沂其乂’之淮而呼此水爲槐河，失之矣。”《錐指》全録此段，《後案》引録後云：“是濰、維、惟、淮一字也。”段氏《撰異》則云：“其實班氏書一篇一郡内不應字體淆亂如此，皆轉寫失之也。”蓋由轉寫之失出現了濰、維、惟、淮四字，皆指濰水。

濰水所在見《漢志》琅邪郡箕縣（今莒縣北，沂水東北）下：“《禹貢》濰水，北至都昌（今昌邑）入海。”《説文·水部》：“濰水出琅邪箕屋山（今莒縣北九十里，亦名濰山），東入海。”《水經注》、易祓《禹貢疆理記》、胡渭《錐指》、蔣廷錫《尚書地理今釋》分別詳記北魏、宋代及清代流程。按現在説，濰水出今山東莒縣北濰山（漢代名屋山），亦名覆舟山、清風山，東至諸城，北流歷高密、安丘、濰縣，至昌邑東北五十里入海（詳《叢考》）。

⑤“淄”——《漢志》、《蜀石經》殘石及薛季宣隸古定本皆作

“甾”。江聲《音疏》云：“甾，側嗣反。僞孔本作‘淄’，《周禮》作‘葘’，《漢書》作‘甾’。按《說文》水部無淄字，而艸部葘字或省作甾，然則淄是俗字。”孫氏《注疏》：“淄，俗字。《說文》無淄字，俗加水也。”又段氏《撰異》云：“淄水之字，《地理志》作‘甾’，《夏本紀》、《水經注》則作‘淄’，《廣韻》曰：‘古通用葘。’按《周禮·職方》‘其浸葘時’，字正作葘，則可知非甾字也。今依《釋文》、《唐石經》、《廣韻》作淄。”段說可從。

淄水所在，見《漢志》泰山郡萊蕪縣（今山東淄博市淄川鎮東南，益都縣西南，遠在今萊蕪縣東北）下：“原山，甾水所出，東至博昌（今博興縣東南）入泲（濟）。”《水經》則云：“淄水出泰山萊蕪縣原山（《注》謂又稱原泉，《淮南子》作‘飴山’。《齊乘》作‘岳陽山’），又東北過臨淄……利縣（今廣饒北）……入于海。”一說入濟、一說入海，引起歷代爭論。實際是隨歷史時代之不同出現的變動。《水經注》、《括地志》、《禹貢疆理記》、《齊乘》、《錐指》、《地理今釋》皆記淄水流程，大抵淄水出今益都縣西南的原泉，歷臨淄、博興東、廣饒北，至此境後幾經變遷，《禹貢》時期迄西漢，於此境（漢之博昌，今博興東）入濟。王莽時期濟水曾涸，故東漢時在此境（漢之利縣，今廣饒北）過巨淀泊（元明稱清水泊）北出，有時水會澠水來注，然後東北循馬車瀆（今高家港）入渤海（據《錐指》）。而晉時濟水至博昌入海，則淄可復與濟會。隋唐迄北宋文獻中未言巨淀泊，而或言入海（《孔疏》、《東坡書傳》），或言入濟（《蔡傳》等），金代濟、漯等水及時水流爲大清、小清二河，濟水下游合時水爲小清河，淄水遂於今壽光西境過清水泊入小清河。迄於近世未變（詳《叢考》）。

⑥其道——《夏本紀》作“既道”。“道”，治（《廣雅·釋詁》）。江聲《音疏》云：“古字‘其’、‘既’通。”自後清代迄近世治《尚書》者

多從之。其實《夏本紀》只是蒙上句"嵎夷既道"之"既"字偶誤,原文固當作"其",由《漢志》作"其"可證。兩句連文,"既"、"其"皆爲時間副詞,"既"表過去,同"已經";"其"表未來,同"將要",惟有"必將"之意。是說嵎夷的區域已經劃定了,濰淄兩水域也可治好了。意爲人民可以安居了。

青州分遼東半島與山東半島兩部分,"嵎夷既略"是解決遼東半島的治理問題,"濰淄其道"是解決山東半島的治理問題。這是治理青州的兩個重點(詳《叢考》)。

⑦厥土白墳——"厥",《夏本紀》作"其"。"白",隸古定本有奇字,已見冀州章"白壤"。由上節校釋知"墳"是有膏肥的沃壤,"白墳"當即是色較淺的膏肥土壤。(夏緯英《管子地員篇校釋》亦以淺淡色釋"白",該書第 41 頁說:"古人記植物的顏色,凡是說'白'的常指淡綠,說'黑'的常指深綠。"又第 48 頁說:"白是土乾後的色,輕飄的土,往往乾白。")《史記·貨殖列傳》說:"齊帶山海,膏壤千里。"可爲此印證。林之奇《全解》云:"此山之土有二種,平地之土則色白而性墳,至於海濱之土則彌望皆斥鹵之地。"陳恩鳳《中國土壤地理》第七章《禹貢所述土壤之解釋》云:"青爲今之山東半島,丘陵地多爲棕壤,惟於古代亦多森林,所積腐植質因沿海濕潤而較豐,但爲酸性,成爲灰壤,或即所稱'白壤'。又中國科學院地理研究所編《中國省區地理》云:"膠東半島和魯中南的東南部……發育着棕壤,魯中南的西北部……爲淋溶褐土;魯西北平原受草甸植被的影響,形成爲大面積的淺色草甸土。"則所謂白壤當指灰壤或淺色草甸土。

牟庭《同文尚書》提出一說云:"'白墳'當爲'黃墳','廣斥'當爲'白斥'。此二字互易其處,'黃'又形誤爲'廣'也。此經分別土色與土性,非常論其廣狹;且青州多黃土,而海濱色白,至今可以目驗,其誤易知也。《夏本紀》、《地理志》均上'白'下'廣',與僞孔同,此自伏生、真孔失之也。"牟爲山東人,根據自己對山東土壤外觀所得的印象提出此意見,值得重視。但近代土壤學者測定山東土壤多灰壤,或淺色草甸土,當比牟氏但憑目驗表象較確。故仍取土壤學意見。

⑧海濱廣斥——《夏本紀》作"海濱廣潟厥田斥鹵"。《集解》:"徐廣曰:'(潟)一作澤,又作斥。'鄭玄曰:'斥謂地鹹鹵。'"《漢志》作"海瀕廣潟"。岩崎本、敦煌 P3615 作"海濱廣庐",《蜀石經》殘石及薛本則作"海瀕廣庐"(其海字"每"在"水"上,乃故異體。瀕字則"水"夾"步"的兩"止"之中,效《說文》瀕的篆文而作隸定)。由上可知"濱"又作瀕。"斥"又作潟、澤、庐,亦作舄。(見《河渠書》"既澤鹵"《索隱》:"澤一作舄,音昔,本或作斥。"《漢志》:"齊地負海舄鹵。"《溝洫志》:"終古舄鹵。")

《夏本紀》"厥田斥鹵"爲衍文。段氏《撰異》指出:"此四字誤剩。《史記》述《禹貢》'厥'皆作'其',不應此獨云'厥'。蓋'斥鹵'系潟字之注,'厥田'本下屬。"又云:"《集解》引鄭注曰'斥謂地鹹鹵'……讀者疑正文無'斥'字,乃增之以'厥田斥鹵'。"皮氏《考證》、陳喬樅《經說考》皆從段說,甚是。

"濱",江聲《音疏》云:"瀕俗作水傍賓,不成字。"孫星衍《注疏》及皮氏《考證》亦謂"濱"俗字。按,《說文·頻部》:"瀕,水厓,人所賓附,頻蹙不前而止。"徐鉉注:"今俗別作'水、賓'非是。"江說蓋本此。然段氏《說文解字注》云:"瀕、賓以叠韻爲訓,瀕今字作濱。"而《唐石經》已作"濱",非五代以後始成之俗字,故承《唐石經》不改。"濱"之義爲水涯,僞《孔傳》:"濱,涯也。"又有近邊之義,《齊語》韋注：“濱，近也。”《方言十》“江濱”郭注：“濱，水邊。”故“海濱”
爲近海邊之地。

　　“廣”，上引牟庭説爲“黄”字之誤，出於推想，無據，故不取。
《錐指》：“鄭康成《周禮》注云：‘東西曰廣，南北曰輪。’《禮記》注
云：‘横量曰廣，縱量曰輪。’廣者，東西之地形也。今登、萊二府東西
長八九百里，三面濱海，皆可以煑鹽，‘海濱廣斥’謂此也。”

　　“斥”，段氏《撰異》云：“斥，依《説文》當作㡿，今俗字寫作斥，殊
不可通。”按，《説文·鹵部》：“鹵，西方鹹地也。……東方謂之㡿，
西方謂之鹵。”敦煌本尚保存斥字，《蜀石經》殘石及薛氏隸古定本
則襲用㡿字。“斥”與“㡿”均爲不常見之古字，而“斥”已通行，故不
改。《撰異》又云：“作斥者，《古文尚書》也。作潟者，《今文尚書》也
……斥聲、潟聲古音同在第五魚模部，蓋二字同音。”又云：“《集
韻·二十二昔》‘滷潟’二字下曰：‘（昌石切），通作㡿、斥。’斥作潟
者，或加水旁耳。”是斥（㡿）、潟（舄）古音同。《周禮·草人》“鹹
潟”鄭注：“潟，鹵也。”邢疏：“逆水之處，水寫去，其地爲鹹鹵。”是
“潟”之訓義與“斥”亦同。王先謙《參正》引陳奐云：“斥讀爲開拓之
拓，言海濱地廣可以煑鹽。”則又尋出新義。

　　此句《釋文》引鄭玄注亦同《夏本紀·集解》所引。《孔疏》：“東
方謂之斥，西方謂之鹵。”《錐指》釋云：“斥、鹵對言，則東方爲斥，西
方爲鹵。單舉則斥亦鹵也，故鄭康成云。”《後案》亦釋云：“青州，東
方，故言斥。”又《孔疏》云：“海畔迴闊，地皆斥鹵，故云廣斥。”林之
奇《全解》云：“齊管仲輕重魚鹽之權以富齊，蓋因此廣斥之地也。”
《蔡傳》：“海涯之地，廣漠而斥鹵。……斥鹵，鹹地可煮爲鹽者也。”
金履祥《書經注》云：“齊有魚鹽之利，今登州千里長沙，是其地。”茅
瑞徵《禹貢匯疏》箋云：“州境邊海者三，而青土獨別舉海濱，以鹽利

早開，故特標土産爲貢鹽，志其始也。”《錐指》：“冀、兗皆濱渤海……徐、揚皆濱大海……獨於此書‘海濱廣斥’何也？蓋他州鹹土惟沿邊一帶，冀、兗、徐各數百里，揚據禹迹之所及，亦只千餘里，而東萊之地斗入大海中，長八九百里，三面計之，鹹土不下二千里，是一州而兼數州之斥。……青之廣斥所以利民者甚大，又安得而不書。”可知當時青州鹽業是最爲發達的。《錐指》又云：“《黃氏日抄》曰：‘案《管子》，斥者薪芻所生之地。鹵乃鹹地，於斥不相干。今嘉興府瀕海人呼産蘆之地爲斥塹。’渭按：海濱鹹土不生他物，唯蘆生之可充薪芻以給煮鹽之用，取之甚便，故曰‘斥者薪芻所生之地’，未見斥之非鹵也。嘉興之斥塹，亦即鹽場。先儒之義殆不可易。”胡氏之説當較近實，且“斥塹”仍後代用語，似不足以否定古代“斥”的意義。

　　今人陳恩鳳《禹貢所述土壤之解釋》云：“‘海濱廣斥’，當指沿海之鹽漬土。”萬國鼎《中國古代對於土壤種類及其分布的知識》，也釋《周禮·草人》的“鹹潟”爲鹽漬土。中國科學院地理研究所編《中國省區地理》山東省一章内説：“平原内低窪地段到渤海濱海地帶，廣泛分布有鹽化土和鹽土。”可知按現代土壤學，斥鹵爲鹽漬土，或鹽化土和鹽土。

　　⑨厥田惟上下厥賦中上——《夏本紀》、《漢志》無“厥”字“惟”字，皆史文删去，陳喬樅云：“蓋文省耳。”是。皮錫瑞謂此爲今文，非。僞《孔傳》釋云：“田第三，賦第四。”金履祥《書經注》云：“九州，雍田第一，青、徐即次之。後世所謂秦得百二，齊得十二，亦言其地利之饒，非獨形勢也。”可知當時青州的農業生産和經濟發展水平在九州中是較高的。

　　⑩厥——《漢志》删“厥”字，《夏本紀》有“厥”，與《史記》改

“厥”爲“其”之例不合，皮氏《考證》云：“此云‘厥’，疑後人所增。”

⑪鹽——《齊語》：“通齊國之魚鹽。”《淮南子·墜形訓》：“有岱嶽，以生五穀桑麻，魚鹽生焉。”《爾雅·釋地》略同此語。皆指出了魚鹽爲此州特産。林氏《全解》：“鹽即廣斥之地所出也。”《錐指》引蔡元度云：“貢物不以精粗爲叙，而以多少爲叙。青州鹽居多，故叙於先也，他仿此。”

⑫絺——《説文》：“絺，細葛也。”按《詩·葛覃》“爲絺爲綌”《傳》：“精曰絺，粗曰綌。”可知絺是一種精細的葛織物。古人夏葛而冬裘，《墨子·辭過》云：“爲衣服之法，冬則練帛之中，足以爲輕且暖；夏則絺綌之中，足以爲輕且清。”可知這絺是供夏天着用的。又《魏風·葛屨》及《小雅·大東》並有“纖纖葛屨，可以履霜”之句，則知古人並以葛製履。由《周南·樛木》“南有樛木，葛藟累之”句，知葛與藟皆爲蔓生植物，纏繞他物。按葛爲豆科多年生蔓草，莖長二三丈，古人取其塊根澱粉爲食，取其萱皮纖維織爲絺，以製服履，與下文蠶絲、枲麻，爲古人所賴以爲衣履的幾種原料。王樵《日記》云：“漢時齊有三服官，又稱織作冰紈綺繡純麗之物，號爲冠帶衣履天下（按，見《漢志》）。冰謂布帛之細，其色鮮潔如冰也。紈，素也。禹時貢絺，其亦此類也。”《錐指》云：“禹時青豫既貢絺，揚之島夷又貢卉服，先儒以爲即葛越。左思《吳都賦》云‘蕉葛升越，弱於羅紈’是也。後世專以出南土者爲佳。考杜氏《通典》貢蕉葛者凡十餘郡，皆南土也。唯臨淄貢絲葛十五疋，猶有《禹貢》之餘制焉。”牟氏《同文尚書》云：“絺，葛綫未織也，故貢而不筐。”然下文“厥篚檿絲”正是未織之絲，牟氏另有説，見下文。按傳統皆説絺、綌是織成品，説爲未織之絲，不詳何據。

⑬海物——《夏本紀·集解》引鄭玄注云：“海物，海魚也。魚

種類尤雜。”《東坡書傳》云：“魚蝦之類。”林氏《全解》既渾言之爲“海物，水族之可食者。”繼又云：“若蠯蠃蚔之類。”胡渭指出這是據《周禮·醢人》所掌之物爲釋。按，《禹貢》原義當不如此。《錐指》云：“鄭康成‘庖人’注云：‘青州之蟹胥。’《後漢·伏隆傳》：‘張步遣使獻鰒（音雹）魚。’斯實《經》之‘海物’矣。……遠方馳貢，煩擾疲費，唐元和中，孔戣奏罷明州歲貢淡菜、蚶、蛤之屬，長慶中復貢；元稹觀察浙東，又奏罷之。……以是知《禹貢》海物唯青有之，而不及徐、揚，其爲斯民慮也蓋詳。”其實這只是由於當時生產發展水平是否形成特產足爲貢物來決定的。

　　前引《齊語》、《淮南子》、《爾雅》皆盛稱齊地之魚鹽，《漢志》亦云：“太公以齊地負海舄鹵，少五穀而人民寡，乃勸以女工之業，通魚鹽之利，而人物輻湊。”女工之業就是織絺紵之類，説明青州以織物、魚、鹽諸業爲盛，故貢物首重鹽、絺、海物三項。

　　⑭惟錯——有數種解釋：（一）“惟”，是（見冀州“白壤”校釋）。“錯”，雜。《詩·漢廣》“翹翹錯薪”《傳》：“錯，雜也。”本文僞《孔傳》：“錯，雜。非一種。”“海物惟錯”，海産是很錯雜的。故鄭玄説“魚種類尤雜”。（二）錯是治玉的磨礪石。林氏《全解》：“‘惟錯’，先儒以連於‘海物’之下，謂‘惟錯，非一種’。此説不然。夫既謂之‘海物’而不指其名，則固非一種矣，又何須加‘惟錯’二字於其下？予竊謂此‘鹽絺海物惟錯’與揚州‘卉草羽毛惟木’文勢正同，木既別是一物，則此錯字亦應別是一物，蓋如豫州所謂‘錫貢磬錯’，是治玉之石也。”吳澄《書纂言》：“‘惟’，或在句中，猶言‘與’、‘及’、‘暨’也；或在句端，猶如‘越’如‘若’也。‘錯’，石可磨礪者也。《詩》云：‘他山之石，可以爲錯。’”按，引《詩》見《小雅·鶴鳴》，《毛傳》：“錯，石也，可以琢玉。”楊筠如《覈詁》據《曾伯霥簠》、《郋公華

鐘》有"黄錯"、"赤錯",謂即錯鑢。按吳大澂始釋兩器中此字爲
"錯",後來治金文者大都釋爲"鏽"若"鑢",金文中尚未見"錯"字,
故暫不取楊説。(三)"錯"是間一的意思。《匯疏》引秦繼宗《書經
彙解》之説云:"錯字當與'上下錯'錯字義同。此句與上一句相關,
蓋鹽絺常貢也,海物不可常得,而間一貢之耳。"簡朝亮《述疏》亦同
此意。此説與青州盛産魚鹽情況不合。(四)"錯"爲交錯、交互之
義。牟庭《同文尚書》:"海物間二歲而一貢,與揚、徐二州相錯也。"
按揚、徐並未言貢海物,此釋無據。以上四種解釋,以第二説爲合
《禹貢》文例,其釋義較妥,今用之。

　　⑮岱畎——《釋文》:"畎,工犬反。"按《説文·く部》:"く,水小
流也。……廣尺深尺謂之く。……甽,古文く,从田、从川。畎,篆
文,从田、犬聲。"是"畎"讀犬聲而不讀"く"之徐鉉音"姑泫切"。江
聲《音疏》云:"く,古文畎。"惟段《撰異》亦云:"く當是古文,甽當是
籀文,畎則篆文。"《釋文》又云:"徐本作畎谷。"段《撰異》云:"此不
可通,不當一字爲二字也,當云'徐本作甽,谷也'。"陳喬樅《經説
考》解釋云:"蓋畎上無岱字,畎下有谷字。"例以徐州"羽畎",陳説
不確,當從段説。今所見諸隸古定本皆作畎,惟薛本亦作"畩",同徐
邈音釋的隸古定本。

　　僞《孔傳》:"畎,谷也。……岱山之谷。"《孔疏》:"《釋水》云:
'水注川曰谿,注谿曰谷。'谷是兩山之間流水之道,故言畎。去水,
故言谷也。"江聲《音疏》:"畎是小溝。《管子·度地篇》云:'山之
溝,一有水,一無水者,命曰谷水。'是山間之畎爲谷。"段氏《撰異》
云:"《釋名·釋山篇》曰:'山下根之受霤處曰甽。甽,吮也,吮得山
之肥潤也。'按此條專爲《禹貢》'岱畎'、'羽畎'釋訓。若今四川、貴
州於山足下受霤處層遞爲水田,瀦水以種稻,是其名'畎'宜矣。"進

一步闡釋了山間谷地可闢爲梯田，即成爲𤰝畮，因而谷可名𤰝的意義。簡朝亮《述疏》亦云："岱之谷濬爲川者，明其可田作樹桑麻也，故絲枲出焉。"亦用此義。其實據《說文》𤰝最初的意義是小溝，兩山間之溝故可稱谷。"岱𤰝"就是泰山的溝谷。

⑯絲枲鉛松怪石——"鉛"，《夏本紀》、《漢志》、各隸古定本、《唐石經》及除《蔡傳》本外之各刊本皆作"鈆"。"松"，各隸古定本"公"皆在"木"上，内野本、《蜀石經》殘石、薛本"公"上且加"宀"。

《釋文》："鈆，寅專反，字從'㕣'。㕣音以選反。"按《說文·金部》："鉛，青金也。从金，㕣聲。"徐鉉音"與專反"。段《撰異》云："《五經文字》'水部'曰：'沿，《說文》也，從㕣。㕣音鉛。沿，經典相承，隸省也。'玉裁謂隸省'鈆'、'沿'恐與'公侯'字相混無別，故不從《唐石經》而作'鉛'、'沿'。"段說是，古文字中從"厶"、從"口"多不分（如充、兗、容、容，說、説皆一），此字今已通行作"鉛"，故不沿用"鈆"。但今普通話音變讀爲"牽"，《禹貢》此字仍應讀"沿"的上平聲。

"絲"，蠶絲。

"枲"，《釋文》："思似反。"《唐韻》："胥里切。"《爾雅·釋草》："枲，麻。"邢昺《疏》："麻，一名枲。"《說文·朮部》（非木部）："枲，麻也。"《周禮·太宰》"九職"："七曰嬪婦化治絲、枲。"又"九貢"："二曰嬪貢。"鄭玄《注》："嬪貢，絲、枲。"而太宰屬官有典絲、典枲。其"典枲"《疏》云："枲，麻也。案《喪服》傳云：'牡麻者，枲麻也。'則枲是雄麻。對苴，是麻之有蕡實者。"故《爾雅翼》云："有實爲苴，無實爲枲。"是說麻雌雄異株，雌株爲苴，雄株爲枲。崔寔《四民月令》亦指出麻有雌雄之别。郝懿行《爾雅義疏》則云："要其正稱則枲；麻，通名耳。今俗呼苧麻爲種麻，牡麻爲華麻。牡麻華而不實，枲麻實而不華。"都説明"枲"是雄株麻。

"鉛"《禹貢匯疏》:"《説文》:'鉛,青金也。'錫之類,能殺蟲毒。錫,銀色而鉛質也。古稱鉛爲黑錫。"(按《會箋》引蘇頌曰:"鉛一名黑錫")這是古人對鉛的認識。《錐指》:"胡粉、黃丹皆化鉛爲之。……胡粉一名白粉,黃丹一名朱粉,可以代丹堊,故貢其材便煉冶之。以給繪畫塗飾之用也。"案曹植《洛神賦》:"鉛華不御。"李善注:"鉛華,粉也。"是鉛亦用以製古代婦女敷臉的粉。有此諸用,故鉛爲貢物。

"松",岩崎本作"枲"。《匯疏》引胡瓚《尚書過庭雅言》云:"秦封五大夫,徂徠之松,亦與岱相望,則岱畎之産可知。"《錐指》云:"《魯頌·閟宮》之卒章曰:'徂徠之松……'徂徠山在今泰安州東南四十里,實岱之支峰,特異其名耳。《水經注》云:'徂徠山多松柏。……'昔秦始皇登泰山,避風雨於松下,因封其樹爲五大夫。岱畎之多松明矣。"徐文靖《會箋》云:"貢松者,《大司徒》職曰:'制其畿疆,設其社稷之壇,而樹之各以其野之所宜木……'鄭注:'所宜木,謂若松、柏、栗也。'……夏社宜松,故貢松也。"是説以社木需要爲貢。其實《周禮·地官》有山虞、林衡等職,詳具有關山林材木的規定,《冬官·考工記》言"六材",木爲其一,尤大量需要材木。反映古代王朝需要産木地貢其材供用。

"怪石",岩崎本作"恠石",僞《孔傳》云:"怪,異(按,此據《説文》)。好石似玉者。"《釋文》:"怪石,碔砆之屬。"(按,碔砆爲石似玉者)《漢志》顏《注》:"怪石,石之次玉美好者也。"林之奇《全解》云:"絲枲鉛松皆是適用之物,無可疑者,至於怪石則誠有可疑。竊意當是制禮作樂資以爲器用之飾,於義有必不可闕者,非是欲此無益之物以充游玩之好也。"此説提出後,自宋至清治《尚書》者多宗其説，或爲之補充。如金履祥《書經注》舉萊之温石、青州黑山紅絲石、淄川梓桐山石門澗石，皆可爲器用，當時取以爲硯。並録《登州府志》云：“怪石出萊陽縣五龍山，色類崑山石而文理過之。”茅氏《彙疏》箋云：“怪石入貢，豈聊供耳目清玩乎？艮嶽花石，固炫奇之濫觴耳。”胡氏《錐指》則以爲青、萊、登之地非岱畎，不當遠引，而據《名醫別録》言白、紫石英皆生太山山谷，以此當《禹貢》怪石。按，唐時《元和郡縣圖志》沂州沂水縣：“雹山在縣西北二十八里，出紫石英，好者表裏映徹，形若雹狀，故名雹山，今猶入貢。”則後代以紫石英入貢，確有其事。元初《文獻通考·輿地考》亦記兗州“東嶽泰山在焉”，貢品有雲母、紫金石，則仍當屬怪石之列。徐氏《會箋》則云：“《山海經》‘苟牀之山多怪石’，郭注：‘怪石似玉，《書》曰鉛松怪石也。’”今萊州掖縣出五色石，青州所貢殆此類歟。凡所提出的各種石，雖皆無法確指，須知古代王朝對石料自有其需要，考古工作者在山西侯馬發掘晉國都城新田遺址，發現銅、陶、石、骨各器作坊遺址多處，其石圭作址遺址達五千多平方米，内有製成的石圭及工具如刀及磨礪石等，更多的是原石料，有一長二十五米、寬二十米的範圍内堆積厚達三十至四十厘米的頁岩石料，所製成石圭供貴族作盟書之用，有名的《侯馬盟書》及近年山西陸續出土的各盟書即用此項玉石作坊所製成之似玉石圭寫成。由此可悟《禹貢》所規定的貢石，可能即是供此類需要。連上文所貢的“錯”，爲玉石作坊所需要的礦石，也可得到理解。

　　以上絲、枲、鉛、松、怪石五項，僞《孔傳》：“岱山之谷出此五物，皆貢之。”《孔疏》：“岱山之谷有此五物，美於他方所有，故貢之也。”林氏《全解》云：“凡九州之貢，從言於‘厥貢’之下者，是其一州之所出……或其州之所出有至美之物，則必指言其所出之地以別之，若此州岱畎……徐州之嶧陽孤桐……荆州之惟箘……是也。”自後學者多承此説，王樵《日記》簡言之云：“鹽絺海物，統言一州；絲枲鉛松怪石，皆岱畎所出也。”此説合《禹貢》實際。

⑰萊夷作牧——《夏本紀》作“萊夷爲牧”。《釋文》：“牧，牧養之牧，徐音目，一音茂。”段《撰異》云：“按商郊牧野，徐亦一音茂，此舊音也。‘駉駉牧馬’（按《魯頌·駉》句），或誤‘牡馬’，正以同音故。”

《春秋》及《左傳》載魯宣公七年、九年、襄公二年齊侯多次伐萊，至襄公六年齊滅萊。定公十年齊侯“使萊人以兵劫魯侯”，杜預《注》：“萊人，齊所滅萊夷也。”這是春秋萊夷的活動。其更早的歷史，見《史記·齊世家》所載，周初齊受封營丘後，“萊夷來伐，與之争營丘”。可知萊夷必在商代已居此土，殷虚卜辭中有“來”及“來泉”，其地望雖不詳，反映商代確有萊人，彝銘中有“逨魚”，于省吾《尚書新證》謂即萊夷。是於西周金文中亦得其證。據《齊世家·正義》，營丘在臨淄。《漢志》“東萊郡”（郡治今掖縣）下云：“古萊國也。”“黄縣”下云：“有萊山、松林、萊君祠。”“不夜”下云：“萊子立此城。”是萊夷地在漢東萊郡境各縣。

自後應劭《十三州記》、《水經·淄水注》、《元和郡縣志》、易祓《禹貢疆理記》、《東坡書傳》、《蔡傳》、《山堂考索》、《禹貢匯疏》、《禹貢錐指》、《尚書地理今釋》等皆記萊夷所在地，大抵在清代萊州、登州二府，亦即今南起琅邪山、北至壽光瀰河一綫以東的整個山東半島，後來並達益都西南古萊蕪縣境。總之萊夷是古代山東半島的主人，至今山東省内還留下蓬萊、萊陽、萊西、萊蕪、萊河、萊山等地名。

“作牧”之義有數説主要有：（一）放牧説（僞《孔傳》、《漢志》顔注、《東坡書傳》、《全解》、《山堂考索》、《蔡傳》、《經傳釋詞》、《會箋》等）。（二）耕作兼放牧説（《書纂言》、《尚書日記》、《錐指》等）。（三）以畜爲貢説（金氏《書經注》、《今古文注疏》、《尚書古注便讀》等）。（四）獻賄貢絲説（平心《卜辭金文中所見社會經濟史實考釋》）。據《禹貢》以"貢"名篇之用意及此語叙在"厥貢"之下，自以第三説爲確。"萊夷作牧"，是説萊族向中央王朝貢獻它的畜牧所得（詳《叢考》）。

⑱厥篚厭絲——《夏本紀》"厥"作"其"，"厭"作"酓"。《漢志》"篚"作"棐"。敦煌本 P3615、薛本"厭"亦作"酓"。段氏《撰異》："厭者，《古文尚書》；酓者，《今文尚書》也。二字古音同讀如音，猶《毛詩》'愔愔'，《韓詩》'愔愔'，古同音也。蓋《今文尚書》作'酓'，而太史公仍之……其義則當爲六書之假借。班《志》不作'酓'者，或班用正體，或後人改易之。"成氏《班義述》云："此正班用古文之明驗。"皮氏《考證》則云："此亦三家《尚書》之異。"蓋段、皮二氏皆以班固用今文，成氏以班用古文，故有此異説。《撰異》又云："《汗簡》'酉部'：'酓，古文厭，出《尚書》。'此等乃依傳《史記》、《説文》等爲贋書，非真見壁中本如是也。《集韻》曰'厭通作酓'，亦因《史記》云然。"

《説文·木部》："厭，山桑也。从木、厭聲。《詩》曰：'其厭其柘。'（案《皇矣》句）"《爾雅·釋木》："厭桑，山桑。"郭璞注："似桑，材中作弓及車轅。"僞《孔傳》云："厭桑蠶絲，中瑟弦。"《孔疏》："郭璞曰'柘屬也'。厭絲是蠶食厭桑所得，絲韌中琴瑟弦也。"顏師古注《漢志》全同此。《東坡書傳》："惟東萊出此。絲以織繒，堅韌異常，萊人謂之山璽。"吳澄《書纂言》綜合《孔疏》、《東坡書傳》爲説。王樵《尚書日記》云："按萊人之厭絲，至今有之，繭生山桑，不浴不飼，土人取以爲繒帛，尤堅韌難敝。"胡渭《錐指》："《登州府志》云：
'壓絲出栖霞縣，文登、招遠等縣亦有之。其繭生山桑，不浴不飼，居
民取之製爲紬，久而不敝。'斯所謂出東萊堅韌異常者也。今青州、
濟南、兗州等處，皆有繭紬，其蠶乃人放樁樹上，食葉作繭，絲不甚堅
韌。嘗詢諸土人，野蠶食山桑葉作繭，高岩之上樵者往往得之，不過
數枚，欲織爲紬，須廣收積多乃成一匹。所出至少，官長欲市取，亦
無從得也。蓋必此種而後可以當《禹貢》之壓絲。古今事變不同，以
今之遍地皆有，而疑古之獨出於東萊也，亦過矣。"牟庭《同文尚書》
云："以今目驗東齊之地，海岱之間，柞櫟滿山，飼蠶收繭，衣被數百
里，意古以柞櫟爲壓桑乎？今俗謂柞繭曰山繭，紡之曰山綫，織之曰
山紬，此非山桑之遺名尚存者乎。《鹽鐵論》'散不足曰繭紬、縑練
者，婚姻之嘉飾也'。蓋今山紬，漢時人謂之繭紬，《禹貢》謂之壓
絲。"即今山東所產柞蠶絲，係放養在柞樹上食葉成繭，繅其絲織成
柞絲綢、柞葉紡之類，厚實堅牢，顯然即《禹貢》壓絲。按上文引《左
傳·昭公七年》有萊、柞二山，柞山之名必與柞木有關，或山以盛產
柞木得名，或木以始見於柞山得名，其山與萊山相鄰，則必在膠東之
地，可知柞蠶絲原出萊境，自即古之壓絲，徒以語言變異，今稱爲柞，
總之是萊人所説的山繭。

　　至於壓絲叙在此處，亦有不同解釋。《東坡書傳》云："萊夷作
牧而後有此，故《書》'篚'在'作牧'之後。"劉敞亦云："貢綈絲不特
言篚，壓絲言篚而叙萊夷之下，明此萊夷之貢。"（《漢志》青州"厥
篚"下引。又徐、揚"厥篚"下引劉敞説同）孫徵遂承其説云："壓絲
出於萊夷，玄纁出於淮夷，織貝出於鳥夷，故青、徐、揚引厥篚於三夷
之下。"（董鼎《書傳纂注》引）吳澄《書纂言》亦云："萊夷之地可作
牧矣，故篚壓絲而來貢也。"這是説壓絲產於萊夷，故由萊夷入貢。

　　王樵《尚書日記》云"欲以此即爲萊夷所貢，則又未有明文。疑
檿絲出萊而青州貢之，非貢自夷人，故如此立文也。"茅瑞徵《匯疏》
在引孫徵説後駁之云："今按青、揚、徐序'厥篚'，並與'厥貢'對，指
通州（意爲全州）言。檿絲之貢雖出東萊，實附通州貢内，非萊夷以
此貢也。"胡渭《錐指》云："蘇氏云……書篚在其後，亦不言獨萊夷
貢之也。……劉原父（敞字）曰，青徐揚三篚皆三夷之貢也，孫徵取
之。今按揚之貝綿果出鳥夷，則下文'厥包橘柚'豈亦鳥夷貢之乎，
其不可通也明矣。"這是説檿絲雖産於萊夷，而仍由青州入貢。

　　《禹貢》所載各州的貢，本只是大體根據各州物産所作的紙面文
章，雖然它是有當時各州生産的實際情況作爲基本依據，但究竟是
多少有點出於紙上的安排，因此在"夷貢"還是"州貢"這個問題上，
雖然宋以來儒者討論得很認真，我們今天實在没有必要再去深求
它，只須知道當時青州境内有這一産物。其桑木很堅，可作弓及車
轅；其絲很强韌，可作琴弦；又可織成厚實堅牢的繒、帛、綢、紡。用
以作爲貢物。

　　牟庭《同文尚書》又提出一説云："《禹貢》惟織成錦帛之屬入
篚，他雜貢無入篚者。如兖州之織文，徐州之玄纖縞，揚州之織貝，
荆州之玄纁璣組，豫州之織纊，皆入於篚。兖州之絺絲枲，豫州之枲
絺紵，皆不入篚，此其不易之例也。而《經》文明云'厥篚檿絲'，故
知檿絲爲織成之物，即繭紬矣。古語謂紬爲絲。《詩·干旄》曰'素
絲紕之'，《周頌》曰'絲衣其紑'，是皆謂紬爲絲者也。僞《孔傳》云：
'檿桑蠶絲，中琴瑟弦'，非矣。"是爲唯織成品始入篚，他物皆不入
篚之説。按，前引黄鎮成《禹貢通考》已指出精致之物始入篚，重而
多之物則不入篚，似比牟説説得通，固不必强把檿絲説成非絲並把
絺説成絲，較爲合於事理。

⑲汶——《漢志》"泰山郡"下云："汶水出萊毋，西入濟。"師古曰："'汶'音問（《釋文》已音問），'毋'與無同。"又"泰山郡萊蕪"下云："《禹貢》汶水出，西南入泲（濟）。汶水，桑欽所言。"王氏《後案》據《漢志》又據鄭玄以《漢志》萊蕪汶水注《禹貢》之汶，因謂："班氏於……汶水則冠以《禹貢》，繫以桑欽，其分析慎重如此。鄭與桑俱傳《古文尚書》，故采其説。"

《漢志》"琅邪郡朱虛"下云："東，泰山。汶水所出，東至安丘入維（濰）。"陳喬樅《經説考》云："萊蕪下據《古文尚書》説，朱虛下據《今文尚書》説。"按，依上文，萊蕪下者雖爲《古文尚書》之説，朱虛下者則爲另一汶水，不必爲今文説。《淮南子·墜形訓》"汶水弗其"，高誘注："弗其山在北海朱虛縣東。"《水經·汶水注》："按誘説，是乃東汶。"可知朱虛下者爲東汶而非《禹貢》之汶水，陳喬樅謂此乃《淮南》、高誘皆據今文以釋《禹貢》汶水，其説非。

《説文》："汶水出琅邪朱虛泰山，東入濰。从水，文聲。桑欽説汶水至泰山萊蕪，西南入濟。"王氏《後案》云："許以今文、古文《尚書》二説不同，故兩存之。前説據今文家言，後説據古文家言。"此亦強分今、古，不知此係分據兩水資料，而非一水之兩説。

《水經》汶水出泰山萊蕪縣原山，西南經嬴縣、奉高、博縣、蛇丘、岡縣、平章、桃鄉、壽張，至安民亭（今東平縣安山）入濟。酈《注》所記較詳，並提出牟汶、北汶、石汶、紫汶諸名。晋郭緣生《述徵記》誤增東汶之名"浯汶"，共爲五汶，《元和志》亦提五汶。綜諸説，知作爲汶水上游，與四條支流合稱的"五汶"爲嬴汶、牟汶、北汶、石汶、紫汶。《錐指》謂五汶之外有小汶，源出宮山。按小汶過徂徠山南，西至大汶口入汶（另有源出費縣入沂水之汶，與東汶及此汶合稱山東之汶）。

　　《通典》、曾旼《尚書講義》、《蔡傳》、《尚書纂傳》、《書纂言》、《纂疏》、《輯録纂注》、《書通考》等皆有關於汶水詳略不等的記載，《禹貢匯疏》則所引材料較詳備。據《明一統志》、《山東通志》、《東阿縣志》、《漕渠圖説》、《尚書日記》、《錐指》、《尚書地理今釋》等書所載，知汶水出今萊蕪東北，西南歷泰安、寧陽等縣，至東平西南安民山入濟。自元憲宗七年（1257）於寧陽北築堽城壩，過汶水西南流爲洸河，至濟寧入泗；元世祖至元二十年（1283）以寧陽堽城壩、兗州金口壩分別導汶、泗俱循洸河會於濟寧天井閘；至元二十六年（1289）於東平縣安民山開會通河會於濟寧天井閘；凡二百五十餘里，導汶水北至臨清會衛河、漳河，稱爲“引汶絶濟”（當時濟水實爲大清河）；明萬曆九年（1581）在東平築戴村壩，盡遏汶水使入南旺湖，遂全泯入濟故道。自南旺湖再分流南北以濟漕運，其中十之六北至臨清入衛河、漳河，十之四南至濟寧接沂、泗以入淮。從此汶水成爲溝通南北運河中段的主要水源，發揮了極大的運輸效果。清咸豐間河決銅瓦厢奪大清河入海，衝斷會通河，復挾汶水與俱入海，自東平至臨清會通河北段一時淤涸，漕運用絶。汶水等於復古時入濟故道。即古汶水由東平境入濟，今大汶河由東平湖入河，其迹大體同。

　　由後世汶水在運輸上所發揮的重要作用，可看出它在古代運輸上所發揮的重要作用，它直通濟水以達河水，自能成爲青州最重要的一條河道。所以《禹貢》把它列爲青州貢道。

　　⑳達于濟——《夏本紀》“達”作“通”。已見“兗州章”。《撰異》：“達，《地理志》作通，今本《漢書》作達，誤也。”此處未説“達于河”，顏師古《漢志》注云：“青州不言河，由兗而見也。”因兗州已説“浮于濟漯達于河”，既“達于濟”，自然就能達於河。《錐指》指出：

“其東北境徑浮濟，不必從汶也。”總之由汶通濟，可以把此州貢物送到冀州中央王朝去。

以上這一節，是“青州章”。

　　海、岱及淮①惟②徐州③。淮、沂④其乂⑤，蒙、羽其藝⑥。大野既豬⑦，東原厎平⑧。厥土：赤埴墳⑨，草木漸包⑩。厥田：惟上中。厥賦：中中⑪。厥貢：惟土五色⑫，羽畎夏翟⑬，嶧陽孤桐⑭，泗濱浮磬⑮，淮夷⑯蠙珠暨魚⑰，厥篚玄纖縞⑱。浮于淮泗⑲，達于菏⑳。

　　①淮——水名。《禹貢》下文“導水章”簡叙了淮水全流程，《水經注》亦提到而不詳。《淮南子》、《漢志》、《說文》、《風俗通》等大抵謂出南陽平氏縣（今河南桐柏縣西北）桐柏大復山，東南入海。至《水經》及酈《注》始詳記淮水出胎簪山，東過桐柏山，歷經豫境信陽、淮濱，皖境阜南、壽縣、鳳陽，蘇境盱眙、淮陰等縣並接受南北兩側大小各水的注入，最後東至淮浦（今江蘇漣水縣）入海。漢代文獻如《殷本紀》引《湯誥》、《尚書大傳》、《禮三正記》、《白虎通》、《爾雅》、《釋名》、《風俗通》等皆說淮與江、河、濟為全國四大水，稱為“四瀆”。《爾雅》釋云：“四瀆者，發源入海者也。”《釋名》：“瀆，獨也。各獨其所而入海也。”《尚書大傳》又記“五嶽”（全國五大山）“四瀆”分別享受相當於封建王朝三公和諸侯爵位的很高級的祀禮。

　　自唐《孔疏》迄宋、明文獻中都强調了淮水常泛濫多灾害的問題。據宋、金、元、明四史的《河渠書》記載，宋熙寧十年（1177）開始，河水一部分經梁山張澤泊合泗水南流入淮。歷金明昌五年，河奪泗入淮，至元代至正十一年（1351）河水全部自安山沿會通河入

淮。明洪武二十四年(1391)河決原武，至壽州全入於淮。永樂十四
年(1416)，河決開封州縣十四，經懷遠（今鳳陽）由渦河入淮。弘治
二年(1489)，河決開封州，入張秋運河。七年(1494)，塞張秋，築儀
封（今蘭考境）黃陵岡河口，河水盡復南流，逕徐州、宿遷入運河，奪
淮水下流入海。清初《錐指》記淮水至盱眙城北入洪澤湖（此地於
唐代始出現小泊，至明代始擴成大澤），復自湖東北出今淮陰之清口
分爲二：東合黃河入海，南入運河以濟漕。咸豐六年(1856)河決銅
瓦厢（今蘭考縣境），奪大清河入海，脱離淮河。於是淮河原合黃河
入海之道遂涸，惟餘南入運河後之水道。解放後在淮陰以下修濬了
新淮河，力使淮水恢復《水經》所叙故道；惟淮水主流仍由洪澤湖經
三河引洪道通過高郵湖隨運河南入長江；新開蘇北灌溉總渠，除灌
溉外爲淮水分洪東流入海水道；又向北開鑿淮沭新河，亦分淮入沂。
由是淮水基本獲得治理（詳《徐州地理叢考》，以下簡稱《叢考》）。

　　②惟——《夏本紀》作“維”。已見《堯典》及上文“兗州、青州”
校釋。

　　③徐州——本句“海岱及淮惟徐州”規範了徐州的區域，但只提
了東面的黃海，北面的泰山，南面的淮水。《爾雅·釋地》“濟東爲
徐州”，則指出了徐州西南面是濟水。後來鄭玄注承上文青州之注
只説“徐州界，又南至淮水”（《公羊傳·莊公十年》疏引）。偽孔釋
東、北、南三面，邢昺《爾雅》疏釋其西面。林之奇《全解》指出：“其
北境之接於青則以岱，南境之接於揚則以淮……一州之境必有四面
之所至，今其所載但及其山川之二境，則其所不載者亦互見於鄰州
之間。”

　　徐州之得名，據《太康地記》説徐由於徐丘而來。但徐丘不詳所
在，而古時另已存在“徐州”一地名，先後有三處：(一)齊國的徐州，

有二處，一爲齊北境的徐州，亦作舒州。見《春秋·哀公十四年》（前481）及《史記·齊世家》爲田常幽殺齊簡公之處。《集解》、《索隱》都釋爲"陳（田）氏邑"。陳氏自大其封邑"自安平（今臨淄境）以東至琅邪"，則徐州在此境内，居渤海南岸。又一爲《田敬仲完世家》所記徐州，由於齊人加強其地守備即使燕、趙警惕。《正義》釋爲"齊之西北界上地名，在渤海郡東平舒（今河北大城縣）"，則居渤海西岸。此二者都不在《禹貢》徐州境内，與"徐州"得名無直接關係。（二）魯國南境的徐州。《竹書紀年》載梁惠成王三十一年（前339）薛改名徐州。薛國在今滕縣東南四十四里，地在魯國東南，齊國西南。據《戰國策·齊策》、《史記·楚世家》楚成王七年（前333）伐齊徐州，則已屬齊。《呂氏春秋·首時》載魯取徐州。《魯世家》載頃公十九年（前261）楚取魯徐州。此徐州在《禹貢》徐州境域内，當即爲九州中徐州一名之所本（三國時將徐州治所遷彭城，即今銅山，這是現在的徐州市所在）。

當初之所以有這一地名，是由居住此地的徐人而來。徐爲淮夷中最強的一族，原爲封給魯國的殷民六族中之一。由最早的徐州在渤海西岸、渤海南岸，可知徐人原居住在這一帶。西周初在魯國之東，常與姬周族爲敵。後戰敗南移至淮泗流域立國，其國都在漢時臨淮郡徐縣，今泗縣東南、盱眙西北。周穆王時，徐爲東方諸侯三十六國之長（見《後漢書·東夷傳》。至春秋時的魯昭公三十年（前512）始爲吳所滅。可知徐人長期是這一地區的主人，故能用爲地名，終於成爲九州之一的州名。

記徐州地境之文獻一如前面數州。《錐指》歷叙自先秦至清代屬於此州的府縣地名，大抵是今山東省泰沂山脉和大汶河以南，並以巨野、金鄉一綫爲西境的魯南地區，安徽省以碭山、宿縣、懷遠一綫爲西境的皖東北地區，以及江蘇省淮河以北的蘇北地區，爲《禹貢》的徐州境域（詳《叢考》）。

④沂——水名。《漢志》泰山郡蓋縣（今沂源縣東南）下云：“沂水南至下邳（今江蘇邳縣東境）入泗，過郡五（錢坫校：過泰山、城陽、琅邪、東海四郡），行六百里。”《水經》及《注》備載沂水流程，謂自蓋縣艾山，歷臨沂、開陽、剡縣、良城等地，至下邳入泗。宋曾旼説“徐州之水以沂名者非一”。指出尚有下列諸水：一、《説文》謂出東海費縣的沂水，《水經·沂水注》指出是出於南武陽縣冠石山之治水，東南流經費縣，再東南至臨沂入沂水，亦名小沂水。二、《水經·泗水注》出魯城東南尼丘山的沂水，經曲阜的雩門，右注泗水。三、出黃孤山之水，世亦謂之小沂水。皆非《禹貢》的沂水。

清初《錐指》指出沂水至邳州（今邳縣）合泗水，又東南至清河（今淮陰）入淮水。《地理今釋》則謂南流至宿遷縣北匯爲駱馬湖，又西南入運河。《後案》則謂在駱馬湖之北自郯城入運河。

大抵沂水最初經今邳縣境入泗，又至淮陰入淮。後因金明昌五年（1194）黃河奪泗入淮，遂亦隨之逕入河淮水道。元至元二十年（1283）於今山東兗州導泗入洸至濟寧以會運河，而沂水仍由江蘇邳縣境入運河，就離開泗水，不再會同入淮。歷明至清仍脱離泗水，在其東面南行至宿遷境匯爲駱馬湖，再南入運河。其後移至駱馬湖北入運河。解放後大力治理淮河水系，將沂水沿駱馬湖之東使繼續向東流，與沭水相會後，再向東開挖了新沂河以入海，就可於洪汛時宣洩部分淮水入海（詳《叢考》）。

⑤其乂——《夏本紀》作“其治”，係譯用訓詁字，《爾雅·釋詁》：“乂，治也。”段玉裁《撰異》云：“‘乂’，《今文尚書》作‘艾’，於《漢石經·洪範》殘字知之也。”按《隸釋》載《漢石經》“乂用三德”

之義作艾。馮登府《漢石經考異》云：“《漢五行志》引此作‘艾’，應劭曰：‘艾，治也。’師古曰：‘艾讀乂。’王伯厚引《古文尚書》亦作‘艾’，下曰‘艾同’。是作艾古今文同也。僞孔作乂，字雖通，實非古文，亦非今文也。”下文並舉《漢書·谷永傳》引《皋陶謨》、《漢書·郊祀志》、《裴岑紀功碑》、《郙閣碑》、《曹全碑》、王敞、王畢等皆以艾爲乂。並引江聲注：“艾當爲嬖，治也。”（詳《堯典》“有能俾乂”校釋）

“淮沂其乂”，僞孔釋云：“二水已治。”是《禹貢》作者舉徐州有代表性的淮、沂二水來說此州境内的水已治理好了。

由於僞孔釋“其乂”爲已治，故江聲《音疏》云：“其讀爲既。”段氏《撰異》云：“‘濰淄其道’，‘淮沂其乂’，‘蒙羽其藝’，江氏聲皆讀‘其’爲‘既’，非也。既者已然之詞，其者將然之詞，語意略別。……‘日有食之，既’，言垂盡也。《周本紀》之末曰‘周既不祀’，言周至是乃不祀也，凡言‘既道’、‘既澤’，皆謂正是乃爾也。‘既’與‘其’字異而語意正同，其者，尚虞其不爾也。”王先謙《參正》述江聲所說此經記禹成功，故篇内“皆爲已然之詞”，謂“段駁江說，非”。其實“既”、“其”二字常並用，自不能全同。

關於二字用法已見青州章“濰淄其道”校釋。

⑥蒙羽其藝——“藝”，《漢志》、敦煌本 P3615、薛本皆作“蓺”。江氏《音疏》改作“埶”，釋云：“埶，宜祭反，俗書上加‘艸’，下加‘云’，不成字。”段氏《撰異》云：“徐鉉《說文新修字義》曰：‘藝，後人加艸、云，義無所取。’今按《詩》‘蓺麻如之何’（按，見《南山》），《釋文》云：‘蓺，樹也（按，此《毛傳》語）。本或作藝，技藝字耳。’是則《說文》‘埶，種也’。俗加‘艸’爲之。六藝字本取種藝之意，而俗又加‘云’爲之。古皆只作‘埶’也，今從《地理志》作‘蓺’。”是江、

段皆以此字原當作埶，從《漢書》可作蓺。按，《説文・丮部》固作
埶。上溯金文中此字有數形，大抵作𡘋、𡊯。吳大澂《愙齋集古録》
第四册《毛公鼎》釋云：“古埶字從木、從土，以手持木種之土也。埶
與蓺同。”于省吾《略論西周金文中的六𠂤和八𠂤及其屯田制》云：
“郭説𡊯爲蓺之初文是對的。……𡊯字卜辭作𡊯或𣐈，金文作𡊯，孳
化爲𡊯、𡊯。古文字偏旁中從中從木每無別。……《説文》埶……從
坴，乃𡊯之形訛。……𡊯字隸變作埶，典籍作蓺或藝。𡊯之本義爲
種植草木而加以扶植……需要有一定經驗和技藝，故引申之則爲凡
技藝之藝和藝術之藝的通義。典籍中蓺訓種植者習見，例如《書・
酒誥》的‘其蓺黍稷’……《詩・楚茨》的‘我蓺黍稷’。”（《考古》
1964 年第 3 期）可知埶、蓺、藝皆爲𡊯的孳乳字，初不必謂執正埶
俗，其義原爲種植（不僅引申爲技藝義，且發展爲爇燒義，亦通假爲
邇、昵義，詳《高宗肜日》昵字校釋。有據後起的《廣雅》釋爲治者，
不確）。

　　《夏本紀・集解》引《鄭注》：“蒙、羽，二山名。”僞孔釋此句爲
“二山已可種蓺”。《孔疏》：“《詩》云‘蓺之荏菽’（按，見《生民》），
故蓺爲種也。”顔師古《漢志》注：“淮、沂二水已治，蒙、羽二山皆可
種蓺也。”都是以種植爲釋。（《錐指》且云：“方耕曰作，既種曰蓺。”
是説當耕地時叫“作”，下種叫“蓺”。）宋以下治《尚書》者主要都承
此説。

　　《錐指》則以爲蒙羽二山與淮水相去各數百里，“淮之橫溢，不
到二山。及其既乂，二山亦未必悉治。”沂水雖在二山間，“二山仍自
有畎澮之水當濬之以距川者，亦非但治沂而已也。淮不乂則沂不可
得而治，沂不乂則蒙、羽不可得而治，然淮沂既乂而二山畎澮距川之
處施工正不少也。”是胡氏釋“蓺”爲治，謂係治蒙羽二山的畎澮之

水。孫星衍《注疏》從其説亦云：“藝者，《廣雅·釋詁》云‘治也’，僞傳云種藝，非也。”

　　就藝字本義言，確爲種植。胡、孫欲據後出的《廣雅》釋爲治，似有意求深，不如就其大意來説，淮沂已經治好了，蒙、羽等山境域内也可從事農業生産了。

　　《匯疏》箋云：“其藝與既藝亦別。既藝言已開墾，其藝則可施工種藝也。”又云：“山之可種藝者衆矣，而獨舉徐之蒙羽與梁之岷嶓，以例餘州。……則蒙羽爲沃壤可知，今（明）近徐諸山，彌望荒蕪矣。”

　　“蒙山”，見《漢志》“泰山郡蒙陰縣”下云：“《禹貢》蒙山在西南，有祠。”按《論語·季氏》稱爲東蒙，《邢疏》：“蒙山在東，故曰東蒙。”《詩·閟宫》“奄有龜、蒙”，以蒙山與龜山並舉。至唐出現蒙山、東蒙山二名，見《通典·州郡》：“又有東蒙山在蒙山之東。”《元和志》載蒙山在費縣西北八十里、新泰縣東南八十八里，東蒙山在費縣西北七十五里。元《齊乘》糾正分爲二山之説云：“蒙山在龜山東，二山連屬長八十里。……後人惑於東蒙之説，遂誤以龜山當蒙山，蒙山爲東蒙，而隱没龜山之本名。”清《錐指》從《齊乘》之説，《地理今釋》：“蒙山在今（清）山東青州府蒙陰縣南八里，西南接兗州費縣界，延裹一百餘里。”《禹貢集解》：“蒙山即蒙陰山，屬陰山山系泰山山脉。”大抵蒙山因在魯國（曲阜）之東，故又稱東蒙，在今山東平邑之東，蒙陰之南，費縣之北，自西北向東南綿亘百餘里。

　　“羽山”，古代有殛鯀於羽山的神話傳説（見《山海經》、《左傳·昭公七年》、《晋語》、《天問》、《離騷》及《墨子·尚賢中》、《孟子·萬章上》、《堯典》、《吕覽·行論》、《五帝本紀》等），文獻中所説羽山地點有二：（一）今江蘇贛榆西南説。《漢志》“東海郡祝其”下云：

“《禹貢》羽山在南，鯀所殛。”《續漢志》、《晋書·地理志》及杜預《左傳》注、郭璞《南山經》注、酈氏《水經·淮水注》所説皆同，唐宋以後注疏家及地理書大都同。祝其縣所在，《班義述》引清《一統志》：“在今江蘇海州贛榆縣南。”並引明《一統志》云：“在縣西五十里。”《錐指》：“此山在沂州之東南，海州之西北，贛榆之西南，剡城之東北。”（二）今山東蓬萊説。《太平寰宇記》蓬萊縣下謂羽山“在縣東十五里，即殛鯀處”（據《錐指》）。《泊宅編》謂登州海中有島五所，即羽山。《錐指》以爲贛榆太近，“非荒服放流之宅”，惟《寰宇記》説與《孔傳》謂在海中合，指出“《禹貢》之羽在徐域，《舜典》之羽在青域”。按，由神話地點變爲歷史地點，不易實定，大抵殛鯀之羽山似以在山東蓬萊海中較合，《禹貢》羽山叙在徐州境内，只能是贛榆西南、剡城東北（詳《叢考》）。或謂羽山之得名，由於其地産雉羽，見下文“羽畎夏翟”校釋。

　　⑦大野既豬（張魚反）——“野”，《漢志》、薛本皆作“壄”，敦煌本 P3469 及岩崎本、内野本作“埜”。《説文·里部》：“壄，古文野。”埜又壄之省（已見《史記·司馬相如列傳》“膏液潤埜草”）。陳喬樅《經説考》謂《漢志》之字“爲三家《今文尚書》之存有古文者。”“豬”，《夏本紀》作“都”。《禮記·檀弓下》：“洿其宫而豬焉。”《鄭注》：“豬，都也。南方謂都爲豬。”段氏《撰異》云：“古音無魚、虞、模斂侈之别，‘都’音同‘豬’，二字皆‘者’聲也。‘南方謂都爲豬’者，謂北人二音略有别，南音則無别也。《堯典》曰‘幽都’，《孔傳》曰：‘都，謂所聚也。’……《堯典》作‘都’，《禹貢》作‘豬’，實是一字。《古文尚書》作豬。……《夏本紀》凡豬皆作‘都’，蓋《今文尚書》然也。……俗‘豬’旁加水作‘瀦’……未知古人以音爲用，不泥其形也。”按楊雄《徐州箴》引用此句爲“大野既瀦”，已作“瀦”。敦煌本

P3469、岩崎本從俗寫作"豬"。薛本、《古文四聲韻》都作隸古奇字，係據"諸"字的古文加以訛變寫成。

《説文·水部》新附："潴，水所停也，從水，豬聲。"《經説考》謂都、豬聲同，亦三家《尚書》之異文也。皮氏《考證》云："野作壄，都作豬，皆古文。《班志》云'大壄既豬'者，蓋夏侯《尚書》兼存古文，故班書多用古文字，與《史記》等主今文者不同。"

《左傳·哀公十四年》："西狩於大野。"《杜注》："大野在高平鉅野縣東北大澤是也。"按《漢志》山陽郡鉅壄縣下云："大壄澤在北。"《孔疏》："鉅即大也。"《水經》記濟水至乘氏縣分爲二，其一流入大野澤。《元和郡縣圖志》鉅野縣云："大野澤一名鉅野，在縣東（當作北）五里，南北三百里，東西百餘里。"《匯疏》云："五代以後，河水南徙，匯於鉅野（按，爲《錐指》所記河徙的五、六次），連南旺、蜀山諸湖，方數百里。"《齊乘》曰："鉅野，今梁山泊也。"（《錐指》指出鉅野故城在清鉅野縣今巨野縣西）按，梁山泊爲大野澤的北部，南旺湖爲大野澤的東部，全澤最大時縱三百餘里，橫百餘里。處今山東巨野縣之北，嘉祥縣之西北，梁山縣之南。元末黄河南徙入淮，大野澤區域内淤積黄河泥沙，遂全部幹涸成平陸。

"大野既豬"，是説大野已經把過去漫溢成灾的許多水積潴成深澤了（詳《叢考》）。

⑧東原底平——"原"薛本作"邍"。係據《説文·辵部》的邍，"高平之野"，人所登，從辵、备、录，亦即《爾雅·釋地》"廣平曰原"、《春秋説題辭》"高平曰大原"（《水經·汾水注》引）之"原"的本字。吳大澂《愙齋集古録》第二册第9頁《魯邍鐘》釋文指出此字即《説文》高平之野之字，並云："今經典通作原，惟《周禮·夏官·序官》邍師猶存古字。"可知薛本所用此字爲原野之原的本字，而"原"字

據《説文》則係泉源之源的本字。後人加水旁作爲泉源字。"原"被假借爲原野之原,其本字邃遂廢。今仍用通行假借字不改。

"厎",岩崎本及敦煌本 P3467 皆作"底",《十三經注疏》本及殿本《史記》、《漢書》皆誤作"底"。"厎,致也"(《釋言》),僞《孔傳》釋此爲"致功而平",《夏本紀·正義》釋"水去已致平復"。知此字原作"厎"(已見冀州章"覃懷厎績")。"平",見《堯典》"平秩東作"校釋。

《夏本紀·集解》引《鄭注》云:"東原,地名,今(漢末)東平郡,即東原。"按《漢志》"東平國"下云:"故梁國,景帝中六年別爲濟東國,武帝元鼎元年爲大河郡,宣帝甘露二年爲東平國。"《地理今釋》:"今(清)山東兗州府東平州及濟南府泰安州之西南境也。"大抵東原即今山東省肥河以南的東平、汶上、寧陽諸縣境,亦即古大野澤東北,今東平湖東南,處於泰沂山脉西端餘脉之南的汶水自北向南的下流平地。

"東原厎平",是説徐州水、土已獲治理,特別是大野澤將過去漫溢成灾的水積豬成澤後,東原這一田野已致平整可以耕作了。

⑨赤埴墳——"埴",《釋文》:"埴,市力反。鄭(玄)作'戠'。徐(邈)、鄭、王(肅)皆讀曰熾,韋昭音試。"這是古文。敦煌本 P.3469、岩崎本及薛本皆作塦,這是僞古文。《後案》引晉時成公綏《天地賦》云:"海岱赤塦,華梁青黎。"《撰異》謂"此用鄭本《尚書》加土於戠旁也"。實則加土於戠,原爲僞古文隸古定用字,是晉時本已如此,不止宋齊舊本用之。

埴、戠(塦、塦)二字的不同解釋如下:

埴。《釋名·釋地》:"土黄而細密曰埴。埴,膩(本作膩,依畢校改)也。黏胒如脂之膩也。"《夏本紀·集解》引徐廣曰:"埴,黏土也。"陳喬樅《經説考》、皮錫瑞《考證》皆謂此用今文家説。僞《孔傳》亦云:"土黏曰埴。"《孔疏》:"《考工記》用土爲瓦,謂之'摶埴之工',是埴謂黏土。"按《考工記》"摶埴之工二"《鄭注》:"埴,黏土也。"是鄭玄釋埴字之義亦同今文。林氏《全解》云:"此州之土,色而別之則赤,性而別之則有墳、埴之二種。曾氏(旼)曰:'《周禮》有摶埴之工,《老子》埏埴以爲器。惟土之膩,故可摶可埏也。'"《蔡傳》即承用曾説,惟依《釋文》誤本爲訓義云:"埴,膩也,黏泥如脂之膩也。"吳澄《纂言》則云:"埴墳,其土質黏膩者,有埴地名。"是此義由今文歷僞古文直至宋元諸儒皆持之。皮氏《考證》云:"僞孔名傳《古文尚書》,實多襲今文説。……如此文……皆與《史》、《漢》文同。"陳大猷《書集傳或問》則云:"夏氏(僎)曰:'諸州有二種者,必析而言之,未嘗併言'……然則'埴墳'者,爲埴而墳也。"則以爲非"墳埴之二種",而是一種土具有此二種性能。此解較合理。

　　戲。《撰異》據《釋文》爲説云:"鄭作戲……而改讀爲熾字,其訓則曰:'熾,赤也。'見李善《蜀都賦》注。鄭不釋戲爲黏土者,意以赤熾言色,埴言性,與白壤、黃壤、白墳等一例,倘戲訓黏,則與埴爲二性,非經之例。"《後案》則云:"此經俗儒作'埴',訓土黏,鄭不從者,鄭必目驗徐州土不皆黏也。"陳壽祺《左海經辨》、成孺《班義述》並據《釋文》引韋昭説係韋著《漢書音義》,推定《漢書》本從古文作戲,師古本誤據《夏本紀》改,謂仍當用鄭氏赤戲之訓。俞樾《群經平議》另提一解云:"鄭義亦有未安,既言赤矣,何必又言熾乎?戲字仍當讀如本字。赤者,赤色也。戲者,雜色也。……土色赤而又聚有諸色,謂之赤戲矣。"未驗諸徐地土壤,只是從文字上尋解,不足據。

　　埴、戲二字亦有謂義相通者。《孔疏》:"戲埴音義同……故'土

黏曰埴’。”江聲《音疏》云：“戠，黏也。讀如‘脂膏敗殖’之殖，殖亦
黏也。”陳喬樅《經説考》云：“《玉篇》‘土部’：‘埴，黏土也。’‘戠，赤
土也。’此采今文、古文之訓。《廣韻》亦同。《集韻·類篇》則合埴、
壂、戠爲一字。疑戠既通埴，當亦有黏義。”並舉《考工記》殖與埴
通、樴與戠通一例，以爲“是戠與埴訓誼同也”。自以戠、埴同訓黏土
之義爲合此處文意。

　　“墳”，肥土。已見上兗州章“黑墳”校釋。

　　“赤埴墳”，采上述義訓，就是赤色的黏性肥土。近人陳恩鳳
《中國土壤地理》第七章《禹貢所述土壤之解釋》闡釋云：“孔穎達稱
‘土黏曰埴’。……埴墳顯指黏質丘陵土壤。……徐爲今之蘇北及
皖、魯邊區，丘陵地每爲發育於第四紀洪積紅色黏土層之棕壤，或即
所稱赤埴墳。”是赤色的黏土性肥土即近代土壤學中的棕壤。

　　⑩草木漸包——《説文·艸部》：“蔪，艸相蔪苞也。從艸，斬
聲。《書》曰：‘艸木蔪苞。’”大徐音“慈冉切”，當作兹冉切。是許氏
所習古文本作“蔪苞”。今見薛季宣隸古定本亦作“木蔪苞”，顯據
《説文》古文，岩崎本“屮”訛巾，“苞”訛芭，敦煌本 P3469 及内野本
“草”作屮，此皆隸古定本異體。

　　《釋文》：“‘漸，如字；本又作蔪。《字林》：‘才冉反，草之相包裹
也。’‘包’，必茅反，字或作苞。非‘叢生’也，馬云：‘相包裹也。’”
是陸德明所見隸古定本有作“漸”者，有作“蔪”者。而包有作“苞”
者，馬融所見仍爲古文本。

　　段氏《撰異》云：“《字林》本《説文》也。蔪包者，積緻之貌。
……《爾雅·釋詁》曰：‘苞、蕪、茂，豐也。’《釋言》曰：‘苞，積也。’
《釋木》曰：‘如竹箭曰苞。’……是此字蓋《經》本作苞。衛包易爲
包。……徐楚金《説文解字繫傳》苞字下曰‘《尚書》草木漸苞’……

亦正可以證南唐時《尚書》作從艸之包。”

今觀《夏本紀》及《漢志》皆保持今文作“草木漸包”，可知通行僞孔本承用今文原字。

僞孔云：“‘漸’，進長。‘包’，叢生。”《孔疏》：“《易·漸卦·彖》云：‘漸，進也。’《釋言》云：‘包，積也。’孫炎曰：‘物叢生曰苞，齊人名曰積。’郭璞曰：‘今人呼叢緻者爲積。’‘漸包’，謂長進叢生，言其美也。”段玉裁釋爲“積緻之貌”，亦由《爾雅》諸釋來。其實不外《孔疏》所釋之意。

林之奇《全解》云：“徐州之地受淮之下流，其地墊溺已甚，草木不得遂茂，爲日久矣。今也洪水既平，乃至於進長叢生，故可書也。”《蔡傳》：“漸，進長也。如《易》所謂‘本漸’。言其日進於茂而不已也。包，叢生也。如《詩》之所謂‘如竹包矣’，言其叢生而積也。”都是承僞孔義發揮之，總之是説草木逐漸滋長至於繁茂叢生。

⑪厥田惟上中厥賦中中——《夏本紀》“厥田”作“其田”，無“惟”字，“厥賦”無“厥”字。《漢志》無兩“厥”字及“惟”字。皆史文所删。僞孔釋爲“田第二，賦第五”。《匯疏》箋云：“徐州土美，故田第二。凡賦卑於田者，以壤地狹或人工未修也。”按，此問題已詳冀州章“厥賦”校釋。

⑫厥貢惟土五色——《夏本紀》無“厥”字，《漢志》無“厥”、“惟”二字。《夏本紀·集解》引鄭玄注云：“‘土五色’者，所以爲太社之封。”僞孔云：“王者封五色土爲社。建諸侯則各割其方色土與之，使立社，燾以黃土，苴以白茅。茅取其潔，黃取王者覆四方。”《孔疏》釋云：“《傳》解貢土之意。……燾，覆也。四方各依其方色，皆以黃土覆之。……《韓詩外傳》云：‘天子社廣五丈，東方青，南方赤，西方白，北方黑，上冒以黃土。將封諸侯，各取其方色土，苴以白

茅,以爲社,明有土,謹敬潔清也.'蔡邕《獨斷》云:'天子大社以五色土爲壇,皇子封爲王者授以太社之土,以所封之方色且以白茅,使之歸國以立社,謂之茅社.'(《續漢志》引作"受茅土")是必古書有此説,故先儒之言皆同也."這是注疏家根據漢代之説對"土五色"所作的解釋(下文"荆州章"貢"包匭青茅",當即供此用)。

古書中更早者有《逸周書·作雒》云:"諸侯受命於周,乃建大社於國中,其壇東青土,南赤土,西白土,北驪土,中央釁以黃土。將建諸侯,鑿取其方一面之土,燾以黃土,且以白茅,以爲社之封。"《作雒》原篇成書較早,傳自西周初年,但這幾句則顯然是五色配五方之説産生以後增入篇中之文。據長沙出土戰國繒書有五色與五方相配,但還没有配五行(見《文物》1963年第9期)。與《管子·幼官》等篇同,時間當在戰國末"陰陽五行説"形成以前。漢人之説當承襲於此。

《史記·三王世家》載立齊王策云:"受兹青社。"立燕王策云:"受兹玄社。"立廣陵王策云:"受兹赤社。"就是按照上一學説所制定的分封諸侯王的禮制所作的實踐。又《封禪書》記漢武至泰山封禪云:"天子皆親拜見,衣上黃,而盡用樂焉。江淮間一茅三脊,爲神籍五色土,益雜封。"可知所貢五色土,除用於分封立社外,復用於封禪。

徐州之貢五色土,見於漢代又一著作《釋名·釋地》云:"徐州貢五色土,有青、黃、赤、白、黑也。"《漢書·郊祀志》平帝元始五年則記云:"徐州牧歲貢五色土各一斗。"於是《禹貢》的記述,爲封建王朝所遵奉作出實際規定了。

其後《夏本紀·正義》引《太康地記》云:"城陽姑幕(今安丘南諸城北)有五色土,封諸侯賜之茅土用爲社,此土即《禹貢》徐州土也。"按,《水經·濰水注》:"其水東北逕姑幕縣故城東,縣有五色土,王者封建諸侯隨方受之。"《錐指》謂:"姑幕漢屬瑯邪郡……古青齊接壤處也。漢瑯邪郡隸徐州,元始之貢,疑即是此地所出。"迄後歷代亦多沿此規定,如唐《元和志》載徐州貢賦:"開元貢五色土各一斗。"宋《寰宇記》亦云徐州"歲貢五色土各一斗,出彭城縣北三十五里之赭土山"。以迄今北京中山公園內,仍保存清代所建五色土社壇,都是沿上述規定來的。

　　⑬羽畎夏翟(徒歷反)——"畎",《周禮·染人》注、《小雅·節南山》正義皆引作"甽"(據《撰異》)。"翟",《夏本紀》、《漢志》作"狄",陳喬樅《經説考》謂"此亦三家經文之異字"。成孺《班義述》謂"翟"今文,"狄"古文,《漢志》雜用古文。錢坫《斠注》謂雉名,應作"翟","狄"乃傳寫之訛。歧説如此,無足深論。《周禮·染人》"秋染夏"鄭注引《禹貢》曰:"羽甽夏狄。"是漢古文本用"狄"字。敦煌本 P3469、岩崎本及薛本亦皆作"狄",則隸古定本僞古文又承用古文。《撰異》云:"古'狄'、'翟'異部相假借。有假借翟爲狄者,如《春秋》傳'翟人'是也。有假借狄爲翟者,如……《毛詩》'右手秉翟',《韓詩》作'秉狄'。"既爲假借字,自可互用。

　　"羽畎",羽山的溝谷。《詩·節南山》疏引鄭玄注云:"羽山之谷。"其義已詳青州章"岱畎"校釋。

　　"夏翟",先釋"翟",再釋"夏"及"夏翟"。

　　《爾雅·釋鳥》:"鸐,山雉。"《釋文》:"鸐音狄。"《説文·隹部》即作:"翟,山雉。"故僞《孔傳》云:"翟,雉名。"《説文·隹部》:"雉有十四種。"並備列其名爲:盧、喬、鳼、鷩、翰、卓諸翟,及秩秩海雉、翟山雉,伊洛而南曰翬,江淮而南曰搖。最後是四方雉名:南壽,東鶅,北稀,西蹲。《爾雅》全列此十四種(惟易盧爲鸕,與江淮而南之鷮相重復），並較詳地叙述"伊洛而南素質五采皆備成章曰翬，江淮而南青質五采皆備成章曰鷂"。而四方雉名皆加"鳥"旁。至鄭玄《周禮·染人》注則只取十四種中的後六種，説雉"其類有六：曰翬、曰摇、曰鷩、曰甾、曰希、曰蹲"，並説"夏翟是其總名"。杜預在《左傳·昭公十七年》注"五雉"，便減爲："雉有五種，西方曰鷷雉，東方曰鶅雉，南方曰翟雉，北方曰鵗雉，伊洛之南曰翬雉。"杜爲了把翟雉也叙入，就把南方的鷩雉擠掉了。其實鄭玄在《染人》注中把翟作爲所有雉的總名。《孔疏》也説："夏翟共爲雉名，《周禮》立'夏采'之官，取此名也。"可知翟是雉鳥的總名。

　　而古人重視雉，就采取它的羽毛，用來作爲旌旄舞飾等用途。《禮記·樂記》："干戚旄狄以舞之。"這是用雉的羽毛爲舞飾。僞《孔傳》云："羽中（去聲，爲動詞）旌旄，羽山之谷有之。"《孔疏》："《周禮·司常》：'全羽爲旞，析羽爲旌。'用此羽爲之，故云'羽中旌旄'也。"按，《司常》鄭注："全羽、析羽，皆五采繫之於旞旌之上。"這是用雉的羽毛爲旌旄。但除此外，林之奇《全解》云："古之車服器用，以雉爲飾物者多矣，不但旌旄也。"其説當是。《樂記》疏："狄，羽也。"亦見《廣雅·釋器》："狄，羽也。"顏師古《漢志》注也云："夏狄，狄雉之羽，可爲旌旄者也。"是翟（狄）又作爲雉鳥的羽毛的名稱。

　　"夏"，《周禮·天官·染人》"秋染夏"《鄭注》："染夏者，染五色。"《賈疏》："夏，謂五色。"又："夏即與五色雉同名'夏'，故知'染五色'也。"證以《春官·巾車》"孤乘夏篆、卿乘夏縵"《鄭注》："夏篆，五采畫轂約也。夏縵，亦五采畫，無篆爾。"確知"夏"爲五色、五采之義（朱駿聲《古注便讀》謂"夏，華也，有采色也"，即據此義）。而這裏夏的五色具體指的是翟雉羽的五色。鄭玄《染人》注續云：

“謂之夏者，其色以夏翟爲飾。”林之奇《全解》云：“夏翟者，雉之具五色者也。”合於《賈疏》所云：“夏爲五色之翟。”《匯疏》小注云：“雉具五色而有文章，故謂之夏。”因此鄭玄《周禮·夏采》注云：“夏翟，羽色。”《賈疏》引《爾雅》翬的素質五采和鷂的青質五采之文，以爲“此則夏翟之羽色也”。

《夏采》鄭玄注又云：“《禹貢》徐州貢夏翟之羽……後世或無，故染鳥羽象而用之。”《賈疏》：“案《冬官·考工記》有鐘氏染羽。若有自然鳥羽，何須染之乎。……故‘染鳥羽而用之，謂之夏采’者，夏即五色也。”《染人》注云：“其毛羽五色皆備成章，染者取以爲深淺之度，以是仿而取名焉。”《周禮·掌次》疏云：“羽山之谷貢夏翟之羽。後世無夏翟，故《周禮·鐘氏》染鳥羽象鳳凰以爲之。”這些都說明了夏翟是羽山所出的五色雉羽。在沒有這種雉羽時，用其它羽毛照樣染成雉羽的五色，來供旌旄樂舞等之用，這也是夏翟。

此外尚有數種不合此處文義的不正確解釋：（一）鄭衆云：“夏，大也。狄也大染。”（見《染人》注引）此誤用訓大之義。（二）胡渭云：“夏，讀若檟，非春夏之夏。”（見《錐指》）指出非春夏之夏，是。但與檟無關。其下文引郭璞《爾雅》注：“伊洛而南雉素質五采皆備曰翬。”繼云：“《詩》云‘如翬斯飛’，言其文之奐散也。翬即夏翟，審矣。”與《匯疏》引《師曠禽經》“五采備曰翬，亦曰夏翟”同一錯誤，都是以偏代全。《禽經》之張華注：“雉尾至夏則光鮮也。”是附會爲春夏之夏，更誤。《錐指》已予駁正。（三）簡朝亮云：“南方離明，則夏也。《易·説卦》曰：‘離爲雉。’”又：“南離之象爲雉，夏翟也。徐州東南而有淮，其夏翟曰翬、曰鷂、曰壽者乎，而其貢則惟名夏翟矣。”（《集注述疏》）此説既牽强附會，亦概念不清，不足論。

自鄭玄、僞孔相繼指出出産夏翟之地爲羽山之谷，説者相承，如

《周禮·掌次》賈公彥疏、《漢志》顔師古注等皆是。至宋儒乃提出羽山之名即由於出雉羽而得。如曾旼《尚書講義》謂："山雉具五色,出羽山之畎,則其名山以羽者,以此歟?"(《蔡傳》引)黃鎮成《書通考》同此問。至《匯疏》小注云："夏翟出於羽山之畎,山以此名。"則肯定了山以出此羽得名。雖無確據,理或有此。

　⑭嶧陽孤桐——諸隸古定本如敦煌本 P3469、岩崎本及薛本"陽"皆作"易",誤用陽光之易本字,其實在此表示山南水北義,當作"陽"。詳冀州章"岳陽"校釋。

　"嶧陽",一説嶧山之陽,一説山名嶧陽。其山所在,一説在今江蘇省邳縣西,一説在今山東省鄒縣東南。

　一、江蘇邳縣西境説。見《漢志》東海郡下邳縣:"葛嶧山在西,古文以爲嶧陽。"《説文》、《風俗通》及鄭玄注皆以爲是下邳葛嶧山之陽。僞《孔傳》亦釋"嶧山之陽"。至《續漢志》及劉昭注引《北征記》、《水經注》、《晉書·地理志》等始以葛嶧山又稱嶧陽山。隋、唐時以嶧山與嶧陽山爲二山。宋學則不稱嶧陽山,如《蔡傳》只以葛嶧山爲嶧山。顯然葛嶧山爲嶧山的全稱,嶧陽本指山之陽,但古人因習稱又以爲山名,如蒙山之稱蒙陰山一樣。明《邳州新志》又云:"俗稱距山。"此外又簡稱葛嶧、邳嶧。

　二、山東鄒縣東南説。《詩·閟宮》"保有鳧繹"。《毛傳》謂鳧、繹爲二山名,地在魯東。《釋文》謂繹又作嶧。《孔疏》謂即"嶧陽孤桐"之山。《漢志》魯國鄒縣:"嶧山在北……‘邾文公卜遷於嶧’者也。"(《左傳·文公十三年》)《續漢志》劉昭注引《鄒山記》、《爾雅》郭璞注、《水經·泗水注》引京相璠説等亦皆謂嶧山在鄒縣,郭璞並釋爲"言絡繹相連"。劉昭、京相璠皆謂有秦始皇刻石(即《集古録》載《嶧山碑》)。又稱鄒嶧。

傳統注疏家多主邳嶧山説。《漢志》、《水經注》、《續漢志》注則並記下邳、鄒縣兩嶧山，《元和志》亦記此二山，惟以鄒縣南爲《禹貢》嶧山，邳縣嶧陽山則非。此與傳統邳嶧山説異。此外唐宋地理書如《括地志》、《通典·州郡》以下，及《書古文訓》、《尚書説》等，皆主鄒嶧説而反對邳嶧説。

《錐指》以爲"嶧山自北而南，葛嶧乃鄒嶧之盡處，故嶧陽當在下邳"。王先謙《參證》則謂"嶧山在邳州西北嶧縣（今棗莊市南）東，嶧縣以此名"。據此以觀地形圖，自鄒縣嶧山起，山脉向東南迤邐而來，絡繹於鄒縣、滕縣、薛城一綫之東，至舊嶧縣境（地當邳縣西北）已是餘脉，則正如冀州太岳山脉之南稱岳陽一樣，此地自可稱爲嶧陽。

《風俗通義》云："梧桐生於嶧山陽巖石之上，采東南孫枝爲琴，聲甚清雅。"僞《孔傳》云："孤，特也。嶧山之陽特生桐，中琴瑟。"上引各文獻亦多説嶧山生名桐可爲琴。按自《世本·作篇》、桓譚《新論》及《後漢書·蔡邕傳》等所載，皆反映我國古代擅長以桐造琴，陸璣《毛詩草木鳥獸蟲魚疏》謂以白桐造琴爲宜，因而注疏家皆謂嶧陽孤桐爲造琴良材，用以爲貢物（詳《叢考》）。

⑮泗濱浮磬——"濱"，《漢志》作"瀕"，薛本依此所作異體，已見青州章之"海濱廣斥"校釋。

"泗"，水名，是自北而南縱貫徐州境内的一條水，據《山海經》、《漢志》、《水經注》等記載，泗水出漢代卞縣（今山東泗水縣）東境陪尾山，西南經魯縣（今曲阜）、瑕丘（今兗州）至方與（今魚臺縣北）會菏水，折而東南過湖陵（魚臺縣東南）、沛縣（今江蘇境）、彭城（今徐州）、下邳（今邳縣東）至泗陽故城（今泗陽縣南）以南入淮水。宋時有南清河之稱。自金代起，徐州以南被占爲黄河河道，直至清咸豐時黃河北徙時止。元代起，自兗州築閘導泗水一部分至任城（今濟寧）入泗州河，以供漕運，於是南經魚臺至徐州之泗水皆成爲泗州河。明代起，濟寧南、魚臺東，泗水故道所經地帶因兩側低山丘陵所下瀉水流日益積瀦，出現魯陽湖、昭陽湖，清代昭陽湖東南出現微山湖，於是自魚臺以南徐州以北的古泗水遂全淪入此諸湖中。惟自徐州以南迄於洪澤湖東北的廢黃河，當是古泗水下游故道。現存的泗水出山東省泗水縣的泙橋鎮東，西經曲阜、兗州，西南流入位於南陽湖東側的運河，實際只是《禹貢》所載古泗水的上游（《漢志》乘氏縣下及鄭玄《尚書注》稱菏水爲泗水，實誤。詳《叢考》）。

僞《孔傳》釋“泗濱浮磬”云：“泗水涯，水中見石可以爲磬。”（按《說文·水部》新附：“涯，水邊也。”）《孔疏》：“泗水旁山而過，石爲泗水之涯。石在水旁，水中見石，似若水中浮然。此石可以爲磬，故謂之浮石也。貢石而言磬者，此石宜爲磬，猶如砥礪然也。”《蔡傳》亦用《孔疏》説。這是第一種解釋。

林之奇《全解》云：“泗濱者，泗水之旁也。浮磬者，謂石之浮於水上者，可以爲磬也。唐孔氏曰（即《孔疏》語，略）。周希聖曰：‘浮，過也，與“名浮於實”之浮同。雖泗濱之石，其高過於水者，可以爲磬。’”這是第二種解釋。

《全解》繼云：“此二說其意蓋謂石非浮物，故從而爲此辭。要之，不必須浮於水上然後謂之浮。磬之爲器，必聚其石之最輕者，然後其聲清越以長。但以輕，故謂之浮矣。不云浮石而云浮磬者，曾氏（旼）曰：‘成磬而後貢之。’”《蔡傳》並録存此説。這是第三種解釋。

薛季宣《書古文訓》云：“浮磬，磬石。泗濱磬石今皆浮生地中不根著也。”黃鎮成《尚書通考》襲用此説。這是第四種解釋。

金履祥《書經注》云："浮磬如今硯石之取子石者，蓋石根不著岩崖而特生，故謂之浮。"這是第五種解釋。

《錐指》批評了後三説而寬其第二説云："三説皆不如舊解，周氏小與《孔疏》異，猶不相背。"其實第一種《孔疏》説也是從"浮"字上望文尋義，未必原意即如此。人們所以尋找這許多解釋，反映這是一無法確知其原義的專用詞。語言中往往有一種詞彙習用既久，它的語源已亡，無法追尋其原義，因此只能説，有一種可以爲磬之石，古人把它叫做"浮磬"。在無確證的情況下，不必捕風捉影尋找它原來的含意。這樣，連貢石爲什麼不言石而言磬的爭議也就解決了，因爲貢的這種石頭就叫浮磬，用不着再多辨析了。

關於"泗濱浮磬"之所在，今所見的最早記載，爲《水經·泗水注》"又東南過吕縣南"下云："吕，宋邑也。……晋《太康地記》曰：'水出磬石，《書》所謂"泗濱浮磬"者也。'"這是晋代指實的《禹貢》"泗濱浮磬"的所在。

其後《隋書·地理志》下邳郡下邳縣（今江蘇邳縣境）載："有嶧山、磬石山。"雖未言即《禹貢》浮磬之處，然泗水固流經下邳，其地可以稱爲泗濱。而《夏本紀·正義》引《括地志》云："泗水至彭城吕梁出磬石。"則又證成了《水經注》之説。顯然至隋唐時，泗水上的這幾處地方是出磬石的。證以白居易《華原磬》詩序文云："天寶中，始廢泗濱磬，用華原石代之。詢諸磬人，則曰：'故老云，泗濱磬下，調之不能和，得華原石考之乃和。'由是不改。"可知古代用泗濱磬石爲磬，相沿至唐代，直至天寶年間始不用，該詩句有云："華原磬，華原磬，古人不聽今人聽；泗濱石，泗濱石，今人不擊古人擊。……華原石與泗濱石，清濁兩聲誰得知。"表達了對廢泗濱石改用華原磬石的不滿。

宋樂史《寰宇記》在説下邳磬石後云："泗水中無此石，其山在泗水之南四十里。今取磬石，上供樂府。其山出石，可以爲磬，大小擊之，其聲清亮，與孔説不同，恐禹治水之時，水至此山矣。"則宋代仍用泗濱的磬石，以爲其地在下邳。然另據杜綰《雲林石譜》云："靈璧縣（今安徽宿縣西北）有磬山，石産土中，叩之有聲，云即泗濱浮磬。"（據《匯疏》引）則宋人又以其地在靈璧。

元吳澄《書纂言》云："下邳有石磬山，或以爲古取磬之地。"則仍以其地在下邳。

明《禹貢匯疏》更引録了不少元明材料。所引張澹岩《論石品》云："靈璧出於泗濱，本樂石所用，《書》云'泗濱浮磬'是也。碩厚清越，如被塗澤，而乏烟雨葱蒨之姿。思溪近出於太末，深在土中，堅貞温潤，文質俱勝，扣之如鐘，四面皆可觀，其姿裁明秀，體氣高妙，夐出諸石之上，視靈璧猶偌父也。"先肯定靈璧是《禹貢》的泗濱，然後提出有比靈璧磬石更好的皖南思溪所出磬石。《匯疏》又引《中都志》云："《文獻通考》'磬石山在泗州'。《玉海》注'下邳有磬石山，古取磬地'。按靈璧、東漢下邳，唐宋以來泗州也。磬石山北距泗水五六十里，禹時洪水橫流，未必不經此山之下。"則以靈璧、下邳都屬泗州，以其磬石山爲一山，原在泗濱。又引曹學佺之言云："浮磬，今泗水中無此石，其下邳西南磬石山，在泗水南四十里。采磬石以供樂府，大小聲皆清越。"説爲下邳西南，則與靈璧亦接壤。又引《雍大記》云："耀州（即隋唐的華原，今陝西耀縣）東五里有磬石山，出青石，唐天寶中取爲磬，其後郊廟樂遂廢泗濱磬。"則重述了白居易《華原磬》詩序所述事。這些是明代對磬石所在地提出的一些較紛歧的説法。

清代的《錐指》云："泗濱，先儒但云泗水之涯，而不言在何縣。

《水經注》（見上，略）、《括地志》亦云（見上，略）。今徐州東南六十里有呂梁洪，高誘《淮南子》注云：‘呂梁在彭城呂縣，石生水中，禹決而通之，蓋即磬石之所出也。金元以來，泗殫爲河，明嘉靖中惡其石破害運船，鑿之使平，而浮石愈不可問矣。’”則肯定惟《水經注》與《括地志》所説的呂梁之地爲泗濱浮磬所在，但已毀於明代漕運所鑿。又云：“陳師凱曰，《與地要覽》云：‘磬石山在下邳縣西南八十里。’《寰宇記》云（見前引，略）。渭案：下邳，今邳州也，西南與鳳陽之靈璧縣接界。縣北七十里有磬石山。浮磬，於水平後貢之。禹必不以懷襄之狀狀其石，水至此山，殊屬傅會。竊意宋初去漢未遠，《太康地記》當有所本。磬石蓋實出呂梁水中，歷年已久，水上之石采取殆盡，餘皆没水中。呂梁湍急，艱於采取。靈璧石聲亦清越，乃改用之，但不知始於何時。……焦弱侯（竑）云：‘今泗濱絶無磬石，惟靈璧縣北山之石色蒼碧，琢之可以爲磬，或當日泗濱石取之已盡，若今端溪下岩之石者，亦未可知。’此説是也。又按今陝西西安府之耀州，本唐華原縣。州東有磬玉山，出青石，扣之鏗然有聲，白居易《華原磬》詩序云（略）。泗濱磬廢已久，樂史宋人，而云‘今取磬石上供樂府’，豈當時華原又廢而復用靈璧耶？蘇軾《游戲馬臺詩》云：‘坐聽郊原琢磬聲。’是亦復用靈璧之一證也。”胡渭將紛歧之説作了清理，論定泗濱浮磬原在呂梁，因取之已盡才改用靈璧之石，後來唐代一度改用華原磬石，至宋代復用靈璧磬石，此説較爲合於情實。故王氏《後案》從之云：“呂梁當湖陵之下流，乃泗水正流，菏沛皆因泗入淮，浮磬實産其地。”

由白居易詩，知道自先秦直至唐代，各封建王朝一直采用徐州泗濱出的稱爲“浮磬”的石頭來作樂器懸磬之用。《匯疏》箋説：“此州制貢，大略並供禮樂之用。”是説得對的。考古發掘出來的先秦一些統治者墓内成組的編磬，其石重厚緻密，因而能够"其聲清越"，因此決不是什麼其石輕浮才用以製磬。而且由大量成組的編磬形式，就可想見當時統治者需要這類磬石甚多，所以定爲本州特貢，一直維持到唐代。天寶間始改用華原磬石，但到宋代又恢復了泗濱磬石，可見泗水這一帶確曾出一種供制磬用的特好的石頭。

⑯淮夷——馬融釋云："淮、夷，二水名。"鄭玄釋云："淮水之夷民也。"（並見《釋文》引鄭注，又見《夏本紀集解》引作"淮水之上夷民"）僞《孔傳》云："淮夷之水。"《釋文》："《孔傳》云'淮夷之水'，本亦有作'淮夷二水'。"陳喬樅《經說考》云："今考經所云'淮夷'皆謂淮上之夷，馬獨以淮、夷爲二水者，蓋古文家說，與今文異。鄭從今文說。王肅則從馬古文說，故亦以淮夷爲水名。"鄭從今文說，是；馬古文說不可通。據《釋文》，僞孔釋爲"淮夷之水"；而據《孔疏》云"蠙珠與魚皆是水物，而以淮夷冠之，知淮夷是二水名"，則《孔疏》所據僞孔釋爲"淮夷二水"。《錐指》："及檢陸氏《釋文》……始知'二'字乃傳寫之訛，穎達不知而曲爲之說，殊可笑也。"顯知僞孔不釋爲淮夷二水。吳澄《書纂言》則謂："淮夷，淮北之夷。"其實淮夷本不限淮北，此因徐州境處於淮水以北，故限言淮北之夷。（《錐指》指出《書序》、《費誓》、《詩序》、《常武》、《江漢》、《左傳·僖公十三年》、《春秋·昭公四年》之淮夷皆淮南之夷在揚州之域；本篇淮夷乃淮北之夷，在徐州之域。）

淮夷，在甲骨文中作佳夷。是我國古代屬於東方鳥夷族的少數民族。早先住在今山東省的濰水一帶，於商代已有一部分遷居今蘇皖淮水流域（據殷王乙辛時代征人方的卜辭及《後漢書·東夷傳》），但其大部分仍居山東境而成爲西周初年魯國東面的敵人，曾參加"三監"反周的戰争（據《大誥》序、《費誓》及序、《逸周書·作雒》和《詩·魯頌》等）。爲周公東征所擊敗後,始大部分遷移到今淮水流域。但還有該族所建立的邾、莒、滕、杞等小國留在魯境,臣服於周。遷移到蘇皖淮水流域的,建立了三十多個國家,西周金文中稱他們爲南淮夷。在長期的民族融合過程中,他們常須妥協臣服於周王朝,但也不斷和周人作頻繁的斗爭。淮夷中最強大的一支就是徐人,常率領淮夷各族與周作戰,且往往取得勝利(據《後漢書·東夷傳》、《水經·泗水注》及金文《駒父盨》、《敔毁》、《禹鼎》、《翏生盨》、《鄂侯鼎》、《虢仲盨》等)。至於反映他們妥協臣服於周,向王朝獻納貢物財賄的,則有《詩·大雅·江漢》及《魯頌》之《泮水》、《閟宮》等,和金文《兮甲盤》、《師寰毁》等。這些也就是《禹貢》記載他們貢物的歷史根據(詳《叢考》"淮水"、"徐州"二節)。

⑰蠙(《釋文》蒲邊反,《夏本紀索隱》步玄反)珠暨魚——"蠙",《釋文》:"字又作蚍。"(《撰異》蚍之訛)《夏本紀·索隱》:"蠙一作蚍。"《漢志》師古注:"字或作蚍。"薛季宣本確作蚍,司馬貞、顏師古所見當即此類隸古定本。而《大戴禮·保傳》"蚍珠以納其間"盧辯注:"蚍,亦作蠙。"《夏本紀·索隱》又云:"又作濱。濱,畔也。"《撰異》指出:"此恐是'蠙'之訛字。"知此二字古常通用。又楊雄《徐州箴》亦作蠙。

段氏《撰異》於此有詳考。其要云:"《說文》一篇玉部曰:'蚍,蚍珠也。从玉,比聲。宋宏云:"淮水中出蚍珠。"蚍,珠之有聲。蠙,《夏書》蚍,从虫,賓。'玉裁按,'蚍珠之有聲'五字有訛脱……當作'蚍,蚌之有聲者'六字,《釋文》引韋昭曰:'蚍,蚌也。'《廣韻》曰:'蠙,珠母也。'然則本蚌名,因以爲珠名耳。……蚍是小篆,蠙是壁中古文。故許云《夏書》蚍字作蠙。……蓋《今文尚書》作蚍,《古文尚書》作蠙。宋仲子説'淮水中出蚍珠。蚍,蚌之有聲者'。此《今文尚書》淮夷玭珠訓故也。……韋昭：'薄迷反，蚌也。'……此韋本《漢志》作玭之明證。……用此知《史記》、《漢志》之'一作玭'者，皆是原本。其作蠙者，乃後人用《古文尚書》改之。……蠙入真先韻，玭入齊韻，各以其諧聲爲之，其得爲古今字者，雙聲語轉也。"皮氏《考證》則謂"三家《尚書》不同，《史》、《漢》傳本各異，或亦有作蠙者，不盡由後人改之"。成孺《班義述》則謂"《史記》之蠙，後人據《漢志》改也。《志》明作蠙，此班氏用古文之顯證"。班固習三家今文，然東漢古文已行，史家采擇較泛，自可涉及古文。成、皮二氏爭班固或用古文、或用今文，無確證以定其是非，只能不於深論。

　　"暨"，《夏本紀》、《漢志》皆作"泉"。諸隸古寫本如敦煌本P3469、岩崎本、內野本及薛氏刊本亦皆作"泉"。《夏本紀·索隱》"泉，古暨字。泉，與也"。《詩·泮水》疏引《禹貢》徐州"淮夷蠙珠泊魚"。《撰異》云："此可證唐初本暨有作'泊'者。以'泉皋陶'例之，壁中本'暨'皆作'泉'，後有改易耳。《夏本紀》、《地理志》皆作'泉魚'，則《今文尚書》與《古文尚書》同也。"按甲骨文、金文中均有"眔"字，皆爲"與""及"之義。"泉"則其訛變。自清及近人論析者甚多，今錄清阮元《積古齋鐘鼎彝器款識》卷五《吳彝》云："眔，及也，即遝字之省。《方言》曰：'遝，及也，關之東西曰遝。'"又近人郭沫若《金文叢考·臣辰盉銘考釋》云："眔字卜辭及彝銘習見，均用爲接續詞，其義如'及'如'與'。《說文·目部》有此字，曰：'眔，目相及也。从目从隸省，讀若與隸同也。'《烝部》復有泉字，曰：'泉，眔詞，與也，从烝，目聲。《虞書》曰泉咎繇。……'按此二者本係一字，"自"乃"目"之訛，烝乃木之訛，而亦非隸省。……象目垂涕之形。……假爲'及''與'字。……新出《魏三字石經》、《皋陶謨》殘字……從自從水，從自雖已形變，從水尚不失古意。然此又用泊爲暨之所從出矣。《書·無逸》'爰暨小人',鄭玄《詩譜》引作'爰洎小人'。"可知《夏本紀》、《漢志》及諸隸古定本皆當作眔,訛作臮,别本作洎亦微訛,然皆源於甲骨文、金文。"暨",據《説文·旦部》原釋爲"日頗見也",經籍中以同音假借爲"及"、"眔",《小爾雅·廣言》:"暨,及也。"亦即假借爲"眔"。

鄭玄釋此句云:"淮水之上夷民,獻其珠與魚也。"(《孔疏》引)僞《孔傳》云:"蠙珠,珠名。淮夷之水出蠙珠及美魚。"《孔疏》:"蠙是蚌之别名,此蚌出珠,遂以蠙爲珠名。蠙珠與魚,皆是水物。"蘇軾《書傳》云:"淮夷有珠及魚,如萊夷之有檿絲。"林氏《全解》云:"當從鄭氏之説。案《詩》云:'憬彼淮夷,來獻其琛。'"薛季宣《書古文訓》:"蠙珠尚淮夷以貢,'暨魚',並蠙、魚貢之也。《山海經》文魮之魚,背如覆銚……是生珠玉……蓋蚌屬也。"《蔡傳》云:"珠爲服飾,魚用祭祀。"金履祥《書經注》云:"淮出唐州,其百餘里内尚淺而多潭,有蠙珠潭,今(宋末元初)其地凡十四潭,而不復生珠矣。"《錐指》非之云:"唐州爲豫域,地非要荒,淮上居人安得謂之夷,潭名蠙珠,亦近世附會爲之也。"

以上諸説雖稍殊,然基本皆釋蠙爲蚌,蠙珠爲蚌珠。今考古學者就大量考古發掘所得提出新説。如邵望平氏《九州風土考古學叢考》云:"蠙,應是泛指與鱷(見下文)需要相同生態環境的一組淡水厚殼蚌。黄河下游史前至商代遺址裏,厚殼蚌殼多有出土……在黄河下游的湖沿帶公元前一千年以前存在着一個適應濕熱氣候以麗蚌、楔蚌、夾嵴蚌爲代表的軟體動物組合。這些除供食用外,還用於製作工具、武器及飾物。……在商代墓葬中往往發現有許多蚌質園形或其他形狀的有孔或無孔的飾件稱爲蚌泡、蚌珠者。筆者參與發掘商代墓中有一種飾有蚌片的扁形木器,先用厚殼蚌截磨成眉、眼、鼻、齒等形狀,然後在長方木板上拼出獸面紋樣。……與石磬、鰐皮製品共出,故可能是一種用於禮儀的舞具或禮器。……由於徐州之域既有大汶口龍山文化系統以獸面紋爲裝飾的文化傳統,鑲嵌工業傳統,又有取之不盡的蚌材,故可推測在黃河流域以‘徐州’淮夷製蚌業最發達,工藝最精良,蚌珠、蚌泡及蚌飾禮器成爲‘徐州’特種工藝而進貢中央王國是有可能的。”這種據考古發現實物所作精到的論斷,自能使人信服。

至於“魚”,薛氏雖稱引文伾之魚,實仍指蚌屬。《蔡傳》言:“魚用祭祀,今濠、泗、楚皆貢淮白魚,亦古之遺制歟。”則是指所貢之魚。《錐指》辨之云:“魚未詳。二孔不指言何種,薛氏以爲文伾,蔡氏以爲淮白魚,愚未敢信也。”又云:“嘗考水中之獸有名魚者,《詩·小雅·采薇》曰‘象弭魚服’。……《傳》云:‘魚服,魚皮也。’《正義》云:‘以魚皮爲矢服。’《左傳》‘歸夫人魚軒’。服虔曰:‘魚,獸名。’則魚皮又可以飾車也。陸璣《疏》曰:‘魚獸似豬,東海有之。’……《初學記》引《博物志》云:‘牛魚,因似牛,形似犢子。’……《臨海水土記》云:‘牛魚象獺……似即陸璣所謂魚獸者。《周書·王會解》言禹四海異物有南海魚革。注云:‘今以飾小車緪兵室之口。’……魚之名見於《毛詩》、《左傳》,其皮可以飾器物,故貢之。”諸説紛紜不定。

今考古學者邵望平氏云:“‘魚’應是另一種‘水中獸’,即兩棲爬行動物鰐魚。”“鰐魚在商代已見諸文字,甲骨文鼉字即作鰐形。……筆者參與發掘的山東滕縣一處商代墓地上,亦有隨葬鰐皮製品的墓。……並非始自商代,山西襄汾陶寺的龍山文化大墓中有布鼓和石磬同出。……《禹貢》記載在兖、豫交界地帶分布着雷夏澤……孟諸澤……正是鰐魚生存的良好環境。可以認爲泰安、泗水、兖州、滕縣各地所發現的商代以前的鱷皮製品都是就地取材。……《禹貢》記徐州之魚，當是皮可以爲飾的鱷魚。以鱷皮爲貢品，是完全可能的。”並綜述一句云：“徐州所貢五品（翟、桐、磬、蠙珠、魚），可能是一組用於製作舞樂的禮器的原材料。”（《九州風土考古學叢考》）

《蔡傳》云：“夏翟之出於羽畎，孤桐之生於嶧陽，浮磬之出於泗濱，珠、魚之出於淮夷，各有所産之地，非它處所有，故詳其地而使貢也。”此意與青州章“岱畎”句林之奇所釋意同，説明這是某一地的特産，而不是一州都有的出産，但用來作爲該州貢物。

⑱厥篚玄纖縞——“厥”，《夏本紀》作“其”。“篚”，已見“兗州章”校。“玄”，薛本用《説文》古文。“纖”，宮崎本、薛本皆無“糸”旁。

《夏本紀·集解》引鄭玄注云：“纖，細也。祭祀之材尚細。”僞《孔傳》：“玄，黑繒。縞，白繒。纖，細也。纖在中，明二物皆當細。”此種解釋以形容詞置二名詞中間，顯然不合語法。《孔疏》爲之釋云：“篚之所盛，例是衣服之用，此單言玄，玄必有質，玄是黑色之別名，故知玄是黑繒也。《史記》稱高祖爲義帝發喪，諸侯皆縞素，是縞爲白繒也。”玄爲黑繒的解釋非常牽強。《漢志》師古注云：“玄，黑也。纖，細繒也。縞，鮮支也，即今所謂素也。言獻黑細繒及纖支也。”以玄爲形容詞，纖、縞皆名詞。《蔡傳》云：“玄，赤黑色帶也。”“纖、縞，皆繒也。”則以三者皆名詞。據《禮記·間傳》“禫而纖”鄭注：“黑經白緯曰纖。”可知纖確爲玄色經紗白色緯紗織成的織物名稱，可以認爲是古代所説的繒。再據《小爾雅·廣詁》：“縞，素也。”又《廣服》：“繒之精者曰縞。”《漢書·食貨志》“上履絲曳縞”注：“縞，皓素也，繒之精白者。”知縞確爲素絲織物名稱。而“玄”之義，據《詩·七月》“載玄載黄”《毛傳》：“玄，黑而有赤也。”《夢溪筆談》

云：“世以玄爲淺黑色……玄乃赤黑色，燕羽是也，故謂之玄鳥。熙寧中，京師貴人戚里多衣深紫色，謂之‘黑紫’，與皂相亂，幾不可分，乃所謂玄也。”可知玄固當爲表示色別的形容詞。上三説中，自是顔師古説正確。“厥篚玄纖縞”，是説那筐子裏裝的是赤黑色的細繒和白色的綢帛。

⑲浮于淮泗——“浮”的意義已見“兗州章”校釋，即以舟由此河航達彼河之意。此句是説以舟航行於淮水和泗水之上。

⑳達于菏——“達”，《夏本紀》作“通”。《漢志》“總叙”轉載《禹貢》作“達”，而山陽郡湖陵下引此句作“通”。《撰異》云：“紀、志皆作通，今本《漢書》作達，誤也。山陽郡下作通仍不誤。”皮氏《考證》謂今文作“通”。恐未必是，顯係入史改用訓詁字。

“菏”，隸古寫本《唐石經》及其後刊本皆作“河”，《夏本紀》及《漢志》傳本亦同。獨薛季宣隸古刊本作“菏”。據《説文》及《水經注》所引原作“菏”，經宋代、清代學者考定，此句當作“達于菏”。

按，《説文·水部》“菏”字下引《禹貢》此句作“達于菏”。《水經·濟水注》“東入于泗水”下亦引《禹貢》作“達于菏”。陸德明《釋文》指出：“《説文》作菏。”程大昌《禹貢論》謂“以《經》之菏水爲達濟之因”，“姑無問菏、河異字，而知其同爲一水”。黃公紹《韻會舉要》云：“《説文》菏字音柯，注引《禹貢》‘浮于淮泗達于菏’，與‘導菏澤’同，則是‘達于菏’非‘達于河’也。”金履祥《通鑑前編》：“‘達于河’，《古文尚書》作‘達于菏’，《説文》引書只作‘菏’，今俗本誤作‘河’耳。”清儒如王夫之、胡渭、王鳴盛、段玉裁、楊守敬等等都持此説。可知《禹貢》原文確作“達于菏”。

綜合《説文》、《水經·濟水注》、程大昌《禹貢論》、王夫之《禹貢稗疏》、胡渭《錐指》諸説，依程説爲主，知菏水出於定陶西南，合濟水至定陶東北匯於菏澤。復自菏澤東出，經金鄉、魚臺入於泗水。徐州貢道由淮通泗，泗通菏，菏通濟，濟可直通河，亦可通濼然後通於河（《漢志》濟陰郡乘氏縣下稱此水爲泗水，鄭玄係當全用漢志此說。實誤。詳《叢考》）。

　　菏澤至北宋已涸，菏水則至金元兩代始因河水決溢後湮廢。明初河決費州雙河口，入魚臺，徐達因引之入泗以濟運，其流徑基本與菏水故道相合。今有萬福河，西起定陶西南，東經金鄉，至魚臺入南陽湖，亦基本合於程大昌指明的菏水故道。

　　以上這一節，是"徐州章"。

　　淮海惟揚州①。彭蠡②既豬③，陽鳥攸居④。三江⑤既入，震澤底定⑥。篠簜既敷⑦。厥草惟夭，厥木惟喬⑧，厥土惟塗泥⑨。厥田惟下下，厥賦下上上錯⑩。厥貢惟金三品⑪，瑤琨、篠簜⑫，齒、革、羽、毛，惟木⑬。島夷卉服⑭，厥篚織貝⑮，厥包橘柚錫貢⑯。沿于江海，達于淮泗⑰。

　　①淮海惟揚州——"淮"，水名，見上"徐州章"校釋①。"海"，指東海迤及南海。"惟"，《夏本紀》作"維"。

　　"揚州"，江聲《音疏》據《曹全碑》、《佩觿》以爲"揚"當作"楊"，從木。段氏《撰異》據《詩·揚之水》毛傳及《佩觿》作"楊"，以爲州名當依古從木。皮氏《考證》補充宋本《史記》作"楊州"，漢碑九種同，並舉王念孫說宋景祐本《漢書·地理志》亦作"楊"，亦主張作"楊州"。引李巡注《爾雅》："江南其氣慘勁，厥性輕揚。"《釋名·釋州國》："揚州，州界多水，水波揚也。"以爲今文或從手作揚。段氏則以爲後人據"厥性輕揚"改爲"揚州"。以上說多牽强。其實楊只是揚的同音通假，且字形易混所致，故當作"揚"。顧師《尚書研究講義》丁種《九州之説是怎樣來的》文中云："春秋時，魯之南有徐，徐之南有吳，吳之南有越。……徐與吳以淮爲界，吳與越以太湖爲界。如果九州之名由春秋時人定了，則徐國爲徐州，徐州之南應爲'吳州'才是。到哀二十二年，越滅吳，越遂奄有江淮流域。……現在《禹貢》裏，徐州之南爲揚州。……按揚與越爲雙聲……可通用。……《大雅·江漢》云'對揚王休'，《周頌·清廟》云'對越在天'（由"對揚"與"對越"同用，就確知字當作"揚"，作"楊"誤）。……又越亦稱'於越'，《春秋經》定五年'於越入吳'……杜預説'於'是'越'的發語聲。……於、越、揚皆同紐，故'越'可稱'揚'。'於越'亦可稱'揚越'。《戰國策·秦策三》'吳起……南攻揚越'，《史記·南越列傳》'秦時已併天下，略定揚越'是也。揚和越的關係這樣密切，所以《禹貢》裏的揚州無異説是'越州'。"由此知揚州之"揚"由"揚越"來，江、段、皮之説皆誤，《史》、《漢》皆作"揚"，是。

"淮海惟揚州"，僞傳："北據淮，南距海。"即北起淮河東、南到海是揚州。據晉以後歷唐至清（如《通典》等）的研究，再斷以《禹貢》本文，揚州之境包括淮水以南的今江蘇、安徽兩省境，江西、浙江、福建三省全境，及粵東一角和島夷所居海上大小島嶼如臺灣、澎湖……等境。其東南臨海，其北以懷遠以東之淮水與徐州分界，其西北以懷遠以西之淮水再循皖西邊界南下至霍山西境與豫州分界，其西則沿皖省霍山以南西界，再循江省西界南下，至粵東潮陽一綫與荆州分界。

②彭蠡——《釋文》："蠡"，音禮。僞《孔傳》："彭蠡"，澤名。《史記·集解》："鄭玄曰：《地理志》：彭蠡澤，在豫章彭澤西。"王氏《後案》云："漢彭澤縣，今（清）江西九江府之湖口、彭澤、南康府之

都昌三縣地。澤周四百五十里，浸南昌、饒州、南康、九江四府境。亦曰鄱陽湖，以中有鄱陽山名。"是則即今江西之鄱陽湖，在長江以南，與下文"導九川"所說"漢水南入於江，東匯澤爲彭蠡"的方向不合。按《史記》之《孝武本紀》及《封禪書》說漢武帝"自尋陽出樅陽，過彭蠡"。尋陽今湖北廣濟東境，樅陽即今安慶市東北之樅陽，彭蠡在其間，正居長江之北，爲該地大湖泊。今廣濟、宿松、安慶之間的源湖、龍感湖、大官湖、泊湖、武昌湖、漳湖等五六湖即其地。而《水經·贛水注》說："贛水總納十川，同臻一瀆，俱注於彭蠡，而北入於江。"則又知今江西境內諸水總匯爲贛江北注彭蠡。似此彭蠡當時雖主要在江北，但其範圍亦及於江南以承受贛水。顯然彭蠡是皖贛之交古時的一大湖泊或湖泊群。長江直貫其間。湖的絕大部分在江北岸，直至西漢猶如此，故有《史記》所說。其逐步向南發展，當在入東漢以後。故《漢書·地理志》記彭蠡湖已在彭澤縣之西。再發展至今日，長江以南之鄱陽湖已成爲我國之第一大淡水湖，江以北彭蠡原址只存在上述源湖等五六個較小的湖泊群了。

　　總匯江西境內諸水北注彭蠡的贛水，又稱湖漢水。以劉歆有"湖漢九水入彭蠡"之語，遂被誤作爲荊州"九江孔殷"之九江，將叙在"荊州章"中，此處從略。

　　③既豬——《史記》作"既都"，《漢志》仍作"既豬"，揚雄《揚州箴》作"既瀦"。《論衡·書虛篇》亦作"既瀦"。《史記·索隱》："都，《古文尚書》作豬。孔安國（指僞傳）云：'水所停曰豬。'（見"大野既豬"注）鄭玄云'南方謂都爲豬'，則是水聚會之義。"而寫作"瀦"意在使其義更顯明爲水所聚瀦。

　　④陽鳥攸居——《史記》作"陽鳥所居"。用訓詁字。《漢書·地理志》作"陽鳥逌居"，用同音通假字，皮考謂參用古字。王筠謂

"迺亦俗字,《漢書·韋賢傳》作迺,乃與《説文》合"。《詩·匏有苦葉》疏引鄭玄注:"陽鳥,鴻雁之屬,隨陽氣南北。"僞傳云:"隨陽之鳥,鴻雁之屬,冬月所居於此澤。"《孔疏》:"鴻雁之屬,九月而南,正月而北,左思《蜀都賦》所云'木落南翔,冰泮北徂'是也。日,陽也。此鳥南北與日進退,隨陽之鳥,故稱陽鳥。"蘇軾《書傳》云:"陽鳥避寒就暖,彭蠡在彭澤西北,北方之南,南方之北,故陽鳥多留於此。"《蔡傳》亦云:"今惟彭蠡州渚之間,千百爲群。"是古人觀測到雁群入秋棲於彭蠡湖一帶,記載了這種候鳥的行踪。

宋林之奇《全解》云:"治水下言'陽鳥攸居',九州無此例。古之地名取諸鳥獸,如虎牢、犬丘之類多矣。《左傳·昭二十年》:'公如死鳥。'杜注:'死鳥,衛地。'以是觀之,安知'陽鳥'之非地名? 鄭有鳴雁在陳留雍丘縣,漢北邊有雁門郡,皆雁之所居爲名。'陽鳥'意亦類此,蓋雁之南翔所居,故取以爲地名。"胡渭《錐指》非之云:"此當與'桑土既蠶'、'三苗丕叙'作一例看,不必致疑,'陽鳥'爲地名,終無根據。"胡氏説是。今觀《禹貢》此兩句言陽鳥居彭蠡,原意甚明。

曾運乾《尚書正讀》云:"陽鳥鳥字,亦當讀爲島。陽島,即揚州附海岸各島。大者則臺灣、海南是也。云陽島者,南方陽位也。攸,所也,安也。攸居,安居也。知島録本州者,下文土貢有島夷卉服可證。"曾氏提出了有意義的一説,值得重視,但尚未及進一步論證。

⑤三江——自漢以來對"三江"解釋最紛亂,成了《尚書》有名聚訟紛紜的一個問題。尤自宋以來專論《禹貢》之著作紛然雜陳,數以百計,大都論及三江。至清代《禹貢》專著遠逾前代,其論三江的專著程瑶田《禹貢三江考》三卷尤有名。而學者專文討論三江者亦不少。《清人文集篇目索引》中,列清人專論《禹貢》之論文達一百

五十六篇,關於三江者達四十余篇,爲數最多。其所以成此紛擾者,由《禹貢》此處只有"三江既入"一句,而下文"導水章"有兩處:"嶓家導漾,東流爲漢……東匯澤爲彭蠡,東爲北江入于海。""岷山導江……北會爲匯,東爲中江入于海。"僞傳於"北江"句下注云:"自彭蠡江分爲三,入震澤,遂爲北江而南入海。"於"中江"句下注云:"有北、有中,南可知。"於是爲論定這南江以及相關二江,經師們爭執就多起來了。現依北江、中江、南江順序,舉出自漢以來的不同的三江之說如下:

(一)毗陵(今常州)之北江,蕪湖至陽羨(今宜興)之中江,吳縣之吳淞江(班固、司馬彪、司馬貞、王安石、阮元、焦循、成孺、錢塘等)。

(二)漢江,岷江(長江),豫章江(贛江下流)(鄭玄、蘇軾)。

(三)岷山出者北江,蕪湖至陽羨者中江,分江水合浙江入海者南江(胡渭主鄭玄說,又提此另一說)。

(四)浙江,浦陽江,剡江(《吳越春秋》)。

(五)吳淞江,錢塘江,浦陽江(韋昭)。

(六)江至石城分爲二,一過毗陵縣北爲北江,自石城出逕吳國南爲南江(《水經》)。

(七)岷江(揚子江),松江(吳淞江),浙江(錢塘江)(《水經·沔水注》引郭璞說,陳師凱、歸有光、全祖望等)。

(八)崛山出北江,峽山出中江,岷山出大江(《初學記》引郭璞說,亦楊慎以爲當求之上流之三江)。

(九)毗陵北江,蕪湖至吳淞中江,石城(貴池)至餘姚之分水江(酈道元)。

(十)婁江,松江,東江(顧夷《吳地記》、庾杲《吳都賦》注、陸德明、張守節、薛季宣、蔡沈、茅瑞徵等）。

（十一）太湖之下原有三江,松江其一（金履祥）。

（十二）揚子江,吳淞江,青龍江（葉適）。

（十三）大江,婁江,東江（王夫之,譚澐）。

（十四）漢江,大江,自震澤經嘉興至海寧入海之江（魏源、曾廉）。

（十五）浙、閩、粤三江（童顏舒）。

（十六）經文之北江,中江,及九江（洞庭湖）（張明允、方堃）。

（十七）渾言北江、中江、南江,不指實江名（顏師古,僞《孔傳》）。

（十八）不分北、中、南,而以長江上游、中游、下游爲三江（盛弘之《荆州記》、徐鍇）。

（十九）略承上説而指實其地段:出岷山至南徐州,至潯陽,至楚都（徐鉉、楊愼）。

（二十）三江衹是一江（程大昌、胡渭、程瑶田）;……等等;而全祖望復引先秦神話資料《山海經》之語,見《海内東經》:“岷三江,首大江出汶山,北江出曼山,南江出高山。高山在成都西。”這或者是受《尚書》影響,三江之説也進入神話中了。更有可能是神話中的三江,不完整地移植到《禹貢》中了。

對此三江流徑之分合復有數説,一説由彭蠡分而爲三以入震澤（太湖）,再自震澤分而爲三以入海（《孔疏》釋僞《孔傳》）;一説由彭蠡分而爲三以入海,不入震澤（鄭玄）;再一説江至潯陽分爲九道,東會於彭澤（盛弘之）;一説江至潯陽南合爲一,東行至揚復分三道入海（賈公彦《周禮》疏）。

凡此紛歧爭議,無一正確,由於《禹貢》作者爲西北人,對西北各水（除出自神話者外）雖較次要之水皆能正確記載，對於東南山水過於隔膜，遂多捕風捉影，如説漢水與江水平行入海，即其大謬。其實當如《河渠書》、《貨殖傳》所説“三江五湖”，皆概指，非實數。自不能對原來都不準確的説法，去尋求準確的解釋。大抵“三江”只是指彭蠡澤以東長江及其支流諸水。“導水章”北江、中江諸稱，不用拘泥指實於此。

　　⑥震澤底定——《史記》作“震澤致定”。《索隱》：“震，一作振。《地理志》‘會稽吳縣……具區在其西，古文以爲震澤’。又《左傳》稱‘笠澤’。”僞傳：“震澤，吳南大湖名。言三江已定，致定爲震澤。”王先謙《參正》引葉夢得云：“《周官》九州有澤藪、有川、有浸。‘藪’者人資以爲利，‘浸’則水之所鍾也。今平望、八尺、震澤之間，水彌漫而極淺，與太湖相接而非太湖。……蒲魚蓮茨之利所資甚廣，亦可隄而爲田，與太湖異，所以謂之澤藪。”又引黃儀云：“今土人自包山以西謂之西太湖，水始淵深。自莫釐、武山以東謂之南湖，水極灘淺，蓋即古震澤。止以上流相通，後人遂溷稱太湖耳。”又引成蓉鏡云：“疑禹時震澤本巨浸，太湖水小，故《禹貢》稱震澤不稱太湖。歷商而周，震澤漸淤爲藪，而水乃瀦於太湖，故《職方》以五湖爲浸，震澤爲澤藪也。”《考正》云：“平望，今（清）震澤縣西南四十五里平望鎮。八尺，在縣南二十里八赤鎮。震澤，在縣西南八十五里。”

　　⑦篠簜既敷——《史記》作“竹箭既布”。《釋文》：“篠，西了反。簜，徒黨反，或作簜。”《説文》：“筱，箭屬小竹也。”隸變作篠。又：“簜，大竹也。……可爲幹，筱可爲矢。”僞傳：“篠，竹箭。簜，大竹。水去已布生。”茅氏《彙疏》引孫炎曰：“竹闊節者曰簜。”又《爾雅·釋地》云：“東南之美者，有會稽之竹箭焉。”郭璞注：“篠也。”邢昺疏：“篠是竹之小者，可以爲箭幹。”《竹譜》云：“箭竹，高者不過一

丈,節間三尺,堅勁中矢。江南諸山皆有之,會稽所生最精好。或曰今揚州絕少篠簜竹箭,中爲矢者臨川、會稽爲良。見《筍譜》。"按長江流域及其以南皆盛產竹,東南尤以竹擅稱,是以《爾雅》譽爲東南之美。故《禹貢》特記爲揚州之特產。"篠簜既敷",言此州水已平,遍地布滿叢生的竹子。

⑧厥草惟夭厥木惟喬——《史記》作"其草惟夭其木惟喬"。與兗州之"厥草惟繇厥木惟條"《史記》作"草繇木條"異。《漢書·地理志》此二句並作"中夭木喬",與兗州句作"中繇木條"方式同(《漢志》草皆作中)。皮氏《考證》以爲《史記》於兗州與《漢志》同,此處所作"蓋後人妄增之,《史記》皆作'維',不作'惟'也"。《釋文》引馬融注:"夭,長也。"僞傳:"少長曰夭,喬,高也。"夭即草木少艾美盛貌,喬即樹木高大。《匯疏》引王炎云:"南方地暖,故草木皆少長而木多上竦。河朔地寒,雖合抱之木不能高也。"以見揚州草夭木喬之特點。

⑨厥土惟塗泥——《史記》作"其土塗泥"。《集解》:"馬融曰:'漸洳也。'"僞傳:"地泉濕。"《蔡傳》:"塗泥,水泉溼也。下地多水,其土淖。"《釋名》:"塗,杜也。泥,近也。以水沃土使相黏近也。"由上諸釋,知"塗泥"指水濕泥淖地的泥土。《中國土壤地理》釋爲濕土。《中國土壤圖》所載,自淮水以南至於浙江大片土地以及福建一些地區,都是總稱水稻土的各種泥土,當即此塗泥。

⑩厥田惟下下厥賦下上上錯——《史記》作"田下下賦下上上雜"。《漢志》則省一"上"字。僞傳釋云:"田第九,賦第七,雜出第六。"蘇軾《書傳》全承此釋。《蔡傳》亦同云:"田第九等,賦第七等,雜出第六等也。"即賦原下上爲第七等,可浮動雜用第六等。如林之奇《全解》所釋:"田最下,而賦第七或第六者,人工脩也。"《匯疏》引

秦觀曰："今（宋）天下之田稱沃衍者，莫如吳越閩蜀，其一畝所出，視他州輒數倍。彼閩蜀吳越者，古揚州、梁州之地也。按《禹貢》揚州之田第九，梁州之田第七，是二州之田在九州等爲最下，乃今以沃衍稱，何哉？吳越閩蜀地狹人衆，培糞灌溉之功至也。"這說明因南北朝五代戰亂，中原之民先後大量南徙，促使這一地生產水平提高，使原來最下等田土成爲沃土。而《禹貢》所載，正反映這一後來生產發達的富饒魚米之鄉，在《禹貢》時期生產水平還低。

⑪厥貢惟金三品——《史記》、《漢志》皆作"貢金三品"。《集解》："鄭玄曰：'金三色也。'"《孔疏》引云："鄭玄以爲金三品者，銅三色也。"這與古代以銅爲金相符合。《詩·泮水》，《孔疏》引《禹貢》揚州、荊州皆言"惟金三品"後云："彼注云：'三品者，銅三色也。'王肅以爲'三品：金、銀、銅'。鄭不然者，以梁州云'厥貢鏐鐵銀鏤'。《爾雅·釋器》云：'黃金之美者謂之鏐，白金謂之銀。'貢金銀者既以鏐銀爲名，則知'金三品'者其中不得有金銀也。又檢《禹貢》之文厥貢鏐鐵銀鈆而獨無銅，故知金即銅也。僖十八年《左傳》曰：'鄭伯始朝于楚，子賜之金……曰：無以鑄兵。故以鑄三鐘。'《考工記》云：'六分其金而錫居一，謂之鐘鼎之齊。'是謂銅爲金也。三色者，蓋青、白、赤也。"此釋述古代以銅爲金甚明晰，金三品即青銅、白銅、赤銅。僞傳承王肅說釋金三品爲"金銀銅也"，實誤。《孔疏》從而解說之，亦誤。《蔡傳》承之，更誤。由舊注疏家皆不知古時有青銅時代之故。

⑫瑤琨篠簜——《史記》作"瑤琨竹箭"，《漢志》作"瑤瓘篠簜"。《說文》："瓘，琨或從貫。"《釋文》："馬本作瓘，韋昭音貫。""瑤琨"，或以爲二物，一釋云："瑤，玉之美者；琨，石之美者。"（《說文》）一釋云："瑤、琨，皆美玉。"（僞《孔傳》）《左傳·昭公七年》杜

注引僞《孔傳》則云"美石"。故又一釋云："瑤，音遙；琨，音昆；美石也。"(《釋文》)有從而加釋云："美石似玉者。"(《孔疏》)《左傳·昭公七年》疏云："瑤之爲物在玉石之間，與玉小別，故或以爲石，或以爲玉。""瑤琨"，或以爲一物，釋云："瑤琨，美石次玉者也。"(《孔疏》引王肅說)此處與"竹箭"一物並稱，似二字爲一物。邵望平氏《九州風土考古叢考》云："揚州之域在公元前第三千年間是良渚文化分布區。良渚文化的製玉工藝在諸龍山文化群體中居巔峰地位。在蘇……浙……等二十多處良渚文化墓地上出土了大批大件玉質禮器璧琮。其製作工藝及社會意義非一般玉飾可比。寺墩一墓所出璧、琮達五十七件……經鑑定……其原料主要是陽起石、透閃石兩種軟玉，次爲一種似玉的美石岫岩玉，個別爲瑪瑙。……汪遵國先生認爲良渚璧琮爲就地取材。……良渚文化的璧琮是商代祭天禮地璧琮的直接源泉。張光直先生認爲源於良渚文化的玉琮可以說是中國古代宇宙觀和代式的一項縮影式的象徵。一些國內外學者也對良渚玉器在中國文化發展史上的地位做了專題論述。揚州之域以瑤琨爲特產，以玉器爲貢品，由來已久。《禹貢》所載有充分的歷史依據。"這是可信服的科學論證。

⑬齒革羽毛惟木——《史記》、《漢志》皆作"齒革羽毛"，無"惟木"二字。僞孔云："齒，象牙。革，犀皮。羽，鳥羽。毛，旄牛尾。木，梗、梓、豫章。"林之奇《全解》則云："凡鳥獸之體可以爲器飾者皆是。"《說文》："獸皮治去其毛爲革。"按"毛"字，《史記》所引錄揚州者作"毛"而荆州者作"旄"。段氏《撰異》據《孔疏》言西南夷常貢旄牛尾，《書》、《詩》通謂之旄，知此揚州作"毛"爲淺人所改。《漢志》亦揚作毛荆作旄，而揚州注內仍作旄，則正文作毛亦淺人所改，以爲故當作"旄"云。是否淺人所改不可知，如果作"毛"，亦"旄"的

假借字。

古人"齒、革"並舉,往往指象牙犀革等貴重之物。供貴族器玩及軍事器物之用。《蔡傳》云:"齒革可以成車甲。"按《考工記》載:"函人爲甲,犀甲七屬,兕甲六屬,合甲五屬。犀甲壽百年,兕甲壽二百年。"可知犀、兕之革爲甲之堅固耐用。《左傳·宣公二年》:"犀兕尚多,棄甲則那。"《孔疏》:"甲之所用,犀革爲上。"可知古代貴族軍用甲胄最佳者用犀革爲之。所以用此珍品爲貢物。"羽、旄"並舉,往往指珍禽之羽,如孔雀、翡翠、雉鳥之羽,以及《說文》所云"犛,西南夷長髦牛也"。"氂,犛牛尾也"。《孔疏》所云"此犛牛之尾可爲旌旗之飾,經傳通謂之旄"。二者同用爲舞具。如《樂記》云:"比音而樂,及干戚羽旄謂之樂。"又:"干戚旄狄(同翟、羽也)以舞之。"又:"動以干戚,飾以羽旄。"鄭玄注:"羽,翟羽也,旄,旄牛尾也,文舞所執。《周禮》舞師樂師掌教舞……有羽舞,有旄舞。"可知羽、旄供貴族廟堂文舞之用。見於本書《牧誓》者,亦供戰爭武舞之用。

邵望平氏《九州風土考古叢考》云:"揚州貢品中有齒、革、羽、毛。……胡渭認爲:'荆揚之貢即不盡如二孔所舉,亦必貴美之材,他州所無,故禹令貢之。……象犀孔翠之屬皆出嶺南,故有的據此以爲今兩廣云貴交趾之地本在《禹貢》九州之內者,而其實非也。蓋諸侯之貢,有共同獻其土所出者,亦有市取附近之所出以爲獻者。'胡渭的自圓其說反映了先儒們因知識的不足所產生的困惑。今日考古學收穫已爲前人所不理解的'矛盾'找到了科學答案,證明距今三千年前荆揚之域就是象犀孔翠之屬的生息地。"

"惟木",江聲《音疏》云:"《史記》、《漢書》皆全録此篇,皆無此'惟木'字。可知漢時《尚書》本無此二字。僞孔氏妄增之。本應削

去，以相傳既久，不敢擅削，姑存之而目爲衍文可也。”段氏《撰異》
則云：“惟木二字紀志皆無，此《今文尚書》也。”陳喬樅《經説考》則
因《史》、《漢》不載而云：“可知《今文尚書》本無此二字，或《古文尚
書》有之，或僞孔氏妄增之，不足爲據。”王先謙《參正》云：“木必具
名，荆州杶榦栝柏是其例，無渾舉之理。‘惟木’單讀及連上讀皆不
成句，江説是也。惜無古文本證之。”自後治《尚書》者大多持段氏
之見，不否認此二字，並從而釋之。金履祥《表注》釋“惟”爲與。王
引之《釋詞》：“惟，猶與也、及也。……《書·禹貢》曰‘齒革羽旄惟
木’……‘惟’字並與‘與’同義。”故近人著作多從之。屈氏《集釋》
云：“兹從此説。”楊氏《覈詁》云：“惟，猶及也。”曾氏《正讀》云：
“惟，猶與也，聲之轉。”

⑭島夷卉服——《史記》揚州作“島夷”而冀州作“鳥夷”，係據
先秦傳至漢代《尚書》本《禹貢》原文，甚確。《漢志》冀州作“鳥
夷”，是。而揚州亦作“鳥夷”，甚誤。衛包妄改僞古文冀州鳥夷作
島夷，清儒遂謂揚州島夷亦衛包改作，江聲、段玉裁、皮錫瑞進而謂
《史記》揚州爲淺人據僞古文妄改爲島夷。不知揚州原自爲島夷。
陳氏《經説考》已指出三家今文作“島”，《史記》係用三家歐陽氏本。
《史記·集解》於冀州引鄭注作“鳥”，於揚州用孔注作“島”。原甚
分明。揚州島夷，指東海南海大小島嶼上的少數民族。

按，根據《禹貢》本文體例，各州記載各自境内的少數民族，分限
顯明，從無兩州共記一個少數民族之事。今由《夏本紀》提供了一個
先秦傳下來的原始資料，冀州爲鳥夷，揚州爲島夷，就確證了《禹貢》
原文爲正確。可是後來妄生紛擾有如上述，一種偏差是都改爲鳥
夷，一種偏差是都改爲島夷，完全昧於《禹貢》本文體例，是根本不會
有兩州共記一少數民族之可能的。有了衛包這種妄人亂改僞古文

於前，又有清儒一個勁地反對僞古文的偏執於後，把僞古文本中冀州的鳥夷和揚州的島夷都反掉，痛快是痛快了，可是自己却走向了正確的反面。因爲這就打亂了《禹貢》本文的體例。顧師完全懂得這點，所以他在《讀書筆記》卷五第 3989 頁確認了揚州的島夷，他説臺灣高山族有一種貝殼小圓片製成的飾物，即《禹貢》揚州的“織貝”，而非一些學者説是絲織的帛上仿織貝的花紋，因而明言：“此承島夷來，彼方固不産帛也。”則其“織貝”只能真是用貝所織之物。只是後來寫《大誥譯證》的下編史事考證時，關於鳥夷的論説，偶用了清儒所擴大認定的僞古文揚州島夷也是衛包所改之説，因而就把鳥夷也列在揚州，其實這只能看成是顧先生偶不經意間受了幾位清儒的影響。要知他前此對揚州島夷的確認是非常明確的（見下文注⑮“厥篚織貝”校釋）。而且顧師非常重視考古成果，力求採用到自己的研究工作中。臺灣古玉名家鄧淑蘋氏在臺灣《故宫文物》月刊第 141 期上發表“古玉”專文，展現了新石器時期發展至西周初年的三大玉器分布地區圖，黄河、長江上游至中原西部爲夏玉（大玉）區域，黄河下游爲夷玉區域，長江下游爲越玉區域。説明是古代不同族系與文化的遺物，顯然黄河下游的夷玉文化是鳥夷族創造的，長江下游的越玉文化是揚越族創造的（包括沿海島嶼的島夷與近海南方各省的越族）。那就鳥夷不可能擴展到長江下游來創造越玉文化了。如果顧師及身看到這一考古成果，我肯定他必然也會仍舊重視原所確認的冀州鳥夷、揚州島夷這一《禹貢》的原始記載的。

　　“卉”，《釋文》：“許貴反。”《孔疏》：“《（爾雅）釋草》云：‘卉，草。’舍人曰：‘凡百草一名卉。’”是各種草的總名爲卉。“卉服”，僞孔云：“南海島夷，草服葛越。”《孔疏》：“卉服是草服葛越也。葛越，南方布名，用葛爲之。”《吴越春秋・勾踐歸國外傳》云：“越王曰：

‘吳王好服之離體。吾欲采葛，使女工織細布獻之。’……乃使國中男女入山采葛，以作黃綠之布。……使大夫種索葛布十萬。”此春秋時越國產葛布資料，足爲“葛越”之佐證。至左思《吳都賦》云：“蕉葛升越，弱於羅紈。”是一種高級的用葛織成被譽爲比絲織品更柔弱的織物。可見對葛纖維處理技術至精，織成的織品，與北方鳥夷的皮服各適於其所處的寒熱不同的環境。古人夏葛冬裘，此適於夏季服用，作爲一種地方特產而爲貢物。邵望平氏《九州風土考古叢考》則云：“近年在舟山群島之定海、岱山、嵊泗諸縣發現了多處史前遺址，太湖地區出土的古代動物遺骸表明，在新石器時代乃至歷史年代太湖地區內有象群存在。在距舟山群島不足一百公里的餘姚河姆渡遺址也發現了象、犀、紅面猴等遺骨，說明揚州之域曾有過比今日更溫暖的熱帶、亞熱帶氣候期。‘島夷卉服’，應是這一氣候期舟山島民風土的記録。近世臺灣島民男性仍以木葉遮蔽下體，可認爲‘島夷卉服’之孑遺。”

　⑮厥篚織貝——《史記》作“其篚織貝”。《漢志》作“厥棐織貝”。僞孔云：“織，細紵。貝，水物。”王氏《後案》：“經但曰織，安知其爲細紵；貝果水物，不當入篚。傳說非也。”因而轉引《孔疏》所録鄭玄注云：“貝，錦名。《詩》云：‘萋兮斐兮，成是貝錦。’凡爲織者，先染其絲，及織之，則文成矣。”按《詩·巷伯》毛傳云：“貝錦，錦文也。”鄭箋：“云‘錦文’，如餘泉餘蚳之貝文（見《爾雅·釋魚》）是也。”鄭釋此處貝錦是一物。按《禹貢》兗、青、荆、豫諸州“厥篚”例之，入篚者皆絲織物。則釋貝錦較合，言其物由染絲織成，意謂絲織品上仿織貝的花紋，稱爲“織貝”。像後世織的美麗的錦緞一樣。

　又一說爲蘇軾《書傳》云：“南海島夷績草木爲服，如今吉貝、木棉之類，其紋爛斑如貝，故曰織貝。”亦引《詩》“成是貝錦”證之。

《匯疏》引《文昌雜録》云："閩嶺以南多木棉，土人競植之，采其花爲布，號吉貝。……亦染成五色，織爲斑布。"《蔡傳》綜采諸説言之云："卉，草也，葛越、木棉之屬。織貝，錦名。織爲貝文，《詩》曰貝錦是也。今南夷木綿之精好者亦謂之吉貝。海島之夷以卉服來貢，而織貝之精者則入筐焉。"這似是因其稱爲"吉貝"，即以之釋"織貝"。

《顧頡剛讀書筆記》卷五第 3989 頁載："臺灣高山族切貝殼至極薄，成小圓片，鑽孔而以繩連貫之以爲飾。疑《禹貢》揚州‘厥筐織貝’，即是此製。蓋名貴之物，以爲王衣焉。"按古《穆天子傳》賜物亦有貝帶，似此又可認爲是"織貝"。前兩種釋"織貝"爲"帛有貝文"或"木棉吉貝"，似皆不及臺灣少數民族之確以貝綴爲飾物之較切合。顧師在《筆記》中言："此承島夷來，彼方固不産帛也。"指明島夷不産帛，則其貢物織貝只能真是用貝所製之物，以其稀有、名貴。故可爲貢物。此意已見《漢志》此句下注文引劉敞曰："予謂織貝特叙島夷之下，明島夷之枲（筐）也。緝貝爲布如厚繒，今亦有之。"他明以爲緝貝以成布，宋時尚有。則此一解釋自比上兩釋較正確。而由卉服、織貝，可以看出古時東南海上諸島嶼如臺灣、澎湖、舟山等等的島民與中央王朝的政治的和經濟的聯繫，其來久遠。

邵氏《九州風土考古叢考》云："筆者以爲‘織貝’爲一動賓式合同詞，即指把海貝（或貝製品）串聯在一起的一種貢品。具體所指，試作兩種可能的解釋：一、可能是商周時代最普通的通貨，即寶貝科的貨貝屬貝殼，以繩貫之，‘五貝一串，兩串一朋’是爲織貝。目前還不清楚何時起貨貝用作通貨的，但在青海樂都柳灣公元前兩千多年前的馬廠期墓葬中已用貨貝及石仿製品隨葬，具有了經濟價值。不遲於商代，貨貝之屬已被當作通貨。此物絕非王畿所産，可能自遠方交換而來，更可能由近海之方國進貢而來。九州之內唯揚州有進貢之可能。貨貝屬，包括環紋貨貝和貨貝，生活於熱帶、亞熱帶海域的潮間帶中潮區，現我國南海及日本均有分布。舟山群島處於南海與日本九州、四國沿海之中介海域，似可受黑潮暖流之影響，即使今日不產貨貝，公元前一千年前暖氣候期中是否出產？有待考察。‘織貝’另一種可能的解釋是，將貝質扁珠貫之以繩，縫綴於麻織物上以作盛裝者，林惠詳先生《臺灣番族之原始文化》一書中論及《禹貢》中的織貝時說，‘織貝’二字，古注多不明瞭，或以爲是錦衣，然貝字終不能明。今考番族自古即以貝殼製成小粒扁圓珠以爲貨幣，並縫綴於麻質之衣服上以爲盛裝（所獲一件綴貝珠六萬數千顆），所謂織貝唯此爲最近。”“其法先由海岸采拾貝殼，大都爲子安貝（筆者按，似爲環紋貨貝），碎爲相當之小片，然後一一穿孔，貫以麻綫爲短串，張於弓上，磨於砥石，使其棱角漸鈍，終而成爲扁圓之珠。此種物今不複製，然在古時極盛。……爲酋長及有力者之所有物。”凌純聲先生更指臺灣島民此種織貝說：“此海洋文化產物之織貝，在中國殷墟有出土，且環太平洋分布。”依然，織貝並非臺灣島民所獨有。舟山群島正值海洋文化圈內，且屬林氏所指海洋文化之發祥地。即華東沿海地區。那麼，三代時舟山島民也可能以此種織貝衣爲盛裝，並可能以織貝進貢。至於凌氏殷墟出土過織貝一說，惜不詳其所指。若誠如是言，則又得一項考古學之佐證。筆者對上述兩種解釋不敢自專孰是孰非。但釋‘織貝’爲串聯之貨貝或貝織品，當不至十分謬誤。”邵氏根據考古成就及民俗資料所得的見解，是比以前其他說法更具科學性。結合顧師《讀書筆記》之說來看，自以第二說與臺灣“島夷”實際事物相合所得的結論是正確的。由此可以得到“織貝”的確解。

⑯厥包橘柚錫貢——《史記》作"其包橘柚錫貢"。《詩·木瓜》鄭箋引作"厥苞橘柚"。段氏《撰異》據衛詩箋"以果實相遺者必苞苴之",以爲知古本皆作"厥苞",並引《詩·召南》曰"白茅包之"、《樂書》"苞之以虎皮"等爲證。《集解》引鄭玄曰:"有錫則貢之,或時乏則不貢。"僞傳:"小曰橘,大曰柚。其所包裹而致者,錫命乃貢,言不常。"《孔疏》:"此物必須裹送,故云'其所包裹而送之'。以須之有時,故'待錫命乃貢,言不常'也。……王肅云:'橘與柚,錫其命而後貢之,不常入。'"是鄭玄、王肅、僞孔皆釋爲待錫命乃貢。是由於對"錫"字只知其賜命之義,故望文生義釋"錫貢"爲待錫命而後貢,且理解爲揚州橘柚不及荆州,荆爲常貢,揚則爲了避免擾民,不作常貢,王朝命令叫貢才貢,如蘇軾《書傳》即持此見解。然不合古統治者賦斂常情。古代動詞主動被動不分,錫字對下對上通用。荆州"九江納錫大龜",即是納貢大龜。此"錫貢"亦同義,只是說橘柚易壞,把它包好進貢。

⑰沿于江海達于淮泗——《史記》作"均江海通淮泗"。《集解》:"鄭玄曰:'均讀曰沿。沿,順水行也'。"《漢志》作"均江海通于淮泗"。顏注云:"均,平也。"然於此句講不通。《釋文》:"鄭本作'松'。'松'當爲'沿'(即沿)。馬本作'均',云均平。"按,作沿爲是。僞傳云:"順流而下曰沿。沿江入海,自海入淮,自淮入泗。"(按即沿,古字體中厶口往往通用,如兖亦作兖,鉛亦作鈆。)《匯疏》引陳大猷(當引其《集傳或問》)曰:"循行水涯曰沿,水之險者莫如江海,遇風濤多,沿岸而行,所以獨言'沿'不言'浮'以著其險也。"又引王炎(當引其《尚書小傳》)曰:"兖言浮于濟漯達于河,故青言浮于汶達于濟。徐言浮于淮泗達于河,故揚言沿于江海達于淮泗。皆因上文以互見也。"即青、揚兩州都因上文最後皆達於河。故蘇軾

《書傳》云："達泗則達河矣。"

　　此處僞傳所釋是合於春秋末年以前的歷史實際的。亦即由此可知《禹貢》之寫成不能晚於春秋中世。林之奇《全解》指出："禹時江淮未通，故揚州入貢必由江以入海，然後達於淮泗。至吳夫差掘溝通水與晋會黃池，然後江淮始通。孟子謂禹排淮泗而注之江，蓋誤指所通之水以爲禹迹。"孟子處戰國時，看到淮泗已溝通於江，便把夫差之功歸之爲禹之功了。不知夫差以前長江根本與淮泗不相通。

　　以上這一節，是"揚州章"。

　　荆及衡陽惟荆州①。江漢朝宗于海②，九江孔殷③，沱潛既道④，雲夢土作乂⑤。厥土惟塗泥⑥，厥田惟下中，厥賦上下⑦，厥貢羽毛齒革惟金三品⑧，杶榦栝柏⑨，礪砥砮丹⑩，惟箘簵楛⑪，三邦底貢厥名⑫，包匭菁茅⑬，厥篚玄纁璣組⑭。九江納錫大龜⑮。浮于江沱潛漢，逾于洛⑯，至于南河⑰。

　　①荆及衡陽惟荆州——《史記》"惟"作"維"。

　　"荆"，山名。《漢志》"南郡臨沮縣"下云："《禹貢》南條荆山在東北，漳水所出。"其地即今湖北省南漳縣西境。爲大巴山東段的東端大山，迤邐於鄂西山地之最東，形成與鄂東丘陵地的分界。在《禹貢》中，爲荆、豫兩州的分界。下文雍州有與岐山並舉的荆山（在今陝西渭南地區內），爲北條荆山，與此非一山。但人類有將舊居地名移稱新居地的習慣。此南條荆山之名有可能是華夏族向南發展後，將北條荆山之名移來稱此山。此外山東諸城、河南禹縣、闋鄉、安徽蕪湖、懷遠、湖北陽新等地皆有荆山，爲各地較小之山，非屬《禹貢》南條、北條之荆山。

　　“衡陽”，衡山之南。“山南曰陽”，已見“冀州章”岳陽校釋。《漢志》“長沙國湘南”下云：“《禹貢》衡山在東南，荆州山。”其地即今湖南衡山縣境，磅礴及於衡陽縣境。《山海經·中山經》郭璞注云：“今（晋）衡山在衡陽湘南縣，南嶽也。俗稱謂之岣嶁山。”按岣嶁爲衡山在衡陽縣境的主峰之一，俗遂有以之稱衡山者。漢武帝始定五嶽時，所定南嶽係今安徽境之霍山而非衡山，至漢宣帝時猶沿之，五嶽祭禮即在霍山。然《史記·封禪書》中衡山已爲南嶽，相沿至今。

　　“荆州”，《公羊傳·莊公十年》疏引鄭玄云：“荆州，界自荆山，南至衡山之南。”僞傳：“北據荆山，南及衡山之陽。”林氏《全解》云：“曾氏（旼）曰：‘臨沮之荆，其陰爲豫州，其陽爲荆州。’此説是也。……孔氏曰北據荆山……則不可。先儒以謂‘據’者皆跨而越之也。（此處舉兗、青二州據字爲例）……此州與豫州，荆山爲界。荆山之北則豫州也，安得跨而越之哉！謂之‘北距荆山’則可。”《孔疏》云：“此州北界荆山之北，故言‘據’也（由上文知此説誤）。‘南及衡山之陽’，其境過衡山也。以衡是大山，其南無復有名山大川可以爲記，故言‘陽’，見其南至山南也。”此言荆境南過衡山以南，是對的。《錐指》引《水經注》云：“經曰衡陽，未知所極。”指出《禹貢》只是説在衡山以南，並没有説南方的止境，因生長於西北的《禹貢》作者不知衡山以南止境。

　　《釋名》云：“荆州取名於荆山。”甚確，荆州確以荆山得名。即楚國之被稱爲荆，亦以其居於荆山地域之故。《漢書·地理志》即言楚地諸郡盡楚分也。《續漢書·郡國志》載荆州刺史部郡七：南陽、

南郡、江夏、零陵、桂陽、武陵、長沙。馬端臨《通考》補充："漢又爲
牂牁郡之東北境。"宋末元初熊禾《尚書集疏》云："荆州之境亦廣，
北接雍豫之境，南逾五嶺，即越之南徼也。越雖上古未通，已當在要
荒之服。"近人曾運乾《正讀》云："州境當今湖北、湖南、貴州、廣西
諸地。唐虞疆域，以交趾爲極南，故曰分命羲叔宅南交爲明都矣。"
其意是說荆州南境當達交趾。因《堯典》中確以南交爲南方極遠之
地。

　　大抵荆州地域，包括荆山以南的今湖北省境和湖南全省，南及
廣東省境。北面以荆山與豫州分界，大略自今竹溪、房縣、南漳、襄
樊、隨縣、紅安、麻城一綫爲與豫州的分界綫。東面沿麻城以南鄂皖
省界，再循江西北界、西界，南下至廣東潮陽之綫與揚州分界。西面
當以今湖北湖南兩省西界與梁州分界。《明一統志》說"四川省夔
州府並施州衛……爲荆梁兩州域，貴州宣慰司則荆梁二州之南境，
鎮遠、銅仁二府則荆州南裔，黎平、思南二府並荆州荒裔也。廣西思
州府楚黔中地，桂林府亦楚粵之交"。蔣廷錫《地理今釋》談荆州西
境亦舉施州衛及四川夔州府建始縣、廣西桂林、全州、興安縣、越城
嶺北境。王鳴盛《後案》談荆西境則言四川敘州重慶夔州之江南地
及廣西桂林、貴州遵義等地。此諸家大都以四川夔府以東、貴州、廣
西東部皆屬荆州西境。然胡渭《錐指》云："荆之西界，經無可見。
今據戰國時巴楚分地約略言之，蓋自巴東踰江而南，爲建始、施州、
麻陽、沅州，又東南爲黔陽、靖州、通道，以訖於興安，與貴州、廣西接
界。"其說以四川、貴州、廣西皆在荆州域外，除廣西東境可商外，其
說是正確的。因楚黔中郡即今湖南西部，並非貴州。以川黔地理之
接壤，二者都以列入梁州較妥。廣西桂林以東，密邇廣東，且直當湖
南省之南，自都以列入荆州南境爲妥。荆州南面則凡衡山以南之

地,隨華夏族發展所及之境爲境。《通典》已謂嶺南道連山郡屬荊南,上引熊禾之説,以爲南逾五嶺,即越之南徼,曾運乾更證以《堯典》所載,以交趾爲極南地。《禹貢》本意在劃天下爲九州,大致按自然地域分州境,其渾言衡陽,正是説衡山以南所有之地境。故凡春秋戰國時人所能知道的南方地境,即當屬之,嶺南及南交之地包括海中諸島嶼自然皆爲荊州南境。

②江漢朝宗于海——僞傳云:“二水經此州而入海,有似於朝。百川以海爲宗。宗,尊也。”

“江”,指長江。《禹貢》作者以發源於岷山(本文作汶山)的今岷江爲長江上游。下文“導九川”(即導水章)説“汶山導江”即指此。《漢志》“蜀郡湔氐道”(今松潘)下云:“《禹貢》岷山在西徼外,江水所出。”至徐霞客始考定長江的真正上游爲金沙江。《漢志》“越巂郡遂久縣”(今麗江納西族自治縣)載有源遠流長的繩水,即金沙江。其文云:“繩水出徼外,東至僰道(今宜賓)入江。”是還不知其爲江之主源,至徐霞客始論定。而出自岷山的“江水”實爲岷江,流至宜賓始合於金沙江爲主源的長江。

“漢”,指漢水。初稱漾水,發源於《禹貢》所稱之嶓冢山。見下文導水章云:“嶓冢導漾,東流爲漢。”則嶓冢山自當在漢水源頭。但《漢志》只在隴西郡氐道縣(今甘肅清水縣西南)下云:“《禹貢》養(漾)水所出,至武都爲漢(水)。”(武都今甘肅武都東北的西和縣與成縣間)而不説氐道有嶓冢。又在武都郡武都縣下云:“東漢水受氐道水,一名沔,過江夏謂之夏水,入江。”則稱此漢水爲東漢水(王念孫《讀書雜誌》云“東字後人所加”)。而嶓冢山則在隴西郡西縣(今天水市西南)下云:“《禹貢》嶓冢山,西漢(水)所出,南入廣漢白水,東南至江都入江。”此即今嘉陵江。是《漢志》分漢水爲二,原漢水稱東漢水,嘉陵江稱西漢水,以嶓冢山爲西漢水之源。然嘉陵江實與漢水無關。此東漢水原以漾水東南流至武都稱漢水,一稱沔水,又名沮水,則以出自東狼谷(今陝西留壩縣西)至沮縣(今陝西略陽東勉縣西)合於漾水之沮水得名。漾沮合流稱爲漢水或沔水後,再東南遠流至南陽郡之南(今鄂北)稱滄浪之水(今均縣至襄樊間),再至江夏郡(今鄂東)稱夏水入江(今漢陽、漢口間)。古時自氐道至武都之漾水,似即今甘肅成縣之黑峪江河道。再東過陝西略陽後,即合沮水稱沮水又稱漢水。但後世漾、沮二水不相接,《禹貢班義述》推尋其故,以爲後因氐道之流絶,沔漢遂只以沮水爲源。因而今之漢水其北源遂出陝西留壩縣西境,另有南源出寧强縣。二源至勉縣(古沔陽、沔縣)合流爲沔水,亦即漢水。

　　"朝宗于海",江水、漢水作爲荆州境内兩大河流,在此會合後東入於海,把它們比同古代諸侯朝所共宗的天子一樣,故稱爲朝宗于海。僞傳簡釋此意。《孔疏》釋云:"《周禮・大宗伯》:諸侯見天子之禮,'春見曰朝,夏見曰宗'。鄭云:'朝猶朝也。欲其來之早也。宗,尊也,欲其尊王也。'朝宗是人事之名,水無性識,非有此義,以海水大而江漢小,以小就大,似諸侯歸於天子。假人事而言之也。"《孔疏》水無性識,假人事而言之之説最確,從而見鄭玄説之非。《疏》又引鄭玄云:"江水漢水其流遄疾,又合爲一,其赴海也猶諸侯之同心尊天子而朝事之。荆楚之域,國有道則後服,國無道則先强,故記其水之義以著人臣之禮。"林之奇《全解》已非之云:"此則過論也。"《錐指》則並《孔疏》首段評之云:"朝宗,孔、鄭義已備,不必引《周禮》春朝夏宗爲證。鄭又云荆楚之域或國有道則後服,國無道則先强,故記其水之義以著人臣之禮,此臆説也。"林、胡二氏之説皆是。

　　③九江孔殷——《史記》作"九江甚中"。僞傳云:"江於此州界

分爲九道,甚得地勢之中。"《孔疏》:"訓'孔'爲'甚'、'殷'爲'中',言'甚得地勢之中'也。鄭云:'殷猶多也。九江從山谿所出,其孔衆多,言治之難也。'"蘇軾《書傳》:"殷,當也,得水所當行也。"《蔡傳》:"孔,甚。殷,正也。九江水道甚得其正也。"然稍前朱熹《九江辨》有云:"經文言'九江孔殷',正以見其吐吞壯盛、浩無津涯之勢。"元吳澄《纂言》亦云:"孔,甚。殷,盛也。言九水之合有所容歸,其流甚盛也。"清初王夫之《稗疏》更云:"殷之爲言中也、盛也。物中則盛,故殷亦爲盛也。'九江孔殷'者,言九江之流甚盛也。"自以朱熹至王夫之釋爲"九江之流甚盛"切合文義。後有江聲《音疏》云:"甚中,猶言水在地中行也。"實襲用程大昌《禹貢論》之意。焦循《禹貢鄭注釋》已非之。俞樾《平議》云:"孔,大也。殷,猶定也。……'九江孔殷'者,九江大定也。"二家都意在另尋新釋,似可不必。

　　"九江",舊釋甚紛歧,主要有不同三説:(一)漢廬江郡尋陽縣南之諸水(今鄂東長江北岸廣濟一帶),(二)漢豫章郡諸縣入湖漢水(今贛江)之諸水,(三)今洞庭湖,包括入該湖之諸水。此三處分别在今鄂、贛、湘三省。至清初王夫之提出漢陽以南城陵磯以西之第(四)説,在鄂湘之交。現分録其大要如下:

　　(一)尋陽縣諸水説。《漢志》"廬江郡尋陽縣"下云:"《禹貢》九江在南,皆東合爲大江。"《續漢志》同此。《史記索隱》:"按《尋陽記》:'九江者,烏江、蜂(蟂)江、烏白江、嘉靡江、源江、畎江、廪江、提江、箘江。'又張湏《九江圖》所載,有:三里、五畎、烏土、白蜂,九江之名不同。"按《釋文》云:"九江,《潯陽地記》云:'一曰烏白江,二曰蚌江,三曰烏江,四曰嘉靡江,五曰畎江,六曰源江,七曰廪江,八曰提江,九曰箘江。'又張須元《緣江圖》云:'一曰三里江,二曰五洲江,三曰嘉靡江,四曰烏土江,五曰白蚌江,六曰烏江,七曰箘江,八曰沙隄江,九曰廩江。……始於鄂陵,終於江口,會於桑洛州。《孔疏》照引《尋陽記》之文(惟一與三易位),而後云:"雖名起近代,義或當然。"《匯疏》引羅泌曰(當據其《路史》):《十道四蕃志》云:"江自鄂陵分派爲九,於此(似指宿松)合流,謂之九江口。"《錐指》:"桑洛州在九江府城東北五十里大江中,鄂陵即武昌縣。……舊志云江入縣境播爲三江……至大洲爲三江口,疑即其類。"蓋以此尋釋"江口"。《漢志》"九江郡"下注文引應劭曰:"江自廬江尋陽分爲九。"焦循《鄭注釋》、楊守敬《本義》皆云應劭説與《漢志》"東合爲大江"之義相合。王夫之《稗疏》云:"漢尋陽縣在江北,今(清)之望江、宿松也。若今九江府之德化縣,在漢爲柴桑縣。然則《漢志》之九江,蓋皖水之源其出有九,云尋陽南者縣在懷寧之南、望江之北,皖自其南而入江也。"

《蔡傳》云:"今詳漢九江郡之尋陽乃《禹貢》揚州之境,而唐孔氏又以爲九江之名(指《尋陽記》九水)起於近代,未足爲據。"接着襲朱熹《九江辨》之説云:"九江……其一水之間當有一洲……沙水相間乃爲十有七道,而今尋陽之地將無所容。"朱氏原文尚云:"若曰旁計橫八小江之數,則自岷山以東入於海處不知其當爲幾千百江矣。"蔡又襲曾旼説云:"使派別爲九,則當曰'九江既道',不應曰'孔殷'。……九江非尋陽明甚。"自後吳澄《纂言》、陳櫟《纂疏》、董鼎《纂注》、黃鎮成《通考》、胡渭《錐指》、劉逢禄《集解》、陳喬樅《經説考》、楊守敬《本義》皆沿蔡尋陽屬《禹貢》揚州之説,惟江聲《音疏》調停云:"蓋九江至尋陽東而合……其未合於江之時蓋在尋陽之上,固是荊州地也。"這些人沒有歷史觀念,竟把漢代慕古設立的十三部刺史中的荊州刺史部、揚州刺史部,看做是《禹貢》的荊州、揚州,所以才這樣刺刺不休地争論尋陽屬揚州不屬荆州。《漢書·地理志》、《續漢書·郡國志》完全是按漢代實際寫的。所記的是漢代的州郡,所襲用《禹貢》的州名,並非就是真正《禹貢》的州。至唐代政區劃分最高一級是"道",其下州、郡轄區都小,所以不仿照《禹貢》的州爲區劃,因而《元和郡縣志》州郡之小,爲唐制,而追溯各郡屬《禹貢》某州時,就不受現實影響,而能反映《禹貢》州境原意。故其書有云:"江州尋陽郡,《禹貢》揚荆二州之境。《揚州》云'彭蠡既豬',今州南五十二里彭蠡湖是也。《荆州》云'九江孔殷',今州西北二十五里九江是也。彭蠡以東爲揚州界,九江以西爲荆州界。"這是正確的。九江以西正是上文所説鄂東長江北岸廣濟境。鄂與皖、贛邊界的劃分主要是由自然地理形勢所決定的。《禹貢》各州據自然地理形勢。所以九江之地歸入《禹貢》荆州是很自然的。

　　清代學者之堅決維護九江爲尋陽之説者有王鳴盛、焦循、成孺三人。王氏《後案》就秦、西漢、莽、東漢幾次廬江、九江郡之設置移徙,與郡轄尋陽縣之長期在廬江,屬江北,故南有九江。東晋咸和中移於江南,九江乃在縣北。然就鄂陵、桑洛州遺址,及《水經注》所記,以爲尋陽九江遺迹,唐宋猶存云。焦氏《禹貢鄭注釋》文中引述《史記·龜策列傳》漢時廬江猶納龜,《河渠書》載太史公言登廬山觀禹疏九江,《淮南子》稱禹鑿江而通九路,《漢書》注引應劭語以及鄭玄言出山豀等,以爲"此在兩漢經史大儒所説皆九江在尋陽"。又引《通典》四資料:宿松爲自鄂陵分爲九派所會之地,潯陽漢舊縣在蘄春郡界足證《漢志》九江在潯陽南,廣濟縣蔡山出大龜即《書》'九江納錫大龜',潯陽郡江州《禹貢》荆揚二州境諸語。以爲"唐人於九江一本《漢志》,無有異端"。因而引蘇味道、元稹、皇甫冉等咏潯陽九派之詩證之。雖有劉歆湖漢之異説,以爲:"千古相傳,目之所遇,皆從班不從劉也。宋人乃以洞庭爲九江，殊非典要，可不必辨。”成氏《禹貢班義述》詳舉尋陽九江十六證：一、《竹書紀年》周康王巡狩至九江廬山（按此係明人抄合之今本《竹書》）。二、《水經·淮水注》秦始皇得廬江豫章之地立九江郡。三、《河渠書》史公登廬山觀禹疏九江語。四、《淮南王傳》擊廬江有尋陽之船。五、《龜策傳》廬江歲時生龜長尺二輸太卜。六、《漢志》豫章郡葬曰九江，柴桑葬曰九江亭。七、郭璞《江賦》“流九派乎尋陽”。八、孫放《廬山賦》“尋陽南有廬山，九江之鎮也”。九、齊慧遠《廬山記》山在尋陽南，北對九江。十、劉淵林《吳都賦》注云九江經廬山而東。十一、《水經·廬江水注》秦始皇、漢武帝、司馬遷咸登廬山望九江眺彭澤。十二、《隋書·地理志》大業三年改江都爲九江郡。十三、《元和郡縣志》江州爲《禹貢》揚荊兩州境九江今（唐）州西北。十四、《通典》九江今潯陽郡西北。十五、蘇味道“滔滔九派來”、元稹“尋陽流水九條分”、皇甫冉“江至潯陽九派分”詩句。十六、《太平寰宇記》潯陽郡彈壓九派語及《郡國利病書》引宋范致虛記云“北奠九江”語。論定“尋陽故縣在今（清）湖北黃州府黃梅縣北，今江西九江府治西”。正爲今鄂東長江北岸廣濟以東之境，其地望是正確的。

（二）豫章郡入湖漢水之諸水說。《釋文》引《太康地記》曰：“九江，劉歆以爲湖漢九水入彭蠡澤也。”《錐指》：“此九水者同注彭蠡以入大江，謂之九江亦可，然彭蠡揚州之澤也，而指爲九江，則荊之水而移於揚矣，其可乎？”

按，《錐指》於揚州叙湖漢九水云：“《漢志》豫章郡贛縣下云：‘豫章水出西南，北入大江。’雩都縣下云：‘湖漢水東至彭澤入江，行千八百九十里。’又鄱陽縣有鄱水，餘汗縣有餘水，艾縣有修水，南城縣有盱水，建城縣有蜀水，宜春縣有南水，南壄縣有彭水，又長沙國安成縣有廬水，皆入湖漢水。湖漢水與豫章水源異而流同，故《志》並云入江。彭水即豫章水之上源。非有二水。是湖漢、豫章與鄱、餘、修、盱、蜀、南、廬爲九水也。《水經注》則湖漢、豫章總謂之贛水。其言曰：‘贛水出豫章南野縣西，一名豫章水。’”清前期顧棟高《質疑》相信此説。清後期則孫星衍《注疏》、皮錫瑞《考證》亦信此説，惟孫皮兩人所言九江無廬水而有彭水。皮云：“馬、班皆以九江爲在廬江、豫章二郡之地。劉歆治古文者，其所云湖漢九水，雖不盡在尋陽之南，而班《志》全引之，則九江當即此九水。若《尋陽記》、《緣江記》所云烏江等水，此皆瑣瑣，未足以當《禹貢》九江。宋胡旦、毛晃又傅會《山海經》以九江爲洞庭，尤非古義。其爲是説者蓋疑豫章九水不在荆州境耳，不知《禹貢》所云，必合治水源流，施功次序，非必一州之水不可旁及他州。……孫星衍説‘九江之水在豫章郡，非荆州水，而《水經》云沔至江夏沙羡縣北南入於江，沔水與江合流，又東過彭蠡澤，是九江入此澤而合大江，故云甚中。’孫説甚明，可無疑於九水不當屬荆州矣。”這在强詞奪理故作辨解了。

王氏《後案》云：“案湖漢亦得名九江，莽改豫章曰九江以此。但九江注於彭蠡，前言‘彭蠡既豬’盡之矣，與大江經流無涉。且《通典》以湖漢水隸揚州，非荆州也。又‘導水’云‘過九江’而後云‘東迤北會于匯’。如湖漢九水爲九江，則是九江即‘匯’矣。劉歆説非是。”這是反對以湖漢水爲九江的較有力的一説。徐文靖《會箋》則云：“考《漢志》湖漢、九江分列甚明，絕不相涉。且湖漢九水惟蜀水、南水、彭水東入湖漢，湖漢東入江，餘則盱水西北入湖漢，鄱水、塗水西入湖漢，餘水、修水東北入湖漢，亦與‘皆東合爲大江’之文不合。顧氏棟高《禹貢質疑》從之，非也。”此外持尋陽、洞庭説者，亦各有反對湖漢説的理由。總之，湖漢水純屬於揚州，是絕不能用之以釋荆州九江的。

（三）洞庭湖及入湖諸水説。持此説者皆以《山海經》、《水經注》爲據。現先録此二書有關資料。《山海經・中山經》"洞庭之山"下云："帝之二女居之,是常游于江淵。澧、沅之風,交瀟湘之淵,是在九江之間,出入必以飄風暴雨。"《水經・禹貢山水澤地篇》云："九江地在長沙下雋縣西北。'《水經・江水注》云："江水……又東至長沙下雋縣西北,澧水、沅水、資水合東流注之,湘水從南來注之。"又有《楚地記》云："巴陵瀟湘之淵,在九江之間。'《錐指》指出《楚地記》本《山海經》之説。《蔡傳》則釋巴陵云："今（宋）岳州巴陵縣,即楚之巴陵,漢之下雋也,洞庭正在其西北。"按《元和志》、《通典》皆載巴陵爲漢下雋縣,而《地理志韻編》,晋長沙郡巴陵縣,南朝巴陵或爲郡或爲縣,隋爲巴陵郡,唐宋至清皆爲岳州所屬巴陵縣,即今之岳陽縣。范仲淹《岳陽樓記》所説"巴陵勝狀,在洞庭一湖"即是。是《水經》之下雋,即今之岳陽,始合於《山海經》澧沅瀟湘之洞庭。然史籍中説下雋故城不在此而另有兩處,一爲《元和志》及《續通典》謂在湖北蒲圻,一爲《後漢書》載馬援征五溪,軍次下雋,注云"下雋故城在辰州沅陵縣"。縣治有遷徙,即使故城先後在彼兩處,無害於下雋之在今岳陽。於是《山海經》之神話,遂爲洞庭九江説之確據了。《錐指》云："太史公不敢言《山海經》,然其中亦有可信者。如謂'澧沅瀟湘在九江之間',賴此一語而九江遺迹猶可推尋,其有造於《禹貢》不小也。"

《蔡傳》云："本朝（宋）胡氏以洞庭爲九江者得之,曾氏亦謂導江曰過九江。至於東陵,東陵,今之巴陵。今巴陵之上即洞庭也。"《錐指》云："其以洞庭爲九江者,自宋初胡旦始,而晁以道、曾彦和皆從之,朱子《九江辨》（按,辨尋陽説之非,已見前引其要義,此從略）……九江即洞庭既有山、水二經爲根據，而又得朱子此辨，其不在潯陽亦明矣。”

按，胡旦之說當在其《尚書演聖通論》中，然宋以來治《禹貢》者未見稱引其文。晁以道名說之，無《尚書》專著傳下，其關於九江之說，則《錐指》引一句云：“晁氏曰：‘洞庭，九江也。’”曾彥和名曾旼，所著《尚書講義》常爲南宋著作所稱引，於《禹貢》地理常有獨到見解。其反對潯陽說而主張洞庭九水之說，今所見最早引者爲林之奇《全解》，在引潯陽說後即引曾氏云：“不然。《禹貢》言導河曰‘東過洛汭’，‘北過降水’，蓋洛水降水入於河，河則過之也。導漾水曰‘過三澨’，導渭曰‘過漆沮’，亦猶是也。蓋大水受小水則謂之過，二水相受大小均焉故謂之會。江合於匯謂之會者，彭蠡所豬二水別爲南江故也。江合九江謂之過者，辨其源有九則小於江故也。如江分爲九道，則經於荊州當曰‘九江既道’，不應曰‘孔殷’，於導江當曰‘播爲九江’，不應曰‘過九江’。”陳大猷《或問》即從此說，陳櫟《纂疏》本此亦云：“導江不曰‘播九江’而曰‘過九江’，則大江自大江，九江自九江可見。證以導江‘東至于澧，過九江，至于東陵’，則九江當在澧水之下，巴陵之上，而不在潯陽。”《全解》引曾氏此說後即云：“此說是也。曾氏此說既善，然謂沅水、漸水、元水（《錐指》校正“元水”爲“無水”之訛）、辰水、敘水、酉水、澧水、湘水、資水，皆合洞庭中，東入於江，以爲是九江。”（但《全解》反對云：“則附會牽强，無所考據，不可從也。”）王天與《纂傳》引曾氏原文云：“九江，洞庭也。考之前志，沅水、漸水、潕水、辰水、敘水、酉水、澧水、湘水、資水，皆合洞庭中，江則過之而已。九江豈非洞庭乎？下文云‘過九江至於東陵，東迆北會於匯’。東陵即巴陵，江水過洞庭至巴陵而後東北邪行合於彭蠡，則九江不在潯陽。”《纂傳》接着引“易氏曰”（即易被《禹貢疆理記》）根據《漢志》依次叙明沅、漸、潕、辰、叙、酉、澧、資、湘各水的發源地與所入處。然後易氏云："此九江，《漢志》皆在荊州之境，會於洞庭以入江。"

《錐指》引曾氏説（每水下附易氏説）之後説："朱子考定九江，去'潕'、'澧'二水，而易以瀟、蒸。一曰瀟江，二曰湘江，三曰蒸江，四曰資江，五曰沅江，六曰漸江，七曰叙江，八曰辰江，九曰酉江。按朱子據'導江'文江先合澧，而後過九江，故不數'澧'。然澧實會南江以東注洞庭，非上流自入江也，安得而不數。'潕'字誤作'元'，朱子以爲無是水，故置之。酈道元云：'瀟者，水清深也。'……瀟湘猶言清湘……然則朱子所更定，亦未有以見其必然也。"

以上曾氏説爲洞庭九水第一説，朱氏説爲洞庭九水第二説，然《蔡傳》不從師説，仍襲用曾氏説。於是宋元學者，除陳經《詳解》、王天與《纂傳》並引《孔疏》所説《尋陽記》及曾氏説（王增易氏説）外，他如陳櫟《纂疏》、董鼎《纂注》、吳澄《纂言》無不一承《蔡傳》用曾氏説，即黃鎮成《書通考》亦首引《蔡傳》至曾氏九水説，復引《尋陽記》、《緣江圖》二説，然後指出尋陽爲揚州，以爲"胡氏（旦）以洞庭爲九江者得之。曾氏亦曰……即洞庭也"（此段復據《蔡傳》）。凡此皆宋元人説。皮氏《考證》並謂宋毛晃亦依《山海經》以九江爲洞庭。毛晃説見於其《禹貢指南》。至明代，則官書如《大明一統志》云："洞庭湖，在岳州府城西南，沅漸元辰叙酉醴資湘九水皆合於此，故名九江。"則全襲曾氏説原文，連錯字也照抄。學者著作如王樵《尚書日記》則又全承朱熹説之九水，因他也以爲"導江云'東至于澧，過九江'，則是古者澧先入江而後九江入也。澧當在九江數外"，故全抄朱熹説。至清代繼胡渭《錐指》後，尚有蔣廷錫《地理今釋》復全承用曾氏九水説（惟元水改正爲潕水），但於文末附載朱熹改易瀟蒸二水之名。並云：“大抵通儒皆主洞庭之説也。”

可是事實上清代學者大都不信洞庭九江之説，只有馬俊良、尤逢辰、方溶、汪獻玕各節録《錐指》所成簡要之本仍尊胡渭原書以洞庭爲九江外，其他學者大都反對此説。上文持尋陽及湖漢水説之清代學者各提出反對此説之理由外，其他反對者尚不乏人。清早期者如王夫之《稗疏》云：“朱蔡以洞庭爲九江，尤有疑者。經云‘過九江至於東陵’，東陵者，巴陵也。九江在巴陵之西而爲江水之所經過，若洞庭則在巴陵之南，江水未嘗過之也。……《楚地記》曰：‘巴陵瀟湘之淵，在九江之間。’初不言九江在巴陵瀟湘之間。”中期如徐文靖《會箋》云：“《山海經》‘洞庭之山是在九江之間’，以九江爲洞庭者本此。果如是，則《禹貢》荆州當先‘九江孔殷’，而後‘江漢朝宗’矣。”後期如魏源《書古微》云：“《水經》言《禹貢》九江在長沙下雋縣（即巴陵）西北，不言在下雋之南也。洞庭則正在南，非北矣。……至以九江爲洞庭，無論洞庭是湖非江，且入湖之水惟沅、湘、資、澧，故洞庭在古止謂之三湘……故欲明上游九江之是，必先闢洞庭爲九江之妄。”

尚有重要的一點爲諸人所未道及，即巴陵並非東陵，東陵在漢金蘭縣，今廣濟西南陽新縣境（詳“道九川”章注），宋儒爲牽附其説，强指巴陵爲東陵，毫無歷史根據。

（四）漢陽以南城陵磯以西諸水説。王夫之《書經稗疏》云：“經云：‘岷山之陽，至於衡山，過九江，至於敷淺原。’經文雖簡，而衡山之於九江，九江之於敷淺原，雖限以大江，其山勢必有相因者。洞庭之浦，東西相去四百餘里，山形闊絶，不相連接。經蓋言衡山自長沙嶽麓而下，順洞庭西岸，沿石門、慈利，濱江東北行，至荆江口，逾江而爲蒲圻、興國諸山，過德化以逶於廬阜，則‘過九江’者，非過洞庭亦明矣。唐詩'落日九江秋'，注云：'江自荆南而合於漢沔間者有九：一曰川江，即大江。二曰清江，源出施州衛之西，至長陽入於江。三曰魯洑江。四曰潛江，出自漢水而會於江。五曰沱江，夏水也。六曰漳江，出南漳，合於江。七曰沮江，出房縣。八曰直江，公安之油水也。九曰漢江。蓋此九水自長陽而東漸合於江，至漢口而後江漢水合，則漢陽以南城陵磯以西，皆爲九江合流之地。'江勢大盛，故曰孔殷。而此上下三百里間，正在巴陵之西北，故《水經》云：'在下雋西北。'乃九江之首起於長陽，故經云：'過九江至於東陵。'而湖北諸山隨江西下，放於江、漢之間，然後逾江而過武昌之南，岳州之北，於'導山'之文亦無不合契者，斯以爲《禹貢》九江之定論也。皖口、柴桑、洞庭之釋（指以上三説），要於經文無取。"

以上關於"九江"的犖犖大者之四説，另有提出小的説法未獲得公認者，如魏源《書古微》云："《荆州隄防考》言古有穴十三口，今多淤廢，其十三口乃外水之入江而非江水之泄於外，與九江無涉，惟九穴即古九江。蓋江……正流東至於澧者，則洲渚紛歧分爲九派，曰虎度穴、章卜穴、郝穴，又楊林穴、宋穴、調弦穴、小岳穴、赤利穴，皆昔時分泄江漲之地，分布江陵、石首、監利之間。今惟江陵對岸之虎渡穴及石首之調弦穴尚存，餘盡占爲圩田。計今江南岸公安、石首、華容、安鄉四縣，皆古九江洲渚故道。"楊守敬《本義》駁之云："不知此皆後世隄防之所留，以泄江水者，何能以之説《禹貢》。"又賀淇《尚書集解》"九江孔殷"，"繹曰"："九讀爲氿，氿泉穴出。江自湖北漢陽府治東北，至黃州府黃梅縣，所受皆氿泉。故曰九江。"江瀚撰《提要》云："案《爾雅·釋水》：'氿泉，穴出。穴出，仄出也。'李巡曰：'水旁出名曰氿。'以'氿泉'當九江，謬甚，殆好異之過也。"（據《續修四庫提要》）這是處於"九江"紛歧争論中，以爲可以人各爲説所率意提出的。

　　還有因無法解釋其紛歧,遂有釋九江爲二的。陳喬樅《經説考》云:"道江云'過九江至于東陵'。……以此言之,荆州之'九江孔殷',其爲洞庭中澧沅瀟湘等之九水殆無疑義。惟'道山'之'過九江至於敷淺原',當以尋陽之九江實之(上文言尋陽當繫之揚州)。……敷淺原……在今(清)南康府星子縣界,則'道山'之'過九江',指尋陽南禹所疏鑿者而言,亦無疑義。"是陳氏以"導江"之九江即荆州之九江,爲洞庭九水,以"導山"之九江即揚州之九江,爲尋陽南禹迹。楊守敬《本義》則云:"余謂下雋之九江,是荆州之九江;尋陽之九江,是導江之九江。蓋長江數千里江水枝分,何必只一見? 見於荆州者即不必見於導江?"同一"導江"之九江,陳説是洞庭之九水,楊則説是尋陽之九江,其説可信嗎? 可知全是臆説,不足據。

　　由上面看到一個簡簡單單的"九江",被經生們弄得如此複雜紛亂。其實根據《禹貢》本身文意,即可定九江在何地。此處下文云"九江納錫大龜",即進貢大龜。是《禹貢》的九江是產大龜的地方。上面已引《龜策列傳》載"廬江郡常歲時生龜,長尺二寸者,二十枚輸太卜官"。《通典·州郡十一》:"靳州廣濟,蔡山出大龜,《尚書》云'九江納錫大龜'即此。"由此知廬江尋陽之説合《禹貢》原意,是九江在今鄂東黃岡地區廣濟迤東一帶,與"導江"説"過九江至於東陵"亦相合。因東陵正在廣濟以南之陽新縣境。

　　關於"九江"也不必説確是九條水,前人已有言此意者。如林之奇《全解》云:"要之九江之名與其地,世久遠不可强通,然各自別源而下流以入於江,此則可以意曉也。"程大昌《禹貢論》云:"河有九,……江特一派爾,不與河同也。經之序九河……先北播而爲九,又合而爲一,其文甚明,九江有是哉? 曰'過九江至於東陵',曰'過九

江至於敷淺原'……初無分合之文如九河然也。……故亦不至分派
爲九。"程又云:"一江而名九江,亦猶嶓、岷、蠡三大派合爲一流而經
以三江總之,即其例也。若其九江之所以名九……不容鑿爲之説。"
傅寅《禹貢説斷》云:"九江不必求其有九,如太湖一湖而得名五湖,
昭餘祁一澤而得名九澤,皆不可以數求也。"王夫之《稗疏》引晁公
武亦云(當出晁氏《尚書詁訓傳》):"一江而稱九江,猶太湖一湖而
稱五湖,昭餘祁一澤而稱九澤。"最後楊守敬《本義》云:"九者,極數
也,言其甚多,不必限以九也。此當以汪容甫《釋三九》之義詮之。"
這些都是通達之言。所以程大昌明確説:"江本無九,九江即尋陽之
大江。"以今所見珠江例之,其支流甚多,在順德縣境珠江最大一條
支流即稱九江,確以一江而稱九,則程氏之言不爲無見。是《禹貢》
九江指黄岡地區廣濟一帶因容納多水而擴展了江身的大江,包括其
有關諸水。

　　④沱潛既道——《史記》作"沱涔已道"。《漢志》作"沱灊既
道"。潛、涔、灊通用,以灊爲正字。《史記·集解》引鄭玄注:"水出
江爲沱,漢爲涔。"係依《爾雅·釋水》,當據"導水章"之"岷山導江
東別爲沱"得義。以此各家舊釋率皆以自江分出之水爲"沱",自漢
分出之水爲"潛",因而梁、荆兩州皆有沱水、潛水。由此可知沱字、
潛字原是通名,而不是專指某一條水。但確也有水稱爲沱水、潛水,
大抵是與江、漢相關的某一水。如梁州的郫水(今四川沱江)、荆州
的夷水(今湖北清江)及江陵、華容間的夏水,都稱沱水。梁州綿谷
之水(今四川廣元縣境)、漢中安陽鬻谷水(今陝西洋縣、城固北
境)、荆州盧洑河(今湖北潛江至沔陽東荆河之水),都稱潛水。《楚
辭·九歌》有"涔陽",王逸注:"江碕名,附近郢。"爲枝江至公安之
水,亦是潛水。但這些很難指實爲《禹貢》所載之水。

　　⑤雲夢土作乂——"雲"，《釋文》云："徐本作'云'。"《史記》此句作"雲夢土爲治"，《漢志》則依《禹貢》原句作"雲夢土作乂"。知漢《尚書》本作"雲夢土"。"爲治"則是"作乂"的訓詁字。僞孔釋云："雲夢之澤在江南，其中有平土丘，水去可爲耕作畎畝之治。"知僞古文本原亦作"雲夢土"，故釋爲雲夢澤之土丘。"作乂"仍釋"爲治"，不過説明"爲耕作畎畝之治"（乂訓治，見《堯典》"有能俾乂"校釋），可是《唐石經》顛倒作"雲土夢"，以後各刻本多從之。中華書局《史記》點校本亦跟着改爲"雲土夢"，實誤，而《蜀石經》依舊作"雲夢土"，不從顛倒之字。今據漢代《尚書》原本及僞古文原本改回爲"雲夢土"。段氏《撰異》謂"作'雲夢土'者，《古文尚書》也。作'雲土夢'者，《今文尚書》也"，不足據。

　　沈括《夢溪筆談》卷四云："舊《尚書・禹貢》云'雲夢土作乂'，太宗皇帝時古本《尚書》作'雲土夢作乂'，詔改《禹貢》從古本。"（段玉裁謂此太宗爲宋太宗，然唐石經已改，故從胡渭等説爲唐太宗）由是注疏家歧異解説隨之而起。唐司馬貞《史記索隱》釋"雲土夢"云："夢一作瞢，鄒誕生又音蒙。按，'雲土'、'夢'本二澤名，蓋人以二澤相近或合稱'雲夢'耳。知者，據《左傳》云'昭王寢於雲中'（按，見《定公四年》，語有改易），又'楚子鄭伯田於江南之夢'（見《昭公三年》），則是二澤各别也。韋昭曰：'雲土今爲縣，屬江夏南郡華容。'今按《地理志》云'江夏有雲杜縣'是。"又李吉甫《元和郡縣志》亦云："《左傳》云'郧子之女棄子于夢中'，無雲字；楚子'濟江入雲中'，無夢字，以此推之，則雲、夢二澤本自别矣。而《禹貢》及《爾雅》皆曰'雲夢'者，蓋雙舉二澤而言之。"於是宋儒沈括、羅泌、易袚、郭思、鄭樵、洪邁、洪興祖等皆襲是説，元至清學者亦多附和，影響及於近人，雲與夢爲二澤，雲在江北，夢在江南及雲土爲漢雲杜縣之説，遂嚚然雜陳。

　　然宋薛季宣《書古文訓》已辨明雲夢爲一澤。其文云：“雲夢，楚澤通名，跨江南北。司馬相如説方八九百里，《漢志》雲夢澤在華容南，西陵、偏縣皆有雲夢官。郭璞説雲夢今巴丘湖，蓋岳州巴陵之洞庭也。孔穎達以爲江南之夢。宋《永初山川記》引魏武帝遺吳主書‘赤壁之役，因過雲夢澤中有霧，遂失道’爲證。韋昭説：‘雲土，今雲杜縣，屬江夏。’杜預説：‘南郡枝江縣、華容縣皆有雲夢。’郭思説：‘江北爲雲，江南爲夢。’鄭樵説謂《左傳》楚子‘濟江入於雲中’，今監利、玉沙、景陵等縣。‘田於江南之夢’，今公安、石首、建寧等縣。案雲夢地在今江陵以東、蘄黃以西。瀦澤不一，故以雲夢兼稱之耳。今雲夢縣屬德安府，復州景陵縣有古雲夢城，荆門軍長林縣、德安安陸縣、岳州巴陵縣南，皆有雲夢。而《左傳》書曰‘江南之夢’，則江北不得專名雲矣。《字書》：‘江波爲澐，艸澤爲夢。雲夢，謂水草間也。’樂史《寰宇記》：‘雲夢澤半在江南，半在江北。其水中平土高丘半出。’爲得其實。《春秋文耀鈎》謂‘大別以東，至雷澤、九江、衡山皆雲夢地，西奄荆岳，東包江淮’，誕矣。”較詳地舉了雲夢澤資料，並糾正了誤説。

　　在承唐宋以來嚚然雜陳的誤説之後，清胡渭《錐指》爲澄清誤説，便在列舉古今稱雲夢諸資料後説：“《左傳》定四年‘楚子涉睢濟江入于雲中’，此單稱雲者也。宣四年‘邙夫人棄子文于夢中’，昭三年‘楚子以鄭伯田江南之夢’，宋玉《招魂》曰：‘與王趨夢兮課後先。’此單稱夢者也。單稱特省文耳，雲可該夢，夢亦可該雲。故杜元凱注‘夢中’云：‘夢，澤名，江夏安陸縣東南有雲夢城。’則夢在江北。注‘雲中’云：‘入雲夢澤中，所謂江南之夢。’則雲在江南。注‘江南之夢’云：‘楚之雲夢，跨江南北。’則南雲北夢、單稱合稱，無所不可,絕無‘江北爲雲、江南爲夢’之説。”辨析最有力。清季孫詒讓有同樣的辨析。其《周禮正義·職方氏》“荆州……其澤藪曰雲瞢”下云:“雲土夢,猶云雲土澤耳。省文曰雲夢,復省之,則曰雲、曰夢,實一藪也。《史記·夏本紀索隱》以雲土、夢爲二澤,誤。”這裏孫氏雖仍沿唐宋所顛倒的“雲土夢”一詞未加否定,但以爲只是分別省稱,合則乃爲雲夢一澤。明確指出以雲、夢爲二澤之説爲誤説。

　　在誤説中,“雲土”二字確是麻煩的問題。其實漢雲杜縣自雲杜縣,與改本《禹貢》雲土無涉。僞傳所釋爲澤中之土丘,自不誤。蘇軾《書傳》承雲、夢爲二之説後,仍不以雲土附會云杜,只説“雲與夢,二土名也。而云‘雲土夢’者,古語如此,猶曰‘玄纖縞’云爾”。亦《孔疏》謂“土字在二字之間,蓋史文兼上下也”之意。都是在苦心給顛倒錯亂了的“雲土夢”尋解釋。這當然是很牽強的,故王安石另尋解釋云:“雲之地,土見而已;夢之地,則非特土見而已,草木生之矣。非特草木生之而已,人有加工乂之者矣。”(林氏《全解》引,《錐指》亦引,宋元《禹貢》或《尚書》著作尚有引之者)《蔡傳》則云:“合而言之則爲一(因其師朱熹明言雲夢爲一),別而言之則二澤也(實則從流行分爲二之説)。‘雲土’者,雲之地土見而已,‘夢作乂’者,夢之地已可耕治也(襲王説)。蓋雲夢之澤,地勢有高阜,故水落有先後,人工有蚤晚也。”《錐指》駁斥其雲夢北卑濕南高亢之説。但自後宋元明儒者大都遵用蔡氏此説了。始作俑者唐太宗,故《錐指》云:“覺太宗此一改殊多事,不若仍舊之爲得也。”

　　其實楚方言稱湖澤爲“夢”。《楚辭·招魂》“與王趨夢兮課後先”王逸注:“夢,澤中也。楚人名澤中爲夢中。”《淮南子·墜形訓》亦云:“南方曰大夢。”又上文録薛季宣引《字書》云:“艸澤爲夢。”故孫詒讓《正義》云:“雲者此澤之專名,夢者楚人之通語。”可知“雲夢”即雲澤，爲楚人對此澤的稱呼。及與中夏語言融合，在其下重加澤字，遂成“雲夢澤”。正如後來“洪澤湖”名稱之形成，完全一樣。皮氏《考證》云：“蓋夢中即澤中，江南之夢即江南之澤耳，雲夢本一地。”其説與《錐指》同樣正確。是以此湖澤必須稱雲夢澤，係指今湖北境内江漢平原以迄湘北一帶的湖沼群，即朱熹所説的“江陵之下連岳州是雲夢”（宋元人著作如董鼎《纂注》、陳櫟《纂疏》、黄鎮成《通考》皆引之）。

史籍地理記載原都明確具此雲夢澤之名。如《孔疏》引云：“《地理志》：‘南郡華容縣南有云夢澤。’杜預云：‘南郡枝江縣西有雲夢城。’‘江夏安陸縣亦有雲夢城。’或曰：‘南郡華容縣東南有巴丘湖，江南之夢。’雲夢一澤而每處有名者，司馬相如《子虚賦》云：‘雲夢者，方八九百里。’則此澤跨江南北，每處有名焉。”《錐指》亦引云：“《漢志》‘南郡華容縣’云夢澤在南，荆州藪。‘編縣’有雲門宫，‘江夏西陵縣’有雲夢宫。”又引《水經注》云：“‘雲杜縣東北有雲夢城。’（見沔水）又云：‘夏水東逕監利縣南……西南自州陵東界逕於雲杜、沌陽，爲雲夢之藪。’韋昭曰：雲夢在華容縣。郭景純言縣東南巴丘湖是江南之夢。杜預曰：枝江縣、安陸縣有雲夢。蓋跨川亘隰，兼苞勢廣矣。（見夏水）……《元和志》云：‘雲夢澤在安陸縣南五十里，東南接雲夢縣界。’……由是言之，東抵蘄州，西抵枝江，京山以南，青草以北，皆爲云夢。《孔疏》云：‘……此澤跨江南北，每處存名焉’，此説是也。”孫詒讓《周禮正義・職方氏》云：“案胡（渭）説甚覈。雲夢一澤，水則瀦爲洞庭，郭景純云巴丘湖是也。至於全藪陸地，則直跨今湖北漢陽、黄州、安陸、德安、荆州五府境，雖舊迹湮没，孔、胡所説，殆近之矣。”

這樣衆多的地理書記載“雲夢澤”之名明確如此，乃欲顛倒錯亂成“雲土夢”，恬不爲怪，反信從之者，實鶩奇好異之故。必給它正名，恢復其雲夢澤原稱，也才能和衆多歷史文獻中常出現的“雲夢澤”相一致。如《周禮・職方氏》：“正南曰荆州……其澤藪曰雲夢。”《爾雅・釋地》：“（十藪）：楚有云夢。”《吕氏春秋・有始覽》：“何謂九藪？……楚之雲夢。”《戰國策・楚策一》：“楚王游於雲夢，結駟千乘。”宋玉《高唐賦》：“楚襄王與宋玉遊於雲夢之臺。”司馬相如《子虚賦》：“臣聞楚有七澤，當見其一……名曰雲夢。雲夢者，方九百里。”《説文・艸部》：“藪，大澤也。九州之藪……荆州雲夢。”《風俗通・山澤篇》：“藪者，澤也。……楚有雲夢。……今漢有九州之藪……荆州曰雲夢，在華容縣南。今有雲夢長掌之。”更有名的是漢高祖僞遊雲夢誘擒韓信的故事。見《史記・淮陰侯列傳》云：“南方有雲夢。發使告諸侯會，‘吾將遊雲夢’，實欲襲信。”

　　這樣多的先秦至漢代的地理記載和歷史文獻所叙述的都是一個雲夢澤，可是自唐代起妄生紛擾，顛倒錯亂其名稱，司馬貞、李吉甫等人把它强分爲二，倡爲種種異説，都是不正確的。薛氏《古文訓》、胡氏《錐指》、皮氏《考證》、孫氏《正義》所訂正的是正確的。

　　⑥厥土惟塗泥——《史記》作“其土塗泥”。《漢志》作“厥土塗泥”。此州所載土壤與揚州同，《中國土壤圖》今湖北絶大部分及洞庭湖周圍的湖南省境，亦全爲各種水稻土，確與揚州同。惟鄂東南及湖南省東部與南部爲紅壤。《禹貢》各州所記爲代表該州的主要土壤，此與今科學觀察所得相合。

　　⑦厥田惟下中厥賦上下——《史記》、《漢志》皆作“田下中賦上下”。僞傳：“田第八，賦第三，人功修。”是説荆州的田在九州中爲第八等級，賦却是第三等級，是由於荆州的人民工作勤奮生産水平較高，因而所徵之賦就遠遠超過它的田的等級而居於九州中的第三

等了。

⑧厥貢羽毛齒革惟金三品——《史記》、《漢志》皆作"貢羽旄齒革金三品"。羽、毛、齒、革、金三品，皆見"揚州章"校釋。《孔疏》："揚州先齒革，此州先羽毛者，蓋以善者爲先。"

⑨杶榦栝柏——《史記》所引四字同，《漢志》則"榦"作"幹"。按《釋文》："榦，本又作幹。"知《漢志》同另一本。《考工記》鄭注作"荆州貢櫄榦栝柏"。

"杶"，《釋文》："勑倫反，又作櫄。"《説文·木部》"杶"，重文作"櫄"，云"或從熏"。《周禮》之《太宰》、《考工記》兩鄭注皆引作"櫄"。《錐指》："《左傳》'孟莊子斬其杬以爲公琴'（按，見《襄公十八年》）。杜注：'杬，木名，杶也，琴材。'徐鍇曰：'杶木似樗，中車輮，實不堪食。杶，又作櫄。'蘇恭曰：'椿、樗二樹形相似，但樗疏椿實爲別也。'蘇頌曰：'椿木實而葉香，樗木疏而氣臭，樗最無用。'……李時珍曰：'椿、樗、栲一木而三種，樗栲皆不材之木，不似椿堅實可入棟樑也。'渭按：杶、櫄、杬、椿爲一木，字異而音義並同。杶與樗栲雖相似，而樗栲不材，貢之何爲？則杶與樗栲實異種也。杶一作櫄，蓋椿葉香故從薰，杶之爲椿明矣。其材大抵中琴、中車輮的堅木。"是杶是一種可製琴主要是能製車輮的堅木。

"榦"，通幹。僞傳："榦，柘也。"《釋文》："柘，章夜反。"《孔疏》："榦爲弓榦。《考工記》云：'弓人取榦之道七，以柘爲上。'知此榦是柘也。"按《考工記》又云："荆之榦……此材之美者也。"鄭玄注云："杶、榦、栝、柏，四木名。榦，柘榦。"既逕以榦爲一種木名，又釋明榦是柘榦。其實《疏》已釋明'榦，弓榦'。即弓幹。王夫之《稗疏》云："孔氏以榦爲柘當之，柘而云榦者，猶《詩》言'伐檀'而云'伐輪'也。"意謂伐檀爲輪而言伐輪，則伐柘爲榦可稱伐榦，就以榦代柘名了。究竟古人怎樣辨認"榦"的,已不能詳。既然《禹貢》把杶、榦、栝、柏四者並列,我們也只好從鄭注認爲是四種木名。是可作弓榦的一種堅木。依僞傳,當是製弓榦首選之柘。也可能由於柘是製弓榦之木,就稱爲榦木。然《孔疏》下文説:"杶、栝、柏,皆木名也。……柘木惟用爲弓榦……故舉其用也。"林氏《全解》承之,進而以爲"凡木可以爲弓榦者皆是"。《錐指》云:"似勝舊説,蓋榦材頗多,不可遍舉,故栝之曰榦。"則榦不主一木了,何以爲貢呢。依《禹貢》意,榦應指實爲一木才行,雖爲榦之木可以有數種,進貢當優者。依傳、疏據《考工記》意,固當是柘木。

"栝",《釋文》:"古活反。"僞傳云:"柏葉松身曰栝。"然《爾雅·釋木》:"樅,松葉柏身。檜,柏葉松身。"《説文·木部》亦云:"檜,柏葉松身。"則栝、檜實同。《詩·竹竿》毛傳亦云:"檜,柏葉松身。"彼處《釋文》檜亦音古活反,則與栝音義全同。惟又音古會反,《錐指》:"北音讀栝爲古外切,故又有木旁從檜之字。"檜字此音保存至今。《竹竿》疏遂謂檜、栝"一也"。《錐指》亦云:"《傳》云'栝'與《爾雅》'檜'同,《説文》解檜如《爾雅》,而栝不復出,則栝、檜實一木。"《錐指》又云:"《集韻》云:'檜,古作栝,通作栝,《書》杶榦栝柏。'《爾雅翼》云:'檜性耐寒,其材大可爲棺槨及舟。今人謂之圓柏。'"又引李時珍《本草》曰:"檜葉尖硬,亦謂之栝。今人名圓柏,以別於側柏。"然後胡氏自云:"栝乃柏之類,葉扁而側生者爲柏,俗謂之側柏;葉尖硬而向上者爲栝,俗謂之圓柏。"這都是柏葉松身、資質堅勁之木。

"柏",即側柏,見上。

⑩礪砥砮丹——《漢志》"礪"作"厲"。段氏《撰異》云:"厲,《唐石經》作礪,俗字也,必衛包所改。"然今本《史記》已作礪,或者

後人據《唐石經》改。王筠《禹貢正字》云：“厂者山石之厓巖，故厲，砥與石皆從之。暴厲、厲鬼皆借厲。砥定、砥貢皆借砥。反於正義，加偏旁以別之。然砥從石尚合，礪從厂又從石則重復。後世之言尚曰‘砥厲廉隅’，豈有《夏書》作‘礪’者？《詩·大車》‘周道如砥’，《孟子》尚引作‘砥’，故《說文》列砥爲正文。”《錐指》：“此四者皆石之類。”

“礪砥”，《釋文》：“礪，力世反。砥，音脂。徐：之履反。”《孔疏》引鄭玄注云：“礪，磨刀刃石也。精者曰砥。”僞傳承之云：“砥細於礪，皆磨石也。”是二者皆磨刀石，粗的叫礪，精的叫砥。（《孔疏》：“砥以細密爲名，礪以麤穬號稱。”）《錐指》：“《子虛賦》言‘雲夢之石曰瑊玏玄厲’。張揖云：‘玄厲，黑石，可用磨也。’是礪砥出雲夢。”又引夏氏（當是夏僎）曰：“《山海經》謂荆山首自景山至琴鼓山，凡二十有三，而石多砥礪，則荆州貢砥礪，亦宜矣。”

“砮”，《釋文》：“砮，音奴，韋昭：‘乃固反。’”《國語·魯語》：“肅慎氏貢楛矢、石砮。”韋昭云：“砮，鏃也，以石爲之。”僞傳遂云：“砮，石中矢鏃。”蘇軾《石砮記》：“余自儋耳北歸江上，得古箭鏃，槊鋒而劍脊，其廉可劃，而其質則石，此即所謂楛矢石砮。”《錐指》云：“因此可見古荆梁石砮之狀。”《匯疏》引賈逵云：“砮，矢鏃之石也。”是“砮”是一種可做矢鏃的石頭。依韋、蘇説，此種石頭做的矢鏃即可稱“砮”。《錐指》引王明逸云：“女直即古肅慎之地，今尚産楛矢石砮。石砮出黑龍江口，名水花石，堅利入鐵。”可知砮爲荆州特産，亦爲東北特産。

“丹”，僞傳：“丹，朱類。”亦即朱砂。《匯疏》引：“賈逵云：‘丹者，丹砂。’王肅云：‘丹可以爲采。’今（明）辰錦所出光明砂並溪洞老鴉井所出尤佳。”《錐指》引：“蘇頌《圖經本草》曰：‘丹砂，今（宋）

出辰州、宜州、階州，辰最勝，謂之辰砂。'渭按：《周書·王會》'卜人以丹砂'。孔晁注曰：'卜人，西南之蠻，丹砂所出。'王應麟補注曰：'卜人，蓋今文濮人也。'《牧誓》注：'濮在江漢之南。'《左氏傳》：'巴濮，吾南土也。'（按，《昭公七年》）然則卜人實荆域，故貢丹砂也。《通典》：'辰州貢光明砂四斤。'是辰產最勝。"《元和志》載唐時辰州確貢此物。辰州今湖南沅陵，尚以產朱砂擅名，仍稱辰砂。《禹貢》以此爲荆州之貢物，則知古已開采此物。

⑪惟箘簬楛——《史記》"惟"作"維"。《釋文》："箘，求隕反。簬，音路。楛，音户。"《説文·竹部》："簬，曰箘簬也。……《夏書》曰'唯箘簬楛'。簬，古文簬。"又《木部》："枯……《夏書》曰'唯箘輅枯'，木名也。"是在《説文》中，"簬"有簬、簬、輅三體，"楛"有楛、枯二體。（又《木部》亦有"楛"，但引《詩》"榛楛濟濟"，不涉及此。）《史記·集解》："徐廣曰：一作'箭足杅'。'杅'即楛也，音怙。'箭足'者，矢鏃也。或以'箭足'訓釋箘簬乎。駰案，鄭玄曰：'箘簬，聆風也。'"段氏《撰異》："箭足非矢鏃，正謂矢稾。……杅，于聲。枯，古聲，同在古音第五部。蓋《古文尚書》作'枯'，《今文尚書》作'杅'，《古文尚書》作'箘簬'，《今文尚書》作'箭足'，非訓釋之謂也。"然皮氏《考證》云："案《史記》'篠簜'作'竹箭'，則'箘'作'箭'宜矣。'足'，疑'路'之壞字。"似段説求之過專，皮説簡明切要。

"箘簬"，鄭注爲聆風，似爲一物。《撰異》以爲"合之《説文》，則箘簬合二字爲名，乃是一物。"僞傳云："箘簬，美竹。楛，中矢榦。三物皆出雲夢之澤。"則明以箘、簬爲二物。故《孔疏》云："竹有二名，或大或小異也。箘、簬是兩種竹也。"似單稱爲箘爲簬，合稱則爲箘簬。仍爲一物。顏師古注《漢志》："箘簬，竹名，楛，木名也，皆可爲矢。”則顯然以爲一物。而此物特以堅勁稱。黄氏《通考》：“箘簬，竹名，竹之堅者，材中矢笴。”此當據《戰國策·趙策一》：“董子之治晋陽也，公宫之垣，皆以荻蒿苫楚牆之，其高至丈餘。……於是發而試之，其堅則箘簬之勁不能過也。”因特堅勁，故能爲矢（曾昳嘗述此事，元明清各家大都引曾氏説）。至舊《辭源》云：“箘簬，竹名，細而長，無節，可爲矢。”是除堅勁外，此當爲其可爲矢的有利條件。惟不詳其出處。

《匯疏》引《竹譜》云：“箘輅二竹亦皆中矢，《吕氏春秋》云：‘駱越之箘。’然則南越亦産，不但荆也。”

“楛”，上引《釋文》音“户”，《史記集解》音“怙”。《撰異》云：“《儀禮·鄉射禮》鄭注引‘肅慎氏貢枯矢’。……然則鄭所見《國語》古本作枯矢，與《古文尚書》合（指《説文·木部》引《夏書》作枯、《考工記》鄭注引《尚書》亦作枯）。……木本有名枯音‘姑’者。……許、鄭所據《古文尚書》皆作枯。《釋文》、《正義》所據皆作楛，恐是訛字。”《釋文》引馬融注云：“楛，木名，可以爲箭。”又引陸璣《草木疏》云：“楛形似荆而赤，其葉如蓍。”《國語》董增齡疏引《括地志》：“靺鞨國，古肅慎也，其人勇力善射，弓長四尺如弩，矢用楛，長一尺八寸，青石爲鏃。”又引閻若璩云：“混同江江邊有榆樹松樹。枝既枯，墮入江，爲波浪所激盪，不知幾何年化爲石，可取以爲箭鏃。榆化爲上，松次之。西南去六百里長白山，山巔之險及黑松林遍生楛木，可取以爲矢。質堅而直，不爲燥濕所移。”可知楛矢是古代有名堅勁的箭，東北的肅慎族貢此物，荆州也産此物爲貢。

⑫三邦厎貢厥名——《史記》作“三國致貢其名”。《集解》：“馬融曰：言箘簬楛三國所致貢，其名善也。”《漢志》惟“邦”作“國”，師古注：“言此州界本有三國，致貢斯物（指箘簬楛），其名稱美也。”

《史》、《漢》"邦"字均作"國"或以爲避劉邦諱。實際非避諱,而是當時傳本之異文,詳《堯典》"協和萬邦"校釋。此處僞傳則釋云:"近澤三國常致貢之,其名天下稱善。"

此"三邦"與"九江"皆指荆州境内一些地區,"三"與"九"皆古代約指多數,義見汪中《釋三九》。《禹貢》作者爲西北人,對東南方地理不能像對西北那樣熟悉,也只能這樣約略指稱。依傳所言"三物皆出雲夢之澤",自可以説"近澤三國常致貢之"。

"厥名"二字,《史記》、《漢志》及僞傳皆爲"三邦厎貢"句末,《孔疏》則云"鄭玄以'厥名'下屬'包匭菁茅'"。似以依鄭玄連下讀較妥,意爲有名之物。

⑬包匭菁茅——《史》、《漢》皆引録此原句。《釋文》:"匭,音軌。菁,子丁反。"《撰異》以爲"包"當作"苞",説見"揚州章"。此處並引《説文繫傳》苞字下及僖四年《左傳》與《穀梁傳》疏皆引作"苞匭"以爲證。《史記·集解》:"鄭玄曰:'匭,纏結也。青茅,茅有毛刺者,給宗廟縮酒。重之,故包裹又纏結也。'"鄭釋纏結,從"九"取義,通"糾",即捆扎。段氏《撰異》:"匭得訓纏結者,匭讀爲糾,古音同在第三部也。古音簋、軌字皆讀如九。……鄭君於其同音得其義也。"鄭玄此釋是合於古代事理的。僞孔乃云:"包,橘柚也。匭,匣也。菁以爲菹,茅以縮酒。"(《説文》:"菹,酢菜也。"即今之鹽淹菜。)《孔疏》引王肅云:"包,揚州'厥包橘柚',從省而可知也。"僞孔承王説,遂讀"包"斷句,説包者橘柚,匭者菁茅。又以菁、茅爲二物,與鄭釋爲一物異。顏師古注《漢志》襲用僞孔意,惟知釋包爲橘柚不妥,加以變通。其注云:"匭,柙也。菁,菜也,可以爲菹。茅,可以縮酒。苞其茅匭其菁而獻之。"林氏《全解》同意鄭説而略有修正,於僞孔、顏説則全反對。其言云:"鄭氏……謂其包而又匭,此説誠是

也。若以甌爲纏結則非矣。甌，匣也。菁茅供祭祀之用，既包而又匣之，所以示敬也。”“孔氏以包爲一句，謂包者橘柚也。案《左氏傳》齊威公責楚貢包茅不入……則茅之有包，自古然也。以是知孔氏之説爲未然。”“顏師古云‘包其茅甌其菁以獻之’。亦不必如此分别。孔氏以菁、茅爲二物……據菁即蔓菁也，處處有之，豈必貢於荆州耶？鄭氏以菁茅爲一物……義或然也。”《錐指》亦云：“《吕氏春秋》云‘奥區之菁’，則菁以揚産爲美，未聞荆州味善也。且菁爲七菹之一，何獨與縮酒之茅同其貴重。鄭注此經以菁茅爲一物，符合《左傳》，確不可易。”王氏《後案》亦據《管子》言之江淮之間産青茅（見下文），以爲“菁茅，茅名，不可分而爲二也”。至於僞孔以“包”爲一句，“甌菁茅”爲一句，非《禹貢》篇句法，終當以鄭玄句讀爲是。

　　《周禮·甸師》云：“祭祀共蕭茅。”鄭興注云：“蕭字或爲莤。莤讀爲縮。束茅立之祭前，沃灑其上，酒滲下去，若神飲之，故謂之縮。”是古代封建王公宗廟祭禮，捆菁茅立於祭前，灑祭酒於其上，酒滲下去了，就認爲神已飲了酒，這就稱爲縮酒。荆州貢菁茅，即供王朝祭禮縮酒之用。但縮酒有另一説，《錐指》：“魏華父云：‘古無灌茅之義，所謂縮酒，只是醴有糟，故縮於茅以清之。若謂滲下去如神飲，此臆説也。’渭按《周禮·司尊彝》曰：‘醴齊縮酌。’注云：‘以茅縮去滓也。’解縮字甚明，仍不用先鄭祭前沃酒之説。”按魏了翁（華父）宋人，何以比漢代之先鄭（鄭興）更多了解古義？且將酒醴濾清只是造酒過程之事，何能比古代隆重祭禮中請神歆飲之禮重要？宋人往往按後代的眼光去理解古事，不知按古代重禮尊神的意圖去理解古事，致有此失。如果只是過濾酒醴的技術性的事，而不是請神歆飲的宗教性大事，何至有勞齊桓公去責問楚國不貢包茅致誤縮酒的大事呢？是仍以從鄭興説爲合古人原意。

《管子・輕重丁篇》：“江淮之間，有一茅而三脊，毋至其本，名之曰菁茅。”今湖北安陸以東迄於麻城、紅安等地皆此區域，屬荆州境。《括地志》“辰州”：“辰州盧溪縣西南三百五十里有包茅山。《武陵記》云：‘山際出包茅，有刺而三脊，因名包茅山。’”《匯疏》引：“《晋地理志》：‘泉溪有晋茅，云古貢之，以縮酒。’（按見該志云陵郡，“溪”作“陵”）《溪蠻叢笑》云：‘麻陽苞茅山，茅生三脊，孟康曰零茅，楊雄曰璘茅，皆三脊也。《爾雅》謂之藐，《廣雅》謂之茈莫。《本草》云：‘生楚地，三月采，陰乾。猺人以社前者爲佳，名鴉銜草。’今辰常並出，麻陽縣苞茅山，在縣東九十里，見《辰州府志》。”《錐指》補充云：“靖州亦多有之。”又云：“湖南産茅處雖多，終當以泉陵之香茅爲正。泉陵今（清）永州府治零陵縣及所領祁陽縣，皆其地也。”

由此知菁茅爲荆州南境有名特産，自古作爲貢品，早在西周初就規定楚國進貢。至春秋楚不貢此，致齊桓公興師責問。見《左傳・僖公四年》齊桓公伐楚使管仲質問楚成王：“爾貢包茅不入，王祭不共，無以縮酒，寡人是徵。”楚王答：“貢之不入，寡君之罪也，敢不共給。”可知這確爲荆州這一地區政權必須入貢的貢物，《禹貢》的記載是有真實性的。

⑭厥篚玄纁璣組——“厥篚”，《史記》作“其篚”，《漢志》作“厥棐”，《釋文》：“纁，許云反。璣，音機。”

“玄纁”，《周禮・考工記・鐘氏》云：“三入爲纁，五入爲緅，七入爲緇。”鄭玄注云：“染纁者三入而成，又再染以黑則爲緅……又復再染以黑乃成緇矣。……《爾雅》曰：‘一染謂之縓，再染謂之竀（赬），三染謂之纁。’……凡玄色者在緅、緇之間，其玄色爲六入者

歟?"賈公彥疏:"此經及《爾雅》不言四入及六入。按《士冠禮》有
'朱絃'之文,鄭云'朱則四入歟'。……若更以此緅入黑汁即爲玄,
則六入爲玄。"這是説染一次的織物叫緅,染兩次的叫赬,染三次的
叫纁,染四次的叫朱,染五次的叫緅,染六次的叫玄,染七次的叫緇。
多染一次則色深一次,緇是最深的黑色織物,其次玄是赤黑色;纁是
黄赤色織物。僞孔云:"此州染玄、纁色善,故貢之。"作爲貢物,自當
是高貴的絲織品,"玄、纁",是赤黑色和黄赤色的絲織物。

　　"璣組",《説文・玉部》:"璣,珠不圓也。"《匯疏》引《吕覽》曰:
"人不愛崑山之玉、江漢之珠,而愛己之蒼璧小璣。"因而《錐指》補
充云:"璣……字書又云'小珠也'。"《禮記・玉藻》有三段文字談組
綬(鄭玄注:"綬所以貫佩玉相承受者")。一段云:"天子佩白玉而
玄紐綬,諸侯佩山玄玉而朱組綬,大夫佩水蒼玉而純組綬……"《錐
指》云:"此佩玉之組也。"又一段云:"玄冠朱組纓,天子之冠也;
……玄冠丹組纓,諸侯之齊冠也;玄冠綦組纓,士之齊冠也。"《錐
指》云:"此冠纓之組也。"又一段云:"天子素帶朱裏,終辟。""大夫
素帶,辟垂;士練帶,率下辟;居士錦帶;弟子縞帶。並紐約用組。"
《錐指》云:"此帶紐約之組也。"並云:"組之爲用有三,唯佩玉之組
貫珠,餘則否。"可知古人用以綴飾物的寬的綬帶有三種:佩玉的組,
冠纓的組,帶紐約的組。只有佩玉的組上綴以珠璣,所以又稱"璣
組"。其認爲必是"璣組"爲一物以入篚而不同意僞孔、林之奇等謂
玄纁、璣、組三物入篚者,先後有吴澄、胡渭、江聲、孫星衍等,大率以
徐州蠙珠、雍州琅皆不入篚,此亦不能入,當是丹璣之組乃能入之。
《錐指》云:"此州所貢,正佩玉之組。君臣佩玉尊卑有等,故或用珠
或用璣焉。"(王引之《經義述聞》謂璣爲曁的假借,言玄纁及組。可
備一説。但不假借常用字而假借冷僻字,是否?)

⑮九江納錫大龜——《史記》“納”作“入”。“納”即入,詳《堯典》“寅餞納日”校釋(今文作入,古文作納、内)。“錫”即貢,已見揚州章“橘柚賜貢”校釋。上文注③“九江”校釋已述明九江産大龜,供太卜之用,故以爲貢。邵望平氏《九州風土考古叢考》云:“在中國文化史上,龜靈觀念由來已久。屬於公元前三千年間大汶口文化的多處墓地上,以及河南淅川下王崗、四川巫山大溪、江蘇武進墟墩等墓地上,都發現以龜隨葬的現象。古史傳説中夏已有了龜卜。但考古學所能證明的是,商代後期龜卜始興,尤以武丁期爲盛,至西周仍不衰。岐山周原發現卜甲甚多,一窖所出竟一萬七千餘片。……縱觀歷史,龜卜當以三代爲盛。命荆州貢大龜或可視爲西周以前之史迹。”

⑯浮于江沱潛漢逾于洛——《史記》作“浮于江沱涔于漢踰於雒”。《漢志》作“浮于江沱灊漢逾于洛”(皮氏《考證》指出此洛字與下“伊雒”作雒不符,由後人改之,當從《史記》,皮説是)。關於《史記》“涔于漢”句,陸氏《釋文》云:“本或作‘潛于漢’,非。”是《尚書》本有如此作者,不只《史記》如此。段氏《撰異》:“按《夏本紀》‘浮于江沱涔于漢’,則《今文尚書》有此于字也。……《無逸》篇無淫于觀、于逸、于游、于田,以‘淫’領四于字,此以浮領二于字,句法正同。陸氏誤絶其句,故云‘非’耳。”

綜觀《禹貢》用字通例,“浮”,指水路以舟逕通。“逾”,越過。指水路不通須越過陸地才能到達。江、沱、潛、漢四水可逕以舟通。四水與洛不通,故須逾陸地始能達。“洛”,當依《史記》作雒。“雒”,水名,是河南省境内今洛水的本名,它源出今陝西洛南縣,東至河南鞏縣入河,與陝西境内入渭之洛水非一水。“雒”、“洛”二字判然有别。至魏黄初元年,以五行説改“雒”爲“洛”,陝豫不同二水遂同用一名至今。

　　⑰南河——古代稱今山西與河南分界的河叫南河（一稱豫河），山西與陝西分界的河稱西河（一稱雍河），當時自大伾山（今浚縣境）北折至今之天津附近入海之河稱東河（一稱兗河），這都是古時以"帝都"所在的冀州爲主體所稱的（詳"冀州章"注①"冀州"校釋）。

　　以上這一節，是"荊州章"。

　　荊河惟豫州①。伊、洛、瀍、澗，既入于河②，滎波既豬③，導菏澤，被孟豬④。厥土惟壤，下土墳壚⑤。厥田惟中上，厥賦錯上中⑥。厥貢漆、枲、絺、紵⑦，厥篚纖纊⑧。錫貢磬錯⑨。浮于洛，達于河⑩。

　　①荊河惟豫州——《史記》"惟"作"維"（汲古本誤作"惟"）。《詩·王風譜》疏引鄭玄云："豫州界自荊山，而北至于河。"僞孔云："西南至荊山，北距河水。"《蔡傳》稍詳云："豫州之域，西南至南條荊山，北距大河。"是荊山和大河之間是豫州。《錐指》詳記了自漢至清初各代相當於豫州的疆域。《地理今釋》則載豫州所當清代地域很具體。大抵其州境主要是今河南省，南及荊山以北的鄂北，即西起竹溪，中經南漳，東及隨縣、麻城一綫以北的湖北境，亦即以此綫南與荊州分界；北則以西起潼關、東及浚縣的黃河與冀州分界；東北以內黃、浚縣、延津、封丘、曹縣一綫與兗州分界；東面北段以商丘、夏邑、永城、蒙城爲境與徐州分界；東面南段以懷遠以西之淮水及淮水以南之豫皖邊界與揚州分界；西面北段以河雒之間的豫陝邊界與雍州分界；西面南段以雒水以南的豫蜀邊界延至鄂西竹溪之綫

與梁州分界。由於豫州處在九州之中心，除青州爲兗、徐所隔外，與其餘七州都接界。

豫州之得名，《釋名》云：“豫州地在九州之中，京師東都所在，常安豫也。”李巡注《爾雅》云：“河南其氣著密，厥性安舒，故曰豫。豫，舒也。”這都是妄說。辛樹幟先生《禹貢新解》引丁山先生《九州通考》說，豫州以謝地得名，《詩·崧高》載周宣王爲申伯營謝。當時“謝西之九州”爲有名之地，《鄭語》載鄭桓公曾考慮遷往，自可據以爲名。惟未及見丁先生文，不詳其說。顧師《讀書筆記》卷四第2257頁即據以言“豫州得名於西周之國——謝”。

②伊洛瀍澗既入于河——《史記》、《漢志》“洛”皆作“雒”。甚確。僞孔云：“伊出陸渾山，洛出上洛山，澗出沔池山，瀍出河南北山，四水合流而入河。”王氏《後案》駁之云：“今考漢陸渾、盧氏本二縣，熊耳山在盧氏縣西南五十里，不與陸渾接界，安得以熊耳爲陸渾縣西之山而云伊出陸渾山乎？陸渾山乃在今嵩縣東北四十里，伊水經其下，非出也。新安、黽池亦本二縣，澗水出新安，穀水出黽池，雖下流同，得通稱，而上源本異，今乃云澗水出黽池山，是以穀源爲澗源也，此不惟略也，而且誤矣。至於河南、穀成亦本二縣，魏始省穀城入河南，晉因之，故《晉書·地理志》河南郡有河南無穀城。傳云‘瀍出河南北山’，是豈西漢時穀城山已爲河南縣地乎？若謂河南指郡言，則上文伊出陸渾山，洛出上洛山，澗出黽池山，皆縣也，何獨於瀍兩言郡不言縣乎？孔安國爲武帝博士，具見圖籍，所言決不如是，知爲魏晉人僞撰也。”蘇軾《書傳》乃云：“伊水出宏農盧氏縣東熊耳山，東北入洛。洛水出宏農上洛縣冢嶺山，東北至鞏縣入河。瀍水出河南穀城縣潛亭北，東南入洛。澗水出宏農新安縣，東南入洛。三水入洛，洛入河。”《蔡傳》所釋多誤。蔣氏《地理今釋》云：“伊水

出今（清）河南河南府盧氏縣熊耳山（《縣志》謂伊水出悶頓嶺之陽者，古熊耳盤基甚廣，悶頓亦熊耳也）。至偃師縣南入洛。洛水出今陝西西安府雒南縣冢嶺山，至河南府鞏縣東北入河。瀍水出今河南府洛陽縣西北穀城山，至縣東入洛。澗水出今河南府澠池東北白石山，至洛陽縣西南入洛。”大抵諸水情況如下：

“洛水”，當依《史》、《漢》作“雒水”。已見前“荆州”校釋。發源於今陝西省洛南縣（原雒南縣）之北冢嶺山（《山海經·中山經》稱“讙舉之山，雒水出焉”），東南流入豫境過盧氏縣，折而東北過洛寧、宜陽、洛陽，至鞏縣入河。王樵《日記》云：“豫之洛猶雍之渭。”意謂雒水之於豫州，一如渭水之於雍州，各爲該州除大河外之主要河流。

“伊水”，在雒水南，發源於今河南省盧氏縣熊耳山悶頓嶺，向東南流，折而東北經嵩縣、伊川等縣，至偃師入於雒水。

“瀍水”，在雒水北，爲一小水，發源於今河南省孟津縣西北穀城山，東南過洛陽市，入於雒水。

“澗水”，在雒水西北，發源於今河南省澠池縣白石山，東南流合穀水，因而又稱穀水。《國語·周語下》之“穀洛鬥”（此洛字原必作雒，後人改），即此水。東經新安縣，穿過洛陽市，所以《周語》言“穀洛鬥將毀三宮”。然後自洛陽市東南入雒水。“入於河”，伊、瀍、澗三水俱入雒水，然後隨雒水同入於河。

③滎波既豬——《史記》作“滎播既都”。《索隱》：“《古文尚書》作滎波，此及今文並云滎播。播是水播溢之義。滎是澤名，故《左傳》云‘狄及衛戰於滎澤’（按見《閔公二年》）。鄭玄云：‘今（漢末）塞爲平地，滎陽人猶謂其處爲滎播。’”《釋文》引馬融云：“滎播，澤名。”陳喬樅《經説考》云：“《漢書》作‘波’，即‘潘’之假借。《詩》

'番惟司徒'，《古今人表》作'司徒皮'。《儀禮·既夕篇》'設披'，鄭注云'今文披皆爲藩'，是其證。《説文》作'潘'，《史記》作'播'，《漢書》作'波'，疑皆三家《尚書》之異文。"皮氏《考證》云："《索隱》謂播是播溢之義，非也。楊雄《豫州箴》曰：'滎播梟漆。'馬注《尚書》作'播'，云'滎播，澤名'。鄭注《周禮·職方氏》'其浸波溠'云：'波讀爲播。《禹貢》曰滎播既都。'《賈疏》：'《禹貢》有播水，無波。'吕忱曰：'播水在滎陽。'皆以'播'爲水名。《説文》曰：'潘，水名。在河南滎陽。'播水蓋即潘水。若以爲播溢之義而云滎播，則不辭甚矣。"按《管子·五輔篇》"決潘渚"注："溢也。"是水溢成澤叫潘渚。潘即播，則播溢而成之澤稱之爲播，亦無不可。潘、播與波同音通用，稱此種澤爲潘爲播爲波，皆可。古滎澤，居民習稱爲滎播或滎波、滎潘，雖其地乾涸，滎陽人仍舊稱不改。可知滎播或滎波、滎潘爲相承已久之湖澤名。故址在今河南滎陽縣境。

　　《蔡傳》以滎、波爲二水，誤自鄭玄引此句證《職方》之波水。顧師即疑僞古文本之"波"字，即援鄭注改"播"字爲之，而與"滎"爲二。至顏師古從鄭説始明以此爲二水。林之奇《全解》詳加引證之。傅寅《説斷》已闢其妄，鄒季友《音釋》、閻若璩《疏證》、蔣廷錫《今釋》皆繼有所論，可確知二水之説實誤。

　　"既豬"、"既都"，同既"瀦"，水聚會停蓄之意。已見徐州章"大野既豬"、揚州章"彭蠡既豬"校釋。

　　④導菏澤被孟豬——《釋文》："菏，徐音柯。"《史記》作"道荷澤被明都"。《漢志》作"道荷澤被盟豬"。知原當作"道"。《大傳》"孟豬"作"孟諸"。《史記·索隱》云："荷澤在濟陰定陶縣東，明都音孟豬。孟豬澤在梁國睢陽縣東北。《爾雅》、《左傳》謂之孟諸（見《僖公二十八年》）。今文亦爲然，惟《周禮》稱望諸（見《職方》）。

皆此地之一名。”段氏《撰異》云：“明、盟、孟、望古音皆讀如肓，在第十部。諸、豬、都古音皆在今之九魚，在第五部，皆同音通用。”皮氏《考異》云：“此亦三家文異。”並補充了《説文》青州孟諸，《吕氏春秋·有始覽》、《淮南子·墜形訓》皆曰宋之孟諸。皆與《大傳》同作孟諸。

　　《漢志》“濟陰郡”下云：“《禹貢》菏澤的定陶東，屬兗州。”據《水經注》，古濟水自定陶西南合小流菏水，流至定陶東北，於濟水之東匯成菏澤。菏水復自菏澤出。至北宋時菏澤已涸。而菏澤確屬兗州。其所以叙在豫州者，則在取其水以入本州之孟諸澤。參看徐州章“達于菏”校釋。

　　“孟豬澤”，原注睢陽縣東北，即今河南省商丘縣東北。金履祥《書經注》云：“自菏澤至孟豬凡百四十里，二水舊相通。”故能取彼挹此。僞孔釋菏澤、孟豬地點皆誤，惟釋“被”云：“水流溢覆被之。”（《釋文》“被，皮寄反”。顔師古注《漢志》云：“言治菏澤之水，衍溢則使被及盟豬，不常入也。”林氏《全解》云：“菏澤水盛，然後覆被孟諸。”是皆體會當水盛時，使菏澤水向南流入孟豬澤。據《元和郡縣志》，此澤唐時尚周圍五十里。《錐指》謂元代至元間歸德府即今商丘所在的豫東地區屢被黄河冲決，禹迹不可復問，即孟豬澤也就消失了。

　　⑤厥土惟壤下土墳壚——《史記》作“其土壤下墳壚”。《漢志》照録原句。僞孔云：“高者，壤。下者，壚。壚，疏。”《釋文》：“壚，音盧，黑剛土也。”《史記·集解》引馬融云：“豫州地有三等，下者墳壚也。”顔師古注《漢志》云：“高地則壤，下地則墳壚，謂土之剛黑者也。”《釋名·釋地》云：“土黑曰盧，盧然解散也。”按，據冀州“厥土惟白壤”，雍州“厥土惟黄壤”，則此處“壤”上當脱一字。現姑依冀

州章“壤”字之釋義，釋此州一般的土是無塊柔土，低下之處是墳壚土。“壚”，《説文》釋爲黑剛土。按壚從盧，其義爲黑。“墳”，有膏肥也。（兖州章“厥土黑墳”馬融注）則“墳壚”是肥的黑色土。《中國土壤地理》釋爲分布於河南低地的石灰性冲積底層的深灰黏土與石灰結核，今豫晉人民尚有稱爲壚者。亦稱砂姜，則即與兖州稱爲黑墳的砂姜黑土相近。《中國土壤圖》載今河南境内西部爲黄棕壤與棕壤，東部爲潮土（即原冲積土），豫西北黄河沿岸則有塿土（是長期耕種熟化的土壤），當由周代土壤熟化而成。

現録存前人一説於此。明王樵《尚書日記》云：“土不言色者，其色雜也（此據《蔡傳》）。壚，土黑而疏也。《周禮》：‘草人掌土化之法。’凡糞種，墳壤用麋，渴澤用鹿。土化之法，謂化之使美，若氾勝之術也。糞種，鄭注謂煮取汁，今人不知其法。按《博物志》：‘麋聚草澤而食，其場成泥，名曰麋暖，民隨之種稻，其收百倍。’此即今人糞田法也。草人土化之法，有用麋用鹿，恐亦是之類也。墳壤，潤解也。渴澤，故水處也。即此經所云墳壚也。”其説不一定全切合於此，然知古人有一種用動物糞便改良土壤之法。

⑥厥田惟中上厥賦錯上中——《史記》作“田中上賦雜上中”。《漢志》作“田中上賦錯上中”。僞孔釋云：“田第四，賦第二，又雜出第一。”然此處《禹貢》原文未明言雜出第一，不如釋爲雜用第二等，可上下浮動。

⑦厥貢漆枲絺紵——《史記》作“貢漆絲絺紵”。《漢志》録原句唯去“厥”字。《史記》所作與兖州“貢漆絲”同。“枲”，麻。“絺”，精細的葛織物。並見“青州章”校釋。“紵”，陸璣《草木蟲魚疏》云：“紵，亦麻也。科生數十莖，宿根在地中，至春日自生，不歲種也。荆揚之間，一歲三收。今南越紵布，皆用此麻。”《匯疏》引此並引杜預

云：“吴地貴縞，鄭地貴紵。”可知紵即紵麻，至晋時豫境猶以紵爲貴重物，顯然遠傳自周代，故《禹貢》以之爲豫貢。

⑧厥篚纖纊——《釋文》：“纊，音曠。”《史記》作“其篚纖絮”。《漢志》作“枲纖纊”。僞孔云：“纊，細綿。”《孔疏》：“纊是新綿耳，纖是細，故言細綿。”顔注《漢志》亦謂纖纊爲細綿。《匯疏》引孔鮒曰：“纊，綿也。絮之細者曰纊。”又引顔師古曰：“清繭擘之，精者爲綿，粗者爲絮。今則謂新者爲綿，故者爲絮。古亦謂綿爲纊，或作絖。”這些都是釋纖纊爲細綿，亦即細纊，是一物。

林之奇《全解》云：“諸儒皆以纖纊爲細綿，然先儒蓋有以黑經白緯爲纖者（按指徐州之“玄纖縞”）。則纖纊之爲二物，亦未可知也。”胡氏《錐指》云：“纖，亦繒也。”又云：“孔傳云：‘纊，細綿。’是以‘纖’爲‘細’也。按，絮之細者曰纊，不聞纊更有粗細之分，且貢綿必細，何待言纖？纖、纊爲二物無疑。”衡以徐州之纖爲黑經白緯之繒，在一篇内不容有紛歧二釋，似纖仍當爲一物，與另一物纊爲同時裝篚入貢之物。

不過這些也用不着過於細求，像舊經師那樣爲一不重要小問題爭執不已。

⑨錫貢磬錯——《史》、《漢》皆照録此句。僞孔云：“治玉石曰錯。治磬錯。”《孔疏》：“《詩》云：‘他山之石，可以攻玉。’又曰：‘可以爲錯。’磬有以玉爲之者，故云治玉石曰錯，謂治磬錯也。”蘇軾《書傳》簡明釋之云：“治磬錯也。以玉爲磬，故以此石治之。”按，既然錯可以治石治玉，則玉磬可治，石磬亦可治，何必一定以玉爲之磬始以此錯治之。僞孔但言“治磬錯”，較妥。

“錫貢”，即納貢，進貢。已見揚州章“橘柚錫貢”校釋。經師們的“待錫命乃貢”之説，是望文生義的不正確説法。“錫貢磬錯”即是進貢磬錯。

　　⑩浮于洛達于河——《史記》作"浮于雒達于河"。《漢志》作"浮于洛入于河"。今見《唐石經》但作"浮于洛河",脫"達于"二字。

　　以上這一節,爲"豫州章"。

　　華陽①黑水②惟梁州③。岷嶓既藝④,沱潛既道⑤,蔡蒙旅平⑥,和夷厎績⑦。厥土青黎⑧,厥田惟下上,厥賦下中三錯⑨。厥貢璆、鐵、銀、鏤⑩、砮、磬⑪,熊、羆、狐、狸織皮⑫。西傾因桓是來⑬,浮于潛⑭,逾于沔⑮,入于渭⑯,亂于河⑰。

　　①華陽——華山之南。華山在今陝西華陰縣南。《匯疏》引《九域圖》所載疏云:"華山,四州之際,東北曰冀,東南曰豫,西南曰梁,西北曰雍。"是華山爲此四州的分界點。東北隔河爲冀州,東南爲豫州,依《禹貢》文意,其南爲梁州,北爲雍州。漢宣帝時始定華山爲西嶽。

　　②黑水——此處作爲梁州西或南邊界之水。實際來源於神話中,見《山海經·西山經》云:"昆侖之丘,是實爲帝之下都。……黑水出焉,而西流於下杅。"又《海內西經》:"海內昆侖之虛……赤水出東南隅……河水出東北隅……洋水、黑水出西北隅……南入海……弱水、青水出西南隅。"又《海內經》:"北海之內有山,名曰幽都之山,黑水出焉。"又《南山經》:"灌陽之山,又東五百里曰雞山,黑水出焉。"又《西山經》:"勞山,多茈草,弱水出焉。"可知即在同一部神話書中,有分別出自昆侖、幽都、勞山的三條黑水,又有分別出自

昆侖、勞山的兩條弱水。而《天問》中説:"黑水、玄趾,三危安在?"指明神話中這種水,原是不知其所在的虛無渺茫的水。《禹貢》不僅於梁州載了黑水,下文還有:"黑水西河惟雍州。"接着云:"弱水既西。"又"導川"有:"導弱水至于合黎,餘波入于流沙。導黑水至于三危,入于南海。"《禹貢》本來是謹嚴的科學性地理著作,所載皆現實的自然地理有關情况,獨獨受《山海經》、《天問》影響,採用了黑水、弱水這兩條神話中的水,把它雜入自然地理篇章中,必然扞格難通,於是爲了落實其地點,就造成了種種紛歧和爭議。也有好事者提出種種設想,及尋覓適宜的一條水爲《禹貢》黑水,於是問題就多。

　　首先,作爲梁雍兩州州界的水,就得確定它的方位。漢代承秦火及戰亂之後,典籍多亡,《漢書·地理志》、《續漢書·郡國志》都不載黑水所在。《淮南子·墜形訓》但言:"水有六品,黑水其一也。"高誘注:"黑水在雍州。"自漢至北宋的經師,遂從事黑水的探求,而都以爲梁州、雍州、導川的黑水,就是一條水,在梁、雍二州之西。較早言其爲兩州之界者,是《公羊傳·莊公十年》疏引鄭玄注梁州云:"梁州界自華山之南,至于黑水也。"注雍州云:"雍州界自黑水,而東至于西河也。"《全解》引王肅云:"西據黑水,東距西河。"然鄭、王原注不傳,傳世而有影響者爲僞孔。其釋梁州云:"東據華山之南,西距黑水。"釋雍州云:"西據黑水,東拒河。"釋導川云:"黑水自北而南,經三危,過梁州,至南海。"楊守敬《尚書本義》云:"《書正義》引《水經》云:'黑水出張掖雞山,南流至敦煌,過三危山,南流入于南海。'此則明明合雍梁之黑水三危貫而一之。僞孔……似窺見《水經》者。"意謂僞孔實襲《水經》之説。東晉以後迄唐宋學者大都遵僞孔説。《孔疏》即曲爲敷釋其義,《全解》引曾旼(《尚書講義》)承僞孔之説總言之云:"梁州雍州之西境皆至黑水。"黃氏《書通考》

引李氏《聲教圖》亦以爲“在雍梁二州之西，必黑水也”。這些都以黑水爲梁雍二州西邊之界。胡渭《錐指》指出：“黑水，諸家遵孔傳謂出雍歷梁入南海，爲二州之西界，故其説穿鑿支離，不可得通。”

　　至蘇軾《書傳》云：“自華山之南至黑水，皆梁州。”“雍州，西跨黑水，東至河。河在冀州西。”没有把黑水説爲梁州西界，已與僞孔異。雖没有明確説爲南界，但暗示了由華山南至黑水。其“西跨黑水”之説則影響《蔡傳》修正僞孔，變爲：“梁州之境，東距華山之南，西據黑水。”“雍州之域，西據黑水，東距西河。”（此依王肅注）將“距”“據”二字互換。自後元明《禹貢》之作大都承用蔡氏此二語。按《禹貢》語例，“距”是抵其地，不越過其地。“據”是跨越其地。前面各州往往見此用法（如兗州“東南據濟、西北距河”。青州“東北據海、西南距岱”）。蘇、蔡之説，是對僞孔説的第一種修正。但仍以梁雍二州之黑水與導川入南海之水爲同一條水。

　　《孔疏》已對此説感到有問題而加以彌縫云：“案酈元《水經》：‘黑水出張掖雞山，南流至敦煌，過三危山南，流入於南海。’然張掖敦煌在河北，所以黑水得越河以入南海者，河自積石以西皆多伏流，故黑水得越而南也。”《全解》駁之云：“據黑水從西北歷數千里以流入於南海，其流當甚大，豈有河流伏於其下，黑水得越其上之理。唐孔氏蓋順經文配合地理家而爲之説，不足信也。……此説難以折衷，姑闕之以俟博學之君子。”楊守敬《本義》亦云：“《書·正義》以伏流解之，但南北數千里，山水間隔，斷無截越之理。”事實上並没有一條發源於西北經西南以入南海之水，經師們爲了尊經而相信有這麽一條水，於是就成了一無法解開的死結。

　　對僞孔的第二種修正，即將作爲梁州西界的黑水改爲南界，且爲另一條黑水。首倡此説者爲南宋薛季宣《書古文訓》云：“梁州北界華山，南距黑水。黑水，今瀘水也。"是明確以梁州南界爲另一水，而非"導川"的那條水。又釋雍州云："黑水出甘州張掖縣，南至三危，經徼外入南海。"雖照錄了導川的黑水源流，但説"經徼外"，而不是僞傳所説的"過梁州至南海"，自然不是梁州這條水了。到釋"導川"時説："黑水自張掖至沙州敦煌縣，經三危山，流出徼外。《書》謂'南流入海'，其當時之所見耶? 夏之西境極於流沙，而知黑水之所歸。"則薛氏進而明確懷疑這條導川所謂至三危入南海之水的可靠性，以爲難道是當時親眼看到的嗎? 並説夏禹時最遠的西界是流沙，則《禹貢》黑水只應該歸於流沙了。語真勇決，等於根本否定了有一條出於西北入於南海的黑水了。但我們也應理解，《禹貢》作者之所以肯於相信《山海經》黑水入南海之説而采入篇中者，實亦由於秦開巴蜀通西南夷後知有橫斷山脉諸水南流入海的這一事實的反映。由於薛氏書爲隸古奇字本，讀者較少，所以當時影響不大。林氏《全解》在懷疑伏流之説後，仍然説："三危距南海凡數千里，禹之導黑水也，至三危即得黑水之故道，從此以道南海。"可見儒生依違經義之窘態。

至明代韓邦奇《禹貢詳略》提出自己的見解云："梁州自有黑水爲界，與導川之黑水不相涉。"與薛説異曲同工。清代《錐指》充分肯定韓説的正確，並錄薛説云："黑水，今瀘水也。"明確了梁州黑水即南方的瀘水，而非北方三危的黑水。《錐指》在釋"雍州章"時亦説明："梁州之黑水別是一川，非爲雍州西界者也。"阮元支持此説，在其《揅經室續集·雲南黑水圖考》中以爲兩州各有黑水，名同而地異。但儒生們仍多扭於舊説而維護爲一水，如王鳴盛《後案》仍循舊説彌縫之云："蓋黑水在西徼外，故梁雍皆以是爲西界。但梁在華陽，雍在華陰，故雍但以爲西界，梁則兼以爲西南界。"而後陳澧《東

塾集・黑水説》、黄以周《黑水考》（載《詁經精舍三集》）亦皆循舊説
以爲同一水不能分爲二。但進而辨析其非一水者漸多，至有以爲是
三水者，前於此者有蔣廷錫《地理今釋》即以梁州黑水爲金沙江，雍
州黑水爲大通河，導川黑水爲瀾滄江，是明確分爲三水。其後陶澍
《蜀輶日記》亦云："《禹貢》言黑水有三，一雍，一梁，一至三危入於
南海，本非一處……不必强合爲一也。"《本義》謂閻若璩亦持此説。
江永《群經補義》同意蔣氏金沙江爲梁界之説，反對餘二説，而以肅
州黑水爲雍界。並以其水入西海，以爲《禹貢》南海爲西海之誤，意
謂肅州黑水亦即導川之黑水。俞正燮《癸巳類稿・黑水解》亦以雍
州與導川之水爲一，惟係在敦煌入色爾騰海之水；梁州黑水則金沙
江。並説"雍州黑水必不入南海，梁州黑水必不至三危"。是以雍與
導川爲一，梁爲一。楊守敬説則相反，其《禹貢本義》云："黑水西河
惟雍州，此雍州之黑水也。華陽黑水惟梁州，此梁州之黑水也；導黑
水，亦梁州之黑水也。"是以雍爲一，梁與導川爲一。可見自南宋以
後特別是自明迄近代治《禹貢》的學者們，各就己見紛紛提出了企圖
解開這死結的説法。

　　爲了較清楚認識這一問題，現在只好先儘量蒐列有關黑水的資
料，依次清理，以明其究竟。由於民間有喜攀附古地名的習俗，而此
處明載在經典中的黑水，附會之者會多。當然亦不能説民間没有稱
爲黑水之水，楊守敬《本義》説："古人簡質，遇水之清澄者即謂之白
水，遇水之深黝者即謂之黑水。"這確實是事實。但確因載在經典中
的黑水，才有人會高興去牽合附會它。這又是常態。

　　由於《禹貢》叙此水導自西北過三危入南海，故此處依此順序，
先尋繹西北諸黑水，繼尋西南諸黑水。

　　（一）西北諸黑水説：依自西向東順序，最東四水則自北向南。

又資料多出自唐宋，常用唐代州名。茲爲統一計，一律冠以唐代州名，以便使自西向東順序清楚。現依次分列如下：

（1）伊州伊吾（今新疆哈密境）黑水。《夏本紀》"道黑水……入于南海"下《正義》云："《括地志》云：'黑水源出伊吾縣北百二十里，又南流二十里而絶。''三危山在沙州敦煌縣東南四十里。'……其黑水源在伊州，從伊州東南三千餘里至鄯州（今青海西寧市境）。鄯州東南四百餘里至河州（今蘭州南臨夏市境）入黄河。……其黑水當洪水時，合從黄河而行，何得入於南海？南海去此甚遠，阻隔南山隴山之屬，當是洪水浩浩處，西戎不深致功，古文故有疏略也。"提出了西北黑水不入南海之説，是正確的。但既説流二十里而絶，又説流三千四百里入黄河。顯見是根據"有疏略"的資料爲説。《敦煌縣志》云："黑水，《括地志》出伊吾縣北百二十里，東南流絶三危山，二千餘里至鄯州，又東南四百餘里至河州入黄河。"（據《癸巳存稿》引）同據《括地志》但將二十里改爲二千里，而不作三千里。《錐指》云："杜佑云：道元注《水經》，鋭意尋討，亦不能知黑水所經之處。唐初魏王（李）泰撰《括地志》，又云黑水出伊吾縣北。……所謂南流絶三危者，竟亦不可復尋。按伊吾縣唐伊州治也。本伊吾盧地，貞觀初内附，乃置郡縣。"又云："今河州黄河之北，唯湟水合浩亹水入河，不聞有水自沙州（敦煌境）東南流經鄯州至此入河者，所謂黑水，將安在乎？"《錐指》在釋雍州黑水時，説出伊吾之水繞出河源之外而入於南海。比《史記正義》不入南海之説陋劣多矣。蔣廷錫《今釋》以至河州入河之水（俗名大通河）爲黑水，故以《括地志》所云出伊吾至河州入河之説爲合。惟以爲"今黑水上源爲流沙壅塞，已無遺迹可考。其下流爲大通河……歷西寧衛東南至河州入河。西寧即唐之鄯州"云。大通河即古浩亹河，在今青海東北邊境，去新疆哈密絶遠，怎能以之合於伊吾黑水？江永《補義》以此水自西向東南流不能爲西界，反對蔣氏大通河之説，亦足。

按，新疆葉爾羌城外自有一黑水，見魏源《聖武記·乾隆戡定回疆記》云：“葱嶺北河經喀城外，葱嶺南河經葉爾羌城外，土人稱北河爲赤水河，稱南河爲黑水河（注：回語稱赤曰烏蘭，稱黑曰哈喇，水皆曰烏蘇）。”是該地居民以自己語言所稱的一條黑水。

（2）沙州敦煌（今甘肅省最西境）黑水。由於境内有三危山，黑水過其下，因而敦煌有黑水。《水經注》“江水東過江陽縣南”下云：“《山海經》曰：‘三危在敦煌南，與岷山相接，山南帶黑水。’”“三危”，詳《堯典》“竄三苗于三危”校釋，亦南北各地攀附有三危。其主要一説在敦煌，其黑水來源有東來、西來二説。東來説謂出自甘州張掖。《水經注》：“黑水出張掖雞山，南流到敦煌，過三危山。”詳下文張掖黑水。西來説謂出自伊州伊吾。《錐指》云：“據《括地志》言出伊吾南流絶三危山，則當自敦煌北大磧外流入郡界，南經白龍堆東，三危山西，又南經吐谷渾界中，又南經吐蕃界中……入南海。”又云：“自甘州以至伊州凡一千五百餘里，郵傳不絶，宦遊之士，商旅之徒，與夫出使西域者，往來如織，而不聞言敦煌之西有黑水焉，此杜佑所以復有年代久遠或至堙涸之説也。”

敦煌本地之水亦有被指爲黑水者，即黨河，又有色爾騰河。見俞正燮《癸巳類稿·黑水解》引《明都司志》云：“黨河，《漢書》龍勒縣有氐置水，出南羌中，東北入澤，溉民田。”又云：“色爾騰海子，舊志在沙州西南，四周有山圍繞，水不常流。色爾騰河由巴彦布喇至鄂爾打坂止二百九十里。黑海子，舊志在沙州西北大澤，番名哈喇腦爾。黨河之水自南來，以此澤爲歸宿。依敦煌目驗之言，黑水至三危者止入黃河。其近三危之水入海者，乃色爾騰海子。是《禹貢》

導水之黑水，今爲色爾騰河、黨河矣。"《黑水解》下文説"河源江源以北，水無入南海者"，因而定此地之黑水所入者爲此地黑海子或色爾騰海子。

這種即流入西北本地海子的情況，可從古文獻中得到印證。見《水經·河水注》"南河又東逕且末國北"下："《釋氏西域記》曰：'阿耨達山西北有大水，北流注牢蘭海者也。其水北流逕且末南山，又北逕且末城西。'（按似即今車爾臣河）……《釋氏西域記》曰：'南海，自于闐東北於北三千里至鄯善，入牢蘭海者也。'（按似即今塔里木河）此兩水皆入牢蘭海（《漢志》作蒲昌海，即今新疆羅布泊）。據《括地志》沙州壽昌縣載："蒲昌海，一名泑澤，一名鹽澤，亦名輔日海。一名牢蘭海，一名臨海，在沙州西南。"而大典本《水經注》稱之爲南海，是遠在哈密以西之且末水、塔里木河皆入新疆境内的南海，亦猶黨河之入黑海子。則古籍中謂黑水入南海，當同樣是説入西北地境内的南海。儒生們誤牽合於中國大陸以南之南海，自然説不通。又有所謂烏海，亦被稱爲黑水。見元黃鎮成《書通考》引《聲教圖》云："烏海，自三危至吐蕃，南合麗水經天竺之東以入南海，在雍梁二州之西，必黑水也。"則把三危之水，因循《禹貢》之説説成入南海。

（3）肅州（今甘肅酒泉境）黑水。《肅州衛志》云："衛西北十五里有黑水，自沙漠中南流，經黑山下，又南合於白水。白水在衛西南二十里，源出衛北山谷中，南流與黑水合。又有紅水在衛東南三十里，源出衛南山谷中，西流會於白水，入西寧衛之西海。"《錐指》引此段後云："然則此黑水合白水與紅水俱入臨羌僊海，未嘗過三危入南海也。"《錐指》又引焦竑《禹貢解》云："今《輿地圖》肅州有黑水，南流至積石幾及三百里，不與積石河通，此爲《禹貢》之黑水無疑。

但其去南海遼遠，而交南久棄，無從考其入海之道耳。"江永《群經補義》謂焦説得之，以爲"惟考之未詳，不知此水從鮮水入西海，非南流至積石"。又云："肅州之黑水，《志》云'入西海'，愚疑經文本云'導黑水，至於三危，入於西海'。後來經生相傳，誤以西海爲南海耳。"意在消解西北黑水不當入南海之矛盾，惟以西海爲青海。《錐指》述雍州除《禹貢》黑水之外有十黑水，其第十云："在今肅州衛西北，自沙漠南流，合白水紅水至西寧衛入西海。"《寰宇記》云："酒泉縣有鴻鷺山，《穆天子傳》'天子循黑水至于璧玉之山'是也。鴻鷺山今名嘉峪山，在肅州衛西，舊志云即璧玉山也。"這是肅州原自有稱爲黑水之水，入於西海，正如于闐、且末之水入於南海（牢蘭海）、黨河入於黑海子一樣，初與《禹貢》黑水無關，而焦竑硬牽合爲一。

　　《三國志·烏丸傳》裴注引《魏略》云："匈奴衰，分去其奴婢，亡匿在金城、武威、酒泉北黑水西河東西。"是肅州酒泉之北自有黑水。

　　《宋史·夏國傳》載西夏境内分設十二軍司，肅州設有黑水鎮燕軍司，其北即今額濟納旗境有黑水城，設有黑山威福軍司，都是由於肅州黑水而得名的。清季各帝國主義文化掠奪者擅取我國文物（英斯坦因、法伯希和最著者），俄國科兹洛夫於 1909 年在我國内蒙古額濟納旗的黑水城遺址掘獲大量西夏王朝文獻，爲西夏文、漢文、藏文、回鶻文的成卷成册的書籍，少數殘頁殘片，共編成八千多個編號，十五萬多文頁，藏聖彼得堡。可見此黑水城爲當時重要的政治文化重鎮，看到此肅州黑水在歷史上起過的重要作用。

　　（4）甘州張掖黑水。這是各種文獻紛紛稱引最多的一條黑水。且説成是出張掖經三危入南海的水。最早是神話書《山海經·南山經》所載："灌湘之山……又東五百里曰雞山，其上多金……黑水出焉，而南流注于海。"其後《孔疏》所引《水經注》云："黑水出張掖雞山，南流至敦煌過三危山，南流入于南海。"《錐指》指出，《山海經》之雞山，"不知在何郡，郭璞無注。而《孔疏》引《水經》，以爲出張掖之雞山，檢今本無此文，蓋其書有散逸耳"。又指出："酈道元始云黑水出張掖雞山，而其所謂南流至敦煌過三危入南海者，不過順經（指《禹貢》）爲義。與他水歷叙所過之郡縣者，詳略相去遠矣，故杜佑云：'道元注《水經》，銳意尋討，亦不知黑水所經之處。'（按，見《通典·州郡五》）"這是《禹貢》承用神話虚幻之水置之雍梁入之南海，《水經注》又承用《禹貢》，並將神話中的雞山落實在張掖，虚幻之水變爲實有之水（而不自知其"入南海"仍是虚幻的）。於是裴駰《史記集解》、顏師古注《漢書》、孔穎達《尚書正義》、杜佑《通典·州郡》、薛季宣《書古文訓》及其他宋元明清學者皆從同或引録此説。而後有地方志書把它實定下來。《錐指》據《太平御覽》引《張掖記》云："黑水出縣界雞山，亦名玄圃，昔有娀氏女簡狄浴於玄止之水，即黑水也（此亦附會）。"《錐指》因而云："據此則雞山當在甘州張掖縣界，漢爲觻得縣地，今（清）陝西甘州衛西有張掖河，即古羌谷水，出羌中，北流至衛西爲張掖河，合弱水，東北入居延海，俗謂之黑河。"此水即《禹貢》下文所説之弱水及其下游之合黎水，《漢志》之羌谷水，《括地志》云："合黎水，一名羌谷水，一名鮮水，一名覆表水，今（唐）名副投河，亦名張掖河。"是此張掖黑水，實際是指今地圖所見的過張掖西南，西從祁連山來，向西北轉東北流經沙磧入嘎順諾爾湖泊（古居延海境）的黑河，並不從同虚幻的入南海説，所以《錐指》只好歎息："此水並不經三危入南海，安得以此爲《禹貢》之黑水耶？《山海經》明言南流注於海，必非東北入居延之張掖河，其雞山恐亦不在縣界也。"而明韓邦奇《禹貢詳略》謂："今（明）行都司（明陝西行都司即今張掖）高臺、鎮夷二所（今甘肅省高臺、天城兩地）境，即弱水合張掖河出塞入居延海者，俗謂之黑河，爲《禹貢》之黑水。"清楊守敬《禹貢本義》亦云："雍州之黑水難以確指。然有《張掖記》黑水出縣界雞山，又有《水經》以爲證，是以《漢志》之羌谷水當之，約略是矣。"是篤信經義者必欲以張掖黑河稱羌谷水者爲《禹貢》黑水，於其北入居延海而非南入南海的事實也不顧了。

　　這一從祁連山來的黑河，至今猶暢流，顧師《筆記》錄林少川《遊記》於遊玉門油礦時云："祁連山下，怪石嵯峨，懸崖欲墜。兩峰夾江，水流湍急，俗呼石油河。因山中石油涌流河中，河水盡黑，故亦稱黑水河。"《遊記》並謂此水亦産金沙，淘金者頗多。這是關於張掖黑水近代所見資料。

　　（5）河州（今蘭州西南臨夏市境）黑水。蔣氏《地理今釋》說有人指河州大夏河爲黑水，但未舉明出處，不詳何人所指。其文云："河至積石，北則大通河入之，南則大夏河注之。二水入河之口，南北相值。後人或遂指大夏爲黑水。黃河而南之迹不知，大夏雖在黃河之南，實仍在南山之北，且其源自南而北，與山南入海之水絕不相通。"是舉出大夏河被稱爲黑水，而又加以否定。

　　（6）渭州（今甘肅省渭源、隴西境）鳥鼠之西黑水。亦由於相傳三危在此而黑水亦在此。緯書《河圖括地象》云："三危在鳥鼠西，南與汶山相接，黑水出其南。"《孔疏》錄鄭玄引《地記》及《漢書·司馬相如傳》注皆同此說（惟"汶"作"岷"）。《通典·州郡五》在引僞孔後，繼云："鄭玄云：'按三危在鳥鼠之西，而南接岷山，又在積石之西，南當黑水祠，黑水出其南肋。'此云經三危（指僞孔），彼云其出，明其乖戾。"這是唯一說黑水出於三危之一說。其他諸說皆云過三危。

　　（7）宕州（今甘肅省南部宕昌境）東女黑水。見傅寅《禹貢說斷》引程大昌《禹貢論》謂黑水即葉榆澤以入南海,因而傅氏評之云:"則雍州無黑水矣。故(程氏)又求《唐史》東女弱水爲黑水之上源(詳見《堯典》"竄三苗于三危"校釋)。……而東女弱水前此未有黑水之稱,稱黑水自程公始。……又三危山無所證着,以三苗遺種在宕昌,疑其當在東女弱水旁。凡此皆余所未敢執以爲實者也。"而《蔡傳》則證成"宕昌即三苗種裔與三苗之叙於三危者"。按程大昌以樊綽指麗水爲黑水(見下文),嫌其狹小,易爲葉榆水。《錐指》評之云:"大昌之謬,遠過樊綽;杏溪(傅寅)之識,遠過九峰(蔡沈)。"是斷言傅、蔡所倡宕昌黑水之説爲不確。

(8)扶州(今甘肅最南邊界文縣及緊鄰川省南坪境)尚安縣黑水。其地在四川松潘縣境。《水經注》云:"黑水出羌中,西南經黑水城西,又西南入白水。"《通典·州郡四》"古雍州":"扶州尚安縣(在今南坪縣之北緊鄰甘肅舟曲縣)。縣有黑水。《元和志》云:'出縣西北素嶺山。'"地正處岷山之東。南朝宋元嘉二年,西秦乞伏熾盤遣將南擊黑水羌酋丘擔,破之。又唐貞元八年,山南西道節度使嚴震攻吐蕃於黑水城。等等。薛季宣《書古文訓》云:"今(宋)岷山東峰大面下亦有黑水,蓋一小溪,不足以爲州界。"是爲此地本名黑水之水。在今南坪縣西北,九寨溝之北,自西而北,東南流過南坪縣以南即爲白水江。

(9)秦州(今甘肅省東部秦安、天水市境)黑水有二。今自西向東録之。一爲伏羌縣黑水,見《錐指》云:"今(清)鞏昌府(府治今甘肅隴西縣)伏羌縣(今甘肅甘谷縣),縣西有落門聚(今洛門鎮)。《水經注》云'渭水自落門聚至黑水峽,水出南山,北流入渭'是也。"則即洛門鎮南之落水,出南面的太陽山,北流至此入渭。二爲秦安黑水。見《錐指》云:"在今秦安縣(在甘谷縣東),《水經注》云'黑水出黑城北，而南逕黑城西，至懸鏡峽，又西南合瓦亭川入渭’是也。”瓦亭川即今甘肅天水北自西吉、静宜、秦安南下入渭之葫蘆河。從《中國歷史地圖集》上看到，宋以後元明清在它東面西南流入瓦亭川者，較北有一水（宋明稱好水河，清稱甜水河，在静宜流入），較南有二水（水洛川、略陽川，在秦安北流入）。據《錐指》所説黑水在秦安，則當指較南之水洛川、略陽川二水中之一水。

（10）原州（今甘肅平涼市地區）固原北黑水。見《錐指》云：“在今平涼府固原州北。《志》云‘大黑水北流合小黑水，至寧夏衛（今寧夏）入河’是也。”所謂《志》當是《明一統志》。今查《明史·地理志》“平涼府固原州”下但云：“又北有黑水，北流入於大河。”又“寧夏衛”云：“又東有黑水河。”《地名辭典》云：“有大小二黑水，道出甘肅海源縣南，東流合領減都河、硝河、海子河，至固原縣半入於清水河。《水經注》：‘高平川遥太婁城合一水。水有五源，總爲一川，即此地也。’”是知由海源經固原流至寧夏入河，有一條較長的黑水。

（11）慶州（今甘肅東北慶陽境）安化黑水。見《錐指》云：“在今（清）慶陽府安化縣。《志》云‘源出太白山，西南流經環縣、寧州（今寧縣），會九龍川，至西安府長武縣入涇’是也。”所引《志》仍爲明志。今查《明史·地理志》“慶陽府安化縣”下云：“又西有黑水河，源出縣北之太白山下，流至長武縣合於涇河。”又“環縣”下云：“又南有黑水河。”由各縣所記本縣之水較可靠，顯然此黑水是源出安化縣北之水，其上游正處於環縣之南。而非出於環縣之北頗遠的寧夏後衛境，南流經環縣、安化、寧州而後至長武入涇的上游稱環河，下游稱馬蓮河之水。《錐指》所據資料將兩縣者誤合爲一，而將長白山移至寧夏後衛，所以致誤。今《中國歷史地圖集》繪列明白，此黑水河出自安化縣之北，自在環縣南，而後南流合於蒲水，至長武縣入涇。

（12）隴州（今陝西隴縣一帶）岐州（今陝西鳳翔岐山一帶）黑水。見《魏書・肅宗紀》：“孝昌元年，蕭寶夤、崔延伯大破秦賊於黑水，斬獲數萬，天生退走入隴西（北魏隴西郡治在今甘肅隴西縣），涇（今甘肅平涼、涇川等境）岐及隴東（北魏隴東郡治在今甘肅涇源縣）悉平。”又《崔延伯傳》：“秦州城人……莫折天生下隴東……進屯黑水，詔延伯與行臺蕭寶夤討之。寶夤與延伯結壘馬嵬（在咸陽、武功之間）……延伯選精兵數千下渡黑水……大破之。”按莫折天生自今甘肅秦安、天水境，進據涇原、平涼，既陷陝西隴縣境，屯兵黑水。崔延伯自武功以東之馬嵬進渡黑水，擊敗天生軍，則這一黑水在隴縣、武功之間。在這一地段有三水：較西者爲經隴縣、千陽至寶雞入渭古稱汧水今稱千河之水，稍東經鳳翔至武功合諸水入渭古稱雍水之水，較東者爲自岐山北經麟遊折而至武功會諸水入渭古稱杜水今稱漆水河之水。就當時崔延伯軍自馬嵬渡黑水進擊來看，很可能此黑水即漆水河。是元魏時此水逕稱黑水。

（13）夏州（州治在今陝北橫山縣西邊界之白城子，州境達內蒙古伊克昭盟）奢延黑水。見《錐指》云：“在今（清）榆林衞（今陝西榆林、米脂境）西北廢夏州界。《水經注》云‘黑水出奢延縣（縣治在白城子西南，縣境包括白城子在內的紅柳河北岸地區）之黑澗，東流合奢延水（即今紅柳河）入河。赫連勃勃築統萬城於黑水之南’是也。”統萬城即在今白城子境，在其北之黑水，自西向東南流至今雷龍灣入奢延水（紅柳河）。《夢溪筆談》卷二十四云：“黑山在大漠之北……予奉使，嘗帳宿其下。山長數十里，土石皆紫黑，似今之磁石。有水其下，所謂黑水也。”《地名辭典》謂此水“源出鄂爾多斯前旗西南，蒙古名庫葛爾黑河，一曰哈柳圖河，一曰吃那河。東入邊墙，至陝西橫山縣北，東流爲無定河。"《晋書·載記》赫連勃勃於黑水之南營都城，即在此水之南。此水唐稱鳥水，其前後各代皆稱黑水，似爲其本名，非攀附《禹貢》之名。

（14）延州（今延安地區）黑水有二，今自北向南録之。一爲安定縣（今延安北子長縣西安定鎮）黑水。見《錐指》云："在今（清）延安府安定縣，合白水東流至延川縣入河。《志》云'舊置黑水堡，因水以名。宋元豐五年种諤遣曲珍攻黑水安定堡'是也。"此黑水源出安定西北王家灣附近，東流至清澗，折而南合白水於延川縣境，東南入河，歷代或稱秀延水，或稱吐延水。明稱清澗河，今亦稱清澗河。所謂白水，《歷史地圖集》各代皆不見繪列出，清代始繪有稱永平川之水，今稱永坪河。二爲定陽縣（今延安南甘泉縣正東臨鎮之地）黑水。見《錐指》云："在今（清）延安府洛川縣。《水經注》云'黑水出定陽縣西山，東南流逕其縣北，又東南合定水入河'是也。"《歷史地圖集》"北魏圖"繪出此黑水，在定陽西有北源南源二流，至定陽西北合而東南流入河。惟未見定水，是否以南源爲定水？然又非在東南會合。唐以後南北二源之水同，惟各代稱庫利川，明又稱汾川水，清沿此稱。今上游稱臨鎮川，下游稱雲岩河。而圖上無北源，只臨鎮川出南泥灣。而皆不見有定水。另有一條出自定陽（臨鎮）西南的銀川水，正在洛川縣之北（明時洛川在今洛川之東），東南流至宜川縣合丹陽川入河。則銀川水似可牽合黑水，丹陽川似可牽合定水，是否較合《錐指》之説？《地名辭典》正以逕宜川縣入河之水爲黑水，以庫利川又名麻洞川，又名雲岩河，實即《水經注》之黑水。另在此區域之西，亦即富縣之西，有黑水寺之地，保存了黑水之名。

（15）唐京畿道、清西安府盩厔（今周至）黑水。見《錐指》云："在今（清）西安府盩厔縣，《水經注》云'就水出槐里縣南山，歷竹圃北

與黑水合,北流注于渭'是也。"《明史·地理志》"西安府盩厔縣"下
云:"西南有黑水流入焉……並北入渭。"《癸巳類稿·黑水解》云:
"自南山黑谷北流於盩厔西南入就水者,亦名黑水。"《歷史地理圖》
自三國以來各代圖大都將盩厔以南此水稱爲芒水,《水經·渭水注》
即載至竹圃會黑水之水有芒水。至元代圖標此水爲黑水。明代圖
在盩厔縣南終南山有黑水峪甚長,自峪中出而北入渭之水依傳統標
爲芒水,然亦稱黑水。清代圖乃稱黑河。當是此黑水。

　　(16)唐梁州、秦漢漢中郡(今陝西省漢中市地區)南鄭、城固間
黑水。《水經注》"漢水又東過南鄭縣南"下云:"漢水又左會文水,
水即門水也。……門水右注漢水,謂之高橋溪口。漢水又東,黑水
注之。水出北山,南流入漢。庾仲雍曰:'黑水去高橋三十里。'諸葛
亮牋云:'朝發南鄭,暮宿黑水,四五十里。'指謂是水也,道則百里
也。"下接"東又過城固縣南"。《史記·夏本紀·正義》引《括地志》
云:"黑水源出梁州城固縣西北太山。"《城固縣志》:"縣西北五里有
黑水,南流入漢。"(《癸巳類稿》引)是皆酈道元切實考察所得及本
地縣志所載確實有的一條流入漢水之黑水。朱熹譽爲在地名上著
功夫的薛季宣《書古文訓》云:"漢中又有黑水,在梁州北界,非《禹
貢》所謂梁州之水也。"

　　以上十六州中有原稱黑水或被指爲黑水者共達二十條。其自
(8)至(16)九個州共有十一條皆本地之黑水,當時確實稱黑水,但
都比較小,流注入較大河流,與《禹貢》黑水無關,也未見有人附會爲
《禹貢》之水。一些治《禹貢》者因黑水之名,而分別提到它們。惟
(1)伊州黑水、(4)甘州黑水與(2)沙州三危相結合,被廣泛宣揚爲
《禹貢》中入南海之黑水。又(6)渭州亦因有三危同樣被宣揚爲《禹
貢》黑水。其實伊州黑水本説入黄河,甘州黑水本説入居延海,與

(3)肅州黑水入西海,都和沙州敦煌另一黨河入黑海子,色爾騰河入色爾騰海子,于闐、且末河入南海(牟蘭海)一樣,都入本地的海子。即神話《山海經》中的"入南海",當亦指西北渺茫中的某一海子,並非今日的南海。只是被《禹貢》誤用,並被經師們搞混亂了。又沙州之黨河,河州之大夏河,宕州東女之河,本無黑水之名,與甘州羌谷水一樣,都分別被經師們硬指爲《禹貢》黑水,皆妄説。

　　(二)西南諸黑水説,首先爲經師們所重視的是《漢志》所載滇池黑水祠,自鄭玄以降歷代經師皆盛稱之。接着北魏酈道元《水經注》詳載若水、繩水、瀘水,以爲即黑水,經師們亦引《漢志》所載若水、繩水證其説。尤喜稱諸葛亮渡瀘水故事,並謂即金沙江,此説遂成爲西南黑水最主要之説。此兩説皆以爲入蜀江而非入海,只作爲梁州南界。至唐宋紛紛尋入南海之水,以爲自雍越梁之徼外入南海,與梁無關。樊綽始列舉入南海四水,擇其一當之。自宋、元迄清學者相繼爲説,而後橫斷山脉南流入海諸水紛紛爲所指,元人始以爲瀾滄江,清人以爲怒江,亦有及於緬東金沙江者。此外自川境至滇境往往有稱爲黑水之水,非由牽附得名。對這些紛紜材料,現不論巨細,一律依自北向南順序,最後南流入海之水依自東向西順序,依次考述如下:

　　(1)漳臘潘州黑水。潘州即唐松州。《明史·地理志》"松潘衛"下説岷江至此亦稱潘州河。洪武中以故潘州置潘州衛,後省入松潘衛。《匯疏》引《四川名勝志》云:"黑水出故漳臘潘州界,今(明)屬夷地。是爲岷江之始,水自汶山下過,猶河水之繞崑崙也。"《歷史地圖集》明清兩圖皆在松潘西繪列自芒兒者司(今毛兒蓋)南下之水爲黑水。清代於其西置大黑水司(今黑水縣),其東置小黑水司。現代較早地圖亦以出自毛兒蓋之水爲黑水,現今地圖則載松潘縣之西，有源自中壤口之水，東流至今黑水縣，是爲黑水，至縣之東與自毛兒蓋南下之水相合仍稱黑水，東流至茂縣北入岷江。這確是西南最北的一條黑水，但出現時間晚到了明代。而且說爲岷江之始也是錯誤的。

（2）叠溪黑水。明代置叠溪守禦所於松潘衛與茂州衛（今茂縣）之間，《匯疏》引鄭氏曉曰（當是引鄭曉《禹貢圖説》釋"華陽黑水惟梁州"語）："黑水是叠溪黑水，自梁北境至安縣入江，與'導黑水'之黑水似無干。"按，其前韓邦奇《禹貢詳略》已謂"梁州自有黑水爲界，與導川之黑水不相涉"，並即以叠溪黑水當之。顯然鄭承韓說。此二位皆明代有名《禹貢》學者。《明史·地理志》"叠溪司"下云："西有汶江，南有黑水流合焉，謂之翼水。"又"成都府安縣"下云："南有浮山，黑水出焉，南流入羅江。"《錐指》亦云："近《志》叠溪營城西北有黑水，即古翼水，源出黑水生番。東南經茂州，至安縣入於羅江。"按，安縣在今茂縣東南，綿陽之西稍北。《歷史地圖集》唯明代圖載此黑水，但其源未遠及叠溪西，只出自綿竹東北，東南流至今德陽東北入羅水（羅水南流至中江縣折而東注涪江）。此黑水遠比潘州黑水爲小，不知韓、鄭二氏何以取此爲梁州界？或者皆以潘州黑水明時"屬夷地"，又不願依宋人所倡瀘水説，因而另尋此川境內黑水以當梁州黑水。

（3）崇慶州黑水。明清崇慶州即今四川崇州市，在成都西，都江堰之南稍東。《錐指》云："崇慶州西北有黑水入江。《元大一統志》云'源出常樂山，溪石皆黑'。"經查元、明《地理志》皆無記載，未能得更詳史料。

（4）符黑水。《錐指》釋云："符縣之黑水也。一名南廣水。"符縣，今四川合江縣西。南廣縣，今四川珙縣境。《漢志》"犍爲郡南廣縣”下云：“汾關山，符黑水所出，北至僰道入江。”《通典·州郡五》引顧野王《輿地志》，亦以黑水爲“至僰道入江”。僰道，今四川宜賓。宋薛氏《書古文訓》主張瀘水即黑水，因而反對顧野王所同意的出自汾關山的符黑水爲黑水。薛氏據《水經注》歷叙瀘水流程至宋叙州宜賓入江後，復叙明南廣即宋叙州南溪縣。因而以爲南廣之符黑水不過是與黑水（瀘水）“蓋合流耳”。清俞正燮《黑水解》云：“梁州黑水，依《漢志》云，符黑水出犍爲南廣縣汾關山，北至僰道入江。即今（清）叙州筠連縣之南廣水，出烏蒙（今黔西北）之鎮雄山（今滇東北，在烏蒙之北、川省珙縣之南），經筠連、高縣、慶符（皆川南緊鄰珙縣之西三縣），至宜賓合金沙江以入大江者。”此水在《歷史地圖集》漢至隋代圖上標明爲符黑水，唐至後蜀圖上標明爲南廣水，南宋至明代圖上標明爲黑水，清復標爲南廣水，今圖未標明。

（5）若水—繩水—瀘水—金沙江—麗水—黑水。《漢志》“蜀郡旄牛縣”下云：“鮮水出徼外，南入若水。若水亦出徼外，南至大莋入繩。”又“越巂郡遂久縣”下云：“繩水出徼外，東至僰道入江。過郡二。”《山海經·海内經》：“南海之外，黑水青水之間，有木名曰若木，若水出焉。”《水經·江水注》“若水出蜀郡旄牛徼外東南至故關爲若水也”下引此作：“南海之内，黑水之間，有木名曰若木，若水出焉。”給人以若水出於黑水的印象。然後歷叙若水流程入注繩水終成瀘水諸情云：“若水之生，非一所也，黑水之間，厥木所植，水出其下……東南流鮮水注之。……又逕越巂大莋縣入繩。繩水出徼外，《山海經》曰：‘巴道之山，繩水出焉。’……南過越巂邛都縣西，直南至會無縣，淹水來注。……繩水又逕越巂郡之馬湖縣，謂之馬湖江。……又東北至犍爲朱提（音殊時）縣西，爲瀘江水。……諸葛亮表言‘五月渡瀘’。……《益州記》曰：瀘水源出曲羅舊下三百里始曰瀘水。……瀘水又下合諸水而總目焉。……自朱提至僰道，有水步道，有黑水。……又東北至僰道縣入於江。”宋薛氏《書古文訓》云：“黑水，今瀘水也。《漢志》符黑水……非也。酈道元說黑水亦曰瀘水、若水、馬湖江，出姚州徼外吐蕃界中，東北至叙州宜賓縣（即僰道）入江。”《四川名勝志》載潘州黑水“又一派入滇而出金沙江，流入馬湖江與汶水合。今（明）之叙瀘界，瀘即黑也。諸葛亮五月渡瀘以征西南所必經也”。《錐指》云：“古之若水，即《禹貢》梁州之黑水，漢時名瀘水，唐以後名金沙江，而黑水之名遂隱。”又云：“瀘本作盧，如盧弓、盧矢、盧橋之類皆訓黑。劉熙《釋名》：‘土黑曰盧……酈道元云：‘水黑曰盧。……尤盧水爲黑水之切證也。……其字後加水作瀘。章懷太子注《後漢書》云：‘瀘水一名若水。’”又云：“若水在建昌衛（今四川西昌境）俗名打冲河（今雅礱江）……東南流至衛西鹽井營東南，與雲南金沙江合。金沙江源出吐蕃界，至共龍山犛牛石下，本名犛水，後訛爲麗水。（《錐指》下文云：“南詔改麗水爲金沙江。”）東南流經麗江府北（明清麗江府在滇北，正是麗水即金沙江大彎曲所經地境，故名麗江，即今雲南省麗江地區）。……又東經叙州府（今四川宜賓市）南而北入大江。”是胡渭承酈道元、薛季宣之說，明以由若水、繩水、瀘水演進而稱之金沙江，原名黑水，與他水之被後人指爲黑水者不同。蔣氏《地理今釋》亦云：“梁州黑水，即今雲南之金沙江。”亦歷述全水流程，謂發源於西番，最後在叙州府（即今四川宜賓）入岷（與岷江會合，說成入岷）。中間云：“至塔城關入雲南麗江府境，亦曰麗水。……入岷江不入南海，唐樊綽云‘麗水入南海’，非。”按樊綽所指爲另一麗水，入南海不誤〔見下文(12)〕。其後汪之昌《青學齋集·梁州黑水辨》承此說，謂金沙江確爲瀘江，固黑水之遺。又俞正燮《黑水解》亦言梁州與華陽相對之黑水爲金沙江，"出青海河源西北。經玉樹諸番，及川西土司，入雲南納昆明，即所謂滇池黑水祠者，北至宜賓入大江，又與符黑水合"。另有焦竑《禹貢解》引金履祥説："瀘水即黑水，經云南至交趾……東南入海。"焦氏已云"金説不足信"。《錐指》亦據焦氏説指出："瀘水源出建昌衛（今四川西昌市）西北，南合繩黑二水，東北流入蜀江，不經交趾入海，金説實謬。"

近見東南大學《東方文化》第二集（1992 年 5 月）載白庚勝《納西考釋》一文，説自秦漢以來在滇西北居住許多藏緬語系彝語支民族，都以尚黑爲共同的標誌，其中納西族彝族爲尚黑之著者。文中有云："自秦漢以後，納西族一直活動於現今滇、川、藏交匯之地。金沙江爲流經此區的最大一條河流。在有關文獻中，金沙江或稱瀘水、黑水，或稱納夷江、麽些江。即瀘與黑通，納夷與麽些同。……瀘當爲諾之異寫，爲納之轉音。彝語中的'諾'與納西語中的'納'相通，都是黑之意。黑水是瀘水的譯寫。納西語及其他彝語支語言都以黑爲大、爲深。故瀘水黑水就是大江、大水。""另一條通過納西族地區的大江爲雅礱江。雅礱江又稱若水或東瀘水。礱即瀘的轉寫，均是納西等彝語支民族語言的漢寫。……若即黑，與納西族同屬一個語支的彝語中，黑爲若，或譯寫作諾。因此雅礱江、若水之意仍爲大江。……'黑水'爲雅礱江、瀘水、若水等的意譯。……在彝語支民族曾活動過的區域內，被稱爲黑水者，大都是大江之意。只有一小部分因五色與五方相配，帶有'北水'之意。《雲南各族古代史稿》稱：'雅礱江（諾矣江）、金沙江（瀘水）、瀾滄江（蘭津）、怒江幾條大江都是黑水的意思，都是因古代氏羌族群曾居住過這幾條河流域而得名。'這是比較可信的。只是，應該將氏羌族群進一步限定爲彝語支先民。因古氏羌族群中分黑白兩大集團，只有彝語支先民才是以‘黑’自稱並以其爲大爲尊。”這就用民族學資料闡明了這幾條水稱黑水的來由及其真實意義。但原與《禹貢》所承神話黑水無關。

此外，顧師《筆記》云：“川西昭覺縣境亦有黑水，經西昌、會埋而入金沙江。”

（6）滇池縣黑水祠所祀黑水。《漢志》“益州郡滇池縣”下云：“大澤在西。滇池澤在西北，有黑水祠。”《續漢志》“益州郡”下云：“滇池出鐵，有池澤。北有黑水祠。”《夏本紀集解》：“鄭曰：‘《地理志》益州滇池有黑水祠，而不記此山水所在。’”《禹貢》“導黑水”《孔疏》：“《地理志》益州郡計在蜀郡西南三千餘里，故滇王國也。武帝元封二年始開郡，郡內有滇池縣，縣有黑水祠。止言有其祠，不知水之所在。鄭云：‘今中國無也。’”《蔡傳》云：“武帝初開滇巂時，其地古有黑水舊祠，夷人不知載籍，必不能附會。”《錐指》亦云：“或以爲武帝開置益州郡始立之，非也。使武帝知郡界有黑水而立此祠，則班史必知其所在而能言之矣。竊謂此祠蓋彼中相承已久。”楊守敬《本義》則云：“梁州之黑水，自應以《漢志》黑水祠左右求之。如河水有河水祠，江水有江水祠，濟水有濟水祠，皆與河、江、濟相近。或以黑水爲望祭（按，此程大昌說），非也。”至於所祭祀的這黑水是哪一條水，亦頗有歧說。程大昌《禹貢論》以葉榆澤爲黑水之正流（見下西洱河黑水），而以滇池縣滇池澤爲黑水下流。而葉榆澤以爲即洱海（見下文）。胡渭《錐指》繼上所引文“相承已久”之後繼云：“黑水即金沙江，東經會無縣（今四川會理縣）南，南直滇池縣。縣故滇王國。於其北立祠祭之，宜矣。自周衰以迄漢初聲教阻絕，故《尚書》家莫能言梁州黑水之所在。千載而下尚賴有此祠可以推測而得之。”楊守敬亦繼上所引文後指出與黑水祠近者當爲南盤江

〔見下文(8)〕。這樣，分別有人指滇池之西的葉榆澤，之北的金沙江，之東的南盤江爲黑水了。可能還有人指他水，未及詳蒐。但皆出推測，並無實據。總之，滇池縣在漢以前即已有黑水祠，則古代在今川滇境內必有一條稱爲黑水之水，今已無足够資料去推定它是哪一條水了。

(7)牂柯江爲黑水。此陶澍黑水説。楊氏《本義》云：“陶文毅(澍)《蜀輏日記》云：《禹貢》言黑水有三……惟文毅以牂柯江當黑水，其流似短。”按漢代牂柯江，即今北盤江。自西北向東南斜貫於貴州省西南部，經廣西至廣東流爲西江。陶澍指此爲黑水，亦未詳其資料來源。

(8)南盤江爲黑水。此楊守敬黑水説。上引楊氏《本義》在述河、江、濟皆有祠在其附近後，繼云：“今求與黑水祠近者，其南盤江乎？南盤江之下流爲鬱水。鬱者，黑也。”唯楊氏定此水爲黑水，其他資料尚未及見。按南盤江發源於今昆明滇池東北的沾益縣西，南經曲靖，西南流近滇池的東南一帶，再南下流至開遠市北，折而東北流出云南境，東爲貴州廣西分界之水，與北盤江合爲紅水江。今不稱鬱水。惟確爲川滇諸水中最近滇池之水。

(9)西洱河爲黑水。此杜佑、程大昌黑水説。《錐指》：“杜氏《通典》云：‘吐蕃有可拔海，去赤嶺百里，方圓七十里，東南流入西洱河，合流而東，號漾濞水。又東南出會川爲瀘水。瀘水即黑水也。’程大昌金履祥之説皆出於此。”(金履祥説瀘水入海，已見上)宋程大昌《禹貢論》因唐樊綽《蠻書》説入南海四水爲西洱河、麗水、新豐川、盤江，而以麗水合彌諾江者爲黑水〔詳下文(12)緬東金沙江〕。程以爲黑水當是西洱河。附和程説者有《蔡傳》，其書轉述程氏語云：“樊綽以麗水爲黑水者，恐其狹小不足爲界。其所稱係洱河者,却與《漢志》葉榆澤相貫,廣處可二十里,既足以界別二州,其流又正趨南海,又漢滇池即葉榆之地(《傳說彙纂》以滇池在昆明、葉榆在大理,相去六百里駁之。今並按雍州主要爲陝西之境,梁州主要爲四川之境,西洱河、葉榆澤在今云南省西部,且爲自北向南之水,程、蔡竟説是陝、川間從西向東流分界之水,太荒謬)。……而綽及道元皆謂此澤以榆葉所積得名,則其水之黑似榆葉積漬所成。且其地乃在蜀(?)之正西,又東北距宕昌不遠(宕昌在甘肅南部,距滇西不遠嗎?)……其證驗莫此之明也。"清顧祖禹《方輿紀要》亦云:"西洱河,相傳黑水伏流別派自北來,會爲洱河。亦曰葉榆河,下爲漾備江,亦曰墨會江。"反對程説者甚多。宋傅寅《説斷》云:"程公駁酈道元等諸説,求《漢志》益州郡葉榆縣葉榆澤爲黑水之正……又據酈道元等叙載葉榆入海之地在交趾麊泠縣,又求《唐史》東女弱水爲黑水之上源……遂以葉榆一水爲界梁雍兩州……其殆可深據乎?……又疑更世既久,(滇)池或移之他地遙設而望祀,是蓋亦臆度之説也。"後《錐指》評之云:"傅氏駁之,深得(程)輾轉附會之情。大昌之謬。甚於樊綽;杏溪(傅)之識,遠過九峰(蔡)。"元黃鎮成《書通考》則駁"界別二州"之説云:"李京《雲南志》:西洱河即葉榆水,在大理點蒼山下,方圍三百餘里,勢如人耳,故名。其源不出三危,且在中慶西境,去梁雍絶遠,不可以別界二州矣。"明韓邦奇《詳略》亦云:"源之黑或由榆葉所漬,若流去數千里,其色尚不變,有是理乎?且他處黑水尚多,未聞皆有樹葉落其下也。宕昌國唐爲宕州地……計宕州西南距大理凡三千餘里,而猶謂之不遠,豈生不見圖籍乎?且葉榆縣在益州郡西七百餘里,縣東有葉榆澤,其下流雖逕滇池縣南,而未嘗有黑水之稱,安得謂即其所祠黑水之源哉!"清《錐指》先駁杜佑,首言"漾濞水見《唐書》,在今(清)大理府西百里"。

復承李京《雲南志》之説，寫明西洱河亦曰西洱海，又録《水經注》叙葉榆河情況，然後説："葉榆初無黑水之名也，何以知爲黑水之源？其經流則自邪龍縣東南流逕滇池縣南，又東與盤江合，又東南至交趾麋泠縣入海，此與會州相去懸絶，並不合繩、若入蜀江，安得謂漾濞水東南出會川爲瀘水即滇池縣北所祠之黑水哉？杜説非是。"又駁程大昌云："程氏小變樊説，以葉榆水爲黑水之源，而又援滇池黑水祠以證。即如所言，此亦在梁域，去雍絶遠。而程氏必欲以一水貫二州，因復求東女弱水以爲葉榆黑水之上源，而三危山當在其旁，支離舛錯，至此而極。"

（10）瀾滄江爲黑水。此元人黑水説。明李元陽據元張立道確曾至黑水之地證成此説。按《錐指》云："元人以瀾滄江爲黑水，因指雲龍州（今雲南西部大理西北）東江上一山爲《禹貢》之三危……以雍州之山移之於雲南。"今查元儒著名者陳櫟、董鼎之書皆承《蔡傳》宗程大昌説，王天與、吳澄之書皆承易祓宗樊綽説，尚待尋元人言瀾滄之著作，惟李元陽説則《錐指》引其《黑水辨》云："黑水之源不可窮，而入南海之水則可數也。夫隴蜀無入南海之水，唯今滇之瀾滄江、潞江皆由吐蕃西北來，蓋與雍州相連但不知果出張掖否？水勢汹涌並入南海，豈所謂黑水者乎？然潞江西南趨蜿蜒緬中，内外皆夷，其於梁州之境若不相屬。唯瀾滄江由西北逶迤向東南，徘徊雲南郡縣之界，至交趾入海。今水内皆爲漢人，水外即爲夷緬，則禹之所導以分别梁州界者，唯瀾滄足以當之。《元史》至元八年，大理勸農官張立道使交趾，並黑水，跨雲南，以至其國。觀此則瀾滄之爲黑水益明矣。"吳任臣《山海經注》亦以瀾滄江爲黑水。胡渭按語云："元陽，大理人。自謂熟知其鄉之山川，據張立道事以證瀾滄之當爲黑水。瀾滄出吐蕃中，元陽亦當泝流而上至敦煌之南新見其與北來之黑水接續爲一川乎？若猶未也，謂此江與雍州相連，吾不敢信也。吐蕃河源直雲南麗江宣撫司西北一千五百餘里，而今闌滄江之源近在酈江府西北五百餘里，其地居河源之東。黑水自三危而南，則必入於河矣，安能越河而南與闌滄江相接以入南海乎？闌滄非雍州黑水之下流，又甚明也。"闡明闌滄非雍州黑水之下游，是正確的。可是《癸巳類稿·黑水解》仍然説："至雲南之蘭滄江出察木多西北，瓊布三土司北鄂穆楚河亦曰瀾滄江，經麗江、大理、永昌、順寧，而合大理之墨會江，又經景東、鎮沅、普洱、車里經緬甸以入南海者，亦爲黑水。"其文末並云："又大理雲龍州亦有三危山，爲瀾滄所至。"俞正燮時代遠在胡渭後，其見解竟不及胡。

（11）怒江爲黑水。此李紱、戴震黑水説。此説言皆較簡，李紱《穆堂初稿·黑水考》以爲黑水即怒江上游。戴震《尚書義考》亦云："敦煌之水不得入南海。今所謂三危山（指敦煌三危山）者，其下亦無水。以當黑水，則三危宜近怒江。今怒江實古黑水也。"《詁經精舍三集》另載沈丙瑩《黑水考》，以潞（怒）江上游蕃語稱哈喇烏蘇，而蕃語哈喇黑也，烏蘇水也。因而亦以爲怒江原即黑水。白庚勝《納西考釋》則云："彝族自稱'諾蘇'，可與漢字的黑、深、大來對譯。'蘇'爲'人'。……怒族自稱'怒蘇'，'怒'爲黑，'蘇'爲人。……是怒族崇尚黑色，以黑爲貴。在怒語中，怒江稱'怒米桂'。'怒'爲黑之意。'米桂'爲江水，連稱即黑水，與彝語支諸民族以'納'、'諾'（黑引申義爲大）稱大江的習慣正好相對應。"古稱"名隨主人"，原來怒江的原住民稱怒江其本意就是黑水。上引李元陽説，則以爲潞江兩側皆夷族，不足爲界劃華夷的梁州邊界之水，不知原住之民固以自己的語言自稱其爲黑水。

顧師《筆記》録王樹民《隴右日記》云："宋堪布閑談中述其赴藏

情形云：‘自西寧經都蘭至拉薩，共行三個月，於距拉薩十三站之處渡黑水。水流清澈而底爲黑石，故呈黑色，掬視乃如常也。水道深闊，自北而南，其游甚急，有鐵索橋相通，行經其上則搖擺不定云。’惜其所經路綫未能詳道，故地點無從確指。按《禹貢》三言黑水，久爲古今談地理者聚訟不决之問題，故聞其言頗感興趣。檢朱錦屏《海藏紀行》云：‘冬月十四日早九時三十分，由俄曲卡起程，向西南行，十五里至黑河之北岸，岸畔有嘛呢墩及房屋一處，河寬十餘尺，已結冰橋。……黑河，番名俄曲，蒙古名哈喇烏蘇，皆“黑水”之謂也。源出前藏騰格里海之北，有巨澤曰布喀淖爾，在大流沙之東，廣一百餘里。其水東南流匯於厄爾濟淖爾，廣百餘里。又東南流匯於吉達淖爾，廣亦百餘里，又東南流爲哈喇淖爾，廣百二十餘里，其水色黑。自北向東南後，受公噶巴噶山之哈喇河，裕克山之裕克河。又東折入達木蒙古，繞納克書三十九族境，沙克河合布克湖自西北來入之。又東北流入川邊境，折東南流，索克河自西北來會，經索克宗之南境，名衛曲河。自此經洛隆宗之東，入怒夷界，爲怒江……’按蒙古語稱黑爲哈喇，水爲烏蘇，故《清一統志》、《衛藏圖志》皆以潞江（即怒江）爲《禹貢》之黑水。”（載《新青海》一卷四期，1919 年）顧師云：“合宋朱二人之説觀之，所謂黑水問題似已得一肯定答案，即今之怒江是也。”至宋朱二人抵達藏北黑河之處，1954 年 11 月 20 日《人民日報》記之云：“青藏公路越過青海西南部的大草原和青海西藏交界的唐古拉山，在十一月十六日通車到西藏北部的重鎮——黑河。”這些是現代有關西藏北部黑水亦即怒江上游的記載，怒江確爲黑水了。

陳澧《東塾讀書記》亦云：“昔人黑水之説不一，惟以爲今之怒江者是。”又云：“漢地至今瀾滄江而止，即《地理志》越嶲郡青蛉僕水也。怒江又在其西，非漢時中國地，但於滇池爲祠望祀之耳。"竟然説漢代已把怒江作爲《禹貢》黑水從而奉祀之，儒生之説，可笑如此。

（12）雅魯藏布江爲黑水。此朱錦屏據張機、康熙等所提之黑水説。朱錦屏在其《海藏紀行》中客觀地叙述了所親歷的怒江流程、其上游爲黑水之後，轉而引張機、黄貞元、清康熙帝等之言，説黑水即今雅魯藏布江。以康熙言雅魯藏布江爲貫穿康藏衛全境之唯一大水，遂以爲非此莫屬。然其水横貫西藏全境南部，安能附會爲《禹貢》黑水。故顧師云："臆説誠足令人噴鼻，不知朱氏何以取之？"

（13）緬東金沙江爲黑水。此唐代樊綽所稱的黑水，亦明代王驥征麓川所過的金沙江（今緬甸伊洛瓦底江，唐時稱麗水）。元王天與《尚書纂傳》引易祓《禹貢疆理記》云："樊綽《蠻書》載蠻水之入南海者有四：西洱河與蘭倉江合，一也；麗水與彌諾江合，二也；新豐川合勃弄諸水，三也；唐蒙所見盤江，四也。其所謂麗水者，綽正指爲黑水。此黑水一名禄褌江，而羅些城北有山，即三危山，其水從羅些城三危山西南行，上流出乎西羌吐蕃，下流南至蒼望城（今緬甸八莫），又南至雙王道勿川（似即今緬甸曼德勒），有彌諾江（今緬甸親敦江）西南來會之（親敦江正在曼德勒西南入伊洛瓦底江），南經驃國（今緬甸）之東而入海。羅些乃南詔、吐蕃南北相距之地，其西接吐蕃，其東接劍南東川之西境。正與鄭氏所引《地記》謂三危在鳥鼠之西而南當岷山者合，又與《唐志》松州賜支河首之説相近，則樊綽羅些城麗水之説信而有徵也。"《蔡傳》簡引樊綽語，而述四水錯亂。《錐指》云："麗水，諸家以爲即金沙江，出今麗江府界者。然金沙江有二：一即古繩水，東北流合若水至僰道入岷江不入南海〔即上文（5）〕。一在緬甸東，即明正統中，王驥征麓川，兵抵金沙江，諸酋震怖曰：‘自古漢人無至北者也。’綽云：‘麗水南經驃國東入海。’驃即緬，《元史》曰古朱波也，漢謂之撣，唐謂之驃。麗水從此入南海，其爲緬甸之金沙而非麗水之金沙也明矣。……綽説近是。但不當目此爲麗水耳。”胡渭以爲樊綽所指的黑水是緬東金沙江，但錯把麗江府金沙江的麗水一名也用來稱緬東金沙江。這是胡渭不了解實際的想象之辭，完全錯了。《新唐書·南蠻傳》戴南詔全境分六節度兩都督共八個地區，其中有麗水節度一個地區，在南詔西北境，其治所麗水城即在今緬甸密支那與八莫之間而稍近密支那，流過麗水節度區域的水當時即稱麗水，即今伊洛瓦底江。《中國歷史地圖集》的唐代圖中的南詔圖繪列得很明白，並列明當時此麗水一名禄卑江，即《蠻書》中所説的禄稗江。樊綽多年任唐安南經略史從事，就所親見親聞撰成《蠻書》，爲南詔史事第一手資料，是可信的。《明史·王驥傳》載驥三征麓川，過高黎貢山，屢越金沙江西。《中國歷史地圖集》明代圖上繪明此水稱大金沙江，正是今緬甸伊洛瓦底江。可知此緬東金沙江即唐時麗水，樊綽據以定爲黑水，是爲樊綽黑水説。

按樊綽《蠻書》云：“麗水一名禄卑江，源自邏些城三危山下，南流過麗水城西，又南至蒼望，又東南過道雙王、道勿川西，過彌諾道立柵，又西與彌諾江合流，過驃國，南入於海。水中有蛟龍、鰐魚、烏鱠魚，又有水獸似牛，游泳則波濤沸涌，狀如海潮。《禹貢》‘導黑水至于三危’，蓋此是也。或云源當是大月河，恐非也。”向達《校注》云：“麗水，即今伊洛瓦底江。伯希和《交廣印度兩道考》十七《麗水及驃國篇》云：‘……邏些一作邏娑，即今西藏都會之拉薩。’……考《新唐書》卷二百二十二下《驃國傳》驃國部落二百九十八，以名見者三十二，其中有道雙、道勿之名。然爲兩部落也。……彌諾道立爲《新唐書》中驃國九鎮城之一名。此城似在彌諾江與禄郫江匯流處之北。……'按《新唐書》卷七十四《地理志》鄱州鄱城注紀自河源軍至吐蕃程途,其中曾渡大月河。……黑水之説見於《禹貢》……古今來注《禹貢》者於黑水議論紛紛,要之以《禹貢》爲聖人之言,不敢破經,於是傅會牽强,以求解釋……而不知地理之實際情況。"向氏之意,《蠻書》所載諸地,皆有驃國(今緬甸)實際地理可徵,惟以之釋爲《禹貢》黑水,不可信耳。

　　(14)越南境内外之黑水,文獻中載有三處。(一)越南東北之黑水。顧師《筆記》録《地名大辭典》資料云:"安南北部有黑水河,又稱宋波河,流入紅河入海。此水出云南石屏縣南,思陀土司之北,東南流經猛丁至那發汛之東,西入越南。"顧師《筆記》云:"此又一入海之黑水也。"(二)越南西北境外之黑水。《嶺外代答》卷二《海外諸蕃國》條云:"交趾(越南古稱)之西北,則大理、黑水、吐蕃也。於是西有大海隔之。是海也,名曰細蘭。"《筆記》云:此大海當即印度洋,是大理(雲南西部)、吐蕃(西藏)之間有一黑水國。(三)越南、西藏之西之黑水。《嶺外代答》卷三《西天諸國》條云:"西方諸國大率冠以'西天'之名,凡數百國。最著名者王舍城、天竺國,中印度,蓋佛氏所生,故其名重也。傳聞其地之東有黑水、淤河、大海。越之而東,則西域吐蕃、大理、交趾之境也。"《筆記》云:"則黑水自在印度之東,西藏、越南之西。意者此即《禹貢》黑水入於南海之説所自來乎?"

　　以上根據《禹貢》黑水自西北至西南入海之説,考述了西北、西南兩個廣大區域内所有有關黑水的資料,以便了解黑水的究竟。其間有各地確實存在的較小的黑水而未比附於《禹貢》者,亦有原自有名的大河流而被經生們牽强附會爲《禹貢》黑水者。而除西北、西南兩區域外,全國各地還不免有一些稱爲黑水之水或黑水之地,當然不能牽附於《禹貢》，但既各地也往往好以黑水爲名，見出《禹貢》黑水之名確亦有其民間淵源，因此也有需要約略知道這些也稱黑水之處。不過以疆域之大，無法詳知所有各地之黑水，現僅就接觸所及的資料，簡略蒐列一些黑水於此。

先列一處西北境極西之地也稱黑水之水。《三國志·烏丸傳》末裴注引《魏略·西戎傳》有云：“且蘭、氾復直南乃有積石。積石南乃有大海……大秦西有海水，海水西有河水。河水西南，北行有大山，西有赤水。赤水西有白玉山，白玉山有西王母。西王母西有修流沙。流沙西有大夏國、堅沙國、屬繇國、月氏國。四國西有黑水，所傳聞西之極矣。”顧師《筆記》云：黑水與積石、流沙諸名，隨地理知識之擴大而移遠了。〔按《魏略》上文云：“前世又謬以爲弱水在條支（今敘利亞及幼發拉底河以東）西，今弱水在大秦（即羅馬帝國）西。”則弱水亦以知識擴大而西移得更遠了。〕

其次臚列西北、西南以東國内各地的一些黑水。（一）《水經·滄水注》有黑水嶺之黑水，在今山西翼城縣北，源出烏嶺山，西流入滄水之水。（二）《地名辭典》載，有源出山西壽陽縣之黑水村，合壽水至縣南五十里入洞渦水之黑水。（三）《地名辭典》載歸綏縣（今呼和浩特）有黑水，即黑河，亦名金河，在呼和浩特南二十里，蒙古名曰伊克吐爾根河，古之白渠，亦稱芒干水。有二源：一出呼和浩特東北官山，南流；一出鑲藍旗東北海拉蘇臺，名喀喇江，西流經呼和浩特南，納小黑河哈爾幾河，又西南經托克托縣東，納黄水河，入於黄河。（四）《地名辭典》載有黑水湖之地，在張北縣西北一百五十里，原爲牧馬場；近世多由内地農民墾殖，有張北至外蒙古之公路經此。（五）河北定縣黑水。《通鑑》卷三十七有“盧奴”，胡三省注云：“盧奴，縣名，屬中山國，故城在今定州安喜縣。《水經注》曰：‘縣有黑水故池。水黑曰盧，不流曰奴，因以爲名。’”（六）山東有二水以水黑得名者，一爲淄水，《夏本紀》“淮淄既道”，《正義》引《括地志》云：“淄州淄川縣東北七十里原山，淄水所出。俗傳云，禹理水功畢，土石黑，數里之中波若漆，故謂之淄水也。”一爲墨水，《通鑑》卷十一胡注即墨縣引宋白曰：“城臨墨水，故曰即墨。”顧師《筆記》云：“是淄水以水黑得名，與黑水同。”“墨水想亦作黑色。”此與烏嶺山《水經注》稱爲黑水嶺無異。（七）遼寧省與黑水有關之地亦有三：一爲黑水鎮，在今該省西北建平縣境黑水鎮正在遼寧省西北角，爲通赤峰孔道；一爲唐置黑水州都督府遺境，在今遼寧省東北開原縣境；又一爲遼西走廊西南境之黑水河，出大青山東北，東過寬邦，至西平入六股河，六股河上游有黑山。（八）吉林省亦有兩處與黑水有關之地，一亦爲黑水鎮，在該省西北角洮南市東南，四洮鐵路綫上；一爲唐黑水靺鞨遺境，在今吉林省東延吉一帶。（九）黑龍江亦以水色黑得名。顧師《筆記》云：“《黑龍江外紀》云：‘黑龍江，水色黑。《松漠紀聞》、《龍沙記》等書謂上游江水掬之微黑；下游則精奇里江匯入後，混同江未入以前一段，水色黃黑各半，分界如劃。’如此亦一黑水也。其所以黑者，黑土被水冲入江，猶黃河以受黃土而黃也。”故沿江有黑河屯、黑河口諸地名。清代且設黑水廳於齊齊哈爾，屬黑龍江將軍，是遥以“黑水”爲名了。

上文對所有黑水說已粗述其大要。綜觀西北西南諸黑水如此其紛紜錯雜，除各地確有一些稱爲黑水的較小之水不足比附於《禹貢》黑水者外，其餘大都由於經師們出於尊經信念，相信有這樣一條水，硬要把事實上並不存在的自西北經西南入南海的黑水落實下來，於是或牽强附會，或逞臆推求，而論辨愈精，去事實愈遠。其實過去已有人指出不可强求。如唐杜佑《通典·州郡五》云：“按酈道元注《水經》，銳意尋討，亦不能知黑水所經之處，顧野王撰《輿地志》……其言與《禹貢》不同，未爲實録，至於孔、鄭通儒，莫知其所，或是年代久遠，遂至堙涸，無以詳焉。"宋傅寅《禹貢説斷》云："黑水亦出外戎，經雍州極境，過三危，越河南渡，經梁州西界而入南海，此經文可推者也。（這實際是指《禹貢》根據神話記了這麽一條空洞的水。）説者必欲言黑水所在自出，惑矣。夫禹不言，而後世欲言之，宜其説之不同，而徒爲是紛紛然也。"清胡渭《錐指》云："三危西裔之區……自戰國時此地之山川，已與崑崙、弱水同其渺茫，僅得之傳聞而無從目驗矣。秦火之後，載籍淪亡，漢興治《尚書》者不能言黑水三危之所在，武帝通西域，玉門關陽關之外，使者往來數十輩，不聞涉大川而西有可以當古之黑水者，故《班志》張掖、酒泉、燉煌郡下並無其文，司馬彪亦無可言。至酈道元始云黑水出張掖雞山……唐初魏王（李）泰撰《括地志》又云黑水出伊吾縣北……彼黑水者不由中國入海，又雍之西久没於戎翟，新流故道，夫孰爲紀之而孰爲傳之邪？……自屈原已不能知，而況伏生輩乎？自《古文尚書》家已不能知，而況班固、司馬彪、酈道元、魏王泰諸人乎？至若樊綽、程大昌、金履祥、李元陽等紛紛辨論，如繫風捕景，了無所得，徒獻笑於後人而已。……説者多以瀾滄爲黑水，徒以東南至交趾入海，差近梁州徼外耳。其實黑水下流之爲瀾滄與東南至交趾入海，既非出於古記，又非得之目驗，憑虛測度，終難取信，何如闕疑之爲善乎。"其後王鳴盛《後案》云："要之黑水是一古時黑水，見於記載者，《漢志》益州郡滇池縣有黑水祠，《續漢志》同，但言有祠，不言水之所在，則已茫昧久矣，闕疑可也。"大家都以爲應以闕疑態度對待黑水問題，這是正確的。但所有這些主張闕疑的人，自己又寫了不少探求黑水的文字。此處也處此困境，既欲闡明黑水問題是出自神話中的問題，不能從現實地理中去弄清它，因此不值得深論它。又因經師們把這個問題弄成一個死結，材料紛繁複雜，又需要把它解開，需要把它清理一下，看看這黑水問題的究竟，因而就不避繁瑣作了如上考述。

上面的考述全文寫完後，想到要參看一下現代一些學者的《尚書》著作，在屈萬里《尚書集釋》見到其釋"至于南海"云："南海，説者紛如。程發軔《禹貢地理補義》以爲即羅布泊云：'考哈喇淖爾（黑水）之水，經英人斯坦因之考證，古時入羅布泊。至今沙漬猶在，潛流尚存。羅布泊即《漢志》的蒲昌海，一名鹽海，或黝澤，又稱臨海，或牢蘭海；樓蘭國因此得名（原注：見《漢書補注》所引《水經注》及《括地志》）。牢與蘭雙聲，急讀爲蘭，爲臨。……臨與南古音通轉……是南海即臨海，即牢蘭海，古音皆可互通。'其説較長，兹從之。"竟然與我上文闡釋敦煌黑水時所得對南海的解釋不謀而合，甚欣快！上文所釋受啓發於俞正燮《癸巳類稿》的創論，引《水經注》諸説證成之。今又得程發軔氏之説爲有力佐證，似可成定論矣。由是知即使在原神話中黑水之入南海，亦入西北境之南海，初非今大陸南之南海。徒因經師們確信有這麼一條遥從西北遠入今南海之水，於是就絞盡腦汁百端牽強附會，就造成了這麼一大堆關於黑水的糊塗賬，今詳加考述，或者可説理出了黑水問題的一個眉目。

③梁州——華山之南迄黑水之境是梁州。此州以全境地勢高、多山梁而得名。顧頡剛師在其《玉淵潭憶往》中説，梁州初不解其取義，後到重慶住在大梁子，附近又有小梁子，以地在重慶高處，夜望其電燈行列高高凌空，始悟梁爲山頭稱呼。自西安坐飛機抵成都，途中望下面只見接連不斷的山頭，就知梁州之名是由峰巒攢聚而來。辛樹幟先生《禹貢新解》讚揚顧先生高山爲梁之説，進而以爲梁州之名是周人以其發祥地之梁山引申之以名此多高山之地爲梁州

的。舊説有錯誤解釋，如《匯疏》引賈逵曰：“梁米出於蜀漢，香美逾
於諸梁，號曰竹根黄，梁州之名因此。”《匯疏》又引《晉書·地理志》
云：“西方金剛之氣强梁，故因名焉。”傅寅《説斷》引杜氏《通典》：
“以西方金，則其氣强梁，故曰梁州。”皆妄説。州境大抵包括渭水以
南的陝西省境，南及四川省全境，以及滇、黔等省古西南夷居住地
區。東面北段以雒水以南至湖北竹溪的豫、鄂兩省西界與豫州分
界，東面南段以竹溪以南的鄂、湘兩省西界與荆州分界，北面以華山
向西沿秦嶺山脈與雍州分界，西面、南面邊界不明確。當以當時所
約略知道的西南邊疆少數民族所及之境爲境，所以滇池一帶在其境
内。《禹貢》作者之意，將天下分爲九州，凡知識中所知之地即爲天
下。作者較熟於當時華夏族所及之地，華夏族外少數民族之地，則
往往以模糊概述之語出之，如荆州謂其南境爲衡山以南。南至何
境，未明言，意謂衡山以南能達到之境即荆州南境，故可達今南海
（《錐指》云古時稱漲海）。梁州亦然，以神話中人南海之黑水爲南
境，不知神話中南海即在西北。及秦開巴蜀後，知横斷山脈果有南
注入海之水，則以爲黑水果可入南方之海，故經師們能牽合解釋。
胡渭《錐指》必欲指明不南至滇黔境，其言云：“《通典》所列雲南、涪
陵、南川三郡，乃梁南徼外蠻夷，不在九州之限。”“黔中、寧夷、涪川、
播川、夜郎、義泉、溱溪七郡，列在荆城者，雖附近蜀江之南，亦徼外
蠻夷，不在九州之限。”此説是錯誤的。按所謂“雲南”，今滇省大理、
姚安之間，“涪陵”即今川南涪陵，“南川”，今川南綦江，“黔中”，今
川南彭水，“寧夷”，今黔東北德江、鳳岡之間，“涪川”，今黔東北思
南，“播川”，當作播州，今貴州遵義，“夜郎”，今黔北正安，“義泉”，
今貴州湄潭，“溱溪”，今綦江東南黔北之羊磴、水壩塘之境。這些川
南、貴州之境，稍南者滇西之境，依《禹貢》文意固當屬梁州。何況滇

池早已見漢代資料，大理則言黑水者久已及之，故胡渭拘泥之說是不合古人地理意識的。

④岷嶓既藝——《史記》作“汶嶓既藝”。又其下文的“導山”“導川”岷皆作“汶”。《索隱》：“汶，一作嶓，又作岐。岐山，《封禪書》一云‘瀆’，在蜀郡湔氐道西徼。”《說文·山部》：“嶓山在蜀湔氐西徼外，从山，啟聲。”又《水部》：“江水出蜀湔氐徼外嶓山，入海。”《漢志》此處同本文作“岷”，揚雄《益州箴》云：“巖巖岷山，古曰梁州。”又云：“禹導江沱，岷嶓啟乾。”亦皆作岷。然《漢志》於“導山”“導川”及“蜀郡湔氐道”下皆作“嶓”。段氏《撰異》云：“岷，俗字也。當依《說文》作嶓（魏《大饗碑》有岷字）。《夏本紀》作‘汶’，又曰‘汶山之陽’，又曰‘汶山導江’，玉裁按，此蓋《古文尚書》作‘嶓’，《今文尚書》作‘汶’也。《史記·封禪書》說秦併天下，所奉名山大川自華以西有瀆山，釋之曰：‘瀆山，蜀之汶山也。’凡訓詁之法，以今釋古，謂今之汶山，古之瀆山也。是則漢人呼爲汶山，字作‘汶’，確然可證。《貨殖傳》曰：‘吾聞汶山之下沃野。’字作‘汶’，此古本也。《河渠書》‘蜀之岷山’，字作‘岷’，此改竄本也。《地理志》‘蜀郡’有汶江道。《史記·西南夷傳》曰：‘以冉駹爲汶山郡。’《漢書·孝武帝紀》：‘元鼎六年，定西南夷目爲武都……文山郡。’《西南夷傳》亦曰‘以冉駹爲文山郡’。此亦漢時字正作‘汶’或作‘文’之證也。漢時字正作‘汶’者，必以伏生《尚書》字正作‘汶’。屈賦《悲回風》曰；‘隱岐山以清江。’王注：‘《尚書》曰岐山導江。’岐一作‘崛’，一作‘汶’。按：‘汶’字是。‘文’省體，‘岐’‘崛’皆或體也。叔師所引《今文尚書》也。”皮錫瑞《考證》補充樊毅《修華嶽碑》云“決江開汶”，以證漢代今文作“汶”。上引揚雄之文及《漢志》錄梁州之文皆作“岷”，又《孔疏》引鄭玄釋三危“南當岷山”。則漢

代亦有作"岷"者。當如段玉裁云漢之俗字,而非漢無岷字。各隸古寫本皆作"岷",可知僞古文本確作岷。惟薛氏本作"汶",則知其有意襲用《史記》字以示其古。《唐石經》作"㟭"。或謂避唐太宗諱,民改作氏。就上文引述漢代或省作崏以觀,此説不確。《唐石經》只是又省"崏"作"㟭"。由於"汶"古讀重唇音,與"岷"同聲,所以"汶""岷"同聲通用。下文"導川"説"岷山導江",指岷山爲江水之源所出。而其地《漢志》載在蜀郡湔氐道,即今四川松潘縣,岷水出其下。是《禹貢》作者即以此岷水爲長江上游。薛季宣説"岷山亦曰蜀山"。又説"蜀西之山皆岷",則指岷山山脉,磅礴於今四川省西北部。《山海經》有時亦以現實資料爲之素地,其《中山經》"中次九經"有云:"岷山,江水出焉,東北流注於海。"其《海内東經》有云:"岷三江。首大江出汶山。"則岷山、汶山二字皆用之,亦沿用資料有異所致。

　　"嶓",《釋文》:"音波。"《史記》、《漢書》皆同此無異文。惟《續漢書·郡國志》"漢陽郡西縣"有番冢山(今通行崇文本亦作嶓)。段氏《撰異》云:"嶓字不見於《説文》,蓋其始但作番字,或加山旁也。《廣雅》云:'嶓,冢也。'然則嶓與冢正是一物。以其形名之,故可單舉上字。"下文"導水"云:"嶓冢導漾,東流爲漢。"即漢水上游稱漾水,發源於嶓冢山。而《漢志》隴西郡西縣(今甘肅天水西南近禮縣)下云:"《禹貢》嶓冢山,西漢水所出。"(西漢水即嘉陵江)而隴西郡氐道(今甘肅清水縣西南)下云:"《禹貢》養水所出,至武都爲漢。"不言有嶓冢,顯與《禹貢》不合。依《禹貢》之意,嶓冢自當在漢水(漾水)源頭。《山海經·西山經》即説:"嶓冢之山,漢水出焉,而東南流注于沔。"顯然有地理實際爲其神話傳説之素地,則原來隴西郡氐道之山應爲嶓冢。據地形圖,西縣嶓冢蜿蜒而東並爲氐道嶓冢

（《禹貢班義述》云：“準之地望，氐道當在西縣東。”甚確。不能誤認氐道在西縣西）。故《水經·漾水注》説：“漾水出隴西氐道縣嶓冢山，東至武都沮縣爲漢水。”是明以氐道有嶓冢。並云：“東西兩川俱出嶓冢，而同爲漢水。”（指漢水與西漢水）又同書《禹貢山水澤地所在篇》云：“嶓冢山在隴西氐道縣之南。”郭璞注《山海經·西山經》亦云：“嶓冢今在武都氐道縣南。”宋林之奇《全解》則云：“嶓冢一山跨於氐道與西兩縣之間。”氐道之有嶓冢，足爲定論。承《水經注》東西二源説而稍異者，謂氐道之山爲漾山，見常璩《華陽國志·漢中志》云：“漢有二源：東源出武都氐道漾山，因名漾。《禹貢》‘流漾爲漢’是也。西源出隴西西縣嶓冢山。”常璩、郭璞皆晋人，都説氐道屬武都。檢《晋書·地理志》隴西、武都兩郡皆無氐道，顯其説有問題。承常璩説之司馬彪《續漢書·郡國志》仍言“隴西郡氐道，養水出此”，“漢陽郡西，故屬隴西，有嶓冢山”，則氐道固屬隴西。劉昭注：“漢水二源：東源氐道，西源嶓冢。”此説自不如酈道元、郭璞、林之奇謂氐道有嶓冢説正確，因酈、郭之説符合《禹貢》原意。

《水經·漾水注》説出氐道嶓冢之漾水“東至武都沮縣爲漢水”，與《漢志》“武都郡武都縣”下所説“東漢水受氐道水，一名沔”相合。是説漢水承上游氐道來之漾水，符合《禹貢》“導川”所説“嶓冢導漾東流爲漢”之原意。“武都郡沮縣”下云：“沮水出東狼谷，南至沙羨南入江。”沙羨即漢口，故沮水即漢水上源。是以《漾水注》説至沮縣爲漢水。武都郡在隴西郡之東南，郡治武都縣在今甘肅成縣西數十里，郡境則轄今甘肅之武都及文、成、徽諸縣與今陝西之略陽、寧强諸縣。氐道在隴西郡最東，與武都相鄰，故其境之漾水能來接武都之漢水。然隴西郡屬雍州而非梁州，且氐道漾水後又不至武都連漢水。據《禹貢班義述》云：“漾水輟流，不與漢相屬由來久矣。"甚至説"至周代武都上受氐道之水其流浸絶"。但《禹貢》基本撰成於春秋時，後來增益戰國資料。由本文知撰《禹貢》時氐道之水仍連漢水。其絶流時間當在《禹貢》後。氐道水絶流後，漢水遂只有今陝境略陽以東的出於臨强之北的南源（沔水源）與出於留壩之西的北源（沮水源）。這是真正漢水之源，則嶓冢自當在此，始合《禹貢》原意，也才使嶓冢確屬梁州。北魏正始中析漢水源頭所在地沔陽（今陝西勉縣）置嶓冢縣，屬華陽郡。《魏書·地形志》"華陽郡嶓冢縣"下云："有嶓冢山，漢水出焉。"這是漢水源頭有嶓冢山見於記載之始。自是沔陽嶓冢縣之嶓冢山，遂與隴西西縣之嶓冢山並載於文獻中。而後來嶓冢縣名迭變，隋改西縣，以適應其地有嶓冢山。唐改金牛縣，寶曆間省金牛入三泉縣，宋升三泉爲大安軍，元降軍爲大安縣，明改寧羌州，清稱臨羌，即今臨强。《通典》按唐時地名並載此兩嶓冢山，其"州郡四·古雍州"内載："天水郡上邽縣（今天水市），嶓冢山，西漢水所出。""州郡五·古梁州"内載："漢中郡金牛縣，有嶓冢山，禹導漾水至此爲漢水，亦曰沔水。"既天水之嶓冢屬雍州，故清代學者特别是清早期二大家胡渭、蔣廷錫皆力主屬梁州之臨羌嶓冢爲《禹貢》"導漾東流爲漢"之嶓冢。於是北魏所定之此山，遂終爲《禹貢》篇中之嶓冢（參看荆州章"江漢朝宗于海"的"漢水"校釋及導川章"漾水"校釋）。

"藝"，種植、種藝，見前徐州章"蒙羽其藝"校釋。僞孔釋此云："岷山、嶓冢皆山名，水去已可種藝。"

⑤沱潛既道——已見荆州章"沱潛既道"校釋。惟彼處《史記》改"既道"爲"已道"。《史記》此處未改，仍作"既道"。

⑥蔡蒙旅平——"蔡"，山名。《史記索隱》："蔡山不知所在也。"《孔疏》亦云"蔡山不知所在"。至宋歐陽忞《輿地廣記》始云

“蔡山在雅州嚴道縣”（今四川雅安縣）。葉夢得《書傳》釋《禹貢》篇，復以嚴道縣東五里周公山爲蔡山（易祓始引，今據閻若璩胡渭引）。王天與《纂傳》引易祓《疆理記》云：“（蔡山）漢唐地理不載，惟《輿地記》云雅州嚴道縣有蔡山，今曰周公山。”《太平寰宇記》云：“周公山在嚴道縣東南，山勢屹然。”薛氏《書古文訓》云：“蔡山在雅州嚴道縣，諸葛亮征蠻至此，而夢周公，更名周公山。”《蔡傳》全引《輿地記》之語。《明一統志》：“蔡山在雅州東五里。”蓋合歐陽忞、葉夢得二説而言。清蔣廷錫《地理今釋》亦云：“蔡山，宋葉少蘊謂即周公山，在今（清）四川雅州東五里。”然閻若璩始疑之，《錐指》引閻説云：“蔡山，《班志》、《酈注》並闕，唐孔穎達、司馬貞並言不知所在，而宋政和中歐陽忞出曰蔡山在嚴道縣，可信乎？及遍考隋唐《地理志》、《元和志》、《通典》、《寰宇記》、《九域志》，嚴道無所謂蔡山也。忞同時葉少蘊傳《禹貢》，復指周公山以當之，又可信乎？……要就《禹貢》蒙山以求，最爲近之。”胡渭《錐指》即依閻説，就蒙山以求，以爲即是峨眉山。孫星衍《注疏》則云：“《疏》云‘蔡山不知所在’，蓋本無此山也。”乃根本否定了蔡山。按，《禹貢》所載地名除一二出自神話較難實定其地址然終有可着落之處外，全篇所載各州之地，大都確實有所據，蔡山即其一，並非縹緲虛無之地。蜀境本多山，古時有一山稱爲蔡山完全有可能，特不知其爲秦漢以後之何山耳。雖蔡山確址不詳，總之當爲四川境内一山。

　　“蒙”，山名。《漢志》“蜀郡青衣縣”：“《禹貢》蒙山谿、大渡水東南至南安入渽（涐）。應劭曰：順帝更名漢嘉也。”（《錐指》：“蒙山谿即青衣水，大渡水即沫水也。《水經注》：‘青衣水出青衣縣西蒙山。’”）《續漢書·郡國志》“蜀郡屬國漢嘉縣”：“故青衣，陽嘉二年改。有蒙山。”《史記·索隱》：“此非徐州之蒙，在蜀郡青衣縣。青

衣後改漢嘉。”傅寅《説斷》：“漢嘉不知發於何時。案《晋志》屬漢嘉
郡，今雅州，晋漢嘉郡也。”《史記・正義》：“《括地志》云：蒙山在雅
州嚴道縣南十里。”《元和志》亦云：“蒙山在雅州嚴道縣南十里，今
每歲貢茶爲蜀之最。”《通典》“州郡五・古梁州”：“雅州嚴道縣有蒙
山，《禹貢》‘蔡蒙旅平’謂此也。”《寰宇記》云：“始陽山在盧山縣東
七里，本名蒙山。唐天寶六年敕改。始陽山高八十里，東道控川，歷
嚴道縣，橫亙入邛州火井縣界。”又云：“蒙山在名山縣西七十里，北
連羅繩山，南接嚴道縣，山頂……其茶芳香……所謂蒙頂茶也。”
（《錐指》注：“盧山縣本漢青衣縣地……隋分置盧山縣，今（清）作盧
山。名山縣亦漢青衣縣地，西魏分置蒙山縣，隋改曰名山。”）蘇軾
《書傳》云：“蒙山……今曰蒙頂。”傅寅《説斷》引王存云：“雅州蒙頂
山，即《書》蒙山也。”《書纂傳》引易祓《疆理記》云：“唐雅州嚴道縣
本漢舊縣，蒙山在縣南十里。今（宋）雅州名山縣，本漢青衣縣地，有
蒙山。此與漢郡縣同，而《唐志》乃在嚴道，即此山介二縣之間也。”
王先謙《參正》引《一統志》以蒙山跨雅安、名山、盧山三縣及邛州
境。《錐指》云：“以今（清）輿地言之，蒙山盤基跨雅、邛、盧山、名山
四州縣之境，歷歷可考。”今就地圖上看到，自四川邛崍迤西，蒙山盤
亙於名山、盧山、雅安諸縣之間。

　　僞傳云：“蔡、蒙，二山名。祭山曰旅。平，言治功畢。”《史記・
集解》引鄭玄曰：“《地理志》：蔡蒙在漢嘉縣。”林之奇《全解》云：
“《志》青衣縣但有蒙山，無蔡山，不知鄭氏何所據而知蔡山亦在漢
嘉（原青衣）？當姑闕之。”是仍認鄭亦以蔡、蒙爲二山。胡渭《錐
指》云：“今按《志》有蒙山無蔡山，而鄭云然，蓋以蔡蒙爲一山也。”
則認爲鄭玄以蔡蒙爲一山。皮氏《考證》云：“鄭以蔡蒙爲一山，不
知是今文説否？此胡氏所倡之説。成孺《班義述》駁之云：“考鄭所

引《地理志》蓋東漢《地志》，其書上據《班志》。而司馬紹統著《續漢書》復依以爲説者也。《班志》、《司馬志》皆但云蒙山，不云蔡蒙山，則鄭注所據《地理志》亦只作蒙山可知。其作'蔡蒙'者，蓋裴駰引誤。"可知謂蔡蒙爲一山之説實不能成立。

自僞孔釋"旅"爲祭山，其後釋經者無不承此説。至清王引之《經義述聞》始述其父子之説云："家大人曰：《傳》以旅爲祭名，則'旅平'二字、'柴旅'二字皆義不相屬。《禹貢》不紀祭山川之事，五岳四瀆皆不言旅，何獨於蔡蒙荆岐而言旅乎？且九川不言旅而九山獨言旅（據《周官·大宗伯》旅上帝及四望，不獨祭山也）？則《禹貢》所謂旅者，本非祭名可知。余謂'旅'者，道也。《爾雅》：'路、旅，途也。'郭璞曰：'途即道也。'《郊特牲》'臺門而旅樹'，鄭注曰：'旅，道也。''蔡蒙旅平'者，言二山之道已平治也。"下文"荆岐既旅"、"九山柴旅"同。自以王氏此釋爲妥。

⑦和夷底績——"和"，《釋文》："字又作穌。"有地名、水名二説。"和夷"，少數民族名。

（一）地名説。《史記·集解》引馬融曰："和夷，地名也。"《水經·桓水注》引鄭玄曰："和夷，和上夷所居之地也。"則以此地由夷所居得名。僞傳亦云"和夷之地"。《孔疏》則云："和夷，平地之名。"《全解》引曾旼《尚書講義》之説云："曾本鄭氏説，以謂'自嚴道（今四川榮經北境）而西，地名和川，夷人居之，今爲隸廬州者三十有七'。"《全解》云："今雅州猶有和鎮，此即和夷之故地也。"《寰宇記》云："和川路在縣界西，去吐蕃大渡河五日程，從大渡河西郭至吐蕃松城四日程。羌蠻混雜，連山接野，鳥路沿空，不知里數，即所謂'和夷底績'也。本志東北有和夷墻是。"《匯疏》引《四川總志》："雅州有和夷墻。"《蔡傳》："和夷，地名。嚴道以西有和川，有夷道，或其地也。”則以“和”“夷”爲並立的兩地“和川”與“夷道”（《匯疏》引《漢志》：“縣有蠻夷曰道”）。《蔡傳》又云：“經言厎績者三，覃懷、原隰既皆地名，則此恐爲地名，或地名因水，亦不可知也。”意謂“和”地由和川水得名。蔣氏《地理今釋》云：“《蔡傳》以夷爲嚴道以西之夷道，非是。榮經（嚴道）以西無夷道。時瀾《書說》云：‘嚴道以西，地名河川，夷人所居。’乃爲得之。”（按，時瀾襲用曾旼説。）

（二）水名説。《漢志》“蜀郡”（郡治今成都）下云：“《禹貢》桓水出蜀山，南行羌中。”又“越巂郡（郡治今四川西昌）蘇示縣”（今西昌西北約當里莊之地）下云：“尼江在西北。師古曰：‘尼，古夷字。’”《水經》承蜀郡説云：“桓水出蜀郡岷山西，南行羌中。”酈注：“《尚書·禹貢》……和夷厎績。鄭玄曰：……和讀曰桓，《地志》曰‘桓水出蜀郡蜀山西，南行羌中’者也。”是指和水即桓水，即本州下文“西傾因桓是來”之桓水。《蔡傳》引晁氏曰（當是晁以道説）：“和、夷，二水名。和水，今（宋）雅州榮經縣北和川水，自蠻界羅品州東，西來逕蒙山，所謂青衣水而入岷江者也。夷水，出巴郡魚復縣東，南過佷山縣南，又東過夷道縣北，東入於江。”以和水爲和川水，尚合。王夫之《稗疏》指出：“和水下流注於青衣水，晁氏逕以爲青衣江者，亦誤。”其夷水説全據《水經》夷水流程所載。此夷水由巴東入鄂西，與川西嚴道以西之水東西相距三千多里，顯爲謬誤之説。王夫之《稗疏》亦指出此點，謂和在梁、夷在荆，不得並紀。蔣氏《地理今釋》據鄭玄“和上夷所居之地”説亦云：“和即和川水，在今（清）四川雅州榮經縣。《寰宇記》謂榮經縣北九十里有和川水，從羅岩古蠻州來也。”以上有和川水、桓水兩和水説，又有蘇示、魚復兩夷水説。魚復説顯誤，蘇示説可供參考，然如以和夷論定爲民族名，則此夷水在此亦不足取。至於和水，則胡渭另有説，其《錐指》云：“和水即洈水。和、洈聲相近,字從而變。《地理志》云:‘青衣縣,《禹貢》蒙山谿、大渡水,東南至南安(今四川樂山)入溓。’溓水出汶江縣(今四川茂縣)徼外,南至南安東入江,過郡三,行三千四十里。‘溓’乃‘洈’字之誤。《説文》:‘洈水出蜀汶江徼外,東南入江。從水,我聲。徐鉉音五何切。’故知溓當作洈。和夷者,洈水南之夷也。”《錐指》並録《水經》“江水東南過犍爲武陽縣青衣水沫水從西南來合而注之”一語,以爲“此即二水合洈水入江處”。又引酈注有關洈水資料,以爲“班固謂大渡入洈,道元謂洈入大渡,然洈水源長,當以《漢志》爲正”。然後引《元和志》、李膺《益州記》、王應麟《地理通釋》關於大渡河資料,論定大渡河即洈水。此水之南即經所謂和夷。又云:“和夷,鄭玄‘和上夷所居之地’,是也。而讀桓曰和,謂和水即桓水,則非矣。”和水既有《説文》“洈”字確證,其流程又與《漢志》所載合,則和水爲洈水説自可信。

　　(三)民族名説。上兩説中實際已往往以和夷作民族名,如鄭玄云“河上夷”、僞傳云“和夷之地”就是,至蘇軾《書傳》始明確云:“和夷,西南夷名。”是正面否定馬融“和夷地名也”及《蔡傳》“和夷,地名”之説。即如曾旼言“嚴道以西地名……爲羈縻州者三十有七”,亦相繼説“夷人居之”,“經所謂和夷者也”。林氏《全解》在説“今雅州猶有和鎮”之後即説:“此即和夷之故地也。”薛氏《古文訓》則云:“和夷,今雅州徼外和川諸蠻。”傅寅《説斷》亦云:“和夷者,東近蔡蒙之夷也。”《匯疏》引《四川總志》:“和夷,在黎、雅、越巂等處。”(即今四川雅安以南迄涼山彝族自治州境)王夫之《稗疏》云:“和夷者,和川之夷,猶言島夷、萊夷。曾氏所云‘嚴道有和川,夷人居之’是已。”《錐指》上文已指出和夷爲洈水南之夷,其下文更强調“和夷固當在洈水之南,離蔡蒙自爲一地”。

和夷自爲民族名。釋和爲水名亦確,蓋和夷爲和水(浂水)之夷。惟逕釋和夷爲地名則誤。

"厎績",致功。已見《堯典》"乃言厎可績"校釋及本篇冀州章"覃懷厎績"校釋。故此處僞傳云:"和夷之地,致功可藝。"

⑧厥土青黎——"黎",《史記》作"驪"。《御覽》卷三十七引《禹貢·梁州》"土青驪",與之相合。《釋文》引馬融云:"黎,小疏也。"《孔疏》:"王肅曰:'青,黑色。黎,小疏也。'"僞孔云:"色青黑而沃壤。"段氏《撰異》謂王肅注當作"青,青黑色"。《孔疏》本脱一青字。以爲"土色不能純青,必兼黑色"。並云:"《孔傳》云'色青黑'者亦以釋經之'青',云'而沃壤'者乃是釋經之'黎'。"又以馬融、王肅皆釋"黎"爲"小疏","蓋釋豫州之'壚'爲'疏',故釋'黎'爲'小疏。'"《史記》以"驪"爲"黎",《詩·駉》傳及《楚辭·招魂》注皆云:"純黑曰驪。"《禮記·檀弓》釋文:"驪,純黑色馬。"《小爾雅·廣詁》:"驪,黑也。"《史記·衛將軍驃騎列傳·索隱》:"黎,黑也。"《漢書·鮑宣傳》注引孟康曰:"黎、黔,皆黑也。"故黎、驪可通用。

《中國土壤地理》以爲青黎之地是無石灰性冲積土。據《中國土壤圖》,則四川省絶大部分是紫色土,成都平原及沿江流域爲水稻土各種紫泥田、青泥田,秦嶺以南則大都爲黄棕壤、棕壤。此處顯然指四川青泥田、紫泥田及紫色土等土壤。

⑨厥田惟下上厥賦下中三錯——《史記》、《漢志》皆作"田下上賦下中三錯"。《孔疏》引鄭玄云:"三錯者,此州之地有當出下之賦者少耳,又有當出下上、中下者,差復益少。"僞孔云:"田第七,賦第八,雜出第七、第九三等。"與鄭説錯出第七第六(下上、中下)者略異。各就文意尋解釋耳。《蔡傳》從僞孔之説,略作了解釋。

⑩厥貢璆鐵銀鏤——《史記》、《漢志》字皆同(惟句首"厥貢"作

"貢")。《史記·集解》引鄭玄曰："黃金之美者謂之鏐。鏤，剛鐵。可以刻鏤也。"段氏《撰異》云："今從鄭作‘鏐’。"段說極是，此句"鐵銀鏤"三字皆金旁，則第一字亦當爲金旁之"鏐"，而後四者皆金屬。"鏐"，力幼反（見《爾雅·釋文》）。"璆"，居虯反，音虯（皆見本篇《釋文》）。二者爲讀音全異的兩字，而其義如僞孔云："璆，玉名。"自不當雜入此金屬句中。本篇《釋文》於上兩音後，繼云："又閭幼反。馬同。韋昭、郭璞云紫磨金。案郭注《爾雅》璆即紫磨金。"段氏《撰異》云："美玉之字從玉作璆，紫磨金之字從金作鏐，不能混一。……《釋文》‘馬同’之下亦當有‘鄭作鏐’三字。其下曰‘韋昭云紫磨金’。案郭注《爾雅》鏐即紫磨金。蓋引韋昭者，以其注《地理志》即注《禹貢》也。故又引郭注《爾雅》證之，如此乃爲通貫。馬本作璆，孔同；鄭本作鏐，韋昭《漢書》同。……又按閭幼一反，與《爾雅·釋文》‘鏐，力幼反’之音相合，恐以鏐之反語誤繫之璆下也。今從鄭作‘鏐’。韋昭《漢書》作‘鏐’，疑《史記》亦本作‘鏐’。蓋本《今文尚書》。而《古文尚書》則作‘璆’。馬不改字，鄭則依今文讀‘璆’爲‘鏐’。"按，既讀璆爲鏐，則此處璆已同鏐，故音閭幼反。僞孔按舊璆字從玉釋爲"玉名"，實誤。《錐指》指出："古不聞此州出美玉，去于闐又遠。"則釋玉自不合於此州。《爾雅·釋器》："黃金謂之璗，其美者謂之鏐。"故《史記·集解》引鄭玄曰："黃金之美者謂之鏐。"郭璞注《爾雅》云："鏐即紫磨金。"《水經·江水注》"溫水東北至于鬱"下叙至林邑時云："華俗謂上金爲紫磨金，夷俗謂上金爲揚邁金。"皆指黃金之美者。上文揚荆兩州"金三品"之"金"，是古人對銅的稱呼。此處鏐則指黃金。由左思《蜀都賦》盛稱蜀境"金沙銀礫，暉麗灼爍"，知梁州之地固産金、銀。《錐指》又舉《後漢書》云："益州，金銀之所出。"未舉篇名，不詳出處，惟今覽

《續漢書·郡國志》益州、廣漢、犍爲等所屬之縣，博南産金，剛氏産金、銀，朱提産銀銅，羊山産銀鉛，滇池不韋産鐵（另有俞元、律高、賁古産銅錫）。又巴郡之宕渠，越巂之臺登、會無亦皆産鐵。證以《華陽國志》剛氏道、葭萌縣皆有金銀礦（皆《錐指》引，今巴蜀書社刊本未見）。又賁古縣産銀鉛銅錫（巴蜀本有），至於前《漢志》漢中之沔陽，蜀之臨邛，犍爲之武陽並有鐵官。此外《通典》古梁州所屬眉、資、嘉、雅龍五州並貢麩金，《元和志》成都温江、眉州通義、蜀州唐與、龍州江油、瀘州、瀘川、資州盤石諸縣並出麩金。《錐指》並云：“永昌蘭倉水出金如糠在水中，説者謂‘金生麗水’，即其地。”麗水即金沙江。是此江固以産金沙而得名。由此知今川滇境即《禹貢》梁州境確以産金銀鐵而定爲貢品。

“鏤”，《釋文》：“婁豆反。”《説文·金部》：“鏤，剛鐵，可以刻鏤。从金，婁聲。《夏書》曰：‘梁州貢鏤。’”《史記·集解》引鄭玄注亦云：“鏤，剛鐵，可以刻鏤也。”僞孔亦襲之云：“鏤，剛鐵。”《蔡傳》進而云：“鐵，柔鐵也。鏤，剛鐵，可以刻鏤者也。”《匯疏》引《寰宇記》云：“定筰縣（今四川鹽源）有鐵石山，山有咨石，火燒之成鐵，爲劍極剛利。”《錐指》云：“凡鐵，柔曰鐵，剛曰镠。《元和志》：‘陵州始建縣東南有鐵山出鐵。’諸葛亮取以爲兵器。其鐵剛利，堪稱貢焉。又邛州臨溪縣東孤石山有鐵礦，大如蒜子，燒合之成流支鐵，甚剛，因置鐵官。又涪州涪陵縣東有開池出剛鐵，土人以爲文刀，此即經所謂‘鏤’也。《夢溪筆談》曰：‘世間所謂鋼鐵者，用柔鐵屈盤之，乃以生鐵陷其間，泥封煉之，鍛會相入，謂之團鋼，亦謂之灌剛，此乃僞鋼耳，暫假生鐵以爲堅。二三煉則生鐵自熟，仍是柔鐵。’予出使至磁州，鍛坊觀煉鐵，方識真鋼。凡鐵之有鋼者，如麵中有筋，濯盡柔麵則麵筋乃見。煉鋼亦然。但取精鐵鍛之百餘火，每鍛稱之，一鍛一輕。至累鍛而斤兩不減，則純鋼也。雖百煉不耗矣。此乃鐵之精純者。'"依沈括所說，則剛鐵即鋼，亦即"鏤"爲鋼。

　　此鐵鏤二物特別是鐵成爲現代《尚書》學上一重要爭論問題。因爲據考古發現，鐵器至春秋始有，戰國始盛，就被認爲《禹貢》必成於戰國。持此說者多，可以《古代地理名著選讀》中的顧師《禹貢注釋》爲代表。其言云："中國之由銅器時代進於鐵器時代，始於春秋而盛於戰國，這是確定不移的事實。《禹貢》的梁州貢物有鐵和鏤，鏤是剛金，即鋼，這更不是虞夏時代所可有。"這是他主張《禹貢》爲戰國時書的第五點重要證據。而辛樹幟先生《禹貢新解》持《禹貢》成於西周說，認定西周已有早期的鐵。引石聲淮氏之說云："《禹貢》的製作時代，很多人根據文中一個鐵字……又根據古籍說鐵之一字始見於《孟子》'以鐵耕'，從而武斷《禹貢》不會出於戰國之前，是錯誤的。……錢子泉先生遺著的材料：1931 年出土的小屯銅器，經英國哈羅教授化驗，其中含鐵達千分之二至千分之四，日本内山淑人化驗，含鐵千分之六……梅原末治《支那青銅時代考》第九章說：'可以想象殷人已知道用鐵了。'……《禹貢》有鐵字，不能説明《禹貢》出於戰國之時。那時鐵還是比較稀有的金屬……唯其少，所以才貢。……《禹貢》必定是戰國以前即廣泛使用鐵以前的作品。"

　　辛先生遂撰《〈禹貢〉製作時代的推測》一文，寄請學術界許多知名學者提意見，收到十七位學者的覆函，都收錄在《禹貢新解》中，其中有四位支持意見，如石聲淮氏云："同意你的看法，應該提早。"羅根澤氏云："尊考定爲西周地理規劃書，不誣矣。……恍記解放後報紙載各地發現古物，曾有周初鐵器。"李亞農氏云："周人承繼了殷人的文化，又曾與西北西南諸氏族結爲同盟，正如大作所證明，他們是很可能具有製作《禹貢》的知識的。《尚書》各篇，即疑古學者疑

其晚出者，我都相信其製作時代是比較早的。"譚戒甫氏云："您説
《禹貢》是西周全盛時太史所録，這是一個大膽的、開闢的、精當的提
出，爲這部書立下良好的基礎。這是值得慶幸的。……就材料看，
似乎還要上推一步。因爲西周是有所繼承的。"這四位是正面贊成
辛説的。還有夏緯英、鍾鳳年二位函中無反對意見，不過補充了些
研討資料。

　　其餘諸位如夏鼐、于省吾、徐中舒、翁文灝、徐旭生等考古學地
質學大師名家，皆持鐵盛行於戰國，西周尚無鐵之説以否定辛説，並
舉黄展岳《近年出土的戰國西漢的鐵器》一文以爲定論。夏氏並説：
"關於鍊鐵一事，決不能以銅器中含有少量鐵爲證。……黄銅鑛的
化學成分爲銅、鐵、硫。古人冶鍊之術不精，其含有少量之鐵乃當然
之事。……決不能以殷商銅器中含有少量之鐵，即以爲可以證明已
有鐵器也。"于氏説："據多年來發掘所得，周初從未見過任何鐵製器
物。鐵之記載雖見於《左氏傳》(按見《昭公二十九年》)，可是用鐵
製作工具或其他器物則在春秋戰國之交。"徐氏説："《考古學報》
1959 年第 3 期黄展岳一文，就是根據出土的遺物作了一個有力的答
覆。……因此弟對石聲淮先生的説法還不能接受。"翁氏説："殷周
還是青銅器時代，秦及西漢才成爲鐵器時代，東周是從青銅器到鐵
器的過渡時代。……石聲淮先生舉出小屯銅器含鐵幾分之幾而結
論殷已用鐵……這個結論是不正確的。"徐旭生氏説："從數十年地
下發掘的結果來看，斷定西周時期未見鐵的痕迹，當無錯誤。"這幾
位大都是學術大師，以視上面幾家，顯然科學性、邏輯性要强。因而
他們的見解也顯見有力。含有千分之幾的鐵，自不能作爲有鐵器之
證。所以王成祖氏提出自己的關於《禹貢》成於孔子的説法後並批
評石聲淮氏説法，以爲"石先生所提到的銅器中的鐵，也許還是雜

質"。還有鄭曉滄、施畸、童書業、鄒樹文、岑仲勉諸氏或從文體風格、全篇結構、周之疆域及社會發展等方面對辛先生文提出了質疑，以爲《禹貢》之成書時間不能過早。

辛先生特在《禹貢新解》中列了"答辯"的專章，對商榷意見作了答覆。首先引錄 1958 年 2 月 22 日《人民日報》所載周世德《我國冶煉鋼鐵的歷史》文中所說："我國考古工作者已發現最早的鐵器是公元前 5 世紀的……又發現了公元前 3、4 世紀的鐵器，不僅數量較多，而且已經有了相當的技術水平。從世界冶鐵技術發展的歷史來看，這種水平決不是剛發明冶鐵時就能達到的，因此可以推斷，中國冶鐵技術的發明，可能在西周時代。"又："楊寬先生在他的《中國古代鐵技術的發明和發展》中……也作了一些啓發性説明。這兩位先生的推論，是從章鴻釗氏的研究鐵史（按指章氏《中國銅器鐵器時代沿革考》）基礎上有了發展。"接着錄日本天野元之《中國犁發達史》（載《東京學報》第二十册）文中一段云："《左傳》昭公二十九年（前 513 年）'晋趙鞅……賦晋國一鼓（480 斤）鐵以鑄刑鼎，著范宣子所爲《刑書》焉'。這是鐵器之初見於文獻者。可是今日杉村勇造氏説：芮公紐鐘，附着有鐵片，此鐘之製作時代，至少可放在《左傳》桓公四年（前 708），是比《左傳》所記，又推上二百多年了。"（《芮公紐鏡考》，載《中國古史之諸問題》，1954 年）還有梅原末治博士發表在《京都大學人文科學研究所紀要》第十四册（1954 年）的《就中國出土的一群銅利器》，是從美國美術館所藏河南省衛輝府出土一群遺物（利器）中發現嵌有鐵刃的鉞、鐵援之戈。因此推論鐵器的使用，周之初期至少有一部分鐵的利器已經流行。"鐵在中國之使用，可以追溯到公元前 1000 年的初期。"這就不是銅礦中含鐵雜質製成之青銅器了，而且日本學者推定其年代在公元前 1000 年之初。這就足爲辛先生《禹貢》西周説之佐證了。

　　天野元之文中所引杉村勇造《芮公紐鐘考》及梅原末治《就中國出土的一群銅利器》二文提供了有關中國鐵史的重要内容，因此辛先生在引録了天野該段文字後，即附録了該兩文的"摘録"。杉村勇造文中説："鐘……作爲環紐下脚的部分，其内部裏面露出二個鐵製角形管的切斷面。將細鐵管的泥土除去後，其中深1.3厘米，由此可以斷定環紐插入空洞的深度……殆爲了吊起振舌的鐵環的痕迹。""這紐鐘，其形酷似叫做'牛馬鐸'的青銅有舌的小鐸。……往往在出土時代不明的小馬鐸中發現附鐵舌的遺品。""芮爲周初的封國……芮公鐘的製作年代，係芮尚未遭受秦晋大國壓迫以前，即最少是在《左傳》桓公四年以前的時期中。"梅原末治文中説："一器更大，雖屬於斧的部類，但與前者比較更具有所謂鉞的特徵，刃部爲鐵製。……插入銅部分凹陷中。……不待説，這鉞的可注意之點，在於刃的部分係由鐵製成。和殷代後半期的利器形狀，即裝有玉刃的東西，同一形式。……據《館之圖録》（即美國美術館所編"圖録"），這鉞包含上書有周成王時代銘的器具合成一組遺物。……這一群利器中包含有二個鐵利器……古代的戈與鉞。……是周初遺物。並且保存完整的鉞，其主要部分嵌有鐵刃……在中國考古學發達的現階段也必然會承認（由此兩器）周初期最少已一部分使用鐵利器了。""尚有美西根大學列爾教授看到在北京 Jannings 收藏中，在銅製的斧頭頭部插入的秘是鐵製的，斧的背部有銘……不後於周的中期。……這樣在中國鐵的使用，可上溯到公元前千年代的初期，漸漸成爲公認。"這些論證確有助益於辛先生之説。

　　國内考古發現更有早於西周的鐵刃銅鉞。《文物考古工作三十年》第38頁載："藁城臺西村遺址自1972年開始發掘……出土了大量精美文物。其比較重要的是一件鐵刃銅鉞,其時代比 1931 年河南浚縣出土現已流入美國的西周初年的兩件要早。""以後在北京市平谷縣劉家河也發現商代的鐵刃銅鉞。"又起釪 1980 年訪問山西省博物館,在其展品中看到雲石縣旌介村商代墓出土的一件鐵刃銅鉞,當時引起注意。但據《文物考古工作三十年》第 58 頁載,經山西省地質局化驗,含有鐵的成分,是銅鐵合金。據《中國大百科全書·考古學》"鐵器"條説:"在人工煉鐵以前,世界上許多文化發達較早的民族,都有過偶爾利用隕鐵製器的歷史。……中國商代臺西遺址和劉家河商墓中也發現過刃部用隕鐵鍛製的銅鉞。但隕鐵是天體隕落的流星鐵,與人工煉鐵的性質根本不同。"這顯然是考古學中的經典解釋,人們自當遵信。辛先生"答辯"文中即説:"考古學者實事求是的精神,我們應當尊重。"但作爲外行來説,對於其所不懂的,是不是也可提出疑問呢。例如隕鐵,就時間來説,並不是經常有的,雖然在宇宙裏,流星體是經常有的,但落到地球上的地面上,究竟不是常事;就空間來説,茫茫大地,千里萬里,受到流星隕落的地點也是非常稀少的。所以就某一地區來説,往往是永遠没有流星光臨過,或者是千載難逢的事,那麼用隕鐵來製器的機會就少之又少,怎麼世界上各地民族,只要文化稍發達,就大都能用隕鐵製器呢? 難道在這問題上,不能另尋覓更多的思考途徑嗎? 不能探索更多的理解嗎? 當然,這離本題太遠了。但至少這些鐵刃銅鉞、鐵柲銅斧、鐵援銅戈、鐵舌銅鐸等等器物中都用到鐵器爲其構成部分,而不再是青銅體中含有鐵的雜質,這就優足爲商代後期及西周有鐵説的力證了。

　　何況我們考論一部古文獻的成書早晚,主要不在於該文獻枝節方面的一個兩個文字、一件兩件名物的問題,而是要根據主體方面的大的起決定作用的關鍵性的東西。就《禹貢》這部古代地理著作來說，古代地理與後代地理的主要區別，就在於古大河與後代黃河的區別。如果所載是古代大河，其成書必然早，反之必晚，任何雄辯都不能改變這一實際。古大河自今浚縣折而自南向北直貫今河北省，東折至天津入海。春秋時河從浚縣東徙，就開始了幾經變遷的後代黃河。而《禹貢》全篇所載從有關各州到“導水章”的大河全程，都是古大河，絲毫不知河徙之事，則《禹貢》之爲春秋以前著作是可斷言的。加上九州的區分，是龍山文化以來歷經三代自然形成的人文地理區系，更成爲《禹貢》的整體架構，則《禹貢》之爲春秋以前地理書，是無法動搖的。至於篇中確有少量春秋戰國事物資料，則是流傳過程中摻進去的，這是古代典籍常有的現象，正像今見《史記》中有不少司馬遷以後的事物，不影響《史記》成於司馬遷手一樣。但是把它們考訂清楚還是必要的。即如鐵鏤二字，如確有問題，即可能是後增的，或者另尋解釋以明其故。但如經過學者的深入研究，或考古學不斷有新的發現，足證殷後期及西周確有早期鐵存在，則可證《禹貢》中原有此二字，其含義必然與《禹貢》全文相契合，正反映《禹貢》成書時期確有鐵存在了。

⑪砮磬——“砮”，已見荆州章“砮”字校釋。可爲矢鏃之石，因而此種矢鏃亦稱砮。“磬”，已見徐州章與豫州章“磬”字校釋。參看《堯典》“擊石拊石”校釋。此處指貢製鏃之石與製磬之石。林氏《全解》云：“徐州之貢泗濱浮磬，此州既貢玉磬，而豫州又貢磬錯，則知當時之樂器磬爲最重。”《匯疏》足成之云：“砮貢於荆，又貢於梁，重武事也。徐貢浮磬，此貢玉石磬，豫州貢磬錯，則樂器磬最爲重，亦可知矣。”

⑫熊羆狐狸織皮——“羆”，《釋文》：“彼宜反。”《爾雅·釋

獸》：“熊，虎醜。”《左傳·昭公七年》疏引李巡曰：“熊，虎之類。”（《易·離》虞注、《禮記·哀公問》鄭注：“醜，類也。”）又：“羆，如熊，黃白文。”郭璞注：“似熊而長頸高脚，猛憨多力，能拔樹木，關西呼曰猳羆。”又：“貍、狐、貒、貈，醜。”《說文》卷十四下“内”字引“《爾疋》曰：‘狐、貍、貒、貈，醜。’”邵晉涵《爾雅正義》云：“貍狐貒貈四獸之類。”知“貍”字二字書皆作“貍”。《說文》卷十上：“熊，獸似豕，山居，冬蟄。”“羆，如熊，黃白文。……䮻，古文。”“狐，祆（妖）獸也，鬼所乘之。……死則丘首。”又卷九下：“貍，伏獸。似貙。”段氏注：“謂善伏之獸。……即俗所謂野猫。”《匯疏》引《異苑》云：“熊無穴，或居大樹孔中，東土呼熊爲子路。”又引陸璣《鳥獸蟲魚疏》云：“熊能攀援上高樹，見人則顛倒自投地而下。冬多入穴而蟄，始春而出，脂謂熊白。羆，有黃羆，有赤羆，大於熊。其脂如熊白而麄。”王天與《纂傳》引新安王氏（當指王炎）曰：“熊似豕，羆似熊而黃。狐類犬而長尾，貍則狐之小者。”

　　僞孔云：“貢四獸之皮，織金罽。”《史記集解》云：“孔安國曰：‘貢四獸之皮也。織皮，今罽也。’”《漢志》顏注亦云：“織皮，謂罽也。”可知“織金罽”爲“織皮今罽也”之誤。“罽”，《釋文》：“紀例反。”《爾雅·釋言》：“氂，罽也。”郭注：“毛氂所以爲罽。”郝懿行《義疏》云：“罽者，䍛之假借也。”《說文》云：‘䍛，西胡毳布也。’通作罽。”所謂毳布，當如今日西藏之氆氇。《孔疏》：“與織皮連文，必不貢生獸。故云‘貢四獸之皮’。《釋言》云：‘氂，罽也。’舍人曰：‘氂謂毛鍵也。胡人績羊毛作衣。’孫炎曰：‘毛氂爲罽。織毛而言皮者，毛附於皮，故以皮表毛耳。’”《漢志》顏注則云：“言貢四獸之皮，又貢雜罽。”與《孔疏》言只貢皮者異。蘇軾《書傳》云：“以罽者曰織，以裘者曰皮。”明分織、皮爲二。林氏《全解》云：“據二孔之說，則以

‘織皮’爲一物。蘇氏云（見上引），則是織、皮爲二物。曾氏（旼）亦同於蘇氏之説，而其説加詳焉。曰：‘地多山林，獸之所走，熊羆狐貍之皮，製之可以爲裘，其毳毛織之可以爲罽。’今當從蘇氏曾氏之説。”總之，罽爲獸毛粗織成的織物，故稱爲“織”，製裘的就稱爲“皮”。

《孔疏》釋僞孔説，以爲不貢生獸，只貢四獸之皮。顯與古代事實不合。如《周書·王會解》載四方所獻物，有青熊、黃羆、白虎、黑豹、狐九尾等，《詩·韓奕》載其時即使諸侯亦“有熊、有羆、有貓、有虎”，以及“赤豹黃羆”等。又《左傳·文公元年》載楚成王被弒前，“王請食熊蹯而死”。顯然是厩中有活熊，才能隨時取食熊掌。所以古代統治者是以熊羆狐貍等生獸爲貢的。但確實亦取這些獸皮爲裘，如《詩·大東》云：“熊羆是裘。”又《詩·七月》云：“取彼狐貍，爲公子裘。”有名的孟嘗君雞鳴狗盜之客爲他盜狐白裘的故事，當時“孟嘗君有一狐白裘，直千金，天下無雙”（見《史記·孟嘗君傳》）。可見古時貴族重視這些皮裘的習尚。《淮南子·道應訓》載周文王被紂囚時，散宜生得玄豹黃羆青犴白虎文皮千合以獻紂。知古時確亦有直取這些獸皮者。又皮不只是供製裘，亦供射鵠之用。見《周禮·司裘》：“司裘掌爲大裘，以供王祀天之服。……王大射，則共虎侯、熊侯、豹侯，設其鵠。”即供虎皮熊皮等以爲射靶（侯即射靶。見《儀禮·鄉射禮》注“侯，謂所射布也”）。

“織皮”，鄭玄另釋爲“西戎之國也”。且連下文“西傾因桓是來”爲釋。竟以織皮爲一國名，是不確的。今移於下文録其説。

⑬西傾因桓是來——“傾”，《漢志》作“頃”。薛本同。“來”，《漢志》作“俠”。薛本作“徠”。諸隸古寫本大都與今本同。《水經·桓水注》“桓水出蜀郡岷山西，南行羌中”下引“鄭玄注《尚書》

言”：“織皮，謂西戎之國也。西傾，雍州之山也。雍、戎二野之間，人有事於京師者，道當由此州而來，桓是隴坂名，其道盤桓旋曲而上，故名曰桓。是今其下民謂是坂曲爲盤也。”酈氏注云：“斯乃玄之別致，恐乖《尚書》‘因桓’之義，非‘浮潛入渭’之文。余考校諸書，以具聞見，今略緝綜川流沿注之緒，雖今古異容，本其流俗，粗陳所由。”即《酈注》上文所云：“余按經（指《水經》）據書（指《尚書》），岷山、西傾，俱有桓水。桓水出西傾山，更無別流，所導者惟斯水耳。浮於潛漢而達江、沔，故《晋地道記》曰：‘梁州南至桓水，西抵黑水，東限扞關。……自桓水以南爲夷。”《酈注》又云：“《地理志》曰‘桓水出蜀郡蜀山，西南行羌中’者也。《尚書》又曰‘西傾因桓是來’，馬融、王肅云：‘西治傾山，惟因桓水是來，言無他道也。’”是馬融、王肅對《尚書》此句之注亦不正確，竟釋“西傾”爲“西治傾山”，至於不通。僞孔云：“西傾，山名。桓水自西傾山南行，因桓水是來。”林氏《全解》引周希哲曰：“織皮言其服，西傾言其地。服織皮之服，居西傾之地者，必因桓水以通其來往。言其‘織皮西傾’，亦猶言‘織皮崑崙析枝渠搜’也。”《全解》云：“此亦一說，姑兩存之。”自《全解》詳引《水經注》之說，復盛稱蘇軾《書傳》之說，以爲“比於酈道元尤爲有據”。而後宋代如傅寅《說斷》、蔡《集傳》等，元吳澄《纂傳》等，明王樵《日記》等，直至清胡渭《錐指》，蔣氏《今釋》，以及江、王、孫諸家，皆對此有詳略不等之論析考述。其中如王樵之說尚明晰，胡渭之說最詳審。今綜諸家之說，簡爲述之。

　　“西傾”，山名。《漢志》“隴西郡臨洮縣”下云：“《禹貢》西傾山在縣西。”自鄭玄謂西傾爲雍州山，治經者皆宗其說。然漢臨洮縣爲今甘肅岷縣。西傾在岷縣西，亦即卓尼、碌曲西，遠在渭源西南，屬渭水一綫之南，依《禹貢》所叙自可列爲梁州之山。山又名强臺山，西彊山,洮水出其東北,桓水出其東南。據《班義述》,知此山即青海湖東南較遠的羌語所稱的羅插普喇山,在今青海省東部的黃南藏族自治州南部。今地圖上載之甚明。

"桓",鄭玄謂非地名,然《漢志》明言有桓水,《水經注》亦有其流程記載。故僞孔亦云:"桓水自西傾山南行。"《匯疏》云:"《地理志》西傾在隴西臨洮縣(今甘肅岷縣)西南,桓水出蜀郡蜀山西南……則初發西傾來有水也,不知南行幾里得桓水?"按《漢志》於隴西郡載西傾山,接着載西漢水入廣漢白水。而廣漢郡甸氏道(今甘肅文縣之西)下載:"白水出徼外,東至葭萌(今四川廣元南劍閣東北)入漢(指西漢水即嘉陵江)。"郡另有白水縣,在白水旁,則漢時甸氏道徼外有此一條白水。《錐指》云:"桓水亦名白水。《水經·漾水注》云:'白水出臨洮縣西南西傾山,水色白濁,東南流與黑水(出文縣西素領山,即上文扶州黑水)合。又東逕洛和……鄧至……陰平等城南……偃城北,又東北逕橋頭(今文縣城東南有橋跨白水上),又東與羌水合。……又東南逕建陽郡……白水縣故城……武興城東……費城南(今四川昭化境)注(西)漢水。'"其水即今白龍江,出今甘肅岷縣西南迭部之西,東南經舟曲、武都等地,至廣元南的昭化縣境入嘉陵江。

"西傾因桓以來"一句,與上文"和夷"句同叙少數民族。錯簡在此,應移前與"和夷"句並立。現原文暫不動,今譯移正。

⑭潛——《史記》凡《禹貢》"潛"字皆改爲"涔",獨此處潛字漏未改(或謂後人改回)。已詳荊州章"沱潛既道"校釋。此處潛水當指與漢水(沔水)相通的一條水,是在運輸上便利的一條漢水的支流或支津。

⑮逾于沔——按《禹貢》文例,凡兩水不相通而須經陸路者用

"踰"字。此處潛、沔相通，而沔、渭不通，《蔡傳》謂逾于沔未可曉。
而金履祥《書經注》以爲，此兩句當是"入于沔，踰于渭"之誤。其説
是。"沔"，水名。據《漢志》武都縣（所載蕭成縣西）所載，知沔水即
是以漾水爲源的漢水。又據《漢志》武都郡沮縣（今陝西勉縣西）所
載及《説文》"沔"字，知沔水亦名沮水。《禹貢班義述》以爲沔水原
以出自氐道的漾水爲源，而發源於東狼谷的沮水至沮縣來注。後來
出自氐道的漾水絶流，沔水遂以沮水爲源。《説文》遂説沔水出自東
狼谷，而沔水從此亦稱沮水。《説文》遂亦謂沮水至沙羨（今漢口）
入江。沔水與漢水實爲一水的異名，並非舊釋所謂上段爲沔水，下
段爲漢水。故上游之地有沔陽（今勉縣）、漢中、漢陰等，下游之地亦
有沔陽、漢陽、漢口等。到末段入江夏郡（今安陸以南之鄂東）則另
稱爲夏水。（參看上文"汶嶓既藝"的"嶓冢"校釋及荊州章"漢水"
校釋與導川章"漾水"校釋。）

　　⑯入于渭——依金履祥説，當作"踰于渭"。"渭"，水名。出今
甘肅渭源縣西南鳥鼠山，東經隴西、甘谷、天水諸縣，東入陝西省境，
自寶雞橫貫全省，東至臨潼北之風陵渡入河。

　　⑰亂于河——《爾雅·釋水》："正絶流爲亂。"郭璞注："直橫渡
也。"邢疏："謂橫絶其流而直渡名曰亂。"就是正面橫渡黄河。

　　以上這一節，是"梁州章"。

　　黑水西河惟雍州①。弱水既西②，涇屬渭汭③，漆沮既
從④，灃水攸同⑤。荊岐既旅⑥，終南⑦惇物⑧，至于鳥
鼠⑨，原隰底績⑩，至于豬野⑪。三危既宅⑫，三苗丕叙⑬。
厥土惟黄壤⑭，厥田惟上上，厥賦中下⑮。厥貢惟球琳琅

玕⑯。浮于積石⑰，至于龍門西河⑱，會于渭汭⑲。織皮崑崙⑳析支㉑渠搜㉒，西戎即叙㉓。

①黑水西河惟雍州——“惟”，《史記》作“維”。“雍”，《爾雅·釋地》有云：“河西曰雝州。”《説文·玉部》“玕”字下云：“《禹貢》雝州球琳琅玕。”又《草部》“藪”字下云：“九州之藪……雝州弦圃。”（按《張掖記》謂黑水亦稱玄圃）則字皆作“雝”，薛本亦作“雝”。所有現存敦煌及日本所藏隸古定寫本皆作“邕”。

“黑水”，已詳“梁州章”校釋。此處作爲雍州西邊的黑水，就上章黑水考述文中來看，似只能於伊州伊吾、沙州敦煌、肅州酒泉、甘州張掖四黑水以尋之。以伊吾黑水爲最西，敦煌黑水有三危山可依托，張掖黑水則言之者最多，終難定其某一水爲雍州西之水。今就地圖以觀，敦煌三危山西南之黨河勉可因三危而附會雍州黑水，然非最西，惟《括地志》所稱伊吾黑水始合“西界”之意。然本爲神話黑水，欲實定之太困難，還是如《禹貢》作者心目中原意，以爲雍州最西有那麽一條水叫黑水，就這樣模糊地認定較説得過去。

“西河”，已見荆州章“至于南河”校釋，指今山西與陝西分界之河。以在冀州之西而稱“西河”，以其定雍州之界而稱“雍河”。

“黑水西河惟雍州”，《詩·韓奕》正義引鄭玄注云：“雍州界自黑水，而東至于西河也。”僞孔云：“西距黑水，東據河。龍門之河，在冀州西。”（此“距”“據”二字仍誤用，應二字互換，見“梁州章”校釋）《孔疏》：“計雍州之境，被荒服之外，東不越河，而西踰黑水。王肅云：‘西據黑水，東距西河。’所言得其實也。”《蔡傳》遂襲王肅説。以上皆以雍州西境爲黑水。《匯疏》引《雍録》云：“雍州之境，西南則包黑水，而東距冀河也。”則以雍州西與南皆黑水。黑水存在既頗模糊，則亦不用計較其爲西或西南。此句全意據鄭玄、王肅説，在西邊的黑水和東邊的西河之間是雍州。此州以秦都於雍得名。過去有幾種誤説皆不足據（如《匯疏》引《雍録》云：“雍，壅也。四面有山壅塞爲固也。”《孔疏》引李李巡曰：“河西其氣蔽雍，受性急凶，故云‘雍’。雍，壅塞也。”《釋文》引《晋太康地志》曰：“雍州西北之位，陽所不及，陰氣壅遏，故以爲名。”此皆妄説。故傅寅《説斷》已謂“皆因字生義，實不足信”）。州境包括今秦嶺以北的陝西境和寧夏、甘肅、新疆全境和青海的一部分。據王天與《纂傳》引成氏《輿地記》按唐代地理以東起京兆、延安、同華諸州西迄伊、西二州、安西、北庭二都護府均屬雍州境。伊州今哈密，西州今吐魯番，安西都護府今南疆及其西廣大疆域，北庭都護府今北疆及其西廣大疆域，最西甚至抵鹽海，殆以鹽海東大片沙漠之故。杜佑《通典》古雍州最西亦達伊、西二州、北庭、安西二都護府。惟其“序目”中説“雍州西境流沙之西……並非九州疆域之内”。《錐指》非之，以杜氏曾謂“中夏惟冀州最大”，其實“按九州雍最大，冀、梁次之。雍東西相距約三千七百餘里，南北相距約二千五百餘里”。以杜氏誤認積石所在，遂使雍膴地廣二千里。並云：“行都司所領甘州莊浪等諸衛所，其在化外者，南至西傾、積石，西踰三危，北抵沙漠，皆古雍州域也。”是胡氏固以爲雍州疆域最大。其東以黄河與冀州分界，東南以河與洛之間的豫陝邊界與豫州分界，其南主要以秦嶺與梁州分界，然其東段渭水以南亦梁州，西段則如《錐指》所云：“又西爲鳳縣大散嶺……徽州鐵山木皮嶺……成縣鷺峽、羊頭峽、龍門戍……岷州衛……洮州衛西傾山，皆與梁分界處也。”西傾爲雍梁分界之山，是不純爲雍州山，故上文自可叙入梁州。至州境之西與北，大抵止於流沙。因《禹貢》末句説九州“東漸于海，西被于流沙”，顯見古人印象中黑水以西之地全是沙漠，才這樣説。因而今新疆地區沙漠，古人可目爲雍州西境。到知有鹽海以東沙漠，也以爲雍州之西。又末句的最後三字爲“朔、南暨”，是説北方、南方以能達到的地方爲止境，自然以爲其北境也以沙漠不毛之地爲境。《漢志》“張掖郡居延縣”（今内蒙古額濟納旗北）下云：“古文以爲流沙。”而這正是雍州弱水流注之地，其地有巴丹吉林沙漠，正在雍州之北，證實了古人所認知的雍州北境亦迄於沙漠。

　　②弱水既西——弱水是《禹貢》中唯一西流之水，故《史記集解》引鄭玄注云：“衆水皆東，此獨西流也。”原亦《山海經》神話中之水，有出於昆侖出於勞山二弱水。然現實地理中確有弱水。《漢志》“張掖郡删丹縣”下注云：“桑欽以爲導弱水自此，西至酒泉合黎。”《説文》“溺”字亦云：“溺水自張掖删丹，西至酒泉合黎，餘波入于流沙。從水，弱聲。桑欽所説。”按今《水經》無此文。《史記·索隱》引《水經》云云，按其語即上引桑欽語，可能以爲即《水經》之文。桑氏記實有之水，或者原取神話中水名名之，或者爲《山海經》取材於此叙入神話中。總之張掖確有此水，不似黑水之虚無縹緲紛歧幻亂（正式地理書《漢志》、《續漢志》皆不載黑水）。《淮南子·墜形訓》多承神話説，中有實際地理。其中云：“弱水出自窮石，至於合黎，餘波入於流沙。”高誘注：“窮石，山名也。在張掖北，塞水也。”宋薛季宣《古文訓》承用之而稍變云：“弱水出吐谷渾界窮石山，自甘州删丹縣西，至張掖縣合張掖河。”又《漢志》“張掖郡爍得縣”下云：“羌谷水出羌中，東北至居延入海。”《錐指》釋云：“按羌谷水者，張掖河之上源也。其下流與弱水合，則弱水入居延海可知矣。……就《禹貢》言，出爍丹者爲弱水之正源，出爍得縣爲弱水之别源。”《錐指》就志書詳列了弱水全部流程。成蓉鏡《班義述》載弱水情況亦詳。其他清儒書亦有論及。綜諸家考述，大抵獲知弱水發源於今甘肅山丹

縣焉支山西麓,窮石之東,西北流至張掖,合來自祁連山西南之羌谷水後,亦稱張掖河。繼向西北流經今高臺縣,過合黎山西南,亦稱合黎水。經合黎峽口折而向北流,經酒泉東的金塔縣東北,過巴丹吉林沙漠西部,即所謂"入於流沙",最後東北入於居延海。

這是西北實實在在的一條水,不復是神話中的水。

③涇屬渭汭——"涇",水名。《漢志》"安定郡涇陽縣"(今甘肅平涼西北)下云:"开頭山(今崆峒山。師古曰:开,音牽)在西,《禹貢》涇水所出,東南至陽陵(今陝西涇陽東南)入渭。"《淮南子·墜形訓》云:"涇出薄洛之山。"高誘注:"薄洛之山,一名笄頭山,在安定臨涇縣西。"《詩·谷風·正義》引鄭玄注云:"涇水、渭水發源皆幾二千里,然而涇小渭大,屬於渭而入於河。"《錐指》謂"《水經》無涇水之目,渭水篇中於入渭處僅附見一語"。然後備舉《寰宇記》原州平高縣、百泉縣、彈箏峽,涇州靈臺縣,邠州宜禄縣芮水下、芹川下、真寧縣大陵水下,乾州永壽縣,耀州雲陽縣涇水下、五龍谷泉下、雍州醴泉縣等,皆引《水經注》涇水之文,因而云:"是《水經》原有涇水篇,宋初尚存,後乃亡之耳。"故據《通典》、《元和志》、《寰宇記》、《長安志》及其近世州縣志所載,列出涇水全部流程。今即據《錐指》所載,以今日地名簡述涇水流程如下:涇水發源於今寧夏涇源縣六盤山之東麓笄頭山(一名雞頭山,亦名崆峒山,《班義述》尚錄有岍頭、牽屯、汧屯、薄洛、涇谷、大隴、高山、都廬諸異稱),東南流經甘肅平涼、涇川,歷陝西長武、彬縣,沿途受多水來注(包括被認爲是涇水北源之水。見《班義述》引《平涼府志》北源出固原州南界,南源出崆峒。南爲正源;北爲別源,至隆德縣南來注),又東南至涇陽縣南入渭水。是《上林賦》及《關中記》所說"關中八川"中唯一在渭北之水。

　　“屬”，《釋文》引馬融注云：“入也。”係就本句得義。按“屬”有
下列諸訓：《説文》：“屬，連也。”《考工記·函人》注：“屬，讀如灌注
之注。”《文選·應詔樂遊苑餞呂詩》注引顧野王云：“屬，猶接也。”
《廣雅·釋詁二》：“屬，續也。”《漢書·溝洫志》顏注：“屬，連及
也。”《禮記·經解》鄭注：“屬，猶合也。”《左傳·哀公二十七年》服
注：“屬，會也。”凡此諸訓義皆相近，故鄭玄逕釋此句爲“涇小渭大
屬於渭”。僞孔則釋爲“屬，逮也”。《孔疏》釋云：“屬謂相連屬，故
訓爲逮。逮，及也。言水相及。”因涇水入渭，故説它連屬於渭，連及
於渭。

　　“渭”，水名，已簡述於梁州章之末。黃鎮成《書通考》云：“渭
水，《地志》出隴西郡首陽縣西南。今（元）渭州渭原縣鳥鼠山西北
南谷山也。東至京兆船司空縣入河，今（元）華州華陰縣也。”

　　“渭汭”，《詩·公劉·傳》：“汭，水涯也。”箋：“汭之言，内也。”
《方言一》：“汭，水口也。”《説文》：“汭，水相入也。”《水經注》引馬
融：“水所出曰汭。”杜注《左傳·閔公二年》曰“水之隈曲”，《昭公元
年》曰“水曲流”，《昭公二十四年》曰“水曲”。僞孔：“水北曰汭。”
可見解釋之紛歧。大抵釋小水入大水處較妥。按，《釋文》：“（汭）
本又作内。……馬云：‘入也。’”是以此字爲動詞。僞孔云：“水北
曰汭，言治涇水入於渭。”《孔疏》：“《毛詩》傳云：‘汭，水涯也。’鄭
云：‘汭之言，内也。’蓋以人皆南面望水，則北爲汭也。”王氏《後案》
非之云：“僞孔創‘水北曰汭’之説，《疏》曲附云：‘人南面望水則北
爲汭。’但人若北面望水，則又可以‘南爲汭’矣。”是以此字爲形容
詞或名詞之爭議。《蔡傳》云：“涇、渭、汭，三水名。……汭水，《地
志》作‘芮’，扶風汧縣‘弦蒲藪，芮水出其西北，東入涇’。……周
《職方》雍州，‘其川涇、汭’。《詩》曰‘汭鞫之即’，皆謂是也。……

涇水連屬渭、汭二水也。"是以此字作爲河流專名。閻若璩《疏證》卷六云："《説文》：'汭，水相入也。'於此處爲確解。《左氏》一書，莊四年曰'漢汭'，閔二年曰'渭汭'，宣八年曰'滑汭'，昭元年曰'雒汭'，四年曰'夏汭'，五年曰'羅汭'，二十四年曰'豫章之汭'，二十七年曰'沙汭'，定四年曰'淮汭'，哀十五年曰'桐汭'。水名下繫以'汭'者衆矣，又何疑於《禹貢》哉！"胡渭《錐指》云："汭之言，'内'。其字或作内。河内曰冀州，州在河北也。漢中郡，亦在漢水之北。"則以漢中亦同漢内。此"渭汭"與《堯典》"潙汭"、導水章"洛汭"比較觀之，自指方位，《蔡傳》説不足據。就《左傳》諸汭以觀，大抵皆兩水相入處。其處必有隈曲，遂稱爲汭。只是由於渭汭、雒汭適在該水之北，遂有"水北"之釋。當以兩水相會處形成之隈曲處爲正解。此"渭汭"即今咸陽東、臨潼西北涇水入渭的隈曲處（下文"會於渭汭"爲潼關北渭入河隈曲處）。

④漆沮既從——"漆沮"，分流時爲二水名，合流後成爲一水名。關於漆沮的説法非常紛歧繁亂。在雍州境内有涇水之西的漆沮，又有涇水之東的漆沮。前者見於《詩》之《大雅·緜》與《周頌·潛》，被稱爲"扶風漆沮"。其水所在有兩説（一出鳳翔普潤縣，一出邠州新平縣），以與《禹貢》之水無關，故此處不詳及。後者爲《禹貢》漆沮。據"導水章"所叙渭水順序，此漆沮在涇水之東，被稱爲"馮翊漆沮"。關於涇東此水的紛歧説法，當其以爲漆沮一水時，即馮翊洛水，持此説者僞孔傳、顏師古《漢書》注及《水經·淮水注》"洛水入焉"下引闞駰《十三州記》。當其以爲漆、沮二水時，則其所在復有下列諸説：（一）《漢志》僅在北地郡直路縣（今陝西黃陵縣北百里許直羅鎮）下載："沮水出東西（應爲南）入洛。"而不載漆水（僅在上郡有漆垣縣，在今黃陵西南。又右扶風有漆縣漆水，則爲涇西《詩經》

之水）。又《水經》之“沮水篇”言涇東沮水，亦爲出北地郡直路縣，至馮翊祋祤縣（今陝西耀縣）北，東入洛，亦不載涇東漆水（《水經·漆水篇》載涇西漆水）。（二）《水經注》則記此二水。先叙沮水（亦作濾水）出直路縣，東南經宜君稱宜君水，經祋祤縣合銅官水。經懷德（今富平縣）南，東注鄭渠。鄭渠在池陽（今涇陽北）與自雲陽（今淳化縣）來之濁水合，再東至富平南與沮水合後，復分爲二：1.東南出，即濁水，至白渠與澤泉合，稱漆水，又稱漆沮水。横過白渠，經萬年縣（今富平東南、臨潼東北）折而南，稱石川水，入於渭（不言入洛）。2.東出，即沮水。循鄭渠東經頻陽（今富平東）、蓮勺（今渭南縣北）、粟邑（今白水縣）諸縣，入於洛水。（三）《太平寰宇記》及其後地志，以漆水出銅官縣（今銅川市）北，西南合銅官川水，至華原（今耀縣）與沮水合爲石川河。沮水則出中部縣（今黄陵）子午嶺，過宜君縣，至今耀縣合漆水，爲石川河，即漆沮水。此石川河南過富平西南，東過白水縣南入洛。（四）薛氏《古文訓》引宋敏求《長安記》，謂孔安國説，漆水一名洛水，出同州白水縣，至富平合沮水爲漆沮水，亦曰在川水，至櫟陽（今臨潼東北）入渭。（五）《禹貢錐指》以直路之沮至櫟陽合濁水後，東路者循鄭渠入洛，故《漢志》云入洛。鄭渠湮廢，濁水絕於三原，沮水不復能抵富平。可見古代在鄭渠修建前，此水惟在櫟陽東南出爲石川水以入渭。是爲漆沮水。

綜以上諸説會通以觀，大抵此涇水之東的漆水，當出今陝西銅川東北境，南流至耀縣，與出今黄陵縣北而南經宜君、銅川來的沮水會合，乃稱漆沮水，即今石川河。再南經富平東南、臨潼東北以入渭水。

在秦時開鄭渠後，漆沮水入鄭渠。主流隨鄭渠東行至白水縣境入洛水，另分出一支隨石川河入渭。至北宋時，鄭渠東段湮廢，漆沮全水以石川河入渭。

　　⑤灃水攸同——《史記》作“灃水所同”。《集解》：“灃，音豐。”《漢志》作“酆水逌同”。顏注：“逌，古攸字也。攸，所也。”又“右扶風鄠縣”下云：“酆水出東南……北過上林苑入渭。”《錐指》云：“《水經》無灃水之目，其附見渭水篇中者，曰渭水自槐里縣故城南……又東，豐水從南來注之。”則字作“豐水”。《匯疏》引《雍大記》曰：“灃水出長安縣西南五十里終南山灃谷。其源闊十五步，下闊六十步，水深三尺。自鄠縣界來，由馬坊村入咸陽合渭水。”《錐指》引《長安志》文同，惟“灃”作“豐”。《錐指》下文云：“昔文王作豐，武王治鎬，《詩》詠其事。鄭康成云：‘豐在豐水之西，鎬在豐水之東，相去蓋二十五里也。’”

　　僞孔釋此句云：“漆沮之水已從入渭，灃水所同，同之於渭。”

　　⑥荊岐既旅——“荊”，此雍州荊山，稱爲“北條荊山”，與荊州的南條荊山非一。此山在馮翊懷德（今陝西朝邑縣）西南，漢時其下尚有荊渠，屬北嶺六盤山系橋山山脉（唐以後地理書誤以爲在陝西富平西南，胡氏《錐指》已辨正）。

　　“岐”，山名。與冀州岐山非一。此山在今陝西岐山縣東北。顏師古云：“其山兩岐，俗呼箭括嶺。”（“兩岐”係據《說文》說）《郡縣志》稱岐山一名天柱山。王先謙《參正》云：“岐山，今岐山縣東北五十里。西自鳳凰山，逾天柱山，東至箭括山，六十餘里皆是。”按《漢志》“右扶風美陽”下云：“《禹貢》岐山在西北申水鄉，用太王所邑。”《續漢書·郡國志》“右扶風”下：“美陽有岐山，有周城。……南有周原。”

　　“既旅”，《史記》作“已旅”。既旅意即既道，即二山之道已平治。見前梁州章“蔡蒙旅平”校釋。此處《錐指》謂治田野曰藝，治谿谷之水曰旅,治三危曰宅,其言各有所當。要皆紀水土之功,旅,不在祀典。

⑦終南——山名。在今西安市南五十里。古終南山東起今藍田,西迄周至。自秦襄公都於今陝西隴縣,汧、岐兩山之南的秦嶺亦稱終南。於是此山西起秦隴,東達藍田,綿亘八百里。亦稱南山、中南山、周南山、地肺山、橋山、楚山、秦山。漢人以武功以南(今眉縣南)的太一山(其北部稱太白山,爲秦嶺的最高峰)爲終南山,於是終南山又稱太一山、太白山。實則終南山指秦嶺的眉縣至藍田一段。至於全部秦嶺,西起甘肅天水,東迄河南陝縣,西安郊南五十里之終南山被認爲是其主峰(此據《漢志》、唐《釋文》、《孔疏》、宋程大昌《禹貢論》、傅寅《說斷》、明鄭曉《禹貢圖說》、清胡氏《錐指》、蔣氏《今釋》、成氏《班義述》等書資料綜合寫成。下文惇物、鳥鼠、豬野、三危等基本同)。

⑧惇物——《史記》作"敦物"。惇物,山名。據《漢志》,即漢時武功縣之垂山。山在今眉縣東南,胡渭以爲即太一山。其北部爲太白山,南部爲武功山(又稱敖山),總稱爲惇物山(敦物山)。《金史·地理志》所載則在垂山之東,不盡合。宋程大昌據字義釋爲物產豐富而非山名,義雖新而證據不足。《禹貢》所敘山由終南、惇物而至於鳥鼠山,文義甚明,故不取程說(程氏書中往往有意立異,且好以境外地名比附,已爲當時及宋以後學者所譏評)。

⑨鳥鼠——山名,渭水發源處。全稱鳥鼠同穴山,又名青雀山。在今甘肅渭源縣西南。但甘肅、青海、新疆、西藏等處荒野地區都有鳥鼠同穴現象。鳥多爲雪雀,偶有土百靈、角百靈、穗鵬或沙鵬;鼠多爲黄鼠,偶有長尾黄鼠、鼠兔、高山旱獺及鼬。古代文獻早有記載,除《禹貢》采用了先秦材料如《山海經·海内東經》云"渭水出鳥

鼠同穴山"等等外,漢《爾雅·釋鳥》即云:"鳥鼠同穴,其鳥爲鵌,其鼠爲鼵。"《淮南子·墜形訓》、《漢書·地理志》、《續漢書·郡國志》、《三輔黃圖》、《水經注》等皆有鳥鼠同穴資料,鄭玄釋此鳥、鼠云:"鳥名爲鵌,似鶏而黃黑色。鼠如家鼠而短尾,穿地而共處,鼠内而鳥外。"(《水經·禹貢山水澤地篇》引)僞孔作錯誤解釋云:"鳥鼠共爲雄雌,同穴處此山。"郭璞《山海經·西山經》"鳥鼠同穴之山"云:"今(晋)在隴西首陽縣(今渭源縣)西南,山有鳥鼠同穴。鳥名曰鵌,鼠名曰鼵。鼵如人家鼠而短尾,鵌似燕而黃色。穿地入數尺,鼠在内鳥在外而共處。孔氏《尚書傳》曰'共爲雌雄'。張氏《地理記》云'不爲牝牡也'。"這是批駁了僞孔妄説。北魏《洛陽伽藍記》附録之《宋雲行記》有云:"赤嶺,即國之西疆也。皇魏關防正在此。赤嶺者,不生草木,因以爲名。其山有鳥鼠同穴,異種共類,鳥雄鼠雌,共爲陰陽,即所謂鳥鼠同穴。"丁謙《考證》:"赤嶺見《唐地志》注,在西寧丹噶爾西南百三十里,今曰日雅拉山,又稱日月山。……鳥鼠同穴,西域甚多。《宋書·吐谷渾傳》云:甘谷嶺北亦有此。又姚瑩(清人)《康輶紀行》言自理塘、巴塘至察木多一帶地方,鳥鼠皆同穴而處。"《顧頡剛讀書筆記》卷五第3218頁録此爲之説云:"按此爲在青海境内之鳥鼠同穴山。在周、秦間,此山在渭水源,至南北朝則此山在青海西岸。所以然者,西疆鳥鼠同穴現象甚爲普遍,甘肅有之,青海亦有之,一也。周、秦之後,甘肅人口增加,渭源此類現象日漸减少,惟青海之西人口依然鮮少,鳥鼠得保其繁殖,二也。聞之動物學家,此種鳥爲雲雀,鼠爲土百靈,毫無'鳥雄鼠雌共爲陰陽'之事。其所以同穴者,雲雀不能自營巢,假土百靈之窟以居,在生殖上毫無關係也。"1956年10月6日《人民日報》載《祁連山發現珍奇動植物》文中言這批動物中有:"西藏雪鷚和黃鼠……他們却相依爲命地共同生活在一個土洞中。黃鼠要到地面活動,西藏雪鶉首先飛出去,看看有沒有危險。黃鼠聽到雪鶉叫聲,知沒有危險,才成群出去活動。……一發現危險,(雪鶉)就發出叫聲,黃鼠、雪鶉就迅速躲進洞裏。"又 1961 年 5 月 17 日《北京晚報》載"科學趣聞"説:"我國西北的一些荒漠和草原地帶,鳥類和野鼠往往在同一個地洞內共居。據動物學家工作者的觀察,鳥鼠之所以同穴居住,是由於那些地方没有樹木,鳥類無處築巢,只好借鼠洞'下榻'。至於鳥鼠住洞內究竟是怎樣相處的,人們還不很清楚。西北地區野鼠的洞穴都相當深,一位動物學工作者在新疆馬拉斯河附近挖了一個沙鼠的洞穴,挖了四百米深還未挖到底。"這是兩則現代的實際觀察資料,和歷代文獻一起共同證實了確有此二生物共棲的事實。《顧頡剛讀書筆記》卷七第 5768 頁云:"予前至渭源鳥鼠山,山上確無樹木。然據土著言,今已無鳥鼠同穴之事。蓋居民漸多,荒地日闢,鳥鼠不安其居,故他徙矣。又至卓尼山(按在鳥鼠山西南,較鄰近青海),則聞山上土內有鳥聲,不知其與鼠同居否也。"是今渭源縣境已無鳥鼠同穴現象。却保持了一座山名鳥鼠山,亦即鳥鼠同穴山。在其西青海、新疆、西藏以及可能甘肅西境的荒野地區,較廣泛地有鳥鼠同穴現象,却没有一座名叫鳥鼠同穴之山。

　　辛先生《禹貢新解》引錄《生物學通報》第 8 期(1955 年)陳楨《關於鳥鼠同穴問題》一文,節錄云:"見過鳥鼠同穴而不曾留下姓名的很多。甘肅省渭源縣西十五里……鳥鼠山……《禹貢》成書的時候在這裏見過鳥鼠同穴的人一定很多的。……最早見過鳥鼠同穴而且留下姓名的人是一個取經和尚名叫惠生,看見的時期是公元518 年。地點是當時名叫赤嶺的地方。……方觀成在 1733 年,在他經過……科布多地方時也看見了鳥鼠同穴,並且首次看見鳥立鼠背的現象。文人徐松曾被清朝統治者判罪到新疆伊犁充軍，那時是1812—1818年，在他旅行到伊犁附近的賽里木河東岸裏，他看見鳥鼠同穴，並把同穴鳥鼠的形狀顏色作了描述。特別使人感到興趣的是他看見了鳥立於往返奔馳的鼠背之上，張開翅膀發出大而煩雜的叫聲，鼠雖奔馳很久而鳥不墮地。……後一百餘年，埃森多斯基才在蒙古又看到同樣的現象。……鴉片戰爭後，資本主義國家的采集調查深入我國內地。……普爾日瓦斯基在1887年發表的著作裏記載了他在西藏、青海、甘肅見過的鳥鼠同穴。在西藏、青海，他看見的同穴鳥是兩種雪雀，同穴鼠是一種鼠兔。在甘肅莊浪河之北他看見的同穴鳥是一種雪雀，同穴鼠是一種黃鼠。……少爾卓在1914年出版的著作中記載了他在內蒙古鄂爾多斯沙漠看見鳥鼠同穴，鳥是一種沙鵬，鼠是一種黃鼠。"又引錄《動物學雜誌》三卷七期魏燕文、張潔《在新疆天山南坡小尤爾都司見到的鳥鼠同穴》一文，節錄云："在小尤爾都司中部的巴音布魯克所見到的是角百靈與長尾黃鼠同穴。在東部的茶哈奴大板（大板，蒙語山脊的意思）所見到的是穗鵬和高山旱獺有時亦同穴而居。"該文接着描述了角百靈、穗鵬、長尾黃鼠、高山旱獺等的形狀、大小、毛羽顏色、特徵等，辛先生皆引錄之，此處從略。

　　《新解》中辛先生自己闡述云："雍州之地鳥鼠同穴之區甚多。郝懿行《爾雅義疏》引用書中，有涼州、沙州等處，甘谷嶺鳥鼠同穴，且有或在山嶺，或在平地之記載。以此知《禹貢》作者，一方面在雍州記'終南惇物至於鳥鼠'，在導山記'西傾、朱圉，鳥鼠至於太華'，而在導水記'導渭自鳥鼠同穴'，是根據原始真實資料，指出導水是從鳥鼠同穴之區，不一定指的是鳥鼠同穴之山（當然鳥鼠山之得名可能也是山上有鳥鼠同穴）。所以蔡沈說：'鳥只自鳥鼠同穴導之耳。’……僞孔更創奇論，説什麼‘鳥鼠共爲雌雄’，誠如宋儒所譏：
‘其説怪誕不經。’唯酈道元謂‘渭水出南谷山，在鳥鼠山西北’，爲
得其實，惜乎太簡。……可證，《禹貢》爲西周尚書，所記資料富於真
實性。我還懷疑《爾雅》‘鵌’‘鼵’命名奇特，可能未經過調查而采
集之名。”

　　另有誤以鳥鼠與同穴爲二山名者。見《河圖括地象》云：“鳥
鼠，同穴山之幹也。”此緯書妄説，而《水經·禹貢山水澤地篇》引鄭
玄注云：“鳥鼠之山，有鳥焉與鼠飛行而處之，又有止而同穴之山焉，
是二山也。”此鄭誤從緯書説。

　　⑩原隰底績——林之奇《全解》云：“《爾雅》曰：‘廣平曰原’，
‘下濕曰隰’。則是凡廣平下濕之地皆有此原隰之名也。然此曰
‘原隰底績至于豬野’，當是有所指而言之，非泛指廣平下濕之地也。
鄭氏曰：‘《詩》曰“度其隰原”即此原隰是也，原隰蓋在豳地。’（《孔
疏》引）義或然也。”是“原隰”原義爲低下的濕地，可指田野。然此
處指“至于豬野”的一個具體地方，鄭玄以爲指豳地之野，林之奇同
意其説有可能。那就是説把豳地（今陝西旬邑、彬縣間）之野治理好
了（厎績），一直治理到下句所説豬野之地。

　　⑪豬野——《史記》作“都野”。《漢志》作“豬壄”。《史記集
解》：“鄭玄曰：‘《地理志》都野在武威，名曰休屠澤。’”《水經·禹
貢山水澤地篇》：“都野澤在武威縣東北。”皮氏《考證》云：“《廣雅》
亦作‘都野’，與《史記》合。”《漢志》“武威郡武威縣”下云：“休屠澤
在東北，古文以爲豬壄澤。”王鳴盛《後案》云：“《地理志》曰：‘谷水
出姑臧南山，北至武威入海。’屆此水流兩分，一水北入休屠澤，俗謂
之南海，一水又東逕一百五十里入豬野，世謂之東海。”皮氏《考證》
録陳喬樅亦從此説，論之云：“據此則休屠澤與豬野微有分別，或今

文家説不以休屠澤爲即豬野,故《班志》特以古文別識之。"按漢代武威縣在今甘肅民勤縣境,其地東接内蒙古阿拉善左旗,有魚海子,又名白亭海,當即都野澤遺址。此處當以都野爲代表,指漢武郡一帶許多湖泊。自秦漢以迄北魏,此地都稱沃壤。

楊筠如《覈詁》云:"豬……都,猶言澤也。野之有澤,猶原之有隰。皆以地之形勢而言。原隰爲肥美之地,野澤爲荒蕪之所,故原隰厎績,而後至於豬野,其意可想見也。至漢儒以幽地當雍州之原隰,休屠當雍州之豬野,亦以地勢想象言之。故《漢志》又云……休屠澤俗謂之西海……豬野世謂之東海,是不必以休屠爲豬野,明矣。"其説可備一説。《禹貢》文例,言某地至於某地,皆指具體地點,如泛言原隰至野澤,不合《禹貢》文意。況言隰肥美而澤荒蕪,似無是理。

⑫三危既宅——《史記》作"三危既度"。"度"爲今文,"宅"爲古文及僞古文,其義爲居。已詳《堯典》"宅嵎夷"校釋。

"三危",山名。此句是説三危山之地已可居。按三危山原亦從神話書《山海經》、《天問》中來,雖或者實有其山爲神話之依據,然回到現實地理中則縹緲無定,比附其地之處甚多,已詳《堯典》"竄三苗于三危"校釋。大抵其地所在有下列諸説:敦煌郡敦煌縣,金城郡河關縣(今青海同仁縣),渭源縣鳥鼠山西南與岷山(一作岐山)相接,積石山西南,岷州衛徼外,古叠州境,四川境内,雲南麗江府北,大理府雲龍州,西藏三境,等等。《孔疏》則只説是"西裔之山"。山名則《括地志》云俗名卑羽山,徐文靖據《西河舊事》謂俗名昇雨山,"卑羽"字誤。如此紛歧,然依據較多的歷史傳説,總以在較遠的西北少數民族地區爲宜,故用敦煌之説。

⑬三苗丕叙——《史記》作"三苗大叙",用"丕"的訓詁義。"三

苗",民族名,見《堯典》"竄三苗于三危","分北三苗"校釋。三苗族在中原地區被華夏族戰敗後,遷到長江流域,一部分被逐到西北,即竄于三危之事。此處説三危之地已可居,因而三苗之族就可大爲安定有序了。"丕叙"之義,可參看下文"西戎即序"校釋。

⑭厥土惟黄壤——《史記》"厥"作"其"。《中國土壤地理》釋"黄壤"爲淡栗鈣土。《中國土壤圖》所載,渭水流域爲壞土,涇水流域多黑壚土,陝西境内其他地區大都爲綿土,東部龍門附近及西部寶鷄、天水一帶爲褐土,青海大部分爲栗鈣土,其東所鄰甘肅境爲黑鈣土,陝甘之間黄河流域大抵爲灰鈣土,緊黄河兩岸及武威至民勤一帶(即都野澤地區)與張掖西北嘉峪關、金塔東北至居延海一綫弱水兩岸,都是緑洲土,此外河西走廊東部多灰棕漠土,西部多棕漠土,以迄新疆境。此爲今日實測所知雍州範圍内土壤概況。由古人目驗所知,此地區本爲黄土高原,所以古人綜稱此地區土壤爲黄壤。

⑮厥田惟上上厥賦中下——《史記》、《漢志》皆作"田上上賦中下"。僞孔云:"田第一,賦第六,人功少。"《蔡傳》釋明之云:"田第一等而賦第六等者,地狹而人功少也。"上文荆州"田下中、賦上下"僞孔云:"田第八,賦第三,人功修。"《蔡傳》釋爲"地闊而人工修也"。他們以人功修、人功少來解釋賦的等第與田的等第的不一致。他們不懂得人功修或少只決定田的等第的高低,例如雍州自周祖后稷以來特重農業生産,周民族成了特重農業的民族。經過世代勤勞,把雍州田畝經營成爲九州中最上等的田畝。但一州賦的等第不全由田的好壞決定,而是由該州總的經濟發展水平來決定的。所以荆州雖田第八,而由其各項生産較發達,故賦爲九州中第三。雍州田雖最好,各項生産較差,賦就成爲第六了。

⑯厥貢惟球琳琅玕——《史記》作"貢璆琳琅玕"。《漢志》作

"貢球琳琅玕"。《説文・玉部》："球,玉也(從段校。徐鉉本作'玉磬也')。从玉,求聲。璆,球或从翏。"是球、璆一字。又《玉部》："琳,美玉也。""琅玕,似珠者。"《釋文》："琅,音郎。玕,音于。"《山海經》云:"崑崙山有琅玕樹。"(按,唯《西山經》云:"槐江之山多藏琅玕。")又《海内西經》云:"三頭人伺琅玕樹。"《爾雅・釋器》今本作:"璆琳,玉也。"段氏校正爲:"璆,美玉也。"又《釋地》："西北之美者,有崑崙虚之璆琳琅玕焉。"(郭璞據《説文》爲注云:"璆琳,美玉名。琅玕,狀似珠也。")《論衡・率性篇》云:"《禹貢》曰'璆琳琅玕者,此則土地所生真玉珠也。"(段氏《撰異》釋云:"真玉謂璆琳,真珠謂琅玕。")《詩・韓奕》鄭箋:"《書》曰'黑水西河,其貢璆琳琅玕'。"《釋文》："璆,其褵反,又其休反。琳,字又作玲,音林。孔安國云'璆玲,美玉也'。鄭注《尚書》云:'璆,美玉。玲,美石。……琅玕,珠也。'"段氏《撰異》："《釋文》此條訛舛,當云:'琳,音林。字又作玲,音斟。'孔安國云'璆琳美玉也'。鄭注《尚書》云'璆,美玉。玲,美石'。蓋孔本作琳,鄭本作玲。玲與琳異字,音雖同部,義則異物也。"段氏又就《論衡・率性篇》云:"疑《古文尚書》作'玲';《今文尚書》作'琳',與《爾雅》合。孔本用《今文尚書》者也。鄭本作'玲',其作'琳'者非也。薛氏《書古文訓》作'玲',采諸鄭本也。"按"球琳"薛本作"璆玲"。今所見諸隸古定寫本,唯九條本作"球玲",其餘諸本皆作"球琳"。

　　"球",這種美玉古代貴族用以製磬,故有逕釋球爲"玉磬"者。又用以製笏、珌、圭、珽諸器。其未製成器尚爲璞玉的原球玉則稱天球。見本書《康誥》下半篇(僞古文分出爲《益稷》)"戛擊鳴球",僞孔釋云:"球,玉磬。"故徐鉉本《説文》"球"字亦誤承釋爲"球,玉磬也"(中華書局影印陳昌治刊本更誤爲"球,玉聲也")。當從段校爲

“球，玉也”。這是對“球”字的原始解釋。《康誥》傳文之釋爲“玉磬”，是對特定事物“鳴球”的具體解釋。不能以專名誤爲通名。《錐指》：“球亦不止爲磬材。”其製其他器物見下列資料：《周禮·玉藻》：“笏，天子以球玉。”鄭玄注：“球，美玉也。”是帝王之笏用球玉製成，下文談諸侯用象牙，直至士用竹。《詩·瞻彼洛矣》“鞞琫有珌”，毛傳：“鞞，容刀鞞也。琫上飾、珌下飾也。……諸侯璗鞞而璆珌。”《詩·長發》“受小球大球”鄭箋：“受小玉，謂尺二寸圭也。受大玉，謂珽，長三尺。”本書《顧命》“大玉夷玉天球河圖在東序”，僞孔云：“球，雍州所貢。”《孔疏》云：“鄭玄云：‘大玉，華山之球也。夷玉，東北之珣玗琪也。天球，雍州所貢之玉，色如天者。皆璞，未見琢治，故不以禮器名之。”《錐指》：“特磬以玉爲之，堂上之樂也。鳴球是已成之磬，其未成器者謂之天球，言天然之球也。鄭云‘色如天’，非是。雍州所貢當爲磬材，未經琢治者，故傳釋‘天球’以此實之。不然，則豫（州）貢磬錯，將安所用耶？”

“琳”，《說文》已釋爲美玉。司馬相如《上林賦》云：“玫瑰碧琳。”班固《西都賦》云：“琳珉青熒。”可知琳是一種和翡翠相類似的青碧色的玉。

“琅玕”，《說文》釋“似珠”，僞孔釋“石而似珠”，《錐指》據僞傳別本作“石而似玉”。因而釋云：“玉言其質，珠言其形也。”接着引《山海經·西山經》云槐江之山上多琅玕金玉，又《海內南經》云開明山北有珠樹，又《海外南經》云赤水之上有三珠樹，以及《淮南子·墬形訓》言昆侖墟增城九重上有珠樹、玉樹，琅玕在其東，碧樹瑤樹在其北。因而云：“珠樹、碧樹，即琅玕也。……琅玕之狀，唯《本草》言之最詳。有石闌干者，生蜀郡平澤，《名醫別録》以爲即琅玕。”然後引李時珍云：“琅玕生於西北山中及海山厓間。其云生於海底者是珊瑚，非琅玕也。在山爲琅玕，在水爲珊瑚。亦有碧色者。
今回回地方出一種青珠，與碧靛相似，恐是琅玕所作。”又云：“珊瑚
生海底，五七株成林，出水變紅色者爲上。漢趙佗謂之火樹是也。
碧色者亦良，昔人謂之青琅玕。許愼云：‘珊瑚赤色，或生於海，或生
於山。’據此説，則生於海者爲珊瑚，生於山者爲琅玕，尤可徵矣。”
《錐指》亦云“珊瑚之青者即琅玕也”。按，珊瑚爲産於熱帶海中之
腔腸動物群體相結合成樹枝狀或其他形狀，琅玕爲産於山中之美
石，二者各爲動物、礦物，彼此不同，古人以其外貌相類，誤認爲一
物。《錐指》又云：“張衡《四愁詩》曰：‘何以報之青琅玕。’曹植《美
人篇》曰：‘腰佩翠琅玕。’琅玕色青翠，故後人取以名竹。”

　　《匯疏》引丘濬曰：“漢時關中之藍田，幽州之玉田皆出玉。其
時西域未通也。今中國所以用之玉皆來自于闐，有白、玄、緑三種，
皆出於河，亦與古異。”《匯疏》又引《本草》資料而所載書名出處多
牽混，《錐指》録其資料而明其出處云：“陶弘景《本草經注》云：‘好
玉出藍田及南陽徐善亭部界中，日南盧容水中，外部疏勒，于闐諸處
皆善。’……蘇頌《圖經本草》曰：‘今（宋）藍田、南陽、日南不聞有
玉，惟于闐國出之。’晋鴻臚卿張匡鄴使于闐，作《行程記》，載其國
采玉之地云：‘玉河在于闐城外，其源出崑山……至于闐界牛頭山乃
疏爲三河，一曰白玉河……二曰緑玉河……三曰烏玉河……其源雖
一，而其玉隨地而變，故其色不同。’”《錐指》云：“《漢地理志》京兆
藍田縣山多美玉。《東方朔傳》云：‘南山出玉石。’《外戚傳》云：‘璧
帶往往爲黃金釭，函藍田璧。’《西都賦》云：‘陸海珍藏，藍田美玉。’
李善注引范子、計然曰：‘玉英出藍田。’《水經注》云：‘麗戎之山，一
名藍田，其陰多金，其陽多玉。’是玉本雍州所産。《後魏書》云：‘李
預……采訪藍田，掘得若環璧雜器者大小百餘枚。……又《開元傳

信記》云：‘太真妃最善擊磬，明皇令采藍田綠玉爲磬。’李賀有《老夫采玉歌》。……是唐時藍田尚有玉。而（宋）蘇頌曰‘今不聞有之’。未知何緣迹絶。……然《爾雅》以璆琳繫之崑崙，則中國之玉取給於西域尚矣，禹時雍州所貢亦未必盡出藍田也。”按《爾雅・釋地》言“西北之美者，有崑崙虛之璆琳琅玕”。是西北雍州域内自古以産這種玉石擅名，所以《禹貢》作者把它列爲雍州貢品。

⑰積石——山名。《漢志》“金城郡河關縣”（今青海同仁縣境）下云：“積石山在西南羌中。河水行塞外，東北入塞内。”此山即今青海省同仁、同德兩縣西南的阿尼瑪卿山。自東晉時吐谷渾占積石山，隋唐以後改以鄯州龍支縣（今青海民和縣境）南之唐述山爲積石山，俗稱小積石山，而以原山爲大積石山。小積石山時代既晚，自非《禹貢》原來之積石山。仍當以阿尼瑪卿山當《禹貢》之積石。

⑱龍門西河——“龍門”，黃河河道上的一山石險峽。《漢志》“左馮翊夏陽縣”（今陝西韓城南）下云：“《禹貢》……龍門山在北。”《續漢書・郡國志》同。《水經・山水澤地篇》云：“龍門山在河東皮氏縣（今山西河津縣）西。”所謂龍門山的所在，在今陝西韓城縣東北、山西河津縣西北今稱禹門口的黃河河道上之一山石險峽，寬僅百餘公尺，黃河出龍門後河道寬達二三公里。或説壺口瀑布處鄰近的孟門山是龍門上口，河津龍門是龍門下口（參見冀州章“既載壺口”校釋，詳《冀州地理叢考》）。“龍門西河”，指自壺口、龍門以南至風陵渡今晋西南的黃河河段。

⑲會于渭汭——此“渭汭”指潼關北風陵渡渭水入黃河處。參見上文“涇屬渭汭”校釋。“會于渭汭”，是説雍州貢道，浮舟循黃河河道自積石直至龍門西河，會於渭水入黃河處。林之奇《全解》云：“九州之末，載通於帝都之道，皆以達於河爲至。……雍州既曰‘浮

于積石至龍門西河'矣,而又曰'會于渭汭',學者疑焉。……諸儒之説皆不通,以某之所見,此州之達於帝都有二道。浮於積石至於龍門西河者,一道也;自渭汭以達於河者,又一道也。渭汭之道亦底於龍門西河,故以會言之。"傅寅《説斷》云:"會言貢道之會,非會貢也。"《錐指》:"或問雍西北境與西南境分爲二道,當作何界別?曰:西傾、鳥鼠之西,漢朔方、五原及河西五郡地皆浮河,是爲北道;太華、終南、惇物以北,漢隴西、天水、安定、北地、上郡之地皆浮渭,是爲南道。人欲避龍門之險,苟有水可以通渭者,無不由南道矣。"

⑳崑崙——《史記》作"昆侖",《漢志》作"昆崙"。《山海經》神話中有昆侖、昆侖山,亦稱昆侖之丘、昆侖之虚。《海内西經》、《海内北經》説昆侖之虚方八百里,高萬仞,是上帝的下都,山中神異之物多,有幾種神和神獸守護,西王母居其北,並有赤水、河水、洋水、黑水、弱水、青水分別出於其東南、東北、西北、西南四隅。這種種神話被《禹貢》作者净化爲一座實際的山,放在雍州。並有西戎中的一族居住,即以崑崙爲其族名。其地當在今青海境内,具體地點不明,而且它只是和析支、渠搜一樣,爲三座並不很大的山,所以能並處於一個省區之内。至於漢代尋河源,以當時認爲河源所在的于闐南方之山爲崑崙(見《漢書·張騫傳》),而後於金城郡臨羌縣置崑崙祠,又於敦煌郡廣至縣置崑崙障(皆見《漢志》),以及現在的崑崙山脉,皆《禹貢》以後的事,與此崑崙無關。

㉑析支——《大戴禮記·五帝德》作"鮮支",《後漢書·西羌傳》作"賜支"。《釋文》引馬融云:"析支在河關(今青海同仁)西。"《孔疏》:"鄭玄云:'衣皮之民,居此崑崙、析支、渠搜三山之野者,皆西戎也。'王肅云:'崑崙在臨羌西,析支在河關西,西戎,西域也。'"《水經注》"河水又東入塞過敦煌酒泉張掖郡南"下云:"積石山在西

羌之中,燒當所居也。延熹二年西羌燒當犯塞,護羌校尉段熲討之,追出塞,至積石山,斬首而還。司馬彪曰:'西羌者,自析支以西,濱于河首左右居也。河水屈而東北流,逕於析支之地,是爲河曲矣。'應劭曰:'《禹貢》析支屬雍州,在河關之西,東去河關千餘里,羌人所居,謂之河曲羌也。'"《後漢書·西羌傳》云:"河關之西南,羌地是也,濱於賜支,至乎河首,綿地千里。賜支者,《禹貢》所謂析支者也。"《新唐書·吐蕃傳》:"吐蕃本西羌屬,蓋百有五十種,散處河湟江岷間,有發羌、唐旄等,然未始與中國通,居析支水西。"以上諸資料,依鄭玄説則以析支爲山名,依《後漢書》、《新唐書》説,則爲水名,依應劭説則又爲居此地西羌的一族名。依《禹貢》文意,崑崙、析支、渠搜皆西戎族。析支亦如崑崙一樣,或爲居住其地的西戎族的族名。

㉒渠搜——《逸周書·王會》作"渠叟"。《漢志》承之亦作渠叟。師古注:"叟,讀曰搜。"《大戴禮記·五帝德》則作"渠廋"。《穆天子傳》則作"巨蒐",薛季宣本"叟"作隸古奇字不録。其地隸古寫本無異文。《穆天子傳》並記穆王東還,經巨蒐走三十七天至今河套之地,按里程計,似渠搜在今祁連山之南,與析支、崑崙依次在今青海省境。《凉土異物志》云:"古渠搜國在大宛北界。"大宛,屬漢西域,今帕米爾高原之北安集延之境。《隋書·西域傳》載:"鏺汗國都葱嶺之西五百餘里,古渠搜國也。"葱嶺即帕米爾。所記之境在安集延稍西。《新唐書·西域傳》載唐改"鏺汗"爲"寧遠",授其王爲刺史,成爲屬地。其地在今烏兹別克境内,當是渠搜族曾向西發展所居之領土。按渠搜在《王會篇》中記其貢鼩犬,自漢至唐常貢名馬,所貢同屬獸類,但不云貢織皮(漢武帝置朔方郡,下設渠搜縣。只是采用古名,實際與古渠搜無關)。

㉓西戎即叙——《史記》作“西戎即序”。《漢志》篇首録《禹貢》作“西戎即叙”，而《漢書》之《西域傳贊》及《叙傳》又皆作“西戎即序”。

“西戎”，住在西方之戎。古代泛指華夏族以外的少數民族爲蠻夷，見《堯典》“蠻夷猾夏”校釋。而這些蠻夷族往往分別稱爲戎、稱爲狄（字亦作翟）。漢代編的《王制》始説東夷西戎南蠻北狄，那是錯誤的。崔述《豐鎬考信別録》云：“蠻夷乃四方之總稱，而戎狄則蠻夷種類部落之號，非以四者分四方也。”即以“戎”言，《費誓》云：“徂兹淮夷徐戎並興。”徐在東方而稱戎。而《春秋·隱公二年》：“公會戎于潛。”又《莊公二十年》：“齊人伐戎。”又《莊公二十四年》：“戎侵曹。”這些都是齊、魯、曹附近東方之戎，故《班毀》有“伐東國疛戎”之語，卜辭亦有“征戎”而“在東”之語（見《殷虚書契前編》）。《左傳·桓公十三年》“羅與盧戎”。杜注：“盧戎，南蠻。”又《文公十六年》：“楚大饑，戎伐其西南。”這些都是南方之戎。又《左傳·隱公九年》：“北戎侵鄭。”又《桓公六年》：“北戎伐齊。”《春秋·莊公三十年》：“齊侯伐山戎。”這些都是北方之戎，且逕稱“北戎”，與此處稱“西戎”同。可知“戎”字可指東、南、西、北四方之少數民族。其他夷、狄、蠻三字情況同（可參看顧先生《筆記》有關資料及童書業據崔述《辨夷蠻戎狄》所撰文）。即以一族言，例如鬼方，既可稱夷，也可稱戎、狄、蠻（見王國維《鬼方昆夷玁狁考》）。是“西戎”就是住在西方的少數民族。此處崑崙、析支、渠搜三支西戎，就在雍州西部今甘、青境內，其西部達今新疆境內的少數民族。“即”，就。“叙”，同“序”，即秩序。“即叙”，已就秩序，按部就班地歸於安定。

“織皮崑崙析支渠搜西戎即叙”十二字係錯簡。“織皮”係貢物，當在"琅玕"下，"浮于"上。"崑崙"等十字叙少數民族，當在"三苗丕叙"下，"厥土"上。依《禹貢》各州文字章法，首爲該州山川地理（包括少數民族之地，如青州是），接着爲土、田、賦、貢（貢包括本州特産和少數民族特産），最後爲貢道，無一例外。今篇中"冀州章"脱簡錯簡較多，"雍州章"則有此處錯簡。蘇軾《書傳》已指出："此三國……其文當在'厥貢惟球琳琅玕'之下……簡編脱誤，不可不正。"但他以此十二字都當在"琅玕"之下。《錐指》盛稱蘇軾之説，以爲"參以梁州之文，此爲錯簡明甚"。然後以此數句分别比附梁州相當之句，謂"推尋事理，蘇説爲長"。其實"織皮"與三民族不應牽合在一起（鄭云注梁州云"織皮，謂西戎之國也"即誤據此句爲釋），因《禹貢》文意並未表示此三族貢織皮。只因錯簡才便"織皮"與此三族接在一起。

以上這一節，是"雍州章"。

此九節分述九州疆界，平治山川之經過，及土、田、賦、貢諸事項，最後皆以貢道作結。

導①岍及岐，至于荆山，逾于河②；壺口、雷首，至于太岳③；厎柱、析城，至于王屋④；太行、恒山，至于碣石，入于海⑤；西傾、朱圉、鳥鼠，至于太華⑥；熊耳、外方、桐柏，至于陪尾⑦。導嶓冢，至于荆山⑧；内方，至于大别⑨；岷山之陽，至（于）衡山，過九江，至于敷淺原⑩。

①導——《史記》作"道九山"，以領起此處"導山章"全文，以"岍及岐至于荆山"爲本章始句。《漢志》作"道"，未增"九山"二字，以"道岍及岐"爲始句。《釋文》云："道，音導，從首起也。"是陸

氏所據僞古文本尚作“道”。衛包始改作“導”，《唐石經》及今流傳刊本皆承用之。薛本摹古仍用“道”的隸古字，今所見隸古寫本除九條本作“道”外，所有其餘隸古寫本皆承衛包改僞本作“導”（全篇“導”字《史》、《漢》皆作“道”，下文不復出校）。

《索隱》：“汧、壺口、砥柱、太行、西傾、熊耳、嶓冢、内方、岐（當作汶，即岷），是九山也。”按，“九山”本來是泛指很多的山，但這裏司馬遷適將這一章九個“至于”所叙之山綜括爲九山（“岷山之陽至衡山”誤多“于”字，《史記》無之，則“岷山⋯⋯至于敷淺原”，原合九個“至于”之數）。（又皮錫瑞《考證》云：“《索隱》岐字是汶字之誤。《史記》‘岷’作‘汶’，或作‘岐’，與‘岐’相似，故譌爲岐。”）

“導”，道山。僞孔釋云：“更理說所治山川首尾所在，治山通水，故以山名之。”顏師古注《漢志》、孔穎達《疏》全承其說而闡揚之，以“治山通水”爲其要釋。蘇軾《書傳》以爲即《書序》的“隨山濬川”。謂“自此（指導岍）以下至敷淺原，皆隨山之事也”。傅寅《說斷》引王安石《新經義》云：“導山者，導山之澗谷而納之川也。”又黃倫《精義》録存王安石之說云：“言導者，皆謂治山之水。山則無彌漫之患，唯有壅塞，故導之耳。”薛氏《古文訓》亦云：“《周禮》兩山之間必有川焉，《書序》‘禹別九州，隨山濬川’，則是禹之行山，利道其水。‘隨山刊木，奠高山大川’，小小川流固可因治之也。”《說斷》引葉夢得《書傳》云：“導山者，濬兩山之川屬之大川以同入於海。”林之奇《全解》云：“《書》本爲治水而作，其言所導之山，蓋主於決懷襄之水而爲言也。”傅寅《說斷》云：“畎澮之水，不勝其記，故禹即山以表之。”呂祖謙《書說》云：“導山有二說，或以爲隨山通道以相視其源委脉絡，或以爲治山旁小水，二說當兼用。”以上大都是說導山是爲了通水。無論懷襄大水或山間小川皆因導山而通洩之。

《説斷》引張氏（當爲張九成《尚書詳説》）云："山而謂之導者，以向者洪水滔天，首尾不辨，今水患既除，使山川復其本性，隨山之勢，窮極其首尾，以遂其風土之宜，此言導之意也，豈特導水云乎哉。"王夫之《稗疏》云："夫導者有事之辭，水流而禹行之，云導可也。山峙而不行，奚云導哉，然則'導'者，爲之道也。洪水被野，草木暢茂，下者沮洳潴停，軌迹不通，禹乃循山之麓，因其高燥，刊木治道以通行旅，刊旅之云，正導之謂矣。"按上文梁州章"蔡蒙旅平"校釋已引王引之《經義述聞》釋："旅，道也。……旅平者，言二山道已平治也。……'九山刊旅'者，刊，除也。言九州名山皆已刊除成道也。"與王夫之説正合（當時《稗疏》未流傳，王氏父子未及見，而所説竟同）。辛樹幟先生《禹貢新解》云："王夫之氏釋'導山'最有識見。""《禹貢》'刊木'和'導九山'，千古無確論，明末王夫之氏才作出正當解釋。"

《錐指》則云："導者，循行之謂。導山猶曰隨山。……道山時尚未施功，先儒皆以此爲通水，曰導山之澗谷而納之川，殊失經旨。"

以上皆就"導"字尋釋其意義。亦有釋"導水章"之義者，蘇軾《書傳》云："畢九州之事矣，則所謂隨山與濬川者，復申言之。"此與《錐指》謂"導山時尚未施工"之意相反。《匯疏》引朱熹云："每州各言境内山川，首尾不相聯貫，且自東而西，非自然之形勢。故於此通貫九州山川，聯貫首尾；更從西而東，以著自然之形勢。"

就九州之山的自然形勢尋其條理系統者，見於《史記索隱》所引最早資料云："古分爲三條，故《地理志》有北條之荆山。馬融以汧爲北條，西傾爲中條，嶓冢爲南條。鄭玄分四列：汧爲陰列，西傾次陰列；嶓冢爲陽列，岐山爲次陽列。"《孔疏》所引更正爲："嶓冢爲次陽列，岷山爲正陽列。"並云："馬融、王肅皆爲三條。""孔亦爲三條也。”“孔”指僞孔，然僞傳並未言三條，但分别注明此諸山各在何州。按，所謂古説，指漢代傳統遵行的今文家説。班固奉今文學，故《漢志》“左馮翊懷德縣”（今陝西大荔東南）下云：“《禹貢》北條荆山在南。”又“南郡臨沮縣”（今湖北遠安縣北）下云：“《禹貢》南條荆山在東北。”馬融、王肅則以古文家承此今文説，具體定出北、中、南三條之山系。鄭玄之説實際只是將南條復分爲二列。

唐一行提出了兩戒説。《全解》及《匯疏》皆録列了一行説，今查原文載《新唐書・天文志》，現録列如下：“天下山河之象，存乎兩戒。北戒自三危、積石，負終南地絡之陰，東及太華，逾河並雷首、底柱（《全解》改作析城，疑是）、王屋、太行，北抵常山之右，乃東循塞垣，至濊貊、朝鮮，是謂北紀。……南戒自岷山、嶓冢，負地絡之陽，東及太華，連商山、熊耳、外方、桐柏，自上洛（《全解》改作陪尾，疑是）南逾江、漢，携武當、荆山，至於衡陽，乃東循嶺徼，達東甌、閩中，是謂南紀。”這是把中國山脈按南北二大系區分，北戒以三危、積石爲首，實際以古人所理解的河源爲首；南戒以岷山、嶓冢爲首，實際以古人所理解的江源爲首。故《匯疏》書首所附《一行山河兩戒圖》，於北戒開端處爲河源，南戒開端處爲江源。

宋蘇軾提出地脉説。其《書傳》以爲“導山章”之“導山”，亦即“隨山”，是“隨其地脉而究其終始也”。於是形成對《禹貢》所載群山所尋析之條、列。因而申其説云：“地之有山，猶人之有脉也。……有遠而相屬者，雖江河不能絶也。自秦蒙恬始言地脉，而班固、馬融、王肅治《禹貢》皆有三條之説，鄭玄則以爲四列，古之達者已知此矣。北條山道起岍、岐……以入於海，是河不能絶也。南條之山自嶓冢、岷山……至於敷淺原，是江不能絶也。皆禹之言，卓然見於經者，非地脉而何。”林之奇《全解》首同意其説云：“蘇氏謂地之有山猶人之有脉，此論是也。”而文末云：“論此篇者但當觀其決懷襄之水以殺滔天之勢，而不應以地脉言也。蘇氏之説今所不取。”反對此説及條列之説者繼起，傅寅《説斷》云：“若夫條、列之説，地脉之説，決懷襄之説，遂風土之説，皆無足取也。”承朱熹《語類》之説的《蔡傳》云：“孔氏以爲荆山之脉，逾河而爲壺口、雷首者（按此孔穎達引申僞孔説），非是。蓋禹之治水，隨山刊木，其所表識諸山之名……以見其施工之次第，初非推其脉絡之所自來，若今之葬法所言也（按朱氏《語類》有云：“尋脉踏地如後世風水之流耶”）。若必實以山脉言之，則尤見其説之繆妄。……王、鄭有三條四列之名，皆爲未當。”這是故意牽合術士堪輿風水之説以反對地脉之説，蔡氏反對此説而提出了“山脉”一詞，進而反對三條四列説。爾後地理學的山脉一詞實由蘇氏始倡地脉而來。山之成脉是客觀的地殻造山運動形成的，這些儒生的反對山脉説，實屬無知（雖然古人有對所指某山與某山成一脉不一定完全正確，但並不影響山脉説的科學性）。

　　朱、蔡反對地脉及王、鄭條、列説，却提出自己的二條説。朱熹云：“導山自北而南，據導字分南北二條，而江河爲之紀。”（《書纂言》引）《蔡傳》全承之並進而再分爲二境云：“今據導字分之以爲南北二條，而江河以爲之紀。於二之中又分爲二焉。”其下文即分：北條大河北境、北條大河南境；南條江漢北境，南條江漢南境。《稗疏》譏之云：“王、鄭以三條四列分之，蔡氏辨其非，是也。而蔡氏南北二條復分爲二，則亦與王、鄭之説，相去無幾。”

　　元吳澄《纂言》將蔡氏四境又各再分爲二。其舉例云：“北條河渭北境之山，北條之北也。岍、岐、荆、三山在渭北，北條之北之一也。雷首、太岳、厎柱、析城、王屋、太行、恒山、碣石九山在河北，北條之北之二也。”

　　明王樵《日記》則以兩條即兩戒。其言云："南條北條，即所謂南戒或北戒。江爲南河，河爲北河。南北兩河，上應雲漢，蓋天文地理自然之分判也。於二之中又分爲二焉。"其下文即從蔡氏二條四境之説。並云："論横勢，則先北而南；論縱勢，則皆自西而東，義視王、鄭始益精密。"

　　清崔述提出了四重説，每重復分東西二幹(惟第四重只一幹)。其《夏考信録》卷一云："導山凡兩章，其山分四重……由北而南。河、渭以北爲第一重，岍、岐至太岳爲西幹，底柱至碣石爲東幹。……河渭以南爲第二重，西傾以下爲西幹，熊耳以下爲東幹。淮漢以南爲第三重，嶓冢爲西幹，内方爲東幹。江南爲第四重，惟岷山一幹耳。"

　　以上這些都在探索《禹貢》所叙山脉的體系，由於漢儒開始提出三條、四列之説，然後歷代研究者都循這框框繼續探求，其中鄭、朱、蔡、吳、崔諸人所分名異而實同，微有詳略之别而已。終當以蘇軾"隨其地脉而究其終始"之説符合"導山章"原意。依這些學者所尋析《禹貢》諸山的終始，則他們的看法，顯然是説《禹貢》將我國山脉依南北二條共分爲四個山系，即北條北列，北條南列，南條北列，南條南列。這是綜括大多數的分法，至於各列之下，當可依不同學者意見，進而再分。

　　明末清初王夫之《稗疏》始以爲三條四列諸説皆非《禹貢》原文所有，是這些人"以我測經(即以主觀探析經文)，不若以經釋經之爲當"。即"不應别紀三條四列，而反遺九山之宜載見者"。因而根據"導山章"所載"九山"綜述九條山系之名云："九山者，一、岍爲首，而屬岐、荆；二、壺口爲首，而屬雷首、太岳；三、底柱爲首，而屬析城、王屋、太行；四、恒山爲首，而屬碣石(按，此見王氏尊嶽觀念，恒山爲漢時所定之北嶽，故以之爲首。而《禹貢》原文固係作‘太行、恒山至于碣石’。則此宜爲‘太行爲首，而屬恒山、碣石’。因《禹貢》時恒山尚未定爲北嶽，只是蜿蜒千餘里之太行山東北的一座山，故只能屬於太行。參見下文“太行恒山”校釋）；五、西傾爲首，而屬朱圉、鳥鼠、太華；六、熊耳爲首，而屬外方、桐柏、陪尾；七、嶓冢爲首，而屬荆山；八、内方爲首，而屬大别；九、岷山爲首，而屬衡山；過九江而於敷淺原者，九山之餘也（其實可作“岷山爲首，而屬衡山、敷淺原”，王氏據誤本“至于衡山”，故爲此説）。”王氏否定三條四列之説，指出“導九山”的九個山系，這是根據“導山章”本文立論，是非常有見地的。

王氏本其“導者，爲之道也”的主旨，就導九山刊旅得出大道九條。上文已引王氏言禹循山之麓，刊木治道以通行旅，“刊旅之云，正導之謂”。其下文接着説：“青、兗、徐、揚或本無山，即有山而亦爲孤巒，不能取道。雍、冀、豫、梁、荆則山相連屬，附其麓而可屆乎遠，乃以崖壑崟欹，草木荒塞，振古而爲荒術。禹乃刊除平夷，始成大道。由西迄東，其道凡九也。”兹録其所言“九道”如下：一、“岍岐荆雍三山，而爲渭北之道。”二、“壺口、雷首、太岳三山，爲河東之道。”三、“底柱、析城、王屋、太行四山（應去太行爲三山），而爲河北之道。”四、“恒山而東（應爲太行恒山而東）……盡於碣石……其爲幽燕之道。”五、“西傾、朱圉、鳥鼠以達太華叢山之以名著者四，而爲關西渭南之道。”六、“熊耳、外方、桐柏、陪尾，起豫抵荆，而爲雒南楚塞之道。”七、“嶓、荆千餘里，而爲漢南蜀北之道。”八、“内方、大别相去無幾，而得名一山者，江漢下濕，賴此道以通荆土，故爲漢南江北之道。”九、“岷山之陽……達於衡山……其間雖紆回數千里，而山勢相接，有通谷巨壑以達之，其爲川湖之道。”（在此川湖之道前段爲

"自梁入荊南之道"，繼此後各類過九江至敷淺原"荊州東北入揚之山道"。並云："乃其統爲岷陽可通之道則二而一也。"）辛樹幟先生《禹貢新解》以爲此"九道"即西周所開的九條國道（因而他主張《禹貢》寫成於西周）。以其第一條"渭北之道"繞豐、鎬西北，第五條"關西渭南之道"繞豐鎬西南；第三條"河北之道"在雒邑北面通向東北，第六條"雒南楚塞之道"在雒邑南面通向東南。以爲道（治）這四條山脈和西周兩京四周交通有着密切關係。因而辛先生文中云："若將西周所開的這九條國道的作用，用當時歷史事實一一證明……就可知道王夫之這一發現的偉大了。"

王夫之就導山章本文括出這九條山系，進而由山系得出的幾條大道，是深有見地的。我們可以循王氏說理解導山章所叙述的古人所獲知的華夏大地上的九條山系。但是自漢代以來一些學者企圖將這些山歸納成幾條幾列的體系，各作嘗試，雖然還較粗糙而未成熟，總之反映了"導山章"是第一次按山勢對我國山脈進行了一次初步的科學清理。

②岍及岐至于荊山逾于河——此王夫之所定第一條山系，岍爲其首，屬此山系者有岐山及荊山。

"岍"，《史記》、《漢志》皆作"汧"。《說文》作"汧"，無岍字。《釋文》："岍，音牽。字又作汧，馬本作'開'。"《漢志》"右扶風汧縣"（今陝西隴縣）下云："吳山在西，古文以爲汧山，雍州山。北有蒲谷鄉弦中谷，雍州弦蒲藪，汧水（今稱千水）出，西北入渭。"《續漢書・郡國志》"右扶風"下："汧，有吳嶽山。"劉昭注引郭璞曰："別名吳山，《周禮》所謂嶽山者。"是兩志皆以吳山即岍山，又稱嶽山。所謂《周禮》，指其《職方氏》。《爾雅・釋山》亦云："河西，嶽。"郭璞注："別名吳山，亦曰開山。"《水經・山水澤地篇》亦云："開山在扶風汧縣之西。"因而《廣雅・釋山》云："吳山謂之開山。"王念孫《疏證》："開與汧同。"可知實即岍山，讀同開山。由馬融本作"開"，知東漢末已讀同開。《水經注》云："汧水出汧縣之蒲谷鄉弦中谷，決爲弦蒲藪。《爾雅》曰'水決之澤爲汧'也。汧水東逕汧縣故城北……又東會一水發南山西側，俗以此山爲吳山。……《地理志》曰吳山在縣西，古之汧山也。《國語》所謂'虞'矣（古字虞與吳同）。"是《水經注》與《漢志》同以吳山爲岍山。《史記・封禪書》載"自華以西名山七"，其中未提岍山，却誤分岳山、吳岳爲二山。《隴州志》則以州西四十里之吳山爲岍山，州南八十里之嶽山爲吳嶽。胡渭《錐指》云："竊謂吳山《漢志》雖云在縣西，而岡巒綿亘，延及其南，與嶽山只是一山。自周尊岍山曰嶽山，俗又謂之吳山，或又合稱吳嶽。《史記》遂析嶽山與吳嶽爲二山，而岍山之名遂隱。其實此二山者，《周禮》總謂之嶽山，《禹貢》總謂之岍山，當以《漢志》爲正。"王氏《廣雅疏證》亦謂吳山"在今（清）鳳翔府隴州西南，俗以在州西四十里者爲汧山，在州南八十里者爲嶽山，其實一山也"。皮氏《考證》云："吳山、虞山、吳嶽、嶽山、開山，秦汧山之異名。"（《蔡傳》引晁以道説，"以爲今（宋）之隴山、天井、金門、秦嶺山者，皆古之岍也"。《錐指》云："不知何據？"）

"岐"，《漢志》"右扶風美陽縣"（今陝西扶風縣之東）下云："《禹貢》岐山在西北中水鄉，周太王所邑。"在美陽縣西北，實即今扶風縣西北、岐山縣東北，處岍山之東。《錐指》云："岐山，一名天柱山，其峰高峻，狀若柱然。《國語》：'周之興也，鸑鷟鳴于岐山。'故俗呼爲鳳凰堆。山之南，周原在焉。《詩》所稱'周原膴膴'者也。東西橫亘，肥美寬平，在今岐山縣東北四十里。"

"荆山"，即《漢志》左馮翊懷德縣的北條荆山，懷德縣下原文云:"《禹貢》北條荆山在南,下有彊梁原,洛水東南入渭。"懷德縣當今陝西省大荔縣東南,洛水又在其東南入渭,則此岐山應在大荔東南朝邑西境洛水入渭處之西北。《錐指》云:"朝邑實西漢之懷德,荆山當在其境。"亦論定荆山在此。

《錐指》云:"荆山有三:一在雍域懷德北條之荆,大禹鑄鼎處也。一爲荆豫界臨沮南條之荆,卞和得玉處也。一在豫域,與《禹貢》無涉。《漢郊祀志》:公孫卿曰:'黄帝采首山銅,鑄鼎於荆山下。'按《唐志》:'虢州湖城縣(今豫西靈寶市北)有覆釜山,一名荆山。'《元和志》:'山在縣南,即黄帝鑄鼎處,晋灼以爲在馮翊懷德縣,非也。'"按,名爲荆山者尚多,見荆州章"荆"字校釋。

"逾于河",僞孔:"此謂梁山龍門西河。"(參閱冀州章"治梁及岐"校釋)"龍門西河"見"雍州章",指晋西南河段。經師們争論"逾于河"是山逾還是人逾。《孔疏》:"逾于河,謂山逾之也。此處山勢相望,越河而東。"上引蘇軾《書傳》謂北條山道河不能絶,南條之山江不能絶。傅寅《說斷》引張九成《詳說》亦云:"北條荆山首自岍岐,東絶西河而北,雖河不能隔斷也。"都是以爲山能逾河相接。但另有宋儒漸以爲不可。如林之奇《全解》云:"夫山者静而不動之物,安得逾於河入於海過九江乎?……必欲以衆山首尾相屬,故其説多牽强而不通。"其門人吕祖謙《書説》遂云:"人逾,非山逾。"人,指禹。《蔡傳》遂云:"逾者,禹自荆山而過於河也。"宋元人相率謂禹隨山濬川而逾河。明鄭曉《禹貢圖説》爲宋元此説尋釋禹之所以逾河之故云:"大禹隨山,首於雍州岍岐荆三山……禹於是而逾河者,雍、冀之間,河流間斷,禹自雍之東境,而入冀之西境也。"然宋傅氏《說斷》已云:"非山逾,亦非人逾,禹所記之言然耳。蓋在河之西導此等山,過河之東與北導彼等山。"元王充耘《讀書管見》亦指出此二者之非云："舊說以爲山逾河者，固非是。今傳者以爲禹逾於河，似矣。而下文至於碣石入於海，豈亦禹入海耶？"崔述《夏考信錄》云："導水諸章云：至於……云入者，皆水也，非禹也，何獨導山諸章則至爲禹至之；……逾爲禹逾之哉！……冀南之山顯然自雍豫東，僞傳之說是也。……經之'逾于河'當屬山，不當屬禹，明矣。"崔氏之說當然是符合《禹貢》原意的。其實經師們這一爭論完全是多餘的，根據《禹貢》文意，原來確是說從岍山、岐山到荆山，走過河去接上壺口、雷首、太岳等一直入於海，古人認爲山勢如此，所以成爲北條北列。這是古人的認識水平如此，當然是不正確的。因爲岍岐至荆山屬北嶺六盤山系，壺口至碣石屬陰山山系，本不同屬。但古人就是這麼看的。我們尋繹古籍，要按它的原意去理解，不要按後代的理性去改造它。屈萬里《集釋》云："荆山東接黃河，一若山越河而過者，故云逾於河。"這是符合《禹貢》原意的。

曾運乾《正讀》云："山絕流曰'逾'，與貢程絕水登陸曰'逾'有别。此由陸絕流，彼由水登陸也。又導山言'逾'，亦與言'過'有别。荆山逾河，言絕流也；衡山過九江，言經其源也。"

自岍、岐至荆山，是沿渭水北岸、横亘今陝西省中部、東抵黃河西岸之山。係北嶺六盤山系的隴山山脉，皆屬雍州。

③壺口雷首至于太岳——此王氏第二條山系，壺口爲其首，屬此山系者有雷首、太岳。

"壺口"，被稱爲山而實係河上險峽。見冀州章"既載壺口"校釋。馬融釋爲山名。《漢志》"河東郡北屈縣"（今山西吉縣境）下云："《禹貢》壺口山在東南。"其山在今吉縣西南黃河上。《錐指》："導山自荆逾河爲壺口，故於冀言壺口，於雍言龍門。……兩山夾河而峙，東爲壺口，西爲龍門，明矣。自後魏太平真君七年改漢河東皮氏縣曰龍門縣，而龍門之名遂被於東岸。……龍門縣宋故曰河津縣，縣西北二十五里有龍門山，蓋即壺口之南支，古時東岸無龍門之名也。河水傾注其中形如壺然，故名壺口（據《吉州志》）。江海大魚至此不得上，上則爲龍，故名龍門（據辛氏《三秦記》）。兩山對峙，體分而勢合，東必得西而始成其爲口，西亦必得東而始成其爲門。……冀州與導山言壺口而不言龍門……雍州與導河言龍門而不言壺口，其文互相備。"

"雷首"，山名。《漢志》"河東郡蒲反（坂）縣"（今山西永濟西境河濱）下云："有堯山，首山祠，雷首山在南。"《括地志》云："蒲州河東縣（即漢蒲反縣）雷首山，一名中條山，亦名歷山，亦名首陽山，亦名襄山，亦名甘棗山，亦名豬山，亦名獨頭山，亦名薄山，亦名吳山。此山西起雷首，東至吳坂，長數百里，隨地異名（此二句爲《錐指》所引本有之），隨州縣分之。"（據賀次君輯本）《元和志》云："雷首一名中條，在河東縣南十五里，永樂縣北三十里。"《通典·州郡九》"蒲州河東縣"云："又有雷首山，夷齊居其陽，所謂首陽山也。"《寰宇記》云："首陽即雷首之南阜也。"《錐指》引《蒲州新志》云："首陽山在州南四十五里。又中條山在州東南十五里，山狹而長，西起雷首，迤邐而東，直接太行，南跨芮城、平陸，北跨臨晋、解州、安邑、夏縣、聞喜、垣曲諸境，凡數百里。"由此諸資料可知，雷首山即今山西省西南部界於黃河與涑水間的迤邐數百里的中條山的西端主峰，在今永濟市西南瀕臨黃河。它的名稱很多，除《括地志》所舉十名外，尚有首山、堯山、陑山諸名。見《漢志》蒲反有首山祠，即《漢書·郊祀志》所載黃帝采首山銅之首山。又《漢志》蒲反有堯山。《水經注》載："雷首山臨大河，北去蒲坂三十里，俗亦謂之堯山也。"又《寰宇記》云："堯山在河東縣南二十八里，即雷首山。山有九名，亦即厤山，‘湯伐桀升自厤’。注（指僞孔）：‘在河曲之南。’即此也。”《錐指》録此山資料最詳備，末並載中條北諸峰，中條南諸峰，最南一山爲鳳凰山，“去州七十里，與潼關相對，爲中條南麓盡處”。又言：“雷首之脉爲中條，東盡於垣曲，王屋在焉。禹至此顧不束行，而北抵太岳。”

“太岳”，山名。《史記》、《漢志》皆作“太嶽”。見上文冀州章“岳陽”校釋引鄭玄注云：“太岳，在河東故彘縣（今山西霍州市）東，名霍太山（今霍州東南霍山）。”按，《周禮·職方氏》云：“河内曰冀州，其山鎮曰霍山。”《爾雅·釋地》：“西方之美者，有霍山之多珠玉焉。”《漢志》“河東郡彘縣”下云：“霍太山在東，冀州山。”《元和志》云：“霍山一名太岳，在霍邑東三十里，今（唐）州治即霍邑故城也。”《錐指》引《新志》云：“山高百餘丈，長八十里，周二百餘里，南接趙城、岳陽，北跨靈石。”核諸資料及地形圖，太岳山迤邐於今山西翼城縣浮山以北、太谷縣以南汾河東岸，主峰爲霍州東南的霍山。

自壺口至太岳，是接着上述荆山的叙述，大體是從汾河入河附近起，由今山西省西南端，沿汾水東岸向東北直抵山西中部的陰山山系太岳山脉，皆屬冀州。

④厎柱析城至于王屋——此王氏第三條山系，厎柱爲首，屬此山系者有析城、王屋（王氏爲突出恒山，將太行移屬此系，不合《禹貢》原意，今更正）。

“厎柱”，《史記》作“砥柱”。本篇之厎同砥，見《説文·厂部》：“厎，柔石也，从厂，氐聲。”是明確載“厎”讀音與“砥”同。下文接着説“厎或從石”作“砥”。故段氏《撰異》言“《説文》厎砥同字”。是此處“厎柱”即“砥柱”。然《釋文》音厎爲“之履反”，則與《堯典》“乃言厎可績”及本篇冀州章“覃懷厎績”等句釋爲“致”之“厎”同

字,大誤。隸古寫本如敦煌 P2533 及九條本逕寫作底(字形作庌),
甚是,《水經注》大典本作砥柱、刊本有作底柱者,傅寅《説斷》明確
作底柱。以後學者如陳經、江聲、焦循等等《禹貢》著作多即作"底
柱",皆是。

　　底柱原即三門峽河中山石。見《水經注》"河水又東過大陽縣
(今山西平陸)故城南……又東過砥柱間"下云:"砥柱,山名也。
……河水分流,包山而過,山見水中若柱然,故曰砥柱也。三穿既
決,水流疏分。指狀表目,亦謂之三門矣。"《通典・州郡七》"陝州
陝(當作峽)石縣"(今河南陝縣境)下云:"有底柱山。"《錐指》:"今
(清)按陝州東南七十里有峽石故城,北與平陸縣分水。底柱山在平
陸縣東南五十里、陝州東四十里大河中。最北有兩柱相對距岸而
立,是謂三門。"《陝州志》:"三門:中,神門;南,鬼門;北,人門。"今
已修三門峽水電站,置三門峽市。

　　"析城",山名。《括地志》"澤州濩澤縣"(今山西陽城縣)下
云:"析城山在澤州濩澤縣西南七十里。《水經注》云:'析城山甚高
峻,上平坦,下有二泉,東濁西清。'"《錐指》引吳澄説:"天寶元年改
(濩澤)縣曰陽城。"《通典・州郡九》"澤州陽城縣"下云:"漢曰濩
澤縣也。有……濩澤水、析城山。《禹貢》所謂砥柱、析城也。"吳澄
《纂言》云:"析城在王屋縣西北七十里,山峰四面如城,有南門焉。"
按,山即在今山西陽城縣西南。

　　"王屋",山名。《括地志》"懷州王屋縣"下云:"王屋山在懷州
王屋縣北十里。"《元和志》云:"在縣北十五里,周一百三十里,高三
十里。"《錐指》云:"今(清)濟源縣西有王屋故城,隋唐縣也,分漢垣
縣地置,元省入濟源。《河南通志》云:'山在濟源縣西八十里,形如
王者車蓋,故名。其絶頂曰天壇,蓋濟水發源之處。'"是此山在今河

南省黄河北岸濟源市西北,山勢逶邐綿亘晋豫邊境,孤峰聳立的析城山在其北。

自砥柱至王屋,是叙今晋南豫北黄河北岸大勢自西向東的諸山,當係太岳山脉東南支阜,也都屬冀州。

⑤太行恒山至于碣石入于海——此王氏第四條山系。太行爲首,屬此山系者有恒山及碣石(王氏原以恒山爲首、碣石爲屬,而移太行屬前系,今更正)。

"太行",山名。《釋文》:"行,户剛反。"(此通行讀法,然《錐指》云:"《列子》作'太形',則行讀如字,故陸氏兼存之。"又段氏《撰異》以爲"太"當作"大",謂"《唐石經》以下作'太',誤也。……《列子》作'大形山'"。然古大字讀作"太"。大作大小之大,亦作太用)太行山爲我國西北黄土高原與華北平原的分界。位於山西省東邊與河北、河南兩省的邊界上,沿東北—西南走向,蜿蜒千餘里,稱太行山脉,屬陰山山系。歷史典籍中所稱太行山,常指今河南沁陽、武修與山西晋城之間的太行山。見《漢志》"河内郡墼王縣"(今河南沁陽縣)下云:"太行山在西北。"又同郡"山陽縣"(今河南修武縣)下云:"東大行山在西北。"《括地志》"懷州河内縣"(亦沁陽縣)云:"太行山在縣北二十五里。"又云:"羊腸坂道在太行山上,南口懷州,北口潞州。"《元和志》云:太行山"在晋城縣南四十里"。《通典·州郡九》"澤州晋城"(即今山西晋城縣)下云:"漢曰高都縣,隋曰丹川,有天井關在南太行山上。"又"潞州壺關縣"下云:"有羊腸坂。"曹操《苦寒行》云:"北上太行山,艱哉何巍巍;羊腸坂詰屈,車輪爲之摧。"曹活動在河南境,故云"北上太行山"。詩描述太行山之險峻。

"恒山",《史記》作"常山",避漢文帝劉恒諱改。此山由漢武帝定爲北嶽。山原在據該山定名的常山郡上曲陽縣。見《漢志》該縣下云：“恒山，北岳，在西北。有祠。并州山，《禹貢》恒水所出。”即今河北省曲陽縣西北，處於太行山之東。其高嶺名大茂山（《錐指》引《岳廟碑》。又《隋志》滋陽縣有大茂山）。《錐指》並云大茂山“在阜平縣東北七十里，接曲陽界，乃恒山之脊”。宋時恒山爲遼所占，金世宗時以其在京城之南，遂議以晋北渾源境之玄嶽山（見《水經注》云崞縣南面玄嶽）爲北嶽恒山，至清順治七年正式定祭祀北嶽於渾源，北嶽恒山遂永在太行山北之山西省東北境。但尚未作爲北嶽的《禹貢》恒山，自當在河北省曲陽境。

　　“碣石”，作爲渤海北岸供航海作標誌之石，在今河北樂亭縣南的海岸邊。作爲可以觀滄海而招致後世一些帝王（秦皇、漢武、魏武等）登臨的碣石山，在今河北昌黎縣。參看上文冀州章“夾石碣石”校釋（詳拙撰《碣石考》，載《古史續辨》）。

　　“入于海”，謂山勢盡於海。自大行至碣石，是叙從今山西省東南向東北迤邐並橫過河北省北部的太行山，接着是直抵渤海岸邊的燕山東部餘脉，自都屬冀州。

　　自岍、岐至碣石，連雍、冀兩州，除底柱山在河道上外，皆爲渭水以北和河水以北之山，如按條列説，是北條北列。

　　⑥西傾朱圉鳥鼠至于太華——此王氏第五條山系，西傾爲其首，屬此山系者有朱圉、鳥鼠及太華。

　　“西傾”，山名（《漢志》作“西頃”。見上文梁州章“西傾因桓是來”校釋。在今甘肅碌曲西南的青海東境。

　　“朱圉”，山名。《漢志》“天水郡冀縣”（今天水市西北）下云：“《禹貢》朱圉山在縣南梧中聚。”師古曰：“圉讀與圄同。”《通典·州郡四》“秦州上絡縣”（今天水市）下云：“有朱圉山，俗名曰白巖山。

漢舊縣。”《元和志》云：“朱圉山在伏羌縣（今天水市西北甘谷縣）西南六十里。”《伏羌縣志》：“朱圉山在縣西南三十里。”（《錐指》注：“縣治移向西南，故山較《元和志》近三十里。”）是舊説大都以朱圉山是漢天水郡之梧中聚的朱圉山，其地在今甘肅天水市西北甘谷縣西南三十里的渭水南境。近代學者王樹枏始謂實即今甘肅卓尼，爲一語之音轉。其説見顧頡剛師《西北考察日記》“（28）卓尼、六月五日”所録云：“《禹貢》朱圉山，本説在甘谷縣。前在《石遺室詩話》中見王樹枏詩，謂卓尼即《禹貢》朱圉之轉音，若豬野之訛爲居延；且其地有山殷然四合，形似朱圉者；否則朱圉反在鳥鼠之下，與《禹貢》導山次序不合。……尋之……至上卓尼，登山，此山自南望之，屹然一峰，諸山圍之，色赤，宛若獸在圍中，稱以朱圉固甚當……山爲上卓尼番民之山神，每年陰曆五月十五日嗥經祭神，十里以内之人皆至。”其地在西傾山之東北。就西傾、朱圉、鳥鼠自西而東北之順序言，王氏之説甚是。

“鳥鼠”，山名，見上文雍州章“至于鳥鼠”校釋。在今甘肅渭源縣西南，居朱圉山之東北。

“太華”，即華山，見上文梁州章“華陽”校釋。其山在今陝西華陰縣南十里。自西傾至太華，是從青海東部西傾山，東連隴南至陝南的整個秦嶺山脉，居雍州南部，亦即梁州北界。

⑦熊耳外方桐柏至于陪尾——此王氏第六條山系，熊耳爲其首，屬此山系者有外方、桐柏及陪尾。

“熊耳”，山名。《漢志》“弘農郡（郡治今河南省靈寶市北）盧氏縣”（今河南盧氏縣）下云：“熊耳山在東，伊水出東北入雒。”其山綿亘二百餘里，實爲伊水與雒水的分水嶺。下文“導水章”的雒水則發源於另一熊耳山，見導水章“導雒自熊耳”校釋。

“外方”，山名。《漢志》“潁川郡嵩高縣”（今河南登封縣）下云：“古文以崇高（嵩高、嵩高）爲外方山也。”即今登封縣内漢武帝時定爲中嶽的嵩山。根據《禹貢》文意，就地形來看，實際當指熊耳山和伊水東南，北起嵩山，斜向西南的伏牛山一帶諸山。

“桐柏”，山名。《漢志》“南陽郡平氏縣”（今河南平氏）下云：“《禹貢》桐柏大復山在東南，淮水所出。”《水經》云：“淮水出平氏縣胎簪山東北，過桐柏山。”《注》云：“《山海經》曰：‘淮出餘山（桐柏山別名），在朝陽東，義鄉西。’《尚書》‘導淮自桐柏’即此也。淮水潛流地下三十許里，東出桐柏之大復山南。”其山在豫鄂邊界上，即今豫南桐柏、信陽諸縣一綫和鄂北棗陽、隨縣一綫之間的一座山脉。其主要支峰大復山、胎簪山，在桐柏縣境之西，淮水出於此。

“陪尾”，《史記》作“負尾”，《漢志》作“倍尾”。古輕唇音讀重唇，故“負”與“陪”、“倍”聲紐同。而“負”與“音”又同在古音“之哈部”，故“負”與“陪”、“倍”同音通用。《漢志》“江夏郡安陸縣”（今湖北安陸市北境）下云：“橫尾山在東北，古文以爲陪尾山。”即今湖北安陸市的橫山。

自熊耳至負尾，是接着太華迤邐向東南的豫省西境境内諸山，最末迄鄂境隨縣、安陸間。這都在豫州境内。（元吳澄《書纂言》始以爲陪尾當指山東泗水縣之陪尾。其後學者多從之。就地形看，不僅相去太遠，尤以中間隔着廣大的華北平原，山勢了不相屬。而熊耳諸山屬北嶺山系，山東半島屬陰山山系。吳說顯誤。）

自西傾至陪尾，連雍豫兩州，及於荆州北界，皆渭水以南、漢水以北之山。如按條列説，是北條南列。

⑧導嶓冢至于荆山——此王氏第七條山系，嶓冢爲其首，屬此山系者爲荆山。

“嶓冢”，山名，在陝西省寧强縣境。詳見上文梁州章“岷嶓既藝”校釋。其山屬梁州。

“荆山”，即南條荆山，見荆州章“荆”字校釋。其山在今湖北南漳縣南，屬荆州。

自嶓冢至荆山，主要叙漢水和嘉陵江（漢時稱西漢水）之間的大巴山脉，歷經陝西（秦嶺南）、四川（東境）、湖北（長江以北）三省。

⑨内方至于大别——此王氏第八條山系，内方爲其首，屬此山系者有大别山。

“内方”，山名。《漢志》“江夏郡竟陵縣”（今湖北潛江市西北境）下云：“章山在東北，古文以爲内方山。”（注：“宋祁曰：章山上當添丘字。”而《史記集解》引鄭玄注稱立章山。《續漢志》亦稱立章山。然《括地志》仍稱章山。）山實在今湖北鐘祥市的西南境（據《錐指》，“漢竟陵故城在鐘祥縣界，劉宋析竟陵爲長壽、宵城二縣，後周省竟陵入長壽，明嘉靖更名鐘祥”，故章山在鐘祥）。《續志》劉昭注引《荆州記》云：“山高三十里，周迴百餘里。”成孺《班義述》據《括地志》、《通典》、《輿地紀勝》以爲“是唐宋亦稱章山”。又云：“曹學佺《名勝志》謂之馬仙山，《方輿紀要》謂之豫山，一名障山，《大清一統志》謂之馬良山。《水道提綱》謂之三尖山。”此山爲荆山山脉的東南端，地當要衝，漢水經其東。按，春秋時的楚國方城在今河南葉縣、方城一帶。其西北之嵩高山楚人以爲在方城之外，稱之爲外方山。此爲方城之内的又一要塞，故稱爲内方山（《左傳·僖公四年》：“楚國方城以爲城，漢水以爲池。”方城爲楚國最險要可守之地。故其外的險要稱外方、其内之險要稱内方）。

“大别”，山名。《漢志》“六安國安豐縣”（今河南固始縣東南，鄰安徽霍丘境）下云：“《禹貢》大别山在西南。”《史記·集解》引鄭玄曰："大別在廬江安豐縣。"《續漢書・郡國志》"廬江郡"："安豐有大別山。"(《班義述》引《水經注》云："廬江者，建武十年省併也。")《水經・山水澤地篇》亦云："大別山在廬江安豐縣西南。"這些地理書都記載明確，大別山在安豐西南。

　　至杜預注解《左傳・定公四年》"吳伐楚……(楚)子常濟漢而陣，自小別至于大別"云："《禹貢》漢水至大別南入江，然則此二別在江夏(江夏郡，今鄂東地區)界。"《孔疏》："然則二別近漢之名，無緣反在安豐也。"《水經注》："江水東逕魯山南，古翼際山也。《地說》曰：'漢與江合於衡北翼際山旁者也。'……《地理志》曰：'夏水(即漢水)過郡入江，故曰江夏也。'"《元和志》云："魯山一名大別山，在漢陽縣東北一百步。"蘇軾《書傳》："二別山皆在漢上。"傅寅《說斷》："漢上，當是漢陽界山也。"林之奇《全解》："漢水既東流爲滄浪之水矣，於是過三澨水所入之處，於是觸大別山以與江合也。"《錐指》云："大別山，杜元凱已知在江夏而不在安豐，酈氏亦主杜說，而終不能指魯山爲大別(按酈氏未明依杜說以漢入江之處的翼際爲大別)，至唐人始能言之。"又云："大別山在漢陽府城東北半里漢水西岸。""小別山，一名甑山，在漢川縣東南十里。"

　　自杜預起，陸續有一些學者，大都以漢水入江處爲根據，來尋大別山之地。因而以所謂漢陽東北半里漢水西岸之山當之，則即今漢陽龜山，與武昌蛇山隔江相對之山。然龜山不大，又古名翼際山、魯山，從不名大別，且《禹貢》並未言大別即在漢水入江之處。"導水章"但言漢水過三澨、大別，然後入江。三澨在在今襄陽境，則漢水先過鄂北之襄陽，再過鄂東之大別，而後入江，正合地理形勢。所以此山仍當是漢時六安國安豐縣西南即今鄂皖邊界之大別山。該山磅礴及於鄂東麻城、黃陂之境，正亦漢水入江區域內，其爲《禹貢》之大別是無疑的。(《班義述》推重洪亮吉《卷葹閣集》有《釋大別山》一篇,設十四證以申班固《漢志》之説,反對杜預注《左傳》之説,對此問題有較詳論證。)

此山系接着大巴山以東,綿延長江以北,從漢水西岸的内方起,東經漢水東的大洪山脉,直至鄂東大別山脉,皆屬荆州(大別山之北脉入揚州)。

自嶓冢至大别,連梁、荆兩州(東綫)及於豫之南與揚州西境,皆爲沿漢水之山。計自内方以西爲漢水西南,内方以東爲漢水東南,皆在長江之北。如按條列説,是南條北列。

⑩岷山之陽至(于)衡山過九江至于敷淺原——此王氏第九條山系,岷山爲其首,屬此山系者有衡山、敷淺原。

“岷山”,《史記》作“汶山”,《漢志》作“崏山”。已見上文梁州章“岷嶓既藝”校釋。大抵汦、洮以南之山,古人常稱爲岷山。在松潘境者則爲岷水所出,《禹貢》把它作爲江水之源。

“衡山”,已見上文荆州章“衡陽”校釋。衡山爲荆州境内長江以南之大山。上面既已叙畢荆州的長江以北之山,此山自即當時已爲北方所知的長江以南今湖南省内之大山衡山。按,此“衡”字上原誤衍“于”字,成“至于衡山”,别本《史記》亦同。中華書局點校本無此“于”字,甚是。因此處係作爲叙述長江沿綫之山,從岷山直叙到“至于敷淺原”,中間不容有兩“至于”。司馬遷據九個“至于”之山稱爲九山,亦可證此處原無“于”字。

“九江”,已見上文荆州章“九江孔殷”校釋。指鄂東長江北岸廣濟地區一帶的大江與有關之水。

“敷淺原”,《漢志》“豫章郡歷陵縣”(今江西省德安縣)下云:“傅易山傅易川在南,古文以爲傅淺原。”師古曰:“傅讀曰敷,易,古陽字。"段氏《撰異》云："此作傅，知作敷者淺人所改也，猶傅土改敷土也。"即使原作傅淺原，然《禹貢》篇文作敷淺原流傳已久，人已習讀，不用改回（薛本摹古作"傅"，今所存隸古寫本凡有此句者皆作"尃"。惟偽孔、《孔疏》、《史記·索隱》、《蔡傳》引傅陽山皆誤"傅"作"博"）。《史記·集解》引徐廣《史記音義》云："淺一作減。孫氏《注疏》："疑傅易當作傅易，與滅聲相近。"

今江西德安縣南十二里有博陽山，山不高。朱熹《九江彭蠡辨》以"博陽山在今（宋）江州德安縣，爲山甚小而卑，不足以有所表見。……廬阜則甚高且大……所以識夫衡山東過一支之所極者，唯是爲宜"。其《語類》又云："德安縣敷陽山正在廬山之西南，故謂之敷陽，非以其地即爲敷淺原也。若如舊說，正以敷陽爲敷淺原，則此山甚小，又非山脈盡處。"其後蔡沈《集傳》、金履祥《書經注》、夏允彝《禹貢古今合注》等皆承朱說，以爲敷淺原是廬山。

王充耘《讀書管見》云："敷淺原恐非廬山，高平曰原，而又名敷淺，則必平曠之地不爲高山可知。《禹貢》導山即所以導水，不論山之高大。"朱鶴齡《禹貢長箋》云："傅陽山，《漢志》得之古文，可據也。朱子疑卑小不足表識。繹敷淺之名，正不當求之高大。蓋傅陽在古本高平之地。後人名之爲山耳。導江漢之山至大別、敷淺原而即止者，以江漢至此合流赴海，不煩殫力隨刊。況導水可以互見，豈必求之山脈盡處耶？"胡渭《錐指》云："古文以歷陵之傅陽山爲敷淺原，當有所本。……（朱子）其意以廬阜爲敷淺原，然此山高峻，似不可名之曰原。……'廬阜爲衡山東過一支之所極'乃堪輿家說。愚謂敷淺原在廬山東南之麓，迫近彭蠡，禹導山至此而還，故特書之，不必擇高大者以爲表識，亦無論其山脈之盡與不盡也。"此數家皆盡力駁朱熹之說，以爲廬山是山而非原，此原，祇能是廬山南麓傅陽高平之地，其説較可取。

《禹貢》作者只了解漢水江水大致的形勢，而不像對北方山川那樣較能確知。所以只能粗綫條描述。上兩句已叙述漢水沿綫之山，此處叙長江沿綫之山。以岷山代表四川西境諸山，向東南蜿蜒後再折而東至湖南，亦以衡山代表湖南境内諸山，再東北沿長江循幕阜山以迄江漢會合地區的江北岸九江和江南岸敷淺原而止。可能《禹貢》作者認爲其下就是江漢朝宗於海的下游平地，再没有大山了。

自岷山至敷淺原，亦連梁、荆兩州（西綫）及於揚州西界，皆爲沿長江南岸之山，如按條列説，是南條南列。

以上這一節，是“導山章”，講述導山次第。自《書序》説“禹别九州，隨山濬川”，繼以《孔疏》述僞傳之意爲“治山通水”，都説明導山是爲了治水。崔述《夏考信録》説：“洪水之患，山居者多，故先隨山而導之，使高田之害先除，然後循水而導之，使平田之害盡去，而不先導山亦無以察地勢之高卑而蓄洩之。”是即導山爲導水的準備工作。但《禹貢》作者之言導山，於諸山情況了解不一。對北條南北二列之山認識清楚，記載較詳晰，於南條之山較疏略，特别是對南條南列之山所占地域最遼遠，而記載只岷、衡二山，過於簡略與疏闊。這是由於《禹貢》作者爲西北人所使然。但總之首次就當時所知道的全華夏的主要山脈，按山的走勢與前後各山的關係，以科學徵實精神初步作了系統的清理，歷代注疏家及治《禹貢》學者們先後提出的幾種對山系的區分，也是值得參考的。

導①弱水，至于合黎，餘波入于流沙②。

導黑水，至于三危，入于南海③。

導河積石④,至于龍門,南至于華陰⑤,東至于底柱,又東至于孟津⑥,東過洛汭,至于大伾⑦,北過降水⑧,至于大陸⑨,又北,播爲九河⑩,同爲逆河,入于海⑪。

嶓冢導漾,東流爲漢⑫,又東爲滄浪之水⑬,過三澨,至于大別⑭,南入于江⑮,東匯澤爲彭蠡,東爲北江,入于海⑯。

岷山導江,東別爲沱⑰,又東至于澧⑱,過九江,至于東陵⑲,東迆北會于匯⑳,東爲中江,入于海㉑。

導沇水,東流爲濟㉒,入于河㉓,溢爲滎㉔,東出于陶丘北㉕,又東至于菏㉖,又東北會于汶㉗,又北,東入于海㉘。

導淮自桐柏,東會于泗、沂,東入于海㉙。

導渭自鳥鼠同穴,東會于灃,又東會于涇,又東過漆沮㉚,入于河。

導洛自熊耳㉛,東北會于澗、瀍,又東會于伊㉜,又東北入于河㉝。

①導——《史記》作"道九川",以領起此處"導水章"全文,以"弱水至于合黎"爲本章首句。《漢志》作"道",未增"九川"二字,以"道弱水至于合黎"爲首句。"導"之意舊釋以爲引導或疏導河流,即禹治理河流。如本篇首句云:"禹敷土,隨山刊木,奠(定)高山大川。"《書序》云:"禹別九州,隨山濬川。"皆是此意。《蔡傳》始云:"水之疏導者已附於逐州之下,於此又派別而詳記之,而水之經緯皆可見矣。"意謂此處是按水系紀録各水,其説近是。

"九川"之"九"本泛指,然此處顯係司馬遷據此章有九個"道"字所導的九條水,因而綜括爲"九川"。《史記·索隱》:"弱、黑、河、瀁、江、沇、淮、渭、洛,爲九川。"《孔疏》:"計流水多矣,此舉大者言耳。"《孔疏》並云:"此下所導凡有九水,大意亦自北爲始。以弱水最在西北,水又西流,故先言之。黑水雖在河南,水從雍、梁西界南入南海,與諸水不相參涉,故又次之。四瀆,江河爲大,河在北,故先言河也。漢入於江,故先漢後江。其濟發源河北,越河而南,與淮俱爲四瀆,故次濟次淮。其渭與洛俱入於河,故後言之。"其說不如崔述扼要。崔《夏考信録》云:"導水凡九章,其次第有五。弱水黑水在九州之上游,故先之。中原之水患河爲大,故次河。自河以南,水莫大於江、漢,故次江、漢。河以南江漢以北,惟濟、淮皆獨入於海,故次濟、淮。雍水多歸於渭,豫水半歸於洛,然皆附河以入於海,故以渭、洛終之。"可知這是我國最早的境内水系的初步科學記載。

皮氏《考證》云:"案《今文尚書》有三條之說,道山、道水皆有之。馬(融)注云'北條行河,中條行渭、洛、濟、淮,南條行江、漢'是也。"

②弱水至于合黎餘波入于流沙——"弱水",《説文·水部》作"溺水"。是《禹貢》中最西的水,也是唯一向西流的水。水名原來自神話中,但在現實中確實有了這條水,發源於今甘肅山丹縣,西北流至張掖合羌谷水,過合黎山西南,折而北流過沙漠,最後入居延海。見上文雍州章"弱水既西"校釋。

"合黎",《史記》"入于流沙"《集解》:"馬融、王肅皆云合黎、流沙是地名。"《釋文》:"合黎,馬云地名。"僞傳:"合黎,水名也,流沙東。"《孔疏》:"顧氏云:'《地説》:《書》合黎,山名。'但此水出合黎,因山爲名。鄭玄亦以爲山名。"自以山名爲確。"黎",亦作"藜"。段氏《撰異》舉《漢志》作"藜",然今通行崇文本《漢書》仍作"黎"。又亦作"離"。見《水經·山水澤地篇》:"合離山,在酒泉會水縣東北(大典本誤作西北)。"酈《注》:"合黎,山也。"其地亦見《史記索隱》引《地説》云："合黎山在酒泉會水縣東北。"會水縣,今甘肅金塔東南,張掖高臺西北。易祓《疆理記》云："合黎山在張掖二百里,俗名要塗山。"用合黎山實斜亘於今甘肅張掖高臺至天城鎮一綫的東北方,綿亘三百餘里,俗稱要塗山之山。出於山丹縣的弱水至張掖合羌谷水後,即行於合黎山西南,至金塔東的合黎峽口,折而東北過沙漠入於居延澤。

"流沙",舊釋以爲西北一具體地名,紛歧説法遂甚多,其中主要一説以弱水所入之地爲流沙,以符合於《禹貢》。如《漢志》"張掖郡居延"下云："居延澤在東北,古文以爲流沙。"其實流沙是古人對西北廣大沙漠地區的一總的概念,凡不熟悉的西北遼遠之地即以流沙目之。

自弱水至流沙,叙弱水全程,爲"導九川"的第一條水系。

③導黑水至于三危入于南海——"黑水",見梁州章"黑水"校釋。是一由神話中引來的水名,難於實定而偏又説成爲梁、雍二州州界,紛歧異説遂多。"三危",原亦神話中山名,見《堯典》篇"竄三苗于三危"校釋,各地附會爲三危的不少,較多傾向於三危在敦煌。"南海",泛指中國以南之海。然從《山海經》引來的南海,原指西北一些海子稱爲北海、西海一樣稱呼爲南海之海,大抵在神話故事及歷史傳説中,黑水、三危是都主要在西北。《山海經·海内西經》説："海内昆侖之虚,在西北,帝之下都……黑水出西北隅,以東……南入海。"顯然這一南入之海是西北的好些海子之一(詳見梁州章"黑水"校釋)。及秦開巴蜀接觸西南夷後,獲知有橫斷山脈中南流入海之水,於是解《禹貢》者妄以爲有所據,硬將《海内西經》入西北海子所稱之南海,牽合爲中國以南之海了。事實上並無這樣一條遠出西北流入南海之水,於是經師們的紛歧解釋就特別繁多(皆見"梁州

章"校釋)。《禹貢》作者原具有科學精神，本不相信《山海經》神話中之水，由於不了解西北徼外少數民族區域的地理情況，誤以爲由西北入南海之水有了橫斷山脉之水的事實根據，就不慎采用了《山海經》中這條黑水，遂造成大錯。

自"導黑水"至"南海"，叙黑水全程，爲"導九川"的第二條水系。

④導河積石——"河"，即今黄河，漢以前但稱"河"。"積石"，山名。見雍州章"浮于積石"校釋。《漢志》"金城郡河關縣"（今青海同仁）下云："積石山在西南羌中，河水行塞外，東北入塞内。"其山即今青海阿尼瑪卿山。《禹貢》作者不相信《禹本紀》、《山海經》等河出崑崙的神話（《穆天子傳》、《爾雅》、《淮南子》、《水經注》等都盲從説河出崑崙）。《禹貢》只就自己所確知的黄河上游積石山談起，自是其謹嚴處。司馬遷《大宛列傳·贊》云："《禹本紀》言河出崑崙。……今自張騫使大夏之後也，窮河源，惡睹《本紀》所謂崑崙者乎？故言九州之山川，《尚書》近之矣。至《禹本紀》、《山海經》所有怪物，余不敢言之也。"充分肯定了《禹貢》這一謹嚴態度。舊釋以積石非河源，遂謂《禹貢》只是從禹治河施工處説起，如僞孔云"施工發於積石"。《孔疏》更明言之云："河源不始於此，記其施工處耳。"治《禹貢》者大都持此説，不知其非《禹貢》作者"導"字原意。《錐指》云："導者，循行之謂。"

⑤至于龍門南至于華陰——"龍門"，見雍州章"至於龍門西河"校釋，爲晋省西南黄河河道上的一山石險峽。彼處僞孔云："積石山在金城西南，河所經也。沿河順流而北，千里而東，千里而南，（至）龍門山。""華陰"，太華山以北，其境即今陝西省華陰縣一帶，河自龍門南流至此。

　　⑥東至于底柱又東至于孟津——這是黃河自龍門南行至晉西南角的華陰之東的風陵渡後，折而東行，先東至底柱（即今三門峽市，見導山章"底柱"校釋）。然後又東至於孟津。"孟津"，《史記》、《漢志》皆作"盟津"。《左傳·隱公十一年》："王……與鄭人蘇忿生之田：溫、原……盟……"杜預注："盟，今孟津也。"段氏《撰異》："盟、孟古音同在第十部，皆讀如芒。故《左傳》作盟、《尚書》作孟也。《尚書》舊本蓋或作盟津、或作孟津。"並舉《水經·河水注》引《尚書》所謂"東至于孟津者也"爲作孟津之證。又舉李善注《東都賦》引《尚書》及《孔傳》皆作"盟"爲作盟津之證。然後論之云："作'孟'，則訓爲四瀆之長（薛綜注《東京》）、訓爲長大（顏注《地理》），作'盟'則薛綜、王充、酈道元皆訓爲武王與諸侯約誓，要皆緣字傅會耳。"其論甚確。當如《孔疏》所云"在孟地置津，故名孟津。"稱之既久，"孟津"二字自亦成地名。故偽孔云："孟津，地名。"

　　孟津於東漢以前在黃河北岸的河內郡河陽縣（今孟縣西）南的河邊，即周武王伐紂渡師處。見杜預注："孟津，河內河陽縣南孟津也。在洛陽城北，都道所湊，古今常以爲津，武王渡之，近世以來呼爲武濟。"《錐指》引閻若璩云："孟津之漸訛而南也，自東漢始。考更始二年，使朱鮪等屯洛陽，光武亦令馮異守孟津以拒之，是時孟津猶在北。安帝永初五年，羌人寇河東，至河內，百姓驚奔南渡河，使朱寵將五營士屯孟津。靈帝中平六年，何進謀誅宦官，使丁原燒孟津，火照城中。城中者，洛陽城中也，則已移其名於河之南。"是到東漢永初年間孟津之名已移於南岸（然《續漢書·郡國志》仍在河內郡河陽縣引載杜預注孟津在縣南）。今黃河之南、洛陽之北有孟津縣，非《禹貢》孟津原地。

　　⑦東過洛汭至于大伾——這是大河自華陰東行相繼經過底柱、

孟津之後，繼續東進，先過洛汭；繼至大伾，然後古大河就要折而北行了，與春秋以後大河過大伾之後徙道東行完全不同。所以自華陰以東，歷經底柱、孟津、洛汭、稍東北至大伾，構成古大河在中原大地上自西向東的唯一的一段較長的流程。

“洛汭”，《史記》作“雒汭”，《漢書·溝洫志》作“洛内”。“雒”爲河南境内洛水本名，與陝西境内入渭之洛水非一水，其改稱此“雒”爲“洛”的情況，見荆州章“逾于洛”校釋。僞孔云：“洛汭，洛入河處。”（參看雍州章“渭汭”校釋）《孔疏》：“洛入河處，河南鞏縣東也。”即今河南省鞏義市東北。

“大伾”，《史記》作“大邳”。《爾雅》則“伾”作“坯”，注作“岯”。《說文》無“岯”字，“伾”字則引《詩》“以車伾伾”釋爲“有力也”。惟以“坯”當《禹貢》之“伾”。《釋文》：“（伾）本又作‘岯’。……字或作‘岯’。”段氏《撰異》：“邳，疑即岯之異體也。”

對伾字的釋義有不同二說，一即《爾雅·釋山》所説：“再成，英。一成，坯。”李巡釋云：“山再成曰英，一成曰岯。”一爲《說文》云：“坯，丘再成者也。”僞孔傳同樣云：“山再成曰伾。”《孔疏》引《爾雅》及李巡説後云：“《傳》云‘再成曰伾’，與《爾雅》不同，蓋所見異也。”《水經·河水注》則引云：“《爾雅》曰‘山一成謂之伾’，許慎、吕忱等並以爲‘邱一成也’。”是以爲許慎《說文》亦作“一成”。段氏《說文注》遂更正《說文》爲：“坯，丘一成者也。”注云：“據此是俗以《孔傳》改易許書。”段説當是。則提出此不同説者唯僞孔。姑不論其是非，這些總是古人對山的造成的解釋。當然不是真正科學研究所得，故所説各異。這裏只表示古人對大伾山有這樣一些説法。今人辛樹幟先生《禹貢新解》的《禹貢用字涵義》篇中提出新説云：“這一伾字，即是《小雅》‘如山如阜’的阜，因爲伾與阜古音是通的。

果爾,這種伾就是《禹貢》作者用以寫地貌的名稱。"可知伾這一地貌同於岡阜之類,説成山亦不遠失。

　　大伾山之所在地有三説:(一)鄭玄河内修武、武德説(漢河内郡即今河南省黄河以北地區,修武今修武北獲嘉縣境,武德今武陟縣東)。見《水經・河水注》"東過成皋縣北"下引鄭玄云:"地喉也,沇出伾際矣,在河内修武、武德之界。"《孔疏》亦引鄭玄云:"大伾在修武、武德之界。"(二)三國魏人張揖成皋説(成皋今河南滎陽縣汜水鎮)。見《孔疏》引張揖釋大伾云:"成皋縣山也。"《水經・河水注》亦云:"河水又東逕成皋大伾山下。"《水經・山水澤地篇》云:"大伾地在河南成皋縣北。"不稱山而稱地。(三)臣瓚黎陽説(黎陽今河南濬縣境)。見《孔疏》引云:"《漢書音義》:'有臣瓚者以爲修武、武德無此山也,成皋山又不一成,今黎陽縣山臨河,豈不是大伾乎?'瓚言當然。"《孔疏》備引三説,最後同意此黎陽説。然學者之間對此問題的爭論非常多,彼此不服對方説,聚訟不已。然據下文河過大伾即北折入大陸澤,修武、成皋二地皆太西,無法北折至大陸,自以第三説爲合。大抵《禹貢》古大河初循成皋大伾地東北流,至濬縣大伾山之西折而北流,是合於《禹貢》文意及今在卜辭研究中獲知殷墟之東大河是北流這一地理情勢的(詳起釪撰《卜辭的河與〈禹貢〉大伾》,載《古史續辨》)。

　　⑧北過降水——《史記》、《漢志》録本篇、《釋文》、《唐石經》、"相臺五經"本《尚書》皆作"降水",《漢志》"上黨郡屯留縣"及"信都國信都縣"下都作"絳水",《水經・漳水注》亦數稱"絳水",並引鄭注引《地説》作"絳"云:"作絳非也。"《蔡傳》作"洚水",這是誤用《孟子》書中"洚水"一詞來的。《孟子・滕文公下》云:"《書》曰'洚水警余'(按此逸書)。洚水者,洪水也。"是孟子所言"洚水"即"洪

水”,音義全同,並非此處作爲水名之降水。

僞孔云:“降水,水名,入河。”《錐指》云:“按宋張洎云:‘降水即濁漳也。’(見冀州章“至于衡漳”校釋)。據《水經·漳水注》及《錐指》所載,知降水原爲出自山西屯留縣西發鳩谷(又名方山、盤秀嶺、盤石山、鹿瀆山)的一條小水,其上源原名濫水(一作藍水),至屯留注入自長子縣西南來之濁漳水。自是濁漳水亦名降水。東行至林縣交漳口與源於山西昔陽自北南來的清漳水合爲漳水,出太行山東行,周時以降水之名在今河北肥鄉、曲周二縣間注入古大河〔《通典·州郡八》“漳水橫流而入河”在今(唐)廣平郡肥鄉界〕。故篇中言自大伾來之河水“北過降水”。

⑨至于大陸——“大陸”,古湖澤名,又稱鉅鹿澤。《錐指》云:“大陸,地也,非澤也。以地爲澤,自班固始。”其言不確。據近年地下水探測,今河北省巨鹿、南宮、冀縣、束鹿、寧晉、隆堯、任縣間有一古大湖澤遺迹,由西南斜向東北,長約六十七公里,鉅鹿、隆堯二縣間東西最寬處約二十八公里(見河北省地理研究所《河北平原黑龍港地區古河道圖》)。證實古有此大湖,自即大陸澤遺址。秦以後漸縮爲二泊,北泊名寧晉,南泊仍名大陸,現在大部分淤成平地(詳起釪撰《禹貢冀州地理叢考》,載《文史》第二十五輯)。

《錐指》云:“河自濬縣(今浚縣)西南折而北,歷内黄、湯陰、安陽、臨漳、魏縣、成安、肥鄉、曲周、平鄉、廣宗,至鉅鹿縣,大陸澤在焉。此即禹河‘北過降水至于大陸’之故道也。”

⑩又北播爲九河——《史記》無“又”字。“播”,《詩·般》疏引鄭玄注云:“播,散也。”僞孔:“北分爲九河以殺其溢。”顏師古注《漢志》此句云:“播,布也。”蘇軾《書傳》:“播,分也。”總之播爲散布義。

“九河”,河自大陸澤北出後,向東北分散成爲九條河道。《孟子·滕文公上》：“禹疏九河、瀹濟漯而注諸海。”《墨子·兼愛中》記禹“東方漏之（大）陸……灑爲九澮（九河）”。《荀子·成相》：“禹有功，抑下鴻……北决九河。”是戰國時已盛行禹疏九河之説。然什麼是九河？自漢以來已弄不清楚，因而説法很紛歧。《漢書·溝洫志》記載漢代有關九河資料，西漢人知有九河，但不知其確切位置，只知道在大陸澤東北地區，有人以爲九河已滅難明，有人提出其境南達今德州市，北至今交河，約二百餘里寬的地界内。今文家河隄都尉許商提出了徒駭、胡蘇、鬲津三條河名。成於西漢的《爾雅·釋水》則列了九條河名云：“徒駭、太史、馬頬、覆鬴、胡蘇、簡、絜、鈎盤、鬲津，九河。”《匯疏》引余闕指出這是漢人把當時的河附會爲《禹貢》的河。東漢古文家馬融、鄭玄九河説同《爾雅》，但鄭玄説周時齊桓公塞八河爲一。宋程大昌、鄭樵皆反對齊桓公所塞之説，元于欽《齊乘》以爲九河之形成與湮廢皆自然之理，非齊桓能塞八河。王莽時王横則以爲九河已淪於海，其後自唐至宋對九河多所考索。唐《孔疏》據許商所提三河所在，將《爾雅》其餘六河插入此三河中間之地。《通典》則在許商説外，增加了鈎盤、馬頬、覆釜三河所在地。張守節《史記正義》又增加了簡河所在地。宋《蔡傳》承朱熹之説並總結宋人考辨之所得，引《爾雅》九河爲八河（將其中“簡、絜”合爲一），彙録了漢至宋給八河定的所在地名，然後大抵據程大昌之意爲之説云：“自漢以來講求九河者甚詳，漢世近古，止得其三，唐人集累世積傳之語，遂得其六（按，實止得四），（宋）歐陽忞《輿地記》又得其一（簡絜河所在）。或新河而載以舊名，或一地而互爲兩説，要之皆似是而非，無所依據。……惟程氏以爲九河之地已淪於海……故其迹不存。”元于欽往來燕齊間，就其目驗所見，風填沙塞，九河之故迹不可復尋，以駁九河淪海之説。清初王夫之《書經稗疏》較詳地論析了九河有關問題,闡明九河在交河至天津之間入海,反駁了王横、程大昌、蔡沈以九河至碣石入海說。其後清人論九河甚多,著者八九家,大都反對王横九河淪於海之說。胡渭搜集資料最詳備,以爲"九河所在,後人率多附會"。因此主張"無事深求","不必取足於九"。楊守敬《本義》云:"九者極數也,言其甚多,不必限以九也,此當以汪容甫《釋三九》之義詮之。"顧頡剛師及辛樹幟先生《新解》皆主此說。在未得到該地區有九條河道帶的資料前,這是一種合理的解釋。

但是現代的科學工作者,却在河北省這一地區確實發現了地下有九條古河道帶。見1978年2月28日《光明日報》報導"河北省黑龍港地區地下水綜合科學考察取得重大成果"。報導說:"黑龍港地區包括衡水、滄州、廊坊、邢臺、邯鄲五個地區的四十六個縣市,耕地面積占河北全省總耕地面積三分之一。"按衡水至邢臺間即古大陸澤地區,而漢人所說的九河區域,完全就在此黑龍港地區之内。所以體認《禹貢》的九河,就是黑龍港地區的地下九條古河道帶,應是無問題的。

1973年起河北省地質、水利、機械、農林部門和省内外有關科研單位、高等院校承擔國務院關於河北平原黑龍港地區地下水資源的評價和開發利用的重點科研項目,經過三年多努力,初步查清了三萬六千多平方公里的地下水情況,查明黑龍港地區有九條大的古河道帶,包括古河道三百多條段。河北省地理研究所於1977年繪成《河北平原黑龍港地區古河道圖》,其《說明書》說:"黑龍港地區有九條古河道帶,即(1)大名、館陶、清河、棗强、景縣、滄州的黄、清、漳河古河道帶;(2)大名、衛東地區、中間經山東,至吴橋、東光、南皮、滄州和吴橋、鹽山、孟村的黄河古河道帶;(3)魏縣、廣平、巨鹿、新

河、束鹿、深縣的黄漳河古河道帶；（4）成安、肥鄉、曲周、平鄉、巨鹿
的漳河古河道帶；（5）冀縣、衡水、武强、獻縣、交河、滄州的黄、漳、滹
河古河道帶；（6）沿子牙河一帶的漳滹河古河道帶；（7）安平、饒陽、
河間、大城的滹沱河古河道帶；（8）蕭寧、河間、任丘的滹、沙、唐河古
河道帶；（9）任丘、文安的拒馬河古河道帶等。其中黄河，黄、清、漳
河，漳河和滹、沙、唐河古河道帶，又是四條較大的古河道帶。”

　　上列九條古河道帶如果大致按自南至北排列，則應把（2）移到
（1）前。其順序是：（2）、（1）（這兩條都在古大陸澤之束稍曲折地走
束北方向），（3）、（4）〔這兩條在（2）、（1）之西，都是走南北方向至
古大陸澤，（3）更出大陸澤束北行〕，（5）、（6）、（7）、（8）、（9）〔這五
條都在大陸澤束北，橫斜於（2）、（1）之北，雖亦走向束北，但傾斜角
比（2）、（1）小，較偏向束〕。其中除（4）在圖上所見止於古大陸澤
外，其餘八條河段雖有斷斷續續，但顯然古時都是繼續向束北流的。
而（2）過吳橋後分爲南北兩支，南支過孟村、鹽山束流，北支趨束光、
南皮束北流。這樣，繼續流的河道仍然是九條。

　　該《說明書》又說：“黑龍港地區古河道，主要是南南西—北北
束方向延伸。大致在臨西、平鄉一綫以南，主要有四條流路，爲河道
集中、砂層較厚的上游段。”是指（2）、（1）、（3）三條河道帶的上游和
（4）河道帶流域。又說：“該綫以北至文安、大城、滄州、鹽山一綫，
爲河道分支衆多、砂層較薄（除河道帶外）的下游段。”是指除（4）以
外的八條河道帶。加上（2）分爲南北二支河道帶，處黑龍港中部廣
大地區，可以說這裏正是《禹貢》“至于大陸”後，“又北，播多九河”
所記的情況。而這九條古河道帶的名稱所依據的河道，雖其時代有
先後，但大體由地勢決定河道的形成，有些古河移徙後，後起的河實
際循舊河故道，有些則此河奪彼河道。此次科學考察中，常發現埋

藏的古河道有不少是多期古河道在垂直方向上的重叠。因而即使定名所據爲較後的古河，仍不影響該河道是原有早期的古河道。所以這裏自可以把這些古河道一律作爲印證《禹貢》河道的資料加以運用。

　　主要是可以檢驗一下文獻中所説的九河名稱究竟反映了什麽河道？就文獻中所載九河各河所在地看出，文獻中的九河按自北向南的順序考定是：徒駭、太史、簡河、絜河、胡蘇、鬲津、馬頰、覆釜、鈎盤。徒駭最北、鈎盤最南（可知《爾雅》所載九河順序是完全錯亂的）。依此順序把文獻中九河和黑龍港地區九條古河道帶加以對比，就看出：最北的徒駭河既承滹沱、又承漳河，可以歸於（6）漳滹河古河道帶。其次太史河，當屬（5）黃漳滹河古河道帶。再南簡河、絜河，當屬（2）a 黃河道帶北支；在此以南的胡蘇、鬲津等河，都因緊鄰可歸於（2）b 黃河古河道帶南支。而更在其南的馬頰、覆釜、鈎盤三河，則去黃河古河道帶之南已遠，處於大陸澤正東，不屬北出大陸澤的古九河區域之内，同時也就不屬於今所發現的這九條古河道帶之内。顯見過去文獻是勉强把它們牽附於九河的，因而是不可信的。

　　由上面看出，從漢代起到清代所比附的九河，只有一部分能劃在（6）、（5）、（2）a、b 等條古河道帶内，可能還及於（9）河道帶，而不足以反映全部九條古河道帶區域。因此我們要探索認識《禹貢》九河，不能用漢代《爾雅》以來説的九條河，應該用科學工作者考察出來的河北平原黑龍港地區的九條地下古河道帶。因爲它們表明，由於地理形勢，在這一塊大地上，即古大陸澤東北以至於入海地區，客觀地存在着九條古河道帶，説明當時河水流到大陸澤後，再向北流出，很自然地可以循這九條古河道流淌，以至於流入海（詳起釪撰《九河考》，載《古史續辨》）。

⑪同爲逆河入于海——《史記·河渠書》作“同爲逆河入于勃海”。《河渠書·贊》：“東闚洛汭、大邳、迎河。”《夏本紀》則照錄“同爲逆河入于海”。是《史記》既作“逆河”，又作“迎河”；既作“入于海”，又作“入于勃海”。段氏《撰異》以爲“本皆作‘迎’，其參差不治，皆由後人以所習改竄”。不知然否？段氏又云“班氏因之”。即班固因襲司馬遷之文，故《漢書·溝洫志》亦作“同爲迎河”，而《地理志》仍作“同爲逆河”。段氏謂當爲“迎河”，是宋祁妄改爲“逆河”。亦不知然否？大抵司馬遷好以訓詁字改譯《尚書》字，有時又增字以足語意。即使《史記》作“迎河”、作“入于勃海”，未必《尚書》原文亦如此。

“逆河”，舊注疏家有兩種謬誤解釋。一説是九河匯合成爲一條逆河，一説逆河是渤海。前者見《詩·般》疏引鄭玄注：“同，合也。”《史記·集解》引鄭玄注：“下尾合，名曰逆河，言相迎受也。”《孔疏》引鄭玄此注後並引王肅注云：“同逆一大河，納之於海。”僞孔：“同，合爲一大河，名逆河，而入於渤海。”顔師古注《漢志》綜上説云：“同，合也。九河又合爲一，名爲逆河，言相迎受也。”蘇軾《書傳》全用此意，惟末句云：“以一逆八而入於海，即渤海也。”惟林氏《全解》引王安石云：“逆河者，逆流之河。非並時分流也。”林氏承合爲一逆河之説，故譏王氏爲鑿矣。王氏提“逆流之河”，甚是新意。惟“非並時分流”，似亦主合爲一河之説，則其義難明。後者見程大昌《禹貢論》云：“水非一河能容，故播爲九，安有一水能受九河而名爲逆河也。逆河，世之謂渤海者也。”其後力主逆河爲渤海者，竟爲《禹貢》大師胡渭，其《錐指》論逆河時，竟曲解蘇軾之説云：“至東坡云逆河即渤海。”（蘇氏原意謂合爲逆河後入於海，此逆河所入之海即渤海）同樣曲解了薛季宣據王橫言逆河皆漸於海之説。然後在引述宋至明一些逆河之説後云：“以上諸説，總由不知渤海即逆河，而求逆河於渤海之外，遂逾求逾遠耳。”

　　逆河之正確解釋，指海水漲潮時倒灌入河，使臨海口的河段受海水因而都成鹹水。較早言及此意者，見唐徐堅《初學記·地部》引載“同爲逆河入于海”句下所釋，雖同意九河又合爲一之説，其末句云：“逆，迎也。言海口有朝夕潮，以迎河水。”《錐指》引宋之人説中有陳師道云：“逆河者，爲潮水所逆行千餘里邊海。”元王充耘《讀書管見》釋逆河爲“以海潮逆入而得名”。明夏允彝《禹貢古今合注》云：“今九河之下，即爲逆河，殆謂自此而下即海潮逆入矣。”清初王夫之《稗疏》云：“水之入海……近海必平。且潮落則順下，潮生則逆上。……受潮之逆上，故曰逆河。……九河之尾皆逆，非合而爲一可知已。”這些學者都正確解釋了逆河爲海水逆入於河。“同爲逆河”，是説都是逆河。程氏《禹貢論》引或説：“同者，九河一故。”即九條河下游都一樣成爲逆河。王氏《稗疏》謂“同，皆也”，亦即都一樣的。河北平原黑龍港地區的考查報導説：“查清了河北平原地下水按照水質可分爲兩大區。除黑龍港和安平縣一部分外，其餘全部是淡水區。”這就是説黑龍港瀕海地是鹹水區，與海水同質。此即《禹貢》所説逆河之作用。九條河的入海處都叫逆河，取義於海水逆入，因而逆河之水是鹹水。現在科學考查獲知黑龍港東北地區是鹹水證實了這點。而黑龍港其餘地段的淡水，説明是保持古河道淡水的地帶。《黑龍港地區古河道帶説明書》還指出各河道上游淡水優於下游，即逐漸到下游才有鹹水。當即由於近海受海水逆入之故。所以由這一科學考查，才證實了逆河是由海水逆入的真實意義。

　　“入於海”，即九河的逆河，在南起今河北孟村、鹽山以東海岸，即宣惠河入海口之地，北至天津市以北，亦即河北省整個渤海西岸數百里地段内,分别入於渤海。文獻中古黄河的幹流北支在天津以北入海,它當是九河中最北的一河。

自"導河積石"至"入于海",叙河水全程,爲"導九川"的第三條水系。

⑫嶓冢導漾東流爲漢——嶓冢,山名,爲漾(漢)水之源頭,見梁州章"岷嶓既藝"校釋。"漾",《史記》作"瀁",《漢志》及《郡國志》又《史記·索隱》引《水經》皆作"養",《山海經》及《淮南子》作"洋",《説文》同本篇作"漾"。此句説從嶓冢山導出瀁水,東流後稱爲漢水。《水經·漾水注》説:漾水原出氐道(今甘肅清水縣西南)嶓冢山,東南流至武都(今甘肅成縣西)東稱漢水,亦稱沔水。再東流至沮縣(今陝西略陽東)會沮水後,又稱沮水。後來此漾水絶流,漢水遂以沮水爲源,在略陽以東漢中郡境内,復分南北二源。北魏始定其南源所在的今寧强縣境之山爲嶓冢山,直接爲漢水之所出,不再稱漾水(詳荆州章"江漢朝宗于海"校釋及梁州章"岷嶓既藝"校釋)。

⑬滄浪之水——"滄",《史記》作蒼。"浪",《釋文》:"音郎。"滄浪之水原是楚國境内漢水的名稱。《水經·沔水注》武當縣下云:"縣西北四十里漢水中有洲名滄浪洲,庾仲雍《漢水記》謂之千齡洲。……是近楚都,故《漁父》(指《楚辭·漁父》)歌曰:'滄浪之水清兮,可以濯我纓;滄浪之水濁兮,可以濯我足。'(按《孟子·離婁上》亦引此歌)……《禹貢》……不言'過'而言'爲'者,明非他水決入也。蓋漢沔水自下有滄浪通稱耳。"武當即今湖北省均縣。目前的丹江口市轄境。是從此地起,至三澨所在地之襄樊之間的漢水,通稱滄浪之水。

⑭過三澨至于大别——"澨",《釋文》:"市制反。"《説文》釋爲

“埤增水邊土”，即在水邊增土爲隄防。某水有滋，往往即以爲該處地名。故《左傳》有勾滋(《文公十八年》)、漳滋(《宣公四年》)、睢滋(《成公十五年》)、遠滋(《昭公二十三年》)、雍滋(《定公四年》)等五處。“三滋”當爲滄浪之水以南的漢水邊上三大隄防處。《漢志》“南陽郡育陽縣”有南筮聚。應劭注云：“育水出弘農盧氏，南入于沔。”育即淯。故《禹貢錐指》云：“三滋當在淯水入漢處。一在襄城北，即大隄。一在樊城南，一在三洲口東，皆襄陽縣地。”其他舊釋皆不如此釋之確。

“大別”，見導山章“內方至于大別”校釋，爲鄂東大別山脉。

⑮南入于江——是說漢水過鄂北之襄樊後，迤邐向東南流，過鄂東的大別山西南麓後，向南入注於長江。

⑯東匯澤爲彭蠡東爲北江入于海——“彭蠡”，見揚州章“彭蠡”校釋，知西漢以前彭蠡澤在長江之北，其留下的遺迹爲今湖北武穴至安徽宿松、安慶之間長江北岸諸湖沼群，東漢以後逐漸南移過江，發展成今江西鄱陽湖。《禹貢》所記漢水自甘陝向東南流，曲折斜穿過湖北省，於鄂東南大別西南入注長江後，向東匯集成彭蠡澤，然後又從彭蠡澤東出爲北江以入海。下文說長江從這一匯澤東出爲中江以入海。把漢水和江水說成平行入海的兩條水。這是《禹貢》作者不知悉不了解長江下游情況僅憑遠道風聞的說法寫成的。因而極錯大錯，舊釋亦皆誤。參看揚州章“三江”校釋。

自“嶓冢”至“東爲北江入于海”，敘漢水全程，爲“導九川”的第四條水系。

⑰岷山導江東別爲沱——“岷”，《史記》作“汶”，《漢志》作“崏”。“導”，《史記》、《漢志》皆作“道”。《禹貢》作者以爲出自岷山之江即長江，故云“岷山導江”。其實只是今岷江(見梁州章“岷

嶓既藝”校釋）。凡從長江分出之水（實指支流或支津）皆稱爲沱，此“東別爲沱”，指今四川省境内岷江東之水，舊釋指郫水，即今沱江（見荆州章“沱潛既道”校釋）。另有指川東其他諸水者，這是由對岷江的不同認識而來，現不深論。

⑱澧——《史記》、《漢志》皆作“醴”。段氏《撰異》云：“《尚書》經、傳、疏皆作‘醴’。”“《唐石經》以下‘醴’作‘澧’，蓋依衛包妄改。又經開寶改《釋文》之‘醴’爲‘澧’。”《史記·集解》：“孔安國及馬融、王肅皆以醴爲水名，鄭玄曰醴，陵名也。大皁曰陵，長沙有醴陵縣。”又《索隱》：“按騷人所歌‘濯余佩於醴浦’，明醴是水。……又虞喜《志林》以澧是湘、沅之别流，而醴字作澧也。”按，據《楚辭》“濯余佩兮醴浦”，是醴爲楚境水名，《禹貢》之醴當即此水。舊釋如鄭玄以爲是今湖南醴陵縣，則在長江以南數百里，且非水名。又如《説文·水部》“澧水出南陽雉衡山，東入汝”。屬今河南南召縣境，則在長江以北數百里，皆太遠。又如所説湘沅之别流的澧水（胡渭主此説），亦在長江以南自西南來入洞庭湖，相去亦遠。據“道江”所叙，醴是在今川東諸水以下，鄂東九江以上的長江河道所經過的一處水名，當指今鄂南湖沼地帶如洪湖之類某湖。

⑲過九江至于東陵——“九江”，見荆州章“九江孔殷”校釋。指鄂東黄岡地區廣濟一帶容納了多水的長江，包括其有關諸水。王氏《後案》云：“《水經》又云：‘江水自下雋（今蒲圻）縣北，又東北至江夏沙羨（今漢口）縣北，沔水從北來注之；又東過邾縣南，又東過蘄春縣南，蘄水從北來注之；又東過下雉（今湖北陽新）縣北，利水從東陵西南注之。’即此經‘過九江至東陵’者也。”

“東陵”，僞孔但釋云“東陵，地名”，未詳何地。宋儒如易祓《疆理記》、蔡沈《書傳》等皆以爲是巴陵，即今湖南岳陽縣。易氏並云：

“巴陵與夷陵相爲東西,夷陵一名西陵,則巴陵爲東陵可知。”這是他的推想,元明學者多從之。其實巴陵從來不稱東陵。據《漢志》盧江郡下:“金蘭西北有金陵鄉。”《水經‧江水注》:“又東過下雉縣北,利水從東陵西南注之。利水出盧江郡東陵鄉。江夏有西陵縣,故是言東矣。《尚書》江水‘過九江至于東陵’者也,實即其地。”又《山水澤地篇》:“東陵地在盧江金蘭縣西北。”陳氏《經説考》云:“考金蘭漢時並未置縣,則是地名非縣名也。《水經》言金蘭縣,《水經》魏時人所作,蓋魏時置爲縣也。”金蘭在今鄂東羅田正北的大別山西麓。下雉則在今蘄春正南的長江南岸陽新縣境。如《水經》言,則從東陵西南來注之水不當越長江,則下雉似宜在長江北岸,而後可尋東陵在其北不遠。

⑳東迆北會于匯——《説文‧辵部》:“迆,衺行也。从辵,也聲。《夏書》曰:‘東迆北會于匯。’”《釋文》:“迆,以爾反。”同迤,斜行延伸。“匯”,水衆多迴旋停蓄瀦而成澤叫匯。“東迆北會于匯”,與上文漢水“東匯澤爲彭蠡”意義同,此匯字即指彭蠡。

㉑東爲中江入于海——“中江”,已見揚州章“三江”校釋。由於“導漾”的“東爲北江”及此處導江的“東爲東江”,牽附於揚州的“三江既入”,就使經學家紛紛推定南江。而後紛歧繚亂的三江説蜂起,造成了《禹貢》説中最錯雜最無道理的“三江”問題。此説之誤已見“三江”校釋並導漾的“東爲北江入于海”校釋。

自“岷山”至“中江入于海”,叙江水全程,爲“導九川”的第五條水系。

㉒導沇水東流爲濟——《史記》“導沇”及“沇州”皆作“沇”,然《漢志》“導沇”作“沇”而“沇州”作“兖”(《天文志》仍作“沇”)。“沇”爲“兖”的原字。錢大昕《史記考異》云:“沇州,本以沇水得名。

《尚書》作兖州,由隸變立水(沝)爲横水(㶅),又誤'㶅'爲'六'耳。"
《釋文》:"沇,音兖。又:以轉反。"《漢志》"河東郡垣縣"下云:"《禹
貢》王屋山在東北,沇水所出,東南至武德入河。"垣縣今山西垣曲縣
東南,王屋山在其東,正在今山西、河南兩省交界處,沇水出其東南
麓,正在河南省北邊境上。武德,今河南武陟縣東境。在溫縣之東
較遠。《水經》:"濟水出河東垣縣東王屋山爲沇水,又東至溫縣西
北爲濟水。"故僞孔云:"泉源爲沇,流去爲濟。"東流後沇水既爲濟
水,故沇水所出王屋山所在之地,後遂稱濟源縣,《水經·濟水注》已
叙及濟源城,今爲濟源市。按"濟"字原作"泲",見兖州章"浮于濟"
校釋。

　　㉓入于河——出於王屋山的濟水南入大河,《漢志》説是武德入
河,《水經·濟水注》則歷叙入河處的幾次變遷,並云:"其後水流逕
通,津渠勢改,尋梁膩水不與昔同。"《錐指》説"濟水入河之道凡再
變"。今清理諸變異,簡爲述之如下:濟水自濟源分而爲二,一爲支
津,自濟源西南流注於溴水,一爲主流,自濟源東出,古時經溫縣東
北,折而東南合奉溝水,歷沙溝南入於河,河南岸爲今汜水鎮。王莽
時此道乾涸,稱爲"濟水故瀆"。濟水改由溫縣南入河,河南岸即今
鞏縣。後其道又陷河中,而由濟水另入溴水的支津爲主流在孟縣南
境入河。今濟水又循溫縣東行,至汜水鎮東廣武鎮北岸入河。

　　㉔溢爲滎——"溢",《史記》作"泆",《漢志》作"軼",與"溢"字
音義皆同(此顏師古注《漢志》語)。段氏《撰異》:"《周禮·職方
氏》注:'滎,兖水也。出河東垣,入於河。泆爲滎。'《疏》引《禹貢》
'泆爲滎'。玉裁按:今《疏》'滎'誤作'榮','泆'字不誤。今《禹
貢》作'溢'者,衛包改也。……《説文》:'泆,水所蕩泆也。''溢,器
滿。'二字義迥别。"按,古常以同音通假,顏師古説不爲無據。

《漢志》垣縣下"至武德入河"後繼云："軼出滎陽北地中。"僞孔云："濟水入河，並流十數里而南截河，又並流數里溢爲滎澤，在敖倉東南。"（敖倉在廣武東，皆在滎陽北）《孔疏》："濟水既入於河，與河相亂，而知截河過者，以河濁濟清故可知也。"《水經注》云："《晉地道志》曰：'濟自大伾入河，與河水鬪，南泆爲滎澤。'"（《錐指》："成皋有大伾山，在今開封府鄭州汜水縣西一里。"）傅寅《説斷》引許氏云："濟入河，伏流南出。"《蔡傳》："先儒皆以濟水性下勁疾，故能入河穴地，流注顯伏。"類似之説古典籍中尚多。事實是古大河在南岸的廣武（今滎陽北境）分出一條支津向東南流，其北岸斜對着濟水入河處。古人誤以爲是濟水橫過大河南流（遂有濟與河鬪而南出、或入河後伏流南出諸語），因而把南面這條水接着稱濟水。其南出大河南岸處，古時是一沼澤，稱滎澤。即上文豫州的"滎波既豬"之地。

㉕東出于陶丘北——《史記》作"東出陶丘北"。無"于"字。《説文》引作"東至于陶丘"。其《阜部》云："陶，再成丘也。在濟陰（《漢志》載漢宣帝更名定陶）。……《夏書》曰：'東至于陶丘。'陶丘有堯城。"段氏《撰異》："按《禹貢·導水》罕言'出'者，此經'出'字當依《説文》作'至'。"

《漢志》"濟陰郡定陶縣"下云："《禹貢》陶丘在西南陶丘亭。"《水經·禹貢山水澤地篇》亦云："陶丘在濟陰定陶縣之西南。"而《史記·集解》引鄭玄轉引《地理志》作"濟陰定陶西北"。江聲《音疏》以爲作西北是，《錐指》則肯定在西南。然《爾雅·釋丘》"再成爲陶丘"郭璞注："今（晉）濟陰定陶城中有陶丘。"按濟水自滎澤東流，東北經今原陽、封丘、蘭考東之古濟陽，直至陶丘北。《禹貢》時陶丘爲其地地名，無論其在後來定陶之北或南或中，濟水都是經陶丘之北向東北流去。

㉖又東至于菏——"菏"，《史記》、《漢志》皆誤作"荷"(《集解》、顏注皆注明"即菏澤之水")，故當依《禹貢》作"菏"(見徐州章"達于菏"校釋)。大抵濟水至定陶西會菏水，過定陶東北匯爲菏澤，故説"又東至于菏"(見豫州章"導菏澤"校釋)。然後菏水自菏澤東出流入泗水，濟水則繼續東北流入大野澤(見徐州章"大野既豬"校釋)。以上濟水至此稱爲南濟。另自今蘭考東古濟陽之北分出北濟，歷寃朐(今定陶西)至乘氏(今鉅野西)，會南濟俱入大野澤(據易祓《疆理記》、吳澄《纂言》。《水經注》、《錐指》更詳)。

㉗又東北會于汶——依上引資料，汶水在今山東東平縣安山入濟水，其地在菏澤東北，故云"東北會于汶"。蓋濟水入大野澤，復自澤北出，過壽張(即東平境)遇汶水來注(參見青州章"汶水"校釋)。

㉘又北東入于海——《史記》作"又東北入于海"。《漢志》與本篇同。僞孔釋云："北折而東。"皮氏《考證》："諸所言沇水入海皆云'東北'，當從《史記》於義爲長。《漢志》作'北東'，疑是淺人依梅本《尚書》改之。"其實此不必計較，尋之濟水實際，會汶後，基本向北過今東阿、平陰、齊河，然後東過濟南，即自歷城向東北經鄒平、高青、博興諸縣以入海。則言北而東或統言東北，皆無不可。東漢黃河大體以濟水河道入海，宋慶曆間河決商胡(濮陽境)而離濟水，其後濟水分爲大、小清河。清咸豐時黃河復奪大清河河道以入海，自後不復有濟水(從此古濟水自歷城以上成爲黃河下游河道，歷城以下爲小清河)。

自"導沇水"至"又北東入于海"，叙濟水全程，爲"導九川"的第六條水系(參看兖州章"濟水"校釋。詳起釪撰《禹貢兖州地理叢考》，載《文史》第三十輯)。

㉙導淮自桐柏東會于泗沂東入于海——"淮水"，見徐州章"淮

水”校釋。“桐柏山”,亦見“淮水”校釋。及導山章“熊耳外方桐柏”
校釋。“泗水”,見徐州章“泗水”校釋。“沂水”,見徐州章“沂水”
校釋(諸水情況詳起釪撰《禹貢徐州地理叢考》,載《文史》第四十
四、四十五輯)。

此“導淮”至“入于海”三句,叙淮水全程。重在記淮水出桐柏
後東流所受最主要的水(因淮水爲羽狀水系,兩側入淮之支流多),
爲“導九川”的第七條水系。

㉚渭、鳥鼠同穴、灃、漆、漆、沮——“渭水”,見雍州章“渭水”校
釋。“鳥鼠同穴山”,見雍州章“鳥鼠”校釋。“灃水”,見雍州章“灃
水”校釋。“涇水”,見雍州章“涇”校釋。“漆沮”二水,見雍州章
“漆沮”校釋。此諸水爲渭水從今甘肅渭源縣鳥鼠同穴山發源後,自
西而東,直至進入今陝西之後,注入渭水下游之諸水。

自“導渭”至“過漆沮入于河”五句,叙渭水全程,爲“導九川”的
第八條水系。

㉛導洛自熊耳——“洛”,《史記》作“雒”,是。雒是河南境內洛
水的本名,它源出今陝西洛南縣,東至今河南鞏義市入河。與陝西
境內入渭之洛水非一水,後來混用陝西洛水之名,詳荆州章“逾于
洛”校釋。故此處“導洛”實當作“導雒”。以通行已久,且河南洛陽
早已成定名,故不改回。熊耳,山名,在漢上雒縣(今陝西洛南縣西
南)。《漢志》“弘農郡上雒縣”下云:“《禹貢》雒水出冢領山。”又:
“熊耳獲輿山在東北。”《水經注》引《地說》云:“熊耳之山,地門也,
雒水出其間。”《淮南子·墬形訓》亦云:“雒出熊耳。”注云:“熊耳在
上雒西北。”《山海經·中次四經》:“熊耳之山……浮濠之水出焉,
而西流注于洛。”“讙舉之山,雒水出焉。……此二山者,洛間也。”
顯然讙舉即獲輿,則雒水實出於上雒之冢領山與熊耳獲輿之間,故

或云出冢領,或云出熊耳。此熊耳與導山章“熊耳”校釋所釋之盧氏熊耳非一山,彼爲伊水所出,介於伊、雒二水之間,故非此熊耳。《錐指》云:“此山自上雒以至盧氏綿亘二百餘里。雒水出上雒,伊水出盧氏,總屬《禹貢》之熊耳。”今觀圖上地形,上雒熊耳山自西北迤邐向東南,止於淅水下游之西;盧氏熊耳則在淅水上游東北逶迤而去,中間與上雒熊耳了不相屬。《錐指》之説不足據。《漢志》分爲上雒、盧氏二熊耳山是對的。

㉜東北會于澗瀍又東會于伊——此即豫州章之“伊洛瀍澗既入于河”,澗水、瀍水、伊水皆入於洛,然後如下句所説洛水入於河。澗、瀍、伊三水資料已見“豫州章”校釋。洛水出熊耳山,東流經雒南縣北,東入河南省境,經盧氏縣南,東北經洛寧、宜陽縣北,又東至洛陽市南,澗水自西來入洛,瀍水自北來經洛陽舊城東門外南行入洛。洛水從洛陽市南又東至偃師縣,伊水自西南來,經嵩縣、伊川,北至洛陽南,東至偃師入洛。此即“導洛自熊耳,東北會于澗、瀍,又東會于伊”之流徑。

㉝又東北入于河——《史記》無“又”字。《水經·洛水注》:“洛水又東過偃師南,又東北過鞏縣東,又東北入于河。”鞏,周邑,漢爲縣,故城在今河南鞏義市西南二十餘里。洛水既會伊水,又東經鞏縣故城南,又東北流至洛口入河。此即“又東北入于河”之流徑。今洛水入河處在汜水北,名洛口。《錐指》云:“古洛水入河處在洛口西,古名什谷。即張儀説秦下三川,塞什谷之口。”什谷,即《山海經》所説的洛汭,《元和郡縣志》説:“鞏縣,洛水東經洛汭,北對琅邪渚入河,謂之洛口。”是唐時洛水入河處與今同。

自“導洛”至“又東北入于河”,叙洛水全程,爲“導九川”的第九條水系。

　　以上導水，從弱水起至洛水止，共分九條河流，並及其主要支流、支津。第一條弱水，出山丹入於流沙，其水名沿自神話，但現實地理中確已有了此水。第二條黑水，雖各地確有好多條名爲黑水之水，但《禹貢》中經三危入於南海之黑水，則純是虛無縹緲的出於神話傳說之水。第三條大河，《禹貢》不知河源，即從積石山開始，數千里及於龍門，然後東下大伾，北折，經郉東循今河北省西部北流，過大陸澤後，在今河北黑龍港地區分九條河道在天津南北入渤海，這是春秋之世改道以前的古大河。《禹貢》作者絲毫不知道春秋以後的大河。第四條漾水，原出於氐道（今甘肅清水縣西南），東流至武都（今甘肅成縣西）稱漢水、沔水，再東至沮縣（今陝西略陽東）稱沮水（而《漢志》氐道並無嶓冢，惟隴西郡西縣（今天水市西南）有嶓冢，則爲西漢水所出，與漾水、漢水無關。其實西縣嶓冢蜿蜒及於氐道，亦即氐道之嶓冢，《漢志》失載耳）。後氐道漾水絕流，遂以沮水爲漢水之源，北魏以沮水南源所在地之山爲嶓冢山，以符合《禹貢》文意，其地在今陝西寧強縣境。漢水遂以寧強嶓冢爲源，東流過今鄂北稱滄浪之水，東南流至鄂東稱夏水入江。本隨江東流入海，《禹貢》誤謂漢水自彭蠡澤東出爲北江，爲與長江平行入海的二水。這是《禹貢》中情況複雜而又失誤最大的一條水。第五條江水，《禹貢》誤以岷江爲江水發源之水，致誤言導江自岷山。下游則言“東迆北會于匯，東爲中江入于海”，與漢水“東爲北江”，引起《禹貢》學中紛擾最大的“三江説”。江水並引起錯誤的“九江説”，這都是由於《禹貢》作者不太了解長江情況造成的。第六條沇水即濟水。這又是古人誤認河南岸滎澤之水爲北岸濟水伏流至南岸之水，遂承用濟水之名，其敘濟水下流無大誤。只是在《禹貢》之後，濟水河道數變，終於無濟水了。第七條淮水，出桐柏山，東流經今皖、蘇兩省會同泗沂等水的入海，叙次基本明白，只是《禹貢》以後淮水的變遷就大了。第八條渭水、第九條洛水，叙次明白，連較小的支流漆、沮、澗、瀍等水都叙次清楚，這是《禹貢》作者對北方之水較熟悉的反映。這九條水的秩序，確如上文引崔述所闡述的那樣排列的。按照古人所說，《禹貢》是禹治水成功的紀録。古代有洪水，禹的導水只是爲了治洪水。弱水及所說的黑水與洪水關係不大，河、漢、江、濟、淮、渭、洛七水古時皆源遠流長，與人民生計有很大的關係，尤其是河水、漢水、江水中下游的問題多。所以記載較詳，可見古人已具灌溉在農業上的重要作用所關涉於國計民生無比重大的觀念了。今天雖然不能相信《禹貢》是大禹治水的真實紀録，至少可以看出《禹貢》寫成時期統一的灌溉水利的要求已經存在，從而形成儒家的政治、經濟的理想。

以上這一節，是“導水章”。首次綜覽華夏大地主要河流作了簡明記載。西北起弱水，最南至長江，作爲九條水系加以叙述。雖因對西北徼外少數民族地區不明而誤記了一條神話中的黑水，並因對南方水系較隔膜而所記江漢之水有誤外，其餘全部所載是最徵實的，對比於《山海經》的虛幻叙述，其科學性是很顯然的。

九州攸同①，四隩既宅②，九山刊旅③，九川滌源④，九澤既陂⑤，四海會同⑥。六府孔修⑦，庶土交征⑧，厎慎財賦⑨，咸則三壤⑩，成賦中邦⑪。錫土姓⑫。祇台德先⑬，不距朕行⑭。

①九州攸同——《史記》作“於是九州攸同”。《漢志》作“九州逌同”。《正韻》：“逌，音由。”義同攸（《洪範》“彝倫攸叙”，《漢書·

五行志》作"彝倫逌叙")。"攸"在此爲語詞,修飾"同"字。"同",相同,同樣。上文叙九州畢,這裏總括一句説:九州都同樣地好了。

②四隩既宅——《史記》作"四奥既居",《漢志》作"四奥既宅"。《説文·土部》:"隩,四方土可居也。"徐鍇《繫傳》引《尚書》曰"四隩既宅"。《玉篇》"隩"字引《夏書》亦曰"四隩既宅"。段氏《撰異》云:"此《古文尚書》作'隩'之證。"未被開寶改亂之《釋文》亦作"隩",則知僞古文亦承用"隩",至衛包改爲"隩",《唐石經》及各刊本承用"隩"字至今,《釋文》亦於開寶時改爲"隩"。惟《正義》所據本仍同《史記》、《漢書》作"奥"。段氏以爲當改回爲"隩"。謂《史》、《漢》據"《今文尚書》作'奥',與《古文尚書》作'隩'不同也"。

《撰異》又云:"《古文尚書》'宅'字,《今文尚書》多作'度'(詳《堯典》宅字校釋)。《夏本紀》曰'四奥既居',此必經文作'四奥既度'也(因《史記》於"度"字多作"居")。"

《堯典》"厥民隩",鄭玄注:"奥,内也。"又《大傳》"壇四奥",鄭玄注亦云:"奥,内也,安也。四方之内人所安居也。"而僞孔釋爲"隩,室也"。段氏《撰異》以爲《説文》之"四方土可居也",當依《西都賦》李善注所引《説文》作"四方之土可定居者也"。而僞孔依《説文》此語釋此句爲"四方之宅已可居"。"宅"字正"土"字之訛。因而謂《孔疏》曲爲之説云:"室隅爲隩,隩是内也。人之造宅爲居,至其隩内,遂以隩表宅,故《傳》以'隩'爲'宅'。以宅内可居,言四方舊可居之處皆可居也。"以爲係據《説文》及《堯典》僞孔注成此釋。總之此處"隩"字當作"隩"。取義於"奥,内也"。"四隩"即指四方土地之内,與《東京賦》薛注所云"九隩謂九州之内"義同。是説四方地境之内已可居住。

　　③九山刊旅——《史記》、《漢志》皆作“九山栞旅”。段氏《撰異》謂《唐石經》以下承衛包妄改“栞”作“刊”。“九山”本泛指多數的山，王天與《纂傳》引上官氏統計“九州之山見於《禹貢》者四十有五”。確亦不能粗舉其中某九山。但上文“導山章”已將諸山歸結爲九大山系，則此九山亦可照應上文“導九山”之九山。“栞”，刊削樹木以爲表識。“旅”，道。此句係集上文“隨山刊木”和“蔡蒙旅平”、“荊岐既旅”之義寫成，是說九州諸山已經刊木表識，可以通道了。

　　④九川滌源——《史記·河渠書》、《漢書·溝洫志》相同之句作“九川既疏”。“源”，《史記》、《漢志》皆作“原”，然師古注仍釋作“泉源”。按《說文·川部》：“原，水泉本也。從泉出山下。”則“原”實爲泉源之本字。

　　“九川”，和“九山”用法同。《纂傳》引上官氏統計“九州之川見於《禹貢》者三十有六”。亦歸之九大水系。“滌源”，傳統解釋如僞孔云：“滌除泉源無壅塞。”其後治《禹貢》者多承用之。茲取孫星衍《注疏》之釋云：“‘滌’，同‘條’。《周禮》‘條狼氏’注：‘杜子春云：‘條當爲滌。’《漢書·集注》（按，《律曆志》注）云：‘條，達也。’‘滌源’者，謂疏達其水原也。”是說九州諸水已疏達其源流了，實本於《史記·河渠書》之意。

　　⑤九澤既陂——“九澤”，亦泛指多數湖澤。《纂傳》引索至統計“九州之澤見於《禹貢》者十有二”。但其中誤分滎、波爲二，而二者實一滎波（滎播），故《禹貢》澤數實爲十有一。自不宜强牽合爲九個澤，只是泛指。“陂”，《釋文》：“彼宜反。”《說文·自部》：“陂，阪也。”“阪，坡者曰阪。一曰澤障。”澤障即河澤的隄障。“陂”，亦習稱“陂池”。《禮記·月令》：“毋障陂池。”《史記·司馬相如列傳》：

"陂池貏豸。"皆陂池連言。段玉裁《説文注》陂字下云："陂得訓池者,陂言其外之障,池言其中所蓄之水,故曰'叔度汪汪若千頃陂',即謂千頃池也。"是"陂"即附指"池",與"豬"字義同。此處陂作動詞用,即築陂使湖澤的水不流溢。此句是説九州所有的湖澤都築好隄障,水已停蓄成澤,不復爲患了。

⑥四海會同——《禹貢》除誤用《山海經》神話中黑水入於南海一句外,全文各水直接間接均爲東入於海。可知《禹貢》作者根據中國的地理實際,只提東面有海,西面則就其所知只説流沙,而不妄説西海,不像《山海經》之紛陳東、西、南、北四海。但此處出現了一處"四海",與《禹貢》全文科學精神不一致。這是由於此段文字是從《國語·周語下》叙禹治水功績的一段話來的。《國語》所載,全爲春秋之世所傳史料,其中有些史料其來久遠,有些爲當時所共知者。《禹貢》或直録自《國語》,或與《國語》録自同源資料。《周語下》該段文字説禹由四岳佐助治水之功,"封崇九山,決汩九川,陂障九澤,豐殖九藪,汩越九原,宅居九隩,合通四海"。《禹貢》正文在以九章叙了九州,又以兩章叙了九山、九川之後,到末尾這幾句引録此段文字,照用了九澤、九原、九隩、四海等句,略加改易(九原並合九山,九藪並合九澤,九隩改爲四隩),故有此與《禹貢》内容不一致的"四海",不足爲異。"四海"是當時語言中習稱的詞彙,與三江、五湖、九州等詞彙同時流行,故《皋陶謨》中亦有"外薄四海"之語。見得《尚書》已承受影響用此一流行詞彙。而且"四海"也正與説"四國"、"四隩"、"四目"、"四聰"一樣,不需要實定其數爲四個海。《錐指》以爲當時"四海"只是一種地理概念,並非實際按水分爲四海。其言云："古書所稱四海,皆以地言,不以水言,《爾雅》四海繫《釋地》不繫《釋水》……劉向《説苑》云'八荒之内有四海,四海之内

有九州'是也。自宋人撥棄古訓，直以海爲海水，故《蔡傳》釋‘四海會同’云：‘四海之水無不會同而各有所歸。’……《禹貢》諸水皆入東海，唯黑水入南海，其歸西海、北海者又何水耶？”表述了“四海”只是一種較空的地理概念，而不是具體的四個海。參看《皋陶謨》“外薄四海”校釋。

“會同”，已見兗州章“灉沮會同”。此句即《周語下》“合通四海”之意。亦即天下大同之意。因古時“四海”對“冀州中土”而言（見《楚辭·云中君》、《淮南子·覽冥訓》等），“四夷”常對“中國”而言（見《左傳·僖公二十五年》、《孟子·梁惠王上》、《禮記·中庸》等），都是地理概念。“四海會同”就是普天下合通統一了（舊釋據《周禮》“時見曰會，殷見曰同”釋此爲四海官民聚會京師。不確）。

自“九州攸同”至“四海會同”六句，是《禹貢》平治九州及導山、導水的總結。言洪水以後，九州山川經過治理，九州境内所有的山、川、澤、藪、原、陵，皆無壅塞潰決的情形，並且出現了天下大同的局面，連四方邊遠地方的居民也可以安定了。

⑦六府孔修——《史記》作“六府甚脩”。“孔”、“甚”同義，已見荆州章“九江孔殷”校釋。《禮記·曲禮》：“天子之六府，曰司土、司木、司水、司艸、司器、司貨，典司六職。”鄭注：“府主藏六物之稅者。”大抵禮書所記多據古代事實，此處所記雖非直接沿自《曲禮》，要之古代甚重府庫收藏。故六府就是掌管貢賦稅收的六個府庫（僞孔及其他治經者大都以《左傳·文公七年》“水火金木土穀謂之六府”爲釋，蹈空而不切實，不適於此處）。《禹貢》全文主要標的在貢賦，此句是說把貢賦稅收之職辦好（《漢書·地理志》校引陳奐據《玉篇·彡部》修字引《書》曰“六府三事孔修”，以爲有“三事”二

字。誤。因係僞《大禹謨》而非《禹貢》之文)。

⑧庶土交征——《史記》作"衆土交正",《漢志》作"庶土交正"。"庶"、"衆"同義。"交",僞孔云:"俱也。""正",同征(甲骨文中即以"正"作"征"),征收。《孟子·梁惠王》言"上下交征利"的"交征"同此意。而鄭玄仍用正字本義。《史記·集解》引鄭注云:"衆土美惡及高下得正矣。"蓋以九州的土壤都有一定,如冀州土白壤,兗州土黑墳,青州土白墳及廣斥,徐州土赤埴墳,揚州、荊州土塗泥,豫州土惟壤及墳壚,梁州土青黎,雍州土黃壤,視土壤田地之美惡各得其正有之等第,鄭注下文言"奉其財物之稅",則正其土之美惡仍歸於征賦稅。

⑨厎慎財賦——《史記》"厎"作"致",係譯用其訓詁義。《史記集解》引鄭注"高下得其正矣"後繼云:"亦致其貢篚,慎奉其財物之稅,皆法定制而入之也。"以"致"與"慎"分列並用。意謂各州之民致納貢賦,慎奉財物。其實"致"用以修飾"慎"。此句是說征收財賦要加慎。

⑩咸則三壤——僞孔釋云:"皆法壤田上中下,大較三品。"是釋"咸"爲皆,都。釋"則"爲取法,亦即準則,依以爲準。"三壤",土壤肥瘠分上中下三品。要依土壤肥瘠爲準則來定賦稅。與《國語·齊語》的"相地而衰徵"(韋注:"視土地之美惡及所生出以差徵賦之輕重")及《管子·乘馬數》的"相壤定籍"意義一樣。

⑪成賦中邦——《史記》以"成賦"連上文爲"咸則三壤成賦"句;又以"中邦"作"中國",連下文爲"中國賜土姓"句。鄭玄承《史記》句讀以讀《禹貢》此文,釋其上句云:"三壤,上中各三等也。"蓋承前句所注"衆土美惡及高下得其正……財物之稅皆法定制而入之"之釋以爲釋。又釋其下句云:"中,即九州也。天子建其國諸侯,

祚之土,賜之姓,命之氏其敬悦天子之德"(皆見《史記集解》)。今點校本《史記》用原《史記》句讀,實不確。《漢志》作"成賦中國",甚是。故僞孔本承用之。按,上句已云"厎慎財賦",此句不當以"成賦"重復之。僞孔釋云:"皆法壤田上下大較三品,成九州之賦。"依違鄭注。顏師古注《漢志》云:"言皆隨其土地自上中下三品而成其賦於中國也。中國,京師也。"皮氏《考證》:"案師古注與鄭注不同,疑亦襲用漢人舊説。"蘇軾《書傳》云:"九州各則壤之高下,以制國用,爲賦入之多少。中邦,諸夏也。貢篚有及於四夷者,而賦止於諸夏也。"按先秦文獻所説"中國"(中邦)是對"四夷"而言(見上"四海會同"校釋),故可指諸夏。在《禹貢》亦即指九州。四夷可獻貢篚外,賦税則限在九州中徵取,所以説"成賦中邦(中國)"。

　　自"六府孔修"至"成賦中邦"五句,純就九州田賦言,謂九州水土既平之後,水害既除,水利已興,農田生産恢復,經濟日就興旺,就須征收賦税。故設立六府之藏,以接收各州按土壤的高下美惡所征收的賦税。

　　⑫錫土姓——"錫",《史記》作"賜",義同。《國語·周語》叙述禹功績,在"封崇九山……合同四海"之後接着説:"故天無伏陰,地無散陽,水無沉氣,火無灾墠,神無間行,民無淫心,時無逆數,物害無生,帥象禹之功,度之于軌儀,莫非嘉績,克厭帝心(韋注:"帝,天也")。皇天嘉之,祚以天下,賜姓曰姒,氏曰有夏。"即《左傳·隱公八年》所説:"天子建德,因生以賜姓,祚之土而命之氏。"《禹貢》在抄録了"封崇九山"至"合同四海"那段材料之後,略去"故天無伏陰"至"克厭帝心"一段,然後將"皇天嘉之,祚土賜姓"四句神話改爲史事,並簡化爲"錫土姓"三字(也有可能文字殘佚、存此三字),就使人看不清楚。這原是説上帝賞賜給禹以土和姓氏,無意中保存

了一句神話原文（只是語句有省變）。舊釋多違原義，以爲禹賜臣下以土、姓，實誤。

⑬祗台德先——“祗”，《爾雅·釋詁》：“敬也。”“台”，僞孔云：“我也。”《釋文》：“台，音怡。”一般皆釋此句爲以敬我的德業爲先。于省吾氏《新證》云：“鄭康成訓‘祗台’爲‘敬悅’，王先謙引《説文》‘台’訓悅爲證。僞傳訓‘台’爲我，並非。按《詩》‘亦祗以異’傳：‘祗，適也。’《左·僖十三年傳》‘祗以成惡’，《周語》‘而祗以觀武’。《晋語》‘祗以解志’。是‘祗以’爲周人語例。‘台’即以。晚周‘以’每作𢀡，《王孫鐘》‘用享台孝’，‘用匽台喜’。《陳侯因𦎫敦》‘台登台嘗’，《楚王鈲鼎》‘台共𢼸棠’。此例金文習見。‘祗台德先’者，適以德化爲先也。下言‘不距朕行’，語義正相銜接。”釋“台”爲“以”爲創見，然此處祗字如釋敬，仍通。

⑭不距朕行——“朕”，我。古時任何人皆可自稱朕，至秦始皇時始規定天子自稱的專用詞。此句是説不違背我的行事。

“祗台德先，不距朕行”兩句，不知《禹貢》作者録自何項資料，致在此與上下文聯繫很勉强。可以説不怎麽相融。上文説，“成賦中邦”，“錫土姓”。已不相連屬，加上此兩句更不相屬。《史記·集解》引鄭玄注云：“諸侯……其敬悅天子之德既先；又不距違我天子政教所行。”僞孔則稍易其意，爲王者自語，從而勉强釋此兩句云：“王者常自以敬我德爲先，則天下無距違我行者。”蘇氏《書傳》亦云：“我以德先之，則民敬而不違矣。”《蔡傳》意亦同。都以民不違王之行爲解。其實古代胙土賜姓，要講一篇誠勉性的誥辭。在誥辭中要講幾句誡敕的話。這或者是原誥誠誓詞中的兩句，被《禹貢》作者遇到，就收入了篇中。則當爲上告誡下之語，用舊釋能將意義説通。

　　以上這一節,是《禹貢》叙完九州地理及全境的山脉、河流之後,所作的收束語。是撝拾不同材料寫成,因而成爲互不關涉的四個小段。第一段"九州攸同"至"四海會同"六句,是平治九州及導山導水的總結。第二段"六府孔修"至"成賦中邦"五句,是《禹貢》以"貢"名篇所展現的全篇命意所在,各州水土平治之後的貢賦,就成爲全篇的重點。第三段"錫土姓"一句,是説大禹受上帝命治理洪水成功之後,上帝嘉獎他,授土賜姓的神話活動中殘存的一句。第四段"祗台德先,不距朕行"兩句,則是胙土賜姓典禮中誡敕的誥辭中殘存的兩句。這也看出《禹貢》作者蒐集到有關資料,不論怎麼殘缺,或彼此不相連貫,他也珍惜地不加删削改易,忠實地録列入篇中。

　　又由此看到《禹貢》已寫出收束語了,全文已完足了,頂多加上最末"東漸于海"至"告厥成功"數句結語,此外就不需要再有任何贅疣了。

　　五百里甸服①:百里賦納總②,二百里納銍③,三百里納秸服④,四百里粟,五百里米⑤。五百里侯服⑥:百里采,二百里男邦,三百里諸侯。五百里綏服⑦:三百里揆文教,二百里奮武衛。五百里要服⑧:三百里夷,二百里蔡。五百里荒服⑨:三百里蠻,二百里流。

　　①五百里甸服——《史記》作"令天子之國以外五百里甸服"。史公以甸服在天子之國都以外,故加此七字以明之。"甸服",《禹貢》"五服"的第一服。這句是説國都中心以外五百里之内的地方都稱爲甸服。這樣,東五百里,西五百里,所以《國語·周語中》周襄王對晉文公説:"規方千里以爲甸服。"僞孔遂以此爲注。"服"的原

義是爲天子服務中有關的服事、職務、官位之類。《酒誥》篇説殷商分爲内外二服，邦内官吏爲内服，從王朝百僚到基層里君都是；四方諸侯爲外服，有侯、甸、男三種。由於諸侯擁有土地，所以侯、甸、男等服逐漸引申發展成爲指各服的地域。侯服、甸服、男服就成爲不同地域劃分的名稱，不再只是指這三個官位了。這些都是在歷史上存在過的。其後逐漸離開實際，衍成紙上文章。東周時的《周語上》云：“先王之制，邦内甸服，邦外侯服，侯衞賓服，蠻夷要服，戎翟荒服。《荀子·正論》亦有此五句，惟“邦内”、“邦外”作“封内”、“封外”。甸、侯、賓、要、荒五服名稱及順序基本與《禹貢》同。惟“賓服”《禹貢》改爲“綏服”。在《周語》中尚未規定其地域大小，疆界里數。到寫進《禹貢》中，便機械地規定了各方各五百里爲一服，依次爲各五百里的甸、侯、綏、要、荒五服，成爲完全不顧地理實際的空想的非科學的東西，以此來對全天下作出飛鳥距離式的地域區劃。

　　後來發展到《周禮·夏官·職方氏》的“九服”有云：“乃辨九服之邦國，方千里曰王畿，其外方五百里曰侯服，又其外方五百里曰甸服，又其外方五百里曰男服，又其外方五百里曰采服，又其外方五百里曰衞服，又其外方五百里曰蠻服，又其外方五百里曰夷服，又其外方五百里曰鎮服，又其外方五百里曰藩服。”至《夏官·大司馬》又改稱“九畿”云：“乃以九畿之籍，施邦國之政職。方千里曰國畿，其外方五百里曰侯畿，又其外方五百里曰甸畿，又其外方五百里曰男畿，又其外方五百里曰采畿，又其外方五百里曰衞畿，又其外方五百里曰蠻畿，又其外方五百里曰夷畿，又其外方五百里曰鎮畿，又其外方五百里曰蕃畿。”而《秋官·大行人》則又改爲“六服”云：“邦畿方千里。其外方五里謂之侯服，歲壹見，其貢祀物。又其外方五百里謂之甸服，二歲壹見，其貢嬪物。又其外方五百里謂之男服，三歲壹見,其貢器物。又其外方五百里謂之采服,四歲壹見,其貢服物。又其外方五百里謂之衞服,五歲壹見,其貢材物。又其外方五百里謂之要服,六歲壹見,其貢貨物。外州之外謂之蕃國,世壹見,各以其所寶貴爲摯。"這些儒生們的紙上文章,越來越荒謬無稽且彼此牴牾了(詳見顧剛師《史林雜識·畿服》)。

②百里賦納緫——《史記》"緫"作"總"。《漢志》"納緫"作"内總"。"緫"、"總"字同,"納"、"内"字同。

"百里",僞孔云:"甸服内之百里近王城者。"顔師古云:"自此以下說甸服之内,以差言之也。""緫",《說文·糸部》:"緫,聚束也。"《史記·索隱》:"《說文》云:總,聚束草也。"是《說文》別本有"草"字。僞孔釋此云:"禾稾曰緫。"是禾稾成束叫緫。即將稻麥從根拔起,連帶穀穗和禾莖成捆向官府繳納。《詩·生民》疏引鄭玄注云:"入刈禾也。"這是由於對五服所定賦税按地域遠近來分輕重,一百里内最近,所以整捆地連穗連稽都交納。《左傳·昭公十二年》子產說:"卑而貢重者,甸服也。"是指甸服交納更多的貢賦而言。

③銍——《釋文》:"銍,珍栗反。"《說文·金部》:"銍,穫禾短鎌也。"即割禾短鎌,故即以爲禾穗的代稱。《詩·生民》疏引鄭玄注云:"銍,斷去藁也。"因以銍刈禾穗,就只取禾穗,因而去其藁。

④秸服——《漢志》作"戛服"。師古注:"戛,稾也。言服者,蓋有役則服之耳。戛音工黠反。"《釋文》:"秸,本或作稭。"《說文·禾部》:"稭,禾稾去其皮。"《釋文》引馬融注云:"秸,去其穎。"《詩·生民》疏引鄭玄注云:"秸,又去穎也。"穎是禾穗尖端芒毛,去穎,就是把穗的穎去掉,即收拾了稭芒的穗。段氏《撰異》云:"去穗之穎而入穀實也。""服",指服事,僞孔釋爲"稾役"。然"秸服"終費解。陳奐《詩毛氏傳疏》以"秷""服"二者相通假。其《生民》傳疏云:

“秭服二字連文得義，斷去其槀，又去其穎，謂之秸。帶秭言，謂之秸服。秸者，實也。秸服者，粟之皮也。服與栚聲相近。自僞孔傳誤秸爲槀，而顔又誤解服字耳。”（按顔師古《漢書》注云：“言服者，謂之役則服之耳。”實牽强。）楊氏《覈詁》引陳奐説後云：“按《吕刑》‘五辭簡孚’，下又云‘五刑不簡，五罰不服’。‘簡服’即‘簡孚’，正承上文而言。古‘服’、‘伏’通，《文選》陸士衡詩‘誰謂伏事淺’李注：‘服與伏同，古字通。古‘孚’、‘包’亦通。《説文》罶或從孚，作罜；而伏羲一作包羲。故‘服’亦可作‘孚’也。”以證“服”可通“秭”，支持陳説。其實“服”疑爲衍文，承上服字而誤。秸實與總、銍、粟、米並列，其下應無服字。注疏家對此處“服”字所妄尋的辭釋，皆不確。

　　⑤四百里粟五百里米——段氏《撰異》云：“《詩·齊譜·正義》引《禹貢》‘粟’、‘米’上皆有‘納’字，順上文增之耳。”意謂雖《齊譜》疏引作“四百里納粟，五百里納米”，納字順上文所增，而《禹貢》原文無此二“納”字。《撰異》又云：“去糠者爲米，未去者爲粟。”又舉另一説云：“對精米言之，則精米爲米，糲米爲粟。”（此意本胡渭）糲米，就是粗糙的米。段意主後説。但古時注重“國有九年之蓄”。西漢盛時“太倉之粟陳陳相因”。惟粟宜於藏，而米不可久，則粟仍以未去糠殻者爲是。

　　⑥五百里侯服——《史記》作“甸服外五百里侯服”。以侯服在甸服外，故加此説明之。亦以與其餘諸“幾百里”相區別。“侯服”是《禹貢》五服的第二服。在本服内按遠近規定了三個地域：（一）采，在百里内。歷史上有過采邑，文獻中早者見於《康誥》，金文中亦有之。（二）男邦（《史記》作“任國”，《漢志》作“男國”），在二百里内。“男”見於西周文獻及金文，甲骨文中固作“任”，知《史記》有

據。王筠《禹貢正字》云："《大戴禮·本命篇》云：'男者，任也。'《白虎通》引《書》云：'侯甸任衛作國伯。'今《酒誥》'侯甸男衛作邦國'。"但歷史上男服原與侯、甸二服並列（見《康誥》、《酒誥》、《召誥》、《顧命》等），此則降隸於侯服。（三）諸侯，在其餘三百里內。對他們的賦稅如何定，沒有說。蘇軾《書傳》云："此五百里始有諸侯，故曰侯服。"其實周代虢、畢、祭、鄭、晋等諸侯皆在甸服，此說顯有不合。總之這是違失原歷史實際的侯服。

⑦五百里綏服——《史記》作"侯服外五百里綏服"。亦加字說明之。"綏服"是爲《禹貢》五服的第三服。在《周語》中此爲"賓服"。賓服原指對前代王族的封地。此則成爲與之毫不相干的"三百里揆文教（揆，度也），二百里奮武衛"。可能以文教招徠四夷，以武衛抵禦四夷，因此叫"綏"。僞孔云："綏，安也。"《廣雅·釋言》："綏，撫也。"但分別占三百里、二百里，實屬硬湊。

⑧五百里要服——《史記》作"綏服外五百里要服"。是爲《禹貢》五服的第四服。"要"讀平聲，如《釋文》所音"一遥反"，按今讀同腰。舊釋爲約束之意，如僞孔云："要束以文教。"《孔疏》："要者約束之義。"馬其昶《尚書誼詁》云："要、徼通用，邊塞曰徼，要服即邊服。"其說可通。在本服內按遠近分兩個區域：前三百里內居住夷人，後二百里內安置判處"蔡"（一作粲）刑的人。《左傳·定公四年》"蔡蔡叔"。杜注："蔡，放也。"《釋文》引《說文》作"粲"。《錐指》："《說文》本作'粲'，篆字與'蔡'相近，遂訛爲蔡。"

⑨五百里荒服——《史記》作"要服外五百里荒服"。這是《禹貢》五服的第五服。"荒"，荒遠之意。其所分兩區域，前三百里內居住蠻族，後二百里內安置判處流放刑的人。

按《禹貢》文意，要服離王都一千五百里外至二千里之地，荒服離王都二千里外至二千五百里之地，要服住夷族，荒服住蠻族，這又是硬派。《周語》裏安排的夷蠻都屬要服，原與此異。又要服安置判處"蔡"刑的罪犯，荒服安置判處"流"刑的罪犯。但蔡是僅次於死刑的最重刑，反比流放刑處理輕，亦不合理。〔鄭玄釋粲（蔡）爲減殺賦税，流爲夷狄流移或貢或不貢，以之合於《禹貢》貢賦之文。然揆文教奮武衛即非貢賦，不必牽合爲釋。〕于氏《新證》云："馬融云：'夷，易也。蔡，法也。蠻，慢也。流，無城郭常居。'鄭康成云：'蔡之言殺。減殺其賦。蠻者聽從其俗、羈縻其人耳。故云蠻。蠻之言，緡也。'僞傳訓'夷'爲平常，'蔡'爲法，'蠻'爲蠻來，'流'爲流移。按馬訓夷爲易，是也。《左・昭元年》杜注：'蔡，放也。'《正義》引《説文》：'粲，散之也。'按，'蔡'，粲之借字。'散'、'放'同義。'蠻'與'變'本皆作'䜌'。《詩・抑》'用剝蠻方'，《虢季盤》'用政䜌方'……《無逸》'乃變亂先王之正刑'，變字《魏石經》隸書作䜌……然則'夷'與'蠻'爲對文。夷，易也。蠻，變也。二義相仿。'蔡'與'流'爲對文。蔡、流，皆放也。"這是不以夷蠻爲少數民族名以另尋其釋義，意在使文能説通耳。

　　由每服五百里，一方五服合爲二千五百里，與另一方合計則爲五千里。故《皋陶謨》云："弼成五服，至于五千里。"

　　顧剛師《史林雜識・畿服》云："《史記・秦始皇本紀》記諸臣議帝號之辭曰：'昔者五帝地方千里，其外侯服、夷服，諸侯或朝或否，天子不能制。'地方千里者，甸服也；其外有侯服，又其外有夷服。所云夷服，即要服也。實三服制而非五服制。與《兮甲盤》諸銘同。《禮記・王制》："千里之内曰甸，千里之外曰采、曰流。'采者，封君食采之地，即侯服；流者，流放罪人之地，即夷服；亦爲三服制而非五服制。（按，《康誥》、《召誥》等亦皆言侯、甸、男三者，《酒誥》明其爲外服。）……《王制》作於漢文帝時，蓋此義歷秦、漢而猶未改。然而不期《國語》之紙上文章得《禹貢》作者之有力鼓吹而古史觀念竟爲之一變。"又云："《禹貢》於九州制之後又列五服制。其文……粗視之似與《周語》無殊。細按之實大相逕庭。蓋《周語》但列五服之名而已，地不必齊，域不必方，大有贏縮之可能；此則確定其界畫爲每服五百里，五服爲二千五百里，兩面數之則方五千里，各服之中又都按里數以定職事，秩序至爲嚴峻。試問人世間真能有此呆板之界畫否耶？……王朝卿大夫之采地本在甸服之中，今乃列之侯服而云'百里采'，亦前之所未聞也。……《周語》曰：'夷蠻要服，戎狄荒服。'明夷與蠻居一服也，此乃析而二之。……戎與狄則無聞，其故何也？《周語》又曰：'著在刑辟，流在裔土，於是乎有蠻夷之國。'此以'蔡'列要服，'流'列荒服，未知此二名又將作何等區別？若云以遠近分……蔡爲流刑中之至重者，何以此又輕於流？凡此種種，足證《周語》尚近事實，而《禹貢》多出想象，非事實所許可矣。"

以上這一節，是"五服章"。是與《禹貢》全篇科學地叙述自然地理情況根本不相容的，出於空想的機械地按飛鳥距離五百里劃分天下地域的一個虛構的紙面規劃。顯然在完整的《禹貢》篇寫成後，大概當春秋之世流傳着一種基於原來的"三服制"史影發展而成的五服制構想的資料，被好事者抄附入《禹貢》篇末，就成了全篇的一個贅疣。

東漸于海①，西被于流沙②，朔南暨③，聲教訖于四海④。禹錫玄圭⑤，告厥成功⑥。

①東漸于海——"漸"，僞孔云："入也。"《經説考》引或説，實爲楊倞《荀子》之《修身》、《大略》諸篇注云："浸也。"又注《議兵》篇

云：“浸漬也。”《漢書》之《諸侯王表》、《郊祀志》等集注亦云：“漸，浸也。”義皆相近，是説九州東邊入於海，或漸於海。都是説浸入於海中了。

②西被于流沙——“被”，《釋文》：“皮寄反。”音同披。《楚辭·招魂》注：“被，覆也。”《漢書·禮樂志》集注亦同。流沙，古人心目中西邊最荒遠之地。僞孔釋“被”爲“及”，顔師古釋“被”爲“加”，義亦近。指九州之西領域覆蓋及於流沙荒遠之地。

③朔南暨——僞孔本連下二字作“朔南暨聲教”爲句。皮氏《考證》云：“荀悦《漢紀》引作‘北盡朔裔，南暨聲教’……《後漢·杜篤傳·論都賦》曰：‘朔南及聲，諸夏是和。’是兩漢人皆以‘朔南暨聲教’爲句。”然漢人此類排偶儷句往往錯讀舊文以牽合成句，不足據。《史記》以“朔南暨”爲句，“聲教”連下文。甚是。“暨”，清人所見《漢志》本皆作“泉”，然今所見通行崇文書局本《漢志》作“洎”。“泉”，古文暨，泉稍變。“洎”，異文。義皆同“及”。詳徐州章“蠙珠暨魚”之“暨”校釋。

“朔”，《史記·集解》引鄭玄注：“北方也。”《孔疏》引鄭玄注：“南北不言所至，容踰之。”“暨”之爲及，於此爲到達之義。這句是説北方和南方以能到達之境爲境。由於北方和南方還有廣袤的土地尚爲少數民族所居，無法説得明確，故籠統言之。

④聲教訖于四海——《漢書》之《藝文志》、《買捐之傳》引此句“訖”作“迄”。《釋文》：“訖，斤密反。”《漢志》集注：“訖，盡也。”《買捐之傳》集注：“迄，至也。”《説文·辵部》新附“迄”字亦云：“至也。”是説聲華文教廣泛傳布到了普天之下了。

這裏四句，總起來談了四境所至。表述了《禹貢》作者較踏實的對神州大陸四至的認識，只有東邊是海，西邊則是流沙，南北兩地籠統地指出其邊境遼遠未定,都不說有海。在最後句末用了當時流行的一個詞彙"四海",但實際是"天下"的同義詞。漢代的《爾雅·釋地》釋先秦此詞的意義,也只說"九夷、八狄、七戎、六蠻,謂之四海"。以爲"四海"是東西南北各種少數民族居住的地域,也不叫爲是海。《匯疏》引李贄云:"《禹貢》言'聲教訖于四海'者,亦只是據見在經歷統理之地而紀其四至耳,所云'四海',即四方也。"由這些對《禹貢》四海一詞的理解,就可知《禹貢》作者並没有認爲九州的四面是海。

　　⑤禹錫玄圭——《史記》作"於是帝錫禹玄圭"。古者動詞往往主動被動不分,此處"禹錫玄圭"即禹被錫玄圭,亦即錫禹玄圭。《史記》據資料記明是上帝所賜,故完足其意爲"於是帝錫禹玄圭"。甚確。于氏《新證》引金文《卿鼎》"臣卿錫金",以爲"謂錫臣卿以金,皆倒文也",以證《史記》之確。而這是根據神話傳說來的。前引《國語·周語下》資料,載明禹受上帝命,由四岳協助治水成功後,"皇天嘉之,胙以天下,賜姓曰姒,氏曰有夏"(四岳亦同時受到胙以國土、賜姓姜氏曰有吕)。神話傳說中還有錫以玄圭之事,《周語》没有記載,却記在其他文獻中,《禹貢》作者遇到此一資料,即采用入篇中,其他文獻之記載保留下來者則見於《史記·秦本紀》中云:"大費與禹平水土已成,帝錫玄圭。禹受曰:'非予能成,亦大費爲輔。'"又漢代緯書已多承此種資料。如《尚書璇機鈐》云:"禹開龍門,導積石,出玄珪,刻曰:'延喜玉受德,天錫佩。'"雙行注:"禹功既成,天出玄珪以錫之。古者以德佩,禹有治水功,故天佩以玄玉。"《禮緯稽命徵》云:"天命以黑,故夏有玄圭。"《春秋緯感精符》云:"夏錫玄圭,故尚黑。"其它如《循甲開山圖》及《論衡》亦皆記禹與玄圭事而稍變易。故禹治水成功上帝賜以玄圭的神話故事是頗盛行

的。這一故事傳説有先史時代以來進入歷史時期以後先民重視圭璧的禮俗爲其背景。臺灣古玉專家鄧淑蘋《古玉的認識和賞析》文中指出："新石器時代晚期時，圓璧與方琮或已組配爲成套的禮器，配合使用。""這種禮器習俗，在史前的中國，分布頗廣。""璧琮的組配禮俗，在稍晚時已蜕變成璧圭的組配。……由《尚書·金縢》篇中，描述周公'植璧秉圭'向祖先祈禱的場面可知，在西周初年，最重要的禮器爲璧與圭兩種。璧是最重要的祭器，竪立（植）於壇上，用以依附自天而降的祖靈；圭是最重的瑞器，主祭者執於手中，以表彰自己的身份。"可知圭是古代貴族表示身份的瑞器，《説文》説是上圜下方的瑞玉。《堯典》中載有"五瑞"、"班瑞"即指此。《尚書大傳》、《白虎通·瑞贄》皆記載諸侯執以贄見天子及天子以瑁驗證這些原頒給諸侯的瑞器。《周禮·典瑞》及《説文》皆載五等諸侯分別執桓圭、信圭、躬圭、穀璧、蒲璧，實即圭與璧二種（另《周禮·玉人》、《白虎通·瑞贄》説是圭、璧、琮、璜、璋，是就古瑞玉發展出的異説）。基本合於新石器時代以來迄於周代所重視的禮器。要由天子頒給，折射入神話傳説中，就由上帝賜給治水成功的禹了。

　　《史記》釋爲"於是帝錫禹玄圭"，其帝爲上帝，由上引漢代流傳的緯書資料，證明是確切無疑的。而緯書爲漢代今文家之學，故陳喬樅《經説考》謂漢代"今文三家師説，或以玄圭爲天賜，或以玄圭爲帝賜"。而鄭玄箋注《詩·玄鳥》："古帝，天也。"與《山海經》中之帝皆指上帝相合。清代學者亦多有識此義者，如江聲《音疏》引江藩云："漢武梁祠堂石刻畫像《祚瑞圖》云：'玄圭，水泉疏通四海會同則至。'則玄圭乃治水成功之瑞應，天所以寵錫禹者。"又引《尚書璇機鈐》文，而後《音疏》云："據此二文，則《史記》言'帝錫禹玄圭'，亦謂天帝。"因而《音疏》之"集注"文逕云："于是上帝錫禹玄圭。"可是《史記》後注疏家所釋多誤。如僞孔釋爲“堯賜玄圭以彰顯之”。孫星衍《注疏》謂“史公以爲舜賜”。林之奇《全解》引僞孔説後，又引王安石云：“禹錫玄圭於堯以告成功。”然後説：“此兩説皆未敢以爲然。……此是禹以玄圭告成功於天耳。……古者交於神明，必用圭璧。”其謂古以圭璧交神明是正確的，至謂禹以玄圭告天則無據。承其説而改告天爲告堯舜者，陳經《詳解》謂禹“贄圭見堯以告成事”。吕祖謙《書説》云：“禹……以玄圭贄見於舜以告功之成。”這些都是隨自己的理解的無根據之説。至於對“玄”字亦各有所釋。僞孔云：“玄，天色。”故林之奇《全解》謂告成功於天，“必用玄圭者，蓋天色玄”。蘇軾《書傳》則云：“玄圭爲水德之瑞，是夏尚黑也。”《錐指》反對此二説云：“玉色玄，斯謂之玄圭。天功、水德，禹未嘗致意於其間也。”《錐指》之説是。

⑥告厥成功——《史記》作“以告成功于天下”。“厥”，其。此句實爲“以告其成功于天下”。《史記·夏本紀》録《禹貢》全文，至此句而全文完畢。但緊接着再加一句讚揚成功的話云：“天下於是大平治。”是司馬遷爲完足語意所加。又此句注疏家或以爲告成功於堯，或以爲告成功於舜，或以爲告成功於天，史公獨以爲告成功於天下，意爲上帝錫禹玄圭，以嘉其功，向天下宣示禹治水成功了，自合《禹貢》本句原意，也合於來自神話的原意。

以上這一節，舊釋大都以爲是記禹之成功。實即用最末一句“告厥成功”之義。然此實亦不相干的兩組文字。“東漸于海”四句，綜述《禹貢》地理之四至，似爲《禹貢》全文最後之綜括語。“禹錫玄圭”兩句，則爲神話中殘存的兩句，被録存於篇末。傅寅《説斷》引張氏（可能張九成）以爲首三句末二句“爲史官所加之辭”，故《錐指》承之云：“此二句乃史辭。”亦因發覺它與《禹貢》全文但記地理情況者不同，故以爲非《禹貢》作者所撰原文，而是史臣組編此篇禹治水紀録之文後所加稱譽禹成功之文，而不知它是零散的神話之殘句録存於此者。也可能"禹錫玄圭"是神話中殘句，史官爲足文意加告成功之句。

（二）今　譯

禹（在茫茫洪水中）敷布土地，隨着山勢斬木通道，確定各州高的山脉和大的河流。

冀州。已治理了壺口，接着治理梁山和岐山。已修整了太原，接着修整到岳陽地區。覃懷地區也完工了，就到了衡漳水一帶。恒水衛水也都隨河道流暢了，大陸澤周圍土地都可耕作了（按這兩句原錯簡在"田賦"下，今譯文移正）。這一州的土壤是白壤，田地列在第五等（按此句原錯簡在"賦"下，今譯文移正）。賦税第一等，不過隨年的豐歉雜出第二等。東北的鳥夷族貢納珍奇的異獸皮毛，他們遵海道入貢，在沿海岸（遼東灣西岸）向南航行的航道上，看到了右拐角處的碣石，便據以轉而向西航駛，直駛入大河航道。

濟水和大河之間是兖州。大河下游的九條河道已暢通了，雷夏窪地已匯集成湖澤了，灉水、沮水也都會同流到了雷夏澤中，能種桑的土地已經在養蠶，於是人民得以從躲避洪水遷居所築坰堆高丘上，下到平地居住了。這一州的土壤是黑墳土，它上面披蓋着茂盛的長林豐草。田地列在第六等，賦税則爲第九等。這一州經過十三年的農作耕耘，才趕上其它各州。這一州的貢物是漆和絲，還有裝在筐子裏進貢的文彩美麗的絲織品。它的進貢道路是由船運經濟水、漯水，直達大河。

地跨東邊的海，直到西邊的泰山，這一地域是青州。已經給居住在東北的嵎夷族劃定疆界，使獲安居。又疏通濰水淄水，使這一地區也獲得治理。這一州的土壤是白墳土，海濱則是鹹鹵鹽場。田地列在第三等，賦税則爲第四等。這一州的貢物是鹽、精細的葛布、海産品以及磨玉的礪石，並有泰山山谷裏出的絲、麻、鉛、松、似玉之石和萊夷族所獻的畜産，還有裝在筐子裏進貢的山桑蠶絲。它的進貢道路是由汶水船運直達濟水（再由濟入河）。

東邊沿海，北邊至泰山，南邊至淮水之間的地域是徐州。淮水和沂水都已治理，蒙山、羽山地方也都可耕種。大野澤也已匯積成湖，東原地區的水潦已去，地已平復。這一州的土壤是赤埴墳土，它上面的草木繁茂叢生。田地列在第二等，賦税則爲第五等。這一州的貢物是五色土，羽山谷中所出的五色雉羽，嶧山之陽特産的製琴良材名桐，泗水濱的浮磬石，和淮夷族所獻的珍珠貝及魚産，還有裝在筐子裏進貢的赤黑色細繒和白色綢帛。它的進貢道路是由淮水船運入泗水，可通於菏水（再由菏入濟以通河）。

北起淮河，東南到海之地是揚州。彭蠡之域已匯集衆水成湖，作爲每年隨陽的雁陣南飛息冬之地。彭蠡以東諸江之水已入於海，太湖水域也就安定了。於是遍地長滿叢生的竹林，到處盡見美盛的芳草，葱翠的喬木。這一州的土壤是塗泥土，田地列在第九等，賦税則爲第七等，有時雜出爲第六等。這一州的貢物是三種成色的銅，以及瑶琨美玉、竹材、象牙、異獸之革、珍禽之羽、旄牛之尾，梗梓豫章等珍木，和島夷族所獻的一種稱爲"卉服"的細葛布，還有裝在筐子裏進貢的絢麗的貝錦，和妥加包裝進貢的橘子、柚子。它的進貢道路是沿着江路入海，再沿海通於淮水和泗水（然後再沿徐州貢道入於河）。

由荆山一綫直到衡山以南的廣闊地域是荆州。江水、漢水至此齊流奔騰入海，至九江地區流勢甚盛。兩水的支津沱、潛諸水都已疏浚通暢，云夢澤水域也已獲得治理。這一州的土壤也是塗泥土，田地列在第八等，賦税則爲第三等。這一州的貢物是珍禽之羽、旄牛之尾、象牙、異獸皮革、三種成色的銅、杶木、榦（柘）木、栝（檜）木、柏木、精粗兩種磨刀石、砮鏃石、朱砂，和云夢澤邊三國所獻的製箭良材箘竹、簵竹、楛木，以及有名的捆扎起來專供宗廟祭祀縮酒之用的菁茅。還有裝在筐子裏進貢的赤黑色與黃赤色的絲織物和用以佩玉的飾有璣珠稱爲“璣紐”的綬帶，更有九江貢納的大龜。它的進貢道路是用船運經由江水及各支津沱水、潛水等通於漢水，然後經過陸路運至洛水，再進入南河（冀州以南的大河）。

荆山和大河之間是豫州。伊水、洛水、瀍水、澗水都已疏浚入於大河。滎波（播）地域橫溢之水也已匯積成湖，當水盛時，疏導菏澤之水向南洩入孟豬澤。這一州的土壤是無塊柔土，低下之處是墳壚土。田地列在第四等，賦税則雜用第二等，有時可上下浮動。這一州的貢物是漆、絲、精細葛布、紵麻，還有裝在筐子裏進貢的細絲綿，並進貢磨磬的礪石。它的進貢道路是由洛水船運至大河。

華山之南和黑水之間是梁州。岷山和嶓冢山已可種植了，江漢兩水的支津沱水、潛水等都已疏浚了，蔡山和蒙山的山道也都已平治了，沱水以南的和夷族等西南夷民的安定也已獲得成功了。西傾山一帶的西北羌民也沿着桓水來相交往了（此句原錯簡在“貢物”下，今譯文移正）。這一州的土壤是青黎土，田地列在第七等，賦税

則爲第八等,還可作上下三種浮動。這一州的貢物是黃金、鐵、銀、
鏤鋼,砮鏃石、磬石,和熊、羆、狐、狸,以及諸獸之毛織的氂布和用以
製裘的獸皮。它的進貢道路是先用船運經由支津潛水入於沔水,再
起岸由陸路運至渭水,再經渭水橫渡大河送達冀州。

　　黑水和西河之間是雍州。弱水已經西流了,涇水也流入渭水隈
灣裏,漆水和沮水合爲漆沮水也相從入於渭水,灃水同樣地入了渭
水。渭水之北,東起荊山西迄岐山的迤邐山道已經平治;渭水之南,
東自終南山,西越惇物山,更西北直抵渭源鳥鼠同穴山,這美麗的千
里沃野,不論膴膴平原,還是淺淺濕地,都已平治竣功,直達豬野澤
這一肥沃的湖沼地區。三危山已成人民安居樂業之所,被逐遷移至
此的三苗族人民生活也大爲安定了。西邊的崑崙、析支、渠搜三個
西戎族的人民也歸於和順了(此句原錯簡在本州之末,今譯文移
正)。這一州的土壤是黃壤,田地列在第一等,賦稅則爲第六等。這
一州的貢物是稱爲球的美玉、帶青碧色的琳玉,和稱爲琅玕的玉質
美石,以及獸毛織成的氂布和用來製裘的獸皮(“織皮”二字原錯簡
在本州之末“崑崙”二字上,今移正於貢物之末)。它的進貢道路
是,從積石山下的大河水上,航行千里,直達龍門山下的西河(冀州
西之河),南與渭水航道會於渭水入河處。

　　〔循行九州各山(依《史記》增此句)〕:首沿渭水北岸,從汧山、
岐山,直至大河西岸的北條荊山;越過大河,從壺口山,經雷首山,直
至太岳山;南循厎(砥)柱山,東過析城山,直至王屋;東北自太行
山、恒山,直至碣石山,山勢入於海中。

　　其次,自河、湟沿渭水南岸,從西傾山,經朱圉山、鳥鼠山,直至
太華山;接着沿大河之南,循熊耳山、外方山、桐柏山,直至陪尾山。

　　再次沿漢水,從嶓冢山,直到南條荊山;接着從內方山,直至大

別山。

又再次沿江水，從岷山之南蜿蜒以達衡山；接着再過九江，直至
敷淺原。

〔循行九州各水〕：弱水，西流到合黎山下，它的下游折而北流，
没入沙漠中。

黑水，通流至於三危山下，最後長流入於南海。

河水，通流至於積石山下，再千里直至龍門，更南至華山之北，
東過底柱，又東至於孟津，東過洛水入河處，再前流就到了大伾山，
然後折而北流，經過降水入河處，再前流注入於大陸澤，又自澤的東
北流出，分布爲九條河道，各河道下游入海口河段都受海水倒灌成
爲逆河，最後都入於海中。

漾水，導源自嶓冢山，東流後稱爲漢水。又向東流稱爲滄浪之
水，再向前南流經三澨，接着流入大别山區，再南就流入了長江，又
東流匯積爲彭蠡澤，自澤再東出稱爲北江，最後流入海中。

江水，導源自岷山，在流程中從它的東邊分出支津爲沱水，江水
的主河道逕自折而東流，直至醴水地帶，然後流過九江，到達東陵；
再自東陵東去，逶迤北流，會於彭蠡澤，然後自澤中再東出稱爲中
江，最後入於海。

沇水，通流向東，稱爲濟水，注入大河。接着越過黄河向南溢出
爲滎澤，再自滎澤東出到陶丘北，再東流至與菏水相會處，又向東北
流，與來注的汶水相合，然後向東北長流入海。

淮水，導源自桐柏山西之胎簪山，自桐柏通流，再東流會合泗水
和沂水，向東流入海中。

渭水，導源自鳥鼠同穴山，長驅向東流，與灃水相會合後，再東
北流至涇水入渭處，又東流經漆沮水入渭處，然後東注於大河。

洛水,導源自熊耳獲輿山,向東北流,與澗水、瀍水會合後,又向東流會合伊水,再東北流入大河。

到這時九州都已同樣美好,四方境內都可安居了。九州的山大都斬木通道了,九州的水大都已疏通其源流了,九州低窪沼澤之地大都已修築隄防瀦成湖泊了,四海之內會同一致了,掌收貢賦的官府可以很好地修守其職責了,普天之下的土地都可征收賦稅了,但必須謹愼有節地征取稅收,都要依上中下三種土地肥瘠爲準則來定稅額,就在中國九州之內完成征收賦稅的任務。

上帝賞賜了禹以天下的土地,並賜給了他的姓氏。

"把敬修我的德業放在最先,不要違背我的一貫行爲原則。"

規定在天子國都以外五百里的地域稱爲甸服。其中離國都一百里內的要繳納連着稭穗的整捆的禾,二百里內的要繳納禾穗,三百里內的要繳納去掉了稭芒的穗,四百里內的要繳納穀粒,五百里內的要繳納米粒。甸服以外五百里內的地域稱爲侯服。其中近百里以內爲采地,二百里以內爲男爵地,其餘三百里地封諸侯。侯服以外五百里內的地域稱爲綏服。其中內三百里地區度勢發揚文教,外二百里地區奮力興辦國防。綏服以外五百里地域稱爲要服。其中內三百里地區住夷族,外二百里地區則安置判處蔡刑的罪犯。要服以外五百里地域稱荒服,其中內三百里地區住蠻族,外二百里地區則安置判處流放刑的罪犯。

我們的大地東邊浸在大海中,西邊覆蓋在遼遠的沙漠下,北方和南方以能到達的地境爲地境,華夏的聲威教化達到四海的盡頭。於是上帝賞賜給禹一個玄圭,用以向普天之下宣布他的大功告成。

（三）討　論

《禹貢》内容問題多，有關《禹貢》作爲歷史文獻本身問題也多。《四庫總目》於《日講書經解義》下云：“《尚書》一經，漢以來所聚訟者，莫過《洪範》之五行；宋以來所聚訟者，莫過《禹貢》之山川；明以來所聚訟者，莫過今文、古文之真偽。”今文、古文真偽之争，亦啓自宋儒；漢儒關於《洪範》之争，至宋儒有與之針鋒相對的辨析；惟《禹貢》山川的争執，則確開展於宋儒。這些在起釪撰《尚書學史》中都有較詳晰的叙述。這些宋儒所討論的問題，及繼宋以後迄清代現代學者進一步深入的討論研究，大都已反映於上面“校釋”中，這裏要討論的，是有關《禹貢》這篇重要歷史文獻本身的問題。擇要談下列三個問題。

（一）《禹貢》寫成時代及作者問題

漢代出現的《書序》説：“禹别九州，隨山濬川，任土作貢。”没有明確説《禹貢》這篇文字是禹作的，但《禹貢》所載别九州、治山川、依土定貢賦諸事則是禹作的。漢末鄭玄注云：“禹知所當治水，又知用徒之數，則書於策以告帝。”（“冀州既載”句下《孔疏》引）意謂九州之文爲禹書以告帝者。然偽孔但云：“此堯時事，而在《夏書》之首，禹之王以是功。”只説《禹貢》所載爲禹之功，故爲《夏書》。因是《孔疏》云：“禹分别九州之界，隨其所至之山刊除其木，深大其川使得注海，水害既除，地復本性，任其土地所有定其貢賦之差，史録其事以爲《禹貢》之篇。”是説禹分别九州，治理水害之後，制定貢賦，由史官加以紀錄而成《禹貢》篇，這遂成爲注疏家相承下來的定論。

宋儒提出異説。傅寅《説斷》引張氏（可能張九成）之説，以爲只有首尾數句（指"禹敷土，隨山刊木，奠高山大川"及"禹錫玄圭，告厥成功"數句）是史官所加之辭，其原有全文爲史官所不能知而由禹自己具述治水本末上奏於帝舜之文。那就是《禹貢》全文由大禹原作於虞時，夏史加頭尾編定於夏代。此即《禹貢》的作者和寫成年代。

到現代，經過學者研究，大都知道《禹貢》不是虞代或夏代的作品，更非大禹所作。學者們遞經研究探索，主要提出了下列幾種不同意見：

（一）成於西周時期説。王國維《古史新證》中提出運用紙上材料與地下新材料之二重證據法時，簡明談到紙上之史料《尚書》云："《虞夏書》中如《堯典》、《皋陶謨》、《禹貢》、《甘誓》，《商書》中如《湯誓》，文字稍平易簡潔，或係後世重編，然至少亦必爲周初人所作（下文接着談《商書》中之《盤庚》等四篇；《周書》中之《牧誓》至《秦誓》二十篇，其中分出《康王之誥》故爲二十，如併入《顧命》則爲《周書》十九篇，以爲"皆當時所作也"）。"是王氏明確以《禹貢》必爲西周初年所作。至辛樹幟先生《禹貢新解》反復周詳論證："《禹貢》成書時代，應在西周文、武、周公、成、康全盛時代，下至穆王爲止。它是當時太史所録。"該書分三編。第一編："《禹貢》製作時代的推測"。分十七小節，要義在從疆域和周初分封歷史、從政治與九州的關係、從導九山九水、從五服、四至、從任土作貢、從貢道、從治水、從九州得名、從九等定田定賦、從土壤分類、從文字結構、從大一統思想的發生時代等等進行分析，以爲皆合於西周情況；並以篇名冠以"禹"的原故是由於周初周人宗禹。第二編："《禹貢》製作時代的討論"。録存與當代名學者十七人來往討論《禹貢》時代的函件,反復闡明自己所持《禹貢》成於西周的觀點。第三編:"禹貢新解"。對九州土壤與田賦、兖徐揚三州草木與土壤、漆沮、雒沮、沱潛諸水、用字涵義、平治水土、導九山、黑水弱水與四至、九江三江九河、渭汭洛汭、錫土姓三句、五服等等,都作出新解,以爲皆西周事物。另有徐旭生《讀山海經札記》則云:"《禹貢》之爲書,除梁州貢鐵稍露破綻外,如依其文字推測,則不惟春秋可有此作品,即在西周亦無不可能處。"是徐氏以爲《禹貢》有可能是西周作品。上面惟王、辛二先生之論爲西周説的兩家力作。

(二)成於春秋時期説。康有爲《孔子改制考》中的《六經皆孔子改制所作考》,以爲《尚書》的《堯典》、《禹貢》與《易》的《象傳》、《文言傳》諸篇文字,"皆整麗諧雅","皆純乎孔子之文"。是明以《禹貢》爲春秋後期孔子所作。辛先生《新解》引西北大學教授王成祖從地理學角度研究,撰《從比較研究重新估定禹貢形成時代》,亦以爲《禹貢》是春秋時代産品,且是周游列國博學多才的孔子所作。《新解》以爲日本學者研究《山海經》後提出的《禹貢》成於春秋時的看法,與此説是一致的。即上引徐旭生《讀山海經札記》語,亦以爲《禹貢》有可能是春秋時作品。

(三)成於戰國時期説。江俠庵《先秦經籍考》譯載日本學者内藤虎次郎《禹貢製作時代考》一文,就九州、四至、山脈、水脈、貢賦等等進行研究,其結論是:"故在大體上,是從戰國至漢初關於地理學一種産物之傳説,漸次發展,乃有此種之記事甚明。"然《新解》在闡明《禹貢》是西周全盛時代之作並説"它是當時太史所録"後,即云:"決不是周游列國足迹'不到秦'的孔子,也不是戰國時'百家争鳴'的學者們所著。"而堅持主張作於戰國時最有力者爲顧頡剛師,但未説明作者是何人。其説始見於他的《論今文尚書製作時代書》,中間屢見於其著作和講義中,最後寫定於《中國古代地理名著選讀·禹貢(全文注釋)》中。首先論述《禹貢》成於戰國時代的理由是,春秋以前對於禹的神話只有治水而無分州,至戰國之世七國擴展疆域,於是把這疆域看做天下,《孟子·梁惠王上》説:"海内之地,方千里者九。"而後九州説出現。進而論證:"五服制是在西周時代實行過的,到戰國而消亡;九州制是由戰國的開始醖釀的,到漢末而實現(漢武始合《禹貢》和《職方》之説結合當時實際定爲十三州,曹操執政才依《禹貢》實定爲九州)。……《禹貢》篇裏把落後的制度和先進的理想一齊記下……在這裏自己説明了著作時代。"接着提出了成於戰國的五個具體證據:(1)導山章裏有内方、外方。是由於楚國都於郢(今江陵縣北),把今河南葉縣的方城山作爲屏蔽,其北的嵩山便稱爲外方山,今湖北鐘祥縣的章山便稱爲内方山。西周時楚在河南西南的丹、淅二水間,不可能有内方、外方山名。(2)吴王夫差北上争霸,在宋魯間開一條運河溝通泗水和濟水,因經過菏澤而稱菏水。徐州貢道是"浮于淮泗達于菏",可知《禹貢》的著作後於夫差開運河時代。(3)揚、越雙聲,義亦同。揚州即越地。然公元前512年吴滅徐才使國境達到淮,前473年越滅吴,越境才達到淮。《禹貢》説"淮海惟揚州"。不知前5世紀初期以前越離淮還很遠。(4)至春秋時蜀尚和中原隔絶,直到戰國時秦於前316年滅蜀,而後《禹貢》才得以蜀境爲梁州。(5)中國之由銅器時代進於鐵器時代,始於春秋而盛於戰國,而梁州貢物有鐵和鏤(即鋼)。其結論説:"可知《禹貢》既不是虞夏時書,也不是公元前4世紀後期秦滅蜀以前的書。"而後學術界同意此説者不少,如史念海《河山集二集·論禹貢的著作年代》即持此説,陳夢家《尚書通論》亦言《禹貢》"是戰國時代的著作”。即日本内藤虎次郎之説在當時學術空氣下顯然多少受此説影響。

（四）成於秦統一後之説。見顧師《禹貢（全文注釋）》簡單引述云：“有人説《禹貢》中大一統的思想這般濃重，該是秦始皇統一後的作品，伏生爲秦博士所以就傳了下來。”而未提明“有人説”是何人所説。然上引内藤虎次郎所謂戰國至漢初關於地理學的産物之説，則已指及秦統一之後了。顧師在文中即舉秦統一後在東南設立閩中郡，在南方設立南海、桂林、象三郡，在北方設立九原郡，這些新闢疆土《禹貢》中全未説及，因而否定了此説。

（五）其藍本出於公元前 1000 年（當商代武丁時期）以前，其後迭經加工修訂而成今本説。此爲現代考古學者邵望平氏之説，見《九州學刊》總五期（1987 年 9 月）邵氏《禹貢九州的考古學研究》一文，以爲“九州既不是古代的行政區劃，也不是戰國時的託古假設，而是公元前 2000 年前後黄河長江流域實際存在的、源遠流長、自然形成的人文地理區系”。在其另一《禹貢九州風土考古學叢考》文中（載《九州學刊》二卷二期，1988 年）提出同樣的認識：“九州實爲黄河長江流域公元前第三千年間龍山時期即已形成，後歷三代變遷仍繼續存在的一種人文地理區系。”這一論斷的獲得，其前一文指出是根據“迄今所發現的中華史前遺址已七千多處，確立了近三十個考古學文化，以碳 14 斷代法測出了數百個史前年代數據，由此大體上建立起中國、主要是黄河長江流域史前文化發展的時、空框架”。因而認爲“龍山期是中國古代文明的奠基期，龍山文化圈是中國古代文明的基地。而這一基地與《禹貢》九州的範圍雖不是完全吻合却大體相當”。接着歷舉《禹貢》九州相當於這種人文地理區系的某一龍山文化圈：冀州相當於陶寺類型的龍山文化即以華山爲代表

的中原文化與以燕山爲代表的北方文化會合點形成的高度發達的
龍山期文化區（亦即華山與燕山之間的中介地帶）。兗州相當於河
北省南部山東省西部龍山文化圈（有人提出河北龍山文化命名，尚
未定論）。青州、徐州相當於泰山周圍、北東至海、南達淮河及皖北
一隅、西及魯西平原東緣的山東龍山文化圈，揚州相當於龍山期文
化之一的良渚文化（曾被稱爲浙江龍山文化），大體上和後來的吳文
化東部地區相一致。荆州相當於湖北、湖南及江西西部的長江中游
龍山文化分布區。豫州相當於河南龍山文化分布區。梁州相當於
與中原龍山文化的一些地方類型、二里頭文化等有不少類似之處的
早期巴蜀文化區。雍州相當於陝西龍山—齊家文化分布區。因而
其結論是："公元前2000年前後黃河長江流域古代文化區系的劃分
與《禹貢》九州的劃分基本相符。……《禹貢》成書至少有兩個條
件，一是文字的出現，一是王權的存在。《禹貢》只可能是三代時期
的作品。"並以爲"《禹貢》作者的地理知識僅限於公元前1000年前
的'中國'，而不是顧頡剛先生所説的公元前280年的七國疆域。最
後論定：不管《禹貢》最終成書於哪朝哪代，'九州'部分是有三代史
實爲依據的。此外，《禹貢》所載九州貢品，如揚州的瑤、琨，淮夷的
蠙珠及魚，荆州的大龜之類以及諸如兗州之降丘宅土、揚州的島夷
織貝等風土人情亦可從考古學、民族學上得到印證，證明其可能爲
三代的記録"（這些内容詳邵氏《禹貢九州風土考古學叢考》文中，
上面"校釋"大都作了引録）。"最後，要提及《禹貢》成書的年代問
題。《禹貢》作者以冀州爲九州之首，條條貢道通冀州，冀州無貢品，
其土壤列爲第五等而賦爲頭二等。這些内容使人不能斷然否定九
州概念源自夏代的可能。但考古學尚完全不能證其爲夏書。商王
朝勢力所及已達於《禹貢》所述之九州，而九州分野又大體與黃河長

江流域由來已久的人文地理區系相合，故不排除《禹貢》九州藍本出自商朝史官之手或是商朝史官對夏史口碑追記的可能；另一可能則是周初史官對夏、商史迹的追記。再從九州所記的自然條件及物產屬於一個較今日溫暖的氣候期來看，筆者認爲《禹貢》中之九州部分的藍本當出於公元前 1000 年以前。其後必經多次加工、修訂才成現今所讀到的這個樣子。《禹貢》中的‘九州’與‘五服’這兩部分內容不相呼應，且大相逕庭，倒像是春秋時代被補綴、拼凑而成的。但九州內容之古老、真實，却絕不是後人單憑想象可以杜撰出來的。結合考古發現重新研究九州及其貢品，可能爲中國古代文明的多重性找到古籍上的證據。”這是從文獻以外，就考古學成就所提出的最可珍視的意見。

以上諸說，其專從文獻中探索者，以辛樹幟先生的西周說和顧頡剛先生的戰國說考辨周詳，論證綿密，因而在學術上發生了影響。特別是顧先生之說以其學術聲望及所舉戰國諸證中有數證具說服力，因而信從者多，遂成爲晚近學術界中有力的一說。其實辛先生之說不可忽視，而顧先生之說其（三）（四）（五）三證是顯然有力的，但其（一）（二）兩證尚可商榷。其（一）證以內方外方二山至戰國始有，然春秋前期的僖公四年《左傳》已載楚國方城、漢水之固，則方城、內方、外方在春秋前期早已有之，不待至戰國。其（二）證以吳王夫差開鑿菏水；因而《禹貢》必在其後始能載菏水。然《水經·泗水注》載酈道元親目驗證，知夫差只是把菏水“浚廣”了，而非新鑿。再核以事實，夫差趕到黃池來與會的軍事倥偬中，短短不到半年的時間，又在古代的技術條件下，是根本不可能開鑿這樣長的一條不小的運河的。再從記載此菏水的古代諸文獻包括《禹貢》在內，都把菏和淮、泗、濟、汶等水一樣作爲自然河道叙述，故程大昌《禹貢論》

考定菏爲原有之水，出陶丘菏山，濟水過此會菏，正和在其北會汶一樣。因此很難説吳王夫差開鑿了此河，因而也就不能説《禹貢》寫成會在夫差之後。

顧師所舉的（三）至（五）三證確爲戰國地理資料寫入了《禹貢》中，這只好理解爲古代文籍總不是成於一時一人之手，而往往經過一個較長的流傳過程，由前後不同的人遞增而成；有的則是主稿成於前代，在流傳中於某小節目中增入了後代一些有關資料。《禹貢》即是如此。而在一個關鍵性問題上，知《禹貢》必早已存在於春秋周定王以前。即《禹貢》中的大河，自大伾山北折，經大陸澤，再北至今天津北入海，自南向北直貫今河北省境。據《周譜》説周定王五年河徙，始離大陸澤之南向東行，而後形成後代河道。雖焦循《禹貢鄭注釋》説定王五年無河徙事，楊守敬《禹貢本義》全駁了焦循之説。近人史念海推崇焦循説，譚其驤略同於楊守敬之信其有，進而以爲約在公元前 4 世紀 40 年代齊、趙、魏等各在河兩側築堤，而後大河走《漢書·地理志》河道。今觀《禹貢》所記河道是在此以前的自大伾北折的古大河，根本不知有河徙之事。這是《禹貢》不晚於春秋的鐵證，是無法動搖的關於《禹貢》地理的最根本的關鍵性記載。又一不晚於春秋之事，即《左傳·哀公九年》載吳王夫差“城邗，溝通江淮”。《孟子·滕文公上》説禹“排淮泗而注之江”。這是就當時淮泗已通江的事實説的，誤把夫差的功勞記在禹身上了。可知這是戰國時人所共知的事實，可是《禹貢》寫成時還完全不知道此事。揚州章説“沿于江海，達于淮泗”。傳文釋爲：“沿江入海，自海入淮，自淮入泗。”即當時南方要運貨到北方，只能沿江入海，再循海道入淮以通北方。可知《禹貢》中的江、淮不通，是早在春秋後期夫差開邗溝以前的事實。再如“冀州”一詞，在春秋資料如《左傳》等書中，皆指今山西省境,北及内蒙古南部。到戰國資料如《山海經》、《逸周書·嘗麥》、《晏子春秋》、《楚辭·雲中君》等文獻中,皆擴展冀州的含義爲中土、中國、天下。而《禹貢》所用冀州一名,仍只是其朔義,其州境即春秋時所指的晋境,顯然在戰國用以指中土、中國、天下以前。這也是不晚於春秋之一要證。還有必早於戰國的史實兩則:一爲《禹貢》各州之土壤,其顏色未按五色分配,於徐州却又獨貢五色土,此皆在戰國五行説盛行以前。又一爲《戰國策·魏策一》載蘇秦説魏王曰:“大王之地,南有鴻溝。”而《禹貢》於其地只稱滎而不稱鴻溝,亦知此在戰國以前。由這些即可知《禹貢》本文所反映的至遲爲春秋之世所已有的地理情況,流傳至戰國之世,確增加了一些戰國的地理情況。它的全文在流傳中確有些增益補充的過程,像最前三句和最後兩句,如宋儒所説,是最後才加上去的。也如邵望平氏從考古角度論斷,其藍本出現在前,其後經過加工才成現在所見的樣子。

以上就文獻探索所得,《禹貢》寫成情況大致如上所述。既早已存在於春秋之世,它必非憑空產生的,那麼就應考慮,王國維、辛樹幟先生的成於西周之説有其合理性了。

現在益以考古學者的意見,就使我們視野擴大,知道古代九州的劃分,是一種客觀存在,有着源遠流長的自龍山文化時期已自然形成後歷三代繼續存在的一種人文地理區系。即是説,公元前2000年(約當夏初)前後黄河長江流域古代文化區系的劃分,與《禹貢》九州的劃分,基本相符。這就使人們體會到,這種文化區系,是九州劃分的自然依據。不過如邵氏文中所説的,《禹貢》的成書要有文字的出現和王權的存在兩條件。三代是中國古代確立了王權的時期,至於文字,則殷虚卜辭已是成熟了的文字。在其前必經過漫長的歲月緩慢逐步的演進，才能臻於成熟，則夏代之必有原始文字當無可疑，但顯然很難寫出《禹貢》這樣的"雄篇大作"（内藤虎次郎語）。但商代已確能寫出長篇文章，《商書》五篇即其遺迹，像《盤庚》共達一千二百八十三字，比《禹貢》一千一百九十四字多。不能因殷虚文體的簡樸，懷疑商代是否能有長篇之作，正如不能因周原甲骨之簡樸，懷疑周初是否能有長篇一樣，周原甲骨自周原甲骨，而有名的周初八誥固自爲長篇杰構。因各自的作用不同，卜辭只需要簡短，文誥則自需長篇大作。邵氏提出審慎意見，對於夏代，只是説"不能斷然否定九州概念源於夏代的可能，但考古學尚完全不能證其爲夏書"。這樣説非常嚴謹。而其所提出的兩個可能却具有現實性。即："不排除《禹貢》九州藍本出於商朝史官之手，或是商朝史對夏史口碑追記的可能；另一可能則是周初史官對夏商史迹的追記。"這是非常審慎而又中肯的卓見。其後一可能完全就是辛樹幟先生從文獻中多年探索所得的看法，其前一可能則比辛先生看法更提前一個朝代。這就能使探析《禹貢》時代只把眼光拘墟於後代的在文獻中兜圈子的研究者猛然驚覺，要有膽量把眼光探向前代了。也更使我們對這位經過深入研究然後提出卓見的考古女學者不能不由衷的敬佩了。我們今天可以贊同其前一可能《禹貢》藍本出於商朝史官之手，則《禹貢》定本就是後一可能，是由周初史官所追記的了。這就同於王國維、辛樹幟二先生之説了。其微異者，辛先生謂由周太史據西周現實所記，邵氏謂係周史追記夏商所繼續的自龍山時期以來的人文地理區系。不過周史據西周現實所記却是符合這一人文地理區系的。因此辛先生之説仍是可取的。

這種人文地理區系不管三代的政治區劃如何變遷，其人文地理區系大的框架，始終保持不變，因而能源遠流長地傳下。《禹貢》既避開各時代的政治地理區劃而尋求客觀的自然地理以劃分九州,而實際上已存在這一源遠流長的人文地理區系,那當然就會客觀地反映這一區系而寫成《禹貢》了。只是這寫成時代經過學者們辛勤的探索,至目前爲止,才得到上述的大略認識。

　　但我們不要忘記顧先生提出的一些戰國證據仍是可信的。則西周史官所完成的《禹貢》定本流傳至戰國增加了些戰國史實,這又是無可否認的事。那麼如宋儒所説的《禹貢》遞有增益,則其最後增益亦即使《禹貢》最後定型如今所見之本時間在戰國,這樣説又是合於事實的。

　　《禹貢》既不成於一時一手,自然無法尋其作者爲何人。把作者最早説成是夏史官或夏禹,當然是妄説。説爲孔子所作作品亦是一種推想。但《書》與《詩》作爲孔子傳授門徒的課堂上的兩本課本,其必經過孔子之手有所加工釐正編定,也是應當有的事。因此也不能説《禹貢》與孔子毫無關係。現在可知唯一比較接近真實的,則是辛樹幟先生和邵望平氏所説的西周史官。這又可與顧先生所持"《禹貢》的作者是西北人"之説相印證。顧師《禹貢(全文注釋)》中説:"《禹貢》作者的籍貫同《山經》作者一樣,可能是秦國人。因爲他對於陝西、甘肅、四川間地理最明白,其次是山西、河北、河南。因此,陝西的雍水、河南的澗水瀍水雖都是三四等的河流,他都記得清楚;到了東邊,他就迷糊了。最顯著的錯誤,是長江的下游。他在導水章裏講,漢水自入長江以後,又從彭蠡(今鄱陽湖)出來,'東爲北江,入于海'。而長江呢,和漢水一起流到彭蠡之後,又同漢水分家,'東爲中江,入于海'。漢與江平行入海,這真是一個千古奇聞!而且漢爲北江,江爲中江,那必然還有一條南江。這南江是現在的什麼水道呢? 從前學者以爲經書作於'聖人',認爲絶對地正確,所以想盡方法作解釋，而沒有一個説法站得住，就因爲它脱離了實際的緣故。現在知道，《禹貢》的作者是西北人，他的地理知識自有其局限性，他那時決不可能對東南地理弄清楚，以致出了這般的岔子。其他地方，像導山章，在今河南的桐柏山和湖北的大別山本相連貫，他却分置在兩列；四川的岷山和湖南的衡山毫不相干，他却合在一條綫上。這也是他不明白東南地理的一個證據。"顧先生因認定《禹貢》成於戰國時代，所以把這熟悉陝甘川地理的撰著《禹貢》的西北人推定"可能是秦國人"。但只説是"可能"，沒有論定，他全稱肯定的是文中所説"《禹貢》的作者是西北人"。現在既然知道《禹貢》定稿於西周史官之手，西周的地域正是後來秦國的地域，正是中國的西北，那麽西周史官正是顧先生所説的"西北人"了，他推想的"可能是秦國人"這個可能就不存在了。（後來史念海氏《論禹貢的著作年代》據《禹貢》中有"南河""西河"之稱，以爲是站在魏國立場説的，因而論定《禹貢》作者是魏人。其實《禹貢》標榜爲大禹治水分州制貢之作，天下貢賦都送到"帝都"所在的冀州來。其言南河西河是就禹都所在的冀州立論，而非就魏國來説。因而魏人説不確。而且隨着《禹貢》成於西周説之基本成立，魏人説同秦人説一樣都無法存在。）因而可以説，《禹貢》定稿的作者是更多熟悉中國西北地理的西周王朝史官。

（二）《禹貢》的價值及其在中國歷史地理學中的地位

顧剛師的《禹貢（全文注釋）》的緒言裏對《禹貢》全文作了總的評價，這裏即轉錄其中關於評價《禹貢》的各段如下：

《禹貢》是中國古代最富於科學性的地理記載，它是以徵實爲目的而用了分區的方法來説明各區的地理情況的。它的分區的標準，是因於名山大川的自然界劃。這似乎和《山經》有些相像，因爲它倆都是打破了原有大邦小邦的疆界而用統一的眼光把當時可以走到的地方作成一個總的分劃的。只是《山經》用的是"五方"（南、西、北、東、中），《禹貢》用的是"九州"，有些不同而已。

在《禹貢》裏，每州只舉兩三個名山大川作爲分界點，不像後世地方志的列出"四至、八到"，所以不容易畫出精密的地圖，確定九州的疆界。……在這九州的區域中，作者記述了那裏山川的治理經過，以及土壤如何，草木如何，礦産如何，中央政府所規定的田畝和賦稅的等級如何，有哪些特産和手工業品，有哪些少數民族的特産，運輸這些農産物、特産和手工業品進貢到中央的路綫如何，都用了簡潔明確的文字寫出來，説是禹在平治水土後所作。《尚書》已是聖人（孔子）編定的書，《禹貢》又是聖人（禹）作的，因此歷代的讀者就把它奉爲絶對尊嚴的。

禹的治水，本是古代一個極盛行的傳説。在這個傳説裏，極富於神話的成分，例如説上帝怎樣發怒降下洪水，禹怎樣在茫茫的洪水之中鋪起土地，禹怎樣變成動物來治水，禹和各處水神如何鬥争獲得勝利，等等。這些傳説雜見於《詩經》、《山海經》、《楚辭》、《淮南子》等書。但《禹貢》作者則删去其神話性的成分，專就人類所可能做到的平治水土的方面來講。這位作者暗示着洪水的來源是由於山洪暴發和河道不修，平治水土應該從山和川兩方面下手。因此，他在叙述九州之後便説到"導山"和"導水"，指出了把主要的山岳和主要的河流修好是治水的最重大的任務。

反過來看，九州制固然是根據地形而分劃的，每州的土壤、物産等也都是科學性的記載，決不出於幻想（《山海經》的物産全出幻想），可是古代並不曾真有這個制度。

如果還問，《禹貢》作者既是西北人，他對於西北地形就完全清楚了嗎？對這問題，我們也不能無條件地肯定下來。《禹貢》的著作時代，正是《山海經》風行的時代，《禹貢》作者敢於突破了《山海經》的神秘觀念，一切從現實出發，這當然是他科學精神的表現。但西北地方處處是高山峻嶺，交通十分不便，少數民族又習於自給自足，其統治者不和諸夏的統治者相往來，甚至相互視爲仇敵，就是有志探險的人也進不去，因此《禹貢》作者仍不免從《山海經》中取材。《山海經》的作者（這書是經過多少年的集體創作，不能看做某一個人所著）設想：西方有一座最高大的山名曰崑崙，那裏是許多大川的發源地，大川的名字是河水、赤水、洋水（漢水的上游）、黑水、弱水、青水、白水。這些水除了河水之外都從北往南，流入南海。《禹貢》作者不信真是這樣，然而他又不能到那裏去實地視察，所以他在導水章裏說“導河積石”，又說“嶓冢導漾（即洋水）”，不說這些大川都發源於崑崙；赤水、青水、白水更一字不提，似乎他已不信有這些水。獨獨對於弱水和黑水是承認了的。但他說弱水“餘波入於流沙”，就不見了，和《淮南子・墜形篇》所說的“絕流沙南至南海”不同（《墜形篇》完全承襲《山海經》，所以我們可以說它保存了《山海經》的佚文）。至於黑水，不知爲了什麼原因，他竟完全接受了《山海經》的說法。……試問從西北到西南，有祁連、西傾、積石、巴顏喀喇諸大山聳峙，重重叠叠地擋着，有哪一條水可以由北向南流者，但我們只須把《山海經》來比較，就解決了這問題。《海内西經》說：“黑水（崑崙）西北隅以東，東行。又東北，南入海，羽民南。”《海内經》說：“南海之南，黑水青水之間……著水出焉。”這是《禹貢》作者的根據。這位作者雖是西北人，可是那時河西走廊和新疆青海一帶都是氐、羌、月氏諸族所居地，他走不到，所以雖有澄清神話的志願，終究弄錯了。

　　到了今天，經書的權威已經打破，我們才可以指出《禹貢》篇的
缺點。然而它的優點，我們必當承認。在兩千多年以前，交通不發
達，巫風盛行，《禹貢》作者能在這樣一個環境裏，用徵實的態度聯繫
實際，作出全面性的地理記述，雖是假借了禹事作起迄，其實與禹無
關，這是作者的科學精神的強烈表現，此其一。河出崑崙在那時已
成定論，而他叙導河不說到積石以上；崑崙是世界上最高大的山，也
取得那時人的公認，而他在導山章裏不說到西傾以上，雍州章裏雖
說到崑崙，只是和析支、渠搜並列的一個西方國家……這都是他老
實承認不知道，不肯輕信傳說的闕疑態度，此其二。他對山、川、土
壤都有系統的叙述，使讀者們對於域内地理有一個整體的看法，和
概括明瞭的印象，此其三。掃除原有的國界痕迹，用自然界的山川
作分州的界綫，作大一統的前驅；又規劃了全國的交通網，希望加強
統一的力量；又對全國的田賦和貢物作出比較合理的規定，此其四。
因爲有這些優點，所以這篇文字，無論從政治上看還是從學術上看，
都有它的一定的地位。

　　我們古代的地理學書——《山海經》開了幻想的一派，後來衍化
爲《穆天子傳》、《淮南子·墜形訓》、《神異經》、《十洲記》、《博物
志》等書，而極於《西遊記》、《三寶太監下西洋》、《鏡花緣》等演義；
因爲人們的實際知識繼長增高，所以這些東西只供閑暇談笑的資
料。《禹貢》篇開了徵實的一派，後來班固作《漢書·地理志》、酈道
元作《水經注》以及唐宋以下的許多地理專著，沒有不把《禹貢》作
爲主要的引申和發展的對象，人們都用了嚴肅和尊敬的態度對待
它，因此《禹貢》的地位越高，《山海經》的地位就越低落。

　　以上是顧剛師文中先後一些有關評價《禹貢》的段落，這裏把它
集中引錄在一起，作爲本節的正文。從中可以看到對《禹貢》科學價

值的推崇，和見出《禹貢》在中國歷史地理學中起開山作用的崇高的地位。

　　但文中主要把《禹貢》和《山海經》作比較，而且以爲《禹貢》承用了《山海經》中一些資料，這就牽涉到一個問題。即《山海經》的成書時代較晚，學術界一般認爲成於戰國時代巫術家之手（一般謂《山經》成於戰國前期、《海經》最後定稿應及秦時或秦漢之際）。那麼《禹貢》之成書被推到《山海經》之後，誠如顧先生所説的戰國之世了。其實《山海經》儘可成書較晚，但書中神話內容是傳自遠古。徐旭生先生《讀山海經札記》云：“《山海經》中之《山經》爲我國最古地理書之一……其《海內》、《海外》、《大荒》各經，亦保存古代傳説甚多。”呂振羽先生《史前期中國社會研究》第四章“神話傳説所暗示之野蠻時代的中國社會形態”的第 B 節裏説：“《山海經》……是關於中國民族的古代即原始時代的傳説。”“《山海經》所説明的大部分是野蠻時代的社會。”那麼原始時代野蠻時代的古代傳説，傳至西周時代已經是很古老的，當時除有口耳相傳，也可能有文字記載，《禹貢》作者自可采用它，而後《山海經》作爲神話傳説的專書，自然又更詳備的記載了它，《禹貢》偶然采用了與《山海經》的同源資料，亦不足爲異的。《禹貢》從繁多神話中儘量擺脫神話影響，而《山海經》則熱衷於神話記載，《禹貢》顯然是優於《山海經》的。

　　（三）歷代不同傳本的紛歧文字與不同解説對研究《禹貢》的影響

　　《禹貢》這篇文獻，因《史記·夏本紀》與《漢書·地理志》都録載了它的全文，使我們得以窺見西漢中期和東漢初期之兩個《禹貢》傳抄本，比《尚書》中其他各篇資以比較的材料要多，有利於對《禹貢》的攻治研究，實是幸事。但《史記》所引録之本，常以訓詁代本

文，又常有增益之語。以訓詁代本文之例，如"厎績"作"致功"，"篠
簜"作"竹箭"，"孔殷"作"甚中"等是。增益其語以通文意之例，如
"岍及岐至于荆山"前增"道九山"，"弱水至于合黎"前增"道九
川"，"甸服"前增"令天子之國以外"，"侯服"前增"甸服外"，"禹錫
玄圭"增益爲"於是帝錫禹玄圭"等是。《漢書》則既不以訓詁代，亦
無所增益，其態度比《史記》要謹嚴些。但常删削助詞以求簡，故於
"厥貢"常去"厥"字，揚州之"厥草惟夭，厥木惟喬"，竟省作"中夭木
喬"，匆遽間有點不易理解了。

　　此兩本又同樣不幸曾經後人據魏晉以來之《尚書》傳本竄改其
文，而往往又不一致。如梁州"岷嶓既藝"，《漢書》"岷"本作"嶓"，
後人改之爲"岷"，但"導山"之"嶓山之陽"與"導水"之"嶓山導江"
又忽而未改。"洛"與"雒"本爲兩條水，《禹貢》本有"雒"無"洛"。
徒以魏文帝黄初元年一詔以五行説改雒爲洛，僞孔本從之。而後
《禹貢》乃作"洛"。讀《漢書》者據以改之，然《漢志》之豫州仍作
"伊雒瀍澗"、弘農郡上雒縣下仍作"《禹貢》雒水"，皆漏未改。這種
或改或漏而未改之情況，造成混亂。

　　顧剛師在《校點尚書禹貢篇》（《説文月刊》第四卷合訂本）中就
《史》《漢》二本情況提了下列幾點：

　　（一）《史記》異文中，以用同聲假借字者爲多，如"敷"作"傅"，
"豬"作"都"，"潛"作"涔"，"菏"作"荷"，"孟"作"盟"，"岷"作
"汶"，"黎"作"驪"，"惇"作"敦"，"陪"作"負"，"伾"作"邳"，"溢"
作"泆"，"滄浪"作"蒼浪"等都是。可見古人用字並不嚴格，音同而
義異，作爲假借用之而無所怯（實際如後人之寫錯别字），《禹貢》原
本中亦會有此種情況。這是較早期的用字現象。

　　（二）《漢書》異文中，以用本文古體及正字者爲多。如"野"作

“壑”，“攸”作“逌”，“潛”作“灊”，“源”作“原”，“溢”作“軼”，“納”作“内”（《溝洫志》則“汭”作“内”），“來”作“徠”等都是。變假借之風，用本義之字。這是第二期現象。

（三）字之偏傍，一如今之標號，但《史記》《漢書》都不嚴格區別，往往使不易明確其本義，要靠加偏傍來確定其義，如弱水《説文》寫爲“溺水”以明其爲水名，而後多用此例以明確字義，如“昆侖”作“崑崙”，是加山旁明其爲山；“汧”作“岍”，改水旁爲山旁，以明其爲汧水之源的岍山；“雝”作“灉”、“甾”作“淄”、“章”作“漳”，皆水旁，又“醴”作“澧”，“酆”作“灃”，則改水旁，用以明其爲水名，直至宋代尚用此術改“降水”爲“洚水”，而後《禹貢》川名幾無不從水。其它如厲、氐之改爲礪、砥，以明其爲石製之物，亦用此例。這是增益偏傍以明其義，這是《禹貢》文字第三期現象。

（四）經此數次變改，其用本義之字及以偏傍表顯其意義之字，於後來讀者確有益，然誤改之字亦復不少，則又增添麻煩。如“栞”之誤作“刊”，“梧”之誤作“桰”，“沛”之誤作“濟”，“沇”之誤作“兗”，“濕”之誤作“漯”，“菏”之誤作“河”，“雒”之誤作“洛”，“播”之誤作“波”，都經清代學者抉出，博稽舊文以證其誤、尋其是，這就使原文面目從推考中可獲得認識。

（五）古書屢經傳寫，自難免脱文錯簡，惟經師們多不敢致疑，只能加以曲意解釋，往往增益困惑，少數有識者稍能指出，如蘇軾指出“織皮崑崙”以下十二字應在“球琳琅玕”下，陳奐指出“六府”之下脱“三事”二字，皆有助於正確辨識《禹貢》原文，從而使我們知道冀州章亦有脱文錯簡。這是能使原文面目從推考中可獲得認識的又一種情況。

我們還可看到下列情況：

　　《史記》所載冀州章有鳥夷，揚州章有島夷。這見出秦博士所傳下的《禹貢》是這樣記載的。可是《漢書·地理志》所載揚州章之島夷蒙冀州所載竟誤作鳥夷，於是其《禹貢》篇只有鳥夷而無島夷。至僞古文本出，則冀州之鳥夷亦誤據揚州改爲島夷，於是僞孔本有島夷而無鳥夷。至宋元遞至清代推翻僞古文，則盡反僞孔之文，以爲冀揚兩州皆鳥夷，以所謂“島夷”爲僞古文之僞字，真是扶得東來西又倒，今由古代史學及民俗學等之研究，知黄河下游及東北古代多爲鳥夷之族或以鳥爲圖騰之族，而揚州沿海島嶼所居少數民族即島夷之族，是《史記》所載是完全正確的，今賴有《史記》而得將《禹貢》學中所紛爭已久的這一問題廓清。其他賴有《史記》而使《禹貢》文義獲得正解之處不少，已分別詳於上文“校釋”中。

　　《史》《漢》所載皆漢代今文本，今文三家原本皆不傳，惟《漢石經》殘字保存《禹貢》十四字而已。清代學者始從漢人文章著作及漢碑中所引加以輯錄以尋漢今文殘存文句，段玉裁《古文尚書撰異》兼尋古文今文，而見解精深；其專尋今文者則爲陳喬樅《今文尚書經說考》、《尚書歐陽夏侯遺說考》，雖專尋今文三家經師經說，而有關經文原文字亦隨之蒐列不遺。至皮錫瑞《今文尚書考證》比段、陳二家之書更詳備，使後學者要尋找早已不傳的漢代《今文尚書》，憑此就可最大限度地見到所可能見到的漢代今文資料。

　　東漢後期《古文尚書》大盛，取代今文學，而亦失傳，《魏石經》保存其殘存之字，《禹貢》只存十二字。代表古文學者爲馬融、鄭玄、王肅三大家。然自僞古文行而此三家亦絕。其遺說保存於間接或間接中又間接之文獻資料中，如馬、鄭、王諸本之經文皆由其注釋之文中鈎稽而得，而其注釋之文又皆出於《水經注》、《經典釋文》、《孔疏》、《史記》之《集解》及《索隱》與《群書治要》等書所引，至清代學者始就這些材料加以搜集。如江聲《尚書集注音疏》以專治古學倡，王鳴盛《尚書後案》專輯鄭玄之學，段玉裁《古文尚書撰異》所輯以古文資料爲主，孫星衍《古文尚書馬鄭注》利用宋王應麟輯本廣加搜集專輯馬融鄭玄之注。這才使後之學者能見到一些東漢古文資料。

東晉初僞古文出現，編造了一種僞古董字體叫"隸古定"。這種隸古定本《古文尚書》最早傳本爲自宋齊傳至唐初之本，陸德明稱它爲"宋齊舊本"，直至唐天寶間被認爲是"《古文尚書》"的正統傳本。比它稍後出現一種隸古奇字更多之本，陸德明斥爲"穿鑿之徒務欲立異"所編造，段玉裁斥爲"僞中之僞本"。這兩種本子的隸古奇字都難認，唐天寶間命衛包將隸古定字改寫爲"今字"（楷書），刻成《唐石經》傳下來，以後各種刊本皆直接間接傳自《唐石經》。我們讀到的《尚書》，即衛包改錯了很多字之本。段氏《古文尚書撰異》的主要功績，在根據文字學原理判斷和揭露衛包改錯的字。而奇字很多的僞中之僞本於宋時由薛季宣刻入其《書古文訓》中，由《通志堂經解》收刻而流傳至今。至於宋齊舊本寫本及唐人用不少俗體字之抄本，一部分保存在敦煌石室中（清光緒間被英斯坦因、法伯希和盜去其大部分），一部分保存在唐時傳至日本及日本的古傳抄本中。至清末這兩部分都獲傳入，主要爲衛包未改字以前之本，證實了段玉裁所判斷衛包改錯之字。這些都是今日獲以認識東晉僞古文的有用資料。顧頡剛師與顧廷龍先生合作加以匯集編成《尚書文字合編》，於 1938 年由北京琉璃廠文楷齋刻字鋪以木版摹刻，粗印成紅本，未正式印出，近年由顧廷龍先生加工改由上海古籍出版社於1996 年影印出版。我們開始整理《尚書》，撰寫各篇"校釋"時，重視各敦煌本和日本所傳寫本的文字校異，及《合編》出，一編在手，各不同寫本的紛歧一覽無餘，所以在撰寫《禹貢》校釋時，除偶因連類而及需要舉到外，一般隸古寫本異字就不詳舉了。

　　以上是西漢、東漢、東晉幾個不同歷史時期的今、古、僞幾種不同本子的文字情況對《禹貢》的研究深有影響者，其中西漢東漢兩本純爲《禹貢》本身之本，漢末及東晉以後各種紛歧本子，則爲研究《尚書》全書包括《禹貢》在内之本。這些都是文字校異研究的有用資料，亦即“校釋”工作的“校的方面的重要資料”。

　　至於“校釋”工作的“釋”的方面，即對《禹貢》文義、《禹貢》内容的解釋，則漢代今文學派的章句注釋未傳下，賴有上文提到陳喬樅、皮錫瑞等人之書窺見一二。漢代古文學派的注釋，幸有唐代《五經正義》（後擴爲《九經正義》）彙集其要説傳下。但隨着時代的不同，學術思想的演變，形成學術史上的漢學和宋學兩個學派。漢學注重師傳，容易墨守成説；宋學注重獨立思考，敢於自出新解，但在考古學、古文字學等學科未發達以前，其説亦易流於武斷。就《尚書》學來説，這兩派的要著有：代表漢學的爲唐孔穎達《尚書正義》，宋魏了翁《尚書要義》，清江聲《尚書集注音疏》，王鳴盛《尚書後案》，段玉裁《古文尚書撰異》，王引之《經義述聞》，孫星衍《尚書今古文注疏》，王先謙《尚書孔傳參正》等；代表宋學的爲蘇軾《書傳》，林之奇《尚書全解》，吕祖謙《東萊書説》，陳經《尚書詳解》，黄倫《尚書精義》，蔡沈《書集傳》，金履祥《書經注》、《表注》，元陳櫟《纂疏》，董鼎《纂注》，吳澄《書纂言》，明王樵《尚書日記》，清康熙《欽定書經傳説彙纂》等，大都在書中《禹貢》爲其重點闡釋篇目。至專釋《禹貢》的有宋毛晃《禹貢指南》，程大昌《禹貢論》、《禹貢山川地理圖》，傅寅《禹貢説斷》，易袚《禹貢疆理記》，明韓邦奇《禹貢詳略》，鄭曉《禹貢圖説》，茅瑞徵《禹貢匯疏》，清胡渭《禹貢錐指》，蔣廷錫《尚書地理今釋》，徐文靖《禹貢會箋》，焦循《禹貢鄭注釋》，成蓉鏡《禹貢班義述》，楊守敬《禹貢本義》等。《四庫總目》所説的“宋以來所聚訟者莫過《禹貢》之山川”，就在毛晃以來這些書中。毛、程、傅三家之説啓其端，茅瑞徵之書則在明季以前搜集材料最富，而終推胡渭之作最精最博，徐文靖繼之有所前進。《四庫總目》評胡、徐云：“説《禹貢》者，宋以來棼如亂絲，至胡渭《錐指》出，而摧陷廓清，始有條理可按。文靖生渭之後，因渭所已言而更推尋所未至，故較之渭書益爲精密，蓋繼事者易有功也。”其後楊守敬爲近世最有成就的沿革地理專家，以對《水經注》的精深研究而獲貫通融會上下數千年的我國歷史地理，因而所言實有所據。實爲歷史上治《禹貢》最廣的一位大家（歷代治《禹貢》有著作者，宋代粗計二十家，元明兩代逾四十四家，清代逾八十四家，見起釪撰《尚書學史》訂補本）。

　　在這裏，當如顧剛師《禹貢（全文注釋）》中擇要舉了上文所述研究《禹貢》的作者後所説：“其中以胡渭用力最深，他的《禹貢錐指》可以説是一部具有總結性的書。不過現在離胡渭的時代已經二百多年了，在這一段時間裏，地理學正式成爲一門科學，我們應當對於《禹貢》再來一個總結，肯定它的正確的地方，否定它的不正確的地方，給它一個適當的評價。”

甘 誓

　　《甘誓》是夏王啓與有扈氏在甘地作戰的誓師詞。在西漢《今文尚書》伏生本及伏生弟子三家本里為第四篇，屬《夏書》；東漢古文本仍為第四篇，列於《虞夏書》；流傳至今的晉偽古文本列在第七篇，作為《夏書》第二篇。其情況詳本文討論（一）、（四）兩部分。

（一）校　釋

　　大戰①于甘②，乃召六卿③。

　　王④曰："嗟⑤！六事⑥之人，予誓⑦告汝⑧。有扈氏⑨威侮⑩五行⑪，怠棄⑫三正⑬，天用⑭剿⑮絶其命⑯。今⑰予惟⑱共⑲行天之罰。左⑳不攻㉑于左，汝不共命㉒；右㉓不攻于右，汝不共命；御㉔非其㉕馬之正㉖，汝不共命。用命㉗，賞于祖㉘；不㉙用命，戮㉚于社㉛。（予則孥戮汝。）㉜"

　　①戰——敦煌唐寫本（如 P2533）、日本古寫本（如内野本）及薛

季宣《書古文訓》本皆作“𢍷”，是隸古奇字。

②甘——地名，以甘水得名，自馬融以來都以爲是陝西鄠縣南郊地。但根據當時民族活動情況考察，很難説在陝境。據春秋時甘昭公封地爲甘，有甘水，當即其地，很可能即甲骨文中的“甘”（《乙編》1010、《續存下》915 等片），其地自不能西至陝境，當如杜預説在河南縣西南，即今洛陽西南，詳後討論（二）。

③乃召六卿——《史記·夏本紀》全文轉載本篇，在此句前有“將戰，作甘誓”五字，在此句末有“申之”二字，當是司馬遷爲叙明文意時所加。按《墨子·明鬼下》引載本篇，此句作“乃命左右六人”，顯見墨家所據本比儒家此本正確。甲骨文和西周金文中只有“卿事”，《左傳》載周王室有“卿士”（隱公六年）、“左右卿士”（隱公九年）。“六卿”之名始見於春秋中期晋、鄭等國，秦時《吕氏春秋·先己篇》引用此文已有此二字，則此顯係春秋以后秦以前所竄改。《墨子》或係保持了原文。

④王——《夏本紀》作“啓”，以與有扈氏作戰者爲夏王啓；作史事叙述，故改用其名。

⑤嗟——歎詞。

⑥六事——“事”，甲骨文、金文中和“史”、“吏”、“使”同字。典籍中《詩·雨無正》“三事大夫”，《逸周書·大匡解》作“三吏大夫”，知“三事”即“三吏”，是“六事”即“六吏”。“三事”常見於典籍和金文中，指王朝處理國家政務的高級官吏。如《令彝》記周成王命周公子明保“尹三事、四方”，《毛公鼎》記周宣王命毛公厝職司公族與“參有嗣”（即三有司），和《詩·十月之交》的“三有事”同。本書《立政》亦言“作三事”。知“三事”、“三事大夫”等爲西周對官員的習用名稱（《左傳·文公七年》“正德、利用、厚生謂之三事”，其説當

較后起）。此"六事"、"六事之人"在此指上文的"左右六人"（當如《小盂鼎》所説的"三左三右"），是由"三事"、"三事大夫"衍出，同指左右大臣。

　　⑦誓——諸隸古寫本（如内野本等）作"断"，薛本作"斳"，唐、宋一些字書引載此字多近薛本而又有幾種略見不同的寫法（《湯誓》、《牧誓》、《費誓》、《泰誓》諸篇"誓"字情況同）。王引之謂字當作"新"，爲"折"的籀文，"断"爲"折"字之訛。"折"假借爲"誓"（《經義述聞》）。"誓"是軍事行動前申明紀律約戒所屬人員的講話（《周禮》"士師"之職："以五戒先後刑罰，一曰'誓'，用之於軍旅"。當是根據《尚書》作出的解釋）。這種"誓"，後代稱爲"誓師詞"。

　　⑧汝——《夏本紀》及諸隸古定寫本作"女"，是"汝"的本字。即你、你們。和殷代卜辭中"女"字單數多數通用的語法相同。

　　⑨有扈氏——舊注以爲是夏代同姓諸侯，並以其地在今陝西户縣一帶。但《左傳》以"扈"爲夏異姓諸侯，而東夷少昊族有"九扈"，當即此"有扈"。"扈"，亦作"雇"，其地名並見於甲骨文，自亦不能西至陝西，當即春秋時"諸侯會於扈"之扈，據杜預注在滎陽卷縣北，即今鄭州以北黄河北岸原武一帶。《詩·商頌》"韋、顧既伐"的顧，也是此扈，但在夏代時已向東北遷至今范縣一帶，詳後討論（二）。

　　⑩威侮——"威"，敦煌唐寫本、日本古寫本皆作"畏"，與金文"威"作"畏"同。王引之以爲字當作"威"。"威侮"即《説苑·指武》"篾侮父兄"之"篾侮"，意爲輕視和侮慢（《經義述聞》）。然《夏本紀》及《漢書·王莽傳》皆作"威侮"，是漢時本已如此。舊釋爲"威虐侮慢"。總之此詞意義略近現代語言中的"打擊"、"輕侮"的意思。

　　⑪五行——指天上五星的運行，即以之代表天象。注疏家以秦

漢以來流行的"陰陽五行説"的"五行"來解釋是錯誤的，詳后討論（三）。

⑫怠棄——怠慢厭棄。于省吾謂怠字從"台"，古與從"睪"之字同聲相假。"怠"即怡，本應作辝、㤄，與懌、斁通用，其義爲"厭"。"怠棄"即厭棄（《尚書新證》）。

⑬三正——指奴隸制王朝的大臣、官長。注疏家以漢代"三統説"的夏正、商正、周正來解釋是錯誤的，詳後討論（三）。

⑭用——因此（楊樹達《詞詮》）。

⑮剿（《釋文》音"子六反"）——《夏本紀》、《唐石經》及各刊本作"勦"（其義爲"勞"），段玉裁據《説文》指出其誤（《古文尚書撰異》）。《説文·水部》引本文作"劋"，《刀部》引作"剿"，二字意義都是"絶"。《漢書·外戚傳》引作"樔"，其本義爲"截"，乃作爲"剿"的假借字。

⑯命——奴隸主階級假託神意，宣稱他們的王朝是受了"天命"建立的，這就叫做"命"，也稱"大命"。

⑰今——《白虎通·三軍篇》引作"命"，段玉裁云："命字蓋誤。"（《撰異》）當由"今"誤爲"令"，"令"又誤爲"命"所致（楊筠如《尚書覈詁》以金文"命"字作"令"證此誤）。

⑱惟——《夏本紀》作"維"。《匡謬正俗》："惟，辭也，蓋語之發端。古文皆爲'惟'字；《今文尚書》變爲'維'，同音通用。"

⑲共——《唐石經》及各刊本皆作"恭"。然《墨子·明鬼》及《夏本紀》皆作"共"，《漢書》王莽、翟義兩傳引用亦同，是戰國本及漢今文作"共"。《漢書叙傳》及《東都賦》作"龔"，是今文異文。高誘《吕氏春秋》注、鍾會《檄蜀文》亦作"龔"，是古文作"龔"。敦煌唐寫本及日本古寫本（如内野本）都作"龔"，唐李賢、李善注書引

《尚書》皆同，是僞古文也作"龔"。《唐石經》之"恭"顯爲天寶間衛包改寫今字時所誤改。段玉裁指出《尚書》恭敬字不作"共"，供奉字不作"恭"，衛包誤認"共"、"恭"爲古今字，妄改訓奉之共爲恭（《撰異》）。今依今文改回。在金文中，"共"用作供或拱，"龔"用作恭，皆可引申出"奉"字義，故典籍中"共"、"龔"皆可釋作"奉"。"共行天罰"即"奉行天罰"。奴隸主假借天意，說天要懲罰誰，自己就對誰奉行天的這種懲罰。

⑳左——注疏家據周代制度解釋爲："左，車左。右，車右。"（《史記·夏本紀·集解》引鄭玄說，又僞《孔傳》）並釋云："歷言左、右及御，此三人在一車之上。"（《孔疏》）按，鄭玄云："兵車之法，左人持弓，右人持矛，中人御。"（《詩·閟宮》箋）僞《孔傳》亦云："左方主射；車右，勇力之士，執戈矛以退敵。"《孔疏》引《左傳·宣公十二年》楚與晉戰，許伯御車；樂伯在左，善射；攝叔爲右，折馘執俘而還。以證明"左方主射，右主擊刺，而御居中"。又《詩·閟宮》疏引成公十六年晉欒鍼爲右、持矛，又哀公二年衛太子爲右、持矛，亦以證車右持矛。以上是說甲士三人的通常兵車。

《孔疏》說："若將之兵車，則御者在左，勇力之士在右，將居鼓下，在中央，主擊鼓。"並引《左傳·成公二年》晉伐齊，郤克爲將，傷於矢而鼓音未絕；解張爲御，矢貫手而血染左輪。以證"御在左而將居中"。按此亦根據鄭玄說："左，左人，謂御者。右，車右也。中軍，爲將也。兵車之法，將居鼓下，故御者在左。"（《詩·鄭風·清人》箋）《孔疏》並引《夏官·太僕》以證（按《周禮·太僕》云："王出入，則自左馭"）。但杜預《左傳·成公二年》解云："自非元帥，御者皆在中，將在右。"杜的說法與《左傳》經常所記御戎者在中，車右在右的情況是符合的。

　　近年來大量發掘了殷代、西周、春秋、戰國以至秦始皇各個不同時代的戰車,發現一輛戰車三個戰士之説基本是對的。這些戰士都屬於奴隸主統治階級,所以《左傳》所記的御戎和車右往往是高級將士。而每車后跟着徒兵,則多是奴隸。徒兵的數目不一,大抵或六名(如始皇陵二號坑 T3 西段坑内戰車後所跟),或十名(《禹鼎》所記戎車百乘,厮馭二百,徒千),或三十二名(始皇陵 T9 方内戰車後所跟),後來的文獻中或説七十二人(《漢書·刑法志》),或説二十五人(孔廣森《經學卮言》據《周禮》軍一萬二千五百人,而車五百乘,則乘二十五人。孫詒讓據《曹公新書》證成其説)。毛奇齡《經問》較詳地列舉有關兵車所隨甲士之數,以爲"車徒之數,言人人殊,原無一定之經可實指"。又吳浩《十三經義疑》,以車百乘士徒三千爲畿内法,又司馬法一車甲士三人步卒七十二人爲畿外法,二者爲周之定制,又列春秋列國之變制,數皆不同云。其實本無定制。至於車上的戰士,據近人總結各地出土戰車情況,並以山東膠縣西庵的西周戰車爲例,舉出當時一乘戰車上有三名乘員,主將的位置在左面,有鈎戟等一組武器以及箭簇和鎧甲。右面的"戎右",是進行戰斗的武士,只有一柄戈(這裏將在左,與杜預説合。車右執戈,和鄭玄、僞孔説合)。主將和戎右的中間是御,站在正對車轅的正中位置,以便駕馭四匹馬。又安陽殷虚小屯 CM20 車馬坑中,一車有四馬,並以三個乘員殉葬(當然這是一般甲士了。見楊泓《戰車與車戰》,《文物》1977 年第 5 期)。又秦始皇陵兵馬坑所發現的戰車,也是一車有甲士三人。如第二號兵馬坑,每車的車士三人排在車後,中間爲御手,兩側爲甲士。但也有例外,如編號爲 T9 的戰車,左爲將軍,右不御手,略後一點的爲甲士。此外還有些車只有兩人,如 T14 車,左邊御手,右邊甲士(《秦始皇陵東側第二號兵馬坑鑽探試掘簡報》,《文物》1978 年第 5 期)。這是由於時代不同,或地方不同,因而出現的不同情況。但約略可知古代戰車確是三個戰士在車上,有左、右、御三種分工。而不論中外,古代的奴隸主進行軍事活動,都是使用車戰。恩格斯指出:"起初馬匹大概僅用於駕車,至少在軍事史上戰車比武裝騎手的出現早得多。"(《馬克思恩格斯全集》第十四卷《騎兵》)使我們知道本文所記確是我國早期奴隸制時代的兵車情況。

㉑攻——《墨子·明鬼》作"共",《三國志·毛玠傳》引此同。皮錫瑞以爲亦今文異文。仍是"奉"意,是說奉行或執行職務。《夏本紀》和衛包改寫的僞孔本作"攻",僞《孔傳》釋"攻"爲"治",謂"治其職"。意義基本相同。

㉒汝不共命——《墨子》和《夏本紀》皆無此句,只有下文同樣的兩句(《墨子》"汝"作"若")。又本篇"不"字,唐寫本、内野本皆作"弗"。"共",《唐石經》及各刊本皆作"恭",然僞《孔傳》釋此爲"不奉我命",知原本作"共",今改回。《叔尸鎛》"敬共辪命"(敬奉我命),是爲"共命"的原用法。此三句"汝不共命",是說如果車左、車右和御都不好好作戰,那就是你們沒有貫徹奉行命令。

㉓右——車右,參看校釋㉑。

㉔御——戰車的御馬者,參看校釋㉑。

㉕其——《墨子》作"爾"。

㉖正——《墨子》及《夏本紀》皆作"政",《詩·出車》鄭玄箋引用亦同,知戰國本、漢代今、古文本原皆作"政"。可釋爲官員的職守、政事,但在此實與本書《立政》之"政"同,爲"正"的假借,指職官之長。《御正衛殷》及《善齋吉金錄》第一五五之爵都有官名叫"御正",正如《左傳·襄公九年》有掌管馬的官叫"校正",又《襄公二十

三年》及《吕氏春秋·仲夏紀》都有官名"馬正"，可知這裏"正"或"御正"當是御車官名。"御非其馬之正"，當是説非本職的人或不勝任的人貽誤御車任務。

㉗用命——聽從命令和努力貫徹執行命令。按，承上文看，"用命"即指"共命"。

㉘祖——祖廟。《墨子·明鬼》云："虞、夏、商、周三代之聖王，其始建國營都日，必擇國之正壇，置以爲宗廟；必擇林木之修茂者，立以爲叢社。"可知"祖"和"社"是奴隸制王朝兩個最重要的進行宗教活動的場所，故《周禮·小宗伯》也説："建國之神位，右社稷，左宗廟。"《考工記·匠人》説"左祖右社"。僞《孔傳》、《孔疏》等説古時的天子巡狩和出征時，還運用車子載着祖廟的神主，叫做"遷廟之主"或"運主"，作爲行軍禱告和請示之所。這一説大概是根據周武王載着文王的神主去伐紂的故事（見《周本紀》）而來的。其實古代總是在軍事行動完成後，回到祖廟去獻俘獻馘（敵人左耳，代表首級）和賞功的。《小盂鼎》記盂兩次伐鬼方勝利，回來獻馘獻俘於周廟，王在周廟賞他的功。《虢季盤》記虢季伐獫狁勝利，獻馘於王，王也在周廟賞他的功。還有《塱鼎》記周公親伐東夷，歸告於周廟，賞其部下。所以因用命建功賞於祖廟，確是古代奴隸制政權的一種制度。

㉙不——《唐石經》及注疏本皆作"弗"，但《夏本紀》及鄭衆《周禮·大司寇》注、鄭玄《周禮·小宗伯》注皆作"不"，是漢代今、古文皆作"不"，《蔡傳》承用，二字同義，古又同音，而後代通用"不"字，故今從之。

㉚戮——《墨子》及《夏本紀》作"僇"，同音通用。隸古定本如敦煌本、内野本、薛季宣本作"𢧵"，顏師古在唐時所見本作"𢧵"（見

《匡謬正俗》），爲隸古奇字。"戮"的本義是殺戮（如《左傳·哀公二年》"絞縊以戮"。《華嚴經音義》引《國語》賈注），假借爲"僇"的意義是侮辱（《漢書·季布傳·贊》"奴僇苟活"。《國語·晉語》韋注）。此處用本義"殺"。

　　㉛社——奴隸制國家建立的土地神壇。土地神，古代稱作"社"，它是每一塊封地之神，所以凡封國必"建大社於國中"（《逸周書·作雒解》），以代表該國土地（《白虎通·社稷篇》："封土立社，示有土也"）。"社、稷（穀神）"二字也就成了國家的代稱。"社"字在甲骨文中作"土"，殷代對它進行很隆重的祭祀，有時還用人祭，《左傳》中也有幾次殺人祭社的記載，可知確如《墨子·明鬼》所説"社"和"祖"是古代兩個最重要的宗教活動場所（郭沫若以爲人類更早對生殖神崇拜，崇祀牝牡。進入父權時代對牡的崇祀發展爲祖、社。但當古未有宗廟之時，祖、社同一物。後來才演而爲二："牡之祀於内者爲祖，祀於外者爲社。"見《釋祖妣》）。於是軍國大事都要在社舉行宗教儀式。如君主即位（《管子·小問》）、命將出征（《左傳》之《閔公二年》、《定公四年》、《周禮·春官·大祝》）、祓禳日食、水火、旱魃等災（《左傳》之《莊公二十五年》、《昭公十七年》、《昭公十九年》及《墨子》、《尹子》、《吕氏春秋》等）以及其他祈求、祭祀等等。它建立在叢林修茂的地方，而且社祭時有很隆重的音樂（如宋社《桑林》之樂）。所以每國的社就形成爲該國集會勝地，每届社祭的節日，男女雜沓游樂。《墨子·明鬼》説："燕之有祖，當齊之社稷，宋之桑林，楚之雲夢也，此男女所屬而觀也。"《春秋·莊公二十三年》魯侯往齊國觀社，被譏爲非禮，因爲社中要"尸女"（《穀梁》），莊公是去越境非禮（《公羊》）的淫佚。這種社的活動，當如恩格斯所指出的，是在某一些節日裹，幾個部落集合在一起，恢復短期

的性自由的"沙特恩節",是一種對原始群婚的朦朧的回憶(《家庭、私有制和國家的起源》)。《周禮·地官·媒氏》的"仲春之月,令會男女,於是時也奔者不禁"當也是指這種社日活動。郭沫若認爲祖、社、桑林、雲夢就是諸國如《月令》所說的祀高禖之處(《釋祖妣》)。祀高禖所祭的就是母系原始祖神,實際體現了恩格斯所說對原始群婚時代朦朧的回憶。因此這種社成爲集合群衆最活躍的地方,有點像後代廟會。爲了表示把犯罪的人"與衆共棄",特別是起殺一儆百的作用,用來威懾和鎮壓被統治階級,古代奴隸主專政便把"犯罪者"擁到人衆雜沓的社裏作爲執行死刑的地方,像漢代的"棄市"一樣。所以不用命的也就要在社裏殺戮。而古代奴隸主的一切活動都要在宗教的面貌下進行,他們説什麽賞於祖、戮於社是"親祖嚴社之意"(僞《孔傳》),就是這種宗教性的宣揚。《墨子·明鬼》則云:"賞於祖者何也,告分之均也(頒賞平均),僇於社者何也,告聽之中也(斷罪允當,下文作"言聽獄之事")。"則重賞罰分明。舊疏又説有"軍社",引《左傳·定公四年》"君以軍行,祓社釁鼓,祝奉以從"爲説。大概是行軍作戰中殺人無法回到國社去,故建立這制度。

㉜予則孥戮汝——《墨子·明鬼》所引《甘誓》全文無此五字,而本書《湯誓》有此句,顯係儒家整理此篇時從《湯誓》中抄入。由《夏本紀》已有此語,知抄入此語時間較早;然與上兩句犯複,應删去(校釋見《湯誓》篇)。

(二) 今　譯

在甘地大戰,王召集左右幾位大臣前來。

王説："有扈氏上不敬天象，下不敬大臣，上天因此要斷絶他的大命。現在我奉行上天的這種懲罰。所有在戰車左邊的戰士，如果不好好完成左邊的戰鬥任務，就是你們不奉行命令；在戰車右邊的戰士，如果不好好完成右邊的戰鬥任務，也就是你們不奉行命令；駕御戰車的戰士，如果不勝任而貽誤了御車的任務，也是你們不奉行命令。努力奉行命令的，就在祖廟裏給以獎賞；不努力奉行命令的，就在社壇裏殺掉！"

(三) 討 論

本篇需要討論研究的有下列幾個問題：

(一) 和有扈氏作戰的是夏王朝哪一個王

西漢末年出現的《書序》説："啓與有扈戰於甘之野，作《甘誓》。"《史記·夏本紀》説："夏后帝啓，禹之子，其母涂山氏之女也。有扈氏不服，啓伐之，大戰於甘。將戰，作《甘誓》。"這是一般習見的説法，使我們知道《甘誓》是夏啓伐有扈的誓師詞。

畢沅校本《吕氏春秋·先己》也説："夏后伯啓與有扈戰於甘澤。"高誘注："《傳》曰：啓伐有扈。"又高誘注同書《召類》云："《春秋傳》曰：啓伐有扈。"又注《淮南子·齊俗訓》："有扈氏……伐啓，啓亡之。"這些由戰國至漢代的資料都説伐有扈的是啓。（《先己》原刊本作"夏后相"，孫星衍、畢沅校本皆據高誘注以爲"相"爲"伯"字之誤；盧文弨也以爲"伯"古多作"柏"，誤爲"相"。但孫以"伯"爲"伯禹"，畢以爲是"伯啓"。據《太平御覽》卷八十二引《先己》

“夏后伯”於“帝啓”條下，固以爲是伯啓，是畢説較可信。)

但《墨子·明鬼》引此篇作《禹誓》，是説本篇爲夏禹伐有扈的誓師詞。此外如《莊子·人間世》、《吕氏春秋·召類》、《説苑·正理》等也都以爲和有扈作戰的是禹。

究竟是啓還是禹？過去注疏家對此問題爭論不休。其實這是古代史事的傳聞異辭。夏代既没有原始的文獻史料傳下來，也還没有發現記載夏代具體史事的文獻資料(夏代當時應有文字)。因此對這樣的問題，現在是無法簡單論定的。因而也有人調和説禹啓兩人先後都和有扈作過戰(如孫詒讓、皮錫瑞皆有此説)。古代故事傳説的特點是容易發生分化，其出現傳聞異辭的毫不足怪的。

我們只能説，較系統地整理了我國古代史事的《史記》説是啓和有扈作戰。它記載這件史事所根據的史料大概只是《尚書》，也可能就是據當時流傳的關於《尚書》的一些解説，這些解説大多是由戰國以來流傳的一些傳説形成的。顯然司馬遷以爲這一説法可信，所以就没有采用《墨子》等書的資料，而采用了這一説法。我們從禹的歷史傳説還較紛歧而開始建立夏王朝者實際是啓這一點來看，傾向於《史記》這一説法。

(二)關於有扈氏及扈和甘的地點問題

《世本》説：“有扈，姒姓。”又説：“姒姓，夏禹之後。”《説文》也説“扈”是“夏后同姓所封”。高誘在《淮南子·齊俗訓》注中説是“夏啓之庶兄”，在《吕氏春秋·先己》注中説是“夏同姓諸侯”。馬融也説是“姒姓之國”(見《經典釋文》)，鄭玄説“有扈與夏同姓”(孔穎達《甘誓》疏引)。《説文》以下這些東漢的説法，當是從先秦流傳的材料來的，顯然就是根據《世本》等書。《世本》如果確實根據古代真實材料，那麽可認爲“有扈氏”原是夏部落聯盟中的一個同姓部落。與東方夷族部落相對來説，夏族各部落所居的領域在西面。它向東活動最遠時曾達今山東西部，而較長的歷史時期是在今河南境内與東夷各部落交錯活動，時有進退。它在西面的居住地域則在今晋陝境。因此，如果有扈氏確是夏的同姓部落的話，就可如馬融等注疏家所説的在扶風鄠縣（見《釋文》、《孔疏》等），即今陝西省户縣。

“甘”，據馬融説是“有扈南郊地名”（見《水經·渭水注》、《夏本紀集解》等）。注疏家並引《説文·邑部》及《漢書·地理志》扶風鄠縣有“扈谷”、“甘亭”爲證。按，《吕氏春秋·先己》稱其地爲“甘澤”，《釋文》也説：“甘，水名，今在鄠縣西。”可知“甘”又被釋爲水名，地以水得名。依其説，甘水應當是指户縣西境北流入渭的那條水。《水經·渭水注》：“渭水又東合甘水，水出南山甘谷……又北逕甘亭西，在水東鄠縣。”《清一統志》則有甘谷水，在鄠縣西南。大概即是注疏家所説的甘水。

但是《左傳·昭公元年》説：“虞有三苗，夏有觀、扈，商有姺、邳，周有徐、奄。”是把夏的觀、扈和虞、商、周的幾個叛亂的異姓諸侯並提，顯然是把扈和觀都作爲夏代的異姓諸侯。按，昭公十七年提到東方夷族“紀於鳥”（即以鳥爲圖騰）的少昊部落中，有以九種扈鳥爲圖騰稱爲“九扈”的胞族。“九扈”，《説文·隹部》作“九雇”，而“雇”的籀文作“鳸”，因古籀中“鳥”、“隹”實是一字，故《爾雅·釋鳥》“雇”即作“鳸”，郭璞注以爲即經傳之“扈”。王國維因卜辭地名中有“甘”有“雇”，遂據之以爲此“扈”即殷代卜辭中的“雇”。又《春秋·莊公二十三年》盟於“扈”之“扈”亦即此“雇”（《殷墟卜辭中所見地名考》及楊筠如《覈詁》）。其地即杜預注所説的滎陽卷縣北，亦即今原陽、原武一帶，與卜辭中殷代地域相合。《商頌》“韋顧既伐"的顧也是此雇,但因敗後遷避到今范縣一帶。

這樣說來,"有扈氏"不是夏的同姓部落,而是異姓的東夷少昊族的"九扈",其地就是殷代的"雇",也是周代的魯莊公二十三年及文公七年、十五年、十七年"諸侯盟於扈"之扈,地點即今鄭州以北黄河北岸的原武一帶。

而"甘"的地點,王國維據甲骨文中有甘,以爲即《春秋》甘昭公所封之邑。據《僖公二十四年》杜預注:"甘昭公,王子帶也,食邑於甘。河南縣西南,有甘水。"又:"西二十五里有故甘城。"《水經·甘水注》也說:"甘水東二十里許洛城南,有故甘城焉,北對河南故城。"其地在今洛陽西南。

《世本》說夏的都城有平陽、安邑、晋陽、陽城諸處(《史記·封禪書·正義》引)。《古本竹書紀年》說有陽城、斟鄩、帝丘、斟灌、原、老丘、西河諸處。根據《史記·六國表》說"禹興於西羌"及《集解》引皇甫謐云"孟子稱禹生石紐,西夷之人也",又禹稱"戎禹"而與"九州之戎"有淵源(《九州之戎與戎禹》,《古史辨》第七册)這些資料來看,夏后氏這一部落聯盟的活動區域首先當在較西的陝西以東、山西一帶,是逐漸向東發展的。這些傳說中的地點,正好反映夏族向東發展的歷程。可能在啓以前,其活動區域基本在平陽、安邑、晋陽等今山西省境,再東向就達到河南,因而遇到鄭州附近的有扈氏的阻擋。有扈部落向西抗擊有夏部落,就在洛陽附近的甘水一帶作戰。結果夏族勝利,才開始以陽城作爲政治中心(《吕氏春秋·先己》說夏族在這一戰役中没有獲勝,經過一年的準備努力之後,才勝有扈)。一般都認爲陽城在今鄭州西南登封縣境(見杜預《昭公四年》注、《後漢書·郡國志》至《方輿紀要》、《清一統志》等皆主此說。但張澍《世本補注》以爲應在濮陽西,因他認爲堯舜至夏活動當時只限於河東、北,不至河南境。其説不可從)。此后夏族的一些遷都活動,除偶有曲折外,基本表現了繼續向東發展的趨向(參看附圖)。

這是就古代流傳下來的片斷資料所得的大略認識,似較爲説得通。舊注以爲是今陝西户縣,顯然有説不通的地方。因爲扈與鄠除了音同外,没有其他任何歷史聯係。所以《孔疏》提出:"《地理志》:扶風鄠縣,古扈國。鄠、扈音同,未知何故改也。"就是説不知爲什麽"扈"改成了"鄠",顯然對此有了懷疑。而馬融説甘是有扈南郊地,《孔疏》也以爲没有根據,而是出於馬融想象的。孔的話説"啓伐有扈,必將至其國,乃出兵與啓戰,故(馬融)以甘爲有扈之郊地名"。事實上這一説法不僅與甘水在鄠西有矛盾,而且與夏師進軍路綫有矛盾。所以《孔疏》接着又説:"啓西行,伐之當在東郊。融則扶風人,或當知其處也。"是説這只是由於馬融是扶風人,才把扈和甘説成是在扶風的鄠縣。顯然是在指出此説之無據。

此外,《楚辭·天問》兩次提到有扈,王國維據《山海經》、《竹書紀年》等考定爲"有易"之誤,與此扈無關(《殷卜辭中所見先公先王考》)。王説甚是。當是由於習聞本文中的"有扈"而誤。

因此,我們認爲較妥的看法是:"有扈"即東夷部落的"九扈",其地當在今鄭州北部原陽一帶,扈與夏人作戰的地方"甘",當在今洛陽西南(見附圖)。

(三)關於"五行"、"三正"的問題

本文作爲一篇動員征討敵人的誓詞,對於敵人全部罪行的聲討,就只在"威侮五行,怠棄三正"兩句話上。究竟"五行"、"三正"是什麽呢?自來注疏家,對於"五行",大都援用秦、漢人所宣揚的唯心主義神學"陰陽五行説"來解釋,從西漢今文家的《尚書大傳·洪範五行傳》,歷經東漢古文家馬融、鄭玄的注、晋代僞孔安國傳,到宋

代蔡沈的《書集傳》，雖用語不同，總不外"陰陽五行説"的"五行"水、火、木、金、土這五項的涵義。對於"三正"，則用漢儒所宣揚的主宰王朝循環更迭論的"三統説"來解釋，即由"三統説"中的黑統、白統、赤統在曆法上的不同建首而成的"夏正建寅、商正建丑、周正建子"之説來解釋，自漢《尚書大傳》到宋《蔡傳》大抵都用這一説法。

但是《甘誓》是作爲夏代文件編在《尚書》中的，用這些漢代的東西去解釋，怎麼能符合得上呢？特別是夏代還没有循環的"三正"曆法，怎麼能用後來的曆法去説它呢？所以從宋代，歷元、明，到清代，以至近代，紛紛有人提出異議，用許多有力的説法指出了舊注疏的不可信，必須推翻。

其實，古代自有"五行"，但非漢儒"陰陽五行説"的"五行"；古代自有"三正"，也非漢儒"三統説"的"三正"。

先説"五行"。古代人們由於生活和生産的需要，注意認識天文星象。恩格斯指出："首先是天文學——游牧民族和農業民族爲了定季節，就已經絶對需要它。"（《自然辯證法·科學歷史摘要》）顧炎武對中國古代一般人們都熟習天文情況更有具體描述，但後世連文人學士都茫然不知（《日知録》卷三十）。這是因爲秦、漢以後天文工作者制訂出了二十四節氣，可以靠它來安排生産和生活，不再需要直接認識星象了，以致人們對天文活動的一些名詞或術語逐漸模糊，不懂它的原意，而只知道它在秦、漢以後流行的意義，"五行"一詞就是它的顯著例子！

《史記·曆書》説："黄帝考定星曆，建立五行。"（"黄帝"二字指上古）可知"五行"一詞是從星象來的。《漢書·藝文志》説："五行之序亂，五星之變作。"可知"五行"與"五星"有關係。"五星"，就是現在所知九大行星中的水、金、火、木、土五星，但在戰國以前從來不這樣稱呼它們，只叫它們做辰星、太白、熒惑、歲星、填星（鎮星）。因爲古代另有稱爲"火"或"大火"的星，是指恒星二十八宿中的心宿。所以古代關於五行星的名稱與金、木、水、火、土無關，而只是就這五星在天球面上的運行現象，看到只有這五星是行動着的，因而就綜稱它們爲"五行"，這是"五行"的原始意義。

"五行"原始意義形成的時期，當在認識五星之後，是與設定二十八宿的時期相聯係的。二十八宿的劃定，是根據填星二十八年一周天的周期來的。而我國二十八宿之設定，綜合竺可楨、新城新藏、李約瑟諸人之說，大抵在殷代後期到西周初年。那麼"五行"提出的時間，也當和這相去不太遠，而其見於文字者，就是本篇。篇中所載資料與殷周之際的天文發展階段是相適應的。

到東周戰國時期，各種思想爭奇逞勝，還可出現其他意義的"五行"。《荀子·非十二子》指出的子思、孟子的"五行"，有人把它解釋爲"五常"，或者解釋爲"五倫"，還有所謂孔子的五行，曾子的五行，及所謂子思後學的五行，彼此內容各不相同。同時更有"六行"、"四行"等不同提法（參看梁啓超《陰陽五行說之來歷》、譚戒甫《思孟五行考》等文）。由此可知"五行"一詞的不同解釋和它的不同用法原自不少。

這種活躍多姿的用法，也見於對物質世界的認識。或把它們稱之爲"六府"（《左傳·文公七年》："水、火、金、木、土、穀，謂之六府"），或稱之爲"五材"（《左傳》之《襄公二十七年》、《昭公十一年》指金、木、水、火、土五項），而且或與六氣、五味、五色、五聲、六疾等並舉（《左傳》之《昭公元年》、《昭公二十五年》），或與五事、八政、五紀、三德、五福、六極等並舉（《洪範》），還沒有固定在一個五的數目上。不過終於逐漸多使用"五"的數目（就像《昭公元年》、《昭公二十五年》那樣），後來由於“五材”金、木、水、火、土五項較能概括世界上的主要物質，人們漸多習用它，天文工作者就借用“五材”之名來作爲五星的代稱，這樣，“五材”和“五星”相結合（《漢書·律曆志》記明“水合於辰星，火合於熒惑，金合於太白，木合於歲星，土合於塡星”），原只是“五星”的綜稱的“五行”，就永遠是指金、木、水、火、土了。由《洪範》和《墨子·經説下》已説到五行是這五項，可知至遲到春秋、戰國之世這種結合已經實現了。不過它既異於後來相克、相生的次序，又平實而無神秘意味，因此還只是結合的早期階段，停留在天文學範疇內。一直要到漢代的“陰陽五行説”，才達到唯心主義神學目的論的烏烟瘴氣的地步。

　　但就是漢代《洪範五行傳》的作者，也還完全懂得這“五行”兩字的本義，該文把《洪範》中的各疇儘量和五行相配，其中“六極”計有六項，也勉強把前面五項和土、火、金、水、木配了，還剩最後一項，《洪範五行傳》作者創了一個“日月亂行、星辰逆行”去配，這就看出了上面五項配的不是土、火、金、水、木這種物質，而是土、火、金、水、木五星的運行，所以最後這一項才配上“日月之行”。由這一原始意義的孑遺，使我們得到一個證實“五行”一詞的原義完全是由五星的運行而來的確證。它指的原是天象，而根本沒有後來所加上的神秘意義。漢代經師及歷代注疏家用唯心主義神學“陰陽五行説”的“五行”來解釋本篇的“五行”，是完全謬誤的。

　　其次説“三正”。甲骨文中有“臣正”和“正”，是指殷王朝的大臣。《大盂鼎》有“殷正百辟”，也是泛指殷的大臣。又有“文王命二三正”，則是泛指周王朝的大臣。古人用三、五、六、九等泛指多數，“二三正”也就是“三正”，指的是一些主要的大臣。

　　周代金文和典籍中還有不少關於“正”的材料，其泛指者有“先正”、“友正”、“庶正”、“大正”、“有正”、“正事之臣”……等等（見《毛公鼎》、《彝仲簠》、《詩·雲漢》、本書《文侯之命》、《洪範》、《康誥》、《洛誥》等）。其具體以正爲官名者，則《左傳》尤多，有卜正、工正、校正、遂正、少正、馬正、陶正、賈正……及傳説中的曆正、農正、田正、南正、火正……等等。對於“正”的概括稱呼，除“二三正”外，還有《左傳》之《隱公元年》、《定公四年》及《國語·齊語》的“九宗五正”、“職官五正”、“五正”，《襄公二十五年》的“六正”及《作册魋卣》的“多正”和本書《多方》的“小大多正”等等。由此可知本篇的三正，和“五正”、“六正”、“多正”是一類的，都用以概括諸大臣官長。

　　“正”字這一解釋漢人本來知道，如《爾雅·釋詁》云：“正，長也。”鄭玄注各種典籍的“正”字也用這一解釋。誰知他們注釋本篇“三正”，却爲“三統説”的“三正”二字所囿，死守着不能解脱。

　　“三統説”所講的夏、商、周三代曆法的不同，利用了《左傳》中的一些説法，如《昭公十七年》：“火出，於夏爲三月，於商爲四月，於周爲五月。”似乎可證這三代的曆法剛好各相差一個月。其實古代的曆法還在草創階段，哪能這樣整齊。以春秋曆法來説，馮澂《春秋日食集證》指出：“隱、桓之正皆建丑，閔、僖、文、宣之正建子及建丑者相半，至成、襄、昭、定、哀之正而又建子，間亦有建戌、建亥者。”洪業《春秋經傳引得序》則按日食推算得知：隱、桓、莊皆建丑，莊公末到僖公建子、建丑相半，文公以后基本都建子，但昭公時一度建亥。二説略有出入，而基本相同。可知東周時曆法還在演變中，不能簡單地説它就是建子。至於甲骨文中所見商代曆法更較原始，還没有以十二支代表各月，根本談不到建首是什麽，夏代説更渺茫了。可知“三正”的説法完全没有歷史事實作根據，是非科學的東西，完全是漢儒的臆説。《左傳》的一些句子往往遭漢人竄亂，這就是一例。注疏家都生於漢代以後，只知"三統説"的三正，就作出了這樣無知的解釋。

"三正"之指二三大臣，還可以殷、周歷史爲證。《史記·周本紀》載周武王率領諸侯到盟津準備伐紂，諸侯主張立即進攻，周武王還要等一等，找出個宣傳鼓動的政治理由來。兩年後，紂殺了比干，囚了箕子等，周武王立即宣布紂的罪狀，進行討伐。罪狀是："今殷王紂乃用其婦人之言，自絶於天，毁壞其三正。"他所宣布紂的罪行，除多了一句"婦人之言"外，竟和本篇所宣布有扈氏的罪行一模一樣。他所説的"三正"，就是比干、箕子等人，就是殷王朝的幾個大臣。可知本文的"三正"也就是指有扈氏的幾個大臣。

《甘誓》這篇夏后氏與有扈氏作戰之際的誓師詞，大概在夏王朝是作爲重要祖訓歷世口耳相傳，終於形成一種史料流傳到殷代，其較穩定地寫成文字，大概就在殷代，所以用了在殷代后期已出現的"五行"、"三正"字樣。當時強調敵人"威侮五行，怠棄三正"之罪，就是指責敵人上不敬天象，下不敬大臣，是足以引起天怒人怨的大罪，所以奉天命去討伐他。夏后氏伐有扈，周武王伐紂，都拿這兩句作爲對方的全部罪狀，而能取得動員的效果，這是由於它符合早期奴隸主階級的意識形態活動的原故（摘自起釪撰《釋〈尚書·甘誓〉的五行與三正》一文，載《古史續辨》）。

（四）儒墨兩家的不同本子和本文寫定的年代問題

《甘誓》這篇誓詞，除了《尚書》中的本篇及司馬遷根據本篇轉寫在《史記·夏本紀》中的那篇外，還有《墨子·明鬼下》引載的一篇。《史記》那篇由於録自本篇，所以基本相同，只是所根據的是漢代今文本，有些字句又由司馬遷用漢時語言譯寫過，所以與本篇字句有出入，現都已隨文在“校釋”中校明了。惟《墨子》的那篇與本篇出入很大，除在“校釋”中偶因需要提到的外，無法全部在“校釋”中校出，現特將那篇《禹誓》全文轉錄如下：

　　大戰于甘，王乃命左右六人，下聽誓于中軍，曰：“有扈氏威侮五行，怠棄三正，天用勦絕其命。”有（又）曰：“日中，今予與有扈氏爭一日之命，且爾卿大夫庶人，予非爾田野葆土之欲也，予共行天之罰也。左不共于左，右不共于右，若不共命；御非爾馬之政，若不共命。是以賞于祖而僇于社！”

由於有了這篇墨家的本子，使我們看到下列幾點：

（1）儒、墨兩家在孟軻以前即戰國初年起就已成爲互相爭鳴的兩大學派，韓非説他們是當時的兩家“顯學”，他們競相稱引古代文獻資料來爲自己的理論張目。現在看到兩家都引了這篇，可知這篇是在戰國以前就早已存在的古代文獻。

（2）兩家所用的本子，不僅文字有很大出入，而且篇題也不同。儒家以作戰地點作爲篇題，而在《書序》中説明作誓詞的是啓；墨家則以爲是禹，並逕以禹作爲篇題。但《墨子·兼愛下》另引有《禹誓》，是禹征有苗的誓詞，與此篇文句完全不同，很可能本篇題的“禹”字有誤。總之説明當時本篇文字在流傳中發生了很大歧異。郭沫若提出他的看法説：“這大概是一篇無主的古文，後世的墨家以禹有伐有扈的傳説，故屬之禹，而儒家亦以啓有伐有扈的傳説，故屬之於啓。”（《中國古代社會研究》）這看法可備一説。郭氏另據王國維所考《楚辭》有扈即有易，因而謂本篇可能是上甲微伐有易的誓詞。這是他誤用了王氏之説提出的推想（王氏是説《楚辭》的“扈”字是“易”字之誤，不是説本篇的“有扈”即“有易”）。但不管怎樣，古代歷史傳説在流傳中總易發生分化，這是常有的現象。因此這篇誓詞所反映的歷史事件出現不同傳説也是很自然的。

　　（3）對於這篇誓詞的討伐對象是有扈，儒、墨兩家本子都是一致的。因此我們認爲原始材料應該就是有扈，在上面第（二）問題裏已提到可能就是東夷族的九扈部落。由誓詞不用上伐下的口氣，也反映討伐的是別一族。這件歷史故事當然是夏代的，竟能流傳下來是很幸運的。在上面第（三）問題裏已提到，可能到殷代才初步較穩定地寫成文字，因而當時把“扈”字寫成“雇”。到西周可能寫成基本定型的定本，雇字繼續分化成“扈”、“雇”、“鳫”三體。再在春秋戰國的傳抄中，又分化成儒、墨兩家互有異同的本子。

　　（4）兩家本子文字上的出入雖然很大，但内容却一致，説明兩家所根據的確是同一個本子，在分別抄傳中才造成這些出入。它的内容又只有兩點：（甲）假借天的意旨，純用神意而不用人意；（乙）赤裸裸地以賞罰爲號令，純用威力而不用德教，和殷代以上的奴隸主專政的思想意識完全符合。因爲德教觀念是到西周統治者在“天命不常”的警惕下才提出來的，可知這篇誓詞一定是西周以前的東西。郭沫若提出：“《甘誓》應該歸入《商書》。”因爲他認爲“《甘誓》的五行……這種觀念的起源，應該是起於殷代的五方或五示的崇拜”（《中國古代社會研究》）。我們認爲把本文就其成文時代來説列爲商代時期是可能的，但“五行”一詞不是由於五方或五示的崇拜，而是受殷代或殷周之際天文知識的影響形成專詞後因而寫進本文的。這也就可如郭氏所説的“《商書》和《周書》都應該經過殷、周的太史及後世的儒者的粉飾”所留下的痕跡！

　　（5）兩個本子的文句都比較簡單，視本書《周書》各篇時代看來要早。比《商書》的《盤庚》就其結構來説，也要早。其中語法如“汝”（女）可作第二人稱單數與多數，也和甲骨文例符合。但其造句修辭似乎比甲骨文晚了一些,這也就是最後在周代寫定受到儒、墨粉飾的證據。

（6）墨家的本子在全文結尾沒有"予則孥戮汝"五字,而儒家本子却有。這五字顯然是儒家從《湯誓》裏抄來的。因此儒家這個本子的最後寫定,當在《湯誓》寫成之後。

〔附〕　夏啓伐有扈氏示意圖

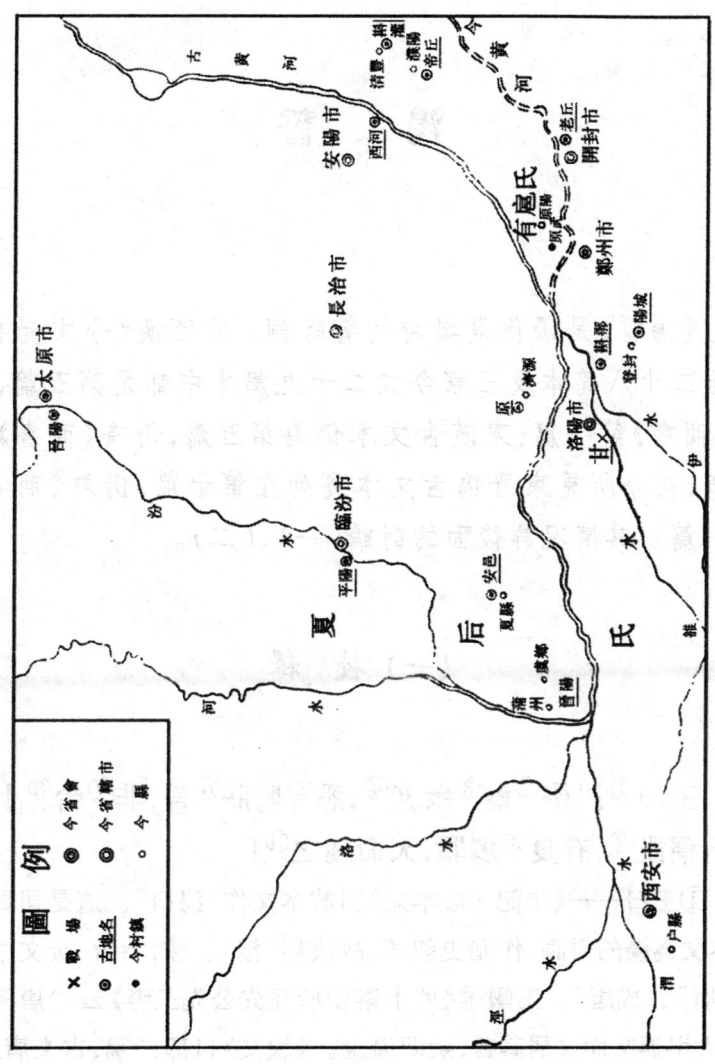

湯　誓

　　《湯誓》是湯伐夏桀時的誓師詞。在西漢《今文尚書》伏生二十八篇本及三家今文二十九篇本中都是第五篇,列為《商書》第一篇;東漢古文本仍為第五篇,仍為《商書》第一篇;在今所見東晉偽古文本裏列在第十篇,仍為《商書》第一篇。其情況詳後面的討論(一)、(二)。

(一)校　釋

　　王曰①:"格②爾③衆庶④,悉⑤聽朕⑥言,非⑦台⑧小子敢行稱亂⑨,有夏⑩多罪,天命殛之⑪!

　　①王曰——《史記·殷本紀》引載本文作"湯曰"。這是司馬遷因本文爲湯的誓詞,作歷史叙述,故改稱"湯"。按,卜辭、金文中湯作"唐"、"成唐"。王國維《殷卜辭中所見先公先王考》云:"唐與大丁、大甲連文而又居其首,疑即湯也。《説文》口部:'喝,古文唐,从口易。'……《齊侯鎛鐘銘》曰:'虩虩成唐。……'卜辭之唐,必湯之

本字。後轉作喝,遂通作湯。"(相傳湯有七名,參看拙撰《甲骨文與尚書研究》及本書《酒誥》篇"成湯咸"校釋)湯是商王朝的創建者,他所處的時代約當公元前16世紀。"王曰"是史臣紀録他動員部屬征伐夏代最末一個國王夏桀發出誓師詞時的用語(參看《盤庚》、《大誥》"王若曰"校釋)。"誓"字校釋見《甘誓》篇。

　　②格——告。按,《堯典》"格"字,漢代今文作"假"(見《後漢書》之《明帝紀》、《順帝紀》、《馮異傳》、《陳寵傳》引,詳《堯典》校釋);《儀禮·士冠禮》"孝友時格"鄭玄注:"今文'格'爲'嘏'。"又《少牢饋食禮》"以嘏於主人"鄭玄注:"古文'嘏'爲'格'。"可知群經中此字,漢代今文作"假"或"嘏",古文作"格"(段玉裁《古文尚書撰異》說:"《今文尚書》有'假'無'格'。"是。皮錫瑞《今文尚書考證》謂"今文亦作格",乃其引文有誤)。牟庭據《家語·問禮》"嘏以慈告"注"嘏,傳先祖語於孝子",因謂"知傳相告語謂之'嘏',則古文之'格'亦告語之意"(《同文尚書》)。按,假、嘏、格、告爲雙聲,皆見紐,古自可通用,知此"格"即"告"。此"格爾"即《堯典》的"格汝",都和《盤庚》的"告汝"、"告爾"同。

　　③爾——《殷本紀》作"汝",與殷代甲骨文"女"字同。作爲第二人稱,甲骨文中無爾字,始見於東周金文和典籍中(如春秋時期《洹子孟姜壺》、《晉公盦》等),可知此處在傳寫中用了晚起字。

　　④衆庶——衆字在甲骨文中象日下三人形,郭沫若氏釋爲生產奴隸。但在《商書》如本篇及《盤庚》等篇中,顯非奴隸,而近於一般所說的衆人、群衆之意,詳《盤庚》篇討論。"庶",和多的意義一樣,但甲骨文中亦未發現庶字,只有多字,當是殷周兩氏族的不同用語,"多"是殷語,"庶"是周語(據陳夢家《殷虛卜辭綜述》)。顯見這也是本篇寫定時受了後起的周人文字影響。又《殷本紀》在此字下多

“來女”二字,孫星衍以爲是訓解上面“格爾”二字,傳寫者誤抄入正文中(見《尚書今古文注疏》)。

⑤悉——盡(《爾雅·釋詁》)。即今語的“都”。隸古定本作“心”上加“囧”字(如薛季宣本),不足據。

⑥朕——我的。是單數第一人稱領格,和甲骨文中的語法相合。内野本作“𦨶”,爲隸古定異體。

⑦非——《殷本紀》作“匪”。是用訓詁通用字。

⑧台——我(《爾雅·釋詁》)。按,甲骨文中第一人稱代詞,單數的主格、賓格用“余”,領格用“朕”,多數的主格、賓格、領格都用“我”,而没有“台”字。東周金文始有“台”字,絶大多數皆同“以”字,惟《郘侯殷》二“台”字同“我”,又《郘王子鐘》一“台”字似亦釋“我”。另有“辝”、“䚅”、“𢝊”三字則常用作“我”,爲單數和多數的領格(見《晋姜鼎》、《叔夷鎛》、《王孫遺諸鐘》、《郘王義楚鍴》等器),實即“台”字異體或繁體。其在《釋詁》當即指領格。周法高據其在金文中用爲領格,因謂“辝爲‘余之’二字之合音”(《評高本漢〈原始中國語爲變化語説〉》,載《中國語文論叢》),其説可取。但本文此處用爲主格,陳夢家謂以“台”當主格中的“余”或“我”字用,當在春秋戰國時期(《尚書通論》)。又此處“台小子”,即《金縢》等篇的“予小子”,《大誥》的“予惟小子”,《洛誥》的“予冲子”,《君奭》的“我冲子”,也即是金文中的“余小子”,都是周代統治者自己的謙稱。這些都是用了周代文字。

⑨敢行稱亂——“敢”,隸古定如内野本作“𢾖”,薛本作“𢿢”,與金文“敢”字形近,與《説文·殳部》訓“進取”之“𢾃”(敢)亦近,略有訛變。“稱”,《殷本紀》作“舉”。内野本、薛本皆作“偁”。段玉裁謂本當作“偁”(《撰異》)。按,《爾雅·釋言》:“偁,舉也。”郭

璞注引《書》作"偶"。段説當據此。"亂",内野本作"率",薛本作
"�",按《説文》"龠,亂也",古文作"㝅"。《魏石經》亂字遂亦作
"㝅"。知兩本沿漢古文而各有訛變。

⑩有夏——古人常在所稱名物前冠一"有"字以爲語助,王引之
説:"一字不成詞,則加有字以配之,若虞、夏、殷、周皆國名,而曰有
虞、有夏、有殷、有周是也。"(《經傳釋詞》)《國語・周語》叙禹治水
之功後,説:"皇天嘉之,胙以天下,賜姓曰姒,氏曰有夏。"知"夏"爲
氏名,並託於神話説是上帝授予的。

⑪天命殛之——"天",殷人語言裏稱爲"帝",周人語言裏稱爲
"天"(詳《高宗肜日》校釋)。此爲本文最後寫定於周代,用了周人
文字。"殛",誅殺,誅滅(《釋言》)。這句是説上帝命令我去誅滅有
夏。

以上這一節,宣揚奉天命伐夏。

"今爾①有衆,汝②曰:'我后③不恤④我衆,舍⑤我穡
事⑥而割⑦正⑧夏⑨?'予惟⑩聞汝衆言,夏氏有罪,予畏上
帝,不敢不正⑪。

①爾——《殷本紀》作"女"。司馬遷於第二人稱統一用"女"
字,惟上文"格爾衆庶"一用"汝",可能傳寫偶異。

②汝——《殷本紀》作"女",和甲骨文同,爲第二人稱,往往跟
在所指稱的私名之後,作爲同位詞。如:"王曰:侯虎,敗女使。"
"亞,女其入乎從又司。""汝(人名)……女一人。"(據陳夢家《殷虚
卜辭綜述》引)此處在指稱"爾有衆"之後緊接用"女"字,與殷代文
法相合。

③我后——《殷本紀》譯作“我君”。這裏指湯。“后”爲君主意義,參看《堯典》“班瑞于群后”校釋。

④恤——憂(《釋詁》),意爲體恤,關懷疾苦。

⑤舍——同“捨”。

⑥穡事——《殷本紀》作“嗇事”,“嗇”爲穡的假借。《説文·嗇部》:“田夫謂嗇夫。”又《禾部》:“穀可收曰穡。”“穡事”即《師袁敦》的“夙夜邮厥牆事”,即農事。于省吾先生據此謂:“穡事,周人語例。”(《尚書新證》)

⑦割——當作“害”,《大誥》“天降割于我邦家”之“割”馬融本作“害”可證。“害”與“曷”同屬古韻曷部和古聲類匣紐,故古通用,都和疑問副詞“何”同義(參看《盤庚·中篇》“曷”字校釋)。這裏作“爲什麽”講。

⑧正——同“征”,和甲骨文中“正”字作征伐用相同。

⑨夏——《殷本紀》無此“夏”字,清儒多據此説此夏字當删。他們誤從僞《孔傳》釋“割正”爲“割剥之政”,所以有此錯誤意見。其實“割正夏”是“爲什麽征夏”。

⑩惟——同“雖”,用作推拓連詞(據《經傳釋詞》)。

⑪予惟聞汝衆言夏氏有罪予畏上帝不敢不正——此十八字連下句“今”字共十九字,《殷本紀》錯簡在上文“有夏多罪”之下,“天命殛之”之前。而在此十九字下,“天命殛之”之上又多出“夏多罪”三字。按古代寫經籍的竹簡大抵爲一簡二十餘字(據《漢書·藝文志》,一簡或二十五字,或二十二字),此處顯然恰是一簡錯置在前。

以上這一節,針對部衆不欲伐夏情緒,假借用天命來作動員。

“今汝其①曰:‘夏罪其如台②?’夏王率③遏④衆力,率割夏邑⑤，有衆率怠弗協⑥，曰：‘時日曷喪？予及汝皆亡⑦！’夏德若兹⑧，今朕⑨必往。

①其——時間副詞，即王引之《釋詞》所説的“其猶將也”。“今汝其曰”，現在你們將會説。

②夏罪其如台——《殷本紀》作“有罪其奈何”。“奈何”即“如何”。《商書》之《盤庚》、《高宗肜日》、《西伯戡黎》諸篇都有“其如台”，可知當時商族語言稱“如何”爲“如台”。

③率——與下兩句“率”字都是無意義的語首助詞，據王引之《釋詞》説與“聿”聲近義同。

④遏——《殷本紀》作“止”。楊筠如謂“遏”通“竭”（《尚書覈詁》）。“率遏衆力”，是説竭盡民力。

⑤率割夏邑——《殷本紀》作“率奪夏國”。將“割”譯爲剥奪，將“邑”譯爲“國”。按，與上文一樣，“割”當作“害”。但與《堯典》“滔滔洪水將割”、《大誥》“天降割于我家”都當作“害”一樣，應作“禍害”解。“邑”爲都邑，指國都所在，故《殷本紀》譯“夏邑”爲“夏國”（《牧誓》“商邑”《周本紀》亦譯作“商國”，與此同）。

⑥有衆率怠弗協——“有”，語詞。“有衆”即“衆”。俞樾《群經平議》説：“古怠與殆通。此文怠字當作爲危殆之殆。言夏王率遏衆力，率害夏邑，故其民危殆而弗協。”“弗協”，《殷本紀》譯作“不和”。

⑦時日曷喪予及汝皆亡——“時”，是（《詩》之《駟驖》、《十月之交》等《毛傳》），即“這個”。“日”，指夏桀，因古代王朝常用日來比君主。“曷”，《孟子·梁惠王》引作“害”，知戰國時此字原作“害”，段玉裁謂係唐人衛包改作曷（《撰異》）。“皆”，同“偕”。《殷本紀》譯此句爲：“是日何時喪，予與女皆亡。”即：“這個日頭什麼時候完蛋呵，我寧願和你同歸於盡。”

⑧兹——此。

⑨朕——甲骨文、金文中都只作單數第一人稱領格，即“我的”。秦滅六國建帝位後，始規定“天子自稱曰朕”（《史記·秦始皇本紀》）。此處作主格，已近秦的文法。

以上這一節，指出夏桀的罪行，申明必須伐夏的決心。

“爾尚輔予一人①，致天之罰②，予其③大賚④汝。爾無不信⑤，朕不食言⑥。爾不從誓言，予則孥戮⑦汝，罔有攸赦⑧。”

①爾尚輔予一人——《殷本紀》作“爾尚及予一人”（惟此“爾”字《殷本紀》未改爲“女”）。“爾”，你們。由本節可知“爾”用爲第二人稱主格，“汝”用爲第二人稱賓格。“尚”，同“倘”。王引之云：“倘，或然之詞也，字或作尚。”（《釋詞》），楊樹達云：“尚，假設連詞，若也，與倘同。”（《詞詮》）“予一人”，爲古籍和甲骨文、金文中經常出現的古代王朝的君主自稱之詞。按，“予”字在甲骨文及西周金文中皆作“余”，爲“余”的古文，至東周金文乃作“余”，“予”爲東周後主要是漢時所用假借字，顯係今、古文本所用，是原當作“余一人”。在西周時又稱“我一人”。如《盠盨》、《毛公鼎》都同時用了“余一人”、“我一人”，《盂鼎》則用“一人”和“我一人”，本書《多士》亦“余一人”、“我一人”並用，餘如《盤庚》、《金縢》、《康誥》、《顧命》、《文侯之命》都用了“余一人”，《酒誥》、《呂刑》則用“我一人”。以上都是西周天子專用。到東周的《叔夷鎛》銘文中，則齊侯也稱“余一人”了。“爾尚輔予一人”，你們倘若輔助我。

②致天之罰——“致”，《禮記·禮器》“物之致也”鄭注：“致之言，至也，極也。”又《中庸》“致中和”鄭注：“致，行之至也。”知此句

即"極天之罰"，意爲徹底行天之罰。本書《甘誓》、《牧誓》都説"共行天之罰"，《墨子·兼愛下》引作"用天之罰"，是當時統治者慣用假造天意的語言。

③其——在此爲承接連詞，用法同"則"（用裴學海《古書虛字集釋》説），即今語的"就"。

④賚——《殷本紀》作"理"。按，"賚"意義爲賞賜，見《説文》。錢大昕以爲"理"、"賚"聲相近，義亦通，並以《詩·江漢》"釐爾珪瓚"之"釐"，鄭玄謂或引作"賚"爲證（《廿二史考異》）。金文《敔殼》則有"敻敔圭鬲"之語，《旅鼎》則言"文考遺寶賚"。知賚與釐、䠠同是大貴族主賞賜臣下之詞。于省吾氏據《説文》"釐，家福也"，《克鼎》"錫釐無疆"，以爲釐訓福，與説文合。又舉"釐"在金文中尚作釐（《師酉殼》）、𠩺（《𢗥殼》）、𨤖（《陳肪殼》），及敦煌本《尚書釋文》釐作𠩺，等等，因謂敻自可作賚（《新證》）。

⑤爾無不信——《殷本紀》作"女毋不信"。

⑥食言——蔡沈《書集傳》釋爲"言已出而反吞之"，是説自己把自己的話吃掉，意即講話不算數，無信用，比僞《孔傳》"食盡其言僞不實"之解較確。清人或據《爾雅》釋"食言"爲"僞言"，或據杜預注以"食"爲"消"，都和《左傳·哀公二十五年》"食言多矣，能無肥乎"之意不合。《左傳》明明借用人吃東西多就肥，來比喻人把話吃得多也會肥，譏斥其言而無信。

⑦孥戮——《殷本紀》作"帑僇"，《周禮·司厲》鄭衆注和《漢書·王莽傳》都引作"奴戮"，《詩·常棣》"樂爾妻帑"疏引作"孥戮"，《匡謬正俗》引隸古定本作"奴弨"，内野本作"孥弨"，薛季宣本作"伖弨"。"奴"，奴隸。"孥"，妻和子（《小爾雅·廣言》）。"帑（音倘）者，金布所藏之府也"（《後漢書·桓帝紀》注引《説文》），可

假借作奴,亦可假借作孥。"僇",侮辱(《漢書·季布傳·贊》、《國語·晉語》韋注)。"戮",殺戮(如《左傳·哀公二年》"絞縊以戮"、《華嚴經音義》引《國語》賈注),可假借爲僇。"𢍰"、"𢎾"是戮的隸古奇字。段玉裁據鄭衆注、《王莽傳》、《匡謬正俗》及《季布傳》"奴僇苟活"語,遂斷定此句引"孥"字當作"奴","戮"當作"僇"(《撰異》)。因他在解釋上同意鄭衆把此句引用於解釋司屬處理奴隸,只是使犯者本人作爲奴隸。鄭玄則與鄭衆不同,他解釋爲:"大罪不止其身,又孥戮其子孫。"(《孔疏》引)僞《孔傳》則說:"古之用刑,父子兄弟不相及,今云孥戮汝,無有所赦,權以脅之,使勿犯。"他認爲古代沒有罪及妻孥的事,但仍承認此句的文意是罪及妻孥。顏師古據僞孔引"罪不相及"語,則逕以爲此句無罪及妻孥意,他說:"奴戮者,或以爲奴,或加刑戮(僇),無有所赦耳,此非孥子之孥。"(《匡謬正俗》)清人多承其說,都以爲到秦代才有連坐收孥之法,因此說鄭玄錯誤地以秦制來解說夏商歷史。他們不知道把全家族的人都作爲奴隸,正是商代奴隸主政權實行種族奴隸制所必有的辦法,因此鄭玄這條解釋是對的。

⑧罔有攸赦——"罔",《殷本紀》作"無",用訓詁字。"攸",所(《釋言》)。"赦",免罪(《公羊傳·昭公十九年》:"赦止(人名)者,免止之罪辭也")。"罔有攸赦",沒有所赦免的。

以上這一節,以重賞重罰來申明奴隸主專政的嚴厲的軍令,用以驅使部衆努力作戰。

(二) 今 譯

王説:"告誡你們大衆,都要聽我的話。不是我敢作亂,實在因爲夏王的罪太多了,上帝命令我去誅滅他。

　　"現在你們説:'我們的君王不體恤關懷我們大家的痛苦,丢掉我們好好的農業不讓幹,爲什麼要去征伐夏王呢?'我雖然聽了你們這些話,但是夏王有罪,我怕上帝,不敢不按照上帝的命令去征伐他。

　　"現在你們會説:'夏王的罪到底怎樣的呀?'夏王的罪嗎? 他搜括盡了民力,爲害於夏國,使廣大人民陷於危困境地因而離心離德,都咒罵夏王説:'你這個太陽什麼時候完蛋呵,我寧願和你同歸於盡!'夏王的德性壞到這樣,現在我必須前往征伐他。

　　"你們倘若肯輔助我,極力完成上帝的懲罰,我就大大地賞賜你們。你們不要不相信我的話,我決不把自己的話吃掉不算數。你們如果不服從我誓誡你們的話,我就要連你們和你們的妻室兒女殺的殺,做奴隸的做奴隸,決不赦免一個!"

(三) 討　論

　　本篇需要討論下面三個問題:

(一) 本篇寫成的背景

　　漢代出現的《書序》説:"伊尹相湯伐桀,升自陑,遂與桀戰于鳴條之野,作《湯誓》。"説明本篇是商湯伐夏桀時,以伊尹爲輔佐,率領部隊經陑地進戰於鳴條之野的誓師詞。《史記·殷本紀》記載這一歷史事件説:"當是時,夏桀爲虐政淫荒,而諸侯昆吾氏爲亂,湯乃興師率諸侯,伊尹從湯,湯自把鉞以伐昆吾,遂伐桀。湯曰:'(此處録本篇全文，今略）’以告令師，作《湯誓》。於是湯曰：‘吾甚武，號曰武王。’桀敗於有娀之虚。桀奔於鳴條。”除地名彼此互有詳略外，二者所説基本相同，可知大體是可信的，因爲它與商王朝的後代宋國所作歌頌他們祖先的《商頌》所説湯的勳業相符合。

《商頌》保存在今本的《詩經》裏，它除了歌頌殷商的祖先是由上帝派玄鳥所誕生，歷代在禹所敷的土地上光輝發展以外，特用了主要篇章來歌頌湯的武功。如《玄鳥》説：“古帝命武湯，正域彼四方。”又《長發》説：“武王載旆，有虔秉鉞，如火烈烈，則莫我敢曷。苞有三蘖，莫遂莫達，九有九截，韋顧既伐，昆吾夏桀。”最後兩句説了當時武功勝利過程，是先征服了夏王朝的幾個強大諸侯國韋、顧、昆吾之後，緊接着就進攻夏桀的。這是關係於商王朝建立最重要的史實，所以反復詠歌讚歎，現在還可從春秋時的金文《叔夷鎛》和鐘銘得到證實。該銘文説：“虩虩成湯，有嚴在帝所，敷受天命，剗伐夏司，敗厥靈師，伊小臣惟輔，咸有九州，處禹之堵。”這是春秋中葉後宋國的後人對其祖先商湯事迹的歌頌，也歌頌了伊小臣（伊尹）的輔佐之功，和《商頌》、《書序》及《史記》所記基本一致，可知都具有了史料的可靠性，因此這篇誓詞在史料內容上説基本也是可靠的。

它既是商王朝建國史上最重要的一篇“寶典”，自然爲商湯子孫所歷世相傳，作爲必誦必尊的祖訓珍視着。後來商亡後，周公在一篇題爲《多士》的誥辭裏對殷人説：“惟爾知，惟殷先人有册有典，殷革夏命。”指出殷人的祖先用典册記載了當時殷革夏命的事實，那麼顯然這篇重要祖訓一定就是記載在當時的典册中的。很可能就是滅殷時周人把它接收了，成爲“周公旦朝讀《書》百篇”（《墨子·貴義》語）中的一篇；也有可能宋國的內府裏仍然保存了一份，或者當宋國受封建國，精神逐漸鎮定緩和過來之後，重新搜集整理祖先文獻,從歷世口耳相傳中恢復重寫了這一份。由於時間已在周代,所以會運用周代通用的文句去寫它,等於也是當時的一篇"今譯"。到春秋戰國時期,官府文獻散布到士大夫手中,在傳抄中顯然更會有當時文字的影響。因此像一些非商人語言而是周人語言中的字和詞,如"爾"、"庶"、"天"、"台"等等都在本文中出現。還有虛字,如"而"、"則"等連詞,是區別春秋以後流麗可誦的文章與西周以上佶屈聱牙的文章的關鍵性字眼,本文裏也出現了"舍我穡事而割正夏"及"予則孥戮汝"的句子,就說明《湯誓》流傳本文字的最後寫定時間是頗晚的,顯然已到了東周。至於文中不用"余"字而用假借字"予",就更晚了。因此它才成了比殷代後半期即武丁以後的甲骨文淺近平易得多的文獻。

(二)《湯誓》的幾個不同流傳本

春秋戰國時期的不同學派多有《湯誓》的不同傳抄本,因而出現了好幾種不同的本子,大略有如下幾種:

1.儒家的本子。《孟子·梁惠王上》:"《湯誓》曰:'時日害喪,予及汝偕亡。'"這兩句見於本篇中,可知本篇就是儒家的本子。

2.墨家的本子。《墨子·尚賢中》:"《湯誓》曰:'聿求元聖,與之戮力同心,以治天下。'"不見於本篇,亦不見於先秦其他諸家所引,當係墨家獨有的一篇《湯誓》。東晉的偽孔本把前兩句抄進了偽《湯誥》篇中。

3.各家共傳的本子:

《國語·周語上》:内史過曰:"在《湯誓》曰:'余一人有罪,無以萬夫;萬夫有罪,在余一人。'"

《墨子·兼愛下》:"雖《湯說》即亦猶是也。湯曰:'惟予小子履,敢用玄牡,告于上天后,曰:'今天大旱,即當朕身履,未知得罪於上下,有善不敢蔽,有罪不敢赦,簡在帝心,萬方有罪,即當朕身;朕身有罪,無及萬方。’”

《論語·堯曰篇》“舜亦以命禹”下有脱文,接着“曰”字下説:“予小子履,敢用玄牡,敢昭告于皇皇后帝,有罪不敢赦。帝臣不蔽,簡在帝心,朕躬有罪,無以萬方,萬方有罪,罪在朕躬。”

《吕氏春秋·順民篇》:“昔者湯克夏而正天下,天下大旱,五年不收。湯乃以身禱于桑林,曰:‘余一人有罪,無及萬夫;萬夫有罪,在余一人。無以一人之不敏,使上帝鬼神傷民之命。’于是剪其髮,酈其手,以身爲犧牲,用祈福于上帝,民乃大悦,雨乃大至。”

《尸子·綽子篇》:“湯曰:‘朕身有罪,無及萬方;萬方有罪,朕身受之。’”(見《群書治要》)

以上皆湯因旱禱雨之詞。

另有《荀子·大略篇》亦載湯的禱詞,與上所舉皆不同,很可能出於自創,其語云:“湯旱而禱曰:‘政不節與? 使民疾與? 何以不雨至斯極也! 宮室榮與? 婦謁甚與? 何以不雨至斯極也! 苞苴行與? 讒夫興與? 何以不雨至斯極也!’”

按,何晏《論語集解》引孔安國《堯曰篇》注云:“履,湯名。此伐桀告天之文。”但據《墨子》、《吕氏春秋》等文,顯然是因旱禱雨的話。劉寶楠《論語正義》説:“疑伐桀告天與禱雨文略同。”這是調和之語。實際並不是一篇,但相傳都是湯的話,所以一般的都把它説成是《湯誓》。像《墨子·明鬼下》把《甘誓》稱做《禹誓》,而《兼愛下》把禹伐有苗誓詞也移做《禹誓》一樣,正是此例。魏源《書古微》把《論語·堯曰》一段和《墨子·尚賢中》一段都抄集在本篇之首,連同本篇作爲伐桀告天的《湯誓》全文,是没有道理的。因爲上列各家所引都和本篇不同,它們不是誓詞而是禱詞,是告天謝罪祈禱之

詞。本篇則是作戰誓詞，而不是告天之詞。所以不同的書篇是不宜
牽混在一起的。

（三）幾個有關的地名

1. 陑

這是一不容易考實其確址的地名。《書序》説：“湯伐桀，升自
陑，遂與桀戰于鳴條。”僞《孔傳》云：“桀都安邑，湯升道從陑，出其
不意。陑在河之南。”《孔疏》加以解釋説：“將明陑之所在，故先言
桀都安邑。桀都在亳西，當從東而往，今乃升道從陑，升者從下向上
之名，陑當是山阜之地，歷險迂路出不意故也。陑在河曲之南，蓋今
潼關左右。河曲在安邑西南，從陑向北渡河，乃東向安邑。鳴條在
安邑之西，桀西出拒湯，故戰於鳴條之野。”此説湯自東向西擊桀，陑
只能在東，這是對的。説桀都在安邑則誤。歷史事實是桀都在斟
鄩。

作“疏”的一個不可違犯的原則是“疏不破注”，只能順着説。
但這裏説得很曲折，指出湯都在桀都東，從東向西打怎麼成了從西
向東打。這樣提出微辭，顯然是説僞《孔傳》對這兩個地點的注釋出
於推斷，並無確據。宋《太平寰宇記》説：“雷首山即陑山，湯伐桀所
升也。”按，雷首山在山西永濟縣南，更出於附會。

宋儒紛紛説什麼湯武“仁義之師”，不會用詐術，不應當“出其
不意”。以爲：“安知陑、鳴條之必在安邑西耶？”（林之奇《尚書全
解》）“升自陑，必用師當行之道，夏之可攻處也。”（吕祖謙《東萊書
説》）他們提出的“仁義之師”的理由是荒謬的，但説地點不應在安
邑西，而是自東向西行軍路上所經過的一個地方，則是比較説得通
的。但確址始終無法確定。

直到清雷學淇《竹書紀年義證》仍然只得説：“陑，地名，後爲宋

臣陑班之采，所在未詳。”又説：“湯征夏邑，自陑發師者，於陑訓練士卒，帥而用之，猶武之伐紂，出於鮮原也。”既然到東周時猶爲宋臣采地，那麽陑當在宋國境内，宋都在今商丘，轄境主要在今豫東，陑也就應在豫東境内。雷學淇又把陑和周境内的鮮原相比，是説它也當在湯自己的轄境之内。湯都亳在今曹縣之南（據王國維《説亳》），和商丘相去也不遠，那麽陑也就是在曹縣和商丘以西的今河南省東部境内。這是到現在爲止所能求得到的陑的大致地望了。

　　2. 鳴條

　　《史記・夏本紀》説：“桀走鳴條。”《殷本紀》説：“桀奔於鳴條。”《秦本紀》説：“敗桀於鳴條。”與《書序》所説湯“與桀戰於鳴條之野”基本相同，這大體是根據周代已有流傳的歷史傳説。如《荀子・議兵篇》：“故湯之放桀也，非其逐之鳴條之時也。”《商君書・賞刑篇》：“湯與桀戰於鳴條之野。”《吕氏春秋・簡選篇》：“殷湯……登自鳴條，乃入巢門，遂有夏，桀既奔走。”顯見這是較早就有的傳説，鳴條是湯伐桀有關的一個地方。

　　到漢代依然有這樣的記載，如《淮南子・主術訓》：“桀之力制觡伸鈎……湯革車三百乘困之鳴條，擒之焦門。”又《氾論訓》：“故聖人之見存亡之迹、成敗之際也，非及鳴條之野。”又《修務訓》：“乃整兵鳴條，困夏南巢。”等等。不過事情比先秦説得更詳一些了。

　　過去注疏家對鳴條的解釋，除漢末鄭玄籠統地説是“南夷地名”（《夏本紀・集釋》引）外，晋以下的人大抵都説鳴條“地在安邑之西”。如僞《孔傳》、《孔疏》都這樣説。《殷本紀・正義》也引《括地志》云：“高涇原在蒲州安邑縣北三十里南坡口，即古鳴條陌也。鳴條戰地在安邑西。”《後漢書・郡國志》“河東郡安邑”劉昭自注，引皇甫謐《帝王世紀》説縣西有鳴條陌、昆吾亭。這些都是先相信古代傳說夏都直到夏桀時都在安邑，然後據《書序》等記載，把鳴條說成在安邑西，是沒有較早的史料根據的。

到清代，金鶚在《求古録禮説》中，始根據洪頤煊《世本》所考訂的禹都（見洪頤煊《筠軒之鈔》卷一《禹都陽城考》）在河南陽城（今登封附近），又據《孔疏》所引另一説“或云陳留平丘縣今有鳴條亭”（按此見《御覽》卷八十二），論定鳴條在陳留，即今開封附近。雷學淇《竹書紀年義證》也説：“鳴條在今陳留縣西北，與許之昆吾接壤，夏邑在舊許之西百數十里……蓋湯自陑西行以征夏邑，昆吾與桀皆出師逆之，故戰於鳴條。”這些論定比晋以來的説法要正確。

我們再從《孟子》提到的鳴條來考慮，《離婁下》説：“舜生於諸馮，遷於負夏，卒於鳴條，東夷之人也。”把鳴條叙在東方，所以趙岐注也就説：“在東方夷服之地。”另外《墨子·尚賢中》、《韓非子·難一》、《尚書大傳》及《五帝本紀》叙舜活動地點，除上述者外，還有雷澤、歷山、河濱、壽丘、負夏、服澤等地。這些地點也都在今魯西、豫東北一帶。如雷澤在濮州，今曹縣附近（《史記·正義》引《括地志》），歷山在雷澤縣（同上），河濱在定陶（《史記·集解》引皇甫謐説），壽丘在魯東門之北（同上），負夏爲衛地，亦在今豫北濮陽境（《史記·集解》引鄭玄《檀弓》注），服澤即負夏（朱起鳳《辭通》），那麼鳴條之不能遠離這一帶亦甚顯然，足證金鶚之説是可信的！

近人陳夢家據《水經·睢水注》：“又東徑亳城北，南亳也，即湯所都矣。”又《淮水注》：“又徑亳城北，《帝王世紀》曰：‘穀熟爲南亳，即湯都也。’”並據甲骨文中征人方路程，以爲湯都亳在商丘附近（《殷虛卜辭綜述》），與王國維説有異。王説在曹縣南，即所謂北亳。兩亳相去不遠。地境實際都在豫東，無論湯從哪一個亳出發，總之都是從豫東向豫中進攻，半途在開封一帶與桀迎擊之兵作戰，是很合情理的。所以大體可信鳴條在今開封、陳留一帶。

　　3. 昆吾

　　《詩·商頌》"韋顧既伐，昆吾夏桀"。頌揚湯先後討伐夏王朝的三個諸侯國韋、顧、昆吾以及夏桀的武功。《鄭箋》云："湯先伐韋、顧，克之，昆吾、夏桀則同時誅也。"和《殷本紀》所説"湯自把鉞以伐昆吾，遂伐夏桀"之説相合。據《左傳·昭公十二年》："王（楚靈王）曰：昔我皇祖伯父昆吾，舊許是宅。"《孔疏》："昆吾是楚之遠祖兄也。昆吾嘗居許地。許既南遷，故云舊許。"許即今河南許昌一帶。那麼湯先擊滅今許昌境的昆吾，然後進擊今開封、陳留一帶的夏桀軍，勢如先斷桀的右臂，然後再折其左臂，以殲其全身，也是合於作戰方略的。

　　4. 有娀之虛

　　按《殷本紀》於此處叙爲"桀敗於有娀之虛。桀奔於鳴條"。顯然是司馬遷照抄的兩條史料原文，拼湊在一起，所以每一句都有"桀"作主語，没有顧及潤色文字。這裏有兩個可能：一是本來就是先後兩件史事的史料，一是這兩條史料是同一史事的傳聞異詞。

　　就前一個可能説，有娀之虛的戰事，是與韋、顧作戰時的史事有關，而與後來的鳴條之戰不相及，是兩回事。韋在今豫北東部的滑縣以東地（據《左傳·襄公二十四年》杜注、《通典》、王應麟《詩地理考》，直至《清一統志》等），據傳爲夏代御龍氏之後，在商又稱豕韋（見《左傳·襄公二十四年》）。顧在今魯西范縣南及豫北濮陽東之地（據《元和郡縣志》、《路史·國名紀》等），即夏初有扈氏之後，當他們爲啓所敗後，或自己向東北遷避至此，或爲夏王朝遷封至此（參看《〈尚書·甘誓〉校釋譯論》），到殷代尚爲較大的諸侯。韋、顧兩國都處在湯都亳的北方，商要滅夏，必須先剪除這兩個肘腋之近的大國。根據雷學淇考訂，有娀即有莘，又古莘、姺通（《竹書紀年義證》）。而《元和郡縣志》載莘地有二：一爲“莘仲故城，在曹州濟陰縣東南三十里”；一爲“古莘城，在汴州陳留縣東北三十五里”。並云：“湯伐桀，桀與韋顧二君拒湯於有莘之墟。”那麼這一有娀之戰，即有莘之戰，大概就是商湯向北進擊韋、顧時，桀叫韋、顧南下迎戰於曹縣附近之有莘。這一可能由於不知《郡縣志》史料的根據情況，所以一時尚難論定。

　　後一可能，即同一史事傳聞異詞的可能要較大。《韓非子·十過》說：“桀爲有戎之會，而有緡叛之。”此在《左傳·昭公四年》則爲：“夏桀爲仍之會，有緡叛之。”《楚世家》載伍舉亦說此事，全同《左傳》。那麼有娀（有戎）也就是有仍了。《左傳·昭公十一年》又說：“桀克有緡，以喪其國。”都說到桀的滅亡與有戎、有緡有關，與《殷本紀》所記有符合之處，不過它們是說在湯伐桀以前，並沒有說和湯伐桀同時，可能桀由於有仍、有緡事件消耗了國力，招致了爲湯所滅的後果。據《左傳·哀公元年》：“過澆滅夏后相，后緡方娠，逃出自竇，歸于有仍。”賈逵注：“緡，有仍之姓；有仍，國名，后緡之家。”（《吳世家·集解》引）那麼“緡”與“仍”是一。據《左傳·僖公二十三年》“齊侯伐宋，圍緡”，則緡地在宋國。《漢書·地理志》山陽郡有東緡縣，師古注謂即齊侯所圍宋地，地在今山東金鄉。而“仍”地則《昭公四年》杜注和賈逵注一樣，只說“仍，國名”。雷學淇《義證》說：“古文仍、任通，故仍叔，《穀梁》作任叔。仍國即太昊風姓後，今山東濟寧州是。”那麼仍與緡又不在一地，則又與《楚世家集解》引賈逵曰“仍、緡，國名也”作爲兩國一樣。可見這些地名也是頗爲傳聞異詞，很難確切說有娀就與有仍及緡是一個地方。

　　較有據的還是從《韓非子》的“有戎”來尋其地。《春秋·隱公

二年》“公會戎于潛”，杜預注：“陳留濟陽縣東南有戎城。”杜預時的
陳留國即漢陳留郡，治小黄，在今開封東北，濟陽縣又在郡治東北。
這樣看來，有戎或有娀和鳴條都在漢陳留郡境内，其地必鄰近，戰事
就在這一帶進行，所以或説“桀敗於有娀之虚”，或説“敗桀於鳴
條”。司馬遷很謹慎，就這樣把兩條不同史料一字也不改動它，都照
原樣抄存在他的著作中了。

《淮南子·墜形訓》説“有娀在不周之北”，《殷本紀正義》引
《記》説“有娀當在蒲州”，這都是些悠謬不確的説法。

《商頌》説：“天命玄鳥，降而生商。”又説：“有娀方將，帝立子生
商。”《離騷》説：“見有娀之佚女。”《毛傳》和王逸的注都注明是“契
母”。這是以鳥爲圖騰的商族祖先的神話故事，説他們的始祖契是
上帝派玄鳥和有娀氏之女生下來的。甲骨文中也有“娀”字，證實這
確是商代祖先的美麗神話。《商頌》寫成於周代宋國人之手，但故事
是從商族的先人傳下來的。這故事的最後完成，而且與“有娀”結合
在一起，大概也有可能與有娀之虚的勝利有關，因爲這是決定商王
朝建立的一次關鍵性戰役。

5. 三朡、南巢

《史記·殷本紀》在叙“桀奔於鳴條”之後，緊接着説：“夏師敗
績，湯遂伐三㙙，俘厥寶玉，義伯仲伯作《典寶》。”漢成帝時張霸獻
的《書序》亦襲其文句云：“夏師敗績，湯遂從之，遂代三朡（《國語·
鄭語》及《左傳·昭公二十九年》作鬷），俘厥寶玉，誼伯仲伯作《典
寶》。”僞《孔傳》釋云：“三朡，國名，桀走保之，今定陶也。桀自安邑
東入山，出太行東南涉河，湯緩追之不迫，遂奔南巢。”《孔疏》又疏
云：“湯伐三朡，知是國名。逐桀而伐共國，知桀走保之也。‘今定
陶’者，相傳爲然。安邑在洛陽西北，定陶在洛陽東南，孔迹其所往

之路，桀自安邑東入山，出太行，乃東南涉河往奔三朡，湯緩追之不迫，遂奔南巢。……桀必載寶而行，棄於三朡，取其寶玉。"按定陶在商湯領土之內，夏桀敗逃，決不可能荒唐到自投敵人網羅之內。且其地在今山東，亦不在桀自今開封境的鳴條奔往南巢所經過的路上。所以釋三朡爲定陶顯然是錯誤的。欲弄清楚其地，先須了解南巢所在，然後可尋得三朡所在。

南巢所在地，歷史上大都認定在今安徽境內。惟用字略有歧異，如上文所引《呂氏春秋·簡選》作"乃入巢門"，《淮南子·主術訓》作"擒之焦門"，又其《修務訓》始從通常所用作"困桀南巢"。《史記·夏本紀》"桀走鳴條遂放而死"句下《正義》引《括地志》云："廬州巢縣有巢湖，即《尚書》成湯伐桀放於南巢者也。《淮南子》云：'湯敗桀于歷山，與妹喜同舟，浮江奔南巢之山而死。'《國語》云：'滿于巢湖。'"《通典·州郡》廬州巢縣下亦云："漢居巢縣也，古巢伯之國，湯放桀於南巢，即此處也。"各歷史資料中大都同此説。惟至《元和郡縣志》始出現新説，其"江州"潯陽下云："巢湖故城，在縣東四十二里。按楚有二巢，一在廬江六縣，其南巢桀所奔處，蓋在此。"把南巢移到江州潯陽，處安徽省的最南端。同時提出楚境之巢地有二，除潯陽者外，另一在廬江之六，而不提及廬州巢縣，顯然此二者在廬州巢縣之外，那麼巢地有三了。另《太平寰宇記》載桐城有古巢城，即古南巢城。這樣，則有四巢了。但桐城地近廬江之六，似所指爲同一地。而按唐州郡，廬江、巢縣皆屬廬州，則此兩處之巢，疑爲一地的傳聞分化致異。至於潯陽之南巢，無地名淵源，似近附會。然以地較近西偏，桀奔往亦頗有可能，惟較早資料皆不説此地，無法考實，只能存備一説。

桀自今豫境開封之鳴條敗走，南奔今皖境之南巢，不論其間如

何因匆忙奔突而致道途行程有曲折,總必須經過今豫南皖北,則三
朡之地自只能在這一方向尋求,決不能索之於開封東北的殷商腹地
定陶之境。現在考索它的所在,只好先從"朡"字着手。近見楊升南
同志有探討此問題之文。其文一些資料有同於我此文者,而其考述
則有異於我此文者。他關於三朡地點之考述,引用清高士奇《春秋
地名考略》以爲即《左傳》的鬷夷,則給了我以啓發。按,《左傳·昭
公二十九年》云:"昔飂叔安有裔子,曰董父……乃擾畜龍以事帝爵。
帝賜之姓曰董,氏曰豢龍,封諸鬷川,鬷夷氏其後也。"杜預注云:
"飂,古國也。叔安,其君名。"《國語·鄭語》則云:"董姓鬷夷豢龍,
則夏滅之矣。"韋昭《解》云:"董姓,己姓之別受氏爲國者,有飂叔安
之裔子曰董父……(此處所敘同《左傳》,今略)封之鬷川。當夏之
時,別封鬷夷,於孔甲前而滅矣。"董增齡《國語正義》云:"《漢書·
地理志》南陽郡湖陽縣:'故廖國也。'師古曰:'廖,音力救反,《左氏
傳》作飂字,其音同耳。'案今(清)河南南陽府唐縣南,有湖陽故
城。"指出廖國即飂國,是即鬷夷之國,地在河南唐縣即今唐河縣之
南,在今通行的地圖出版社出版的中國地圖上,猶可見唐河縣之南
有湖陽鎮,即是古鬷夷之所在,而朡即鬷,那麼也就是三朡之所在。
由此可知桀自鳴條南奔,先停留於此地,企圖於此立足,故僞《孔傳》
說"桀走保之"。但是由於湯率軍繼續追趕,他就只好南奔南巢了。
據《史記·夏本紀》說"桀走鳴條遂放而死"及《括地志》說"奔南巢
之山而死",知桀逃奔到南巢後終於死在那裏。(又有人據"董"字
以尋三朡之地,董爲春秋晉邑,在今山西,當然非桀南奔所能經之
地。)

〔附〕　湯伐桀地理示意圖

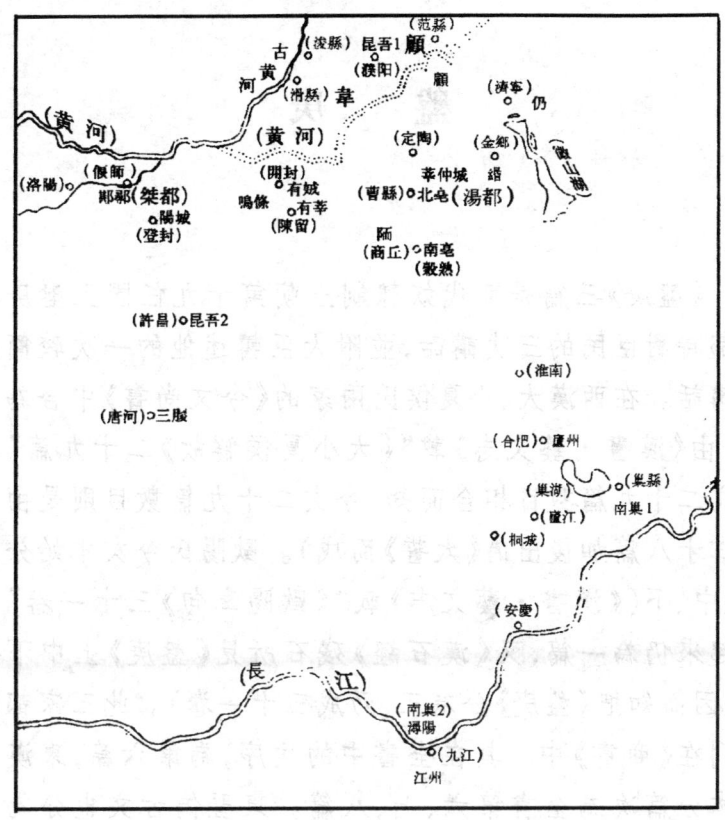

（偃師）　今地名
郼鄩　古地名

盤　庚

　　《盤庚》三篇是商代奴隸制王朝第十九任國王盤庚在遷都時對臣民的三次講話,並附大臣轉述他的一次較簡短的講話。在西漢大、小夏侯氏兩家的《今文尚書》中合為一篇(由《漢書·藝文志》載“《大小夏侯解故》二十九篇”與今文二十九篇數目相合而知,今文二十九篇數目則是由伏生二十八篇加後出偽《太誓》而成)。歐陽氏今文本始分為上、中、下(《漢書·藝文志》載“《歐陽章句》三十一卷”但總起來仍為一篇,又《漢石經》殘石所見《盤庚》上中下分列,因而知把《盤庚》分為三,乃成三十一卷)。此三家都把它列在《商書》中。其在全書中的次序,為第六篇,東漢古文本分篇次為全書第六、七、八篇。東晉偽古文也分為三篇,列為《商書》第九、十、十一篇(全書第十八、十九、二十篇)。但原上、中、下三篇的排列次序,和盤庚講話的先後次序不一致,與遷前遷後講話的境地相違背。過去注疏家包括從漢代起歷經各代到清代的許多人,強行給它作了許多解釋,都是不正確的。俞樾開始提出他的看法說:“以當時事實而言，《盤庚中》宜為上篇，《盤庚下》宜為中篇，《盤庚上》宜為下篇，曰'盤庚作，惟涉河以民遷'者，未遷時也。曰'盤庚既遷，奠厥攸居'者，始遷時也。曰'盤庚遷于殷，民不適有居'者，則又在後矣。"（《群經平議》卷四）他的説法與三篇内容相符合，所以我們采用了它，把各篇次序按講話時間先後糾正過來。但因《盤庚》的上、中、下三篇習稱已久，引用已慣，為免造成稱法上新的淆亂，仍保存原上、中、下名稱不變，而以原中篇為第一篇，原下篇為第二篇，原上篇為第三篇。其全部情況詳後面討論（一）、（二）。

（一）校　釋

第一篇（原中篇）

盤庚①作②，惟③涉河④以民⑤遷，乃話⑥民之弗率⑦，誕⑧告用亶⑨。其有衆咸造⑩，勿褻⑪在王庭⑫。盤庚乃登進厥⑬民，曰：

①盤庚——"盤"，《隸釋》載《漢石經》殘碑本文原下篇此字作"股"，《漢書·揚雄傳》、《周禮·司勳》鄭注所引及《釋文》引别本和岩崎氏藏唐寫本都作"般"。張參《五經文字》云："石經'舟'皆作'月'。"知石經之"股"即典籍之"般"，在商代甲骨文中，"盤庚"作

"肦庚"(《前》1.15.4)、"凡庚"(《前》1.16.2)。郭沫若《通纂》云："前片作肦,即後來之般字。字當作肦,訛變爲从舟从殳。"蓋其凡字作川,與舟字作月形近易誤之故。其舟形之"月",石經隸定誤作"月"。是此字原自作"般",故《釋文》音"步干反")。其原意爲"盤"。諸隸古定寫本如敦煌唐寫本及日本各古寫本已寫作後起的"盤"字,《唐石經》及以後刊本皆承用,各古籍中亦已通行,故不改回。

"盤庚",商王名,湯的第十世孫,商王朝的第二十任國王(合湯太子言,否則乃爲十九任),在位期間約當公元前 14 世紀後期至前 13 世紀。

②作——俞樾以爲與《孟子·公孫丑》"湯至於武丁賢聖之君六七作"、《易·繫辭傳》"神農氏作"、"黄帝堯舜氏作"之"作"同(《平議》),甚是。但俞氏與黄式三《啓幪》均解釋爲君主即位,則不確。當如趙岐釋爲"興"(《孟子》注),意即"興起"。可體會爲現代語所說的"登上歷史舞臺"。《説文·辵部》有"迮","起也,从辵作省聲"。此字原當爲迮,轉爲作字。

③惟——謀(《爾雅·釋詁》),打算,做出決定。

④涉河——"涉",渡。"河",黄河。意爲從"奄"(今魯西曲阜)渡過黄河遷到殷(今豫北安陽)去。

⑤民——指商王朝統治下的人民群衆。參看討論(一)(3)。

⑥話——會合。于省吾云："《説文》'話'(語)之籀文作'譮',惠棟謂語有會合之誼。按,古從'昏'之字今多寫作'舌',每與'會'爲聲訓。如《禹貢》'栝柏'即檜柏。《釋名》:'栝,會也。'又《説文》:'佸,會也。'可證。"(《新證》。又俞樾釋"話"爲"佸"之假借,義亦"會合")

⑦民之弗率——“率”，循（《爾雅》），順（《周書·大匡》注）。“民之弗率”，民之不順從者，在這裏是指那些不順從遷都决定的人民群衆。

⑧誕——語首助詞。楊筠如云：“《書》中訓‘大’之字，如‘丕’，如‘誕’，如‘洪’，皆多用爲語辭，無意義。”（《覈詁》）

⑨亶——《釋文》：“亶，丁但反，馬（融）本作‘單’，音同。”段玉裁云：“馬作‘單’而讀爲‘亶’，與《雒誥》‘乃單文祖德’同也。”（《撰異》）于省吾云：“單亶古通。《史記·仲尼弟子列傳》‘子賤爲單父宰’，《吕覽·具備》‘宓子賤治亶父’。《尚書》‘單’字多讀作殫，盡也。”（《新證》）

⑩其有衆咸造——“其”，指示形容詞，與現代語“那些”相當。“有”，語首助詞。王引之云：“一字不成詞，則加有字以配之。”（《釋詞》）“有衆”即“衆”，指上句“弗率”的“民”。“咸”，皆（《釋詁》），都。“造”，至（《周禮·大司寇》鄭注）。“咸造”，都到。“衆”字參看討論（一）（3）。

⑪勿褻——玄應《一切經音義》十五“媟嬻”條下引《尚書》‘咸造勿媟’，孔安國曰：‘媟，慢也。’”段玉裁云：“勿者，字之誤；褻本作媟，褻蓋衛包所改也。其所引《孔傳》亦與今本不同。”（《撰異》）按“勿褻”舊釋爲“不得褻慢”，其實是古成語，意爲“不安”。楊筠如云：“《説文·出部》：‘槷黜，不安也。《易》曰槷黜。’又作‘杌陧’，《秦誓》‘邦之杌陧’。《説文》‘橋杌’作‘橋柮’。杌、柮、黜通用。陧、槷亦通用字。一作‘出埶’，《召誥》‘徂厥亡出埶’。‘勿’、‘出’古同部，故又轉爲‘勿褻’也。”（《覈詁》）

⑫王庭——此王庭可能是宫廷大門内的大廷。西周時《小盂鼎》記宫廟的南門（即最前面第一門，亦即大門）内爲大廷，出征勝

利後的告擒、獻俘典禮在此舉行。三門内爲中廷,出征將領與諸侯向周王的"告"禮在此舉行;其他金文記王册命群臣也在中廷舉行。本文爲殷制,如果基本與《盂鼎》相同的話,盤庚召集民衆講話,不可能進至中廷,只可能是在大廷。

⑬厥——其,他的。與下文"丕從厥志"、"安定厥邦"之"厥",松田本作"其",顯然是誤用訓詁字。詳《堯典》"厥民析"校釋。

這一節,是史臣記載盤庚在遷都前召集不願遷的人給他們作動員講話。下面所記的是講話的全文。

"明①聽朕言,無荒失②朕命!嗚呼③!古我前后④罔不惟民之承保⑤,后胥慼鮮⑥,以不浮⑦于天時。殷⑧降大虐⑨,先王不懷⑩厥攸作⑪,視民利用遷⑫。汝曷⑬弗念我古后⑭之聞⑮?承汝俾汝⑯,惟喜康共⑰;非汝有咎⑱,比⑲于罰。予若籲懷茲新邑⑳,亦惟㉑汝故,以丕㉒從厥志。

①明——勉(《述聞》)。

②荒失——"荒",忘,(《古注便讀》)。"失",讀爲"佚","忽也"(《音疏》引《説文》)。"荒失",忘忽,輕忽,不重視。

③嗚呼——《漢石經》殘碑《尚書》此兩字共四見,皆作"於戲",是今文。《魏石經》皆作"𢓜虖",薛季宣本與此同,是古文。敦煌本P2643及日本古寫本内野本與岩崎所藏唐寫本皆作"烏虖",是隸古定古文,然與西周金文如《毛公鼎》相合。《唐石經》及各刊本皆用後代通行體作"嗚呼"。諸體音義皆同,都是驚歎詞。今沿用後代通行體不改。下文兩"嗚呼"字同此。

④前后——即"先后",就是"先王"。甲骨文中殷人稱當時的

王爲"王"，死去的王爲"后"（字作"毓"）。此處保存殷人原來用法。

⑤承保——舊注疏皆以上句至"承"字斷，"保"字屬下句。江聲始提出"承保"連讀，孫星衍、俞樾、孫詒讓、楊筠如、于省吾皆同意此讀，以爲"承保"爲古成語，亦見《洛誥》"承保乃文祖受命民"。"承"又與應、膺、容聲近義通，《康誥》"王應保殷民"，《國語·周語》"膺保明德"，《易·臨》"象"曰："容保民無疆"，皆一語之轉。于省吾謂"承讀爲拯"。是"承保"爲拯救、保護之意。

⑥后胥慼鮮——"胥"，相。"慼"，《漢石經》作"高"。按《魏石經》所刻《左傳》"戚"的古文作"𢜫"（于省吾謂即《克鼎》、《師兑殷》等的𢜫字），《漢石經》當亦用此字，洪适收入《隸釋》時遂誤認爲"高"。原當作"戚"。此句孫星衍、俞樾、于省吾皆讀"后胥戚"，以"鮮"屬下句。現從江聲、朱彬、孫詒讓、楊筠如等讀爲四字句。諸家解釋各不同。今觀《無逸》有"懷保小民，惠鮮鰥寡"句，彼以"懷保"與"惠鮮"對舉，此以"承保"與"慼鮮"對舉。"慼"義爲憂。慼與憂有"惠"意，正如"憐"有"愛"意一樣，所以這兩對語彙意義應相同，當是殷周時用以表達保護和關懷之意的成語。

⑦浮——俞樾謂"浮"讀爲"佛"，以"浮屠"亦作"佛陀"爲證。其字同《説文》"咈，違也"之"咈"。《法言·寡見篇》"佛乎正"，李軌亦注："佛，違也。"（《平議》）按，亦同"拂"，《詩·皇矣》"四方以無拂"，《釋文》引王肅注："拂，違也。"知"不浮于天時"即不違背天時之意。

⑧殷——通"慇"，痛（莊述祖《尚書古今文考證》二，亦見劉逢禄《集解》引）。

⑨大虐——大灾害。舊注多以爲指水患。

⑩懷——懷戀。

⑪攸作——"攸",所。"作",作爲,營作。此地談遷都,故"攸作"指所營建的都邑宫室建築之類(舊讀以"厥攸作"連下"視民利用遷"爲句,今從孔廣森《經學巵言》斷句)。

⑫視民利用遷——"視",看在什麽上面,爲了什麽。"用",因,因此,因而。"視民利用遷",爲了人民的利益因而遷徙。

⑬曷——《盤庚》三篇共六"曷"字,古寫隸古定本 P2516、P2643、岩崎、内野、雲窗諸本及薛季宣刊本皆作"害"(惟諸古寫本害字少一畫作"宀")。又岩崎本有一處作"曷",内野本有兩處作"曷")。段玉裁云:"凡'曷'字古今文《尚書》皆作'害',其作'曷'者皆後人所改。《匡謬正俗》引《多方》'害弗夾介',古文之證也。王莽《大誥》'曷'皆作'害',今文之證也。"(《撰異》)今由寫隸古定本知僞古文亦作"害"。此外《湯誓》、《西伯戡黎》、《梓材》、《召誥》諸篇各有一"曷"字,《多方》四"曷"字,《大誥》五"曷"字,諸隸古定本多作"害",薛本則皆作"害"。獨《大誥》"王害不違卜"一"害"字唐人漏未改;又《湯誓》"害征夏"之"害"寫作"割",亦未改。按,作"害"是。金文中即用"害"而不作"曷",如《毛公鼎》:"邦將害吉?"其本義爲"何"。古人問語原用"害"字,今因"害"已專作傷害意義用,而"曷"在古籍中已通行,故不拘泥改用原字。"曷"與"害"古音同,皆屬古韻曷部和古聲類匣紐,故通用,意爲"如何"、"何故"。

⑭古后——同"前后",即"先后",也就是上句的"先王"。

⑮聞——于省吾《新證》據《盂鼎》、《徐王子桐鐘》"聞"作"䎽",以爲與"啟"皆從"昏"聲,其義爲勤勉(參看本文第三篇"不昏作勞"校釋)。

⑯承汝俾汝——"承"、"俾"即上文之"承保"(孫星衍亦有此

説）。"保"、"俾"在《廣韻》分屬重唇音的"幫"和輕唇音的"非"二聲類,然古同爲重唇音,二者無別,故"保"、"俾"同用。如《堯典》的"俾乂",即《康誥》、《多士》的"保乂",王國維謂並同《克鼎》、《宗婦敦》等器的"保辥"(《觀堂集林·釋辥》)。是知"承汝俾汝"即"承汝保汝",句法與原上篇"告汝訓汝"同。

⑰惟喜康共——"康",安寧,安樂。"共",鞏固。俞樾云:"《廣雅·釋詁》:'拱,固也。'共、拱古通用。《論語·爲政篇》'居其所而衆星共之',《釋文》'共,鄭作拱'是也。'惟喜康共'者,惟喜安固也。"(《平議》)

⑱咎——罪,過失。

⑲比——相同(《樂記》"比于慢矣"鄭注)。

⑳予若籲懷兹新邑——"若",句中助詞,無意義。"籲",呼,叫唤。"兹",此。"新邑",新的都邑,指殷邑,即今安陽。

㉑惟——在此作介詞,同"以"、"因"。

㉒丕——大。

這一節,首先吹嘘殷先王順應天時,愛護人民,因而遷徙。自己也同樣是爲了人民的利益而遷徙。

"今予將試以汝①遷,安定厥邦②。汝不憂朕心之攸困③,乃咸大不宣④,乃心欽⑤,念以憂動予一人⑥。爾惟自鞠⑦自苦!若乘舟,汝弗濟⑧,臭厥載⑨。爾忱不屬⑩,惟胥⑪以沈。不其或稽⑫,自怒⑬曷瘳⑭!

①汝——《漢石經》作"爾",是用的後起字。本文共出現十四"爾"字,都是後起字,依甲骨文都當作"女"(即汝)。此"汝"字意

爲你們。參看討論（一）（2）。

②厥邦——《漢石經》作“厥國”。段玉裁云：“漢人不以諱改經字（即經文不諱劉邦名），故知古文《尚書》多作邦，今文多作國。”（《撰異》）按，李富孫云：“此避諱作‘國’。《史記》於‘邦’、‘啓’、‘盈’、‘徹’等字皆然，荀悦《漢紀》於帝諱皆云‘諱某曰某’。惟後漢不避前漢諱，《說文》‘秀’、‘莊’、‘炟’、‘肇’等字並云‘上諱’，於‘邦’、‘啓’、‘盈’、‘徹’不言諱，蓋親盡廟毀故也。”（《漢石經考異》引）是段氏説不全合。今文寫定於西漢，故避諱用“國”；古文寫定於東漢，故不避諱仍用“邦”。“厥邦”即其邦，意爲“他的邦”。“厥”、“其”雖爲第三人稱領格，然語言中假第三人稱作爲第一人稱使用，意即“我們的邦國”。

③汝不憂朕心之攸困——《漢石經》句首多一“今”字；“汝”作“女”，保存了殷代原字。“朕”，我的，也與甲骨文用法相合。“攸”，所。“攸困”，所困苦之處。

④乃咸大不宣——“乃”，却。（王引之説是“異之之詞”，即副詞中表示相異情態之詞。）“咸”，都，皆（《釋詁》）。“宣”，明白（《國語·晉語》“武子明法”注、《左傳·僖公二十年》杜注）。“不宣”，不明白，糊塗。

⑤乃心欽——“乃”，你的，第二人稱領格。“欽”，俞樾謂與《詩·晨風》“憂心欽欽”同義，意爲憂懼（從俞樾讀此三字爲句）。

⑥念以忱動予一人——“念”，思。“忱”誠意。“予一人”爲奴隸制君主自稱之詞（見《湯誓》校釋）。俞樾謂此句與下篇“念敬我衆”文法正同，全句意爲“思以誠意感動予一人”（《平議》）。

⑦鞠——困窮（《釋言》）。

⑧弗濟——渡河叫“濟”。“弗濟”，不渡過去。

⑨臭厥載——"臭",朽敗(《月令·季冬》及《後漢書·梁鴻傳》注)。"載",指旅行所乘載的工具如車船之類(參看《臯陶謨》"予乘四載"校釋),這裏指船。"臭厥載",就是把你們坐的船朽敗了。

⑩爾忱不屬——俞樾謂"忱"爲"沈"之誤,又擧《釋文》載馬融釋"屬"爲"獨",以爲此句與下"惟胥以沈"句意爲:"不獨爾自沈溺,且相與共沈溺。"(《平議》)

⑪胥——皆(《爾雅·釋詁》),都。

⑫不其或稽——"其",王引之釋爲"之"(《釋詞》)。按,係作爲指示代詞,意爲"這個"。"或",偶或,偶一。"稽",《漢石經》作"迪",諸隸古定寫本作"乩"或"合",同"稽"。馮登府謂"稽"、"迪"因聲轉而異(《漢石經考異》),其義爲"考察"。"不其或稽",就是"一點也不考察這個"。這是古代文法中的否定句賓詞爲代詞時提置動詞前的句法,與《左傳·僖公十五年》"秦不其然"用法同,亦與《詩·蝃蝀》"莫之敢指"句法全同。

⑬怒——《漢石經》作"怨"。

⑭曷瘳——"曷",諸隸古定寫本作"害",同薛本之"害",說已見前。"瘳",疾病治好,可引申爲好處,益處。

這一節,指出大家對遷徙的不理解,反對遷移必沒有好處。

"汝不謀①長,以思乃灾②,汝誕勸憂③。今其有今罔後④,汝何生在上⑤!

①謀——計劃,籌謀。

②乃灾——你們的灾。指當時原居地奄邑所受的灾害,據傳是水患,盤庚才要遷都的。

③汝誕勸憂——《漢石經》作"女永勸憂"(《東觀餘論》所載如

此,《隸釋》缺"永"字)。段玉裁云:"誕從延聲,延、永雙聲,皆訓長也。"(《撰異》)長可引申爲"大"。故古籍中"誕"除作爲語詞外,一般釋爲"大"。"勸",勉勵,促進,助長。馮登府云:"永字與上謀長對言,不爲長之謀,乃爲長久之擾。"(《漢石經考異》)

④有今罔後——有今天,没有明天。只顧今天,不顧往後的日子。

⑤汝何生在上——"上",上帝,上天。"在上",商周時習用語,是説在上天那裏,上帝那裏。《西伯戡黎》"乃罪多參在上",《詩·文王》"文王在上",及金文中《大豐毀》、《宗周鐘》、《番生毀》、《秦公鐘》、《虢叔毀》等都有"在上"一詞,《叔夷鐘》則作"在帝所",《猶鐘》作"在帝左右",和《西伯戡黎》"有命在天"的"在天"一樣。參看討論(一)(2)。奴隸主宣揚人的生命是上帝給予的,在這裏是説,在上帝那裏哪還能有你們的活命。

這一節,指出大家面對灾難,不作長遠打算,上天也不會給予生路。

"今予命汝,一無①起穢以自臭,恐人倚②乃身,迂③乃心。予迓④續乃命于天。予豈汝威⑤!用奉畜汝衆⑥。

①一無——"一",同"壹",皆,都。"無",同"毋",不要。"一無",都不要,一點也不要。

②倚——《玉篇·足部》"踦"字云:"居綺、丘奇二切。'恐人踦乃身,迂乃心'。'踦',曲。'迂',避也。"是六朝時僞孔本作"踦"。《説文》:"踦,庋足也。"(《文選》陳琳《檄豫州》注引)段玉裁謂"踦"有曲義,在此比"倚"字正確(《撰異》)。陳喬樅則謂"倚"是"踦"的假借(《經説考》)。"踦乃身"就是弄曲了你的身體。意即把你帶壞

了。

③迁——舊釋爲“僻”（僞《孔傳》），“邪”（《晉語》韋注）。日儒加藤常賢以爲是“汙”的假字（《真古文尚書集釋》），義爲污穢，説較優。

④迓——岩崎本、元亨本作“御”，P2516、P2643 作“卸”，爲“御”之省文。《匡謬正俗》亦引作“御”。段玉裁謂：“此唐初本作‘御’之證。《唐石經》以下作‘迓’者，衞包改也。”（《撰異》）據此自應改回作“御”。但古籍中“御”常用爲“訝”或“迓”等義，如《公羊·成公二年》“跛者迓跛者”，《穀梁傳》作“跛者御跛者”。《釋文》謂“本作訝”。《周官·秋官·序官》及《考工記·輪人》兩處鄭衆注都引作“訝”。“訝”，《説文》“相迎也”，或從辵作“迓”。

此處“御”字正音“訝”（《匡謬正俗》引徐仙民音。《釋文》亦音“五駕反”），作“迎迓”解，顯用爲“訝”、“迓”義，非用“駕御”義。爲免誤解計，故仍用通行的“迓”字不改。

⑤汝威——“威”，P2516，P2643、岩崎、元亨諸寫本及薛氏刊本皆作“畏”，金文及古籍中常假“畏”爲“威”。此爲賓位倒置動詞前，意即“威脅汝”。

⑥奉畜汝衆——“奉”，養（《左傳·昭公六年》“奉之以仁”杜注）。“畜”，養（《爾雅·釋畜》）。“奉畜”爲同義複詞，也就是“養”的意思。“衆”，郭沫若以爲畜養的衆就是奴隸，但就全文來看，作“大衆”解較妥。詳討論（一）（3）。

這一節，叫大家擺脱壞的影響，宣揚我商王從上帝那裏把大家的生命接續下來，爲的是養育大家。

　　“予念我先神后①之勞爾先②，予丕克羞爾，用懷爾③。

然④。失于政，陳⑤于兹，高后⑥丕乃⑦崇⑧降罪疾，曰：‘曷虐朕民！’汝萬民乃不生生⑨，暨予一人猷⑩同心，先后丕降與汝罪疾，曰：‘曷不暨朕幼孫⑪有比⑫！故有爽德⑬。’自上⑭其⑮罰汝，汝罔能迪⑯。

①先神后——即先后。先王。“神”是加的美稱，指殷王朝各代先王都是神聖的。楊樹達謂和《杜伯盨》“其用享孝于皇申（神）祖考”的“神祖考”同（《積微居讀書記》）。

②爾先——你們的先人，即下文的“乃祖乃父”。

③予丕克羞爾用懷爾——“丕”，《隸釋》所載《漢石經》作“不”，黃丕烈所校《隸釋》抄本作“干”，爲丕的異體。古“丕”、“不”同字。“羞”，養（《蔡傳》謂羞即畜養）。“懷”，思念，記挂。劉逢祿云：“羞爾懷爾，即上承汝俾汝。”（《集解》）

④然——舊讀“然”字屬上句，江聲以爲“然字爲一字句”（《音疏》）。楊筠如謂應連下爲句，並釋“然”同“而”（《覈詁》）。按，用連詞“而”爲東周以後文法，其說不確。今用江聲說，“然”作爲一句，意爲“是這樣的”。

⑤陳——延（《釋詁》）。有久延、陳舊等意。

⑥高后——甲骨文中“高”和“後”對用。如：高祖乙，后（後）祖乙；高祖丁，后（後）祖丁。故“高”就是“前”。“高后”，就是上文的“前后”，同於“先后”，也就是“先王”。

⑦丕乃——“丕”，《漢石經》作“干”，異體字。“丕”在此爲無意義語詞，“丕乃”即“乃”，意近於“於是”（《釋詞》）。下文的二“丕乃”及第三篇（原上篇）的“丕乃”與此同。

⑧崇——《漢石經》作“知”。知、崇一聲之轉。《爾雅·釋詁》：

“崇,重也。”

⑨乃不生生——“乃”,若,如果(《釋詞》),是假設連詞。“生生”,《莊子·大宗師》“生生者不生”。《釋文》引崔云:“常營其生爲生生。”戴鈞衡云:“凡滋生,謀生,安生,樂生,遂生,皆可謂之生生。”(《補商》)楊樹達云:“孜孜於厚生。”(《讀書記》)都是説盡力搞好生事爲“生生”。

⑩猷——同下文“有比”之“有”(《覈詁》)。

⑪幼孫——盤庚稱自己爲先王的幼孫。

⑫有比——戴鈞衡云:“有,猶爲也,比,同心也。有比者,爲同心也。”(《補商》)楊筠如據《孟子》“子比而同之”及《釋名》“事類相似謂之比”,亦釋“比”爲“同”(《覈詁》)。

⑬爽德——《國語·周語》“實有爽德”賈逵注:“爽,貳也。”(《文選·東京賦》注引)又《周語》“言爽日發其信”韋注亦云“貳”。“貳德”,就是不同心,即上面“比”字的“同心”意義的反面。“故有爽德”句,舊注疏皆不作“先后”降罪疾的話,今從牟庭讀此四字亦爲“先后”的話(見《同文尚書》)。

⑭自上——指“先王在天之靈”(江聲、王鳴盛、孫星衍、戴鈞衡諸人説)。

⑮其——將。

⑯迪——行。(江聲、孫星衍以不同訓詁同釋爲“行”。戴鈞衡釋此句云:“言先后自上降罰於汝,汝罔能行而避之。”或疑“迪”當爲“逃”,意仍同此。)

這一節,承上節假借天意之後,託用先王的名義軟硬兼施,叫大家跟自己一道遷移。

"古我先后既勞乃祖乃父,汝共作①我畜民②。汝有戕則③在乃心,我先后綏④乃祖乃父;乃祖乃父乃斷棄汝,不救乃死! 兹予有亂政同位⑤,具乃貝玉⑥,乃祖乃父⑦丕乃告我高后⑧曰:'作丕刑⑨于朕孫⑩!'迪高后丕乃崇降弗祥⑪!

①共作——都作爲。

②畜民——即上文所説的"奉畜汝衆"的"衆"。參看討論(一)(3)。

③戕則——"戕",《漢石經》作"近",吳汝綸云:"疑爲斨之譌文。"(《尚書故》)"斨"音同"戕",《釋名》云:"斨,戕也,所伐皆戕毁也。""則","賊"的假借。王國維《散氏盤考釋》,以銘中"賊"字從戈從則,故二字可通假。楊筠如謂該盤"予有散氏心賊"一語,義與此同(《覈詁》)。是"戕則"爲傷毁賊害之意。

④綏——俞樾以爲"綏"與"退"古字通,古稱退軍爲"綏",又《檀弓》"退然如不勝衣"鄭注"退或爲妥",即"綏"。故"綏乃祖乃父"即斥退乃祖乃父(《平議》)。按,江聲亦謂"綏,古文'妥'字"(《音疏》)。而"妥"之義爲"止"(《釋詁》)。戴鈞衡亦謂:"當讀如《國語》'以勸綏謗言'之'綏',注云:'綏,止也。'"(《補商》)"止"作動詞,停止的意義。郭沫若釋《殷契粹編》1113 片的"已方"爲罷免方的官職,正與此"綏"字用法同。

⑤有亂政同位——有亂政之臣同在位者,即在位官員中的亂政的人。

⑥具乃貝玉——岩崎本作"乃具貝玉"。"具",供置(《説文》),具備(《淮南子·原道訓》注)。"乃",與有字用法同,是用於

名詞"貝玉"前的無義語詞。"貝玉",王國維云:"殷時玉與貝皆貨幣也。……玉之用與貝同也。貝玉之大者……皆不以爲貨幣,其用爲貨幣及服御者,皆小玉小貝。"(《說珏朋》)郭沫若謂貝產自南海,當由殷人以實物交易或俘掠而得。由於難得,原只作頸飾,後來轉化爲貨幣,當在殷、周之際(《卜辭通纂》、《中國古代社會研究》)。但武丁時甲骨已有賜貝的記載,並以"朋"爲計數單位,與西周金文同。而且殷人墓葬以貝爲隨葬品,置於死者口中、手中、足旁、胸部等處。盤庚就在武丁上一代,其把貝玉作爲珍貴財貨,並以之起貨幣作用,當近事實。

⑦乃父——古寫隸古定本 P2516、P2643、秀圓、元亨、岩崎諸本及《唐石經》都作"先父",知此"乃"字僞古文原作"先"。但上下文都作"乃祖乃父",此處不當獨異。薛季宣本隸古定亦作"乃父",自以作"乃父"爲是。

⑧我高后——《釋文》:"本又作'乃祖乃父'。"段玉裁謂別本是。其實此句是說"乃祖乃父於是告我先王",文意甚合,段說非。

⑨丕刑——大刑,嚴厲的刑法。

⑩朕孫——足利、秀圓、元亨、岩崎、內野諸隸古定寫本及《唐石經》都作"朕子孫"。顧亭林謂"子"字誤衍,王鳴盛則謂《傳》言"子孫",疑原有"子"字。段玉裁謂《傳》多增字,足利古本往往據以增經,不應有"子"字。現據與上文"高后"對舉,從顧、段說。

⑪迪高后丕乃崇降弗祥——"迪",王引之以爲是語首助詞,無義(《釋詞》)。"高后"以下與上文"高后丕乃崇降罪疾"句全同。"丕乃"即於是,見上文。"崇",《漢石經》作"興"。馮登府據《東京賦》"崇業"薛注"崇猶興也",《太玄經》"風動雲興,從其高崇","興"與"崇"協,謂二字音義通。今文作"興",正見其古音如此

（《漢石經考異》）。“崇降”即嚴重的降下。“弗祥”，《漢石經》作
“不永”。段玉裁云“永，古音讀如羊，祥亦讀如羊”，故以同音假爲
“祥”（《撰異》）。

　　這一節，繼上文所舉上天及先王要降罰之後，説連你們祖先也
要求我先王降罰你們及那些貪污財富的官員。不斷的用神靈祖先
進行恐嚇。

　　“嗚呼！今予告汝不易①！永敬大恤②，無胥絶遠③！
汝分猷念以相從④，各設中于乃心⑤！乃有⑥不吉不迪⑦，
顛越不共⑧，暫遇奸宄⑨，我乃劓殄⑩滅之，無遺育⑪，無
俾⑫易⑬種于兹新邑⑭！

　　①今予告汝不易──鄭玄注云：“我所以告汝者不變易，言必行
之。”（《孔疏》引）是説我告訴你們遷都計劃已定下來，決不變易了。

　　②永敬大恤──“敬”，矜重，注重，重視。“恤”，憂。“大恤”，
大的憂患。

　　③無胥絶遠──“無”，通毋，勿，不要。“胥”，相，爲“交相”、
“相互”意義的副詞。“絶遠”，很遠。引申爲渺茫、漠然等意思。
“無胥絶遠”，就是不要漠然不重視。

　　④汝分猷念以相從──“分猷”，《漢石經》作“比猶”。馮登府
謂“分”、“比”以篆文形近致譌。“猷”與“猶”爲古今字，意義皆同
（《漢石經考異》）。“分”讀去聲，意即本分，分當如此，也就是應當、
應該。“猷念”，與《大誥》“猷誥”或“誥猷”語法同。“猷誥”即
“誥”；“猷念”即“念”，就是心中的打算。

　　⑤各設中于乃心──“設”，《漢石經》作“翕”。王引之據《廣

雅》云："設,合也。""翕亦合也。"(按,據《爾雅》)因謂"今文、古文字異而義同"(《經義述聞》)。這句是説"要把你們的心合於中正"。

⑥乃有——"乃"在此作爲假設連詞,同"若"(楊樹達《詞詮》)。"乃有"即假若有,倘使有。

⑦不吉不迪——爲古代習用語,指不善良的人。古語中"吉"、"哲"常通用作"善",《詩·抑》"哲人",《詩·卷阿》作"吉人",本書《立政》則作"吉士",都是指賢善的人。"迪",《方言·六》云:"正也。"並謂"東齊、青、徐之間相正謂之由迪"。是東土方言保存了"迪"的古義爲"正",與"善"同義。故"吉"、"迪"爲同義字。

⑧顛越不共——"顛",自上向下墮(《離騷》王注)。《左傳·隱公十一年》:"潁考叔取鄭伯之旗蝥弧以先登,子都自下射之,顛。"即此義。"越",向上踰越(《秦誓》疏)。"顛越"似相當於現代語言中"高低不肯"的"高低"或"橫豎"之意。"共",《唐石經》及流行刊本作"恭",段玉裁謂:"《尚書》恭敬字不作'共',供奉字不作'恭',《漢石經》區分清楚,此字僞《孔傳》釋爲'奉',是原當作'共'。"(《撰異》)按,《左傳·哀公十一年》引此文作"共",P2516、P2643、元亨、岩崎、内野諸本及薛本隸古定皆作"龔",與"共"音義俱同,知原字確作"共",今改回。不過鄭玄已指出古籍中"恭"、"共"二字已通用,陳喬樅亦據《史記》所引謂今文作"恭"(《今文尚書經説考》)。郭沫若亦指出"金文中凡恭敬字都作龔"(《青銅時代》)。諸本作"恭"或"龔"皆是"共"假借。"不共"即不奉命,不承命。故杜預注《左傳》釋此句爲"縱橫不承命"。即現代語言的"橫豎不聽話"。

⑨暫遇奸宄——王引之謂此四字與《堯典》"寇賊奸宄"、《微子》"草竊奸宄"、《康誥》"寇攘奸宄"都是四字平列。"暫"即《莊

子·胠篋》"知詐漸毒"之"漸"，義爲"詐欺"，《吕刑》"民興胥漸"即用此義。"遇"即《吕氏春秋·勿躬》"幽詭愚險"之"愚"，亦《淮南子·原道訓》"偶嗟智故"之"偶"，義皆爲"奸邪"（《述聞》）。故"暫遇奸宄"四字是説奸詐邪惡。

⑩劓殄——王引之謂"劓"不僅爲截鼻之刑，又爲斷割之通稱，故《多方》説"劓割夏邑"。此"劓殄"即《多方》"刑殄有夏"的"刑殄"（《述聞》）。"殄"，松田本作"絶"，係誤易訓詁字。諸隸古定寫本作"殄"，字稍訛。薛本作"ㄗ"，則是隸古奇字。按，"殄"義爲"盡"、"絶"，故"劓殄"即刑滅之使盡絶。

⑪無遺育——"無"，同毋，不要。"遺"，遺留。"育"，王引之據《周官·大司樂》釋文"育音胄"，謂二字同聲通用。《堯典》"教胄子"之"胄"，《説文·云部》引作"育"（《述聞》）。"胄"義爲"胤"，就是子孫後裔。"無遺育"即"無遺胄"，就是不讓遺留後代。

⑫俾——使（《釋詁》）。

⑬易——延。王引之云："易種于兹新邑，謂延種于新邑也。"（《述聞》十七）

⑭"乃有"至"新邑"三十一字——《左傳·哀公十一年》引云："《盤庚之誥》曰：其有顛越不共，則劓殄無遺育，無俾易種于兹邑。"《史記·伍子胥傳》引云："《盤庚之誥》曰：有顛越不恭，劓殄滅之，俾無遺育，無使易種於兹邑。"引用時文字有些出入。

這一節，嚴詞威嚇大家規規矩矩地跟隨自己一道遷移，敢有奸邪不法者，必將斬盡殺絶。

"往哉，生生①！今予將試以汝遷，永建乃家。"

①生生——同上文"汝萬民乃不生生"的"生生"，即孜孜努力

搞好生産和生活之意。

這一節,用簡明的語言命令大家遷移到新邑去建立新的生活。

第二篇（原下篇）

盤①庚既遷②,奠厥攸居③,乃正厥位④,綏爰有衆⑤,
曰:

①盤——《漢石經》作"股",即"般"。岩崎本作"般",其原中
篇仍作"盤"。詳中篇"校釋"。

②既遷——已經遷移好了,指新遷居到殷(今安陽)以後。

③奠厥攸居——"奠",定。"厥",其。"攸",所。"奠厥攸
居",定其所居。就是安排定了所有官民的邑里居處(吴澄《書纂
言》:"定其上下所居,謂君有寢廟,臣有邑宅,民有廛里")。

④乃正厥位——"乃",副詞,用法同"遂"、"於是"。"正",動
詞,端正,整頓。"其位",即各人所處地位,也就是奴隸社會的等級
秩序,包括按這秩序所區分的居住地位的差别。

⑤綏爰有衆——"綏",告。"爰",於(《釋詁》)。"有衆"即衆,
見前。

這一節,是史臣關於盤庚在遷移後召集臣下講話的記載。"曰"
字下面是講話全文。

"無戲怠①,懋建大命②! 今予③其④敷心腹腎腸⑤,歷
告爾百姓⑥:于朕志⑦,罔⑧罪爾衆;爾無共怒⑨,協比讒言
予一人⑩。

①無戲怠——《漢石經》作“女罔台民”。段玉裁謂係今文，“罔”通“無”，“台”通“怠”（《撰異》）。楊筠如則謂“台民”即“怠”字之訛（《覈詁》）。按，皮錫瑞據侯康説，《易雜卦傳》、《越語》、《始皇東嶽刻石》、《柏梁臺詩》、《東京賦》等都讀“怠”如“台”，而《太史公自序》兩用“不台”，意皆“不怡”。《匡謬正俗七》引後漢《敬隱后頌》“盤庚儉而弗怠”與“湯受命而創基”爲韻，正引此句，亦讀“怠”如“怡”。與《雜卦傳》“謙輕而豫怠”之“怠”，《釋文》引《虞氏》作“怡”同。又《列女傳·齊姜頌》亦以“怠”與“疑”爲韻，也知“怠”讀爲“怡”（《今文尚書考證》）。于省吾謂“怠”即“怡”，即“懌”，其義爲“悦”。“無戲怠”即“無戲悦”，與《詩·板》“無敢戲豫”語例同（《新證》）。

②懋建大命——“懋”，《漢石經》作“勖”。二字古以同音通用，其義爲“勉”。“大命”，奴隸主王朝吹噓從上天那裏得來的命。吳澄説，包括民命國命（《書纂言》）。前篇已説“迓續乃命于天”，這就叫臣民勉力把這種得自上天的“命”建好保好，不要隳墮了。

③予——《漢石經》作“我”。在殷代甲骨文中，單數第一人稱用“余”，多數第一人稱用“我”。周代金文才把“我”字也用於單數。此作爲殷代文件，盤庚自稱當用“余”字，“予”則爲“余”的假借字。作“我”顯然是漢代今文用了周代以後的用法。

④其——將，準備。

⑤敷心腹腎腸——《三國志·管寧傳》、左思《魏都賦》及張載注都引“腹腎腸”三字連下句“歷”字作“優賢揚歷”，漢《成陽令唐扶碑》引作“優賢颺歷”，《堯典》疏引夏侯等書前三字作“優賢陽”，漢《國三老袁良碑》引前二字作“優叙”。顯然是漢代今文因形近致誤，以致不通。由《孔疏》所引鄭玄本作“心腹腎腸”，知漢代古文已

是此四字不誤。章炳麟據《魏石經》"歷"的古文皆作"鬲"，以爲漢古文當作"心腹腎腸鬲"，並謂鬲爲橫鬲膜（《拾遺定本》）。似近於牽強，今不采其説。"敷"的意義爲展布，公布。"敷心腹腎腸"等於現代語説"把心腸都掏出來"，意爲誠心講話。《左傳・宣公十二年》"敢布腹心"之語就用此意。

⑥歷告爾百姓——《魏石經》"歷"古文皆作"鬲"，係同音假"鬲"爲"歷"。"歷"，經過，經歷之意。"歷告爾百姓"就是"一一告訴你們百姓"。"百姓"，百官族姓，亦即百官。郭沫若云："百姓在古金文中均作'百生'，即同族之義。"（《中國古代社會研究》，參看《堯典》"百姓"校釋）

⑦于朕志——在我的心裏。或我的意向。舊以此三字連上爲句，今依戴鈞衡説三字讀爲一句。

⑧罔——無。在此同"不"。

⑨爾無共怒——"共"，奉，承。此句是説"你們不要相承怨怒"。

⑩協比讒言予一人——"協比"即"洽比"。《詩・正月》"洽比其鄰"，《左傳・僖公十五年》引作"協比其鄰"。"協"、"洽"都是和合之意。"比"讀去聲，親近狎暱之意。"讒"，《莊子・漁父》："好言人惡謂之讒。"《荀子・修身》："傷良曰讒。""予一人"，盤庚自稱。這句是説"勾結在一起講我的壞話"。

這一節，盤庚首先叫臣下在遷移後好好幹，自己不怪罪臣下過去散布浮言反對遷移，臣下也不要再説王的壞話。（吳澄《書纂言》云："臣民雖皆遷，盤庚猶慮其強從上命，非出本心，怨怒未忘，故明白洞達以釋其疑。"）

　　“古我先王①將多于前功②，適于山用降我凶③，德嘉績于朕邦④。

　　①古我先王——指盤庚上代曾遷都的各王。

　　②將多于前功——“將”，意欲（《廣雅》）。“多”，讀爲“侈”（吳汝綸《尚書故》說）。義爲“光大”。此句是說要發揚光大前人的功業。

　　③適于山用降我凶——舊讀爲“適于山，用降我凶德”。于鬯以爲當讀“適于山用，降我凶”，“德”屬下句。謂“用”即“庸”，亦即“墉”，其義爲“城”，與“功”、“凶”、“邦”爲韻。“山庸”即因山爲城，並依《孔疏》以爲避水災遷都，依山築城郭（《香草校書》）。這一說法雖有點牽強，但指出了舊讀的不妥。今以爲“德”連下讀是正確的，牟庭、孫詒讓即如此讀（見《同文尚書》、《駢枝》）。又不論“用”釋作“墉”或依舊釋作“以”，都可連讀爲“適于山用降我凶”，故今定此七字爲一句。但爲什麼要光大前人的功業，就要“適于山”以降減我凶，意義很不好懂，疑有誤字，無法強行解通。（僞《孔傳》釋爲“依山之險”，《蔡傳》釋爲“往於亳”，因亳依山。《覈詁》謂三舊都皆在大河之濱，多水患，因而徙都於高地。現姑且據此進行今譯。其他勉強尋求的解釋還多。宋人開始提出此處無法明其原義。曾運乾《正讀》則謂“我凶德”三字是衍文，是由下文錯簡而來。所有這些都只可備一說。）

　　④德嘉績于朕邦——“德”爲“循”字之誤。詳討論（一）（3）。當是殷代《盤庚》原文“循”字的誤認誤寫。“嘉”，《漢石經》作“綏”。馮登府謂“綏”、“嘉”聲近。《曲禮》鄭注“綏”讀“妥”。“嘉”，古音如“哥”（《漢石經考異》）。楊筠如亦謂“綏”古音“佗”，《詩·小弁》傳釋“佗”爲“加”，故“綏”、“嘉”通用（《覈詁》）。

“嘉”，義爲美好。“循嘉績于朕邦”，就是遵循前人美好的業績於我們的邦邑裏。

　　這一節，除中間一句意義不明外，首尾文義相貫，是說前代遷都的美好業績。

　　“今①我民用②蕩析離居③，罔有定極④。爾謂朕⑤：‘曷震⑥動萬民以遷?’肆上帝⑦將復我高祖⑧之德⑨，亂越我家⑩，朕及⑪篤敬共承⑫民命，用永地于新邑⑬。

　　①今——與上文“古我先王”的“古”相對舉，作“當今”講，具體指未遷以前。

　　②用——此處同“則”（裴學海《古書虛字集釋》）。作爲承接連詞，略同於現代語“却”。承上文說，先王時情況好，現在却情況壞。

　　③蕩析離居——“蕩”，爲水所流蕩（參看《說文》“洗”字）。“析”，分開（《廣雅》）。“蕩析離居”，舊注都以爲形容人民遭受水災的情況，似指奄邑曾受水災。

　　④極——止境。

　　⑤爾謂朕——《漢石經》作“今爾惠朕”，是今文。按《毛公鼎》記周宣王言“惠我一人”，與“惠朕”同，其原語欲毛公厝不敢荒寧，夙夜惠宣王，是“惠”字爲忠勤服事之意。《多方》亦有“爾曷不惠王”之語，意當同此。僞古文隸古定寫本 P2516、P2643、岩崎、雲窗及薛本此字皆作“胃”，《唐石經》及流行刊本皆作“謂”，當由音近易字，但“爾謂朕”意義成了“你們問我”，與下面問語相合，可能僞古文作者以“惠”爲假借字，有意改回問語原字。吳東發以爲觀上下文，作“謂”爲是（《漢石經考異》引）。“朕”在殷代只作領格，此處

作賓格，亦《盤庚》寫定於周代的又一痕迹。詳討論（一）（2）。

　　⑥震——《漢石經》作"柾"。馮登府謂"柾"爲"祇"的隸文（《漢石經考異》）。按，"震"同"振"，《堯典》"震驚"，《史記》作"振驚"。"振"又通"祇"，《皋陶謨》"祇敬"、《無逸》"祇懼"，《史記》皆作"振"；《禮·内則》"祇見孺子"，鄭注"祇，或作振"。故"祇"亦通"震"（參考惠棟《九經古義》）。今文作"祇"，古文作"震"，只是文字之異，意義都是震動。

　　⑦肆上帝——同於《詩·抑》的"肆皇天"，亦即《毛公鼎》"銉皇天亡斁"的"銉皇天"。可知"肆"爲"銉"的誤寫，還不及薛季宣本作"銉"的較近是。《爾雅》釋此爲"今"，《毛傳》釋爲"故今"，僞《孔傳》釋爲"故"，《蔡傳》釋爲"乃"，其實按文意在此當爲稱"皇天"或"上帝"時所加的語詞，如今稱"老天爺"的"老"，無確義可尋。牟庭謂字從"銉"，銉讀若"第"，《說文》作"隸"，讀若常棣之"棣"。"第"、"棣"聲相近，《吕刑》"群后之逮"，《墨子·尚賢》引作"群后之肆"，是"肆"、"逮"同音。《堯典》"肆類"，《說文》引作"銉類"，是"銉"、"肆"同字，亦與"逮"同音。《周禮·小子》鄭注"肆讀爲繫"，是鄭識古音。其字並與《史記》孫吳、陳勝等傳中訓"但"之"第"、"弟"等同音。郭璞云："第，發語之急也。"顏師古注："今俗稱'但'者，急言之則音如'弟'。"因謂《尚書》中"肆"字，有語意若"弟，且也"的，有語意若"弟，但也"的（《同文尚書》）。亦不以"肆"有"故"、"今"等義。

　　⑧高祖——和前篇的"高后"都是指祖先諸王中輩次較在前的，即承上節的"先王"說的。

　　⑨德——此字也是誤寫。牟庭謂當爲"置"，並舉《易·繫辭傳》"有功而不德"，蜀本作"不置"爲證。其原文當即甲骨文中從彳

從直之字,或隸定爲"值",蜀本則作"置"。其字原有"正"、"直"等義,用以指稱"高祖"的業績。

⑩亂越我家——"亂"疑"嗣"之誤。其字即金文中的"嗣",亦即"司"(見《毛公鼎》等器),其意通"嗣"。"越"即金文中的"雩",同音通用。其義爲"與"、"及"。"我家"即奴隸制王朝稱自己王家,與"我邦"同用(如《毛公鼎》數稱"我邦我家")。"亂越我家",似可讀爲"嗣及我家"。

⑪朕及——《毛公鼎》云:"司(嗣)余小子弗及,邦將害(曷)吉?""朕及"即余小子及。江聲引《公羊傳》釋"及"爲"汲汲",迅速努力進取之意。

⑫篤敬共承——"篤",厚,堅固(松田本即作"厚",當由誤寫訓詁字)。"篤敬",深厚的敬。"共",《唐石經》及流行刊本作"恭",段玉裁據僞孔訓"奉"及《史記·賈誼傳》引作"共",以爲當作"共",P2516、P2643、岩崎、雲窗諸本及薛本皆作"龔",通"共",今從改正。"承",孫星衍以爲與"抍"同,即拯救之"拯"(《尚書今古文注疏》)。全句是說:"我很急於敬奉上帝之命叫我恢復先祖的業績來拯救民命。"

⑬用永地于新邑——"地",吳汝綸謂"居其地謂之地"(《尚書故》)。意即名詞作動詞用,就是定居其地。這句是說:"以此永遠定居於這新的邦邑。"

這一節,是說當代人民在舊居遭受災難,所以敬奉天意遵循祖宗成規遷移到新邑定居。

　　"肆①予沖人②,非廢厥謀③,弔由靈各④;非敢違卜,用宏兹賁⑤。

①肆——見上節"肆上帝"校釋。在此是發語詞,無義(牟庭謂此亦當讀"第")。

②予沖人——"沖"爲"童"的假借。"沖人"的文字意義有如"童子",但不是真指童子,而是奴隸制王朝統治者自謙的稱呼。亦見於《金縢》、《大誥》。《召誥》、《洛誥》則稱"沖子",和金文同。有時又稱"小子",見《湯誓》及周誥諸篇。"予沖人"和"余小子"、"余一人"用法全同。

③厥謀——"厥",其,他們的。"謀",意圖。"厥謀",指不主張遷移的人們的意見。

④弔由靈各——"弔"即"淑",是"善"的意思(《爾雅·釋詁》)。其字在金文中原作"𠦪",漢人把它隸定爲"弔",釋爲"至"和"弔問",失去本來音義。另借"叔"字爲"淑",一般就不識"淑"的原字"弔"了。到清季吳大澂才認出了它(見吳《字説》)。但在古籍中仍保存"弔"的原來音義。如《左傳·哀公十六年》"旻天不弔",《周禮·大祝》鄭注引鄭司農作"閔天不淑"。《莊子·齊物論》"其名爲弔詭",《德充符》、《天下篇》則作"淑詭"、"諔詭",《呂氏春秋·侈樂篇》作"俶詭"。《詩·節南山》"不弔昊天"、本書《費誓》"無敢不弔",此兩"弔"字鄭玄皆釋爲"善"。"靈",即神靈。"各"即"格",與金文中的"格"多作"各"相同。曾運乾謂即《西伯戡黎》"格人"之"格"。《召誥》有"天迪格保",《多士》有"帝降格",《呂刑》有"絶地天通,罔有降格",皆即"格人"之"格",亦即"靈格",就是通曉鬼神情狀和天命廢興者(《尚書正讀》)。"弔由靈格",是説遷殷得到好處,是由於上帝的神靈(舊讀"弔由靈"三字爲句,現從于省吾讀爲四字句)。

⑤用宏茲賁——"用",以。"宏",動詞,宏大,恢弘,發揚。

"兹",此。"賁",大寶龜（見《大誥》），即占卜用的龜。《爾雅·釋魚》以爲是一種三隻脚的奇異的龜。"用宏兹賁"，是説光大發揚這卜龜的吉示。

這一節，是説自己不是不顧大家不願遷徙的意見，而是在神意的感召下，不敢不依龜卜而遷徙。

"嗚呼！邦伯①、師長②、百執事之人③，尚皆隱哉④！予其懋簡相爾⑤，念敬我衆⑥。朕不肩好貨⑦，敢共生生⑧，鞠人謀人之保居叙欽⑨。今我既羞告⑩爾，于朕志若否⑪，罔有弗欽⑫。無總于貨寶⑬，生生自庸⑭。式敷民德⑮，永肩一心⑯。"

①邦伯——《酒誥》提到殷的"外服"有"侯、甸、男、衛、邦伯"，《召誥》説"周公乃朝用書命庶殷侯、甸、男、邦伯"。可知殷王朝所轄"外服"中有侯、甸、男等邦的"邦伯"。甲骨文中有方國，或稱"邦方"（《前》2.10.6，《上》2.16等）。其長稱"方白"（《甲》1978，《京津》4034）或"邦白"（《明續》621），即"方伯"或"邦伯"。這當是一些臣屬於殷王朝的占有領土與人民的奴隸主政權頭子。

②師長——當爲武官之長。周初金文《小臣謎毀》有"白懋父以殷八師征東夷"的記載。此八師當是殷亡後被周王朝所用的殷人軍隊；盤庚時當亦有此類武裝組織。殷甲骨文中有"王作三自，右、中、左"（《粹》5977）的記載。西周金文中"師氏"皆武職，都可證"師長"當爲武官（舊釋"師"爲"衆"，"師長"爲衆官之長，但這僅據訓詁而無史料根據，故不從）。

③百執事之人——《酒誥》提到殷的"内服"有"百僚庶尹……"

等,就是指這些"百執事之人",即王朝的各官吏。

④尚皆隱哉——"尚","謂心所希望也"(《爾雅》邢昺疏)。"隱",《漢石經》作"乘",是今文。孫星衍謂《周禮》"稾人"鄭衆注及"宰夫"鄭玄注都云"乘,計也",以爲"言當計度之,亦猶云隱度"(《今古文注疏》)。是今文、古文以"乘"、"隱"同義通用。黃式三云:"隱,依也。謂依卜之靈也。"(《啓幪》)按,對"隱"的訓釋至少有十種以上,義多曲折,今采黃氏同音通假之釋。

⑤予其懋簡相爾——"其",將。"懋",《漢石經》作"勖",與上文"懋建大命"字同,義爲"勉"。"簡",《漢石經》作"蕳",馮登府謂是隸變。漢碑從竹字多變從草。隸古寫本 P2516、P2643、岩崎、雲窗諸本及薛氏刊本作"柬",與"揀"通,和"簡"同爲選擇之意(亦見《詩·簡兮》鄭箋、《禮記·王制》"簡兵搜乘"鄭注)。"相",《周禮·犬人》鄭注:"相,謂視,擇知其善惡。"牟庭謂此句意爲"我將勉汝、擇汝、視汝而任用之"(《同文尚書》)。其實此句當是說"我將加強觀察選擇你們"。

⑥念敬我衆——"念",思,想到。"敬",敬重。這句是說"常想到重視我的群衆"。(朱駿聲《說文通訓定聲》云:"念,常思也。常思者敬。")

⑦朕不肩好貨——"肩",舊多釋爲"任",以肩能勝重任解之,釋此句爲"我不任貪貨之人"(《孔傳》),顯然牽強。清人始提出種種不同解釋,亦不盡合。楊樹達始謂"肩,疑屑之誤"(《積微居讀書記》)。按,屑義同潔(見《詩·谷風》毛傳),又爲動作切切之態(《說文》)。"不屑",就是不去動作,有輕蔑其事不願意去做的意思。這句是說"我不屑於那種貪好財貨的行爲"。

⑧敢共生生——"共",《唐石經》及各刊本皆作"恭",與上文數

"共"字情況同，茲照改回。"生生"，與第一篇的兩處"生生"全同，意爲孜孜從事於生業。孫星衍連上句釋爲："我不作好貨之事，敢具生生之財？此明己之去奢即儉，非爲己也。"（《今古文注疏》）

⑨鞠人謀人之保居叙欽——"鞠"，鄭玄釋"養"，僞孔釋"窮"，《蔡傳》以爲"鞠人"、"謀人"，義皆不明，蔡説較謹慎。從鄭玄對全句的解釋説："言能謀養人安其居者，我則次序而敬之。"是讀爲"鞠人謀人之保居，叙欽"。且釋"保"爲安，釋"叙"爲"次序"，釋"欽"爲"敬"。牟庭、吳汝綸、楊筠如等以爲當讀"敢共生生鞠人"爲句。下面則或以"謀人"至"叙欽"爲一句；或以"謀人之保居"爲句，"叙欽"爲句。皮錫瑞則以"叙欽"與下句連讀。章炳麟則以"鞠人"二字爲句，"謀人之保居叙欽"爲句，又承莊存與説讀"欽"爲"厭"，惟解釋不同。所有這些句讀和解釋都不大好講。似不如宋王十朋所説："導其耕桑，薄其税斂，使老幼不失其養，鞠人之事也。聯其比閭，合其族黨，相友相助，謀人保居之事也。"（《書經傳説匯纂》）清戴鈞衡説："能養人及謀人之安居者，叙而用之，欽而禮之而已。鞠人謀人之保居，乃所以念敬我衆也。若好貨自謀生生，豈復知有民乎！盤庚之意蓋如此。"（《補商》）這樣概括起來理解，似較合於這幾句的原意。（皮錫瑞《考證》據《鹽鐵論·本議篇》"盤庚萃居"句張敦仁的解釋，以爲漢代今文"保居"作"萃居"，不足據。）

⑩羞告——"羞"，與"猷"同（楊筠如説）。"羞告"，即《多士》、《多方》的"猷告"，《大誥》和《詩·小旻》的"誥猷"（參看《大誥》校釋）。就是"告"的意思。

⑪于朕志若否——和上文"敷心腹腎腸歴告爾"之後用"于朕志"同，此在"猷告爾"之後也用此三字，並連"若否"二字。"若"，順。這句是説"對我的心意順或否"，即同意或不同意。

⑫罔有弗欽——“罔”，無，通毋。“弗”，不。“欽”，敬。這句是說“毋有不敬遵”，或“不要不敬遵”。

⑬無總于貨寶——“無”，毋。“總”，收積（《管子·侈靡》注），合聚（《史記·禮書正義》）。此句是說不要積聚貨寶。

⑭生生自庸——“生生”，同上文，孜孜從事於增殖產業。“庸”，楊筠如疑此當讀爲“封”。《漢書·司馬相如傳》“庸牛”，即今文之“犁牛”，是“庸”可爲“封”。《楚語》“是聚民利以自封也”，《晉語》“今君起百姓以自封也”，並有“自封”語。韋注：“封，厚也。”（《覈詁》）則這句是說“孜孜從事於增殖產業以自厚”。

⑮式敷民德——“式”，發聲詞（《詩·式微》鄭箋），即無意義的語首助詞。“敷”，布，散布。“德”，吳汝綸釋此字爲“惠”，釋此句爲“布惠于爾民”（《尚書故》）。

⑯永肩一心——“肩”，通“潔”（見上“不肩好貨”校釋）。這句是說：“你們要永遠潔淨你們那顆和我一致的心。”

這一節，承前文反復詳細說明必須遷徙的意義後，用整整一節結尾，告誡臣下當共“愛民”。實際是最高奴隸主對他所屬的各奴隸主發出的有利於鞏固自己統治的號召。

第三篇（原上篇）

盤庚遷于殷①，民②不適有居③。率籲眾慼出矢言曰④：“我王來⑤，既爰⑥宅⑦于茲⑧，重⑨我民，無盡劉⑩。不能胥匡以生⑪，卜稽曰其如台⑫？先王有服⑬，恪謹天命⑭，茲猶不常寧⑮；不常厥邑⑯，于今五邦⑰。今不承于古,罔知天之斷命⑱,矧⑲曰其克從先王之烈⑳！若顛木之有由蘖㉑,天其永㉒我命于兹新邑㉓,紹復㉔先王之大業,厎綏㉕四方。”

①殷——地名,在今河南安陽境内。自公元前 13 世紀盤庚遷來以後,直到前 11 世紀商王朝滅亡爲止的二百七十三年中,都是商的首都。詳討論(四)。

②民——此處的“民”表示了對新居地住不慣,便引起國王費那麽大的力量去説服,可知此“民”字指的是當時社會的有頭面的人和一般人民群衆。參看討論(一)(3)。

③適有居——“適”,適應,慣於。“有”,語助詞,與第一篇“有衆”之“有”同。“有居”就是居。楊樹達謂“居”即“都”,並舉《詩·公劉》“幽居允荒”,《師虎毁》“王在杜居”,《蔡毁》“王在雒居”,《史記》“營周居于雒邑”,都以“居”作“都”爲證(《讀書記》)。其説是。

④率籲衆戚出矢言曰——“率”,用(《釋詞》)。“籲”,呼(《説文》)。甲骨文和金文中常有“王呼某”執行某項任務之文,這和此篇用法同。“戚”,《唐石經》及各刊本作“慼”。段玉裁云:“衛包改爲慼,俗字也,古‘干戚’、‘親戚’、‘憂戚’同字。”(《撰異》)《説文》“籲”字下引作“戚”,今據改正。“衆戚”,即衆貴戚近臣。《史記·殷本紀》綜稱之爲“諸侯大臣”。戴鈞衡謂下文“在位”者指衆臣,此貴戚之臣則在其上,是“在位”衆臣的表率(《補商》),實際是些與王室有親族關係的異姓和同姓的各大貴族。“矢”,誓(《爾雅》),“矢言”即誓言,古代在有某種重大行動前誥誡下級和申明紀律的講話稱爲“誓言”(特别是軍事行動前如此)。

“率籲衆戚出矢言”,僞《孔傳》釋爲盤庚和那些衆憂之人講話,元吴澄、清姚鼐則以爲是不願遷的人民講的話,牟庭則以爲是不願遷的大臣向王講話,諸説都錯。當如俞樾所説,是盤庚呼貴族出來,向群衆傳達他的話(《平議》)。

⑤我王來——"我王"指盤庚,"來"是説從奄遷來。

⑥爰——助詞,古籍用於語首或語中,無義,和"聿"字用法同。

⑦宅——居住,定居。

⑧兹——此,此處。這裏指"殷"。

⑨重——注重,看重。

⑩劉——殺(《爾雅·釋詁》),引申爲"死"。戴鈞衡釋此兩句云:"遷都乃所以重我民,民無得盡死。"(《補商》)

⑪不能胥匡以生——"胥",《釋詁》:"皆也"、"相也"。相即互相之意。"匡",救助。這句是説不能都相互幫助,使得生活很好。

⑫卜稽曰其如台——"卜稽",江聲以爲當作"卜卟(卟讀與稽同)。《洪範》"稽疑",《説文》"卜部"引作"卟疑",釋爲"卜以問疑也"。楊筠如謂當由甲骨文中"王曰"而來。"其如台",即"其如何"、"其奈何"(參看《湯誓》"其如台"校釋)。

⑬先王有服——就西周金文來看,"服"是官位、禄命(參看《大誥》"無疆大歷服"校釋)。可以引申爲官事,故《爾雅》云:"服,事也。"或者"官常",也就是官事的制度、規矩。故俞樾謂"服爲事之制"。並釋《左傳·襄公三十一年》"上下有服"爲上下有制(《平議》)。

⑭恪謹天命——"恪",敬(《釋詁》)。"謹",王國維謂當爲"堇",即"勤"之省文。"恪謹天命",王國維云:"此當作'勞勤大命'。'勞勤大命'古之成語,金文中屢見不鮮。"(《觀堂學書記》)此説甚確,《毛公鼎》、《單伯鐘》等均有"勞勤大命"之語,是説不懈地敬行大命。殷代稱至上神爲"帝"而不稱"天",周人稱之爲"天",

滅殷後始"天"、"帝"二字並用。此處有"天"字,亦《盤庚》最後定本受周代文字影響的一個痕迹。參看討論(一)(2)。

⑮兹猶不常寧——王念孫云:"猶與由通。由,用也。言先王敬謹天命,兹用不常安也。若安土重遷,則是不知天命。故下文曰'今不承于古,罔知天之斷命'也。"(《述聞》)

⑯不常厥邑——甲骨文中"大邑商"、"天邑商",係指國都。商人指國都之地爲邑。"不常厥邑"即"厥邑不常",是說它的國都不常固定在一個地方。

⑰于今五邦——秀圓本、元亨本"于"字前衍"至"字。這句是說"到現在遷了五個國都"。指仲丁遷囂,河亶甲遷相,祖乙遷耿,又遷庇(或祖辛遷庇),南庚遷奄。詳討論(三)。

⑱罔知天之斷命——楊樹達云:"罔知者,古人成語,猶今人言'不保'、'難保'。此文意言今不承於古,則不保天之將斷絶其命。"(《積微居小學金石論叢》)

⑲矧——何況。

⑳先王之烈——"烈",光(《釋詁》)。此指先王之業,有褒美義,稱頌商王朝前代國王的"光輝事業",故下文言"先王之大業"。

㉑若顛木之有由蘗——"顛木",倒仆的樹木。《説文》作"槙",但通用顛倒的"顛"字。"由蘗",《説文·马部》的"馬"字下引作"馬枿",並謂古文作"由枿"。又《木部》的"糵"字下引作"皂糵",重文又作"蘖"(即"蘗")、作"不"(無頭木)、作"枠"。《釋文》引別本作枿,内野本作"由枠",薛氏本作"皂不",《汗簡》引作"枠"、"不"等字。《説文》釋"馬"云:"木生條也。"釋"糵"云:"伐木餘也。"《釋文》引馬融云:"顛木而肆生曰枿。"段玉裁謂據《説文》知漢代今文作"馬";壁中古文作"由",爲"馬"的假借字,其義爲"生",僞孔誤

釋爲“用”。至“枒”字原作“櫱”，轉寫從俗作“枒”，或云“枒”爲
“栘”之訛體（《撰異》）。王鳴盛云：“櫱重文既有，於義又通，不但不
必作‘櫱’，亦不必作‘枒’。”（《後案》）其說是，故今仍用“由櫱”二
字。“由櫱”是倒斷了的樹木重新生長出來的枝芽。

㉒永——長久。

㉓兹新邑——這個新都，指殷，即今安陽。

㉔紹復——“紹”，繼。“紹復”，繼承恢復。

㉕厎綏——“厎”，定（《舜典》“厎可績”馬注）。“綏”，安（《爾
雅·釋詁》）。“厎綏”，動詞，安定。

這一節，整整一段話是盤庚叫貴戚大臣向臣民傳達他的話，強
調敬承天命、遵循祖宗遷都的先例，來闡明遷到新邑的重要性。

　　盤庚斆①于民由乃在位②，以常舊服③正法度，曰：“無
或敢伏小人之攸箴④。”王命衆⑤悉⑥至于庭⑦。

①斆——覺察，悟到（《說文》）。

②由乃在位——楊筠如云：“吉金文中‘乃’、‘厥’形近易誤。
《尚書》中‘乃’、‘厥’易用之處甚多。下文‘今予將試以汝遷，安定
厥邦’，又曰‘今予將試以汝遷，永建乃家’。一作‘厥’，一作‘乃’，
尤其明證。”（《覈詁》）即以第二人稱領格“乃”與第三人稱領格
“厥”互用。此處“乃在位”，字面爲“你們的在位官員”，其實是說
“他們的（民的）在位官員”。按，舊注疏以“由乃在位”爲一句，
“民”以上爲一句，解爲：“盤庚教民，從在位起。”内野、秀圓、松田、
元亨諸本“民”字下並有“曰”字，顯是誤衍。今從俞樾《群經平議》
作爲一句。但俞釋此句爲“盤庚覺悟于民之不適有居，由于在位者
之故”，則以“乃”作“于”字解。

③常舊服——常用的舊的典制。

④無或敢伏小人之攸箴——"伏"，隱匿。"人"，内野、松田、元亨、岩崎、雲窗諸本皆作"民"。"攸"，所。"箴"，規誡的話。方宗誠釋此句云："蓋謂不可匿我箴民之言耳。下文'不匿厥指'，'惟汝含德'，'不和吉言于百姓'，'其惟致告'，皆反復此一語。"（《書傳補商》引）

⑤衆——在此處作衆多官員講。參看討論（一）（3）。

⑥悉——盡（《爾雅·釋詁》），全部，都。

⑦庭——内野、秀圓、松田諸本作"朝庭"，元亨本作"王庭"，又在王旁添"朝"字。字皆誤衍。此處召集在位衆官員講話，可能是"中庭"（參看第一篇"王庭"校釋）。

這一節，是史臣的記事之詞。記盤庚召集那些煽動群衆不安於新居的官員們進行訓誡的事。

王若曰①："格②汝③衆，予告汝訓汝④，猷⑤黜⑥乃⑦心；無傲從康⑧。

①王若曰——王如此説，王這樣説，爲殷周史臣記載王講話時的開頭用語（于省吾《王若曰釋義》謂王直接命令臣屬不稱"王若曰"。凡史官或大臣代宣王命始稱"王若曰"。此處不合此例，因謂此篇寫於西周之説有一定道理）。

②格——《白虎通·號篇》引作"裕"。段玉裁謂是"格"字之誤（《撰異》）。"格"的意義爲"告"（參看《堯典》校釋）。

③汝——《白虎通·號篇》引作"女"，隸古寫本如内野、岩崎、雲窗諸本及薛本亦作"女"，和甲骨文、金文同，是"汝"的本字。作爲第二人稱代詞，不分單數、多數、主格、賓格都可用（惟不能用作領

格）。保存了甲骨文、金文中的用法。

④予告汝訓汝——舊讀至"訓"字爲句，"汝"屬下句。今依俞樾説，讀此五字爲句，和第一篇"承汝俾汝"文法同。"告"是告導，"訓"是訓誡。

⑤猷——王引之謂是語助詞（《釋詞》）。然在此與"由"通，其義同"用"、"以"。

⑥黜——貶下（《説文》），斥去，去掉（《釋詁》）。

⑦乃——第二人稱領格，即"你的"、"你們的"。

⑧無傲從康——"無"，通毋，不要。"傲"，傲慢，拒不接受意見。"從"，放縱。"康"，安逸，安樂。

這一節，盤庚開口就明確教訓官員們要斥去私心，聽從王的話。

"古我先王亦惟圖任舊人共政①，王播告之②，修不匿厥指③，王用丕④欽；罔有逸⑤言，民用⑥丕變。今汝聒聒⑦，起信險膚⑧，予弗知乃所訟⑨！

①圖任舊人共政——"圖"，大。按，"吐蕃"即"大蕃"，見《唐蕃會盟碑》，是唐時尚讀"大"如"吐"。又"吐火羅"即"大夏"，王國維有考。"吐"、"圖"音同，今吳音尚讀"大"如"圖"或"杜"。共，與"供"同。"共政"，有如後代所説"供職"或"服政"，即在政事職位上服務。這句是説大量的任用舊有的貴族世襲官員。是奴隸制度政權的特點。

②王播告之——"播"，《説文·言部》作"譒"，解云："敷也。"並引此云："《商書》曰，王譒告之。"意爲王向他們普告。

③修不匿厥指——"修"，孫詒讓謂當讀爲"攸"，同聲假借（《駢

枝》），並從《說文》連“不匿厥指”爲一句（俞樾《平議》則以“修”與“攸”並同“迪”，訓爲“道”，且連上句讀）。于省吾云：“俞、孫均以爲‘攸’字，是也。惟‘匿’舊均訓爲隱匿，非是。《盂鼎》‘辟厥匿’，‘匿’應讀作‘慝’。《洪範》，民用僭忒，《漢書·王嘉傳》作‘民用潛慝’。《説文》：‘忒，更也。’《爾雅·釋言》：‘爽，忒也。’‘指’本應作‘旨’。‘修不匿厥旨’者，用不爽變其宗旨也。”（《新證》）（松田本“厥”作“其”，誤寫訓詁字。）

④丕——大，很。下句“丕變”字同。

⑤逸——失（《説文·兔部》），過（《釋言》）。

⑥用——足利本作“由”。

⑦懑——《唐石經》及各刊本皆作“聒”。然《説文·心部》有“懑”字，解云：“拒善自用之意也。从心，銛聲。《商書》曰：‘今汝懑懑。’‘䏮’，古文，从耳。”是漢代今文作“懑”，古文作“䏮”。《釋文》引馬融説與《説文》同。《孔疏》引鄭玄注云：“讀如聒耳之聒。聒聒，難告之貌。”是漢末馬融、鄭玄本古文亦作“懑”。又引王肅注云：“善自用之意也。”是魏時王肅本同於《説文》，也作“懑”。僞《孔傳》釋此爲“無知之貌”，而不注“聒”的聒耳之義。《玉篇·心部》的“懑”字注“愚人無知也”，是據僞孔爲釋。證以隸古寫本的稍有訛變諸體，皆近於懑，是僞孔本亦作“懑”。段玉裁云“懑，衛包改爲聒”，並説是根據鄭玄説“讀如聒”妄改的。今據以改回爲“懑”。意爲聽不進正確意見，愚而自用。

⑧起信險膚——“起”，興造，造言。“信”，伸，申説（皆江聲説）。“險”，邪惡（《廣雅》）：“險，衺也。”《周易·系辭》京注：“險，惡也。”“膚”，“臚”的籀文（見《説文》）。《晉語》“風聽臚言于市”，韋注：“臚，傳也。”故“膚”爲傳語之意（吳汝綸《尚書故》、章炳麟

《拾遺定本》説）。“起信險膚”，就是編造邪惡的話加以傳播。

⑨訟——争辨，争鬧（據《説文》）。

這一節，盤庚指出先王任用舊人，而舊人恪遵先王的話，想不到我用了你們這些舊人，却流言惑衆。

“非予自荒①兹德②，惟汝含德③，不惕予一人④。予若觀火⑤，予亦炪⑥謀作乃逸⑦。

①荒——廢亂（《詩·蟋蟀》箋）。

②兹德——指任用舊人的傳統。此處兩“德”字亦誤。見討論（一）（3）。

③惟汝含德——“惟”，同“乃”（《釋詞》），有“是”、“爲”等意。“含”，孫星衍據《史記·殷本記》“舍而弗勉何以成德”語，以爲當作“舍”，並釋此語爲“汝自舍其德而弗勉也”（《今古文注疏》）。皮錫瑞則以爲“舍”是今文（《考證》）。（按，阮元《校勘記》亦謂永懷堂本“含”作“舍”。）俞樾云：“含”，藏，懷。“惟汝含德”，乃是汝懷藏其德（見《平議》）。今從俞説。

④不惕予一人——《白虎通·號篇》引此句作“不施予一人”。岩崎本、内野本作“弗惕予一人”。段玉裁謂古文作“惕”，今文作“施”。“惕”、“施”同在歌支一類，並以《詩·何人斯》“我心易也”之“易”，《韓詩》作“施”爲證（《撰異》）。俞樾云：“施，本字，惕，假字。言汝懷藏其德，不施及予一人也。含與施正相應成義。”並謂下文“施實德于民”用了本字（《平議》）。

⑤觀火——“觀”，讀如《周禮》“司爟”之“爟”。鄭注云：“燕俗名湯熟爲觀。”據此，“觀火”同“爟火”（《史記·封禪書》作“權火”，字譌），即熱火。（江聲、王鳴盛、段玉裁、孫星衍等主此説。獨黄式

三謂“觀火”即舉火。)

⑥灺——《唐石經》及通行本作“拙”。《説文·火部》有“灺”字云：“《商書》曰‘予亦灺謀’，讀若巧拙之‘拙’。”岩崎、内野、雲窗諸隸古寫本作“烗”，而薛本作“灺”，知“烗”爲“灺”之訛。是漢代本及僞孔本原皆作“灺”，“拙”字爲衛包所誤改，今改回。江、王等校定《説文》解作“灺，火不光也”；校定《玉篇》：“灺，火光鬱也。”又《集韻》“六術”：“灺，鬱烟貌。”可知“灺”是火爲烟所鬱，火光没有發出來的意思。

⑦作乃逸——“作”，造成，釀成。“乃”，你們的。“逸”，放逸，放縱。

這一節，盤庚表明不是我不重視你們，而是你們利用了我的寬厚却放縱起來。

　　“若網在綱①，有條而不紊②。若農服田力穡③，乃亦有秋④。汝克黜乃心⑤，施實德⑥于民，至于婚友⑦，丕乃⑧敢大言，汝有積德。乃⑨不畏戎毒⑩于遠邇⑪，惰⑫農自安，不昏⑬作勞，不服田畝，越其⑭罔⑮有黍稷⑯。

①綱——網的大繩（《詩·棫樸》鄭箋“張之爲綱”疏）。曾運乾謂“若網在綱”這一比喻，是就“無傲”説的（《正讀》），因爲傲上，没有忠於上面的體統觀念，所以提出大家要像網一樣附在綱上，來附從於王室。

②紊——亂（《説文》“紊”字引本文之釋）。

③服田力穡——“服”，事，從事於。所從的“艮”，《説文》解爲“治”，就是治事。“服田”，即從事於田中勞作。“穡””，《漢書·成

帝紀》引作“嗇”，《漢石經》之《無逸篇》殘字亦作“嗇”，知今文原作
“嗇”。指農事。“力穡”，勤力於農事生產。曾運乾謂“若農服田”
這一比喻，是就“從康”說的。因爲放縱圖逸樂，就不肯勤勞生產。

④有秋——“秋”，秀圓本誤作“秌”。“秋”指秋收（《漢書·成
帝紀》應劭注）。“有秋”，秋天有好的收成。

⑤汝克黜乃心——篇首要官員們“猷黜乃心”，這裏說他們“克
黜乃心”，即黜去傲慢從康之心（江聲《音疏》、孫星衍《注疏》說）。

⑥德——恩惠。下文“積德”同。

⑦婚友——古時慣以朋友婚媾並稱。如周金文《克盨》：“唯用
獻于師尹、朋友、婚媾。”《（原）叔多父盤》“利于辟王、卿事、師尹、兄
弟、諸子、婚媾”等。“婚友”即指婚媾、朋友。漢代的《爾雅·釋
親》：“婦之父母婿之父母相謂爲婚姻。”是“婚媾”演變爲“婚姻”，即
後代所說的兒女親家。當時的婚媾、朋友，實指按氏族傳統世代結
成婚姻關係的各奴隸主貴族。（夏威夷原始社會群婚制中的“普那
魯亞”，意爲“親密的伴侶”。很可能“婚友”也就是類似意義的稱
呼，作爲遠古遺迹的這一名詞保留到了殷代。）

⑧丕乃——於是（見第一篇校釋）。

⑨乃——若，如果。是假設連詞。

⑩戎毒——“戎”，大（《爾雅·釋詁》）。“毒”，害（《國語·周
語》韋注）。

⑪邇——近。

⑫惰——懶（《廣雅·釋詁》）。

⑬昏——鄭玄云：“昏，讀爲‘暋’，勉也。”（見《孔疏》）《釋文》
云：“昏，馬（融）同。本或作‘暋’，音敏。《爾雅》‘昏’、‘暋’皆訓
強，故兩存。”按，《爾雅·釋詁》：“強，勤也。”是“不昏作勞”即“不

勤作勞”,與“不勉作勞”義同。

⑭越其——“越”,《釋文》云:“本又作‘粵’。”按,“越”、“粵”皆金文“雩”字之異寫,“越”由音借,“粵”由形誤。“雩”在金文中作“與”、“及”等義。此處“越”字依王引之釋爲“於是”(《釋詞》)。“其”,將(《釋詞》)。

⑮罔——無。

⑯黍稷——徐灝云:“黍爲大黃米,稷爲小黃米。”(《説文解字注箋》)此處泛指農作物。

這一節,以兩個比喻來誥誡在位者要爲民表率,勤奮努力,有實惠於民,不可苟且偷安,貽禍於民。

“汝不和①吉言②于百姓③,惟汝自生毒④,乃敗禍奸宄⑤,以自灾于厥身。乃既先惡⑥于民,乃奉⑦其恫⑧,汝悔身⑨何及! 相時憸民⑩,猶胥⑪顧于箴言⑫,其發有逸口⑬;矧予制乃短長之命⑭! 汝曷弗告朕⑮而胥動以浮言⑯,恐沈于衆⑰? 若火之燎于原⑱,不可向邇⑲,其⑳猶可撲滅。則惟㉑汝衆自作弗靖㉒,非予有咎㉓!

①和——讀爲“宣”(俞樾《平議》用王引之説)。按王引之《經義述聞》“《周官》和布”條云:“和當讀爲宣。和布者,宣布也。”謂太宰職的“和布”,即小司寇職的“宣布”。並云:“宣、桓皆以亘爲聲,宣之爲和,猶桓之爲和也。《魏策》魏桓子,《韓非子‧説林》作魏宣子。《禹貢》‘和夷底績’,鄭注讀‘和’爲‘桓’。如淳注《漢書‧酷吏傳》曰:‘大板貫柱四出,名曰“桓表”。陳、宋之俗言桓聲如和,今猶謂之‘和表’(師古曰:即“華表”),是其例矣。”

②吉言——善言,好話。

③百姓——百官(見第二篇"歷告爾百姓"校釋)。

④自生毒——等於說"自作孽"(吳闓生《大義》)。

⑤乃敗禍奸宄——"乃",約如"以"、"以致"之意。"敗禍奸宄"四字平列,與第一篇"暫遇奸宄"語法同。"敗禍"即灾禍,"奸宄"爲邪惡寇賊等壞的行爲。

⑥先惡——先導於惡,亦即帶領倡導做壞事。(《禮·郊特牲》"天先乎地"注:"先,謂倡導之也。")

⑦奉——承受(《說文》)。

⑧恫——痛,痛苦(《爾雅·釋言》)。

⑨身——《漢石經》作"命"。二字意義相通。

⑩相時憸民——"相",視(《釋詁》及《釋文》引馬融說)。"時",是,此,這個(《釋詁》)。"憸",《說文》引本句作"㦖"。《漢石經》作"散"(散)。又《春秋繁露·服制篇》亦有"散民"一詞。段玉裁以爲今文作"散",古文作"㦖",僞古文作"憸",三字同義(《撰異》)。但内野、岩崎、雲窗諸寫本及薛本皆作"相旹㦖民",或字體略有訛變,是僞古文原亦作"㦖",當是衛包改爲憸。既三字同,故不改。"相時憸民"就是"看這些散民"。"散民"是按奴隸主偏見視爲冗散不足稱道的小民。

⑪胥——相。

⑫箴言——規誡的話(見上文)。

⑬逸口——"逸",過失。"逸口",失言,即可能引起禍患的話。

⑭制乃短長之命——"乃",内野本作"女",松田本作"汝",皆誤。參看討論(一)(2)。此句是說制你們的生死之命。

⑮告朕——此"朕"字作賓格,不合殷代用法。參看討論(一)

（2）。

⑯浮言——無根之言（《啓蒙》）。

⑰恐沈于衆——《左傳》之《隱公六年》及《莊公十四年》都引《商書》曰：“惡之易也，如火之燎于原，不可鄉邇，其猶可撲滅。”以“惡之易也”四字當此處。江聲、王鳴盛都以爲先秦《盤庚》有此四字，經僞孔作者以《尚書》無也字而删去。孫星衍則以爲“恐”與“惡”形近、“衆”與“易”形近致誤，可能古文原作“惡之易”三字。段玉裁云：“‘惡之易也’四字隱括上文‘汝不和吉言’以下七十餘字，蓋以其詞繁而約結之，古人早有此法。”（《撰異》）牟庭則以爲左氏所見未焚書，與漢經師所據本，各皆完足，古書傳本自有不同（《同文尚書》）。段説較正確，因《尚書》文法中確無用“也”字的可能。參看“討論（一）（2）。“恐沈”，江聲釋爲“恐猲”，即今語“恐嚇”。牟庭釋爲“恐耽”，“耽”通“憛”。“恐憛”亦即“恐嚇”。

⑱若火之燎于原——“若”，《左傳》作“如”，義同。燎，放火燒。“原”，原野。

⑲向邇——“向”，《左傳》引作“鄉”，與金文合。僞《孔傳》各寫本、刊本及《唐石經》皆作“嚮”（獨岩崎本作“向”）。兹據段氏《撰異》校訂用“向”。“鄉”爲“向”的本字，“嚮”爲“向”的後起字。《楚辭·惜誓》注：“向，對也。”“邇，近也。”“向邇”，面對着它和靠近它，意即靠近。

⑳其——將（《釋詞》）。

㉑惟——是（《釋詞》）。

㉒靖——孫星衍云：“《藝文類聚》八十七引《韓詩》曰：‘靖，善也。’《堯典》‘静言’，《史記·五帝本紀》作‘善言’，《漢書·王莽傳》作‘靖言’，言汝自作不善，即上文所云先惡于民也。”（《今古文

注疏》）

㉓咎——過錯（《詩・伐木》傳）。

這一節，以嚴厲的語氣斥責官員們不當流言惑衆，從而提出了嚴厲的警告。

　　　“遲任①有言曰：‘人惟求舊②；器非求③舊，惟新。’古我先王④暨⑤乃祖乃父胥及逸勤⑥，予敢⑦動用非罰⑧？世選爾勞⑨，予不掩⑩爾善。兹予大享⑪于先王，爾祖其從與⑫享之。作福、作災，予亦不敢動用非德⑬。

　　①遲任——人名，爲殷人所稱道的一位賢智的人。諸隸古寫本如 P2643、松田、岩崎及薛氏刊本皆作“遅任”，内野本作“遲任”，雲窗本作“遲任”，《集韻》亦作“遅任”。于省吾云：“‘遅’”即‘遲’，殷周金文作‘遟’或‘徲’，晚周古文作‘遅’。‘任’，本應作‘壬’，殷人多以十干爲名也。”（《新證》）按“遲”，徐仙民音時，陸德明音池，顏師古所見本音夷。

　　②人惟求舊——《漢石經》作“人惟舊”，無“求”字。《潛夫論・交際篇》用此句亦無“求”字。然《風俗通・窮通篇》、《三國志・王朗與許靖書》引此句皆作“人惟求舊”。知漢時傳本原有此歧異。僞《孔傳》諸本作“人惟求舊”，獨隸古寫本 P2643 及岩崎本正文無“求”字，而在旁添寫了此字。“惟”，在此作“宜”、“應該”解（吳閻生《大義》説）。

　　③求——《漢石經》作“救”（即“救”）。《周禮・大司徒》“以求地中”鄭注：“故書‘求’爲‘救’。”又《堯典》“方鳩”，《説文・辵部》作“旁逑”，《人部》作“旁救”。知漢代“救”與“求”通用。

④古我先王——“古”，楊樹達謂當讀爲“故”，與《盂鼎》“古喪師”之“古”假爲“故”同。“先王”，指曾遷都的仲丁、河亶甲、祖乙、南庚等人（《讀書記》）。

⑤暨——P2643、內野、雲窗諸寫本及薛本皆作“泉”，即金文中的“眔”，是釋爲“和”、“與”等意義的“及”字的本字。“暨”的原意是“日頗見也”（《說文》），後來同音假借爲“及”字用。

⑥胥及逸勤——蔡邕《司空文烈侯楊公碑》引作“胥及肆勤”。《詩·谷風》毛傳：“肆，勞也。”皮錫瑞謂“逸勤”爲勤勞王事（《考證》）。楊樹達謂“胥及逸勤”指當時君臣一德一心從事遷徙（《讀書記》）。

⑦敢——古籍中“敢”字常作“豈敢”、“敢嗎”用，意即“不敢”。《左傳》多有此用法，如《莊公二十二年》、《昭公二年》等。《五經異義》引此句即作“不敢”（《詩·文王·正義》引），誤衍“不”字。

⑧動用非罰——“動”，動輒，動不動。“動用”，動不動就用。意思是較輕率地隨時處理。“非罰”，言非罪而妄罰（戴鈞衡《補商》語）。

⑨世選爾勞——“選”，僞《孔傳》釋爲計數，《蔡傳》釋爲簡選，皆不確。俞樾云：“選當讀爲纂。《爾雅·釋詁》：‘纂，繼也。’《禮記·祭統》‘纂乃祖服’，哀十四年《左傳》‘纂乃祖考’，《國語·周語》‘纂修其緒’，其義並同。‘世纂爾勞’者，世繼爾勞也。”（《平議》）“勞”，《周禮·司勳》云：“事功曰勞。”

⑩掩——《詩·文王·正義》謂《五經異義》引作“絕”，以其義易其字。《釋文》云“掩又作弇”，二者音義全同。

⑪大享——大祭祀。《禮記》作“大饗”。周代奴隸主政權祭其祖先，有“禘”、“祫”、“烝”、“嘗”等大祭。其中禘祭是功臣都與祭

（《公羊傳·文公二年》何休説），與此處所説爾祖從享相合。殷代卜辭中，祭祀名目更繁多，有大祭，如"虫"、"帝"等；有合祭，如"劦"、"衣"……等；還有歆饗之"鄉"，似即同於此"享"字。又舊臣也有祭，如伊尹、咸戊等。而且可附祭於先公、先王，如伊尹附祭於上甲微（明義士《續編》513），附祭於大乙湯（《殷契粹編》151）等。可知大祭先王時附祭先臣，是殷代的制度。

⑫與——參與，參預。

⑬非德——"德"，恩惠，在王朝往往指爵賞。"非德"，是不應該給的恩惠。與上文非罰對舉。

這一節，以温和的語氣撫慰這些官員，把他們作爲舊人看待，要他們知所感奮。

"予告汝于①難，若射之有志②。汝無老侮成人③，無弱孤有幼④；各長⑤于厥居，勉出乃力，聽予一人之作猷⑥。

①于——同"以"，介詞（楊樹達《讀書記》）。

②若射之有志——王應麟《藝文志考》説漢人引作"若矢之有志"。按，《儀禮·既夕》篇末言"志矢一乘"。鄭玄注："志，猶擬也，習射之矢。《書》云：'若射之有志。'"陳喬樅云："疑鄭君所引《書》是作'若矢之有志'，此亦三家今文之異字也。"（《經説考》）總之有一種"志矢"，是練習射矢時用的矢，它的鏃頭是用骨做的。見《爾雅·釋器》："骨鏃，不剪羽，謂之志。"西周金文《師湯父鼎》有"矢菎"，陳夢家以爲可能即此習射的骨矢。

③汝無老侮成人——流行刊本皆誤作"汝無侮老成人"。《漢石經》作"女毋翕侮成人"，古寫本 P2643、岩崎本、内野本皆作"女亡老侮成人"，《唐石經》作"汝無老侮成人"。今文與古文雖有"翕"與

"老"之異,其字皆在"侮"上。(足利本作"女亡老侮老成人",顯系受流行本影響,重出一"老"字。阮元謂當從足利本,誤。薛本和雲窗本晚出,與流行本同,益誤。)按,鄭玄注云:"老、弱,皆輕忽之意也。"(《孔疏》引)以"老"與下句"弱"對舉,顯見鄭本亦"老"在"侮"上。可知今文、古文、僞古文語序皆如此,故據以乙正。"老侮成人"就是見老人而輕侮之。

④無弱孤有幼——《漢石經》"無弱"作"毋流"。馮登府以爲"流"、"弱"音近通假(《漢石經考異》)。吳汝綸則以爲是借"溺"爲弱,字形作"休",因形近而洪适編《隸釋》時誤認爲"流"。"孤",指幼而無父。"有幼"即幼,與上文"有居"語法同。"弱孤有幼"就是因小兒孤幼而輕忽之。"老侮"與"弱孤"爲結構相同的動詞。古人語言中常以不侮老幼鰥寡爲言。金文如《毛公鼎》,典籍如《康誥》、《無逸》、《詩‧烝民》及《左傳‧昭公元年》等,都有"不侮鰥寡"之文,基本表達同一意義。

⑤長——主,統率。"各長于厥居",謂"各統其所屬部伍"(時瀾說),"率其民勉出力以聽命"(黄度說,見《傳說匯纂》及《補商》引)。

⑥猷——謀,計劃,打算。

這一節,諄諄囑咐大家不要輕忽老弱的利益,應努力一心地聽王的話。

"無有遠邇,用罪伐厥死①,用德彰厥善②。邦之臧,惟汝衆;邦之不臧,惟予一人有佚罰③。

①用罪伐厥死——"罪",名詞含動詞意義,即"處罪",亦即"處刑"。"伐"與"罰"同聲通用,意爲懲處。"厥死",他的該判死罪的

罪惡。這句是説用判刑來懲處他們的罪惡。

②用德彰厥善——“德”，指君主給臣下的恩惠，即爵賞之類。“彰”，漢代著作引用或作“章”，或仍作“彰”，二字同，都是表彰、表揚之意。這句是説用爵賞來表揚他們的善。

③邦之臧惟汝衆邦之不臧惟予一人有佚罰——《國語·周語》内史過引《盤庚》曰：“國之臧，則維女衆；國之不臧，則維余一人是有逸罰。”“邦”作“國”，“惟”作“維”，“汝”作“女”，“佚”作“逸”，皆同義通用；並多二“則”字。“之”，若，倘若（王引之《釋詞》）。“臧”，善，好。“惟”，以，由於。“佚”，疏失。“佚罰”，掌握刑罰有疏失。

這一節，表示信賞必罰，以善歸功於衆，以不善歸咎於自己没有掌握好刑法，於好話中帶着嚴厲，以此警衆。

　　　“凡①爾衆，其惟致告②：自今至于後日，各共③爾④事，齊⑤乃⑥位，度乃口⑦。罰及爾身，弗可悔！”

①凡——所有。

②致告——“致”，送詣（《説文》）。“致告”，傳送相告，傳達。楊筠如云：“致，當讀爲厎。襄九年《左傳》‘無所厎告’。”並謂即《微子》之“指告”（《覈詁》）。按，杜預注“厎”爲“至”，是《左傳》“厎告”即“致告”，故仍以釋作傳達爲妥。

③共——《唐石經》及流行刊本作“恭”，現據《漢石經》及段玉裁之説改回。詳第一篇“顛越不共”校釋。

④爾——此處是第二人稱多數領格“你們的”。

⑤齊——整齊，整飭（《啓䆠》），是動詞。

⑥乃——你們的。

⑦度乃口——《漢石經》作"度爾口"。隸古寫本 P2643 及岩崎本作"庀乃口"，《尚書》中的"宅"、"度"常通用。僞《孔傳》釋此句爲"以法度居汝口"既用法度意義，又用宅居意義，兩不可通。吳澄《書纂言》釋此句云"出口之言當有節度，勿復以浮言胥動"，是説要謹慎你們的説話。江聲以爲"度當爲敠，閉也"（《音疏》）。朱彬以爲"度與杜同"，其意義爲杜塞（《經傳考證》），意思都是要解釋成閉塞住口不説話。其實如吳澄用"度"字爲有節度、有分寸的意義較妥。意在講話要慎重合規矩。

　　這一節，提出了最後的嚴厲誥誡。（戴鈞衡《書傳補商》引孫覺云："恭爾事則無傲上，齊乃位則無從康，度乃口則無浮言，三者盤庚所深戒也。"）

（二）今　譯

第一篇（原中篇）

　　盤庚決定渡過黃河，把人民遷徙過去。他就召集了許多反對遷移的人民，準備盡情講出一番話。許多人民都來到王庭，不安地等候着。盤庚喚他們到面前，説道："你們留心聽我的話，不要輕忽了我的意旨！唉！我們的先王沒有一個不是只圖拯救和保護人民的。先王那樣關心着人民，所以很能順着天時活動。每當老天很痛切地降下大災來的時候，我們的先王總是爲着人民的利益實行遷徙，從不留戀他們親手締造的原有都邑。你們爲什麼不去想想先王這樣對民事的勤勉呢？我也爲了拯救保護你們，要使得大家的生活安好；並不是以爲你們有罪，要罰你們這樣幹呀！你們要知道，我所以喚你們到這個新邑中去，正爲了你們自己的利益，這是非常符合大家的根本要求的。

“現在我準備把你們遷徙過去，希望安定自己的國家。但是你們不惟不能體會我心的苦處，却反而大大地糊塗起來，使你們的心裏發生無謂的驚慌，想用你們的私心來變動我的主張，這真是你們自取困窮，自尋苦惱！譬如乘船，你們上去了只是不解纜渡過去，豈不是坐待你們坐的船朽敗嗎？若是這樣，不但你們自己要沉溺，連我們也要隨着沉溺了。你們一點也不審察情勢，一味怨恨，試問這能有什麼好處？

“你們不做長久的打算，來想想不遷對你們的灾害，那是你們在大大地製造憂困，來和自己過不去，你們只想苟且地得過了今天就算，不管後來怎樣，可憐上帝哪還能容許你們有活命嗎！

“現在我囑咐你們，一點也不要接觸穢惡的東西來敗壞自己，怕的是人家來摧毁你們的身軀，污穢你們的心靈。我所以這般勸告你們，正是要把你們的生命從上帝那裏迎接下來，使得你們可以繼續活命。我哪裏是用威勢來壓迫你們呢！我原爲的是要養育你們許多人民。

“我想起我們的先王使用你們的先人，就記挂你們，要養育得你們好好的。是這樣的呵！可是由於没處理好，延到現在還住在這有灾難的地方，先王就重重地降下責罰，説道：‘你爲什麼要這樣地虐待我的人民呢？’若是你們無數人民不肯去孜孜努力求取美好的生活，和我同心遷去，先王便要重重地責罰你們，説道：‘你們爲什麼不和我的幼小的孫兒同心協力，却對他三心二意呢！'上帝決不會饒恕你們的，你們也決沒有法子可以避免這個責罰。

"我們的先王既經使用了你們的先祖先父，那你們當然都是我畜養下的臣民。倘使你們心中有了毒害的念頭，我們的先王一定會知道，他便要撤除你們的先祖先父在上天侍奉先王的職役；你們的先祖先父受了你們的牽累，就要棄絕你們，不救你們的死罪了。現在你們的在位的官員中有亂政的人，貪污財貨，不顧大局，你們的先祖先父就要竭力去請求我們的先王説：'快點定下嚴厲的刑罰給予我們的子孫吧！'於是先王就大大地降下不祥來了。

"唉！現在我告訴你們，我的遷移計劃已決定不改易了。你們對於我所憂慮的事情，應當有所認識，不可漠然不重視了。你們應當各各把自己的心放得中正，跟了我一同打算！倘使有不善良的人，橫竪也不肯聽奉上命，奸詐邪惡，我就要把他殺戮了，絶滅了，不使得他們惡劣的孽種遺留一個在這新邑之內。

"去吧！努力去追尋美好的生活吧！現在我要把你們遷過去了；在那邊，希望一勞永逸地建立好你們的家園。"

第二篇（原下篇）

盤庚已經遷移好了，安排好了所有臣民的邑里居處，然後按各人的地位進行整頓，告誡衆官員説：

"不要貪圖嬉逸愉快，要勤勉努力把從上帝那裏得來的大命好好建樹起來。現在我要掏出我的心腸來——同你們百官講話：在我的心意裏，不責怪你們了；你們也不要再承以前的怨怒，勾結在一起講我的壞話。

“在從前的時候，我們的先王要發揚光大前人的功業，遷到高地減免灾害，在我們的都邑裏遵循着前人美好的業績。

“到了近來，我們的人民遭受了洪水的蕩析離居之苦，没有止境。你們却問我：‘爲什麽要震動萬民來遷徙呀！’你們不知道，這是上帝要恢復我們祖宗的業績到我們這一代王朝，所以我很急於敬奉上帝的這一旨意來拯救民命，以獲永遠定居於這新的都邑裏。

“我不是不理會人們的意見，是由於上帝的神靈使我們得到了好處。我只是不敢違背占卜，現在便發揚了這神龜的吉示了。

“喂！各邦的首腦、軍事長官及王朝的各級官吏們：你們都要依從這靈驗的占卜，我將加强觀察和擇取你們，看誰能常常想到重視我的衆庶。我不屑於那種貪財的行爲，那種勇於孜孜從事一己家業的行爲，只對那些能養育人民和謀人民安居等方面做出成績的，才任用他，敬重他。現在我既已明白告訴你們了，對我這種意向，不論同意不同意，你們都不得有所不遵從。你們不要積聚財富，孜孜於增殖家業來養肥自己。要使人民獲得些好處，永遠潔净你們那顆能够和我一致的心。”

第三篇（原上篇）

盤庚遷移到殷以後，他的臣民住不慣這個新地方。他於是唤了許多親近的貴戚大臣出來，叫他們把誓言來曉喻一般臣民説：

“我們的王來到這裏，使大家有一個安居的好地方，原爲看重你們的生命，不讓你們在舊邑中死盡了。但一時還没能都相互幫助生活得很好，因此問了卜，卜辭説：‘怎麽會這樣呀！’先王的規矩，總是敬遵天命，因此他們不敢貪安寧，不老是住在一個地方，從立國到現在已遷移過五次國都了。現在若不是依照了先王的前例，那就難保上天要斷絕我們商邦的大命了，怎能談得上繼續先王的光輝的功業呢！像倒仆的樹木可以發出新的枝芽一樣，上天要把我們遷移到這個新邑中來，原是要把我們的生命成長在這裏，從此繼續先王的偉大的功業，把四方都安定下來呀！”

盤庚覺察到了人民的鬧着住不慣，都是由於官員們的煽動，決定用舊有典制去飭正法紀，就對他們說：“誰也不得隱匿我規誡小民的話！”於是王命令許多官員都到朝庭上來。

王這樣說：“對你們大家說，我要告導你們，訓誡你們：你們應當斥去自己的私心，不要傲視我的命令，單顧自己的安樂。

“從前我們的先王也是專用舊家的人，讓他們好好從政。先王向他們發出政令時，他們決不敢稍有差錯地去變動先王的旨意，所以先王很看重他們。他們又從不說出惑亂衆聽的錯誤言論，所以人民也很能服從政府的領導。現在你們愚昧地自以爲是，編造許多邪惡的話來加以傳布，我真不懂得你們所爭鬧的究竟是些什麼！

“並不是我願意丟棄這一任用舊人的傳統，只因爲你們自己舍棄了這一傳統而不給我，所以使我如此。我本來有着像熾熱的火一樣的威焰，但還處在爲烟霧迷漫的情況下，沒有照射出來，哪裏想到就因此釀成了你們的放縱！

“要像網一般地結在繩子上，才可順了條理而不亂。要像農夫的盡力耕田，才可得到一個好收成。你們若能斥去自己的私心，把真實的好處給予人民，以至於親戚朋友，那麼，你們才可以說一句滿意的話，說你們一向積有好處的。倘使你們不怕遠近的人民爲了你們而受着大害，貪一時的安樂，懶於去耕田畝，不肯勉力勞苦的事，那就當然沒有指望可以收獲到黍稷。

　　“你們不把我的好話向百姓宣布，這是你們自取禍根，以致做出許多壞的事情來自害了自身。你們既帶頭引導人民做壞事，自然得由你們自己來承受其痛苦，你們要懊悔也來不及！你們看，這些小民還知道聽從規誡的話，唯恐説出可能引起禍患的錯話，何況我是操着你們的生殺之權的，你們爲什麽倒不畏懼呢？你們有話何以不先來告訴我，竟敢擅用謡言來搖動人心，恐嚇大衆。你們要知道，你們即使像野火一般地在大地上焚燒，使人近前不得，但我終究有力量來撲滅你們的。如果弄到這個地步，那是你們許多人自己惹出的禍患，可不要怪我錯待了你們！

　　“遲任曾經説過一句話：‘用人是應該專選舊的；不像器具那樣，不要舊的，單要新的。’從前我們的先王，和你們的祖父和父親，就勤勞地同心合力來從事遷徙，我怎敢對你們用出非分的刑罰。你們若能世世繼續你們的祖和父的勤勞，我也決不會掩没你們的好處。現在我大祭先王，你們的祖先也一起受祭。你們的作善而得福或作惡而得災，都有先王和你們的祖和父來處置你們，我也不敢擅用非分的爵賞。

　　“我告導你們，作事是不容易的，應當像射箭一般，要先用習射的箭學會射箭技術。你們不要欺侮老年人，也不要藐視少年人；應當勤奮地用出你們的氣力，聽從我一人的打算。

　　“不論遠近的人，我總一例的對待：用刑罰來懲處他們的罪惡，用爵賞來表彰他們的良善。國家若弄得好，是由於你們大家的功勞；國家若弄得不好，只是由於我行使刑法有疏失。

　　“你們許多人應該把我的話廣爲傳達告誡：從今天以至於將來，各自供承你們的職務，整飭你們的階位，謹慎你們的説話。如果不這樣，到罰上你們的身體的時候，可不要懊悔呵！”

（三）討　論

漢代出現的《書序》説："盤庚五遷，將治亳殷，民咨胥怨，作《盤庚》三篇。"此説提出了下面幾點：（1）説《盤庚》三篇是盤庚作的；（2）籠統地説三篇都是盤庚由於人民反對遷移而作，没有分清三篇時間的先後和講話的對象；（3）説盤庚共有五遷；（4）説這一次是遷到亳殷，但没説遷移的原因。

現在就這幾點，分別討論下面幾個問題：

（一）《盤庚》的作者、思想特點和寫定時代

《書序》明説這三篇是盤庚作的。但《史記・殷本紀》説："帝盤庚之時，殷已都河北，盤庚渡河南復居成湯之故居，乃五遷無定處。殷民咨胥皆怨不欲徙，盤庚乃誥諭諸侯大臣曰：'昔高后成湯與爾之先祖俱定天下，法則可修，舍而弗勉，何以成德？'乃遂涉河南治亳，行湯之政，然後百姓由寧，殷道復興，諸侯來朝，以其遵成湯之德也。帝盤庚崩，弟小辛立，是爲帝小辛。帝小辛立，殷復衰，百姓思盤庚。乃作《盤庚》三篇。"《殷本紀》這種説法前後不一。前面説是盤庚誥諭諸大臣，講了這些話，並以數語約叙了三篇的内容。後面却説是小辛時百姓追思盤庚作了這三篇。顯見司馬遷把兩個不同説法照抄在一起，没有加以別擇。

鄭玄説："陽甲立，盤庚爲之臣，乃謀徙居湯舊都。上篇是盤庚爲臣時事，中、下篇爲君時事。"（《孔疏》引）則仍説三篇作者是盤庚，但却説上篇作於陽甲時。

鄭玄的老師馬融和鄭玄的反對者王肅都説是盤庚爲王時誥誡

臣下之作，而且爲了紀念他遷移的功勞，就以他的名字作爲篇名。（馬説見《釋文》，王説見《孔疏》。但孔以爲《仲丁》、《河亶甲》、《祖乙》等三篇逸書都以王名名篇，這只是史臣記載體例，並不是爲了紀念。）

自後疏釋《尚書》者大抵都以爲是盤庚所作，没有異議。到清初王懋竑才説："三篇皆既遷後追記。"（《讀書記疑》）指出是事後的記載。清末俞樾又以爲當從《史記》，謂"《盤庚》之作在小辛時，作《盤庚》所以諷小辛也。傷今思古，猶《小雅·楚茨》諸篇之意也"。但俞氏又説明是"取盤庚未遷與始遷時告誡其民之語附益之"（《平議》），則仍以爲這些話是盤庚講的。

我們從《左傳·哀公十一年》引此作《盤庚之誥》來看，也可知春秋時代已經流傳的這些文告早就被確認爲盤庚對臣下講的誥誡之語。既然是君主講的話，總是由史臣記録下來的，擔任記録的史臣當然不能説是作者，後世追加整理的更不能説是作者，作者乃應是原來講話的人。因此只能這樣説：《盤庚》原文是由史臣記録的盤庚所講的誥誡之詞，雖然到後來經過流傳有了加工，殷王盤庚總是這《盤庚》誥語的原作者。

但是現存的這三篇文獻實際是四篇講話。第三篇即原上篇分爲兩大段包含兩篇講話，其第一大段就是盤庚叫貴戚大臣傳達他的講話，直接講話者是貴戚大臣，但却是代述盤庚的話，所以仍應算爲盤庚所講的誥語。

其所以能肯定這些誥語原文是盤庚講的，還由於從思想內容來看，它確實是商代的。全文突出的主要思想有下列幾點：

一、處處用上帝的旨意來威嚇人民。誰不和自己同心就是違背上帝意旨，必將受到上帝的責罰。同時又處處以祖宗神靈來威嚇人民,自己的先后和臣民們的祖先都在上天管着大家的賞罰。誰不好,祖先就要降下責罰來。這和甲骨文中所大量記載的商王朝統治者對上帝的崇信和對祖先神靈的崇信完全符合,也和周以來所記載的商代情況完全符合。例如《禮·表記》裏說:"殷人尊神,率民以事神,先鬼而後禮,先罰而後賞。"正是這樣。

二、宣稱嚴厲的責罰是上帝和祖先降下來的之後,自己就嚴格執行這種責罰,不奉上命的就是奸詐邪惡,就要斬盡殺絶,不讓留下一個孽種。不像周代統治者在實行殘酷的奴隸主專政時,一方面却强調什麼"禮",盛稱什麼"德",盤庚却只赤裸裸地宣揚殺戮,也完全符合商代奴隸主專政的野蠻凶惡的原來面貌。這從殷代大奴隸主墓葬中的大量殺殉和卜辭中的大量人祭,可以看到這種原貌。

三、强調用人要舊的,不像器具那樣要用新的,並幾次說到自己和先王一樣的任用舊家的人。這也正是商代奴隸主貴族專政的國家機器實質的反映。當時由以王族爲中心聯繫着所謂多子族、三族、五族等等各氏族世襲的奴隸主貴族構成國家政權,保障着他們剥削權利的永久化,這就是周代所說的世卿世祿制度,是奴隸制政權的最根本的東西。從盤庚口中說了出來,完全符合商代的情況。

四、反復警告官員貴族們要忠實於王的旨意,不要只圖一己安樂而貪污財貨,使自己致富而妨害人民的生存及其安居生活。這是從奴隸制國家的整體利益出發,適當的防止奴隸主貴族過於貪婪,以免影響整個奴隸主階級的利益。這正如雅典奴隸制國家的梭倫時代一樣,以"梭倫制度"對於被剥削的人予以"幫助",即"損害債權人(即大奴隸主)的財產以保護債務人的財產","他清除了負債土地上的抵押柱,使那些因債務而被出賣和逃亡到海外的人都重返家園"(恩格斯《家庭、私有制和國家的起源》)。盤庚的作用也有點類似梭倫，所以在歷史上他以商代的一個賢明的君主著稱。《史記》說他使“殷道復興”，《呂氏春秋·慎大覽》說：“周公旦進殷之遺老而問殷之亡故，又問衆之悦，民之所欲。殷之遺老對曰：‘欲復盤庚之政。’”這一篇《盤庚》正是使他獲得這些成就的歷史見證。

由這些看來，本文的主要思想確實是盤庚當時所具有的，並没有摻入周代的後起思想。而他要遷都，也不簡單地用强迫命令，不惜三番五次地反復訓誠説服——不過假用神意和刑罰來進行説服，這是他的時代叫他必然這樣的。歷代注釋本篇的人對這點都稱讚不已，這是使他取得歷史成就的一個原因，這也是符合盤庚當時的歷史實際的。

因此可以明確地説，當初《盤庚》的原文確是盤庚親自講的。就這一點而論，王國維説《盤庚》爲“當時所作”（《古史新證》），郭沫若説“那三篇東西確實是殷代的文獻”（《古代研究的自我批判》），都是説對了的。

但是，現在我們見到的《盤庚》，是否就是當初的原文呢？也可以明確地説，已經不完全是原文了。它的差異主要是在文字方面：

（1）殷代的金文和甲骨文都比較簡短，金文大都是三兩字，也有的在十數字以上，個别的達四十餘字（如《邲其卣》）。卜辭則往往少數句子，少數字，偶有達七八句的，個别的達十幾句，字數多的可達一百、二百，然是極個别的，總的來説是簡短。這是由於卜辭只作占卜之用，本來就要求簡單，程式一律，只需要較簡的字就行了。而《盤庚》是政治文告，和占卜記録很不相同，它可以是長篇大作，所以三篇共達一千二百八十五字（《尚書·商書》其他各篇都比這短）。因此使人看到，同一時代的文字，其繁簡的差距是很顯著的，其章法、結構也有較原始和較進步之分。

（2）在文法上也有差異。

先説代詞。殷代甲骨文中第一人稱單數的主格、賓格用"余"，領格用"朕"（如《粹》1.244"余令角帚古朕事"，《下》30.5"妣隹乍余禍"），多數的主格、賓格、領格都用"我"（如《粹》869"我受年"，又1064"我入商"，又878"虫于我祖"，《庫》1811"帝其冀我"）。西周金文基本相同，惟"我"字擴大到單數主格、賓格（如《舀鼎》："我既賣汝五夫……則俾我償馬"），而"朕"字仍只用作單數領格。

但是本文所用十三個"朕"字中，有兩個用作主格（"朕及篤敬"、"朕不肩好貨"），兩個用作賓格（"汝曷弗告朕"、"爾謂朕"），這是東周以後的用法。又二十個"我"字中，有兩個作單數主格（"我乃劓殄滅之"、"今我既羞告爾"），這是西周用法；有三個作單數領格（"重我民"、"我畜民"、"敬念我衆"），是東周以後才有的用法（另如"我前后"、"我先王"等，可體會爲單數，亦可體會爲多數，故不舉）。至於"余"字用了三十一個，皆單數，用法尚和甲骨文、金文相同，但沒有用其本字，却用了假借的"予"字，也是東周才有的習慣。

第二人稱在甲骨文中單數、多數不分，主格、賓格都用"女"（即"汝"），領格用"乃"。西周金文和此相同。但到春秋金文中出現了"爾"字，三格都可用（春秋以後又將"乃"字作爲虛詞"迺"的假借字，在甲骨文中亦有此用法）。本文三十九個"汝"字用法和甲骨文、金文同（不過加了"水"旁），但却出現了十四個"爾"字，顯爲春秋以後的用法。在四十六個"乃"字中，作爲領格者二十五字，保持了殷代用法；作爲賓格者一字（"予弗知乃所訟"），則是東周用法，更有二十個作"迺"字用，而不見一"迺"字，但甲骨文中是有迺字的。這也可異。

接着説虛詞（連詞、介詞、助詞等）。這是區別《尚書》與春秋戰國時期作品的關鍵性字眼。“殷盤周誥”之所以“佶屈聱牙”，就在於沒有那些使春秋戰國文章流麗可讀的後起的連詞、介詞、助詞等等之故。然而本文却出現了一些和它所處階段不相稱的虛詞。

例如連詞“而”字，是甲骨文中所沒有的。何定生指出：“而字是東周以後的字，盛於春秋戰國，用此字者決非西周時代。”（《尚書的文法及其年代》）可是本文出現了“若網在綱，有條而不紊”、“弗告朕而胥動以浮言”這樣風格非常晚的文句，顯然是受了東周文字的影響。

又如連詞“則”字，甲骨文中未見，金文則到西周後期《夨人盤》、《召伯虎𣪘》、《兮甲盤》及新近出土的《墻盤》等才開始使用。本文有“則惟爾衆自作弗靖”句，看得出“則”字是後來流傳中加上的。例如第三篇（原上篇）的“邦之臧，惟爾衆；邦之不臧，惟予一人有佚罰”，在《國語・周語》中，内史過所讀的《盤庚》，便多了兩“則”字，成爲“國之臧，則維女衆；國之不臧，則維余一人是有逸罰”。而且還多了一個助詞“是”字。可見春秋時候的人讀古書，是會把當時的語言詞彙加上去讀的。這樣不斷地積累下來，自然就會使《盤庚》的原文有了不少的改觀。

還有些名詞也有同樣變異情形，把些商代使用的字，改成了周代使用的字。例如“天”字，商代原來是不用的，甲骨文中有“天”字只作“大”字使用。商人稱至上神爲“帝”，爲“上帝”，從來不稱“天”。只有周人語言中才稱上帝爲“天”，而不稱爲“帝”（參看《高宗肜日》“天”字校釋）。周滅商後，才把“天”字和“帝”字並用，都指“上帝”（指“天空”是後來的事）。這就是恩格斯在《費爾巴哈論》中所說的，古代各民族都有自己的神，到民族融合後，就把異民族的神也迎來，和本地神一起安置在祭壇上，所以“帝”與“天”並立了。本文中用了一個"上帝"，却用了五個"天"字，其中一個爲"天命"，即上帝所授予的命，其餘四個都是直指上帝，在商代是决不這樣稱呼的，這顯然是周人的用法。

（3）一些字義也與近人所説殷代用法有歧異。例如"衆"、"民"兩字，郭沫若據甲骨文及金文釋"衆"爲奴隸，又據金文釋"民"爲奴隸。按，郭氏之説有開創之功，給解釋古代社會指出了途徑，但其説也不是無可討論之處。例如郭原以爲甲骨文中無"民"字，今知甲骨文中實有"民"字，見於《乙》118、《乙》455、《明》1633 等片，但其義尚不甚明了，不能就説它是奴隸。又甲骨文中"衆"字，如《前》5.45.5"貞衆出灾"，如果是奴隸，殷王會那麽關心他們有無灾禍嗎？又如近人根據郭説謂《論語》中的"民"指奴隸等被統治階級，"人"指統治階級。但《論語》中的"逸民"就是指統治階級中的人，而"人"字則顯然兼指統治階級與被統治階級。所以在複雜的社會生活中發展着的語言，不是可以簡單化地給它劃定意義的。如果説，因爲商代是奴隸社會，用來指社會下層的"衆"、"民"等字以作爲指奴隸較妥，那末，在《盤庚》中的"衆"、"民"兩字顯然不符合這一用法的。

先説"衆"字。第一篇（原中篇）是將遷以前對民衆的講話，其中有兩"衆"字，一是"其有衆咸造"，一是"用奉畜汝衆"。就"畜"字説，似乎可以認爲保存了殷代奴隸的原義。但是使人懷疑的是：奴隸制王朝做一件大事時，需要由國王親自召集奴隸進行動員説服嗎？奴隸們能被召集到王庭上來嗎？而且國王還親密無間地唤奴隸們靠攏到前面來説話嗎？同時還勸説奴隸們不要接觸穢惡的東西來敗壞自己，恐怕別人曲毁了他們的身體，污了他們的心靈，以致連累他們的祖先在天上侍奉先王的職役嗎？顯然奴隸制時代的奴隸不可能是這樣的。一般把"畜"釋爲養，似乎能幫助擺脱上述困惑。看來這一篇的"衆"字，是指有資格被國王召到王庭裏訓話的較小的奴隸主和自由民的代表。至於第二篇（原下篇），是對百官講話，其中有兩"衆"字就是指百官，只有"念敬我衆"的"衆"字和第一篇一樣的指民衆。第三篇（原上篇）共用了七個"衆"字，都是用於指貴戚和在位官員。那麼《盤庚》全文的"衆"字，不可能是指奴隸，它只能是在"衆多"的意義上使用的。

再説"民"字。第一篇（原中篇）八個"民"字，是指那些不聽盤庚的話，鬧着不肯遷，由盤庚親自召集到王庭上來，反復開導加以説服，也就是被勸説不要接觸穢惡以免毁了身體污了心靈以致連累到祖先在天上的職位的人，一再向他們説明從先王到盤庚自己都要保護他們，完全根據他們的利益才進行遷徙，等等。這樣的"民"和"衆"一樣，雖然稱了一句"畜民"，也不能説就是奴隸。《説文·田部》"畜"字段玉裁注云："古假爲'好'字。如《説苑》尹逸對成王曰：'民善之則畜也，不善則仇也。'晏子對景公曰：'畜君何尤，畜君者，好君也。'謂畜即好的同音假借也。"是"畜民"可釋爲好民。也正符合統治者的需要。第二篇（原下篇）四個"民"字，盤庚懷念他們蕩析離居，要"恭承民命"。第三篇（原上篇）七個"民"字，他們住不慣新居，使盤庚很關切，向他們説明重視他們，並責令官員們對這些民要有實惠，不可帶引他們做壞事，等等。這樣的"民"能説是奴隸嗎？根據恩格斯的話"奴隸被看作物件，不算是市民社會的成員"（恩格斯《共產主義原理》），當然用不着由最高統治者對他們這樣諄諄教導勸説的。所以《盤庚》中的"民"字，指的是商代社會上的一般成員，和後世所説的"人民"字義上已差不多了。

還有一個"德"字，作爲商代文獻，本來是不應該有的。因爲商代金文和甲骨文中未見"德"字。這是由於當時奴隸主專政，只用嚴峻的刑法和欺騙性的宗教，根本沒有德的概念，無由產生"德"字。甲骨文中只有一個"徝"或"𢔦"字，羅振玉從孫詒讓釋爲"德"，但以爲是得失之"得"，今所見卜辭中用此字多爲撻伐之意，皆非道德之"德"。因而孫、羅以外所有甲骨文研究者釋此字以爲非"德"字，如王襄、聞一多二人釋"省"，于省吾氏謂"德乃省之訛"。郭沫若釋"徝"（按，甲骨文中有"𤯞"，爲"眚"、"省"初文，不能與此相混），故郭後來又釋"直"，林義光、葉玉森、容庚、胡厚宣、孫海波諸人則釋"循"。"德"字是到周代才有的，是周人看到專恃天命的商代覆亡，感到"天命無常"，因而提出"德"來濟"天命"之窮。郭沫若說："這種敬德的思想，在周初的幾篇文章中，就像同一個母題的和奏曲一樣，翻來覆去地重復着，這的確是周人所獨有的思想。"（《先秦天道觀之進展》）我們看漢宣帝所說"奈何純任德教，用周政乎"的話，就知道漢人還懂得"德教"這個東西，完全是徧的誤認。"的。本文用了十個"德"字，其中第二篇（原下篇）的"德嘉績于朕邦"、"高祖之德"，第三篇（原上篇）的"自荒兹德"、"含德"四"德"字，顯然是徧的誤認。"德嘉績"之"德"原當隸定作"徝"、作"循"，"高祖之德"蜀本已作"置"，當爲隸定之異（見"校釋"）；"兹德"、"含德"的"德"，意同"高祖之德"，都指先王傳統的"正直"作風，也當作同樣隸定。又有第二篇的"式敷民德"、第三篇的"施實德"、"積德"、"動用非德"、"用德彰厥善"五"德"字，都是指物質恩惠或爵賞之類，在金文中，王的恩惠稱爲"休"，凡受到王的任命、賞賜，都要以"對揚"表示感謝"王休"。這當是早於"德"字的用法。而"德"與"恩惠"意義並不是常一致的，有時甚至相對立。例如所謂"君子愛人以德，小人則以姑息"，那就是把給人以恩惠看做姑息，而按照他們的原則不給以姑息性的恩惠才叫"德"。所以此處幾個專指"恩惠"的"德"字,原應當用"休"字才對。又第一篇(原中篇)的"故有爽德",即"弍德",就是"不一心",也原非"德"字。所以這十個"德"字,原來應是"循"字"休"字等義,現在用了道德之"德",是周以來的用法,顯然是周代寫進去的。

又如某種專用的詞,像史官或大臣代宣王命,便稱"王若曰",如果由王直接對臣下講話,則逕稱"王曰"而不稱"王若曰"。這是甲骨文和金文中的通例。于省吾在《王若曰釋議》一文中指出,《康誥》、《多士》等篇基本符合此例,但寫定時代較晚的《吕刑》、《無逸》等篇與例不符。今第三篇是盤庚直接對貴族大臣們講話,却出現了"王若曰"一詞,與當時語例不符,當也是受後來影響寫上的。

篇中還有些文字可能也是周代用法,因上述這些已優足說明問題,就不再細推求了。

由上面使我們知道,《盤庚》原文雖確是商代的,但現在所見它的文字有不少用的是周代的,可知是經過周代加工潤色寫定下來的。從《左傳》之《隱公六年》、《哀公十年》和《國語·周語》都曾引用過來看,又知本文至少在春秋時期已經廣泛傳布。周公說"惟殷先人有册有典"(《多士》),《盤庚》原文當是保存在商王朝檔案中的册典。周滅商後,或者是周王朝把它接收過來,或者繼續留在商人後代宋國的内府,總之保存到了周代,可能如王國維所說:"《商書》之著竹帛,當在宋之初葉。"(《高宗肜日說》)但從春秋戰國之世學術從王宫散出時,這些官有文件流傳到士大夫手中加以傳抄,自然它的文字就打上時代的烙印了。這就形成了今天所見的這一有不少周代文字用法的商代文獻《盤庚》。

裘錫圭氏《談地下材料在古籍中的作用》有云:"《商書》用詞行

文的習慣，往往與甲骨卜辭不合，如《盤庚》喜歡用‘民’字，在卜辭中却還没有發現過同樣用法的‘民’字，但《商書》各篇所反映的思想以至某些制度却跟卜辭相合。看來，它們（《湯誓》也許要除外）大概確有商代的底本爲根據，然而已經經過了周代人比較大的修改。”這一論斷是非常符合《盤庚》爲主的《商書》各篇情况的。

（二）三篇的先後次序和講話對象

　　《隸釋》所載《漢石經》殘碑和《漢石經集存》，《盤庚》原上篇、中篇和下篇之間都空了一格，可知是按三篇加以區分。按漢代《今文尚書》，係由伏生二十八篇加後出《太誓》一篇，共爲二十九篇。其二十八篇中《盤庚》原列爲一篇。《漢書·藝文志》載“《尚書》經二十九卷”，“大小夏侯章句各二十九卷”，即經文二十九篇，以一篇作爲一卷。其中《盤庚》仍合爲一篇，作爲一卷。又載“歐陽章句三十一卷”。那就是把《盤庚》分爲三篇，所以歐陽氏今文成了三十一卷。因此知道《漢石經》所刻的是歐陽氏《尚書》，所以《盤庚》分成了三篇（近年發現的《漢石經·尚書校記》殘石載大小夏侯異文，確證該刻係用歐陽氏《尚書》）。漢世所出的《書序》既説《盤庚》三篇，而《漢石經》刻有《書序》，可知歐陽氏今文分三篇同於《書序》之説。

　　自《漢石經》以後，歷魏、唐各石經，以至後代各刊本，上、中、下三篇的次序就一直這樣相沿了下來，成了定本。

　　關於三篇的講話時期和講話對象，東漢以後有了比《書序》較詳的説法。

　　鄭玄説：“上篇是盤庚爲臣時事，中、下篇盤庚爲君時事。”《孔疏》駁鄭説爲“謬妄”，謂“必是爲君時事”。（清楊椿《孟鄰堂文抄·盤庚考》替鄭玄翻案，毫無理由）。《孔疏》以爲“上中二篇未遷時事，下篇既遷後事”。《蔡傳》的説法和《孔疏》同，並引“王氏”説云：

“上篇告群臣，中篇告庶民，下篇告百官族姓。”林之奇以爲這是強生分別（《全解》），董鼎、陳櫟等也以爲不必嚴分，事關某一方的就對某一方講（《書傳輯録纂注》、《書傳纂疏》）。到明代王樵以爲那是大略分法，“其實上篇首三節亦本告民，次乃提臣而專告之，雖曰告臣，亦本對民而告之，使同聽之也”（《尚書日記》）。這些雖在講話對象方面略有分歧，但以原上、中二篇是未遷前講的，下篇是遷後講的，而且都是盤庚講的，則都是一致的。這是傳統的看法，直到近人如楊樹達也基本持這一看法（《讀書記》）。

　元人吳澄開始提出：“書凡四節，第一節述民怨之辭，第二節未遷時告群臣之辭，第三節在途告庶民之辭，第四節既遷至亳總告臣民之辭。”（《書纂言》）比傳統說法新的地方，就是分全文爲四節（即四篇），第一節（即原上篇首段）是人民講的，而不是盤庚講的。

　清人姚鼐接着發揮了這一說法。他説：“：前儒之説，誤以‘我王來’以下即爲盤庚之詞，不知此是民詞。”（《惜抱軒集·盤庚遷殷說》）孔廣森亦引姚説：“自‘我王來’迄‘底綏四方’皆述民不願遷之言。”（《經學卮言》）魏源也説：“上篇‘率籲衆戚出矢言’以下，至‘底綏四方’以上，皆叙殷人不願遷之詞，非誥語也。”（《書古微》）姚氏桐城學派的後繼者吳汝綸遂將此説寫入他的《尚書故》中。

　這一説法的矛盾是，把一些盤庚堅持遷移的理由，都説成是人民反對遷移的理由。而且把已遷後説成未遷前。但是爲什麽一開頭就是“盤庚遷于殷，民不適有居”和“我王來”這種已經完成了遷移的句子？而且爲什麽又説“天其永我命于兹新邑”？他們提出的辯解是：“我王”指祖乙，而不是盤庚；“新邑”是指耿，而不是殷。他們説：“首篇云‘新邑’者，祖乙所遷也，民之辭也。”等等（見上《惜抱軒集》）。這是説不通的。根據卜辭中所見殷代通例，當時的王稱王,死去的王稱后。這時對祖乙只能稱"后",不能稱"我王"。其次,在遷都的爭論中,當然只能把新遷往的都稱新邑,原來的稱舊邑。祖乙是盤庚之前的第六個國王,他那時候遷住的都,住到了這時還稱新邑,是說不過去的。所以這一說是難於成立的。

牟庭也以爲是人民對盤庚所講,但說法完全不同。他以爲這是遷到新都(他說是南亳穀熟)後,不願遷的大臣呼吁衆民使之悲戚號泣地對盤庚提出訴請,所釋"我王來"是呼盤庚使出來(《同文尚書》)。他的說法避免了上述一些矛盾,但與當時事實不合,與文字解釋也不合。

江聲、王鳴盛、孫星衍都把"戚"釋爲"戚近"或"貴戚近臣",因而以爲這是盤庚對貴戚近臣的講話。但盤庚爲什麼自己稱"我王",仍和舊注疏家一樣無法說通。

俞樾提出了新的看法。他說:"《盤庚上篇》既曰'盤庚遷于殷',又曰'盤庚斅于民由乃在位'。一篇兩用發端之語,先儒未有得其義者。今按《說文·頁部》'籲,呼也'。……盤庚因遷殷之後,民不適有居,用是呼衆戚近臣使之出而矢言於民也。……古彝器銘詞每用呼字。……'王呼史戊册命吳',此類甚多。然則籲衆戚者,呼衆戚也,正古人記載之體。自'我王來既爰宅于兹'至'厎綏四方'凡九十四字,皆盤庚使人依己意爲此言。……下乃盤庚進其臣而親話之,與上文不相蒙,故各以'盤庚'發端焉。"(《平議》)這一說把原上篇依發端之語劃分,首段九十四字作爲一篇,爲盤庚呼貴戚大臣向人民傳達他的講話。下面是另一篇,盤庚對在位官員們講話。這樣處處說得通,我們以爲是正確的。

俞樾又提出了對三篇前後次序的看法。他認爲:"'遷于殷',是既遷矣。'民不適有居',是既遷之後民有所不便,非未遷以前不樂遷也。”“故以當時事實而言，《盤庚·中》宜爲上篇，《盤庚·下》宜爲中篇，《盤庚·上》宜爲下篇。曰‘盤庚作，惟涉河以民遷’者，未遷時也。曰‘盤庚既遷，莫厥攸居’者，始遷時也。曰‘盤庚遷于殷，民不適有居’者，則又在後矣。”（《平議》）這一説法是正確的。所以我們采取了他的説法，把各篇次序按講話時間的先後糾正過來：以原中篇爲第一篇，原下篇爲第二篇，原上篇爲第三篇。

由於《盤庚》上、中、下三篇習稱已久，治學者引用時，都稱“上篇”、“中篇”之類，頗爲便利。爲免引起新的淆亂計，在改動各篇次序時，仍維持原來三篇形式不變，並標明其原上中下各篇舊稱。其第三篇實際包括兩篇，因此全文應看做四篇：第一篇，盤庚在將遷以前對人民作動員講話；第二篇，剛遷移好後對百官族姓作誥誡講話；第三篇，在遷移了一段時間以後，臣下鬧着住不慣，盤庚叫貴戚大臣對人民傳達他的撫慰性的講話；第四篇，盤庚着重整飭紀律，特對包括煽動鬧事者在内的許多官員作嚴肅性的講話。這第三、第四兩篇，仍照原上篇完整形式保存在一起，合爲第三篇。

（三）“盤庚五遷”的問題

《書序》中談到殷人遷移的有下列幾則：

“自契至于成湯八遷，湯始居亳，從先王居，作《帝告》、《厘沃》。”

“仲丁遷于囂，作《仲丁》。”

“河亶甲居相，作《河亶甲》。”

“祖乙圮（河水所毁叫圮）于耿，作《祖乙》。”

“盤庚五遷，將治亳殷，民咨胥怨，作《盤庚》三篇。”

前四則是五篇没有傳下來的“逸書”的“序”，它們和後面這一則本文的“序”共同提供了一些殷人遷徙的情况。漢代張衡的《西京賦》便據以綜括爲："殷人屢遷，前八後五。"

關於前八遷，王國維有《說自契至於成湯八遷》(《觀堂集林》)，作了考證，考定其地依次爲：蕃(漢魯國蕃縣)、砥石、商、枋(東岳下)、商丘、殷(鄴)、商丘、亳。

關於後五遷，《書序》說是盤庚一人的，《史記·殷本記》也說："盤庚渡河南，復居成湯之故居，迺五遷無定處。"這樣的說法早就有人提出了異議。如僞《孔傳》說："自湯至盤庚，凡五遷都。"元人董鼎說得更清楚，他在《書傳輯纂注》中說："以篇中有'不常厥邑，于今五邦'，序遂謂盤庚五遷。然今詳於'五邦'之下，繼以'今不承于古，罔知天之斷命'，則是盤庚之前已自有五遷。而作序者考之不詳，謬云爾也。又'五邦'云者，五國都也，經言亳、囂、相、耿，惟四邦耳。盤庚從湯居亳，不可又謂之一邦也。序與經文既已差繆，《史記》遂謂盤庚自有五遷，誤人甚矣。"這些說法都是對的，因此所謂"五遷"，實際只能是自湯至盤庚以前這段歷史時間內有過五次遷移。

記載這五遷的，就是《書序》，《史記·殷本記》，以及《竹書紀年》(古本)。

《書序》是：(1)亳——湯始居。(2)囂——仲丁遷。(3)相——河亶甲居。(4)耿——祖乙圮。(5)殷——盤庚遷。

《史記》是：(1)亳——湯始居。(2)隞——仲丁遷。(3)相——河亶甲居。(4)邢——祖乙遷。(5)河北——盤庚以前。(6)亳——盤庚復居成湯之故居。

《竹書紀年》是：(1)亳——外丙居。(2)囂——仲丁遷。(3)相——河亶甲遷。(4)庇——祖乙居。(5)奄——南庚遷。(6)殷——盤庚遷。

綜合上述諸説來看,可知一二兩遷當是仲丁遷囂(即隞。據《括地志》爲今河南滎陽境),河亶甲遷相(據《括地志》爲今河南内黄境)。最後兩遷當是南庚遷奄(今山東曲阜),盤庚遷殷(今河南安陽)。只有中間祖乙所遷則存在問題,計有邢、耿、庇三説,頗爲紛歧。

過去對於邢、耿,有兩種不同解釋:(1)《史記索隱》云:"邢,音耿,近代。本亦作耿。今河東皮氏有耿鄉。"(按,代在今山西省北部,耿在南部,實不近)《太平御覽》八十三引《史記》正作"耿"。《集韻》"三十九耿"韻部有"邢"字,云:"地名,通耿。"《路史‧國名紀》亦説"耿"即"邢"。這都是説"邢"、"耿"爲一地,而其地是皮氏,在今河津縣。(2)《通典》"邢州"下云:"古祖乙遷于邢,即此地。"即今河北邢臺,與山西河津非一地(其後的《方輿紀要》亦持此説)。《皇極經世》遂調停二地,説祖乙圮於耿,遷於邢。《通志‧三王紀》、《通鑑前編》等便都附和這一説,《蔡傳》也説祖乙或有兩遷。

其實從甲骨文來看,商王朝活動地區不要在今河南,東及山東、蘇、皖一帶(近來考古發現,殷代文化遺址分布甚廣,但與商王朝政權所及非一事)。而今山西境内特別是晉南地域,都是與商王朝爲敵或時服時叛的諸方國。所以祖乙根本不可能遷到今山西河津的耿去。而河北邢臺到周代才以周公旦六個兒子的封國之一而擅名(見《左傳》之《僖公二十四年》、《隱公五年》杜注),也和祖乙遷都不相涉。因此邢或耿,只能在商王朝主要活動地區之内。

《左傳‧宣公六年》:"圍懷及邢丘。"杜注:"邢丘,今河内平皋縣。"又《水經注》"沁水"記懷地在沁水之北,殷城在沁水之南。此"殷城"即指邢丘。據《一統志》:"平皋故城在今温縣東二十里。"由此知殷城"邢"當在今河南温縣東境沁水以南。段玉裁以爲:"邢,鄭地，有邢亭，疑祖乙所遷當是此地。"(《撰異》)王國維謂此即《説文》所説的"地近河内懷"，也就是《左傳》的"邢丘"。"邢丘即邢虚，猶言商丘，殷虚。祖乙所遷，當即此地，其地正濱大河，故祖乙圮於此也。"(《觀堂集林・説耿》)因其地南臨黄河，地勢低平，所以它的都邑才有被水圮的可能。據陳夢家説，"邢"由其附近"太行陘"的"陘"字而來。陘、邢古音同，並以新鄭西南的"陘山"亦作"邢山"爲證(見《殷虚卜辭綜述》)。按，二字古音皆匣紐青韻，讀音相同。又如戰國人宋牼(見《孟子・告子下》)，一作宋鈃(見《莊子・天下篇》、《荀子・非十二子篇》)，可知古"邢"音確與"陘"音相同。

由此更可悟又因"陘"音轉變而爲"耿"之故。正如稱植物的幹爲"莖"，又可轉變爲"梗"一樣，京劇中更鼓的"更"，念爲"經"，就是此種古音轉化的一種遺跡。因爲《廣韻》的"青"、"徑"、"梗"、"耿"諸韻，在古韻中同屬"青"部一韻，所以"邢"、"耿"兩字都與"陘"字古音相同，二字所指的原來本是一地即今温縣東境之地。

關於"庇"，其地望較難確定。或以爲"庇"與"邢"是一地(見徐文靖《竹書紀年統箋》)。或以爲即《古文尚書》"柴誓"之"柴"，地近今山東費縣。又以爲係春秋時魯國之比蒲與毗一帶，在今山東魚臺費縣之間(見丁山《由三代都邑論其民族文化》)。又或以爲"庇"字是泗水東界"庚宗"的"庚"字之誤。等等(見陳夢家《綜述》)。諸説雖紛歧，但有一共同點，除第一説以爲在接近魯西的邢臺外，其餘都以爲在今山東境。所以可以大體認定庇在魯西，因而下一次南庚便能就近遷到奄。

因此這裏的問題是，祖乙究竟是一遷還是兩遷？如果只一遷，那麼三個地名當是由於傳説差異造成的，實即一地，而"五邦"就是囂、相、耿(邢、庇)、奄、殷。但上面我們已闡釋清楚"五遷"是盤庚以前的事,應不包括"殷",那麼不能以"庇"與"邢"、"耿"爲一地而以祖乙一遷當之。或者是祖乙曾兩遷,即"邢"、"耿"一地爲一遷,"庇"爲一遷。或者如王夫之所云,祖乙只一遷,遷"邢";祖乙之子祖辛遷"庇"爲另一遷(《書經稗疏》)。王說很可能近是,今姑從其說。

這樣,盤庚以前的五遷就是:(一)仲丁遷囂(隞),(二)河亶甲遷相,(三)祖乙遷耿(邢),(四)祖辛遷庇,(五)南庚遷奄。這些地方在華北平原靠近河流的兩岸,顯然是爲了生產和生活方便,才選定這些地方的(見附圖)。

自羅泌《路史》主張所遷"五邦"是囂、相、耿、庇、奄,其後王夫之《書經稗疏》、顧炎武《日知錄》、直至清後期陳喬樅《今文尚書經說考》、汪之昌《青學齋集》、林昌彝《三禮通釋》卷四六等,都主張是這五地。這基本和《竹書紀年》之說相合,可知《竹書紀年》材料是有所據的,所以此說遂比較可信。此外關於"盤庚五遷"至少還有五種以上的不同說法,從漢、晉歷唐、宋到清人、近人,各種異說都有,都不正確,就不論它了。

(四)盤庚所遷的殷

《書序》說"盤庚五遷,將治亳殷"。"盤庚五遷"是錯的,前面已說過了。"將治亳殷"這句話也是錯的,後來的注疏家根據這句錯話寫的許多關於"亳"和"殷"的話,當然更錯。很清楚地指出"亳殷"錯誤的是晉人束晢。他說:"《尚書·序》'盤庚五遷,將治亳殷',舊說以爲居亳,亳殷在河南。孔子壁中《尚書》云:'將始宅殷。'是與古文不同也。《漢書·項羽傳》云:'洹水南,殷墟上。'今安陽西有殷。"(《孔疏》引)他明確指出了"將治亳殷"是"將始宅殷"之誤。"將始宅殷"就是將開始住在殷。而"殷"就是現在河南省河北的安陽縣西境的地方。雖然歷代注疏家都說束晢"妄說",但歷史證明了束皙的話完全正確。

《竹書紀年》（古本）載：“盤庚自奄遷于殷。殷在鄴南三十里。”（《孔疏》引。《史記・項羽本紀・索隱》引略同。《太平御覽》八十三和《水經・洹水注》則引作“盤庚旬自奄遷于北蒙曰殷”。蓋區別於東蒙和蒙亳。）“鄴”，也就是現在的安陽境。自清末以來，在河南安陽的小屯村即《史記》所說的“殷墟”及附近地方，發現商王朝的占卜文書——甲骨文和其他文物及宮殿、墳墓遺址，就確證這地方即盤庚所遷的殷都所在。由其中甲骨文所包含的年代，證明《殷本紀正義》引《竹書紀年》所說“盤庚徙殷至紂之滅，二（原誤七，從武昌書局本改）百七十三年更不徙都”之說基本是可信的。《殷本紀正義》接着上引文說：“紂時稍大其邑，南至朝歌，北據邯鄲及沙丘，皆爲離宮別館。”是到紂時把都城從“殷墟”擴大到了朝歌（今淇縣）等地，而把殷始終作爲首都中心。

自遷殷後，史籍中就說商代又稱殷代。見於《殷本紀・集解》云：“鄭玄曰，治于亳之殷地，商家自此徙而改號曰殷。”《太平御覽》八十三引《帝王世紀》云：“帝盤庚徙都殷，始改商曰殷。”《蔡傳》云：“周氏（希聖）曰：商人稱殷自盤庚始。自此以前惟稱‘商’，自盤庚遷殷以後，於是‘殷商’兼稱或只稱‘殷’。”王國維指出：“商之國號，本於地名。”原稱商即由於國都在商（今商丘）（見《說商》）。遷殷後，“商居殷最久，故亦稱殷”（見《說殷》）。

但甲骨文中没有“殷”字，顯見商人不曾自稱爲“殷”。然而有與“殷”通用的“衣”字，其義有二：一爲祭名，“衣祭”即典籍中的“殷祭”（見王國維《殷禮徵文》）。這與商王朝的稱呼無關。一爲地名，爲晚殷畋獵區，地在今沁陽（見郭沫若《卜辭通纂》653 片）。這一地名却發展成爲周人對商人輕侮性的稱呼。郭沫若說：“根據卜辭的記載看來,殷人自始至終都稱爲商而不自稱爲殷的。在周初銅器中才稱之爲殷。起先是用‘衣’字,後來才定爲‘殷’。衣是卜辭中的一個小地名,是殷王畋獵的地方。周人稱商爲衣、爲殷,大約出於敵愾。同樣的情形也表現在其後的楚國的稱謂上。楚國不自稱爲荆,別的國家始稱之爲荆,應該也是出於敵愾。這猶如以前的日本帝國主義者不稱我們爲中國,而一定要稱爲‘支那’的一樣。因此,殷代無所謂盤庚以前稱商,盤庚以後稱殷的事實。"(《奴隸制時代》)

由此使我們得出這樣的認識:盤庚遷到今安陽後,當時並沒有稱其地爲"殷"。在卜辭中,商人稱其首都爲"大邑商",羅振玉釋"大邑"爲"王畿"(《殷虛書契考釋》下)。那麼"大邑商"確很可能如羅、王之說即是對"王畿"即今安陽地區的稱呼。由於周人因敵愾之故稱商人爲殷人,及滅殷後很自然地稱其故都爲"殷墟"(毀滅無人的舊居地稱爲"墟")。所以今安陽之有"殷墟"的稱呼,當是周代的事。在周以後所寫的《書序》及受周代文字影響寫定的《盤庚》,在說盤庚所遷今安陽之地時,自然就用了周代所稱的地名"殷"了。

周初對當時的殷都又稱"衛",仍是由"衣"、"殷"聲轉來的。當時殷都由安陽擴大到了朝歌,其地即"沫",周武王滅商後封紂子武庚於其地。武庚叛滅後,成王封康叔於其地,國號遂爲"衛"。《呂氏春秋》作"郼"(見《慎勢篇》、《慎大篇》)。高誘注云:"郼讀如衣,今兗州人謂殷氏皆曰衣。"又《康誥》"殪戎殷",《禮記·中庸》作"壹戎衣"。鄭玄注云:"衣讀如殷,聲之誤也,齊人言殷聲衣。虞夏商周氏者多矣,今姓有衣者,殷之冑歟?‘壹戎衣’者,壹用兵伐殷也。"《路史·國名紀丁》云:"郼,殷也,讀衣。"王夫之《書經稗疏》也說:"殷墟之在淇縣,見於經史者班班可考。雖以姚馥老羌,亦知朝歌之爲殷。……殷之爲字,本或作‘郼’,音於機反,古者因‘依’

聲近轉借爲殷。其地之在河北沬水之濱，羅長源考之已確。"可知"殷"、"衣"是一，由同音而爲"郼"，再變爲"衛"。《衛世家》"封康叔爲衛君"，《逸周書·作雒解》則仍作"俾康叔宇于殷"，可知這幾個指同一地點的不同的字是互用的。最初是由"衣"字而來，因音轉化而爲"殷"、"郼"、"衛"等字。最後"殷"成了大名，就廣泛使用開了。

（五）遷殷的原因

關於盤庚究竟爲什麼要遷殷，《盤庚》全文裏並沒有説明過。漢代今古文家都説是爲了"去奢行儉"。即在舊都住久了，奢侈成風，爲了推行儉樸風習，特遷新都。今文家的這種説法，見《後漢書·杜篤傳》："昔盤庚去奢行儉于亳。"又《郎顗傳》："昔盤庚遷殷，去奢即儉。"又《後漢紀》："崔寔論世事曰：昔盤庚遷都，以易殷民之弊。"荀悦《申鑑》："盤庚遷殷，革奢即約。"等等。古文家的這種説法，見《孔疏》所引鄭玄説："祖乙居耿。后侈逾禮，土地迫近，山川嘗圮焉。"又説："民居耿久，奢淫成俗，故不樂徙。"魏時王肅也説："自祖乙五世至盤庚元兄陽甲，宮室奢侈，下民邑居墊隘，水泉潟鹵，不可以行政化，故徙都。"皇甫謐説："耿在河北，迫近山川，自祖辛以來，民皆奢侈，故盤庚遷於殷。"唐孔穎達指出："此三者之説，皆言奢侈。鄭玄既言君奢，又言民奢；王肅專謂君奢，皇甫謐專謂民奢。言君奢者，以天子宮室奢侈，侵奪下民。言民奢者，以豪民室宇過度，逼迫貧乏，皆爲細民弱劣無所容居，欲遷都改制以寬之。富民悉舊，故違上意，不欲遷也。"（《孔疏》）

但是奢侈的問題，怎麼要用遷都的辦法去解決呢？所以有不少人反對這説法。《孔疏》就説："案檢《孔傳》無奢侈之語……孔意蓋以地勢洿下，又久居水變，水泉潟鹵，不可行化，故欲遷都，不必爲奢

侈也。”宋以後大都持水灾之説而反對奢侈之説，清人更多提出奢侈
之説不合的理由，如宋翔鳳説：“如以奢侈逾禮爲宫室衣食之奢淫，
則盤庚爲政，雖尚都耿，法度可繩，何必謀徙。”（《尚書略説》）戴鈞
衡説：“夫風俗視教化轉移者也。民俗侈靡，人主但當躬行節儉，爲
天下先，申法定制，使無逾越，自足黜浮反本，何待於遷？若謂先君
侈奢，則第裁冗費，易汏規，以養財足國已耳，又何待遷？”（《書傳補
商》）顯然奢侈之説不可信。

較爲流行的説法是水灾之説。原下篇有一句：“今我民用蕩析
離居，罔有定極。”僞《孔傳》釋之云：“水泉沉溺，故蕩析離居，無安
定之極，徙以爲之極。”漢代出現的《書序》説：“祖乙圮於耿。”僞《孔
傳》云：“河水所毁曰圮。”《孔疏》：“圮，毁也。故云河水所毁曰圮。”
《蔡傳》也説：“自祖乙都耿，圮于河水，盤庚欲遷于殷。”自後談《盤
庚》者，大抵皆用此説。到林之奇開始提出：“耿……居之久也，爲水
所圮而不可居。蓋其地沃饒而塞障，故富室巨家總於貨寶，傲上從
康而不可教訓；其閭閻之民則苦於蕩析離居，而罔有定極。盤庚於
是謀居於亳，蓋擇其高燥之地，而將使居之。是舉也是小民之所利，
而富家之所不欲，而唱爲浮言以搖動小民之情，小民不悟……而爲
浮言之所搖動。……此三篇之所由以作也。”（《尚書全解》）同《孔
疏》一樣指出了水灾中的階級利害冲突。

於是有主張自然性的水患與社會性的風俗二者聯係的。王鳴
盛云：“其實所以遷都之故，兼爲奢侈及河圮二事，故鄭兼而言之。”
（《尚書後案》）魏源云：“風俗貪侈，由占河徙膏腴之産而不顧小民
蕩析之戚。民專其害，世族享其利，並非二事。鄭、孔以來，並以圮
河及風俗爲二，彌與經義不貫。”並舉出全文中“其顯言圮河者，曰
‘恐沉于衆’，曰‘惟胥以沉’，曰‘蕩析離居’。其言世族貪利者，曰

‘總于貨寶’，曰‘具乃貝玉’”（《書古微》）。接觸到了豪門世族利用自然灾害强加給人民身上的社會性灾害這一實質。

我們從古代一些材料中，確實看到奴隸制統治者是特别注意把自然環境和他們對人民的統治聯繫起來加以考察。例如《左傳·成公六年》云：“晉人謀去故絳（按，即翼），諸大夫皆曰：‘必居郇瑕氏之地，沃饒而近鹽，國利民樂，不可失也。’韓獻子……對曰：‘不可。郇瑕氏土薄水淺，其惡易覯。易覯則民愁，民愁則墊隘，於是乎有沈溺重膇之疾，不如新田（杜注：今平陽絳邑縣是），土厚水深，居之不疾（杜注：高燥故），有汾澮以流其惡，且民從教（杜注：無灾患），十世之利也。夫山澤林鹽，國之寶也。國饒，則民驕佚；近寶，公室乃貧，不可謂樂。’公悦，從之。”似乎由這裏可以窺見古代奴隸制國家遷移國都所要考慮的問題，從而可幫助了解盤庚遷殷可能也要考慮這些問題。

總之，殷人慣於選擇定都居住的地方在河濱，是爲了用水的便利。但由於生産水平的低下，可能還没有溝洫排灌等水利設施，而黄河這條河又是這樣地常常出問題的一條河，居住在它身邊，確不是容易得到安寧的。何况即使原來選擇較安全的地方，居住既久之後，貴族豪家占據膏腴好地，糟蹋環境，以鄰爲壑，造成下層居民經濟生活條件和居住條件的非常惡劣，積日既久，偶遇水患便不可收拾。陳夢家《殷虛卜辭綜述》根據不少卜辭材料，指出當時的水患有兩種：一是河水來入爲患，一是久雨成大水爲患。這兩種水患首先受害的是貧苦人民，往往會發生韓獻子所説的“民愁”，影響到奴隸主的統治。所以殷代就要常舉行遷移。這種舊地方因水利措施欠缺，剥削階級損人利己，嫁禍於民，加劇階級矛盾，造成廣大人民無法安居生活，因而不能繼續在原地住下去的事實，應當是促動遷移的重要原因。

　　近代有人説，殷人那麼頻繁遷徙，是游牧民族的一種特徵（柳詒徵《中國文化史》，郭沫若《中國古代社會研究》等）。因爲在盤庚以前，殷人是遷移無定的游牧民族；到盤庚時才漸漸有定居的傾向。但是我們從《盤庚》本文中一再説的“若農服田力嗇，乃亦有秋”，“惰農自安，不昏作勞，不服田畝，越其罔有黍稷”等話來看，知道殷人已非常重視農業。甲骨文中更看出殷代是以農業爲主的社會，卜辭關於耕作及收獲的記載，不斷卜問年成和卜雨的記載，及殷人糧食豐富能用於釀酒等等，都證明農業在殷人生産和生活中是主要的，要説他們還是游牧民族，顯然是不妥當的。

　　晚近又有人提出一種看法，認爲商族還處在燒田、木耜的“游農”階段，粗耕幾年後地力耗盡，就要遷移新地。這首見於傅築夫的《關於殷人不常厥邑的一個經濟解釋》（《文史雜志》四卷五、六期）。他以爲商代處於漁獵游牧的自然經濟轉變爲農業經濟的過渡時期，實行像非洲麻賽、乃格利亞一樣的“游耕”或“游農”。先焚燒林莽，耙平土，播上種子，每年輪換不同作物，到了第五年度，地力竭盡，只得放棄另遷他地。他説殷人所以“不常厥邑”，是因爲農業發展到游耕或游農階段的必然結果，所以商代遷都不是爲了政治原因，也不是爲了河患，而是爲了改換耕地（並據他後來據此文改寫成的《殷代的游農與殷人的遷居》一文）。接着是馮漢驥的《自〈商書・盤庚〉篇看殷商社會的演變》（《文史雜志》五卷五、六期）。他同意傅氏之説，並以塔納拉族刀耕火種比殷代農業，第一年豐收，五年至十年遞減，十數年村落必須搬遷一次。他説：“《盤庚》三篇代表當時文化劇烈變動的反響，兩種矛盾勢力在那裏冲突，那就是説，在盤庚以前是一種粗耕農業經濟，故人民視遷徙爲當然，一地之地力已盡，即行搬遷，毫無猶豫，因不遷則無以爲生故也。至盤庚之時，農業是想有很大之進步，即由粗耕進到比較的精耕……可使殷人在一地久耕不必遷徙……故盤庚不得不諄誠强使之相從。”

但此說有幾點值得考慮：（一）采用這種粗耕抛荒土地而不定居的辦法，是人類處在野蠻時代的現象。恩格斯在《家庭、私有制和國家的起源》中指出，德意志人處在大家庭公社時期，像一個共同的馬爾克一樣使用着四周的荒地。“塔西佗著作中談到更換耕地的那個地方，實際上就應當從農學意義上去理解，公社每年耕種另一塊土地，將上年的耕地休耕，或令其全然荒蕪。由於人口稀少，荒地總是很多的。……只是經過數世紀之後，當家庭成員的人數大大增加……這種家庭公社才解體，以前公有的耕地和草地……在新形成的單個農戶之間實行分配”。“這一發展過程，對於俄國，已是歷史上完全證實了的”。“至於德意志，乃至其餘的日耳曼諸國”，“在愷撒時代，一部分德意志人剛剛定居下來，一部分人尚在找尋定居的地方，但在塔西佗時代，他們已有整整百年之久的定居生活了；與此相適應，在生活資料的生產方面也有了無可懷疑的進步。他們居住在木屋中，穿的還是很原始的林中居民的衣服……是一種剛從野蠻時代中級階段進到高級階段的民族”。這說明得多麽清楚。粗耕荒地，不能定居，只是野蠻中級階段的事，定居以後，才進入野蠻高級階段。我們從另一些有關史料中看到的實行粗耕農業因而經常遷徙的較原始民族，也多是處在野蠻階段，還沒有進到奴隸社會時期，根本還不知道有“國家”這一社會組織，怎麽能用他們的粗耕遷徙，來比附解釋這一早已進入文明時代，在生產和文化都頗發展的基礎上建立起來的商王朝奴隸制國家的遷都活動呢？要知這完全是古代文化發展的兩個不同階段的事，不能混同的。（二）商代文字發展水平已相當高,證明它早已不是刀耕火種的野蠻階段了;它的青銅冶煉技術也是很高的,其冶煉工業是需要頗爲永久性的定居條件才能進行的。傅氏指出游耕農業大概五年就要遷徙新地,馮氏也指出:"平均十年至二十年掉換一次村落,成爲世界上粗耕農業民族之公例。"既是公例,就是不能破例的。商代自湯至盤庚三百餘年,一共只遷移了五次,加上盤庚這次共六次,所以與粗耕農業的勤於遷徙根本不是一碼事。(三)這是商王朝統治中心的遷都,與農村公社移徙村落去就耕地不同。我們從殷虛發掘商王朝都邑的規模、貴族墳墓的規模以及各種作坊遺址的規模來看,它決不是簡單的就耕地問題。此外,近多年來發掘的幾處商代遺址也都不小,都不是傅、馮兩人文章中所説刀耕火種的粗耕農業所遷的村落。因此我們認爲,用粗耕農業遷徙新耕地之説來解釋盤庚遷都,是值得商榷的。雖然這是一種新的努力,想用經濟原因來説明殷代的遷都,確是值得歡迎的事,不過有待於提出更堅實的科學論證才行。

　　還有另外的説法,例如林之奇,他雖然以爲遷移是由於水患,但他還説了下面的話:"古者邑居無常,擇利而後動。其宗廟、社稷、朝市之制,簡而不夥,約而不費,故不以屢遷爲勞。"(《全解》)這不能説是遷移的原因,只是説由於需要遷移時,因爲包袱不大,説要遷就可以遷。這是他把殷代幾次遷移與後代封建王朝一建都以後基本就不遷移加以比較所得出的看法。

　　所以決定離開舊地進行遷移的重要原因,終是水潦給舊地造成了禍患,引起了經濟的、社會的問題,不得不遷。這是促使離開舊都的客觀原因。至於遷往什麼地方去? 主觀上怎樣做出這一抉擇? 我們從後代歷史上的遷都來考察,就看出往往是政治上的原因。不過情况是多樣的,像西周爲犬戎所滅,遷都於洛,西晉、北宋由於皇帝被虜，遷都南方，都是失敗的記録。盤庚時殷代國勢尚不如此，所以不能相比。但是像周文王的遷都於豐，是爲了便於向東發展，進攻商王朝。拓跋珪徙都平城，拓跋宏徙都洛陽，都是爲了發展魏的國勢，鎮撫疆土。金自上京（遼寧開原）遷中都（北京），是爲了奪取中原；金主亮遷都開封，更是爲了進攻南宋。這些都是國勢向上發展時的遷都。明初國勢已定，唯一的威脅是自己國内的元朝統治者逃到漠北，留下禍根。所以明成祖把首都從南京遷到北京，以便集中國力對付這一自己國内遺留下來的禍患。這些遷都歷史，可以從另一角度幫助我們理解盤庚的遷殷。從甲骨文中看出，商王朝都殷以後的二百多年中，經常與之作戰或時戰時服的許多不同氏族方國，主要在今山西境内，也達冀北、内蒙古一帶，而周族也漸漸在西境興起。就是説，商王朝所要對付的敵人大抵在殷的西面和北面。特別是山西境内各方國與之接觸頻繁，折衝亦最多，與商民族起自海濱，向中原發展，必須逐漸西進的方向相矛盾。由此可悟盤庚因爲由於水患造成的社會、經濟原因決心離開奄後，其所以選定殷而不往他處，必然是爲了對付這些方國，鞏固國勢，和明代遷都北京很有點相似。經他這一遷，終於振興了商奴隷制王朝，對鞏固商代奴隷主國家並爲發展生產提高經濟水平起了很好的作用。因此盤庚以後更不遷都，殷邑就成了商王朝最理想的國都，維持了商王朝後半期的二百七十三年的天下。

〔附〕　**商代盤庚以前五遷示意圖**

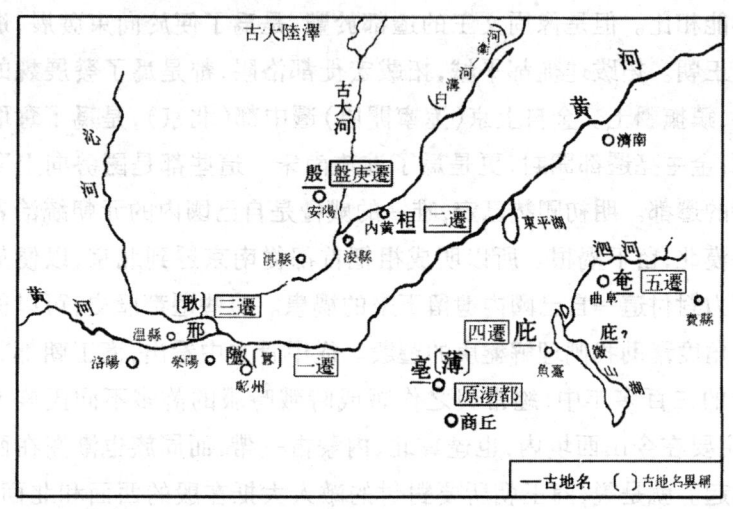

〔**附錄**〕　起釪於 1989 年 9 月在安陽"紀念甲骨文發現 90 周年國際學術會"上發表專文,為此處之補充,現錄如下:

重論盤庚遷殷及遷殷原因

　　前在釋論《盤庚》之篇中,從文獻中爬梳清理出有關資料足以説通問題者,印證以近人研究成果,企圖較正確地認識清楚盤庚遷殷這個問題。在自己的認識中,原無先入之見,一依客觀材料的可信者來求得結論。如果有更可靠資料,可得出更正確結論,自將高興采用來更正確地解決這一問題。

　　很值得慶幸的是,近年在河南偃師發現了商城遺址,經過考古學者的努力,確認它是商代早期都城,於是就促使盤庚遷殷問題的研究出現了新局面,這真是學術研究中值得慶幸的事。

　　偃師商城是 1983 年發現的，是繼 1955 年發現鄭州商城之後又一有關商史考古研究的重大成就。現在國內考古學者大都論定它即歷史文獻中所載的西亳（《漢書・地理志》偃師縣注，《書・帝告序》鄭玄注，《左傳・昭公四年》杜注，《帝王世紀》，《水經・汳水注》，《續漢書・郡國志》劉昭注，《括地志》洛州偃師，《元和郡縣志》等），亦即商湯擊滅夏王朝後自南亳前來建立的第二都城，一如周滅商後自豐鎬東來建立成周洛邑一樣。這些學者中，或單持偃師西亳說（趙芝荃、徐殿魁《河南偃師商城西亳說》，彭金章、曉田《試論河南偃師商城》，皆載《全國商史學術討論會論文集》，1984 年），或因偃師商城早於鄭州商城，因而持偃師商城爲西亳，鄭州商城爲仲丁所遷隞都之說（安金槐《試論鄭州商城和偃師商城的早晚關係》，楊育彬《關於鄭州商城和偃師商城的幾個問題》，黃石林《再談偃師商城及其相關問題》，皆 1987 年 9 月在安陽殷虛文化國際討論會上提出。方酉生《論偃師商城爲湯都西亳》，《江漢考古》1987 年第 1 期。又愚勤《關於偃師尸鄉溝商城的年代和性質》，《考古》1986 年第 3 期。則說鄭州商城是晚於西亳的另一商都）。這後一論點就與本文據文獻所得之說相合。另有幾位考古學者則以鄭州商城早於或同時於偃師商城，而鄭州者大偃師者小，因此以爲偃師商城不可能是湯的西亳，而以鄭州商城爲西亳，偃師商城不過是放太甲的桐宮，爲商的離宮（鄒衡《偃師商城即太甲桐宮說》，《北京大學學報（哲社版）》1984 年第 4 期。鄭杰祥《關於偃師商城的年代和性質問題》，《中原文物》1984 年第 4 期。陳旭《關於偃師商城和鄭州商城的年代問題》，《鄭州大學學報（哲社版）》1985 年第 4 期）。但亦有不少學者不同意此說（見前引安金槐、楊育彬、黃石林、方酉生、愚勤諸人之文）。現粗略較而觀之，似以偃師商城爲西亳之說較近是。

　　更有學者因西亳之發現，而對盤庚所遷之殷及殷虛之地提出了新說。如彭金章、曉田先生《試論河南偃師商城》一文，根據偃師商城建於二里崗下層早期（另有些考古學者說始建於二里頭四期甚至三期），築成後使用了一段歷史時期即被放棄，復在二里崗上層某個時期進行了修補又重新使用，因而結合文獻記載，如《史記·殷本紀》說："盤庚渡河南，復居成湯之故居……治亳，行湯之政。"《集解》引鄭玄注："治于亳之殷也。"又引皇甫謐曰："今偃師是也。"又《正義》引《括地志》說："河南偃師爲西亳，帝嚳及湯所都，盤庚亦徙都之。"論定在二里崗上層某個時期對偃師商城進行修補重新使用的，就是盤庚。文獻中說他"遷殷"、"治亳"，就是遷到偃師修補偃師商城城牆，重覥使用。並以爲"安陽小屯很可能是武丁才開始建都的"。又有秦文生先生《殷虛非殷都考》一文（《鄭州大學學報（哲社版）》1985 年第 1 期），更以安陽未見武丁前卜辭，武丁以前的房基也無法確定，以及殷虛没有盤庚、小辛、小乙的陵墓等三點理由，推定盤庚未遷安陽，即據上引《史記·殷本紀》及《集解》、《正義》等資料，與《水經·谷水注》，特別是梁玉繩《史記志疑》所斷定"盤庚遷偃師"、"偃師爲西亳，爲盤庚所遷者"諸語，力主盤庚未遷安陽而遷偃師，安陽非殷都而是商代晚期的陵墓區和祭祀場所。凡此均持之有故，言之成理，是有其説服力的。記得日本東洋史研究學者宫崎市定教授於 1970 年撰《中國古代的都市國家與它的墓地——商邑位於何處考》（《東洋史研究》第 28 卷第 4 期），翌年又作《補遺》（《東洋史研究》第 29 卷第 2—3 期合刊號），以爲小屯並不是按一般理解的"殷都"，也不是中國古代文獻上的"殷虛"，而只是附屬於"殷都市立國家的墓地"。宫崎先生還認爲，殷虛的確實位置，應該以河內爲中心尋找，約在小屯之南的"洹水之南，淇水之北，黃河之西的方位上"。松丸道雄教授同意和補充了宮崎先生的論點,他以爲由盟津六日程而至商國,此商國即殷都;從殷都更略一日程而至商社,此商社不能不考慮就是小屯。小屯的建築遺址,與其稱爲王宮,還是解爲宮廟更恰當(參據嚴紹璗《日本學者近年來對中國古史的研究》,載《古籍整理出版情況簡報》增刊,總第二期,1981 年)。雖在日本學者中也有不同意宮崎先生之説的,但總之是最先提出了安陽小屯非殷都而是墓地和宮廟的意見。在 1987 年安陽殷虚文化國際討論會上提出的,還有田濤先生的《殷虚北蒙再探》,亦仍以爲盤庚所遷的是西亳,遷安陽而始建爲殷都的是武丁。此外必還有學者對此問題進行更多的研究,但因聞見有限,未及備知。

這是可喜的事,盤庚遷殷的問題有了新的突破,可以研究得更深入,可逐漸取得更近真的認識了。

但是,時間長達數百年之久的王家檔案(甲骨文)保存在殷墟,説它不是王室所在地是很難説得通的。而且有着具有規模的商代宮殿、宗廟區存在,這也必然是都城所在。《左傳・莊公二十八年》云:"凡邑,有宗廟先君之主曰都,無曰邑。"《説文解字》:"有先君之舊宗廟曰都。"《釋名》:"都者,國君所居,人所都會也。"這些都足以論證殷虚必爲王都。秦文懷疑殷虚陵墓群與都城中心區只有一洹水之隔,因而殷虚不可能是都城。其實這點方酉生先生《論偃師商城爲湯都西亳》文中已解答了。該文説:"從考古調查和發掘資料來看,我們知道在原始社會裏人死後,大都埋在居住村落的近旁,二里頭遺址的大墓發現在第一、二號宮殿的圍墙之內。"因而並舉安陽殷虚發現的王陵,"都在殷虚西北崗,和商王生前居的宮殿區小屯,一南一北,之間只隔一條洹水"。指出這種情況是符合於古代葬俗的,可知原是合理的。因此我們認爲,安陽殷虚之爲晚期殷都,應是無可懷疑的。

　　至於盤庚所遷之殷是安陽呢？還是偃師？只能説現在有此二説，一時還難於論定。所可知的是，偃師曾爲殷都，安陽也曾爲殷都。文獻中既有盤庚遷殷爲遷安陽的資料，也有盤庚遷殷爲遷偃師的資料。我們一般在研究工作中處理史料時，總以早出的史料而又有他證者，認爲較可信；晚出的史料必待更有力的他證時，始可取信。否則寧從較早的史料而不從較晚的史料。在盤庚遷殷問題上，説他所遷的是洹水上安陽的，今所見較早史料是上文引的戰國魏時的《竹書紀年》和晋束皙所見的東漢所存《古文尚書》。而説他遷偃師西亳的，今所見最早的史料是《史記·殷本紀》之文（但它的地點没説得十分明確），和其《集解》引晋人皇甫謐説、《正義》引唐初《括地志》説，還有北魏《水經·浺水注》之文等等。是安陽説資料要早於偃師説資料。

　　我原文是根據文獻中較早的資料，並證以近代學者據殷虚地下實物得出的研究成果整理而成，在没有得到更有力的地下發掘文物足以否定其説時，我想還是維持原説較妥，因此不去改寫它。學者們反對安陽説最有力的一條理由是，安陽殷虚未發現盤庚時甲骨。這確是一問題。是不是盤庚甲骨不和武丁以后甲骨一起藏在小屯而藏在殷虚他處，目前尚未發現呢？如果哪一天能够發現出來，那麽安陽之爲盤庚所遷之殷，就無可動摇了。如果有哪一天在偃師西亳地下發現盤庚時的甲骨文，那麽盤庚遷殷是遷偃師西亳之殷，也就可成爲定論了，我這篇文章也就需要另寫了。

　　其次又一件引人高興的是，由於我這篇文章試圖探索盤庚遷殷的原因，於是引出了近年學術界關於殷人屢遷原因的討論。由於我整天伏案，聞見有限，但也至少知道已有六七家寫了這方面的文章。

雖然他們文章中大都没有提到拙文,但他們總都提到屢遷原因的三說,即我原文總結出的去奢行儉說,水患説和游牧、游農説。也有提四説的,即三説加上新出現的宗室鬥爭説。這三説都是本人從原來不爲人注意的各種文獻資料中鈎稽歸納列出的,現在爲各方所稱引,並出現了新説,是學術研究的可喜現象。

　　本篇拙文原所討論的,原自以限於盤庚遷殷的原因。但事實上涉及殷人經常遷徙的問題,因而被學術界作"殷都屢遷"這一命題提出進行廣泛的討論。這是研究工作深入發展的表現,可以幫助加深對商代歷史的認識,是值得歡迎的。這一新研究中的主要一説,是仲丁以來的"九世之亂"説。首先提出此説的是黎虎先生的《殷都屢遷試探》(《北京師範大學學報(哲社版)》1982 年第 4 期)。以爲"比九世亂"和"恪遵天命"是屢遷的政治原因和思想原因。接着楊升南、王冠英二先生響應黎氏之説。楊氏《殷人屢遷辨析》(《甲骨文與殷商史》第二輯,1986 年),以九世之亂引起戎狄入侵,屢致失敗而遷都。王氏《殷都屢遷原因、過程及殷後期諸王之改革》説:"殷都屢遷完全是比九世亂引起的。"(《北京師範大學學報》(哲社版)》1988 年第 1 期)又有楊育彬先生《關於鄭州商城和偃師商城的幾個問題》(1987 年安陽舉行的殷商文化國際討論會上提出)中附帶提到由於王室內部爭權奪利,致仲丁以來五代九王頻頻遷都。不過他補充引了賀昌群先生説遷都主要原因還是對付外部敵人。則這一點又與拙文意見一致了。另有晁福林先生《從方國聯盟的發展看殷都屢遷的原因》(《北京師範大學學報(哲社版)》1985 年第 1期),則提出了另一新説,謂殷代社會結構的基本特點是方國聯盟,"其原始民主、平等精神,要求殷都不能只固定於某一方國,而要輪流於各方國之間,這頗有些'皇帝輪流做'的絕對平等的意味"。

“在原始民主、平等精神的影響下，殷的都邑也就不能在殷的轄區”。所以殷都就屢遷到各不同方國去。此外戴志强、郭勝强二先生《試論帝乙帝辛時期殷都未遷》(《全國商史學術討論會論文集》，1984年)文中引述了殷都屢遷因素的四說，但以爲帝乙帝辛時期這屢遷四因素已不存在，所以不再遷都。所有這許多文章，豐富了這一問題的研究，真是非常可喜。作爲拙文作者，熱誠希望通過這些鴻文的討論研究，使我們對殷人屢遷這一歷史現象，逐步得到一個正確的認識。

　　但在這問題上，對於原來這篇拙文，我還要稍稍説幾句。拙文是全從文獻資料的整理研究中撰寫出來的，没有離開所掌握的資料去作推論，提出設想。每有所考論之處，皆有文獻根據。例如關於古代遷都前，統治者是怎樣地進行討論籌劃？我從文獻中尋覓，粗略中只找到《左傳·成公六年》所載晋國擬離開故絳，考慮遷往何處時，晋公室大臣的一次討論，我便加以引録，藉以了解古代統治者遷都所注意的是什麽，可啓發我們體認盤庚遷殷前所要考慮的是什麽。如果没有文獻資料，我便不去推想。又如《國語·鄭語》記在周室的鄭桓公要找到一塊土地作爲鄭立國疆土，因而和史伯商討選擇哪一塊地方爲好。他們反復周詳考慮，比較了各地形勢，估量了各種得失，最後確定了選擇虢鄶之地，並以鄢、蔽等八邑爲發展目標。這一資料對這一問題也很有參考價值，可以了解古代統治者去到一個地區立國所要考慮的問題。但我當時覺得這一資料不是談遷都，所以割舍未引用。其實這也是古代遺存下來統治者所要覓地立國的一項原始資料，還是可以作認識此問題的參證之用的。若離開這些資料，憑空去替古人設想他們行動的因素，是會陷於蹈空之嫌的。

　　至於新提出的殷人屢遷由於“九世之亂”之說，確是善於思考者所得之説，但如能提出足以佐證其事的史實資料就好。我們從周以來的歷史中，看到各政權宗室之間爭奪君位之亂，都不會離開原國都，而必據國都以示正統和政權中心所在。春秋戰國之世，是有名的"篡弑"頻繁、爭奪君位的動亂史不絶書的時期，没有一次奪得君位後是遷都的。相反的，本不在京都的，奪得君位後，即進據到京都來。例如晉國的曲沃武公在奪得晉國君位後，就立即從曲沃遷到首都翼邑來，而當時曲沃遠比翼要大要繁榮。再以後世爲例，掌握國家全部大權的權臣要奪君位，也要趕回京城。如晉末劉裕北伐中原，威震中夏，收復了洛陽、長安。當時權力中心其實就在他所在的長安行轅中。但他爲了要奪帝位，竟留下些部隊守長安、洛陽（結果拱手丢掉），自己回建康篡奪帝位。他不趁恢復西晉舊疆土的光榮，就在中原做皇帝，却仍要回到當時偏安的小京城裏來。又如蒙古忽必烈，率軍進駐武昌，滅宋在即，但是他要回去爭大位，便放棄武昌，回到上都奪得汗位。其實當時滅掉宋王朝，打下全中國，就在南方做皇帝不很好嗎？可是還是必須回到自己的首都。可見在歷史上爭奪君位決不會招致遷都，因爭奪君位之亂而遷都的例子還没見到過。因爲必須守住原都城，才能保住和鞏固住所奪得的君位，才能表明自己已居於正統，也才能迫使人們承認他已承正統。即如本文提到的明成祖，他的根據地在北京，但他南下奪帝位後仍都南京十一年之久。雖他即位後第八年北上親自督師進擊蒙古遺部，但軍事行動過後仍返南京。終因蒙古殘存力量過大，造成對明政權安定的威脅，使他於即位後十二年親自率部五十萬與瓦剌部進行艱苦的戰事，才最後奠都北京。可見他的自南京遷都北京，完全是從鎮撫國家的軍事安全考慮，爲了控制自己國內被推翻王朝殘存勢力的需要遷都，而不是爲了奪帝位而遷都。所以從前後的歷史事實來看，説是由於宗室爭奪"比九世亂"而招致殷都屢遷之說，是值得商榷的。另外還有些說得很新穎而沒有提出史實根據的說法，就不準備多討論了。

有的討論文章中，將我所寫上文列爲"持水患說者"，而且是"持游牧游農說者"的對方，雙方互相駁難。我要說明一下，我不是"持水患說者"（"持水患說者"是自漢晋至清的一些科學家），又不是"持游牧游農說"的對方。我只是搜集文獻資料中已有的諸說（游牧、游農是二說，不是一說。文中實際搜集了不同的五或六說），逐一按各說本身實際加以評述，絲毫無偏見於其間。例如我也否定了"去奢行儉說"，但我不是"去奢行儉說"的對方。對於"水患說"，我是根據原資料内容來闡述，如果經過討論，能論定"水患說"確實不正確，我也會隨時否定"水患說"。但我在研究工作中，始終注意的是要有所據，行文叙述必有原資料依據。"水患說"中所依據的是《盤庚》本文中的"蕩析離居"及《書序》的"圮于耿"。過去治《尚書》者都訓釋爲水患，是有文字訓詁依據及黄河下游包括黄河本身及其他較次河流易有水患足爲印證，因而我就認爲這一說比其餘諸說有所據，故認可了這一說的論點。假使今天要對這兩處詞彙另作新釋，是完全可以的。但要像王引之那樣，提出的每一新釋，都有古文字學依據，有古字原義爲佐證。而且王氏每立一義，往往有好幾個古文獻中的證據，人們只能折服，無法反對（當然王氏所釋個別的也有在今天被修訂的）。如果不是這樣，而只是說應該怎樣解釋才適合，這是不夠的。所以我現在仍認可"水患說"的原有訓釋，以爲較有依據。只要新的研究能提出堅不可破的論據足以否定"水患說"，我也將立即否定"水患說"。

再明確一下，我原文論析盤庚之所以遷往殷，是從政治上國防上的原因出發，是爲了對付在他的西北面、北面、西面的許多方國而遷都的。

高宗肜日

　　此篇是商王朝舉行"高宗肜日"之祭的時候，發生"鳴雉"的事，引起商王室的驚異，由大貴族祖己對商王講了一篇誡勉性的話，保存在《商書》裏。漢代伏生今文本及其弟子三家今文本為全書的第七篇（《商書》第三篇），東漢古文本因其前面《盤庚》分為三篇，故此篇下移為第九篇。東晉偽古文本為《商書》第十五篇，全書的第二十四篇。其全篇情況詳後面的"討論"。

（一）校　釋

　　高宗①肜日②，越③有④雊⑤雉⑥。

　　①高宗——是殷王武丁宗廟的稱號。武丁爲湯第十一世孫，盤庚弟小乙的兒子，殷王朝第二十三任國王。在位時期約當公元前1300年左右。《周書·無逸》篇說高宗是殷代有作爲的一個國王，享國較久（今文作享國百年。古文作享國五十九年，較近理）。《易·既濟》也說："高宗伐鬼方，三年克之。"《晏子春秋内篇·諫上》也

將武丁與湯、太甲、祖乙並稱爲"天下盛君"。《國語·楚語》也説武丁三年默以思道，曾訪得傅説用以爲相，並譽武丁爲神明、聖睿。《禮記·喪服四制》也云："高宗者，武丁。武丁者，殷之賢王也。……當此之時，殷衰而復興。"總之，高宗武丁是殷代奴隸制王朝中葉的一個較有聲望的國王。其所以稱"高宗"，《喪服四制》云："善之，故載之《書》中而高之，故謂之高宗。"是説記載到《尚書》篇章中才稱"高宗"。此説不知何據。《史記·殷本紀》説，由於武丁的"修政行德"，到兒子祖庚在位時，給他立的宗廟稱爲高宗。但甲骨文没有發現稱武丁爲高宗者，而周以來文獻稱之甚確鑿，參見後面"討論"。

②肜日——"肜"，《詩·周頌·絲衣》鄭箋作"融"。《釋文》注云："融，餘戎反，《尚書》作肜。"江聲《音疏》遂據以將本篇此字改作融，並謂"僞孔本從肉旁箸彡，俗字也"。王鳴盛《後案》亦謂"肜乃漢俗字，非魏晋人造"。錢大昕《潛研堂集》則謂"《説文》舟部有舟彡字，……即《高宗肜日》之肜"。段玉裁《撰異》也説："無煩議改肜爲融。"並云："張平子《思玄賦》'展泄泄以肜肜'李善注云：'《左傳》其樂也融融。'融與肜古字通。……但肜字未省其部居，《玉篇》、《五經文字》皆云從舟，即丑林切之肜字也。《集韻·一東》引李舟《切韻》云：'從肉。'玉裁謂皆非也。從肉既無據，從舟亦音韻絶遠，蓋即《説文》丹部之肜字。肜，徒冬切，叠韻又爲融音，同部假借。壁中《商書》固然，而《爾雅》釋之，轉寫小差。……《唐石經·尚書》、《爾雅》字皆作肜，《五經文字》舟部之舟彡也。張參曰：'《石經》變舟作月，變肉作月。'"孫星衍《注疏》則云："肜即舟彡字，從舟，隸省。……從舟，與從丹之肜異。考之《隸釋·蜀郡屬國辛通達李仲曾造橋碑》，舟字作月，與月形近。而《玉篇》舟字注云：'今或從舟者作

月。'其下並有俞肜二字,皆從舟作月之例。"王國維《殷卜辭中所見先公先王考》,其釋王恒有云"古從月之字,後或變而從舟",並舉卜辭中朝夕之朝從月,而篆文作韓爲例。則知此字原作肜,後乃有作肜者,是錢大昕、孫星衍之説較確。今所見漢代漆器銘文,肜字習見,皆從月,亦可爲證。按甲骨文中有作爲祭名的彡字,作彡或彡、彡等形,後代或加月,或加舟,或加丹,是彡的繁文或異寫,或孳乳出後起義,而此字原當作彡。此字的寫法在唐寫本中尚有此異形,筆形稍異,皆訛寫。

"肜",陸氏《釋文》音融。按,《釋文》於《詩·絲衣》音此字爲餘戎反,於《公羊傳·宣公八年》音此字爲羊弓反,並與《玉篇》舟部之"肜,余弓切"同。但《玉篇》此字另一音爲丑林切,與《説文·舟部》之"肜,丑林切"同,皆釋爲船行。阮元《爾雅校勘記》云:"詩書正義引孫炎注云:'肜者,相尋不絶之意。'相尋不絶與船行義合。古人詁訓每取聲相近者,肜尋同在十二侵,彡聲以丑林切爲正,余終(當作弓)反乃其轉音。"然肜字音融已久,漢代張衡《思玄賦》已以肜爲融,《後漢書》李賢注:"肜與融同。"故《五經文字》舟部肜字亦音"融"。可知《釋文》所音可從。

"肜日",《爾雅·釋天》:"繹,又祭也。周曰繹,商曰肜,夏曰復胙。祭名。"孫炎《爾雅音義》云:"肜者,亦相尋不絶之意。"(孔疏、邢疏引)郭璞《爾雅注》云:"祭之明日尋繹復祭。"(邢疏引)故偽《孔傳》云:"祭之明日又祭。殷曰肜,周曰繹。"《蔡傳》所釋同。

按,《春秋·宣公八年》:"辛巳,有事于太廟。""壬午,猶繹。"《公羊傳》云:"繹者何,祭之明日也。"又《詩·絲衣序》"繹,賓尸也"《正義》:"天子諸侯謂之繹,卿大夫謂之賓尸,是繹與賓尸事不同矣。而此序云'繹賓尸'者,繹祭之禮主爲賓事此尸。但天子諸侯禮大,異日爲之,別爲立名,謂之爲繹。……卿大夫祜小,同日爲之,不別立名,直指其事謂之賓尸。"《公羊》何休《解詁》云:"禮,繹繼昨日事,但不灌地降神爾。天子、諸侯曰繹,大夫曰賓尸,士曰宴尸,去事之殺也。必繹者,尸屬昨日先祖食,不忍輒忘,故因以復祭。"楊樹達《積微居甲文說·釋肜日》云:"按如何說,繹祭不灌地降神,意主賓尸。既是賓尸,自非正祭。故徐彥疏云:'繹在正祭之後,祭尊於繹。是其說也。古人既視肜、繹爲一事,說繹如此,肜義可知。"以上是古代注疏家的解釋,都說"肜"是祭的明日又祭,是正祭後的一次稍次於正祭的祭祀。

王國維《高宗肜日說》(《觀堂集林》)云:"肜日者,祭名。云'高宗肜日'者,高宗廟之繹祭也。以殷虛卜辭證之,如云:'丙申卜,貞王賓大丁肜日,亡尤?''甲申卜,貞王賓大甲肜日,亡尤?''丁未卜,貞王賓武丁肜日,亡尤?'凡云貞王賓某甲、某乙某祭者,不下百條。"按甲骨文中原文作"彡日",郭沫若《卜辭通纂》第59片云:"彡日,祭名,習見。羅釋肜日。祭之明日又祭爲肜,《書·高宗肜日》與此康祖丁肜日同例,言肜祭於高宗也。王國維說。"楊樹達《釋肜日》云:"《殷虛書契前編》卷壹一頁八版云:'壬寅卜,貞,王賓示壬彡日,亡尤?'又五頁六版云:'甲申卜,貞,王賓大甲彡日,亡尤?'彡日即《書》文之肜日,已無疑問。殷人卜祭必以王名之日卜。如上舉二例,示壬肜日之卜以壬寅,大甲肜日之卜以甲申,是也。卜用王名之日,則祭用王名之日可知。蓋先十日卜後十日之祭也。殷人肜日祭之外,更有肜夕之祭。其卜也用名之先一日,如《前編》卷壹五頁一版云:'乙酉,卜,貞,王賓外丙彡夕,亡尤?'又六頁二版云:'己卯,卜,貞,王賓大庚彡夕,無尤?'王名丙,則以丙之先一日乙日卜,王名庚,則以庚之先一日己日卜,是其例也。此亦非以卜日祭,亦先十日卜之也。如上文所說，殷人肜夕以王名先一日祭，而肜日以王名之日祭，然則前人所謂祭之明日又祭者，第一祭字蓋指肜夕言之，明日又祭蓋指肜日言之也。以事理言之，先夕之祭蓋預祭，而當日之祭則正祭也。正祭爲重而預祭爲輕，則先儒謂初祭爲正祭，尊於復祭者，非其實也。"又《積微居讀書記》第 18 頁云："孫炎釋肜爲相尋之意，以甲文核之，亦爲未安，肜日爲尋昨日之祭，肜夕復何所尋乎？又按甲文有彡龠祭，以王名之明日祭，彡夕、彡日、彡龠三日相次，祭名彡者竟有三項矣。"

以上是近人根據卜辭記載推論"肜日"即"彡日"，是依王名之日祭祀該王的一種祭祀，是比前一夕的"彡夕"祭祀更爲隆重的一種正祭。據陳夢家《殷虛卜辭綜述》，殷人祭祀祖先主要用彡（肜）日、羽（翌）日、协日三種祭法。把這三種祭法遍祀其先王與其法定配偶一周而畢，即爲一祀，時間約相當於一年。一祀中即分爲彡、羽、协三個祀季。此三種主要祭法中，彡、羽是分別舉行的，协是又由祭、岁、协三種祭法聯合舉行的。總的合祭叫"衣祀"，亦即文獻中所說的殷祭（如《公羊傳・文公二年》）。由於殷代君王及其配偶，死後都用十天干之一作爲廟號，而祭祀就以天干的順序按照六十甲子的日辰致祭。所以祭某王，就得在該王廟號所屬的天干的日子裏。即祭太甲就在甲日，祭外丙就在丙日。如此類推。彡祭既是三種祭法中首先舉行的一種，因此被認爲是一種隆重的祭祀。這是肜日祭的原來意義，高宗肜日爲商王高宗祭祀，當然依商代原義，後來注疏家用周代禮制來解釋，是錯誤的。周代的彡祭，見於《春秋》所作"繹"祭，以之比爲殷代"肜"祭。其意義改變爲祭之明日又祭，既違失彡夕、彡日的原義，更非作爲祀季的彡日大祭。因此它已是改變了意義的周代禮制。但金文中如《艅尊》寫作"彡日"，《麥尊》寫作"彭祀"(《雙劍誃尚書金文選》釋肜為肜），是乡已作繁文。則仍沿商代原字形，但據卜辭中有"工冊其酒乡"之文。知酒、乡有別。金文中二字亦有別。《麥尊》中可能借以"酒祀"表示乡日）。總之周代肜祭已非商代肜祭，釋《高宗肜日》當用卜辭原義。

③越——《漢書·外戚傳》引此句作"粤"，皮錫瑞《考證》據此謂漢代今文本作"粤"。《魏三體石經》遺字蘇望所摹刻見於《隸續》者，《大誥》作"粤茲載"，《文侯之命》作"粤小大"，又《説文》引《周書》"粤三日丁亥"，是漢代古文本亦作"粤"。又內野氏所藏日本古抄唐寫隸古定本及《雲窗叢刻》本皆作"粤"，是僞古文隸古定本原亦作"粤"。至薛季宣本始作"越"，《唐石經》及宋以來各刊本乃皆作"越"。段玉裁《撰異》云："《尚書》有越無粤。……《詩·周頌》對越在天《毛傳》：越，於也。越以同音假借。蓋《古文尚書》別本作越，未必衛包所改也。"其言可能誤。當是今文古文皆作粤，僞古文隸古定寫本原亦作粤，《唐石經》及刻本始作越，當爲衛包所改。按粤、越，在金文中作雩（見王國維《毛公鼎銘考釋》）。于省吾云："古籍中作粤者係雩字的形訛，作越者係雩字的通借。"（見《夏小正五事質疑》）詳本書《堯典》校釋。"越"同今文粤字。《爾雅·釋詁》："粤、於、爰，曰也。"劉淇《助字辨略》："此曰字在句首，發語辭也。"知越、粤與爰、曰等相同，都是語首助詞（參看《堯典》校釋）。

④有——P2516本、內野本、岩崎本、薛本凡有字皆作𠂇，係古文又字，故 P2643 本作又。又通有。P2643 本無此處此字，當係寫脱。

⑤雊——《史記·殷本紀》作呴。陸氏《釋文》作工豆反，音遘。鄒氏《音釋》作居侯反，音句，則與《集韻》、《韻會》均同。《説文》："雊，雄雉鳴也。"于省吾《新證》："雊，鳴之訛。……《王孫鐘》'元

嗚孔皇’，……嗚字左從口，右似雛字，故訛作雛。此漢人誤識古籀之一徵也。《論衡·指瑞篇》引《大傳》‘有雉升鼎耳而鳴’，是或已知爲嗚字，或以嗚代雛之訓。《君奭》‘我則鳴鳥不聞’。鳴鳥，鳴雉，語例相同。”

⑥雉——韓愈《諱辨》言漢避吕后雉諱，改稱“野鷄”。《漢書·杜鄴傳》引此句即改“雉”爲“野鷄”。《尚書大傳》：“雉者，野鳥也。”只是泛指雉是一種野鳥。《爾雅·釋鳥》記雉有十餘種，《説文》：“雉，有十四種。”大徐音云：“直几切。”《集韻》云：“雉，赤利切，音稚，野鷄也。”按，武丁時卜辭有字，王襄《簠室殷契類纂》釋爲雉字。胡厚宣《甲骨文商族鳥圖騰的遺迹》云：“其説可信。鳥和隹爲一字，從一者象矢形。《説文》雉和彘都從矢聲。”並就其字形説明，雉字甲骨文爲鳥帶矢，與彘字甲骨文爲豕帶矢相同。從而論證雉在殷代被認爲是神鳥云：“在商朝人心目中，鳳就成了神鳥。雉者，《説文》説有十四種，顔師古説文采皆異。《韓詩外傳》説：羽毛悦澤，光照於日月。《左傳》少皡氏以鳥鳴官，鳳鳥氏之下，有屬官四鳥：玄鳥氏、伯趙氏、青鳥氏、丹鳥氏。杜預注：‘丹鳥，鷩雉也。’樊光注：‘丹雉也。’是雉者在古實以爲鳳之屬類。《説文》‘鵔鸃，鷩也’，又‘鷩，赤雉也’。鵔鸃猶言鷩鷩。《説文》：‘鷩，鷩鷩，鳳屬神鳥也。’《國語》注引三君説，甚至以爲‘鳳之别名’，所以商朝人也以神鳥視之。”

祖己①曰②：“惟先格王③，正厥事④。”乃訓于⑤王曰：

①祖己——僞《孔傳》云：“賢臣也。”朱駿聲《尚書古注便讀》則引漢人注云：“祖己，王之宗族也。”魏源《書古微》據《家語》及《帝王世紀》云：“孝己，祖己是也。”按，甲骨文中祖庚、祖甲時的卜辭有兄

己（《殷契粹編》308—310），廩辛、康丁時的卜辭則有父己（《殷虛文字甲編》2695、2141、《粹編》311—318 等），武乙至帝乙、帝辛時卜辭有祖己（《殷虛書契前編》卷一 19.1，23.3—6），王國維《殷卜辭中所見先公先王考》論定卜辭中此人即武丁之子孝己。郭沫若《卜辭通纂》同意王説，並據其書第七六片祖己與祖庚同列證明祖己確即孝己。總之，卜辭中的祖己，就是武丁之子孝己，已成定論無疑了。但本篇中的祖己，是否和卜辭祖己一樣是武丁子孝己呢？則有不同的兩説：

一説以爲此祖己非孝己。其主要根據就是孝己在武丁時已死。因爲武丁時卜辭有出祭小王之辭多條，證以武丁之孫廩辛康丁時的卜辭有"小王父己"之辭，知此"小王"就是武丁之子孝己，也就是武乙卜辭中的祖己。王國維在其早期所撰《殷卜辭中所見先公先王考》中，扭於祖己是賢臣之説，因云："此祖己非《書·高宗肜日》之祖己。卜辭稱'卜貞王賓祖己'，與先王同，而伊尹、巫咸皆無此稱，固宜別是一人。且商時云祖某者，皆先王之名，非臣子可襲用，疑《尚書》誤。"按《漢書·古今人表》本以祖己、孝己爲二人，《甲骨文斷代例》即根據此表論定本篇的祖己和孝己爲二人。陳夢家的《殷虛卜辭綜述》力主此説。他歷舉了《秦策》、《燕策》、《荀子》之《性惡》、《大略》、《莊子·外物》、《呂氏春秋·必己》和《尸子》（《北堂書鈔》卷一二九、一三七、《太平御覽》卷四一三、三〇七等引）等都説孝己的孝行，又歷舉了稍後的《帝王世紀》（《太平御覽》卷八三引）、《世説新語》、《荀子·性惡》楊倞注及《呂氏春秋·必己》高誘注等所説高宗太子孝己被放逐的傳説，因而對照卜辭得出推論：（1）小王（主名己）當武丁時亡故，是武丁之子；（2）武丁時曾預立儲君，即所謂太子；（3）孝己雖未即王位而卒，因係太子，故如太丁之例，仍受周祭如先王;(4)、時王改祭其子,武丁時祭子丁、子庚、子癸,與此相類。因此他以爲:"王氏以且己非《高宗肜日》訓於武丁的祖己,以兄己、且己爲孝己,都是正確的。《漢書·古今人表》分別祖己、孝己爲二,也是正確的。"

另一説是王國維晚期的説法。他摒棄了自己早期的説法,而以爲此祖己即孝己。其《高宗肜日説》云:"卜辭又有一條云:'癸酉卜,行貞:王賓父丁歲三牛羍兄己一牛、兄庚一牛、亡尤?'考殷諸帝中,凡丁之子無名己與庚者,惟武丁之子有孝己,有祖庚。則此辭乃祖甲所卜,父丁謂武丁,兄己、兄庚謂孝己、祖庚也。兄庚後稱祖庚,則兄己後亦必稱祖己。殷人祀其先祖,無論兄弟嫡庶與已立未立,名禮皆同。是孝己得稱祖己無疑。孝己之名,見於《荀子》《性惡》、《大略》二篇,《莊子·外物篇》,《戰國》秦燕二《策》,《漢書·古今人表》,皆無事實。而《人表》列之祖己之後,祖伊之前,自以爲高宗時人。《世説新語·言語篇》:'陳元方曰:昔高宗放孝子孝己。'注引《帝王世紀》云:'殷高宗武丁有賢子孝己,其母蚤死,高宗感後妻之言,放之而死,天下哀之。'《家語·弟子解》亦云:'高宗以後妻之言殺孝己。'其言必有所本。又古訓'殺'爲'放',非必誅死之謂。則《經》之祖己,自必其人。……蓋孝己放廢不得立,祖庚之世,知其無罪而還之。"又云:"《商書》中以日名者皆商之帝王,更無臣子稱祖之理。……故《書》之祖己實非孝己不能有此稱也。"楊筠如《覈詁》承其説加以解釋云:"後人之稱孝己,蓋本名己而以其孝行稱之;此稱祖己,則其子孫稱之也。"此説較近事理,能把本篇好些問題解釋通。但它遇到的問題,就是前一説所認爲的孝己死於武丁時的問題。這將在後面"討論"中加以討論。

②曰——"曰"字下面所領起的"惟先格王正厥事"一語,鄭玄

云：“謂其黨。”（《孔疏》引）意思是説這句話是祖己對他的同僚説的。王肅云：“言于王。”（亦《孔疏》引）則以爲這句話是祖己對王説的。按《史記》收此語釋爲“王勿憂，先修政事”，是固將此語體會爲祖己對王所説。然《孔疏》云：“此經直云‘祖己曰’，不知與誰語……下句始言乃訓于王，此句未是告王之辭。”又云：“祖己見其事而私自言。”《蔡傳》亦云：“祖己自言。”總之祖己在對王説下面那一篇話前，先有此語爲史官所記録，不必去尋求是對誰説的。

③格王——《漢書》之《成帝紀》、《五行志》、《孔光傳》、《外戚傳》、《後漢書·律曆志》引此字皆作假。皮氏《考證》謂係今文本作假。是古文作格，今文作假。按格、假同聲通用，是訓爲“至”的徦、假二字的假借字。王鳴盛《後案》云：“古固有以格爲至者。……然則《尚書》格字即從僞孔而不從《説文》作假，亦未爲甚謬也。”薛本格作徦（參看《堯典》校釋）。

“格王”，解釋甚多，主要有下列一些：

（1）西漢今文家以“格王”作“假王”。《史記》譯叙此語作“王勿憂”。孫星衍《注疏》云：“王勿憂者，疑釋‘假王’爲寬暇王心。《詩·長發》云：‘昭假遲遲。’《箋》云：‘假，暇。’又以爲‘寬暇’。王粲《登樓賦》云：‘聊暇日以消憂。’《文選》王元長（融）《曲水詩序》引《孫子兵法》曰：‘優游暇譽。’是假與暇通也。”俞樾《群經平議》以爲“史公增勿憂一語，乃善於説經者”。又云：“非史公勿憂二字，則篇中之義不顯，故知西漢經師之説爲可寶。”

（2）西漢今文家大夏侯氏學之孔光《日蝕對》云：“上天聰明，苟無其事，變不虛生。《書》曰：‘惟先假王正厥事。’言異變之來，起事有不正也。臣聞師曰：‘天右與王者，故灾異數見，以譴告之，欲其更改。’”此於“假”字似作“譴告”之義。

（3）晉以後古文家説又不同。僞《孔傳》釋“格王”爲“至道之王”，釋此語爲“至道之王遭變異，正其事而異自消”。當係根據《爾雅·釋詁》“格，至也”得出此解釋。《孔疏》補充之爲“先世至道之王”。顏師古《漢書·孔光傳》注亦云：“言先代至道之王，必正其事。”

（4）宋學家釋“格”爲“正”，係用《孟子·離婁下》趙岐注：“格，正也。”蘇軾《書傳》首先提出云：“繹祭之日，野鷄鳴於鼎耳，此謂神告王以宗廟祭祀之失也，審矣。故祖己言當格王心之非，蓋武丁不專修人事而數祭以媚神，而祭之又豐於親廟，儉於遠者，敬其父、薄其祖，此失德之大，故祖己欲先正之。”林之奇《尚書全解》云：“蘇氏之意，蓋以謂祖己將諫於王則當先格王心之非，使正其事。其於‘格王’，如《孟子》所謂‘惟大人能格君心之非也’。某竊謂先儒之説（按指僞孔）誠善，然以上下文勢觀之，則蘇氏之説爲長。”故《蔡傳》亦云：“格，正也。猶格其非心之格。”又云：“祖己自言當先格王之非心，然後正其所失之事。‘惟天監民’以下，格王之言；‘王司敬民’以下，正事之言也。”宋元明學者多宗此説，如陳經《尚書詳解》、董鼎《書傳輯錄纂注》、吳澄《書纂言》等皆然。陳櫟《尚書集傳纂疏》亦同意諸家説，但謂“似不必先言於王非心，而後正其事，分爲兩截功夫”。

（5）清人莊述祖釋爲“嘏王”。劉逢祿《集解》：“莊云今文作‘假’也。假讀爲嘏，此與逸書《嘉禾篇》‘假王莅政，勤和天下’，皆嘏王之事也。”按《爾雅·釋詁》“嘏，大也”。《説文》亦云：“嘏，大遠也。”《詩·賓之初筵》毛傳及《儀禮·少牢饋食禮》鄭注等也都訓爲“大”。莊氏即以“大”義作動詞用，來解釋漢代今文家對此語的傳訓。又朱駿聲《尚書古注便讀》則謂：“格，閣也，止也。”意爲勸止王的行事。係各就假格二字尋出的解釋。

（6）近人多本孔光之意，釋"格"爲"告"。吳閩生《尚書大義》依其父汝綸《尚書故》說"格王者，告王也"，注爲"格，告也"。楊筠如《覈詁》："凡古文作格，今文皆作假。按假與嘉通。《詩·假樂》，《孟子》引作《嘉樂》可證。而嘉又作綏，如《盤庚》'德嘉績于朕邦'，《漢石經》作'綏'可證。按'綏，告也'。此'格'亦道告之意。格、告亦雙聲也。"

以上各家釋"寬暇"、釋"譴告"、釋"至"、釋"正"、釋"碬"、釋"閣"、釋"告"，衆說紛紜，各就所說尋其意義，似以宋人訓"正"、近人訓"告"這兩個動詞意義較爲可通。訓"正"之義，本於《孟子》；訓告之義，本之漢人。即如《史記》之文，孫星衍《注疏》也說："史公以爲先告王勿憂。"仍以此句爲告王，惟告王的内容爲"勿憂"而已。故此句似以釋作"先告王改正政事"這一意義較妥。

④正厥事——《史記·殷本紀》作"先修政事"。顯係司馬遷體會原文語氣，用漢代語言所譯成之叙述語。"厥"，他稱代詞領格，即"他的"。此處指"王的"。"事"，《史記》譯作"政事"。僞《孔傳》、《孔疏》皆無特别解釋，但言"正其事而異自消"。《蔡傳》亦云"正其所失之事"。孫星衍《注疏》始云："事當讀如《春秋傳》有事於太廟。"（按，見《宣公八年》）《後漢書》李賢注："有事，謂祭祀也。"黃式三《尚書啓幪》亦云："正其祭祀之事。"曾運乾《尚書正讀》遂亦謂："事，如《左傳》國之大事，在祀與戎。"（按，見《成公十三年》）曾氏《正讀》釋此全句云："意言禍變之來，由於王心不正，以致祀典有乖。欲彌災變，惟當先正王心，次正祀典，故即以此二者致訓于王也。"這樣的解釋，是合於殷代特點的。但似仍不如《史記》"王勿憂先修政事"一語簡要，因"祀"與"戎"就是當時奴隸主國家最大的

“政事”。

⑤乃訓于——“乃”，内野本作𢟩，用古文本字。薛本則作“𠄵”。“訓”，P2516 本、P2643 本、内野本、岩崎本、薛本皆作“𥅆”。“于”，内野本、薛本作“亐”，中間一竪筆故作曲折。

“惟天①監下民②，典③厥義④，降年有永有不永⑤。非天夭⑥民，民中絶命⑦。民有不若德⑧，不聽罪⑨。天既孚命⑩正厥德⑪，乃曰其如台⑫。”

①天——薛本及諸隸古定寫本、《玉海》等此體與甲骨文天字及金文天字毫無近似之處，顯係隸古定本臆造。“天”，甲骨文中原只有帝字是至上神。没有作爲至上神的天字，但有和“大”同義的天字。郭沫若《先秦天道觀之進展》一文對此作了闡釋，但謂可能武丁以後已用天字了。其實可能因方言不同，殷人用帝字，周人用天字。後來因民族交流融合，才“帝”、“天”二字並用的（參看後面“討論”）。

②惟天監下民——《史記》所引及 P2516 本、P2643 本、雲窗本、内野本、岩崎本、神宫本皆無“民”字。皮氏《考證》謂今文本原無民字，證以此諸隸古定本，知原無民字，應删。“監”，《爾雅·釋詁》：“視也。”故僞《孔傳》、《孔疏》、《蔡傳》並釋監作視，是察看的意思。監字在金文中作𥃲，像一人俯首用目察看盛滿水的一器皿，即照看自己的面影，所以有察看的意義。《大豐毁》“文王監在上”，是説文王的神靈在上界察看着。此處是説上帝察看着下界。《詩·大雅·大明》“天監在下”與此用法同。

③典——岩崎本及薛本皆作𠕋。據《説文》古文典字。《爾雅

·釋詁》：“常也。”故僞《孔傳》、《孔疏》並釋典爲常。然《周禮·天官·序官》鄭注釋典爲主，故《蔡傳》釋此亦云：“典，主也。”有主要意。也有主持、掌管等意。

④義——P2516 本、P2643 本、雲窗本、内野本、岩崎本皆作誼，是義的同音義字。薛本則訛作訟。按義字原具威儀、儀形等意。此意保存在《説文》中。但戰國時諸子多用作道理之理。如《莊子·繕性》：“道無不理，義也。”《荀子·大略》：“義，理也。”又《荀子·議兵》：“義者，循理。”至漢代仍行此訓，《賈子·道德説》：“義者，理也。”“義者，德之理也。”然儒家則一貫把“義”鼓吹爲一種合於正當的行爲規範，孟軻即經常鼓吹此字。他們對此字的訓詁見《禮記·中庸》：“義者，宜也。”《淮南子·齊俗訓》：“義者，循理而行宜也。”《法言·重黎》：“事得其宜謂之義。”韓愈《原道》：“行而宜之之謂義。”都是鼓吹行爲要合於正當的規範，才是適宜的。《蔡傳》即遵照這樣的解釋，但又知道戰國以來訓“義”爲“理”，只好牽合起來說：“義者，理之當然，行而宜之之謂。”其實這裏義字仍當作“道理”、“理之當然”等意。

⑤降年有永有不永——“不”，P2516 本、P2643 本、雲窗本、内野本、岩崎本皆作弗。薛本則作𡚽，借用“嬌齘”之古文。“年”，在甲骨文中皆指穀物收成，其字體亦象禾穗飽滿下垂之狀，故《説文》亦訓爲“穀熟也”。由於穀物收獲一次，在時間上爲一年一度，遂引申爲年月之年，見《爾雅》。此處年字，《孔疏》引鄭玄注爲“年命”，是又引申爲人的年齡之意。《孔疏》：“鄭玄云：‘年命者，愚之人尤愒（愒，貪也）焉’，故引以諫王也。”就是說，被誣蔑爲下愚的一般人特別渴望得壽命。其實蔡沈已指出，“祈年請命”的正是大奴隸主頭子殷王。“永”，《爾雅·釋詁》及《説文》都釋爲“長久”。“降年有

永有不永”，是説上天所給予人的壽命，有長的，有不長的。

⑥夭——P2516 本、雲窗本、岩崎本作夭，是隸古奇字。《左傳·昭公四年》“民不夭札”杜注：“短折爲夭。”劉熙《釋名·釋喪制》：“少壯而死曰夭，如取物中夭折也。”王逸《離騷注》：“蚤死曰夭。”

⑦非天夭民民中絶命——諸隸古本“民”作“𠤎”，參看《甘誓》校釋。《史記》引作“非天夭民，中絶其命”。皮氏《考證》以爲今文本如此。唐寫本 P2516 本、P2643 本和岩崎本則作“非天夭民，中絶命”。也只有一民字。按《漢石經》殘石《高宗肜日》篇只保存“民中絶命民有不若德不聽罪天既付”十五字，不知“中”前“民”字是否只此一字。既唐寫各本只一民字與《史記》所引合，故應删去其一。“中”，《儀禮》的《鄉射禮》及《士虞禮》鄭注，又《禮記》的《學記》及《喪服小記》鄭注皆云：“中，猶間也。”故江聲《尚書集注音疏》釋“民中絶命”爲：“此民間絶其命也。”簡朝亮《尚書集注述疏》亦云：“民自間斷其命爾。”此種解釋甚爲牽强。王鳴盛《後案》則謂“據《釋文》中音竹仲反，則傳意以中與中興之中同，當爲去聲，不可讀平聲”。其實中絶即可釋爲生命中道斷絶。王鳴盛《後案》已引《史記》所載爲“中道”之“中”義。孫星衍《注疏》也云“史公作‘非天夭民，中絶其命’，‘中絶’上無民字，是言非天夭民而中道絶其命”，也作“中道”解釋，較確。以上數句，僞《孔傳》釋之云：“言天之下年與民，有義者長，無義者不長。非天欲夭民，民自不修義，以改絶命。”《蔡傳》亦同其意云：“降年有永有不永者，義則永，不義則不永，非天夭折其民，民自以非義而中絶其命也。”

⑧民有不若德——“德”，P2516 本、P2643 本、内野本、岩崎本、薛本凡此字皆作惪，皆古文。“若”，《爾雅·釋言》：“順也。”故僞《孔傳》：“不順德，言無義。”《蔡傳》：“不若德，不順於德。”江聲《音

疏》則云："若，善也。不若德爲不善之德。"係據《爾雅·釋詁》。按，若爲順，不若爲不順，其義甚古，甲骨文中"若"與"不若"常見，即爲順與不順、祥與不祥之意。又有"帝若"、"帝弗若"，即上帝允諾、上帝不允諾之意。可注意的是，甲骨文的"不若"之後，都不綴字。文獻如《左傳·宣公三年》"故民入山林不逢不若"，亦不綴字，此處"不若"之後綴"德"字，可疑。德非殷人文字，詳見後⑪德字注及"討論"。

⑨不聽罪——"罪"，雲窗本、内野本、岩崎本、薛本皆作辠，亦古文。"聽"，《國策》的西周、齊、秦各《策》高誘注："從也，受也。"《國語·周語》韋昭注亦云："從也。"《淮南子·氾論訓》高誘注亦云："受也。"由從、受引申爲服義。故僞《孔傳》、《蔡傳》並訓爲"服"。僞孔云："不服罪，不改修。"《蔡傳》云："不聽罪，不服其罪，謂不改過也。"江聲《音疏》則另提二解釋：（一）"不聽之罪，謂惡深隱無人知，聽讞所不及者。"（二）"不聽罪，若《王制》所謂'四誅者不以聽'是也。謂罪大惡極，當即誅之，不待聽讞者。"此二解釋均與此處文義不協，不如僞《孔傳》及《蔡傳》解作"不服罪"較可通。

⑩天既孚命——"既"，P2516本、P2643本、雲窗本、内野本、薛本皆作旡。按敦煌本《釋文》云："旡，古既字。"《汗簡》下之二亦云："旡，既。"是隸古定本以旡爲既的古文。但甲骨文中有旡字，而不作既用。商氏《殷虛文字類編》云："石鼓文既字從旡，與卜辭略同。"指出既字只是從旡。金文《散氏盤》"我旡散氏田器"，郭氏釋"旡"爲"既"。則隸古定本當是根據這些以旡爲既的。

"孚"，《史記》引作附，漢石經作付。《漢書·孔光傳》亦引作付。段氏《撰異》以爲作"付"係今文尚書，付與附爲古今字，音義皆同。吳汝綸《尚書故》："柯劭忞云：'《集韻》附音敷，古孚字。'是附孚一字。”今依《漢石經》改爲“付”。雲窗本孚誤摹作字，其所據元亨本原作孚。

“付”，漢時今文用“付”字，今文別本用“附”字（已見上）。《説文》：“付，與也。”知今文用“付與”之義。《漢書·孔光傳》：“天既付命正厥德，言正德以順天也。”王氏《後案》據此云：“民不順德，天既付命罰之，人宜正德以順天，文義甚明。”吳汝綸《尚書故》云：“孔光釋爲‘正德以順天’，非也。‘付命正厥德’，言降灾異以治其罪也，愚者至是乃無如之何。”

古文用“孚”字，《爾雅·釋詁》：“孚，信也。”《説文》亦有此解義。故僞《孔傳》釋此云：“天已信命正其德，謂有永有不永。”知僞古文用“孚信”之義。《孔疏》：“人有爲行不順德義，有遇不服聽罪，遇而不改，乃改天罰，非天欲夭之也。天既信行賞罰之命，正其馭民之德，欲使有義者長，不義者短，王者安得不行義事求長命也。”

吳汝綸《尚書故》據柯劭忞言“附”音敷，古孚字。章炳麟《古文尚書拾遺定本》云：“孚與附、付音雖近，然此似本作乑，轉寫誤作孚。《説文》：‘乑，物落上下相付也。讀若《詩》‘摽有梅’。乑、付古亦雙聲相轉，音近義同。故今文直以付爲乑。太史作附，亦付字耳。據《漢·食貨志》：‘野有餓莩而弗知發。’……此字今《孟子》作莩。……是則正字作乑，漢時作莩，誤書作莩。莩誤作莩，正猶乑誤作孚矣。”楊筠如《覈詁》：“按孚聲付聲相近，故可通用。《淮南·俶真》注：‘莩，讀如炳孵之孵。’《禮記·聘義》注：‘孚或作莩。’皆其證也。此文似以作‘付’爲長。‘天既付命’，謂天既付命於殷也。”是柯以孚、附字同（據段玉裁説，附與付又同）；章以此字原作乑，誤爲孚，原義爲付；楊以孚、付相通，作付爲長。都是説應當作爲“付與”之付。

曾運乾《正讀》：“孚讀爲罰，《禮·投壺》：‘毋憮毋傲，若是者浮。'注：'浮，罰也。'是孚罰聲近義通之證。"係據《孔疏》"乃致天罰"所得的解釋。

比較諸說，自以作"付"爲有根據。雖僞《孔傳》與《孔疏》釋孚，語意亦可通，然孚與付既以音近相通，則孚仍以假借爲付義較長。王鳴盛《後案》謂"僞孔改付爲孚，訓爲信，乃曲說"，則是完全不同意僞孔之說。

"命"，是奴隸主頭子所宣揚的上天所賦予之命。按卜辭中有"帝令雨"、"帝令風"等辭，是說上帝命令下雨下風，令即命令，是動詞。金文中也仍以令爲命。在文獻中大抵用命字，作爲命令解，如《皋陶謨》"天命有德"、"天其申命用休"，《湯誓》"有夏多罪，天命殛之"，也還是作動詞用。但發展成"天命"一名詞，就是後來儒家"天命論"的來源，意在鼓吹上帝所給予人們的命運，對於擁有政權的奴隸主頭子來說，就是"大命"。在金文中，如《盂鼎》："丕顯文王，受天有大命。"《毛公鼎》："配有我周，膺受大命。"在文獻中，如《盤庚》："懋建大命。"《西伯戡黎》："大命不摯。"《大誥》："寧（文）王大命。"《君奭》："集大命于厥躬。"等等。而且奴隸主頭子把這看作是屬於他自己的命。如《盤庚》："天其永我命于茲新邑。"《西伯戡黎》"我生不有命在天？"《大誥》："敷前人受命。"《酒誥》："今惟殷墜厥命。"《盂鼎》："我聞殷墜命。"《君奭》："殷既墜厥命。"等等。還有《梓材》、《召誥》、《洛誥》、《多士》等之"受命"、"定命"、"佑命"等等。有時還加上美化的形容詞，如《太甲》佚文："顧諟天之明命。"《金縢》："無墜天之寶命。"等等。這些都是奴隸主政權宣揚"王權天授"的欺騙性謊言，他們懂得要把它"作爲控制下層階級單純的統治手段"（恩格斯《登爾巴·令論》）。也正如恩格斯所說的："當其建立之初，便少不了欺騙和歷史捏造。"（《論布魯諾·鮑威爾與原始基督教》）再經過戰國後期到漢代，發展成按五行次序承受"天命"的"五德終始説"，就成爲儒家宣揚反動的"天命論"的完整的體系。本篇的"天既付命"的命，基本也是上述意義，但還處在較早期階段，還是較多的作爲"天的命令"、"天的意旨"等意義。也作爲受了這種命令、意旨的人的一種命運。

⑪正厥德——"德"，漢代今文家孔光《日蝕對》云："天既付命正厥德，言正德以順天也。"（《漢書·孔光傳》顏師古注云："言既受天命，宜正其德。"）是把此"德"字説成是君主的"德"。僞《孔傳》云："天已信命正其德，謂有永有不永。"則把它作爲上天之"德"，即給人壽命有長有短的那一權術，《孔疏》稱之爲上天的"馭民之德"，意即上天駕馭人民的辦法。《蔡傳》説："欲其（指民）恐懼修省以進德"，則把它説成是一般人的"德"，亦即在奴隸主政權統治下人民的做人規範。

按，古籍中大量的解釋都説："德，得也。"（如《管子·心術》與《老子》"上德不德"王弼注："德者，得也。"《莊子·天地》："物得以生謂之德。"《禮記·鄉飲酒義》："德也者，得于身也。"《淮南子·齊俗訓》："得其天性謂之德。"《太玄·玄摛》："得之謂德。"《釋名·釋言語》："德者，得也，得事宜也。"）其後的注疏家這樣的解釋更多。若依這樣的解釋，則上文所舉中，其釋爲上天之德的，就是指根據人們行爲來給予人壽命的那個上天的"德"。其釋爲君主之德的，就是指在受了天命的幌子下，君主應做些所謂得有天命的欺騙性行爲。其釋爲一般人之德的，就是説在上天的準則下，各人以自己行爲爭取壽命之所得。這些都是有意牽强的解釋。

其實這一"德"字，和上文"民有不若德"的"德"字，是周代金文和文獻中才出現的字，甲骨文中是没有的。（羅振玉《殷契考釋》則以爲卜辭中的㥁爲得失之得的德字。郭沫若《周彝銘中之傳統思想考》以爲乃省字。)這是周代奴隸制統治者開始提出的一種思想,企圖維持住奴隸主統治的意識形態活動中的一個範疇。這在純用暴力和宗教欺騙進行統治的殷代奴隸主的思想中和語言中都是無由產生的。郭沫若《先秦天道觀之進展》一文開始提出了"德"是周人思想這一觀點。這像"天"字一樣,是殷人用了周人語言。參見後"討論"。

　　⑫其如台——"其",P2516本、P2643本、内野本、岩崎本、薛本皆作亓。《玉篇》丌部載此爲古文其。"如台",《史記》引作奈何,是用訓詁字(參看《湯誓》校釋)。"台",《釋文》:"音怡。""如台"即如何。"乃曰其如台",《史記》作"乃曰其奈何",保存了此句原義。僞《孔傳》訓"台"爲我,釋此句爲:"故乃復曰:天道其如我所言。"誤。《蔡傳》雖釋"如台"爲"如何",然仍兼用我義,釋全句爲:"民乃曰孽祥其如我何。"也誤。俞樾《平議》:"天既付命于人,人苟能正其德,雖有妖孽其奈何哉。"吳闓生《尚書大義》據《尚書故》而釋之云:"付命正厥德,言降灾以治其罪也。愚者至是乃無爲之何,言其悔已晚也。"兩家同釋"奈何"而義相反。大抵當本"奈何"、"如何"、"怎樣"等解釋去尋其意義。

　　"嗚呼①,王司敬民②,罔非天胤③,典祀無豐于昵④。

　　①嗚呼——嗚呼,雲窗本訛作"焉乎"。薛本作"𦲷虖",和《魏石經》所有此二字同。P2516本作烏呼。P2643本、内野本、岩崎本作烏虖,烏虖爲嗚呼古文。

　　②王司敬民——"司",《史記》引作嗣。段氏《撰異》:"此《今文尚書》也。《九經古義》曰:'古嗣字皆省作司。'……吕大臨《考古

圖》載《晉姜鼎》云‘余惟司朕先姑’，《集古錄》、劉原父皆釋司爲嗣，是司爲古文嗣。”按金文另有嗣字，並非“嗣字皆省作司”。早期金文且以嗣爲司，亦借嗣爲嗣。知司、嗣、嗣嘗通用，不一定依《史記》改作嗣。“司”作“嗣”，金文除《晉姜鼎》以“司”字爲“嗣”外，其他金文中尚有之。如《毛公鼎》云“司余小子弗及”（吳闓生《吉金文錄》云司與嗣同）、《宗周鐘》云“我唯司配皇天”（《雙劍誃吉金文選》亦訓司爲嗣）等是。另外其他各器中則“司”多作“嗣”，“嗣”亦“嗣”。故知古“司”、“嗣”、“嗣”通用。惠棟《九經古義》、江聲《音疏》、王鳴盛《後案》、段玉裁《撰異》、孫星衍《注疏》都據《晉姜鼎》以爲司乃嗣省文。皆同於司馬遷在漢時所理解。僞《孔傳》則釋“司”爲“主”，云：“王者主民，當敬民事。”是根據《詩·鄭風·羔裘》“邦之司直”毛傳：“司，主也。”故《蔡傳》亦云：“司，主。王之職，主於敬民而已。”于省吾《新證》從之。按“司”字在各古籍中大抵皆釋爲“主”，獨司馬遷譯用爲“嗣”，自金文出而知自周迄漢大抵司可作“嗣”用，故清人多從之。

　　“民”，僞《孔傳》釋此“民”字爲“民事”。林之奇《全解》釋此爲“敬民，若《禹訓》所謂‘予臨兆民懍乎若朽索之馭六馬’是也”。其意所指基本和呂祖謙《書説》所云“天下之民，無非天之胤嗣”一樣。《蔡傳》也釋爲人民，但於“非天夭民”句下解釋云：“言民而不言君者，不敢斥也。”是説不敢直接把君拿來講，所以只好借用人民來講。這是他認爲本文內容是説君主，而字面都用民字，顯出有矛盾，因此尋出這樣的解釋。梁玉繩《瞥記》始云：“祖己曰非天夭民，民中絶命，民謂高宗。蓋對天而言，天子亦民也。《酒誥》曰：‘惟民自速辜。’民謂商紂。”孫星衍《注疏》亦云：“民者，對天之稱，謂先王。《坊記》注云：‘先民，謂上古之君也。’言嗣位當敬先王以順天。”皆提出此一民字不是指一般庶民,而是指君主,且舉鄭玄對"先民"一詞的注釋以爲根據。

郭沫若《古代研究的自我批判》云:"人民本是生産奴隸……卜辭中無民字,亦無從民之字,但這只是没有機會用到而已,並不是殷代無民。……《盤庚》、《高宗肜日》、《微子》那幾篇《商書》都已經有了民字,而尤其《高宗肜日》的'王司敬民,罔非天胤'那句祖己所説的話,簡直是思想上的一大進步,把人民都平等地看成天的兒子了。但這無疑是經過後代儒家所潤色的。"按,今知甲骨文中有民字。

在《尚書》中的"民"字,有顯然不是指生産奴隸的,例如《盤庚》篇的"民"就非奴隸(詳《盤庚》校釋)。可知這種用法不是《論語》所反映的儒家的用法。此篇的民字,應是指庶民。林之奇、吕祖謙以至郭沫若都釋用人民,是對的;但他們却又以爲此文把一般人民也看同"天的兒子",那是誤解,因爲把原句主語弄錯了。至於蔡沈、梁玉繩、孫星衍等以爲此"民"字指殷代的君王,就完全錯誤了。其實"王嗣敬民,罔非天胤"一語,是説那些繼承民事大業的君王,没有一個不是天的兒子。這是道道地地的宣揚王權神化的奴隸主階級的反動宣傳,根本不是什麽思想上的大進步。

吴汝綸《尚書故》云:"敬民者,敬勉也。民爲啟之省文,啟亦作敃。"這可能是由於不同意民爲天胤之説,又未得正解,特另尋的解釋,不足據。

③罔非天胤——"罔",P2516本、P2643本、雲窗本、内野本、岩崎本、薛本皆作它,《玉篇》宀部載它爲古文罔。按,係《説文》古文网字⿱宀网之隸變。

"胤",《史記》引作繼,是用訓詁字。《爾雅·釋詁》:"胤、嗣,繼也。"可知《史記》係用訓詁字。雲窗本作涗,傳寫訛。薛本作𦜉,據《說文》胤之古文略變。按《堯典》"胤子朱啓明",《史記·五帝本紀》引作"嗣子丹朱開明"。知又同《爾雅》以胤爲嗣。《說文》:"胤,子孫相續也。"則知胤與嗣同是子孫相繼續之意。僞《孔傳》、《蔡傳》同釋此爲"胤,嗣也"。惟僞孔作動詞,釋爲"天所嗣";《蔡傳》作名詞,釋爲"天之嗣"。孫星衍《注疏》云:"天胤,猶言天之子。言陽甲以來先王有不永年者,既嗣天位,即爲天胤,王當修敬也。"此解釋正確。

④典祀無豐于昵——《史記》引作"常祀毋禮于棄道"。段氏《撰異》云:"此《今文尚書》也。"實際當係司馬遷據今文本按當時的理解翻譯成句。"祀",薛本作禩,顯係承上一典字訛寫。"無",P2516本、P2643本、雲窗本、内野本、薛本皆作亡。"豐",P2516本、P2643本、雲窗本、岩崎本皆作豊,和《史記》所用"禮"字通。故應改豐爲豊。"昵",P2643本作尼,岩崎本、薛本作㦿,P2516本作迡,雲窗本作胒,内野本作昵。賈昌朝《群經音辨》卷三云:"尼,近也,乃禮切。《書》祀無豐于尼。"知賈在宋時所見本亦尼字。盧文弨云:"經文本作尼。"段氏《撰異》亦云:"《正義》曰:《釋詁》云:即,尼也。孫炎曰:即,猶今也。按此可證經文作尼,傳文作'尼,近也'。"又云:"《尚書》本作尼,衛包改作昵,開寶間改《釋文》之尼爲昵,賈氏據未改之《釋文》爲此條。"故采此諸說,改爲尼字。

"典",此字有四種以上的解釋與五種以上的斷句讀法:

(一)《史記》引作"常"。《爾雅·釋詁》:"典,常也。"知係用訓詁字。其斷句爲:"王嗣敬民,罔非天繼,常祀毋禮于棄道。"這是一般所沿用的讀法。

(二)僞《孔傳》也釋"典"爲"常",但斷句至"典"字,讀爲"罔非天胤典"。釋之云:"民事無非天所嗣常也。"《孔疏》補充之云:"民事無非天所繼嗣以爲常道者也。天以其事爲常,王當繼天行之,祀禮亦有常。"但俞樾謂僞《孔傳》有脫落的字,其《群經平議》云:"傳文當曰:'典,常也。'傳寫奪'典'字耳。'無非天所嗣',釋'罔非天胤'之義;'典,常也,祭祀有常',釋'典祀'之義。"雖言之成理,究出推測。

(三)《蔡傳》釋"典"爲"主",讀法則循《史記》以來的一般讀法。其釋此句云:"況祖宗莫非天之胤,主祀其可獨豐於昵廟乎。"宋至清一般治《尚書》者,大抵都循用此讀法。

(四)魏源《書古微》提出第三種斷句法,謂《史記》之文當讀爲:"王嗣敬,民罔非,天繼常祀,無禮于棄道。"但皮錫瑞《考證》駁之云:"魏詆豐禰之説,專主繼嗣爲義,讀《史記》以'王嗣敬'爲句,'民罔非'爲句,謂是高宗易儲之證,於古無徵。"

(五)俞樾釋"典"爲"珍",並提出第四種斷句法。其《群經平議》首先論僞《孔傳》已如上引,接着說:"孔穎達據誤本作《正義》,乃讀傳文'民事無非天所嗣常也'九字一句,而釋之曰:'民事無非天所繼嗣以爲常道者也。'則大非傳義矣。"繼又云:"然如傳義讀'罔非天胤'爲句,實亦未安。疑當以'罔非天'爲句……言王嗣位敬行民事,罔非天所命也。……'胤典祀'自爲句,《爾雅·釋詁》曰:'胤,繼也''典'當爲'珍'。《考工記·輈人》:'是故輈欲頎典。'司農云:'典讀爲珍。'是其證也。《釋詁》曰:'珍,絶也'。'胤典祀'者,繼絶祀也。言當繼續已絶之祀,無徒豐於近廟也。"是讀爲:"罔非天,胤典祀,無豐于尼。"訓義過於牽會,不足據。

(六)姚鼐、吳汝綸並釋"典祀"爲"常年",且提出第五種斷句法。姚鼐《惜抱軒九經説四》讀《史記》爲:"罔非天繼常祀,無禮于棄道。”吳汝綸《尚書故》讀此文爲：“罔非天胤典祀，無豐于昵。”這是文章家體會語氣所得，和經學家之根據於訓詁者不同。《尚書故》中以“典祀”爲“常年”之理由爲：“漢《四神鑒》、《三神鑒》、《宜官鑒》並有‘用祈典祀’之文，《十二辰鑒》：‘辟如韓衆樂典祀，壽金石西王母。’是‘典祀’爲‘常年’之證。”又云：“常，長同字。”並引姚鼐語云：“天乃繼續其命使有常年也。”吳氏遂譯“王司敬民，罔非天胤典祀”爲：“王今後能敬勉，則天無不續以長年。”

以上各種，仍以（一）、（三）所用讀法較爲正常。

“豐”，《説文》：“行禮之器也。讀與禮同。”姚鼐《惜抱軒九經説四》云：“豐爲禮古字通，而因轉誤爲豐。”按“豐”、“豐”誤混，由來頗久，漢蔡邕即以豐同豐。《佩觿》卷上已予譏評。金文中有豐字，後人亦往往釋爲豐若禮。如《大豐㲃》（或作《天亡㲃》）“王有之豐”，孫詒讓《古籀餘論》釋作“王有大禮”。吳闓生《吉金文録》謂“豐禮同字”。于省吾《新證》亦謂“大豐即大豐，大禮也”。（但于氏最近云：“余之此説不可從，古文豐豐有別。”）郭沫若《兩周金文辭大系圖録考釋》則云：“大豐當即大封，《周禮》‘大封之禮，合衆也’（《春官·宗伯》）。”始不直接釋豐爲豐，而以“大豐”爲“大封之禮”。又《麥尊》“王乘于舟爲大豐”，吳氏《吉金文録》、于氏《吉金文選》並引郭釋爲“大豐之禮”。郭氏《孔墨的批判》云：“禮是後來的字，在金文裏面我們偶爾看見用豐字的，從字的結構上來説，是在一個器皿裏面盛兩串玉貝以奉事於神。《盤庚》篇裏所説的‘具乃貝玉’，就是這個意思。大概禮之起，起於祀神，故其字後來從示。”大體“豐”是“禮”的原文，可孳乳爲醴（見《師遽尊》）。“豐”與“豐”非一字，于省吾先生云：“金文凡上從玨（玨）者爲豐，否則爲豐。”然由於它象“一個器皿裏面盛兩串玉貝以奉事於神”，所以仍然被釋爲“大豐之禮"。《唐石經》及其後刊本都作"豐",雖係"豐"字之誤,然其誤似亦有來源(例如同蔡邕一樣誤豊爲豐)。《史記》作"禮",是用了"豊"的後起字,原文就是豊。如郭沫若所説,豊就是以玉祀神之禮。

由於以後流傳本都作豐,故僞《孔傳》、《孔疏》、《蔡傳》都釋爲豐富之豐。以後治《尚書》者皆同。其有知原義當如《史記》作"禮"者,也釋豊爲禮。如俞正燮《癸巳存稿》云:"豊是盛禮。"最後若楊筠如《覈詁》則云:"豊,《史記》作禮,當以形近改訛,從豐爲長。"此諸説均誤。

"尼",按學派不同而解釋甚多,主要諸説如下:

(一)漢代"今文尚書"家的解釋,據《史記》所載,以"棄道"二字當"尼"字。孫星衍《注疏》爲之解釋云:"史公作'常祀無禮于棄道'者,言盤庚尊禰廟而廢嫡長前王之祀,高宗以子繼父,亦不改其道,是爲棄道。"又云:"自陽甲以來,有兄弟爭立嫡之事,或不爲嫡立廟,未失禮也(以上有誤字)。陽甲嫡長嗣位,盤庚不爲立廟,是爲棄其常道。"陳喬樅《今文尚書經説考》云:"《史記》所謂'毋禮于棄道'者,即指豐於尼而殺於遠之失也。《史記》此句,或據《歐陽尚書》,或以訓詁申釋之,無可證明,姑仍之。據《本紀》言,帝盤庚崩,帝小辛立,殷復衰。帝小辛崩,弟小乙立;帝小乙崩,子帝武丁立。是小辛、小乙皆棄道之君,殷所以衰由之。武丁爲小乙子,祀事特豐於禰,故祖己因野鳥入廟,訓之以無禮於棄道。"皮錫瑞《考證》駁之云:"祖己訓王,安得斥其先王爲棄道之君哉。"吳汝綸《尚書故》云:"《史》作棄道者,借昵爲懕也。"這些是清人對《史記》"棄道"二字所尋的解釋。漢代今文家確喜根據周代嫡庶之制、宗廟之制、災異休咎之説等等來釋《尚書》,但他們原來究竟怎樣解釋"尼"字? 怎樣用"棄道"二字來表達"尼"字？或者是否以"棄道"二字來表達這總的一椿事？等等，現在都已無法知道。今所見保存西漢今文説較多的《尚書大傳》也没有關於這點的直接解釋，因此我們無法對《史記》所存這一今文説得到明確的理解。

（二）"古文尚書"的解釋。由於古文本作"昵"，所以各家都就"昵"字進行注解，要者如次：

馬融注云："昵，考也，謂禰廟也。"（見《釋文》。並音："又，乃禮反。"）

王肅注云："高宗豐于禰，故有雊雉升遠祖成湯頂之異。"（《孔疏》引）

僞《孔傳》云："昵，近也。"並釋全句爲："祭祀有常，不當特豐于近廟。"

陸氏《釋文》："昵，女乙反。《尸子》云：'不避遠昵。'昵，近也。"（段氏《撰異》謂：開寶前未改本，此三昵字皆當作尼。）

《孔疏》云："《釋詁》云：'即，尼也。'孫炎曰：'即，猶今也。尼者，近也。'郭璞引《尸子》曰：'悦尼而來遠。'是尼爲近也。尼與昵音義同。"（段氏《撰異》云："按此可證經文作'尼'，傳文作'尼，近也'。"）

《蔡傳》承馬融、王肅之説云："昵者禰廟也。"並釋此句爲："主祀其可獨豐於昵廟乎。"所有上列"古文尚書"的注疏家，都是把"昵"釋爲父親的廟。其具體解釋可歸結成兩派：（1）漢代古文家如馬融以"昵"爲父考之"考"，就是指已死的父親的"禰廟"。王肅同此説，蔡沈亦承其説。王鳴盛、孫星衍都指出到漢代才有"禰"字，是殷代應當不作此解。但王氏《後案》云："蓋昵禰聲相近，故爲此訓。"其前之王夫之《尚書引義》亦云："昵與禰通，古文借用。"楊筠如《覈詁》更云："古尼禰音近可通，《詩·泉水》'飲餞于禰'，《韓詩》禰作坭，即其證矣。"（2）偽古文諸家，則以"昵"爲"近"，就是指父親的廟叫近廟。元吳澄承此説，並調和馬説，其《書纂言》云："昵，親也，近也。謂禰廟也。"孫星衍《注疏》則爲"近廟"尋出解釋云："昵同暱，《説文》云：'暱，日近也。'或作昵。《玉篇》云：'昵，親近也。'案，四親廟最近爲父廟，故稱之爲昵。"俞正燮《癸巳存稿》則反對此説云："《左傳》以妻爲昵，古者嚴父，豈得以父爲昵。"姚鼐《惜抱軒九經説》則反對"禰廟"之説，云："以暱爲禰廟，甚爲不辭。依太史公解，於承上降年義甚明。……廟祭以遠近爲疏，豐於禰則正是禮，豈可以爲非。"

按，金文中訓爲"近"義者有"狀"字，見於《克鼎》和《番生毀》云："擾遠能狀。"又《晋姜鼎》云："用康擾綏懷遠狀。"于氏《吉金文選》注云："擾讀柔，狀讀邇。"故"擾遠能狀"即本書《堯典》、《顧命》和《詩·民勞》的"柔遠能邇"。《吉金文選》並引孫詒讓説，讀狀爲墊。《國語·楚語》韋注："墊，近也。"又引王引之説，狀與埶通，《堯典》"格於聊祖"，今文作"假於祖禰"，知埶禰同用。是知無論以昵爲"禰"或以昵爲"近"，原皆當作"狀"，其義爲"邇"。

上面古文家兩派説法在"尚書學"中影響較大較久，且各有擁護者。最近的楊樹達《積微居甲文説》對兩派作了評論，仍同意訓昵爲近之説。其《尚書典祀無豐於昵甲文證》一文有云："現在拿龜甲文來看，這兩説中要以昵訓近、指近廟爲合理些，馬注似乎不大合理。兒子對於死父的祭祀特別豐盛一點，這是人情之常，何必要祖己那樣大驚小怪地訓誡呢？《説文·八篇上·尸部》云：'尼，從後近之。'《爾雅·釋詁》郭注引《尸子》云：'悦尼而來遠。'……《論語》説'近者悦'，《尸子》却説'悦尼'，可以證明尼就是近了。……尼訓近,所以從尼的昵字也有近的意思,這是很自然的現象了。那麼,祖己説典祀無豐於近是什麼意思呢? 據我由甲文研究,這近字是説近的親屬。換句話説,就是直系親屬或直系的祖先。僞《孔傳》説的近廟,也是指這個。拿龜甲文看,很明顯看出殷人對於直系的先祖與非直系的先祖祭祀禮節上的不相同。"接着楊氏就舉了五個甲文例證,證明殷人祭祀祖先,分大示、小示。大示是直系祖先,小示是非直系祖先。大示祭用牛,小示用羊。大示的先王配偶有特祭,小祀無之,等等。以此證明殷人祀典豐於直系祖先。他的結論説:"這個重本系輕旁支的事實,便是祖己所説的'豐于昵',僞《孔傳》所謂'豐近廟'呵!"又説:"祖己的意思,以爲同是殷代的先王,爲何要這樣差別呢? 所以他説:殷王哪裏一個不是天子,常祀爲何要特別豐於近廟呢? 雖然他的話不一定合理,也自是他一種看法呵!"

(三)清末解釋。按自宋、元以來直至清代,有關著述雖多,大抵不出"古文尚書"馬融、僞孔二派意見。到清末才漸有不同説法,兹舉其要者:魏源《書古微》云:"《史記》述古文説(按,《史記》所述者今文説)曰:'嗚呼! 王嗣敬,民罔非,天繼常祀,無禮於棄道。'未嘗以昵爲禰廟,與馬、鄭、僞孔乖異者何? 曰:以昵爲禰廟,不但非今文説,並非古文説也。西漢古文家,自《史記》外莫古於劉歆《五行傳》,釋此篇曰:'雉爲羽蟲之孽,《易》有《鼎卦》宗廟之器,奉宗廟者長子,野鳥自外入爲宗廟主,是繼嗣將易也。'漢成帝《報許皇后書》,亦引《高宗肜日》祖己之言,爲飾掖庭椒房之徵。……皆以雉雊應宮闈繼嗣,從無豐於禰廟之説。"然皮錫瑞《考證》駁魏説爲"於古無徵"。又云:"漢時今文家已非一解……諸説或渾言之,或即一事言之,皆非專指繼嗣。所以然者,上天示異,初不明言,大臣因事納忠,亦非一端而已。"另如吳闓生《尚書大義》,則據其父汝綸《尚書故》之言云：“昵，邪慝也。言繼自今能敬勉，則天無不續以長年者，慎勿禮於邪慝也。”

（四）近人解釋。于省吾《尚書新證》云：“僞《傳》云：‘祭祀有常，不當特豐於近廟。’《史記》訓‘昵’爲‘棄道’，並非。……按尼、尸、夷古通。（此處舉幾個漢碑及金文尼、尸、夷及其異體字資料，摹寫印刷皆困難，不録。）《禮記·喪大記》：‘奉尸夷於堂。’《釋文》：‘夷，尸也。’《公羊》宣八年傳……何注：‘殷曰肜，周曰繹。’‘祭必有尸者，節神也。’‘夏立尸，殷坐尸，周旅酬六尸。’‘王司敬民罔非天胤典祀無豐於昵’者，言王主於敬民，莫非天之胤續，典祀者無禮於尸。典祀，官名。《周禮·春官》有典祀之職，雖殷制不可考，《周禮》又係晚周人所作，損益因革，職掌有出入，而名稱前後必多沿襲也。‘罔非天胤’，謂爲尸者亦天胤也。天猶敬之，況同爲天胤乎。‘敬’與‘無禮’、‘民’與‘尸’爲對文，則義自一貫。舊或以獨厚於禰廟解之，穿鑿傅會，終無當於經旨也。”

以上分别釋“尼”爲“棄道”、“禰廟”、“近廟”、“繼嗣”、“邪慝”、“祭尸”，各爲一説，無由折衷。以“棄道”之説最早，最爲“近古”，可能得其原意，但不知何以成此解釋。“禰廟”和“近廟”之説，顯然是後代儒生根據周以後甚至是漢代的宗廟祭祀制度所作的解釋，由他們把“高宗肜日”之祭解釋爲高宗祭成湯廟，即可證明他們對殷代祭祀制度已完全不懂。至於“繼嗣”、“邪慝”、“祭尸”各説，則顯然是爲了不滿意“禰廟”、“近廟”之説，所特意另尋的解釋，有足以啓發人之處，然皆就字面尋繹，苦於原始根據不足。所以我們無寧仍用司馬遷較早的解釋，尚可把文意説通。很可能司馬遷在當時看到那許多經生的紛歧説法，繳繞不清，在他認爲在祭祀方面不論怎樣辦錯了，總之是不按常道辦事吧！所以就概括式地用了“棄道”二字，亦未可知。

（二）今　譯

高宗肜日之祭舉行的時候，有野鷄鳴叫着。

祖己説：“告訴王不要害怕，先把王的政事辦好。”接着就誡勉王説：

“上天察看下界，是掌握着它的一定道理的。它賦予人們的壽命有長有短，可並不是上天要使人們短命的。而是由於人們有不順從上帝之德，做錯了又不肯認錯服罪的原故。上天既發出它的明命，用以規範人們的品德，可是有人對此却仍不理解地説：‘這是如何的呀！’

“唉！凡做君王的承繼着敬理民事的大業，他們無一不是上天的兒子，對他們的經常的祭祀大事，不要偏重親近而不按上帝規定的正常規定去辦才對。”

（三）討　論

關於本文，有下列一些傳説：

最早的，是西漢今文家《尚書大傳》的説法。《大傳》云：“武丁祭成湯，有飛雉升鼎耳而雊。武丁問諸祖己，祖己曰：‘雉者，野鳥也，不當升鼎。今升鼎者，欲爲用也。遠方將有來朝者乎。’故武丁内反諸己，以思先王之道。三年，編髮重譯來朝者六國。孔子曰：
‘吾于《高宗肜日》見德之有報之疾也。’”（此係《藝文類聚》鳥部及
《太平御覽》羽族部、皇王部等所引原文。《論衡·取慮篇》引此文
則“祖己”皆作“祖乙”）。此説有數點可注意：（1）《高宗肜日》篇只
説“高宗肜日”之祭的時候，發生野鷄叫的異事。《大傳》却確定是
武丁祭成湯的時候發生的事，而且多出了野鷄飛到鼎耳上鳴叫這一
情節。（2）《大傳》所記祖己講的話，和《高宗肜日》篇所記的完全不
同。（3）《高宗肜日》篇把野鷄鳴叫作爲警戒性的凶兆，所以祖己以
人的壽命長短及辦理祭祀大事應依常道來相勸勉。《大傳》裏的野
鷄來叫却成了吉兆，預言將有遠方來朝的盛事，而且還編了一句孔
子讚歎的話來增加分量。

　　接着是《史記·殷本紀》的説法。《本紀》云：“帝武丁祭成湯，
明日有飛雉升鼎耳而雊，武丁懼，祖己曰：‘王勿憂，先修政事。’祖己
乃訓王，曰。”又云：“帝武丁崩，子帝祖庚立。祖己嘉武丁之以祥雉
爲德，立其廟爲高宗，遂作《高宗肜日》及《訓》。”所説武丁祭成湯和
野鷄升鼎耳這兩點和《大傳》同，可知沿用了今文家之説。而於祖己
所説的話則又全録了《高宗肜日》篇，而未采用《大傳》語，同時以野
鷄叫在當初作爲凶兆而非吉兆，也和《高宗肜日》篇同。可知司馬遷
没有相信《大傳》後半段的説法。《史記》另又提出了此篇作於祖庚
時“以祥雉爲德”立了高宗廟之後，可能調停了不同史料。至於加了
“明日”兩字，當是依據“肜日”這一祭名而來的。加了“遂作《高宗
肜日》及《訓》”字樣，據崔適《史記探源》的研究，則是西漢以後的人
據晚出的《書序》所竄入《史記》中的（《史記·封禪書》並載此事，略
同《殷本紀》）。

　　在《史記》以後，有西漢晚期出現的《書序》的説法。《書序》云：

“高宗祭成湯，有飛雉升鼎耳而雊，祖己訓諸王，作《高宗肜日》、《高宗之訓》。”（僞《孔傳》注《高宗之訓》云：“亡。”按，鄭玄《尚書注》亦注明此篇亡。）東漢末的馬、鄭、王本和晋以後的僞孔本也承用了這一説法。《書序》這一説，除了它爲了湊合百篇《尚書》的篇數因而加了一個《高宗之訓》篇題外，係全抄今文家之説，没有增添新的東西。

此外，《説苑·辨物篇》、《漢書·郊祀志》、《後漢書·劉陶傳》、又《曹節傳》、《三國志·高堂隆傳》等所説，與上諸説無多出入，大抵多承《書序》。

根據上面這些傳説，必須加以討論的有下列幾個問題：

（一）“高宗肜日”一詞的意義

本篇原文中“高宗肜日”一詞，與卜辭中“某王彡日”的用法一致，前舉王國維《高宗肜日説》所引一些例句如：“甲申卜貞王賓大甲彡日，亡尤？”“丁未卜貞王賓武丁彡日，亡尤？”又如《殷虚書契續編》卷壹十一頁四版：“丙申卜貞王賓外丙彡日，亡尤？庚子卜貞王賓大庚彡日，亡尤？”等等。其中“大甲彡日”、“武丁彡日”、“外丙彡日”、“大庚彡日”等，就是對大甲、武丁、外丙、大庚等的肜日之祭，亦即後嗣於王名之日祭祀該王的一種祭祀（即甲日祭大甲、丁日祭武丁，等等），而不是該王對其祖先的祭祀。王國維、楊樹達等釋之甚明（見前《校釋》文）。其中武丁，文獻中載其廟號爲高宗，所以“武丁彡日”，在文獻中就寫成“高宗肜日”。吳其昌《殷虚書契解詁·五續》對此更有明確解説云：“高宗肜日，乃祖庚或祖甲時舉行肜日之祭高宗武丁云爾。……凡卜辭金文□□肜日者，此□□人必已死，而爲其後嗣祭之之詞，絶對無例外。此爲高宗武丁崩後，嗣王祖甲、祖庚時事。故祖己乃訓於王，是以兄教弟也。”這些都是近人根據殷代卜辭文例所認識的"高宗肜日"一詞的意義,指出它就是對殷高宗武丁的肜日之祭。

可是西漢以來的注疏家對這四字的解釋不同,出現《大傳》、《史記》、《書序》以及偽古文等以爲是武丁祭成湯的説法。到宋代蔡沈已開始懷疑這一説法,其《書序·集傳》云:"經言肜日,而序以爲祭成湯;經言有雊雉,而序以爲飛雉升鼎耳而雊。載籍有所傳歟?然經言典祀無豐於昵,則爲近廟,未必成湯也。"其本篇《集傳》云:"蓋祭禰廟也。序言湯廟者非是。"則已明確言非湯廟。所説的"祭禰廟",是指武丁祭他父親小乙的廟。到宋末金履祥始以爲可能是祖庚肜祭武丁。其《尚書表注》云:"高宗,廟號也。似謂高宗之廟。昵,近廟也,似是祖庚繹於高宗之廟。"到元代鄒季友才完全肯定是祖庚肜祭武丁。其《書傳音釋》云:"此必祖庚肜祭高宗之廟,而祖己諫之,故有豐昵之戒,辭旨淺直,亦告少主之語耳。肜祭高宗而曰高宗肜日者,謂於高宗之廟肜祭之日也。"這是他在不知有卜辭的情況下所得的理解,而與卜辭暗合。到王國維根據卜辭研究成果撰寫的《高宗肜日説》一文,提出三點理由:(1)《尚書》言祭祀的文例則漢儒説當爲王祭於成湯依卜辭"肜日"文例皆祭所祭之人而非主祭之人;(2)祖己爲武丁之子;(3)禰廟是祖庚祭武丁廟,非武丁祭成湯廟。據以進行了較詳的論證,完全駁倒了武丁祭成湯這一漢代以來説法,而標出了殷代"高宗肜日"一詞的意義。因此,可以明確"高宗肜日",就是殷王祖庚對其父殷高宗武丁的宗廟的肜日之祭。

(二)關於武丁宗廟的問題

據《殷虛卜辭綜述》的扼要叙述,可以知道殷代每一王死後都有廟號。廟號大抵由兩字組成。(只有文獻中的河亶甲是三字,但在甲骨文中仍作戔甲二字。)上一字爲所加區別字;下一字爲天干字,與該王即位、死亡及致祭日的次序有關。武丁是在丁日被祭祀的一個王，"武"字是加上的美號。但武丁在其兒子祖庚、祖甲時，還只稱"父丁"，到他的孫子廩辛、康丁以下直到第五代孫帝乙時，都只稱祖丁，到帝辛（紂）時，才稱武丁。至於"高宗"這一廟號，最早見於《周易·既濟》；其次本書《無逸》中，以高宗與中宗並稱；到《史記·殷本紀》中，以之與太宗、中宗並稱，而以太甲爲太宗，大戊爲中宗，武丁爲高宗。（按，《無逸》稱"高宗……亮陰三年不言"，《國語·楚語》則作武丁"三年默以思道"。《呂氏春秋·重言》："高宗乃言曰：以余一人正四方。"《禮記·喪服四制》："高宗者，武丁。"《説苑·君道》："高宗者，武丁也。"可證以武丁爲高宗不誤。）但是卜辭中尚未發現"高宗"一詞，只發現"中宗祖乙"，又非大戊。（王國維《殷卜辭所見先公先王續考》論定中宗爲祖乙而非大戊，因《竹書紀年》亦以祖乙爲中宗。）所發現關於武丁稱宗者，有"父丁宗"、"祖丁宗"。此外還有大乙宗、中丁宗、祖乙宗、祖辛宗、四祖丁宗、祖甲舊宗、康祖丁宗、武乙宗、武祖乙宗、文武丁宗、文武帝宗等。"宗"字是示字加⌂。"示"是神主，即神牌位；"⌂"是房屋的象形。因此"宗"就是神主所在的宗廟。稱某某宗，就是某王的宗廟。父丁宗或祖丁宗，就是武丁的宗廟。後來正像祖乙被稱爲中宗一樣，武丁被稱爲高宗。由周初的《周易》已經稱引來看，知殷代已有了這樣的稱號，恐不會是周人所憑空杜撰，可是在甲骨文中却還没有發現。宗既是宗廟，可知"高宗"就是武丁的宗廟，也就是他的廟號。

　　殷代建立了由以血緣關係爲紐帶的整個氏族貴族（即以子姓王族爲主體的奴隸主貴族集團）所統治的種族奴隸制國家。氏族的統治者占有土地和全部奴隸，包括征服後整族作爲奴隸的其他氏族成員。爲了鞏固他們的統治，除了對被統治者實行殘酷的氏族奴隸主專政,並利用一種以巫術進行欺騙的迷信上帝的宗教來愚弄、威嚇奴隸和平民外,還需要緊密維繫氏族貴族內部的血緣聯繫。於是就需要有一套具有體系的宗法制度,並制定繁重、複雜和有系統的祀典來加強它。而且如馬克思所指出的:"古代國家的'真正宗教',就是崇拜他們自己的民族。"(《第 179 號科倫日報社論》)那麼,對他們的民族宗祖神靈的崇祀,也就是當時奴隸制國家必然要做的大事。殷代王室給他們的祖先建立宗廟,進行各種隆重的祭祀,就是基於上述要求。它有一套一定的制度(詳見《殷虛卜辭綜述》及其所據討論宗法與廟制各文)。那些就是殷代宗廟、祭祀等制度的"常道",也就是孔子所說的"殷禮"。

過去注疏家對這個問題說了很多話,都是根據"周禮"來說"殷禮",又根據高宗祭成湯或禰廟這一漢以後說法來立論,所以雖說了很多,而離開真實很遠。像《詩·商頌·常武》鄭箋,《通典》卷五一引賀循《議禮》,王夫之《尚書引義》,劉逢祿《書序述聞》引莊述祖語,孫星衍《尚書今古文注疏》,以及魏源《書古微》等等,雖各就己見說得有條有理,然基本都是按照周代嫡庶之制、大宗小宗之制、昭穆之制等等,來議論武丁爲前人立廟的是非。既不是殷代制度,也不關祖庚祭武丁宗廟的事。因此對於《高宗肜日》本篇來說,這些都一無可取。其中除王夫之針對明代史事,魏源根據清代現實,藉以發表自己的意見外,其餘各家大抵反映了各個不同時期儒家的傳統觀點,立意用維護周禮那一套來進行闡釋,大都不符合商代歷史的實際,不值得重視。

比較正確地說到了商代這方面制度的,有近人楊樹達的《尚書典祀無豐於昵甲文證》一文,其要旨已見前引。文中列舉了殷人祭祀特豐於直系祖先的五個例證:(一)《殷虛文字甲編》七一二版祭自上甲十三示用牛，小示用羊。（二）又《甲編》二二八二版自上甲至祖丁卜示用牡，《殷虛書契後編》上卷二十八頁八版自上甲十三示用牛，小示用羊。（三）《戩壽堂殷虛文字》一頁九版自上甲廿示用牛，二示用羊，三示用麂，四示用豕。而《後編》上卷二十頁三版自上甲至於武乙衣祭（殷祭），都是直系，那些小示全屏除衣祭範圍之外。（四）《甲骨叕存》五四片自上甲至大庚十位先公先王各記明用牲牢的數目，這十位都是直系。（五）直系先公先王的配偶都有特祭。由這五個例證，以爲可知殷人稱直系爲大示，旁系爲小示。而對直系大示的祭祀，比旁系小示的祭祀要豐厚得多。文中也以爲《通典》所引賀循《議禮》的話所說："殷之盤庚不序陽甲之廟而上繼先君，以弟不繼兄故也。"所說的也是重本系輕旁支這一事實，但賀循的話只是片段的，局部的，龜甲文的材料才是全部的，整體的。因此楊氏以爲祖庚爲武丁立近廟，進行肜日之祭，表示兒子對死父的祭祀特別豐盛一點，是人情之常，也是殷代典禮特別豐於直系祖先的常例。不必要祖己那樣的訓誡。但事實上祖己鄭重其事地提出了這樣的訓誡，而且作爲重要文告保存在典册裏。說明殷代統治者也曾在考慮這樣的禮制的利病，以之與上帝的警告聯繫起來，反覆斟酌了。總之，由金履祥、鄒季友等提出探索，終於得到甲骨文的印證，肜日一詞得到了正確理解。

（三）關於《高宗肜日》篇辭的作者、受話對象的問題

　　我國古代有記言、記事的史官，這是可以確信的。例如卜辭和金文中的作册或作册尹，就是掌管文書兼史官的。卜辭本身也可說是卜人兼史官所紀錄的文書。因此，古代各種歷史文件，總是史官的紀錄。在這一前提下說本篇篇辭的作者，就是指所記"言"是誰講的（正像今天新聞記者紀錄某一人的談話一樣）。受話對象，當然是指對誰講的。講話時，或者當場有史官紀録，或者事後有史官追記，而且最後寫定歸入典册時，可能還要經過加工修飾的。

　本篇篇辭作者，從本文中所記及所有傳説，都確定是祖己，這是没有問題的。但祖己是什麼人呢？前"校釋"中已指出，有的説是"賢臣"，有的説是"王族"，到魏源《書古微》始根據《孔子家語》、《帝王世紀》説是武丁之子孝己。而甲骨文中有兄己、父己、祖己，王國維《殷卜辭中所見先公先王考》及郭沫若《卜辭通纂》都考定他是孝己。這和本篇篇辭作者祖己應即一人。但陳夢家《殷虚卜辭綜述》以爲不是一人，以爲卜辭中的孝己在武丁時已死。並引《漢書·古今人表》及王國維早期之説爲證。但王國維晚期所作《高宗肜日説》論定本篇祖己即是孝己。他認爲孝己在高宗時没有死，只是被放逐，到祖庚在位時又回來，當祖庚祭武丁時講了這篇話。

　這裏應予弄清楚的有兩個問題：

　一、如果祖己不是孝己，那就是注疏家所説的"賢臣"。王國維在《高宗肜日説》中已指出："《商書》中以日名者，皆商之帝王，更無臣子稱祖之理。《白虎通·姓名篇》臣民亦得以生日名子者，以《尚書》道殷臣有巫戊、有祖己也。余所見商周間彝器，臣子稱其祖、父爲祖甲、祖乙、父丙、父丁者，不知凡幾。然門内之稱，不能施之於國史。故《書》之祖己，實非孝己不能有此稱也。"他所舉出的理由是可以成立的。而且在奴隸制王朝，一般所謂臣下，是不可能對君主較直率地講那麼一套誡勉性的話的。只有和君主至親宗室大貴族頭子，才有可能講這麼一篇話。我們從歷史上看，奴隸制政權守着"親親"原則，只有世襲宗室貴族才在政權中有發言權，像周王朝和春秋列國政權就是這樣。這本來是由於種族奴隸制的宗法決定着的。乃至後來奴隸制殘餘的封建政權，像晉代和南北朝時的一些王朝，以及時代頗晚的遼、金、元、清等王朝，也都只有宗室貴族才有發言權（像漢、唐、宋、明這樣基本不帶奴隸制殘餘的封建政權就沒有這現象）。這種“親親”的做法，和新興封建政權那樣依靠重用“賢臣”的做法，是根本不相同的，兩種現象無法並存的。因此，在殷代奴隸制王朝，居顯要地位而能這樣訓誡君王的，要説是一位什麽“賢臣”，而不是王室大貴族，那是根本不可能的。

二、如果祖己是孝己，但在武丁時死了，那麽又發生了祭祀對象和受話對象的問題。那就是説，只能是祖己還在世時，武丁祭其先王，祖己對其父武丁講了這篇話。不論是漢代今文學家及《史記》所説的武丁祭成湯，還是漢代古文學家及宋代理學家所説的武丁祭其父小乙（禰廟），總之都是祖己對父親誡勉了這篇話。這裏，顯然有兩方面的矛盾：（一）從祭祀迹象來説，它既和“高宗肜日”一詞的意義相違背，也和《尚書》稱祭祀的文例相違背。因爲卜辭中比較明確地顯示了“某王肜日”就是對某王的肜日祭，而不是某王對其先王的肜日祭。所以，如果把“高宗肜日”解釋成高宗肜祭其先王，顯然是不合卜辭文例的。而《尚書》文例，這在上引王國維《高宗肜日説》的論斷中已經闡明了。“《高宗肜日》果爲武丁祭成湯而作，則從《尚書》書法，當如《堯典》‘舜格于文祖’，《尹訓》‘伊尹祀于先王’，《泰誓》‘太子發上祭于畢’之例，逕云‘王祭于成湯’。即如《史記》説，亦當云‘高宗祭成湯’，不得云‘高宗肜日’也。”所以，如果把高宗祭先王，寫成“高宗肜日”，顯然是不合《尚書》文例的。（二）從受話對象來説，也有矛盾。王國維《高宗肜日説》指出：“如王斥（指）高宗，則以子訓父，於辭爲不順。”因爲這是不合於奴隸制時代的倫理規範的。而且像傳説中那樣，以一個爲父王所不喜，至於放逐的兒子，竟能無忌憚地對父王講這每一篇勸誡的話，也是不可想象的。

因此，我們只好采用王氏的結論，以爲這篇話是"祖己誡祖庚"的。這就推翻了漢代今、古文家及《史記》以來的説法。這是金履祥、鄒季友所提出，王氏所完成的。金、鄒雖認識到是祖己對祖庚講了這篇話，但還以爲祖己是"賢臣"。直到王氏才最後確定他是孝己，是王室大貴族，而不是所謂"賢臣"。

此説的前提是，必須解決孝己是否死於武丁時的問題。其癥結就在所謂武丁卜辭中的祭小王的問題。按，一般所説武丁時祭小王或與小王有關的卜辭，如"小王□田夫"（庫1259），"虫小王"（南南3.146、鐵90.2），"令……小王……臣"（京2099），"□小王"（明2220）等條。及其他有小王字樣者四五條。論者遂以爲祖己已死於武丁時。其實所有這些卜辭都只稱"小王"，並没有一條稱"小王子己"，怎麽就能確定小王必然是祖己呢？《殷契駢枝》三編載明義士藏有"小王父己"之辭，這是人們據以斷定小王即祖己的論據。其實這也不是十分有力的，安知它不是指别一人。何況文獻中關於祖己的傳説很不少，也有"孝己"等稱呼，却一點也没有露出過他曾稱"小王"的綫索，因此我們認爲即武丁時果然有一個小王死了，也不能肯定他就是祖己。所以我們認爲王國維謂孝己不死於武丁時之説仍是可信的。

因此，我們認爲《高宗肜日》這篇講話的主講者祖己就是孝己，他當祖庚肜祭父王武丁宗廟的時候，因鳴雉之異，對祖庚講了這篇話。

（四）關於本篇寫作時期問題

關於本篇的寫作時期，應把祖己講這篇話的時期，同史臣紀録或追記這篇話及最後寫定這篇文辭的時期分别開來。

《書序》以爲二者是合一的，即"高宗祭成湯"的時候，"祖己訓諸王"，作"高宗肜日"。但"高宗"是死後才有的廟號，這是一矛盾，所以《史記》調停二者之間，把説話放在"高宗祭成湯"時，而本篇之寫成則放在武丁死後，以爲祖己"嘉武丁之德"因而寫作的。他們都把祖己作爲本篇文辭的直接寫作者。到鄒季友《書傳音釋》就清理了這些説法，他説："按《説命》篇首稱王，此篇首稱高宗，史臣不應逆書廟號。《史記》謂祖己諫於高宗時，作書於祖庚時，蓋亦因篇首高宗二字，而曲爲之説耳。篇中略無前王戒後王之意，且稱'祖己曰'者，乃史臣之辭，非祖己自作書也。此必祖庚肜祭高宗之廟，而祖己諫之，故有豐昵之戒。辭旨淺直，亦告少主之語耳。"到王國維《高宗肜日説》，才研究得更明確些。他説："經言祖己訓於王，如王斥高宗，則以子訓父，於辭爲不順。若釋爲祖己誡祖庚，則如伊尹訓太甲，於事無嫌。蓋孝己既放，廢不得立，祖庚之世，知其無罪而還之。孝己上不懟其親，下則友其弟，因雉雊之變而陳正事之諫，殷人重之，編之於書。然不云兄己、父己，而云祖己，則其納諫雖在祖庚之世，而其著竹帛必在武乙之後。"他的説法就比《史記》的説法要合理些。可能當祖己説話時有原始紀錄，到武乙以後才由史臣修飾定稿載入典册，所以稱之爲祖己了。王文又云："繼思《尚書》中……無臣子稱祖之理。《西伯戡黎》之祖伊，亦疑即紂之諸父兄弟。果如此，則《商書》之著竹帛，當在宋之初葉矣。"他推測《商書》這些篇章寫定在紂亡之後，微子受封建立宋國之初，這樣的推斷很近於歷史的實際。

就本篇文辭內容看，它確實是殷代的，如"肜日"這一殷代才有的祭祀，"高宗肜日"這一殷代專有的用語，特別是殷代基於自己民族鳥圖騰的傳統影響對於鳴雉的非常重視，和對"上帝"的戒慎恐懼的態度，等等，這些都肯定是殷代的東西。因而也可推定，當祖己在祖庚之世講這篇話時，可能有原始的紀錄的。但是這篇文辭中的用語，有好些是殷代原來所没有的，而是周人才用的（如天、德等字）。這一篇文辭之寫成定稿，時間當已進入了周代，執筆修飾寫定的人當是已接受周人語言影響的宋國史臣。

我們知道，不論近人對殷周等族的起源地有些什麽不同看法，然而大體可認爲，就其民族主體來説，殷人原來作爲東方鳥夷族的一支裔，是在我國東北部、東部及中部範圍遼闊的領域裏活動着的，而周人則作爲西土夏族之裔是在我國西部以渭水流域爲中心遍及晉陝甘廣大地區後來擴展到晉南豫西南及汝水一帶活動着的。兩族並立活動着，但殷人較早一點登上歷史舞臺，他們的經濟和文化在奴隸制基礎上都發展得較先進，所建立的國家大，國力强。《商頌》説殷“邦畿千里”，即殷商王朝直轄地都有千里廣袤，則所屬於商王朝的疆土自然更廣大了。周人則經濟和文化比殷人都落後，力量小，因此有時要妥協於殷的壓力下，但基本上是獨立發展的。不過也要認識到，雖然在它們活躍於歷史舞臺的時候，它們是兩個並立的民族，但實際上原來血統同源、文化同源、語言也同源。正如恩格斯所指出的：“一個原來統一的部落，怎樣漸漸地散布於廣漠的大陸，各部落怎樣分裂而轉化爲民族，轉化爲完整的部落集團，語言怎樣改變……”殷周兩族的分裂也一樣，各自分道揚鑣，因此同源的文化和語言就出現很多歧異，各有了不同的方言。但由於歷史發展，兩族又因接觸頻繁，而逐步實現民族交融，因此不同方言又往往互相影響交互采用。本篇出現的天、德諸字，就是商王朝和周人交往以及被征滅後的民族融合過程中，殷人采用周人方言的例證。

先説“天”字。“天”作爲至上神，在西周典籍及金文中大量使用着。（如《周書》諸誥——指五誥及《梓材》、《君奭》、《多士》、《多方》等共用"天"字112次，但也同時有"帝"字25次；《周易》爻辭用"天"字17次，有"帝"字1次；《詩》中神意之"天"用106次，"帝"字38次。而金文中亦"天"多於"帝"。）但甲骨文中只有"帝"字，沒有作爲至上神的"天"字（只有和"大"同義的"天"字）。"帝"，就是商民族的至上神，以爲宇宙間一切現象和人間一切吉凶禍福都由帝主宰。帝能令雨、令風、降菓、降禍、降食、降若（順、喏）、授佑、授年，等等。這些常見於祖己所處的武丁、祖庚之世的卜辭中。因此，如果本篇真是祖己講話的原文，則"惟天監下"當作"惟帝監下"，"天既付命"當作"帝既降命"或"帝既授命"，等等。但現在本篇不用一"帝"字，却用了四"天"字，可知已放棄殷人自己慣用的字，改用和周人交往後所通用的字了。

　　恩格斯在《論布魯諾·鮑威爾與原始基督教》中說："古代一切宗教，都是自發的部落宗教，以及後來的民族宗教，它們發生於而且結合着各該民族的社會和政治狀況。""本民族神可以容異民族神與己並立。……民族神一旦不能再保衛本民族的獨立自由，他們本身也就同歸於盡。"由這使我們理解到："帝"是殷商的民族神（吳大澂《帝字説》始指出帝字是花蒂的象形，"草木之所由生，枝葉之所由發，生物之始，與天合德"。殷人即以帝來象徵至上神而兼本族始祖神）。"天"是周的民族神（王國維《釋天》謂天字本象人形，據《說文》"天，顛也"，爲至高無上之意。顧立雅《釋天》謂天爲大人之象形，周人以之表示其先祖大神，如在天之神）。但兩民族接觸頻仍、文化交流之後，周人的"天"和商人的"上帝"並立了，馴至成爲一神的異名，所以《湯誓》和《盤庚》篇中"天"與"帝"並用（這和希臘的Hera和羅馬的Juno一樣，本爲二神，後二民族交融後，就以爲是同一之神，與此正同）。最後因商的民族神已不能保衛本民族的獨立和自由了，與"他們本身也就同歸於盡"了，就只用周民族神"天"了。所以本篇和《西伯戡黎》、《微子》等三篇中，就只用"天"字而不用"帝"字了。顯然可見，這三篇的最後寫定，肯定是在商亡後較久的時間，殷人已周化很深的情況下寫成的，《湯誓》和《盤庚》的寫成時間，是比這三篇要早一點的。

　　至於周人接受了殷文化影響後，在語言中把"帝"和"天"同樣使用，所以西周諸《誥》中帝天二字往往並見。如《大誥》："不敢替上帝命，天休于寧王。"《康誥》："聞于上帝，帝休，天乃大命文王。"《多士》："惟天明畏，我聞曰上帝行逸。"西周金文亦然，像《宗周鐘》中"皇上帝"與"皇天"並用，《師訇毀》"天"與"皇帝"並用……等等。由此中消息，亦可推想《湯誓》、《盤庚》的最後寫定當與此西周諸誥諸器時間基本相近，而《高宗肜日》等三篇寫成固當晚於上述諸篇。

　　其次說"德"字。本篇所用作爲道德意義的"德"字，在甲骨文中也是沒有的，到周代金文和文獻中才出現。實際是西周統治者意識形態方面的一個範疇。殷代沒有此德字，因爲殷代尚沒有形成而且也不具備德的觀念，他們用殺戮的權威和上帝的權威來進行統治。他們把上帝的權威看做是絕對的，一切休咎禍福是憑上帝的意旨無條件降下的，並不根據人的願望來降禍福。他們遇事要占卜，就是在探明上帝意旨後去做任何事情，而不問其德還是不德。他們自以爲他們的王權是"有命在天"，由上帝保障了他們的統治的，所以在他們的意識形態活動中，根本不存在德的觀念。自從"有命在天"的殷王朝覆滅後，周人開始懷疑天的絕對權威，認爲"天畏棐忱……惟命不于常"（《康誥》）；"天不可信，我道惟文王德延"（《君奭》）；"王其德之用祈天永命"（《召誥》）；"唯敬德，亡攸違"（《班殷》）。這樣頻繁地提出了“德”字用來“祈天永命”，就是用“敬德”來求取天命。郭沫若《先秦天道觀之進展》對此點闡釋得很清楚，認爲這是周人提出的新思想，但是他們仍然需要利用殷人所鼓吹的天命來進行統治，因此郭氏指出：“周人之繼承殷人的天的思想，是政策上的繼承。”“以天道爲愚民政策，以德政爲操持這政策的機柄。”還提出了“天眷有德”的意思，以爲沒有德的便不會得着天佑。郭氏早於此的另一文《周彝銘中之傳統思想考》，也指出德字始見於周文，並根據各彝銘總結出周初所予德字的含義，以省心爲德，而標榜以明心、謙冲、荏柔、虔敬、果毅等爲得之於內的德；而把這些統治階級的有政治目的的行爲如崇祀、尊祖、敦篤、孝友、敬慎、無逸等爲得之於外的德。並鼓吹所謂有德者能得到壽、祿、延其福澤以及和協萬民，等等。而有德者的一切表現格外的行爲方式彙集了下來，就成爲一些行爲儀節，這就構成了後來儒家所謂的“禮”。這就是西周奴隸主統治者在推行“神道設教”的同時，所提出的用以作爲諄諄説教的另一起補充作用的思想統治術。後來就成了孔丘鼓吹“克己復禮”即恢復西周制度的中心内容之一———所謂“德教”。由漢宣帝所説“奈何純任德教，用周政乎”一語，也可證所謂“德教”，就是周政。其中有德則能得壽這一點，與本篇所宣揚思想略相合。可知本篇這一觀點顯然是受了西周影響。這就證明了本篇最後寫定確在周代。

　　雖然本篇中用了德字，但全文主旨仍然保持着上帝很大的權威。上帝根據它自己的原則，要怎樣付命就怎樣付命，用付命來規範人們的行爲。與後來神學目的論的“天人感應説”所鼓吹的人的行爲與天帝感應相通，能引出天意譴告之説，是有不同的。上帝還是憑它的意志，運用授予壽命長短來規範人們的行爲品德。所以本文主旨還是在誡勉殷王聽從上帝意旨，把政事辦好。因此文中雖然采用了周人的德字及其某些可能的概念，顯然是兩民族間語言融合後，在受其影響中采用的，而全文還是基本保持着原有意境，保持了上帝絕對權威的原有精神。同時文中仍稱祖己而沒有改稱孝己，而孝己之稱始見於戰國文獻中，如《荀子》之《性惡》、《大略》二篇，《莊子·外物》，《戰國策》之《秦策》、《燕策》，《呂氏春秋·必己》和《尸子》等，可知執筆寫定者還是殷人，也就是西周時代接受了一些周人思想影響的宋國史臣。

（五）雊雉灾異的問題

在祭祀大典中，發生雊鳥鳴叫的事，這在殷代是有特殊意義的大事。因殷代奴隸主統治者的宗教迷信觀點特別强烈，在歷史上形成爲"殷人尚鬼"的特點；而原始時期商族又以鳥作爲本族的圖騰，在這淵源久遠的圖騰崇拜的傳統意識下，殷人認爲雉是一種神鳥（參見"校釋"部分），因此鳴雊的事不能不成爲一件大事。

從卜辭中看出，殷代奴隸制王朝的統治者，對任何一事都要占問它有尤、無尤，有禍、無禍，可以看出他們對任何自然現象都非常小心害怕；對特殊一點的，當然更要害怕。這就是一種還較爲接近早期的愚昧的宗教迷信現象。一方面，他們對自然現象無法認識，無法掌握，而生活中又時常發生一些無法預知的禍福，因此就認爲在冥冥中有主宰這些禍福的至上神，而這些無法認識的現象就是神意的表現。這就是由於自然力的人格化所產生的最初的對神的迷信。正如恩格斯在《反杜林論》中所説的："在人們日常生活中支配着人們的那種外界力量，在人們頭腦中之幻想的反映。在這反映中，人間的力量采取非人間的形式，在歷史的初期，這樣被反映的首先是自然的力量。在往後的演變中，自然的力量在各國人民中，獲得各種不同的複雜的人格化。"因此,另一方面,他們又正要利用這種人格化的神的力量去欺壓被統治的奴隸階級。正如恩格斯在《論布魯諾·鮑威爾與原始基督教》中所説的:"自發宗教如黑人的拜物教或阿利安人共同的原始宗教,當其初發生時,欺騙雖未起過作用,但在其繼續形成中,牧師的欺詐已是不可避免的了。"這時的殷代奴隸制統治者,就是通過巫師的欺詐,使這樣的宗教迷信成爲恫嚇和麻醉被統治者的鴉片。他們舉行許多繁縟而複雜的祭祀典禮和迷信儀節,既用以維繫統治階級特別是王室貴族内部的聯繫,同時也以之嚇唬和愚弄被統治階級。但他們自己也就被這種"采取非人間的形式"的"外界力量"所支配。當他們正在虔敬地舉行非常隆重的祭祀大典的時候,忽然聽到他們的傳統意識裏與圖騰崇拜有關的一向奉爲神鳥的雉的鳴叫,這對於他們不能不是非常可怕的大事,以爲神意在要責罰他們什麽。因此國王也會戰戰兢兢。究竟這種奇異的野鳥爲什麽會起這樣大的作用呢? 這要弄清殷代的圖騰傳統。

　　《詩·商頌·玄鳥》説:"天命玄鳥,降而生商。"又《長發》:"有娀方將,帝立子生商。"《楚辭·天問》:"簡狄在臺嚳何宜,玄鳥致貽女何喜?"是説上帝命令玄鳥下來和有娀之女簡狄生下了商的始祖契。這一故事從殷代傳到漢代,演變得越詳備越完整,其實只是反映了早期商族曾經過母系氏族社會階段並以玄鳥爲圖騰的這一歷史遺影。于省吾先生《略論圖騰與宗教起源和夏商圖騰》一文,就論證了這點。舉出商代青銅器有"玄鳥婦壺",表示作器的貴婦爲鳥圖騰的後裔。又舉乙、辛時卜辭中有"惢毓妭"之文,惢即《詩·長發》的有娀氏。顯見商代從先世契母簡狄,一直到乙辛時期,還與有惢氏保持着婚媾關係。這些地下史料與文獻紀録交驗互證,證實了早期商族母系階段與圖騰崇拜的確切存在。

胡厚宣先生《甲骨文商族鳥圖騰的遺迹》一文，對此作了更詳晰的闡釋。並考釋了玄鳥就是鳳，而雉是鳳屬的一種，或稱丹鳥。文中先就文獻材料考釋古代東方的太皞、少皞二族也以鳥爲圖騰，相傳太皞姓風，"風"即"鳳"字；其佐勾芒，《山海經·海外東經》説他鳥聲人面，而且又名九鳳。少皞名摯，一作鷙，也是鳥，他即位時鳳鳥適至，就"爲鳥師而鳥名"，他所設的二十四官没有不是以鳥爲名的。兩皞活動地區正和商族發祥地相同，可知就是商的先世，都是居住在東方先後發展活動着的族姓。這些東方的部族，在文獻裏多被稱爲"鳥夷"，如《禹貢》説冀州"鳥夷皮服"。《漢書·地理志》、《大戴禮記·五帝德》、《説苑》等，都説到東方的鳥夷。可知我國古代東部北至東北，南迄淮水，所居氏族都是以鳥爲圖騰，所以才被稱爲"鳥夷"。他們一直把較稀見的鳥奉爲神物，有祭鳥的風習。如《國語·魯語》和《莊子·至樂篇》都記魯國祭海鳥爰居之事。因此文獻中已看得很清楚，殷民族和其先後居住在東部的很多民族，都是以鳥爲圖騰的。

《甲骨文商族鳥圖騰的遺迹》一文更詳備的尋繹了甲骨文中有關商族以鳥爲圖騰的資料，舉出在高祖王亥的名字旁加以鳥圖騰符號，這就是早期東部民族所慣有的圖騰的痕迹。特别是卜辭中有很多東部民族所慣有的祭祀神鳥的紀録，如早期卜辭中有一條："庚申卜，扶，令小臣取□祥鳥。"（《甲》2904）扶爲貞人名，問令小臣官名叫取的報祭祥鳥好不好？按《史記·殷本紀》記祖己稱雉爲"祥雉"，此處則稱祥鳥。更多的是武丁時關於祭鳥的卜辭，如"於帝史鳳二犬"（《通》398 等）。是貞卜祭祀於天帝的使者鳳，用二犬。又如"燎帝史鳳一牛"（《續補》918）。是貞卜燎祭於天帝之使者鳳，用一牛。此外乙、辛時還有"貞王賓帝史"的卜辭。這些都是祭祀鳳鳥。又武丁時有三條卜辭云："丁巳卜，貞帝雉。""貞帝雉三牛三豕三犬。""□□□□□□□一犬。"(《前》4.17.5)第一辭說，丁巳日占卜，貞問禘祭雉鳥好不好？第二辭貞問禘祭雉鳥用三牛三豕三犬好不好？第三辭殘缺，當是貞問禘祭雉鳥用一羊一豕一犬好不好？這都是祭祀雉鳥，而且祀典很隆重，用牲數不少，顯然是對神鳥雉的重視。武丁時不僅要祭鳥，還要祭天上的鳥星，《殷虚文字乙編》的6664、6665、5920＋6297＋6672＋7663＋6673 等片中的"攷卯鳥星"，就是有名的記載用裂牲和剖牲的祭法祭祀鳥星的卜辭。武丁時的卜辭中，更有好幾條關於鳴雉的紀錄。如《海外甲骨錄遺》1.1 片正面云："庚申卜，㱿，貞王勿……"反面云："之(茲)日夕，屮(有)鳴雉。"是說庚申這天晚上有鳴雉。又《殷虚文字甲編》2393 片(正面)云："癸卯□，瓜，□旬亡□。"2415(反面)云："……庚申，亦有酘有鳴雉。"(酘，郭沫若《卜辭通纂》427 片考釋謂"疑是毁字，要當含惡意，與祟咎等同。")是說癸卯以後第十八天庚申亦有禍祟，有鳴雉。這些都說明，在武丁時代，殷王朝統治者是如何以一種戒慎恐懼的心情對待着鳴雉的事，似乎雉一鳴，就有着禍祟伴隨着。文中並舉出古代其他文獻中亦常見鳴雉的記載，足與此相印證。如《詩·小雅·小弁》"雉之朝雊"，又《邶風·匏有苦葉》"有鷕雉鳴"、"雉鳴求其牡"，《楚辭·九懷》"雉咸雊兮相求"，《大戴禮記·夏小正》"雉震雊"，《初學記》引《尚書洪範五行傳》"雷微動而雉雊"，《淮南子·要略》"郊雉皆呴"，《法言·先知》"雉之晨雊"，又《吕氏春秋·季冬紀》和《禮記·月令》、《淮南子·時則訓》都說，季冬之月，"雉雊"。所有這些都看出，古典文獻中頗多提到雉雊的事，顯然這一風氣就是沿自殷代。甲骨文中如實地反映了這一風氣。當時統治者不僅這樣戒慎恐懼地對待鳴雉，而且連夜間夢見群鳥聚集也感到是大事，要告祭於先王。如《簠室殷契徵文》的"帝207"片和"文40"片云"……夢集鳥"，"……告于丁，四月"就是。

所有以上種種資料和論證都説明，殷代統治者在他們的宗教迷信思想籠罩下，基於其祖先圖騰崇拜的傳統意識的影響，對於一向視爲神異的雉鳥的鳴叫，是非常敏感，非常警覺，非常畏懼的。武丁時代的卜辭反映此點特別突出，他的兒子祖庚在對他祭祀時剛好遇上這件事，對他們來説，確實是很可怕的，不知神有什麼要責罰他們。《高宗肜日》篇就是這件事的實録，反映了當時奴隸主統治者的精神面貌，是一篇符合當時歷史事實的記載。

本篇所記這一鳴雉事件的原始意義也就限於此，此外更沒有其他什麼灾異意義了。

可是這一篇文件到了經師手裏，却成了他們宣揚天人感應、灾異譴告的好材料，平白地替它加上許多前後互相矛盾的灾異説法，使我們看到這些宣揚天命論的不放過任何可利用的資料。

漢代的今文學派的"經學"在這方面達到登峰造極的地步。其中主要代表者董仲舒，他吸收很多道家、方士之説把它發展成體系繁備的宣揚天人感應的神學目的論，提出成套的陰陽五行灾異學説。再到劉向，更加縝密的傅會。於是把本來具有物質的自然屬性的陰陽和五行，憑空地賦予道德屬性，説成是與人類行爲和自然活動以及上帝安排，都是交相感應的。不論什麼事物，都可牽强附會地和五行、五方、五色、五味、五官、五事（即《洪範》的貌、言、視、聽、思）……等等結合起來，從而能看到它的吉凶等等。於是漢代儒生就紛紛給《高宗肜日》的雉鳴現象提出許多灾異解釋，這些解釋和殷人當初對這件事的看法完全風馬牛不相及。現在舉要如下：

較早的是《尚書大傳》，以爲雖然是變異，却是吉兆。其説已見前引。《大傳》又載了武丁時桑穀俱生於朝的另一異事，也是經過祖己講了一段話，結果也是來朝者六國。顯然是一個故事的傳異。（漢高堂隆又把桑穀生朝，説爲太戊事。）這是任意地假借異兆來進行説教。

其次是劉向《尚書洪範五行傳論》，以爲"雉雊鳴者，雄也。以赤色爲主。於《易》，《離》爲雉。雉，南方也。近赤祥也"。也以爲是祥徵，用意和上面一樣（《漢書·五行志》引）。

向子劉歆補充或修改向説，在《洪範五行傳》中提出綜合的説明云："視之不明，時則有羽蟲之孽；聽之不聰，時則有介蟲之孽；言之不從，時則有毛蟲之孽；貌之不恭，時則有鱗蟲之孽；思之不睿，時則有倮蟲之孽。"（《尚書》孔疏引）是用非常荒謬的毫無任何聯繫的牽強附會來神秘地宣揚人的行爲與自然界的交相感應。

接着《洪範五行傳》解釋雉雊，"以爲羽蟲之孽。《易》有《鼎卦》，鼎，宗廟之器。主器奉宗廟者，長子也。野鳥自外來，入爲宗廟器主。是繼嗣將易也"（《漢書·五行志》引）。（孫星衍《疏》將此説釋爲缺長子之祀所致，魏源《書古微》以此説爲其繼嗣説的有力根據。）這是根據自周以來的嫡庶之制來看這件事的凶吉，反映漢代上層統治者争奪權位鬥争的醜態。

《漢書·五行志》記漢代又一説云："一曰：鼎三足，三公象，而以耳行。野鳥居鼎耳，小人將居公位，敗宗廟之祀。野木生朝，野鳥入廟，敗亡之異也。"是把它説成可怕的凶兆，反映漢代上層統治者對下層力量的害怕。

鄭玄《尚書注解》云："鼎，三公象也，又用耳行。雉升鼎耳而鳴，象視不明。天意若云：當任三公之謀以爲政。"（《孔疏》引）和上一説略同,並同樣以爲是天給王者的警告。這是在替世族豪門力圖壟斷政權造輿論。

所有以上這些,就是漢代方士化的儒生用五行灾異説對《高宗肜日》一篇所傅會的説法。對於同一件事,他們可以隨意説成是吉或是凶,總之是根據他們的神學目的論,隨心所欲地爲統治者的利益提出神意解釋,或者爲封建統治者粉飾,或者爲封建統治者敲警鐘、造輿論,總的企圖是利用天人感應謬説來論證君權神授,用天命論來爲當時已向反動轉化的、歷史地位已轉變了的封建政權服務。

到晋代出現的僞《孔傅》,已經不能真正懂得漢代方士化儒生的五行説了,但還要冒充漢代五行説,所以開口就錯:

僞《孔傅》云:"耳不聰之異。"很自然地引起一些懂得點漢代儒生五行説的後來儒家的反駁。唐人解儒家經典本來是遵守"疏不破注"原則的,可是對這點,《孔疏》却説:"先儒多以此爲羽蟲之孽,非爲耳不聰也。"正式提出異議。因爲他看出了《洪範五行傅》,劉歆、鄭玄等都以爲是"視之不明",僞《孔傅》獨説"耳之不聰",使他無法圓場。到宋代的胡旦更駁之云:"孔謂耳不聰,使雉在鼎足,爲足不良歟?"(董鼎《書傅轉録纂注》引)簡直指出僞《孔傅》的冒牌五行灾異説的笑話了。

這種種神秘主義的陰陽五行灾異説,以公開的神學面貌出現,在漢代愈來愈鬧得烏烟瘴氣,發展成公開騙人的讖緯神學,也就在階級鬥爭特别是農民起義的風暴掃蕩打擊下,逐漸失去欺騙的作用。陰陽五行説也就和讖緯説一起,逐漸失去它作爲統治思想的地位。腐朽的六朝以來統治者,搞一套唯心主義的玄學來替代它。開始企圖用哲學範疇來替代赤裸裸的神學迷信,但他們所實際宣揚的仍然是一些從佛教、道教所稗販來的宗教唯心思想,仍和漢代方士化的儒家思想一脉相通。到宋代建立起後期儒家最完備的思想體系——理學，也就是道學，把維護封建君主的絕對統治權和鞏固封建秩序的三綱五常等倫理規範，推崇到至高無上的"天理"的地位，並且進一步用一些哲學範疇再度宣揚陰陽五行，以五行統一於陰陽，而陰陽上面還有統攝一切的太極，太極也就是"天理"的綜合，從冥冥的無極中生出。他們强調天理統制人欲，道心支配人心，實際仍是董仲舒所倡"天人相與"的翻版。不過采取了更隱蔽的形式，使宗教神秘主義的迷信東西表現得更爲哲學化、理論化。在這思潮所及之下，他們就要摒棄漢儒的一些赤裸裸的方士化神學語言，代之以他們的唯心主義"理性"語言。像胡旦除批評了僞《孔傳》外，還反駁了劉歆的意見，他說："劉謂鼎象三公，小人將居公位，則用傳說，其小人歟?"真德秀也批評了漢儒，其《書說精義》云："蓋鼎者祭祀之器，耳主聽，聽不聰則災孽生焉。漢儒之論災異，大抵如此。"他是把僞《孔傳》當作漢人代表來批評的。

宋儒反對了漢儒說法，就要提出他們自己的說法，來解釋這一"災異"。說法也很多，現在也略舉數例如下：

蘇軾《東坡書傳》："高宗肜日之祭，野鷄鳴於鼎耳，此爲神告以宗廟祭祀之失，審矣。……天災不可以象類求。"

林之奇《尚書全解》："必其宗廟祭祀之事有不合於禮者，故野雉因而至也。"

吕祖謙《東萊書說》："災異有二，天必待君之過，形見暴露，然後出災異以警懼之。無道之君與天地隔絶……災異之應常遲，有道之君至誠與天地合爲一體……災異之應常遠。"

蔡沈《書集傳》："意高宗之祀，必有祈年請命之事如漢武帝五畤祀之類。祖己言永年之道不在禱祠，在於所行義與不義而已。"

王柏《書疑》："高宗祈年永命,私一己之心也,故雉雊於廟鼎。……何以知其然也,以祖己之言推而知之。"

説來説去,他們所反對的只是漢代方士化儒生用五行象類所進行的荒謬的比附方法,反對以羽蟲(鳥類)象徵"視之不明",反對以鼎象徵封建政權中的最高層(三公)……等等,如此而已。因爲他們看到這些太容易被人拆穿,不足以爲維護封建統治起宣傳作用。他們所大力宣揚的,仍然是爲宣傳王權神授而鼓吹的"天人感應"説。這正如馬克思、恩格斯在《德意志意識形態》中所揭露的:"一切唯心主義者,不論是哲學上的還是宗教上的,不論是舊的還是新的,都相信靈感、啓示、救世主……"他們始終要宣揚這一套,完全是因爲當時階級矛盾極端激化,爲了替宋王朝穩住陣脚,不得不仍乞靈於這些靈感、啓示。

《高宗肜日》這篇文件所記載的,原是殷代奴隸制王朝統治者的一次宗教迷信紀錄。在殷代,奴隸主統治者運用兩種職能最突出。那就是劊子手的殺、鎮壓和巫師(殷代的牧師)的欺騙、嚇唬。從現存本書的幾篇殷代奴隸主王朝文告就可看出,他們用上帝命令和殺戮手段來强制被統治者服從,就可知道殷代是完全用此二者進行統治的。從卜辭也可看出,全部卜辭本身就是巫師迷信活動的紀錄,而卜辭中所記的屠殺奴隸以爲犧牲的事和以其他方式殺衆的事,多至不可勝紀,加上地下發掘的大量殺殉實況,都足以證明這類血腥殘酷的歷史真實。由於他們爲了統治的需要把宗教迷信推崇到那麽高的地位,就必然在統治者的思想意識中,這種非人間形式的宗教迷信也起了支配作用,因而他們在虔誠地祭祀先王的時候,遇到這一與他們的祖先圖騰崇拜傳統意識有關的異事,便自然而然地感到誠惶誠恐。這看出當時奴隸主統治者的精神面貌,他們是如何的愚昧與虛弱。祖己對嚇壞了的祖庚説了這篇話，主旨是説，在祭祀時上天提出警告，就應當把祭祀按常規辦好。應當聽從天命，不應當對天命有不理解。因爲上天監管下界自有它的道理的，就是人們的壽命長短，也看人們是不是遵循上天的道理而定。所以不應當提出對天意的不理解。這就是這篇談話的内容，它是地地道道的爲奴隸制統治者宣揚天意的。

自漢至宋以來的儒家，利用本篇雉鳴事件所作的各種不同的灾異説，與本篇原來所載意義毫不相干。他們是在利用本篇雉鳴事件，從各種角度鼓吹天人感應的譴告作用，來爲封建統治者承受天命作宣傳。因而，從這一意義來説，它與原件之宣揚天命爲奴隸主王權作宣傳，其作用還是一樣的。

西伯戡黎

《西伯戡黎》這篇文字,記的是周文王征服了居於商王朝西北屏蔽之地的黎國之後,商代統治者感到危亡在即,其貴族大臣祖伊對商王紂提出警告的一篇對話紀録。在西漢伏生《今文尚書》及其弟子三家《今文尚書》里是第八篇(為《商書》第四篇);《史記·殷本紀》全文録載了本篇;到東漢《古文尚書》本列為第十篇(仍為《商書》第四篇),東晋偽古文本則是第二十五篇(為《商書》第十六篇)。其全文情况詳後面的"討論"。

(一) 校 釋

西伯①既戡②黎③,祖伊④恐,奔告于王⑤曰:

①西伯——周文王(見《史記·周本紀》)。"伯",《釋文》云:"亦作'柏'。"惠棟《九經古義》謂郭璞《穆天子傳》注云:"古'伯'字多從'木'。"今觀《漢書·古今人表》,"伯"大多作"柏",可證明其説的合於事實。"伯",音義同"霸"。古時稱諸侯中强大者為"伯",

即“霸”。周爲西方强國,故稱“西伯”。詳後面討論(二)。

②戡——一作“𢦟”(見《説文·戈部》“𢦟”字下引本句作“𢦟”,從戈,今聲。慧琳《一切經音義》八十三引《尚書大傳》釋此字亦作“𢦟”)。又作“堪”(《爾雅·釋詁》:“堪,勝也。”郭璞注引本句作“堪”。《左傳·昭公二十一年》“王心弗堪”,《漢書·五行志》作“王心弗𢦟”,知“堪”、“𢦟”同字)。或作“龕”(《文選·和伏武昌登孫權故城》“西龕收組練”李善注:“《尚書·序》曰‘西伯戡黎’,‘龕’與‘戡’音義同”)。段玉裁謂據李善注知唐初《尚書》本固皆作“戡”(《古文尚書撰異》)。然由《説文》“𢦟”字知壁中本原作“𢦟”,後易爲“戡”,或易爲“堪”。“𢦟”的意義爲“殺”,而《説文》釋“戡”爲“刺”,從戈,甚聲;釋“堪”爲“地突”,從土、甚聲。《爾雅》始釋“戡”爲“克”,釋“堪”爲“勝”,和“𢦟”意義亦相通。段玉裁則謂“‘甚’聲,‘今’聲古音同在第七部,非‘𢦟’爲本義,‘戡’、‘堪’爲假借”,是説“𢦟”、“戡”、“堪”音義本來相同,都有戰勝的意思。

③黎——漢代古文本作“𨛫”(見《説文·邑部》引)。後或又作“黎阝”(見《集韻·六脂》,注云:“國名”)。漢代古文本作“耆”(《尚書大傳》和《史記·周本紀》作“明年敗耆國”)。亦作“飢”(見《史記·殷本紀》)。又作“阢”(見《史記》《殷本紀》、《周本紀》之《正義》)。或作“阬”(見《史記·宋世家》。《集解》“阬音耆”)。陳喬樅《今文尚書經説考》及皮錫瑞《今文尚書考證》都説這些是漢今文三家異文,然羅泌《路史》、孫星衍《尚書今古文注疏》則説“阢”、“阬”爲“飢”的誤字。其説是。按《説文》:“𨛫,殷諸侯國,在上黨東北。”《續漢書·郡國志》“上黨郡壺關”:“有黎亭,故黎國。”注云:“文王戡黎即此。”其地在今山西省長治縣西南。詳後討論(一)。

④祖伊——人名。《殷本紀》説是“紂之臣”。僞《孔傳》云:“祖

己後,賢臣。"釋爲"祖己後"是錯誤的,因"祖"並不是姓,而是殷王
對死去的祖父以上各輩皆稱"祖",死去的父輩皆稱"父",原是一種
習用的稱呼。王國維云:"《商書》中以日名者,皆商之帝王,更無臣
子稱祖之理。""祖伊,亦疑即紂之諸父兄弟。"(《觀堂集林·高宗肜
日説》)王説是。王氏並以爲稱之爲"祖",必非當時紀録,斷爲宋國
初葉追記時稱呼的(參看《高宗肜日》篇"祖己"校記)。

⑤王——指商王朝最末一個國王"帝辛紂"(《史記·殷本紀》:
"帝辛,天下謂之紂。"按,《牧誓》稱爲"商王受",《竹書紀年》稱爲
"帝辛受")在位期間當公元前 11 世紀。

以上爲史臣記事之辭。

"天子①!天既②訖③我殷命,格人元龜④,罔⑤敢知
吉⑥。非先王不相⑦我後人,惟⑧王淫戲⑨用⑩自絶。故天
棄我,不有康食⑪,不虞天性⑫,不迪率典⑬。今我民罔弗欲
喪⑭,曰:'天曷不降威⑮?'大命不摯⑯,今王其如台⑰?"

①天子——《殷本紀》無此二字,皮錫瑞云:"蓋省文。"(《今文
尚書考證》)

②既——通"其",將要。俞樾云:"是時殷猶未亡,乃云'既訖
我命',義不可通。古書'既'與'其'每通用,《禹貢》'濰淄其道',
《史記·夏本紀》作'既道';《詩·常武》'徐方既來',《荀子·議兵
篇》引作'徐方其來',并其證也。……本篇以'天其訖我殷命'發
端,猶《微子篇》以'殷其弗或亂正四方'發端也。"(《群經平議》)

③訖——止,終止(《爾雅·釋詁》)。

④格人元龜——《殷本紀》作"假人元龜"。《集解》:"'元',一

作‘卜’。”王符《潛夫論・卜列篇》引作“假爾元龜”，陳喬樅謂“假爾”當是小夏侯本，同於《禮記・曲禮》“假爾泰龜有常”（《經説考》）。按，“格”、“假”皆與“徦”古通用（《禮記・曾子問》注：“‘假’讀爲‘徦’”），故其義同。《説文》：“徦，大遠也。”（參看《堯典》、《高宗肜日》等篇“格”字校釋）王充《論衡・卜筮篇》引“格人元龜，罔敢知吉”，釋爲“賢者不舉，大龜不兆”。是釋“格人”爲賢哲的人，釋“元龜”爲大龜。馬融亦云：“元龜，大龜也。”（《殷本紀・集解》引）僞《孔傳》則釋爲“至人”、“大龜”。《孔疏》云：“‘格’訓爲‘至’，‘至人’，謂至道之人……‘大龜’有神靈。”可知“格人元龜”就是“至道賢人”和“大龜”。俞樾云：“‘元’，大也；‘格’，亦大也。《史記》‘格’作‘假’，《爾雅・釋詁》：‘假，大也。’凡有大義者，皆有美善之義。”（《平議》）意謂“格人元龜”指人和龜中最好最佳的，和“賢人”、“大龜”之義亦相通。

⑤罔——《殷本紀》作“無”，義同（據《釋言》）。

⑥吉——古代奴隸主占卜時，認卜兆的好壞來得出它的吉凶，好的卜兆是吉，壞的卜兆是凶。

⑦相（第四聲）——助（《吕刑》“今天相民”馬融注、《左傳・昭公四年》“晋、楚唯天所相”杜預注），意即“保佑”。

⑧惟——是，爲。不完全内動詞（《詞詮》）。

⑨淫戲——《殷本紀》作“淫虐”，《集解》：“鄭玄曰：‘王暴虐於民。’”知漢時今文、古文都作“淫虐”。“淫”是過度的意思，“淫虐”意同“暴虐”。但祖伊作爲臣下向君主講話，直接説“暴虐”似不可能，按商代晚期，商王室和奴隸主貴族習慣酗酒和田獵，形成非常腐化的風氣，以“淫戲”二字説紂沉湎於這種風習，文理較妥。

⑩用——同“以”，介詞。

⑪不有康食——"康食"，《殷本紀》譯作"安食"。《集解》引鄭玄釋爲："王暴虐於民，使不得安食。"江聲則謂"爲天所棄，我殷不得安食，非言民不得安食"（《尚書集注音疏》）。章炳麟則以爲"康"即"糠"、"糠食"就是"貧賤糟糠之食"。"不有康食"，意謂連最壞的糧食也没得吃（《古文尚書拾遺定本》）。凡此對"康"字的解釋不同，然全句的意義仍相近，都是説不能維持起碼的艱苦生活。

⑫不虞天性——《殷本紀》作"不虞知天性"，段玉裁、陳喬樅等謂此爲今文。"虞"，《爾雅·釋言》釋爲"度"，《集解》引鄭玄釋句爲"逆亂陰陽，不度天性"。然牟庭《同文尚書》據《白虎通·號篇》"虞者，樂也"，《文選·羽獵賦》注"虞與娛古字通"。又孫詒讓《尚書駢枝》、章炳麟《古文尚書拾遺定本》也都以"虞"爲"娛"，皆以爲"不虞天性"就是"不樂天性"。此釋較妥。

⑬不迪率典——"迪"，由、用，王引之《經傳釋詞》、孫詒讓《尚書駢枝》，皆以爲《尚書》"迪"字多與"用"、"由"通用。是爲外動詞。"率"，孫詒讓《尚書駢枝》以爲是無意義的語詞（參看《湯誓》"率"字校釋）。但《顏氏家訓·書證》説："'率'字自有律音。"牟庭《同文尚書》以爲當從《爾雅·釋詁》："'律'，法也。"章炳麟《古文尚書拾遺定本》亦云："'率'如'穀率'、'算率'之'率'，實即'律'字。《釋詁》'律'、'典'皆訓'常'。""不迪率典"，牟、孫、章三氏皆釋爲"不用典法"，就是不由常法。其説可從。

⑭罔弗欲喪——《殷本紀》作"罔不欲喪"。"罔"，無（《釋言》）。"喪"，亡（《白虎通·崩薨》）。

⑮天曷不降威——隸古定寫本如 P2516 本、P2643 本、内野本、岩崎本、雲窗本"曷"皆作"害"（惟中少一筆作"宫"），"威"皆作"畏"，今、古文本原用字。"害"爲"曷"的本字（參看《盤庚》"曷"字

校釋），“畏”在金文中常假借爲“威”。此句意爲：“天爲什麼不降下責罰來呢？”

⑯大命不摯——《殷本紀》作“大命胡不至”。《唐石經》亦於句旁增刻“胡”字。但《説文·女部》“𡚾”字下引作：“《周（段玉裁校正作“商”）書》曰‘大命不𡚾’（段玉裁校正作“𡚾”），讀若‘摯’。”是原當無“胡”字，疑司馬遷爲足其意而增之。《釋文》：“摯，音至，本又作‘𡚾’（依段説當作“𡚾”）。”于省吾《尚書新證》云：“‘摯’乃‘藝’之訛。《吕覽·先識》‘向摯’，《淮南子·氾論》作‘向藝’。‘藝’，金文作‘�’或‘𢏗’。《毛公鼎》‘𡴀小大楚賦’。《番生𣪘》‘𩲰遠能𢏗’，即‘柔遠能邇’，‘藝’、‘邇’同音。《堯典》‘歸格于藝祖’，‘藝’，《尚書大傳》作‘禰’。然則‘大命不藝’者，大命不近也。《詩·雲漢》‘大命近止’，文例有反正耳。”此解“摯”當作“藝”，意爲“近”，甚是。“大命不近”，是説商代奴隸主政權所宣揚的從上天那裏承受來的大命就要離開了，相去不近了。

⑰其如台——《殷本紀》譯作“其奈何”。“如台”即“如何”，故亦作“奈何”（參看《湯誓》“其如台”校釋）。

以上這一節，是祖伊對紂講的話。祖伊感到國亡在即，指出這是紂的行爲招來的後果，勸諫他趕快注意改變。

王曰①：“嗚呼②！我生不有命在天③？”

①王曰——“王”，指商王紂，故《殷本紀》直作“紂曰”。

②嗚呼——《殷本紀》省去此二字。在本書今文本、古文本、隸古定古寫本中，此二字異體情況一如《盤庚》篇，今仍沿用後代通行體“嗚呼”二字不改。

③我生不有命在天——《殷本紀》作“我生不有命在天乎”。因

句首省去歎詞“嗚呼”,故句末加語氣詞“乎”,以完全體現原句語氣。《周本紀》更簡叙此句,並足其意爲:“紂曰:‘不有天命乎? 是何能爲?’”這些是較早的對此句的理解,其説近是。

以上這一節,記紂自恃天命,拒絶祖伊的勸諫。

祖伊反①,曰:“嗚呼! 乃②罪多参③在上,乃能責④命于天? 殷之即喪⑤,指乃功⑥,不無戮于爾邦⑦?”

①反——同“返”,即回去以後。《説文·辵部》即引作“返”。

②乃——第二人稱領格,即“你的”。這裏指紂,雖在背面説,在語言中仍用第二人稱。

③参——《釋文》引馬融云:“‘参’字‘厽’在上。”今本《釋文》“厽”作“累”,錢大昕、段玉裁皆以爲是陳鄂妄改。錢氏《潛研堂集》云:“《玉篇》:‘厽,累墼爲墙壁也。《尚書》以爲参字。’然則古本《尚書》作‘厽’,東晋本乃改爲‘参’耳。”段氏《古文尚書撰異》云:“《汗簡》、《古文四聲韵》皆云‘㒼’字見石經《尚書·戡黎篇》。字作‘厽’,甚協。謂爾罪多,積㒼如丘山,腥聞在上也。”段又舉唐鑄“開元通寶”,“重二銖四参”。沈括《夢溪筆談》謂“‘参’乃‘㒼’傳寫之誤”,證“参”字原當作“㒼”。是此字原作“厽”,或作“㒼”,都是“累”字的古文。“参”字誤。“乃罪多㒼在上”,就是説你的罪惡積累很多,聲聞於上帝了。

④責——責成,有所責求(《説文》),即現代語言中“要求”的意思。

⑤殷之即喪——“之”,其。“即”,遂。言“殷其遂喪”(《經傳釋詞》),是説明紂就要走上喪亡的路子的意思。

⑥指乃功——“指”,古與“耆”通用。俞樾《群經平議》舉《詩·

皇矣》"上帝耆之"《潛夫論·班禄篇》引作"上帝指之"爲證；牟庭《同文尚書》舉《釋名》"'耆'，指也"及《詩·武》"耆定爾功"《釋文》"'耆'，毛音指"爲證。"耆"的意義見《詩·武》毛傳："'耆'，致也。""功"，所有注疏家都釋爲"事"。故俞樾釋此句與下句爲："指，致也。言致極爾之事，必將爲戮也。"是説你的事情盡量發展下去，必將得到亡國的結果。按，《左傳·宣公十二年》士會引《周頌》曰："耆，昧也。"杜解："'耆'，致也，致討於昧也。"《孔疏》："'耆'，音'指'，'指'、'致'聲相近，故爲致也。'致討於昧'者，言養之使昧，然後討之。"意思是説讓對方發展到昏昧極點的程度，然後一舉攻擊他，直使之滅亡，和此處"指"字意義相近。不過《左傳》是使別人如此，這裏是自己如此。于省吾《尚書新證》以爲"指、稽均從旨聲，古音同隸脂部。指即稽，讀爲計。'殷之即喪，指乃功，不無戮于爾邦'者，言殷之就于喪亡，計汝之事，不無戮于爾邦也。"給"指"字提出了另一解釋，説甚通。牟庭釋"耆"即"黎"，並斷句爲"殷之即喪耆"。這只要確定耆即黎，然後此説就有可能。可參看後面討論（一）（二）。

　　⑦不無戮于爾邦——"戮"，通"僇"，辱（參看《甘誓》"戮"字校釋）。"無"，曾運乾《尚書正讀》説是疑問倒語，古音讀如"嗎"，並舉《儀禮·士喪禮》"無有後艱"即"有後艱無？"、"無有近悔"即"有近悔無？"爲例。此句也倒用，即："不戮於爾邦無？"也就是："不辱及你的國家嗎？"

　　以上這一節，記紂拒諫后祖伊的悲嘆。（此節自"祖伊反曰"以下全文六句，《殷本紀》没有照抄，用"紂不可諫矣"五字略括其意代作結語。）

（二）今　譯

西伯周文王昌征服了黎國，祖伊非常恐慌，跑去對紂王說：

"天子！老天爺快要終止我殷朝的天命了。懂得天命的賢人和傳達天意的大龜，都不敢說有好兆頭了。這並不是我們祖宗不保佑我們後代，而是王的過度的行爲自絶於天，所以天才拋棄我們，使大家没有安穩飯可吃，也就不安於天性，不由於常法。現在我們的人民幾乎没有不希望我們王朝完蛋的，都說：'天爲什麼不降下懲罰來呵！'看來天命已在離開我們了，王啊，現在您想該怎麼辦呵！"

紂說："咦！我不是一生下來就有大命在天的嗎？"

祖伊垂頭喪氣地回去，說："唉！你的罪多得積累到天上去了，還能向老天爺要求再給你天命嗎？我殷朝的敗亡之局已近在眼前了，你的所作所爲發展下去，還能不毁滅你的國家嗎？"

（三）討　論

漢成帝時出現的《書序》說："殷始咎周，周人乘黎。祖伊恐，奔告於受，作《西伯戡黎》。"（"咎"，憎惡、嫉惡。"乘"，勝。"受"，即紂。）《史記·殷本紀》作："及西伯伐飢國滅之，紂之臣祖伊聞之而咎周，恐，奔告紂曰……"都是說周的西伯征服了叫黎或飢的小國後，殷王朝的祖伊感到極度的恐慌，對紂說出了這一篇話。

這裏需要弄清楚的問題是：

（一）黎的地點何在

《説文·邑部》：“䣄，殷諸侯國，在上黨東北，从邑，称聲。称，古文利。《商書》西伯戡䣄。”

《後漢書·郡國志》“上黨郡壺關”：“有黎亭，故黎國。”注：“文王戡黎即此也。”

僞《孔傳》：“黎，近王圻之諸侯，在上黨東北。”

《通典》：“潞州上黨縣，古黎侯國，西伯戡黎即此，漢爲壺關縣。”又：“壺關縣，古黎國，地有羊腸坂，後魏移壺關縣於此。”

王鳴盛《尚書後案》云：“以今輿地言之，黎亭在山西潞安府長治縣西南，縣爲府治。而《孔傳》及《説文》並云‘黎在上黨東北’者，蓋其時郡治長子。今之府治非漢之郡治也。”

根據這些材料，我們可以肯定西伯所戡的“黎”就在今山西長治市南面壺關境内。

但古籍中還有些紛歧的説法：

《左傳·宣公十五年》“狄……奪黎氏地”，杜解：“黎氏，黎侯國，上黨壺關縣有黎亭。”《漢書·地理志》“上黨郡壺關”顔注：“應劭曰：黎侯國也，今黎亭是。”《元豐九域志》：“潞州黎侯亭，在黎侯嶺上。”這都是誤把壺關的黎亭作爲周代的黎侯國。其實周代的黎侯國不在壺關黎亭而在潞州黎城。《周本紀正義》：“《括地志》云：‘故黎城，黎侯國也，在潞州黎城縣東北十八里。’”《續漢書·郡國志》“上黨郡潞子國”注：“《上黨記》：又東北八十里有黎城。”按，《吕氏春秋·慎大覽》説“武王封帝堯之後于黎”（《太平御覽》二百一引作犁）。所謂“帝堯之後”不一定封在此地，因《史記·周本紀》説封在“薊”，《樂書》説封在“祝”。而黎則相傳爲“子”姓國，如各家所輯《世本》都説黎爲“子”姓，殷後。又《左傳·昭公四年》杜注：“黎，東夷國。”《史記·楚世家集解》："服虔曰：黎，東夷國名也，子姓。"《姓氏急就篇》也説："黎氏，黎侯之後，子姓。"在古籍中對以殷族爲主體的東方用鳥爲圖騰的各族都稱做"東夷"。由這些資料看來，似乎周代封了殷人的另一支在黎城爲黎侯；也可能就是"戡黎"時所征服的原來爲殷同姓的黎國，征服後把它遷到黎城，作爲臣服於周的侯國，所以它仍然爲子姓國，其地在今山西潞城縣東北的黎城。

　　這個黎侯國，到春秋時被狄人所侵占，建立了潞子國，黎侯被趕到衛國逃難去了。《左傳·宣公十五年》，晉人責狄人不當奪黎氏地，遂滅潞子國，復立黎侯。而《詩·旄丘序》云："狄人迫逐黎侯，黎侯寓於衛。"又《式微序》云："黎侯寓於衛，其臣勸以歸也。"這都反映了當時這一史實。（但《詩序》作於東漢初，也未必可信。）《水經·河水》"過黎陽縣南"注："黎侯國也。《詩·式微》'黎侯寓于衛'是也。"此黎陽縣漢時屬魏郡，宋屬衛州，後就其境置浚州，明時爲浚縣，清屬衛輝府。黎陽故城在浚縣西南三里即在今河南浚縣境內，這是周代的黎侯被逐避居衛地後留下的地名。元吳澄襲宋吳棫之説以爲西伯所戡的黎就是這個黎陽，其《書纂言》説："竊疑戡黎之師當是（武王）伐紂之時，然黎國若爲潞州之黎城，則山路險僻，不當周師經行之道，紂都朝歌在今衛州，而衛州有黎陽，去朝歌甚邇，或指當時近畿有小國，周師自孟津渡河，故先戡黎而遂乘勝以進紂都也。"這是他的誤説，由於他不知道黎陽是春秋時才有的地名所致。王鳴盛《尚書後案》特爲指明，這是堯後黎侯（實指封於黎城的黎侯）之黎，而非"戡黎"之黎。

　　現在特於附圖上標明壺關黎亭之"黎"爲"黎1"，周代所封黎侯國之"黎城"爲"黎2"，黎侯被狄所逐避居衛地的"黎陽"爲"黎3"。"黎1"，就是本篇西伯所戡之黎。

甲骨文中，武丁、康丁、武乙時都有征伐“𠦝方”或“召方”的卜辭，此𠦝或召可能即是“黎”。可知商代以殷（安陽）爲首都之後，經過幾代的努力，把這離首都才兩三百里的“黎”地平定下來，並封了自己的宗族於該地，作爲首都西面的屏蔽。到紂時，還在這裏徵集軍實，檢閱兵力，結果引起了東方屬國的叛亂。《左傳·昭公四年》，“商紂爲黎之蒐，東夷叛之”，這是明證。《史記·楚世家》也説：“紂爲黎山之會，東夷叛之。”當紂回過頭去鎮壓東夷方面時，周文王的勢力已日益發展，便趁機征服了黎方，直接威脅到紂都，這是對殷周形勢消長最有影響的一次關鍵性的事件。

但《尚書大傳》“黎”皆作“耆”，如云：“西伯戡耆。”（《路史·國名紀》引）“四友獻寶，乃得免於虎口，出而伐耆。”“免於虎口而克耆。”（並《左傳·襄公三十一年》正義引）“文王出則克耆。”（《禮記·文王世子·正義》引）《史記·周本紀》亦云：“明年敗耆國。”《正義》：“即黎國也。”《集解》：“一作阢。”《殷本紀》：“及西伯伐飢國，滅之。”《集解》：“飢，一作阢，義作耆。”又《宋世家》：“周西伯昌之修德滅阢。”《集解》：“阢，音耆。”《索隱》：“耆即黎也。”所有這些材料都説“耆”、“飢”、“阢”、“阢”都即是“黎”。我們看《殷本紀》和《周本紀》在説“伐飢”或“敗耆”之後，所記祖伊和紂所講的話就是本篇的話，因此我們敢於相信“飢”或“耆”就是“黎”的説法。

按，“耆”、“飢”、“黎”諸字同在段玉裁《六書音均表》的古韻第十五部，亦即王念孫、江有誥等所定古韵韻部，是諸字古音韻母相同。其聲母則爲牙音群紐與舌音來紐之異，實即爲舌端和牙齒相觸發聲，稍移作舌端和上顎相觸發聲，今湖南益陽某些地區方言猶把“茶”讀同“拿”的陽平聲，“坐”讀同“懦”的上聲，其發聲變異情況正與此相同。可知“耆”和“黎”二字實爲同一地名的異讀，可能就是商、周方言對此地名的異讀（"飢"則爲"耆"之假）。由甲骨文中有"勹"及《商書》作"黎"，而承先秦博士伏生之說的《尚書大傳》作"耆"及《史記·周本紀》亦作"耆"來看，似乎很有可能是商人讀"黎"，周人讀"耆"，同是指壺關附近這一地方。

甲骨文中，《殷虛文字甲編》810 片有"旨方來"，《殷契粹編》1124 片有"伐旨方"，1125 片有"御旨于嘉"，1126 片有"往伐旨"，1127 片有"旨方……于□告"。郭沫若曾指出這是殷的敵國，而不詳其地望。楊樹達謂："經傳未見有旨方之稱，余疑其爲《尚書·西伯戡黎》之黎，《說文》八篇上'老部'說耆字從老省，旨聲，甲骨作旨，《尚書大傳》及《史記》作耆，其音一也。'黎'與'耆'爲一聲，'旨'與'耆'爲一音，故知甲文之旨即耆，亦即黎矣。"（《積微居甲文說》下）按甲骨文中旨與勹爲二地，旨既爲敵國，地望又不明，很難說就是已臣服於商的勹（黎）或耆。

宋羅泌《路史·國名紀》："耆，侯爵。自伊徙耆，爰曰伊耆。一曰阢，黎也。故《大傳》作'西伯戡耆'。《史記》言'文王伐阢'，又云昔'文王伐飢'。本作阢，音祁，即耆，黎也。《周書》傳'五年伐耆'。而《大傳》作'戡耆'，故說以爲'黎'也。字書'阢'訛。"這是第一次提出了阢字是誤字。孫星衍《今古文注疏》也沿說"阢"、"阢"是"飢"的誤字。

"飢"，徐文靖《竹書紀年統箋》謂即"饑氏"。該書"帝辛三十四年，周師取耆及邘"條下說："《左傳·僖公二十九年》（按當作《定公四年》）祝鮀曰'分康叔以殷民七族'有'饑氏'是也。《周本紀》謂'西伯敗耆國'，《正義》曰：'即黎國也。'然《尚書》西伯戡黎乃武王襲封西伯后三年事也，安在文王所伐之耆即黎乎。"這是他第一個提出了"飢"和"耆"不是"黎"。

　　雷學淇《竹書紀年義證》云：“者，姜姓，國名。炎帝之先，自伊徙者，故曰伊者氏，即帝堯母家。者即文王所伐，皆炎帝支庶之封，使守祧宗邑者也。國之所在未詳。《尚書大傳》引‘西伯戡黎’作‘西伯戕者’，《史記》從之，又改作‘伐飢’。徐廣《音義》云：‘飢，一作阢，又作者。合黎、者爲一，非是。伐者乃文王事，戡黎乃武王事，《通鑑前編》嘗辨之。”

　　陳夢家《殷虚卜辭綜述》根據雷説提出黎與者爲二地，以爲“黎”是卜辭中的“𠦛”、“𠮷”、“邲”，“者”爲卜辭中的“旨”。他説：“《尚書》的‘西伯戡黎’與《尚書大傳》的‘文王伐者’應分別爲二事。《周本紀》説文王‘明年敗者國’，《尚書·西伯戡黎》正義引伏生《書傳》説文王受命五年伐者。《殷本紀》‘西伯伐飢國’是戡黎之事，而集解引‘徐廣曰飢亦阢，又作者’。作阢即邲之訛，與者無涉。”因此他的結論也是：“伐者乃文王事，戡黎乃武王事。”

　　楊筠如《尚書覈詁》據文王所平定的虞、芮、犬戎、密須、邘、崇等地皆在岐西豐、鎬附近，黎不得遠在上黨，以爲當即古之驪戎，亦即《國語》中的“戲”，金文中有《戲曰鬲》、《戲中鬲》，地在新豐附近云。

　　徐文靖、雷學淇根據明代的僞書《今本竹書紀年》立論，是不可靠的。陳夢家承其説，亦不足據。楊筠如錯誤地把邘、崇等地都列在豐、鎬一帶，所以提出了黎不得獨遠在東邊之説，也是未深考之故。至於以甲骨文中地名來論定文獻中地名，或然性很大。只有經過系統的綜合的研究，基本能較確切地考定甲骨文中各地名所在後，才能較有把握地認定它在文獻中相應的地名。又此諸人都提出了文王、武王先後戡定各地的問題，這與下面論及的問題有關，現特放在下面第（二）問題中討論。

　　（二）西伯是誰，以及他發展自己、打擊商王朝的歷史過程是怎

樣的

　　《史記·周本紀》:"公季卒,子昌立,是爲西伯。西伯曰文王。"又《殷本紀》:"紂以西伯昌、九侯、鄂侯爲三公。九侯有好女,入之紂。九侯女不喜淫,紂怒,殺之而醢九侯,鄂侯争之彊,辨之疾,並醢鄂侯。西伯昌聞之竊歎。崇侯虎知之,以告紂。紂囚西伯羑里。西伯之臣閎夭之徒求美女、奇物、善馬以獻紂,紂乃赦西伯。西伯出而獻洛西之地以請除炮烙之刑。紂乃許之,賜弓矢斧鉞,使得征伐,爲西伯。"由這些記載上,可知西伯是周文王,他作爲紂的屬國諸侯,被紂囚禁過,通過獻賄賂而獲釋放。

　　《周本紀》記西伯被釋放後,解決了虞、芮兩國的争訟,接着説:"諸侯聞之曰:西伯蓋受命之君。明年,伐犬戎;明年,伐密須;明年,敗耆國。殷之祖伊聞之,懼,以告帝紂,紂曰:'不有天命乎,是何能爲!'明年,伐邘;明年,伐崇侯虎,而作豐邑,自岐下而徙都豐;明年,西伯崩。""詩人道西伯蓋受命之年稱王,而斷虞、芮之訟,後七年而崩,謚爲文王。"這裏所叙的次序是:西伯被囚釋放後,元年受命稱王,平虞、芮,二年以下按年伐犬戎、密須、耆、邘、崇,作豐邑,至七年死。

　　《尚書大傳》則説:"文王一年質虞、芮,二年伐于,三年伐密須,四年伐畎夷,紂乃囚之。""五年之初,散宜生等獻寶而釋文王。文王出則克耆,六年伐崇,則稱王。"這裏的次序和《史記》出入很大。兩説比較如下:

	《史記》	《尚書大傳》
周文王元年	獲釋,受命,平虞、芮	質虞、芮
二年	伐犬戎	伐于
三年	伐密須	伐密須
四年	伐耆	伐畎夷,被囚

　　五年　伐邘　　　　　　　　獲釋，伐耆

　　六年　伐崇，作豐邑　　　　伐崇，稱王

　　七年　崩

　　要判定哪一説對，只有從弄清這幾個地方的地望着手，並聯繫周文王的活動來看，才能得到正確的結論。

　　章炳麟《古文尚書拾遺定本》企圖解決這一問題，他根據皇甫謐之説，以崇在豐、鎬之間，遂以爲“密須、犬夷皆在岐周以西，伐之固應在崇侯前。黎則漢之壺關，邘則漢之野王，文王不先伐崇，則東道梗塞”。又謂“文王用兵，蓋莫盛於伐邘”。因此提出他的看法，以爲周文王先伐密須、犬夷，“合六州諸侯奉勤於商，商王用崇讒”，而囚文王七年（據《逸周書·程典篇》及《左傳·襄公三十一年》），出囚後即伐崇、作豐，並伐許、魏（據《三朝記·少間篇》），約三四年，虞、芮質成，乃稱王，“殷始咎周”，“於是改圖以從民望，始乘黎、次伐邘”。他這一説的根本錯誤，在誤信了皇甫謐的説法，僅據《周本紀》“伐崇侯虎而作豐邑”一句，就以爲崇在豐、鎬之間。又誤信《論語》説周“三分天下有其二以服事殷”之説，所以引出了許多錯誤論斷，把伐各地的先後次序隨意排列，比原有的兩説更混亂了。

　　其實就各地的地望一加考察，就知道《史記》的説法是比較正確的。現逐一論列各地如下：

　　“虞”、“芮”。古文中“虞”往往作“吳”，是從“虍”之字多可省“虍”的通例，卜辭金文中往往以“吳”通“虞”。“吳”作爲古地名，與“芮”相近，都在古雍州境內。《漢書·地理志》“右扶風汧縣”下云：“吳山在西，古文以爲汧山，雍州山。北有蒲谷鄉、弦中谷。雍州弦蒲藪，汧水出西北，入渭；芮水出西北，東入涇。《詩》‘芮阠’，雍州川也。”師古曰：“阠讀與鞫同，《大雅·公劉》之詩曰：‘止旅乃密，

芮鞫之即。'《韓詩》作‘芮阮’，言公劉止其軍旅，欲從安静，乃就芮
阮之間耳。”這是説周人從公劉時起就在這一帶活動過。其吳山或
汧山，《禹貢》叫作岍山，《周禮·職方氏》叫岳山，而《史記·封禪
書》“岳山”與“吳岳”並列。胡渭《禹貢錐指》説：“吳岳，班、酈皆謂
即古之岍山。然《史記·封禪書》……又析吳岳與岳山爲二……
《隴州志》則以州西四十里之吳山爲岍山，州南八十里之岳山爲吳岳
……竊謂吳山《漢志》雖云在縣西，而岡巒綿亘，延及其南，與岳山只
是一山。”《清一統志》也説：“兩《漢志》皆謂吳山即岍山，而《通
典》、《元和志》、《寰宇記》則分吳山與岍山爲二；然脉絡相連，在古
只一山也。”其地在今陝西省隴縣西南，流經縣境的千河即古汧水，
可知當年的“虞”，就在今千河西南一帶。而古“芮水”就是發源於
今隴縣東北，流經甘肅靈臺縣，注入涇河。因而知當年的“芮”就在
今隴縣北部地區。

　　“犬戎”或“畎夷”。此族原也在汧、隴一帶，長期和周人爲敵。
《史記·周本紀》記古公亶父避薰育夷狄之攻掠而遷居岐下，《詩·
綿》即記古公亶父遷居岐下之事，但稱敵人爲“戎醜”，爲“混夷”。
《説文·馬部》“駃”字下則引作“昆夷”，《口部》“吅”字下引作“犬
夷”。《古本竹書紀年》則記“王季伐西落鬼戎”。《詩·采薇序》
“文王之時，西有昆夷之患”，《孟子·梁惠王下》也説“文王事昆夷”
（杭州石經宋高宗書《孟子》作混夷），《詩·皇矣》則稱“串夷載
路”。成王時的《盂鼎銘》還記伐“鬼方”的功勳。這些不同名詞都
是周人對犬戎在不同時間的稱呼。直到周幽王，犬戎還攻滅了幽
王，結束了西周時代。王國維指出這一族地點當西周初年也在汧、
隴之間，由宗周之西而包其東北（《鬼方昆夷玁狁考》），終西周之
世，它都活動在今陝西省北部洛河流域中的較大區域。

“密須”。即《詩·皇矣》所說文王時的“密”國。該詩說“密人不恭，敢距大邦，侵阮徂共”。《漢書·地理志》“安定郡陰密縣”下云：“《詩》密人國。”師古注：“即《詩·大雅》所云‘密人不恭，敢距大邦’者。”其地在今甘肅靈臺縣境西南（《讀史方輿紀要》卷五八“涇州百泉”條：“其池在州北五里，詩‘侵阮徂共’……今之共池是也。”涇州即今甘肅涇川縣，爲靈臺境）。

“耆”，見上文，即黎。

“邘”或“于”。《韓非子·難二》作“昔者文王侵盂”。按甲骨文中正作“盂”，王國維考定即“邘”（見《觀堂集林·別集》；《殷虛卜辭中所見地名考》）。《左傳·定公八年》“劉子伐盂”亦此。《說文》謂在河內野王，《左傳·僖公二十四年》杜注：“河內野王縣西北有邘城。”《水經·沁水注》：“其水南流逕邘城西，故邘國也，城南有邘臺。”《周本紀·集解》：“邘城在野王縣西北，音于。”又《正義》：“《括地志》云：故邘城，在懷州河內縣西北二十七里，古邘國城也。”按《漢書·地理志》“河內郡墲（即野）王縣”下云：“孟康曰：故邘國也，今邘亭是也。”漢野王縣，即隋、唐河內縣，亦即今河南省沁陽縣。從卜辭中看出，這些地方商代叫做“衣”，這是商王室的田獵區。

“崇”。《國語·周語》：“昔夏之興也，融降于崇。”韋注：“崇，崇高山也。夏居陽城，崇高所近。”陽城在今河南登封境〔參看《甘誓》篇討論（二）〕，崇高山見《漢書·武帝紀》云：“元封元年……翌日親登崇高……其令祠官加增太室祠，禁無伐其草木，以山下戶三百爲之奉邑，名曰崇高。”《漢書》之《郊祀志》及《地理志》“潁川郡”皆作“崈高”，師古注云：“‘崈’，古‘崇’字耳，以崇奉崇高之山，故謂之‘崈高奉邑’。”王念孫《讀書雜志》云：“‘崇高’即‘嵩高’，師古分‘崇’、‘嵩’爲二字，非也。古無‘嵩’字，以‘崇’爲之，故《說文》有

‘崇’無‘嵩’。經傳或作‘嵩’，或作‘崧’，皆是‘崇’之異文。”可知“崇”就是後代的“嵩”，亦即現在河南登封附近的嵩山一帶地，現在的嵩縣顯然也是沿其舊稱的地境之一。

　　上述各地的地望弄清了，周文王的用兵路綫、發展過程，就一如《史記》所載歷歷可尋了。他先平定自己根據地“岐周”西邊的虞、芮，由西向北驅逐了犬戎，回頭掃清了東北面近在肘腋的密須，使根據地得到了鞏固，這期間大概有一段沒有急劇用兵而是積蓄力量、招徠與國，國勢漸漸得到壯大和發展，並逐步向東擴張的時期。這時爲了取得穩定的環境，而向商王朝妥協，因而有承認商王朝爲“大邑商”，表示臣服的時期。近年陝西周原考古所發現的先周甲骨文中，有祭商王成湯和文武帝乙之辭，可證這種情況，所以就有《左傳·襄公四年》的“文王率殷之叛國以事紂”，《逸周書·程典》的“文王合六州之侯，奉勤於商”，《論語·泰伯》的“三分天下有其二以服事殷”及《呂氏春秋·順民》的“文王處岐事紂，冤侮雅遜”等等的話。但事實上他這時正在準備渡河東進。等到力量一足，就揮師河東，戡定黎國，這時隔着太行山，下臨朝歌，已不過二三百里的距離了。對殷來說，形勢已非常緊急，所以祖伊要驚驚慌慌地講出這一段話。

　　但一方面由於到紂都朝歌還阻隔着太行山，同時在殷與周疆土之間還存在着好些臣服於紂的諸侯國，有先行掃清的必要。所以文王在戡黎後的第二年，又征服了邘（于）。《孟子·滕文公下》引《太誓》：“我武維揚，侵于之疆，則伐于殘，殺伐用張，于湯有光。”就是頌揚這件武功，所以章炳麟說是文王用兵最盛的一次。

　　在征服了今山西省東南地面的黎和緊鄰的今河南省河北岸地區的邘以後，接着在其明年又征滅了黄河南岸的崇，這一段，事實上應是周文王很大的一次武功。《戰國策·秦策》記蘇秦列舉自神農、黃帝到齊桓公每一個代表人物的戰功，把文王伐崇、武王伐紂與神農伐補遂、黃帝伐蚩尤、堯伐驩兜、舜伐三苗、禹伐共工、湯伐夏桀並舉。可見戰國時人心目中周文王的最大戰功是伐崇。自這次勝利之後，就以壓倒的優勢眈眈虎視着殷都了。而且由於開拓了以崇國爲中心的今河南省中部和西部廣大地區，就使這裏以南和其西及西南的庸、蜀、羌、盧、彭、濮等族都有了可能納入周王的勢力範圍之内，以後便能徵集他們一道進攻殷王都了（見《牧誓》）。

周的首都原在今陝西省西部的岐下，到這時領土已擴展到今山西省東部和河南省中部，並影響到其以南地區。爲了統治方便計，有必要把首都向東移，於是就有《詩·文王有聲》所説的“文王受命，有此武功，既伐于、崇，作邑于豐”和《周本紀》所説的“明年伐邘，明年伐崇侯虎，而作豐邑，自岐下而徙都豐”等等記載。《周本紀集解》：“豐在京兆鄠縣東，在長安南數十里。”又《正義》：“《括地志》云，周豐宮，周文王宮也，在雍州鄠縣東三十五里。”《吕氏春秋·簡選》：“西至酆郭。”高誘注：“在長安西南。”可知豐在今陝西西安的西南，户縣的東面。到周武王時，又在其東二十五里建立了鎬京。一直終西周之世，豐、鎬就成了周代的首都。

在這種勝利的形勢下，周文王可以很快就去攻打殷都，擊滅殷紂。但是他就在“作豐邑”的第二年死了，因而把滅紂的事業留給他的兒子周武王去完成。

基於上述歷史事實，所以所有的注疏家都説戡黎的西伯是周文王，這是沒有錯的。但宋代胡宏《皇王大紀》始以爲是武王，陳鵬飛繼其説，薛季宣《書古文訓》較詳言之云：“‘西伯’，武王也，舊説以爲文王。《説苑》膠鬲謂武王爲‘西伯’，武王亦嘗爲西伯也。《書序》‘殷始咎周，周人乘黎’。蓋商人咎周之不伐紂，故武王有乘黎之舉。《泰誓》‘觀政’之語，謂乘黎也。《詩》稱‘密人不恭，敢拒大邦，侵阮徂共’，故文王‘侵自阮疆’，繼以伐崇之事，而無戡黎之説。《書》次《微子》於《戡黎》之後，《戡黎》之《序》有‘咎周’之語，紂既可伐，則非文王時矣。”吳械也根據祖伊辭氣甚迫，以爲是武王（《尚書表注》引）。吕祖謙《東萊書説》也説：“西伯非文王，乃武王也。”金履祥《書經注》也説：“戡黎，武王也。……文王豈遽稱兵天子之畿乎？”並舉了好些文王不得東征諸侯的理由（亦見《通鑑前編》）。元吳澄《書纂言》也説“‘文王三分天下有其二以服事殷’，決不稱兵於紂之畿内”。此外宋陳經、元王天與、董鼎、陳櫟等人無不引用吕氏之説。這些人都是昧於當時地理情況及相信文王忠於殷紂不會稱兵等儒家迂説，才有這樣的看法。其實《詩》的《雅》、《頌》各篇，歌頌周初太王、王季、文王、武王創業興邦，誇耀天命，誇耀武功，對殷始終是敵視的、責罵的，根本没有什麽“三分天下有其二以服事殷”的絲毫痕迹。因此這些儒生的説法是完全不足信的。王夫之《書經稗疏》以三點理由否定了武王之説：（一）“經編《戡黎》於《微子》一篇之前，而祖伊所指陳紂之失德，亦未若微、箕所云之甚，使在文王既没之後，紂在位已久，惡已貫盈，而焚炙忠良、斮剖心之事已習於毒，祖伊其能盡言不諱而免於禍乎？”（二）“武王克商，訪箕子，式商容，而何不一及於祖伊耶？則祖伊已先殷亡而殀。”（三）“使武王因乘黎之勢而遂東，則下上黨，出王屋，徑按河北，又何迂道而渡孟津？”因此可肯定武王戡黎之説是完全錯誤的，我們還是相信舊注有些道理，所以仍用舊注，以本篇的“西伯”爲“周文王”，“戡黎”或“伐耆”是文王的事。

（三）本篇的寫作背景

本篇記周文王伐黎時，商王朝的大臣祖伊感到恐慌，和商王紂的一段對話。根據當時形勢和祖伊的急迫之情，以及陶醉於天命的奴隸主頭子商紂看不清形勢，盲目相信自己有天命在身等等來看，這些顯然是符合當時歷史的。因此這篇對話在當時應是實有其事的，大概曾留下原始紀録材料。

但是根據本篇的內容方面和文字方面來看，它顯然又是寫成於周代，不能就是本篇的原始文件。

就內容來説，它和《微子》一樣，是《商書》中兩篇非常特別的文件，充滿了自怨自艾的情緒，絲毫没有對周人的敵愾之情。面對凶惡的敵人，一點不表示仇恨憤慨，而只責罵自己，這是出於一般常理之外的。而且作爲臣下，能這樣直言無忌的對君主講話，並且是對史籍上有名的"暴虐"成性動輒拒諫殺人的商紂講話，敢於這樣當面揭露他，這也是不近情理的。所以有人説這是"周人對於殷代滅國事件的宣傳，假殷臣祖伊之言以出之"（美國顧立雅《釋天》，《燕京學報》十八期）。這一説法是有它的可能性的。在奴隸制王朝，"天命"是它的主心骨，説自己天命去了，無異宣布自己的滅亡，一般反動統治階級決不肯這樣做的。他們往往是越到危亡時候，越要垂死掙扎，以百倍的頑固來拒絶退出歷史舞臺，所以説商紂的話倒合於當時歷史實際，而祖伊的話却不像當時殷人的話，因此要説這是周人的話，强加在殷人身上的，也説得過去。《説文》"藝"字引此篇稱《周書》，似乎漢時已認爲此篇出於周代人的手筆。

王國維提出："《商書》之著竹帛，當在宋之初葉。"（《高宗肜日説》）這倒很有可能。宋是商王朝覆滅後，被周人所封的臣服於周的商人後代，它經歷了祖國的滅亡，承受了痛苦的現實，接受了周人宣傳的觀點，例如《左傳·僖公二十二年》宋國大司馬公子目魚説"天之棄商久矣"，就是久已習熟於這種觀點的明證。當宋國喘息已定，痛定思痛，重新整理它的祖先的史料，編成《書》中的《商書》和《詩》中的《商頌》時，除了歌頌它的前代光榮部分外，遇到商末的幾個文件，追惟當時覆國亡家的慘象，認爲確是自己做了壞事，天命已去，因此就有今天看到的《西伯戡黎》和《微子》等篇的寫成。

再就文字來說，篇中的"天"字、"殷"字都非商代所習用，而是周人使用的語言。"天"字已詳《高宗肜日》的"討論"中，現不重復。這裏說"殷"字。

商代的甲骨文根本沒有"殷"字，而只有"衣"字。"衣"的意義有二，一爲祭名，一爲地名。地名的"衣"，郭沫若謂即《水經·沁水》的殷城，地點在今沁陽（《卜辭通纂》653）。

商人從來不稱自己爲"衣"或"殷"，而只自稱爲"商"。即使商亡後，封於宋的商王朝後代雖周人稱之爲宋（"商"和"宋"是一聲之轉），却往往仍然稱"商"。如《左傳·僖公二十二年》"天之棄商久矣"，《哀公九年》"不利于商"，又《二十四年》"孝惠娶于商"，以及《國語·吳語》"商、魯之間"，《莊子·天運》"商太宰蕩問仁于莊子"，《列子·仲尼》"商太宰"，《禮記·樂記》"肆直而慈愛，商之遺聲也，商人識之"等都是。還有《書》的《商書》、《詩》的《商頌》是宋人編的，也仍以"商"爲名。可見稱"殷"不是商人自己的事。郭沫若對此有一個合理的解釋："殷人自己自始自終都稱爲'商'而不自稱爲'殷'的。在周初的銅器銘文中方稱之爲'殷'，起先是用'衣'字，後來才定爲'殷'。衣是卜辭中一個小地名，是殷王畋獵的地方。周人稱商爲'衣'、爲'殷'，大約是出於敵愾。同樣的情形也表現在其後的楚國的稱謂上，楚國不自稱爲'荆'，別的國家始稱之爲'荆'，應該也是出於敵愾。"（《奴隸制時代》）這個名詞是否全出於敵愾,今天材料稀少,還不够解决。當然,出於敵愾的情形是會有的,但更多的情况是,一個民族往往被他族非惡意地稱呼爲别的名字,而不是本民族自定的名字,這在世界歷史上差不多是常見的現象。因此在這裏,"殷"不是商民族自稱的名詞而是周人所稱的名詞,也是這種常見現象之一。商民族本來不慣於使用它,然而本文中却使用了,如果這文不是周人所作,也可説明商人入周日久,已受周人很深的同化了。

由這些可以看出,由商末留下了原始材料《西伯戡黎》和《微子》,其最後寫定不僅可能出於周代宋國人之手,而且連觀點和語言也多習用周人的了。

〔附〕　周文王向東發展及戡黎前後地理示意圖

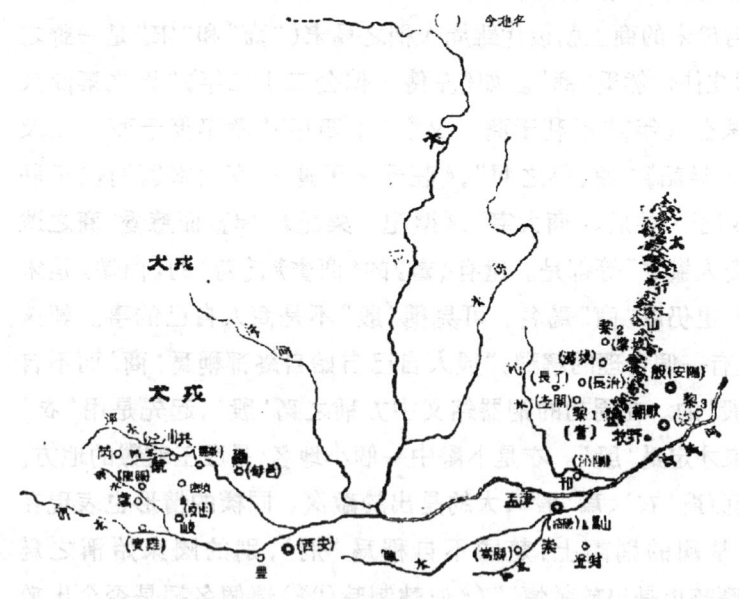

微　　子

　　《微子》是商王朝敗亡之前，一位宗室大貴族微子向王朝的太師、少師請問個人如何應付的一篇對話記録。在西漢《今文尚書》伏生本及三家本子裏是第九篇（為《商書》第五篇）；東漢古文本列為第十一篇，在東晋偽古文本裏列在全書第二十六篇（為《商書》第十七篇）。其情況詳後面的"討論"。

（一）校　釋

　　微子①若曰②："太師、少師③，殷其弗或亂正四方④！我祖厎遂陳于上⑤；我用沈酗于酒⑥，用⑦亂敗厥德⑧于下。殷罔不小大好草竊姦宄⑨；卿士師師非度⑩。凡有辜罪⑪，乃罔恒獲⑫，小民方興，相爲敵讎⑬。今殷其⑭淪喪⑮，若涉大水，其無津涯⑯。殷遂喪越至于今⑰？"

　　①微子——殷王朝的貴族，名啓，紂的庶兄（見《吕氏春秋·當

務篇》)。周滅殷後,原封紂子武庚爲殷後。武庚叛周被殺,就封微子啓於商丘,代殷後,是爲宋國。《史記・宋微子世家》"啓"作"開",或係避漢景帝劉啓諱改。

②若曰——如此説、這樣説。是奴隸制王朝史臣記録統治者講話時的用語。

③太師少師——通行僞《孔傳》本傳作"父師、少師"。《史記》之《殷本紀》、《宋世家》都記微子所找談話的是"太師、少師",今據改。下文兩處也照改。《周本紀》並云"紂昏亂暴虐滋甚,殺王子比干、囚箕子,太師疵少師彊抱其樂器而奔周"(此語當出《論語・微子篇》,惟作太師摰、少師陽),《漢書・禮樂志》也説紂時"樂官師瞽抱其器而奔散",太師、少師都是商王朝的樂官。鄭玄注、僞《孔傳》、《蔡傳》都説父師、三公官,是箕子;少師、孤卿官,是比干。和《論語》、《史記》都不合,故不采其説。

④殷其弗或亂正四方——"其",將要(據《經傳釋詞》)。《宋世家》此句"作殷不有治政,不治四方",以"不有"譯"弗或",以"治政"譯"亂正",而重復"不治"二字來足其語氣。《説文》及《爾雅》都訓亂爲治,所有注疏家遂皆解釋此處"亂"字爲"治",僞《孔傳》釋此句云:"言殷其不有治正四方之事,將必亡。"《蔡傳》解釋爲"無望其能治天下"。釋爲"治"是正確的,但"亂"字實際爲"䚵"字之誤,金文中有"䚵"字,從司,意爲治理、管理(見《毛公鼎》、《叔夷鐘》、《師虎殷》等)。由字形誤爲"亂",後代就這樣相沿下來了(並可參看郭沫若《離騷今譯》。《離騷》結尾的"亂曰"是"辭曰"之誤)。

⑤我祖底遂陳于上——"我祖"指商王朝第一代國王湯。《宋世家》無"底"字。對於這一句,紛歧解釋很多,自僞《孔傳》至《蔡傳》釋"底"爲"致","陳"爲"列",謂"湯致遂其功陳列於上世"。俞

橄基本同意此説,但謂所陳的不是功,而是德(《群經平議》)。孫星衍釋“遂”爲“成”,“陳”爲“道”,説是“言我祖致成道於上”(《今古文注疏》)。孫詒讓釋“陳”爲“甸”,説是“成湯致成邦甸之功於前”(《尚書駢枝》)。此外很多注釋者,基本在上列諸説中繞圈子。另有三種不同解釋,一是清人牟庭説:字作“底”通“等”。並云:“《匡謬正俗》曰:‘俗謂何物爲底,此本言何等物,其後遂省,但言等物,今乃作底字。’”“‘遂’,久也。”“‘陳’,久也。”“言我祖有積德於上,何等陳久也。”(《同文尚書》)一是黄式三説:“‘底’,定也。‘遂’,法也,與術通。‘底遂’,即《大誥》之‘底法’。‘陳’,列也。‘上’,前也。言我祖底定法術,列著於前。”(《尚書啓幪》)一是章炳麟説:“蔡邕注:‘遂古,遠古也。’是‘遂’有‘遠’訓。‘陳’當依《釋詁》作‘塵’,久也。我祖致遠久於上,言其德厚,故能如此。”(《古文尚書拾遺定本》)説法雖多,總之都是針對下文“紂亂敗厥德于下”,來説商湯怎樣建立德業於上世。

　　⑥我用沈酗于酒——《宋世家》作“紂沈湎于酒”。“我”在甲骨文中爲第一人稱代詞多數,作集合的名詞用,以指邦家、國土。這裏指國王紂的行爲,“以商家體統言之,故總而言我”(《書經傳説匯纂》),是説把它看成自己王朝的行爲,故用複合代詞我字,實際是指紂,所以司馬遷作歷史叙述逕用“紂”字,而省去了“用”字,“用”在這裏作“則”字解,和現代語言中的“却”字同。“沈酗”漢代今文作“沈湎”,見《史記·自序》、《漢書》之《五行志》、《禮樂志》、《谷永傳》、《霍光傳》、《叙傳》等及揚雄《十二州牧箴》引作“沈湎”或“湛湎”。揚雄《光禄勳箴》引作“淫湎”。“沈”,黄式三謂有貪酒之意,與酖通(《尚書啓幪》)。《説文》:“酖,樂酒也。”“湎”是飲已醉仍流連不肯停飲的意思。酗是飲酒醉到凶鬧的意思,《説文》作酌。王引

之謂"沈酗"即"淫酗"(《經義述聞》)。

⑦用——同"以",在這裏爲"以此"、"因此"的意思。但《宋世家》"以"字上有"婦人是"三字,與"用"字連讀爲句。"婦人是用"爲用特介的賓詞提置動詞前的句子,意思是說"只聽信婦人的"。由《漢書·谷永傳》及《列女傳》等皆引此語,知漢代今文原有此句。

⑧厥德——"厥"他的,第三人稱領格。"厥德",指湯的德,故《宋世家》遂作"湯德"。

⑨殷罔不小大好草竊姦宄——"罔不"二字,《宋世家》作"既"一字。"既"意義同"盡",也就是"罔不"。"罔",無。"小大",當時成語,指從下至上許多人。本書《無逸》"至于小大",鄭玄注云:"小大謂萬人上及群臣。"江聲亦謂:"小謂庶民、大謂群臣。"基本符合當時用法。《詩·泮水》"無小無大"、《論語·堯曰》"無小大"都是此義。"好"讀第四聲,動詞,愛好。"草竊",江聲據《呂氏春秋·辨士》釋爲"莠害苗爲草竊",孫星衍據《廣雅》釋爲"鈔掠",俞樾據《莊子·庚桑楚》篇《釋文》"草竊本作草蔡",以爲"草竊"即草蔡,又據《說文》草蔡有散亂之義,謂"好草蔡"即好亂(《群經平議》)。"姦",同"奸",邪,邪惡(《莊子·徐無鬼》釋文引王注、《文選·西征賦》薛注)。楊樹達以爲姦、宄義近,草、竊亦當義近。故"草爲鈔掠(《積微居論叢》)。"宄",盜(《廣雅·釋詁》)。亦同"奸",都指邪惡寇賊等行爲。《國語·晉語》:"長魚矯對曰:亂在內爲軌,在外爲奸。"《一切經音義·一》引《三蒼》:"亂在內曰奸,在外曰宄。"其實"奸"、"宄"同義,不一定分內外。這句話是說:殷王國上上下下的人無不喜好爲非作亂,作奸犯科。

⑩卿士師師非度——"卿"和"大夫"、"士"作爲三級官員,是周代制度。其中執政的卿叫"卿士",見於春秋初年(《左傳·隱公三

年》及杜注）。商代甲骨文中則見“卿史”一職，王國維以爲即是“卿士”或“卿事”的本名（《釋史》）。它比周代的卿士地位要低，此外未見“士”。“師師”，自漢至宋注疏家多釋爲相互師效，釋“度”爲“法”，謂“卿士亦皆相師效爲非法”。清孫星衍、黃式三以及近代吳闓生、曾運乾等皆釋“師”爲衆，謂“師師”指卿士之衆。牟庭則謂“總謂之師師，猶今言各官也”（《同文尚書》）。吳汝綸、楊筠如則謂“師爲衆大之辭，引申爲張大之意。自張大，則不守法度可知”。朱駿聲則謂“師，達也，先導也”（《尚書古注便讀》）。諸説中自以釋衆較切，大抵是説卿士衆官也相率爲非法。《梓材》有“師師、司徒、司馬、司空”，也是較高級的衆官。

　　⑪凡有辜罪——《宋世家》譯作“皆有罪辜”。“辜”，亦“罪”（《爾雅·釋詁》）。

　　⑫乃罔恒獲——《宋世家》譯作“乃無維獲”。簡朝亮云：“蓋遷以恒爲絚，而訓維也。《詩·天保》云‘如月之恒’，《釋文》云‘恒亦作絚’，絚者，絚之省也。《説文》云‘絚，大索也’。然則‘維而獲之，《易》所謂“系用徽纆”也’。”（《尚書集注述疏》）“獲”，《公羊傳·昭二十三年》：“生得曰獲。”俞樾云：“昭七年《左傳》曰：‘周文王之法曰“有亡荒閱”，所以得天下也。’又曰：‘昔武王數紂之罪以告諸侯曰：“紂爲天下逋逃主，萃淵藪。”’皆可以説此經。蓋文王之法有罪人逃亡，則大搜其衆，期於必得（即不許奴隸逃亡）。而紂則反是（即誘致別人的奴隸），故當時以逋逃之淵藪。凡有辜罪者乃罔恒獲也。‘罔恒獲’猶言常不得。”（《群經平議》）

　　⑬小民方興相爲敵讎——《宋世家》作“小民乃並興相爲敵讎”。王鳴盛《後案》據《説文》“方，併船也”，又《儀禮》鄭注“方猶併也”、“並併也”。意謂《史記》係以訓詁逕代經文方字。段玉裁

《撰異》云:"'方興',《今文尚書》當作'旁興',《宋世家》作'並興','並'者旁之故訓也。古音並讀如傍。""興",起(《詩·大明》傳)。此句承上句說犯罪辜者不法辦,不加强政權的專政作用,那麼被統治者就會並起與統治者相仇而争鬥。

⑭其——將要(見前)。

⑮淪喪——《宋世家》作"典喪"。"淪",沉淪、沉没。"喪",喪亡。"典",段氏《撰異》引錢大昕説云:"典讀如殄。典喪者,殄喪也。《考工記》'輈欲頎典'鄭司農讀典爲殄。《燕禮》'寡君有不腆之酒'注:'古文腆爲殄,是典腆與殄通。'""殄",盡,絶。"典喪"即"殄喪",意義和"淪喪"相近。

⑯若涉大水其無津涯——《宋世家》作"若涉水無津涯"。《集解》:"一作'涉水無舟航'。""涉",渡河。"其",同"而"(《古書虚字集釋》卷五),爲轉接連詞。"津",渡河處。"涯",水濱、水邊。段玉裁據《一切經音義》所引無"涯"字,謂本處原無"涯"字。然《史記》已有,故不從段説。

⑰殷遂喪越至于今——牟庭云:"今當讀'殷遂喪越'爲一句,'至于今'爲一句。《緇衣》注:'越之言蹷也。'《楚辭·惜誓》注曰:'越,墜也。'《齊語》注曰:'越,失也。'然則'喪越',謂喪滅而隕越耳。今殷其必殄喪矣,爲尚不知其期,若涉大水無津涯乎? 其遂不待異日喪滅隕越,於今已至乎? 此問殷亡之期也。"(《同文尚書》)吳闓生《尚書大義》云:"此倒句也。猶云豈意今日殷遂喪亡乎。"

以上這一節,將商王朝危急情況,憂心如焚地向太師少師二人提出。

　　曰①:"太師②、少師,我其發出狂③,吾家耄遜于荒④,

今爾無指告予⑤？顚隮⑥若之何其⑦？”

①曰——記微子再度對二人講話，省去了“若”字。

②太師——僞孔本作“父師”，仍照上文改。

③我其發出狂——《宋世家》“狂”作“往”。于省吾《新證》云：“《殷虛書契後編》十四頁第八版‘王狂田囗’，狂即往，是狂、往古通用。”案《宋世家集解》：“鄭玄曰：發，起也。紂禍敗如此，我其起作出往也。”知漢代今文古文都“狂”、“往”通用。此句是說我將出走嗎？孫詒讓《駢枝》據《論語·微子》“廢中權”釋文引鄭本“廢”作“發”，謂“發疑當爲廢，言我其廢棄而出亡也”。可備一說。

④吾家耄遜于荒——《釋文》：“耄字又作旄。”《宋世家》此句作“吾家保于喪”。《集解》：“一云于是家保。”是說另一本《史記》作“于是家保于喪。”舊釋爲保自己的家於國亡之時。俞樾《平議》云：“保耄同聲。”《正義》引鄭注曰：“耄，昏亂也。蓋不忍斥言紂昏亂，故言吾家昏亂，與上文‘我用沈酗于酒’語意正同。”“遜古與馴通……馴，從也。”“荒讀爲亡。下文‘天毒降災荒殷邦’，《史記》作：‘天篤下災亡殷國。’是讀荒爲亡，正古文家說。”“吾家耄遜于荒，言吾家亂而從于亡。”俞氏又據《宋世家》說：“微子度紂終不可諫，欲死之，及去，未能自決，乃問於太師、少師。”以爲“微子之問，有一死一去兩意”。“我其發出狂，此去之說也；……吾家耄遜於荒，此死之說也。”“微子之意若曰：我其發出往乎？抑吾家亂而從於亡乎？”意思是說：我還是出走呢？還是隨王朝的滅亡而一起死呢？

⑤今爾無指告予——“爾”，你們，《宋世家》作“女”。“無”，疑問詞，同現代語“嗎”，倒置。參看《西伯戡黎》“不無戮于爾邦”校釋。“指”，《宋世家》作“故”。段玉裁據《大誥》“有旨疆土”例，以爲此“指”字亦當作“旨”。按，“旨，意也”（《公羊傳·隱公元年》經

傳解詁）。又“故，猶意也”（《淮南子·氾論訓》高誘注）。二者義通，所以司馬遷用“故”字。據《集解》所引王肅說，知王所據本亦作“故”。于省吾云：“指、稽均從旨聲，古音同隸脂部。……稽猶計也……‘今爾無指告予’者，今爾無計告予也。”（《尚書新證》）按，“今爾無計告予”，即“今爾計告予無？”意思是說：“現在你們能考慮告訴我嗎？”（予字據《說文》所引屬下“予顛隮”爲句。這裏據《宋世家集解》引王肅斷句連上讀。）

⑥顛隮——“隮”，《宋世家》和《說文》引作“躋”。《集解》引馬融曰：“躋，猶墜也。”《孔疏》引王肅云：“隮，隮溝壑。”按《左傳·昭公十三年》：“知擠于溝壑矣。”杜注：“擠，墜也。”是“躋”、“隮”、“擠”由同音通用，均爲“墜”義。“顛”亦隕墜之意。“顛隮”爲同義複合詞，《孔疏》：“顛謂從上而隕，隮謂墜於溝壑，皆滅亡之意。”據《說文》解躋爲登，和墜意相反。以爲“顛隮”即“廢興”。他不知有些由相反意義二字組成的一個詞，往往只有其中一個意義。例如口語中“隨意褒貶別人”的“褒貶”，實際只有“貶”義。

⑦若之何其——“若”，《宋世家》作“如”，義同。“其”，鄭玄曰：“語助也。齊魯之間聲如姬。”（見《宋世家集解》）又《禮記·檀弓》“檀弓曰何居”鄭玄注云：“居，讀爲姬姓之姬，齊魯之間語助也。”知“其”與“居”同，作爲無義的語助詞在殷周時是官方語言，到漢末只保留在齊魯方言中了。段玉裁以《商書》各篇中《湯誓》、《盤庚》、《高宗肜日》、《西伯戡黎》都有“其如台”，謂“台”訓何，短言之則曰“如台”，長言之則曰“若之何其”。是《微子》篇亦有“如台”。“何其”即“台”之反語（見《撰異》）。這句是說：國家要覆亡了，其如之何呵？

以上這一節，以出走還是殉死二事就商於二人。

太師若曰："王子①！天毒降災荒殷邦②，方興沈酗于酒③。乃罔畏畏④，咈其耇長舊有位人⑤。今殷民乃攘竊神祇之犧牷牲用⑥，以容將食無災⑦。降監殷民⑧，用乂讎斂⑨，召敵讎不怠⑩。罪合于一，多瘠罔詔⑪。商今其⑫有災，我興受其敗⑬；商其淪喪，我罔爲臣僕⑭。詔王子出，迪我舊云刻子⑮。王子弗出，我乃⑯顛隮。自靖⑰，人自獻于先王⑱，我不顧行遯⑲。"

①王子——指微子，因他是殷王"帝乙"的兒子。

②天毒降災荒殷邦——《宋世家》作"天篤下菑亡殷國"。"篤"和"毒"通，其義爲"厚"（《說文》）。惠棟《九經古義》："《史記》曰'天篤下災亡殷國'，漢《平輿令君碑》又以竺爲篤。古毒、篤、竺三字皆通。""下"用以釋"降"（《爾雅·釋詁》），菑同災（《禮記，大學》"菑害並至"，"菑必逮夫身"）。"亡"和"荒"同音通用（揚雄《太玄》"荒國及家"注："荒，亡也"）。這句是說天厚降災來覆亡殷國。

③方興沈酗于酒——《宋世家》無此句。江聲《音疏》以爲此六字衍文。"方興"同"並興"，見上文。

④乃罔畏畏——《宋世家》作"乃毋畏畏"。以"毋"釋"罔"。"畏畏"即"畏威"，金文中"天威"常作"天畏"（如《盂鼎》"畏天畏"），"罔畏畏"即"不畏天威"。《宋世家》文意是：天厚降災滅殷國，殷王紂卻不畏天威。

⑤咈其耇長舊有位人——《宋世家》譯作"不用老長"，無"舊有位人"四字。"咈"，《說文·口部》釋爲"違也"。並引此語稱爲《周書》。"耇"，《說文》釋爲面色黎黑的老人。《詩·南山有臺》毛傳則

釋“耇，老也”。“耇長”是年長的長輩，奴隸制政權中受尊敬的年老長輩當然是指權位高的大奴隸主。“舊有位人”僞《孔傳》釋爲“致仕之賢”，意即退休了的有才德的人。皮錫瑞以爲疑今文原無此四字，或經師以“舊”訓耇，以“有位人”訓“長”，誤入正文。《蔡傳》總釋此句爲：“老成舊有位者，紂皆咈逆而棄逐之。”

⑥今殷民乃攘竊神祇之犧牷牲用——“攘”，取，偷取（僞《孔傳》：“自來而取曰攘。”《釋文》同）《論語·子路》“其父攘羊”，《孟子·滕文公下》“日攘其鄰之鷄”，皆偷取之意。“竊”，《釋文》引馬融云：“往盜曰竊。”“神祇”，天神叫神，地神叫祇（見《説文》及《孔疏》引馬融説）。“犧”，古代奴隸主祭祀時所用毛色純一的牲口。“牷”，古代祭祀時所用其體完整的牲口。“牲”，祭祀時放在俎上的牛、羊、猪等動物，一稱“俎實”，“用”，祭祀時盛在祭用物簠簋中的黍稷等物，一稱“器實”。又叫“粢盛”。《左傳·襄公七年》言“牲用備具”，知古代“牲用”常連舉。按，此句《宋世家》作：“今殷民乃陋漏淫神祇之祀。”《集解》：“一云‘今殷民侵神犧’。又一云‘陋漏侵神祇’。”知《史記》譯載此句傳本多異。孫星衍釋漏爲隱（據《説苑·臣道篇》），釋淫爲侵（據《文選·演連珠》注），釋“漏淫”爲“隱匿侵没”。故《史記》有此傳異。又《史記》譯載至此句止，以下都没有譯載。

⑦以容將食無災——“容”，用（《釋名》）。“將”，從寸（手）持肉置爿（同六）上。楊筠如云：“謂置肉几上而食之。”（《覈詁》）“將食”爲同義連用成語。《孟子·滕文公下》“匍匐往將食之”，即用此。這句是説，偷了祭祀用的犧牲，吃了也不受到懲罰。在奴隸制時代，祭祀是奴隸主政權的第一件大事（見《左傳·成公十三年》），祭品是神聖不可侵犯的。現在偷吃了也没關係，説明這一奴隸主政

權的紀律瀕臨崩潰的狀態。但漢魏以來封建政權法律都規定凡盜竊郊祀宗廟之物的,不論多少都一律處死(《孔疏》),顯然是懲於紂的所爲而采取的辦法。

⑧降監殷民——"降",下。"監",臨視。吳汝綸云:"降監殷民,下而臨民也。對上神祇故云降。"(《尚書故》)

⑨用乂讎斂——"乂",本書各篇"乂"字,《史記》、《漢書》皆作"治"。"讎",《釋文》:"鄭音疇;馬本作稠,數也。"段氏《撰異》以爲"依鄭音當是,鄭亦讀讎爲稠"。"稠"即多之意。王鳴盛《後案》以爲馬融鄭玄所說的"稠斂"就是"重賦",即奴隸主政權對人民苛重的搜括剝削。"用乂讎斂"就是運用奴隸主專政的各種活動對人民進行苛重的壓榨剝削。

⑩召敵讎不怠——"召",招致。"怠",倦,引申爲休息、休止。"不怠",不休止。這句是說:由於苛斂,招致人民成爲仇敵,而仍無休止地進行苛斂。(于省吾《新證》則以此句和上句應斷句爲"用乂讎斂召敵讎不怠"。據王國維之說乂爲辥之訛。乂讎即輔讎。斂即僉,與咸同。怠即斁,厭也。據于意則"輔讎"似即樹敵之意。是此二句意爲:因而樹敵,多招致敵人而不知厭止。)

⑪罪合于一多瘠罔詔——"合",《說文》作"亼",云"讀若集"。"瘠",《說文》作"膌,瘦也"。《漢書·食貨志》載晁錯語:"堯禹有九年之水,湯有七年之旱,而國無捐瘠。""罔",無。"詔",告。古時上下通用,《周禮·太宰》"以八柄詔王",鄭注:"詔,告也。"是臣告王亦用詔字。秦始皇統一天下,始規定皇帝的命令才稱爲詔。"罪合於一,多瘠罔告"是說前面所講到的各種罪都集合到一起,使民多捐瘠而無處可訴說。

⑫其——將要(見前)。下句"其"字同此義。

⑬我興受其敗——《説文・辵部》引作“周書曰:我興受其退”。段氏《撰異》云:“壁中《尚書》敗字蓋皆如此作。”“興”,起。此句意爲:我起受其覆敗之害。孫星衍以爲“《宋世家》云:‘今誠得治國,國治身死不恨’,釋‘我興受其敗’”。

⑭商其淪喪我罔爲臣僕——《釋文》:“一本無臣字。”段氏《撰異》以爲當無臣字。古文僕字從臣作䑀,恐是古本作“䑀”,析爲二字。《毛詩》“景命有僕”傳:“僕,附也。”“罔爲僕”言商亡已無所附(此亦孫星衍語)。其實“罔爲僕”與“罔爲臣僕”意義全同,都是説我毋爲奴隸。

⑮詔王子出迪我舊云刻子——“迪”,用(見《經傳釋詞》)。“云”,敦煌本作“員”,與“云”同聲,古籍二字常互用。馬融注:“云,言也。”(《釋文》引)“刻子”,《論衡・本性篇》引作“孩子”。馬融釋“刻”爲侵刻,僞孔則釋爲病。戴鈞衡引《後漢書・申屠剛傳》李賢注:“刻猶責也。”都無法將此句解通。焦循《尚書補疏》始云:“刻子即箕子。《易》‘箕子之明夷’劉向、荀爽讀箕爲荄;《淮南子・時則訓》‘爂其’高注:‘萁讀爲荄備之荄。’”牟庭《同文尚書》亦云:“刻子當讀爲箕子。……《儒林傳》趙賓説《易》之‘箕子之明夷’曰:‘陰陽氣亡箕子。箕子者,萬物方荄滋也。’《易》釋文引劉向曰:‘今《易》箕子作荄滋。’又引鄒湛曰:‘荀爽訓箕爲荄,訓子爲滋。’蓋古讀箕荄音同,而亥與荄音亦同。故《易》之‘箕子’即是夜半亥子之交,而《書》之‘刻子’乃是朝鮮箕子傳《洪範》者,與明夷箕子不同也。《論語》釋文魯顏刻,或作顏亥。《一切經音義》引《字林》曰:‘孩,古才切。’可證刻、孩、亥,並與箕音假借也。”孫詒讓《尚書駢枝》云:“刻子,焦循説讀爲箕子,據《漢書・儒林傳》‘《易》箕子之明夷’,趙賓讀爲‘荄子’,證此‘刻子’甚確。”于省吾《新證》在同意

焦、孫之説後云:"按《孟子》'晋公之于亥唐也',《抱朴子》'晋平公非不能吏唐也'。又可爲刻子即箕子之一證。"按漢代經師要維持《易》是伏犧畫卦、文王作卦辭之説,文中不能有文王後之"箕子",故改爲"荄滋"、"刻子"。是顯不可信的,故此"刻子"當是"箕子"。于氏又釋此句云:"言告王子出走,用我昔言於箕子者,今仍用此言告之也。"甚確。

⑯乃——仍。

⑰自靖——《釋文》:"靖,馬本作'清',謂潔也。"皮錫瑞云:"《隸釋補》云:《綏民校尉熊君碑》以'自靖'爲'自清',據此則馬本亦三家今文之異,與古文不同者。"案《堯典》"直哉惟清",《史記》作"直哉維静潔",亦以静潔釋清。"自清"即潔身自愛自重之意。僞《孔傳》釋爲"各自謀行其志",《蔡傳》釋爲"各安其義之所當盡",雖對靖字的訓釋不同,對"自靖"二字都以爲是各人考慮自己怎樣做人才好,基本體會了語意。

⑱我自獻于先王——《僞孔》:"人自獻達於先王,以不失道。"《蔡傳》:"自達其志於先王,使無愧於神明。"楊筠如《覈詁》:"獻,《吕覽》注:致也。《論語》事君能致其身,是其義也。"大抵都是説各自獻身於先王,意思是要對得起殷王朝祖先各王。

⑲我不顧行遯——"顧",《釋文》:"顧音故,徐(邈)音鼓。"惠棟云:"《商詩》'韋顧既伐',《古今人表》作'韋鼓',是顧有鼓音。"(《九經古義》)柯紹忞云:"顧訓反顧,不待音。徐音鼓,乃以音存義。當爲鹽之假。不鹽,不息也。"(《尚書故》引)按陸德明音"故",顯然仍用"反顧"義。在這裏當作瞻前顧後講。"行",即將。"遯",逃。"我不顧行遯",是説我不能過多的瞻前顧後,即將逃跑。

據《論衡・本性篇》云:"《微子》曰:'我舊云孩子,王子不出。'

紂爲孩子之時，微子睹其不善之性，性惡不出衆庶，長大爲亂不變，故云也。"段玉裁遂以爲今文《尚書》在"我舊云"之上多"微子若曰"四字。孫星衍亦從其說。黃式三則以爲："別本'我舊'上有'微子曰'三字，當移於'自靖'上。"（《尚書啓幪》）皮錫瑞亦據《史記》以"我不顧行遯"爲微子之言，謂"我不復能顧矣，將行遯矣"。並謂司馬遷、王充皆習歐陽尚書，故其說同。古文《尚書》脱"微子若曰"四字（《今文尚書考證》）。

其實《論衡》所引顯然爲《微子》篇名，諸人誤認爲微子人名。陳喬樅指出得很清楚："《論衡》稱《微子》曰者，自《尚書》之篇名，非以此爲微子之言也。"因此這幾句仍應認爲是太師的話。

以上是太師就微子所問逐點答復，最後勸王子出走，自己也準備走。

（二）今　譯

微子這樣問道："太師、少師！我們殷王朝將不能治理好四方了。我們的祖宗湯王展布功業於上世，可是我們現在却酗酒貪飲，荒淫於色，敗亂了湯王的德於後世。而且從下到上的人無不喜於爲非作歹，作奸犯科。朝廷中的卿士衆官也相率搞非法活動。凡是逃亡的有罪奴隸也常不能再抓到。法紀敗壞，小民們將並起相仇，爭鬥攻奪。現在我殷王朝要覆亡了，（要渡過目前困難）像要渡過一條大河一樣，將找不到渡河的地方，殷的覆亡難道就在今天嗎？"

又說道："太師、少師！我還是出走呢，還是隨着王朝的覆亡而把我已亂了的家同歸於盡呢，現在你能考慮告訴我嗎？國家要覆亡了如何才是好呵！”

太師這樣（回答）說：“王子！天很嚴重地降下災害來要覆亡我殷國，可是正沉酗於酒的紂王却不畏天威，不用元老長輩舊臣；現在我們殷人竟至偷竊祭天鬼神用的祭品，偷來吃了也不受到懲罰；下面對於殷民，運用政治權力進行苛重的賦稅徵斂，招致造成許多仇敵也還不知休止。各種罪行集合到一起，使人民被榨乾了而無處可以訴說。現在我商王朝眼看就有災難了，我們將起而承受其禍害；我商王朝將要覆亡了，我們不能做亡國後的奴隸。告訴王子還是出走吧，用我過去對箕子說過的話。王子如不走，我們還是完蛋。我們潔身自重，各人各自對得起先王，我不能多所瞻顧，就要出走了。”

（三）　討　論

漢代出現的《書序》說：“殷既錯天命，微子作誥父師少師。”俞樾《古書疑義舉例》“字因兩句相連而誤脫”之例：“‘微子作誥父師少師’，文義未足，本作‘微子作誥，誥父師少師’，兩誥字誤脫其一而義不通矣。”其實這本來就是不可靠的一篇“書序”，所以文字也不通順。本篇原是史臣記錄微子和太師少師問答之詞，不能說是微子誥這兩人，所以不必去管這篇《書序》。

這裏要弄清的有下列幾個問題：

（一）“太師”、“父師”的問題

《史記·殷本紀》說：“紂愈淫亂不止，微子數諫不聽，乃與太師、少師謀，遂去。比干曰：'爲人臣者不得不以死争。'乃强諫紂。紂怒曰：吾聞聖人心有七竅，剖比干觀其心。箕子懼，乃佯狂爲奴，紂又囚之。殷之太師、少師乃抱其祭樂器奔周。"

又《宋微子世家》説："微子開者，殷帝乙之首子而紂之庶兄也。紂既立，不明，淫亂於政。微子數諫，紂不聽（此處接叙《西伯戡黎》事）。於是微子度紂終不可諫，欲死之，及去，未能自决，乃問於太師、少師（此處譯載《微子》篇至"攘竊神祇之犧牷牲用"止）。今誠得治國，國治身死不恨；爲死終不得治，不如去。遂亡（此處接叙箕子佯狂爲奴及比干强諫被剖心事）。微子曰：父子有骨肉，而臣主以義屬。故父有過，子三諫不聽，則隨而號之。人臣三諫不聽，則其義可以去矣。於是太師、少師乃勸微子去，遂行。"

《周本紀》也説："聞紂昏亂暴虐滋甚，殺王子比干，囚箕子。太師疵少師彊抱其樂器而奔周。"

桓譚《新論》也説："二年，聞紂殺比干、囚箕子，太師、少師抱樂器奔周。"

是漢代人所引據的今文本《尚書》，微子所找商量的人原是太師和少師，而太師、少師是樂官。但鄭玄注却説："父師者，三公也，時箕子爲之；少師者，太師之佐，孤卿也，時比干爲之。"（皇侃《論語義疏》引，據《尚書後案》所見日本足利學校重刻本）後來流行的僞古文本遂沿鄭玄古文本作"父師少師"而不作"太師少師"。僞《孔傳》並云："父師，太師，三公，箕子也；少師，孤卿，比干也。"《蔡傳》照抄《僞孔》。從此微子所找商量的人就確定爲父師箕子、少師比干了。

開始懷疑《尚書》的宋人也没有對這一説法提出異議，到清代江聲《音疏》始提出懷疑，而自己説疑不能决。段玉裁《撰異》始説："《漢書·禮樂志》説，'殷紂時樂官師瞽抱其器而奔散，或適諸侯，或適河海'，此謂《論語·微子篇》'大師摯適齊'云云也。故《古今人表》大師摯、亞飯干、三飯繚、四飯缺、鼓方叔、播鼗武、少師陽、擊磬襄（按這些都是樂官）皆係之殷辛時。而《尚書·微子篇》'父師、少師'，《史記》作'大師、少師'。《宋世家》於比干死之後云：'大師、少師乃勸微子去。'則少師非比干，大師非箕子，甚明。《殷本紀》亦云，微子與大師、少師謀去，而比干剖心，箕子爲奴，殷之大師、少師乃持其祭樂器奔周。《周本紀》又云，紂昏亂暴虐滋甚，殺王子比干，囚箕子，太師疵、少師彊抱其樂器而奔周。是則大師、少師爲殷之樂官，即大師摯、少師陽也。摯即疵，陽即彊，音皆相通，惟傳聞異辭，則載所如不一，而其事則一。此《今文尚書》説也。《古文尚書》説乃云'父師箕子、少師比干'。鄭君僞孔皆用此説。"

魏源《書古微》則説："微子所問者乃樂官太師疵、少師彊，且其去在比干已死、箕子已囚之後。此馬、鄭古文本衛宏所僞造，斷斷非安國古文之明證也。"並且提出了五點論證：（1）父師不可名官。自王莽始立三公三少，鄭氏遂以莽制説《尚書》。（2）家人相語，例當呼名，豈有詔其從子，乃一則曰王子、再則曰王子之理。且一問不答，再問不答，直至最後始答，以樂官疏遠之臣對貴戚之臣，故慎密不敢輕言。（3）其詞鄭重乎殷民之攘竊神祇之犧牲，亦太師職掌所及，非箕子父兄之詞。（4）"我不顧行遯"，此太師少師將抱樂器出奔之詞，與箕子之佯狂不遯者無涉。（5）由《古今人表》及《禮樂志》所載，蓋抱祭器遯荒者，微子也，抱樂器遯荒者，太師、少師也。及武王克商，而後以其器歸周。史從後書則謂之奔周。這幾條理由不一定都正確，但能肯定是"太師、少師"，而不是"父師"。

牟庭試圖找出太師誤爲父師的原因。他在《同文尚書》中説："'太師'，僞孔本作'父師'，《太尉公墓中畫像》作'伏尉公'，或當

‘太師’寫作‘伏師’，而‘伏’聲近‘父’，因誤讀爲‘父師’乎？”他又根據《漢書·儒林傳》言“遷書載《堯典》、《禹貢》、《洪範》、《微子》、《金縢》多古文説”，引用了《宋世家》、《殷本紀》、《周本紀》之文，然後説：“據此，知真孔古文本作‘太師、少師’，此二人皆樂官之長也（按《史記》所載《堯典》等五篇並未用古文説。所謂真孔古文本作“太師”之説不足信。其實亦是今文本作太師）。太師名疵，少師名彊。疵聲近摯，彊聲近陽，是即《論語》所記適齊‘入海’者也；董仲舒《對策》所稱‘紂時守職之人皆奔走逃亡入於河海’者也；《禮樂志》所謂‘紂作淫聲，樂官師瞽抱其器而奔散，或適諸侯，或入於河海’者也。是皆樂師瞽人，並非公孤之官也。微子以人事觀之，知殷將亡，而未知天運何如，故問太師、少師以決之，爲其瞽人知天道故也。”他在這裏又提出了微子所以要找太師、少師去問的理由。

由上面諸説，基本可以相信，《微子》篇中原文應是“太師、少師”，而不是“父師、少師”，更不是指箕子、比干其所以説成父師箕子、少師比干，很可能是僞古文作者因爲《論語·微子篇》中孔子稱微子、箕子、比干。是“殷有三仁焉”，便硬把“聖人”所説的“三仁”都扯到本書《微子》一篇中來了。吕祖謙《東萊書説》云：“聖賢處心至此，則紂之時可見。孔子曰：‘商有三仁焉。’三仁之意，即此一篇可見矣。”可以反映儒家們把這三個人凑到這一篇中來的用心。

（二）關於“微”的問題

僞《孔傳》云：“微，圻（畿）内國名。子，爵。”《孔疏》云：“微國在圻内，先儒相傳爲然。鄭玄以爲微與箕俱在圻内，孔雖不言箕，亦當在圻内也。王肅云：‘微，國名。子，爵。入爲王卿士。’”這些都説“微”是商都畿内的一國，其國君爲子爵。微子啓就是封在微國的國君，故稱“微子”。

究竟在畿內什麼地方呢？有下列諸說：

鄒季友《音釋》：“微，國名，在東郡聊城。今（元代）博州聊城縣有微子故城。”

王頊齡《書經傳說匯纂》：“《寰宇記》云：‘微子城在潞東北。’今（清代）山西潞安府潞城縣東北十五里有微子鎮，即故城也。”

王鳴盛《尚書後案》：“鄭又以微、箕二國俱在圻內者，潞安府潞城縣東北十五里有微子城，遼州榆社縣東面三十里有古箕城，爲微子、箕子所封地。按戡黎之黎在潞安府長治縣，鄭以爲圻內，潞城榆社與長治相連，故亦圻內。”

孫星衍《今古文注疏》：“《水經注》：濟水又北逕須句城西。濟水西有安民亭。亭北對安民山。濟水又北逕微鄉東。《春秋》莊公二十八年經書‘冬，築郿’。京相璠曰：‘《公羊》謂之微。東平壽張縣西立北三十里有故微鄉，魯邑也。’杜預曰：‘有微子冢。’此在今山東東平州境，疑采地亦在是。《郡國志》：‘薄，故屬山陽，湯所都。’注：‘杜預曰：蒙縣西北有薄城，中有湯冢，其西又有微子冢。’《元和郡縣志》：‘沛縣微山上有微子冢，去縣六十有五里。’蒙縣西薄城湯冢，當在今山東曹縣南。沛，今江南縣，古宋地。魯宋相鄰，皆在殷千里畿內，未知孰是。”

有這麼多不同說法，其實都是不可相信的。楊筠如《覈詁》：“王師（國維）謂殷制兄終弟及，子弟皆爲未來儲君，殊無分封之必要。故子姓之國，除周所封之宋外，實無可指數。且同時如比干，亦不聞有封地，則是否爲國名尚難確定。若今潞安東北有微子城，或後人附益爲之耳。”不僅潞安微子城出於後人附益，上列所說各地都是出於後人附益。

甲骨文中發現殷代地名已不少，其中有些文字是還未能認識的。已識和未識地名中，能附益爲"微"地的，似還没有。1977 年在陝西祁山發現西周初年銅器，其中有一《墻盤》的作者自稱是"微"族人，它是周的與國，地點在今眉縣（唐蘭則以爲"微的地域未詳"。見《新出墻盤銘文解釋》，《文物》1978 年第 3 期）。這是參加周武王伐紂之役的微、盧、彭、濮等八國之一，顯然與本文的微無關。因此我們目前只能從王國維之説，不去推尋微子是否封國之君及他所封的"微"在什麼地方。

（三）從本篇的用字與語氣看它寫定的時代

這篇文字中，接連用了七個"殷"字。上篇《西伯戡黎》"討論"裏已指出，"殷"不是商人自稱，而是周人對商人的稱呼。周滅商後，對商文獻中關於商王朝的"商"字都改稱"殷"，但對作爲都邑的"商"地仍稱"商"。本篇中尚有二"商"字，一爲"商今其有災"，一爲"商今其淪喪"。這二字可以解釋爲商的首都"大邑商"，説它將有災和將淪陷。但如果作爲商王朝的稱呼也可通，那就可見這篇文字原來是商末已有的，到了周代這兩個字遺漏未改，把這兩句原文保存下來，而其他商字都被周人改成殷字了。

還有"德"字，似也不是殷代文字（參看《高宗肜日》"德"字注釋）。本篇也有了，這也是周代的痕迹。

還有"咈"字，《説文·口部》引此稱爲《周書》，這反映當時就有人把這篇看做周代的東西。

其次關於内容語氣方面也全是自怨自艾，只責怪商王朝自己，一點也不責怪大敵周人。把商的滅亡説成是罪有應得，不能不説這篇顯然是商亡以後到周代才寫定的。雖然寫成於商的後代宋人之手，他不能不接受周人的觀點，同時確也反映了當時國亡在即，奴隸主統治者心慌意亂，力圖如何保全自己的心理狀態。

尚書校釋譯論

顧頡剛　劉起釪　著

第 三 册

中 華 書 局

牧 誓

《牧誓》是周武王伐商紂的牧野之戰的誓師詞。由於篇中有六步、七步、四伐、五伐要止齊之文,造成經師們的困惑,無法解通。今據古代社會研究、民俗學研究,考定為臨戰作為宣誓式的軍事舞蹈的誓師詞。先秦文獻引述兩次,《史記》錄本篇全文入《周本紀》中。在漢代伏生今文二十八篇中為全書第十篇,《周書》第一篇,到三家今文二十九篇中因前面增《太誓》一篇,遂移為全書第十一篇,《周書》第二篇。東漢古文本《太誓》分為三篇,其前《盤庚》亦分三篇,《牧誓》遂為全書第十五篇,《周書》第四篇。至東晉偽古文本中為全書第三十篇,《周書》仍為第四篇。其情況詳後面的"討論"。

(一) 校 釋

時甲子①昧爽②,王③朝至于商郊牧野④,乃誓⑤。

①時甲子——《史記·周本紀》（本篇内以下簡稱《周本紀》）作
“二月甲子”。《集解》引徐廣曰：“一作‘正’，此建丑之月，殷之正
月，周之二月也。”皮錫瑞以爲用殷正的是今文，用周正的是古文，
《周本紀》依今文，當從徐廣所據之本作“正月”（見《今文尚書考
證》。按，梁玉繩《史記志疑》也以爲改用周正在克殷以後，此時尚
用殷正）。但今傳周代史料都作“二月”，如《逸周書·世俘解》：“越
若來二月既死霸，越五日甲子，朝至，接于商，則咸劉商王紂。”（《漢
書·律曆志》引爲《武戒》，作“粤若來三月⋯⋯”）又《國語·周
語》：“王以二月癸亥夜陳，未畢而雨。”韋昭注：“二月，周二月。四
日癸亥，至牧野之日。”所謂“殷正建丑”、“周正建子”之説原不可
信，因以“子丑”十二辰稱十二月是漢代的事，在殷、周當時的曆法尚
屬早期階段，彼此自有差異，其差別究竟怎樣還不大清楚，所以“一
月”、“二月”或“三月”究竟哪個對，也難論定。上述這些史料則都
把“甲子”作爲二月五日，詳下文討論（三）。1976 年陝西臨潼出土
西周的銅器“利簋”，爲參加這次戰役的一個名叫“利”的貴族所製，
他在戰事之後第八天辛未受到周武王的賞賜，鑄了這件祭祖先用的
銅器做紀念。銘文前段説：“珷征商，唯甲子朝，歲貞，克聞夙有商。”
（《文物》1977 年第 8 期）這是三千多年前直接參加這一歷史活動的
人物留下的原始記録，證明了本文所記“甲子”日是確實可信的。

②昧爽——“昧”，與“冥”音近義同，即暗而不明。《説文》釋爲
“闇”（暗）。“爽”，明爽。《説文》釋爲“明”。“昧爽”，早晨天快明
的時候。《説文》釋爲“旦明”，即《詩·雞鳴》“士曰昧旦”的“昧
旦”。《小盂鼎》云：“昧爽，三左三右多君入服酉；明，王格周廟。”知
“昧爽”在“明”前。《詩·大明》“肆伐大商，會朝清明”，鄭玄箋即
引此“甲子昧爽”釋之。又《楚辭·天問》：“會鼂（朝）争盟，何踐吾

期？”係據歷史傳説周武王爲履行和紂臣膠鬲預先訂好的日期，於甲子昧爽趕到牧野（見《吕氏春秋·貴因》），提出了這一問（劉逢禄《書序述聞》記莊存與謂“爭盟”即“清明”之誤，《釋文》謂一作“會朝請盟”，亦字之誤）。都以“會朝清明”爲甲子日的“昧爽”。

③王——指周武王，故《周本紀》即作“武王”。姬姓，名發，爲建立周王朝的第一任君主。在位期間約當公元前 11 世紀後期。

④牧野——“牧”，《説文》作“坶”，釋云：“朝歌南七十里地，《周書》武王與紂戰于坶野。从土，母聲。”鄭玄亦云：“牧野，紂南郊地名，《禮記》及《詩》作‘坶野’，古字耳。”（《詩·大明》疏引鄭《書序》注）“朝歌”在今河南淇縣，已見前《盤庚》“校釋”，係商代後期從殷邑向南擴展建立離宫别館之地，紂常居此。又稱“妹”或“沫”。《酒誥》“明大命于妹邦”，鄭玄注：“妹邦，紂之都所處也。於《詩》國屬鄘，故其《風》有‘沫之鄉’。則沫之北、沫之東，朝歌也。”（《詩·桑中》疏引）據此，似“妹”或“沫”在朝歌西南。《水經·淇水注》：“逕朝歌城南，《晋書·地道記》曰：本沫邑也。”《括地志》：“紂都朝歌，在衛州東北七十三里朝歌故城是也。本妹邑，殷王武丁始都之。”（《周本紀正義》引）顯然“妹”、“沫”、“牧”和“坶”是一聲之轉，爲同一地名。它的郊野疑原也稱“妹野”或“沫野”，文獻中存“坶野”、“牧野”二稱，後來在流傳中才統一稱爲“牧野”。《小臣謎殷》云：“伯懋父以殷八師征東夷……雩厥復歸，在牧自（師）。”郭沫若氏以爲此牧師“必係殷郊牧野”（《金文叢考·小臣謎殷銘文考釋》）。其地當在今河南淇縣以南汲縣以北一帶。

⑤誓——軍事行動前申明紀律約戒所屬人員的重要戒辭叫“誓”，見《甘誓》“校釋”。

這一節，是史臣叙事的文字。

王左杖①黄鉞②，右秉③白旄④以麾⑤曰：“逖⑥矣！西土之人⑦！”

①杖——讀去聲，動詞，手拿棍棒的動作叫“杖”。“左杖”，左手拿着。

②黄鉞——“鉞”，《釋文》：“本又作戉。”《說文·戉部》：“戉，斧也。”但後來文獻中已習用“鉞”。“黄鉞”，以黄金裝飾的斧子，是古代象徵王權作爲儀節用的武器。既爲儀節用具，故亦用於樂舞，稱之爲“戚”。《說文》“戚，戉也。”《樂記》鄭注：“戚，斧也。”故“戚”、“戉”爲一物。郭沫若據《虢季子白盤》“錫用戉用政蠻方”（《釋歲》），金文即有戉字。在樂舞中常與干（盾）並用。故常有“舞干戚”、“執干戚而舞”等說法。詳討論（一）。崔豹《古今注》：“金斧，黄鉞也；鐵斧，玄鉞也。三代通行之以斷斬。”並謂後代大將出征，“得賜黄鉞”。這種殊典是後來封建統治者根據本文制定的。

③秉——執着，拿着。《詩·簡兮》說，在“公庭萬舞”中，“左手執籥，右手秉翟”。

④旄——鄭玄云：“旄，旄牛尾，舞者所持以指麾。”（《周禮·春官·序官》“旄人”注）按，“旄”，《說文》作“氂”，釋爲犛牛之尾。《春官·樂師》鄭衆注亦云：“旄舞者，氂牛之尾。”朱駿聲謂：“用犛牛尾注於旗之竿首，故曰旄。”並謂是一種舞者所持的小旗（《說文通訓定聲·小部》）。

⑤麾——《說文》手部作“𢎺”，釋爲“旌旗所以指麾也”。即用旗指揮。按，“麾”、“𢎺”與“撝”同音通用，皆讀陽平，今並與“揮”同讀陰平。“指麾”，今已通用“指揮”。

⑥逖——《周本紀》作“遠”，係用訓詁字。《唐石經》及各刊本

作"逖"。但《爾雅》"遏遠也"，郭璞注引本文作"遏"，段玉裁並舉顏之推《觀我生賦》及《文選》李善注皆引作"遏"，以爲至唐初此字尚作"遏"，由衛包改爲"逖"（《撰異》），今據改回。"遏矣!"是說大家走了遠路了，辛苦了，表示對部隊的勞問。

⑦西土之人——周族在今陝西一帶，因此王所率領進攻商王朝的各族，對東方的商來說，也都是西部的，所以稱爲"西土之人"。

這一節，是史臣對於周武王開始作這一篇誓詞時的叙述。

　　王曰:"嗟! 我有邦①冢君②、御事③、司徒④、司馬⑤、司空⑥、亞旅⑦、師氏⑧、千夫長、百夫長⑨，及庸、蜀、羌、髳、微、盧、彭、濮⑩人，稱爾戈⑪，比爾干⑫，立爾矛⑬，予其⑭誓。"

①有邦——《唐石經》及各刊本原作"友邦"，《周本紀》作"有國"，即《皋陶謨》的"有邦"，"友"、"有"通用，是加在名詞前無意義的語詞。爲避免理解爲友好之邦，依《周本紀》用"有"字。《周本紀》之"國"字爲西漢避劉邦諱改，故不從改。"有邦"就是"邦"，指參加周武王這一軍事行動的各部族（《大誥》"有邦"與此同改）。

②冢君——"冢"，大（《釋詁》）。"有邦冢君"即各族的首腦，也就是《盤庚》篇的"邦伯"，《大誥》篇的"邦君"。

③御事——《周本紀》無此二字，當係偶省略或脱失。《大誥》、《酒誥》、《梓材》都有"邦君、御事"，《召誥》、《洛誥》、《顧命》、《文侯之命》有"庶殷御事"（甲骨文中作"御史"）或周室的"御事"，可知此處當有。"御事"是治事行政之官（參看王國維《釋史》）。

④司徒——西周較早期金文作"嗣土"，又有"冢嗣土"；較後期

金文則作"嗣徒"。"嗣"即"司","土"演化爲"徒"。"冢嗣土"即
"大司徒",其職務能管理成周八師(《舀壺》)。一般司徒的職務見
於金文者,爲管理耕耤、山林、浦澤及畜牧等項(參據郭沫若《周官質
疑》)。此官不見卜辭,可知是周代的官(參看《堯典》"司徒"校
釋)。

　　⑤司馬——西周金文作"嗣馬",在王左右,擔任贊右王命的職
務(《師奎父鼎》等)。另有"家嗣馬"、"邦君嗣馬"(《趞鼎》、《豆閉
毀》等),職務和王的"嗣馬"基本同(亦參據郭説),這也不是殷官而
純爲周官(參看《堯典》"司馬"校釋)。

　　⑥司空——西周金文作"嗣工",管理田地、居處、草料、工司等
項,還可兼"嗣寇"(《揚毀》),也是周官。郭沫若《金文叢考·周官
質疑》謂司徒、司馬、司空即《詩·雨無正》的"三事大夫",爲僅次於
《曲禮》"天官六大"(即金文中"卿事"的"三左三右")的高級官員。
楊樹達《積微居金文説》卷六據《盠司徒幽卣》與《散氏盤》,以爲"古
縣邑皆有司徒、司馬、司空,不必天子諸侯之國始有之"。吳大澂《字
説》云:"《散氏盤》……嗣土、嗣馬、嗣工之官名顯而易識。……世
所傳六國時官鉨……知晚周已有司徒之稱,而司工尚稱舊名,無稱
司空者。今經典所稱司空,皆漢人所改。……古文工字有作𢀛者
……安知不因工字作𡉈而誤讀爲空耶?"(亦參看《堯典》"司空"校
釋)

　　⑦亞旅——本書《立政》司徒、司馬、司空之後也有"亞旅",《梓
材》則司徒、司馬、司空之後有"尹旅"。"尹"和"亞"在甲骨文中都
是官名,"尹"爲文官某種首長,"亞"爲武官某種首長。周人或係承
其名稱,故《酒誥》中有"惟亞惟服",《詩·載芟》中有"侯亞侯旅"。
"旅",《爾雅》釋爲"衆",與"師"同義;《説文》則以"師"、"旅"分指

部隊不同數目的人衆。此"亞旅"爲武職名稱,《左傳・成公二年》魯賜晉三帥三命之服,亞旅一命之服,可知亞旅是次於三軍統帥的武職。在這裏,是次於司徒、司馬、司空的武職。

⑧師氏——西周金文中,如《敔鼎》説以師氏及有司征伐,《彔戜卣》説以成周六師屯戍,而《曶壺》、《小克鼎》則有成周八師,是"成周師氏"當即"成周八師"的將領。近人习金文者皆认师氏为周代武官,证以《毛公鼎》及本书《顾命》"师氏,虎臣"连称,可知师氏是高级武官。

⑨千夫长百夫长——西周金文中,奴隶们被作为物品,赏赐给贵族时,常说"若干夫"。如《大盂鼎》:"人鬲自御至于庶人六百又五十又九夫","人鬲千又五十夫。"偶也説若干"人",如《矢令殷》"鬲百人",可知"一夫"就是"一人",指的是一個男奴隸。在奴隸制時代,以奴隸當兵,當是統帶一千個奴隸兵的稱"千夫長",統帶一百個的稱"百夫長"。

⑩庸蜀羌髳微盧彭濮——是周族周圍地區的幾個不同部族,先後臣服於周,跟隨周武王一道伐紂。各族地點大致如下〔詳討論(三)〕:

庸——今湖北房縣以西竹山一帶。

蜀——古蜀國主要在今陝南漢中一帶。

羌——今甘肅境及甘肅的西南千里之境。

髳——今山西省南部平陸縣茅津渡一帶。

微——今陝西扶風、眉縣附近。

盧——今湖北南漳縣以東、襄樊市以西之地。

彭——今湖北房縣附近南河流域。

濮——今湖北西南及湘北湘西的湖沼地區。

⑪稱爾戈——"稱",郭璞注《爾雅》引作"偁",段玉裁據此謂東晉時本尚如此,亦衛包所改(《撰異》)。按,"稱"、"偁"相通,又通"禹"。《爾雅》於"偁"、《說文》於"禹"皆釋爲"舉",故不改回。"爾",你們的。西周金文中第二人稱代詞領格原用"乃"字,東周始用"爾"字。"戈",古代兵器,其刀刃橫置,和戟之前端有刺者不同,故《說文》稱戈爲"平頭戟",《考工記・冶人》鄭注稱戈爲"勾子戟",又稱爲"勾兵",有點近似於長柄鐮刀(北方的直刃鐮刀),用於橫擊和鈎割,而不是向前刺殺。今考古所見的商"勾兵"都是戈,經過東周至秦逐漸演化而成戟(程瑤田《考古創物小記》、郭沫若《釋戟》有詳考)。"稱爾戈",舉起你的戈。

⑫比爾干——"比",密列,並列。"干",即盾,古代的防禦武器(郭沫若《釋盾》有詳考)。鄭玄說在習武舞蹈中用它(見《禮記・樂記》注)。"比爾干",把你們的盾牌並列排好。

⑬立爾矛——"矛",古代的一種在長柄前端裝有利刃便於刺殺的武器。《孔疏》:"矛長,立之於地,故言立。"

⑭其——將,就要(《釋詞》)。

這一節,是周武王呼喚所有參加伐紂戰爭前舞蹈的人員聽誓詞。

王曰:"古人有言曰①:'牝②鷄無晨③;牝鷄之晨,惟家之索④。'今商王受⑤惟婦言是用⑥,昏棄厥肆祀弗答⑦,昏棄厥遺王父母弟不迪⑧;乃惟四方之多罪逋逃⑨是崇、是長、是信、是使⑩,是以爲大夫卿士⑪;俾⑫暴虐于百姓⑬,以⑭姦宄⑮于商邑⑯。今予發⑰惟共行天之罰⑱。

①曰——《周本紀》無"曰"字，似是司馬遷據今文偶省。但隸古定僞古文如敦煌 P799 本及神田本也無"曰"字，或諸本有意依《周本紀》所去。

②牝（古音扶死切，宋以後音補履切）鷄——"牝"，雌。"牝鷄"，母鷄。

③晨——神田本隸古定作"睯"，即"慎"，與"晨"同聲通用（于省吾有此說）。此處指鷄在早晨鳴叫。

④牝鷄之晨惟家之索——"之晨"，"之"在此作爲假設連詞，意同"若"、"倘若"。"惟"，《周本紀》作"維"，二字通用，在此作不完全內動詞，意爲"就是"。"索"，舊注有"盡也"、"散也"、"蕭索也"、"通索，空也"等等解釋。俞樾以爲同於《周禮》方相氏之"索室驅疫"，王闓運以爲"孛"字之誤，楊筠如以爲與"隙"通，釋爲瑕釁，都非確解，總之是不祥、不好的意義。這兩句是説："誰家的母鷄管早晨鳴叫，就是誰家要倒霉了。"曾運乾以爲："此語蓋女系易爲男系時之格言。"（《正讀》）也就是恩格斯所説的："母權制的顛覆，是女性底具有全世界歷史意義的失敗。"此句是確立父系家長制以後，强調男性中心的諺語。

⑤商王受——《周本紀》作"殷王紂"。"受"、"紂"爲同音異字，是商王朝末任國王"帝辛"的名字（參看《西伯戡黎》校釋），段玉裁以爲今文作"紂"，古文作"受"（《撰異》）。按，"受"又訛爲"受德"，見《逸周書·克殷解》："尹逸策曰：殷末孫受德。"《呂氏春秋·當務》："其次曰受德。受德，乃紂也。"這大抵從本書《立政》"受德"一詞傳來。《立政》中"受德"與"桀德"並言，顯然是説他二人德行，而不是二人之名。《周本紀》引《克殷解》作"尹逸策曰：殷之末孫季紂"，是司馬遷亦知"受德"非名，把"受德"作爲紂名是錯誤的。

⑥惟婦言是用——《周本紀》“惟”作“維”，“婦”下有“人”字。《漢書·五行志》引此句無“是”字，隸古定寫本神田本、内野本、神宫本、松田本亦無，《唐石經》則“是”字旁添。作爲周代特介提賓語法，是有介詞“是”字。此句所指，當即《殷本紀》所説“紂嬖於婦人，愛妲己，妲己之言是從”。

⑦昏棄厥肆祀弗答——《周本紀》作“自棄其先祖，肆祀不答”。較本句“厥”下多“先祖”二字，可能本文脱落，也可能司馬遷用漢代文句作較完整的表述。王引之謂“昏”讀“湣”，“昏棄”即《左傳·昭公二十九年》之“泯棄”，亦即《周語》“不共神祇而蔑棄五則”之“蔑棄”，“泯”、“蔑”一聲之轉（《述聞》）。于省吾謂“泯，金文作㱈”（《新證》）。“肆”，祭先王的祭名（《周禮·典瑞》“以肆先王”注）。“答”，報。蘇軾謂“祭所以報”。

⑧昏棄厥遺王父母弟不迪——《史記》作“昏棄其家國，遺其王父母弟不用”，似本文此句“厥”下脱“家國”字。《漢石經》則“王”作“任”，段玉裁據《史記》及漢《太誓》“離逷其王父母”以爲當作“王”（《撰異》）。俞樾謂漢人常誤“王”作“壬”，如武梁石刻“秦王”作“秦壬”，並舉《左傳》“王臣”别本作“壬臣”、《韓非》“王登”《吕氏春秋》作“壬登”之例，而此又加“人”旁（《平議》）。“王父”，《爾雅》釋爲父之父。劉逢禄據《晋語》“年過七十……稱曰王父”以爲指伯叔父（《集解》）。于省吾據金文祖父母稱“祖”“妣”、父稱“王父”“皇父”、母稱“王母”，也以爲指父母（《新證》）。按，正如劉逢禄説指諸父諸母，“王父母弟”，王樵釋爲“王父弟”、“母弟”，而“王父弟”即從兄弟（《尚書日記》）。這句是説紂蔑棄父母們遺下給自己的兄弟不用。

⑨多罪逋逃——“罪”，即罪隸（《周禮·秋官》），奴隸主把奴隸

都作爲有罪的人。“逋”，逃亡。“逋逃”爲同義複詞，這裏爲名詞，即逃亡者。

⑩是崇是長是信是使——此四“是”字都是作爲把賓詞提置動詞前的介詞，“多罪逋逃”是賓詞，崇、長、信、使是動詞。“崇”，《漢書·谷永傳》引作“宗”，當是用字偶異，義仍相同。這句是說尊崇信使那許多逃亡的奴隸，意即《左傳·昭公七年》所說的“紂爲天下逋逃主”。按，招徠吸引外來奴隸，是古代奴隸主常用的一種壯大自己力量的手法。摩爾根《古代社會》中說古羅馬城的建造者大奴隸主頭子羅木盧斯就是用這方法的。該書第十二章說：“古代建城者的一個策略，就是把一大群卑賤的人吸引到自己身邊來。……羅木盧斯便實行了這個古老的辦法。據說他曾在帕拉丁山附近開設了一個收容所，招致鄰近部落一切的人，不論其品質地位如何，一律同他自己的部落分享這座新城的利益和命運。”又李維《羅馬史》說：“從鄰近的居民中，有一大批魚龍混雜的烏合之衆，不分奴隸與自由民，渴求新的環境，因而逃亡到了那裏（譯者按：指羅馬城），這就爲羅木盧斯致志於其偉大事業而發展勢力的第一步。”好大喜功的紂當時采取的也是這一“爲天下逋逃主”的策略。《左傳·昭公七年》說文王“有亡，荒閱”，是說奴隸有逃亡時即大檢閱一次，當周與殷交爭中原之際，必有若干周族的奴隸逃亡到殷方的事，故武王用這句話來罵紂。

⑪是以爲大夫卿士——《史記》無此句。此“是”字爲連詞，意即“於是”。此句是說“於是用那些逃亡者爲大夫卿士”。按，王朝官員分爲卿、大夫、士三級，是周制。《左傳》之《隱公三年》、《隱公九年》王室“卿士”，杜注：“卿士，王卿之執政者。”《詩》之《雅》、《頌》中也屢提到“卿士”。但金文中皆作“卿事”（《番生殷》、《令

彝》、《毛公鼎》……等），甲骨文没有卿士或卿事，只有"卿史"，其職位比周代的"卿士"低（可能只是史官），所以這裏用的是周代的官名。至於周武王這時王朝還没有建立，是否已分卿、大夫、士等級別，還不能詳。總之這裏是指殷代奴隸制王朝的高中級官員。

⑫俾——使。王引之謂"暴棄"與"姦宄"亦平列字（《述聞》）。

⑬百姓——即百官（參看《堯典》校釋）。

⑭以——在此作爲承接連詞，同"而"（《釋詞》）。

⑮姦宄——"宄"，《周本紀》作"軌"，同音通用字。"姦宄"，姦詐邪惡（參看《微子》及《盤庚》"姦宄"校釋）。

⑯商邑——《周本紀》作"商國"。泛指商的都邑領域。

⑰發——周武王名。

⑱惟共行天之罰——"惟"，《周本紀》作"維"。"共"，《唐石經》及各刊本作"恭"。《周本紀》作"共"，《漢書·叙傳》、各隸古寫本及高誘、李賢、李善等注書皆引作"龔"，"恭"字爲唐天寶誤改，今改回。"共"、"龔"同音通用，其義皆訓爲"奉"。"共行天之罰"即"奉行天罰"，爲奴隸主假天命進行征伐的宣傳詞令（《參看《甘誓》校釋）。敦煌本 P799 無"天"字，誤脱。

這一節，歷數紂的罪惡，來鼓動鬥志。

"今日之事①，不愆于②六步、七步，乃止，齊焉。夫子③勖④哉！不愆于四伐、五伐、六伐、七伐⑤，乃止，齊焉。勖哉夫子！尚⑥桓桓⑦如虎、如貔、如熊、如羆⑧，于商郊弗御克奔⑨，以役西土⑩。勖哉夫子！

"爾⑪所⑫弗勖，其于爾躬⑬有戮⑭！"

①今日之事——指伐紂戰爭前作爲宣誓儀式所舉行的軍事舞蹈。

②不愆于——《周本紀》"愆"作"過"，無"于"字。"愆"的意義爲"過"，故《周本紀》譯用之。又"愆"的籀文爲"䂂"，故《藝文類聚》五十九引此作"弗䂂"。

③夫子——黄以周云："夫即千夫長百夫長之夫。夫子者，千夫百夫以上尊者稱也。"（《禮説》）是"千夫長"、"百夫長"等爲武職的官名，"夫子"則爲對他們禮貌的稱呼。因爲"子爲男子之美稱"（《儀禮·士冠禮》注），或"丈夫之通稱"（《白虎通·號篇》）。

④勖——《周本紀》作"勉"，下文二"勖"字同。流行本"勖"稍變作"勗"。《爾雅》、《説文》都釋"勖"爲勉，以音同故義相通。

⑤不愆于四伐五伐六伐七伐——"不愆于"，《周本紀》作"不過于"。"伐"，《禮記·樂記》鄭注云："武舞，戰象也。每奏四伐，一擊一刺爲一伐。"（江聲、王鳴盛據鄭玄此注引本文無"六伐七伐"，又此注之疏及《曲禮》疏亦無之，疑此四字爲衍文，然《周本紀》、《漢石經》皆有之，故不取江、王説。）

⑥尚——命令副詞，表示希望之意。

⑦桓桓——《説文·犬部》引作"狟狟"，金文作"趄趄"（如《虢季子白盤》）。三字同音通用。鄭玄謂"威武貌"（見《周本紀正義》），《爾雅·釋訓》："威也。"

⑧如虎如貔如熊如羆——《周本紀》作"如虎如羆如豺如離"。段玉裁説這是今文。"貔"，古人傳説中的一種猛獸，《説文》説是豹屬，《方言》説是貍或貊的别名，《爾雅》説是白狐，《草木疏》説似虎，又説似熊，亦即白羆，《禮記·曲禮》則稱爲"貔狼"。"羆"，也是古代相傳的猛獸，《爾雅》、《説文》都説它如熊。"離"，段玉裁謂與螭

同，都是“离”的假借字。《説文·内部》釋“离”爲山神獸，又引歐陽喬説爲猛獸，段並引服虔説：“離如虎而吃虎。”又《廣雅》謂一種無角的龍叫螭龍。顯然這些都是出於古代神話傳説。

⑨弗御克奔——“弗”，《周本紀》作“不”。“御”，《唐石經》及各刊本作“迓”。然《周本紀》原作“禦”，《釋文》謂馬融本亦作“禦”。《孔疏》謂王肅讀“御”爲“禦”，是王本作“御”，《匡謬正俗》引唐初本亦作“御”；敦煌 P799 本及神田本作卸，爲“御”的省文。是唐以前各本作“御”或“禦”。按，甲骨文、金文中從“示”之字皆可省“示”，如禄、福、祐、祖、神等字亦作录、畐、右、且、申，可知御、禦二字無别。段玉裁謂今本作“迓”，必天寶中衛包見僞孔訓“御”爲“迎”，而《説文》訓“迎”之字爲“迓”，遂據改（《撰異》）。今特改回爲“御”。“克”，能，在此與“弗”對舉。“奔”，《周本紀》作“犇”，古奔字。《説文》：“奔，走也。從夭，賁省聲。與走同意，俱從夭。”在此與“御”對舉，其義既爲走，則“御”當指御車。“弗御”與“克奔”似爲舞蹈中的兩個動作，指舍車、徒步，與上文六步、七步相合。《孟子·盡心下》謂“武王之伐殷也，革車三百乘”，《書序》、《周本紀》也都説“戎車三百乘”，可知此役原以車隊爲主。現在舞蹈中的動作都以徒步進行，那麼自應先有一下車的動作（僞《孔傳》釋“御”爲“迎”，釋此句爲“商衆能奔來降者不迎擊之”，以後的各種注釋都承此義。但此“御”字既非“迎”意，也無“擊”義，“奔”更無“降”義，顯然僞孔解釋是錯誤的。至於《盤庚》“迓續乃命于天”的“迓”用“迎”的本義，其古本用“御”乃假借字，與此不同。見《盤庚》校釋）。

⑩以役西土——“役”字在此的意義，舊注疏家有過多種解釋，但總不大好講通。似以《廣雅·釋詁》“役，使也”之義較近，有發縱役使之意。故《周禮·小宰》“一曰聽政役以比居”鄭衆注：“役，謂

發兵起徒役也。"而《國語·吳語》"寡人帥不腆吳國之役"，韋昭逕釋爲："役，兵也。"這些解釋，頗能適用於此處。"西土"與篇首"西土之人"相應。似此句爲舞蹈的最後一句結語，承上句"于商郊弗御克奔"之後，説以此舞蹈來發動役使西土之人皆成爲戰士，投入戰鬥。

⑪爾——你們。"爾"字作爲第二人稱代詞，是周代用法，其單數多數不分，且可用於主、賓、領三格。但金文中還只出現在春秋以後器中。

⑫所——在此作爲假設連詞，王引之謂與"若"同。《左傳·僖公二十四年》"所不與舅氏同心者"，又《宣公十年》"所有玉帛之使者"，及《論語·雍也》"予所否者"的"所"字，都作"倘若"解(《釋詞》)。神田本、内野本、神宫本、足利本、中原康隆抄本"爾所"二字皆誤倒，顯見在日本境内源於同一古抄本致誤。

⑬躬——身體。

⑭戮——殺(參看《湯誓》校釋)。

這一節，對軍事舞蹈提出動作要求，並申明紀律。

（二）今　譯

甲子這天清早還没大亮的時候，武王來到商都郊外牧野這個地方，舉行誓師。武王左手拿着黄金斧鉞，右手舉起白旄牛尾小旗，用以指揮説："大家遠來辛苦了，我西方的人們！"

武王説："喂！我各邦的首腦，治事大臣，司徒、司馬、司空等官長，部隊將領，千夫長、百夫長等軍官，及庸、蜀、羌、髳、微、盧、彭、濮等各個部族的人們,舉起你們的戈兒,並列排好你們的盾兒,並立好你們的矛兒,我就要發出誓詞了。"

武王説:"古人有一句話:'母鷄不該在早晨鳴叫。如果母鷄管早晨鳴叫,就是誰家破敗的日子到了。'現在商王紂只聽信所寵愛的女人的話,自己背棄他的祖先,不舉行報答祖先的祭祀;自己遺棄他的家國,丢掉自家兄弟不任用;而只是尊崇信使那些四方逃亡的奴才們,用他們擔任大夫卿士等要職,使他們爲害於百官百族,肆行姦惡於整個商國。現在我周王發要對他奉行上天的懲罰了!

"今天舉行臨戰前的軍事舞蹈,在徒手舞蹈上,不過六步、七步,停止下來,看齊! 戰士(夫子)們努力呀! 在擊刺舞蹈上,不過四伐、五伐、六伐、七伐,停止下來,看齊! 戰士(夫子)們努力呀! 大家要威風凛凛地像虎豹熊羆一樣,在商都的郊外,舉行舍車、徒步的演習,以動員我西方的勇士們投入戰斗,戰士(夫子)們努力呀!

"如果你們有不努力的,那就要在你們的身上執行刑戮了!"

(三) 討　論

本篇需要討論的有四個問題,現在分別析論如下:

(一)《牧誓》是什麽事件的誓詞

漢代出現的《書序》説:"武王戎車三百兩,虎賁三百人,與受(紂)戰於牧野,作《牧誓》。"是説這是周武王在牧野與商紂作戰時的誓詞。《周本紀》説:"武王朝至於商郊牧野,乃誓。"又《魯周公世家》也説:"十一年伐紂至牧野,周公佐武王,作《牧誓》。"都是説這是與紂作戰時的誓詞。後來的注疏家也都説是"臨戰誓衆"(僞《孔傳》、《孔疏》、《蔡傳》等）。

但是，既然是臨戰前的動員誓詞，爲什麼叫戰士們只進攻六步、七步就中止，只刺六伐、七伐就停下來呢？這豈不是不叫打勝仗嗎？世界上哪有按規定走六步、七步和刺六下、七下的戰爭呢？

於是舊的注疏家們只好挖空心思來進行解釋。現録其一些主要說法如下：

鄭玄："始前就敵，六步七步當止齊，正行列。及兵相接，少者四伐，多者五伐，又當止齊，正行列也"（《詩·維清》疏）。"好整以暇，用兵之術。"（《詩·大明》疏）

僞《孔傳》："就敵不過六步七步乃止相齊，言當旅進一心。（《孔疏》釋云："言當衆進一心。"）伐謂擊刺，少則四五、多則六七，以爲例。"

蔡沈："戰不過六步七步乃止齊，此告之以坐作進退之法，所以戒其輕進也；伐多不過六七而齊，此告之以攻殺擊刺之法，所以戒其貪殺也。"（《書集傳》）。

吕祖謙："聖人之師，坐作進退，紀律如此。後世之師，有追逐夜行三百里者，其紀律安在哉！故當戰亦井然有序，不失紀律，三軍一人，百將一指，足以見武王之恭行天罰，其不妄侵掠可知矣。"（《東萊書説》）

是漢晉儒家把步伐的規定數目解釋爲端正行列，一致行動。但這樣規矩行動怎麼作戰呢，宋儒就吹噓這是聖人仁義之師，是爲了戒輕進，戒貪殺。甚至把後世作戰夜行幾百里説成没紀律的行爲。這樣，周武王比宋襄公更早幾百年做了蠢猪式的軍事家了。但他仍然打了勝仗，這個矛盾怎麼解釋呢？所以這類説法顯然是不符合史實的。

相傳唐代李靖解釋爲教陣法。他説："周之初興,則太公實繕其法。始於岐周以建井廟;戎車三百兩,虎賁三百人,以立軍制;六步、七步,六伐、七伐,以教陣法;陳師牧野,太公以百夫致師,以成武功。"(崔述《考信録提要》指出阮逸僞撰之《唐太宗與李衞公問答》卷上)宋朝的王炎也説:"六步七步,足法也;六伐七伐,手法也。"(《書傳輯録纂注》引)這種説法,看來合理些。但是爲什麽到了作戰那天的早晨,還在臨時教陣法呢?對士兵的操練,不在平時進行嗎?

其實古代的注疏家都不知道,六步七步、六伐七伐等等,都是舞蹈動作。這次舉行的是一次軍事舞蹈。周武王所説的這些,就是指揮這次軍事舞蹈的一篇舉行宣誓性的當時稱作"誓"的講話。

古籍中原已零散地有一些提到周武王這次牧野之戰的舞蹈的資料,如:

《尚書大傳》:"武王伐紂,至于商郊,停止宿夜,士卒皆歡樂歌舞以待旦。"(《禮記·祭統》正義引)"惟丙午,王逮師,前師乃鼓譟譟,師乃慆,前歌後舞。"(《御覽》四六七"人事部"引)

《禮記·祭統》:"聲莫重于升歌,舞莫重于《武宿夜》,此周道也。"鄭玄注"《武宿夜》,武曲名也。"孔穎達疏:"舞莫重于《武宿夜》者,《武宿夜》是武曲之名。是衆舞之中,無能重于《武宿夜》之舞。皇氏(侃)云:'師説《書傳》云:"武王伐紂,至于商郊,停止宿夜,士卒皆歡樂歌舞以待旦。"因名爲《武宿夜》,其樂亡也。'熊氏(安生)云:'此即《大武》之樂也。'"

按,關於武王伐紂之師以甲子前夕到達牧野之事,亦見於《國語·周語》云:"王以二月癸亥夜陳,未畢而雨。"韋昭注:"二月,周二月。四日癸亥,至牧野之日,夜陳師。"

關於周師歌舞之事，亦見於下列幾件漢晉時的材料：

《白虎通·禮樂》：“紂爲惡日久，殘賊天下，武王起兵，前歌後舞。克殷之後，民人大喜。”

《樂·稽耀嘉》：“武王承命興師，誅于商，萬國咸喜。軍渡盟津，前歌後舞，克殷之後，民乃大安。”（《御覽》八十四“皇王部”引。據《繹史》校訂後兩句）

《天問》王逸注：“言武王三軍，人人樂戰，並載驅載馳，赴敵爭先，前歌後舞，亯藻讙呼。”“一云：前歌後舞，如鳥噪呼。”

《禮·文王世子》“下管象”鄭玄注：“美文王武王有德，師樂爲用，前歌後舞。”

《華陽國志·巴志》：“周武王伐紂，實得巴蜀之師，著乎《尚書》。巴師勇銳，歌舞以凌，殷人前徒倒戈。故世稱之曰‘武王伐紂，前歌後舞’也。”

這裏説“世稱之曰”，可見是一直到晉代還在社會上頗爲廣泛流傳的説法，而且都是作爲周武王當時情況説的。

《華陽國志》還有一段記載漢初劉邦時的話：“閬中有渝水，竇民多居水左右，天性勁勇，初爲漢前鋒，陷陣銳氣，善舞。帝善之曰：‘此武王伐紂之歌也。’”

這是説幫助劉邦作戰的竇人勇銳善舞，使劉邦體會到了武王伐紂時的歌舞。由這些資料看出，在各種傳説中，都模糊地保持着歷史的影子：牧野之戰與歌舞是聯繫在一起的。

當然，當時的歌舞早已沒有痕迹了，後來則有紀念周武王這次武功的名叫《武》或《大武》的舞蹈、舞樂和舞詩（即這一舞蹈的舞樂的歌詞）存在過。關於這《武》或《大武》的記載也頗不少：

《論語·八佾》：“子謂《韶》盡美矣，又盡善也。謂《武》盡美矣，未盡善也。"《集解》引孔注:"《韶》,舜樂名。""《武》,武王樂也。"

《詩·周頌·武》"詩序":"《武》,奏《大武》也。"《孔疏》:"《武》詩者,奏《大武》之樂歌也。"

《莊子·天下篇》:"……舜有《大韶》,禹有《大夏》,湯有《大濩》,文王有《辟雍》之樂,武王周公作《武》。"

《史記·禮書》引載《荀子·禮論》:"和鸞之聲,步中《武》、《象》,驟中《韶》、《濩》,所以養耳也。"《史記·禮書·正義》:"步,猶緩。緩車則和鸞之音中於《武》、《象》,驟車中於《韶》《濩》也。"顧先生云:"知武王之樂頗緩,故四五伐六步七步即可止齊。"《集解》:"鄭玄曰:《武》,武王樂也。《象》,武舞也。《韶》,舜樂也。《濩》,湯樂也。"(和、鸞之解釋見《集解》、《正義》)

《樂緯叶圖徵》:"……舜曰《大招》,禹曰《大夏》,商曰《大濩》,周曰《勺》、又曰《大武》。"(《樂記正義》引。孫瑴《考正古微書》)

《周禮·大司樂》:"舞《雲門》、《大卷》、《大咸》、《大磬》、《大夏》、《大濩》、《大武》。"鄭注:"《大武》,武王樂也。武王伐紂以除其害,言其德能成武功。"

《禮·文王世子》:"下管象,舞《大武》。"鄭注:"以管播其聲,又爲之舞……美文王武王有德。"

《禮·祭統》:"升歌《清廟》下而管象,朱干玉戚以舞《大武》。"

《禮·明堂位》:"升歌《清廟》下管象,朱干玉戚,冕而舞《大武》。"《孔疏》:"執赤盾玉斧而舞武王伐紂之樂也。"

《禮·樂記》:"夫樂者,象成者也。總干而山立,武王之事也。""且夫《武》,始而北出,再成而滅商,三成……"鄭注:"每奏《武》,曲一終爲一成。始奏,象觀兵盟津時也;再奏,象克殷也;三奏,象克殷有餘力而反也。"(此段記《大武》全舞共分"六成",甚備)

又《樂記》鄭注"武舞"疏："《武》樂六奏，每一奏之中，舞者以戈矛四度擊刺，象伐紂時也。"

又《樂記》："是故先鼓以警戒，三步以見方，再始以著往。"鄭注："三步，謂將舞必先三舉足，以見其舞之漸也。"《孔疏》："再始以著往者，謂作《大武》之樂，每曲一終而更發始爲之。"

此外還有不少這類記載，不詳舉了。這些都是說在周代有這麼一個紀念和歌頌周武王牧野之戰的樂舞，是經常隆重地舉行演奏的。《左傳·宣公十二年》說："武王克商，作《頌》曰'載戢干戈'。……又作《武》，其卒章曰'耆定爾功'。"似乎說周武王自己作了《頌》和《武》，和上面舉《莊子》河漢無極的說法一樣。其實《左傳》所舉的是舞詩，即舞樂的歌詞，也就是現在還能見到的《詩·周頌》中的《時邁》和《武》兩篇，並不就是樂舞《武》或《大武》，更不是周武王做的。因爲武王伐紂時的前歌後舞是没法傳下來的，只可能有後來的歌頌紀念作品，所以才如《論語》所說的爲春秋時的孔子所聽到，也爲《周禮》的"大司樂"所職掌。《吕氏春秋·古樂》說："武王即位，以六師伐殷……克之于牧野，歸乃薦俘馘于京太室，乃命周公爲作《大武》。"《詩·周頌·武》的《孔疏》則說："《武》詩者，奏《大武》之樂歌也。謂周公攝政六年之時，象武王伐紂之事，作《大武》之樂，既成而于廟奏之。"都說這是成於周公之手，這倒是說的較可信，因爲周公以"制禮作樂"聞名後代，他完全可以主持作成這一樂舞的。古代確有這麼一種習尚，有了豐功偉績後，就有對它加以歌頌的歌舞，來紀念它。歷史上這種紀念性的樂舞很多。最有名的如北齊蘭陵王戴假面作戰，勇冠三軍，武士共歌謠稱頌，形成了一部《蘭陵王入陣曲》。他作戰時戴假面，就有舞蹈氣息，所以後來就流傳爲舞曲，一直到現在的日本還能表演它。又如唐太宗破劉武周，武功煊赫,軍中相與作《秦王破陣樂》,後來改成爲唐王朝大典禮中奏演的《七德舞》。這一舞樂的影響也很大,當時的吐蕃等部也都演奏它。這影響及於邊裔。還影響及於域外。這些都説明大的武功或傑出的武功,往往有歌頌它的紀念性的樂舞形成和流傳。

　　《牧誓》的舞蹈却和這些不同,它不是事後紀念性的舞蹈,而是戰爭開始的一場臨陣的軍事舞蹈。意義是表示宣誓參加戰爭。這是一些古代民族早期往往有的習慣。恩格斯對此闡釋得很清楚。他在《家庭、私有制和國家的起源》中説:"要是發生戰爭的話,大半都由志願兵來進行的。在原則上,每一部落只要没有同其他部落訂立明確的和平條約,它同這些部落便都算是處在戰爭狀態中。反對這種敵人的軍事行動,多半是由一些優秀的戰士來組織的;這些戰士發起一個戰爭舞蹈,凡參加舞蹈的人,就等於宣告加入了出征隊,隊伍便立刻組織起來,即時出動。……這種隊伍的出發和凱旋歸來,總要舉行公共的典禮。"(《馬克思恩格斯選集》第四卷第88頁)這就使我們懂得了,甲子牧野之戰是這天早晨舉行的,就是周武王領導下的這支隊伍的所有成員宣告加入出征的戰爭舞蹈。舞蹈完畢後"即時出動",所以當天就把紂打敗了。《逸周書·世俘解》説紂於甲子這天晚上自焚死,周武王取得了完全的勝利。

　　我們也可以從本文中得到一些證據。如篇首説周武王手裏拿着黄鉞白旄進行指揮,黄鉞和白旄就是指揮舞蹈的用具;而戰士們手中的干戈矛等,除作爲武器外,也是軍事舞蹈中所執的舞具。可以從下面許多資料中看到這點。

　　先看"鉞",它就是古代樂舞中經常出現的"戚"。戚、鉞二字都是由"戈"而來,同釋爲斧,所以二者是一物(見前"校釋")。在周人樂舞中,它總是和干(盾)在一起,在武舞中使用。史料中屢見不鮮。

如《禮·祭統》:"君執干戚就舞位","朱干玉戚以舞《大武》"。又《明堂位》:"朱干玉戚,冕而舞《大武》。"注:"朱干,赤盾。戚,斧也。此武象之舞所執也。"《文王世子》疏:"以其用干,故知象武。若其大武,則以干配戚。"其泛言干戚者,《文王世子》:"大樂正學舞干戚。"《呂氏春秋·貴直》:"其干戚之音。"乃至《山海經·海外西經》也説:"形天操干戚以舞。"《後漢書·祭遵傳》注:"武樂,執干戚以舞也。""干戚"二字就往往成了武舞的代詞。由《祭統》看出,天子就舞位是要執着它的。

　　次看"旄",則是作爲與干戚相配合而構成樂舞的。如《樂記》:"比音而樂之,及干戚羽毛(旄)謂之樂。"又:"干戚旄狄(同翟。疏:羽也)以舞之。"又:"動以干戚,飾以羽旄。"鄭注:"干,盾也。戚,斧也。武舞所執也。羽,翟羽也。旄,旄牛尾也,文舞所執。《周禮》舞師、樂師掌教舞,有兵舞,有干舞,有羽舞,有旄舞。"《孔疏》:"此經干戚羽旄,包含文武之大舞。"按《周禮·春官》"樂師"教六種舞,有羽舞、旄舞、干舞等。鄭司農注:"旄舞者,旄牛之尾。干舞者,兵舞。"又《地官》"舞師"掌教鄉野以樂師六舞中的四舞,有兵舞而無旄舞。《孔疏》:"此教野人,故無旄舞。"説明旄舞是王朝高級的舞。鄭玄注"旄人"云:"旄,旄牛尾,舞者所持以指揮。"是周武王明明持着旄指揮舞蹈。

　　兵士們手中的干戈等,也都是舞中離不開的。上面已經提到不少,還可補充一些資料。《文王世子》:"春夏學干戈,秋冬學羽籥。"注:"干戈,萬舞,象武也。"疏:"宣八年《公羊傳》:'萬者何!干舞也。'以其用干,故知象武。"《周禮》樂師職有"干舞"。鄭衆注:"干舞者,兵舞。"又《周禮·春官·序官》"司干"云:"干舞者,所持謂楯也。"諸子中所散見者,如《莊子·讓王》:"子路抗然執干而舞。"《呂氏春秋·仲夏》："命樂師執干戚戈羽。"又《填人》："子路抗然執干而舞。"《山海經·中山經》的首山、熊山都説其祠用"干儛"，郭璞注云："持楯武儛也。"這些資料都説明，習武的舞蹈中，總以干戈等武器作爲舞具。

由上面看出，本文所載周武王手中拿着的黄鉞白旄，就是指揮舞蹈的用具；戰士們手中拿着的干戈等等，既是他們的武器，又是他們參加軍事舞蹈的舞具。所以這次完全是一巨大的軍事舞蹈的場面。

可能有人要懷疑，這樣緊迫的軍事行動前，哪裏還能從容不迫地舉行舞蹈？這是用現代人的眼光看問題。不知古代的人們，舞蹈和各種典禮，是生活中不可缺少的。何況像戰争和祭祀這兩件最大的大事（《左傳·成公十三年》"國之大事，在祀與戎"），更是非有舞蹈和典禮不可的。我們從各種關於較原始民族或較古史事的資料中，往往看到這類記載。現在録摩爾根《古代社會》的一段話如下："舞蹈是美洲土著的一種敬神的儀式，也是各種宗教的慶典中的一項節目。世界上任何地方的野蠻人，也没有像美洲土著這樣專心致志地發展舞蹈。他們每一個部落都有十至三十套舞蹈。每一套舞蹈都有專門的名稱、歌曲、樂器、步伐、造型和服裝。某些舞蹈是所有的部落共有的，如戰争舞蹈即是。"（《古代社會》第四章《易洛魁人的部落》）這不活像對周人《武舞》的描寫嗎？我們的祖先和易洛魁人並無二致，也正是這樣熱愛着舞蹈，所以就有關於牧野之戰"前歌後舞"的傳説。而歷史上這類事情也是屢見叠出，例如西楚霸王項羽困於垓下，四面楚歌；《漢書·禮樂志》載"巴渝鼓員三十六人，應古兵法"；又前舉《華陽國志》所載漢高祖時的賨民爲漢前鋒，勇鋭善舞：都是其著例。現在還可舉出時代比較晚的宋代的一件史事爲例：

《續墨客揮犀》卷七："王子醇初平熙河，邊陲寧静。講武之暇，因教軍士爲訝鼓戲，數年間遂盛行於世。其舉動、服裝之狀，與優人之詞，皆子醇初製也。或云：子醇初與西人對陣，兵未交，子醇命軍士百餘人，裝爲‘訝鼓隊’，繞出軍前，虜見皆愕眙。進兵奮擊，大破之。"

這和蘭陵王戴假面作戰有點近似，亦與"蒙馬以虎皮"之類用意相近（參看《史林雜識》"驅獸作戰"）。時代這麼晚了，還可在陣前利用舞蹈，那末早在周初時代，利用舞蹈作戰更是不足爲奇了。我們還可從現代少數民族的一些類似活動中，對古史的認識得到一些啓發。最近雲南博物館汪寧生同志寫的一篇關於這一問題的文稿，雖不贊同牧誓之戰歌舞的傳説，但他列舉了西南三個少數民族的戰俗資料，非常有助於我們理解這個問題。現將其中所引三個材料摘叙如下：

雲南景頗族世襲山官之間展開掠奪性戰爭"拉事"之前，選出勇敢戰士爲先鋒，由山官授以繪有恐怖人面圖形的野猪皮盾牌。戰事開始，任"勒卡總署"的先鋒一手舞刀，一手舞盾，作衝殺之狀，任"司列"的先鋒雙手舞一長矛，作向前刺殺之狀，其動作都是狂熱的舞蹈，並發出模擬老虎的吼叫聲，全隊即隨之冲鋒，以銳氣壓倒敵人取勝。

四川涼山彝族黑彝奴隸主各家支之間進行"打冤家"的械鬥時，選出帶頭的"扎夸"，一手舞皮盾，一手舞刀劍，在前打先鋒，全隊戰士穿上鮮艷服裝，或披戴皮甲，頭插紅布，或插上雞毛，皮盾、皮甲上漆着紅黃黑三色組成的可怖圖案，在扎夸的盾和劍（即周人的干戚）的舞蹈指引下，奮前發出咒駡喊叫，高唱戰歌，以事戰鬥，也以壓倒威勢取勝。流傳了這樣一首戰歌：

> 我是著名的黑彝，
>
> 我是吃人的老虎，殺猪的屠户；
>
> 我曾剝過人皮九張，
>
> 我是人上之人，人類無比之人，
>
> 誰能比得上我！

（汪稿原録歌詞，句次和文字略有出入。此録自《凉山彝族社會性質討論集》第 120 頁，並據汪稿訂正首句和末句。）

　　雲南佧佤族在以前打仗時，也是要擺開陣勢，藉大喊大叫高唱戰歌以助威勢。滄源地區至今還流傳這種戰歌一首：

> 我們每人背三把刀，
>
> 一齊走出寨門。
>
> 打仗我活你必死，
>
> 打仗我勝你必敗。
>
> 你變豹子我變虎，
>
> 你會跳來我會飛。
>
> 你有火藥槍，我有火藥砲。
>
> 你的人多，打不贏我一條好漢。
>
> 你有大山，我也要把你戮穿。

（見《滄源縣佧佤族民歌選》）

　　由這些少數民族在現代還有這些較原始的戰俗，就可使人理解早在三千多年前的周人，在臨戰前舉行動員與宣誓性的軍事舞蹈，以促成戰事的勝利，就是很自然的事了。

　　所以，這篇《牧誓》，就是周武王伐紂時，在甲子這天，在商郊牧野這地方，在即將出動進擊前，舉行一次宣誓式的戰爭舞蹈大會上

“誓衆”的講話。

（二）牧野之戰的年月問題

　　牧野之戰所在的年月，是兩千多年來文獻上聚訟紛紜的一個很難解決的問題。《牧誓》本文關於時間的交代，只有開頭的一句：“時甲子昧爽，王朝至于商郊牧野，乃誓。”這裏日子是明確的，是甲子日。至於是什麼年、月，本文没有説，就靠其他文獻來提供。但歷史上各種文獻在這個問題上的説法非常不一致，其紛歧争執主要在兩方面：（一）是用周文王“受命”年數紀年、還是用周武王在位年數紀年來計算它所在之年？（二）這一年屬什麼干支？其絶對年代應在公元前幾年？

　　一、用文王紀年還是用武王紀年

　　這個問題在過去文獻上計有下列各種不同説法：

　　1. 用周文王“受命”年數紀年之説

　　周人艷稱文王受命之事，既爲了鞏固自己政權的需要所進行的必要宣傳；也由於當時的宗教信念認爲是真實的，文王確是受了天命的。故《大盂鼎》云：“丕顯玟王，受天有大命。”《康誥》云：“天乃大命文王。”他如《酒誥》、《無逸》等等。都直接表明這一“受命”即王權“受天命”之證。漢人承此傳説，多所闡述。《史記·周本紀》説：“詩人道西伯蓋受命之年稱王，而斷虞芮之訟。”是説周文王受了天命，稱了王，有了威望，因而斷了虞（今陝西隴縣西南）芮（今陝西隴縣西北）兩國的争執糾紛。接着是：“明年伐犬戎，明年伐密須，明年敗耆國”，“明年伐崇侯虎”。因而斷虞芮之訟一事反映了它的權威性，具有特殊的歷史意義。於是周人就把斷虞芮之訟這一年宣揚爲文王“受命”元年，然後一直到他死後都接着這一年計算下去。這一説中，對其後一些具體史事的年月安排，又分下列諸説：

（甲）第一説

以周文王受命七年死；九年，武王到孟津觀兵；十一年，一月，武王伐紂，渡孟津；二月，牧野之戰，克殷。這一説的有關材料爲：《竹書紀年》（古本），《尚書大傳》，《史記》之《周本紀》、《齊世家》、《魯世家》，《書序》等。這一説基本是漢代的今文家説。

（乙）第二説

如果《周本紀》的"十一年十二月"，是另據不同的材料，而非文字之誤，那麼"二月甲子"在十二年。這就可列爲用文王紀年説中的另一説。但據王國維意見，這一説存在的可能性較小。

（丙）第三説

以文王受命九年死；十一年，武王觀兵孟津；十三年克殷。這一説的有關材料爲：《逸周書·文傳解》、《漢書·律曆志》引劉歆據《三統曆》所寫的《世經》；僞孔本《泰誓》、僞《孔傳》、《孔疏》等。這一説基本是漢代古文家説，僞古文承其説而又有所附益。其中説文王生武王之年及文王、武王年歲，都是承大、小戴《禮記》妄説，荒唐不足據，王國維《周開國年表》已予駁正。此不過作爲漢代有此一説而已。

（丁）第四説

這一説調和今、古兩説，以文王七年死，十三年伐紂。持此説者爲《詩·武》鄭玄箋。

（戊）第五説

是另一調和之説。孫星衍《尚書今古文注疏·牧誓》云："蓋今文古文各從文王受命數年之異也。史公以虞芮質成之年爲文王受命，則文王七年崩。若以賜斧鉞爲受命，又在虞芮質成之前矣。其云二月甲子或不異也。"皮錫瑞即指出："以《逸周書》所云受命，指受西伯專征之命,亦調停之說。"按,所謂賜斧鉞專征事在斷虞芮之訟前兩年,此說就是把古文家說的受命提前兩年。這樣一來劉歆根據《逸周書》所說的九年而崩之年,實即《大傳》七年而崩之年;所說的十三年伐紂,實即十一年伐紂,於是兩家說的二月甲子就是指的同一天了。

其實(丁)、(戊)兩種調和之論都是多餘的,根本錯誤在於(丙)說中的劉歆之說。皮錫瑞《考證》指出:"《漢志》所以與《史記》不合者,用劉歆《三統術》。劉歆又本於《逸周書》文王受命之九年。劉向以爲《周書》'蓋孔子所論百篇之餘',見《漢書·藝文志》注,故歆用其父說。……僞孔從之,較《史記》皆差二年……實爲大謬。"王國維更詳析之,見其《周開國年表》,可知劉歆等人之說根本不足信。

所以在上述五說中,惟第一說較近實。

2. 用周武王在位年數紀年之說

《呂氏春秋·首時篇》:"武王……不忘王門之辱,立十二年而成甲子之事。"把甲子牧野之事放在武王立十二年亦即即位之後的十二年。王國維《周開國年表》考定武王即位六年而死,十二年自不能列爲武王紀年。然先秦文獻似有用武王紀年者,如《逸周書》之《柔武》、《小開武》、《寶典》、《酆謀》等,這些篇多出戰國後期甚至漢時編造,則難盡徵信。

開始明確提到武王紀年的,是《新唐書·曆志》所載張說、陳玄景二人的《曆議》。見於該文中的"其七《日度議》",該段文字的破綻頗多,所引的《周書》"維王元祀、二月丙辰朔"。在《逸周書》原文並不如此。是二月丙辰朔在三年而不在元年。又此文所引《竹書》之十一年爲武王之年,並引《管子》及《家語》爲十二年。但不見於今通行本《管子》。《家語》中,實皆爲《呂氏春秋·首時篇》之語。可見其引文錯亂，則其立論的根據已不堅實。此《曆議》由歐陽修録入《新唐書》，故倡武王紀年説最力的就是歐陽修，然後宋儒多從其説，清人亦多附和此議。

其實，宋儒以來所强調的説法，都是帶着"一取信乎六藝"的尊經觀念，以爲經文都必須爲後世立法，而他們是根據後世每一帝王即位必須改元的成例，來看這一段歷史的。却不知周初還没有建立這種制度，俞樾已很有力地批駁了這一看法。在他的《達齋叢説》第一篇《文王受命稱王改元説》中説："文王受命改元爲古今一大疑，其實無足疑也。唐虞王臣，契稷並列；商周皆古建國，周之先君，非商王裂土而封之也。……夫衆所歸往謂之王，虞芮質成之後，六州咸附，則已有王之實矣，有其實豈得辭其名，此文王所以稱王也。……非如後世之争天下者，必滅其國而後可代之興也。説者謂武王誅紂之後始謂之有天下，則昧於古今之異。"當時周人真誠地把文王"受天命"看做是了不起的大事，也爲了神化自己王權的需要，更有意强調和誇張這一"受命"，所以就把年數接着"受命元年"計算下去。這是世界各古代民族都出現過的使用大事紀年法的一種通常辦法。例如古代埃及第一、第二王朝時清點全國人口土地或王家庫存等，是國家的大事，就用此幾年稱"第一次清點之年"、"二年"、"第二次清點之年"等，又如巴比倫與亞述也以大事紀年，某年恒以某事或某人得名，如某次戰争之年，某城陷落之年，某某執政之年等。國家特設僧侣或官員專司此紀年之事。有所謂《蘇美年表》(Sumerian daet-lists) 所記年歲盡以大事得名。希臘、羅馬早期也一樣，如奧林比亞紀年之循環法，即以四年一期之奧林比亞勝會紀年，又如羅馬之建城爲其歷史上的大事，即以此爲其重要之紀年，以後年代即稱"羅馬建城後第幾年"。其後也以某年執政官之姓名稱其年。可知這是人類各民族早期紀年方式的通例。中國當然也不例外，周代在成王以前基本就是如此。文獻中如《洛誥》有"惟周公誕保文武受命惟七年"。考古文物中如成王時的幾件銅器其銘文亦有如:《中齋》"唯王令南宮伐反虎方之年";《厚趠齋》"唯王來格于成周年";《䚈卣》"惟明保殷成周年";《旅鼎》"唯公大保來伐反夷年";《作册魅卣》"唯公大史見服于宗周年"等等，都是用大事紀年法。可知周代初年確有用這辦法紀年的習慣（一些大貴族在記家史時，即在其後也還沿用大事紀年法，如春秋時齊器《國差繪》"國差立事歲"，《陳純釜》"陳猶立事歲"等等之類都是）。這種辦法不合於後代按帝王紀年的辦法，後人不大理解，但在當初却確實是這麼做的。當時不僅武王即位没有改元，而繼用了文王受命之年;就是周成王即位，也照樣没有改元。王國維氏根據較詳備的資料，撰寫了一篇《周開國年表》。肯定了《尚書大傳》及《史記》之説，排出了武王、成王都没有改元的年表，計從文王"受命"元年起，直到十九年止。到十九年的次年，成王才以祀於洛邑改元爲"元祀"，這也是大事紀年的原精神，而這時已是文王死後的十三年，武王牧野之戰後的九年，周公爲掩護成王而居位的七年了。

　　成王以後，周代才開始按王位紀年，所以從康王時的銅器裏才見到"唯王幾祀"的銘辭。如《大盂鼎》始有"唯王廿又三祀"，《小盂鼎》亦云"唯王廿又五祀"。其後昭王時器《段毁》、共王時器《趞曹鼎》、《師虎毁》、《走毁》等都記有唯王幾祀。而在早於成王的周初金文裏，還没有見到這類提法。這是由於還没有實行按王位紀年的辦法之故。

　　後來郭沫若氏撰寫了一篇《令彝令毁與其它諸器物之綜合研究》，以《曩卣》"唯十有九年王在斥"爲成王在位六年踐奄之時，證實了成王尚沿用文王受命之年，又在《兩周金文辭大系圖録考釋》的《䙫卣考釋》裏也説明：“十又九年，文王紀元之十九年，成王六年也，周初用文王紀元，至成王七年平定淮徐後，始以功作元祀。”兩處都明確指出王國維《周開國年表》的詳賅正確，其説無可易，幫助這一問題做出了正確的結論。

既然有了兩周金文材料做參證，使問題能得到結論，便可相信用周文王受命紀年之説是正確的。因此現在基本可以斷言：周武王伐紂之年，是周文王“受命”十一年；牧野之戰的甲子日，是十一年的二月五日。

這裏是二月五日甲子，在文獻中基本上是可以較一致得出此結論的。最基本的文獻《逸周書·世俘》：“惟一月……丁未王乃步自于周，征伐商紂。越若來二月既死魄，越五日甲子，朝至接于商，則咸劉商王紂”。只一月的活動與《世俘》相符合的，還有《漢書·律曆志》引的《武成》：“惟一月壬辰旁死霸，若翌日癸巳，武王乃朝步自周，于征伐紂。”只是所記日子癸巳比《世俘》的丁未早了十四天。可能一記出發日子，一記到達日子，也可能記得都不那麽確切。又有《尚書大傳》説：“惟丙午，逮王師。”則記到達的日子比丁未早了一天。接着叙其後的活動，則有《書序》的“一月戊午，師渡孟津”，王國維以爲戊午是廿八日，與《武成》所記一月干支符合，《周本紀》所記也是“戊午師畢渡孟津”，因此斷定《周本紀》所記也是一月。戊午後的隔一天庚申就是二月一日，所以《漢書·律曆志》説：“庚申，二月朔也。四日癸亥，至牧野夜陣。”這是根據《國語·周語下》“王以二月癸亥夜陣，未畢而雨”韋昭注：“二月，周二月。四日癸亥，至牧野之日。”《尚書大傳》也説：“武王伐紂至于商郊，停止宿夜，士卒皆歡欣歌舞以待旦。”這都是甲子前夕的事。《漢書·律曆志》所引《武成篇》就説："粤若來二（原誤作三，據新城新藏校訂爲二）月，既死霸，粤五日甲子，咸劉商王紂。"《周本紀》也説"二月甲子昧爽"。依戊午來推，當然也是五日，以上這些文獻都能幫助確定牧野之戰的甲子，是在這年的二月五日。上文提到的王國維的意見也是這樣的。

　　所有這些，都是記載在流傳已兩千多年的文獻中，1976年臨潼出土一件牧野之戰後的第八天辛未受到賞賜的一位名叫利的貴族，在受賞後鑄的一件銅器"利簋"，銘文共三十二字，首句爲："珷征商，唯甲子朝。""珷"即武王。明確記載武王在甲子那天早晨征商，這是當時的歷史見證，是第一手材料。由征商日子的確鑿，完全證實了過去文獻中有關這一事件的記載是正確可靠的。可知牧野之戰的甲子日，確是文王受命十一年的二月五日。

　　二、牧野之戰這一年的干支問題和它應在公元前幾年

　　這一問題的紛歧説法更多，因爲我國歷史上有明確的紀年始於周代的共和元年（前841），時間在西周厲王的末年。《史記》於共和以前的三代只能列世表，共和元年起才詳列年表。而現在的《史記》裏給這一年定了干支爲"庚申"，錢大昕《十駕齋養新錄》據《史記》之《六國表》及《秦楚之際月表》干支皆由徐廣所注，指出此當亦爲徐所注，而今刊本删去徐廣名。按徐爲晉人，時代已後，所注不一定準確，例如《六國表》周元王元年，徐廣注爲乙丑，另一晉人皇甫謐却注爲癸酉。可知這些歷史紀年上的干支，原爲後人憑己意加上的。但事實上從共和元年開始，我國的干支紀年就一直不斷，排列到我寫此文時（1978）已共有二千八百一十九年了。過去不少學者都熱心於要去弄清共和以前三代的年數和它的干支，他們就只好從共和元年起向上推算。而牧野之戰這一年，是確定殷代的最後一年和周

代開國元年的關鍵，所以很多人不惜精力去研究它。清人林春溥的《古史考年異同表》列舉了歷代文獻中給牧野之戰所定干支達十種以上；新城新藏的《東洋天文學史研究》也列舉了從漢至清研究周初年代的達十四家之多；又《歷史語言研究所集刊》七本一分載董作賓的《殷商年疑》一文，把對這一年的干支的不同説法歸納成八組，並列舉從事這一研究的達二十家。又聞香港周法高《論金文月相與西周王年》，列二十四家（惜未見其文）。雖然有這麽多人下功夫，可是始終還不能作出一個結論。但林、新城、董三家搜集的資料，爲我們了解這問題提供了極大的方便。

　　最早給伐紂之年加上干支的，是漢代的緯書，如《書緯》的《運期授》、《易緯》的《是類謀》、《乾鑿度》等，它們據西漢流傳的"殷曆"所分章蔀之説，説周文王受命之年是"戊午蔀二十九年"，受命的十一年伐紂，當是戊午蔀的第四十年，即"己巳"年。而持受命十三年説的古文注疏家，則定爲"辛未"年。晉代出土的《竹書紀年》，原文當是"十一年周始伐商"，晉人加上"庚寅"二字。而皇甫謐《帝王世紀》則以克殷之年爲"乙酉"。到宋代更出現紛歧説法，邵雍《皇極經世》，劉恕《通鑑外紀》，鄭樵《通志》及宋末金履祥《通鑑前編》等，皆以爲伐紂在"戊寅"年，克殷在"己卯"年。《外紀》引《殷曆》則以伐紂爲"甲申"年，《通志》引《商曆》又以爲是"癸亥"年。

　　到清代，綜考各家之説加以比較的，首先就是林春溥的《古史考年異同表》。加上李鋭的《召誥日名表》，姚文田的《周初年月歲星考》和《夏殷曆章蔀合表》等，就使我們看到紛歧複雜的不同説法。用公元來比核，更看出它的複雜程度。把它們綜合起來，可以大體分爲兩類：第一類是把"伐紂"和"克殷"即渡孟津和牧野之戰兩事列在一年的；第二類是把"伐紂"和"克殷"列在緊接的兩年的。第一類列在一年的，就有下列五種不同的干支說：（1）己巳。相當於前1132年。（2）辛未。林春溥以爲相當前1130年，新城新藏以爲應在前1070年。（3）庚寅。《古本竹書紀年》爲前1051年，林表據《大衍曆》移前六十年爲前1111年。（4）癸亥。相當於前1078年。（5）甲午。相當於前1047年。第二類把"伐紂"與"克殷"列在兩年的，則有下列四種不同的干支說：（1）戊寅、己卯。相當於前1123年和前1122年。（2）甲申、乙酉。相當於前1117年和前1116年。（3）甲戌、乙亥。相當於前1067年和前1066年。（4）庚寅、辛卯。相當於前1051年和前1050年。

到了近代，更有許多人想用新的天文曆法知識，並利用舊的曆法材料，去推尋伐紂之年的絕對年代，更是百花吐妍。而一人依不同曆法數據，往往得出幾種不同結論。如章鴻釗《中國古曆析疑》據《三統曆》推算爲前1122年（吳其昌《金文曆朔疏證》相信《三統曆》，亦前1122年說），章氏據大衍曆推算爲前1111年，據《竹書紀年》及《孟子》語推算爲前1051年，據太陰紀年法爲前1050年，據《國語》"歲在鶉火"爲前1055年。陳漢章《古今紀年編》據今本《竹書紀年》以爲前1050年，謂以《三統術》推算並在此前二十年，則爲1070年。陳夢家《西周年代考》據《左傳·昭公九年》所記用不超辰法爲前1030年，據《帝王世紀》爲前1116年，據他自己的推算則爲前1027年。唐蘭《中國古代歷史上的年代問題》據漢代所流傳"殷曆"爲前1075年。還有雷海宗《殷周年代考》、丁山《周武王克殷日曆》等都說是前1027年（瑞典高本漢亦同此說）。近聞周法高《論金文月相與西周王年》說是前1045年，張汝舟《西周考年》說是前1106年。而日本天文史學家新城新藏據周初月朔及奧爾博《日蝕表》推定爲前1066年，並據緯書如《乾鑿度》所說克殷之歲入戊午蔀四十二年,以之比附周初月朔表,則有公元前 1132、1127、1101、1096、1070、1065、1039、1034 諸年的可能,但他爲了求與其他方面調和,則選定爲前 1070 年。日本流行紀年書《最新世界年表》作者喜田貞吉則采新城據《三統曆》推定爲前 1122 年之説。

這樣使人眼花繚亂的分歧説法,正説明這是一個不易取得正確結論、求得真正絕對年代的問題。上面已提到用干支紀年並不是先秦以前的事,在殷周時期的年代,是根本没有用過干支的(殷代只用干支紀日)。如果要從共和元年起上推牧野戰爭之年,給它加上干支,並不是歷史上曾存在過的客觀事物。而且憑各人的主觀努力加的,首先要弄清楚從共和元年上推到牧野戰爭之年到底有多少年。善於編排年曆的劉歆已在《三統曆·序》中指出:"自昭王以下無年數,故據周公伯禽以下爲紀。"然而《魯周公世家》和《十二諸侯年表》也並没有伯禽以下年數。可知從牧野之戰至共和元年到底多少年,根據到現在爲止所有文獻材料,都還是無法推算出一個確切數目來的。

在天文曆法發展到一定階段時,我們的祖先除了觀察日月運行的周期來制定年、月、日等曆制外,還伴隨以紀年法的發展。這是天文觀測活動進到觀察行星的結果。其中當古人根據已有的觀察能力認識到歲星(木星)十二年一周天後,就利用歲星在周天的位置來稱某年爲"歲在某處"。這就是"歲星紀年法"。其法先須把周天劃爲十二等分,給每等分起上名字,叫做壽星、大火、析木、星紀、玄枵、娵訾、降婁、大梁、實沈、鶉首、鶉火、鶉尾。此後才可指稱歲在某處。例如《國語·周語》伶州鳩説"昔武王伐殷,歲在鶉火",就是用的這種紀年法。這十二等分的名字最先,較簡單,只稱十二辰,即用了子丑寅卯等十二支的名字。據郭沫若氏《釋干支》以爲此當在殷代早期。而歲星紀事之年的下限當在殷周之際。但周天十二部分因十二支順序而與歲星運行方向相反，所以後來假用一個"歲陰"（又稱"太陰"）和真歲星運行方向相反，以一種和歲星在相對應的位置來紀年。這相對應的位置等於看做是歲星所投的陰影。這就是"歲陰紀年法"（或"太陰紀年法"）。如《史記·貨殖列傳》魏文侯時"太陰在卯，穰"就是。這就說明戰國初年已用歲陰紀年法（新城新藏稱此法爲"干支紀年古法"）。然由於歲星不是剛好十二年一周天，而是略有不足（爲 11.86 年），積八十餘年要差一辰。到劉歆時認識到了這點，但認識得不精確，便制定一百四十四年超一辰的"太歲紀年法"。這種紀年法用了一種避開十二支順序而另起的"歲名"。即攝提格（寅）、單閼（卯）、執徐（辰）、大荒落（巳）、敦牂（午）、協洽（未）、涒灘（申）、作噩（酉）、淹茂（戌）、大淵獻（亥）、困敦（子）、赤奮若（丑）等十二個奇怪名稱（有人認爲可能是來自少數民族語言）。而這十二歲名實際又與十二支相應，即攝提格相當於寅、單閼相當於卯等等。還要配上"歲陽"，即閼逢（甲）、旃蒙（乙）、柔兆（丙）、强圉（丁）、著雍（戊）、屠維（己）、上章（庚）、重光（辛）、玄黓（壬）、昭陽（癸）等十個名稱（閼逢相當於甲，旃蒙相當於乙等等）。用起來非常嚕蘇。例如太歲在甲寅，就要說太歲在"閼逢攝提格"，在乙卯，就要說在"旃蒙單閼"，多不好懂！用起來也非常不方便。既然歲名實際等於十二支，歲陽實際等於十干，於是爲了便捷計，就索性擺脫歲名、歲陽，逕用干支，這就成了與歲星、太歲等都脫離了關係的"干支紀年法"。就像殷代用干支紀日一樣按年排下來，於是歷史書上每年都有了干支，一直到現在民間還在使用。這種"干支紀年法"，新城新藏、陳遵媯等以爲始於東漢，郭沫若則謂西漢前期的《淮南子·天文訓》已有"太乙在丙子"、"建於甲寅"等語，爲干支紀年之嚆矢。由此可知我國古代在曆法上所用過的紀年法，經歷了歲星紀年法、歲陰紀年法、太歲紀年法、干支紀年法等幾個階段。

這樣，干支紀年法顯然是至早到西漢才有的事。武王伐紂時還只用早期的”歲星紀年法“，根本沒有干支紀年。我們硬要勉強從共和元年去上推武王伐紂這一年，是完全沒有可靠依據的，要尋出原來的干支更是沒有可能的。清人宋翔鳳《尚書略說》說：“《國語》伶州鳩曰：‘昔武王伐殷，歲在鶉火。’鶉火午宮，故《詩》正義推是年太歲在庚午。而《淮南·兵略篇》云：‘武王伐紂，東面而迎歲。’高誘注云：‘太歲在寅。’（亦見《荀子·儒效篇》）又《尸子》曰：‘武王伐紂，魚辛諫曰：歲在北方，不北征。武王不從。’則當時人人異說。《三統曆》言：‘自昭王以下無年數，故據周公伯禽以下爲紀。魯公伯禽推即位四十六年，至康王十六年而薨。’案，《魯世家》無伯禽年數，則亦歆所臆度。又《三統術》引《魯世家》，考公以下年數多不與《史記》合。後漢尚書令忠奏言歆‘橫斷年數，損夏益周。考之表記，差謬數百’。則共和以上推武王伐殷之歲，其數已不可得，但可存《周語》‘歲在鶉火’之說而已。”這一態度是比較謹嚴的。

郭沫若《殷周青銅器銘文研究》說：“將來有大規模之地下發掘，更能獲得多量之古器物時，由古器物中之曆朔以恢復中國之古曆，此正學者所應有事。較之目前挾劉歆《三統曆》之尺度剪裁古代青銅器者，其方法當不可同日而語也。”郭氏又在《陝西新出土器銘考釋》（1942 年）中指出：“上列諸器銘多具年月日，大可用爲考訂周代曆法的資料。近時學人每好以劉歆曆法以制殷周長曆，以金文按之多不合，或則合於此而不合於彼，適足證知曆法有異耳。欲求周代曆法，當就彝銘中求其確屬於同一世代者，比並其所繫之年月日，以尋其相互之關係，如此方得準確。”這才是尋求牧野戰爭之年可循的途徑。因爲過去的曆法,早有人指出是古疏而今密,它們的數據往往是不那麼確切,不是可以由今天隨意拿去硬套古代那些連年數都沒弄清的年代的。

我們今天尋求牧野之戰的年月,態度應該特別謹嚴,對漢以後加上的那些捕風捉影之談都應摒棄。要認識到所有一切在文獻裏兜圈子的任何嘗試,都將是徒勞無益的。現在所能見到的屬於周代的較早的材料,還只有春秋時期伶州鳩"武王伐紂,歲在鶉火"那一句。大概可以相信它是周代久已相傳的材料,因爲伶官的職掌是要保管很多祖宗時代傳下來的舊史樂歌篇章和典故材料的。因此我們應該丟開一切後來的曆法,以"歲在鶉火"作爲僅存綫索,期待由金文曆朔的研究,得以恢復周代曆法,以之爲參考,然後才有尋索牧野戰爭之年的可能。不過這件事何時能取得成就還很渺茫,因此更多的希望只有求之於天文學上關於木星運行周期的研究,以期待它能幫助解決牧野戰爭之年的問題。雖然推算結果不論怎樣接近,總還有 ±12n 年誤差的可能。但舍此以外更無他途可循。因此要解決這一問題,只有期待天文學的研究成果。

很高興的是,最近看到天文學家張鈺哲先生於 1979 年 11 月提出的《哈雷彗星的軌道演變的趨勢和它的古代歷史》一篇很有意義的論文(後發表在 1978 年 6 月的《天文學報》十九卷一期)。這篇論文不僅正好從木星方面來解答牧野戰爭之年的問題,而且更主要是就我們原來沒有注意到的哈雷彗星來解答這一問題,給出了雙重的科學論據。全文根據現代科學技術計算出的有關數據,求得在三千多年中哈雷彗星的運動軌道演變趨勢,來考查中國歷史文獻中可能是哈雷彗星的紀錄。計從 1910 年出現的一次起,向上回溯歷史上四十次哈雷彗星的出現,集中討論了公元 5 世紀以前的十次重要的彗星紀録，認爲《淮南子·兵略訓》所記載的武王伐紂那一次，就是公元前 1057 年到前 1056 年哈雷彗星回歸過近日點的記録，同時以該年木星黄經確在鶉火之次，與伶州鳩的話相合，用以佐證其論斷。這真是一個極有價值的發現，使我們得到了近代天文科學一項可貴成就來幫助這一問題的求得解決（這篇論文還有張先生的學生、和他共同研究的張培瑜先生的貢獻在内）。

現摘録該論文關於這問題的幾段主要論説如下：

《淮南子·兵略訓》中有下列彗星的記載："武王伐紂，東面而迎歲，至氾而水，至共頭而墜，彗星出而授殷人其柄。"這段記録中給出了這個彗星出現的時間（武王伐紂時）和方位（彗星及其柄的方向都在東方）。

我們計算了哈雷彗星從 1910 年回溯第四十次的回歸，得出結論：(1) 正好在前 1057 到前 1056 年間的子丑寅卯四個月回到地球附近，明亮可見。(2) 在丑月下半月到卯月上旬，有利觀測，晨見東方，很亮。彗星柄在東方，尾指西方，與記載全合。所以我們認爲這條記載很可能是哈雷回歸的一次觀測記録，因爲年代、月份、方位都很合。（脚注：近得江濤私人來信説，他計算武王伐紂時期的哈雷彗星過近日點時刻，其結果與我們有一些差異。這是否是由前面所述逐步計算誤差累積的原故，有待進一步研究。）

還有一個佐證，就是《國語》中載有周景王二十三年（前 522）時説的"武王伐紂，歲在鶉火"。我們認爲這很可能是其時流傳下來伐紂之年歲星所在的位置。十二次中的鶉火包括柳、星、張三宿，在公元前 1057 年它們的黄經爲 87.9°—131.4°。……哈雷彗星公元前 1057 年回歸過近日點時，那時木星黄經爲 127.2°，仍在鶉火……因此這或許可以作爲公元前 1057 年是伐紂之年的一個旁證。

　　我們得出的結論是,假使武王伐紂時所出現的彗星爲哈雷彗星,那麽武王伐紂之年便是公元前1057—前1056年。這個看法,對於我國年代學上這個疑案的解決,可能有幫助。

　　這真是一項深具學術價值的研究成就,是迄今爲止關於武王伐紂的牧野之戰年月問題的最可喜的科學論斷,使我們能放手抛棄兩千年來直到現代學術界中專就文獻提出的關於這一問題的紛紜之説,可以依靠這一篇鴻文來尋取有關這一問題的結論。

　　這一論文具有謹嚴的科學態度;雖然已由作者就所掌握的材料進行了深刻的分析研究,提出了自己的結論,但還提出了下列非常慎重的交代:一是注明作者所研究得到的武王伐紂時期哈雷彗星的近日點時刻方位等結論,另有人得到相異的計算結果,因而尚有待進一步研究。而這是這篇論文所得結論的立足點,這就使讀者注意到應該待進一步研究完成後,這論文所得的結論才是定論。又一是在結論中慎重地説明:"假使"武王伐紂日所出現的彗星是哈雷彗星,武王伐紂之年才是公元前1057—前1056年。其意很顯然,如果這彗星不是哈雷彗星而是其他星就得不到這一結論。可見作者的慎之又慎,不肯貿然一下就作定論。因此他在文章一開始的提要中就只説對幾個有關年代學的問題,提供解決綫索。這都是有分寸的科學家嚴肅負責的精神,使我們知道怎樣運用這篇論文。但我們認爲還須提及的是,張先生此文所依據的文獻紀録是西漢時的《淮南子》,雖然它的資料來源必有所據,但畢竟《淮南子》時間距武王伐紂之年約達一千年,它所記的是遞經流傳的而不是原始材料,其可靠程度總要打些折扣,例如《尸子》就提出當時歲星方位與《淮南子》完全不同的説法。因此根據它所作出的研究結果,在還没有得到堅實的其他科學論據來印證以前,當然還是初步結論。

　　但是，這確是一篇前所未有的獨具造詣的天文學研究成果，使過去文獻中的一切悠謬之說黯然失色，第一次提供了解決這一問題的正確的方法，使我們感覺到公元前 1057—前 1056 年這一年代的提出，與章鴻釗據"歲在鶉火"推算出之公元前 1055 年極爲密合，可相印證。比過去任何其他推算結果的可靠性都要大，我們將懸此爲解決這一問題之鵠的，再經過如作者所説的進一步的研究，則獲得最後定論的前景已經不是渺不可尋了。

　　不久《歷史研究》1979 年第 10 期有趙光賢先生《從天象上推斷武王伐紂之年》一文，完全支持張鈺哲先生之説。但到 1987 年第 2 期《人文雜志》上有趙先生《武王克商與周初年代的探索》一文，以張説與《召誥》、《武成》有不合，改定爲前 1045 年。這樣商権是有益的。

　　最近據《中國史研究動態》1981 年第 12 期報導，1981 年 9 月 15 日至 21 日在太原召開的中國古文字研究會第四屆年會上，美國倪德衛提出了一篇論文，就是根據周滅商"歲在鶉火"這一文獻資料，以歲差相校，推算出牧野之戰在公元前 1046—前 1045 年之間。還有他的合作者班大爲從相關的材料分析，也得出了基本相同的結論。這真是非常可喜的研究成果，就上文已提到的各家説法來看，和這一説基本相合的是林春溥據《史記》的《周本紀》和《魯世家》所推算的甲午年，即公元前 1047 年。而向後誤差一個木星週期十二年的則有新城新藏據緯書《乾鑿度》所推得的幾個年份中最晚的一個公元前 1034 年。還有向前誤差兩個木星週期二十四年的，則有新城新藏和陳漢章分別提出的公元前 1070 年。而上引張鈺哲所推算得的公元前 1057—前 1056 年，則恰恰比倪德衛之説向前誤差一個木星週期十二年。看來這些年份都在木星週期上，比歷史上其他各種紛紜説法更接近正確。等於是經過篩選後得到了這幾個可依以研究的年份，這就能很有把握地給予我們一種希望通過運用近代天文學研究的努力，對解決牧野之戰年月問題已經給人以希望了（詳起釪撰《牧野之戰的年月問題》，載《顧頡剛先生誕辰九十周年紀念論文集》，收入《古史續辨》）。

其後幾年間，又陸續看到一些中外學者對武王伐紂年月提出新的研究成果，都是可喜的努力。總之當以根據現代天文科學針對古代可靠資料（包括考古資料）進行謹嚴的研究者爲近是。至於最後能明確無訛地探尋出武王伐紂的絶對年代在公元前第幾年，能承受多方面的檢驗論證而無不合，不存在任何假設、推論、待證或虛設的條件於其間，確能得出顚撲不破的科學結論。我們希望這樣的好景終有一天會到來。

（三）庸、蜀、羌、髳、微、盧、彭、濮八族的地點

這八族的地點，僞《孔傳》説："'羌'，在西。'蜀'，叟。'髳'、'微'，在巴蜀。'盧'、'彭'，在西北。'庸'、'濮'，在江漢之南。"照這一説法，在周族東南的有二：庸、濮；在西南的有三：蜀、髳、微；在西面的有一：羌；在西北的有二：盧、彭。

《孔疏》則説："此八國皆西南夷也。文王國在於西，故西南夷先屬焉。"然後他把這些地點都以蜀爲中心來解説，以爲羌在蜀西，盧、彭在東蜀的西北，於是在周東南的只有庸、濮二族，其餘的六族都在周的西南。

其後歷史上對這八族的地點有過許多紛歧説法，最遠的把濮説到今雲南省曲靖、會澤一帶，這是根據杜預《春秋釋例》所説的"建寧郡南有濮夷"及《華陽國志》的《蜀志》和《南中志》的記載而來的。建寧郡即在雲南曲靖縣西。《南中志》所云興古郡在貴州，而雲南及

貴州西部和四川在漢代都屬益州，則謂濮在蜀亦無不可。

其實這八族是周族周圍地區的一些不同部族，隨着周族定都岐周以後的發展，特別是周文王"受命"稱王以後的國勢日趨強大，它們先後和周人結成聯盟關係，或納入周人勢力範圍。其中江漢流域各族，顯然是周文王征服黎、邘、崇之後（參看《西伯戡黎》校釋），接受了周人的領導地位，所以到武王伐紂時，他們就都被發動一道參加作戰。

各族的地點大致當如下：

庸——《左傳·文公十六年》記庸人率群蠻叛楚，杜注："庸，今上庸縣。"《括地志》云："房州竹山縣，本漢上庸縣，古之庸國。"（《楚世家·正義》引）《左傳》又記庸以其裨、儵、魚人逐楚軍，杜預注："裨、儵、魚，庸三邑（裨、儵、魚乃庸之三邑）。魚，魚復縣，今巴東永安縣。"《春秋大事表》："魚邑爲今四川夔州府治奉節縣。"可知庸族主要在今湖北西北部，南及川東一帶，其中心在今房縣以西竹山至竹溪之地，處在周族的東南。在當時比較最强大，所以叙在八族之首（王夫之《書經稗疏》持此説）。在經過幾百年後，到春秋中葉的後期還以它的强大成爲楚的勁敵，曾威脅楚的安全，準備遷都避讓它，但終爲楚聯合秦人與巴人所滅（見《左傳·文公十六年》）。

蜀——《括地志》："益州及巴、利等州皆古蜀國。"（《周本紀·正義》引）按，古蜀國北境在今陝南漢中一帶，故《蜀王本紀》有"東獵褒谷"語。其後包括今四川省西半部。地在周族的南方（揚雄《蜀王本紀》、常璩《華陽國志》記古蜀國事）。

羌——《説文》："西方牧羊人也。"《詩·殷武》鄭箋："氐羌，夷狄國在西方者。"《括地志》："岷、洮、叢等州以西，羌也。"岷、洮在今甘肅，叢州在今四川西北，即可知羌族活動地區。甲骨文中羌爲商王朝的主要敵人，商與羌作戰時動用兵力要達萬三千人之多（《庫》310），而與其他各族作戰不過三千、五千。俘獲羌人又常用作祭祖先的人牲，有時一次殺三百人（《續》2.163，《燕》245），而且人牲主要只用羌人。由於羌族游牧流動性大，卜辭中往往東至今山西地區、太行山一帶和羌人作戰。這一族處在周族的北面。既然都是商的敵人，所以聯合起來伐紂。這一族中更接近周族而且文化較進步的一支，典籍中說它姓"姜"（參看《國語·周語》、《後漢書·西羌傳》等）。"姜"、"羌"實際是一字，因古文字中從"儿"（人字的古文）與從"女"無別。姓"姜"的羌族和姓"姬"的周族結成了世代互通婚姻的親密聯盟。

髳——與"髦"通，《詩·角弓》"如髦如蠻"，毛傳："髦，夷髦也。"鄭箋："西夷別名。"楊筠如云："字又作茅，成元年《左傳》：'王師敗績于茅戎。'（《公羊》作"貿戎"）按《括地志》茅津及茅城，在陝州河北縣西二十里，則正當山西南部濱河之地矣。"（《覈詁》）其地在今晉南平陸縣的茅津渡一帶，處在周族的東面，黎、邘之西，當在西伯征服黎、邘之前已納入周族勢力範圍。又《水經注》云："茅亭，茅戎邑。"按《古本竹書紀年》載商武乙、文丁之世，周季歷先後伐定諸戎，其中有西落鬼戎，燕京之戎，余無之戎，始呼之戎，翳徒之戎等等。其勢逐漸自陝西境向山西境發展，如燕京之戎《淮南子·墬形訓》高誘注謂在太原汾陽水（《水經·汾水注》），亦證其地望，則循其地更發展及其南面之茅城自屬必然之勢。

微——《立政》云："夷、微、盧、烝；三亳、阪，尹。"可見這是與周親近的部族，所以周公立政建官，首先就給他們立了"烝"（君）。清光緒《彭縣志》云："微通眉，今眉州。"以"微"爲四川眉州是錯誤的，但說"微通眉"是對的，《少牢饋食禮》"眉壽萬年"鄭注"古文眉爲微"可證。通"眉"也就通"郿"。如莊公二十八年《公羊》、《穀梁》"經"之"築微",《左傳》"經"作"築郿"。但《公羊》、《穀梁》釋文都説:"左氏作麇。"則微、眉、郿、麇諸字古音相通而交錯使用。此微的所在地,《路史·國名紀》提出:"微,子爵,本扶風郿陽,今岐之郿縣,有郿鄉。"王國維《散氏盤跋》也主張爲扶風之郿縣,謂微族一部分早已移居渭水之北,並謂《詩·崧高》"申伯信邁,王餞于郿",是宗周時已有此地名。按,陳奂《詩毛氏傳疏》:"據《方輿紀要》,郿縣在陝西鳳翔府東南百四十里。而故郿城在縣東北十五里,岐山縣在府東五十里,而岐陽廢縣在縣東北五十里,以此覈之,則郿地在岐周之南,相去不過五六十里。"今陝西省眉縣,正在岐山以南數十里地,不過在渭水南岸。在參加牧野之戰的八個部族中,微靠岐周最近,只以它鄰近漢水上游,處褒斜孔道,作爲向東南聯絡庸盧彭濮的樞紐,遂因這個形勢,就把它和其他七個較遠的部族合在一起參加了這次戰鬥。1976 年 12 月陝西扶風縣法門公社出土西周銅器寶藏,計器百零三件,有銘文的七十四件,確知屬於一個叫做"㣤"族的五十五件。這個"㣤",就是本文的"微"。器中最重要的一件是周恭王時的"墻盤",銘文達二百八十四字(見《文物》1978 年第 3 期)。前半段歷述周初文、武、成、康、昭、穆六王的功勳,後半段爲作器者名叫"墻"的貴族歷叙自己微氏家族的歷史,説他的"高祖"住在微地,"烈祖"於武王伐殷後來見,武王命周公賞給他在岐周的住地。這位微族"烈祖"是周王朝史臣,顯然在武王伐殷之役有某種參與,才受到這種酬勞。這些銅器出在渭水之北的扶風縣境,與今眉縣相鄰,大概就是陳奂所説的"故郿城"所在,也可能是盤銘所説的烈祖所受"舍宇于周"之地。由這一重要發現,就證實了微與扶風的地理關係,也看出了周以岐周渭水河谷爲基地,南出褒斜,以通江漢,把各族聯合起來的歷史活動中,微族所處地理位置的重要性。

盧——《周本紀》作"繃"。又《左傳·桓公十三年》"盧戎"釋文:"本或作盧。"是"盧"、"繃"、"盧"通用。故《文公十六年》楚伐庸,"自盧以往",即作"盧"。《水經·沔水注》:"過中盧縣東,縣即春秋盧戎之國也。"王夫之《稗疏》云:"盧者,《漢郡國志》'南郡'有中盧哮。《襄陽者舊傳》曰:'古盧戎也。'《春秋傳》'羅與盧戎兩軍之'(見桓十三年),盧地近羅。羅在宜城西山中,今南漳縣地。"顧棟高《春秋大事表》云:"今襄陽府南漳縣東五十里有中盧鎮,爲盧戎國。"是盧在今湖北南漳縣以東、襄樊市以西之地,地處漢水之西、荊山之東,也就在周文王所征服的崇國之南。

彭——《左傳·桓公十二年》:"伐絞之役,楚師分涉于彭。"杜注:"彭水,在新城昌魏縣。"王夫之《稗疏》云:"昌魏縣在房縣北,則彭之爲國,濱於彭水,當在上津縣之南也。"按,絞在今湖北鄖縣(見《春秋大事表》);彭水,古又稱築水(《水經·沔水注》),爲今湖北境內自房縣流經保康至穀城入漢水的"南河"。而上津在今鄖西縣,更在鄖縣西北,似過遠。彭既濱於彭水,只能是在鄖縣以南鄰近房縣的南河流域之地。

濮——《左傳·昭公九年》:"及武王克商……巴、濮、楚、鄧,吾南土也。"指出了濮和巴(由《左傳》之《桓公九年》、《莊公八年》、《哀公十八年》與楚、鄧、申接壤而知在漢水流域,戰國世始遷川東)、楚(鄂西、鄂中)、鄧(豫南,近鄂北,《春秋大事表》說在襄陽東北二十里)都從武王時起成爲周的南方領土。《國語·鄭語》:楚叔堪(原作叔熊,熊楚姓,此從《楚世家》)"逃難於濮而蠻",又"楚蚡冒於是乎始啓濮"。說明濮和楚鄰近,而文化較楚落後,是楚人開發的。《左傳·文公十六年》:"麇人率百濮聚於選,將伐楚。"又《昭公十九年》：“楚子爲舟師以伐濮，費無極言於楚建曰……王收南方。”
說明濮楚之間經常發生爭戰，而濮所處之地要水師才能進攻，而且
在楚的南方。舊注疏家如韋昭注《國語》只説它是“南蠻”，杜預注
《左傳》只説它是“南夷”，都没有指明其地。但它和麇鄰近，據漢潁
容《春秋釋例》説麇在湖北當陽，《路史·國名紀》説在房陵，清《一
統志》和《方輿紀要》説在岳州府巴陵縣東南三十里，王夫之、顧棟
高則以爲是湖北鄖陽（《書經稗疏》、《春秋大事表》四、又七之四），
顧棟高又一説在鄰近陨陽的陝西白河縣（《大事表》五），而麇與百
濮所聚之選，《春秋傳説彙纂》説在荆州枝江縣南境。這些關於麇的
地點的説法不一，總之當在湘鄂之境，也可能先後遷居過上述諸地，
而以去枝江不太遠的當陽可能性較大。那麽，和麇相近的濮也當在
這一帶可通舟楫的長江沿岸湖沼附近之地。《路史·國名紀》卷三：
“彭濮人皆峽外爲楚害，楚滅之。”並謂“故縣今爲鎮，隸石首，以多，
曰百濮”。石首是鄂省最南邊縣，與湘省華容鄰境，在枝江以南稍遠
之地，處於湘鄂交界的湖沼地區。由於地理接壤，當然濮人可活動
於鄂西南以至峽外一帶。觀《左傳·文公十六年》戎、庸、群蠻、麇、
百濮紛紛伐楚之際，楚出師向西北伐庸，途中以軍容之盛嚇走了百
濮，可知百濮原以其組織不嚴的隊伍，從它的本境出師，開到了楚境
西北，所以才在楚師所指向之下退走。亦可證當時百濮北接於麇，
東北鄰於楚，地處楚西南，與石首一帶地望相合。杜預《春秋釋例》
説：“建寧郡南有濮夷地。濮夷無君長總統，各以邑落自聚，故稱百
濮。”（《永樂大典》引此“建寧”下無“郡”字）按，《水經注》“湘水又
北逕建寧縣故城下，晋太始中立”。則杜預所説的建寧，當是晋時在
湘境設立的縣，而不是遠在雲南的郡。那麽，百濮又可及於湘境了。
既然百濮無君長總統，各以邑落自聚，像近代凉山彝族以同樣情况

居於川西廣大地區一樣，它分散居住較廣地區是可能的，正如《左傳·文公十六年》所說"百濮離居，將各走其邑"，自然可以散居湘境。又按《周書·王會篇》說"正南"有"百濮"，又說卜人所獻特產是丹砂，王應麟《補注》卜人即濮人。王鳴盛《後案》云："《禹貢》荆州貢丹砂，《通典》辰州貢光明砂，則今湖南辰州府，實古濮地也。"徐壽基《春秋釋地韻編》也說："或曰湖南常德、辰州二府皆其地。"由上述來看，濮地當是由鄂西南而及湘北、湘西一帶，活動於雲夢、洞庭諸湖沼地區，僞《孔傳》說"庸濮在江漢之南"，《括地志》說"濮在楚西南"，大致地望是對的。

　　以上八個部族，在今湖北境内的有庸、彭、盧，在陝南漢中的有蜀，這都屬漢水流域。濮則在湖北省南部和湖南北部，所謂"江漢之南"。羌、微、髳則在渭水和河水流域。如以秦嶺和漢水爲界，這八個部族中，有三個在它的北面，五個在它的南面。北面的三族，大概自文王戡黎以前，就已歸入周人勢力範圍；南面的五族，大概從文王以前開始經營，到文王征服黎、邘、崇後，便完全納入了周的聯盟系統。徐中舒《殷周之際史迹之探討》以爲，周人王業從太王遷岐開始，以後即以經營南土爲其一貫之政策，據渭水河谷爲基地，南出襃斜，以通江漢巴蜀，發展國勢。太伯仲雍的南行，並不是逃位讓國，而是爲了"兼弱攻昧"，遠征江漢流域，開闢境地。其後才更東進至吳。因此江漢一帶早有周人影響（文載《史語所集刊》二本二分）。那末文王"受命"之後，國勢更强，特別自他征服黎、邘、崇後，造成了有利形勢，使這些部族必須跟着周人走，所以武王伐紂，就有這八族參加。歷史上奴隸主進行戰事時，總是要聯合其他一些部族來加强自己的力量，一部《春秋》和《左傳》所記這類事實已舉不勝舉，直到現代的凉山彝族奴隸主還是這樣。《凉山彝族社會性質討論集》第

120頁有這樣的記載："如1949年阿候家和恩札家打冤家,阿候家曾聯合蘇干家及其親戚馬家,動員了十八支隊伍,總數有兩三萬人。"我們看牧野之戰中,周的兵力和這也差不多,據《孔疏》對儰《孔傳》依《書序》戎車三百、虎賁三百計算爲二萬一千人,《史記》所説多一點,也只有四萬五千人,更早的資料只説戎車虎賁之數,如《孟子・盡心下》:"武王之伐殷也,革車三百兩,虎賁三千人。"《國策・魏策一》:"武王卒三千人,革車三百乘。"《韓非子・初見秦篇》,《吕氏春秋》之《簡選篇》、《貴因篇》,《淮南子》之《本經篇》、《主術篇》、《兵略篇》、《風俗通・正史篇》並同。《欣然齋史論集・西周與東周》:"據殷虚發掘出來的古代兵車配備情況,是車上戰士三人,預備隊六人。這九個人有重武器裝備,即所謂士。"(第670頁)"我們在《書序》上就看到武王伐殷的時候,正是戎車三百輛,虎賁三千人。"(第670頁)"《書序》作三百人,百當爲千之誤。本文引《左傳》齊無亏帥師三百乘,甲士三千人可證(按見閔二年)。甲士應爲穿甲、戴胄之士,這是重裝備的武士。所謂虎賁之士,也同樣地是重裝備的武士。依據地下發掘資料,兵車三百輛,重裝備的武士應爲二千七百人。今言三千,大概是括其整數。"(第679頁注⑥)則所計算人數更少,他不知《司馬法》載一車有步卒七十二人,所以把兵力計算得少。總之由此可知周武王伐紂,局面和彝族打冤家也差不了多少,不過他的組織能力强些,動員和號召能力也要高明些,由這篇《牧誓》就看得出。那麼他聯合庸、蜀、羌、髳、微、盧、彭、濮參加這一戰鬥,是客觀的需要,也是歷史的必然,因而這一史實是可信的。

(四)《牧誓》寫成的年代

　　《牧誓》作爲周武王伐紂舉行宣誓儀式的軍事舞蹈大會上的講

話,内容是真實的。由於當時參加這一戰役的貴族所製的紀念銅器
"利簋"的出土,其銘文具體記載了武王征商這件事和作戰的日子是
"甲子",與本文所說的完全吻合,更證實了本文原本的可靠。因此,
這一文件的真實性,到現在看來,顯然是無可懷疑的。

　　因此,本文的原件,當是周武王在講話時,由史臣記錄下來的。

　　但是,我們也看到,本文的文體比周初其他幾篇誥文要平易多
多,想來也和《盤庚》那樣,由於流傳中受東周人讀古書喜用自己語
言詞彙去讀的習慣影響(參看《盤庚》篇"討論"),因而使一些詞彙
和語法有了西周以後的風格。關鍵仍和《盤庚》一樣,在虛詞方面使
用了後起的連詞、介詞以及表感歎的語氣詞之類。例如"是以爲大
夫卿士"句,用了和介詞"以"合用的連詞"是"。"俾暴虐于百姓,以
姦宄于商邑"句,用了和"而"字同樣的承接連詞"以"字,突出表現
爲春秋時期用法。又如"古人有言曰"、"今商王受惟婦言是用"等
句,都是語氣很流轉、語法很完整的句子。並使用了特介提賓語法,
爲周初諸誥所沒有("古人有言曰"句,本只見於春秋時的《秦誓》,
正是春秋時人的句法。但周初諸誥中,獨《酒誥》也有此一句,很可
疑,似和本篇一樣,也是受《秦誓》之類文風影響寫進去的)。尤其
最顯著的是表感歎的語氣詞"矣"字,在甲骨文和金文中都沒有發現
過,可知我們祖先早期的語言中是不使用它的,所以周初幾篇誥文
如《大誥》、《康誥》、《酒誥》、《梓材》、《召誥》、《洛誥》、《多士》、《多
方》以及稍後的《呂刑》等篇,都沒有它。還有文字風格也似較後的
其他幾篇如《金縢》、《無逸》、《君奭》等,也沒有它。只有《立政》篇
才反復使用了"矣"字,共達六個之多。這正説明《立政》文字在這
方面也是受了東周人的不小影響。因爲這類完滿表達語氣,使文句
能够抑揚頓挫的虛詞,是到春秋以後方發展起來的。于省吾先生提

出本文有儷句、排句、叠句，證其非周初作品（見《利簋銘文考釋》、《文物》1977 年第 8 期）。這也是很有理由的。但因本文是在舞蹈場面中的講話，似有促成使用排句和叠句的客觀條件，而西周金文中也不無此種句子，例如 1976 年冬出土的《墻盤》（《文物》1978 年第 3 期），銘文章法整齊，基本是由一些儷句偶句構成，其中尤多使用四字偶句，不過其用字都比本篇要顯得奧澀得多。因此，本篇誓詞作爲保存下來的周初第一篇文件，不應該比同出周初而寫作年月還在它後面的其他諸篇誥詞反而平易流暢得這麼多。它的受東周文字影響是肯定的。

　　由此可知，《牧誓》這篇文件，它的原本雖是周武王在宣誓式的軍事舞蹈典禮上的講話紀錄，由於流傳中受了東周影響，在虛詞方面改用了一些春秋時習用的詞彙、語法以及較晚的句法，遂使文件琅琅可誦，成了一篇有着東周風格的文章。

洪　範

《洪範》是一篇"統治大法"。在先秦文獻中被稱引十九次，為僅次於《康誥》（三十一次）、《太誓》（二十二次）稱引次數很多的一篇。而且總被稱為"商書"，因其為箕子所說之故。到篇首加上周武王訪問箕子之語，遂為周史臣之辭，列入"周書"，《史記》錄入《宋世家》中。漢代三家今文本為《周書》第三篇，全書第十二篇。東漢古文本為《周書》第五篇，全書第十六篇。東晉偽古文本為《周書》第六篇，全書第三十二篇。其情况詳後面"討論"。

（一）校　釋

惟十有三祀①，王②訪于箕子③。王乃④言曰："嗚呼⑤！箕子。惟天陰騭下民⑥，相協厥居⑦，我不知其彝倫攸叙⑧。"

①惟十有三祀——甲骨文中常見"唯王幾祀"，是商代以祀作爲

紀年之稱。《爾雅》說"商曰祀，周曰年"，是有根據的。《左傳》之
《文公五年》、《成公六年》、《襄公三年》等引本文都稱爲《商書》，
《說文》六引本文，其中四稱《商書》，二稱《尚書》（段玉裁謂"尚"亦
"商"之誤），故用商代紀年習慣。因周初仍沿用此紀年法，至周成
王在位七年才改元，稱爲元祀（見《洛誥》"以功作元祀"）。"惟"，
語詞，無義。本文自此以下共十一"惟"字。《史記·宋微子世家》
（本篇內以下簡作《宋世家》）皆作"維"。《匡謬正俗》謂古文作
"惟"今文作"維"，同音通用。"有"，同"又"。"惟十有三祀"，即
"十又三年"。前《牧誓》"討論（二）"已指出武王伐紂在文王受命
十一年。《史記·周本紀》云："武王克殷後二年，問箕子所以亡。"
與此句相合。

　　②王——指周武王，故《宋世家》轉載此文即作"武王"。

　　③箕子——《宋世家》："箕子者，紂親戚也。紂爲淫佚，箕子諫
不聽，乃被髮佯狂而爲奴。武王既克殷，訪問箕子。"《索隱》："司馬
彪曰：箕子名胥餘。馬融、王肅以箕子爲紂之諸父，服虔、杜預以爲
紂之庶兄。"《集解》："馬融曰：'箕'，國名也。'子'，爵也。"按甲骨
文中有"玆方"，金文中有"⿱其己"國。郭沫若氏以爲"玆"即箕子的國
邑"箕"（《卜辭通纂》526）。"箕"的地望，據各地理書（杜預注及
《郡國志》注、《水經注》、《寰宇記》、《路史·國名紀》等）都說在今
山西省太谷縣附近，然由甲骨文知商代許多敵對的方國都在今晉南
一帶，太谷在晉中，遠隔敵境之北，似無可能。王鳴盛《後案》："鄭
又以微箕二國俱在圻內者，潞安府潞城縣東北十五里有微子城，遼
州榆社縣東南三十里有古箕城，爲微子、箕子所封地。"王國維謂
"⿱其己"即春秋之紀國。其地據杜預注及各古地理書（《郡國志》、《水
經注》、《寰宇記》、《輿地廣記》、《路史》、《方輿紀要》等）在今山東

壽光縣南。(《山東通志》:"紀本在東海贛榆,後遷劇,亦稱紀城。"
《寰宇記》:"紀城,古紀侯之國,姜姓也,今廢城在壽光縣南。")如果
"箕"即"畟",而其後果爲"紀",則地在商王朝勢力所能及之境内,
似有可能。而且箕子後來有度遼以東的傳説,像後代的山東人跑關
東一樣,也近事實。那麽箕子可能就是在商王朝供職而其封地在今
山東境内的"畟"的一個貴族。

④乃——《漢書・五行志》引作"迺",在金文中爲副詞"乃"的
本字,"乃"爲其假借字(但甲骨文中副詞"乃"、"迺"二字同用)。

⑤嗚呼——《宋世家》作"於乎",《漢書・五行志》引作"烏
嚤",内野本作"烏乎",都是驚歎詞"嗚呼"的古字。詳《盤庚》"嗚
呼"校釋。

⑥惟天陰騭下民——《宋世家》作"維天陰定下民"。釋"騭"爲
"定"。僞《孔傳》從而釋爲"天不言而默定下民"。俞樾以爲疑司馬
遷讀"騭"爲"敕",《皋陶謨》"敕天之命",《孔傳》:"敕,正也。"
"正"與"定"古字通用(《平議》)。但馬融釋"陰"爲"覆",釋"騭"
爲"升"(見《釋文》)。總之,意思是宣揚"老天"陰庇下民,造福下
民。近代民間還以積德做好事爲"修陰騭",可能是古代成語一直流
傳下來的。

⑦相協厥居——《宋世家》譯作"相和其居"。意爲老天陰庇下
民,使他們和諧有序地安居生活。

⑧我不知其彝倫攸叙——"彝",常(《釋詁》)。"倫",理(《學
記》"教之大倫也"鄭注)。攸,所以(王氏《釋詞》)。《漢書・五行
志》引作"道",下文同,與"攸"同聲通假。"叙",同"序",爲順序
意。此句《宋世家》譯作:"我不知常倫所序。"語意不足,不如王肅
注云:"我不知常倫所以次序。"

這一節,設爲周武王向箕子問統治大法。

箕子乃言曰:"我聞在昔,鯀①陻②洪③水,汩④陳其五行⑤,帝⑥乃震怒,不畀⑦洪範⑧九疇⑨,彝倫攸斁⑩。鯀則⑪殛死⑫,禹⑬乃嗣興,天乃錫禹洪範九疇⑭,彝倫攸叙⑮。

①鯀——古代神話傳說中的神性人物,轉爲歷史傳說中的人名,並傳說爲禹的父親。參看《堯典》校釋。

②陻——《漢石經》作"伊",雙聲假借字。《說文》引作"垔",釋云:"塞也。"意即用泥土堵塞。段玉裁謂天寶衛包從俗寫改作"陻"。

③洪——《漢石經》作"鴻",與"洪"同音通用。洪水即大水。

④汩——《漢石經》作"曰"(《漢石經》曰皆作白)。省脫水旁。僞《孔傳》:"汩,亂也。"

⑤五行——見下文,指水、火、木、金、土。這是"五行說"的"五行",與《甘誓》篇指天象的"五行"不同。參看該篇"討論"。

⑥帝——這是殷人對上帝的稱呼,周人本稱之爲"天",後來也沿用"帝"字。下文"天"字爲周人用法。參看《堯典》校釋。

⑦畀——賜予(《釋詁》)。《宋世家》此字作"從"。司馬遷當以"畀"爲俾之假借(《釋詁》"俾,從也"),故譯用其字。但此處當作"賜予"解。

⑧洪範——"洪",《尚書大傳》、《宋世家》作"鴻",然《漢書·五行志》仍作"洪"。二字同音通用,其義爲"大"。"範",規範,法則。"洪範",大法,重大規範,重大法則。

⑨九疇——《宋世家》譯作“九等”。《集解》引鄭玄釋作“九類”。“疇”、“等”、“類”，意義相近。“洪範九疇”意爲“大法九等”，“大法九類”。《漢書·五行志》釋爲“大法九章”（按，“範”爲規範，“疇”爲疇類。清末翻譯西方哲學名詞，以“範疇”二字翻譯那些各個知識和思維領域中反映客觀事物本質聯繫的基本概念。這些基本概念是對客觀事物經過分析，按疇類抽象歸納而得的具有最本質規範的東西，所以叫“範疇”，但是與《洪範》中的範疇二字的原來意義已完全不同）。

⑩彝倫攸斁——《宋世家》作“常倫所斁”。“攸”，用，因此（《釋詞》）。《宋世家》誤譯作“所”。“斁”，《説文》“攴部”引作“斁”，釋云“敗也”。“斁”爲“斁”的假借字。徐廣《史記音義》云：一作“釋”，則是“斁”字之誤。“攸斁”，因此敗壞。

⑪則——通“既”（楊筠如説）。

⑫殛死——“殛”，殊殺，誅殺（《爾雅·釋詁》、《説文》）。《釋文》謂別本作“極”。段玉裁以爲作“極”是，“殛”爲其假借。陳喬樅説今文作“極”，古文始用假借字“殛”，按鄭玄已讀“極”，並謂“鯀非誅死。鯀放諸東裔，至死不得返于朝”（《禮·祭法》正義引）。其説本於劉向，以後注疏家大抵皆承此説，以爲《堯典》舜放“四罪”，其三都流放，不應禹的父親反而殺死。“極死”就是“極之遠方，至死不返”（孫星衍《注疏》）。其仍用“殛”字的，則釋之爲懲罰，“殛死”是“先殛後死”（江聲《音疏》）。其實“殛”就是殺，“殛死”就是殺死。沿於神話的歷史傳説，不必去考訂其事實，古人爲尊崇禹而尋較好的解釋，殊無必要。

⑬禹——古代神話中的一個神名，轉化而爲夏代奴隸制王朝的開創者。也可能是夏族的一個有名首領神化的結果。參看《堯典》

校釋。

⑭天乃錫禹洪範九疇——“錫”，賞賜。《漢書·五行志》引此句後，解釋爲“天迺錫禹大法九章”。

⑮彝倫攸叙——常理因此井然有秩序了(《宋世家》作“常倫所序”，誤)。

這一節，編造一個神話，説《洪範》這篇“大法”是上帝傳授給禹的，現在由箕子傳授給周武王(《漢書·五行志》編造的説法是：上帝把《洪範》賜給禹後，禹照着做了，把這經典寶藏起來，傳到殷代，箕子因擔任父師職，負責保管這一經典。所以他能把這一“大法”傳給武王)。

“初①一，曰②五行③。次二④，曰敬用五事⑤。次三，曰農用八政⑥。次四，曰協用五紀⑦。次五，曰建用皇極⑧。次六，曰乂用三德⑨。次七，曰明用稽疑⑩。次八，曰念用庶徵⑪。次九，曰嚮用五福⑫，威用六極⑬。

①初——開始。與下文幾個“次”字連用，表示次第。“初一”是開始第一，“次二”、“次三”……就是第二、第三……

②曰——本文共使用“曰”字達八十六次，爲全書中使用最多的一篇。除篇首“王乃言曰”、“箕子乃言曰”相當後代語文中的説道外，其餘大都是語詞(《説文》“曰，詞也”)。但亦隨所使用句中意義而略有所別，有可釋爲“叫做”，有可釋爲“就是”，有的則只是句首語詞，視所在句而定。這裏就可看做句首語詞，但如理解爲“叫做”，“就是”也無不可。

③五行——見下文，指水、火、木、金、土。詳下“五行章”。

④次二——《宋世家》自"次二"至"次九"的"次"字皆省去。但云"二曰五事"、"三曰八政"、"四曰五紀"……等，並省去"曰"字下的兩字。

⑤敬用五事——"敬"，《漢書》之《五行志》、《藝文志》及《孔光傳》皆引作"羞"，師古注："進也。"段玉裁以爲今文《尚書》作"羞"（《撰異》）。《詩·小旻》鄭箋"於王敬用五事"，是古文《尚書》作"敬"。"敬"字從苟的古文"𦱧"，與"羞"皆從羊，故二字可通。"用"，同以，介詞。"敬用五事"即"敬以五事"。下文八"用"字同（參看《漢書·谷永傳》師古注）。"五事"，見下文，指一個人的態度、言語、觀看、聞聽、思考等五項。

⑥農用八政——"農"，鄭玄云："讀爲醲。"（《孔疏》引）意謂"農"爲"醲"的假借。《説文》："醲，厚酒也。"故僞孔釋"農"爲厚。《漢官解詁》引此作"勉用八政"，王國維據《廣雅·釋詁》"農，勉也"，謂《左傳·襄公十三年》"小人農力以事其上"，即勉力以事其上（《觀堂學書記》）。"厚用"與"勉用"意義相近。西周中期金文《克盨》和《梁其鼎》云"畞臣天子"，《梁其鐘》云"農臣天子"，其"畞"、"農"二字正是此義，都是篤勉之意。"農用八政"即"勉以八政"。"八政"見下文，指"食"、"貨"等八項。

⑦協用五紀——"協"，《漢書·五行志》作"叶"，師古注："叶，讀曰叶，和也。"《玉篇》謂"叶"爲"協"的古文。"五紀"見下文所舉五種紀時計算之術。"協用五紀"，即協調以五種紀時計算之術。

⑧建用皇極——《尚書大傳·洪範五行傳》作"建立王極"。《宋世家》於下文"皇極之敷言"亦作"王極"。鄭玄注《大傳》則云："王極或皆爲皇極。"這是古文本。皮錫瑞引漢代各種碑文與《漢石經》也都作"皇極"，以爲"王極"當是今文家之異文。其實作"王極"

是。今文家當據原有之本。"皇"爲漢人據秦漢以後用法改。《漢書》、《後漢書》及漢人著作都釋"皇"爲"大"、"極"爲"中",釋"皇極"爲"大中"或"大中之道"。僞孔亦用此説。"皇"字在金文及較早文籍中原訓爲大、美、光、煌……等形容詞意義。漢人用本義來釋"皇極"爲"大中",遂悖"王極"原義。《漢書·五行志》釋云:"皇,君也。"馬融、鄭玄以下至蔡沈遂都用此訓。這是對的,故清儒多從之。俞樾云:"下文曰'皇極之敷言',又曰'凡厥庶民極之敷言',蓋以'皇極'、'庶民極'相對爲文,皇之爲君無疑矣。"(《平議》)這是由於此詞原作"王極"之故。"皇"釋爲"君"是春秋以後的用法,在這裏只是"王"的假借或代用字。"極"當如《詩·殷武》"四方之極"的極。《韓詩》作"四方之則"(《後漢書·樊準傳》注引),是其意爲準則。《蔡傳》:"極猶如北極之極,至極之義,標準之名,中立而四方之所取正焉者也。"是"皇極"爲"君王進行統治的準則"。"建用皇極"就是建以君王統治的準則。

⑨乂用三德——"乂",《漢書·五行志》和《漢石經》都作"艾"。應劭釋"艾"爲"治";顏師古以"艾"爲"乂"的假借;江聲以爲"乂"當爲"嬖",其義爲治。"乂用三德",即"治以三德"。"三德"見下文,爲正直、剛克、柔克三項。即用這三種統治方法進行治理。

⑩明用稽疑——"稽",《説文·卜部》引作"𠵿",釋云:"卜以問疑也,从口、卜,讀與稽同。"隸古定本亦作"𠵿"。"明用稽疑",即以卜問疑難的辦法來弄明白吉或不吉。

⑪念用庶徵——"念",通"驗",即應驗。"庶",衆多。"徵",徵兆,兆頭。古人把一些不相干的事,或説成是吉利的先兆,或説成是凶險的先兆,而且以爲一定能應驗,這樣的事就叫"徵"。"庶

徵”，各種徵兆，見下文雨、暘等五種氣候方面的現象。又分爲“休
徵”（吉利的徵兆）、“咎徵”（凶險的徵兆）二方面。“念用庶徵”，即
“驗以庶徵”，是説以各種徵兆來應驗君主的行爲。

⑫嚮用五福——嚮，《漢書·谷永傳》引作“饗”。段玉裁以爲
當作“鄉”。因爲經典向背、饗樂字只作“鄉”，向背字讀去聲，饗樂
字讀上聲（《撰異》）。章炳麟據《隸續》、《黃初三年大饗記》作
“嚮”，以此爲古文饗字，不誤（《拾遺定本》）。此處義當作“饗”，動
詞，即給人以好處。“五福”，見下文，壽、福、康寧、好德、終命等五
項。“嚮用五福”，即“饗以五福”，是説以五福饗人。

⑬威用六極——“威”，《宋世家》、《漢書》之《五行志》、《谷永
傳》皆作“畏”。周代金文亦皆以“畏”作“威”。二字通用。“六
極”，見下文“凶短折”等六項不吉利的事。“威用六極”，即“畏以六
極”，《漢書·谷永傳》師古注：“以六極畏罰之。”

這一節，提出“九疇”的條目，爲整個統治大法的總綱，共六十五
字。

按，《洪範》原文裏，這一節六十五字就只是全文的一個總綱。
到西漢末或東漢時的緯書，給這一節編造了一個神話，説是禹治洪
水時上帝叫神龜背負這一節文字在洛水上把它賜給了禹。這就叫
做《洛書》。《漢書·五行志》説：“凡此六十五字，皆《雒（洛）書》本
文。”馬融也説：“從‘五行’以下至‘六極’，《洛書》文也。”（《釋文》）
從此這“洛書”就和由上帝在河水上叫龍馬背負八卦賜給伏羲的
“河圖”，成爲漢人所膜拜的兩件神物。以後的注疏家都守着這一神
話，進行各種渲染，也進行各種“考訂”，説什麼龜背上有這些文句，
但字數没有這麼多，其中“初一曰”等七個字是禹加的，龜背原只有
三十八字（顧彪、劉焯等説）；或者説“農用”等十八字也是禹所加，

龜背只有二十字（劉炫說）云云。（參看《易·繫辭》、《尚書大傳》、《書緯中候》、各《洛書緯》及《漢書·五行志》與僞《孔傳》、《孔疏》等）。而自戰國末至西漢方士術數家創製一種專供占卜吉凶用的"九宮圖"，以一至九數列成三排，自右至左，一排二、九、四，二排七、五、三，三排六、一、八。其橫直斜三數相加都是十五，構成使人感到神奇的"九宮數"。出土的漢初"九宮栻盤"上是圓形米字式的八個頂端和中心載此九個數字。（北周甄鸞給編一口訣："戴九履一，左三右七，二四爲肩，六八爲足，五爲心腹。"其後阮逸僞託關朗編爲"九前一後，三左七右，四前左，二前右，八後左，六後右"〔陳經《書詳解》引〕，不及甄訣簡明）。漢武帝時，方士慫恿他立太一爲最高的上帝，說太一也要下來巡行，《易乾鑿度》說所巡行的是八卦之宮，依《易·說卦傳》所說八卦方位嵌入九宮中，就成"太一下行九宮圖"，太一按九宮數順序巡行各宮，於是九宮圖由圓形米字式改成矩形中的九個方格式。至是，方士的太一進駐九宮圖了，於是儒生的明堂也進占九宮圖了。《大戴禮·明堂》易明堂十二室爲九室，說是"二九四七五三六一八"，則完全是九宮數。盧辯注爲"法龜文也"（按原緯書及《漢書·五行志》說六十五字在龜背，必係按原九疇順序排列，至是改爲按九宮數順序排列，這就叫"龜文"）。由這樣，啓發儒生感到文字排在龜背困難，九疇的九個數字則是較可能的。於是就由文字"洛書"轉變爲數字"洛書"，就可直接合於"龜文"（八卦由卦畫轉爲天數地數也一樣）。但自東漢歷魏晉隋唐直至宋儒，爭以九宮爲"河圖"或爲"洛書"，一直紛紜未定。宋儒更將這些數字皆改爲黑白點子，因以數字生在龜背馬背太困難，出現一點黑白點是可能的，就得各數按其數目繪出點子數（黑點爲陰，白圈點爲陽），創此黑白點者爲五代北宋之際的道士陳摶，傳种放、穆休、劉牧、邵

雍等人。傳至朱熹學派大受尊信,加以宣揚發展,朱在其《易本義》、
《易學啓蒙》,朱弟子蔡沈在其《書集傳》前面,都有好幾幅黑白點子
“河圖”、“洛書”。其中“洛書”本圖即據九宮數繪成,宣揚上帝叫神
龜背負着傳授給禹的統治大法就表現在這些小黑白點裏! 荒謬庸
俗比方士化的漢儒走得更遠了(詳起釪撰《關於隸古定與河圖洛書
問題》,載《傳統文化與現代化》1997 年第 2 期)。

　　“一①,五行:一曰水②,二曰火,三曰木,四曰金,五曰
土。水曰潤下③,火曰炎上④,木曰曲直⑤,金曰從革⑥,土
爰稼穡⑦。潤下作鹹⑧,炎上作苦,曲直作酸,從革作辛⑨,
稼穡作甘⑩。

　　①一——江聲云:“《宋世家》全載此篇,並無此等數目字。
……然猶可曰引經者不必盡如本文也。然石經殘碑此篇有‘爲天下
王三德一曰正直二’之文。‘三德’上無‘六’字,則知《尚書》本無此
等數目字也。”(《音疏》)段玉裁以爲此係“今文”,“古文”馬、鄭等
本則有數目字。下文二至九疇數字情況同此,不再出校。

　　②一曰水——“曰”與“謂”古音同在于紐,義亦相通,爲“謂
之”、“叫做”、“是爲”等意思。“一曰水”,第一叫做水。下面四句和
此用法同。

　　③水曰潤下——“曰”,爲(《釋詞》)。此處水字包括水的“性
質”等意義在內,“水曰潤下”,其語意爲:“水的特性爲向下濕潤。”

　　④火曰炎上——火的特性爲燃燒向上。

　　⑤木曰曲直——木的特性爲可曲可直。

　　⑥金曰從革——馬融云:“金之性從人而更可銷鑠。”(《宋世家

·集解》引）俞樾則謂“木之曲直亦是從人，何獨於金言之”。以爲“從，因也。金之性可因可革，是爲從革”（《平議》）。王先謙則以爲“金可從順，又可變革”（《參證》）。諸釋有出入，總之是説金可以變革。

⑦土爰稼穡——“爰”，《釋詁》：“曰也。”故在此與“曰”用法同。《宋世家》即作“曰”。但其他漢人著作大都引作“爰”。陳喬樅以爲是三家本之不同。“稼穡”，王肅云：“種之曰稼，斂之曰穡。”（《宋世家·集解》引）“斂”指收斂，收獲。此句是説土地是可以種植莊稼和收獲莊稼的。

⑧潤下作鹹——“作”，同“則”。甲骨文、金文中“作”字皆作“乍”。《殷契粹編》1113 片中之兩“乍”字，又西周金文《大豐殷》兩“乍”字，郭沫若皆釋爲“則”，以音義推之，其説可通。“則”作爲承接連詞，與“即”、“就”意義相似。“潤下作鹹”，即“潤下則鹹”。今語爲“向下濕潤就鹹”。下文諸“作”字與此同。

⑨辛——辣（《韻會》引《聲類》）。

⑩甘——甜（《正韻》）。

這一節，是第一疇，舊時也稱“五行章”，解説五行。但這五行的次序是水、火、木、金、土，既和戰國時“五行相勝説”的土、木、金、火、水的次序不同，也和漢代“五行相生説”的木、火、土、金、水的次序不同，還没有相生相勝的意義，顯然早於這兩説，所以梁啓超説：“此不過將物質區分爲五類，言其功用及其性質耳，何嘗有絲毫哲學的或術數的意味！”（《陰陽五行説之來歷》）劉節則提出這裏五行兼五味而言，與《吕氏春秋·十二紀》、《禮記·月令》、《淮南子·時則訓》之説適合（《疏證》）。按《十二紀》是戰國末的作品，它把春夏秋冬牽强附會地配了五行中的木、火、金、水，又配了五味中的酸、苦、辛、鹹,另在夏秋之間添入中央土,配了五味中的甘,就這樣毫無道理地湊成四季和五行。但五味則只是其他許多配合中的一種。《月令》和《時則訓》抄襲《十二紀》,其五味的配合和本文同,顯然襲自本文。但它們還進一步把宇宙中各方面繁複的事物都安排成五來和這相配合,如什麼五方、五色、五聲、五蟲、五嗅、五祀、五穀、五畜、五臟、五帝、五神……等等。無不和五行配起來,荒謬怪誕不可理喻!顯然這三四篇東西比《洪範》向前走得更遠,成了極端唯心的神秘主義的陰陽五行説的東西。本文顯然要早於它們。

　　"二,五事:一曰貌①,二曰言,三曰視,四曰聽,五曰思②。貌曰恭③,言曰從④,視曰明⑤,聽曰聰⑥,思曰睿⑦。恭作肅⑧,從作乂⑨,明作哲⑩,聰作謀⑪,睿作聖⑫。

　　①一曰貌——"曰"字和上文"一曰水"用法同。"貌",《釋文》:"本亦作須"。段玉裁據《説文》謂"須"爲貌的或體(《撰異》)。"一曰貌",第一是態貌(或態度)。

　　②思——《洪範五行傳》作"思心"。《漢書‧五行志》引經(即本文)作"思",引傳(即《五行傳》)作"思心"。此處五事,貌言視聽四事都是一字,《五行傳》於"思"獨爲兩字是不應當的。"心"當是涉"思"字下半而衍,不過後來《傳》的流行本已定爲兩字。段玉裁舉漢人著作中證據九條以證此處當作"思心",殊不知那都是根據《五行傳》衍文做的文章,與《洪範》本文無涉。

　　③貌曰恭——"曰"字同於上文"水曰潤下"等句的用法,在這裏是説態度要恭敬。

　　④言曰從——"從",順(《禮記‧樂記》"率神而從天",又同書

《孔子閒居》"氣志既從"鄭注）。"言曰從"，言語要順情理，順乎道理。

⑤視曰明——看問題要清醒明察。

⑥聽曰聰——《管子・宙合》："聞審謂之聰"，"聽不審，不聰"。《春秋繁露・五行五事》："聰者能聞其事而審其意也。"都是說聽話要能審明它的意思然後聽取才是聰。這句是說聽取別人的話要聰穎。

⑦思曰睿——"睿"，《五行傳》及《漢紀》、《說苑》都作"容"，是今文。鄭玄《五行傳》注云："容當爲睿，通也。"是古文。《漢書・五行志》引經、傳都作"睿"，段玉裁謂此爲小顏（師古）所改以傅合古文，强令"容"、"睿"爲古今字。然"容"在谷部，"睿"在叡部，截然二字。並舉七證以明今文原作"容"（《撰異》）。按，錢大昕亦謂恭、從、明、聰、容五句皆韻，鄭玄破"容"爲"睿"，晚出僞古文因之，又引《春秋繁露》及《漢書・五行志》二例及《說文》釋"思"爲容，以爲伏生本《洪範》是"容"字。但段以爲用"睿"字，釋爲通達，意義較長，原爲鄭玄據古文本糾正今文之誤而定（《撰異》）。可能"容"爲"睿"之誤（《覈詁》亦有此說）。今從段說仍用"睿"字，下文"睿"字同。"思曰睿"，思考問題要通達。

⑧恭作肅——態度恭敬就表現出嚴肅、肅敬。但董仲舒云："王誠能内有恭敬之容，而天下莫不肅矣。"（《春秋繁露・五行五事》）則以"肅"屬之下面的人。

⑨從作乂——"乂"，《宋世家》作"治"，用訓詁字。《漢書・五行志》作"艾"，師古曰："讀作乂，治也。"王國維謂"乂"和"艾"的本字，在金文中作"辥"，壁中古文訛作"甓"。其本義爲"治"，引申爲"相"、"養"二義（參看《堯典》"有能俾乂"校釋）。于省吾謂："辥"

在金文中均係輔相之義，"從"謂順從。此處"恭作肅"五句上下二字義皆相屬，貌恭作肅、言從作辭、視明作哲、聽聰作敏、思睿作聖，每句皆同義相貫（《新證》）。"從作乂"，説話順從而不逆拒，就能鼓勵輔相之益。

⑩明作哲——"哲"，《尚書大傳》及《漢書·五行志》作"悊"，《説文·口部》以爲是"哲"字的或體。《宋世家》作"智"，係用"哲"的訓詁字。可知漢今文作"哲"。《孔疏》引鄭玄本古文作"晢"，《唐石經》及各刊本僞古文皆沿古文用"晢"字。按，《説文》："晢，昭晰明也。"意義與明重復，自不如今文作"哲"爲妥（《孔疏》謂"晢"讀爲"哲"，意亦謂當作"哲"）。"明作哲"，看問題清醒明察，就成爲智者。

⑪聰作謀——王引之謂"謀"與"敏"聲近相通，《中庸》"人道敏政"，鄭注"敏或爲謀"，是其證。何晏《景福殿賦》"克明克哲，克聰克敏"，即引用此兩句，知《洪範》舊説固以"謀"爲"敏"（《述聞》）。"聰作謀"，聽話聰穎，就能處事明敏。

⑫睿作聖——"聖"，《説文》："通也。"僞《孔傳》："於事無不通謂之聖。"指知識方面的淵博，不是後來所指的道德人品超凡的"聖人"。"睿作聖"，思考問題通達，就能成爲事無不通的聖者。

這一節，是第二疇，舊稱"五事章"，教統治者注意有關做人的行爲方面的貌、言、視、聽、思五事。分三層講，先説五事之名，次説五事應該怎麼做，最後説做好五事將得到的效果。

關於做好五事所收到的效果，今文家董仲舒説是君王做好這五事之後，能使天下在這五方面相應的得到好處（《春秋繁露·五行五事》）。古文家鄭玄説是："君貌恭則臣禮肅，君言從則臣職治，君視明則臣照哲，君聽聰則臣進謀，君思睿則臣賢智。"（《孔疏》引）是説君王能做好這五事，就能收到臣下在這五方面的好處。這兩説都把肅、乂、哲、謀、聖屬之下面的人。但伏生今文學派的《洪範五行傳》則把這五者和貌言視聽思五事都屬之君主，僞《孔傳》襲用了這一説。按，肅、乂、哲、謀、聖五者就是下文“八庶徵”中的五個“休徵”所獲得的原因。每項休徵都是君王這些態度所召致，所以這五者必須屬之君王（鄭玄注《五行傳》也從而屬之君王，和自己《洪範》注相矛盾），因而《五行傳》就把“休徵”、“咎徵”分別繫於“五事”之下。《漢書·五行志》沿襲了《五行傳》，使“庶徵”五項緊密地和“五事”聯繫在一起，可知這五事原是與庶徵中的五個休徵相應的。

這裏有一點特別值得注意，就是五事的數目雖然也是五，但它並没有和“五行”金、木、水、火、土相配。到西漢儒生才以五事爲把它們配搭了起來。而又言人人殊，大別之有四種不同相配法：（一）是把貌、言、視、聽、思依次配爲木、金、火、水、土。董仲舒、睦孟、劉歆言災異，班固録《五行志》，鄭玄注《大傳》及僞《孔傳》、《孔疏》皆主此説。（二）依次分配爲水、火、木、金、土，劉向別一説及王充《論衡·訂鬼篇》之説。（三）依次分配爲土、金、木、水、火，今文歐陽家及古醫家五臟所配主此説。（四）依次爲木、火、土、金、水，許慎所用古《尚書》説（見《後案》）。

又肅、乂、哲、謀、聖五者亦見於《詩·小旻》：“國雖靡止，或聖或否；民雖靡膴，或哲或謀，或肅或艾。”但它並没有“休徵”的説法。鄭玄箋注該詩就引用了《洪範》之文，但把智、謀、肅、艾、聖等釋爲人民中有此種人才，何不擇用之。到王應麟就説《小旻》是承《洪範》之學。劉節指出王説爲信經所蔽，以爲應當是《洪範》襲用了《小旻》，梁啓超支持劉説（《洪範疏證》）。劉指出非《小旻》承《洪範》，是正確的，但説是《洪範》襲用《小旻》，也是没有根據的，安知非二者同源？

　　“三，八政①：一曰食②，二曰貨③，三曰祀④，四曰司空，五曰司徒，六曰司寇⑤，七曰賓⑥，八曰師⑦。

　　①八政——指下面接着敘述的食貨等八項，作爲古代探索治理國家的八方面的重要政務。

　　②食——《漢書·食貨志》云：“食，謂農殖嘉穀可食之物。”按，即指農業生產。

　　③貨——《漢書·食貨志》：“貨，謂布帛可衣及金刀龜貝，所以分財布利通有無者也。”按，指當時社會的手工業生產和商業貿易活動。

　　④祀——指宗教活動。奴隸社會和封建社會的統治者，都把祭祀神靈和祖先作先作爲重要的大事。《左傳·成公十三年》：“國之大事，在祀與戎。”說明當時的統治者把宗教活動和軍事活動作爲最大的兩件大事。這裏把“祀”列爲第三，而戎（即師）列到了最末，可知已不是奴隸制國家原來的次序，大概是春秋中葉以後的反映。

　　⑤司空、司徒、司寇——參看《牧誓》校釋，西周在第一級卿士寮之下的第二級高級官員，有司徒、司馬、司空等官，而司空可兼任更低的司寇之官。後來出現的《周禮》一書則把此四官與卿士寮中的冢宰、宗伯並列爲王朝第一級的“六官”，而把卿士寮中其他四官太史、太祝、太士等列到下面去了。這裏沒有司馬而列了司寇，說明它不是西周原制，但又比《周禮》整整齊齊的體系要早，可知它是《周禮》成書以前西周官制在演變改易過程中所形成的一些說法。現在在這裏，姑從鄭玄注（見下）把司空看做管居民內務的官，司徒爲管教育的官，司寇爲管司法的官（另詳《堯典》校釋）。

⑥賓——禮賓活動，相當於後世外交活動中招待外賓的活動，引申爲外交事務。

⑦師——參看《牧誓》校釋。"師氏"爲武官。"師"指軍隊，在這裏指軍務活動。它本來和宗教活動是奴隸制國家的頭等大事，這裏列到"八政"中的最後一項了。

這一節，是第三疇，舊稱"八政章"，指出了奴隸制王權應該做好的八項重要政務。

《孔疏》解釋這一節時，引鄭玄説："此數本諸其職先後之宜也。'食'，謂掌民食之官，若后稷者也。'貨'，掌金帛之官，若《周禮》司貨賄是也。'祀'，掌祭祀之官，若宗伯者也。'司空'，掌居民之官。'司徒'，掌教民之官。'司寇'，掌詰盜賊之官。'賓'，掌諸侯朝覲之官，《周禮》大行人是也。'師'，掌軍旅之官，若司馬也。"這是漢代古文家對這一段文字的理解。把這些説成是管這八方面政務的官員。鄭玄是擅長於"禮"的，所以據《周禮》來解釋本文。其實本文和《周禮》都依據了周代制度的一些情況，又都不完全符合周代情況，現在也用不着考究它們的異同，很有可能本文比《周禮》寫定時間稍早，所以不像《周禮》排得那麼整齊。

《史記·封禪書》説，漢文帝時今文博士們采集六經中的材料寫了一篇《王制》（在《禮記》中）。它反映了漢代儒生對周代制度的理解。劉節以爲此處"八政"即隱括《王制》之義寫成，並列舉了《王制》的一些内容來比附此"八政"。既顛倒了本文和《王制》寫成時期的先後，對内容的比附更多牽强傅會。因《王制》所談的方面比此文"八政"更繁更雜，且以冢宰、司空、司徒、司馬、司寇並列，它所談到的"八政"是飲食、衣服、事爲、異别、度、量、數、制，只是"司徒"職掌中的一小項，與本文顯然不一致。因此也只能説本文和《王制》都是依據了一些周代材料,又都没有正確反映周代情况所分别寫成的作品。如果要説它們之間有某種聯繫的話,只能説是《王制》作者曾見過本文,因此在其繁雜文中偶然襲用了"八政"這一詞彙,不像《洪範》中是九疇之一的政務最高項目。

"四,五紀①:一曰歲②,二曰月③,三曰日④,四曰星辰⑤,五曰曆數⑥。

①五紀——"紀",指天象數據及幾種不同的紀時單位。如《禮記·月令》"毋失經紀"鄭注:"經紀謂天文進退度數。"《詩·文王》疏引《三統曆》:"七十六年爲一部,二十部爲一紀。"《國語·晋語》"蓄力一紀"韋注:"十二年歲星一周爲一紀。"又《越語》:"四時以爲紀。"《後漢書·郅惲傳》注:"紀,年也。"故現代語言中還稱年齡爲"年紀"。此外如《文選·思玄賦》"察二紀五緯"注:"二紀,日、月也。"同於此處五紀中的兩種。又《幽通賦》"皇十紀"注引應劭曰:"'紀',世也。"則以一世爲一紀。等等。可見紀的用法頗多,大體用在稱某一種有周期性的時間。"五紀",《漢書·律曆志》云:"箕子定大法九章,而五紀明曆法。"注:"孟康曰:歲、月、日、星、辰,是謂五紀也。"其實在此星辰是一,"五紀"即指歲、月、日、星辰、曆數。戴震根據吳澄《書纂言》之説,概括爲:"分、至、啓、閉以紀歲,朔、望、朏、晦以紀月,永、短、昏、昕以紀日,列星見伏、昏旦中、日月躔逢以紀星辰,嬴縮、經緯、終始相差以紀曆數。"(《原象》)是説依節氣紀歲,依月象紀月,依圭影紀日,依二十八宿紀日月之會,依五行星的運行數據紀曆數。所以合稱"五紀"。

②歲——上年冬至到下年冬至爲一歲。到戰國時已和"年"字同用(參看《堯典》"歲"字校釋)。

③月——從朔至晦爲一月。商代以一月爲三旬；西周則一月按月象分爲初吉、既生霸、既望、既死霸四部分（王國維《生霸死霸考》）。現代有人提出異説，兹仍從王氏説。

④日——晝夜爲一日。

⑤星辰——即星（參看《堯典》"辰"校釋）。此處"辰"字不單獨使用，不是吳澄、戴震所釋的"日月之會"。王鳴盛以爲就是一日的十二辰本來也不確切，因把一日分爲十二辰始於漢代。不過據下文"歲月日時無易"一句來看，確似以"星辰"當一日内的各時。看來漢代定一日爲十二辰，可能係承用此處用法。

⑥曆數——段氏《撰異》校改"曆"作"厤"。並云："《唐石經》作從厤從止之字，又改止爲日。"兹仍從通行刊本。"厤"，歷、曆的本字。指日月星辰在天球面上的經歷運轉（參看《堯典》"欽若昊天曆象"校釋）。"曆數"，日月星辰經歷運轉的各種數據（此處還没具有"五德終始説"的"德運曆數"的意義）。

這一節，是第四疇，舊也稱"五紀章"，談曆法方面的問題。因爲我國古代特别重視曆法在統治上的運用，所以把它作爲統治大法的九疇中的一疇提了出來。

下文"八庶徵"的"恒風若"之後"曰王省惟歲"到"則以風雨"一段八十六字，蘇軾以爲是本節"五紀"之文的錯簡，張九成、葉夢得、洪邁、黃震、金履祥、顧炎武等都主此説。金履祥《尚書注》一書，遂將該段移置本節後面，劉節《洪範疏證》從之。但林之奇以爲《洪範》各疇之間是"互相經緯"，即互相聯繫的；王柏雖大量移動本文，然以該段雖與"五紀"有關，但本身却是談"庶徵"；胡渭則謂"五紀"屬於推步政時方面，"庶徵"則主占候，驗五事得失，不能因有歲、月、日字混而爲一。兹從此諸説不予移動。但由蘇説，知該段確是根據本節提出的。

　　"五,皇極:皇建其有極①。

　　"斂時五福②,用敷錫厥庶民③;惟時厥庶民于汝極,錫汝保極④。凡厥庶民,無有淫朋⑤,人⑥無有比德⑦,惟皇作極⑧。凡厥庶民,有猷⑨有爲⑩有守⑪,汝則念之⑫。不協于極⑬,不罹于咎⑭,皇則受之⑮,而康而色⑯。曰'予攸好德⑰',汝則錫之福。時人⑱斯其惟皇之極⑲。無虐煢獨⑳,而畏高明㉑。人之有能有爲,使羞其行㉒,而邦其昌㉓。凡厥正人㉔,既富方穀㉕;汝弗能使有好于而家㉖,時人斯其辜㉗。于其無好㉘,汝雖錫之福,其作汝用咎㉙。

　　"無偏無頗㉚,遵王之義㉛。無有作好㉜,遵王之道。無有作惡,遵王之路。無偏無黨㉝,王道蕩蕩㉞。無黨無偏,王道平平㉟。無反無側㊱,王道正直。會㊲其有極,歸㊳其有極。曰皇極之敷言㊴,是彝是訓㊵,于帝其訓㊶。凡厥庶民極之敷言㊷,是訓是行㊸,以近天子之光。曰天子作民父母,以爲天下王。

　　①皇建其有極——"有",無義語詞,"有極"即"極"。與"有邦"、"有君"用法同。此句是說君王建立他的有關統治之道的準則。

　　②斂時五福——"斂",聚(《釋詁》)。"時",是,這(《詩·十月之交》毛傳)。"五福"即下文第九疇中的壽、福等五項。此句是說"斂聚這五項幸福"。

自"斂時五福"至"其作汝用咎"一段一百四十五字宋人多以爲是錯簡，王柏《書疑》移至第九疇"六極"之後；金履祥《書經注》移至第九疇"五福"之後，劉節《洪範疏證》從之。今取林之奇、胡渭等說，以爲各疇相互聯繫見義，不必移動。

③用敷錫厥庶民——《宋世家》譯此句爲"用傅錫其庶民"。"用"，以。"敷"、"傅"同音通用，其義爲"布"。"錫"，賜予，給與。"厥"、"其"同義，並與"彼"同，在此作爲指示形容詞。"厥庶民"即"彼庶民"，今語爲"那些庶民"。馬融解釋此兩句云："當斂是五福之道，用布與衆民。"（《宋世家集解》引）即："聚集這五種幸福，把它散布與大衆。"

④惟時厥庶民于汝極錫汝保極——"惟時"，於是。"于汝極"，對於你的準則。"錫"，古時上級賞下級或下級贈上級都可用"錫"字。"錫"的本字在西周《德鼎》作"益"，可知"錫"原義由"增益"而來，因此可釋爲助益、給與等義，最後才專爲上賜下之意。此處仍當作"助"、"與"解。"保"，保守、保護等意。這句承上句說："於是那些大衆對於你的準則，會幫助你好好兒保護着它（指"準則"）。"意即擁護這些準則。我國較古的語法中原不用第三人稱代詞，故甲骨文、金文中缺乏此類字樣（只有第三人稱領格及指示代詞等）。即先秦文中，遇到需用第三人稱代詞的地方，也往往重複一次名詞（參看楊伯峻《文言文法》），這裏重複用了"極"字，就是一個顯著例子。

⑤凡厥庶民無有淫朋——"無"，《宋世家》作"毋"，下句"無"字同。《漢石經》此兩字皆作"無"。段玉裁謂石經"本篇'毋偏毋黨'字作'毋'，而此兩無有字作'無'，最有分別。《古文尚書》則皆作'無'，《史記》則皆作'毋'"（《撰異》）。按，此處應從《宋世家》作"毋"爲是，意爲"勿"、"不要"。"淫朋"，邪黨（《蔡傳》）。

　　⑥人——江聲云：“既言‘庶民’，又別言‘人’，則‘人’非謂‘民’，自是謂臣矣，《假樂詩》云：‘宜民宜人。’《毛傳》云：‘宜安民，宜官人。’是亦以人爲臣。”（《音疏》）楊筠如並舉《皋陶謨》“在知人，在安民”證之（《覈詁》）。可知“民”指下民；“人”王樵説是指“學士大夫，別於民者”（《日記》），總之是屬於統治階級的人。

　　⑦比德——“比”，私相親密（《禮記·緇衣》“邇臣比矣”鄭注）。又舊有“朋比爲奸”之語，是指不正派地結合在一起做壞事。此處“比德”也就是這意思。

　　⑧惟皇作極——此句承上文説，民衆不要結成邪黨，在位者不要朋比爲奸，只應當一致遵守君主建立的準則。

　　⑨有猷——“猷”，謀劃（《爾雅·釋詁》）。“有猷”，有謀劃，會籌劃。

　　⑩有爲——“爲”，作爲。“有爲”，人有作爲，有才幹。

　　⑪有守——有操守。

　　⑫汝則念之——“念”，《説文》：“常思也。”“汝則念之”，你就要記着，意謂常想到不要忘記。

　　⑬不協于極——“協”，《大傳》作“叶”，協的古文（《説文》）。“不協于極”，不合於皇的準則。

　　⑭不罹于咎——“罹”，《大傳》作“麗”，《宋世家》作“離”。麗、離古字通。《釋文》謂馬融有“力馳反”、“來多反”二音。段玉裁謂本當作“離”，古訓“分”，亦訓“合”。古音在歌部（來多反）；轉音在支部（力馳反）。衛包改爲“罹”，訓“陷”。按“罹”爲“羅”之或體，因惟、維古通用，故羅與離亦古音同，通用。既通用，故不改回。“不罹于咎”，不陷于惡（《蔡傳》）。

　　⑮皇則受之——君王就不要拒絕他，應接受他。

⑯而康而色——前一"而"字,語詞。"康",安寧,和善(《史記·樂書·正義》"康,和也")。後一"而"字同"汝"(《小爾雅·廣詁》)。按《論語》、《左傳》、《國語》、《史記》中多用"而"作"汝",下文"而家"、"而國"之而同。"色",臉色。俞樾云:"此句承上文'皇則受之'而言。不但受之,而又當和汝之顏色以受之也。"(《平議》)

⑰予攸好德——《宋世家》譯作"予所好德",誤用"攸"訓爲"所"之義。王引之謂"攸,語助也"(《釋詞》),俞樾謂古字"攸"與"修"通,舉秦始皇《會稽刻石》"德惠攸長",《史記》作"德惠修長"爲證。"好"讀爲美好之好,舉《漢書·五行志》"其極,惡順之;其福,曰攸好德"句中的好德與惡相對爲證。因釋"攸好德"爲修好德,即修飾其美德(《平議》)。俞説原釋下文"五福"之"四曰攸好德",亦適合於此處,故取俞説於此。

⑱時人——《孔疏》:"此經或言'時人德',鄭、王諸本皆無'德'字,此《傳》不以德爲義,定本無,'德'疑衍字也。""時",是,此。"時人",此人,這些人。

⑲斯其惟皇之極——"斯",同"則"、"乃"。"其",將(《釋詞》)。"時人斯其惟皇之極",這些人就將惟知遵守君王的準則了。

⑳無虐煢獨——《宋世家》作"毋侮鰥寡"。《列女傳·楚野辯女篇》引此同。今文作"毋",是。《困學紀聞》所引《尚書大傳》"鰥"作"矜",二字音義都同。用"煢獨"或"鰥寡"義亦相同。"煢",通"惸",沒有兄弟,"獨",沒有兒子。"鰥"(通矜),沒有妻子,"寡",沒有丈夫(據《孟子·梁惠王下》及《管子·入國》、《禮·王制》及僞《孔傳》等)。古人語言中常説不侮老幼、鰥寡、煢獨。如《盤庚上》"無弱孤有幼",《毛公鼎》"迺救鰥寡",《詩·鴻雁》"哀此鰥寡",《康誥》、《無逸》"不敢侮鰥寡",《左傳·昭公元年》"不侮鰥

寡”,《詩·正月》“哀此惸獨”,《孟子·梁惠王下》“哀此煢獨”,等
等。古人把這看成是窮民中四種孤苦無告的人(見《孟子·梁惠王
下》),所以在説教時,總宣揚不要欺侮他們。

㉑而畏高明——馬融注:“高明,顯寵者,不枉法畏之。”(《宋世
家集解》引)“毋虐煢獨而畏高明”一句,是説不要欺侮孤苦無告的
平民而畏怕宣赫顯要的貴族,與《詩·烝民》“不侮矜寡,不畏强禦”
完全同義。

㉒人之有能有爲使羞其行——“人”,依上文指在官位人員,
“羞”,進(《釋詁》)。《潛夫論·思賢篇》作“循”,段玉裁以爲乃
“脩”字之誤,“脩”與“羞”同音。楊筠如並舉李尤《靈臺銘》作
“脩”,以爲“脩”、“循”通用。這句是説:在位人員中有能力有作爲
的人要讓他們繼續發展他們的才能和德行。

㉓而邦其昌——《宋世家》作“而國其昌”,今文避“邦”字諱改。
《潛夫論》作“國乃其昌”,“其”在此同“乃”(《釋詞》)。《潛夫論》
用“乃”義,重復了“其”字。這句是説國家就昌盛。

㉔正人——“正”,長(《釋詁》)。“正人”即在位官員中的長官
(《經義述聞》)。

㉕既富方穀——“方”,始(《廣雅·釋詁》),義同今語中的
“才”。“穀”,善(《詩·東門之枌》,又《甫田》毛傳)。“既富方穀”,
先使他們富有,方能希望他們做出好事。

㉖汝弗能使有好于而家——“弗”,《宋世家》作“不”。此句説:
你不能使他們對你王家有什麼好處。

㉗時人斯其辜——“時”,此。“斯”,同“則”、“乃”(《釋詞》),
爲承接連詞。“其”,將。“辜”,罪(《説文》)。這些人就將是有罪。

㉘于其無好——《唐石經》與流行刊本及足利本、清原氏手抄本

等隸古定本"好"下有"德"字。但《宋世家》作"于其毋好",無"德"字。隸古定內野本、神宮本、雲窗本亦無"德"字。王引之云:"好下本無'德'字,蓋'無好'二字,即承上'弗能使有好'而言,非有二義也。自《傳》曰'于其無好德之人',始加'德'字以解之。然其時經文尚無'德'字。且'好'字尚讀上聲。自《唐石經》始作'于其無好德',此不過因《傳》有德字而妄加之(段玉裁據《孔疏》謂定本《傳》無德字)。而《蔡傳》遂讀好爲攸好德之好(上聲),不知下文'咎'訓爲惡,'好'與'咎'義正相對,無好與有好亦相對。若讀爲好(去聲),則與上下文又不相屬矣,且好與咎古音正協。《皇極》一篇皆用韻之文,不應此二句獨無韻也。"(《述聞》)其說是,今據刪德字。

㉙其作汝用咎——"其",同乃(《釋詞》)。"作",爲(《爾雅·釋言》)。"作汝",爲汝服役,替你做事。"用",以。"咎",惡(《廣雅·釋詁》)。這句是說:他們以罪惡來爲你服務。或:他們替你做事用的是罪惡行爲。

以上自"斂時五福"至"其作汝用咎"這一小段,主要是說如何利用下文所說的"五福"作爲手段,以之妥善地駕御臣民,來鞏固"皇極"的問題。宋人要把它移到後面第九疇的五福六極之後去,是沒有道理的。

㉚無偏無頗——"無",《宋世家》作"毋",《漢石經》殘碑亦作"毋",《史記》張釋之、馮唐兩傳則引作"不"。"頗",《唐石經》及流行刊本皆作"陂",由唐玄宗以"頗"與下句"義"字不協韻,詔改(見《唐書·經籍志》)。案《宋世家》及《呂氏春秋·貴公》所引皆作"頗"。今所傳唐寫本或日本古寫本如內野本、神宮本、足利本、雲窗本亦作"頗",皆傳自改字前。段玉裁謂唐玄宗不知古音妄改此字。因"義"古音魚何切,讀同"俄",與普多切之"頗"自協韻,而"陂"古

音亦"普多切"（凡皮音之字，古皆在第十七歌戈部），反不與"義"之唐音"宜寄切"相協（《撰異》）。《困學紀聞》謂宣和六年詔復從舊，然各刊本依然未改回。至清江聲《音疏》始用"頗"，今據改回。"頗"，原義見《說文》："頭偏也。"引申爲不平、傾斜等意。

㉛遵王之義——"義"，《匡謬正俗》引唐初本作"誼"，唐玄宗詔亦引作"誼"（見《佩觿》、《册府元龜》、《文苑英華》等）。段玉裁云："誼、義，古今字。周時作'誼'，漢時作'義'。皆今之仁義字也。"（《說文解字注》）按：洪邁《隸釋》云："《周禮注》'儀''義'二字，古皆音莪。"吳棫《韻補》："儀，牛何反，《周禮注》儀作義，古皆音俄。"顧炎武並舉漢碑"蔘莪"皆寫作"蔘義"，又《詩》中"義"與"河"韻，《穆天子傳》"儀"與"陀"韻，《管子·弟子職》"儀"與"磋"韻。《太玄》"儀"與"頗"韻，韓勅《孔廟禮器碑》"儀"與"和"韻，證"儀"、"義"皆音"俄"，自可與"頗"協韻（《後案》引）。

㉜無有作好——"無有"，《吕氏春秋·貴公》引作"無或"。《宋世家》作"毋有"。段氏引《考工記·梓人》鄭注、《詩·天保》鄭箋、《論語》鄭注（書疏引）及《廣雅·釋詁》皆云"或，有也"。是"無或"即"無有"。"好"，《說文》引作"政"，段謂"政"古音鈕，"好"古音朽，皆在尤幽部，故古文假"政"爲"好"（《撰異》）。徐鉉始音呼到切。馬融注云："好，私好。"（《宋世家·集解》引）意即從個人利益方面考慮的私人愛好。

㉝黨——鄭玄注："黨，朋黨。"（《宋世家·集解》引）《晉語》"比而不黨"韋注："阿私曰黨。"《論語·述而》"君子不黨"集解引孔注："相助匿非曰黨。"這是動詞，古人把以私情結在一起互相包庇的行爲叫做"黨"。與近代"黨"字的意義不同。

㉞蕩蕩——寬闊、平坦、廣遠。

㉟平平——《史記·張釋之馮唐傳贊》引作“不黨不偏，王道便便”。徐廣曰：“便一作辨。”《宋世家》仍作“平”。“平”、“便”、“辨”聲近通用。並爲“釆”字之訛（據《九經古義》。參看《堯典》“平章”校釋）。《呂氏春秋·貴公》注：“平平，平易也。”

㊱無反無側——馬融云：“反，反道也。側，傾側也。”（《宋世家·集解》引）

㊲會——會集，會合。

㊳歸——歸依，歸宿。

㊴曰皇極之敷言——《宋世家》作“曰王極之傅言”。“曰”，叫做。指上面講的這一段，叫做“皇極之敷言”。“敷”、“傅”同音通用。王樹柟云：“《詩·菀柳》箋云：‘傅，至也。’謂皇極之至言，庶民極之至言也。”（《尚書商誼》）

㊵是彝是訓——“彝”，《宋世家》作“夷”，同音通用。《周禮·春官·序官》注：“彝，法也。”即效法，以爲師法之意。“訓”，教訓（《廣雅·釋詁》）。是說以上述“皇極之敷言”爲師法，爲教訓。

㊶于帝其訓——《宋世家》作“于帝其順”。《廣雅》：“訓，順也。”“帝”，上帝。是說“于帝是順”，亦即順着上帝。

㊷凡厥庶民極之敷言——“凡”，皆（《廣雅·釋詁》），即“都是”的意思。這句是說上面“皇極之敷言”，也都是“庶民極之敷言”。即都是關於庶民所要遵守的準則的至言。

㊸是訓是行——“訓”，《宋世家》亦作“順”。是說對“皇極之敷言”，只應當順遵它履行它。正和《詩·皇矣》所說的“不識不知，順帝之則”一樣。這一節雖是第五疇，但却是《洪範》全文的中心，舊也稱“皇極章”，它反復闡釋建立君王統治之道的準則——“皇極”的重要性，反復傳授建立這一準則的要領，因此是這一篇治理“大

法”的精髓。

　　這一節的文字特點是：通體都爲韻文（用韻情況見後“討論”），而四字句與《詩》的體裁同。因此《墨子·兼愛下》引“王道蕩蕩，不偏不黨。王道平平，不黨不偏”四句，和《詩·大東》“其直若矢”四句合在一起總稱爲《周詩》。先秦還有四家也引了本節文字：（1）《左傳·襄公三年》：“《商書》曰：無偏無黨，王道蕩蕩。”（2）《荀子》之《修身》、《天論》兩篇都引《書》曰：“無有作好，遵王之道。無有作惡，遵王之路。”（3）《韓非子·有度》：“先王之法曰：臣毋或作威，毋或作利，從王之指；無或作惡，從王之路。”（4）《吕氏春秋·貴公》：“故《鴻範》曰：無偏無黨，王道蕩蕩。無偏無頗，遵王之義。無或作好，遵王之道。無或作惡，遵王之路。”可見本節文字在戰國之世是相當流行的。不過各家所引文字各有出入。而《左傳》稱《商書》，《墨子》稱《周詩》，《韓非》稱“先王之法”，都不説是《周書·洪範》，可能這幾句在當時原自流行，《洪範》作者采入本篇中，到戰國末的《吕氏春秋》就確稱《鴻範》。這是這段文字在先秦流行中可值得注意的一種情況。

　　這一節的“皇極”的思想，實同於《墨子》“尚同”的思想。《尚同上》云：“上之所是，必皆是之；所非，必皆非之。”《尚同中》云：“舉天下之萬民以法天子，夫天下何説而不治哉。”顯然就是這裏的“皇極”。《尚同中》又云：“凡國之萬民上同乎天子，而不敢下比。”又：“是以皆比周隱匿而莫肯尚同其上。”更就是本篇的“凡厥庶民無有淫朋，人無有比德，惟皇作極”。“比德”之“比”即“下比”之“比”，其淵源尤爲明顯。《尚同下》云：“若苟義不同者，有黨。”則就是“無偏無黨”之“黨”。《尚同上》云：“上同而不下比者，此上之所賞而下之所譽也。”《尚同下》云：“富貴以道其前，明罰以率其後。”也就是

"斂時五福,用敷錫厥庶民","攸好德汝則錫之福"。《尚同上》云："今若天,飄風苦雨溱溱而至者,此天所以罰百姓之不上同於天者也。"《尚同中》云:"故當若天降寒熱不節,雪霜雨露不時,五穀不熟,六畜不遂,疾苦庋疫,飄風苦雨薦臻而至者,此天之降罰也,將以罰下人之不尚同乎天者也。"這就是沒有做好"皇極之敷言,是彝是訓,于帝其訓"之故,也就是本篇下文"庶徵章"的:"曰狂,恒雨若;曰僭,恒暘若;曰豫,恒燠若;曰急,恒寒若;曰蒙,恒風若。"在墨子之意,欲使人民上同於君主,進而上同於天,達到《尚同下》所説的:"治天下之國若治一家,使天下之民若使一夫。"本節"皇極章"所要達到的,也就是這種境界。這種統一於君主的思想,法家完全接受了,而且更加以強調,加以發展。《韓非子·有度》云:"賢者之爲人臣……順上之爲,從主之法,虚心以待令而無是非也。故有口不以私言,有目不以私視,而上盡制之。……先王之法曰,臣毋或作威,毋或作利,從王之指;無或作惡,從王之路。"可知建立君主統治之道的最高準則——"皇極"的這一思想,由《洪範》的這種詩歌形式的鼓吹,墨家摩頂放踵地進行宣傳,到法家加以批判繼承,充類至盡,把"極"字的意義發揮到"絶對"的地步,就由"王道的準則",推衍成爲"絶對的王權",就形成了戰國時期非常適合於統治者需要的一種思想了。

　　"六,三德①:一曰正直,二曰剛克②,三曰柔克③。平康,正直④;彊弗友,剛克⑤;燮友,柔克⑥。沈潛,剛克⑦;高明,柔克⑧。惟辟作福⑨,惟辟作威⑩,惟辟玉食⑪。臣無有作福、作威、玉食。臣之⑫有作福、作威、玉食⑬,其⑭害于而家,凶于而國⑮。人用側頗僻⑯,民用僭忒⑰。

①六三德——《宋世家》及《漢石經》殘碑"三德"上無"六"字。據此知今文無此順序數字。"三德",三種施行統治的心術,也就表現爲三種統治的方法。(《賈子·道術》:"施行得理謂之德。"《周禮·師氏》馬注、鄭注:"在心爲德,施之爲行。")

②剛克——"剛",剛强,强硬的方式。"克",勝(《釋詁》。又《釋文》引馬融亦如此釋)。"剛克",以强硬的方式取勝。

③柔克——"柔",柔和,懷柔,温和的方式。"柔克",以温和的方式取勝。

④平康正直——對平正康寧者,要以正直的方式對待。

⑤彊弗友剛克——"彊",犟的假借,强項固執的意思。"弗",《宋世家》作"不"。"弗友",不親近友善。對强項固執不肯親近的人,意即倔强的人,要以强硬的方式對待。

⑥燮友柔克——"燮",《宋世家》作"內"。段玉裁云:"古'內'、'入'通用,'入'、'燮'同部。此今文《尚書》作'內'。"(《撰異》)是"內"爲"燮"的假借。"燮",和(《釋詁》)。對和順可親近的人,要以温和的方式對待。

⑦沈潛剛克——"沈潛",《左傳·文公五年》引作"沈漸",《宋世家》同。《漢書·谷永傳》引作"湛漸"。音義都和"沈潛"同。此"沈潛"與下句"高明"對舉,"高明"指上層貴族,則"沈潛"自指沉在下層的庶民。"沈潛剛克",是說對下面民衆,要以强硬方式統治。

⑧高明柔克——"高明",《宋世家集解》引馬融曰:"高明,君子。亦以德懷也。""高明"即"皇極章""無虐煢獨,而畏高明"的"高明",指顯要貴族。故馬謂之"君子"。是說對顯要貴族,要以温和方式對待。

⑨惟辟作福——"惟"，《宋世家》作"維"，通用。"惟"用於語首，一般皆是語詞，此處則有"獨"、"僅"之意。"辟"，君（《釋詁》）。這句是說：只有君主才可以作福於人，即只有君主才專有慶賞之權（此"福"即下文第九疇"五福"之福）。

⑩惟辟作威——只有君主才可以作威於人，即只有君主才專有刑罰之威。按段玉裁、皮錫瑞據《漢書》楚元王、王商、王嘉等傳，《後漢書》第五倫、楊震、張衡、荀爽、李固等傳及《齊策》高誘注所引，皆"惟辟作威"在"惟辟作福"之前，以爲漢代今文"威"在前（《撰異》、《考證》）。但《宋世家》所載本文，固"作福"在"作威"前。《集解》引鄭玄注及《漢書·武五子傳》廣陵厲王賜策，也都是"福"在"威"前。則漢代本亦有與今流行本相同。（《漢書·儒林傳》言司馬遷書載《堯典》、《禹貢》、《洪範》諸篇多古文說。按，司馬遷所用者是今文說，如果《洪範》篇此處確用古文說，則古文"福"在"威"前。）

⑪惟辟玉食——"玉食"，馬融云："美食。"（《宋世家·集解》引）張晏云："珍食也。"（《漢書·叙傳》"候服玉食"注引）孫星衍則以爲"玉"讀爲"畜"。"畜"、"好"，聲之緩急。故《孟子·梁惠王》云："畜君者，好君也。"（《注疏》）諸說都以"玉食"爲美好的飲食。是說只有君主才有權盡情地吃最精美的飲食，享受最美好的生活。

⑫臣之——《宋世家》無"之"字。當係偶脫。"之"在此爲假設連詞，作"若"、"倘若"解（《釋詞》）。

⑬玉食——《漢書·王嘉傳》引此玉食上有"亡有"二字。

⑭其——《漢書》王嘉、劉向等傳及《後漢書·張衡傳》所引皆無"其"字。"其"字在此爲承接連詞，和"則"字相同。

⑮凶于而國——《漢石經》殘碑"凶"上有"而"字。馮登府據

《宋世家》及《公羊傳·成公元年》疏引鄭玄注皆無"而"字,以爲鄭本古文無,而今文本有之(《漢石經考異》)。"而",汝。此句是説凶害於你的國家。

　　⑯人用側頗僻——"人",和上文一樣,與"民"對舉,可知指統治階級人員。"用",因此。"側",音義都和"仄"同,意爲"傾斜"。"頗",也是傾斜不平之意(見上文"無偏無頗")。"僻",《漢書·王嘉傳》及《漢石經》都作"辟",同音通用,爲"邪辟"的意思(《五行志中·集注》引服虔説)。此句是説:在位的官員因此會傾斜不正做邪惡的事。

　　⑰民用僭忒——"僭",下犯上(《穀梁傳·隱公五年》)。"忒",《王嘉傳》作慝。師古注:"惡也。"(當係據《詩·民勞》"無俾作慝"毛傳)此"忒"爲"惡"的假借字。此句是説庶民因此犯上作惡。

　　這一節,是第六疇,舊也稱"三德章",談的是三種統治方法。

　　皮錫瑞云:"案《漢書·谷永傳》永説王音曰:'意豈將軍忘湛漸之義,委曲從順,所執不彊。'據子雲説,則今文家以三德爲德性,'克'爲自治其性,不爲治人。《漢書·叙傳》曰:'孝之翼翼,高明柔克。'孟堅亦以柔克爲言君德。《後漢書·梁統傳》統上疏曰:'文帝寬惠柔克。'又《鄭興傳》興上疏曰:'今陛下高明,而群臣惶促,宜留心柔克之政,垂意《洪範》之法。'以柔克屬君德,克爲自克之義。"又云:"馬、鄭乃以此專屬人臣,又探下文'作威'、'作福'之意,以'沈潛'爲賊臣,'高明'爲君子,古文異説,殊乖經旨。"(《考證》)皮氏站在今文家尊經立場,又要鼓吹封建君主以仁義道德爲心,所以提出的這種説法,是不符合文義的。

　　自"惟辟作福"以下至"民用僭忒"一段,王柏《書疑》把它移到

“皇極章”之最後，接在“以爲天下王”句下。近人曾運乾承其説。金履祥《書經注》把它移到全篇最後，接在“六曰弱”句下。元人王充耘則謂：“剛克糾之以猛，所謂‘惟皇作威’是也。柔克待之以寬，所謂‘惟辟作福’是也。”（《讀書管見》）意謂宜在本節。是此節原是一體，不應把這小段作錯簡隨意移動。

“七，稽疑①：擇建立卜筮人②，乃命卜筮③。曰雨，曰霽④，曰圛⑤，曰霧⑥，曰克⑦，曰貞，曰悔⑧，凡七⑨。卜五，占用二⑩，衍忒⑪。立時人作卜筮⑫，三人占，則從二人之言⑬。

“汝則⑭在有大疑，謀及乃⑮心，謀及卿士，謀及庶人⑯，謀及卜筮⑰。汝則從⑱，龜從，筮從，卿士從，庶民從，是之謂大同。身其康彊⑲，子孫其逢⑳，吉㉑。汝則從，龜從，筮從，卿士逆，庶民逆，吉。卿士從，龜從，筮從，汝則逆，庶民逆，吉㉒。汝則從，龜從，筮逆，卿士逆，庶民逆，作內，吉；作外，凶㉓。龜筮共違于人，用靜，吉；用作，凶㉔。

①稽疑——“稽”，《説文·卜部》作“𠤳”。釋云：“卜以問疑也。讀與‘稽’同。《書》云‘𠤳疑’。”知漢代此字原作“𠤳”，似即由甲骨文中的“占”而來。很可能即“占”的或體。諸隸古定寫本則皆作“乩”。則是“𠤳”的後起字。“稽”以同音被假借。文籍中“𠤳”已不通用，而“稽”已習用，故不改回。“稽疑”也就是卜以問疑。即用占卜的方式，向神請問疑難問題的吉凶。是愚昧的迷信活動，所有古代民族無不有這種迷信活動，而統治者往往利用愚弄和欺騙人民

以進行統治，而自己也往往是愚而被弄者。殷、周人在這方面尤爲突出，幾於無事不占卜。

②擇建立卜筮人——"卜"，用龜甲占卜。"筮"，用蓍草占卜（《禮·曲禮》："龜爲卜，蓍爲筮"）。本文也稱"筮"爲"占"（《釋文》：馬融云："占，筮也"）。"卜"爲殷人用的卜法，周人也承用。其法是先在龜甲背面鑽鑿窠槽（即不穿透龜甲的孔），然後用火灼它，看其正面裂紋即所謂"兆形"來定吉凶。"筮"爲周人所自用的卜法，是擺弄一些不同長短的蓍草，按八卦六爻的爻位來定吉凶。擔任龜卜的叫"卜人"，擔任蓍筮的叫"筮人"。鄭玄釋這句爲："擇可立者爲卜人、筮人。"（《孔疏》引）

③乃命卜筮——王引之云："如《士喪禮》'命龜、命筮'也。'曰雨'以下五事，即承'乃命卜筮'言之。五者皆所以命龜之事也。"（《述聞》）就是占卜時告龜以所卜問的事。

④霽——案，《宋世家》作"濟"，是漢代今文。《集解》引鄭玄云："濟者，如雨止之雲氣在上者也。"段玉裁並據《周禮·大卜》、《孔疏》引鄭玄注亦釋"濟"字，以爲鄭本確作"濟"。則此是漢代古文。又雲窗本隸古定作是"濟"字摹寫微訛，則僞古文亦有作"濟"者。段云："古凡'止'皆云濟。"（見《撰異》引《齊物論》向注、《時則訓》高注皆雲"濟，止也"）《爾雅·釋天》："濟謂之霽。"《說文》："霽，雨止也。"則"濟"爲雨止而雲未散的本字，"霽"與之同義。因霽已通用，"濟"反作他用，故不改回。

⑤圛——此字紛歧糾葛最多，現按時代列如下：

西漢作"涕"、"弟"、"悌"（至晋末訛作"洟"）。《宋世家》："曰雨、曰濟、曰涕、曰霧（霿）、曰克。"《詩·載驅》"齊子豈弟"鄭玄箋："《古文尚書》'弟'爲'圛'。"《孔疏》作"齊子愷忄　　並謂《洪範》

“曰圛”，賈逵以今文校之，定以爲“圛”。然誤讀鄭箋爲“《古文尚書》以悌爲圛”，遂云“古文作悌，今文作圛”。段玉裁辨之，以爲鄭箋“謂《今文尚書》之‘涕’，《古文尚書》作‘圛’。《毛詩》‘弟’與‘涕’同聲。‘弟’亦可讀爲‘圛’。《詩箋》傳寫既久，‘涕’作爲‘悌’字，‘悌爲圛’之上妄增‘以’字。但《今文尚書》作‘涕’，《古文尚書》作‘圛’，皆有佐證，不得反易之”（《撰異》）。《宋世家集解》：“徐廣曰：一作涕。”《索隱》：“涕，音亦。《尚書》作圛。徐廣所見本‘涕’作‘涕’，義通而字變。”按，《宋世家》之“涕”是漢代今文，與“悌”爲偏旁的歧異，或脫偏旁僅存“弟”字。徐廣在晉末所見通行本應爲僞古文，然所見別一本作“涕”，當是該本偶存今文遺字而有訛變。如《說文》“鶇”或作“鶇”一樣。

　　東漢作“圛”。《說文·囗部》：“圛，回行也。《商書》曰‘曰圛’。圛者，升雲半有半無。讀若驛。”（從段校本。段謂“回行”爲圛字本義，“升雲”句爲釋《商書》圛字義。）鄭玄《尚書》注，《詩·載驅》箋，《周禮·大卜》注並作“圛”。

　　魏代作“圛”。王肅《尚書》注：“圛，霍驛消滅如雲陰。”（《孔疏》引）

　　以上從東漢到魏作“圛”，是古文。

　　晉末：流行僞古文作“圛”，別本作“涕”（見上）。

　　南朝宋作“圛”。裴駰《宋世家·集解》：“《尚書》作圛。”

　　唐天寶前作“圛”。孔穎達《洪範》疏、《詩·載驅》疏並作“曰圛”。司馬貞《宋世家·索隱》：“《尚書》作圛。”唐寫本及日本古寫本多作“圛”。

　　以上自晉至唐天寶前之“圛”，皆是僞古文。又所有自西漢至唐初皆“曰圛”在“曰霧”前。

唐天寶改作"驛"。衛包奉命改隸古定《尚書》爲今字,當係據《説文》"圛讀若驛",又《孔疏》引鄭玄云"圛即驛也"。遂改"圛"爲"驛",而且顚倒至"曰蒙"之下。《唐石經》及今通行各刊本皆作"曰蒙曰驛"。諸隸古寫本如内野本、雲窗本亦皆"曰圛"在"曰蒙(孟)"下,並在"圛"字旁添注"驛"字,顯係受了衛包改字影響,當爲天寶以後抄本,不過仍保存了原所據隸古定本的"圛"的。

既然今文、古文、僞古文都不作"驛",其字出於衛包妄改,故不取。而"涕"或"弟"、"悌"現已不讀"亦"聲,亦不宜采用。唯"圛"字使用時間最長,今特采用,並乙正在"曰雺"之上。

⑥雺——此字之紛歧如次:

西漢今文作"霿",即"雺",後或作"霧"(下文之"咎徵"則此字又作"霜"、"瞀"),見《宋世家》"曰霧"。《説文》有"霿"字,籀文作"雺",徐鉉曰:"今俗作'霧'。"故王鳴盛云:"今俗刻《史記》誤'雺'爲'霧'。"(《後案》)段玉裁亦云:"《宋世家》作'曰霧','霧'即'霿'之俗。'霧'與'雺'一字。《詩·小雅》'務'與'戎'韻,'霿'亦可音蒙。"(《撰異》)今文"霿"字流傳至晋末作"被",見《集解》:"徐廣曰:一曰'被'。"《索隱》:"雺(刻本誤霧),音蒙。然'蒙'與'霧'亦通。徐廣所見本'蒙'作'被',義通而字變。"錢大昕云:"'被',蓋'秡'之訛,即'霿'之省。"(《廿二史考異》)(《集韻》侯部謂"雺"、"霜"、"蒙"三形一字。)

東漢古文作"孟",亦作"雺"。《周禮·大卜》鄭玄注:"《洪範》所謂曰雨、曰濟、曰圛、曰孟、曰尅。"又《書孔疏》引鄭玄《尚書》注:"雺者,氣不澤,鬱鬱冥冥也。"(據段玉裁校加"不"字。)段云:"'雺'、'孟'皆'矛'聲,故亦借'孟'。"

魏時王肅古文仍作"雺"。見《孔疏》引王肅《尚書》注:"雺,天氣下地不應闇冥也。"

　　晉時除遺存今文"霿"字訛爲"被"外（見上），已流傳僞古文，其字已讀作"蒙"，但亦或作"雺"。見《釋文》除"武工反"外，並存晉人徐邈"亡鈎反"一音。段玉裁據此謂《釋文》原本亦大書"雺"字，故兼引徐氏反語。若作"蒙"則但當"武工"一反（《撰異》）。

　　唐天寶前僞古文本仍作"雺"，見《孔疏》："曰雺兆，氣蒙闇也。"又："雺聲近蒙。"皆《正義》本作"雺"之證。

　　唐天寶間衛包改寫今字作"蒙"，並移置"曰驛"之上。段玉裁謂僞《孔傳》云"雺，蒙。陰闇也"，衛包乃以"蒙"改"雺"；與《孔傳》云"圛，氣落驛不連屬也"，衛包乃以"驛"改"圛"，同樣荒謬（見《撰異》）。自是《唐石經》及通行各刊本皆作"蒙"，並倒在"驛"上。今所傳唐寫隸古定本或日本古抄本亦多作"蒙"，也在"驛"上，内野本在"蒙"旁注"蟲"字，雲窗本即島田本則經文逕作"蟲"字，顯係古文"蟊"字傳抄之訛。

　　據上述情況，自當以"雺"字爲是，故據改。

　　⑦克——《周禮·大卜》鄭玄注引作"尅"。段玉裁云："尅者剋之訛也。剋，古只作克。"

　　按，上列"雨、霽、圛、雺、克"五者，自來注疏家都解釋爲占卜時灼龜爲兆所出現的五種兆形。鄭玄釋之云："雨者，兆之體，氣如雨然也。濟者，如雨止之雲氣在上者也。圛者，色澤而光明也。雺者，氣不澤鬱鬱冥冥也。克者，如祲氣之色相犯也。"（《宋世家·集解》引。依段氏校增"不"字。）僞《孔傳》云："雨、濟，龜兆形有似雨者，有雨止者。雺，蒙，陰闇。圛，氣絡驛不連續。克，兆相交錯。五者，卜兆之常法。"

　　這些都是望文生義的説法。殷墟甲骨中灼龜所出現的兆紋從來不見下雨形或雨止雲在上等形，只有大量卜雨、卜霽（或濟）、卜雺（隮）、卜霖（霾）、卜霧、卜霈、卜霾，以及卜風、卜暘、卜啓等等的卜辭。因爲當時生產和生活的需要，特別是奴隸主頭子田獵游樂及宗教活動等，都需要了解天候氣象，所以這類卜辭特別多。其中雨、霽或隮或霧或霾等顯然就是本文材料的直接來源。陳夢家説："未雨之先雲來是隮，雨止而雲未去是霽或濟，其實是一樣。"（《綜述》）郭沫若氏説："雀，冢之古文。余釋爲蒙，讀爲霧。"（《殷契萃編》211.821 片）又如霾字，陳夢家説："和《説文》的霚和霿相當。"這幾個字正就是本文中的"雨"、"濟"、"雺"的前身。其餘"圛"、"克"兩字，一定也能從卜辭中找到來源（王肅謂"圛，霍驛消滅如雲陰"，似"圛"即由"雀"字來）。王引之則引《周禮・大卜》命龜"七曰雨"，鄭衆注："雨，謂雨否也。"又《史記・龜策傳》"卜天雨不雨"、"卜天雨霽不霽"。又《左傳・襄公八年》"卜攻慶氏，示子之兆，子之曰'克'"。《左傳・昭公七年》：吳人伐楚，司馬子魚令龜曰"尚大克之"。因謂"曰雨"、"曰霽"、"曰克"，都是命龜詞。由此可知，這五項並不是占卜時龜甲上的兆紋形，而是所要卜問之事。《周禮》説"大卜以邦事作龜之八命"，鄭注："國之大事，侍蓍龜而決者有八。"又"占人掌占龜，以八卦占筮之八故"，鄭注："謂將卜八事。"可知卜人、筮人擔任卜問這些事。不過所卜問的不會限於八項或五項。可以設想，《洪範》作者編寫本文時，一定手裏有一些早期卜辭的資料，就照抄到文章中。後來的注疏家已不懂，就望文生義地提出了他們那些"以意爲之"（王引之語）的錯誤解釋。其實在此七項以上的"乃命卜筮"句，已明確爲命辭問此七項，特注疏家不懂而已。

　　⑧曰貞曰悔——"貞"的本義是占卜時對神的卜問（《説文》"貞，卜問也"）。但和"悔"並用時，則是指《周易》中各個卦的上下

兩部分。《周易》共六十四卦，是由乾、坤、震、艮、離、坎、兌、巽等八卦中每兩卦組合而成。例如屯卦☳是由震☳和坎☵兩卦組成。卦的各爻由下向上數。因此下面的卦叫內卦（內三畫），上面的卦叫外卦（外三畫）。內卦就叫做“貞”，外卦就叫做“悔”。這裏“屯”的內卦震就是“貞”，外卦坎就是“悔”（也稱“內三畫爲貞，外三畫爲悔”，見《朱子語類》）。“悔”，漢代亦作“𦧦”，見《說文·卜部》云：“𦧦，《易》卦之上體也。《商書》‘曰貞曰𦧦’。”它的意義據鄭玄說：“內卦曰貞。貞，正也。外卦曰悔。悔之言，晦也。晦猶終也。”（《宋世家集解》引）這是漢古文給此二字勉强作的解釋。後來宋學又有幾種解釋，都是望文生義。《左傳·僖公十五年》：“秦伯伐晉，卜徒父筮之吉，其卦遇蠱。蠱之貞，風也；其悔，山也。”因蠱卦爲☶，其下面的內卦是巽☴，上面的外卦是艮☶。《易·說卦》說巽爲風，艮爲山，所以蠱卦的“貞”是風，蠱卦的“悔”是山。

　　又古人占卜往往先占得某卦，再占得某卦，便說“遇某卦之某卦”。如《左傳·莊公九年》“遇觀之否”，《昭公七年》“遇屯之比”，《哀公九年》“遇泰之需”等，前一卦就叫“遇卦”，或“本卦”，後一卦叫“之卦”。遇卦或本卦就叫“貞”，之卦就叫“悔”。例如《晉語》晉文公卜歸國，“得貞屯悔豫”，是說他得到的本卦是屯，之卦是豫。但韋昭仍照內卦、外卦解釋，因屯的內卦是震，豫的外卦也是震，即貞悔都是震，爲這一次占卜的特點（又《京氏易》以發爲貞，靜爲悔。王安石則以靜爲貞，動爲悔。不同說法頗多，不備舉）。

　　⑨凡七——“凡”，數之總名（玄應《一切經音義》廿二引《三蒼》），總數。“凡七”，總共是七。

　　⑩卜五占用二——《宋世家》“占”下有“之”字。這句是說用龜甲占卜的共五項。即雨、濟、圛、霧、克。用蓍草占筮的共兩項，即

貞、悔。也就是鄭玄所說的："兆卦之名凡七，龜用五，易用二。"（《宋世家·集解》引）因用蓍草按八卦來占卜，是《周易》是占卜方法，所以，占卜法亦可稱之爲"易"。

⑪衍忒——《宋世家》作"衍貣"。段玉裁云："貣與忒音同假借。""衍"，推演（《易·繫辭》釋文引鄭玄注）。又王弼注"大衍之數"爲"演天地之數"。"忒"，變（《詩·瞻卬》毛傳）。"衍忒"，鄭玄釋云："卦象多變，故言衍貣。"（《宋世家·集解》引）就是說卜與筮二者都要推演研究其兆卦的變異。

上列"凡七卜五占用二衍忒"九字（《宋世家》多之字），共有四種不同的斷句讀法：（一）馬融、王肅、孔穎達讀爲："凡七：卜五，占用二，衍忒。"（馬讀見《釋文》，王、孔讀見《孔疏》。"卜五"指雨霽圛霿克，"占二"指貞悔。衍忒總指卜筮二數。王先謙謂此爲古文家說。）（二）鄭玄讀爲："凡七：卜五占之用，二衍忒。"（見《宋世家·集解》）"卜五占之用"指雨霽圛霿克，"二衍忒"指貞悔，即專指筮，江聲謂《史記句讀》與此同。王先謙謂此用今文家說。）（三）皮錫瑞據王充《論衡·辨祟》"故書列七卜"句，謂當讀爲："凡七卜，五占之用，二衍貣。"謂《史記句讀》與此同。因史遷與王充同用歐陽尚書。（四）楊筠如、劉節承皮說，讀爲："凡七卜，五占用，二衍忒。"按，本文明明在"乃命卜筮"句下，列舉了七項卜筮名稱，故以"凡七"二字總計其數。此七項卜筮中，前五項（雨霽圛霿克）是龜卜的對象，所以屬卜；後二項（貞悔）爲占筮所得卦的兩部分，所以屬占筮。這是它們本身決定的。而衍忒指推衍其變異，則龜卜和筮卜二者都是要用上的。因此只能讀成馬融、王肅的讀法。其餘幾種讀法都是錯誤的。

⑫立時人作卜筮——"時"，是，此。"作"，《宋世家》作"爲"，

義同。立此種人爲卜筮,即用此種能卜筮的人進行卜筮。

⑬三人占則從二人之言——"占",《公羊傳·桓公二年》何休《解詁》引作"議"。皮錫瑞說是三家異文。按,可能何休偶以其意引之。古人占卜時,同時使三人進行占卜。本書《金縢》"乃卜三龜"、《儀禮·士喪禮》卜葬占者三人,是其證。《周禮》說大卜掌三兆、三易之法。兆指龜卜,易指占筮(見注②)。所以鄭玄說"卜筮各三人"(《士喪禮》賈疏引)。三人占卜的結果不一樣,就其多數,聽取其中二人所說的占卜結果。

⑭則——在此爲假設連詞,同"若","倘若"(《釋詞》、《詞詮》)。

⑮乃——《宋世家》作"女",即"汝"。在此爲第二人稱領格,即"你的",當用"乃"字。

⑯庶人——《周禮·鄉大夫》鄭衆注引本文,及《漢石經》殘字都作"庶民"。與此處下文四"庶民"一致,作"庶民"是。但《宋世家》載本篇全文,此字固作"庶人",《潛夫論·潛歎篇》、《白虎通·蓍龜篇》、《後漢書·盧植傳》亦皆引作"庶人",是漢代本文原有此歧異。《唐石經》及通行刊本亦皆作"庶人"。既原文如此,故不改。

⑰謀及乃心謀及卿士謀及庶人謀及卜筮——這是說,"你倘有疑難不決的事,先自己在心裏好好考慮,再問問大臣、再問問庶民,然後才卜筮"。事實上,奴隸制時代再問問庶民的事是根本没有的。但《周禮》小司寇"掌外朝之政以致萬民而詢焉",保存了一點早期氏族議事會開會時男男女女圍在周圍參加討論的遺意,像盤庚遷都還召集人民到王庭講話。因此這裏寫進了這句話還是有些過去的歷史背景。就典籍記載,周代統治者,遇事總與大臣們先計議,在計議過程中也就進行卜筮,得到卜筮結果,又與大臣們討論怎樣解釋

及是否聽從。與甲骨文中反映的殷代統治者遇事都只靠卜問的情況似略有區別。顧炎武說：“占卜之事，古代皆先人後龜。《詩·大雅·緜》：‘爰始爰謀，爰契我龜。’《易·繫辭》：‘人謀鬼謀，百姓與能。’皆先人後龜。與此‘謀及乃心……謀及卜筮’之說合。”（《日知錄》）他所舉的材料都是周代的，因此所說的就是周代的情況。

⑱從——《儀禮·少牢饋食禮》：“以告于主人：‘占，曰從’。”鄭玄注：“從者，求吉得吉之言。”可知“從”是占卜中的一個術語，凡占卜的結果合於求卜者所希望得到的吉兆時，就叫“從”，引申爲對所卜問的問題持贊同的意見的叫“從”。下文“逆”字意義與此相反。

⑲身其康彊——《宋世家》作“而身其康彊”。段玉裁謂此《今文尚書》。“而”，同“汝”。“其”，同“乃”（《釋詞》）。“彊”，同“强”。

⑳子孫其逢——《宋世家》作“而子孫其逢”。《釋文》引馬融云“逢，大也”。（《禮記·儒行》“衣逢掩之衣”鄭注：“大掖之衣。”）王引之云：“子孫其逢，猶言其後必大。”又謂：“《玉藻》‘縫齊倍要’鄭注曰：‘縫，或爲逢，或爲豐。’《淮南·天文篇》‘五穀豐昌’，《史記·天官書》‘豐’作‘逢’，是古‘逢’、‘豐’聲義皆同。”（《述聞》）

㉑吉——從漢以來皆誤連上句讀爲“逢吉”，清人始以“吉”字單獨爲句（見《述聞》引李成裕說）。僞《孔傳》以下文三從二逆爲中吉，二從三逆爲小吉，此五者皆“從”爲“大同于吉”，即“大吉”。

㉒自“逢吉”下之“汝則從”至“卿士逆吉”——共分三段，每段都是三從二逆，鄭玄云：“此三者皆從多，故爲吉。”（《宋世家·集解》引）

㉓汝則從龜從筮逆卿士逆庶民逆作內吉作外凶——這是二從三逆，《集解》引鄭玄云：“此逆者多，以故舉事於境內則吉，境外則

凶。"僞《孔傳》釋"内"爲"祭祀婚冠"之事,"外"爲"出師征伐"之事。

㉔龜筮共違于人用静吉用作凶——"龜筮共違于人",似是説龜和筮都是"逆",和人的三方面都"從"的情况相反。這句是説占卜的結果不好,就只能静而不動才好。一動作就會招禍。僞《孔傳》釋爲"安以守常則吉,動則凶"。

這一節,是第七疇,舊也稱"稽疑章",談卜筮方法。這是從原始迷信活動發展起來的,作爲奴隸制國家的統治者(後也是封建制國家統治者)手中的一種不可或少的統治要術,他們把它運用在一切活動之中,對當時的政治生活社會生活影響極大。

雖然顧炎武根據西周一些材料指出:"占卜之事,古代皆先人後龜。"本文也先談謀及乃心、卿士、庶人,然後才談謀及卜筮。但事實上卜筮却是首要的。在列舉的所謂一大吉、三中吉、一小吉及動則不吉的六種情况中,只要是龜和筮都是吉的,那就不論君主、卿士、庶民的動向如何,總之都是吉。只要是龜和筮都是不吉的,那就不論君主、卿士、庶民動向如何,總之也是不吉,只能静而不動,什麽也不幹,才能避免凶而保住吉。在龜和筮二者之中,又以龜爲主。顧炎武指出了這點,他説:"古人求神之道不止一端,故卜筮並用而終以龜爲主。"(《日知録》)這是對的。所以這裏龜從筮逆時還是"作内吉"。只有龜和筮都逆時,才不能有任何動作。所以龜卜始終是古代重要的占卜。從《左傳》看,東周統治者用筮的時候不少,但仍以爲"筮短龜長"(《僖公四年》)。本文所説正是體現了這種精神。

"八,庶徵①:曰雨,曰暘②,曰燠③,曰寒,曰風。曰時五者來備④,各以其叙⑤,庶草蕃廡⑥。一極備⑦,凶;一極無⑧,凶。

　　"曰休徵⑨:曰肅,時雨若⑩;曰乂,時暘若⑪;曰哲,時燠若⑫;曰謀,時寒若⑬;曰聖,時風若⑭。

　　"曰咎徵⑮:曰狂,恒雨若⑯;曰僭,恒暘若⑰;曰舒,恒燠若⑱;曰急,恒寒若⑲;曰霿,恒風若⑳。

　　"曰㉑:王省惟歲㉒,卿士惟月㉓,師尹惟日㉔。歲月日時無易㉕,百穀用成㉖,乂用明㉗,俊民用章㉘,家用平康㉙。日月歲時既易㉚,百穀用不成,乂用昏不明,俊民用微㉛,家用不寧㉜。

　　"庶民惟星㉝:星有好風,星有好雨㉞。日月之行,則有冬有夏㉟;月之從星,則以風雨㊱。

　　①庶徵——"庶",衆,多。"庶徵",多種徵兆,各種徵兆。都是指氣候方面的一些現象。《洪範》作者誥誡當時的君主,以爲這些不同氣候可以徵驗君主的行爲,所以叫"徵"。

　　②暘——《漢書》之《五行志》及《王莽傳》作"陽"。與暘通假。段玉裁據《禮·祭義》鄭注"陽讀爲'曰暘'之暘",以爲是《古文尚書》作"暘"之證(《撰異》)。《漢紀》、《論衡·寒溫》亦作"暘",當用古文。然《尚書大傳》又《宋世家》諸本或作陽或作暘,其作暘者當亦是受古文之影響所致。"暘"就是日出,就是出太陽(參看《堯典》"暘谷"校釋)。

　　③燠——《宋世家》、《漢書》之《五行志》、《王莽傳》、何休《公羊注》皆作"奧",段玉裁以爲是"燠"的古字。《尚書大傳》、《論衡·寒溫》、《漢紀》皆作"燠"。知漢時今古文皆"奧"、"燠"通用。此字與"寒"相對,其意爲暖、熱(見《堯典》釋文引馬融云"煖也")。

則作"燠"其義明，故沿《唐石經》及各刊本不改。

④曰時五者來備——"曰"，語詞。"時"，是，此。《後漢書・李雲傳》："得其人則五氏來備。"又《荀爽傳》："五釐咸備，各以其叙。"章懷注引《宋世家》作"五是來備"，並釋："是與氏古字通"，"釐，是也"。段玉裁因謂《宋世家》原作"五是來備"四字，與《李雲傳》、《荀爽傳》所引同爲《今文尚書》。《困學紀聞》引《史記》猶作"五是來備"，知南宋本猶如此。今本作"曰時五者來備"爲後人所妄改，此爲《古文尚書》。今所傳日本隸古寫本如足利本（按，並有内野本、神宫本、雲窗本等）皆作"曰時五者是來備"，當是有人據《史記》、《漢書》注"是"字於"者"字之旁，傳抄者誤增於"者"字之下（《撰異》）。

⑤各以其叙——"叙"，次序。故《宋世家》即作"序"。此句是說"各以它的次序"，意即各按照它應遵守的規律。

⑥庶草蕃廡——"蕃廡"，《説文・林部》森字引作"《商書》曰：'庶草繁無'"。班固《靈臺詩》作"庶卉蕃蕪"。《尚書考靈曜》"蕃廡"作"蕃蕪"（《隋書・天文志》引）。《李雲傳》章懷注則作"緐廡"。按《晉語》云："黍不爲黍，不能蕃廡。"是先秦固作"蕃廡"。韋昭注："蕃，滋也。廡，豐也。""廡"原義爲廊廡。《爾雅・釋詁》："蕪，豐也。"是"廡"假作"蕪"，故有"豐"義。

⑦一極備——"一"，指上述五項庶徵中的一項。"極備"，很具備，即很多、太多、過多的意思。

⑧一極無——《宋世家》此"無"字作"亡"。但引本篇其他無字皆作"毋"。"一極無"，其中一項很欠缺，太少了。

⑨休徵——"休"，美好，美善。《廣雅》：休，喜也。周代金文中習見"對揚王休"，就是答謝頌揚君主的美善、光寵。"休徵"是指君

主的美好行爲的徵驗。

⑩曰肅時雨若——“曰”，語詞。“肅”，即上文第二疇“五事”中“恭作肅”的“肅”，指君主的態度表現嚴肅、肅敬。“時”，副詞，意爲適時，按一定的時間，恰當其時。“若”，語末助詞。王引之謂：“若，詞也。《易·豐》‘有孚發若’，《節》‘則嗟若’：王弼並注：‘若，辭也。’”（《釋詞》）曾運乾謂“若”爲譬況之詞，位於語末。如《易》離卦“出涕沱若”、“戚嗟若”（《正讀》）。是其意謂近於句末所用“然”字，與“如見其肺肝然”（《大學》）、“無若宋人然”（《孟子·公孫丑》）句同，都是語末助詞。這句是說：當君主表現肅敬，就能使雨恰到好處地降下來。

⑪曰乂時暘若——《宋世家》“乂”作“治”，用訓詁字。《五行志》無“曰”字；“乂”作“艾”，與上文“乂用三德”用“乂”之假借字相同；“暘”作“陽”。《大傳》亦作“陽”，其情況同本節“曰暘”，二字通用。這句是說君主的政治休明，就會使太陽按時普照大地。

⑫曰哲時燠若——《宋世家》作“曰知時奧若”。“知”即“智”，爲“哲”的訓詁字。《五行志》作“悊時奧若”。“悊”爲“哲”的或體（見《說文》）。《唐石經》作“哲”。作“哲”爲是（參看上文“明作哲”校釋）。這句是說君主處理事情明智，就能使氣候準時溫暖。

⑬曰謀時寒若——君主謀事敏斷，就能使天氣適時寒冷。

⑭曰聖時風若——君主明識通達，就能使風以時至。

⑮咎徵——“咎”，過失（《詩·伐木·毛傳》），惡（《廣雅·釋詁》）。“咎徵”是指君主過失行爲的徵驗。

⑯曰狂恒雨若——“狂”，行爲狂妄。鄭玄釋爲“倨慢”（《孔疏》引）。“恒”，《宋世家》作“常”，下四“恒”字同，“常”爲“恒”的訓詁字（因西漢人避漢文帝劉恒的諱而改用）。是說君主行爲狂妄就會

召致經常下雨。

⑰曰僭恒暘若——"僭"，差（《詩·抑·毛傳》）、過差（《左傳·僖公九年》杜注）。是說君主行爲有差錯，就會召致經常乾旱。

⑱曰舒恒燠若——"舒"，《唐石經》及各刊本作"豫"，是僞古文。《宋世家》、《漢書·五行志》、《漢紀·高后紀》、何休《公羊注》都作"舒"，是今文。《論衡·寒溫》亦作"舒"。又《孔疏》言"鄭（玄）王（肅）本'豫'作'舒'。鄭云'舉遲也'。王肅云'舒惰也'。"是古文諸家並作"舒"。既今、古文皆作"舒"，與下句"急"對舉，其爲舒無疑。今據改回。西漢今文別體作"荼"，見《尚書大傳》。鄭玄注云："荼，緩也。"又《考工記·弓人》鄭衆注："荼讀爲舒。"《禮·玉藻》"諸侯荼"鄭玄注："荼讀舒遲之舒。"可知"荼"即"舒"的異體。僞古文隸古定本如內野、雲窗等本皆作"悆"，則又據"荼"而訛變。又《漢紀·高后紀》除引作"舒"外，別又引作"暑"，當由音訛。"曰舒恒燠若"，是說君主辦事顢頇舒緩就會召致天氣經常炎熱。

⑲曰急恒寒若——君主處理事件不周詳考慮而急躁孟浪，就會召致天氣經常寒冷。按，《論衡·寒溫》、《魏志·毛玠傳》引此皆作"急恒寒若，舒恒燠若"，皆"急恒寒若"句在前，《漢紀·高后紀》亦"急"在"舒"前。另引作"急恒寒若，暑恒燠若"。並疑漢末本句序如此。

⑳曰霿恒風若——"霿"，與前文"稽疑章""霿"字之紛歧情況同。《宋世家》作"霧"，當作"霿"。《漢書·五行志》引《尚書大傳》作"雺"。《文獻通考》引《大傳》作"霿"。《宋書》、《隋書》之《五行志》則皆引作"瞀"。按《大傳》"思心之不容"作"厥咎雺"或"霿"，"王之不極"作"厥咎瞀"。霿、霚（霧）、雺、瞀音義皆同。此皆西漢今文。據前稽疑"霿"字校釋，既古文作"蠢"或"霿"。今所見隸古

定雲窗本作"蟲"，則爲"蠡"字之訛。鄭玄釋此字爲"見冒亂也"，王
肅釋爲"瞀蒙"，僞《孔傳》釋爲"君行蒙闇（暗）"。《唐石經》及各刊
本遂作"蒙"，當係唐衛包據王、孔釋所改。此句是説君主處事蒙暗
不清明，就會經常引起大風刮個不停。

㉑曰——《宋世家》無此字。

㉒王省惟歲——《宋世家》作"王眚維歲"。《集解》引馬融曰：
"言王者所眚職，如歲兼四時也。"王鳴盛謂省、眚"古字通，《公羊》
莊二十二年'肆大省'，《左氏》、《穀梁》並作'眚'。《康誥》'人有小
罪非眚'，又'乃惟眚災'，《潛夫論》引並作'省'"（《後案》）。江聲
以爲"眚"當讀如《魯語》"夕省其典型"之"省"（《音疏》）。"省"，
《説文》："視也。"而"視"有"比"的意思（見《廣雅·釋言》。《孟子
·萬章》"受地視侯"注，《禮記·王制》"視公侯"注，都説"視，比
也"）。"惟"，語詞。"惟歲"就是"歲"。金履祥因據以解釋此句
云："王當視歲功之運，以總攬群綱。"（《書經注》）意思是説王統卿
士，卿士統百官，比如以歲統月，以月統日一樣，而總綱掌握在王手
裏（下面卿士、師尹兩句也當有"省"字，承本句省去）。

㉓卿士——爲周王朝執掌國政的最高級的官，《左傳·隱公三
年》"鄭武公、莊公爲平王卿士"，杜注："卿士，王卿之執政者。"又
《隱公九年》"鄭伯爲王左卿士"（右卿士是虢公忌父）。是卿士有兩
人時，分爲左、右。《詩·假樂》"百辟卿士"，《十月之交》"皇父卿
士"，都是指周執政之卿。但在金文中作"卿事"，見令彝、番生殷、
毛公鼎、小子師殷等。《㝬叔多父盤》則稱"使利于辟王、卿事、師
尹"。與此處所舉"王、卿士、師尹"的體制次序相符合。可知周代
一般談王朝官員時，是按這樣次序稱舉的（參看《甘誓》、《微子》、
《牧誓》"卿士"校釋）。

㉔師尹——爲師氏、尹氏的連稱。師氏爲高級武官（參看《牧誓》校釋）；尹氏爲高級文官，即史官之長（參看王國維《釋史》）。"師"、"尹"連稱即泛指周王朝的高級文武百官（《詩·節南山》："赫赫師、尹，民具爾瞻。"又："尹氏、大師，維周之氐，秉國之鈞。"他如本書《顧命》"師氏、虎臣、百尹"，《魯語》"百官之政事師尹"等）。

㉕歲月日時無易——"無"，《宋世家》作"毋"，意爲勿，不要。此句是説歲、月、日的時間自然次序不要發生變易錯亂，以比喻王—卿士—百官的政治次序不要亂。

㉖百穀用成——"用"，以，因此。"成"，收成。承上句歲月日時不亂，糧食因而獲得好收成，來比喻政治次序穩定的好處。

㉗乂用明——"乂"，《宋世家》作"治"，用訓詁字。漢樊毅《修華岳廟碑》引作"艾"，義仍爲"治"。"乂用明"，政治因之而明。

㉘俊民用章——"俊"，《宋世家》作"畯"。《北堂書鈔》引《書》亦皆作"畯"。《修華岳廟碑》作"稺民用章"。皮錫瑞云："或《今文尚書》作'畯'，而訓爲'稺民'，漢人以故訓字代經亦未可知。'畯民用章'，蓋即'烝我髦士'之義。"（《考證》）按《詩·甫田》毛傳："烝，進。髦，俊也。治田得穀，俊士以進。"是"畯民"、"稺民"、"髦士"，都即是"俊民"。《說文》："俊，材千人也。"是"俊民"爲才能特別高的人。"章"，表彰，顯用。"俊民用章"，有才能的人因而獲得顯用。

㉙家用平康——王家因而獲得平安康寧。

㉚日月歲時既易——"既"，若（裴學海《古書虛字集釋》）。此句意爲："歲月日時若顛倒變易錯亂。"是用曆法的錯亂，比喻君臣關係的錯亂。

㉛微——微小卑賤，地位不通顯。

㉜家用不寧——王家因此不得安寧。

㉝庶民惟星——"庶民"，即甲骨文中的"眾人"。陳夢家指出西周金文的"庶人"與卜辭的"眾人"應是相當的（《綜述》）。卜辭中眾人是"奴隸"，在西周，"庶民"當也是奴隸。不過前《盤庚》篇中的眾民已非奴隸，而春秋以後，"庶民"用以指稱非統治集團中的一般眾民。這裏是用眾多的星比喻眾多的民。按《史記·天官書》主要是根據戰國以來的甘德、石申的《星經》編成，它把所列眾星多指爲三公、藩臣、輔臣、將相、諸侯等官位，以及後宫后妃等等。以後基本這樣沿用下來，只有貴人才上應星宿。可見把星比作庶民，一定在戰國的《甘石星經》以前。

㉞星有好風星有好雨——"好"，動詞，愛好。兩句是説天空的星有愛好風的，有愛好雨的。意思是説它們能影響造成風或雨。這是古代的傳説。《史記·天官書》、《漢書·天文志》都説軫星主風。《天文志》又説箕星爲風。房星北爲雨、南爲旱。《星占》説東井好風雨（金履祥《書經注》引）。鄭衆注《周禮·大宗伯》説箕星爲風師、畢星爲雨師。馬融、鄭玄、僞《孔傳》、《蔡傳》都説"箕星好風，畢星好雨"。等等。是古人對一些星象和氣候之間的某種偶然現象所得到的一些不正確的理解。而且他們説是月亮經過這些星引起風雨的（見下文"月之從星則以風雨"校釋）。舊注疏家把這比做庶民有各種不同愛好。

㉟日月之行則有冬有夏——荀悦《漢紀·高后紀》引本文"有冬有夏"下多"有寒有暑"四字。《開元占經》引《洪範五行傳》則作"而有寒暑"。皮錫瑞以爲《夏侯尚書》本多此四字。《史記》與《史通》引《歐陽氏尚書》故無此四字（《考證》）。此處"日"指太陽，"月"指月亮，與上文所説曆法中的月、日不同。自僞《孔傳》以下注疏家都説"日月之行，冬夏各有常度"，係用以比喻"君臣政治小大

各有常法"。

㊱月之從星則以風雨——"從",僞孔傳釋爲"經"。王樵云:"從即經歷之意。"(《尚書日記》)"以",《論衡·惑虛篇》引作"有"。古人傳説月亮行經好風雨的星就引起風雨。《詩·漸漸之石》:"月離(歷也)于畢,俾滂沱矣。"《春秋緯》:"月離於于則風揚沙。"(《孔疏》引)《漢書·天文志》:"月去中道,移而東北入箕,若東南入軫,則多風。……移而西入畢,則多雨。出房北,爲雨;出房南,爲旱。"按,古人也發現這不準確,《史記·仲尼弟子列傳》記孔子有一次見月宿於畢而果雨,但"他日,月宿畢,竟不雨"。舊注疏家都把這説成月之行道失常,從星所好,以致風雨,用來比喻君臣政教失常順從民欲,就要招致大亂,諄諄告誡統治者要加强其統治體制而不可聽從人民的願望。

這一節,是第八疇。蘇軾《東坡書傳》提出,自"王省惟歲"至此句"則以風雨"八十六字是"《五紀》之文,簡編誤脱,是以在此。其文當在'五日曆數'之後",金履祥《書經注》遂依其説移至彼處。又曾運乾《尚書正讀》則謂本段"當是《皇極》之傳文,在'會其有極,歸其有極'之下,下接'曰皇極之敷言'"。現從王柏、胡渭之説,以爲《五紀》談曆法,此處談"庶徵",意義不同(見前"五紀章"引)。又今考皇極之文亦不全協,而且現存《洪範》這篇文章,各疇文字繁簡不一,可能有些疇(如三、四、九諸疇)文字有脱佚。既然原貌已不可全考,就没有必要移動其文字。所以宋人認爲錯簡之文,我們都不移動。不過如林之奇所説各疇之間"互相經緯",故蘇、曾之説亦不爲無見,此段與《五紀》及《皇極》確也是都有聯繫的。舊也稱爲"庶徵章"。它和前面第二疇的"五事"結合在一起,説君主行爲的徵驗。即君主有什麼行爲就使得自然界出現什麼現象,善行召致好現象(休徵)，惡行召致壞現象(咎徵)，由這些現象反過來即可徵驗君主的行爲。這是一種唯心主義神學目的論的"天人感應說"。在本文還說得比較簡略，到西漢今文三家學派特別是夏侯學派手裏，就推波助瀾，把君主行爲說成決定種種自然現象和人事的根源，寫了好幾部關於"洪範五行"的傳記(董仲舒、夏侯始昌、許商、李尋、劉向劉歆父子皆有撰著)。託名伏生的《洪範五行傳》在《尚書大傳》中占了四分之一篇幅，成爲整整的一卷，把咎徵各項和五事及五行配合起來，加上各種灾異；劉向劉歆父子又分別在此基礎上更加上許多關於人事的傅會，撰成他們父子各異的《五行傳論》，班固撰《漢書》時就以《洪範五行傳》爲本，全采了這許多家說法，羅列了許多史實，編成了五個分卷的《五行志》。把"五事"和"庶徵"造成一體系周密的神學說教，比《洪範》本文(它並未把五事、咎徵等項和五行配合)已惡性發展到了非常荒謬的地步，這是今文家唯心主義神學的編造。

古文家以同樣的看法對本節也作了許多解釋。在上文五事方面，鄭玄原只說是君主的行爲影響臣下。但是在釋庶徵五項時，即以之與五行相配(雨、木，晹、金，燠、火，寒、水，風、土)，然後謂"五事不得，則咎氣順之"。今存其中一項云："人君舉事太舒，則有常燠之咎氣來順之。"完全同今文家"天人感應"之說。僞《孔傳》也就把"休徵"、"咎徵"全解釋爲君主的行爲所召致。

漢代的唯物主義思想家王充對這種唯心主義神學目的論進行了有力的批判，他的《論衡》全書充滿了這類戰鬥的篇章，其中《寒溫》、《譴告》、《變動》諸篇專對這種謬說加以揭發和抨擊。他指出："說寒溫者曰：人君喜則溫，怒則寒。"然而"六國之時，秦漢之際，諸侯相伐，兵革滿道，國有相攻之怒……當時天下未必常寒也。太平之世，唐虞之時，政得民安，人君常喜……當時天下未必常溫也"。又説："齊魯接境，賞罰同時。設齊賞魯罰，所致宜殊，當時可齊國溫，魯地寒乎?""由此言之，寒溫天地節氣，非人所爲。"(《寒溫》)"論灾異者更説曰：灾異之至，殆人君以政動天? ……天動氣以應之。……夫天能動物，物焉能動天? ……風至而樹枝動，樹枝不能致風。……寒溫天氣繫于天地而統于陰陽，人事國政，安能動之。……寒暑有節，不可人變改也。"(《變動》)這是對本文謬説的非常有力的鞭撻，可知《洪範》及漢儒，利用《洪範》編造的這種唯心主義神學説教向思想界泛濫時，當時就有進步思想家對它進行抵制。

"九，五福①：一曰壽，二曰富②，三曰康寧③，四曰攸好德④，五曰考終命⑤。六極⑥：一曰凶短折⑦，二曰疾，三曰憂，四曰貧，五曰惡，六曰弱⑧。"

①福——幸福的事。

②一曰壽二曰富——《説苑·建本篇》記河間獻王云："《尚書》五福，以富爲始。"孫星衍《注疏》以爲據此則《今文尚書》爲："一曰富，二曰壽"。

③康寧——健康安寧，身無疾病。鄭玄注："人平安也。"(《詩·既醉·正義》引)

④攸好德——俞樾謂即修飾美德。見前文第五疇"皇極章""予攸好德"校釋。

⑤考終命——"考"，老(《説文》)。"考終命"，是説"終於其正命"(孫星衍《注疏》)。

⑥極——《爾雅·釋詁》及《詩·菀柳》"後予極焉"毛傳："極，至也。"又《吕氏春秋·論人》"不可極也"高誘注及《離騷》"相觀民

之計極"王逸注:"極,窮也。"故《孔疏》云:"極,謂窮極惡事。"孫星
衍則闡釋爲"天降之罪罰"。劉節根據"極"訓至,謂"皇極"之"極"
有至善之義,而太過亦稱"至極"。鄭玄注《洪範五行傳》"六沴用咎
於下"云:"六沴之用咎於下者,用極。"並據《五行傳》所説"六極",
謂確有太過至極之義,因謂《洪範》用"極"字有休咎二義,"皇極"爲
休,"六極"爲咎。在此,"五福"爲休,"六極"爲咎(《疏證》)。

⑦凶短折——《漢書·五行志》云:"傷人曰凶,禽獸曰短,草木
曰折。"是説用刀傷人爲凶,用刀傷動物爲短,用刀傷植物爲折。這
是今文説。《漢書·五行志》又云:"一曰凶,夭也。兄喪弟曰短,父
喪子曰折。"這是今文又一説。鄭玄云:"凶短折皆是夭枉之名。未
齔曰凶,未冠曰短,未婚曰折。"(《孔疏》引)是説七八歲死去叫凶,
二十歲前死去叫短,三十歲前死去叫折。這是古文説。兩家説都拘
泥於一個一個字,其實當是古成語,總的意思就是"夭枉之名"。
《孔疏》説是"遇凶而橫夭性命也"。《蔡傳》説是"凶者不得其死,短
折者,橫夭也"。略得本義。楊筠如云:"班、鄭皆望文生訓,'凶短
折'三字義略相近,謂不得其死耳。"意即現代語言中的"不得好
死"。

⑧曰惡曰弱——《漢書·五行志》謂"惡"爲"民多被刑或形貌
醜惡",鄭玄也説"容毀故致惡"(《孔疏》引),僞孔直釋"惡"字爲
"醜陋",都是從形貌上來解釋,似非本義。《宋世家·集解》引鄭玄
釋"弱"爲"愚懦不壯毅",則從性格解釋,較近是。《蔡傳》釋"惡"
爲"剛之過",釋"弱"爲"柔之過"(説本鄭義)。意謂"惡"爲過於
凶,"弱"爲過於懦。黃式三遂釋"惡"爲"惡人"(《啓幪》),較明確。
但在這裏作爲六種壞事之一,仍以《蔡傳》釋較妥。

這一節,是第九疇,舊也稱爲"五福六極章",舉出五種幸福的事

和六種不幸的事，根據前面"總綱"中所説的"嚮用五福，威用六極"，搞清楚它們是些什麼。但和第三疇"八政"、第四疇"五紀"一樣，光提出本疇的項目，不和其他各疇一樣有解説文字。所以宋儒要從其他各疇尋出"錯簡"移到這幾疇來。我們認爲没有移動的必要，但也覺得這幾疇的文字可能有脱佚。

在"五福""六極"各項目中，"富""貧"兩項顯而易見是階級剥削所造成，而其他各項，表面上看來是人們所受到的一些幸與不幸的遭遇。在舊注疏家都説是"天所命"的。但《洪範》作者明確地向統治者建議，要"嚮用五福，威用六極"，又在"皇極章"中提出要"皇建其有極，斂時五福，用敷錫厥庶民"，又在"三德章"中提出要"惟辟作福，惟辟作威"。這就是教統治者運用統治權來有意造成人們的這些遭遇。這就反映了在階級社會裏的"五福""六極"之類都是由階級關係所規定着的。過去注疏家不能明確這點，但有時也隱隱約約的説到這點。特别是宋以後的注疏者，如林之奇説："君相所以造命也……五福雖天所畀，實自造命者嚮而與之也。"（《尚書全解》）真德秀説："皇極建，則舉世之人皆被其澤，而五福應之……皇極不建，則舉世之人皆蒙其禍，而六極隨之。"（《書經傳説彙纂》引）明歸有光説："福、極，天之所命，而人主制其權。"（同上）清簡朝亮説："五福者，用之以使人嚮善也；六極者，用之以使人畏不善也。蓋天用之以錫其君，故曰'皇建其有極，斂時五福'；君奉天用之以錫其民，故曰'用敷錫厥庶民'。"（《集注述疏》）近人曾運乾説："五福、六極，天之所以命人，人君則之以爲賞罰者也。"（《正讀》）都或無意識地或有意識地指出了統治者對人們的五種幸福和六種不幸所起的決定作用，《洪範》作者是希圖利用這個作爲手段來維護奴隸主的"皇極"，鞏固他們的統治。

　　王安石則就"五福""六極"中沒有提到"貴""賤"而意識明確地指出,古代統治者叫被統治階級永遠安於被統治剝削的賤者的地位。他的《洪範傳》說:"富、貴,人所欲;貧、賤,人所惡。而'福''極'不言貴、賤,何也? 曰:五福者,自天子至庶人皆可慕而嚮;六極,亦皆可使畏而遠。若貴、賤,則有常分矣。使自公侯至庶人,皆慕貴欲其至,而不欲賤之在己,則陵犯篡奪何有終窮?《詩》曰:'實命不猶。'蓋王者之世,欲賤者之安其賤如此。"因此"五福""六極"中不提貴、賤。簡朝亮則以爲"五福"本來是對貴者說的,根本沒有賤者的份,因此根本用不着再提貴、賤。他的《述疏》說:"《周官》言王之馭群臣曰:'爵以馭其貴,祿以馭其富。'言'富'則爵位之貴從可知也。古者以祿爲富,無大富而不貴者,亦無既貴而不富者。或曰'五福不言貴',非也。"兩說表面有紛歧,實際都把"五福六極章"的階級用意說得清清楚楚。露骨地爲統治階級說教,要善於利用禍福進行統治,這是本章的確解。

　　早期的注疏家則掩蓋了這種階級本質。把"五福""六極"說成是超階級的。如西漢今文家的《尚書大傳·洪範五行傳》,把"六極"和"咎徵"說成是上天據"五行"的規律對君主"五事"有失的責罰。君主貌不恭,其罰是常雨,其所遭受的"極"是惡;言不從,其罰是常暘,其極是憂;視不明,其罰是常燠,其極是疾;聽不聰,其罰是常寒,其極是貧;思不容,其罰是常風,其極是凶短折;王之不極,其罰是常陰,其極是弱。《漢書·五行志》照抄了這些"天人感應"的讆言,東漢古文家鄭玄基本也承此說,但不見提"咎徵",而逕把"六極"說成是上天對君主"五事"有失的"罰"。例如他說:"凶短折,思不睿之罰;疾,視不明之罰;……"等等(《孔疏》引)。又《洪範五行傳》沒有提"五福",《漢書·五行志》則依劉向說,按君主的行爲,

"五事"逆，則得"六極"，如上面所引；"五事"順，則得"五福"，即：貌恭，得攸好德；言從，得康寧；視明，得壽；聽聰，得富；思睿，得考終命。鄭玄也有這樣説法，但除了聽聰得富和《漢書·五行志》相同外，却以貌恭得考終命，言從得攸好德，視明得康寧，思睿得壽，與《漢書·五行志》都不相同，表現爲今古文説之不同。其實這都是漢儒天人感應的妄説，都是荒誕無稽的。其共同點是宣揚上天對君主行爲施賞罰。到唐孔穎達則説是對一切階級施賞罰。其《正義》説："此'福''極'之義雖主於君，亦兼於下，故有貧富惡弱之等。"又説："五福、六極，天實得爲之，而歷言此者，以人生於世有此福、極，爲善致福，爲惡致極，勸人君使行善也。"到宋代《蔡傳》云："五福、六極，在君則繫於極之建不建，在民人則由於訓之行不行，感應之理微矣。"所有這些完全掩蓋階級矛盾的解釋，和本篇的"總綱"、"皇極"、"三德"諸章的本文就不符合，因此是完全錯誤的。至於《漢書·五行志》以考終命與凶短折對，壽與疾對，康寧與憂對，富與貧對，攸好德與惡對；鄭玄除富與貧對相同外，以壽與凶短折對，康寧與疾對，攸好德與憂對，考終命與惡對（見《孔疏》），都和《漢書·五行志》不同。這種今古文之間的毫無意義的紛歧，可以不論。

（二）今　譯

　　十三年，武王訪問箕子。王説道："哎呀！箕子。上帝庇蔭着下界的人民，使大家相互和好地居住着。我不知道上帝安排的常理是怎樣弄得那麼井然有序的？"

箕子説:"我聽説過去的時候,鯀用土去堵塞洪水,把五行搞亂了,上帝很憤怒,就不把'大法九章'傳授給他。常理遭到敗壞,就把鯀誅殺了。禹繼起振興大業,上帝就把'大法九章'傳授給了禹,禹按照上帝所定的常理施行得井井有序。

"這九章,第一是五行,第二是敬謹於君王自身的五事,第三要勉力辦好八項政務,第四要協調以五種紀時之術,第五要建立君王至高無上的統治準則,第六要運用三種統治方式進行治理,第七要很好地運用卜筮占卦來決定處理疑難問題,第八要用各種徵兆來驗證君主行爲的好壞,第九要運用五種幸福的事以賜福,運用六種極壞的事以布威。

"頭一章(即第一疇),五行:一是水,二是火,三是木,四是金,五是土。水的特性是向下濕潤,火的特性是向上燃燒,木的特性是可曲可直,金的特性是其形狀可以塑出種種樣子,土的特性是可以種植莊稼和收獲莊稼。向下濕潤致滷就使味道鹹,向上燃燒致焦就使味道苦,可曲可直的木材其味酸,可變革的金屬傷膚就使感到苦辛,土地裏生長出來的莊稼味道就是甜美。

"第二章(即第二疇),君王自身的五事:一是態度,二是言語,三是觀察,四是聞聽,五是思考。態度要恭敬,言語要順從而不逆拒,觀察事物要清醒明晰,聽話要聰穎地審明説話者的意思然後采用,思考問題要通達於事理。態度恭敬,就表現出了嚴肅;説話順從而不逆拒,就能取得輔佐者的益處;看問題清醒明察,就成爲智者;聽話聰穎,就能善於謀斷;思考問題通達,就能成爲事無不通的聖者。

"第三章(即第三疇),八項政務:一是農業生產,二是手工生產和商業貿易,三是宗教祭祀,四是内務民政,五是教育文化,六是公安司法，七是禮賓外務，八是軍事行動。

“第四章（即第四疇），五種紀時的曆算之術：一是年，二是月，三是日，四是星辰，五是曆數（按，意即依冬至以紀年歲，依月象以紀月，依圭影以紀日，依躔度以紀星辰，依日、月、星辰的運行數據以紀曆數）。

“第五章（即第五疇），君王的統治準則：君王要建立他的至高無上的統治準則。

“集中五種幸福的事，把它施之於庶民，這樣，庶民面對你的統治準則，就會幫助你鞏固這準則。則是庶民都不得結成邪黨，一切人員不得朋比爲奸，只應當有君王所建的準則。在你的庶民中有善於謀劃，有作爲，有操守的，你就要注意想到他們。那些行爲雖不合於您的準則，但還沒有陷入罪惡的人，你就要容忍他們，而且你還應該和顏悦色地容忍他們。如果有某人説‘我注意修養好的品德’，你就要賞賜他以好處，這些人就會惟知遵守君王的準則。不要虐待那些孤苦無告的平民，而有所畏於顯要的貴族。那些有才能和有作爲的官吏，要讓他們獻其所長於國事，這樣就可使國家昌盛。凡是從政官長，須先給他們以優厚的俸禄，才能指望他們做出善政。如果你不能使人們對於你王家有什麽好處，那就是這些官員們的罪過。當這些人没有好處時，你雖然賜福與他們，他們縱使替你做事也只會幹出壞事來。

“不要偏，不要斜，應當遵循君王的正義呀！不要只顧私人愛好，應當遵循君王所指的大道前進呀！不要爲非作惡，要遵循君王所開闢的正路行走呀！不要有偏私，不要結朋黨，君王的道路是寬廣的呀！不要結朋黨，不要有偏私，君王的道路是平坦的呀！不要反動，不要傾側，君王的道路是正直的呀！大家會合在君王的準則之下來呀！大家歸依到君王的準則之下來呀！這就叫做君王統治準則的至言！要以君王統治準則的至言爲師法，爲教訓，這就順着上帝的意旨了！這也都是庶民行動準則的至言，大衆只應當順從它，奉行它，以親附於天子，承受天子的光華！這就是説：天子是人民的父母，順天應人地做全天下的君王！

　　“第六章（即第六疇），三種統治方式：一是用正直的方式進行統治，二是用强硬的方式取得勝利，三是用温和的方式取得勝利。對平正康寧的人，要以正直方式對待；對倔强不親附的人，要以强硬方式對待；對和順可親近的人，要以温和方式對待。對下面群衆，要以强硬方式統治；對顯要貴族，要以温和方式拉攏。只有君王才有權賞賜人們以幸福，只有君王才有權給予人們以懲罰，只有君王才有權享受錦衣玉食的美好生活。臣下無權賜人以幸福、予人以懲罰及享受錦衣玉食的美好生活。倘若臣下擅權給人以幸福、予人以懲罰、享受美好生活，就會危及你的王室，傾覆你的國家，官吏們因而會傾側不正而走邪路，庶民也會因而犯上作亂。

　　“第七章（即第七疇），決疑的方法：擇用善於卜筮的人，叫他們用龜甲來占卜和用蓍草來筮卦，用卜和筮看出下列諸種形狀：雨、霽、圉（雲昇上後的半有半無形態）、霙、克（成功與否）、内卦、外卦，共七項。其中龜卜五項，蓍筮二項，都要推演研究其兆卦的變異。用這些人進行卜筮時，三個人占問，要信從其中兩個人所説的卜筮的結果。

　　“你倘若有重大疑難不決的事，你首先要問你自己心裏的考慮如何，然後再問到大臣，再問到庶民，最後才看卜筮的結果。你自己贊同，龜卜贊同，蓍筮贊同，大臣們贊同，庶民們也贊同，這就叫做“大同”；這樣，你本身就會强健，你的後代子孫也會大大昌盛，這是大吉。你自己贊同了，龜卜贊同了，蓍筮也贊同了，可是大臣們的意見相反，庶民們也相反，這也算吉利。如果大臣們贊同了，龜卜贊同了，蓍筮贊同了，你自己却相反，庶民們也相反，這還算是吉利。如果庶民們贊同了，龜卜贊同了，蓍筮贊同了，你自己却相反，大臣們也相反，這仍算是吉利。如果你贊同了，龜卜也贊同了，蓍筮却相反，大臣們也相反，庶民也相反，在這種情形下，對內，仍是吉利；對外，則有凶災。如果龜卜和蓍筮都和你自己及大臣、庶民們的贊同意見相反，那就要安靜下來，不應有所舉動，才可以得到吉利的結果；有所舉動，則只會得到不吉利的結果。

“第八章（即第八疇），各種徵象：雨、晴、暖、寒、風。要是這五項都具備了，各按其原有規律的順序發生，就能使草木繁盛，作物豐收。假若其中某一項過多，就不利；某一項缺少，也是不利。

“好的行爲的徵象：君王表現肅敬，就像雨水恰到好處地降下來；君王的政治休明，就像太陽按時普照大地；君王處理問題明智，就像氣候準時温暖；君王深謀善斷，就像天氣適時轉寒；君王明識通達，就像和風定時而至。

“過失行爲的徵象：君王的行爲狂肆，就像常下大雨；君王行爲動輒有差錯，就像經常乾旱；君王辦事拖拉遲緩，就像天氣經常炎熱；君王辦事嚴峻急切，就像天氣經常凛冽；君王處事蒙暗不明，就像經常風塵蔽天。

“君王、卿士、師尹相統率的關係，正像歲、月、日的相隸屬關係一樣。君王好比歲，卿士好比月，師尹好比日。歲、月、日的時間關係自然有序而不發生變易錯亂，各種莊稼就會獲得好收成，政治就會清明，賢能的人因之而獲得顯用，國家也會獲得平安和寧靜。倘使日、月、歲時間顛倒、變易、錯亂了，各種莊稼就會沒有收成，政治也會昏暗不明,賢能的人都不能獲得任用,國家當然就因此不得安寧了。

"庶民們好比星星,星有愛好風的,有愛好雨的,它們的愛好無常。日、月運行,則按冬夏而有一定的常度,一定的規律。如果月亮行道失常而跟隨了星星,當它行經愛好風雨的星時,就會引起風雨。

"第九章(即第九疇),五種幸福的事:一是長壽,二是富有,三是健康安寧,四是修飾美德做循規蹈矩的好人,五是終其天年。六種極壞的事:一是不得好死,二是疾病,三是憂患,四是貧窮,五是凶惡,六是衰弱。"

〔附記〕歷代注疏家及治經者對第八疇"庶徵"的注解,都按漢代天人感應的神學目的論之說為釋,以為君王某種行為引起某種天象變異。文中"雨若"、"寒苦"等等之"若"皆釋為"順"。獨王安石《洪範傳》始釋"若"為"如"、"像",以為不是帝王行為引起天象變異,只是說像某種天象一樣。《洪範》之產生遠在漢代天人感應說以前,固不能以漢人之說為釋。故此譯文之第八疇,采用王安石之釋來進行翻譯。

(三) 討　論

《史記·周本紀》說:"武王已克殷後二年,問箕子殷所以亡。箕子不忍言殷惡,以存亡國宜告。武王亦醜,故問以天道。"《宋世家》也說:"武王既克殷,訪問箕子。"接着全文轉載了本篇。《尚書大傳》説得詳細些："武王既勝殷，繼公子禄父，釋箕子囚。……箕子既受周之封，不得無臣禮，故於十三祀來朝。武王因其朝而問《洪範》。"這些都是把《洪範》作爲周武王訪問箕子的談話記録。而篇中只以武王設問開頭，下面全文都是箕子的話。顯然箕子就作爲這篇話的作者。而漢代出現的《書序》説："武王勝殷，殺受，立武庚，以箕子歸，作《洪範》。"似乎説《洪範》是周武王作的。但漢人著作中都引此文爲箕子所作，僞《孔傳》乃明確注爲："歸鎬京，箕子作之。"於是此文作者是箕子，成了定論。到敢於懷疑傳統説法的宋代，趙汝談始提出："《洪範》非箕子之作。"（見《宋史》本傳）反對他這一説法的很多，連詩人陸游也是，到顧炎武還把趙氏這類説法置於"不依章句，妄生穿鑿"之列（《日知録》卷二），可見不少人都在維護本文爲箕子所作之説。

這是一篇有關我國古代深刻思考統治"大法"的經典，因此自漢以來的儒家，一定要維護住它的崇高地位，不容許輕易懷疑它。這篇文章確實有幾點值得注意：

（一）較早引用本篇的，如《左傳》之《文公五年》、《成公六年》、《襄公三年》都稱爲《商書》（《左傳·文公五年》正義云："箕子商人所説，故《傳》謂之《商書》）。《説文》"垔"、"𢾭"、"攽"、"圛"、"𧦝"、"無"六字引用本篇，四稱"商書"；"垔"、"圛"二字所引稱爲"尚書"，段玉裁説這也是"商書"之誤。又《漢書·儒林傳》説："遷書載《堯典》、《禹貢》、《洪範》、《微子》、《金縢》諸篇，多古文説。"把《洪範》列在《商書·微子》之前，顯然也認它爲《商書》。《荀子》之《修身》、《天論》兩篇引用則概稱爲《書》，《韓非子·有度》引用稱爲"先王之法"，《吕氏春秋·貴公》引用直稱《鴻範》篇名，都没有指定是《周書》。《墨子·兼愛下》引"王道蕩蕩"數語和《詩·大東》

幾句在一起稱爲《周詩》，也没有説是《周書》，這是一個可異的現象，本文篇首明明説是周武王訪問箕子，全篇明明是武王和箕子問答之辭，當然是周史臣所記，應該算是《周書》，爲什麽從戰國到漢代有那麽多人把它説成《商書》呢？我們似乎只好這樣設想：很可能原篇没有周武王訪問一節，就只有所謂箕子講的“九疇”全文；後來在早期“五行説”出現以後，加編了一套宣揚五行的周武王訪箕子的故事，成了今天所見的《洪範》，然後才把它編進了《周書》之中。

（二）本篇鼓吹唯心主義神學世界觀，宣揚一套源於上帝意志的神權政治論，强調按照“于帝其訓”建立一個至高無上的統治準則——“皇極”，以保障“天子作民父母，以爲天下王”。所有臣民都要絶對遵循這“皇極”。這是全文的核心，“九疇”的精髓（第五疇）。君主謹守這“皇極”，不可違背上帝所安排的“彝倫（常理）”（篇首），要遵循“天人感應”之道，注意君主自身的“五事”（第二疇），以引起“休徵”而避免“咎徵”（第八疇），君主向上請示神意的手段，是“卜、筮”（第七疇）；向下統治臣民的手段，是“剛克”、“柔克”、“作威”、“作福”（第六疇），即利用“六極”作威，利用“五福”作福（第九疇）。這種種手段，是赤裸裸的神權政治加暴力統治，絲毫没有用其他的統治術如道德説教之類作爲輔助手段，尋之於我國歷史上，只有商代才可能是這樣的。因此本文的中心思想，只能是商代奴隸主專政時的統治思想。

郭沫若氏根據《周書》諸誥因商王朝之亡感到“天命不常”而反復强調“敬德”，因而指出：“這種敬德的思想，在周初的幾篇文章中，就像一個母題的和奏曲一樣，翻來覆去地重復着，這的確是周人特有的思想。”又説：“還有一個主要的旁證，便是在卜辭和殷人的彝銘中没有‘德’字。而在周代的彝銘中如成王時的《班簋》和康王時的《大盂鼎》，都明白地有‘德’字表現着。”“以天道爲愚民政策，以德政爲操持這政策的機柄，這的確是周人所發明出來的新思想。”（《先秦天道觀之進展》。並可參考本書《高宗肜日》、《盤庚》關於“德”字的解釋。）這一説法基本是符合史實的。而《洪範》則根本没有這種用德政作爲機柄的痕迹，它憑藉着上帝賜予的“統治大法”，依靠這大法進行奴隸主專政，顯然它的中心思想早於周初的這種敬德的思想。

　　但是《洪範》中出現了“三德”、“比德”、“攸好德”三個“德”字，這顯然用的是周代文字，但並没有用周代“德政”的意義。“三德”是説三種統治方式。“比德”就是“朋比爲奸”，都不是道德之“德”。只有“攸好德”是道德之“德”，但是周人的“德政”是指統治者實行爭取人心的德政，如《康誥》“文王克明德”，《梓材》“肆王惟德用”，《召誥》“王其急敬德”，《君奭》“惟文王德廷”，《大盂鼎》“稟于文王正德”，等等，無一不是説君主要自己敬德、明德。《洪範》中的“攸好德”則是要臣民循規蹈矩地做專制統治下的好人。所以雖然用了周代的“德”字，却没有周代“德政”的思想。

　　（三）除了“德”字的概念是周代的外，還有卜筮的“筮”也是周代的。殷代只用龜甲、獸骨占卜，周代才並用蓍草來筮卦。本文比較細緻地談到了卜、筮的運用，而且如顧炎武所指出，《詩·緜》“爰始爰謀，爰契我龜”，《易·繫辭》“人謀、鬼謀，百姓與能”，都表示先人後龜（《日知録》卷一），本篇由謀及乃心、卿士、庶人，然後才及卜筮，也合於周初占卜程序。但事實上最後決定一切的仍是龜卜，這就保存了殷代唯重龜卜的遺意。而且對卜、筮的態度是極端重視，對神意是極端尊信的。我們從周初幾篇文件看，周文王以善卜著稱，以後周室各王都重視卜筮、宣揚神意。但到春秋時期，漸漸出現某種保留，甚至不重視的傾向。如《左傳·桓公十一年》楚鬭章説：
"卜以決疑，不疑何卜。"又《昭公十八年》："子産曰：天道遠，人道
邇，非所及也。"又《昭公二十六年》："齊有彗星，齊侯使禳之。晏子
曰：'無益也，只取誣焉。天道不詔，不貳其命，若何禳之。'"孔子也
説："未能事人，焉能事鬼。"(《論語·先進》)"子不語：怪、力、亂、
神。"(《述而》)這些都程度不同地表現了輕視神祇，不重卜筮，可以
説是春秋時期出現的思想傾向，而《洪範》的精神則與此相反，它非
常重視神意和卜筮，看來它是早於春秋時期所出現的這種思想傾向
的。

　　(四)《洪範》幾乎通體用韻，正如西周金文很多都用韻一樣，是
一種較早期的文風。它的第二疇以"恭、從、明、聰、容"韻，是東陽合
韻(古文本"容"改"睿"，轉元部)。第五疇"福、極"韻、"德、極"韻，
兩之字韻，"色、德、福、極"韻，皆之部。"咎、受"韻，幽部。"明、行、
昌"韻，陽部。"家、辜"韻，魚部。"好、咎"韻，幽部。"頗、義"韻，歌
部。"好、道"韻，幽部。"惡、路"韻，魚部。"黨、蕩"韻，陽部。"偏、
平"韻，元部。"側、直、極"韻，之部。"訓、訓(順)"韻，文部。"行、
光、王"韻，陽部。第六疇"德、直、克"韻，"福、食、國、忒"韻，皆之
部。第七疇"克、悔、忒"韻，之部。"從、同、彊、逢"韻，則東陽合韻。
第八疇"歲、月"韻，祭部。"成、明、章、康"韻，"成、明、寧"韻，皆耕
陽合韻。"雨、夏、雨"韻，魚部。這都合於西周及《詩》用韻通例。
劉節《洪範疏證》謂"成、明、章、康、寧"爲韻，"明、恭、從、聰、容"協
韻，乃戰國時"東、陽、耕、真"協韻之通例，皆與《詩經》不合，以此爲
《洪範》作於戰國時代之證。殊不知西周金文《宗周鐘》、《大克鼎》、
《召伯虎毁》，春秋金文《晋公盞》皆東、陽合韻；又《召伯虎毁》及《弡
仲簠》、《魚鼎匕》皆耕、真合韻；《郘醓尹鉦》則耕、陽合韻；《沇兒鐘》

亦陽部緊合耕部。《洪範》用韻自與西周以來這些都相合。劉節以爲此數韻"《詩經》則分列甚嚴"，顯係只知道段玉裁《詩經韻分十七部表》的東、陽、耕、真分列在九至十二各部，遂提出這錯誤的説法。不知段氏已在其《古合韻》中指明："《詩·烈文》東、陽合韻，《易·豫·象傳》、《訟·象傳》東、耕合韻，《易·萃·象傳》耕、陽合韻。"江有誥《復王念孫書》也指出《詩經》用韻，"真與耕通用爲多"，"東每與陽通"。劉節不根之説自不足成立。所以從用韻這一點説，感困難的是我們對商代用韻情況尚没有掌握，無法考知洪範用韻是否與商代相合，所可肯定的是，洪範的用韻與西周是完全相合的。

　　（五）于省吾氏《尚書新證》指出第六疇"彊弗友剛克，變友柔克，沈潛剛克，高明柔克"數句，與康王時器《沈子它毁》"叔吾考克淵克"句例同（但郭沫若、陳夢家句讀與此稍異），雖全文中多晚周俗稚句，以爲"此數語頗古質，當係雜采舊籍而成"。于氏指出的俗稚句法主要爲用了副辭"乃"、連辭"則"字的例句，這確實爲春秋以來的文字所盛行（參看《盤庚》"討論"）。那些俗稚的句子可以説是受東周文字影響寫進篇中的（但也不能一概而論，因甲骨文中有副辭"乃"字，甲骨文和西周金文中有作爲連辭"則"字用的"乍"字。見第一疇"潤下作鹹"校釋）。而"彊弗友剛克"這幾句則顯然是保存了篇中原有句子。又篇中的第二人稱代詞"汝"字用於主格和賓格，"乃"字用於領格，完全與甲骨文及西周金文同，可知本篇文法尚同於殷代和西周。可是出現了周代的第二人稱主格和賓格都可用的"爾"字的同音字"而"，大概作爲"汝"（女）的假借。總之也是受了周代文字的影響。

　　（六）第四疇"五紀"中的"曆數"，與歲、月、日、星辰並舉，完全是作爲曆法上的術語提出，是指依據日月星辰的運行數據來紀曆數，一點也沒有戰國時"五德終始説"裏面的王權神授循環論的"曆數"的意義。又第八疇"庶徵"中所説的"庶民惟星"，把一般庶民比做星，這也是戰國初期較早時期才可能有的用法。因爲《史記・天官書》的星名，主要是根據戰國時（《史記》以爲春秋時）甘德、石申兩人的《星經》，其中所列衆星多稱爲三公、四輔、正妃、後宮、藩臣、將、相、執法、諸侯、郎位、士大夫、御者，及後宮之屬后、妃、太子等等，唯一涉及庶民的是稱爲"賤人之牢"的星。後世就基本這樣沿用下來，只有"貴人"才上應星宿，不再有把庶民去比星象的事了。可見把星比作庶民，只能是在春秋、戰國《甘石星經》以前。很可能是殷及西周時的看法。又所謂"月之從星則以風雨"，比喻君臣政教失常，順從民欲，則必致亂，告誡統治者不可輕從民意。這種赤裸裸地敵視庶民的説法，顯然是比《左傳・襄公三十一年》引《太誓》"民之所欲天必從之"及《孟子・萬章上》引《泰誓》"天視自我民視，天聽自我民聽"之説要早，也當是殷周早期奴隸主政權的思想。

（七）最成問題的是第一疇"五行"。"五行"一詞本來出現於設定二十八宿的殷、周之際，原是專指天象的術語，即指辰星、太白、熒惑、歲星、填星等五行星在天球面上的運行，根本與金、木、水、火、土無關（參看《甘誓》"討論"）。金、木、水、火、土原只稱爲"五材"（見《國語・鄭語》，《左傳》之《襄公二十七年》、《昭公十一年》）、"六府"（《左傳・文公七年》、《禹貢》）之類。後來由於借用它們分別作五行星的代稱，於是"五行"才和水、金、火、木、土結合起來，然後金、木、水、火、土也就稱爲"五行"了。這種結合究竟在什麼時候完成，一時尚難確切論定。最早看到它們結合在一起的，就是本文，此外也説到"五行"的，則只有《墨子》（《經下》及《經説下》等）。《墨子》基本是戰國時的著作。梁啓超指出《墨子》中"五行無常勝，説在宜"一語的意義道："'勝'訓'貴',意謂此五種物質無常貴,但適宜應需則貴,其說甚平實,不待穿鑿。"(《陰陽五行説之來歷》)那就是説墨子時的五行還只是樸素的唯物觀念,並沒有戰國末至漢代的"陰陽五行説"的"五行"的含義。從本文説,也是這樣。就只説了"五行"是水、火、木、金、土,又談了水、火、木、金、土的性質和味道。這也是樸素的唯物的解釋,雖然解釋未必正確。而且五者的排列次序既非戰國末的相勝説的水→火→金→木→土也不是漢代的相生説的木→火→土→金→水,和《墨子》所舉的水、土、火、金、木的次序也不同,可知它的排列是無意義的,早於相勝、相生説的。尤其它並沒有和九疇中其他各疇相配,不像"陰陽五行説"把宇宙間萬事萬物都歸列到這"五行"的支配之下,構成玄之又玄的唯心主義神學體系,因此梁啓超説本文的"五行""不過將物質分爲五類,言其功用及其性質耳,何嘗有絲毫哲學的或術數的意味?"(《陰陽五行説的來歷》)可見這裏的"五行"是遠早於戰國至漢的"陰陽五行説"的"五行"的(詳起釬撰《釋〈尚書甘誓〉的五行與三正》)。

在本文裏以五相配的東西,原只有第二疇的"五事"和第八疇的五個"休徵",由於"五事"中的"貌、言、視、聽、思"的五個作用,就是五個"休徵"中的"肅、乂、哲、謀、聖"。因爲説它們能影響氣候的變化,二者自然地聯繫在一起。奉行"陰陽五行説"的儒生遂利用了這個,紛紛撰寫什麼《洪範五行傳》(夏侯始昌)、《洪範五行傳記》(許商)、《洪範五行傳論》(劉向)、《五行傳説》(劉歆)、《漢書·五行志》(班固),等等,然後"休徵"、"咎徵"、"六極"、"五福"等等都配上了,再加上自《吕氏春秋·十二紀》,以至《月令》等等的穿鑿附會的各種"五"的相配,再傅會上不少歷史事件,另外是董仲舒關於陰陽五行的二十幾篇文章,於是就使"五行説"達到烏烟瘴氣的登峰造極的地步。這是漢代儒家爲推行其鞏固封建統治的神學目的論因而利用此文推波助瀾變本加厲所造成的。讀了《洪範》本文在"五行"學説方面的初期著作，可以明白看出它没有走得那麽遠。

這裏的"貌、言、視、聽、思""五事"，只是偶然恰好是五個，來源決不是從"五行"來。春秋末年的孔子説："君子有九思：視思明，聽思聰，色思温，貌思恭，言思忠，事思敬，疑思問，忿思難，見得思義。"（《論語·季氏》）他提的是視、聽、色、貌、言、事、疑、忿、見得九項，而貌、言、視、聽四項在其中，另多出了五項，又把"思"作爲九項共通的動詞。可見關於人的思考和行爲方面的活動，當時原没有固定的項目，可多也可少，又可見儒家在這方面的提法和本篇是不同的。

又這裏的"肅、乂、哲、謀、聖""五徵"，亦見於西周幽王時的《詩·小旻》。前人多謂《小旻》承自《洪範》。劉節始謂《洪範》襲自《小旻》。皆無確據。前面"校釋"中已指出，就古代統治者講求統治術來看，"肅、乂、哲、謀、聖"之類原來顯然是專就君主説的，小民們根本不足以語此，所以本文之説其時要早。待這些概念流傳之後，才擴散到人民頭腦裏去，所以《小旻》之説應似較晚。

本文的"五事"與"五徵"的相配，是源於早期的殷周奴隸主對至上神與宗祖神的意志的誇大和引申，而不是因於晚出的"陰陽五行説"。從卜辭中看出，殷代奴隸主相信上帝令雨、令風、令𤉣、降灾、降禍、降食、降年等等，而先公、高祖、先王、先妣等亦有寧風、寧雨、授年、奉年、奉雨及降祟等等的權柄，因而對上帝和先祖、先王等都要相應地舉行各種祭祀和請求。周代基本上繼承了這些，各種類似的祭祀從《周禮》中可以看到。既然先祖、先王都和上帝那樣有影響風雨的能力，作爲先祖、先王的繼承者、作爲上帝的兒子的時王，應當也可以對風雨氣候起着影響，這還可從商人對王的稱謂的變化上看出這一點。商代原來只稱上帝爲帝,對自己王朝的王在生前稱王,死後稱后;但到商末也稱自己的王爲帝,如帝乙、帝辛。那就是把地下的王看得同天上的帝一樣。當然也有影響"氣候"的能力了。所以氣候的好壞就應是時王的行爲的好壞來決定,因而就提出了那麽一套君主在"貌、言、視、聽、思"方面應該如何地注意,從而招致好氣候和避免壞氣候的"休徵"和"咎徵"的説法。這本來是來源於殷周的宗教觀點,只是後來却正好爲神學目的論的"陰陽五行説"所傅會用上了。

　　(八)第三疇"八政",以"食"、"貨"(經濟)列在最前面,接着是"祀"(宗教),然後是司空、司徒、司寇三官名(行政),最後是賓(外交)、師(軍事)。這一次序也是我們應當注意的。《左傳·成公十三年》云:"國之大事,在祀與戎。"是説奴隸制國家最大的兩件大事,就是宗教祭祀和軍事活動(而古代的"戎",包括"兵"與"刑"兩方面,即軍事與司法是合一的)。因而它的官職也以宗教的和軍事的爲最尊顯。這和恩格斯所指出的相合。他在《家庭、私有制和國家的起源》一書中説,"氏族社會臨近轉變爲奴隸社會時的軍事首長,除軍事的權限以外,還有祭祀的及裁判的權限"(《馬克思恩格斯選集》第四卷第 103 頁)。而對希臘"英雄時代"走向建立奴隸制國家時,據"亞里斯多德説:英雄時代底 Basileia(巴賽勒斯)是對自由人的統率,當時'巴賽勒斯'是軍事首長、法官和最高祭司"(同上書第 103 頁)。又羅馬的勒克斯,"他同樣也是軍事首長,最高祭司和某些法庭的審判長"(同上書第 123 頁)。可見最初出現階級時的國家,它的最高職位必須掌握軍事(包括司法)和祭祀兩項要政。《左傳·襄公二十六年》載流亡的衛獻公和權臣寧喜密謀復位的條件是:"政由寧氏,祭則寡人。"他寧肯丢掉政權却不肯丢掉祭權。這是到了奴隸制國家後期還是如此，那麼早期的奴隸制國家對於祭祀的重視更可想見了。由卜辭看出殷代統治者的大量活動就是祭祀與戰爭，因而司祭祀、貞卜的"尹"、"史"、"卜"之類的文官及司征伐的武官等率爲殷王朝的重要臣正。西周金文同樣重祭祀和戰爭二事。而其官制，據郭沫若《周官質疑》，第一級之"卿士寮"即爲助王處理宗教祭祀等活動的太宰、大宗、大史、大祝、大士、大卜（亦即《禮記·曲禮》的六大），他們是在王左右的"三左、三右"，這都是文官；另外還有在王左右的"左、右虎臣"、"左、右走馬"、"師氏"，都是武官。此外低於"卿士寮"級之政務職官是稱爲"三事大夫"的司徒、司馬、司空。而司空可兼任更低的司寇之官。現在看到本文的"祀"降到了第三位，"戎"（師）降到了最末，却把純粹的經濟方面的職事提到了首位，顯然已不是殷代和西周奴隸制國家原來的官次序了。這反映當時政權已由重視神事進到重視人事了，這與本文的中心思想不一致。這種現象出現在春秋之世，當時的政務職官"司徒、司馬、司空"等成爲第一級的國卿，而原來的職司宗教的"六大"中的"史、祝、士、卜"等官則降到了下僚。這是一個歷史性的變化。郭沫若氏說："世道開明，卜祝等失其魔力遂淪爲下吏矣。"（《小盂鼎考釋》，見《大系》）說明了這一現象。其實這是到春秋之時，生產已逐漸提高，經濟基礎向前發展，影響到上層建築有所變動。這種情況反映在《周禮》一書中，把"司徒、司馬、司寇、司空"和原"卿士寮"中的"冢宰、宗伯"列成整整齊齊的六官。本文沒有"司馬"而列"司寇"，又列在"食、貨、祀"之後，不像"食、貨、祀"在《周禮》中却都在六官之下，爲其屬員所掌，顯然本文的祀官還沒有下降到《周禮》中那樣的地位，所載各官次序還沒有達到《周禮》那樣人工加以整齊的程度，顯然它還是《周禮》成書以前周代官制在演變改易過程中所形成的一種設計。《周禮》一書所載官制材料，皆不出春秋之世周、魯、衛、鄭四國官制範圍，没有受戰國官制的影響。那麼本文所載的官制材料應該不晚於春秋之世。

至於以食貨列於最前，更是春秋時的一種政治風尚。例如：管仲"既任政相齊，以區區之齊在海濱，通貨積財，富國强兵。與俗同好惡，故其稱曰：'倉廩實而知禮節，衣食足而知榮辱。'"(《史記·管晏列傳》)又如《左傳》記子産事，"鄭子皮授子産政……子産使都鄙有章，上下有服，田有封洫，廬井有伍。……輿人誦之曰：'取我田疇而伍之……我有田疇，子産殖之'"(《襄公三十年》)。又"子大叔問政於子産，子産曰：'政如農功，日夜思之，思其始而成其終。'"(《襄公二十五年》)"食"就是"農功"，"貨"就是"通貨積財"。可見這二者列在最前確是受了春秋之世影響而然。

關於《洪範》官制方面，劉節先生《疏證》一文還有不少錯誤，如毫無根據地説"八政"隱括《禮記·王制》而成，既顛倒了二文寫成時期的先後，又根本不顧二者材料體系的完全不同。又謂"王省惟歲"一段中不應以"師尹"置"卿士"下，以爲不合周制，不知金文中如《𠶷叔多父盤》明列"辟王、卿士、師尹"的次序。他的這些錯誤是顯然的，所以不去論它。

《洪範》本來是一篇鼓吹神權政治，宣揚神意的文章，可是却寫進了樸素的唯物觀點的"五行"的材料，寫進了有關春秋之世重視經濟的政治風尚的材料，這是一個極大的矛盾！這矛盾其實即是時代的矛盾。《洪範》原件中作爲中心思想的東西是殷、周之世傳下來的，而在傳寫到春秋時代的過程中，却受了時代影響而寫進了當時的東西，這時生産已比商代有進步，經濟基礎比商代有發展，他們所新提出的東西當然與舊時期的統治思想有矛盾。把它吸收以後，這些東西就得被迫爲中心思想服務，於是它們也就成爲這一鼓吹神權政治、宣揚神意的文件的組成部分了。

（九）《墨子·兼愛下》云：“《周詩》曰：‘王道蕩蕩，不偏不黨。王道平平，不黨不偏。其直若矢，其易若厎，君子之所履，小人之所視。’”按，“其直若矢”四句爲今所見《詩·大東》中的詩句，但該詩中不見前四句。本文第五疇“皇極章”中却有這四句，但句序稍異，“不”字作“無”。下面又没有“其直若矢”等句，而有“王道正直”句。看來可能作的一種解釋是：當時周代社會中流傳過這麽一首詩，在傳抄中，本篇抄了前四句，並用一句隱括了後幾句，《詩·大東》則只抄了後四句，《墨子》乃盡抄了這八句。很可能是本文編訂者覺得這幾句有助於强調“王極”的要求，所以就抄附在“王極章”的後面，這也是本篇受周代影響的一個證據。不過另有一種可能的解釋是：本篇此處共有十四句，圍繞着“王極”主題一唱三歎，有可能原爲本篇的文辭，流傳中被支離引用了。據《詩序》，《大東》爲春秋初年詩，它和西周末年的《小旻》的時期相去不遠。就在這時期，它們和本篇之句常相交涉，説明本篇至少在西周末、東周初是和這些流行的詩篇發生着關係的。又《左傳·文公五年》載衛寧嬴引“沈漸剛克高明柔克”兩句，《成公六年》載晋侵蔡役中樂武子引“三人占從二人”句，《襄公三年》作者以“君子曰”引“無偏無黨，王道蕩蕩”兩句，亦足證本篇在春秋魯文公以前已流行，以後經常爲統治者所引用。到《莊子·天運篇》説：“天有六極、五常，帝王順之則治，逆之則凶，九洛之事，治成德備，監照下土，天下載之，此謂上皇。”則概括指稱本篇，已不需要舉出篇名，可見本篇在戰國之世的廣泛流行的程度了。

由上列各點可以看出：《洪範》的中心思想——唯心主義神學世

界觀,和源於上帝意志的神權政治論,強調按照神意建立最高的統治準則——"皇極",以及運用刑賞的統治術,等等,這一整套自成體系的思想,原是商代的東西,所以託名商代最後一個有名政治家箕子的口中說出,因而歷來被認爲是《商書》。但篇中有了周人的"德"字,又用了周人的筮法,却沒有采取周代德政的概念,仍用殷人重視龜卜的傳統,可以知道雖然這幾處受了周代影響,但其中心主要的内容仍是殷代的。而篇中用韻,同於西周至春秋時的用法;其所用"曆數"的意義及用衆星比作庶民,以及對庶民的敵視,還有對卜、筮的極端崇信,等等,這些也都是早於春秋時代的東西。然而却又出現了春秋時代才有的注意民事以食、貨爲首的"八政",出現了至早春秋時期才與金、木、水、火、土相結合的"五行",說明這兩疇顯然至早成於春秋時代。又由西周末年的《詩·小旻》及東周初的《詩·大東》和本篇文句交相牽涉,及《左傳·文公五年》已載當時人引用本篇文句,則本篇已流行於西周、東周之際,不能晚於魯文公時期。因而可以說:《洪範》原稿由商代傳至周,經過了加工,到春秋前期已基本寫定成爲今日所見的本子。

《洪範》鼓吹神權政治,單純宣揚天人感應,強調暴力的絶對王權,一點也不談欺騙性的德教,可知它這一中心思想原與儒家思想無關。它說"五事"與儒家說"九事"也不一致。倒是它推崇萬民必須擁護的"皇極",很有點和墨家《尚同》思想相近。然而全部《墨子》書中除引了這幾句和《詩·大東》在一起的句子稱爲《周詩》外,沒有引用過一句《洪範》,顯然墨家與《洪範》也沒有多大的直接的關係。因此只能把它看作是:其中心部分原是商代傳來的,大概到西周晚季或春秋之世,很可能是受海上方士思想影響的齊國政術之士發現了這一篇重要文獻,看到它有依於神意的很好的統治經驗,可供當時奴隸制統治者取法，便加以整理釐正，突出了由上帝傳授給禹的神話，再由前代最末一位哲士傳授給本王朝開國之主，這就更增重了作爲統治"大法"的地位，適巧當時"五行"一詞已和金、木、水、火、土相結合，完成了這一結合的可能就是富於想象力的齊國方術之士；而齊國當時正盛行"通貨、積財、富國、强兵"的政治風尚，於是整理《洪範》的人很自然地把這些不同時代的思想都引進了本文之中，然後這麼一篇《洪範》就出現了。而且成了春秋、戰國之世頗爲流行的一篇，所以各家引用的也就不少，它的尊主極權的思想既爲墨家所采納，又爲法家所采納。

　　儒家正在搜集整理歷史文獻，於是這麼一篇宣揚天人感應，突出"皇極"的文件，當然爲儒家所需要，因而收入了他們的經典《書》裏面。到漢儒，一方面就"五行"大肆歪曲渲染成唯心主義神學目的論，來爲力圖穩定統治地位的封建政權服務。一方面把原義爲君主的統治準則的"皇極"，改釋爲"大中之道"，以"無偏無黨"、"平康正直"等釋爲中庸之義，以證"大中之道"。就把《洪範》納入於儒家思想體系之中。以宣揚唯心主義神學世界觀，鼓吹"天人感應"，强調至高無上的君權，運用至高無上的"大中之道"這一改造了的統治準則，施展屬行刑（對民）、賞（對臣）的統治術，要求人民按"中庸之道"和順地服從，以此來鞏固封建統治。這篇在春秋之世應奴隸主政權的需要而加以整理的《洪範》，從此就永遠成爲歷代封建王朝所遵循的統治"大法"了。

　　近代學者對《洪範》寫成年代提出不同看法的達六七種之多，大率以爲《洪範》成書很晚，至有以爲成於漢初的，最早的說法也以爲不出戰國之初，一般多以爲在墨子後的戰國季世。這些人對《洪範》不尋其本而逐其末，不先尋其故於本文，但尋之於篇外，大都在些不起決定作用的枝節問題上做文章。如以《墨子》未引《洪範》，僅引了幾句而稱爲《周詩》，遂片面地以爲《洪範》必在《墨子》後，閉眼不看他書引用情況，亦不究其稱爲《周詩》之故；又有不知西周至東周用韻情況，侈然言《洪範》只合戰國用韻通例者。凡此皆不確當，故今不加詳論。

（十）還有一項原非《洪範》本身所有、可是一切全在它的名義下宣揚的"《洪範》五行傳"之説，是由漢代方士化儒生以天人感應、五行灾異的神學目的論改造《洪範》所造成的。漢今文家的《尚書大傳》以整整一卷載夏侯始昌的《洪範五行傳》，此後夏侯氏學派的許商又撰《洪範五行傳記》，中間夏侯氏學派多在政治上進行"五行傳"説教和活動。到劉向撰《洪範五行傳論》、劉歆撰《五行傳説》，終於歸結成《漢書·五行志》，先引據《洪範》本文一段及相關的《五行傳》一段，跟着記載灾異，論斷史事，從此談中國歷史跳不出"《洪範》五行"的圈子，成爲整個社會看待宇宙，看待歷史，看待人生的指導思想，以後各史相承，都必有《五行志》（只有幾部偏安時的小史没有）。從《洪範》中衍出了中國歷史哲學中支配人們頭腦二千多年完整地宣揚天人感應的神學史觀。

但在儒生宣揚這一神學説教時，還有一個用意，也可説一個目的，即對於權力無邊、無拘無束的皇帝，毫無其他辦法控制他，就只好假借這一神意來限制他，説君主的不良行爲引起天變灾異，這就是天對他的譴告，他必須恐懼修省，才能免禍。作爲一種神學反復宣傳多了，有時也能起作用，例如漢儒把很多事情説成是灾異去聳動漢元帝，元帝只好説："實在是亂極了，再有什麼説的。例如方士甘忠可造了一部《包元太平經》，説漢家氣運固定了，但還可再受命。"甘下獄死，其弟子夏賀良善於鼓吹，加上夏侯氏學的李尋出而支持,漢哀帝聽從了,宣布再受命,改號陳聖劉太平皇帝。這些都可見這一神道設教所起的作用。

金　縢

　　“縢”，《説文》云：“緘也。”又云：“緘，束篋也。”可知
“金縢”原是用金質之物把箱篋加以捆束緘封的。本文中
“金縢之匱（即櫃）”，就是用金質捆箍緘封的櫃子，大概猶
如後代藏放珍件密件的稱为“保險櫃”的鐵櫃。《孔疏》引
鄭玄云：“凡藏秘書，藏之於匱，非周公始造此匱獨藏此書
也。”可知這種藏機要文件的秘櫃是早就存在的。這篇文
章叙周公旦把請求先王讓自身替代周武王死的祝册放在
“金縢之匱”一事的始末，遂以“金縢”二字作為篇名，为《尚
書・周書》中的一篇。先秦文獻未見引用，《史記》録入《魯
世家》中（中有插叙）。在西漢今文家的伏生二十八篇本为
全書第十二篇（列在《周書》第三），其弟子三家今文的《尚
書大傳》把它排在《大誥》之後，但按《史記》所引次序，則今
文三家本仍應在《大誥》前，是为《周書》第四篇（其在全書
次序，則大小夏侯本为第十三篇，歐陽本为第十五篇）。東
漢古文本則为《周書》第六篇（全書第十七篇），晋代偽古文
为《周書》第八篇（全書第三十四篇）。其情況詳後面討論

（一）、（二）。

（一）校　釋

　　既克商二年①，王②有疾，弗豫③。二公④曰：“我其⑤爲王穆卜⑥?”周公⑦曰：“未可以戚我先王⑧。”

　　公⑨乃自以爲功⑩：爲三壇，同墠⑪；爲壇於南方，北面，周公立焉⑫，植璧秉珪⑬，乃告⑭太王、王季、文王⑮。史乃册祝曰⑯：

　　“惟爾元孫某⑰遘厲虐疾⑱，若爾三王是有丕子之責于天⑲，以旦代某之身⑳。予仁若考㉑，能多材多藝㉒，能事鬼神㉓。乃元孫不若旦㉔多材多藝，不能事鬼神。

　　“乃命于帝庭㉕，敷佑四方㉖，用㉗能定爾㉘子孫于下地，四方之民罔不祇畏㉙。嗚呼㉚！無墜天之降寶命㉛，我先王亦永有依歸㉜！

　　“今我即命于元龜㉝。爾之許我㉞，我其㉟以璧與珪，歸俟爾命㊱。爾不許我，我乃屏㊲璧與珪。”

　　乃卜三龜㊳，一習吉㊴。啓籥見書㊵，乃并是吉㊶。公曰㊷：“體㊸，王其罔害㊹！予小子新命于三王㊺，惟永終是圖㊻。兹攸俟㊼，能念予一人㊽。”

　　公歸，乃納册于金滕之匱中㊾，王翌日㊿乃瘳㊱。

　　①既克商二年——按周武王克商在周文王“受命”十一年（見

《牧誓》“討論”），這當是在其十三年。皮錫瑞云“即王訪箕子之歲也”（《考證》），王國維亦持此說（《觀堂學書記》）。

②王——指周武王，故《史記·魯世家》（本篇内以下簡作《魯世家》）即作“武王”。由金文知“武王”在生時就這樣稱呼，所以我們在譯文中也就直稱“武王”。

③弗豫——今文作“不豫”（《魯世家》、《論衡》、《曲禮》疏引《白虎通》及《漢書·韋元成傳》、《後漢書·禮儀志》、蔡邕《和熙后諡議》等）。古文或作“不豫”（《釋文》引馬本），或作“不念”（《說文·心部》“念”字引，釋爲“喜也”）；亦作“忬”（《釋文》引別本），段玉裁謂“忬”即“念”。並謂“念”蓋壁中故書如是，孔安國以今文讀之，乃易爲“豫”（《撰異》）。《釋詁》：“豫，安也。”是“弗豫”即身體不安，與今人身體有病時說“不舒服”一樣。

④二公——《魯世家》作“太公、召公”。“太公”即“太公望”。是與姬周族結成婚姻聯盟的姜姓族的首領吕尚（因他封於吕，爲姜姓中的吕氏），輔武王伐紂有功，封其子吕伋於齊。召公即召公奭，爲姬周同姓中的一個貴族，亦輔相武王，後以其子封於燕（金文作“匽”，即北燕）。太公、召公和周公一樣，雖都有采邑於王畿，自己繼續在周王朝供職；遣他們的長子出就所封國爲諸侯。

⑤我其——“其”，將。“我其”，我們將。和今語“我們要”意思相近。

⑥穆卜——“穆”，《魯世家》作“繆”，《集解》：“徐廣曰：‘古書“穆”字多作“繆”。’”《史記·周本紀》仍作“穆”，《魯世家》以音近假借。玄應《一切經音義》卷九引作“我其如睦”，並引“孔安國曰：‘睦，敬也’”（按，今本僞《孔傳》作“穆，敬也”）。段玉裁引《史記·司馬相如傳》“眊眊睦睦”，《漢書》作“眊眊穆穆”，以爲古

“睦”、“穆”相通假(《撰異》)。王鳴盛據《逸周書·文酌解》“三穆：一，絕靈破城；二，筮奇昌爲；三，龜從兆凶”，以爲“穆卜爲古人問卜之名”(《後案》)。戴鈞衡亦云：“當時凡卜皆言‘穆’，觀下文‘其勿穆卜’可知。吾友邵懿辰曰：‘穆卜’猶《虞書》‘昌言’，蓋當時語也。”(《補商》)可知“穆卜”爲當時統治者占卜的專用術語，使用“穆”字，顯然仍是取其“敬肅”、“肅穆”的意義，反映他們對於這種占卜的敬重程度。

⑦周公——周武王弟，名旦。《魯世家》記載周武王即位，周公“輔翼武王，用事居多”。當時他和太公望、召公奭是武王左右三個最有權力的大貴族。滅殷後以其長子伯禽封於魯(見《大誥》“討論”)。周武王死後，因成王年紀較輕，他就實際掌握了周王朝的政權，因而引起王朝的內部矛盾，本文即是這些矛盾的反映。經克服這些矛盾，搞好了和周成王的關係後，便東征三年，用武力統一疆土，制訂各種奴隸制王朝的典章制度，奠定了周王朝的基業，成爲我國歷史上有名的大政治家。

⑧未可以戚我先王——“戚”，一般釋作“憂”(《詩·小明》“自貽伊戚”毛傳)。此語與《毛公鼎》“欲我弗作先王憂”相同，是古人對祖先的常用語。但在此處只釋作“憂”，語意尚不足。戴鈞衡云：“竊謂此言僅卜未足以動我先王也。‘戚’讀若《孟子》‘於我心有戚戚焉’之‘戚’，趙岐注：‘戚戚然心有動也。’僅卜未可以感動先王，故下文特爲壇墠，先册告而後用卜耳。”是“憂”義引申爲“心有動”義，聯繫上下文，知此解較妥。

⑨公——指周公，故《魯世家》此處即作“周公”。

⑩功——《魯世家》作“質”，孫星衍據《釋詁》“‘功’，‘質’，成也”，以爲“功”與“質”同訓(孫氏《注疏》)。按，僞《孔傳》及宋儒皆

釋"功"爲"事"。清代學者始謂當如"周、鄭交質"之"質"(《左傳·隱公三年》),就是作爲抵押的人質。是説周公以自身爲質於三王以代武王的生命(江聲説;王鳴盛、段玉裁等亦持此説)。此義較長。洪頤煊提出一説云:"'功'通'攻'字。《周禮·太祝》'掌六祈,以同鬼、神、示'。五曰'攻',六曰'説'。鄭注:'攻、説,則以辭責之。''攻'即下文册祝之辭。下'乃得周公所自以爲攻、代武王之説',即得此册祝之辭。《魯世家》作'乃身自以爲質'。'質'亦'辭'也。"見《讀書叢録》卷一。其説亦有見,可備參考。

⑪爲三壇同墠——《魯世家》簡作"設三壇"。"壇",《説文》:"祭場也。"馬融注:"土堂。"(《釋文》引)《禮記·祭法》鄭玄注:"封土曰壇,除地曰墠。"江聲云:"除地者,謂去草萊,辟除空地爲廣平之場。'墠'即'場'也。即於其中聚土而築之爲壇。"(《音疏》)"三壇",是爲太王、王季、文王各築一壇(僞孔、《孔疏》及江聲説)。

⑫爲壇於南方北面周公立焉——《魯世家》簡作"周公北面立"。《孔疏》:"周公爲壇於南方,亦當在此墠内,但其處小别,故下别言之。周公北面,則三壇南面可知。"即周公面向北,對着面向南的三壇。錢大昕《養新録》(卷一)云:"'于'、'於'兩字義同而音稍異,《尚書》、《毛詩》例用'于'字,唯《金縢》'爲壇於南方北面'、'乃流言於國'、'公將不利於孺子',《酒誥》'人無於水監,當於民監'……仍用'於'。……今字母家以'於'屬影母,'于'屬喻母,古音無'影'、'喻'之别也。"

⑬植璧秉珪——"植",今文作"戴"(見《魯世家》、《漢書·王莽傳》、《太玄·攟》)。《易林》"無妄之縣"作"載",與"戴"通用。古文作"植"(《孔疏》引鄭玄注"植,古'置'字",知鄭本作"植"。又《周禮·大宗伯》鄭注亦引作"植")。段玉裁云:"'戴',弋聲。

‘植’，直聲。二聲同在之、咍、職、德部，是以所傳各異。”（《撰異》）陳喬樅云：“古者以玉禮神，皆有幣（帛）以薦之。璧加於幣之上，故曰‘戴璧’。亦作‘載璧’，讀如‘束牲載書’之‘載’，今文家説當如是。”（見陳氏《經説考》）古文作“植”，同“置”（《論語》“植其杖而耘”之“植”，《漢石經》作“置”），其解與“載”同，即以璧置於幣（帛）上。“秉”，手執。“珪”，今文作“圭”（見《魯世家》）。“璧”和“圭”都是古代以玉作的禮器，供貴族們在朝聘、祭祀、喪葬等禮節中使用的。“璧”是環狀的扁平圓玉塊。“圭”是上爲三角狀、下爲長條矩形的玉塊。鄧淑蘋《古玉的認識和賞析》云：“璧是最重要的祭器，竪立（植）於壇上，用以依附自天而降的祖靈；圭是最重要的瑞器，主祭者執於手中，以表彰自己的身份。”（載臺灣《故宫文物》141 期）。

⑭乃告——《魯世家》作“告于”。

⑮太王王季文王——“太”，錢大昕以爲原作“大”，因《唐石經》各經無“太”字，惟《尚書》有之，下面那一點似後人所添。段玉裁定爲是衛包所改，刻石從之（俱見《撰異》）。“太王”，周文王之祖父，他率領姬周族從豳地遷到岐山下稱爲周原的地方，定居下來，從事農業生産，並開始建立國家政權。他兒子季歷繼位，繼續發展，與商王朝開始發生矛盾。到周文王時國勢日强，遂稱“王”，並追尊古公爲“太王”，公季爲“王季”（以上説見《史記·周本紀》）。此三人是給周王朝的建立打下基礎的三個最顯赫的“先王”。

⑯史乃册祝曰——《魯世家》作“史策祝曰”。“史”指史官中擔任“作册”的史官，或稱“内史”，金文中常稱“作册”（如《免毁》、《走毁》）或“作册内史”（如《師俞毁》）。《洛誥》有“作册逸祝册”（《左傳》之《僖公十五年》、《文公十五年》等及《史記·晉世家》作“史佚”）。“作册逸”，爲此時一個“作册”史官的領導人，是在宗教典禮

中擔任讀祝册的人。“册”、“策”音義皆同,都是指簡書。皮錫瑞以爲今文作“策”,古文作“册”(《考證》)。鄭玄云:“策,周公所作,謂簡書也。祝者,讀此簡書以告三王。”(《魯世家·集解》引)

⑰惟爾元孫某——《魯世家》作“惟爾之孫王發”。“元”,長(《廣雅》)。“元孫”,長孫。義同於《召誥》“元子”之元。“發”是周武王之名,本文爲了避諱改用了“某”字。《孔疏》:“鄭玄云:‘諱之者,由成王讀之也。’當謂成王開匱得書,王自讀之,至此字口改爲‘某’,史官録爲此篇,因逐成王所讀而諱之。”江聲、王鳴盛等承此説,謂當先王之前,武王當稱名,周公册書原應作“發”字。王國維亦持此説,見《觀堂讀書記》。

⑱遘厲虐疾——《魯世家》作“勤勞阻疾”。《集解》引“徐廣曰:‘阻’一作‘淹’”。孫星衍謂武王因勤勞以致險疾。《説文》:“阻,險也。”“淹”與“險”聲相近,疑經文本作“淹疾”,史公易爲“阻”(《孔疏》)。按:“遘”,遇(《釋詁》)。“厲”,利(《戰國策·秦策》高誘注)。“虐”,惡(《廣雅》)。此句是説武王患了很厲害的病。司馬遷换成較平易的句子。

⑲若爾三王是有丕子之責于天——“丕子”,《魯世家》作“負子”。惠棟謂“負”讀爲“陪”,舉《禹貢》“陪尾”《史記》作“負尾”爲證,故謂“負”與“丕”音相近(《九經古義》)。段玉裁則謂“‘丕’、‘不’、‘負’三字古音皆在之咍部”(《撰異》)。此句是説:“倘若你們三王在天上要責取這位大兒子來服事你們。”歷代關於此句的用字情況及其解釋非常紛歧,詳後面討論(三)。

⑳以旦代某之身——“某”,《魯世家》作“王發”。這是周公請以自己代替周武王之身來死。

㉑予仁若考——《魯世家》作“旦巧”。王念孫云:“‘考’、‘巧’

古字通。'若'，'而'，語之轉。'予仁若考'者，予仁而巧也。"（《經義述聞》）俞樾云："王説是矣，然未盡也。'仁'當讀爲'佞'。《説文·女部》：'佞，巧諂高材也。'小徐本作'从女，仁聲'。……故得假'仁'爲之。'予仁若考'者，予佞而巧也。'佞'與'巧'義相近，'仁'與'巧'則不類矣。《史記·周本紀》'爲人佞巧'。亦以'佞巧'連文，是其證也。古人謂才爲佞，故自謙曰'不佞'。佞而巧，故多材多藝，能事鬼神也。"（《平議》）俞説是。

㉒能多材多藝——舊讀此爲一句，今據俞樾説與"予仁若考"合爲一句，並讀"能"爲"而"。俞云："古'能'、'而'二字通用。《履·六三》'眇能視、跛能履'，李氏《集解》本'能'皆作'而'。崔駰《大理箴》'或有忠能被害，或有孝而見殘'，皆'能'、'而'通用之證。'予仁若考能多材多藝'者，若，而也；能，亦而也。猶曰'予佞而巧而多材多藝'也。此'能'字與'能事鬼神'之'能'不同。故下文曰'乃元孫不若旦多材多藝不能事鬼神'，'多材多藝'上不更著'能'字，可知兩'能'字不同也。"（《平議》）裴學海謂"而"訓"且"，此"能"字亦訓"且"（《古書虛字集釋》）。裴説可通。

㉓能事鬼神——"事"，服事，爲之服務。"鬼神"，古人以祖先死後即爲鬼神。二者又有別。《禮記·祭法》："人死曰鬼。""有天下者祭百神。"剛剛死的稱"新鬼"，以前死的稱"故鬼"（見《左傳·文公二年》）。

㉔乃元孫不若旦——《魯世家》譯作"乃王發不如旦"。"乃"，第二人稱代詞領格，這裏作"你們的"解。

㉕乃命于帝庭——《魯世家集解》引馬融釋爲"武王受命於天帝之庭"。以後注疏家皆作如此解。釋"命"爲"受命"是對的，因古代動詞往往主動和被動不分，"命"可用爲命令人，也可用爲受命。

本文三"命"字皆爲受命。但本句受命的主體釋作武王則不合。"乃"在此仍爲第二人稱代辭,而且按殷、周語法仍當爲領格。此句是説你們在帝庭裏承受了的天命。你們,指三位先王。

㉖敷佑四方——王引之《經義述聞》、俞樾《群經平議》都訓"敷"爲"徧"(遍)。俞並謂訓徧之"敷"與"溥"、"普"通用,文異義同(《詩·般》"敷天之下",《詩·北山》作"溥天之下",《孟子·萬章》作"普天之下")。而"佑"乃俗字,當作"右",讀爲"有",古"右"、"有"、"侑"通用,或假"有"爲"右"(《公羊傳·宣公十五年》"狄人不有"即"不右","不助"也)。此處假"右"爲"有","敷佑四方"即"普有四方"。王國維、楊筠如則以爲"敷佑"音義皆同"撫有",由"敷"與"溥"通,而古"溥"與"匍"爲一字,《盂鼎》言"匍有四方",即撫有四方(《觀堂讀書記》、《尚書覈詁》),王説是。按《秦公鐘》"匍有四方"(《秦公毀》則云"奄有四方"),又1976年新出土的《墻盤》有"匍有上下",可知"匍有"爲西周以來周人的習用語。到典籍中寫爲"撫有",如《左傳》之《襄公十三年》"撫有蠻夷"、《昭公元年》"撫有爾室"、《昭公三年》"撫有晉國"都是。"敷佑"是"匍有"、"撫有"的同音假借。

㉗用——表示"因"、"由"意義的介詞。在此是"因此"、"所以"等意義。

㉘爾——《魯世家》作"汝"。

㉙祇畏——《魯世家》作"敬畏"。"祇",敬(《説文》)。

㉚嗚呼——《魯世家》省去此二字。

㉛無墜天之降寶命——"寶",《魯世家》作"葆"。《留侯世家集解》引徐廣曰:"《史記》珍寶字皆作葆。"楊筠如謂金文中"寶"與"保"通,故或作"永寶用之",或作"永保用之"。"葆",當爲寶之假

字(《覈詁》)。"寶命",即指上面所説帝庭之命(據《蔡傳》)。

㉜永有依歸——《魯世家》作"永有所依歸"。《集解》引鄭玄注云:"有所依歸,爲宗廟之主也。"是漢今、古文本皆有"所"字。隸古寫本、内野、神宮、足利、清原諸本亦有之,雲窗本小字旁添"所"字,是僞古文本亦有"所"字。此句是説先王到下地來也有依歸的地方——就是宗廟中放神主的地方。

㉝今我即命于元龜——《魯世家》"我"下多"其"字。"即",就(僞《孔傳》),趨近、靠近的意思。"命",受命。"元龜",大龜(《魯世家集解》引馬融説。參看《高宗肜日》"吉人玄龜"校釋)。僞《孔傳》釋此句云"就受三王之命於大龜",是。

㉞爾之許我——"之",若(《釋詞》),是假設連詞。"爾之許我",你們倘若應許我,答應我。

㉟其——在此作承接連詞,與"則"字同(《古書虛字集釋》)。即今語的"就"。

㊱歸俟爾命——《魯世家》"歸"下有"以"字。"俟",等待(《釋詁》、《説文》)。是説回去等待你們的命令。

㊲屏——摒棄,去掉,拿開。

㊳乃卜三龜——用三個人卜了三龜(參看《洪範》"三人占"校釋)。但《魯世家》説是"乃即三王而卜,卜人皆曰吉",是三個卜人分向三個先王前占卜。

㊴一習吉——《魯世家》作"皆曰吉"。楊筠如謂"'習'與'皆'形近,疑本'皆'之訛字"(《覈詁》)。僞孔釋"習"爲"因",《蔡傳》釋"習"爲"重",在此皆牽强。又《孔疏》釋云:"'習'則'襲'也。'襲'則重衣之名,因前而重之,故以'習'爲'因'。"是説明"習"有"襲"、"重"、"因"三訓而實一致。其言係據《文選》。任彦升《蕭公行狀》

"龜謀襲吉"注引本句,並釋云:"'襲'與'習'通。"在此皆不適用。

　　㊵啟籥見書——《魯世家》作"開籥乃見書"。《周禮·卜師》注引作"開籥見書"。"開"爲"啟"的訓詁字。王引之云:"'書'者,占兆之辭。'籥'者,簡屬,所以載書。故必啟籥然後見書也。'啟'謂展視之,下文'以啟金縢之書',與此同。《少儀》曰:'執策籥尚左手。''策',蓍也。'籥',占兆之書所載也。故並言之。《説文》曰:'籥',書僮竹笘也,潁川人名小兒所書寫爲'笘'。《廣雅》曰:'籥,笘籭也。'是'籥'爲簡屬也。"(《述聞》)王國維也説:"'籥',疑亦'簡'之類。"(《觀堂讀書記》)

　　㊶乃并是吉——段玉裁云:"《論衡·卜筮篇》:'周武王不豫,周公卜三龜。公曰:乃逢是吉。'玉裁案:作'逢'者,蓋《今文尚書》也。《魯世家》'開籥乃見書,遇吉'。'遇'蓋'逢'之訓詁字。并逢聲之轉。"(《撰異》)按《論衡》下文明言"卜曰逢,筮曰遇"。顯然"逢"、"遇"兩字是卜筮中的術語,一般分別用在龜卜和蓍筮中,但似也可混用,故《魯世家》用了"遇"字,不是作爲逢的訓詁字用。俞樾云:"并當作併,竝也。……蓋周公本意請以身代,三龜皆吉,則武王當愈不待言矣。武王愈,周公宜死。及啟籥見書,更詳審之,乃知王與周公竝吉也。不然,則下文以旦代某之言更無歸宿。"(《平議》)此言可從。

　　從"乃卜三龜"至"乃并是吉",《魯世家》改爲史家叙事之文云:"周公已令史策告大王、王季、文王,欲代武王發。於是乃即三王而卜,卜人皆曰吉,發書視之信吉。周公喜,開籥乃見書,遇吉。"在文句上與本文有很大的出入。

　　㊷公曰——《魯世家》改爲史家叙事之文云:"周公入賀武王曰。"

㊸體——《魯世家》無此字。偶省。偽《孔傳》、《蔡傳》等舊注疏皆釋“體”爲兆體,係根據於《周禮·卜人》及《禮記·玉藻》的鄭玄謂體爲兆象的注解。但俞樾則以爲:“體字以一言爲句,乃發語之辭,慶幸之意也。《詩·氓篇》曰:‘爾卜爾筮,體無咎言。’《釋文》曰:‘體,《韓詩》作履,幸也。’然則體亦猶幸也。”現用其說。

㊹王其罔害——“其”,殆(《釋詞》)。是表示或然狀態的副詞,爲“大概會”、“一定會”等意思。“罔”,《魯世家》作“無”,是今文。《周禮·占人》、《禮記·玉藻》兩處鄭注亦引作“無”,是古文。“罔”爲偽古文本所用,義同無。

㊺予小子新命于三王——《魯世家》作“旦新受命三王”。“予小子”爲周公自稱,故史文改用周公名。“命”爲被動,故“新命”作“新受命”。

㊻惟永終是圖——“永”,《魯世家》作“長”,用訓詁字。“圖”,謀劃(《釋詁》)。吳澄云:“公視卜,知王疾必瘳,而己亦不代死,故言我新受命于三王,惟當永久克終是圖。”(《書纂言》)

㊼兹攸俟——《魯世家》作“兹道”二字,與上“惟永終是圖”爲一句,偽《孔傳》襲此爲釋云:“周公言我小子新受三王之命。武王惟長終是謀周之道。”這是據漢人的誤讀爲說。“兹”,此(《集解》引鄭玄注)。“攸”爲語中助詞,於賓詞在前,動詞在後時用之(《辭詮》)。“俟”,即上文“俟爾命”之“俟”。這句是說現在我就等着這個吧(段玉裁以爲漢今文當作“兹猷”,“猷”訓“道”,如“大誥猷”,《翟義傳》作“大誥道”,故《魯世家》“兹猷”作“兹道”。牟庭則以爲“攸”字原當作“逌”,亦作“逌”。漢古文誤爲“迪”,今文誤爲“逌”。“迪”訓道,故《魯世家》作“兹道”。“逌”寫爲“攸”,故偽孔作“兹攸俟”。都是從字義通假推想)。

㊽予一人——《魯世家·集解》引馬融注:"一人,天子也。"古代天子皆自稱"余一人"(典籍及金文多有之),故舊注疏皆釋此爲指周武王。但這句明明是周公講的,用了"余"字,説指武王是不可通的,應當是周公自稱。

㊾公歸乃納册于金縢之匱中——《魯世家》改叙爲:"周公藏其策金縢匱中。"並據下文加"誡守者勿敢言"一句。

㊿翌日——《唐石經》及各刊本作"翼日"。《爾雅·釋言》:"翌,明也。"郭璞注:"《書》曰:翌日乃瘳。"是晋時本固作"翌"。又《孔疏》:"翼,明。《釋言》文。"顯然《孔疏》原作"翌",故注爲《釋言》文,又玄應《一切經音義》,《漢書·五行志》顔注,《文選·弔魏武帝文》李注,皆引作"翌日乃瘳",今所見雲窗本正作"翌",皆可證唐初本作"翌"。段玉裁謂"翼,衛包所改"(《撰異》),甚確。王國維謂"翌"爲昱的假借(《觀堂學書記》)。《説文》:"昱,明日也。"但甲骨文中作"翊",有"翊日"、"翊夕"等稱。又作"羽",繫以干支,如"羽乙未"、"羽庚戌"之類,指即將到來的乙未那天、庚戌那天。其義也是次一天。總之作"翌"爲是,今改回。

(51)王翌日乃瘳——《魯世家》改叙爲"明日,武王有瘳"。"瘳",病愈。

以上第一節,是本篇的主體,記周公爲周武王病請以己代之事。復分三段:首段爲史臣關於周武王病周公將禱於神的記事;中段爲周公請代死的寫在祝册上的告神之辭;末段記載告神得吉卜後周公藏祝册於金縢之匱之事。是古代統治者在對祖宗神靈的崇拜下所進行的一種宗教性政治活動。

　　武王既喪①,管叔②及其群弟乃流言③於國曰:"公將不利於④孺子⑤！"

　　周公乃告二公曰："我之弗辟⑥，我無以告我先王。"周公居東⑦二年，則罪人斯得⑧。于後⑨，公乃爲詩以貽⑩王，名之曰《鴟鴞》⑪。王亦未敢誚⑫公。

　　①武王既喪——"喪"，死亡（《詩·皇矣·毛傳》）。《淮南子·要略》："武王立三年而崩。"《史記·封禪書》："武王克殷二年，天下未寧而崩。"又《史記》之《周本紀》及《魯世家》皆記周武王在周公請代死的祈禱之後病愈，接着又説"後而崩"（《本紀》），"其後武王既崩"（《世家》）。故王國維《周開國年表》以周武王之死即在此年。章鴻釗《武王克殷年考》，亦考定武王克殷後在位三年。都是指文王受命十三年。此説較可信（武王在位年數尚有：一、七年説，見《管子·小問篇》、《漢書·律曆志·世經》。二、六年説，見《逸周書·明堂篇》及《周本紀集解》引《帝王世紀》等等。以事實按之皆不合）。此處用"喪"字，而没有依後來周代禮制的等級規定天子死用"崩"字，可知此係早期文字（鄭玄釋此喪字爲喪服，是錯誤的）。

　　②管叔——名鮮，周文王之子，武王大弟，周公之兄。《史記·管蔡世家》："太姒，文王正妃也。其長子曰伯邑考，次曰武王發，次曰管叔鮮，次曰周公旦，次曰蔡叔度，次曰曹叔振鐸，次曰成叔武，次曰霍叔處，次曰康叔封，次曰冉季載。冉季載最少。""發立，是爲武王，伯邑考既已前卒矣。武王已克殷紂……於是封叔鮮於管，封叔度於蔡，二人相紂子武庚禄父，治殷遺民。"由是史稱管叔、蔡叔爲"二叔"，與武庚合稱"三監"（參看王引之《經義述聞·三監》，詳朱大韶《實事求是齋經説·二叔辨》）。叔鮮的封地"管"，據《左傳·僖公二十四年》杜注云："管國在滎陽京縣東北。"其地接近鄭州。

故《史記·正義》引《括地志》云：“鄭州管城縣，今州外城即管國城也，是叔鮮所封國也。”于省吾謂即金文中的“𠂤”或“𪁪”。《利簋》云：“辛未，王在𪁪𠂤。”辛未爲牧野戰後第八天，與《逸周書·大匡》和《文政》於克殷之後言“王在管”相合，亦同意其地即在今鄭州附近（《利簋銘文考釋》，見《文物》1977 年第 8 期）。

③流言——《荀子·致仕》注：“流者，無根源之謂。”又《大略》注：“流言，謂流傳之言，不定者也。”

④於——上文首段“爲壇於南方”、上句“流言於國”與此“不利於孺子”三“於”字，《唐石經》及各刊本原皆作“於”不作“于”，與全書“于”字異，錢大昕、段玉裁皆已指出。阮元《校勘記》云：“葛本（明永懷堂葛氏十三經古注本）‘於’作‘于’，下文‘於孺子’同。按語助之‘於’，《尚書》皆作‘于’。惟（《堯典》“於變時雍”及本篇、《酒誥》共六於字）各本並作‘於’，薛氏《古文訓》亦然。蓋傳寫舛錯，初無義例。葛本獨於此兩句仍作‘于’，又葛本之誤也。”既原文相承如此，故不改。

⑤孺子——一般作爲兒童的通稱（《釋名》）。據錢大昕考定古代天子諸侯等的嫡長子承位者專稱“孺子”（《十駕齋養新錄》卷二）。此處指周武王的兒子周成王，故《魯世家》即作“成王”。王國維云：“孺子蓋猶成王之字，周公稱成王爲孺子王。”劉盼遂以爲一如漢人以“少兒”、“少子”爲字（《觀堂學書記》）。此說可備一解。

⑥我之弗辟——“之”，在此爲假設連詞，意同“倘若”。“弗辟”，《說文》九上引作“不𨐔”，並釋爲“法也”（據段玉裁校）。這是古文。《釋文》云：“辟，馬、鄭音避，謂避居東都。”段玉裁云：“鄭明知故書作‘𨐔’而不欲如字訓‘法’者，古經‘譬’、‘僻’、‘避’字皆用‘辟’。鄭謂‘𨐔’即辟，‘辟’即避也。”（《撰異》）陳喬樅云：“鄭君讀

辟爲避，與史公同，皆據《今文尚書》，而其説又各不同者，蓋或從歐陽説，或從大、小夏侯説。”（《經説考》）“我之弗避”，我倘若不避開。《魯世家》依今文訓辟爲避，釋此句爲“我之所以弗避而攝行政者”。僞《孔傳》依古文釋“辟”爲法，釋此句爲“我不從法法三叔”。各持一説。

⑦居東——居國之東（《蔡傳》）。是説周公因避嫌疑，離開國都，暫居東邊某地。“東”可泛指國都之東，也可指較具體的地區。殷代武丁卜辭已有“王勿入于東”（《乙》2093）。《詩・小雅》有小東、大東。本書《洛誥》“大相東土，至于洛師”，則“東”可指酆鎬以東至於洛邑之地。《孔疏》引王肅云：“東，洛邑也。”即指這一帶。《魯世家》把殺武庚、誅管叔、寧淮夷東土叙在“我之弗辟”之下，以當此句，王肅注（《孔疏》引）及僞《孔傳》也釋“居東”爲“東征”，都是誤把周公東征武庚、管、蔡事和本文牽合在一起，顯是錯誤的。戴鈞衡《書傳補商》云：“馬氏融以爲東都，其時未營洛邑，安有東都？鄭氏康成以爲東國，虛而無指。《墨子・耕柱篇》以爲東處於商，三監方欲謀公，豈有避居於商之理。《越絶書》以爲東巡狩於邊，王方疑公，避位將以釋疑也，而反公然代天子巡狩乎？近徐氏文靖據《魯世家》周公奔楚（按《蒙恬傳》及《論衡・感類》亦言奔楚），及《國策》王季葬楚山之尾之文，以爲出依王季墓。明豐坊僞《子貢詩傳》以爲居魯（按《琴操》亦言居魯）。皆不足信。”戴此説頗有理由。牟庭《同文尚書》則謂居東爲居豳。其地在豐鎬之東。字又作“邠”，從邑分聲，而《説文》“份”，古文作“彬”，從焚省聲，是“邠”古文亦可以從邑焚省聲，林下著邑，形乃似“楚”，必隸古誤定古文“邠”爲“楚”字。牟説意在與《詩・豳風》相應，亦或可取。

⑧則罪人斯得——“罪人”，指散布流言的人。“斯”，爲承接連

詞,意同"乃"(據《釋詞》。僞孔釋爲"此",《孔疏》引王肅釋爲"皆",俞樾據鄭玄説釋爲"盡",皆不確)。《蔡傳》云:"方流言之起,成王未知罪人爲誰,二年之後,王始知流言之爲管、蔡。"俞樾則云:"按'罪人斯得'之文,即承'周公居東二年'之後,是周公得之,而非成王得之也。所謂得之者,謂得流言之所自起也。"(《平議》)《詩·鴟鴞·正義》引鄭玄《尚書注》云:"罪人,周公之屬黨,與知居攝者。周公出,皆奔。今二年,盡爲成王所得。謂之罪人,史書成王意也。"這是鄭玄誤據《詩·鴟鴞》"既取我子,無毁我室"等句而得的錯誤解釋,完全不符合當時情況。

⑨于後——劉淇云:"于後,猶云其後。"(《助字辨略》)楊筠如同此説,並云:"襄四年《左傳》'愚弄其民',《潛夫論》'其'作'于'可證。"(《覈詁》)

⑩貽——贈送(《説文·貝部》新附。原只作"詒",見《言部》)。《詩·豳風·鴟鴞》序作"遺",義同(《豳風·正義》引鄭玄本作"貽",又引鄭云:"怡,悦也。"段玉裁考訂鄭本當作"詒",同"紿",意爲佹言,非正言。釋義略爲迂迴,故不從)。

⑪名之曰鴟鴞——"名",《魯世家》作"命"。係用義訓字。《釋文》載徐邈音"名"爲"亡政反",讀同"命"。陸德明則以爲仍當讀"名"。《鴟鴞》一詩見於《詩·豳風》。按,"鴟"、"鴞",自戰國以來皆指鳥類惡鳥,鴟爲鷂鷹,鴞爲猫頭鷹。但作爲周公所作《鴟鴞》一詩篇題的鳥名,則是"鴟鴞"二字合稱。《毛傳》:"'鴟鴞',鸋鴂也。"《正義》引陸璣《毛詩草木鳥獸蟲魚疏》云:"鴟鴞似黄雀而小,其喙尖如錐,取茅莠爲巢,以麻紩之,如刺襪然,懸著樹枝,或一房,或二房。幽州人謂之鸋鴂,或曰巧婦,或曰女匠;關東謂之工雀,或謂之過羸;關西謂之桑飛,或謂之襪雀,或曰巧女。"是"鴟鴞"是一

種小鳥。

《鴟鴞》詩全文如下："鴟鴞鴟鴞，既取我子，無毀我室，恩斯勤斯，鬻子之閔斯。""迨天之未陰雨，徹彼桑土，綢繆牖戶，今汝下民，或敢侮予。""予手拮据，予所捋荼，予所蓄租，予口卒瘏，曰予未有室家。""予羽譙譙，予尾翛翛，予室翹翹，風雨所漂搖，予唯音曉曉。"

《毛傳》釋"無毀我室"爲"寧亡二子，不可以毀我周室"。《孔疏》謂"毛以爲周公既誅管、蔡，王意不悦，故作詩以遺王"，"言不得不誅管、蔡之意"。然而與當時居東尚未誅管、蔡的事實不合。鄭玄則謂周公屬黨盡爲成王所得，"傷其屬黨無罪將死……故作鴟鴞之詩以貽王"（《鴟鴞》疏），與本篇所記周公居東知道了散布流言的人是管、蔡之後的情況亦不合。看來解釋得比較正確的是江聲《音疏》所說："'鴟鴞鴟鴞'以下，皆託鴟鴞以爲言也。其言'綢繆牖戶'以爲巢，諭己之勤勞王室也。言'今汝下民或敢侮予'，'或'之言，有。下民有侮予者，諭管、蔡也。言'予室翹翹風雨所漂搖'，諭王室將毀也。"可知《鴟鴞》是周公處在"恐懼流言"之日，憂讒畏譏，表達其愁苦之心，並由於得知散布流言之人是管、蔡，因而希冀成王醒悟而作的一篇詩。

⑫誚——《魯世家》作"訓"，皮錫瑞以爲訓、順古通用，"成王未敢順公意也"（《考證》）。楊筠如則以爲"訓"、"誚"義相近，《史記》仍用誚字義（《覈詁》）。此字《説文》作"譙"，"誚"爲其古文。《詩·鴟鴞·正義》引鄭注，釋爲責讓、責備的意思。

以上這一節，叙述周武王死後，周公因管叔等散布流言致成王懷疑因而避居於東之事。

對於這一節，《魯世家》並沒有嚴格依原文緊接在上面第一節之後，而是用了七八句叙明武王死、周公當國這一史事，然後接叙管叔及群弟的流言。並夾叙了東征作《大誥》,誅殺管叔、武庚等事,下面的文字很多出入,顯然是司馬遷根據其他史料作較多的改叙,故無法和本節文字相校。

　　秋①,大熟②,未獲③,天大雷電以風④,禾盡偃⑤,大木斯拔⑥,邦人大恐⑦,王與大夫盡弁⑧,以啓金縢之書⑨,乃得周公所自以爲功代武王之説⑩。

　　二公及王乃問諸史與百執事⑪。對曰:"信⑫。噫公命,我勿敢言⑬。"王執書以泣曰:"其勿穆卜⑭! 昔公勤勞王家⑮,惟予沖人⑯弗及知。今天動威以彰⑰周公之德,惟朕小子其新逆⑱;我國家禮亦宜之。"

　　王出郊⑲,天乃雨⑳,反風㉑,禾則盡起㉒。二公命邦人㉓,凡大木所偃,盡起而築之㉔,歲則大熟。

　　①秋——居東二年之秋。

　　②大熟——指農作物大熟。

　　③未獲——"獲",刈穀(《説文》)。即收割糧食。"未獲",還没有收獲。

　　④天大雷電以風——《尚書大傳》作"天乃雷雨以風"(《漢書·梅福傳》注引)。《魯世家》則作"暴風雷雨"四字。王引之、皮錫瑞等皆謂今文作"雷雨",古文作"雷電"(《述聞》、《考證》)。"以"同"與"(《詩》之《江有汜》、《擊鼓》、《桑柔》等鄭箋及《儀禮·鄉射禮·大射儀》鄭注,並見王氏《釋詞》)。

　　⑤偃——倒伏(《孟子·滕文公上》"草上之風必偃"趙岐注)。

　　⑥大木斯拔——"斯",《魯世家》作"盡"。段玉裁引此,並據

《詩·皇矣》“皇赫斯怒”鄭箋訓“斯”爲“盡”，以爲今文家説如此。但是不論怎樣大的風雨，哪裏有大木全部都被拔掉的事，故不從此解，仍以“斯”爲語詞，在此作爲句中助詞，用以倒置賓詞“大木”於動詞“拔”之前。

⑦邦人大恐——《魯世家》改叙爲“周國大恐”。《大傳》則作“國恐”，顯有脱字。

⑧王與大夫盡弁——《魯世家》作“成王與大夫朝服”。按《周禮·司服》：“眡（同視）朝則皮弁服。”《禮記·玉藻》：“皮弁以日視朝。”故《史記》將“弁”叙明爲“朝服”。“弁”本是古代貴族用鹿皮做成的帽子（見《吕氏春秋·上農》注、《儀禮》之《覲禮》、《士冠禮》等注），在貴族禮制中，“冠、服”是有一定規定的。所以什麽樣的“冠”就代表什麽樣的冠服制度。“弁”就代表朝服。釋“弁”爲“皮弁”是今文家説，僞孔承之。古文家鄭玄則釋爲“爵弁”，是承天變而降服。見《孔疏》引。

⑨以啓金縢之書——《魯世家》作“以開金縢書”。《大傳》“啓”亦作“開”。皆用訓詁字。《蔡傳》云：“古者國有大事卜，則公卿百執事皆在，誠一而和同，以聽卜筮，故名其卜曰穆卜。成王因風雷之變……王與大夫盡弁，以發金縢之書，將卜天變，而偶得周公册祝請命之説也。”此説頗近事實。

⑩乃得周公所自以爲功代武王之説——《魯世家》“乃”上多“王”字，爲司馬遷叙事所增。“所”，《論衡·感類》引此誤寫作“死”。“説”，《史記》別本作“簡”（見《魯世家·集解》引徐廣曰）。意同僞《孔傳》所云“所藏請命策書本”。即祝册。王闓運謂即《周禮·大祝》“掌六祈”的“六曰説”之“説”（《尚書箋》）。就是祝册中的祝辭。

⑪諸史與百執事——《魯世家》無"諸"字、"與"字。簡朝亮謂"諸"爲語詞(《述疏》)。按，"諸"即"之""於"二字的合聲，爲代名詞兼介詞(據《詞詮》)。"史"即上文讀祝册之史。"百執事"，《後漢書·蔡邕傳》邕上封事引作"執士"。士、事古通用，與典籍"卿士"金文作"卿事"同。百執事指掌管卜筮册祝及典藏金縢之匱的各項執事官員。

⑫信——確實，實有其事。故《魯世家》作"實有"(據陳喬樅説"實有"連讀)。

⑬噫公命我勿敢言——《魯世家》句首省去"噫"字，增"昔周"二字以叙明文意。《釋文》云："馬本作'懿'，猶億也。"王鳴盛云："《大雅》有《抑》篇，《楚語》作'懿'，韋昭云：'懿讀曰抑。'《小雅·十月之交》'抑此皇父'，箋云：'抑之言，噫。'《韓詩》云：'抑，意也。'……然則噫、意、懿、抑皆同也。"(《後案》)王念孫亦云："噫、懿、億並與抑同。'信'爲一句，'噫公命我勿敢言'爲一句，言信有此事，抑公命我勿敢言之也。"(《釋詞》卷三)但如王讀，則當作"抑公命我勿言"，不應有"敢"字。故據《蔡傳》讀爲"抑公命，我勿敢言"兩句。

⑭其勿穆卜——"穆卜"，卜筮用術語，見篇首"我其爲王穆卜"校釋。《蔡傳》云："成王啓金縢之書，欲卜天變，既得公册祝之文，遂感悟，執書以泣，言不必更卜。"是説不要再卜了。《魯世家》此句作"自今後其無繆卜乎"，顯因"穆"作"繆"，又誤讀爲繆誤之"繆"所致。

⑮昔公勤勞王家——"昔公"，《魯世家》叙明爲"昔周公"。"勤勞"爲古代讚揚勳績用語。楊筠如謂與《毛公鼎》"勞勤大命"同(《覈詁》)。

⑯予沖人——“予”爲“余”的假借，“沖”爲“童”的假借。王國維云：“足見古韻東冬不分。”（《觀堂讀書記》）“予沖人”與“余小子”、“朕小子”同，都是古代君主自稱之詞（參看《盤庚》“沖人”校釋）。但此處《尚書大傳》及《魯世家》皆作“予幼人”，當作爲周成王以年輕自稱如此。

⑰彰——表明，顯揚。

⑱新逆——《魯世家》無“新”字；“逆”作“迎”，二字同義。段玉裁云：“凡《古文尚書》多作‘逆’，凡《今文尚書》多作‘迎’，如‘逆河’、‘迎河’，其一證也。”（《撰異》）《釋文》云：“新逆，馬本作親迎。”按，古“親”、“新”通用，如“新民”，《禮記·大學》作“親民”。是“新逆”當即“親迎”。故《詩·東山序》鄭箋云：“成王既得金縢之書，親迎周公也。”段玉裁《撰異》謂：“此述經意，非録經文，不得據此謂鄭本亦作親迎。”蓋段據《東山序·正義》引鄭玄注《金縢》爲“更自新以迎周公”，明是“新”字。

⑲王出郊——“郊”，指國都郊外。林之奇云：“郊勞而親迎之，故曰王出郊。”（《尚書全解》）即郊迎周公（漢今文及僞古文釋爲郊祭，漢古文家王充釋爲觀變，皆非）。

⑳天乃雨——《論衡·感類》引此句作“天止雨”。《琴操》引作“天乃反風霽雨”。王引之《述聞》引此，並云：“據此則古文之‘天乃雨’，今文當作‘天乃霽’。雨止爲霽，故《論衡》以‘雨止’代之也。蓋古文言‘天大雷電’而不言雨，故下文曰‘天乃雨’。今文既言‘天大雷雨’，則下文不得言‘天乃雨’矣。”

㉑反風——“反”，同“返”。“反風”，風轉向倒吹了。

㉒禾則盡起——《魯世家》及《論衡·感類篇》所引皆無“則”字。

㉓邦人——《魯世家》作“國人”，西漢今文家避劉邦諱。

㉔盡起而築之——“築”，別本亦作“筑”（《釋文》）。馬融云：“築，拾也。”（《釋文》引）《孔疏》：“鄭、王皆云‘築，拾也’。”按《爾雅·釋言》：“筑，拾也。”是爲馬、鄭、王本所據。《釋文》所見別本，當即此諸古文家之別本。段玉裁云：“此好事者因馬、鄭、王皆云‘筑，拾也’合於《爾雅》，遂改從《爾雅》作‘筑’。不知《釋文》、《正義》（即《孔疏》）未嘗言馬、鄭、王作‘筑’也。‘筑’與‘掇’雙聲，故得訓拾。‘筑’、‘築’皆非正字，未見‘筑’是、‘築’非也。”（《撰異》）馬融釋此句云：“禾爲木所偃者，起其木，拾其下，乃無所失亡也。”（《魯世家集解》引）是說把大木所倒壓的禾扶起來拾取其穗。這樣理解是正確的。僞《孔傳》及《孔疏》釋爲“木有偃拔，起而立之，築有其根”。以爲是築大木之根，是不正確的。

以上這一節，記天變警告之下，周成王得讀金縢之書，因而悔悟親迎周公之事。

這一節，《魯世家》把它敘在周公死後，與上面第二節中間相隔了許多年的許多史事。段玉裁云：“案今文之說最爲荒謬。史官記事，前云‘既克商二年’，云‘武王既喪’，云‘居東二年’，何等分明。豈有爲詩詒王之後，秋大熟之前，間隔若干年、若干大事，不書周公薨，而突書其薨後之事，人讀罷不知其顛末者。”（《撰異》）確指出了其不合。

孫星衍以爲這一節是《亳姑》篇的逸文。他說：“史公說爲周公卒後秋未獲，並言周公在豐，將沒，欲葬成周。公薨，成王葬於畢，告周公作《亳姑》。則此是《亳姑》逸文，成王所作，與周公所作《金縢》別是一篇，《亳姑》篇今亡，猶可以此考見。其云告周公者，蓋以天變祝告改葬之，則所雲‘惟朕小子其迎我國家禮亦宜之’，謂惟我小子其逆於國家應有之禮，亦宜有此天變也。必後人因其文有'以啓金縢'之辭，誤合於《金縢》耳。"(《孫疏》)如孫言，則《金縢》篇有首而無尾，賴《亳姑》篇載其尾，何時乃合之爲一篇乎？義雖新，終不知何以致此現象。

(二) 今　譯

滅商之後二年，武王得了病，很不舒服。二公説道："我們替王進行肅敬的卜筮吧！"周公道："這還是不能感動我們先王的。"

於是周公以自己的身體做抵押：在一個場上築成了三座壇，再在南面起了一座壇，朝着北方，周公站在上邊，陳設好了璧，手裏捧着珪，向太王、王季、文王祝告。史官便拿着册子，開讀祝文道：

"你們的長孫某人犯了很厲害的病，倘是你們三王在天上需要把他召去服事你們，那就請把我小子旦來代替他吧。我很有口才，又很機靈，又多材多藝，能够服事鬼神。你們的長孫並不是多材多藝的，他哪裏能够服事鬼神呢。

"你們在上帝的宮裏承受了大命，使得撫有四方，所以能够安定你們在下界的子孫，四方的人民没有敢不敬畏的。唉！只要上天降下的大命不致失掉，我們先王的神靈也就永遠有歸宿的地方（指宗廟）了。

"現在我在大龜上面接受你們的命令。你們如果許我，我就把璧和珪獻給你們，回去等候你們的命令。若是你們不許我，我就要把璧和珪拿開了。"

於是他分派了三個人卜了三龜，都一致得到了吉兆。展開簡冊，把卜兆的話翻出一看，乃是王和周公一併得到了吉兆。周公説："好了！王的病是不要緊的了。我小子新受了三王的命令，也可以永久替國家謀劃。現在我就等着這個吧！三王是一定肯關心我的。"

周公回去，把這篇祝文的册子安放在金質封固的櫃子裏。武王在第二天就好了。

後來武王死了，管叔和他的幾個弟弟在國內放出謠言道："周公對這個小主人要不懷好意了。"

周公就對二公説："我現在若不避開，我怎能對得住我們的先王呢?"他避到東方住了二年，幾個造謠言的人終被破獲。過了幾時，他做了一首詩送給成王，題目是《鴟鴞》。成王也不能怎樣説他。

那一年秋天，莊稼長得很好；還没有收獲，忽然起了大雷電，又是大風，把許多禾黍都吹倒了，很大的樹木也被拔了起來。國內的人民驚慌得很。王和大夫都戴了皮弁禮服準備占卜，打開貯放占卜祝册的金質封固的櫃子，取看裏面關於占卜的書册。於是得到了周公把自己做抵押請替代武王死的祝辭。

二公和成王就這件事詢問史官和各執事之官，他們回答説："是的。但這是周公的命令，我們一直没敢説。"王手裏拿着書，滴着淚説："不要占卜了。以前周公替王室出了許多力，我這個幼年人全然不知道。現在上天發出它的威嚴，來表明周公的德行，我小子應當親自去迎接，這在我們國家禮制上也是相宜的。"

成王出了郊，天下雨了，風也倒吹了，禾黍都竪起來了。二公吩咐國內人民，凡是被吹倒的大木所壓着的禾黍，都扶了起來，把穗子拾起。這一年仍然獲得了一個大熟的收成。

（三）討　論

本篇需要討論的有下列三個問題：

（一）漢代今古文對《金縢》的紛歧説法

《金縢》是西周時期的奴隸主統治者宣揚和歌頌周公旦一次宗教性的政治行爲的一篇神話式的傳説，在下列幾點上原説得很明白：（1）周公要爲生病的周武王替死，把禱告的祝册藏在金縢櫃中；（2）周武王死後，因管叔等的流言，周公避居東方，並寫了一首《鴟鴞》詩贈給成王；（3）上天用風雷示警，使周成王醒悟，把周公接了回來。在本文裏對這幾點本來是説得很清楚的，但由於周代有關周公的傳説很紛歧，加上西漢儒生喜歡妄生異説，以致弄得非常淆亂，歧義紛紜。王充《論衡·感類篇》指出："《金縢》曰：'秋大熟未獲，天大雷電以風，禾盡偃，大木斯拔，邦人大恐。'當此之時，周公死，儒者（指今文家）説之以爲成王狐疑於周公（孫人和《論衡舉正》謂"周公"上脱"葬"字）。欲以天子禮葬公，公人臣也；欲以人臣禮葬公，公有王功。狐疑於葬周公之間，天大雷雨，動怒示變，以彰聖功。古文家以武王崩，周公居攝，管、蔡流言，王意狐疑周公，周公奔楚，故天雷雨以悟成王。夫一雷一雨之變，或以爲葬疑，或以爲信讒，二家未可審。"由這裏使我們看出，漢代今文、古文兩家的説法是截然不同的。今文家把風雷示警説成是在周公死後，周成王對周公的葬禮拿不準主意而出現的，即所謂"葬疑"。此説首見於《尚書大傳》："周公疾，曰：吾死必葬於成周，示天下臣於成王也。周公死，成王欲葬之於成周（此句據《儒林傳》注增）。天乃雷雨以風，禾盡偃，大木斯拔,國人大恐,王與大夫開金縢之書,執書以泣曰:周公勤勞王家,予幼人弗及知,乃不葬於成周而葬之於畢,示天下不敢臣。"(《漢書·梅福傳》注引)接着是《白虎通·封公侯篇》、又《喪服篇》、《後漢書·周舉傳》、又《張奐傳》,以及何休《公羊解詁·僖公三十一年》等等都承用了今文家這一説法。

古文家之説,則把風雷示警放在管蔡流言周公避嫌居外之時,即所謂成王"信讒"後出現的。這一説法與《金縢》本文相合。但把"居東"説成是"奔楚",則是傳説出現了紛歧(徐文靖《竹書統箋》謂楚即楚山,爲王季葬地,亦即《季婦鼎》"王徙于楚麓"之楚,《左傳·成公十三年》注:"新楚,秦地。"《括地志》説:"終南山,一名楚山。"並謂:"周公奔楚,當是因流言出居,依於王季、武王之墓地,無遠涉東都之理。"俞正燮《癸巳類稿》則謂居東即奔楚。他們都是想解決這一紛歧。前面"居東"校釋中還引了好些不同説法。這許多傳説的紛歧是沒有必要勉強去加以整齊的)。而今文家的《尚書大傳》則在敘述管叔流言周公見疑之後,即説"祿父三監叛也,周公以成王之命殺祿父,遂踐奄"。是把"征東"誅祿父、管、蔡當做了本文中的"居東"。這與戰國以來如《墨子·耕柱篇》所説周公東處商蓋(奄)之説也不合。

在當時還有一種未明確是今文還是古文的可能是從戰國流傳來的另一説法,即蒙恬所説的:"成王有病甚殆,(周)公旦自揃其爪以沉於河,曰:'王未有識,是旦執事有罪殃,旦受其不祥。'乃書而藏之記府。……及王能治國,有賊臣言周公旦欲爲亂。……王乃大怒,周公旦走而奔於楚。成王觀於記府,得周公旦沉書。乃流涕曰:'孰謂周公旦欲爲亂乎?'殺言之者,而反周公旦。"(《史記·蒙恬列傳》)這是把周公要代死的人由周武王變成了周成王;周公所往的地方則和古文家相同，也說是奔楚。顯然這是周公同一故事的另一傳說，而受了點古文家的影響。

更不通的是西漢末年出現的《書序》說："武王有疾，周公作《金滕》。"把這一宣揚周公的文件說成是周公本人所作，當然與今文家所說風雷示警是周公死後的事完全相反。其實只要一讀本文，其中完全是史臣所記的文字，可知這一說只表示了《書序》作者的荒謬。

在漢代，對《金滕》的傳說這樣的紛歧，這就苦了司馬遷。他要"厥協六經異傳，整齊百家雜語"，把有關周公的這些"雜語"都"整齊"到《史記·魯周公世家》裏面去，就只好拼拼湊湊的加以排列，不像《史記》中采用的《尚書》其他各篇基本都是把原文整體錄入，而是把好些不同說法都插進到他所譯錄的《金滕》文字中來了。在《魯周公世家》中，司馬遷首先完整地譯載了《金滕》的第一大節，在錄到中間一節的"周公乃告二公"一句後，不是接着引錄"周公居東"，而是接叙了下列許多史事：（一）周公相成王，使其子伯禽就封魯國。（二）管、蔡、武庚叛，周公東伐，作《大誥》，誅殺管叔等，寧淮夷東土，這顯然是采用了《尚書大傳》的叙事次序。（三）作《餽禾》、《嘉禾》等篇。在這裏插錄了《金滕》爲《鴟鴞》詩貽王的那三句。然後又接叙：（四）營成周雒邑。（五）還政成王。（六）簡叙《蒙恬傳》中爲成王揃爪沉河的那一段。（七）作《多士》。（八）簡錄《無逸》篇文。（九）作《周官》。（十）作《立政》。然後引錄了今文家所謂"葬疑"的一大段，也就是最後才接錄《金滕》的"秋天大熟未獲"到篇末的一大段於"周公卒後"。這樣的支離割裂，反映漢代的紛歧說法所給司馬許造成的困惑。他不知道同一故事的不同傳說，是只能加以區別而不能"整齊"到一起的。如果勉强加以整齊，就變成幾個故事並列在一起了。所以《魯周公世家》中，就有周公請代武王死和請代成王死的兩個故事並列了，又有“信讒”和“葬疑”的兩個故事並列了。

在《史記》之後，古文家内部對一些説法繼續發生紛歧，如“居東”一事，馬融、鄭玄既以爲是避居東都（《釋文》、《詩·七月》箋），鄭玄又籠統説避居東國（《詩·七月》疏），王肅（見《孔疏》）、僞《孔傳》則承今文家説以爲即是東征。又鄭玄以“罪人”是周公屬黨，“罪人斯得”是成王“盡得周公之屬黨”，《鴟鴞》詩是傷其屬黨無罪不宜誅殺而作，其時間在東征之前（《詩·鴟鴞》疏）。王肅及僞孔則同於《詩·毛傳》以“罪人”指管、蔡，“罪人斯得”爲東征二年之間罪人皆得，《鴟鴞》作於東征已誅管、蔡之後，“解所以宜誅之意”（僞《孔傳》及《孔疏》）。這些紛歧的解釋，只是反映這一故事傳説時繼續分化。歷代經師特別是宋儒對這些紛歧連篇累牘地聚訟不清，其實完全是没有必要的。既然是同一故事有許多傳説，《金縢》篇只是其中一種傳説，它與揃爪沉河的傳説不同，與周公誅管、蔡的傳説也不同，與風雷改葬的傳説也不同，我們只能把它作爲不同傳説之一，因此只能就本文來認識本篇，根據本文文義來進行解釋，不能糾纏於經師們的曲解和争議中去。大抵本篇所説較近事實，周公因讒言避居於東，得風雷之變而受成王親迎，然後才能掌握政權爲鞏固周王朝而誅武庚、管、蔡，踐奄寧淮夷，制禮作樂，所以終能成就他一生的事業。如果依今文家説，周公直到死後才因風雷示警使成王釋去懷疑，那麽生前一直處在成王懷疑中終未出頭，怎能做出他那些事業留在歷史上呢？

（二）金縢故事的真實性

《尚書·金縢》記載周武王病重時，周公設壇禱告請代武王死。自明人王廉、張孚敬、清人袁枚等提出懷疑後，近人也有懷疑《金縢》

的真實性。究竟《金縢》可不可信呢？

　　要知流傳到漢代的《金縢》，雖然被弄得非常錯歧紛雜，其實並不影響這篇文件的原件是真實的，它所記載的故事也是真實的。因爲在古代的奴隸制統治者，是純靠宗教迷信和暴力來維持它的統治的，它的一切活動都要通過尊神事鬼來進行。至上神、宗祖神以及各種事物的神都是他們膜拜的對象，所以吉凶禍福都要向鬼神祈禱和禳祓。而最高的奴隸主統治者，他的吉凶禍福又是高於一切的，最好的幸福要集中到他一人身上，而有了灾禍則是要他的臣下替他分擔、替他代受的。所以古代的帝王遇到灾禍或疾病時，往往要向鬼神禜禳，叫他左右的親人或大臣來代他承擔。周公《金縢》的故事就是這樣的事件，因爲他所處的正是武王的最親的親人和最重要的大臣的地位，他是必須扮演這一角色的。

　　古代典籍中不乏關於這類事情的記載，現在先舉一件受到孔子誇獎的楚昭王不肯把灾禍移給大臣的故事，就可看出古代的統治者把灾禍移給左右的人是經常的和正常的做法。《左傳·哀公六年》說：“王有疾。庚寅，昭王攻大冥，卒于城父。……是歲也，有云如衆赤鳥，夾日以飛三日。楚子使問諸周大史。周大史曰：‘其當王身乎，若禜之，可移於令尹、司馬。’王曰：‘除腹心之疾，而置諸股肱，何益？不穀不有大過，天其夭諸？有罪受罰，又焉移之！’遂弗禜。初，昭王有疾，卜曰：‘河爲祟。’王弗祭。大夫請祭諸郊。王曰：‘三代命祀，祭不越望。江、漢、雎、漳，楚之望也。禍福之至，不是過也。不穀雖不德，河非所獲罪也。’遂弗祭。孔子曰：‘楚昭王知大道矣，其不失國也，宜哉。’”楚昭王因爲比較開明，不肯按照周太史所掌握的傳統辦法，經過禜祭（杜注：“禜，禳祭。”就是禳除灾害的祭），把灾害轉移到令尹、司馬這兩個左右大臣身上，誰知他自己真免不掉死了。

現在再舉一個時代晚得多的，把災害移給親弟弟來救自己性命的皇帝的故事，就更可印證周公《金縢》故事的完全可靠。這故事載在《元秘史》卷十五。顧頡剛先生《金縢篇今譯》曾引錄其文如下：

"兔兒年，斡歌歹皇帝征金國，命者別爲頭哨，遂敗金兵。過居庸關，斡歌歹駐軍龍虎臺，分命諸將攻取各處城池。

"斡歌歹忽得疾，昏憒失音。命師巫卜之，言乃金國山川之神，爲軍馬擄掠人民，毀壞城郭，以此爲祟。許以人民財寶等物禳之，卜之不從。其病愈重，惟以親人代之則可。

"疾少間，忽開眼索水飲，言説：'我怎生來？'其巫説：'此是金國山川之神爲祟；許以諸物禳之皆不從，只要親人代之。'

"斡歌歹説：'如今我根前有誰？'當有大王托雷説：'洪福的父親將咱兄弟內選着，教你做了皇帝。令我在哥哥根前行，忘了的提醒，睡着時喚醒。如今若失了皇帝哥哥呵，我誰行提説着，喚醒着，多達達百姓叫誰管着；且快金人之意。如今我代哥哥，有的罪孽都是我造來！我又生得好，可以事神。師巫，你咒説着！'

"其師巫取水咒説了。托雷飲畢，略坐間，覺醉，説：'比及我醒時，將我孤兒寡婦抬舉教成立者！皇帝哥知者！'説罷，出去，遂死了。其緣故是這般。"

按，右見《元秘史》卷十五。斡歌歹即元太宗窩闊臺，元太祖第三子；托雷，元太祖第四子。

這件事和《金縢》故事幾乎完全一樣。窩闊臺和周武王都是創業之主，因而是不能死的，但都可以用親人替代，且弟弟都自願代死，真是如出一轍。托雷説："如今我代哥哥，有的罪孽都是我造來！"與《史記》所載"是旦執事有罪殃"完全相像！托雷又説："我又生得好,可以事神。"更是周公所説"予仁若考能多材多藝,能事鬼神"一句話的翻版! 只是遇到的是敵國的山川之神,而不是他們自己的祖宗,結果他是真的死了(顯然師巫咒術的水内是有毒的)。

由此可知周公《金縢》的故事是完全符合當時歷史實際的。而篇中所載周公册祝之文,不論是它的思想内容,還是一些文句語彙,也都基本與西周初年的相符合。因此這篇文件的主要部分確是西周初年的成品,應該是肯定無疑的。

但作爲《商書》和《周書》諸誥的主要特點,都是當時統治者的講話記録,在《尚書》全書中來説,也基本只有作爲講話記録的諸"誥"才是可靠的真文獻。現在《金縢》篇中,除了周公禱祝的話可作爲他的講話記録因而可靠外,還有不少叙事之文,與諸誥體例不一致。這些叙事之文的風格也較平順,如《顧命》的叙事文一樣,頗接近東周,很可能是東周史官所補述。

因此我們可以説,《金縢》的故事是真實的,《金縢》文字的主要部分(大體前半部)也基本是可靠的,但其叙事部分則可能是後來東周史官所補充進去的。

(三)所謂"丕子"的問題

在《尚書·金縢》裏周公請求代周武王死的禱祝詞中有這麽一句:"若爾三王是有丕子之責於天,以旦代某之身。"其中"三王"是指在天的周先王太王、王季、文王三人。"丕子"二字,則由今文、古文的用字不同,而其解釋則今文、古文及歷代治經者更提出了各種各樣的不同説法,極駁雜紛歧之能事,不加以分析比較,則不能得到接近正確的解釋。現在特按時代先後加以清理如下:

一、漢今文作"負子"、"負兹",釋爲諸侯生病的專用名詞。

"負子"二字見於《史記·魯周公世家》所譯載的《金縢》文中,

並見於《後漢書・隗囂傳》，是由"負"與"丕"音近訛寫而成。隗囂告州牧部監等曰："申命百姓，各安其所，庶無負子之責。"段玉裁釋云："蓋謂民安其所，乃無背棄子民之咎。負者，背也。《金縢》今文'是有負子之責於天'，謂武王有背棄子民之咎而將死也。隗囂用今文家説。"

又見於《禮・曲禮下》正義引班固《白虎通》云："天子病曰不豫，不復豫政也。諸侯曰負子，子，民也，言憂民不復子之也。"（《太平御覽》卷七三九亦引此，文字有出入。今本《白虎通》無此。）段玉裁云："《今文尚書》'負子之責'説當如此。惟以諸侯之稱加諸天子耳。"（孔廣森謂："告神謙，故從諸侯病辭。"俞樾謂："三王生前皆未爲天子，故仍從諸侯之稱。"）

"負茲"，見《公羊傳・桓公十六年》記衛侯朔得罪於天子，"屬負茲，舍不即罪"。何休《解詁》云："屬，托也。天子有疾稱'不豫'，諸侯稱'負茲'，大夫稱'犬馬'，士稱'負薪'。'舍'，止也。托疾，止不就罪。"《曲禮・正義》："子、茲聲相近，其字相亂，未知孰是。"陳喬樅云："子茲聲相近，'負茲'當即'負子'之假借。"按，實係由"子"字訛成"茲"字。

班固、何休都是持今文家説，意謂諸侯應當愛護自己的子民，但因得病不能愛護了，等於是背負了子民，以后稱諸侯生病爲"負子"——典型的牽强傅會、望文生義的解釋，是漢代今文家"解經"的特色。

隗囂用了這一説，似沒有用生病之義，只用了背負之義。

三國時吳人射慈《禮記・音義隱》云："天子曰不豫，諸侯曰不慈。"這是用了鄭玄的説法（見下）來改釋生病之説，欲用古文説取代今文説。

《爾雅·釋器》："蔟，謂之茲。"郭璞注："茲者，蔟席也。"至南朝宋裴駰的《周本紀·集解》引徐廣云："茲，籍席之名。"王國維從而謂："《公羊》釋諸侯有疾曰負茲，茲，席也。"意思是背躺席上，表示臥病。

唐徐彥《公羊傳·桓公十六年疏》則謂"諸侯言負茲者，謂負事繁多，故致疾"。是訓"茲"爲"滋"，意即繁多。又近人楊筠如則釋"茲"爲"慈"，謂"不慈"即"不和"，"不和則有疾"。這些都是另尋解釋來設法把今文疾病之說講通。

今文家這樣的說法是講不通的。簡朝亮指出："今考之於經，如以負子爲疾稱，則經當曰'若爾之元孫是有負子之責'矣。"于省吾也說："若如王說以負茲釋疾病，不知周初文字非如後世駢文家以一二字代一故事有使用暗典之例也。且上句明言遘厲虐疾，下即言疾亦決無以負茲代訓之理。"

其實徐彥的《公羊疏》已指出："'天子'至'負薪'，皆漢禮之名。"可知天子病叫"不豫"，諸侯病叫"負子"是"漢禮"的規定，與周初無關。而這一漢禮的來源，其實就是由歪曲本文而來的。本文說"武王有疾不豫"，是說因病而身體不舒服，漢儒把它生吞活剝地曲解爲"不豫政"，而且定它爲天子生病的專用語。"負子"或"負茲"一詞曲解得更離奇，是由認錯了字而來的，完全不是原義，我們通過這裏的比較分析就可以把它看清楚。今文家卻把曲解本文構成的"漢禮"，反過來用以解釋本文，當然是荒謬的（但漢人文章中就是這樣使用本句的）。

二、漢古文作"丕子"，馬、鄭二人的解釋又不同。

（1）馬融釋"丕"爲"大"，釋"子"爲"慈"。此釋見《經典釋文》云："丕，普悲反。馬同。"段玉裁云："'馬同'者，馬亦同孔訓丕子爲大子也。”孫星衍云：“馬氏蓋訓丕爲大。言天與三王以大慈愛其子孫之責任也。”

（2）鄭玄釋“丕”爲“不”，釋“子”爲“慈”（愛子孫），意以“丕子”爲“不慈”。見《孔疏》：“鄭玄云：‘丕’讀曰‘不’，愛子孫曰‘子’。元孫遇疾，若汝不救，是將有不愛子孫之過爲天所責，欲使爲之請命也。”段玉裁云：“丕讀曰不，丕、不、負三字古音皆在之咍部。”

清人江聲爲之解釋云：“《皋陶謨》‘啓呱呱而泣，予弗子’，蓋不暇子愛其子，故云‘愛子孫曰子’。《禮記·中庸》‘子庶民’，鄭彼注云：‘子猶愛也。’誼與此同。”于省吾亦云：“鄭康成訓不愛子孫爲近是。《𪩘叔多父盤》‘多父其孝子’，即多父其孝慈也。”

按，惠棟、俞樾、戴鈞衡等亦如于省吾氏以爲諸説中惟鄭説較佳。但却又以爲它與上下文不相協，覺得終非確解。

三、晉僞古文沿用古文“丕子”，並承馬融説釋“丕”爲“大”，但釋“丕子”爲“大子”，即“元子”。釋“責”爲“債”。

僞《孔傳》云：“大子之責，謂疾不可救於天，則以旦代之。”《孔疏》：“責讀如《左傳》‘施舍己責’之責（債），‘責’謂負人物也（欠人家的東西）。‘大子之責于天’，言負天一大子（欠了上帝一個大兒子），謂必須死。疾不求於天，必須一子死，則當以旦代之。”《史記·魯周公世家》裴駰《集解》、司馬貞《索隱》都用僞孔説。

宋蔡沈反對此説，他的《書集傳》云：“謂天責取武王者，非是。”

四、宋儒提出的解釋。

（1）時瀾增修本《東萊博議》云：“武王爲天之元子，受天之命而建基業，平定天下，固武王之責也。然三王先受命而武王終之，武王之命不延，則不能終三王之業，是亦三王之責不盡也。然則武王之責乃三王之責,故欲以身代武王之身。”

(2)晁以道云:“丕子之責,猶史傳中‘責其侍子’之‘責’(古代諸侯遣子入侍天子稱“侍子”)。蓋云上帝責三王之侍子。侍子,指武王也。上帝責其未來服事左右,故周公乞代其死。”朱熹云:“有丕子之責於天,只有晁以道說得好。”《書經傳說彙纂》在引上述兩段話後的案語云:“此切指天而言之。蓋上帝之旁有如侍子者常服事之,如云‘文王陟降,在帝左右’是也。”

(3)蔡沈云:“丕子,元子也。”“若爾三王是有元子之責于天,蓋武王爲天元子,三王當任保護之責于天,不可令其死也。如欲其死,則請以旦代王之身。‘于天’之下,疑有缺文。舊說謂天責取武王者非是。詳下‘予仁若考能事鬼神’等語,皆主祖父人鬼而言。”自宋至清,此說成爲官定之說,但也有很多人反對。如董鼎引新安陳氏(陳櫟)曰:“蔡氏任保護之責于天,未然。惟不用師說(謂不用朱熹說),所以疑‘于天’之下有缺文。”戴鈞衡、簡朝亮等也以蔡沈要添文以釋才可通,不同意其說。

(4)王柏云:“竊意責字如責望之責,是責望其事我于天,則繼以願代,中間無缺文。意若曰三王有任保護丕子之責于天,則後面能不能事鬼神之語全無意味矣。”

五、元儒吳澄的解釋。

吳氏同意晁以道對責字的解釋,但不以爲是去做上帝的侍子,而是做三王的侍子。其《書纂言》云:“責,猶‘責其侍子’之責。旦,周公名。武王爲文王之丕子,若爾三王之靈在天,責其來服事左右,願以身代之。”此說後爲清人戴鈞衡所承用,也爲俞樾采用到他自己的說法中。

六、清儒續有一些提法,今舉其較主要不同者。

（1）孔廣森説：“負子之責者，言武王見責于天而有疾也。”是説天責罰武王而使有病。

（2）牟庭説：“負子之責，謂有責怒于王而降之疾也。若爾三王在天之靈實有過，責于王而降之疾，請以我身代之。”是説天責罰三王而使武王有病。

（3）劉逢禄提出新的句讀：“若爾三王是有，丕子之責于天，以旦代某之身。”並釋云：“謹案，‘有’，古文作又，通右（佑）。册言于爾三王是保右之，其負子之責在天，請以旦代，謂假年于武王，旦以身代終其事也。”

（4）黄式三説：“經意謂三王必愛護武王也。如天責三王不得私愛護之，是有不子之責也，則以旦代之而已。”

（5）戴鈞衡説他遍考諸家，惟晁以道之説爲合。“第云上帝責其來服侍左右，似無是理，且仍是《孔傳》天責取之義。推知下文‘命于帝庭無墜降寶命’語，意猶未洽。竊謂‘丕子之責于天’屬三王説，‘于天’，三王之靈在天也。若言三王在天之靈欲責丕子侍養于天，則請以旦代之。吳氏《書纂言》説亦同鄙意。下文鬼神，正謂三王在天之靈也。”

（6）俞樾説：“‘是’，通作‘實’，故《秦誓》篇‘是能容之’，《禮記·大學》篇作‘實能容之’也。‘若爾三王實有丕子之責于天以旦代某之身’三句一氣連屬。”接着引了《史記》“負子”及《白虎通》“諸侯病曰負子”之文，謂“負子之義本爲不子，故此經作丕”。然後提出了他的解釋：“凡人有病，則須子孫扶持之。周公事死如生，故仍以人事言，謂爾三王在天若有疾病扶持之事必須子孫任其責，則請以旦代某也。下文曰‘乃元孫不若旦多材多藝，不能事鬼神’，可知此文所言是事鬼神之事矣。”是説三王在天上害了病，要子孫去侍候。

七、近人的解釋。

(1)王國維説:"《史記》引書同'負子',《公羊》作'負兹',其實此當作'不慈'。春秋時有宋公名'丕慈',即'不慈'也。"此見吳其昌記《王觀堂先生尚書講授記》。另劉盼遂記《觀堂學書記》略同,惟末數語云:"《公羊傳》之'負兹',春秋時之宋公'丕慈',同一語源。公羊氏釋諸侯有疾曰'負兹'。'兹',席也。"

(2)楊筠如承王説並提出他的看法:"按'負兹',本當作不兹。'丕'與'負',皆'不'之假字。'子'與'兹',皆'慈'之假字。古'子'、'慈'通用,《晏子》'非儒不可使慈民',《墨子·外篇》'慈'作'子',是其證。'兹'、'慈'亦同聲通假。僖五年《左傳》'公孫兹如牟',《公羊》作'慈';又僖八年'宋襄公兹父',《公羊》亦作'慈父';襄十年《左傳》'生秦丕兹',《釋文》'一作秦不兹',《家語》作'秦不慈',《史記》作'秦丕子';皆其證也。'慈'猶和也。不和則即有疾,非不復子民之義也。"

這兩説都在維護西漢今文家"負子"爲生病之説,替它另找合理的解釋。

(3)曾運乾説:"今按'丕子'當讀爲'布兹'。布與丕,子與慈,並聲之轉。《史記·周本紀》:'武王立于社南,毛叔奉明水,衛康叔封布兹,召公奭贊采,師尚父牽牲。'《集解》云:'兹,籍席之名。'據此,則布兹爲弟子助祭以事鬼神者之一役。本文意言三王在帝左右,如需執賤役,奉事鬼神,且尤能舉其職,故請以旦代某之身也。"

(4)于省吾説:"'是'、'寔'古通,《秦誓》'是能容之',《大學》'是'作'寔'。'丕',《尚書》多訓爲'斯'。'子'讀如字。'若爾三王是有丕子之責于天'者,言爾三王寔有斯子之責任于上天也。"

　　漢代以來許多紛紛之説,真像所謂"扣槃捫燭",很難説是哪一家探得了原義。可知這句是《尚書》中較難理解的句子之一,確不易得到正確的訓解。就上面諸説比較來看,顯然以西漢今文家説最爲謬誤,而以晁以道啓其端,由吳澄、戴鈞衡、俞樾諸人繼續探索所得之説較爲近是。因爲根據《尚書・盤庚》篇所反映殷周統治者的思想,認爲祖先死後在天上是照樣供職、照樣服事、照樣生活的。本文反映的是同一思想,所以解釋爲祖先在天上需要把武王召去服事他們,是説得通的。其所以釋爲服事祖先而不是服事上帝,是根據下文"能事鬼神"來的,因爲古人把死了的祖先稱爲鬼神,有故鬼、新鬼等稱法,見《左傳・文公二年》,又《禮記・祭法》:"人死曰鬼。"而把上帝稱爲帝或天。根據本句的説法,當是指祖先。

　　因此,"若爾三王是有丕子之責于天,以旦代某之身"這句話的意思是説:倘若你們三王在天上要責取這位大兒子來服事你們,那就用我小子旦來代替他吧。

大　誥

　　《大誥》是周武王死後，成王繼位，還很年輕，由周公攝政當國，"踐天子之位"，以治理這新造之邦，遭到兄弟管叔、蔡叔的疑忌嫉視，想推翻他，就勾結原來被征服的敵人殷王武庚發動叛亂，周公動員周人出兵征討這一叛亂。經以成王的名義反復開導，終於成功地完成了動員，討平了叛亂，鞏固了周王朝。史臣把周公這一次動員講話記錄下來，就成了這篇重要誥詞。由於周公講的是岐周方言，成了典型的佶屈聱牙的一篇。先秦文獻中竟沒有引用過。到《史記》記載三代史事，往往録載《尚書》各篇全文，但因這篇文字難讀，竟只在《周本紀》、《魯世家》引述篇名，將内容一筆帶過，沒有引録一句篇文。可是《漢書·翟義傳》，却全文録了一篇王莽的《大誥》翻版。因翟義以東郡太守之職起兵十餘萬征討王莽簒逆。莽發兵進攻翟義，自比做周公征討管蔡，就完全模仿這篇《大誥》寫了一篇他數説翟義"罪行"的文告，篇名也就叫《大誥》（我們稱之為"莽誥"）。全文基本照抄周公這篇，只把一些人名和事實改用漢代的，偶

然有些句子的意義用漢代語言補充清楚，全是一篇冒牌
《大誥》，却成了今天了解《大誥》較早解釋意義的重要參考
文獻。

　　《大誥》在漢代伏生今文本中列在《周書》第四篇，為全
書的第十三篇。伏生系三家今文本中是《周書》第五篇，全
書第十四篇；東漢古文本中為《周書》第七篇，全書第十八
篇；東晋偽古文本中為《周書》第九篇，全書第三十五篇。
其情況見後面的“討論”。

（一）校　釋

　　王若曰①：猷大誥②爾③多邦越④爾⑤御事⑥：弗弔天⑦
降割⑧于我家⑨，不少延⑩。洪惟⑪我幼沖人⑫嗣無疆大歷
服⑬，弗造哲⑭，迪民康⑮，矧⑯曰其有⑰能格知⑱天命！

　　①王若曰——王如此説，王這樣説。據殷代甲骨文和西周金文
文例，凡史官或大臣代王宣布命令，或王呼史官册命臣屬，都在篇首
先説“王若曰”，然後才轉述王的説話。如果接着説王的另一段話
時，則省去“若”字，簡稱“王曰”。本篇下文三處“王曰”就是這個例
子。至於王直接向臣屬講話或發布命令時，一律不稱“王若曰”，只
稱“王曰”。注疏家一般解釋這篇是西周初年執政的周公旦爲了動
員對殷武庚用兵而向臣下所講的話，他用了他年輕的侄子周成王誦
的名義來講，所以開端先聲稱“王這樣説”。但在《康誥》篇考定周

公當年稱王，則這篇是史臣所記周公的講話。但針對管蔡流言，則周公仍稱成王所講，當是情勢使然。

②猷大誥——漢代馬融、鄭玄本及魏王肅本都作"大誥猷"（馬本"猷"作"繇"，與金文合）。《詩·小旻》亦說"不我告猶"。但本書《多士》說"猷告爾多士"，《多方》說"猷告爾四國多方"，《詩·抑》亦說"遠猶辰告"。可知可作"猷誥"（猶告）亦可作"誥猷"（告猶），還可作"羞告"（見《盤庚》），都是同樣的聯綿字，就是"告"的意思，還可加無義的語詞"遠"、"辰"等作爲句中的襯字。此處"大"字即所加的語詞，朱彬說有加重語氣的作用。

③爾——汝，你。

④越——《魏石經》作"粵"。按此字在金文中原作"雩"，爲連及之詞，作"與"、"及"、"和"解。古籍中的"粵"字，是因和"雩"字的字形相近而誤寫的。"越"字則是因和"雩"字同音通用寫的，但因一直沿用下來了，也就習爲正常的了。

⑤爾——鄭玄注《曲禮》及《詩·思齊》引此字作"乃"。但本句有"爾多邦"，下文屢言"爾庶邦君"，雲窗本亦作"爾"，故不改。

⑥御事——按本書《牧誓》、《酒誥》、《梓材》皆有"邦君、御事"，《召誥》有"庶殷、御事"，及"有周御事"，《顧命》有"百尹、御事"，《洛誥》、《文侯之命》亦有"御事"。大抵此句"多邦"即指各邦之君，是外官；"御事"則似指朝廷百官，是朝臣。但各邦君下的屬吏亦可稱爲各邦君的御事。

⑦弗弔天——"弗"，不。"弔"，據吳大澂《字說》，其義爲淑、善。按，淑字在金文中作"𠁩"，《字說》云："漢人借'叔'爲'𠁩'，又誤'𠁩'爲'弔'，而𠁩字之本義廢矣。"今應仍讀此字爲 shū，其義爲淑，以與憑弔之弔作爲同形的異字。"不弔天"即"不淑天"，是不善

的天,降災害的天。

⑧割——同"害"。《釋文》云馬融本作"害"(割,音同害。參看下文"王害不違卜")。

⑨我家——指周王家,金文中多有此用法。

⑩少延——"少",稍。"延",延緩。這裏是說天的降害於周不稍延緩。意指周武王死了。

⑪洪惟——和西周金文《毛公鼎銘》的"弘唯"同,是發語詞。

⑫沖人——童子。已見前《盤庚》篇,亦即《召誥》、《洛誥》等篇及金文中的"沖子"和下文的"小子"。古代統治者往往用"沖人"等作爲自謙之詞。這裏指年紀尚輕的周成王。故稱"幼沖人"。不能老實看作"小孩子"解。

⑬大歷服——《魏石經》"歷"古文作"鬲",古"歷"、"鬲"同音通用。"大歷服"即"大歷"與"大服"。"歷"即歷年,見《召誥》:"夏……惟有歷年"、"殷……惟有歷年"、"命歷年"。"大歷"指王朝所享有的長久的年代。"大服"本指朝廷官位、職務、禄命。如金文中《班毁》"登于大服",《番生毁》"勵于大服"及《詩·文王》"侯于周服",都是此義。《酒誥》中以諸侯爲"外服",邦内官吏爲"内服",也是此義。但諸侯有封地,所以外服中某服(如侯服、甸服等)又可引申爲該類封地地域的名稱。綜言"大歷服",意即指"政權大統"。"嗣無疆大歷服",用後代的話說,就是"繼承了千秋萬世廣闊無邊的大業"。後來春秋戰國之世發展起來的與儒家有淵源的别一學派陰陽家,運用了這一詞彙,才提出了進一步宣揚王朝按"五德終始"輪回受天命的"歷數"之說,而有《論語·堯曰篇》的"天之歷數在爾躬"的堯禪位與舜的命詞。

⑭弗造哲——"造",遭。"哲",吉。弗造哲,是遭時不吉,遭遇

不幸,遭際不順利之意。

⑮迪民康——“迪”,引導。“康”,安康。承上說遭時不順,不能導民於安康。

⑯矧——況,何況。

⑰有——又。

⑱格知——《魏石經》作“佫知”。按,格字在古籍中常與“佫”或“假”通用,爲“至”、“達”之意。“格知”,就是“至知”、“極知”、“通曉”之意。參見《堯典》“格”字校釋。

以上這一節,提出周武王逝世等不幸事件,及遭時不順,不能好好地處理國家大政的苦悶,以成王自責的口吻發端,引起下文卜事。

已①！予②惟③小子若涉淵④水,予惟往求朕⑤攸⑥濟⑦。敷賁⑧,敷前人⑨受命⑩,茲⑪不忘⑫大功;予不敢于閟⑬。

①已——發端歎詞,就是“唉”。

②予——余,我。

③惟——語助詞,無義。“予惟小子”即“余小子”。這裏爲周公代成王自稱的話。

④淵——深。

⑤朕——我。古代所有的人,都可稱自己爲朕。自秦代開始,才規定“朕”字爲帝王自稱的專用詞。

⑥攸——所以。

⑦濟——渡水叫作“涉”,已渡叫作“濟”。

⑧敷賁——“敷”,陳列,開展。“賁”,龜。“敷賁”,是把占卜的龜兆展給大家看。儘量很好的開展龜卜的方式。

⑨前人——以前的王。亦稱"前文人"。吳大澂《字説》據《追敦》有"用追孝于前文人"句,與《文侯之命》"追孝于前文人"句全同,闡明金文與文獻中周代統治者稱他前代的王爲"前文人",女性則爲"文母","文"是稱美之詞。這裏指的是周文王。

⑩受命——殷周統治者都宣傳自己王朝是受了天命得有天下的。周人常稱他們是由文王開始受天命的,如《盂鼎銘》云:"丕顯文王,受天有大命。"

⑪兹——此,這個,這樣。在這裏作爲承上啓下之詞。

⑫忘——亡,失掉。

⑬于閉——原作"閉于"。舊注疏都把此處讀爲"予不敢閉于天降威用"一句,實誤。現據俞樾説改以"予不敢于閉"爲句。"閉"是"壅塞"之意。

　　以上這一節,説明困難必須克服,以及克服困難的最有效的方法——龜卜。這是古代統治者唯一能進行鼓動的方法,就是向鬼神求救,以期換取他所希望的有效的宣傳效果。

　　　天降威①,用文王②遺我大寶③龜紹天明④,即命曰⑤:"有大艱于西土⑥,西土人亦不静,越兹蠢殷小腆⑦,誕⑧敢紀⑨其叙⑩;天降威,知我國有疵⑪,民不康,曰:'予復⑫!'反鄙我周邦⑬。今蠢今翼⑭日⑮民獻⑯有十夫⑰予翼⑱,以于⑲敉⑳文、武圖㉑功。我有大事㉒!休㉓?"朕卜並吉㉔!

①威——《漢石經》作"畏",二字古通用。金文中"天威"多作"天畏"。

②文王——原作"寧王"。"寧"爲"文"的誤寫。據吳大澂《字

說》闡明，金文中“文”作“⊛”，作“盈”，漢人寫此時，誤認“文”作“寧”。本篇中此“文”字諸詞原皆誤作“寧”字，“寧人”、“寧王”、“寧考”、“寧武”、“前寧人”等都是，現將這些“寧”字一律改正爲“文”，下不復注。過去一般認爲是吳大澂始認出此字。今據裘錫圭先生《談清末學者利用金文校勘〈尚書〉的一個重要發現》文中闡述王懿榮最先提出此說，見陳介祺於同治十三年間致潘祖蔭書，介紹王氏根據金文指出《大誥》寧字是文字之誤。吳大澂氏則於光緒十二年刊出其《字說》。而後孫詒讓《尚書駢枝》亦提出此說。另有方濬益《綴遺齋彝器款識考釋》一書則始自同治八年迄光緒間完成，亦明白提出此說。裘氏以爲：“以清末金石學和經學發展水平來看，發現《尚書》‘寧王’、‘寧武’、‘前寧人’等文字中的‘寧’是‘文’的誤字，並不是一件很困難的事。幾位學者不約而同地看到這一點，並不奇怪。把這一發現主要歸功於吳大澂或某一個人，恐怕是不恰當的。”

③寶——《魏石經》作“保”，即“保”。古“寶”與“保”通。

④紹天明——“紹”是“卟”的假借字，意爲卜問。“明”是“命”的假借字。“紹天明”即卜問天的命令或天的意旨。

⑤即命曰——“命龜”上面的話。古代統治者在用龜甲占卜時，先把自己所要占卜的事，對着龜向上帝或鬼神提出，這就叫“命龜”。這裏所講的一段，就是當時命龜之詞，也叫“命辭”。也就是周公對“上帝”所詢問的話。

⑥西土——指周邦。那時周都鎬京，在今陝西省西安市的西面。對東土說，故自稱“西土”。“西土人”，指周朝派往東土的管叔、蔡叔等一班監視武庚的人。

⑦越兹蠢殷小腆——“越”，同“惟”，語詞。“越兹”，這個。

“蠢”,《魏石經》作“𢧵”,是蠢的古文。蠢動,不安分,不老老實實之意,在這裏用以斥罵那些造反的殷人。“腆”,豐厚。“蠢殷小腆”,是説周武王滅殷之後,爲安撫殷人計,封紂的兒子武庚(禄父)於其舊都。到武王死時,殷的國勢又小小地豐厚起來了。

　　⑧誕——發語詞,無義。説詳吴世昌《詩、書中的“誕”》。

　　⑨紀——整理。

　　⑩叙——通“緒”,指舊有的法統。

　　⑪疵——“毛病”。這裏指周室内部的不團結。

　　⑫予復——這是作爲引武庚的話,説:“現在到了我恢復我的國家的時候了。”

　　⑬反鄙我周邦——古“鄙”字和“圖”字都寫作“啚”,因此有人説此處此字應讀作“圖”。但作“鄙”讀義更長。“反鄙我周邦”,是説“反而要把我周邦作爲他的邊鄙的地方”,即滅周後把它作爲屬殷的邊遠地的意思。“鄙”字亦釋爲“野”,後代把它引申爲“鄙視”、“賤視”等意。

　　⑭今蠢今翼——“蠢”,形容蟲的蠕動之狀。古籍中常以“蠢蠢”、“蠢動”來説動亂騷擾,也常作爲對起義者的誣蔑之詞。“翼”,即“翊”,形容鳥飛之狀。古籍中也用“翼翼”來形容。“今蠢今翼”,是説武庚他們現在像害蟲的蠢動和惡鳥的飛撲一樣。近代學者有據甲骨文及金文材料提出應將此四字連下“日”字,改正爲“今春、今翌日”,作爲標時間之詞(見于省吾先生《歲時起源新考》)。這很可能是正確的。但現在聯繫上下文的“蠢”字用法,及《召誥》、《顧命》等篇“翼日”的文例,暫時不改動原文,仍依據俞樾《群經平議》及其他一些古籍之説,作如上解釋。所以不改爲“今春今翌日”,是根據下面幾個考慮:

1. 本文三個蠢字文意相蒙。

2. 甲骨文中祭祀制度，一年三個祀季，翌日祭爲第二祀季，而周代之春則是第一季。

3.《尚書》各篇所載“翼日”文例，皆緊跟干支。如《召誥》“若翌日乙卯”、“越翼日戊午”，《顧命》“越翼日乙丑”。乃至僞《武成》也説：“越翼日癸巳。”（這幾個前面有若、越）此外，全書只有另一個翼日，就是《金縢》的“王翼日乃瘳”，和本文一樣不合上例，這説明《金縢》文字有後來改動之嫌，同時它還是作“明日”解，不像此處要改作翌。

⑮日——近日。後來的《左傳》中多此用法，如《文公七年》：“日衛不睦，故取其地。”

⑯民獻——《尚書大傳》作“民儀”。按古籍中“獻”亦作“犧”，“儀”疑“犧”之誤。“民獻”也可倒作“獻民”，見本書《洛誥》和《逸周書》之《作雒》、《商誓》等篇，都稱“殷獻民”。與“百官”、“里君”並舉，可知是指殷的奴隸主貴族。舊的注疏把“獻”解釋爲“士大夫”、“賢者”，實際還是指奴隸主貴族。近人解釋是，征服別族後，把俘虜中的上層分子獻於宗廟，就稱這些人爲“獻民”或“民獻”（見郭沫若《大系》）。這些人成了臣服於征服者而仍統治本族奴隸的奴隸主。

⑰十夫——字面的意義是十個人，但實際的意義則是一群人、一批人，不可拘泥其字。下文“十人”同。

⑱予翼——是“翼予”的倒文。“翼”，輔佐。“予翼”，輔佐我。這種賓詞置動詞前，是漢語中很早的一種語法，甲骨文和金文中，都有先置賓詞的文例。

⑲于——往。

⑳敉——足利本作"撫"，下文另一"敉"字亦同。按"敉"即"彌"，是"完成"之意。"撫前人大功"不如"完成前人大功"義長。金文《陳侯因資錞》云："邵踵高祖黃帝，休嗣桓、文。""休"與"敉"同字，説的是齊威王上紹黃帝的統緒，下繼齊桓和晉文的霸業，正與此同義。

㉑圖——大。"圖功"即大功。今吳音尚讀"大"爲"圖"。"吐蕃"即"大蕃"，見《唐蕃會盟碑》，是唐時尚讀"大"如"吐"。又"吐火羅"即"大夏"的音變，王國維有考。

㉒大事——指軍事。殷周奴隸制政權認爲國家大事只有兩項：一、祭祀，二、軍事（見《左傳·成公十三年》）。這裏指將舉兵東征的行動。

㉓休——美好。這裏是問"好不好"。

㉔卜並吉——殷周進行占卜時，用三卜人灼三龜。這是説這次在三個龜殼上都得到了吉兆。

以上這一節，叙述在得到殷方的一些大奴隸主貴族的支援後卜問出兵的禱辭和所得到吉利的卜兆，説明是從天命和人事兩方面來看，都已具備了必勝的條件。

肆①予告我有邦②君越尹氏③、庶士④、御事曰：予得吉卜，予惟以⑤爾庶邦⑥于伐⑦殷逋播臣⑧！

①肆——故今……，所以現在……。

②有邦——原作"友邦"。按本書《牧誓》"友邦"《史記·周本紀》作"有國"，"友"、"有"同是假借字。這裏的"友邦"原即下文的"庶邦"，指所屬大量奴隸制小邦，不是指友好的鄰邦。爲了免致誤會爲周室友好平等的國家，故改從《史記》用"有"字。

③尹氏——是周王朝的史官,職掌書寫王命,因而權力較大,和太師同秉國政。但金文中"尹氏"惟見於共王以後之器,以取代成康時之乍(作)册。此文有之,尚待推尋其故。尹氏是由"作册尹"、"内史尹"發展來的。

④庶士——"庶",衆多。"庶士",猶説"許許多多的官員"。

⑤以——用,這裏是"率領"的意思。

⑥庶邦——許許多多的屬邦。這些邦君都有他的軍隊,周公要帶他們去東征。

⑦于伐——征伐。西周初期金文中記載周公此次東征的《盟鼎》説:"唯周公于征伐東夷。"又記載周成王伐楚的《令㲸》説:"唯王于伐楚伯。"知當時可習稱"征伐"爲"于伐"。一般解釋"于"爲"往"、"徂"之意,引申也就有"征"義。是"于伐"、"征伐"和"于征伐"一樣,都是一個動詞組。

⑧逋播臣——"逋播",雙聲連語,成一復合詞,指逃亡。"逋播臣",等於説"逃奴"或"叛亂之徒"。

以上這一節,表示堅決地發出興師東征的動員令。

爾庶邦君越庶士、御事罔不反曰①:"艱大②,民亦③不静,亦惟在王宫,邦君室④,越予小子⑤考翼⑥,不可征。王害⑦不違卜?"

①罔不反曰——"罔",無。"反",同"返",復命,回答上級。"罔不反曰",没有不答覆説。

②艱大——困難大得很。

③亦——原脱此"亦"字,按王莽所引《大誥》原本有"亦"字,日

本所傳古寫本内野本、足利本等也都有，今據增。

④亦惟在王宫邦君室——因爲管叔、蔡叔們是周王的親族，正在跟着武庚一起反對周王朝，這些人不便明白説出，就只説在"王宫邦君室"。其所以稱"邦君室"，因管叔、蔡叔等是分封土地的諸侯。

⑤越予小子——同"惟予小子"。從上文"罔不反曰"起，都是邦君們反對出兵的話，這"予小子"該是邦君們自稱之詞。

⑥考翼——當作"孝友"。據于省吾説（《尚書新證》），西周金文中常以"孝"字作爲"考"字，知這一"考"字原當作"孝"。"翼"則是金文"𢎹"字的誤寫，"𢎹"即古"友"字。父兄是孝友的對象，不可輕動刀兵。

⑦害——同"曷"，是"何"的意思。下文尚有五"害"字爲唐代改爲"曷"字。此處漏未改，尚保存原字。"害不"就是"何不"（參看《盤庚》"曷"校釋）。

以上這一節，舉出在朝的邦君、御事們對於這次出兵的顧慮（事情複雜而嚴重，王室内部存在矛盾，礙於孝友之義，不便征伐），引起下文的誥教。

　　肆予沖人永思艱，曰：烏虖①！允蠢②，鰥寡③哀哉！予造天役遺④，大⑤投艱于朕身。越予沖人不卬⑥自恤⑦，義⑧爾邦君越爾多士、尹氏、御事綏⑨予曰："無毖⑩于恤！不可不成乃文考⑪圖功！"

①烏虖——原用後代通用的"嗚呼"二字，但《魏石經》凡此二字皆作"烏虖"，與西周金文同，故今復原。這是驚歎詞，正同現代的"啊喲"。

②允蠢——"允",可信,真。"蠢",動亂。這是説武庚等真已動刀兵了。

③鰥寡——古代對下層人民的一種稱謂,意思説像是一班無家室和傷殘痛苦的人們。

④予造天彶遺——原作"予造天役遺"。于省吾謂"役遺"二字爲"彶遺"之誤。"彶"即"及"("及"不能像"與"那樣釋"給予",似可作抵達、致等義),"遺"即"讁"。今據改。這句意思是:"我遭逢了上天所降下的譴責。"

⑤大——在這裏是語詞,無義。起加重語氣的作用。

⑥卬——我。今北方自稱曰"俺"即此字變體。

⑦卹——原作"恤",《説文·比部》引此字及《魏石經》都作"卹"。按"恤"爲唐代衛包所改,今與下文"無毖于卹"並改回。"卹"是"憂"的意思。

⑧義——足利本古寫作"誼"。"誼"、"義"古通用,是"宜"的意思。在這裏作爲句中"綏"字的副詞,即"應該"。

⑨綏——勸告,勸止,勸諫。

⑩無毖——"無",發語詞,無義。"無毖"即"毖"。"毖","謹慎"之意,引申有"勤勞"之意。

⑪文考——指周文王昌。

以上這一節,表白自己爲國爲民的苦痛心情,並代邦君、御事們設辭,表示他們本應該給王打氣,從反面隱隱地斥責他們畏葸顧慮的情緒。

已! 予惟小子不敢僭①上帝命。天休②于文王,與我小邦周。文王惟卜用③,克綏④受兹命。今天其相⑤民,矧⑥亦惟卜用⑦。烏虖！天明畏⑧,弼我丕丕基⑨。

①僭——原誤作"替",據王莽所引作"僭"及《魏石經》作"朁"改正。"僭"是"不信"之意。"不敢僭",就是"不敢不信"。

②休——美好。在這裏是動詞,即使之美好。也就是説"天降福"。又同"庥",庇護的意思。

③卜用——用占卜。是前置賓詞。

④克綏——"克",能。"綏",繼承。這裏是説周文王就是由於用卜,所以能承受這天命。

⑤相——幫助,保佑。

⑥矧——這裏作"又"解。這是説周文王因用卜而得天助,所以我現在又來用卜了。

⑦今天其相民矧亦惟卜用——這是倒用的句法。説現在又和文王一樣用卜了,肯定天一定會幫助、保佑我們周民的。

⑧天明畏——王莽所據本"畏"作"威"。古"畏"、"威"通用,西周金文中作"天畏"。上文兩"天降威"原亦作"畏",都爲唐人所改。此處"畏"字却漏掉未改,仍存原字。"天明畏"即"畏天命",也是賓詞前置。

⑨弼我丕丕基——"弼",輔佐。"丕",大。《班殷》"烏乎,不杯乩皇公"(乩義同厥);《師遞殷》"敢對揚天子不杯休"。《方彝》作"丕顯"。這句和上句是説:"天命可畏,你們應當畏天而輔成我的偉大的基業。"

以上這一節,假借天命來進行威脅,以所謂文王用了占卜而得受天命,來證明現在又得吉卜,必然同樣得到天的幫助,邦君們應當畏天遵卜以輔成周家的王業。

以上七節都是周公用了成王的名義所講的第一大段話。下面還接着另講了三段,在本篇裏都按西周轉達"王命"的成例,用"王曰"二字另起文。

　　王曰:爾惟舊人①,爾丕克遠省②？爾知文王若③勤哉!天閟毖④我成功所⑤,予不敢不極卒⑥文王圖事。肆予大化誘⑦我有邦君:天棐忱⑧辭⑨,其考⑩我民,予害其⑪不于前文人圖功攸終⑫! 天亦惟用勤⑬毖我民,若有⑭疾,予害敢不于前文人攸受休畢⑮!

　　①爾惟舊人——"爾"你們。"惟",在此和"乃"同,"是"的意思。這句是說:"你們都是文王和武王的舊臣。"

　　②爾丕克遠省——"丕",大。"克"能。"丕克",很能够。"遠省",在西周金文中有類似文句作"遹省"。如《大盂鼎》:"粵我其遹省先王受民受疆土。"《宗周鐘》:"王肇遹省文武勤疆土。"又《大豐殷》則云:"文王見在上,丕顯王乍省。"大抵是說遵循周文王的軌範,像他那樣勤勞於疆土。疑此"遠"字亦"遹"字之誤。"遹",是"述"、"循"的意思;"省"亦"循"之意。"遹省"就是"遵循"。這句意思是說:"你們能够很好地遵循文王的遺軌嗎?"(如果"遠"字可不動,那就是說:"能遠循文王遺軌嗎?"文意仍一樣。)

　　③若——如此,這樣。

　　④閟毖——王莽據此所提誥文作"毖勞",孟康注爲"慎勞"。似前面原無"閟"字,這"閟"字原是"毖"的旁注而爲後人所誤入的。也有可能"閟毖"是同義複詞,"閟毖"就是"毖"。"毖"既有"慎"義,又有"勞"義,故王莽寫爲"毖勞",孟康解爲"慎勞"。在這裏,"毖"爲"誥教"的意思。

⑤所——所在，所由，其所以然的道理。"成功所"，成功的道理。這句是説："天已把成功之道教誡了我。"

⑥極卒——"極"，讀爲"亟"，是"急速"之意。"卒"，終，完成。"極卒"，趕快完成。

⑦化誘——誥教，教導。是同義字構成的複合詞。

⑧棐忱——"棐"是"匪"的假借，爲"非"、"不"、"不可"等意。"忱"和"諶"通用，是"相信"的意思。"棐忱"即"不信"，和《詩·蕩》的"匪諶"相同，也和《詩·大明》的"難忱"及本書《君奭》的"難諶"一樣。説見孫詒讓《釋棐》。

⑨辝——原誤作"辭"，據于省吾《尚書新證》改。"辝"與本書《湯誓》"非台小子"之"台"相同，即"我"。

⑩考——成全，安定。這句是説："天不是信我個人，而是爲了安定我們的人民，來幫助我的。"

⑪害其——"害"爲唐代改作"曷"，今和下文四"曷"字一律復原作"害"。解釋見前第五節"害不違卜"校釋。"其"，語詞，無義。王莽意譯"害其"二字爲"曷敢"，意即"何敢"。

⑫攸終——"攸"，"是"的意思。"攸終"即"是終"。這句是説："我哪敢不爲先文王的大功得出一個結果來呢。"

⑬勤——即"勞"，指征伐之役。

⑭有——與"爲"同，是"治療疾病"的意思。

⑮攸受休畢——"攸"，所。"休"，即上節"天休于文王"的"休"。"攸受休"即"所受上天的降福"。"畢"，禳除疾病净盡的意思。

　　以上這一節，是周公用成王的名義講的第二段話，責備舊臣們不該不想文王的艱苦奮鬥得來的王業和所謂當前的天意，應該大家一起去完成文王所留下的尚待我們共同完成的大事。

　　王曰：若①昔朕其逝②，朕言艱日思③。若考④作室，既
底⑤法，厥子乃弗肯堂⑥，矧肯構⑦；厥考翼其⑧曰：“予有
後，弗棄基⑨？”厥父菑⑩，厥子乃弗肯播，矧肯穫；厥考翼其
肯曰：“予有後，弗棄基？”肆予害敢不越卬⑪敉文王大命！

　　①若——如，像。在這裏也作爲發語詞。

　　②昔朕其逝——“昔”，是“前時”或“前面”。“其”，讀爲“之”，
和本書《康誥》“朕其弟”同一用法。“逝”是“誓”的假借，亦“誥教”
之意。這句是說：“像我前面所說過的話。”

　　③朕言艱日思——“言”，於。這句是說：“我於艱難的事情日
日在考慮。”由對這件艱難問題的反復考慮，因而提出了下面的幾個
譬喻。

　　④考——父。

　　⑤底法——“底”，定。“法”，指造房屋的構圖尺寸規定。“底
法”即“定法”，意思是說搞好造房屋的規劃和準備。

　　⑥乃弗肯堂——“乃”，尚且。“肯”，《後漢書·章帝紀》引作
“克”。“堂”，高出地面的四方形土臺。這裏作動詞用，是堆土（打
結實）以奠定房基。這句是說：“爲堂尚且不願幹。”

　　⑦矧肯構——“矧”，何況。“構”，屋架。連上面說：“打房基的
事尚且不願做，何況架起房屋上面的梁和椽。”

　　⑧翼其——“翼”，通“繄”，無意義的語詞。“其”，和“寧”的意
思相近，即現代語“哪裏會”。

　　⑨自“厥考翼”至“弗棄基”十一字，原脫落，《孔疏》引鄭玄本和

王肅本原都有,今據增。

⑩菑——田中除草和翻土的工作。

⑪越卬——"及身"的意思,即"趁我這一生"。

以上這一節,用造屋和耕田兩個比喻,來強調不可不立即完成文王未竟之功的道理。

若兄考①,乃有②伐厥子,民養③其觀④弗救?

①兄考——即"皇考"。據吳大澂《字説》及于省吾《尚書新證》,《無逸》篇的"皇"字,《漢石經》作"兄";《泰誓》的"皇"字,《公羊傳》作"況"。在甲骨文、金文中"兄"多作"貺"用,知"兄"讀同"貺"、"況",和"皇"聲近通用。"皇",高大,作爲美稱,周人多用以稱其已死的父親爲"皇考"。在這裏雖是泛指,但也可看作是周公隱指成王的父親周武王。

②乃有——原作"乃有友",據曾運乾《尚書正讀》:"友,羨文。古文'有'蓋作'乂',讀者誤爲重文,因而誤作'乃有友',文不成義。"今據删。

③民養——"養",厮養,即奴僕。"民養",都是指僕隸。宋、明的話本和戲劇中還用"養娘"來稱竈下婢。

④觀——原誤作"勸"。據于省吾《尚書新證》,金文"觀"作"雚",《山海經·西山經》"觀水",《吕氏春秋·本味》作"雚水"。可知初文爲"雚",漢人誤寫作"勸"。"觀",在這裏爲"觀望不前"之意。

這一節又舉一個比喻,以老主人的兒子被人侵害爲例,指出奴僕們不應旁觀不救。

以上兩節,是周公用周成王的名義講的第三段話。他用了三個譬喻來説明祖宗所開創的基業，後輩必須完成它。明顯地斥責舊臣們在王室遭殃的時候，不該持袖手旁觀的態度，以打破他們"艱大不可征"的借口。

王曰：嗚呼！肆我告爾①庶邦君越爾御事：爽②邦由哲③，亦惟十人④迪知⑤上帝命越天棐忱⑥，爾時罔敢易定⑦；矧今天降戾⑧于周邦，惟大艱人⑨誕以⑩脅伐于厥室⑪；爾亦不知天命不易⑫。

①肆我告爾——原誤作"肆哉爾"，足利本作"肆告我爾"。今據楊筠如《尚書覈詁》改定。"肆"在這裏作"今"解。

②爽——尚，尚且。與"矧"爲對文連用，意爲"尚且……，何況……"或"本來已……，更何況……"。據曾運乾《尚書正讀》説。

③由哲——古代成語，爲"昌明"、"時勢順利"等意。亦作"迪哲"，見《無逸》。足利本則作"用哲"。"迪"、"由"、"用"古通用。"爽邦由哲"是説："本來嘛，國家已得到順利昌盛。"指的是周文王、武王時期的事。

④十人——以"十"字這個成數代表有那麼一批人，指幫同周文王、武王發揮了作用的一些大臣，"十"不是固定的數目字。見上文。

⑤迪知——也是古代成語。並見《君奭》、《立政》等篇，意即"用知"。

⑥越天棐忱——"越"，與、及。孫詒讓《籀𩇕述林》釋"棐"爲"匪"，釋"忱"爲"信"，故"天棐忱"是"不可一味地信賴天"。從"亦惟"起至此共十三字爲一句，是説："這些人是真知道上帝的命令以及天是不可無條件地信賴的。"

⑦易定——原誤作"易法"。因"法"字古文作"佱"，與"定"的古文相似，因而誤寫。漢時流傳本爲王莽所見的仍作"定"，下文"天命不易"，"不易"亦即"定"，可足相印證，今據改。"易"，變易，改變。"定"，謂"天的定命"。

⑧戾——定。據《詩·桑柔》"民之未戾"及《雲漢》"以戾庶正"傳皆釋"戾，定也"。《國語·晉語》"可以戾也"注亦云："戾，定也。"此處"定"即指定命。

⑨大艱人——指"三監"，即武庚、管叔、蔡叔等叛周的人。

⑩誕以——"誕"，語詞，無義。"以"，原作"鄰"。雲窗本古寫隸古定作"厸"，是古"鄰"字。于省吾《尚書新證》以爲"厸"乃是"以"之形誤。"誕以"是古人成語，下文"肆朕誕以爾東征"可證。今據改。"以"，用的意思。

⑪胥伐于厥室——"胥"，相。"胥伐"即相伐。"厥室"，指叛周者的家室。這連上面的意思是說："三監同謀，企圖共伐周室，可是他們不知道這正是天要亡殷，有意要使他們自己相伐。"

⑫不易——不變。這句是說："你們難道不知道天命是不可變易的嗎？"

這一節再述周文王時得人之盛和所謂天命之有定，提醒邦君、御事們，應該認識現在的情況正是這樣，應當一鼓作氣地出兵東征。

予永念曰：天惟喪殷，若穡夫①，予害敢不終朕畝②！天亦惟休于前文人，予害其極卜③？敢弗于從率文人有旨疆土④，矧今卜並吉。肆⑤朕誕以爾東征！天命不僭，卜陳惟若兹⑥！

①穡夫——“穡”，耕稼。“穡夫”，農夫。

②予害敢不終朕畝——因前面用了種田來比喻這回出師，所以這裏說：“我哪敢不順了天意來完成我田地裏的工作呢。”

③予害其極卜——“極”，亟，趕快。這句是說：“我爲什麼要趕快去占卜呢？”

④敢弗于從率文人有旨疆土——“于”，往。“從”，“遵守”的意思。“率”，語詞，無意義。“文人”，即“文王”，見前第二節注⑨。“旨”，美好。按“旨”通行本作“指”，王莽所據本作“旨”，《漢書》顏注釋爲“美”，《孔疏》亦作“旨”，可證原確作“旨”。今據改。這句是說自己“不敢不去守着文王傳下的大好疆土”。

⑤肆——王莽《大誥》譯作“故”，意即“所以”。

⑥卜陳惟若兹——“陳”，陳列，展示。“惟”，“有”的意思。“若兹”，像這樣。這句是說：“卜兆所表示的已經是這樣地清楚了。”

這一節總結目前的幾個有利因素：1. 天喪殷；2. 天休文王；3. 守疆土；4. 卜並吉。說明戰事的必然勝利。

以上兩節，是周公用周成王的名義講的第四段話。他用了這樣有利的形勢來堅定衆人的意志，從根本上批駁那些提出“王害不違卜”的希望和分裂主義妥協的邦君貴族們的畏葸情緒。

（二）今　譯

成王這樣說：現在我向你們各位邦君和官員們莊嚴地講一番話，那個嚴厲的老天爺給我們王家降下了深重的災害，沒有稍稍延緩一下。我小子繼承了這千秋萬世宏偉無邊的大業，偏偏遭遇得很不順利，還不能使我們的人民達到安樂的境界，便何能說什麼完全懂得了天命！

唉！我小子好像站在岸邊準備渡過很深的大河的一個人，我必須尋求怎樣才得安全地渡過去的方法。我必須把運用大龜占卜的方式開展起來，把我們祖宗文王接受天命的往事發揚起來，這才可不至喪失先王所建的大功。我是一定不敢把先王遺留下的大好傳統到我這時就停滯下來的。

自從老天爺降下厲害的威嚴，我就用從文王傳下來的大寶龜來叩問上天的意旨。我用這龜占卜時向天禱告說：“有很大的艱難危困落到我們西方人的頭上來，就連從由我們西方派出去的人員也不安靜老實起來了；這不安分的壞蛋殷人剛恢復了一點點力量，就敢妄想重整他們已失去的天堂——他們已垮了的政權系統。他們趁着老天爺降給我們威嚴的時機，知道我國出了些毛病，人民也有些不安，就叫囂地說：‘我們光復舊業的機會到來了！’他們還妄想把我周邦作爲他們的一塊屬地。如今他們就像蟲豸一般地蠢動着，像惡鳥一般地飛撲着。最近，幸好就在歸順我們的殷人裏，也有一批有力量的殷人出來輔助我們，一同上前綫，那就可以使我們去完成文王和武王的大功勳了。現在我準備出兵了。請問這次出兵是吉還是不吉？”結果，我那三個龜版上所表現的卜兆上，全都表現了吉兆。

所以我現在明白告知你們各位邦君和各級官員們：我已得到了很吉利的卜兆，我要帶領你們各邦的軍隊去討伐殷商叛亂集團的那些亡命的奴才！

想不到你們許多邦君和各級官員裏，倒有好些都那樣回答我：“困難很大呀！人民也不安静，並且這些亂子就出在我們王朝的宫

廷和王族諸侯的家室之間,我們本於孝友的道理,也不能打呀! 王
啊,您爲什麼不違背這卜兆呢?"

爲此,我對這些困難作了深長的思考,我要對你們説:唉! 這些
叛亂之徒真已蠢動起來了,老百姓遭受這災難是多麼可悲呀! 這是
我遭到了老天爺的責罰,艱難困苦壓到了我的身上,如果我小子對
這樣的大事還不自知憂勞,你們各個邦君和各級官員們正該勸諫我
説:"您爲什麼不去仔細地憂慮呢! 您的先人文王的大功是不該不
由您去完成的呀!"

唉! 我小子決不敢不信從上帝的命令。老天爺降福給文王,使
我們小小的周邦興盛了起來。文王就是由於懂得遵照占卜行事,所
以才能承受了這個大命。現在老天爺又會來降福給我們周民的,只
要我們依然能遵照占卜行事。啊! 老天爺顯示出它的意旨多麼威
嚴凜冽,大家一同來幫助我成就我們王朝的偉大基業吧!

王接着説:你們這些人,很多是我先文王的舊臣,你們能够很好
地遵循文王的遺軌嗎? 你們知道文王爲了我們的國家曾是這樣地
勤勞工作嗎? 現在老天爺已把成功的道理教給我了,我實在不敢不
儘快地完成文王的大事。所以我要深切地告誡各個邦君們,老天爺
並不是隨便信任我個人的,它只是爲了要安定我們人民的原故才有
這樣的表示的。我怎麼敢不爲先王遺下的偉大功業爭取一個最後
的勝利呢? 現在老天爺又要勤勞我們的人民(從事東征)了,這正像
要清除瘟疫一樣,我哪敢不爲了先王所受的上帝賜降的福,而不去
乾净徹底地清除這種疾病!

王又説:像前面我對你們所宣示過的,我正在天天深長思考這
件困難的工作。(用譬喻來説清楚吧,)就像一位父親想造房子,已
經定好了建築的規劃和準備,他的兒子却連堆土夯好房基的勞動都

不能做，他還哪裏會去搭柱裝椽、砌墻蓋瓦呢？這時他老人家看了，難道還能説“我有這個好後代，不會抛棄我的基業”嗎？又如有位父親已經在田裏翻好了土地，做兒子的連播種尚不幹，更不用説收割了。這時他老人家難道還能説“我有好後代，他不會抛棄我的基業”嗎？像這樣，所以我才不敢不趁着我這一生去努力完成文王所承受的那個偉大的天命。

又如果有一位死去了的父親，忽然有些壞人來襲擊他的兒子，難道他家的奴隸們可以一齊袖手旁觀而不去救援嗎？

王又説：啊！現在我要告訴你們各個邦君和官員們：本來嘛，我們周邦的國勢早已順利地發展，那是由於當時有一批賢臣，他們都能認識上帝命令以及上天的不可無條件地依賴。那時他們都那樣小心翼翼地不敢違背上帝的決定了的命令，更何況現在老天爺又把這決定的命令降給我們了，注定了那些發難的叛亂之徒到頭只會相互毀壞自己的家室。難道你們還不知道上帝的命令是根本不會改變的嗎！

我經過了深長的思考，認爲老天爺早已決定了要滅亡殷商。我們好像農夫種地一樣，哪敢不順着天時把自己的農活自始至終地都幹完了呢！從前上天降福於先王，給了那麽美好的産業，我爲什麽不能像先王那樣抓緊進行占卜？就是爲了不敢不守住先王所有的大好疆土。何況現在我們占卜都已得到了吉兆呢！所以我就要帶領你們向東方進軍了！天命是不可不信的，試看占卜所表示的是這般地清楚呀！

（三）討　論

　　本篇全文前面,原有漢代出現的《書序》説:"武王崩,三監及淮
夷叛,周公相成王,將黜殷,作《大誥》。"指出了本篇寫成的歷史背
景,這基本上是合於當時的事實的,但還要作些説明才好。

　　周族原在今陝甘一帶高原上活動,其稍後主要在渭水流域定
居,是殷王朝統治下的一個獨立發展的還不盛大的部落。大約在公
元前 12 世紀到前 11 世紀,由於從較原始的農業生產有了發展,就
逐漸興旺了起來。它的一個部落首領叫"太王"的,在岐山開始建立
了較強的奴隸制政權,征服了一些鄰近的部落。到他兒子季歷時更
加發展,勢力從陝西擴展到山西。季歷因而被殷王所殺。他的兒子
昌繼位,就是後來有名的文王,在位五十年,刻苦奮鬥,比以前更強,
成了西方的霸主——"西伯"。這一稱呼充分反映了他所建立的是
一個上升期的奴隸主政權。他進行統治的方法就是善於利用占卜
來作宣傳,好像他會和上帝直接通話(見《詩·大雅·蕩》),以此取
得很大的效果,使人相信他在占卜上承受了天命,該取代殷王朝的
統治。他東向攻取了黎國(今山西長治),威脅着殷都,使殷人感到
滅亡在即。到他的兒子武王發時,真的滅取了殷王朝。從此周人就
一貫相信自己的王朝是肇基於文王受天命,而天命是經由運用占卜
得來的,因此所盛傳的文王最拿手的本領就是善用烏龜殼來和上帝
對話(直到三千多年後的舊社會裏擺攤測命占卦的還要挂"文王神
課"的招牌)。

　　由於夏殷兩代的奴隸制政權歷世已近千年,日趨腐敗,統治者
過着長期荒淫糜爛的生活,對奴隸階級的剝削奴役達到空前地步,
階級矛盾極端激化。這時周人以上升期的奴隸制政權用解救殷民
爲號召東向進攻,得到殷統治下的奴隸甚至奴隸主的歡迎,他們紛
紛用"倒戈"行動來支持周人,因而在牧野一戰就把殷滅了,殺了殷

王紂。但是殷的基層力量盤根錯節，不是一下子就可摧盡的。同時它還有很多屬國，都還是些未觸動的舊勢力。這都需要認真而妥善地加以對付。因此武王就以殷王畿爲主體，把殷人所居地域分爲三區：北面地區稱爲"邶"，封給紂的兒子武庚；東面地區稱爲"東"（或作"鄘"），封給自己的親弟管叔；西面地區稱爲"衛"（即原來的"殷"，其字原亦作"衣"、"郼"），封給另一個親弟蔡叔，總稱爲"三監"。（按，西周金文中有"諸侯諸監"之稱，知"監"和"侯"一樣，是分封的奴隸主國家首腦的稱謂，就是叫他們監所轄的地區。後人把"三監"説成是管叔、蔡叔、霍叔，並説用來專監視武庚，這是不合事實的。實際上當時所封諸國如燕近邶，曹近鄘，成近衛，齊魯環於東境，都起監督殷的作用。）

　　周武王在滅殷後才過短短兩年就死了，他的兒子誦繼位，稱爲成王。由於年紀輕，應付不了剛剛奪得政權的複雜局面，就由武王的弟弟也就是成王的叔叔旦執政，因爲他封地於岐山下的周原，稱爲周公。管叔是周公的哥哥，看到周公"踐天子之位"獨攬王朝大權，心懷嫉忌，就和蔡叔一起陰謀推翻他。下手的方法是先散布流言，説周公要謀害成王，篡奪王位。這時武庚看到周家自己鬧矛盾，認爲復辟殷王朝的機會到來了，就發動反周。管叔、蔡叔本不和殷人一條心，竟然爲了滿足個人的野心，不惜和本族的敵人聯合，來分裂自己的祖國，以圖擴大自己的勢力。就和武庚一道，發動了原在殷統治下現在仍跟着武庚的一些部落共同參加，計有今山東境內濰水流域的淮夷、小清河流域的薄姑、山東南部的奄、徐戎以及蓋楚（成王時金文有征塋、伐楚之文。或疑"塋"即文獻之"蓋"）等等，據《逸周書·作雒篇》計有"熊盈之族"十七國、濰水地區九邑（《孟子·滕文公下》則説因這一役而被周公征伐的達五十國）。他們浩浩蕩蕩地向西進軍，聲勢很大，看來人數和力量都是遠遠超過周王朝的。

這一下可把周王朝的諸侯和朝臣們都嚇壞了，他們一方面感到這般強大的力量簡直不可抗，一方面感到這還是周王家自己的親族帶頭在鬧，對他們來說，誰勝了都差不多，因此更希望同這些分裂勢力妥協，以便平平安安地保住自己這些大奴隸主的利益。更何況周文王的兒子很多，周武王死後以管叔最長，兄弟親族中同情管叔的必還有人，這就形成了周王朝陣營內部的不穩。

這時周公的處境十分孤立。如何轉變這一處境，如何把自己陣營裏這些妥協動搖的人一齊團結動員起來，確是一個非常棘手的問題。這問題不解決，就無法克服當前最大的危機，也就不能粉碎殷王朝的復辟企圖，鞏固住周文王開創的基業。他終於定下了兩項對付的辦法，第一是模仿文王，用大家所熟知的文王最擅長的占卜來鼓舞大家，說上帝雖然降給我們許多災禍，但現在仍然通過占卜表示了上帝要幫助我們打敗殷人的叛亂。爲了服從上帝意旨，我們不該不對殷人作迎頭的痛擊。第二則是分化瓦解殷人，聯絡殷族許多奴隸主們，許給他們以優厚條件，促使他們幫助抗擊叛亂。當周朝的許多臣子還在躊躇着不想接受這吉利的占卜時，許多殷方的奴隸主們卻擁護周公，甘願隨同出兵了。周公取得這樣的成功後，就再召集臣屬們作動員講話，很堅決地命令他們一起東征。這次講話經史官筆錄下來，傳到現在，就是這篇《大誥》。

周公的這次講話，一是借用他的侄子成王的口氣來講，以取得動員的力量。所以講話一開始就先說"王若曰"，這是周代傳達周王命令的例語，使大家知道這意旨來自成王。再則是把矛頭集中對準殷人，只提殷人的叛亂蠢動，以便調動大家的敵愾之氣。其實發動這次叛亂的，最主要的人是管叔。周公出於策略上的考慮，沒有明確地提及他。所以這篇話取得了動員的效果。而全文一再反復強調占卜的吉利來堅定衆志，這是奴隸主意識形態裏唯一有威力的能欺騙人相信的東西，因爲他們是剛從蒙昧的褊狹愚昧的表象中走來的早期的壓迫者剝削者，既需要這樣的鴉片來麻醉和欺騙被統治的奴隸和平民，而自己也爲這類外界的力量支配着，所以就只知道乞靈於上帝來保佑他們了。

周公率軍東征，辛辛苦苦地打了三年的仗，打得"破斧、缺斨"（見《詩·豳風》），比當初牧野滅殷之戰困難得多，才把叛軍打敗。武庚北向逃亡，不知下落（或説被殺或竟説率部越洋東逃）；誅殺了管叔（大多數記載如此，但《逸周書·作雒》則説管叔上吊死的），流放了蔡叔。又誅殺了東方各屬國的一些首領，把他們的部族大量遷徙。把奄和薄姑趕到了長江以南，另行建國；把淮夷的大部分和徐戎的大部分趕到淮河流域，但徐人有一部分被趕到了汾水和渭水兩流域；把楚趕到了丹水和漢水流域；把大量上層有力的殷人遷到洛陽，營建了一座大城安頓，並派了八師兵力駐守（一師二千五百人）。就這樣在幾年之內用強力進行了一次廣泛的民族大遷移。

這次以東西兩方民族互相殘餘形式出現的殘酷戰爭，實際是一場分裂和復辟的力量同争取統一前進的力量之間的鬥爭。鬥爭的結果，統一力量取得完全勝利，代表了歷史前進的方向，從而奠定了周代奴隸制王朝八百年歷史的基礎。從此周王朝才開始撫有東方的土地。於是封武王和周公的弟弟康叔於衛，別封康叔的兒子王孫牟子東（小東），掌管了管叔和蔡叔的原轄區，並分給了殷民七族作爲種族奴隸。把邶併入另一姬姓大貴族召公奭的封地燕，使燕國掌管了武庚舊地。原封於魯的周公的兒子伯禽不曾就國，現在叫他往奄(大東)建立魯國,掌管了奄國的舊地,並分得了殷民六族作爲種族奴隸。原封於營丘的齊太公吕尚也一樣,現在由其子吕伋赴薄姑舊地建立了齊國。又封了蔡叔的兒子和於蔡,建立蔡國。又爲了安定殷遺民,封了支持周公的殷大貴族微子(紂的庶兄)於宋,以示不斷了殷先王的祭祀。原淮夷、徐戎等的餘地,則封了些周家姬姓貴族的小國,如曹、滕、邢、郕等,和姜姓貴族的小國,如紀、州、鄣、萊等。但那些遺留下來的夷族和殷"頑民"仍然時有零散的反抗,前後花了周公及所在地封國諸侯將近十年的力征經營,才最後把東方完全平定下來,才完全鞏固了周王朝的統治。

黄河流域的統治鞏固後,又在漢水到長江一帶分封許多姬姓小國,以監視遷移到那裏的徐、楚等國。在長江下游南部,原有"太王"的兒子泰伯、仲雍率領遠征軍經由漢水遷到今江蘇南部的後代所建立的吴國。加上原在西北各地的封國,以及被遷移各族對邊藪地的開發和發展,於是經過周公在成王支持下領導着周人多年的努力,才使成王時代的周王朝的國勢及其力量所及東達到海邊,西逾今甘肅,東北至今遼寧,更遠至肅慎,南至長江以南,成爲屹立在當時世界上的一個空前遼闊宏大的奴隸制國家,這是秦始皇滅六國以前的統一偉業。周之統一以分封,秦之統一以郡縣(春秋戰國時期則由分封轉入郡縣),對此後中華民族的發展壯大是影響很大的。

因此,維護周王朝新建立的統一政權,克服分裂勢力,清除野心家的活動,從而粉碎舊政權的復辟,鞏固周王朝的統治,在當時來説,是一件大事;對中國三千多年的歷史來説,也是一件大事。這篇《大誥》就是這件大事的一個歷史見證,是當初周王朝從飄摇不定的處境轉到建立固如磐石的政權的一個轉折點。

周革殷命,固然是民族之爭,但周在生產上有其進步性,所以有

"郁郁乎文哉"之治。周在農業上的成就與其勤勞生產的民族奮鬥精神遠遠超過了"沈酗于酒"的頹唐的殷人。殷的奴隸制發生早,奴隸主的生活已經腐化。周的奴隸制發生遲,奴隸主正在生氣勃勃的時候,以此易彼,所以會向着進步的方面走。東方奴隸主的社會地位固然降落,但總的看來,則生産力提高,東西文化因融合而發展爲燦爛的文明,固有其歷史上的價值。一部《周書》,必須用這個眼光看,才合歷史的實際。

〔附記〕

　　這是起釪於 1976 年獲得恢復整理《尚書》後,所開始寫的第一篇。其前顧頡剛師自 1959 年起決定集中力量整理《尚書》本文,先從最難的做起,以爲在周誥八篇裏《大誥》是第一篇,又是很難讀的一篇,而它在周代歷史裏又是極關重要的一篇,必須努力突破這一重點,因此就動手做《大誥譯證》,於 1962 年寫出初稿,由於篇幅過大,就擇其要點精煉成《尚書大誥今譯(摘要)》發表於《歷史研究》1962 年第 4 期上,分爲校勘、解釋、章句、今譯、考證五部分,爲學術界所重視,《歷史研究》1962 年第 5 期上有專文盛爲讚譽,以爲是別具一格的著作體例,對《尚書》進行總結性的科學整理。其文後至 1965 年寫成六十萬字。起釪奉命承乏,於 1965 年先一秉此體例寫了《高宗肜日》篇,請當時點校二十四史專家座談,建議併"章句"於"解釋"。到 1976 年恢復整理《尚書》,再請於顧師將"校勘"、"解釋"合併爲"校釋",取得同意後,始按此三部分將顧師此篇原文改寫,並經顧師審閱,就成爲現在這篇。

康　誥

　　《康誥》是周王朝册封周文王的兒子康叔於衛國時的誥辭，就是當時稱為"命書"的文件（"命書"一詞見《左傳·定公四年》和西周銅器《頌鼎》等銘）。實際如《作雒篇》及《尚書大傳》所載周公在攝政二年平定武庚叛亂，三年平定奄之後回到宗周作《多方》，四年建侯衛，封魯侯伯禽、燕侯旨、衛康叔及在晋的唐等等，其中封康叔的命書就是這篇《康誥》。不久又作《酒誥》、《梓材》二篇，先秦時合稱《康誥》三篇。此篇在先秦文獻中引用次數最多，計共達三十一次。新出土《郭店楚簡》（戰國時物）引用二次。它在漢初伏生今文本中當為《周書》的第五篇，全書的第十四篇；在西漢歐陽、大小夏侯三家今文本中為《周書》的第六篇，全書的第十五篇；東漢古文本中仍為《周書》的第六篇，全書的第十九篇；東晋偽古文本中則為《周書》的第十一篇，全書的第三十七篇。有關本文的情況詳後面的討論（一）、（三）。

（一）校　釋

惟三月哉生魄①，周公初基②作新大邑③于東國洛④，四方民大和會⑤，侯、甸、男、邦、采、衞⑥、百工⑦、播民⑧，和見士于周⑨。周公咸勤⑩，乃洪大誥治⑪。

①哉生魄——“哉”，《漢書·王莽傳》王舜奏引爲“載”，爲“哉”同音假借（《法言·五百篇》亦用“載”）。隸古定本如内野本、薛季宣本等皆作“才”，與甲骨文、金文“哉”作“才”相合（如甲骨文《粹》552片“用哉”、金文《班毁》“唯民無出哉”、“允哉”等“哉”字皆作“才”）。“才”爲“哉”、“載”、“弋”等字的聲符，其義爲“草木之初”（《説文》），含有“始”義。形聲字聲中有義，故《釋詁》云：“哉，始也。”後代詩文中引“哉生魄”即作“初生魄”。

“魄”，西周金文皆作“霸”，如《智鼎》“惟王四月既生霸”，《令毁》“惟九月既死霸”，等等。漢代仍沿用，如《説文·月部》“霸”字下引本篇云：“《周書》曰：哉生霸。”（大徐音普伯切）並云：“，古文霸。”既古文如此，則霸字當爲今文（據陳喬樅説）。《漢書·律曆志》引今文《顧命》及逸篇《武成》（非僞古文《武成》）亦皆作“霸”。可知漢今文原作“霸”。但漢代今文又以同音假借用“魄”字，如《禮記·鄉飲酒義》、《詩緯推度灾》、《孝經援神契》、《法言·五百篇》、《漢書·王莽傳》、《白虎通·日月篇》都用“魄”字。元周伯琦《六經正訛》云：“‘霸’俗作必駕切，以爲霸王字，而月霸乃用‘魄’字，非本義。王霸字本作‘伯’，月魄字作‘霸’，其義始正。然則此經本當作

'霸'也。"然漢代古文也沿用"魄"字，惟字體或稍變，見《釋文》云："魄，字又作髆，普白反。馬（融）云：'髆，朏也。'謂月三日始生兆朏，名曰魄。"是古文所用魄字又同於"朏"。《漢書·律曆志》引"古文《月采篇》"亦作"朏"（段玉裁謂此係漢魏人注所引，見《撰異·召誥》）。又《法言·五百篇》"載魄"，宋咸云："魄當作朏。"王鳴盛云："其實魄即朏也。"（《後案》）今觀霸、魄、朏三字讀音相近，漢時必三字同音，故相通用。僞古文《唐石經》及各流行刊本皆沿作"魄"，既與"霸"、"朏"通用，故不改。

　　《説文》云："霸，月始生霸然也。承大月二日，承小月三日。"（《御覽》四引作"魄，月始生魄然也"）又云："朏，月未盛之明，从月、出。"（《御覽》四引作"朏，月未成明也"）這是霸、魄、朏較早的解釋，實際是指始見新月。董作賓《四分一月説辨正》引《孝經説》云："魄，白也。"即指始見新月之月色。《儀禮·鄉飲酒義》、《詩緯推度災》、《孝經援神契》、《白虎通·日月篇》都説每月"三日成魄"，古文《月采》（王應麟謂當作"月令"）則説"三日生朏"，固定在三日，不如《説文》根據上月的大小分別在二日或三日較正確。劉歆以爲在望，大誤。故《釋文》引馬融云："魄，朏也。謂月三日始生兆朏，名曰魄。"王國維《生霸死霸考》始考定西周不是把一月分爲三旬，而是分爲下列四分：（一）初吉，自一日至七、八日。（二）既生霸，自八、九日至十四、五日。（三）既望，自十五、六日至二十二、三日。（四）既死霸，自二十三、四日至月底。並據《説文》依月之大小以二日或三日爲"哉生魄"。雖後來董作賓、吳其昌、陳夢家、黃盛璋、劉啓益、張聞玉等續有異説，而新城新藏及近年王和仍支持王氏四分説，此處仍録存王説。

　　②初基——于省吾云："僞傳訓'初基'爲'初造基'，鄭康成訓

'基'爲'謀',並非。按'基','其'古通,《立政》'丕丕基',《漢石經》'基'作'其'。《禮記·孔子閒居》'夙夜其命宥密',《詩》'其'作'基'。'初其',猶金文之言'啓其'、'肇其',乃周人語例。《逐鼎》'逐啓諆作廟叔寶尊彝','諆'即'其'。《白戎毁》'白戎肇其作西宮寶'。'周公初基作新大邑于東國洛'者,周公始其作新大邑於東國洛也。"

③新大邑——盧見曾刊《尚書大傳》引本句無"大"字,故段玉裁、陳喬樅皆據以爲校。然《詩·周頌譜》正義所録《大傳》固有"大"字,盧本不知何所據。甲骨文中商人屢稱其都爲"大邑商"。《召誥》、《多士》記周公在營雒邑時也屢稱"作大邑",則此以作"新大邑"爲是。"大邑"爲商及周初對國都的稱呼。

④洛——《史記》之《周本紀》、《魯世家》言營雒邑皆作"雒"。段玉裁指出,《漢書·地理志》載,《禹貢》雒水出弘農上雒縣冢領山,至鞏入河,屬豫州(今河南境);又洛水出馮翊襄德,東南入渭,屬雍州(今陝西境)。漢時雒、洛二水名區分甚明。至魏黃初元年詔改"雒"爲"洛",而後此二水名始淆亂。至唐衛包遂將《尚書》中"雒"字改爲"洛"(見《撰異·禹貢》)。《唐石經》及各刊本皆承用"洛"字。爲正確計,本應依段説將"洛"改回爲"雒"。但雒邑即今洛陽,自黃初至今達一千八百年,久已習用"洛"字,爲便利計,没有必要改用原字,但指明此字原作"雒"。

⑤四方民大和會——"會",内野本、薛氏本皆作"旡",是隸古定奇字。50年代出土於河南洛陽附近的西周初年銅器《保卣》銘文有"遘于四方迨王大祀"語,"迨"爲《説文》古文"會"字。"四方和會"一語顯是周初的話,反映勝利了的周王朝能使四方的人會集起來參加它所號召的活動。《尚書大傳》説周公"營洛以觀天下之心,

於是四方諸侯率其群黨各攻位於其庭。周公曰：‘示之以力役且猶至，況導之以禮樂乎。’然後敢作禮樂。《書》曰：‘作新大邑於東國洛，四方民大和會。’此之謂也”。雖是漢人的話，頗能表達此語原意。“四方”即指下句“侯、甸、男、采、衛”等，詳下句校釋。

　　⑥侯甸男邦采衛——甲骨文中有“侯”、“甸”、“邦伯”、“方伯”。本書《酒誥》説殷有“侯、甸、男、衛邦伯”，《召誥》有“庶殷侯、甸、男邦伯”，《君奭》有“侯、甸”，《顧命》有“庶邦侯、甸、男、衛”。這些侯、甸、男等看來是殷代和西周所屬“庶邦”（即衆邦）的不同稱謂，“邦伯”等則是它們的首領（亦見《盤庚》，並與《牧誓》“有邦冢君”、《大誥》“邦君”同）。他們也就是與“内服”相對而言的“外服”（見《酒誥》）。“内服”指王朝百官，“外服”指外地諸侯（參看《大誥》“無疆大歷服”校釋）。《大盂鼎》云：“唯殷邊侯甸雩（與）殷正百辟。”此“侯、甸”是外服，所以以“邊”稱之（也有人釋爲邊境，但當時郊關外即可稱邊）；“殷正百辟”則是内服。《令彝》説：“王令周公子明保尹三事、四方。”下面接着説受“三事令”的是“卿士寮、諸尹、里君、百工”；受“四方令”的是“諸侯：侯、甸、男”。可知“三事”指内服，“四方”指外服。值得注意的是，西周金文中所記當時外服諸侯只有侯、甸、男三種，與本文稱“侯甸男邦”相合，並與上舉文基本也相合；而《大盂鼎》稱侯、甸二者，又與《君奭》相合。楊樹達云：“善射者謂之‘侯’，善狩獵者謂之‘田’（甸），善耕作者謂之‘男’。換言之，侯者，戰鬥英雄也；田者，狩獵英雄也；男者，耕種英雄也。部落必先有武力之防衛而後始能生存，故戰鬥之事在先，而侯爲其首，人群進化，先狩獵而後耕種，故田爲其次，而男又次之。”（《積微居金文説·矢令彝三跋》。陳夢家《綜述》則謂“由戍邊的斥候引申爲諸侯”。）

　　至於"采"、"衛"，郭沫若云："侯、甸、男、邦采、衛，即侯、甸、男等之諸侯與邦采邦衛。采、衛均職位之名，采猶言宰。"(《金文叢考·金文所無考》)陳夢家說："衛在卜辭中爲邊地的一種官。"(《殷虛卜辭綜述》)按，《堯典》"疇咨若予采"，《釋文》引馬融注云："采，官也。"似此郭、陳之說有一定依據。

　　但周初金文《趞尊》說："錫趞采曰趞"，就是把趞地賜給趞做采邑。又《中齋》說："奊(郭釋歸)汝裛土，作乃采。"是說給你裛這個地方作你的采邑。是周初顯然有采地。又典籍如《國語·鄭語》說："妘姓鄔、鄶、路、偪陽，曹姓鄒、莒，皆爲采衛。"顯然也是說采衛是有土地的。《爾雅·釋詁》云："尸，寀也。"郭璞注："謂寀地。"又云："寀、寮，官也。"郭璞注："官地爲寀，同官爲寮。"《路史·國名紀》卷四釋之云："義亦同采，取以奉君子。故亦用'菜'，猶備食菜。《字書》又作'埰'，《集韻》音菜，云'臣食邑'。"郝懿行《爾雅義疏》亦云："寀者，當爲'采'。下文云：'采，事也。'能其事者食其地，亦謂之采。《禮運》'大夫有采，以處其子孫'。《韓詩外傳》'古者天子爲諸侯受封，謂之采地。然則尸訓寀者，蓋爲此地之主，因食此土之毛，故《鄭語》云'主芣騩而食溱洧'，是其義也。"可知"采"確是指臣所食之地，而像妘姓、曹姓這幾個國家在春秋時基本都處於臣服於大國的附庸地位，由此看來，本文的"采"、"衛"大概是指不能與侯、甸、男並立的附庸小國。

　　據《路史·國名紀》卷四引《尚書大傳》云："古者諸侯始受封，則有采地：百里諸侯以三十里，七十里諸侯以二十里，五十里諸侯以十五里(《韓詩外傳》作十里)，其後子孫雖有罪黜，其采地不黜，使其子孫賢者守之，世世以祠其始受封之人。"(《御覽》一九八引《百官表注記》亦謂"諸侯始受封各有菜地……子孫雖有黜地，而采地世世不黜"。唯"三十"作"四十"。)凌曙《公羊禮説》云:"采有二:始封之時則有采地,入爲天子大夫更有采地。"即舉上述《尚書大傳》之説證前一種采地(後一種采地即普通所説的食邑,《詩譜》謂文王分岐邦周、召之地,爲周公旦、召公奭之采地是)。並以《莊公三年》"紀季以酅入于齊"爲例,謂"酅即紀之采也,此國滅而采不滅之證"。皮錫瑞舉《春秋繁露·爵國篇》"附庸,字者方三十里,名者方二十里,人氏者方十五里",謂與《大傳》文合;並舉《公羊》紀季以采地入齊請存五廟,謂"子孫有罪黜,而猶使爲附庸得有五廟以祀其始受封之人"(《大傳疏證》)。這些雖是有關漢人對古代采地的説法,但反映了采地與附庸之間的淵源關係。

　　從漢至清以及近代的各注疏家,都引春秋戰國之世根據這些名稱編造的"畿服"之説,其中特別是根據本文侯、甸、男、采、衛次序編造成的《周禮·職方氏》"九服"中的前面五服——侯服、甸服、男服、采服、衛服,來解釋此處侯、甸、男、采、衛,都是謬誤的(此問題詳顧師《史林雜識初編·畿服》)。

　　⑦百工——百官(《釋詁》)。承上句"四方民大和會",知此百工爲"四方"——外服侯、甸、男等邦及采衛之百官(王鳴盛《後案》也説是五服諸侯之百官)。

　　⑧播民——毛奇齡謂指"殷之遺民,猶《大誥》之'遹播臣'"。戴鈞衡同意其説(《補商》)。于省吾云:"'播民',謂遷徙之民。'播',《散盤》作'𢼸',《師旅鼎》作'𥼽',其言'今毋𥼽',謂今毋遷播之也。凡今左從'手'之字,金文多作右從'攴'或'殳',如'扞'作'攼','揆'作'𢿳'之類是也。《大誥》'遹播臣',謂亡逃遷徙之臣。"(《新證》)解釋皆是。此亦承"四方"而言,指一些侯、甸、男邦及采衛中所領有之殷餘民,但主要的當是遷至洛邑的殷餘民。

⑨和見士于周——于省吾云："《禮記·郊特牲》'陰陽和而萬物得'疏：'和，猶合也。''合'，周初作'卿'或'迨'。《令鼎》'有嗣眔師氏、小子卿射'。'卿射'即合射。《俎子鼎》'王命俎子迨西方于省'。'迨'猶'會'也。'見士'即'見事'。'士'、'事'古通。金文凡卿士之'士'作'事'。《玟鼎》：'玟見事于彭。'《匽侯旨鼎》：'匽侯旨初見事于宗周。'是'見事'爲周人語例。"（《新證》）按隸古寫本如内野本'士'作'事'，與金文同。此西周語"見事于周"，即"效事于周"之意（參考江聲《音疏》及孫星衍《注疏》）。

⑩周公咸勤——《釋文》云："一本作'周公迺洪大誥治'。"是無"咸勤"二字，並與下文五字連讀爲一句。現仍從通行本。"咸"，皆。"勤"，勞（並據《釋詁》），意爲慰勞，勞勉（于省吾謂"勤"當讀作"觀"，見《王若曰考》。"觀"有見義）。

⑪乃洪大誥治——"乃"，《釋文》引別本作"迺"。段玉裁云："蓋天寶以前《尚書》本皆作'迺'，天寶時始皆改爲'乃'。"（《撰異》）"洪"，王國維云："洪亦大也，二字並舉。"（《觀堂學書記》）楊筠如云："按《詩·民勞》'而式宏大'，《釋詁》'洪、宏，大也'。則'洪大'與'宏大'同。"（《覈詁》）按，洪在此爲語詞，並無實義（《孔疏》引鄭玄釋"洪"爲代，意謂周公代成王誥，孔穎達已譏其"不辭"，鄭說實牽强）。楊筠如又云："治，通作辭。《檀弓》鄭注：'辭，猶告也。'《酒誥》'乃不用我教辭'，謂教告也。《周禮·小司徒》'聽其辭訟'，《小宰》'聽其治訟'……'治'、'辭'一字可證。"（《覈詁》）

　　這一節四十八字，是關於周公營洛邑的一段話，從漢至唐的注疏家都説是"將誥衛侯，先序營洛之文"（《補商》引語），以爲原是《康誥》之首。至宋蘇軾始以爲是《洛誥》篇首的錯簡（《書傳》）。朱熹、蔡沈從之（《詩類》、《書集傳》）。金履祥、俞樾則以爲是《梓材》之首（《表注》、《平議》），故金氏《書經注》及其《通鑑前編》逕移至《梓材》篇前。陳櫟謂當在《召誥》"牛一羊一豕一"之後，此"洪大誥治"即該篇之"用書命丕作"（《稗疏》、《補商》引），但又不能自堅其說，在他的《書傳纂疏》中仍從蘇軾說。毛奇齡謂此與《梓材》"王曰封"至"戕敗人宥"七十四字互有脱簡。方苞則謂當在《多士》篇首（皆《補商》引）。吳汝綸則説是《大誥》末簡（《寫定尚書》）。郭沫若《矢彝考釋》、于省吾《王若曰考》亦主《大誥》之説。其仍堅持爲《康誥》篇首者，則宋有林之奇、吕祖謙、夏僎、陳經，元有董鼎，清有牟庭、孫志祖、魏源等人。大旨謂封康叔在營洛之前，而誥之則在營洛之際，因趁四方會集於周，所以敷大命於諸侯云。其中林、吕、魏諸人並以爲是《康誥》、《酒誥》、《梓材》三篇之總序（林説見《尚書全解》，吕説見《東萊書説》，夏説、陳説各見其《書詳解》，董説見《書傳纂注》，孫説見《讀書脞録》，魏説見《書古微》，牟説見《同文尚書》）。其所以出現這些分歧，是由於大家都没有立論根據，而只憑自己的看法來落實於某一篇，自不能免於爭執。王夫之則謂："既謂之錯簡，不知所以錯者何篇，意别有《書》爲周公咸勤洪治之誥，此其簡首，而今亡矣。"因此以爲當"定爲逸《書》簡端之錯文"（《書經稗疏》）。後來的姜兆錫亦以爲"别有辭命"（《補商》引），崔述《豐鎬考信録》以爲"不知爲何篇之序"，戴鈞衡《書傳補商》以爲"此直當闕疑而不能斷"，王國維《觀堂學書記》以爲"此一段疑不能明"。我們認爲把這四十八字看做不知是何篇錯簡之説較妥，可以仍舊讓它錯簡在此。

王若曰[①]："孟侯[②]，朕其弟[③]小子[④]封[⑤]。惟乃[⑥]丕顯考文王[⑦]克明德慎罰[⑧]，不敢侮鰥寡[⑨]，庸庸祗祗威威顯民⑩，用肇造我區夏⑪，越我一二邦⑫，以修我西土⑬。惟時怙冒聞于上帝⑭，帝休⑮。天乃大命文王⑯殪戎殷⑰，誕受厥命越厥邦厥民⑱，惟時叙乃寡兄勗⑲，肆⑳汝小子封在茲東土㉑。"

①王若曰——王如此説，王這樣説。是史臣代宣王命時的開頭用語（參看《大誥》校釋）。本篇在篇首用"王若曰"，下面接着用十一個"王曰"，與《毛公鼎》、《盂鼎》等用例相同，與本書其他各篇亦有相同者，這是當時記録王的誥辭的筆法通例。但在篇末出現一個"王若曰"，則與用例不合，當係其處誤衍一"若"字（據于省吾《王若曰釋義》説）。

②孟侯——今文家有兩説：一説釋"孟侯"爲太子，以爲是指周成王。見《尚書大傳·略説》："天子太子年十八曰孟侯。孟侯者，於四方諸侯來朝迎於郊者。"古文家鄭玄承此説，並注云："孟，迎也。""太子十八爲孟侯，而呼成王。"孔穎達反對此説，然清人江聲、王鳴盛、孫星衍擁護此説。皮錫瑞指出諸人之誤，然仍以爲指成王迎接諸侯。另一説釋"孟侯"爲諸侯之長，以爲是指康叔。見《漢書·地理志》："三監畔，周公誅之，盡以其地封弟康叔，號曰孟侯。"師古注："孟，長也，言爲諸侯之長。"僞《孔傳》、《孔疏》及宋學皆承此説。前一説顯然謬誤，此篇明明是對康叔講話，何至稱呼成王。後一説指康叔是正確的，但釋爲諸侯之長則不確。由周代金文看，當時統治者的稱呼常多樣化。例如夨王又稱夨伯，楚王又稱楚公、楚侯、楚伯、楚子，齊侯又稱齊公，邾伯又稱邾公……等等（參看王國維《古諸侯稱王説》、郭沫若《金文所無考》）；文獻中如王季亦稱公季（《史記·周本紀》）。則康叔又稱孟侯完全是可以的。但史實上並

不見康叔當時曾爲諸侯之長；如果居諸侯之長，按成例也應當稱
“伯”（如“西伯”）。因此把“孟侯”釋爲諸侯之長是非常勉強的。
事實應當是：由於他是武王之弟，故稱康叔；由於他受了封地，故稱
侯。“侯”字前面所加的字，如不是美稱，就應當是某種專稱。釋爲
美稱者，如王樹枏云：“孟，明也。……明侯猶明辟、明君之誼。”
（《尚書商誼》）釋爲專稱者，如加藤常賢舉出：康叔封地衛當時又稱
妹邦（即沬邑），妹音轉爲孟，所以稱爲孟侯（《真古文尚書集釋》）。
這一說法與上舉金文所見的稱法相合，是較可取的。在金文中，我
們還看到康叔又稱康侯，有康侯豐鼎及康侯諸器。它和《易·晉》卦
辭中所舉的康侯完全相同，是他封在康地時的稱呼。到他轉封於妹
邦稱爲妹侯，音轉稱爲孟侯，完全是可能的。楊樹達指出：“孟侯之
稱，與《康侯豐鼎》稱康侯合。”（《積微居讀書記·尚書說》）也指出
孟侯是康叔的另一稱呼。由此知康叔又稱康侯，又稱孟侯。因此我
們在今譯中，就照原文逕用康叔的這另一稱呼“孟侯”，而不用今、古
文家及後代注疏家那些不可信的釋義（于鬯《校書》謂孟讀爲明，侯
惟也。明惟，發語辭。爲有意提出之另解，不足據）。

　　③朕其弟——“其”，同“之”（《釋詞》）。意即“朕之弟”。然
“朕”在甲骨文及金文中皆爲單數第一人稱領格，“朕弟”即“余之
弟”，不需要加表示所有意義的連詞“之”字。有“之”則不能用
“朕”，故于省吾云：“疑此本作‘余某弟’，王引之云：‘其猶之也。’按
《召伯虎殷》‘對揚朕宗君其休’，猶言對揚朕宗君之休也。”（《新
證》）

　　④小子——對卑親屬的一種親暱的稱呼，這裏指康叔。吳棫
云：“先儒多謂康叔尚幼，以此書多稱小子故也。康叔武王弟，武王
九十三而終（按此不確，見《牧誓》“討論”）。康叔至此安得尚幼。

今陝右之俗，凡尊之命卑，貴之命賤，雖長且老者亦以小子呼之，若相親愛之辭，疑此所謂小子亦然。"（陳大猷《書集傳或問》引）

⑤封——康叔名。康叔爲周文王之子，武王及周公之弟，成王之叔（參看《金縢》"管叔"校釋）。金文有《康侯鼎》云："康侯丰作寶尊。"劉心源云："丰即𤯝，即封矣。《書·康誥》'小子封'傳：'封，康叔名。'"（《奇觚室吉金文述》）楊樹達也説："是康叔器。'丰'，經傳記康叔名'封'，'丰'即'封'也。"（《積微居讀書記·尚書説》）按《易·晋》卦辭："康侯用錫馬蕃庶，晝日三接。"當亦即此康叔。他有錫馬蕃庶的故事，今已不可考（參看《古史辨》第三册《周易卦爻辭中的故事》）。

⑥乃——第二人稱領格，你的。

⑦丕顯考文王——"丕"，大。"顯"，光輝（皆據《釋詁》）。"考"，父（《釋親》）。"丕顯考"，周人尊崇死去的父親的美稱，周初常用以稱文王，金文中亦常見，如武王時器《大豐設》云"丕顯考文王"，康王時器《大盂鼎》云"丕顯玟王"，昭王時器《宗周鐘》云"丕顯祖考先王"。"丕顯"亦可用以頌揚天子的恩德或恩命，如《静設》、《利鼎》、《豆閉設》、《巨卣》、《揚設》、《諫設》等很多彝器都説"對揚天子丕顯休"，亦即《左傳·僖公二十八年》的"奉揚天子之丕顯休命"。《班設》、《師虎設》、《師奎父鼎》、《師遽設》、《長由盉》等器"丕顯"皆作"不𤴓"。

⑧克明德慎罰——《左傳·成公二年》引云："《周書》曰'明德慎罰'，文王所以造周也。"係引原文不誤，但省"克"字。《荀子·正論》引云："《書》曰：'克明明德。'"《尚書大傳》引云："克明俊德。"顯然皆受《堯典》"克明俊德"句的影響而誤。《禮記·大學》引云："《康誥》曰：'克明德。'"這是該文在闡揚"明德"一段中所引，顯係

只引本句前半。段玉裁謂《大傳》、《荀子》所引作"明明"，皆《今文尚書》，《禮記》、《左傳》所引爲《古文尚書》，其説未必是。"克"，能（《釋言》）。"明"，動詞，爲"勉"的假借（陳奂《詩·有駜》疏），與篇末"明乃服命"訓勉義同。在强調"勉德"的同時，又强調"慎罰"，這也反映在金文中，如康王時器《大盂鼎》云："敏諫罰訟。"陳夢家指出，此即"慎罰"。《説文》"婡，謹也。""諫"即"謹"，《大克鼎》亦見此字（《西周銅器斷代》）。郭沫若釋"諫"爲"敕"，義亦相近。可知"慎罰"確爲西周統治者所常提到的。

此句"德"與"罰"對舉，下文"告汝德之説于罰之行"亦同。按《左傳·僖公二十五年》云："德以柔中國，刑以威四夷。"又《宣公十二年》云："申反而伐之，服而舍之，德刑成矣。伐叛，刑也；柔服，德也；二者立矣。"《成公十六年》云："德以施惠，刑以正邪。"《成公十七年》云："亂在外爲姦，在内爲軌。御姦以德，御軌以刑。不施而殺，不可謂德；臣偪而不討，不可謂刑。德刑不立，姦軌並至。"都以"德"與"刑"對舉，與此處"德"、"罰"對舉同。顯然"德"是施以恩惠使人柔服。"刑"與"罰"就是暴力懲罰。所以這裏的德是指具體地給以恩賞，與具體地給以刑罰相並提的。但和商代只用宗教和嚴刑峻法這兩項統治術已有所區别，提出了與"刑"相對舉的"德"的概念，是周代統治者對統治術的一種改進。這是周文王時候提出來的，是作爲與商代争勝的一種手段。《左傳·成公三年》所説的"明德慎罰文王所以造周也"，正是説的這一勝利。商王朝既滅，周人德的概念更向前發展，郭沫若在《先秦天道觀之進展》一文中指出，殷人完全信賴天命而終於滅亡，遂使周人感到"天命不常"因而提出"敬德"來濟"天命"之窮。以爲"這種敬德的思想在周初的幾篇文章中就像同一個母題的和奏曲一樣翻來覆去地重復着。這的確是周人所獨有的思想"。確實從本文中已開始看到了這一端倪。但從周公所有誥詞來看，"德"主要是對周人自己說的，意在吸取經驗教訓，以德來濟天命之窮，改進統治方法，以敬德來保住天命。對殷人講話時則只強調天命，現在天命周取代殷，你們要遵從天命服從周。

⑨不敢侮鰥寡——"鰥"，常用以指"老而無妻"（《孟子·梁惠王》）或"丈夫無妻"（《管子·入國》）。"寡"，常用以指"老而無夫"（《孟子》）或"婦人無夫"（《管子》）。但"鰥寡"連用則是古人的一個成語，常用以指下層人民，意爲孤獨的没有依靠的人。"不敢侮鰥寡"意爲不要欺侮無依無靠的"小民"。此語古人是習用的，如《無逸》"不敢侮鰥寡"，又"懷保小民，惠鮮鰥寡"，《左傳·昭公元年》："不侮鰥寡"，《詩·烝民》"不侮矜（鰥）寡"。《毛公鼎》"勿壅律庶民寅，無敢……迺敊（侮）鰥寡"及《大誥》説"鰥寡哀哉"等，其"鰥寡"都是指"小民"。

⑩庸庸祗祗威威顯民——庸、祗、威皆重文，據于省吾説，當讀作"庸祗威，庸祗威顯民"。漢末徐幹《中論·法象篇》云"文王祗畏，造彼區夏"，係據本文，以"威"作"畏"，與金文"威"作"畏"同。王應麟《藝文志考證》云："漢人引'祗祗畏畏顯民'。"是漢代本作"畏"。隸古寫本如内野本亦作"畏"，刊本如薛本稍訛作"𢞗"，是僞古文亦作"畏"。"威"當係衛包所改。《廣雅·釋訓》："祗祗畏畏，敬也。"《左傳·宣公十五年》："《周書》所謂庸庸祗祗者，謂此物也夫。"杜注："庸，用也。祗，敬也。物，事也。言文王能用可用，敬可敬。"僞《孔傳》承之以釋此句爲："用可用，敬可敬，刑可刑，明此道以示民。"《蔡傳》亦釋爲："用其所當用，敬其所當敬，威其所當威，故德著於民。"其實皆誤。于省吾云："今以金文、石鼓文及隸古定《尚書》重文成例定之，應作'庸＝祗＝畏＝'。是此文應讀作：'不

敢侮鰥寡,庸祗威,庸祗威顯民。'……庸,用也。祗,敬也。威、畏古通。《金縢》'罔不祗畏',《史記》作'敬畏',《皋陶謨》曰'嚴祗敬六德',《郘侯庫黂》'祗敬禱祀',《禮記·月令》'祗敬必飭',是'祗畏'、'祗敬'乃周人語例。《酒誥》'罔顯于民祗',《多士》'罔顧于天顯民',是'顯民'亦周人語例。言'不敢侮鰥寡,用敬畏鰥寡,用敬畏顯民'。上之用'敬畏'原省鰥寡者,冒上鰥寡而言也。《高宗肜日》'王司敬民',則'鰥寡顯民固可言敬畏矣。"(《尚書新證》)其說是。"顯"即上文"丕顯"之"顯"。"顯民"是有光顯的人,即有聲望的人。

⑪用肇造我區夏——"用",以。"肇",始(《釋詁》)。"區夏"的不同解釋較多,皆由"區"字釋義的紛歧而來。較早者釋爲"區域",僞孔云:"始爲政於我區域諸夏。"《孔疏》同,《蔡傳》無新釋,但說"始造我區夏"。元吳澄《書纂言》始較詳釋之爲"區宇"云:"區謂分畫界域,夏謂華夏,岐周猶近西戎,文王徙豐始作區宇於華夏之地也。"孫星衍承"區域"之說云:"言文王始造我區域於中夏。"(《孫疏》)吳汝綸承"區宇"之說云:"區夏猶言區宇,宇、夏皆以屋喻。"(《尚書故》)另有前於吳汝綸之朱駿聲則云:"區猶衆域也;夏,中國也。"(《古注便讀》)其他以"區"爲"區域"而提出"區夏"的不同說法者尚有多家。此外提出其他解釋者,如牟庭云:"夏者,中國。中國者,國中也。大總下上總言之者,通國中臣民其言之,則謂之夏,然則我區夏者,謂豐岐間一區之國境也。"(《同文尚書》)黃式三云:"肇造區夏,商季中夏亂,文王始作興之也。"(《啓幪》)戴鈞衡亦云:"吳(澄)說是也。第解'區'猶曲。《文選·吳都賦》'鏡水區'劉注:'水區,河中也。'是'區'有'中'義("區"本訓"虛",空虛之象必是中。區又爲藏物之處,物藏必於中也。四方上下爲天區,上下四

方爲六區,皆就其中言之也,此皆"區"訓"中"之證)。'區夏'猶
'中夏',言文王徙豐,初作邦於中夏也。"(《補商》)王闓運云:"區,
崎嶇僻隱,謂西土。夏,中國也。始自西夷,及於内地。"(《尚書
箋》)按,區訓崎嶇見《説文》。"區"訓"虚"見《太玄·玄摛》"四行
九區"注:"區,虚也。"而《説文》云:"虚,大丘也。丘謂之虚。"《黄
帝内經》"鬼臾區",《亢倉子》作"鬼容丘"。又《荀子·大略》楊倞
注"器名區者與丘同義",知"區"又同"丘"。《漢書·楚元王傳》集
注引張晏云:"丘,大也。"則"區夏"可釋爲"大夏"。加藤常賢即舉
區爲丘的假借,有大之意(《集釋》)。然楊筠如則釋"區"爲"小",
其《覈詁》云:"《論語》:'區以別矣。'《一切經音義》引《論語》馬注:
'區,別也。'《廣雅》:'區,小也。'蓋區以別之,則有小意。然則用
'肇造我區夏',猶《大誥》'與我小邦周'矣。"所有以上這許多説法
都企圖解釋"區夏"一詞,從這許多説法中可得出的認識是:(一)周
人自承爲"夏"("夏"即"華夏",而"華"與"夏"古同音同義,詳《堯
典》"蠻夷猾夏"校釋)。(二)"區"作爲地區解釋者較多。但不言
"夏區"而言"區夏",這是古代語彙的一個表現形式。《荀子·大
略》"言之信者在乎區蓋之間",《文選·東京賦》"目察區陬"。"區
蓋"、"區陬"語彙形式與此略同。綜觀上面諸説,"用肇造我區夏"
一語,如用現代語言來表達,似是承上文説:以文王的德業,開始建
造了我華夏地區。

⑫越我一二邦——"越",同金文中的"雩",爲"與"、"及"等
義。"一二邦",指周王朝統治下的一些分封諸侯。王樵《尚書日
記》云:"區夏,指本邦言;一二邦,指鄰邦言。""鄰邦",指服從周王
室的諸邦。

⑬以修我西土——"修",長(《爾雅·釋宫》注、《廣雅·釋詁

二》)。"西土",指周族原居地今陝西一帶。

⑭惟時怙冒聞于上帝——偽《孔傳》和《蔡傳》將上句讀至"越我一二邦以修"斷句,"我西土"以下偽孔點讀不明確,《蔡傳》則讀爲"我西土惟時怙冒,聞于上帝"。清人始都讀"越我一二邦"斷句,"以修我西土"以下,齊召南《尚書注疏考證》始據趙岐注《孟子·盡心篇》讀"冒聞於上帝"爲一句,江聲、王鳴盛、段玉裁從之(段並舉《論衡·初禀篇》亦引此句爲證),以爲"冒"有上進意。戴鈞衡以爲即"上聞"、"升聞"之義。章炳麟亦從此說而釋爲"登聞于天"(此爲《酒誥》語)。王引之則讀"惟時怙冒"四字一句,以爲"怙,大也","冒,懋也","言其功大懋勉也"(《述聞》)。于省吾云:"偽孔訓'怙'爲怙恃文王之道,王引之讀'惟時怙冒'句,訓'怙冒'爲'大懋勉',並非。按《君奭》'冒聞于上帝'與此同,則讀至'冒'字句絶者非也。'時'讀'是','怙'即'古'、即'故'。《孟鼎》'古天翼臨子',《師訇殷》'古亡承于先王','古'即'故'。從'心'乃晚周時之變體字,如《陳侯因資敦》'唯'作'雖',《沇兒鐘》'惄子'即叔子,《左·僖八年傳》宋襄公'兹父',《公羊》作'慈父'。王鳴盛云:'冒有上進意。''惟時怙冒聞于上帝'者,承上'越我一二邦,以修我西土',言'惟是之故上聞于上帝'也。"(《尚書新證》)于説是。

⑮帝休——"帝",上帝。"休",美,讚美,動詞。

⑯天乃大命文王——周初盛爲宣揚"文王受命"一事(參看《西伯戡黎》及《牧誓》兩篇的"討論")。《大傳》釋此篇云:"天之命文王,非諄諄然有聲音也。文王在位而天下大服,施政而物皆聽,命則行,禁則止,動搖而不逆天之道,故曰'天乃大命文王'。文王受命一年斷虞芮之訟。"又《史記·周本紀》:"詩人道西伯,蓋受命之年稱王,而斷虞芮之訟。"

⑰殪戎殷——《左傳·宣公六年》載赤狄伐晉，晉欲伐之，中行桓子曰：“使疾其民，以盈其貫，將可殪也。《周書》曰‘殪戎殷’，此類之謂也。”所引與此合。《禮記·中庸》：“武王纘大王、王季、文王之緒，壹戎衣而有天下。”鄭玄注：“衣讀如殷，聲之誤也。齊人言‘殷’聲如‘依’，虞夏商周氏者多矣，今姓有‘衣’者，殷之冑與？‘壹戎殷’者，壹用兵伐殷也。”（參看《盤庚》“殷”校釋）似今文作“壹戎衣”。但段玉裁云：“《康誥》‘殪戎殷’不必與《中庸》‘壹戎衣’相牽。《佩觿》說《禮》‘壹戎衣’，鄭云‘壹當爲殪’，今鄭注無此語。”（《撰異》）按《說文》：“殪，死也。”杜預注：“殪，盡也。”《釋詁》：“戎，大也。”“殪戎殷”就是滅掉這大殷。戴鈞衡說“猶《詩》云‘伐大商’也”。（俞正燮《癸巳類稿》據《左傳》中行桓子問話，以爲：“言不亟亟用兵，狄將可殪。文王不伐殷，殷亦殪也。”“殪戎殷如踣大木，言不可驟也。”“今孔傳云‘殺兵殷’，杜《集解》云‘以兵伐殷盡滅之’，非《書》及《左傳》之意。”楊樹達《尚書說》則以爲：“‘殪’，當從《記》文作‘壹’。‘戎殷’猶言‘伐殷’。《國語·周語下》云：‘吾聞之《太誓故》曰：“朕夢協朕卜，襲于休祥，戎商必克。”’韋注云：‘戎，兵也；以兵伐商，必克之也。’此文‘戎殷’，即彼《太誓故》文之‘戎商’。《文侯之命》云：‘侵戎我國家純。’合觀三事，知《書》又恒以戎爲動字矣。”皆可備一說。）

⑱誕受厥命越厥邦厥民——“誕”，語詞。“越”，與。“厥”，其，它的。在此是指殷的。這句是說承受了殷家原有的天命和殷的土地與人民。

⑲惟時敘乃寡兄勗——“惟”，語詞。“時敘”，王引之云：“承敘也。‘承敘’者，承順也。‘承’、‘時’一聲之轉。《楚策》‘仰承甘露而飲之’，《新序·雜事篇》‘承’作‘時’，是‘時’與‘承’同義。《爾

雅》曰：'順，叙也。'是'叙'與'順'同義，合言之則曰'時叙'。'百揆時叙'，謂百官莫不承順也。"（《述聞》）按，"叙"有順次之意，見《淮南子・本經》高誘注，有挨次、接着的意義。"乃"，你的。"寡兄"，曾運乾云："寡兄，大兄也。伯邑考卒，武王爲大也。'大兄'稱'寡兄'者，猶《詩・思齊》適妻稱'寡妻'，《顧命》大命稱'寡命'也。"（《正讀》）"勖"，勉。此處指大兄所奮勉的。這句是説：現在你延續你大兄武王所奮勉的任務。

⑳肆——僞《孔傳》、《蔡傳》皆釋爲"故"。係據《釋詁》。按，《詩・緜》、《詩・思齊》傳及《詩・大明》、《詩・抑》箋並云："肆，故今也。"王引之《經義述聞》卷二十六"肆故今也"條云："'肆'，俗作'肆'。'肆，故、今也。'皆字各爲義，不當以'故今'二字連讀。宋王觀國《學林》曰：'《釋詁》、《釋言》皆用一字爲訓，若以"故今"二字訓"肆"字，則非《爾雅》句法。'《康誥》曰'嗚呼！肆女小子封'，言'今汝小子封'也。"牟庭則以爲當讀爲"第"，釋爲"但"（參看《盤庚》校釋），其實此字當是無義語詞（董琮亦有此説，參看本篇末"肆汝小子封"校釋）。

㉑東土——指康叔新受封的衛地，即今河南淇縣一帶。以周都豐鎬來説，地在東方。

以上這一節，叙述由於文王德業，開創了周王朝天下，所以康叔才得封於東土。

王曰："嗚呼①！封，汝念②哉！今民將在③！祗遹乃文考④，紹聞衣德言⑤。往敷求于殷先哲王⑥，用保乂民⑦；汝丕遠惟商耇成人⑧，宅心知訓⑨；別求聞由古先哲王⑩，用康保民⑪。宏于天若德⑫，裕乃身不廢在王命⑬。"

①嗚呼——今文作"於戲"（見《潛夫論》所引），古文及僞隸古定皆作"烏虖"，一如《盤庚》。既與後代通行體"嗚呼"音義全同，今亦不改。

②念——思考，想念。

③今民將在——阮元《校勘記》："古本民上有'治'字。"古本指足利本。今內野本、神宮本、松田本、秀圓本及清原家藏本亦有治字，然其他隸古定如薛本則無。以無爲是。于省吾云："朱駿聲謂'將'通'戕'。按《易·豐·釋文》引鄭注：'戕，傷也。''在'、'哉'古並通。言'今民傷哉'，即文王視民如傷之意。"（《新證》）按"在"與"才"甲骨文、金文中同字，作"十"，可讀作"哉"。"將在"即"戕哉"，亦即"傷哉"。

④祗遹乃文考——"祗"，敬（《釋詁》）。"遹"，馬融云："述也。"（《釋文》）王鳴盛云："遹，述（《釋言》）。彼孫炎注云：'遹，古述字是也。'"（《後案》）按《大盂鼎》言"遹省先王"，《宗周鐘》言"遹省文武"，"遹"有"述"、"循"之意（參看《大誥》"爾丕克遠省"校釋）。此句是説敬謹地繼述遵循着你的父親的軌範。

⑤紹聞衣德言——"紹"，繼（《釋詁》）。"衣"，內野本、神宮本作"服"，按，當由僞《孔傳》釋此句作"繼其所聞服行其德言"，因而改"衣"爲"服"。段玉裁曾指出日本古寫本常因僞傳改經文。江聲云："衣當讀爲殷。"（《音疏》）于省吾云："衣、殷古並通。《大豐毀》、《庚嬴鼎》'衣祀'即'殷祀'，《沈子它毀》'克衣'即'克殷'。言今民傷哉，敬述汝文考，續聞殷之德言。"（《新證》）

⑥往敷求于殷先哲王——"敷"，《周頌·賚》"敷時繹思"鄭箋："敷，徧也。"《堯典》"敷奏以言"，《史記·五帝本紀》即作"徧告以

言”。王引之謂此句：“言徧求殷先哲王之道也。《大雅·抑篇》‘罔敷求先王’，鄭箋以‘敷求’爲‘廣索’，是其義也。”（《述聞》）《番生毁》有“專求不朁德”語。知“敷求”原作“專求”。

⑦用保乂民——“用”，以（《倉頡》）。“保”，安。（《詩·山有樞》傳）。“保乂”同《堯典》的“俾乂”。王國維云：“彝器中多見‘辥’字。……此經典中‘乂’、‘艾’之本字也。《釋詁》：‘乂，治也。’‘艾，相也，養也。’《説文》：‘嬖，治也。’……《康誥》之‘用保乂民’，《多士》、《君奭》之‘保乂有殷’，《康王之誥》之‘保乂王家’，《詩·小雅》之‘保艾爾後’，即《克鼎》、《宗婦敦》、《晋邦盦》之‘保辥’也。……‘辥’兼相、養二義，皆由治義引申，其本意當訓爲治。”（《釋辥》）“用保乂民”，用以保有和治理人民。

⑧汝丕遠惟商耇成人——“丕”，不（《潛研堂集》）。“惟”，語詞。“商”，殷商。“耇”，老（《説文》）。江聲云：“商老成人，商之遺賢，若所謂殷獻民也。”（《音疏》）此句是説你到那邊就和殷商的老成人離得不遠。

⑨宅心知訓——“宅”，同“度”。《方言》：“度，居也。”（參看《堯典》“宅”校釋）“宅心”，放在心裏。“知訓”，知道聽取教訓的重要。

⑩別求聞由古先哲王——王引之謂“別”通“辯”，徧也。“由”，於也。“別求聞由古先哲王”者，“徧求聞於古先哲王”也，與“往敷求于殷先哲王”文義正合（《述聞》）。並舉《周官》“小宰”之“別”，故書作“辯”；“士師”、“朝士”之“辯”，鄭司農皆讀“別”；“大行人”、“小行人”之“辯”，《大戴禮》並作“別”。而《玉藻》之“辯”，《士相見禮》作“徧”，《鄉飲酒禮》之“辯”，今文作“徧”，《舜典》“徧于群神”，《五帝本紀》作“辯”。《樂記》鄭注：“辯，徧也。”以證“別”與“辯”通

用,而"辯"即"徧"。"聞",當爲遺聞、傳聞之意。

⑪用康保民——"康",安(《釋詁》),與"保"同義。承上句說,以使民安樂。僞《孔傳》釋爲"用其安者以安民"。《史記·衛世家》云:"周公乃申誥康叔曰:'必求殷之賢人君子長者,問其先殷所以興,所以亡,而務愛民。'"此爲司馬遷綜括上文"往敷求於殷先哲王"至此句的大意寫成。

⑫宏于天若德——《荀子·富國篇》引此句云:"《康誥》曰:'宏覆乎天若,德裕乃身。'此之謂也。""宏"下多"覆"字,"于"作"乎"。又"德"字連下句"裕乃身",似先秦本如此。按《酒誥》有"茲亦惟天若元德"句,《毛公鼎》有"告余先王若德"句,固當讀至"若德"爲句。郭沫若云:"'若'字舊多訓爲'順',今案當訓爲'其'。《書·召誥》:'我亦惟茲二國命,嗣若功。'王念孫云:'若猶其也。"嗣其功"者,嗣二國之功也。'"(《兩周金文辭大系圖錄考釋》)"宏于天若德",即發揚天之德。另可參看《酒誥》"天若無德"校釋。

⑬裕乃身不廢在王命——"裕",足利本、内野本等隸古寫本作"衮",乃裕字異寫。薛氏隸古刊本作"衮",爲衮字之訛。《荀子·富國篇》引此句,段玉裁云:"宋版本'乃身'之下有'不廢在王庭'五字,元刻、近刻皆無之。"(《撰異》)是荀子所見本"命"作"庭"。于省吾云:"《尚書》'裕'字凡八見,《康誥》四,《洛誥》二,《君奭》一,《多方》一,舊訓'寬裕',王引之引《方言》訓'猷裕'爲'道道',王靜安讀之,蓋二千年來無一人能通其讀者,經訓之湮久矣。按《昌壺》'玄衮衣','衮'乃'衮'之變體。《敔毀》有'叞'字,乃地名。足利學隸古定本《康誥》'裕'作'衮',英倫隸古定本《洛誥》、《多方》裕亦作衮。'裕'讀'欲'。金文作'俗'或'谷'。《毛公鼎》:'俗我弗作先王憂','俗女弗以乃辟函于艱'。'欲'從'欠',後起字,本作

'谷'。'弘于天若德,裕乃身不廢在王命','天若德'即《酒誥》之
'天若元德'。或以'裕'屬上句讀,非是。'在',于也。言弘于天若
德,欲汝身不廢于王命也。"(《新證》)按金文常言"勿灋(廢)朕命"
(如《大盂鼎》、《師虎殷》等),此語意與之同。

　　以上這一節,告誡康叔敬承文王德業,要善於沿用殷代舊政,以
安定所統治的殷民。

　　王曰:"嗚呼! 小子封,恫瘝乃身①,敬②哉! 天畏棐
忱③,民情大可見④,小人難保⑤。往盡乃心⑥,無康好
逸⑦,乃其乂民⑧。我聞曰:'怨不在大,亦不在小⑨。'惠不
惠,懋不懋⑩。已⑪! 汝惟小子⑫,乃服惟弘⑬,王應保殷
民⑭,亦惟助王宅天命⑮,作新民⑯。"

　　①恫瘝乃身——"恫",《孔疏》云:"恫聲類於痛,故恫爲痛也。"
"瘝",鄭玄(《孔疏》引)及僞《孔傳》皆釋爲"病"。王鳴盛云:"以瘝
爲病者,鄭必作'鰥'也。《釋詁》:'鰥,病也。'與鰥寡字同,從'魚'
不從'疒',故《說文》無'瘝'字。後人以其訓'病',改從'疒'。《召
誥》'智藏瘝在',同皆非也。"(《後案》)段玉裁云:"按《後漢書·和
帝紀》永元八年詔曰:'朕寤寐恫矜。'此用《康誥》文也。章懷太子
注云:'《尚書》曰:'恫矜乃身。'孔安國注曰:'恫,痛也。矜,病也。'
矜音古頑反。蓋唐初本尚作'矜'。可證'瘝'之爲俗字矣。或疑
《爾雅》郭注引《書》已作'瘝',答曰:郭注瘝字恐是俗改,本作'鰥'
也。"(《撰異》)按,瘝,《廣韻》作"癏"。

　　②敬——通"警",警覺。

　　③天畏棐忱——《風俗通·十反篇》云:"《書》曰'天威棐諶',

言天德輔誠也。"《文選·班固幽通賦》"實棐諶而相訓"，李善注："《尚書》曰'天威棐忱'。'諶'與'忱'古字通也。"蔡邕《瑯琊王傅蔡公碑》："示以棐諶之威。"又《爾雅·釋詁》"俌也"郭璞注引《書》曰："天威棐忱。"由這些知漢今文、古文至晉、唐僞古文"畏"皆作"威"，二字同音通用，但古多作"畏"，金文中"天威"即作"天畏"（如《盂鼎》"畏天畏"）。此處保存用"畏"字，而意義爲"威"（參看《皋陶謨》及《大誥》"天明畏"校釋，又《微子》"罔畏"校釋）。又知漢今文"棐忱"作"棐諶"，與《詩·蕩》作"匪諶"同。《漢書·燕刺王傳》"毋作棐德"，師古注："棐，古匪字也。"《朱子文集》亦云："棐，本木名而借爲匪字。""匪"，即"非"（《易·比卦》馬注）。"忱"和"諶"的意義爲"信"（《詩·大雅·大明》"天難忱斯"毛傳），也就是可信、可知等意。"天畏棐忱"，在此處是説天威嚴不可料知，或不可測知（參看《大誥》"棐忱"校釋）。《風俗通》及僞《孔傳》、《蔡傳》皆釋"棐"爲"輔"，釋"忱"爲"誠"，都不正確。

④民情大可見——"大"，語詞，用於強調語氣。戴鈞衡云："天德棐忱，天之意不可得而見也，徵之民情而可見。"（《補商》）于省吾云："按'性'、'情'等字皆東周以後所滋衍，'性'本作'生'，《蔡姞彝》'彌厥生'，即《詩》之'俾爾彌爾性'。'情'、'静'古通。《廣雅·釋詁》：'情，静也。'《禮記·表記》'文而静'注：'静或爲情。'下文'今惟民不静'，《大誥》'民不静'，是'民静'、'民不静'乃古人語例。'大'，語詞。'天畏棐忱'，《風俗通》引作'天威棐諶'，言不可信於天之威，惟可見於民之安也。"（《新證》）是説人民的安静與否是很容易見到的，意在引起對"民静"、"民不静"的注意。清牟庭也指出這點，他説："《老子》曰：'天之所惡，孰知其故；人之所畏，不可不畏也。'文自此經脱出，惟老子深得周公意，而注疏家莫能明

也。"(《同文尚書》)也説此數句是講天意不可知，而民意不可不注意。

⑤小人難保——"小人"，小民。"保"，《唐石經》缺損，刊本、寫本不誤。其義爲安(見上文)，是動詞，有安定、安撫等意。此句就統治者立場説小民難於安撫。

⑥往盡乃心——"往盡"二字唐石經缺損，刊本、寫本不誤。皮錫瑞云："《今文尚書》作'往悉乃心'。"並引《漢舊儀》所載神爵三年《丞相初拜策》、五鳳二年《御史大夫初拜策》皆曰"往悉乃心"，又《史記·三王世家》封燕、齊、廣陵三册皆曰"悉爾心"，《漢書·董賢傳》封董賢策曰"往悉爾心"，《故國三老袁良碑》曰"往悉乃心"，及其他漢人文章皆多作"悉心"以爲證。《釋詁》："悉，盡也。"是二字同義。

⑦無康好(讀去聲)逸——《唐石經》及各刊本"逸"下有"豫"字，在其前各隸古寫本如內野本、清原家藏本等則作"逸衆(裕)"。《史記·三王世家》載《立廣陵王策》作"毋侗好佚"，《漢書·武五子傳》載《廣陵王賜策》作"毋桐好逸"。皆四字爲句，無"豫"字。俞樾云："經文'豫'字，衍文也。《傳》以'自安'釋'康'字，以'逸豫'釋'逸'字，非經文有'豫'字也。……《枚傳》遇'逸'字每以'逸豫'釋之。"並舉《酒誥》"不敢自暇自逸"、《無逸》"君子所其無逸"、"生則逸"、《多方》"有夏誕厥逸"等逸字皆釋作"逸豫"爲證，因謂："經文只言'逸'，不言'逸豫'也。此經'豫'字即涉傳文而誤衍耳。《漢書·武五子傳》'毋桐好逸'，蓋'康'聲轉而爲'空'，與'同'聲相近，故《古文尚書》作'康'，《今文尚書》作'桐'也。然則'逸'下無'豫'字有明證矣。"(《平議》)其言是，今據刪"豫"字。《史記·三王世家》褚少孫補云："無長好佚樂馳騁弋獵淫康。"《漢書·武五子

傳》注云：“應劭曰：‘無好逸遊之事邇近小人也。’張晏曰：‘桐音同。’師古曰：‘桐音通，輕脱之貌也。’”段玉裁謂《廣陵王策》所引“疑即《康誥》‘無康好逸豫’之異文，蓋《今文尚書》也”（《撰異》）。陳喬樅云：“侗、桐古通用字，如‘倥侗’亦作‘空桐’，是其驗已。據褚少孫釋‘毋侗好’爲‘無長好’，則‘侗’有‘長’之訓誼矣。”（《經説考》）

　　⑧乃其乂民——此四字《唐石經》缺損，刊本、寫本不誤。“乂”，今文或作“艾”，《史記·三王世家》載《立廣陵王策》“保國艾民”即用此句，“乂”、“艾”皆爲金文中“辥”字的後起字，其本義爲治（王國維説）。吳澄《書纂言》：“汝往就國，當盡汝之心，毋自安而好逸豫，乃可以治民。”是“乃其乂民”意爲“乃可治民”。王引之謂“‘其’與‘乃’同意，故又以‘乃其’連文，意仍爲“乃”，並舉本句證（《釋詞》五）。但就此處文氣來看，似作“乃可”更妥（戴鈞衡亦釋“乃可”）。

　　⑨怨不在大亦不在小——“大亦不在小”五字《唐石經》缺損。又“不”字隸古定本皆作弗。此句是説引起人們怨恨的事不在其大小，而在其性質。《國語·晉語》載知伯國（《説苑》作“智果”）諫知襄子云：“《周書》有之曰：‘怨不在大，亦不在小。’夫君子能勤小物，故無大患。”告誡統治者要從小事方面都注意，才能不發生大患。

　　⑩惠不惠懋不懋——後一“懋”字《唐石經》缺損。《左傳·昭公八年》子期對陳桓子引此云：“《周書》曰‘惠不惠，茂不茂’，康叔所以服弘大也。”段玉裁云：“古‘懋’、‘茂’通用。”（《撰異》）按，《爾雅·釋訓》、《説文·心部》：“懋，勉也。”又《釋詁》：“茂，勉也。”故二者通用。惟“惠”字則歷代有釋“愛”（據《釋詁》）、釋“順”（據《釋言》）二説，遂形成對此兩句的不同解釋。

用惠愛意義者，如《左傳·昭公八年》杜預注：“言當施惠於不惠者，勸勉於不勉者。”宋呂祖謙承此説云：“當惠所不惠，如鰥寡孤獨，人所易虐，能撫摩之，是惠所不惠也。懋所不懋，纖悉微小，人所易忽，能力行之，是懋所不懋也。所以然者，正以爲弭怨之道也。”（《東萊書説》）其後金履祥《尚書表注》、陳櫟《書傳纂疏》、牟庭《同文尚書》、朱駿聲《尚書古注便讀》、戴鈞衡《書傳補商》等皆申此義，把前一“惠”字作爲動詞。宋末吴澄則把它作爲所行的“惠愛”，其《書纂言》云：“汝之德雖已惠愛於人，猶自以爲不惠；雖已懋勉於己，猶自以爲不懋；歉然不自足，惟恐失民之心，如此庶可使人無怨也。”又《書傳纂疏》引吴氏曰：“惠鮮鰥寡，惠所不惠也；克勤小物，懋所不懋也。如是則可無怨。”

釋“惠”爲“順”之説，則成爲本文的正統解釋。僞《孔傳》云：“言怨不可爲，故當使不順者順，不勉者勉。”其後唐孔穎達、宋林之奇、陳經、朱熹、蔡沈、明王樵、清江聲、王鳴盛、孫星衍、黄式三等人都持釋“順”之説，大多數如《孔傳》所釋，以“順”爲動詞，意爲順其不順者，勉其不勉者。也有提法不同的，如林之奇云：“當順而不順，當勉而不勉，皆致怨之道，蓋治國者，必順於人而勉於己。”（《全解》）朱熹也提到兩種説法：“‘順其所不當順，勉其所不當勉’，也通；‘當順者不順，當勉者不勉’，此説長。”（《書傳輯録纂注》引）王樵則云：“怨不在事之大，亦不在事之小，惟在順理不順理，勉行不勉行耳。”（《尚書日記》）

清季吴汝綸另提出一説法云：“‘惠’，微也。‘茂’，盛也。微者吾不微之，盛者吾不盛之，乃弭怨之道。”（《尚書故》）

所有這些紛歧説法都可以説得通。我們從《左傳》所記春秋時期對此語的用法，以爲杜預的解釋較近原義，王鳴盛也説：“時殷亂方定,尚多反側,故戒以民怨無恒,宜服以寬大,與子旗語情事正合。"(《後案》)所以采用杜説。

⑪已——此字《唐石經》缺損。字與《大誥》"已"字同,歎詞。段玉裁云:"以《大誥》例之,知《今文尚書》作'熙'。"(《撰異》)按,王莽《大誥》此字作"熙",師古曰:"歎詞。"段玉裁以爲即今之"嘻"字。

⑫汝惟小子——此四字《唐石經》缺損,各本不缺。"惟",同"雖"(王氏《釋詞》)。孫詒讓云:"言'汝雖小子'。此篇凡云'汝惟小子','惟'疑並當爲'雖'之假借字。《召誥》云:'有王雖小,元子哉。'"(《尚書駢枝》)

⑬乃服惟弘——此四字《唐石經》缺損,各本不誤。"乃",你的。"服",官位、職事、職務(參看《盤庚》"先王有服"及《大誥》"大歷服"校釋)。此句是説:"你的職務很重大。"段玉裁謂《左傳》"康叔所以服弘大也"與"文王所以造周也"兩句文法正同,皆隱括之法。"造周"即經文"肇造我區夏","服弘大"即經文"乃服惟弘"(《撰異》)。王國維云:"'乃服','服'訓事,言汝之職事也。以冒下文三事:弘王應保殷民,一事也;助王宅天命,二事也;助王作新民,三事也。"(《觀堂學書記》)

⑭應保殷民——"殷民"二字《唐石經》缺損,各本不誤。王引之據《廣雅》云:"應,受也。"並舉《周頌·賚》、《左傳·襄公十三年》、《逸周書·祭公》皆有"應受"之文,證"應"與"受"同義。又據《天問》"鹿何膺之"王注"膺,受也",證"膺"與"應"同。謂"應保"即《周語》"膺保明德"的"膺保"。又因聲近同於《臨·象傳》的"容保",《洛誥》的"承保",都同於《士冠禮字辭》的"受保"(《經義述聞》)。這句是説"接受和保有殷民"(參看《盤庚》"承保"校釋)。

“殷民”指《左傳・定公四年》所說封給衛康叔的“殷民七族”，也就是留居在“衛”地（即原紂都朝歌）亦即“殷”地的所謂殷“餘民”。

⑮宅天命——《蔡傳》：“安定天命。”

⑯作新民——《禮記・大學》引云：“《康誥》曰：‘作新民。’”是說把殷遺民改造作育成爲新的人民。

以上這一節，強調指出人民是不容易統治的，諄諄告誡康叔小心謹慎，認清自己任務的重大，要善於用懷柔手段進行統治，改造殷人爲“新民”（舊注疏家説這一節講的是“明德”）。

王曰：“嗚呼①！封，敬明乃罰。人有小罪，非眚②，乃惟終③，自作不典④，式爾⑤；有厥罪小⑥，乃不可不殺⑦。乃有大罪，非終⑧，乃惟眚災⑨，適爾⑩，既道極厥辜⑪，時乃不可殺⑫。

①嗚呼——《潛夫論・述赦篇》引作“於戲”。此二字今文、古文、僞古文異體情況一如《盤庚》，今亦沿用後代通行體不改。其下句“敬明乃罰”，郭店楚簡《緇衣》篇引此四字全同，知此篇文字在先秦之通行。

②非眚——《潛夫論・述赦篇》引作“匪省”，是今文。《釋文》：“‘眚’，本亦作‘省’。”段玉裁云：“古‘省’、‘眚’通用。”（《撰異》）按《洪範》“王省惟歲”，《宋世家》亦作“眚”。于省吾云：“金文‘省’作屮，‘眚’作屮，二字通用。《䤾攸比鼎》‘王命眚’，‘眚’即‘省’。《爾雅・釋詁》：‘省，察也。’”（《新證》）

③乃惟終——《潛夫論》引此句，並釋爲“乃欲終身行之”。于省吾云：“‘終’，謂終此不改。”（《新證》）《堯典》作者襲用此處，以

“怙終”二字完足語意，王先謙釋爲“言有恃而終不改過者”（《孔傳參正》），意爲“怙惡不悛”（恃惡不改），做壞事一直做到底。

④自作不典——僞《孔傳》釋作“自爲不常”，係據《釋詁》“典、法，常也”。金履祥釋“不典式”爲“不法”（《書經注》）。江聲則釋“自作不典”爲“自爲不法”（《音疏》）。朱駿聲、吳闓生、于省吾等皆從之。黃式三則釋作“不經”，俞樾謂“典”讀爲“腆”，《儀禮》鄭注“腆，善也”，因釋爲“自作不善”（《平議》）。此處談“明法”，釋爲“自作不法”較合。

⑤式爾——《潛夫論·述赦篇》引作“戒爾”，形近致誤。“式”，用（《釋言》）。“爾”，如此（《釋詞》）。江聲釋此句爲“故用如此”，釋下文“適爾”爲“適然爾”（《音疏》）。王鳴盛承其説云：“‘式爾’者，故用如此。‘適爾’者，適然如此。”（《後案》）吳闓生則謂：“式爾，常然也。”“適爾，偶然也。”（《寫定尚書》）大抵諸家之説謂“式爾”是故意常犯罪，“適爾”是偶然誤犯罪。

⑥有厥罪小——“厥”，隸古寫本如内野本作“亓”（其），然薛本仍作厥的古文“𠂤”。《爾雅·釋訓》：“有，雖也。”此句意爲“雖其罪小”。裴學海亦有此説。曾運乾《正讀》云：“‘有厥罪小’，語倒，猶雲‘有厥小罪’。”于省吾則釋爲“惟爾誤以其有罪小”。

⑦乃不可不殺——王引之云：“乃，轉語詞也。”（《釋詞》）裴學海云：“與口語之‘却’同。”（《虛字集釋》）

自“人有小罪”至此七句，《堯典》隱括之爲“怙終賊刑”一語。漢代今文説的《潛夫論·述赦篇》則釋此七句爲：“言惡人（原作“恐人”，從段玉裁校）有罪雖小，然非以過差爲之也，乃欲終身行之，故雖小不可不殺也。何則？是本頑凶，思惡而爲之者也。”漢代古文説的鄭玄注則云：“怙其姦邪，終身以爲殘賊，則用刑之。”（《五帝本紀集解》引）《孔疏》據《孔傳》申釋云："人有小罪,非過誤爲之,乃惟終身自爲不常之行,用犯汝,如此者有其罪小,乃不可不殺,以故犯而不可赦。"近人于省吾則云："言人有小罪,不知省察,乃終不改,是自作不法,惟爾誤以其有罪小,乃不可不殺也。"(《新證》)于說采用金文用法,義自較長。

⑧非終——《潛夫論》引此後,釋爲"非欲以終身爲惡"。于省吾則釋爲"非終不改者"(《新證》)。

⑨乃惟眚災——《潛夫論·述赦篇》引作"乃惟省哉",也是今文。孫星衍謂"省哉"當爲"省裁"(《孫疏》)。陳喬樅謂災,古作"裁",與"哉"通(《經說考》)。俞樾云："《潛夫論》引作'乃惟省哉',當從之。上文云'非眚乃惟終','眚'下無'災'字,則此文宜亦無'災'字也。'乃惟眚哉'與《洛誥》'乃時惟不永哉'文法正相近。'哉'、'災'聲相近因而致誤耳。"(《平議》)

⑩適爾——蘇軾《書傳》釋爲"適會其如此"。《蔡傳》釋爲"偶爾如此"。清儒釋爲"適然如此"(見校釋⑤)。于省吾云："適,金文作啻,不從'辵'。《師酉毁》'嗣乃祖啻官',《陳逆簠》'余陳趄子之啻孫','啻'即'嫡'。《刺鼎》'王啻,用牲于大室','啻'即'禘'。《買毁》'皇祖啻考','啻考'即《䆫鼎》之'帝考'。是可爲'啻'、'嫡'、'禘'、'帝'古通之證。此'適'字應讀爲《無逸》'不啻不敢含怒'之'啻'。《孟子》'豈適爲尺寸之膚哉'。'豈適','豈啻'也。"詳《經傳釋詞》"'啻'、'但'聲之轉"(《新證》)。

⑪既道極厥辜——《潛夫論·述赦篇》引此"辜"作"罪",爲同義字,段玉裁謂是今文。此句僞《孔傳》釋爲"汝盡聽訟之理,以極其罪"(焦循謂此"以'盡'字解'既'字,以'聽訟之理'解道字",見《尚書補疏》)。林之奇釋爲"既自以爲有罪云耳"(《全解》)。《蔡

傳》釋爲"既自稱道，盡輸其罪，不敢隱匿"，江聲《音疏》釋爲"既開導之，極盡其辜狀也"。皆有望文生義之嫌。章炳麟謂"道即自首之首，謂自首盡其罪狀也"（《拾遺定本》）。楊筠如謂"道"與"終"古通，舉《君奭》"其終"今文作"其道"爲證，而"終"與"極"同義，爲"盡"之意（《覈詁》）。于省吾則云："'道'應作'迪'，《君奭》'我道惟文王德延'，馬本'道'作'迪'，前人以'迪'訓'蹈'，與'道'同義，遂改'迪'爲'道'也。'迪'，用也。'極'，金文作'亟'。'極'、'亟'古通。《多方》'我乃其大罰亟之'。《釋文》：'亟'，本又作'極'。英倫隸古定本亦作'極'，謂責罰也。下文'爽惟天其罰亟我'可證。"故釋此句爲："既已用責罰其辜。"（《新證》）今取于説。

⑫時乃不可殺——《潛夫論·述赦篇》引此句"乃"作"亦"，段玉裁謂亦今文。裴學海釋此句爲"此却不可殺"（《虛字集釋》）。

自"乃有大罪"至此六句，《堯典》作者隱括爲"眚災肆赦"一語，漢代今文説的《潛夫論·述赦篇》則釋此六句爲："言殺（段云："誤字"）人雖有大罪，非欲以終身爲惡，乃過誤爾，是不殺也。若此者，雖曰赦之可也。金作贖刑，赦作宥罪，皆謂良人吉士時有過誤不幸蹈離者爾。"漢代古文説如鄭玄注則云："眚裁，爲人作患害者也。過失雖有害，則赦之。"（《五帝本紀集解》引）《孔疏》申釋偽《孔傳》意云："若人乃有大罪，非終行之，乃惟過誤爲之。以此故，汝當盡斷獄之道，以窮極其罪，是人所犯，乃不可以殺，當以罰宥論之，以誤故也。"近代于省吾闡釋云："乃有大罪，非終不改者，乃惟自知省察，罪雖大，但爾既已用責罰其辜，知其非終不改，是乃不可殺也。"今采用于説。

以上"人有小罪"和"乃有大罪"兩段合成一完整的"慎罰"觀點（據《孔疏》語），王充《論衡·答佞篇》已提出此點。該文説："故曰：

‘刑故無小，宥過無大。’（此“佚書”語。僞《大禹謨》曾收入）聖君
原心省意，故誅故貰誤；故賊加增，過誤減省。”王符《潛夫論》承其
説，已見上文。漢代流傳的《鬻子·慎誅篇》説：“昔者魯周公使康
叔往守殷，戒之曰：與殺不辜，寧失有罪。無有無罪而見誅，無有有
功而不賞。戒之封，誅賞之慎焉。”顯然也是引本段而稍變其意。
《孔疏》申僞孔意，亦言“原心定罪，斷獄之本”。宋人仍基本承此
説，如林之奇云：“此蓋所以原情而定罪也。”（《全解》）朱熹云：“此
宥過、刑故之意。”（《尚書纂傳》引）明王樵也説：“此章即《虞書》
‘眚災肆赦，怙終賊刑’，‘宥過無大，刑故無小’之意。”（《尚書日
記》）于省吾則指出舊説之誤，其《新證》云：“約言之，小罪不知省
改，可殺也；大罪能知省改，不可殺也。舊訓‘眚’爲‘過’，於義未能
調適。夫大罪嘉其能改，非謂其改乃變爲過也。以有心爲罪，無心
爲過，乃後起之義。宋人理學所由傅會也，烏可以訓經。”

　　以上這一節，主要講如何運用刑法來進行統治，强調按認罪態
度的好壞來決定處刑的輕重（《孔疏》説這一節講的是“慎罰”，其實
下面的四段話也都與“慎罰”有關）。

　　王曰：“嗚呼！封，有叙時①，乃大明服②，惟民其勑懋
和③。若有疾，惟民其畢棄咎④。若保赤子，惟民其康乂⑤。
非汝封刑人殺人，無或⑥刑人殺人；非汝封又⑦曰劓刵⑧人，
無或劓刵人⑨。”

　　①有叙時——僞孔及《蔡傳》皆讀“有叙”斷句；“時”訓“是”，
屬下句。江聲據《左傳·僖公二十三年》及《荀子·富國篇》皆引下
句作“乃大明服”，以爲“時”字不屬下而連“有叙”爲句（見《音

疏》），今從之。俞樾云：“‘有叙時’三字文義難明，上文曰‘越厥邦厥民，惟時叙’，下文曰‘乃汝盡遜，曰時叙’，疑此文亦當作‘有時叙’而誤倒之耳。”（《平議》）按，王引之釋“時叙”云：“時叙者，承叙也。承叙者，承順也。”（見前“惟時叙”校釋）是此處亦“承順”意。

②乃大明服——《左傳·僖公二十三年》云：“《周書》有之，‘乃大明服’。已則不明，而殺人以逞，不亦難乎。”《荀子·富國篇》云：“誠乎上，則下應之如影響，雖欲無明達，得乎哉？《書》曰：‘乃大明服。’”楊倞注：“言君大明以服下。”由先秦這些説法，可知這句連上句是説，你如能承順於前述原則去運用刑法，就能表示你是很明正的，使人民心服於你。由上文“乃服惟弘”校釋，“服”爲職務、職事。故楊筠如釋此爲：“明服，謂明其職事也。”原合文義，然自春秋以來周人解釋皆如上所引，故從周人説。

③惟民其勑懋和——“惟”，裴學海謂此字同“則”（見《虛字集釋》，以爲“惟”訓“則”，與“爲”訓“則”同）。《荀子·富國篇》引此句連下句“若有疾”作“惟民其力懋和而有疾”。“勑”作“力”。段玉裁云：“古音‘力’、‘勑’同部。”（《撰異》）《釋詁》：“勑，勤也。”“力”亦有用力甚勤之義，二字通用。“若”作“而”，則《荀子》誤，段玉裁謂“而，若雙聲”，當以聲近致誤。“若有疾，惟民其畢棄咎”，與“若保赤子，惟民其康乂”，爲並列句。《荀子》既誤連“若有疾”於本句，又誤讀其字。楊倞注《荀子》此句云：“言君大明以服下，則民勉力爲和調，而疾速以明效上之急也。”前一句的解釋是對的，後一句則是跟着《荀子》而誤。

④若有疾惟民其畢棄咎——“若”，《荀子·富國篇》誤作“而”，已見上。“畢”，孫詒讓云：“古者攘除疾病，蓋或謂之‘畢’。《月令·季春》：‘命國難（儺），九門磔攘以畢春氣。’鄭注引《王居明堂禮》

曰：‘季春出疫于郊，以禳春氣。’是《月令》之‘畢’即《逸禮》之‘出疫’。……《康誥》亦云‘若有疾，惟民其畢棄咎’。‘畢棄咎’，即禳除棄去疾病也。”（《尚書駢枝》）楊樹達云：“孫說當矣，而不言‘畢’之本字。‘畢’當讀爲‘祓’。《說文·示部》云：祓，除惡祭也。經言‘棄咎’，正謂‘除惡’。”（《尚書說》）“咎”，疾（《釋詁》）。這是說：像有疾病一樣，人們就以祭禳去驅除它。

　　⑤若保赤子惟民其康乂——“赤子”，嬰孩。《孔疏》：“子生赤色，故言赤子。”“惟”，裴學海亦讀爲“則”。内野本、神宮本脫“其”字。“康”，安，保。“乂”，治。“康乂”，與上文“保乂”義相近。這是說：像撫養嬰孩一樣地關懷人民，人民就會因安樂而被治理得很好。

　　王鳴盛云：“此節三段皆主用刑，而言以大明服人，民自勑勉；去惡如去疾，民自棄惡；民犯法如赤子無知，吾保救之，推心而中，其欲民自安治，雖用刑而不專於刑也。”其“赤子”句係用《孟子·滕文公上》“赤子匍匐將入井，非赤子之罪也”句義，其說可備一解。

　　⑥無或——“或”，爲不定指的代詞，和“誰”、“某”用法略相近。“無或”，沒有誰，没有什麽人。

　　⑦又——通“有”。戴鈞衡《補商》引朱熹釋“非汝封刑人殺人”四句後，說：“今由朱子之意推之，‘又’讀曰‘有’。……非汝封有曰劓刵人，則無或敢劓刵人也。”俞樾《平議》亦謂“‘又’讀爲‘有’”（但他的解釋則是錯誤的）。章炳麟則據《魏石經》校云：“又，石經古文‘有’字如此。”並釋云：“非汝封刑殺人，非汝封有言劓刵人，他人無得擅爲之。”（《拾遺定本》）

　　⑧劓刵——僞《孔傳》：“‘劓’，截鼻。‘刵’，截耳。”《孔疏》：“‘劓’在五刑爲截鼻，而有‘刵’者，周官五刑所無，而《吕刑》亦云

‘劓刵’，《易・噬嗑》‘上九’云：‘何校滅耳。’鄭玄以臣從君坐之刑，孔意然否未明，要有刵而不在五刑之類。”王引之云：“古人唯軍戰斬馘斷耳以獻，其於刑法則否。《吕刑》五刑但有‘墨、劓、刖、宮、大辟’。《秋官・司刑》同，而‘刖’作‘刵’。《掌戮》‘墨、劓、宮、刖’之外，有‘髡’而無斷耳之刑。《左氏春秋傳》言‘刖’者五，言‘劓’者一，《初學記・政理部》引《慎子・説刑》有‘黥、劓、刖、宮’，無言‘刵’者。……‘何校滅耳’者，耳爲校所滅没，非謂斷耳也。不足爲‘刵’字之證。‘刵’當作‘刖’，字形相似而誤也。《困》‘九五’‘劓刖’虞翻注曰‘割鼻曰劓，斷足曰刖’，正與《康誥》‘劓刖’同義。楊雄《廷尉箴》曰：‘有國者無云何謂，是刖是劓。’即本於《康誥》也。鄭注《康誥》曰：‘臣從君坐之刑。’則字當作‘刖’，蓋僖二十八年《左傳》‘刖鍼莊子’，正是臣從君坐之刑也。《吕刑》‘刵劓’亦‘刖劓’之訛。《説文》‘㓷’字注引《書》曰‘刖、劓、斀、黥’，是許氏所見本正作‘刖’也。”（《述聞》）段玉裁駁之云：“竊謂此《説文》字誤耳，不得據誤改經。《尚書大傳》曰：‘決關梁，踰城郭，而略盜者，其刑臏。’鄭注《周禮》、《孝經》皆用之。則自有犯條，不得以‘臣從君坐之刑’釋‘刖’也。‘臣從君坐’，此必鄭氏説《周易》語，今不得其詳矣，不當證以《左氏》也。《康誥》、《吕刑》皆有‘刖’，不得云古無刵刑。”（《撰異》）陳喬樅云：“安知鄭非據《今文尚書》説以注《易》乎。‘刵’字《今文尚書》惟見於此篇，《吕刑》之‘刵、劓、斀、剕’，三家今文爲‘臏、宮、劓、割、胹、庶、剒’，與《古文尚書》不同。”意同王氏之説。章炳麟則説：“刵於《周官》五刑無有。此書明言用殷罰，不得以周制繩之。”王説周制似有據，此爲承殷制，則段、章之説可從。參以後代落後民族酷刑，不能説古代無刵刑。

⑨非汝封刑人殺人無或刑人殺人非汝封又曰劓刵人無或劓刵

人——僞《孔傳》、《孔疏》釋此四句繳繞不清，宋王安石始釋之云：
"非汝所刑殺，乃天討有罪，汝無或妄刑殺人也。"並將第三句乙正爲
"又曰非汝封劓刑人"。蘇軾則以第三句"非汝封"連讀於第二句，
而第三句只"又曰劓刑人"五字。其説云："刑人殺人者，法也，非汝
意也。雖非汝意，然生殺必聽汝，不可使在人也。至於劓刑人，則曰
非汝獨生殺也，劓刑亦如之。"林之奇贊同蘇氏之説（以上並見《尚
書全解》）朱熹則云："此但言非汝封刑人殺人，則無或敢有刑人殺
人者，蓋言用刑之權止在康叔，不可不謹之意耳。"（《朱子語類》卷
七九）元吳澄承其説。但朱的門徒蔡沈却全用王安石之説。江聲則
承王前二句之説。俞樾則承用蘇軾句讀，而提出自己解釋云："言非
汝封手自刑人、手自殺人也，然凡刑人殺人無非汝封，爲政不可不慎
也。"（《平議》）戴鈞衡、章炳麟則從朱熹説（見上校釋⑦）。于省吾
根據金文提出："按'又曰'讀'有曰'。《毛公鼎》：'䎊自今出入敷
命于外，厥非先告父厝，父厝舍命，毋有敢惷敷命于外。'《蔡毀》：
'厥有見有即命，厥非先告蔡，毋敢疾，有入告女，毋弗善效姜氏人，
勿事敢有疾。'兩段銘文與此文法相仿。"（《新證》）楊樹達云："言此
者，蓋意在表上任之專，或者戒以預防左右之假借威福歟?"（《尚書
説》）金文所反映的是西周觀點，證明朱熹的説法是正確的，現采用
朱説。

　　以上這一節，强調要使人民感到你用法的嚴明公正，同時要自
己緊緊控制住用法之權。

　　王曰："外事①，汝陳時臬司②，師兹殷罰有倫③。又
曰：要囚④，服念五六日⑤，至于旬時⑥，丕蔽要囚⑦。"
　　①外事——陳大猷云："上章概言用刑，此章專言衛國之刑，故

以‘外事’别之，猶下文言外庶子，外正也。”（《書傳纂注》引）江聲云：“外事，聽獄之事也。聽獄在外朝，故曰‘外事’。《周禮・朝士》掌建邦外朝之法。……是外朝爲聽獄之處，故鄭於《地官・槀人》注云：‘外朝，司寇斷獄蔽訟之朝也。’此經言聽獄而云外事，明是以其在外朝而謂之外事也。”（《音疏》）王引之云：“《説文》‘事，職也’，故官之職謂之事。外事，外土之奉職者，謂康叔爲司寇。”（《述聞》三）楊筠如綜合諸説云：“外事與外正同，下文‘越厥小臣外正’，‘正’與‘事’皆謂官也。《酒誥》‘有正有事’，又曰‘允惟王正事之臣’，皆以‘正’、‘事’並舉。按‘正’，《釋詁》：‘長也。’‘事’與‘吏’古同字。……《詩》‘三事大夫’，《逸周書・大匡解》作‘三吏大夫’，注：‘三卿也。’以三卿之尊，亦通稱爲‘事’。其他如言‘御事’，亦謂執政之臣。此‘外事’，王呼康叔也。《周禮》鄭注：‘外朝，司寇斷獄蔽訟之朝也。’康叔爲司寇，故王以‘外事’呼之。”（《覈詁》）“外事”作爲對康叔的一個稱呼，依他所處崗位來這樣稱他是有可能的，但究出於推定，而無史料確據，現暫依江聲説爲釋。“外事”舊的解釋非常紛歧。僞《孔傳》釋爲“外土諸侯奉王事”。《孔疏》謂“外土以獄事上於州牧之官”。至宋王安石以正德爲内事，正法爲外事。蘇軾亦“德爲内，政爲外”，林之奇以“司寇之事，内事也。外事者，衛侯之事也”（並見《尚書全解》）。吕祖謙《書説》、陳經《詳解》等皆從林説，陳大猷説亦從此出。《蔡傳》本謂“外事，未詳”，但又采陳氏説爲“外事，有司之事也”。金履祥據此釋爲：“獄之未成，在有司而未達於康叔者。”（《書經注》）吳澄則謂“外事，都邑之事。……公邑、家邑、小都、大都，在方四百里外者爲野。……野之獄訟各有大夫士自治其事，不屬國中。故曰外事”（《書纂言》）。都是望文生義。

②汝陳時臬司——"陳"，列（《周禮·掌客》鄭注）。時，是（《釋詁》）。臬，法。（《小爾雅·廣詁》，又《孔疏》："臬爲準限之義，故爲法也。"《音疏》據《說文》云："臬者，射準的，以譬法也。"）"司"，僞《孔傳》、《蔡傳》皆屬下句，黃式三云："'汝陳時臬司'，句。'臬司'，法吏也。"（《啓幪》）王國維亦云："《孔傳》讀'司'字下屬，案下文云'汝陳時臬事，古'司'、'事'二字通用（《詩·小雅》"擇三有事"，《毛公鼎》云"粵三有嗣"），則'臬司'即'臬事'。孔讀失之。"（《與友人論詩書中成語書二》，又《觀堂學書記》略同）。于省吾云："王說是也。《揚殷》'眔工事'，'事'，又一器作'司'，可資佐證。"（《新證》）此句是說你要安排好這司法人員。

③師茲殷罰有倫——"師"，動詞，意爲效法、學習、照樣做。"茲"，此。"罰"，同音假借爲"法"。"倫"，理，條理。《孔疏》云："衛居殷墟，又周承殷後，刑書相因，故兼用其有理者。"王鳴盛云："《荀子》卷十六《正名篇》云：'後王之成名，刑名從商，爵名從周。'楊倞注云：'後之王者有素定成就之名，謂舊名可法效者，商之刑法未聞，《康誥》曰"殷罰有倫"，是言殷刑之允當也。'據此，則命康叔師殷罰，不但因其國俗，亦以殷刑最允故也。"（《後案》）

④又曰要（讀平聲）囚——"又曰"，參看上文"又"字校釋。"要囚"，僞《孔傳》云："謂察其要辭以斷獄。"夏僎云："要囚，乃要勒拘囚之也。"（《書詳解》）陳大猷云："然'要囚'《書》有四處，《康誥》二，《多方》二，若如夏說，'要勒拘囚之'，其文固順，以之說其他三處'要囚'則不協，蓋夏氏只將'要囚'二字作連綿字說去，恐無所據。"（《書集傳或問》）鄒季友云："要囚二字，兩見此章，兩見《多方》篇，孔、蔡於此章皆釋爲獄辭之要。孔氏《多方》篇前釋爲要察獄情，後釋爲執其朋黨，蔡氏《多方》篇皆無釋，然《多方》篇兩章文

義,皆難同此章孔、蔡之釋。按《孔傳》末章囚執之説甚當。蓋要字讀爲平聲,有約勒之義,謂繫束拘攣之也。《周禮·掌囚》注云:'囚,拘也。拘繫當刑殺者……以待蔽罪',正此義也。"(《書傳音釋》)王國維云:"按'要囚'即'幽囚',古'要'、'幽'同音。《詩·幽風》'四月秀葽',《夏小正》作'四月秀幽'。《楚辭》《湘君》、《遠遊》之'要眇',《韓非子·七》之'要妙',亦即'幽眇'、'幽妙'也。《傳》以爲'察要辭'者,失之。"(《觀堂集林》初刊本自作眉批。見《國學月報·王静安先生專號》)又云:"考'要囚'爲古之成語,《多方》'要囚殄戮多罪',又云'我惟時其戰要囚之'。'要囚'與'殄戮'與'戰'相偶爲文,其義蓋可略知。"(《觀堂學書記》)以夏僎、鄒季友、王國維三氏之説爲近是,"要囚"即"幽囚",就是監禁犯人。

⑤服念五六日──于省吾云:"僞傳訓'服'爲'服庸',孫星衍訓'伏',按'服'亦念也。《關雎》'寤寐思服',《傳》:'服,思之也。'
'思服'與'服念',皆古人兩字一訓之例也。"(《新證》)

⑥旬時──殷代曆法,一月分三旬。周初用一月四分法,見本篇第一句。本文告誡康叔要善於承用殷制,分旬即殷制。可能"又曰"以下關於"要囚"的幾句,即是引述"有倫"的"殷法"中的原句。又一年分四時,從《堯典》"四仲中星"材料基本反映殷末周初天象(竺可楨説),知至遲到其時已分四時,但甲骨文中是否有春、夏、秋、冬尚未論定。一般以爲只有春、秋二時,到周代才確分四時,此處"時"字總之是指時季之意(但黄河下游四季分明,不容不反映到生活中)。

⑦丕蔽要囚──"丕",在此同"乃",即王引之《釋詞》所説的"承上文"的語詞。"蔽",斷,決斷。見《左傳·昭公十四年》記邢侯與雍子爭田,叔魚"蔽罪邢侯"。杜注:"蔽,斷也。"又《國語·晋語》

"蔽獄之日，叔魚抑邢侯"韋注："蔽，決也。"故僞《孔傳》、《蔡傳》並釋"蔽"爲斷。牟庭謂"古之言'蔽'，即今言'批斷'之'批'，古今語同而字變耳"（《同文尚書》）。此字在《周禮》作"弊"。（見大宰"以弊邦治"、小宰"弊群吏之治"，鄭玄並注云："弊，斷也。"王鳴盛《後案》云："《説文》無'弊'字而有'蔽'字，'弊'即'蔽'也。"）《周禮·小司寇》："以五刑聽萬民之獄訟，附于刑，用情訊之，至于旬，乃弊之。"鄭玄注："十日，乃斷之。"下文接叙：《鄉士》"辨其獄訟，異其死刑之罪而要之，旬而職聽于朝"；《遂士》"二旬而職聽于朝"；《縣士》"三旬而職聽于朝"；皆"司寇聽之，斷其獄，弊其訟于朝"；《多士》"三月而上獄訟于國，司寇聽其成于朝"。彷彿周代司法審判制度和本文此段所講的基本一致，其實《小司寇》等那些職文，顯然是《周禮》作者援據《康誥》之文加以緣飾寫成的（金履祥謂"外事"是未成而未達於康叔之獄，"要囚"是已成而已達於康叔之獄。可備一説）。

　　以上這一節，具體指出效法運用殷代法律應持的慎重精神。

　　王曰："汝陳時臬事①，罰蔽殷彝②，用其義刑義殺③，勿庸以次汝封。乃汝盡遜，曰時叙，惟曰未有遜事④。已！汝惟小子，未其有若汝封之心⑤，朕心朕德，惟乃知⑥。凡民自得罪⑦，寇攘姦宄⑧，殺越人于貨，暋不畏死，罔弗憝⑨。"

　　①汝陳時臬事——同上文"汝陳時臬司"。

　　②罰蔽殷彝——"彝"，常（《釋詁》），法（《周禮·司尊彝》注）。僞《孔傳》釋此句云："其刑法斷獄，用殷家常法。"江聲亦釋云："汝

陳是法以從事於罰,斷以殷之常法。"(《音疏》)

③義刑義殺——"義",宜(《詩·蕩》傳、《釋名》),適宜、合理。意即正當的刑殺。劉逢祿《集解》釋爲"議刑議殺",作動詞。吳汝綸《尚書故》釋爲"善刑善殺",作形容詞,各可備一説。

④勿庸以次汝封乃汝盡遜曰時叙惟曰未有遜事——《荀子·致仕篇》:"《書》曰'義刑義殺,勿庸以即汝,惟曰未有順事',言先教也。"所引"次"作"即","遜"作"順"。又《宥坐篇》亦引此,與《致仕篇》全同,但"汝"作"予","惟"作"維"。兩處所引都無"乃汝盡遜曰時叙"七字。江聲以爲"僞孔氏妄增以亂經"(《音疏》),段玉裁則云:"孫卿之所據,非必壁中本,故字異而長短亦不同,疑與《今文尚書》合也。"(《撰異》)段説可取。又《家語·始誅篇》亦引此,惟"順"作"慎"。王肅自注云:"'庸',用也。'即',就也。刑殺皆當以義,勿用以就汝心之所安,當謹自謂'未有順事',且陳道德以服之,以無刑殺而後爲順。"段玉裁云:"據注文,則引經'慎'字亦當同孫卿作'順'。'順'、'遜'義同。"又云:"孫卿王肅作'即',《尚書》作'次'者,古音'次'同'桼'在第十二部,如'次室之女'一作'漆室之女',小篆'坴'字古文作'坓',皆其證。"(《撰異》)

僞孔釋"以次汝封"爲"以就爾封"。金履祥云:"次,遷就之意。"(《表注》)實與《家語》"即"字同義。孫星衍則云:"次汝封,猶言'恣汝封',謂順如其心。高誘注《吕氏春秋》云:'恣,從也。'"(《孫疏》)是"恣汝封",即任從你封,亦含遷就你的意思。"勿庸以次汝封",即不用任從你遷就你的意見。

王引之云:"'乃汝盡遜曰時叙',謂汝所行皆順,莫不承順也。既曰'遜',又曰'時叙'者,古人自有復語耳。《周語》曰:'時序其德,纂修其緒。''時序'與'纂修'相對成文,'時序'亦謂承順也。"

（《述聞》。參看前"惟時叙"校釋）按"曰"同"越"，語詞。楊筠如云："曰時叙，猶言惟時叙也。"（《覈詁》）

孫詒讓云："'時叙'亦當如王說爲'承順'。'遜'當讀爲'訓'，《舜典》'五品不遜'，《史記·殷本紀》'遜'作'訓'是其證。言'汝雖盡其教訓，而已承順，惟曰未有教訓之事'。此'遜'與《多士》云'比事臣我宗多遜'、'奔走臣我多遜'，字同爲教訓。"（《尚書駢枝》）孫說是。教訓意即教化。

⑤未其有若汝封之心——"其"，語助，無意義（《釋詞》）。這兩句是說："你這小子（暱稱）！没有像你這樣的心地的。"（意謂其心地善良）《江疏》引《左傳·定公六年》"太姒之子，唯周公、康叔爲相睦也"，謂"周公推心致誠，欲康叔深念己訓"。

⑥朕心朕德惟乃知——"朕心朕德"，神宮本、清原家藏本作"朕心德"。"乃"，你。字原只作領格"你的"，這裏移作主格用，是說："我的心地、我的爲人，只有你知道。"蘇軾說："將有以深告之，故言我與汝相知如此。"（《書傳》）

《荀子》之《致仕》、《宥坐》引上數句後，都接着釋云："言先教也。"楊倞注："當先教後刑也。雖先後不失，尚謙曰，我未有順事，故使民犯法，躬自厚而薄責於人也。"自來注疏家大都以"先教後刑"來解釋上一段。

⑦凡民自得罪——《荀子·君子篇》在叙述"聖王在上"而"威行如流"，爲奸則"莫不服罪"之後，引《書》曰："凡人自得罪"，"此之謂也"。楊倞注："與今《康誥》義不同，或斷章取義。"（楊倞，唐代人，"民"字避諱改"人"）所謂《康誥》義，依林之奇釋"自得罪"爲"自作孽"，即自陷於罪，與《荀子》"服罪"義不同。但王鳴盛《後案》則以爲"荀義得之"。

⑧寇攘姦宄——與《堯典》"寇賊姦宄"全同。"寇",劫取(《費誓》鄭注),强取(《堯典》鄭注)。"攘",取(《孟子·滕文公下》趙岐注),盜取(《穀梁傳·成公五年》"攘善也"范注),"有因而盜曰攘"(《吕刑》鄭注)。王念孫云:"《説文》:'姦,私也。''宄,姦也。外爲盜,内爲宄。'盜自中出曰竊。文十八年《左傳》云:'竊賄爲盜,盜器爲姦。'《魯語》云:'竊寶者爲宄,用宄之財者爲姦。'成十七年《左傳》及《晉語》並云:'亂在外爲姦,在内爲宄。'宄與宄通,姦、宄、竊、盜,訓雖不同,理實相貫。"(《廣雅疏證四》)然《周禮·司刑》疏引鄭注:"由内爲姦,起外爲宄。"玄應《一切經音義》引《三蒼》云:"在内曰姦,在外曰宄。"又云:"亂在内爲宄。"以上内、外解釋相反,可知强分内、外之無據。王引之謂《堯典》、《盤庚》、《微子》、《吕刑》與本篇幾處"奸宄"句皆四字平列,都是邪惡行爲(《述聞》)。參看此諸篇校釋。

⑨殺越人于貨啟不畏死罔弗憝——《孟子·萬章下》引云:"《康誥》曰:'殺越人于貨,閔不畏死,凡民罔不譈。'是不待教而誅者也。""啟"作"閔",同部假借(《説文·攴部》則仍作"啟")。"弗"作"不",同義字。"憝"作"譈",同字異體(孫星衍云"譈非古字")。"罔弗憝"上有"凡民"二字。《説文·心部》亦引作"《周書》曰:凡民罔不憝"。似原有此二字,僞古文本脱去。趙岐注云:"'越'、'于'皆'於'也。殺于人,取于貨,閔然不知畏死者。'譈',殺也。凡民無不得殺之者也。"(清人皆謂趙注爲今文説)王樵則云:"于,取也,如'晝爾于茅'之'于'。"(《尚書日記》)按,《詩·七月》"晝爾于茅"鄭箋:"汝當晝日往取茅歸。"同詩"一之日于貉"毛傳:"于貉,謂取狐狸皮也。"皆爲王説之證。

此句尚有多釋,如僞《孔傳》:"殺人顛越人於是以取貨利。"《孔疏》：“越人，謂不死而傷。”呂祖謙《書説》：“殺奪人財貨。”陳經《詳解》：“殺取人於貨。”吳澄《纂言》：“謂所殺傷人者，於其貨也。”牟庭《同文尚書》：“越人者，過人也，謂過路人也。劫殺過路人，求索貨泉。”吳汝綸《尚書故》：“越，蹶也。殺斃人取貨也。”章炳麟《拾遺定本》：“《盤庚》傳云：‘越，墜也。’《正義》引《左傳》‘恐隕越于下’證之，是‘越人’爲‘墜人’。‘于’與‘爰’同。‘于貨’者，援取貨也。殺人、越人，有操金刃、杖白梃之異，其因是取貨財一也。”楊筠如《覈詁》：“‘越’與‘于’同，猶‘其’也。‘于’與以同。謂以貨殺其人也。”……等等，都不可靠。“越”字在此義不明，不能强解。

　　“憝”，《釋詁》：“强也。”《説文》：“憝，冒也。《周書》曰‘憝不畏死’。”“憝”，《説文》：“怨也。”僞《孔傳》、《蔡傳》皆釋爲“惡”，依趙注則爲“殺”。隸古寫本如内野本則訛作“憝”。“凡民罔弗憝”，是説國人對這樣凶惡的人沒有不怨惡他，而要殺他。但也有可能《孟子》、《説文》的“凡民”二字是涉上文“凡民自得罪”而誤衍，此句原無此二字，不是“凡民罔弗憝”，而是叫康叔“罔弗憝”，即告誡康叔對這些“憝不畏死”的人不要不鎮壓。

　　陳大猷云：“此一節上下疑有缺文。”（《或問》）陳櫟《書傳纂疏》從其説。呂祖謙則云：“‘凡民自得罪’以下數句，説者以謂與上下文不協，蓋周公舉一端以爲證驗也。豈不見常人自犯罪作孽，非人陷之也。如盜賊奸惡，殺奪人財貨，剛强勇悍，又不畏死，人皆惡之，刑法加焉，豈庸以次爾封乎，刑加于自犯之罪也。”（《全解》）戴鈞衡云：“説者或謂‘凡民自得罪’以下，乃更端之辭，與下‘元惡大憝’、‘不率大戛’諸節，辭義相屬，論非不善。竊謂上文歷言用罰，至此歎言汝小子心之仁慈，未有能及，我之教汝用法，其心德亦惟汝知，非得已也。凡民之得罪，皆自取之。下文遂更推言自得罪之

事。”(《補商》)

一些注疏家大抵以“《孟子》所謂不待教而誅者也”來解釋這後一段(夏僎《詳解》、吳澄《纂言》等)。意謂對那些凶惡犯罪的人要堅決懲處。

以上這一節,告誡康叔要正確按法辦事,勿以己意干擾法律,尤須善於體會周公的意圖,對那種凶惡犯法的人,才不可不堅決懲處。

王曰:“封! 元惡大憝①,矧②惟不孝不友③,子弗祗服④厥父事,大傷厥考⑤心;于父不能字厥子⑥,乃疾⑦厥子。于弟弗念天顯⑧,乃弗克恭厥兄;兄亦不念鞠子哀⑨,大不友于弟。惟弔茲不于我政人得罪⑩,天惟與我民彝大泯亂⑪。曰:乃其速由文王作罰⑫,刑茲無赦⑬。

①元惡大憝——“元”,首(《詩·閟宮》傳),大(《詩·六月》傳)。“元惡”,首惡,大惡,與“大憝”實同義。舊注疏家皆以“元惡”之“惡”爲名詞,“大憝”之“憝”爲動詞。其實“憝”在此句與“惡”一樣成爲名詞。王靜安《觀堂讀書記》云:“此仍接上文‘寇攘姦宄’言。”《法言·修身篇》:“君子悔吝不至,何元憝之有?”李軌注云:“元憝,大惡也。”《後案》謂:“元憝,即隱括此經‘元惡大憝’之文,故李軌以爲大惡也。”

②矧——亦。王引之云:“言元惡大憝者,亦惟此不孝不友之人。”(《釋詞》)《説文》作“吷”,有“況也、詞也”二解。僞《孔傳》、《蔡傳》皆釋“況”。今依王釋爲“亦”,爲今語的“也”、“又”等義。意爲元惡大憝之外,又有不孝不友這種壞人。

③不孝不友——“孝”與“友”爲古代的兩個道德規範,漢代文

籍中解釋爲"善父母曰孝"，"善兄弟曰友"（《爾雅·釋訓》、《詩·六月》傳等），與此處文義基本相合，但比周代金文中此二字意義似較狹。金文中"孝"可與"考"相通用；又常與"享"並用，爲對已死祖先表示祭祀追念的用語。西周器中並習見"孝友"二字連用，含義有時比專對父母、兄弟者爲廣泛。周代文籍中，有時義亦較廣，王引之詳舉文例指出："孝爲善德之通稱"，"善於兄弟亦可謂之孝友"，"善於親族亦可謂之孝友"。又"孝"與"慈"亦連用，"慈"即孝，等等（《述聞》卷三十一）。可知後來在周代金文和文籍中，"孝"、"友"二字使用是較廣泛的，但周初《康誥》中"孝"、"友"二字，則確係分別用於父子之間、兄弟之間。不過還沒有明確爲單方面的"善父母"爲孝，而是兩方面並舉的。可知"孝"、"友"二字的意義，在周代是有發展的。

④祗服——"祗"，敬（《釋詁》）。"服"，執持（《論語·爲政》"有事弟子服其勞"皇疏）。陳經釋爲"幹"（《詳解》），當係用《易·蠱》"幹父之蠱"義。孫星衍云："'服'，同'𢿘'，《説文》云：'治也。'"（《今古文注疏》）以"弟子服其勞"句中"執其勞"的"執"字之義較妥，意即恭敬地爲父母做事。

⑤考——《爾雅·釋親》："父爲考，母爲妣。"郭璞注："《禮記》曰：'生曰父、母、妻，死曰考、妣、嬪。'（按，見《曲禮下》）今世學者從之。案《尚書》曰'大傷厥考心'……《蒼頡篇》曰'考妣延年'……明此非死生之異稱矣。"郭沫若據周代金文皆"祖"、"妣"對舉，"考"、"母"對舉，指出"父爲考，母爲妣"係戰國時人語。周代原稱父母爲"考、母"（《釋祖妣》）。吳鋭據《三代》16.27.5 爵（商器）有"天匕乙"之文，匕即妣，即祭祀母親乙，西周帶匕之銘文更多。因而以爲商周固稱母爲妣，郭説未必是。有關之説見其《中國思想的起

源》第二卷第二章。

⑥于父不能字厥子——“于”，爲。戴鈞衡云：“于父、于弟之‘于’讀猶‘爲’。”（《補商》）俞樾云：“《儀禮·士冠禮》‘宜之于假’鄭注曰：‘于猶爲也。’《聘禮》記‘賄在聘于賄’注曰：‘于讀曰爲。’蓋古‘于’、‘爲’同聲，故得通用。‘于父不能字厥子’，猶曰‘爲父不能字厥子’也。”（《平議》）“字”，金履祥云：“古文作孳。”（《表注》）《詩·生民》傳、《左傳》之《成公四年》、《成公十一年》、《昭公元年》注皆云：“字，愛也。”

⑦疾——憎惡。《禮記·少儀》“有亡而無疾”鄭注：“疾，惡也。”《管子·小問》“夫牧民不知其疾則民疾”尹知章注：“疾，謂憎嫌之也。”

⑧天顯——僞孔釋爲“天之明道”，《孔疏》謂：“即《孝經》云‘則天之明’，《左傳》云‘爲父子兄弟姻媾以象天明’，是於天理常法，爲天明白之道。”《蔡傳》承其説，補充云：“尊卑顯然之序也。”吳澄《書纂言》謂“天顯，長幼之分乃天之顯道也”。自是注疏者基本承上列之説。（惟孫星衍據《釋詁》釋“顯”爲“代”，謂“兄有代父之道”。章炳麟據《詩·假樂》“顯顯令德”，《中庸》作“憲憲令德”，謂“天顯”即“天憲”。《釋詁》：“憲，法也。”加藤常賢則謂“天顯”即“大顯”。皆異於上説。）楊筠如云：“‘天顯’，古語。《多士》‘罔顧於天顯民祇’，《酒誥》‘迪民天顯小民’，皆其例也。《詩·敬之》‘敬之敬之，天惟顯思’。‘天顯’猶天明、天命也。”（《覈詁》）此説較確。惟在此處可看出，古人語言中的“天顯”，意爲上天所明顯規定的關於倫理的常道。

⑨鞠子哀——“鞠”，稚（《釋言》）。故僞《孔傳》釋“鞠子”爲“稚子”，歷代注疏家大都承此釋。惟《蔡傳》釋爲“鞠養之勞”。元

王充耘云：“兄亦不念鞠子哀，言兄亦不思其弟之可憐耳。謂弟爲‘鞠子’者，言其幼小尚未離鞠養，猶言小子也。觀康王自言‘無遺鞠子羞’可見。（蔡）傳謂‘兄不念父母鞠養之勞’者，非也。”（《書管見》）釋爲“小子”，仍同“稚子”。王國維云：“近見《吕中僕尊》拓本曰：‘吕中僕作毓子寶尊彝。’‘毓子’即幼稚也。《書》今文《堯典》‘教育子’，《詩・豳風》‘鬻子之閔斯’，《書・康誥》‘兄亦不念鞠子哀’，《康王之誥》‘無遺鞠子羞’。‘育’、‘鬻’、‘鞠’三字通。”（《觀堂集林》初刊本眉批。見《國學月報》1927 年 10 月專號）意皆爲“稚”。“哀”，王引之云：“古聲‘哀’如‘依’。”“《無逸》‘則知小人之依’，‘依’，隱也。謂知小人之隱也。《周語》‘勤恤民隱’，韋注曰：‘隱，痛也。’”“《康誥》曰‘兄亦不念鞠子哀’，言不念稚子之隱也。《傳》曰‘不念稚子之可哀’，《蔡傳》又曰‘不念父母鞠養之勞’，案經曰‘鞠子哀’，不曰‘鞠子可哀’，則《傳》説非也。《釋言》曰：‘鞠，稚也。’《顧命》‘無遺鞠子羞’，與此‘鞠子’同，則《蔡傳》亦非也。”（《述聞》四）

⑩惟弔兹不于我政人得罪——“惟”，有也。“有”，或也（《釋詞》）。“弔”，善，好（參看《盤庚》“弔”校釋）。“兹”，此，這。“弔兹”，弔作動詞用。善兹，就是善待這些，寬容這些。“于”，爲。見上校釋⑥。“政”，通“正”，下文“惟厥正人”即作“正”，意爲官長。參看《甘誓》“三正”校釋及該篇討論（三）。這句是説寬容這些行爲而不由我們的官長加以處罪。

⑪天惟與我民彝大泯亂——“惟”，語詞。“與”，給予。“民彝”，民常。指人們的常理常法。《洛誥》“于棐民彝”，《詩・烝民》“民之秉彝”，同此。“泯”，《唐石經》避李世民諱作“泯”。王引之云：“泯亦亂也。《吕刑》曰‘泯泯棼棼’，《傳》曰‘泯泯爲亂’，是也。

此《傳》訓‘泯’爲‘滅’，失之。”（《述聞》）是“泯亂”爲同義複詞。此句是説天授予人們的常理大大地被弄亂了。

⑫曰乃其速由文王作罰——自僞《孔傳》至宋儒都讀此九字爲一句，僞孔釋云：“言當速用文王所作違教之罰刑此亂五常者，無得赦。”歷唐宋至清代各家大抵都遵此釋。孫星衍始斷句爲：“曰：乃其速由。”並釋云：“‘速’者，《釋言》云：‘徵也。’‘徵’義同‘召’。‘由’同‘訧’，《廣雅·釋詁》云：‘皋也。’”“《酒誥》曰‘惟民自速辜’，《多方》云‘乃惟爾自速辜’，語意正同。或以‘乃其速由’下屬‘文王作罰’爲句，案之《後漢書·王符傳》不然也。”（《孫疏》）按，《王符傳》引“《書》曰：‘文王作罰，刑兹無赦。’”孫説似有據。其實王符爲文斷取四字成句，原非全引。觀本篇下文有“汝乃其速由兹義率殺”句，是顯然不能以“乃其速由”斷句，今不取孫説，仍依傳統解釋。加藤常賢以爲“由”與“從”同，並舉《孟子·離婁篇》“率由先王舊章”、《詩·假樂》“率由舊章”、《文侯之命》“罔不率從”，《大誥》“率從寧人”等句，以見“速由”即“率由”（《真古文尚書集釋》）。其説是。可知“速由”、“率由”、“率從”爲當時西周語例。

⑬刑兹無赦——《漢書·宣帝紀》載《元康二年詔》、《風俗通·皇霸篇》、《潛夫論·述赦篇》（《王符傳》即録此）皆照引此兩句。知漢代今文句讀如此。宋吕祖謙云：“前言‘殷罰’、‘殷彝’，此言‘文王作罰刑’者，‘殷法’，常事用之；父子兄弟之獄則用文王之法。經紂之惡，人倫戕敗……故以殷罰治殷俗，因人情之所安也；以文王罰刑誅不孝不友，撥殷亂之所在也。”（《書傳纂疏》摘引《東萊書説》）1993年荆門郭店出楚簡《成之聞之》篇引《康誥》曰：“不還大暊，文王复（作）罰，型（刑）丝（兹）亡恩。”是戰國中期此兩句原文，而前面增“不還大暊”，尚待尋析。

　　按,《左傳·僖公三十三年》載臼季曰:"《康誥》曰:'父不慈,子不祗,兄不友,弟不恭,不相及也。'"《後漢書·肅宗紀》及《鄭志》"趙商問族師職"所引與此同。《正義》云:"非《康誥》之全文也,不慈、不祗、不友、不恭,各用文王之法刑之,不是罪子又罪父,刑弟復刑兄,是'不相及'也。"牟庭則謂《康誥》原文如此。又《左傳·昭公二十年》載菀(原作苑,依段校)何忌曰:"在《康誥》曰:'父子兄弟,罪不相及。'"《後漢書》之《楊彪傳》、《謝弼傳》、《三國志·崔季珪傳》注、《潛夫論·榮辱篇》所引與此同。《正義》亦云"此引其意而言之",解釋同上。段玉裁云:"此隱括引古之體,猶'文王所以造周','康叔所以服宏大'文法一例。而漢詔、《鄭志》皆以'不相及'之云繫之《康誥》,則在漢時曉然信經義如此。"(《撰異》)

　　以上這一節,指出最大的罪惡莫過於不孝不友,父子兄弟之間有違孝友倫理者,應按照文王的刑罰來懲處。

　　"不率大戞①,矧②惟外庶子、訓人③惟④厥正人⑤越小臣諸節⑥,乃別播敷,造民大譽⑦,弗念弗庸⑧,瘝厥君⑨,時乃引惡⑩,惟朕憝⑪。已⑫! 汝乃其速由茲義率殺⑬。亦惟君惟長不能厥家人越厥小臣外正⑭,惟威惟虐⑮,大放王命⑯,乃非德用乂⑰,汝亦罔不克敬典乃由。裕民惟文王之敬忌⑱,乃裕民曰'我惟有及',則予一人以懌⑲。"

　　①不率大戞——宋林之奇《尚書全解》以此句爲上一節的結尾句,清牟庭亦同此讀。此外自僞《孔傳》歷唐、宋至清代所有注疏家大都讀爲本節的首句。這原是一難解的句子,僞孔釋爲"不循大常之教"。《孔疏》釋"戞猶楷也,言爲楷模之常"。(段玉裁《撰異》

謂：“此得古訓故之意。《禹貢》‘納秸’，即‘稽’字也，而《地理志》作‘戛’。《皋陶謨》‘戛擊鳴球’，《明堂位》作‘楷擊’。”）呂祖謙釋爲：“康叔不以身率之，則又大難，戛者，戛戛乎其難之謂也。”（《東萊書説》）真德秀謂：“呂説似得之，與下段相應。蓋‘戛’者二物相擊之謂。”（《書傳纂注》引）《蔡傳》則釋：“戛，法也。言民之不率教者，固可大置之法。”《書傳纂疏》引或説：“戛，擊也。不率從乃大戛擊以痛懲之也。”吳澄亦謂：“戛，擊也。大戛謂罰之刑之而不赦也。”（《書纂言》）陳櫟總諸説云：“不率大戛，或以屬上文，或以屬下文，不勝異説，孔訓‘戛’爲‘常’固非，蔡訓‘戛’爲‘法’亦未見所本。此句合闕疑。”（《纂疏》）陳説較妥，此確爲疑不能明之句，故王國維亦云“不解”（《學書記》）。現暫依黃式三據《孔疏》所釋“不率大戛，謂不循大楷法也”（《啓矇》）來進行今譯。

②矧——亦。見上節校釋②。

③外庶子訓人——“外”，林之奇云：“指衛而言也。”（《全解》）“庶子”，《禮記·燕義》：“古者周天子之官，有庶子官。庶子官，職諸侯卿大夫士之庶子之倅，掌其戒令，與其教治。”又《文王世子》：“庶子之正於公族者，教之以孝弟睦友子愛。”鄭注：“庶子，司馬之屬。”《周禮·司馬·序官》鄭注：“諸子，主公卿大夫士之子者，或曰庶子。”《孔疏》引鄭玄注：“‘訓人’爲師長。”戴鈞衡云：“‘訓人’，師長之官，若師氏、保氏之屬。”（《補商》）曾運乾云：“‘訓人’，若《天官·冢宰》‘師以賢得民、儒以道得民’注‘師，諸侯師氏。儒，諸侯保氏’是也。天子諸侯皆有庶子、訓人，此指侯國言，故稱‘外’。”（《正讀》）現姑從此諸説，以“訓人”爲掌教之官。

④惟——與。王引之舉《詩·無羊》“旐維旟矣”、《禹貢》“齒革羽旄惟木”、《酒誥》“百僚庶尹惟亞惟服”、《多方》“四國多方惟爾

殷侯尹氏"等,謂"惟字並與'與'同義"(《述聞》)。

　　⑤正人——"正",《釋詁》:"長也。""正人",某項官職之長。參看上節校釋⑩。

　　⑥越小臣諸節——"越",與、爲金文"雩"字的同音假借(參看《堯典》"粤若"、《盤庚》"亂越"校釋)。"小臣",官名,甲骨文、金文中均有之,在殷代和周初都是不小的官(如《叔夷鎛》説伊尹任商王朝小臣。殷末銅器有小臣邑斝、小臣艅尊、小臣䌛卣、小臣舌鼎,周初器有小臣單觶、小臣謎殷、小臣宅殷等,都是顯赫的臣正。到西周後期如《大克鼎》中的"小臣",乃與史及樂官等同被賞賜給其他大貴族,地位已低了)。《周禮·夏官》則把它説成是"掌王之小命"者。"諸節",注疏家都釋爲小臣持有符節。早者如融注《太誓》:"諸受符節有司也。"(《釋文》引)晚者如江聲《音疏》云:"小臣傳命於外或受節以出。"孫星衍則謂:"小臣之受節治民者。"王國維則謂:"'節',古文作ß;'夷'古文作ㄞ,兩形相似。'諸節',疑即'諸夷'也。逸《大誓》'乃告司徒、司馬、司空諸節',《牧誓》亦云司徒、司馬、司空,而末有庸蜀羌諸夷,是'諸節'正與'諸夷'相當。"(見《覈詁》)然此處文義與諸夷不相涉,王説非,今暫依舊説。

　　⑦乃別播敷造民大譽——僞孔釋爲:"當分別播布德教,以立民大善之譽。"是從正面説應當播布德教,其後《孔疏》及林之奇《全解》、黃式三《啓幪》、戴鈞衡《補商》等皆承此説。《蔡傳》釋爲:"乃別布條教,違道干譽。"這是從反面指斥這種敷布之非。其後自宋至清儒者大都承此説,如呂祖謙、真德秀、吳澄、江聲、陳喬樅等皆是,其中除真德秀仍釋爲"別立教條"外,其餘大都釋爲敷布私恩。而以上諸家皆用"別"字的本義。王引之始云:"別亦讀爲辯。""辯,偏也。""敷,亦偏也。""言引惡之民偏播布其私恩於民也。《傳》謂'汝

當分別播布德教’，亦失之。”（《述聞》四）現以爲“別”訓“徧”是對的，與上文“別求聞由古先哲王”之別同。惟解釋則《蔡傳》“別布條教”之説似較可取，總之是“大戛”以外提出的東西。

舊注疏家皆以此兩句相連讀，而下句“弗念弗庸”另起。孫星衍始以“乃別播敷”句斷讀，以“造民大譽”句與“弗念弗庸”句相連讀，釋爲：“于民有大譽之人，弗肯念而用之。”（《孫疏》）孫説不足信，但此處讀爲三句則是通的。“造”同“遭”（《大誥》“予造天役”，《漢書·翟方進傳》作“遭”。《周本紀》“兩造俱備”，《集解》引徐廣曰“一作遭”）。遭的意義爲遇、逢，可引申爲逢迎，迎合。“造民大譽”，意爲迎合人民的稱譽。

孫星衍又引《漢書·王尊傳》“此經所謂造獄者也”注：“晋灼曰：‘歐陽《尚書》有此造獄事也。’”以爲：“歐陽‘造獄’別無可附，疑今文説此條之義也。”（《孫疏》）只根據一“造”字便牽合於此，理由不足，不可信。

⑧弗念弗庸——“弗”，不。“念”，想到，考慮。“庸”，用。

⑨瘝厥君——“瘝”，原文當作“鰥”或“矜”，與上文“恫瘝乃身”同。今仍用後代已通用字不改。“瘝”義爲“病”，“瘝厥君”，爲害於其君，損害他的君主。

⑩時乃引惡——“時”，是，此。“引”，引導，助長。戴鈞衡釋此句爲“是乃引長其惡”（《補商》）。裴學海讀此句爲“此爲長惡”（《虛字集釋》）。

⑪憝——在此作動詞，意爲怨，痛恨（内野本訛作“憨”）。

⑫已——歎詞。見上文。

⑬兹義率殺——于省吾云：“僞傳云：‘宜於時世者，循理以刑殺。’按僞傳説迂曲難通，《尚書》‘辭’、‘嗣’、‘治’、‘司’、‘率’、

‘亂’或相通假，或相參錯，《梓材》‘厥亂爲民’。‘亂’，《論衡》作‘率’。‘亂’亦讀作‘治’，《盤庚》‘亂越我家’，即治於我家。金文‘治’作‘嗣’，與‘司’通。凡司徒、司馬、司空，金文作‘嗣土’、‘嗣馬’、‘嗣工’。然則‘茲義率殺’者，即‘茲宜嗣殺’也。司主刑殺，與上‘時乃引惡、惟朕憝’相銜接。”（《新證》）

黃式三云：“自‘不率大戛’至此，戒臣。”（《啓幪》）

⑭亦惟君惟長不能厥家人越厥小臣外正——這是一長句。朱熹謂“《康誥》多長句，今人碎讀了”（《補商》引），又説“《尚書》句讀有長者”（《語類》七十九）。此即一例。兩“惟”字皆語詞，似亦可讀爲“爲”（見下“惟威惟虐”校釋）。“君”，封國之君。“長”，百僚之長。僞《孔傳》以君長爲泛指，《蔡傳》則謂君長指康叔，江聲《音疏》云：“君長謂他國諸侯，康叔爲牧伯，得征諸侯之有罪者。”此諸説皆不及王夫之所釋：“古者王臣侯，侯臣卿大夫，卿大夫亦臣其私臣。爲之臣者謂之‘君’，猶趙簡子之稱主也。‘長’者，官之長也。君則有家人，長則有小臣、外正。此言食邑之君於其家臣，六官之長於其屬貳，不以德相能，而唯用威虐，則不可復以德义，而當施之以刑也。”（《書經稗疏》）但此以後世“六官之長”釋“長”亦不妥，當奴隸制時代之“長”皆貴族世卿擔任，故“君”指主上，“長”則指任職之世卿。

“能”，薛季宣本作“耐”，然其他隸古定本如内野本仍作“能”。《書傳纂注》引薛氏云：“能，與‘柔遠能邇’之能同。”王引之釋“柔遠能邇”略云：“能”與“柔”義相近，《大雅·民勞》傳：“柔，安也。”《漢書·百官公卿表》“柔遠能邇”注：“能，善也。”“安”、“善”二義相近。“古者謂‘相善’爲‘相能’（襄廿一年《左傳》曰：“范鞅與欒盈爲公族大夫而不相能”），《康誥》曰：‘亦惟君惟長不能厥家人。’”

(《述聞》三)這裏"善"作他動詞用,即"使之善",是説爲君長的不使他的家人、小臣們良善。

　　"越",與。"厥",其,他的。林之奇云:"小臣、外正,即上文正人、小臣諸節是也;其曰外正,亦猶外庶子云也。"(《全解》)總之是各封國中的官員。

　　⑮惟威惟虐——"威",隸古寫本如内野本等用同音通假字"畏"。僞《孔傳》釋爲"爲威虐"。王引之云:"《玉篇》曰:'惟,爲也。'《皐陶謨》'共惟帝臣',傳曰'共爲帝臣'。"(《釋詞》)戴鈞衡云:"惟威惟虐,爲威爲虐也。"(《補商》)

　　⑯大放王命——《堯典》"方命",《漢書》之《傅喜傳》、《朱博傳》皆引作"放命"。是此處"放王命"亦可作"方王命"。《史記·五帝本紀》"方命"作"負命"。《正義》:"負音佩",錢大昕謂古音如"背","負命"即"背命"(《養新録》),此當係今文説。《堯典·釋文》謂馬融、鄭玄、王肅亦讀"方"爲"放",《孔疏》引鄭注:"謂放棄教命。"本篇此句僞《孔傳》亦釋爲"大放棄王命",是承古文説。其實二義相近,此句意即大大地背棄王命。

　　⑰乃非德用乂——"乂",治。江聲云:"惟爲威虐於下,大放棄其王命,乃非德教可用以治也。言當征討之。"(《音疏》)

　　黄式三謂"亦惟君長"至此,"此戒諸侯也"(《啓襛》)。

　　⑱汝亦罔不克敬典乃由裕民惟文王之敬忌——"裕",于省吾謂當讀作"欲",見上文"裕乃身不廢在王命"校釋。于氏云:"'汝亦罔不克敬典乃由',句;'裕民惟王之敬忌',句。'罔',金文作'亡',通'毋'。《爾雅·釋詁》:'典,法,常也。''典'、'法'同訓。'由',行也。言汝亦毋不能敬法汝之所行,蓋勉其治民有逮於先人,故下接以欲民惟文王之敬忌也。"(《新證》)于説是,兹從其句讀。"汝亦罔

不克敬典乃由”，係承“乃非德用乂”句，是說既非德教可治，你康叔切勿不以你所用的法令去懲治他們。“典”，釋作法典、法令。“由”，用也（《廣雅》）。

《孔疏》：“文王所敬忌，即敬德忌刑。鄭（玄）云：‘祗祗威威是也。’”王鳴盛云：“鄭以‘敬忌’爲‘祗祗威威’者，《表記》引《甫刑》曰‘敬忌’，鄭彼注云：‘忌之言，戒也。言己外敬而心戒慎。今於此注云‘祗祗威威是也’。祗之言敬，故以敬爲祗祗，威即畏忌，爲戒慎有畏意，故以爲威威也。《顧命》篇末云‘以敬忌天威，是凡言敬忌義皆同也’。”（《後案》）按，《說苑·君道篇》云：“大哉文王之道乎……敬慎恭己而虞芮自平，故《書》曰‘惟文王之敬忌’，此之謂也。”這是漢人對“敬忌”的一些解釋。其實敬是敬重的事，意即他所要做的事；忌是忌避的事，意即他不要做的事。

楊筠如云：“‘敬忌’，亦古語。《顧命》‘眇眇予末小子，其能而亂，四方以敬忌天威’；《呂刑》‘敬忌罔有擇言在身’。又作‘畏忌’，《齊鎛》‘余彌心畏忌’，《邾公牼鐘》‘余畢龏畏忌’，義並爲敬畏也。”（《覈詁》）亦可參考。

⑲乃裕民曰我惟有及則予一人以懌——“懌”，悅（《說文》）。《荀子·君道篇》：“明主急得其人。急得其人則身佚而國治，功大而名美。故君人者勞于索之，而休于使之。《書》曰‘惟文王敬忌，一人以擇’，此之謂也。”段玉裁云：“此蓋隱栝引之，或所據不與壁中同也。‘懌’作‘擇’，故‘擇’、‘澤’、‘釋’、‘懌’通用。古無‘懌’字，多用上三字。‘一人以擇’，‘擇’即‘懌’也，上文所謂‘身佚而國治’也。”（《撰異》）于省吾云：“乃裕民曰，句；我惟有及，句；則予一人以懌，句。‘及’、‘不及’，古人語例。《洛誥》：‘王如弗敢及。’《毛公鼎》：‘司余小子弗及。’‘乃裕民曰，我惟有及。’二語乃假設之

詞。‘我’，民自稱也。欲民能自謂其有所及；則余一人因而喜悅也。”（《新證》）楊筠如云：“有及，承上文而言，謂有及文王之敬忌也。”（《覈詁》）

黃式三云：“此戒康叔。”（《啓幪》）

《唐石經》原石於此處剝蝕一大塊，計缺去下列諸字：“外庶子訓”四字，“臣諸節乃別播”六字，“譽弗念弗庸”五字，“乃引惡惟朕憝已”七字，“速由茲義率殺亦”七字，“長弗能厥家人越”七字，“外正惟畏惟虐大”七字，“乃非德用乂汝亦”七字，“乃由裕民惟”五字，“民曰我”三字。諸隸古寫本及諸刊本不誤。

王鳴盛云：“自‘敬明乃罰’至此詳言慎罰之事。定四年《傳》康叔爲司寇，《史記》亦言康叔既封衛，其後復入爲周司寇，意康叔本法家，故特於用刑反復申之。抑以殷俗化紂之惡而大壞，非刑無以弼教歟？要歸於至慎，不專主嚴酷也。”（《後案》）

以上這一節，指出各級官吏、封君及世卿們如有違法行爲，必須按法嚴懲；並告誡康叔要誘導人民追隨文王的遺敎以行事。

陳大猷云：“此上三節疑有錯簡，諸家皆意其然耳。”（《書集傳或問》）他所疑是有理由的。

王曰：“封！爽①惟民迪吉康②，我時其惟殷先哲王德用康乂民作求③。矧今民罔迪，不適不迪，則罔政在厥邦④。”

①爽——曾運乾云：“‘爽’，猶尚也，聲之轉。與‘矧’對用，位於句首。”（《正讀》）“爽……矧……”，意爲“尚且……何況……”。參看《大誥》校釋。

②惟民迪吉康——《盤庚》有"不吉不迪","吉"、"迪"同爲"善"的意義(參看該篇校釋)。據《方言》"東齊青徐之間相正謂之由迪",則"由迪"爲動詞,有使變好之意。"康",安。亦安好之意。這句是說使人民獲得安好的生活。

③我時其惟殷先哲王德用康乂民作求——戴鈞衡云:"案此讀'我時其云云'十五字句,真氏德秀、陳氏櫟皆同。"(《補商》)今從其說定爲一句。"時",内野本作"是"(《釋詁》"時,是也")。"其",將,且(《釋詞》)。"惟",思(《釋詁》、《説文》),即思惟,想。"哲",智(《釋言》)。"康",安。"乂",治(並《釋詁》)。"作",爲(《釋言》)。"求",戴鈞衡謂通"逑"。其義爲匹(《詩·關雎》傳),相等(《孔傳》)。"作求",周初成語。王國維云:"《詩·大雅》'王配于京,世德作求'。求者仇之假借字。'仇',匹也。'作求'猶《書》言作匹、作配,《詩》言作對也。《康誥》言與先王之德能安治民者爲仇匹,《大雅》言與先世之有德者爲仇匹,故同用此語。"(《與友人論詩書中成語書》)"殷先哲王德用康乂民",黄式三釋爲"殷先王康乂之德。"(《啓幪》)實指殷代先王用以安然地治理人民的統治術。這句是說:像殷代先王那樣安然地治理人民的統治術,我想也同樣地做到(即僞《孔傳》所説"乃欲求等殷先智王")。

④矧今民罔迪不適不迪則罔政在厥邦——于省吾云:"僞傳讀至'迪'字句,訓'迪'爲'道',非是。按《尚書》'迪'字或訓'用',或訓'從',或訓'行'。'迪'即'由',上文'乃其速由','汝罔不克敬典乃由',《盤庚》'乃有不吉不迪','由'、'迪'同用。應讀作:'矧今民罔迪',句;'不適不迪',句;'則罔政在厥邦',句。《左·昭十五年傳》'民知所適'注:'適,歸也。'言亦今民無所由從,不歸不從,則於其邦無政之可言也。"(《新證》)

　　《唐石經》在此節殘泐下列諸字："王曰"、"時"、"乂"、"適"。各刊本及隸古寫本不誤。

　　以上這一節，承强調用刑之後，提出學會殷代統治術的重要性。戴鈞衡《補商》説："此下數節，義不相承，大約因言用刑，而教之宜以德化民也。"

　　王曰："封！予惟不可不監①，告汝德之説于罰之行②。今惟民不静，未戾③厥心，迪④屢⑤未同⑥；爽惟天其罰殛⑦我，我其不怨，惟⑧厥罪無在大，亦無在多，矧曰其尚顯聞于天⑨？"

　　①監——鄒季友云："音鑒。"（《音釋》）是解釋爲鑒戒，借鑒。僞《孔傳》謂"監視古義"，亦即鑒於古之意。其實由甲骨文、金文知"監"爲鑒之本字，鑒爲後起字。

　　②告汝德之説于罰之行——僞《孔傳》釋云："告汝施德之説於法之所行，欲其勤德慎罰。"意謂以德行罰（蔡沈語），或寓德於罰（戴鈞衡語），歷代注疏家多承此説。王引之始云："'于'，猶越也，與也，連及之詞。（《夏小正》傳曰："越，于也。"《廣雅》曰："越，與也。"）'行'，道也。言告汝德之説與罰之道也。《傳》曰'告汝施德之説於法之所行'，失之。"（《述聞》）王説是。

　　③戾——定（《詩·雨無正》傳）。

　　④迪——進，作（《釋詁》）。

　　⑤屢——薛季宣本作"婁"。王鳴盛云："字當作婁。"（《後案》）《釋言》："婁（本又作屢），亟也。"郭璞注："亟亦數也。"即數次，多次。

⑥同——和，和協（《禮記·禮運》鄭注）。

⑦殛——內野本、松田本、秀圓本“殛”上衍“於”字。段玉裁云：“例以《洪範》、《多方》，此‘殛’亦當本作‘極’。”按，《堯典》“校釋”中已說明無此必要。“殛”與“罰”義同，“罰殛”爲同義複詞。“天之罰殛我”，等於今語說“雷打火燒”，表示該受上天罰罪。

⑧惟——雖（據《釋詞》）。

⑨尚顯聞于天——“尚”，上。“顯”，明。這是說上達於天，使天聽到。

戴鈞衡釋此數句云：“言今民猶未安，其心未定，屢導之而猶未同。上天若以此罰殛我，我其不敢怨。何也？凡人之罪，不在大也，亦不在多，雖隱微纖小，天猶且鑒之，況民心之不安，天之所昭昭聞者，而敢謂民之頑梗難化，我可自謝其罪乎？”（《補商》）

《唐石經》在這一節缺損下列諸字：“曰”、“德”、“未”、“惟”、“惟厥”、“在”、“曰”，各刊本及隸古寫本不誤。

以上這一節，提出必須借鑒歷史，勤德慎罰，特以自責的精神加以檢討，用以警策康叔。呂祖謙《書說》云：“此成王周公自反以感動康叔也。”

王曰：“嗚呼！封，敬哉！無作怨①，勿用非謀非彝蔽時忱②，丕則敏德③。用康乃心，顧乃德，遠乃猷④，裕乃以民寧⑤，不汝瑕殄⑥。”

①無作怨——勿作可怨之事（據僞《孔傳》、《蔡傳》說）。陳經則曰“毋作致怨之事”（《詳解》）。

②勿用非謀非彝蔽時忱——《史記·三王世家》載《燕王策》

"毋作怨,毋俾德",以"毋俾德"三字當此句及下句。《漢書·武五子傳》所載《燕王策》則作"毋作怨,毋作棐德"。陳喬樅據此句,謂《今文尚書》"勿"字亦當作"毋"字,見其《經說考》。段玉裁云:"毋作怨,毋俾德,疑即《今文尚書·康誥》'毋作怨,勿用非謀非彝蔽時忱,丕則敏德'等語也。""今考褚先生曰'無俾德者,勿使上背德'也,則肥、俾、菲、棐皆非正字,其字正作'非',《說文》'非,違也。從飛省下翅,取其相背'。""古飛字多作'蜚',《易》'飛'亦作'肥',皆同音通用。"(《撰異》)

　　"謀",諸隸古寫本作"恖",異體字。"彝",常(《釋詁》)。"蔽",舊注疏皆同上文"丕蔽要囚"釋作斷。孫星衍據鄭玄《論語》注釋爲"塞"(《孫疏》)。楊筠如云:"當作'敝',《詩·敝笱·釋文》:'敗也。'"(《覈詁》)于省吾亦云:"蔽本作敝。《左·僖十年傳》'敝於韓'注:'敝,敗也。'"(《新證》)"時",是(《釋詁》)。"忱",信(《詩·大明》傳)。于省吾亦云:"'忱',即《大雅》'其命匪諶'之'諶',信也。"(《新證》)僞《孔傳》釋"非謀非彝"爲非善謀,非常法,其後注疏家大抵承用。林之奇云:"非謀,非善謀也。非彝,非故常也。非善謀而從之,非故常而行之,則必至於敗事而作怨,故戒以勿用也。"(《全解》)于省吾釋此句爲"勿用非謀非常以敗是信用也"(《新證》)。

　　③丕則敏德——僞《孔傳》釋爲"大法敏德"(法,效法),《蔡傳》補充爲"大法古人之敏德"。段玉裁云:"此'丕則'與《無逸》'丕則有愆'同,《孔傳》訓'則'爲'法',非是。"(《撰異》)王引之云:"'丕則',猶言'於是'也。既斷行是誠信之道,於是勉行德教也。《傳》以爲'大法敏德',失之。"(《釋詞》)按"敏"訓"勉",見《中庸》"人道敏政"鄭注。朱彬亦云:"敏,勉也,疾也。猶言'王其疾敬德'

（按此《召誥》語）。”（《經傳考證》三）王説是。

④用康乃心顧乃德遠乃猷——“用”，以（《釋詞》據《倉頡篇》）。“康”，安好。“乃”，你的。猷，謀（《釋詁》），即謀略，打算。《蔡傳》據僞《孔傳》簡釋爲：“安汝之心，省汝之德（“省”爲省察之意，僞孔作“顧省”），遠汝之謀。”（王引之《述聞》謂當連下“裕”字，以“遠乃猷裕”爲句，《方言》“裕、猷，道也”，因謂“遠乃猷裕”即“遠乃道”。于省吾已辨其誤，見前文“裕乃身不廢在王命”校釋。）

⑤裕乃以民寧——于省吾云：“言欲汝與民寧也。”（《新證》）承前文釋“裕”爲“欲”，並釋“以”爲“與”。釋“欲”，甚是。“以”字據戴鈞衡云：“《傳》於‘以’字失解，竊謂‘以’猶‘使’也。”並舉《戰國策·秦策》“向欲以事齊王”注“以猶使也”爲證（《補商》），是此句意爲“要你使人民安寧”。釋“與”，作爲給予義，與“使”義亦相近。

⑥不汝瑕殄——“瑕”，通“遐”，戴鈞衡舉《詩·隰桑》“遐不謂矣”，《禮·表記》引作“瑕”爲證（《補商》）。《釋詁》：“遐，遠也。”《詩·泉水》傳亦云：“瑕，遠也。”“殄”，絶（《釋詁》）。舊注疏家基本皆釋“瑕”爲“疵”，僞《孔傳》釋云：“不汝罪過，不絶亡汝。”《蔡傳》釋云：“不汝瑕疵而棄絶矣。”孫詒讓亦類於此解，並引《詩》“不殄不瑕”、《左傳》“不汝疵瑕”（見《僖公七年》）爲證，王國維推許之（《學書記》）。但孫星衍釋此句爲“國祚不以汝世遠而殄絶也，言當世享”（《孫疏》）與“世享”連言，自以孫星衍説爲是。意謂不以你傳世久遠而滅絶。

《唐石經》在本節剥蝕“謀”、“乃”二字，殘筆似可辨。

以上這一節，告誡康叔要兢兢業業，以維持長遠的統治。

王曰：“嗚呼！肆①汝小子封，惟命不于常②，汝念哉！

無我殄享③。明乃服命④,高乃聽⑤,用康乂民。"

①肆——僞《孔傳》釋爲"故",與首段"肆汝小子封在兹東土"之"肆"同。《蔡傳》則云:"肆,未詳。"董琮云:"肆,語辭,如'肆徂厥德'、'肆往姦宄',皆語辭也。"(《書傳纂疏》、《彙纂》引)牟庭則以爲當讀若"第",釋爲"但"(參看《盤庚》校釋)。此字自以作爲無義語詞爲是。必欲尋其義,則仍以作"故"、"以故"、"所以"等意較妥。

②惟命不于常——"惟",語詞。"命",商周統治者所鼓吹的"天命"。"于",王引之據《史記·三王世家·齊王策》引此句,褚少孫釋作"爲命不可爲常",遂謂'于'猶'爲'也。此'爲'字讀去聲"(《釋詞》)。裴學海則謂王説非,以爲:"'于'猶'有'也,'于'、'有'一聲之轉。《墨子·非命篇上》引《書·仲虺之誥》'我聞于夏'《非命篇下》作'我聞有夏'。《康誥》'惟命不于常',《大雅》'天命靡常',文意同。"(《虛字集釋》)裴説可通,今用其説。這是周王朝統治者看到信賴天命的商王朝終於覆滅後所得到的認識。《左傳·成公十六年》云:"《周書》曰'惟命不于常',有德之謂。"又《襄公二十三年》:"慶民不義,不可肆也,故《書》曰:'惟命不于常。'"《戰國策·魏策》:"《周書》曰'維命不于常',此言幸之不可數也。"《禮記·大學》:"《康誥》曰'惟命不于常',道善則得之,不善則失之矣。"這些都説明周代統治者總結商王朝專恃天命不免於失敗的教訓,提出了以德、以義、以善來保住天命的觀點。

③無我殄享——江聲云:"享,祭祀也。凡封諸侯,必命之祭其封内之山川社稷,所謂'命祀',國亡則絶其祀。故言汝其念天命之無常,毋殄絶我之命祀。"(《音疏》)按《左傳·僖公三十一年》:"衛遷于帝丘,卜曰:'三百年。'衛成公夢康叔曰:'相(按,爲夏代國王名,啓之孫)奪予享。'公命祀相。寧武子不可,曰:'……不可以間

成王周公之命祀。'請改祀命。"可知直至春秋時，衛人還保存着有關於其先祖康叔受封於衛時的傳説，當時確係受成王、周公之"命祀"。其後歷世對於康叔有"享"，當然對於作爲"大宗"的周先王更有享。此句説明成王、周公當初命祀時，就叮囑康叔好好保持他的國祚，不可使將來斷絶了對周先王的享祀。"無我殄享"即"毋殄我享"，亦即不要斷絶了我"命祀"給你的關於山川社稷及我們宗祖的祭祀。

④明乃服命——"明"，動詞，"勉"的假借（據陳奐《詩·有駜》疏），二字一聲之轉。"乃"，你的。"服"，王朝授予的官位、職事，以及履行官位職事的活動，西周金文中作爲專名詞出現，如成王時器《乍册魈卣》："公大史見服于宗周"、"公大史咸見服于辟王"。又同時器《班毁》："王令毛伯更虢城公服"，"登于大服"。又《井侯毁》："菁井侯服。"及西周晚期器《毛公鼎》："汝毋敢墜在乃服。"至於典籍中則有如《詩·蕩》云："曾是在位，曾是在服。"等等（參看《大誥》"大歷服"校釋）。"命"，在此是與"服"並列的專名詞，王對所屬的任用、封賞等都有"命"。金文中凡王對臣下的各種册命典禮，多記載命辭，有專門的"命書"。如共王時器《頌鼎》云："宰弘右入門，立中廷，尹氏授王命書，王呼史虢生册命頌。"典籍中也有記載，如《左傳·定公四年》記册命蔡仲云："命之以蔡。其'命書'云：王曰：'胡！無若爾考之違王命也。'"這種"命書"，相當於宋以後封建王朝的"誥命"。

⑤高乃聽——舊注疏家皆望文生訓，如僞孔釋爲"高汝聽，聽先王道德之言"。《蔡傳》釋爲"高其聽，不可卑忽我言"。蘇軾《書傳》釋爲"高乃聽，聽於古也"。類此解釋直沿至清代，孫星衍始釋爲："《廣雅·釋詁》云：'高，敬也。'言敬聽我訓，則安治民之道也。"（《孫疏》）其後治《尚書》者又皆沿孫説。于省吾云："'高'，當即金

文‘𡧱’字,詳《盤庚》‘古我前后’條。𡧱字雖不可識,其意爲廣廓之義。‘高乃聽’,言廣乃聽也。孫星衍引《廣雅·釋詁》證‘高’爲‘敬’,於義未允。”(《新證》)于說當爲關於“高乃聽”解釋中較佳的解釋。

清人牟庭提出新說,以爲:“‘聽’當爲‘德’,字形之誤。《家語·本命》曰:‘效匹夫之聽。’注曰:‘聽,宜爲德。’是則‘德’誤爲‘聽’,古書有其證矣。又據上經曰‘殷先哲王德用康乂民’,文與此同,惟‘德’、‘聽’異,而字形相似,其爲誤字甚明也。‘高乃德用康乂民’爲一句,言所貴高汝者,謂汝當以德安治民也,非爲汝腆享也。”(《同文尚書》)很可能牟說是。“高乃德”不必與“用康乂民”爲一句,義仍通。周初統治者懲於“天命無常”,所以提出“德”這一道德規範來作爲爭取和保持天命的手段,本篇又以“明德慎罰”爲全篇主旨,作爲本篇講話的結尾,在提出“天命不于常”之後,接着對康叔諄諄告誡,要他“高乃德”,這顯然是合理的。所以現特據其說進行今譯,但因無直接根據,爲慎重計亦不改篇中原字。

《唐石經》在此節損“曰”、“于”、“乃”三字,諸刊本及隸古寫本不誤。

以上這一節,以天命不常警告康叔,要永保國祚,就必須勉於職務,隆以德治才行。

王若曰①:“往哉! 封! 勿替敬②,典聽朕誥③,汝乃以殷民世享④。”

①王若曰——《唐石經》“王”字蝕缺,刊本寫本不缺。于省吾云:“‘王若曰’應解作‘王如此說’。……金文中凡史官宣示王命臣某或王呼史官册命臣某而稱‘王若曰’者,多在一篇之首或一篇的前

一段。以下如復述之，則均簡稱‘王曰’，此乃蒙上文而省却‘若’字。……由此類推，則《康誥》的先稱‘王若曰’，下文稱‘王曰’者共十一處，與金文相符。惟獨篇末有‘王若曰’一段，與金文通例相違，可見此處‘王若曰’之‘若’當係衍文。”（《“王若曰”釋義》，載《中國語文》1966 年第 2 期）

②勿替敬——“替”，廢（《釋詁》）。是説不要廢棄你所當敬重的事，或不要放鬆你所當重視的事，也就是不要放棄兢兢業業的精神。

自此以下十四字，偽《孔傳》句讀爲：“勿替敬典，聽朕告，汝乃以殷民世享。”《蔡傳》句讀爲：“勿替敬典，聽朕告汝，乃以殷民世享。”各隨其句讀進行解釋。至清江聲始提出：“讀‘勿替敬’作一句，‘典聽朕告’一句。蓋能‘敬典’自然不替，不須以勿替發言，自當讀‘敬’字絶之，言勿衰替其敬也。《酒誥》末云‘汝典聽朕毖’，正與此‘典聽朕誥’文同（按，《酒誥》又有“其爾典聽朕教”句），皆是言終重丁寧之語。”（《音疏》）其後治《尚書》者皆承此讀，今亦從之。

③典聽朕誥——“典”，常（《釋詁》）。“誥”，諸刊本皆作“告”，隸古寫本及《唐石經》作“誥”，今從之。“誥”、“告”義同（《説文》“誥，告也”），習慣上周代官方文告稱“誥”。《周禮》：“大祝作六辭，三曰誥。”“士師掌五戒，二曰誥，用之於會同。”《釋言》：“誥、誓，謹也。”邢疏：“以大義諭衆謂之誥、集將士而戒之曰誓，《尚書》‘誥’、‘誓’之類是也。”這些都是根據周代有這些文件提出的説法。

④汝乃以殷民世享——康叔封於“衛”，即“鄁”，亦即“殷”。參看《盤庚》篇討論（四）。所以他所統治地區的人民原是殷民。又《左傳·定公四年》：“分康叔以……殷民七族：陶氏、施氏、繁氏、錡氏、樊氏、饑氏、終葵氏。”故前文有“王應保殷民”語。“享”，即享祀，見上文“無我殄享”校釋。“世享”即世世代代的享祀，亦即當時

世襲貴族所希冀的綿綿不斷的國祚。

　　以上這一節，是封康叔誥辭的最後結語，叮囑他緊記誥言，以保國祚。

　　蔡沈《書集傳》云：“‘明德慎罰’，一篇之綱領；‘不敢侮鰥寡’以下，文王明德慎罰也；‘汝念哉’以下，欲康叔明德也；‘敬明乃罰’以下，欲康叔慎罰也；‘爽惟民’以下，欲其以德行罰也；‘敬哉’以下，欲其不用罰而用德也；終則以‘天命’、‘殷民’結之。”

　　加藤常賢《真古文尚書集釋》將《康誥》全文分爲五節：第一節（“惟三月”至“洪大誥治”），錯簡；第二節（“王若曰孟侯”至“作新民”），明德慎罰總説；第三節（“王曰嗚呼封敬明乃罰”至“罔弗憝”），教康叔慎罰；第四節（“王曰封元惡大憝”至“罔政在厥邦”），教康叔敏于德；第五節（“王曰封惟予惟不可不監”至篇末），結語。

　　兩説足供參考。

（二）今　譯

　　三月初，正見到新月的時候，周公在東方的洛陽開始營建一座新的大城市，四方的臣民都來會集，侯、甸、男、采、衛諸邦邑的百官和遷徙來的殷餘民也都來爲周王朝效力幹活。周公全都慰勞他們，發表了一篇告誡他們努力治事的訓話。（這幾句是別一篇的開頭，錯放在這裏。）

　　王這樣説：“孟侯！我的弟弟，好小子封呀！你的偉大光榮的父親文王最能英明地施行賞賜和謹慎地實行刑罰，又不敢欺侮那些無依靠的小民，而且還敬畏他們，更敬畏那些有聲望的人，所以他能開始締造我華夏地區，包括我們的好幾個小邦，還擴展了我們原來西邊的領土，由此他的德業上聞於上帝，上帝十分讚美，就降大命給文王，要他滅掉這強國殷家，承受殷家原有的天命和其土地與人民。現在你接着你大哥武王所奮勉的勳業，所以你這好小子封才會到東方這塊土地上。”

王説：“呵！封呀，你想想吧！現在人民在兵革之後是多麼痛苦呀！你應當敬謹地遵循父親文王的德業，還要繼承殷人好的東西。這回前去，要廣泛尋求殷家古先聖王的治國之道，用來安定和治理那裏的人民；在那裏有許多殷商的老成人就離你不遠，你要把他們放在心裏，知道去尋取他們的教導；再普遍地尋求古代聖王的遺聞舊政，用來使人民安樂地生活下去。你應發揚上天的大德，爲的是要你不廢墮我王朝給你的寵命。”

王説：“呵！好小子封呀！人民的疾苦就像纏在你的身上一樣，你該嚴密注意呀！老天的威嚴雖不可測，可是人民的安靜動亂却是很容易見到的，要知道小民是難於安撫的。你去了之後，要盡你的心辦事，不要老是貪圖安逸，愛好享樂，這才能統治好你的人民。我聽説：‘人民的怨恨不一定出在大事上，也不一定出在小事上。’因此你要小心，善於施惠於那些不馴順的人使之馴順，勸勉那些不勤勉供役的人使之勤勉供役。唉！你這小子呀，你擔當的職務非常重大呀。我周王已承受了上天的命令來保養殷民，你就要助我王家安定好這天命，把這些殷民改造成新的人民。”

王説：“呵！封呀！你對於刑罰必須執行得嚴明和謹慎。有人犯的是小罪，但他自己不認罪，始終要錯到底，自覺地做不法的事，這是故意犯罪,那麼他的罪雖小,是不可不殺的。有的雖然犯有大罪,但不是堅持錯誤到底,而能認罪悔過,這是偶然犯罪,既已對他用了適當的責罰,這就不該殺了。"

王説:"呵!封呀!如果你能照着這樣做,就顯示出你是很公正嚴明的,自然使人心悦誠服,人民就必將勤力事上,並能共勉以和順了。像有疾病時,人民會以祭禳去驅除它一樣的去掉所有過失了。只要像保育嬰孩一樣,人民自然會因得到安樂生活而服從統治了。除非你阿封要刑人或殺人,就沒有誰可允許去刑人殺人的;除非你阿封説要割人的鼻子或耳朵,就沒有誰可允許去做這些事的。"

王説:"外朝審問的案子,你要安排好司法人員,按照殷代的刑法來治獄,就自會合程序。有話告訴你:凡囚禁的犯人,對於他們的罪行要仔細地審理五六天,甚至於十天到一季度,直到審理得沒有冤屈的時候,再去判定他們的刑罰。"

王説:"你既布置這司法人員,用殷代的常法來判決犯人的罪,那就凡是該判刑的就要判刑,該殺掉的就要殺掉,切不可憑你個人的意志斷案。但你應盡力施加指教,當大家都已承順你的指教時,你就不要誇自己。唉!你這好小子呵!沒有像你這樣心地好的,我的心事,我的做法,只有你理解呵!至於凡是自陷於罪的人,像強盜、奸細、邪惡之徒,他們慣於殺人劫貨,凶悍得不怕死,這種敗類是沒有人不恨之欲其死的。"

王説:"封呀!罪大惡極的人是使人最痛惡的,但還有不孝不友的人更加可惡。做兒子的不恭敬服事他的父親,大傷他父親的心;做父親的不慈愛他的兒子,反而憎惡他的兒子。做弟弟的不想想那明顯的天倫之道,竟不敬重他的哥哥;做哥哥的也不想想幼小的弟弟未離於教養之境的可痛,反而很不友愛他。如果寬容這些罪惡行爲而不由我們的官長判處罪刑的話，那麼上天給予我們人民的常理常法就將陷於嚴重的紊亂和破壞。所以說，你要趕快按照文王的刑法來嚴厲處罰這些惡不可赦的人。"

"還有不遵守王朝大法的，也就是那些侯國掌貴胄之官、掌教之官、各種政務長官及他們部下的小官們。他們往往擅自發布自己的一套，以迎合人民的誇譽，不考慮對不對，也不遵用王朝大法，肆意損害自己的君主，只知助長下面的罪惡。這種人是我最痛恨的。喂！你就應該趕快用正當的理由把他們殺掉。還有各分封的貴族君長不好好地教化他的家臣、屬吏們，任他們作威作福，肆行暴虐，大膽妄爲地背棄王命，這就不是用德教可以治好的了，你也不要不以你所用的法律去懲治他們。我們要人民常想到文王的愛憎——他所要做的和所反對的，要人民都能自己說願意追隨文王的遺教，那我就高興了。"

王說："封呀！當人民的境況能够獲得改善時，我們尚且只想學習到殷代聖王用以安然地治理人民的統治方法，而且希望運用得和他們一樣；何況當現在人民的境況沒有獲得改善的時候，就更有這個需要了。如果人民感到無所從善，境況又不能使之向善，那麼這個國家時裏還有什麼政治可言呢！"

王說："封呀！我們不可不吸取歷史的經驗教訓，所以我特地告訴你一些運用恩德的道理和關於刑法的正確措施。現在殷民還沒有安靜，還沒有停止他們的對立情緒，所以屢次發生不和協的事件。這顯然是上帝在懲罰我們！縱使罪不在大，也不在多，我尚且承受懲罰而無怨意，更何況現在的罪已明顯地上達於天呢！"

王說："唉！封呀，你要注意呵！不要做引起人民怨恨的事，不要用不正確的計劃和不正常的法令來敗壞你的信用，要能勉於德行,舒暢你的思想,省察你的行爲,弘遠你的籌劃,要你能使人民安寧,你的國祚才可不因傳世久遠而滅絶。”

王説:“呵,好小子封呀!天命不是永恒的,你應該時時想着呀!你不要自己斬絶了國家封給你的宗廟社稷的祭祀。你應該奮勉於所受封的職位和寵命,提高自己的德業,以此努力來安然地治理好你的人民!”

王説:“去吧!封呀!不要廢棄了兢兢業業的作風,只要常常聽我的教導,你就可以擁有這些殷民維持你綿綿不絶的國祚。”

(三) 討 論

關於《康誥》所要討論的問題,都是長期聚訟紛紜,很難簡捷地得到確切結論的問題,現在逐一討論如次。

(一)《康誥》是周代哪一個王的誥辭及“周公稱王”的問題

最早的史籍記載以爲《康誥》是周公相成王封康叔於衛的誥辭,如《左傳·定公四年》:“昔武王克商,成王定之,選建明德以藩屏周,故周公相王室以尹天下……分康叔以……殷民七族……命以《康誥》而封于殷虚。”又《僖公三十一年》也説衛康叔受封是由於“成王周公之命祀”。《逸周書·作雒》也説“周公立,相天子……俾康叔宇于殷”。司馬遷承此説,《史記》中凡記及衛事各篇都是這樣記載。

漢代出現的《書序》則説:“成王既伐管叔、蔡叔,以殷餘民封康叔,作《康誥》、《酒誥》、《梓材》。”把它説成是成王的誥辭。但漢代今古文都不同意此説,《釋文》和《孔疏》所引今文家和古文家的説

法都以爲“成王”二字不確。以後僞《孔傳》及《孔疏》等都明確爲
“周公以成王命誥康叔”。

到宋代，胡宏、吳棫、朱熹、蔡沈始提出《康誥》是武王誥辭之説，
其理由是：文中“王若曰”之後即呼“朕其弟小子封”，顯然這個王只
能是周武王；同時文中只稱説文王，無一語及武王，顯然也非武王以
後語，等等（見《皇王大紀》、《朱子語類》及《蔡傳》）。從此自宋迄
清，很多學者都承此説，直至近代還有不少人以爲這確是武王封康
叔的誥辭（如簡朝亮、陳夢家等）。

但是自宋至清仍然有很多人堅持周公封康叔之説，不過他們必
須把“王若曰”與“朕其弟”説通，於是就提出了各種各樣的説法，如
林之奇説：“其事雖本於周公，而成王在上爲天子……周公但攝之而
已，故《序》推本而言，遂以成王冠之。”（《全解》）黃度説：“王若曰
以下皆周公之言，必以王命誥者，事體也；必紀周公之言者，事實
也。”（《補商》引）車若水説：“當是武王已作誥命將封康叔，繼思以
舊地存武庚。既平武庚，成王始宣武王之誥封康叔。”（《史記志疑》
引）等等。

到清代，惠棟、江聲都説：“周公代成王誥，故下稱‘王若曰’，然
仍是周公之命，故又云‘朕其弟’。”（《音疏》）朱駿聲説：“誥雖周公
所命，而每節必稱王曰者，明居攝不自王也，下文則皆周公之言。”
（《古注便讀》）趙佑説：“古者封諸侯於廟，周公相成王封康叔於武
王之廟，故即假武王之辭作誥。”邵懿辰説：“封康叔時成王位於上，
周公傍侍而代命之，故史臣悉記其口語，‘朕其弟’、‘乃寡兄’皆周
公自謂。”（皆《補商》引）此外各種説法還多，所有這些巧尋的解釋，
都是很牽强的，都不能真正解決“王若曰”與“朕其弟”之間的問題。

只有王鳴盛根據鄭玄的説法，明確指出王就是周公。他説：“謂

周公代成王誥，則知‘王若曰’者，‘王’即周公。‘朕其弟’者，周公謂康叔爲弟無疑也。”（《後案》）這就使歷來爭執的問題説得通了。

本來，周公攝政履天子位以稱王之説，從戰國時代起已有流傳，如《荀子·儒效》云：“周公屏成王而及武王，以屬天下，惡天下之倍周也，履天子之籍，而天下不稱貪。”《韓非子·難二》：“周公旦假爲天子七年。”《逸周書·明堂解》：“周公攝政君天下。”《禮記·明堂位》：“周公踐天子之位以治天下。”等等。漢初《淮南子·氾論訓》云：“周公繼文王之業，履天子之籍。”及《尚書大傳》、《韓詩外傳》都有類此説法。承此諸説的司馬遷《史記》諸有關篇中都説周公踐阼，代成王當國。可知到漢代還流傳周公踐阼稱王的説法，結果爲王莽所利用，他把自己打扮成周公的化身，先搞“安漢公行天子事如周公”（《漢書·王莽傳》），最後篡奪了漢朝的王位。後來的魏、晋仿照他的方式，也都篡弑成功。於是晋以來的許多人對此很反感，不再願意承認周公稱王的説法。自僞《孔傳》到《孔疏》都要反復强調這種觀點，特別是宋儒要嚴封建綱常、君臣名分，更堅持周公只相成王而無稱王之事，因此王鳴盛重提鄭玄之説後，很多人都不肯附和。

其實歷史總是客觀地存在的，周公稱王，在當時並沒有什麼不可以。前面的“校釋”中釋“孟侯”一詞時，已從金文中看到周代統治者稱呼往往多樣化，可以稱公，也可以稱王，在文籍中也看到“公季”又稱“王季”，那麼周公稱“公”之外又稱“王”，本來不是什麼奇異的事，並不意味着一定就是國君，只是有點像清初攝政王那樣。近人楊樹達《濬司土𣤕𣪘跋》已指出該銘文中“王來伐商邑”之王就是周公（見《積微居金文餘説》）；徐中舒也説周公攝政稱王和清初攝政王如出一轍，又指出《班𣪘銘》中的“𢦏王”即周公。並説：“𢦏王是周公攝政的名稱，唯見於金文，這是舊文獻中久已遺忘的史實。”(《西周史論述》)雖然各金文研究者對此銘文中的“咸”字，還有不同的句讀和解釋，但徐氏這一說法非常可取，有助於理解周公當時確曾稱王。而且當周王朝初創立之際，政權形式還在探索之中，剛推翻的殷王朝就曾實行過兄終弟及制，未必不可蒙受它的影響，因而周公也繼武王稱王。不過因引起管蔡反對的政治危機，周公吸取了教訓，所以仍決心維持周的先代已試行的傳子制，最後要還政成王。但在當時爲維持和鞏固新建立起來的政權，周公仍然有當政的必要，也有稱王的必要，所以才有周公稱王的史實記載傳下來。這是不足爲異的。

因此，我們仍應相信《左傳》、《國語》、《逸周書》等史籍的記載，認定《康誥》是周成王時期周公在攝政稱王的情況下對康叔的誥辭。詳起釪撰《由周初諸誥作者論“周公稱王”的問題》(載《古史續辨》)。

（二）康叔的受封及他的封地“康”和“衛”的問題

要弄清楚康叔受封的問題，必須先弄清楚他的兩個封地“康”和“衛”。

“康”，注疏家有過不同解釋。漢代今文家之說不傳；古文家有兩說，一是馬融釋爲圻（畿）內國名，一是鄭玄釋爲諡號。魏王肅仍以爲是國名，晉僞古文亦承用馬、王說。按，諡號之說是錯誤的，據金文，有康侯封自作之器，自稱康侯，是周初無諡號之說是可信的；而康叔和管叔、蔡叔、霍叔等一樣，都是以封地得名，因此只能如《孔疏》所說：“管、蔡、郕、霍皆國名，則康亦國名。”

康地究竟在哪裏呢？《史記·衛世家索隱》引宋忠說：“畿內之康，不知所在也。”宋忠爲漢末人，可知漢代已不知康在哪裏。宋時《路史·國名紀》卷五始提出：“康，《姓書》：‘康叔故都，在潁川。’”孫星衍《尚書今古文注疏》釋云：“《說文》：‘邟，潁川縣。’《集韻》：

‘邟，縣名，在潁川。’又有‘䣜’，同音，地名，則即‘康’也，今河南汝州是。”汝州爲今河南臨汝縣。又江永《春秋地理考實》云：“康叔始食采於康，後徙封衛。《括地志》云：‘故康城在許州陽翟縣西北三十五里。’陽翟，今許州府禹州。”禹州即今禹縣。在其西北，也就鄰近臨汝。可知諸說所指是一地。就這些考釋來看，“康”當在今河南省禹縣和臨汝之間。

“衛”，由《盤庚》篇“討論（四）”，知其字係自“郼”字而來，“郼”即殷，指商王朝京畿所在地。在商亡後，周人始改稱“殷”爲“衛”。當指朝歌（今淇縣）一帶地區。

《詩·國風》中所列各國有邶、鄘、衛三國。《漢書·地理志》以爲是從漢之河內郡即殷舊都之地所分出。由它所說“鄘，管叔尹之；衛，蔡叔尹之”，以校《逸周書·作雒》所說“建管叔于東，建蔡叔、霍叔于殷”，便知鄘即東，衛即殷。鄭玄《毛詩譜·邶鄘衛譜》說邶在紂城之北，把鄘和衛的地望說錯了，但它指出了這三國地區“北踰衡漳，東及兗州桑土之野”則是對的。此外各典籍中紛紛解釋邶、鄘、衛地點的還很多，大都紛歧錯雜。經考析諸說，大抵可知：以淇縣爲中心的今豫北一帶是衛，漳河以北的今冀省境內是邶，而自豫東北的滑縣到魯境兗州等地是鄘，亦即東。由王國維《北伯鼎跋》足以證成此說。

現在就可討論康叔先後封於“康”和“衛”的問題。

先說封於康。《左傳·定公四年》、《逸周書·作雒》等都敘康叔封於殷之事，是他在封於殷前已稱康叔。按，鄭玄《毛詩譜》說：“乃分歧邦周召之地，爲周公旦召公奭之采地。”這是在周公、召公分封於魯、燕之前。又《史記·管蔡世家》說“封叔鮮于管，封叔度于蔡”，也在管叔、蔡叔分監於鄘、衛之前。可知康叔也以同樣情況，在封於衞之前先封在康地,故宋忠注《世本》云:"康叔從康徙封衞。"《白虎通‧姓名篇》:"管、蔡、曹、霍、成、康、南,皆采也。"可知這些地名和周、召一樣都是采邑。《史記‧管蔡世家》說:"(武王)封功臣昆弟……康叔封、冉(即南)季載皆少,未得封。"這或者是把食采邑與封國嚴格區分來說的。其實歷史上各王朝分封子弟並不計較年齡大小,襁褓中即可受封,其中有的可能只先封采邑,何況當時康叔並不年幼。《周本紀》在叙周公、召公、管叔、蔡叔之封後,接着說"餘各以次受封",表明子弟都受封,所以叔封在武王時受封采地於康,是完全應有的事。

歷代治《康誥》的人,對這點搞不清楚,提出了許許多多不同的說法,有些是游移說不準的,有些是說不通的,有些是錯誤的,但紛紜雜出的說法中,有一共通點,就是大都說康地在商畿之內,而且大都說是武王時所封。我們從上面知道康大概在今河南禹縣、臨汝之間,可以說在商畿之內(《商頌‧玄鳥》"邦畿千里")。其地當周文王伐邘、崇之後,即已納入周的勢力範圍。見《西伯戡黎》篇"討論(二)"。武王滅紂後,既就殷都的三面派出了"三監",又以此殷都西南之地封爲康叔的采邑,是合於當時歷史形勢的。

其次說封於衞。《左傳‧定公四年》、《逸周書‧作雒》、《史記》之《周本紀》及《魯世家》、《管蔡世家》、《衞世家》都說周公相成王伐武庚、管、蔡後,以殷遺民封康叔於衞,這是正確的歷史記載。但對所分遺民和土地,則各說有些出入。今分列情況如下:

關於所分遺民方面,《左傳‧定公四年》說分爲三:殷民六族分在魯,殷民七族分在衞,懷姓九宗分在唐。《史記》之《周本紀》、《魯世家》、《管蔡世家》則都說分爲二:其一分在宋,其一分在衞。《漢書‧地理志》也說分爲二,但一在洛邑,一在衞。《史記‧衞世家》

則説"以武庚餘民封康叔爲衛君"，那意思是説全都分給衛了，這和《書序》之説相同，其後鄭玄《邶鄘衛譜》、僞《孔傳》也都承此説。其實由本書《召誥》、《洛誥》、《多士》等篇，已確證當時是把殷人遷至洛邑的，所以留給衛康叔的才稱"餘民"；又由殷民建立的宋國，也是當時客觀存在。所以可確信當時殷民是被分而治之的，計分在洛邑、宋、魯、衛等處，其非子姓殷民如懷姓則分在唐（晋）。衛所分得的就是《左傳》所説的殷民七族：陶氏、施氏、繁氏、錡氏、樊氏、饑氏、終葵氏。

　　關於所分土地方面，《史記》之《周本紀》及《魯世家》、《管蔡世家》、《衛世家》只説封康叔於衛，没有説明它的地域。《左傳・定公四年》則説明了其地域包括武父以南，圃田之北境，有閻之土，相土之東都。而《漢書・地理志》則説包括邶、鄘、衛三地。《左傳》是較早記載，兩相校訂，顯然《地理志》説得過廣。據《水經・濟水注》及《方輿紀要》，武父在今冀南魯西之境；據《爾雅・釋地》及《水經・渠水注》，圃田在今鄭州與開封之間的中牟地境。"有閻"即奄，亦即庸；"相土之東都"則在泰山之下（並據王國維《北伯鼎跋》）。所以《左傳》所説這一地域，大抵與衛及鄘（東）的地域相當，不及邶境，南面圃田之境則到了今鄭州、中牟、開封一帶。

　　爲什麼史載康叔封於衛，而他的地域却包括了鄘（東）？《逸周書・作雒篇》在敘述"臨衛征殷，殷大震潰"之後，説："俾康叔宇于殷，俾中（仲）旄父宇于東。"則"鄘"（東）這塊地方原來是封給仲旄父的。仲旄父是什麼人呢？爲什麼與康叔同時緊鄰地封在這新征服的重要土地上呢？《史記・衛世家》説："康叔卒，子康伯代立。"《索隱》據《世家》説康伯名髦（原訛作"髡"，據《説文》訂正）；並據宋忠説即《左傳・昭公十二年》的王孫牟父，因"牟"、"髦"聲相近之故。孫詒讓《逸周書斠補》因認定仲旄父即此王孫牟父，亦即康叔之子康伯髦。而金文中有"白懋父"，即伯懋父，郭沫若謂即康伯髦，亦即仲旄父，因懋、牟、髦、旄均同紐，"仲"則爲伯字之訛（《兩周金文辭大系·小臣謎毀考釋》）。孫、郭二人之説是可取的。伯懋父在金文中又稱"毛父"，又稱"文王孫"，他的事迹在成王時期的很多銅器中都有反映，在當時是一位由周王命令部下"左比"、"右比"好好保獲的嬌重的貴族，他在宗周受命，先開府於圃田之境即屬於"東"的河南鄭地，然後進而建牙於沫邑（即淇縣境），自己居中軍，率左比、右比之師及從征的氏族徒御，伐東國奄戎，至於海湄，"三年靜東國"。看來伯懋父或伯毛父是周公東征隊伍中康叔這一支裏的一個重要將領，建立了殊勳，所以紛紛銘於鼎彝。但文籍中則只有《逸周書·作雒》裏的仲旄父保存了他的一點痕迹。他和父親康叔一道在論功行賞時受封，父親封於衛，他封於緊鄰的鄘（東），但他所得的實際是鄘的"小東"部分，因"大東"部分即奄的地境封給周公的兒子伯禽去了。成王和周公封康叔於殷都，主要是叫他從殷人那裏學習統治經驗，特別是殷代刑法。學到手後便把他調到周王朝去擔任掌管刑法的司寇之職，詳下"討論（三）"。於是康叔便把衛國也全交給了兒子伯髦父，因而鄘的小東部分和衛境統統合成了衛國。

至於邶，始終未封給康叔。由《北伯鼎跋》諸器，知道是作爲一個受封國獨立存在；由《戰國策·燕策》所載資料，知它後來併入了燕國。

康叔受封地域基本有如上述。他的受封情況，除文獻記載得頗詳外，晚近出土的金文尤爲豐富，可參看陳夢家《西周銅器斷代》中所述康叔諸器。其中特別珍貴的是《沰司土送毀》的銘文，是直接參加康叔封於衛的授封典禮的一位貴族所作，使我們得到了康叔受封衛國這個三千年前史事的直接物證。可參看楊樹達《積微居金文餘說·淆司土逘殷跋》(詳起釪撰《周初邶鄘衛三國與衛康叔封地》)。

附衛康叔封地示意圖於下：

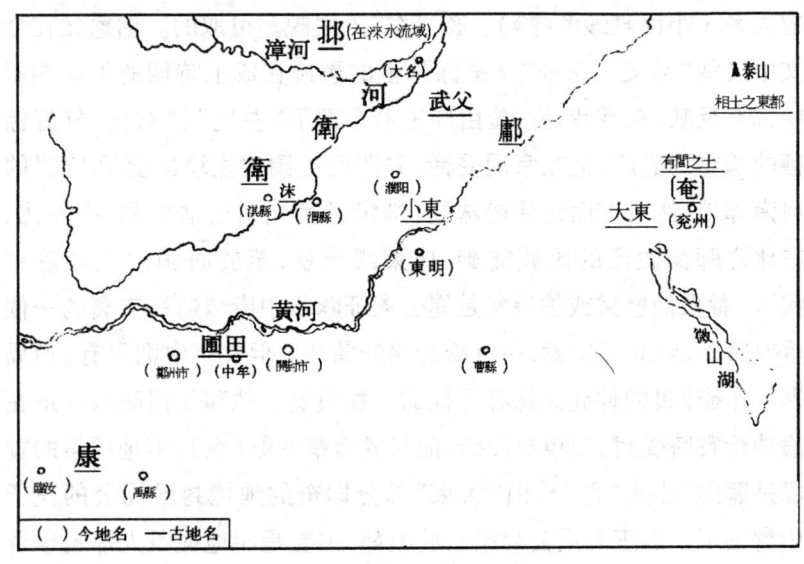

(三)《康誥》、《酒誥》、《梓材》三篇的關係及《康誥》内容的歷史意義

典籍中最早叙及《康誥》這篇誥辭出現情況的,就是《左傳·定公四年》所說的"命以《康誥》而封于殷虚",但没有同時提到《酒誥》、《梓材》。到漢代出現的《書序》始說："成王既伐管叔蔡叔,以殷餘民封康叔,作《康誥》、《酒誥》、《梓材》。"《史記·周本紀》也說："初,管蔡畔周,周公討之,三年而畢定,故初作《大誥》,次作《微子之命》,次《歸禾》,次《嘉禾》;次《康誥》、《酒誥》、《梓材》。其事在周公之篇。"這三篇就並列在一起了。《衛世家》在叙封康叔爲衛

君後也説:"周公旦懼康叔齒少,乃申告康叔曰,必求殷之賢人君子長者,問其先殷所以興,所以亡,而務愛民;告以紂所以亡者以淫於酒,酒之失,婦人是用,故紂之亂自此始;爲梓材,示君子可法則,故謂之《康誥》、《酒誥》、《梓材》以命之。"這是司馬遷叙述這三篇書之所以産生,是由於相同的政治需要和各自不同的具體作用,目的都是爲了告誡康叔。《太史公自序》更説:"牧殷餘民,叔封始邑,申以商亂,《酒》、《材》是告。"證明西漢時這三篇書確實是一起存在,而且都是爲了針對衛國殷餘民的統治而作。從此這三篇作爲周公誥康叔之辭,基本傳爲定論,直到唐代,寫定在《孔疏》中。

但是漢末鄭玄的《周禮序》却説:"案《尚書》《盤庚》、《康誥》、《説命》、《泰誓》之屬三篇,《序》皆云'某作若干篇'。今多者不過三千言。"(《周禮・序周禮廢興》引) 在鄭玄時,《盤庚》、《説命》、《泰誓》都是分爲上、中、下三篇,鄭以《康誥》與之並提,顯然是説《康誥》也分成上、中、下三篇,並没有《酒誥》、《梓材》二個篇題。

鄭玄的這一説法,似乎可用《康誥》在先秦時流行情況來加以證實。《康誥》在先秦時頗爲廣泛傳布,經常爲當時人士論事或著書所引用。例如《左傳》是引用《尚書》最多的,其中引用《周書》達十九次,而《康誥》占了十次,此外則《太誓》五次,其餘除《吕刑》一次外皆爲逸書,而没有引過一次《酒誥》、《梓材》。其次《荀子》引《康誥》六次,《國語》、《孟子》、《戰國策》各引一次,也未引用該兩篇,最可異的是,《韓非子・説林上》引用一次云:"《康誥》曰:'毋彝酒。'彝酒者,常酒也。常酒者,天子失天下,匹夫失其身。"而"無彝酒"却是《酒誥》中的句子,爲什麼説成《康誥》了呢? 段玉裁斷言説:"此《酒誥》而係之《康誥》者,蓋周時通《酒誥》《梓材》爲《康誥》也。"(《撰異》)皮錫瑞也説:"據此則三篇實同一篇,韓非在焚書之前,其説可據。"(《考證》)我們認爲有兩個可能,或者因爲《酒誥》、《梓材》都是對康叔的誥辭,所以都可以順口叫成《康誥》,或者《康誥》在先秦和《盤庚》等篇一樣確也分爲三篇,也可分爲上、中、下篇而没有另外兩個篇題,但到西漢時的今文,確是分爲《康誥》、《酒誥》、《梓材》三篇的。可能到東漢時的古文又有過不同本子,依然爲《康誥》三篇,所以才有鄭玄那樣的説法。而在《書序》中則始終是三篇合序,不曾分開過。

當時揚雄曾對《書序》提過他所看到的情況。《揚子法言·問神篇》云:"《書》之不備過半矣,而習者不知,惜乎《書序》之不如《易》也。曰,彼數也,可數焉故也,如《書序》雖孔子亦末如之何矣。昔之説《書》者《序》以百,而《酒誥》之篇俄空焉,今亡夫。"後面這幾句話不大好理解,晋人李軌注云:"秦焚書,漢興求集之,《酒誥》又亡一簡,中者先師猶俄而空之,今漸亡。"没有表達清楚這幾句的原意。清人王先慎據《韓非子·説林》所引語及《法言》此兩句云:"是漢時已無《酒誥》,而《康誥》亦有佚文,後人纂輯《酒誥》,並《康誥》佚句亦併錯入,當據此訂正。"(《韓非子集解》)他誤把《韓非子》所引看作《康誥》佚文而非《酒誥》語,把《法言》的話看作漢代已無《酒誥》,顯然都不符合實際。皮錫瑞則以爲:"子雲蓋因《酒誥》與《康誥》同一序,疑別有序而亡之,故有'俄空'之歎。"指出揚雄感到的是《書序》中缺《酒誥·序》,這較近事實,因漢代《酒誥》並未亡佚,不僅今、古文傳本都有之,而且漢人亦經常引用,如《論衡》之《譴告篇》、《語增篇》、《白虎通·商賈篇》、《中論·譴交篇》等常稱引《酒誥》之文,可知它在漢時也是爲士人所習用的。據《漢書·藝文志》説:"劉向以中古文校歐陽、大小夏侯三家經文,《酒誥》脱簡一,《召誥》脱簡二,率簡二十五字者脱亦二十五字,簡二十二字者脱亦二十二字。"又可知《酒誥》在漢時只脱了一簡,少了二十餘字而已。只是在《書序》中没有它單獨的序,才有《法言》的那幾句話。

三篇中只有《梓材》才有較大的問題,因爲前半部還呼康叔封的名字而教導之,還可説是周公誥康叔之辭;下半部則是臣對君的講話,顯然出現矛盾了。西漢今文的《尚書大傳》把《梓材》説成是周公根據喬梓寓意教伯禽之書,《説苑·建本篇》、《論衡·譴告篇》則同樣説是教康叔和伯禽的,這一説法顯然是不可信的。至宋吴棫、朱熹以及金履祥等人則以爲這不是誥康叔之語,他們提出後半部有問題,這是對的。其實後半部當如蔡沈所指出的是斷爛簡編拼凑而成(見《蔡傳》)。而前半部還是誥康叔的原辭,其"邇上下之情,寬刑辟之用"(《蔡傳》語)的中心内容還是與《康誥》的用意一致,因此當初應該還是《康誥》三篇中的。也就是説,當時有關周公告誡康叔之辭,確實包括《康誥》、《酒誥》、《梓材》三篇。

此三篇在前面第一討論題中已提到,原有歷史記載都説是成於成王周公時,直至唐代孔穎達《正義》還承此傳統説法。宋代胡宏、吴棫、朱熹、蔡沈等始據《康誥》之文定此三篇爲武王之誥,應在《金縢》之前。經他們這一學派的宣揚,直到近代還有不少人遵信此説。但即在宋代仍有人堅持傳統説法,並探求當時寫這三篇的相關之故,如林之奇云:"此三篇之誥康叔,蓋俱是四方之民五服之君咸造於洛邑,周公慰勞而誥誡時之所作也。"又云:"頑民之居於成周者,周公既尹正之,使之或化厥訓矣,其所以丁寧而曉諭之者則有《多士》等篇。頑民既遷居成周而其餘尚淹留於衛,則以委康叔而任其司敗之職,既以是而委之矣,亦不可以無告戒之言也。"(《全解》)吕祖謙也説:"遷於洛邑者使之密邇王室,式化厥訓,周公以聖人躬師保之任,重以君陳和其中,畢公成其終。不遷在商曰餘民者,命康叔以訓誥之,至於三篇之書,以此知商民難化,周公成王愛護保養之詳如此也。"又説:"已遷之民作洛邑以處之,又作《多士》、《多方》以告之;不遷之民使康叔以治之,又作《康誥》、《酒誥》、《梓材》之書以告之,合言於此,表裏所以相應也。"(《東萊書説》)他們兩人都以爲《康誥》篇首四十八字非錯簡而是三篇的總叙,這一點是錯的(見本篇"校釋"),但他們都以此三篇爲對留衛殷民而作,與《多士》等篇爲對遷洛殷民而作並舉,則是頗得文意的。清代魏源承兩人之後,又提出他的看法説:"《康誥》篇首乃三篇之總序,故言宏大誥治,非專誡康叔一人也。不但伯禽康叔在其中,即侯甸男邦采衛亦在其中。"(《書古微》)這就説得過遠了。戴鈞衡又提出另一看法云:"《康誥》爲周公述武王往日誥辭,《酒誥》、《梓材》爲周公代成王作誥,而同頒之於作洛之日。"(《補商》)但他自己也不敢自信,所以又説:"姑爲是説以傳疑。"所有這些探索的説法雖不一定對,但主要相同之點認爲這三篇都是周公誥康叔,而且都是爲統治衛地殷民而作,則是可取的。

三篇中關於《酒誥》、《梓材》的問題,將分別在各該篇中討論,這裏只談談《康誥》本文。

宋代蘇軾曾説,當讀到《牧誓》、《太誓》等篇時,覺得周代奪取殷人的天下很容易;但讀到《大誥》、《康誥》以下幾篇時,就感到周代最後征服殷民並鞏固從殷人手裏取來的天下非常不容易,是費了很大的氣力的(見《東坡書傳·多方篇》)。《康誥》這一篇,就反映了周公苦心焦慮地教康叔如何搞好對殷民的統治,叮嚀往復、周詳擘畫所下的功夫,看出周公爲鞏固周王朝確實付出了不少的心血。

《康誥》全篇所標出的綱領是"明德慎罰"。這個"德"的觀念是周人開始提出來的,完全是爲了補充和完善殷人所只知奉行的"神道”和“刑罰”這兩手的統治術而提出的，已見前面的“校釋”和《盤庚》篇的討論（一），這里不再重復。至於周人所仍運用的殷人原所奉行的這兩手統治術，其分別運用的情況約如下述：

（一）在神道方面，他們也不單純的宣揚絕對的天命，在《太誓》裏，他們已提出“天視自我民視，天聽自我民聽”（《孟子·萬章上》引），和“民之所欲，天必從之”（《左傳》之《襄公三十一年》、《昭公元年》及《國語·鄭語》引）等口號，來修正殷人的天道觀；在本文裏，則更提出“惟命不于常”，“天畏棐忱，民情大可見”，來明確指出天命不常，天威不可信，而民情是必須重視的，這是周公從總結歷史經驗中認識到人民所顯示的力量，因此提出了比殷人遠爲進步的思想。

（二）在刑法方面，首先不是修正殷人的刑法，而是教導康叔要善於學習殷人刑法，然後才提出如何正確運用殷人刑法所應注意的要點，周詳反復，至慎至審，全文內容就主要表現在談刑法方面，因此過去有人誤以爲這篇誥辭本由於康叔爲司寇之故，如朱熹就曾說：“康叔爲周司寇，故一篇多說相刑。”（《語類》卷七十九）王鳴盛也說：“康叔爲司寇，意康叔本法家，故特於用刑反覆申之。”（《後案》）雷學淇則說：“《康誥》作於康叔爲司寇之時。”（《竹書紀年義證》）其實他們的話剛好弄顛倒了。實際是由於周公教康叔在衛國統治期間留心學習殷代刑法，經過多年的努力和實踐，康叔在周室貴族中成了最懂得刑法的人，所以後來才被成王任命爲周王朝的司寇。我們只要細心看《史記·衛世家》所說：“周以乃申告康叔曰：必求殷之賢人君子長者，問其先殷所以興，所以亡，而務愛民。……成王長，用事，舉康叔爲周司寇。”就看得出時間先後是叙次得很清楚的，是周公先教他向殷人學習刑法，多年之後成王才任命他爲司寇,這才是歷史的實際。因此從這一角度看,《康誥》實際是一篇周公叮嚀康叔好好學習殷代統治方法特別是刑法的文件。

　　爲什麽周公要這樣反復致意於學習運用殷代刑法呢? 因爲殷代是我國歷史上除了以神鬼之道著名以外,也特別以刑法著名的一個王朝。《禮記·表記》説:"殷人尊神,率民以事神,先鬼而後禮,先罰而後賞。"這是根據歷史實際所勾畫出的殷代的特點,所以《荀子·正名篇》説:"後王之成名,刑名從商。"這是古史上所一致承認的事實,以爲要講求刑法,只該從商代的刑法。相傳商代刑法非常繁備,非常苛細,《韓非子·内儲説上》有這樣的記載:"殷法刑棄灰。"又説:"一曰,殷之法,棄灰于公道者斷其手。"連倒灰土在公共道路上都要砍掉他的手,可見殷代刑法的厲害。由這一小點,就可知整個殷代奴隸制政權刑法條文的周密、繁細、慘礉的程度。這正是殷代奴隸主專政的國家機器的實質所在。周人要繼殷人之後建立同樣的國家機器,當然它就要注意把自己還比較欠缺的這些方面,急起直追的趕上。因此周公才諄諄教誨康叔利用他封在殷舊都的有利條件,多向殷遺老請教,把殷代刑法學到手,因而才有《康誥》這篇對中國刑法史非常有關係的歷史文獻的出現。

　　例如《康誥》中説:"紹聞衣(殷)德言,往敷求於殷先哲王,用保乂民。汝不遠惟商耉成人,宅心知訓。""汝陳時臬司師兹殷罰有倫。""汝陳時臬事罰蔽殷彝。""封! 爽惟民迪吉康,我時其惟殷先哲王德,用康乂民作求。"等等。這些都是很清楚地指出,要向殷的先王和殷的遺老學習他們統治人民的方法,學習他們的法律,完全按照殷代的刑法來處刑斷獄,辦理案子。這樣一點也不含糊的、一點也不遮掩的明確地學習和繼承殷代的刑法來治理殷民,進而作爲周王朝自己的刑法來使用,這是周代開始建立他們國家機器的一個最顯著的取得成效的重要措施,反映了周代初期建國的一個特色。

　　周公究竟是一個傑出的政治家,在指示康叔全力學習和繼承殷代刑法時,卻又提出了學習和繼承殷法的指導原則,即"慎罰"、"明乃罰"的原則,這就實際成了他自己的法律哲學理論。他說:"嗚呼!封!敬明乃罰。人有小罪,非眚,乃惟終,自作不典,式爾;有厥罪小,乃不可不殺。乃有大罪,非終,乃惟眚災,適爾,既道極厥辜,時乃不可殺。"這樣能從一種政策觀點來指導運用法律,比殷代的一味殘礉施行刑法要高明多了。李亞農氏對這一段有一很高評價。他說:"法律在當時,作爲進行階級壓迫的工具來說,得到了如此正確、如此巧妙的運用,毫無問題,發揮了它最大的威力,收到了它最大的效果。剛剛脫離生產,剛剛從野蠻階段踏進文明的大門的周公,早在三千年前就創造了這麼一套法律哲學的理論,實在是驚人的。怪不得周人要把他當作空前未有的偉大的聖人來崇拜。"(《李亞農史論集》第 693 頁)他這一段話,足以幫助我們認識《康誥》在我國法律史上的重要意義。

　　《康誥》篇中主要教導康叔爲了統治殷民,必須學習和繼承"殷罰"、"殷彝",但是有一處卻教康叔遵用"文王之罰"。那就是"元惡大憝,矧惟不孝不友"那一段,在最後,周公切誡康叔應該"速由文王作罰,刑茲無赦"。這一點也是值得注意的,李亞農對此又有一段話可以參考。他說:"爲了使殷人徹底地接受周人的制度習俗,必須使殷人先接受周族宗法制度中的一套思想。""維持血緣關係的緊密聯繫,是宗法制度的最高目標,父慈、子孝、兄愛、弟敬,這是宗法社會的天經地義。經過了長期奴隸制的社會生活的殷人,對於這種宗法思想已很生疏,而現在周人卻硬要他們開倒車,回頭去接受這一套思想,並且威脅殷人說,不孝、不慈、不友、不恭之人,比那殺人越貨、侵犯私有制的罪大惡極之人（寇攘奸宄，殺越人于貨），尤爲可惡。假如犯了不孝、不慈、不友、不恭之罪，即將處以‘文王之罰’。我們應該注意的是：處以‘文王之罰’，而不是處以前面所講的‘殷彝’、‘殷罰’。可見在殷代的奴隸社會中，已經無所謂不孝、不慈、不友、不恭之罪，因而也就沒有處理這些罪行的‘殷罰’。於是，只得執行文王之罰了。"（《李亞農史論集》第 692 頁）李氏是從殷代已不是按氏族而是按地域建立的奴隸制因而沒有宗法制度這一觀點出發的，然而另有人認爲殷代仍有宗法制度（如陳夢家《殷代卜辭綜述》），這點還在史學界討論中，暫難定論。但殷代沒有周代那樣的宗法制度，則應當是可以肯定的，那麼李氏提出的說法，確可以幫助解釋此處之所以強調懲處不孝、不慈、不友、不恭之罪，原是周代刑罰的特點，它與殷代刑法單純注意以嚴刑峻法來保獲奴隸主私有制者有別，它已強調法律爲宗法倫理服務了。因爲周代統治者對土地、人民的分配、整個社會結構的層次，都是嚴格爲宗法體系所規定着的。由這裏就可以看清楚周人所以強調倫理規範的道理。但這時還把不慈的父和不孝的子看做一律有罪，與後世封建時代強調"天下無不是之父母"，片面只對不孝者科罪的情況，還有着不同。但是這一段話開了中國幾千年封建倫理的先河，後來的愈演愈烈，整個社會爲封建倫理所支配，主要是從這裏出來的。

康叔沒有辜負周公的教導，他很有成績地完成了統治衛國的任務，《衛世家》說："康叔之國，既以此命（指《康誥》）能和集其民，民大悅。"所以周成王"賜衛寶祭器以章有德"。這樣，使周公所期望的"應保殷民，亦惟助王宅天命，作新民"的目的完全達到了。本來，殷與周是東西兩個不同民族，只是由於殷王朝的腐敗混亂，被乘機崛起於西方的人數少得多、力量小得多的後進民族周人所征服，餘下的所謂殷“頑民”，人數還多，土地還不小，是不甘心失敗，隨時力圖恢復的。武庚的變亂，就是這樣的一次努力。經過周公三年的力征經營，才勉强再度把殷人擊敗，這時周人對待殷人，除了金文中反映的周成王還曾繼續對東方和東南方用兵幾年之外，最主要的就是如何用刑法上的嚴厲鎮壓和政治上的懷柔手腕來安定撫綏已征服的殷民，讓他們在周王朝統治下服服帖帖做“新民”。這篇《康誥》和下面幾篇周公的誥辭，就是當時進行這種努力的歷史紀錄。有了康叔等這些人把周公的籌劃付之實踐，取得成績，從此以後，殷人的民族意識逐漸消泯，就再沒有叛亂的事件發生，衛地的餘民和宋地的頑民都成了周王朝統治下不侵不叛的“新民”了。由這裏看出，周公作爲奠定周王朝的基業，創立影響到中國幾千年的國家機器的一個大有作爲的政治家的形象，就首先展現在這篇《康誥》裏，無怪乎周代把許多文治武功都歸功於他，也無怪乎後世要把他推崇爲孔子前的最大聖人，以至尊奉爲儒家道統説的中心人物了。

　　所有以上這些，就是這篇《康誥》内容的主要的歷史意義。

酒　誥

　　《酒誥》是康叔封於殷故地衛（妹邦、沬邑）之後，周公為了殷人以酗酒亡國，特緊接着告誡康叔勿蹈覆轍的誥詞。在先秦時，《康誥》、《酒誥》、《梓材》合稱"《康誥》三篇"，因而《酒誥》文句在先秦文獻中被稱引一次，即用《康誥》篇名。它在漢初伏生今文本中為《周書》的第六篇，全書的第十五篇；西漢歐陽、大小夏侯三家今文本中為《周書》的第七篇，全書的第十六篇；東漢古文本中為《周書》的第九篇，全書的第二十篇；東晉偽古文本中為《周書》的第十二篇，全書的第三十八篇。有關本文情況見後面的"討論"，並參看《康誥》的"討論"。

（一）校　釋

　　王若曰①："明大命于妹邦②。乃穆考③文王肇國在西土④，厥誥毖⑤庶邦庶士⑥越⑦少正⑧御事⑨，朝夕曰⑩：'祀

兹酒⑪。惟天降命⑫,肇我民,惟元祀⑬。天降威,我民用大亂喪德,亦罔非酒惟行⑭;越⑮小大邦用喪,亦罔非酒惟辜⑯。'

①王若曰——漢代今文本及古文本皆作"成王若曰"。見《釋文》所稱馬本,並引馬融注云:"言'成王'者,未聞也。俗儒以爲成王骨節始成,故曰'成王';或曰:以'成王'爲少成二聖之功,生號曰'成王',没因爲謚;衛、賈以爲戒成康叔以慎酒,成就人之道也,故曰'成':此三者吾無取焉。吾以爲後録書者加之,未敢專從,故曰'未聞'也。"《孔疏》云:"馬、鄭、王本以文涉三家而有'成'字。鄭玄云:'成王,所言成道之王。'三家云:'年長骨節成立。'皆爲妄也。"由上可知今文三家本及古文衛宏、賈逵、馬融、鄭玄、王肅諸家本皆作"成王若曰",是原文確當有"成"字。但當時皆相信死後才有謚號,因成王爲死後之謚,不當見稱於生時,因此三家及衛、賈、鄭等就都給"成"字另尋解釋;馬融則以爲不當有"成"字,而是後人加上去的。

段玉裁云:"馬融云俗儒,謂三家也。《古文尚書》馬、鄭、王本及《今文尚書》三家皆有成字,僞孔本獨無,蓋因馬季長説而删之也。"段氏繼舉《史記·魯世家》五次稱成王,因云:"實生稱成王,如湯生稱武王之比,非屬史臣誤筆,三家之説固可信也。況《顧命》云'翌日乙丑成王崩'尤可證乎,僞孔删去成字大非,馬君云後録書者加之亦非也。"又舉《左傳》石碏稱陳桓公方有寵,《史記·田完世家》齊人謳歌田成子,皆生稱之證(《撰異》)。皮錫瑞復舉《春秋元命苞》稱成王,《漢書·韋玄成傳》生號稱王後因爲謚及《尚書大傳》原本作奄君謂"成王尚幼矣",《詩·周頌》"成王不敢康",《國語》"遂成王之德",以證段説。此生稱成王之説,近代已由金文得到確證,因而説漢代今文三家及古文諸家本都作"成王",當是不錯的。

這是由漢代流傳的一種説法，《康誥》、《酒誥》、《梓材》三篇都是成王所作來的，《書序》即持此説，見《康誥》討論（一）。因此漢儒在此句上加了一個"成"字。晋代僞孔本因馬融之説而删去成字，宋儒以此三篇皆爲武王所作，更不承認有成字。至清代有人給此加以解釋。江聲以爲："此篇之誥，成王親之，史氏從後加'成'字，以别異於《康誥》之周公代誥。"（《音疏》）簡朝亮據《史記·衛世家》謂《酒誥》亦周公代王之誥以駁江説（《述疏》）。牟庭則以爲："馬、鄭、王皆不見真孔古文，但據三家今文經。……其真孔古文有無成字不可知也。今以經文考之，《康誥》、《酒誥》、《梓材》皆周公在洛邑洪大誥辭，不應此篇獨出成王之言。"（《同文尚書》）至劉逢禄則謂："此後世孔子慮後世有周公攝政稱王之邪説，别嫌明疑而加也。"（《尚書今古文集解》）把成字説成是孔子所加。戴鈞衡則謂封康叔於衛時，周公取武王封康叔於康的誥辭冠於首，"復述成王之意，作《酒誥》、《梓材》兩篇，同時頒之"。並謂《康誥》有"朕其弟"等語，"後世必知此王之爲武王，故於《酒誥》前特加'成王曰'以别之"（《補商》）。那就是説周公原誥就有成字了。所有以上説法都是不正確的。由《康誥》討論（一），知道這三篇都是周公的誥辭，因此不應有"成"字。

②明大命于妹邦——"明"，宣明，宣布。動詞。于鬯謂"明亦發語辭"，並謂與《康誥》"孟侯"同（見《香草校書》卷七）。其説不確。"大命"即統治者既經常宣揚受有大命，向下面宣布王朝的命令也就誇稱大命。陳櫟云："提起頭説今明大命令於妹邦，'大命'即下文是。"（《尚書集傳纂疏》）"妹邦"，馬融云："即牧養（野）之地。"（《釋文》引）鄭玄云："妹邦者，紂都所處，其民尤化紂嗜酒。"《詩·邶鄘衛譜·正義》引）又云："沫邦，紂之都所處也。於《詩》國屬鄘，

故其《風》有'沫之鄉'。則'沫之北','沫之東',朝歌也。"(《詩·鄘風·桑中·正義》引)《水經·淇水注》:"淇水又東,右合泉源水。水有二源,一水出朝歌城西北,東南流……東屈逕朝歌城南,《晉書·地道記》曰:'本沫邑也。'"孔穎達云:"此妹與沫一也。"(《酒誥正義》)薛季宣云:"妹,古沫字。沫水在衛之北。沫邦,衛也。"(《書古文訓》)段玉裁云:"按馬説,妹邦即牧野也。'妹'、'牧'雙聲,如'茅蒐'之爲'靺','卯谷'之爲'昧谷'。徐仙民、劉昌宗'牧野'皆音'茂'。"(《撰異》)陳喬樅云:"《鄘》稱沫鄉,即妹邦也。沫妹聲同,疑皆牧字之假借。《尚書釋文》引馬融云:'妹邦即牧養之地。''牧養'二字未詳何解,當是'牧野'之訛。沫牧雙聲。《説文·土部》云:'坶,朝歌南七十里地,《周書》武王與紂戰於坶野。从土、母聲。'皇甫謐亦云牧野在朝歌南七十里。鄘在朝歌之南,又有沫鄉,正牧野之地也。鄭注《尚書》'妹邦',引《詩》沫鄉爲證,或三家文作沫國歟。"(《經説考》)蔣廷錫云:"今河南淇縣北有妹鄉。"(《尚書地理今釋》)于省吾云:"按《盂鼎》云'女妹辰有大服',妹指妹邦言。"(《新證》)此紂都妹邦封與康叔爲衛國首邑,在今河南淇縣境(參看《牧誓》"牧野"校釋)。

　　③穆考——時瀾增修吕祖謙《東萊書説》云:"文王於穆在廟,所以言'穆考文王'。"蔡沈《書集傳》:"穆,敬也。《詩》曰'穆穆文王'是也。上篇言文王明德則曰'顯考',此篇是文王誥毖則曰'穆考',言各當也。"陳經《書詳解》亦用此訓。王國維云:"穆、昭、文、武皆美名。"(《觀堂學書記》)又云:"先儒説:'王季爲昭,文王爲穆,其後武王爲昭,成王爲穆,故云穆考。'其實非也。周初恐無昭穆之制;'穆考'恐當爲美稱也。"(《王觀堂先生〈尚書〉講授記》)楊筠如:"《詩》、《書》原稱昭穆,皆美先王之辭,故穆王未死,《遹敦》已稱

爲穆王，又《雒誥》稱成王爲昭子，與廟中之昭穆無涉。"（《覲誥》）于省吾云："《伯克尊》：'用作朕穆考後中尊彝。'（容庚謂乃"壺"之訛）金文多稱父爲'文考'、'皇考'，稱'穆考'者僅見。"（《新證》）"考"，父（《爾雅·釋親》），自宋以來釋"穆考"爲對父親的敬稱或美稱，近代復以金文爲證，這是正確的。歷代注疏家將此處亦按世次父昭子穆來解釋，以爲文王篇稱穆，故云"穆考文王"，是錯誤的。（以昭穆爲釋始見於僞《孔傳》，自後《孔疏》、《釋文》皆從之，宋儒亦多從之，即朱熹亦用此説，見其《詩集傳·載見》。故蔡沈在《書集傳》述正確意見後，又附一句："或曰文王世次爲穆，亦通。"宋金履祥《書經注》，元陳櫟《尚書集解傳纂疏》，吳澄《書纂言》、明王樵《尚書日記》皆承此義。清江聲《音疏》引鄭玄《周禮·小宗伯》注"自始祖之後，父曰昭子曰穆"之説以釋文王當稱穆。孫星衍《注疏》引《詩·載見》傳"昭考，武王也"證文王爲穆考，皆不合此處文義。）

④肇國在西土——"肇"，始（《釋詁》）。此句説開始建國在西部地方，指文王從岐西發展勢力到定都豐邑的事，參看《西伯戡黎》"討論"。

⑤毖——《釋詁》舊釋爲"慎"，但《廣韻》釋云："告也，慎也，一曰遠也。"王引之云："'厥誥毖庶邦庶士越少正御事'，'誥毖'，猶誥告也，《多方》曰'誥告爾多方'是也。《廣韻》'毖，告也'之訓，殆《尚書》舊注歟?"（《述聞》）王説是。僞孔依《爾雅》釋"慎"，《蔡傳》釋爲"戒謹"，皆不合。王念孫謂漢碑多用今文，《衡方碑》："錢，茂伐，祕將來。"伐，功也。祕，告也。言刻石紀功，以告來世。《車騎將軍馮緄碑》曰："刊石表續，以毖來世。"祕與毖古字通。皮錫瑞引此並補充《張遷碑》資料："刊石立表，以毖後昆。"謂皆本《尚書》今文（《考證》）。此"誥毖"與下文"誥教小子"之"誥教"全同。

⑥庶邦庶士——《唐石經》此四字缺損，各刊本寫本不誤。《孔疏》訓"庶"爲"衆"，釋此云："衆國，即衆多國君。衆士，朝臣也。"楊樹達云："此篇下文分外服内服爲言，其實全篇文字莫不分別言之。此文'庶邦庶士'，外服也；'少正御事'，内服也。"並列舉下文幾處外服内服對舉，"特文詞變動不居，而内外次序或先或後"（《積微居讀書記·尚書説》）。其言是。

⑦越——與金文中"雩"同，其義爲"與"、"及"。參看《盤庚》原上篇"越其"及《大誥》"越"校釋。

⑧少正——《唐石經》"正"字缺損，各刊本寫本不誤。"正"，長（《釋詁》）。《蔡傳》釋云："少正，官之副貳也。"王鳴盛承此説，並云："蓋《康誥》'正人'爲正官之首，則此'少正'乃正官之副。"（《後案》）以"正"爲官長，"少正"爲官長之副，顯近原義，但不盡準確。王引之云："爲長謂之正，任職謂之事，二者相因，故經文多並言之。""少正，官名，襄二十二年《左傳》'鄭人使少正公孫僑對'是也。少猶小也。《多方》曰：'小大多正。'"（《述聞》）此解頗近是，參看《甘誓》"三正"校釋。

⑨御事——《唐石經》御字缺損，各本不誤。"御"，甲骨文中作𩢛……等形，隸定作"邚"。羅振玉云："𢆶與午字同形，殆象馬策，人持策於道中，是御也。"（《殷虛書契增訂考釋》）聞宥云："𢆶不象馬策，𢆶與彳體析離，亦無持意。此'午'實爲聲，'彳'象人跪地而迎迓形。'𣏐'，道也。迎迓於道是爲御"，"其訓迓者爲朔誼，他訓爲後起誼"（《殷虛文字孳乳研究》）。王貴民氏同意聞氏之説，指出甲骨文中"邚"字有三種用法：（一）用於祭祀，邚祭本爲迎迓神鬼，並含有侍候神鬼之意。（二）用於征伐，邚伐仍是迎擊。（三）用爲"邚史"這一詞組。其"史"字在甲骨文中早期作𠁥、後期作𠁥，及其他稍繁諸

形，隸定爲史、吏、事三字，彼此同用。是"史"字本即"事"字。"邘史"，在甲骨文中常用爲"呼某人邘史"、"呼某人入邘史"等句式，此"邘史"即"御事"，亦即迎接事務或接受政務，此意爲呼某人來爲王室政事服務。故"御事"引申爲對王室政事服務的官職的一種概括性的稱謂。直到周代還習見這一用法。如《牧誓》、《大誥》、《酒誥》、《梓材》、《召誥》、《洛誥》、《顧命》等篇屢次稱御事之職，它與庶士、多士、尹氏、百官並列，分別概指一類官職，不像司徒、司馬、小子、少正、虎臣等確切指某一具體官職。御事有時在邦君之次，有時在尹、士之後，職位不定，多數場合下地位不甚高，無非是王室執行各種職務的官僚群，這些都和甲骨文"邘史"的情況相同。又《酒誥》"相惟御事"句之御事，則爲治事之義，亦與甲骨文中原有用法同（見王貴民《説邘史》載，《甲骨探史録》）。

⑩朝夕曰——《論衡·語增篇》："案《酒誥》之篇，'朝夕曰，祀兹酒'。"又《譴告篇》："紂爲長夜之飲，文王朝夕曰'祀兹酒'。"僞《孔傳》、《蔡傳》皆釋爲"朝夕敕戒之"。王念孫云，"朝見曰朝，夕見曰夕"，誥於此時也（《啓矍》引）。曾運乾云："'厥誥毖庶邦庶士越少正御事朝夕'，文例，猶云'厥朝夕誥毖'也。"（《正讀》）

⑪祀兹酒——《蔡傳》："惟祭祀則用此酒。"王引之云："兹，猶斯也。惟祭祀斯用酒也。"（《釋詞》）曾運乾云："兹，則也，聲之轉。"（《正讀》）俞樾云："此'祀'字乃是'已'之假借字。《周易·損》'初九，已事遄往，《釋文》曰：'已，虞作祀。'此假祀爲已之證，'已兹酒'者，止此酒也。"（《平議》）楊筠如云："按俞説未是，以下文考之，並非一律止酒，其祀之用酒，下有明文。"（《覈詁》）

⑫惟天降命——陳櫟云："天降命與天降威相對。設酒初意本爲祭祀乃天之降命也；酒之流生禍，亦天之降威也。"（《書傳纂疏》）

專以酒言降命、降威，似過於拘泥。黃式三云："命如天命，有德之命，對'天降威'言，謂福命也。"（《啓蒙》）王國維亦云："降命，謂降福也。"（《觀堂學書記》）劉盼遂又云："'天降命'正與下文'天降威'相對爲文。《多方》云'天大降顯休命于成湯'是也。《傳》以爲'天下教令'者失之。天降命於君，謂付以天下；天降命於民，則謂全其生命。"（《與友人論詩書中成語書二》）

⑬元祀——俞樾云："'肇我民惟元祀'，言與我民更始，惟此元祀也。'元祀'者，文王之元年。上文曰'肇國在西土'。'肇國'者，始建國之謂，故知是文王元年也。曰'元祀'者，猶用殷法也。蓋文王元年即有此命，故云然耳。"（《平議》）按殷代晚期甲骨文中的記時法，以日、月、祀、祀季爲順序，金文中如《伐辰彝》、《䢀尊》等亦以祀、祀季置於後。西周的《大盂鼎》、《小盂鼎》、《矢彝》、《趞尊》也都以"唯王幾祀"置於銘文之末，與此文同是沿用殷式。這裏是從"乃穆考文王"叙起，到"肇我民惟元祀"一段，叙文王在元年講了這段話，故把紀年置在末尾，確是用殷法。曾運乾據後代語例誤謂"此文語亦倒，猶云'惟天降命，肇我民，惟元祀，厥朝夕誥毖庶邦庶士'云云"。至舊注疏皆釋"元祀"爲大祭祀，言天始令民作酒是爲了祭祀。更誤。故王國維云："指文王受命改元事，非指祀事。"（《王觀堂先生〈尚書〉講授記》）

⑭亦罔非酒惟行——僞《孔傳》釋爲："亦無非以酒爲行。"王引之云："《玉篇》曰：'惟，爲也。'《皋陶謨》曰：'萬邦黎獻，共惟帝臣。'某氏《傳》曰：'萬國衆賢，共爲帝臣。'"證"惟"可釋"爲"。牟庭謂："'行'當爲'釁'，古聲之誤。"（《同文尚書》）俞樾謂："'行'當作'衍'，字之誤也。《淮南子·泰族篇》'不下廟堂而行四海'，今本'行'誤作'衍'。是其例矣。衍讀如愆，昭二十一年《左傳》'豐

愆',《釋文》曰:'愆本或作衍。'是愆與衍古字通,'亦罔非酒惟愆',
正與下文'亦罔非酒惟辜'語意一律。"(《平議》)二人皆欲改字爲
釋。殊可不必。楊筠如云:"古語'惡'亦作行苦。《周禮》鄭注:'謂
物行苦者。''行苦',即此之'行''辜'也。"(《覈詁》)此句可逕依僞
《孔傳》之釋。

⑮越——及(《釋詞》)。

⑯亦罔非酒惟辜——"辜",罪(《釋詁》)。僞《孔傳》釋爲:"亦
無不以酒爲罪。"

以上這一節,對妹邦宣布文王初年在岐周時向庶邦(外服)和朝
官(內服)所發出的戒酒禁令,並闡明酒的危害。

　　"文王誥教小子①:'有正、有事②,無彝酒③;越庶
國④,飲惟祀,德將無醉⑤;惟曰我民迪⑥。'小子⑦!惟土物
愛⑧,厥心臧⑨,聰聽祖考之彝訓。越小大德⑩。小子!惟
一妹土⑪,嗣爾股肱⑫,純⑬其藝⑭黍稷⑮,奔走事⑯厥考厥
長;肇牽車牛遠服賈⑰,用孝養厥父母⑱。厥父母慶⑲,自洗
腆⑳致用酒。

　　①小子——注疏家有下列各種解釋:民之子孫(《孔傳》),血氣
未定之少子(《蔡傳》),公侯卿大夫或庶邦諸臣之子(金履祥《書經
注》,簡朝亮《述疏》),年少之庶人在官者(牟庭《同文尚書》),《太
玄》注謂百姓(楊筠如《覈詁》)、同姓小宗(曾運乾《正讀》)等等,皆
不確。"小子"是當時統治者對其年輕後進的親暱的稱呼,既作泛稱
用,也可專稱呼某一人。此處"文王誥教小子",是指周文王泛對其
晚輩進行教導。下文兩"小子",當如孫星衍說,指康叔(《孫疏》),

是周公稱呼康叔而對他講話（參看《康誥》"小子"校釋）。

②有正有事——《周禮·秋官·萍氏》"謹酒"《鄭注》引作"有政有事"，《賈疏》："有政之大臣，有事之小臣。"段玉裁云"古政正通用。《賈疏》蓋用鄭本，鄭注。"（《撰異》）陳喬樅據僞孔本作正，謂："《釋文》不言與鄭、王本文異，則《古文尚書》作'正'可知，鄭玄《周禮注》所引《書》蓋據三家今文……《賈疏》當亦《周禮》因注所引今文家《尚書》之說，故與《孔傳》誼異。"（《經說考》）按："有"，語詞，"有正"即"正"，已見前各篇校釋。"正"，官長（見上篇校釋），"事"，于省吾云："舊讀'事'如字，非也。'事'猶'士'也。《毛公鼎》'卿事寮'即卿士寮，《頌叔多父盤》'卿事'即卿士。此言'有事'……猶'有士'也。"（《新證》）王引之謂："有正有事謂爲長者及任職者。"（《述聞》）是此指群臣，屬內服，與下句"越庶國"外服相對。

③無彝酒——《韓非子·說林上》引作"毋彝酒"，並云："彝酒，常酒也。常酒者，天子失天下，匹夫失其身。"這是戰國時對此句的解釋和闡述，可從。參看《康誥》篇討論（二）。全句是說所有群臣不要經常喝酒。

④越庶國——"越"，與，及。"庶國"，指所屬各國統治者。這裏意思指各國統治者之間朝聘會盟等外交活動時。于省吾云："越，金文作雩，《盂鼎》'惟殷邊侯甸，雩殷正百辟'。雩，與也。'越庶國飲惟祀'，言與衆國飲必須祭祀。僞《傳》訓越爲於，義猶未切。"（《新證》）

⑤飲惟祀德將無醉——楊樹達云："飲惟祀，即上文之'祀茲酒'。"（《尚書說》）按，《尚書大傳》云："天子有事（鄭玄注："事，謂祭祀"），諸侯皆侍，尊卑之義。宗室有事，族人皆侍，終日，大宗已侍

於賓奠,然後燕私。燕私者何也,祭已而與族人飲也。"又云:"飲而
醉者,宗室之意也。德將無醉,族人之志也。"又云:"古者聖帝之治
天下也,五十以下,非烝社(按指烝祭、社祭)不敢遊飲。"這是西漢
今文家對此句的解釋。王鳴盛、孫星衍等即引釋此句(見《後案》、
《孫疏》)。東漢王充亦云:"言聖人德盛,能以德將酒。"又云:"世聞
'德將無醉'之言,見聖人有多德之效。"(《論衡·語增》)僞《孔傳》
則云:"於所治衆國飲酒,惟當因祭祀以德自將,無令至醉。"《蔡傳》
所釋義亦相近。大抵都以爲只有祭祀才飲酒,飲酒則要以德自將,
不要過度。按,"將",王樵、戴鈞衡等釋爲"持",孫星衍據《廣雅·
釋言》訓"扶",亦釋爲"扶持",即謂飲酒要以德自持。牟庭釋"德"
爲得,讀作"庶或飲,惟祀得,將無醉"(《同文尚書》)。俞樾釋"祀"
爲已,通從,讀作"越庶國飲,惟以德將無醉"(《平議》)。孫詒讓釋
"德"爲升,"將"爲送(《尚書駢枝》)。改字以求釋,皆不足據。

⑥惟曰我民迪——隸古寫本如内野本、神宮本、足利本、清原賢
本"民"上皆有"化"字,然薛季宣隸古本無之。段玉裁云:"此依《孔
傳》增之也(按《孔傳》云"文王化我民教導子孫")。此等皆不可據,
金氏輔之、臧氏在東皆云山井鼎所舉宋本多善,所舉古本多不可信,
是也。"(《撰異》)"惟",發語詞。"曰",通"越"。王引之以爲"猶今
人言'於是'也"(《釋詞》三)。"迪",孫星衍據《方言》云"正也"
(《孫疏》)。此句承上言整飭内服、外服官員不嗜酒,於是就使我民
正了。

⑦小子——舊注疏家皆連上讀作"我民迪小子"。莊存與始以
爲當讀至我民迪(見劉逢禄《集解》)。孫星衍則提出此"小子"指康
叔,上句亦讀至"我民迪"止,而將"小子"與下句連讀,釋云:"言非
祀無敢遊飲,惟欲正我民,汝封當愛惜土地所生之物。"(《孔疏》)兹

從加藤常賢據王念孫說讀二字單獨爲句，意謂周公在追述文王教導後，稱呼康叔一聲，再對他講話，與《康誥》屢稱"小子封"、或"小子"、或"封"同（本篇下文"小子"同）。

⑧惟土物愛——僞《孔傳》釋爲"惟土地所生之物皆愛惜之"。《蔡傳》釋爲"惟土物之愛，勤稼穡，服田畝"。陳櫟《書傳纂疏》引薛氏曰："糜穀爲酒，非土物愛也（薛季宣本無此語，其人待查）。"孫星衍云："土物者，土所生之物。謂黍稷。《洪範》云：'土爰稼穡。'……酒以糜穀，當愛惜也。"（《孫疏》）

⑨臧——善（《釋詁》）。

⑩聰聽祖考之彝訓越小大德——《唐石經》"聰"字缺損。各刊本、寫本不誤。隸古寫本九條本、神宮本無"之"字。"訓"，九條本、內野本皆作"言"。此皆寫本偶異。"聰"，《管子·宙合篇》："聞審謂之聰。""聰聽"，很用心地仔細地聽。"彝"，常（《釋詁》）。"彝訓"，常訓，文王爲康叔之祖，"祖考之彝訓"亦即指上文所言周文王經常的教導。"越"，與。"小大德"，很多注疏家都據《論語·子張》"大德不踰閑，小德出入可也"爲釋，以爲不要以嗜酒爲小德，當和大德一樣重視（宋儒如呂祖謙、蔡沈，清儒如江聲、孫星衍，近人如楊筠如等皆主此說）。僞孔則釋爲"於小大之人皆念德"。吳闓生則謂"小德，諸侯；大德，天子。言天子諸侯之子弟戒酒與庶民同"（《點定尚書》）。楊樹達則謂"德當讀爲職，小大德，小大職也，小子蓋謂屬吏……言不問小職大職及其屬官，皆當一律聽祖考之訓"（《尚書說》）。曾運乾則謂"小大德，同宗中之老成人也，云小大者，造就有深淺也。言當聰聽祖考及同宗大小德之遺訓也"（《正讀》）。自僞孔以下諸說將"小大"釋爲人，殊牽強。薛季宣釋云："受父祖之教，無小無大皆以成德。"較諸說皆優。但此處"越"同"與"，作爲

並列連詞,它的前面後面都是同樣名詞,因此此句應理解爲遵聽祖考的常訓和祖考的小德、大德。"考",父。參看《康誥》"丕顯考"校釋。

⑪惟一妹土——"惟",語詞,無義。"一",亦語詞,同"乃",《吕氏春秋·知士》"一至此乎"高誘注:"一猶乃也。""妹土",即妹邦、沬邑。金履祥云:"妹土,謂妹土之民也。"(《書經注》)

⑫嗣爾股肱——"嗣",僞孔釋"繼"(據《釋詁》),《蔡傳》釋"續",同用其常義。皆謂繼續汝股肱四肢之力。真德秀雖亦用繼義,但釋爲"繼自今"(《蔡傳》、《纂疏》引)。金履祥則釋爲"嗣爾,猶言繼此以後也"(《書經注》),與真氏説同。孫星衍始據韋昭《魯語》注釋爲"此"(《孫疏》),戴鈞衡從之(《補商》)。黄式三、朱駿聲皆據《詩·鄭風》傳釋爲習(《啓幪》、《古注便讀》),章炳麟從之(《拾遺定本》)。雖各有出入,皆以嗣爲動詞。獨莊存與讀爲"妹土嗣",釋爲"妹土之嗣君也"。則牽强。楊筠如云:"'嗣',疑當爲司。《高宗肜日》'王司敬民',《史記》司作嗣,是司嗣通也。'司爾股肱',猶言'作爾股肱'也。"(《覈詁》)"股",《詩·小雅·采菽》箋:"脛本曰股(按,脛指小腿)。"《太玄·玄數》"三爲股肱"范望注:"膝上爲股。"是"股"即大腿。"肱",《詩·小雅·無羊》傳:"臂也。"《太玄·玄數》范望注:"肘後爲肱。"是"肱"即手臂。"股肱",古人成語,對元首而言,以手足喻輔佐力量。《左傳·昭公九年》:"君之卿佐,是謂股肱。"此處指妹土臣民承汝康叔成爲股肱之力。

⑬純——僞孔釋爲"純一",《蔡傳》釋爲"大"。時瀾據吕祖謙説釋爲"專工"(《東萊書説》),鄒季友釋爲"專一",以爲"訓大未安"(《音釋》),至江聲、孫星衍遂皆據賈逵《晋語》注釋爲"專"。宋人余息齋指出:"'惟天不畀純'(按,見《多方》)、'侵戎我國家純'

（按，見《文侯之命》），皆作純字絶句，而‘妹土嗣爾股肱純’，則以純字屬下句，何耶?”（《書傳纂注》引）鄒季友謂“純字或屬上句，或屬下句，皆當釋爲專一之義”。元吳澄則謂“純，語辭”（《書纂言》）。今仍從一般讀“純”字屬下句（吳闓生以“純”屬上句，訓爲國，釋爲“世爲股肱之國”。與文義不協，不可從）。近人章炳麟據《周頌》“文王之德之純”鄭箋以《中庸》“純亦不已”爲訓，釋此句爲“不已其藝黍稷”（《拾遺定本》）。楊筠如則以爲“‘純’當讀爲‘諄’。《詩·抑篇》‘誨爾諄諄’《釋文》‘諄’本作‘訰’，《中庸》注引作‘忳忳’可證。《説文》：諄，告曉之熟也。當以‘純其藝黍稷’爲句”（《覈詁》）。大抵“純”在此處是督勉群衆努力種植農作物之辭，不論訓純一、或專一、或大、或諄、或不已、或語詞等等，總之是叫大家努力幹農活。

⑭藝——通“蓺”，種植。詳見《禹貢·徐州篇》“蒙羽其藝”校釋。

⑮黍稷——江聲云：“五穀惟言黍稷者，舉其土所宜。……《職方氏》云：‘河内曰冀州，其穀宜黍稷。’則沬土宜黍稷也。”（《音疏》）孫星衍云：“黍者，《説文》云：‘禾屬而黏者也。以大暑而種，故謂之黍。’稷者，《説文》云：‘齋也，五穀之長。’案漢人謂稷爲粟米，今俗謂之小米。……古者貴黍稷，《喪大記》疏云：‘案《公食大夫禮》，黍稷爲正饌，稻粱爲加。’是稻粱卑於黍稷，故舉五穀以黍稷言之也。”（《孫疏》）徐灝云：“黍爲大黃米，稷爲小黃米。”（《説文解字注箋》）按“黍稷”二字古人常用以泛指糧食作物。

⑯事——《孟子·離婁上》“事親爲大”趙岐注：“事親，養親也。”“事”逕訓爲養，解釋較具體，此處用法同，也可釋爲養。但一般説“事君”、“事親”，意爲服事於君，爲君屬臣職；服事於親，爲親

盡子職之意。故《易・蠱》"不事王侯"之"事"，《孔疏》即釋爲"承事"。

　　⑰肇牽車牛遠服賈——"肇"，僞孔釋"始"，意謂農功既畢，始牽車牛從事商業活動。其後迄宋元王希旦、陳櫟等皆用此説，並提出農爲本、商爲末補充其説（見《書傳纂疏》等）。《蔡傳》釋"敏"，意謂敏於貿易。其後明王樵、清王鳴盛、段玉裁、陳喬樅等並據《爾雅・釋言》郭璞注引本句以證釋"敏"之正確；近人章炳麟、簡朝亮、曾運乾等亦用此説。江聲始據《爾雅・釋詁》釋爲"謀"，孫星衍據《廣雅・釋詁》釋爲"亟"，牟庭則以爲當作"𤰇"，讀若別，以《堯典》"肇十有二州"，《尚書大傳》作"𤰇十有二州"，今文家以形誤作"兆十有二州"，古文家再以聲誤作"肇十有二州"爲解。謂《説文》古別字作𤰇即此字（《同文尚書》）。吳汝綸、閻生父子則釋肇爲"長"（《點定尚書》）。加藤常賢則據《説文》大徐注引李舟《切韻》釋爲"摰"。諸説中釋"敏"者以郭璞《爾雅》注爲根據，但釋"始"之説亦有《爾雅・釋詁》足據，似僞孔説仍可采。"服"，事，從事（據《釋詁》）。"賈"，《説文・貝部》："賈，市也。一曰：坐，賣售也。"《白虎通・商賈篇》："行曰商，止曰賈。《易》曰：'先王以至日閉關，商旅不行，後不省方。'《論語》曰：'賈之哉（賈原作沽，依段玉裁據《漢石經》改），賈之哉，我待價者也。'即如是。《尚書》曰'肇牽車牛遠服賈用'何？言遠行可知也；下（原作"方"，依段玉裁説改）言'欽厥父母'，欲留供養之也。"按《説文・冂部》："市，買賣所之也。"釋賈爲市，意兼買賣，頗近原義。漢人強分"行曰商，止（坐）曰賈"，便很難解通。此處"賈"字即營商貿易之義，不必區分行或止。當如段玉裁《説文解字注》"賈"字下所云："凡買凡賣皆曰'市'。'賈'者，凡買賣之稱也。"（王鳴盛《後案》據《白虎通》言："是言商、賈本不同，今

以牽車遠行之商,乃不稱商而謂之買者,欲見留養父母之義故也。"
段玉裁《撰異》亦云:"此謂如《書》言牽車牛遠服買用,似非'止曰
買'矣。然《書》下文言'欽厥父母',欲留供養之,則非遠遊不返,仍
是'止曰買'也。"這都是循《白虎通》文義強爲圓其說。牟庭《同文
尚書》則云:"《白虎通》説《書》意非是,其説商買事義亦非是:'行曰
商,止曰買',論行止也,非論遠近也。近在鄉邑,荷擔行賣,雖無遠
役,亦曰商。遠託異域,列肆坐鬻,雖不近家,亦曰買。經曰'牽車牛
遠服買',正曰買賣遠方,止而不歸者,不言欲留供養也。"牟説顯與
經文"用孝養厥父母"義不合。總之諸説皆爲行商止買之説所誤。
不知本篇"買"字原義就是經商,根本無坐賣之義。)

⑱用孝養厥父母——據上引《白虎通》,段玉裁指出:"班(固)
蓋'用'字上屬爲句,'孝養'二字作'欽'字。《今文尚書》然也。"
(《撰異》)陳喬樅云:"《詩·大雅》曰'買用不售'(按《谷風》句),亦
以'買用'二字連文,是證也。"(《經説考》)鄒漢勛云:"《古文尚書》
亦當於'用'字絶句,'遠服買用'者,謂遠行而買其器用。"(《讀書偶
識》)漢人讀書往往讀錯,"用"字在此同"以",上屬爲句不可通,必
連於本句始通。"孝養",王引之云:"《釋名》引《孝經説》曰:'孝,
畜也。畜,養也。'《廣雅》曰:'畜(享),養也。'是享、孝並與養同
義。"(《述聞》卷二十六)是"孝養"爲同義複詞,指物質生活上好好
供養父母。

⑲厥父母慶——《詩·皇矣》傳:"慶,善。"故僞《孔傳》釋此句
爲:"其父母善子之行。"《蔡傳》逕釋爲"父母喜慶",宋以後解經者
大抵皆用喜慶之義或歡樂(王樵説)之義,較確。

⑳洗腆——"洗",馬融釋爲"盡"(《釋文》)。僞《孔傳》則釋
"洗腆"爲"潔厚"。王鳴盛云:"洗腆二字音並馬注,此一條注疏家

所采《釋文》俱漏去,從足本第六卷補。"又云:"洗爲潔者,灑滌有潔義也。馬訓'盡'未詳,疑有誤。'腆'爲厚者,《方言》文。"(《後案》)自來解經者大抵皆用"潔厚"之義。江聲始以洗爲灑,據《説文·水部》灑,"滌也"。又據鄭玄《儀禮·士昏禮》注:"腆,善也。"(《音疏》)孫星衍據韋昭《周語》注"洗,濯也";據《説文·肉部》"腆,設膳腆腆,多也"(《孫疏》)。戴鈞衡則謂:"腆,美也(《釋詁》)。洗腆者,潔美之謂。'致',誠也(《老子》"其致之"注)。"(《補商》)解釋雖多,總不離清潔、美好、豐富等義。王國維始云:"洗腆古連綿字,真義不知。"(《觀堂學書記》)其説較謹慎,現仍用潔美豐厚之義進行今譯。

　　以上這一節,引述文王對於朝官(内服)和庶邦外官(外服)的酒戒,告誡康叔應恪遵遺訓,督勉妹土人民勤於農、商以孝養父母,於父母喜慶始得用酒。

　　　"庶士、有正①越②庶伯、君子③!其爾④典⑤聽朕教,爾大克⑥羞耉惟君⑦,爾乃飲食醉飽。丕惟曰⑧:爾克永觀省⑨,作稽中德⑩。爾尚克羞饋祀⑪,爾乃自介用逸⑫。兹乃允⑬惟王正、事之臣⑭,兹亦惟天若元德⑮,永不⑯忘⑰在王家!"

　　①庶士有正——"庶士",衆士,指朝臣;"有正",即"正",指官長。二者都屬"内服"(參看第一節校釋⑥)。

　　②越——與(見前)。

　　③庶伯君子——"伯",長(《説文》)。"庶伯",衆氏族之長。"君子",指當時統治階級。(《禮記·鄉飲酒義》"鄉人士君子"鄭玄

注：“君子，謂卿、大夫、士也。”又《玉藻》“古之君子必佩玉”鄭注：“君子，士以上。”《荀子·大略》“君子聽律習容而後士”楊倞注：“君子，在位者之通稱。”）二者都指“外服”。

④其爾——“其”，將（《釋詁》）。“爾”，第二人稱多數，你們。“其爾”倒語，即“爾其”，意爲“你們將要”。也就是“你們要”。

⑤典——常（《釋詁》）。加藤常賢《集釋》以爲“典”實爲“腆”假借，當釋爲“善”之意，義亦可通。

⑥爾大克——“爾”，但有加重語氣之用。“大”，語詞，無義（朱彬《經傳考證·釋大》）。“克”，能（《釋言》）。

⑦羞耇惟君——“羞”，進（《釋詁》），進獻（《說文·丑部》）。鄭玄注《周禮·庖人》云：“備品物曰薦，致滋味乃爲羞。”可知羞爲進獻食物。金履祥云：“惟，猶‘與’也。猶‘羽毛惟木’之‘惟’。謂羞老與羞於君所也。”（《書經注》）按王引之《釋詞》亦釋“惟”爲“與”。黃式三云：“言爾能大進酒於耇老及君上，則耇老與君上爾乃飲食之醉飽之也。”（《啓幪》）俞樾云：“因‘耇君’連文則不辭，故加‘惟’字以成句，猶《禹貢》曰‘齒革羽毛惟木’也。下文曰‘又惟殷之迪諸臣惟工’與此正同。‘臣惟工’者，臣與工也。‘耇惟君’者，耇與君也。”（《平議》）（《蔡傳》：“‘惟君’，未詳。”陳大猷《或問》：“‘惟君’上下，疑有闕文。”王國維《觀堂學書記》：“‘爾大克羞耇惟君’，未解。”皆闕疑之意。茲從金、黃、俞諸人說解之。）按《左傳·隱公三年》：“可薦于鬼神，可羞于王公。”（羞耇二字自宋儒以下皆釋爲“養老”，如宋呂祖謙、蔡沈、陳經、元人吳澄、王充耘、明人王樵、清人江聲、王鳴盛、孫星衍、陳喬樅等等無不以古之養老之禮釋此二字。今皆不取。）此句即是“羞于王公”，下文“羞饋祀”句則是“薦于鬼神”。

⑧丕惟曰——“丕”，語詞（《釋詞》據《玉篇》）。“惟”，亦語詞（《釋詞》）。“丕惟曰”是古人講話中間稍頓後再講話時表達語氣之句，往往用於有轉折意義的語氣，有“不過”、“但是”等含義在內。

⑨克永觀省——“克”，能。“永”，長久。“觀”，顧。“省”，察，反省。金履祥云：“永觀省，常自顧省察也。”（《書經注》）

⑩作稽中德——俞樾云：“稽字從禾，《說文·禾部》：‘禾，木之曲頭，止不能上也。’故‘稽’亦有止義。《說文·稽部》：‘稽，留止也。’凡從稽之字如穭、如穉，俱有止義。‘作稽中德’者，言爾克永觀省。則所作所止無不中德也。‘中’讀如‘從容中道’之中。《枚傳》爲‘考中正之道’，失之。”（《平議》）所釋是。戴鈞衡云：“言養老固可飲食醉飽，又戒之曰：爾宜長自觀省，使合中正之德，毋或過度也。”（《補商》）所體會語意近是。

⑪爾尚克羞饋祀——“尚”，義同古語的“猶”，今語的“還”或“仍”。上句已說了“大克”，故此句說“尚克”，意即“還克”（還能）、“仍克”（仍能）。“饋祀”，是一種熟食之祭，孫星衍《今古文注疏》據《文選·祭顏光祿文》注引《蒼頡》：“饋，祭名也。”又引高誘注《國策》：“吳謂食爲饋，祭鬼亦爲饋。”鄭玄注《周禮·邊人》：“饋食，薦熟也。”《周禮·大宗伯》“以饋食饗先王”，《儀禮》有“特牲饋食禮”。兹以熟食祭鬼神稱“饋食”，其祭名即稱“饋祀”。（王天與《書纂傳》引馬氏曰：“進飲食曰饋，進飲食以祀其先，故曰饋祀。”）僞《孔傳》釋此處爲“進饋祀於祖考”，《蔡傳》籠統說進饋祀於神明。皆可通。鄭玄釋爲“助祭於君”，則非（《孔疏》引並已駁之）。

⑫自介用逸——歷代不同解釋甚多。僞《孔傳》：“自大用逸。”《蔡傳》：“自副而用宴樂。”林之奇《全解》：“自助而用逸。”陳經《書詳解》：“介然自守於正，飲福得安適之時。”陳櫟《書傳纂疏》：“剛介

以自守也,當如‘介于石’,‘不以三公易其介’之介。以介然自守之節操,用於歡然自樂之宴樂。”王天與《書纂傳》引陳氏曰:“介,因也。《左傳》介大因皆訓因,祭祀時始可因用逸。”吳澄《書纂言》:“自介景福,用以逸樂。”金履祥《書經注》:“祭祀事畢,則可以受釐介福,燕樂飲酒。”孫星衍《注疏》黃式三《啓慤》皆云:“介,右也。”林義光《詩經通解·甫田》:“自介即自息,介亦愒之假借也。”以與下文“自息乃逸”合。加藤常賢《集釋》則據《廣雅·釋詁》“介,獨也”釋爲“自獨”,等等。諸説皆不確。楊筠如《覈詁》謂“介與匄通”,並舉《詩》之《七月》、《楚茨》“以介”,《克鼎》作“用介”,《師㝬父鼎》、《大司工簠》、《不嬰敦》作“用匄”,爲“介”、“匄”相通之證。因云:“《廣雅》:‘匄,求也。’‘爾乃自介用逸’者,爾乃自求用逸也。”“逸”,《吳語》注:“樂也。”于省吾《新證》亦云:“介,應讀爲匄。匄,乞也。《詩·七月》‘以介眉壽’,《楚茨》‘以介景福’,《不嬰敦》‘用匄多福’,《召叔山父簠》‘用匄眉壽’,‘介’、‘匄’同聲相假。舊訓介爲助,非也。”楊、于説是。(江聲據鄭玄釋“饋祀”爲助祭,故釋“逸”爲“旅酬”,謂“自介與於助祭之人以次相酬”。其説亦不足據。)

⑬允——信(《釋詁》)。按所有注疏家皆用此釋。楊樹達始云:“‘允’讀爲‘駿’,長也。‘駿’字金文皆作‘䀹’,䀹從允聲也。允、駿同音。”(《積微居讀書記》)可備一説。

⑭正事之臣——即上節“有正、有事”。王引之云:“正,長也。事,職也。王臣或爲長官,或任群職,故曰‘正事之臣’。”(《述聞》三)

⑮天若元德——“若”,同“諾”,意爲“允諾”。舊注疏家皆釋爲“順”,不確。殷代卜辭中常有“帝若”、“帝弗若”之語,係殷王向上

帝請示某事,上帝允諾或不允諾之辭(參看陳夢家《殷虛卜辭綜述》第56頁)。天所允諾,引申有如後代的天保佑之意。而殷人語言之"帝",即周人語言之"天",都是指上帝,故"天若"即"帝若"。"元",自偽《孔傳》以下直至清代皆釋"大",至江聲《音疏》始據《易·文言》説:"元者,善之長也。"孫星衍亦同此訓,近代楊筠如《覈詁》、曾運乾《正讀》皆從之,今亦釋爲"善"。

陳櫟云:"德之一字爲《酒誥》一篇之綱領,譬之數千丈之一寸膠也。前之'德將無醉',後之'經德'、'德顯'、'德馨',與此之'稽中德'、'若元德',實前後互相照應。"(《書傳纂疏》)

⑯不——諸隸古寫本皆作"弗",薛季宣本作"弜"。段玉裁云:"'弗'與'不'古義略同而淺深有別。如'雖有佳肴,弗食,不知其旨也;雖有至道,弗學,不知其善也'。可證'弗'、'不'之不同矣。《春秋經·僖二十六年》'公追齊師至巂弗及',何邵公曰:'弗者,不之深者也。'二字古音亦逕庭遠甚,'弗'在第十五脂微部,'不'在第一之咍部而轉入於第三尤出部,絶不相假借也。……弜字本即説文左戻兩字之合,戵用其形(戵謂兩弓相背),則與弗同音可矣,何以'不'亦作弜也。'不'亦作弜,則《尚書》有'弗'而無'不'矣。……古經傳寫既久,'不'、'弗'互訛,不可究正,姑皆仍舊發其例於此。"(《撰異》)

⑰忘——注疏家皆如字釋爲遺忘之義,王引之始云:"'忘'與亡同。"並謂《大誥》"兹不忘大功","言不失前人之大功也"。此處"兹亦惟天若元德,永不忘在王家","言天順其元德而佑之,則能保其禄位,永不失在王家也"(《述聞》)。王説是。

以上這一節,告誡内服、外服官員,只有在對王公進獻和對鬼神祭祀時才可以飲酒,但必須以德行自加控制,才可保住王家官員的地位。

《蔡傳》謂上一節“教妹土之民”，這一節“教妹土之臣”。後人多承此説，如金履祥《書經注》謂上節爲“教妹土之民之大命”，此節爲“教妹土之臣之大命”。戴鈞衡《補商》謂此諸節爲“皆使康叔明於妹邦之大命”。其實《酒誥》是周公當康叔封於妹邦後告誡他的話，前兩節專對康叔説，此節並泛對在場的王室内外官員説，觀文句自明。前人有發現其與“妹土之臣”説不合，遂曲爲解釋，如吳澄云：“如此乃真可爲王家有正有事之臣……非止爲一國之賢臣而已。”（《書纂言》）戴鈞衡云：“誥衛臣稱王家者，凡衛之臣子莫非王家之臣下也。”（《補商》）這都是拘泥於蔡説所致。

王曰：“封！我①西土棐徂②，邦君、御事、小子③，尚克用文王教，不腆于酒④，故我⑤至于今，克受殷之命⑥。”

①我——第一人稱的多數、領格，意爲“我們的”。與西周金文通例同，即第一人物單數領格用“朕”；多數領格用“我”。且用於稱邦家國土時（參看陳夢家《殷虚卜辭綜述》第三章）。

②西土棐徂——“西土”，指周人原居地岐周一帶（參看《牧誓》校釋）。“棐”，通“匪”，非（《漢書·燕刺王傳》顏師古注）。“徂”，通“且”，此（《詩·載芟·毛傳》）。隸古寫本足利本“徂”作“往”，係據僞孔義訓致訛。舊注疏家自僞孔、蔡沈以下歷宋人至清人江聲、王鳴盛、孫星衍、黃式三等，皆釋“棐”爲輔，釋“徂”爲往（唯孫釋“徂”爲存，黃釋“徂”爲助），皆誤。

朱熹據《漢書》顏注以釋《大誥》“棐忱”爲“不可信”（《語類》七十八），吳澄亦據之以釋此句爲“西土非往日之邦君矣”（《書纂言》）。金履祥《書經注》則釋云：“棐、匪通；徂，往也，遠也。”“謂我西土非已往遠事也。”俞樾《平議》沿其説云:“我肇國西土至今未遠,非古昔也。”戴鈞衡《補商》則稍異云:“棐徂者,非復往日也。”近人曾運乾《正讀》雖讀“徂”爲“岨”,釋爲險僻,仍謂“我西土並非絶遠”。諸釋略有出入,然不外時間上或空間上的“西土非遠”之意。

孫詒讓則云:“‘棐’亦當讀爲‘匪’,‘徂’當讀爲‘且’,並同聲假借字。《詩·周頌·載芟》云:‘匪且有且,匪今斯今。’《毛傳》云:‘且,此也。’此‘棐徂’即‘非且’,其義亦爲‘非此’。言我西周非自此始,君臣皆尚能用文王教命,不敢厚用酒。猶云‘自昔已然’,故下即繼之曰‘故我至于今克受殷之命’。曰‘棐徂’,又曰‘至于今’,猶《詩》‘匪且’、‘匪今’,兩語正相聯貫。”(《駢枝》)王國維亦云:“孫仲容云‘棐徂’猶言‘非自今日始’,是也。……‘匪且’與‘棐徂’通。‘且’亦有往義。《費誓》‘徂兹淮夷’,銅器有《彔卣》云:‘叡淮夷敢伐内國。’‘徂兹’二字連用,有‘前此’,‘稍前’之意。”(《觀堂學書記》)楊筠如《覈詁》襲孫、王説,簡釋“棐徂”之意爲“在昔”。

吴闓生則承其父汝綸説,提出另一解云:“‘棐’,彼也。‘徂’,往也。彼往日之邦君等。”(《尚書大義》)于省吾進而指出:“孫讀‘我西土棐徂’句,言我周西土非自此始,是於經旨固無當也。此‘棐’字不應讀‘非’。按,‘匪’、‘彼’古同聲,《詩》‘彼交匪敖’,《左傳》引作‘匪交匪敖’,詳《經傳釋詞》。‘徂’即叡,語詞。‘尚’,讀常。……言我西土,彼邦君、御事、小子常能用文王教也。”(《新證》)此説自具新義。古無輕脣音,故棐與輔、彼同聲通訓。釋“棐”爲彼,自有古音依據。及王引之所引例證。但此處與“至于今”對舉,則孫詒讓“自昔”之説似較可取,故從之。

③邦君御事小子——邦君,屬外服;御事、小子已見上,這裏是對下屬的親暱的稱呼。

④不腆于酒——舊注疏家多據《左傳》釋“腆”爲厚，孫星衍《注疏》始據《廣雅》釋“美”，黃式三《啓蒙》據《說文》釋“多”義皆相近。戴鈞衡《補商》據《周禮·稻人》鄭注云：“腆讀曰殄，病也。”王國維云：“腆，疑爲湎之訛。”(《觀堂學書記》)按，《說文·水部》：“湎，沉于酒也。《周書》曰：‘罔敢湎于酒。’”所引句見本篇下文，與此句法同，故王疑之。然下文仍有“惟荒腆于酒”句。王改字之說未必是。惟采其意釋此句爲“不沉湎于酒”。

⑤我——見前注，此處即指周王朝。

⑥克受殷之命——古王朝宣揚他們的政權是受天命建立的。這裏說能承受了殷王朝所受的天命。

以上這一節，回顧說當初岐周的内外官員遵守文王教導，不沉湎於酒，所以到今天就能取得殷王朝的天命。

舊注疏家多說以前三節是誡妹邦臣民之詞，這一節以下才是專誡康叔之詞。細味原文，並不盡然。故不采此說。

王曰：“封！我聞惟曰①：在昔殷先哲王，迪畏②天顯小民③，經德秉哲④。自成湯咸至于帝乙⑤，成王畏相⑥。惟御事厥棐有恭⑦，不敢自暇自逸，矧曰其敢崇飲。越在外服：侯、甸、男、衛邦伯；越在内服：百僚⑧、庶尹、惟亞、惟服、宗工，越百姓、里（居）〔君〕⑨：罔敢湎于酒。不惟不敢，亦不暇。惟助成王德顯，越尹人、祇辟⑩。

①我聞惟曰——“惟”，有(《文選·東京賦》薛綜注)。王引之釋此句爲“我聞有此語”(《釋詞》三)。

②迪畏——僞《孔傳》釋“蹈道畏”。《蔡傳》釋“畏之而見於

行”。皆誤。吳澄《書纂言》釋“實畏”，陳經《書詳解》釋“迪，啓知”。孫星衍《注疏》釋“所畏”（謂“迪”同攸，即所）。吳闓生《尚書大義》釋“誠畏”，加藤常賢《集釋》釋爲《金縢》之“祇畏”，等等，各尋一義以爲釋，都可說得通，而無確據。呂祖謙《書說》則釋“迪”爲道，謂“商王之興，蓋以是道而畏天畏民”。江聲《音疏》承之，但謂應連上句讀，意爲“昔殷先哲王之道”。朱駿聲、曾運乾等皆全承此說，仍無確據。戴鈞衡《補商》指出：“迪，助詞。”孫詒讓《駢枝》則云：“迪，用也。……言殷哲王用畏慎天之顯德及小民。”按，“迪”爲語詞之“用”，見王引之《經傳釋詞》，茲從之。

③天顯小民——僞孔讀全句作“迪畏天，顯小民”，並釋爲“蹈道畏天，明著小民”。顯然不妥，當如其他注疏家讀作“迪畏天顯、小民”。以“迪畏”爲動詞短語，“天顯”、“小民”爲其二賓語。“天顯”除宋林之奇《全解》釋“天有顯道”、《蔡傳》釋“天之明命”外，自後儒者多釋爲“天明”，晚清孫詒讓亦云：“天顯猶《大誥》云‘天明’，言殷哲王用畏慎天之顯德及小民。《多士》云‘罔顧于天顯民祇’。‘小民’即‘民祇’。《無逸》云‘天命自度，治民祇懼’，即此畏小民之意。”（《駢枝》）王國維則指出：“‘天顯’二字，成語。《多士》……‘天顯’與‘民祇’連言，與此處亦相類。”（《觀堂學書記》）加藤常賢則讀“天顯”爲“大顯”，指與小民相對之地位高者（《集釋》）。總之“天顯”爲古成語，《康誥》、《多士》皆有之。其確義雖難定，由其與下面“小民”對舉，可知它具有一種在上的尊貴者的概念（參看《康誥》“天顯”校釋）。

④經德秉哲——自僞孔以下至清人多釋“經”爲常，“秉”爲持，“哲”爲智。《蔡傳》至明王樵《日記》謂“經德”爲處己之道，“秉哲”爲用人之道。陳經《書詳解》則謂“經德，常其德而不失也。秉哲，

持其明而不昏也"。清江聲《音疏》始謂"哲"當作悊，其義見《説文・心部》："敬也。"孫星衍《今古文注疏》從之，另據《孟子・盡心》"經德不回"注云："經，行也。"自是大都承此説。于省吾舉"經德"之證："《齊陳曼簠》：'肇勤經德。'《孟子》：'經德不回。'"（《新證》）知"經德"爲周人常語，作爲動詞"勤"之賓語。"經"不宜再釋爲動詞"行"，似以釋"常"較妥。"哲"在此亦作名詞，爲動詞釋"敬"亦不妥，以釋"智"或"明"爲是。

　　⑤自成湯咸至于帝乙——"咸"，舊注疏根本不理會它，如《孔傳》、《孔疏》都直説"從湯至帝乙"。自宋以下至清代大多數解經者，都對咸字視若無睹。至清中葉江聲《尚書集注音疏》始釋咸爲徧（遍），謂"自成湯徧至於帝乙"。牟庭《同文尚書》則釋云："《魯語》注曰：'咸，編也。'謂自成湯以降咸編數之以至於帝乙。"黃式三《尚書啓幪》始簡釋爲："咸、覃通，延也。"章炳麟《尚書拾遺定本》遂據以闡釋云："咸以聲借爲覃，覃以咸省聲，本受聲於咸也。《釋言》：'覃，延也。'《大雅》言'内奰于中國，覃及鬼方'。此言自成湯覃至於帝乙，辭相似。"吳汝綸《尚書故》亦云："咸與撢同（此處舉咸、覃皆訓"引"的資料），撢省爲覃。《爾雅》："覃，延也。……咸至者，延至也。猶'覃及'也。"現代治《尚書》者遂多襲用此諸説。這些都是作爲語詞解釋。

　　朱駿聲《尚書古注便讀》云："咸，疑當作戊，太戊也。"開始考慮它可能是人名。然而太戊在商王系中並不太突出。此處語氣是指有殷各代，是從第一代湯起，至最後的帝乙和帝辛。由於帝辛是亡國之君，所以單提了帝乙。那麽前面的當然是開國之君爲較妥。到胡厚宣氏《甲骨文商族鳥圖騰的遺迹》一文中，始據《殷虚文字乙編》6664、5920、1877 等號所著録的三版龜腹甲卜辭"咸伐亦雨"之文，及同上《乙編》2293 等九片卜辭中"咸賓于帝"、"大甲賓于帝"、"下乙賓于帝"之文；又《前編》1.4.3 與《通纂》237 等片中的"虫于咸、虫于大丁、虫于大甲、虫于且乙"之文，又《乙編》"奉于上甲、咸、大丁、大甲、下乙"之文，以及另三片類此之文，以爲"其所記列王世次，咸在上甲之後，大丁之前，又卜辭凡單祭咸的，多在乙日，則咸必爲大乙湯無疑。《尚書·酒誥》説'自成湯咸至于帝乙'，《竹書紀年》説'湯有七名'，《金樓子》説'湯有七號'，疑'咸'者或爲湯有別名之一"。這就使我們思路打開了，這個"咸"字顯然有很大可能即是湯的名字，是他的七名之一。島邦男《殷虛卜辭綜類》所録湯的名字，大乙之後，列"咸"字卜辭達八十條以上，似確鑿可據。另外卜辭中有"成"字亦湯名，《殷虛卜辭綜述》第 411 頁録了有"成"字甲骨三十多片，如《乙編》5303："奉于上甲、成、大丁、大甲、下乙。"成在上甲、大丁之間，當然是湯。但成字與咸字之異，只在從丁（口）與從口（凵）的微有不同。殷代文字資料流傳到周代後，除了上面所引咸字外，是否由於口凵易混淆，把成字也可能誤寫爲咸了呢？總之，由胡氏文中使我們知道，《酒誥》中此咸字以釋爲湯名較妥，應當更循此進一步研究論證它（湯的"七名"，甲骨文中已有唐、大乙、咸、成諸字；金文《叔尸鎛》有成唐；文獻中有成湯、湯、唐、武湯、武王、天乙、履諸字。湯之即唐，上文關於《湯誓》一節中已引王國維説作了論證。此外《殷虛卜辭綜述》第 409 頁亦有所叙及，皆可參考）。

⑥成王畏相——《周語》："叔向曰：'《詩》曰"成王不敢康"……'"韋《解》曰"謂修已自勸以成其王功"。于省吾《新證》："《説文》：'相，省視也。''相'、'省'二字，義同古通。《廣雅》：'畏，敬也。'畏相，言畏敬省察，謂克己之功。"

⑦棐有恭——孫詒讓《駢枝》："'棐'，亦當讀爲'匪'。'恭'，

當爲‘共給’之‘共’。《詩·小雅·巧言》云‘匪其止共,維王之邛’,鄭《箋》釋爲‘不共其職事’。此‘棐有恭’與‘匪共’意異而義正同,言御事之臣即在休假之時,非有當共之職事,亦不敢自暇逸也。”《周禮·羊人》注:“共,猶給也。”

⑧百僚——案:僚,即寮。《毛公鼎》:“及兹卿事寮、太史寮于父即尹。”《番生殷》:“王令籍司公族卿士、太史寮。”以卿士與太史人數較多,故稱之爲寮,亦見此二職地位之高,故於此首舉之。

⑨百姓里居——朱駿聲《便讀》:“百僚、庶尹,即上文‘有正’也。惟亞、惟服,即上文‘有事’也。宗工,宗人之官也。”案:《史頌殷》有“里君百生(姓)”之語,近年《令彝》發現,其銘文曰“舍三事令:眔卿事寮,眔諸尹,眔里君,眔百工”,與本章適可證明,乃知“里居”爲“里君”之誤(見王國維《尚書講授記》及楊筠如《覈詁》)。

⑩惟助成王德顯越尹人祗辟——于省吾《新證》:“越,金文作雩。《廣雅》‘越,與也’。尹人,猶《多方》之言‘尹民’。《説文》:‘尹,治也。’言助成王者三事,明德與治民、敬法也。”

以上這一節,稱讚殷代早期的好君主都不敢暇逸嗜飲,他們的朝內官員(內服)和地方官員(外服)也都不敢沉湎於酒,惟一心協助殷王搞好政事。

“我聞亦惟曰:在今後嗣王酗身厥命①,罔顯于民〔祗〕②,保越怨不易③。誕惟厥縱淫泆于非彝,用燕喪威儀,民罔不盡④傷心。惟荒腆于酒,不惟自息乃逸。厥心疾很,不克畏死。〔辜〕在商邑越殷國滅無罹⑤。弗惟德馨香、祀登聞于天⑥,誕惟民怨,庶群自酒,腥聞在上,故天降喪于殷，罔愛于殷，惟逸⑦。天非虐，惟民自速辜！"

①酗身厥命——于省吾《新證》："《僞傳》以'厥命'屬下讀，訓'酗身'爲酗樂其身。……按'酗'字《尚書》只一見。《汗簡》引《古尚書》作'狃'。狃乃'但'之訛。但，清人釋'侃'。《叔氏鐘》作侃。敦煌唐寫本《〈舜典〉釋文》'剛而無虐'，'剛'作'但'，云'古剛字，古文作但'。是'剛'、'侃'聲同字通。《説文》古文'剛'作'佷'，訛作'狃'，後人改'佴'作'酗'，以與醉酒之義相傅會，而經義湮矣。《廣雅·釋詁》：'剛，强也。''身'、'申'，古通。曹叔孫申字子我，王引之讀'申'爲'身'。然則'酗身'即'剛申'。剛申厥命者，强申其命令也，意謂好以威權凌鑠人民，故下接以'罔顯于民祇'。《多士》'予惟是命有申'，是'申命'乃周人語例。"

②罔顯于民祇——于省吾《新證》："祇，本作'甾'，詳《康誥》'不敢侮鰥寡'條。'甾'、'灾'同聲通用。此應讀作'哉'。《康誥》'乃惟眚哉'，王符作'乃惟省哉'。'哉'、'載'、'菑'、'灾'，古亦通。《詩·大田》'俶載南畝'，鄭《箋》'載，讀菑'。《管子·内業》'不逢天菑'，《魯語》'天灾流行'。按'天顯'及'顯民'乃古人成言（上文"迪畏天顯小民"，《康誥》"庸祇威顯民"，"于弟弗念天顯"，《多士》"誕罔顯于天"，可互證）。保，安也。越，金文作雩。《盂鼎》'在雩御事'，即'在于御事'。罔顯于民祇保越怨不易者，言罔顯于民哉，安于怨而不易也。"

③保越怨不易——孫詒讓《駢枝》："越怨不易，言與民怨之不可易也（《左·僖二十二年傳》："臧文仲曰：'國雖小，不可易也。'"引《詩·周頌》曰："敬之敬之！天維顯思，命不易哉！"此義與彼同）。《君奭》云'不知天命不易'，義亦與此同。"

④辜——《釋文》："許力反。"《説文》："辜，傷痛也。"

⑤辜在商邑越殷國滅無罹——俞樾《平議》:"《爾雅·釋詁》曰:'在,察也'。越,與'與'同。'在商邑越殷國'……商邑以紂所都言,殷國蓋指通王畿千里之内。紂察見商邑與殷國將滅亡而無憂。"孫詒讓《駢枝》:"'滅無罹',承上邑、國二者言之。罹,《僞傳》訓爲憂懼,言邑與國有罪,不自知憂懼也。"于省吾《新證》:"辜,周初作故。《盠盨》'有辜有故',周璪讀'故'爲'辜',證以《詩·十月之交》'無皋無辜',謂文例與此同,是也。《盂鼎》'古天異臨子','古'即'故'。……是'古'、'故'、'辜'互通之證。……'罹'與'離'、'麗'古通。《禮記·王制》'郵罰麗於事',注:'麗,附也。'……上言'厥心疾很,不克畏死',下遂接以'故在商之國都與其全國滅亡而無所坿麗',猶今人言'死無立足之地'也。"

⑥弗惟德馨香祀登聞于天——俞樾《平議》:"'祀'乃'已'之假借字。'已'、'以',古通用。……弗惟德馨香以登聞于天也。……《文選·東京賦》'卜惟洛食',薛綜注曰:'惟,有也。'是'惟'可訓'有'。'弗惟德馨香',猶言弗有德馨香也。'誕惟民怨',猶言誕有民怨也。蓋無德以聞於天,則所有者民之怨咨而已。"

⑦罔愛于殷惟逸——蔡沈《集傳》:"故天降喪於殷,無有眷愛之意者,亦惟受縱逸故也。"

以上這一節,譴責殷代後期的君主唯知肆虐享樂,荒腆於酒,招致上天降喪於殷,終於自取滅亡。

王曰:"封!予不惟若兹多誥。古人有言曰:'人無於水監,當於民監①。'今惟殷墜厥命,我其可不大監撫於時②!

①人無於水監當於民監——段玉裁《撰異》:"《唐石經》及版本皆作'於'。"郭沫若《晉邦盦韻讀》:"此文兩用'於'字不類古語,當是周末儒者所增竄。"又云:"鑑之爲用殆如今人之冰櫃……然古人亦以鑑正容,在未以銅爲鑑之前,乃鑑之以水。"

②我其可不大監撫于時——孫星衍《疏》:"撫者,鄭注《曲禮》云'猶據也'。時者,《釋詁》云'是也'。……告以今惟殷隕喪其大命,我其可不據此以大爲監戒乎!"

以上這一節,告誡康叔封,要吸取歷史的教訓,把殷人的酗酒亡國引爲鑑戒。

"予惟曰:汝劼毖殷獻臣①、侯、甸、男、衛;矧太史友、內史友②越獻臣百宗工③;矧惟爾事,服休、服采④;矧惟若疇:圻父薄違,農父若保,宏父定辟⑤;矧汝剛制于酒。

"厥或誥曰'群飲',汝勿佚,盡執拘⑥以歸于周,予其殺⑦。又惟殷之迪諸臣惟工乃湎于酒,勿庸殺之,姑惟教之。有斯明享⑧,乃不用我教,辭⑨惟我一人弗恤、弗蠲乃事,時同于殺⑩。"

王曰:"封!汝典聽朕毖。勿辯乃司民湎于酒⑪!"

①汝劼毖殷獻臣——王國維《與友人論詩書中成語書二》(《觀堂集林》二):"《酒誥》云'汝劼毖殷獻臣','劼毖'義不可通。案上文'厥誥毖庶邦庶士','劼毖'殆'誥毖'之訛。又云'汝典聽朕毖',亦與上'其爾典聽朕教'文例正同,則'毖'與'誥'、'教'同義。"

②太史友內史友——案:友,猶言寮。《令彝》云:"眔左右于乃

寮日乃友事。"日，郭沫若釋"與"，謂乃寮與乃友也。太史在《毛公鼎》、《番生毁》中稱"寮"，此篇稱"友"，知"寮"與"友"可互稱。太史、内史，人數甚多，故稱曰"友"。

③獻臣百宗工——案：此章既有"殷獻臣"，又有"獻臣百宗工"，疑此"宗工"與前上文的"惟亞、惟服、宗工"的"宗工"不同。該上文的"宗工"承"惟服"來，爲天子近臣，當爲掌王之宗族者。這裏當是殷獻臣之宗工，以世家大族之多，故稱爲"百宗工"。按《左傳・定公四年》云："分魯公以……殷民六族：條氏、徐氏、蕭氏、索氏、長勺氏、尾勺氏，使帥其宗氏，輯其分族，將其類醜，以法則周公，用即命于周，是使之職事于魯，以昭周公之明德。"是此等殷之大族，人數甚衆，支派甚繁，必須有"帥其宗氏，輯其分族，將其類醜"的領袖人物，然後可使其"即命于周，職事于魯"，爲新政權所控制。另上文所謂"庶伯"，疑即指此。康叔封衛，《左傳》説把"殷民七族：陶氏、施氏、繁氏、錡氏、樊氏、饑氏、終葵氏"分給他，所以衛國也該有殷獻臣的百宗工。獻即鬲，謂俘獲者。《逸周書・作雒篇》"俘殷獻民，遷于九畢"，可證。

④服休服采——《孔疏》引鄭玄《注》："服休，燕息之近臣。服采，朝祭之近臣。"孫星衍《疏》："《説文》：'休，息止也。'《魯語》云'天子大采朝日，少采夕月'，《注》云'虞説曰"大采，衮職也。少采，黼衣也"'，蓋掌朝祭之服。"

⑤矧惟若疇圻父薄違農父若保宏父定辟——于省吾《新證》："《僞傳》以'圻父'爲司馬，'農父'爲司徒，'宏父'爲司空；王荆公讀爲'矧惟若疇；圻父薄違，農父若保，宏父定辟'，是也。按以官言則曰'三卿'、'三公'、'三正'；以年歲言則曰'三壽'。《詩・閟宫》：'三壽作朋。'《宗周鐘》'參壽唯琍'，《晋姜鼎》'三壽是利'，言

利於三公也。《屚叔多父盤》'使利于辟王卿事',語有倒正耳。《者
瀘鐘》'若召公壽,若參壽',參壽即三公,言壽如召公之高,位如三
公之尊也,特句法有長短耳。'若疇'之'疇',《釋文》本作'壽'。
若壽者,'若'猶'乃'也,'壽'即'三壽'之簡稱。矧惟若壽者,亦惟
汝之三壽也。'圻父'之圻應作'旝'或'旂'。金文'用祈眉壽'之
'祈'作'旝'或'旂',蓋假軍旂以爲'祈'也。羅振玉謂旂從单,蓋
戰時禱於軍旂之下也。《詩》:'龍旂十乘'、'旂旐央央'、'龍旂陽
陽'、'淑旂綏章'。古者軍旅必以旂爲標識,故旅字金文作'𥎊',象
建旂於車而二人在旂之下,車之上,蓋軍旅以旂爲耳目也。是司馬
之稱'圻父'以旂代稱,與邦圻之圻無涉。《詩》'祈父,予王之爪
牙',毛《傳》亦訓'祈父'爲司馬,職掌封圻之兵甲。此或誤自《左
傳》叔孫豹賦《圻父》,而不知'圻'之本義應作'旝'、作'旂'也。嗣
土而曰'農父',《洪範》'土爰稼穡'之義也。嗣工而曰'宏父',
'工'、'宏',古同音也。……薄,本應作《虢季盤》'博伐'之'博',
《不嬰殷》作'𢧵'。'薄違',猶言討伐叛逆。……《詩·小雅》'天
保定爾',《左·襄二十一年傳》'明徵定保'。'保定'即'定保',猶
'保明'之作'明保'也。此曰'若保',又曰'定辟',間文爲句矣。"
顧師云:"宏父爲司工,何以言定辟? 按《揚殷》曰:'王若曰:"揚,作
司工,官司彙田甸,眔司居,眔司芻,眔司寇,眔司工司。"'知司工一
職,凡田土、住宅、飼料、防盜、工程諸端,皆爲其事,蓋合公安、建設、
農業、畜牧爲一官者,故可以定辟也。"

　　⑥拘——于省吾《新證》:"拘,疑即《虢季盤》、《兮甲盤》之'𠿢'
字,左從口,似拘而訛也。近人釋爲《詩》'執訊'之'訊',義則是而
形未盡符。孫詒讓說爲'絢',亦以其形似也。按其字應當寫作
'𠿢',當爲'訊'之正字。"

⑦予其殺——朱駿聲《便讀》："言有告群飲者，爾毋縱之，皆執縛以歸於周，其當殺者殺之也。愚按：此指周之衆臣中有此者，康叔不得專殺，故執以歸周也。觀下文言'殷之諸臣'，言'勿辯乃司民湎于酒'，可見。"

⑧明享——孫詒讓《駢枝》："享，當讀爲'饗'。'饗'、'享'，聲近字通。凡此經云'饗'者並有賞勸之意。《洪範》云'饗用五福，威用六極'，《孔傳》釋'饗'爲'勸饗'，蓋'饗'爲嘉惠賞勸，'威'爲咎罰畏懲，二義正相對。威福箸明則曰'明饗'、'明威'。《皋陶謨》云'天明畏自我民明威'，《大誥》云'天明畏'，'明畏'即'明威'，與此'明饗'文亦相對。《雒誥》云'伻饗即有僚'，謂使勸就官也。《多士》云'則惟帝降格，饗于時夏'，謂嘉勸於是夏國也。此'享'與彼'饗'義並同。《多方》云'惟夏之恭多士大不克明保享於民'，亦謂夏之多士不能昭明保勸於民。彼'明保享'猶此云'明享'，'享'亦'饗'之假借字也。……此蒙上殷諸臣衆工湎於酒者勿殺而姑惟教之，較之上罰群飲之不教而殺者獨爲寬恕，故云'有斯明享'，明此乃姑勸勉之，不欲速加以罪。"

⑨辭——于省吾《新證》："'教辭'連讀不詞。上既言'姑惟教之'，下言'乃不用我教'足矣；綴以'辭'字，豈經語乎！……'辭'、'嗣'、'司'金文通用，應讀如《毛公鼎》'司余小子弗及'之司，語詞。"

⑩弗蠲乃事時同于殺——于省吾《新證》："《爾雅·釋言》：'蠲，明也。''事'，讀'士'，詳'有正有事'條。'時'，讀'是'。言……惟我一人弗憂汝士，弗明汝士，是同於殺。蓋教而不從，在我爲弗憂弗明，在汝爲同於見殺也。"朱駿聲《便讀》："言殷臣之湎酒者，則皆紂之所導，染惡既深，未能驟革，雖歸於周，弗殺姑教，蓋寬恕此

而明欲其遷善也。若不率教而不悛……則同於‘群飲’之周臣,殺無赦者也。”

⑪勿辯乃司民湎于酒——偽《孔傳》:“辯,使也,勿使汝主民之吏湎於酒。”王引之《述聞》:“‘辯’之言‘俾’也。……《書序》‘王俾榮伯作《賄肅慎之命》’,馬融本‘俾’作‘辯’。‘辯’、‘俾’聲近而義同,‘俾’亦‘使’也。”

以上這一節,提出堅決的禁酒措施,規定凡殷遺臣、諸侯及周自己各級官員包括大臣,都要堅決戒酒。定出政策:凡周的官員一起飲酒必殺,殷的舊臣百官飲酒可以不殺,進行教育就行了,教而不改的才殺,嚴誡康叔封所派出的治民官絕對不許酗酒。可見其主要精神在懲於殷的酗酒亡國,全力防止周族的腐敗。

(二) 今 譯

王這樣說:“拿我的命令去宣布給沬邑的人民呵! 德業完美的父親文王開始君臨西方的時候,就告誡許多屬國和許多官吏以及一切副長官和辦事的人員,他早早晚晚不斷地講道:‘禁止喝酒呀! 上天降的命令,從我的元年起,我們人民該過新生活了!’

“他又說:‘上天降下威嚴,我們的人民因大亂而失掉了他們的德行,這無非是喝酒造成的過愆;再有大大小小的國家的喪亡,也無非是喝酒造成的罪惡。’

“文王告誡一班年輕人,無論是各部門的首長或是辦事的幹部,都不許把喝酒當作正常的生活。當和許多國君聚會時,雖然爲了禮節不得不喝,可是也要大家用德行來自己控制,不落到沉醉的地步。

　　"他説:'我們的人民應當訓導他們的子孫,讓他們知道土地上生出來的東西是可愛的,不該浪費掉,這樣就可以改善他們的心,使他們聰敏地聽從祖父們的訓言。不管是小德或大德,年輕人都該一例地注意。'

　　"所以,沫邑地方的人民呵! 你們應當練習手足的勤勞,專力在種植黍稷上,奔走着爲你們的父親和兄長們服務。或者辛勤地牽了車子和牛遠出去經商,用賺來的東西孝養你們的父母。那時你們的父母必然歡慶得很,做兒子的就好趁着這機會,自己洗净了杯盤,備上豐盛的筵席,闔家喝一回酒了。

　　"衆多的官吏和首長以及各氏族的領袖和高級的人們,你們應當常聽我的教訓! 你們必須先能進獻於你們的父老和兄長,你們自己方可以大吃大喝。只要你們能作長期的觀察和檢討,你們的行止就不會不合於道德的。你們如果再能在祭祀裏供上許多祭品,你們就可以求福於神明,好好地享受一番。惟有這樣才配做擔當周家政事的臣子,也惟有這樣才配做天所承認的大德,而周家也永遠忘不掉你們了!"

　　王又説:"封呀! 因爲我們西方的那些國君和管事的年輕人一向都能接受文王的教令,不貪着喝酒,所以我們到現在就能够繼承了殷家的天命。"

　　王説:"封呀! 我聽説:從前的殷家先聖王爲了懼怕上天和小民的偉大的力量,所以經久保持他們的德行,執守他們的恭敬。從成湯咸一直到帝乙,沒有不達成王功又嚴肅地省察的。那時管事的臣子就是在休假的時候没有該供的職事,也不敢趁着空閒去尋樂,何況説敢放縱地喝酒。那時的官吏,在地方的有侯、甸、男、衛各個國君,在朝廷的有稱爲僚的許多大官,稱爲尹的許多首長、次級的亞官、任事的服官、管理王族的宗工，以及無數氏族和街里的領袖，一概沒有敢沉湎於酒的。不但不敢，也沒有這空工夫。他們只是幫助殷王去成就王德，以及治理人民和謹守法度。

"我又聽説：到了後來，他們的末代嗣王就盡喜歡用威權去壓迫人民，他没有什麽行爲可以使人民欣喜的，他得到的只是不該輕易地激起的人民的怨恨。他又縱肆種種不合法度的淫亂，在宴會裏喪盡了威儀，使得人民没有不爲他痛傷於心的。然而他還是狂妄地貪着酒，無休無歇地享樂。他的心是怎樣地急躁和凶狠，不知道怕死。那時在商的國都裏和殷的全國裏都充滿了滅亡的預兆，可是他還不覺得快要没有立足之地的危險。他没有明德的馨香味兒上達於天，單只有人民的怨恨和集體的酗酒這些腥穢的氣氛涌騰到高空，所以天就斷然地把喪亡的苦果降給他們，不再留一點愛護，這就是他享樂的終局！唉，天哪會有心虐待他們呢，只是人們自己招來的罪過呀！"

王説："封呀！我不想這樣地向你多説話了。古人説得好：'要看自己的臉，不必到盛水的鑑裏去照，只該向人民的心裏去照。'現在殷家已經爲了這種原因失掉了天命，我們哪可不看他們的榜樣，作一回深刻的鑑戒！

"我説：你應當去告教殷的遺臣和侯、甸、男、衛諸國君；以及太史們、内史們、管理遺臣氏族的宗官；以及你的隨從官員，像侍候燕息的近臣和陪伴朝祭的從臣；以及你們三位尊官，那就是討伐叛逆的圻父、安保君民的農父、執行法律的宏父；以及你自身，都該在酒上作堅決的克服呀！

"如果有人來報告你，説'正有一群周朝派來的人一塊兒在喝酒'，你就該一個都不遺漏地抓住了送到周都裏來，我可以給他們定成死罪。再説，如有殷家所登用的舊臣和百官，爲了一時改不過舊習慣，還在喝酒，那就不必殺他們，姑且去教育他們。他們受了這般顯明的恩惠，倘使還不肯聽從我的教訓，那就逼得我不去顧惜他們，開導他們，這班人正同於聚衆狂飲的周臣，也該一例領受死罪。”

王説：“封呀！你應當常常聽我的教訓。你的第一件任務就是切不要讓治民的官吏沉湎在酒裏呀！”

（三）討　論

（一）商代末葉，飲酒的風氣極盛，故傳世青銅器中屬於酒器的特多。周人繼起，雖有意遏抑酒風，但禮節不可廢，酒器繼續製造。其大的爲尊、壺、罍、彝，有如現今的酒甕；小的爲爵、觚、角、斝、觶、卮，有如現今的酒杯；其有提梁的叫卣，有如現今的酒壺。據王國維《宋代金文著録表》所記，全部銅器六四三件，酒器二四四件，占百分之三八弱；又據他的《清代金文著録表》所記，全部四二〇五件，酒器一五五二件，占百分之三七弱。而其後考古發現的大量酒器尚不在内，即此可知在彼時人的生活中，喝酒是何等一件大事。

（二）《商書·微子篇》説：“我用沈酗于酒，用亂敗厥德于下。”又説：“天毒降灾荒殷邦，方興沈酗于酒，乃罔畏畏，咈其耇長、舊有位人。”《大盂鼎》説：“我聞殷墜命，惟殷邊侯甸越殷正百辟率肆于酒，故喪師。”這可見商末君臣酗嬉之狀。沬邑爲商代末葉建都之地，此風尤甚。

（三）《史記·殷本紀·正義》引《竹書紀年》云：“自盤庚徙殷至紂之滅，七（誤，當作“二”）百七十三年，更不徙都。”自安陽甲骨出土,人多信之。然卜辭的時代止於文丁,那麼帝乙和紂兩代固有徙都的可能。《漢書·地理志》河内郡朝歌下云:"紂所都,周武王弟康叔所封,更名衞。"拿此篇來證,可知妹邦確是商末的政治中心,《漢書》的話是不錯的。妹邦因沬水而得名,其正字應爲沬。牧野的"牧"也即是"沬"的音轉。朝歌今爲河南省淇縣,將來如在那裏發掘,可能得到商末周初的重要史料。

(四)周人崛興西土,文化不如殷人高,但刻苦的精神則遠比殷人强,所以文王初年就決心禁酒,正同我們現代史上的禁煙一樣。其禁酒的文獻,除此篇外,如《大盂鼎》説:"丕顯文王受天有大命,在武王嗣文作邦,闢厥慝……在雩(于)御事,戲(祖)酒無敢醻。"又《毛公鼎》説:"善效乃友正,毋敢湑(酗)于酒。"《大盂鼎》作於西周初期,《毛公鼎》作於西周後期,相去近三百年,而目標不變,足知其爲周人固定的一貫的政策。再看《儀禮》,一獻之禮,賓主百拜,這哪裏是尋快樂,簡直受桎梏了。

(五)在此篇中可見周公的政治方案。第一,他要繼承文王的教訓,又要摹仿商的先哲王,因爲當時是不貪飲酒的。第二,要切實以商王紂爲鑑戒,不要再爲了酒弄到亡國。第三,要寬猛相濟,先教後誅。要勸人努力生產,並知道稼穡的艱難,不該浪費食料作刺激品,更要從孝父、敬兄、事神之中飲酒,即把飲酒和倫理相配合。第四,禁酒要從官吏作起,官吏中又要分別殷、周人,對殷人尚可寬,對周人必須嚴。

(六)《牧誓》斥紂惡,不過聽用婦言、廢棄祭祀、不用親族而用逋逃等數事。到了這篇,又添了壓迫人民、縱肆淫亂、喪失威儀等罪狀。後世所説的以酒爲池、懸肉爲林、爲長夜之飲、使男女倮相逐其間等故事,即是從這段話裏發揮出來的。

（七）此篇因禁止官吏喝酒，所以列舉了外内的官名。周初的官制頗可賴此看見一些。大的内官中最尊貴的是所謂"疇"（壽），即後世所謂三公。其次是"尹"和"正"，即各部門的主管長官及史官們。其次是"亞"，即"少正"，今所謂副長官。其次的王的隨從，所謂"服"，分開來說有"休"和"采"。又次則爲管理氏族的"宗工"，疑即"百姓"和"庶伯"，有如今族長；以及"里君"，有如今市長或區長。又其次則爲"百工"，即"庶士"，是一切公務人員的通稱。至"僚"與"友"皆以不止一人而稱，可通用。數十年前，有《令彝》在洛陽出土，這是極重要的一篇金文。上云："明公朝至于成周出令，舍三事令：眔（及）卿事寮，眔諸尹，眔里君，眔百工；眔諸侯：侯、甸、男，舍四方令。"這以"四方令"包侯、甸、男，即《酒誥》的"外服"；以"三事令"包卿士、諸尹、里君、百工，即《酒誥》的"内服"。殷代已有侯、甸、男、衛的制度，足證封建制爲殷代所立而周人承用它的。

（八）本篇有對康叔說的話，有對沬邑人說的話，說話的對象不一致，似乎是兩篇文字合起來的。所以宋吳棫的《書裨傳》說："自'王若曰"明大命于妹邦"'以下，武王告受故都之書也。自'王曰"封！我西土棐徂邦君"'以下，武王告康叔之書也。……《酒誥》爲妹邦而作，故首言'明大命于妹邦'，其自爲一書無疑。"（《蔡傳》引）這說法似乎也對，但爲什麼"明大命于妹邦"之下就接以"乃穆考文王"呢？"乃穆考"只可對康叔說而不可對妹邦說是無疑的。所以蔡沈說："意《酒誥》專爲妹邦而作，而妹邦在康叔封圻之内，則明大命之責，康叔實任之，故篇首專以妹邦爲稱，至中篇始名康叔以致誥；其曰'尚克用文王教'者亦申言首章'文王誥毖'之意。其事則主於妹邦，其書則付之康叔，雖若二篇而實爲一書，雖若二事而實相首尾。反復參究，蓋自爲《書》之一體。"在沒有發現最古的本子之前，也只得這樣講。

（九）本篇較《大誥》、《康誥》爲易解，且喜用“越”字，多至十二次，又不用“爽”字。我們可以猜想，這篇和《大誥》、《康誥》不出於一個史官所記。

（十）《漢書·藝文志》云：“劉向以《中古文》校歐陽、大小夏侯三家經文，《酒誥》脱簡一。”可見本篇之有脱簡。“人無於水監，當於民監”句，作“於”不作“于”，與《尚書》全文異，郭沫若疑爲周末儒者所增竄，那麼本篇又容或有竄亂。篇首“王若曰”，《釋文》曰：“馬本作‘成王若曰’。”《正義》曰：“馬、鄭、王本因文涉三家而有‘成’字。”然則漢代今古文的各個本子都作“成王若曰”。馬本雖有“成”字，而其注曰：“言‘成王’者未聞也……吾以爲後録書者加之。”若如其説，則又出後人改竄。這就是古書的不能完全信任之處。

梓　材

　　由《康誥》篇的"討論（三）"，知《康誥》、《酒誥》、《梓材》三篇為周公誥康叔的誥辭，不過出現些紛歧的提法。特別是《梓材》篇問題較大，因前半部還呼康叔封的名字而教導之，還可說是周公誥康叔之辭；下半部則是臣對君的講話，就顯然前後不一致。《尚書大傳》據喬梓寓意指為周公教伯禽之語。《說苑》、《論衡》則說是同時教康叔和伯禽。這是一顯然不足信之說。宋吳棫、朱熹以及金履祥以為非誥康叔，尤指出後半部有問題，《蔡傳》指出是斷爛簡編所拼湊，因而自宋儒而後對此篇進行了新的研究，然自先秦以迄漢代總之把此篇和《酒誥》篇作為《康誥》三篇之後二篇。在今文、古文各本中，《梓材》的篇次總之緊挨在《酒誥》之後，直至今所見偽古文本中，《梓材》仍為緊接《酒誥》後的《周書》第十三篇，全書第三十九篇。有關此篇的情況，詳後面的"討論"。

（一）校　釋

王曰：“封①，以厥庶民暨厥臣達大家，以厥臣達王，惟
邦君②。

“汝若恒越曰③：‘我有師師④：司徒、司馬、司空、尹、
旅！’曰：‘予罔厲殺人⑤！亦厥君先敬勞，肆徂厥敬勞。肆
往姦宄、殺人、歷人宥，肆亦見厥君事戕人宥⑥。’

①王曰封——俞樾《平議》：“《梓材》一篇並無誥康叔之文，直
以篇首一‘封’字，故不得不屬之康叔耳。……《康誥》之首有‘惟三
月載生魄’至‘乃洪大誥治’四十八字……竊疑當在《梓材》之首。
‘王曰封’者，涉《康誥》、《酒誥》之文而衍‘封’字也。‘王曰“以厥
庶民暨厥臣達大家，以厥臣達王，惟邦君”’，正合‘侯甸男邦采衛百
工播民和見士于周’之文，蓋因五服之臣民咸在，進而誥之，故以此
發端也。篇中文義雖不盡可解，然曰‘庶邦享作，兄弟方來’，又曰
‘庶邦丕享’，又曰‘和懌先後迷民’，皆與篇首四十八字相應。”謂
《康誥》篇首四十八字爲此篇篇首，不確，已詳《康誥》“討論”。謂
“封”爲衍字，尤無據。

②惟邦君——《蔡傳》：“大家，巨室也。……孔氏曰：‘卿大夫
及都家也。’‘以厥庶民暨厥臣達大家’，則下之情無不通矣。‘以厥
臣達王’，則上之情無不通矣。王言‘臣’而不言‘民’者，率土之濱
莫非王臣也。邦君上有天子，下有大家。能通上下之情而使之無間
者，惟邦君也。”

③汝若恒越曰——《孫疏》:"若者,《釋言》云:'順也。'恒者,《釋詁》云:'常也。''越'同'粵',《釋詁》云:'於也。'"

④師師——《孫疏》:"師師者,上'師',《釋詁》云:'衆也。'下'師',鄭注《周禮》云:'猶長也。'……言汝當順常於以告其衆長。"由《皋陶謨》校釋,知師師爲較高級官稱的復數。其下文司徒、司馬、司空見《堯典》、《牧誓》校釋。工、尹、旅依次見《堯典》、《皋陶謨》、《牧誓》校釋。

⑤予罔厲殺人——"罔,無也"(《爾雅·釋言》)。字亦同"毋",《皋陶謨》"罔水行舟",《史記·夏本紀》作"毋水行舟"。"厲,惡也"(《詩·正月》傳)。《逸周書·謚法篇》云:"殺戮無辜曰厲。"此句謂我不凶惡暴虐地殺人。

⑥亦厥君先敬勞肆徂厥敬勞肆往姦宄殺人歷人宥肆亦見厥君事戕人宥——孫詒讓《駢枝》:"案此段大意,謂君敬勞則諸臣亦敬勞,君宥有罪則諸臣亦宥有罪,以戒康叔之謹身率下也。'徂'亦當讀爲'且',此也。'往'當訓爲'彼',與'徂'對文,皆主臣言。謂其君能敬慎勤勞民事,則此諸臣亦法之而敬慎勤勞民事(此疑亦據治獄而言,《康誥》云:"敬明乃罰");即彼諸臣以姦宄殺人歷人之罪而枉法宥之,亦因見君任戕敗人之罪或寬宥不治,故效之而曲宥有罪也。'徂,此;往,彼',文取相變。'歷人'謂搏執平民而歷其手(《説文·木部》云:"櫪,撕枅指也。""歷"即"櫪"之省)。《莊子·天地篇》云:'罪人交臂歷指。'《吕氏春秋·順民篇》云'劙其手','劙'亦'歷'之借字也(當從"曆",傳寫誤從"磨")。'事'當訓爲任(《周禮·大司馬》鄭注云"任,猶事也",二字互訓)。上二句説敬勞,先云'厥君',後云'肆徂';下二句説宥罪人,先云'肆往',後云'厥君':皆謂上行下效,語意並略同,惟文有顛倒耳。"

以上兩段殘存簡文,第一段當無大問題是周公誡康叔的誥詞的開頭用語,指出康叔前往就衛國國君之位的重任,有上承天子下聯繫好國內巨室的重要使命。第二段則囑康叔以身作則,謹身率下,特別在用刑方面要注意。

"王啓監厥亂爲民①,曰:'無胥戕! 無胥虐! 至于敬寡②,至于屬婦③,合由以容④。'王其效邦君越御事,厥命曷以⑤?引養、引恬⑥。自古王若兹監,罔攸辟。

"惟曰:若稽田⑦,既勤敷菑⑧,惟其陳修⑨,爲厥疆畎⑩。若作室家,既勤垣墉,惟其塗墍茨⑪。若作梓材⑫,既勤樸斲⑬,惟其塗丹雘⑭。

"今王惟曰:先王既勤用明德懷⑮,爲夾庶邦享作⑯。兄弟方來⑰,亦既用明德,后式典集⑱,庶邦丕享⑲。

"皇天既付中國民越厥疆土于先王,肆王惟德用和懌先後迷民⑳,用懌先王受命。

"已,若兹監㉑! 惟曰:欲至于萬年,惟王子子孫孫永保民。"

①王啓監厥亂爲民——于省吾《新證》:"'亂'乃'治'之訛。金文'治'皆作'嗣'或'嗣',舊訓'亂'爲'治,'非是。《詩·節南山》'何用不監'傳:'監,視也。'《周語》'使監謗者'注:'監,察也。''王啓監厥嗣爲民'應作一句讀。'爲',語助,詳《經傳釋詞》。言王啓監察其所治人民。《宗周鐘》'王肇遹省文武勤疆土','啓'與'肇','監'與'省',均同訓。凡言'啓'言'肇'皆古人語例,金文習見。"

②至于敬寡——段玉裁《撰異》：“蓋《古文尚書》作‘敬’；《今文尚書》作‘矜’，而‘矜’亦作‘鰥’。《吕刑》古文‘哀敬折獄’，《尚書大傳》作‘哀矜’，《漢書・于定國傳》作‘哀鰥’，正其此例。”

③至于屬婦——《小爾雅》：“妾婦之賤者謂之屬婦。屬，逮也。逮婦之名，言其微也。”

④合由以容——孫詒讓《駢枝》：“案此與《微子》‘用以容’同，即承上‘敬寡’、‘屬婦’，言合衆窮阨之人，用相容受。”

⑤王其效邦君越御事厥命曷以——王先謙《參正》：“《廣雅・釋言》：‘效，考也。’言王者之考察邦君及于治事之臣，其命令用何者爲先乎？”

⑥引養引恬——《釋詁》云：“引，長也。”《説文》云：“恬，安也。”

⑦若稽田——王先謙《參正》：“（《周禮》）《宫正》鄭注：‘稽，猶計也。’稽田者，計度其地而規畫之。”

⑧既勤敷菑——見《大誥》“厥父菑”校釋。

⑨惟其陳修——《孫疏》：“陳者，《詩・信南山》‘維禹甸之’，《周禮・稍人》注引作‘敶’，云‘甸治’，是‘陳’亦‘治’也。”

⑩爲厥疆畎——《孫疏》：“疆者，《説文》云‘界’也。畎，《説文》作く，以此爲篆文，云：‘六畎爲一畝。く，水小流也。’”《周禮・考工記》：“匠人爲溝洫，耜廣五寸，二耜爲耦。一耦之伐，廣尺深尺，謂之畎。田首倍之，廣二尺深二尺，謂之遂。九夫爲井，井間廣四尺深四尺，謂之溝。方十里爲成，成間廣八尺深八尺，謂之洫。方百里爲同，同間廣二尋深二仞，謂之澮。”

⑪惟其塗塈茨——《釋文》引馬融注：“塈，塈色。”《説文》：“塈，白塗也。”又：“茨，以茅葦蓋屋也。”“塗”字釋見注⑭。

⑫若作梓材——《釋文》引馬融注:"治木器曰梓。"《國語·楚語》韋解:"杞、梓,良材也。"

⑬既勤樸斲——于省吾《新證》:"案'樸斲'與'垣墉'爲對文,二字義皆相仿。'樸'當作'屛'或'戣'。《宗周鐘》'戣伐氒都',《兮伯盤》'則即刑屛伐',戣伐連用,戣亦伐也。……是'既勤樸斲'言'既勤伐斲'也。"

⑭惟其塗丹臒——俞樾《平議》:"經文'塗'字,據《正義》是'斁'字。……按《漢書·張衡傳》'惟盤逸之無斁',注曰:'斁,古度字。'是斁、度通。《説文·丹部》'臒'下引《周書》'惟其斁丹臒',蓋壁中古文假'斁'爲'度',孔安國因漢時'斁'、'度'通用,故以'斁'字易之耳。《爾雅·釋詁》曰:'度,謀也。'言既勤垣墉則惟謀墍茨之事,既勤樸斲則惟謀丹臒之事。……'墍茨'爲二事,墍者以土塗之,茨者以草蓋之也。'丹臒'亦爲二事,丹者朱色,臒者青色也。"

⑮先王既勤用明德懷——孫詒讓《駢枝》:"當讀'懷'屬上句。《雒誥》云:'其永觀朕子懷德。'此'德懷'連文,猶彼云'懷德',言先王勤用明德懷來邦國也。"

⑯爲夾庶邦享作——孫詒讓《駢枝》:"夾,莊葆琛讀爲《詩》'使不挾四方'之挾。挾,達也。……此言周達庶國皆來享獻而任役也。作,謂興作任勞役之事。'享'與'作'二事平列。下文云'庶邦丕享',即來享也。《雒誥》云'庶殷丕作',謂來共役,即來作也。"

⑰兄弟方來——王國維《與友人論詩書中成語書二》:"'兄弟方'與《易》之'不寧方'、《詩》之'不庭方'皆三字爲句,方猶國也。"

⑱后式典集——于省吾《新證》:"按'后'乃'司'之反文。《堯典》'汝后稷'即'女司稷'。《爾雅·釋言》:'式,用也。'《釋詁》:

'典,常也。'《詩·小旻》'是用不集'傳：'集,就也。'司,語詞。（《毛公鼎》"司余小子弗及","司"亦語詞。）'是用不集'與'司式典集',意有倒正,而文例一也。此篇自'今王惟曰'至末三稱'先王',稱今王則曰'王',不應忽用'后'字也。"

⑲庶邦丕享——于省吾《新證》："《尚書》'丕'每訓爲'斯'。"（《召誥》"庶殷丕作"。）

⑳先後迷民——朱駿聲《便讀》："'先'之'迷民',謂化紂之惡,酗酒酣身者也。'後'之'迷民',謂助武庚爲亂者也。"

㉑若兹監——《孫疏》："監者,《說文》曰：'臨下也。'言如此臨民,惟子孫長保斯民矣。"

以上保存在篇中的這五段簡文,宋儒以爲是斷爛簡編,但細味各段內容,其用意實前後連貫。都在勸誡爲王者應注重的大綱大略,首要的是養民安民,還要惠及孤苦無告的小民。要克承先王以德服人因而獲得民心的宏偉王業,使皇天交付先王的廣土衆民的盛績萬年無疆。所以看得出這是一篇誥辭中保存得較完整的重要篇文。

（二）今　譯

王説："封呀！把衆多的人民和低級的官吏的心意傳達到各個大家族,把一切臣民的心意傳達到王朝,這是國君的責任。

"你該常常喚着：'我的許多長官司土、司馬、司工,以及各部門的主管人員和許多士大夫呀！'對他們説道：'我不敢暴虐殺人！我知道，只要國君能先謹慎而勤勞於民事，諸臣就都效法了他而謹慎勤勞了。如果諸臣對於間諜、惡霸、殺人犯、私刑犯有枉法縱放的，那就因爲國君先已任用了傷壞他人的犯罪者，寬宥了他們，所以臣下也效法咧。'

　　"做王的察視他所治的人民，該説：'不要互相傷殘呀！不要互相壓迫呀！直到鰥寡，直到賤妾，都要把他們聯絡起來，讓他們有個安頓處。'做王的督導諸國君和管事的人，他發出的命令該以哪一項居先呢？那無非是關於長期的養育人民和安定人民的問題。這是從古以來的國王都這般地察視他的國家的，他們的最高目標原是期望沒有地方可以用着他的刑法呀！

　　"治國的道理該是一步逼進一步的。好像着手種田，先已在除草松土上盡了勞力，就該計劃如何去修治田岸和水溝。又像建築房屋，先已辛苦打好了墻頭，就該想怎樣塗上白堊和蓋上茅草。又像製造木器，先已費勁鋸削好了白胚，就該設計如何去刷上各種彩色。

　　"我王呀！您應當知道：先王已經勤勞地發揮他的偉大的德行來收服人心，實現了無數邦國貢獻祭品，他們的人民又都來勞力工作。許多兄弟之國的君主來了，他們爲這偉大的德行所感召，所以無論做什麼事情都能成功，而無數邦國也就自動地歸附了。

　　"皇天已把中國人民和這一大片土地付與我們的先王，所以我王呀，您也惟有用了德行來和悦那些前前後後受了迷惑的殷民，用來安慰那受天大命的先王的神靈。

　　"唉，我王就這樣地察視人民吧！我希望我們的國祚延長到萬年，我王的子子孫孫永遠保安着人民呀！"

(三) 討　論

（一）此篇爲斷簡殘編所湊成的一篇文字，除漢人强解成一人的話外，宋朝的吳棫就説中多誤簡，自"王啓監"以下即另爲一篇（見《蔡傳》）。蔡沈把吳棫的話修正一下，説自"今王惟曰"以下才另是一篇。清王鳴盛《尚書後案》亦承蔡説，謂"今王惟曰"以下乃周公因誥康叔而並誡成王之詞。現在把這篇翻譯了看來，覺得吳棫的話最對，因爲"王啓監"之監即是"若兹監"的監，説不定"王啓監"到篇末倒是半篇比較完整的文字，而前面的"以厥庶民"和"汝若恒越曰"兩節則真是殘簡。

（二）按《蔡傳》所以不從吳棫説，爲的是他胸中橫梗着康叔做的官也是監，"三監叛誅，康叔封殷"的事實，以爲康叔繼管、蔡而作監，所以他把"王啓監"説爲"王開置監國"，而把"無胥戕"以下説爲"命監之辭"。其實，監不必爲名詞而儘可作動詞，如《高宗肜日》的"惟天監下民典厥義"，《微子》的"降監殷民用乂讎斂"，《吕刑》的"上帝監民罔有馨香德"，都是以上臨下之詞。本篇三"監"字，均王監下之詞，其意有如《洛誥》的"監我士師工"也。

（三）本篇意義與《大誥》、《康誥》頗有相似處。"若稽田"一節即是《大誥》的"若考作室"一節的正面文字，都是要求全始全終，不可半途而廢的意義。"予罔厲殺人"即《康誥》的"敬明乃罰"。"肆往姦宄殺人歷人宥"數語即《康誥》的"亦惟君惟長不能厥家人，越厥小臣外正惟威惟虐，大放王命"，亦即《論語》所謂"上帥以正，孰敢不正"也。"無胥戕，無胥虐，至于敬寡"即《康誥》的"不敢侮鰥寡"。"合由以容"和"引養引恬"亦即《康誥》的"保乂民"和"康保民"。"皇天既付中國民越厥疆土于先王"更既是《康誥》的"天乃大命文王殪戎殷,誕受厥命越厥邦厥民"。思想和文字這般相同,所以這篇雖是些零斷的簡編,而編次於《康誥》、《酒誥》之後是合適的。

（四）看"以厥庶民暨厥臣達大家"的話,可見當時大家族的力量之大,庶民和衆臣都須透過了大家族,方能和國君與王發生關係。中國家族制度根深柢固,宗法思想彌漫一切,三千年來大體未變。《孟子》中有一段話可以作證,《離婁》上云:"爲政不難,不得罪于巨室。巨室之所慕,一國慕之;一國之所慕,天下慕之:故沛然德教溢乎四海。"趙岐《注》:"巨室,大家也,謂賢卿大夫之家。"這實際要使國君向巨室妥協,殷、周爲氏族社會的末期,此亦一證。

（五）此篇説"至于敬寡,至于屬婦",這是真正注意到平民階級和奴隸階級的明證。説"無胥戕,無胥虐",明明這些是被壓迫的階級。這篇裏主張王應對這被壓迫階級要"容",要"養",要"恬",可見作誥者確能顧到全部民衆。所謂"罔攸辟",即是"刑期于無刑"的意思。《孟子·梁惠王下》"老而無妻曰鰥,老而無夫曰寡,老而無子曰獨,幼而無父曰孤:此四者天下之窮民而無告者。文王發政施仁,必先斯四者",當即由此來。

（六）這篇著作者相傳爲周公,開頭作"王曰'封'",即與《康誥》篇同,且《蔡傳》稱此篇"邇上下之情,寬刑辟之用"的中心内容,亦可説與《康誥》的用意一致。俞樾疑這"封"字是衍文,不足據。因此其上半尚可視爲誥康叔三篇誥辭之一。至於"王啓監"以下可能是周公對成王説的。

召　誥

　　周公平定武庚後,遷殷遺多士(貴族)、庶殷(平民)於洛邑,加上洛邑原在殷時所居住的殷民,所以殷人就較多,需要加强鎮撫與管理,所以就決定實現武王遺願(見《度邑》),營建洛邑成為東都,以鞏固統治。周公自己於三年自奄返宗周後,發布了對殷遺四國多方的誥辭《多方》,叫他們安分臣服於周。又和周成王及召公商量利用殷民作為營建洛邑的勞動力。於是就有五年由成王叫召公先到洛邑察看和籌劃命庶殷營建洛邑之事,接着周公到洛邑視察督促工程進行,講了這篇《召誥》。由於誥辭中有"太保(召公)⋯⋯入錫周公曰"之語,故漢代起《尚書》本中即題此篇為《召誥》,即以此篇為召公所作,直傳至現代無異辭。但于省吾《新證》據金文重文通例當作"入錫周公。周公曰",則此為周公所作誥辭。顧頡剛師以為于氏説為此篇開一新面目,兹從之,不過最後一小段仍定為召公所説。《史記·魯世家》因《洛誥》篇末有"惟周公誕保文武受命惟七年"句,遂將召公先周公相宅事,與周公往營成周,皆列於成王七年。其列周公《洛誥》事於七年是對的,列召公開始用庶殷攻位洛邑之事於七年就錯了。其事遠在《洛誥》前,只能依《大傳》説在五年。此篇在今文、古文、偽古文中的次第,已見《多士》題解。這些本子的順序是錯誤的。但為遵守整理古籍常例,今姑仍其舊篇次不動,篇中問題詳後面的"討論"。

(一) 校　釋

惟二月既望,越六日乙未,王朝步自周,則至于豐①。

惟太保先周公相宅②。越若來三月③,惟丙午朏④,越三日戊申,太保朝至于洛,卜宅;厥既得卜,則經營⑤。越三日庚戌,太保乃以庶殷攻位于洛汭⑥。越五日甲寅,位成。

①王朝步自周,則至于豐——馬融《尚書傳》:"周,鎬京也。豐,文王廟所在。……將即土中易都大事,故告文王、武王廟。"鄭玄《尚書注》:"步,行也。……於此從鎬京行至於豐,就告文王廟。告文王則武王可知。"(均《史記·魯世家·集解》引。鄭注末句《禮記·曲禮正義》引)

②惟太保先周公相宅——《史記·魯周公世家》:"使太保召公先之雒相土。"鄭玄《尚書注》:"相,視也。"(《史記·魯世家·集解》引)皮錫瑞《考證》:"宅,疑作'度'。《史記》、《漢石經》及漢人引三家《尚書》、三家《詩》,'宅'皆爲'度'。今文如此。《逸周書》有《度邑篇》,言營洛之事。《大傳》云'營成周',其義當爲'度'。

此云‘宅’,疑後人改之。”按度,計量也,謀也。

③越若來三月——王引之《述聞》:“‘越若來三月’,五字當作一句讀。越若,語辭。來,至也。言越若至三月也。書言‘惟某月’,‘惟’字皆在月上,此獨在月下屬‘丙午朏’字讀之,以‘越若來三月’,已自爲句故也。”按“越若”即《漢書·律曆志》引《武成》“粵若來二月”之“粵若”,亦即《堯典》“曰若稽古”之“曰若”。

④惟丙午朏——《說文·月部》:“朏,月未盛之明也。”按,謂月之二日或三日也。參看《康誥》“哉生魄”校釋。

⑤厥既得卜則經營——王逸《楚辭·離世》注:“南北爲經,東西爲營。”朱駿聲《便讀》:“經營,叠韻連語,猶量度也。”

⑥太保乃以庶殷攻位于洛汭——朱駿聲《便讀》:“攻,猶治理也。位,城郭、宮廟、朝市之位。”按《逸周書·作雒》:“乃位五宮:太廟、宗宮、考宮、路寢、明堂。”此當爲建都時主要之建築。唐蘭有一說云:“凡朝廷裏不論君臣都有固定的位。王到一個地方需要舉行典禮,就得建立臨時的位。所以周成王要到新建的洛邑去,召公就以庶殷攻位於洛汭,攻是製作的意思。到第五天位建成了,王才去看洛邑。”(1958年《五省出土重要文物圖錄序》)然有《作雒》篇最原始資料明確了“位”的含義,知唐氏說不足據。

以上這一節,史臣記述周成王至豐,遣太保召公先至洛邑察看和籌劃利用庶殷營建東都先定城郭宮廟之位諸事項。

若翼日乙卯,周公朝至于洛,則達觀于新邑營①。越三日丁巳,用牲于郊,牛二。越翼日戊午,乃社於新邑,牛一,羊一,豕一。越七日甲子,周公乃朝用書,命庶殷侯、甸、男邦伯②。厥既命殷庶,庶殷丕作③。

①則達觀于新邑營——段玉裁《撰異》:"達觀,若今俗語云'通看一徧'。達,通也。"

②命庶殷侯、甸、男邦伯——孫星衍《疏》:"朝用書者,《春秋左氏·昭三十二年傳》云:'士彌牟營成周,計丈數,揣高卑,度厚薄,仞溝洫,物土方,議遠邇,量事期,計徒庸,慮材用,書餱糧,以令役于諸侯。'蓋周公以此等書于册,以命于侯甸男之邦伯也。"

③庶殷丕作——于省吾《新證》:"《尚書》'丕'每訓爲'斯','作'當讀《論語》'舍瑟而作'之'作',謂興起也。言周公既命之,庶殷斯興起也。"

以上這一節,史臣記周公繼召公之後到洛邑,舉行郊社祭典以祀天地,發表命書,命令庶殷大興營洛勞役。

太保乃以庶邦冢君①出取幣②,乃復入錫周公。〔周公〕曰③:

"拜手稽首,旅④王若公,誥告庶殷越自乃御事:嗚呼,皇天上帝改厥元子,兹⑤大國殷之命,惟王受命,無疆惟休,亦無疆惟恤。嗚呼,曷其奈何弗敬!

"天既遐終⑥大邦殷之命,兹殷多先哲王在天。越厥後王後民,兹服厥命厥終,智藏,瘝在⑦!夫知⑧保抱攜持厥婦子以哀籲天:'徂,厥亡出執⑨!'嗚呼,天亦哀于四方民,其眷命用懋⑩!王其疾敬德!

①太保乃以庶邦冢君——孫星衍《疏》:"以,同與。《鄉飲酒禮》云'主人與賓三揖',《鄉射禮》作'主人以賓三揖',是也。""太

保乃以庶邦冢君”,太保乃與庶邦冢君也。

②出取幣——《説文》:“幣,帛也。”《周禮·太宰》:“以九式均節財用。六曰幣帛之式。”注:“幣帛,所以贈答賓客者。”又《太宰》:“以九貢致邦國之用,四曰幣貢。”注:“幣貢,玉、馬、布、帛也。”此處《孔疏》:“其幣,蓋玄纁束帛也。”總之此幣是作贈禮用的玄纁束帛等珍物。

③乃復入錫周公〔周公〕曰——“入錫”,《尚書》通作“納錫”。《禹貢》“九江納錫大龜”,《史記》録此句即作“入錫大龜”。古時上賜下,下貢贈上皆可用“錫”字。“入錫周公”即入贈周公。舊注疏不解此義,遂牽强説召公以王命賜周公,是不合原意的。“入錫周公曰”,兹采于省吾氏之説,讀爲:“入錫周公,周公曰。”于省吾《新證》云:“昔人以《召誥》爲召公之詞,今審其語義,察其文理,亦周公誥庶殷,戒成王之詞,史官綴叙其事以成篇也。特條列所見於左:

“一,‘乃復入錫周公曰’,按‘周公’二字應有重文,後人誤説。應作‘乃復入錫周=公=曰’,應讀作‘乃復入錫周公,周公曰’。(凡金文定例,重文決不復書。上下二句相毗連處有重復字,必以=代之。《井仁安鐘》:“用追孝侃前=文=人=其嚴在上。”《毛公鼎》:“㽙非先告父=𩅧=舍命。”……此例不可勝舉。)《左·昭二十七年傳》:‘夫鄢將師矯子之命以滅三族,三族,國之良也,《左傳會箋》依日本古鈔卷子本録之如是。今我國各本不重‘三族’字則不詞矣。……《逸周書·殷祝解》:‘湯以此讓三千諸侯,莫敢即位。’《藝文類聚》、《太平御覽》並引作‘湯以此三讓三千諸侯,諸侯莫敢即位’。凡此可爲古書每有重文爲後人傳鈔誤説之證。敦煌隷古定本《盤庚》:‘我先后綏乃=祖=乃=父=乃詔棄女。’可證《尚書》重文寫法與金文合。

“一，自‘周公曰’以下至末均係周公誥戒庶殷御事及成王之詞。舊說謂以下皆召公之言，朱子乃强爲之言曰：‘此蓋因周公以告于王耳。’夫召公代王錫周公，而反因周公以告王，自有文字以來無此例也。……

“一，凡金文及經傳上言君王有所錫，下之‘拜首稽首’皆指被錫者言。是篇兩言‘拜手稽首’，舊皆以爲召公，豈有錫之者言拜稽而被錫者反無拜稽之禮乎！‘旅王若公’，言周公受錫嘉王及召公也。《邢侯彝》：‘王命娕衆内史曰：“舍邢侯服，錫臣三品：州人、秉人、郭人。”“拜䭫首，魯天子！”’是‘拜䭫首，魯天子’指邢侯已受錫而言，非謂娕及内史也。（魯、旅均訓嘉者，《書序·嘉禾篇》“旅天子之命”，“旅”，《周本紀》作“魯”，《魯世家》作“嘉”，可證。）若謂召公代王致錫而曰‘嘉王及公’，必無是理矣。

“一，如謂‘旅王若公’之公爲周公，下之‘旦曰其作大邑’何以又稱周公之名耶？《周書·金縢》、《洛誥》、《君奭》、《立政》及此篇‘旦’字凡七見，皆周公以自謂。凡成王稱周公多曰‘公’，無直稱其名者。安有召公代王致錫而反稱周公之名者乎！……

“一，末言‘惟恭奉幣用供王能祈天永命’……《說文》：‘奉，承也。’《厚子壺》‘承受屯德’，是承受同訓。此必周公受錫，故言‘敬受幣用奉王能祈天永命’也。”

④旅——旅訓嘉，見上條。

⑤兹——王引之《釋詞》八：“兹者，承上啓下之詞。昭元年《左傳》曰：‘勿使有所壅閉湫底以露其體，兹心不爽而昏亂百度。’二十六年《傳》曰：‘單旗、劉秋帥群不弔之人以行亂于王室，晉爲不道，是攝是贊，思肆其罔極，兹不穀震盪播越，竄在荊蠻。’此兩‘兹’字皆承上起下之詞，猶今人言‘致令如此’也。”按王氏雖未引《書》，而

此篇“兹大國殷之命,惟王受命”及“兹殷多先哲王在天”兩“兹”字均可以此釋之。

⑥遐終——朱駿聲《便讀》:“遐終,猶永終,長久也。”按觀下文“殷多先哲王在天”,即知此“遐終”是天的美意,非終訖之謂。

⑦兹服厥命厥終智藏瘝在——于省吾《新證》:“應讀‘兹服厥命厥終,智藏瘝在’。……‘厥命’之‘厥’:厥,‘其’也,‘厥終’之‘厥’:……厥猶‘之’也,詳《經傳釋詞》。凡《書》‘瘝’字,段玉裁謂本作‘鰥’。《爾雅·釋詁》:‘鰥,病也。’‘在’應讀‘哉’。才、在、哉,古通。(《班彝》“唯民亡徦才”、“允才顯”,二“才”字均讀作“哉”。《牧殷》“王才周”,《矢令殷》“才炎”,“才”即“在”。此例金文習見,不勝條列。……)”按:服,受也,謂後王後民受其命之終也,説見下文“有夏服天命惟歷年”校釋。

⑧知——俞樾《平議》:“孫氏星衍曰‘“知”或語辭’,此説是也。《説文·矢部》‘知,詞也’,次‘?’(矧)、‘矣’兩義之間,然則古人固用‘知’爲語助。《召誥篇》所用‘知’字皆是也。”

⑨徂厥亡出執——于省吾《新證》:“《尚書》‘罔’字,隸古定作‘宀’,即‘亡’字。……‘亡’應讀‘無’。……‘徂’,《僞傳》訓‘往’,是也。徂厥亡出執者,言有所往,其無出而見執也。”

⑩其眷命用懋——《僞孔傳》:“民哀呼天,天亦哀之,其顧視天下有德者,命用勉敬者爲民主。”

以上這一節,記召公和庶邦冢君以幣禮入贈周公,周公拜謝,讚美周王盛業和召公美意,引出他對庶殷和營洛的用事之臣講的一段感於天命改易、應鑑戒殷商成敗興亡吸取教訓的話,特別是轉而對周成王申其敬慎重德之誠,以“王其疾敬德”作結。這段話是召公向周公獻禮後,周公拜謝召公時講的。但開言即説明是誥告庶殷和御

事人員的話。其辭鋒却轉而作爲誡勉成王的話。下文全是。下文
有"旦曰"之語,尤確知此篇講話爲周公旦所講。

　　"相古先民有夏,天迪從子保①;面稽天若②,今時既墜
厥命。今相有殷,天迪格保③;面稽天若,今時既墜厥命。
今沖子嗣則無遺壽耇,曰:'其稽我古人之德,矧曰其有能
稽謀自天④。'

　　"嗚呼,有王雖小,元子哉!其丕能誠于小民⑤!今休
王不敢後⑥。用顧畏于民碞⑦。

　　"王來紹上帝⑧,自服于土中⑨。旦曰:'其作大邑,其
自時配皇天。毖祀于上下,其自時中乂⑩。'王厥有成命治
民⑪,今休。

　　"王先服殷御事⑫,比介于我有周御事⑬,節性惟日其
邁⑭。王敬作所⑮,不可不敬德!

　　①天迪從子保——王引之《釋詞》:"'迪',用也。'子',當讀爲
'慈',古字'子'與'慈'通(……《文王世子》"庶子之正於公族者,
教之以孝弟睦友子愛",謂"教之以孝弟睦友慈愛也"。《緇衣》
"……故長民者章志貞教尊仁以子愛百姓",謂慈愛百姓也)。天迪
從子保者,言天用順從而慈保之也。《周語》曰:'慈保庶民,親
也。'"

　　②面稽天若——俞樾《平議》:"若,順也,順即道也。《論衡·
本性篇》引陸賈曰:'人能察己所以受命則順,順之爲道。'《國語·
楚語》以'違而道'、'從而逆'相對。是古人謂順爲道。'天若'即天
順,天順即天道也。"于省吾《新證》:"按'面'即'偭',應訓'背'。

（《禮記·少儀》“尊壺者面其鼻”，“面”，《説文》引作“偭”。《離騷》
“偭規矩而改錯”，王注：“偭，背也。”《史記·項羽本紀》爲“背”。是
“面”、“偭”古通之證。）……《易·繫辭》注：‘稽，考也。’……《爾
雅·釋詁》：‘稽，問也。’”參看《酒誥》“天若元德”校釋。

③天迪格保——于省吾《新證》：“‘格’、‘假’古通。假，嘉也。
……言天用嘉保。”

④矧曰其有能稽謀自天——于省吾《新證》：“‘稽謀’，猶言‘詢
謀’。……詢謀之‘謀’不訓謀畫，謂咨訪。矧，猶‘亦’也。‘有能’
之‘有’讀‘又’。言……今冲子嗣位則無遺耆老，曰其考我古人之
德，亦曰其又能詢自天。意謂不但能考古人之德，又能詢謀天之德
也。天德猶言天道。蓋上句言‘德’，下句加‘又’則省却‘德’字。”

⑤其丕能諴于小民——《説文·言部》：“諴，和也。”謂很能和
於小民。

⑥今休王不敢後——于省吾《新證》：“按‘今休王不敢後’者，
以王之不敢後爲休美也。……《效父彝》‘休王錫效父貝三’，言效
父以王之錫貝爲休美也。”

⑦用顧畏于民碞——俞樾《平議》：“《説文·石部》：‘碞，磛碞
也，从石、品。《周書》曰“畏于民碞”，讀與“嚴”同。’又《品部》：
‘嵒，多言也，从品相連。《春秋傳》曰“次于嵒北”，讀與“聶”同。’
是《説文》引此經作‘碞’，不作‘嵒’。而王厚齋《困學紀聞》、《藝文
志考》二書皆云‘《説文》“顧畏于民嵒”，多言也，尼輒切’，與《説
文》不合。……疑王氏所見《説文》與今不同，其‘碞’篆下引《春秋
傳》‘次于碞北’而云‘讀與聶同’，其‘嵒’篆下引《周書》‘畏于民
嵒’而云‘讀與嚴同’，此蓋許君之真本也。嵒字與嵒字相似。《説
文·山部》：‘嵒，山巖也，从山、品，讀若吟。’《尚書》‘嵒’字傳寫誤

作‘喦’，則與暫喦之‘喦’其義相近，因又誤爲‘喦’。枚《傳》不得其解，妄生僭差之訓，而古字古義俱失矣。……後人日習枚《傳》，遂據以改易《説文》，而《尚書》與《春秋傳》遂皆失其本字。夫‘喦’爲暫喦，則《春秋》之‘喦北’蓋以地在山巖之北而得名也；今移置‘嵒’篆下則又失其義矣。‘嵒’爲多言，則《尚書》之‘畏于民嵒’即《詩》所謂‘畏人之多言’也；今移置‘喦’篆下則又失其義矣。當從王厚齋所引訂正。”此説甚精覈，然即謂畏民言如暫喦，亦無不可。

⑧王來紹上帝——孫詒讓《駢枝》：“按‘紹’當訓爲‘助’。《孟子·梁惠王篇》引《書》云：‘天降下民，作之君，作之師，惟曰其助上帝。’‘紹上帝’即‘助上帝’也。《文侯之命》云‘用會紹乃辟’，王助上帝與諸侯助王義同。”

⑨自服于土中——《孝經援神契》：“八方之廣，周洛爲中，謂之洛邑。”（《水經·河水注》引）按“服”有“從”義，謂王於土地之中央聽從上帝之指示也。

⑩其自時配皇天、其自時中乂——兩“自時”皆“自是”義，謂自是可配皇天，自是可致治于中土也。

⑪王厥有成命治民——成，定也，見《國語》之《周語》、《晋語》、《吳語》注。成命，謂上帝之定命。王受上帝之定命以治民，故爲可嘉。

⑫王先服殷御事——《荀子·王制》“服賢良”，楊注：“服，謂爲之任使。”王先服殷御事者，王先任使殷御事之臣也。

⑬比介于我有周御事——僞《孔傳》：“言當先服治殷家御事之臣，使比近於我有國治事之臣。”段玉裁《撰異》：“《僞傳》凡‘介’皆訓‘大’，不應此獨訓‘近’，疑本‘邇’而誤‘介’。”于省吾《新證》：“《僞傳》訓‘比介’爲比近，是也。……《論語·里仁》‘義之與比’，

皇《疏》：‘比，親也。’‘介’，足利本作‘迩’，即‘邇’……近也。”按“邇”作‘迩’，簡作“尒”，形似“介”，故誤爲“介”。

　　⑭節性惟日其邁——于省吾《新證》：“‘節’……疑爲‘人’之訛。‘性’、‘姓’，金文並作‘生’。《辰盉》‘昔百生豚’，《沇兒鐘》‘穌逪百生’，‘百生’即‘百姓’。《蔡姞彝》：‘彌厥生’，劉心源謂即《詩》之‘俾爾彌爾性’。然則‘節性惟日其邁’者，人生惟日其邁也。《西伯戡黎》：‘我生不有命在天’，是‘人生’、‘我生’之語例由來尚矣。”

　　⑮王敬作所——于省吾《新證》：“按‘所’乃‘匹’之訛。《弓鎛》‘所’作‘所’，《象白敦》作‘所’，二字形最易渾，故漢人仞‘匹’爲‘所’，遺誤至今。……‘王敬作所’者，王敬作匹也。……‘匹’、‘配’故同訓，‘匹天’即‘配天’。”

　　以上這一節，是周公進一步懲於夏商原雖受帝命，乃以違背天道而墜命，今周王年輕，甚需要明於天道的老成人輔導，尤強調不可忽視民意，提出了“用顧畏于民嵒”的名言。同時闡明順應人民需要營建洛邑大都於天下之中，對鞏固周王朝是無比重要的。最後提出要訓練、融合殷人，而自己周王亦須加强道德修養，又以“不可不敬德”作結。

　　“我不可不監于有夏，亦不可不監于有殷。我不敢知曰①有夏服天命惟有歷年②，我不敢知曰不其延，惟不敬厥德乃早墜厥命。我不敢知曰有殷受天命惟有歷年，我不敢知曰不其延，惟不敬厥德乃早墜厥命。今王嗣受厥命，我亦惟兹二國命，嗣若功。

“王乃初服③！嗚呼，若生子，罔不在厥初生④，自貽哲命！今天其命哲？命吉凶？命歷年⑤？知今我初服⑥。宅新邑，肆惟王其疾敬德！王其德之⑦，用祈天永命！

“其惟王勿以小民淫用非彝；亦敢殄戮；用乂民若有功⑧。其惟王位在德元，小民乃惟刑用于天下⑨，越王顯。上下勤恤，其曰：‘我受天命，丕若有夏歷年，式勿替有殷歷年⑩！欲王以小民受天永命！’”

①我不敢知曰——俞樾《平議》：“‘知’，乃語辭。……‘我不敢知曰’者，我不敢曰也。”

②有夏服天命惟有歷年——孫星衍《疏》：“歷者，《釋詁》云‘艾，歷也’，《詩傳》云‘艾，久也’，是‘歷’亦爲‘久’也。”顧頡剛師按：“服”，受也。此云“有夏服天命”，而下云“有殷受天命”，又云“嗣受厥命”，則服天命爲受天命可知。僞《孔傳》：“夏言‘服’殷言‘受’，明受而服行之，互相兼也。”已見此義，特未達一間耳。

③王乃初服——顧師按：“初服”之服，即上文“有夏服天命”之服，受也。

④在厥初生——孫星衍《疏》：“生者，鄭注《周禮》云：‘猶養也。’《說文》云：‘育，養子使作善也。’《論衡·率性篇》云：‘……“生子”，謂十五子。初生意于善，終以善；初生意于惡，終以惡。……’案十五爲太子入學之年，故王氏以釋《經》‘若生子’，謂若養子教之。”

⑤命哲命吉凶命歷年——于省吾《新證》：“舊讀‘命’如字，非是。命謂賜予。《周禮·小宗伯》‘賜卿大夫士爵則儐’注：‘賜，猶命也。’《說文》：‘賜，予也。’《考敦》‘王命考赤市絲✧’，《獻彝》‘摒

伯命兂臣獻金車’，命均謂賜也。‘今天其命哲，命吉凶，命歷年’者，今天其予以明哲，予以吉凶，予以歷年也。”

⑥知今我初服——孫星衍《疏》：“‘知’，或語詞。《説文》云：‘知，詞也。’案《説文》‘㢱’亦詞也。俗‘矧’字與‘知’字形相近，或當爲‘矧今我初服’。”

⑦王其德之——于省吾《新證》：“按‘王其德之’四字句，‘德’乃‘省’之訛。《廣韻》有‘悑’字，訓省悟，當即‘省’字，蓋晚周繁畫字多從心也。金文‘省’作‘ ’。《陳侯因㦎敦》‘合揚兂德’，‘德’作‘ ’。隸古定《尚書》‘德’字作‘悳’，亦與‘悑’字易相渾也。上句言‘惟王其疾敬德’，下言‘王其德之’，則不詞矣。言王其省察之，斯固敬德之事也。”

⑧亦敢殄戮用乂民若有功——江聲《疏》：“《聘禮》：‘辭曰：“非禮也，敢！”……對曰：“非禮也，敢？”’鄭《注》：二者皆並曰‘敢’，言‘不敢’，是‘敢’有‘不敢’意也。此‘敢’讀同彼義。亦者，承上之詞：上言‘勿’，下言‘亦’，則‘亦’是蒙上‘勿’字而言。亦勿敢殄戮以治民，戒毋虐也。”王引之《述聞》：“不以小民非彝而殄戮之者，先教化而後刑罰也。用此治民乃能有功，故曰‘用乂民若有功’，‘若’猶‘乃’也（《小爾雅》：“若，乃也。”……）。”王先謙《參正》：“《釋詁》：‘彝，法常也。言勿以小民可用而過用非法，戒毋擾。’《禮·王制》：‘用民之力歲不過三日。’”三家説有異同，今參用之。

⑨王位在德元小民乃惟刑用于天下——王引之《述聞》：“家大人曰：……《爾雅》：‘刑，常也。’言王在德元則小民常用王德於天下也。”于省吾《新證》：“‘位’、‘立’，古通。金文‘位’不從‘人’。《頌鼎》、《克鼎》‘即立’即位也。……‘德元’即‘元德’，亦稱‘首德’。《師訇毁》：‘首德不克夒。’上文之‘元子’，鄭康成稱爲‘首子’。

《堯典》：'惇德允元。'《酒誥》：'兹亦惟天若元德。'《曆鼎》：'曆肇對元德。''刑用'，即'用刑'之倒文。'其惟王位在德元，小民乃惟刑用于天下'者，其惟王立於德之首，小民乃惟用法於天下也。"

⑩式勿替有殷歷年——朱駿聲《便讀》："式，用也。替，廢也。言君臣相與勤勞憂恤，共期受命如夏歷年之久，勿如殷歷年之久而忽廢之，欲王以小民受天長命也。……'丕若'與'勿替'異辭者，周受殷命，不可云'丕若有殷歷年'也"。

以上這一節，周公再度強調夏、商二國本由服天命而享有歷年，但都因不敬德而墜命。應吸取這"二國命"的深刻教訓，使周王必須"疾敬德"，"用祈天永命"；必須"乂民有功"，"以小民受天永命"。此二者成爲周公反復向周王陳説的基本思想。"乂民"《康誥》作"保乂民"、"康保民"，《梓材》作"永保民"。見周公在反復強調保民。

拜手稽首曰："予小臣敢以王之讎民①、百君子越友民②保受王威命明德！王末有成命，王亦顯。我非敢勤③，惟恭奉幣，用供王能祈天永命！"

①讎民——朱駿聲《便讀》："讎，雔也，猶相當、相對也……謂殷頑民也。"

②百君子越友民——鄭玄《注》："'百君子'，王之諸臣與群吏。"朱駿聲《便讀》："'百君子'，兼殷御事、周御事而言也。'友民'，同志之民，謂周民也。"王先謙《參正》："《續漢・律曆志》'翼百君子越有民同心敬授'，蓋今文作'有民'，如《牧誓》'友邦'，《史記》作'有國'，不作朋友解。有者，詞也。"今以"有民"或"友民"係

與"讎民"對舉,故從朱説。

　　③我非敢勤——王先謙《參正》:"《釋詁》:'勤,勞也。勞於生爲勤,勞於口亦爲勤。《詩·采薇·序》:'《杕杜》,以勤歸也。'《疏》云:'勤者,陳其勞苦,陳人之勞苦爲勤,陳己之勞憂亦爲勤也。'召公所以誥王者,頻繁反復,所謂勞於口者,是勤之義也。"其實此處勤字,當如《詩·采薇·序》"杕杜以勤歸也"疏"勤者,陳其勤苦"之訓。意謂我非敢自陳其勤苦。

　　以上這一節,是召公承周公長篇講話之後所作的簡短答語,史臣亦以此爲《召誥》篇作結。照應上文取幣入錫周公,故此處召公説明奉幣於周公,以回應周公所説用供周王祈天永命之用。按,周公反復强調吸取夏商亡國的歷史教訓,一再宣揚要戒慎,要敬德,要重視小民,所敷陳不外這些内容。而召公答語,都不涉及這些,只匯報他驅使周王室直接管理的隨武庚叛亂的殷遺民(讎民)和庶邦冢君(百君子)及其所轄的殷遺民(友民)來營建成周洛邑的事。從内容到語氣都與上面周公講話有别,顯然是另一段話,而"奉幣"一語尤只能爲召公所説。因此這簡短答語爲召公所講,是可斷言的。從《皋陶謨》看,大臣對話,確采此種形式。

(二) 今　譯

　　二月十六日後的第六天,是乙未日,周王爲了要在洛邑營建東都,早晨從鎬京出發,到豐邑去祭告文王。

　　太保召公前於周公動身,他先去察看和計劃。到了三月,月亮初出的一天是丙午日,隔了三天是戊申日,太保早上到了洛邑,占卜營建的所在；他得了吉兆，就丈量起來。又隔了三天到庚戌日，太保便用許多殷民在洛水隈曲處劃定了墻垣和宮室的基址。又隔了五天，到甲寅日，這工作完成了。

明天乙卯日，周公早上到了洛邑，把這新城的界綫通看了一遍。隔了三天，到丁巳日，他用兩頭牛祭祀了上天。過一天是戊午日，又用牛、羊、豕各一頭祭祀了土地神。隔了七天，甲子日的早晨，周公把工程計劃用書面交付與殷家的侯、甸、男諸國君主，令他們所管的殷民照着做。他的命令一下來，就全體動工了。

太保於是偕同許多國家的君主即去取了幣物，進來贈給周公。周公說：

"我受到厚禮，敬鞠躬叩頭來讚美我王的盛業和召公的美意，因而告給許多殷民和自己的管事官員們：唉，皇天上帝改換了他的大兒子，所以把原來給予大國殷的統治權給我們周王接受了，這固然是我們的無窮的歡慶，可也是我們的無窮的憂慮。唉，我們怎能不加敬慎警惕呢！

"上天以前長遠延續大國殷的統治，曾把許多殷家先聖王的神靈都升到天上。可是到了他們末代的王和末代的人民的手裏，竟面臨這統治的崩潰，所有賢智的人都隱藏起來了，造成多麽大的痛苦！那時丈夫們懷抱了孩子，攜扶了妻子，用哀號來懇求上天，說：'我們只有逃走了，但不要出去之後被捉回來呀！'唉，上天爲了憐惜這四方的窮民，所以他的眷命美意要尋覓一位敬謹勤勉的人把這統治權交給他！面對眷命，我王應該趕快注重德行才行。

"我們看：古代夏族的祖先們所建立的夏國，他們是怎樣的受到天的撫順和慈護；可是到後來他們不去遵行天道，結果就失掉了他們的統治。再看殷國，他們本來也是受到天的讚賞和保佑的；結果一例地違背了天道，所以他們的統治到今天又失掉了。現在我們的王年輕嗣位，切不要遺棄老年人，應當說：'他們老年人不但能認識我們古人的德行，而且還能尋求天道呢。'

"唉，我王的年齡雖幼小，可是他的地位是天的大兒子呀！他該和人民搞得非常的和諧。我王不敢把這事撇在後面，這是該讚美的。須知道，要畏懼人民的意見是能起非常堅強的作用的！

"我王爲了紹承上帝的旨意，到這領土的中心地來接受上帝的命令。我小臣旦曾經説過：'該造一個大城，好從這裏配合着皇天。再妥慎地祭祀上下的神靈，好從這裏安撫着中土。'我王得着上天的決定的命令來治理人民，這又是我們該讚美的。

"現在我王先任用了殷家的官吏，使他們對我周家的官吏常常親近，就可互相勸勉，一生在天天進步之中。我王領導了他們，好好地配合着上帝，哪可以不警惕着德行呢！

"我們不可不把夏國看作榜樣，也不可不把殷國看作榜樣。我不敢説夏王受天命的年數長久，我也不敢説他們不長久，可以確定的是他們不能注意德行所以早失掉了天命。我不敢説殷王受天命的年數長久，我也不敢説他們不長久，可以確定的是他們不能注意德行所以早失掉了天命。現在我王繼承這天命，我們也該記得這夏、殷兩國的受命和被革命的歷史，才好繼續他們的治國的功勳。

"我王現在是初受這天命呀！唉，像生養孩子一般，他的善或不善沒有不從他幼年決定的；只要他自己肯努力向善，上天必然賜給他一個聖智的性格。現在上天對於我王，已把聖智賜給了嗎？已把吉或凶賜給了嗎？已把年數的長久或短暫給了嗎？這是在我王初受這天命的時候必該去好好爭取的。這個新都現在規劃定了，須得我王趕快注意着德行才是呀！只要我王能時時省察，就好去祈求上天,得着永久的天命,把這統治權長期延展下去!

　　"我王不要爲了小民可用,就非法地儘量使用他們;就是他們犯了些過失,也不要用過度的刑法去處罰他們;只有這樣治理人民才能發生功效。進一步説:我王的地位立於全國人民瞻仰的頂點,要使小民們都能拿了王的德行作模範,推廣到整個天下,這對於王必然是增加了偉大的。所以,我們君臣上下應該互相勤勞和憂慮,説道:'我們受了天命,期望像夏國年數的長久,不要像殷國年數雖長而突然廢掉了!我們要求我王用了廣大的小民的力量來接受上天的長命!'"

　　召公鞠躬叩頭道:"我小臣用了曾經敵對我們的殷民,和殷周的許多官吏,以及擁護我們的殷民,來共同承受和履行我王的威嚴的命令和光明的德意!我王末後發下的(營建東都)的成命,使我們感受到了王的威德顯榮的形象。我不敢自陳有什麼勤苦,惟有敬獻上這點幣禮,以供我王用以祈求上天賜給我們永遠的天命。"

(三) 討　論

　　(一)本篇向説爲召公之誥,自漢以來無異説。于省吾氏作《尚書新證》,乃以金文銘辭重文的成例,及凡受錫者皆當拜手稽首以嘉善錫之之人,斷爲"錫周公"下脱兩重文,原文應作"太保乃以庶邦冢君出取幣,乃復入錫周公,周公曰"。得此一解,此篇乃開一新面目;而下文的"旅王若公"、"旦曰其作大邑"等語亦俱怡然理順,不煩曲解。比較材料之有益於研究工作如此。此篇之作,乃洛邑工事既興，殷周兩方面的人物並在，故召公奉贈幣物於周公，而周公就借這機會，向殷、周的高級人員説一番話。題名《召誥》者，當因召公錫周公之故；由於"周公"二字重文久脱，周末人已都承認這是召公的話了。

（二）此篇爲建築新都而作。這新都所以建於洛邑，《逸周書·度邑篇》述武王之言曰："自雒内延（及）于伊内，居易（平）無固，其有夏之居。我南望過于三塗，北望過于嶽鄙，顧瞻過于有河，宛瞻延于伊、雒，無遠天（太）室。"這因爲伊、洛一帶是夏的舊都，又因那邊的山有三塗、嶽、太室，水有河、伊、洛，占有形勝的緣故。《史記·周本紀》云："成王在豐，使召公復營洛邑，如武王之意。周公復卜申視，卒營築，居九鼎焉，曰：'此天下之中，四方入貢道理均。'"這是因爲洛邑恰當於彼時全國的中央，和四方往來便利的緣故。到這時自周公東征之後，深知要鞏固周家的政權，非擴張統治的力量到東方不可，所以封伯禽於魯，太公於齊，康叔於衛，召公於燕，以鎮壓殷民，正如清人入關，在重要地點一一設置駐防軍一樣。至於伊、洛之地盡在王畿之中，既近殷的舊都，又爲入宗周的門户，更該加强政治工作，方可把頑梗的殷民潛移默化，消失其反抗的心理。洛邑的建爲陪都，當時自有其必要，就更見遵行武王遺囑的必要性了。

（三）顧師原以爲《召誥》和《洛誥》爲一時所作，《洛誥》末有"惟周公誕保文、武受命惟七年"之文，《召誥》記七年二、三月間事本無問題。所以《史記·魯世家》説："成王七年二月乙未，王朝步自周至豐，使太保召公先之雒相土。其三月，周公往營成周雒邑，卜居焉，曰'吉'，遂國之。"惟向稱爲伏生所作（實爲伏生弟子三家今文經師所作）的《尚書大傳》却説："五年營成周，六年制禮作樂，七年致政成王。"定爲五年事，比《洛誥》早了兩年。鄭玄相信《大傳》，又懂得曆法,因《洛誥》有"十二月戊辰"一語,推出五年的二月不當有乙未,三月不當有丙午朒,所以他注道:"是時周公居攝五年。'二月'、'三月'當爲一月、二月"(《詩·文王》疏引)直斷《召誥》的紀月有誤。這是信《傳》而改《經》的一例。後人爲此紛紛,如王鳴盛《後案》則從鄭以駁《史》,孫星衍《疏》又從《史》以駁伏。其實《大傳》把周公的事實分配在七年之中,只是扼要説説,遠不如《尚書》的可據。按,顧師此説没有注意到《召誥》本文所載,是周成王命召公至洛邑開始察看規劃營建洛邑,及周公繼召公至洛邑協助擘劃,督促動工,事在草創,一切尚未就緒。《洛誥》本文則爲洛邑初步建成(主要爲宫廟,可能略及城郭),周公請成王到洛邑舉行元祀。這期間工程進度需要年月,《召誥》與《洛誥》自然非一年事。《洛誥》本文載明七年,則《召誥》如《大傳》説爲五年,是合理的。史公誤據《洛誥》七年亦定《召誥》爲七年,是失誤的。《大傳》所載顯有歷史根據,所以鄭玄才采其説。但漢代古曆説法很紛歧,鄭玄所據往往爲紛歧説法之一,不足爲定論。關於共和以前西周年曆,近代推算亦很紛歧。日本三省堂《世界年表》推定周成王元年爲公元前 1115 年,則五年爲前 1111 年。近年天文學者張培瑜先生《中國先秦史曆表》精確推算,排定前 1111 年冬至後四月(即二月)爲戊子朔,則其月正有乙未。似足證明《大傳》之説是有原始資料爲依據的。從而可證《召誥》所記爲周成王五年(亦即周公執政五年)二月、三月的事。下文(十二)實證確爲五年。

(四)本篇説:"越三日庚戌,太保乃以庶殷攻位于洛汭。越五日甲寅,位成。"洛邑甚大,據《逸周書·作雒篇》,城方千七百二十丈,郛方七十里,哪有這樣快就位成的道理。江聲説:"作邑大事,豈能五日而成。且下言'庶殷丕作',則此言'成',但規畫就緒耳。"此言可信。

（五）在這篇裏，周公很注意歷史。“相古先民”一段，他說明了夏、殷的如何受命，又如何墜命。“我不可不監”一段，又說明了夏、殷的歷年和墜命的關係。這種歷史哲學，後來的歷史循環論（如三統、五德）頗似導源於此。“三代”一名的由來，或即由於此。《孟子》說：“周公思兼三王以施四事。”看此篇文辭，亦頗可能。

（六）在這篇裏，可見周公處處注重小民。一則曰“夫知保抱攜持厥婦子以哀籲天，徂厥亡出執。嗚呼，天亦哀于四方民，其眷命用懋”，見得紂的亡國是由於把不住小民。再則曰“有王雖小，元子哉，其丕能諴于小民……用顧畏于民碞”，要成王能順從民意，懷柔相處。三則曰“其惟王勿以小民淫用非彝；亦敢殄戮；用乂民若有功”，要成王不要多役使小民，且不用刑法作惟一的治理方法。四則曰“其惟王位在德元，小民乃惟刑用于天下，越王顯”，要成王以身作則，用德行來做小民模範，小民的德行提高時自然更顯得王的偉大。五則曰“欲王以小民受天永命”，這就是他看出了周家的統治權是建築在小民的基礎上，要鞏固其統治權就非把小民弄得伏帖不可。這是所謂“王道”的中心思想，而周公所以成爲古代的大政治家也就在這裏。孟子的思想係受周公的影響，但孟子思想却又是戰國時代的反映，周公在戰國之先七八百年，何以能有此思想，頗爲可異。蓋由其深刻體會當時的生活實際所得。

（七）從“夫知保抱攜持厥婦子以哀籲天，徂厥亡出執”上，可見人民在殷末逃亡之盛（再則逃亡的是不是奴隸呢？這種現象是不是表示奴隸制到這時候已不容易維持呢？這也是可以研究的一個問題）。按《左傳·昭公七年》，楚芋尹無宇述周文王之法曰：“有亡，荒閱。”杜《注》：“荒，大也。閱，蒐也。有亡人當大蒐其衆。”那麼在周文王的政治下，也很有逃亡的人，所以才定出這種加强户口管制的法律來。無宇又述周武王的事道：“昔武王數紂之罪以告諸侯曰：‘紂爲天下逋逃主，萃淵藪。’故夫人致死焉。”杜《注》：“萃，集也。天下逋逃悉以紂爲淵藪，集而歸之。人欲致死討紂。”照這樣說，當時各國都有人民逃亡，而爲紂所容留的獨多，因此各國的統治者用死力來把紂打倒。拿《尚書》與《左傳》合看，可見商末人民大量逃亡是一件確定的事實。但《尚書》說紂的人民逃亡，而《大傳》則說別國的人民逃亡到紂處，其事恰恰相反。這是一個需要研究的問題。

（八）周公誥教成王，要他居安思危，要他以夏、殷爲鑑戒而永遠敬德，語重心長，可見當時這個新國家的統治者的不腐化。篇末召公說“予小臣敢以王之讎民，百君子越友民保受王威命明德”。蔡沈謂讎民爲殷之頑民與三監叛者；百君子爲殷之御事庶士；友民爲周之友順民。朱駿聲說略同。按文中以“讎民”與“友民”並舉，足見殷、周兩族的敵對；但周公要使讎民也能保受周王的威命和明德，目的在使殷民與周民融合，其政治理想可謂深遠。古代的政治能如此開明，確實不易。

（九）“若生子，罔不在厥初生自貽哲命”一語，是我國人性論的最早文獻。《蔡傳》云“初生習爲善則善矣”，可見周公的意思，善是要自己習出來的。這是性無善無不善論，和孟、荀說都異而與告子、世碩却同。告子之言曰：“性猶湍水也，決諸東方則東流，決諸西方則西流。”（《孟子·告子上》）世碩之言曰：“舉人之善性養而致之則善長，惡性養而致之則惡長。”（《論衡·本性篇》）這都是“自貽哲命”的說法。

（十）《康誥》篇首云：“惟三月哉生魄，周公初基（其）作新大邑于東國洛。"即本篇的"惟太保先周公相宅,越若來三月惟丙午朏,越三日戊申,太保朝至于洛,卜宅……"的事。惟那篇是將太保的事歸諸周公,見得這事是周公主動的。又云"四方民大和會,侯甸男邦采衞百工播民和,見士于周",亦即本篇的"周公乃朝用書,命庶殷侯甸男邦伯,厥既命殷庶,庶殷丕作"。又云"周公咸勤,乃洪大誥治",也即本篇的"周公曰:'拜手稽首,旅王若公,誥告庶殷,越自乃御事'"。兩文相較,足見《召誥》是記洛邑築城原由及周公到彼處分配工作時說的一番話,而《康誥》篇首也是記的這一件事;然而敘事有繁簡同異之別,足見這是兩位史官所記,那位史官記的全文已失,只剩了開頭幾句話,而被人誤編在《康誥》的頭上了。

　　(十一)本篇前段易解,後段難譯,這是記事與記言的不同處。記事簡單直率,故自甲骨文以來無大變化;記言則不但意思複雜,辭氣曲折,且有方言在內,有說話的人的方言,有筆記的人的方言。我們研究古代的雅言尚不易,何況古代的方言。即如本篇的"知"字是語詞,這是別處所沒有見過的,要從它的本義講就窒礙不通了。

　　(十二)1963年陝西寶雞賈村塬出土西周早期銅器《何尊》,其銘文的前半釋文云:"惟王初相宅于成周,復稟武王禮福自天,在四月丙戌,王誥宗小子于京室曰:'昔在爾考公氏克逨文王,肆文王受茲大命,惟武王既克大邑商,則廷告于天曰:余其宅茲中國,自之乂民。'"銘文之末載明:"唯王五祀。"這是一篇無比重要的當召公、周公衞王命營洛之年——唯王五祀這一年,由當時另一位貴族何(冋)所作有關營洛之事的紀實銅器銘文。《召誥》篇中記載這一年二月,成王至豐決定宅洛邑,遣召公赴洛邑相宅。三月,召公至洛察看籌劃,命庶殷供役,在洛水北先定宮廟城郭之位,其後周公至洛,舉行祀禮,即驅使所有衆殷民及殷一些地方首領率所屬從事建築勞務,然後講了這篇誥辭。而《何尊》則載這年四月，由成王在京室誥教這位宗小子何，時間與《召誥》緊密相接，内容與《召誥》緊密相關。開頭即說成王相宅於成周，此"相"字在銘文中字體較繁，張政烺先生《何尊銘文解釋補遺》（《文物》1976年第1期）據其字從"眢"，與"省"音近相通，有相視之義，讀爲"相宅"，其說甚確，正與本篇成王遺召公"相宅"相合。繼說明"復秉武王禮福自天"，即表明宅洛邑完全秉承武王遺囑。而後着重說明文王受天命，武王克商，即廷告於天："余其宅兹中國，自之乂民。"（我要居此國土之中央，由此地以治民）因此才有召公、周公相宅、營洛之事。這些全與《召誥》文義相合，與《洛誥》文義亦合。特別可貴的是，銘文末載明"唯王五祀"，按當時紀事文例，《召誥》應有而失載，後它兩年的《洛誥》載明"誕保文武受命，惟七年"，彌補了《召誥》失載。這就以當時的實物史料確證《召誥》内容經幾千年流傳，仍保持其精確，亦證實了《召誥》寫成於成王五年，從而可知由文獻論定《召誥》（還有《多士》）成於五年之說是可信的。

（十三）阮元《性命古訓》云："性命之訓起於後世者，且勿說之。先說其古者，古性命之訓雖多，而大指相同，試先舉《尚書·召誥》、《孟子·盡心》。《召誥》曰：'節性惟日其邁，王敬作所，不可不敬德。'又曰：'若生子，罔不在厥初生，自貽哲命。今天其命哲，命吉凶，命歷年。'又曰：'王其德之用祈天命。'（當作"祈天永命"）……《孟子》曰：'口之於味也，目之於色也，耳之於聲也，鼻之於臭也，四肢之於安逸也，性也。有命焉，君子不謂性也。仁之於父子也，義之於君臣也，禮之於賓主也，知之於賢者也，聖人之於天道也，命也。有性焉，君子不謂命也。'趙岐注曰〔此處引趙岐謂味、色等五項爲人性之所欲，靠命禄得之，凡人（一般人）任情從欲以求，君子以仁義爲先,不以性欲求之,"故君子不謂之性也"。父子、君臣等五項關係,皆命禄遭遇。凡人歸之命禄,君子則修仁行義,不但坐而聽命。"故君子不謂命也"〕。按《孟子》此章性與命相與而爲文,性命之訓最爲明顯。趙氏注亦甚質實周密,毫無虚障,若與《召誥》相並而説之,則更明顯。"是阮氏將西周初年的《召誥》與戰國時期《孟子》二書中之説,都看成即是宋儒所倡的性命之訓的學説,似有意牽合。《孟子》書中確以"性"與"命"對舉,但趙岐已闡明"性"只是人的一種本能的要求,而"命"則是利禄遭遇,實際是通常所説的命運,與後世的宋儒理學家如程頤所謂"心即性也,在天爲命,在人爲性,論其所主爲心,其實只是一個道"(《二程遺書》卷十八)這樣的"性命之學"有什麽牽涉? 即以阮元所舉的《召誥》三處例句言,"節性惟日其邁"三句,上文"校釋"已釋明其義爲:人生惟日其邁,王應敬作匹以配天,所以應努力敬德。"若生子罔不在厥初生"諸句,亦釋明爲:若養子無不在初施教養時注意端其善惡,自求明哲。"王其德之,用祈天永命"句,亦已釋明爲:王其省察之,用以祈求上天給予周王朝以永遠的天命。這些含義,怎麽能比附於宋儒的性命之訓呢。這也是有意爲後代的東西牽附古代經典之説,以表示其淵源有自,沖淡它所承佛、道之影響。

洛　誥

  《洛誥》是周成王在位周公攝位執政之七年營建洛邑（見《召誥》。當時亦稱"作雒"。《逸周書》有《作雒篇》較詳記其事）的主要工程（如宗廟、宮室等）完成後，請周成王到洛邑舉行祀典，主持國政，成王則祀後還宗周，留周公居洛以鎮撫東土這一歷史過程中有關往返告答之辭，由作册逸記錄成文的一篇誥詞。在先秦文獻中被引用七次。在西漢伏生今文本中為第十八篇，伏生弟子三家今文本中為第十九篇，東漢馬鄭古文本中為第二十三篇，皆列於《周書》。東晉偽古文本中為全書第四十一篇，列為《周書》第十五篇。其情況詳後面"討論"。

（一）校　釋

  周公拜手稽首曰①："朕復子明辟②：王如弗敢及，天基命定命③。予乃胤保大相東土，其基作民明辟④。

“予惟乙卯朝至于洛師⑤，我卜河朔黎水⑥。我乃卜澗水東，瀍水西，惟洛食。我又卜瀍水東，亦惟洛食⑦。伻來以圖及獻卜⑧。”

王拜手稽首曰⑨：“公不敢不敬天之休，來相宅，其作周匹休⑩。公既定宅，伻來，來視予卜休恒吉，我二人共貞⑪。公其以予萬億年敬天之休！拜手稽首誨言⑫。”

①周公拜手稽首曰——“拜手稽首”，詳《堯典》“禹拜稽首”校釋及《皋陶謨》“皋陶拜手稽首”校釋。大抵以首至手爲拜手，以首至地爲稽首。《蔡傳》云：“此下周公授使者告卜之辭也。‘拜手稽首’者，史記周公遣使之禮也。”

②朕復子明辟——僞孔云：“周公……言‘我復還明君之政於子’。子，成王。年二十成人，故必歸政。”《蔡傳》云：“‘復’，如‘逆復’之復。成王命周公往營成周，周以得卜，復命於王也。……先儒謂……反政成王，故曰復子明辟。……何復之有哉？”戴鈞衡《補商》云：“‘復子明辟’，孔氏謂周公復政成王，《傳》（指《蔡傳》）闢其非，遂成千古聚訟。考《傳》義本王氏安石。王氏之言曰：‘先儒謂成王幼，周公代王爲辟，至是乃反政於成王。……以《書》考之，位冢宰正百工而已，未嘗代王爲辟，則何君臣易位復辟之有哉？……復如“復逆”之復，成王命周公往營成周，周公得卜，復命於成王。謂成王爲“子”者，親之也；謂成王爲“明辟”者，尊之也。’（按，見林之奇《全解》引）程子、葉氏夢得、呂氏祖謙皆取王氏之言。程子曰：‘復子明辟，猶言“告嗣天子王矣”。’（見《立政》。當據程氏《書說》）葉氏曰：‘復如《孟子》“有復於王”之復，孔氏以復子明辟爲周公攝政而歸政之詞。考周公踐天子位以治天下，初無經見，獨《明堂位》云

爾。《明堂位》非出吾夫子也。武王崩，周公以冢宰攝政，此禮之常。攝者攝其事，非攝其位也。'（當據葉氏《書傳》）吕氏曰：'前乎此者，封康叔，伐三監，莫不繫之於成王，則昔固爲辟自若也。使如世儒之説，則天下事豈有大於此者，何爲下文無一語及之，而專論營洛獻卜之故邪。'（據《東萊書説》）今據王氏、葉氏、吕氏所辨，理正文精，足以洗聖人之誣，定君臣之分，釋萬世之猜，可謂善於説經，有功名教者也。第攝政復政，不得謂無其事，亦正不必爲周公辨也。……惟以'復子明辟'爲即復政之證，則不可。何也？經言'復子明辟'，明辟爲明君，别無他解，謂'還子明君'，非攝位僭王，何還明君之有？謂'還明君之政於子'，則必增'王政'二字成義，且以下文'伻獻圖卜'及'王伻來，來視予'推之，此爲成王在鎬周公在洛復命之詞，斷斷無疑，往復致書，不應開口便言歸政，蒙意此實是復命於王之語。"以上是漢學、宋學及清學對"復子明辟"的解釋。

　　王國維《洛誥解》云："復，白也。《周禮》：'大僕掌諸侯之復逆，小臣掌三公及諸侯之復逆，御僕掌群吏之逆及庶民之復。'先鄭司農曰：'復，謂奏事也。辟，君也。復子明辟，猶《立政》言告孺子王。時成王繼周公相宅至於雒，故周公白之。'"（按此末三句誤，當如戴鈞衡謂"成王在鎬，周公在洛復命"。《書序》謂"周公往營成周，使來告卜"及《蔡傳》謂"周公往營成周，周公得卜，復命於王"皆就文意得相同之説，足證此義）于省吾《新證》："僞《傳》云：'言我復還明君之政於子……'王安石云：'復如復逆之復。'程子云：'猶言告嗣天子王矣。'俞樾云：'平時周公稱王命，專行無須復命，至是成王已長，周公將歸政，退從臣禮，故須復命也。'王静安謂宋人釋復爲白可從。按以上諸説，均非經旨。金文通例，'朕'字皆訓'我之'，'復子'字乃名詞，'朕復子'謂'我之復子'。'復子'猶言又子。《論語》'如有復我者'皇疏：'復，又也。'《詩·小宛》'王命不復'傳：
'復，又也。'《檀弓》：'兄弟之子，猶子也。'《儀禮·喪服》傳：'昆弟
之子若子。'復子、猶子、若子，其義一也。'明辟'者，明君也。'朕
復子明辟'者，如言'我之猶子明君'也。'朕復子'亦簡稱'朕子'，
下文'其永觀朕子懷德'可證。……舊訓'復'爲復命，是不諳'朕'
字故訓。又訓'朕復子明辟'爲'我復還明君之政於子'……是謂望
文生訓。"以服子爲猶子，是現代學者提出的新説。

　　是"朕復子明辟"，漢學釋爲復辟，宋學釋爲復命，近人釋爲我的
侄子（古語猶子即今語侄子）。三説紛陳，終推復命説較爲通行。

　　③王如弗敢及天基命定命——皮氏《考證》録《文選》載沈約
《宋書·謝靈運傳論》注引此句"弗"作"不"。孫詒讓《駢枝》云：
"'如弗敢及'，句。言如不敢求及先王，但冀保我王命耳。亦謙抑
敬戒之意。凡《書》云'及'者，皆謂及先王或古人。如《康誥》云：
'乃由裕民（王引之云："猷裕，道也"），惟文王之敬忌乃裕民，曰：
"我惟有及，則予一人以懌。"''有及'，謂道民以能及文王也。《君
奭》云：'罔勖不及。'言無人勖勉我，則不能及古之賢臣也。《吕刑》
云：'在今爾安百姓，何擇非人，何敬非刑，何度非及。'《墨子·尚賢
下篇》引彼文釋之云：'能擇人而敬爲刑，堯舜禹湯文武之道可及
也。'是'何度非及'亦謂何所謀度非求及古之聖王乎。蓋周時以求
逮及前人爲及，習爲常語，故《墨子》尚能通其義也。天基命定命，謂
初始基之，終則定之（按《蔡傳》云："基命，所以成始也；定命，所以
成終也。"顯爲孫氏此語所據），皆天所以命先王。我則繼續而保之
（按此爲經文下句"予乃胤保"意）。'及'與'胤'皆對先王而言。
文意甚明，僞《傳》全誤。"于省吾《新證》云："僞《傳》云：'如，往也。
言王往日幼少，不敢及知天始命周家安定天下之命。故己攝。'按僞

《傳》十字連讀，非是。應該作‘王如弗敢及’句，‘天基命定命’句。上句稱‘明辟’，故接以謙詞‘王如弗敢及’。《毛公鼎》‘司余小子弗及’可證。《康誥》：‘我惟有及。’《詩·皇皇者華》：‘每懷靡及。’是‘弗敢及’、‘弗及’、‘有及’、‘靡及’，皆古人語例。此篇言‘基’，猶金文言‘啓’、言‘肇’（或讀基爲其，亦通）。基命之‘命’猶言錫予，詳《召誥》‘今天其命哲’條。蓋靖難、營洛，初作名辟，故曰‘天始予以定命’。此句爲一篇綱領。”自以于說爲妥，兹從之。惟“如”應釋爲“如果”之意。

④予乃胤保大相東土其基作民明辟——《蔡傳》云：“予乃繼太保而往，大祖洛邑，其庶幾爲王始作明辟之地也。”是訓“胤”爲繼，以“保”爲太保君奭，以“洛邑”爲東土（此點與僞孔同），以“其基”爲作民明辟之基地。戴鈞衡《補商》云：“‘保’，輔也。保之恒見經典者，訓安、訓定、訓養。以愚考之，當有‘輔’訓。《文王世子》：‘保也者，慎其身以輔翼之而歸諸道者也。’是保有輔義。保又訓副訓附，副、附義皆近輔。下文‘公明保予沖子’，‘承保乃文祖受命民’，‘誕保文武受命’，保亦輔也。舊俱訓安，失之。”王國維《洛誥解》云：“基，始也。……周受天命久矣，至是復言‘基命’者，文王受命僅有西土；武於伐紂，天下未寧而崩；至周公克殷、踐奄，東土大定，作新邑於雒，以治東諸侯，因之一統自成王始。故曰‘予乃胤保大相東土，其基作民明辟’。胤，繼也。公自言，公之大相東土，繼成王及天基命定命之志也。”于省吾《新證》云：“‘其基’，猶言‘其肇’，《叔毁》‘叔其肇作毁’可證。”蓋“肇”亦始也（見《釋詁》）。

⑤予惟乙卯朝至于洛師——《蔡傳》：“乙卯，即《召誥》之乙卯也。洛師，猶言京師也。”吳澄《纂言》：“師，衆也。言可以居衆也。”

⑥我卜河朔黎水——《釋文》：“朔，北也。”《孔疏》：“所卜三處

（連下文二卜言）皆一時事也。黎水之下不言吉凶者，我乃是改卜之辭，明其不吉乃改，故知卜河北黎水之上不吉。武王定鼎於郟鄏，已有遷都之意，而先卜黎水上者，從帝王所都不常厥邑，夏殷皆在河北，所以博求吉地，故令先卜河北，不吉，乃卜河南也。……顧氏（本誤顏氏，林之奇、孫星衍皆引作顧，是）云：‘先卜河北黎水者，近於紂都，爲其懷土重遷，故先卜近以悦之。’用鄭康成之説，義或然也。”孔穎達所據前人之説，其中重要一家爲顧彪。此顧氏當即顧彪。蘇軾《書傳》：“黎水，今（宋）黎陽也。營洛以處殷民，民重遷，以河朔爲近便，卜不吉，然後卜洛也。”蔣廷錫《地理今釋》：“《續文獻通考》云：‘衛河、淇水合流，至黎陽故城爲黎水，亦曰濬水。黎陽故城在今（清）直隸大名府濬縣東北。”即今河南省浚縣境，地處黄河之北。按，西周時大河在浚縣之東大伾山麓折而北流，直至春秋時始南徙爲後代之黄河。其時自淇水至黎水正在大河之北。今淇縣東北爲紂都朝歌之地，故蘇軾云民重遷，殷人自懷念其故都附近。林之奇《全解》云：“周公之營東都，蓋以求天地之中，欲諸侯之朝覲貢賦道里爲均。而乃先卜河朔黎水者，顧氏曰：‘黎水近於紂都，爲其懷土重遷，故先卜近以悦之。’此説固是，意者黎水去洛不遠，亦不失爲地中也。”

⑦我乃卜澗水東瀍水西惟洛食我又卜瀍水東亦惟洛食——“澗、瀍”二水見《禹貢·豫州》。澗水源出今河南省澠池縣白石山，東南流合穀水，亦稱穀水，東經新安縣，東南流穿過今洛陽市西南部入洛水。瀍水爲一小水，源出今河南省孟津縣西北穀城山，南流穿過今洛陽市内東南部入洛水。《詩·王風譜》正義引鄭玄注云：“瀍水東既成，名曰成周，今（漢）洛陽縣是也。召公所卜處名曰王城，今（漢）河南縣是也。”僞孔遂亦於“澗水東瀍水西”下注云：“今河南城

也。"於"瀍水東"下注云："今洛陽也，將定下都，遷殷頑民。"《傳説彙纂》引史漸曰："澗瀍之東西，即洛之中也；瀍水之東，即洛之偏也。同名爲洛，而王城、頑民之居不同。……洛邑居天下之中，伊、洛、澗、瀍實周流於其間。天子南向，則澗水在洛之右，瀍水在洛之左。周公於澗瀍之中，龜兆告吉，遂營王城以建王宫、定郊社、宗廟，是爲郟鄏之地，今(宋)之河南是也。又循之左，越瀍水之東，龜復告吉，遂營下都以居殷民，今(宋)之洛陽是也。二城相距蓋十有八里。"

"洛食"，《詩·王風》正義引鄭玄注云："我以乙卯日至于洛邑之衆，觀召公所卜之處，皆可長久居民，使服田相食。"此鄭玄自"予惟乙卯朝至于洛師"一氣貫下釋此數句，自以"服田相食"釋此"洛食"。加藤常賢《集釋》以鄭玄此釋歸結爲飲食之食，自文字上得其解釋。另有釋爲吉凶判斷之詞(按，指僞孔所釋："卜必先墨畫龜，然後灼之，兆順，食墨。"以後經師皆從之)，以爲未免望文生義。加藤以爲當尋"食"字爲何字之假借，提出可能爲"禧"字(亦作"釐")之假。《漢書·文帝紀》"祠官祝釐"。如淳注："福也。"加藤此釋新穎近理。《説文》釋"禧，禮吉也"。直釋"禧"有吉義，更可爲加藤説佐證。然而"洛食"二字在此確係作卜兆吉凶解，而二字字面極不好懂，似以尋其假借義爲正確方法。但如能確證"食"字爲古代龜卜活動中的一個術語，如僞孔所言，則用食字本字亦可解通。僞孔之後，《孔疏》較詳闡述之云："凡卜之者，必先以墨畫龜，要坼依此墨，然後灼之，求其兆順食此墨畫之處，故云'惟洛食'。"這是二孔據流傳至東晋及唐時的古代龜卜資料寫成。今能見到的古代龜卜資料，有如《周禮·春官》之太卜、卜師、龜人、菙氏、占人等職文，《儀禮·士喪禮》"卜日，卜人奠龜"一段叙述龜卜過程之文，《史記·龜策列傳》、《白虎通·蓍龜》等，以及先秦諸子中(如《荀》、《韓》等)亦偶有言及者,大抵鑽龜、鑿龜、灼龜、卜人占坼等大都談及,其中卜師"凡卜事,眂高,揚火以作龜,致其墨"。則確知龜卜中有所謂"墨"。現代由於有了殷虛甲骨,人們看到了古代龜卜實物,對龜卜過程的實際情況有所了解,陳夢家《殷虛卜辭綜述》第一章第三節"甲骨的整治與書刻"作了詳晰的叙述,從取材、鋸削、刮磨,到鑽鑿、灼兆、刻辭、書辭、塗辭、刻兆,作了周詳的觀察和展現其原貌,使人們對古代的龜卜有了踏實的了解。其中談到鑿龜,在甲骨的反面,用鑿鑿成菱形,是從兩旁斜切下去,其深處成一直綫,爲離正面最薄處,即正面顯兆幹之處,兆幹即直行的兆,亦即墨。由是知龜卜中確有術語稱"墨",則僞孔、《孔疏》所說之"墨",確有所據,不過誤以爲以墨畫龜耳。而資料中尚未見到"食"爲其術語,但"墨"與"食"同爲二孔所引古代龜卜中的術語,"墨"既可信,安知"食"非古龜卜中確有的術語亦可信嗎? 特資料中失傳,賴有《洛誥》保持下來此一術語孑遺,吳澄《書纂言》云:"以兆食墨而明,爲吉;不食,則其兆曖昧,非吉也。"那麼這一占卜得定其吉凶的兆辭爲"食",即是其卜得吉,則"洛食"就是"卜建都於洛,吉"了。(屈萬里《集釋》引簡朝亮《述疏》釋"食,用也"。又引金祥恒說甲文中吉字與食字形近,當原爲吉字誤爲食字。都是在力求將此字說通。屈氏結語只得說:"此字雖難定,然爲吉兆可知。")

⑧伻來以圖及獻卜——僞孔釋云:"遣使以所卜地圖及獻所卜吉兆來告成王。"《蔡傳》:"伻,使也。圖,洛之地圖也。獻卜,獻其卜之兆辭也。"朱駿聲《便讀》:"伻當作抨,猶使也。使人來於王所,以新邑之地圖及獻所卜之兆也。必以圖者,口述不憭,指圖乃憭也。"所釋義基本相近。(惟戴鈞衡《補商》云:"'伻來以圖及獻卜',猶云'使來以圖及卜獻',倒文也。"此從語法上提出異解。王國維

《洛誥解》云："圖,謀也。俾成王來雒,謀定都之事。"此從字義上提出異解,皆可備一説。)

⑨王拜手稽首曰——僞孔云:"成王尊敬周公,答其拜手稽首而受其言。"《孔疏》:"拜手稽首,施於極敬,哀十七年《左傳》云:'非天子,寡人無所稽首。'諸侯小事大尚不稽首,況於臣乎。成王尊敬周公,故答其拜手稽首而受之言。"《蔡傳》:"此王授使者復公之辭也。'王拜手稽首'者,成王尊異周公而重其禮也。"朱駿聲《便讀》:"拜手稽首,施於極敬,爲天,非爲公也。王以公言'天基命定命',故兩云'敬天之休',皆云拜手稽首也。公以叔父之尊,爲居攝之任,似不妨特有加禮。然君兩稽首於臣,不可以訓,故以王麟趾之説辭之。"這些經生都以封建倫常之禮觀點,認爲成王對周公行拜手稽首之禮,以君拜臣,非常可異,故尋出理由彌縫之。然安知周初禮尚純樸,不像後代那樣等級嚴格,作爲侄兒的成王,不可向叔父行拜手稽首的禮嗎?

⑩公不敢不敬天之休來相宅其作周匹休——僞孔云:"言公不敢不敬天之美來相宅,其作周從配天之美。"《蔡傳》:"此王授使者復公之辭也。"戴鈞衡《補商》:"此時成王在鎬,周公在洛,王得公所獻圖、卜而復公之語也。'來相宅'者,順公所在而言,猶上文'伻來',順使者所至而言也。'作周匹休',孔謂'配天之休',《傳》(指《蔡傳》)謂'配周命於無窮'。"呂氏祖謙《書説》曰:"'營洛實配宗周。'其作我周匹休之地。匹者,對宗周之辭。案此讀'匹',與《詩》'作豐伊匹'之'匹'同,其義亦通。"呂説可從。

以上皆經師舊説。至楊筠如《覈詁》始云:"匹,《詩》傳:配也。'作周匹',謂作周輔也。《召誥》:'其自時配皇天。'蓋公之作配於周,亦猶王之作配於天也。"這是運用現代學術觀點據正確的文字釋義作出的解釋。

　　近年裘錫圭先生《〈洛誥〉"其作周匹休……"新解》更就金文成就肯定楊説云："楊氏把'匹'字解釋得很好。西周時代的單伯鐘説單伯的祖考'遟匹先王'（《三代吉金文存》1116），墻盤也説墻的祖先'遟匹厥群'（《文物》1978年第3期），都用'匹'字表示輔佐君王的意思。張政烺先生《䫒字説》曾指出古代'國之重臣與王爲匹耦'，'君臣遭際自有匹合之義'（《史語所集刊》十三本），這是很正確的。"

　　裘先生繼説："但是楊氏對'匹'字後面的'休'字的意義却没有做出交代。按照楊氏對'匹'字的解釋來看，這個'休'字完全是多餘的。我們認爲這個'休'字應該屬下爲句。"（下文移録於下句校釋）

　　⑪公既定宅伻來來視予卜休恒吉我二人共貞——《釋文》："貞，正也。馬（融）云：當也。"《蔡傳》："'視'，示也。示我以卜之休美而常吉者也。'二人'，成王、周公也。'貞'，猶當也。"戴鈞衡《補商》："言公既定宅，發使來示予以卜既休且常吉，則我二人共當此美。"王國維《洛誥解》亦云："'視'，示也。'貞'當爲'鼎'，當也。謂卜之休吉，王與周公共當之也。"讀貞爲鼎，其義爲當，得王氏論定之，則知古人有此訓。按《説文》"鼎"字小徐本云："古文以貞爲鼎，籀文以鼎爲貞。"大徐本仍有"籀文以鼎爲貞"句。而《説文》"貞"字云："一曰鼎省聲。"固知貞、鼎字通。今所見甲骨文中常借"鼎"爲貞，或在"鼎"上加"卜"以爲貞。而金文"貞"、"鼎"無別，《古籀彙編》引《無鼎》"鼎"字作貞，《舊輔甗》"貞"字作鼎，確知二字同用，此在金文中習見。故知王國維之説當據甲金文。而郭沫若《殷契粹編》第1424片云："癸未卜，爭，㪜貞，旬無尤，告。"貞即卜問，郭老釋

云："此争與[illegible]二人共卜，《書·洛誥》'我二人共貞'，則是成王、周公同卜。"這是根據甲骨文實例，所得"我二人共貞"的確詁，不過這裏應有一先决條件，即成王與周公此時必須在一起才能共貞，而在本篇中此時成王在鎬，周公在洛，是無法共貞的，况且此處所載是周公已貞卜完畢，以占卜結果告成王，二人已無由共貞。王國維當然知道貞字在甲金文中的用法和意義，其所以仍同意舊釋釋之爲"共當"，必係根據此處實際作出此釋的。

上面"作周匹休"校釋引録裘錫圭先生《〈洛誥〉"其作周匹休……"新解》上半，現續録其下半云："這個休字應該屬下爲句，看作動詞。'休'字古訓'美'。成王敬重周公，對於周公選擇邑址並遣使告卜之事表示讚美，所以在'公既定宅'句之上加上一個'休'字，這種句法在西周金文裏是常見的。唐蘭先生在《西周銅器斷代中的康宫問題》一文中，曾對這種句子作過全面的考察，他説：'（效父簋）説："休王錫效父吕三，用作厥寶尊彝。"金文裏另外有趩父鼎三件，説："休王錫趩父貝，用作厥寶尊彝。"……休是動詞，《召誥》曰："今休王不敢後，用顧畏于民碞。"可證。古人多有此例。如云"魯天子之命"，魯亦動詞也。揚天子或王之魯休而稱"休王"或"魯天子"，其義一也。'（《考古學報》1962 年第 1 期）他還指出，召卣'休王自穀使賞畢土方五十里'、虡簋'虡拜稽首休朕匋君公伯錫厥臣弟虡井五□'、尹姞鼎'休天君弗望（忘）穆公聖粦明□'等語裏的'休'也都是動詞。《洛誥》'休公既定宅'句的'休'字，用法跟上引諸語全同。這種句法一般用於下級讚美上級的場合。周公是成王的叔父，又是周王朝當時實際上的最高統治者。成王使用這樣的句法來表示對周公的特殊尊敬，是合於情理的。"（載裘氏《古代文史研究新探》，1992 年）裘先生對"匹"、"休"二字根據金文研究的成就並唐蘭先生所作出的論析非常精確，自應采入本書中。但仍沿用整理古籍常規，不改動原文句，"休"字仍在上句末，惟依其意移至本句之首爲釋。

又此處句讀作："伻來，來視予卜休恒吉。"本順暢妥切，不意鄭玄讀作"伻來來"，《孔疏》引鄭玄注云："伻來來者，使二人也。"此本不通，而其後不少經師皆承用之，並爲之説。朱駿聲《便讀》引古注云："伻來來者，使二人也。先獻王城之吉卜，又獻下都之吉卜也。"此皆誤説，不足據。

⑫公其以予萬億年敬天之休拜手稽首誨言——僞孔云："公其當用我萬億年敬天之美。十千爲萬，十萬爲億，言久遠。成王盡禮致敬於周公，求教誨之言。"《蔡傳》云："十萬曰億，言周公宅洛，規模宏遠，以我萬億年敬天休命，故又拜手稽首謝周公告卜之誨言。"并引韋昭注《楚語》曰："十萬曰億，古數也。秦始以萬萬爲億。"戴鈞衡《補商》云："以，與也。""公其與我萬億年敬天之休矣。'拜手稽首誨言'者，盡敬以謝誨言也。誨言蓋即上文'作民明辟'也。"于省吾《新證》云："僞《傳》訓'誨言'爲求教誨之言。孫星衍謂：'誨者，《説文》云："曉教也。"'馬通伯訓爲'拜求公誨'。按舊皆讀誨爲教誨之誨，又須增'求'字爲訓，非是。吳大澂謂古謀字從言從每，是也。《王孫鐘》'誨猷不飤'可證。'謀言'，猶云咨言、問言。《説文》：'謀事曰咨。'襄四年《傳》：'訪問於善爲咨。'《晉語》：'文王諏於蔡原而訪於辛尹。'韋注：'諏、訪，皆謀也。'《詩·臣工》箋：'咨，謀也。'《爾雅·釋詁》：'咨，謀也。'《小雅·皇皇者華》：'周爰咨諏。'然則咨、諏、訪，皆謀也。是'誨言'即咨言，故訓之湮久矣。"于先生周詳論證"誨言"即"謀言"，其義爲咨言，是説成王拜手稽首於周公之謀言、咨言，而非誨言。

以上這一節,是周公在洛邑"作雒"完成後,以新邑地圖及當時吉卜遣使送往鎬京告於成王,及成王答語,爲周公與成王在本篇中第一次往返告答之辭。全節分三段,第一段周公對成王陳述"作雒"之由,第二段周公陳述"作雒"經過,第三段成王對周公表示新邑告成獲得共承美好天命,特致以深摯的感謝。

周公曰:"王肇稱殷禮①,祀于新邑,咸秩無文②。予齊百工,伻從王于周③,予惟曰'庶有事④'。今王即命曰:'記功宗⑤,以功作元祀⑥。'惟命曰:'汝受命篤弼⑦,丕視功載⑧,乃汝其悉自教工⑨。'

"孺子其朋,孺子其朋,其往⑩!無若火始燄燄,厥攸灼,敘弗其絕厥若⑪。彝及撫事如⑫。予惟以在周工往新邑,伻嚮即有僚⑬,明作有功,惇大成裕,汝永有辭⑭。"

公曰:"已,汝惟沖子,惟終⑮。汝其敬識百辟享,亦識其有不享。享多儀,儀不及物,惟曰不享,惟不役志于享。凡民惟曰不享,惟事其爽侮⑯。

"乃惟孺子頒,朕不暇聽⑰。朕教汝于棐民彝⑱;汝乃是不蘉⑲,乃時惟不永哉⑳。篤叙乃正父,罔不若予;不敢廢乃命㉑。汝往敬哉!茲予其明農哉!彼裕我民,無遠用戾㉒。"

王若曰:"公,明保予沖子㉓。公稱丕顯德,以予小子揚文武烈,奉答天命,和恒四方民居師㉔。惇宗將禮,稱秩元祀,咸秩無文㉕。惟公德明光于上下,勤施于四方,旁作穆穆,迓(當作御)衡不迷㉖,文武勤教,予沖子夙夜毖祀㉗。"

王曰:"公功棐迪篤,罔不若時㉘。(王曰:"公,予小子其退,即辟于周,命公後㉙。")四方迪亂,未定于宗禮,亦未克敉公功㉚。迪將其後,監我士師工,誕保文武受民㉛,亂爲四輔㉜。"

王曰:"公定,予往已公功肅將祗歡㉝,公無困哉我(當作"我哉")㉞,惟無斁其康(當作"庚")事。公勿替刑,四方其世享㉟。"

①王肇稱殷禮——《白虎通·禮樂篇》引作"肇修通殷禮",多"修"字。王國維《洛誥解》云:"'肇',始。'稱',舉也。'殷禮',祀天改元之禮。……成王至雒,始舉此禮,非有故事,故曰肇稱。"《白虎通》釋殷禮云:"王者始起,何用正民?以爲且用先代之禮樂,天下太平乃更制作焉。"《孔疏》引鄭玄注云:"王者未制禮樂,且用先王之禮樂。伐紂以來皆用殷之禮樂,未始成王用之也。"僞孔亦云:"言王當始舉殷家祭祀。"皆釋"殷禮"爲殷代之禮。林之奇《全解》在引僞孔語後繼云:"王氏(安石)曰:'"殷"者,與"五年再殷祭"之"殷"同,非夏殷之殷也。'當從王氏之説。"故《蔡傳》亦云:"殷,盛也,與'五年再殷祭'之'殷'同。"章炳麟《拾遺》云:"《白虎通》及鄭《注》皆謂用殷代之禮。今案'殷禮'者,殷祭也。《春秋公羊傳》稱:'五年而再殷祭。'(按,文二年)《左氏傳》載鄭公孫黑肱遺命:'祭以特羊,殷以少牢。'(按,襄二十二年)此下云:'王在新邑,烝祭歲,文王騂牛一,武王騂牛一。'據《春秋》經:'大事于太廟,躋僖公。'(按,文二年)《公羊》以爲大祫。《魯語》只謂之烝,然則大祫在烝明矣。篇中言'毖祀',言'毖殷',其義一也。"自以釋"殷禮"爲殷祭正確。由

上引資料及本篇對文王、武王的祭祀，知"殷祭"確是周代的禮制。

②祀于新邑咸秩無文——《白虎通·禮樂篇》引"祀于新邑"作"祀新邑"，無"于"字。僞孔云："以禮典祀於新邑，皆次秩不在禮文者而祀之。"《漢書·翟方進傳》顏注引孟康曰："諸廢祀無文籍皆祭之。"呂祖謙《書說》云："雖祀典不載而義當祀者，亦序而祭之。"《蔡傳》承之云："秩，序也。無文，祀典不載也。"皆就"無文"二字望文生訓，義實不通。陳喬樅《經說考》云："何休《公羊傳》注、鄭康成《禮記·王制》注皆言春秋變周之文，從殷之質。是殷尚質，周尚文也。此經言'咸秩無文'，'咸秩'，謂編次其尊卑，'無文'，謂禮儀從簡質。則其仍用殷禮明矣。"這是以"無文"爲去周之文，從殷之質，尤牽強成義。王引之《述聞》云："文當讀爲紊。紊，亂也。《盤庚》曰：'若網在綱，有條而不紊。'《釋文》：'紊，徐音文。'是紊與文古同音，故借文爲紊。'咸秩無文'者，謂自上帝以至群神，循其尊卑大小之次而祀之，無有淆亂也。《漢書·翟方進傳》：'正天地之位，昭郊宗之禮，定五時廟祧，咸秩無文。'亦當讀'無紊'，謂天地、郊宗、五時、廟祧，各有等差，皆次序之，無有紊亂也。《風俗通·山澤篇》曰：'五嶽視三公，四瀆視諸侯，其餘或伯或子男，大小爲差。《尚書》咸秩無文，王者報功，以次序之，無有文也。'亦當作'無有紊也'。謂所視者由公而侯、而伯、而子男，大小之差不紊也。"此說最確。

③予齊百工伻從王于周——僞孔及《蔡傳》皆釋爲"我整齊百官使從成王於周"，僞孔下句言"行其禮典"；《蔡傳》下句言"謂將適洛時也"。清儒相繼提出新解：戴鈞衡《補商》云："齊，讀如'齊小大者存乎卦'（按見《易·繫辭》）之齊，辨別也。古者天子將有大祀，必先習射於澤宮，以選助祭之臣。此時王往成周舉行祀典，百官不能皆從，故周公必辨別其能駿奔走者使從王往。"孫詒讓《駢枝》云：

“《爾雅·釋詁》云：‘齊，將也。’言我將百官使從王於周。”章炳麟《拾遺》云：“‘予齊百工，平從王于周’，是迎王。”王國維《洛誥解》云：“周，謂宗周，即鎬京也。周公本意欲使百官從王歸宗周，以行此禮，故曰‘予惟曰庶有事’。”按，此禮確係在成周舉行，即爲洛邑建成，以功作元祀，自在稱爲成周的洛邑。王氏指出周公欲歸宗周行此禮，是他揣擬周公的用意。實際當如戴鈞衡所言周公還鎬，其意在欲王往成周行禮（《蔡傳》亦言“適洛”）。

　　④予惟曰庶有事——僞孔及《蔡傳》從字面誤釋“庶”爲“庶幾”。僞孔云：“我惟曰庶幾有政事。”（“有政事”亦誤。陳樑《纂疏》云：“國之大事，在祀與戎，古人於祭祀皆曰‘有事’。”）《蔡傳》云：“予惟謂之曰：‘庶幾其有所事乎。’公但微示其意，以待成王自教詔之也。”戴鈞衡《補商》云：“庶，衆也。國之大事在祀與戎（此《左傳·成公十三年》語），古人於祭祀皆曰‘有事’。……予惟告之曰：‘爾衆皆有事於新邑者。’若夫祀典之設，勉勵百工之言，則教王親自命之，如下文所云也，《傳》云‘庶幾其有事’，謂‘公但微示其意’。夫王往新邑舉行祀典，何不可爲百工言？而必謂微示其意，不亦曲乎！”糾正了兩傳之誤。江聲《音疏》則云：“‘有事’，祭也。《春秋》傳曰：‘天子有事于文、武。’（《左傳·僖公九年》）又曰：‘有事于武官。’（《左傳·昭公十五年》）”王先謙《參正》云：“言我整齊百官使從王……我惟勉之曰：‘庶幾得與於祭事。’宗廟之中以有事爲榮也。”如此釋爲庶幾則其語意義尚可通。惟此處以戴氏所釋意較平實，江氏補充資料亦有用。

　　⑤今王即命曰記功宗——《釋文》云：“曰，音越。一音入實反。”入實則爲“日”字，當以“曰”爲是。孔、蔡二《傳》皆以《禮記·祭法》“法施於民則祀之”一段之義釋此句。于省吾《新證》云：“《金

縢》'今我即命于元龜','即命'者,就而請命也。'記'乃'祀'之訛。……'功宗',亦作'公宗'。《史記·孝武紀》'申功',《封禪書》'功'作'公'……可證。……《詩·思齊》'惠于宗公'傳:'宗公,宗神也。'是'公宗'亦作'宗公'。……《小子生尊》:'王命生辨事厥公宗。''辨'讀爲'徧',王命生徧行從事於其公宗也。'今王即命曰:祀公宗,以功作元祀者',言今王就而請命曰:祀于公宗,以有功者告廟,因以爲元祀也。"

⑥以功作元祀——僞孔釋云:"有大功則列大祀。"《蔡傳》云:"蓋功臣皆祭於大烝,而勳勞之最尊顯者則爲之冠,故謂之元祀。"他們以"元祀"爲大祀,功大者列大祀,稱爲元祀。此外不少經師也都作此解釋。總之以爲報功臣之功,列之於祀。如陳樑《纂疏》云:"作'元祀'者,所以報功臣於既往;'丕視功載'(此處下文第二句)者,所以礪功臣於方來。"即此義。江聲《音疏》亦云:"祭,有功臣配食之典,故以功作元祀。……《商書》盤庚告其臣曰:'兹予大享于先王,爾祖其從與享之。'是功臣配食之明證也。……蓋没者則祀而命之,其存者亦豫命以殁後之典也。"這些解釋都没有談到其主要方面。提出正確解釋者是王國維《洛誥解》云:"'記功宗'以下,周公述成王之言也。'功',謂成洛邑之功。殷人謂年爲祀,'元祀'者,因祀天而改元,因謂是年曰'元祀'矣。時雒邑既成,天下大定,周公欲王行祀天建元之禮於宗周。王則歸功於雒邑之成,故即命曰'記功宗,以功作元祀',意欲於雒邑行之也。"

由於世界各古代民族都出現過實行大事紀年的方法,如古代埃及、巴比倫、亞述、希臘、羅馬等都曾使用大事紀年,這可説成了人類各民族早期紀年方式的通例,我國先民也在這通例之内。歷史上記載得明顯的就是周文王以"受命"紀年。是當時幾十里、百里的小國林立，彼此不相臣屬，且經常相争，周族小國就在豳地相争不勝，遷避岐下，傳至文王時仍有密須與崇等小國與之相争。其後文王勢力漸强，躍居於諸小國之上，能裁決虞、芮兩國的争執，兩國都只能服從，成了西土共尊之主，因而“諸侯”敬服，稱文王爲“受天命之君”。於是周人就把斷虞芮之訟這一年宣揚爲文王“受命”元年。當時周人真誠地把文王“受天命”看做了不起的大事，也爲了神化自己王權的需要，更有意强調和誇張這一“受命”，所以就把年數接着“受命元年”計算下去。這種辦法不合於後代按帝王紀年的辦法，後人不大理解，但在當時却確實是這麽做的。古代的學者，也有懂得這點的，如皮錫瑞《考證》云：“云‘伯禽侯魯’者，乃舉是年大事以紀歲之法，故云‘伯禽俾侯于魯之歲’。”金文中尚有之，如《中甗》：“王令南宮伐反虎方之年。”《䚄卣》：“惟明保殷成周年。”《旅鼎》：“唯公大保來伐反夷年。”等是。沿文王受命紀年，當時不僅武王即位没有改元，而繼用了文王受命之年，就是成王即位也照樣没有改元。王國維《周開國年表》肯定了《尚書大傳》及《史記》所載，排出了武王、成王都没有改元的年表，計從文王受命元年起，直到十九年止。到十九年的次年，成王才以祀於洛邑改元爲“元祀”。郭沫若《大系圖録考釋》的《𣄴卣考釋》，釋其“唯十有九年王在斤”句云：“十又九年，文王紀年之十九年，成王六年也。周初用文王紀年，至成王七年平定淮徐後，始（在洛邑）以功作元祀。”這種“以功作元祀”也還是大事紀年的精神。而這時已是文王死後的十三年，武王牧野之戰後的九年，周公爲掩護成王而踐位攝政的七年了。所以本篇最末一句記了“在十有二月，惟周公誕保文武受命，惟七年”，正是記明這一年數。按王位紀年，在周代是成王以後的事，所以從康王時的銅器裏才見到“唯王幾祀”的銘辭。康王以後器如《大盂鼎》“唯王廿又三祀"，《小盂鼎》"唯王廿又五祀"，書於銘末。昭王時器《毀毀》"唯王十又四祀"，共王時器《趞曹鼎》"唯七年十月既望"，《師虎毀》"佳元年六月既望"，《走毀》"唯王十有二年"等，皆在銘首。而在早於成王的周初金文裏，還没有見到過這類提法，這當是由於周初還没有實行按王位紀年的辦法之故，而這正也是周初在奉行文王受命紀年這一紀年法的佐證。所以因洛邑建成，國家大定，以功祀於洛邑，才改爲元祀了。根據《盤庚》所載，功臣是要從祀的。則這樣的"以功作元祀"的祀天建元大典，則"祀于公宗，以有功者告廟"，使之從祀，是應有之事（詳起釪撰《牧野之戰的年月問題》文中"用周文王'受命'年數紀年"一節，載《古史續辨》）。

⑦惟命曰汝受命篤弼——僞孔釋云："惟天命我周邦，汝受天命厚矣，當輔大天命。"蓋釋篤爲厚，以下句"丕"字接此"弼"字下，遂釋爲"輔大天命"，以此句爲對成王言。《蔡傳》繼上文"功之尊顯者以功作元祀矣"云："汝功臣受此褒賞之命，當益厚輔王室。"以爲對功臣言，上文已辨明此非屬專祀功臣，則此句似非對功臣講。孫詒讓《駢枝》云："又惟命我曰：'汝受先王命督輔我。'篤、督同聲假借字。"則爲周公記成王對他説此語。似適合當時周公與成王情況。

⑧丕視功載——僞孔釋爲"視群臣有功者記載之"。《蔡傳》釋爲："丕，大也。視，示也。功載者，記功之載籍也。"皆望文生訓。于省吾《新證》始云："功，事也。《堯典》'惟時亮天功'，《史記》作'惟時相天事'。載、哉古通。《詩·文王》'陳錫哉周'，《國語》作'陳錫載周'。《吕氏春秋·知分篇》'夫善哉'，陳昌齊云：'據《淮南》，善哉當作善載。''丕'，猶斯也。'丕視功載'，言斯視事哉。上句爲'汝受命篤弼'，故以視事爲言。"于説是。

⑨乃汝其悉自教工——《大傳》云："《書》曰：'乃女其悉自學

功.'悉,盡也。學,效也。《傳》曰:當其效功也。於卜洛邑,營成周,改正朔,立宗廟,序祭祀,易犧牲,制禮樂,一統天下,合和四海,而致諸侯,皆莫不依紳端冕以奉祭祀者(注,紳,大帶也),其下莫不自悉以奉其上者,莫不自悉以奉其祭祀者,此之謂也。盡其天下諸侯之志,而效天下諸侯之功也。"此漢代三家今文以"悉"爲盡,以"教"爲學、爲效。此末二句則爲漢三家今文對本句的解釋。王國維《洛誥解》云:"'教工',《大傳》作'學功'。學,效也。欲令周公效雒邑之功,以示天下也。"于省吾《新證》:"言自教工,《大傳》作學功,亦謂自效其職事也。"于氏釋上句爲"斯視事哉",故釋此句爲"亦自效其職事"。

⑩孺子其朋孺子其朋其往——《後漢書·爰延傳》李賢注引此句"其往"上有"慎"字。鄭玄注云:"孺子,幼少之稱,謂成王也。"(據朱彬《經傳考證》引)僞孔釋云:"少子慎其朋黨,少子慎其朋黨,戒其自今已往。"《蔡傳》釋云:"孺子,稚子也。朋,比也。上文百工之視效如此,則論功行賞,孺子其可少徇比黨之私乎?"戴鈞衡《補商》云:"孺子,舊皆以爲幼少之稱。朱氏彬曰:'古人親愛之詞多以幼小稱之。《檀弓》舅犯曰:"孺子其辭焉。"秦穆公弔公子重耳曰:"孺子其圖之。"《左傳》欒盈將叛曰:"今也得欒孺子何如。"'(見朱氏《經傳考證》)皆親愛之詞,非專斥其幼小也。'孺子其朋',宜依孔氏作慎其朋黨說。《後漢書》爰延上封事曰:'周公戒成王曰其朋其朋,言慎所與也。'是漢以來相承古說。《傳》(指《蔡傳》)承上作論功行賞不可私,文外增義,非是。"依朱彬釋"孺子"義甚確。言《蔡傳》不合,是。言僞孔合,亦不確。孫詒讓《駢枝》已駁之云:"釋朋爲朋黨,則是《周禮》邦倗(《秋官·士師職》),人臣大罪,非所以戒君。"其實當如章炳麟《拾遺》所云:"《後漢書》爰延封事,謂左右

當慎所與，義與前後不相屬。按前言予齊百工，平從王於周，是迎王。此言王當與百工同往新邑，是與迎者同行。《吳語》'奮其朋勢'。韋解：'朋，群也。'群淫曰'朋淫'，群往曰'朋往'。正當言'孺子其朋往'。以告戒丁寧，故分爲三逗，正如口吃語矣。"

⑪無若火始燄燄厥攸灼叙弗其絶厥若——"燄燄"，《唐石經》及各隸古定寫本與薛季宣隸古刊本皆作"燄燄"。惟杜預所引晋初所傳《古文尚書》作"炎炎"。作"炎炎"是。段玉裁《撰異》云："炎炎，讀以瞻反。《左氏傳》'人之所忌，其氣炎以取之'（按見《莊公十四年》）。杜注引《書》'無若火始炎炎'。《釋文》'炎，音豔'。正與《雒誥·釋文》音豔同。炎音豔者，讀爲爓也。以《廣韻》推之，陸法言《切韻》爓音以瞻切，燄音以冉切。燄不音豔也。衛包因《釋文》音豔，妄謂炎燄爲古今字而改之。"按《左傳·莊公十四年》"校勘記"："石經初刻燄作'炎'，是也。改作'燄'，大誤。《釋文》亦作'炎'。案《漢書》《五行志》、《藝文志》引《傳》文並作'其氣炎以取之'。"《撰異》："惠氏定宇曰：'當是《雒誥》亦作炎炎，故杜氏引以爲證。'是也。"是《洛誥》此二字固當作"炎炎"。然漢時本亦作"庸庸"。《漢書·梅福傳》福上書曰："《書》曰'毋若火始庸庸'，勢陵於君，權隆於主，然後防之，亦亡及矣。"顏師古注："庸庸，微小貌也。言火始微小，不早撲滅之，則至熾盛矣。"段《撰異》："蓋《今文尚書》也。炎與庸雙聲。"

《釋文》："'叙'絶句。馬讀叙字屬下。"孫詒讓《駢枝》指出偽孔以"厥攸灼叙"句與"宗以功"句，"弼丕視功載"句，"並失其讀"，自當如馬融讀"叙"字屬下句。又王國維《洛誥解》云："《立政》云'我其克灼知厥若'，《康王之誥》云'用奉恤厥若'，知'厥若'屬上句讀。"于省吾《新證》亦主此説。是此處當讀爲"無若火始炎炎，厥攸灼,叙弗其絶厥若"三句。王國維《與友人論詩書中成語書二》云:"《洛誥》云'叙弗其絶厥若',《立政》云'我其克灼知厥若',《康王之誥》云'用奉恤厥若'。'厥若'亦當是成語,此等成語,無不有相沿之意義在,今日固無以知之,學者姑從蓋闕可矣。"是我們對這一成語"厥若"只好闕疑了。

僞孔釋云:"言朋黨敗俗,所宜禁絶,無令若火始然,燄燄尚微,其所及灼然有秩序,不其絶,事從微至著,防之宜以初。""其所及灼然有秩序",望文所釋,至謂"灼然有秩序"甚淺陋。其主旨在"事從微至著,防之宜以初。"《蔡傳》釋爲:"言論功行賞徇私之害,其初甚微,其終至於不可遏絶。"意與僞孔相近,惟一言朋黨,一言論功行賞徇私耳,無由明本句諦義。章炳麟《拾遺》云:"自'予齊百工'起至'叙弗其絶'止,大致謂予攝録百工,使從王於鎬京,因語百工以王當大祭記功改元。又爲王預擬命百工語。次言百工到鎬就王,王當率與同往新邑。君臣旅進,毋令前後遞行,如火始炎順序燒灼然,蓋以助祭祀功不可失次故。"王國維《洛誥解》云:"此周公承成王之意,使在宗周之百官,皆往新邑助王行祀禮也。"總之是説周公使百官從王於宗周,當由王率同一道前往新邑成周共同參加祭祀盛典。

⑫彝及撫事如——于省吾《新證》云:"僞《傳》以'厥若彝及撫事如予'句,割裂支離,幾於終古不可解矣。按'厥若'屬上句讀。'彝及撫事如',句。'予惟以在周工往新邑',句。'如'即'女'。周初'如'作女:《師艅尊》'王女七侯',即王如上侯。'如',往也。《奭尊》'奭從王女南','女南'即如南也。此'撫事如','如'應讀汝。……《詩·烝民》傳:'彝,常也。'《楚辭·懷沙》注:'撫,循也。'《荀子·性惡》注:'循,順從也。'言常及順事汝。"

⑬予惟以在周工往新邑伻嚮即有僚——段玉裁《撰異》"嚮"作

“鄉”，釋云：“鄉，徐許亮反。作嚮者，衞包改也。”僞孔云：“惟用在周之百官，往行教化於新邑，當使臣子各嚮就有官。”《蔡傳》則云：“惟用見在周官，勿參以私人往新人往新邑，使百工知上意嚮，各就有僚。”戴鈞衡《補商》：“‘惟’，猶乃也。‘以’，使也。‘嚮’本作向。‘僚’，官也。‘有僚’，猶虞有夏之有，助詞也。‘伻嚮即有僚’，依孔讀五字句。《蔡傳》作‘伻嚮’二字句，訓‘使百工知上意嚮’，非也。”王國維《洛誥解》：“‘有’，讀爲‘友’。《酒誥》曰：‘矧太史友、内史友。’《毛公鼎》曰：‘及諸卿事寮，太史寮。’”于省吾《新證》：“‘予惟以在周工往新邑’，與上‘予齊百工伻從王于周’句例同。……予惟以在宗周之百執事往洛邑也。‘工’者百工之簡稱，猶《盤庚》之言‘百執事’，《立政》之言‘百司’也。”

⑭明作有功惇大成裕汝永有辭——僞孔云：“明爲有功，厚大成寬裕之德，則汝長有歎譽之辭於後世。”《蔡傳》云：“明白奮揚而赴功，惇厚博大以裕俗，則王之休聞亦永辭於後世矣。”二家所釋義相近。朱駿聲《便讀》云：“‘明’，猶勉也。‘裕’，猶饒足也。‘辭’，詞也，猶聞譽也。……惟以在周之舊臣從往新邑，使殷臣有所趨嚮，就其僚友相與黽勉赴功，厚大以成饒裕，則汝亦終有譽於永世矣。”則提到了殷臣。王先謙《參正》云：“言今王往新邑，惟使諸臣向就有官，思盡其職，顯爲有功，勿怠其事，惇厚廣大以成寬裕之治，則汝永有聞譽之辭於後世矣。”此說較穩妥，亦與孔、蔡義近。

⑮公曰已汝惟沖子惟終——“已”，皮錫瑞《考證》云：“今文‘已’作‘熙’。”未說明資料出處。王先謙《參正》云：“已，以《大誥》例之，今文亦當爲‘熙’。”按《大誥》“已，予惟小子”句之“已”，王莽仿造《大誥》作“熙”。段玉裁《撰異》云：“師古曰：‘歎辭。’此《今文尚書》也。〔已、熙〕皆即今之‘嘻’字。”“沖子”，《召誥》與本篇同有

此稱,和金文同。亦作"小子",見《湯誓》和周誥諸篇。《盤庚》篇則稱"沖子",《金縢》、《大誥》亦作"沖人"。"沖"爲"童"的假借。其釋義見《盤庚》下篇校釋,爲古代王者自謙之詞。

戴鈞衡《補商》釋此句云:"此一節更端之語,公欲退老,將告王以御諸侯、輔民彝、法先德,先呼而責難之詞也。"所謂"御諸侯"當指下文"敬識百辟"一小段,"輔民彝"當指下文"教汝于棐民彝"一小段,"法先德"當指下文"揚文武烈"一小段。皆在本節文字之內,故稱此句爲此一節更端之語。

僞孔釋云:"已乎! 汝惟童子嗣父祖之位,惟當終其美業。"《蔡傳》意亦相近云:"周之王業文武始之,成王當終之也。"俞樾《平議》云:"《君奭篇》'其終出于不祥'《釋文》曰:'終,馬本作崇。'蓋終與崇聲近義通。《詩·蝃蝀篇》'崇朝其雨',毛傳曰:'崇,終也。'是其證也。此文'惟終'當作'維崇'。'汝惟沖子,惟崇'與《召誥》'有王雖小,元子哉'文義正同。《禮記·祭統篇》'崇事宗廟社稷'鄭注曰:'崇,猶尊也。'言汝雖沖幼,然汝位甚崇,故宜'敬識百辟享'也。如枚《傳》(指僞孔),則與下意不貫矣。"

⑯汝其敬識百辟享亦識其有不享享多儀儀不及物惟曰不享惟不役志于享凡民惟曰不享惟事其爽侮——《孟子·告子下》:"《書》曰:'享多儀,儀不及物,曰不享。惟不役志于享',爲其不成享也。"《漢書·郊祀志》:"谷永説上曰:'享多儀,儀不及物,惟曰不享。'"段玉裁《撰異》引此二段,以示漢代"曰不享"句上一無"惟"字,一有"惟"字。皮錫瑞《考證》增引《鹽鐵論·散不足篇》云:"《書》曰:'享多儀,儀不及物,曰不享。'"以爲"《孟子》與《鹽鐵論》引經皆無'惟'字,疑本無之。谷永引有'惟'字,或併下文'凡民惟曰不享'引之耳",遂斷言"今文'曰不享'上無'惟'字"。按皮氏此説,據江聲

《音疏》以《孟子》所云疑今本《尚書》"惟"是衍文之説。然陳喬樅《經説考》非之云："此恐不然,考《漢書·郊祀志》谷永引經亦作'惟曰不享',與今本《尚書》同,則'惟'非衍文也。"

《孟子·告子下》趙岐注云："《尚書·雒誥篇》曰'享多儀',言享見之禮多儀法也。'物',事也。儀不及事,謂有闕也。故曰'不成享'。"《漢書·郊祀志》顏師古注云："言祭享之道,唯以絜誠,若多其容儀而不及禮物,則不爲神所享也。"陳氏《經説考》云："古人謂獻於上者曰享,謂獻於神者亦曰享,皆取其絜誠以獻之意也。"

僞孔就字面爲釋,略云："奉上謂之享。……奉上之道多威儀……人君惟不役志於奉上,則凡人化之不奉上……政事其差錯侮慢。"《蔡傳》釋云："此御諸侯之道也。'百辟',諸侯也。'享',朝享也。'儀',禮。'物',幣也。諸侯享上有誠有僞,惟君克敬者能識之。識其誠於享者,亦識其不誠於享者。享不在幣而在於禮,幣有餘而禮不足,亦所謂不享也。諸侯惟不用志於享,則國人化之亦皆謂上不必享矣。舉國無享上之誠,則政事安得不至於差爽僭侮、隳王度而爲叛亂哉。"至朱駿聲《便讀》始據古注作出較明晰解釋云："'識',記也。'百辟',諸侯也。'享',獻也,朝貢之禮也。'儀',義也,禮意也。'物',幣也。'役',猶營也。'爽',差忒也。'侮',慢易也。言御諸侯之道,當察其誠與不誠,輕財而重禮也,幣美則没禮。若禮意簡略不誠,猶之不享。爲其不營心於所享恭敬奉上也,下民效此皆不以真意相屬,則凡事皆僭忒慢易無所不至矣。"

⑰乃惟孺子頒朕不暇聽——《説文·攴部》:"攽,分也。从攴,分聲。《周書》曰:'乃惟孺子攽。'亦讀與彬同。"大徐音"布還切",則讀與"頒"同。是此處讀"乃惟孺子頒"一句,僞孔讀爲"乃惟孺子,頒朕不暇",誤。

　　《孔疏》引鄭玄注云：“成王之才，周公倍之猶未而言分者，誘掖之言也。”鄭釋此字爲“分”，知其本此字亦作“攽”。《説文》所據本段玉裁《撰異》以爲壁中故書，實即據杜林、馬、鄭一派所説的壁中本。故同釋爲“分”。僞孔既誤斷句，字又易爲“頒”字，故誤釋云：“我爲政常若不暇，汝惟小子當分取我之不暇而行之。”（惟“頒”字仍與“攽”同義，爲分。）《蔡傳》始訓頒爲頒布義，其釋云：“頒朕不暇，未詳。或曰成王當頒布我汲汲不暇者。”江聲《音疏》仍就原字義釋云：“言政事繁多，孺子分其任，我有所不暇。”王樹枏《商誼》釋攽爲分辨之意。孫詒讓《駢枝》云：“案‘頒’，鄭、孔皆訓爲分，是也。而釋義則並未確。此當讀如《周禮·大宰》‘匪頒’之‘頒’（《説文·攴部》引“頒”作“攽”，分也。音義亦略同）。言王以恩惠頒賜群臣，使記其功也。‘朕不暇聽’句，言我不暇聽王記功之命，即不敢受命之意。”以孫氏釋爲明晰近理。

　　⑱朕教汝于棐民彝——孫詒讓《駢枝》云：“‘棐民彝’，謂民之匪彝。《召誥》云：‘其惟王勿以小民淫用非彝。’棐、匪、非，並同。猶《吕刑》云‘率乂于民棐彝’。言我教戒汝以小民不法之事。此句爲下‘汝乃是不蘉’二句發端。孔以‘乃惟孺子，頒朕不暇’爲句，‘聽朕教汝于棐民彝’爲句，咸不成文義。鄭謂‘誘掖之言分’，亦未得其恉。”

　　⑲汝乃是不蘉——《孔疏》：“蘉之爲勉，相傳訓也。鄭王皆以爲勉。”《釋文》：“馬云：勉也。”僞孔：“汝乃是不勉。”錢大昕《養新錄》：“孔、馬、鄭皆訓‘蘉’爲勉，而《説文》無此字，經典亦止一見，更無他證。予考《釋詁》：‘孟，勉也。’郭注云：‘未聞。’古讀‘孟’如‘芒’。《戰國策》有‘芒卯’，《淮南子》作‘孟卯’，是孟、芒同音。《莊子》‘孟浪之言’，徐仙民音武黨、武葬二切，即芒之上、去音也。

《釋文》：'薎，莫剛反。'蓋馬鄭舊音，而同訓勉，則'薎'即'孟'審矣。薎從侵無義，疑即'癳'字，'孟'、'夢'音相近，皆黽勉之轉聲，隸變訛爲'薎'耳。"孫詒讓《駢枝》："薎字訛俗，字書所無。莊葆琛謂即癳字之訛（《説文·疒部》："癳，病卧也。从疒省、夢省聲。"）《釋文》引徐邈音莫剛反，又武剛反，與釋字音七茌反不合。釋亦不得有勉訓。錢竹汀……其説是也。……此當本爲'癳'字，後訛爲釋，又訛爲薎，鄭訓勉（《釋文》云：馬王同），即是釋、孟音轉。漢時本不作薎也。儻漢時經本已作薎，則是不體之字。馬鄭必先正其字，云'薎當爲釋'，而後訓爲勉。今不見有此文，足明其非。大抵此字訛於魏晉以後，故徐邈作音亦不能辨其是非也。"

⑳乃時惟不永哉——僞孔釋云："汝乃是不勉爲政，汝是惟不可長哉。"《蔡傳》："汝於是而不勉焉，則民彝泯亂，而非所以長久之道矣。"朱駿聲《便讀》："汝若不於是黽勉以圖，乃不能長治久安也。"所釋義皆相近。

㉑篤敘乃正父罔不若予不敢廢乃命——僞孔云："厚次序汝正父之道而行之，無不順我所爲，則天下不敢棄汝命。"未釋明"正父"。《孔疏》："正父謂武王。言其德正，故稱正父。"《蔡傳》亦云："正父，武王也。猶今稱'先正'云。……言篤敘武王之道無不如我，則人不敢廢汝之命矣。"皆以"正父"爲武王，無據。當如孫星衍《注疏》所釋："篤者，《釋詁》云：'厚也。'敘者，《釋詁》云：'順，敘也。'敘亦爲順。正者，政人。父者，《説文》云：'家長率教者。'是父爲長也。《詩》傳云：'天子謂同姓諸侯，諸侯謂同姓大夫，皆曰"父"。'僞孔（當云《孔疏》）以正父爲武王，不通古義。此戒成王以厚順乃正長無不如我正長之官，則諸臣亦不敢廢棄汝教令。"王國維《洛誥解》亦云："正、父，皆官之長也。《酒誥》云'庶士有正'，又曰

‘有正有事’，又曰‘矧惟若疇圻父、薄違農父、若保宏父，定辟’。”以《尚書》早期篇章之資料闡明正、父爲官之長，足爲孫氏説佐證。

㉒玆予其明農哉彼裕我民無遠用戾——“明農”，舊皆釋爲周公要退休。如僞孔云：“我其退老，明教農人以義哉。”《蔡傳》：“我其退休田野，惟明農事，蓋公有歸老之志矣。”都是就“明農”二字尋義，説成“明教農人”、“惟明農事”，就是周公要退休。《孔疏》則引《尚書大傳》“大夫七十致仕退老歸鄉里”的一段規定，説：“周公致仕當爲上老，故曰明農。”戴鈞衡《補商》遂譽爲：“明農，《孔疏》引《大傳》以證退老之義，甚確。”孫星衍《注疏》亦謂《大傳》此文，是“大學小學造士之法，周公致仕則爲上老稱父師，故欲明農”。皮錫瑞雖亦同意退休之意，但不同意《大傳》之説。其《考證》云：“《大傳》所稱父師、少師，乃大夫士之事，非周公所當歸也。……公即致政，豈得歸鄉里坐門塾（此《大傳》語）爲大夫士之事哉。”王夫之盡摒此説，提出正解，其《稗疏》云：“明農者，經理疆洫之事。‘彼’者，對‘此’之稱。時方戒遣百工以迎王，則謂迎王爲此事，明農爲彼事也。‘無’，猶弗也。言弗能遠至於豐也。公又明其不能親往迎王之故，因百工以建於王曰：‘予以雒邑初定，民事未修，欲乘丕作之餘力明飭其溝洫井疆。’蓋明農者所以裕我王之民，是以不能遠至於周京而任汝戾從焉。”除謂周公不能至豐迎王這點不確外，其關於“明農”的解釋是合於原意的。

㉓公明保予沖子——僞孔釋云：“言公當明安我童子，不可去之。”《蔡傳》云：“明，顯明之也。保，保佑之也。言周公明保成王。”孫星衍《注疏》云：“明者，王氏念孫云：‘《釋訓》云：“亹亹，勉也。”鄭注《禮器》云：“亹亹，猶勉勉也。”《詩·江漢》云：“明明天子，令聞不已。”猶云“亹亹文王，令聞不已”也。’保者，《詩》傳云：‘安也。’”

戴鈞衡《補商》:"'明',勉。'保',輔。"釋此句云:"公勉輔我沖子。"這些經師們的解釋基本相近。按,成王時金文中有周公之子明保。如《令方彝》:"王令周公子明保尹三事、四方,受卿事寮。"《作册嗌卣》:"唯明保殷成周年。"以及《明公殷》言受命伐東國等。是周公在世時他的這個兒子已膺重任,擔任政府機構(卿事寮)的首長,主持東都成周的殷祭大典等等。那麼金文中所反映的周公之子明保,必在當時現實生活中亦常被提及,則在成王口中可能是連舉三人:"公、明保、予沖子。"只是在現存本篇文中與上下文不協,就只能由經師們作出以上解釋,以"明保"爲動詞(保爲動詞、明爲副詞)而不作爲人名。但安知原文中没有有關文句,使"明保"在此能作爲人名呢? 現只能作爲問題提出,尚有待確論。于省吾《新證》則云:"《多方》'大不克明保享于民',《詩·訪落》'以保明其身'。保明即明保。《矢彝》(按即《令彝》)及《矢尊》均有'王命周公子明保'之語,是明保乃周人語例。"釋之爲周人成語,則暫可作爲解通此詞的一説。

㉔公稱丕顯德以予小子揚文武烈奉答天命和恒四方民居師——《大傳》作"其《書》曰:'揚文武之德烈,奉對天命,和恒萬邦四方民。'"王先謙《參正》:"答作對者,答對雙聲字。《詩·雨無正》'聽言則答',《漢書·賈山傳》作'聽言則對',可證答對通用。《詩》箋:'對,配也。'《易·象傳》:'恒,久也。'言上以奉配天命,下以和恒萬邦四方之民,安居其衆。"按僞孔釋"居師"爲"居處其衆"。《爾雅·釋詁》:"師,衆也。"朱熹則釋:"居師,營洛邑定民居也。"朱駿聲《便讀》:"此以下王答公誨言及留之詞也。……稱,舉也。……烈,光也。答當作畣,合也,應也。……言公黽勉保安我沖子,舉其顯德,代予續揚文武之光業,應奉天命,和懌以久有四方之民,

故營此洛邑以爲京師也。"

　　㉕惇宗將禮稱秩元祀咸秩無文——僞孔釋爲"厚尊大禮，舉秩大祀"。戴鈞衡《補商》："'宗'讀曰崇（《牧誓》"是崇是長"，《漢書·谷永傳》作"是宗是長"），'無文'，無紊也（見上校釋②）。……王言今將惇崇大禮，舉秩元祀，咸以秩序，無有紊亂。"朱駿聲《便讀》："惇，厚也，'宗'，崇也。'將'，奘也，大也。'稱'，再也，舉也。'秩'，猶叙也，次第也。言公所誨肇稱殷禮祀於新邑，敬當厚崇大典，舉叙首祀。……此答公'記功宗以功作元祀'之言也。"

　　㉖惟公德明光于上下勤施于四方旁作穆穆迓衡不迷——江聲《音疏》云："'旁'，溥也（見《說文·宀部》）。'穆穆'，美也（見《爾雅·釋詁》）。稱上曰'衡'（見《文選·六代論》注引鄭玄《尚書注》）。衡所以取平也。法度之器以諭政柄云。言公之德光于天地，施于四方，溥爲穆穆之美化，操御平天下之衡，不有迷錯。"江氏並改"迓"爲"御"，釋云："'御'字音讀有同'訝'者，僞孔氏解此爲迎，唐開元時遂於《正義》本改'御'爲俗'訝'字。《釋文》云：'馬、鄭、王皆音魚據反。'則馬、鄭、王本皆作'御'矣。案漢獻帝禪位詔引作'御衡不迷'，則作'御'爲是。'御衡不迷'四字作一句讀。"戴鈞衡《補商》云："'迓'本作'御'。經傳'御'、'訝'多通用。'迓'又'訝'之俗體。經蓋本讀'御衡'，孔傳讀'訝'，遂改耳。江取漢詔讀'御衡不迷'句，是也。"江氏稍後段氏《撰異》云："《釋文》：'御，五駕反。馬鄭王皆音魚據反。'玉裁按：此字本作'御'，僞孔《傳》訓'迎'，則讀爲'訝'，故陸云'五駕反'也。馬鄭王皆訓'八枋馭群臣'之'馭'讀如字，故陸云'魚據反'也。衛包依孔訓改字作'迓'，而《釋文》故作'御'。"章炳麟《拾遺》云："御衡不迷，'御'字依段據《釋文》訂正。'御'從午聲。午者，㐄也。古字以御爲訝。訝，逆

也,逆亦言屰也。'衡'與横同。《大戴記·衛將軍父子篇》:'有道順君,無道横命。'《管晏列傳》作'衡命'。'御衡不迷',言遭横屰而心不斷,如《詩·狼跋》所詠是也。……舊説御衡不迷,以馭車喻執政,正言譬喻,錯雜而出,與説烈風雷雨爲事衆多者何異?"("以馭車喻執政"之説,見朱駿聲《便讀》引古注,未詳出處。)

按,"御"之從"午",今由甲骨文證知甚確。甲骨文中御字作𢓜等形,隸定作"𢓜"。羅振玉《殷虚書契增訂考釋》云:"𢓜與午字同形,殆象馬策,人持策於道中,是御也。"聞宥《殷虚文字孳乳研究》(《東方雜志》25卷3號)云:"𢓜不象馬策形,𢓜與𢓜體離析,亦無持意。此'午'實爲聲,'𢓜'象人跪而迎迓形。'𢓜',道也。迎迓於道是爲御。《詩》:'百兩御之。'箋曰:'御,迎也。'迎則客止,客止則有飲御之事,故又訓進、訓傳。……卜辭之御字,爲祭之專名,孳乳爲禦。""其訓'迓'者爲朔誼,他訓爲後起誼。"王貴民《説𢓜史》(載《甲骨探史録》)指出甲骨文中𢓜字有三種用法:祭祀、征伐、構成"𢓜史"詞組,皆由迎迓引申得義。今考《盤庚》、《牧誓》、《洛誥》、《顧命》諸篇,唐以前本皆有"御"字,僞孔即釋爲"迎也"。天寶以後傳本皆改作"迓"字,依段玉裁説,爲衛包據僞孔訓義所誤改。衛包只知僞孔義,這可能是事實。但僞孔之訓似有所據,如《穀梁傳·成公元年》有"使眇者御眇者,使跛者御跛者"之文,《公羊傳·成公二年》則作"使跛者迓跛者,使眇者迓眇者"。是知古籍中御字有迎迓義,常與迓字同用。"迎"亦即"逆"。則章炳麟釋"御"從午聲,謂"午"者逆也,實只得其朔義。章氏不習甲骨,而有此見,亦可貴。

㉗文武勤教予沖子夙夜毖祀——戴鈞衡《補商》云:"以文武之道勤教我,故我沖子得爲社稷宗廟主,夙夜慎所祀也。向非公德如是,予亦安能毖祀乎。"朱駿聲《便讀》云:"'文武',有文治武功,如

《詩》云‘文武吉甫，萬邦是憲’也。‘毖’，慎也。言公德光于天地，布于四方，溥爲穆穆之美化，如御車之不迷于路，有文有武以勤教于予，予沖子安受其成，惟早晚慎其祭祀而已。猶曰‘政須由公，祭則小子’也。”按，此語由蘇軾《書傳》首倡，脱胎於《左傳·襄公二十六年》衛獻公與權臣寧喜相約“政由寧氏，祀則寡人”，是無可奈何之語，套用於此作爲周成王對周公之語是非常不恰當的。去此語則《便讀》之意尚通。《補商》之語較簡亦可通。

㉘公功棐迪篤罔不若時——孫詒讓《駢枝》云：“孔《傳》云：‘公之功輔道我已厚矣，天下無不順而是公之功。’案此當讀‘公功棐迪’句，‘棐’亦當爲匪之假借（詳《大誥》）。‘迪’當訓爲‘圖’，言周公之功我未及圖之（《左·僖二十八傳》云“勞之不圖，報于何有”）。信無不如是也（《左·文元年傳》云“予嘉乃德，曰篤不忘”。此義與彼略同）。迪從由聲，古字與猷通（《爾雅·釋詁》云“迪，道也”；《釋宮》云“猷，道也”）。《爾雅·釋言》云：‘猷，圖也。’此猶《康誥》云：‘矧今民罔迪不適，不迪則罔政在厥邦。’‘棐迪’，猶言‘不迪’、‘罔迪’也。‘篤’，義與‘信’同（《爾雅·釋詁》：‘篤，固也，厚也。’信即固厚引申之義）。‘篤罔不若時’，與《君奭》‘篤棐時二人’義亦可互證。”此孫氏之釋主旨在説，成王以爲周公之功我尚未及圖之，其功真當如是。“如是”指如以上所稱者。

按戴鈞衡《補商》於此處先録朱熹之説云：“朱子曰：‘公之功輔導我已厚矣，無不若是以上所稱也。’”是篤字仍應連上句讀。而後《補商》申述之云：“案《傳》（指《蔡傳》）言：‘公之功輔我啓我者厚矣。常當如是，未可以去。’義甚明晰。今取朱子之説，作王詠歎公之功德，以了上二節之意，下文乃王將往洛，命公同往，堅留不許退老之詞。”

㉙王曰公予小子其退即辟于周命公後——朱駿聲《便讀》：“或曰：‘此節當在“王入太室祼”之下，錯簡於此。’存參。”顧剛師案曰：“上文周公言‘汝往敬哉’，下文成王言‘公定，予往’。是成王此時尚在鎬京，何能言‘予小子其退，即辟于周’乎！朱氏所引或説極是，惜未知其爲何人之語耳。”按，戴鈞衡《補商》已有類此之説，其言云：“《傳》（《蔡傳》）以‘周’爲鎬京，以‘命公後’爲留公治洛。考是説始於史丞相浩，朱子嘗稱之。……信如是言，則是時王與公均已在洛。上文無一至洛之語及居洛之事，不應此忽記王將歸鎬之言。況後文‘王在新邑烝祭歲’，是王初至洛行祭，確證不得此時王已至洛旋歸鎬又來洛也。”此説是正確的。

關於此數句文義的解釋，《爾雅·釋詁》：“辟，君也。”《孔疏》引王肅云：“成王前春亦俱至洛邑，是顧無事，既會而還宗周，周公往營成周，還來致政成王也。”這是説明此數句的歷史背景。僞孔釋此數句文義爲成王所説，其意爲：“我小子退坐之後，便就君於周，命立公後，公當留佐我。”這是根據鄭玄關於“留公後”的注解來的。鄭玄注云：“告神以周公其宜立爲後者，謂將封伯禽也。”《孔疏》承之，其釋經文云：“王呼周公曰：‘我小子其退此坐，就爲君於周。謂順公之言，行天子之政於洛邑也。至洛邑當命公後，立公之世子爲國君，公當留輔我也。’”其釋僞孔文云：“退者，退朝也。周公於時令成王坐王位而以政歸之，成王順周公言受其政也。言我小子退坐之後，便就君位於周。周，洛邑。……古者臣有大功，必封爲國君。今周公將欲退老，故命立公後，使公子伯禽爲國君，公當留佐我。”至宋史浩《尚書講義》始云：“成王既歸，命周公在後，看‘公定予往已’一言，便見得是周公旦在後之意。”朱熹稱許此語，《蔡傳》遂全承其意云：“此下成王留周公治洛也。成王言我退，即居於周（宗周，即鎬京），命公留後治洛(成周)。……謂之後者,先成王之辭,猶後世留守留後之義。先儒謂封伯禽以爲魯後者,非是。"清戴鈞衡《補商》云:"'退',去也(據《禮·檀弓》"君退"注、《儀禮·鄉飲酒禮》"主人退"注),猶言往也。'予小子其退即辟于周'九字句。'命公後'……蓋讀若'命彼後車'之後,言予小子其去就君位於洛邑(言洛邑,誤),命公隨我同往也。"對此數語,自以宋人之說正確,清人從此說者亦確。雖字訓略異,不害其文義之確。

㉚四方迪亂未定于宗禮亦未克敉公功——《漢書·敘傳》注:"迪,至也。"《爾雅·釋詁》:"迪,進也。""亂,治也。"王國維《洛誥解》云:"'宗禮',謂'記功宗,作元祀'之禮。時雖行宗禮,四方尚有未服者,故命公留新邑以鎮之也。'敉'之言彌,終也。《大誥》曰:'敉寧武圖功。'又曰:'肆予曷敢不越卬敉寧王大命。'《立政》曰:'亦越武王率惟敉功。'敉皆謂終。四方迪亂,是公功未終。明公未可去也。"

㉛迪將其後監我士師工誕保文武受民——《蔡傳》云:"將,大也。"釋"迪,將其後"爲"啓大其後"。僞孔釋"誕保文武受民"爲大安文武所受之民。是訓"誕"爲大,訓"保"爲安。王國維《洛誥解》:"士、師、工,皆官也。受民謂所受於天之民。《立政》曰:'相我受民。'又曰:'以乂我受民。'《盂鼎》曰:'粵我其勴相先王受民受疆土。'"于省吾《新證》:"僞《傳》云:'監篤我政事衆官委任之言。'王先謙云:'監臨我治事之衆官。'按,'士'謂卿士,'師'謂師尹,亦曰師師,亦曰師長。'工'謂百工,亦曰百執事。簡稱士、師、工。《臯陶謨》'百僚師師百工',《盤庚》'邦伯師長百執事',《洪範》'卿士惟月,師尹惟日',《屖叔多父盤》'使利于辟王卿事師尹倗友',可互證。"此無異爲王國維之說舉了詳證。

㉜亂爲四輔——僞孔釋云："治之，爲我四維之輔。"《孔疏》云："維者，爲之綱紀，猶如用繩維持之。《文王世子》云：'設四輔。'謂設衆官爲四方輔助。周公一人事無不統，故一人爲四輔。《管子》云：'四維不張，國乃滅亡。'《傳》取《管子》之意，故言'四維之輔'也。"《蔡傳》："治爲宗周之四輔也。漢三輔蓋本諸此。"是漢、宋兩學皆避不釋四輔爲《文王世子》之師、保、疑、丞四輔，也不釋爲《漢書·谷永傳》言成王之"四輔"師古注爲輔、弼、疑、丞四者，而輔、弼、疑、丞實爲《尚書大傳》之"四鄰"。陳師凱《旁通》云："漢三輔，京兆、馮翊、扶風三郡也。案《王制》（當作《文王世子》）曰：'設四輔及三公。'四輔：左輔、右弼、前疑、後丞也。蔡不據此者，以成周未嘗設四輔官，時公旦任太師，在三公列，不聞爲四輔，故止引漢三輔爲比。周家非有三郡，將以王城鎬京爲鄰輔。"章炳麟《拾遺》："《尚書》'亂'字不皆訓治。《詩》卒章稱'亂'，亂猶言終也。此成王留周公之辭，周公先已兼四輔（此據經師説，顯不足據），故欲其終爲四輔也。"章氏釋"亂"之義可能適合於此，其釋"四輔"未言明所指，顯據一般之師保疑丞四輔，其實此處以釋爲四方之輔、四維之輔爲妥。

㉝王曰公定予往已公功肅將祗歡——于省吾《新證》："僞《傳》云：'公留以安定我，我從公言，往至洛邑，已矣，公功已進大，天下咸敬樂公功。'按僞《傳》説鶻突已極。'已'即祀。《易·損》'初九'：'已事遄往。'《釋文》：'已，虞作祀。'甲骨文'祀'間作'已'。'已公功'者，祀公功也，祭祀以公功告廟也。祭祀以公功告廟而曰'祀公功'者，亦猶《武成》佚文'祀職于周廟'，謂祭祀獻職于周廟也。'歡'，本應作'雚'，即'灌'。《爾雅·釋訓·釋文》：'灌，本作雚。'《高彪碑》'灌'作'雚'。是雚、灌、懽通用之證。《詩·文王》傳：'祼，灌鬯也。'《説文》：'灌，祭也。'《禮器》'灌用鬱鬯'注：'灌，獻

也。'《論語・八佾》'禘自既灌而往者'皇疏：'灌者，獻也。'《爾雅
・釋詁》：'定，止也。''只，敬也。'《説文》：'肅，持事振敬也。'《詩》
箋：'將，奉也。'上言'予小子其退即辟于周，命公後'，又言'未定于
宗禮'，又言'監我士師工'，蓋王意使周公留守于洛，而己則往祭于
鎬也。故王曰：'公其留止，予往祀以公功告廟，謹恪將事，敬恭灌
禮。'蓋'肅將祗灌'必指祭祀爲言，則上下之義自一貫矣。"

㉞公無困哉我——僞孔云："公必留，無去以困我哉。"則其本似
原作"困我哉"。段玉裁《撰異》："《漢書・元后傳》：'上報鳳曰：
"《書》不云乎，'公毋困我'。"'《杜欽傳》：'欽説王鳳曰："《書》稱
'公無困我'。"'劉昭《祭祀志》注：'《東觀書》曰："章帝賜東平憲王
蒼書曰：'宜勿隱，思有所承，公無困我。'"'按此皆用《今文尚書》
也。《周書・祭公解》：'王曰："公無困我哉。"'兼有'我哉'二字。
疑《古文尚書》無'我'字，語意不完。古'我'、'戈'二字相似易訛，
如《説文》'羧'字誤爲'㳧'，是其證也。"俞樾《平議》："按經文
'哉'、'我'二字傳寫誤倒。……《周書・祭公篇》亦曰'公無困我
哉'。又與此同，可證也。《漢書》《元后傳》、《杜欽傳》引作'公無
困我，其無哉字者，以語辭故省之耳。……後人但疑'哉'字爲'我'
字之誤，而不知'哉我'二字之誤倒，則其所見猶未盡得矣。"

㉟惟無斁其康事公勿替刑四方其世享——朱駿聲《便讀》云：
"'斁'，懈也。'康'，庚也，安也。'替'，廢也。'刑'，荆也，法也。
'享'，猶受也。言公其留止於洛……今欲去我，是困我也。我惟無
斁其安國之事，公亦勿廢公之法而使我無所則傚，則四方亦倚賴之，
其世世受公之德矣。"章炳麟《拾遺》云："'康'讀爲'庚'。《絳書》：
'庚者，言陰氣更萬物。'《律曆志》：'斂更于庚。'《説文》：'庸从用、
庚。'庚，更事也。此庚事即更事也。前已自承'即辟'，故言'更

事’、‘無斁’。更事，即更習吏事。不言‘涖政’言‘更事’者，謙也。次言‘公勿替刑’，仍欲公爲儀刑，則自處於學習之地。”自以章説較確。

以上這一節，是全篇的主要一大節，主要是談“以功作元祀”的問題，這是周公與成王在本篇中第二次往返告答之辭。全節分七段，前四段皆周公對成王所講，後三段爲成王答語。第一段是周公欲於洛邑既成之後舉行大祀，特還鎬擬以百官從王至成周以備行祀禮。此時周公轉述成王之言要周公即以功在洛舉行，且定功賞。第二段是周公請成王帶領百官到新邑洛舉行大祀。第三段是周公告成王如何審察諸侯來享之誠心與否，第四段是周公勸成王敬事，並言己將明農。第五段是成王稱頌周公之德及以文武之德勤教，使自己能慎舉大祀，全出公之德。第六段是成王要周公定宗禮，監領百官，保文武受民。第七段是成王欲以周公功告廟，自己涖政後欲效法周公儀型。整節文字是圍繞周公還鎬請成王至洛因作洛完功舉行元祀這一主題的往返告答之語，見出周公對成王的關懷與成王對周公的感謝之誼。文中周公表示要專力忙於新領土上的農事建設主要如農田水利等（按周族自定居岐周以來即專重農事，成爲具有氏族特色的優良傳統），示意一應大政由成王肩負起來；成王則表示少不了周公的輔助，堅請他“監我士師工，誕保文武受民”，繼續爲國家四方之輔。

周公拜手稽首曰：“王命予來，承保乃文祖受命民，越乃光烈考武王弘朕（一説當作㑙）①。恭孺子來相宅，其大惇典殷獻民②，亂爲四方新辟，作周恭先③。曰其自時中乂，萬邦咸休，惟王有成績④。予旦以多子越御事篤前人成烈，苔其師，作周孚先⑤。考朕昭子刑，乃單文祖德⑥。

"伻來毖殷⑦，乃命寧予，以秬鬯二卣，曰：'明禋，拜手稽首休享⑧。'予不敢宿，則禋于文王武王⑨；'惠篤敘，無有遘自疾，萬年猒于乃德，殷乃引考⑩。'王伻殷，乃承敘，萬年其永觀朕子懷德⑪。"

①王命予來承保乃文祖受命民越乃光烈考武王弘朕——《蔡傳》："此下，周公許成王留等事（即監我士師工、保文武民，爲大政之輔等）也。'來'者，來洛邑也。'承保乃文祖受命民及光烈考武王'者，答'誕保文武受民'之言也。""越"，與也。見《大誥》"越"校釋。孫星衍《注疏》云："莊氏寶琛曰：'朕，當作"訓"，《說文》（《人部》）"俟"，古文以爲"訓"字。蓋《尚書》本作"俟"，後改爲"朕"。案《大傳》有云："以揚武王之大訓。"'莊氏說是也。"劉逢祿《集解》引莊氏說並云："下'考朕'、'觀朕'同。"

②恭孺子來相宅其大惇典殷獻民——段玉裁《撰異》云："孔以'奉'訓'共'，其字本不作'恭'，衛包乃改之也。"此言欲奉武王來洛邑相宅。于省吾《新證》："僞《傳》云：'其大厚行典常於殷賢人。'《蔡傳》訓'典'爲典章，吳摯甫訓'惇典'爲鎮撫，馬通伯訓'典'爲禮。按僞《傳》訓'惇'爲'厚'自是通詁，金文作'𦎫'，即敦字。惟'典'字從無確訓。《孟子》'不足以守宗廟之典籍'注：'典籍，謂先祖常籍，法度之文也。'《左傳》'數典忘祖'（見《昭公十五年》），《弓鎛》'篲其先舊'。簡册以竹爲之，故典亦作篲。'典其先舊'者，謂册録其先舊也。蓋'典'爲簡册，易爲動詞，猶言册録。《克盨》：'王命尹氏友史趞典善夫克田人。'言册録其田人也。尹氏、友史，均掌

册籍之官,有所錫則必册録之也。'其大惇典殷獻民'者,'大'訓語
詞,言其厚録殷之賢人也。……'册録',猶今人言'録用',用之必
先録之也。"

③亂爲四方新辟作周恭先——章炳麟《拾遺》:"《魯語》韋
《解》:'凡作篇章,篇義既成,撮其大要爲亂辭。'……'亂爲四方新
辟',言撮舉大要爲四方新法也。"又云:"《秋官·大司寇》注:'典,
法也。'《釋詁》:'辟,法也。''恭'、'共'字《石經》古文皆作'龔',此
正當爲'共'。《詩·商頌》'受小共大共',《書序》'九共',毛、馬皆
云:'共,法也。'先惇法於殷獻民,次乃攝要爲四方新法……周之法
自此始遍行於邦國,故曰'作周共先'。"

④曰其自時中乂萬邦咸休惟王有成績——僞孔云:"曰其當用
是土中(指洛邑)爲治,萬國皆被美德,如此惟王乃有成功。"《蔡傳》
釋義亦相近云:"自是宅中(亦指洛邑,宅,居也)圖治,萬邦咸底休
美,則王其有成績矣。"

⑤予旦以多子越御事篤前人成烈荅其師作周孚先——章炳麟
《拾遺》:"營雒本武王意,故曰'篤前人成烈'。凡'荅'字古皆借爲
'合'。合其衆者,《康誥》所謂'周公初基作新大邑于東國雒,四方
民大和會',《召誥》所謂'厥既命殷庶,庶殷丕作'是也。'周孚'者,
周郛也。《逸周書·作雒解》:'周公將致政,乃作大邑(此指王城)、
成周于土中。城方千七百二十丈(《考工記》"匠人營國方九里七
百"作"六百"乃合),郛方七十里。南繫于雒水,北因于郟山,以爲
天下之大湊。'據此,'城'專指王城,'郛'則包絡王城、成周悉在其
中。此地中建國之始,故曰'作周郛先',然則周郛與周法並舉者,不
放周法則紀綱不一,不營周郛則天保不定,故兩大之。"

⑥考朕昭子刑乃單文祖德——于省吾《新證》:"僞《傳》訓爲

'我所成明子法,乃盡文祖之德'（按,是訓"單"爲盡）。《蔡傳》訓'昭子猶所謂明辟'。非是（唯訓"單"爲殫,亦謂殫盡）。按'考朕'乃'朕考'之倒文。（古人書每有倒文,如《逸周書·時訓篇》"下臣驕慢",《太平御覽》引作"臣下驕慢"。《王會篇》"蠻楊之翟",王念孫謂"蠻楊"應作"楊蠻"。……此例不可勝列。）凡金文通例,'朕'訓'我之'。'朕考',周公自言,謂文王也。'文祖',謂成王之文祖,亦文王也。'昭',示也。言我之考昭示子以儀型,汝須克盡文祖之德也。"

⑦伻來毖殷——"毖",慎也,見上一節"毖祀"校釋。章炳麟《拾遺》:"殷禮者,殷祭也。……篇中言'毖祀',言'毖殷',其義一也。"已見上一節"王肇稱殷禮"校釋。

⑧乃命寧予以秬鬯二卣曰明禋拜手稽首休享——朱駿聲《便讀》:"寧,安也。秬,黑黍也。鬯,釀秬爲酒也。卣者,釀秬爲酒也。卣即酉字,中尊也,承鬯之尊也。禋,絜祀也;精意以享曰禋。拜手稽首者,爲文王、武王,非爲公也。休,喜也,美也。享,祭獻也。言王不欲自來而使人來殷慰勞,乃命我安處於洛,以秬鬯二卣代王禋祀文武,告成洛邑,而自拜手稽首,遙奉此美享也。蓋王欲不來而使公攝己之祭,公述其事如此也。"王國維《洛誥解》:"寧,安也。《詩》曰'歸寧父母',《孟爵》曰'惟王初□于成周,王命孟寧鄧伯',是上下相存問通稱寧也。王以秬鬯寧周公,周公,尊也。公嘉王賜,故禋于文王武王。精意以享曰禋。'明禋'以下八字,亦周公述成王之言。"

⑨予不敢宿則禋于文王武王——朱駿聲《便讀》:"'宿',經宿也。公以王不來洛,命己攝祭,不敢宿君命,即禋于文、武;而所謂'咸秩無文'者,則仍欲俟王之來,再舉其禮也。"

⑩惠篤叙無有遘自疾萬年猒于乃德殷乃引考——朱駿聲《便

讀》：“此祭之祝詞也。‘惠’，順也。‘篤’，篤厚。‘叙’，次第也。‘遘’，遇也。‘疾’，病也。‘厭’，飽也。‘引’，長。‘考’，成也。祝成王順厚叙文武之道，身其康彊，子子孫孫皆食其德，則殷之天下長成爲周之天下，而文武在天之靈亦慰也。”“猒”同“厭”。于省吾《新證》：“僞《傳》云：‘殷乃長成爲周。’孫星衍云：‘則殷其延長有成也。’並非。按‘引’乃‘弘’之譌。金文‘弘’作引，與‘引’相似，漢人誤認。‘考’讀‘孝’。……《毛公旅鼎》‘亦弘唯孝’，是‘弘孝’爲周人成語。”朱氏之説大都據古注，雖未標明出處，然大都引據較可通之説，如“此祭之祝詞”一語即據《蔡傳》，“殷長成爲周”即據僞孔。于氏據金文獲知“弘孝”爲周成語，然未釋此數語原意，似仍須用朱説。

⑪王伻殷乃承叙萬年其永觀朕子懷德——朱駿聲《便讀》：“此復詔王來洛之詞也。言禋於文武之命雖已代攝，然舉祀發政之始必王親自來，使殷民見之，乃奉行有次第，將自是至於萬年，其長觀法我孺子而懷其德矣。”此譯“朕子”爲“我孺子”，與王國維《洛誥解》釋爲“朕子，謂成王”，語意全同。

以上這一節，載周公奉命到洛，營洛圖治，成王使人存問周公。這是周公與成王在本篇中的第三次往返告答的活動。全節分兩段，第一段周公自述與成王承前人成烈及弘訓，在洛録用殷人，攝舉治殷之法要點爲治四方新法，並營洛成爲新大邑，以鎮撫東方，成此兩大勳業以克盡文王之德。第二段成王使人以秬鬯慰勞周公，周公以秬鬯禋祀文王武王，祝禱成王厚叙文武之道，其身康彊，子孫萬年承其德，長有天下，而後復促請成王來洛舉祀發政。

戊辰，王在新邑，烝祭歲，文王騂牛一，武王騂牛一①。

王命作册逸祝册②，惟告周公其後③。王賓，殺禋、咸格④。王入太室祼⑤。

〔王曰：“公，予小子其退，即辟于周，命公後。”〕⑥

王命周公後，作册逸誥⑦。在十有二月⑧。惟周公誕保文武受命，惟七年⑨。

①戊辰王在新邑烝祭歲文王騂牛一武王騂牛一——“戊辰”，僞孔云：“成王既受周公誥，遂就居洛邑，以十二月戊辰晦到。”《孔疏》：“成王既受誥，王即東行赴洛邑，其年十二月晦戊辰時，王在新邑。……此歲入戊午蔀五十六年，三月云丙午胐，以算術計之，三月甲辰朔大……十二月己亥朔大，計十二月三十日戊辰晦。”王國維《洛誥解》云：“戊辰，是歲十二月之晦也。”亦肯定此説之正確。經師中有不同之説者（如鄭玄），皆誤。朱駿聲《便讀》：“此以下成王從公之請而至洛也。……冬祭曰烝，‘烝祭歲’者，烝爲歲舉之祭，王在東都行之，不再於西都祭也。‘騂’，當作觲，垟也，猶赤也。……言王至於洛，行周正冬季烝祭之禮，又別殺騂牛二，特祭文武於文王之廟。周尚赤，故用騂。”

裘錫圭先生《古代文史研究新探》第52頁有云：“歲也是卜辭常見的祭名，如‘丙辰卜，歲于祖己牛’。《洛誥》歲字也應與卜辭同義，舊注解此字亦誤（參看郭沫若《兩周金文辭大系》毛公鼎考釋）。”按郭老先引到吳闓生《吉金文録》第一器“用歲用政”句，並釋云：“歲，祭歲也。政即征字，所謂‘國之大事，在祭與戎’也。《洛誥》有‘烝祭歲’之文……《周書·作雒解》‘武王既歸，成歲’……足見祭歲爲古之大政也。”郭沫若《毛公鼎考釋》云：“‘用歲用政’政讀爲征無可疑，歲字舊多異説。近時吳闓生解爲祭歲，最爲得之。今按歲祭之名卜辭多見,《墨子·明鬼篇》引古語云:'吉日丁卯,用伐祀社方,歲于祖若考,以延年壽。'……歲字正用爲動詞。"是知此處的"烝"爲冬祭(見《爾雅·釋天·祭名》),"歲"爲歲祭,都是祭名。

②王命作册逸祝册——"册",《漢書·律曆志》引《洛誥》本句作"策"。下文"册"字亦作"策"。王國維《洛誥解》:"'作册',官名。'逸',人名。《顧命》:'命作册度。'《畢命·序》:'康王命作册畢分居里成周郊。'彝器多稱'作册某',或云'作册内史某',或但云'内史某'。其長云'作册尹',亦'内史尹',亦單稱'尹氏',皆掌册命臣工之事。此云'作册逸',猶他書云'史佚'、'尹佚'矣。'祝册',猶《金縢》言'册祝'。"按,"作册"之爲官名,甲骨文中數見(《綴合》268、《京津》703 等),原字作"乍册"。周代沿用,屢見於西周金文中。孫詒讓《古籀拾遺》(下第 7 頁)、《周禮正義》卷五十二"内史"下指出作册即内史官。王國維《釋史》(《觀堂集林》六)則謂史官周初謂之作册,其長謂之尹氏(參看其《書作册詩尹氏説》,載《觀堂別集》)。陳夢家《殷虛卜辭綜述》第 518 頁則對殷代作册作了叙述,并謂發展至西周由作册而作册内史、而作册尹,到西周晚期爲尹氏。

"祝、册"是並立的兩個詞,是宗教活動中告神的兩個方式。《殷契粹編》第一片有"惠册用"與"惠高祖夔祝于册"之文,郭老釋云:"惠册用和惠祝用爲對貞,祝與册之別,蓋祝以辭告,册以策告也。《書·洛誥》'作册逸祝、册'乃兼用二者,舊解失之。"

③惟告周公其後——王國維《洛誥解》:"'告'者,告於文王武王也。"朱駿聲《便讀》:"使史逸讀祝册以告周公留洛也。"

④王賓殺禋咸格——王國維《洛誥解》:"王賓,謂文王、武王。死而賓之,因謂之賓。殷人卜文屢云'卜貞王賓某某','王賓'下皆

殷先王名，知此王賓即謂文、武矣。"按，舊釋"王賓"，如僞孔云："王賓異周公。"《蔡傳》云："王賓猶虞賓，祀宋之屬，助祭諸侯也。"羅振玉《殷虚書契考釋》始云："卜辭稱所祭者曰王賓，祭者是王，則所祭者是賓矣。《周書·洛誥》'王賓殺禋咸格'，猶用殷語。前人謂王賓'賓異周公'者失之。"王國維《與林浩卿博士論洛誥書》亦云："其所云王賓，當與卜辭義同，若釋爲周公，則下文'咸格'之咸字無所施之，若以爲助祭諸侯，則與本事無涉。故前釋爲文王武王。"郭沫若《卜辭通纂》39片辨釋之云："此説自王國維以來，凡主卜辭者均奉爲定論，案實大有未諦。蓋'王宎'二字如連爲名詞，則卜辭中凡言王宎云云之例，均缺主要動詞，不合文範。而它辭有言'王其宎某某'者(本書161片，又《後》F.7.1)於王與宎之間挾一其字，則宎字分明動詞，是則'王賓'者，亦猶卜田之例之言'王田'、'王遊'、'王步'而已。……宎爲償若擯之古字……是故王賓者，王償也。《禮運》'禮者所以償鬼神'，即卜辭所用宎字之義。《洛誥》之'王賓'乃假賓爲宎若償也。'王賓'者償文、武，舊説'賓異周公'固失，羅説爲名詞則直爲文武，王國維《洛誥解》即采此説，亦未爲得。"由郭氏之釋始得此處"王賓"之諦解爲"償文、武"。其實羅、王之意，"所祭者是王賓"，"王賓下皆殷先王名"，皆言王賓之對象是先王，特語有未達，逕言文武，遂自失其原意。得郭釋而後義始明確。

　　"殺禋咸格"，王國維《洛誥解》云："'殺'，殺牲；'禋'，禋祀也。《周禮·大宗伯》：'以禋祀祀昊天上帝，以實柴祀日月星辰，以槱燎祀司中、司命、風師、雨師。'三者互言，皆實牲於柴而燎之，使煙徹於上。禋之言，煙也。殷人祀人鬼亦用此禮(見《殷虚書契考釋》)。逸《武成》云：'燎于周廟。'知周初亦然矣。'咸格'者，言文王武王皆禋祀而來格也。"按，"格"義同歆享，就是都享受祭祀之意。

⑤王入太室祼——朱駿聲《便讀》:"'太室',清廟中央之室也。'祼'者,用秬鬯之酒,又別築鬱金香草煮之,以鬱合鬯,謂之鬱鬯,祀時專用以祼。祼有二:主人灌地降神,是未祭時也;君以圭瓚酌鬯授尸,尸祭之地,乃啐之奠之,是一獻之禮也。……王入太室祼,當爲祼尸之一獻也。"王國維《洛誥解》:"先燔燎而後祼者,亦周初禮。《大宗伯》'以肆獻祼享先王',肆獻在祼前,知既灌迎牲爲後起之禮矣。"(按,《觀堂集林》卷一有王氏《與林浩卿博士論洛誥書》(浩卿爲日本學者林泰輔字)及《再與林博士論洛誥書》,對"祼"字作了極精闢的辨析與考論,欲了解古禮祭中祼字的諦義及其與"灌"字的關係,必須參讀該二文。文中又對"王賓"作了較詳闡釋,並述明上文校釋中所引錄"王賓即謂文武"的依據,亦當參讀。)

⑥王曰公予小子其退即辟于周命公後——此爲錯簡在上一節"公功棐迪篤罔不若時"句後之文,朱駿聲引或曰原當在此處,除已見於上節外,特重錄原句於此。但插入此似又使此處原文相連屬之句隔斷。

⑦王命周公後作册逸誥——王國維《洛誥解》:"'王命周公後'者,因烝祭告神,復於廟中以留守新邑之事册命周公,已面命而復册命者,重其事也。'誥',謂告天下。成王既命周公,因命史佚書王與周公問答之語,並命周公時之典禮以誥天下,故此篇名《洛誥》。《尚書》記作書人名者惟此一篇。"

⑧在十有二月——見上文"戊辰"校釋,爲此戊辰所在之月。凡舉行烝祭歲、作册、逸祝册告周公後、殺禋、王入太室祼,並命作册以周公後誥天下,皆在此時,故於此載明其時間"在十有二月"。

⑨惟周公誕保文武受命惟七年——王國維《洛誥解》:"'惟周公誕保文武受命,惟七年'者,上紀事,下紀年,猶《舲尊》云:'惟王

來正人方，惟王廿有五祀’矣。‘誕保文武受命’，即上成王所謂‘誕保文武受民’，周公所謂‘承保乃文祖受命民’，皆指留守新邑之事。周公留雒自是年始，故書以結之。書法先日次年者，乃殷周間記事之體，殷人卜文及《庚申父丁角》、《戊辰彝》皆然。周初之器或先月後日，然年皆在文末。知此爲殷周間文辭通例矣。是歲既作元祀，猶稱七年者，因元祀二字前已兩見，不煩復舉，故變文云‘惟七年’，明今之元祀即前之七年也。自後人不知‘誕保文武受命’指留雒邑監東土之事，又不知此經紀事紀年各爲一句，遂生周公攝政七年之説，蓋自先秦以來然也。”其實“誕保文武受命”實亦對周公主要功績之“紀事”，而後繼以“紀年”。

以上這一節，是全篇最後一節，載成王到洛行祀禮，實現了命周公後。全節分三小段。第一段記歲末成王到新邑行烝祭，以命周公後告文、武。第二段記王即返宗周，命周公留洛。第三段作爲全篇之末，按殷周間紀事之體，先紀主要之事，然後紀作誥之年月與作者。這是《尚書》唯一載明作者的一篇。

(二) 今　譯

周公拜手叩頭〔遣使往告成王〕説：“我復命給您這位賢明的君主，我王如果自謙不能趕上先王，其實上天已開始賜給您安定天下的大命。今我繼續輔翼您克殷踐奄，大定東土，我王就已開始作爲萬民的賢明之君主了。

“我是乙卯那天東來到達洛師的。〔爲選擇建新邑之地，〕我先占卜了大河以北的黎水地方,〔未得吉兆。〕我就占卜澗水之東瀍水之西中間那片土地,惟這洛水之地得到吉兆;我又占卜瀍水以東之地,這裏洛水之地也得到吉兆。特遣使來〔到鎬京〕把新邑地圖及占卜吉兆獻上。"

成王拜手叩頭說:"我公不敢不敬奉上天的美命,特來到洛地完成了察看觀測建立偉大新邑的規劃盛業,您實在成了我周邦的首要輔弼元勳,我特褒美您業已建定新的都邑。現在我公既已建定新的居邑,遣使來到,來使我看到卜兆的美好而且是常吉的卜兆,那麼您和我二人共同承當此美好。我公與我永遠萬億年地敬奉天的美命,謹拜手叩頭以謝我公的謀劃。"

周公〔回到宗周鎬〕說:"我王開始舉行祀天改元的殷祭大典,這種祀禮在新邑舉行,應按祀典對上帝、群神等都循其尊卑大小奉祀之,不要有紊亂。我將百官使從王於周(意將迎王往洛行祀)。我對他們說:'惟汝眾人皆將有大事(指祀事)。'現在我王即可就而請命於神說:'祭祀於功宗,以有功者告廟。因以舉行開國大典式的元祀。'可以對我命令說:'你受先王命督輔我,這就履行你此項職事吧,可自效你洛邑之功以示天下。'

"我的好小子呵!我的好小子呵!還是和群臣一道去吧!還是和群臣一道去吧!還是去吧(去行祀典)!不要像點火那樣,開始微小的火星星,後來逐漸灼大,要麼就君臣一道去,不要由少到多地前後遞行,來個不斷。使群臣們常及順事於你,我惟以在宗周百官往新邑洛,使前往就卿士、太史友寮,勉赴事功,惇厚廣大以成寬裕之治,那麼你也就永有令譽美辭傳於後世了。"

周公說:"嘻!您雖是我的好小子,但您位甚崇高,〔您要懂得御諸侯之道,〕您要敬識諸侯之誠於享獻者,也要識別諸侯之不誠於享獻者。享獻之事多儀節，其儀意不及所陳幣物，那只能說是不享。爲其不營心於享敬奉上，下民皆效之而不享敬於上，那麼凡事都會僭忒慢易無所不至了。

"我的好小子！您頒發德音，我歉然無暇聽受。我惟教告你以小民非正常之事無重視者，你如不勉之，那就不能長治久安。應該厚待你的衆官之長，無不如我待衆官之長，那麼衆官也不敢廢棄你的教令了。你去吧！好好敬治你政事。現在我準備去大力從事於搞好農田疆界溝洫之事，以那一要政來豐裕我民生計，那就不會長遠地有乖戾了。"

王這樣說（這是史臣記錄王講話的用語）："我公呵！你應勉力輔佐我小子。稱舉我公大的顯德，與我小子弘揚文王武王之光烈，上以奉答天命，下以恒久和懌四方之民，故營此洛邑以爲居處衆民的京師。要厚崇大典，舉行元祀，都按祀典順序致祀而無紊亂。我公之德光於天地，施於四方，普爲穆穆之美的教化，如御車之不迷於路，以文武之道勤教於我，我小子安受其成，惟早晚敬慎其祭祀大事以報之。"

成王說："我公之功輔導我甚篤厚，無不如此處上面所稱述各點。（原文有"王入太室祼"下數語錯簡在此，今譯文移正至彼處。）現在四方進於治，但尚未定於功宗元祀之禮，是公之功亦尚未終畢，是公所必將留後於洛，監督我卿士、師尹、百工，大爲安定保有文王武王所受之民，治爲宗周四方之輔。"

成王說："我公定下來，我往祭祀以公功告廟，謹恪從事，敬恭以行祼禮。我公必留而不要離去以困我呀！我將不懈以臨政事，我公亦勿廢公之儀型，使我長得效法，則四方亦利賴之，世世受公之德了。"

　　周公拜手叩頭説：“我王命令我來洛邑，承擔保有文祖（文王）所受之民，與你的光輝的父親武王的弘訓。奉我好小子來察看定居之地，從厚録用殷之賢人。以治殷之法撮舉其大要爲四方新法，作爲周法之先導。將從此以作爲四土之中的洛邑爲治，萬國都被其美盛，如此我王自有成功。我旦以衆卿大夫與御事官員篤行文王武王成烈，以答天下衆心，先築成王城，以爲南繫於洛水北因於郟山的周郛之先導。我的文考文王昭示您以儀型，您必須克盡您文祖文王之德。

　　“您派使者來敬慎殷祭，遂命他以黑黍鬯酒兩個中尊，來看望我，指示説：‘以精意以享的禋祀，拜手叩頭好好祭獻。’我不敢經宿拖延君命，即禋祀於文王武王，並獻祝詞説：‘祝成王順厚叙文武之道，身不遇疾而康强，子子孫孫萬年皆食其德，則殷的天下就長成爲周的天下了。’現在仍盼望我王來，乃能使殷人承奉有序，將自此至於萬年永遠觀仰我的好小子之德而懷感之。”

　　十二月戊辰，成王已在新邑洛，舉行是歲冬季的烝祭之禮。祭文王用一頭騂牛（紅色的牛），祭武王也用一頭騂牛。成王命作册逸於祭祀時讀祝册之文。向文王武王之神敬告以周公留守其後。殺牲禋祀文王武王，文王武王都來享受禋祀。成王進入清廟中央之室太室，以鬱鬯行灌地之祭，然後爲裸尸之祭，完成“入太室裸”之祭。

　　成王對周公説：“我公呵！我小子即退居於鎬，就君位於宗周，特命公留後守洛邑。”

　　成王命周公留後，由作册逸作誥，時在十二月，周公承擔誕保文王武王受命重任，時惟七年。

（三）討　論

本篇中可討論的問題很多，有些問題已在"校釋"中涉及。現彙列於此處談談，不一定區別問題的先後，總之有關本篇可議論者論及之。

（一）《洛誥》篇爲《尚書》中最難讀的文字，歷代經師絞盡腦汁也很難把它真正讀通，故現代深於古文字學的學者孫詒讓、章炳麟、王國維、于省吾等都對它作過深入的鑽研，始使人們懂得它一些原有文義，但仍然不能説也就把問題都解決了。其所以難讀的原因有四：(1) 所包的時間較久，從周公營洛到成王至洛命周公後，中間約經過十個月。(2) 説話的地點不一致，周公在洛而成王在鎬，三次往來告答似均派人傳語。(3) 文體不單純，記言中有事實，記事中有議論。(4) 此篇的中心問題如何：是作雒？ 是祭祀？ 是記功？ 是周公請退？ 是成王命周公後？ 所謂"命周公後"者又如何：是成王命伯禽爲周公後以代爲鎮撫東土？ 還是王命周公留洛？ 還是王命周公制禮作樂？ 這些問題不能解決，《洛誥》篇就不能讀懂，因此上文在"校釋"中已於涉及到這些問題時作了尋繹。

（二）關於本篇分節問題。善於體會文意的清代學者戴鈞衡《書傳補商》提出了他的看法："'朕復子明辟'至'拜手稽首誨言'，周公在洛成王在鎬往返告答之詞也。'王肇稱殷禮'以下，周公還鎬告王也，'公明保予沖子'以下，王答周公也。'王命予來'以下，周公從王至洛而公告王之詞也（此句有誤，實際只是周公至洛，成王仍在鎬)。'戊辰'以下，史記王在洛所行事也。"現在即據此意見分《洛誥》全文爲四節："朕復子明辟"以下爲第一節，"王肇稱殷禮"以下爲第二節，"王命予來"以下爲第三節，"戊辰"以下爲第四節。顧師深入稽考文意後，亦同分爲此四節。其第一節爲周公向成王述職成王優答之，君臣互相推重；自來治經者都認定爲周公在洛成王在鎬時之語。但近來出現兩種不同意見，一爲王國維以爲"時成王繼周公相宅至於雒"，即成王與周公都在洛。一爲顧剛師據文中"來"字"往"字，論定此時成王與周公都在鎬，是覿面的談話。但根據文意，周公陳述作雒經過後，遣使以圖及卜告王，《書序》謂"周公往營成周，使來告卜"，僞孔謂"遣使以所卜地圖及獻所卜吉兆來告成王"，《蔡傳》謂"洛邑既定，周公遣使告卜，史氏録之"，似皆探得原義。自以仍據歷來的認識，理解爲周公在洛遣使至鎬告成王爲較妥。第二節是周公還鎬請成王到洛邑舉行元祀，成王則欲周公代表舉行，並在大祀中記功宗，定宗禮，連帶稱頌周公的功德。在這一節裏周公與成王都在鎬是没有問題的。第三節周公先至洛，營洛圖治，以在鎬的成王送與的秬鬯裸於文武二王，且爲致祝。戴鈞衡以爲成王也至洛，是錯誤的。第四節爲成王到洛行烝祭，並命周公後，而後王返宗周鎬邑。這一節裏成王與周公都在洛，到全過程完畢後王始返鎬，留周公居洛鎮撫東土。

　　(三)周起西土，開拓東土，其勢甚鋭而民心未能盡服，故經營東土爲當前最大問題。武王死後，管、蔡、奄等與武庚、淮夷並起叛變，所得東土完全失去，其勢岌岌。周公東征三年，削平叛亂，歸於一統，其功實在武王之上。他力主實現武王遺願，在洛邑建立新都，即爲掌握東方諸國起見。洛邑既成，他又主張舉行一回大祭祀，推測其目的有三：(1)東征將士論功行賞，已死的從祀於先王，未死的計

功於宗廟。(2)集合諸侯,齊一其心志,且觀其享祀之誠心與否以定
黜陟。(3)殷的貴族分子已遷至新都,讓他們在這次大典禮中獲得
參與受到精神上的震懾與鼓勵,消弭其反抗企圖。所以這次的祭祀
是開國大典,所以稱爲"元祀"。許多新制度於以產生。篇中所説的
"宗禮",戰國秦漢間盛傳的周公制禮作樂的故事,都由此來。

(四)"王命周公後",是這篇文字所以寫作的原因,也是在這回
大祭祀後所必有的手續。漢人不了解,生出許多葛藤。鄭玄注云:
"告神以周公其宜立爲後者,謂將封伯禽也。"其後僞孔、《孔疏》及
其他經師就説所以爲周公立後,是要伯禽代父鎮撫東方,使周公能
留佐成王。其實原文文義顯然,直謂請周公留後,且皆謂將實行此
事。"其"者,將然之詞。成王説"予小子其退"。自謂將退也。又
祝於文、武而"告周公其後",謂周公將後也,如何牽得上伯禽? 所以
我們解釋此語,應從宋學而不從漢學。其"後"之爲義,篇中已説明
白,就是"迪將其後,監我士師工,誕保文武受民,亂爲四輔"。"周
公其後"之"其後",即"迪將其後"之"其後",可見周公之"後",是
要監一切的官吏,至少是東土的全部官吏;又要保文武受民,至少是
東土的全部人民。《詩·魯頌》曰:"王曰叔父,建爾元子,俾侯于
魯,大啓爾宇,爲周室輔。"可知"四輔"即是周王畿四境之輔。《蔡
傳》説:"治爲宗周之四輔也,漢三輔蓋本諸此。"其説甚是。是"周
公後"的又一項任務,即是保衛宗周。

(五)本篇開首的"朕復子明辟",戰國秦漢間人謂係周公反政
成王的證據。他們都以爲武王死後,成王幼小,周公踐阼當國,及成
王壯,周公作洛邑既成,遂歸政於王。"復",返也。王莽圖篡漢,再
利用了一些逸《書》,加以編造,如《嘉禾篇》云:"周公奉鬯立于祚階
(按祚,東階也,主人所行),延登,贊曰:'假王莅政,勤和天下。'"爲

之作說明云：“此周公攝政，贊者所稱。成王加元服，周公則致政，《書》曰：‘朕復子明辟。’”（見《漢書·王莽傳》）都在證明此句爲復政成王，即通常所說的“復辟”。到宋王安石始解“復”爲復命，吳棫承之，蔡沈又承之。王、吳二書今不可見，幸宋、元、明《尚書》著作如林之奇《尚書全解》等引録王氏此說頗完整，《蔡傳》概述其意云：“復，如逆復之復。成王命周公往營成周，周公得卜，復命於王也。”兩說相較，宋又優於漢。因爲在本篇及《尚書》他篇裏，都尋不出歸政成王之說的證據。成王始終是國王，周公始終擔負着西周政治重任。其他誥語中也稱周公爲王，只是當時對當政大貴族的習稱，不影響周公只是擔任攝政的地位（參《康誥》“討論”）。

（六）既說歸政，則歸政之後自必退老。故《尚書大傳》就釋“兹予其明農哉”云：“大夫士七十致仕，退老歸其鄉里，大夫爲士師，士爲少師。……”即宋人亦如此說。如《蔡傳》云：“我其退休田野，惟明農事，蓋公有歸老之志矣。”其實這“農”字是否農田，尚不可知。《洪範》“農用八政”，“農”即解爲“厚”。假使真是農田，經界溝洫之事本是國家一大政，且軍事結束之後，亟當着手生產，何嘗便是退老。觀周公自述：“予乃胤保大相東土，其基作民明辟。”又說：“予旦以多子越御事篤前人成烈，荅其師，作周孚先。”多麼認清其自己的使命而出以積極的行動，又如何說得上退老。

（七）此篇爲《尚書》中唯一記載作者的一篇，又是記載年月日最完全的一篇。作册逸即史佚，又稱尹佚，是史官之長，告文武“周公其後”時他祝册，“命周公後”時又是他作誥，可見禮節的隆重。至記録時間，則日在前，月次之，年在後，中間夾叙了一些事，令人看不清楚。戰國秦漢間人就困於不明白古代記事方式，讀“惟周公誕保文武受命，惟七年”之文，即以爲周公攝政七年的證據。近年金文學發達,見《龢尊》銘"惟王來正人方,惟王廿又五祀",始知古代有將大事寫於年歲上的習慣。見甲骨卜辭和《庚辰父丁角》及《戊辰彝》等器,始知殷周間記事之體,是先日、次月、次年。然後確定了本篇所記的烝祭和誥周公是當成王在位七年十二月戊辰日的事情。

(八)洛邑的主要居民,是從殷都遷去的商王室貴族,觀《多士》篇可知。還有强迫從事營洛勞動的殷庶民及滅紂前原住在洛地的殷人。因而殷人多,所以當時也稱洛邑爲殷。本篇說"王伻殷",即王使至洛邑。周公祝於文武時說:"萬年厭于乃德,殷乃引考。"即洛邑之民引考。爲了鎮撫殷人永遠安心臣服於周,永爲不侵不叛之民,所以營洛由周公坐鎮,成了當時周王朝國家大政的重點。

(九)"王曰:'公,予小子其退,即辟于周,命公後'"一語,必是成王到洛後將返鎬京時所說。然插在第二節中,則其時成王與周公俱在鎬京,無從說起。且前之"其往",後之"予往",稱到洛爲往者,與這裏的"其退"又牴牾。朱駿聲《尚書古注便讀》云:"或曰:'此節當在"王入太室裸"之下,錯簡於此。'"依所說改定,遂怡然理順。惟這"或人"不知是誰,可惜有此可貴的創說,而世不知其人之名。

(十)1963年陝西寶雞出土的何尊,其銘文與《召誥》、《洛誥》及《逸周書》之《度邑》、《作雒》均密切相關,可作比較研究。其主要情況已論之於《召誥》篇末,其與本篇足資比較者亦頗有之,今略談其要者兩點:一爲銘文引武王之言"余其宅玆中國,自之乂民",與本篇內容密合無間,本篇即爲周公辛苦完成武王這一遺願的現實紀錄。一爲銘文末載"唯五祀",與本篇末載"唯七年"相對應。金文中於銘末載紀年頗習見,文獻中則唯本篇見之,其"唯五祀"與《召誥》同一年,而《召誥》失載,幸有本篇存此例載明本篇是七年,以見古代文告當史臣記載較全時,自有此一於篇末紀年的方式存在。

　　上面這些問題討論既明，當有助於對《洛誥》篇的了解。研治《尚書》各篇，常苦於其寫作時代不明，作者不明，唯周初諸誥大都爲周公親口的誥辭，時間亦明確，就免去了上述苦惱。特別是《洛誥》一篇，其文字作者及年月日都在本篇記載明確，更成爲《尚書》中極可信任的珍貴的一篇。問題就在對其内容的理解。如能將其内容中的問題理清，自然就可對本篇得到正確認識了。

多　士

　　周公稱王執政的頭三年(亦即周成王同時在位的三年)，平定武庚、管、蔡等的叛亂，即《大傳》云"二年克殷三年踐奄"之事。三年，歸宗周，誥"四國多方殷侯尹民"於宗周，作《多方》。四年，封康叔於衛，作《康誥》、《酒誥》、《梓材》。接着以三監敗後遷至洛邑的庶殷遺民築成周都邑，形成一組誥辭，即五年所作的《召誥》、《多士》，至七年作雒工程的宗廟部分完成，周公請成王來洛邑舉行元祀所作的《洛誥》及《逸周書》的《作雒》，還有《康誥》之首的逸篇。這是《大誥》之後的《周書》主要幾篇的先後寫成情況。可是漢代三家今文本把《多士》列為《周書》第二十，而《召誥》為十八，《洛誥》為十九，《多方》為二十三。先後順序錯亂。自宋儒迄清儒多指出《多方》言"王來自奄"，《多士》言"昔朕來自奄"，《多方》在《多士》前甚明(已見《多方》篇校釋)，是合於歷史先後順序的。今當明確知道今文三家排列錯誤，而馬鄭古文本沿今文三家之排列，同樣錯誤。不過馬鄭因將《盤庚》、《太誓》分為三篇，故順序號向後順延四號，成爲《周書》中的《召誥》爲二十二，《洛誥》爲二十三，《多士》爲二十四，《多方》爲二十七。到僞古文《周書》中，《召誥》爲四十，《洛誥》爲四十一，《多士》爲四十二，《多方》爲四十六。這全是錯誤的，要知《大誥》之後諸篇誥文，依其産生先後，其順序當是：《多方》、《康誥》、《酒誥》、《梓材》、《召誥》、《多士》、《洛誥》以及《逸周書》的《作雒》等。今整理古籍，不輕易改動古籍原貌，只得仍依自今文以來直至僞古文本的錯誤順序排列。其篇中問題，見後面的"討論"。

（一）　校　釋

惟三月，周公初于新邑洛用告商王士①。

王若曰："爾殷遺多士！弗弔旻天大降喪于殷②；我有周佑命③，將天明威致王罰勑，殷命終于帝④。肆爾多士，非我小國敢弋（翼）殷命⑤，惟天不畀，允罔，固亂弼我⑥；我其敢求位！惟帝不畀，惟我下民秉爲，惟天明畏⑦。

"我聞曰：上帝引逸⑧，有夏不適逸則⑨，惟帝降格嚮于時⑩。夏弗克庸帝，大淫泆有辭⑪。惟時天罔念聞，厥惟廢元命⑫，降至罰。乃命爾先祖成湯革夏，俊民甸四方⑬。自成湯至于帝乙，罔不明德恤祀⑭，亦惟天丕建，保乂有殷；殷王亦罔敢失帝，罔不配天，其澤⑮。在今後嗣王誕罔顯于天, 矧曰其有聽念于先王勤家⑯; 誕淫厥泆⑰, 罔顧于天顯民祇⑱。惟時上帝不保, 降若茲大喪。惟天不畀, 不明厥德。凡四方小大邦喪, 罔非有辭于罰。"

①用告商王士——俞樾《平議》: "此當以'王士'二字連文。王士之稱, 猶《周易》言'王臣',《春秋》書'王人'。《傳》稱'王官', 其義一也。《周書·世俘篇》: '癸丑, 薦殷俘王士百人。'此王士二字連文之證。"

②弗弔旻天大降喪于殷——"弗弔", 即不淑, 不善。見《大誥》"弗弔天"校釋。江聲《音疏》: "以言'降喪', 故有取殺誼而偁'旻天'也。案《詩·大小疋》凡三言'旻天疾威', 是偁旻天者恒有取威罰之誼。於《雨無正》則云'降喪饑饉',《召旻》則云'天篤降喪', 二詩偁'旻天', 亦皆言'降喪'。"

③我有周佑命——王先謙《參正》: "《釋詁》: '右, 勴也。'右, 佑同。勴即助也。言天有命而我有周助天行之。"

④致王罰勑殷命終于帝——于省吾《新證》: "勑, 金文作諫、諫或敕。今作勑。王筠謂'《集韻》"諫, 飾也", 飾, 飭之訛, 飭同敕', 是也。《說文》: '敕, 誡也。'宣十二年《傳》'軍政不戒而備'注: '戒, 勑令。'《史記·樂書》'余每讀《虞書》, 至於尹臣相敕', 謂相戒也。《弓鎛》'諫罰朕庶民左右毋諱',《盂鼎》'敏諫罰訟'(金文"諫"同"諫"。以臣諫君之"諫"作"讕"), '諫罰'即'罰諫', 周人語例, 猶'明保'之作'保明'也。《易·噬嗑》'先王以明罰勑法', 則又互文爲句矣。……《邢侯彝》'克奔走上下, 帝無終命于有周'……與此篇'殷命終于帝',《召誥》'天既遐終大邦殷之命', 語例同, 特意有反正, 文有倒正耳。"

⑤敢弋殷命——段玉裁《撰異》: "《釋文》曰: '弋, 馬本作

"翼"，義同。'《正義》曰：'鄭玄、王肅本"弋"作"翼"，王亦云："翼，取也。"鄭云："翼，猶驅也。"'玉裁按：弋、翼古音同在第一部，訓'取'者讀'翼'爲'弋'也。孔本作'弋'者，因馬、王之說而改經字也。"于省吾《新證》："翼，'晉'之訛，詳《大誥》。晉即'友'，通'有'，《史頌殷》之'友里君'即'有里君'可證。'敢有殷命'，與《君奭》之'受有殷命'句例同。"

⑥允罔固亂弼我——于省吾《新證》："凡《尚書》'罔'字，隸古定作'亡'，即'亡'字。'固'通'故'，詳《經傳釋詞》。'亂'乃'嗣'之訛，金文'嗣'通'嗣'，續也。《諫殷》'今余唯或嗣命女'，'嗣命女'即'續命女'，可證。言惟天不與（下言"惟帝不畀"，句法同），信乎喪亡（《班彝》"彝志天命故亡'，文例略同），故繼續輔弼於我也。"

⑦惟帝不畀惟我下民秉爲惟天明畏——江聲《音疏》："帝亦天也。秉，執也。畏讀曰威。惟天之不與殷，於何驗之？驗之於民而已。惟我下民所秉執，所作爲，即天之明威也。"

⑧上帝引逸——俞樾《平議》："《素問·五常政大論》：'是謂收引。'王注曰：'引，斂也。'又《異法方宜論》：'天地之所收引也。'注曰：'引，謂牽引使收斂也。'然則'上帝引逸'者，言上帝不縱人逸樂，有逸樂者則收引之，勿使大過也。……人知'引'有引申之義，不知'引'亦有收引之義，蓋古訓反覆相通類如此。"

⑨有夏不適逸則——俞樾《平議》："有夏不適逸者，適之言節也。《呂氏春秋·重己篇》：'故聖人必先適欲。'高注曰：'適，猶節也。'《管子·禁藏篇》'故聖人之制事也，能節宮室、適車輿，以實藏'，是'適'與'節'同義，言夏桀不自節其逸樂也。"江聲《音疏》："'佚則'，引佚之則也。"王先謙《參正》："古帝則天無爲，故能引逸；有夏桀不悟引逸則天之道，勞擾衆民，不安其生。"

⑩惟帝降格嚮于時——江聲《音疏》：“假（格），升也。嚮（嚮），讀爲胖蠁之蠁。帝升降蠁於是，言下災異以譴告桀也。……晋大夫羊舌胖，字叔蠁，今《左傳》、《國語》皆作叔向，而經典‘向’字又通作‘鄉’，則鄉、向、蠁三字皆通也。司馬相如《上林賦》云：‘胖蠁布寫。’《説文·十部》云：‘胖蠁，布也。’左思《蜀都賦》云：‘天帝運期而會昌，衆福胖蠁而興作。’劉淵林云：‘言天帝於此會慶建福也。’然則胖蠁是天神來至，降布威福之意：德則天帝降之以福，不德則示之以威。故讀‘鄉’爲‘胖蠁’，言下災異以譴告桀也。”戴鈞衡《補商》則釋：“‘降’，下。‘格’來。降觀之謂。《傳》訓降災，亦降格中應有之義，但不得直以降災爲訓。”

⑪大淫泆有辭——江聲《音疏》：“泆，《釋文》云：‘馬本作“屑”。’《説文·尸部》：‘屑，動作切切也。’切切者，煩瑣之意也。《説文·辛部》云：‘辭，辭訟也，從䇂、辛。’䇂猶理辜也。鄭注《周禮·鄉士》云：‘要之爲其辜法之要辭，如今劾矣。’然則‘辭’爲辜狀之詞也。《左傳·襄二十三年》：‘臧孫紇出奔邾，其人曰：“其盟我乎？”臧孫曰：“無辭。”謂已罪無可指摘之狀以爲盟也。’則此‘有辭’是謂有辜狀可指説也。”

⑫厥惟廢元命——江聲《音疏》：“元，始也。惟是天無所念聞，廢其始時之命，下致滅亡之罰。”

⑬俊民甸四方——蔡沈《集傳》：“甸，治也。伊尹稱湯旁求俊彦，孟子稱湯立賢無方，蓋明揚俊民，分布遠邇……成湯立政之大經也。”

⑭罔不明德恤祀——孫星衍《疏》：“明，勉也。”《述聞》三“惟刑之恤哉”説與此同。嚴元照《娛親雅言》：“恤，當訓慎。《爾雅》：‘恤、神、溢，慎也。’（《釋詁》）‘溢’與‘恤’通。《詩》‘假以溢我’

（《周頌·維天之命》），《左傳》引作‘何以恤我’（《襄二十七年》），是其證也。《召誥》曰‘毖祀于上下’，《傳》以爲‘愼祀’，‘恤祀’猶‘毖祀’也。又《召誥》‘上下勤恤’亦勤愼之意。”

⑮罔不配天其澤——顧師案：《堯典》“舜讓于德，弗嗣”。弗嗣，《史記·五帝本紀》作“不懌”。《集解》引徐廣云：“《今文尚書》作‘不怡’，怡，懌也。”司馬貞《索隱》云：“《史記》一作‘不澤’。”是“嗣”、“怡”、“懌”與“澤”並通。嗣，續也。《詩·頍弁》“庶幾説懌”，《釋文》：“懌，本作繹。”《板》“辭之懌矣”，《說苑》作“辭之繹矣”。是“懌”與“繹”又通。《說文》：“繹，抽絲也。”《文選·劇秦美新》“神歇靈繹”注：“繹，猶緒也。”緒，亦續也。是“殷王亦罔敢失帝，罔不配天，其澤”者，謂殷列王兢兢惕厲，故能得上帝之心，繩繼其緒業也。

⑯有聽念于先王勤家——于省吾《新證》：“金文‘聖’、‘聽’爲一字。《邾公華鐘》‘育爲之聽’，‘聽’作‘耶’，即‘聖’省。《無逸》‘此厥不聽’，《漢石經》‘聽’作‘聖’。《吳語》‘王曰聖’注：‘聖，通也。’《師望鼎》：‘王用弗諼（忘）聖人之後。’蓋西周時言聖人非如晚周以後語意之重也。《荀子·儒效》‘明之爲聖人’注：‘通明於事則爲聖人。’‘矧曰其有聽念先王勤家’者，矧曰其有明念於先王勤家乎？‘予一人惟聽用德’者，予一人惟明用德也。”

⑰誕淫厥泆——于省吾《新證》：“‘誕淫厥泆’之泆，《史記·魯世家》作‘佚’，《魏石經》作‘逸’。然則‘誕淫厥佚’者，大淫縱於安逸也。‘厥’，語助，詳《經傳釋詞》。”

⑱罔顧于天顯民祇——于省吾《新證》：“祇，本作‘甾’，詳《康誥》‘不敢侮鰥寡’條。‘甾’、‘災’同聲通用。此應讀作‘哉’。……‘天顯’及‘顯民’乃古人成言（《酒誥》“迪畏天顯小民”，《康

誥》"庸祗威顯民"，"于弟弗念天顯"，《多士》"誕罔顯于天"，可互證）……'罔顧于天顯民祗'，即罔顧于天顯民哉。"

以上這一節，周公純用天命威脅殷商士衆，頭一段説天降喪於殷，我周只是助天執行天的明命。第二段説以前夏王淫洪有罪，天廢其元命，命商湯革了夏命。現在商王又淫洪有罪，天又降大喪於殷，與夏的喪亡事同一律。殷商多士只應恪遵天命，認識凡有罪者是必須受罰的。周公在給周人的誥辭中，却幾次提到"唯命不于常"（《康誥》）、"天不可信"（《君奭》）、"王其德之用，祈天永命"（《召誥》），即天命不可靠，要以德來保住天命。今對殷人又專以天命威懾之。

王若曰："爾殷多士！今惟我周王丕靈承帝事①，有命曰'割殷'②，告勅于帝。惟我事不貳適；惟爾王家我適③。予其曰：惟爾洪無度，我不爾動，自乃邑④。予亦念天即于殷大戾，肆不正⑤。"

王曰："猷告（告猷）爾多士⑥！予惟時其遷居西爾⑦，非我一人奉德不康寧，時惟天命，無違！朕不敢有後⑧，無我怨！

"惟爾知：惟殷先人有册有典，殷革夏命。今爾又曰：'夏迪簡在王庭，有服在百僚⑨。'予一人惟聽用德，肆予敢求爾于天邑商⑩，予惟率肆矜爾⑪。非予罪，時惟天命！"

王曰："多士！昔朕來自奄，予大降爾四國民命⑫。我乃明致天罰，移爾遐逖，比事臣我宗，多遜⑬。"

①丕靈承帝事——蔡沈《集傳》："靈，善也。大善承天之所爲

也。”

②有命曰割殷——于省吾《新證》：“金文‘割’、‘害’二字同用。……《魏三體石經》‘割’字古文作‘釖’，即‘創’字。《臯陶謨》‘蒼生’蒼字，《魏三體石經》古文作‘屮’，《説文》古文蒼作‘仝’，《者瀘鐘》倉作‘釦’，古貨幣倉作‘仝’。然則‘割殷’本應作‘創殷’。《漢書·馮奉世傳》‘羌虜破散創艾’注：‘謂懲懼也。’《閟宮》：‘荊、舒是懲。’懲、創，古同訓。有命曰割殷者，有命謂懲創於殷也。”

③惟爾王家我適——江聲《音疏》：“‘適’讀當皆爲‘敵’。《禮記·雜記》云：‘大夫赴于同國適者，曰“某不禄”；赴于他國適者，曰“吾子之外私寡大夫某不禄”。’鄭注云：‘適，讀爲匹敵之“敵”，謂爵同者也。’又《論語·里仁篇》‘無適也’，《釋文》云：‘適，鄭本作“敵”。’是古者‘適’、‘敵’同字通用，故輒以‘適’爲‘敵’。……此經兩‘適’字，俗解作‘之適’之誼，於語意殊覺不詞。若作‘敵’解，則‘不貳適’謂無貳無敵，‘爾王家我適’正指武庚之叛。參觀上下文，此解爲允協。”

④爾洪無度我不爾動自乃邑——江聲《音疏》：“洪，大也。我其曰：惟爾武庚大無法度，我本不女動也。難發自女邑，自取滅亡爾。”

⑤肆不正——孫詒讓《駢枝》：“案此承上文‘我不爾動’而言（動，即謂征伐。《多方》：“大動以威”）。正，征之假字。謂我亦念滅已降殷大戾，故不復征伐汝。‘肆不正’，猶《湯誓》云‘不敢不正’，《大誥》云‘不可征’也。”

⑥猷告爾多士——王引之《釋詞》：“《爾雅》曰：‘繇，於也。’繇、由、猷，古字通。……大誥猷爾多邦者，大誥於爾多邦也。……《多士》曰‘王曰：猷告爾多士’，《多方》曰‘王曰：烏呼，猷告爾有多方

士'……蓋俱是‘告猷’而晚出《古文》改爲‘猷告’矣。"

⑦其遷居西爾——江聲《音疏》："《説文》云：‘西，鳥在巢上也，象形。’日在西而鳥棲，故因以爲東西之西。俗作棲，從木、妻。然則西本爲止息之誼，假借以爲東西字爾。必知此經‘西’字不作東西誼者，殷民本在紂城朝歌之地，今遷之於成周，是從東北遷於西南，非正向西，以‘西’爲西方，不若以爲西息於誼尤允協也。"然即作東西誼亦無不可通。

⑧朕不敢有後——于省吾《新證》："王静安謂《三體石經》作‘朕不敢後’，是也。按《召誥》‘今休王不敢後’可證。"

⑨夏迪簡在王庭有服在百僚——王先謙《參正》："《釋詁》：‘迪，進也。服，事也。寮，官也。’僚同寮。《詩箋》：‘簡，擇也。’言殷革夏命時，夏之人有進擇在王庭而大用者，有服事在百官而小用者；舉前事以形周之不用殷士。"于省吾《新證》："迪，應依王引之訓用。‘簡在王庭’與《論語·堯曰》引《湯誓》‘簡在帝心’同一語例。《周禮》遂大夫‘簡稼器’注：‘簡，閲也。’《吕氏春秋·期賢篇》高注：‘於，猶在也。’是‘於’、‘在’同訓。言用簡閲於王庭也。"

⑩天邑商——于省吾《新證》："王静安謂‘大邑商’誤爲‘天邑商’，龜板中多有‘大邑’字。按……甲骨文‘大邑商’與‘天邑商’互見(《殷虚書契前編》卷三·二七有"大邑商"，《龜甲獸骨文字》卷一·二七有"天邑商")。‘天’、‘大’古通。《大豐毁》‘王祀於天室’，‘天室’即‘大室’。‘大邑商’與《孟子·滕文公篇》引《佚書》之‘大邑周’，《禮記》引《尹告》佚文之‘西邑夏’，語例同。"

⑪予惟率肆矜爾——段玉裁《撰異》："《論衡·雷虚篇》：‘人君罪惡初聞之時，怒以非之；及其誅之，哀以憐之。故《論語》曰："如得其情，則哀憐而勿喜。"紂至惡也，武王將誅，哀而憐之，故《尚書》

曰："予惟率夷憐爾。"'玉裁案：此《今文尚書》也。'夷'、'肆'古音同在第十五部，'憐'、'矜'古音同在第十二部。矜從令聲，讀如鄰；自誤從今聲而古音亡矣。"俞樾《平議》："《今文尚書》'肆'作'夷'，'矜'作'憐'。……《周官》行夫職注曰'夷，發聲'，然則'夷'乃語辭。予惟率夷憐爾者，予惟率憐爾也。率者，用也。《詩·思文篇》'帝命率育'，毛《傳》曰：'率，用也。'是其義也。今文古文其字雖異，其義則同。'肆'亦語辭。予惟率肆矜爾者，予惟率矜爾也。"

⑫四國民命——于省吾《新證》："《詩·民勞》'惠此中國'《傳》：'中國，京師也。'馬其昶謂'中國'猶'國中'。《周禮》司士'掌國中之治'注：'國中，城中也。'《孟子·離婁》'徧國中無與立談者'，國中亦謂城中也。西周言'四國'即王國，亦曰'周邦'，亦曰'有周'，非謂東國、南國、西國、北國之四國也。蓋京師既稱'國中'，則王畿之內，京師之四外自應稱'四國'，《莊子》所稱'閻四境之內'者是也。"

⑬比事臣我宗多遜——孫詒讓《駢枝》："案《召誥》云'先王服殷御事，比介於我有周御事'，此'比事'即爲'比介御事'，大意謂我所以移汝於遠者，使亞副我御事之職，以臣我宗官而多教訓之。'比事'言處賤位。'臣我宗'猶《多方》云'奔走臣我監'，彼'監'謂有地治之吏，此'宗'則謂王官，猶《酒誥》云'宗工'，《傳》釋爲尊官。'監'與'宗'名異而實同，言小臣不得專達於王，猶《梓材》云'以厥庶民暨厥臣達大家'也。'遜'、'訓'字通（詳《康誥》）。'多遜'謂多訓，猶《酒誥》、《君奭》、《多方》云'多誥'，與後文'奔走臣我多遜'正相對。此爲初克奄後事，彼爲作雒邑後事，寬嚴絕異。兩文互勘，其義甚明。"按，此釋"遜"爲"訓"固通。然不如僞孔釋"遜"爲"順"，更切合此處文義。

　　以上這一節，以嚴厲的口吻告誡殷遺多士，説我周奉天命滅了殷，又奉天命進行責罰，遷移他們到洛邑和四境，還奉天命不用他們任官職，因爲周家以德行爲用人標準，這些隨同三監叛亂的人是不合這標準的。因而責令他們在周的官員統治下好好臣服。

　　王曰：“告爾殷多士！今予惟不爾殺，予惟時命有申①。今朕作大邑于兹洛，予惟四方罔攸賓②；亦惟爾多士攸服，奔走臣我，多遜③。

　　“爾乃尚有爾土，爾乃尚事寧幹止④。爾克敬，天惟畀矜爾。爾不克敬，爾不啻不有爾土，予亦致天之罰于爾躬！今爾惟時宅爾邑，繼爾居⑤，爾厥有幹有年于兹洛⑥。爾小子乃興，從爾遷。”

　　王曰：“又曰時予，乃或言爾攸居⑦。”

　　①予惟時命有申——江聲《音疏》：“申，重也（《釋文》）。今我惟不忍女殺，恐女陷於罪戾，惟是故有重申之命。前歸自郼，大降民命，故爲此重命也。”

　　②予惟四方罔攸賓——江聲《音疏》：“馬融曰：‘賓，却也。’（見《釋文》）聲謂如馬誼，則‘賓’讀爲‘擯’也。今我作大邑於此土中洛汭之地以待四方，我於四方無所擯却，豈獨擯外爾多士乎……《戰國策》蘇秦説趙王曰‘六國從親以擯秦，秦必不敢出兵於函谷關以害山東矣’，則‘擯’謂拒却之也。《史記·蘇秦傳》則云‘六國從親以賓秦’，則古字‘賓’與‘擯’通也。”

　　③奔走臣我多遜——孫詒讓《駢枝》：“案此與上文相對。上文移徙疏遠之，故言‘比事’。此就雒邑而用之，謂我作雒邑，亦惟汝多

士爲任使,俾爲我共奔走之任。上云'比事'雖亦即'奔走',而云'臣我宗',乃爲官之僚屬。此直云'臣我',不云'宗',前升於王庭矣。《多方》亦云'今爾奔走臣我監',此云'奔走臣我',文例正與彼同。但彼云'臣我監',則又與上文'臣我宗'爲一事;此不云'監'及'宗',明得自達於王,即《梓材》所謂'以厥臣達王惟邦君'。'多遜',亦言多教訓之。"按,"多遜",仍釋爲"多順",更簡捷合文義。

④爾乃尚有爾土爾乃尚寧幹止——于省吾《新證》:"二'尚'字應讀作'常'。'止'即'之',金文'之'多作'㞢'。'幹'即'榦',與'翰'通用。《爾雅·釋詁》:'翰,幹也。'又:'榦楨,儀幹也。'《釋文》:'幹,本作翰。'又《釋鳥》'翰'作'鶾',金文作'鵫',從隹從鳥一也。《晉邦盦》:'晉邦唯鵫。'《詩·桑扈》'之屏之翰'、《板》'大宗維翰'、《崧高》'維周之翰'傳:'翰,幹也。'《後漢書·張衡傳》:'申伯樊仲實幹周邦。'尤可爲'幹'、'翰'古通之證。'爾乃尚有爾土,爾乃尚寧幹止'者,爾乃常有爾土,爾乃常安寧有以屏翰之也。"

⑤今爾惟時宅爾邑繼爾居——江聲《音疏》:"今女惟是宅居於女邑,繼爾所居之業。……繼爾所居之業者,謂所執以謀生之常業,若班固《西都賦》所云'家承百年之業,士食舊德之名氏,農服先民之畎畝,商循族世之所儥,工用高曾之規矩'也。'宅爾邑'既謂安其居處,則'繼爾居'不得復爲居處,故以爲所居之業。《易·文言·象》云:'修詞立其誠,所以居業也。'是業可言'居'也。《蟋蟀》詩云:'職思其居。'亦謂所爲之事爲'居'也。"俞樾《平議》:"'繼'當作'綏'。《說苑·指武篇》'損其有餘而繼其不足',《淮南子·道應篇》'繼'作'綏',是其例也。綏爾居者,安爾居也。"

⑥有幹有年于茲洛——于省吾《新證》:"爾厥有幹有年于茲洛者,'有翰'謂保衛,'有年'謂永久,言爾其有所屏翰有所歷年于此

洛邑也。”

⑦又曰時予乃或言爾攸居——孫詒讓《駢枝》:“案‘王曰’之下忽更云‘又曰’,文殊難通。……竊疑‘又’當讀爲‘有’,‘有曰’謂有是言曰,猶云‘有言曰’,與《君奭》‘言曰在時二人’義亦近。‘時予’亦當與《君奭》云‘君已曰時我’同義。‘時’當訓爲‘承’(詳王氏《述聞》)。‘言’謂言問,《廣雅·釋詁》云:‘言,問也。’大意言我本不欲誥汝,因汝衆民有言曰能順承我,故我乃或言問爾所安居之事。(《多方》云“有夏誕厥逸,不肯慼言于民”,“慼言”亦謂憂勤慰問之,與此“言”義同。)‘攸居’,與《禹貢》‘陽鳥攸居’義同。……此篇詞意頗傷峻厲,末乃慰藉之,故更綴此數語。凡此經云‘又曰’者甚多,參合審校,‘又’皆當讀爲‘有’。……如……‘今爾又曰:夏迪簡在王庭,有服在百僚’,謂今爾殷多士有曰夏人簡在殷之王庭,有職事列於百僚也,此與‘又曰時予’並據殷多士有言語氣略同。‘又曰時予’上不與‘今爾’者,文省耳。《康誥》云:‘非汝封又曰劓刵人,無或劓刵人。’言非汝封有命曰劓刵人,則無他人敢劓刵人也。又云:‘王曰:外事,汝陳時臬司師,茲殷罰有倫。又曰要囚,服念五六日,至于旬時,丕蔽要囚。’言有告曰當要囚者,則服念之五六日,至旬時乃蔽之。《君奭》云:‘又曰天不可信,我道惟寧王德延(王引之從馬融本作“迪惟”是也,當據校正),天不庸釋于文王受命。’言有人曰天命無常,不可信,則我亦惟文王德之延長爲可信也。又云:‘又曰無能往來,茲迪彝教,文王蔑德。’言有曰無能而但往來奔走者,此以常教,告文王以小德也。《多方》云:‘又曰時惟爾初,不克敬于和,則無我怨。’言如有曰是仍如爾之初,不能敬和,則我必罰之,無怨我也。以上諸文並與‘有曰’文義相協,足以互證。”

以上這一節,周公重新對殷遺多士進行告誡,在峻厲之餘,改用較緩和的語氣。以爲現在修建洛邑大城，既用以接待四方的來賓者，也是爲了安頓你們這些已臣服忠順的殷遺多士奔走服勞於此，希望大家安居樂業，傳世久遠（中間仍用了警告：如果不規矩，就要致天之罰）。

（二）今　譯

三月裏，周公第一次在新都洛邑裏召集了商王方面的貴族階級，說了一番話。

周王這樣說：“殷商遺留下來的人員們聽着！那個可怕的肅殺的上天給你們大大地降下了喪亡；我們周國幫助執行了天的命令，把天的顯赫的威嚴在周王的刑罰和儆戒裏表達出來，殷的天命就在上帝那邊告了終訖。所以你們該得知道，這不是我們小國敢於占有殷家的天命，只是上天不願意再給你們，決心要你們喪亡，因此他就連續地扶助我們；我們哪裏敢妄求這個天位呢！上帝不願意再給你們，這只須看天下的人民所信守奉行的，就可見出天的顯赫的威嚴來。

“我聽說：上帝是不讓人們放縱地享受的，然而夏王桀却不領會這節制享受的法則，〔恣意尋樂，〕那時上帝就在他的地區裏布下了災異的譴告。夏桀還不能接受上帝的意思，反而更加狂蕩起來，處處表現了他的罪狀。到了這時候，天就不再考慮，毅然廢掉了開頭的命令，降下滅亡的責罰。於是他就命令你們的先祖成湯，革掉夏的統治；〔成湯知道這是桀個人的罪行，與人民無干，〕便把夏的賢人安置到四方，叫他們治理民事。從成湯直到帝乙，沒有不是勉勵德行和謹慎祭祀的，天也就建立了商的天下，平安保佑了他們；商王也沒有敢失去天心，沒有不能配合上帝的，所以他們會一代代傳下去。可是到了最後的一位嗣王紂，他完全不明天道，還哪裏說得到明白想念先王爲國勤勞的故事；所以他就大大地狂蕩起來，絕對不顧那上天在人民身上的顯明的表現。這時上帝就不再去保護他，降下了這樣絕大的喪亡。〔從這裏可以知道，〕天所不幫助的，就是行爲不良的人。所有四方大大小小的國家的喪亡，沒有一個不是依照了他們的罪狀而受罰的。”

王說：“你們殷家的人員呀！現在，因爲我們周家的先王能好好地順承上帝，所以上帝降下命令說：‘你們去懲罰殷家。’我們執行這懲罰，並把懲罰結果祭告了上帝。我們的作爲並不敵視你們，可是你們的王家却和我們敵對起來了。我再清楚地講：是你們的武庚太沒有法度，我們並沒有采取行動，可是却先從你們的國都裏發動了叛變。我因看到上天已經嚴厲降罰了殷家，所以也就不再從嚴征誅你們這些人了。”

王說：“我告誡你們！我把你們遷移到這裏來棲息，這不是我個人的心意不要你們安定，這是上天的命令，違背不得的！我也不能把上天的命令向後拖，你們不要怨我！

“如你們所周知：殷家的先人傳下來的典册，上面記載着殷革夏命的故事。現在你們中間有人根據了這些歷史，說道：‘〔在夏亡之後，〕有許多夏人是被召而選擇於商王的朝廷的，商朝的百官之中少不了他們的職位；〔但爲什麼現在不這樣呢？〕’〔你們須知道，〕我用人是把德行做標準的，〔如果你們中間有賢人，〕我一定要在商都裏尋找出來；〔如其沒有合這標準的，〕那我只有哀憐你們而已。這不是我的罪過,實在是上天的命令!"

王説:"多少貴族們! 前些時我征伐了奄國回來,我就下了一道命令給你們住在我們四境的人民。我爲了明顯地表達出天的責罰,所以把你們移到遙遠的地方,讓你們接近我們的管事官吏,做我們尊官的部下,好好忠順着。"

接着,王又説:"告給你們殷家的人員! 現在我不殺你們,但我還把以前的命令重申一下。我們在洛水旁邊造起這座大城,爲的是四方的人們到來時没有一個是被拒絶的;我們不但不會拒絶你們,而且正要你們做事,替我們奔走服勞,做我們的臣子,多多承順我們。

"你們在這裏,是永遠可以占有你們所分得的土地,永遠可以安寧地守護着它。你們對我們恭敬,天就給你們哀憐。如其不然,那麼你們不但不能保有你們的土地,我也要把上天的責罰加到你們的身上。現在你們已經定居於你們自己的都邑,安然從事於你們自己的職業,你們可以好好地在洛水旁邊享受那安穩的守護和綿長的歲月。你們的子子孫孫無窮的發展,就從你們今天的遷居種了根了。"

末了,王説:"〔我本來没準備對你們説話,〕只爲你們中間有人表示,説是可以順承我,所以我就乘便來問問你們在這裏居住的情形。"

(三) 討　論

(一)這篇文字是周公東征,滅了武庚,遷殷頑民於洛邑後的第二次訓話(理由見下條)。也就是《召誥》所載"太保乃以庶殷攻位于洛汭”及“周公乃朝用書命庶殷”等所作的命書用以告誡殷人，篇中處處用天命來壓制殷人：滅殷是天命，遷殷亦天命，不任殷人官職亦天命，而武庚反周是違抗天命，遷洛的殷人如其不安於新邑也是違抗天命。這就見得周公怎樣利用天來作統治殷遺民的政治手段。一方面，他還諄諄地勸誘他們，應該怎樣在新邑裏安居樂業，怎樣接受周王和周方官吏的教訓，使將來仍有興盛的希望。這是周公恩威並用的策略。

　　（二）這篇文字與《多方》爲姊妹篇。《多方》説“惟五月丁亥，王來自奄”，這一篇説“惟三月，周公初于新邑洛用告商王士”，又説“昔朕來自奄”，都説由奄來，而一爲五月而方來，一爲三月而昔來，可見這兩篇決非一年内的事。《多方》説“我惟大降爾四國民命”，這篇説“昔朕來自奄，予大降爾四國民命”，又説“予惟時命有申”，可見《多方》是初命，這篇是申命，申者重也，明是第二度的訓話。《多方》又説“爾乃自時洛邑，尚永力畋爾田”，可見遷殷民於洛邑的事是緊接着東征的，東征勝利，即將反周的殷人悉數遷到洛邑，因爲遷去的人多了，所以就在那裏造起一座大城，作爲周的東都，來對殷人作進一步的統治。這篇講話是開始經營東都時説的。

　　（三）這篇名爲“《多士》”，開首又説“用告商王士”，又説“爾殷遺多士”，可見這篇講話主要針對遷洛的殷商的王族説的。這輩人是從前的統治階級，所以在抗周失敗之後還希望做官，他們説，在他們的歷史裏，夏朝亡了之後，商朝還是把夏人“簡在王庭，有服在百僚”的。這是一件真實的事情，有記載可依據，周公也奈何他們不得，所以他也説“爾先祖成湯革夏，俊民甸四方”。但那時恰在討平叛亂後不久，周公實在對他們放心不下，所以他就提出一個“德”字來應付他們，説：我用人的標準是德，只要是有德的人，我自會尋覓了登用；至於一班無德的呢，那我除了哀憐之外就另無辦法。這樣一搪塞，那些商王士只好忍氣吞聲了。好在他們的生活所需，周朝已經分配給他們田地，是不成問題的。待將來“多逐”之後，當然還可以作奔走之臣。這是“作新民”的道理。《詩·大雅·文王》云：“商之孫子，其麗不億，上帝既命，侯于周服。……殷士膚敏，祼將于京，厥作祼將，常服黼冔。”可見殷士在受訓之後即已大量地分配了工作，但似乎偏重在祭祀方面，依然脫離了現實的政治。當時商的王族播遷，各有其氏族的集團，其中當有不少的庶民與奴隸，《召誥》說周公“既命殷庶，庶殷丕作”，所謂“庶殷”當即氏族集團所轄的此輩人。

（四）本篇首言“周公初于新邑洛用告商王士”，明本篇悉爲周公之言；而即繼之以“王若曰”，自此到底都稱“王曰”，這是周公致辭的確據，所以“王若曰”、“王曰”之王就是周公。《大誥》等篇的“王曰”亦即是周公之言，由此可得間接的證明。《書序》說：“成周既成，遷殷頑民，周公以王命誥，作《多士》。”說的是以王命誥。只是上半句有倒果爲因的小誤，實在是先遷了殷的頑民，然後造成成周的都城的。

（五）本篇的“惟殷先人有册有典，殷革夏命”，這可見商的史官寫在竹簡上的史書必然不少，如其保存，恐怕比了紀載占卜的甲骨的數量還要多。可惜當時不善於處理，武庚既滅，或即銷毀，所以東周時人引用的已極少，到孔子時而有“殷禮……文獻無徵”之歎了。甲骨可再現，竹簡便不能，讀此慨歎。

（六）本篇篇首云：“惟三月，周公初于新邑洛用告商王士。”這“三月”可能即是《召誥》的“三月”，那時周公至洛曾用書“命庶殷”。那是周公通過殷的一些邦伯（有領地的貴族）驅使庶殷這些平民連帶奴隸的勞動力來營建洛邑，該篇有"誥告庶殷"語，且幾次說到重視小民，至欲"以小民受天永命"。此篇則專對"商王士"、"殷遺多士"即殷商王族說的，專以"天命"威脅並以嚴峻語氣說明今在洛水旁營建新邑，使汝殷人奔走服勞而後獲安居樂業，應恪遵天命臣服於我有周。

（七）《多士》應在《多方》後是無疑的事，今《多方》反後於《多士》三篇，足見《尚書》篇次實有重定的需要。惟因比較材料不多，有些篇多待研討，而且對待古籍首先應注意保存其原貌，因此仍依其舊次不變。

無　　逸

　　周公在以《召誥》、《洛誥》兩篇吸取夏商教訓諄諄告誡成王之後，又以《無逸》一篇，沿前兩文同樣精神，進一步專教誨成王不要逸樂而應知稼穡之艱難及小民之疾苦，所作語摯情殷的一篇告誡之辭。在先秦文獻中被引用四次。在西漢伏生今文本中為第二十篇，伏生門下三家今文本中為第二十一篇，東漢馬鄭古文本中為第二十五篇，皆列於《周書》，東晉偽古文本為全書第四十三篇，列為《周書》第十七篇。其情況詳後面"討論"。

（一）校　釋

　　周公曰："嗚呼！君子①所②其無逸③！先知稼穡之艱難乃逸，則知小人之依④。相小人，厥父母勤勞稼穡，厥子乃不知稼穡之艱難，乃逸，乃諺⑤，既誕⑥，否則⑦侮厥父母曰：'昔之人無聞知！'"

①君子——朱駿聲《便讀》：“‘君子’，猶《洛誥》之‘子明辟’，謂成王也。今已即辟，故先言‘君’，後言‘子’也。”顧剛師説：篇末言“嗣王其監于兹”，知此“君子”即指“嗣王”。

②所——于省吾《新證》：“金文‘啓’或不從‘口’，與‘所’形似而訛。《逐鼎》‘逐戍誸作廟叔寶障彝’，‘戍誸’即‘啓其’。《白戍毁》‘白戍肇其作西宮寶’，‘啓’、‘肇’二字同用，‘肇其’即‘啓其’，金文習見，乃周人語例。君子所其無逸者，君子啓其無逸也。”

③無逸——段玉裁《撰異》：“‘無’，《今文尚書》作‘毋’。‘逸’，《今文尚書》作‘劮’，亦作‘佚’。《漢石經》殘碑本篇‘毋劮于遊田’、‘毋兄曰’可證。《史記·周本紀》作‘《無佚》’，《魯世家》作‘《毋逸》’，其字參錯不一，以《世家》作‘毋’爲不誤。王伯厚《困學紀聞》云：‘《無逸》，《尚書大傳》作《毋佚》。毋者，禁止之辭，其義猶切。’”

④小人之依——王引之《述聞》：“依，隱也。（古音“微”與“殷”通，故“依”、“隱”同聲。《説文》：‘衣，依也。’《白虎通義》：‘衣者，隱也。’）謂知小人之隱也。《周語》‘勤恤民隱’韋注曰：‘隱，痛也。’小人之隱，即上文‘稼穡之艱難’，下文所謂‘小人之勞’也。云‘隱’者，猶今人言苦衷也。……下文曰‘舊爲小人，爰知小人之依’，以其爲小人之隱衷，故身爲小人，備嘗艱苦，乃得知之。”

⑤乃諺——段玉裁《撰異》：“今本作‘諺’，非也。僞《孔傳》曰‘叛諺不恭’，《正義》曰：‘《論語》“由也諺”，諺則叛諺。’玉裁按：《論語》‘由也喭’，字本從‘口’。……王弼《論語》注云‘喭，剛猛也’，‘剛猛’與‘不恭’義略同。”

⑥既誕——俞樾《平議》：“誕字，《漢石經》作‘延’……當從之。《爾雅·釋詁》‘延，長也’，‘長’與‘久’同義。此承‘乃逸，乃諺’而

言,其始逸豫遊戲、叛諺不恭而已,及既長久,則且輕侮其父母也。……《漢書・古今人表》'赧王延',《史記索隱》作'誕'。"

⑦否則——王引之《釋詞》:"《漢石經》'否'作'不'。不則,猶於是也。言既已妄誕,於是輕侮其父母也。"

以上這一節,周公開門見山以爲君者必須無逸(不求逸樂)告誡成王,要做到這點就必須先懂得稼穡艱難,民生疾苦,這兩句就作爲全篇中心思想、全篇總綱提出。強調小民耕稼太勞苦,必須注意。

吳闓生《大義》云:"成王親政之始,周公恐其忘祖宗之艱難,而流於驕縱,故預戒之如此。"

　　周公曰:"嗚呼!我聞曰:昔在殷王〔太宗①,不義惟王②,舊爲小人;作其即位。爰知小人之依,能保惠于庶民,不敢侮鰥寡:肆太宗之享國三十有三年。其在〕中宗,嚴恭寅畏③,天命自度④,治民祗懼,不敢荒寧⑤:肆中宗之享國七十有五年。其在高宗,時⑥舊勞于外,爰曁小人;作其即位,乃或亮陰⑦,三年不言,其惟不言,言乃雍⑧;不敢荒寧,嘉靖殷邦⑨,至于小大,無時或怨:肆高宗之享國五十有九年⑩。(其在祖甲,不義惟王,舊爲小人;作其即位。爰知小人之依,能保惠于庶民,不敢侮鰥寡:肆祖甲之享國三十有三年。)⑪自時厥後立王,生則逸。生則逸⑫不知稼穡之艱難,不聞小人之勞,惟耽樂之從。自時厥後亦罔或克壽,或十年,或七、八年,或五、六年,或四、三年。"

①昔在殷王太宗——段玉裁《撰異》:"《漢石經》'高宗之饗國百年,自時厥後',《隸釋》所載殘碑緊接,不隔一字。洪氏云:'此碑

獨闕祖甲，計其字當在中宗之上，以傳序爲次也。'（云"計其字"者，謂以每行若干字計之，洪於殘石得辜較每行字數也。）是《今文尚書》與《古文尚書》大異。考《殷本紀》，太甲稱太宗，太戊稱中宗，武丁廟爲高宗。《漢書》王舜、劉歆曰：'於殷大甲曰大宗，大戊曰中宗，武丁曰高宗；周公爲毋逸之戒，舉殷三宗以勸戒成王。'倘非《尚書》有'太宗'二字，司馬、王、劉不能臆造。……據此，則《今文尚書》'祖甲'二字作'太宗'二字，其文之次當云'昔在殷王太宗——其在中宗——其在高宗，不則今文家末由倒易其次第也。今本《史記》同《古文尚書》者，蓋或淺人用《古文尚書》改之。《殷本紀》曰'帝甲淫亂，殷復衰'，與《國語》'帝甲亂之，七世而殞'相合。太史公既依《無逸篇》云'太甲稱太宗'，則其所謂'淫亂，殷復衰'者必非《古文尚書》之祖甲可知也。王肅注《古文尚書》，而云'祖甲，湯孫大甲也。先中宗，後祖甲，先盛德，後有過'，此用今文家說注古文；而不知從今文之次，則太宗爲湯孫太甲，從古文之次，則祖甲爲祖庚之弟帝甲，各不相謀也。……此條今文實勝古文。古文祖甲在高宗之後，則必以帝甲當之。帝甲非賢主，雖鄭君之注亦不得不失之誣矣。"爲恢復今文原貌，特將僞孔本移至"肆高宗"句後的"其在祖甲"至"三十有三年"四十四字移正於此，並將"祖甲"改正爲"太宗"。

②不義惟王——皮錫瑞《考證》："義，古儀字，擬也。不義維王，謂不擬居王位。孟子曰：'湯崩，太丁未立，外丙二年，仲壬四年。'殷法：兄終弟及，立子不立孫，使外丙、仲壬或有一人永年，則太甲無次立之勢，故太甲不自擬維王。殷時王子多在民間，太甲未立之時或亦在外，故云'久爲小人于外，知小人之依'也。"

③嚴恭寅畏——于省吾《新證》："恭，本應作龔。《秦公鐘》'嚴

龏夤天命’,較此少一‘畏’字。”

④天命自度——《漢石經》:“中宗嚴恭寅畏天命自亮。”段玉裁《撰異》:“‘度’與‘亮’音不相涉,‘亮’與‘量’音同,‘自量’猶‘自度’也。”皮錫瑞《考證》:“《釋詁》:‘亮,右也。’天命自亮,言天命佑助也。此今文義。”此漢今文作“亮”,僞古文作“度”,自應從漢今文。

⑤不敢荒寧——于省吾《新證》:“彝器有《巟伯毁》,‘巟’即‘荒’。敦煌隸古定《尚書·禹貢》‘荒服’之‘荒’作‘巟’。但‘荒寧’,金文皆作‘妄寧’。《毛公鼎》:‘女毋敢妄寧。’《晋姜鼎》:‘不叚妄寧。’是‘荒’、‘妄’同聲相叚也。”

⑥其在高宗時——段玉裁《撰異》:“‘其在高宗’句絶。‘時’,《中論》作‘寔’。《釋詁》‘時’、‘寔’同訓‘是’。”

⑦乃或亮陰——“亮陰”,一作“諒陰”。《論語·憲問篇》:“子張曰:‘《書》云:“高宗諒陰,三年不言。”何謂也?’子曰:‘何必高宗,古之人皆然。君薨,百官總己以聽于冢宰三年。’”一作“諒闇”。《吕氏春秋·重言篇》:“人主之言不可不慎。高宗,天子也,即位,諒闇三年不言。卿大夫恐懼患之。高宗乃言曰:‘以余一人正四方,余惟恐言之不類也,兹故不言。’”一作“凉陰”。《漢書·五行志》:“高宗承敝而起,盡凉陰之哀。”一作“亮闇”。《史記·魯世家》:“乃有亮闇,三年不言。”一作“梁闇”。《尚書大傳·周傳》:“《書》曰:‘高宗梁闇,三年不言。’何謂梁闇也?”段玉裁《撰異》:“‘諒’、‘凉’、‘亮’、‘梁’,古四字同音,不分平仄也。‘闇’、‘陰’,古二字同音,在侵韻,不分侵覃也。”

郭沫若《駁説儒》:“‘諒陰’或‘亮陰’這兩個古怪字眼,怎麽便可以解爲守制呢?一個人要‘三年不言’,不問在尋常的健康狀態下是否可能，即使説用堅强的意志力可以控制得來，然而如在‘古之人’或古之爲人君者在父母死時都有‘三年不言’的‘亮陰’期，那麽《無逸篇》裏所舉的殷王有中宗、高宗、祖甲，應該是這三位殷王所同樣經歷過的通制，何以獨把這件事情繫在了高宗項下呢？子張不解所謂，發出疑問，正是那位‘堂堂乎張也’的識見過人的地方。可惜孔夫子的答案只是一種獨斷式，對於問題實在並没有解決到。而所謂‘古之人皆然’的話尤其是大有問題的。真真是‘古之人皆然’嗎？這兒却要感謝時間的經過大有深惠於我們，我們三千年下的後人却得見了孔子所未見的由地底發出的殷代文獻：一、‘癸未，王卜貞：酒肜日自上甲至于多后，衣。亡它自尤。在四月，惟王二祀。’（《殷虚書契前編》三卷，二十七葉，七片）二、‘□□，王卜貞：今由巫九咎，其酒肜日自上甲至于多后，衣。亡它在尤。在十月又二。王穪，曰大吉。惟王二祀。’（同三卷，二十八葉，一片）三、‘癸巳，王卜貞：旬亡尤。王穪，曰吉。在六月，甲午，肜夸甲。惟王三祀。’（同《續編》卷二，五葉，十片）四、‘癸酉，王卜貞：旬亡尤。王穪，曰吉。在十月又一，甲戌，妹工典，其兓，惟王三祀。’（同一卷，五葉，一片）這些由安陽小屯所出土的殷虚卜辭，由字體及辭例看來，是帝乙時代的記録。這裏面還有少數的字不認識，但大體是明白的。請看這兒有什麽三年之喪的痕迹呢？第一、第二兩例的‘衣’是‘五年而再殷祭’之‘殷’，古人讀‘殷’聲如‘衣’，這是已成定論的，是一種合祭。兩例都同在‘王二祀’即王即位後的第二年，一在四月，一在十二月，僅隔七八月便行了兩次殷祭，已經和禮家所説的殷祭年限大有不同；而在王即位後的第二年，爲王者已經自行貞卜，自行稽疑，自行主祭，古者祭祀侑神必有酒肉樂舞，王不用説是親預其事了，這何嘗是‘三年不言’、‘三年不爲禮’、‘三年不爲樂’，何嘗是‘百官總己以聽于冢宰’，做個三年的木偶呢？第三、第四兩例也是同樣。那是在王即位後的第三年，一在六月，一在十一月，而王也在自行貞卜，自行稽疑，自行主祭。……根據上舉鐵證，我們可以斷言：殷代，就連王室都是沒有行三年之喪的。……問題到應該回頭去跟着二千年前的子張再來問一遍：‘《書》云：“高宗諒陰，三年不言。”何謂也？’健康的人要‘三年不言’那實在是辦不到的事體。但在某種病態上是有這個現象的，這種病態，在近代的醫學上稱之爲‘不言症’（Aphasie），爲例並不稀罕。據我看來，殷高宗實在是害了這種毛病的。所謂‘諒陰’或‘諒闇’大約便是這種病症的古名。‘陰’同‘闇’是假借爲‘瘖’，口不能言謂之瘖，‘闇’與‘瘖’同從‘音’聲，‘陰’與‘瘖’同在侵部。《文選·思玄賦》‘經重瘖乎寂寞兮’，舊注‘瘖，古陰字’，可見兩字後人都還通用。這幾個字的古音……當然是可以通用的。‘亮’和‘諒’雖然不好強解，大約也就是明確、真正的意思吧，那是説高宗的啞並不是假裝的。……我要再來申説一下那‘不言症’的病理。那種病症説是有兩種型，一種是‘運動性不言症’（Motorische Aphasie），一種是‘感覺性不言症’（Sensorische Aphasie）。前者的腦中語識沒有失掉，只是末梢的器官不能發言，有時甚至於連寫也不能寫；不過你同他講話，他是明白的。後者的連腦中語識都失掉了，聽親人説話儼如聽外國話。……其病源呢，據説是大腦皮質上的左側的言語中樞受了障礙。有時是有實質上的變化，如像腫傷、外傷等；有時却也沒有。沒有的自然是容易好的。殷高宗的不言症，大約是沒有實質變化的一種，因爲他是沒有受手術而自然痊愈了的，由這兒我們可以推想得到的。”

⑧言乃雍──段玉裁《撰異》：“《史記·魯世家》，‘雍’作‘讙’。《檀弓》：‘子張問曰：“《書》云：‘高宗三年不言，言乃讙。’”’

……《坊記》：‘子曰：“高宗云：‘三年其惟不言，言乃讙。’”’……玉裁案：《史記》作‘讙’，《今文尚書》也，《記》與《今文尚書》合。”于省吾《新證》：“‘讙’當讀‘觀’，《莊子·天運》‘名譽之觀’《釋文》“觀，司馬本作讙’，《周書·太子晉篇》‘遠人來讙’，下文作‘遠人來觀’，可證。《嘉量銘》‘以觀四國’《釋文》‘觀，示也’。其惟不言言乃讙者，其惟不言，言乃有所觀示，謂其動靜語嘿之不苟也。”

⑨嘉靖殷邦——段玉裁《撰異》：“《魯世家》‘嘉’作‘密’。玉裁按：《太平御覽》九十一《東觀漢記序》曰：‘……密靜天下，容於小大，高宗之極至也。……’隳栝《無逸篇》文也，與《史記》‘密靖殷國’正合。是可證《今文尚書》作‘密’，《古文尚書》作‘嘉’，司馬子長、劉珍等皆用《今文尚書》原文，非以‘密’訓‘嘉’也。……密之訓，安也。《詩·公劉》‘止旅乃密’《毛傳》：‘密，安也。’《說文》‘宓’訓安。以‘密’爲‘宓’，假借之法也。”

⑩肆高宗之享國五十有九年——段玉裁《撰異》：“‘五十有九年’，《漢石經》作‘百年’。《漢書·五行志》說‘高宗攘木鳥之妖，致百年之壽’。《楚元王傳》，劉向說‘高宗有百年之福’。《杜周傳》，杜欽說‘高宗享百年之壽’。《論衡·氣壽篇》：‘高宗享國百年，周穆王享國百年，並未享國之時皆出百三十、四十歲矣。’又《無形篇》：‘高宗有桑穀之異，悔過反政，享福百年。’又《異虛篇》：‘高宗改政修行，享百年之福。’此皆用《今文尚書》也。按《魯世家》作‘五十五年’，既不同《今文》，復與《古文》不合。”按，說“享百年之壽”是合情理的，說“享國百年”則必誤。文中明言他“舊勞在外”，則即位必已不小，《史記》說他享國五十五年，此處說五十九年，文字小異，基本相近，總之享國五十餘年是可相信的。

⑪其在祖甲不義惟王舊爲小人作其即位爰知小人之依能保惠

于庶民不敢侮鰥寡肆祖甲之享國三十有三年——此僞孔本在"肆高宗之享國五十九年"後,接"其在祖甲不義惟王"至"肆祖甲之享國三十有三年"其四十四字。其實本篇原文見於漢今文者,係按先後幾個名王順序談的,先太宗(太甲,殷第五任國王),次中宗(舊釋以爲太戊,殷第十任國王,甲骨文中爲祖乙,十四任國王,詳後"討論"),次高宗(武丁,殷第二十三任國王)。而僞孔本則承漢末古文本改按年數多少排,先七十五年,次五十九年,次三十三年(王肅注找的理由是:"先中宗,後祖甲,先盛德,後有過"),而在武丁後稱爲甲的國王只有祖甲,就以"祖甲"替換了"太宗太甲"。祖甲並非有名賢王,其拼凑之迹顯然,故不用古文及僞古文之説,恢復漢今文順序,將此段文字移"中宗"前,並將"祖甲"改回爲"太宗"。

⑫生則逸——皮錫瑞《考證》:"《中論·夭壽篇》曰:'自時厥後立王,生則逸,不知稼穡之艱難,不知小人之勞苦,唯耽樂是從……'據此則《今文尚書》不重'生則逸'三字。"按,古人引書往往簡省,何況重複句,不能因古人未引重複句,即謂原文無此重複句。

以上這一節,以殷代賢明君主爲例,都親歷民間,懂得和重視小民疾苦,即位後都注意保惠庶民,因而嚴恭寅畏,不敢荒寧,克盡爲君之德,終能獲得享國長久。反之,生則逸,不知稼穡艱難,不恤小民,惟知耽樂,終致夭其年壽。用這種方式警醒告誡成王不可貪圖逸樂。

周公曰:"嗚呼!厥亦惟我周,太王、王季克自抑畏。文王卑服①,即康功田功②;徽柔懿恭,懷保小民,惠鮮于鰥寡③;自朝至于日中昃,不遑暇食④,用咸和萬民⑤。文王不

敢盤于遊田，以庶邦惟正之供⑥。文王受命惟中身，厥享國
五十年。”

　　周公曰：“嗚呼！繼自今嗣王則其無淫于觀，于逸，于
遊，于田，以萬民惟正之供⑦。無皇曰⑧：‘今日耽樂。’乃非
民攸訓，非天攸若⑨，時人丕則有愆⑩。無若殷王受⑪之迷
亂，酗于酒德哉！”

　　①文王卑服——陸德明《釋文》：“卑，如字。馬本作‘俾’，使
也。”孫詒讓《駢枝》：“案‘卑’當從馬本作‘俾’，其訓爲‘使’則是而
未盡也。此當訓爲‘從’。《爾雅·釋詁》云：‘俾、使，從也。’是
‘俾’、‘使’皆有‘從’義。‘服’當訓爲奉行，猶《康誥》云‘明乃服
命’，《召誥》云‘越厥後王復民，茲服厥命’。此承上‘大王王季克自
抑畏’之文，謂文王從先王之德而奉行之，即就康功田功也。”按《周
本紀》載復修始祖后稷，嗣祖公劉重農之業的古公亶父，率族遷居岐
下，再興農業，周族始大。子季歷繼續發展，季歷子即文王，受命而
興，追尊古公爲太王，季歷爲王季。是太王爲文王之祖，王季爲文王
之父。

　　②即康功田功——章炳麟《拾遺》：“功，古文作工。康，《釋宮》
云：‘五達謂之康。’字亦作‘庚’，《詩》有‘由庚’，《春秋傳》有‘夷
庚’，以爲道路大名。康功者，謂平易道路之事。田功者，謂服田力
穡之事。前者職在司空，後者職在農官，文王皆親涖之。”顧剛師以
爲：《詩·大雅·緜》曰：“柞棫拔矣，行道兌矣，混夷駾矣，維其喙
矣。”《周頌·天作》曰：“天作高山，大王荒之。彼作矣，文王康之。
彼徂矣岐，有夷之行。”均足爲章說佐證。彼時國力之增高，開拓道
路爲一要政，“文王康之”之“康”顯然即“康功”之“康”。

③惠鮮鰥寡——皮錫瑞《考證》："《漢書·景十三王傳》曰：'惠于鰥寡。'《谷永傳》引《經》曰：'懷保小人，惠于鰥寡。'……《後漢書·明帝紀》中元二年詔引'惠于鰥寡'，皆不作'惠鮮'。"

④不遑暇食——段玉裁《撰異》："皇，今本作遑，俗字，疑衞包所改也。下文'則皇自敬德'鄭注'皇謂暇，謂寬暇自敬'，可以證此之不從'辵'矣。'皇'、'暇'叠文同義。《爾雅·釋言》：'偟，暇也。'凡《詩》、《書》'遑'字皆後人所改，如'不遑啓處'、'不遑假寐'之類。'不皇假寐'與'不皇暇食'句法正同，古'假'、'暇'通用，如'假日'即'暇日'，非趙盾假寐之云也。"

⑤用咸和萬民——俞樾《平議》："咸，亦和也。《詩·常棣篇》曰'周公弔二叔之不咸'，《正義》曰：'咸，和也。'蓋'咸'即'諴'字之省。《説文·言部》：'諴，和也。'用咸和萬民者，用諴和萬民也。"

⑥以庶邦惟正之供——王引之《述聞》："'以庶邦惟正之供'（《唐石經》以下俱作'供'，兹依《後漢書·郅惲傳》注所引改正），'以'，猶'與'也（見《釋詞》）。'正'，當讀爲'政'。'共'，奉也（見《〈甘誓〉傳》……）。言耽樂是從則怠於政事，文王不敢盤于遊田，惟與庶邦奉行政事。"

⑦以萬民惟正之供——段玉裁《撰異》："《隸釋》載《漢石經·尚書》殘碑'酒毋劮于遊田維□□共'，與《古文》大異。考《漢書·谷永傳》對灾異，引《經》曰：'繼自今嗣王，其毋淫于酒，毋逸于遊田，惟正之共。'正與《石經》合。《石經》'維'下'共'上所闕必'正之'二字。漢時民間所習，章奏所用皆《今文尚書》。'其毋淫于酒，毋逸于遊田，維正之共'，此《今文尚書》也。'則其毋淫于觀，于逸，于遊，于田，以萬民惟正之共'，此《古文尚書》也。"王引之《述聞》："'以萬民惟正之共'，亦謂與萬民奉行政事也。……《後漢書·郅

憚傳》注引《尚書·無逸》曰‘以萬人唯政之共’（“政”字與東晉《古文》不同，蓋出馬、鄭本；“人”字則唐人避諱也），是其明證。”

⑧無皇曰——段玉裁《撰異》：“《漢石經》殘碑‘共毋兄曰今日’，《今文尚書》作‘毋兄’，《古文尚書》作‘無皇’也。下文‘則皇自敬德’，《石經》殘碑作‘則兄曰敬德’，鄭注：‘皇，暇也，言寬暇自敬。’王肅本‘皇’作‘況’，注曰‘況滋益用敬德’，王蓋據《今文》以改《古文》也。此‘皇’字，鄭亦當訓暇，王亦當作‘況’，訓滋益。《詩·小雅·常棣》‘況也永嘆’，‘況’或作‘兄’，‘兄’是古字，‘況’是今字。《大雅·桑柔》‘倉兄填兮’，《召旻》‘職兄斯引’，二毛《傳》皆云：‘兄，滋也。’韋昭《國語注》云：‘況，益也。’毋兄曰者，毋益曰云云也。”

⑨非天攸若——俞樾《平議》：“若，順也。訓，亦順也。《廣雅·釋詁》曰：‘訓，順也。’‘非民攸訓’，言非民所順也，‘非天攸若’，言非天所順也，文異而義實不異。”

⑩時人丕則有愆——王引之《釋詞》：“‘時人丕則有愆’，言是人於是有過也。”

⑪殷王受——即殷王紂。《竹書紀年》作“帝辛受”，《牧誓》稱“商王受”，《史記》作“殷王紂”。紂以酗酒亡國聞名於歷史上。參看《西伯戡黎》、《牧誓》二校釋。

以上這一節，再以自己周王室先王太王、王季的美德，引起周文王的奮勉勤勞，懷保小民，與殷三宗一樣終獲享國長久，因而告誡自今嗣王應敬承先王之德，不可逸樂，尤以“不敢盤遊”爲重點，告誡當以殷紂之迷亂酗酒終致亡國引爲教訓。

周公曰：“嗚呼！我聞曰：古之人猶胥訓告，胥保惠，胥教誨①，民無或胥譸張爲幻②。此厥不聽③，人乃訓之④，乃變亂先王之正刑，至于小大，民否則厥心違怨，否則厥口詛祝⑤。”

周公曰：“嗚呼！自殷王〔太宗及〕中宗及高宗（及祖甲）⑥及我周文王，兹四人迪哲⑦。厥或告之曰：‘小人怨汝詈汝。’則皇自敬德⑧。厥愆，曰：‘朕之愆！’允若時，不啻不敢含怒。此厥不聽⑨，人乃或譸張爲幻，曰：‘小人怨汝詈汝。’則信之，則若時，不永念厥辟⑩，不寬綽厥心，亂罰無罪，殺無辜，怨有同，是叢于厥身！”

周公曰：“嗚呼！嗣王其監于兹⑪！”

①猶胥訓告胥保惠胥教誨——王引之《述聞》：“家大人曰：‘猶，與由通（莊十四年《左傳》“猶有妖乎”，《正義》曰：“古者‘猶’、‘由’二字義得通用”）。由，用也。……言古之人用相道告、相安順、相教誨也。’”是此處釋“猶”爲用，並訓“胥”爲相。見《爾雅·釋詁》：“胥，相也。”

②或胥譸張爲幻——段玉裁《撰異》：“《說文解字》第三篇言部‘譸’字下、第四篇予部‘幻’字下皆引‘無或譸張爲幻’，無‘胥’字。《爾雅·釋訓》：‘侜張，誑也。’郭《注》：‘《書》曰：“無或侜張爲幻”’，亦無‘胥’字，而作‘侜’爲異。玉裁按：此句無‘胥’字爲是。上文三‘胥’字皆君臣相與之詞，此‘胥’字不倫。下文‘人乃或譸張爲幻’，亦無‘胥’字。蓋因《僞孔傳》有‘相’字而增之也。譸，《釋文》曰：‘馬本作輈。’考揚雄《三老箴》作‘侏張’，《詩·陳風·傳箋》作‘侜張’，《後漢書·皇后紀》作‘輈張’，皆同音通用。”

③此厥不聽——段玉裁《撰異》：“‘《漢石經》……‘聽’作‘聖’

……此《今文尚書》也。‘聽’、‘聖’字古音同部；而《古文尚書》作
‘聽’當是襲衛、賈、馬、鄭之本。……又按秦《泰山碑》‘皇帝躬聽’，
《史記》作‘躬聖’，見《廣川書跋》。”皮錫瑞《考證》：“《今文》作‘不
聖’，其義當爲不容。《洪範五行傳》曰：‘思心之不容，是謂不聖。’
然則‘不聖’即‘不容’之義。《東觀漢記序》曰：‘密静天下，容於小
大。’乃隱括經文‘密靖殷國至于小大無怨’二句文義，蓋能容則小
大無怨，不能容則至於小大民丕則厥心違怨，丕則厥口詛祝也。
……以經文前後合而觀之，能容之效與不能容之弊乃正相反。”

　　④人乃訓之——俞樾《平議》：“‘此厥不聽，人乃訓之，乃變亂
先王之政刑’，言人乃順從其意以變亂舊法也。”

　　⑤否則厥心違怨否則厥口詛祝——段玉裁《撰異》：“兩‘否則’
字恐‘丕則’之誤。上文‘丕則有愆’；《康誥篇》‘丕則敏德’。此處
文理蒙上直下，恐不似今人俗語云‘否則’也。”王引之《釋詞》：“經
傳所用，或作‘丕’，或作‘否’，其實一也。……‘民否則厥心違怨，
否則厥口詛祝’，言民於是厥心違怨，於是厥口詛祝也。”王引之《述
聞》：“家大人曰：‘違，亦怨也。……《廣雅》曰“怨、懂、很，恨也”，
“懂”與“違”同。班固《幽通賦》“違世業之可懷”，曹大家注曰：
“違，恨也。”《邶風·谷風篇》“中心有違”，《韓詩》曰“違，很也”，
“很”亦“恨”也。“厥心違怨”，“違”與“怨”同義，猶“厥口詛祝”，
“詛”與“祝”同義耳。’”

　　⑥自殷王太宗及中宗及高宗——段玉裁《撰異》：“‘自殷王中
宗及高宗及祖甲’，《今文尚書》必云‘自殷王太宗及中宗及高宗’，
此無可疑者。”餘見本篇第二節校釋①。

　　⑦兹四人迪哲——王引之《釋詞》：“迪，詞之用也。……‘兹四
人迪哲’，言惟兹四人用哲也。”

⑧則皇自敬德——見本篇第三節"不遑暇食"校釋。

⑨此厥不聽——皮錫瑞《考證》:"《石經》於上文作'不聖',此亦當同。不聖者,不容也。下云'不寬綽厥心,亂罰無罪,殺無辜',正不容之義。"

⑩不永念厥辟——顧剛師云:辟,法也,型也。即指迪哲之四王言,謂其所垂之典型也。

⑪嗣王其監于兹——于省吾《新證》:"《梓材》'自古王若兹監','已,若兹監'。《君奭》'肆其監于兹'。《吕刑》'監于兹詳刑'。《周頌·敬之》'日監在兹'。《史牆彝》'其于之朝夕監'。'之'讀'兹'。'兹監','監兹',周人成語。古人之惕厲自省蓋如此。"

以上這一節,如吳闓生《尚書大義》所云:"正意已盡於前,此下則勸其從諫也。"全節分三小段,第一小段旨在爲君應與民相保相教,力泯隔閡,以消除民心違怨。第二小段極言從諫的重要,殷周明君善納人言,敬德以獲民心,拒諫亂罰,必招罪愆。第三小段爲全文總的結語,勸嗣王應以上舉各點深切引爲教訓。吳闓生《大義》云:"周公此書雖爲成王而作,而其辭曰'嗣王其監于兹',則永爲後世法戒也。"

(二) 今　譯

　　周公説:"呵! 做君主的自始就不該貪安逸呀! 如果他先去知道了耕種和收獲的艱難之後再去享受安逸的生活,那就可以明白小民們的疾苦。我們試看小民，爹娘在田地上用盡了勞力，〔挣得一份產業，〕可是他們的兒子〔慣於不勞而獲〕，不理會務農的辛苦，於是就偷安了，就任性了，爲日既久，又侮辱他的爹娘道：'老一輩的人懂得些什麽！'"（即此可知小民們的痛苦就是一家人也不容易理會呢。）

　　周公説："呵！我聽説：從前殷王太宗，他本没有準備做王，原在小民群裏經歷了好久；等到他登了王位，識得小民們的苦衷，就能安養衆多老百姓，連鰥夫寡婦都不被輕慢：所以他享有國祚三十三年。到了中宗，他莊重嚴肅，以自助取得天助，治理民事十分小心，不敢有一些懈怠：所以他的國祚有七十五年。到了高宗，他先前也是在外面受辛吃苦的，常和小民們一起生活；後來做了王，忽然犯了瘖啞病，三年不能説話，他不説話也罷，一説話時可就成了四方的法則了；他不敢懈怠，安靖殷國，大大小小的人物都爲他所感動，没有一個有怨言的：所以他的國祚也有五十九年。從此以後立的王，生下來就習慣安逸，不知道種田的艱難，不聽得小民的勞苦，只是貪歡尋樂。所以從此以後他們的王也没有一個高壽的，在位的時間或十年，或七八年，或五六年，或三四年而已。"

　　周公説："呵！這也只有我們周家，太王和王季都能自己謙抑畏懼。文王秉承這兩位先王的德行而奉行着，親身管理平治道路和開展農業的兩種工事；他的性格又仁愛敬恭，永在想念怎樣安保小民，怎樣把恩惠達給鰥寡；從早晨到日中更到日斜，常常得不到空閒工夫吃飯，所以他能和睦萬民。文王不敢在遊玩和打獵裏尋樂，只忙於和許多所屬衆邦的國君共同推行政事。因此，他即位的時候雖已到了中年，但還能在位五十年之久。"

　　周公説："呵！從今以後，繼位的王可不要在酒裏沉湎，不要在遊玩和打獵裏開懷，該盡力和萬民共同推行政事呀！不要姑且自寬，說：‘只在今天玩一下。’須知這不是人民所允許，也不是上天所允許的，〔如果這樣，〕這個人就有了過失了。〔再叮嚀一句話，〕千萬不要像殷王紂那樣迷惘荒亂和狂飲無度呀！”

　　周公說：“呵！我聽說：古時的君主和臣民常用互相告誡，互相安順，互相教誨，所以人們也就沒有造謠生事的。如果此心不能容物，〔不接受別人的勸導，〕於是人們只顧順自己的私意，變亂先王的正法，延及大大小小的一切，結果只有激起了人民心裏的怨恨和嘴裏的咒罵。”

　　周公說：“呵！自從殷王太宗到中宗到高宗到我們周家的文王，這四個人是最聖明的。如果有人告訴他們說：‘有些小民在怨你罵你呀！’他們就更加自己警惕着德行。某些事情發現了過錯，連忙自己承認，說：‘這是我的過錯！’他們是實在真心這樣幹，豈但是對怨罵不敢含怒而已。倘使此心不能容物，人們就會來造謠生事，說道：‘小民在怨你罵你咧！’你一聽就信以為真。如果這樣，不能好好地想念着先王的典型，開展着心胸，一定弄得對於無罪的人，輕則亂罰，重則亂殺，那麼沸騰的怨氣必有所歸，自然叢集於你一個人的身上了！”

　　最後，周公說：“呵！繼位的王，該把此處所提到的各點深切地引為鑑戒！”

（三）討　論

　　（一）這篇文字是記周公對成王說的一番話，主要的意思是要他不耽於君王的享受致忘了小民的痛苦。《史記·魯周公世家》載：
"周公歸，恐成王壯，治有所淫佚，乃作《多士》，作《毋逸》，《毋逸》稱
爲人父母爲業至長久，子孫驕奢忘之，以亡其家，爲人子可不慎乎！"
意在借此告誡成王。全篇凡分七段，皆以"周公曰：嗚呼"發端。第
一段説小民耕稼太勞，痛苦最深，不但王者不易知，即小康之家的子
弟們也不易知，故必須深切注意。第二段説殷三宗在未即位時如何
接近小民，已即位後如何惠愛小民，所以他們的國祚長久；此外的王
因爲不能這樣，就壽命短促了。（以君主的賢不賢定他壽命的長不
長是古代人的一種信仰，《中庸》説"故大德必得其位……必得其壽
……故大德者必受命"，就是這個意思。）第三段説周文王的安保小
民及其享國之久，與殷三宗同。第四段戒嗣王不可逸樂和自恕，猶
當以殷紂爲鑑戒。第五段説君與民應當相保相教，才可打通隔閡，
不爲浮言所惑，不爲小民所怨。第六段説殷周四哲王都能因人言而
修德，闇主則因人言而加罪於人，結果就大不相同。第七段總結，有
"語有盡而意無盡"之意。周公吁嗟歎息，要把階級社會裏最高級的
王和最低級的小民打成一片，没有一些扞格，真是中國政治哲學的
最高意義深刻的卓論，無疑地該使後世的帝王當作教科書讀。其全
文七段可歸結爲四節，一段爲第一節，二段爲第二節，三四兩段爲第
三節，五至七段爲第四節，每節各有重點，各節相承，反映周公當新
王朝建立，面對前朝後期享樂腐化惡習逐漸侵蝕到新朝上層的危險
性，特及時敲響警鐘，語重心長地對成王提出諄諄告誡的殷切心情。
可作爲周王朝建立後，在思想建設上重要的一篇文獻。

　　（二）然而這篇文字内容却有好些可疑之點：第一，當西周初年，
分割土地，封建諸侯及貴族，那時的農民非奴隸即農奴，無法自由挣
得產業。這篇説："相小人，厥父母勤勞稼穡，厥子乃不知稼穡之艱

難,乃逸,乃諺。"這一定是土地到了可以自由買賣的時候,由於自耕農的勤勞,得以蓄積增置田産,所以下一代就可不勞而獲,離開農村,發生了賤視勞動和注意享受的意識,以致"侮厥父母曰:昔之人無聞知",十分地表現出紈袴少年的口吻。這恐怕必須到了春秋戰國才會有這種現象;若在西周,則農民附着於土地,如何會説出這般輕松的話來! 第二,周公在《酒誥》裏説"自成湯咸至于帝乙,成王畏相……不敢自暇自逸",《多士》裏又説"自成湯至于帝乙,罔不明德恤祀",《多方》裏又説"成湯……以至于帝乙,罔不明德慎罰",把商代列王説得好到這樣,分明不賢的只有一個紂。何以這篇同樣是周公的話,而殷的賢王只縮成了太宗、中宗、高宗三位,其餘的連同帝乙在内,竟都成了"生則逸,不知稼穡之艱難,不聞小人之勞,惟耽樂之從"的人呢? 這可見本篇文字與周公原語不一致。當然,殷自祖甲以後確有一些盤遊逸樂之君,這裏只是説與周公原語的不一致。(《孟子·公孫丑篇》尚説"由湯至于武丁,賢聖之君六七作",可見商的賢王決不止此三宗。)第三,商的年代雖不盡可知,但據《史記正義》引《汲冢紀年》云:"自徙殷至紂之滅,七百七十三年,更不徙都。""七百",朱右曾輯本《紀年》改作"二百",近來研究甲骨文諸家表示接受。自盤庚至紂爲十二傳,去高宗五十七年,平均每代爲十九年强;即使如漢今文家經本爲高宗享國百年,平均每代仍有十六年弱。何至像本篇裏説的"或五、六年,或四、三年"呢? 所以從這點看,也見作者寫得與商代歷史不盡合。第四,"朕"這代名詞,是用於第一人稱的領位,就是"我的"。可是本篇裏不説"朕愆",也不説"予之愆",而説"朕之愆",這是古人無此用法的。第五,"無罪"與"無辜"義同,而本篇中説"罰無罪,殺無辜"。又"若"訓"順","訓"也假借爲"順",本篇中説"非民攸訓,非天攸若"。這都是後人作文章時避免複字的方法，絕不是古人説話的態度。除了上述五點之外，本篇文辭平易近人，在周公的十二篇誥辭裹，它和《金縢》最相近，最易解，無疑地同是原有文獻在文字上受後來很大的影響。原來此篇時代却不太遲。《國語·楚語》記左史倚相引《周書》曰"文王至于日中昃不皇暇食，惠于小民，唯政之恭"，即摘録本篇語，可見本篇時代當在《國語》之前。《國語》所記全爲春秋時史事，其中所引古文獻，自然是春秋以前從西周傳下來的。《論語·憲問》亦引《無逸》文句，是爲春秋時引用此古文獻。大抵此篇原出周公，自西周流傳至春秋，不斷受各時期文字影響，自然就有如上述的各種情況。當時文獻有一普遍現象，同一篇各家所傳習者除基本相同點外，於文字方面往往各有歧異。例如《甘誓》，儒墨兩家本區別不小，又如同樣是《仲虺之誥》一段，《荀子》和《吕氏春秋》所據本各不同，即同一《墨子》其不同三家所讀《仲虺之誥》之文字亦各異。因此雖原出周公所講之篇，由於傳習中迭經轉述，終於形成這樣一篇有上述諸疑點而被顧師曾初步誤疑爲偽篇的文獻了。

　　（三）殷代三宗，看《史記·殷本紀》及《漢書》所引劉歆説，太宗爲大甲，中宗爲大戊；高宗爲武丁，絕無疑問。但自甲骨文出土後，忽然發現中宗是祖乙的廟號。《戩壽堂所藏殷虚文字》（第三葉）云："中宗祖乙牛吉。"王國維《考釋》曰："此辭稱祖乙爲中宗；全與古來《尚書》家之説違異，惟《太平御覽》（八十三）引《竹書紀年》曰：'祖乙滕即位，是爲中宗，居庇。'今由此斷片，知《紀年》是而古今《尚書》家説皆非也。《史記·殷本紀》以大甲爲大宗，大戊爲中宗，武丁爲高宗。此本《尚書》今文家説。今徵之卜辭，則大甲祖乙往往並祭而大戊不與焉。卜辭曰'□亥卜貞三示御大乙、大甲、祖乙、五牢'（羅氏拓本）；又曰'癸丑卜，□貞：峯年于大甲，十牢；祖乙，十牢

（《後》上二七葉）；又曰‘丁亥卜，□貞：昔乙酉籫□御□大丁、大甲、祖乙，百豈，百羊，卯三百牛□’（同上二八葉）。大乙、大甲之後，獨舉祖乙而不及大戊，亦中宗是祖乙非大戊之一證。《晏子春秋·内篇·諫上》云：‘夫湯、大甲、武丁、祖乙，天下之盛王也。’亦以祖乙與大甲、武丁並稱。”得甲骨文與《紀年》、《晏子春秋》互證，可成定讞。故郭沫若在《殷契粹編》247 片“□又且乙中宗三羈”之考釋中贊同王國維之説，以爲“此片之中宗與祖乙自是一人”。陳夢家《殷虚卜辭綜述》補充了稱“中宗祖乙”的卜辭十二條，都是廩辛、康丁時的，以證王國維之説。並指出：“中宗本是宗廟之宗，猶卜辭的大宗、小宗。武丁卜辭已有中宗（《京津》1170、《明》105）。”于省吾先生同意了王國維之説，但又提出了補充意見。他因初次見到了一片“中宗祖丁”的卜辭摹本，撰《釋中宗祖丁和中宗祖乙》（《甲骨文字釋林》）説：“王氏引卜辭和典籍以中宗爲祖乙而非大戊，這是對的。”但他以爲卜辭中伯仲之仲作“中”，中間之中作“𠁧”。今卜辭稱祖丁、祖乙爲“中宗”之字作中，實係仲字。“仲宗”乃是先王以丁或乙爲廟號而用以區別的稱謂，而非中興之中。這是進而又據甲骨文字的原來意義，幫助弄清了《尚書》文字中這個詞的訓義。

（四）這裏還可附帶説到《無逸》在叙三個名王之後，即説自此殷代的王惟知享樂，這在甲骨文也能得到證實。見於郭老的《卜辭通纂》和《殷契粹編》中皆有田遊專類，著錄甲骨甚多。郭氏於《粹編》755 片云：“殷王之好田獵，誠足以驚人，《書·無逸》謂殷自祖甲以後‘立王生則逸。生則逸，不知稼穡之艱難，不聞小人之勞，惟耽樂之從’，足見並非溢惡之詞。”這都幫助我們對《尚書》加深理解，知道它很多内容是有所根據的。田遊、享樂、酗酒就成了殷代後期的特點。

（五）宋代《漢石經》出土，本篇殘字獨多，其時適值金石學大興之際，洪邁《隸釋》、黃伯思《東觀餘論》並加考論，知文字和行次並與流行本大異："高宗之饗國百年"下直接"自時厥後"，更插不下祖甲，可見不是祖甲。既不是祖甲，則依西漢今文當爲太甲，祖甲一段文字應移前。關於這點，段玉裁已説得極明白。其他如"既誕"作"既延"，"惠鮮"作"惠于"，"無皇"作"無兄"（況），"無淫于觀，于逸，于遊，于田"作"毋淫于酒，毋勀于遊田"，並比僞孔本爲佳勝。即此可知古本的可貴，也可知《古文尚書》即從《今文尚書》脱出而加以變易，可是甚多變壞了的。僞孔本承劉、杜、衛、賈、馬、鄭的《古文尚書》來，劉歆在西漢末，《古文》由其手立，杜、衛、賈在東漢初，其時《古文》出現不久，馬、鄭在東漢末，其時《古文》已成定本，所以改易《今文》的事實，劉歆、杜林、衛宏、賈逵可能的都該負責任。

（六）祖甲一稱帝甲。《國語・周語下》云："玄王勤商，十有四世而興；帝甲亂之，七世而隕。"《史記・殷本紀》云："帝祖庚崩，弟祖甲立，是爲帝甲。帝甲淫亂，殷復衰。"可見祖甲決不是一個賢王。班固説司馬遷從孔安國問故，所以遷書爲古文説，其實，如果司馬遷真讀過《古文尚書》，則《無逸篇》説祖甲那麼好，他就決不會在《殷本紀》裏寫上這一筆。至於古文家爲什麼要爲祖甲捧場，則是他們把年齡爲次序的結果。在他們的腦筋裏，總覺得時代愈早的君主應該道德愈好，年壽愈長。中宗七十五年，該列於首；高宗五十九年（這五十九年當是把"百年"改的，但百年確不合情理，不知五十九年有根據否），該列於次。太宗只有三十三年，分該移於末；然而太宗的時代在前，決不該放在最後，無可奈何，只得不管《國語》、《史記》之文，把祖甲來頂替太甲了。

（七）高宗"亮陰"，解釋爲居喪，因爲出在孔子口裏，記在《論語》書裏，所以歷代無人敢疑。到了清末，廖平、康有爲十分大膽，也不過說孔子要人實行三年之喪，託高宗以改制，故子張有此問難而已，於亮陰兩字的解釋仍不能改變。其實《楚語》說他"三年默以思道"，《呂氏春秋》說他"恐言之不類"，不關居喪已很明白。可是究竟是什麼意思呢？還是摸索不出來。郭沫若氏習醫，而又深通古籍；他說"陰"亦作"闇"，假借爲"瘖"，高宗犯的是不言症；至於三年之喪，商代無此制度，甲骨文中有最確切的證據。這樣一講，舊說就根本倒墜了。整理古籍須有各種科學的知識，觀此益明。

君 奭

《君奭》是周成王時,周公旦為了搞好和同時當政輔國的召公奭的團結,特意闡述大臣對治國的重要性,而大臣之間的和衷共濟尤為重要,因而總結歷史教訓,對召公奭所作的一篇講話,由於周公開口稱呼"君奭",故以《君奭》名篇,先秦文獻中引用它一次,新近在郭店出土的戰國時楚簡引用它兩次。在西漢伏生今文本中為第二十一篇,伏生門下三家今文本中為第二十二篇,東漢馬鄭古文本中為第二十六篇,皆列在《周書》。東晋偽古文本中為全書第四十四篇,《周書》第十八篇。其情況詳後面的"討論"。

(一) 校 釋

周公若曰①:"君奭②,弗弔,天降喪于殷③。殷既墜厥命,我有周既受,我不敢知曰厥基永孚于休④。若天棐忱,我亦不敢知曰其終出于不祥⑤。

　　“嗚呼！君已曰時我⑥，我亦不敢寧于上帝命⑦。弗永遠念天威越我民⑧，罔尤違惟人在（哉）⑨！我後嗣子孫大弗克恭上下，遏佚前人光在家，不知天命不易⑩，天難諶，乃其墜命⑪，弗克經歷嗣前人恭明德⑫。

　　“在今予小子旦，非克有正，迪惟前人光，施于我沖子⑬。”

　　又曰：“天不可信，我道惟寧王德延，天不庸釋于文王受命⑭。”

　　①周公若曰——由金文材料獲知，凡大臣代宣王命，或史臣記載王命，都稱“王若曰”，意爲王如此説，王這樣説。見《盤庚上》“王若曰”校釋。此處爲周公直接對君奭講話，顯非其他大臣代宣，而是史臣記載周公對召公的這篇講話。

　　②君奭——《釋文》：“奭，始亦反。”周公名旦，召公名奭，姓姬氏（《史記《燕世家》語）。周公稱呼召公名字，加“君”字作爲客氣稱呼，如僞孔所云：“尊之，曰君。”

　　③弗弔天降喪于殷——“弔”，善。由淑的古文被誤隸定作弔，仍保存其原義“善”，弗弔，即不善。見《大誥》“弗弔天”校釋。此處弗淑是説殷人做了很多壞事，所以天把喪亡降給了殷人。即《召誥》“惟不敬厥德，乃早墜厥命”之意。弔字詳《盤庚下》“弔由靈各”校釋。

　　④殷既墜厥命我有周既受我不敢知曰厥基永孚于休——“墜，《魏石經》古文作述，于省吾《新證》引《盂鼎》正作“我聞殷述命”，即墜命，意爲殷墜失其天命。王先謙《參正》云：“《釋詁》：‘基，始也。’‘孚，信也。’言天心難測，我不敢知曰其始長信於休慶。”又云：

“先謙案，‘我不敢知曰’與《召誥》同，以爲公自言不敢知，文義亦順。據下文‘天難諶’、‘天不可信’二語，與此兩‘不敢知’相應。”

⑤若天棐忱我亦不敢知曰其終出于不祥——“天棐忱”，孫詒讓《駢枝》云：“此經‘棐’字並當爲‘匪’之假借，孔讀如字，訓爲‘輔’，並誤。‘天棐忱’，猶《詩·大雅·蕩》云‘天生烝民，其命匪諶’（《說文·心部》引《詩》作忱），惟天命無常，不可信也。”（並舉《大誥》“天棐忱辭”、“越天棐忱”、《康誥》“天畏棐忱”及本篇“若天棐忱”義並同）。“其終出于不祥”，《漢石經》殘字此句“其”字以上缺，存“道出于不詳於戲君”八字，“於戲”即下句之“嗚呼”，此句則“終”作“道”，“祥”作“詳”。《釋文》云：“終，馬本作崇，充也。’王氏《參正》云：“《詩》傳：‘崇，終也。’崇，充，《釋詁》文。充滿周備，兼有終義。”是崇即終。’”祥之爲詳，馮登府《石經補考》云：“詳，古祥字。”並作了較詳考訂。吳闓生《大義》顯承孫氏說云：“案，《尚書》‘棐忱’皆當讀爲‘匪諶’，言天命之難信也。漢儒皆以‘輔誠’釋之，殊不可通。此四字下屬（指“若天棐忱”不當如僞孔本連上句“永孚于休”爲讀）。言我周受命，不敢以爲必休。即使天不可信，亦不敢以爲必不祥也，在人而已。”此處文義是，上句已說，由於天心難測，我不敢就以爲一開始了就永遠可信其休矣。這句是說：固然天不可信，但我也不敢就以爲其結果必然是不好的。主要在於人的努力。

⑥嗚呼君已曰時我——僞孔釋爲：“歎而言曰：君也，當是我之留。”訓“時”爲是，即說君奭以我之留而不去爲是。《蔡傳》則云：“周公歎息言，召公已嘗曰，是在我而已。”戴鈞衡《補商》云：“‘君已曰時我’，公述君奭責重於己之言也。”朱駿聲《便讀》云：“歎息言君曾曰：輔成周業，是我之責。”皆就字面爲之釋，並皆訓“時”爲是，章

炳麟則另爲之釋,其《拾遺》云:"召公不悦,必有所言,'君已'者,君止也。止其言也。'曰'者,更端之辭。'時',古用爲待字(此處舉《易·歸妹》"遲歸有時"其象曰"有待而行也"爲證)。'待我'者,待我政成,然後去位也。"其實不如渾言您已同意我的做法,或獎許我的做法。吳闓生《大義》則另出新解,以"時"用本義,讀爲"君,已曰時我"句。釋云:"君字句絶,呼而告之。言今時命既已歸我(有周)。"而後接下文言不敢安於天命。意在解通此句,可參。

⑦我亦不敢寧于上帝命——僞孔云:"我亦不敢安於上天之命。"《蔡傳》云:"我亦不敢苟安天命。"所釋義相近。王先謙《參正》云:"'我亦不敢寧于上帝命'者,不敢以天命爲可安恃也。"加"安恃"之義,較妥。

⑧弗永遠念天威越我民——孫詒讓《駢枝》云:"案此當讀'弗永遠念天威越我民'爲句,'越',與也(詳前《大誥》)。言不敢不永遠念天之威及此下民。猶後文云'予惟用憫于天越民'也。僞孔訓'越'爲'勤化',大謬。"與孫氏同時或稍早之戴鈞衡《補商》及後於二人之吳闓生《大義》皆同孫説,戴氏並云:"與篇末'閔天越民'相應,下文'克恭上下'即承天與民言之。"宋朱熹則更連下文"罔尤違"爲句。《彙纂》引其説云:"朱子曰:諸誥多是長句,如《君奭》'弗永遠念天威越我民罔尤違'只是一句,'越'只是及。'罔尤違'是總説上天與民之意。"其説有可取之處。但仍依近儒另讀如下文"罔尤違惟人"較妥。

⑨罔尤違惟人在——孫詒讓《駢枝》:"'罔尤違惟人',言天尤怨于人。'惟'、'于'義同。"吳闓生《大義》:'罔尤違惟人',求無罪戾,惟在人而已。'尤',罪也。'違',戾也。"皆以"罔尤違惟人"五字爲句釋之。戴鈞衡《補商》:"'罔尤違',句。'惟人在',句。《漢

書·王莽傳》引‘我嗣事子孫’云云，不聯引‘惟人在’，則漢人于
‘在’字讀句絕可知（此據江聲説）。毛氏奇齡、江氏聲、孫氏星衍皆
讀‘惟人在’句。言天民之無尤怨違背，惟恃有老成人在也。”王先
謙《參正》云：“惟人在者，言民無尤違，惟以朝廷有人在耳。”按，僞
孔讀作：“越我民罔尤違，惟人在我後嗣子孫。”《蔡傳》讀作：“越我
民罔尤違，惟人。”以“在”連下句。二讀確有不合原文文義處，故爲
近代學者所反對。而近代學者又有上所舉的一個五字句、兩個三字
句之異。初步斟酌，按文義五字句可從，但應加“在”字成六字句，或
者説將兩三字句併成六字句。下文第四節“汝明勗偶王在”及“明
我俊民在”二“在”字，于省吾《新證》都訓讀爲“哉”。援其例，此句
“在”字亦當讀爲“哉”，成爲一警策句。

　　⑩我後嗣子孫大弗克恭上下遏佚前人光在家不知天命不
易——《漢書·王莽傳》群臣奏引《書》曰：“我嗣事子孫大不克共上
下，遏失前人光，在家不知命不易。”是“後嗣”作“嗣事”，“弗”作
“不”，“恭”作“共”，“佚”作“失”，“天命”作“命”。段玉裁《撰異》
云：“《傳》以‘奉’訓‘共’，衛包改作‘恭’，非也。”孫星衍《注疏》云：
“《漢書·王莽傳》群臣奏曰：‘臣聞周成王幼少，周道未成，成王不
能共事天地，修文武之烈，周公權而居攝，周道成，王室安。不居攝，
則恐隊失天命。《書》曰（見上引“我嗣事子孫”一段）。’注：‘師古
曰：言我恐後嗣子孫大不能恭承天地，絕失先王光大之道，不知受命
之難，天所應輔唯在有誠，所以亡失其命也（此後面兩句係釋下文
“天難諶，乃其墜命”）。’按，《漢書》釋‘後嗣子孫’爲‘成王’，‘大弗
克恭上下’爲‘共事天地’。《白虎通》以《太誓》‘上天下地’（見漢
《太誓》篇）爲‘上下’，是也。釋‘遏佚前人光’爲‘修文武之烈’，
‘前人’謂文、武，‘烈’者，《詩》傳云‘光也’。‘佚’同‘失’，釋‘在

家’爲‘不居攝’，言退老也。……《詩·大明》傳‘天意難信矣，不可改易者天子也’，是‘天命不易’爲不可改易。師古注‘不易’爲‘難’，非也。”這是東漢對這些詞語的解釋，其句讀則爲：“我後嗣子孫大弗克恭上下，遏佚前人光，在家不知天命不易。”作三句。唐人基本承之。但東晉僞孔本句讀爲：“惟人在我後嗣子孫，大弗克恭上下，遏佚前人光，在家不知。”作四句，其“天命不易”接下句。宋《蔡傳》則句讀爲：“惟人”爲二字獨立句，承上句文意。“在我後嗣子孫”以下句讀則同僞孔作四句，“天命不易”亦接下句。吴闓生《大義》承其父吴汝綸《尚書故》之學並承孫詒讓之説，定句讀爲：“在我後嗣子孫，大弗克恭上下，遏佚前人光在家，不知天命不易。”亦作四句。以上至少已有四種不同句讀，比較來看，以吴闓生句讀較合文義。吴氏並簡釋云：“上下，天地也。此（指此兩句）假設之詞，絶失文武光烈於家。家字屬上，依顔師古讀。”但《漢書》中顔師古此處句讀不明確，可依吴氏理解。此數句文義解釋，可依孫星衍所引漢代釋義，但“後嗣子孫”不應只指周成王一人。

⑪天難諶乃其墜命——《漢書·王莽傳》引作“天應棐諶，乃亡隊命”。孫星衍《注疏》：“以‘天應棐諶’爲‘天難諶’者，《釋詁》云：‘諶，信也。’《詩·大明》云：‘天難忱斯，不易維王。’傳云：‘忱，信也。’……經言‘在家不知天命有不易’之道，委之以天難信，乃其隊失天命也。”

⑫弗克經歷嗣前人恭明德——段玉裁《撰異》謂此“恭”亦當作“共”，衛包誤改。孫詒讓《駢枝》云：“《孔傳》云：‘不能經久歷遠，不可不慎。’又云：‘繼先王之大業，恭奉其明德。’按此十字作一句讀，‘經歷’當爲經營行事（“歷”訓行，詳前《大誥》。與後文“多歷年所”義異）。僞孔以‘弗克經歷’四字句，又詁爲‘經久歷遠’，並

非。”

⑬在今予小子旦非克有正迪惟前人光施于我沖子——吳閩生
《大義》：“迪，正也。施，移也。”“此乃轉入自任語，言……我非有所
匡正也，只以前人光烈移于沖子(指成王)而已。”

⑭又曰天不可信我道惟寧王德延天不庸釋于文王受命——“寧
王”爲“文王”之誤寫，由金文中“文”字誤隸定爲寧所致，清季學者
王懿榮、孫詒讓等四五人都考定此“寧”字爲“文”字之誤，吳大澂
《字説》考論甚明，《孔疏》：“言寧王者，即文王也。”孔穎達全憑文義
得此確解，其見甚卓(參看《大誥》“寧王遺我大寶龜”校釋)。

戴鈞衡《補商》：“‘我道’，《傳》(指《蔡傳》)訓‘在我之道’，自
可通。其實‘道’本作‘迪’。《釋文》云：‘馬本作“我迪”。’‘迪’，語
助也。‘庸’，易也。‘庸釋’者，輕易舍棄之意。《多方》‘庸釋有
夏’、‘庸釋有殷’，同承上言。天命之墜，必由於弗克嗣前人德，則
今予小子所以相君者，亦惟以前人之光美施之，惟於武王之德延之
(此作“武王”誤，因其不知“寧”爲“文”之故)。則天亦不輕舍于文
王所受之命矣。”于省吾《新證》：“僞《傳》訓‘釋’爲‘釋廢’，孫星衍
引《説文》以‘舍釋’爲訓，王靜安亦訓爲舍去之意。並非。按‘天不
庸釋’之‘釋’，《魏石經》古文作‘澤’。《曲禮》‘共飯不澤手’注：
‘澤或爲擇。’《吕刑》‘罔有擇言在身’，王引之讀‘擇’爲‘斁’。是
釋、澤、擇、斁古通之證。《詩》傳：‘斁，厭也。庸，用也。’‘天不庸釋
于文王受命’者，天不用厭于文王受命也。‘非天庸釋有夏’者，非
天用厭有夏也。‘非天庸釋有殷’者，非天用厭有殷也。……若‘用
厭’均易爲‘舍去’，則不詞甚矣。”于説可從。

以上這一節，周公對召公講，殷既墜命，有周受命，然一如《大
誥》、《康誥》等篇指出的“天棐忱”，本篇重申此義，明確說天不可

信，因此沿《召誥》篇所提出的“王其德之用祈天永命”，以爲只有輔翼成王繼承文、武光烈，延文王之德，以保文王所受之命。意在召公能和自己一道黽勉於此。文中與諸誥一起提出了人事影響天命的新觀點，以敬德來修正殷人所迷信的天命觀，重視了近於人定勝天的精神。吳闓生《大義》説此爲第一章“曲陳己輔導孺子之苦衷”，這是看到周公苦心經營的一面，沒有充分重視周公積極進取的不聽任天的擺布，而應以人的努力來控制和保住天命的一面。

公曰：“君奭，我聞在昔成湯①既受命，時則有若伊尹②，格于皇天③。在太甲④，時則有若保衡⑤。在太戊⑥，時則有若伊陟、臣扈，格于上帝⑦；巫咸乂王家⑧。在祖乙⑨，時則有若巫賢⑩。在武丁⑪，時則有若甘盤⑫。率惟兹有陳，保乂有殷⑬，故殷禮陟配天，多歷年所⑭。天惟純佑命，則商實百姓、王人，罔不秉德明恤⑮。小臣、屏侯、甸，矧咸奔走⑯。惟兹惟德稱，用乂厥辟⑰。故一人有事于四方，若卜筮，罔不是孚⑱。”

公曰：“君奭，天壽平格，保乂有殷⑲，有殷嗣，天滅威⑳。今汝永念，則有固命，厥亂明我新造邦㉑。”

①成湯——商王朝第一任國王。詳《湯誓》“湯”校釋及《酒誥》“成湯咸”校釋。

②時則有若伊尹——《蔡傳》：“‘時則有若’者，言當其時有如此人也。”《史記・殷本紀》：“伊尹名阿衡。阿衡欲干湯而無由，乃爲有莘氏媵臣，負鼎俎以滋味説湯，致於王道。或曰：伊尹，處士。湯使人聘迎之，五反然後肯往，從湯言素王及九主之事，湯舉任以國

政。”“太甲，成湯嫡長孫也……既立三年，不明，暴虐，不遵湯法，亂德，於是伊尹放之桐宫。三年，伊尹攝行政當國，以朝諸侯。帝太甲居桐宫三年。悔過，自責反善，於是伊尹乃迎帝太甲，而授之政。”《殷本紀·索隱》：“《孫子兵書》：‘伊尹名摯。’孔安國亦曰伊摯。然解者以阿衡爲官名……亦曰保衡。皆伊尹之官號，非名也。皇甫謐云：‘伊尹，力牧之後，生於空桑。’又《吕氏春秋》云：‘有侁氏女采桑，得嬰兒於空桑，母居伊水，名曰伊尹。’”此皆關於伊尹之傳説。《孔疏》云：“伊尹名摯，諸子傳記多有其文，功至大。”又云：“據《太甲》之篇及諸子傳記，太甲大臣惟有伊尹，知即保衡也。《説命》云：‘昔先正保衡……佑我烈祖。’《商頌·那》祀成湯稱爲烈祖……明保衡即是伊尹也。《詩》曰：‘實維阿衡，實左右商王。’鄭玄云：‘阿，倚。衡，平也。……太甲改曰保衡。’……孔以《太甲》云‘嗣王不惠于阿衡’，則太甲亦曰阿衡，與鄭異也。”孫星衍《注疏》云：“《書疏》云‘伊尹名摯’，出《孫子·用間篇》，云：‘湯以爲阿衡。’《詩·長發》云‘實維阿衡，實左右商王’，《傳》云：‘阿衡，伊尹也。’”戰國時所見材料還有如《孟子·萬章上》云：“伊尹相湯以王於天下。湯崩，大丁未立，外丙二年，仲丁四年。太甲顛覆湯之典型，伊尹放之於桐。三年，太甲悔過，自怨自艾，於桐處仁遷義，三年以聽伊尹之訓已也。復歸於亳。”《古本竹書紀年》：“仲壬崩，伊尹于太甲于桐，乃自立也。伊尹即位，放太甲七年，太甲潛出自桐，殺伊尹，乃立其子伊陟、伊奮，命復其父之田宅而中分之。”以上是文獻中關於伊尹的主要資料。

　　陳夢家《殷虚卜辭綜述》第十章《先公舊臣》云：“羅振玉曾舉出‘其名臣之見於卜辭者三：曰伊尹，亦曰伊；曰咸戊，亦曰咸；曰祖己’，而以‘咸戊殆即巫咸’（《考釋上》13）。王國維《古史新證》第四章商諸臣一節所列是伊尹和咸戊二人（因祖己非舊臣，是殷宗室，曾被稱小王）。但又説‘又卜辭中屢見寅尹……疑亦謂伊尹也’。郭沫若讀‘寅尹’爲黄尹（《卜通》236、262）。”“舊臣中之最重要者是伊尹，在文獻紀録上在卜辭上，他都是最顯赫的。據《君奭》，伊尹爲湯時臣。而《紀年》記其放太甲而太甲殺之，《尚書序》謂沃丁葬之，當是可靠的。除此以外，戰國典籍記伊尹的尚有以下四項：（1）伊尹爲有莘氏之媵臣，《孟子·萬章上》‘伊尹耕有莘之野’。《墨子·尚賢下》‘昔伊尹爲有莘氏女師僕’。《吕氏春秋·本味篇》‘有侁氏……以伊尹媵女’。《天問》‘成湯東巡……乞彼小臣……夫何惡之，媵有莘之婦？’侁、莘一字。《左傳·昭元年》‘商有姺邳’。《周本紀索隱》引《世本》‘莘國姒姓’。（2）伊尹爲成湯之小臣，除《天問》外，《墨子·尚賢下》‘湯有小臣’，《吕氏春秋·尊師篇》‘湯師小臣’，即《叔尸鎛》‘伊小臣唯傅’。（3）伊尹名摯，見《天問》、《墨子·尚賢下》、《孫子·用間篇》。（4）伊尹可單稱伊，《尚書序》伊尹作《伊訓》，即伊尹之訓。《叔尸鎛》亦稱伊尹爲伊。就卜辭來説，上述種種皆有某些成分的根據。卜辭稱伊尹爲伊尹、伊、伊奭。伊是其私名，尹是其官名。……致祭伊尹的卜辭，最早見於武丁晚期的子組卜辭。……《殷本紀》説‘伊尹名阿衡’，《商頌·長發·毛傳》云：‘阿衡，伊尹也。’混伊尹與阿衡、保衡爲一人，是不對的。我們從前曾舉三事以證其誤：（1）《君奭》曰：‘成湯既受命，時則有若伊尹；……在太甲，時則有若保衡。’是不但伊尹、保衡是兩個人，而且一立於湯時，一立於太甲時。（2）《長發》曰：‘昔在中葉……實維阿衡。’叙事於湯之後，是所謂中葉當指湯受命以後的商代中葉。阿衡即保衡。阿、保是其官名而衡是其私名。（3）卜辭之黄尹、黄奭，即《詩》、《書》之阿衡、保衡。因爲阿、保即奭，而‘黄’、‘衡’古通用。

……（卜辭中的）伊夒、黃夒很可能是伊尹、黃尹。……伊尹、黃尹並
見於一版……所以他們可能不指一人。”這些是陳夢家根據卜辭研
究所得，知伊尹非阿衡亦非保衡，伊尹爲湯的大臣，至太甲時被殺，
太甲的大臣是保衡。足以糾正上引文獻所説之誤（按，唐蘭亦有保
衡即黃尹非伊尹説，其説不詳）。同時陳夢家列舉了伊尹、保衡（即
黃尹）、伊陟、巫咸、遲任、甘盤等人的卜辭，以見這幾位舊臣，在甲骨
文中均有可考。還有郭沫若《粹編》第 194 片云：“‘又于十立伊又
九’，義頗難解，疑是‘又于伊十立又九’之倒文。立當讀爲位，蓋謂
爲壇位也。”于省吾《釋又于十立伊又九》（《甲骨文字釋林》）同意郭
老之説，並爲舉甲骨文中倒文例句多句以證成郭説。以爲《君奭》篇
所記的是周公略舉的商功臣。而商代功臣不限於所舉之數。甲骨
文把先世功臣排列爲以伊尹爲首的十九位加入祀典，可看出商代從
祀的功臣人數。由郭、于二先生之説，知商代從祀功臣達十九位，知
本篇周公所舉只是以伊尹爲首的重要的幾位。

　　③格于皇天——皮氏《考證》引《史記》、《漢書·王莽傳》及漢
碑作“假于皇天”。然《論衡·感類篇》、《三國志》潘勗文並作“格于
皇天”皮氏云：“是兩漢今文家亦‘假’、‘格’並用。”詳《堯典》“格于
上下”校釋。孫星衍《注疏》：“‘格’者，《釋詁》云：陟也。謂湯得伊
尹輔佐成功，升配於天也。下文云‘陟配天’，陟亦陟也。”

　　于省吾《新證》：“《尚書》格字非一訓。《堯典》‘格于上下’格，
至也。‘歸格于藝祖’，‘舜格于文祖’，《洛誥》‘咸格’，格謂格享。
《湯誓》‘格爾衆庶’，《盤庚》‘格汝衆’，格，來也。《高宗肜日》‘惟
先格王正厥事’，格亦正也。《西伯戡黎》‘格人元龜’，格，《史記》作
假。《禮記·月令》疏：‘假，大也。’格與之爲對文。格人，大人也。
按，格、假、叚、嘏古並通。……阮元云：‘叚，古假字，通嘉。’……

'格于皇天'者,嘉于皇天也。'格于上帝'者,嘉于上帝也。"于氏對《尚書》格字各種不同釋義的論析甚精辟。但於此處謂"伊尹嘉于皇天",義仍不好懂,不如仍沿孫星衍之釋較好解。

④太甲——湯長子太丁之子,故《殷本紀》稱他爲"成湯嫡長孫"。爲殷王朝第五任國王。他與伊尹的關係,據《孟子》和《殷本紀》說,因他暴虐,伊尹流放他於桐宫三年,他悔過自責,伊尹復迎他回來任國王。據《竹書紀年》說,他被伊尹放於桐後,潛逃歸來殺死伊尹而復王位。後一說出於史書記載,前一說出於諸子馳論。司馬遷時,《紀年》尚藏汲冢未出土,不知有其說,遂采用諸子之說。故陳夢家《綜述》就甲骨文研究成果,以史書近事實,論定《紀年》之說可靠。

⑤保衡——舊說即阿衡,亦即伊尹(見上文"伊尹"校釋)。陳夢家《綜述》就甲骨文研究所得詳述伊尹資料,認爲保衡非伊尹,又以"衡"、"黄"古字通,以爲保衡即甲骨文中的黄尹。他在《綜述》中說:"伊尹、黄尹在種種方面是如此的平行,所以頗疑黄尹可能是伊尹之子。"

⑥太戊——《殷本紀》稱他爲"太甲之孫",故僞孔亦如此注。王國維《卜辭中所見先公先王續考》有考論證成之(其言云:"大甲之後有大庚,則大戊自當爲大庚子")。陳夢家《綜述》據《殷本紀》並結合卜辭所見編定的殷《世系表》自天乙湯至帝辛紂凡三十一王。太戊爲殷王朝第十任國王。《殷本紀》說"帝大戊……稱中宗",但甲骨文中稱中宗的是祖乙,始知《本紀》誤。詳《無逸》篇有關"三宗"的校釋。

⑦伊陟臣扈格于上帝——《史記》作"假于上帝"。《古本竹書紀年》:"太甲殺伊尹而立其子伊陟、伊奮。命復其父之田宅而中分

之。”是伊陟與伊奮爲伊尹之二子。《殷本紀》云：“帝太戊立，伊陟爲相。亳有祥桑穀共生於朝，一暮大拱，帝太戊懼，問伊陟。伊陟曰：‘臣聞妖不勝德，帝之政其有闕歟！帝其修德。’太戊從之，而祥桑枯死而去。……帝太戊贊伊陟於廟，言弗臣。伊陟讓，作《原命》。殷復興，諸侯歸之。”故周公數殷賢臣，於太戊時首舉伊陟。陳夢家《綜述》第364頁錄有關於伊陟的卜辭三片，一稱尹陟，一稱陟，一稱戊陟。以爲“戊”可能是官名，則與“尹”之爲官名一樣。又云：“伊陟爲伊尹子，卜辭的戊陟可能是他，也當是巫。”

“臣扈”，按《書序》中有一則云：“湯既勝夏，欲遷其社，不可。作《夏社》、《疑至》、《臣扈》。”《孔疏》引馬融注云：“聖人不可自專，復用二臣自明也。”是說疑至、臣扈爲二臣名。而列此二臣之書篇於此序下，毫不相關連。顯然是勉附在此。拙著《尚書學史》第四章第一節之（四）“張霸僞‘百兩篇’本”中述及“書序”云：“這些序文原語大抵見於《史記》中，司馬遷撰《史記》，成於漢武帝世，他採集了先秦傳下的有關《尚書》篇章寫成情況的一些資料，只是作爲史事叙述，本不是各篇‘序’。到了一百多年以後的成帝時，張霸抄錄了《史記》中這些關於《尚書》各篇寫成情況的話，加上從《左傳》採擷的話，假冒爲孔子所作的《書序》。……孔穎達《堯典序·正義》云：‘檢此百篇，凡有六十三序，序其九十六篇……’是‘百篇書序’實共六十三序。上引孔穎達的話說明，不是一篇一序，其中有四篇無序，而只簡單說某人作某篇。其餘九十六篇則以六十三個序盡之。因有十一篇共序，又有八個‘三篇共序’及四個‘兩篇共序’，所以百篇就寫了六十三個序。從這中間可以看出勉强要湊成一百篇的苦心。張霸從《左傳》和《史記》中搜集來這些可以作爲《書序》的語句，怎麼也達不到一百篇序，就把一篇序兼括幾篇，好容易才湊成這整整齊齊的一百篇。"所以凡一序包括幾篇的,後面幾篇總是湊上去的,與該序意總無關。只是爲了要湊成百篇,不得不爾。像"十一篇共序",即《九共》、《汩作》、《槀飫》共序。本來是一篇《九共》却利用這一九字説成九篇,一下就占了九篇了,與餘兩篇就變成了十一篇,就像要戲法一樣湊篇數,《汩作》、《槀飫》就是勉强和《九共》湊在一起的。這裏的《疑至》、《臣扈》也是與《夏社》毫無關係湊到一起。前二者是人名,後者是社壇名,怎能並列呢?其它幾篇共序者往往有這種情況。如《伊訓》、《原命》、《徂后》湊在一起即是。張霸從文獻中儘量搜集能列爲篇名者,如這篇《君奭》裏提到的一些人名也都編進了百篇中爲篇名,如伊尹、太甲、伊陟、臣扈、巫咸等都是,其他篇中的重要人物也一樣。所以這序裏的疑至、臣扈,肯定就是伊陟、臣扈,"疑至"爲"伊陟"的音訛,甚至不是音訛,而是有意改用此二字,因另一則《書序》作"大戊贊于伊陟,作《伊陟》、《原命》"。這也是采用《史記》文句寫成,他不能一個伊陟寫成兩篇,就在此序中改用了這一字音全同而讓人們不懂的"疑至"了。《孔疏》不懂這點,在引《夏社·序》後即云:"則湯初有臣扈,已爲大臣矣,不得至今仍在與伊尹之子同時立功,蓋二人同名或兩字一誤也。"不過他接着又引春秋范武子光輔五君爲解,以爲臣扈事湯而又事太戊。其實依上闡明《書序》情況,臣扈只是太戊時大臣而非湯時臣。本篇所叙出自周公之口,應無可疑。不過陳夢家《綜述》載卜辭中大戊時舊臣只有伊陟、巫咸二人。此亦無礙,可能在所祀伊尹等十九人中。

　　⑧巫咸乂王家——《殷本紀》云:"伊陟贊言于巫咸,巫咸治王家有成,作《咸艾》、作《太戊》。"《書序》襲之云:"伊陟贊于巫咸,作《咸乂》四篇。"《釋文》引馬融注云:"巫,男巫也,名咸,殷之巫也。

乂,治也。"《孔疏》引鄭玄注云:"巫咸,巫官。"僞孔云:"巫咸治王
家,言不及二臣。"按,《釋詁》:"乂,治也。"本書中已常用。王引之
謂今文作"巫戊"。其《述聞》云:"案巫咸,今文蓋作巫戊。《白虎
通》曰:'殷以生日名子何……以《尚書》道殷臣,有巫咸,有祖己也。
據此則巫咸當作巫戊。巫戊、祖己皆以生日名也。《白虎通》用《今
文尚書》,故與古文不同。後人但知古文之作咸,而不知今文之作
戊,故改戊爲咸耳。不然,則咸非卜日之名,何《白虎通》引以爲生日
名子之證乎。"章炳麟《拾遺定本》以《魏三體石經》戊字形體如"咸"
字少其中"一"畫,以爲《白虎通》當用此形體,傳寫者誤成咸,以反
對王引之戊爲今文之說。然如章說,仍以爲此字作戊,則王說爲巫
戊自不誤。陳夢家《綜述》第365頁錄武丁時卜辭有三戊:"爻戊"、
"盡戊"、"咸戊"。因而云:"咸戊一名,羅、王均以爲是《君奭》的巫
咸(謂"戊"、"巫"古音相近,卜辭之𡆵可能是巫字,而卜辭戊作𢦔,與
之形近易誤)。《白虎通·姓名篇》作'巫戊'。《經義述聞·三》因
謂今文作巫戊,古文作巫咸。王國維則說:'今卜辭無巫咸,有咸戊,
疑今文當作咸戊。《書序》作《咸乂》四篇亦當作《咸戊》四篇,猶
《序》言作《臣扈》作《伊陟》也。'(《古史新證》)我們以爲卜辭的咸
戊可能是巫咸。……咸戊、爻戊、盡戊等之咸、爻、盡亦爲私名,而戊
爲官名。"(上已引其言,謂戊可能與巫相混。)

　　⑨祖乙——爲殷王朝第十四任國王,甲骨文中稱爲中宗,詳《無
逸》篇有關"三宗"的校釋。其世系並見下"巫賢"校釋。

　　⑩巫賢——《殷本紀》云:"河亶甲時,殷復衰。河亶甲崩,子帝
祖乙立。帝祖乙立,殷復興,巫賢任職。"王國維《殷卜辭中所見殷先
公先王續考》云:"據《殷本紀》則祖乙乃河亶甲子,而非中丁子。今
此片中有中丁而無河亶甲,則祖乙自當爲中丁子,《史記》蓋誤也。"

（按中丁爲大戊子，河亶甲兄。）僞孔云：“祖乙，殷家亦祖其功。時賢臣有如此巫賢。賢，咸子，巫氏。”《孔疏》：“賢是咸子，相傳亦然。”陳夢家《綜述》但説“戊盡、戊爻當是巫賢之類。古音‘賢’、‘爐’相近。”其實巫賢或者亦在十九人之列。

⑪武丁——殷王朝第二十三任國王。文獻中稱爲高宗，詳《高宗肜日》篇校釋。

⑫甘盤——只見於本篇所載，爲周公所提到的殷代七位賢臣最後一位。周公最熟悉殷代史事，他提到甘盤，足見其人在殷代大臣中是重要的一位，可是《殷本紀》載武丁史事却没提到甘盤，只記載了傅説，而且較詳地記了高宗因夢求得傅説的故事。惟《燕召公世家》録《君奭》此段文字作“甘般”。《漢書·古今人表》武丁時有傅説、甘盤，師古注傅説爲武丁相，甘盤爲武丁師。而僞孔云：“高宗即位，甘盤佐之，後有傅説。”《孔疏》：“《孔命篇》：高宗云：‘台小子舊學於甘盤。既乃遯于荒野。’高宗未立之前，已有甘盤；免喪不言，乃求傅説。明其即位之初有甘盤佐之；甘盤卒後，有傅説。計傅説當有大功，此唯數六人（按，顯係不數保衡爲一人，故稱六人），不言傅説者，周公意所不言，未知其故。”陳夢家《綜述》第336頁云：“武丁卜辭的自般（此處舉載自盤的卜辭十餘片），乃武丁當時之人，董作賓以爲即甘盤（見董氏《甲骨文斷代研究例》），是很可能的。”

⑬率惟兹有陳保乂有殷——吴闓生《大義》：“率，大率也。有陳，謂有位列者。”乂，治。意謂大率這些有位列的幾位賢臣保治了殷王朝。

⑭故殷禮陟配天多歷年所——僞孔承上句釋云：“故殷禮能升配天，享國久長，多歷年所。”《蔡傳》亦承上句釋云：“故殷先王終以德配天，而享國長久也。”戴鈞衡《補商》云：“‘禮陟配天’，《傳》謂

'殷先王終以德配天',于'禮陟'二字之義未明。此外,有以'陟'爲登遐,'禮陟'爲得正而斃,謂有殷之君以禮終而配天者,林氏之奇也。有謂天子祀,以祖配天,殷自湯以諸侯升而用天子之禮者,呂氏祖謙也。有謂即含上文五王配祀于天,而其臣配食于廟者,蘇氏軾也。以今推之,蘇承上文爲近。"王樵《尚書日記》云:"案'陟配天',蘇氏謂五王配祀于天,而其臣亦配食于廟,此蓋殷禮也。至周,惟郊祀后稷以配天,宗祀文王于明堂以配上帝,餘不配天也。'陟配天',言其臣主之同其榮,'多歷年所',傳世十九,歷年六百也。"(按《左傳·宣公三年》云:"商載祀六百。"《孟子·盡心下》亦云:"自湯至于文王五百有餘歲。"《晉語四》:"商之享國三十一王。"譙周《古史考》亦云:"殷凡三十一世六百餘年。"然《古本竹書紀年》云:"湯滅夏以至于受,二十九王。用歲四百九十六年。"《易緯稽覽圖》亦云"殷年四百九十六。"陳夢家《綜述》第221頁云:"因遷殷後八世十二王共占二百七十三年之久,遷殷以前至湯九世十九王,所占年數似乎不應少於前者。若採六百年之說,則湯至盤庚有三百二十七年,較爲合理。")"多歷年所"之"所",據王引之《釋詞》爲"語助也"。楊樹達《詞詮》亦釋助詞。無義。"多歷年所"即多歷年歲,多歷年月。

⑮天惟純佑命則商實百姓王人罔不秉德明恤——"純",皮錫瑞《考證》引漢樊毅《修西嶽廟碑》云:"天惟醇佑。"以爲今文"純"作"醇"。有此可能。然文人行文用字,可率意用之,未必今文此句必爲文人所用之另一字。戴鈞衡《補商》云:"此推言商六臣之功也。'純佑',李氏光地曰:'猶良佐也。''命',天命之也。'天惟純佑命',猶云'天惟命純佑',倒文也。《傳》(指《蔡傳》)言'天佑命有商,純一不雜',非也。'則商實百姓王人'作一句讀,《傳》'則商實'

句,訓'國有人而實',强詞衍説。'實',有也(《詩·小星》"寔命不同",《釋文》引《韓詩》作"實",注云:"有也")。'百姓王人',江氏聲曰:'百姓,異姓之臣;王人,王之族人,同姓之臣也。'……言天惟命此良佐,故商所有異姓同姓之臣,莫不秉持其德,明恤政事。""純佑",近人如楊筠如、曾運乾之書皆釋爲金文之"屯右",並引《釋詁》:"純,大也。""佑,與祐通,謂福祐也。"于省吾《新證》云:"孫星衍、王先謙皆讀'惟純佑命則'句。……應讀作:'惟純佑命'句,'則商實百姓王人'逗,'罔不秉德明恤'句。'純佑命'猶《弓鎛》言'純厚乃命'。江聲謂'王人'爲同姓之臣,《舀鼎》'在王人迺賣作囗'。是'王人'周之成語。言惟純厚佑助其命,則商之百官王人,罔不秉德明恤也。"如沿上文列舉諸賢臣一氣讀下,則清人釋"純佑"爲良佐,亦自有其見地。如依金文"屯右"(純佑)爲釋,成爲一稱譽句,則接下面"百姓王人",不及"良佐"之較切。

⑯小臣屏侯甸矧咸奔走——戴鈞衡《補商》:"'屏',讀曰并。《周禮·春官·序官》疏引《國語》'屏攝之位',服注:'屏猶并也。'《山海經》'有獸左右有首,名曰屏蓬',注:'屏蓬,即并封也。'按《魏石經》此字古文即作'并'。'矧',詞也(見《康誥》)。"並釋云:"下而小臣,并遠而侯甸,亦皆奔走臣服。"按,小臣非指下面的小官吏,而是親近君主的一種重臣的官職,如伊尹即爲湯的小臣。《天問》、《墨子·尚賢》皆載之,《吕氏春秋·尊師》説"湯師小臣"。金文《叔尸鎛》連伊尹名合稱"伊小臣唯傅"。甲骨文、金文中屢見"小臣"要職,甲骨文如《前》四·302,金文如《守簋》、《克鼎》、《小臣鼎》、《静簋》等皆有"小臣"爲重要臣正。所以此處應改釋爲"内而小臣并外而侯甸"。侯、甸爲侯服、甸服、諸侯,見《酒誥》"越在外服侯甸男衛邦伯"校釋。在此指領有侯服甸服的大臣,即泛指各地方的大臣。

⑰惟兹惟德稱用乂厥辟——戴鈞衡《補商》云："'兹',此也。指上六臣言。'稱',舉也。《左氏·宣十六年》'禹稱善人,不善人遠',注:'稱,舉也。''乂',古通艾,相也。"(《釋詁》文)並承上數句釋云:"所以然者,惟此六臣惟德是舉,用相其君。"

⑱故一人有事于四方若卜筮罔不是孚——段玉裁《撰異》:"《文選》王褒《四子講德論》曰:'《書》云:"迪一人,使四方若卜筮。"'此蓋《今文尚書》之文,與《古文尚書》異也。'事'、'使'二字篆體相似,而李善注引'《尚書》曰"迪一人有事四方卜筮無不是孚"。孔安國曰:"迪,道也,孚,信也。"'今孔本……傳文無'迪道也孚信也'六字,似今本與李善所據本不同。""一人",古代君主自稱"余一人",或"我一人",偶有稱"一人"(見《盂鼎》)。此處"一人"即指君主(詳《湯誓》"予一人"校釋)。故僞孔釋云:"一人,天子也。君臣務德,故有事於四方而天下化服,如卜筮無不是而信之。"按《爾雅·釋詁》:"孚,信也。"故此句作如此釋。于省吾《新證》録《魏石經》此句古文作"古一人事于四方"。"故"作"古","事"上無"有"字。又王褒《四子講德論》引此句作"迪一人使四方"。"故"作"迪","事"作"使",且其下無"于"字,這很重要,但如據此讀爲"故一人使于四方",即一臣使于四方,怎麼就能"若卜筮罔不是孚"呢?似仍不如僞孔之釋較切。

⑲天壽平格保乂有殷——戴鈞衡《補商》云:"'平格'二字不可解,孔氏謂'天壽平至之君',以'平格'屬君言,與下文'保乂'不合。《傳》(《蔡傳》)取呂氏(祖謙)訓'坦然無私之謂平,通徹三極之謂格'。義雖精而傅會。林氏之奇曰:'平格,指上六臣也。言其平治天下以至於天,上惟言伊尹、伊陟、臣扈格天,此言"平格",蓋舉此三人,後三人亦在其中矣。……告君奭言,此六臣者皆以太平格天,天

特使之壽考（此處小注引資料考定伊尹、臣扈、甘盤皆壽考，餘三人亦老成人，故曰"天壽"），以保乂有殷，天之於殷厚矣。"孫詒讓《駢枝》云："'天壽平格，保乂有殷'，《孔傳》云：'言天壽有平至之君，故安治有殷。'鄭云：'格謂至於天也。專言臣事。'（此《孔疏》隱括鄭義，非原文）案此當從鄭專就臣說，即承上伊尹以下而言。'天壽平格'，言天錫諸賢臣以壽考平順而自至，猶後文云'天休茲至'。'平'，與《康王之誥》'丕年富'義亦同。僞《傳》據君言，大誤。"林、孫二家之釋大旨相近。即孫星衍《注疏》云："'壽'者，《廣雅·釋詁》云'久也'。'平'，與抨通，《釋詁》云：'使也。''格'，《釋詁》云：'格，陞也。'……言天久使假天之臣安治有殷。"雖字訓有異，大旨仍同上述二家，皆謂天使諸臣治殷。于省吾《新證》首引僞孔及鄭注後，繼引"李光地謂'平格'猶《商書》言'格人'，吳摯甫讀'天壽平格保'句"，以爲"並非"。然後考論云："按'天'、'大'二字古通（此處引"天"、"大"相通資料六則），然則'天壽'即'大壽'。'大壽'猶言'上壽'（此處引"大"、"上"通用資料二則及'上'即'天'資料三則）。……'天壽平格保乂有殷'者，言'上壽大福保輔有殷'也。"這是對這兩句作出文字訓義。最後歸結爲："天壽平格，保乂有殷，指上文伊尹而下六臣言。"則其大旨又與上述兩家相合了。楊筠如《覈詁》讀"壽"爲疇者之"疇"，讀"平"爲"丕"，讀"格"爲"嘉"。以爲"丕格"與《多士》的"丕建保乂"用法一律，謂天疇昔保乂了有殷。曾運乾《正讀》讀"壽"爲"迪"，謂"天壽平格保乂有殷"即《召誥》之"天迪格保"。此皆用力尋繹文字訓義，似有點有意過於求之。

⑳有殷嗣天滅威——僞孔云："有殷嗣子紂，不能平至，天滅亡加之以威。"《蔡傳》："至於殷紂亦嗣天位，乃驟罹滅亡之威。"二家釋字義稍異而大旨相同。戴鈞衡《補商》首先批評《蔡傳》"增文衍

説”,繼則自釋之云:“竊謂‘嗣’,新君也(《左氏·昭七年傳》“今又不禮於衛之嗣”注:“嗣,新君也”)。依孔讀‘有殷嗣’句。‘威’,惡也(《論衡·譴告》:“威、虐,皆惡也”)。‘天滅威’,天滅其惡也。……天之於殷厚矣,及其嗣君紂無道,天乃遞滅其惡。何天命之不固哉!”于氏《新證》亦謂“‘有殷嗣天滅威’,指紂言”。不過其釋此句義爲“有殷繼天輕蔑天威”。似仍以戴氏釋較切。

㉑今汝永念則有固命厥亂明我新造邦——“固命”,僞孔釋爲“堅固王命”,《蔡傳》釋爲“不墜之天命”。皆合此處文意。戴鈞衡《補商》先釋:“‘永念’,長思也。‘亂’,讀曰率,詞之用也(見《梓材》)。‘明’,成也(《釋詁》文)。”即承上文紂無道,“天乃遞滅其惡,何天命之不固”語意後。接着説:“今汝能長思天意,則庶幾有固命,其用以成我新造之邦矣。”所釋尚簡明。于省吾《新證》:“按‘固’‘故’古通,《多士》‘固亂弼我’,即‘故嗣弼我’也。《孟子·萬章》‘仁人固如是乎’,固或作故。‘故命’,謂先王所受之命,與‘新造邦’爲對文。‘亂’乃‘嗣’之訛,語詞。或作率之訛。‘新造邦’謂平武庚之叛所新造之邦也。《頌鼎》‘監嗣新廡’。‘廡’、‘造’古今字。是‘新造’周人語例。”此易“固命”爲“故命”,又由金文獲知“新造”爲周人成語,所釋有新意,但與此處周公勉召公共同努力鞏固天命之意不切合。

以上這一節,周公列舉殷代幾位賢明君主都有有名的賢臣輔佐,才使政治休明,使殷得以配天永祚,極言賢臣對國家的重要,以勖勉召公和自己一道努力鞏固天命以建設好新造的周王朝。

公曰:“君奭,在昔上帝割申勸寧王之德,其集大命于厥躬①?惟文王尚克修和我有夏②,亦惟有若虢叔③,有若閔天④,有若散宜生⑤,有若泰顛⑥,有若南宮括⑦。又曰無能往來兹迪彝教,文王蔑德降于國人⑧。亦惟純佑秉德,迪知天威⑨,乃惟時昭文王迪見,冒聞于上帝⑩,惟時受有殷命哉⑪!

“武王,惟兹四人,尚迪有禄⑫。後暨武王誕將天威,咸劉厥敵⑬,惟兹四人昭武王惟冒,丕單稱德⑭。

“今在予小子旦,若游大川,予往暨汝奭其濟⑮,小子同未在位,誕無我責,收罔勖不及⑯,耇造德不降,我則鳴鳥不聞,矧曰其有能格⑰。”

公曰:“嗚呼!君⑱,肆其監于兹,我受命無疆惟休,亦大惟艱⑲,告君乃猷裕我,不以後人迷⑳。”

①在昔上帝割申勸寧王之德其集大命于厥躬——近年荆門市郭店出土楚簡引有此句,爲戰國時《尚書》原句。句式與此全同,惟文字有異,詳下文。此處先考述文獻中情況:《禮記·緇衣篇》:“《君奭》曰:‘昔在上帝周田觀文王之德,其集大命于厥躬。’”鄭玄注:“古文‘周田觀文王之德’爲‘割申勸寧王之德’。今博士讀爲‘厥亂勸寧王之德’。三者皆異,古文似近之。‘割’之言,‘蓋’也。言文王有誠信之德,天蓋申勸之,集大命于其身。”段玉裁《撰異》在引録上述資料後,先做了兩小注,一爲:“今本‘在昔’,宋本‘昔在’,《疏》云:‘往昔之時在上天’,則宜從‘昔在’。”今由郭店楚簡所引此句證其確爲“昔在”。又一爲:“傳是樓所藏宋本《禮記》,岳珂所謂舊監本也。作‘厥亂勸寧王德’,無之字。”今由郭店楚簡所引此句證其確無“之”字。接着段氏考論云:“玉裁按,此謂《記》所引‘周田觀文王’《古文尚書》作‘割申勸寧王’。其句法與《漢書》注‘古文

隔爲擊’、‘古文台爲嗣’正同。‘今博士讀’者,謂夏侯、歐陽《尚書》
也。‘讀’猶‘習’也,謂博士所習也。此於‘讀’字逗,與他句音‘讀
爲’者不同。不云‘《今文尚書》’,而云‘今博士讀’者,漢時謂伏生
本爲《尚書》,謂孔壁本爲《古文尚書》,無《今文尚書》名目也。……
古字‘割’、‘害’通用,如《堯典》‘方割’,割,害也。《大誥》‘降割’,
馬本作‘害’。‘害’與‘周’篆體略相似,此古文作‘害’,《記·緇
衣》作‘周’之理也。(于省吾《新證》補充證據,《格伯敦》“周”作
囤,《師害敦》“害作囹,形似易渾。)若作刣(按此指宋次道家《古文
尚書》及《汗簡》,亦即薛季宣本作刣,乃刣之訛),則與‘周’絕遠,此
宋次道家古文本之不可信也。”是此句西漢今文本作“周田觀文王之
德”。東漢今文本(鄭所謂博士本)作“厥亂勸寧王之德”,東漢鄭注
古文本作“割申勸寧王之德”。今得《郭店楚墓竹簡》知此三者皆
誤。此楚墓爲戰國中期墓葬,其出土楚簡的《緇衣》篇中有引此句
作:“昔才上帝𢆶紳觀文王悳,其集大命于乎身。”這是未經漢代干擾
的先秦《書》篇原句,至爲珍貴,乃知漢今文古文皆誤,僞孔沿古文之
誤傳誤至今,今當從戰國時原句(其“在昔”爲昔在,“在”作才,“割”
作𢆶,“申”作紳,“勸”作觀,“寧”作文,無之字,“德”作悳,“厥”作
乎,“躬”作身)。

　　“割”即“害”,見《堯典》“湯湯洪水方割”校釋。實際可説“割”
是“害”的繁體字。“𢆶”又與“割”同字,只從戈與從刀之異,取義
同。“害”,同“曷”,見《大誥》“王害不違卜”校釋。《詩·長發》傳:
“曷,害也。”《漢書·翟義傳》集注:“害,讀曰曷。”《説文》:“曷,何
也。”《詩》傳多注:“曷,何也。”《爾雅·釋言》:“曷,盍也。”是“害”
同“曷”,是“何”、“盍”之義,意即“爲何”。“申”,重也,見《爾雅·
釋詁》。于省吾《新證》:“‘申’一作‘田’,實乃‘由’之訛。”今由楚

簡作紳，當爲申的繁寫，仍當用申義。“勸”，舊釋勉也，見《説文·
力部》。《左傳·僖公二十八年》注：“奬，助也。”疏：“勸奬者，佐助
之意。”然由楚簡，知固當作“觀”字。觀即觀看、觀賞義。“寧王”即
文王，已見上文第一節“我道惟寧王德延”校釋。今由楚簡知原文確
實作“文”字。“其”，以也，見裴學海《古書虛字集釋》。“大命”，即
天命。此處全句意爲：以前上帝爲什麼一再觀賞、賞識文王的大德
縱集天命到他的身上呢？

②惟文王尚克修和我有夏——周公在本篇及《立政》篇都説自
己周族爲“我有夏”，在《康誥》篇則自稱爲“我區夏”。明確以自己
周族爲夏族。而且後來經過春秋戰國數百年間的民族長期融合形
成的華夏族，仍以“夏”爲其總的族名。歷史的真實是，周族的族系
淵源確係沿自夏族，而且更可上溯源自姬姓的黄帝族。並且更早出
自氏族。正如東北境的民族，更早的是肅慎族，其後裔中形成靺鞨
族，其後又從其中崛起女真族，進入中原建立金王朝（如西邊民族進
入中原建立夏王朝一樣），及其失敗，部衆散處東北故土，正如夏王
朝失敗，其部衆散處西北故土，其中一支在岐周立下脚跟而後又興
起一樣，散處東北故土之族其中一支興起成爲滿族，但仍自稱“後
金”，與周人自稱“有夏”，完全一樣。詳拙撰《姬姜與氏羌的淵源關
係》一文（載《古史續辨》）。這是説文王能把有夏諸部落部族團結
起來。

③虢叔——僞孔云：“‘虢’，國。‘叔’，氏。”《釋文》：“虢，寡伯
反。”孫星衍《注疏》：“虢叔者，《春秋左氏·僖五年傳》云：‘虢仲、虢
叔，王季之穆也，爲文王卿士，勳在王室。’故《蔡傳》云：‘虢叔，文王
弟。’《國語·晉語》：‘文王在傅弗勤，處師弗煩，敬友二虢。其即位
也，咨于二虢，度于閎天，謀于南宮。’考《地理志》，‘右扶風’有虢

縣，此西虢也，是虢叔所封。'河南滎陽縣'注：'應劭曰：故虢國，今虢亭是。'此東虢也，是虢仲所封。此經虢叔爲西虢，其後爲晉獻公所滅者也。"（按，西虢後遷上陽，稱南虢，在今河南陝縣東南，在當時晉與虞之南，始能爲晉獻公"假道于虞以伐虢"以滅之。如遠在扶風之西虢，晉獻公無由滅之。且《左傳·僖公五年》載明"晉師圍上陽"以滅虢，明確知晉所滅之虢，在南不在西。）于省吾《新證》："按虢、散皆以國邑爲姓氏，虢叔旅鐘、虢季盤皆西虢器，惟時代較晚，當即此虢叔之後裔也。"

④閎夭——《孔疏》據僞孔之說釋之云："凡言人之名字，皆上氏下名。故'閎、散、泰、南宮，皆氏；夭、宜生、顚、括，皆名'也。"《墨子·尚賢上》："文王舉閎夭、泰顚于罝罔之中，授之政。"又《尚賢下》："武王有閎夭、泰顚、南宮括、散宜生。"《尚書大傳》："文王以閎夭、太公望、南宮括、散宜生爲四友。"《史記·周本紀》："聞西伯善養老，盍往歸之。太顚、閎夭、散宜生、鬻子、辛甲大夫之徒，皆往歸之。……帝紂乃囚西伯於羑里，閎夭之徒患之，乃求有莘氏之美女，驪戎之文馬，有熊九駟，他奇怪物，因殷嬖臣費仲而獻之紂。……乃赦西伯。"《說苑·君道篇》云："文王以武王周公爲子，以泰顚、閎夭爲臣。"是《墨子》及《說苑》舉文王之臣，皆以閎夭與泰顚爲最特出。至武王時，《周本紀》載閎夭有下列事迹：當所録《克殷解》記武王已斬紂後，及商紂宮，"周公旦把大鉞，畢公把小鉞，以夾武王，散宜生、太顚、閎夭皆執劍以衞武王"。"已而命召公釋箕子之囚……命閎夭封比干之墓"。是閎夭等數人爲文王重臣，至武王時仍爲重臣。

⑤散宜生——已見上"閎夭"校釋。于氏《新證》："《散氏盤》、《楸季殷》之'散'，當亦散宜生之後裔也。'宜'本應作⌷，自秦漢以後衍變爲宜。《殷文存·上》四一、《盆卣》'⌷生商盆'。⌷生即宜生，

未審即散宜生其人否？”

⑥泰顛——《周本紀》皆作“太顛”，今流傳僞孔本作“泰顛”，段玉裁《撰異》云：“疑亦本是‘大’字，衛包改‘泰’。”上面“閎夭”校釋，知泰顛與閎夭在文獻中常被並舉爲文王重臣，亦與散宜生南宮括並舉。于氏《新證》：“泰顛，《史記》及《論語》作大顛。或以文王四友，此言閎夭、散宜生、南宮括而不及太公。謂大顛即太公。可備一說。”按，太顛即太公之說，始見於吳仁傑《兩漢刊誤補遺》云：“表（指《漢書·古今人表》）於四友後又列師尚父，此誤也。大顛與師尚父豈一人乎？《書大傳》曰：‘散宜生、南宮括、閎夭學于太公望，遂見西伯昌于羑里，故孔子曰文王得四臣，丘亦得四友。’”皮錫瑞《考證》云：“吳氏引《大傳》以太公與太顛爲一人，蓋非無據。”皮氏自行考述云：“《史記》作大顛，《古今人表》亦作大顛，《大傳》曰：‘散宜生、南宮括、閎夭三子相與學訟于太公，遂與三子見文王于羑里，獻寶以免文王。’又曰：‘文王以閎夭、太公聖、南宮括、散宜生爲四友。’又曰：‘周文王胥附、奔湊、先後、禦侮謂之四鄰，以免于羑里之害。’錫瑞謹按，此經言四人有大顛無太公，《大傳》言四鄰、四友，則有太公望無大顛，疑今文家說以爲大顛即是太公望。太公之功在閎、散、南宮之上，不應周公舉文王四友獨不及太公，伏生所言，當得其實。”由於太公望在周王朝的建立上功勳最大，而周公舉文王五臣、武王四臣都没提到他，於是經師們如鄭玄等提出懷疑意見不少，兹不備録。這些意見終不能説通周公不提太公望的問題，因此就有人提出太顛即太公以彌縫之。其實這個問題要從當時的歷史實際才能得到了解，這裏不詳談，將在後面的“討論”中闡述之。

⑦南宮括——已見上“閎夭”校釋。又《周本紀》載武王“命南宮括散鹿臺之財，發鉅橋之粟，以振貧弱萌隸。命南宮括、史佚展九

鼎寶玉"。上文引《晋語》云："文王……其即位也,咨于二虢,度于閎夭,謀于南宮。"于氏《新證》:"《保侃母敦》:'保侃母錫貝于南宮。'《中鼎》:'王命南宮伐反虎方之年。'《中尊》亦有'南宮'二字。三器年代皆在周初,不識即南宮括其人否?"

⑧又曰無能往來兹迪彝教文王蔑德降于國人——"又曰",孫詒讓《駢枝》云:"凡經文'又曰'者,並當讀爲'有曰',詳前《多士》篇。"意爲"有言曰"。此數句之義,僞孔釋云:"有五賢臣,猶曰其少,無所能往來,而五人以此道法教文王以精微之德,下政令於國人。言雖聖人亦須良佐。"《蔡傳》云:"蔑,無也。夏氏(僎)曰:'周公前既言文王之興,本此五臣。故又反其意而言曰,若此五臣者,不能爲文王往來奔走於此導迪其常教,則文王亦無德降及於國人矣。周公反復以明其意,故以'又曰'更端發之。"王先謙《參正》云:"無,一作亡。見《漢書·朱雲傳》雲上疏引作'亡能往來'。……'亡能往來兹迪者彝'爲一句。貫下周公承上文復言此五人者,若事上無能往來陳言及治民道以典常之教,則文王亡德降於國人矣。甚言有君無臣之不可也。《論語》:'亡之命也夫!'《漢書·楚元王傳》作'蔑之命也夫'。《易·剥》虞注:'蔑,亡也。'是亡、蔑通行之證。"朱駿聲《便讀》:"'往來',猶奔走先後也。'迪',導也。'蔑',無也。'降',下也。言設使無五臣能爲之奔走先後以導引常法,則文王雖修德於身,亦無以遍及於國人。"以上諸家基本都説倘使無上述五臣輔佐及導以常教,則文王之德亦無以下及於民。極言明主之必須有良臣。亦即林之奇《全解》所云"德雖本於文王,而其博施於民,則以五臣之力也。"

至孫詒讓始提出非指五臣,其《駢枝》云:"案孔以'無能往來'以下並指虢叔等五人言之,非也。五人乃賢臣,爲文王之師友,不止其往來而已。此乃於五人之外別有無能可見，惟任往來奔走之臣，才德不及前五人者，故以'又曰'別異之。"又"蔑"，鄭玄注："小也。"故僞孔釋爲"精微"。王先謙則以爲蔑與亡通用。于省吾始改釋"蔑"爲"威"。其《新證》云："按《甘誓》'威侮五行'，王引之謂'威'當作'威'，蔑之假借，是也。《詛楚文》威作威，《王孫鐘》威作威，二字形極相似。似此言'文王蔑德降于國人'，即'文王威德降于國人'也。是威訛爲威，又假爲蔑。"此晚近學者提出的新解，有助於對此句的思考。

⑨亦惟純佑秉德迪知天威——王先謙《參正》："言兹五臣秉執明德，進知皇天威命所屬，共輔文王。"戴鈞衡《補商》："惟有此良佐秉持其德，用知天威。"以良佐指五臣，義亦相合。

⑩乃惟時昭文王迪見冒聞于上帝——皮錫瑞《考證》："崔瑗《侍中箴》曰：'昔在周文，創德西鄰，勖聞上帝，賴兹四臣。'……'冒'作'勖'，與馬本同。下屬爲句。與《論衡》引《康誥》'冒聞于上帝'義合。疑古冒、勖本是一字，子玉（崔瑗字）用今文作'勖'，其義仍同於"冒聞于上帝"之冒。乃上進之義，不當如馬訓'勉'也。段玉裁説'勖'，今音許玉切，古音'勗'，與冒皆音懋。"于省吾《新證》："王引之謂'昭'讀如《釋詁》'詔亮左右'之詔。'見'猶顯也。按王釋甚是。惟以'冒'字屬上句讀，非是。'冒聞于上帝'乃成語。詳《康誥》。凡'昭'，金文作邵或召，《毛公鼎》'仰邵皇天'，《師害毀》'以召其辟'。邵、召均輔助之義。'乃惟時昭文王迪見'，'乃惟時'三字連讀，'乃惟是輔助文王用顯'也。"

⑪惟時受有殷命哉——吳闓生《大義》云："惟時，以是也。"戴鈞衡《補商》承上句釋之云："乃于是昭明文王，用使彰顯冒聞于天，于是受有殷之王命哉。"

⑫武王惟兹四人尚迪有禄——吴闓生《大義》讀"武王"句斷，釋爲"至武王時"。係據《孔疏》所引鄭玄注云："至武王時，虢叔等有死者，餘四人也。"僞孔及《蔡傳》並云："虢叔先死，故曰四人。"指閎夭、散宜生、泰顛、南宫括四人。僞孔並云："武王立，惟此四人，庶幾輔相武王，蹈有天禄。"《蔡傳》全承此釋。林之奇《全解》云："死者稱'不禄'。四人猶及武王之世，故曰'尚迪有禄'。"林説顯比僞孔説爲確。屈萬里《集釋》引《左傳》等證之云："按隱公三年《公羊傳》'天子曰崩……士曰不禄'。成十三、昭七、哀十五各年《左傳》並有'無禄'語，皆謂死也。死謂不禄、無禄，故'有禄'指生者言。'迪'，語辭。"按《爾雅·釋詁》亦云："無禄，死也。"王鳴盛《後案》云："《周本紀》：'武王克商，散宜生、太顛、閎夭皆執劍衛武王。'又：'命南宫括散財、發粟。命閎夭封比干墓。'又《逸周書》卷四《克殷解》言武王克商泰顛等事與《史記》略同，乃《史記》之所本。惟南宫括作南宫忽，殆即一人。又《墨子·尚賢下》云：'武王有閎夭、泰顛、南宫括、散宜生。'然則四人皆在，獨少一虢叔。馬融説武王亂臣十人，有太顛、閎夭、散宜生、南宫括，亦無虢叔。鄭注與馬同。故《傳》云'虢叔先死'。《孔叢子》卷上《記義篇》云：'虢叔、閎夭、太顛、散宜生、南宫括五臣同寮比德，以贊文武。及虢叔死，四人者爲之服。'《孔叢子》與《孔傳》同係一手僞書，而此説則近是也。"這是爲僞孔"虢叔先死故曰四人"提供了資料。

⑬後暨武王誕將天威咸劉厥敵——揚雄《方言》云："秦晉宋衛之間謂'殺'曰'劉'。晉之北鄙亦曰'劉'。"陳喬樅《經説考》："按《説文·金部》曰：'鎦，殺也。'徐鍇曰：'《説文》無劉字，偏傍有之，此字又史傳所不見，疑此即劉字也。從卯、刀，字屈曲傳寫誤作田爾。'段玉裁説'按楚金説是也'。"僞孔釋云："言此四人後與武王皆

殺其敵,謂誅紂。"《蔡傳》承之爲釋云:"其後暨武王盡殺其敵。"王引之《述聞》云:"咸者,滅絕之名,《説文》曰:'俄,絕也,讀若咸。'聲同而義亦相近。故《君奭》曰:'誕將天威,咸劉厥敵。'咸、劉皆滅也。猶言'遏劉'、'虔劉'也。(《周頌・武篇》曰'勝殷遏劉'。成十三年《左傳》'虔劉我邊疆',杜注曰:'虔劉皆殺也。')《逸周書・世俘篇》及《漢書・律曆志》引《武成篇》並云'咸劉商王紂',與此同。解者訓咸爲皆,失其義也。"戴鈞衡《補商》承之爲釋云:"'咸劉',《傳》訓'皆殺'。王引之曰(見上,此處略)。……此四人者後及武王,大奉天威,絕滅商紂。"

⑭惟兹四人昭武王惟冒丕單稱德——《説文・目部》:"睸,低目視也。從目,冒聲,《周書》曰:'武王惟睸。'"陳喬樅《經説考》云:"此睸字之訓,疑據《今文尚書》也。偽孔本作冒,是據王肅本,前所述亦即馬鄭古文本。《釋文》於冒字不言馬鄭文異……則睸字出《今文尚書》可知矣。"新近出土郭店楚簡《成之聞之》篇引:"《君奭》曰:'唯冘不畏丹悳。'"知此句沿先秦本不誤。惟先秦本"冒"作"冘","丕"作"不","單"作"畏","稱"作"丹","德"作"悳"。丕、稱、德的二體皆古今字,惟"冒"原作冘,不詳。而"單"顯與"畏"同其上體,在《説文》二字義各不同,待尋其解。偽孔云:"惟此四人明武王之德,使布冒天下,大盡舉行其德。"按字訓釋,雖有牽強處,大意得之。戴鈞衡《補商》云:"惟此四人能昭武王覆冒天下,故天下盡稱其德也。天下之所以盡稱武王之德者,由四人之故也。武王之得天下,賴賢臣者又如此。"

⑮今在予小子旦若游大川予往暨汝奭其濟——戴氏《補商》謂"'今在'與上文兩'在昔'緊相呼應"。按,"今在"正與上文"昔在上帝割申觀文王德"之"昔在"相呼應,昔在文王時有五臣輔佐文

王,今在成王時惟我小子一人是不足以濟大川,必須與你君奭二人共濟。孫詒讓《駢枝》云:“案此段文意(指此數句至下文“矧曰其有能格”一段)頗奧衍難通,諦審之,大意似周公自言惟與公二人共濟,此外無人相助,歎不及文武時左右勘勉之多。”

⑯小子同未在位誕無我責收罔勖不及——“小子”,同上“予小子旦”,皆周公自稱。僞孔、《蔡傳》皆誤以此小子指成王。戴鈞衡《補商》云:“薛氏季宣、吳氏澄、姚氏鼐以‘小子’爲周公自稱,精確不磨。篇中三言小子皆周公自指,不應此獨指言成王。”孫詒讓《駢枝》亦云:“僞孔乃以小子爲指成王,《蔡傳》亦同,則上下文義全不相應矣。”“同未”,戴鈞衡《補商》:“‘未’乃‘末’之訛,讀同‘武王末受命’之末。鄭注:‘末,猶老也。’《漢書·外戚傳》‘念雖末有皇子’注:‘末,晚暮也。’蓋‘末’、‘暮’一聲之轉,末即暮也。……言小子以暮年在位。”吳闓生《大義》:“同末者,詗昧也。”蓋承用其父汝綸《尚書故》:“‘同’,即《顧命》‘在後之詗’。‘末’,昧也。‘小子詗昧’者,周公自謙之詞。”兩家皆善尋新義,惜皆須改字。似不如孫詒讓《駢枝》所釋云:“‘小子同未在位誕無我責’者,‘小子’與上‘小子旦’同,即周公自稱。《盤庚中篇》云:‘兹予有亂政同位,具乃貝玉。’彼蓋謂同在位有爵之人皆好貨,此云‘同未在位’,似是廣言之,同位之外兼及未在位者。或指新進無爵之人,皆未有能責我者,明不聞善言也。‘誕’,語辭,孔詁爲‘大’,非是。‘收’當爲‘攸’。聲形並相近而誤。《多方》云:‘子惟四方罔攸賓。’《立政》云:‘文王罔攸兼于庶言、庶獄、庶慎。’此‘攸罔勖’猶言‘罔攸賓’。罔攸兼文有變易耳。上言無人責我,下又云‘罔攸勖不及’者,言所無人勉勖我,則我不能及前賢若伊尹以下至南宫括諸人也(互詳《洛誥》)。此周公自述求益之誠,而人莫之應。”章炳麟《拾遺》云:“同即侗,

《論語》‘侗而不愿’。孔云：‘未成器。’《淮南·天文訓》：‘未者，昧也。’此謙言予小子侗昧，在位諸卿大夫乃無有諫我糾我者，無有勉我以所不及者。”

⑰耇造德不降我則鳴鳥不聞矧曰其有能格——《説文·老部》：“耇，老人面凍，黎若垢。古厚切。”《爾雅·釋詁》：“耇，老壽也。”《三國志·管寧傳》注引鄭玄注：“‘耇’，老也。‘造’，成也。《詩》云：‘小子有造。’（按，見《思齊》）老成德之人不降志與我並在位，則鳴鳥之聲不得聞，況乃曰有能德格於天者乎？言必無也。”是釋“矧”爲況，釋“格”爲格享。戴鈞衡《補商》：“‘耇造德’，老成德也，謂召公。‘降’，和同也。‘我’字屬‘不降’讀。‘有’讀曰‘又’（見《大誥》）。……汝老成德若不和同於我，則不能致太平而來鳳凰之鳴矣（按此語誤，見下文），況曰其又能感格於天乎？”此釋“格”爲格感。孫詒讓《駢枝》：“周公自述求益之誠而人莫之應，故下文言耇造德不降我，則鳴鳥不聞。鳴鳥，喻讜言也。老成人既不下就我，則讜言不可聞，而況其能格於天帝乎？”吳闓生《大義》云：“‘耇造’，老成人也。‘降’者，和也。我則鳴鳥不聞，甚言其無人也。況其能有所致乎，言予當今日之任，至爲艱鉅，惟望汝奭同心共濟，若耇老之德不能和同，尚安能有所至乎。”此釋“格”爲致、至。以上鄭、戴、孫、吳四説大旨基本相近，惟一些具體釋義稍異。其中主要差別一點是對“鳴鳥”之釋。

其實原文就是“鳴鳥”二字，未涉及其他事物，孫氏以“鳴鳥”比喻讜言，吳氏則以“鳴鳥不聞”比喻甚言其無人。皆在就原文探索其寓意，不采經師們憑空編造的鳳凰之説，是正確的。鳳凰之説始見於《釋文》引馬融注云：“鳴鳥，謂鳳凰也。”又《管寧傳》引鄭玄注云：“鳴鳥，謂鳳也。”僞孔、《蔡傳》承之。蔡並謂“是時周方隆盛，鳴鳳在郊，《卷阿》‘鳴于高岡’者，乃詠其實。”陳師凱《蔡傳旁通》爲之牽合召公解釋云：“《卷阿》，召公所作，曰‘鳳凰鳴矣，于彼高岡’。”其實周公對召公講話提到“鳴鳥不聞”，意謂“不聞友聲”。按《詩·伐木》：“鳥鳴嚶嚶。……嚶其鳴矣，求其友聲。”鳴鳥不聞的意義顯然在此。所以把“不聞友聲”客氣點説不聞高論、不聞讜言。也就是甚言其無人提出高論、讜言，與鳳凰無涉。（此釋既畢，觀章炳麟《拾遺》云：“鳴鳥不聞言無聞之甚也。馬鄭及《傳》皆以鳴鳥爲鳴鳳，失之遠矣。”則章説亦確。）

⑱君——稱呼君奭，亦可省稱一“君”字，皆敬稱。

⑲肆其監于兹我受命無疆惟休亦大惟艱——戴鈞衡《補商》：“‘肆’，今也。《傳》訓‘大’，非。周公歎言商周之興，皆賴賢臣。君今其監於兹，不可去也。我先王受命固有無窮休美，亦艱難甚矣！”朱駿聲《便讀》：“‘肆’，今也。‘監’，鏡也。‘疆’，猶竟也。竟，猶窮也。‘休’，喜也。歎息言君今其監於我所言乎，我周受命雖有無窮之喜，而守成亦大維艱。”

⑳告君乃猷裕我不以後人迷——戴鈞衡《補商》：“竊謂‘告君乃猷裕我’句。‘裕’猶‘垂裕後昆’之裕。‘我’即上文‘我受命’之我，謂我周也（“乃猷裕我”與《康誥》“乃迪裕民”句同）。‘以’，猶使也（見《康誥》“裕乃以民寧”）。‘後人’，指成王，即後王也。古多以‘人’爲‘王’。《詩·江漢》‘文人’，文王。《大誥》‘寧人’，寧王也。林氏之奇曰：‘下言“前人”爲武王，則此“後人”爲成王，必矣。’今告君：汝宜謀所以裕我國家者，不可使後王迷誤也。”

以上這一節，周公再舉自己周王朝開國之君文王賢臣五人，接着武王又有此賢臣四人，用能輔佐成大功，代殷受天命。以見文、武全賴賢佐，以成大業。今惟自己與召公二人膺此重任，深望召公推誠相助，共同輔佐成王，使毋有所迷誤。

公曰：“前人敷乃心①，乃悉命汝，作汝民極②。曰：汝明勖偶王在（哉）！亶乘茲大命③。惟文王德，丕承無疆之恤④。”

公曰：“君！告汝，朕允（兄）保奭⑤，其汝克敬以予監于殷喪大否。肆念我天威⑥。予不允（兄）惟若茲誥⑦。予惟曰：‘襄我二人，汝有合哉⑧！’言曰：‘在時二人，天休滋至。’惟時二人弗戡⑨。其汝克敬德，明我俊民在（哉）！讓後人于丕時⑩。嗚呼！篤棐時二人，我式克至于今日休⑪。我咸成文王功于不怠，丕冒海隅出日，罔不率俾⑫。”

公曰：“君！予不惠若茲多誥，予惟用閔于天越民⑬。”

公曰：“嗚呼！君！惟乃知民德，亦罔不能厥初，惟其終⑭。

“祗若茲，往敬用治⑮。”

①前人敷乃心——僞孔：“前人，文、武。”蘇軾《書傳》：“周公與召公同受武王顧命輔成王，故周公曰‘前人’。”是“前人”指武王。江聲《音疏》亦云：“前人，謂武王也。”吳闓生《大義》則據下句“乃悉命汝”釋云：“‘汝’，對‘前人’爲文，兼己與召公而言。前人，謂武王也。”是“前人”指武王當不誤。此與周初稱先王爲“前人”、“前文人”之通例合。《說文·寸部》：“敷，布也。”“乃”，第二人稱領格，“乃心”本指武王“你的心”，但在文中實際用成了第三人稱領格“他的心”，仍指武王的心。“前人敷乃心”，是說“武王敷布了他的心膽”，亦即他的心迹。故戴鈞衡《補商》遂釋“乃，猶其也”。于省吾

《新證》：“《盤庚》‘今予其敷心’。《弓鎛》‘余既尃乃心’。是‘敷心’古人成語。”按《弓鎛》第一人稱之語，亦稱“尃乃心”，這是語言中的一種風格。

②乃悉命汝作汝民極——這是周公對君奭追述武王當年對他們二人的講話，“汝”即指周公、召公。上引吳闓生語即述明此意。金履祥《書經注》云：“此述武王顧託之命。”“作汝民極，謂大臣之職爲民標準，故當時凡言爲大臣者，皆曰‘以爲民極’。”王充耘《讀書管見》云：“天子以身建極於上（按，據《洪範》“皇極”義），而謂三公爲民極者何？蓋論道經邦，三公之責，是亦所以爲民極也。”于省吾《新證》云：“‘極’，本作‘亟’。《毛公鼎》：‘命汝亟一方。’《晋姜鼎》：‘作疐爲亟。’”

③汝明勖偶王在亶乘兹大命——于氏《新證》：“舊讀至王字句、或亶字句，並非。按‘在’、‘才’、‘哉’古通，‘明勖’即《爾雅》之‘孟勉’。‘亶’，通單，讀殫，詳《盤庚》‘乃話民之弗率’條（按，見本書《盤庚中》“亶”校釋）。孫星衍謂‘偶’與‘耦’通，《廣雅·釋詁》：‘耦，侑也。’莊述祖謂‘乘’、‘承’通。言‘汝孟勉侑王哉，盡承此大命’也。”

④惟文王德丕承無疆之恤——偽孔釋云：“惟文王聖德，爲之子孫，無忝厥祖，大承無窮之憂。”吳闓生《大義》云：“此述武王顧命付託之重，‘無疆之恤’以上，皆武王顧命之言。”

⑤公曰君告汝朕允保奭——于氏《新證》云：“偽《傳》讀‘告汝朕允’句，訓‘允’爲誠信。訓‘予不允’（見下文）之‘允’爲信。非是。按二‘允’字並‘兄’之訛。《無逸》‘允若時’，《魏三體石經》作‘兄若時’，可證。其古文兄作𠑷，與允相似。《白虎通·不臣篇》：‘召公，文王子也。’《論衡·氣壽篇》以召公爲周公之兄。《穀梁·

莊三十年傳》：‘燕，周之分子也。’分子，別於世子。然則《史》、《漢》但謂召公與周同姓，未可據也。‘公曰’，句。‘君’，句。‘告汝’，句。‘朕允保奭’，句。‘朕允保奭’即‘朕兄保奭’，言‘我之兄保奭’也。……若云‘告汝以我之誠信’，下文又言‘我不信惟若此誥’，則上下文相反矣。”此讀爲“我兄保奭”，確爲有識。

⑥其汝克敬以予監于殷喪大否肆念我天威——戴鈞衡《補商》：“‘其汝克敬以予監于殷喪不否’，十二字句。‘以’，與也。見《盤庚》‘以民遷’（按，見王引之《述聞》釋此句云：“以，猶與也”）。‘否’，讀否卦之否，陋也。‘肆’，長也。《詩·崧高》‘其風肆好’，毛傳：‘肆，長也。’‘我’者，猶上文‘我受命’之‘我’。陳氏櫟曰：‘大臣與國同體，天命天威皆以我負荷之，不敢以不切己視之也。周公呼君言……今之時其惟汝克敬與予監於殷之喪亡大陋，而長念我國家之天威也。”

⑦予不允惟若茲誥——于省吾《新證》：“二‘允’字並‘兄’之訛。……‘不兄’之‘兄’讀‘皇’。《無逸》‘無皇曰’，《漢石經》‘皇’作‘兄’。‘皇’，暇也。言‘予不暇惟若此誥’也。不暇誥，猶言無暇多誥。下言‘予不惠若茲多誥’。《洛誥》云：‘朕不暇聽’，古人言語質直蓋如是也。……或曲爲之解曰：‘不允，允也。’然則下文‘予不惠若茲多誥’，與此語例同，如訓爲‘予惠若茲多誥’，豈遠於辭乎！是此句逕當釋爲“予不暇惟若此誥”。

⑧予惟曰襄我二人汝有合哉——孫詒讓《駢枝》：“案此章云‘二人’者四，僞孔并以爲文、武。今審酙文義，似當從《蔡傳》爲周公自言與召公二人相戒勉之意。云‘襄我二人’者，謂我惟望有助我二人者，乃惟汝與我有合，明無它人也。”

⑨言曰在時二人天休滋至惟時二人弗戡——孫氏《駢枝》：

"'言曰'，指他人之言。'在時二人天休玆至'，謂外人皆曰：'在此二人共輔王室，致此治安，天之休嘉其益至乎。'（蓋訓"滋"爲益）周公又謙言：'惟是二人弗能獨堪任此天休。''戡'、'堪'字通。"于氏《新證》："孫星衍云：'戡與堪通，《釋詁》云：勝也。'金文尚未發現戡、堪等字，王㮚友謂'堪'、'龕'同音。按《皇王眉壽編鐘》：'龕事朕辟皇王。'猶言克事朕辟皇王。疑'堪'、'戡'本應作'龕'。"

⑩其汝克敬德明我俊民在讓後人于丕時——孫氏《駢枝》於周公謙言二人弗能獨堪之語後繼云："故下文又勖召公克敬德以明俊民也。'在讓'之'讓'，當爲'襄'之借字，明我（疑"明我"是"在讓"之筆誤，蓋沿上句致誤）後人即是襄後人也。'丕時'猶言丕承，《詩·周頌·清廟》云：'丕顯丕承。'《孟子·滕文公篇》引《書》云：'丕承哉！武王烈。'言助後人於丕承祖德也。'時'訓'承'，詳王氏《述聞》。"按王引之《經義述聞》"百揆時叙"條云："時叙者，承叙也。……時、承一聲之轉。《楚策》'仰承甘露而飲之'，《新序·雜事篇》'承'作'時'，是時與承同義。"于氏《新證》："《召誥》'不可不敬德'，《班彝》'唯敬德亡逌違'，是'敬德'周人成語。舊讀'明我俊民'句，非是。'在'即'才'，讀'哉'。'明我俊民在（哉）'，句。'讓後人于丕時'，句。'讓'本應作'襄'，《堯典》之'舜讓于德弗嗣'，與此'讓'字均應讀如上文'襄我二人'之'襄'。此外《周書》無讓字（"讓"，本應作"攘"，攘、襄古通，詳《堯典》"舜讓于德弗嗣"條）。《左·定十五年傳》'不克襄事'注：'襄，成也。''後人'，讀如'佑啓我後人'之'後人'。'丕'，猶斯也。'時'，讀如字，不讀'是'。言'汝其能敬德，勉我俊民哉，襄成後人於斯時也'。'後人'謂成王，對文、武而言。"于先生以"在"爲"哉"及所定句讀極精審，當從之。惟"丕時"宜從孫氏説，以周人動輒宣揚祖德、言助成王丕

承祖德正合當時文意。周公當時不能不説"丕承祖德"。如言"於斯時"終覺與文意不協。

⑪篤棐時二人我式克至于今日休——孫氏《駢枝》:"下又云'信非止是二人(篤、信義同,詳前《洛誥》。棐、匪字通,詳前《大誥》),亦蒙上'天休弗戬'而言。明受天休者非止二人,故又云'我用能至於今日休'也。'篤棐時二人'與《洛誥》'篤罔不若時'意異而文義略同。'棐時'猶'不若時'也。僞孔釋爲'厚輔文武'則風馬牛不相及矣。且文武受命開國,寧有弗戬天休之理,其失明矣。又案《墨子·非命中篇》云:'於召公之《執令》亦然曰(舊誤"且",畢沅校改):'敬哉無天命,惟予二人而無造言,不自降天之哉得之(疑當作"不自天降在我得之")。'彼云'惟予二人',與此經'在時二人'義亦同。《墨子》多引逸《書》,疑召公先有作書,而周公作此以答之,惜古書亡佚不可考也。"于氏《新證》云:"僞《傳》云:'言我厚輔是文武之道而行之,我用能至於今日其政美。'按'二人'《君奭》凡四見,僞《傳》以爲文、武,非也。朱子謂'周公自謂己與召公',是也。'篤',猶誠也。'棐',即非。'時',是也。'式',用也。言:'誠非是二人,我用能至於今日休乎?'意謂誠非我二人,今日無休美之可言。周初文字,語尾多不用虛字,而揣其語氣駿邁,固如是也。"孫、于二氏雖個別字訓稍異,而全句釋義基本相同,可參照采用之。

⑫我咸成文王功于不怠丕冒海隅出日罔不率俾——王引之《述聞》:"'海隅出日,罔不率俾',鄭注曰:'率,循也。俾,使也。四海之隅,日出所照,無不循度而可使也。'(見《魏志·武帝紀》注)引之謹案,經以'率俾'連文,鄭訓率爲循,俾爲使而於循下加度字,使上加可字,殆失之迂矣。案《爾雅》:'俾,從也。''罔不率俾',猶《文侯之命》言'罔不率從'也。'海隅出日,罔不率俾'猶《魯頌》'至于海

邦，莫不率從'也。此言'海隅出日，罔不率俾'，《大戴禮·少間篇》
'出入日月，莫不率俾'，《五帝德篇》曰'日月所照，莫不從順'，義並
同也。"而後戴鈞衡《補商》："'咸'，同也（《詩·閟宮》"克咸厥功"
鄭箋）。'成'，終也（《國語·周語》："成"，德之終也）。'俾'，從也
（《爾雅》文）。言我國家幸至於今日休美矣，我更欲與汝固終文王
之功於不怠，庶以大覆冒乎海隅出日之地而罔不率從。'丕冒海
隅出日'作一句讀。姚氏鼐曰：'作《君奭》時，四方大定，獨商奄居
東，尚有未從化者，《多方》所以作也。丕冒海隅出日，義在於此，非
第言周居西土，海隅出日相去較遠而已。'"朱駿聲《便讀》云：
"'咸'，僉也，皆也。'冒'，覆也。'率'，述也，循也。'俾'，猶從
也。歎息言厚輔王室，向在我二人，我周用能至於今日之美。我與
汝皆當成就文王之功於不懈，庶大覆被天下，至於東海日出之區，人
民無不循我有周之法度，莫不順從也。《爾雅》：'東至日所出爲大
平。'文武並都西北，以東南爲遠，故云然。"吳闓生《大義》云：
"'咸'，大也。'俾'，從也。終上文之意，言我二人同心輔弼，是以
有今日之休。尚當大成文王之功業於不怠，使海隅出日罔不率從，
而後爲盡責。"承王氏後，三氏對此數句之釋義基本同，仍爲個別字
訓稍異，而着眼點亦稍不同。可依朱説爲主，參照去取兩家以釋之。

⑬予不惠若茲多誥予惟用閔于天越民——僞孔釋云："我不順
若此多誥而已"，"惟用勉於天道加於民"。釋義不明。《蔡傳》云：
"言我不順於理，而若茲諄復之多誥耶？我惟用憂天命之不終及斯
民之無賴也。"更繳繞不清。吳闓生《大義》："'惠'，惟也。惟，願
也。予不欲爲此多言也，予惟用憂天命及斯民耳。"所釋較簡明。裘
錫圭氏《古代文字研究新探》第68頁云："甲骨文裏有一個常用的虛
詞'叀'，作用跟'惟'（甲骨文一般作"隹"）相似，古文字學者大都認

爲這個字應讀爲‘惠’，當可信（參看李孝定《甲骨文字集釋》第1431—1432頁，陳夢家《殷虛卜辭綜述》第102頁。下文引用此字時逕書作“惠”）。殷虛甲骨文裏的有些占辭（卜問後判斷卜兆所示之意之辭）以‘不惟’與‘惠’或‘惟’與‘不惠’對言。……《君奭》也是以‘不惠’與‘惟’對言的。……在甲骨文的虛詞‘惠’在被釋出之前，楊筠如《尚書覈詁》已經根據《酒誥》有‘予不惟若茲多誥’之語，並以‘不惟’與‘予惟’對言的現象，指出《君奭》的‘惠’與‘惟’同義，可謂卓識。但他認爲‘惠’當作‘惟’，‘古惠、惟聲近相假’（第253頁），還是不夠妥當的。……‘惠’與‘惟’應該是一對音、義皆近的虛詞，二者的區別究竟在哪裏，還有待研究。”是裘先生指出此處“不惠”與“惟”爲對言的一對虛詞，與甲骨文中用法同。雖二字的區別尚待進一步了解，總之在使其上下二句依這對虛詞在句法結構中的作用以成義，可暫依吳闓生説以尋其義。

⑭惟乃知民德亦罔不能厥初惟其終——僞孔釋云：“惟汝所知，民德亦無不能其初，鮮能有終。惟其終，則惟君子。戒召公以慎終。”此釋合於文意。孫星衍《注疏》云：“呼召公言，汝亦知民之行，無不能其初，惟其終之難乎。言我當終成其業，不容去圖也。”朱駿聲《便讀》：“‘乃’，猶汝也。‘民德’，猶言凡人之德也。歎息言唯君固知凡民之德往往無不能勉其始，而鮮克有終。然惟終之爲貴也。”

⑮祇若茲往敬用治——江聲《音疏》：“祇，詞也。我所告，祇如此而已，君其往敬以爲治哉！”

以上這一節，收束全篇。在承殷之六七賢臣及周初之四五賢臣輔佐君主克成建國治國之大業後，現在唯自己與召公二人肩此重任，特作總的勸勉。周公於此講了四段話，第一段極言武王付託之重及自己與召公肩負之重。第二段反復強調“我二人”夙任大業，負

荷艱巨,於此段緊湊語言中連續提出"我二人"(或時二人)一詞達
四次,以見處境之殷切以相警策,務期完成文王之功於不息。第三
段以"惟用憂天命及斯民"以與篇首"永念天威與我民"相照應。第
四段以善始慎終相告誡,希望毘勉於治國大業。一片諄諄告誡之
誠,使周公作爲周初的亦即我國歷史上有名的大政治家,其風貌於
此篇見之。

(二) 今　譯

　　周公這樣説:"君奭呵! 由於〔殷人〕幹盡了壞事,所以老天把
喪亡之禍降給了殷人。現在殷人已墮失了他們的天命,由我有周承
受了,但我不敢説我有周已開始的基業就能這樣可靠地永遠美好下
去;也由於即使天是不可信賴的,我也不敢説我們有周的國運最後
必然是不美好的。(在於人的努力而已。)

　　"唉! 您已説同意我的看法對,我也不敢以爲可以安然信賴於
天命,也不敢不長遠敬念上天之威嚴與我下民。不尤怨於人呀! 倘
使我們後嗣子孫不能奉承天地上下,不能繼承發揚文王武王之光輝
事業,不知天命之不易,那就天也難於信賴,就會墮失自己的天命!
因而不能繼續經營文王武王的大業,也無從恭奉他們的明德了。

　　"現在我小子旦,不能有所匡正於上,惟有以文王武王之光烈移
於我們的好小子(成王)身上了。"

　　周公又説道:"天是不可無條件信賴的,只有我們繼承和發展文
王之德所孕育的光輝大業,才會使上天不厭棄文王受的大命。"

　　周公説:"君奭呵! 我聽説昔日商王成湯受了天命後,當時有着像伊尹這樣的賢臣輔佐他,就使他升配於天。在殷王太甲時,則有賢臣保衡(黃尹)。在殷王太戊時,則有賢臣伊陟、臣扈。也使升配於上帝;還有賢臣巫咸,治理王家有功。在殷王祖乙時,則有賢臣巫賢。在殷王武丁時,則有賢臣甘盤。大率由這些在王朝有着位列的幾位賢臣保治了殷王朝。所以按殷禮,上述諸王升退配祀於天,而其臣配食於廟,經歷了很多年歲。上天惟爲殷王朝命了這幾位賢良臣佐,於是商王朝所有異姓之臣和同姓之臣莫不秉承其德業、明恤其政事了。内而王朝親近重臣,外而各地侯服甸服首領大臣,亦皆奔走效命以供職了。所以如此者,由於上述諸賢臣惟舉用有德行的人才,因而群策群力以輔相其君主之故。所以當天子有政事要施行於天下四方時,天下四方臣民就像信奉卜筮的靈驗一樣,没有不信奉天子的教令的。"

　　周公説:"君奭呵! 上天賜給上述諸臣以壽考平順至於天年,以之輔治有殷王朝。而有殷王朝嗣君紂,天滅其惡(看來没有不墜之天命)。現在您可深長思考思考這些問題,以探尋天之固命(不墜之天命),其可以用來助成我新造之邦。"

　　周公説:"君奭呵! 過去爲什麽上帝殷勤獎勸文王之德,把大命集於他身上呢? 因爲惟我文王能把有夏諸部落諸部族團結起來,興隆昌盛,當時有着治國人才有名賢臣如虢叔、如閎夭、如散宜生、如泰顛、如南宫括等人。可以説倘使無此五位賢臣輔佐文王及導以常教,那麽文王之德也無以普及於人民中。也惟有此五位賢臣良佐秉執明德,進知皇天威命所屬,就由這幾位輔佐文王使盛德用以顯著,終致冒聞於上帝,就以此承受了殷的天命了!

　　"到武王時,這五位賢臣中唯四人尚在(虢叔已死),他們四位後來跟隨武王敬奉天威，誅殺敵人商紂。他們四人能昭明武王之德傳布於天下，使天下盡稱武王之德。

“現在我小子旦像游大江河，在我往前時需要和您阿奭共同濟渡。今我小子的同在位的官員和未在位的官員，沒有一個能提匡正我的意見的，使我無由聽到善言，也就無人勖勉我之所不及。老成有德之人不能降尊屈駕，我就聽不到有益友聲，聽不到足以提高我的他們的讜言高論，更何況還能説格知天命嗎?”

周公説:“哎呀！閣下呵！現在應當有所鑑於上述這些情況，雖然我們有周受命有着無窮的休美，但却是經歷極大的艱難得來的。因此告訴您，您應籌謀所以垂裕我們邦家的各種措施，不可使後王（成王）迷誤呀！”

周公説:“我們的前人武王展布了他的心臆，悉心地説:‘命令你們（指周公召公等）作爲大臣就要能作爲“民極”（人民的楷模）。’並且説:“你們黽勉地佐佑君主呀，盡承此大命呵！惟我文王的聖德，要大加繼承和發揚，要懂得這將是無窮憂勤的事！”

周公説:“君奭呵！告訴你呀！我的兄長太保奭呵！現在惟您能誠敬於事地和我一道吸取鑑戒於殷人之喪亡大厄，長念我有周之天威。我不暇就如此只講這些話，我唯望有能襄助我二人的人。但只有您和我同心合德。有人説:‘有此二人共輔王室，天的休美會日益降臨。’不過我二人不能獨堪承受此天之休美。望您能敬德以明勉我優秀的人民，襄助成王以大承祖德。哎！如果真的沒有我們這二人，我周家能有今日這樣的美好嗎？我和您都應該成就文王之功於不懈，以文王勳業廣爲覆蓋於天下，至於海邊出日之地，所有人民對我有周德教法度莫不遵循順從。”

周公説:“君奭呵！我不願如此説這樣多的話，我只是爲了憂念關懷天命和我們的人民。"

　　周公説:"哎呀!君奭呵!惟您知道一般凡民的德性,大都不是不能開始做一件事,但却很少能善始善終地完成這件事,要知道惟其能善終才是可貴的。

　　"我能講的就只是這些,希望您去虔敬地做好治理國家的大事。"

(三) 討　論

　　本篇須討論者,爲下列諸問題:

(一)關於"召公不悦"的問題

　　《史記·燕召公世家》據先秦所傳史料載稱:"成王既幼,周公攝政,當國踐阼。召公疑之,作《君奭》。君奭不説(悦)周公,周公乃稱湯時有伊尹假於皇天,在大戊時則有若伊陟、臣扈假於上帝,巫咸治王家,在祖乙時則有若巫賢,在武丁時則有若甘盤,卒維兹有陳保父有殷。於是召公乃説。"這當是先秦曾有過的傳説,被史公録入《史記》中。《列子·楊朱篇》云:"武王既終,成王幼弱,周公攝天子之政,邵公不悦,四國流言。居東三年,誅兄放弟,僅免其身。"足以佐證戰國確有此説。

　　西漢成帝時出現的《書序》,係采録《左傳》、《史記》等記載《尚書》篇章撰成情况之言,撰以爲各篇之序。即所謂"小序"。其《君奭》篇之序云:"召公爲保,周公爲師,相成王爲左右,召公不説(悦),周公作《君奭》。"其後經師們皆循此《書序》説,《史記集解》

引馬融注云：“召公以周公既攝政致太平，功配文武，不宜復列臣位，故不說。以爲周公苟貪寵也。”《孔疏》引鄭玄注云：“周公既攝王政，不宜復列於臣職，故不說。”《孔疏》則云：“成王即政之初，召公爲保，周公爲師，輔相成王爲左右大臣，召公以周公嘗攝王之政，今復在臣位，其意不說，周公陳己意以告召公，史叙其事，作《君奭》之篇也。……此篇是致政之後留輔成王之意，其文甚明，馬遷妄爲說爾。”

　　是西漢承戰國之說，以召公不悅的是周公攝政之事；東漢馬鄭承《書序》之說又加發展，以召公不悅的是周公還政後又貪戀臣位之事。且時間一在攝政時，一在還政後。

　　至宋儒始懷疑“召公不悅周公”之說。蘇軾《書傳》云：“舊說或謂召公疑周公，陋哉！斯言也。方周公攝政，管蔡流言，周公晏然不自疑，當時大臣亦莫之疑者，何獨召公也？今已復子明辟，召公復何疑乎？”又戴氏《補商》引“蘇氏轍謂‘召公不悅其歸政’”。《傳說彙纂》引程頤說云：“師保之任，古人難之。故召公不悅者，不敢安於‘保’也。周公作書以勉之，以爲在昔人君所以致治者，皆賴其臣，而使召公謀所以裕己也。”意謂召公不是不悅周公，而是不悅自己擔任“保”之職。“師”、“保”是當時最高級的官職。人之常情，只有給了他小官才不高興，怎麼會當了大官而不高興呢！此說顯不好理解。後見章如愚《山堂考索續集》卷五釋之云：“召公相文、武、成王三世矣，至成王能自爲政，召公之年已老矣，而復尊以師保之任……爵位日隆，任責日重，非召公所樂也。況召公已封於燕，身留相周，不得優遊，而公不悅之旨，蓋爲此爾。”林之奇《全解》在引了一些有關召公不悅資料後說：“是皆以召公不知周公之心，程伊川、二蘇兄弟、王氏（安石）破之詳矣。……王氏謂：‘成王非有過人之聰明，而出於文武之後，人習至治之時，爲難繼，故召公於其親政之始，有不悦也。'"按黄倫《尚書精義》録王安石原句云："召公不悦何也？曰：成王可以爲善，可以爲惡者也。周公既復辟，成王既即位，蓋公懼王之不能終，是以不悦焉。"《彙纂》又引朱熹説云："召公不悦，這意思曉不得。"《朱子語類》亦載朱説云："問'召公不悦'之意。曰：'召公不悦，只是《小序》恁地説，裏面却無此意。這只是召公要去後，周公留他，説道朝廷不可無老臣。'等等。"吕祖謙《書説》云："召公不疑周公，前輩辨之詳矣。於其盛滿而欲去，周公反復留之。後世權位相軋，排之使去則有之，挽之使留蓋亦鮮矣。周公固不可以後世論也。"蔡沈《集傳》云："案此篇之作，《史記》謂召公疑周公當國踐阼，唐孔氏（穎達）謂召公以周公嘗攝王政，今復在臣位，葛氏（不詳其人）謂召公未免常人之情，以爵位先後介意，故周公作是篇以喻之。陋哉斯言！要皆爲《序》之所誤。"這些都是宋人不同意"召公不悦周公"之説所提出對"召公不説"的新解釋。

　　就《君奭》原文説，如果真如西漢所説召公不悦周公攝政，或如東漢所説召公不悦周公還政後又貪戀臣位，則在文中應解釋自己不擅權、或自己非爲貪官位，自己怎樣願意和召公團結友好，希望召公諒解，不要疑忌。可是通篇體會不出這種氣味，正如朱熹所説"裏面却無此意"。而只是列舉了殷周兩代好幾位賢臣對建築好兩個王朝的重要作用，而現在只有了召公和自己兩人，感到肩負之重，弘濟艱難之巨，希望有人來協助，而主要是我兩人戮力同心，以完成文王武王之功於不怠，最後以善始慎終相告誡，其同僚和衷共濟之情溢於全篇講話中，因此與先秦、西漢、東漢之召公不悦説不能相合。至宋人不滿意原有"召公不悦"之説顯見有點道理，但又提出召公不悦新的諸説，更全出於以理推想，更爲無據。

語云：“知人論世。”要妥善解決“召公不悦”問題，只有先弄清楚下一個“歷史上的召公和周公關係問題”，才能對此問題得到較正確理解。

（二）歷史上的召公和周公關係問題

《逸周書·作雒篇》載三監叛周時，局勢阽危震撼，“周公、召公内弭父兄，外撫諸侯”，同心協力，卒平叛亂。當三監汹汹倡亂時，管叔蔡叔以周公攝政當國將不利於孺子成王相號召，煽動周人起來反對周公，當時剛建立起來的“新造邦”周王朝自行分裂，形成地方守土者勾結敵人反對中央的局面，而一般周室貴族看到兩邊都是武王的兒子，都是周的大貴族，因此意存觀望。究竟誰勝誰敗，還是未知數，所以當時局勢很嚴峻（這些情況詳前面《大誥》篇）。當時大貴族中只有召公起而堅決支持周公攝政當國，進討叛亂，内而團結好周家各貴族勢力（内弭父兄），外而聯絡好與周聯盟的各部族（外撫諸侯），然後協助周公力征經營，討平叛亂，重行穩定了周王朝。這一非常鮮明的歷史事實，就足以徹底否定所謂召公不悦周公攝政當國的無稽之談。

三監叛亂平定後的一件對鞏固周王朝有極大作用的大事，就是“作雒”，亦即營建洛邑，又是召公和周公全力合作所完成的，詳前面《多士》、《召誥》及《洛誥》諸篇。看得出召公是親密無間地協同周公完成這一國家大政的。

及作雒完成，舉行元祀後，成王親政。這就是《書序》所說的“召公爲保，周公爲師，相成王爲左右”了。亦即《史記·燕召公世家》所說：“其在成王時，召公爲三公，自陝以西，召公主之；自陝以東，周公主之。”《集解》：“何休曰：‘陝者，蓋今（東漢）弘農陝縣是也。’”按即今三門峽市，爲今河南省陝縣。當時成王叫周公留守洛邑，鎮撫東土廣大領域，即"自陝以東周公主之"。而西土廣大領域，由召公鎮撫，所以說"自陝以西召公主之"。當時周公召公二人入則爲王朝師、保，出則分別鎮撫全國廣大領土，成了當時周王朝安全所繫的佐命元勳式的兩位大臣。《君奭》篇中所四次提到的"我兩人"，就是針對當時兩人在周王朝特殊重要地位說的，看不出當時會使召公產生不悦周公還政後又貪戀臣位的情緒的。

所以從歷史上的周召二人關係看，不會發生戰國和西漢、東漢所傳說的那種召公不悦周公、二人發生嫌隙情況的。當然，長期在一起，不會沒有不同意見的時候，也當如吳闓生《尚書大義》所說："二公同時輔相成王，偶有意見未合，周公恐召公不喻其意，故作此書以釋之。"就足以解決二人之間意見偶有未合。退一步說，縱使有如廉頗不滿藺相如處，也能如藺相如之主動和解，使二人保持團結。因二人都是公忠體國，並非政客之間彼此鈎心斗角之貽誤國家者可比。所以要說召公和周公之間產生嫌隙，發生召公不悦周公之事，是不大可能的。

還有，召公之所以能與周公並立，自有其特殊身份，《燕召公世家》所說："召公奭與周同姓，姓姬氏。"則顯見得身份不夠，恐係據不完整資料寫成。《集解》引譙周曰："周之支族，食邑於召，謂之召公。"同樣不太可靠。我們看遼、金、元、清這種保存較原始宗族體系建立的王朝，其真正掌權者總是皇室最親之近親，其疏遠宗室是很難掌權的，周初武王時，地位和權勢最高的三個大貴族即三大顯赫大臣是太公、周公、召公三人；成王時太公已死，剩下的兩大臣是周、召。太公是周王室主體姬姓族姻親氏族姜姓族的首領，其地位之高自然是超過一般大臣的，而在自己姬姓族中傑出的二臣，則是周公、召公。周公爲文王子、武王弟，史載明確。召公則《史記》但言"周同姓", 太泛。顯與其身份不相稱。其實先秦時《世本》已載: "召氏, 周文王子召公奭, 支庶。食邑於召, 爲周卿士, 以國爲氏。"(《詩·江漢》疏引)《燕世家》載明: "周武王之滅紂, 封召公於北燕。"與封太公於齊、封周公於魯, 鼎足而三, 分據東方要地, 以鎮撫殷, 以屏藩周。可見召公與太公、周公之同等顯赫重要。《穀梁傳·莊公十三年》: "燕, 周之分子也。"范寧注: "分子, 謂周之別子孫也。"于省吾《新證》釋之云: "分子, 別於世子。"世子即嫡子, 與《世本》謂召公爲文王庶子合。以上爲先秦資料。《詩·甘棠·釋文》引皇甫謐云: "邵公爲文王之庶子。"顯然即據先秦之《世本》爲説。至漢代劉向以爲召公爲文王子, 見朱駿聲《便讀》引。又《白虎通·王者不臣篇》亦云: "子得爲父臣者, 不遺善之義也。《詩》云: '文武受命, 召公維翰。'(《大雅·江漢》句) 召公, 文王子也。"陳立《疏證》云: "此自用《穀梁》説。惠氏棟《古義》云: '分子, 猶別子。《禮大傳》云: '別子爲祖。'注云: '別子爲公子。'然則繼體者爲世子, 別於世子者爲別子。則召公其文王長庶歟?"其實漢代王充《論衡·氣壽篇》已説: "邵公, 周公之兄也, 至康王之時尚爲太傅。"既爲文王庶子, 又爲周公之兄, 自然爲文王的最年長庶子。本篇《孔疏》引《左傳·僖公二十四年》富辰列舉文王之子自"管蔡郕霍"至"畢原酆郇"共十六國而無奭名, 因而論云: "則召公必非文王之子。"接着又引皇甫謐云: "原公名豐, 是其一也, 是爲文王之子一十六國。"是皇甫謐持《世本》召公爲文王庶子之説, 駁正孔穎達召公非文王子之説, 仍肯定召公在文王之子一十六國中。大抵自先秦至漢關於召公爲文王子資料頗不少, 根據禮制, 召公爲文王庶長子亦自可能。故于省吾氏《新證》肯定了召公　文王子之説, 年齡上爲周公之兄, 這一論斷是正確的。因此, 召公作爲文王的庶長子, 與文王嫡子中才具傑出者周公並峙爲兩位英傑，自文王時已受到重視，歷武王、成王時成爲治國重鎮，自是情理中事。鄭玄《毛詩譜·周南召南譜》云："文王受命，作邑于豐。乃分岐邦周、召之地爲周公旦、召公奭之采地。"是文王時已特封此兩子食采於畿內要邑。《魯世家·集解》並釋云："譙周曰：'以太王所居周地爲其采邑，故謂周公。'"《燕世家·索隱》也説："召者，畿內采邑，奭始食邑于召，故曰召公。"是周、召二人同封了采邑，也成了他們二人稱呼的由來，自此這兩人歷文王、武王、成王之世都成了同心同德戮力爲周王朝服務的兩位大員了（後來召公還輔佐過康王）。

　　上列事實既明，則召公是否不悦周公這一問題也就迎刃解決了。這本來是篇中所無之義，是先秦兩漢談《君奭》篇者所强加上去的。

（三）關於本篇之寫作時期問題

　　上述諸點既明，這問題也可隨着解決了，不過儒生們要給它製造紛擾。兩漢今文派承《戰國》之説召公不悦周公攝政，則周公這篇講話自在攝政時。東漢古文派承《書序》説加工説成召公不滿周公還政又貪臣位，則周公這篇講話自在與召公並爲師保時，自是自漢以來承今文説者莫不謂周公踐阼攝政時，承古文説者莫不説在周公還政後。直至清代陳喬樅《經説考》猶以很大篇幅辯護在踐阼攝政時而非復辟之後。孫星衍《注疏》則以《史記》踐阼時説與《後漢書》章懷注還政後説爲今古兩家異説，而主張非踐阼時之作，是此二人仍一主今文一主古文之説。皮錫瑞《考證》謂："西漢人自據今文以爲攝政之初，馬鄭自據古文以爲反政之後。……聽其各自爲説可矣，何必牽引西漢今文家説以强合於馬鄭，使今古文糾葛莫辨哉！"這知道不去計較今古文二説孰是孰非了。而不知今古文二家説召公不悦周公攝政或不悦還政後貪臣位之説都是不對的，都是篇中所無之義爲説經者所强加上去的。根據歷史事實，此篇只是成王親政後，周公召公爲師保輔相成王時，周公懔於責任之重，勖勉君奭共肩大任，吸取商周兩朝賢臣有關國運之鑑戒，兩人同心同德，戮力以完成文王武王之大功於不息，輔相冲子成王善始慎終以保天命。全篇精神就是這樣，與那些今文家古文家所强加之説是毫不相干的。

（四）關於所謂周公、召公求退的問題

這更是篇中所無之義，而是宋代經師們特別在本篇中所强加上去的。前在《洛誥》中周公並未表示退休之意，僞孔已因“明農”一語謂周公意欲退休。而宋儒以《蔡傳》爲代表之説，多次言周公欲退休，成王留之。至本篇中，在“君已曰時我”句下，僞孔釋爲“君已當是我之留”。即周公已打消辭意留了下來，君奭表示贊許，但蘇軾《書傳》云：“功成身退，天之道也。故伊尹既復政，則告歸。周公不歸，此召公所以不悦也。”進而説不僅周公要退休，召公也要退休，所以才不滿意周公不退休，而後説周公留召公不要退休。其言云：“召公豈獨欲周公之歸哉，蓋亦欲因復辟之初而退老於厥邑，特以周公未歸，故不敢也。何以知之，此書非獨周公自言其當留，亦多留召公語，以此知召公欲去也。”自是宋元治《尚書》者言召公欲退休求去者連篇累牘，説《君奭》一篇主要是周公留召公不去之言。如林之奇《全解》云：“故周公之留召公也，惟欲謹終如始而已。”呂祖謙《書説》云：“召公……盛滿而欲去，周公反復留之。”又云：“成功不可居，洛邑成而周公告歸，召公蓋亦同此心也。已而成王留周公，周公幡然改矣，召公猶守欲退之心也，周公遂力留之，及其既喻非留於一時，終相成王，且相康王，身任託孤寄命之責。”《彙纂》引朱熹云：“召公……看來是見成王已臨政，便已小定了許多事，周公自可了

得，所以求去。”朱熹《語類》亦説：“這只是召公要去後，周公留他。”錢時《融堂書解》云：“周公分明以天命之絶續，生民之休戚懸於召公之去留。周公聖人也。輔相之事豈不能身任其責，而所以倚賴同列者如此。”爲宋學代表之蔡沈《書集傳》不復推論而逕直言之云：“召公告老而去，周公留之，史氏録其告語爲篇，亦誥體也。”竟把《君奭》全篇定位爲周公留召公繼續任職不要告老之文。其下文又云：“詳本篇旨意，乃召公自以盛滿難居，欲避權位，退老厥邑。周公反復告諭以留之爾。熟復而詳味之，其義固可見也。”其後元儒董鼎《輯録纂注》仍承宋人説云：“言殷先王與我文武得人之助，然文王時五人，至武王時四人，今又惟我二人而已。君若求去，豈我一人之所能戡哉。憂之深是以留之切，留之切足以言之詳，召公同功一體之人，均有忠君愛國之心者也，安得不油然而感，幡然而留哉。”所有這些都是無中生有、憑空捏造的説法。除了周公要退休之説是誤釋“明農”一語而來的外，關於召公要退休之説，則純是經師們憑空幻想，既無歷史事實根據，《君奭》全文中也找不到半點痕迹，因而是强加給《君奭》的完全不可信的説法。

《君奭》不是周公勸召公留下不要退休的文件。

（五）《君奭》是否爲周公答君奭的話而作的問題

本篇第一段數語之後，吴闓生《大義》即云：“開首即用《召誥》原文之意。”蓋舊以爲《召誥》爲召公所講，此處即在答召公之語。接着“君已曰時我”一段之後，朱駿聲《便讀》云：“‘時我’至‘惟人在’皆召公平日之言也，歎息言君曾曰：‘輔成周業是我之責，故我不敢苟安於上帝今日右周之命，而不念將來之或致天威也。於我民之無怨咎而背叛者，惟恃賢臣在朝耳。’”以爲上面這一段是召公對周公講的，下面就是周公的答語。是治經者往往指出召公原講了某些話,《君奭》中不少是周公答復他的話而後講的。這是一些人對本篇體會所得。究竟本篇是不是周公爲答復召公講的一些話寫的呢?

《墨子·非命中》有云:"於召公之《執令》亦然。曰(原誤作"且",依畢沅校改):'敬(《諸子集成》本誤作"政",依孫氏《駢枝》校改)哉無天命,惟予二人,而無造言。不自天降,自我得之(原誤作"不自降天之哉得之",依孫詒讓《閒詁》校改)。'"孫詒讓《閒詁》:"召公蓋即召公奭,亦《周書》佚篇之文。'令'與'命'字通。……《周禮·大司徒》有'造言之刑',鄭注云:'造言,訛言惑衆。'"孫詒讓《駢枝》在引錄了上述語語後,論之云:"彼云'惟予二人',與此經'在時二人'義亦同。《墨子》多引逸《書》,疑召公先有作書,而周公作此以答之,惜古《書》亡佚不可考也。"按,《墨子》在先秦引用《書》篇次數僅次於《左傳》,《左傳》共引用達八十六次,包括《書》篇十三篇,《墨子》則達四十七次二十二篇。而引用逸《書》則《左傳》只八次八篇,《墨子》獨達十八次十八篇(見拙著《尚書學史》第一章)。是《墨子》在先秦確引用逸《書》最多,其所引逸《書》十八篇篇名皆在今《尚書》篇章以外,其中有召公之《執令》最值珍貴,所殘存逸句竟有"惟予二人",與《君奭》四句"襄我二人"、"在時二人"、"惟時二人"、"秉時二人"如此密合,其在文字上必與《君奭》相關,可以斷言。則孫詒讓疑召公先有書致周公,而後周公作答書,即此《君奭》篇,是完全在事理之中的。那麼治經者從《君奭》中體會出當有周公答召公之語,得《墨子》所載召公之《執令》篇而證實其可信了。

因而可以看出,召公和周公作爲輔相成王左右的兩大臣,同樣公忠體國,同樣憂國憂民。只要看在《執令》中他對周公說:"敬哉無天命,惟予二人,而無造言。不自天降,自我得之。"都是積極進取的話,哪來的什麼召公不悅這個不悅那個而一心求去的事。而周公在《君奭》篇中以同聲相應同氣相求的精神答復召公時,可以説完全同意和積極回應了召公的話,所以全篇中也充滿了召公這幾句話的同一精神,只是更深刻更誠摯地運用歷史教訓和客觀現實諄諄勖勉召公共同肩此重任,以繼承和發揚文王武王的大業,輔助成王永保周之天命。這就是本篇的精神所在。

(六)關於泰顛是否太公的問題

"泰顛"原作"太顛"。由於文王武王時勳業最大的要員是太公望,而《君奭》中談周初的大臣五人或四人中却没有太公,經師們感到不可解,就把太顛比附爲太公,見上文"泰顛"校釋。按,始就《君奭》篇中周公未説到太公提出意見者,如《孔疏》所引鄭玄注云:"不及吕望者,太師教文王以大德,周公謙不可以自比。"意謂周公因自謙所以不提太公。皮錫瑞《考證》云:"今文説以太公、太顛爲一人。蓋言文王有四臣以受命,必無不及太公之理,鄭君用古文説,不從今文,乃謂周公謙不自比,殊屬强詞。周公舉伊尹諸人,何獨不謙乎?"古文家尋找未説到太公的理由,確屬强詞得可笑,然今文家比附太公於太顛,尤屬强詞附會,皆由於不了解歷史的實際所使然。歷史的實際情況是:西周王朝是由姬姜兩族合力建立起來的,姬姓族周室的王族,是建立周王朝的主體;姜姓族則是姬姓族的婚姻氏族,在政治上和軍事上全力協助姬姓族推翻商王朝,建立了周王朝。然後又在政權的鞏固上全力協助姬族。從文獻中看出,這互爲婚姻的兩個部族還是從母系氏族社會時期就形成了,當時形成了"共生"的兩族,其中任何一族都離開不了對方,因離開對方自己這一族便没法傳宗接代,所以兩族就親密無間,形成了生存的共同體,因而自母系氏族時期起就互通婚姻一直傳下來,以後遞經周王朝的先公先王一直到周王朝歷代君王與部族成員都娶姜族之女,姜族亦必娶姬族之女,直至周代之亡,姬姜兩族始終是互爲婚姻之族,正像後世如遼金元等都有和王室主要通婚之族,如遼王室耶律氏總與審密氏(取漢姓爲蕭)通婚一樣,這樣的通婚之族始終在其王朝中處於特殊地位。當時姜姓之於姬族就是這樣。當伐滅商紂建立周王朝時,這緊密聯姻團結的兩族,文王爲姬姓族的首領,太公望爲姜姓族的首領,各率其族緊密合作於共同事業。只是姬姓族成爲建立周王朝的主體,姜姓族成爲建立周王朝的主要支柱,這是由於這兩族長期的世世代代的休戚相關、利害與共所形成的關係,所以姜姓族首領對於姬姓族首領來説有特殊重要的關係,特殊崇高的地位,非任何其他異姓大臣所能比擬的。周公所説的是周文王武王所資以輔佐的異姓大臣,都是低於太公望地位的(姜姓族首領也自有其輔佐大臣,像晚至春秋時的管仲是其著者)。所以周公不提與文王在族系關係上並立而在政治上協助的太公望。因爲太公望比那些大臣的地位高多了。只要看《左傳·僖公四年》所載管仲追述周初封太公望於齊的"命書"所説"五侯九伯,汝實征之,以夾輔周室",又賜太公望履,"東至於海,西至於河,南至於穆陵,北至於無棣",正見其地位、威望與監管地區之廣都遠在其他大臣及各地諸侯之上,正像後來周公召公的地位高於其他大臣的地位一樣,是不能用後世民間傳説的姜太公的故事來看待太公望的。因此必然的結論是:泰顛不是太公望。

尚書校釋譯論

顧頡剛　劉起釪　著

第　四　册

中　華　書　局

多　方

　　《多方》篇是成王在位之三年,亦即周公踐位攝政之三年(按,武王未改元,及其死後一直繼續沿用文王受命紀年。是年實為文王受命後之十六年。説成王三年、周公攝政三年,是説的事實,並非當時實用的紀年),亦即二年平定武庚、管、蔡叛亂,三年平定奄的叛亂之後,周公在這年回到宗周,對有計劃遷來的參加叛亂的各族人員,以及原已遷來的殷貴族與殷士等所作的一篇誥辭。其内容主要針對這次叛亂而發,叫他們認清天命,老老實實服從周的統治。誥辭成於三年,其時間自然在四年所作《康誥》《酒誥》《梓材》、五年所作《多士》《召誥》、七年所作《洛誥》之前。在《尚書》中,其篇次自應在此諸篇之前。而自西漢今文本,已誤將此篇排在後於此諸篇的《君奭》篇之後。整理古籍不宜輕易更動原書原貌,故暫仍其原來篇次不動,不過説明其成篇時間先後情況如上。其在西漢伏生今文本中為第二十二篇,伏生系的三家今文本中為第二十三篇,東漢古文本中為第二十七篇,皆列在《周書》。至偽古文本為全書的第四十五篇,《周書》的第二十篇。其情況詳後面“討論”。

（一）校　釋

惟五月丁亥,王來自奄①,至于宗周②。

周公曰。

王若曰③:“猷告爾四國多方惟爾殷侯尹民④,我惟大降爾命,爾罔不知⑤。

“洪惟圖天之命,弗永寅念于祀⑥。惟帝降格于夏⑦。有夏誕厥逸,不肯感言于民⑧,乃大淫昏,不克終日勸于帝之迪。乃爾攸聞⑨。厥圖帝之命,不克開于民之麗⑩,乃大降罰,崇亂有夏因甲于內亂⑪。不克靈承于旅⑫,罔丕惟進之恭,洪舒于民⑬。亦惟有夏之民,叨懫日欽,劓割夏邑⑭。天惟時求民主,乃大降顯休命于成湯,刑殄有夏⑮。

“惟天不畀,純⑯,乃惟以爾多方之義民,不克永于多享⑰。惟夏之恭多士,大不克明保享于民⑱。乃胥惟虐于民,至于百為,大不克開⑲。乃惟成湯克以爾多方簡代夏作民主⑳。慎厥麗乃勸,厥民刑用勸㉑。以至于帝乙,罔不明德慎罰,亦克用勸㉒。要囚,殄戮多罪,亦克用勸。開釋無辜,亦克用勸㉓。今至于爾辟,弗克以爾多方享天之命㉔。”

“嗚呼!”王若曰:“誥告爾多方,非天庸釋有夏,非天庸釋有殷㉕,乃惟爾辟以爾多方大淫,圖天之命,屑有辭㉖。

乃惟有夏，圖厥政，不集于享㉗；天降時喪，有邦間之㉘。乃惟爾商後王，逸厥逸，圖厥政，不蠲烝，天惟降時喪㉙。

　　“惟聖罔念作狂，惟狂克念作聖㉚，天惟五年須暇〔湯〕之子孫，誕作民主，罔可念聽㉛。天惟求爾多方，大動以威，開厥顧天㉜，惟爾多方罔堪顧之㉝。惟我周王靈承于旅，克堪用德，惟典神天㉞。天惟式教我用休，簡畀殷命，尹爾多方㉟。”

　　①惟五月丁亥王來自奄——《逸周書·作雒解》云：“周公立，相天子，三叔及殷、東、徐、奄及熊、盈以略（當作畔，即叛），周公、召公内弭父兄，外撫諸侯。元年夏六月葬武王於畢；二年，又作師旅臨衛政（征）殷，殷大震潰。”《尚書大傳》：“周公攝政一年救亂，二年克殷，三年踐奄，四年建侯衛，五年營成周，六年制禮作樂，七年致政成王。”《作雒》叙至二年克殷止，《大傳》叙二年克殷與之相同，接着叙三年至七年之事甚完整，經過考訂各種史料，除制禮作樂不限在六年（制禮作樂即制定建立周王朝的各種制度，自然經過較長時期完成，可能在六年訂定一些主要制度）外，其餘各年史事皆與所可徵的史料相合，可知所記是正確的，説“三年踐奄”合於史實。奄之地，《詩·豳譜》疏引鄭玄注此句云：“奄國在淮夷之旁，周公居攝之時亦叛。”王國維《尚書講授記》云：“奄，即《史記》所云‘魯淹中’之淹，亦即《左傳》所云‘及武王克商，蒲姑商奄，吾東土也’之奄。”即今曲阜。《孔疏》則引鄭玄注《成王征·序》云：“此伐淮夷與踐奄是攝政三年伐管蔡日事，其編篇於此，未聞。”即鄭玄亦以此爲三年事，而將此篇編排在《君奭》篇之後，《孔疏》表示不理解。鄭以爲是三年，是正確的。王鳴盛《後案》云：“此篇爲滅奄歸誥庶邦，則是周公

居攝三年所作,當在《大誥》之後,《康誥》之前。而編於《君奭》之後
……殊不可解。"他不知道這完全只是編排錯了。綜上諸說,皆說是
三年,是"五月丁亥"即是周公攝政三年的五月丁亥,周公踐奄成功
後自奄返宗周。故"王來自奄"的王即周公(前考定"周公稱王"見
《康誥》篇)。顧頡剛師論定此時克殷踐奄静東國的王只有周公,成
王未親政,根本未東行。所以這位自奄歸來的王只能是周公。

②宗周——鎬京。《詩·正月》"赫赫宗周",《毛傳》云:"宗周,
鎬京也。"或有言指洛邑者,洛邑一般稱成周。

③周公曰王若曰——此篇誥辭純爲周公所講,史臣所記。"周
公曰",是史臣記周公講話這件事的紀事之辭。"曰"即講話。"王
若曰",大臣代宣王命或史臣記載王命用語(見《盤庚》校釋)。此處
是史臣記周公之語。"王若曰"即"王這樣說",已習見於前面諸誥
(詳後面"討論")。

④猷告爾四國多方惟爾殷侯尹民——"猷告",王引之《釋詞》
云:"繇、由、猷古字通。由亦於也。……馬融本《大誥》:'王若曰:
大誥繇爾多邦。'鄭、王本'繇'作'猷'。……'猷',於也。'大誥猷
爾多邦'者,大誥於爾多邦也。經文本自明白,只緣訓'猷'爲道(按
王莽仿《大誥》據《爾雅》作"大誥道"),於義未安,致令後人妄改。
其始改也,升猷字於誥字之上。僞《孔傳》曰'順大道以告天下衆
國'是也。其再改也,又升猷字於大字之上,《正義》曰:'此本猷在
大上'是也。……《多士》曰:'王曰猷告爾多士。'《多方》曰:'王曰
烏呼猷告汝有方多士。'《傳》並曰:'以道告之。'蓋俱是'誥猷',而
晚出古文(即僞古文)改爲'猷告'矣。……《多方》曰:'王若曰猷告
爾四國多方。'《傳》曰:'順大道告四方。'與'大誥猷爾多邦'《傳》
同,則此句經文亦有'大'字。蓋初作'大告猷爾四國多方',後改爲

‘大猷告爾四國多方’，故解之曰‘順大道告四方’。其後則又脱‘大’字矣。……後之説《書》者或以‘猷’爲發語詞，或以爲歎詞，皆不知文由誤倒，故多方推測而卒無一當也。”依王氏考定，此句本與《大誥》相應之句用法同，原當作“大告猷爾四國多方”。後僞古文流傳本改爲“大猷告爾四國多方”。最後脱失大字，遂成現在所見之“猷告爾四國多方”了。

“惟”，此惟字之義，據王引之《釋詞》云：“惟，猶與也，及也。……《書·禹貢》曰：‘齒革羽旄惟木。’《酒誥》曰：‘百僚庶尹惟亞惟服宗工越百姓里居。’《多方》曰：‘告爾四國多方惟爾殷侯尹民。’《魯語》曰：‘與百官之政事師尹惟旅牧相宣序民事。’‘惟’字並與‘與’同義。”

以上就文字訓義釋明此句之意爲告於汝四國多方與汝殷侯尹民。

“四國多方”，于省吾《新證》以較長篇幅作了仔細精博的論析，以“四國”、“四方”二者概念迥然有別。要旨謂京師之四外稱四國，四國之四外稱四方。以四方屏蕃四國，非以四國屏蕃四方。然後以十二則短論備舉《詩》、《書》及金文有關“四國”、“四方”資料以證其説。現摘録其要義如下：

“舊説‘四國’有二解：一《詩·破斧》‘四國是皇’傳：‘四國，管、蔡、商、奄也。’一《詩·皇矣》‘維彼四國’傳：‘四國，四方也。’（西周邦、國、方、土多渾而爲一，如《詩·嵩高》之稱南國、南邦、南土，一也。《常武》之稱徐方、徐國、徐土，一也。）按《詩》、《書》及金文所稱‘四國’、‘四方’迥然有別。特條述所見如左。”

然後以十二則析論引録有關資料。其主要者：“一、《詩·民勞》‘惠此中國，以綏四方’傳：‘中國，京師也。’馬其昶謂‘中國’猶

‘國中’。《周禮·司士》‘常國中之士治’注：‘國中，城中也。’《孟子·離婁》：‘徧國中無與立談者。’國中亦謂城中也。西周言‘四國’即王國。亦曰‘周邦’，亦曰‘有周’。非謂東國南國西國北國之四國也。蓋京師既稱國中，則王畿之内，京師之四外自應稱四國，《莊子》所謂闉四境之内者是也。以四國之四外言曰四方，以庶邦言曰多方，曰萬方，曰萬邦。”

　　然後備舉四國、四方資料，有以商邑與殷國對文者（《酒誥》），有以京師與四國對文者（《詩·民勞》），有以商邑、大邑巠與四方對文者（《詩·殷武》、《書·多士》），有以中國與四方、鬼方對文者（《詩》之《民勞》、《蕩》），有以周邦、有周與四方對文者（《克鼎》、《師𧻚毁》、《彔伯戜毁》），有先言四國而以多方、四方對文者（《多方》、《詩·嵩高》），有先言四方而以四國、王國對文者（《詩》之《抑》、《皇矣》），有以四方與徐方連稱者（《詩·常武》），等等。從而對所舉例句有所論析，其中有云：“《毛傳》謂‘中國’爲京師。疑中國亦指王國言，即四國也。又《民勞》‘惠此京師，以綏四國’，其不曰‘惠此中國以綏四國’者，尤可爲中國即四國之一證。”“決不以周邦、或有周與四國爲對文者，周邦、有周即四國也。”“如‘猷告爾四國、多方’，言告爾四國與多方也。‘我惟大降爾四國民命，爾曷不忱裕之于爾多方’。言我惟大降命於爾四國民，爾曷不信欲之於爾多方也。意謂降民四國，刑於四方也。……四國不作四方者，四方即多方也。《詩·嵩高》：‘四國于蕃，四方于宣。’言屏蕃於四國，宣告於四方也。決不作‘四國于宣，四方于蕃’者，言以四方屏蕃四國，非以四國屏蕃四方也。”

　　接着闡釋一些《詩》、《書》中有關語句，如：“一、《詩·破斧》‘周公東征，四國是皇’。……‘皇’，匡也。按四國即王國，即不指管、蔡、商、奄言，亦不指四方言，蓋所征者爲商、奄，所匡者爲王國。欲匡王國，必須東征。亦《江漢》‘四方即平，王國庶定’之義。”“一、《詩・大明》‘以受方國’。‘方’謂四方，‘國’謂四國。”“一、《微子》：‘殷其弗或亂正四方。’言殷之喪亡，天下皆叛，故不作‘殷其弗或亂正四國也’。”“一、封建之制，維萬邦所以保四國。故金文於四方不言保，獨於四國言保。《宗周鐘》：‘㽪保四國。’《克鼎》：‘保辪周邦。’《師訇毀》：‘臨保我有周。’《晋邦盦》：‘保辪王國。’是四國、周邦、有周、王國，一也。《盂鼎》：‘匍有四方。’《克鼎》：‘㽪尹四方。’《番生毀》：‘用諫四方。’《彔伯戒毀》：‘右闢四方。’《晋邦盦》：‘廣嗣四方。’未有對於四方言保者。二者界畫判然。然則謂四國即四方者，不攻自破矣。”“一、《詩・雨無正》：‘降喪饑饉，斬伐四國。’又云：‘周宗既滅，靡所止戾。’周宗即宗周，是四國亦不指四方言。《成鼎》（按，當作《禹鼎》）：‘用天降灾喪于四國。’意亦相仿。”“一、或謂四國即東國南國西國北國，非是。《成鼎》（實《禹鼎》）：‘廣□南國東國，至于歷寒。’歷寒地名雖不可知，然其所伐者決不在畿内。《詩序》：‘南國，指江漢言。’《班簋》：‘王命毛公以邦冢君徒馭𢼸人伐東國痟戎。’是痟戎隸於東國矣。《詩・韓奕》：‘王錫韓侯，其追其貊，奄有北國，因以其伯。’是追貊隸於北國矣。惟《詩》、《書》金文未有稱西國者，《尚書》每稱西土。然則今之所可知者，戎與蠻貊既稱東國、南國、北國，適可證其與‘四國’無涉，而與‘四方’無別矣。”

由此可知于先生以周詳論證闡明四國自四國，四方自四方，亦即多方自多方。以明本文之“四國、多方”爲二。“四國”指京畿範圍内京師四外之地，“多方”則又指“四國”之外諸地。自殷虛卜辭中看出，在殷王畿之外存在許多不同部族皆稱“方”。有名的有土方、邛方、鬼方、羌方、黎方、人方、盂方等，詳見陳夢家《殷虚卜辭綜述》的“方國地理”專章。這許多方就統稱“多方”。西周初年沿用了這一稱呼。本文的“四國多方”，指四國境內的各族首領及四方境內的稱爲方的各族首領。

“殷侯尹民”，僞孔及《蔡傳》皆釋爲殷諸侯之正長者。江聲《音疏》改釋“殷”爲衆，謂“衆侯”即諸侯。又改釋“尹，治也”。自後治經者多從之。其實僞孔、《蔡傳》之説較江聲及其後之説爲優。由《酒誥》知殷的外服有侯甸男衛等邦伯，内服則有百僚庶尹等百官，此處顯然是指遷居宗周四國和四方之境的較早臣服於周的殷王朝原有的侯、尹以及殷民等。（王國維《尚書講授記》云：“‘尹民’，或是‘尹氏’之誤。《尚書》及金文中，多見‘尹氏’，未有稱‘尹民’者。”）

⑤我惟大降爾命爾罔不知——僞孔釋“大降爾命”云：“我大下汝命，謂誅紂也。”蘇軾《書傳》云：“大降爾命，謂誅三監黜殷時也。”這是釋“降命”爲降下懲罰，降下誅殺。《蔡傳》云：“言殷民罪應誅戮，我大降宥爾命，爾宜無不知也。”以“降命”爲降下寬宥，留下了你們的命。顯然是據此處文意，味其語氣，所作出的解釋，較僞孔、蘇軾之釋較切合文義。孫星衍《注疏》云：“‘命’者，《詩·箋》云：‘猶教令也。’……我惟大下汝教令，汝應無不知之矣。”戴鈞衡《補商》亦云：“降命，下教令也。此言周公述王意誥四國多方之民與爾衆侯治民者，我今大下爾等教令，爾應無不知也。”吳闓生《大義》亦從之釋爲：“降命，下令也。”孫、戴等説雖簡明，然按當時形勢，周人對殷人軟硬兼施，此處文義爲示德於殷人，自以釋爲降給殷人以好處爲妥，則《蔡傳》之釋有可取。于省吾《新證》釋“命”爲賜予（見《召誥》），此處亦可用此義，謂降下賜予你們的好處，你們没有不知

道的。

⑥洪惟圖天之命弗永寅念于祀——僞孔釋云："大惟爲王謀天之命,不長敬念於祭祀,謂夏桀。"《蔡傳》亦云："圖,謀也。言商奄大惟私意圖謀天命,自底滅亡,不深長敬念以保其祭祀。"于省吾《新證》云："僞《傳》訓圖爲謀,於義未安。即云圖謀天之命,何以下言弗永寅念于祀乎?……此篇言圖均係責殷之詞,與《大誥》稱文武圖事圖功不同。按此篇'圖'字皆'啚'之訛字。(此處舉幾則金文皆"圖"作"啚"。)徐灝云:'今官文書都鄙字作啚,正是古昔相傳之正字。而俗吏誤讀爲圖,以爲圖之省體也。'按徐説是也。……《左·昭十六年傳》'夫猶鄙我'注:'鄙,賤也。'《樂記》'是以君子賤之也'疏:'賤,謂棄而不用也。'鄙賤,猶言鄙棄。'洪惟圖天之命',言鄙棄天命也。"按僞孔意,此在指斥夏桀。而《蔡傳》則謂指斥武庚及奄君。此輩奴隸制王朝君主大都迷信天命,是否取鄙棄天命,似尚未必。吳闓生《大義》釋云:"圖,敗斁也。"《漢書·薛宣傳》集注:"斁,壞也。"則釋爲夏商末代統治者敗壞天命,又不敬念於祀禮,較説得通。

⑦惟帝降格于夏——"格",告,見《堯典》"格汝舜"校釋。此處意爲譴告。僞孔釋云:"惟天下至戒於夏以譴告之。謂災異。"《蔡傳》亦云:"言帝降災異以譴告桀。""帝"即"天",殷人言帝,周人言天,其義一。天以災害譴告君主之説,至漢代《洪範五行》流傳後始盛倡之,周初不如此説,然帝降若不降不若,降食降蘗、降禍降莫等,殷虛甲骨文中早有此類記載,故古代認爲上帝可降譴告。

⑧有夏誕厥逸不肯感言于民——僞孔云:"有夏桀不畏天戒,而大其逸豫,不肯憂言於民,無憂民之言。"《蔡傳》云:"桀不知戒懼,乃大肆逸豫。憂民之言尚不肯出諸口,況望其有憂民之實乎?"所釋

義同。並皆釋"誕"爲大（據《爾雅·釋詁》），釋"慼"爲憂（據《廣雅·釋詁》）。吳闓生《大義》則訓："誕，延也。延猶肆也。"意謂有夏肆其逸樂。又訓："言，語詞。"謂其無義，釋此句爲"不肯憂戚其民"。所釋較簡明。

⑨乃大淫昏不克終日勸于帝之迪乃爾攸聞——《釋文》："迪，徒歷反。馬（融）本作攸。云：'所也。'"戴鈞衡《補商》云："'終日'者，終一日之謂。'勸'，勉也（本《蔡傳》）。'迪'，道也（本僞《孔傳》）。……不肯憂念於民，乃復大肆淫昏，求其終一日之内勸勉於天之道而皆不能，此爾等所共聞也。"于省吾《新證》："'勸'，舊讀如字，非是。勸皆觀之訛。《君奭》'割申勸'之勸，《禮記》作觀（按，郭店戰國楚簡所引亦作觀），金文觀作雚。勸觀形近聲亦通。'迪'，即由。'不克終日勸于帝之迪'，言不克終日觀于上帝之所由也。"釋亦通。

⑩厥圖帝之命不克開于民之麗——"圖"，依吳闓生釋："敗斁也。"意爲敗壞。"不克開于民之麗"，僞孔釋爲："不能開於民所施政教，麗，施也。"綜釋此二句爲："言昏昧。"蘇軾《書傳》："麗，著也。奠民之居，王政之本。民不土著，雖堯舜不能使無亂。桀之所以徼福於天者，皆非其道，未嘗開衣食之源以定民居也。"《蔡傳》略承其意稍變之云："麗，猶日月麗乎天之麗，謂民之所依以生者也。依於土，依於衣食之類。"孫星衍《注疏》云："麗者，麗於獄也。《周禮·小司寇職》'以八辟麗邦法附刑罰'注'杜子春讀麗爲罹'，疏云：'罹則入羅網。'當在刑書，《吕刑》云'越兹麗刑'，又云'苗民匪察于獄之麗'是也。……桀圖度帝命，不知天之愛民，不能開釋於民之麗於罪網者。"朱駿聲《便讀》據古注（未及查明其所據何家古注）釋云："麗，羅也。猶言罔民也。""言夏桀窺竊天命，不能開於民之網。"

（似襲用孫説而有訛失）章炳麟《拾遺》：“《説文》：‘麗，旅行也’引申之自兩以上皆曰麗，亦皆曰旅（今俗字）。此麗訓旅者，《釋詁》云：‘旅，衆也。’本篇兩言‘麗’，兩言‘靈承于旅’，其義相應。‘不克開于民之麗’者，言被閉拒於多數之民也。……《傳》麗爲施，雖本自漢儒，已失經旨。孫《疏》以麗爲麗刑，則成歇後語矣。”于省吾《新證》：“不克開于民之麗者，不能明于民之所附麗也。”吴闓生《大義》云：“麗，思也。不能通人之思。”曾運乾《正讀》：“開，開釋也。麗讀爲離。離於罪網也。”是經師們各就己見以尋此麗字的解釋，竟有：施、著、日月麗于天之麗、罹、羅、旅、附麗、思、離……等等不同訓義，真可謂形形色色，莫衷一是。較而論之，大致當以孫星衍之説顯爲有據，楊筠如《覈詁》進而論證之云：“麗，《吕刑》鄭注：‘施也。’按本書言‘麗’，或爲法典，或爲刑律，皆不作‘施’義。《吕刑》‘越兹麗刑並制’，又曰‘苗民匪察于獄之律’，與本篇下文‘慎厥麗乃勸’，麗，皆謂刑律也。其義與刑大同小別。《顧命》‘奠麗陳教’，與此文‘不克開于民之麗’，麗，皆謂法則也。《漢書·東方朔傳》：‘孝文皇帝之時，以道德爲麗，以仁義爲準。’麗與準對文，亦取法則之意。以聲類求之，疑即後世之律令。麗之得轉爲律，猶驪之得轉爲黎也。古律、黎同部，《廣雅·釋草》：‘䅻，黎也。’是其證。此文‘民之麗’，猶言民之則。《詩·烝民》：‘天生烝民，有物有則。’是其義也。”其言是。故今取孫、楊二氏説。

　　⑪乃大降罰崇亂有夏因甲于内亂——“崇”，《爾雅·釋詁》：“重也。”戴鈞衡《補商》：“崇，猶增也。‘因甲于内亂’，孔氏讀‘甲’爲夾，謂：‘桀外不憂民，内不勤德，因甲于二亂之内。’義迂文冗。《傳》訓‘甲’爲始，謂其‘所因則始於内亂’。解‘因’字亦曲。考《疏》引鄭、王皆以‘甲’爲‘狎’。王云：‘狎習灾異於内外爲禍亂。’

鄭云：‘習爲鳥獸之行於内爲淫亂。’案鄭、王讀‘狎’是也。‘甲’、‘狎’古通用。《詩·芄蘭》‘能不我甲’《毛傳》：‘甲，狎也。’《釋文》云：‘甲，《韓詩》作狎。’‘因’，重也，義若‘又’。‘内亂’，猶内禍，指妹喜也。”楊筠如《覈詁》：“‘甲’，《釋言》：‘狎也。’《釋詁》：‘狎，習也。’鄭注‘習爲鳥獸之行於内爲淫亂’。正讀‘甲’爲‘狎’也。鄭意内亂指桀嬖妹喜之事。《晋語》：‘昔夏桀伐有施，有施氏以妹喜女焉。妹喜有寵。’《吕覽》：‘桀聽于末喜。’是其事也。”

⑫不克靈承于旅——孫星衍《注疏》：“‘靈’者，《詩》箋云：‘善也。’‘承’者，《詩》傳云：‘正也。’‘旅’者，《釋詁》云：‘衆也。’言桀因習於好内以亂政，不能以善正治此衆民。楊筠如《覈詁》云：“‘靈承’，古語。《多士》‘惟我周王丕靈承帝事’，下文‘惟我周王靈承于旅’，皆此例也。”吳闓生《大義》云：“‘不克靈承于旅’，旅，祭名。謂祗承祭祀。”于省吾《新證》：“金文靈作霝，承作𢎜，《不𡢓毁》‘永屯霝終’。霝終，善終也。《厚子壺》：‘承受屯德。’承受連文，承亦受也。僞《傳》釋旅爲民衆，非是。‘旅’，謂嘉休也。詳《召誥》‘旅王若公’條。《多士》‘靈承帝事’，言善受上帝之事，是‘靈承’語例爲自下奉上之詞，‘不克靈承于旅’者，不克善受于嘉休也。”自以于氏説爲確。

⑬罔不惟進之恭洪舒于民——孫星衍《注疏》：“‘罔不’者，《釋言》云：‘罔，無也。’‘丕’與‘不’通。‘進’者，《史記·吕不韋傳》云‘進用不饒’。《索隱》引小顔云：‘財也。’《漢書·高帝紀》云：‘蕭何主進。’注：‘師古曰：進字本作賮。’‘恭’與‘共’通，《釋詁》云：‘具也。’‘舒’者，《困學紀聞》曰：‘古文作荼。’此宋次道家古文。《考工記》注云：‘荼，古文舒。’……言桀貪，無不以財進奉其職，大爲荼毒於民。”戴鈞衡《補商》：“‘丕’、‘不’古通用，詳王氏《經傳釋

詞》。‘恭’、‘共’古一字,見《盤庚》‘各恭爾事’。‘舒’即‘荼’也。
《左傳》‘魏舒’,《史記·魏世家索隱》引《世本》作‘荼’。《荀子·
大略》:‘諸侯御荼。’注:‘荼,古舒字。’又《考工記》‘弓人斲目必
荼’,《禮記·玉藻》‘諸侯荼’,注皆讀爲‘舒’。薛氏季宣《書古文》
作‘洪荼于民’,解以‘大爲民荼毒’,此其確證。”

⑭亦惟有夏之民叨懫日欽劓割夏邑——《說文·至部》:“𡐦,
忿戾也。从至。至而復遜。遜,遁也。《周書》曰:‘有夏氏之民叨
𡐦。’𡐦,讀若摯。”是“有夏”作“有夏氏”。“叨懫”作“叨𡐦”。《蔡
傳》引鄭玄曰:“‘叨’,與饕同,貪也。‘懫’,與懥同,忿也。”按,《說
文·食部》:“饕,貪也,从食,號聲。叨,饕或从口,刀聲。”孫星衍
《注疏》云:“‘欽’,與‘廞’通,《釋詁》云:‘興也。’‘割’,與‘害’通,
‘夏邑’者,夏之京邑。前疏言‘桀貪,無不以財進奉共職,大爲荼毒
於民’。亦惟夏民貪戾日興,謂上有好者下必甚也。殘害夏邑如《湯
誓》所云‘率割夏邑’,《呂氏春秋·慎大篇》云:‘桀爲無道,暴戾頑
貪,天下顫然而患之。’是也。”戴鈞衡《補商》:“《傳》(《蔡傳》)謂
‘桀欽崇尊用叨懫之民戕害其國’,今以文義推之,非是。蓋如《微
子》‘小民方興相爲敵仇’之義。‘叨’,亦作饕,貪也。‘懫’,《說
文》作𡐦,忿戾也。‘劓割’者,殘害之謂。……上有好者下必甚,是
以有夏之民亦惟以貪饕忿戾相欽尚而殘害於夏邑。”今從楊氏《覈
詁》句讀爲三句:亦惟有夏之民,叨懫日欽,劓割夏邑。

⑮天惟時求民主乃大降顯休命于成湯刑殄有夏——“顯”,《釋
詁》:“光也。”“休”,《釋詁》:“類也。”“刑”,《說文》:“罰辠(即罪)
也。”“殄”,《釋詁》:“絕也。”《蔡傳》釋云:“天惟是爲民求主耳。桀
既不能爲民之主,天乃大降顯休命於成湯,使爲民主,而伐夏殄滅之
也。”

⑯惟天不畀純——朱彬《經傳考證·尚書下》云："彬謂'惟天不畀'，句。《多士》兩言'惟天不畀'，又'惟帝不畀'。'純'，大也，亦辭也，當屬下讀。經下文'大不克明保享于民'、'大不克開'可見。"《多士》篇釋此兩句爲'惟天不與'、'惟帝不與'。孫星衍《注疏》："畀者，《詩》傳云：'與也。'"（按，見《詩·簡兮》傳）楊筠如《覈詁》引朱彬説後釋"純"字云："純，讀爲訰。《玉篇》：'訰，亂也。'"

⑰乃惟以爾多方之義民不克永于多享——江聲《音疏》："義民，猶民儀（原作"義"，實"儀"字），謂賢者。《大誥》云'民儀有十夫'（按，《大誥》原作"民獻"，江依《大傳》此句作"民儀"，見該篇校釋），'民儀'，言民之表儀，謂賢者。此言義民，謂儀型於民者。……是言天之不與桀，以桀不任用賢故。故解'不克永于多享'，謂黜退義民，使不能久長多享祿位也。"章炳麟《拾遺》亦云："'義民'即'獻民'，如'黎獻'或作'黎儀'，'民獻'或作'民儀'，是其例。"

俞樾《平議》云："《傳》曰：'天所以不與桀，以其乃惟用汝多方之義民爲臣，而不能長久多享國故。'樾謹按，枚《傳》於'義'字不知其作何解。《立政篇》'兹乃三宅無義民'，王氏念孫曰：'義與俄同，衺也（按即"邪也"）。言居賢人於官而任之，則三宅無傾衺之民也。'詳見《經義述聞》。此説爲先儒所未發。然'義民'字已見此篇。王説顧不之及。孫氏星衍於《立政篇》用王氏説，於此篇則用江氏聲之説，謂'義民'猶'民儀'。前後異訓，殆失之矣。此篇'義'字亦當讀爲'俄'，言天所以不與桀，以其惟用汝多方傾衺之民爲臣，故不能長久多享國也。'義'爲'俄'之假字，王氏引《吕刑》'鴟義姦宄'及《大戴禮·千乘篇》'誘居室家有君子曰義'，《管子·明法解篇》'雖有大義主無從知之'爲證。今以其説推之，文十八年《左傳》'掩義隱賊'、'義'亦'俄'也。義、賊皆不善之事，故掩蓋之隱蔽之也。字亦作‘議’,《管子·法禁篇》:‘法制不議則民不相私。’‘議’亦‘俄’也。言法制不傾衺,則民不相私也。字又作‘儀’,《荀子·成相篇》‘君法儀禁不爲儀’,亦‘俄’也。此與上文‘君法明論有常’相對成文,言君法明盛則其論有常。君法傾衺則常禁之使不爲也。皆可爲證。”

王先謙《參正》:“先謙案,孫從江説,然讀‘義’爲‘儀’,‘民儀’見今文説,非古文所有。讀‘義’爲‘俄’,是也。但俞云用爲臣,則不當仍謂之義民矣。下‘多士’謂夏臣,此‘義民’乃夏民,上文言‘明墾’,即是夏民之俄者。又‘日思劓割夏邑’,故‘不克永于多享’也。”

于省吾《新證》:“馬融云:‘鴟,輕也。’鄭康成云:‘盜賊狀如鴟梟,鈔掠良善,劫奪人物。’僞《傳》訓‘鴟義’爲鴟梟之義。王念孫釋《立政》‘義民’、《吕刑》‘鴟義’之‘義’與‘俄’同聲,訓衺。引《戴禮》盜、義、獲、賊、間、講、讒、貸,謂‘義即鴟義姦宄之義’。引《管子·明法解篇》曰:‘姦邪之人用國事,則姦人爲之視聽者多矣。雖有大義,主無從知之,故《明法》曰:佼衆譽多,外内朋黨,雖有大姦,其蔽主者多矣。是大義即大姦也。’俞樾釋《多方》‘義民’曰:‘義民字已見此篇,王説顧不及之,言天所以不與桀,以其惟用汝多方傾衺之民爲臣,故不能長久多享國也。’按如王氏之説,所引《管子》上既明言姦邪,下不應假大義以訓大邪。且姦邪如與大義同意,又不應以雖字作轉語。至《明法》上言朋黨,未明言姦邪,故下接以‘雖有大姦其蔽主者多矣’,是大姦與大義不同。如俞氏之説,訓‘以’爲‘用’,既不符於文理,且‘義民’下須增爲臣二字,與僞傳同屬增字釋經,難免望文之譏。蓋誼、義、儀、宜、且、俎、祖、阻古並通。《一切經音義九》引《字詁》,古文‘誼’今作義,《多方》、《立政》‘義民’之

‘義’，英倫隸古定本並作‘誼’，《吕刑》‘鴟義’之‘義’，東瀛隸古定本並作誼，《儀禮·大射儀》‘且左還’，古之‘且’作‘阻’。《詩·文王》‘宜鑒于殷’，《大學》作‘儀鑒于殷’，《詩·假樂》‘宜君宜王’，《釋文》作‘且君且王’。金文祖考之祖多作且，惟《大豐毁》‘大祖’作‘大团’，团即俎字。《堯典》‘黎民阻饑’，‘阻’，徐廣作祖，鄭康成讀阻爲俎。《爾雅·釋詁》‘阻，難也’。然則‘阻民’猶言‘難民’。以大小言則曰小民，以上下言則曰下民，以遷徙言則曰播民，以遭難言則曰阻民。《多方》係成王所以誥庶邦，不應直接稱庶邦之民爲衰民，曰‘惟天不畀純（《史記年表》“非德不純”《索隱》：純，善也）乃惟以爾多方之義民不克永于多享’者，言惟天不與以善，乃惟與爾多之難民不克永于多享也。”（惟釋“鴟義”爲輕衰）兹取于先生之説。

⑱惟夏之恭多士大不克明保享於民——章炳麟《拾遺》：“‘恭’，《石經》古文例作‘龏’，此經正當作龏，當時以例誤讀爲‘恭’耳。《説文》：‘龏，給也。’亦通作共、作供。《釋詁》：‘供、峙、共，具也。’‘龏多士’者，龏猶漢言‘給事’，唐言‘供奉’。”吴闓生《大義》：“‘共多士’，猶言具臣。”“‘大不克明保享于民’，不能勉安養於民。‘明’，勉也。‘保’，安也。‘享’，養也。”

江聲《音疏》：“惟夏龏職之多士，大不能明安享於民之道。”王先謙《參正》：“‘恭’與‘共’同。言夏之共職多士，大不能明於治道保享於民。”

⑲乃胥惟虐於民至於百爲大不克開——僞孔云：“桀之衆士，乃相與惟暴虐於民，至於百端所爲，言虐非一。大不能開民以善，言與桀合志。”《蔡傳》言桀之多士“乃相與播虐於民，民無所措其手足，凡百所爲，無一能達上文所謂不克開於民之麗者，政暴民窮，所以速其亡也”，皆訓“胥”爲相與。所釋文義皆在斥桀所用官吏之虐民至

於無所不至。江聲《音疏》云："'胥'，皆也（《釋詁》文）。惟夏襲職之多士，大不能……於民之道，乃皆惟虐於民，其所爲虐政至於百計，大不能開於民之麗。言桀任用小人。"是皆以"大不克開"，即上文"不克開于民之麗"。楊筠如《覈詁》："'惟'與'爲'同。《皋陶謨》'共惟帝臣'，猶言共爲帝臣也。《無逸》'不義惟王'，猶言不義爲王也。'爲'，《晋語》韋注：'行也。'《左傳》杜注：'治也。''開'，《晋語》韋注：'通也。'"

㉑乃惟成湯克以爾多方簡代夏作民主——僞孔釋云："乃惟成湯能用汝衆方之賢，大代夏政，爲天下之民主。"《蔡傳》云："簡，擇也。民擇湯而歸之。"俞樾《平議》："《傳》曰'大代夏政爲天下民主'。樾謹按，'簡'固訓'大'，然大代夏作民主，殊爲無義。《皋陶謨》'筓鏞以間'，枚《傳》曰：'間，迭也。'簡與間古字通用。'簡代夏作民主'，謂迭代夏作民主也。"戴鈞衡《補商》："'克以爾多方簡'，'以'，使也。見《康誥》'裕乃以民寧'。'簡'，即'居敬行簡'之'簡'，清静安逸之義。……成湯其德能使爾多方清静安逸，故使之代夏作民主也。"朱駿聲《便讀》："簡，柬也，擇也。"曾運乾《正讀》亦云："簡，擇也。"吳闓生《大義》："簡，更也。"楊筠如《覈詁》："'簡'，《釋詁》'大也'，亦辭也。"可能還有一些未及搜閱，總之都在尋"簡"字的訓義，以解通此句，可能這些解釋，都能説通此句，兹從楊氏"亦辭也"之説，謂"簡"爲語辭，無義。此句是説湯能用衆力，取代夏作了人民之主。

㉒慎厥麗乃勸厥民刑用勸——"麗"，見前"民之麗"校釋。乃法則之意。"勸"，勸勉。朱駿聲《便讀》云："言湯不虐於民，慎恤用刑，則民知感而勉於善。刑戮有罪，則民亦知懼而勉於善，所謂'怙終賊刑，眚災肆赦，民乃大明服'也。"戴鈞衡《補商》："民得所養固

克用勸,刑當其罪亦足勸民。桀之失天命也。不克開民之麗,降罰崇亂。湯之慎麗明刑,乃所以享天命也。湯德多端,此特就其反乎桀者言之。"二家所釋基本相近,粗明此處文意。

　　㉒以至于帝乙罔不明德慎罰亦克用勸——帝乙,爲湯第六世孫祖乙,商王朝的第十四任國王。在卜辭中被稱爲中宗祖乙(名下乙)。參見《無逸》"殷王太宗"及"祖甲"二校釋,又《君奭》"祖乙"校釋。按,商王朝第三十任國王爲帝乙,係商紂之父。《史記·殷本紀》云:"帝乙立,殷復衰。"顯然不能非此"明德慎法亦克用勸"之明君。楊筠如、曾運乾之書均釋此帝乙即紂父帝乙,從字面完全可以這麼説,惟朱駿聲根據古注釋此帝乙爲祖乙,似較合於情理與史實。其所據"古注"未及查明爲何家,僞孔、《蔡傳》但直云"帝乙",未詳其所指。兹從朱氏所引古注之説。

　　㉓要囚殄戮多罪亦克用勸開釋無辜亦克用勸——"要囚",見《康誥》"義曰要囚"、"丕蔽要囚"校釋。"要囚"即"幽囚"(王國維説),就是監禁犯人。《蔡傳》:"罰有辟焉,有宥焉。故再言辟而當罪,亦能用以勸勉;宥而赦過,亦能用以勸勉。言辟與宥皆足以使人勉於善也。"戴鈞衡《補商》:"'明德慎罰',湯後諸賢王所以得民而享天命之本。'要囚'云云,特就慎罰中抽出言之。吕氏祖謙曰:'赦而民勸猶可也。刑而民亦勸,則有默行於刑赦之間者矣。每語結之以"勸"者,天下非可驅以智力,束以法制,惟勸化其民,使常有欣欣不自已之意,乃維持長久之道也。'(在其《書説》中)王氏樵曰:'要囚之中,有情罪已當,當刑戮者;有原情可恕,當開釋者。戮之不當,則良民懼而戮不足以爲勸,非慎罰也。釋之不當,則姦人幸而釋不足以爲勸,非慎罰也。商王之刑戮、開釋,皆克用勸焉,慎罰如此,則其明德以爲之本者,又可知矣。'(見其《日記》)"按,"明德慎罰"

乃周公懲於殷代酷用刑罰吸取歷史教訓所提出的新的政治原則，用以救偏補弊，糾正殷人之尚鬼重刑這一特點而提出來的。並不是殷代就已有這一原則，周公把自己總結歷史所得出的理論性原則，在談到殷代賢王時也說成如此，稍有點美化商代實際。

㉔今至于爾辟弗克以爾多方享天之命——“辟”，君（見《釋詁》）。偽孔云：“今至於汝君，謂紂。不能用爾衆方享天之命。故誅滅之。”《蔡傳》云：“吕氏（祖謙）曰：‘爾辟，謂紂也。商先哲王，世傳家法，積累維持如此，今一旦至於汝君，乃以爾全盛之多方，不克坐享天命而亡之。’”

《傳説彙纂》引王安石曰：“此言殷之興甚詳，言其亡甚略。蓋對殷遺民不思痛言其失也。”又王樵《尚書日記》云：“‘今至于爾辟’，對上三節看，先王以仁而興，紂以不仁而亡。”

㉕非天庸釋有夏非天庸釋有殷——于省吾《新證》：“釋、澤、擇、斁古通（見《君奭》篇引）。《詩·傳》：‘斁’，厭也，‘庸’，用也。……‘非天庸釋有夏’者，非天用厭有夏也。‘非天庸釋有殷’者，非天用厭有殷也。故下接以轉語曰：‘乃惟爾辟以爾多方大澤圖天之命’云云，語意正相銜接，若‘用厭’均易爲‘舍去’，則不辭甚矣。”楊氏《覈詁》：“‘庸釋’，古語，《君奭》‘天不庸釋于文王受命’是也。”

㉖乃惟爾辟以爾多方大淫圖天之命屑有辭——偽孔云：“非天用棄有殷，乃惟汝君紂用汝衆方大爲過惡者，共謀天之命，惡事盡有辭説，布在天下，故見誅滅。”《蔡傳》云：“紂以多方之富，大肆淫泆，圖度天命，瑣屑有辭，與《多士》言桀‘大淫泆有辭’義同。殷之亡，非自取乎。”兩説除所訓個別字有異外，釋義基本相同。孫星衍《注疏》云：“‘淫’者，高誘注《吕氏春秋》云：‘過也。’‘屑有辭’，《多士》作‘泆有辭’。馬氏云：‘屑，過也。《玉篇》云：‘屑，碎也。’楊倞注

《荀子》云：'屑，雜碎衆多之貌。'‘辭’者，《説文》云：'訟也。'言王今告汝多方，非天之舍夏殷也，乃惟汝君以汝多方大過圖度天命，謂'我生不有命在天'，有罪狀衆多，以致滅亡。"加了文字訓義，釋文意仍基本用兩《傳》，兹從之。惟"圖"字當從吳闓生訓爲"敗斁"，即敗壞，"圖天之命"即敗壞天命。楊筠如《覈詁》云："按《多士》'大淫泆有辭'，馬本'泆'作'屑'。是此本亦當以'大淫屑有辭'連文，'圖天之命'四字疑因上文而衍也。"楊説有見。

㉗乃惟有夏圖厥政不集于享——"圖"，亦當訓敗壞。"不集于享"，僞孔釋"不成于享"，義不明。《蔡傳》釋云："'集'，萃也。'享'，享有之享。桀圖其政，不集于享，而集于亡。"戴鈞衡《補商》云："《傳》謂'不集于享而集于亡'，義曲而未安。竊謂'集'，和也。《史記·康叔世家》'爲武庚未集'《索隱》：'集，和也。'《漢書·燕荆吳傳》贊'天下未集'，注同。'享'，祀也。'不集于祀'，謂凶德爲神明之所棄也。"是此處文義謂有夏敗壞其政事，爲神明所棄而不和於享祀。

㉘天降時喪有邦間之——"時"，是（《尚書》中習見）。"間"，《爾雅·釋詁》："代也。"《孔疏》："湯是夏之諸侯，故云有邦。"《蔡傳》："天降是喪亂，而俾有殷代之。"戴鈞衡《補商》："故天降是喪亡，而命有邦之諸侯代之。"

㉙乃惟爾商後王逸厥逸圖厥政不蠲烝天惟降時喪——《釋文》引馬融曰："蠲，明也。烝，升也。"孫星衍《注疏》云："'蠲'者，《詩》傳云：'絜也。'‘烝’者，《廣雅·釋詁》云：'美也。'……又惟汝後王紂過其佚豫，謀其政不絜不美，天惟下是喪亡之咎。"吳闓生《大義》："'乃惟'者，汝思也。'圖厥政'，敗斁其政。'蠲'，潔也。'烝'，祭也。'惟'，又也。……汝思汝商後王逸其逸，敗其政，不潔

其祭,天又降此喪亡於殷。"似以吳釋較簡明。

　㉚惟聖罔念作狂惟狂克念作聖——王引之《釋詞》謂"惟"、"唯"與"雖"古字通。則此"惟"即"雖"。僞孔云:"惟聖人無念於善,則爲狂人;惟狂人能念於善,則爲聖人。言桀紂非實狂愚,以不念善,故滅亡。"董鼎《纂注》引王安石曰:"思曰睿,睿作聖。操其心以思,所謂'念'也。罔念,雖聖可以作狂,故克念則狂亦可作聖。"《蔡傳》:"言聖用罔念則爲狂矣,愚而能念則爲聖矣。……或曰:狂而克念,果可爲聖乎? 曰:聖固未易爲也,狂而克念則作聖之功,知所向方,太甲其庶幾矣。聖而罔念果至於狂乎? 曰:聖天所謂罔念也。"《彙纂》引朱熹云:"上智下愚不移,如狂作聖則有之,既是聖人,決不到作狂,此只是其言不可不學。"按西周時"聖"字只是作聰明睿智解,與"狂昧"爲相對的概念,並沒有發展到戰國時代及其後的"聖"字爲至高無上的智慧及道德人品非凡,爲天地完人的"聖人"的概念(參見《洪範》"睿作聖"校釋)。

　㉛天惟五年須暇湯之子孫誕作民主罔可念聽——"暇",鄭玄古文本作"夏"。見《詩·皇矣》疏引《多方》"天惟五年須夏之子孫",又引鄭玄注《多方》云"夏之言假",則以此字通爲"假"。孫星衍《注疏》云:"假與夏通。《大傳》云:'夏者假也。'《釋名》云:'寬假萬物使生長也。'又與暇通。《方言》云:'秦晋之間凡物之壯大而雄偉者謂之夏,周鄭之間謂之暇。'""暇"下或多"湯"字。見《詩·武》疏引本文作:"天惟五年須暇湯之子孫。"有"湯"字是。

　僞孔云:"天以湯故,五年須暇湯之子孫,冀其改悔。而紂大爲民主,肆行無道,事無可念,言無可聽。武王服喪三年,還師二年。"按《史記·周本紀》載文王"受命之年稱王……后七年而崩"。《尚書大傳》亦載"七年而崩"。是説文王七年崩而武王服喪,至九年武王已服喪三年,至孟津觀兵。自孟津還師二年然後伐紂,即在十一年。則此"五年"是説文王受命之七年至十一年。

蘇軾《書傳》:"'須',待也(據《釋詁》)。"暇",間也(見《國語》《楚語》、《晉語》注)。武王服喪三年,還師二年,天佑殷之子孫,以此五年,暇以待之。"林之奇《全解》:"武王未克紂之前五年,以紂之罪惡爲可伐,而欲冀其改過,故須暇之也。"二家承僞孔説,惟蘇同僞孔以爲無須暇之,林以爲武王須暇之。

關於此"五年",鄭玄有異説,遂造成了紛歧。其資料見《詩·大雅·皇矣》"上帝耆之"疏引鄭玄《尚書》注云:"夏之言暇,天覬紂能改,故待暇其終至五年,欲使復傳子孫。五年者,文王八年至十三年也。"疏繼云:"《多方》及此箋以爲天須暇之。《我應》(按,《中侯》篇名)云:'作靈臺緩優暇紂。'以爲文王須暇之者,文王知天未喪殷,故不伐紂。據人事而爲説,亦是文王須暇之也。"又《周頌·武篇》"耆定爾功"箋云:"武王年老乃定汝之此功。言不汲汲於誅紂。須暇五年"疏引鄭《尚書》注云:"天待暇其終至五年,欲使傳子孫。五年者,文王受命八年至十三年,是須暇五年之事也。"疏繼云:"如《尚書》之言,是天須暇紂,此箋之意以爲武王須暇紂者,武王知天未喪,故亦順不伐。據人事而言,亦是武王須暇之也。"《周頌·思文》疏引鄭玄《太誓》注引《禮説》云:"天意若曰須暇紂五年,乃可誅之。"

鄭玄這些資料,各治經家多有引之者。孫星衍《注疏》引其中二則後云:"此云'五年',當從文王七年數至十一年武王伐紂也(原誤作"武王十一年",今乙正)。鄭注用《大傳》義(指八年説)。……自八年數至十三年,是匝五年。鄭用十三年伐紂之説,與《史記》十一年異也。"皮錫瑞《考證》備引諸説後云:"《史記》以爲文王受命七年,其後五年武王伐紂,爲十一年。劉歆以爲文王受命九年,其後五年武王伐紂,爲十三年。今古文説不同,而先後五年之數則一。鄭既用今文受命七年之説,又用古文十三年伐紂之説,則首尾凡七年,與須暇五年之説不合矣。緯書多同今文,《禮説》與《我應》所云五年,當同《史記》今文之義。鄭玄兼用今古兩説,與《史記》不同。"是鄭説不足取。

"罔可念聽",屈萬里《集釋》云:"言不考慮亦不聽從天意也。"

㉜天惟求爾多方大動以威開厥顧天——僞孔云:"天惟求汝衆方之賢者,大動紂以威,開其能顧天爲以代者。""顧天"二字未釋,義仍不明。《孔疏》:"'顧',謂迴視。有聖德者,天迴視之。《詩》所謂'乃眷西顧,此惟與宅'(見《皇矣》),與彼'顧'同。言天顧文王而與之居,即此意也。"《蔡傳》即云:"紂既罔可念聽,天於是求民主於爾多方,大警動以祅祥譴告之威,以開發其受眷顧之命者。"依此二家之説,則爲"天顧"而非"顧天"。戴鈞衡《補商》云:"'顧天',舊訓'受天眷顧之命'。嫌曲。竊謂:'顧',仰視之意。'顧天',謂仰承天意者。……紂乃怙惡不悛,無可動天念聽者,天於是求之於爾多方,大動以灾異之威,示將滅殷,以開啓爾多方之仰承天意者。"可基本用《蔡傳》之釋,以戴氏之説修訂之。(曾運乾《正讀》釋"顧天"爲"顧念天威",亦通。)

㉝惟爾多方罔堪顧之——《蔡傳》承上釋云:"而爾多方之衆皆不足以堪眷顧之命也。"戴鈞衡《補商》亦承上文云:"乃爾多方竟無能仰承之人。"即無能仰承天意之人。可用戴氏之釋。

㉞惟我周王靈承于旅克堪用德惟典神天——"靈承于旅",見上注"不克靈承于旅"校釋,依于省吾氏説,意爲"不克善受于嘉休"。則"靈承于旅"爲善受嘉休,亦即善受天所賜之嘉休。"惟典神天",

僞孔釋爲"可以主神天之祀"。按《廣雅·釋詁三》:"典,主也。"朱駿聲《便讀》:"典,戝也,主也。""言我周王……以德足以主神天之祀。"

㉟天惟式教我用休簡畀殷命尹爾多方——戴鈞衡《補商》:"'式',用也。'教',猶告也。'用',以也。'休'者,赤鳥白魚夢卜之類(見漢代編造的武王誓詞《太誓》)。言天乃用告我以休徵之事,舊解均未得經義。'簡',大也。見上'乃以爾多方簡'孔《傳》。周公言……無乃用告我以休祥之事,大畀以殷命,而正爾多方也。……爾多方欲不臣服於我周,獨不念天命哉!"

以上這一節,是本篇的一大節,除篇首史臣紀事外,所記周公講的這一大節裏又分四小節,亦即四段。第一段先叙夏之淫昏,天命成湯殄滅有夏。第二段承上文進而叙殷事,自成湯至於帝乙能明德慎罰,至紂暴虐,弗克享天命。第三段並言夏殷以收束上兩段,説並不是天要厭棄夏、殷,而是由於夏、殷後王的大淫荒,敗壞天命,天才降給喪亡的。第四段言爲善爲惡不是絕對的,如紂的淫暴,上天仍等待他五年,希望他改惡從善,而紂怙惡不悛,只好轉而求之你們多方中有無人能仰承天意,而終不保;惟我周王善承上帝的休美,上天便以殷所承之天命給了有周,以治理你們多方。天命如此,你們必須臣服。

戴鈞衡《補商》云:"周之伐殷猶殷之伐夏,周公首舉夏亡之所以然者,以喻殷民,使知天命。""天非有惡於夏也,桀不得不刑殄也。天非有私於湯也,乃舍湯無可畀也。今天之喪殷畀周,亦若是也。""爾多方欲不臣服於我周,獨不念天命哉。周公之所以誥多方者,詳矣切矣。"

　　"今我曷敢多誥，我惟大降爾四國民命①。爾曷不忱裕之于爾多方②？爾曷不夾介乂我周王，享天之命③？今爾尚宅爾宅，畋爾田，爾曷不惠王熙天之命④？

　　"爾乃迪屢不靖，爾心未愛⑤；爾乃不大宅天命⑥；爾乃屑播天命⑦；爾乃自作不典，圖忱于正⑧。

　　"我惟時其教告之，我惟時其戰要囚之⑨。至於再，至于三。乃有不用我降爾命⑩，我乃其大罰殛之⑪。非我有周秉德不康寧，乃惟爾自速辜⑫。"

　　①今我曷敢多誥我惟大降爾四國民命——"四國"，見篇首"猷告爾四國多方"校釋。意爲京師之四外稱四國（其地在王畿範圍內）。這裏"四國民"專指四國之殷民。"降命"，見篇首"我惟大降爾命"校釋。意爲降給以好處，降下賜予之事物。《蔡傳》釋此二句爲："言今我何敢如此多誥，我惟大降宥爾四國民命。舉其宥過之恩，而責其遷善之實也。"朱駿聲《便讀》亦云："言我何敢煩瑣多爲誥命乎，亦惟尊重爾四國民命欲保全之耳。"實際表示爲政不在多言，因此自己並不在多誥戒，而只是給予你們四國之殷民以實際利益。

　　②爾曷不忱裕之于爾多方——"曷"，今文原本作"害"。見下句校釋。按，正如《大誥》篇"王害不違卜"之作"害"（不，亦當作弗）。

　　孫星衍《注疏》："'忱'，《詩·傳》云：'信也。''裕'者，《方言》云：'道也。'……汝何不以誠道之於衆國？"戴鈞衡《補商》："'忱'，誠也。'裕'，道也，開道之義。《方言》：'裕，道也。'又《廣雅》亦訓道。《廣雅》與'牖'同訓。牖者，開道之義，則'裕'訓道德，亦可訓開道，猶‘迪’訓開道又訓道義也。……爾四國之民何不誠信開道於爾多方乎？”吳闓生《大義》云：“‘忱裕’猶‘由裕’。‘由裕’，道告也。‘尤’與‘由’通。《後漢書》‘尤豫不忍’，即猶豫也。”楊筠如《覈詁》承其師王國維《尚書講授記》之說云：“‘忱裕’，即‘猷裕’也。《康誥》‘遠乃猷裕’，又曰‘乃由裕民’。《方言》：‘猷裕，道也。’道謂之猷裕，道民亦謂之猷裕。‘猷裕’之變爲‘忱裕’，與‘猶豫’之變爲‘尤豫’相同。《後漢·竇武傳》注：‘尤豫，不定也。’《來歙傳》注：‘尤豫，不定之意也。’是尤豫即猶豫之明證。則忱裕當即猷裕，亦爲勸道之意。下文‘爾不克勸忱我命’，勸忱，亦謂勸道也。”以上諸家所尋文字釋義稍有不同，而大都釋爲道、道告、開道、勸道，此句之意爲汝何不開道、勸道於多方呢？

③爾曷不夾介乂我周王享天之命——段氏《撰異》：“《匡謬正俗》曰：‘《多方篇》爾害弗夾介乂我周王享天之命。’玉裁按：今本‘害’作‘曷’，此衛包改也。此篇‘曷’字凡四見，皆當由舊作‘害’。今皆更正。王莽依《大誥》多作‘害’，是《今文尚書》亦皆作‘害’也。又，‘不夾介’，《匡謬正俗》作‘弗’。顏師古曰孔安國云：‘夾，近也。徐仙民音夾爲協。按，夾既訓近音陝，不得讀爲協也。’玉裁按：顏說失之拘泥。”

僞孔云：“‘夾’，近也。汝何不近大見治於我周王以享天之命，而爲不安乎？”《蔡傳》云：“‘夾’，夾輔之夾，‘介’，賓介之介。汝何不夾輔介助我周王享天之命乎？”孫星衍《注疏》：“‘夾’者，《廣雅·釋詁》云：‘近也。’‘介’者，《釋詁》云：‘善也。’‘乂’與‘艾’通，《釋詁》云：‘相也。’……汝何不近善相我周王，共享天命？”戴鈞衡《補商》：“‘夾’者，左右之義。《儀禮·既夕》‘圉人夾牽之’注：‘在左右曰夾。’‘介’，亦夾也。《史記·十二諸侯年表》‘楚介江淮’注：

'介,夾也。''乂',讀曰艾,相也,見《君奭》(用相厥辟句)。……何
不左右相我周王享天之命乎?"朱駿聲《便讀》:"'夾',猶俌也。
'介',猶助也。'乂',嬖也,猶安也。……爾何不輔助安我周王同
享天之命乎?"楊氏《覈詁》:"'夾',《一切經音義》引《蒼頡》云:'輔
也。''介',《釋詁》:'右也。'謂佑助也。'乂'與艾同,《釋詁》:'相
也。'"這些都在儘量找文字訓義來企圖解通此句,然中間有"夾輔
左右"、"相我周王"等釋是顯然錯的。"四國之民"是居四國之地的
曾隨武庚叛亂的諸族遺民,決無左右輔相周王之理。總之凡釋"相
我周王"者皆誤,以"夾"近、"介"善、"乂"治等訓較近是。

　　④今爾尚宅爾宅畋爾田爾曷不惠王熙天之命——"宅爾宅"前
一"宅"爲動詞,《爾雅·釋言》:"居也。""畋爾田",《詩·甫田》"無
田甫田"疏引《多方》云:"宅爾宅,田爾田。"是"畋"作"田"。《説
文》則引作"畋",見《攴部》畋字云:"畋,平田也。从攴、田。《周
書》曰:'畋爾田。'""惠",《釋詁》:"順也。""熙",僞孔、《蔡傳》皆
訓爲"廣"。朱駿聲《便讀》訓爲"光"。光原與廣通,見《堯典》"光
被四表"校釋。以後經師承用"廣"義者多,兹從之。(戴鈞衡《補
商》訓爲"喜悦",並舉了其文字根據。又吳闓生《大義》訓爲"明"。
雖皆説得通,然未必優於"廣"字。)

　　⑤爾乃迪屢不靖爾心未愛——僞孔釋云:"汝所蹈行,數爲不
安,汝心未愛我周故。"是訓"迪"爲蹈,"屢"爲數,"靖"爲安。《蔡
傳》釋云:"爾乃屢蹈不静,自取亡滅,爾心其未知所以自愛耶?"除
訓"迪"爲蹈外,餘基本按原字義爲釋。孫星衍《注疏》云:"'迪'者,
《釋詁》云:'作也。''屢',俗字,當爲'婁',《釋言》云:'亟也。'
《詩》箋云:'數也。'亟即數也。《康誥》云:'今惟民不静,未戾厥
心。''愛'者,《説文》云:'㤅,惠也。'(大徐音"烏代切"則即愛也)

《釋言》云：‘惠，順也。’……‘迪屢’，猶言屢迪。汝數作不静，汝心無愛順之意。”是對這些字作了較詳訓解。對此兩句的釋義，離僞孔不遠。戴鈞衡《補商》則釋此二句云：“‘迪屢未靖爾心未愛’，即《康誥》‘今惟命不静，未戾厥心，迪屢未同’之謂。”其釋義見《康誥》校釋。此處可用僞孔、孫氏之釋。

⑥爾乃不大宅天命——“宅”，同“度”。見《堯典》“宅西曰昧谷”，《周禮·縫人》注引作“度西曰柳穀”。又“五流有宅”，《史記·五帝本紀》作“五流有度”。《禹貢》“三危既宅”，《夏本紀》作“三危既度”。《顧命》“恤宅宗”，《後漢書·班彪傳下》作“恤度宗”。等等。故《漢書·韋元成傳》注引臣瓚云：“古文宅、度同。”故戴鈞衡釋此句爲“爾乃不大圖度天命”，朱駿聲釋爲“爾乃不大度量天命”。楊筠如釋爲“不大度天命也。《無逸》‘天命自度’，是其義也”。語雖各稍異，大意當如此。（僞孔、《蔡傳》皆訓“宅”爲安，孔釋此句爲“汝乃不大居安天命”，蔡釋爲“爾乃大不安天命”，語稍簡明。不如訓“度”較妥。）

⑦爾乃屑播天命——僞孔釋爲“汝乃盡播棄天命”。《蔡傳》釋爲“爾乃輕棄天命”，孫星衍《注疏》云：“屑者，《方言》云：‘獪也。’……乃以狡獪播散天命。”楊氏《覈詁》：“‘屑’與洙通，猶言失也。‘播’，《楚辭》王注：‘棄也。’《吴語》‘今王播棄元老’，是其義也。”曾運乾《正讀》：“‘屑’，碎也。‘屑播’，播棄也。”僞孔、楊氏、曾氏釋爲“播棄天命”與蔡氏之“輕棄天命”得其文義。

⑧爾乃自作不典圖忱于正——僞孔云：“汝未愛我周，播棄天命，是汝乃自爲不常，謀信於正道。”是訓“典”爲常，“圖”爲謀，“忱”爲信。《蔡傳》云：“爾乃自爲不法，欲圖見信於正者，以爲當然耶?”是訓“典”爲法，“圖”如字，“忱”爲信。陳大猷《書集傳或問》云：

"'自作不典',亂綱常之事,苟欲人信以爲正。蓋四國從殷(指武庚)以求興復,自以爲正義也。"由諸家説基本得其解。

⑨我惟時其教告之我惟時其戰要囚之——吳闓生《大義》:"'惟時',於是也。"于省吾《新證》:"王静安於《康誥》'又曰要囚',引《詩·四月》'秀葽',《韓詩》作'秀幽',以證'要囚'之爲'幽囚'。其説是也。惟僞《傳》訓'戰'爲討,義不可解。按《尚書》'單'多讀'殫','戰'亦應讀如《洛誥》'乃單文祖德'之'單',訓'盡'。王念孫謂《國語》'戰以錞于丁寧','戰'讀爲'憚'。蓋單、殫、戰、憚古並通。'我惟時其戰要囚之'者,我惟是其盡幽囚之也。與上句'我惟時其教告之',語皆平列。"

⑩至于再至于三乃有不用我降爾命——段氏《撰異》云:"《漢書·文三王傳》:'廷尉賞、大鴻臚由移書梁王傅相中尉曰:《書》曰至於再三,有不用我降爾命。'師古曰:'此《周書·多方篇》之辭也。言我教汝至於再三,汝不能用,則我下罰黜爾命也。'玉裁按,此少'至于'字,'乃'字,蓋《今文尚書》本然。"皮氏《考證》:"錫瑞按:《論衡·譴告篇》曰:'管蔡篡畔,周公告教之至于再三。'與《漢書》合。"吳氏《大義》云:"有,又也。"

⑪我乃其大罰殛之——段氏《撰異》云:"各本作'殛之',《釋文》:'殛,紀力反。本又作極。'玉裁按,作'極'者是也。足利古本亦作極(按,除足利本外,敦煌 S2074、日本九條本、影天正本亦皆作"極"。其他三四種隸古定寫本及薛季宣本則皆作"殛")。……今本遭淺人盡將'極'字改爲'殛'字。……《唐石經》作'殛',誅也,不可從。……昭七年《左氏傳》'昔堯殛鯀於羽山',《釋文》云:'殛,本又作極。'《小雅·菀柳》'後予極焉'。《毛傳》:'極,至也。'《鄭箋》:'極,誅也。'王信讒不察功考績,後反誅放我,是言王刑罰不中,

不可朝事也。’《正義》曰：‘極，至。《釋詁》文。’‘極，誅。《釋言》文。’此又《釋言》作‘極’不作‘殛’之明證也。”孫星衍《注疏》云：“是‘殛’字古多作‘極’。”參看《堯典》“殛鯀于羽山”校釋。

⑫非我有周秉德不康寧乃惟爾自速辜——僞孔云：“非我有周執德不安寧自誅爾，乃惟汝自召罪以取誅。”《蔡傳》云：“非我有周持德不安静，乃惟爾自爲凶逆以速其罪耳。”兩家之釋義相近，可從。惟僞孔釋“速辜”爲“召罪”，訓“速”爲“召”，“辜”爲“罪”。蔡則“速”字用其原義，“辜”亦訓“罪”。蔡釋自明快。然古籍中常見“速”訓召，如《易·需》“不速之客”釋文是。“辜”訓罪，見《説文·辛部》。王國維《尚書講授記》云：“‘秉德’，亦古之成語。”

以上這一節，是接着上一大節中周公所講的四段話後，是同一大節的後半爲周公又講的三段話。戴鈞衡《書傳補商》説：“此於《多方》之中專告四國叛民，責其已往而警其將來也。自篇首至‘尹爾多方’（即第一大節），皆統告諸侯衆士，兹則將責四國之民。”此節的三段中，第一段以三個“爾曷不”責備曾從武庚叛亂之民在現今安居樂業情況下何以不緊密靠攏我有周？第二段以四個“爾乃”嚴加訶責這些曾附武庚之民有這些不可容忍的行爲，而後以第三段嚴厲警告如不改正將是自取罪戾必受到誅殛。

王曰：“嗚呼！猷告爾有方多士暨殷多士①：今爾奔走臣我監五祀②。越惟有胥伯小大多正③，爾罔不克臬④。自作不和，爾惟和哉。爾室不睦，爾惟和哉⑤。爾邑克明，爾惟克勤乃事⑥。爾尚不忌于凶德，亦則以穆穆在乃位⑦。克閲于乃邑謀介爾，乃自時洛邑，尚永力畋爾田。天惟畀矜爾,我有周惟其大介賚爾⑧,迪簡在王庭,尚爾事,有服在大僚⑨。"

王曰:"嗚呼! 多士,爾不克勸忱我命,爾亦則惟不克享,凡民惟曰不享⑩。爾乃惟逸惟頗,大遠王命⑪,則惟爾多方探天之威⑫,我則致天之罰,離逖爾土⑬。"

王曰:"我不惟多誥,我惟祗告爾命⑭。"

又曰:"時惟爾初,不克敬于和,則無我怨⑮。"

①猷告爾有方多士暨殷多士——"猷告",已見第一節"猷告爾四國多方"一句校釋。"暨",及。見《堯典》"咨汝羲暨和"校釋。此句中之"有方多士"及"殷多士",即是篇首"猷告爾四國多方惟爾殷侯尹民"句中之"四國多方"與"殷侯尹民"二者中的多士。這兩句是前後相照應的。"有方"和"殷"兩方面的人員,同是《多方》篇中周公所誥誠的對象。其中"有方多士"大抵是隨武庚叛亂的《作雒》篇中所說的"殷、東、徐、奄及熊盈"諸族中的人員(當時"士"大都是武士)。叛亂平定後,周公將各族人員大加分割遷徙(拙撰《周初八誥中所見周人控制殷人的各種措施》有考述,載《古史續辨》),遷至周京四境者有殷人,也有諸族之人(即所謂"多方",亦此處所説的"有方"),加上早已遷居在此的殷人。所以就有了"有方多士"及"殷多士"。《孔疏》則謂:"'有方多士',謂於時所有四方諸侯也。'與殷多士',謂遷於成周頑民之眾士也。"其"四方"如用于省吾釋義,則可通。謂"成周頑民之眾士"當時成周殷民所謂頑民者自多,本篇首言王"至于宗周"則雖在宗周發布誥辭,未嘗不可對成周殷"頑民"而發。

②今爾奔走臣我監五祀——"奔走"即臣下服從上命,效力奔

走。此處指臣服之後聽命奔走勞作。"臣我監五祀",自來經師們争論太多。兹録戴鈞衡《補商》一段略見其情。該文云:"'臣我監五祀',實不可考。孔謂'成周時立有監遷民之官,五年無過則遷本土'。此爲謬論。《蔡傳》謂'商民已遷洛五年'。以執吴才老遷殷在洛前之論,不可從。夏氏僎曰(當據其《尚書詳解》):'爾多士自周公東征之後,奔走臣服於我所立之監,今已五年矣。蓋周公攝政,首年東征,東征三年而歸。周公攝政凡七年,自三年東方之亂既定,今是成王即政之明年,是五年也。'案夏説近是。錢時、薛季宣俱同此意。然亦虚揣臆説。此'五祀'與前'須暇五年',當時必實有其數,今不可考矣。"今確已無諦説,故孫詒讓《駢枝》亦云:"案五年之説,舊無塙解。"今按《漢書·地理志》:"周既滅殷,分其畿内爲三國,邶、鄘、衛國是也。邶以封紂子武庚,鄘,管叔尹之,衛,蔡叔尹之,以監殷民,謂之三監。"是滅殷後,所遺殷民必須臣於周所設置的這幾個監。滅殷後二年武王死,周公攝政爲國,武庚管蔡叛。費三年時間平定叛亂後,周公回到周京對殷遺發布這篇《多方》誥辭,則自滅殷設立三監監殷民至此時正好五年,所説"奔走臣我監五祀",就是指"監殷民"之日起至以這篇誥辭對殷民講話的五年,其他種種計算年月的説法,都是不合的。至於稱"五祀",則《蔡傳》云:"不曰年而曰祀者,因商俗而言也。"其言是,係據《爾雅·釋天》"夏曰歲,商曰祀,周曰年"而説的。

　　③越惟有胥伯小大多正——《大傳》作"越維有胥賦小大多政"。"惟"作"維","伯"作"賦","正"作"政"。戴鈞衡《補商》云:"'越惟',發語辭,與'爽惟'、'誕惟'、'迪惟'、'洪惟'同。"僞孔釋此句云:"於惟有相長事小大衆正官之人。"真不知所云。《孔疏》釋其字義云:"'胥',相也。'伯',長也。顔氏以'相長事'即小大衆正

官之人也。"仍不解所謂。其意總謂小大衆官。《蔡傳》云："《周官》多以'胥'以'伯'以'正'爲名。胥伯小大衆多之正,蓋殷多士授職於洛,共長治遷民者也。"但《多士》篇不是殷人埋怨周王朝不能像"夏迪簡在庭"不任用殷人以職務嗎?至江聲《集注音疏》之注云："'胥'謂縣役,縣役亦賦也。故曰胥賦克任臬準也。告道爾庶邦多士與殷多士,今爾曾奔走臣服于我監五年矣,于維有縣賦小大多政頒令于爾,爾無不任縣賦之準額也。《大傳》曰:'古者十税一,多于十税一謂之大桀小桀,少于十税一謂之大貉小貉,王者十一而税,而頌聲作矣。'故曰'越維有胥賦小大多政'。"其自疏云:"云'胥謂縣役'者,《周禮·天官》'叙官'云:'胥十有二人,徒百有二十人。'鄭注云:'此民給縣役者。'鄭又注《地官》'叙官'云:'胥及肆長,市中給縣役者。'是給縣役者有'胥'名也。又《小司徒》云:'以起軍旅,以給田役,以此追胥,以合貢賦。'又云:'凡起徒役,毋過家一人,以其餘爲羨,唯田與追胥竭作。'是胥實爲縣役之名也。云'縣役亦賦也'者,《周禮·大司馬》云:'凡令賦以地與民制之。上地食者三之二,其民可用者家三人。中地食者半,其民可用者二家五人。下地食者三之一,其民可用者家二人。是縣役亦賦也。……此言'胥賦'猶彼言'縣賦'也。"始指出此爲課殷人以小大之縣賦。即縣役賦税。縣役亦即力役。其後段玉裁、孫星衍、皮錫瑞、王先謙等皆承江説。

王國維《尚書講授記》云:"胥伯,《尚書大傳》作'胥賦',《毛公鼎》云:'藝小大楚賦。''楚',古同'胥'。又'多正'之'正',當作'征'解。又'臬',恐即爲'藝'。射矢之的一作臬。而《詩》毛傳亦作藝,可證。"

于省吾亦進而以金文證之,其《新證》云:"《大傳》作'越維有胥

賦小大多政’，與《毛公鼎》‘𤔲小大楚賦’文例相類。孫詒讓疑‘楚’
與‘胥’通，胥讀糈。王靜安謂胥、楚、伯、賦古同聲通用。‘多正’之
‘正’讀征調之征。按‘伯’本應作‘𧶠’或‘賮’。從白從帛一也。
見《石鼓文》。《師衮𣪘》：‘叟淮夷繇我𧶠晦臣。’《𢼸伯𣪘》：‘獻賮。’
𧶠即賮，蓋古字之已湮者。以六書之誼求之，當作從貝、白聲。《兮
甲盤》：‘毋敢不出其𧶠其積。’是‘𧶠’自當爲財賦之義。《大傳》作
‘賦’，義固無殊也。後又衍作‘伯’，以其字之從白，音固未轉也。
孫星衍謂《周禮·天官》‘叙官’云：‘胥十有二人，徒百有二十人。’
注云：‘此民給繇役者。’是繇役者有胥名。然則‘越惟有胥伯小大
多正’者，越惟有小大胥役𧶠賦各種征調也。”

　　④爾罔不克臬——《釋文》：“臬，馬本作剶。”孫星衍《疏》：“剶
亦臬之借字。”僞孔釋“爾罔不克臬”爲“汝無不能用法”。是釋“臬”
爲用法。江聲《音疏》：“克，任。臬，準也。……于維有繇賦小大多
政頒令于爾，爾無不任繇賦之準額也。”孫星衍《疏》則承僞孔臬訓
法釋之云：“臬者，《廣雅·釋詁》云：‘法也。’言汝無不能用法，謂奉
政長供繇賦也。”二者訓字義不同，釋文意基本同，都謂能供繇役賦
稅。曾運乾提出另一訓義而釋文意仍相同。其《正讀》云：“臬，準
的也，通作藝。《春秋傳》云‘貢之無藝’是也（按見《昭公十三
年》）。此言爾多士自還洛以後，臣我侯國五祀矣，所有賦稅正供，爾
等無不惟力是視，是爾多士於我周無有二心也。言此以慰之。”

　　至於有釋爲小大衆官守法者，如僞孔所云“有相長事小大衆正
官之人汝無不能用法”，故池田末利《全釋漢文·尚書》指出此說以
“胥伯小大、多正”爲“罔不克臬”的主格。及後來經師們承僞孔釋
爲衆官奉法者，皆由於不識原字義而作出誤釋，不足據。

　　⑤自作不和爾惟和哉爾室不睦爾惟和哉——僞孔釋云：“小大

多正自爲不和，汝有方多士當和之哉。汝親近室家不睦，汝亦當和之哉。"此數句似只能作此解釋。但以"不和"之主格爲小大多正，則不合文義。孫星衍《注疏》云："'睦'者，《説文》云：'敬和也。'言汝自作不和，今惟和哉。汝室有不和者，亦惟和之。"把"自作不和"的主格指爲汝（有方多士），則是對的。楊筠如《覈詁》云："'自作不和'，與'爾室不睦'，相對成文。先和其身以及其家，而後至於其邑也。"（"其邑"，見下句。）

⑥爾邑克明爾惟克勤乃事——僞孔釋云："汝邑中能明，是汝惟能勤汝職事。"《蔡傳》云："和其身，睦其家，而後能協於其邑。……爾邑克明，始爲不負其職，而可謂克勤乃事矣。"

⑦爾尚不忌于凶德亦則以穆穆在乃位——《説文·言部》："蕎，忌也。從言，其聲。《周書》曰：'上不蕎于凶德。'"是"爾尚"作"上"，"忌"作"蕎"。僞孔釋云："汝庶幾不自忌人於凶德，亦則用敬敬常在汝位。"此種解釋又不知所云。惟知"尚"訓"庶幾"。《蔡傳》釋云："'忌'，畏也。'穆穆'，和敬貌。頑民誠可畏矣，然如上文所言爾多士庶幾不至畏忌頑民凶德，亦則以穆穆和敬，端處爾位，以潛消其悍逆悖戾之氣。"把"忌"釋爲畏，"凶德"釋爲頑民之凶德，則可把此二句解通。戴鈞衡《補商》亦承之云："爾邑中大綱小紀粲然明備，爾乃可謂克勤乃事也，爾庶幾不畏於頑民，亦則以和敬在位。"江聲《音疏》承用《説文》所引此句釋云："爾能勤乃事，則上之人不忌嫉於爾之凶德矣。'蕎'，忌也。'凶德'，指謂從前之叛也。"並"疏"云："殷多士縱能從順，然曾從武庚而叛，則爲其長上者自不能無猜忌。兹言'上不蕎于凶德'，自是謂信其從順，不忌嫉其從前之叛也。"孫星衍《注疏》基本承江氏説而釋之云："'尚'與'上'通。……汝能勤勸乃事，則汝長上不忌嫉汝昔時之惡行矣。……今本

‘上’作‘爾尚’。按《玉篇》、《廣韻》、《集韻》引《説文》皆止作‘上’。……‘穆穆’者，《釋詁》云：‘敬也。’……言上既不汝忌，汝亦則以敬在位能服於乃邑。”楊筠如、曾運乾皆不釋“忌”爲“畏”，亦不釋爲“忌嫉”，而釋爲“謀”。楊氏《覈詁》云：“‘忌’，《説文》作𧪦。《玉篇》：‘諅，謀也。’𧪦與諅同。《釋詁》：‘𧪦，謀也。’亦𧪦之假字。謂不謀于凶德耳。”曾運乾《正讀》云：“‘忌’，讀爲諅，謀也。《秦誓》‘未就予忌’，即未就予謀也。《左傳》‘諅間王室’，即謀間王室也。和順爲善德，怨惡爲凶德，‘穆穆’，敬也。……爾尚不謀于凶德，汝以和敬之德居于民上。”諸説各有取義，很難説其中某一説最優。何況還有其他説法未及引録（如朱駿聲、吳闓生之説）。

于省吾《新證》云：“僞《傳》訓‘不忌’爲‘不自忌’。非。《説文》：‘𧪦，忌也。《周書》曰“上不𧪦于凶德”。’《説文》：‘慁，毒也。《周書》曰“未就慁慁”。’是兩忌字《説文》一作𧪦、一作慁，俱從其聲。從言從心之字古每通，猶‘諶’之作‘忱’，‘説’之作‘悦’，可證。金文‘期’作‘𦣞’，亦作𧪦。《沇兒鐘》‘眉壽無𦣞’，《襄鼎》‘其眉壽無𦣞’，《王孫鐘》‘眉壽無諅’，《王孫壽甗》‘萬年無諅’。古‘其’、‘己’音近，《詩·揚之水》‘彼其之子’《釋文》：‘其作己。’《齊策》‘田忌’，《竹書紀年》作‘田期’。《淮南子·繆稱》‘而不可以照㤊’，《文子·精誠》‘不可以照期’。可爲𦣞、諅、忌、期古通之證。晉叔仲會字子期，《説文》：‘期，會也。’‘尚’，《説文》作‘上’。《召誥》‘毖祀于上下’，《洛誥》‘光于上下’。‘上’，均指天言。《盤庚》‘用降我凶德’。其云‘降’者，言降自天也。‘爾尚不忌于凶德’者，爾上不期會于凶德也。”似其意謂不期望遇到這種凶德。唯期望你和敬地在你的位子上。

⑧克閲于乃邑謀介爾乃自時洛邑尚永力畋爾田天惟畀矜爾我

有周惟其大介賚爾——江聲《音疏》釋爲："簡閱於爾邑以謀善道，爾乃用是洛邑，庶幾各安其農業，永長用力於畋爾田矣。如是則天惟予爾憐爾，我周惟其大助於爾。"朱駿聲《便讀》："閱，猶更歷也。積日曰閱。介，價也，善也。能積久相安於爾邑，斯爲圖謀之善也。……爾乃自是遷於洛邑，尚長勤治汝田，爲安居恭順之民，天惟予爾憐爾，我周惟其大助爾予爾。"皆傳統而較通順的解釋。孫詒讓《駢枝》云："'克閱于乃邑謀介爾（句），乃自時洛邑，尚永力畋爾田，天惟畀矜爾，我有周惟其大介賚爾。'《孔傳》云：'汝能使我閱具於汝邑，而以汝所謀爲大，則汝乃用是洛邑，庶幾長力畋汝田矣。……天惟與汝憐汝，我有周惟其大大賜汝。'案，是時尚未營洛邑，此因遷殷民於洛邑而言之。孔訓'介'並爲'大'，於義未協。竊謂'介'當從《蔡傳》訓爲'助'。'謀介爾'，謂謀所以助爾。此以'謀介爾'句，猶下云'畀矜爾'、'介賚爾'也。《詩·周頌·酌》云：'是用大介，我龍受之。'《鄭箋》云：'介，助也。''大介賚'，亦即謂大俟助賜予之也。與《詩》義正同。孔、蔡並讀'謀介'句，甚不辭。孔又釋'大介賚'爲大大賜汝，則文義尤重復矣。"中間"爾乃自時洛邑尚永力畋爾田"二句，顧師以爲是《多士》篇錯簡。宜乎孔氏有説。

⑨迪簡在王庭尚爾事有服在大僚——僞孔釋此之文仍不好懂。《蔡傳》則承上句爲釋云："我有周亦將大介助賚錫於爾，啓迪簡拔，置之王朝矣。其庶幾勉爾之事，有服在大僚，不難至也。"孫星衍《注疏》："'迪'，敬也。'柬'，擇也。'服'，事也。'寮'，官也。'簡'與'柬'通，'僚'即'寮'俗字。言……我周惟其大善錫予汝，進擇汝在王之庭，加汝所事，有事在大官也。"王先謙《參正》語之較明晰："'迪簡在王庭'云云者，'迪'，進；'簡'，擇；'服'，事；'僚'，官也。言汝在位能事，將進擇在我周王之庭，嘉尚汝之勤事，且有事在大官

矣。承上‘閟邑、謀介’言。”孫、王二家之釋切合文意。謂‘僚’即
‘寮’俗字尤妥。但他們時代除金石之學外，對金文知識還很欠缺，
因而不知道“寮”是西周官制中最高的政府機構。《毛公鼎》始載卿
事寮、太史寮，《令彝》則載“王命周公子明保尹三事四方，受卿事
寮”。可見受任卿事寮，即掌三事四方。其爲政府第一級機構甚明。
同時的太史寮也是同樣的高級機構。本文的“大寮”，不一定即是指
卿事寮、太史寮，但以“寮”代表王朝重要的官制系統，“有服在大
寮”，顯然指有職事在政府機構中。

　　⑩爾不克勸忱我命爾亦則惟不克享凡民惟曰不享——僞孔云：
“王歎而言曰：‘衆士！汝不能勸信我命，汝亦則惟不能享天祚矣，凡
民亦惟曰不享於汝祚矣。”似頗能釋此數句文義。戴鈞衡《補商》：
“上文勸之以爵，此則戒之以威也。‘享’，享位也。‘凡民惟曰不
享’，見非一人之私也。……告多士：爾不能勉信我之教命，爾亦則
不能享有禄位，凡民亦皆將曰汝不宜享禄位也。”朱駿聲《便讀》：
“‘忱’，訛也，信也。……歎息言爾多士若不能勉位我命，爾亦則不
能受此福爾，凡民亦惟不能受此福爾。”所釋雖小有異而基本同，似
即可參酌上述數家以爲釋。楊筠如《覈詁》始據江聲《音疏》“勸忱
我命，即所謂忱裕之於爾多方也”之字訓以爲釋云：“‘勸忱’，與上
文‘忱裕’義同。謂勸導也。‘享’，《釋詁》：‘獻也。’《國語》注：‘食
也。’此謂享食其土地室家所有，言汝不克享，凡民亦將不克享也。”
此爲指出了“克享”的具體内容。曾運乾則指出爲當時常語，其《正
讀》云：“‘勸’，勉也。‘忱’，信也。‘享’，勸嚮也，如‘嚮于時夏’之
嚮。‘凡民惟曰不享’，蓋當時常語，亦見《洛誥》。此言凡民皆曰不
克享也。”總之可參照數家之説以爲釋。

　　⑪爾乃惟逸惟頗大遠王命——僞孔釋云：“若爾乃爲逸豫頗僻，

大棄王命。”《蔡傳》承之云：“爾乃放逸頗僻，大遠我命。”兩家所釋皆近文意，惟用語略有不同。孫星衍《注疏》：“‘逸’者，《漢書》注‘臣瓚’云：‘放也。’‘頗’者，《廣雅·釋詁》云：‘袤也。’言汝乃放蕩，大不近王命。”舉出字訓以釋此句，基本與上兩家同。

⑫則惟爾多方探天之威——僞孔釋爲：“惟汝衆方取天之威。”《蔡傳》全承之云：“惟爾多士自取天威。”什麼叫“取天之威”？殊不可解。戴鈞衡《補商》足其意爲“則是爾多士自取天之威怒”。吳闓生《大義》則云：“探，罙冒也。《詩》‘罙入其阻’鄭箋：‘罙，冒也。’《易》虞翻注：‘冒，觸也。’蓋襲用其父汝綸《尚書故》引王樹枏所云：“《廣雅》：‘觸冒，探也。’探天威，謂觸冒天威。”釋“探天之威”爲觸冒天威，始得其義。于省吾《新證》暢其説云：“僞《傳》釋‘探’爲‘取’，蓋本《爾雅·釋詁》爲訓。按‘取天之威’不詞甚矣。《説文》：‘㪴，遠取之也。从手，㪣聲。’俗作探。‘探天之威’探乃罙之訛，从手爲後人所增。《商頌·㱙武》‘罙入其阻’毛傳：‘罙，深。’鄭箋：‘罙，冒也。’（陳奐謂鄭於字同毛而義用三家）《釋文》引《説文》作‘冒也’。今《説文》從网、米，云‘周行也’。按小徐本作‘周’，乃‘冒’之訛。《易·繫辭上》傳：‘冒天下之道。’虞注：‘冒，觸也。’‘則惟爾多方罙天之威’者，‘則惟爾多方觸天之威也’。”

⑬我則致天之罰離逖爾土——《孔疏》引鄭玄注云：“分離奪汝土也。”是訓“逖”爲“奪”。僞孔釋云：“我則致行天罰，離遠汝土，將遠徙之。”《蔡傳》則云：“我亦致天之罰，播流蕩析，俾爾離遠爾土矣，爾雖欲宅爾宅，畋爾田，尚可得哉！”兩家語不同而意同，皆訓“逖”爲“遠”。孫星衍《注疏》：“‘遏’，遠也。‘逖’同‘遏’。……惟汝多方取天威罰，我則致天討，離遠汝土，謂放流之。”孫並釋鄭注云：“言‘分離奪汝土’者，《論語》云‘奪伯氏駢邑三百’（按見《憲問

篇》），既放而離逖之，則故土非其所有也。"戴鈞衡《補商》："爾多士
自取天之威怒，我則致天之罰而分離奪取爾土矣。不勸忱則禄位莫
保，猶不致離逖爾土也。大遠王命則不惟不克享矣。"吳闓生《大
義》："‘離逖爾土’對上‘宅爾宅、畋爾田’爲文。不聽我言，則離逖
放流汝，不能復宅居於洛矣。"

⑭我不惟多誥我惟祗告爾命——此語與上文第二節起句"今我
曷敢多誥，我惟大降爾四國民命"同一精神，上文之意謂我不在多
言，只在給汝等以嘉命。此處則是説我不在多言，惟在嚴肅告命你
們。

⑮又曰時惟爾初不克敬于和則無我怨——《蔡傳》："與之更
始，故曰‘時惟爾初’也。爾民至此苟又不能敬於和，猶復乖亂，則自
底誅戮，毋我怨尤矣。"吕祖謙《書説》："是又爾更端爲善之一初也。
蓋殷民與紂同惡，武王克紂是維新之一初也。不能而從三監之叛，
則既失此初矣，遷洛又一初也。復不能而屢迪不静，則又失此初矣，
今歸自滅奄，而又爲《多方》之誥，丁寧反復，諭以時惟爾初。初之
過，一皆洗滌，今之善當相與維新，豈非又一初乎。若又失此初，不
能敬以納民於和，則永無可望矣！但曰‘則無我怨’，而自取誅戮之
意，隱然於不言之表。"

以上這一節，是周公繼上面所作較長的講話後，另行所作的三
段較簡的講話。上文第一大節是周公同時對"四國多方"和"殷侯
尹民"（即本節的"有方多士"和"殷多士"）所講，第二節則專對"四
國多方"（即"有方多士"）所講。這一節即第三節，又恢復和第一節
一樣，同時對"有方多士"和"殷多士"所講。這一節又分三段，第一
段表示對殷及有方多士懷柔籠絡，第二段則提出嚴厲警告，如有異
心即予嚴懲，第三段包括周公的兩句話，第一句表明自己不講空言，

惟實際給以嘉命。第二句希望他們不負周人對他們的更端爲善，否
則自取罪戾，不要怨我們。作了最嚴厲的告誡。

（二）今　譯

　　在五月丁亥這一天，王從奄歸來，到了宗周。

　　〔攝政稱王回到宗周的〕周公講話。

　　王這樣説：“告訴你們四國、多方的首領們和殷的諸侯諸尹等人
們，我大大降給你們以嘉命，你們没有不知道的。

　　“惟夏王敗壞天命，又不敬念於重要的祀禮，上帝就降譴告給有
夏。而夏桀不知戒懼，還大肆逸樂，不肯憂念其民，更大肆淫昏，不
能終日勸勉於上帝之道，這是你們所共聞共見的。他既敗壞天命，
又不能解救人民於災難的羅網之中，反大降罪戾，給有夏增添禍亂，
狎習於禽獸般的淫惡，不能妥善接受上帝的美好正道。因他的貪，
他的臣下無不以財賄進奉供職，大肆荼毒人民。因而有夏之民亦惟
以貪饕忿戾相好尚，相率割剥殘害着夏都。上天於是爲民尋求一個
較好的君主，就大降光顯嘉命於成湯，使殄滅有夏。

　　“老天所以不給與桀，只是由於桀任用非人，你們多方中人員不
能長久多享其國。夏王朝供職之臣，不能明於治道保養人民，却大
都肆虐爲害人民，百端作惡，無所不至，自然無人能解救人民於災
難。只有成湯能善於取得你們多方衆士的支持以取代夏王作了人
民的君主。他謹慎於用刑，民知感而勉於從善；他一用刑於有罪的
人，也使民知懼而勉於從善；從他直傳至中宗祖乙，莫不明德慎罰，

也能使人民勉於從善;處以幽囚者,殺戮其多罪者,也使人民知勉於從善;而無罪者釋放,更能使人民勉於從善。湯之明德慎罰,使民之從善也如此,而今天你們的紂王,竟不能與你們多方首領們共享天命而至於滅亡。"

"哎呀!"王這樣説:"告訴你們多方的人們,並不是上天厭棄有夏,也並不是上天厭棄有殷,實在是由於你們君主以你們多方首領大爲淫惡,敗壞天命,做了惡事還粉飾多説。而夏王敗壞其政事,爲神明所棄而不獲和於享祀。所以天降了這喪亡給他,而使有邦有土之商王取代了他。可是你商代後王,荒淫於逸樂,敗壞了政事,不潔奉其祭祀,因而天只得又降了這喪亡給他。

"聰明的人不動頭腦念念於善會成爲狂昧,狂昧的人肯動頭腦念念於善也會聰明起來。上天就憑這點要看看這個湯的子孫紂,等待了他五年,希望他改惡從善,只要改善了,仍可以作人民的君主。可是他根本不動頭腦考慮這大問題,也不聽從天意。上天唯有尋之於你們多方,大動以灾異之威,示意即將滅殷,以開啓能仰承天意的人。但你們多方没有能仰承天意之人,惟有我周王善承天的美意,又能用德,足以主神天之祀。上天就以吉祥徵兆告我有周,轉而以殷所承天命給了我們,我們就依天命治理多方諸侯。

"現在我何敢過多煩瑣地對你們講誥誡的話,我只是對你們四國之民開布恩德給予美好命運。你們四國之民爲什麽不把這些好處告道給多方諸侯?你們爲什麽不靠攏親善於我周王以共享天之大命?現在你們都安居在自己的住宅裏,耕種着自己的田園,你們爲什麽不依順我周王以光顯天之大命?

"你們竟屢屢作不安靖的活動,你們的心裏無愛順之意;你們竟不和我們一道安度天命;你們竟輕予播棄天命;你們竟自爲不法,犯亂綱常，還要使人把你們的不法犯善信以爲正。

"我於此只好嚴肅正告你們，我於必要時惟有盡數幽囚不逞之徒。我嚴肅正告至於再至於三，如果仍有不遵用我降給你們的安排，那我就將大行誅殺，並不是我有周秉德不康寧，實在是由於你們自爲凶逆以取罪罰。"

王説："哎呀！告誡你們多方的首領和殷大小官員：現在你們臣服於我管理你們的監官已經五年了，對於規定你們應出的小大徭役、賦税各種徵調，你們無不能按準額應徵和交納。你們之間有自己造成不和的，你們應和好起來；你們家庭有不親睦的，你們也應使之和好起來。如果你們的居邑能够治理得很好，那就是你們能勤於職事所致。不期望你們遇到壞的凶德，唯期望你們和敬地在你們的位子上。只要能積久相安於你們的居邑，當設法相助你們，你們在洛邑這地方住下來，長期用力於田畝，天也會給予你們和憐惜你們，我有周更會大助於你們和賞賚你們。你們中的能幹者，將簡拔到我王庭來。其勉力於職事的，且可提升到政事大寮任職。"

王説："哎！衆多官員們，如果你們不能勉力信從我的命令，你們就不能享有你們土地室家的財富，你們下面的小民也跟着不能享有。如果你們唯知逸樂放蕩，大大的遠違王命，那就是你們敢於觸冒上天之威，我就只得執行上天對你們的懲罰，趕走你們遠離田園，奪回你們的土地。"

王説："我不是在費很多口舌來告誡你們，我只是嚴肅地告知你們所當承受的上天降給你們的命運。"

王又説："當今又是你們重新獲得新生的好開端，如果你們不能敬遵我命大家和衷共處，那我只有執行上天的懲罰，不要怨我！"

（三）討　論

此篇的問題亦較多，現只談其中四個較重要的問題。

（一）本篇中的"王"是誰

《書序》説："成王歸自奄，在宗周，誥庶邦，作《多方》。"從漢代起以迄歷代經師，遂皆相承以此篇之王爲周成王。然篇文本身記明是"周公曰"。所以經師們只得紛紛説明是周公以王命誥，周公代宣成王之命，等等。清代以來治經者曾提出不少意見（參看《康誥》篇），現代學者提出商榷頗不乏人。現謹録出足爲此篇之王定論的顧頡剛師在《周公東征史事考證》中的論斷如下：

按列代周王，西周東周者皆未到過魯國，固然《堯典》説巡狩，《史記·封禪書》引《管子》説："封泰山禪梁父者七十二家……皆受命然後得封禪。"好像受命者要到泰山封禪，可是實際上找不到有此歷史事實和遺物。只因當時登泰山而小天下，所以把許多不相干的事扯到魯國。除古本《紀年》商王南庚、陽甲居奄之外，絶没有一個王到過魯的。《多方》"惟五月丁亥王來自奄"，按《多士》"唯三月，周公初于新邑洛用告商王士……王曰：'多士，昔朕來自奄。'"這王分明是周公。《多方》是周公踐奄之後趕回宗周向殷諸侯和官僚講的一番話。《多士》是周公踐奄之後，築城東周，遷殷民於洛邑時講的。《多方》在前，《多士》在後，時間有一段距離。所以《多方》的王依然是周公。成王不曾征魯，此《王在魯尊》的年月雖不易確定，但此王必是周公則是無疑的。

　　《多方》之王即周公，有此段精確論析成爲定論，不需要費筆墨征引其他資料或論説了。惟這裏牽涉到成王是否東征的問題。漢代出現的約略依《史記·周本紀》資料編撰成的《書序》説："成王既伐管叔、蔡叔，以殷餘民封康叔，作《康誥》。""成王東伐淮夷遂踐奄作《成王征》。""成王既踐奄，將遷其君於薄姑，周公告召公，作《將薄姑》。""成王既黜殷命，滅淮夷，還歸在豐，作《周官》。""成王既伐東夷，息慎來貢……作《賄息慎之命》。"加上前面所録《多方》之序，都説成王曾東征這幾國。漢末鄭玄注《多方》云："奄國在淮夷之旁，周公居攝之時亦叛，王與周公征之。"又注《成王征·序》云："凡此伐諸叛國，皆周公謀之，成王臨事乃往，事畢則歸。"這些都是説周公居攝時成王和周公一道東征諸叛國。僞孔注《多方》云："周公歸政之明年，淮夷奄又叛；……王親征奄，滅其國，五月還至鎬京。"《蔡傳》注《多方》也説："成王即政之明年，商、奄又叛，成王征滅之。"這則是説成王親政後，諸國又叛，成王第二次征之。以後治經者，大都承此説。但歷史的真實情況是，周公率部東征（没有成王）徹底粉碎"三叔及殷、東、徐、奄、熊、盈"的叛亂後，把這些叛族作了大規模遷徙，把殷族分割爲七部分向各地遷徙，把原屬殷的各國如奄、薄姑遷長江以南今之江蘇境，與薄姑爲鄰的豐國遷今江蘇北部，淮夷（原居濰水流域）徐戎遷淮水流域（徐戎中的一支作爲殷民六族之一，封給魯統治，故留在魯境），另一部分分遷汾水、渭水流域，楚則遷丹水流域，盈（嬴）姓族遷渭水西戎之地。而在同時，姬姓、姜姓之族則從渭水、漢水、伊水、汝水等流域之地分别東遷進據原"殷、東、徐、奄、熊、盈"諸族之地建立燕、齊、魯、衛及諸姬姓小國姜姓小國，作爲"選建明德以藩屏周"（詳顧剛師《周公東征史事考證》及起釪撰《周初八誥中所見周人控制殷人的各種措施》）。這樣，周公就以東征之役一勞永逸地鎮撫東土，完成了措國家於磐石之安的盛業。被擊敗的諸族再也没有反抗的力量（當然更根本没有在原地“又叛”的可能。只被分割留在原地的淮夷徐戎一小部曾與新建立的魯國争土地，發生小規模相争，旋即被擊敗）。因而根本没有成王第二次東征的虚擬的事實出現。自作洛成功，成王親政，周公、召公分陝而治以後，成王安處宗周，過太平日子，《紀年》載其時“天下安寧，刑措四十餘年不用”。所以顧剛師説：“列代周王，西周東周者皆未到過魯國。”“成王不曾征魯（按魯即奄地）。”完全是正確的。文獻中一切有關周成王兩次東征的説法都是不正確的。

現代學者陳夢家《西周銅器斷代》列成王時器十類三十七器，其中克商三器，伐東夷五器，伐東國二器，銘中“王”字陳往往據《書序》釋爲成王（然亦有陳氏釋爲周公者）。其實皆非成王東伐諸叛國之器，如“克商”三器《小臣單觶》、《溓司土毀》、《宜侯毀》之王皆周公，其中《溓司土毀》之“王”已由楊樹達及陳夢家自己論定爲周公，其他二器亦然（“宜”爲周公遷奄至江南之地）。其“伐東夷”、“伐東國”諸器則皆爲周公或其子明保或康叔子伯㦰父伐諸叛國之器，其“王”無一非周公（如其中《班毀》徐中舒先生即論定其王爲周公，此外《王在魯尊》顧剛師也論定其王爲周公）。因爲歷史事實上成王無伐諸叛國之事，因此據《書序》牽强以其王爲成王，是不足據的。

（二）本篇中的“王曰”與“周公曰”同時出現的問題

本篇除篇首史臣紀事有一句“王來自奄”外，全篇中以兩個“王若曰”、三個“王曰”、一個又曰（王又曰）領起全文。但在第一個“王若曰”前加了一個“周公曰”，其加上之迹很顯然。按“周初八誥”都是周公親口講的誥辭，其中《大誥》、《康誥》、《酒誥》、《梓材》四誥中的"王若曰"、"王曰"的"王"就是周公,前在《康誥》篇中已討論清楚。其次《召誥》、《洛誥》兩誥都是周公和召公二人奉成王命活動,所以在篇中有召公、周公和王。其王就是成王,周公、召公則分別記明他兩人的話(八誥以外的《君奭》篇爲周公對召公的講話,《無逸》、《立政》兩篇爲周公對成王的講話)。所以《召》、《洛》兩誥和《君奭》、《無逸》、《立政》都記明"周公曰"。而八誥中的《多方》、《多士》兩誥都和前面《大誥》等四誥一樣記爲"王若曰"、"王曰",是史臣當周公講話時當場的"記言"之辭。寫畢彙集起來後,史臣還要在前面加記事之辭。《多士》篇在前面加的記事之辭是:"惟三月,周公初于新邑洛用告商王士。"下面就是記言之辭"王若曰"所領起的全文。很清楚,其"王若曰"就是周公告商王士之語。而《多方》篇記言之前,即由史臣加上記事之辭爲"惟五月丁亥,王來自奄至于宗周"。接着又加"周公曰"三字,看樣子受了《召》、《洛》二誥影響所加,這就與"王若曰"在字面上重復,不像《多士》那樣記事記言很分明,其記事句就引起下面的記言,而這裏則犯重復了,在記了三句記事之辭後,又加周公曰一句說事之辭。經師們就只好理解爲"王若曰"是周公講話的第一句,而不是史臣記言所記明的第一句,所以僞孔就釋爲"周公以王命順大道告四方",以後經師們都承用此解釋。就字面看,也只好這樣才能釋得通。但實際上此史臣所記言的"王若曰"即篇首記事的"周公曰"。如用現代標點,可加破折號標點爲:"周公曰——王若曰",就可知道"王若曰"即是"周公曰"了。今在"今譯"中於篇首所作的安排,即在記明開頭記事的"周公曰"與全文記言的"王若曰"的區別(一篇中"王若曰"與"王曰"並存的關係,已詳《康誥》篇"王若曰"校釋,並參看《大誥》校釋)。

　　(三)"至于宗周"的問題

　　本篇開頭即説明"王來自奄,至于宗周"。僞孔釋云:"王親征奄,滅其國,五月,還至鎬京。"是宗周爲鎬京。又本書僞《周官》篇"歸于宗周",僞孔釋爲"還歸於豐"。是宗周爲豐。按《詩·文王有聲》云:"文王受命,有此武功,既伐于崇,作邑于豐,文王烝哉。"又云:"考卜維王,宅是鎬京,維龜正之,武王成之,武王烝哉。"(《水經注》卷十九引作"宅是鄗京")故《史記·周本紀》記之云:"明年伐邘,明年伐崇侯虎,而作豐邑,自岐下而徙都豐。"其《集解》云:"徐廣曰:'豐在京兆鄠縣東,有靈臺。鎬在上林昆明北,有鎬池。去豐二十五里。皆在長安南數十里。'"又其《正義》云:"《括地志》云:'周豐宮,周文王宮也。在雍州鄠縣東二十五里,鎬在雍州西南三十二里。'"又《吕氏春秋·簡選》"西至豐郭",高誘注:"豐郭在長安西南。"又本書《洪範·序》"以箕子歸",僞孔云:"歸鎬京。"《孔疏》云:"上篇云'至于豐'者,文王之廟在豐,至豐先告廟耳。時王都在鎬,知'歸'者歸鎬京也。"《釋文》:"鎬,胡老反,本又作鄗,武王所都也。"又本書僞《畢命》篇"王朝步自宗周,至于豐。"僞孔云:"宗周,鎬京。豐,文王所都。"由以上資料知豐爲文王所都,鎬爲武王所都,兩地相距二十五里,皆在今西安西南數十里。一直終西周之世,豐、鎬長爲周代的首都。據本篇及僞《周官》、《畢命》等篇的僞《孔傳》,既稱豐爲宗周,亦稱爲鎬爲宗周,由《畢命》篇,知東晋初撰僞孔本時已逕稱其地爲宗周。是豐鎬爲宗周,在歷史上已成定論了。

　　可是《禮記·祭統》引孔悝鼎銘云:"即宫于宗周。"鄭玄注云:"周既去鎬京,猶名王城爲宗周也。"按《漢書·地理志》"河南郡"之"河南縣"云:"故郟鄏地。周武王遷九鼎,周公致太平營以爲都,是爲王城。至平王居之。"《中國歷史地圖集》繪王城即在今洛陽,而營洛邑所成之成周則在今洛陽與偃師之間。是鄭玄以在今洛陽之王城爲宗周了。至《蔡傳》逕引呂祖謙《書説》以洛爲宗周。呂氏云：“王者定都，天下之所宗也。東遷之後，定都於洛，則洛亦謂之宗周。衛孔悝之鼎云：‘隨難于漢陽，即宮于宗周。’是時鎬已封秦，宗周蓋指洛也。”《蔡傳》繼云：“然則宗周初無定名，隨王者所都而名耳。”這一説法豈其然乎？殊不放心。只能説宋人有此一説，其説的用意，顯然是爲了想解決在宗周發布這一誥辭，而所誥的對象是遷洛邑的殷民這一矛盾，才説成洛邑就是宗周的。這就與下一問題即本篇誥辭對象的問題密切相關了。

（四）本篇誥辭所誥的對象問題

本篇誥辭中已自己説清楚所誥的對象，第一節開頭即説“告爾四國多方”和“殷侯尹民”。中間數次説“告爾多方”。第二節開頭即説“降爾四國民命”。但他與“多方”有關。第三節開頭即説“告爾有方多士”及“殷多士”。所以所要誥誡的是什麼人，是講清楚了的。大體分爲兩方面：一是“四國、多方”又稱“有方”的叫“多士”的人，一是“殷侯尹民”又稱“殷多士”的人。這兩方面的人究竟具體是些什麼人以及居住在什麼地方，是住在宗周豐鎬地區的呢，還是居住在洛邑的，這些都被經師弄得繳繞不清。

客觀的歷史事實是，周人在武王克商後，除殷王畿之民分設三監，就地監視外，還曾安頓大批投降臣服於周的被稱爲“民獻”的殷貴族即殷侯尹民和殷多士於宗周。這是在武庚叛亂以前就安頓了的，所以《大誥》中記武庚叛亂時，這些民獻曾幫助周人討平武庚叛亂。到武庚叛亂平定後，上文已叙明把這些叛族作了大規模遷徙，原臣服於殷與殷一起叛亂的諸族分別遷南方西方各地外，對殷本族則分而治之，分割成七部分遷至各地，大致情況是：《逸周書·作雒》説：“俘殷獻民遷于九畢。”孔晁注：“九畢，成周之地。”就是把所俘殷王族的人遷移到洛邑。《左傳·定公四年》載分給魯公伯禽以殷民六族封于少昊之虛(奄)，分給衛康叔以殷民七族封于殷虛，分給唐叔懷姓九宗封于夏虛。《史記·宋微子世家》載以殷餘民授微子封于宋。《史記·秦本紀》："寧公二年，公徙居平陽，伐蕩社。"《索隱》："西戎之君，號曰亳王，蓋成湯之胤。其邑曰蕩社。"《正義》："《括地志》云：'雍州三原縣有湯陵、又有湯臺。'"是陝西境内除宗周鎬京，還有平陽附近及三原皆有遷來之殷民。這是大致可稽的殷本族被分割成這七股，而其中以洛邑最爲大宗，《洛誥》篇"討論(八)"已述明："洛邑的主要居民，是從殷都遷去的商王室貴族，觀《多士》篇可知。還有强迫從事營洛勞動的殷庶民，及滅紂前原住在洛地的殷民。因而殷人多，所以當時也稱洛邑爲殷。"今見《洛誥》篇中即有兩處稱洛邑爲殷，那麽篇中幾處提到殷，是否其中即有指洛邑的呢？

　　由於人們頭腦中殷人被遷至洛邑的概念很深，所以在論及《多方》篇中殷人時，總容易認爲是洛邑殷人。僞孔不明確言洛邑。其釋"宗周"仍爲鎬京。惟於"臣我監"釋爲："監，謂成周之監，此指謂所遷頑民殷衆士。"釋"爾乃自時洛邑"云："汝乃用是洛邑，庶幾長力畋爾田矣。"其以遷殷頑民在成周，意很顯然。《孔疏》亦云："下云'自時洛邑'，此所戒成周之人，故知監謂成周之監，此指謂所遷頑民，殷家衆士也。"《蔡傳》在釋"臣我監五祀"時亦云："'監'，監洛邑之遷民者也。……言商士遷洛，奔走臣服我監，於今五年矣。……今言五祀，則商民之遷，固作洛之前矣。"金履祥《書經注》亦云："'王曰'以下，告遷洛之官士也。'有方多士'者，三國之遺臣。'殷多士'者，武庚之遺臣。"這些都明顯以《多方》中的殷人爲遷洛陽的殷人。所以宋儒要把"宗周"改指洛邑。

　　拙撰《周初八誥中所見周人控制殷人的各種措施》（載《古史續辨》）文中，確認《多方》中所指“四國多方”、“殷侯尹民”等是居於宗周鎬京四境者，因爲篇首的“至于宗周”説得很明確，没法游移。而殷人所遷之地確又以洛邑爲最集中之地，因此我在上文“校釋”中只好説，雖在宗周發布誥辭，但可包括對洛邑殷人講話。實際尚有待於把它弄準確。

　　大抵《多方》所誥誡的對象基本分兩方面，一爲武庚叛亂前已臣服於周的殷貴族及其所轄一般庶殷。主要居於宗周地區，也有原住洛地的殷人。一爲隨武庚叛亂的殷人和原臣屬於殷人的各方國之人，即《作雒》篇所説的“殷、東（郳）、徐、奄及熊、盈（嬴）”諸族。《作雒》進而説：“凡所征熊、盈族十有七國，俘維九國，俘殷獻民。”這些人就是這次誥辭所對的重點。這兩方面的前一方面，就是本篇所稱的“殷侯尹民”及所説的“殷多士”中的原臣服於周者，其後一方面就是本篇所稱的“四國、多方”、“多方”、“有方多士”及“殷多士”中的這次叛亂者。全篇主要精神都是針對這方面的人來的，而這方面的人除遷往南方西方各地者外，顯然主要就是指遷至洛邑的頑民、雛民。這部分人的人數最多，就是周公所要嚴厲誥誡的人，以及將驅遣從事營建洛邑的勞動力役的人。他們既主要居住在洛邑，是不是把他們各族（即多方）的首領人物叫到宗周鎬京一道來聽誥誡呢，還是如宋儒所説的周公到洛邑來講這篇誥辭，還待進一步論定，現在似乎只好同意宋儒所説的，來把問題講通。然而把他們的首領人物叫到宗周鎬京來聽誥誡不是没可能的。

　　以上是爲了讀通《多方》所必須討論的幾個問題，此外尚有些可討論的，以非關鍵所在，就不多騖及了。惟有《多方》寫成於哪一年的問題，已在前面“題解”中論定是周公攝政三年（即成王在位三年），是確切無疑的，所以不需要再在這裏討論。但起釪在《周初八誥中所見周人控制殷人的各種措施》（載《古史續辨》）一文中，誤以爲《多方》和《康誥》等三篇同作於四年，當時只是據一個推想的理由："因爲很顯然，在'三年踐奄'之後，必須第二年才來得及自奄歸周。"不曾考慮雖然説周公三年踐奄，而踐奄是與滅武庚同一役進行，二年滅武庚，也可以同時擊敗奄，可以拖到三年初結束踐奄之役，所以史載"三年踐奄"，完全可以在年初完成，自然可以在五月歸周。更主要的證據是，周公説殷人"臣我監五年"，從滅殷設三監起，兩年武王死，然後周公攝政東征三年，歸來講這篇誥辭，正是五年。所以《多方》必然是周公三年自奄歸周所講，特在這裏更正我在前一文中的誤説。

此外，宋儒對此諸篇有一些議論，足以幫助理解此數篇文意，現録數則如下：

蘇軾《東坡書傳》云："《大誥》、《康誥》、《酒誥》、《梓材》、《召誥》、《洛誥》、《多士》、《多方》八篇，雖所誥不一，然大略以殷人心不服周而作也。予讀《泰誓》、《武成》，常怪周取殷之易，及讀此八篇，又怪周安殷之難也。《多方》所誥不止殷人，乃及四方之士，是紛紛不心服者，非獨殷人也。"

薛季宣《書古文訓》云："商人化於紂之威虐已深，周公寬而教之，優而柔之，不譽以威而勤於教，懷柔其德性，蓋久而後服之也。民遷善而遂誠服，遂致刑措之美。"

呂祖謙《東萊書説》云："後世以刑賞爲霸政，非王者之事。觀周公之待多方，先之以介賚之賞，後之以離逖之刑，申勑明著，炳如丹青，豈亦霸者之事乎？"

立　政

　　《立政》之"政"與"正"同。在先秦文獻及金文中"正"為官長之義，"立正"就是建立官長，"政"為"正"的假借字。《立政》篇實即《立正》篇，就是周公對成王講建立官長、組織政權機構、如何用人行政諸大端。篇中總結夏、商任用官員的得失，自己政權任用官員的經驗，提出今後要怎樣設置和任用高級官員，並提出了周初官職建制系統，實際是一張由內及外較繁的大大小小的官名單子。在周公告誡成王關於設官分職所有應注意的事項中，特別強調君主不要干預、干擾刑獄司法。要由司法負責人員全權辦理。是周初為籌劃建立國家機器的一篇重要文獻。在西漢伏生今文本為第二十三篇，伏生門下三家今文本為第二十四篇。東漢馬鄭古文本為第二十八篇，皆屬《周書》。東晉偽古文本為全書第四十七篇，《周書》第二十一篇。有關本篇情況見後面的"討論"。

（一）校　釋

周公若曰①：“拜手稽首②，告嗣天子王③矣！用咸戒
于王④曰⑤王左右常伯、常任、準人、綴衣、虎賁⑥。”

周公曰：“嗚呼！休兹知恤鮮哉⑦！

①周公若曰——爲史臣記録君主之言用語。意爲周公這樣説。
見《大誥》、《康誥》“王若曰”校釋。《蔡傳》云：“此篇周公所作，而
記之者周史也，故稱‘若曰’。”孫詒讓《駢枝》亦云：“‘用咸戒于王’
以下，乃史官所記。”

②拜手稽首——自首至手爲拜手，自首至地爲稽首，見《堯典》、
《皋陶謨》校釋。《孔疏》云：“周公既拜手稽首，而後發言還自言拜
手稽首，言己重其事，欲令受其言，故盡禮致敬以告王也，《召誥》云
拜手稽首旅王若公，亦是召公自言己拜手稽首，與此同也。”

③嗣天子王——指成王已即天子之任，而商周君主都稱王，成
王繼文王武王爲王，是他已嗣爲天子了，故稱嗣天子王。

④用咸戒于王——僞孔云：“周公周王所立政之事皆戒于王。”
《蔡傳》亦作“用皆進戒曰”，訓“咸”爲“皆”。按《爾雅·釋詁》：
“咸，皆也。”

⑤曰——吳闓生《大義》云：“此曰字乃越字之誤。‘越’，及也。
‘曰王左右’，及王左右也。‘咸戒于王曰王左右’，戒王並及王之左
右。”按曰爲越之同音假借，非其誤。“越”，與也，及也。見《大誥》
“爾多邦越爾御事”校釋。而“咸戒于王”舊皆釋爲群臣皆戒王，不

確,實際是説皆告誡於王及王左右諸臣。

⑥王左右常伯常任準人綴衣虎賁——伯一作故。《説文·支部》:"故,迮也。《周書》曰:'常故常任。'"依《漢石經》"準"作"辟"。《釋文》:"賁,音奔。"顧剛師《周公制禮的傳説和〈周官〉一書的出現》(《文史》第六輯)文中釋此句話説:"這些官是經常跟隨在周王的左右的。其中'綴衣'即後世的'尚衣',掌管王的衣服,'虎賁'護衛王的安全,都只是近侍小官。還有上面三位,看下文説:'宅乃事,宅乃牧,宅乃準,兹惟后矣。'可以知道他們都是高級的官吏:'準'的意義是公平,'準人'當是司法的長官;'任'是執掌政務的長官,故云'事';'伯'是管理民事的長官,故云'牧'。古籍簡奧,它的意義固難確定,但這三個官必然是最高的行政長官。可能是王朝的司徒、司馬、司空,也即是金文裏的'三有事'。下文又説:'立民長伯,立政:任人、準夫、牧,作三事……'……勉强來説,'任人'即常任,'準夫'即準人,'牧'即常伯。'作三事'即《詩經·雨無正》中的'三事大夫',都是機要大臣。"

兹節録皮錫瑞《考證》關於此五職以漢代文獻相校的一些資料:

"常伯、常任",應劭《漢官儀》:"侍中,周成王常伯任侍中,殿下稱制。"以常伯爲漢侍中。又據胡廣《侍中箴》:"亦惟先正,克慎左右,常伯、常任,實爲政首。"則並常任亦爲侍中之職。

"準人",今文作"辟人"。《漢石經》"常伯常任辟(下缺)"。孫星衍説:"'辟'亦法也。'辟人'謂法官也。"錫瑞謹案:"王出入必有執法之官。"

"綴衣",今文作"贅衣"。揚雄《雍州牧箴》、班固《西都賦》、崔瑗《北軍中候箴》皆作"贅衣"。李善《文選》注引《公羊傳》曰:"贅,猶綴也。"

“虎賁”，今文“賁”作“奔”。《續漢書・百官志》引蔡質《漢儀》曰：“主虎賁千五百人。”“又虎賁舊作虎奔，言如虎之奔也。王莽以古有勇士孟賁，故名焉。”《漢官儀》曰：“言其猛怒如虎之奔赴也。平帝元始元年更名虎賁郎。……”錫瑞謹案：“此則古當作虎奔，今經典皆作賁者，乃東漢以後人所改。”（有西周初年的《立政》在，明古時自作虎賁）。

皮氏所輯相校資料以常伯等三職與綴衣、虎賁同爲低級職，實誤。當如頡剛師據本篇自身材料證其爲高級機要大臣，始確。

舊的治經家已有明於此者。如蘇軾《書傳》云：“王左右有牧民之長曰常伯，有任事之公卿曰常任，有守法之有司曰準人。此三事之外，則有掌服器者曰綴衣，執射御者曰虎賁，此褻御也。”又如林之奇《全解》云：“下文所謂‘宅乃事’，即此常任也。‘宅乃牧’，即此常伯也。‘宅乃準’，即此準人也。此以爲伯而下文以爲牧，則以伯爲牧民之長，宜矣。伯既牧民之長而曰左右者，蓋以牧伯而兼公卿也。夫常伯、常任、準人所以與天子圖謀萬幾者，固不可以不得人。然其朝見也有時，至於綴衣、虎賁，朝夕與王處，苟非其人，則王德以之而蠹，雖外得其人，何補焉。”

《蔡傳》亦云：“王左右之臣，有牧民之長曰常伯，有任事之公卿曰常任，有守法之有司曰準人。三事之外，掌服器者曰綴衣，執射御者曰虎賁。”辨其職掌已不誤。並引葛氏曰：“綴衣，《周禮》司服之類，虎賁，《周禮》之虎賁氏也。”《傳說彙纂》並引陳師凱《蔡傳旁通》云：“《天官》有司裘、有内司服，有縫人。《春官》亦有司服。《夏官》虎賁氏掌先後王而趨。舍則守王閑，在國則守王宮，有大故則守王門。又有旅賁氏，執戈盾夾王車而趨。”

⑦休兹知恤鮮哉——蘇軾《書傳》在解釋常伯至虎賁諸職後，緊

接即云："周公則戒之曰：非獨三事者當擇人，此褻御者，亦當擇人也。能知憂此者，美哉鮮矣。"林之奇《全解》云："知人則哲，皋陶以爲惟帝其難之。常伯以下，周公以爲知恤鮮哉。乃知人主之職事，其所謂難者，莫難於此也。"故僞孔釋爲："知憂得其人者少。"《孔疏》簡之爲"知憂得人者少"。按《爾雅·釋詁》："休，美也。恤，憂也。鮮，寡也。"故孫詒讓《駢枝》云："休兹知恤以下，始是周公戒成王語，謂當休嘉之時，而能知憂恤，其人甚少。猶《召誥》云'惟王受命無疆惟休'，亦無疆惟恤，即此意也，此乃泛説。"是知這句字面上的意義是説：知道這美好的事物，又能知道它有可憂恤之處，能有這種認識的人很少。用意是説，現在形勢很好，我們國家的政權建設正在順利進行，但在設官分職、用人行政方面，能憂慮"知人則哲"這重大問題的却很少呵！故吴闓生《大義》云："知恤鮮哉，猶云知德者鮮矣，歎知道者之少也。"實是《孔疏》之意："知憂得人者少。"蘇軾《書傳》亦即此意。戴鈞衡《補商》云："'恤'，憂也。如'堯以不得舜爲己憂，舜以不得禹、皋陶爲己憂'之類。"更是此意。

以上是本篇的篇首，是周公在要對成王講他的設官分職、用人行政的意見時，特先提醒王，同時也呼唤其左右大臣及親近人員，也要和王一道聽清他的意見，都要知道重視他的意見，要在平時有居安思危的意識。

吕祖謙《書説》云："常伯、常任、準人，議政而在王左右者也；綴衣、虎賁，供役而在左右者也。尊卑雖有間，然職重者有安危之倚，職親者有習染之移，其繫天下之本一也。"意思是説這兩種人對王的影響都大，所以周公要同樣告誡他們。

"古之人迪惟有夏①，乃有室大競，籲俊尊上帝②，迪知忱恂于九德之行③。乃敢告教厥后曰：拜手稽首后矣④。曰：宅乃事，宅乃牧，宅乃準，兹惟后矣⑤。謀面用丕訓德，則乃宅人，兹乃三宅無義民⑥。

　　"桀德惟乃弗作往任，是惟暴德罔後⑦。

　　"亦越成湯，陟丕釐上帝之耿命⑧。乃用三有宅，克即宅⑨。曰三有俊，克即俊⑩。嚴惟丕式，克用三宅三俊⑪。其在商邑，用協于厥邑；其在四方，用丕式見德⑫。

　　"嗚呼！其在受德暋⑬，惟羞刑暴德之人，同于厥邦。乃惟庶習逸德之人，同于厥政⑭。

　　"帝欽罰之，乃伻我有夏，式商受命⑮，奄甸萬姓⑯。

　　①古之人迪惟有夏——偽孔釋爲："古之人道惟有夏禹之時。"《蔡傳》亦云："古之人有行此道者惟有夏之君。"皆用《釋詁》"迪，道也"之訓，就字面作此釋。《孔疏》稍申述之云："古之人能用此求賢之道者，惟有夏禹之時。"並再度釋之云："經言'古之人迪'，傳言'古之人道'，當說古之求賢人之道也。王肅云：'古之人，道惟有夏之大禹爲天子也。'其意謂古之人道說有此事（指夏禹爲天子之事），孔意（指偽孔）似不然也。"其實當如吳闓生《大義》云："迪惟，語詞也。"是"迪惟"二字在句中爲語詞，無義。原句是說"古之有夏"。

　　②乃有室大競籲俊尊上帝——偽孔釋云："夏禹之時，乃有卿大夫室家大强，猶乃招呼賢俊與共尊事上天。"係用周代所謂諸侯有國，卿大夫有室家之義。林之奇《全解》云："王室之所以大强，乃在於求賢俊以尊事上帝。"《蔡傳》云："有夏之君，當王室大强之時，而求賢以爲事天之實也。"釋"室"爲王室（此與偽孔異），釋"籲俊"爲

求賢(此與偽孔意近)。似較説得通。

③迪知忱恂于九德之行——偽孔云："禹之臣蹈知誠信於九德之行。"《蔡傳》云："迪知者，蹈知而非苟知也。忱恂者，誠信而非輕信也。言夏之臣蹈知誠信於九德之行。"偽孔、《蔡傳》又皆釋此"九德"爲《皋陶謨》之"九德"。《皋陶謨》之成書，不會早於《立政》，前面《皋陶謨》篇之"討論"中，考明至遲春秋早期已有該篇，是顯然無法早過周初之《立政》，該"討論"中論列當時頗爲流行"九德"之説，至少有四種以上不同項目的九德，也有泛言"九德"未提及德的項目者，由此可知由西周至春秋所流傳的"九德"之説，必然是受本篇影響才形成的。不過"九"字也可依汪中之釋泛言多數。

④乃敢告教厥后曰拜手稽首后矣——偽孔云："知九德之臣，乃敢告教其君以立政。'君矣'亦猶'王矣'。"此釋"后矣"爲"君矣"，以爲"拜手稽首君矣"同於上文"告嗣天子王矣"。《蔡傳》則釋云："言夏之臣蹈知誠信於九德之行，乃敢告教其君曰，'拜手稽首后矣'云者，致敬以尊其爲君之名也。"並引吳氏(可能爲吳棫)曰："古者凡以善言語人，皆謂之教，不必自上教下，而後謂之教也。"

⑤宅乃事宅乃牧宅乃準兹惟后矣——"宅"，《漢石經》作"度"。按，古文作宅，今文作度。《方言》："度，居也。"詳《堯典》"宅嵎夷"之宅字校釋。偽孔云："宅，居也。居汝事，六卿掌事者。牧，牧民，九州之伯，居內外之官，及平法者。"釋"事"爲六卿政事之官，"牧"爲州牧(此不確)，"準"爲平法。蘇軾《書傳》云："'事'，則向所謂常任也。'牧'，則向所謂常伯也。'準'，則向所謂準人也。一篇之中所論宅、俊者參差不齊，然大要不出是三者，其餘則皆小臣百執事也。"《蔡傳》全錄用此説，自合文義。大抵以上文"常伯常任準人"校釋文中所引顧剛師之説最準確："事"是執掌政務的長官，即"常

任”，“牧”是管民事的長官，即“常伯”，“準”是公平執法，其長官即
“準人”。

“兹惟后矣”，此緊接三宅字句之後，《蔡傳》釋云：“兹者，此也。
言如此而後可以爲君也。”那就是要把這三大官職處理好才算是爲
君，則釋“宅”爲居，顯然於此不適用，因居了這三官，怎麽體現出爲
君的本領來呢。是此宅字，當如《釋名·釋宮室》所釋“宅，擇也，擇
吉處而營之也”之義，説選擇好你的事官，選擇好你的牧官，選擇好
你的準官，你這才成爲好君主。

　⑥謀面用丕訓德則乃宅人兹乃三宅無義民——《蔡傳》云：“謀
面者，謀人之面貌也。言非迪知忱恂於九德之行，而徒謀之面貌，用
以爲大順於德，乃宅而任之，如此，則三宅之人，豈復有賢者乎。”這
把這幾句説通了。其“義”仍用仁義之意，故釋爲賢者。蘇軾《書
傳》仍用仁義之論，但釋“無義民”爲“無義之民”，而不是“没有義
民”。僞孔所釋最無道理，除亦釋義爲仁義之義外，竟將“三宅無義
民”牽扯《堯典》“五流有宅、五宅三居”爲釋。忘記了本篇反復談
“三宅”就是指“宅乃事、宅乃牧、宅乃準”這三宅。

“謀”，于省吾《新證》云：“按‘謀’，金文作‘誨’或‘每’或‘某’。
從每從某，其聲一也。英倫隸古定本‘謀’作慔。‘面’即勔。‘謀
面’，即《爾雅·釋詁》之‘黽没’，《詩·小雅·十月之交》的‘黽
勉’，《漢書·劉向傳》之‘密勿’，皆同聲假借字也，《漢石經》‘謀
面’上有亂字，凡《尚書》‘亂’字多爲‘率’之訛，與‘丕’並爲語詞。
‘謀面用丕訓德’者，黽勉用以順德也。《詩·下武》‘應侯順德’，是
‘順德’周人語例。”

“義”，王引之《述聞》云：“《説文》曰：‘俄，行頃也。’頃與傾同。
《説文》又曰：‘義，從我。我，頃頓也。’我、義、俄古並同聲。《小

雅·賓之初筵》篇'側弁之俄'，鄭箋曰：'俄，傾貌。'《廣雅》曰：
'俄，衺也。'古者俄義同聲，故俄或通作義。《立政》曰：'謀面用丕
訓德（或謂丕爲不，非也。辨見《召誥》"面稽無若"下），則乃宅人，
茲乃三宅無義民。'義與俄同，衺也。言夏先王謀勉用大順之德，然
後居賢人於官而任之，則三宅皆無傾衺之民也。"（下文接着辨析
《吕刑》"鴟義奸宄"之"義"字亦傾衺之意。又辨《傳》訓"義"爲仁
義之義的三不可通的理由，皆持之有故）此説粗一聽來，似有點驚
俗，但根據古文字的要義所作出的深刻的辨析，似只能相信其説爲
解釋此文較可取之一説。所以吳闓生《大義》即用王氏説稍加整理
爲釋云："'謀面'，黽勉也。'丕'，奉也。'訓德'，俊德也，訓俊同
字。'乃'，能也。言黽勉以奉俊德，則能度（宅）人，茲夏之三度
（宅）所以無邪人也。"

　　江聲《音疏》據《漢石經》"謀"字上有"亂"字，又訓"丕"爲
"不"，訓"義"爲"儀型"。謂"若惑亂其謀，向用不順之德，居其人於
位，如此，則三宅之官無以儀型於民矣"。提出了他一家之言，成爲
釋此處文義的一説，皮錫瑞以爲"江説是也"。但江訓"丕"爲不，已
爲王引之所非，皮氏《考證》又訂正江氏關於"亂"與"義"的解釋云：
"以'亂'爲惑亂，'義'爲儀型，則猶未當。'亂'，語詞，與'率'通。
《梓材》'厥亂爲民'，《論衡》作'厥率化民'，是其證。'亂謀面用不
訓德'，謂率謀向用不訓德也。'不訓德'，謂不賢之人。'義民'，猶
民儀，謂賢者。義讀爲儀，儀訓爲賢，非儀型於民之謂。經意蓋謂向
用不賢之人，此乃三度無賢者矣。"此亦爲釋此文有可取之一説。終
當用王引之説較妥。

　　⑦桀德惟乃弗作往任是惟暴德罔後——"桀"，夏末代國王。
《史記·夏本紀》載："湯遂率兵以伐夏桀，桀走鳴條，遂放而死。"僞

孔云：“桀之爲德，惟乃不爲其先王之法，往所委任，是惟暴德之人，故絕世無後。”《蔡傳》云：“夏桀惡德，弗作往昔先王任用三宅，而所任者乃惟暴德之人，故桀以喪亡無後。”兩家所釋之義相近，皆就原文句讀爲釋。孫詒讓《騈枝》讀爲：“桀德惟乃弗”句，“作往任”句，“是惟列暴德罔後”句。並引莊述祖云：“弗、拂通，戾也。”而後爲之説云：“案此當從莊讀‘桀德惟乃弗’句。‘弗’與《微子》‘咈其耇長，舊有位人’之咈聲義並通，言桀之德咈戾，與下文‘其在受德暋’文例略同。孔讀‘弗作’句，誤。此當讀‘作往任’句，往與彼義同，言桀作使彼任事之人則唯暴德者也。罔後，謂不顧其後，《盤庚》中篇云‘今其有今罔後’。此蓋與彼正同，孔謂‘絕世無後’，亦失之。”孫説可以參考。其“咈戾”，意即“悖戾”。

吕祖謙《書説》云：“非人才果異於往日也，桀之惡德，弗作往日先王之任用而已。往惟俊德是任，效見於有室大競；桀惟暴德是任，效見於絕世無後。信乎存亡在所任也。”

⑧亦越成湯陟丕釐上帝之耿命——蘇軾《書傳》：“耿，光也。成湯既以升聞，大治上帝之命。”《蔡傳》：“亦越者，繼前之辭也。耿，光也。湯自七十里升爲天子，典禮命討，昭著於天下，所謂陟丕釐上帝之光命也。”孫星衍《注疏》云：“‘越’，同粵，《釋詁》云：‘于也。’‘丕’，語詞。‘陟’，同勑，《皋陶謨》‘敕天之命’，《史記》作陟。‘釐’者，《詩》箋云：‘理也。’‘耿’者，《説文》引杜林説：‘光也。’……言亦於成湯能敕理天之光命。”朱駿聲《便讀》：“‘越’，度也，猶及也。‘陟’，登也。‘釐’，理也，猶順也。‘耿’，光也。言及湯登天子位，亦大順天之光命。”各就所見爲釋，其訓字義之相同者：“陟”，升、登。“釐”，理、治。“耿”，光。而於“越”字之釋有三種紛歧：繼前之辭，于也，及也。此處似以“繼前之辭”較妥。

⑨乃用三有宅克即宅——《蔡傳》："‘三宅’，謂居常伯、常任、準人之位者。‘三俊’，謂有常伯、常任、準人之才者。‘克即’者，言湯所用三宅，實能就是位而不曠其職。"孫詒讓《駢枝》："王引之云：‘三宅，即上文之宅乃事，宅乃牧，宅乃準。’按三宅當如王說，僞孔說大誤。"（按僞孔謂"湯乃用三有居惡人之法……"仍誤用《堯典》"五宅三居"之說爲釋。）

⑩曰三有俊克即俊——《蔡傳》："三俊，謂有常伯、常任、準人之才者。言湯……所稱三俊，實能就是德而不浮其名也。三俊，說者謂它日次補三宅者。詳宅以位言，俊以德言，意其儲養待用，或如說者所云也。"吳闓生《大義》："以事、牧、準宅人曰三宅，以三者進人曰三俊。即，就也。言湯所用三宅能成乎其宅，于所稱三俊能成乎其俊也。"孫詒讓《駢枝》："三有俊，當即三宅之屬官。蓋三宅各有正長，有屬吏。三宅之屬吏皆用賢俊，故謂之三有俊。即上文之俊有德，亦即《多士》所謂‘俊民甸有四方’也。又上文云‘三宅無義民’（義謂俄），不邪之謂俊民，此俊民即隸於三宅，其爲事、牧、準之屬官而非泛指三德之俊，亦明矣。"

⑪嚴惟丕式克用三宅三俊——呂祖謙《書說》："‘嚴惟丕式’，嚴思賢者，惟大則效之，然後能用宅俊。所謂學於伊尹而後臣之，其一證也。"《蔡傳》："‘惟’，思。‘式’，法也。湯於三宅三俊，嚴思而丕法之，故能盡其宅俊之用。"王樵《日記》云："此一段文義頗艱奧，《蔡傳》甚明暢，但‘嚴維丕式’一句尚未了然。‘嚴維丕式’，言思慮精專一於賢者，即凡事委心聽順，惟賢者是師而不自用，便是丕式處。"孫詒讓《駢枝》云："‘嚴惟丕式克用三宅三俊’，十字句。‘丕’，語詞。‘式’與職通，猶主也。下文‘用丕式見德’，義同。孔釋‘丕式’爲‘大法’，誤。"吳闓生《大義》："‘嚴’、‘業’同，創也。

'嚴惟丕式',創爲大法也。"

⑫其在商邑用協于厥邑其在四方用丕式見德——僞孔云:"湯在商邑,用三宅三俊之道和其邑;其在四方,用是大法見其聖德。言遠近化。"王樵《日記》云:"兩'丕式'字,上言君丕式乎賢;下言民丕式乎君。……四方之人皆大法乎君,而以德自見,所謂'偏爲爾德'也。"朱駿聲《便讀》:"'嚴',儼也,敬也。'惟',思也。'式',法也。'商邑',邦畿也。其在邦畿之内,用以協和於其邑;其在四方,亦以此大法顯湯之聖德也。"

⑬其在受德暋——"受",即紂,爲商末代國王,爲周武王所誅殺(見《周本紀》)。段玉裁《撰異》於《牧誓》篇云:"'受'作'紂'者,《今文尚書》也,《周本紀》亦作'紂'。玉裁按:凡《今文尚書》作紂,凡《古文尚書》作受。《史記》、《漢書》無作受者。"此處"受德"與上文"桀德"同,是説此兩人的德性,可是文獻中有誤認"受德"爲其名者,即沿此處二字而誤,參見《牧誓》篇"今商王受"校釋。于省吾《新證》:"其在受德四字句。"

"暋",《釋文》:"眉謹反。"于省吾《新證》:"僞《傳》訓'暋'爲自强,孫星衍又引《釋詁》暋訓强爲證。揆諸文義,究爲不合。……'暋'應讀'聞',聞、聞古今字。此'聞',猶'冒聞于上帝'之聞,與下'帝欽罰'之義相接。"

⑭惟羞刑暴德之人同于厥邦乃惟庶習逸德之人同于厥政——僞孔釋爲:"惟進用刑與暴德之人同於其國,並爲威虐;乃惟衆習爲過德之人同於其政,言不任賢。"《蔡傳》云:"'羞刑',進任刑戮者也。'庶習',備諸衆醜者也。言紂德强暴(此暋字之釋),又所與共國者,惟羞刑暴德之諸侯;所與共政者,惟庶習逸德之臣下。"王引之《述聞》云:"《傳》曰:'惟進用刑與暴德之人。'《正義》曰:'惟進用

刑罰與暴德之人。'引之謹案,刑罰與暴德文義不倫,《傳》說非也。
今案《爾雅》:'刑,法也。'蓋謂之刑法之亦謂之刑。《周頌·烈文》
篇'不顯惟德,百辟其刑之',箋曰:'卿大夫法其所爲也。'此'刑暴
德',亦謂效法暴德也。效法暴德之人,所當居之遠方,弗與其國,今
乃進用之,使同治其國,故曰'惟羞行暴德之人,同於厥邦'也。此云
'刑暴德',下文云'習逸德',正相對。"于省吾《新證》:"《爾雅·釋
詁》:'羞,進也。刑,法也。'說其在受德,聞惟進法暴德之同於其
邦,乃惟衆習逸德之同於其政,故帝欽罰之也。"

孫詒讓《駢枝》云:"案'羞'當爲苟之誤。《説文·苟部》:'苟,
自急敕也。'古文作'菁'。《洪範》'敬用五事',《漢書·五行志》
'敬'作'羞'。孫淵如(星衍)謂'羞蓋菁字',此與彼同。'菁',亟
也,謂急於刑罰。下云'乃惟庶習逸德之人同于厥政','庶習',猶
《皋陶謨》云'庶明'、'庶頑'。菁刑暴德,與彼文例正同。王引之以
'刑暴德'與'習逸德'相對爲釋,亦未得其義。"考述深刻,自是可
取,但改字釋經,必須慎重。故此說只能備一說。

⑮帝欽罰之乃伻我有夏式商受命——僞孔云:"天以紂惡,故敬
罰之,乃使我周家王有華夏,得用商所受天命。"是訓"欽"爲敬,
"伻"爲使,"式"爲用。《蔡傳》全用其訓,亦釋云:"上帝敬致其罰,
乃使我周有此諸夏,用商所受之命而奄甸萬姓。"說使我周有此華
夏,誤。實爲周人自稱有夏,已見《君奭》篇"文王尚克修和我有夏"
校釋。前人亦有知此意者,見本篇吳闓生《大義》云:"稱'我有夏',
與《君奭》篇同,猶《康誥》'我區夏'也。"吳氏又訓"式"爲"代"。又
訓爲"法"。其說云:"式,代也。《説文》式、代皆從弋聲。一說,法
商之受夏命。"又吳氏承孫星衍"欽與廞通,《釋詁》云:'興也'"之
說,訓"欽"爲"興",不如通常訓"敬"爲便。

⑯奄甸萬姓——僞孔承上句釋爲：“得用商所受天命，同治萬姓。”《孔疏》：“商本受天命，周亦受天命。故言‘用商所受天命，同治萬姓’。《釋言》云：‘弇，同也。’同爲天子治萬姓，與商同也。”江氏《音疏》：“奄，大。甸，治也。……用商所受之命，以大治萬姓。”孫星衍《注疏》：“奄者，《說文》云：‘大有餘也。’甸者，《詩·傳》云：‘治也。’……言……大治萬民。”于省吾《新證》：“奄，古籀作宲。《秦公鐘》：‘宲有下國。’即《詩·閟宮》之‘奄有下國’。《石鼓文》‘勿宲勿伐’，勿宲即勿掩。《詩·韓奕》‘奄有北國’《傳》：‘奄，撫也。’又‘維禹甸之’《傳》：‘甸，治也。’‘姓’，金文作‘生’。《沈兒鐘》：‘緐遚百生。’百生即百姓。《秦公鐘》：‘萬生是敕。’萬生即萬姓。是‘百生’、‘萬生’皆周人語例。萬姓謂萬民。‘奄甸萬姓’者，撫治萬民也。”

以上這一節，指陳夏商舊事，皆在其興起迄强盛階段，釐敬上帝，恂行九德，於“三宅”（國家的司法、行政、民政等三個最高機要大臣之擇定）皆重用賢俊，及末代昏暴之君桀、紂，皆拂逆舊有正道，唯用暴德亂法之徒，卒致亡國。呂祖謙《書說》指出：“論夏商之興亡，不出於任用得失之間，立政之體統端在是矣。”文中於夏提出“三宅”，於商益以“三俊”。《蔡傳》言：“湯所用‘三宅’，實能就是位而不曠其職；所稱‘三俊’，實能就是德而不浮其名也。”前者核其人是否克盡職守，後者核其人才德是否克副其職。則於考績與求賢二者俱重。及桀、紂而全部廢亂。這是深刻的歷史教訓，特舉以諄諄誡勉成王加以重視。

“亦越文王、武王，克知三有宅心，灼見三有俊心①，以敬事上帝，立民長伯②。立政③：任人、準夫、牧，作三事④；

虎賁、綴衣、趣馬、小尹、左右攜僕、百司、庶府⑤；大都、小伯、藝人、表臣百司、太史、尹伯、庶常吉士⑥；司徒、司馬、司空、亞、旅⑦；夷、微、盧烝，三亳、阪尹⑧。

　　“文王惟克厥宅心，乃克立兹常事、司牧人，以克俊有德⑨。文王罔攸兼于庶言、庶獄、庶慎，惟有司之牧夫，是訓用違⑩。庶獄庶慎，文王罔敢知于兹⑪。

　　“亦越武王，率惟敉功，不敢替厥義德⑫，率惟謀從容德，以並受此丕丕基⑬。

　　①克知三有宅心灼見三有俊心——“宅”，《漢石經》作“度”。“灼”，《說文》作“焯”。“俊”，《漢石經》作“會”。宅作度已見上文“宅乃事”校釋。灼作焯則見《說文·火部》云：“焯，明也。从火，卓聲。《周書》曰：‘焯見三有俊心。’”段玉裁《撰異》云：“作‘焯見’，則爲同部假借字。”俊作會則見《隸釋》載《漢石經》殘碑此句連下句之首作“……（缺）有會心以敬事……（缺）”。《撰異》云：“俊作會，此《今文尚書》也。”陳喬樅《經說考》云：“據《說文》引作‘俊’，則《石經》非也。”

　　《蔡傳》：“三宅三俊，文武克知灼見皆曰心者，即所謂‘迪知’、‘忱恂’而非謀面也。三宅已授之位，故曰克知；三俊未任以事，故曰灼見。”呂祖謙《書說》：“三宅，共政者也，知其心者猶未盡，則不能無間，惟文、武真能知其心也。三俊，待用者也，未與事遇，則底蘊不外見，惟文、武灼然見其心也。”《彙纂》引孫繼有云：“大抵人臣立朝，以心術爲本。心術不正，縱行事可觀，言論可采，亦非吉士。克知灼見者，知其心之果正而無它，即克知厥若之意。”

　　②以敬事上帝立民長伯——僞孔云：“文、武知三宅三俊，故能

以敬事上天,立民正長。"《孔疏》:"文、武知此三宅三俊之心,用之皆得其人,故能敬事上天稱天心也,立民正長合民心也。"《蔡傳》在釋"克知"、"灼見"後繼云:"以是敬事上帝,則天職修而上有所承;以是立民長伯,則體統立而下有所寄。……夏之'尊帝',商之'丕釐',周之'敬事',其義一也。'長',如《王制》所謂'五國以爲屬,屬有長';'伯',如《王制》所謂'二百一十國以爲州,州有伯'是也。"吳闓生《大義》云:"言文、武克知灼見禹、湯審官之心,而'立民長伯立正'也(連下句"立政"言)。'正'與'長'對文。《管子》'知時者可立以爲長,無私者可置以爲正',是其例。下文乃備列長伯、列正之目。"

③立政——即立正,即設立官長,已見篇首解題。在此二字的揭示下,周公較詳地開列了周初文王武王時大抵已具有的官員。所列上下大小官員較繁,顯得紛然雜陳,眉目不清。所以顧剛師在《周官一書的出現》文中説:"這一張官名單子寫得糊塗,很難分析。"但終由於顧剛師的深入分析,仔細研究,把它們理出了一個眉目,以爲大體可分爲五組。下面就依原文所列官名先後,按顧剛師所分的五組,依次述之如下文。在每組顧剛師之説後,根據情況補充一些文獻資料。

④任人準夫牧作三事——顧剛師説:"'任人'即常任,'準夫'即準人,'牧'即常伯。'作三事'即《詩經·雨無正》中的'三事大夫'。都是機要大臣,這是第一組。"

這三個官名的意義,已見篇首"常伯常任準人"校釋。

⑤虎賁綴衣趣馬小尹左右攜僕百司庶府——顧剛師説:"'虎賁'、'綴衣'見前;'趣馬'是管馬的,'小尹'是小臣之長,'左、右攜僕'是持王用的器物或御車的僕夫,'百司'是在内廷分管王的事務

的，‘庶府’是分管王的庫藏的：這些都是王的侍從，所謂宫中之官，爲第二組。”

偽孔：“趣馬，掌馬之官，左右攜持器物之僕，乃百官有司主券契藏吏。”《蔡傳》：“此侍御之官也。趣馬，掌馬之官，小尹，小官之長，攜僕，持僕役之人，百司，若司裘、司服，庶府、若内府、大府之屬也。”《彙纂》引王炎云：“凡治事曰百司，凡掌財曰庶府。”又引陳師凱云：“《周官》有玉府、内府、外府、泉府、天府。”又引顧錫疇云：“天子自大臣召對外，此侍御之官親近周旋，自虎賁而下凡七等官，皆就得人説。虎賁修武備以壯掖庭之威，綴衣布物采以昭黼扆之焕，趣馬閑輿衛以備法駕，小尹正群領以供法從，左右攜僕如云左右攜持器物之僕，以司稱者各辦所職服用之需於此取，以府稱者各典所守儲蓄之備於此藏。以上諸官俱是内官之長。”

于省吾《新證》：“孫詒讓云：《周官・夏官》：‘趣馬，下士皁一人，徒一人。’鄭注：‘趣，養馬者也。’《詩・正月》：‘蹙維趣馬。’金文‘走馬’習見。《大鼎》：‘王召走馬雁。’《師兑毁》：‘正師龢父嗣左右走馬，五邑走馬。’是‘趣’本應作‘走’。”

⑥大都小伯藝人表臣百司太史尹伯庶常吉士——顧剛師説：“‘大都’是管理諸侯和王子、王弟們的采邑的，‘小伯’是管卿、大夫的采邑的，‘藝人’是居官的技術人員，如卜、祝、樂師、工師之流，‘表臣百司’是在外廷分管政務的，‘太史’是記事和作册命的，‘尹伯’是百官之長，‘庶常吉士’是許多擔任常務的士，這些都是辦理政務的，所謂府中之官，爲第三組。”

偽孔：“大都邑之小長，以道藝爲表幹之人，及百官有司之職。”“太史，下大夫，掌邦六典之貳，尹伯長官大夫，及衆掌常事之善士”。《蔡傳》引吕祖謙説：“（此處云“此都邑之官”及大都小伯互文言大都小都之伯,誤)'藝人',卜祝巫匠執技以事上者,'表臣百司',上文百司蓋內百司,此百司蓋外百司,若外府之屬,所謂表臣也。'太史'者,史官也(《孔疏》太史爲史官之長)。'尹伯'者有司之長,如庖人尹庖,內外甕尹甕。膳夫爲數尹之伯之類。"(釋"庶常吉士"爲總結文武之衆皆吉士,亦誤)

俞樾《平議》:"《傳》曰'況大都邑之小長,以道藝爲表幹之臣'。樾謹按,'藝'當讀爲'埶',藝祖之藝同。説詳《堯典》。'藝人'者,埶御之人也。此藝人猶上之左右攜僕,下云'表臣百司',猶上之百司庶府,但有內外臣之別耳。公卿、都邑亦自有埶御之人。……因其字作藝,枚氏遂以'道藝'釋之,殆非古義。"

于省吾《新證》:"僞《傳》謂'以道藝爲表幹之臣',紕繆已極。《蔡傳》訓藝人爲'卜祝巫匠執技以事上者,表,外也'。似是而非。俞樾云:'藝當讀爲埶,藝人,埶御之人,猶上之左右'攜僕'。按俞説是也。藝,金文作埶或犾。《番生敦》'迺夏遠能犾',即柔遠能邇也。邇犾古同聲。'表'乃'封'之訛。……封臣即封人。《左·隱元年傳》'爲潁谷封人'注:'封人,其封疆者。'《荀子·堯問》'繒丘之封人'注:'封人,掌疆界者。''大都小伯,藝人封臣',均相對爲文。"

⑦司徒司馬司空亞旅——頡剛師説:"'司徒'、'司馬'、'司空'在這裏別於任人、準夫、牧而言,恐是指諸侯的三卿,'亞'是位次於卿的大夫,'旅'是位次於亞的衆大夫。這些人大概都是侯國之官,爲第四組。"

按,司徒、司馬、司空之官,已在《堯典》篇任命九官的司空、司徒二校釋文中作了詳細考述。大抵此三官純爲周代始有之官,西周初期資料中爲侯國職官,西周中期中央王朝開始有此官,但爲居卿事寮之下的第二級大夫之職，至春秋而上升爲六卿之列。成爲國家第一級六個大臣。不過也由魯國六卿之制而來，後來周、衛、鄭三政權也采用。到漢代主要是東漢，成爲國家最高級的三個大官，稱爲大司馬、大司徒、大司空了。（亞、旅常列三個司之後，參見《牧誓》校釋。）仍可參看《堯典》校釋。

僞孔："此有三卿及次卿、衆大夫，則是文武未伐紂時，舉文武之初以爲法則。"林之奇《全解》云："司徒、司馬、司空，諸侯之三卿也。亞，其貳也；旅，其衆士也。"呂祖謙《書說》云："先儒以三卿爲文武未伐紂前官制。……文王雖不有天下，武王克商，官制實達於四海，其爲侯國之官無疑也。"其言皆合。《蔡傳》亦云："此諸侯之官也，司徒主邦教，司馬主邦政，司空主邦土。"言諸侯之官不誤，言三官之所主掌，則係據僞《古文尚書·周官》篇爲說，實誤，當看上文《堯典》校釋。此外陳師凱《旁通》云："《康誥》言圻父、農父、宏父三卿亦與此同，可見此爲諸侯之官。"

⑧夷微盧烝三亳阪尹——顧剛師說："'夷'、'微'、'盧'是當時的一些落後部族（按，曾支持周武王參加伐紂，見《牧誓》），'烝'是他們的君長而服屬於周的；'三亳'是殷代先前的都城所在（按，有北亳、南亳、西亳），'阪'是險要的地方，爲了防止叛亂，在那裏都設'尹'防守。這些都是封疆之官，爲第五組。"

《孔疏》引鄭玄注云："'三亳'者，湯舊都之民服文王者，分爲三邑。其長居險，故言'阪尹'。蓋東成皋、南轘轅、西降谷也。"

僞孔："蠻夷微盧之衆帥，及亳人之歸文王者三所，爲之立監及阪地之尹長。"《蔡傳》："此王官之監於諸侯四夷者也。'微'、'盧'見經，'亳'見史，'三亳'：蒙爲北亳，穀熟爲南亳，偃師爲西亳。（蔣廷錫《地理今釋》：'今〔清〕河南歸德府商丘縣北四十里有大蒙城，

《水經注》云：汲水東經大蒙城北，疑即蒙亳也，所謂景亳，爲北亳矣。）‘烝’，或以爲衆，或以爲夷名。‘阪’，未詳。古者險危之地，封疆之守，或不以封，而以王官治之，參錯於五服之間，是之謂‘尹’。”

　　于省吾《新證》：“按《說文》無阪字，《廣韻》阪、坂同。《小臣單觶》‘王後坂克商’……周初如《沈子它毁》從又之字多作ㄋ，是坂即坂。……坂，地名，‘王後坂克商’者，王克商後坂之倒文也。言王後克坂先克商也……俞樾云：‘昭二十三年《左傳》單子從阪道，劉子從尹道，疑此經阪尹即所謂阪道尹道者，乃地名也。以一夷字總領下文，微也，盧也，烝也，三亳也，阪也，尹也，其地皆有蠻夷錯處，故以夷字冠之。’按姚姬傳訓‘烝’爲君，僞《傳》訓‘尹’爲長，是烝與尹爲對文，言夷微盧之君，與三亳阪之長，於義亦通。”

　　頡剛師在考述五組官職既畢，總言之云：“照此說來，第一組是王的樞密，第二組是王的近臣，第三組執行政務，第四組處理侯國事務，第五組處理邊疆事務。這些解釋是二千年來經師們的研究成果，如果不錯，可見那時建官，雖沒有系統的編制，而由內及外，次序秩然。也可以推測周初的政府組織是相當嚴密的。”

　　頡剛師接着說：“又這一篇的最後一段說：‘周公若曰：“太史、司寇蘇公，式敬爾由獄以長我王國，兹式有慎，以列用中罰。”’文中又出現一個管理刑獄的‘司寇’之官，不知道是不是尹伯中的一個，也不知道他對上級的準人或準夫又該如何分別職權？又周公說到謹慎刑法，連帶稱到‘太史’，似乎太史也兼監察的職務，象秦漢時的御史一般。可惜當時詳細的官名和職務，以及其中上下級的關係，現在我們已經無法清楚地知道了。周公告誡成王是這樣說的。如果《立政篇》確是西周傳下來的，那麼這裏所記的當然可以實定爲周初官制。但這種政府組織並不出於周公手創，因爲文中說到了由於

‘文王武王立民長伯’，而有這種的官員的。”

這確實是周初官制，而且是文王武王實際實行，周公承用之，又用以轉告成王實行這一官制，同時强調了妥善用賢這一點。但事實上官制並不一定完全按照主觀規劃實現，在實踐中，往往會因客觀需要客觀形勢有所演進有所創新，而形成了與原意不盡相同的官制。

現在看到成王中期以後銅器，如《令彝》云：“王令周公子明保尹三事、四方，受卿事寮。丁亥，令夨告于周公宮，公命出同卿事寮。……癸亥，明公朝至于成周出令，舍三事令；眔卿事寮，眔諸尹，眔里君，眔百工，眔諸侯：侯、甸、男，舍四方令。”羅振玉《殷虚書契考釋》云：“卿事即卿士。”郭沫若《周官質疑》云：“金文於卿事稱寮，可知其屬不止一人；屢與大史對舉，當與太史爲同級之官。”按，此見屬王時器《番生殷》云：“王命糳嗣公族、卿事、大史寮。”又宣王時器《毛公鼎》云：“及兹卿事寮、大史寮于父即尹，命汝糳嗣公族雩（與）參有嗣、小子、師氏、虎臣嗣朕褻事。”這樣，卿事寮、太史寮成爲西周自成王以後逐漸完備的兩大最高政府機構，其長官並立爲王朝的兩頭政長，不復是文王、武王及周公時的常伯（牧）、常任（任人）、準人（準夫）這三頭政長了。

文王末武王時期的三頭政長是太公望、周公、召公。及成王時期只有周公、召公，自然形成兩頭政長了。相應而成的政府機構也就成爲卿事寮太史寮二寮了。其領導人爲卿士，文獻中所見逐漸發展成左、右卿士。《左傳·隱公三年》：“鄭武公莊公爲平王卿士。”杜注：“卿士，王卿之執政者。”又《隱公八年》：“虢公忌父始作卿士于周。”又《隱公九年》：“鄭伯爲王左卿士。”則虢公忌父爲右卿士。至《襄公十年》猶記：“單靖公爲卿士，以相王室。”可知周室執政官員已長期定於卿士，常以左卿士、右卿士共同執政，有時以一卿士執政。整個春秋時期，周王室執政者共二十八任，有二十任皆由兩卿士執政（其中一任且有三卿士），而有八任由一卿士執政。文獻中前幾任記明左卿士、右卿士，其後但記卿士或卿，亦有少數二三任但記其名諱（氏名的謚號）。與魯鄭衛之皆爲六卿同（魯十五任執政除一任爲季氏家臣外，餘皆六卿，其中任司徒六人，司空三人，司馬二人，與本篇周公所説相合，餘三任但記爲卿）。故春秋時期周魯鄭衛諸國官制彙集而成爲《周禮》一書，而六卿之制定（以上見起釪撰《兩周戰國職官考》及《周禮真僞之爭及其書撰成之真實依據》）。是周代官制，由周初之三宅，演進爲西周中期的兩寮，再進爲西周後期及春秋初之左右卿士，最後定於周魯鄭衛之六卿，及戰國而此官制式微，由吸收齊晉兩國官制而形成的秦制代興，周官就由秦官所取代，及漢代乃全承秦官，形成三公九卿之制，其後兩千多年的官制雖有演變而基本成爲大框框相承的官制系統了（至北周才復用六卿制度，而終又演變）。

　　周文王、武王、周公使用的周初官制，其他文獻中很少提到，無法了解，賴有《立政》篇較詳地而且體系較完備地列舉了其全部官名，因而這是一最珍貴的史料。

　　⑨文王惟克厥宅心乃克立兹常事司牧人以克俊有德——皮氏《考證》：“今文‘惟’作‘維’，‘厥’上無‘克’字，‘宅’作‘度’，‘俊’作‘會’。《漢石經》‘（上缺）維厥度心（下缺）’錫瑞謹按，據此則篇中宅字皆當作度。石經於上文‘三有俊心’作‘有會心’，此文‘俊’字亦當作‘會’，會者，會合之義。”

　　《彙纂》引朱熹曰：“‘文王惟克厥宅心’，人皆以宅心爲處心，非也。即前面所説‘三有宅心’耳。若處心則云‘克宅厥心’。”《蔡傳》：“文王惟能其三宅之心。能者，能之也。知之至、信之篤之謂。故能立此常任、常伯，用能俊有德也。不言準人者，因上章言文王用人而申克知三有宅心之説，故略之也。”王樵《日記》云：“三克字最有力，言文王之知人、惟克知其心，乃克立其官，以克稱其任之人也。”

⑩文王罔攸兼于庶言庶獄庶慎惟有司之牧夫是訓用違——僞孔云：“文王無所兼知於毀譽衆言及衆刑獄、衆當所慎之事，惟慎擇有司牧夫而已。勞於求才，逸於任賢。”《蔡傳》：“‘庶言’，號令也。‘庶獄’，獄訟也。‘庶慎’，國之禁戒儲備也。‘有司’，有職主者。‘牧夫’，牧人也。文王不敢下侵庶職，惟於有司牧夫訓敕用命及違命而已。”王樵《日記》云：“庶獄，獄訟也。庶慎，所當慎者非一，如財用慎其出入，不虞慎其戒備之類，皆是也。有司主者也，牧夫，曰牧人也。用，用命者，違，不用命也。兼詔與其事也，言文王於庶言庶獄庶慎一無所兼，但於有司牧夫之用違，訓之而已。”江聲《音疏》：“‘罔攸兼’，無所兼采也，‘庶言’，衆人毀譽之言也。‘庶獄’，衆刑獄。‘庶慎’，諸所當慎之事。庶獄庶慎，惟於所司之牧訓教其用命無違命而已。”孫詒讓《駢枝》云：“案‘庶言’，謂凡論議教誨之官若師氏、保氏之屬。‘庶獄’，即刑官，謂司寇、士師之屬。‘庶慎’，謂凡掌典法之官。《周書·商誓篇》（此爲《逸周書》之篇）有庶義、庶刑，此‘庶獄’即彼‘庶刑’，‘庶慎’即彼‘庶義’。若《周禮》司會、大史諸職，掌百官中成之等，《周禮·大宗伯》天神司中，《左·襄十一年傳》及《説文》並作‘司慎’，義亦可互證此三庶，並實指其官。‘罔攸兼’，似謂使各職其職，不侵其官。僞《傳》謂泛庪衆言，衆刑獄、衆所當慎之事，以上下文例推之，並不合，不足據也。”

于省吾《新證》云：“舊讀‘慎’如字，遂支蔓不可解結。按‘慎’

應讀'訊',《荀子·賦篇》'行遠疾速而不可託訊者與'注:'本或作託訓。'《洪範》'于帝其訓'、'是訓是行',《史記》'訓'並作順。《易·繫辭》'慎斯術也'《釋文》:'慎本作順。'《荀子·成相》'請布基、慎聖人'注:'慎讀爲順。'是訊、訓、慎、順古通之證。《周禮·大司寇》云:'凡諸侯之獄訟,以邦典定之;凡卿大夫之獄訟,以邦法斷之;凡庶民之獄訟,以邦成弊之。'《小司寇》云:'以五刑聽萬民之獄訟,附于刑,用情訊之。'又云:'一曰訊群臣,二曰訊群吏,三曰訊萬民。'然則'庶獄庶慎'者,'庶獄庶訊'也。……《 曶 》:'訊訟罰取賞五寽。'是'訊'與'罰'文固相屬也。"此釋警闢,問題是仍要改字以釋,不能不深長思之。然由下文屢用"庶獄庶律"之文意以觀,終不能不從于先生之說。好在孫詒讓已釋"庶慎"爲"掌典法之官",可與于說合併以爲釋。

⑪庶獄庶慎文王罔敢知于兹——僞孔云:"衆獄衆慎之事,文王一無敢自知於此,委任賢能而已。"《蔡傳》:"上言'罔攸兼',則猶知之,特不兼其事耳。至此'罔敢知',則若未嘗知有其事,蓋信任之益專也。上言'庶言',此不言及者,號令出於君,有不容不知者故也。呂氏(祖謙)曰:'不曰"罔知于兹",而曰"罔敢知于兹"者,徒言"罔知",則是莊老之無爲也。惟言"罔敢知",然後見文王敬畏思不出位之意。'"《彙纂》引王氏安石曰:"君道以擇人爲職,上必無爲而用天下,下必有爲而爲天下用,此君臣之分也。"

⑫亦越武王率惟敉功不敢替厥義德——《釋文》:"敉,亡婢反。"今讀盲婢反,蓋輕脣音,今讀重脣音。僞孔云:"亦於武王循惟文王撫安天下之功,不敢廢其義德,奉遵父道。"是訓"越"爲"於","率"爲"循","敉"爲"撫安天下","替"爲"廢","厥"爲"其"。《蔡傳》:"'率',循也。'敉功',安天下之功。'義德',義德之人。(下

句）'容德'，容德之人。蓋義德者，有撥亂反正之才，容德者，有休休樂善之量，皆成德之人也。周公承上文言，武王率循文王之功，而不敢替其所用義德之人，率循文王之謀，而不敢違其容德之士。意如虢叔、閎夭、散宜生、泰顛、南宮括之徒，所以輔成王業者，文用之於前，武任之於後，故周公於《君奭》言五臣克昭文王受有殷命，武王惟茲四人，尚迪有祿。正猶此叙文武用人。"王樵《日記》："言文王之克厥宅心，以見文王知人之要，罔攸兼、罔敢知於獄慎之事，以見文王任人之要。至於武王無復他語，惟言其能用文王之人而已。此又武王知人任人之要也。"吳闓生《大義》云："'敉'，謀也。'功'，事也。'義德'，法教也。"不直接釋爲用人。

⑬率惟謀從容德以並受此丕丕基——《漢石經》作"（上缺）受茲丕丕其於戲（下缺）"。段玉裁《撰異》云："按此《今文尚書》也。'此'作'茲'，'基'作'其'，'烏呼'作'於戲'。《大誥》亦有'丕丕基'，而《漢書·翟方進傳》王莽作'大大矣'。以'矣'訓'基'者，蓋《今文尚書·大誥》亦作'丕丕其'，與《立政》同。'其'者，語詞，讀如姬，故莽以語詞訓之。《今文尚書》說也。《周頌》'夙夜其命'，'其'，始也。蓋《古文尚書》本作'其'，與今文同，後訓爲'始'，乃加土耳。"皮氏《考證》云："段說非也。莽作《大誥》云：'始而大大矣。'明是以始訓基。石經此文作其，即基字省文，並非語詞。江聲云：今文'基'爲'其'。'其'，基之省，是也。"此等處，無用深求，知"其"爲"基"之省文自可。

僞孔云："武王循惟謀從文王寬容之德，故君臣並受此大大之基業，傳之子孫。"《蔡傳》之釋已見上引，其中關於本句者，謂："容德有休休樂善之量。……言……武王率循文王之謀，而不敢違其容德之士。……此叙文武用人，而言並受此丕丕基也。"顯然此"並受"

是文、武並受。僞孔説君臣並受已牽强，吳闓生《大義》訓“並”，普也。“丕丕”，大也。釋此句爲“以普受此大業”，主語不明確。《大義》釋此句爲：“武王亦率文王之道而行之，不敢替文王之德，慎用賢良以有天下。”于省吾《新證》：“僞《傳》云：‘武王循惟謀從文王寬容之德。’王先謙引《釋言》訓‘謀’爲心，引《禮》鄭注訓‘從’爲順，言‘武王之心順於寬容之德’。均有未當。按‘率’，語詞，‘謀’即前‘謀面’之謀，訓‘勉’。‘容’即頌。頌、容古今字，《荀子·天論》‘從天而頌之’注：‘頌者，美盛德也。’《詩·周頌譜》疏：‘頌者，美盛德之形容。’經、傳、注、疏訓‘頌’爲‘頌德’不一而足。言‘武王率惟罷勉順從以頌美文王之德’也。”自當以于先生此釋最確。

以上這一節，承夏商歷史教訓後，自己周家開國君主文王首先“克知三有宅心，灼見三有俊心”。就是説從心理素質上重視立官任賢。接着詳舉文王所設置的上下內外大小官職名單，使後代知道周初官制詳情，這一原始資料實在太珍貴了。而後强調文王只嚴加綜核各有司的用職與違職，而不侵越各官員職掌，特別不干預刑獄。武王接着遵行文王之道。這就見出了這兩位古代有名君主關於用人行政的卓越過人之處，宜乎造就了周家八百年天下。其中不干預刑獄這點，西方民主國家經歷多少世代的國會鬥爭、民主拼搏，才挣得一個司法獨立，而周代開國之君在三千多年前就已提出這一在後代備遭踐踏的卓越原則，也實在太珍貴了。

“嗚呼！孺子王矣①。繼自今我其立政：立事、準人、牧夫②。我其克灼知厥若③，丕乃俾亂，相我受民④，和我庶獄庶慎，時則勿有間之⑤，自一話一言，我則末惟成德之彦，以乂我受民⑥。

　　"嗚呼！予旦已受人之徽言，咸告孺子王矣⑦，繼自今文子文孫，其勿誤于庶獄庶慎，惟正是乂之⑧。

　　"自古商人，亦越我周文王立政：立事、牧夫、準人，則克宅之⑨；克由繹之，茲乃俾乂⑩。國則罔有立政用憸人⑪，不訓于德，是罔顯在厥世⑫。繼自今立政，其勿以憸人，其惟吉士。用勱相我國家⑬。

　　"今文子文孫孺子王矣，其勿誤于庶獄，惟有司之牧夫⑭。

　　"其克詰爾戎兵，以陟禹之迹⑮。方行天下，至于海表，罔有不服，以覲文王之耿光，以揚武王之大烈⑯。

　　"嗚呼！繼自今後王立政，其惟克用常人⑰。"

　　周公若曰："太史、司寇蘇公⑱，式敬爾由獄，以長我王國⑲，茲式有慎，以列用中罰⑳。"

　　①孺子王矣——指成王。僞孔云："歎稚子今以爲王矣。"以成王爲稚子，誤。朱彬《經傳考證》以爲："古人親愛之詞多以幼小稱之"，並舉了些文獻中稱"孺子"的例句，謂"皆親愛之詞，非專斥其幼小也。"（見《洛誥》"孺子其朋"校釋）與"小子"用法同，都是對卑親屬的一種親暱稱呼（見《康誥》"小子封"校釋）。這是周公對侄兒成王的一種親暱稱呼。

　　②繼自今我其立政立事準人牧夫——"繼自今"，《孔疏》："自此以下四言'繼自今'者，凡人靡不有初，鮮克有終，戒成王使繼續從今以往常用賢也。"他實際釋"繼自今"爲"從今以往"，却扯上些大道理爲釋。實際當如楊氏《覈詁》云："'繼自今'，此篇凡四見，蓋係

當時成語,意謂自今以後也。"

"我",第一人稱多數。並指周公和成王。在這裏主要是指周王朝(《左傳》中此用法最多)。在《尚書》文法中,我既爲第一人稱單數,也爲多數,又可爲主語、賓語、兼語、修飾語。但在甲骨文中,我祇爲多數主、賓、領格,單數爲余,領格爲朕(據何定生《尚書文法及其年代》、管燮初《西周金文語法研究》)。

"其",王引之《釋詞》:"將也。"即楊樹達《詞詮》時間副詞"將也",即今語的"就要"。

"立政",即建立官長——立正。此處立政內容爲建立"立事"(事,常任)、"準人"(準,準夫)、"牧夫"(牧,常伯)三職。曾運乾《正讀》云:"立政冒下三事:立事、準人、牧夫。蒙上'立'字爲義,言建立事、準、牧三官也。"

這句是周公對成王說:從現在起,我們王朝要建立立事、準人、牧夫三大官系了。

③我其克灼知厥若——經師皆訓"若"爲順,於此不通。孫星衍《注疏》云:"若者,《釋詁》云:'善也。'"釋此句爲"我其能明知其善"。吳闓生《大義》:"若,道也。"楊氏《覈詁》云:"'厥若',猶言厥善、厥道也。《洛誥》'厥若彝及撫事',《康王之誥》'用奉恤厥若',其義並同。"曾運乾《正讀》云:"'厥若',指示代詞,即上'三有宅心,三有俊心'也。《洛誥》:'無若火始燄燄,厥攸灼叙,弗其絶厥若。''厥若'即指上文燄燄之火也。《顧命》'用奉恤厥若',厥若即指王室也。上文已言文王武王'克知三有宅心,灼見三有俊心',故此處惟云'我其克灼知厥若'也。"前在《洛誥》校釋中,承王國維說,"厥若"是周人成語,以爲對"厥若"之釋,目前只好闕疑。曾氏此釋則可以解通此句,似可取。

④丕乃俾亂相我受民——僞孔釋爲“大乃使治之，能治我所受天民”。蓋訓“丕”，大。“俾”，使。“亂”，治。“相”，能治。“受民”，受天民。《蔡傳》所釋不清。孫星衍《注疏》云：“‘丕’，語詞，‘亂’者，《釋詁》云：‘治也。’……我其能明知其善，乃使之治政，以助我受民。”戴鈞衡《補商》釋爲“‘丕乃俾亂’者，乃使治事也”。以“丕”爲語詞，仍釋“俾”爲使，“亂”爲治。吳闓生《大義》則云：“‘丕’，斯也。‘俾’，從也。‘亂’，治也。必如此斯乃從治。‘相’，治也。治我所受天民，猶後文‘乂我受民’。”諸家釋可參酌用之，“受民”，當如《洛誥》“誕保文武受民”，不用如僞孔、《蔡傳》所説“受天民”。

⑤和我庶獄庶慎時則勿有間之——《蔡傳》云：“和調均齊獄慎之事，而又戒其勿以小人間之，使得終始其治，此任人之要也。”

《彙纂》引陳雅言云：“‘克灼知厥若’者，此明於知人；‘時則勿有間之’者，此誠於用人。”又引張居正云：“灼知厥若，則能明察於未治之先，而匪人不得以倖進；勿有間之，則能篤信於既任之後，而君子不至於孤危。此兩言者，任賢之要道也。”又引王樵云：“立事即常任，牧夫即常伯，此處乃是備舉三宅官名。‘相受民’，牧之責也；‘和庶獄’，準之責也；‘和庶慎’，事之責也。”

“時則勿有間之”，“勿”，一作“物”。《論衡·明雩篇》云：“周公爲成王陳《立政》之言曰：‘時則物有間之，自一話一言，我則末維成德之彦，以乂我受民。’周公立政，可謂得矣。知非常之物，不賑不至。故敕成王自一話一言，政事無非，毋敢變易。然則非常之變，無妄之氣，間而至也。”王鳴盛《後案》云：“據此，則‘勿’當作‘物’，謂灾物也。《易》‘無妄’，鄭讀‘妄’爲‘望’，言無所望。劉逵《吳都賦》注引《易·無妄》曰：‘災氣有九，陽阨五、陰阨四，合爲九。一元之中,四千六百一十七歲,各以數至。'王充據此以説此經爲災物間至,不宜改政,此必晚周學者相傳古訓,當從之。"按,王鳴盛此説妄甚。陰陽五行災異妄説,爲漢代方士所鼓吹而爲方士化儒生所附和之説,何能於他所説的晚周對很早的西周文獻作此虛妄的"古訓",其不待辨甚明。

段玉裁《撰異》在録王充《論衡》此一段後云:"按此《今文尚書》也。詳仲壬(王充字)意,於'末'字句絶。'末',無也,謂無非也。'不賑不至',當作'不賑不去',謂去非常之灾異也。《論衡》作'物',此《今文尚書》也,訓爲'灾物',此《今文尚書》説也。作'勿'者,《古文尚書》也。"段説至確,陰陽五行灾異之説,完全是漢代今文學派承方士之説所進一步加工鼓吹發展起來的,漢代幾部五行灾異學説的重要"經典"著作,都是《今文尚書》學的大小夏侯學派幾位經師依託《洪範》篇所撰寫成的,所以鼓吹灾異爲《今文尚書》學派的特長。段玉裁論定將此處"勿"字改爲"灾物"的是《今文尚書》説,作"勿"的是《古文尚書》説,是非常正確的(因古文學派反對經學中的"怪、力、亂、神",集中力量反對今文學的五行灾異説。詳拙著《尚書學史》中"漢代今文經學的特點"與"東漢今文經學與古文經學的較量"兩節)。

⑥自一話一言我則末惟成德之彦以乂我受民——《蔡傳》:"'末',終。'惟',思也。自一話一言之間,我則終思成德之美士,以治我所受之民(此三句承僞孔,惟僞孔但稱"成德之美",此加"士"字),而不敢斯須忘也。"陳櫟《纂疏》云:"話言,樞機之發也。委任三宅,欲勿以小人間之。苟或一話言間,微不終於專主君子,則小人乘間入之矣。此公戒王以委任三宅專一周密之法也。"王樵《日記》云:"'自一話一言',承'勿有間之'而言。'一話',一事之始

終；‘一言’，一句而已。此不止是言其時之至淺，亦謂議論之間，微有向背，一出話，一出言，微不終於專主君子，則小人乘間入之矣。”戴鈞衡《補商》：“自一話一言之間，我必終思成德之彥，以治我所受之民。夫一言一話終思成德，則小人之間無自生矣。”朱駿聲《便讀》：“‘末’，猶終也。‘惟’，思也。‘彥’，美士也。‘乂’，辟也，治也。‘成德之彥’，疑隱指召公也。”楊氏《覈詁》補充其字訓來源云：“‘末’，《逸周書》孔注：‘終也。’‘彥’，《釋訓》：‘美士爲彥。’是也。‘乂’，《釋詁》：‘治也。’”

⑦予旦已受人之徽言咸告孺子王矣——《漢石經》殘字作“……（缺）旦以前人之微言（缺）……”段玉裁《撰異》：“按，‘已受’作‘以前’，‘徽’作‘微’，此《今文尚書》也。《東觀餘論》同。”孫星衍《注疏》：“‘徽’者，《詩》傳云：‘美也。’‘受人之徽言’，《熹平石經》作‘前人之微言’者，《漢書·藝文志》云：‘孔子没而微言絶。’《文選》注引《論語·崇爵讖》曰：‘子夏等六十四人共撰《仲尼微言》。’微與媺聲義相近。‘媺言’，亦美言也。”楊氏《覈詁》：“按‘已’、‘以’古通。‘前’、‘受’古文並從舟，蓋以形近致訛，而今文之義較長。古‘徽’、‘微’二字，形聲義三者並近。《詩·傳》：‘徽，美也。’《漢志》：‘昔仲尼没而微言絶。’顔注謂精微要妙之言，是亦美言也。”

曾運乾《正讀》：“‘旦’，周公名。《禮》：‘君前臣名。’故稱‘予旦’。”

僞孔釋云：“所受賢聖説禹湯之美言，皆以告孺子王矣。”《蔡傳》：“前所言禹、湯、文、武任人之事，無非至美之言。我聞之於人者，已皆告孺子王矣。”

⑧繼自今文子文孫其勿誤于庶獄庶慎惟正是乂之——“文子文

孫"，僞孔釋爲："文王之子孫。"《蔡傳》釋爲："'文子文孫'者，成王，武王之文子，文王之文孫也。"如其言，則應釋爲"武王之武子，文王之文孫"才對。如僞孔説爲"文王之子孫"，則其子是武王，其孫是成王，渾言成王是文王之子又是文王之孫，也是不對的。所以兩家之釋都説不通。黄式三《啓幪》始釋"文，善也"，知釋"文"爲美稱，甚是。他釋善子善孫"猶言賢子賢孫"，亦是。其實周人以"文"爲美稱以頌揚其先輩，自亦可稱其後輩。郭沫若《金文叢考·傳統思想考》在列舉幾件彝器都稱其祖先爲"前文人"後云："彝銘中多文祖文考之稱，亦屢見文母文姑，則'前文人'乃統祖妣考母之通稱，不必限於祖考。"自然亦可稱其子孫如本篇所載者。然則文祖、文考、文母、文姑、文子、文孫，爲周人語例。用以美稱其前後親屬。楊氏《覈詁》云："'文'者，美稱。'文子文孫'，猶彝器中之稱'文祖文考'也。"得之。

　　僞孔釋此句全句云："從今以往，惟以正是之道治衆獄衆慎，其勿誤。"釋"惟正是乂之"爲"以正是之道治之"，未得"正"字確解。《蔡傳》云："'誤'，失也。有所兼、有所知（指上文"文王罔攸兼于庶言庶獄庶慎"及"庶獄庶慎文王罔敢知"而違反之），不付之有司，而以己誤之也。'正'，猶《康誥》所謂正人與宫正、酒正之'正'，指當職者爲言。不以己意誤庶獄庶慎，惟當職之人是治之。下文言'其勿誤庶獄，惟有司之牧夫'。即此意。"蔡説甚是。惟吴氏《大義》釋"誤"字云："誤當作虞。虞，憂也，度也。"可備一説。

　　⑨自古商人亦越我周文王立政立事牧夫準人則克宅之——"越"，與，及。見篇首"咸戒于王曰"的"曰"字校釋。吴氏《大義》云："古，謂夏也。張濂亭云：'周人謂虞夏爲古。'"僞孔釋此云："言用古商湯，亦於我周文王立政立事用賢人之法，能居之。"《蔡傳》

云：“自古及商人及我周文王，於立政所以用三宅之道，則克宅之者，能得賢者以居其職也。”亦以蔡説較佳。

⑩克由繹之兹乃俾乂——王應麟《漢藝文志考證》云：“漢儒所引異字，有‘則克度之，克猶繹之’。未檢得所出。”段玉裁《撰異》引此後云：“宅作度，由作猶，此《今文尚書》也。”僞孔釋云：“能用陳之，此乃使天下治。”訓“克”，能。“由”，用。“繹”，陳。“兹”，此。“俾”，使。“乂”，天下治。等於逐字譯此句。《蔡傳》云：“‘克由繹之’者，能紬繹用之，而盡其才也。既能宅其才以安其職，又能繹其才以盡其用，兹其所以能俾乂也歟。”王樵《日記》評析之云：“案‘由’字只如字讀，《傳》謂‘紬繹用之’，是以意解，非即以由字爲紬字也。‘紬’，音抽。《漢書·谷永傳》云：‘燕見紬繹。’師古曰：‘紬繹者，引其端緒也。’”

吕祖謙《書説》云：“由繹，由其外而繹其中也。由其言而繹其心，由其才而繹其德。……繹之蓋不一端而足也。克宅之，則人與位相稱；克由繹之，則表與裏相符。其審如是，然後俾之爲治。”《彙纂》引陳雅言云：“三宅之官，百官有司之長也。擇之不審，則以正爲邪，以不肖爲賢，固不得以得賢才之用。……故克宅之者，以心相照，此知人之明也。克由繹者，以心相與，此待人之誠也。……立政一篇之旨，皆是言人君之用人，當擇之於始，善用之於終。”

于省吾《新證》云：“僞《傳》云：‘能用陳之。’或讀‘由繹’爲‘紬繹’。義並難通。按由法京隸古定本作‘繇’，王伯厚謂漢人引作‘猶’，繇、猶、由古通。‘由’，用也。繹乃擇之訛。《魯頌·泮水·釋文》：‘繹，本作斁。’《大雅·思齊》‘古之人無斁’《釋文》：‘斁，鄭作擇。’上言‘文王立政、立事、牧夫、準人，則克宅之’。故下接以‘克用擇之’。蓋君之得其所，擇之得其當也。”

⑪國則罔有立政用憸人——《釋文》：“憸，本又作㦖。”皮氏《考證》以爲“㦖”與《盤庚》“相時憸民”之“憸”（《石經》作“散”）音近。《説文》：“㦖，疾利口也。”《釋文》又云：“馬（融）云：憸，利佞人也。”（江聲云：“憸，《正義》本作‘儉’。”然今通行《正義》本不作儉。）

偽孔：“商周賢聖之國，則無有立政用憸利之人者。”《蔡傳》：“自古爲國，無有立政用憸利小人者。小人而謂之憸者，形容其沾沾便捷之狀也。”

⑫不訓于德是罔顯在厥世——《漢石經》殘石作：“（缺）訓德是罔顯哉厥世……（缺）”段玉裁《撰異》云：“無‘于’字，‘在’作‘哉’，此《今文尚書》也。”《東觀餘論》亦引是‘罔顯哉厥世’。”王鳴盛《後案》以爲“作‘哉’則當句絶，下‘厥世’不成文，義未詳”。皮氏《考證》引侯康説，“以下石經缺，或與古文不同，無嫌哉字句絶”。皮以爲經典中哉多通載，“破哉爲載’，仍可於‘厥世’句絶矣”。

偽孔云：“憸人不訓於德，是使其君無顯名在其世。”《蔡傳》：“憸利小人，不順於德，是無能克顯以在厥世。”吳氏《大義》云：“不順於德，則無顯光於厥世矣。”

⑬繼自今立政其勿以憸人其惟吉士用勱相我國家——“憸”，一作“譣”。“勱”，一作“勖”。“國”，一作“邦”。《説文·言部》：“譣，問也。從言，僉聲。《周書》曰：‘勿以譣人。’”蓋譣假作憸。《三國志·孫權傳》魏文帝策命權曰：“以勖相我國家。”勱、勖皆訓勉，故通用。《説文·力部》：“勱，勉力也。《周書》曰：‘用勱相我邦家。’”

偽孔釋云：“立政之臣，惟以吉士，用勉治我國家。”《蔡傳》：“王當繼今以往，立政勿用憸利小人，其惟用有常吉士，使勉力輔相我國家也。”呂祖謙《書説》云：“人主惟以別白君子小人爲職，國之興亡常必由之。此篇反復於君子小人之際，有旨哉。"吴闓生《大義》云：
"勿用憸人爲一篇之骨，前後一意貫注，蓋必所用得人，而後人君可
不參己意而庶政必理也。"

⑭其勿誤于庶獄惟有司之牧夫——即上文"其勿誤于庶獄庶慎
惟正是乂之"之意。與上文誡於文子文孫一樣，此處重呼"文子文
孫"而一再叮嚀殷切告誡之。

《孔疏》："言庶獄，欲其重刑，言有司牧夫，欲其慎官人。"《蔡
傳》云："始言'和我庶獄庶慎，時則勿有間之'；繼言'其勿誤于庶獄
庶慎，惟正是乂之'；至是獨曰'其勿誤於庶獄，惟有司之牧夫'。蓋
刑者，天下之重事，挈其重而獨舉之，使成王尤知刑獄之可畏。必專
有司牧夫之任，而不可以己誤之也。"吴氏《大義》："重言以申明之，
此誥後嗣之繼體爲王者，非僅爲今王言也。獨舉庶獄以賅庶慎，蓋
刑獄固尤重歟！"

⑮其克詰爾戎兵以陟禹之迹——朱駿聲《便讀》據古注云：
"'詰'，劫也，謹慎也。'陟'，躋也，猶履蹈也。'迹'，步處也。"《釋
文》："詰，起一反。馬（融）云：實也。"僞孔云："其當能治汝戎服兵
器，威懷並設，以升禹治水之舊迹。"《蔡傳》："'詰'，治也。治爾戎
服兵器也。'陟'，升也。'禹迹'，禹服舊迹也。……吕氏（祖謙）
曰：'兵，刑之大也。故既言庶獄，而繼以治兵之戒焉。……或曰周
公之訓，稽其所弊，得無啓後世好大喜功之患乎？曰：周公詰兵之
訓，繼勿誤庶獄之後，犴獄之間，尚恐一刑之誤，況六師萬衆之命，其
敢不審而誤舉乎？推勿誤庶獄之心，而奉克詰戎兵之戒，必非得已
不已而輕用民命者也。'"

于省吾《新證》："僞《傳》訓'詰'爲'治'，馬融訓'實'，江聲引
《大司寇》鄭注訓'詰'爲謹，並非。按法京隸古定本'詰'作'詣'，

是'詰'乃'誥'之訛。《易·姤》：'后以施命誥四方。'《釋文》：'鄭作詰。'又按《禹貢》爲晚周人所擬作信矣，或謂禹無治水與區畫九州之事，未免由疑古而蔑古矣。《吕刑》'禹平水土主名山川'，《詩·文王有聲》'維禹之績'，《閟宫》'纘禹之緒'，《玄鳥》'奄有九有'，《長發》'禹敷下土方，帝命式于九圍，九有九截'，《殷武》'設都于禹之績'，《左·襄四年傳》'芒芒禹迹'，《昭元年傳》'遠績禹功'，《哀·元年傳》'復禹之績'，《弓鎛》'咸有九州處禹之堵'，《秦公毁》'鼏宅禹賣'。然則經傳之迹、績本字皆應作賣，即蹟字，與迹、速、績並通，而傳、箋多訓爲功績，非也。賣謂其踪蹟所至之區域也。以上所舉，如此篇及《詩》《玄鳥》、《長發》、《殷武》，其著作時期皆在西周中葉以上，至《弓鎛》、《秦公毁》未經秦火之劫，有符《詩》、《書》之文，尤可除後學之疑障也。"

按，"陟"字尚有"得"義。見《周禮·太卜》"三曰咸陟"鄭注："陟之言，得也。讀如'王德翟人'之德。"

⑯方行天下至于海表罔有不服以觀文王之耿光以揚武王之大烈——"方"，一作"橫"，一作"旁"。"觀"，一作"勤"。"耿"，一作"鮮"。"烈"，一作"訓"。"方"，段玉裁《撰異》："《齊語》：'以方行天下。'韋注：'方當作橫。明道二年本如是，近本作方，猶橫也。'玉裁按：'橫'，讀古曠切，充也。"皮氏《考證》："《漢書·地理志》曰：'……㫄（旁）行天下。'師古曰：'旁行，謂四出而行之。'是《今文尚書》作旁之明證。"按，此可參看《堯典》"方鳩僝功"校釋。"觀"，"耿"，《尚書大傳·洛誥篇》云："以勤文王之鮮光。"段玉裁《撰異》："石經《尚書》殘碑'王之鮮光以揚武王（下闕）'，按'耿'作鮮，此《今文尚書》也。《東觀餘論》引'文王之鮮光'。《尚書大傳·周傳·雒誥篇》曰'（見上，此略）'。訓'觀'作勤，'耿'作鮮，此《今文

尚書》之一證也。"但惠棟《九經古義》云："杜林説：'耿，光也。從光，聖省聲。'《説文》曰：'凡字皆左形右聲。'杜説非也。棟案蔡邕石經作'鮮光'，故許氏不從其説。《外傳》曰：'其光耿於民矣。'杜伯山傳漆書古文，必得其實，作'鮮光'者非也。"然古文自作耿光，今文自作鮮光，惠棟不宜據古文非今文。"烈"，《大傳·周傳·洛誥篇》云："以揚武王之大訓。""烈"作"訓"。

"方"，僞孔云："方，四方。"朱駿聲《便讀》引古注云："方，旁也，溥也。"韋昭注以爲"方"作橫，則"方行"即"橫行"。師古注以爲"四出而行之"。陳經《詳解》釋"方"爲"嚴整"，則爲"嚴整行天下"。董鼎《纂注》、陳櫟《纂疏》皆引新安胡氏曰："一説'方，方方如此'；一説'嚴正方整以行於天下'。""覿"，《周禮·大宗伯》注："覿之言，勤也。"陳經《詳解》："覿，見也。""耿"，王逸《楚辭章句》："耿，明也，光也。"陳大猷《或問》："耿亦光也。'耿光'，光之著也。""揚"，《便讀》引古注："續也。"陳經《詳解》："揚，發。""烈"，陳經《詳解》："大烈，功。"

僞孔釋此數句云："四方，海表，蠻夷戎狄，無有不服化者。"《蔡傳》云："'方'，四方也。'海表'，四裔也。言德威所及，無不服也。'覿'，見也。'耿光'，德也。'大烈'，業也。於文王稱德，於武王稱業，各於其盛者稱之。"吳澄《纂言》云："'詰'，治也。'詰戎兵'，謂農隙講武事，田獵選車徒之類。'陟'，猶行也。'禹迹'，禹治水所行之舊迹也。'方行'，徧（遍）行也。'覿'，顯見也。'耿光'，德之輝也。'揚'，振發也。'大烈'，業之盛也。文王以方伯專征伐，武王一戎衣有天下，其光烈如此。成王伐奄而歸（按伐奄係周公非成王），兵威遠被，周公欲其繼今毋忘武備，以顯揚文武之德業，故言及此。或疑此一節與前後文意不接，恐有脱簡。"

　　自"克詰爾戎兵"至"揚武王之大烈"，確與前後文意不接，自宋代起不少學者對這篇專講設官分職慎獄謹刑的文中，忽出現這幾句重視整軍經武的專文，有所不解，而提出各自的看法。其說頗多，清戴鈞衡《補商》引録了其中主要的幾家，而後提出己見，頗能説明問題。現録戴氏原文如下："此推言文武之業不易承，必如是而後可云'覲、揚'也。向來解者失之，所以然者，由此節文義既與上下不倫，又若啓王以好大喜功之意，故諸家曲爲之説。林氏之奇曰：'詰戎兵，猶除戎器、戒不虞之道也。晋武帝之去武備，唐蕭俛之銷兵，則昧夫詰戎兵之道；而漢武帝、唐太宗窮兵萬里之外，疲弊中國，以求四夷之來臣。則又失夫詰戎兵之本意矣。'錢氏時曰：'詰者，責實之名，古者井田兵、農不分，比、閭、族、黨即伍、兩、軍、師之制，禹迹所歷大抵皆然。詰之使治，以徧登乎禹迹之内，則四方旁行至於海表，無有不服，言獄而及兵戎，推類言之，以警成王晏安玩弛之漸也。'吕氏祖謙曰：'公非教王用兵，恐其晏安而使之自强，如《易·謙卦》言"利用侵伐"，亦是於謙抑之中有自强之意也。是役也，蓋奮張其氣而不使墮偷，操握其衆而不使扞格，摧壓其奸而不使覬覦，保治之良圖也。古人治兵乃所以弭兵，後世銷兵乃所以召兵也。'王氏充耘曰：'陟禹迹者何？巡守也。天子之出，必有兵衛，六軍以隨之，方行天下，徧歷四岳也。整點軍衛，巡行天下，足以鎮壓奸宄，坐消禍變。所至之處，足以見文王之耿光，足以不墜武王之大烈。傳者不察其爲巡守，而云周公無故教成王點兵，不知《周官》所謂"撫萬邦、巡侯甸、四征弗庭"，即可以實此語也。'案林氏、錢氏、吕氏三家之説，義善而未安。王氏巡守之言似矣，巡守亦常典，周公何必張大其辭，且其解'覲耿光'、'揚大烈'，亦拘。間嘗遍求古訓而知説經者之誤也。'詰'，止也。《易·姤·象》曰：'后以施命詰四方。'《釋文》

云：'鄭本作詰，止也。'王肅同（《周禮·太宰》"五曰刑典以詰邦國"注："詰，猶禁也。"亦止義）。'詰爾刑兵'者，兵設不用之謂。'陟'，訓'升'，有上繼意。'迹'，功業也（《文選·弔魏帝文》"遠迹頡于促路"注："迹，功業也"）。《禹貢》所謂'聲教迄于四海'者，禹之迹也。'方'，古通'旁'（見《洛誥》"旁作穆穆"）。《説文》曰：'溥也。''行'，歷也（《國語·晋語》"行年五十矣"注："行，歷也"）。溥歷天下，至於海表，罔有不服。猶云'普天之下莫不率從'，乃戎兵之所以克止也。周公既以文武任賢恤刑之道諄諄爲成王誥矣，復言文武之業豈易承哉，其必能止爾戎兵以繼禹之功業，溥歷天下至於海表，罔有不服，乃可以顯文王之耿光，揚武王之大烈也，孺子王可不勉哉。解者既不知'詰'有'止'訓，又以'陟迹''方行'爲'四征不庭'之謂，失之遠矣。"這是爲了避免認爲周公在教成王好大喜功所特意另尋的解釋。其實按文意可略如吳澄所作解釋，當無大誤。

⑰繼自今後王立政其惟克用常人——僞孔云："其惟能用賢才爲常人，不可以天官有所私。"體味其意，似謂王朝之官不可專私用貴胄之人，還要能用普通人中之賢人。普通人就是常人，以別於貴族中人。蘇軾《書傳》："人之才德，長於此者，天下之所共推而不可易也，是之謂常人。如廷尉用張釋之、于定國，吏部尚書用山濤，度支用劉晏，此非常人乎。"林之奇《全解》："言自今以往其立政也必用有常之人焉。蓋惟君子而後有常，若夫小人則乍賢乍佞。……此篇或曰俊德，或曰彦，或曰吉士，或曰常人，雖則不同，皆君子之美稱也。"呂祖謙《書説》："常人，有德之人。與吉士異名而同實者也。"《蔡傳》承之釋此句云："並周家後王而戒之也。常人，常德之人也。皋陶曰'彰厥有常吉哉'，常人與吉士同實而異名也。"陳大猷《或問》云："理之常行而不可易者爲常道，行此常道而不易者爲常人。"

金履祥《書經注》云："周公丁寧之意，並後王而戒之，使成王行之，後王傳之，以爲家法也。常人憸人，二者相反，凡憸利便捷者，憸人也；凡持重守正者，常人也。"

俞樾《平議》："《傳》曰'其惟能用賢才爲常人'。樾謹案：《傳》增'賢才'字以釋經，非經旨也。上云'繼自今立政其勿以憸人，其惟吉士'。此云'繼自今後王立政其惟克用常人'。常人即吉士也。《皋陶謨》'彰厥有常吉哉'，是其義也。《儀禮·士虞禮》記'薦此常事'，鄭注曰：'古文常爲祥。'然則'常'、'祥'聲近義通，故上文言'吉士'，此言'常人'也。《傳》義失之。"

⑱太史司寇蘇公——僞孔云："順其事並告太史。忿生爲武王司寇，封蘇國，能用法。"《孔疏》云："周公順其言曰'太史'（這是和僞孔誤訓"若"爲順，誤釋"周公若曰"句），以其太史掌廢置官人，故呼而告之。……成十一年《左傳》云：'昔周克商，使諸侯撫封，蘇忿生以温爲司寇。'是'忿生爲武王司寇封蘇國'也。蘇是國名，所都之地其邑名温。故《傳》言'以温'也。特舉蘇公治獄官以告太史。"按《左傳·隱公十一年》"與鄭人蘇忿生之田"杜注："蘇忿生，周武王司寇蘇公也。"蘇軾《書傳》："蘇忿生以温爲司寇，此言其能敬用獄。……呼太史而告之者，欲書之於史以爲後世法也。"《蔡傳》："此周公因言慎罰，而以蘇公敬獄之事告之太史，使其並書以爲後世司獄之式也。"又皮氏《考證》云："《後漢書》云：'律謝皋蘇。'注以蘇爲忿生，是蘇公長於刑法。"可見古人把蘇忿生和在歷史上以刑、法擅名的皋陶，並稱爲兩位長於法律的大師了。

吳闓生《大義》則云："更召司寇蘇公而語之。太史，蓋蘇公之兼官。既戒王勿虞庶獄矣，猶恐言之未切也，因於王前召司寇而面屬之，俾慎其官守，以明定其權限而專其責成。戒蘇公即所以示儆於王也。他日撻伯禽以戒成王，正是此意。"（按周公撻伯禽故事見《尚書大傳·梓材篇》）其說蘇忿生兼太史，承其父說，但不知據何史料，然他這一說法確有可取。

⑲式敬爾由獄以長我王國——僞孔云："敬汝所用之獄，以長施行於我王國。言主獄當求蘇公之比。"《蔡傳》："周公告太史以蘇忿生爲司寇，用能敬其所由之獄，培植基本以長我王國。"陳櫟《纂疏》云："立政之綱領在三宅，三宅中所重尤在準人之刑獄，故既告王以勿誤庶獄，末復命太史書蘇公敬獄事以示法焉。"王樵《日記》云："蘇公之用刑惟敬，而常得其中，所以培植太和之脉，以長我王國。"戴鈞衡《補商》云："'爾'，其也，不作'汝'解。周公呼太史而告之曰：昔者司寇蘇公敬其用獄，故能培長我王國。"此皆釋爲告太史以蘇司寇事，似可考慮吳闓生說爲"召太史司寇蘇公告之"。

⑳茲式有慎以列用中罰——僞孔云："此法有所慎行，必以其列用中罰，不輕不重，周公所行，太史掌六典，有廢置官人之制，故告之。"蘇軾《書傳》云："列者，前後相比，猶今之言例也。以舊事爲比，而用其輕重之中者也。"《蔡傳》："令於此取法而有謹焉，則能以輕重條列用其中罰，而無過差之患矣。"陳大猷《或問》云："蘇公能以法式而敬其所用之獄，重民命以延國命，治獄者當以爲法式而有謹焉。以舊事爲比而用其輕重之中者也。立政以用人爲本，而兵刑乃政之大者，故以此終焉。"王樵《日記》云："'式敬'之'式'，用也。'茲式'之'式'，法也。漢有決事比，《周禮·小司寇》'登中于天府'注曰：'取其計獄蔽頌之得其中者上於天府，使藏之以爲法。比後罪犯有合於是者，則援用以爲質也。即列用中罰之意。觀此則引律條以定罪，由來久矣。'"

于省吾《新證》云："列，讀例。《禮記·服問》：'上附下附，列

也。'《釋文》：'列，本亦作例。'《莊子·達生》：'非知巧果敢之列。'
《釋文》：'列，本或作例。'‘茲式有慎以列用中罰’者，茲用有所訊
訟，按成例用其適中之罰也。"自以于先生此釋爲最準確。

　　以上這一節，是諄諄告誡成王首先重視立政之要，在擇用國家
政權的三大長官，並以爲已將夏、商及文王在立政三宅的最要重點
（美言）都已告知成王，最關鍵要點全在勿用憸人而用吉士，尤在勿
干預刑獄，而應以刑獄有司專其責，同時提醒勿弛武備，應整軍經武
以發揚文王武王的光輝大業。總結一句說用人要用常吉之士。最
後召太史司寇面囑以慎其官守、專其責成，恪守慎用刑罰的原則以
示儆於成王，力求達到規範君主遵守勿干預刑獄的重要戒律。

　　戴鈞衡《補商》云："此節辭意與前文多復，推玩經意，以上蓋周
公述人言以告王，以下乃周公覆述前言以申丁寧之意也。"其實前面
係作歷史敘述，此節是周公根據歷史經驗，以告誡成王，自然在語句
上要運用一些前面陳述之語，是不足異的。

（二）今　譯

　　周公這樣說："我拜手叩頭敬告繼天子位的王呵，我要同時對王
和王左右的常伯、常任、準人三大臣和綴衣、虎賁等官員都告戒一
番。"

　　周公說："唉！在順境中知道擔心憂患的人很少呀（意在提醒他
們對下文所要說到的問題，應知道擔心不把它做壞——即文中所說
的"知恤"）！

"古時候的有夏王朝，他的王室大爲强盛，是由得力於求賢治國，尊事上帝。他的大臣們身體力行於所誠信的多種德行，就敢敬告他們的君主説，我們謹拜手叩頭來敬告陛下，選擇任命好您的執掌政事的大臣常任（事），選擇任命好您的管理民事的大臣常伯（牧），選擇任命好您的公平執法的大臣準人（準）。做好這"三宅"（三擇），就成爲好君主。黽勉地重用俊德之人，就能做好選擇任命大臣的事，這樣，就能使三宅（三大臣的擇用）之任用不會有邪人。

"到夏桀德性悖戾，他所任用的都是暴德之人，而毫不顧其後果。

"接着又有成湯，能救理上天的光輝之命，關於擇用三大臣的事（三宅），能擇用得很好；而所擇用三大臣，務在選取俊德之士，也確能選得俊德之士。謹嚴地大爲取法於賢俊，就能擇用好三大臣且能選用得三者都是俊德之士。這樣，在邦邑之内，就能以湯的用人之道協和於其邑；在四方，四方之人都大爲取法於湯，就彰顯了湯的聖德。

"哎呀，到商紂惡德冒聞於外，惟用酷刑暴德之徒，同惡於其邦；惟用衆習惡德之徒，同惡於其政。

"上帝就針對紂惡敬致其懲罰，就使我有夏之裔周家代商受了天命，撫治萬民。

"接着是文王、武王，能深知禹、湯擇用三大臣的用心，灼見禹、湯選用三大臣應取俊德之士的用心，從心理素質上認識選用三大臣的重要性，由是敬奉上帝，承上帝的德音爲人民建立正長侯伯。

"建立正長如下：

"任人、準夫，牧，是爲三事（執掌政務、公平執法、管理民事的三大正長（這是第一組，是機要大臣，爲王的樞密）。

"虎賁、綴衣、趣馬、小尹、左右攜僕、百司、庶府（這是第二組，是所謂宮中之官，爲王的近臣）。

"大都、小伯、藝人、表臣百司、太史、尹伯、庶常吉士（這是第三組，是所謂府中之官，爲王執行政務）。

"司徒、司馬、司空、亞、旅（這是第四組，是諸侯的三卿及次於卿的大夫，處理侯國事務）。

"夷、微、盧烝，三亳、阪尹（這是第五組，是封疆之臣，處理邊疆事務）。

"文王惟其能通三宅之心，所以能設立常事（常任）、司牧人（常伯）等三宅之職。用能所宅之官（擇用之官）能爲才俊有德之士。文王從不兼攬侵越議論教誨之官、刑獄之官、掌典法情訊之官的職權，全都由這些有司理民之官全權負責掌管之，文王只嚴明訓飭督察這些官員們的是否用命或是否違命而已。刑獄之事、典法情訊之事，文王連敢都不敢去知道它，一任有司者去處理。

"接着是武王，惟循文王撫安天下之功勳，不敢墮其大義與明德，惟黽勉遵從以頌美文王之明德承其大業。

"呵呀！我至親的好小子已親政爲王了，那麼從現在我們就要相沿建置如下正長：司政事的立事（事、常事、常任、任人），司刑獄的準人（準、準夫），司民政的牧夫（牧、常伯）。我們要能深知建立這三大官系的道理，使他們好好進行治理，以相助撫安我有周所受之萬民。協和調理我們的刑獄之官和掌典法情訊之官，千萬勿讓小人雜入其間。自一話一言之微，我們都要歸結於重用成德之美士俊才，使治理我有周所受之萬民。

"呵呀！我本人旦已將聽到的有關禹、湯、先王任用賢人的逸聞美談，都已告知我親暱的好小子王了，從今起我們周家嗣位的賢子賢孫，千萬不要失誤於干預刑獄之政與掌典法情訊之事，這些刑獄之政等等，只應該由其正長官員去治理。

“自昔時夏商名王及我有周文王建立正長，就是建立司政事的立事，司民政的牧夫，司刑獄的準人，都能妥爲擇任其官長，並能施展其所長，這就能使之成其治功。一個國家沒有在建立政長官職時任用憸利小人的。憸利小人不循守德行，自然不能光顯於世。所以自今以後，設立正長官員，千萬不可用憸利小人，只應該選用吉士賢才，以勖勉地相助治理我們的國家。

“現在我們這位周家的賢子賢孫好小子王，不要失誤去干預刑獄的事，要完全由有司官員去負責辦理。

“要整治好武備，力量得以陞於禹迹所及之域，旁行天下，直到海邊，都沒有不臣服於我們的，以顯見文王的盛德殊輝，以弘揚武王的豐功偉業。

“唉！從今以後的嗣位之王，建立正長官員時，必須用具有正常德行的吉士賢才。”

周公（召蘇忿生來）這樣説：“太史司寇蘇公，敬重你所經辦的刑獄經驗，以裨益我王國。依你這樣的法式進行訊訟時，即按成例用其適中的刑罰。”

（三）討　論

本篇内容具見於篇文中，向來無大的爭論問題。只有些對字義的訓解曾有過歧異，但不影響對全篇文義基本一致的看法，因此有關本篇内容，没有出現過需要討論的較大的問題。

只有對本篇篇文之寫成，承宋代一些學者偶有疑及今文個別篇章之後，至清代一些文人如袁枚之流放言致疑今文，於此風氣之下，現代一些學者遂有疑今文者，如錢玄同氏即説今文各篇多可疑。頡剛師在他的《論今文尚書製作時代書》(《古史辨》第一册)一文中，即提出《立政》當是東周作品之説。他將今文二十八篇分爲三組，第一組爲《盤庚》、《大誥》至《秦誓》等十四篇，以爲"這一組在思想上在文字上都可信爲真"。第二組爲《夏書》、《甘誓》一篇、《商書》五篇中除《盤庚》以外的四篇，及《周書》的《牧誓》、《金縢》、《無逸》、《君奭》、《立政》、《顧命》六篇，以爲"這或者是後世的僞作，或者是史官的追記，或者是真古文經過翻譯，均説不定。不過决是東周間的作品"。第三組爲《堯典》、《皋陶謨》、《禹貢》，以爲"是戰國至秦漢間的僞作"。他這一説在當時(1932年)條件下(即全部知識界完全尊信儒書、迷信一切古代説法這樣的條件下)提出，自有其積極意義，而且闡明《甘誓》非夏禹書，《湯誓》等四篇非商代原文，《堯典》非堯的作品，《皋陶謨》非皋陶作品，《禹貢》非禹作品，這些都是顛撲不破的真知灼見。對於其他各篇，當時在文中就聲明："但我列出這個表，一時還不能公布，因爲……我還没有確實的把握。"而在後來的學術實踐中，往往改訂了自己的看法，如對《金縢》，他就説其内容是真實的，他對《立政》，正如本篇校釋中提到的，他就説："如果《立政》篇確是西周傳下來的"，不再説"决是東周間的作品"了。正如對《周禮》，他本來相信今文學派之説，以爲是劉歆僞造的，並且長期堅持這一看法。但經過不斷的研究後，到他後來撰寫一篇長文，詳細論證成於周代燕齊稷下之學以後法家學派之手了。可見他爲了衝破死氣沉沉的當時沉霾於保守的學術氣氛，勇鋭地提出尚没有百分之百把握的新説時，對打破學術的停滯、推動學術的進步，是非常有益的。再益以後來沉潛踏實的研究，就使他的學術研究不斷出現卓越的成果，對《立政》研究的深入，就足以證明這一點。

其實《立政》篇的主體內容及它全篇文字的主體風格只能是周初的，它所被懷疑時代晚出的主要原因，只是由於它文字中有幾句較流暢，如"以覲文王之耿光，以揚武王之大烈"這樣近於春秋戰國時文風的抑揚有致的排句。不知古代文獻，在流傳中受後代文字影響改成一些類似後代的文句，這是常有的事。我們要看的是它的主體，是它本質性的東西，不看它枝葉上的一些偶生現象。

《立政》篇的主體內容，就是它所舉官制的獨特性，它的"三宅"，是在文獻中獨一見到的古代官制，既早於成王中期以來的"兩寮"之制，尤早於西周後期的"左右二卿"之制，更早於春秋的"六卿"之制，而這篇的主要中心就是談建立官制。以這樣一篇專題爲西周初年官制的篇章，怎麼能説成是西周以後之文呢。而這篇中的中心內容是慎刑慎罰，正與周公在《康誥》等篇中所强調的明德慎罰思想完全一致，可知此篇是周公思想在專談建立官制特別是刑獄司法官制而要它獲得最完善執行所作的充分的表達，因此它只能是周公所講、史臣當時所記的篇章，怎麼也扯不到西周以後的時間裏去。

本篇的文字格局，與《召誥》、《洛誥》、《多士》、《無逸》、《君奭》、《多方》等篇在基本記事完全相類，看不出有根本性的區別，其中佶屈聱牙的語句也所在多有，如"休兹知恤鮮哉"、"乃有室大競籲俊"、"嚴惟丕式"、"罔攸兼于庶言庶獄庶慎"、"其克灼知厥若丕乃俾亂"、"式敬爾由獄"……等等。這些構成本篇中的主要文句，與東周文句有很大差距，例如《左傳》中很少這類用語，大都平易好懂，《孟子》、《荀子》中更不用説了，如果不是兩千年來經師們的不斷導繹，我們初一拿到這些句子，是没法讀懂它的。充滿這些遠離東周的文句的篇章，是没法把它列入東周的。

　　縱然篇中偶有一兩句與其他文句不相協的句子，那也是在流傳中寫異的句子。這在古典文獻中此種情況太多了。例如武王《太誓》中有幾句，《墨子·天志中》引作："紂越厥夷居，不肯事上帝，棄厥先神只不祀，乃曰'吾有命'，無廖僇務天下，天亦縱棄紂不葆。"而其《非命上》引作："紂夷處，不肯事上帝鬼神，禍厥先神祇不祀，乃曰'吾民有命'。無廖排漏，天亦縱棄之而弗葆。"又《非命中》引作："紂夷之居，而不肯事上帝，棄闕其先神而不祀也，曰'我民有命'，無廖其務，天不亦棄縱而不葆。"可知同是《太誓》篇的文句，被《墨子》三家弟子引讀的各有不同，安知今所見《立政》之文不也是傳習中不同文句本保存下來的一種，那種近於東周的句子在別一本中可能不這樣而仍保存西周風格呢？即使有此一二句東周風格的句子，也明明是後流傳、傳習中寫訛的，並不影響其原文之爲西周初年之作。

　　所以《立政》篇原是周公親口所講，史臣當時所記的原有《書》篇。縱使有一些文字受了後來影響，並不影響其原篇的真實性。

　　關於《立政》篇内容含義，不少宋以來經師們提出過自己的看法，有助於讀者對篇文内容的理解，現引録一些主要之説如下：

　　林之奇《全解》引王安石云："《立政》之意，始於'知恤'，而終於'用中罰'者，蓋知人而官，使之上下小大各任其職；不迪者，糾之以法，政之所以立也。"

　　吕祖謙《書説》云："常伯、常任、準人，即下所謂三宅之事，以文意考之，知其任大體重。然於三代之書無所見，意者公卿輔相之別名，如相謂之阿衡、保衡，卿謂之圻父、農父歟！綴衣、虎賁，特於侍御僕從中錯舉二者以見其餘耳。先言‘休茲’而次以‘知恤’者，必知建官制置之美意，然後深以爲恤也。常伯、常任、準人，豈高位重禄而已乎，彌綸康濟，其職蓋甚休也。綴衣、虎賁，豈奔走承順已乎，薰陶移養，其職蓋甚休也。”又云：“《無逸》、《立政》二篇，相爲經緯者也。以《無逸》之心明《立政》之體，君道備矣。且《立政》而後，周公不復有書納忠於王，此其絶筆也。爲治體統固臻其極……學者當於言外體之。”

董鼎《纂注》云：“王政莫大於用人，用人莫先於三宅。三宅得人，則百官皆得人，而王政立矣。一篇之中，‘宅事、牧、準’，其綱領也。‘休茲知恤’，其血脉也。自‘迪惟有夏’至‘暴德罔後’，言夏先后知恤乎此。‘乃宰大競’，休何如哉！桀不知恤也。故‘罔有後’而‘成湯陟’焉。自‘亦越成湯’至‘奄甸萬姓’，言商先王知恤乎此，故‘用協’用‘見德’，休何如哉！紂不知恤也。故‘帝罰之’，而我有周‘式商受命’焉。自‘亦越文王、武王’至‘並受丕丕基’。言文武亦猶夏商先王之知恤也，是以並受丕基。式克至今日，休。自‘孺子王矣’以下至終篇，拳拳以去憸人、用常吉、詰戎兵、謹刑獄爲王告，蓋欲王以先王之知恤爲法，以夏商後王之不知恤爲鑒，忠愛之至，至今可挹也。”

王樵《日記》云：“此言戒成王以任用賢材之道，而其旨意則又上戒成王專擇百官有司之長。蓋古制，長官自擇其屬，長官既賢，則所舉無不賢者矣。唐陸贄曰：‘委任長官，謹簡僚屬，所簡既少，所求益精。得賢有鑒識之名，失實當闇謬之責。’”又云：“周公於三宅之外，又以近臣爲言，蓋公卿大臣，其内外有限，其進退有時，惟左右近習，人主燕私啓處之際，無不與之同焉，能蔽其耳目，移其心志，逢迎以中其欲，小廉曲謹以市其信，人主一墮其術中，則亦何所不至哉！

……周公告成王以立政用人之道，尤拳拳於綴衣、虎賁、趣馬、攜僕之官，表其關於君德之重。……宮府一體，後世知此意者，諸葛武侯而已。"

戴鈞衡《補商》："'古之人迪惟有夏'，自此以下，周公歷舉知恤者以告成王也。此節先言夏后氏之興亡，以知恤不知恤之故。'亦越成湯陟'，此節言商家之興亡，由於知恤不知恤也。'亦越文王武王'，此言文武之知恤，以有天下也。"嗚呼孺子王矣"，此下誡成王宜知恤也。'予旦已受人之徽言咸告孺子王矣'，此節文意與前文多復，以上蓋周公述人言以告王，以下乃周公覆述前言以申丁寧之意也。'其克詰爾戎兵'，此推言文武之業不易承，必如是而後可云'覲'，揚也。'繼自今後王立政'，此因戒成王並及於後王也。'太史司寇蘇公'，上文以用人告王，而特舉庶獄以申戒；故此戒後王用人，亦特舉庶獄以申戒也。"

吳闓生《大義》云："此篇以勿誤（虞）庶獄爲主。以今語詮之，所以保全司法獨立之精神，特申明權限。而懼王及左右之亂之也，故戒王而兼及群臣，乃至綴衣虎賁之屬，特加意焉。以此等近侍褻御，其熒惑王之見聞而撓亂刑獄爲彌易也，故繁復其辭，以庶習憸人爲戒，而要之以克用常人。又恐言之而王或不察也，復召司寇蘇公於前而顯命之，使自慎其官守。詔蘇公，即所以警王也。"又云："勿虞庶獄即所謂'前人之徽言'而此篇之所以作也。蓋訟獄之事各有專司，人君以己意參之，或惑於左右便習之言而撓間之，則天下無公是非，而亡國之禍基於此矣。此周公所以丁寧示戒，而今外國之法，所以貴三權鼎立而保持司法獨立之威嚴者歟！……勿用憸人爲一篇之骨，前後一意貫注，蓋必所用得人，而後人君可不參己意，而庶政畢理也。"

顧　命

　　《顧命》是周成王病危將死時,召集召公、畢公等諸大臣,囑咐輔立太子釗嗣位所作的遺囑。第二天成王死後,召、畢二大臣等率諸侯迎太子釗見於先王廟,即位為康王。史臣録其文,即為《顧命》篇。篇中詳細記載康王見於先王廟先受顧命之戒而後舉行即王位這一隆重典禮中的所有各種陳設,君、臣、諸侯行禮所在的位置,兵衛的森嚴,與典禮過程中的一應儀節,記録特詳,使後人看到西周早期這大典禮的具體細節,比東周以後禮書中所載儀節顯然要真切。雖然傳下的禮書如《儀禮》等所記有比這更煩瑣更細緻,那當是禮制越向後發展越繁縟的反映,而其精神顯然承自《顧命》篇。此篇全文在西漢伏生今文本為第二十四篇,伏生門下三家今文本為第二十五篇,東漢馬鄭古文本割《顧命》下半自"王若曰"起為《康王之誥》,於是所餘之《顧命》上半為第二十九篇,《康王之誥》為第三十篇。皆屬《周書》。東晉偽古文本承之,惟向上割自"王出在應門之內"起為《康王之誥》,於是所餘之《顧命》上半為全書的第五十篇,《周書》的第二十四篇;《康王之誥》為全書的第五十一篇,《周書》的第二十五篇。今特將所割出之《康王之誥》歸併入《顧命》原文中,以恢復漢代所傳先秦《顧命》原貌。其有關情況見後面的"討論"。

(一) 校　釋

惟四月哉生魄①,王不懌②。甲子③,王乃洮頮水④,相被冕服,憑玉几⑤。乃同召太保奭、芮伯、彤伯、畢公、衛侯、毛公⑥、師氏、虎臣、百尹、御事⑦。

王曰:"嗚呼! 疾大漸,惟幾⑧,病日臻,既彌留⑨,恐不獲誓言嗣⑩,茲予審訓命汝⑪,昔君文王、武王,宣重光,奠麗陳教⑫,則肄肄不違,用克達殷,集大命⑬。在後之侗⑭,敬迓天威,嗣守文武大訓,無敢昏逾⑮。今天降疾,殆弗興弗悟,爾尚明時朕言⑯,用敬保元子釗,弘濟于艱難⑰,柔遠能邇,安勸小大庶邦⑱,思夫人自亂于威儀,爾無以釗冒貢于非幾⑲。"

茲既受命,還,出綴衣于庭⑳。越翼日乙丑,王崩㉑。

①惟四月哉生魄——"四月",《孔疏》云:"成王崩年,經典不載,《漢書·律曆志》云:'成王即位三十年四月庚戌朔,十五日甲子哉生魄。'即引此《顧命》之文。以爲成王即位三十年而崩,此是劉歆說也。孔以甲子爲十六日,則不得與歆同矣。鄭玄云:'此成王二

十八年。'《傳》惟言成王崩年，未知成王即位幾年崩也。"按，《史記·三代世表》云："孔子因史文，次《春秋》、紀元年，正時、日、月，蓋其詳哉。至於序《尚書》，則略無年月，或頗有，然多闕，不可錄。故疑則傳疑，蓋其慎也。余讀諜記，黃帝以來皆有年數，稽其歷譜諜，終始五德之傳，古文咸不同，乖異，夫子之弗論次，其年月豈虛哉？"說明《尚書》文中，本略無年月，偶有之，亦殘缺。如此處四月，原缺略不知在哪一年。王鳴盛《後案》云："鄭所據，蓋亦牒記之類，今不可考矣。四月，建卯月也。哉生魄是三日，歆云十五日，固謬，《傳》云十六日，尤非。"

"哉生魄"，詳《康誥》"哉生魄"校釋。"哉"亦作"載"、"才"，而才爲哉、載、𢦏等字聲符，形聲字聲中有義，而才有始義（見《說文》"才，艸木之初也"），故《釋詁》云"哉，始也"。文獻中"哉生魄"遂多引作"初生魄"。"魄"，與"霸"、"朏"通用。金文常作"霸"，《說文》亦引作"哉生霸"。《漢書·律曆志》數有"生霸"、"死霸"之文。劉歆誤釋："死霸，朔也。生霸，望也。"故僞孔及《蔡傳》皆釋此句爲："始生魄，月十六日。"亦隨之誤。《釋文》則云："魄，字又作覇。馬（融）云：'覇，朏也。'謂三日始生兆朏，名曰魄。"《禮·鄉飲酒義》、《白虎通·日月篇》及一些緯書都說每月"三日成魄"。《王觀堂先生尚書講授記》云："先儒以'哉生魄'爲月之三日，然疑'哉生魄'乃爲三日以後之通名，故不繫干支。因既爲通稱，故不能繫干支也。下云'甲子'，爲哉生魄之第一日。"按觀堂有《生霸死霸考》，以爲西周一月四分，爲初吉、既生霸、既望、既死霸四者。並依《說文》按月之大小以二日或三日爲"哉生魄"之始。其後金文研究深入，有好幾家提出異議，然仍有支持王氏說者。《康誥》校釋既錄王氏說，故此處仍之。于省吾《新證》云："按金文'既生霸'習見，無作'魄'

者。惟《師奎父鼎》‘既生霸’，下從‘帛’不從‘月’。古從‘帛’從‘白’同。《石鼓文》‘帛魚鱳鱳’，帛魚即白魚。‘有鱒有鮊’，鮊即鮊字。霸之從帛，雖係變體，亦可知其與魄字之所由通假也。”

②王不懌——或作“王有疾不豫”。見《漢書·律曆志》載劉歆《三統曆》引《顧命》曰：“惟四月哉生霸，王有疾不豫。”段玉裁《撰異》云：“此蓋《今文尚書》也。”《釋文》：“懌，音亦。馬（融）本作‘不釋’，云‘不懌，疾不解’也。”偽孔及《蔡傳》皆釋云：“王有疾，故不悅懌。”顯然是望文生義。段玉裁《撰異》云：“按釋、懌同字。如《毛詩》‘悅懌女美’，《鄭箋》讀爲‘悅釋’。《孔傳》‘不悅懌’，猶今人云‘不爽快’、‘不自在’也。其疾淺。馬云‘疾不解’，則深矣。”林之奇《全解》云：“不懌者，疾也。有疾故不悅懌，後世謂之不豫，亦此意也。天子之疾曰不懌，不豫。崩曰登遐，曰宴駕，皆臣子不忍斥言之也。”吳澄《纂言》錄此數句，惟加釋“不懌，疾甚也”一句。

③甲子——《孔疏》：“下云‘病日臻，既彌留’，則成王遇病已多日矣，於‘哉生魄’下始言王不懌者，甲子是發命之日，爲洮頮張本耳。”夏僎《書詳解》云：“《漢志》言哉生魄即甲子日，恐不然，《武成》言‘一月壬辰旁死魄，越翼日癸巳’。今此‘哉生魄’上無日辰，故甲子不可考其爲何日也。”呂祖謙《書說》云：“甲子去崩才一日耳。”王鳴盛《後案》云：“甲子之上無越幾日字，則不可考其何日矣。”《觀堂尚書講授記》謂“甲子爲哉生魄之第一日”，未說明理由。據夏僎、王鳴盛之說，無由考其爲何日，定其爲哉生魄之第一日，應提出其理由，否則似只能以爲是哉生魄後之某日，恐不能遽定其爲第一日。

④王乃洮頮水——《釋文》：“（洮）音逃。（頮）音悔。”鄭玄注：“洮頮爲澡。”見段玉裁《撰異》錄《三國志·吳志》注引《虞翻別

傳》："翻奏鄭玄解《尚書》違失事四，成王疾，困憑几，洮頮爲濯，以爲瀚衣成事。"段氏接着講："洮讀爲濯者，《周禮·守祧》注：'古文祧爲濯。'《爾雅》郭本'珧'，衆家本皆作濯，是其例也。兆聲翟聲同在第二部。"又云："《説文》小篆作'沬'，古文作頮，從水、廾、頁，會意。兩手匊水灑面也。今《説文》作'須'，乃是誤字（按《説文·水部》云："沬，灑面也。从水未聲。須，古文沬，从頁"）。《尚書音義》、《文選·報任少卿書》注所引皆不誤。"皮氏《考證》云："據此則古文作'頮'，今文作'沬'。"按《釋文》引馬融云："洮，洮髮也。頮，頮面也。""洮髮"，即上引《撰異》所録鄭玄"守洮"注義，亦即濯髮。"頮面"即《説文》所釋兩手掬水灑面。《孔疏》則云："《禮》：'洗手謂之盥，洗面謂之靧。'頮是洗面，知洮爲盥手。"吳闓生《大義》承其父説釋云："洮讀爲綹。綹髮爲一事，頮面爲一事。發大命，臨群臣，必齋戒沐浴，今疾病危殆，但綹髮頮面，扶相者被以袞冕，憑玉几以發命。"洮字經師們或釋爲洮髮，或釋爲盥手，這是古代禮制中的具體細節，知有此異説，在古人要斤斤辨明，今天但知其爲古禮細節之異説即可，不用去究其是非。

　　⑤相被冕服憑玉几——僞孔云："王將發大命，臨群臣，必齋戒沐浴。今疾病，故但洮盥頮面，扶相者被以冠冕，加朝服，憑玉几以出命。"《蔡傳》全承用此釋。《孔疏》云："扶相王者以冕服加王，鄭玄云：'相者，正王服位之臣，謂太僕。'或當然也。'被以冠冕'，以冕服被王首也。'加朝服'，以服加王身也。鄭以爲'玄冕'。知不然者，以顧命群臣，大發大命，以文武之業，傳社稷之重，不應惟服玄冕而已。《覲禮》'王服袞冕，而有玉几'。此既憑玉几，明服袞冕也。《周禮·司几筵》云：'凡大朝覲，王位設黼扆，扆前南向設左右玉几。'是王見群臣當憑玉几以出命。"

⑥乃同召太保奭芮伯彤伯畢公衛侯毛公——《詩·淇澳·序》疏引鄭玄注云：“公兼官，以六卿爲正次。”又《詩·桑柔》疏引鄭注：“芮伯入爲宗伯，畢公入爲司馬。”僞孔云：“同召六卿，下至御治事。太保、畢、毛稱公，則三公矣。此先後六卿次第，冢宰第一，召公領之；司徒第二，芮伯爲之；宗伯第三，彤伯爲之；司馬第四，畢公領之；司寇第五，衛侯爲之；司空第六，毛公領之。”此以芮伯爲司徒，與鄭玄以芮伯爲宗伯異。本是經師各逞己說。《蔡傳》全承僞孔之釋。《孔疏》：“下及‘御事’蒙此同召之文，故云‘同召六卿下及御事’也。以王病甚，故同時俱招之。太保是三公官名，畢、毛又亦稱公，知此三人是三公也。三人是三公，而與侯伯相次，知六者是六卿。衛侯爲司寇而位第五，知此先後是六卿次第也。以三公尊，故特言公。其餘三卿舉其本爵。見其以國君入爲卿也。……高官兼攝下司者，漢世以來謂之爲領。”

按，鄭玄、僞孔以下諸經師釋此被召之六大臣爲六卿，皆誤。由《立政》篇及該篇校釋，知文王、武王、周公及成王前期官制爲三宅之制，成王中期起演變爲二寮制，形成西周後期的左右卿士之制，即使已有三左三右，而左、右卿士實率此三左三右，仍爲二卿士握政之實。不過當時侯國如魯、鄭、衛確已行六卿之制，漸影響中央王朝，至春秋之世始確有六卿之制，而後冢宰、司徒、宗伯、司馬、司寇、司空之制乃完成，而構成《周禮》一書。成王之世根本尚無此制。觀《史記·周本紀》云：“成王將崩……乃命召公畢公率諸侯以相太子而立之。成王既崩，二公率諸侯以太子釗見於先王廟……是爲康王。”可知當時召公、畢公實爲周王朝掌握政權領袖群倫的二大臣，即在本文即可見召公領着芮伯、彤伯，畢公領着衛侯、毛公，下文說：“太保率西方諸侯，入應門左；畢公率東方諸侯，入應門右。”都見出當時周王朝只有太保召公和畢公二人是領袖人物，並没有如經師們所説的同爲六卿之事。他們只是根據衛侯爲司寇而排在第五，剛好六卿之制司寇爲第五，便據此推定這六人是按六卿順序排定的。這完全是勉强牽附毫無道理的。惟郭沫若《周官質疑》（載《金文叢考》）云：“余謂此六人乃六大之天官（指《禮記・曲禮》“天子建天官，先六大，曰大宰、大宗、大史、大祝、大士、大卜”）。知者，以下言王近侍之臣有太史太宗與大保同出也。此六人者，孰爲孰官，僅畢公可考（其下文言畢公事，續録在下面畢公資料中）。”此説或者近是，但《顧命》文中所載，要完全如“六大”之制，恐尚有發展演進過程，實際只能依《顧命》所載官制爲《顧命》官制。

《孔疏》引王肅注云：“彤，姒姓之國。其餘五國姬姓。畢、毛，文王庶子。衛侯，康叔所封，武王母弟。”僞孔云：“召、芮、彤、畢、衛、毛，皆國名，入爲天子公卿。”現尋此諸人情況如下：

“太保奭”，即召公奭，詳《君奭》篇“討論”。此時周公已死，召公以其原與周公並立的親貴勳望地位，加上高齡、功業、德望，遂成爲周王室大臣中群龍之首。其子旨就封於其封國燕國，其本人食邑召，在宗周畿内。《水經・渭水注》：“雍水東逕召亭南，故召公之采邑也。”地在今陝西省岐山縣西南。

“芮伯”，《詩・桑柔・序》箋：“芮伯，畿内諸侯，王卿士也。”《孔疏》：“《書序》云：‘巢伯來朝，芮伯作《旅巢命》’，武王時也。《顧命》同召六卿，芮伯在焉，成王時也。桓九年，王使虢仲芮伯伐曲沃，桓王時也。此（指芮伯爲《桑柔》詩）又厲王之時。世在王朝，常爲卿士，故知是‘畿内諸侯常爲卿士’也。”故《漢書・古今人表》第三等有芮伯，與師伯同列。師古曰：“周司徒也。”即指此芮伯。又第六等亦有芮伯，師古曰：“當武王時，作《旅巢命》。”是不同世次而襲此爵位之各芮伯，在史籍中迭有記載。杜預云："馮翊臨晋縣芮鄉。"蔣廷錫《地理今釋》録此並釋之云："今陝西西安府朝邑縣，有南芮鄉、北芮鄉，古芮伯國也。"王夫之《書經稗疏》則云："《詩》言'虞芮質厥成'，蓋商之舊國，早服於周，因之而不替其封者，至春秋時國尚存，芮伯萬爲母所逐，而秦併之。今平鄉府芮城縣其地也。"按，朝邑在風陵渡西北的陝西省瀕河西岸地，芮城在風陵渡之東的山西省瀕河北岸地，可能是芮國前後徙居地。至"虞芮質厥成"之芮，則在今陝西西境隴縣北部地區，且不聞稱爲姬姓國，當與陝西東南境的朝邑或芮城之姬姓芮非一。博學多卓論的王夫之氏可能在此問題上有誤會之處。

"彤伯"，上文引王肅云："彤，姒姓之國。"《漢書·古今人表》第三等有芮伯、師伯、毛公。師古曰："師伯，周宗伯也。《尚書》作彤伯。"則以此"彤伯"亦作師伯。其注爲"周宗伯"，即據僞孔言之，不確。王夫之《稗疏》云："彤國，地未詳。王肅以爲姒姓之國，他不經見，未知所本。疑此或昨字之誤，傳寫小失，蓋周公之子而封於衛輝之昨亭者也。"按《史記·夏本紀》篇末"太史公曰"："禹爲姒姓，其後分封，用國爲姓，故有夏后氏、有扈氏、有男氏、斟尋氏、彤城氏、褒氏、費氏、杞氏、繒氏、辛氏、冥氏、斟戈氏。"《索隱》："周有彤伯，蓋彤城氏之後。"則王肅所言彤伯姒姓之說，當出於此。然《世本》姬姓自有彤氏，見《廣韻·二冬》引《世本》云："彤氏，彤伯，周同姓爲氏，成王宗伯。"（此句顯據本篇而誤）《姓纂》所引與此同。孫星衍《注疏》則云："彤伯，《路史·國名紀》亦云："彤，伯爵，成王子，《唐韻》作彤，云成王支庶。《書疏》引王肅云'姒姓之國'。肅蓋據《夏本紀》禹後有彤城氏言之，未必是此彤伯也。"則彤伯爲成王子。衡諸早期承氏族血緣親系網絡所建立政權通例，其當國大臣必爲王之近親，武王時幾位奕親大臣留輔成王至此時尚存者，惟召公、畢公、衛康叔、毛公四人，加上芮伯亦姬姓宗親，再加上成王之子彤伯，則非常合於歷史的實際。故此彤伯，以成王之子彤伯爲最合。其稱伯而不稱叔季，可能又是成王的庶長子而爲康王的庶長兄，正如召公與武王關係一樣。《通鑑·周紀》胡三省注“彤”地云：“其地當在漢京兆鄭縣界。鄭縣，今（元初）陝西西安府華州，州西南有彤城。”蔣廷錫《地理今釋》承其説。按，即今陝西華縣境。至周公之子所封衛輝府胙亭。衛輝府即今河南省汲縣，胙亭當在其境。不過此又要改“彤”爲“胙”。改字釋古籍，一般要采謹慎態度。

　　“畢公”，上引王肅注云：“畢、毛，文王庶子。”按《史記·周本紀》載武王誅斬紂後，明日除道修社及商紂宮，“周公旦把大鉞，畢公把小鉞以夾武王。……毛叔鄭奉明水，衛康叔封布兹，召公奭贊采，師尚父牽牲，尹佚筴祝”。告天以革殷受天明命。封三監以鎮撫殷餘民後，“已而命召公釋箕子之囚，命畢公釋百姓之囚，表商容之閭”。可知畢公在武王克紂的大勳業中，與師尚父、周公、召公、毛叔、衛康叔是幾位重要的建功立業的人物。師尚父早已死，周公與召公是成王之世共同當政的兩位重臣，現在周公已死，所尚存的召公、畢公、毛叔、衛康叔都輔政到成王歿時，而召公責任加重，畢公的重要性也突出來了。陳師凱《旁通》云：“畢公名高，繼周公爲東方之伯。則亦必繼周公爲太師。”王鳴盛《後案》云：“《魏世家》云：‘魏之先，畢公高之後也。畢公高與周同姓，武王之伐紂而高封於畢。’不言文王子。但僖二十四年富辰言文之昭十六國：管、蔡、郕、霍、魯、衛、毛、聃、郜、雍、曹、滕、畢、原、酆、郇。是畢、毛皆文王子。《管蔡世家》數武王同母兄弟十人中無畢、毛，故王肅據此以畢毛皆文王庶子。”郭沫若《周官質疑》云：“《史記·周本紀》言：‘康王命作策畢公分居里成周郊，作《畢命》。'作策，作册，乃史職之通稱，是知畢公乃成康時之史官。又《顧命》言：'太保承介圭，上宗奉同瑁，由阼階隮，太史秉書，由賓階隮，御王册命。'下復言：'太保率西方諸侯入應門左，畢公率東方諸侯入應門右。'是知畢公即太史矣。"按《魏世家》"高封於畢"《集解》云："杜預曰，畢在長安縣西北。"《正義》云："《括地志》云：'畢原在雍州萬年縣西南二十八里。'"蔣延錫《地理今釋》云："畢，杜注云：'在長安縣西北。'長安，今（清）屬陝西西安府。"閻若璩《四書釋地》"畢郢"條："《括地志》：周文王墓在雍州萬年縣西南二十八里畢原上。在唐名畢原，在殷則名畢郢。……宋太祖詔祭文王於咸陽縣西北畢陌中大冢，亦非。此秦悼武王陵。"《魯周公世家》："周公既卒，成王亦讓，葬周公於畢。"《正義》："《括地志》：'周公墓在雍州咸陽北十三里畢原上。'"可知畢稱爲畢原地有二，一在今西安市西南，一在今咸陽之西北，皆近郊。依《魏世家·集解》，畢公高封地在唐長安縣西北。似與萬年西南之畢原接壤。

"衛侯"，即衛康叔，詳《康誥》篇。衛地即今河南淇縣爲都邑的河南省黄河以北地區。王鳴盛《後案》云："合諸説觀之，六國惟衛在畿外，餘皆畿内也。"

"毛公"，上引王肅注云："畢、毛，文王庶子。"《史記·周本紀》云："武王既入，立於社南，大卒之左右畢從。毛叔鄭奉明水，衛康叔封布兹。"是當時稱毛叔者名鄭，從武王伐紂有功，在告天大典禮中與師尚父、周公、召公、畢公、康叔一道擔任重要執事。其後顯然在周公召公領導下共同輔佐成王。江聲《音疏》："鄭注《周禮·太宰》職云：'都鄙，公卿大夫之采邑，王子弟所食邑，周、召、毛、聃、畢、原之屬在畿内者。'是畢、毛亦皆畿内諸侯也。"王鳴盛《後案》云："杜預解文王之子，又有所謂毛叔聃者，與（毛叔）鄭非一人，然則此經所謂毛公，或鄭、或耼，未可知也。"按，杜預之解，很有可能據鄭注"周召毛耼畢原之屬"一語而誤出毛叔聃，則此經所稱毛公仍當爲毛叔鄭其人。因《史記》所記毛叔鄭名字甚明確，以佐武王之功勳，其人必至成王之世仍居要職，當初因係武王之弟，按伯仲叔季而稱叔，至成王時爲長輩便稱爲公。《漢書·古今人表》第三等有"毛叔鄭"。注曰"文王子"，實即此毛公。而第三等稍後數人又有"毛公"，師古曰"周司空也"，實即據此《顧命》文推定，而不知前曰毛叔，後曰毛公，實即一人。師古在此數人後注明"見《周書·顧命》"，可知不指其後代的毛公。至其地望，蔣廷錫《地理今釋》："《路史》云：'毛伯國，上絡藉水旁有毛泉。'上邽，今（清）陝西鞏昌府秦州地。案毛泉見《水經注》，亦未言即毛伯之國。《路史》不知何據？今毛地未知確在何所，姑存其説。"鞏昌府秦州爲今甘肅天水市，雖亦屬渭水沿岸，但遠居上游，毛係宗周畿内地，不當遠至西境天水之地。作爲毛公鄭的後人毛公厝的重要銅器"毛公鼎"，於清道光年間出土於陝西岐山，這就是毛公鄭封地毛必在岐山境内之鐵證。此鼎郭沫若氏定爲宣王時器，由毛公厝之爲宣王特握重權之大臣，可知毛公鄭在成康之世的重要地位，亦可知世襲之毛公屢代都爲周王室之重臣。由《春秋》書中看出世襲的周公屢代皆爲世卿握政權，如見於記載的周公黑肩、周公忌父、周公閲、周公楚等，雖周公黑肩企圖政變而被殺，但仍不廢周公一系的世襲，且不少仍握政權。就可知毛公一系當亦如此，見於記載者，周定王時有毛伯衛，敬王時有毛伯，皆爲卿士握政權，而握重權如毛公厝者竟不見記載，可知歷世毛公握政者仍當不少，特不見於史耳。《毛公鼎銘》載王命厝治邦家内外小大政，特命厝有敷王命於外之權，王命須由父厝同意方得頒布，郭老釋爲王命須得毛公副署才得施行，即王命未得毛公同意臣下可不奉行，可見毛公權力之大。然《周本紀》、《竹書紀年》皆不見載,則史所不載的此處召、畢、芮、彤、衛、毛六大世卿之後代爲重臣,有重要事迹者當尚不少,惟有可能尋之於金文了(如衛康叔之子康伯髦及周公子明保等皆只見於金文即是)。

　　⑦師氏虎臣百尹御事——《漢書·古今人表》第三等有"師氏、龍臣"。前者師古曰:"周大夫也。"後者師古曰:"周武賁也。《尚書》作武臣。"段玉裁《撰異》:"唐人諱虎爲武,'師伯,龍臣',此《今文尚書》也。而班氏以師氏、龍臣爲人名,孔《傳》則以師氏虎臣爲官,其説亦異。師古用孔《傳》以'虎'注'龍',誤矣。"按,僞孔云:"'師氏',大夫官。'虎臣',虎賁氏。'百尹',百官之長。及諸御治事者。"《蔡傳》釋此四官名全承僞孔,接着説:"平時則召六卿使率其屬,此則將發顧命,自六卿至御事,因以王命召也。"《孔疏》前於《蔡傳》云:"下及御事蒙此同召之文,故云同召六卿下及御事也。以王病甚,故同時俱召之。……《周禮》:'師氏,中大夫,掌以美詔王,居虎門之左,司朝得失之事,帥其屬守王之門。'重其所掌,故與虎臣並於百尹之上特言之。'尹'訓正也,故'百尹'爲百官之長。'諸御治事',謂諸掌事者。蓋大夫、士皆被召也。王肅云:'治事,蓋群士也。'"

　　《周禮》反映的是承西周後期的春秋時期周魯鄭衛官制,不能即以之釋成王末年的官制,當尋之於歷史事實如下:

　　"師氏",見周武王《牧誓》指揮冢君、御事、司徒等及師氏等武職伐紂。成王時器《雩鼎》載以師氏及有司伐東夷。宣王時器《毛公鼎》載王命毛公主管公族、三有事、小子、師氏、虎臣等職,顯然師氏是從事征伐的主兵之官。

　　"虎臣",僞孔釋爲虎賁氏,已見《立政》篇,平時爲王警衛,然亦用於征伐。《毛公鼎》“師氏、虎臣”並舉與本篇同，尤見其武臣性質。《無惠鼎》亦言王側之虎臣，則與《立政》篇虎賁性質同。

“百尹”，釋爲百官之正長不誤。

“御事”，詳《酒誥》篇“御事”校釋。據王貴民氏《説邘史》文中説，是爲王室政事服務的官職的一種概括性稱謂，不像司徒、司馬、少正、虎臣等確切爲一具體的官職。有時它排在邦君之次，位置較高，如《牧誓》、《大誥》、《梓材》是。《牧誓》之御事且排在司徒、司馬、司空之前，職位顯然高。有時排在尹氏、庶士之後，如《大誥》中另有幾句及其他各篇以及本篇是，則地位不甚高，大抵其職位不定，是按其概括指哪一類官職而使之然。林之奇《全解》云：“御事，謂凡治事之臣。”本篇的御事是地位不太高的爲王室執行各種職務的官僚群。

⑧疾大漸惟幾——僞孔釋云：“自歎其疾大進篤，惟危殆。”《蔡傳》所釋同。蓋訓“漸”爲進篤（蔡只訓進），訓“幾”爲危殆（《釋文》“幾音機”）。江聲《音疏》：“‘漸’，進也。‘大進’，言深入也。‘幾’，殆也。”王鳴盛《後案》：“《列子》卷六《力命篇》云：‘季梁得疾，七日大漸。’殷敬順《釋文》云：‘漸，劇也。’”孫星衍《注疏》云：“案劇即勮字。《釋詁》云：‘幾，危也。’”楊氏《覈詁》：“‘漸’，《周易·序卦》：‘進也。’‘幾’，《釋詁》：‘危也。’‘病’，《説文》：‘疾加也。’‘臻’，《釋詁》：‘至也。’”

《蔡傳》：“此下，成王之顧命也。”

⑨病日臻既彌留——僞孔云：“病日至，言困甚。已久留，言無瘳。”《蔡傳》：“病日至，既彌甚而流連。”吳澄《纂言》：“疾甚曰‘病’，‘日臻’，日加劇也。‘彌’，甚。‘留’，久也。”黃式三《啓幪》：“‘彌’、‘靡’通，‘既靡留’，言不淹留也。”戴鈞衡《補商》：“‘疾大漸

惟幾'，就見在而言。'病日臻既彌留'，慮將至而言也。'既彌留'，《傳》訓'彌甚而淹留'，義迂。竊謂'彌'、'靡'古通用，'靡留'者，不能久留於人世也。"楊筠如《覈詁》："'彌'，《釋詁》：'久也。'《說文》作'𣥺'。按，'彌留'疑與'彌離'爲一語之轉，《釋詁》注：'彌離猶蒙龍耳。'《釋樂》：'大琴謂之離。'孫炎曰：'聲留離也。'古留離，雙聲連語。《釋鳥》注：'留離，或作鶹離，通作流離。'《詩·旄丘》：'流離之子。'《釋文》：'流離，鳥名。'《文選·上林賦》注引張揖曰：'流離，放散也。'蓋聲放散而不明，謂之流離，精仲蒙龍而不明，謂之彌離，或謂之彌留，其義可互通也。"諸說可相互通其義。

⑩恐不獲誓言嗣——《周禮·典命》鄭注："'誓'，猶命也。"戴鈞衡《補商》亦云："'誓言'，猶誥語也。"曾運乾《正讀》："誓，以言約束也。"僞孔："恐不得結信出言，嗣續我志。"《蔡傳》："恐遂死不得誓言，以嗣續我志。"林之奇《全解》云："懼夫死之將至，不得以誓言敷告群臣以繼嗣之事。"夏僎《詳解》云："恐其既死，則不得出誓以言嗣續之事。"錢時《書解》云："嗣，嗣子也。"王充耘《書管見》："言恐一旦而死，不得出誓言以屬託嗣子承繼之事。"江聲《音疏》："'獲'，得。'誓'，謹。言病日至已當命終，而淹留之際，恐不得謹言後嗣之事。"自夏僎以下大都釋"嗣"爲嗣子、後嗣。俞樾《平議》云："謹按《傳》（指僞孔）義迂迴，非經旨也。'誓'與'矢'古通用，《爾雅·釋詁》：'矢，陳也。''嗣'當作'辭'，乃籀文'辭'字。言病日臻，既彌留，恐不獲陳言辭，兹故審訓命汝（此連及下句）也。古辭、嗣聲近義通，《大誥》篇'辭其考我民'，辭當讀爲嗣，此云'恐不獲誓言嗣'，嗣當讀爲辭，學者多以本字讀之，失其旨矣。"于省吾《新證》在引僞孔、江聲、俞樾之說後云："按以上諸說，並迂迴難通。'嗣'，金文亦作'𤔲'，《伯晨鼎》'𤔲乃祖考侯于㽪'可證。'𤔲'、

‘台’、‘巳’聲同古通，晚周‘以’作‘台’，《易·損·釋文》：‘巳本作以。’《伯康殷》：‘用夙夜無𢁫。’言用夙夜無已也。猶《詩·文王》之‘令聞不已’。一説讀‘無𢁫’爲‘無斁’，‘無厭’與‘無已’意亦相仿。此應讀作‘恐不獲誓言已’。‘已’，語終辭也。”俞、于二氏深求文字通轉之義，自比一般徒講詁訓者深刻，俞已能尋之籀文，而于則進而列舉金文，尤爲有力。但似可不必“道在邇而求諸遠”，如林之奇、夏僎、錢時等即就本字尋其本訓，所作解釋切合本篇文義，似可取。當然，如于先生之釋“恐不獲作誓言了”，“誓言”可包括顧命託孤内容，但究未明言，不如夏、錢説之簡切。

⑪兹予審訓命汝——僞孔：“以此故我詳審教命汝。”楊氏《覈詁》爲之釋云：“《説文》：‘詳，審議也。’則審亦爲詳矣。”“汝”爲第二人稱復數，即你們。戴鈞衡《補商》：“審，慎也（舉《吕覽·音律》“審民所終”又《孟冬》“此小物不審也”注皆云“審，慎也”爲證）。‘慎訓命汝’者，猶言‘敬訓命汝’也。”于氏《新證》：“按僞《傳》説牽强傅會。‘審’，《説文》作宷，應讀播。《師旅鼎》播作𢾫。金文從‘宀’或‘攴’與否通用。如‘康’作康，‘親’作窺。‘古’作故，‘工’作攻，古鉢‘𡈼于’即韋于之類是也。《説文》‘采’讀若辨。播、辨同聲。《説文》古文‘番’作𤲃，《尚書》‘播’字隸古定本作𢿧或𤲒。《君奭》‘乃悉命汝’，悉，本應作采。從心乃後人所加。應讀作‘乃播命汝’。《堯典》‘播時百穀’，《傳》：‘播，布也。’《詩·抑》‘四方其訓之’，《傳》：‘訓，教也。’‘兹予審訓命汝’者，兹予播布訓教以命汝也。猶《洪範》之‘敷言’，《盤庚》之‘播告’也。”這幾家主要是對“審”字的訓義有不同解釋，而對全句文義基本仍相近。

⑫昔君文王武王宣重光奠麗陳教——僞孔以下文“則肆”二字連“奠麗陳教”爲六字句，誤。釋爲：“言昔先君文、武，布其重光累

聖之德,定天命,施陳教則勤勞。”“定天命”以下之釋亦誤。

《蔡傳》:“武猶文,謂之重光。猶舜如堯,謂之重華也。”呂祖謙《書說》:“堯舜君臣,故謂之重華;文武父子,故謂之重光。”總之是說武王承文王重行閃耀其同樣的光輝,亦即“布其重光累聖之德”之意。其文字訓義見楊氏《覈詁》云:“‘宣’,《詩·淇澳·釋文》引《韓詩》云:‘顯也。’‘重’,《釋詁》‘崇,重也。’則重亦猶崇也。”曾運乾《正讀》:“‘宣’,顯也。‘重光’,重明也。”《釋文》引馬融注云:“重光,日月星也。太極上元十一月朔旦冬至,日月如疊璧,五星如聯珠,故曰重光。”言文王武王重光,未涉及天象,此如囈語,謬甚。歷代不少經師直至清儒江、王、孫諸人皆言之,冬烘已極。

“奠麗陳教”,已見《多方》“不克開于民之麗”校釋。楊氏《覈詁·多方篇》該文釋云:“本書言‘麗’,或爲法則,或爲刑律,皆不作‘施’義。《呂刑》……之‘麗’,與本篇下文‘慎厥麗乃勸’,麗,皆謂刑律也。……《顧命》‘奠麗陳教’,與此文‘不克開于民之麗’,麗,皆謂法則也。《漢書·東方朔傳》:‘孝文皇帝之時,以道德爲麗,以仁義爲準。’‘麗’與‘準’對文,亦取法則之意。”《覈詁》於本篇此句則云:“‘奠’,猶定也。‘麗’與‘教’對文,猶言法則,《多方》‘大不克開于民之麗’是也。‘陳’,《國語》注:‘布也。’”茲取此釋,其他一切解釋皆可不用。

⑬則肄肄不違用克達殷集大命——《釋文》:“肄,以至反。”亦見“達”作“通”,“集”作“就”。《漢石經》:“(上缺)通殷就大命在(下缺)”段玉裁《撰異》云:“此《今文尚書》也。古文‘達’字今文皆作通,《禹貢》‘達于河’、‘達于濟’、‘達于淮泗’,《史記》皆作通,是也。‘集’、‘就’古通用。《韓詩》‘是用不就’,《毛詩》作‘不集’是也。皆雙聲字。古音‘達’讀如‘撻’。”僞孔云:“文武定命陳教,雖

勞而不違道,故能通殷爲周,成其大命。”蓋訓“肄”爲勞,訓“撻”爲通。然《説文》云:“肄,習也。”朱熹《語類》云:“‘肄’,或訓勞,或訓習。愚意謂從習爲長,未敢自决。曰:前篇有以‘麗’訓刑者,‘肄’當訓習。”故《蔡傳》釋爲:“定民所依,陳列教條(此釋“奠麗陳教”句),則民習服(亦以“則肄”連上)。習而不違,天下化之,用能達於殷邦,而集大命於周也。”吴澄《纂言》:“‘肄’,習。重言者,習之不已也。‘達’,由此而通於彼也。‘集’,猶鳥之來於木也。定民所依,陳列教條,民皆服習而不違民心從,故天命至也。”陳櫟《纂疏》:“愚按‘奠麗’至‘不違’,諸説並不通,宜缺。”

兹從楊氏《覈詁》云:“‘肄’,《詩》傳:‘勞也。’則‘肄肄’,亦猶勞也。‘違’,與回通,謂邪也。‘達’,疑當讀爲撻(按段玉裁已指出古音達讀如撻)。《詩》‘撻彼殷武’,《釋文》引《韓詩》:‘撻,達也。’《子衿》‘挑兮達兮’,《太平御覽》引作‘撻’,是其證矣。《漢石經》作‘通’,達之訓詁字。‘集’,《漢石經》作‘就’。《詩》傳:‘集,就也。’”

⑭在後之侗——《釋文》:“侗,徐音同,又勑動反。馬本作‘詷’,云‘共也’。”大徐本《説文·言部》:“詷,共也。一曰諰也。从言,同聲。《周書》曰:‘在夏后之詷。’”焦循《補疏》云:“經文乃成王自稱之辭,不得雜出夏后。竊謂‘夏’即‘後’字之訛,‘后’則羡文耳。”段玉裁《撰異》云:“《説文·言部》曰:‘詷,共也。’引《周書》‘在后之詷’(按此據小徐本),玉裁按:‘侗’作‘詷’,與馬本合。‘後’作‘后’者,古字通用。徐鼎臣、李仁甫本皆作‘在夏后之詷’,誤衍‘夏’字,不可通。徐楚金本無夏字。《玉海·藝文志考》引‘在夏后之詷’,此用徐鼎臣誤本也。黄公紹《韻會》引‘在后之詷’,用小徐本,無‘夏’字。”

　　與段説相異者,江聲《音疏》云:"《説文·言部》云'在夏后之詷',正此經文。'夏',中夏也。'后',謂諸侯。……言承文武之業,在中夏爲諸侯之共主。"王鳴盛《後案》云:"《説文》……作詷,與馬合,而又以後爲夏后,此孔氏古文真本也。……中國爲夏……'夏后之詷'蓋謂中國君長之所共尊奉者,謂天子也。"孫星衍《注疏》云:"《説文》云……'在夏后之詷',則此經文脱'夏'字,'後'當作'后'也。'夏'者,《説文》云'中國之人也'。'后'者,《説文》云:'繼體君也。'言在中夏皆後君之共職也(此語實不通)……徐鍇本及《韻會舉要》引'在后之詷',誤也。……'同之言詷',是詷即同,與《説文》訓'共'義通也。今本作侗,假借字。"劉逢禄《集解》:"莊(述祖)云:'詷',《説文》:'共也。一曰諓也。'《玉篇》:'諓,愚也,痴也。'《説文》借憃作諓。諓訓誕,非詷義也。《釋文》:'侗,馬本作詷。云共也。'按《論語》孔安國注:'侗,未成器之人也。'《釋文》音通,《説文》:'大也。'音同,意異。是《説文》不以侗爲本字也。'後',當從《説文》作'后',言繼體之君也。'詷'訓諓,諓訓愚,謙詞也。《後案》:《祭統》'設同几'注:'同之言詷。'是詷即同也。孫云:'今本作侗,假借字。'"

　　成王在上文剛説到承文王武王重光盛業,因而才自謙説在我這一個未成器的後嗣者。怎麽能忽然扯到"夏后"上面去呢!顯然江、王、孫、莊、劉説皆誤,應以焦、段説爲是。

　　僞孔釋此句云:"在文武後之侗稚,成王自斥。"蘇軾《書傳》:"侗,愚也。揚雄曰:'倥侗顓蒙。'"林之奇《全解》:"在後之侗,成王自謂也。揚子曰:'倥侗顓蒙。'注曰:'倥侗,無知,蓋成王謙詞。'"《蔡傳》:"侗,愚也,成王自稱。"吳澄《纂言》:"侗,幼而未有知也。成王以幼沖即位,故稱侗。"戴鈞衡《補商》:"'侗',即童,猶小子也。

故孔《傳》訓童稚，古童、侗字通。《廣韻》：‘未成器之人曰侗。童、侗、同、詷，古一字。’《列子・黃帝》：‘狀不必童而智童。’又云：‘狀與我童者近而愛之。’此以‘童’爲‘同’也。《禮記・祭統》……以‘同’爲‘詷’也。……《說文》引作‘詷’，《釋文》載馬本作‘詷’。是‘侗’、‘詷’又一字也。《傳》（指《蔡傳》）訓爲‘愚’，由不知‘侗’即‘童’也。”楊氏《覈詁》：“段玉裁謂徐鼎臣、李仁甫本衍‘夏’字，徐楚金本無‘夏’字，是也。古‘后’、‘後’通用，‘侗’、‘詷’亦通用字。《論語集解》孔注：‘侗，未成器之人也。’古‘侗’、‘童’通，童蒙爲幼稚之義，齊爲蒙昧不明之意也。‘在後之侗’，成王自謙之詞。”僞孔、戴、楊之說得之。

　　⑮敬迓天威嗣守文武大訓無敢昏逾——“迓”，段玉裁《撰異》更正爲“御”字（江聲《音疏》、陳喬樅《經說考》亦改爲御字），並云：“今本‘御’作‘迓’，天寶以前必作‘御’。……自衛包改之。……此字作御則兼包他義。‘御天威’者，謂用天威治民也。如《雒誥》之‘御衡’，不可改‘迓’，況即訓‘迎’，亦當作‘御’乎。……今更正。”按，此已見《盤庚中》“迓續乃命于天”校釋，詳《洛誥》“旁作穆穆迓衡不迷”校釋。並可參看《牧誓》“弗御克奔”校釋。“迓”字隸古定本作“御”，《釋文》云馬鄭王本音“魚據反”，則亦作“御”，然《周禮・秋官・序官》及《考工記・輪人》兩處鄭衆注都引作“訝”，是漢代本已作“訝”。古籍中“御”與“訝”、“迓”亦常通用。如《公羊傳・成公二年》“迓跛者”，《穀梁傳》作“御跛者”即是。整理古籍，非絕對必要，不輕率改字。我們整理《尚書》，以《唐石經》爲底本，一般即沿用底本不改。此項“迓”字，唯《牧誓》純用駕御義，而無迎迓義，它既有版本依據，所以就改用了“御”字，其餘《盤庚》、《洛誥》及本篇之“迓”，皆含迎迓義，就依《唐石經》之舊，不改動了。

　　僞孔釋此數句云："成王……敬迎天之威命,言奉順繼守文武大教,無敢昏亂逾越。"林之奇《全解》："成王繼文武之後,則能致敬以迎天之威。夫所以敬迓天威者,不在乎他,惟嗣守文武之大訓,而不敢昏亂逾越,則天福之矣。"《蔡傳》："成王自稱。言其敬迎上天威命,而不敢少忽;嗣守文武大訓,而無敢昏逾。天威,天命也。大訓,述天命者也。於天言天威,於文武言大訓,非有二也。"王充耘《書管見》云:"天威,即上所集之大命,文武奠麗陳教,布爲大訓,正是述天理以啓佑後人者。嗣守無逾,正是敬迓天威處也。"又云:"《傳》(《蔡傳》)謂於天言威,於文武言大訓,非有二也。殊不可曉。不成文武法度即天威乎?"

　　于省吾《新證》:"僞《傳》訓'逾'爲逾越,非是。俞、踰、逾、渝、輸古通。《史記·蒙括傳》'而愈不立',《索隱》:'愈一作俞。'俞即踰也。《禹貢》'逾於洛','逾'《史記》作'踰'。《詩·羔裘》'舍命不渝'傳:'渝,變也。'《左·隱六年》'鄭人來渝平'。《公》、《穀》渝作輸。《絢鎛》'勿或俞改',俞即渝,言勿有變改也。《詛楚文》'變輸盟制',輸即渝,言變改盟制也。"是釋此"逾"爲"渝",爲變改之義。

　　⑯今天降疾殆弗興弗悟爾尚明時朕言——僞孔云:"今天下疾我身,甚危殆,不起不悟,言必死。汝當庶幾明是我言,勿忽略。"林之奇《全解》釋之更明晰云:"今天降疾病於我身,已至於危殆,不能興起,不能覺悟,故我以此言告汝,汝當明於此言而無忽。"《蔡傳》較簡言之云:"今天降疾我身,殆將必死,弗興弗悟,爾庶幾明是我言。"吳澄《纂言》云:"'明是朕言'者,不昧我所命而遵用之也。"

　　楊氏《覈詁》訓字義云:"'殆',猶將也。《檀弓》:'夫子殆將病也。'殆將重言,其義相同。故或止言殆,《易·繫辭下》傳:'其殆庶

幾乎?'《呂覽·高義篇》:'殆未能也。'殆亦將也。'興',《釋言》:
'起也。''悟',《説文》:'覺也。''明',猶勉也。'時',當讀爲承,
時、承一聲之轉。《楚策》'仰承甘露而飲之',《新序》'承'作'時',
即其證也。"

⑰用敬保元子釗弘濟于艱難——僞孔云:"用奉我言,敬安太子
釗。釗,康王名。大度於艱難,勤德政。"林之奇《全解》承上文"汝
當明於此言而勿忽"後云:"自今以往,當爲我元子之輔翼,敬保之,
以大濟於艱難之中。……釗,康王名。康王,成王之長子,故曰元
子。"《蔡傳》承之云:"爾庶幾明是我言,用敬保元子釗,大濟於艱
難。曰'元子'者,正其統也。"末句"正其統"顯係加上經師語言。

⑱柔遠能邇安勸小大庶邦——詳《堯典》"柔遠能邇"校釋,自
漢至明、清代、現代各有較詳訓釋。後面《文侯之命》篇亦有此句。
此爲周代習用成語。其字可溯及商代。大抵謂安撫綏柔遠者,和協
相善近者。這樣就能安勸小大庶邦都和我周邦相友善,循德化。

僞孔釋云:"言當和遠,又能和近,安小大衆國,勸使爲善。"《孔
疏》云:"言當爲善政,遠近俱安之;又當安勸小大衆國。安之,使國
得安存;勸之,使相勸爲善。"林之奇《全解》:"惟休兵息民以安輯天
下,柔遠而略於外,能邇而詳於内,則庶邦無小無大擧安而胥勸,無
有乖争悖逆之節矣。"

于省吾《新證》:"安、宴古通,《詩·小明》'無恒安息',即
《易·隨》之'宴息'。《左·哀六年傳》'安孺子',《史記》'安'作
'晏'。《堯典》'安安',《考靈曜》作'宴宴',是安、宴古通之證。
'勸'乃'觀'之訛。凡《尚書》勸多應作觀。《禮記·緇衣》'周田
觀',《尚書》觀作勸,《管子·七法》'立少而觀多'注:'觀當爲勸。'
是觀、勸古通之證。……上言柔遠能邇,故接以宴飲觀示於小大衆

邦。……此篇言宴觀庶邦與自治威儀（指下句），相成爲文。僞傳訓爲安小大衆國。勸使爲善，望文虛造，迂迴難通。”

　　⑲思夫人自亂于威儀爾無以釗冒貢于非幾——“思”，王引之《釋詞》：“語詞也。”又云：“發語詞也。”“夫人，猶人人也。”（韋昭《國語》注）亦猶“此人”之意（《釋詞》）。《釋文》：“‘夫人’，如字。‘冒’，亡報反。一音墨。馬、鄭、王作勖。‘貢’，如字。馬、鄭、王作贛，音勅用反。馬云：‘贛，陷也。’”江聲《音疏》：“《説文·血部》：‘衉，從血，臽聲。’或作衉，贛聲。則贛臽同聲，故云‘贛，陷也’。”王鳴盛《後案》：“‘冒貢’，馬、鄭、王作‘勖贛’者，《説文》卷十三下《力部》云：‘勖，勉也，從力，冒聲。’勖勉之義於此無取。但古字多以音同假借，勖既從冒得聲，故即信爲冒也。《傳》云‘冒進’，冒固有進義，但貢字無解，於義不足，馬以贛爲陷者，贛從贛省聲，贛讀若坎，坎義爲陷，故訓‘贛，陷也’。凡人爲惡，或進而冒觸，或退而墜陷，故兼言勖贛也。”段玉裁《撰異》：“《釋文》云‘貢如字’，此謂孔義也。又云‘馬鄭王作贛，音勅用反’，此謂鄭王本字作贛而讀爲戇也。《説文·心部》曰：‘戇，愚也。’……《釋文》又云‘馬云陷也’，此謂馬本字亦作贛而其説又與鄭王不同也。……馬讀爲坎，訓爲陷，本《説卦傳》。《公羊·莊二十四年傳》注：‘贛諫，贛讀如坎。’即《白虎通》之‘陷諫’，贛、陷也。此與《顧命》馬注相發明。”

　　僞孔云：“群臣皆宜思夫人。夫人自治正於威儀，有威可畏，有儀可象，然後足以率人。汝無以釗冒進於非危之事。”是訓“亂”爲治，訓“貢”爲進，訓“幾”爲危。《孔疏》：“汝群臣等思夫人，夫人衆國各自治正於威儀……戒使慎威儀也。汝無以釗冒進於非事危事，欲令戒其不爲非也。”林之奇《全解》：“‘夫人’，亦指康王也。‘貢’，進也。‘冒貢’者，不顧而進也。‘非幾’者，林子和曰‘幾者，動之微，吉之先見；非幾，則危亂之兆也’是也。君有君之威儀，其臣畏而愛之，則而象之，故能有其國家。令聞長世，故欲群臣之所思者，惟欲康王自治於威儀以爲民則，不可以之而冒進於危亂之兆也。”《蔡傳》：“‘亂’，治也。‘威’者，有威可畏。‘儀’者，有儀可象。舉一身之則而言也。蓋人……有動作威儀之則，成王思夫人之所以爲人者，自治於威儀耳。自治云者，正其身而不假於外求也。‘貢’，進也。成王又言群臣其無以元子而冒進於不善之幾也。蓋幾者動之微而善惡之所由分也。‘非幾’，則發於不善而陷於惡矣。威儀，舉其著於外者而勉之也；非幾，舉其發於中者而戒之也。”

江聲《音疏》：“‘夫人’，泛言人也。‘亂’，治也。‘以’，左右之也。‘勖’，以冒爲聲，讀當爲冒。‘冒’，觸也。馬融曰：‘贛，陷也。’聲謂：‘非幾’，不善也。思夫人皆欲自治於威儀，汝毋以劒觸陷於不善。”孫星衍《注疏》：“‘夫’者，鄭注《曲禮》云：‘丈夫。’‘亂’者，《釋詁》云：‘治也。’‘威’者，《廣雅·釋詁》云：‘則也。’‘冒’者，《春秋左氏·文十八年傳》云：‘冒于貨賄。’注：‘冒亦貪也。’‘貢’者，《廣雅·釋言》云：‘獻也。’‘幾’與‘機’通，《淮南·主術訓》云：‘治亂之機。’高誘注云：‘機，理也。’言……思丈夫人人當自如於儀則，汝衆國無以劒爲貪，而進奉以非法之財賄。僞《傳》以‘冒貢於非幾’爲冒進於非危之事……今不從之者，《史記》云：‘申告以文王武王之所以爲王業之不易，務在節儉毋多欲，以篤信臨之。’此篇‘惟冒貢非幾’爲多欲之義。《釋文》：‘冒，一音墨。’是古説亦有以爲貪墨之義者，知史公即解此文。蓋孔安國古文説也。”皮錫瑞《考證》：“孫説是也。而以爲孔安國古文説，則未必然。《史記》引經皆今文説，孫以爲《史記》皆從古文，殊失考。”

王引之《釋詞》：“夫，猶凡也，衆也。《孝經》疏引劉瓛曰：‘夫，猶凡也。’高誘《淮南・本經篇》注曰：‘夫人，衆人也。’《書・召誥》曰：‘夫知保抱攜持厥婦子。’《正義》曰：‘夫，猶人人，言天下盡然也。’《顧命》曰：‘思夫人自亂于威儀。’《正義》曰：‘夫人衆國各自治正於威儀。’……《周語》曰：‘夫人奉利而歸諸上。’韋注曰：‘夫人，猶人人也。’《楚語》曰：‘夫人作享，家爲巫史。’皆是也。”是王氏明以《顧命》此句之“夫人”釋爲凡人、衆人、人人。然王氏《釋詞》又釋“夫人”爲“此人”，其文云：“夫，猶此也。《禮記・檀弓》曰：‘夫夫也，爲習於禮者。’鄭注曰：‘夫夫，猶言此丈夫也。’……僖三十年《左傳》曰：‘微夫人之力不及此。’成十六年曰：‘夫二人者，魯國社稷之臣也。’襄二十六年曰：‘君淹恤在外十二年矣，而無憂色亦無寬言，猶夫人也。’（言猶然如此之人也）《魯語》曰：‘鼈於何有而使夫人怒也。’……《論語・先進篇》曰：‘夫人不言，言必有中。’……皆此也。”是此句“夫人”釋爲“此人”似更妥。故林之奇謂“夫人”指康王，似説得通。即不確指，渾稱此人亦較通。

　　于省吾《新證》：“‘亂’乃‘嗣’之訛。‘嗣’、‘治’古今字。《左・襄十一年傳》‘觀兵’注：‘觀，示也。’‘思’，語詞。‘夫人’，王引之謂即凡人。詳《經傳釋詞》。……凡人必須自治於威儀，《酒誥》：‘爾乃飲食醉飽，丕惟曰，爾克永觀省，用燕喪威儀。’《沇兒鐘》：‘用盤飲酒，和迻百生，怒于威儀。’《詩・小雅・賓之初筵》：‘其未醉止，威儀反反；曰既醉止，威儀幡幡。’《大雅・抑》：‘敬慎威儀，維民之則。其在于今，興迷亂于政，顛覆厥德，荒湛于酒。’又云：‘謹爾侯度，用戒不虞。’是古人飲宴無不以慎動静、謹威儀爲言也。蓋盛世君臣，其上下相與之際，周旋動静之節，欽翼夤寅如是之矜而慎也，故雖威儀之末節，適可瞻興衰之所由。此篇言宴觀庶邦與自治威儀，相成爲文。”此處列舉了先秦《詩》、《書》文獻及金文中不少有關

“威儀”的資料，足以幫助人們理解成王彌留之際顧命之辭中猶強調威儀的意義。

⑳兹既受命還出綴衣于庭——“既”，一作“即”。見《漢石經》殘字：“（上缺）非幾兹即（下缺）”段玉裁《撰異》：“既作即，此《今文尚書》也。”“受命”即“授命”，古動詞往往主動、被動不分，此謂成王既授顧命之辭後，還歸寢宮，出綴衣於庭。

“綴衣”，僞孔云：“綴衣，幄帳。群臣既退，徹出幄帳於庭。”《孔疏》：“綴衣者，連綴衣物出之於庭，則是從內而出。下云‘狄設黼扆綴衣’，則綴衣是黼扆之類。黼扆是王坐立之處，知綴衣是施帳於王坐之上，故以爲幄帳也。《周禮·幕人》：‘掌帷幕幄帟綬之事。’鄭玄云：‘在旁曰帷，在上曰幕，帷幕皆以布爲之。四合象宮室曰幄，王所居之帳也。帟，王在幕居幄中坐上承塵也。幄帟皆以繒爲之。’然則幄帳是黼扆之上所張之物。此言‘出綴衣于庭’，則亦並出黼扆。……王發顧命，在此黼扆幄帳之坐，命訖，乃復反於寢處。以王病重不復能臨此坐，故徹出幄帳於庭，將欲爲死備也。”此解“綴衣”甚明白。

《周禮·幕人》疏引鄭玄注“綴衣”云：“連綴小斂大斂之衣於庭中。”楊筠如《覈詁》云：“下文復言設綴衣，則綴衣非斂衣，鄭説非也。”又《立政》篇有“綴衣”，則爲王掌管衣服用品之內官名，與此非一事。

㉑越翼日乙丑王崩——《漢書·律曆志》引作：“《顧命》曰：‘翌日乙丑，成王崩。’”“翼”作“翌”，“王”作“成王”。又《白虎通·崩薨篇》亦云：“《書》曰‘成王崩’。”此亦撰於班固。又《周禮·司几筵》鄭衆注云：“《書·顧命》曰：‘翌日乙丑，成王崩。’”又《釋文》云：“王崩，馬本作‘成王崩’。云‘安民立政曰成’。”是先鄭及馬融

本亦皆作"成王"。

"翌"，段玉裁《撰異》云："今本作翼，衛包之誤也。《集韻·一屋》：'翌，音余六切，明也。《書》翌日乙丑，劉昌宗讀。'玉裁按，此本《周禮·司几筵》音義，據劉此讀，可證翌爲昱之假借，不容妄改爲'翼'也。今更正。"可知翌日之爲明日，係昱之假借，當讀昱（余六反）。但翌字以本音 yì 通讀已久，衛包誤改爲同音之翼，故依段説爲不通。今因據《唐石經》不改字，則看作爲翌之同音假借，姑仍之。

"乙丑"，甲子之翌日，故爲乙丑。

"王崩"，作"成王崩"。段玉裁《撰異》云："按班所引《今文尚書》、鄭馬《古文尚書》同有'成'字，僞孔刪之，非也。説詳《酒誥》。"按《酒誥》篇《撰異》歷舉《魯世家》中周公多次生稱成王，以爲'如湯生稱武王之比，非屬史家誤筆，三家之説固可信也'（其上文言馬鄭王本及三家今文皆有成字）。僞孔刪去成字大非，馬君云'後録書者加之'亦非也。"該《撰異》又云："馬於《顧命》注曰：'安民立政曰成。'蓋謂'成'爲死謚非生稱，與《酒誥》注相表裏，而不知初崩未有謚。《春秋》之例曰'公薨'，至葬而後曰'葬我君某公'。"指明初崩未有謚號，故成王是生稱，已有見地。他所處時代，還不知金文關於生稱非死謚的資料。今天已由西周金文獲知，西周各王大都是生稱（如《遹敦》記穆王事而即生稱穆王，此例尚多），謚法是後來的事（是否西周末已有之待考論），由段所舉公薨不書謚、葬乃書謚的成例，是謚法當是東周春秋之世始盛行的事。因此本篇生稱成王是很自然的。現在仍由於版本根據用《唐石經》原字，故不增字，但説明原文爲"成王"。

"崩"，奴隸時代封建時代等級森嚴，連死的名稱都按等級區分。漢時編成的《白虎通·崩薨篇》載自天子以至庶人死的不同名稱如下："天子曰崩"，"諸侯曰薨"，"大夫曰卒"，"士曰不禄"，"庶人曰死"。西周是否按此區別尚不清楚，總之周初的《顧命》篇確實稱天子之死爲崩了。

以上這一節，是史臣記載周成王病垂危時，召集幾位大臣及群臣所講的一篇囑咐輔佐兒子康王的顧命之辭，並諄諄告誡輔佐康王應重視的要點，講畢第二天就死了。這是一段現在所能見到的古代君主臨終顧命的重要資料。

太保命仲桓、南宮毛①，俾爰齊侯吕伋，以二干戈虎賁百人，逆子釗于南門之外②，延入翼室，恤宅宗③。丁卯，命作册度④。越七日癸酉，伯相命士須材⑤。

狄設黼扆綴衣⑥，牖間南嚮，敷重篾席、黼純，華玉仍几⑦。西序東嚮，敷重厎席、綴純，文貝仍几⑧。東序西嚮，敷重豐席、畫純，雕玉仍几⑨。西夾南嚮，敷重筍席、玄紛純，漆仍几⑩。

越玉五重、陳寶、赤刀、大訓、弘璧、琬琰，在西序⑪。大玉、夷玉、天球、河圖，在東序⑫。胤之舞衣、大貝、鼖鼓，在西房⑬。兑之戈、和之弓、垂之竹矢，在東房⑭。大輅在賓階面⑮，綴輅在阼階面⑯，先輅在左塾之前，次輅在右塾之前⑰。

二人雀弁，執惠，立于畢門之内⑱；四人綦弁，執戈上刃，夾兩階戺⑲；一人冕，執劉，立于東堂；一人冕，執鉞，立于西堂⑳；一人冕，執戣，立于東垂；一人冕，執瞿，立于西垂㉑；一人冕，執銳，立于側階㉒。

①太保命仲桓南宮毛——太保即受顧命的第一位大臣太保奭（召公奭），他總領大權執行周成王遺命處理輔佐康王即位的一應事務，首先是辦成王喪禮，先命朝臣仲桓、南宮毛二人去辦的第一項任務。“仲”亦作“中”，“毛”亦作“髦”。見《漢書·古今人表》第三等有中桓、南宮髦。髦當是《君奭》中所說文王、武王時大臣南宮括的後人。《左傳·昭公二十三年》有南宮極，翌年有南宮囂，又當是括髦的後人。《孔疏》云：“桓毛二人必是武臣宿衛。”故夏僎《書詳解》亦云：“桓、毛，必宿衛之臣。”

②俾爰齊侯呂伋以二干戈虎賁百人逆子釗于南門之外——僞孔云：“臣子皆侍左右，將正太子之尊，故出於路寢門外，使桓毛二臣各執干戈，於齊侯伋索虎賁百人，更新逆門外，所以殊之。伋爲天子虎賁氏。”《彙纂》引范祖禹亦云：“成王崩，太子必在側，當是時，本在內，特出而迎之，所以顯之於衆也。”孫星衍《注疏》：“‘俾’者，《釋詁》云：‘使也。’‘爰’者，《釋文》云：‘引也。’‘呂伋’者，《齊世家》云：‘太公卒，子丁公呂伋立。’《説文》云：‘齊太公子伋謚曰玎公。’《春秋左氏·昭十二年傳》：‘楚靈王曰：‘昔我先王熊繹與呂級……並事康王。’《釋文》云：‘級，本亦作伋。’‘虎賁氏’，《周禮·夏官》有虎賁氏，下大夫二人，虎士八百人。……又夏官有旅賁氏，中士二人。其職云：‘喪紀則執戈盾。’則此言二干戈，蓋桓與毛所執，即旅賁氏之官也。虎賁百人，蓋呂伋從八百人中選用百人也。《周禮》虎賁氏之職，大喪守王門。虎賁氏秩僅下大夫，而齊侯伋爲之者，蓋以列侯兼領此職，備非常也。‘逆’者，《説文》云：‘迎也。關東曰逆，關西曰迎。’‘南門’者，廟門也。《史記》所云‘二公率諸侯以太子釗見於先王廟’是也。僞傳云南門路寢門……江氏聲駁之……以南門

爲外朝之皋門，似不如史公廟門之説爲長也（《玉藻》疏引《左氏》舊説及賈逵、盧植、蔡邕、服虔等皆以祖廟與明堂爲一）。"

　　俞樾《平議》云："《爾雅·釋詁》：'俾，使也。'又曰：'俾，從也。'此經俾字當訓爲從，'俾爰齊侯吕伋'者，從於齊侯吕伋也。蓋桓、毛及吕伋三人皆受命逆子釗。先書桓毛二臣者，王人也，不以外先内也。從於齊侯者，齊侯尊也，不以卑臨尊也。枚傳遇俾字皆訓爲使，遂謂使於齊侯吕伋索虎賁，因臆爲之説曰'伋爲天子虎賁氏'夫虎賁氏下大夫，豈齊侯所宜爲歟！"僞孔説伋爲虎賁氏之説，一見就知其非，而孫星衍曲爲之彌縫。俞氏此駁甚明快。赤塚忠《書經》則謂師尚父爲武王之軍事統帥，吕伋世襲其軍權，爲軍事長官。可爲新的一説。劉逢禄《集解》云："吕伋，康王之元舅。"至俞氏改訓"俾"爲"從"，楊氏《覈詁》亦從之，全録其兩句以爲釋。

　　"南門"，則解説紛歧。僞孔以爲路寢門，《孔疏》、劉逢禄《集解》、吳汝綸、閣生父子之書及屈氏《集解》從之。王安石《新經義》以爲"王宮南向，南門，王宮之外也"。當時從之者多，南宋張綱《講義》尚從之。吕祖謙《書説》以爲端門，《蔡傳》及元明時義派經師從之。江聲《音疏》以爲外朝之皋門，楊筠如《覈詁》、曾運乾《正讀》從之。孫星衍據《史記》以爲先王之廟門，皮錫瑞《考證》、朱駿聲《便讀》從之。曾氏《正讀》且論之較詳云："南門，皋門也。天子五門，皋門最南，故曰南門。……晚出《孔傳》謂南門爲路寢門。如僅爲路寢門，則二人往迎，不必盛陳儀衛也。或又謂南門即廟門，《史記》所云二公率諸侯以太子釗見於先王廟者。不知廟門本文稱畢門，下文立於畢門之内，諸侯出廟門俟，即其證。此時成王方崩，不導嗣王先入殯宮，反先導之入廟，非禮之節次也。"由下文對"五門"的認識，即略可辨諸説之是非。

　　按，本篇內"門"凡六見，此處言"南門外"，下文言"畢門之內"，
"出廟門俟"，最後一節"王出應門內"，"諸侯'入應門左'、'應門
右'"。王鳴盛《後案》於此處已知略加會通云："《傳》以南門爲路寢
門者，即下文所謂畢門，亦如所謂廟門也。"戴鈞衡《補商》云："南
門，言其方向；畢門，言門畢於此；廟門，指殯所而言。""三名一實，皆
路門也。"指出三者皆"路門"。王鳴盛《後案》："路門外，則在應門
內。"對這些"門"應有一了解，才便於讀懂篇文及理解經師們的意
見。《周禮·春官·閽人》云："掌守王宮之中門之禁。"鄭注："中
門，於外、內爲中，若今宮闕門。鄭司農（衆）云：'王有五門，外曰皋
門，二曰雉門，三曰庫門，四曰應門，五曰路門。路門一曰畢門。'玄
謂：雉門，三門也。《春秋》傳曰：'雉門灾，及兩觀。'"賈疏："言'路
門'者，路，大也。人君所居皆曰路，以大爲名。言'畢門'者，從外
而入路門爲終畢。'玄謂雉門爲三門'者，破先鄭雉門爲二門。……
天子五門，庫門在雉門外明矣。"孫詒讓《正義》云："天子五門，此經
（指《周禮》）唯《師氏》、《司士》、《匠人》有'路門'、'應門'，其皋門、
庫門，見《詩·緜》及《禮記·明堂位》，雉門，見《春秋大經·定二
年》及《禮記·明堂位》。其五門名義，《玉海·宮室》引《三禮義宗》
云："天子宮門有五，曰皋門、曰庫門、曰雉門、曰應門、曰路門。皋門
者，王宮之外門。皋之爲言，高也。謂其制高顯也。……路門，路寢
之門也。'按崔（靈恩）以五門、雉門在庫門內，則依後鄭（玄）說。
與先鄭（衆）異。……今考天子五門之次，後鄭此說，確不可易。
《明堂位》說魯制，以庫門當天子皋門，雉門當天子應門（因諸侯只
三門），皋門於五門最在外，古無異說，則庫門必在雉門外可知。
……此中門，實不專屬雉門。當兼庫、雉、應三門言之，蓋五門以路
門爲內門，皋門爲外門，餘三門處內外之間，故通謂之中門。……天

子五門,唯應門爲正門,故特兩觀。"按,此據《大雅·緜》毛傳:"王之郭門曰臯門,王之正門曰應門。"又《爾雅·釋宮》:"正門,謂之應門。"郭璞注以應門爲"朝門"。由孫氏考述,知鄭玄五門説可成定論。而由五門,又產生了天子三朝。《秋官·朝士》鄭玄注:"周天子諸侯皆有三朝:外朝一、内朝二,内朝之在路門内者,或謂之燕朝。"又云:"外朝在庫門之外,臯門之内。"賈疏:"天子外朝一者,即朝士所掌者是也。内朝二者,司士所掌正朝,太僕所掌路寢朝也。"《召誥》"厥既得卜則經營"。《孔疏》:"鄭云外朝,在庫門之外臯門之内,是詢衆庶之朝。内朝二者,其一在路門外,王每日所視,謂之治朝;其一在路門内,路寢之朝,王每日視訖退適路寢,謂之燕朝。"而《朝士》注引鄭衆又有不同之説:"外朝在路門外,内朝在路門内。"孫詒讓《正義》云:"先鄭所謂外朝,即治朝也。内朝,即太僕之燕朝也。後鄭説亦同別有外朝在臯門之内,庫門之外,與治朝、燕朝而三。……中門之禁,實兼庫雉應三門言之,明外朝在中門外矣。"是本篇始見南、畢、廟、應諸門,《詩》、《春秋》、二《禮》見臯、庫、雉、路、應諸門,可能周王朝確逐漸形成五門,也可能係由經師們"整齊故事"釐定五門(由有紛歧覘其整理之迹)。總之天子五門由外至内爲:臯、庫、雉、應(正門)、路(畢)。臯、庫之間稱外朝,應門以内稱内朝,復分爲二;應、路之間稱治朝(正朝),路門以内稱燕朝(路寢朝)。明於此,則對一些經師的説法就好理解其是否相合(參見本篇末"所傳古代天子五門三朝示意圖")。

　　③延入翼室恤宅宗——僞孔釋"翼室"爲明室云:"明室,路寢。延之使居憂,爲天下宗主。"段氏《撰異》云:"'翌'(按《後漢書·袁紹傳》注引作翌),今本作'翼',《傳》訓翌爲明,《疏》引《釋言》:'翌,明也。'則其字必本作'翌'。明室内即明堂也,明堂即路寢也。

衛包妄改爲'翼'。今更正。《後漢書・班固傳》:'《典引》曰:正位
度宗。'章懷太子注云:'《尚書》曰:"延入翼室,恤度宗。"度,居也。
宗,尊也。'玉裁按,此本蔡邕《典引》注,蓋蔡氏引《尚書》'延入翌
室,恤度宗'而申之曰'度居也宗尊也'云云。今本《文選》脱去引
《尚書》語,章懷自襲蔡注耳。凡《古文尚書》宅字,《今文尚書》皆作
度。"

　　蘇軾《書傳》云:"翼室,路寢旁左右翼室也。成王喪在路寢,故
子剑廬於翼室。"吕祖謙《書説》云:"延入翼室,爲居憂之宗,示天下
不可一日無統也。"《蔡傳》亦云:"延,引也。翼室,路寢旁左右翼室
也。……逆太子剑於路寢門外,引入路寢翼室,爲憂居宗主也。"吴
澄《纂言》云:"延入翼室,爲憂居之宗主。或曰:'恤宅宗'蓋喪次之
名。宗者,宫廟室屋之通稱,初喪未成服,未居梁闇,故於路寢之翼
室爲憂居之室也。"王樵《日記》云:"延入路寢翼室,爲憂居宗主。
翼室,即東夾室也,初喪未爲梁闇,故以東夾室爲恤宅之地。"江聲
《音疏》云:"翼室,路寢傍室。……入路寢之傍室,憂居爲喪主。"孫
星衍《注疏》:"翼室,即左路寢也。"戴鈞衡《補商》在襲王樵東夾室
數句後云:"'恤宅宗'者,憂居之主。猶後世所稱祭主也。"吴氏《大
義》則云:"'翼室',倚廬也(按"倚廬"見《儀禮・既夕禮》爲遭喪者
之所居)。'恤'者,狀其憂戚之容恤恤然也。'宅宗',居尊也。居
尊即位爲喪主也。"對於翼室之解釋如此其繁複。最後加藤常賢謂
翼室爲"鬼室"。

　　上列前一説謂翼室當作翌室,義爲明室,即明堂。後一説由路
寢旁左右翼室,而夾室、而倚廬、而鬼室,各自異。明堂之説,自漢儒
歷各代直至清儒弄得很複雜,言人人殊,無一家之説可信(惟阮元非
常簡陋之説差近理),故不采明堂説,惟當於明室、旁室、左右室(夾

室)諸説尋之。現即録楊、曾二家之論以各見其一。楊筠如《覈詁》
云："(上略)'翌室'者,明室也。段玉裁謂'明室即明堂,明堂即路
寢也'。按路寢無大室,與明堂各別,段氏合之,非也。明室,即指路
寢。古者君薨必於路寢,故知明室當在路寢。其稱爲明室者,以其
爲居喪之室,死者所在。猶送死之器,謂之明器;贈死之衣,謂之明
衣;祭祀之水,謂之明水;祭祀之盦,謂之明盦也。'恤',《釋詁》'憂
也'。……'恤度宗',謂'度居也'。……'宗',尊也,爲先祖主也。
……則此謂憂居,爲喪主耳。"曾運乾《正讀》云："延,道也。翼室,
江聲云:'路寢旁室也。'翼是左右兩旁之名,然則翼室有兩,此蓋東
翼室也。知者,以既殯之後,居倚廬,在中門外東方,此時未殯,暫居
翼室,當亦東可知矣(按此即王樵所謂東夾室)。'恤',憂也。
'宅',居也。'宗',猶主也。延子釗入路寢之室,憂居爲喪主也。"
由此兩説所釋,知"翼室"是路寢中的一室,"恤宅宗"是憂居爲喪
主。

　　④丁卯命作册度——"丁卯",爲成王死後第三天。"作册",史
官的一種。文獻中常見,如《洛誥》中的"作册逸"(逸,人名)。金文
中作"乍册",習見,如《乍册睘卣》。陳夢家《尚書通論》第 146 頁舉
金文中有乍册豐、乍册宅、乍册休……等,與《尚書》中作册逸、作册
度、作册畢公等並舉。吳闓生《大義》、于省吾《新證》並以作册度即
金文中乍册宅。然文獻及金文中作册某必有動作或受賞賜。如《洛
誥》言"作册逸誥","誥"爲作册逸之動作。《令敦》言"乍册夨令奠
宜于王姜"。《乍册睘卣》言"王姜令乍册睘安夷伯"。"奠宜"、
"安"即乍册夨令和乍册睘的動作。今本篇的"命作册度",如"度"
爲人名,則他無動作,不好理解。即文法結構亦不全,亦無此理。故
僞孔、《蔡傳》皆釋爲:"命史爲册書法度,傳顧命於康王。"《孔疏》:

"將崩,雖口有遺命,未作册書,故以此日作之,既作策書,因作受策法度,下云'曰皇后憑玉几',宣成王言,是策書也。將受命時,升階即位,及傳命以後,康王答命、受同、祭饗,皆是法度。"陳大猷《或問》簡明言之云:"成王雖有遺命,未有册書,將傳之康王,故作册書,紀先王之言授之。因並作受册法度,下文升階即位及受同祭饗等,其法度也。"戴鈞衡《補商》云:"此釋《傳》所言'册書法度'甚明。竊謂法度不獨升階即位諸儀,凡下文士之所須、狄之所設、食器、兵車之陳、莫不先訂於此度也。"似皆所釋合理,故精研金文的王國維氏之説,大意亦同於上述諸經師之説。吳其昌所記《王觀堂先生尚書講授記》(《國學論叢》一卷三號)云:"作册(句)度(句)。'作册',官名。'度',事先預度。'命作册度',猶言命作册預備一切也。後人以'册度'連文,非也。"楊筠如《覈詁》云:"'作册',官名,即内史也。《雒誥》命作册逸祝册,即其例也。'度',《詩》傳:'法度也。'《禮記·月令》注:'謂制大小也。'此蓋謂度其禮之繁簡也。"兹即取諸釋之要義。于先生《新證》之説在整理本書中大都承用,惟此處只好割愛。

　　⑤越七日癸酉伯相命士須材——"癸酉",僞孔云:"於丁卯七日癸酉。"《孔疏》:"'於丁卯七日癸酉',則王乙丑崩,於今已九日矣。於九日始傳顧命,不知其所由也。鄭玄云:'癸酉蓋大斂之明日也。'鄭:'大夫以上殯斂皆以死之來日數,天子七日而殯。'於死日爲八日,故以癸酉爲殯之明日。孔不爲傳,不必如鄭説。"而吳氏《大義》云:"癸酉,殯日也。漢禮,殯日即位柩前,用此文也。"則於鄭説外又自提出一説,恐只能與鄭説一樣看待,都是憑後世情況推論古禮。

　　"伯相",僞孔釋之云:"邦伯爲相,則召公。"《蔡傳》:"伯相,召公也。召公以西西伯爲相。"《孔疏》:"成王既崩,事皆聽於冢宰,自非召公無由發命,知伯相即召公也。王肅云:召公爲二伯、相王室,故曰伯相。上言太保命仲桓,此改言伯相者,於此所命士多,非是國相不得大命諸侯,故改言伯相,以見政皆在焉。"朱駿聲《便讀》則云:"伯相,二伯相王室者,蓋召公、畢公也。"以畢公繼周公而爲東方之伯,與西方之伯的召公分陝而治的身份,當然與召公一樣都可稱伯相,但他的名望與實權都低於召公,此時召公負主要責任,一切命令由他發出,則如上述經師以召公爲此伯相亦無不可。

"命士須材",僞孔釋之云:"召公命士致材木,須待以供喪用。《孔疏》:"自此以下至'立于側階',惟命士取材木以供喪用。其餘皆是將欲傳命布設之事。"《蔡傳》承用"命士取材木以供喪用"之句,惟在前加"須,取也"三字。薛季宣《古文訓》云:"士,山虞匠人之屬。"王樵《日記》云:"召公命士致材木,須待以供喪用,謂椁與明器。《記》云:'虞人致百祀之木,可爲棺椁者斬之。'"戴鈞衡《補商》云:"'須材',《傳》謂取材木以供喪用,說者謂椁與明器之類。錢氏時、金氏履祥以爲即下文陳設器物。以今參之,喪用之說非不通,但此經殯斂之事俱略,自'作册度'以下皆專爲傳顧命而設,則此所以命士者,恐非椁與明器之類。或當如錢氏金氏說也。蓋'命作册'者,總紀應行之事;'命士須材'者,總備應用之物。凡此皆召公之特命,非典禮之常。若椁與明器,似不待伯相之命矣。"

⑥狄設黼扆綴衣——"黼扆",《漢石經》殘字作"黼衣"。馮登府《漢石經考異》云:"案扆通依,《明堂位》'天子負斧依'。《釋文》:'本作扆。'依,亦作衣,《學記》'不學博依'注:'或爲衣。'衣即依省也。"僞孔:"'狄',下士。'扆',屏風,畫爲斧文,置户牖間。復設幄帳,象平生所爲。"

　　《孔疏》釋“狄”云：“《禮記·祭統》云：‘狄者，樂吏之賤者也。’是賤官有名爲狄者，故以狄爲下士。《喪大記》‘復魄之禮’云：‘狄人設階。’是喪事使狄，與此同也。”王夫之《稗疏》云：“設張之事，自幕人所掌。狄之爲官，不見於《周禮》，唯《喪大記》言之。則《周禮》所謂夏采者是已。《祭統》所云‘翟’，乃籥師之別名，不與此同。狄不典黼扆綴衣，而特司其陳設。故《喪大記》云‘狄人設階’。此云‘設’者，兼下文而言。黼扆綴衣、四席、四几、有司備之，而皆授狄人使之排設也。夏采所掌，乃始死而復之事，此兼命之者，以方在殯，禮雜吉凶，且狄司復事爲神所依，亦使求神而授命也。舊注未悉。”

　　《孔疏》釋“黼扆”云：“《釋宫》云：‘牖户之間謂之扆。’李巡曰：‘謂牖之東户之西爲扆。’郭璞曰：‘窗東户西也。《禮》云：斧扆者，以其所在處名之。’郭璞又云：‘《禮》有斧扆，形如屏風，畫爲斧文，置於扆地，因名爲扆。’是先儒相傳黼扆者屏風，畫爲斧文，在於户牖之間。《考工記》云：‘畫繢之事，白與黑謂之黼。’是用白黑畫屏風，置之於扆地，故名此物爲黼扆。”陳師凱《旁通》云：“牖户之間，是以地言。又云負扆者，是以器言也。據《爾雅》則扆自是户牖間地名，以屏置其地因亦名屏爲扆，以所畫之色言，則曰黼扆，以所畫之形言則曰斧扆，以天子所倚立而言則曰負扆，以天子之位而言則曰當扆而立。”

　　《孔疏》釋“綴衣”云：“上文言‘出綴衣于庭’，此復設黼扆帷幄帳者，象王平生時所爲也。經於四坐之上言設黼扆綴衣，則四坐皆設之。”是此綴衣仍指幄帳，如上文“出綴衣于庭”校釋。

　　《孔疏》釋自“狄設”以布几筵事皆伯相所命云：“此經所云‘狄設’，亦是伯相命狄使設之。……設四坐及陳寶玉兵器與輅車，各有所司，皆是相命，不言所命之人，從上省文也。”

王國維《周書顧命考》謂"'狄設黼扆綴衣'以下（至"玄紛純漆仍几"止），紀布几筵事"。戴鈞衡《補商》則謂"此陳先王坐平之儀節也"。

⑦牖間南嚮敷重篾席黼純華玉仍几——"嚮"，原作"鄉"，"敷"，亦作"布"，"篾"，亦作"莫"。見《周禮·司几筵》"凶事仍几"注："《書·顧命》曰'翌日乙丑，成王崩。癸酉，牖間南鄉，西序東鄉，東序西鄉（今流行本後二"鄉"作"饗"）'，皆仍几。"段玉裁《撰異》云："鄉，古經傳鄉背字多如此，如《禮記》《明堂位》、《鄉飲酒義》、《燕義》等篇可證，不作向，亦不作嚮。……嚮字俗製，上下皆諧聲也。衞包以嚮字改經。"又見《説文·茻部》云："莫，火不明也。从茻从火，茻亦聲。《周書》曰'布重莫席'，織蒻席也。讀與蔑同。"段玉裁《撰異》："許據壁中古文也。敷、布古通用。莫、蔑古通用。《尚書》莫席，其訓織蒻，則其字當作蔑，而作莫者，假借也。許君造《説文》曰'火不明也'，此其正義。引《書》而又釋之曰'織蒻席也'，此其假借之義。……衞包因孔《傳》訓爲桃枝竹，遂改蔑爲從竹之篾，形聲會意絶不可支。……鄭云：'蔑，析竹之次青者，則合下文筍席爲言……析取其最外之青皮爲席謂之筍席，析其次青者爲席，謂之蔑席。鄭意蔑同《禮》注之籇字也。"

僞孔釋此數句云："篾，桃枝竹。白黑雜繒緣之。華玉以飾憑几，仍，因也，因生時几不改作。此見羣臣覲諸侯之坐。"此釋"篾席"爲桃枝竹席。釋"黼純"爲白黑繒緣之。釋"華玉仍几"爲華玉以飾憑几，仍生時几不改作。而未釋"牖間南嚮"。

《孔疏》釋"牖間南嚮"云："牖謂窗（字作牎）也。間者，窗東户西牖之間也。《周禮·司几筵》云：'凡大朝覲、大饗射，凡封國命諸侯，王位設黼扆。扆前南鄉，設莞筵紛純，加繅席畫純，加次席黼純，左右玉几。'彼所設者，即此坐也。又云'户牖之間謂之扆。'彼言扆，此言牖間，即一坐也。彼言次席黼純，此言篾席黼純，亦一物也。《周禮》：'天子之席三重，諸侯之席再重。'則此四坐（即牖間見群臣諸侯之坐、西序旦夕聽事之坐、東序饗群臣之坐、西夾親屬私宴之坐）所言敷重席者，其席皆敷三重。舉其上席而言重，知其下更有席也。此牖間之坐即是《周禮》扆前之坐。篾席之二重，其次是繅席畫純，其下是莞筵紛純也。此一坐有《周禮》可據，知其下二席必然，下文三坐《禮》無其事，以扆前一坐敷三重之席，知下三坐必非一重之席敷三坐，但不知其下二重是何席耳。《周禮》：'天子左右几，諸侯唯右几。'此言'仍几'，則四坐皆左右几也。鄭玄云：'左右有几，優至尊也。'"

　　《孔疏》又釋"篾席"云："此篾席與《周禮》次席一也。鄭注彼云：'次席，桃枝席。有次列成文。'鄭玄不見孔《傳》，亦言是桃枝席。則此席用桃枝之竹，必相傳有舊說也。鄭注此下則云'篾析竹之次青'者，王肅云：'篾席，織蒻苹席，並不知其所據也。'"

　　《孔疏》又釋"黼純"云："《考工記》云：'白與黑謂之黼。'《釋器》云：'緣謂之純。'知'黼純'是白黑雜繒緣之，蓋以白繒黑繒錯雜彩以緣之，鄭玄注《周禮》云：'斧謂之黼，其繡黑白彩也。以絳帛爲質。'其意爲白黑之綫縫制爲黼，又以緣席。其事或當然也。"

　　《孔疏》又釋"華玉仍几"云："華是彩之別名，故以爲彩色用華玉以飾憑几也。鄭玄云：'華玉，五色玉也。''仍'，因也。《釋詁》文。《周禮》云：'凡吉事變几，凶事仍几。'《禮》之於几有變有仍，故特言'仍几'，以見因生時几不改作也。"

　　《孔疏》又釋僞孔"此見群臣覲諸侯之坐"云："'此見群臣覲諸侯之坐'，《周禮》之文知之。又《覲禮》：'天子待諸侯，設黼扆於户牖之間，左右几，天子衮冕負斧扆。'彼在朝，此在寢爲異。其牖間之坐則同。"

《蔡傳》全承僞孔，惟文字稍詳，而誤倒"桃枝竹"爲"桃竹枝"，陳師凱《旁通》糾正之，並録《爾雅》云："桃枝四寸有節。"《疏》云："竹相去四寸有節者，名桃枝。"（按見《釋草》）

王鳴盛《後案》："古者人君宮室之制，前爲堂，後爲室。堂兩旁爲東西夾室，即翼室。中有墻以隔之，謂之東西序。後室之兩旁則爲東西房。室中以東向爲尊，戶在其東，牖在其西。堂以南向爲尊，王位在戶外之西，牖外之東，所謂'戶牖之間'，南嚮之坐也。"

孫詒讓《駢枝》："此經四几，並云仍几。《周禮·司几筵》：'凡吉事變几，凶事仍几。'注：鄭司農云：'變几，變革其質，謂有飾也。仍，因也，因其質無飾也。'玄謂'吉事謂王祭事，每事易几。……凶事，謂凡奠几，朝夕相因'。喪禮簡略，二鄭同依《爾雅》訓仍爲因，而義不同。僞孔義又與二鄭小異。……後鄭與孔説皆不可通。惟先鄭謂因質無飾，説尚近理。但此經四几與《禮記·明堂位》玉琖皆有飾，則不得云無飾。諦譯先鄭之意，似謂几以木爲之，惟就玉爲飾雕刻之，而其木質則不復雕刻。……兩經互證，其義或可通乎？"

吳闓生《大義》云："此在廟中，舊以爲在殯宮者（按此鄭玄注《祭統》説）誤。周人殯於西階，何爲設位戶牖間乎？"意爲如此處言牖間者便非殯宮。王國維《周書顧命考》已云："鄭説非也，此册命之地，決非殯所。"又《周書顧命後考》云："册命之地，自《禮經》通例言之，自當爲廟而非寢。畢門，應門，蓋廟與寢皆有之。……古者賜爵禄於大廟，豈有傳天子之位，付天下之重而不於廟行之者，下文云：'諸侯出廟門俟。'是册命之地之非殯所明矣。"楊筠如《覈詁》亦云："下文'出廟門俟'，則此當在廟。……此位正在黼扆之南，《周官·司几筵》'凡封國命諸侯,王位設黼依,依前南鄉,設莞筵,左右玉几',並與此合。惟此則爲命天子之禮。"參看後面"討論(二)"。

⑧西序東嚮敷重底席綴純文貝仍几——"底"一作"蓆",見《玉篇》云:"蓆,之履切。《書》云'敷重蓆席'。孔安國曰:'芪,蒻苹也。'本作底。"段玉裁《撰異》:"按,俗加艸作蓆也。《正義》云:'《禮》注謂蒲席爲蒻苹。'不言何篇《禮》注。今考《閒傳》鄭注曰:'苄,今之蒲苹也。《釋名》:蒲苹以蒲作之,其體平也。'苹,本當作平,俗加草耳。今本《釋名》苹誤草,不可讀。《集韻·五旨》'芪'字下尤訛舛。《説文》曰:'蒻,蒲子,可以爲平席也,世謂蒲平。'今本《説文》無'世謂蒲平'四字,《太平御覽》所引有之。馬、王云:'底席,青蒲席也。'説同鄭君。云:'底,致也。蔑,織致席也。'蒙上文蔑席而言。致、緻,古今字。據鄭説,可知經文'底'不當從艸矣。又按,《説文》'蒲子',猶云'子蒲',謂蒲之穉脆。或改爲'蒲本',非也。"《釋文》:"底,青蒲也。"

僞孔釋此數句云:"東西廂謂之'序'。'底',蒻苹。'綴',雜彩。有文之貝飾几。此旦夕聽事之坐。"

《孔疏》釋"序"與"墻"云:"'東西廂謂之序',《釋宫》文。孫炎曰:'堂東西墻,所以別序内外也。'"然今所見《釋宫》原文爲:"東西墻,謂之序。"故清王鳴盛《後案》云:"'序'者,墻之別名。古者宫室之内,以墻爲隔。墻之外即夾室,堂與夾室共此墻。此東嚮西嚮之坐乃在堂上。以其附近東西序,故以序言之,與夾室無涉。《傳》謂'東西廂',非也。"然宋末元初金履祥《書經注》已云:"《爾雅》:'東西墻謂之序。'蓋古者宫室之内,以墉墻爲隔,猶今以壁隔也。東西墻猶言東西壁,壁之外即夾室,故又曰東西廂。謂之序,自堂言之則東西壁爲序。自夾室言之,則墻乃夾室之墻也。夾之前謂之廂,故夾室亦通可謂之厢矣。"

《孔疏》釋"厎席綴純"云："《禮》注謂蒲席爲蒻苹。孔以厎席爲蒻苹。當謂蒲爲蒲蒻之席也。史游《急就篇》云：'蒲蒻藺席。'蒲蒻謂此也。王肅云：'厎席，青蒲席也。'鄭玄云：'厎，致也。蔑織致席也。'鄭謂此厎席亦竹席也。凡此重席，非有明文可據，各自以意説耳。'綴'者，連綴諸色席必以彩爲緣，故以綴爲雜彩也。"

《孔疏》釋"文貝仍几"云："貝者，水蟲。取其甲以飾器物。《釋魚》於'貝'之下云：'餘蚔，黄白文。餘泉，白黄文。'李巡曰：'貝甲以黄爲質白爲文彩，名爲餘蚔。貝甲以白爲質黄爲文彩，名爲餘泉。''有文之貝飾几'謂用此餘蚔餘泉之貝飾几也。"

《孔疏》釋僞孔"此旦夕聽事之坐"一語云："'此旦夕聽事之坐'，鄭王亦以爲然。牖間是見群臣覲諸侯之坐，見於《周禮》。其'東序西嚮養國老饗群臣之坐'者，案《燕禮》云'坐於阼階上西嚮，則養國老及饗'，與《燕禮》同。其西序之坐，在燕饗坐前，以其旦夕聽事，重於燕飲，故西序爲旦夕聽事之坐。夾室之坐，在燕饗坐後，又夾室是隱映之處，又親屬輕於燕饗，故夾室爲親屬私宴之坐。案朝士職掌治朝之位，王南面。此西序東嚮者，以此諸坐並陳，避牖間南面覲諸侯之坐故也。王肅説四坐，皆與孔同。"

⑨東序西嚮敷重豐席畫純雕玉仍几——僞孔釋云："豐，莞。彩色爲畫。雕，刻鏤。此養國老饗群臣之坐。"《釋文》："莞，音官。"

《孔疏》釋"豐席"云："《釋草》云：'莞，苻蘺。'郭璞曰：'今（晋）之西方人呼蒲爲莞，用之爲席也。又云藨鼠莞。'樊光曰：'《詩》云下莞上簟。'郭璞曰：'似莞而織細，今蜀中所出莞席是也。'王肅亦云：'豐席，莞。'鄭玄云：'豐席，刮涷竹席'。"

《孔疏》釋"畫純"云："《考工記》云：'畫繢之事，雜五色。'是彩色爲畫，蓋以五彩色畫帛以爲緣。鄭玄云：‘似雲氣，畫之爲緣。’”

　　《孔疏》釋“雕玉仍几”云：“《釋器》云：‘玉謂之雕，金謂之鏤，木謂之刻。’是雕爲刻鏤之類，故以刻鏤解雕。蓋雜以金玉刻鏤爲飾也。”

　　《蔡傳》簡釋之云：“此養國老饗群臣之坐也。豐席，筍席也。畫，彩色。雕，刻鏤也。”誤以豐席爲筍席，則與下“西夾南嚮”筍席重復。故陳師凱《旁通》更正之云：“筍席，當爲莞席，傳寫錯也。”《彙纂》引馬森云：“豐席，《傳》解筍席，與下西夾席同，恐或誤也。孔《傳》訓豐爲莞，《本草》曰：‘蒲，一名苻離，楚謂之莞。’鄭箋云：‘莞，小蒲也。’而《司几筵》有莞筵、蒲筵，則是蒲有小大之異。爲席有精有麤，故特爲兩種席也。《爾雅》疏‘鼠莞織細似龍鬚，可以爲席’。《詩》云‘下莞上簟’，則豐當爲莞，始得之。”楊筠如《覈詁》：“按鄭以刮凍不刮凍爲豐筍二竹之別，殊於豐義無當。‘莞’，《説文》：‘艸也，可以作席。’《小雅》鄭箋：‘莞，小蒲之席也。’殷敬順謂‘莞，音官，似蒲而圓’。《廣雅》又謂之葱蒲。蓋莖圓而中空，故謂之葱蒲。莞之言，管也，正取中空之義。中空而圓，故作席必豐厚也。”王充耘《書管見》云：“篾席筍席，皆指其物名。底席豐席獨不言其物，蓋底席以其底而在下，猶今（元）以末職爲底僚相似，言其最下而著底也。豐者言其高而在上，未知何物爲之，《傳》謂底席爲蒲席，蒲草賤，或者因此謂之底席。至謂豐席爲筍席，則不應又自有筍席，此爲可疑。要之今人言《書》多錯。互見亦未可知。”又《蔡傳》彤作雕。《覈詁》云：“雕與彤同。《釋器》‘彤謂之琢’是也。”

　　⑩西夾南嚮敷重筍席玄紛純漆仍几——《釋文》：“筍，息允反。馬云：‘箽箽也。’徐云：‘竹子竹爲席。’僞孔釋云：‘西廂夾室之前。’‘筍’，蒻竹。‘玄紛’，黑綬。此親屬私宴之坐，故席几質飾。”《蔡

傳》全同，惟將"此親屬私宴之坐"移置最前，釋"筍席，竹席也"，於後加"漆，漆几也"一句。中間"玄紛"稍詳云："紛，雜也。以玄黑之色雜爲之緣。"

《孔疏》釋"西夾"（僞孔作"西廂夾室"）云："下《傳》云'西房西夾坐東'，'東房東廂夾室'，然則房與夾室實同而異名。天子之室有左右房，房即室也。以其夾中央之大室，故謂之夾室。此坐在西廂夾室之前，故繫夾室言之。"

《孔疏》釋"筍席"云："《釋草》云：'筍，竹萌。'孫炎曰：'竹初萌生謂之筍。'是筍爲蒻竹取筍之皮以爲席也。"楊筠如《覈詁》："筍，馬謂菩箸也。鄭謂析竹青皮也，引《禮器》曰若竹箭之有筍。按今《禮器》筍作筠，古筍筠同字，故《説文》古文鈞從旬，作銁。《漢書·高帝紀》韋昭注（？）：'竹皮，竹筠也。今南夷取竹幼時，績以爲帳。'則竹皮，當謂幼竹之皮，蓋幼竹謂之筍，故幼竹之皮，亦通謂之筍。《説文》：'箸，竹箸也。'又曰：'楚謂竹皮曰箸，則箸亦兼竹皮之通稱。'馬鄭之説，可互通也。此當以幼竹之青皮作之，故曰'筍席'。"

《孔疏》釋"玄紛純"云："紛，則組之小別。鄭玄《周禮》注云：'紛如綬，有文而狹者也。然則紛、綬一物，小大異名。故《傳》以'玄紛'爲'黑綬'。鄭於此注云：'以玄組爲之緣。'"

《孔疏》釋僞孔"以親屬私宴之坐故席几質飾"云："《周禮·大宗伯》云：'以飲食之禮親宗族兄弟。'鄭玄云：'親者使之相親。人君有食宗族飲酒之禮，所以親之也。'《文王世子》云：'族食，世降一等。'是天子有與親屬私宴之事，以骨肉情親，不事華麗，故席几質飾也。"即席與几都用樸素之飾。

王鳴盛《後案》云："'西夾南嚮'者，上翼室在堂兩頭，如鳥之翼，此即西翼室也。不設東夾坐者，康王方恤宅於其中故也。《傳》

以西夾之位在西廂夾室之前,考西夾之前即下文西堂,有冕執鉞者立於此,又雜列一席於此何爲耶?"此亦反對僞孔東西廂之説,可與上"西序東嚮"《孔疏》所釋條下引金履祥説合觀之。

《顧命》篇中至此將《周本紀》中所説"二公率諸侯以太子釗見於先王廟"大典禮中事先布几筵事的設四坐之事叙畢。"四坐",僞孔以爲:牖間南向,是見群臣覲諸侯之坐;西序東向,是旦夕聽事之坐;東序西向,是饗群臣之坐;西夾南向,是親屬私宴之坐。《蔡傳》全承其説。這顯然是成王生前處理國政分別進行活動的幾個座位。顯然是據《禮》書中所記。王國維則以爲是這次典禮中所設的座位。其《周書顧命後考》云:"此太保攝成王以行册命之禮,傳天下之重,故亦設几筵以依神。其所依之神,乃兼周之先王,非爲成王也。《昏禮》與《聘禮》之几筵一,而此獨四者,曰牖間、東序、西序三席,蓋爲太王、王季、成王。而西夾南嚮之席則爲武王。然則何以不爲成王設也,曰:成王方在殯,去升府尚遠,未可以入廟,且太保方攝成王以命康王,更無緣設成王席也。"曾運乾《正讀》反對上兩説,他舉了僞孔之説後云:"成王既崩,多設此座,急欲何爲?"又舉王國維之説後云:"本傳顧命,新陟王既無專席,武王又擠入西夾,均臆説不可從。"他在《正讀》中提出自己的説法是:"牖間……此席爲新陟王設也。""西序……此席在西階上,蓋爲嗣王設。""東序……此席在阼階上,蓋爲太保設。""西夾……此席在黼扆之西,蓋爲太史迓王策命之席也。"

僞孔之説,各代經師多從之,並爲在此典禮中列此四席尋其故。《蔡傳》云:"牖户之間謂之扆,天子負扆朝諸侯,則牖間南嚮之席,坐之正也。其三席,各隨事以時設也。將傳先王顧命,知神之在此乎,在彼乎,故兼設平生之坐也。"《彙纂》引明儒顧錫疇之説云:"席所以坐，純所以緣，几所以憑。天子朝覲、聽治、養老、私燕，各有定處。平居各因事而設，今並設之，以聽神之隨有所憑也。”

自“狄設黼扆”至此處“漆仍几”止，王國維以爲是“紀布几筵事”。戴鈞衡以爲是“陳先王生平之儀節也”。王氏以爲這是在這大典禮中所布的几筵諸項，這無疑是正確的，合於古代禮意的。而所布置的東西，據戴氏説，全是先王生平所服用的，這似又很合情實，古人爲紀念剛死的先王，把他生平所愛好的寶玩儀飾都擺上，正見出這是對先王的深切的懷念。所以戴氏説也很可取。而由戴氏此説，亦可悟把先王生前理政時的四個坐席按原位擺上，也是合情理的。所以僞孔、蔡氏之説還是有所合的。但不論僞孔説、王氏説、曾氏説哪家正確，總之都是《顧命》原文中所沒有説的，而其盡力想去找它這樣布置的作用或緣由，大都是憑自己的理解去推定，所以也不必去論其是非，因爲實在也無確證足以論定誰的是非。

⑪越玉五重陳寶赤刀大訓弘璧琬琰在西序——《釋文》：“琬，紆晚反。琰，以冉反。”此處是説越玉、陳寶、赤刀、大訓、弘璧、琬琰六種玉器陳列在西序，即西墻下。但歷來經師有不少誤説，主要是對本處的“越玉五重陳寶”六字及下句“河圖”二字提出妄解，即對未誤之諸寶器亦有作出不準確解釋者。現依原文順序述之。

“越玉五重陳寶”，僞孔及《蔡傳》皆云：“於東西序坐北，列玉五重，又陳先王所寶之器物。”（《蔡傳》惟“又”作“及”，無“之”字）是訓“越”爲於（《孔疏》：“於者，於其處所”），“陳”爲陳列。且皆以下文之弘璧、琬琰、大玉、夷玉、天球爲玉之五重。自宋迄元明儒者皆承其説，清代、現代學者承其説亦不乏其人，如王鳴盛、江聲、孫星衍等是。戴鈞衡《補商》、吳闓生《大義》則皆云：“越，惟也。”近人曾運乾《正讀》申其説云：“‘越’，于也，及也。‘越玉五重陳寶’，語倒，猶言‘陳寶于玉五重也’。”皆不符合原義。

　　唯一提到正確之說者,爲《釋文》所引馬融云:“越玉,越地所獻玉也。”而江聲、戴鈞衡等皆妄辨其非,由現代古玉研究而知其正確。臺灣古玉研究學者鄧淑蘋《古玉的認識和賞析》(載1994年12月臺灣《故宮文物月刊》第141期)文中,在歷述了先史時代祖國大地上已形成的古玉三大分系的概況後説:“新石器時代晚期,也是中國文化成形的重要時期。”“由傳説史料可歸納出華夏、東夷、苗蠻三代氏族集團。由古代民族學的角度研究,羌、夷、越等人種,分別散居在華西、華東的北部、華東的南部到華中,他們用以禮拜神祖,表彰身份的玉器,各有不同的風貌。在西周初年文獻上,仍有古玉三大分系的記載。《尚書·顧命》篇中記載了周成王病逝後,臣屬們在喪禮中,陳設了成王生前的寶物——大玉、夷玉、越玉,應即是古代三種不同族系與文化的遺物,在當時已爲成王珍藏的骨董了。”又説:“《尚書·顧命》篇中有‘越玉’一詞,應是指南方越人所雕琢的玉器。”又説:“或是因爲周人屬華夏集團的一支,所以稱自己文化傳統的玉器爲大玉。”這就使們理解了“越玉”在歷史上的真實意義。是我國古代東南地區西達華中一帶所居苗、越民族文化發展中所出現的美玉的總稱。同時也理解了越玉與下文大玉、夷玉這三者的科學意義。這裏“越玉五重”是指有越玉五雙,見陳大猷《或問》云:“玉,一雙曰重。”因而不是説和下文的各種玉合成五重(王國維《陳寶説》提出與僞孔不同的“五重説”,也是不正確的)。

　　“陳寶”,上文已提到僞孔及蔡氏妄説“陳先王所寶器物”。其前之鄭玄也説:“陳寶者,方有大事,以華國也。”(《孔疏》引)亦謂陳列寶物。《説文·宀部》:“宲,藏也。从宀,采聲。《周書》曰:‘陳宲赤刀。’”段玉裁《撰異》:“《史記》一書,寶字皆作葆,亦其理也。許君蓋據壁中之眞本，後人易以同音之寶字。”這是研析其文字異體。《廣雅・釋器》：“陳寶，刀也。”王國維云：“是張稚讓已不從鄭注。”見王國維《陳寶説》（《觀堂集林》第一册）。該文並云：“《史記・秦本紀》：‘文公十九年獲陳寶。’而《封禪書》言：‘文公獲若石，云於陳倉北坂城祠之。其神或歲不至，或歲數來……野鷄夜雊，以一牢祠，命曰陳寶。’是秦所得陳寶，其質在玉石間。蓋漢益州金馬碧鷄之比，秦人殆以爲《周書・顧命》之陳寶，故以名之，是陳寶亦玉名也。”當取王説。

“赤刀”，僞孔云：“寶刀，赤刀，削。”《蔡傳》亦云：“先王所寶器物，赤刀，赤削也。”《孔疏》：“上言陳寶，非寶則不得陳之。故知赤刀爲寶刀也。謂之赤刀者，其刀必有赤處。刀，一名削。故名‘赤刀，削也’。……赤刃爲赤削，白刃爲白削，是削爲刀之别名明矣。《周禮・考工記》云：‘築氏爲削，合六而成規。’鄭注云：‘曲刃，刀也。’又云：‘赤刀者，武王誅紂時刀，赤爲飾，周正色。’不知其言何所出也。”鄭注真是妄説。王國維《陳寶説》繼“陳寶亦玉名也”後説：“赤刀亦然。内府藏古玉赤刀，屢見於高宗純皇帝御製《詩集》，又溧陽端氏舊藏一玉刀，長三尺許，上塗以朱，赤色爛然。《書》之赤刀，殆亦此類。”説赤刀爲玉刀，完全正確，不僅有清内府藏及端氏藏古玉赤刀實物。鄧淑蘋《古玉的認識和賞析》亦云：“夏王朝以晋南豫西爲主要基地，河南偃師二里頭出土了體大質精的一批玉器，除了斧、鉞等兵器外，還以……大刀和牙璋，最具特色。……陝北神木石峁曾徵集一大批玉器……下限亦在夏代内……統治者所用的玉禮器，主要也是牙璋和大刀。……總之夏代時，……統治者用以祭祀神只祖先的玉禮器，主要有牙璋、大刀，配上圭、鉞、璧、琮、戈、柄形器等。”可知豫陝等地出土的夏代古玉禮器中，大刀是其中主要的。則清內府及顯要大員藏有"長三尺許上塗以朱"的赤色玉刀,就知其來有自了。晚至清代皇室內府猶藏有此種赤色玉刀,則更靠近夏代的周初王室也藏有這種赤刀,就更好理解了。

"大訓",僞孔云:"大訓,《虞書》典謨。"《孔疏》:"'大訓,《虞書》典謨',王肅亦以爲然。鄭云:'大訓,謂禮法。先王德教。'(《周禮‧天府》疏引鄭注前句同,後句爲:"先王禮教,《虞書》典謨是也。")皆是以意言耳。"《蔡傳》復以意言之云:"大訓,三皇五帝之書,訓謂亦在焉。文武之訓亦曰大訓。"王國維《陳寶説》云:"大訓,蓋鑴刻古之謨訓於玉。"王説近理,可從。因《周禮‧天府》云:"凡國之玉鎮大寶器藏焉,若有大祭大喪,則出而陳之。"故此處西序東序所陳的寶器全是玉器。已知上文的越玉、陳寶、赤刀皆玉,下文的弘璧、琬琰及東序的大玉、夷玉、天球、河圖,無一非玉(或稍次於玉之石,似玉之石),則此處之"大訓"亦瘫能是玉,不能是縑帛或竹簡書寫之謨訓。故王氏説是刻有古之謨訓之玉,甚是。

"弘璧",僞孔釋爲"大璧"。《蔡傳》同樣釋爲"弘璧,大璧也"。《孔疏》但釋其字義:"弘,訓大也。"璧亦重要玉器。上引鄧淑蘋古玉專文中説:"在新石器時代晚期時,圓璧與方琮或已組配爲成套的禮器,配合使用。""圓璧方琮組配的禮器習俗,在史前的中國,分布頗廣。璧琮的組配禮俗,在稍晚時,已蜕變爲璧圭的組配。……由《尚書‧金縢》篇中,描述周公'植璧秉圭',向祖先祈禱的場面可知,在西周初年,最重要的禮器爲璧與圭兩種。璧是最重要的祭器,豎立(植)於壇上,用以依附自天而降的祖靈;圭是最重的瑞器,主祭者執於手中,以表彰自己的身份。"由此知道璧是玉中最重要的祭器,它首先和琮組配成重要的禮器,至西周初,它又和圭組合成重要的禮器。下面緊接陳列的琬琰正是圭。那麼弘璧與琬琰並列,在西周初年更有其重要意義。

“琬琰”，僞孔云：“大璧、琬琰之圭爲二重。”《蔡傳》也云：“琬琰，圭名。”《孔疏》：“大璧、琬琰之圭爲二重，則琬琰共爲一重。《周禮·典瑞》云：‘琬圭以治德，琰圭以易行。’則琬、琰別玉而共爲重者，蓋以其玉形質同，故不別爲重也。《考工記》：‘琬圭、琰圭皆九寸。’鄭玄云‘大璧、大琰皆度尺二寸’者，孔既不分爲二重，亦不知何所據也。”按《説文·玉部》：“琬，圭有琬者，從玉，宛聲。”“琰，璧上起美色也，從玉，炎聲。”段玉裁《説文解字注》以爲：琬字下“當作圭首宛宛也。……先鄭云：‘琬，圭無鋒芒。’……後鄭云：‘琬猶圜也。’……玉裁謂圜剡之，故曰‘圭首宛宛’者，與‘丘上有丘爲宛丘’同義”。琰字下“璧當爲圭也。……《周禮》（鄭）注：‘凡圭剡上寸半，琰圭剡半以上，又半爲瑑飾……或當作‘圭剡上起美飾’”。是皆釋明琬、琰爲圭。則與弘璧並列，正是西周初禮意。

⑫大玉夷玉天球河圖在東序——此處是説大玉、夷玉、天球、河圖四種玉器陳列在東序即東墻下。

“大玉”，僞孔無釋，但説大玉、夷玉、天球“三玉爲三重”，實妄説。《蔡傳》亦無釋。《孔疏》引“鄭玄云：‘大玉，華山之球也。’”按《堯典》“擊石拊石”，僞孔釋云：“石，磬也。”其佳者以玉爲之，是爲玉磬，玉磬亦稱“球”。見《説文·玉部》：“球，玉磬也。”華山之球，則即華山所産可製磬之玉，稱爲大玉。指出大玉産地在華山，基本是正確的，與下文説夷玉即東北之珣玗琪産地爲醫無閭山，同樣正確。鄧淑蘋氏古玉專文云：“與華東相對峙的華西地區，散居着以黃帝爲共主的各部族。”“由民族學的角度研究，認爲青康藏高原的原住民——羌族，經遷徙進入河西走廊、内蒙、隴西、河套、四川等地。散居各地的羌族，按不同的生態環境，發展出不同程度的文化。在晋豫陝境内的羌人，以務農爲生，文化發展高，曾先後建立了歷史上的夏王朝和周王朝。""夏王朝以晋南豫西爲主要基地……出土了體大質精的一批玉器。"而華山正是晋陝豫的中心地，也是晋南豫西的交接地帶，那麽把由羌族發展出的夏族（按這一點可參看起釪撰《姬姜與氏羌的淵源關係》及《由夏族原居地縱論夏文化始於晋南》二文，載《古史續辨》）所居的地域産生的玉稱爲華山之玉，正像説東北夷玉出於醫無閭山一樣，是適合的。同時按夷玉、越玉的命名原則，則這一民族的玉可稱爲羌玉或夏玉，而稱爲"大玉"者，如鄧淑蘋氏之説："因爲周人屬華夏集團的一支，所以稱自己文化傳統的玉器爲大玉。"這一解釋真可説是諦論。

"夷玉"，對這種玉多數經師無正確解釋，只説"夷，常也"（見僞孔説及《蔡傳》及其追隨者）。《釋文》則云："夷玉，馬（融）云：'東夷之美玉。'《説文》：'夷玉，即珣玗琪。'"《孔疏》引鄭玄注云："夷玉，東北之珣玗琪也。"《孔疏》繼云："《釋地》云：'東方之美者，有醫無閭之珣玗琪焉。'東方實有此玉，鄭以夷玉爲彼玉，未知經意爲然否？"馬融、《説文》已論定夷玉即彼珣玗琪，則《孔疏》之存疑已無必要。《孔疏》又引王肅云："夷玉，東夷之美玉。"鄧淑蘋氏古玉專文云："古史學者多認爲，東夷的大本營在今山東省境。但由玉器資料顯示，夷的老窩或在遼河流域。《爾雅》、《説文》中提到醫無閭山出産的珣、玗、琪，就是《尚書·顧命》篇中所稱的'夷玉'。漢代文獻中的醫無閭山，今日仍沿用，正在遼河西岸。山的西麓即爲有名的考古遺址阜新縣，曾出土興隆窪文化和紅山文化的玉器。……夷人的大本營在遼河流域，可能是中國最早開始雕玉的氏族。他們向西的一支，發展了興隆窪文化、紅山文化等，向東發展了小珠山文化等，向南的一支，在山東半島發展了大汶口文化、山東龍山文化等。

……在上古時，夷人所琢之玉，一定是別具特色，所以‘夷玉’一詞才在文獻中常見到。由今日考古資料看，紅山文化玉器呈現較明確的風格特色。”由此可以對夷玉有更完整的認識了。

“天球”，《説文·玉部》云：“球，玉磬也。从玉，求聲。”《釋文》云：“球，音求。馬（融）云：‘玉磬。’”《孔疏》引王肅云：“天球，玉磬也。”又引鄭玄云：“天球，雍州所貢之玉，色如天者。皆璞（連上大玉、夷玉言，故云“皆”），未見琢治，故不以禮器名之（按如弘璧、琬琰、玉磬等，即禮器名）。”僞孔亦云：“球，雍州所貢。”《孔疏》：“《禹貢》雍州所貢：球琳琅玕。知球是雍州所貢也。”按《禹貢》“雍州”原文：“厥貢惟球琳琅玕。”彼處僞孔釋云：“球、琳，皆玉名。琅玕，石而似珠。”《蔡傳》：“球，鳴球也。”按《皋陶謨》云：“夔曰戛擊鳴球。”僞孔釋云：“球，玉磬。”《蔡傳》即據此以釋球爲鳴球。《詩·商頌·長發》：“受小球大球。”《傳》：“球，玉。”《箋》：“湯既爲天所命，則受小玉，謂尺二寸圭也。受大玉，謂珽也。”由上列諸資料，知“球”是玉，是未製成各種禮器的璞玉。玉、磬、鳴球、圭、珽等則是禮器，不再是原來的璞玉狀態的球。由鄭玄所説，此處大玉、夷玉、天球，都是璞玉，知天球之“天”當即是天然之意。《莊子》中凡人力所施者稱“人”，天然事物稱“天”，如云：“牛馬四足，謂之天；絡馬首、穿牛鼻，謂之人。”此“天球”之天，即牛馬四足謂之天之意。

“河圖”，不論漢學、宋學的經師們，自漢迄清撰寫解説之文，無不襲用西漢末年方士讖緯家所編造的河圖妄説以釋此，現一律不予引録。歷代學者中不乏正確理解此河圖寶器者，才作出正確解説。按，河圖與天球並列，是同類寶器。僞孔釋“球，雍州所貢”。雍州正在大玉文化領域內，可知天球河圖都屬大玉寶器。胡渭《易圖明辨·論古河圖之器》云：“按《顧命》東西序所陳，類皆玩好，唯大訓、河圖爲載道之器（按此語誤），《周禮·天府》總謂之大寶器。……但河圖不知載在何物，歷數千年至周而尚存。……據曹魏時，張掖出石圖，有八卦之狀，高堂隆以比東序之世寶，則河圖當爲石類。俞玉吾琰云：‘天球，玉也。河圖而與天球並列，蓋玉之有文者。’……然河圖藏諸天府，不知何時遂亡，初意秦昭襄王取周九鼎寶器時，河圖並入於秦。及項羽燒秦宮室，與府庫同爲灰燼，此其所以不傳也。今年客京師，與四明萬君季野斯同論及此事，萬君曰：‘幽王被犬戎之難，周室東遷，諸大寶器必亡於此時。河圖，無論後人，恐夫子亦不及見。’余聞而韙之。頃檢《周本紀》云：‘犬戎殺幽王驪山下，虜褒姒，盡取周賂而去。’賂即珍寶貨財也。可見河圖實亡於此時。故自平、桓以下，凡《顧命》所陳諸寶器，無一復見於傳記。而王子朝之亂，其所挾以出者，周之寶圭與典籍而已，天府之藏無有也（寶圭典瑞所掌，典籍太史掌之，並非大寶器）。河圖亡已久，雖老聃、萇宏之徒，亦未經目睹，故夫子適周無從訪問。”惠棟《易漢學八·辨河圖洛書》云：“餘姚黃宗羲以河圖爲九丘之類圖……棟案，《水經注》載《春秋命曆序》曰：‘河圖，帝王之階圖，載江河山川州界之分野。’黎洲據此以爲九丘之類也（詳《象數考》）。東序河圖，後安得見之，雖後人皆信其說，吾不敢附和也。”胡渭之文正確地指出河圖爲東西序所陳的大寶器之一，曹魏時高堂隆即據張掖出土石圖論定東序之河圖亦石類。俞琰則據河圖與玉器天球並列知河圖亦是美玉之有文者。這些都認定河圖即是玉石之寶物，是完全正確的。惠棟之文指出黃宗羲認定河圖爲九丘之類圖，前於黃並有《水經注》所載山川州界之河圖。惠氏即根據這些河圖之爲物質性寶器，然後表明自己不附和漢以來經師承方士所倡之河圖妄說。這些都是正確的。

　　顧剛師在三十年代時撰《三皇考》，其中在引錄了《顧命》篇東、西序所陳器物後説：“這是他們的寶物，或是他們的古董。其中以玉爲最多，球璧琬琰都是玉。‘河圖’不知是什麽東西，也許是黄河的圖，也許是在河中找出來的一塊玉石，上面有些圖畫的紋理的。”然後歷叙自宋歷元明至清反對方士術數的“河圖洛書”説的有名學者之論述，迄於清黄宗羲《易學象數論》一書，專辨漢以來術數妄説後，提出自己對“河圖洛書”的看法。顧師録了黄氏的一段原文後，釋之云：“他以爲‘河圖洛書’就是現今地圖方志一類的東西，因爲河洛居天下的中心，因而各地方進呈他們的圖書於中央政府，就叫作‘河圖洛書’。孔子的時候，各國多不奉周爲共主，以致圖籍不來，而各國的土地人民也就莫由知其消長了。所以他（孔子）歎道：‘河不出圖，吾已矣夫！’‘河不出圖’者，非‘河’不出圖也，各國不上圖也。”這又是探索關於“河圖”的一種重要認識。大抵當以高堂隆、俞琰等以爲河圖是玉石類寶器之説爲近實，才可以與西序東序所列文物相一致，反映了它原始的真實意義。

　　⑬胤之舞衣大貝鼖鼓在西房——此處是説舞衣、大貝、鼖鼓三種寶器陳列在西房。

　　“胤之舞衣”，僞孔云：“胤國所爲舞者之衣，皆中法。”《蔡傳》全承之云：“胤，國名。胤國所製舞衣。”《孔疏》釋之云：“以夏有胤侯，知胤是國名也。胤是前代之國，舞衣至今猶在，明其所爲中法，故常寶之，亦不知舞者之衣是何衣也。”只是因爲《尚書》中有一《胤征》篇，説是夏代有這麽一個胤國，就毫無根據地把這“胤之舞衣”解釋成胤國之舞衣，顯然是牽强附會。孔穎達給僞孔作疏，原則是“疏不破注”，不能違背，只能順着講，這裏末一句也看出他的“微辭”。其實根據下文兑之戈、和之弓、垂之竹矢來看，兑、和、垂三者都是古代傳説中有名的作這三種器物的能人，則胤也應擅製舞衣或者是古代善舞之人才是。後從《周禮·天府》疏中見引鄭玄注云："胤也、兌也、和也、垂也，皆古人造此物者之名。"（今見阮刻《十三經注疏》本脱"兌也"二字，據孫星衍集《古文尚書馬鄭注》補）則鄭玄已注明"胤"爲作器者之名，僞孔豈未見鄭注而提出誤説。

"大貝"，就是指體積較大的貝藏於周内府者。于省吾《新證》引《丰鼎》云："王賞作册丰貝，大子錫東大貝。"以見當時貴族習以大貝爲寶物相贈送。而《周禮·天府》疏引鄭玄注云："大貝者，《書傳》（即《尚書大傳》）曰'散宜生之江淮之浦取大貝如車渠'是也。"竟牽附到散宜生所取之貝。而僞孔亦牽附云："大貝，如車渠。"《蔡傳》全承之。《孔疏》補充説明其故事云："大貝，必大於餘貝。伏生《書傳》（即《大傳》）云：'散宜生之江淮，取大貝如大車之渠。'是言大小如車渠也。《考工記》謂：'車罔爲渠。'大小如車罔，其貝形曲如車罔，故比之也。"按《周本紀》在叙述閎夭、散宜生等投歸西伯周文王後，接着説："帝紂乃囚西伯於羑里，閎夭之徒患之，乃求有莘氏美女，驪戎之文馬，有熊九駟，他奇怪物，因殷嬖臣費仲而獻之紂……乃赦西伯。"《尚書大傳》將《周本紀》所記加以渲染云："散宜生遂之犬戎氏取美馬，駮身朱鬣雞目；之西海之濱取白狐青翰；之於陵氏取怪獸，尾培其身，名曰騶虞；之有參氏取姜女；之江淮之浦取大貝如車渠：陳於紂之廷。"是把《史記》所説的"他奇怪物"，實定了是這些東西。於是鄭玄及僞孔見此處"大貝"，即據《大傳》釋爲散宜生從江淮取來的如車渠的大貝，顯然還以爲一直保存在周的内府。《孔疏》指明資料來源，正好看到鄭玄和僞孔的牽强附會。

"鼖鼓"，《釋文》云："鼖，扶云反。"《周禮·天府》疏引鄭玄注云："鼖鼓，大鼓也。此鼖非謂《考工記》鼖鼓長八尺者，若是周物，何須獨寶守，明前代之物與周鼖鼓同名耳。"僞孔遂云："鼖鼓，長八尺,商周傳寶之。"《蔡傳》就用"鼖鼓長八尺"五字。《孔疏》:"《考工記》云:'鼓長八尺,謂之鼖鼓。'《釋樂》云:'大鼓謂之鼖。'此鼓必有所異,周興至此未久,當是先代之器,故云'商周傳寶之'。"

⑭兌之戈和之弓垂之竹矢在東房——此處是說古代有名製造武器的能工巧匠兌、和、垂三人所作而傳至周初已成寶器的戈、弓、竹矢三物陳列在東房。僞孔云:"兌、和,古之巧人。垂,舜共工。所爲皆中法,故亦傳寶之。"《蔡傳》襲用之,惟"巧人"作"巧工","舜"作"舜時",而未録後二句。《孔疏》云:"戈、弓、竹矢,巧人所作。垂是巧人,知兌、和亦古之巧人也。'垂,舜共工。'《舜典》文。若不中法,即不足可寶。知所爲皆中法,故亦傳寶之。垂是舜之共工,竹矢蓋舜時之物,其兌、和之所作,則不知寶來幾何世也,故皆言傳寶之耳。"

"兌",僅見於周初此文中,以造戈著稱,其他古文獻中皆不見其名。只是此處與有名的"巧垂"並稱,才被僞孔稱爲"古之巧人"。上引鄭玄注,但言兌與胤、和、垂"皆古人造此物者之名",未作稱譽,是其慎重處。

"和"之作弓亦僅見於此文。然《世本》云"揮作弓",《山海經·海内經》云:"般是始爲弓矢。"《墨子·非儒下》云:"古者羿作弓。"《荀子·解蔽篇》云:"倕作弓,浮游作矢。"《吕氏春秋·勿躬篇》云:"夷羿作弓。"則古時所傳擅長作弓者又有揮、般、羿(即夷羿)、倕(即垂)等人。而歷史文獻中"和"之有名者則爲"和氏之璧"的和氏,見《韓非子·和氏篇》,略謂楚人和氏得玉璞楚山中,獻於楚厲王,以其誑而刖其左足。後獻之武王,刖去右足。及文王立,抱璞哭於楚山中,文王使玉人理其璞而得其寶,命曰"和氏之璧",但時間晚至春秋初年了。又有名醫和,與扁鵲齊名,見范成大《問天醫賦》:

“訪和、扁以制度。”按扁鵲被説成是黄帝時人，戰國時名醫秦越人亦被稱爲扁鵲，由傳説次序，和在扁鵲前。總之這都是歷史傳説中人物，難以尋這稱爲和的人之實際情況。

“垂”，一作倕。見《堯典》“僉曰垂哉”校釋。在戰國秦漢間人談古代工藝技術能人時，稱譽垂者最多，其聲望地位遠在公輸班之上，漢以後公輸魯班的聲望才高起來，垂的聲望逐漸小了。而垂之作竹矢，亦僅僅一見於此文。其他文獻中不論怎樣稱爲“巧倕”（見《海内經》）、“工倕”（《莊子·胠篋》），皆未見其作竹矢。然《世本》云“夷牟作矢”，《荀子》云“浮游作矢”……等。而《世本》中所載垂之製作，則有：作鐘、作規矩準繩、作銚（宋衷注：刘也）、作耒耜、作耨，《荀子·解蔽》垂作弓，《禮記·明堂位》垂作和鐘，《吕氏春秋·古樂篇》有倕作鼙鼓、鐘、磬、吹苓管、壎、箎、鞀、椎鐘，等等。是垂製作東西最多，舉如武器、農具、樂器，以及工藝工具等方面都各有作品多種，所以被稱爲巧垂，長時期名聲在公輸班之上。

所有上面舉到的各文獻，其時間都比《顧命》爲晚，而以那幾位古人的名字所作的器物，又實實在在陳列在康王即位的先王廟堂上，所以我們要承認《顧命》所記的胤之舞衣、兑之戈、和之弓、垂之竹矢，爲最早的確實的文獻記載（因《顧命》是周初真文獻），比較來説，是第一手的。其他文獻所載的可靠性，都要次於《顧命》所載。

至於這些寶器陳列所在的西房、東房，僞孔云：“西房，西夾坐東。東房，東廂夾室。”王鳴盛《後案》云：“東房西房，《孔傳》以爲即是東西夾室，非也。前堂、後室，古人定制。《説文》云：‘房，室在旁也。’《釋名》云：‘房，旁也。在室兩旁也。’然則夾室在前堂之兩頭。房在後室之兩旁，是房在夾室後矣。考堂有兩楹，其中即《檀弓》所謂‘兩楹間’。堂東西墙爲序，序外爲夾室，自兩楹旁至東西序，各廣

三分楣之一。後室之廣如前堂之楣間，是後室較隘於前堂，東西房
雖當東西夾室後，而較廣於東西夾。西房當西夾後以東，東房當東
夾後以西也。房雖與室連比，其間有墉以間之，各不相通，故各於南
隅設户以通於堂。其後室之中，東西北三面皆墉，惟南一面東爲户、
西爲牖。故西房之户出於西序内室牖之西，東房之户出於東序内室
户之東也。其所陳寶物在西房者，陳於西房東墉下；在東房者，陳於
東房西墉下，各當房户之直北，前堂皆得見之，又正與東西之所陳南
北相直也。”

　　⑮大輅在賓階面——“輅”，原作“路”，薛季宣隸古定僞孔本亦
作“路”。今之僞孔《唐石經》以下各本皆作“輅”。段玉裁《撰異》
云：“必衛包所改也。古經傳無作‘輅’者，《周禮·巾車》、《禮記》
《明堂位》、《禮器》、《郊特牲》皆作‘路’，《儀禮·注》云：‘君所乘車
曰路。’（此取“路，大也”之義）《釋名》云：‘路，亦車也。謂之路者，
言行於道路也。’”江聲《音疏》：“《周禮》車路字皆不作輅，蓋輅者車
軨前橫木（按，據《説文·車部》），别一字也，當從路。”今從《唐石
經》，不改回爲路。正如汝原當作女，後人加水爲汝，又改路爲輅，皆
爲便於確認字義，不至與男女之女，道路之路相混。故雖失古，卻適
用於今，但當知其原文如此即行。

　　“大輅”，《周禮·典路》疏引鄭玄注云：“太路，玉路。”僞孔云：
“大輅，玉。”《蔡傳》完足其語意云：“大輅，玉輅也。”《孔疏》云：
“《周禮·巾車》：‘掌王之五輅：玉輅、金輅、象輅、革輅、木輅。’（按
此六“輅”字，《周禮》原文皆作“路”，今本《孔疏》改之）是爲五輅
也。此經所陳四輅，必是《周禮》五輅之四。大輅，輅之最大，故知
‘大輅，玉輅也’。”

　　“賓階”，《蔡傳》云：“賓階，西階也。”江聲《音疏》：“《曲禮》云：

'主人就東階,客就西階。'又《檀弓》云:'周人殯于西階之上。'則猶賓之也。是西爲賓位,故西階謂之賓階也。"

"面",僞孔云:"面,前。皆南向。"《蔡傳》云:"面,南嚮也。"《孔疏》云:"'面,前'者,據人在堂上,面向南方,知面前皆南向。謂轅向南也。"

⑯綴輅在阼階面——依上校釋,此"輅"亦當作"路",而"綴"亦作"贅",故"綴輅"亦作"贅路"。《周禮·典路》注録鄭衆引此句作:"贅路在阼階面。"

"綴輅",《周禮·典路》疏引鄭玄注云:"贅,次。次在玉路後,謂玉路之貳也。"僞孔云:"綴輅,金。"《蔡傳》云:"綴輅,金輅也。"《孔疏》云:"綴輅,繫綴於下,必是玉輅之次,故爲金輅也。"

"阼階",《彙纂》引《爾雅》云:"阼階,主階也。"(按《爾雅·釋宫》未見此文,不詳其在何篇)惟《説文》云:"阼,主階也。"段氏注:"階之在東者。"本篇下文"太保……由阼階隮"疏云:"阼階者,東階也。謂之阼者,鄭玄《士冠禮》注云:'阼,猶酢也。東階所以答酢賓客。'是其義也。"故《蔡傳》亦承此云:"阼階,東階也。"

"面",《孔疏》:"謂轅向南也。地道尊右,故玉輅在西,金輅在東。"林之奇《全解》云:"面,猶向也。賓階、阼階之面則南向,自内而向外。"

⑰先輅在左塾之前次輅在右塾之前——《周禮·典路》疏引鄭玄注云:"先路,象路。門側之堂謂之塾。謂在路門内之西,北面,與玉路相對也。〔次路,〕象路之貳,與玉路之貳相對,在門内之東,北面。"僞孔云:"先輅,象。次輅,木。金、玉、象皆以飾車,木則無飾。皆在路寢門内,左右塾前,北面。"

《孔疏》首釋"先輅次輅"云:"此經四輅,兩兩相配。上言大輅、綴輅，此言先輅、次輅。二者各自以前後爲文。五輅，金，即次象，故言‘先輅，象’。其木輅在象輅之下，故云‘次輅，木’也。又解四輅之名，金玉象皆以飾車，三者以飾爲之名，木則無飾，故指木爲名耳。……顧氏（可能爲顧彪）云：‘先輅在左塾之前，在寢門内之西，北面，對玉輅。次輅在右塾之前，在寢門内之東，對金輅也。’”

《孔疏》又釋“左塾、右塾”云：“成王殯在路寢，下云‘二人執惠立于畢門之内’，畢門是路寢之門，知此陳設車輅皆在路寢門内也。《釋宫》云：‘門側之堂謂之塾。’孫炎曰：‘夾門堂也。’塾前陳車，必以轅向堂放，知左右塾前皆北面也。左塾者，謂門内之西；右塾者，門内之東，故以此面言之爲左右。”

《孔疏》又釋王之五路此用其四、其一革路未用之故云：“木輅之上猶有革輅，不以次輅爲革輅者，《禮》五輅而此四輅，於五之内必將少一，蓋以革輅是兵戎之用，於此不必陳之，故不云革輅，而以木輅爲次。馬融、王肅皆云‘不陳戎輅者，兵事非常，故不陳之’。孔意或當然也。”此以五者取四，不得不去其一。其一爲兵車，以馬王之意不用兵車於喪禮釋之，似亦近理。但王安石獨以木輅爲先輅，以象輅革輅皆爲次輅，《蔡傳》全承其説。林之奇《全解》引王安石説云：“先輅爲木輅，次輅爲革輅、象輅。謂其行也，貴者宜自近，賤者宜遠之。王乘玉輅，綴之以金。最遠者木，故木輅謂之先輅。”《蔡傳》畢襲其説云：“先輅，木輅也。次輅，象輅、革輅也。王之五輅，玉輅以祀不以封，爲最貴；金輅以封同姓，爲次之；象輅以封異姓，爲又次之；革輅以封四衛，爲又次之；木輅以封蕃國，爲最賤（按，蔡氏所稱各車的用途，皆據《周禮·巾車》，所謂“最貴”、“最賤”則蔡所發揮）。其行也，貴者宜自近，賤者宜遠也。王乘玉輅、綴之者金輅也，故金輅謂之綴輅。最遠者木輅也，故木輅爲之先輅。以木輅爲先輅,則革輅象輅爲次輅矣。"兩階兩塾之間,明明陳四輅,每處一輅,如王蔡之言,則右塾之前的次輅,要並陳革象兩輅。《顧命》原文明明大輅、綴輅、先輅各爲一輅,合爲四輅,王蔡之說顯然是不符合《顧命》原意的。何況林之奇已批評了以木輅爲先輅之不當云:"木輅最爲五輅之下,而以爲先,故其說不免於鑿也。"

其實《顧命》所記爲西周早期資料,所說四部車子的原名就叫大輅、綴輅、先輅、次輅,何必用東周後起《禮》書的五輅之名去比附呢?從西周金文資料結合文獻來看,當時的制度、文物、禮數,在不斷發展、變遷、演進之中,其官制演變之大更爲顯著,則其他事物之必多演變亦可知,所以西周之四輅自四輅,東周之五輅自五輅,雖其間必然有演變沿革之迹,但在沒有獲得實物驗證加以深入研究之前,不必以東周之五輅去比附西周之四輅。

《孔疏》又引述鄭玄關於此諸輅時不同之說云:"鄭玄以綴、次是從後之言,二者皆爲副貳之車。先輅是金輅也,綴輅是玉輅之貳,次輅是金輅之貳。不陳象輅、木輅、革輅者,主於朝祀而已。未知孔、鄭誰得經意。"是鄭玄以大輅、先輅二者爲主輅,綴輅、次輅爲副貳。因而只取五輅中的玉輅金輅二者來配主輅,即以大輅爲玉輅,先輅爲金輅,綴輅是玉輅之副,次輅是金輅之副,就用綴、次二輅的原名,根本不用象、木、革三輅之名來配。鄭的意思清清楚楚,是與僞孔說完全不同的,可是後來釋經者引鄭說,妄要替他改字,說前面的金字錯了,後面的象字錯了,應該對換,這是以僞孔說來改鄭說,不明白《孔疏》早就指出鄭孔之異。惟戴鈞衡《補商》云:"觀鄭云'主于朝祀'。《周禮·巾車》云'玉輅以祀,象輅以朝',則不言金輅、革輅、木輅也。"是鄭只取用了玉輅、象輅,未用金、革、木三輅。總之鄭從五輅中只取其二,未用其三,與僞孔說是大爲不同的。所以《孔疏》只好説不知這兩家誰合經意。其實這兩家連王安石、蔡沈之説都不會合《顧命》原文之意，正好也證實了上文所説的，不要以東周之五輅，去比附西周之四輅。

《孔疏》於此述自"狄設黼扆"以下至設車輅之意義云："凡所陳列，自'狄設黼扆'已下至此，皆象成王生時華國之事，所以重顧命也。鄭玄亦云：'陳寶者，方有大事以華國也。'《周禮·典路》云：'若有大祭祀，則出路。大喪、大賓客亦如之。'（原文"則出路"下有"贊駕説"三字）是大喪出輅爲常禮也。"王國維《周書顧命考》謂，自"越玉五重以下（至此句止）紀陳宗器"。戴鈞衡《補商》則謂自"越玉五重"至"垂之竹矢在東房"爲"此陳先王生平之寶玩也"，自"大輅在賓階面"至此句"次輅在右塾之前"爲"此陳先王生平之車乘也"。

⑱二人雀弁執惠立于畢門之内——《釋文》："弁，皮彦反。"《詩·甫田》傳："弁，冠也。"《孔疏》："弁者，冠之大號。""雀弁"亦作"爵弁"。見《白虎通·紼冕》云："爵弁者何謂也，其色如爵頭，周人宗廟士之冠也。"《儀禮·士冠禮》注云："爵弁者，冕之次，其色赤而微黑，如爵頭然，或謂之緅，蓋赤多黑少。"按《説文·鬯部》："爵，禮器也。"這是爵的本義，它是一禮器，没有什麼頭呈什麼色，古文獻中，"爵"常假借爲"雀"。《荀子·禮論》："小者是燕爵。"注："燕爵與鸒雀同。"又《孟子·離婁》："爲叢驅爵者，鸇也。"《晋書·段灼傳》用此句作"爲藪驅雀者"。可知古時"爵"常假用爲"雀"。爵頭色即雀頭色。"爵弁"即"雀弁"。皮氏《考證》引《獨斷》云："冕冠，周曰爵弁。殷曰冔，夏曰收，皆以三十升漆布爲殼。廣八寸，長尺二寸，加爵冕其上。"又引《釋名·釋衣服》云："弁，如兩手相合抃時也。以爵韋爲之，謂之爵弁。"而後皮氏論之云："《釋名》所云，與《獨斷》云'漆布爲殼'異者，蓋爵弁有布、韋二種，凡兵事韋弁服，此

執兵者,宜韋也。"

《御覽》引《三禮圖》云:"爵弁,士助君祭之服。"(鄭玄、晉阮諶各有《三禮圖》,此不詳何家之圖。據下文《孔疏》所引爲阮諶之圖)《孔疏》引鄭玄"雀弁"注云:"赤黑曰雀,言如雀頭色也。雀弁,制如冕,黑色,但無藻耳。"僞孔云:"士衛殯,與在廟同,故雀韋弁。"《蔡傳》:"弁,士服。雀弁,赤色弁也。"《孔疏》釋僞孔云:"士入廟助祭,乃服雀弁。於此服雀弁者,士衛王殯與在廟同,故爵韋弁也(此處引鄭玄説)。然則雀弁所用當與冕同。阮諶《三禮圖》云:'雀弁以三十升布爲之。'此傳言雀韋弁者,蓋以《周禮·司服》云:'凡兵事韋弁服。'此人執兵,宜以韋爲之。異於祭服,故言'雀韋弁'。"

《孔疏》釋服雀弁者爲士只能立於堂下云:"《禮》:'大夫服冕,士服弁也。'此所執者凡有七兵,立於應門之内及夾西階立堂下者(七兵應作六兵,二惠四戈)。服雀弁綦弁者皆士也。以其去殯遠,故使士爲之。其在堂上服冕者,皆大夫也,以其去殯近,皆使大夫爲之。"

"惠",《孔疏》引鄭玄注云:"惠狀蓋斜刃,宜芟刈。"僞孔云:"惠,三隅矛。"《蔡傳》全承僞孔説。《孔疏》以此經所陳七種之兵一句,引起對此節七種武器的總的論述,將於此七種武器考釋皆畢後再引録。此先録俞樾《群經平議》論"惠"之説云:"樾謹按,惠爲兵器,必假借字,而未有得其本字者。《説文·叀部》'惠'篆下有重文𢠵,曰:'古文惠。'疑此即'執惠'之本字。其字從𠦝者,象三隅之形。從惠者,其聲也。壁中古文本作𢠵,孔安國以今文讀之作惠,許氏遂誤以𢠵爲惠古文。而此經惠字無得其本字者矣。"于省吾《新證》繼云:"僞《傳》訓惠爲三隅矛,鄭康成云:'惠狀蓋斜刃,宜芟刈。'俞樾謂《説文》古文惠作𢠵,象三隅之形。按俞説近是。《廣韻》:'鏸,鋭也。一曰'矛三隅謂之鏸'。惠作鏸,猶戈之作鈛,戉之作鉞也。金文惠作❀，余藏一侯戟（見《雙劍誃吉金圖録》下二六）。在胡之上面多出一鋒，加以援、胡二鋒，則爲三鋒矣。疑即惠也。余又藏一＋戟（見《雙劍誃吉金圖録》下二七），援中有矩，亦象三鋒，考其形制，當在西周，與晚周郾戟有别。然則惠或即雄戟歟！惟均無鋆。僞《傳》以矛名之，非是。鄭氏斜刃之解，未能驗諸實物，臆説也。”于説理論可從，但要知道于氏所據二戟的確切年代，然後其説乃能成定論。

《文博》年1992第1期載考古學者沈融《尚書顧命所列兵器名考》是首次見到關於《顧命》諸兵器的一篇專論。以爲這七種兵器除經學家鄭玄等人之注外，尚缺少考古的全面考證，因而利用考古科學研究的深入開展，撰成了該文。文中關於“惠”的考述，以爲不能像戈的研究有“郾侯舞戈”那樣的實物證據，只能是推測性的。依鄭玄斜刃宜芟刈説，惠似屬勾兵類；依僞孔三隅矛説，又好像屬刺兵類。由此惠可能介於勾兵與刺兵之間，或者集二者於一身的兵器。其次惠和戈上刃有一定相似之處，刺戟是將鈎戟鈎的上方加長起鋒，形成了刺，鈎戟雖有上刃，但不起鋒，不能用以前刺，而仍爲勾兵，所以稱戈。刺戟兼勾刺兩功，不能再稱戈，要另行命名。就出現了“惠”，在《何尊》和《毛公鼎》惠字上面都象三股叉形，西周早期刺戟都是十字形，裝柲後也起三股。是與《何尊》等銘文惠字形最接近。由出土狀況知刺戟、鈎戟都屬高級貴族儀仗，既確定“執戈上刃”是指鈎戟，則惠是指刺戟。以上節録該文論“惠”大要，以與于先生説相合，故尚爲有據（見下文“戈上刃”校釋所複印沈文“附圖一”）。

“畢門”，《周禮》之《天官·閣人》與《秋官·朝士》鄭衆注皆云：“路門，一曰畢門。”僞孔云：“路寢門，一名畢門。”《蔡傳》全承之。《孔疏》:"天子五門:皐、庫、雉、應、路也。下云'王出在應門之內',出畢門始至應門之內,知畢門是路寢之門,一名畢門也。"金榜《禮箋》"明堂位條"云:"康王受册命在祖廟,畢門者,祖廟門也。先儒以下經'王出在應門之內',因釋畢門爲路門,蓋失考。……入門者,至祖廟門而終畢,故曰畢門。"曾運乾《正讀》云:"今按金説是也。此云'立在畢門之內',下經云'諸侯出廟門俟',則畢門即廟門也。《周禮·閽人》:'大祭祀喪紀之事,蹕宮門廟門。'《典祀》:'掌外紀之兆守及祭,帥其屬而蹕之。'蹕,止行人也。此畢爲蹕之借字,宮門廟門皆蹕,廟門獨稱蹕門者,廟事尤宜肅也。《春官·小宗伯》:'掌建國之神位,右社稷,左宗廟。'鄭注:'謂在庫門內雉門外之左右。'宋劉敞,清戴震、金鶚、孫詒讓並云:'天子廟在應門內路門外,夾治朝。'今按戴金諸家説並是也。康王即位於廟,上云'諸侯出廟門俟',下云'王出在應門之內',是廟在應門內也。"以上釋畢門,一以爲路門,一以爲廟門,此關古代寢、廟制度,在未作詳細研究前,只能兩存其説。

⑲四人綦弁執戈上刃夾兩階戺——"綦",一作"騏"。見《釋文》云:"綦,音其。馬本作騏,云青黑色。"段玉裁《撰異》云:"《詩·曹風·正義》:《顧命》曰'四人騏弁執戈',注云:'青黑曰騏。'(按此爲《曹風·鳲鳩》"其弁伊騏"疏引,其下緊接"不破騏字爲玉綦"句)玉裁按,此蓋鄭本。鄭注與《尚書·釋文》所引馬本馬注合。……又《魯頌·正義》曰:《顧命》曰:'四人騏弁。'注云:'青黑曰騏。'引《詩》云'我馬維騏'(按,此爲《魯頌·駉》"有騂有騏"疏引),是則鄭本之作'騏'無疑矣(按《撰異》此處並曾録《顧命》疏引鄭注及《鄭風》疏引《顧命》經注皆作"綦")。騏、綦古通用。"孫星衍《注疏》:"綦當作綥。《説文》:'綥,帛蒼艾色。'新修增綦字,即綥

別體也。”

　　“綦弁”，《孔疏》：“鄭玄云：‘青黑曰綦。’王肅云：‘綦，赤黑色。’孔以爲：‘綦，文鹿子皮弁。’各以意言，無正文也。”皮氏《考異》：“案爵爲赤黑，則騏當爲青黑，馬鄭本是，王說非也。”按僞孔云：“綦，文鹿子皮。弁，亦士。”《蔡傳》全襲之云：“綦弁，以文鹿子皮爲之。”《孔疏》釋僞孔云：“大夫則服冕，此服弁，知亦士也。”江聲《音疏》云：“《說文·馬部》云：‘騏，馬青驪文如簿綦也。’驪是黑色，故鄭云：……騏弁之文采如馬之騏文也。……《詩·鳲鳩》……箋乃云：‘騏，當作璂，以玉爲之。……鄭注《周禮·弁師》云：‘韋弁，皮弁，侯伯璂飾七……再命之大夫璂飾二。’又云：‘士變冕爲爵弁，其韋弁皮弁之會無結飾。’然則鄭氏之意以大夫以上之弁皆有璂飾，士弁則無有……此四人是士，其弁不得有璂飾，故以騏爲青黑色也。知此四人是士者，蓋士無位於堂……此四人立於堂下，又弁而不冕，與上文二人雀弁立於堂下者，皆士也。”戴鈞衡《補商》云：“騏爲馬之青黑色者，古‘騏’、‘綦’二字通用，此當以‘騏’爲正字。孔訓‘鹿子皮’，不知所本。《傳》（指《蔡傳》）於‘雀弁’訓‘赤色’（按鄭訓赤黑色），不取‘韋弁’之說，於‘綦弁’又取‘鹿子皮’之訓，恐兩失之。”現録《欽定書經傳說彙纂》所列雀弁、綦弁圖如下：

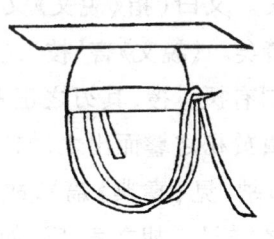

雀弁

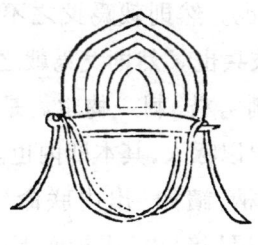

綦弁

“戈上刃”，《孔疏》引鄭玄云：“戈，即今（漢末）之勾子戟。”（阮元《校勘記》云：“按諸本作‘子’，形近之誤，他《正義》中‘子’字訛作‘子’者，十之八九。”）僞孔無釋。《孔疏》云：“此經所陳七種之兵，惟戈經傳多言之，《考工記》有其形制。……《周禮》戈長六尺六寸。”《蔡傳》云：“上刃，刃外向也。”江聲《音疏》云：“雲‘戈即今之勾子戟’者，蓋漢時名戈爲鈎子戟，鄭舉當時之名以況，便於曉人也。故鄭注《周禮·叙官·司戈盾》亦云‘今時勾子戟’。按《考工記·冶氏》職云：‘戈廣二寸，内倍之，胡三之，援四之。’鄭仲師注云：‘援，直刃也。胡其子。’然則勾子戟者，以其胡名之也。康成注冶氏云：‘戈，今子戟也。或謂之鷄鳴，或謂之擁頸。’然則漢人曰戈有此數名。”王鳴盛《後案》全用江氏上半之文，於其後增强了一些材料，孫星衍只簡録了江氏前面幾句，殊簡略。劉逢禄《今古文集解》云：“《説文》：‘戈，平頭戟也。从弋、一横之象形。’‘戟，有枝兵也。’詳《戈戟圖考》。上刃，刃向前也。”

程瑶田《考工創物小記》云：“《冶氏》：‘爲戈廣二寸，内倍之，胡三之，援四之。……倨勾外博，重三鋝。戟廣寸有半寸，内三之，胡四之，援五之。倨勾中矩與刺，重三鋝。’戈、戟並有内、有胡、有援，二者之體大略同矣。其不同者，戟獨有刺耳。是故《説文》曰‘戈，平頭戟’也。然則戟爲戈之不平頭者矣。又曰（指《説文》又曰）：‘戟，有枝兵也。’然則戈爲戟之無枝兵者矣。《説文》言‘枝’，《考工記》言‘刺’，枝、刺一物也。是故戈之制有援。援，其刃之正者，衡（即横）出以啄人，其本即内也。内，衡貫於柲之鑿而出之，如‘量鑿正枘’之枘，讀如‘出内朕命’之内（即納，見《堯典》篇），故謂之‘内’。‘援’接‘内’處折而下垂者，謂之‘胡’。胡之言，喉，如喉承頦折而直下也。援衡胡上（即横於胡上），故曰平頭也。”是戈包括內、胡、援三部分。‘援’是橫列在上，用以勾殺敵人的作爲戈的主刃部分；‘內’是援的另一端伸出部分，用以插入秘（即柄）孔中者，讀同出納之納，以之納入柄的鑿孔中以固定援者；‘胡’則是援與內相接處靠近柄向下垂的部分。按，如同牛頸下有垂皮叫胡（見《說文》胡字），狼也有胡（見《詩·狼跋》）一樣。程氏文中繪有戈形二十餘幅，現摹繪其第一幅如下（指明部位名稱之詞今加）：

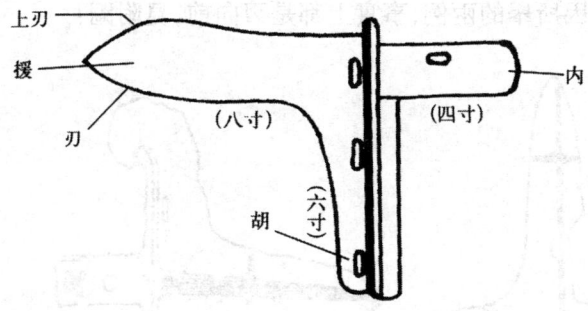

程氏文中說“援，其刃之正者，橫出以啄人”，則即援的下面一側是戈之刃，所以才橫出以啄殺人。今本篇說“戈上刃”，依《蔡傳》說（蔡未說明其出處），是“刃外向”，那就是援的上面一側也磨削成刃，刃才外向，這就是本篇的“戈上刃”。

　　于省吾《新證》云：“舊說‘上刃，刃向前也’。語意含渾。按，戈之內納於木柄，周制，柄長六尺六寸。《考工記·廬人》分兵爲勾兵、刺兵兩種，戈爲勾兵，以之橫擊。蓋用時每橫其柄，則援與胡之刃在前；執時縱其柄，則援與胡之刃在上，故云上刃也。”此可備一說。然以戈爲常戈，執戈時刃自然在上，則言執戈即足。程氏文所繪戈圖，有“晉左康戈”，其援上下兩側皆有刃，與通常戈不同。又有“長內兩畔有刃戈”數枚,係“内”從柄孔外出後加長,上下兩側皆成刃。可知“戈上刃”解成援的上側加工成刃外向,可能是合於情實的。

　　沈融《顧命所列兵器名考》云:“戈是先秦主兵,其形制已爲我們所熟悉,問題就在‘上刃’二字。”“上刃兩字就只能理解爲戈的一種特定的形制(因反對“刃向前也”而持此説)。西周戈儘管數量衆多,形制繁雜,却並無一例具備‘上刃’這個特殊的條件。能够兼‘戈’及‘上刃’兩者而有之的,只能是西周的戟。”這實際還是承認“刃向前”,因所舉的兩例,事實上都是刃向前,見附圖:

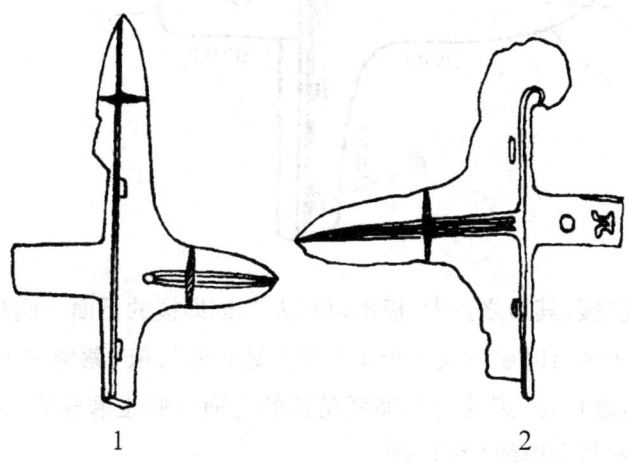

1　　　　　　　　　　2

此爲沈氏文中的“附圖一”。據該文大意,此兩件爲西周銅戟,但當時不稱戟(戟之名不早於春秋)而仍稱戈(器上往往自銘爲戈)。“圖1”爲戈矛合體式,考古者習稱刺戟,出於浚縣辛村、洛陽龐家溝、靈臺白草坡等處。“圖2”爲刀戈合體式,習稱鈎戟,出土於浚縣辛村、寶鷄鬥鷄臺、昌平白浮、房山琉璃河等處。還有極少數的鋬戟、異形戟、西周早期都采整體渾鑄工藝，與體、刺分鑄聯裝的東周戟不同。西周戟出土之少，與同時戈的出土之多不能相比，而且只集中出在幾座大墓中。該文説："西周銅戟無論出土數量、使用對象、質地形制、組合規律等方面，都不同於一般兵器，應屬於高級貴族的儀仗。"還舉了自銘爲戈的例子，即琉璃河 M52——鈎戟銘"大□□戈"，又 M19——鈎戟銘"郾侯舞戈"，而後論之云："此戈與衆不同之處，就是援基有垂直相交的'上刃'，性質多屬非實用的儀仗類。因此無論從流行年代、形制職能、銘文内容來看，都與《尚書·顧命》所謂'執戈上刃'相符。'執戈上刃'的稱謂對象，就是西周早期的'鈎戟'。"該文綜二者云："關於惠與戈，我們的結論是：'惠'，具體稱謂對象是西周早期戈矛合體式兵器，習稱刺戟。'戈'，這是專指西周早期的刀戈合體式兵器，習稱鈎戟。"

這就看到，考古學者剛好用西周這兩種武器"刺戟"和"鈎戟"來解釋爲本篇的"惠"和"戈"。由上文知道金文中有象武器惠的形體的"惠"字，可證與其形體相近的刺戟用來解釋爲本篇的"惠"，尚爲有據。而由沈文看出，他實際先已確定"戈上刃"是什麼，然後據以判別誰是"戈上刃"，誰不是"戈上刃"。即符合他所認爲的"戈上刃"者即是，不符合者即非。所以該文中説："西周戈儘管數量衆多，形制繁雜，却並無一例具備'上刃'這個特殊的條件。能夠兼'戈'及'上刃'兩者而有之的，只能是西周的戟。"那就很明顯，那種橫的平頭的戈，没有突出的刃向前，所以不能是"戈上刃"。只有如"圖1"、"圖2"所展示的，既有橫的平頭的戈，又有突出較長的向前的刃，才是"兼'戈'及'上刃'兩者而有之"，那麼這與橫着的"戈"合體存在的突出較長的向前的刃就是"上刃"了。其下文説："圖2"鈎戟雖有上刃但不起鋒，不能用以前刺，仍然還是勾兵，不像刺戟則兼勾刺兩種性能。這就使不研究兵器、不熟悉兵器的不易理解，一般只認爲“圖 1”、“圖 2”兩兵器都在橫的戈之上加向前刺的竪的鋒刃，就具有前刺和橫勾的兩種性能，不再是原來的戈了。至於有的自銘爲戈，那是人類有一種以舊名詞稱新事物的風習，例如佛教初傳入，人們把它看同道教，稱佛爲“浮屠老子”。西紅柿傳入，人們把它看成是茄子，稱番茄（即西紅柿亦然，它根本不是柿）。步槍傳入中國，人們把它看成是舊的銃，也稱之爲銃（洋火銃）。西周後來出現了戈矛合體的、或刀戈合體的武器，因爲它還没有自己的名字（到東周才有），就按習慣仍稱爲戈，但它實際已不是戈了。所以把“圖 2”這種武器稱爲“戈上刃”，是值得商榷的。“圖 1”的武器只能稱爲刺戟，“圖 2”的武器只能稱爲鈎戟，除了“圖 1”的武器當時確有專門名詞“惠”外，其他的比附，就要特别慎重。再則人們稱舉事物，總是稱舉其主流的、本體的方面，絶不至却以少見的、罕有的代表該事物。西周通用的大量的是戈，《牧誓》也只稱戈、干、矛三者，到東周被稱爲戟的武器，在與以西周大量的戈相比，少得不能相比。所以據一般常理，稱戈時不稱其大量的常見的戈，却去稱引其不常見的稀罕的東西，是不會有的事。所以這裏稱“戈上刃”，應該首先是指通常的戈，而後至刃上有一種新意。通常的戈，只在“援”的下邊有刃，此種戈則在“援”的上邊也有刃，這就是“刃外向”、“刃向前”。而且事物有演進發展歷程，此時還没有達到“圖 1”、“圖 2”的地步，還只是在橫的平頭的戈上有小的革新而已。所以把“惠”釋爲“圖 1”的刺戟，因有金文的象形在，似尚有據。把“戈上刃”釋爲“圖 2”的鈎戟，還是值得商榷的。何況由下文戣瞿之研究，知西周武成康之世的戈全是三角援戈，其後有胡有穿的平頭戈爲其下一代，鈎戟爲其更遠的後代。以鈎戟釋爲“戈上刃”就更值得商榷了。

　　“兩階”，即賓階、阼階。僞孔、《蔡傳》皆無釋，大概以爲當然是此兩階。《孔疏》始提及鄭玄有三階之説。疏文云：“《禮記·明堂位》：‘三公在中階之前，《考工記》：‘夏后氏世室九階。’鄭玄云：‘南面三，三面各二。’鄭玄又云：‘宗廟及路寢制如明堂。’則路寢南面亦當有三階矣。此惟四人夾兩階，不守中階者，路寢制如明堂，惟鄭玄之説耳。‘路寢三階’，不書，亦未有明文。縱有中階，中階無人升降，不須以兵衞之。”按《明堂位》爲晚周以迄漢世之文，“明堂”之説本不可信。夏時世室九階之説尤無稽，則鄭玄此説皆不足信，《孔疏》已提出質疑，甚是。故此處兩階仍然是指賓階、阼階。

　　“阰”，《釋文》：“阰，音俟。徐音士。”釪按，實即音祀，阰、祀，同從巳得聲。僞孔釋云：“堂廉曰阰，士所立處。”《蔡傳》即承用“堂廉曰阰”四字。《孔疏》：“堂廉曰阰，相傳爲然。廉者，稜也。所立在堂下，近於堂稜。”顯然孔穎達對“堂廉曰阰”的解釋不能同意，只好説“相傳是這樣解釋的”，接着他就提出以爲應釋爲“稜”才對。因爲“堂廉曰阰”，那就在堂上，爲“士所立處”，顯然與服雀弁綦弁之士只能立於堂下相矛盾，所以他提出新解曰：“稜也。”目的是想以此來解決這一矛盾。其説大意將在下文再闡述。

　　孔穎達只是依違於“堂廉曰阰”來尋解釋。其實“阰”還可解作不是堂廉。現將“堂廉曰阰”到不是“堂廉曰阰”諸種説法依次清理一下。

　　“堂廉”，指堂上的廉之地。按“廉”與“隅”在儒家的道德説教中爲一對範疇，見《禮·儒行》：“近文章，砥厲廉、隅。”疏：“言儒者習近文章，以自磨厲使成己廉隅也。”“成己廉隅”不太好懂，《辭海》釋爲：“謂行端志堅也。”這是就其大意以言。要知抽象名詞往往從具體名詞來，或假具體名詞以見義。“廉”、“隅”之爲具體名詞，見於宮室中。《爾雅·釋宮》:"西南隅,謂之奧;西北隅,謂之屋漏;東北隅,謂之宧;東南隅,謂之宎。"而"廉"則《釋宮》漏未提,見於其他禮書中。《儀禮·鄉飲酒禮》:"設席於堂廉,東上。"鄭玄注:"側邊曰廉。"賈公彦疏:"此言近堂廉,亦在階東。"可知隅是堂的四角,廉是堂的四邊。"砥厲廉隅"、"成己廉隅",就是要把自己方方面面都砥厲磨練得合於德行,達到行端志堅的境地。這一對抽象名詞廉和隅,就是從堂的具體名詞廉和隅來的。而這對堂來說,還只是具體位置的名詞,不像堂的具體事物如墙、牖、扆、階、陛及奧、宧、宎等的名詞更具體。但總之廉是堂的側邊之地,在它的上面可以設席。《漢書·賈誼傳》誼上書言:"人君之尊譬如堂,群臣如陛,衆庶如地。故陛九級上,廉遠地,則堂高;陛無級,廉近地,則堂卑。"師古注亦云:"廉,側隅也。"所以此廉是實指堂上的側邊之地,由它距地面的遠近而定堂的高低。它在此幾乎成了堂上之地的代表。

偽孔釋:"堂廉曰圮,士所立處。"首先與"士所立處"不合,上文已述明戴弁之士只能立於堂下;同時與本篇原文"夾兩階圮"亦不合,兩階皆在堂下,圮也跟着只能在堂下。所以偽孔所倡及《蔡傳》所承之釋是錯誤的。

《孔疏》知其不然而另尋之釋,意在保持廉在堂上不誤而夾圮所立之士在堂下亦不誤,他釋廉爲稜。按《玉篇》:"廉,稜也。稜與棱同,是《孔疏》在字學上自有所據。《廣韻》:"凡物有廉角者曰觚稜。"王觀國《學林》云:"屋角瓦脊成方角棱瓣之形,故謂之觚稜。"因而宮闕上轉角處的瓦脊,稱爲觚稜。即是說,廉角之處,成脊之處,即可稱爲稜。廉稜,即指廉的邊界綫,是說堂上地面的側邊盡處折而向堂基垂下去的轉折處的稜角綫,爲廉稜,亦即堂稜。今由數學上稱立體的面與面之交曰稜,更可悟堂廉邊綫之稱爲稜。由於明清數學家翻譯西方數學將兩個面相交之 edge 譯爲稜,是因他們深知稜的古義。孔穎達雖不知數學中之稜,但他深知這一稜的古義,所以他將堂廉之邊稱爲稜。因這是堂之地面這一平面和折而向臺基垂下的這一平面相交之綫成爲稜,自可稱爲廉稜或堂稜。士立於堂下,就立於堂稜之下。這就將"堂廉"和"立於堂下"二者都照顧到了,不成爲矛盾了。王鳴盛《後案》先引《孔疏》"廉者,稜也。所立在堂下,近於堂稜"後,其下文說:"堂高九尺,人長八尺。"即八尺高的人,站在九尺高的堂稜之下,也就幫助解通《孔疏》之說了。

其次,另尋又一解釋者爲江聲《音疏》。其注云:"聲謂:阰,切也。謂堂廉直下厓也。蓋夾階者二人,一在西階之西,一在阼階之東,當前下厓下,相向而立。夾阰者二人,一立於東南堂隅之東,一立於西南堂隅之西,當前廉厓下之兩端,蓋皆南向也。合言四人者,以其兵服同故也。"其自疏云:"《廣雅·釋室》云:'阰,欙切也。'張衡《西京賦》云:'刊層平堂,設切厓隑。'薛綜注云:'刊,削也。'呂向注云:'層,累堂高也。厓隑,邊也。'謂削累其階,令平高設切,以爲厓隑。是則'切'謂'堂廉直下厓'矣。……兩階附着堂廉下厓,而不盡堂廉之廣;阰即厓也,其東西各出於兩階之外畔,則亦出於夾階者之兩傍。則夾阰非即夾兩階者矣。故知夾兩階阰各二人也。"下面再闡釋了"蓋皆南向"之故"合言四人"之故。其說謂"阰"爲"堂廉直下厓",循其解釋,則"堂廉直下厓"就是上文所說的由堂之地面經過稜綫折而向臺基垂下的整個平面。就是由堂廉(亦即堂稜)垂向地基的整個平面,阰就是這一平面。這與《顧命》原句文義完全不合。原句明言"夾兩階阰",並未言"夾兩階"、"夾阰"。又"阰"原與"兩階"在一起,並非單獨存在的另一事物。江說如此其不確,竟爲王鳴盛《後案》所完全襲用,王氏先抄一段《孔疏》之文作陪襯,然後全文抄襲江説，作爲自己主張分爲"夾兩階"、"夾阢"兩事，以爲"階阢雖相連，階非即阢，不得以夾階即是夾阢"。這是毫無理由的臆説。

再次另尋又一解釋者，爲戴鈞衡《補商》在引録《廣雅》"砌也"、僞孔"堂廉"及《鄉飲酒禮》、《賈誼傳》諸資料後，即云："蓋築土爲堂，堂四邊築土較堂稍低，而仍遠於地。在前曰'廉'，又曰'砌'，即'阢'也。'夾兩階阢'者，蓋兩階左右阢上各一人也。"然今所見宮殿園林建築，並未見有一堂在其四邊築有稍低稱爲廉或砌者，即古代建築圖或畫亦未見之，此説恐出推想，似企圖解決戴弁之士立在廉上但並非立在堂上這一矛盾，但恐怕在事實上不易找到實例。

再有就是程瑤田所提阢爲階的兩旁之石而非堂廉之説。其《釋宮小記·夾兩階阢圖説》云："阢，謂階之兩旁自堂至庭地斜安一石，捎階齒而輔之，如今樓梯必有兩髀以安步級，俗謂之樓梯腿也。以是經文義言之，兩階四阢，故四人執戈夾之，蓋二人夾於東階之二阢，二人夾於西階之二阢，故謂之'夾兩階阢'也。《傳》謂'堂廉曰阢'，廉在堂上而謂之夾兩階乎？《疏》以爲夾兩階立堂下，兩厢各二人，是夾兩階也，於阢字之義未見分曉。江君艮庭……分階阢而二之(此處録江聲説要義)……別階言阢，於堂廉之説似有可通，然以是經'夾兩階阢'文義涵泳之，終嫌辭費。且侍臣執兵，防不虞也。故以經文次第觀之，自外而内。始畢門内，防之於入門時也；次夾兩階阢，防之於升堂時也。次東西堂，防之於受顧命時也；次東西垂，防其從兩旁上也；次側階，防其從北階而上也。今東西堂既有人，兩垂又有人，夾兩階又有人，乃復立兩人於廉匽之兩端，將何所防乎？《説文》：'阢，古文㕢，㕢，廣臣也。'然則階阢之字，假借廣臣之字也。其所以假借之者，言階之有兩阢以輔階齒，猶人之有兩臣以輔牙車，義最親切。”兹複印其原圖如下：

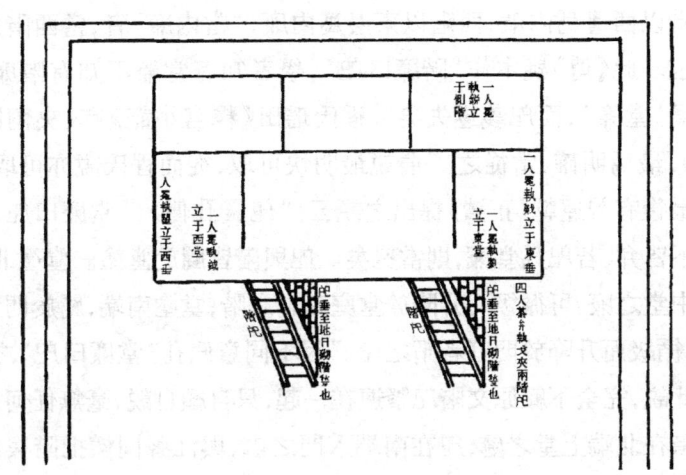

程氏之説在諸説中最平實有據，不意楊筠如《覈詁》云：“僞《孔傳》謂‘堂廉曰厞’，是正在堂外與階相接之地。程瑶田謂‘階之兩旁……俗謂之樓梯腿也’。按程説非是。程以厞爲階旁之石，則人不能斜立於石上。若謂夾於其旁，則又相去過遠，固不如僞《孔傳》之安也。”楊稱僞孔説既誤，評程説亦誤。僞孔明言：“堂廉曰厞，士所立處。”是説士立於堂上側邊之地，並非堂外與階相接之地。已與士只能立於階下之規定不符。且即如楊説之地，則正是行禮者由臺階上到堂上之處，此處何能站執戈之士。且“夾兩階厞”，明言站在階之兩旁，怎麼會妄説站在斜石上。一階之長，頂多數尺或者逾丈，站其兩旁，如何能説相去過遠。故楊説實誤。

　　還有俞樾提出自己之説，以爲堂、階都有廉，厞爲階廉而非堂廉，最後贊許程氏之説。其《平議》云：“凡側邊皆謂之廉。堂有堂之廉，階有階之廉。此云‘夾兩階’，則厞者階廉也，非堂廉也。《儀禮·聘禮》:'鼎九,設于西階前,陪鼎當内廉。'此階亦有廉之證。蓋東階以西邊爲内廉,西階以東邊爲内廉,'當内廉'者,當西階東邊之廉也。此《傳》疑本作'階廉曰圮',學者知有堂廉不知有階廉,遂誤改爲'堂廉',而圮義遂失矣。程氏瑤田《釋宫小記》有《夾兩階圮圖説》,最爲明確,當從之。"俞説最明快可取,從而程氏説亦可取。

　　最後有曾運乾《正讀》提出之説云:"圮,《孔傳》:'堂廉曰圮。'今按堂下皆弁,若圮爲堂廉,則當冕矣。圮與階皆屬於堂塗。堂塗北端,屬於中堂之廉,可循級而升降於堂庭者謂之階;堂塗南端,屬於門堂之基,可循級而升降於門庭者謂之圮。"因不同意僞孔"堂廉曰圮"之説,遂倡此説,完全不顧原文階圮緊連在一起,只自顧自説,毫無任何依據地説階在北端上堂之處,圮在南端入門之處,與江聲同樣把階與圮分開而分居於東西兩端,與此分爲南北兩端者同樣謬誤。

　　以上諸説,僞孔、江聲、王鳴盛、戴鈞衡、楊筠如、曾運乾諸人之説皆誤,《孔疏》之説較最爲近理,而他始終没有否定"堂廉曰圮"之説,使其説與此誤説共存。最正確則爲程瑤田、俞樾之説,兹即從之。

　　⑳一人冕執劉立于東堂一人冕執鉞立于西堂——"冕",《禮記·明堂位》"冕而舞《大武》"注:"冕,冠也。"《説文》:"冕,大夫以上冠也。"又云:"弁,冕也。"僞孔云:"冕,皆大夫也。"有語病。意謂服冕(即戴冕)的都是大夫。故《蔡傳》正其意云:"冕,大夫服。"《孔疏》云:"《禮》曰:'大夫服冕,士服弁也。'……其在堂上服冕者,皆大夫也。……《周禮·司服》云:'大夫之服,自玄冕而下。'知服冕者皆大夫也。"(按《司服》原文云:"卿大夫之服,自玄冕而下,如孤之服。")江聲《音疏》云:"《周禮·弁服》:'王之五冕,皆玄冕朱裏,延紐五采藻,十有二就,皆五采玉十有二,玉笄䄂紘。鄭彼注云:'延冕之服在上,是以名焉。紐小,鼻在武上,笄所貫也。'又云:'諸公之

藻旒，九就（公，原誤侯，茲依鄭注侯當作公改正）．’又云：‘諸侯及
孤卿大夫之冕，各以其等爲之。’鄭注云：‘侯伯藻，七就。子男藻，五
就。孤藻，四就。三命之卿藻，三就。再命之大夫藻，再就。’是冕皆
有藻也。雀弁之制，延紐、笄、紘，皆與冕同，惟無藻爲異耳。然則冕
而無藻，即與雀弁不異。而鄭注《弁師》又云：‘一命之大夫，冕而無
埊（旒）。士變冕爲爵弁。’則似無藻之冕，仍與爵弁不同者。賈公
彥《士冠禮》疏云：‘冕者，俛也。低前一寸二分，故得冕稱。爵弁則
前後平，故不得冕名。’此說蓋是也。然則爵弁與無埊之冕但有低昂
之分，似不害爲同制也。”

　　“劉”，《孔疏》引鄭玄注云：“劉，蓋今（東漢後期）鑱斧。”僞孔
云：“劉，鉞屬。”《蔡傳》全承僞孔，亦云劉爲鉞屬。斧即鉞，見下文。
故此二說不矛盾。

　　“鉞”，《孔疏》引鄭玄注云：“鉞，大斧。”“鉞”，甲骨文、金文中
皆作“戉”，字書亦作戉，見《說文·戉部》：“戉，斧也。从戈，𠄌聲。”
《司馬法》曰：“夏執玄戉，殷執白戚，周左杖黃戉，右秉白髦。”徐鉉
注云：“今俗別作鉞，非是。”又《唐韻》、《集韻》等皆云：“戉，音越，威
斧也。”《康熙字典》云：“俗加金作鉞，則專取乎飾。其去古益遠。”
按《說文·金部》有：“鉞，車鑾聲也。从金，戉聲。《詩》曰：‘鑾聲鉞
鉞。’”徐鉉注云：“今俗作‘鐬’，以‘鉞’作斧戉之戉，非是。”故徐音
鉞爲“呼會切”，即鐬聲。段玉裁《撰異》云：“考《釋文》小字云：‘音
越，《說文》云大斧也。’按《說文》‘戉，大斧也’，‘鉞，車鑾聲也’，二
字絶殊。倘經文作鉞，則元朗（即《釋文》作者陸德明字）當云‘《說
文》作戉大斧也’，以其無‘作戉’二字，則知大字本是戉字，自衛包
妄謂戉古字，鉞今字，改經文之戉作鉞，開寶間陳鄂又改《釋文》大字
戉作鉞，而小字則仍其舊。文理舛逆橫決，不可通矣。”由此知“斧、

鉞”原當作“斧、戉”，斧與戉（鉞）二者原爲一物，只有大小之異。大鉞以壯威勢，故稱威斧。

　　王鳴盛《後案》云：“鄭云‘劉，鑱斧’、‘鉞，大斧’者，劉鉞相對，當相似。《說文》卷十二下《戉部》云：‘斧也，從戈，ｌ聲，今俗鉞者，俗字，不可用。’然則戉是大斧，劉必是戉之類。故推以爲鑱斧也。”

　　沈融《尚書顧命所列兵器名考》第二節“二、劉與鉞”，就出土商周銅器“鉞”的形制，考述了此處的“劉”與鉞”。該文“附圖二”的1—4爲商器，5—6爲周器。現複印其4商器、5—6周器如下：

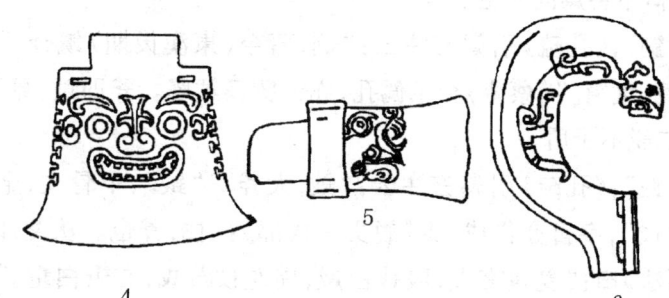

沈氏文中説：“這裏出現的兵器名是‘劉’和‘鉞’。鉞也是我們比較熟悉的一種兵器。大型銅鉞尤屬象徵軍事統率權和刑戮權的信物。只見於少數隨葬品豐富的大墓中，數量很少，地位非常特殊，一般不用於實戰。考古發現及傳世的銅鉞以商器居多。商器皆作扁斧形，弧刃有刃角，平肩，長方内，肩下有對稱的長方形穿，也有不設穿、以上下欄安秘的。部分小鉞爲銎内式。鉞身中部或設一較大的圓孔，或鑄有精美的紋飾（圖1—4）。西周早期的鉞，也有沿用這種形制的（圖5），但多屬小鉞，缺少婦好墓、蘇埠屯那樣的巨製，體現了對商人用鉞制度的揚棄。形制較大，最能代表時代風格和周民族傳統的是一種耳形銎鉞（圖6）。美國弗里爾美術館收藏的西周成套兵

器十二件中,就有一件耳形鉂鉞。甘肅靈臺白草坡西周早期潶伯墓
也出土了一件,高 33.1、刃寬 7 厘米,重 685 克,上鑄猛虎撲食形紋,
虎頭含鉂並有橫穿孔,尾下有短胡二穿。虎背爲利刃。雖然没有銘
文,但銅質與伴出的其他兵器截然不同,色白而亮,合金成分較大。
此鉞儀衛色彩明顯,不同於一般兵器,又出在諸侯級貴族潶伯墓中,
足見是一種地位、職能均與商鉞相當的禮器,象徵統治權的信物。
據此我們認爲《尚書・顧命》所列兵器名鉞,具體稱謂對象應該是西
周早期的耳形鉂鉞。"

　　沈氏文繼續説:"'劉',鄭玄注'即今鑱斧也'。其真實性是靠不
住的(按,斧即鉞屬,鄭説即據此)。值得注意的是商晚期、西周早期
部分隨葬品豐富的大墓中,鉞也有兩兩相對伴隨出土的現象。試舉例
如下(此處以三小段列舉殷虚婦好墓、益都蘇埠屯一號墓、長安張家坡
井叔墓都有相同的兩件鉞出土)。上述三個地點出土的銅鉞,都有成
雙成對的現象。如作爲墓主生前的儀仗,照例是對稱陳列的。西周宗
廟實行左昭右穆的供奉制度。先王之主由於陳列位置的不同,稱呼也
不同。以此類推,則宗廟東堂、西堂對稱陳列的斧鉞,也不得使用同一
名稱,於是産生了'劉'、'鉞'兩個不同的概念。這是由陳列方位不同
所致的。並不意味着形制上的區別。同時代的'劉'、'鉞'應統一於
一種基本形制。殷虚婦好墓、蘇埠屯一號墓、張家坡井叔墓成對出土
的銅鉞,正是商、周時期'一劉一鉞'對稱陳列制度的實物證據。《尚
書・顧命》所列兵器名'劉'、'鉞',都是指西周早期的耳形鉂鉞。劉
即鉞,鉞即劉。它們之間的區別在於陳列方位的不同,不存在基本形
制上的區別。西周早期的耳形鉂鉞與商代的扁斧形鉞制判然有別,一
劉一鉞,對稱陳列,則是兩個時代共同的制度。"這是唯一的一項考古
學者對"一劉一鉞"的考釋,令人感到高興。其對形制相同而出現名

詞的區別，也尋找了理由，不必深加商榷，總之一對相同的武器具有不同的稱謂已自客觀地存在着了。

“東堂”、“西堂”，《孔疏》引鄭玄注云“序内半以前曰堂。”僞孔云：“立於東西厢之前堂。”《孔疏》爲僞孔釋之云：“鄭玄云‘序内半以前曰堂’，謂序内簷下自室壁至於堂廉中半以前，總名爲堂。此立於東堂、西堂者，當在東西厢近階而立，以備升階之人也。”《東萊書說》及《蔡傳》全承僞孔云：“東西堂，路寢東西厢之前堂也。”王鳴盛《後案》云：“云‘序内半以前曰堂’者，序是東西墙，序外是夾室，則序内皆爲堂。然序内當東夾西、西夾東者，中堂也。是爲半以後。其半以前，則自楹間以及堂廉皆是。若東夾之前爲東堂，西夾之前爲西堂，是亦序内之半以前，即東西箱也。《覲禮》記‘几俟於東箱’，注云：‘東箱，東夾之前。’《特牲》‘西堂’注云：‘西夾室之前。’《釋宫》‘東西厢’郭注云：‘夾室前堂，謂夾室之前堂爲厢也。’厢字在《説文·厂部》新附，古無此字，不可用。依《儀禮》當作‘箱’。昭四年《左傳》‘實饋于个’，杜預云：‘个，東西箱。’是也。”王氏此段末句云：“僞孔云：‘東西厢之前堂。’即以厢爲夾，非也。”依王氏所引資料，則以夾室之前爲堂，亦爲箱（厢）。東夾之前爲東箱，亦即東堂；西夾之前爲西箱，亦即西堂。是東西箱與東西堂是等同的，都在夾室之前。僞孔以爲東西堂在東西厢之前，故王氏非之。古代宫室之制資料複雜，如王氏此段文中即引了大量的明堂五室十二堂繁瑣資料，特删去未録。故一時亦不去辨析這些紛歧説法的是非。

㉑一人冕執殳立于東垂一人冕執瞿立于西垂——《釋文》：“殳，音速。‘瞿’，其俱反。”《説文·戈部》：“殳，周禮（王鳴盛、孫星衍引用校改“禮”爲“制”）：‘侍臣執殳立于東垂。’兵也。”又《金部》新附：“鐻，兵器也，从金，瞿聲。”王鳴盛《後案》：“此後人因《顧

命》妄造此字耳。”亦不知其説然否。《康熙字典·目部》：“瞿，又與戳通。《書·顧命》‘一人冕執瞿’。”又《戈部》：“戳，《廣韻》：㦸屬也。古謂四出矛爲戳。又通作瞿。”王氏《後案》云：“王俅《嘯堂集古録》卷上《商瞿父鼎銘》云：‘，瞿字作雙目，而中從丨。蓋古文瞿字，疑此兵器之形。似此，古文瞿字其上鋒刃似雙目，其下柄似丨，故遂以名之歟？然《説文》卷四上‘瞿’字爲部首，但云：‘鷹隼視也，從隹、從䀠。’不收重文字，疑不能明也。”

　　《孔疏》引鄭玄注云：“戣、瞿，蓋今三鋒矛。”江聲《音疏》：“鄭注云者，蓋亦舉當時兵器以相況，無正據，故亦云‘蓋’也。東垂西垂之人所執兵亦宜同類，故戣瞿雖異名，鄭君俱以三鋒矛解之。蓋三鋒矛有二，故有戣、瞿二名。案兵器有首如‘自’字形者，《詩》所謂‘厹矛’，《毛傳》以爲‘三隅矛’是也。亦有如中字形者，今世所謂鋼叉是也。此二器皆三鋒，但不知執者爲戣，執者爲瞿，不能指實矣。”羅振玉《殷虚書契考釋》云：“《顧命》鄭注：‘戣瞿蓋今三鋒矛，今字上象三鋒，下象著地之柄，與鄭誼合。爲戣之本字，後人加戈耳。”于省吾《新證》云：“鄭康成謂‘戣瞿蓋今三鋒矛’，非是。按戣即鍨。《鄁王晉戈》及‘□侯朕’殘戈均有鍨字。戣之作鍨，亦猶戳之即鑺也。”

　　僞孔云：“戣、瞿，皆㦸屬。”《蔡傳》全承用僞孔此五字。現代《辭源》從而云：“戣，古兵器名，㦸屬。”“瞿，兵器，㦸屬。刃體無轉折，有孔可穿於柄上。”未説明其資料來源。

　　如上文，戣、戳皆從戈，鄭則説是矛，僞孔、蔡氏則又説是㦸。其紛歧如此，實在由於後人懸解古器物，各憑己意以解之。誠如《孔疏》所説“古今兵器名異體殊”，未能直接見到古兵器，所以才無法得到確解。

　　沈融《顧命所列兵器名考》第三節“三、瞉與瞿”，根據瞉與戩皆從戈，知其同屬戈類兵器，因而就考古發現大量商周的戈的實物，以尋釋本篇的瞉與瞿，力求取得信而有徵的認識。該文首先將大量的商周不同時期及不同地區出土的各式銅戈作了比較，取得如下幾點認識：首先，商代盛行的戈是曲內戈（見圖1、2），曲內戈在商戈中占很大比例。商亡後此種戈遂消失。西周武、成、康時代廣爲流行的是三角援戈（見圖5、6），到昭穆時代三角援戈基本消失。現複印沈文附圖三的1、2商代曲內戈及5、6西周三角援戈如下：

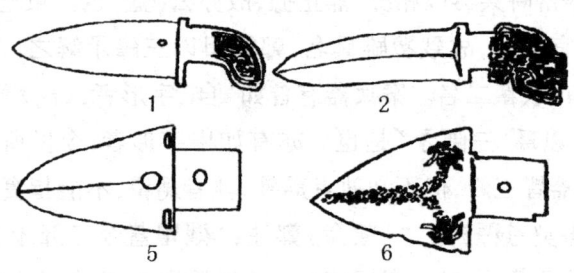

　　該文進而認爲曲內戈主要流行於中原地區，三角援戈多見於陝甘地區。其實這是由於兩族主要活動地區所決定的。而後論及商周兩代的明器戈。商代明器戈絕大多數濫觴於曲內戈（見圖7），西周早期墓地的明器戈悉作三角援式（見圖8）：

　　於是該文進而論列本篇的瞉與瞿。以爲瞉與瞿屬儀仗兵器範

疇，比諸實用器更多地體現自己文化傳統。侯家莊一座殷王墓出土七十二件銅戈，七十件屬於實用兵器的銎內戈，還有兩件形制規格完全相同的歧冠曲內戈，成雙成對伴隨出土，正如上文所叙婦好墓、蘇埠屯墓、井叔墓成雙成對出土劉與鉞一樣，以爲此殷王墓出土的這兩件歧冠曲內戈，可以認爲是商代的“叕”與“瞿”。繼曲內戈而起的周文化傳統的三角援戈，其援部寬大，許多標本還鑄有精美的紋飾，形態威嚴壯麗，也很符合儀衛兵器的條件，寶雞竹園溝西周早期諸侯級貴族強伯墓地出土三角援戈占實用戈的百分之四十、明器戈的全部。可見三角援戈是西周早期最有條件充當儀仗的傳統形制。《顧命》所述正與寶雞竹園溝出土三角援戈之墓葬同時，因此三角援戈可看作西周早期的叕和瞿。《金石索》著録的“單叕鼉”，是一件以銎安柲的三角援戈。叕通叕，鼉通瞿。名稱與《顧命》所列一致，説明西周早期的叕、瞿是由三角援戈充當的。

　　關於本篇“叕”、“瞿”的解釋至此已畢。但沈文繼續對西周中期以降戈的發展演變有所介紹，以爲三角援戈至西周中葉以後已被淘汰。作爲儀仗戈叕、瞿的三角援戈也被其他形制取代。《小校經閣金文拓本》著録的“舉叕”戈作短胡一穿式（見下圖）：

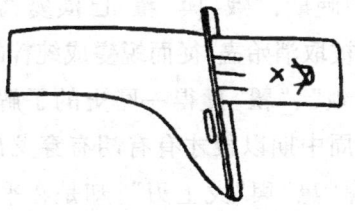

這是最具典型的西周戈，寶雞茹家莊墓地所出以短胡一穿戈爲主，不復有三角援戈。可知三角援戈之後的叕瞿是由有胡有穿戈來充當。迄於春秋、戰國之世，由不同方位的儀衛兵器，轉化爲配備於不同兵種的實用兵器。燕下都出土的戰國中晚期燕戈,有自銘戣、鋸、鏍、鈽者,鏍通戣,鋸可能作瞿的同音假借。具這些自銘之銅戈皆作長胡三穿式,內上多有刃,胡刃上有一枚或多枚子刺,已是先秦銅戈中最進步的形制(見下圖):

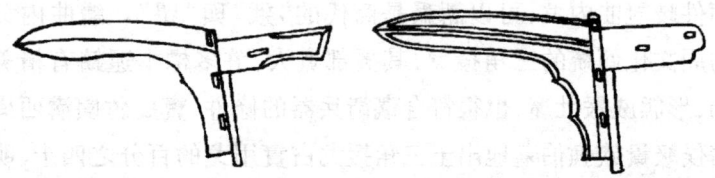

沈文以爲:從標誌不同方位的"戣"、"瞿",到標誌不同兵種的"鏍(戣)"、"鋸(瞿)",正是春秋戰國殺伐頻繁、禮樂崩壞的反映,燕國是七雄中唯一的姬姓國,較多地保留一些周文化傳統,將部分青銅戈命名爲鏍(戣)、鋸(瞿),正是周文化殘餘的反映。

　　沈氏此文本節的最後結語說:"不少近代金石學家,已經在他們的著錄中把三角援戈稱作'戣'或'瞿'了。其實,先秦儀衞兵器戣瞿也同實用兵器一樣,是經常處在變化發展之中的。商代戣瞿由曲內戈來充當,三角援戈爲戣瞿之說,只適用於西周早期,可能還包括陝甘地區先周時代的晚期階段。以後就被更進步的有胡有穿戈取代了。至遲在戰國中晚期,'戣'與'瞿'已演變爲最進步的長胡多穿戈,其儀衞職能也被取消殆盡,從而蛻變成純粹的作戰兵器。"

　　這就使讀者對"戣"、"瞿"獲得一歷史的了解。但於此又引出另一困惑,此處說西周中期以後才有有胡有穿戈出現,那是典型的平頭戈。而前文解釋"惠"與"戈上刃",却是在平頭之上向前突出矛體刀體的戈矛合體式、刀戈合體式戈,就不合這一發展先後了。對於西周,武成康時代的三角援戈是第一代,昭穆時代的有胡有穿戈是第二代,至於在平頭戈基礎上發展出的合體式的戈則至少是第三代或更多的代，而戟的名字到春秋才出現。那麼以刺戟、鉤戟來比附惠、戈，不是與這裏所述戈的發展史大相矛盾嗎？由這裏所説戈的演變資料看，要解決"惠"與"戈上刃"的問題，似應尋之於三角援戈了。這是一個問題，存此以備討論。

"東垂"、"西垂"，未見鄭注。僞孔云："立於東西下之階上。"蓋訓垂爲下，指其下之階上。《孔疏》云："《釋詁》云：'疆、界、邊、衛、圉，垂也。'則垂是遠外之名。此經所言冕則在堂上，弁則在堂下，此二人服冕，知在堂上也。堂上而言東垂、西垂，知在堂上之遠地，當於序外東厢西厢必有階上堂，知此立於東西堂之階上也。"《孔疏》逐字循其義層層尋繹以明其意。《東萊書説》簡釋之云："東垂西垂，路寢東西階之上也。"《蔡傳》亦釋云："東西垂，路寢東西序之階上也。"江聲《音疏》提出新解云："垂，邊也，謂東西序外之堂廉也。"其自疏云："《説文・土部》云：'垂，遠邊也。'故云'垂，邊也'。'謂東西序外之堂廉也'者，堂基必累土爲之，築令平高，四面皆設石切以爲厓陳，其東西序不盡東西廉之廣，序外皆有餘地以容人往來（此處引《儀禮・鄉射禮》賓與大夫之弓倚西序，矢在弓下與主人弓矢在西序等語及鄭注云"上堂西廉"等資料）。是東西序外之廉上皆有餘地也。此文東垂西垂之義爲邊，故以爲東西序外之堂廉也。"王鳴盛《後案》亦同江説，唯用語稍異，在引《説文》'垂，遠邊也'之説後即云："蓋東西夾旁之廉也。……蓋東夾西邊之墻爲東序，而東夾東邊亦必有序，序外即東垂。西夾東邊之墻爲西序，而西夾西邊亦必有序，序外即西垂（此處亦引《儀禮・鄉射禮》資料以實其説）。是東西序外之廉上皆有餘地，即垂也。"楊氏《覈詁》遂渾言之云："垂，《釋詁》'邊也'。此謂堂外之邊，東西之盡處也。"

㉒一人冕執鋭立于側階——"鋭"，《説文》作"銳"。見其《金

部》云："鈗，侍臣所執兵也。从金，允聲。《周書》曰'一人冕執鈗'，讀若允。"蘇軾《書傳》遂承之云："鋭，當作鈗。"接着引《説文》此數句全文以爲證（惟"讀若允"改作"讀若鋭"）。《蔡傳》全襲用之，仍作"讀若允"。而後元明以下經師皆承蔡説。清儒江聲、王鳴盛、孫星衍等與其他清人直至近人吴汝綸、闓生父子曾運乾、屈萬里等皆沿其説。

惟《孔疏》引鄭玄云："鋭，矛屬。"僞孔亦云："鋭，矛屬也。"《孔疏》："鋭，矛屬。"皆用"鋭"字不變。

林之奇《全解》在引《説文》於戈、鉞、戣有釋，惠、劉、瞿無文，至於鋭則以爲鈗，然後云："則知漢之時作鈗。揚雄《長楊賦》有曰：'兖鋋瘢耆、金鏃淫夷者數十萬人。'顔師古以兖爲箭括，張祕謂：'兖當作鋭。字與鋋字相次。又案《今文尚書》"一人冕執鋭"孔安國《傳》曰："鋭，矛屬也。"疑孔安國之時，舊是鈗字，後傳作鋭字。《説文》："鋭，芒也。"亦與矛不類矣。此兖字合作鋭。'此言有理，意或然也。"按張祕應作張佖，所引文在其校《漢書》之篇中。王氏《後案》云："考宋本《漢書》附此段於《雄傳》之末，所謂'臣佖'者，宋祁謂是張佖，江南人歸宋者。"

段玉裁《撰異》在引《説文》鈗字全文及張佖之説（惟"佖"作"臣佖"，又未引其末句六字）後云："治《尚書》者自蔡氏仲默以來，皆謂鋭字當依《説文》作鈗矣，而未得其詳。以玉裁考之，《玉篇》無鈗字。有鋭字，與鈒、鋋、鉈、鏦、錟以類相從。注云：'徒會切，矛也。又弋税切。'（案"又弋税切"四字必孫强輩所增，而"徒會切矛也"五字乃顧氏野王原文。）是野王所據《尚書》作'一人冕執鋭'也。考《廣韻》'十七準'無鈗字。'十四泰'：'鋭，杜外切，矛也。又弋税切。'《集韻》'十四太'：'鋭，杜外切，矛屬。'毛氏《禮部韻略》、黄氏

《韻會》‘九泰’：‘銳，徒外切，矛屬。’皆與《玉篇》合。然則作銳，讀如兌，自六朝已然。野王、法言皆無鈗字，則《說文》古本鈗字有無未可定也。陸氏《釋文》：‘銳，以稅反。’不言《說文》作‘鈗，讀若允’。亦疑德明時《說文》未必有鈗字。張佖校《漢書》，始引《說文》‘鈗，侍臣所執兵’云云，同徐楚金本：而其字厠於‘鋋，小矛也’之下，‘鉈，短矛也。鋋，矛也。鏦，長矛也’之上。似讀《說文》者援《周書》別本補此字，而又比傅鄭孔‘矛屬’之訓厠之諸矛間。‘侍臣所執兵’語甚糊塗。《廣雅·釋器》說矛有鏦、鏦、𥎨（即鉈），而無鈗。似魏時《說文》亦無鈗字，又在《玉篇》之前矣。《集韻》‘十三祭’：‘鈗，俞芮切，侍臣所執兵，或作鐏。’‘十四太’：‘銳，徒外切，矛屬。或作鈗。’此合鈗銳二字爲一字，不免牽合。陸德明時《尚書》自作銳，非德明改鈗爲銳也。而或疑衛包改之，尤誤矣。當依《尚書》作‘銳’，徒外切。”

　　《撰異》此下尚有兩小段補充闡明《說文》原作“銳”不作“鈗”。其一略謂：“竊以爲‘鈗’字本是‘銳’字，‘讀若允’本作‘讀若兌’。故《玉篇》、《廣韻》、《集韻》‘銳’皆徒會切，實本《說文》。而《玉篇》、《廣韻》皆無‘鈗’字。毛居正《六經正讀》曰：‘銳，矛屬。許氏《說文》音兌。《廣韻》：‘徒外切。今音以稅反，是銳利之銳，非兵器也。當從《說文》、《廣韻》音。’毛氏語甚分明，必見《說文》善本作‘銳，侍臣所執兵也。从金，兌聲。《周書》曰：“一人冕執銳。”讀若兌’也。”其二略謂“岳氏珂《刊正九經三傳沿革例》曰：‘《顧命》“一人冕執脫”，“脫”實“銳”字也。……諸本皆作“銳”，獨越中《注疏》於正文作“脫”，注疏中又皆作“銳”。今只從衆作“銳”。’玉裁按，越中本作‘脫’，訛字也。玩岳氏語，其所據《說文》亦作‘銳’，無‘鈗’字。宋時《說文》尚有善本存焉。”

　　段氏所作校勘辨析，精到周詳，可確信《説文》所引《顧命》原文本作"鋭"，今從之。

　　沈融《顧命所列兵器名考》第四節"四、鋭"略云："鋭，可資參考的實物資料更是難得，只能結合前人注釋和考古資料，作一番探討。""考古發現的西周銅矛葉部短窄，質地厚重，紋飾簡單，絶大部分爲素面器。處處與實用兵器相符，而不具備實用兵器應有的特徵（？）。……考古發現的西周銅矛却相當可觀，數量僅次於戈。因此，把'鋭'簡單地釋爲矛是不够恰當的。"該文"附圖七"是扶風莊白出土的一件異形兵器，複印如下：

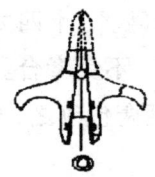

該文加以説明云："原報導定名爲戟。這件兵器上刃直伸爲刺，刺根部發達，中空爲銎，兩側援部下彎爲鈎，兩胡直下，兩闌高突緊夾木柲，闌側各設兩穿，纏縛痕迹明顯。殘長 15.9 厘米，重 200 克。這件兵器正面寬大，質地輕薄，形制奇特而不切實用。既然以銎安柲，左右兩闌的穿就顯得無用，似乎成了贅餘的，只有非實用的儀衛兵器才可能這樣作。西周戟在當時還没有被命名爲戟，這件異形兵器的原名不能最後確定。鑒於該兵器具備了儀衛兵器的種種特徵，並且十分罕見，我們認爲《尚書·顧命》所列兵器名'鋭'，有可能是指這種單刺兩援的異形兵器。"這是考古學者從衆多兵器遺存中，就其特徵接近於"鋭"所推定的一種有可能充當本篇的"鋭"的異形兵器，比以前專從文獻中毫無踪影地希求覓得解答者，已邁出了質的

飛躍的一大步，因此對這種推定，應予歡迎和尊重。當然也歡迎進
一步的研究。

　　"側階"，對其解釋竟形成了長期相爭的兩派，即鄭玄首倡的
"東下階"說與僞孔首倡的"北下階"說。惟呂祖謙《書説》以爲"側
階未知其方，亦側階之上也"。因東與北兩派爭執不定，就説不知在
哪方，總之可籠統地説在"側階"上。現仍簡要地認識一下兩派之
説：

　　(一)鄭玄首倡、王肅亦主張之"東下階"説。《孔疏》云："鄭、王
皆以側階爲東下階也。然立於東垂者已在東下階上，何由此人復共
並立？"元吳澄《纂言》云："側階，蓋東厢之側階上，以恤宅宗在東夾
翼室，故此陳兵衞也。"指出了在東側階上的原因。明王樵《日記》
云："側階，鄒氏曰，東下階也。《雜記》稱'夫人升自側階'，注云：
'旁階也。'嗣君自翼室適殯所，往還必由之地，故特備儀衞焉。""階
有五：東曰阼階，西曰賓階，此二階在南，綦弁所夾而立者，此也。冕
執戣冕執瞿東西而立者，堂之盡處而近階者也。又有北階在堂之
北，非儀衞所陳。又有側階在堂之兩旁，東曰東下階，西曰西下階，
冕執銳者所立，説見於前。經文明曰側階，則非東階，亦非北階，鄭
王以爲東下階者，得之。孔氏以爲北階既誤，《正義》謂立東垂者已
在東下階上，何由此人復與共立，又誤。蔡氏以爲北陛之階，則承襲
二孔誤而又誤者也。"清王鳴盛《後案》以將近千字長篇申鄭説駁孔
説，孫星衍《注疏》、朱駿聲《便讀》皆宗此説，各有闡述發揮。朱並
云："康王翼室在東，故東階獨多設一人。王出受顧命，必由東階降
至庭中，再由西階躋而至殯前也。"近人則楊筠如《覈詁》亦云："按
鄭謂爲東下階，則當在東房之後，在正室之旁，故曰側階。王行禮
畢，由堂退入室，由室經東房而下，此爲王降時設衞也。"則又解釋爲

王行禮後退出時所行之階，非如上引諸家自翼室至殯所行禮之前所經了。

（二）僞孔所倡《孔疏》從而闡明之“北下階”說。僞孔云：“側階，北下立階上。”《孔疏》繼上引“鄭、王皆以……復共並立”文後續云：“故《傳》以爲‘北下階上’，謂堂北階。北階則唯堂北一階而已，側，猶特也。”林之奇《全解》：“側階，謂堂北階之上。”並引《孔疏》文句證之。《蔡傳》從而云：“側階，北陛之階上也。”陳經《詳解》云：“堂北唯一階，謂之側階，猶言特階也。堂、垂立者四人，二人立東西堂，二人立東西垂，則堂之南宿衛備矣，故此一人立堂北側階。”元明儒者之作多承《蔡傳》之說，如董鼎《纂注》、陳櫟《纂疏》、黃鎮成《書通考》等皆是。清江聲《音疏》云：“聲謂側階，北下階也，在北堂之下。側之言特，北堂唯一階，故曰側階。”然後在其自疏中以較長篇幅較詳闡述有關北階的問題。劉逢祿《今古文集解》云：“鄭以爲東下階，據明堂有九階之制，《傳》謂北下，即《禮·雜記》‘夫人至入自闈門，升自側階’之制。自小寢適路寢，必由側階，當以《傳》爲正也。王自翼室易服，由西户入東房，降側階下堂，由賓階躋也。”說明了經由北側階的理由。而後戴鈞衡《補商》云：“在兩旁曰垂，在後曰側階。《孔傳》以側階爲‘北下階上’是也。側，猶特也（據《士冠禮》注）。堂北唯一階，故曰特。當時四人既立東西階之氾上，二人又立於東西夾前之東堂西堂，二人又立於東西夾外之垂上，則堂之東西南宿衛備矣，故此一人執銳立於堂北之特階。鄭康成、王肅以側階爲東下階。夫東垂東堂既各有人立矣，何獨於東下階復增一人哉。近日袒鄭者必廣徵曲說，以是鄭而難孔，今雖不能臆斷，而孔於情事爲優，《傳》（指《蔡傳》）從孔說，是也。”其後簡朝亮《述疏》、吳汝綸《尚書故》、吳闓生《大義》及近人曾運乾《正讀》、屈萬里《集釋》皆支持此説。日人赤塚忠《書經》(《中國古典文學大系》Ⅰ)亦主要持北側之階説，池田末利《尚書》(《全釋漢文大系》Ⅱ)首先簡要述及鄭玄説，而後轉詳闡釋北下階説，顯傾向於北階説。

由陳經、劉逢祿、戴鈞衡之説，以側階爲北階較近情實，故今取北階説。

近見鄒衡《試論夏文化》(載鄒氏《夏商周考古論文集》)一文，談到 60 年代在河南偃師二里頭夏文化遺址中發現了一處大型宮殿建築群基址，文中介紹了該建築群由堂、廡、門、庭等單體建築組成，並較詳介紹了殿堂建築情況，依次談廊廡建築、門庭建築等等。在其下文有一處談到説："最近又在殿堂後面的廊廡北牆距東北拐角不遠處找出了一座角門，而戴氏(震)《宗廟圖》所繪'闈門'恰好也在東北角，這大概不是偶然的巧合吧。"這是一很重要的考古發現，其所發現的角門在廊廡北牆靠近東北拐角處，而戴氏所繪闈門則在東牆靠近東北拐角處。似其門應繪在北牆靠近拐角處更妥，才更接近實際，而後來的考古發現才自然與之相合。按《禮記·雜記》載諸侯夫人奔父母喪，歸本國，"入自闈門，升自側階"。是知側階即對着東北拐角處的闈門，與之相近，諸侯夫人歸來後經過闈門即走上側階，是側階確在堂之北靠近東北處。過去有識的治經者只是憑文獻資料的考辨得到這一認識，現在由考古發現殿堂東北確有角門，即爲諸侯夫人升側階所經之闈門，則側階之在殿堂後面的東北角，信而有徵，足以破在東西兩側之説。由考古發現而證成了側階確址，確值得珍視的。

王國維《周書顧命考》謂："'二人雀弁'以下(至此"立于側階"句止)，紀設兵衞。"戴鈞衡《補商》則謂："此言先王生平之兵衞也。"

《孔疏》云："此經所陳七種之兵，惟戈經傳多言之，《考工記》有其形制,其餘皆無文。《傳》惟言惠,三隅矛,鋭,亦矛也;戣瞿皆戟屬。不知何所據也。‘劉,鉞屬’者,以劉與鉞相對,故言‘屬’以似之,而别又不知何以爲異。古今兵器名異體殊,此等形制皆不可得而知也。鄭玄云:‘惠狀蓋斜刃,宜芟刈。戈,即今之鉤孑戟。劉,蓋今鑱斧。鉞,大斧。戣、瞿,蓋今三鋒矛。鋭,矛屬。’凡此七兵,或施矜,或著柄。《周禮》:‘戈長六尺六寸。’其餘未聞長短之數。王肅惟云‘皆兵器之名也’。”林之奇《全解》稱譽孔氏此段話爲“其言最爲有體”。可知自漢魏及唐宋早已不知道古代兵器的情况,經師們勉强對其中某些尋出解釋,終皆疑而難定。

1992年第1期《文博》載沈融《尚書顧命所列兵器名考》,爲考古學界參與《顧命》兵器研究的第一篇專論,對《尚書》古器物研究的推進有極大的裨益,不再是文獻中繞圈子,而得到古代兵器的實物驗證,這是《尚書》研究的可喜的飛躍。因此值得重視這篇專論。該文篇首説:“惠、戈、劉、鉞、戣、瞿、鋭,是當時幾種儀衛兵器的名稱。這七個名詞的具體稱謂對象,目前除東漢經學家鄭玄等人的注之外,尚缺少考古學方面的全面考證,給先秦儀衛制度和中國兵器史的研究造成了一定障礙。隨着考古資料的日益豐富和科學研究的深入開展,解決這一學術問題的條件已趨成熟,(因而)……對這七個兵器名稱作一番……考釋。”這是《尚書》研究難得的盛事,正像天文學者參與《堯典》四仲中星研究一樣。該文對這七件兵器的研究成果,已引録入上面七兵器的校釋文中,除對“戈上刃”一釋按事物發展先後提出商榷外,其餘六器之釋皆以爲有實物之證,應是有據的。由該文注釋中,知引用了楊泓《中國古兵器論叢》之文,楊氏爲研究中國古兵器名家,本書在撰寫過程中因計日程功,只利用多年來所積累舊資料,遺憾無暇覽讀楊氏原著,幸沈氏此篇專論這七種古兵器之文已采用了楊氏之作,或者使本文采用方式亦無大失誤。

以上這一節，爲本篇中記顧命大典的主要的一大節。其第一段爲召公奉成王遺命後所作迎康王至廟受命、即位的各種準備工作。第二段記布置禮堂的細節，如王國維所説自"狄設黼扆"以下爲紀布几筵事。第三段如王國維所説自"越玉五重"以下紀陳寶器，包括當時王室所藏許多重要大寶器，尤有反映華夏、夷、越三個大的民族文化區域所産各具特色的玉器，以及反映王室特權的四部車輅。第四段如王國維所説自"二人雀弁"以下爲設兵衞，則有多件久已失傳長期爲後人所弄不清楚的古代象徵王權的重要兵器。自第二至第四共三段爲總的顧命大典繁縟的陳設部署，作爲下一節紀册命事所準備的行禮現場。

王①麻冕黼裳②，由賓階隮③。卿士、邦君，麻冕蟻裳，入即位④。太保、太史、太宗，皆麻冕彤裳⑤。太保承介圭，上宗奉同瑁⑥，由阼階隮⑦。太史秉書，由賓階隮⑧，御王册命⑨。

曰："皇后憑玉几，道揚末命⑩：命汝嗣訓，臨君周邦⑪，率循大卞，燮和天下，用答揚文武之光訓⑫。"王再拜，興，答曰⑬："眇眇予末小子，其能而亂四方，以敬忌天威⑭。"

乃受同（瑁）⑮，王三宿、三祭、三咤⑯。上宗曰："饗⑰。"太保受同，降，盥，以異同秉璋以酢，授宗人同，拜⑱。王答拜⑲。太保受同，祭，嚌，宅，授宗人同，拜⑳。王答拜㉑。太保降，收㉒。諸侯出廟門俟㉓。

①王——王國維《周書顧命考》云："王，謂康王。上言子釗，此

變言王者，上紀成王崩日事，繫於成王，故曰‘子’。此距成王崩已八日，稱‘王’無嫌也。”按，《白虎通·爵篇》云：“父歿，稱‘子某’者何？屈於尸柩也（陳立《疏》引《公羊傳·莊公三十二年》“君薨稱子某”注：“名者尸柩尚存，猶以君前臣名也”）。……天子大斂之後稱王者，明民臣不可一日無君也。”《白虎通》撰者班固屬今文學派，是知此爲漢代今文學對此稱“王”的解釋。宋學呂祖謙《書說》則云：“儀物既備，然後延嗣王受顧命而踐位，自此始稱王。”

②麻冕黼裳——“麻冕”，《白虎通·紼冕》云：“麻冕者何？周宗廟之冠也。《禮》：‘周冕而祭。’……《論語》曰：‘麻冕，禮也。’《尚書》曰：‘王麻冕’。”陳立《疏》云：“《禮記·王制》云：‘周人冕而祭。’《周禮·司服》：‘王祀昊天上帝，則服大裘而冕，祀五帝亦如之；享先王，則袞冕；享先公饗射，則鷩冕；祀四望山川，則毳冕；祭社稷五祀，則希冕；祭群小祀，則玄冕。’”按五代聶崇義《三禮圖集注》云：“天子吉服有九：冕服六，弁服三。”則袞、鷩、毳、希、玄五冕加此麻冕即爲吉服之六冕用於祭祀者了。現複印《欽定書經傳說彙纂》卷首所列冕及麻冕圖如下：

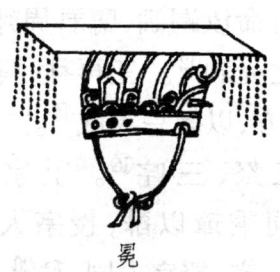

冕

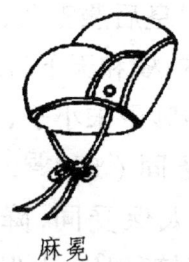

麻冕

《白虎通·紼冕》對麻冕外形前低後高作了牽強附會的解釋云：“十一月之時，陽氣俛仰，黃泉之下萬物被施，如冕前俛而後仰，故謂之冕也。"按"俛"即"俯"，見《集韻》："俛，同俯、頫。"不音免，可見其牽強。

《御覽·服章部》引鄭玄注云："麻冕，三十升布冠也。"江聲《音疏》先承鄭説爲注云："麻冕，三十升麻之布以爲冕也。"又疏云："孔安國注《論語·子罕篇》（按，所謂孔安國《論語》之説是有問題的，或以爲是王肅僞撰，此不詳論）云：'麻冕，緇布冠也。古者績麻三十升布以爲之。'（按此何晏《論語集解》引所謂孔説）故云：'麻冕三十升麻之布以爲冕也。'布言升者，所以辨其精粗也。鄭注《儀禮·喪服傳》云：'布八十縷爲升，則三十升凡二千四百縷，布之至細者矣。凡冠、衣之布，冠之升數輒倍於衣。朝服十五升，故冕三十升也。'"王鳴盛《後案》全録此段文字，而以所謂孔氏"《論語》注"之語直至"布言升者所以辨其精粗也"句止，然由江氏文知所引"《論語》注"只至"古者績麻三十升布以爲之"爲止，實見《十三經注疏》本《論語》之何晏《集解》。惟下言"鄭注《儀禮·喪服傳》"則説清楚其出處。但匆遽在《喪服傳》篇中未查到此注，惟於"《傳》曰總者十五升抽其半"下《賈疏》中有云："云'總者十五升，抽其半'者，以八十縷爲升。十五升，千二百縷。"則與鄭注"三十升凡二千四百縷"相合。可知當時確有"八十縷爲升"，以升的多寡辨布的精粗的做法。

《論語·子罕篇》："子曰：'麻冕，禮也；今也純，儉，吾從衆。'"楊伯峻《論語譯注》譯云："孔子説：'禮帽用麻料來織，這是合於傳統的禮的；今天大家都用絲料，這樣省儉些，我同意大家的做法。'"顯然是根據朱熹注所云："麻冕，緇布冠也。純，絲也。緇布冠以三十升布爲之，升八十縷，則其經二千四百縷矣。細密難成，不如用絲之省約。"而朱注則據何晏《集解》在引"孔曰"如上引文句後續云："純，絲也。絲易成，故從儉。"可知西周時用費工精細的麻織成的麻冕,到春秋時爲求省儉,已改用絲織成了。(楊伯峻君不同意麻冕爲緇布冠之説,其言云:"古人一到二十歲便舉行加帽子的儀式,叫'冠禮',第一次加的便是緇布冠。"故以爲麻冕爲緇布冠之説"未必可信"。確實,一般青年冠禮用的布冠,以之作爲帝王在大典禮中服用的麻冕,似不太可能的。)

偽孔釋此句云:"王及群臣皆吉服。"《孔疏》云:"《禮》:'績麻三十升以爲冕。'故稱麻冕。《傳》嫌麻非吉服,故言'王及群臣皆吉服'也。'王麻冕'者,蓋袞冕也。《周禮·司服》:'享先王則袞冕。'此禮授王册命,進酒,祭,王且袞。是王之上服於此正王之尊,明其服必袞冕也。"按資料中麻冕自麻冕,袞冕自袞冕,何以《孔疏》乃合之爲一,而後經師們多承之。未及深考。

"黼裳",《孔疏》引鄭玄注云:"黼裳者,冕服有文者也。"《孔疏》自云:"鄭玄《周禮》注云:'袞之衣五章,裳四章。'則袞衣之裳,非獨有黼言黼裳者,以裳之章色黼黻有文,故特取爲文。《詩·采菽》之篇言王賜諸侯云'玄裳及黼',以黼有文,故特言之。鄭玄於此注云:'黼裳者,冕服有文者也。'是言貴文,故稱之。"王國維《顧命考》云:"鄭云:'黼裳,冕服有文者也。蟻,謂色玄也。'案《考工記》:'白與黑,謂之黼。'王黼裳,卿士邦君蟻裳者,居喪釋服,不純吉也。"

③由賓階隮——"賓階",爲古代殿堂前的西階,古禮規定賓客由西階升降,故稱賓階,見上文"大輅在賓階面"校釋。"隮",《釋文》:"子西反。"《玉篇》:"隮,登也,升也。"《廣韻》:"隮,本作躋。"按,陟、降皆從阜(阝),則隮從阜(阝)不能謂非本義。

偽孔云:"用西階升,不敢當主。"《孔疏》:"《禮》:'君升阼階。'此用西階升者,以未受顧命,不敢當主也。"《蔡傳》云:"隮,升也。

康王吉服，自西階升堂，以受先王之命，故由賓階也。王國維《顧命考》亦云：“王由賓階隮者，未受册，不敢當主位也。”

《孔疏》：“此將傳顧命，布設位次，即上所作法度也。凡諸行禮，皆賤者先至，此必卿、下士、邦君即位既宅，然後王始升階。但以君臣之序，先言王服，因服之下，即言升階，從省文。”

④卿士邦君麻冕蟻裳入即位——《御覽·服章部》引鄭玄注云：“蟻，謂色玄也。”僞孔云：“公卿大夫及諸侯皆同服，亦廟中之禮。蟻，裳名，色玄。”《孔疏》：“卿士，卿之有事者。公，則卿兼之。此行大禮，大夫亦與焉。略舉卿士爲文，公與大夫必在。故《傳》言：‘公卿大夫及諸侯皆同服。’言同服吉服，此亦廟中之禮也。言其如助祭，各服其冕服也。《禮》無蟻裳，今云蟻者，裳之名也。蟻者，螻蟻蟲也。此蟲色黑，知蟻裳色玄，以色玄如蟻，故以蟻名之。《禮》：‘祭服皆玄衣纁裳。’此獨云玄裳者，卿士邦君於此無事，不可全與祭同，改其裳示變於常也。……‘入即位’者，鄭玄云：‘卿西面，諸侯北面。’鄭玄惟據經卿士、邦君言之，其公亦北面、孤東面也。”《彙纂》引董琮（宋人，有《尚書集義》）云：“孔氏以‘卿士’爲公卿大夫，案隱三年《左傳》‘鄭武公爲平王卿士’。《洪範》曰：‘卿士惟月。’則卿士指朝之執政者而言。”

《蔡傳》：“蟻，玄色。公卿大夫及諸侯皆同服，亦廟中之禮。不言升階者，從王賓階也。入即位者，各就其位也。”《彙纂》引王樵曰：“位者，平日之班次也。”（然匆檢王樵《日記》，未找到此語）

于省吾《新證》：“鄭康成云：‘蟻謂色玄也。’按，以蟻色之玄以名裳，於義無取。‘蟻’，本應作‘義’，與且、俎通，詳《多方》‘乃惟以爾多方之義民’條。俎即且，《禮運》：‘然後飯腥而且熟。’鄭注：‘且或爲俎。’且之正字，甲骨文作𝌆，《守宫尊》作𝌆。《儀禮·喪服傳》：

‘苴絰杖。’《釋文》：‘苴，有子之麻。’《莊子・讓王》：‘苴布之衣而自飯牛。’《釋文》引李注：‘苴，有子麻也。’然則蟻裳即苴裳。”此新解甚佳，足祛舊惑。然如雀弁即以雀頭色名弁，似此以蟻色名裳亦無礙。又如“苴布之衣而自飯牛”句，説明苴布之衣爲至粗陋者，供窮者服用，是否可充廟堂之衣呢？凡此似皆可進一步研析者。

　　⑤太保太史太宗皆麻冕彤裳——僞孔云：“執事各異裳，彤，纁也。太宗，上宗。即宗伯也。”《孔疏》：“此三官者皆執事，俱彤裳，而言各異裳者，各自異於卿士邦君也。彤，赤也。《禮》：‘祭服，纁裳。’纁是赤色之淺者，故以彤爲纁，言是常祭服也。太宗與下文上宗一人，即宗伯之卿也。”《蔡傳》：“太保受遺，太史奉册，太宗相禮，故皆祭服也。”孫詒讓《駢枝》云：“案此經王與諸臣同麻冕，而裳各異。鄭以麻冕黼裳爲冕服有文，《孔疏》申其義，謂指衮冕服。黼即十二章之一，但黼在十二章中差次在下，不宜以此名裳。金鶚據畫繢，黑與白謂之黼，謂此裳黑白相間，舉《玉藻》黼裘爲證（《求古録禮説》）。其説甚確。竊謂此經爲康王即位樞前之禮，於喪中而行即位之吉禮，不可以無變於常。故服齊服玄冕，而易玄裳爲黼裳（《禮記・郊特牲》云：“玄冕齊戒。”《大戴禮記・哀公問五義篇》：“端衣玄冕而乘路者，志不在於食葷。”此並説天子諸侯齊服玄冕玄裳也）。卿士邦君無事陪位，則服正齊服玄冕玄裳。蟻裳，即玄裳也（亦見鄭注云：“蟻，謂色玄也”）。惟太保太史太宗以方行册命之盛典，不得不吉服，則玄冕而彤裳，此其義也。”孫氏深究古禮，此説自優於泛泛之論。王國維《顧命考》亦云：“案《考工記》‘白與黑謂之黼’，王黼裳，卿士邦君蟻裳者，居喪釋服，不純吉也。太保太史太宗彤裳純吉者，太保攝成王，爲册命之主，太宗相之，太史命之，皆以神道自處，故純吉也。”

　　⑥太保承介圭上宗奉同瑁——"承"，奉也(《説文·手部》及《詩·鹿鳴》箋、《左傳·成公十六年》注)。"介"，《説文》："介，籀文大。"《易·晋》"受兹介福"虞注："介，大也。"

　　"介圭"，僞孔云："大圭，尺二寸，天子守之。故奉以奠康王所位。"《孔疏》："《考工記·玉人》云：'鎮圭，尺有二寸，天子守之。'鎮圭，圭之大者。介訓大也。故知是彼鎮圭。天子之所守，故奉之以奠康王所位，以明正位爲天子也。《禮》又有大圭長三尺，知介圭非彼三尺圭者，《典瑞》云：'王搢大圭、執鎮圭以朝日。'《玉人》云：'大圭長三尺，天子服之。'彼搢於紳帶，是天子之笏，不是天子之所守。故知非彼三尺之大龜也。"《蔡傳》基本同僞孔之説。大抵介圭是天子之所守的長一尺二寸的大圭。"介"，或作"珨"，見《爾雅·釋器》："珪大，尺二寸，謂之珨。"《説文·玉部》："珨，大圭也。從玉，介聲。《周書》曰：'稱奉珨圭'。"《詩·崧高》："錫爾介圭。"郭璞注《爾雅》引作"珨"。王國維《顧命考》云："介圭與瑁，皆天子之瑞信。奉先王之命(指太保)，授天下之重，故以天子之瑞信將之。"

　　"上宗"，即上文"太宗"。變文言之，意甚簡明，無他歧義。且"上宗奉同瑁"與"太保承介圭"句例相同，皆由其官奉其物。然《孔疏》引鄭玄注云："上宗猶太宗。變其文者，宗伯之長，大宗伯一人，小宗伯二人，凡三人，使其上二人也。"上宗一人，竟説成二人。其用意是同瑁二物，上宗一人無法拿，遂增小宗伯一人，共二人各拿一物。這不合原文原意(詳見下文)。而且西周文獻及其時金文中尚未出現宗伯一詞，宗伯爲春秋時始見，爲六卿之一，故春秋後期齊國《垣子孟姜壺》乃出現宗伯之詞云："載告宗伯，聽命于天子。"因此西周時上宗只是太宗，不應以後來的宗伯來比附。

　　"同瑁"，紛歧説法多。主要分歧有大的兩説：一説同瑁只一物，一説同瑁爲二物。

（一）同瑁只一物説。復分爲二説：

甲、有瑁無同説。《三國志·吴志·虞翻傳》裴注引翻别傳載其奏鄭玄解《尚書》違失事，以爲：“鄭玄所注《尚書》，以《顧命》康王執瑁，古月似同，從誤作‘同’，既不覺定，復訓爲杯，謂之酒杯。……《玉人》職曰：‘天子執瑁以朝諸侯。’謂之酒杯。……於此數事，誤莫大焉，宜命學官定此三事。”按《説文》有部首“冃”，音莫報切，讀冒。而“冒”字即此部從冃從目之字。加玉旁即爲天子所執之“瑁”。虞翻意謂冃即古瑁字，即以爲鄭玄誤讀此“冃”而爲“同”，於是此禮器誤成同字。其實此禮器初不稱“同”而稱“瑁”云。錢曉徵《三國志考異》闡明虞氏之説云：“今本《尚書》同瑁連文，同瑁各是一物，仲翔（虞翻字）以古冃字似同，鄭氏從誤作同，又訓爲酒杯，以此譏鄭之失，則古本只有瑁字，古文作冃而鄭作同也。今本《尚書》出於梅頤，或亦習聞仲翔説，兼取二文以和合鄭虞之義乎？”江聲《音疏》駁虞氏云：“案經‘同瑁’聯文，若以同爲冃，謂爲古瑁字，則此言‘奉冃瑁’，下言‘受冃瑁’，重言‘冃瑁’，成何語乎？且古瑁字作‘珇’，見《説文·玉部》，冃則别是一字，《説文》别有《冃部》，以冃爲古瑁字，非也。據下文王受同以祭，太保以異同醊，則同爲酒器，而何若以爲古瑁字。瑁安可盛酒乎？翻之説大謬不然矣。”王鳴盛《後案》亦析論之云：“翻之意，因《説文》卷一《玉部》古文瑁字作珇，遂以爲經文本當作‘上宗奉珇’，無同字。只緣今文作瑁，傳寫分爲兩字，遂誤作‘冃珇’，後人以冃似同，復誤作‘同瑁’。鄭不能覺定其誤，從而訓爲杯。……則翻駁鄭之意也。翻見經典無以‘同’爲酒器者，獨此一見，故不肯信。……下文‘乃受同瑁’亦當作‘乃受瑁’，猶可通也。而下文用以祭、用以酢、用以嚌者，是何物乎？豈皆當作瑁乎？豈瑁亦可酌酒乎？……翻真妄人矣。"段玉裁《撰異》在引錄虞翻奏鄭玄違失事全文後云："虞意同字是冃字之訛，冃瑁者謂冃天下之瑁也。詆訾鄭君欲命學官改同作冃，冃瑁爲一物。鄭君訓同爲杯，則上宗奉同，王受同三宿三祭三詫，太保受同，及以下同字皆如貫珠。倘如仲翔改作上宗奉銅瑁乃受冃瑁，則三宿三祭三詫者果何物乎？且以下同字可皆更爲冃乎？如其説，則瑁字已足，冃爲贅也。太保受同降以異冃秉璋以酢，果何解乎？天子之瑁乃有異者爲貳乎？其怪謬甚矣。"

乙、有同無瑁説。此復分兩説：一爲酒器，一爲副璽。

"酒器説"。以"同"爲酒器，已見鄭玄注爲酒杯，《説文》大徐本云："同，爵名也。《周書》曰'太保受同，嚌'。故從口。"僞孔亦釋"爵名"。按《左傳·莊公二十一年》注："爵，飲酒器。"《蔡傳》明確釋爲"同，爵名，祭以酌酒者"。江聲、王鳴盛亦皆以"同蓋圭瓚，可盛鬯酒者"。其爲酒器説，已爲大多數治經者所認同。王國維云："同者，鄭云酒杯，江氏聲以爲圭瓚。奉圭瓚者，將祼王也（祼本爲灌祭，以爵獻飲賓客亦曰祼）。"

以爲只有同而無瑁者，見王國維《顧命考》以爲介圭與瑁皆天子之瑞信，而整個册命過程中，由太保承"介圭"，太史秉"册書"，太宗授"同"，王受"同"，最後太保受"同"，轉授宗人"同"。皆只有"同"，不容有"瑁"。其文在王"乃受同瑁"下釋之云："案此'瑁'字，疑涉上文而衍。受同者王，授之者太宗也。……太宗奉同，太保拜送，王拜受。……此述先王之命，付天下之重，故行以祼享之禮。鄭不知此爲太保獻王，乃云王既對神，一手受同，一手受瑁。"王氏之意只以此酒器"同"由太保獻王以行此次册命禮，根本不涉及"瑁"。王氏又撰《書顧命同瑁説》專論之。該文上半論今文"同"字作"銅"

諸資料，並據《尚書大傳》、《白虎通》所載，以天子之瑁，盡冒公侯伯之命圭，如秦漢之合符，爲今文家説。然後云：“馬融從古文作‘同’，而釋之曰：‘同者大同天下。’意蓋從今文家説，以同爲瑁也。《虞翻别傳》又云：‘古冃似同，從誤作同。’則古文家中更有以同字爲冃之誤者，康成本乃兼存同、瑁二字，而訓同爲酒杯。原鄭之所以易舊注者，以經言‘乃受同’、‘王三宿三祭三咤’、‘大保受同降盥’、‘大保受冃祭嚌宅’，明‘同’是酒器，不得釋爲瑁。而瑁字又今古文家舊説，不敢遽易，故並存之。余謂同瑁一物，即古圭瓚。蓋圭瓚之制，可合可分，天子之瓚，與諸侯之命圭相爲牝牡，諸侯朝天子，天子受其命圭，冒之以瓚，因以行祼將之禮。以其冒圭之首，故謂之瑁。以其盡冒公侯伯三等之圭，故謂之同。……味經文‘以異同秉璋以酢’一語，古‘秉’、‘柄’一字，太保自酢，以璋爲同柄，其獻王時，自必以介圭爲同柄矣。”是王氏始終認爲“同、瑁”爲一物，但於撰《顧命考》時以爲是酒器，至撰《同瑁説》，反以爲同其名而瑁其實同於虞翻矣，其説之不可通與虞翻同。況舉《顧命》諸句，明明在酌酒以酢。則當用其前一酒器説始確。

“副璽説”。此説且改“同”爲“銅”。虞翻奏鄭玄解《尚書》違失事三事之後，復云：“又馬融訓注亦以爲‘同者大同天下’。今經益‘金’就作‘銅’字，詁訓言‘天子副璽’。雖皆不得，猶愈於玄。”王氏《後案》云：“翻之意……馬融雖不能覺‘同’爲誤，而猶不解爲酒杯，故訓爲‘大同’……翻所見别本竟有‘同’旁益金，訓爲璽者，故翻以爲二説雖皆不得，猶愈於玄。則翻駁鄭之意也。”段玉裁《撰異》云：“季長（馬融字）云‘同者大同天下’，亦以同瑁爲一物。鄭覺其非乃更之。而漢時《今文尚書》益金作銅，詁訓副璽。夫銅爲副璽，與經文宿、祭、咤、酢者何涉？”陳喬樅《經説考》引録《白虎通·

爵篇》繼體之君即位一大段，其中引《尚書》“乃受銅瑁”，又引“吉冕
受銅”，又引“釋冕藏銅”，以爲“所録三家今文實有‘同’字益金作
‘銅’者”。《經説考》又云：“今文家以同字作銅，遂以銅訓爲天子之
副璽。蓋據秦制天子玉璽，其副璽當用金，故爲此説。”皮錫瑞《考
證》不同意陳喬樅文中提出的今文説、古文説，而提出己説云：“《白
虎通》以瑁爲天下大同，與馬注大同天下之説正合。疑馬注云‘大同
天下’者，即《白虎通》之以瑁爲大同天下。馬以同瑁爲一物，即虞
氏之所本。特虞以爲經文當作‘上宗奉同瑁’，言曰圭者瑁，以曰訓
瑁，與馬小異，而以爲一物則同。”這亦以爲是一物，而竟在周初的顧
命大典中出現了副璽，是不合歷史進程的。陳氏《經説考》已指出：
“以璽爲傳重之器，秦漢以前無此説，未可據以解此經之銅瑁，不如
許鄭之説於義爲長。”雖皮錫瑞反對此説，然其證據是《尚書大傳》
説“湯伐舛……取天子之璽置於天子之坐”一語。《大傳》多漢代方
士化儒生之妄語，根本不可信。仍當如陳氏説，不能以秦漢之璽稱
西周之禮器。

　　（二）同與瑁爲二物説。此説鄭氏與“上宗”説相結合。

　　《孔疏》引鄭玄注云：“上宗，猶太宗，變其文者，宗伯之長，大宗
伯一人，與小宗伯二人，凡三人，使其上二人也。一人奉同，一人奉
瑁。”《疏》云：“《傳》（指僞孔）無明解，當同於鄭也。”按僞孔但云：
“同，爵名。瑁，所以冒諸侯圭，以齊瑞信，方四寸，邪刻之。”解釋了
同、瑁二物，不言上宗奉此二物情況，似其意以爲“上宗奉同瑁”與
“太保承介圭”一樣，用不着再去談它。因而《蔡傳》亦只釋：“同，爵
名，祭以酌酒者。瑁，方四寸，邪刻之，以冒諸侯之珪璧，以齊瑞信
也。”不過總述了一句：“太保、宗伯以先王之命，奉符寶以傳嗣君。”
其後林之奇《全解》引鄭説而有異辭，惟陳櫟《纂疏》曾申鄭玄之説，

至江聲《音疏》始大揚鄭説,在引録上述鄭玄“上宗猶太宗”之語後,爲之解説云:“禮官之屬,大宗伯,卿一人;小宗伯,中大夫二人。是宗伯爲春官之長也。此則使小宗伯之上一人與大宗伯同事,是使其三人之上二人也,小宗伯二人爵位同,而得差其上下者,蓋同等之中自有長次也。必知上宗是二人者,奉是兩手共承之,以兩手奉一物,則同、瑁二物必二人奉之矣。且下文王‘三詫,上宗曰饗’,太保‘授宗人同’,明是贊王者大宗伯,贊太保者小宗伯也。則此時升階有小宗伯與焉矣。故鄭又云‘一人奉同、一人奉瑁’以申明上宗之有二人也。”王鳴盛《後案》專宗鄭者,自然更宜揚鄭説。孫星衍既盛讚江王之稱譽鄭説,又引同爲銅之説,並爲之解云:“銅即金也。”並引《白虎通·考黜篇》言圭瓚秬鬯,玉飾其本、金飾其中,因而謂“銅即因玉瓚之飾金爲名也”。因江黄皆釋同爲圭瓚,所以他説“江王説是”。鄭玄説與同爲銅説,本是互不相干而且是互相排斥的兩説,孫竟把它牽在一起了。

此一説中的同、瑁二物總得有所疏釋。《孔疏》云:“《禮》於奠爵,無名‘同’者。但下文祭酢皆用同奉酒,知同是酒爵之名也。”是説周代各種禮書中所載典禮中用的酒器,都没有過名叫“同”的東西,只有西周這篇《顧命》文中有同,而且由文中所叙在祭、酢活動中用同奉酒,因而才知道同是酒器之名。後來戴鈞衡《補商》云:“同,《蔡傳》從孔訓爵名,蓋以本經下文推而知之,於他書無可證者。……玩經文,上宗似即太宗,不得有小宗伯一人在内,而‘同’、‘瑁’曰奉,則又似不可一人奉者,此等處闕疑可也。”戴氏把這一問題付之存疑。

《孔疏》又云:“《玉人》云:‘天子執冒四寸,以朝諸侯。’鄭玄注云:‘名玉曰冒者,謂德能覆蓋天下也。四寸者方,以尊接卑,以小爲貴。《禮》，天子所以執瑁，諸侯即位，天子賜之以命圭。圭頭邪銳，其瑁當下邪刻之，其刻闊狹長短如圭頭。諸侯來朝，執圭以授天子，天子以冒之刻處冒彼圭頭，若大小相當，則是本所賜。其或不同，則圭是僞作，知諸侯信與不信。故天子執瑁所以冒諸侯之圭，以齊瑞信，猶今（唐）之合符然。經傳惟言圭之長短，不言闊狹。瑁方四寸，容彼圭頭，則圭頭闊無四寸也。天子以一瑁冒天下之圭，則公侯伯之圭闊狹等也。此瑁惟冒圭耳，不得冒璧。璧亦稱瑞，不知所以齊信，未得而聞之也。"按《尚書大傳》亦言此而更詳云："天子執瑁以朝諸侯，見則覆之。……無故者得復其圭以歸其國，其餘有過者留其圭。能正行者復還其圭。三年不復，少絀以爵；六年不復，少絀以地；九年不復而地削。"又《説文・玉部》："瑁，諸侯執圭朝天子，天子執玉以冒之，似犁冠。"這些關於瑁的資料頗詳，然而通觀《顧命》的册命全過程，只需要用同，根本不需要瑁，瑁於此篇中成了贅疣。

至清末吳大澂爲解決困惑，乃摒除一切舊説，改釋"同"爲"舉"。其《字説・舉字説》云："薛氏《鐘鼎彝器款識》法帖《己舉彝》文作'𤰈兆'。謂李公麟得爵於壽陽紫金山腹，有二字曰'己舉'。王玠獲古爵於洛，亦有二字曰'丁舉'。字體正同，兆爲古器習見，字或作兆，亦作兆。自宋以來考古家皆釋作'舉'。《書・顧命》'上宗奉同瑁'、'太保受同'、'授宗人同'之'同'，當即兆字之訛。……大澂案，彝器中兆字，瓴、爵、觶所見尤多。蓋商周以酒器爲'舉'，杜蕢洗而揚觶以飮平公，謂之'杜舉'。古文作'兆'，因誤爲'同'。余在關中得父乙爵，柱有'兆吒'二字，釋爲'舉吒'。吒即咤之省。既可證'三咤'爲莫爵，又可證兆之爲酒器，而非'同'字。數千百年經師疑竇爲之一釋。"吳氏自矜此爲一創獲，確實，他能從金文中尋找資料來企圖解決此一爭論千年的疑難題，亦自不易。但自宋以來的金石學家習見於此朿字，不能從文字演變發展的淵源來尋其釋，却只從《檀弓篇》中載的一典故，說杜蕢洗而揚觶獻晉平公飲，平公說：“如我死，則必無廢斯爵也。”《檀弓》載果然這隻爵被保存下來，稱爲“杜舉”。於是金石學家們把許多爵根據其銘中一字分別稱爲“己舉”、“丁舉”等，都和“杜舉”一樣，成爲酒器爵的名字。吳大澂根據這些得出一個結論：“蓋商周以酒器爲舉。”而以爲舉的原字爲朿，《顧命》的“同”即朿之誤，於是他這一新說就提出來了。

其實，如果不根據文字本身發展脈絡關係尋釋其字，却只據文獻中有某事物就加以比附，那麼任何酒器都可比附“杜舉”了。阮元覺得逕釋朿爲舉有所不足，想另完整其釋，見有人釋爲“鬲”，即引以爲說。其《積古齋鐘鼎彝器款識》有云：“朿字舊釋爲舉，錢獻之以爲鬲字。案，舉，飲酒也。訓見《儀禮·特牲饋食禮》注。故古人爵、觶、卣等器，每以舉字銘之。古文舉形象鬲，薛氏《款識》‘戊己舉’釋云：‘按《集韻》𦥑音舉，支鬲也。朿乃舉省耳。’案《說文》：‘𦥑，所以枝鬲者。從爨省、鬲省。’徐音渠容切。《六書故》引《說文》作‘支鬲’。支，訓爲持，義與舉同。𦥑舉二字，形亦相近。考《齊侯鎛鐘銘》‘格’字正似鬲。《爾雅·釋訓》：‘格格，舉也。’知丁度此音，必有師說，古舉字從𦥑，但形有繁省耳。”這就補充了釋𦥑爲舉的空疏之弊。吳大澂生存時代遠晚於阮元，在文字學上很多卓異見解遠遠超過阮元。不意其在此字的見解上竟不及阮元。他仍相信朿即舉，雖《古籀彙編》仍列其說，但《金文編》把它列在附録，以對朿即舉之說表示存疑。至晚近金文研究，始確知朿爲商代最重要的族氏之一，入周後旦越過洞庭湖以南活動（見 1976 年第 2 期《文物》江鴻《盤龍城與商朝的南土》）。周法高氏在《金文詁林》裏說，這是商代一强族的族徽，那麼說朿即舉，是杜舉之類的酒器，完全是推想之說了。

　　這反映此一不見於其他文獻獨見於《顧命》的酒器“同”，足以引起人們懷疑，而要另尋解釋。所以有虞翻承舊有之説釋其字爲“瑁”於前，又有吳大澂承舊有之説釋其字爲“犛”於後，其間還有錢獻之、阮元等先後釋其字爲“鬲”，都是要避其爲“同”字之釋。顯然可以推定，《顧命》此處原只是外周爲“冂”之一字，而非“同瑁”二字，在流傳中有人以爲此物與介圭都是天子所守之信物，只應該是瑁，遂以此字爲冃，謂爲古瑁字，遂在此字下側小注“瑁”字，在傳抄中誤爲正文抄入，成爲“冃瑁”二字了。許多紛擾遂由此而來。錢曉徵以爲僞孔本始並列此二字，然漢代已誤成二字，不只是鄭玄釋爲二物，分別由大宗伯小宗伯所奉，即馬融釋爲一物，亦以同瑁合爲一物。因此在《顧命》中同、瑁二字並列，由來已久。然瑁與本篇全過程的内容始終不相合，因而可確知瑁字是後來增入的。原文只是外周爲冂之一字，至於冂内是＝? 是曰? 是乂? 則處在争論中。由上文知道作瑁、作犛都誤，則剩下只有“同”字了。何況整理本書的版本依據是以《唐石經》爲底本，《唐石經》作“同”，自只能承用它。因此現在只作出這樣的認定：本篇的“同瑁”原文只作“同”，由它在本文中的作用來看，“同”是酒器。

　　最新的一説，是郭沫若氏提出的：“同”是壺。見其《金文辭大系圖録考釋》中齊器《洹子孟姜壺》考釋文中云：“‘羞銅’者，即《書・顧命》‘上宗奉同瑁’之同。《白虎通・爵篇》引作銅。鄭玄解同爲酒杯，《書傳》襲之以同爲爵名。《吳志・虞翻傳》注引翻别傳（引其文至“言天子副璽”止，今略）。今此器爲壺而釋之以‘銅’，用知古者壺有銅名，省之則爲同。酒器之鍾，盛算之中，均是一音之轉變。《顧命》之同，實當是壺。蓋即盛算之中，有簡册盛於其内。鄭玄訓爲酒杯,雖失尚不甚遠。若馬融、虞翻及副璽之或說,均是臆必之見。”又使人們對這一同字的視野擴大了。不過其爲壺,仍可作酒器用。

⑦由阼階隮——《孔疏》:“阼階,東階也。謂之阼者,鄭玄《士冠禮》注云:‘阼猶酢也。東階所以答酢賓客,是其義也。”這是對阼階意義的解釋,已見上文“綴輅在阼階面”校釋。而太保上宗其所以由阼階升,則僞孔云:“用阼階升,由便不嫌。”真不知所云。《孔疏》欲爲之釋,先尋由阼階升的理由而後釋僞孔語,其文云:“《禮》:凶事設洗於西階西南,吉事設洗於東階東南,此太保上宗皆行吉事,盥洗在東,故用阼階升。由便,以卑不嫌爲主人也。”所找的理由也非常牽强。《蔡傳》云:“太保宗伯以先王之命奉符寶以傳嗣君,有主道焉,故升自阼階。”開始接觸到了正確理由,而其義未暢。

王國維《顧命考》始言之甚明云:“大保由阼階者,攝主,故由主階。何以知大保攝主也?曰:大保受顧命於成王而傳之於康王,有王道焉。成王不親命康王而命大保者何也?曰:康王之爲元子久矣,顧命也者,命之爲王也。成王未崩,則天下不得有二王。既崩,則不得親命,故大保攝王以命之。册命之有攝主,猶祭之有尸矣。”(按,所謂“尸”,見下文“王答拜”校釋末所附解釋)

《顧命考》又解釋大宗隨在大保後之故云:“大宗從大保者何也?曰:‘儐也。’《周禮·大宗伯》職:‘王命諸侯則儐。’古彝器記王册命諸臣事,必有右之者。器所謂‘右’,即《大宗伯》所謂‘儐’也。周册命之制,王與受册者外,率右者一人,命者一人。故册嗣王亦用是禮也。”

⑧太史秉書由賓階隮——江聲《音疏》:“‘秉’,執也。‘書’,所寫‘顧命’之册也。”僞孔云:“太史持册書‘顧命’進康王,故同階。”

《孔疏》：“訓‘御’爲進。太史持策書顧命，欲以進王，故與王同升西階。……篇以‘顧命’爲名，指上文爲言。‘顧命策書’，秉王之意爲言。亦是顧命之事，故《傳》言‘策書顧命’。”《蔡傳》云：“太史以册命御王，持書由賓階以升。”所釋太史由賓階升，義皆不暢。

王國維《顧命考》始明晰釋之云：“書，册書。古者命必有辭。辭書於册，謂之命書。《覲禮》：‘諸公奉篋服，加命書于其上。’《頌鼎》、《景盤》皆云‘尹氏受王命書’。《宂敦》：‘王受（假爲授）作册尹書，俾册命宂。’是命書本王或攝王者所持。此‘太史秉書’者，太保承介圭，介圭重器，不能復持命書，以授太史，故太史秉之。‘由賓階隮’者，太史居太保右也。《覲禮》：‘天子賜侯氏以車服，大史是右，少儀、贊幣自左，詔辭自右。《祭統》：‘史由君右，執册命之。’是太史位在太保之右。時太保在阼階上西面，太史後升，不可越太保而趨其右，故由賓階也。”

⑨御王册命——《孔疏》引鄭玄注云：“御，猶嚮也。王此時正立賓階上少東，太史東面於殯西南，而讀策書以命王嗣位之事。”王國維《顧命考》云：“今案鄭説非也。此册命之地決非殯所，蓋成王之殯，若尚用殷禮，當在兩楹之間；若用周禮，當在西序。今據上文，則牖間南嚮，西序東嚮，皆布几筵，而赤刀、大訓、宏璧、琬琰亦在西序。若成王之殯在，則几筵宗器何所容之？故知册命之地非殯所也。鄭不知大保攝王，嫌非殯所則無所受命，故爲此説。其言王與大史之位亦不確。以禮言之，則大保當在阼階上，西面，大宗居左，大史居右。王在賓階上，東面，大史迎而命之。御之言，迓也、迎也。故彝器紀王命諸臣事，皆王即位，受命者立中庭北鄉。《祭統》亦云‘所命北面’。此册命王，用賓主禮者，大保雖攝先王，身本是臣，故於堂上以賓主之禮行之。攝王者禮不全於君，受册若禮不全於臣、

全於子，此實禮之至精者矣。”（御字僞孔訓爲“進”，蘇軾《書傳》謂
“凡王所臨、所服用皆曰御”，皆與此處所用義不合，當如王説訓爲迓
近）

　　⑩曰皇后憑玉几道揚末命——“憑”，原作“馮”。一作“凭”。
《説文·几部》：“凭，依几也。从几、从任。《周書》‘凭玉几’，讀若
馮。”段玉裁《撰異》：“‘馮’，衞包改作‘憑’，開寶中，又並《釋文》改
之。”僞孔釋此句以下爲“册命之辭”。並訓“皇”爲大、訓“后”爲君、
訓“末”爲終以釋云：“大君，成王。言憑玉几所道，稱揚終命，所以
感動康王。”《孔疏》則闡明“憑玉几”爲病危的意義云：“言憑玉几所
道，以示不憑玉几則不能言，所以感動康王，令其哀而聽之不敢忽
也。”林之奇《全解》云：“曰‘秉書’，則言其持之以升；曰‘御王册
命’，則言其奉之以敬；‘皇后’以下，則太史進册而陳此言也。先儒
則以此爲册書之辭，非也。……史以成王之言著之於册矣，此則將
奉册而進之之辭也。言此册者，乃成王當大漸之際親憑玉几道揚臨
終之命以命汝也。”故《蔡傳》全承之云：“成王顧命之言書之册矣，
此太史口陳者也。”陳大猷《或詞》亦云：“竊意册命中必述成王命
召、畢之因，載顧命之語，史略其前之已見者，而獨載此口陳語也。”
然王國維《顧命考》謂此句以下自“命汝嗣訓”以迄“答揚文武之光
訓”，以爲是“此太史所讀册書之辭”，與僞孔以爲是“册命之辭”相
合。因爲這幾句是嚴囑嗣王踐履君位所必遵的大綱大目，顯然不是
臨時口語之辭。僞孔及王氏之説爲是。

　　孫星衍《注疏》獨提出異説云：“‘皇’者，《釋詁》云：‘君也。’
‘后’者，《説文》云：‘繼體君也。’謂康王也。‘末’者，《方言》云：
‘緒也。’‘馮’者，《一切經音義》十七引《三蒼》云：‘依也。’《説文》
作‘憑’，云：‘依几也。’《周書》‘憑玉几’，讀若馮（憑）。……此太

史傳述成王之命，命康王憑玉几以聽道揚緒餘之命，即《白虎通·爵篇》云‘即繼體之位’也。”這是清代經師具有一些文字知識，而没有歷史觀點，爲了矜博，肆意使用，究竟“皇”字到什麽時代才訓爲君，他一點不懂，對“后”字的訓義也一點不懂其歷史情況，所以才寫出這一篇誤説。要知道在較早典籍《詩》、《書》等及金文中，“皇”字原只是大、美好等義的形容詞，用以形容上天和先輩，如皇天、皇祖、皇考、皇妣、皇母等。而另一帝字原來只指上帝與尊貴的神（如《山海經》中許多帝某，就是實際也是各不同部族的上帝），及戰國之世，人間君王開始稱帝了。於是就用原來形容上天和上帝的皇字作爲天帝的稱呼了。但長時間皇只指上帝，不指人間的君王，至戰國末《吕氏春秋》及《莊子·天運》中始出現人間的“三皇五帝”一詞，當時三皇尚未指實爲哪三人，及秦始皇時始有神性的天皇地皇泰皇出現，始皇也始定人間的“皇帝”一詞（參看顧師《三皇考》），於是漢代字書才有“皇，君也”之訓。西周時代，皇還只是美、大意義的形容詞，把西周文獻中的皇字釋爲君，其妄是顯然的。至於“后”字，從殷墟甲骨文中看出，商代在世的王稱王，死去的王稱后（字作毓）。西周承商代用法，自不會稱在世的王爲后。因此此處“皇后”只能是指已死的成王，不能指在世的康王。

⑪命汝嗣訓臨君周邦——“臨君”一作“君臨”。見《文選·責躬詩》李善注引此句作“君臨周邦”。皮氏《考證》並引賈公彦《序周禮廢興》録鄭玄《周禮序》有“綱紀周國，君臨天下”句，皮謂“是鄭本作‘君臨’也。”“君臨”爲後代習用，然“臨君”義亦無大別異，不必斤斤論之。

僞孔釋云：“命汝繼嗣其道。言任重，因以託戒。用是道臨君周國。”《孔疏》：“以訓爲道，命汝繼嗣其道，繼父道爲天下之主，言所任者重，因以託戒也。"林氏《全解》云："臨終之命，以命汝嗣其教訓，以臨涖天下，爲周邦之君。"始不以"訓"爲"道"，而用其教訓本義。《蔡傳》則云："命汝嗣守文武大訓。曰'汝'者，父前子名之義。"陳大猷《或問》云："《顧命》中成王自言'嗣守文武大訓'。故此言'命汝嗣訓'。'答揚文武光訓'，即所謂'嗣訓'也。"以陳大猷之釋最得文意。

⑫率循大卞燮和天下用答揚文武之光訓——"率循大卞"，阮元《校勘記》云："古本作'帥修大辨'。""卞"，撰《九經字樣》時經文尚作"弁"，故注云："今經典相承或作'卞'。"是"弁"有作"卞"者。王鳴盛《後案》云："《漢·哀紀贊》：'卞射武戲。'應劭曰：'卞射，皮卞而射也。'則'弁'轉爲'卞'久矣。此經'大卞'即'大弁'。"段玉裁《撰異》："弁，各本作卞。按卞即弁隸體之變。見於孔宙、孔龢、韓勑三碑。《釋文》云：'卞，皮彥反。徐：扶變反。'與上文'雀弁'音正同。據此似作《釋文》時雀弁、大卞已分爲二，不始於開成石經也。"

僞孔釋"率循大卞"云："率群臣循大法。"《孔疏》云："卞之爲法，無正訓也。告以爲法之道，令率群臣循之，明所循者法也。故以大卞爲大法，王肅亦同也。"清儒江聲、王鳴盛爲卞字尋訓法的理由，亦未諦，故不錄。

"燮和天下"，《釋詁》云："燮，龢也。"即和也。"燮和"，同義複詞。僞孔釋此句云："言用和道和天下。"

"答揚文武之光訓"，"答"，亦作"對"。下句"王再拜答"之"答"，《白虎通·爵篇》引作"對"。是此處"答揚"亦當作"對揚"。此在金文中習見，皆表示答謝頌揚之意。如《克鼎》、《無惠鼎》、《頌鼎》、《師望鼎》等皆作"敢對揚天子丕顯魯休"，《善鼎》、《康鼎》則作"對揚天子丕顯休"，《毛公鼎》作"對揚天子皇休"，《大夫始鼎》

作“對揚天子休”。又《剌鼎》、《井鼎》、《耤田鼎》、《吕鼎》、《不壽鼎》、《伯晨鼎》等皆作“對揚王休”，中間亦可省字，如《盂鼎》作“用對王休”，《南宫中鼎》作“對揚于王”。此鼎又作“對王休命”。可知“對揚天子休”、“對揚王休”爲周人習用語（《爾雅·釋詁》：“休，美也”）。此處“答揚文武之光訓”，與之完全一致。

僞孔釋此句云：“用對揚聖祖文武之大教。”並釋此數句意云：“叙成王意。”用“對揚”二字，係據周人習用語，完全正確表述了原意。

自“命汝嗣訓”至此句止，如王國維所説爲“太史所讀册書之辭”。吕祖謙《書説》云：“臨君周邦，位之大也；率循大下，法之大也；燮和天下，和之大也。居大位，必由大法，致大和，然後可以對揚文武之明訓也。”《蔡傳》全承用此數語。

⑬王再拜興答曰——“拜”，見《説文·手部》：“𢷎，首至地也。从手、𠦪。徐鍇曰：‘𠦪……拜從之。博怪切。’𢪱，揚雄曰：‘拜從兩手下。’”是首從兩手下至地爲拜，首不離兩手以拜。“再拜”，首從手至地拜兩次。“興”，拜畢，起身，叫做興。古典禮中，司儀者叫“興”，拜者即站起來。“答”，《白虎通》引作“對”。見其《爵篇》云：“緣臣民之心，不可一日無君也，故先君不可得見，則後君繼體矣。故《尚書》曰：‘王再拜，興，對……乃受銅瑁。’明爲繼體君也。”段玉裁《撰異》：“《白虎通》引作‘對’，此《今文尚書》也。凡《古文尚書》‘答’字，今文皆作‘對’。如《洛誥》‘奉答天命’，《尚書大傳》作‘奉對’。”可知古文作答，今文作對，是具有普遍性的。金文中遂一律作“對揚”，已見上文。

⑭眇眇予末小子其能而亂四方以敬忌天威——僞孔云：“言微微我淺末小子，其能如父祖治四方以敬忌天威德乎？謙詞託不能。”

訓“眇”爲微，“末”增淺字以加深其淺末之意，訓“而”爲如，訓“亂”爲治。“敬忌”無訓，吳氏《大義》云：“忌，畏也。”《蔡傳》：“‘眇’，小。‘而’，如。‘亂’，治也。王拜受顧命，起答太史曰：眇眇然予微末小子，其（陳大猷曰：“其”，未定之辭）能如父祖治四方以敬忌天威乎？謙辭退託於不能也。《顧命》有‘敬迓天威’、‘嗣守文武大訓’之語，故太史所告、康王所答，皆於是致意焉。”戴鈞衡《補商》：“‘其’，讀曰豈（見《酒誥》“我其可不大監撫于時”）。‘而’，句中語助也。言渺渺予末小子豈能治四方以敬忌天威乎？《傳》訓而爲如，謂‘如父祖之治四方’，增文反曲矣。”總之，“眇”訓微、小，“末”，增飾爲淺末，“亂”訓治（實爲𤔌字之訓），“忌”訓畏，這些都是常訓，自可從。“其”或訓未定之辭，或訓豈。“而”或訓如，或訓句中語助，可斟酌用之。“小子”，與“沖子”等均爲君主自己謙稱，如《洛誥》中成王即屢自稱小子、沖子者是。

王國維《顧命考》指出：“此王答命書之辭。”

⑮乃受同（瑁）——僞孔、《蔡傳》皆云：“王受瑁爲主，受同以祭。”誤，當如王國維《顧命考》云：“案此‘瑁’字疑涉上文而衍。”其實應可肯定此“瑁”字確爲衍文。《顧命考》續云：“受‘同’者王，授之者大宗也。大保之介圭與大史之册書，當於此時同授王，不書者略也。獨書‘受同（瑁）’者，起下文也。授同者何？獻王也。大宗奉同，大保拜送，王拜受。不書者，亦略也。何以知大保獻王也？曰：下云‘大保受同，降，盥以異同，秉璋以酢’。又云‘大保受同，祭、嚌、宅’。古禮，有獻始有酢。不獻王，則何酢之有矣。何以知大宗授同也？曰：《周禮・大宗伯》職：‘大賓客則攝而載果。’鄭注：‘載，爲也。果讀爲祼。代王祼賓客以鬯。’君無酌臣之禮，言爲者，攝酌獻耳。拜送則王也。時大保攝王以命康王，故知授同者大宗

也。册命嗣王，何以獻也？曰：古者爵禄之爵，用爵觶字。知古之授
爵禄者，必以爵將之。有命亦以爵將之。《祭統》：‘古者明君，爵有
德而禄有功，必賜爵禄於太廟，示不敢專也。故祭之日，一獻，君降
立於阼階之南，南鄉；所命北面，史由君右，執策命之。’一獻，鄭以爲
一酳户。竊謂當獻所命之人，以諸侯册命諸臣之用一獻，知册嗣王
之亦有獻矣。彼先獻後命，此先命後獻者，彼因祭而命，此特行册命
禮故也。……此述先王之命，付天下之重，故行以裸享之禮。鄭不
知此爲大保獻王，乃云王既對神，一手受同，一手受瑁，僞《孔傳》亦
云受同以祭，於是自此以下至篇終，全失其解。若釋爲大保獻王，王
受獻，則怡然理順，無字不可解矣。”

　　⑯王三宿三祭三咤——《釋文》：“咤，陟嫁反。”古本原作“寙”，
馬本誤作“詫”，傳本又誤作“咤”。段玉裁《撰異》以“咤”原作
“宅”，故其言云：“宅，今本作‘咤’，《釋文》曰：‘咤，陟嫁反，亦作
宅。又音妬。又豬夜反。’《説文》作‘寙，丁故反’，馬本作‘詫’，與
《説文》音義同。玉裁按，《説文》七篇《宀部》曰：‘寙，奠爵酒也，从
宀，託聲，《周書》曰：王三宿、三祭、三寙。’許所據蓋壁中古文原本，
馬本作‘詫’者，字之誤也。孔本作咤者，又詫之字誤也。其作宅者，
别本也。既釋奠爵，則有居義，故其字無妨作宅。蓋説《書》家有讀
詫爲宅者，鄭訓爲‘却行’，亦於古音同部求之。《玉篇·宀部》曰：
‘寙，丁故、丁嫁二切，《周書》曰：“王三宿、三祭、三寙。”孔安國曰：
“王三進爵，三祭酒，三奠爵。”本或作咤。’玉裁按，然則孔本亦作
寙，而咤乃吒之訛也。”

　　《孔疏》引鄭玄注云：“徐行前曰肅，却行曰咤。王徐行前三、祭
又三，却復本位。”是“宿”作“肅”。《孔疏》：“《釋詁》云：‘肅，進
也。’宿即肅也。”王氏《後案》：“鄭從宿爲肅，云徐行前曰肅者，《少

牢饋食禮》：‘前宿一日宿戒尸。’《特牲饋食禮》：‘乃宿尸。’《祭統》：‘宮宰宿夫人。’鄭於彼三經並注云：‘宿，讀爲肅。’是宿與肅通。《釋詁》：‘肅，進也。’是行而前也。《士冠禮》‘乃宿賓’注，亦云‘宿，進也’。”王國維《周書顧命後考》據《通典》所載魏尚書所奏《王侯在喪襲爵議》中所引鄭玄注此處文一段，與《孔疏》所引鄭注異。該處所引鄭玄曰：“即位必醴之者，以神之。以神之者，以醴嚌成之也。以醴嚌成之者，醴濁，飲至齒不入口曰嚌。既居重喪，但行其禮，而不取其味。”王國維《顧命後考》則云：“鄭君説中有嚌字，似經文‘三咤’作‘三嚌’，而今經文無之。《説文解字・宀部》：‘宅，奠祭爵也，从宀，託聲。《周書》曰：“王三宿、三祭、三宅。”’又《口部》：‘嚌，嘗也。从口，齊聲。《周書》：“大保受同祭嚌。”’兩引《周書》，知許君所見壁中古文除咤作宅外，與今本無異也。《釋文》‘咤，馬本作诧’，《正義》引鄭注‘却行曰咤，诧即宅之訛，咤又由诧而訛，是馬鄭注皆與壁中本同，無嚌字。王肅云：‘王從三宿三祭，上宗曰饗，而不嚌醴，是王肅本此節亦無嚌字，此皆《古文尚書》也。然《今文尚書》正作‘三宿三祭三嚌’……《通典》引《白虎通》則云‘《尚書》曰王再拜興，祭嚌。’……鄭注《古文尚書》不破咤字，故曰‘却行曰咤’。此條自述《今文尚書》亦不從古文破嚌字，故曰‘以醴嚌成之’也。……古獻有三種：以鬯曰祼，以醴曰醴，以酒則曰醮、曰獻。……天子諸侯之祼，即大夫士之醴也。……諸侯以下用醴者，天子以祼代之。故曰：鄭君云即位而醴之者，意是而名非也。雖然，由鄭君此説以釋經，則經無滯義矣。”

偽孔云：“禮成於三，故酌者實三爵於王，王三進爵，三祭酒，三奠爵，告已受群臣所傳顧命。”《孔疏》：“禮成於三，酌者實三爵於王，當是實三爵而續送。三祭各用一同，非一同而三反也。《釋詁》

云：‘肅，進也。’宿即肅也。故以宿爵而續送。祭各用一同爲一進。三宿謂三進爵，從立處而三進至神所也。三祭酒，三酹酒於神坐也。每一酹酒，則一奠爵，三奠爵於地也。爲此祭者告神，言己已受群臣所傳顧命，白神使知也。經典無此咤字，咤爲奠爵，傳、記無文，正以既祭，必當奠爵，既言三祭，知三咤爲三奠爵也。王肅亦以咤爲咤奠爵。”《蔡傳》簡言之云：“宿，進爵也。祭，祭酒也。咤，奠爵也。禮成於三，故三宿三祭三咤。”

陳櫟《纂疏》云：“咤有兩説，孔氏以爲奠爵，蘇氏（《東坡書説》）以爲至齒不飲，與嚌同義（按，尚有鄭玄“却行曰咤”一説）。初以咤從口，意蘇説爲是。及考字書，方知㓃與吒同陟駕反，祭奠酒爵也。咤本㓃字，傳寫訛耳。孔注《音釋》云：‘《説文》作㓃。’觀此則咤訓奠爵，不可易也。若與嚌同義，則君咤臣嚌，於義何分？且與引飲福亦廢（即吕氏《東萊書説》太保飲福不甘味、王飲福亦廢）之説不合矣。”（但林之奇《全解》則支持蘇説。以爲“先儒以宿爲進爵，以咤爲奠爵，蓋謂進於神坐之前，則以酒酹地而祭，酹訖而奠爵焉。蘇氏則以宿爲奠爵，以祭爲祭先，以咤爲至齒而不飲，即嚌也。……蘇氏似爲勝”。）

由鄭玄説、《孔疏》及林之奇説，知道宿即肅，即徐行向前。“三宿”，是從立處徐行至神所以進爵，這樣三次。“三祭”，是以爵中的酒酹於地而祭，這樣也三次。“三咤”，是酹酒於地完畢後，即將爵奠置於地，這樣也三次（但如鄭説則是退行三次）。“奠爵”，據《士冠禮》有云：“冠者奠爵于薦東，立于筵西。”又《鄉飲酒禮》云：“主人坐奠爵于階前，辭。”其下文又有數句云“坐奠爵于篚”。是奠爵爲將爵放置好。陳經《詳解》則云：“三咤，奠爵於地。……此王受册而奠也。”

　　王夫之《稗疏》云："宿、祭、咤、酢，按此傳注紛紜不決，殊難分曉，以咤爲嚌者，蘇氏之失也；謂祭爲酹酒神座者，鄭氏之未諦也；謂酢爲報祭，王答拜爲代尸拜者，蔡氏之謬也。既以咤爲嚌，則下云咤嚌，於文不通，以祭爲酹酒，酹者綴祭也，亦相因繼進之義，言三祭則綴可知，而但言祭則不可以酢爲釋也。以酢爲報祭，報祭之名不知何昉？新安陳氏乃云報祭者亞獻也，則其妄益甚。酢者，賓答主人之稱爾。以答拜爲代尸拜，則不知唯祭有尸。……以實求之，所云三宿三祭三咤者，約舉成文，實三獻也。前云即位，其所即之位，傳注不言所在，以子受命於父之義求之，則當與冠禮相通，蓋阼階也。由賓階上者，嗣子之不忍死其親也；即位則於阼階者，正其爲主，所謂踐阼也。宿，肅也，謂揖進也。言三宿者，自阼階肅進於几筵之前，凡三獻則三進而三降也。三祭者，謂三實酒於同，而拜送於神也。三奠者，謂三置酒於牖間几筵之右也。統言之而不詳記其儀。"

　　王國維《顧命考》云："案宿，進也。咤，奠酒爵也。王受同者，重先王之命，祭之奠之，而不啐酒不卒爵者，居喪故也。《士虞禮》'尸酢主人，主人坐祭卒爵'者，此初殯，彼既葬也。宿、祭、咤皆以三者，《周禮·大行人》職：'上公，王禮再祼而酢；諸侯諸伯，王禮壹祼而酢；諸子諸男，王禮壹祼不酢。此所獻爲嗣王，尊於上公，當三祼而酢。此云三宿三祭三咤，不云三祼或三獻者，互文也。"這是根據古時禮制儀節所作的解釋，結合上一段綜述鄭注、孔疏、林解之語，當可對這段禮節得到理解。

　　⑰上宗曰饗——"上宗"，由上文"太保承介圭上宗奉同瑁"句的"上宗"校釋，知此處上宗即太宗。僞孔釋此句云："祭必受福，讚王曰：'受福酒。'"《孔疏》："禮於祭末，必飲神之酒，受神之福。其大祭必有受嘏福之禮。《特牲》、《少牢》：'主人受嘏福。'（按，今見

《少牢饋食禮》唯有“主人受祭之福”之語）是受神之福也。其告祭小祀，則不得備儀，直飲酒而已。此非大祭，故於上三奠爵訖，上宗以同酌酒進王，讚王曰‘饗福酒’也。王取同嚌之，乃以同授太保也。”此釋明晰可從。“嚌”，嘗至齒，見上文“王三宿三祭三咤”校釋引鄭注及下文“太保受同祭嚌宅授宗人同拜”校釋。

　　林之奇《全解》云：“曰饗，蓋所謂嘏也。《詩箋》曰：‘予福曰嘏。’《特牲》、《少牢》之禮：‘尸嘏主人。’故此則上宗嘏王，欲王之享之也。如此，則王之禮畢矣。”呂祖謙《書說》云：“‘曰饗’者，傳神命而以神之饗告也。”《蔡傳》全承用呂氏此句。這是宋學對上引漢學解釋所作的補充。

　　王國維《顧命考》云：“饗者，上宗侑王之辭。既酌獻之，又從而侑之，所謂攝而載祼也。”

　　⑱太保受同降盥以異同秉璋以酢授宗人同拜——這是太保召公在典禮進行到此時所連續進行的六個動作：受同，降，盥，以異同秉璋以酢，授宗人同，拜。現依次述之如下：

　　“受同”，上引《孔疏》校釋“上宗曰饗”之末云：“上宗以同酌酒進王，讚王曰‘饗福酒’也，王取同嚌之，乃以同授太保也。”是王取上宗所進之同嚌之後，即以同授太保。故此處記“太保受同”。僞孔云：“受王所饗同。”是。《孔疏》：“上宗讚王以饗福酒，即云‘太保受同’，明是受王所饗同也。”

　　“降”，僞孔言“受王所饗同”後，即接着說“下堂反於篚”，是說下堂把同回放到篚裏。《孔疏》：“祭祀飲酒之禮，爵未用皆實於篚，既飲皆反於篚，知此下堂反於篚也。”

　　“盥”，《廣韻》古滿切，《集韻》古緩切。《說文·皿部》：“盥，澡手也。”《增韻》：“以盤水沃洗曰盥。”《禮·內則》“咸盥漱”《釋文》：

"盥，洗手也。"僞孔釋此云："太保以盥手洗異同。"蓋與下句"異同"相連爲釋，不知盥是此禮的儀節中的一動作，以異同酢是另一動作，釋成以盥手洗同，誤。《蔡傳》釋爲："太保受王所咤之同，而下堂盥洗。"較近是。不過還未明確"下堂（降）"和"盥洗"是兩個程式化的動作。而且盥也不是真正洗，只是走到盤前，手在盤水上做洗的象徵性動作（而且往往盤裏面沒有真正放水）。

"以異同秉璋以酢"，"異同"意爲另外一同，即非王嚌後授與太保之同。僞孔釋此句云："太保以盥水洗異同，實酒秉璋以酢祭。"並釋"璋"、"酢"二字云："半圭曰璋，臣所奉。""王已祭，太保又祭，報祭曰酢。"按"璋"，鄭玄箋注《詩·棫樸》云："璋，璋瓚也。祭祀之禮，王祼以圭瓚，諸臣助之亞祼以璋瓚。"《孔疏》："祭祀以變爲敬，不可即用王同，故太保以盥手更洗異同，實酒於同中，乃秉璋以酢祭，於王祭後更復報祭，猶如正祭大禮之亞獻也。《周禮·典瑞》云：'四圭有邸以祀天，兩圭有邸以祀地，圭璧以祀日月，璋邸射以祀山川，從上而下遞減其半，知'半圭曰璋'。《祭統》云：'君執圭瓚，大宗執璋瓚。'謂亞獻用璋瓚。此非正祭，亦是亞獻之類。故亦執璋若助祭。……秉璋以酢，是報祭之事。王已祭，太保又報祭也。'酢'訓'報'也。故報祭曰'酢'。飲酒之禮稱'獻酢'者，亦是報之義也。"釋此句頗詳盡，可取。《蔡傳》承此簡言之並稍作補充云："更用它同秉璋以酢，酢，報祭也。《祭禮》：'君執圭瓚祼尸，太宗執璋瓚亞祼。'報祭亦亞祼之類，故亦秉璋也。"江聲《音疏》、王鳴盛《後案》、孫星衍《注疏》皆云："言酢者，既獻而自酢也。"王國維《顧命考》云："案，此太保既獻王，乃自酢也。古敵者之禮，皆主人獻賓，賓酢主人，惟獻尊者，乃酌以自酢。《燕禮》：'主人獻公畢，更爵洗升，酌膳酒以降，酢於阼階下，北面，坐奠爵，再拜稽首，公答再拜，主人奠爵於篚。'（《大射儀》同）此大保自酢，節目略同。所異者唯酢於堂上，又不奠爵，不卒爵耳。大保自酢用臣禮者，册命時，攝主以行先王之命，故以鬼神之尊自處。既命之後，嗣王已即王位，故退而以臣自處也。'以異同秉璋以酢'，此異同謂璋瓚（江聲説），以異同自酢者，不敢襲尊者之爵也。"

　　"授宗人同"，宗人即太宗、上宗，有謂小宗伯或更在其下之屬員，皆誤。如僞孔誤云："宗人，小宗伯佐太宗者，太宗供王，宗人供太保。"《孔疏》從之誤，《蔡傳》亦從之誤，且謂爲"小宗伯之屬"（當然，"小宗伯之屬"包括小宗伯，"之屬"即這一類人之意，所以也包括其次人員）。王夫之《稗疏》云："注以太宗爲大宗伯，宗人爲小宗伯。今按：上文言'上宗奉同瑁，由阼階隮'。未有小宗隨之。而始終與王成禮，唯太保與宗人，則此宗人即太宗、上宗可知。其宗伯則陪位之卿士也（此句仍誤信西周早期有宗伯之説）。太保以宗臣爲顧命之首，故代先君以授命（授，原誤作受）；宗人以宗子掌王之家政，故贊王以受命（此處依《蔡注》誤以宗人爲彤伯，並據王肅説辨彤伯姒姓，非貴戚之卿不能任此典禮之官，今略）。《儀禮》云：'繼別爲宗。'《詩》稱'大宗維翰'，則此宗人者，蓋國之大宗，而非宗伯也。周公薨則君陳爲大宗，而畢公之繼君陳，在康王之十二年，則此時君陳固存。成王不豫之時召之而來也。"言"宗人"即太宗、上宗，甚確，掃除一切經師之妄。至其所以授同與宗人，僞孔云："太保拜白已傳顧命，故授宗人同。"《孔疏》："將欲拜，故先授宗人同。……王既祭，則奠同於地，太保不敢奠於地，故以同授宗人，然後拜也。"歷代經師多承此説（清代如江、王、孫皆然）。

　　"拜"，僞孔云："太保拜，白已傳顧命（白爲表白、告白、表述之義）。故授宗人同，拜。"《孔疏》："太保所以拜者，白成王：言已已傳顧命訖也。……拜者，白爲拜神，不拜康王。但白神言：已傳顧命之事，先告王已受顧命。……太保……以同授宗人然後拜也。”陳櫟《纂疏》承之云：“太保秉璋以酢、授同而拜，告成王：已已傳顧命也。”又云：“王祭告成王，言己已受顧命也。”

《蔡傳》獨云：“以同授宗人而拜尸。”其説誤，於下句“王答拜”校釋中駁正之。

⑲王答拜——僞孔云：“王答拜，尊所受命。”《孔疏》：“王答拜者，尊所受之命。亦告神使知，故答拜也。”林之奇《全解》云：“君於臣無答拜，此答之者，以其傳先王之命也。”陳櫟《纂疏》云：“康王方在廟中樞前受顧命，冢宰以元老大臣受託孤重寄，先王臨之在上，康王爲喪主，其答拜，禮亦宜之。冢宰傳顧命以相授，見大臣如見先王也。答其拜，敬大臣即所以敬先王也。”王夫之《稗疏》云：“拜者，拜送酢酒也。王答拜者，答酢拜也。”戴鈞衡《補商》云：“‘授宗人同，拜’，太保拜王也。‘王答拜’，拜太保也。《傳》（《蔡傳》）以爲拜尸，代尸拜，蓋因君於臣不答拜，曲爲解説。其實不然。《燕義》君於臣尚有答拜之禮，何況傳顧命於先王樞前乎？”《補商》又云：“太保將祭而先拜，王答拜之也。”皆闡明王所以答拜之故。

《蔡傳》所謂：“以同授宗人而拜尸，王答拜者，代尸而拜也。”王夫之《稗疏》駁之云：“王答拜爲代尸拜者，蔡氏之謬也。……不知唯祭有尸，今此但爲受命於几筵，非祭也，而何以有尸？既葬反虞而後立尸，爲殯已藏於土而神無憑也。今成王之殯在宮而立之尸，則亦致之死而不仁矣。且几筵四設，其亦將有四尸乎？……太保代神以酢王，則其無尸可知矣。”戴鈞衡《補商》亦糾正蔡説，已見上引。其意謂蔡氏因君無拜臣之禮，故曲爲此説以解之。按，所謂“尸”，是古代的一種祭俗，即找一個死者的下屬或晚輩，立以爲尸，用來代表死者神靈，以代死者受祭。《儀禮・士虞禮》鄭注：“尸，主也。孝子之祭，不見親之形象，心無所繫，立尸而主意焉。”《公羊傳・宣公八年》何休注：“祭必有尸者，節神也。禮：天子以卿爲尸，諸侯以大夫爲尸，大夫以下以孫爲尸。”依王夫之説，是下葬以後才立尸。後世改用神主牌位，進而用畫像，現代用照片了。

⑳太保受同祭嚌宅授宗人同拜——這裏又是祭禮儀節中太保的六個動作：受同，祭，嚌，宅，授宗人同，拜。

“受同”，《孔疏》：“謂太保既拜之後，於宗人邊受前所授之同。”《蔡傳》：“太保復受同以祭。”

“祭”，《孔疏》：“受前所授之同，而進以祭神。”

“嚌”，《説文・口部》云：“嚌，嘗也。从口，齊聲。《周書》曰：‘大保受同祭嚌。’”《孔疏》：“既祭神之後，遂更受福酒嚌以至齒。禮之通例，啐入口是嚌；至於齒，示飲而實不飲也。”僞孔釋至此云：“太保既拜而祭，既祭受福，嚌至齒，則王亦至齒。王言‘饗’，太保言‘嚌’，互相備。”《孔疏》：“太保報王之祭禮，與王祭禮同，而史錄其事二文不等，故《傳》辨其意，於太保言嚌至齒，則王饗福酒亦嚌至齒也。於王言‘上宗曰饗’，則太保亦應有‘宗人曰饗’，二文不同，互見以相備。”《蔡傳》則簡釋云：“以酒至齒曰嚌。太保復受同以祭，飲福至齒。”王國維《顧命考》云：“王祭而奠之，太保祭而嚌之者，王兼居君父之喪，太保但居君喪，哀有間也。”

“宅”，《釋文》：“宅，如字。馬同。徐：殆故反。”段玉裁《撰異》云：“按徐音則宅用度，古宅度二字通用，皆訓‘居也’。宅古音如鐸，亦音徒故切。《集韻・十一暮》曰：‘度或作庹、宅。’《二十陌》曰：‘宅或作度。’是也。”皮錫瑞《考證》云：“據段説，足爲上文‘三宅’之宅字與此宅字今文皆當作度之證。”按《尚書》文字中今文作度、古文作宅已成通例，各篇多見之，不徒是此處宅、度字。既然宅、度同字，古、今二本分用之。本書用《唐石經》依僞古文沿用古文本，則自當作宅字。

僞孔連下一動作釋云："太保居其所，授宗人同。"《孔疏》："宅，訓居也。太保居其所，於受福酒之處，足不移。"《蔡傳》亦云："宅，居也，太保退居其所。"然清人俞樾《平議》云："按上文三宿、三祭、三咤，《正義》引鄭注曰：'徐行前曰肅，却行曰咤。王徐行前三，祭又三，却復本位。'《釋文》曰：'咤亦作宅。'然則咤宅同字。此文'宅受宗人同'，依鄭義，則爲却行授宗人同耳。《説文・宀部》：'庄，奠爵也，从宀、託聲。《周書》曰：王三宿三祭三咤。'是壁中古文字本作庄。奠爵之説，亦古文家舊義。王肅訓咤爲奠爵，枚《傳》從之，自非無據。鄭君本爲古文之學，而不用舊説，別爲却行之義者，正以下有'宅授宗人同'之文，若既奠矣，又何授焉。若以咤爲却行，則'宅授宗人同'義亦可通，足徵鄭注之精也。枚《傳》非不知咤、宅同字，但於'三咤'既從奠爵之説，則此文'宅'字不得不更爲之説，《正義》以'足不移'申明之，失之迂曲矣。"是二孔、蔡迄段氏皆以宅爲居，鄭迄俞樾以宅爲却行。而戴鈞衡《補商》又提出一説云："宅，《傳》訓'居'，謂太保退居其所，增文强説。竊意此爲'咤'之脱誤，蓋奠爵也。"古禮煩瑣儀節的每一項的具體內容，現在已不能詳。此"宅"字究竟是居，是却行，還是奠爵？現在無從判定其是非，只知道典禮中有這一"宅"的動作，已有這三種不同的解釋而已。

"授宗人同"，《孔疏》："爲將拜，故授宗人同。"《蔡傳》亦云："以同授宗人。"

"拜"，僞孔云："拜白成王以事畢。"《孔疏》："祭祀既畢而更拜者，白成王以事畢也。"上一拜，是報告成王已向康王傳顧命事；此一拜,是報告成王已將傳顧命的典禮之事辦完了。故陳櫟《纂疏》亦云:"先之拜,告傳顧命;繼之拜,告禮成。"其實在這一長的煩瑣的典禮儀節中,逐項進行,已做完以上諸動作後,進至這一動作,在司儀掌握之下,即按儀注做這一動作而已,是否有那麼一些意義,恐未必,頂多只能說"理或然也"。

㉑王答拜——在這一顧命大典禮中,前面太史讀命書畢,王曾再拜(拜一拜起來再拜第二拜);在典禮之末,王又兩次答拜。其中這一拜是全部禮成後王最後的一次答拜。僞孔云:"太保……拜白成王以事畢,王答拜,敬所白。"《孔疏》:"太保……既拜白成王以傳顧命事畢,則王受顧命亦畢,王答拜,敬所白也。"陳櫟《纂疏》云:"'王答拜',蔡氏(沈)則曰'代尸拜',王氏(安石)則曰'因太保拜而對拜',夏氏(僎)則曰'王亦拜成王柩'。紛紛揣度,要之王答召公(按,即太保)拜何疑焉。君在廟門外則全於君,在廟門內則全於子。況康王方在廟中柩前受顧命,未出廟門臨朝堂而受群臣朝也。冢宰以元老大臣,受託孤重寄,先王臨之在上;先之拜,告傳顧命;繼之拜,告禮成;康王爲喪主立柩前,其答拜禮亦宜之;冢宰傳顧命以相授,見大臣如見先王也;答之拜,敬大臣即所以敬先王也。何必如諸說之紛紜回護哉。"

戴鈞衡《補商》云:"此節著語無多,而儀節煩重。嘗細推之,上言'秉璋以酢',猶在堂下,'授宗人同',始升堂。'拜王答拜',太保將而先拜,王答拜之也。'太保受同祭嚌宅',受宗人所酌之酒,而以祭,以嚌,以奠於地也。'授宗人同',祭畢而授之使收也。'拜,王答拜',告禮成而復拜,王又答拜也。"這亦是戴氏對這一典禮過程的認識。

㉒太保降收——僞孔云:"太保下堂,則王下可知。有司於此盡

收徹。"釋"降"爲下堂,因行禮在堂上,則禮畢下降,自爲下堂。釋
"收"爲有司收徹,當亦合理。惟加推理"王下可知",亦爲事理之所
必然。不過原文簡略,未提及耳。王國維《顧命考》明晰釋之云:
"案此云大保降,知大保自酢在堂上也。不言王與太宗太史降者,略
也。《士昏禮》:'舅姑共饗婦以一獻之禮,奠酬。舅姑先降自西階,
婦降自阼階。'今册命禮成,大保攝主事已畢,當先自西階降,而王降
自阼階也。"

《蔡傳》補充説明:"太保下堂,有司收撤器用。"吕祖謙《書説》:
"'太保降收'者,蓋百官總己以聽召公。公退,則有司收徹矣,視其
進退以爲節也。"王天與《尚書纂傳》云:"張氏(可能爲張九成)曰:
'有司收撤同爵、器用也,若乃綴衣及陳寶,未葬以前不敢收也。'"江
聲《音疏》則以不定語氣云:"收者,蓋太史收册書,宗人收同歟?"當
以王天與所録張氏説較妥。

于省吾《新證》云:"僞《傳》云(見上,此略),江聲云:'蓋太史
收册書,宗人收同與。'是舊説讀作'太保降'句,'收'句。不言收者
何人?亦不言所收者何物?《尚書》文雖簡質,向無此等句法。按
'收'應作'般'(按,此下引用了甲骨文、金文有關"般"字不少資料,
爲避免印刷困難,特從略)。《爾雅·釋言》云:'般,還也。'《釋文》
云:'還,音旋。'般、盤古今字,《易·屯》:'盤桓禮居貞。'馬注:'盤
桓,旋也。''太保降收'者,大保降旋也。"可備一説。古代儀節中,
往往有一字一頓,即一字一句、一字一動作者,不能以通常文告中的
句法例之。

㉓諸侯出廟門俟——僞孔總釋之云:"諸侯,則卿士以下亦可
知。殯之所處故曰廟,皆待王後命。"

"諸侯",江聲《音疏》注云:"諸侯,卿士邦君也。"並自疏云:"云

'諸侯卿士邦君也'者，欲見此諸侯非下文所云'西方諸侯'、'東方諸侯'也。蓋彼西方東方之諸侯，是侯甸男衛四服之諸侯，須二伯率之乃入，始時並未先入，何得云出廟門，故知此諸侯非下文所言諸侯，乃是上文所云卿士邦君入即位者，邦君謂畿內諸侯，兼有畿外之齊侯焉，卿士中有衛侯，是外土諸侯。餘皆食采畿內，皆畿內諸侯矣。《禮記・王制》云：'天子之縣內諸侯，祿也。'是食采畿內者亦諸侯也。"王鳴盛《後案》、孫星衍《注疏》皆全承江氏說，惟文字較簡。

　　"廟門"，《孔疏》："謂路寢門也。出門待王後命，即作後篇（按，指本篇後半篇，即僞孔本析爲《康王之誥》者）。後篇云：'二公（通行本誤作二伯，依阮元校本改）率諸侯入應門。'則諸侯之出應門之外，非出廟門而已。以其在廟行事，事畢出於廟門，不言出廟門即止也。"按王鳴盛《後案》駁正之云："出至路門外，則在應門內矣。此時太保畢公雖亦同衆人出至路門外，而且並出至應門外，以將率諸侯入故，餘人則皆序立以俟也。《疏》乃謂衆人盡出至應門外，非也。"陳經《書詳解》云："廟門，畢門也，在應門內。"並列出天子五門自外朝至內朝由遠至近爲："皋門（外朝朝士所掌），雉門，庫門，應門（內朝司士所掌），路門（燕朝路寢太僕所掌）。路門又曰畢門，以成王在殯，故又曰廟門。"按，此誤據鄭衆說，錯以雉門在庫門外。戴鈞衡《補商》云："'廟門'，《傳》以爲路寢門，'成王之殯在焉，故曰廟'。鄒氏季友曰：'《爾雅》："室有東西廂曰廟。"《聘禮義》云："三讓而後入廟門。"所謂廟門但指路寢之門而言，《周禮・司儀》載諸侯相見交幣之禮，亦有及廟之文。今人尚有廟堂、廟廊之語，則知不必神居而後稱廟也。'王氏鳴盛曰：'《禮・檀弓》云：殷朝而殯於祖，周朝而遂葬。周之不殯於廟，《禮》有明文。且此上文陳兵衛於畢門内,畢門即路門,則殯在路寢明矣.'(《左傳》所云"不殯于廟則弗致"者,鄭康成謂"春秋變周之文從殷之質"。"晋文公殯于曲沃",曲沃,晋祖廟所在,鄭康成謂"衰世不遵周法"。)此篇自召群臣,發顧命,及崩而殯於堂上,與夫一切陳設,並傳顧命時行禮拜奠,皆在路門内。直至諸侯出路門,方結過路門内事。經文'門'凡三見,曰'逆子釗南門外',曰'立于畢門之内',曰'出廟門俟'。一指其地位方向而言,一指門畢於此而言,一指殯所而言,三名一實,皆路門也。下文'王出'亦出路門。天子三朝五門,臯門内之外朝,應門内之治朝,皆平地,無堂階。自路門以外,堂且無之,又何陳設之有,故知此皆路門内也。"應參看上文第二節"逆子釗于南門之外"校釋。

"俟",吕祖謙《書說》云:"俟者,俟見康王於門外。"此說較妥。是說出廟門等候見到康王之來,不是像僞孔、《孔疏》所說的等候康王之後命。故《蔡傳》亦云:"俟者,俟見新君也。"江聲《音疏》云:"俟,待也,待王出視朝也。"此釋不如吕氏蔡氏之釋俟見康王爲切文意,然比二孔釋爲等候康王後命要稍確。因其自"疏"指出僞孔强分上下兩篇,而此言"諸侯出廟門俟",下文"王出在應門之内",上下一貫,何可强分。維護了文句原意。王氏《後案》云:"《傳》又以'俟'爲待王後命。考路門外之治朝,卿士邦君皆有班位,故於此俟。俟者,俟王朝也。僞孔欲於此下分篇,若言俟朝則文勢一貫,不可分矣,故創待後命之説,其實非也。"雖襲用了江氏"俟朝"及"文勢一貫"之説,然闡明僞孔爲分下篇特創"待後命"之説,始知"待後命"説之提出僞孔有其用意,今可不用僞孔説。

以上這一節,爲在廟向康王傳授顧命所舉行册命禮的詳細過程。第一段正叙傳顧命之事,紀王與卿士邦君的位列,太保攝成王爲册命之主,太宗相之,太史命之。第二段爲太史所讀命書之辭及王答命書之辭。第三段爲在廟傳授顧命告祭之禮，尤見詳盡瑣細的行禮儀節過程，迄於典禮告成，自此康王即已即位。

王出，在應門之内①。太保率西方諸侯入應門左，畢公率東方諸侯入應門右②，皆布乘黃朱③。賓稱奉圭兼幣④，曰：“一二臣衛，敢執壤奠⑤。”皆再拜稽首⑥。王義嗣德，答拜⑦。

太保暨芮伯咸進相揖⑧，皆再拜稽首，曰⑨：“敢敬告天子，皇天改大邦殷之命⑩，惟周文武誕受羑若，克恤西土⑪，惟新陟王，畢協賞罰，戡定厥功⑫，用敷遺後人休。今王敬之哉⑬！張皇六師⑭，無壞我高祖寡命⑮。”

王若曰⑯：“庶邦侯甸男衛⑰，惟予一人釗報誥⑱，昔君文、武，丕平富，不務咎⑲，底至齊信，用昭明于天下⑳。則亦有熊羆之士，不二心之臣，保乂王家㉑，用端命于上帝，皇天用訓厥道，付畀四方㉒，乃命建侯樹屏，在我後之人㉓。今予一二伯父，尚胥暨顧綏爾先公之臣服于先王㉔。雖爾身在外，乃心罔不在王室㉕，用奉恤厥若㉖，無遺鞠子羞㉗。”

群公既皆聽命，相揖趨出㉘。王釋冕，反喪服㉙。

①王出在應門之内——僞孔云：“出畢門，立應門內之中庭，南面。”《孔疏》：“出在門內，不言王坐；諸侯既拜，王即答拜，復不言興，知立庭中南面也。”按，如上文“南門之外”校釋，知應門爲王朝正門，亦稱朝門，其門內即爲治朝，亦稱正朝，故王出而立於應門之

内以見諸侯。

戴鈞衡《補商》云："王出在應門之内，治朝也。　……王之出，出畢門也。在應門之内，則治朝矣。《傳》(《蔡傳》)引鄭氏(衆)以雉門居庫門外，既誤；外朝在路門外(亦鄭衆誤説)，應門之内蓋内朝所在，尤誤。"應門内爲内朝説不誤，不過爲内朝中之治朝。

《孔疏》："此叙諸侯見新王之事。"吳氏《大義》亦云："以下爲諸侯朝見新君之禮。"

②太保率西方諸侯入應門左畢公率東方諸侯入應門右——僞孔云："二公爲二伯，各率其所掌諸侯，隨其方爲位，皆北面。"《孔疏》："二公率諸侯，知其爲二伯，各率其所掌諸侯，《曲禮》所謂職方者，此其義也。王肅云'畢公代周公爲東伯'，故率東方諸侯，然則畢公是太師也。當太師之名，在太保之上，此先言太保者，於是太保領冢宰，相王室任重，故先言西方。若使東伯任重，亦當先言東方。北面，以東爲右、西爲左。入左入右，隨其方爲位。嫌東西相向，故云皆北面。將拜王，明北面也。"按《史記·燕世家》云："其在成王時，召公爲三公，自陝以西，召公主之；自陝以東，周公主之。"《集解》："何休曰'陝者，蓋今(東漢)弘農陝縣(今河南省陝縣)'是也。"至成王後期周公死，畢公嗣周公之職，王肅説可能有據，亦可能即根據《顧命》所載他率東方諸侯而推定。總之此時周王朝維持大局的二大員是召公和畢公。已見第一節"畢公"校釋。于省吾《新證》在引録此"太保"二句後云："按《班彝》'王命吳伯曰：以乃師左比毛父，王命呂伯曰：以乃師右比毛父'與此段文法略同。"意謂《顧命》中此種句法，在金文中有據，不能以後世排比文句目之。

③皆布乘黄朱——對此句至少有三種不同解釋：(一)"乘"，馬也，黄朱其色。(二)讀爲"布乘"、"布黄朱"。"乘"爲馬，"黄朱"爲

"筐厥玄黄"。（三）"布乘"讀爲"鬴鬴"。現分别録述之。

（一）《詩·干旄》疏引鄭玄《駁異議》云："《尚書·顧命》'諸侯入應門，皆布乘黄朱'。言獻四，黄馬朱鬣也。"僞孔云："諸侯皆陳四黄馬朱鬣，以爲庭實。"《孔疏》："諸侯朝見天子，必獻國之所有，以表忠敬之心。故諸侯皆陳四黄馬朱鬣，以爲庭實。言實之於王庭也。四馬曰乘。言乘黄，正是馬色黄矣。'黄'下言'朱'，朱非馬色。定十年《左傳》云：'宋公子地有白馬四，公嬖向魋，魋欲之。公取而朱其尾、鬣以與之。'是古人貴朱鬣，知朱者，朱其尾、鬣也。"《蔡傳》亦云："'布'，陳也。'乘'，四馬也。諸侯皆陳四黄馬而朱其鬣，以爲庭實。"

成、康之世爲周代最鼎盛時期，命令行於諸侯。前王逝世，天下諸侯皆來奔喪弔祭；新王即位，天下諸侯皆來慶賀朝見。可想見前來諸侯之多，每一諸侯獻四匹馬實於王庭，王庭怎能容納得了呢，所以自然有人提出如下第二説。

（二）《孔疏》："於時諸侯必衆，衆國皆陳四馬，則非王庭所容。諸侯各有所獻，必當少陳之也。案《周禮·小行人》云：'合六幣：圭以馬，璋以皮，璧以帛，琮以錦，琥以繡，璜以黼。此六物者，以和諸侯之好。'鄭玄云：'六幣，所以享也。五等諸侯享天子用璧，享后用琮。用圭璋者，二王之後也。'如鄭彼言，則諸侯之享天子，惟二王之後用馬，此云'皆陳馬'者，下云'奉圭兼幣'，幣即馬是也。圭是致馬之物，鄭云此幣'圭以馬'，蓋舉王者之後以言耳。諸侯當'璧以帛'，亦有庭實。然則此陳馬者，是二王之後享王物也。獨取此物以總表諸侯之意，故云'諸侯皆陳馬'也。"錢時《書解》云："《小行人》'合六幣：圭以馬……璜以黼'（見上文鄭玄引，此略）。説者謂五等諸侯享天子用璧，二王之後用圭璋，如此則用圭而以馬者，二王之後也。‘黃朱’，蓋雜言諸侯之他幣如‘筐厥玄黃’（見《孟子·滕文公下》，僞古文《武成》襲用，實爲《胤征》逸句）之類。”戴鈞衡《補商》云：“布乘黃朱，《蔡傳》既從孔謂‘諸侯皆陳四黃馬朱鬣’，以爲庭實’。又謂‘或曰黃朱若筐厥玄黃之類’。鄭康成又謂‘此杞宋二公享王之幣，下文所云‘奉圭兼幣’即此。以蒙推之，當時侯甸邦衛諸君咸在，若云各陳四馬，不惟馬非群侯所得陳，亦恐治朝無地可容。若止言二公之幣，不惟挂漏群侯，於經文‘皆’字總承西方東方諸侯而言者先不可通。錢氏時曰：‘……黃朱蓋雜言諸侯之他幣，如筐厥玄黃之類。’案《傳》引或説，蓋即此也。‘布乘’者，二王之後；‘布黃朱’者，群侯之幣，所謂‘壤奠’（見下文）者也。”

（三）《白虎通·紼冕篇》：“紼者何謂也？紼者蔽也。行以蔽前者爾。……天子朱紼，諸侯赤紼。……《書》曰：‘黼黻衣，黃朱紼。’亦謂諸侯也。……黃朱，亦赤矣。”段玉裁《撰異》云：“此（指“黼黻衣，黃朱紼”）《今文尚書》也。《古文尚書》‘布乘黃朱’之異文也。《漢書·韋孟諷諫詩》‘黼衣朱黻’，此正用《今文尚書》。‘黼衣’，謂畫黼於衣也。‘黻’，同市。亦作韍，蔽膝也。假借作紼、芾、韨、黻。‘朱黻’與《詩·斯干》、《易·困卦》訓同。”孫星衍《注疏》：“布與黻聲相近，乘與芾形相近，解‘黃朱’以‘紼’者，《詩》傳云：‘朱市，黃朱市也。’於《斯干》又曰：‘芾者，天子純朱，諸侯黃朱。’”皮氏《考證》云：“布、黼聲近，乘市形近。因布轉韍，即轉韍成黻。祭衣稱韍，故黼黻之衣是朱紼也。天子諸侯同用朱韍，但天子純朱，諸侯黃朱，不同。黃朱次於朱，則稱赤。故《斯干》、《采芑》並云‘赤市’。”楊氏《覈詁》云：“‘布乘’，《白虎通》作‘黼黻’。按布、黼同聲相假，‘乘’字當本作黻。‘黻’者韍之假字。古黻、韍通，古文作市。《説文》：‘市，韠也。上古衣蔽前而已，市以象之。天子朱市，諸侯赤市，大夫

蔥衡。從巾，象連帶之形。韍，篆文市。'俗作紱。《文選·楊荆州諫》
注：'黻與紱，古今字。'是假黻爲韍之證。字或作紼，或作市。《詩
·采芑》'朱市斯皇'毛傳：'朱市，黃朱市也。'《斯干·鄭箋》：'市
者，天子純朱，諸侯黃朱。'《采菽》'赤芾在股'《鄭箋》：'冕服謂之
芾。''芾'，太古蔽膝之象也。《候人》'三百赤市'《毛傳》：'市，韠
也。'《釋文》：'祭服謂之市。'《白虎通·紼冕篇》：'紼者，行以蔽前
者爾。有事因以別尊卑，彰有德也。天子朱紼，諸侯赤韍（按今本
《白虎通》作紼）。'《漢書·輿服志》注：'韍，如市，蔽膝。'皆其明
證。此諸侯朝王，故必佩芾，黃朱言其色，布言其質。古韍亦從韋。
從韋之字，不必皆爲皮韋也。疑韍之從韋，本取圍繞膝前之意。《説
文》：'韓，井垣也。從韋，取其帀也。'是其證。鄭以此爲獻四黃馬
朱鬣，又以韍爲皮製，示不忘本。皆不可從。"曾氏《正讀》云："黼黻
衣，黃朱紼，是諸侯朝服也。"

以上三説，自以第一説所有諸侯皆獻四馬陳於王庭爲不合理，
第二説則爲第一説之不合理作調停之計，惟第三説爲漢代今文已有
之説，當時文獻已有引用，宜可從。

④賓稱奉圭兼幣——"賓"，僞孔云："賓，諸侯也。"《孔疏》："天
子於諸侯有不純臣之義，故以諸侯爲賓。""稱奉圭"，《説文》"珒，大
圭也"下引作"《周書》曰'稱奉介圭'"。"圭兼幣"，已見上引《小行
人》云："合六幣：圭以馬，璋以皮，璧以帛，琮以錦，琥以繡，璜以
黼。"是此與圭、璋等結合的馬、皮、帛等六項皆稱"幣"。故《儀禮·
士相見禮》"執幣者"疏，即以此六項爲"幣"。《説文》："幣，帛也。
從巾，敝聲。"《戰國策·齊策》"請具車馬皮幣"注："幣，束帛也。"
《國語·鄭語》"乃布幣焉"注："幣，玉帛也。"《漢書·文帝紀》"其
廣增諸禮壇場圭幣"注："幣，祭神之帛。"《呂氏春秋·制樂》"幣帛

以禮豪士"注："幣，圭璧。"由這些注解可約略知古代幣字的意義與用途。

《孔疏》引鄭玄注云："此幣，'圭以馬'，蓋舉王者之後以言耳。諸侯當'璧以帛'，亦有庭實。"偽孔連下"曰"字釋云："（諸侯）舉奉圭兼幣之辭。"《孔疏》："'稱'，訓舉也。舉奉圭兼幣之辭，以圭幣奉王而爲之作辭。……然舉奉圭兼幣，乃是享禮。凡享禮，每一國事畢，乃更餘國復入，其朝則侯氏總入。故鄭玄注《曲禮》云：'春受贄於朝，受享於廟。'是朝與享別。今既諸侯總入，而得有庭實、享禮者，以新朝嗣王，因行享禮，故鄭注云：'朝兼享禮也。與常禮不同。'"曾運乾《正讀》釋之云："按，鄭注《曲禮》云：'受贄於朝，受享於廟。'是常禮皆先朝而後享，此同時並行，又同在朝，故云'與常禮不同'也。"《蔡傳》："賓，諸侯也。稱，舉也。諸侯舉所奉圭兼幣。"

按，以諸侯爲賓，甚至謂有不純臣之義，故稱爲賓，義實不妥，與古代尊主極權精神及其禮制不合。故有學者另尋解釋，戴鈞衡録孔廣森説有可取，兹轉引之。戴鈞衡《補商》云："'賓'，讀曰'擯'。孔氏廣森曰：'《覲禮》曰："嗇夫承命告於天子。"注："嗇夫爲末擯，承命於侯氏，下介傳而上，上擯以告天子。"又曰："侯氏入門，右坐奠圭，再拜稽首，擯者謁。"注："謁，猶告也。"然則王見諸侯，皆擯者傳辭。古字多省。《玉藻》："必與公士爲賓。"即通作"擯"。而《多士》篇"予惟四方罔攸賓"，徐仙民依馬義音"擯却"之"擯"。此於本經有可證者。'案孔説是也。《蔡傳》以諸侯爲賓，則'賓稱'二字似贅文矣。鄭以二王之後爲賓，義尤挂漏。"

⑤曰一二臣衛敢執壤奠——偽孔云："舉奉圭兼幣之辭，言'一二'，見非一也。爲蕃衛，故曰'臣衛'。來朝而遇國喪，遂因見新王，敢執壤地所出而奠贄也。"《孔疏》："以圭幣奉王而爲之作辭，辭

出一人之口，而言一二者，見諸侯同爲此意，意非一人也。鄭玄云：‘釋辭者一人，其餘奠幣……是也。’言‘衛’者，諸侯之在四方，皆爲天子蕃衛，故曰‘臣衛’。此時成王始崩，即得有諸侯在京師者來朝，而遭國喪，遂因見新王也。諸侯享天子，其物甚衆，非徒圭馬而已，皆是土地所有，故云‘敢執壤地所出而奠贄’也。”《蔡傳》全用僞孔語而簡之。戴鈞衡《補商》：“二公率西方東方諸侯皆陳列乘馬及玄黃雜幣於庭，擯者乃言諸侯奉圭兼幣，兼述其辭曰：‘一二臣衛敢各執其壤地所出以爲贄。’王鳴盛曰：‘執壤地所出者，正《覲禮》所云“惟國所有”、《朝事儀》所云“奉地所出”也。’”楊氏《覈詁》云：“‘壤’，《秦策》注：‘地也。’‘奠’，《禮記》鄭注：‘獻也。’此新王即位，諸侯來見，故云以壤地獻於天子，待天子之後命。舊説爲土壤所出，非也。”可備一説，然必有一先決條件，即古代以土地封諸侯國，是否舊天子死，新天子嗣位，即須重新封諸侯國一次。如無此規定，或無此史實，則此説不能成立。

⑥皆再拜稽首——僞孔云：“諸侯拜送幣而首至地，盡禮也。”上引鄭玄云：“其餘奠幣拜者稽首而已。”《孔疏》：“《周禮·太祝》：‘辨九拜，一曰稽首，施之於極尊，故曰‘盡禮也’。”皮氏《考證》引《白虎通·姓名篇》云：“人所以相拜者何，所以表情見意、屈節卑體尊事之者也。拜之言服也。所以必再拜何？法陰陽也（此妄説）。《尚書》曰：‘再拜稽首’也。”

⑦王義嗣德答拜——僞孔云：“康王以義繼先人明德，答其拜，受其幣。”《孔疏》：“‘義嗣德’三字，史言王答拜之意。康王先是太子，以義繼先王明德，今爲天子無所嫌，故答其拜，受其幣，自許與諸侯爲王也。”《蔡傳》：“‘義嗣德’云者，史氏之辭也。康王宜嗣前人之德，故答拜也。吳氏（蔡沈以前知名的吳姓《尚書》學者惟吳

械、吳孜二人，吳孜書久失傳，此吳氏可能是吳械）曰：‘穆公使人弔
公子重耳，重耳稽顙而不拜。穆公曰：“仁夫公子，稽顙而不拜，則未
爲後也。”蓋爲後者拜。不拜，故未爲後也。’蓋爲後者拜，不拜，故未
爲後也。弔者、含者、襚者升堂致命（按此並見《士喪禮》），主孤拜
稽顙，成爲後者也。康王之見諸侯，若以爲不當拜而不拜，則疑未爲
後也。且純乎吉也。答拜既正其爲後，且知其以喪見也。”

　　吳氏所引故事見《禮記·檀弓下》，由這一故事才使讀者懂得了
“王義嗣德答拜”的意義。《檀弓下》有關此事之原文如下：“晉獻公
之喪，秦穆公使人弔公子重耳，且曰：‘寡人聞之，亡國恒於斯，得國
恒於斯，雖吾子儼然在憂服之中，喪亦不可久也，時亦不可失也，孺
子其圖之。’以告舅犯。舅犯曰：‘孺子其辭焉。……’公子重耳對
客曰：‘君惠弔亡臣重耳，身喪父死，不得與於哭泣之哀，以爲君憂，
父死之謂何，或敢有他志？以辱君義。’稽顙而不拜，哭而起，起而不
私。子顯以致命於穆公。穆公曰：‘仁夫公子重耳，夫稽顙而不拜，
則未爲後也，故不成拜。哭而起，則愛父也。起而不私，則遠利
也。’”按，當晉驪姬之亂時，晉公子重耳避居蒲，夷吾避居屈。及獻
公死，內有數子爭立，數權臣爲亂。秦穆公遣人至蒲試探重耳，欲助
立之爲晉君，重耳之謀臣舅犯考慮當時形勢，勸重耳拒絕，遂有上一
段對話，秦遂立夷吾爲晉惠公。數年後惠公失政，秦始復助立重耳
爲晉文公。由上一段對話，知古代有一共同遵守的禮俗，即國君的
兒子必須確定獲得嗣位的繼承權（即所謂“爲後”），才能對來弔的
賓客下拜，否則只能稽顙（即額）而不能拜。拜，則表示已獲得嗣位
（即“爲後”）之權。此語載於本篇中，知西周早期已有此禮俗。才
知道“王義嗣答拜”的含意，是由於周康王確切嗣位了，他才有資格
答拜，也應該答拜，以表示自己已經嗣位爲王了。以前的注疏家及

所有經師,所談的都是這個意思,但都沒說清楚,致讀者對這一句都處於若明若暗狀態中,沒有十分弄明白它,由這一故事才獲知其確義。

⑧太保暨芮伯咸進相揖——舊注疏家對此解釋都誤,如僞孔、《孔疏》、《蔡傳》皆釋芮伯爲司徒,上文已辨其誤,林氏《全解》及呂氏《書說》皆以爲前者二伯率諸侯入,分班列;今率群臣戒王而合班,則六卿前列,冢宰與司徒最尊,云云。皆無據之言。本文篇首召以太保、畢公爲首的六大臣,實分兩組:太保、芮伯、彤伯爲一組,畢公、衛侯、毛公爲一組。篇首於此敘次井然,仍各以太保、畢公爲其首。及太保、畢公分別率諸侯入應門左、右,必芮伯、彤伯緊跟太保之後,協助其率西方諸侯,衛侯、毛公緊跟畢公之後,協助其率東方諸侯,皆立於應門內左右兩側。此時康王出至應門內(前引《孔疏》說明群臣位列好後,王始出)與群下相拜表示已爲嗣王後,太保作爲冢宰,代表所有臣下向王敬告,自然由跟在他後面的作爲副手的芮伯一同上前(即"咸進",《釋詁》:"咸,皆也"),才有再拜稽首向王敬告的一段話。

《孔疏》:"相揖者,揖之使俱進也。太保揖群臣,群臣又報揖太保,故言相揖。動足然後相揖,故'相揖'之文在'咸進'之下。""揖",《說文》:"攘也。从手,𠂤聲。一曰手著胸曰揖。"《楚辭·大招》"揖辭讓只"注:"上手爲揖。"即今語之拱手作揖。楊氏《覈詁》:"相揖,謂太保與芮伯相見而揖。《康王之誥》:'群公既皆聽命,相揖趨出'。是退朝時亦有此儀也。"

夏僎《詳解》提出另一說云:"臣在交揖之禮,當爲擯相之相。篇末言相揖趨出,則既進之後,相者揖之,乃拜;既聽命之後,相者揖之,乃出。"可備一說。

⑨皆再拜稽首曰——僞孔及《孔疏》以其常語，皆無釋。《蔡傳》：“冢宰及司徒與群臣皆進，相揖定位，又皆再拜稽首，陳戒於王。”謂“相揖”是群臣互拜，“再拜稽首”是群臣皆拜王，“曰”是陳戒於王。吳澄《纂言》：“‘曰’者，太保言也。太保爲外諸侯之伯，內群臣之長，故率諸侯、群臣進戒於王也。”

夏僎《詳解》云：“此叙諸侯百官進戒之辭。”

⑩皇天改大邦殷之命——僞孔云：“大天改大國殷之王命，謂誅紂也。”訓“皇”爲“大”，甚是。“改大邦殷之命”，是説把殷王朝的王命改授給我有周了，不即是專指誅紂。只是包括誅紂在內取得了殷之命歸我有周。《蔡傳》則附益以深意云：“曰‘大邦殷’者，明有天下不足恃也。”意在提醒康王要有“居安思危”的警惕性。恐原文不一定有此義，只是説殷的天命改歸於周了。

⑪惟周文武誕受羑若克恤西土——《釋文》：“羑，羊久反。馬（融）曰：羑，道也。”僞孔承而釋之云：“言文武大受天道而順之，能憂我西土之民，本其所起。”《孔疏》：“羑，聲近猷，故訓之爲道。王肅云：‘羑，道也。’文武所憂，非憂西土而已，特言‘能憂西土之民’，本其初起於西土故也。”

上引《孔疏》所尋“羑”訓爲道之故，顯見其十分勉强，故蘇軾根據歷史事實另尋解釋，其《書傳》云：“文王出羑里之囚，天命自是始順，周公記之，謂之‘羑若’。猶管仲鮑叔願齊桓公不忘在莒時也。康王生而富貴，故於其初即位告以文武造邦之艱難，以憂患受命也。”呂祖謙《書説》全承蘇氏之説而更有所發揮。

《蔡傳》以爲上兩説皆不妥，故云：“‘羑若’，未詳。”這態度是謹嚴的。可是其下文仍然説：“蘇氏曰：‘羑，羑里也。文王出羑里之囚，天命自是始順。’或曰：‘羑若，即下文之厥若也。羑、厥或字有訛謬。'西土，文武所興之地。言文武所以大受命者，以其能恤西土之衆也。"吳澄《纂言》云："羑若，未詳。或曰：'若，順也。羑里之囚，逆境也，而文王以順處之，因此遂受天命。'或曰：'文王自出羑里之囚而天命始順。'或曰：'羑，善也。天所善，天所若。謂眷佑之也。'或曰：'羑若即下文厥若，或字有訛。'澄案：四說俱未安。"

王夫之《稗疏》云："蘇氏謂'文王出羑里天命自是始順。'出羑里而天命順，乃云'羑若'，大不成語。且此兼言文武，而囚於羑里但文王之事，蘇氏之說其穿鑿固不相入矣。按《說文》：'羑，進善也。'故周之圜土，殷人謂之羑里，言以懲警惡人誘之以進於善也。其字與'牖民孔易'之牖通，故羑里亦或作牖里，此云'誕受羑若'者，謂大受上天之命，羑進斯民於順道也。'羑若'言教，'克恤'言養，教及天下故曰誕，受養在圻甸，故曰西土。文義自爾著明，何事牽附於羑里哉。若蔡氏謂即下文之厥若，羑厥篆文相去甚遠，不易成訛也。"

戴鈞衡《補商》云："'誕受羑若'，《蔡傳》引二說皆迂。金氏履祥曰：'羑，《說文》即誘字。''羑若'，謂天之陰誘助順也。案金說似捷，細推之，'誘順'二字終不連，竊謂'羑'與'牖'、'誘'皆一字。《史記·殷本紀》：'紂囚西伯羑里。'《正義》曰：'羑，一作牖。'《淮南·氾論》'悔不誅文王于羑里'注：'羑，古牖字。'牖、誘，經傳通用。教也，導也，引也，進也。羑之訓道，蓋導引之義。《孔傳》謂'大受天道而順之，以爲道德'，誤矣。馬注亦訓道，未詳其解。《說文》：'羑，進善也。'今取其義，不取其詁。'若'，善也。'誕受羑若'者，大受誘善之謂。太保欲王受善，故開口以文武受善爲言。"顧師《筆記》第五卷第 2869 頁亦引光緒時湘潭羅汝懷《誕受羑若解》文中謂"羑即牖與誘，爲進人於善之義"。

于省吾《新證》爲蔡沈、吳澄所引或説"羑若"即"厥若"提出新證云："按'羑'乃'厥'之訛。《説文》羑作𦒜，古文厥亦作欮。徐灝謂欮、厥醫家通也。下文'用奉恤厥若'，《洛誥》：'叙弗其絕厥若。'《立政》：'我其克灼知厥若。'是'厥若'是周人語例。"

董鼎《纂注》引新安胡氏云："羑若，不如闕疑。"陳櫟《纂疏》云："愚謂'羑若'難强解，合缺。"似只好這樣對待。但總之是文王武王因"羑若"，才能憂勤振興西土。

⑫惟新陟王畢協賞罰戡定厥功——僞孔誤釋爲"周家新升王位"，訓"陟"爲升，並以之指周王，全不懂古時稱帝王之死爲陟，見於《竹書紀年》書王死皆曰陟。《紀年》出土於西晉初年，東晉初年之僞孔不應不知（參看《堯典》"陟方乃死"校釋）。蘇軾《書傳》始正確言之云："陟，升遐也。成王未有謚（此語不確，當時生稱），故稱新陟王。"《蔡傳》全承用蘇氏説，惟文句略異一二字。

"畢協賞罰"，《説苑·政理篇》云："夫誅賞者，所以別賢不肖而列有功與無功也。故誅賞不可以謬，誅賞謬則美惡亂矣。夫有功而不賞則善不勸，有過而不誅則惡不懼。善不勸，惡不懼，而能以行化乎天下者，未嘗聞也。《書》曰：'畢協賞罰。'此之謂也。"段玉裁《撰異》云："按子政（劉向字，《説苑》作者）所引，《今文尚書》也，與《古文尚書》同。若《史記·周本紀》云'畢力賞罰以定其功'，《尚書大傳》云'《書》曰畢力賞罰以定厥功'，《白虎通·諫諍篇》云'《尚書》曰必力賞罰以定厥功'，此則漢民間所得《太誓》之文，與此文相似而不可溷爲一，王伯厚（應麟）稱爲漢儒所引異字，誤也。"

僞孔釋爲"盡和天下賞罰，能定其功"。《蔡傳》言成王"能盡合其賞之所當賞，罰之所當罰，而克定其功"。王充耘《書管見》云："文武能受命以有天下耳。定天下致太平以遺後人者，成王也。其所戡定者無他，惟‘畢協賞罰’而已。蓋刑賞乃人君之大權，使賞必當功而不僭，刑必當罪而不濫，則天下不勞而定矣。”戴氏《補商》簡言“成王賞罰必當”。

“戡定厥功”，“戡”，《爾雅·釋詁》：“克也。”“厥”，《爾雅·釋言》：“其也。”“戡定厥功”，克定其功，能定其功。

⑬用敷遺後人休今王敬之哉——《說文·攴部》：“敷，攽也。从攴，尃聲。《周書》曰：‘用敷遺後人。’”“人”下無“休”字。又：“攽，敷也。从攴，分聲。讀與施同。”段玉裁《撰異》云：“按經傳‘攽’皆作‘施’，‘敷’皆作‘敷’。漢碑多從寸作‘敷’。《五經文字》曰：‘敷，《說文》也。敷，經典相承隸省也。’此非隸省，乃隸變耳。變‘寸’爲‘万’，筆勢相同，非從‘方’也。今俗從方則誤矣。”

僞孔釋云：“用布遠後人之美，言施及子孫無窮。敬天道，務崇先人之美。”《蔡傳》云：“成王……克定其功，用施及後人之休美，今王嗣位，其敬勉之哉！”董鼎《纂注》引張九成云：“今王繼新陟王，惟敬而已，敬則歷年，不敬則早墜。此召公平生所學，昔以告成王，今又以告康王。”戴鈞衡《補商》：“言文武大受誘善，克安西土，加以成王賞罰畢當，然後戡定功業，施遺後人，則王業之不易可知矣！所以深起今王之敬也。”

⑭張皇六師——僞孔云：“言當張大六師之衆。”《孔疏》：“皇訓大也。國之大事在於強兵，故令張大六師之衆。”《蔡傳》云：“皇，大也。張皇六師，大戒戎備，無廢壞我文武艱難寡得之基命也。……守成之世，多溺宴安，而無立志，苟不詰爾戎兵，奮揚武烈，則廢弛怠惰，而陵遲之漸見矣。”金履祥《書經注》云：“六師，謂天子六軍，猶云‘萬乘爾’，張皇六師，即云振天子之職也。然武備亦承平易弛之事，諸公既言受命戡定之功，故於此又特言之。‘張’，不弛其備，

‘皇’，不輕其事也。”吳澄《纂言》云：“張，猶張弓之張，言無弛也。皇，大也。六師，六軍也。天子六軍。”王樵《日記》云：“六軍，天子之常制，張皇，則不弛其備而有以待其用也。昔周公告成王以‘克詰戎兵，陟禹之迹’（按，見《立政篇》），而成王能用其言，巡侯甸，四征弗庭，至於六服群辟，罔不承德，此正畢協賞罰之大者，故召公今致告而復及此焉。張皇六師，亦本畢協賞罰之意而言。蔡仲默謂守成之主多溺宴安而無立志（按此蔡氏據呂祖謙語），甚至忘祖父之讎，以兵爲諱，其意似爲宋事而發。然當知召公本意有畢協賞罰之明以爲之本，而後張皇六師之事可得而舉。不然，亦安濟哉。”

于省吾《新證》：“舊説以二千五百人爲師，是六師爲萬五千人也。《穀梁·襄十一年傳》：‘天子六軍。’六軍，猶六師也。蓋周制天子之基本隊伍只有六師。其稱六師不冠以地望，以其爲周之所固有，所以衛王畿，雖有征伐而不遠戍者也。如《詩·瞻彼洛矣》：‘以作六師。’《棫樸》：‘六師及之。’《常武》：‘整我六師。’《鼓翼毁》：‘王命東宮追以六𠂤之年。’其稱殷八師者，《小臣謎毁》：‘伯懋父以殷八𠂤征東夷。’其稱成周八師者，《克鼎》：‘王命善夫克舍命于成周遹正八𠂤之年。’《舀壺》：‘更乃祖考作冢嗣土于成周八𠂤。’其以六師、八師合稱者，《成（禹）鼎》：‘王□命遒六𠂤、殷八𠂤。’又云：‘揚六𠂤、殷八𠂤。’𠂤即師，其曰‘揚六𠂤’，‘揚’讀‘我武維揚’之揚，非地名。亦即‘張皇六師’之意。上言‘遒六𠂤’，遒亦非地名也。或曰殷𠂤重整於周，故曰殷八師，以別於六師。移駐於成周，故又曰‘成周八師’，非有二也。”可知“張皇六師”亦即揚我六師之意。六師即爲周王直轄兵力。

⑮無壞我高祖寡命——僞孔云：“無壞我高德之祖寡有之教命。”《孔疏》：“高德之祖，謂文王也。王肅云：‘美文王少有及之，故

曰寡有也。’”呂祖謙《書説》：“告之以奮振自强，大戒戎備，無弛惰而隳壞祖宗艱難寡德之基命也。”陳經《詳解》：“寡命，少得之命。”《蔡傳》承之云：“無廢壞我文武艱難寡得之基命也。”顯然都是望文尋訓所得之解釋。現按“無壞”、“高祖”、“寡命”三者分别尋繹之。

“無壞”，呂祖謙釋爲“無弛惰隳壞”，蔡沈釋爲“無廢壞”，他家所釋義相近。於省吾《新證》始云：“無，語詞。壞，本應作裹，即懷。無懷，懷也。猶《詩》‘無念爾祖’之無。《毛傳》云：‘無念，念也。’晚周壞、懷通用，余所藏魏弔戟，有‘壞德’二字，乃地名，即懷德，可證。《楚辭·悲回風》注：‘懷，念也。’‘無懷我高祖寡命’者，念我高祖寡有之命也。”

“高祖”，《國語·魯語》：“展禽曰：‘周人……祖文王而宗武王。’”可能僞孔覺得太保奭是文王之子，康王亦文王之曾孫，不能稱文王爲“高祖”，所以改釋爲“高德之祖”。循周人祖文王而宗武王的禮制或者就康王來稱，仍可稱“祖”，加“高德”以美之。江聲《音疏》爲之釋云：“此‘高祖’非言謂高曾之‘高’，直言功德高爾。據上文稱文武，故知此‘高祖’謂文王也。”

陳櫟《纂疏》、董鼎《纂注》都引或説云：“一説‘高祖猶《説命》之‘高后’，此謂文王也。”《説命》爲僞古文，文字來源不可靠，不如引稱《盤庚》篇中幾次説到的“高后”，與該篇中的“前后”、“先后”、“先神后”、“先王”意義一致，都是指商代死去的先王。而“高后”總是指前面的后，與殷墟甲骨文中用法一致。例如卜辭中有“高祖乙”、“后祖乙”，前者指殷代第二十任國王祖乙，後者指第二十八任國王小乙。祖乙在小乙前，故稱高祖乙，是“高后”即前后。周初沿用商代稱呼風習，稱前面的祖爲“高祖”，自然與後代所稱的高、曾無關。王鳴盛《後案》云：“《左傳·昭十七年》：‘郯子來朝，曰：“我高

祖少皥摯之立也。"'則以始祖爲高祖。《昭十五年》:'王謂藉談曰:
'昔而(汝)高祖孫伯黶司晋之典籍。"'則謂其九世祖爲高祖,是得
通稱。"

　　于省吾《新證》引僞孔之釋後云:"孫星衍引《魯語》'周人祖文
王而宗武王',證高祖爲文王,非是。按'皆再拜稽首曰'以下,乃太
保所言,既總稱惟周文武,下不應單言文王。藉令言之,太保乃文王
庶子,又不應稱文王爲我高祖也。金文之例,祖與考決不相渾,《魯
語》'祖文王而宗武王',指後世子孫祭文武而言,非謂文王之子亦
稱文王爲祖也。《弓鎛》:'及其高祖,虩虩成唐。'是固以遠祖之成
湯爲高祖矣。……是高祖當指后稷或太王、王季言。"然西周諸誥,
大都盛稱文武,偶有連及后稷、太王、王季者,其專稱之者不多見也。

　　"寡命",上引漢至宋注疏經師大抵釋爲少有、寡有、寡得之命。
元吳澄《纂言》:"寡命,言周之受命世所寡有。今王當不忘戎備,無
或弛怠,而墮壞我文武不易得之天命也。"則既言寡有,又言不易得
之天命。

　　段玉裁《撰異》云:"寡命,與《大雅》'寡妻'、《康誥》'寡兄'同
訓。"按《大雅·思齊》"寡妻",《四書選箋》:"嫡妻唯一,故曰寡。"
《毛詩傳箋通釋》:"寡有大義。嫡,長也。長亦大也。"《康誥》"乃寡
兄勖",僞孔釋爲:"汝寡有之兄武王。"楊筠如《覈詁》:"寡兄,謂武
王也。'寡',讀爲嘏,大也。"曾運乾《正讀》:"寡兄,大兄也。伯邑
考卒,武王爲大兄。大兄稱寡兄者,猶《詩·思齊》嫡妻稱寡妻,《顧
命》大命稱寡命也。"是此"寡命",即大命。

　　劉逢祿《集解》云:"謹案'寡'當爲'宣',《易》'巽爲寡髮',虞
翻本作'宣'。《列女傳》以《邶·柏舟》爲衛宣夫人作,《御覽》'宣'
作'寡'。形相近而誤也。陳氏奐曰:'寡,特也。'(故戴鈞衡云:"寡

命,猶特命也。")朱武曹(彬)據《緇衣》鄭注:'寡當爲顧,聲之誤也。'此取篇末字名篇,馬鄭本言如此。"此提出了文字有異的兩説:(一)以爲"寡當爲宣",此可備一説。(二)以爲"寡當爲顧",亦只可備一説。然其説謂馬鄭即持此説,且以爲本篇篇名,即由此篇末誤爲"寡命"之"顧命"二字而來。惟未詳述其義。始其議者爲朱彬《經傳考證》。暢其説者爲于鬯《香草校書》。

　　朱彬《考證》云:"彬謂此篇以《顧命》名篇,《正義》謂'將死回顧而爲此語'。非其實也。馬鄭本自'高祖寡命'以上爲《顧命》,'王若曰'以下爲《康王之誥》。《禮記·緇衣》:'君子寡言而信,以成其行。'鄭注:'寡當爲顧,聲之誤也。'此'寡'字亦當讀爲顧,即取篇末二字名篇,以題上事。"于鬯《校書》云:"《顧命》之名篇實本於篇中'寡命'二字。朱彬《考證》引《小戴·緇衣記》鄭注云:'寡當爲顧,聲之誤也。'以證'寡命'之'寡'亦當讀爲'顧'。其説得矣。蓋顧諧雇聲,雇諧户聲,《詩·小宛篇》云:'交交桑扈,率場啄粟,哀我填寡。'扈亦諧户聲,而得與寡叶。是寡扈叠韻,故寡顧亦叠韻也。朱駿聲《説文通訓》謂:'寡從古文貧,從夏省聲。'蓋是矣。'無壞我高祖寡命',即無壞我高祖顧命也。然則'顧命'之義信不當如《傳》言臨終之命,而朱考尚未伸明。案《多方篇》云:'開厥顧天,惟爾多方,罔堪顧之。'即此'顧命'之顧。所謂命者,天命也。蓋文王能顧天命,故曰'高祖顧命'。……書篇之名題《顧命》者,良由《顧命》一篇,前半爲成王臨終之誥,後半爲康王即位之誥。謂之成王之誥,則遺康王之誥;謂之康王之誥,則遺成王之誥。故特取篇中二字以標題,如《梓材》、《立政》之比。書家亦自有此例也。自篇中'顧命'借'寡命'爲之解者,謂爲'寡有之教命',文義既不可通,而題篇莫得其解矣。"其言雖甚辯,然要改字爲釋,且釋亦未必真得原義,此非研析古籍之妥善方法,故不取其説。

"寡命",終當取段玉裁氏等所倡之説,其義爲"大命"。

⑯王若曰——王如此説。此史臣所記之詞。

⑰庶邦侯甸男衞——"庶邦",衆邦。"侯、甸、男、衞",已見《康誥》、《酒誥》、《召誥》、《君奭》諸篇,詳各篇校釋。由《酒誥》知其爲區別於朝廷稱"内服"的官員而爲"外服"的各地諸侯,由《禹貢》且知其封地遠近之别。此處但舉外服諸侯,未舉内服群臣,僞孔解釋爲"以外見内"。《蔡傳》用此同樣一句。《孔疏》云:"上言太保芮伯進言,不言諸侯,以内見外;此王告庶邦,不言朝臣,以外見内。欲令互相備也。"

⑱惟予一人釗報誥——"余一人"爲古天子自稱之詞。已見《湯誓》、《盤庚》校釋。"予"爲"余"之假借。此稱"予一人釗",《孔疏》:"禮,天子自稱予一人,不言名。此王自稱名者,新即王位,謙也。"《蔡傳》釋云:"康王在喪,故稱名。《春秋》嗣王在喪,亦稱名也。"

"報誥",僞孔云:"報其戒。"林之奇《全解》云:"諸侯戒我,故我以誥報之。"戴鈞衡《補商》云:"'報',猶'復'也。因群公之誥而報之,故曰'報誥'。"吳闓生《大義》云:"報,答也。"

⑲昔君文武丕平富不務咎——《孔疏》引王肅注云:"文武道大,天下以平,萬民以富。"僞孔云:"言先君文武道大,政化平美,不務咎惡。"《孔疏》:"孔以富爲美,故云政化平美,不務咎惡於人。言哀矜下民,不用刑罰之。"蘇軾《書傳》:"所謂'丕平富'者,豈非陳錫布利也歟?所謂'不務咎'者,豈非不專利以消怨咎也歟?"陳經《詳解》云:"丕則大而無外,平則均而無偏,富者惠養之謂,咎,刑罰也。"《蔡傳》:"'丕平富'者,溥博均平,薄斂富民,言文武德之廣也。

'不務咎'者,不務咎惡,輕省刑罰,言文武罰之謹也。"

俞樾《平議》云:"《爾雅·釋詁》云:'平,成也。'《禮記·郊特牲》:'富也者,福也。''丕平富不務咎'者,大成其福善之事,不務為咎惡之事也。'福'與'咎'正相對,《洪範篇》'汝雖錫之福,其作汝用咎'是也。《周易·謙·彖傳》:'鬼神害盈而福謙。'《釋文》曰:'福,京作富。'是'福'與'富'古通用。枚《傳》不知'富'為'福'之假字,故不得其解耳。"戴鈞衡《補商》云:"'丕平富'三字最為難解,《傳》謂(此處錄《蔡傳》文),似不免增文曲説。此外説者各異。亦未有恰當無可議者。今聊以鄙意釋之,'丕平富'者,大均其樂利也。'不務咎'者,務,求也。(《呂氏春秋·孝行》謂"務其人也",注:"務,猶求也"。)謂不求人之罪過也。"孫詒讓《駢枝》在引此處偽孔之釋後云:"案孔望文為釋,殆非經義。審校此文,'丕'當為語詞,'平富'猶言安富(俞氏《平議》讀富為福,與咎相對,亦通)。'咎',蓋指困阨窮民而言,'務'者,侮之借字。《爾雅·釋詁》:'務,侮也。'(《小雅·常棣》"外禦其務",《左傳·僖公二十四年》引作"侮"。)不侮窮民,猶《康誥》、《無逸》云'不敢侮矜寡'也。"於省吾《新證》在引錄偽孔、俞樾、戴鈞衡、孫詒讓諸家之説後云:"馬通伯訓'不務咎'與孫説同。數家者,以俞氏義多較長。然亦不切確,蓋《尚書》無訓'平'為'成'者,且每句均增'之事'二字,難免望文之譏。按丕即不,《尚書》每訓為'斯'。'平'應讀'徧'。當即《牧毁》'司匐厥皋召故'之'匐'。二字聲同。《呂刑》:'惟訖于富。'富亦讀匐。《説文》:'匐,伏地也。'《詩·生民》'覃實匍匐',《釋文》:'匐,本亦作服。''務',金文作'秡'。《洪範》'曰蒙',《文選》作'雺',《史記》作'霧'。是'務'、'蒙'同聲假字。《洪範五行傳》'厥咎霧',鄭注訓'雺'為'蒙冒'。《晉語》:'聞蒙甲胄。'注:'蒙,被也。'《説文》：'咎，灾也。'言昔君文武斯徧（遍）服從，不被於灾害。《吕刑》：'降咎于苗。'此言不務咎，文例反，正可互證。下言'厎至齊信，用昭明于天下'，蓋天下人民皆服從也。"近代現代學者研究深入，各有可取，大抵可依俞、于二氏之説尋其義。

⑳厎至齊信用昭明于天下——《釋文》："馬（融）讀'厎至齊'絶句。"未詳其釋義。《孔疏》引王肅云："立大中之道也。"僞孔云："致行至中信之道，用顯明於天下，言聖德洽。"是訓"厎"爲致，訓"齊"爲中，訓"昭"爲顯。《孔疏》："孔以'齊'爲'中'，致行中正誠信之道。"《蔡傳》："'厎至'者，推行而厎其至也。'齊信'者，兼盡而極其誠也。文武務德不務罰之心，推行而厎其至，兼盡而極其誠，内外充實，故光輝發越，用昭明於天下。"戴鈞衡《補商》："'厎至齊信'者，推極吾之忠信也。《孔傳》：'致行中信之道。''齊'訓'中'，古中、忠一字。"合觀這些訓解，基本可得文意。

㉑則亦有熊羆之士不二心之臣保乂王家——漢代文士或引"不二心"作"不貳心"，見蔡邕《司空文烈侯楊公碑》云："總其熊羆之士，不貳心之臣，保乂帝家。"又《夏勤策文》引用作"保乂皇家"。按"熊羆"已見《牧誓》："尚桓桓如虎如貔如熊如羆。"狀其勇武之貌。僞孔云："言文武既聖，則亦有勇猛如熊羆之士、忠一不二心之臣，共安治王家。"《蔡傳》釋爲："又有熊羆武勇之士，不二心忠實之臣，戮力同心，保乂王家。"

㉒用端命于上帝皇天用訓厥道付畀四方——《釋文》："畀，必利反。"《釋詁》："畀，予也。"僞孔云："君聖臣良，用受端直之命於上天，大天用順其道，付與四方之國，王天下。"《蔡傳》："文武用受正命於天，上天用順文武之道而付之以天下之大也。康王言此者，求助群臣諸侯之意。"戴鈞衡《補商》："'端命'，猶基命也（楊筠如《覈

詁》亦云“端命猶《洛誥》言基命矣”）。‘基’，《爾雅·釋詁》：‘始也。’《禮運》‘五行之端’，注：‘始也。’《蔡傳》訓‘正命’，猶未捷。”俞樾《平議》錄僞孔文後云：“謹按經文本無受字，且上帝之命又何必言直端乎，《傳》義非也。‘端’者，始也。《説文·耑部》：‘耑，物初生之題也，上象生形，下象其根也。’經典並假端爲之。《家語·禮運篇》‘五行之端’，王肅注曰：‘端，始也。’《孟子·公孫丑篇》‘仁之端也’，趙岐注曰：‘端者，首也。’首即始也。‘用端命於上帝’者，用始命於上帝也。言始命於上帝而爲天下立也。”戴説俞説可從。

㉓乃命建侯樹屏在我後之人——僞孔云：“言文武乃施政令，立諸侯，樹以爲蕃屏，傳王業在我後之人，謂子孫。”《孔疏》：“文武以得臣力之故，乃施政令封立賢臣以爲諸侯者，樹之以爲蕃屏，令屏衛在我後之人。先王所立諸侯，即今諸侯之祖，故舉先世之事以告今之諸侯。”《蔡傳》云：“康王言文武所以命建侯邦植立蕃屏者，意蓋在我後之人也。”按《左傳·定公四年》云：“昔武王克商，成王定之，選達明德，以藩屏周。”即此所言昔文武建侯樹屏之事。據《荀子·儒效》言周公“立七十一國，姬姓獨居五十三人”，即用此以藩屏周，即所謂“建侯樹屏”。

戴鈞衡《補商》云：“‘在’，顧在也。王氏念孫曰：《吳語》：‘昔吾伯父不失春秋，必率諸侯以顧在予一人。’即此‘在’字義。襄二十六年《左傳》衛獻公使讓太叔文子曰：‘吾子獨不在寡人。’義亦同。”楊氏《覈詁》亦引王念孫及此《左傳》語，而後云：“是‘在’有‘顧’意。”曾氏《正讀》在引同樣數語後，並云：“下文‘尚胥暨顧’，亦謂相顧在也。”

㉔今予一二伯父尚胥暨顧綏爾先公之臣服于先王——僞孔云：“天子稱同姓諸侯曰伯父。言今我一二伯父庶幾相與顧念文武之

道,安汝先公之臣服於先王而法循之。"《孔疏》:"《覲禮》言天子呼諸侯之禮云:'同姓大國則曰伯父,其異姓則曰伯舅;同姓小邦則曰叔父,其異姓則曰叔舅。'計此時諸侯多矣,獨云伯父,舉同姓大國言之也。諸侯先公以臣道服於先王,其事有法。故今安汝先公之用臣服於先王以臣之道,而法循之。"《蔡傳》:"文武所以命建侯邦植立蕃屏者,意蓋在我後之人也。今我一二伯父庶幾相與顧綏爾祖考所以臣服於我先王之道。"

戴鈞衡《補商》云:"'尚胥暨顧綏爾先公之臣服於先王',十四字作一句讀。'胥',相。'暨',與也。'顧',猶念也。《禮記·大學》'顧諟天之明命',鄭注:'顧,念也。'《詩·那》:'顧予烝嘗。'鄭箋:'顧,猶念也。''綏',讀曰'緌',繼也。王氏引之曰:'緌與綏古通用。'《爾雅》曰:'緌,繼也。'《說苑·指武篇》:'損其有餘而繼其不足。'《淮南·道應篇》'繼'作'綏'。皆其證也。言當相與思念繼爾先公之臣服於我先王也。《蔡傳》訓'綏'爲安,非是。"

㉕雖爾身在外乃心罔不在王室——漢人引此句"罔"作"無"。見《漢書·谷永傳》:"永對曰:'忠臣之於上,志在過厚,是故遠不違居,死不忘國。《經》曰:雖爾身在外,乃心無不在王室。'"僞孔云:"言雖汝身在外爲諸侯,汝心常當真篤無不在王室。熊羆之士勱朝臣,此督諸侯。"《孔疏》本此意稍引發揮之。《蔡傳》但直述一句:"雖身守國在外,乃心當常在王室。"但連上下句直貫至"毋遺我稚子之恥"。

㉖用奉恤厥若——"厥若",王國維《與友人論詩書中成語書·二》云:"《洛誥》云:'叙弗其絕厥若。'《立政》云:'我其克灼知厥若。'《康王之誥》云:'用奉恤厥若。''厥若'亦當時成語。此等成語,無不有相沿之意義在,今日固無以知之。"楊筠如《覈詁》亦云:

"'厥若'，古語。《洛誥》'厥若彝及撫事'，《立政》'我其克灼知厥若'，皆其例也。"皆無由釋其意義。至曾運乾《正讀》於《洛誥》"厥攸灼叙弗其絕厥若"下云："'灼叙'，猶言爐餘也。……'厥若'，指示代詞，指'爐餘也'也。二字當時通語。《立政》'我其克灼知厥若'，'厥若'即指上文'三有宅心、三有俊心'也。《顧命》'用奉恤厥若'，'厥若'，即指上文'王室'也。以今語通之，則爲'那個'。'那個'之倒文則爲'厥若'。'若'、'那'古同聲，'個'、'厥'古同音也。"然後在《立政》篇及本篇作了同樣解釋。其在本篇之釋云："厥若，指示詞，猶言那個，即指上文'王室'也。"今曾氏根據三處"厥若"實例，循其在文中所起作用，尋繹其意義爲指示代詞，以之釋三處文句怡然理順，可謂卓然有識，今即從曾氏説。

"用奉恤厥若"，"用"，王引之《釋詞》云："用，詞之以也。《一切經音義·七》引《蒼頡篇》曰：'用，以也。'""奉"，《説文》："奉，承也。"《匡謬正俗》："奉，謂恭而持之。""恤"，《説文》及《爾雅·釋詁》皆云："恤，憂也。"此句意謂以承憂王室。

自來經師因不解"厥若"之義，致所釋皆誤。漢學如僞孔云："當各用心奉憂其所行順道，無自荒怠。"宋學如《蔡傳》云："用奉上之憂勤，其順承之。"清學如江聲《音疏》云："'恤'，收。'若'，善也。用奉收其善，以藩輔我。"皆不知所云，與此處文義無關。

㉗無遺鞠子羞——"鞠子"，據王引之《述聞》"教胄子"條云："謹案：'育子'，穉子也。'育'字或作'毓'，通作'鬻'，又通作'鞠'。《邶風·谷風篇》'昔育恐育鞠'鄭箋解'昔育'曰：'育，稚也（稚與穉同）。'《正義》以爲《爾雅·釋言》文。今《爾雅》'育'作'鞠'。郭璞《音義》曰：'鞠，一作毓。'《豳風·鴟鴞篇》'鬻子之敏斯'毛傳曰：'鬻，稚也。稚子，成王也。'《釋文》：'鬻，由六反。徐居

六反。'是'育'、'鞠'同聲同義。古謂鬻子爲育子，或曰鞠子。《堯典》之育子，即《豳風》之鬻子，亦即《康誥》所謂'兄亦不念鞠子哀'，《顧命》所謂'無遺鞠子羞'者也。"

《蔡傳》釋此句爲：諸侯"雖身守國在外，乃心當常在王室，用奉上之憂勤（應謂"以承憂王室"），毋遺我稚子之恥也。"

㉘群公既皆聽命相揖趨出——僞孔云："已聽誥命，趨出罷退，諸侯歸國，朝臣就次。"《孔疏》："群公，總謂朝臣與諸侯也。鄭玄云：'群公，主爲諸侯與王之三公，諸臣亦在焉。'"《蔡傳》則釋"相揖"云："始相揖者，揖而進也。此相揖者，揖而退也。"

㉙王釋冕反喪服——僞孔云："脱去黼冕，反服喪服，居倚廬。"按上文第三節第一句："王麻冕黼裳由賓階隮。"僞孔釋彼處云："王及群臣皆吉服，用西階升。"蓋參加册命典禮，故用吉服。册命既畢，新王已即位，舉行群臣諸侯朝見新君並聽誥命之禮，亦仍用吉服。及這些禮已畢，王回翼室守喪，故須反（即恢復）服喪服。上文"延入翼室恤宅宗"，已釋明其處爲倚廬，倚廬爲服喪所居之室（見《儀禮·既夕禮》）。故反服喪服，即居倚廬（不過本篇中只稱"翼室恤宅宗"，倚廬是後來禮書中所見的名稱），以守喪禮。

以上這一節，爲《顧命》篇的最後一節，亦即僞孔本割裂爲《康王之誥》的一節（馬鄭本則只割"王若曰"以下康王講的那一段話爲《康王之誥》）。然而此處緊接上一節康王受册命即位後，群臣諸侯即出廟門至治朝朝見新君，新君發布了即位後的第一篇誥辭，自然原與上文合爲一篇。其第一段史臣説兩公率諸侯獻圭幣再拜朝見，康王以新即位君主身份答拜。第二段太保代表群臣諸侯進陳戒詞。第三段康王作誥詞。最後數句爲結尾，史臣記朝見禮畢後，群臣諸侯退出，康王則恢復喪服守喪。

（二）今　譯

　　四月開始見到月亮的那天，成王病體更覺不適，甲子那天，王沐髮洗手，由侍候的臣下給他披上王冕和衮服，憑着玉几，同時召來太保召公奭及芮伯、彤伯，又畢公及衛侯、毛公，還有諸臣師氏、虎臣、百官之正長及王室內供奉職務的官員們。

　　王說：“唉！疾病加重了，已到危殆境地了，恐怕匆遽間來不及留下關於嗣位之事的誓命，所以現在我謹訓命你們，以前我們的君主文王武王兩世並耀光輝，定下法令，敷陳德教，人民不斷肄習且不敢稍違教命，因此終於能打垮殷邦，集大命於我有周。在我這一個不成器的後嗣者，敬謹迎受天威，繼守文王武王的偉大德教，不敢昏亂變改。現在天降下疾病給我，已將無起色，也將不復能神智清楚，你們要明白領會我現在的話，以敬保我長子釗渡過這艱難時刻，安撫懷柔遠者，和協親善近者，以此安勸小大衆邦，使此人（指康王）自己樹立威儀，你們也不要不善地以冒貢貨賄陷子釗於非理之地。

　　王既授畢顧命之詞後，還歸寢宮，到第二天乙丑日，王就崩逝了。

　　太保命令仲桓、南宮毛兩人，跟從齊侯呂伋，以二干戈及虎賁之士百人，迎接子釗於南門之外，迎入路寢的東翼室（東夾室），憂居爲喪主。丁卯那天，命令作册預備好册書及訂定典禮進行的一切程序事項。過了七日，到癸酉那天，西伯兼冢宰的召公命令群士準備安排好典禮中所需用的一應器物設備。

由稱爲狄的樂官下士布置禮堂,陳設黼扆屛風和幄帳,在兩個牖窗之間朝南的方向,鋪設三層的用黑白紋的繒緣飾其邊的篾席,席旁有用五色玉裝飾的王生前曾用的憑几。在西牆朝東的地方,鋪設三層的以雜彩緣邊的靑蒲席,席旁有用文彩裝飾的曾用的憑几。在東牆朝西的地方,鋪設三層的用五彩畫帛爲緣邊的豐席,席旁有用雕玉裝飾的曾用的憑几。西夾室朝南的地方,鋪設三層的用黑綏緣邊的筍席,席旁有只加漆的曾用憑几。

陳設了越地所產的越玉五雙,以及名爲陳寶之玉、赤刀之玉、大訓之玉、弘璧之玉、還有琬琰之圭玉,共六種玉器安放在西牆前;夏族地域所產的大玉、東夷族地域所產的夷玉,以及名爲天球、河圖的玉,共四種玉器安放在東牆前。古代能工巧匠胤所制的舞衣,及一種特大的貝和長八尺的鼖鼓陳設在西房,古代能工巧匠兌所製的戈,和所作的弓,垂所作的竹矢陳設在東房。天子的大輅車在賓階前面,綴輅車在阼階前面,先輅車在左塾的前面,次輅車在右塾的前面。

武士兩人戴着雀弁,執着稱爲“惠”的三鋒的刺戟這種武器,站在畢門之內;武士四人戴着綦弁,執着刃向上的“戈”這種武器,分別夾立在阼階和賓階這兩階邊石的兩側。大夫一人戴着冕,執着稱爲“劉”的斧鉞形武器,站在東堂;大夫一人戴着冕,執着“鉞”這種武器,站在西堂;大夫一人戴着冕,執着稱爲“戣”的戈形武器,站在東垂;大夫一人戴着冕,執着稱爲“瞿”的戈形武器,站在西垂;大夫一人戴着冕,執着稱爲“銳”的異形武器,站在北面的側階。

康王戴了宗廟祭祀用的吉服麻冕,穿了黑白兩色爲紋的可居喪服用不純吉的黼裳,由西面的賓階升上堂。卿士、邦君則戴着麻冕,穿着黑色的廟中之服蟻裳,入廟各就其位。太保、太宗、太史三位主持典禮的大臣，則都戴着吉服麻冕、彤裳。太保捧着天子信物介圭，太宗捧着名爲“同”的酒爵，由東邊的阼階升上堂；太史秉着寫有成王顧命的册命之詞的命書，由西邊的賓階升上堂，迎着康王讀命書中的册命之詞。

册命説：“新登遐升天的偉大的王當日憑着玉几發布臨終之命，命你剣承受遺訓，即位君臨周邦，恭循先王大法，協和天下，用以報答弘揚文王武王聖明的大訓。”康王再拜，起來，敬回答説：“以我微眇的淺末小子，豈能像父、祖那樣治理四方，可以不敬畏天的威德嗎？”

於是康王接受了太宗所獻的酒爵同，徐行進至神所進爵，這樣三次；接着以爵中的酒酹於地以祭，這樣三次；祭完後即奠爵於地，這樣也三次。上宗（即太宗）即以酒爵同酌酒進獻給王説：“請饗福酒。”王饗酒後，以酒爵同授太保。太保受同後，下堂，奠爵於篚，洗手，取另一酒爵同取璋瓚爲勺，酌酒以爲酬酢報祭之禮。然後以酒爵同授與太宗，自己下拜，告已完成傳顧命之事。康王即答拜，以示尊所受之命。太保又從太宗手接受酒爵同，既祭之後，亦受福酒，嚌嘗至齒而止，即在其地以酒爵給太宗，復下拜，康王又答拜。然後太保下堂，諸執事官收酒器同、册書等器物，典禮全畢，諸侯出廟門等候拜見新君康王。

康王出來，在應門之内。太保召公率西方諸侯入應門内左邊，畢公率東方諸侯入應門内右邊。這些諸侯都穿着黼黻衣、黃朱蔽膝紼。由承命傳話的官員稱爲擯相之擯代爲禀告，諸侯都按享禮敬奉圭、幣，並進奏説：“我們一二藩衛之臣，各自就所封壤地内之土產，作爲敬奠贄見之禮。”諸侯皆再拜稽首。康王以新嗣位者身份，按禮俗向諸侯答拜。

　　太保帶着芮伯都進前相揖，領着所有群臣諸侯都對王再拜稽首。太保對王說：“謹敢敬告天子，皇天爺更改了大邦殷的天命，由我有周文王武王承受了日進於善境的美命，能安恤治理好西土。而新登遐昇天的好王（成王）全力協行嚴明的賞罰，能定下他偉大的勳業，所以能留給子孫後代以無窮無盡的美好。現在我王要特別敬勉呀！應該整軍經武，揚我王家六師的軍威，不要隳壞我高祖所建大命。”

　　王這樣說：“衆邦侯甸男衛各級諸侯們，‘予一人’小子剡特向你們答以誥詞。昔年我們的國君文王武王行其大道，天下以平，萬民以富。關懷小民，不許行咎惡之事。達到聖德昭明齊信於天下。還有勇武如熊羆的戰士，忠貞不二心的賢臣，共保王家，因之能始獲天命於上帝，皇天以此順我文武之命，付與天下四方。於是在普天之下建立諸侯，樹立我有周之藩屏，要鞏固它，全在我後嗣之人。現在期望我們一二伯父大國，還當相與思念繼承你們先公臣服於我先王之道。雖然你們身在外地爲諸侯，你們的心應該無不在於我王室，以關懷勤恤我王室，不要使我這稚子負羞於先王。”

　　群臣諸侯都聽康王誥命畢，相揖而退，趨出應門之外。王回翼室守喪，脫去冕服，恢復穿喪服。

（三）　討　論

　　此篇問題多，有很多有關篇文內容的問題已在“校釋”中談過了，這裏主要談有關《顧命》本篇的下面三個問題：

　　（一）《顧命》的實際及是否有《康王之誥》的問題

　　《史記·周本紀》云："成王將崩,懼太子釗之不任,乃命召公、
畢公率諸侯以相太子而立之。成王既崩,二公率諸侯以太子釗見於
先王廟,申告以文王武王之所以爲王業之不易,務在節儉毋多欲,以
篤信臨之,作《顧命》。釗遂立,是爲康王。康王即位,徧告諸侯,宣
告以文武之業以申之,作《康誥》。故成康之際,天下安寧,刑錯四十
餘年不用。"這裏説得很清楚,成王將死前,顧命召公、畢公等大臣輔
立太子釗。及成王死,召、畢遵命迎太子釗入廟立之爲康王。康王
以新嗣王身份受群臣諸侯朝見進陳戒詞,及對群臣戒詞作了答誥。
《顧命》篇所載的就是這全過程,是不能分割的。

　　《説文》云："顧,還視也。"《釋文》引"馬(融)曰:'成王將崩,顧
念康王,命召公、畢公率諸侯輔相之。'"《周本紀集解》引"鄭玄曰:
'臨終出命,故謂之顧。顧,將去之意也。'"(《蔡傳》則據《詩·匪
風》箋引作:"鄭玄云:'回首曰顧。臨死回顧而發命也。'"與此略
異。)僞孔則云:"臨終之命曰顧命。"《蔡傳》乃云:"顧,還視也。成
王將崩,命群臣立康王,史叙其事爲篇,謂之顧命。"這些都在説明題
意。"顧命"二字遂成爲以後幾千年封建王朝君主將死遺命輔立嗣
子爲君的專用詞,受顧命的大臣就必須遵命輔立太子爲君主,完成
顧命過程也和本篇所記一樣(只是由於政治形勢不同,有的顧命大
臣被殺,有的顧命大臣篡位自立,那是另一回事)。

　　至於《周本紀》所説的《康誥》,在先秦未見引用,西漢也未見傳
習之本,只保留其篇題在《本紀》中,其本文顯然在先秦早已不存於
天壤之間。西漢《尚書》今文中另有《康誥》,那是封康叔於衛的誥
詞,與周康王無關。因此古文獻中根本未見《康王之誥》踪迹。

　　西漢出現的《書序》説:"成王將崩,命召公、畢公率諸侯相康
王,作《顧命》。"又云:"康王既尸天子,遂誥諸侯,作《康王之誥》。"

馬融本此序作：“成王崩，康王既尸天子，遂誥諸侯，作《康王之誥》。”此種先秦未見至西漢始出現的“書序”，始見於成帝時張霸僞撰的《百兩篇》中。張要凑成一百篇《尚書》，而且是整整齊齊的《虞夏書》二十篇，《商書》、《周書》各四十篇，便從《左傳》、《史記》等文獻中尋找述及有關《尚書》篇名的語句，來凑百篇篇題。剛好在《周本紀》中見到成王死康王繼，有《顧命》、《康誥》二題，便拿來作爲二篇，但《康誥》已別爲康叔封於衛的誥詞了，便杜撰了《康王之誥》一詞來影戲《康誥》，於是就出現這一“康王既尸天子”的不通的序，也出現《康王之誥》這一篇題。《釋文》明確指出他們所割爲“康王之誥”的篇文，“歐陽、大小夏侯同爲《顧命》”。而馬、鄭明明襲用西漢今文二十九篇篇題（二十九篇是伏生二十八篇加三家今文所增入的後出《太誓》），在今文中本無此題，馬鄭本也不當有此題。但他們作爲古文學派，要襲用《書序》百篇篇題，因《書序》是作爲“應古文徵”的《百兩篇》提出的，所以他們須承認這百篇《書序》，並且爲之作了注。而他們更要遵用劉向所說的古文五十八篇之數，因那是劉向親眼看見中秘所藏孔安國所獻壁中本的篇數，他們要表示自己是古文真傳，出自壁中本，必須有此篇數。但他們手中實際只有二十九篇，就只好把二十九篇中的《盤庚》、《太誓》各作爲三篇，加上《顧命》中分出《康王之誥》，凑成三十四篇，再合以真古文“逸十六篇”析成的二十四篇，就成五十八篇了。因此《康王之誥》是他們必須析出成一篇的。是他們苦心孤詣才這麼做的。

　　《孔疏》云：“伏生以此篇合於《顧命》，共爲一篇，後人知其不可，分而爲二（按此顛倒事實，伏生本原來之《顧命》即包括後來被分出之《康王之誥》，非伏生將二者合爲一。後來馬鄭將其分爲二，係由於上面已闡明的他們自己的需要，勉强從《顧命》中分出後半以充數,並非知其合爲一篇之不可)。馬、鄭、王本此篇自'高祖寡命'以上,仍爲《顧命》之篇,'王若曰'以下,始爲《康王之誥》。諸侯告王,王報誥諸侯,而使告、報異篇,失其義也。"這是替僞孔的百步笑馬鄭的五十步。馬鄭只是要找幾句康王的講話抵充"康誥",就逕從"(康)王若曰"起割下他講的那幾句,即割了《顧命》的一個小尾巴,而没有顧及到割斷了文義,算是其失五十步。僞孔注意了文義,要把"諸侯告王、王報誥諸侯"連在一起,即向上割了《顧命》一個大尾巴,然而又把"諸侯出廟門俟"與"王出在應門之内"更密切聯繫的文義割斷了,其失何啻百步呢?孟子所譏的以五十步笑百步已不可;這怎麽能反以百步笑五十步呢?

當僞孔本已成經典流傳後,朱熹仍在其《語類》中指出:"伏生以《康王之誥》合於《顧命》(此誤從《孔疏》顛倒之説),今除却序文,讀着則文勢自相接連。"是他看出了僞孔本的《顧命》、《康王之誥》本爲一篇。王柏《書疑》更明確云:"二書合當只爲一篇,一正其始,一正其終。"以後遞經宋元明迄清初學者考辨,《顧命》與假《康王之誥》原爲一篇已成定論,與僞孔本中的假《舜典》原與《堯典》爲一篇、假《益稷》原與《皋陶謨》爲一篇完全一樣。於是元明有識學者,遂欲恢復今文二十八篇原貌,元初的趙孟頫費四十年纂《書今古文集注》,把今文抽出與古文分别編成書,惜其書未傳下,而承其學的吴澄撰《書纂言》,專載今文二十八篇,將《舜典》、《益稷》、《康王之誥》皆歸入原篇中,一如二十八篇之舊,故《顧命》恢復其全篇,不復有《康王之誥》獨立於後。這是完全正確的。繼之者明代梅鷟《讀書譜》、歸有光《尚書叙録》、羅敦仁《尚書是正》、郝敬《尚書辨解》等等,無一不遵吴澄之作,定二十八篇,假《康王之誥》皆合於《顧命》,清初諸辨大師閻若璩及宗其説的學者,亦莫不以"康王之誥"合於《顧命》。

　　不意至清代乾嘉後，一些較有名學者因爲尊崇漢學，膜拜馬、鄭，竟沿馬、鄭之舊將《康王之誥》單列爲篇，自江聲、王鳴盛、段玉裁、皮錫瑞、王先謙、朱駿聲等於其書中無不如此（但段玉裁明言"於伏壁二十八篇之外，增《太誓》爲二十九"。所言伏生今文篇數仍確，他只是依馬、鄭三十四篇去掉僞《太誓》三篇成三十一篇，不似江、王、王、朱之皆有《太誓》）。惟有孫星衍《今古文注疏》則將《康王之誥》併入《顧命》，這是孫優於諸家之處。諸家書皆默默依馬、鄭本爲之，還不強詞奪理，獨獨作爲今文學派的皮錫瑞氏，竟於其《考證》書中以長篇大論闡述"伏生《今文尚書》當從'王若曰'分篇，與馬、鄭同，與僞孔本異"的怪論，不僅背其所宗的今文傳統，而且閉目不視宋元明以迄清初學者所考辨闡明了的《康王之誥》原屬於《顧命》的諦論。皮氏爲清末今文學派中的佼佼者，他的幾部著作大都精審有見，且大都持論平正，不像其他幾位馳名一時的今文學家好逞奇論、譎論，沒想到在這問題上却越於常軌。其文太長，略舉其中幾處要點如："史公本受伏生《尚書》……所載多今文説，其所載書序……以作《康誥》別爲一篇，則史公所受伏生《尚書》亦必不以《康王之誥》合於《顧命》矣。"説《史記》承今文，甚確；惟所作推論真妄。因《史記》説有《顧命》、《康誥》二篇，遂斷定伏生本分《顧命》、《康王之誥》二篇，在邏輯上牽強已極。又云："蓋伏生傳《書》二十九篇，有《康王之誥》而無《太誓》，史公云伏生獨得二十九篇，亦當不數《太誓》。其後歐陽、夏侯三家併入《太誓》，遂與二十九篇之數不符，乃以《康王之誥》合於《顧命》。"作爲今文學家，真是"數典忘祖"。漢代當時人明確説伏生今文二十八篇象二十八宿，後三家今文得《太誓》增入之，當時人就以北斗爲比附（見孔臧《與孔安國書》

及王充《論衡·正説篇》等）。伏生二十八篇，三家加《太誓》爲二十九篇，這是當時所明確昭示的事實，雖後來初亂於馬、鄭，繼亂於僞孔，終無從改變這原有的事實，也由宋元明迄清初學者考訂得清清楚楚，不應皮錫瑞反持此謬説。皮氏文中還以很長篇幅談伏生今文爲二十九篇，皆對資料認識錯誤或牽強附會，不足深論。

又有人要解決《史記》有二篇篇題而事實上只有《顧命》一篇的矛盾，提出了彌縫之説，劉逢禄《書序述聞》引莊述祖説云：“謹案今文《顧命》、《康王之誥》爲一篇，蓋異序同篇也。”曾運乾《正讀》云：“伏生今文書本合《顧命》爲一篇，歐陽大小夏侯並同，馬鄭漆書古文本析‘王若曰庶邦侯甸男衛’以下爲《康王之誥》，晚出《孔傳》本析‘王出在應門之内’以下爲《康王之誥》，見《正義》及《釋文》。今按《顧命》及《康王之誥》，同篇異序，如《堯典》、《舜典》是。……篇中歷記自成王顧命登假、召公告廟傳命，康王繼體涖朝，典祀隆盛，綿歷旬日，故史特侈陳其本末云。”這都是出自意存調停的良好願望，事實上不可能一篇誥詞兩個“序”。真正的情況應當是上文所説到的，《周本紀》所載“作《康誥》”，其篇文並未流傳下來，成了又一篇“逸《書》”。馬、鄭本爲了湊齊《古文尚書》五十八篇篇數，硬拉來這篇《康誥》篇題，而這一篇已爲康叔封於衛的誥詞用去了，就杜撰了《康王之誥》這一假篇題影戢《周本紀》所載這一篇題，以致“謬種流傳”就這樣傳下來了。

（二）關於《顧命》行禮場所亦即册命之地是否在殯所以及是否在路寢或在宗廟的問題

此問題見於“御王册命”及“出廟門俟”兩處經説的紛歧説法，大抵鄭玄以爲行禮處在殯前，王國維則力辨非殯所，是在廟而非寢。此純爲古代禮制問題，我們今日無暇詳研古禮，簡直無由置喙於其間,但對紛歧説法感到無所適從,爲便於了解計,特將紛歧資料清理一下。

"御王册命"句下,《孔疏》引鄭玄注云:"御,猶嚮也。王此時正立賓階上,少東。太史東面,於殯西南而讀策書,以命王嗣位之事。"江聲《音疏》爲之釋云:"御者,古訝字也。訝之言,迎。迎則必向,故云'御猶向也'。王固自賓階升矣,必知'此時立賓階上少東'者,以太史隨而升階,將由其西讀册,自然王少東避之也。案《禮記·曾子問篇》:'君薨而世子生……三日……(負子以見於殯)……少師奉子以衰,祝先,子從。……子升自西階,殯前北面,祝立於殯東南隅,祝聲三,曰:"其之子某,從執事敢見。"'此云'太史東面於殯西南隅'者,《禮記·少儀》云:'詔辭自右。'《曾子問》所云是'北面'。而告於殯當在世子之右,故立於殯東南隅。此則以成王之命詔嗣王,當立於殯之右,故'東面於殯西南隅'也。"是鄭玄始説太史讀策書在殯西南,江聲證成之。而江氏同時的王鳴盛《後案》及其後的孫星衍《注疏》皆同江氏之説,惟文詞稍簡。其末句王氏但云:"《禮記·少儀》云'詔辭自右',此以成王命詔王,當立殯之右故也。"孫氏則照江氏之説,以《曾子問》言在殯東南隅,此則當立於右,故東面於殯西南隅。其他清儒依此説者尚不少。這是册命在殯所的主要資料。

王國維在其《周書顧命考》、《周書顧命後考》及《觀堂學書記》諸文中都反對在殯前之説。其第一篇《顧命考》之説已録入上面校釋文中,《學書記》之文同於《後考》,現録《後考》有關段落如下:"是鄭以行禮之處爲殯所也。余前以爲不然,以牖間西序皆布几筵,若成王之殯在,則几筵宗器無所容之故也。難者將曰:'《曾子問》奠幣於殯東几上,是殯前有几筵矣。'曰:'否!'《顧命》之几筵,乃嘉禮、賓禮中泛設之几筵，《士昏禮》（此處舉《士昏禮》及《聘禮》設几筵資料）……是古於嘉禮、賓禮皆設几筵，以明有所受命。此大保攝成王以行册命之禮，傳天下之重，故亦設几筵以依神。其所依之神，乃兼周之先王，非爲成王也。《昏禮》與《聘禮》之几筵一，而此獨四者，曰牖間、東序、西序三席，蓋爲太王、王季、文王，而西夾南嚮之席則爲武王（此點已在此四席之校釋文中引録到，並録有不同之説）。然則何以不爲成王設也，曰：成王方在殯，去升祔尚遠，未可以入廟。且太保方攝成王以命康王，更無緣設成王席也。然則册命之地，自《禮經》通例言之，自當爲廟而非寢。畢門、應門，蓋廟與寢皆有之。藉云寢也，則必成王之殯不在於此也。古者賜爵禄於太廟，豈有傳天子之位，傳天下之重，而不於廟行之者。下經云：‘諸侯出廟門俟。’是册命之地之非殯明矣。”

王氏《後考》又云：“然則鄭説無徵乎？曰：‘否！’《曾子問》：‘諸侯薨而世子生……三日，衆主人卿大夫士如初位（西階南），北面。太宰、太宗、太祝皆裨冕，少師奉子以衰，祝先，子從，宰宗人從，入門，哭者止。子升自西階，殯前北面。祝立於東南隅，祝聲三，曰：“某之子某從執事敢見。”’鄭注《顧命》依《曾子問》爲説，以此篇之太保、上宗當彼篇之太宰太宗，以此篇之太史當彼篇之太祝。不知此二禮絶不相同，彼以子見於父，此以死者之命傳於生者。彼非殯所無以見父，此則有攝先王者，固不必於殯所行之也。”吳闓生《尚書大義》亦云：“此在廟中，舊以爲殯宫者，誤。”這些就是反對册命在殯所的重要資料。按《論語·鄉黨》：“殯，停喪也。”《説文》：“殯，死在棺將遷葬柩。”即“殯”是停在靈堂的靈柩。

上引王國維以爲：“册命之地，自《禮經》通例言之，自當爲廟而非寢。”但自鄭玄、僞孔、《蔡傳》、元明經師以迄清儒，大都以爲在路寢而非宗廟，不過路寢因有成王之殯而稱廟。則以路寢臨時稱廟，又在殯所，與王國維説顯然相對立。

此處應先略明路寢與宗廟，才便於闡述有關問題。

先説"路寢"。《周禮·天官·宫人》："掌王之六寢之脩。"鄭玄注："六寢者，路寢一，小寢五。《玉藻》曰：'朝辨色始入，君日出而視朝，退適路寢聽政，使人視大夫。大夫退，然後適小寢釋服。'是路寢以治事，小寢以時燕息焉。《春秋》書魯莊公薨于路寢，僖公薨于小寢，是則人君非一寢明矣。"《賈疏》："路，大也。人君所居皆曰路。……天子六寢，則諸侯當三寢。亦路寢一，燕寢一，側室一。《内則》所云者是也。"《公羊傳·莊公三十二年》："路寢者何，正寢也。"何休注："天子諸侯皆有三寢：一曰高寢，二曰路寢，三曰小寢。"胡培翬《燕寢考》云："天子六寢，路寢一，小寢五，路寢則正寢，小寢則燕寢也。正寢之一，天子至士所不殊，惟燕寢有隆殺耳。"黄以周《禮書通故》云："天子諸侯之寢，見於經傳者，止有路寢、小寢。所謂燕寢、高寢者，皆小寢也。……諸侯三宫，亦正寢一、小寢二可知也。側室不得謂之寢，《賈疏》非。"由上引資料，足以明路寢之大概。是君主所居宫稱路寢，還有幾個小寢稱燕寢。關於路寢的資料還很多，並見於各禮書及先秦文獻，其綜言之可參考者有金鶚《廟寢宫室制度考》、孫詒讓《周禮正義》之"宫人"疏文及黄以周書等。

次説"宗廟"。夏啓伐有扈氏的《甘誓》説："用命賞于祖，不用命戮于社。"可知祖廟和社壇在遠古很早的時候就設立了，《甘誓》校釋中已闡明了這一制度的大略情況。大抵如《周禮·小宗伯》云："建國之神位，右社稷，左宗廟。"又《匠人》云："匠人營國……左祖右社。"就是説在國的左邊設立宗廟，右邊設立社稷壇。而這在寢宫的前面，見《周禮·隸僕》"掌五寢之掃除糞灑之事"注："前曰廟，後

曰寢。"《月令》亦有此語,《吕氏春秋·季春》"薦鮪于寢廟"注亦云:
"前曰廟,後曰寢。"這作爲幾千年相承的傳統傳下來,今所見北京的
故宫(即古時路寢),在它的前面天安門(大概相當於應門,其内的
端門大概相當於畢門,也就是路寢門),其左邊就是清代的太廟,右
邊就是社稷壇。這個格局好像從夏代相沿到現代。

　　上文"于南門之外"校釋中引録了天子"五門"及"三朝"資料。
五門是從外至内順序爲臯門、庫門、雉門、應門、路門(畢門)。雉門
居中,亦稱中門。三朝是臯門内庫門外爲外朝;應門内爲内朝,又分
爲二:應門,路門之間爲治朝,路門之内爲燕朝。路寢就在路門内。
按"前曰廟,後曰寢"的布局,這前面的廟在五門的什麽地方呢?
《周禮·閽人》"蹕宫門廟門"鄭注云:"廟在中門之外。"那就是庫門
與雉門之間。又《周禮·朝士》鄭玄注云:"《郊特牲》譏'繹於庫門
内',言遠當於廟門。廟在庫門之内見於此矣。"顯見得比今所見清
太廟與清宫寢的距離稍遠一些。至金鶚《求古録禮説·廟在中門
内》文中指出:"漢儒皆言廟在中門之外,近戴東原始辨其非,以爲在
中門内。引《禮記》、《左氏》、《穀梁》諸書以證其説(見《考工記補
注》)。訂正千古之謬……鶚請列六證以申明之。"下面金氏即詳舉
了文獻中各項資料作爲六證,以證廟在中門内,即雉門之内應門之
外。今以天安門當應門,那麽太廟出在整個故宫(路寢)的大門(應
門)外,不過不是直出應門的前面,而是稍改變到應門的側面,那麽
廟與寢的位置對應關係,似委宛維持了古意。使人們確看到了"前
曰廟,後曰寢"的格局。關於宗廟的資料還更多,特別是所謂七廟、
五廟、四廟以至三廟的争執至爲紛煩,被經師們搞得眼花繚亂,那可
能是周代以迄漢代延及整個封建時代確實存在過的問題,但都在
《顧命》時間之後,就不管它了。金鶚説周成王之時先王已有四廟,

與弄清本篇文義,没什麽關係,也不必去深究它了。

資料中還看到了有人把廟和寢與所謂明堂相混淆。《禮記・明堂位》:“太廟,天子明堂。”原意是魯之太廟,猶天子明堂。作這樣相比本來已不妥,可是此語却使人們認爲太廟即明堂。《詩・靈臺》孔疏:“盧植《禮記注》云:‘明堂即太廟也。天子太廟,上可以望氣,故謂之靈臺;中可以序昭穆,故謂之太廟;圜之以水,似璧,故謂之辟雍。古法皆同一處,近世乃異分爲三耳。’”王聘珍《大戴解詁》並引蔡邕《月令》論分別舉其稱爲清廟、太廟、明堂、太學、辟雍之故後云:“異名而同耳,其實一也。”又引潁子容《春秋釋例》稱太廟共有八名:清廟、太廟、明堂、辟雍、靈臺、太學、太室、總謂之宫。又引賈逵、服虔注《左傳》亦云“靈臺在太廟明堂之中”。這是把宗廟和明堂相混淆,還舉了明堂好多異名。

《周禮・天官・宗人》“掌王六寢之脩”賈疏云:“路寢制如明堂以聽政。”此全承鄭玄説。鄭注《考工記・匠人》“周人明堂”下云:“或舉宗廟,或舉王寢,或舉明堂,互言之以明其同制。”又注《禮記・玉藻》“玄端而朝日於東門之外”云:“天子廟及路寢,皆爲明堂制。”又於《毛詩・箋》亦有同樣説明。其説頗有深遠影響於治經者,自漢以後至清經師多承此説,撰寫了不少論明堂以及廟寢的論著。這是把路寢與明堂相混淆,同時涉及了廟。

現代大學者王國維先生竟亦有《明堂廟寢通考》專文,其論析方法之精密,搜羅材料之周到,所作論斷邏輯性之强,都遠遠超過歷代經師。他從上古穴居野處而開始“昜是以宫室”,室又爲宫室之始,緣於家族之制,必使一家人居室至近,乃爲四棟之屋,使其堂爲向東西南北,於是外則四堂,内則四室,明堂、辟雍、宗廟、大小寢之制皆不外由此而擴大之。然後以很長的篇幅談了明堂之制,接着談“明堂之制既爲古代宮室之通例,故宗廟之宮室亦如之"。因而復以數頁篇幅談宗廟之制。然後談路寢之制,舉鄭玄《毛詩》箋、《考工記》及《玉藻》注,謂路寢與宗廟皆與明堂同制,可是接着說:"而於《顧命》所記路寢之制不得其解,遂謂成王崩時在西周,文王遷豐鎬作靈臺、辟雍而已。其餘猶諸侯制度焉,蓋視《顧命》所紀路寢之制與明堂異也。以余觀之,路寢無太室,自與明堂、宗廟異。至於四屋相對,則爲一切宮室之通制,《顧命》所紀,乃康王即位受册之禮,於路寢正屋行之,自無從紀東西北三屋。即就正屋言之,但紀西夾而不紀東夾,然則謂無東夾可乎?……余意寧從明堂、宗廟、燕寢之制,以推定路寢之制亦有東西南北四屋,似較妥也。"下面即接着較詳地談了燕寢之制。並繪了明堂、宗廟、大寢、小寢四圖,皆整整齊齊的四室(四屋)相對,四室之背爲四堂,惟明堂、宗廟四室中間的"太室",路寢、小寢改名"中庭"而已。

　　本書"校釋"文中屢提到,舊文籍中關於明堂之作幾乎無一篇可信,因此一律不采用。而静安先生又浪費筆墨新添了這一篇,不僅明堂之說有如空中樓閣,即其所沿鄭玄路寢宗廟皆與明堂同制之說,早就有學者駁正過了。例如金鶚《禮說·明堂考》以較詳篇幅闡明了鄭玄謂太廟路寢制如明堂一說之非,並舉江永說以爲"太廟與路寢必不與明堂同制"。孫詒讓《周禮正義》"宮人"職文下,引李如圭詳舉《顧命》的陳位,如户牖間、東西序、東西房、兩階前、門内左右塾、堂廉、東西厢、東西堂、側階爲北階等等,以爲:"鄭謂天子路寢如明堂制者,恐未必然。"孫氏亦云:"案《顧命》,路寢東西房、側階之制,不可通於明堂,李氏所駁甚當。"那麼所有廟寢與明堂有關的紛紜之說,自可一掃無餘了。

　　總之,路寢(即宮庭)是天子自己居住及處理政務的地方,宗廟是天子的祖宗神靈住的地方。路寢在“五門”的路門（畢門）內，宗廟在“五門”的應門外。這一制度現在明確可知，是自周至清相沿不變的。

　　另外，廟不只是宗廟。它根本的解釋是，如《春秋·隱公五年》“考仲子之宮”疏云：“廟者，鬼神所居。”又《左傳·僖公五年》“不殯于廟”服虔注：“廟謂殯宮，鬼神所在謂之廟。”而《禮記·喪服小記》“無事不辟廟門”注：“廟，殯宮。”則直以置殯之所稱爲殯宮，亦即稱爲廟。《禮記·雜記上》“至於廟門……入所殯”注亦云：“廟，所殯宮。”可知殯所在爲殯宮，即可稱爲廟。

　　上列諸點既明，就可知道經師們的解釋是否正確，經師們與王國維氏所見之對立是否可辨其是非。現錄有關的經師們之說如下：

　　“出廟門俟”，僞孔云：“殯之所處，故曰廟。”蓋以此義釋廟門。上文“南門之外”已釋爲“路寢門外”，又“畢門之內”釋爲“路寢門一名畢門”。顯然以此路寢門爲廟門，故《孔疏》爲之釋云：“廟門，謂路寢門也。”蘇軾《書傳》亦簡明而較完整地釋此意爲：“此路寢門也，而謂之廟，以正殯在焉。”《蔡傳》遂亦全承此意云：“廟門，路寢之門也，成王之殯在焉，故曰廟。”黃度《尚書説》亦云：“殯宮稱廟，鬼神之依也。”是漢學、宋學經説皆以行顧命禮在路寢，禮成出廟門即出路寢門，其所以稱“廟”則由於成王殯宮在之故。

　　清學大都沿此意而闡釋加詳。如江聲《音疏》之注云：“諸侯實出畢門，言廟門者，以殯所在神之，故謂之廟。”其疏云：“據上文‘卿士邦君麻冕蟻裳入即位’。是即位於殯宮之庭，在畢門之內也。此時事訖而出，是出畢門。經言出廟門，是以嬪宮爲廟。蓋尊先王之靈若神明也。故云：‘以殯在神之，故謂之廟。’或問曰：‘僖八年《左傳》“凡夫人不殯于廟則弗致”，似正禮當殯于廟。又僖三十二年

《傳》：“晋文公卒，殯于曲沃。”曲沃，晋宗廟所在，是亦殯于廟者。若殯出廟，則出自殯宮即出自廟門。乃不以廟門爲宗廟之門。而云實出畢門，何也？’答之曰：《禮記·檀弓》云：‘殷朝而殯于祖，周朝而遂葬。’則周之不殯于廟，《禮》有明文矣。上經上文明言‘畢門之內’，畢門即路門也，則殯在路寢明矣。所云廟門，安得謂宗廟之門乎？《禮記·雜記》云：‘至于廟門，不毀墙遂入，適所殯。’鄭注云：‘廟，所殯宮。’是亦謂殯宮爲廟，與此經云廟門同誼。若《左傳》所云‘不殯于廟則弗致’者，鄭君以爲春秋變周之文從殷之質，故不同也。其晋文公殯于曲沃，則是衰世大國不遵周制者，不可據以爲正。……然則此言廟門自是畢門，安得據春秋時事以相難乎？”

　　與江氏同時而成書時間更久更晚的王鳴盛《後案》，亦全承僞孔意，而所用資料及論斷，亦全同江氏，文句且亦略同江氏。其主要語句云：“廟門，《傳》、《疏》以爲‘殯處故曰廟即路門’者，即上文一名畢門者也。”亦引僖八年、僖三十二年資料及鄭玄之説後，云：“此上文陳兵衛于畢門內，畢門即路門，則殯在路寢明矣，安得在宗廟乎。”

　　晚於江、王的戴鈞衡《補商》云：“廟門，《蔡傳》以爲‘路寢門，成王之殯在焉，故曰廟’。鄒氏季友（《蔡傳音釋》）曰：‘《爾雅》室有東西廂曰廟。《禮·聘義》云：三讓而後入廟門。所謂廟門但指路寢之門而言。《周禮·司儀》載諸侯相見交幣之禮，亦有及廟之文。今（元）人尚有廟堂、廟廊之語，則知不必神居而後稱廟也。’（此鄒氏以爲只要是有東西廂的大一點的殿堂即可稱廟，不必是宗廟也不必是神居之處才稱廟，則他所指的更寬了。）王氏鳴盛曰：‘《禮·檀弓》云：殷朝而殯于祖，周朝而遂葬。周之不殯于廟，《禮》有明文，此上文陳兵衛于畢門內，畢門即路門，則殯在路寢明矣。’此篇自召群臣，發顧命，及崩而殯于堂上，與夫一切陳設，並傳顧命時行禮拜莫,皆在路門内,直至諸侯出廟門,方結過路門内事。經文'門'凡三見,曰'逆子釗南門外',曰'立于畢門之内',曰'出廟門俟'。一指其地位方向而言,一指門畢于此而言,一指殯所而言,三名一實,皆路門也。下文'王出'亦出路門。天子三朝五門,皋門内之外朝,應門内之治朝,皆平地無堂階,自路門以外,堂且無之,又何陳設之有?故知此皆路門内也。"

此諸家皆肯定成王殯在路寢堂上,行册命禮即在路寢堂上成王殯前,故路門此時稱廟門,出廟門即出路門。王國維、吴闓生則堅決反對行禮在殯前之説,並反對在路寢之殯前,而以爲是在宗廟,因而以爲出廟門即出宗廟之門。其文在上面已全文引録了,故此處不重複。但在王吴以前,清儒亦有持在廟而非在寢之説者,其要者有姚鼐、孫星衍兩家。

姚鼐《書説》其要義據戴鈞衡引述云:"顧命之册實受之廟,非受之于殯宮。受之廟則不可凶服,不可不祭。受之殯宮,則不可吉服,不可以祭,而知畢門之不可爲廟中,則遂以《穀梁》之'祭門'解之。又知諸儒行權之説有未安,遂因'恐不獲誓言嗣'及'逆子釗南門外'之文,創爲是時成王朝諸侯卒于東都之説,太子不在側,故特迎之,特傳顧命于廟。"

孫星衍《注疏》於"逆子釗于南門之外"下云:"南門者,廟門。《史記》所云'二公率諸侯以太子釗見于先王廟'是也。僞《傳》云:'南門,路寢門。'又云:'臣子皆侍左右,將正太子之尊,故出于路門外,更就迎門外,所以殊之。'江氏聲駁之……以南門爲外朝之皋門,似不如史公廟門之説爲長也。"又於"御王册命"下全録鄭玄之説,而後襲用江聲之説,其末句云:"成王命詔嗣王,當立于殯之右,故東面於殯西南隅也。"又於"出廟門俟"下云:"廟門者,《周本紀》云:

'二公率諸侯以太子釗見于先王之廟。'上文'逆子釗于南門之外'，則此廟門即南門也。"是孫氏亦主張册命之禮在宗廟而非路寢，此說與後來王國維之説同；但他同時又以爲宗廟中設了成王之殯，故授册書在殯西南，此點與王國維異。

以上諸説之紛歧如此。由上文初步弄明白了路寢（宮庭）與宗廟的大致情況，是前廟後寢，路寢在五門的最後一門路門（畢門）之內，而宗廟在五門的第三雉門第四應門之間，即應門之外。本篇文句本身即説明了行禮之地在畢門之內的堂上，群下諸侯朝見新王又都進到應門内的治朝之地，這些都無法到應門外的宗廟去。所以行禮之地只能在路寢堂上。根據禮俗，殯宮所在即稱廟，路寢内有殯宮，故路門臨時稱廟門。這是特定時期的廟門。司馬遷見到此"廟門"一詞，沒有注意到它特定的性質，即理解爲一般的廟爲宗廟的意義，就在《史記》中寫成"先王之廟"。這是情有可原的。至於在本篇中論廟門，就應按"殯所處故曰廟"來認識，知道這次顧命行禮之地在路寢殯宮前，由於有殯，故路寢臨時稱廟；並非在宗廟之廟。

爲便於讀者得到形象的理解，特蒐列了歷史上的幾幅《顧命圖》，並參考斟酌根據文意繪成古代天子五門、三朝示意圖，附於篇後。

（三）《顧命》之禮是否"失禮"的問題

《顧命》所載典禮自成完整的一套，秩序井然而儀節詳整，使後世看到了周初一次典禮的全貌，比後來許多較它更詳備的禮儀細記都要真切、確實。自漢以來傳習直至唐代都無異議。宋代前期仍照樣傳習，至與王安石同時的孫覺（字莘老）始提出《顧命》典禮有失禮之處。其説當在其《尚書解》中，惜其書未傳下，承其説而加以推闡的，則是蘇軾《書傳》的一長篇議論云："成王崩，未葬，君臣皆冕服,禮歟? 曰:非禮也。謂之'變禮'可乎? 曰:不可。禮變於不得已。嫂非溺終不援也。三年之喪既成服,釋之而即吉,無時而可者,曰:先王之命不可以不傳,既傳不可以喪服受也。曰:何爲其不可也? 曰:以喪冠者,雖三年之喪可也。既冠于次,入哭踊者三,乃出。孔子曰:'將冠子而未及期日,而有大功齊衰之服(按《曾子問》原文作"而有齊衰大功小功之喪"),則因喪服而冠。'冠,吉禮也。猶可以喪服行之,受顧命,見諸侯,獨不可以喪服乎? 太保使太史奉册授王于次,諸侯入哭于路寢而見王于次,王喪服受教戒諫,哭踊答拜。聖人復起,不易斯言也。始死方升,孝子釋服離次,出居路門之外,受干戈虎賁之逆,此何禮也? 漢宣帝以庶人入立,故遣宗正太僕奉迎,以顯異之。康王,元子也,天下莫不知,何用此紛紛也?《春秋》傳曰:'鄭子皮如晋葬晋平公,將以幣行。子產曰:喪安用幣? 子皮固請以行。既葬,諸侯之大夫欲因見新君。叔向辭之曰:"大夫之事畢矣,而又命孤。孤斬焉在衰経之中,其以嘉服見則喪禮未畢,其以喪服見則重受弔也,大夫將若之何?"皆無辭以見。'今康王既以嘉服見諸侯,又受乘黃玉帛之幣,曾謂盛德之王不若衰世之侯,召、畢公不如子產、叔向乎? 使周公在,必不爲此。然則孔子何取于此一書也? 曰:至矣! 其父子君臣之間教戒深切著明者,猶足以爲後世法,孔子何爲不取哉! 然其失禮,則不可以不論。"這是以後世儒家所鼓吹而歷史上並未真正實行的三年之喪的一些禮意規定,來要求西周原自實行的禮制,當然是彼此牴牾的。《蔡傳》全文引用了蘇軾之說。

孫覺、蘇軾之說出,一些深中於禮教思想以治《尚書》者多從其說,也形成了一種不小的氣候。但同樣一些也重視禮教但對周公召公成王康王懷有敬意的學者,提出與孫、蘇不同的看法。後於蘇軾的如葉夢得《書傳》(此書國內失傳，日本大東急紀念文庫藏有一部有缺卷之本。此處據董鼎《纂注》所錄)云：“天子即位之禮，後世無傳焉，春秋猶有可考，君薨，世子即位於喪次，殯而未葬，葬而未逾年者，不敢死其君，故不敢踐其正位⋯⋯必至明年而後朝廟正君位改元，《春秋》始書‘公即位’焉。然則成王始殯而康王即內朝以見諸侯，禮歟？諸侯逾年而朝廟即位，以吉服乎？以凶服乎？不可知也。然古者吉凶不同事(此處舉嚴分吉凶的三例)，古人謹於吉凶之服如此其嚴也。康王之事必有不得已而然者。蓋成王初即位猶有三監、淮夷、殷民之變，微周公，天下未可知，況不及成王周公者乎！故召公權一時之宜，而遽正君臣之分，若曰三年之喪，天下之通喪也；繼世以正大統，亦天下之大義也。通喪上下之所同，而大義天子諸侯之所獨。故不以通喪廢大義。而吉凶不可相亂，則以冕服朝諸侯，以爲常禮則不可，以爲非禮則亦不可，傳及後世，卒不能奪康王之爲，然後知二書之錄於經，非孔子不能權之於道以盡萬世之變也。”提出了“不以通喪(上下通行的三年之喪)廢大義”之說，爲了“大義”可以權變。

南宋林之奇《全解》云：“觀《顧命》之書，或者疑之以爲召公不當出康王於外而逆之，康王不當吉服以朝諸侯。爲此言者，蓋不思耳。⋯⋯蓋《顧命》之書，萬世之明訓也。成王之寢疾，則憑几負扆，親見群臣，自太保以下至百尹御事，告以元子釗之宜承大統；其崩也，太保則顯逆之於寢門之外，冊受末命，復率諸侯而朝之，蓋所以顯示萬姓，杜絕奸萌，史官詳而載之，以爲後世法，使有國家授受之際，皆得以是爲法，奸人孰得而窺之。秦始皇之於胡蘇，豈有異志，惟不能顯示於天下，李斯又不能顯而立之，故趙高、胡亥得以亂之。論者不此之慮，而謂其不當釋喪服以服袞冕，此不知變之論也。

……太甲之居喪也,伊尹祭於成湯之廟,奉之以祗見厥祖而朝群后。是亦與天下共之,何獨召公、康王哉!……何獨於此而疑之。"又云:"蘇氏以其冕服爲失禮,且以晋侯爲證。夫晋侯之不肯見諸侯之大夫,蓋在既葬之後。既葬之後則其釋冕也久矣,故不可以吉服也。此方在殯而冕未釋,夫何不可哉!"

林氏門人吕祖謙《書説》亦云:"舜除堯喪,格廟而咨岳牧;成王除武王喪,朝廟而訪群臣,皆百代之正禮。然成湯方歿,伊尹遽偕侯甸群后以訓太甲,禮固有時而變也。説者不疑太甲受伊尹之訓於居憂之時,乃疑康王受召、畢、諸侯之戒於宅恤之日,過矣!"

永嘉學派的陳傅良《書鈔》云:"釋冕反喪服,東坡嘗疑之,某嘗以問之鄉先生(當時永嘉名學者繼周行己後有薛季宣、葉適等四五人,不知指何人),鄉先生曰:惜乎東坡疑之而不加察也。召公畢公皆盛德,又老於更事者,豈不知禮。蓋其身先見周公以叔父之親,擁輔太子,而流言之變,起於兄弟,非周公之忠誠,則社稷岌岌乎殆哉矣!故於康王之立,特爲非常之禮,迎之南門,衛之干戈,奉之册書,被之冕服,而又率諸侯北面而朝之,以與天下共立新君,使之曉然知所定而無疑,其意遠矣。蓋自秦漢而下授受成於宮闈曖昧,而擁立出於一人之予奪,禍天下國家不少,然後知二公老練坐鎮安危之機,送往事居,中外無間,未易以泥常論也。"

這些大都以情況特殊用權變非循常禮以反詰蘇氏。朱熹始發出爲此後經師奉爲權威的議論。不過他另講了一小段似應蘇氏之説云:"康王釋斬衰而服袞冕,於禮爲非。孔子取之,又不知如何。設使制禮作樂,當此之職,只得除之。"而他主要的一段爲答潘子善之問。在其《語類》中潘問:"康王釋喪服而被袞冕,受虎賁之逆於南門之外,且受黃朱圭幣之獻,諸家皆以爲禮之變,獨蘇氏以爲失禮,使周公在必不爲此。未知當此際,合如何區處?"朱熹答曰:"天子諸侯之禮,與士庶人不同,故孟子有'吾未之學'之語,蓋謂此類耳。如《伊訓》'元祀有二月朔',亦是新喪,伊尹已奉嗣王只見厥祖,固不可用凶服矣。漢唐新主即位,皆行册禮,君臣亦皆吉服,追述先帝之命,以告嗣君。《韓文外集·順宗實錄》中有此事可考。蓋易世傳授,國之大事,當嚴其禮。而王侯以國爲家,雖先君之喪,猶以爲已私服也。五代以來此禮不講,則終始之際,殊草草矣。"其實這與葉適之意相近,葉以爲天子諸侯和老百姓都要遵用的三年之喪是"通喪",而天子諸侯所獨有的繼世正大統之事是"大義",不能以通喪廢大義,正如朱熹所説的不能以士庶人的禮去衡量天子諸侯的禮一樣。天子諸侯有易世傳授的國家大禮,而先君之喪只是和士庶人一樣的私家的喪服之禮,因此不能以私禮影響國家大禮。

而後元明《尚書》著作,大都要引録朱熹此段議論。元董鼎《纂注》引述諸家之説,即録朱熹之説冠於前,於其最末録陳櫟之説,其文比櫟《纂疏》原文更完整,可能録自櫟書别本。現依董氏所録者照録櫟文如下:"蘇氏之論,主於守經;葉、吕、陳氏之論,出於達權。守經,合理之正而不可破,達權亦當察事之宜而不可膠。召公在當時必有迫於不得已、懲創於往事而不敢輕者,觀其布置舉措,重大周密,徵召會集,翕合安徐,若臨大敵,當大難。……觀其言曰庶邦侯甸男衛,曰率西方諸侯入左、率東方諸侯入右,則徵召於既崩之餘、翕集於一旬之内可見。又觀張皇六師一語,則當時事勢亦可想矣。紀載始末,節節備具。兩篇之中,辭繁不殺。前後五十六篇,紀載無似此之詳者。復齋援伊尹事……不知伊尹奉太甲廟見成湯,其凶服乎?抑吉服乎?證之朱子之説,當制禮職一條,固主蘇氏;答潘子善一條,未嘗必主蘇氏。但未知二説孰先孰後耳,莫若兩存之。"

明王樵《尚書日記》在引錄了蘇軾説和朱熹答潘子善説兩段文字後，又引錄了朱熹另一段文字如下："麻冕乃是祭服，顧命用之者，以其在廟而凶服不可入故也。舊説以廟門爲殯宫之門，不知是否？若朝服，則古者人君亮陰三年，自無變服視朝之禮，第不知百官總己以聽冢宰，冢宰百官各以何服涖事爾，想不至便用玄冠黑帶也。後世既無亮陰、總己之事，人主不免視朝聽政，則豈可不酌其輕重而爲之權制乎？又況古者天子皮弁素積以日視朝，衣冠皆白，不以爲嫌，則今在喪而白布衣冠以臨朝，恐未爲不可。但入太廟，則須吉服而小變爾。"王樵在引朱熹此文畢後即云："愚按，朱子折衷之論，乃蘇氏所謂'聖人復起不易其言'者也。"則以爲把蘇軾之説完全折服了。

清江聲《音疏》云："聲謂'麻冕以接諸侯，明己繼體爲君也；釋冕反喪服，明未稱王以就事也'者……用《白虎通·爵篇》説也。……是則何嘗違禮，乃後人輒紛紛訾議，何哉！"又王鳴盛《後案》亦引《白虎通·爵篇》如江氏所引兩句（江氏稍易文字），又引《南史·沈文阿傳》陳文帝即位，文阿議："千人無君，不敗則亂。當隆周際，公旦叔父，吕、召爪牙，成王在喪，禍幾覆國，是以既葬便有公冠之儀，始殯受麻冕之策，斯蓋亦天下以有主，慮社稷之艱難。"在引此兩段後，王氏《後案》即云："觀《白虎通》及文阿議，似已預知後世陋儒有疑經者而辨之。"

清後期的戴鈞衡《補商》云："此篇吉服傳命，釋冕反喪，自宋儒孫莘老始議其非，東坡蘇氏從而推説之，遂爲千古一大疑案。《蔡傳》取蘇説載於篇，所以明大義維禮教也。而此外爲之辨者……《傳》悉不取，然而學者不可不參觀之也。……案諸家發明召公行權之義至矣盡矣。然當日情事終不可知；謂爲非禮耶，以召公大賢而行之，孔子大聖而録之，斷不敢譏其失禮。謂爲合禮耶，君父新崩，臣子擗踊哭泣時也,吉服傳命,且祭且饗且嚌且朝諸侯,於情安乎?蒙謂必求其義,則止以朱子答潘子善之言爲正。……案朱子之意,不以爲召公之行權,而以爲國家之典禮,其論正大。予嘗觀《白虎通》之論此篇,及《南史》沈文阿之議,足以羽翼朱子此言。近儒閻若璩曰:‘蘇氏之論,雖程朱何以加諸。而案之於禮,亦未盡然也。喪三年不祭矣,若既殯後,天地社稷之祭,猶越紼而行事,蓋不敢以卑廢尊。《漢志》引古文《伊訓》,以爲“太甲當喪,越茀行事”,是其證也。郊之日,喪者不哭,不敢凶服,蓋不獨王被大裘龍袞,戴冕璪,抑且合畿内臣庶,雖有私喪之服盡釋之。而即吉以聽命乎。上其嚴於事天如此。推之於地與社若稷,一歲之間蓋不啻疊舉矣,服亦屢屢釋矣。先王豈爲其薄哉! 儲君初即天子位,身爲天子社稷之主,上承祖宗世繫之重,蓋國之大事莫逾於此,縱遭親喪,猶向所謂卑者爾,其可不如事天地社稷而一暫釋其服耶!’閻氏此論亦足爲朱子之輔。然則吉服傳顧命,或周家有此典禮亦未可知,而惜乎典籍無徵,不足以破萬世之疑。……若顧氏炎武以《顧命》如有脫簡,謂‘狄黼扆’以上記成王顧命登遐之事,以下記明年正月康王即位告廟朝諸侯之事。又以畢門不可言於廟中,遂以‘狄設黼扆’以下爲陳之於朝,‘王麻冕黼裳’以下爲行之於廟。牽就委曲,不及朱子之說遠甚。吾鄉姚氏鼐又以爲顧命之册實受之廟,非受之於殯宮。受之廟則不可凶服,不可不祭;受之殯宮則不可吉服,不可以祭。……强詞傅會,不惟不及朱子之論,亦異不如諸儒之言行權者矣。”

　　這些人這樣紛紜聚訟,糾纏不休,就只是憑從西周發展至春秋之世已逐漸儀節周密苛細、禮意要求嚴格,更遞經漢魏愈益繁縟、成爲幾千年間按封建等級桎梏人們行爲的封建禮儀制度的種種要求,來看待《顧命》這篇西周初年的禮制。這些儒者忘記儒家所艷稱的

"先君周公制周禮"、"周公制禮作樂"這一說法，所有周初禮制，正是由周公開始創制，由召公、畢公等所繼承逐漸加以附益，而後制成的周初之禮。相對來說，它還是後來定型的封建禮制的早期階段。與漢以後愈久愈繁愈見苛細所作出的許多規定是毫不相干的。如果有與後代的禮相同之處，那只是後代的禮承用了西周之禮；如果有與後代的禮不相同之處，只是後代之禮走樣了，不符合原來周初之禮了，而說不上周初失禮。所以要知道，《顧命》篇中所載的各種禮，就是當時所實行的禮，是當時的正禮，是由當時制定由當時的人所履行的禮。當時的禮，就是《顧命》所載這樣的禮。但由篇文中看出，典禮前後過程中，"御王冊命"的禮，與"喪服"的禮是有不同，穿戴也有不同，那只是適應不同的場合而有不同的穿戴，看不出已有等同於後代之禮的概念。吉禮、凶禮、嘉禮、賓禮等等概念的形成及嚴格加以區分，只是後來的事。所以後來所說的這樣的不同的禮，却容納在《顧命》一篇中，可知《顧命》當初是不作這些區分的。總之，《顧命》所載的禮，就是成康之世所實行的正常的禮，當時他們所踐履的禮，就是這樣的禮，根本不存在什麼失禮的問題。鼓吹封建禮教最強烈的宋代，才提出所謂什麼失禮的問題，是不值一顧的。

元人繪顧命圖

采自黄鎮成《尚書通考》

明人繪顧命圖（上）

采自王樵《尚書日記》

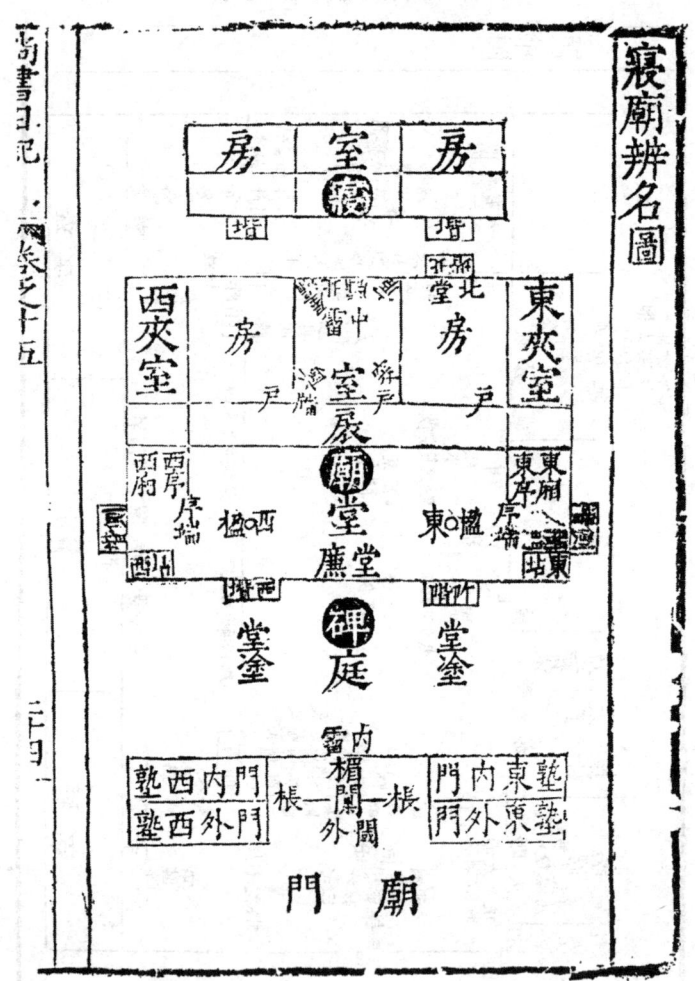

明人繪顧命圖(下)

采自王樵《尚書日記》

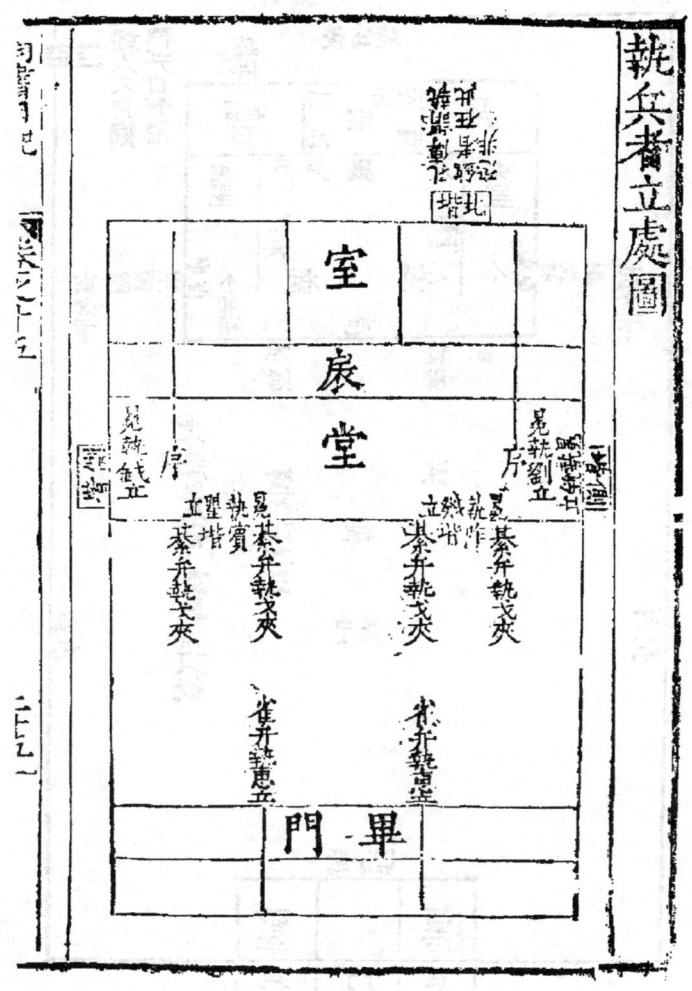

清人繪顧命圖（一）

采自戴震《考工記圖》

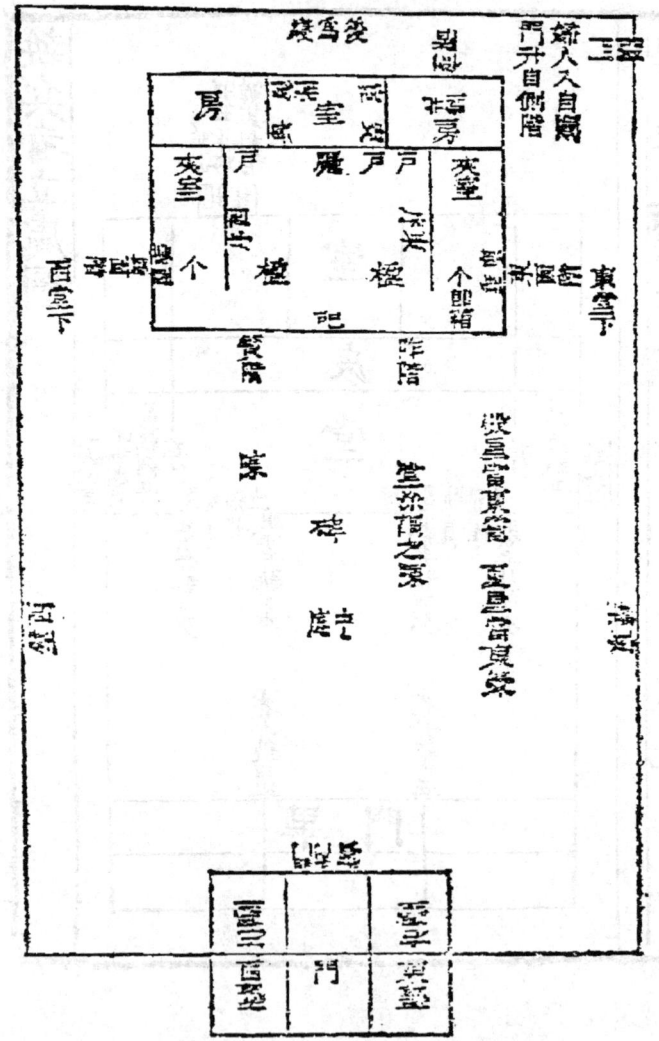

清人繪顧命圖（二）

采自江聲《尚書集注音疏》

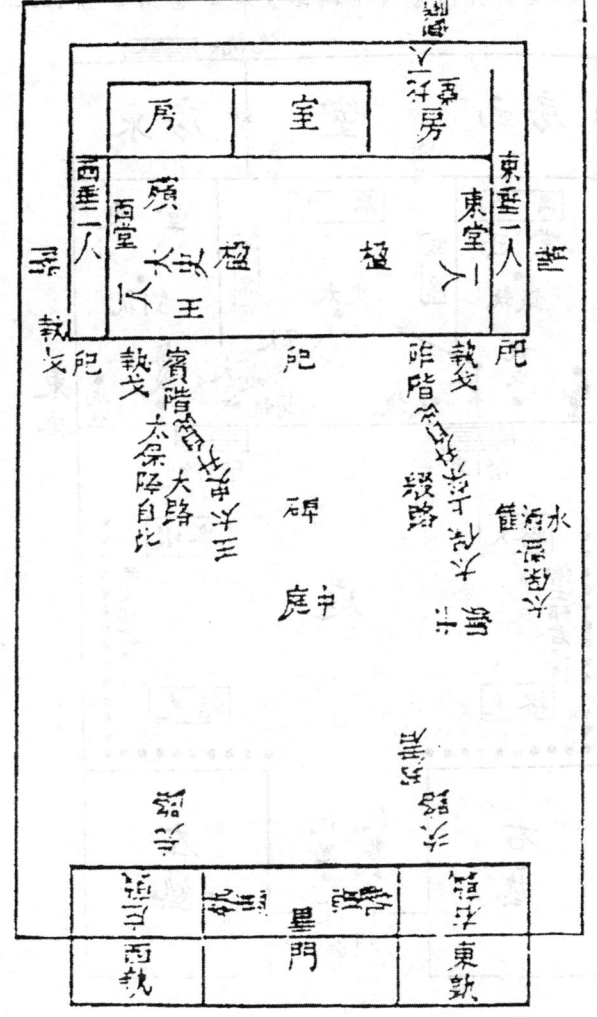

近人繪顧命圖

采自吳其昌《王觀堂先生尚書講授記》
（清華學校研究院《國學論叢》第 1 卷第 3 號，1928 年）

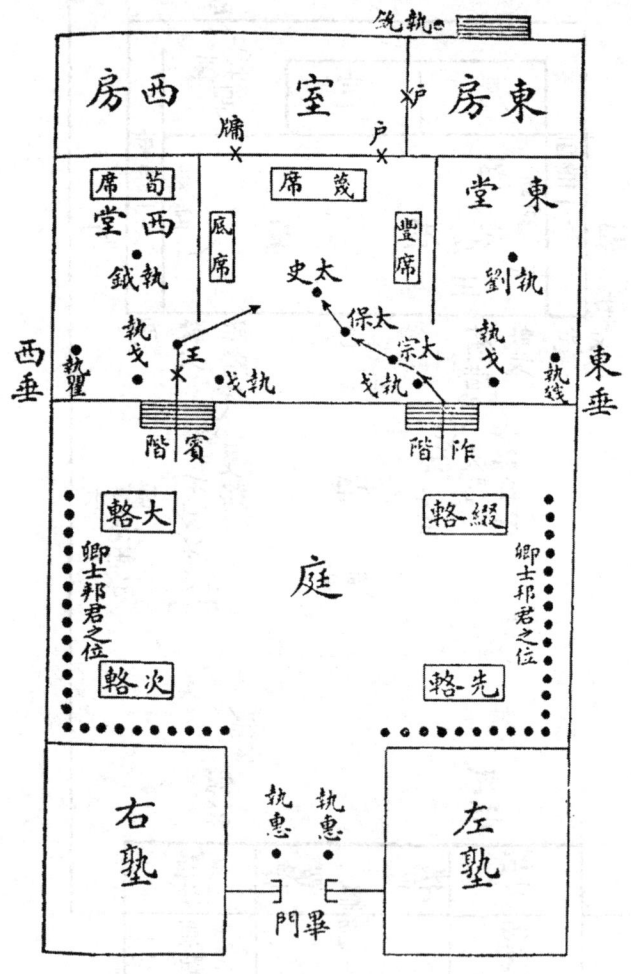

日人繪顧命圖
采自日本赤塚忠譯《書經》東京平凡社 1979 版

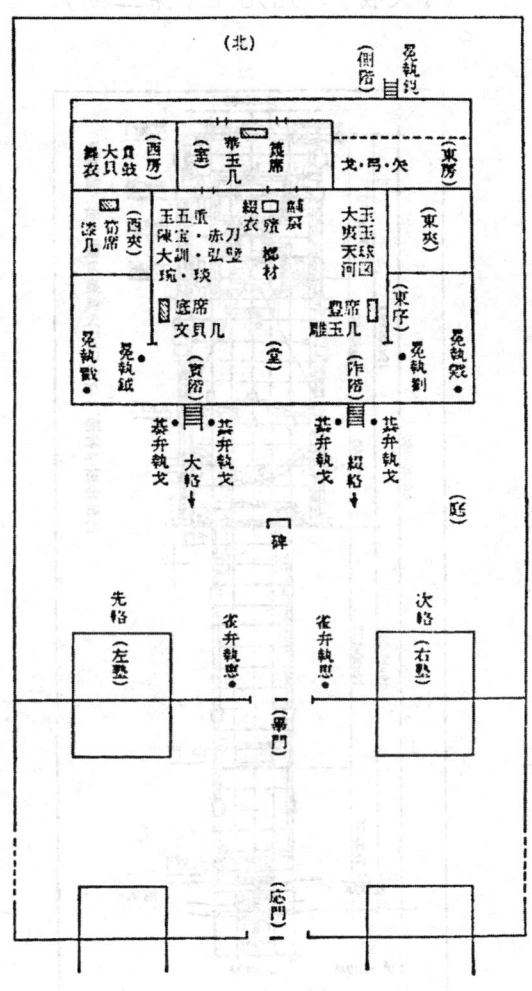

北京故宮前三殿至天安門平面圖

采自傅熹年《中國古代院落布置手法初探》

(《文物》一九九九年第三期)

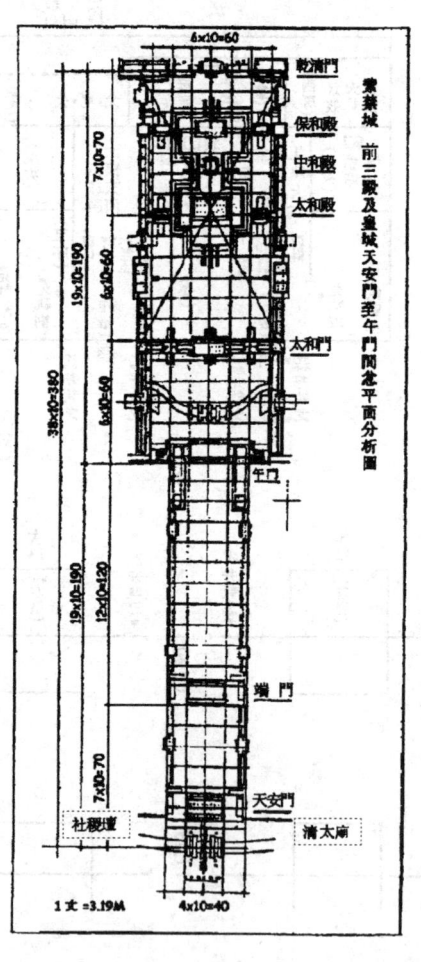

　　《北京故宮前三殿至天安門平面圖》與上列諸圖比較來看，顯然：一、天安門相當於應門。二、端門相當於畢門(路門)。可是此圖午門正在路寢(宮殿)門口，於古制不易找到其相當名目。

　　今在此圖天安門兩側示意性地以虛綫標出清太廟和社稷壇遺址，以見此建築群仍恪守了"前廟後寢"、"左祖右社"的傳統格局。

　　傅氏原圖在"紫禁城"下有"外朝"二字，是清故宮的專用名詞，爲避免與本篇中所引相傳古代"五門三朝"制中的"外朝"相混淆，與上一項構成對所引傅氏圖的兩處改動，特此致歉！

所傳古代天子五門三朝示意圖

據本篇"于南門之外"、"諸侯出廟門俟"兩句"校釋"文意

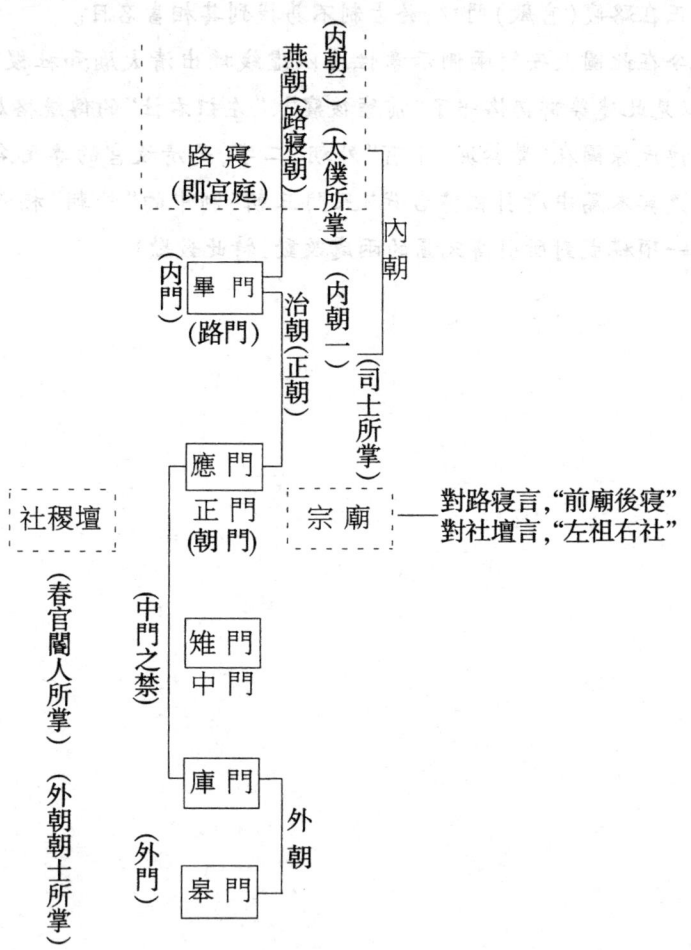

對路寢言,"前廟後寢"
對社壇言,"左祖右社"

吕　刑

　　吕是還在母系氏族時代起就和姬姓族結成婚姻氏族的姜姓族中後來分出的一支,當姬姜兩族合作推翻商王朝建立周王朝後,姜姓族被分封在今山東境内的有齊國和較小的紀、州、鄣、萊、逢等諸國,分封在今安徽境内的有向國,分封在今河南境内的有申、吕、許諸國,和封在這些地區的姬姓諸國一道"以藩屏周"。當時很多封國在自己的境内多稱王,文獻及金文中這種例子不少,因而吕國在西周時代也稱王,本篇開端即説"唯吕命王享國百年",金文中更有好幾件吕王之器。所以吕在它自己的歷史上是稱王的,大概直到它和申在春秋時(於莊公時,成公前)先後被滅於楚為止(據《春秋大事表》。許則到戰國初滅於楚。《周語》説"申吕雖衰,齊許猶在"即春秋成公以後時期語)。但雖然在國内自稱王,仍然是周王朝的諸侯,正如徐、楚皆稱王仍是諸侯一樣。這一篇的内容,主要根據姜姓族神話傳説寫成,但反映了姜姓與姬姓合作及同擁禹為先代宗神的一些歷史剪影,特別强調了古時先代與蚩尤鬥争及其後屢代與

稱為蚩尤後裔的遷到南方的苗族鬥爭的敵愾之情，被他們
説成苗民酷刑虐民，因而提出了寬以待民的"祥刑"的原
則；又稱説九黎亂德、民神雜糅、家家都盛搞巫史的混亂狀
況，因而命重黎"絶地天通"恢復"民神不相侵瀆"的"舊
常"秩序，這些也就涉及了南方楚民族的神話。篇中提出
了有名的"五刑"，成了中國古代最完整的自成體系的刑法
綱領，又提出了實行"贖刑"。於是《康誥》篇提出了"明德
慎罰"的周王朝關於刑法的總的政治原則，《呂刑》篇則提
出了刑法的具體內容與實施原則，還有《堯典》"象以典
刑"、《皋陶謨》"象刑惟明"皆簡述原則，而《立政》篇則提
出王權勿干預司法的重要設想。至於周代關於刑法的完整
體系，終在此篇。篇文在先秦時被稱引過十六次，為稱引次
數的第四位。《禮記》、《孝經》引作《甫刑》，《墨子》則引作
《呂刑》，《史記》和《尚書大傳》仍引作《甫刑》，《史記·周
本紀》(本篇以下簡作《周本紀》)的穆王紀事中引錄了"王
曰來有國有土"至"五刑之屬三千"共四十七句。這是《呂
刑》篇談"五刑"的主體部分。伏生及三家今文本壁中本及
馬鄭古文本與偽古文本則皆作《呂刑》。伏生本為第二十
六篇，伏生系的三家今文本為第二十七篇，馬鄭古文本為第
三十二篇，皆屬《周書》。偽古文本為全書第五十五篇，《周
書》第二十九篇。有關本篇情況見後面的"討論"。

（一）校　釋

惟吕①命王享國百年②，耄③，荒度作《刑》以詰四方④。

王曰⑤："若古有訓⑥：蚩尤⑦惟始作亂，延及于平民⑧，罔不寇賊、鴟義、姦宄、奪攘、矯虔⑨。苗民弗用靈⑩，制以刑，惟作五虐之刑曰法⑪。殺戮無辜，爰始淫爲劓、刵、椓、黥⑫，越兹麗刑，並制罔差有辭⑬。民興胥漸，泯泯棼棼⑭，罔中于信，以覆詛盟⑮。虐威庶戮方告無辜于上⑯。上帝監民，罔有馨香德，刑發聞惟腥⑰。

"皇帝哀矜庶戮之不辜⑱，報虐以威，遏絶苗民，無世在下⑲。乃命重黎絶地天通，罔有降格⑳。群后之逮在下，明明棐常，鰥寡無蓋㉑。

"皇帝清問下民，鰥寡有辭于苗㉒，德威惟畏，德明惟明㉓。乃命三后恤功于民㉔：伯夷降典，折民惟刑㉕；禹平水土，主名山川㉖；稷降播種，農殖嘉穀㉗。三后成功，惟殷于民㉘。爰制百姓于刑之中，以教祗德㉙。

"穆穆在上，明明在下，灼于四方，罔不惟德之勤㉚。故乃明于刑之中，率乂于民棐彝㉛，典獄，非訖于威，惟訖于富㉜。敬忌，罔有擇言在身㉝。惟克天德，自作元命，配享在下㉞。"

①呂——先秦文獻中或承用作"呂"，或另引作"甫"。作"呂"者，見《墨子·尚賢中》引先王之書《呂刑》"皇帝清問下民"等十七句，又《尚賢下》引先王之書《呂刑》"王曰於來"等八句，又《尚同中》引先王之書《呂刑》"苗民否用練"四句。作"甫"者，見《禮記·表記》引《甫刑》"敬忌而罔有擇言在躬"一句，又引《甫刑》"德威惟威"二句，又《緇衣》引《甫刑》"苗民弗用命"三句，又引《甫刑》"一人有慶兆民賴之"兩句，又引《甫刑》"播戒之不迪"一句。又見《孝經·天子章》引《甫刑》"一人有慶兆民賴之"兩句（《孝經》之成書，當與《緇衣》等篇成書時間相近，故引之）。至漢代文籍中則較多引作"甫"，亦有作"呂"者。其作"甫"者，見《史記·周本紀》云："甫侯言於王，作修刑辟。"《集解》："鄭玄曰：'《書》說周穆王以甫侯爲相。'"又《匈奴傳》："周道衰，荒服不至，穆王於是遂作《甫刑》之辟。"《尚書大傳》云："《甫刑》可以觀誡。"又其《周傳》內有《甫刑》篇。《漢書·藝文志考證》云："《大傳》以《呂刑》爲《甫刑》。"《鹽鐵論·詔聖篇》云："御史曰：'故奸萌而《甫刑》作。'"《漢書·刑法志》云："周道既衰，穆王眊荒，命甫侯度時作刑，以詰四方。"《論衡·非韓篇》云："周穆王之世可謂衰矣，任刑治政，亂而無功，甫侯諫之。"其作"呂"者，見《說文·呂部》云："呂，脊骨也，象形。昔太嶽爲禹心呂之臣，故封呂侯。……膂，篆文呂。"（太嶽即四岳，太爲四之訛。）《漢書·匈奴傳》云："穆王作《呂刑》之辟。"馬鄭注百篇《書序》云："呂命穆王訓夏贖刑，作《呂刑》。"馬鄭本《古文尚書》本篇篇題遂亦作《呂刑》。馬鄭本二十九篇題皆襲自三家今文。則知三家今文本亦作《呂刑》。而《大傳》有《甫刑》篇題，則知今文已有異本。今文傳自先秦，正自承傳先秦有《呂刑》、《甫刑》二題之異文。

此"呂"與"甫"之異，經師們推尋其故，僞孔云："呂侯以穆王命作書，訓暢夏禹贖刑。……後爲甫侯，故或稱《甫刑》。"《孔疏》云："知後爲甫侯者，以《詩·大雅·崧高》之篇宣王之詩云：'生甫及申。'《揚之水》爲平王之詩云：'不與我戍甫。'（此句在"戍申"、"戍許"二句之間）明子孫改封爲甫侯 。……穆王時未有甫名而稱爲《甫刑》者，後人以子孫之國號名之也。猶若叔虞初封於唐，子孫封晉，而《史記》稱《晉世家》然。宣王以後，改呂爲甫。"林之奇《全解》云："蓋甫與呂，正猶荊之與楚，商之與殷。故曰《呂刑》又曰《甫刑》也。"吳澄《纂言》云："或曰'呂'、'甫'聲協，猶'受'、'紂'二字不同，其初蓋一名也。"江聲《音疏》云："呂，甫侯氏也。"陳喬樅《經說考》云："甫侯亦稱呂侯者，甫其國也，呂其氏也。"皮錫瑞《考證》襲用陳說。

其實"呂"與"甫"之並用，當依林之奇及吳澄所引或說來理解，不必如諸經師之過於深求，《詩·崧高》毛傳云："堯之時姜氏爲四伯；……於周時則有申有甫有齊有許也。"鄭箋云："四岳……子孫歷虞夏商世有國土，周之甫也申也齊也許也皆其苗胄，是甫者四岳所封之國也。"他們所談的歷史事實大抵憑他們推想，但根據《崧高》"生甫及申"所提的"申甫齊許"，與《國語》數次所提的"申呂齊許"顯然是一，所以可以斷定"甫"即"呂"。至於何以"甫"即"呂"，當如林、吳二氏說，即可解通，不必另行深求了。

欲正確了解"呂"，當參看《堯典》篇中"伯夷"、"四岳"、"共工"諸校釋。現即據該項校釋概述其大要，不復引據原出處資料。大抵與姬姓聯姻的姜，在歷史上兩族同步發展。而姜姓族最遠最高的宗神爲伯夷，伯夷之後又有宗神共工，共工從孫四岳佐禹治水有功，《國語·周語》說上帝嘉獎禹"賜姓曰姒，氏曰有夏"，嘉獎四岳，"賜姓曰姜,氏曰有呂",把四岳説成是姜受姓之祖。而四岳本身這支被賜爲呂氏。由於古代同一姓内按不同支系分爲不同的氏,可知呂氏只是姜姓的一支。這些都是反映姜姓族祖先族源情况的神話資料。進入歷史中,在周初協助姬姓族擊滅商王朝建立周王朝的姜姓族首領太公望,稱爲呂尚,便知是四岳族的直系後裔。呂尚本人被封於齊,由其兒子呂伋就封(已見《顧命》)。另在今河南境分封了呂族另一支,與姜姓另外兩支申氏、許氏同封今河南境。終西周之世,他們的國勢均見稱於時,與姬姓諸封國成爲"以藩屏周"(《左傳·定公四年》語)的重要力量。故《國語·鄭語》載史伯語,談到西周末年幽王時形勢,先後幾次説到"申繒西戎方强"。"申呂方强"。可知呂與申直至西周末都是重要的政治力量,被目之爲强國。幽王被西戎所殺後,申國卒助平王復國,東遷洛邑,開始了東周。可是入東周後,楚國日益强大,處在楚國肘腋之下的申與呂,由於形勢的發展,轉而處於國小力弱、無法抗衡的境地。《左傳·莊公六年》載"楚文王伐申。"《春秋大事表五·列國爵姓及存滅》録此記載後即云:"後遂入楚爲申邑。"《大事表》於呂國則云:"不知何年并於楚爲邑。成七年《傳》:'子重請取於申、呂以爲賞田。'即此。"按《左傳·成公七年》云:"楚圍宋之役,師還,子重請取於申、呂,以爲賞田。王許之。申公巫臣曰:'不可,此申呂所以邑也,以是爲賦,以御北方。若取之,是無申呂也,晋鄭必至於漢。'王乃止。子重以是怨巫臣。"是至魯成公七年時,呂和申一樣也早已成爲楚邑。莊公爲春秋初期,成公爲春秋中期,是申、呂於春秋中期以前爲楚所滅。《周語下》記周靈王時太子晋之言,在叙上帝賜禹和四岳的姓和氏後,備經歷史變遷,興衰動亂,語及當時情况云:"有夏雖衰,杞、鄫猶在;申、呂雖衰,齊、許猶在。"周靈王當魯襄公時,襄公爲成公子,此時申、呂滅於楚已久，而齊、許尚存，故此爲説。可知呂作爲諸侯國，始於西周初年，迄於春秋中期以前。

至於呂國地望，它和申、許俱封於今河南省境，《春秋大事表》簡記三國所在云：“申，國於謝，今（清）河南南陽府（今南陽市）北二十里申城是。”“許，今（清）河南許州府治（今許昌市）東三十里故許昌城是（下記其後五遷，今略）。”“呂，今（清）河南南陽府城西三十里有呂城。”申與呂如此靠近，一在南陽市北郊，一在南陽市西郊。王鳴盛《後案》從歷史上探尋云：“其甫國之所在，王符《潛夫論·志氏姓篇》云：‘炎帝苗胄四嶽、伯夷爲堯典禮，析民惟刑，以封申、呂；裔生尚爲文王師，克殷而封之齊；或封許、向，或封於紀，或封於申。申（原脱，據汪繼培校增）城，在南陽宛北序山之下，故《詩》云：‘亹亹申伯，于邑于序。’……宛西三十里有呂城（王氏引文脱城字，據《潛夫論》原書汪校增）。’又《史記·齊太公世家》注：徐廣曰：‘呂在南陽宛縣西。’司馬貞曰：‘《地理志》，申在南陽宛縣申伯之國，呂亦在宛縣之西也。’又《水經》酈注‘洧水’一條云：‘宛西呂城，四嶽佐禹治水，虞夏之際，受封於呂。’諸説皆合。其以封呂爲虞夏事者，實則封在穆王以後，因得姓是虞夏追稱之，遂以致誤。其言國地所在固不誤也。此唐以前相傳古義也。所以《括地志》云：‘故申城在鄧州南陽縣北三十里，故呂城在鄧州南陽縣西四十里。’然則兩國相距四十八里有奇，其密邇明析至此。杜佑《通典》謂申在今鄧州信陽軍（今皖東南信陽市）之境，恐未是。申既不確，呂遂無考，當以漢魏諸説爲正也。”按杜佑之説，似在解決申與呂過於靠近的問題，但古代小國林立，由部落或部落聯盟發展而來，故古籍中動輒説“萬國”，商周之世，地方諸國仍小，西周封國，大都只是幾十里。《孟子·公孫丑上》説：“湯以七十里，文王以百里。”這些後來建立王朝的國家，原來的領域只有幾十里，最大的也不過百里。則申、呂當初受封疆土各爲幾十里，完全在事理之中，則兩國相距四十八里，也不足爲怪。因此可以依文獻所載，申封在今南陽市之北，呂封在今南陽市之西，各擁有其幾十里百里之封地。至於是否如春秋時所見各國大都發展國力，擴張領土，則史無明載。但史籍數次説到"申呂方强"，而呂又稱王，則其領土也應該有所擴張。當時南方鄰近諸國如楚如徐，皆自稱王，則爲了與之角勝，與之抗衡，呂亦自稱王，是完全在情理之中的。而要與之角勝稱王，則像徐楚一樣擴張土地以自固，亦自在情理之中的（徐國情況參看《禹貢》"徐州章"及《費誓》）。

　　②惟呂命王享國百年——"呂命"，不同解釋至少三種：

　　（一）以"呂命"爲"命呂"。《周本紀·集解》引鄭玄注云："《書説》云：'周穆王以呂侯爲相。'"《孔疏》："鄭玄云：'呂侯受王命入爲三公。'引《書説》云：'周穆王以呂侯爲相。'《書説》謂《書緯刑德放》之篇有此言也。以言相，知爲三公。即如鄭言，當以三公領司寇。不然，何以得專王刑也。"僞孔釋《書序》"穆王訓夏贖刑"句遂云："呂侯以穆王命作《書》，訓暢夏禹贖刑之法，更從輕以布告天下。"《孔疏》釋之云："名篇謂之《呂刑》，其經皆言'王曰'，知'呂侯以穆王命作《書》'也。"蘇軾《書傳》亦云："穆王命呂侯作此《書》。"林之奇、呂祖謙承之，《蔡傳》於此篇之題解亦作："呂侯爲天子司寇，穆王命訓刑以詰四方。"（但於"呂命"則另提出第二説，見下文。）這些都是把"呂命"倒轉釋爲"命呂"，並以"惟乃命"三字句，"王享國百年"五字句。

　　（二）以"呂命"同於"説命"，見《蔡傳》云："'惟呂命'，與'惟説命'語意同，先此以見訓刑爲呂侯之言也。"按《説命》爲漢代始出現的《書序》百篇中的一個篇名，先秦文獻中且引用其逸句達八次（稱

《兑命》）。以其文不傳，至僞古文中僞造了此篇。《禮記·緇衣》引《兑命》"惟日起羞"四句，鄭玄注："'兑'當爲'説'，謂殷高宗臣傅説也。作書以命高宗，《尚書》篇名也。"又本篇《書序》："吕命穆王訓夏贖刑，作《吕刑》。"段玉裁《撰異》云："按，'吕命穆王訓夏贖刑'，八字一句，謂吕侯命穆王也。鄭注《緇衣》云：'傅説作書以命高宗。'《周本紀》曰：'甫侯言於王，作修刑辟，命曰《吕刑》。'"是漢時《史記》、鄭玄注皆明以"吕命"爲吕侯命周王之辭。顧師《讀書筆記》第八卷第6309頁云："'説命'正與'吕命'同，皆謂臣進言於王也。《説命》爲傅説所作以命高宗，《吕刑》爲吕侯所作以命穆王，惜吕侯之名不可知耳。"這些都是以"吕命"與"説命"同，都是臣下命王之詞，則當讀"惟吕命王"爲句。

（三）以"吕命王"當作"吕令王"、"吕靈王"，爲吕王之稱號。此説倡自傅斯年氏，而未及見其原文，據屈萬里《集釋》之本篇"題解"云："傅孟真（斯年）先生，則疑非王朝及中原諸侯作品，以'吕命王'一語，既不能解作'王命吕'，又不能解作'吕命穆王'，而所誥之人，則爲'伯父、伯兄、仲叔、季弟、幼子、童孫'，與《周誥》'越在外服，侯、甸、男、衛邦伯；越在内服，百僚庶尹'者異。且所述之事，爲三苗重黎等；復與周誥之述祖德及以殷人夏后爲監戒者不同。因謂本篇爲外國書，蓋以别於中原之國也。説見所著《中國文學史講義》，及《大東小東説》（並見《傅孟真先生集》）。"楊向奎先生《論吕刑》文中録傅氏《大東小東説》之句云："'吕命王'，固不可解作'王命吕'。如以'命'爲吕王之號，如周昭王之類，則文字順矣。且吕之稱王，彝器有徵，《吕刑》一篇'王曰'辭中無一語涉及周室之典；而神話故事皆在南方，與《國語》所記頗合，是知《吕刑》之王，固吕王，'王曰'之語固南方之遺訓也。"（載《管子學刊》）顧師《讀書筆

記》第八卷第 6308 頁云："《呂刑》'唯呂命'三字不易解。傅斯年曾
說'命'爲'令'，又說'令'爲'靈'。謂'呂有靈王，享國百年'。"未
說明出處，當亦在上述兩家所引傅氏文中。此說是傅氏創說，不能
說無道理。顧師《筆記》引傅氏說後未置可否，即轉而引"呂命"同
於"說命"說，同意"《呂命》爲呂侯所作以命穆王"，而不采用傅氏
說。其實傅氏說"呂命王"即呂令王、呂靈王雖不一定準確，但指出
此爲呂王之稱號而非呂侯命於周穆王或受命於周穆王，則是深有可
取的。

　　此篇内容原與周穆王毫無關係，故先秦文獻中所引《呂刑》(或
《甫刑》)共達十六次，無一次涉及周穆王。及進至漢代，始盛稱《呂
刑》爲周穆王之文，這是毫無根據的。所以前面一、二兩說是不能成
立的，唯一正確的是第三說。即《呂刑》爲呂命王所作，詳後面"討
論"第一題。

　　"惟呂命王"接"享國百年"共八字爲句。"惟"，語詞。"呂命
王"，不必釋同周昭王一樣的稱號成呂令王、呂靈王，因"命"可不必
改字，可作爲"明"或"名"的同音假借，"惟呂命王"，即我呂國的英
明之王，或盛名之王，乃至"膺命之王"、"受命之王"。但金文中
"命"與"令"同字，《詁林》引林義光云："諸彝器'令'、'命'通用，蓋
本同字。"又引高田忠周云："'令'、'命'古原一字，初有'令'，後有
'命'。"其文並引朱駿聲云："在事爲令，在言爲命。散文則通，對文
則别。"故《免盤》、《邰卣》、《大保簋》、《井侯簋》……等等之"命"原
文即作"令"。《詁林》云："令，孳乳爲命。"則以"惟呂命王"原作
"惟呂令王"亦無不可，惟不宜如傅斯年釋爲"呂靈王"。按《爾雅·
釋詁》云："令，善也。"故《詩·湛露》云："莫不令德。"《文王》云：
"令聞不已。"《卷阿》云："令聞令望。"此處如作"令王"，即可釋爲

美善之王。總之此“命”（令）爲贊譽吕王的形容詞。

此句是說惟我吕國英明美善之王享國已百年了。“享國百年”有二解釋：一爲在位年數。此處如言在位百年，當然不可能；一爲其在位年加在位前之年綜合之歲數。則見其高齡，自是可能。故《孔疏》云：“《無逸》篇言殷之三王及文王享國若干年者，皆謂在位年（按，該篇言殷三王享國之年各爲七十五年、五十九年、三十三年；文王享國五十年，皆爲實在位之年數）。此言‘享國百年’，乃從生年而數，意在美王年老能用賢，而言其長壽，故舉從生之年，以耄荒接之，美其老之意也。文不害意，不與彼同。”是說《無逸》言“享國幾年”是實在年數，此言“享國百年”是美其高壽之意，非在位實在年數，二者不同，不可以文害意誤說成是百年。這是正確的。因此這句是說：我吕國賢明美善的國王享有國家已接近百年的高壽了。

③耄——《釋文》：“耄，本亦作耄。”段玉裁《撰異》云：“按耄乃《說文》薹字（按，見《老部》云：“九十曰耄”）之訛也。鄭注《大司寇職》曰：‘《書》曰王旄荒度作詳刑以詰四方。’按《周禮・釋文》作‘旄’，宋本岳珂本同。……《群經音辨》曰：‘秏，老也。音老，《書》王秏荒。’正據此《周禮》說也。”是“耄”有“薹”、“旄”、“秏”諸異文。字又作“眊”，見《說文・目部》：“眊，目少精也。……《虞書》耄字從此。”段玉裁《撰異》訂正其末句爲：“《周書》耄字如此。”並云：“《吕刑》‘耄荒’，或許所據本作‘眊’歟？《漢書・刑法志》正作‘眊荒’。又引《周禮》‘一曰幼弱，二曰老眊’。又《武帝紀》‘哀夫老眊’，《平帝紀》‘眊悼之人’，《彭宣傳》‘年齒老眊’。然則‘眊’之可以爲‘耄’明矣。”臧琳《經義雜記》據《武帝紀》、《平帝紀》師古注謂“眊古髦字”、“八十曰眊”。又引《五行志下》“厥咎眊”，服虔曰：“眊，音老耄。”因而云：“據此知古老耄字多作眊。《群經音辨》引鄭讀

'王耄荒'。蓋本作眊，賈所見本已作耗。"錢大昕《養新録》云："古
書無以耗當耄字者，當是旄字轉寫之訛。"又據《周禮·大司寇》注、
《樂記》注皆引《書》"王耄荒"，《釋文》皆作"旄荒"（依《釋文》單行
本），因而云："是鄭本作旄不作耗矣。……賈昌朝偶據誤本，認旄爲
耗，非也。"

　　自漢至宋皆以"耄荒"爲句。僞孔連"王享國百年"與"耄荒"相
承釋之云："時穆王以享國百年，耄亂荒忽，穆王即位過四十矣，言百
年大期，雖老而能用賢以揚名。"《孔疏》從而推闡之，自是迄於明清
不少儒生皆遵奉此説。

　　至宋蘇軾《書傳》以"耄荒度作刑"五字相承爲釋云："'耄荒度
作刑'者，以耄年而大度作刑，猶禹曰'予荒度土工'（按見《皋陶謨》
篇）。'度'，約也。猶漢高祖約法三章也。"朱熹《語類》云："東坡解
《吕刑》'王享國百年耄'作一句，'荒度作刑'一句，甚有理。"（録自
《彙纂》）朱熹弟子蔡沈竟依違於師説，其《蔡傳》云："耄，老而昏亂
之稱。荒，忽也。《孟子》曰：'從獸無厭謂之荒。'穆王享國百年，車
轍馬迹遍於天下，故史氏以'耄荒'二字發之，亦以見贖刑爲穆王耄
荒所訓耳。蘇氏曰：'荒，大也。大度作刑，猶禹曰予荒度土功。'荒
當屬下句，亦通。然耄亦貶之之辭也。"戴鈞衡《補商》云："'耄'
'荒'，宜依蘇氏分屬上下句讀。朱子亦嘗取之。《蔡傳》引蘇説於
後而從孔讀。'耄荒'者，彼以穆王爲權術斂財，故謂史氏特先著此
二字。實則不然，'耄'，年老之稱，無貶義。"（説詳《微子》"吾家
耄"校釋）。戴説是，兹從之。

　　"耄"，《禮記·曲禮》云："八十、九十曰耄。"此處謂吕王已九十
多，故稱耄。如戴氏説，但言其老，並無他義，更無貶義。

　　④荒度作刑以詰四方——《漢書·刑法志》："周道既衰，穆王

眊荒，命甫侯度時作刑，以詰四方。"是《漢書》引此句句首作"度時作刑"。《周禮·大宰》職："以佐王治邦國……五曰刑典，以詰邦國，以刑百官。"鄭注云："詰猶禁也。《書》曰：'度作詳刑，以詰四方。'"疏云："《刑典》云'詰者，以其刑者有所詰禁天下，故云詰'。"疏又云："'詰猶禁也'者，第詰即禁止之義也。引《尚書》曰'度作詳刑以詰四方'，此《尚書·吕刑》文，是吕侯訓夏贖刑以詳審詰禁四方。"《周禮·大司寇》職："以佐王刑邦國，詰四方。"鄭注云："詰，謹也。《書》曰：'王眊荒度作詳刑以詰四方。'"疏云："周穆王年老眊亂，荒忽，猶能用賢量度詳審之刑，以詰謹四方。"又《大司寇》下屬"布憲"職文云："以詰四方邦國。"注云："詰，謹也，使四方謹行之。"是鄭玄本之此句"刑"上有"詳"字，作"詳刑"。賈疏所引亦作"詳刑"。本篇下文有"告爾祥刑"及"監于茲祥刑"二句皆言祥刑。祥，善也，意爲善刑。則"詳刑"當即"祥刑"。是本句以作"荒度作祥刑以詰四方"爲是。惟鄭於"詰"有"禁也"、"謹也"二訓。

　　"荒度作祥刑"，依蘇軾説："荒"，大也，"度"，約也。所引據"禹荒度土工"語，見《皋陶謨》篇禹所言，僞孔釋爲"大治度水土之功"。仍訓"荒"爲大，而訓"度"爲治度。按"荒"訓大爲經典常訓，如《詩》之《蟋蟀》、《公劉》、《天作》傳，《左傳·昭公七年》"有亡荒閱"注等皆訓大。惟"度"則注解頗歧。《説文》："度，法制也。"《左傳·昭公七年》"度不可改"注："度，法也。"《釋文》引本句馬融注云："度，法度也。"又引本篇下文"何度非及"馬融注云："度，造謀也。"又引王肅注云："度，謀也。"《爾雅·釋詁》亦云："度，謀也。"《詩·皇矣》箋："度，亦謀也。"《後漢書·劉愷傳》注引鄭玄注云："度，詳審察之也。"《戰國語·晉語》"君不度而賀"注："度，揆也。"《戰國策·齊策》"臣竊度之"注："度，計也。"《後漢書·李通傳》注："度，計量也。"此外其他釋義還多，上所録爲可考慮用於此處解釋者。又上引《漢書·刑法志》"度時作刑"及《大司寇》疏"量度詳審之刑"，似更切近於釋此。

"以詰四方"，上引鄭玄注，於"詰"字有"禁也"、"謹也"二訓，王先謙《參正》云："謹，亦禁意也。"則上引"布憲"職文注"使四方謹行之"，亦爲有所禁而四方謹以行之之義，正可用以此釋"以詰四方"句。按《立政》有"詰爾戎兵"句，其詰有"治也"、"責也"諸義。陳樂《纂疏》云："詰，如'詰姦慝'之詰。"（按此爲《左傳·昭公十四年》語）杜注："詰，責問也。"近人吳闓生《大義》則釋爲："詰，彈正糾察也。"則與禁、治諸義亦相近。總之可釋作大爲審度時勢制定詳審之祥刑，有所禁於四方，使謹以行之。

僞孔釋此句云："度時世所宜，訓作贖刑，以治天下四方之民。"蘇軾釋此句已見上引。陳樂《纂疏》云："王……當百年耄荒之時，而能裁度作刑，以詰四方。"吳澄《纂言》云："'荒'，大。'度'，揆。猶禹言荒度土功。'詰'，治也。大加揆度，作爲刑書，以詰治四方也。"此數家於此句之釋，皆無大誤。

至清江聲《音疏》云："王既老而審度時宜，作詳慎之刑，使四方謹行之。"此原無誤。而接着説："今文曰：'鮮度作刑'，'以詰四方'。"並疏釋云："據伏生《書大傳》引《書》如此。"則大誤。其後王鳴盛《後案》、孫星衍《注疏》皆承此説。孫氏並云："《大傳》'度'作'鮮度'。'《釋詁》云：'鮮，善也。'《漢書·刑法志》云：'度時作刑。'《詩》傳云：'時，善也。'則今文'鮮度'、'度時'俱言度善也。或以'度時'爲'相度時宜'，非也。"皮錫瑞《考證》云："《大傳》無'鮮度作刑'之文。《困學紀聞》云：'《費誓》，《説文》作"粊誓"，《史記》作"肸"，《大傳》作"鮮"（句）。"度作刑以詰四方"。《周禮》注云："度作詳刑以詰四方。”’王伯厚謂《大傳》作鮮者，乃《鮮誓》之‘鮮’，惠氏輯本《大傳》誤連‘鮮度’爲文，孫氏沿其誤，非是。《漢志》云‘度時’，正相度時宜之謂，孫氏傅會鮮、時，云皆訓善。失之。……《後漢紀》崔寔《論世事》曰：‘昔盤庚遷都，以易殷民之弊；周穆改刑，以正天下之失。’是‘度時作刑’之證也。”王先謙《參正》在引王應麟《困學紀聞》之語後云：“惠棟誤連‘鮮度’爲句，江聲、孫星衍俱從之，非也。”尚有王鳴盛從之，亦非也。

孫星衍《注疏》又云：“詰，一作誥。”並疏釋云：“詰作誥，《今文尚書》也。”皮氏《考證》再駁之云：“孫又云：‘詰作誥，《今文尚書》也。’蓋即以《困學紀聞》引《書》作‘誥’，與《周禮》鄭注不同，故斷爲今文。然《尚書》不見有作‘誥’之本，《紀聞》恐傳寫之誤，未可爲據。且《紀聞》本不連‘《大傳》作鮮’爲句，尤不得謂之今文也。”按宋時林之奇《全解》已云：“呂侯見命於穆王，作此書以誥諸侯。”又云：“呂侯之稱王命以告諸侯者，蓋欲其哀矜於刑獄而已。”提出了“誥”、“告”二字。呂祖謙《書説》承其意云：“穆王……及其改過於血氣既衰期頤篤老之際，訓告四方。”乃釋“以詰四方”爲“訓告四方”。王應麟可能承林、呂之説影響，逕用誥字。不顧《尚書》各本於此句“詰”字從來不作“誥”，而孫氏妄從之，皮氏駁之甚是。

曾運乾《正讀》云：“以上史官記事之詞，下乃正文。”加藤常賢《集釋》列以上爲“第一節，序”。列下文自“王曰若古有訓”至“自作元命配享在下”爲“第二節，古訓”。

⑤王曰——此史臣記呂王説。不盡符合周王室誥詞成例，第一段誥詞應記“王若曰”，意爲王這樣説；第二段以下乃省稱“王曰”。此開頭逕稱“王曰”，是否爲呂國史臣書例，不詳。

⑥若古有訓——“若”，《莊子·德充符》“與仲尼相若”《釋

文》:"若,如也。"亦即像也。《覈詁》謂"若"爲發語詞,亦通。然此處釋作"像古時候",似更妥。"訓",《詩・烝民》"古訓是式"傳:"訓,道也。"即《爾雅・釋詁》:"訓,道也。"《詩・關雎傳》疏:"訓者,道也。道物之貌以告人也。"就是將事物真相告訴人家。此句是説像古時候有一種把事物真相講給人家聽的古訓。故加藤常賢以"古訓"二字爲本節標題。

⑦蚩尤——蚩尤是中國古代東方部族的一個英雄,一個有名的宗神,關於他的神話很多,其中圍繞與黄帝涿鹿之戰尤多附麗。因古代喜將本族傑出的首領加以神化,因此才有很多神話。在文獻中,則本篇是記載蚩尤事迹最早的一篇,只是由敵對部族所記,所以是懷有敵意的貶損之辭。現按下列三項來認識蚩尤:

(一)蚩尤爲九黎族君長,三苗族先王。由本篇説:"蚩尤惟始作亂……苗民……惟作五虐之刑。"顯然蚩尤與苗民先後同屬的關係是明白的。而三苗爲九黎之後,見於《國語・楚語》云:"昔少皡之衰也,九黎亂德。……其後三苗復九黎之德。"韋昭解:"三苗,九黎之後也。高辛氏衰,三苗爲亂,行其凶德如九黎之爲也。"本篇"苗民弗用靈"下《孔疏》云:"鄭玄以爲苗民即九黎之後。"都是説三苗確爲九黎之後。而"九黎之亂"使少皡衰亡,九黎之君蚩尤自然就據有少皡之地,《逸周書・嘗麥篇》遂説上帝"命蚩尤宇于少昊"。這些古史傳説長久傳下來,見於載籍,《戰國策・秦策》"黄帝伐涿鹿而禽蚩尤"注云:"蚩尤,九黎氏之君,好兵也。"《吕氏春秋・蕩兵篇》"人曰蚩尤始作兵"高誘注:"蚩尤,少昊之末九黎之君名也。"本篇《釋文》引馬融釋蚩尤亦云:"少昊之末九黎君名。"僞《孔傳》也説:"九黎之君號曰蚩尤。"大抵文獻中承舊説肯定蚩尤是九黎族的君長。三苗爲九黎後代,自然蚩尤爲三苗族的先王,才有本篇蚩尤與苗民前後相承的記載。

使人困惑的是，後世只知道苗族在南方，而與黃帝在涿鹿作戰的蚩尤則在北方，爲什麼他們成了一家呢？其實這正説明九黎——三苗之族原在北方，殷亡以後才被迫遷到南方的。關於苗族自北向南遷將敍在下文"苗民"校釋中，此處專敍有關蚩尤的資料。故不多及苗民。

（二）神話中的蚩尤。因神話中所包含史實素地既爲史籍取材的來源，而神話又對後世影響大，故須先理清蚩尤的神話資料。蚩尤神話由來已久，而其主要者收録在神話全書《山海經》中。其《大荒北經》云："有人衣青衣，名曰黃帝女魃。蚩尤作兵伐黃帝，黃帝乃令應龍攻之冀州之野。應龍畜水，蚩尤請風伯雨師，縱大風雨。黃帝乃下天女曰魃，雨止。遂殺蚩尤。魃不得復上，所居不雨，叔均言之帝，後置之赤水之北。"《大荒東經》云："有山名曰凶犁土丘，應龍處南極，殺蚩尤與夸父，不得復上。"郝懿行《箋疏》云："《史記·五帝紀索隱》引皇甫謐云：'黃帝使應龍殺蚩尤於凶黎之谷。'即此。黎犁古字通。"袁珂《校注》云："唐王瓘《軒轅本紀》（見《雲笈七籤》卷一百）云：'（黃帝）殺蚩尤於黎山之丘。'説本此。"又《大荒北經》亦云："應龍已殺蚩尤，又殺夸父，乃去南方處之，故南方多雨。"又《大荒南經》云："有宋山者……有木生山上，名曰楓木。楓木，蚩尤所棄其桎梏，是爲楓木。"郭璞注云："蚩尤爲黃帝所得，械而殺之。已摘棄其械，化而爲楓也。"

關於所説黃帝殺蚩尤之地，袁珂考定共有不同的四説。其《大荒東經》"凶犁土丘"條《校注》云："蚩尤被殺之地，或又傳在南方（此處舉《大荒南經》"有宋山者"條爲例），或又傳在東方（此處舉《歸藏啓筮》"蚩尤自羊水"條"殺之於青丘"爲例，以爲"青丘者，東方地名也"),或又傳在中冀,《周書·嘗麥篇》云:'蚩尤乃逐帝(赤帝),爭于涿鹿之阿(原誤河),赤帝大儱,乃説于黃帝,執蚩尤殺之于中冀,用名之曰絶轡之野。'……然《路史·後紀四》云:'(黃帝)傳戰執尤於中冀而殊之,爰謂之解。解者,宋之解州,今山西之解縣也。'沈括《夢溪筆談》卷三云:'解州鹽澤,滷色正赤,俚俗謂之蚩尤血。'則解州雖不必如《路史》所附會之中冀,後世固亦有蚩尤被殺於其地之神話也。蚩尤被殺之地,於不同之諸説中,要以冀州之野即涿鹿之阿爲近正。"

以上爲蚩尤故事犖犖大者之見於《山海經》者。袁珂《校注》作了不少補充。其《大荒北經》注云:"關於黃帝與蚩尤戰争之神話,古來傳説多端。較早者有《初學記》卷九引《歸藏啓筮》云:'蚩尤出自羊水,八肱八趾疏首,登九淖以伐空叠,黃帝殺之於青丘。'其後《太平御覽》卷七八引《龍魚河圖》(按《五帝本紀正義》已引此)云:'黃帝攝政前,有蚩尤兄弟八十一人,並獸身人語,銅頭鐵額,食沙石子,造立兵杖、刀、戟、大弩,威振天下。誅殺無道,不仁不慈,萬民欲令黃帝行天子事,黃帝仁義,不能禁止蚩尤,遂不敵。乃仰天而歎。天遣玄女下授黃帝兵信神符,制伏蚩尤,以制八方。蚩尤歿後,天下復擾亂不寧,黃帝遂畫蚩尤形象,以威天下,天下咸謂蚩尤不死,八方萬邦皆爲珍服。'(五代馬縞《中華古今注》録引此文,後半有删節。)……《御覽》十五引《黃帝玄女戰法》云:'黃帝與蚩尤九戰九不勝,黃帝歸於太山,三日三夜,霧冥。有一婦人,人首鳥形,黃帝稽首再拜伏不敢起,婦人曰:"吾玄女也,子欲何問?"黃帝曰:"小子欲萬戰萬勝。"遂得戰法焉。'……《御覽》十五引《志林》(晋虞喜撰)云:'黃帝與蚩尤戰於涿鹿之野,蚩尤作大霧彌三日,軍人皆惑。黃帝乃命風后法斗機以别四方,遂擒蚩尤。'《通典·樂典》云:'蚩尤氏帥螭魅以與黃帝戰於涿鹿，帝命吹角作龍吟以禦之。'……《述異記》雜叙蚩尤軼事云：'蚩尤能作雲霧。涿鹿今在冀州，有蚩尤神，俗云人身牛蹄，四目六手。'今冀州人掘地得髑髏如銅鐵者，蚩尤之骨也。今有蚩尤齒，長二寸，堅不可碎。秦漢間説，蚩尤氏耳鬢如劍戟，頭有角，與軒轅鬥，以角觝人，人不能向。今冀州有樂名《蚩尤戲》。其民兩兩三三，頭戴牛角而相觝。漢造《角觝》，蓋其遺制也。太原村落間，祭蚩尤神，不用牛頭。今冀州有蚩尤川，即涿鹿之野。漢武時，太原有蚩尤神晝見，龜足蛇首，□疫，其俗遂爲立祠。'"

以上所録，顯然增添了些漢魏以後道教的神怪庸俗傳説，但仍然保存了不少先秦所傳下的東方部族熱愛和頌揚蚩尤的資料，通過神話方式渲染得更生動。因而北方民間一直保持着對蚩尤的尊敬、敬畏、敬佩之情，上面資料中所見這類記載不少，有些地方甚至故意奚落黃帝，表示蚩尤爲比黃帝更英武更傑出的帶有神性的英雄人物。

可是敵對之族總要對蚩尤加上許多貶抑、詆毀的話，上引神話中這種詆毀的話已迭見，他們還要繼續貶抑，即使在承認他特出地位時仍加詆斥。袁珂《大荒南經》"楓木"條校注有云："《路史·後紀四·蚩尤傳》於記蚩尤被殺後，復説云：'後代聖人著其像於尊彝，以爲貪戒。'其説當有所本。羅苹注云：'蚩尤，天符之神，狀類不常。三代彝器，多著蚩尤之像，爲貪虐者之戒。其狀如率爲獸形，傅以肉翅。'（吳任臣《山海經廣注》（大荒北經）引《博古圖》略同此説）揆其所説，殆饕餮也。《左傳·文公十八年》云：'縉雲氏有不才子，貪于飲食，冒于貨賄，侵欲崇侈，不可盈厭；聚斂積實，不知紀極；不分孤寡，不恤窮匱；天下之民，以比三凶，謂之饕餮。'……説蚩尤即是此縉雲氏之不才子饕餮，乃大有可能也。……《北次二經》云：'鈎吾之山有獸焉，其狀羊身而人面，其目在腋下，虎齒人爪，其言如嬰兒，名曰狍鴞，是食人。'郭璞注云：'爲物貪惏，食人未盡，還害其身，象在夏鼎，《左傳》所謂饕餮也。'《圖讚》大體與注相同，惟於'食人未盡'下作'還自齦割'。則尤形象生動而達意。郭注狍鴞即饕餮，當有古說憑依，非臆說也。……《大戴禮·用兵篇》云：'蚩尤，庶人之貪者也。'與狍鴞、饕餮之貪惏義固相應。故古以蚩尤比於狍鴞、饕餮之獸而著於鼎彝，非無因也。……果蚩尤即饕餮之說可以成立，則前代統治者於蚩尤之嫉惡詆毀，亦已甚矣。"

（三）史籍中的蚩尤。

（1）先秦史籍：《呂刑》是記蚩尤史事最早的一篇，因爲是成於作爲華夏集團主體的西方姬姜二族中的姜姓族之手，與東方的蚩尤九黎族爲敵對之族，因而簡單的記了蚩尤和苗民幾句，却充滿敵愾之情，全是貶抑和詆毀的話，説他們作亂，寇賊奸宄，制作五虐之刑，殺戮無辜，等等。與《呂刑》基本同時保存了西周資料的有《逸周書·嘗麥篇》〔此篇情況見拙撰《尚書學史》第三章第四節之（二）"逸周書篇目情況"。《嘗麥》所記禮制與《顧命》相近，亦知其爲西周資料〕。該篇云："王若曰：宗撏大正，昔天之初，誕作二后，乃設建典；命赤帝分正二卿，命蚩尤宇少昊，以正四方。可□□上天未成之憂，蚩尤乃逐（赤）帝，爭于涿鹿之阿（原誤河），九隅無遺。赤帝大懾，乃説于黄帝，執蚩尤殺之于中冀……名之曰絶轡之野。乃命少昊清司馬鳥帥以正五帝之官，故名曰質。天用大成，至于今不亂。"這雖是史籍，所記仍是從神話開始，説是"昔天之初"由上帝任命赤帝、蚩尤二人"以正四方"，結果蚩尤要獨霸而趕走赤帝，赤帝請黄帝殺了蚩尤。仍用原先被蚩尤所伐滅的少昊族中一個叫清的人來撫有少昊原地，維持了秩序不亂。但這裏開頭説"命蚩尤宇少昊"，還不是故事的開始，其開始還在蚩尤滅了少昊而據有其地的時候。這就由春秋時的另一部史籍《國語》追記了其事。

《國語·楚語》說：“昔少皡之衰也，九黎亂德。”韋昭解：“九黎，黎氏九人也。”董增齡疏：“《漢·郊祀志》注孟康曰：‘少皡時諸侯作亂者也。’”是九黎之族作亂，才使少皡亡，九黎之君蚩尤據有了少皡之地。所以才有《嘗麥篇》所說的上帝“命蚩尤宇于少昊”。當時蚩尤率領九黎作亂，不只是占了少皡之地，還破壞了原有的宗教秩序，《楚語》記明：“民神雜糅，不可方物，夫人作享，家爲巫史。……禍災薦臻，莫盡其氣。”後來“顓頊受之（韋昭注：“少皡氏没，顓頊氏作。受，承也”），乃命南正重司天以屬神，命火正黎司地以屬民，使復舊常，無相侵瀆，是謂絕地天通。”就是説經過顓頊的整頓，恢復了原來的宗教秩序。但是接着“其後三苗復九黎之德”，這就是《吕刑》篇所着重責備的“三苗復九黎之德”後的那許多“五虐之刑，殺戮無辜”的“罪行”。

先秦還有文獻也記載蚩尤的事，其中有基本同於上述敵視蚩尤的觀點或者未提出不同觀點者，如《戰國策·秦策》云：“昔者神農伐補遂，黄帝伐涿鹿而禽蚩尤，堯伐驩兜，舜伐三苗。”又《魏策二》云：“黄帝戰於涿鹿之野，而西戎之兵不至。”這都是姬姜族傳統的看法。除補遂族屬不詳外，驩兜則據《大荒北經》説是苗民的祖先，所以這是説黄帝伐了蚩尤，堯、舜繼續伐其後代。《秦策》注云：“蚩尤九黎氏之君，好兵也。”蚩尤好兵成了先秦有名傳説，見於《世本·作篇》云：“蚩尤以金作兵器。”（《初學記》、《御覽》皆引）又云：“蚩尤作五兵，戈、矛、戟、酋矛、夷矛。”（《路史》引）《管子·地數篇》云：“葛盧之山發而出水，金從之，蚩尤受而制之以爲劍、鎧、矛、戟。……雍狐之山發而出水，金從之，蚩尤受而制之以爲雍狐之戟、芮戈。"《呂氏春秋·蕩兵篇》云:"人曰蚩尤作兵,蚩尤非作兵也,利其械也。未有蚩尤之時,民固剝林木以戰矣。"高誘注:"非始造之也,故曰'非作兵'也。"張澍輯《世本》按語云:"《路史》引《世本》云:'蚩尤作五兵:戈、矛、戟、酋矛、夷矛,黃帝誅之涿鹿之野。'《太平御覽》引《世本》云:'蚩尤作兵。'又按《太白陰經》:'伏羲以木爲兵,神農以石爲兵,蚩尤以金爲兵。'是兵起於太昊,蚩尤始以金爲之。《管子·地數篇》:'蚩尤受葛盧山之金而作劍鎧矛戟。'《春秋玄命包》:'蚩尤虎捲威文立兵。'宋均注:'捲,手也。手文威字也。'尚有《大戴記·用兵篇》云:'公曰:"蚩尤作兵歟?"子曰:"否。蚩尤,庶人之貪者也。及利無義,不顧厥親,以喪厥身。蚩尤惛慾而無厭者也,何器之能作? 蜂蠆挾螫而生見害,而校以衛厥身者也。人生有喜怒,故兵之作,與民皆生,聖人利用而弭之,亂人興之喪厥身。"'"王聘珍《解詁》云:"蜂蠆挾螫,譬蚩尤也。"這是對蚩尤加了更多的詆毀,對其作兵器事加以貶抑。

先秦更有一些文獻不是站在敵對立場誹謗蚩尤,而是同情、頌揚蚩尤。如《管子·五行篇》云:"黃帝澤參,治之至也。昔者黃帝得蚩尤而明於天道,得大常而察於地利,得奢龍而辯於東方,得祝融而辯於南方,得大封而辯於西方,得后土而辯於北方。黃帝得六相而天地治,神明至。蚩尤明乎天道,故使爲當時。"戴望《校正》云:"謂知天時之所當也。"按,此似爲黃帝六相之第一相蚩尤的職掌,按天時以當全局之政,其餘各相當一方面之政。可見蚩尤成了黃帝最重要的一位首相了。這和上文所錄的各種資料是完全不同的,他如《越絕書》、《計倪內經》等都持蚩尤爲黃帝重要臣正之說。這是推重蚩尤至高的一說。還有,雖然也說黃帝與蚩尤戰於涿鹿之野,卻譴責了黃帝。見《莊子·盜跖篇》云:"然而黃帝不能致德,與蚩尤戰於涿鹿之野,流血百里。"下文重復譴責之云:"世之所高,莫若黄帝,黄帝尚不能全德,而戰涿鹿之野,流血百里。"陸德明《莊子音義·盜跖篇》:"蚩尤,神農時諸侯,始造兵者也。神農之後第八帝曰榆罔世,蚩尤氏强,與榆罔爭王,逐榆罔。榆罔與黄帝合謀殺蚩尤。《漢書音義》云:'蚩,古之天子。'"這把《嘗麥篇》所説的上帝改成了炎帝第八世榆罔,把與赤帝爭王改成了與榆罔爭王。這是故事流傳變異常有的現象,只是把本來敵視蚩尤的傳説,在敍述中轉變成不那麽敵視了。

《史記·高祖本紀集解》録應劭引《左傳》曰:"黄帝戰於阪泉以定天下。蚩尤好五兵。"此在《左傳》何年尚待查,於《僖公二十五年》有云:"遇黄帝戰于阪泉之兆。"同一史事而非同一文件,要皆先秦與蚩尤有關史料。

《逸周書·史記解篇》有云:"武不止者亡。昔阪泉氏用兵無已,誅戮不休,并兼無親,文無所立,志士寒心,徙居至於獨鹿,諸侯畔之,阪泉以亡。"獨鹿即涿鹿。梁玉繩《史記志疑》以爲此阪泉氏即蚩尤,甚確,是説有人指責蚩尤好兵而逞武以至於亡。另有一則好兵逞武而亡的資料,見《北堂書鈔》卷一一三引《六韜》云:"昔煩厚氏用兵無已,誅戰不休,至于涿鹿之野。諸侯叛之,煩厚氏以亡也。"顧師《讀書筆記》第三卷第1529頁云:"這煩厚氏不知何代帝王,似僅此一見。觀於其亡於涿鹿之戰,則煩厚殆即蚩尤之異寫乎?"此顯有可能,則蚩尤既另稱阪泉氏,又另稱煩厚氏,皆以好兵逞武而亡爲其特色。以上是先秦有關蚩尤的資料(偶附一兩處後世注解先秦資料之文),大多是源於黄河上游姬姜等族敵視黄河下游九黎族的資料,也有一部分是黄河下游民間對蚩尤懷有好感敬重崇拜的資料。

（2）進入漢代以後的史籍：大都是作歷史的叙述，只有少數宣揚了神話傳説。首先是《史記·五帝本紀》云："軒轅之時，神農氏世衰，諸侯相侵伐，暴虐百姓，而神農氏弗能征，於是軒轅乃習用干戈，以征不享。諸侯咸來賓從，而蚩尤最爲暴，莫能伐。"《集解》："應劭曰：'蚩尤，古天子。'瓚曰：《孔子三朝記》曰：'蚩尤，庶人之貪者。'"《索隱》："按此紀云'諸侯相侵伐，蚩尤最爲暴'，則蚩尤非爲天子也。又《管子》曰：'蚩尤受盧山之金而作五兵，明非庶人，蓋諸侯號也。'"《本紀》又云："蚩尤作亂，不用帝命，於是黄帝乃徵師諸侯，與蚩尤戰於涿鹿之野，遂禽殺蚩尤。而諸侯咸尊軒轅爲天子，代神農氏，是爲黄帝。"神話中那許多神異的事淘汰了，但"戰於涿鹿之野"、"禽殺蚩尤"這根本史實却保存了。又《殷本紀》所載《湯誥》有云："昔蚩尤與其大夫作亂百姓，帝乃弗予有狀。"《索隱》云："帝，天也。謂蚩尤作亂，上天乃不佑之，是爲'弗與有狀'。言其罪大而有形狀，黄帝滅之。"

黄帝滅蚩尤之地涿鹿所在，《史記·五帝本紀·集解》云："服虔曰：'涿鹿，山名。在涿郡。'張晏曰：'涿鹿在上谷。'"《索隱》云："或作濁鹿，古今字異耳。按《地理志》，上谷有涿鹿縣，然則服虔云在涿郡者誤也。"按，上谷涿鹿在今河北省涿鹿縣境東南。《集解》又云："《皇覽》曰：'蚩尤冢在東平郡壽張縣闞鄉城中，高七丈，民常十月祀之，有赤氣出如匹絳帛，民名爲蚩尤旗。肩髀冢在山陽郡鉅野縣重聚，大小與闞冢等。傳言黄帝與蚩尤戰於涿鹿之野，黄帝殺之，身體異處，故别葬之。'"又《史記·封禪書》云："齊……八神：……三曰兵主，祠蚩尤。蚩尤在東平陸監鄉，齊之西境也。"《索隱》："監，音闞，《皇覽》云：'蚩尤冢在東平郡壽張縣闞鄉城中也。'"而《雲笈七籤》引《軒轅本紀》云："所殺蚩尤，身首異處，帝閔之，令葬其首冢於壽張，其肩臂冢在山陽，其髀冢在鉅鹿。"顧師《讀書筆記》第十卷第 7856 頁云："按山陽、鉅鹿、壽張皆在東方，其事雖不可信，而其爲東方之傳說則可信。"徐旭生《中國古史的傳說時代》第51 頁在引《漢書·地理志》東郡壽良縣"蚩尤祠在西北泲（原誤涑，依王先謙校改）上"及《皇覽》之文後説："壽良爲今山東東平縣，壽張仍即壽良。……蚩尤這個人是一位失敗的英雄，他所屬的東夷集團没有給我們留下寫成的歷史，我們所能依據的不過是華夏集團中所留下的傳說，所以他就很不公平地受到後人的唾駡，不能參加此後所整理出來的聖帝明王的系統。可是因此，他的祠堂和墳墓不見得有人去附會，所以反倒是比較可靠的。在他失敗的兩三千年以後，他的傳說，在那裏還是那樣地烜赫，他同當地的人民就不能没有很深的關係。"

　　另一西漢文獻《鹽鐵論·結和篇》云："軒轅戰涿鹿，殺兩曎、蚩尤而爲帝，湯、武伐夏、商，誅桀、紂而爲王。黄帝以戰成功，湯武以伐成孝。……李牧追匈奴以廣北州，湯武之舉，蚩尤之兵也。"徐旭生由唐蘭告知此一史料後，即在其《傳說時代》書中第 53 頁釋之云："兩曎，指太皞與少皞兩氏族。涿鹿之戰，二氏族與蚩尤在同一戰綫上作戰，足證其屬於同一集團。"《鹽鐵論》此處之文，似客觀地叙述黄帝與兩皞、蚩尤的涿鹿之戰，但終不掩對蚩尤軍容的讚揚。把勇敢善戰的趙國名將李牧的軍隊讚美它同蚩尤一樣的英武。

　　東漢名著王充《論衡·非韓篇》云："夫穆王之治，初亂終治，非智昏於前才妙於後也；前任蚩尤之刑，後用甫侯之言也。"又《寒温篇》云："案前世用刑者，蚩尤亡秦甚矣。蚩尤之民，洶洶紛紛；亡秦之路，赤衣比肩。當時天下未必常寒也。"（蓋針對陰陽五行説的"君怒則寒"而發）又《變動篇》云："《甫刑》曰：'庶僇旁告無辜于天帝。'此言蚩尤之民被寃,旁告無罪于上天也。"此皆逕以《吕刑》所載苗民之刑爲蚩尤之刑。又《譴告篇》云:"周穆王任刑。《甫刑篇》曰:'報虐用威',威虐皆惡也,用惡報惡,亂莫甚焉。"這就是上所引周穆王"前任蚩尤之刑"。這些都是華夏族對蚩尤懷有偏見之辭。

東漢末鄭玄之説,由《孔疏》引之云:"鄭云:'蚩尤霸天下,黄帝所伐者。'"道出了蚩尤曾霸天下的歷史事實。

又《周禮·肆師》職云:"凡四時之大甸獵,祭表貉,則爲位。"鄭玄注云:"貉,師祭也。貉讀爲十百之百。於所立表之處,爲師祭造軍法者,禱氣勢之增倍也。其神蓋蚩蚘,或曰黄帝。"《賈疏》:"貉祭祭蚩尤,是以《公羊》説曰'師出曰祠……祠五兵矛戟劍楯弓鼓及祠蚩尤之造兵者'。……鄭云或曰黄帝也。……故漢高亦祭黄帝蚩尤於沛庭也。"是蚩尤與黄帝並祀爲師祭之神。

西晉初皇甫謐《帝王世紀》談古史語多不經,往往杜撰無據,甚至道教庸俗神話,但亦有據冷僻之書或在他身後又已失傳之書,自然不可輕易相信,可作爲某個方面參考資料。《類聚》卷十一及《御覽》卷七十九引《世紀》云:"黄帝……又徵諸侯,使力牧、神皇直討蚩尤氏,擒之於涿鹿之野。使應龍殺之於凶黎之丘。"《群書治要》卷十一引其文云:"神農氏衰,蚩尤氏叛,不用帝命。黄帝於是修德撫民……討蚩尤氏,禽之於涿鹿之野。"這些叙於神農之世。其叙於黄帝之世者,有《書鈔》卷百三引其文云:"昔蚩尤無道,黄帝討之於涿鹿之野。西王母遣道人以符授之,黄帝乃立請祈之壇,親自受符,視之,乃昔者夢中所見也,即於是日擒蚩尤。"又《五帝本紀·索隱》引謐云:"黄帝使應龍殺蚩尤于凶黎之谷。或曰:黄帝斬蚩尤于中冀,因名其地曰絶轡之野。"《書鈔》卷十三引云:"黄帝伐九黎。"《事類賦》注卷十一引云:"黄帝殺蚩尤,以其皮爲鼓,聲聞百里。"《續漢志·郡國志五》注引云:"(涿鹿),黃帝所都,有蚩尤城、阪泉地、黃帝祠。《世本》云:'在鼓城南。'"

又西晉崔豹《古今注》云:"指南車起黃帝。與蚩尤戰於涿鹿之野,蚩尤作大霧,兵士皆迷,於是作指南車以示四方,遂擒蚩尤。"又云:"華蓋,黃帝所作也。與蚩尤戰於涿鹿之野,常有五色雲氣,金枝玉葉,止於帝上,有花葩之象,故因而作華蓋也。"崔述《補上古考信錄》辨其妄。《四庫總目》謂崔豹書久亡,後人取馬縞所襲用《蘇氏演義》資料僞託而成。

東晉僞《孔傳》云:"蚩尤造始作亂,惡化相易,延及於平善之人。九黎之君號曰蚩尤。"唐《孔疏》云:"'九黎之君號曰蚩尤',當有舊說云然,不知出何書也?《史記·五帝本紀》云(此處錄"神農氏世衰"至"咸尊軒轅爲天子"一段),如《本紀》之言,蚩尤是炎帝之末諸侯君也。……《楚語》曰(此處錄"少昊氏之衰也"至"使復舊常"數句),則九黎在少昊之末。……孔以蚩尤爲九黎,下傳又云蚩尤爲黃帝所滅。言黃帝所滅則與《史記》同矣。孔非不見《楚語》而如此說,蓋以蚩尤是九黎之君,黃帝雖滅蚩尤,猶有種類尚存,故下至少昊之末更復作亂。"

宋劉恕《通鑑外紀》云:"神農氏世衰,諸侯相侵伐,暴虐百姓而弗能征……蚩尤最爲暴,莫能伐。……蚩尤作亂,不用命,軒轅徵師與蚩尤戰於涿鹿之野,蚩尤爲大霧,軍士昏迷,軒轅作指南車以示四方,遂禽蚩尤,戮於中冀,名其地曰絕轡之野。""原注"引錄了有關蚩尤資料十餘則,皆見上文。其中在引《龍魚河圖》"蚩尤兄弟八十一人"全文後,繼云:"或曰蚩尤兄弟七十二人,食鐵石,軒轅誅之。"《外紀》所錄基本如《史記》之文,惟後半部錄用了《志林》、《述異記》中蚩尤作大霧的神話,惟將原來說黃帝對付的方法"法斗機以別四方”，改用了《古今注》的“作指南車以示四方”。

宋代另一部集漢代緯書以來古史說大成的羅泌撰的《路史》，妄說甚多，然而書中亦有接近古史事實的記載。比《帝王世紀》往往價值要高。《路史·後紀四·蚩尤傳》所記有關蚩尤史事，全文錄載了陸德明《莊子音義·盜跖篇》之說，亦以炎帝的第八世榆罔“分正二卿，命蚩尤宇于小顥（即少昊）以臨四方”。結果“蚩尤產亂”，受到黃帝誅殺。接着說：“後代聖人著其像於尊彝。”（見前神話資料）以其子羅苹名義寫的注文說：“蚩尤天符之神，狀類不常。”此書有很大一錯誤，即在羅苹注文中依《陰經遁甲》說云：“蚩尤，姜姓，炎帝之裔也。”把相反的敵人說成是一家。他們根本不了解古代民族情況，炎、黃二帝之族即姜姓、姬姓之族與東土夷、黎等族是長期敵對之族。他們只根據史料中有說蚩尤是炎帝之臣，或說神農之臣，就誤會蚩尤爲姜姓，爲炎裔，是完全錯誤的。

由以上紛繁的資料，看得出蚩尤在中國古史上的地位。我國古代黃河上游以姬、姜兩族爲主體的早期華夏集團，和黃河下游以鳥夷族爲主體及與之同盟之族如九黎族等所形成的東夷集團，長期對立冲突，相互激蕩交融，在歷史上各自產生了傑出的領袖，西方如黃帝、炎帝、大禹、伯夷、后稷等，東方如太皋、少皋、蚩尤、顓頊、堯、舜等，各自有其烜赫的事迹留在歷史上。其中蚩尤在軍事上尤爲傑出，至有“黃帝與蚩尤九戰九不勝”之說。及至春秋戰國之世，黃河上游下游各族以及整個華夏大地上或南或北各族經過長期激蕩交糅終於融合成新的統一的偉大的華夏族之後，黃帝被共同尊奉爲全族的始祖，各族的宗神和祖先都被編排成黃帝一系的分支，構成一完整的血緣體系。但獨獨蚩尤因爲是全族始祖黃帝長期勁敵，而且他的後裔苗族竄逐到南方，當時尚未加入到華夏大家庭，以致蚩尤獨未被編入黄帝血緣系統的分支裏面，不能像其他各族宗神一樣被承認爲古帝系統中的一帝；而且由於古代典籍流傳至後代的，都是形成於姬、姜族爲主體的周代，因而出於民族敵愾，大都對蚩尤肆行詆毀誹謗，使後世看到的全是對蚩尤懷有偏見的惡意中傷，因而一般就把蚩尤看成是反面人物。無論神話傳説中或史籍記載中大多數是這樣。但蚩尤實際在華北東方各族中威望甚高，民間一直對蚩尤懷有好感。保持尊敬、愛戴、敬畏之情，據前面資料所載，當他剛戰敗被殺後，其族衆起而相抗，如《龍魚河圖》所説的，蚩尤殁，天下擾亂，黄帝只好畫蚩尤形象，以威天下，天下以爲蚩尤不死，才安定下來。其後歷世相傳，各地相繼出現蚩尤神，甚至蚩尤骨，蚩尤齒，解州有蚩尤血，民間有蚩尤戲，地理有蚩尤川，太原村落間祭蚩尤神，漢時太原有蚩尤神畫見，爲立蚩尤祠，壽張縣有蚩尤祠及蚩尤墓，且民稱其墓上有赤氣爲蚩尤旗，山陽、鉅鹿亦有蚩尤墓。顧師《讀書筆記》第四卷第 2202 頁記齊都營丘（今山東臨淄）亦有蚩尤祠，等等。可見蚩尤威望始終顯赫於廣大區域。《史記·高祖本紀》載秦始皇死後，陳勝首倡起義，各地紛紛殺地方官響應反秦，沛邑也殺沛令，立劉邦爲沛公，沛公就職即先舉行祭祀黄帝、蚩尤的大典於沛庭。作爲華夏族，當然祀始祖黄帝，竟以蚩尤與之並祀，《集解》引應劭解釋爲“蚩尤好五兵，故祠祭之求福祥也”。顯然並不只是如此，在衆多古帝中，獨獨祭祀黄帝、蚩尤二先帝，顯然劉邦等承北方民間信仰，尊奉蚩尤，才以之與黄帝並祀的。《史記·封禪書》除記載劉邦“爲沛公，則祠蚩尤”外，並載：“後四年，天下已定……令祝官立蚩尤之祠於長安。”可知他是特尊奉蚩尤的。再看《史記·酈生列傳》云：“夫漢王發蜀漢，定三秦，涉西河之外，援上黨之兵，下井陘，誅成安君，破北魏，舉三十二城，此蚩尤之兵也，非人之力也，天之福也。"頌揚漢兵盛況,竟以"此蚩尤之兵也"稱譽之,與戰國名將李牧率兵揚威漠北,被讚揚爲"蚩尤之兵也",後先輝映。可見當時人心目中,"蚩尤之兵"的神武,蚩尤本人聲望的崇高,到了人人景慕的地步。這是自傳說時代迄於漢代幾千年間蚩尤的神話宣揚和歷史事實的傳說所得的結果,他成了歷史上與黄帝並峙的巨人。

《古史辨》第七册上第 206 頁楊寬文舉《國語》謂蓐收乃"天之刑神",因而謂"蚩尤之爲刑神可無疑也"。以本篇之蚩尤、苗民"作五虐之刑"爲説,並舉《大荒南經》"蚩尤所棄其桎梏之謂楓木"爲證。其舉證雖牽强,然以蚩尤倡"五虐之刑"被奉爲刑神則有可能(古者兵刑無別,蚩尤以好兵爲其特色,自亦可以好刑爲其特色)。此外蚩尤尚有爲戰神、爲兵神之説,《封禪書》載齊八神,其三兵主爲蚩尤,是蚩尤被奉爲兵神。顧師《讀書筆記》第五卷第 2782 頁在引録《周禮·肆師》鄭注之後云:"此可見蚩尤與黄帝同爲戰神,不易分別。"是由先秦迄漢,蚩尤確已被奉爲戰神,亦由其傳説中這種特色影響而成,所以蚩尤之爲戰神,在歷史上是形成了的。

這裏有必要附帶辨明一次訛傳的黄帝與赤帝的阪泉之戰(見《大戴記·五帝德》),再訛而爲黄帝與炎帝的阪泉之戰(見《史記·五帝本紀》)。其實本無其事,只是黄帝與蚩尤涿鹿之戰在傳說中的分化與蜕變,詳拙著《古史續辨·古史詞條黄帝》文中。該文指出,以五色與五方帝相配,以炎爲南方赤,是戰國後期至西漢陰陽五行説盛行以後的事,可見這一傳說的後起。該文引梁玉繩《史記志疑》所指出的:"阪泉之戰即涿鹿之戰,是軒轅勤王之師(即協助炎帝之師),而非有兩事。故《逸周書·史記解》稱蚩尤曰阪泉氏,斯爲確證。"按《水經·灅水注》云:"涿水出涿鹿山……又東北與阪泉合。……《魏土地記》曰:'下洛城南六十里有涿鹿城,城東一里有阪泉,泉上有黃帝祠。'"是阪泉與涿鹿實爲一地,而蚩尤又有阪泉氏之稱,都可證阪泉之戰即涿鹿之戰。何況黃帝與炎帝兩族相爲婚姻,是姻親部落(詳《古史續辨》第170—171頁),兩族是互相依存,共同發展的,因爲没有了對方,自己之族就没法傳宗接代。因此兩族的任一方脱離不了另一方,這是人類歷史發展過程中曾長期實行過的客觀事實,結爲姻親的兩族是始終合作存在下去不會自己争鬥的(參看《古史續辨》第123頁、第169頁)。最顯明的如周王朝的姬姜兩族,遼王朝的王族耶律氏與后族審密氏(采漢姓爲蕭)就是如此。姓姬、姜的黃、炎兩族也是這樣,所以根本不能發生黃帝與炎帝的戰争。崔述《補上古考信録》已據《左傳·僖公二十五年》"遇黃帝戰于阪泉之兆"語及《五帝本紀》黃炎"戰於阪泉之野"語,指出"亦無同胞兄弟而用師以相攻伐之理"(因《晋語四》説"昔少典取於有嶠氏,生黃帝炎帝",故二人爲同胞兄弟),以否定黃炎阪泉之戰。摩爾根《古代社會》指出,父系氏族時期,兄弟氏族還有血族復仇的義務,當然更不至自相攻伐。所以黃炎阪泉之戰是根本不可能的,只有黃帝與蚩尤的涿鹿之戰,訛傳成這一阪泉之戰。

最後從《古史辨》第七册上第203頁所録與梁啓超合作辦報的蔣觀雲所撰《中國人種考》文中所説,使人領悟到"與蚩尤作戰"所以訛成"與炎帝作戰"的可能原因。該文大要説:"今考黃帝之戰炎帝,戰蚩尤,最可異者,其戰場只出一地。……皇甫謐曰:'阪泉在上谷。'張晏曰:'涿鹿在上谷。'《地理志》:'上谷有涿鹿縣。'……夫黃帝之戰炎帝,戰蚩尤,於史蓋有兩事,然則以何因由,而炎帝之與蚩尤,乃出於同一之地域?……曰:炎帝之末世,爲蚩尤所滅,而蚩尤實襲用炎帝之號。……《逸周書·史記解》曰:'蚩尤逐帝榆罔而自立,號炎帝,亦曰阪泉氏。'……蚩尤之兵屢勝,遂滅炎帝,於阪泉即天子位,稱真而號炎帝焉,亦曰阪泉氏。……黃帝進攻……初戰於阪泉……進而戰涿鹿,戰中冀,三戰卒擒尤。……據此則蚩尤攻炎帝榆罔,黃帝乃進攻蚩尤,其間自無黃帝更與炎帝榆罔相戰爭者。……蚩尤既稱炎帝,故史或稱其號,則曰炎帝;或稱其名,則曰蚩尤。……試以此觀之,庶可以得其所會通者。"這樣,黃帝與蚩尤戰,也就是與冒稱的炎帝戰。所尋的這一解釋,似是很足以令人相信之説。

　　總之,只有作爲敵人的兩位巨人黃帝與蚩尤之間的涿鹿之戰,亦稱阪泉之戰。沒有作爲姻親的兩位巨人黃帝與炎帝之間的阪泉之戰。

　　⑧蚩尤惟始作亂延及于平民——段玉裁《撰異》云:"《後漢書·和帝紀》曰:'貪苛慘毒,延及平民。'李注引《書》'延于平人'。無'及'字,'民'作'人'。"顯係李賢避諱,改"民"作"人"。無"及"字,並不是《尚書》原文無之,而是文人引成句,遷就四字句,故不引"及"字。僞孔云:"言蚩尤造始作亂,惡化相易,延及於平善之人。"《孔疏》:"昔炎帝之末,有九黎之國君號蚩尤者,惟造始作亂,惡化遞相染易,延及平善之民,平民化之,亦變爲惡。"又云:"蚩尤造始作亂,其事往前未有,蚩尤今始造之。必是亂民之事,不知造何事也?下説三苗之主,習蚩尤之惡,作五虐之刑,此章主説虐刑之事,蚩尤所作,必亦造虐刑也。以峻法治民,民不堪命,故惡化轉相染易,延及於平善之民亦化爲惡也。"《蔡傳》云:"言鴻荒之世,渾厚敦厖,蚩尤始開暴亂之端,驅扇熏炙,延及平民,無不爲寇爲賊。"

　　⑨罔不寇賊鴟義姦宄奪攘矯虔——段玉裁《撰異》:"王符《潛夫論·述教篇》:'古者唯始受命之君,承大亂之極,被前王之惡,其民乃並爲敵讎,罔不寇賊消義,姦宄奪攘,以革命受祚,爲之父母,故得一赦。'疑所引用今文《甫刑》,而'鴟'作'消'。"陳喬樅《經説考》

引鄭玄"鴟義"注（見下文）後云："疑'消義'乃'梟義'之訛，以聲同致誤也。"孫星衍《注疏》云："或今文'鴟義'爲'消義'，《廣雅・釋詁》云：'消，滅也。'則'消義姦宄'或爲'滅義善而干軌法也'。"

"寇賊"，見《堯典》"寇賊姦宄"校釋。彼僞孔云："群行攻劫曰寇，殺人曰賊。"詳該處校釋。此處《孔疏》引上項僞孔後云："言攻殺人以求財也。"

"鴟義"，《釋文》引馬融注云："鴟，輕也。"《孔疏》引鄭玄注云："盜賊狀如鴟梟，鈔掠良善，劫奪人、物。"僞孔注云："平民化之，無不相寇賊爲鴟梟之義。"《孔疏》："鴟梟，貪殘之鳥，《詩》云：'爲梟爲鴟。'梟是鴟類。鄭玄云（見上引），《傳》言'鴟梟之義'，如鄭説也。"《蔡傳》："鴟義，以鴟張跋扈爲義。"王引之《述聞》"義民、鴟義"條云："《呂刑》曰'鴟義姦宄奪攘矯虔'，義字亦是傾衺之意。馬融注曰：'鴟，輕也。'鴟者，冒没輕儳；義者，傾衺反側也。《大戴禮・千乘篇》説，司寇治民煩亂之事曰：'作於財賄、六畜、五穀曰盜，誘居室家有君子曰義，子女專曰娱，飭五兵及木石曰賊，以中情出，小曰間，大曰諜，利辭以亂屬曰讒，以財投長曰貸。'盜、義、娱、賊、間、諜、讒、貸，皆是寇賊奸宄之事。'義'即鴟義姦宄之'義'也。《管子・明法解篇》曰：'姦邪之人用國事……則姦人爲之視聽者多矣。雖有大義，主無從知之。故《明法》曰："佼衆譽多，内外朋黨，雖有大姦，其蔽主多矣。"'是'大義'即'大姦'也。《傳》於義字皆訓爲仁義之義，其不可通者有三。……'鴟義姦宄'解爲鴟梟之義，夫鴟鴞惡鳥，何義之可言，其不可通者三也。鄭注訓'義'爲良善，而曰'盜賊狀如鴟梟，鈔掠良善'，亦不得其解而爲之辭，經但言'義'，不言'鈔掠'也。"（參看《立政》"無義民"校釋）孫星衍《注疏》云："《説文》云：'俄，行頃也。'《詩》箋云：'俄，頃貌。'《廣雅・釋詁》

云：'俄，衺也。'古者'俄'、'義'同聲。或訓'義'爲仁義字，非也。馬注見《釋文》云'鴟，輕'者，《廣雅·釋詁》云：'蚩，輕也。'鴟與蚩聲相近。鄭注見《書疏》云'狀如鴟梟'者，《御覽》引馬融《周禮》注云：'鴟鴞，惡聲之鳥也。'王逸注《楚辭》云：'鴟梟，惡鳥。'《廣雅·釋鳥》云：'鴟鵂，怪鳥也。'"是自漢歷晉唐至宋經師皆以"鴟"爲惡鳥，"義"爲仁義之義。清深於訓詁之王念孫、引之父子及孫星衍等仍釋"鴟"爲惡鳥，而訓"義"爲傾邪，與"俄"字同。其説有可取。戴鈞衡《補商》云："鴟義，《蔡傳》云'以鴟張跋扈爲義'，迂曲，而於上下字義不倫。吾友方宗誠曰：'鴟梟，賊鳥也。古人謂害義者爲"鴟張"，又曰"梟張"，蓋賊義之謂。'方説近理，今從之。"仍訓"義"爲仁義之義，其説亦自通。

　　"姦宄"，《史記》、《後漢書》多引作"奸軌"，與"姦宄"音義全同。詳《堯典》"寇賊姦宄"、《盤庚》"敗禍姦宄"、《康誥》"寇攘姦宄"諸校釋。不必分犯罪在外曰姦在内曰宄，或在内曰姦在外曰宄，總之是作奸犯科。孫星衍《注疏》在引《潛夫論·述教篇》之文（見本句校釋之首段氏所引）後，接着説明："或今文鴟義爲消義……則消義姦宄或爲'滅義善而干軌法也'。"並云："宄，《周禮·司刑》疏引作軌，或鄭本如此。就訓'鴟義'爲'鈔掠良善'，則鄭於'姦軌'亦爲'干犯軌法'也。"戴鈞衡引方宗誠遂亦釋爲"干犯軌法"。所解亦通。

　　"奪攘"，"奪"一作"敓"。見《説文·攴部》云："敓，彊（强）取也。《周書》曰：'敓攘矯虔。'从攴，兑聲。"大徐音："徒活切。"隸古寫本、岩崎本、内野本及薛季宣刊本皆作"敓數"。惟足利本、影天正本及上圖八行本皆作"奪攘"。"攘"，《周禮·司刑》疏引鄭玄注云："有因而盜曰攘。"《匡謬正俗》引《論語》注："攘，盜也。"《禮記·禮器》“匹士太牢而祭謂之攘”注：“攘，盜竊也。”段玉裁《撰異》云：
“《尚書大傳·周傳》曰：‘降畔寇賊劫略敂攘矯虔者其刑死。’《漢書
·武帝紀》孟康注引《尚書》‘敂攘矯虔’（按見元狩六年）。玉裁按，
《大傳》及孟康，《今文尚書》也；許氏《說文》，《古文尚書》也。然則
古文、今文本皆作‘敂’。‘敂’、‘奪’古通用。《廣韻》十三未收字
下曰‘古《周書》曰敂攘矯虔’。云‘古《周書》’者，謂天寶以前之
《周書》也。此蓋景德、祥符間重修《廣韻》之語。”又云：“又按，幾失
去物謂之奪，凡强取謂之敂。經傳中假奪爲敂，而奪字本義惟見於
《說文》。今俗謂有遺失曰奪去，此古語也。鄭君注《禮》曰‘編簡爛
脱’，《釋文》音‘奪’。此假脱爲奪也。凡今人曰脱去者，皆當音奪
去。陸贄論裴延齡姦蠹：‘《書》曰或遭寇賊敂戮。’此可證唐初《尚
書》不作奪也。”按，唐初《尚書》“奪攘”確作“敂戮”，見上引諸隸古
定本，爲衛包未改寫以前之本。又段氏引《大傳》及《漢書·武帝
紀》孟康注皆作“敂”，陳喬樅、皮錫瑞所引同，然今通行本《漢書》作
“寇”而不作“敂”，皮氏自輯及陳壽祺輯《大傳》作“奪”而不作
“敂”，諸氏所引作“敂”者，所據本已不詳。

　　“矯虔”，“矯”，漢今文作“撟”，見《漢書·武帝紀》元狩六年詔
曰：“將百姓所安殊路，而撟虔吏因乘勢以侵蒸庶耶！”《周禮·司
刑》疏引鄭玄注本篇云：“撟虔，謂撓擾。《春秋傳》‘虔劉我邊垂’
（按見成公十三年），謂劫奪人、物以相撓擾也。”段玉裁《撰異》云：
“矯虔，《周禮·司刑》鄭注作‘撟虔’，《賈疏》引《吕刑》‘寇賊姦軌
奪攘撟虔’。玉裁按，《漢書》武帝元狩六年詔曰：‘撟虔吏因乘勢以
侵蒸庶。’孟康注曰：‘虔，固也。撟稱上命以貨賄用爲固，《尚書》
曰：“敂攘撟虔。”’韋昭曰：‘凡稱詐爲撟，强取爲虔。’唐初釋玄應
《衆經音義》卷十三曰：‘撟，擅也，假詐也，亦舉手也。’《尚書》‘撟誣

上帝'（按見《仲虺之誥》。今本作"矯誣上天"），孔安國曰'託天以行罪'（今本"罪"作"虐"）。《國語》'其形矯誣'，賈逵曰：'非先王之法曰撟，加誅無罪曰誣。'字從手，今皆作矯也。……玉裁謂，俗作'撟詔'字皆從矢作矯，而不知《說文》明云：'撟，舉手也。一曰擅也。'擅訓則專指僞稱上命者言之，故孟康、韋昭、玄應説皆與《說文》合。……觀玄應所引僞《仲虺之誥》字作'撟誣'，而今本作'矯'，《呂刑》同是可知也。"是説《呂刑》"矯虔"，原本作"撟虔"。以上所舉諸訓中，自以韋昭"稱詐爲撟，强取爲虔"較切本處字義。江聲《音疏》釋之云："《周禮·士師》職云：'五曰撟邦令。'鄭注云：'稱詐以有爲者'，故云'稱詐爲撟'。云'强取爲虔'者，《說文·虍部》云：'虔，虎行貌也。'則虔是强梁之狀。《釋詁》云：'虔，固也。'固持而取，是强取也。"

⑩苗民弗用靈——"弗"一作"匪"，"靈"一作"命"。"弗用靈"一作"否用靈"。《禮記·緇衣》云："《甫刑》曰：'苗民匪用命，制以刑，惟作五虐之刑曰法。'"段玉裁《撰異》云："《墨子·尚同中篇》：'昔者聖王作爲五刑以治天下，逮至有苗之制五刑以亂天下。則此豈刑不善哉，用刑則不善也。是以先王之書《呂刑》之道曰："苗民否用練，折則刑，唯作五殺之刑曰法。"則此言善用刑者以治民，不善用刑者以爲五殺。'玉裁按，《墨子》云《呂刑》，則《古文尚書》也；《緇衣》云《甫刑》，則《今文尚書》也。'靈'作'練'者，雙聲也。依《墨子》上下文觀之，'練'亦訓善。與孔正同。《緇衣》作'命'者，古'靈'、'令'通用，皆訓善。'令'之爲'命'，字之歧誤也。'折'、'製'古通用。用'虐'爲'殺'，則未聞。"錢大昕《養新錄》亦云："'命'當是'令'之訛，'令'與'靈'古文多通用。'令'、'靈'皆有善義。鄭康成注《禮》解爲政令（見下），似遠。"皮錫瑞《考證》云：

"《緇衣》所云'苗民匪用命',即《史記》云'蚩尤不用帝命'也。古者謂天爲帝,趙岐注《孟子》引'帝清問下民',以'帝'爲'天'。史公云'不用帝命',蓋謂不用天命。今文作'匪用命',其意亦當如此,不必傅合古文靈字以'命'爲'令'之誤如段氏説也。鄭以命爲政令,亦古文説,與今文不同。"

《禮記·緇衣》鄭玄注云:"《甫刑》,《尚書》篇名。'匪',非也。'命',謂政令也。高辛氏之末,諸侯有三苗者作亂,其治民不用政令,專制役之以嚴刑,乃作五虐蚩尤之刑,以是爲法。於是民皆爲惡起倍畔也。三苗由此見滅無後世,由不任德。"("於是民皆爲惡"以下三句,注解《緇衣》在引《甫刑》三句後所説的"是以民有惡德,而遂絕其世也"兩句。)《禮記·緇衣》孔穎達疏引鄭玄注《吕刑》云:"苗民,謂九黎之君也。九黎之君於少昊氏衰而棄善道,上效蚩尤重刑。必變'九黎'言'苗民'者,有苗,九黎之後,顓頊代少昊誅九黎,分流其子孫,爲居於西裔者三苗。至高辛之衰,又復九黎之君惡,堯興,又誅之。堯末又在朝,舜時又竄之。後王深惡此族三生凶惡,故著其氏而謂之'民'。民者冥也,言未見仁道。"("舜時又竄之"至"而謂之民"三句,本篇《孔疏》所録鄭玄注文字稍異云:"舜臣堯,又竄之。後禹攝位,又在洞庭逆命,禹又誅之。穆王深惡此族三生凶德,故著其惡而謂之民。")

此鄭玄扼要叙述了九黎—三苗的歷史。所説"九黎之君於少昊氏衰而棄善道",是據《楚語》載"少昊之衰九黎亂德"。所説"顓頊代少昊誅九黎",是據《楚語》載九黎亂德之後,民神雜糅,家爲巫史,禍灾薦臻,顓頊受之,加以鎮壓,"使復舊常,無相侵瀆"。所説"分流其子孫,爲居西裔者三苗",是據當時早已有的古史傳説分出九黎族一部分稱爲三苗到西北三危之地,見於《堯典》所載"分北三苗”及《禹貢》所載“三危既宅，三苗丕叙”。所説“至高辛之衰又復九黎之君惡”，是據《楚語》所載雖經顓頊整頓，“其後三苗復九黎之德”。因按劉歆《三統曆》所載《世經》安排的古史系統，“顓頊高陽氏”之後是“帝嚳高辛氏”，所以把顓頊之後的三苗恢復九黎所進行的鬥爭，推定在高辛之世。所説“堯興，又誅之”，仍然據“分北三苗”的傳説，亦見於《吕氏春秋・召類》所載“堯戰於丹水之浦以服南蠻”。所説“堯時又在朝，舜時又竄之”，仍是據《堯典》之末載舜要分北三苗，則苗仍在堯王朝所屬之地，才要分竄一部分到西北，一部分則如《吕氏春秋・召類》所載“舜却苗民，更易其俗”。所説“後王深惡此族三生凶惡”，“後王”即指本篇之王，泛稱“後王”是正確的，本篇《孔疏》引鄭玄注據誤説改爲“穆王”，是錯誤的。所説“又在洞庭逆命，禹又誅之”，當是據《墨子・非攻下》載“禹親把天之瑞令以征有苗”，説在洞庭，當是據《魏策》吴起所説三苗左彭蠡、右洞庭來的。至所謂“三生凶惡”，當是指少昊時、高辛時、堯舜禹時黎苗族的長期鬥争。

可知黎、苗族歷世和黄帝、和少昊、和顓頊、和高辛、和堯、和舜、和禹都不斷鬥争着。就是説，他和黄河下游的東夷各部族以及黄河上游的戎、夏等族都是敵人。他們的鬥争地點，由於不斷失敗，逐步由北向南遷。最初是在涿鹿之野，冀州之地，即在今河北省北部。這是他們在英雄首領蚩尤領導之下威力最强盛的時代，曾使黄帝九戰九不勝，他們的鬥争使少昊衰亡，因而據有少昊之境，則在今山東省境内（曲阜爲少昊之墟）。他們在涿鹿之戰失敗後，不得不退出今河北省北部而向南移，也就是據守進占少昊之地。據徐旭生《中國古史的傳説時代》第52頁據一些稱爲黎的地名考定，除山西之黎爲“西伯戡黎”的黎國外，以爲：“從鄆城到浚縣雖跨越兩省，可是相去並不很遠,這些全是九黎氏的故地,蚩尤的領土。……要之,九黎爲山東、河北、河南三省接界處的一個氏族,蚩尤爲其酋長,所以他敗死以後就葬在它那屬地的東境(按,其一墓在鉅鹿,屬河北省東南境,兩墓在山陽、壽張,屬山東省西境),雖説這一部分的古史經過頗爲茫昧,而綫索還不難找出。"顯然黎苗族在這裏居留時間較長,和少昊、顓頊、高辛的鬥爭當在這一地區進行。到《呂氏春秋·召類》所載,則所居之地已南達丹水流域,屬今鄂北。可是原來根據地冀魯豫地區,《堯典》所載舜與三苗的鬥爭仍在其地。所以《戰國策·魏策二》説:"黄帝戰於涿鹿之野,而西戎之兵不至;禹攻三苗,而東夷之民不起。"是説至禹時攻三苗,其地仍接近東夷。但是隨着長期鬥爭的繼續失敗,只能逐步南遷。《戰國策·魏策》載吳起曰:"昔者,三苗之居,左彭蠡(今鄱陽湖)之波,右有洞庭之水,文山在其南,而衡山(雉衡山,在今豫境)在其北。恃此險也,爲政不善,而禹放逐之。"那就是《墨子·非攻篇》所説的和禹的鬥爭就在這一地區進行。顯然又因失敗而被逐。有苗在夏商周三代時的鬥爭,歷史記載不詳。惟有一情況,即原來亦在黄河下游的楚族,於西周初年作爲東夷集團之一,會同盈(嬴)、鄔、徐、奄等族參加殷王武庚倡導的反周戰爭(見《逸周書·作雒篇》),被周公東征戰敗後,被迫南遷丹水流域(詳《古史續辨》第61頁)。就是説楚族南遷是步苗族南遷的後塵,不過他南遷一步,就把苗族擠向更南一步。當他南遷到丹水時,原遷丹水的苗族,只好更向南。從西周初年直到東周春秋時代,楚族自丹水流域向南發展成大國,他所到之處,苗族必須南撤。從《春秋大事表》看出,終春秋之世,楚國實力似主要仍在長江北岸。那麼苗族"左有彭蠡之波,右有洞庭之水"的長江南岸之地,似至春秋之世尚能保持。但楚勢日益擴張,自春秋末年以迄戰國之世,楚深入長江南岸，苗族只好再向南移，大概今湖南省境主要是湘中湘西之地爲其新領土。隨着秦統一全國，建黔中郡於湘西，及漢王朝建立，與其後歷代漢人之繼續向南擴展，苗族就繼續向南，不過也早已與華夏大家庭有所交融。迄於今日，苗族主要居於貴州省境，東則保存了湘西山區之地尚有其遺族，其西及南的雲南、廣西，其北的四川，皆散布有苗族居住，廣東、湖北山地亦居有少數（詳國家民族事務委員會編《中國少數民族》）。這就是苗族自黃帝之世至於今日的五千餘年間的大致情況。至於《山海經·大荒北經》載西北海外有苗民，爲驩頭所生，而在《堯典》裏，驩兜是與三苗同被舜放逐的，所說分北三苗於三危，是苗族中分出一部分到西北的三危，這一部分苗民後來可能融合到氐羌中去了，所以《後漢書·西羌傳》有“西羌之本，出自三苗”之說，不過不是“出自”而是融入（參看《古史續辨》第 62 頁）。

⑪制以刑惟作五虐之刑曰法——上一“校釋”中錄《墨子·尚同中》引作：“折則刑，唯作五殺之刑曰法。”皮氏《考證》：“《論語》魯讀‘折’爲‘制’。《魯論》是今文，此今文作‘制’古文作‘折’之證。故《緇衣》引《甫刑》作制，《墨子》引《呂刑》作折也。”屈萬里《集釋》云：“《易·豐卦·象傳》：‘君子以折獄致刑。’《釋文》：‘折，斷也。’意謂裁斷。”

皮氏《考證》引了兩則漢人說云：“揚雄《廷尉箴》曰：‘昔在蚩尤，爰作淫刑，延於苗民，夏氏不寧。’子雲蓋用今文家說，以爲作淫刑之苗民即是蚩尤。‘夏氏不寧’，蓋謂夏后氏以苗民作淫刑爲之不寧，乃作贖刑易之。《書序》云‘訓夏贖刑’，謂穆王順夏后贖刑之義以制罰也。《論衡》以苗民之刑爲蚩尤之刑，‘民興胥漸’爲蚩尤之民。亦與子雲義同。蓋今文說以蚩尤、苗民爲一，非如鄭義以爲苗民效蚩尤。”

偽孔釋云：“三苗之君習蚩尤之惡，不用善化民，而制以重刑，惟五虐之刑，自謂得法。”《孔疏》：“上說蚩尤之惡即以苗民繼之，知經意言三苗之君習蚩尤之惡。靈，善也。不以善化民而制以重刑，學蚩尤制之用五刑而虐爲之。故爲五虐之刑，不必皋陶五刑之外別有五也。‘曰法’者，述苗民之語，自謂所作得法，欲民行而畏之。”《蔡傳》亦云：“苗民承蚩尤之暴，不用善而制以刑，惟作五虐之刑，名之曰法，以殺戮無罪。”吳澄《纂言》云：“‘五虐之刑’，比舊五刑更加酷虐也。‘曰法’，非法而爲之法也。”按楊氏《覈詁》云：“曰，疑與越同。《廣雅》：‘越，與也。’”是釋此爲“作五虐之刑與法”。亦通。然似不如逕以今語釋“曰”爲“叫做”，更簡便通其意。因爲此處“曰”字意爲“稱曰”。“稱曰”就是叫做。陳櫟《纂疏》云：“《舜典》稱‘象以典刑，流宥五刑’。下文方及誅四凶，三苗居一焉。蓋五刑其來久矣。豈有苗民始作五刑，舜乃效尤用之之理。”王樵《日記》亦云：“言三苗之君，襲蚩尤之惡……曰五虐者，用五刑而虐爲之，不必常刑之外，別有五也。……非苗民始造此刑，苗民始過用之，以加於無罪，所謂五虐之刑也。”此諸家以爲苗民全承蚩尤之惡，五刑亦蚩尤原有，苗民加以酷虐成五虐之刑。

蘇軾《書傳》云：“自蚩尤以前，未有以兵强天下者。……蚩尤既倡民爲姦，苗民又不用善。……自苗民以前，亦未有作五虐之刑者，故舉此二人以爲亂始。”吕祖謙《書說》云：“開辟之元，有善而無惡，有德而無刑。反善而有惡，懲惡而有刑。用刑之端，初不始於聖人也。……蓋苗民先創作五虐之刑，自號爲法，殺戮無辜，始過爲劓刵椓黥之制，故聖人不得已用其所自爲者還以治之，於是刑辟興焉。”此兩家以爲蚩尤、苗民各有其惡，苗民始創五刑。

戴鈞衡《補商》云："'苗民弗用靈'云云,當緊承'蚩尤作亂'云云讀下,蓋因言刑而溯始作五刑之苗民,因言苗民作五刑而溯始導民惡之蚩尤,苗民於蚩尤爲後裔……自注家分'蚩尤'、'苗民'各自爲節,以蚩尤爲作亂之始,苗民爲淫刑之始,兩兩對言,而蚩尤一節殊爲贅設。……'五虐之刑',言五等殘害肢體之刑(《墨子》引作"五殺之刑"),非暴虐也。苗民之虐在弗用靈、殺無辜,並制罔差,不得以制五刑爲害。後儒或疑苗民虐刑,帝王不宜遵用;或謂古自有五刑,苗民更加慘虐,夫經文明曰'作五虐之刑',曰'始爲劓刵椓黥',則五刑非始於苗民而何?秦改封建爲郡縣,遂爲三代後天下之定制,不得因苗民而疑五刑不可遵用也(意謂暴虐的秦創立的郡縣爲後世所遵行,暴虐的苗創立的五刑後世也可遵行)。且五刑不始於苗民,穆王又何爲引之乎(意謂《呂刑》載之。即誤説穆王所引)。"此一家既反對苗民不承蚩尤惡之説,亦反對原有五刑由苗民加虐爲五虐之刑之説,以爲苗民承蚩尤之惡,而又始創立五刑。

以上爲對苗民有關五刑問題的三種不同見解,都不是泛泛之談,而是進行了較深入觀察所提出的見解。大略言之,根據文意,似當以戴氏之説較近實。持第一説者,以爲《舜典》(即《堯典》下半)中有"流宥五刑"、"五刑有服"、《皋陶謨》中有"五刑五用哉"等句,而舜任命皋陶作"士"官,就是主管五刑工作,以爲堯、舜、皋陶爲古聖王和先賢,遠在周穆王的《呂刑》前,所以認爲苗民的五刑承用皋陶的五刑。他們不知道《堯典》、《皋陶謨》編成於東周之世,時間遠在西周的《呂刑》後面,所以"五刑"實際由《呂刑》最先提出。在西周還有《康誥》、《立政》兩篇也談刑法,而且《康誥》着重承用商代刑法,這些都在《呂刑》以前。但它們只是提出重要原則,沒有提到"五刑"。所以談五刑實際始見於《呂刑》,所謂"五刑"確實可説是由《呂刑》篇中所宣揚的苗民創始的。

⑫殺戮無辜爰始淫爲劓刵椓黥——"戮"，已見《甘誓》"孥戮"校釋，此處用其"殺"字義。"辜"，《爾雅·釋詁》："辜（罪）也。""爰"，於是也（王氏《釋詞》引張衡《思玄賦》注）。楊氏《詞詮》則以爲是語首助詞。"淫"，《左傳·昭公元年》"淫生六疾"杜注："淫，過也。"《周語》"聽淫日離其名"韋注："淫，濫也。"《爾雅·釋詁》："淫，大也。"

"劓、刵、椓、黥"，在漢代文獻中，有下列幾種異文：

《說文·攴部》："敤，去陰之刑也。从攴，蜀聲。《周書》曰：'刖、劓、敤、黥。'"

《白虎通·五刑》："五刑者，五常之鞭策也。刑所以五何……大辟……宮……臏……劓……墨……劓、墨何，其下刑者也。……割、宮，在其中刑者也（今本無此八字，王引之據盧文弨校本有之。又應有"上刑者也"，今本缺）。"同篇又云："腓者脫其臏也。"陳立《疏證》："捝，刖也，《說文》作跀。……《周本紀》、《漢·刑法志》與《書》傳同作臏。……鄭《駁異義》云：'皋陶改臏爲捝，《呂刑》有捝，周改捝爲刖。'"按本篇下文所列五刑爲墨、劓、捝、宮、大辟。

《尚書大傳》："……其刑臏……宮……劓……墨……死。"

《堯典》篇題下《孔疏》："《古文尚書》篇與夏侯等同，而經字多異。夏侯等書……'劓、刵、劅、剠'云'臏、宮、劓、割、頭庶剠'。"

王引之《述聞》引《尚書刑德放》宮字叙在割字前，訂正夏侯本"宮劓割"當作"宮割劓"。又《白虎通》"割宮"亦當校正爲"宮割"。並引下列資料："《列女傳·貞順篇》曰：'士庶人外淫者宮割。'鄭注《文王世子》曰：'宮割臏墨劓刖，皆以刀鋸刺割人體也。'又曰：'宮割，淫刑也。'又注《孝經》曰：'科條三千，謂劓墨宮割臏大辟，男女不與禮交者宮割。'皆本《甫刑》也。……'膾'字當在'宮割'之上，'劓'字當在'宮割'之下。《大傳》不言'割'者，言宮可以統割。"

段玉裁《撰異》據僞孔、《孔疏》皆言"截人耳鼻"及鄭玄注"刵，斷耳，劓，截鼻"，皆先耳後鼻，論定"《古文尚書》作'刵劓'甚明。今本作'劓刵'恐是衛包所改"。又云"《正義》卷二（即《堯典》題下）引鄭本'劓刵劅剠'，亦先劓後刵，蓋非始於衛包。'並論定《説文》引《周書》'刖、劓、斀、黥'，'刖'當是'刵'之字誤。"又云："今本'劅'作'椓'，此唐天寶三載衛包所改也。孔訓劅爲椓陰，衛妄謂劅古字、椓今字，以椓改劅。而宋開寶五年又改《釋文》大書劅字爲椓矣。……《集韻》云：'斀，或作椓，古作劅。'此合《説文解字》及《尚書》新定《釋文》、未改《釋文》爲此語。"又云："'刵劓劅剠'四字，《古文尚書》也，'膾宮劓割頭庶剠'七字，《今文尚書》也。"

于氏《新證》："劓字此篇凡三見，隸古定本並作劓，《盤庚》'我乃劓殄滅之'，《多方》'劓割夏邑'。二劓字敦煌隸古定本亦作劓，《説文》：'劓，刑鼻也。从刀，臬聲，《易》曰：'天且臬。'按《叔弓鎛》、《辛鼎》均有劓字，甲骨文作𠛹。自，鼻之初文。從臬、從鼻、從自，一也。狹義爲刑鼻，引申爲劋伐之義。"

對此諸字之解釋，《孔疏》引鄭玄注云："'刵'，斷耳。'劓'，截鼻。'椓'，謂椓破陰。'黥'，謂羈黥人面。苗民大爲此四刑者，言其特深刻異於皋陶之爲。"僞孔云："三苗之主，頑凶若民，敢行虐刑以殺戮無罪，於是始大爲截人耳鼻，椓陰，黥面，以加無辜，故曰五虐。"《孔疏》："《釋詁》云：'淫，大也。'於是大爲截人耳鼻、椓陰、黥面，苗民爲此刑也。椓陰即宮刑也，黥面即墨刑也。《康誥》周公誡康叔云：'無或劓刵人。'即周世有劓刵之刑，非苗民别造此刑也。以加無辜，故曰'五虐'。鄭玄云（見上引），鄭意蓋謂截耳截鼻多截之,椓陰苦於去勢,黥面甚於墨額,孔意或亦然也。"

王鳴盛《後案》云:"鄭云'刵斷耳劓截鼻'者,《説文》卷四下《刀部》'刵'字注云:'斷耳也,从刀从耳,仍吏切。''劓'字注云:'刑鼻也,从刀臬聲,《易》曰"天且劓"。魚鹽切。'又重文'劓'字注云'劓或從鼻',是也。……云'椓謂椓破陰'者,《大雅·召旻》'昏椓靡共'箋云'椓,椓破陰也'是也。'黥謂羈黥人面'者,《説文》卷十上《黑部》'黥'字注云:'墨刑在面也。从黑京聲,渠京切。'又重文'剠'字注云'黥或從刀'是也。"《後案》又云:"'臏宮劓割頭庶剠'者,'臏'即刖,'割頭'即大辟,'庶剠'即墨。……'庶剠'者,庶,煮也。《秋官》'庶氏'以藥物燻攻毒蟲,故以名官。彼叙官注:'庶讀如藥煮之煮。''司刑'注:'墨,黥也,先刻其面,以墨窒之。'言刻額爲瘡,以墨塞瘡孔令變色,則墨須煮,故云'庶剠'也。"王引之《述聞》云:"王氏不知'割'字本在'宮'字下,而誤以'割頭'二字連讀;其説'庶'字之義,尤爲穿鑿。今考《御覽·刑法部》'黥'下引《尚書刑德放》曰:'涿鹿者,笮人額也。黥者,馬羈笮人面也。'又引鄭注曰:'涿鹿、黥,皆先以刀笮傷人,墨布其中,故後世謂之刀墨之民也。'然則墨刑在面謂之黥,在額謂之涿鹿。'涿',古讀若獨。'涿鹿',叠韻字也。'頭庶剠',即涿鹿黥。頭、涿古同聲,庶即鹿之訛耳。"皮氏《考證》云:"王(引之)説甚確,夏侯等書之'臏宮割劓頭庶剠',即《説文》之'刖劓劅黥'也。'臏'即刖,'宮割'即劅,'頭庶剠'即黥劓。今、古文同。合上文'殺戮無辜'凡五刑。"

⑬越兹麗刑並制罔差有辭——《詩·正月》疏引鄭玄注云:"'越',於也。'兹',此也。'麗',施也。於此施刑,並制其無罪者。"僞孔云:"苗民於此施刑,並制無罪,無差有直辭者。言淫濫。"基本承鄭注。蘇軾《書傳》云:"苟麗於法者,必刑之,並制無罪,不

復以冤訴爲差別,有辭無辭皆刑之也。"林之奇《全解》云:"於此有麗附於罪者,併以刑制之,不復差擇其辭之有曲直者,此其所以爲虐也,此其所以爲淫也。"則基本承蘇説。《蔡傳》全承此説無新意。唯上訓麗爲施,此訓爲附。

江聲《音疏》云:"《周禮·小司寇》云:'以八辟麗邦法。'又《鄉士》云:'各麗其法以議獄訟。'鄭注皆云:'麗,附也。'此言麗刑亦猶麗法,鄭言'麗,施',不訓附。蓋附罪人於刑即是施刑於罪人,均爲麗也,故麗可訓附亦可訓施也。"孫星衍《注疏》釋此處云:"於此附於刑,並制作五虐之法,無有差減,亦無罪狀讞,其可輕可緩,刻深之至。"劉逢禄《集解》云:"麗刑,《周官》所謂麗於法也。《漢律》:'一人有數罪,以重者論之。'自古及今皆然,'並制罔差'者,如李斯之具五刑,不分差等,故曰'五虐'。'辭',罪狀也。"戴鈞衡《補商》云:"麗刑,犯罪者也。制裁割也。'有辭',有理可言者,《孔傳》所謂有直辭也。於此麗刑之民,一並裁割,雖無罪者不加差別。"似以蘇軾、孫星衍、劉逢禄之釋較合。

⑭民興胥漸泯泯棼棼——"民興胥漸",《尚書大傳》作"苗民用刑,而民興犯漸"。"泯泯棼棼",《論衡》及《漢書叙傳》作"涽涽紛紛"。《逸周書·祭公解》作"泯泯芬芬"。又"泯"亦作"涽"。段玉裁《撰異》云:"《論衡·寒温篇》曰:'前世用刑者,蚩尤、亡秦甚矣。蚩尤之民,涽涽紛紛;亡秦之路,赤衣比肩。'玉裁按,此《今文尚書》也。《漢書叙傳》'涽涽紛紛',亦用今文《甫刑》語。《古文尚書》作'泯泯棼棼'。徐仙民音'民'。按《韓詩·載芟》'民民其廞',《常武》'民民翼翼',云'民民',衆貌。徐音有自來矣。'棼棼'者,亂貌也。《春秋傳》:'治絲而棼之。'(按見隱公四年)《逸周書·祭公解》曰:'汝無泯泯芬芬。'按'芬'與此'棼'同也。"又王氏《後案》

云："《逸周書》……孔晁注云：‘泯芬，亂也。’‘泯’在《説文·新附》古作‘潣’。《周禮·小宗伯》注‘杜子春讀潣爲泯’是也。”

　　僞孔釋云："三苗之民潰於亂政，起相漸化，泯泯爲亂，芬芬同惡。"是訓"興"爲起，訓"漸"爲化。《孔疏》："三苗之民，謂三苗國內之民也。潰，謂慣潰。苗君久行虐刑，民慣見亂政，習以爲常，起相漸化。泯泯，相似之意，芬芬，擾攘之狀。‘泯泯爲亂’，習爲亂也。‘芬芬同惡’，共爲惡也。"《蔡傳》云："泯泯，昏也。芬芬，亂也。民相漸染，爲昏爲亂。"是訓"漸"爲染。江聲《音疏》則謂"漸，讀如瀸"。謂："古者輒借漸爲瀸濱之瀸。如《衛風·氓》詩云：‘漸車帷裳。’《荀子·大略篇》云：‘蘭芝藥木，漸于蜜醴。’《漢書·董仲舒傳》仲舒《對策》云：‘漸民以仁。’是皆借漸字爲瀸字，此經之‘漸’，誼當爲瀸染。是本借爲瀸，故當讀爲瀸也。"有意迂迴尋找古字，而其訓義仍爲"染"。以上釋義可供參考。孫星衍《注疏》云："‘胥’者，《釋詁》云：‘相也。’‘漸’，猶詐也。《荀子·不苟篇》云：‘小人知則攫盜而漸。’《正論篇》云：‘上幽險則下漸詐矣。’王氏引之云：‘楊氏（倞）注漸爲進，又爲浸，皆非也。《盤庚》中云："暫遇姦宄。"暫讀曰漸。漸，詐欺也。’《莊子·胠篋篇》云：‘知詐漸毒。’此云‘民興胥漸’，言小民方興，相爲詐漸。故下文‘罔中于信，以覆詛盟’也。《大傳》説見《唐傳》：云‘犯漸’者，亦言興詐以犯上也。"自以王説孫説爲確。章炳麟《拾遺定本》云："《荀子·不苟篇》：‘小人知則攫盜而漸。’《正論篇》：‘上幽險則下漸詐矣。’《莊子·胠篋篇》：‘知詐漸毒。’王引之、孫星衍皆取以説是經‘漸’字，甚確。然則‘胥’亦不當訓‘相’。《説文》：‘諝，知也。’《天官·序官》：‘胥，十有二人。’《春官·序官》：‘大胥小胥。’《秋官·序官》：‘象胥。’注皆以胥爲才知。‘民興胥漸’，謂民興知詐爾。"對胥字提出了另一訓解，幫助解通"民興胥漸"之句。

⑮罔中于信以覆詛盟——僞孔釋云："皆無中于信義，以反背詛盟之約。"《孔疏》："'中'，猶當也。皆無中於信義，言爲行無與信義合者，《詩》云：'君子屢盟，亂是用長。'亂世之民，多相盟詛，既無信義，必皆違之，以此無中於信，反背詛盟之約也。"《蔡傳》云："無復誠信相與，反覆詛盟而已。"江聲《音疏》引《左傳·隱公三年》文釋之云："三苗之民……染於惡化，昏冥悖亂，無中於信，以故反覆其詛盟。《春秋》傳曰：'信不由中，質無益也。'"孫星衍《注疏》云："'覆'者，《詩》傳云：'反也。'鄭注《王制》云：'敗也。'……言蚩尤時，民多昏亂，以敗詛祝盟誓。"俞樾《平議》云："'于'猶越也，越猶與也。《康誥篇》'告女德之說于罰之行'，《多方篇》'不克敬于和'，並用'于'字爲連及之詞。説本王氏《經傳釋詞》、孔氏廣森《經學巵言》。然則'罔中于信'者，無中與信也。'中'與'忠'通。《周官·大司樂》職：'中和祇庸孝友'，鄭注曰：'中猶忠也。'……言三苗之民皆無忠信也。"此可備一説，然無以釋其與"以覆詛盟"之關係。此處當合僞孔、江聲、孫星衍之説以釋之。按《左傳·隱公三年》載："鄭武公莊公爲平王卿士，王貳於虢，鄭伯怨王，王曰'無之'。故周鄭交質，王子狐爲質於鄭，鄭公子忽爲質於周。"這是古代的一種政治運用方式，兩個政權爲了表示彼此互相合作互相信任，交互把自己最親的親屬（主要是兒子）送到對方爲質。這叫"交質"。還有一種方式就是歃血爲盟，訂立盟誓。交質和盟誓是先秦、周代盛行的政治聯盟所用的兩種重要方式。隱公三年時周平王死了，繼位的周桓王任命虢公當政，鄭莊公火了，派兵强取了周王室溫地的麥和成周的禾。這年《左傳》就載了"君子曰：'信不由中，質無益也'"那段話，就是説：内心不誠信，互相派出質子也沒用。同樣，

内心不誠信，訂立盟誓也没用。本篇的"罔中于信，以覆詛盟"是完全符合周代政治風習的實際的。"覆"訓爲敗，是説信不由中，雖訂了盟誓（詛盟）也要敗壞的。

⑯虐威庶戮方告無辜于上——"戮方"一作"僇旁"。"上"一作"天帝"。見《論衡·變動篇》云："《甫刑》曰：'庶僇旁告無辜于天帝。'此言蚩尤之民被冤，旁告無罪於上天也。"段玉裁《撰異》云："此《今文尚書》也。凡《古文尚書》方字，《今文尚書》多作旁。"（參看《堯典》"方鳩僝功"校釋）僞孔釋云："三苗虐政作威，衆被戮者方方各告無罪於天。"《蔡傳》全承之，惟去"三苗"二字與一"方"字。其實《論衡》已簡明釋此句文義。

⑰上帝監民罔有馨香德刑發聞惟腥——僞孔釋云："天視苗民無有馨香之行，其所以爲德刑，發聞惟乃腥臭。"此按原句逐字爲釋，惟讀至"馨香"句斷。《蔡傳》云："天視苗民無有馨香德，而刑戮發聞，莫非腥穢。"亦逐字爲釋，惟讀至"馨香德"句斷，釋義較僞孔爲優。林之奇《全解》云："以德行刑，則刑一人而千萬人莫不畏。可以至於無刑。故其治爲馨香。苟惟作虐刑，則必至囹圄成市，民不勝其虐，怨嗟之聲，呼籲於天，此腥穢之所以發聞也。"這不是逐字爲釋，而是闡述其義（林時間在蔡前）。

楊樹達《積微居讀書記》關於《吕刑》此處云："《國語》云：'國之將興，其德足以昭其馨香，國之將亡，其政腥臊，馨香不登。'是古人恒以'腥臊'與'馨香'爲對文。此文'馨香德刑'，'刑'當訓'法'。意言無有馨香德法發聞於天，所發聞者，止腥臊耳。'惟腥'下，本亦當有'發聞'二字，承上省去。《酒誥》云：'腥聞在上。'文義亦同。《酒誥》又云：'弗惟德馨香祀登聞于天，誕惟民怨。'此言不有德馨香祀登聞于天，所登聞者，惟民怨耳。句法與此同。又按'發聞’義不順，以《酒誥》校之，‘發聞’疑是‘登聞’之誤，以形近故也。”提出古人以“腥臊”與“馨香”對舉，有助此處理解。又讀至“德刑”句斷，又以“發聞”爲“登聞”之誤。皆爲有見。

顧師《讀書筆記》第二卷第569頁譯述上句與此數句云：“被殺的人控告到上帝處去，上帝看着苗民，沒有德行的馨香，只有刑戮的腥臭。”基本依《蔡傳》成句，得文句原意。

⑱皇帝哀矜庶戮之不辜——“皇帝”，段玉裁《撰異》云：“《困學紀聞》曰：‘“皇帝”始見於《呂刑》，趙岐注《孟子》引《甫刑》“帝清問下民”，無“皇”字。’玉裁按，伯厚未曉《今文尚書》名《甫刑》者無‘皇’字，《古文尚書》名《呂刑》者則有‘皇’也。此‘皇帝哀矜’當亦同。閻百詩氏曰盧六以引《孔傳》‘君帝，帝堯也’以證非‘皇’字。玉裁按，盧氏説誤。‘君帝’，即經文之‘皇帝’，以‘君’釋‘皇’也。緫言之，則當曰：‘皇，君也。君帝，帝堯也。’《孔傳》之體，於訓故多省言之（按今本僞孔作“皇帝，帝堯也”）。又盧氏之前《經典釋文》曰：‘皇帝，皇宜作君字。’意欲改經從傳，亦屬誤會。《正義》引《釋詁》‘皇，君也’，得傳意矣。”按“皇帝”作爲人君稱呼，始於秦始皇帝。戰國後期已有“五帝”之詞指古代人君，然出於追擬，古“帝”字只指上帝。“皇”爲形容詞，大也，美也。如《詩·大雅·皇矣》云“皇矣上帝”即是。西周金文《師訇毁》有“肆皇帝亡斁”句，郭沫若《考釋》云：“‘肆皇帝亡斁’與《毛公鼎》‘肆皇天亡斁’語例全同，知古言皇帝即皇天。”此外尚有《宗周鐘》言“惟皇上帝”，《大豐毁》言“事熹上帝”等。《呂刑》篇成於西周，其時“帝”只是上帝，“皇”爲美好偉大之意。故本篇之“皇帝”，指偉大美善的上帝。鄭玄謂爲顓頊，僞孔謂爲帝堯，皆誤甚！林之奇始倡《蔡傳》承之謂爲帝舜，更誤！

"皇帝哀矜庶戮之不辜"，上帝哀憐被戮群衆之無罪。

⑲報虐以威遏絶苗民無世在下——"以威"一作"用威"。見《論衡·譴告篇》引《甫刑篇》曰："報虐用威。"《譴告篇》論之云："威、虐，皆惡也。用惡報惡，亂莫甚焉。"段玉裁《撰異》云："此《今文尚書》説也。謂蚩尤報虐用威，而皇帝哀矜之也。'庶僇之不辜，報虐用威'，蒙上文'虐威庶僇旁告無辜于天帝'言之。"

偽孔釋之云："皇帝……哀矜衆被戮者之不辜，乃報爲虐者以威誅，遏絶苗民使無世位在下國也。"顏師古注《漢書叙傳》述《酷吏傳》曰"報虐以威殃亦凶終"云："《尚書·呂刑》曰：'皇帝哀矜庶戮之不辜報虐以威。'言哀閔不辜之人橫被殺戮，乃報答爲虐者以威而誅絶也。"以後經師基本承此意，如薛季宣《古文訓》云："哀庶戮之濫，奉行天威以報有苗之虐，放之於遠，不得傳國於後。"林之奇《全解》云："哀閔夫衆庶被戮者之非其罪，蓋奉上天之意以從斯民之欲，故報爲虐者以威刑，遏絶苗民而殄滅其世嗣，故苗民無世在於下國也。"呂祖謙《書説》云："皇帝哀矜庶戮，勝復之理然也。'報虐以威'者，咸其自召，而我無心焉，所謂天討也。"這些宋儒要把皇帝説成舜，但他們體會文意是上天施威，只好説"奉行天威"、"奉上天之意"，其釋爲報爲虐者以威刑則是一致的。總承宋學之説的《蔡傳》遂云："報苗之虐以我之威。絶，滅也。謂竄與分北之類，遏絶之使無繼世在下國。"

但上引段玉裁《撰異》已云"蚩尤報虐用威"。皮氏《考證》益持此説云："段説是矣，而未盡也。'以'與'用'同義，故今文亦作'用'。仲任(王充字)從報虐用威爲用惡報惡，則今文家説以此文承上文'庶僇不辜'言之，用惡報惡即淫刑之事，非謂帝報淫刑之虐以誅絶之威也。孟堅《叙傳》意亦當然，'報虐以威'指酷吏之虐威，

‘殃亦凶終’乃言其後受殃之事，師古所注蓋非班氏之旨，用惡報惡乃苗民之事。”但本篇原文：“皇帝哀矜庶戮之不辜，報虐以威。”主語爲“皇帝”，明明是“皇帝報虐以威”。所以不論漢今文家爲説如何雄辯，終非苗民“用惡報惡”加其淫刑之虐，而是説上帝報苗民之虐以威。所以此處文義仍應從自僞孔至《蔡傳》諸家之釋。

　　⑳乃命重黎絶地天通罔有降格——最早釋此句之“重黎絶地天通”者爲《國語·楚語》云：“昭王問於觀射父曰：‘《周書》所謂重黎實使天地不通者，何也？ 若無然，民將能登天乎？’對曰：‘非此之謂也。古者民神不雜（韋注：“謂司民、司神之官各異”）……各司其序，不相亂也。民是以能有忠信，神是以能有明德。民神異業，敬而不瀆，故神降之嘉生，民以物享，禍灾不至，求用不匱。及少皞之衰也，九黎亂德，民神雜糅，不可方物，夫人作享，家爲巫史，無有要質。民匱於祀而不知其福，烝享無度，民神同位。民瀆齊盟，無有嚴威，神狎民則，不蠲其爲。嘉生不降，無物以享，禍灾薦臻，莫盡其氣。顓頊受之，乃命南正重司天以屬神，命火正黎司地以屬民，使復舊常，無相侵瀆，是謂‘絶地天通’。其後三苗復九黎之德，堯復育重黎之後，不忘舊者，使復典之。以至於夏、商，故重黎氏世叙天地，而別其分主者也。”其下句接叙“在周爲程伯休氏”（按見《詩·常武》），宣王時失官爲司馬氏（爲《太史公自序》所本）。而後復云：“寵神其祖，以取威於民，曰重實上天，黎實下地。”韋昭注云：“言重能舉上天，黎能抑下地，今相遠，故不復通也。”顧師《讀書筆記》第八卷第6323頁在引《吕刑》“乃命絶地天通”之文與僞孔之釋後云：“則絶地天通者，上帝也。”又引《楚語》及韋昭在“司天以屬神”、“司地以屬民”句下注解後云：“則絶地天通者，人王也。所以絶之者使宗伯與司徒各掌其事而不相亂也。此爲以人事解釋神話之好例。楚昭王

問觀射父曰……此爲理性發達、對於固有之神話已不能接受,故解釋故事者必以人事解釋神話,乃能符合當時之理性要求。此可見《吕刑》之作必在極端信神之世,而《楚語》之作已在不甚信神之時。”

在《吕刑》,重黎明明爲一人,《楚語》説成重、黎二人。其實一如羲和,原是神話中人物,羲和在神話中爲一人,在傳説中却分化爲二人、四人,甚至六人(見《堯典》“羲和”校釋)。重黎原爲一人,分化爲二人,是神話故事傳説中正常現象,不應去辨其孰是孰非,現分别就其一人説或二人説尋繹其資料如下:

(一)重黎爲一人説。在歷史文獻中,本篇《吕刑》爲其最早資料,記重黎奉“皇帝”之命專司“絕地天通”之事,但未説明他擔任何種職務。而本篇直接録用神話資料,其“皇帝”即“上帝”,不過本篇表面看來是作歷史叙述只是直接用了神話語句,此處記上帝命重黎“絕地天通”,下文記上帝“乃命三后恤功于民”,都是據神話原資料。上帝寫成“皇帝”,就被注疏家牽附爲帝堯帝舜,而不懂他原即上帝。

其後《國語‧鄭語》云:“荆子熊嚴生子四人,伯霜、仲雪、叔熊、季紃……季紃是立……且重黎之後也。夫黎爲高辛氏火正(董增齡疏引《楚語》顓頊生曾孫重黎後云:‘此是重黎非單名證也。此文言黎者承上重黎而省文也’)。以淳燿惇大,天明地德,光昭四海,故命之曰祝融,其功大矣。……其後八姓:……己姓……董姓……彭姓……禿姓……妘姓……曹姓……斟姓……羋姓……”説明重黎以其特殊功勳光照四海,命曰祝融,而羋姓之楚爲其後代。同時説明他任高辛氏火正。

重黎世系資料還見於《大戴禮‧帝繫》云:“黄帝……産青陽及

昌意。……昌意……產顓頊……顓頊……產老童，老童……產重黎及吳回。吳回氏產陸終。陸終……產六子……其六曰季連，是爲芈姓。"同樣説明重黎爲楚國之先（不過説楚是其弟吳回後代），爲顓頊之孫。

　　世系資料還見於《史記·楚世家》云："楚之先祖出自帝顓頊高陽，高陽者，黃帝之孫、昌意之子也。高陽生稱，稱生卷章，卷章生重黎。重黎爲帝嚳高辛居火正，其有功。能光融天下，帝嚳命曰祝融。共工氏作亂，帝嚳使重黎誅之，而不盡。帝乃以庚寅日誅重黎，而以其弟吳回爲重黎，後復居火正，爲祝融。吳回生陸終，陸終生子六人……六曰季連，芈姓，楚其後也。"《集解》："徐廣曰：《世本》云：'老童生重黎及吳回。'譙周曰：'老童即卷章。'"二者顯然是字體傳抄之誤。《索隱》："據《左氏》，少昊氏之子曰重，顓頊之子曰黎。今以重黎爲一人，乃是顓頊之子孫者。劉氏云：'少昊氏之後曰重，顓頊氏之後曰重黎，對彼重則單稱黎，若自言當家則稱重黎，故楚及司馬氏皆重黎之後。非關少昊之重。'愚謂此解爲當。"這顯然在尋合理的解釋，上面已指出，神話的紛歧傳説，不必深求。又這世系在卷章上多了一代"稱"，重黎就成了顓頊的曾孫。而被誅後，其弟吳回也稱重黎，且仍爲祝融，復居高辛火正，而楚國仍爲其後代。

　　有一則簡叙重黎資料，見《潛夫論·五帝德》云："顓頊身號高陽……承少暐衰，九黎亂德，乃命重黎討訓不服（原脱"不"字，據汪繼培校補）。"

　　皮錫瑞《考證》尚引三種資料亦稱重黎，依次爲"張衡《應閒》曰：'重黎又相顓頊而中理之，日月即次，則重黎之爲也。'《中論·曆數篇》亦云'顓頊命重黎'。皆與鄭注義同（鄭注見下文）。惟《春秋緯文耀鈎》曰：'高辛受命，重黎説天文。'以重黎爲高辛時人，其説不同。"(張衡、《春秋緯》之説,皮氏顯係據孫星衍書。)

這些顯然都是承用了神話故事的原材料,以重黎爲一人,其中主要之説以爲顓頊之裔(或曰孫、或曰曾孫),稱爲祝融,爲楚之先祖,任高辛氏火正(火正爲專司觀測和祭祀"大火"星亦即二十八宿中心宿的官員)。除《吕刑》外都没説到他"絶地天通"的事。

(二)重與黎爲二人説。主要見於神話書《山海經・大荒西經》云:"大荒之中,有山名日月山,天樞也。吴姖天門,日月所入。有神,人面無臂,兩足反屬于頭山,名曰嘘。顓頊生老童,老童生重及黎。帝令童獻上天,令黎邛下地,下地是生噎,處于西極,以行日月星辰之行次。"郭璞注云:"《世本》云:'老童娶于根水氏謂之驕福,産重及黎。'"(按此與徐廣引"生重黎及吴回"異。秦嘉謨謂係破文見義,非正解。)郝懿行《箋疏》引《大戴禮・帝繫篇》、《史記・楚世家》及徐廣引《世本》後云:"是皆以重黎爲一人也。此經又以重、黎爲二人,郭引《世本》又與徐廣異,並所未詳。"其實這是神話傳説中發生的歧異,不用深究。郭璞注又云:"古者人神雜擾無別,顓頊乃命南正重司天以屬神,命火正黎司地以屬民,重上天,黎下地。獻、邛,義未詳也。"袁珂《校注》云:"郭璞此語,本於《國語・楚語》。……而郭璞注解却云'獻、邛義未詳'。韋昭注《國語》云:'言重能舉上天,黎能抑下地。'……則'獻、邛'之義殆即'舉、抑'乎? 重舉黎抑,而天地遠睽,正神話中'絶地天通'之形象描寫也。"

歷史文獻中最早記重與黎爲二人並奉命"絶地天通"者,爲《國語・楚語》,其文已見本句校釋開頭所引,袁珂注解語即對《楚語》而發。其内容大抵已闡明如前。

與《國語》相近的史籍《左傳・昭公二十九年》所載云:"社稷五祀,木正曰句芒,火正曰祝融,金正曰蓐收,水正曰玄冥,土正曰后土。……少皥氏有四叔，曰重、曰該、曰脩、曰熙。……使重爲句芒，該爲蓐收，脩及熙爲玄冥。世不失職，遂濟窮桑，此其三祀也。顓頊氏有子曰犂（即黎），爲祝融。共工氏有子曰句龍，爲后土。此其二祀也。"這裏以"重"爲少皥之子，爲木正句芒，"黎"爲顓頊之子，爲火正祝融。此不止以重、黎爲二人，而且重爲少皥之子，黎爲顓頊之子。這只是神話故事傳説的複雜化。二人之官也分别是木正（非南正）和火正，並且與"絶地天通"之事不相及。

至《史記·太史公自序》全録《國語·楚語》之文，而語句大加簡易云："昔在顓頊，命南正重以司天，北正黎以司地。唐虞之際，紹重、黎之後，使復典之，至于夏商，故重黎氏世序天地。其在周，程伯休甫其後也。當周宣王時，失其守而爲司馬氏，司馬氏世典周史。"這裏録述重黎爲司馬氏之祖先，惟將黎所居的火正之官誤爲北正，蓋以相對於"南正"而稱之爲"北正"，不知原無北正而只有火正（火正爲司觀測和主祭祀"大火"之官員，南正爲司觀測"日南至"和主其祭祀的官員），都是"世序天地"司其觀象要政的重要官員。

另有揚雄《法言》專立《重黎篇》，則只以重黎起其篇以爲篇名。其篇首云："或問'南正重以司天，北正黎以司地，今何僚也？'曰：'近羲近和。''孰重孰黎？'曰：'羲近重，和近黎。'"因王莽設立了羲和之官，所以揚雄稱爲'今僚'，即問古代的重黎所任官相當於現在（王莽時）的什麽官？莽初任劉歆爲羲和，係慕《堯典》之義爲典天象曆法的官（篡位後統一改官制，以大司農爲羲和，就亂來了）。故以之比附重黎。這影響後來僞孔即以重、黎爲羲和。而這裏亦誤火正爲北正。

還有王符《潛夫論·志氏姓》合《楚語》、《鄭語》、《帝繫》及《詩·常武》、《太史公自序》等爲説云："少皥氏之世衰，而九黎亂德,顓頊受之,乃命南正重司天以屬神,命火正黎司地以屬民,使復舊常無相侵瀆,是謂絕地天通。夫黎,顓頊氏裔子吳回也,爲高辛氏火正,淳燿天明地德,光四海也,故名祝融。後三苗復九黎之德,堯繼重黎之後,不忘舊者,羲伯復治之。故重黎氏世序天地,別其分主。以歷三代而封於程。其在宣世,爲宣王大司馬。《詩》美王,謂尹氏命程伯休父。其後失守適晉爲司馬,遷自謂其後。"這是先秦至漢古籍中對重黎的最後一綜合性叙述。

總之,重黎亦曰祝融,原爲芈姓楚民族之宗神,在神話中確曾起了"絕地天通"的作用。進入歷史傳說中,他仍是楚族的祖先,而由顓頊任命他爲懲處九黎亂德而有效地完成了"絕地天通"的任務(在神話及歷史傳說中他是顓頊的孫或曾孫,在歷史記載中却由顓頊任命爲官吏。由神話轉變成的歷史,必然有這些紛歧而前後無法照應的地方,不足深辨。而且《楚語》等文獻還是在直接錄用神話資料以爲歷史記載)。在這樣的資料背景下,可以進而尋得"乃命重黎絕地天通罔有降格"這樣句子的理解。

《孔疏》引鄭玄注以爲:"'皇帝哀矜庶戮之不辜'至'罔有降格',皆說顓頊之事。'乃命重黎'即是命重黎之身,非羲和也。'皇帝清問'以下乃說堯事,顓頊與堯再誅苗民,故上言'遏絕下民',下云'有辭于苗',異代別時,非一事也。"鄭氏似專爲駁揚雄之言而發,僞孔則正據揚說以爲是羲和。其言云:"重即羲,黎即和,堯命羲和世掌天地四時之官,使人神不擾,各得其序,是謂絕地天通。言天神無有降地,地祇不至於天,明不相干。"《孔疏》引僞孔云:"地民不有上至於天者。"並云:"'地民'或作'地祇',學者多聞神祇,又民字似祇,因妄解使謬耳。"疏文又云:"司天屬神,司地屬民,定上下之分,使民神不雜,則祭享有度,災厲不生,罔有降格,言神不干民也。"

又云:"顓頊誅九黎,謂之'遏絕苗民',於鄭義爲不愜(因《孔疏》謂鄭以九黎非三苗);《楚語》言顓頊命重黎,解爲帝堯命羲和,於孔説又未允。不知二者誰得經意也。""疏不破注"是撰疏者的守則,此處公開指責僞傳之非,實在因僞孔以重黎爲羲和,大誤。鄭玄以九黎非三苗,亦完全不合《吕刑》文意。此處鄭玄謂是重黎本身而非羲和,則是對的。

蘇軾《書傳》云:"人無所訴,則訴於鬼神。德衰政亂,則鬼神制世,民相與反復詛盟而已。"又云:"民瀆於詛盟祭祀,家爲巫史,堯(此誤)乃命重黎授時勸農而禁淫祀,人神不復相亂,故曰絕地天通。"又曰:"虢之亡也,有神降於莘(按,見《左傳·莊公三十二年》),蓋此類也。"林之奇《全解》云:"《傳》曰:'國之將興,聽於民;將亡,聽於神。'(按,亦見《左傳·莊公三十二年》)三苗之虐,刑嚴法峻,民無所措手足,惟爲盟詛訴於鬼神而已。……惟詛盟之屢,則瀆於鬼神,故神人雜擾,天地相通,蓋有鬼神自上而降格者,以其家爲巫史,享祀無度故也。……舜既遏絕苗民之世,則命南正重司天以屬神,北正黎司地以屬民,使天地不得而相通,亦無有降格,則神人不相雜亂,蓋所以變苗民之惡俗也。"吕祖謙《書説》云:"治世神怪之所以不興者,只爲善惡分明,自然不求之神。亂世善惡不明,自然專言神怪、言鬼、言命。"顧亭林《日知錄》"罔中于信以覆詛盟"條云:"國亂無政,小民有情而不得申,有冤而不見理,於是不得不愬之於神,而詛盟之事起矣。……於是賞罰之柄乃移之冥漠之中,而蚩蚩之氓其畏王鈇,常不如其畏鬼責矣。……今日所傳地獄之説,感應之書,皆苗民詛盟之餘習也。'明明棐常,鰥寡無蓋',則王政行於上,而人自不復有求於神,故曰'有道之世,其鬼不神'。所謂'絕地天通'者,如此而已矣。"

　　清儒論析此者大都承《楚語》等之説,而其關於"無有降格"之釋亦多不同宋儒。如江聲《音疏》云:"絶地民與天神相通之道,無有升降也。"孫星衍《注疏》云:"《釋詁》云:'降,下也。格,陞也。'一言顓頊命重司天黎司地使神民不同位,上下分絶,以禮烝享而通之,祭則受福,無有升降雜糅於群后之過絶在下者。"

　　近人楊氏《覈詁》云:"《多士》'則惟帝降格'。《多方》'惟帝降格于夏'。降格皆謂神來享佑之意。此文'罔有降格',即不享佑苗民之意,非'無相侵瀆'之説也。"又曾氏《正讀》云:"'格',格人,能知鬼神情况者。'降格',言天降格人也。《多士》'則惟帝降格嚮于時夏',亦此意。彼言'惟帝降格',此言'罔有降格'者,彼欲明天人相感之理,故言'惟帝降格'。此欲懲苗民家爲巫史之風,故言'罔有降格'也。"此二家釋"降格"似較宋人爲優。

　　顧師《讀書筆記》第二卷第 583 頁云:"《吕刑》中'乃命重黎絶地天通,罔有降格'一語頗不易解,且與制刑亦何關? 我意,當時家爲巫史,大家都託了神意制刑,胡亂殺戮……正如太平天国時,楊秀清假託天父意旨,要打就打,要殺就殺,連朝見天王時,也會假託了天父,把天王拖下打了。這種辦法,實在不是社會安寧之計。所以要絶地天通,使得平民不能做'鴟義姦宄,奪攘矯虔'之事。而刑法一秉於王者。……平民各各稱天,就維持不下了。天子要禁止平民各各稱天,仍只好稱天來説。所以有"上帝監民"。……下云:'爾尚敬逆天命以奉我一人。'可見天命須由一人出。"這是顧師就"天子"的意圖所作的描述,他在原稿上寫眉批説:"《日知録》卷二'罔中于信以覆詛盟'一條與我所説略同。"可知他與顧亭林氏國亂無政、小民不得不愬之於神之説同。

　　自上所引有關重黎諸資料如《楚語》等,以及鄭玄、僞孔諸釋,皆以黎苗亂德，家爲巫史，民神雜糅，招致禍灾薦臻，經顓頊命重黎絕地天通後，才復舊常，使得民以物享，禍灾不至。這可說是傳統的解釋，主要歸罪於九黎三苗之民的"亂德"。至宋儒始以爲德衰政亂，民無所訴，只好訴於鬼神。必王政行於上，是非善惡分明，民自不復求於神，這就"絕地天通"了。這比傳統解釋意境迥高，不是歸罪於民而是歸罪於政，民只是其中受灾禍無可告愬者。至近人關於"降格"的解釋較宋儒爲優，而袁珂《山海經校注》，則就"絕地天通"之說比宋儒作了更進一層的辨析，使人們對這一問題得到了更清新的認識。

袁珂《大荒西經》"帝令重獻上天令黎邛下地"校注在引《楚語》之文後云："'古者民神不雜'，歷史家之飾詞也；'民神雜糅，不可方物'，原始時代，人類群居之真實寫照也。故昭王乃有'民能登天'之問。龔自珍《壬癸之際胎觀第一》（見《龔自珍全集》）云：'人之初，天下通，人上通，旦上天，夕上天，天與人，旦有語，夕有語。'斯可以解答昭王之問矣。至於'使復舊常，無相侵瀆'云云，則無非'絕地天通'後統治者建立之'新秩序'，非可以語於'舊'與'常'也。此經（指《大荒西經》）'帝（顓頊）令重獻上天，令黎邛下地'，即《國語》之所謂'絕地天通'也。而郭璞注却云'獻、邛義未詳'。韋昭注《國語》'重寔上天黎寔下地'一語云：'言重能舉上天，黎能抑下地。'似即本此經'獻、邛'義爲說，則'獻、邛'之義殆即'舉、抑'乎？重舉黎抑，正神話中'絕地天通'之形象描寫也。"這就使人領悟到，作爲以姬姜兩族爲主體後來並與東夷集團經過長期激盪交融形成部落聯盟以後的早期華夏集團，懷着對蚩尤的九黎三苗族的民族偏見，當黎苗民間受盡劫難在無可告愬情況下，只好訴之於鬼神而墮入巫風盛行狀態中，回歸到人類群體早期的民神雜糅生活，這就爲已建立政權機器的早期華夏集團所不能容忍，就用嚴厲的壓服，不許黎苗平民把所承受的疾苦訴諸神靈上帝。與上帝相通是統治者的特權，平民只許規規矩矩地遵守統治者的人間法令，這就達到了"絕地天通"的目的。這應當是這一段經文的實際意義所在。不過這段經文直接録用神話原句，實行絕地天通者爲上帝，所反映的歷史原影，實爲華夏統治者在搞絕地天通。

在這裏似看到一個歷史的影子，即居住華夏大地中原地區早期華夏族政權利用民族矛盾，"以夷制夷"。從上文看到苗族逐步向南遷移，總是有楚族在其後面驅趕着它。這裏是還未南遷尚居在黄河下游的蚩尤餘衆黎苗族向征服者進行鬥爭（亂德、民神雜糅、不可方物等），征服者就用楚族的祖先重黎來鎮壓他們。同樣與早期華夏族相敵對，同樣被趕到南方的苗楚兩族，彼此之間却同有着矛盾，這裏不作深論，僅提出有這一歷史痕迹存在。

㉑群后之逮在下明明棐常鰥寡無蓋——此十四字《墨子·尚賢中》引用時，排在下文"有辭有苗"之下，"德威惟威"之上。"逮"作"肆"，"棐"作"不"，"無"亦作"不"。江聲《音疏》及加藤常賢《集釋》此數句都按《墨子》本排列。江聲並以鄭注謂"皇帝哀矜"至"罔有降格"說顓頊事，"皇帝清問"以下說堯事，則鄭本"降格"下即接"皇帝清問"，以爲與《墨子》所引合，自是古文如此。

偽孔釋云："群后諸侯之逮在下國，皆以明明大道，輔行常法，故使鰥寡得所，無有掩蓋。"蘇軾《書傳》云："自諸侯以及其臣下，皆修明人事而輔常道，故鰥寡無蔽塞之者。"《蔡傳》亦云："群后及在下之群臣皆精白一心，輔助常道，民衆善而得福，惡而得禍，雖鰥寡之微亦無有蓋蔽而不得自申者也。"此漢學、宋學兩家所釋皆望文生義，棐字釋輔更不確，孫詒讓於《尚書》棐字皆訓匪、非，甚是。

　　孫詒讓《墨子閒詁》釋此處《墨子》所引數句云："'肆'，正字作'隸'，與逮聲類同，古通用。此'肆'即'逮'之假字。"（按《爾雅·釋言》："逮，及也。"）又引畢沅云："孔書'不'作'棐'，《傳》云'輔'。據此當作'匪'。孫星衍云：'不常，言非常明察。'案：'明明'，謂明顯有明德之人。'不常'，猶言立賢無方也。《書》作'棐'者，'匪'之假字。'匪'、'不'義同。"《閒詁》在引畢沅注此段文字後即云："畢說得之。僞《孔傳》云：'皆以明明大道輔行常法。'非經義。孫（星衍）說亦非。"

　　楊氏《覈詁》云："'蓋'，洪頤煊謂：'猶"害"也。《釋言》："蓋，裂也。"《釋文》舍人本作害。"蓋"、"害"古同聲通用字。'按洪說是也。"

　　是此數句當依孫、畢、洪三氏之說爲較合。

　　㉒皇帝清問下民鰥寡有辭于苗——"皇帝"，一作"帝"，無"皇"字，見趙岐《孟子》注。"清問"一作"親問"，見鍾繇疏，可能是音同寫訛。"鰥寡有辭于苗"一作"有辭有苗"，無"鰥寡"二字，"于"作"有"，見《墨子·尚賢中》所引。段玉裁《撰異》云："趙岐注《孟子》云：'《甫刑》曰："帝清問下民。"'謂帝爲天云。天不能問民。'玉裁按，此《今文尚書·甫刑》也，無皇字。其有皇字者《古文尚書·呂刑》也。今本《孟子注疏》俗增皇字。王伯厚《困學紀聞》引趙注及曲阜孔氏所刻《孟子》善本皆無。《墨子·尚賢中》篇云：'先王之書《呂刑》道之曰皇帝清問下民。'此可證古文《呂刑》有皇字。《三國志·鍾繇傳》繇上《肉刑疏》引《書》'皇帝親問下民鰥寡有辭于苗'。"亦有皇字，而清則寫了同音字。

　　《釋文》引馬融注云："清問，清訊。"《孔疏》引鄭玄云："皇帝清問以下乃說堯事。（上文）顓頊與（此）堯再誅苗民，故上言'遏絶苗民’，下云‘有辭于苗’。”孫星衍《注疏》引鍾繇説云：“《魏志・鍾繇傳》繇上疏引此經説之云：‘此言堯當除蚩尤有苗之刑，先審問於下民之有辭者也，若今（魏晋）蔽獄之時，訊問三槐九棘群吏萬民。’清者，鄭注《玉藻》云：‘明察於事也。’《荀子》楊倞注云：‘明審也。’”皮錫瑞《考證》云：‘鄭説與王仲任（充）趙臺卿（岐）皆不同，引經‘帝’上有‘皇’字與《墨子》引《呂刑》合，是古文非今文。蓋今文無‘皇’字，其説以帝爲天；古文有‘皇’字，其説以皇帝爲堯。趙注所引乃今文説也。孫（星衍）以鄭爲今文，趙爲今文異説，失之。鍾在鄭後，所用即鄭義，尤不足取證。”

偽孔釋云：“帝堯詳問民患，皆有辭怨於苗民。”除謂帝堯爲誤説外，所釋文義尚合。呂祖謙《書説》云：“清問者，明目達聰，無纖毫壅蔽之謂也。苗民既遏絶矣，鰥寡猶有辭於苗者，蓋苗在舜世合散靡常，前章所謂過絶者，討其元惡大憝也。此章所謂有辭於苗者，言其遺孽餘種也。”《蔡傳》簡言之云：“‘清問’，虚心而問也。‘有辭’，聲苗之過也。”

于省吾《新證》云：“武億讀‘皇帝清問（句），下民鰥寡有辭于苗民（句）’。馬融曰：‘清問，清訊也。’按清問本應作静聞，謂默聞也。《國語》‘吾其静也’注：‘静，默也。《莊子・庚桑楚》‘因失吾問’，《釋文》：‘問，元嘉本作聞。’《論語》‘聞一以知十’，《釋文》：‘聞，本作問。’王念孫謂《詩・葛藟》‘亦莫我聞’，聞猶問也。‘皇帝清問下民鰥寡有辭于苗’者，皇帝默聞，下民鰥寡有厭於苗也。辭讀斁，訓厭。詳《堯典》‘舜讓于德弗嗣’條。”于先生説有新意。

其實“清問”就是清問，不必另尋清訊、訊問、審問、詳問、明問、虚心問、静聞、默聞等等釋義。例如“清查”就是查，那麽“清問”就是問，並無其它歧義，不用深求。

㉓德威惟畏德明惟明——"惟畏"一作"惟威"，見《墨子·尚賢中》云："先王之書《吕刑》道之曰：'皇帝清問下民……鰥寡不蓋，德威惟威'……"又《禮記·表記》云："《甫刑》曰：'德威惟威，德明惟明。'非虞帝其孰能如此乎？"按《皋陶謨》"天明畏自我民明威"，馬本"天明畏"作"天明威"。古時"威"、"畏"通用，今所見周代金文中此二字即常通用，如《大盂鼎》云："䝙奔走，畏天畏。"《毛公鼎》云："夙夕敬念王畏。"《班毁》云："亡不咸畞天畏。""天畏"、"王畏"之"畏"皆"威"字。

《禮記·表記》鄭玄注云："德所威，則人皆畏之，言服罪也。德所明，則人皆尊寵之，言得人也。"此處僞孔云："言堯監苗民之見怨，則又增修其德，行威則民畏服，明賢則德明，人所以無能名焉。"蘇軾《書傳》云："非德之威，所謂虐也；非德之明，所謂察也。"林之奇《全解》云："威而非德，威褻而民玩，非所以爲畏。明而非德，失之過察，則民將益出其巧詐以欺上，非所以爲明。惟舜之威與明皆本於德，故惡如三苗無不諳悉其罪；一去三苗而天下莫不服也。"《蔡傳》秉蘇軾之説爲釋云："苗以虐爲威，以察爲明，帝反其道，以德威而天下無不畏，以德明而天下無不明也。"戴鈞衡《補商》云："皇帝復自清問下民，安撫慰勞，鰥寡猶追數苗民之罪，見平民之怨苗者深而感皇帝者大也。由是德威所及，而向之無忌憚者莫不畏矣；德明所照，而向之處幽枉者莫不明矣。此二句乃總承上下文之詞，'遏絶苗民'，所謂'德威'也；'清問下民'，所謂德明也。"

㉔乃命三后恤功于民——《墨子·尚賢中》引作"乃名三后恤功於民"。"命"作"名"，"于"作"於"。字皆同，非異文。《聞詁》云："'名'、'命'通。《説文·口部》云：'名，自命也。'""命"爲命令。"三后"，即下文伯夷、禹、稷三人。"后"，一般釋"君也"，《墨子

·尚賢中》則稱之爲“三聖人”。其文云：“則此言三聖人者，謹其言，慎其行，精其思慮，索天下之隱事遺利以上事天，則天鄉其德；下施之萬民，萬民被其利，終身無已。”《説文》：“恤，憂也，收也。”《爾雅·釋詁》亦云“恤，憂也。”孫炎注云：“恤救之憂也。”

偽孔釋爲“所謂堯命三君憂功於民”。《孔疏》云：“堯既誅苗民，乃命三君伯夷、禹、稷憂施功於民。”《蔡傳》：“恤功，致憂民之功也。”一增爲“憂施功”，一稍易爲“致憂民之功”，顯然都以“憂功於民”爲不妥。吴闓生《大義》逕改爲“及命三后施功德於民”。去“憂”字，但仍循“施功”思路。其實前於吴之俞樾《平議》已另爲釋云：“按‘憂功於民’義不可通，《正義》因增‘施’字以成其義，非經旨也。《説文·心部》：‘恤，憂也，收也。’是‘恤’有二義，此經恤字當訓爲‘收’。‘恤功于民’，猶云‘收功于民’。《周易·井》：‘上六，井收勿幕。’王注曰：‘井功大成在此爻矣。故曰井收。’是收有成義，訓恤爲收，正與下文‘三后成功’相應。”俞説是。

　　按，本篇所用神話多，特別是此第一節“若古有訓”之“古訓”，全由神話構成。其中有許多神話資料的原文句，即被照抄入本篇中作爲史事叙述。不知其原來即是神話，一些經師卻按史事去套。例如“帝”、“皇帝”原都指上帝，經師們卻説成是顓頊、堯、舜等等，就永遠弄不懂其原義。而神話來源往往是多元的，例如蚩尤神話，既有本族黎苗人民愛戴尊敬的神話，也有敵對部族的誣蔑醜化的神話，又如重黎，既有楚族奉爲宗神的神話，又有中原早期華夏族關於重黎的神話。而本篇成於姜姓族之手，故對蚩尤全是誣蔑之辭，對重黎則在運用它鎮壓黎苗族。而本句“乃命三后恤功于民”這一神話，則是本篇所引載諸神話中最主要的一則，《吕刑》篇既依據它以成篇，而它又貫徹全篇、主宰了全篇內容。它是本篇的靈魂。而本篇之所以能肯定爲吕王之作，亦是由這則神話所確定的。在有些文籍中，雖引載的仍是神話，却力求把它歷史化，即把神話的神加以人化，如神話中原是上帝"乃命重黎絕地天通"，《楚語》中則改成顓頊"乃命南正重司天……火正黎司地……是謂絕地天通"。而在本篇不予改動，仍爲"皇帝……乃命重黎絕地天通"。可知本篇更多保持神話原句，也就是更多保持了神話原貌。在引述"古訓"的全文中，稱引的全是神，蚩尤、重黎是神化了的各自部族的宗神，皇帝、群后更全是神。而作爲本篇主要的神提出的"三后"，則正是姜、姬兩族的宗神伯夷和稷，及兩族共同尊敬的夏族宗神實際是天神的禹（見《天問》）。周人自稱爲夏的後代，史有明徵（見《古史續辨》第 151、169 等頁），姜姓族則其得姓宗神四岳以佐禹治水有功，"皇天嘉之，胙四岳國，賜姓曰姜，氏曰有吕，謂其能爲禹股肱心膂以養物豐民人也"（見《周語下》）。所以姜姓族一直以成爲禹的股肱心膂而榮耀，直至春秋中後期的齊靈公時齊國臣下的《叔夷鐘》仍稱居華夏大地爲"咸有九州，處禹之堵"。因此姜和姬兩族是一直共同尊奉大禹的。所以《吕刑》作者以爲除了上帝降福人民外，由上帝派下來降福人民的就只是伯夷、禹、稷三位巨神。而因《吕刑》成於吕王之手，當然就把自己的祖先伯夷列在夏周的祖先禹和稷的前面了（在先秦其他典籍中，伯夷的地位是從來沒有排得這麼高的）。由這點也就得到了《吕刑》成於吕王之手的鐵證（關於吕王情況已見前①、②兩校釋，關於《吕刑》成於吕王之手的鐵證並詳後面的"討論"）。

㉕伯夷降典折民惟刑——"伯夷"，詳《堯典》"伯夷"校釋，爲姜姓族最原始的始祖神。參看本篇有關涉及伯夷諸校釋（周初不食周粟的伯夷與此非一人，亦已見《堯典》校釋）。

"折"，一作"晢"。"惟"，一作"維"。見《墨子·尚賢中》引《吕刑》云："伯夷降典,哲民維刑。""折"又作"悊",見《漢書・刑法志》云："《書》云:'伯夷降典,悊民惟刑。'言制禮以止刑,猶隄之防溢水也。"師古曰:"悊,知也。言伯夷下禮法以導民,民習知禮,然後用刑也。"又亦作"制",見段玉裁《撰異》引《四八目》(按,見陶潛集中)曰:"伯夷降典,制民惟刑。""典"一作"典禮","惟"一作"以",見《尚書大傳》云:"《書》曰:'伯夷降典禮,折民以刑。'謂有禮然後有刑也。"

段玉裁《撰異》云:"《釋文》云:'馬、鄭、王皆音悊。馬云:智也。'此謂馬、鄭、王本字作折,而讀爲悊,又單舉馬説以著其義也。"《撰異》在引《漢志》後云:'悊當作折,班意以制止訓折,正同《大傳》説。淺人用馬鄭本改折作悊,小顏又取馬鄭説注之,殊失班意。"又在引陶潛句後云:"陶引《書》作'制',此正如《論語》魯讀'折'爲'制'也。"《撰異》又云:"玉裁按,古文今文蓋皆作'折',惟《墨子》作'哲'爲異。"

僞孔顯係據《大傳》爲之釋云:"伯夷下典禮教民而斷以法。"釋"降典"爲"下典禮","折民"爲"教民"。《孔疏》云:"伯夷與稷言降,禹不言降,降可知。'降,下也,從上而下於民也。'《舜典》伯夷主禮典,'教民而斷以法',即《論語》所謂'齊之以禮'也。……此三事(指三后之事)之次,當禹功在先,先治水土乃得種穀,民得穀食乃能行禮。《管子》云:'衣食足知榮辱,倉廩實知禮節。'是言足食足衣,然後行禮也。此經先言伯夷者,以民爲國之本,禮是民之所急,將言制刑,先言用禮,刑禮相須,重禮,故先言之也。"指出按客觀事物需要,應先言禹之功,次言稷之功,最後言呂王之功。現在特找出"禮是民之所急"這一理由來作爲先言伯夷之故,不知這只是呂王將自己的祖宗放在夏周祖宗的前面,根本與禮不禮無關。顧師《讀書

筆記》第八卷第 6204 頁云：“《呂刑》末章曰：‘哲人惟刑。’吳澄以
‘哲人明理審法’解之（《書纂言》）。按上文曰：‘伯夷降典，折民惟
刑。’‘哲’即‘折’也，‘人’即‘民’也。恐不得以明哲之人解之。
‘折’，制也，猶今言管理也。則所謂‘哲人惟刑’（折民惟刑）者，猶
今言管理人民只有以刑法制裁之耳。”按，此符合王引之《述聞》“哲
人惟刑”條所云：“折之言制也。‘折人惟刑’，言制民人者惟刑也。”
故此爲此句正確解釋。

　　自僞孔承《大傳》釋“典”爲“典禮”，《孔疏》謂即“禮典”（其實
應爲“刑典”），其後經師皆以禮、刑並舉以釋此文。如蘇軾《書傳》
云：“失禮則入刑，禮、刑一物也。折，折衷也。”林之奇《全解》云：
“伯夷以典而教民，皆自上而下，故曰降。折，折衷也。賈誼曰：‘禮
者禁於將然之前，而刑者禁於已然之後。’法之所用易見，而禮之所
爲難知，則禮與刑一物也。民能由於禮，則何刑之有哉！惟失禮則
入刑矣。故伯夷之降典者，蓋以刑而折衷於民也。”《蔡傳》承呂祖
謙之説亦云：“典，禮也。伯夷降天地人之三禮以折民之邪妄。……
吳氏曰：‘二典不載有兩刑官，蓋傳聞之謬也。愚意皋陶未爲刑官之
時，豈伯夷實兼之歟。下文又言伯夷“播刑之迪”，不應如此謬
誤。’”（按蔡沈以前的吳姓《尚書》學者而有名者，有吳棫、吳孜二
人，吳孜書未傳，此大概是吳棫。棫書亡於明清間。）這是使經師感
困惑的問題。顧師《讀書筆記》第二卷第 583 頁云：“看《呂刑》，掌
刑罰的應該是伯夷，何以《堯典》上以皋陶掌刑罰，而伯夷反作秩宗，
主祭祀呢？這當是春秋時皋陶掌刑罰的傳説擴大了，做《堯典》的人
不能不屈於傳説之下了。《呂刑》不言皋陶，可知當時皋陶的傳説尚
未成立。”這就給經師們的困惑作了解答。還有可能是《大傳》及僞
孔釋“典”爲“禮”原有所承，大概承自先秦成説，《堯典》作者即據伯

夷降典禮之說，安排他做了禮官。由神話中來的人物，進入歷史中，自可據其某一綫索，從新作出安排的。

繼蘇軾"禮刑一物"之說後，宋元明學者相承爲說並有所發揮者代不乏人，如呂祖謙《書說》云："'伯夷降典，折民惟刑'，正其心也。……伯夷於此降天地人之祀典，以折民之邪妄，使知天地之性，鬼神之德，森然各有明法，向之蠱惑摧敗，銷落蕩乎其不留矣，是所謂折民惟刑也。……伯夷之降典，若緩而不切，然抑不知人心不正，將相胥而入於夷狄禽獸，雖有土安得而居，雖有食安得而食諸。……首述伯夷之典，先其本也。"王充耘《書管見》云："凡禮教與刑相表裏，故司徒敷教，亦必有刑以弼之。伯夷降典以辨上下之分，有不從者，則以刑折之，使其陵僭者不得以自遂，則其勢不得不折而入於禮也。"《傳說彙纂》引王綱振云："伯夷典禮，宜言禮不言刑，而乃曰'折民惟刑'，可見伯夷之刑即是'齊之以禮'。皋陶明刑，宜言刑不言德，而乃曰'以教祗德'，又見皋陶之刑，是即'道之以德'。德、禮、刑原是一物，自後以刑爲刑，德、禮與刑罰遂判。"這些人都是根據《堯典》定伯夷爲禮官來强調伯夷重禮，而本篇載伯夷"折民惟刑"，無法解脫，就只好這樣來把德、禮和刑拉在一起。不顧本篇明確說苗民作五虐之刑，伯夷特制祥刑以否定五虐之刑，所以伯夷所從事的只是"刑"，哪來的什麼"禮"。

戴鈞衡《補商》更謂伯夷非刑官，惟重禮爲軌法。其文云："恤，慎也。功，事也。《蔡傳》訓'憂民之功'，義曲。'折民惟刑'，舊解皆以爲刑罰之刑，夫下文始言'士制百姓于刑之中'，此三后乃教民、安民、養民之事，不宜插入刑言。且伯夷何嘗兼刑官乎？說者盛謂教民以禮，折絕斯民入刑之路，其意巧而實迂。竊謂'刑'，法也，即典也。《詩》曰'尚有典刑'。'折'讀曰'制'，陶潛詩曰：'伯夷降

典,制民惟刑。'是'折'、'制'古通用也。制民者禮,所謂固肌膚束
筋骸之謂。'惟'猶'以'也。言伯夷降布典禮制民以軌法也。"此亦
據《堯典》中伯夷不是刑官而只是重禮教,故訓"刑"爲軌法,爲典。
一篇之中刑字衆多,無一非刑罰之刑,獨在其中釋此一刑字非刑,是
不倫不類;更循曲學下士之見崇奉後起之《堯典》編造之説,而昧於
原神話中上帝專派伯夷下來"折民惟刑"原義,所以其説是錯誤的,
不足取。

　　總之此句當自顧師《筆記》之釋始確。

　　㉖禹平水土主名山川——"禹平水土"亦引作"主平水土"。
"主名山川"亦引作"命山川"。見《潛夫論·五德志》云:"戎禹……
爲堯司空,主平水土,命山川。"此當爲引用時稍易原文。"禹平水
土"事已見《皋陶謨》有關校釋。僞孔釋此二句爲:"禹治洪水,山川
無名者主名之。"戴鈞衡《補商》云:"'主名山川'者,分疆域,表鎮
望,《禹貢》所謂'奠高山大川',《爾雅》所謂'釋地'以下至'九河',
皆禹所名也。"(《覈詁》、《正讀》皆謂《爾雅·釋水》有"釋地以下至
九河皆禹所名也"之句,今查《釋水》並無此語)。楊氏《覈詁》云:
"按襄十一年《左傳》:'司慎司盟,名山名川,祥神祥祀,先王先公,
七姓十二國之祖,明神殛之。'則'名山川'三字當連讀,非命名之謂
也。"楊氏説甚確,則"主名山川"意爲名山名川之主。故顧師《讀書
筆記》第六卷第4121頁云:"'主名山川'即'爲山川神主'。《夏本
紀》云:'於是天下皆宗禹之明度數聲樂,爲山川神主。'此即對於
《吕刑》'主名山川'之解説也。'主'爲'神主',則其指禹爲名山大
川之神可知。若云'爲山川神之主',則《吕刑》之語無動詞矣。《史
記會注》引南化本作'以爲山川神主'。"此釋甚確。

　　㉗稷降播種農殖嘉穀——《墨子·尚賢中》引作"稷隆播種農

殖嘉穀”。孫詒讓《閒詁》云：“‘隆’，依畢本《吕刑》改爲‘降’。王云：‘古者降與隆通，不煩改字。《非攻篇》“天命融隆火于夏之城”，亦以“隆”爲降。《喪服小記》注“以不貳降”，《釋文》：“降，一本作隆。”……《説文》：“隆，从生，降聲。”《書大傳》“隆谷”，鄭注：“隆，讀如虒降之降。”是隆、降古同聲。故隆字亦通作降。……’王説是也。”“王”當指王引之，未及查其書。

偽孔釋云：“后稷下教民播種，農畝生善穀。”以“善穀”釋“嘉穀”。王引之《述聞》“農殖嘉穀”條云：“農，勉也。言勉殖嘉穀也。伯夷降典……禹平水土……稷隆播種……皆言三后之恤功於民，非言其效也。《大戴禮·五帝德篇》曰：‘使禹敷土，主名山川；使后稷播種，務勤嘉穀。’文皆本於《吕刑》。‘務勤’即‘勉殖’之謂也。《廣雅》曰：‘農，勉也。’襄十三年《左傳》曰：‘君子上能而讓其下，小人農力以事其上。’《管子·大匡篇》曰：‘耕者用力不農，有愚無赦。’此皆古人謂‘勉’爲‘農’之證。”可知“農殖嘉穀”即“勉殖嘉穀。”關於“后稷”，已詳《堯典》有關校釋。關於后稷降種播殖嘉穀事，已見《皋陶謨》有關校釋。

㉘三后成功惟殷于民——“殷”，原作“假”，見《墨子·尚賢中》引本篇此二句作：“三后成功，惟假于民。”孫詒讓《閒詁》云：“畢云：‘假，一本作殷。孔《書》亦作殷。’王鳴盛云：‘疑隸變相似而誤。’詒讓按：偽《孔傳》云：‘各成其功，惟以殷盛於民，言禮教備，衣食足。’此作‘假’，蓋與‘嘏’通。《儀禮·士冠禮》釋文云：‘嘏，本或作假。’《爾雅·釋詁》云：‘嘏，大也。’《禮記·郊特牲》云：‘嘏，長也。’《説文·古部》云：‘嘏，大遠也。’‘惟嘏於民’，言其功施於民者大且遠。下文所謂‘萬民被其利’也（此《尚賢中》下文有此句）。王應麟《漢書·藝文志考證》引《墨子》亦作‘假’，則宋本固如是。今

本或作‘殷’，乃據孔《書》改，非其舊也。”由《墨子》所引，知先秦本《呂刑》此字原作“嘏”、“假”，僞孔本殆以“嘏”訓義爲大，而“殷”義亦爲大（見《禮記・喪大記》“主人具殷奠之禮”注：“殷，猶大也”）。而殷字較常見，嘏字較稀用，故易“嘏”爲“殷”（也有可能僞孔所據本在流傳中已有人易用常見之“殷”字）。

　　“殷”，除上引訓爲“大”及“大遠”外，亦多訓“盛”，如《易・象上傳》“殷薦之上帝”鄭注，《易・豫》釋文引馬注，《左傳・成公十六年》杜注，《公羊傳・文公二年》何注，《逸周書・武穆》孔晁注，《晋語》“方事之殷”韋昭注等，皆云：“殷，盛也。”故僞孔釋此處爲“殷成於民”（僞孔此注全文已見上孫《聞詁》引）。《蔡傳》亦云：“伯夷降典以正民心，禹平水土以定民居，稷降播種以厚民生，三后成功，在致民之殷盛富庶也。”此就通常釋義，將此兩句解通。

　　俞樾《平議》云：“按《堯典》‘以殷仲春’，枚《傳》曰：‘殷，正也。’此經殷字亦當訓‘正’。‘殷于民’者，正於民也。王伯厚《漢藝文志考》引《墨子・尚賢中篇》作‘惟假于民’，‘假’與‘格’通。《君奭篇》‘格于皇天’、‘格于上帝’，《史記・燕召公世家》皆作‘假’。‘惟假于民’即‘惟格于民’。‘格’亦‘正’也。《方言》曰：‘格，正也。’”此可備一説。

　　㉙爰制百姓于刑之中以教祇德——“爰”，僞孔本改作“士”。“中”，一作“衷”，見《後漢書・梁統傳》所引。僞孔改“爰”作“士”，並釋之云：“言伯夷道民典禮，斷之以法。臯陶作士，制百官於刑之中，助成道化，以教民爲敬德。”王鳴盛《後案》引僞孔此釋後云：“《後漢・梁統傳》，統對狀，引此經云：‘爰制百姓于刑之衷。’衷之爲言，不輕不重之謂。‘衷’與‘中’通。但‘爰’此作‘士’，釋爲臯陶。《後漢書・楊震傳》，震孫賜拜尚書令，數日，出爲廷尉。賜自以

代非法家，言曰：'三后成功，惟殷于民。皋陶不與焉。'蓋吝之也（陳師凱《旁通》云："吝，恥也"），遂固辭。然則此經無皋陶，下文命諸侯監、伯夷播刑，亦專舉伯夷，不及皋陶。僞孔以此篇言刑事而皋陶不見，疑其不備，遂妄改以就其説，非也。"此説甚是。古人無歷史觀念，不知《呂刑》爲西周作品，當時唯此專篇言伯夷作刑之事，根本還没有發生皋陶爲"士"（專職刑官）之説，則《呂刑》中怎麽能有皋陶呢？文獻中最早説皋陶掌刑決獄者，爲春秋時魯僖公之世的《魯頌》。其《泮水篇》云："淑問如皋陶，在泮獻囚。"顧師《讀書筆記》第十卷第 7740 頁云："《離騷》云：'湯禹儼而求合兮，摯、咎繇而能調。'湯、禹、摯（少昊）爲國王，或由宗神而轉爲人王，皋陶（咎繇）當亦如此。《左傳》記臧文仲聞六與蓼滅，曰：'皋陶、庭堅不祀，忽諸！'（《文公五年》）是皋陶爲六或蓼之祖先（宗神），是東夷中的一個頭頭，非《論語》、《孟子》、《史記》所説的堯舜之臣也。《魯頌》云云，魯立國於東夷之地，故有皋陶善問獄的傳説。"是由於春秋時的《魯頌》記録了東夷有關皋陶善於刑獄的傳説，才有成於春秋之世的《堯典》根據傳説編排皋陶爲舜所任命的"士"官。這樣晚的傳説，怎麽也無法牽扯到西周的《呂刑》中去，然而僞孔尊信《堯典》已久，遂將後起的皋陶之説塞入《呂刑》，至於改"爰"字爲"士"字以當皋陶。只要明白了歷史實際，就必不會相信這僞説了。王鳴盛只是善於深入校定《呂刑》文字，從《梁統傳》、《楊震傳》證成《呂刑》原爲"爰"字而非"士"字，論定僞孔妄改以就皋陶之説，可稱有見。成書早於王氏數年王氏并自稱"就正於有道江聲"所撰《音疏》將經文"士"逕改回"爰"，並云："爰字僞孔本作'士'……則大謬。僞孔氏妄改，則没其文也。"證據確切，故照改回爲"爰"。後於王氏的孫星衍《注疏》同意王鳴盛之説，但只注明"士"一作"爰"，未改"士"爲

"爰"。只云："士，但舉刑官，亦不必舉皋陶也。"不如江、王之果決。然清學主力段玉裁《撰異》竟云："作'爰'作'衷'者，《今文尚書》也，作'士'作'中'者，《古文尚書》也，未必僞孔擅改，孔傳未必不本馬、鄭注。皋陶不在三后之數，賜之所以恥也。"似有意調停，謂馬鄭王本作"士"作"中"，亦不知是否有據，殆所謂智者千慮，或有一失歟。

　　對於此二句釋義，漢學宋學諸儒多同僞孔説，不過各有發揮。江聲《音疏》始改正經文爲："爰制百姓于刑之衷，以教祗德。"並爲"注"云："爰，于也。衷之言中。《書》亦或爲中。於是制百官於刑法之中，以教之敬德。"自爲"疏"云："爰，于。《釋詁》文。《國語·周語》云：'其君齊明衷正。'又《楚語》云：'而又能齊肅衷正。'韋昭注皆云'衷，中也。'故云'衷之言中'。《後漢書·梁統傳》説此經誼云：'衷之爲言，不輕不重之謂。'則是輕重適中之誼，亦以衷爲中也。"按《彙纂》引葉夢得《書傳》云："古者謂獄已定而不失其實曰中，故《小司寇》'以三刺斷庶民獄訟之中'説者云：'中，謂罪正所定。'而《司刺》亦以三法求民情，斷民中，獄訟成士師受之，曰受中，小司寇登之於天子，曰登中，此書亦累累言中。"此釋司法活動中有此二術語，然所據材料見《周禮》，時間亦不出春秋之世，似與《吕刑》無關。然後來司法實踐中形成此二術語，很可能即據《吕刑》此"中"字來定其名的。

　　俞樾《平議》云："'三后成功，惟殷于民，爰制百姓于刑之中。'此三句一氣相屬，'制百姓于刑之中'，即所以正於民也。《後漢書·梁統傳》引此經曰'爰制百姓于刑之衷'，枚本改'爰制'爲'士制'，而以皋陶作士釋之，則與三后無涉。'惟殷于民'句遂若結上之辭，而不知其爲上下承接之語，於是'殷'字之解失矣。近來説

《尚書》者，如江氏聲力闢枚氏，凡有異同之處，必舍枚本而從他本，固未免太泥。然此經‘士制’之當爲‘爰制’，以文勢求之，實無可疑。上文曰‘伯夷降典，折民惟刑’，下文曰‘今爾何監非時，伯夷播刑之迪’，可知此經不及皋陶也，枚本之誤顯然矣。段氏玉裁謂其未必不本於馬鄭王，殆非也。”

“以教祗德”，僞孔之釋已見本句校釋開頭所引云：“助成道化，以教民爲敬德。”按《爾雅·釋詁》：“祗，敬也。”《孔疏》云：“此經大意言禹稷教民，使衣食充足，伯夷道民，使知禮節（此二語自誤，已見上校釋），有不從者，乃以刑威之。故先言三君之功，乃説用刑之事。言禹稷教民稼穡，衣食既已充足，伯夷導民典禮，又能折之以法……令百官用刑皆得中正，使不僭、不濫、不輕、不重，助成道化，以教民爲敬德。言從伯夷之法敬德行禮也。”《蔡傳》亦云：“（句首誤稱皋陶）制百姓于刑辟之中，所以檢其心，而教以祗德也。”以後經師之説大都與以上諸家相近。

惟《彙纂》引王安石《新經義》云：“刑非教也，而言‘以教祗德’，蓋聖人莫非教也。刑之所加，非苟害之，亦曰歐而納之於善而已。故《周官》十有二教，亦曰‘刑教中則民不虣’。”

㉚穆穆在上明明在下灼于四方罔不惟德之勤——僞孔釋云：“堯，躬行敬敬在上，三后之徒秉明德明君道於下，灼然彰著四方，故天下之士無不惟德之勤。”將其所强加之“堯”字及“三后之徒”諸字去掉，則可見其對此四句之理解。訓“穆穆”爲“敬敬”，“明明”爲“明德明君”，“灼”爲“灼然彰著”。《孔疏》解之云：“《釋訓》云：‘穆穆，敬也。’明明重明，則穆穆重敬。當敬天敬民在於上位也。明明在王，則是臣事，知是三后之徒秉明德明君道於下也。彰著於四方，四方皆法效之，故天下之士無不惟德之勤。”林氏《全解》云：“穆穆，

敬也,和也,天子之容也。明明,即上所謂明明是也(惟舜以穆穆之德而在上,三后皋陶以明明之德而在下,君臣合德)。"此括弧中三句皆不合,故現在特以括弧括出,蓋不必牽扯上舜和三后。其言皋陶則尤誤。呂祖謙《書説》不涉及此諸人,逐釋文句云:"'穆穆'者,和敬之容也。'明明'者,精白之容也。'灼于四方'者,穆穆明明之合,輝光發越而四達也。'罔不惟德之勤'者,觀感動盪而不能自已也。"《蔡傳》全承襲呂説,略易一二字並改動一句以入其書中。在諸家釋義中,呂氏所倡以《蔡傳》承之之説爲確。

㉛故乃明于刑之中率乂于民棐彝——僞孔釋云:"天下皆勤立德,故乃能明於用刑之中正,循道以治於民,輔成常教。"訓"中"爲"正","率"爲"循","乂"爲"治","棐"爲"輔","彝"爲"常教"(王氏《後案》:"率,循,乂,治,並《釋詁》文。棐,輔,《説文·木部》文。彝,常,亦《釋詁》文)。按,釋"棐"爲"輔",誤。當如孫詒讓所釋爲"匪"、"非"。《孔疏》:"此美堯能使天下皆勤立德,故乃能明於用刑之中正。言天下皆能用刑盡得中正,循治民之道以治於民。輔成常教,伯夷所典之禮,是常行之教也。"呂氏《書説》云:"'故乃明于刑之中率乂于民棐彝'者,民既知德矣,故士師所明之刑,無過無不及,率皆治民輔迪其秉彝而保其德,所謂刑罰之精華也。自伯夷之典及皋陶之刑(按指"伯夷降典"至"士制百姓于刑之中"數句,亦誤言皋陶),制度文爲之具也。自'穆穆在上……罔不惟德之勤……率乂民于棐彝',精神心術之運也。苟其無本,則前數條(指"伯夷降典"、"禹平水土"、"稷降播種")不過卜祝、工役、農圃胥史之事耳。"陳經《書詳解》全承呂氏之説而摘述其大意,兹録其前半段所摘大意云:"堯君臣同德光於四方,民皆觀感惟德之勤,則刑之明非以毒民,乃所以棐其彝性也。"《蔡傳》亦襲用呂説上半至"所謂刑法之精華也"

止,文字亦略有改易則顯受陳經影響。陳經之說雖亦誤稱"堯"外,其摘述之大意頗能達此處文義。

陳櫟《纂疏》云:"伯夷降典,所以折絕民入刑之路也。刑之輕重,各得其中。當輕而重則善者懼,當重而輕則惡者玩,難使砥德矣。……本之以威明之德,繼期民以祗德勤德。刑之本必主於德,而刑之用必合於中。'德'與'中'爲《呂刑》一篇之綱領。繼此曰'惟克天德',曰'以成三德',曰'有德惟刑',無非以德爲本也。曰'觀于五刑之中',曰'中聽獄之兩辭',曰'罔非在中',曰'咸庶中正',曰'非德于民之中',曰'咸中有慶',無非以中爲用也。刑必合於中,而後刑即所以爲德。以此意讀《呂刑》,其庶幾乎!"這是元代經師所體會出的本篇要點,以"德"與"中"爲全篇綱領。德爲刑之本,中謂用刑正確,不輕不重,不枉不縱,真正做到這點,就可稱得上明刑慎罰了。因此不能說這不是元人從此篇所獲的讀書心得。

又元儒王充耘《讀書管見》有數語亦爲他的所見。其文云:"'明于刑之中'者,以治民而輔其常性,'彝'即'彝倫',如糾之以不孝不弟之刑,以驅而入於孝弟,是即所以秉彝也。此是先德教而後刑戮之意;又以見德化雖已興行,而刑亦不可廢,蓋非此無以弼教也。"

㉜典獄非訖于威惟訖于富——僞孔釋云:"言堯時主獄,有威有德有恕。非絕於威,惟絕於富,世治,貨賄不行。"《孔疏》:"堯時主獄之官,有威嚴,有德行,有恕心。有犯罪必罪之,是有威也。無罪則赦之,是有德也。有威有德有恕心行之,不受貨賄,是恕心也。'訖'是盡也,故《傳》以訖爲絕。"蘇軾《書傳》云:"訖,盡也。威,貴有勢者。乘富貴之勢以爲姦,不可以不盡法。非盡於威,則盡於富。其餘貧賤者則容有所不盡也。"蘇說似優於僞孔與《孔疏》說。呂祖

謙《書説》則云："典獄不得行其公者，非爲威脅，即爲利誘，不過兩端已。'訖'者，不行之謂也。威不能屈，富不能淫，豈無道乎。"似道出了刑獄之要害。陳經《詳解》亦云："獄之不公，威脅利誘兩端已，堯時典獄惟能兩絶之。"又夏僎《詳解》云："有罪當誅，威不可廢。非欲斷絶之也，惟欲斷絶賄賂以求富耳。"《蔡傳》綜宋儒之説言之云："'訖'，盡也。'威'，權勢也。'富'，賄賂也。當時典獄之官，非惟得盡法於權勢之家，亦惟得盡法於賄賂之人。言不爲威屈、不爲利誘也。"這些是宋儒對經義所作的探述。

王引之《述聞》"惟訖于富"條在引述僞孔之説後云："引之謹案，'訖'，竟也，終也。'富'當讀曰'福'。（《謙・象傳》："鬼神害盈而福謙。"京房"福"作富。《郊特牲》曰："富也者，福也。"《大雅・瞻卬篇》："何神不富。"《毛傳》曰："富，福也。"《大戴禮・武王踐阼篇》："勞則富。"盧辯注曰："躬勞終福。"）'威'、'福'相對爲文（《洪範》亦曰作福作威），言非終於立威，惟終於作福也。'訖于福'者，下文曰：'惟敬五刑，以成三德。一人有慶，兆民賴之。'是其義。《傳》以貨賂釋富字，乃不得其解而爲之辭。"則所釋比上所引述諸家所釋爲精確。戴鈞衡《補商》云："王氏引之曰：'威、福相對爲文，言非終於立威，惟終於作福也。'案王説是也。辟者所以止辟，刑者期於無刑，後人稱囹圄爲'福堂'，即此義也。《蔡傳》以權勢釋'威'，貨賄釋'富'，不惟帝世未必有權勢貨賄之事（顯然戴氏心目中本篇之'皇帝'爲往古傳説時期而非王權時代之帝），以納賄釋'富'，亦於古無徵。下文'庶威奪貨'、'惟内惟貨'，言'貨'不言富也。"

宋東陽陳大猷《或問》云："或問：'典獄非訖於威，諸家多以爲戒當時典獄，何也？'曰：此一意乃舉古訓以示訓，至後章'嗟司政典獄’而下，方是戒當時之臣，文意甚明。故從孔氏作堯時典獄之臣。
兼‘克天德’而‘作元命’（見下文），亦非當時之臣所能及。及穆王
（此據誤說）所以望其臣，語自有別，考之餘章可見。”按此處文氣原
承“乃命三后”句來，自皆屬“若古有訓”之内，是《吕刑》作者據傳說
資料泛陳古者之事，非指當時事，文意確甚明。至謂堯時典獄之臣，
則妄。

㉝敬忌罔有擇言在身——“罔”一作“而罔”，“身”一作“躬”。
見《禮記·表記》引載：“《甫刑》曰：‘敬忌而罔有擇言在躬。’”鄭玄
注云：“敬之言戒也。外敬而心戒慎，則無有可擇之言在於身也。”本
篇偽孔之釋云：“堯時典獄皆能敬其職，忌其過，故無有可擇之言在
其身。”漢學之釋如此。

蘇軾《書傳》云：“修其敬畏，至於口無擇言，此盛德之士也，何
以責之於典獄？曰：獄，賤事也，而聖人盡心焉，其德入人之深，動天
地，感鬼神，無大於獄者。故盛德之士，皆屑爲之。皋陶遠矣，莫得
其詳。如漢張釋之、于定國、唐徐有功，民皆目以爲不冤，其不信之
信，幾於聖與仁者，豈非口無擇言、身無擇行之人哉。”吕祖謙《書
說》云：“典獄……欲威不能屈，富不能淫，惟在敬忌無擇言在身而
已。”《蔡傳》簡言之云：“敬忌之至，無有擇言在身。”陳櫟《纂疏》云：
“‘敬忌’，如《康誥》文王之敬忌也。‘罔有擇言’，口無擇言也。言
行相表裏，‘罔有擇言在身’，並身無擇行矣。”《彙纂》引洪翼聖云：
“敬者，慎刑之至，而察之必盡其心也。忌者，畏刑之至，而施之惟恐
不當也。”宋學之釋如此。

王引之《述聞》“擇言”條云：“擇，讀爲斁，《洪範》‘彝倫攸斁’，
鄭注訓‘斁’爲‘敗’（見《史記·宋微子世家集解》）。《說文》：‘殬，
敗也。’引《商書》曰‘彝倫攸殬’。殬、斁、擇古音並同。‘敬忌罔有

擇言在身’，言必敬必戒，罔或有敗言出於身也。《表記》引作‘敬忌而罔或有擇言在躬’，‘而’，女也。言女罔或有敗言出於身也。《孝經》：‘口無擇言，身無擇行。’言口無敗言，身無敗行也。說《尚書》、《禮記》、《孝經》者多以爲無可擇，殆以迂迴失之。《太玄·玄掜》曰：‘言正則無擇，行正則無爽，水順則無敗。無敗故久也，無爽故可觀也，無擇故可聽也。’《法言·吾子篇》：‘君子言也無擇，聽也無淫。擇則亂，淫則辟，述正道而稍邪哆者有矣，未有述邪哆而稍正也。然則邪哆之言謂之擇言。故《孝經》曰：“非法不言，非道不行，口無擇言，身無擇行也。”蔡邕《司空揚公碑》曰：‘用罔有擇言失行在於其躬。’‘擇言’與‘失行’並言，蓋訓‘擇’爲‘敗’也，此又一證矣。”皮錫瑞《考證》云：“案王說是也。子雲（《法言》作者揚雄）、伯喈（蔡邕）皆今文家說，伯喈引作‘躬’與《表記》合。鄭注以‘擇言’爲‘可擇之言’，失之。”清學之釋比漢、宋兩學逼進一層，抉得確解，可取。

㉞惟克天德自作元命配享在下——僞孔釋云：“凡明於刑之中，無擇言在身，必是惟能天德，自爲大命，配享天意在於天下。”訓“克”爲“能”，訓“元”爲“大”。所釋此三句令人不明其意。《孔疏》解之云：“天德平均，惟能爲天之德。志性平均，自爲長久大命，配當天意，在於天下。言堯德化之深，於時典獄之官皆能賢也。”又疏釋之云：“惟克天德，言能效天爲德，當謂天德平均，獄官效天爲平均。……若能斷獄平均者，必當長久大命。大命由己而來，是自爲大命。‘享’訓‘當’也。是此人能配當天命，在於天之下。”又引鄭玄注云：“大命，謂延期長久也。”此漢學之釋，有點繳繞不清。然《孔疏》意謂能效天爲德，則大命由己來，乃能配當天命，其意脉絡尚明。

蘇軾《書傳》繼其上文稱譽張釋之、于定國、徐有功等人後云：

"幾於聖與仁者,豈非口無擇言身無擇行之人哉！若斯人者,將與天合德,子孫其必有興者,非自作元命、配享在下而何？漢楊賜辭廷尉之命曰：'三后成功,惟殷于民,皋陶不與焉,蓋吝之也。'《書》蓋以爲'惟克天德,自作元命'者,何吝之有？此俗儒妄論也。"夏僎《詳解》云："行之於身,皆可言之於口,不必擇而後言,是能與天合德,如此則典獄之官身雖在下,而仰合天德,如所謂'配天其澤'(見《多士》);仰當天意,如所謂'克享天心'(見僞《咸有一德》)。謂之'配享在下',豈不信哉。"陳經《詳解》云："天德無私,威福之事絕於外,敬忌之誠存乎中,此無私之天德也。死生壽夭之命,乃天以制斯人者,今典獄者德與天一,則制生人之大命,不在天而在我矣。天能制人之大命,典獄者亦能制人之大命,豈非在下而與天配合乎？'自作元命',猶言'自貽哲命'(見《召誥》)。"《蔡傳》云："大公至正,純乎天德,無毫髮不可舉以示人者,天德在我,則大命自我作,而配享在下矣。在下者對天之辭,蓋推典獄用刑之極功,而至於與天爲一者如此。"蔡氏可謂集宋學之要義。元明經師承宋學此説者,如陳櫟《纂疏》云："典獄之事,天實臨之。天德克於我,則天之元命自作於我,配天澤,享人心,皆我也。念念知有天在上,且知天實在我一心中,斯爲得之。"明代科舉用書作者陳雅言《書義卓躍》亦云："天此心而人此心,天此理而人此理,栽培傾覆有以見天道之至公,賞善罰惡有以見人心之至公。或刑或宥,一出於公,則元命之作不在天而在我也。"大抵循宋學諸人之説,主要是夏僎、陳經之説,可尋得此三句文義。

元儒王充耘《書管見》提出一説云："諸家皆自典獄之人言之,然謂之元命,是國命。與'惟廢元命'(見《多士》)同。謂之'配享在下',是又言人君享國,與天相配,與'克配上帝'(見僞《太甲》)、

‘配天其澤’之意同。蓋謂所用典獄之人能敬忌之至，用刑悉無冤濫，則是人君德與天合，而自作元命，可以長治久安，而配享在下矣。此即‘司寇蘇公式敬爾由獄以長我王國’（見《立政》）之意耳。”清《傳説彙纂》按語云：“案：‘惟克天德，自作元命，配享在下’三句，《孔疏》云：典獄之官能效天爲德，則長久大命由己而來，是自爲大命，可以配當天意，在於天之下也。《蔡傳》融會其意，而推典獄用刑之極功，至於與天爲一，義固精矣。王氏充耘則元命爲國命，配享爲人君之克配上帝，此歸重人君，説亦甚正大。蓋典獄之得人，實由帝德之合天耳。”此三句文字皆通常用字，而其文義却不好解，《孔疏》及宋儒之説，以爲皆爲典獄而發。王充耘提出爲國命、人君而發，就經常言“天德”、言“元命”，確皆對國對君而言。而此處數句承上文“典獄非訖于威”而來，似又可爲對典獄而言。

　　清儒就其字義尋釋，不重視其爲誰而講。江聲《音疏》云：“‘克’，肩任也。‘元’，大也。鄭康成曰：‘大命謂延期長久也。’聲謂肩任天德，建極斂福，則延期長久，永配天命，而享天禄於下矣。”孫星衍《注疏》云：“‘克’者，《説文》云：‘肩也。’‘天德’，謂五常之德。‘元’者，《易·文言》云：‘善之長也。’‘命’者，《白虎通·壽命篇》云：‘人之壽也。天命已使生者也。’‘配’，謂配天。‘享’，謂享其禄。言惟能肩任天德，自作善命，則配天命而享天禄於下矣。”朱彬《經傳考證·尚書下》云：“‘元命’，猶言大命。《易·文言傳》：‘元者，善之長也。’‘配享在下’，‘作配在下’，猶言‘天立厥配，受命既固’（見《詩·皇矣》）也。”戴鈞衡《補商》云：“‘惟克天德’，‘惟’，猶‘乃’也。‘克’，肩任也。此節承上言制刑既得其中，方其時也，在上之皇帝穆穆而和敬，在下之群后明明而精白，光輝昭著於四方，而猶莫不惟德之勤，故乃明於大中至正之刑，用以治民而輔其常性。

其典獄也，不終於立威，惟終於作福，敬之畏之，刑無可議，罔有敗言在其身，如此乃可肩任天德，自造大命，而配享天祿於下矣。夫苗既虐刑則無世在下，皇帝慎刑乃可配享在下。刑之關係於人國家者大矣哉。穆王將作贖刑而追叙並辦刑之始，乃唐虞之慎刑者如此。"此在釋字義後串講了自"穆穆"以下至此文意。其言穆王、唐虞則誤，實爲呂王。

　　近人王國維曾專釋《尚書》中配命。其《與友人論詩書中成語書·二》（《觀堂集林》卷二）云："'永言配命，自求多福。'《傳》云：'永，長言我也。我長配天命而行。案《毛公鼎》：'皇天弘厭厥德，配我有周，膺受大命。'又云：'丕顯先王配命。''配命'，謂天所畀之命，亦一成語。'永言配命'，猶云永我畀命。""案《詩·大雅》：'王配于京，世德作求。'求者，仇之假借字。'仇'，匹也。'作求'，猶《書》言作匹、作配。"近人亦多就字釋義，楊筠如《覈詁》云："'克'，宣八年《左傳》注：'成也。''天'，當作大。'元命'，猶大命也。《多士》：'厥惟廢元命。'是其義。'配享'，謂配天而享大命。《詩·文王》'永言配命'，《多士》'享天之命'，義並相同。"屈萬里《集釋》亦云："'克'，《說文》：'肩也。'意謂負荷。'作'，成就也。'元命'，大命也；指國運言。'配享'，言配合天命而享國。'下'，謂人間。"曾運乾《正讀》先解字義云："'擇'，讀爲斁，敗也。'克'，肩也。'自作元命'，猶言'自求多福'也。'配享，言配天而享其祿矣。"然後以同於戴鈞衡之說，惟文句稍異，串講了自"穆穆"以下至此句的文義。

　　清人近人從訓釋字義以求解通文義，比漢宋儒者常較準確。但往往就字釋字，就句釋句，此處似仍應參考宋儒之說，以尋文句可能的較深層次的含義。

　　以上這一節，是呂王爲了要闡述自己祥刑的系統意見，特先引述歷史上的酷刑惡例，以顯示自己五刑理論的正確。這歷史惡例，是基於長期的民族敵愾之情，深惡痛絕地提明蚩尤、苗民之酷烈，以引爲歷史教訓。加藤常賢將此節“王曰”以下全文作爲本篇第二節，冠以“古訓”的標題（惟開頭三句史臣記事提出作爲本篇第一節另標題爲“序”）。此“古訓”的内容，全部采用神話資料構成。在作爲“古訓”的第一段，鮮明地指斥蚩尤作亂，延及苗民統治者作五虐之刑，濫殺無辜，腥聞於天。第二段記上帝聞腥臊後，哀矜無辜，以威力遏絶苗民，以“絶地天通”禁止苗民告愬於天。第三段記上帝派遣三后——伯夷、禹、稷三宗神來下界施行盛大功德降福於民。而治世不可無刑，故爲民制定不輕不重的適中的五刑。第四段如戴鈞衡所云：“前既歷叙制刑之由，此則咏歎其君臣之德與不得已用刑之心。”

　　王曰：“嗟①！四方司政典獄②，非爾惟作天牧③？今爾何監？非時伯夷播刑之迪，其今爾何懲④？惟時苗民匪察于獄之麗⑤，罔擇吉人，觀于五刑之中，惟時庶威奪貨⑥，斷制五刑以亂無辜⑦，上帝不蠲，降咎于苗，苗民無辭于罰，乃絶厥世⑧。”

　　王曰：“嗚呼！念之哉！伯父、伯兄、仲叔、季弟、幼子、童孫⑨，皆聽朕言，庶有格命⑩。今爾罔不由慰日勤，爾罔或戒不勤⑪，天齊于民，俾我一日⑫，非終惟終，在人⑬。爾尚敬逆天命，以奉我一人⑭。雖畏勿畏，雖休勿休，惟敬五刑，以成三德⑮。一人有慶，兆民賴之，其寧惟永⑯。”

　　①嗟——楊樹達《詞詮》云：“歎詞。”爲語氣歎詞，如今語“唉”。

　　②四方司政典獄——僞孔云:"主政典獄,謂諸侯也。"周時四方
之政,由諸侯主之,故僞孔逕釋四方司政典獄爲諸侯。但此處文意
是指實際主政典獄之官員。呂祖謙《書説》云:"獄重事也,不察者
或視以爲刀筆吏之事。故(穆)王明告司政典獄,使知其職分之大
焉。"但經師據周代現實,有司之事往往即以諸侯本身當之。故《蔡
傳》云:"司政典獄,漢孔氏曰:'諸侯也。'爲諸侯主刑獄而言。"但終
當以原文文句爲主要依據。

　　③非爾惟作天牧——"爾",第二人稱多數,你們。在此指四方
司政典獄者。僞孔云:"非爾惟爲天牧民乎? 言任重是汝。"呂祖謙
《書説》云:"五刑五用,是謂天討。雖君不得而與,司是柄者非君之
臣乃天之牧也。故曰'非爾惟作天牧'。蓋呼而警之,使知其任之重
如此。要必前有所法,後有所戒,庶幾不爲天位之辱。"楊筠如《覈
詁》云:"'天牧',襄十四年《左傳》:'天生民而立之君,使司牧之。'
是其義也。"曾運乾《正讀》云:"呼司政典獄告之曰:汝非爲天牧民
者乎?《左傳》:'天生民而立之君,使司牧之。'惟吳闓生《大義》連
下句"今爾何監"爲釋云:"'惟',宜也。非爾宜作天牧,今爾何由臨
下乎?"他不知"何監"之下接"非"字,另成一種句式,不宜割斷,參
見下"何擇非人"句。

　　④今爾何監非時伯夷播刑之迪其今爾何懲——"迪",一作"不
迪",見《禮記·緇衣》云:"子曰,政之不行也,教之不成也,爵禄不
足勸也,刑罰不足恥也,故上不可以褻刑而輕爵,《甫刑》曰:'播刑
之不迪。'"鄭注云:"播,猶施也。不,衍字耳。迪,道也,言施行之
道。"皮錫瑞《考證》云:"案《緇衣》引《甫刑》'播刑之不迪',爲政不
行、教不成之證,則《今文尚書》當有不字,非衍文也。《今文尚書》
當以'非時伯夷'斷句,'播刑之不迪'連下句'其今爾何懲'爲義,今

爾當何所監視,非是伯夷乎? 若播刑之不迪,其今爾將何以懲惡也。鄭據古文無‘不’字,故以爲衍文。”

偽孔釋云:“言當視是伯夷布刑之道而法之。”蓋訓“監”爲“法”,訓“迪”爲“道”。而將“今爾何懲”連下句“惟時苗民匪察”爲釋云:“其今汝何懲戒乎? 所懲戒惟是苗民。”《蔡傳》亦云:“爲天牧民,則今爾何所監懲? 所當鑒者非伯夷乎! 所當懲者非有苗乎!”吳闓生《大義》則釋云:“‘迪’,用也。‘懲’,徵也。非此伯夷所播之刑是用,則爾何所取證乎?”

⑤惟時苗民匪察于獄之麗——偽孔云:“苗民非察於獄之施行,以取滅亡。”訓“麗”爲施行。上一節“越茲麗刑並制”之“麗”,一訓“施”,一訓“附”。此處各家亦分別持此二訓。《孔疏》:“上言‘非時’,此言‘惟時’,文異者,‘非時’言豈非是事也。‘惟時’者言惟當是事也。雖文異而意同。惟是苗民非察於獄之施行以取滅亡也。言其正謂察於獄之施行不當於罪以取滅亡。”蘇軾《書傳》:“麗字獄輒刑之,不復察也。”《蔡傳》:“麗,附也。苗民不察於獄辭之所麗。”《彙纂》引明人顧錫疇云:“凡人犯一罪,必有一種情詞附於其間。”曾運乾《正讀》:“‘匪’,猶不也。‘麗’,繫也。‘匪察于獄之麗’,猶《多方》言‘不克開于民之麗’也。”楊筠如《覈詁》:“‘麗’,猶律也。上文‘麗刑並制’是其義也。”屈萬里《集釋》:“麗,法。‘匪察于獄之麗’,意謂不依據法律斷獄。”

⑥罔擇吉人觀于五刑之中惟時庶威奪貨——偽孔云:“言苗民無肯選擇善人使觀視五刑之中正,惟是衆爲威虐者任之,以奪取人貨,所以爲亂。”《蔡傳》:“苗民不察於獄辭之所麗,又不擇吉人俾觀於五刑之中,惟是貴者以威亂政,富者以貨奪法(按此二語據蘇軾《書傳》),斷制五刑,亂虐無罪。”所釋“觀”字總覺不妥,偽孔提到

“觀視”似可即以觀爲視，“視”則如後世言“視事”，即就職之意，處理該項業務之意。陳櫟《纂疏》：“‘庶威奪貨’，蔡氏分説，與上文‘訖威’、‘訖貨’相照應，優於諸家。”楊筠如《覈詁》：“‘庶威’，與上文‘庶戮’同意。‘庶戮’，謂庶被刑戮者。‘庶威’，謂衆作威虐者。”屈萬里《集釋》：“‘奪貨’，强取財貨之官。”曾運乾《正讀》：“‘吉人’，善士也。‘庶威’，盛爲威勢，猶上文言虐威庶戮也。‘奪貨’，廣徵貨賄，猶上文言麗刑並制也。”

⑦斷制五刑以亂無辜——僞孔云：“苗人任奪貨奸人，斷制五刑以亂加無罪。”《孔疏》：“以亂加無罪者，正謂以罪加無罪，是亂也。”吳闓生《大義》：“亂，虐也。”楊筠如《覈詁》：“‘斷’，《淮南·説林》‘是而行之，故謂之斷’。”曾運乾《正讀》：“‘亂’，亂罰，猶《君奭》言‘亂罰無辜’也。”屈萬里《集釋》：“‘斷制’，猶言審判。‘亂’，擾亂。”可就諸訓義，擇而會通以爲釋。惟“斷”有割截、斬絕諸義（見《漢書》杜茂淮南王長二傳注）。“制”猶折也（下文“制以刑”，《墨子·尚同》引作“折則刑”）。是“斷制五刑”者割絕斬截摧折五刑之義，亦即以强力破壞五刑。

⑧上帝不蠲降咎于苗苗民無辭于罰乃絕厥世——《釋文》：“蠲，古緣反。”《廣雅·釋詁三》：“蠲，除也。”《小爾雅·廣詁》：“蠲，潔也。”《周禮·宮人》“除其不蠲”鄭注：“蠲，猶潔也。”《漢書·郊祀志·集注》：“蠲，絜也。”

僞孔承上句苗民“斷制五刑以亂無辜”後釋云：“天不絜其（指苗民）所爲，故下咎罪。謂誅之。言（苗民）罪重無以辭於天罰，故（堯）絕其世，申言之爲至戒。”《孔疏》云：“‘蠲’，訓絜也。天不絜其所爲者。鄭玄云：‘天以苗民所行腥臊不絜，故下禍誅之。’”按絜即潔之借字，各本中或即作潔。與《説文》“絜，麻一端也”之本義無涉。此處訓潔牽强，不如戴鈞衡《補商》所釋云：“斶，貸也。……於是上帝不貸，降咎於苗。”貸即寬貸、貸免之意。與《廣雅·釋詁》“斶，除也”義合，揚雄《劇秦美新》“應時而斶”，即斶除、斶免之義。楊筠如《覈詁》：“‘無辭’與有辭相反。‘有辭’，自討罪者言之，謂受討者有罪辭也。‘無辭’自受罰者言之，謂無辭可辨也。”屈萬里《集釋》：“無辭，猶今語無話可説，即無辭以自解也。”曾運乾《正讀》：“‘無辭于罰’，言無辭以自解於天也。‘乃絶厥世’者，猶上文言‘過絶苗民，無世在下’也。”

　　⑨伯父伯兄仲叔季弟幼子童孫——僞孔釋云：“皆王同姓，有父兄弟子孫列者，伯仲叔季，順少長也。舉同姓，包異姓。言不殊也。”《孔疏》亦云：“此總告諸侯，不獨告同姓，知舉同姓包異姓也。”《蔡傳》則云：“此告同姓諸侯也。”就原文列舉父、兄、弟、子、孫而言，似皆指同姓。據前《顧命》“今予一二伯父”句下引《孔疏》云：“《覲禮》言天子呼諸侯之禮，同姓大國則曰伯父，其異姓則曰伯舅；同姓小邦則曰叔父，其異姓則曰叔舅。計此時諸侯多矣，獨云伯父，與同姓大國言之也。”彼爲《禮書》所載周天子稱諸侯之禮。姜姓之呂與姬周基本用同禮。但作爲諸侯國而稱王之呂，是否與周王之稱謂相同呢？此時呂國處於“申呂方强”地位，面對南方楚、苗，以屏藩周，足以號召一方，聯合姜、姬諸侯同心戮力，則對姜、姬諸侯發布文誥，亦是應有之事。但此處在字面上談的確是同姓的父兄伯仲叔季等號。戴鈞衡《補商》指出：“上告異姓，此告同姓也。”按，上告“四方司政典獄”爲告異姓，則此確爲告同姓。

　　⑩皆聽朕言庶有格命——《孔疏》引鄭玄注云：“‘格’，登也。‘登命’，謂壽考者。”（江聲《音疏》引此句“格”作“假”）僞孔釋云：“聽從我言，庶幾有至命。”《孔疏》：“‘格’，訓至也。言庶幾有至命。

‘至命’，當謂至善之命，不知是何命也。鄭玄云：‘格登……壽考者。’《傳》云：‘至命’，亦謂壽考。”《蔡傳》同僞孔及《孔疏》。蘇軾《書傳》：“諸侯群臣自其父行至於兄弟子孫，皆聽朕言，庶以格天命。”“格”與“假”字參看《堯典》“格於上下”校釋。薛季宣《古文訓》云：“諸侯上自尊屬，下逮子孫，悉告以言，庶幾可以格於上帝。”孫星衍《注疏》云：“王呼親戚長幼使聽我言者，深戒之。穆王（當作吕王）壽考，孫行甚多，故下文亦呼嗣孫，此云幼子童孫也。‘格’者，《方言》云：‘正也。’‘正命’謂不夭折。鄭注見《書疏》，云‘格，登’者，《釋詁》：‘格、登，陞也。’‘格’‘登’轉相注。”戴鈞衡《補商》云：“竊謂‘格’讀曰‘嘏’，固也，長也。猶《君奭》言‘固命’，《召誥》言‘永命’也。”吳闓生《大義》云：“‘格’‘假’同字，‘格命’，嘉命也。”楊筠如《覈詁》：“‘庶’，謂庶幾也。格與假同，《詩》傳：‘大也。’字當作‘嘏’。《逸周書·皇門解》‘用能承天嘏命’是也。”曾運乾《正讀》襲戴鈞衡説云：“‘格命’，固命也。《君奭》：‘今汝永念則有固命。’格、固聲相通。”屈萬里《集釋》：“‘格命’，神降臨而命之，意謂有福祥之事。”“格命”之解釋，如此紛然雜陳，計有登命壽考、至善之命、格天命、格上帝、正命、陞命、嘏命（大命、嘉命、固命、永命）、福祥之事等等解説。其他經師之解釋未及詳録者必尚多，大抵據已見諸釋，都是指吉祥美善之義，可知“格命”確指福祥之事。

⑪今爾罔不由慰曰勤爾罔或戒不勤——“曰勤”，《釋文》：“曰，人實反。一音‘曰’。”《唐石經》即作“曰”。可知僞孔本原作“曰勤”，有別本作“曰”者，非僞孔通行本。然江聲《音疏》此二字經文即改作“曰勤”，並注云：“俗儒讀‘曰’爲‘曰’，由隸變而誤也。”王氏《後案》亦先擅自改《傳》文“曰當勤之”爲“曰當勤之”，然後“案”曰：“《傳》意如此，義甚艱晦……然則《傳》本作‘曰’，不作‘曰’。

《釋文》固惟《傳》是從者,乃誤會《傳》意以爲作‘日’,而又不敢定,故先言‘人實反’,後云‘一音曰’。非也。”戴鈞衡曾指出,江聲、王鳴盛凡遇與僞孔本有異義之處,必取異義而反僞孔義,無一例外,雖僞孔義有正確之處亦必抹殺之。此處亦其表現之一,後世治經者於此處皆從江、王說。即段玉裁《撰異》亦云:“‘曰勤’,《釋文》作‘日月’字。云:‘人實反,一音曰(當作越)。’《正義》作‘子曰’字。云‘言曰我當勤之。’王鳳喈云:‘《孔傳》今汝無不用安自居曰當勤之。’按‘曰當勤’之下文所謂‘徒念戒而不勤’也。孔本本作‘曰’字。今定作‘曰’。《唐石經》作‘日’,非。”如此大師,亦作此論,可異。則其後清儒及現代學者都主張作“曰”,不足怪了。(惟皮錫瑞《考證》主張作“日”,是其卓越處。見下。)此處所要討論的,不是用“日”字義或“曰”字義孰優,而是要討論清楚僞孔本此字原作“日”還是作“曰”,而不論其用“日”字“曰”字哪個較好。即使它用了不好的字也只能隨它,何況其用字自有其意義在。本書校釋以《唐石經》爲底本,苟無確切的版本證據,決不輕易改底本之字,何況陸德明自南朝時起即據宋齊所傳東晉僞孔本爲《釋文》,確守該書體例,凡明確無訛之字爲之音釋,偶附見其異文。此字既注明“日”字音“人實反”,復注明有別本作“曰”,這顯然偶有某一傳抄本(當時書皆傳抄本)傳抄中將“日”字形訛爲“曰”,這是無疑的,因此可肯定僞孔本此字作“日”,“曰”是傳抄形誤之字。

　　僞孔釋云:“今汝無不用安自居,日當勤之,汝無有徒念戒而不勤。”《孔疏》:“‘由’,用也。‘慰’,安也。人之行事多有始無終,從而不改。王既殷勤教誨,恐其知而不行,或當時欲勤行而中道倦怠,故以此言戒之。今汝等諸侯無不用安道以自居,言曰我當勤之。‘安道’者,謂勤其職是安之道。若不勤其職,是危之道也。”“言曰我非勤之"句爲段玉裁引爲作"曰"之證,此只是孔穎達解釋語,非僞孔原語,且孔穎達上句已釋爲"或當日欲勤行而中道倦怠",明釋"日勤"二字。釋"由懋"爲"用安自居",全不可解。實際此釋不確,似此則"由懋"二字不可理解,合當闕疑。"日勤"二字則僞孔《孔疏》用之甚確。故皮氏《考證》從而論證之云:"'日勤'字,《釋文》作日,言爾無不用安日勤,謂日日當勤,如《大學》'日日新'之意,日不可翫,天不可褻,'天齊乎人,假我一日'(見下文),即日勤之義。"

宋儒仍承"日勤"二字,於"由懋"另有新解,如蘇軾《書傳》云:"獄非盡心力不得其實,故無獄不以勤爲主。'由',用也。爾當用獄吏懋安之而日愈勤者,不當用戒敕之而終不勤者。"林氏《全解》云:"《釋文》'一音人實反',只當作'日'字讀。言今爾當無不由朕之言相慰勉,而日愈勤,不可相戒以不勤也。蓋典獄之職,人命所繫,死者不可復生,刑者不可復續,君子所當盡心,故戒之以勤也。"《蔡傳》主要承吕氏《書說》之意,而後抒以己見云:"參錯訊鞫極天下之勞者,莫若獄。苟有毫髮怠心,則民有不得其死者矣。'罔不由懋日勤'者,爾所用以自懋者,無不以日勤,故職舉而刑當也。'爾罔或戒不勤'者,刑法之用,一成而不可變者也。苟頃刻之不勤,則刑罰失中,雖深戒之,而已施者亦無及矣。戒固善心也,而用豈可或戒也哉。"

僞孔之釋使人不易理解。清儒大都誤以"日"爲"曰",所釋遂皆誤,近人多隨之而誤。欲了解此兩句原義,自惟循宋儒諸家説,參互以尋其義。

⑫天齊于民俾我一日——"于民",一作"乎人"。"俾",一作"假"。見《後漢書·楊賜傳》引《尚書》曰:"天齊乎人,假我一日。""俾",又作"矜"。見《釋文》:"'天齊于民'絶句。馬云:'齊',中

也。'俾',必爾反,馬本作矜。'矜',哀也。"

《楊賜傳》載賜上封事云:"臣聞和氣致祥,乖氣致災,休徵則五福應,咎徵則六極至。夫善不妄來,災不空發。王者心有所惟,意有所想,雖未形顔色,而五星以之推移,陰陽爲其變度,以此而觀天之與人,豈不符哉。《尚書》曰:'天齊乎人,假我一日。'是其明徵也。"李賢注:"'我',君也。天意欲整齊乎人,必假乎君也。"段玉裁《撰異》:"此《今文尚書》也。賜通《尚書·桓君章句》,即歐陽《尚書》也。……《古文尚書》'假'作'俾',《釋文》云:'俾',馬本作'矜'。……僞《孔傳》'俾我'句絕。楊賜'假我一日'爲句。乖異不同如此。"江聲《音疏》:"假,讀爲'天假之年'之假。"江氏故意用古字"叚"。並云:"'假'之言至,聲如格。'叚'之言機,聲如買。音誼皆不同。自漢以來相承以'假'爲'叚',經典皆然矣。……即《左傳》(僖二十八年)'天叚之年',今本亦作'假'。……此言'天齊乎人,假我一日',是即'假年'之誼,故讀從《左傳》誼也。"皮錫瑞《考證》:"楊賜意以天符人,感應甚速。'天齊乎人',即天與人符之謂。'假我一日',即'未形顔色五星推移陰陽變易'之義。上文'日勤'字《釋文》作'日'……'天齊乎人,假我一日',即'日勤'之義。"

楊筠如《覈詁》在文字釋義上作了較多鉤稽云:"'齊',《釋言》:'中也。'《論語》'齊之以禮',又曰'齊之以刑',皆其義也。'于',《後漢書·楊賜傳》作'乎',古于、乎通用。'俾'作'假',蓋今文本作'假我一日'也。馬本'俾'作'矜',謂哀也。按'俾'疑讀爲'畀'。《多士》'天惟畀矜爾'。'畀'、'矜'并舉,其義相近,故得相通。'畀'、'俾'古通用字,《洪範》'不畀洪範九疇',《史記》'畀'作'從'。《釋詁》:'俾,從也。'則假'俾'爲'畀'。《書序》:'王俾榮伯作《賄肅慎之命》。'《史記》'俾'作'賜'。《釋詁》:'畀,賜也。'則假

‘畁’爲‘俾’。是其證也。‘畁我一日’與‘假我一日’之意相同,故古文作‘畁’,今文作‘假’也。”屈萬里《集釋》增益了一些新釋云:“‘齊’,利也。義見《漢書·王莽傳下·集注》引應劭説。‘俾’,《説文》:‘益也。’猶言加給。《後漢書·楊賜傳》引此文‘俾’作‘假’,義亦相近。‘一日’,意謂少許之時日。”曾運乾《正讀》惟簡釋“齊”、“俾”二字,俱同於楊筠如説。

⑬非終惟終在人——僞孔上句讀至“俾我”斷句,然後連此爲釋云:“天整齊於下民,使我爲之。一日所行,非爲天所終,惟爲天所終,在人所行。”所釋當然不可從,但可見出僞孔對此數句的理解。蘇軾《書傳》:“刑獄非所恃以爲治也,天以是整齊亂民而已,蓋使我爲一日之用,非究竟要道也。可恃以終者,惟得人乎!”《蔡傳》襲用蘇説之前半,而以《康誥》大罪小罪非終惟終之説移以釋此。其言云:“且刑獄非恃以爲治也,天以是整齊亂民使我爲一日之用而已。‘非終’,即《康誥》大罪非終之謂。言遇之當宥者;‘惟終’,即《康誥》小罪惟終之謂,言遇之當辟者。‘非終’、‘惟終’皆非我得輕重,惟在夫人所犯耳。”蔡釋較扣近此處文義。曾運乾《正讀》承之云:“‘非終’,如《康誥》言:‘乃有大罪,非終,乃惟眚災,適爾。’‘惟終’,如《康誥》言:‘人有小罪,非眚,乃惟終,自作不典,式爾。’文言民有過惡,天欲整齊之,俾我一日司其柄,我不可以私意參與其間。‘眚災肆赦’、‘怙終賊刑’,亦在人之本身而已。”由《康誥》,知“非終”、“惟終”、“眚災”、“怙終”等爲西周政治家談刑罰的專用術語,以之釋此處當是切合的。

⑭爾尚敬逆天命以奉我一人——僞孔云:“汝當庶幾敬逆天命,以奉我一人之戒。”《蔡傳》:“爾當敬逆天命,以承我一人。”屈萬里《集釋》:“‘尚’,庶幾。‘逆’,《爾雅·釋言》:‘迎也。’‘奉’,助也。

義見《淮南子・説林篇》注。”“我一人”,同“余一人”,爲古代人君專用自稱之詞,已見《湯誓》、《盤庚》、《金縢》等篇“余一人”及《酒誥》“我一人”校釋。曾運乾《正讀》云:“天之生物,因材而篤,栽者培之,傾者覆之。天命如此,爾等庶幾敬迓天命,以奉我一人乎。”

⑮雖畏勿畏雖休勿休惟敬五刑以成三德——僞孔釋云:“行事雖見畏,勿自謂可敬畏;雖見美,勿自謂有德美。先戒以勞謙之德,次教以惟敬五刑,所以成剛、柔、正直之三德也。”因承上文“我一人”言,以“畏”、“休”屬我一人,雖有之亦不以自豪,以示謙慎。所釋“三德”,係引用《洪範》:“六,三德:一曰正直,二曰剛克,三曰柔克。”

陳經《詳解》云:“天以刑齊民,天不能自爲之,故以俾我。……用刑之際,人雖畏服我,猶以爲未足畏,人雖稱美我,猶以爲未足美,則此心常無已,方能承人君愛民無窮之心,合上天愛民無窮之心矣。”又云:“‘成三德’者,時乎用中典,則正直之德成;時乎用重典,則剛德成;時乎用輕典,則柔德成。”案此亦見《彙纂》引王炎云:“刑當輕而輕,以成柔德,而柔不至於縱弛;當重而重,以成剛德,而剛不至於苛暴;介輕重之間,以成正直,而正直不至於偏倚。”至《蔡傳》云:“畏、威古通用。‘威’,辟之也。‘休’,宥之也。我雖以爲辟,爾惟勿辟;我雖以爲宥,爾惟勿宥。惟敬乎五刑之用,以成剛、柔、正直之德。”此處以休爲宥,《彙纂》引王樵之説釋之云:“古以刑爲咎,則以開釋爲休。”按王氏《日記》云:“凡非終而當宥,惟終而當辟,皆非我得輕重,惟在夫人所犯,是爲天討之公,乃天命所在也。爾尚敬迎天命,以奉我一人。苟非天命,雖我欲畏爾惟勿畏,畏、威古通用,謂辟也。雖我欲休爾惟勿休,古以刑爲咎,則以開釋爲休,謂宥之也。惟敬乎五刑之用,以成剛、柔、正直之德。敬者,言畏與休皆不敢怠也。”這幾位反復闡釋，説得很周詳了。

其實既已指出“畏”、“威”古通用，則“雖畏勿畏”可逕釋爲“雖威勿威”，“雖休勿休”可比照以得其義，惟在弄明“休”之訓義即可。戴鈞衡《補商》云：“‘雖畏勿畏，雖休勿休’，《傳》（《蔡傳》）以‘辟’訓‘畏’，以‘宥’訓‘休’，皆不免於强。此外説者亦多，惟吾友文漢光曰：‘雖畏勿畏，不爲威屈，不爲勢奪也。雖休勿休，休讀休戚之休，喜也。如得其情，則哀矜而勿喜也。’此義親切，今取之。”如此則釋義自然通順。曾運乾《正讀》即得此意云：“‘雖畏勿畏’，不畏高明也。‘休’，喜也。‘雖休勿休’，得其情，哀矜勿喜也。”（楊筠如《覈詁》注明：《國語》韋昭注：“休，喜也。”屈萬里《集釋》注明：《經義述聞》：“休，喜也。休與畏正相反。言事雖可畏汝勿畏，事雖可喜汝勿喜。”）

⑯一人有慶兆民賴之其寧惟永——“一人”，即“我一人”、“余一人”，人君之自稱。“兆”，《御覽》卷七五〇引《風俗通》逸文：“十萬謂之億，十億謂之兆。”“兆民”，即億萬之民，指普天下之民。此三句明白好懂。僞孔云：“天子有善，則兆民賴之，其乃安寧長久之道。”得其文義。《蔡傳》云：“君慶於上，民賴於下，而安寧之福其永久而不替矣。”舉漢宋兩學代表作之説，足以盡其義，其他經師類似、雷同、小有立異之説，皆不用引録。惟于省吾《新證》釋“賴”字云：“《説文》：‘賴，贏也。從貝，剌聲。’按《漢書·高帝紀》注：晉灼引許慎云：‘賴，利也。’《周語》‘先王豈有賴焉’注：‘賴，利也。’《肆彝》𧶛作𧶛，‘賴’、‘𧶛’一字，特移貝於右而省刀耳。”是兆民賴以得利。

以上這一節，是史臣所記吕王的兩段講話。係在上節引述酷刑慘痛教訓，及上帝派吕王自家宗神伯夷作爲三位天神的第一位，憂恤民間受酷刑之苦而降施功德於民之後，特對兩個系統的人員申述兩方面要義以爲誥誡，其第一段即爲誥誡四方司政典獄這一系統的人員，爾等代天牧民，應遵循伯夷所降刑典，不要像苗民那樣濫制五刑虐害無辜，遭到上帝懲罰而絕滅了他們的世系。第二段是對各級同姓有國有土諸臣這一系統的人員所講，誥誡應整飭刑獄之政，要知天人相與，感應甚速，汝等都應該聽我的話，敬迎天命以承奉我一人，惟敬謹地施行五刑之法，以達成三德，意在從道德本源上強調制刑之本在立德。這就能有效宣揚天子有慶於上，兆民賴以獲得幸福於下，國家的安寧就可永遠地保持了。這就諄諄誥誡知所法戒，並尋求國家長治久安之道。即用上一節的"古訓"和這一節所闡述的要義，作爲下節爲本篇主體以闡述"五刑"這一古代最完整的自成體系的刑法綱領及其實行贖刑的張本。加滕常賢以本節第一段爲本篇第三節，以本節第二段爲本篇第四節，各以其首句爲標題。

　　王曰："吁①！來，有邦有土②，告爾祥刑③。在今爾安百姓，何擇非人，何敬非刑，何度非及④。

　　"兩造具備，師聽五辭⑤；五辭簡孚，正于五刑⑥；五刑于簡，正于五罰⑦；五罰不服，正于五過⑧。五過之疵：惟官、惟反、惟內、惟貨、惟來⑨。其罪惟鈞，其審克之⑩。

　　"五刑之疑有赦，五罰之疑有赦，其審克之⑪，簡孚有眾，惟貌有稽⑫，無簡不聽，具嚴天威⑬。

　　"墨辟疑赦，其罰百鍰⑭，閱實其罪⑮。劓辟疑赦，其罰惟倍⑯，閱實其罪。剕辟疑赦，其罰倍差⑰，閱實其罪。宮辟疑赦，其罰六百鍰⑱，閱實其罪。大辟疑赦，其罰千鍰⑲，閱實其罪。

　　“墨罰之屬千，劓罰之屬千，剕罰之屬五百，宮罰之屬三百，大辟之罰其屬二百，五刑之屬三千⑳。

　　“上下比罪，無僭亂辭㉑，勿用不行，惟察惟法，其審克之㉒。上刑適輕下服，下刑適重上服。輕重諸罰有權㉓。刑罰世輕世重㉔，惟齊非齊，有倫有要㉕。

　　“罰懲非死，人極于病㉖，非佞折獄，惟良折獄㉗。罔非在中，察辭于差㉘，非從惟從㉙，哀敬折獄。明啓刑書胥占，咸庶中正㉚。其刑其罰，其審克之㉛，獄成而孚，輸而孚㉜，其刑上備，有并兩刑㉝。”

　　①吁——《墨子·尚賢下》引作“於”。馬融本作“于”。見《釋文》：“馬本作‘于’。‘于，於也’。”當即歎詞“於戲”字。段玉裁《撰異》云：“‘於’，音烏，歎詞。‘于’訓‘於’有兩義，而音分焉。詞助，則衣魚切。歎詞，則哀都切。今音如此分別，古音不爾也。”顧師《筆記》第八卷第 6293 頁云：“按，‘於，來’，今本《尚書》作‘吁，來’，可以證其爲歎詞。《皋陶謨》夔曰：‘於，予擊石拊石，百獸率舞。’《堯典》僉曰：‘於，鯀哉。’以之相校，疑《吕刑》本作‘於’，爲《典》、《謨》作者所襲用，而後以較通行之‘吁’字改之耳。”

　　②有邦有土——“邦”，亦作“國”，《墨子·尚賢下》引作“有國有土”。又見《史記·周本紀》自此處開始引載《吕刑》，此句作：“王曰吁來有國有土。”《史記》引《尚書》好易用同義字，即所謂訓詁字，故不表示所引此本《尚書》原作“國”。然段玉裁《撰異》云：“凡《今文尚書》多作‘國’，凡《古文尚書》多作‘邦’也。”“土”，亦或云作“士”。見王鳴盛《後案》所引《史記》作“士”（今通行本《史記》作土）。其文云：“‘土’，《史記》作‘士’，《周禮》：‘其附于刑者歸于

士。'注云:'士謂主斷刑之官。成謂歸於圜土。'鄭以古土字有作士者,故復以圜土釋之。《詩·周頌》云:'保育厥士。'義作土。《世本·作篇》云:'相士作乘馬。'即相土也。《吕覽·任地》云:'后稷曰:子能使吾土靖而甽浴士乎?'高誘曰:'士當爲土。'《周牧敦》亦以'士'爲'土'是也。"皮錫瑞《考證》云:"案漢隸土士不別,《韓敕禮器碑》'四方士仁'作'土仁'可證。《墨子》引《書》亦作'有國有土'。"是不僅《墨子》、通行本《史記》皆作"有國有土",觀僞孔釋云:"吁,歎也。有國土諸侯,告汝以善用刑之道。"知僞孔本本篇原自作土。吴澄《纂言》云:"邦言其國,土言其境内之地。"分别釋此二字。《彙纂》引陳雅言則云:"有邦之諸侯,有土之卿大夫也。"曾運乾《正讀》亦云:"有邦者,畿外諸侯,有土者,畿内有采地之臣。"然《孔疏》則仍渾言之爲"有邦國有土地諸侯國君"。《蔡傳》則云:"有民、社者,皆在所告也。"

③告爾祥刑——《墨子·尚賢下》引作"告女訟刑"。《周本紀》照引作"告爾祥刑"。漢唐時文獻引此句大都作"告爾詳刑"。即"祥"作"詳"。段玉裁《撰異》歷舉《漢書·叙傳》師古注:"不詳,謂不盡用刑之理,《周書·吕刑》曰:'告爾詳刑。'"又《後漢書·劉愷傳》章懷注:"《尚書》曰:'有邦有土,告爾詳刑。'鄭玄注云:'詳,審察之也。'"又王仲宣《從軍詩》:"司典告詳刑。"李善注引《尚書》:"王曰:'有邦有土,告爾詳刑。'"又《後漢書·孝明帝紀》永平三年詔及十三年詔都逕有"詳刑"句。又篇首"度作刑以詰四方"句,《周禮》之《大宰》注及《大司寇》注皆引爲"度作詳刑,以詰四方"。兩處《正義》皆云:"詳,審。"段玉裁在引上述諸資料後,其《撰異》云:"玉裁按,合數條觀之,知古文、今文、鄭本、孔本皆作從言之'詳',顏籀、李善之注可證也。古詳、祥多通用,蓋僞孔本亦作詳,而讀爲'祥',

後徑改作‘祥’。如鳥讀爲島後徑改作島，非也。今更正。”我們校勘《尚書》之底本用《唐石經》固作“祥”，故不從段氏説改。既“詳”、“祥”通用，即使《尚書》古本作“詳”，其義亦借爲“祥”。因吕王專針對苗民“五虐之刑”而作“詳刑”，如用詳細之“詳”無所取義，必假作“祥刑”以見其針對性。故古文本其字作“詳刑”，而其義爲“祥刑”。

皮錫瑞《考證》據《史記·周本紀》所引謂“今文‘爾’下有‘女’字，‘祥’作‘詳’。《史記》曰：‘告爾女祥刑在今。’史公用今文，多‘爾’字。當以‘告爾’爲句，‘女詳刑在今’爲句。《潛夫論》引‘爾安百姓’，不連‘在今’二字可證也。‘祥刑’，祥字後人改之，《尚書》今古文皆作‘詳’。……《史記》亦當作‘詳’不作祥也。”此皮氏論斷。然知《史記》有版本固作“祥”。

僞古文作“祥刑”。僞孔接着“有國土諸侯”句後即云：“告汝以善用刑之道。”釋“祥刑”爲善用刑。蘇軾《書傳》即訓爲“祥，善也”（據《爾雅·釋詁》）。《蔡傳》則釋云：“夫刑，凶器也，而謂之祥者，刑期無刑，民協於中，其祥莫大焉。”陳櫟《纂疏》云：“刑而曰祥，以好生之德寓焉。擇人敬刑而謹所及（此指下文三句），則民安矣。民安，則刑可言祥矣。”吳澄《纂言》云：“祥刑者，慈良惻怛，詳審輕重，主之以不忍，行之以不得已，所以謂之祥也。”僞孔本既易爲祥字，經師們尋出些解釋，針對“五虐之刑”而言，强調其祥善，實合字義。俞樾《平議》則釋“祥刑”爲常刑，並引《左傳·莊公十四年》“周有常刑”爲證。

④在今爾安百姓何擇非人何敬非刑何度非及——《墨子·尚賢下》引“爾”作女，姓下有“女”字，“非人”作“言人”，“非刑”、“非及”之“非”作“不”。《周本紀》引載此數句作：“在今爾安百姓，何擇非

其人,何敬非其刑,何居非其宜歟?"《集解》:"王肅曰:'訓以安百姓之道當何所選擇乎? 非當選擇賢人乎?'"僞孔釋云:"在今爾安百姓兆民之道,當何所擇,非惟吉人乎? 當何所敬,非惟五刑乎? 當何所度,非惟及此輕重所宜乎?"林之奇《全解》云:"曾博士曰:上既言'苗民匪察于獄之麗',則非能敬刑也。'罔擇吉人觀于五刑之中,則非能擇人也。''斷制五刑以亂無辜'則非能度刑也。既告之以所懲者如彼,則其所當爲者宜若是也。"《蔡傳》則釋其句式云:"曰'何'曰'非',問答以發其意,以明三者之決不可不盡心也。"《彙纂》引陳雅言亦云:"刑非所以殘民而以安民。……安民之道,能擇人而後能敬刑,能敬刑然後能度及。三言'何'者,設爲問辭以致其疑。三言'非'者,設爲答辭以致其決。當時有邦之諸侯、有土之卿大夫,果能於此三者而致其擇、致其敬、致其度,則民無所不安而刑斯爲祥矣。"呂祖謙《書說》於此三語有較詳之釋云:"三者之審,民之所以安也。何所當擇,豈非典獄之人乎? 何所當敬,豈非用刑之際乎? 何所當度,豈非獄辭之所逮及者乎? 不擇典獄之人,則有邦有土者雖有哀敬之心亦無所施矣。既擇其人然後居敬行簡以臨之,先後固有序也。獄辭之連逮,古今之通病(此處襲用蘇軾説,見下)。……苟於追逮之時審度其必當逮者然後逮之,刑之所以簡也。"吳澄《纂言》則釋之較簡明云:"今日爾諸侯欲安百姓,何者當擇,非人乎? 何者當敬,非刑乎? 何者當揆度,非及乎? 人,謂用刑之人。及,謂刑之所加,猶'罰及爾身'之及。"朱駿聲《便讀》則又有其所釋云:"今爾欲撫安百姓,當何所選擇,非司刑之人乎? 當何所敬慎,非用刑之地乎? 當何所審度,非議刑之時乎?"吳閶生《大義》云:"何擇非人,言當擇人;何敬非刑,言當矜刑;何度非及,言當度其宜。"

　　按,此處"何擇非人"三句句式,在《逸周書》周代各篇中所習見,可知這大概是西周已通行的常用語例。這裏三句中,前二句各家所釋基本相近,比較好理解,惟第三句解釋紛歧,且多晦澀,需要另作尋析如下:

"何度非及?"《釋文》:"度,特洛反。"是爲忖度、揣度、揆度、審度之意。《孔疏》云:"'何度非及'其言不明。以論刑事而言度所及,知所度者度及世之用刑輕重所宜。王肅云:'度,謀也。''非',當與主獄者謀慮刑事度世輕重所宜也。"

《周本紀》譯此句爲"何居非其宜",顯然其所據本"度"作"宅",故譯爲"居"。正如《堯典》"宅嵎夷",《五帝本紀》譯作"居郁夷"一樣。段玉裁《撰異》云:"《古文尚書》作宅,《今文尚書》作度。"此原指訓爲"居"之宅、度字而言,忖度、審度之"度"應不在此例。但既宅、度通用已成《尚書》字例,則此忖度之"度"字亦有人寫作"宅",而用之者遂用居字義了。朱駿聲《便讀》疏釋《周本紀》此句云:"'度',猶謀也。心能制義曰度。'及',讀爲叠。古理官決罪,三日得其宜乃行之也。故《史記》引作'何居非其宜'。蓋史公所見本'度'作'宅',故以'居'字代之。"

早於《史記》之《墨子》引作"何度不及"。見其《尚賢下篇》云:"於先王之書《呂刑》之書然。王曰:於!來,有國有土,告女訟刑。在今而安百姓,女何擇言人? 何敬不刑? 何度不及? 能擇人而敬爲刑,堯舜禹湯文武之道可及也。是何也? 則以尚賢及之。"段玉裁《撰異》釋之云:"按'訟刑',公刑也。古訟、公通用。'言人',當是'吉人'之訛。謂'何擇非吉人乎',蒙上苗民'罔擇吉人'言之。《墨子》說'何度非及'似近是,王、孔之注乃皮傅。《史記》'何居非其宜'爲說,此恐《今文尚書》之駁異,非以'宜'訓'及'也。"孫氏《閒詁》云:"段玉裁云:'訟刑,公刑也。古訟公通用。'畢(沅)云:'孔書

“女”作“爾”，“訟”作“詳”。’王鳴盛云：‘《墨子》作“訟”，從“詳”而傳寫誤。’案王説是也。……‘女何擇言人。’畢云：孔書無‘女’字，作‘何擇非人’。王引之云：‘篆書否字……言字……二形相似，隸書否字……言字……亦相似，故否誤爲言。“否”與“不”古字通，故下二句云“何敬不刑、何度不及”也。’……案王説是也。……《釋文》引馬融云：‘度，造謀也。’案以此下文推之，則《墨子》訓‘不及’爲不及堯舜禹湯文武之道。猶言何慮其不能逮也。與孔説異。”按，江聲《音疏》即從此釋。然此所謂“堯舜禹湯文武”爲墨子特所習用的戰國語言，《呂刑》全篇從不稱舉此數人，所推崇的古聖王爲伯夷、禹、稷三人。

宋人對“及”字提出了新解。蘇軾《書説》云：“罪非己造，爲人所累曰‘及’。秦漢之間謂之‘逮’。此最爲政者所當慎，故特立此法謂之‘及’。因有大獄，獄吏以多殺爲功，以不遺支黨爲忠，胥吏皂隸以多逮廣繫爲利，故古者大獄有萬人者，國之安危，運祚長短，或寄於此。故曰：‘何度非及？’度其非同惡者則勿逮可也。”《蔡傳》遂承之云：“‘及’，逮也。漢世詔獄所逮有至數萬人者，審度其所逮者，而後可逮之也。”王樵《日記》云：“在今爾安百姓，有所當擇者焉，有所當敬者焉，有所當度者焉。何擇，非人乎？何敬，非刑乎？何度，非及乎？擇字敬字度字皆句斷。辭所連引曰‘及’，度者度之以己之心，勿惟人言之所指者即逮之也。度之以彼之情，勿惟己心之所疑者即逮之也。”

俞樾《平議》以爲“及”爲“𣪡”之訛，“𣪡”即服。並謂：“《堯典》曰：‘五刑有服，五服三就。’此篇曰：‘上刑適輕下服，下刑適重上服。’《周官·小司寇》曰：‘以施上服下服之刑。’刑以服言，蓋古語也。‘何敬非刑，何度非服。’言汝何所敬，非五刑乎？何所度，非五服乎？《史記》作‘宜’者，《爾雅·釋詁》：‘服宜，事也。’服與宜同訓，故經文作服，《史記》作宜。自‘服’誤作‘及’，而《史記》作宜之故遂不可曉。”可備一説。以“及”爲“㞢”，惜未舉出確據。

按，此三句之前二句可依諸家之釋，“何度非及”句則以墨子之釋最早，江聲、段玉裁、孫詒讓皆肯定之，似可從。《周本紀》之釋可能由於文字傳異所致，諸經師之釋“及”字義不明，宋人提出之解有可參考，可考慮爲有裨益於釋義之一説。

⑤兩造具備師聽五辭——“造”，一作“遭”，見《周本紀》照引録此兩句下《集解》云：“徐廣曰：造一作遭。”段玉裁《撰異》云：“按作‘遭’者，《今文尚書》也。以《大誥》‘造天役’，王莽作‘遭’證之。《史記》本作‘遭’，淺人用《古文尚書》改爲‘造’，而徐中散不憭。《漢書·王尊傳》曰：‘美陽女子告假子不孝，曰：‘兒常以我爲妻。’尊曰：‘律無妻母之法，聖人所不忍書，此經所謂造獄者也。’晋灼曰：‘歐陽《尚書》有此造獄事也。’按，造獄事未知見何篇，姑記於此。”陳喬樅《經説考》云：“晋灼注曰‘歐陽《尚書》有此造獄事也。’據此是歐陽《尚書》作‘造’字。太史公時《書》惟有歐陽立學官，然則《史記》當從歐陽本同作‘造’，其作‘遭’者，蓋大小夏侯之本也。”皮錫瑞《考證》以爲：“《史記》既從歐陽作‘造’，何以有一作‘遭’之本，陳説恐未可據。”

僞孔釋云：“‘兩’，謂囚、證。‘造’，至也。兩至具備，則衆獄官共聽其人五刑之辭。”《孔疏》云：“兩，謂兩人，謂囚與證也。凡競獄必有兩人爲敵，各言有辭理，或時兩皆須證，則囚之與證非徒兩人而已。……兩人競理，或並皆爲囚各自須證，故以‘兩’爲囚與證也。兩至具備，謂囚、證具足，各得其辭，乃據辭定罪，與衆獄官共聽其辭，觀其犯狀斟酌入罪。……故云‘聽其入五刑之辭’也。”既云“兩謂兩人”，又謂“囚與證”，顯見牴牾。

蘇軾《書傳》云：“訟者兩至，則士聽其辭。”以“兩”爲訴訟雙方，“造”爲“至”，“師”爲刑官“士”。按“士”爲刑官，詳《堯典》“士”校釋。吕氏《書説》云：“‘兩造具備’，兩爭者皆造於庭，非偏聽也。‘師聽五辭’，群有司同聽其辭，非偏見也。獄辭所及，既欲審度，而兩造復欲其具備，蓋所不當逮者不可擾一人，所當逮者不可闕一人也。……獄辭雖衆，麗於刑者不過五，故謂之‘五辭’。……古者因情以求法，故有不可入之刑。後世移情而合法，故無不可加之罪。”陳經《詳解》云：“兩爭造庭，已在目前，群有司公衆察斷兩造之辭，辭有五等，核實詳審之當者也。”《蔡傳》綜宋儒之説云：“‘兩造’者，兩爭者皆至也。《周官》‘以兩造聽民訟’。‘具備’者，詞、證皆在也（《彙纂》引王樵曰：“詞如文卷，證是證佐”）。‘師’，衆也。‘五辭’，麗於五刑之辭也。”

僞孔、《孔疏》釋“兩”爲“囚”與“證”二者，宋學諸家則釋爲訴訟兩方，顯然宋學之釋合文義。“造”則皆訓“至”，指到庭，亦稱“造庭”。“兩造”，是訴訟雙方都出庭。《周禮·大司寇》職文云：“以兩造禁民訟。入束矢於朝，然後聽之。”鄭玄注云：“造，至也。使訟者兩至。既兩至，使入束矢乃治之也。不至、不入束矢，則是自服不直者也。必入矢者，取其直也。《詩》曰：‘其直如矢。’（見《小雅·大東》）”顯然《周禮》用了《吕刑》此語。由僞孔訓“造”爲至，與鄭玄注《周禮》同，顯然僞孔襲用鄭玄《吕刑》注原作此訓，故鄭玄移注《周禮》亦作此訓。總之“兩造”是訴訟雙方都到庭，但習用既久，“兩造”漸被作爲訴訟雙方的代稱，“兩造具備”就是訴訟雙方都齊備了。

“師聽五辭”，上引僞孔已釋爲“衆獄官共聽其入五刑之辭”。

蘇謂“士聽其辭”，吕謂“群有司同聽其辭”。《蔡傳》則訓“師，衆也”。戴鈞衡《補商》云：“‘師’，士師也。《傳》以‘師’爲‘衆’，古者疑獄乃與衆共聽，弊獄訟於朝，乃群士司刑咸在，非一切獄訟皆需衆聽也。此處解‘師’爲‘衆’（按，係據《釋詁》），則下文‘簡孚有衆’爲複。”是此“師”字釋爲“衆獄官”、“群有司”較妥。“五辭”，僞孔釋爲“入五刑之辭”，《蔡傳》釋爲“麗於五刑之辭”（上文已釋“麗，附也”。實同於“罹”）。吕祖謙《書説》釋爲：“獄辭雖衆，麗於刑者不過五，故謂之五辭。”此處談五刑，刑訟中之辭自多，王樵《日記》云：“辭，即今之所謂供也。”朱駿聲《便讀》亦云：“辭，訟也。猶今言口供也。”衆多的供辭，取其與五刑之某刑有關者定爲某刑之辭，不出於五刑，故稱“五辭”。

“兩造”，另有釋爲“獄之兩曹”者。上引《周本紀·集解》徐廣曰：“造，一作遭。”段玉裁以爲是《今文尚書》作“兩遭”。皮錫瑞《考證》云：“今文作‘遭’，蓋假借爲‘曹’，《説文》云：‘朁，獄之兩曹也。在廷東。從棘，治事者。’小徐（鍇）曰：‘以言詞治獄者，故從“曰”。’然則‘兩遭’蓋即獄之‘兩曹’。漢人謂官名爲曹，當本於《今文尚書》。”（屈萬里《集釋》據《尚書故》引錢大昕亦云“兩遭，猶言兩曹”。亦引《説文》證其説。經匆匆翻閲錢氏《養新録》未得，待再查。）按皮氏所引《説文》見卷五上《曰部》，段玉裁《説文解字注·曰部》“朁，獄兩曹也”下云：“兩曹，今俗所謂原告被告也。曹，猶類也。《史記》曰‘遣吏分曹逐捕’，《古文尚書》‘兩造具備’。《史記》‘兩造’一作‘兩遭’。兩遭、兩造即兩曹，古字多假借也。”段氏以訴訟雙方釋獄之兩曹。訴訟雙方指人，獄之兩曹指機構，竟牽混爲釋。由此可悟“兩造”主要指訴訟雙方，雖有指獄訟機構者，仍以訴訟雙方釋之，則獄訟機構説可置之勿論矣。

⑥五辭簡孚正于五刑——"孚"，《周本紀》照引此兩句，而"孚"引作"信"。僞孔云："五辭簡核，信有罪驗，則正之於五刑。"《孔疏》："既得囚、證，將入五刑之辭更復簡練核實，知其信有罪狀，與刑書正同，則依刑書斷之，應墨者墨之，應殺者殺之。"《蔡傳》："'簡'，核其實也。'孚'，無可疑也。'正'，質也。五辭簡核而可信，乃質於五刑也。"基本可依此漢宋兩學之説爲釋。惟"正"以釋爲定較妥，《管子・法言篇》云："正也者，所以正定萬物之命也。"是"正"有"定"義。

⑦五刑不簡正于五罰——《周本紀》照引録本句。《集解》引僞孔爲釋。僞孔釋云："不簡核，謂不應五刑，當正五罰，出金贖罪。"《孔疏》："'不簡核'者，謂覆審囚證之辭不如簡核之狀。既囚與證辭不相符合，則是犯狀不定，謂不應五刑，不與《五刑書》同。獄官疑不能決，則當正之於五罰，令其出金贖罪。依準'五刑疑則從罰'，故爲五罰，即下文是也。今律，'疑罪各依所犯以贖論，虛實之證等，是非之理均，或事涉疑似，旁無證見，或雖有證見，事涉疑似如此者皆爲疑罪'。"蘇軾《書傳》："罰，贖也。"《蔡傳》："'不簡'者，辭與形參差不應，刑之疑者也。'罰'，贖也。疑於刑則質於罰也。"仍可依此諸家爲釋，因其文義如此。新安王氏（炎）提出"從恕而用罰，非謂疑其無罪而姑罰之"之説。見下文"五刑之疑有赦"校釋，惟彼仍同意此句漢宋經師之説。

⑧五罰不服正于五過——《周本紀》亦照引録本句，《集解》亦引僞孔爲釋。僞孔釋云："'不服'，不應罰也。正於五過，從赦免。"《孔疏》："'不服，不應罰'者，欲令贖罪，而其人不服，獄官重加簡核，無復疑似之狀，本情非罪，不可强遣出金，如是者則正之於五過，雖事涉疑似，有罪乃是過失，過則可原，故從赦免。下文惟有五刑、

五罰,而無五過,亦稱五者,緣五罰爲過,故謂之五過。五者之過,皆可原也。"蘇軾《書傳》:"過失,則當宥也。"《蔡傳》:"'不服'者,辭與罰又不應也,罰之疑者也。過,誤也。疑於罰,則質於過,而宥免之也。"王樵《日記》云:"《正義》曰:'刑疑從罰,罰疑從過,過則免之矣。'禹曰'宥過',《易》曰'赦過'。知過即免之也。"

王樵《日記》又云:"按'五辭簡孚'六句,只是相推下去,欲其原情定罪而已。'辭',即今(明代)之所謂'供'也。'簡孚'者,不能隱諱,所招是實也。'正于五刑',議其罪也。'五刑不簡',則情罪不合矣。謂求之五刑之中而無合其罪之條,則'正于五罰'。五罰又不服,則'正于五過'。上言'不簡',下言'不服',蓋互言之。'正于五罰',即'流宥五刑'(見《堯典》)。'正于五過',即'眚灾肆赦'(同上見《堯典》)。但穆王(誤,當作吕王)新定贖法,罰以贖言,非復古者降等之用矣。"

⑨五過之疵惟官惟反惟內惟貨惟來——《周本紀》引錄此數句稍易作"五過之疵,官獄,內獄"。"來",一作"求"。見《釋文》云:"'來',馬本作'求',云有求請賕也。"皮錫瑞《考證》云:"'惟官'十字,《史記》作'官獄內獄'。蓋以'官'、'內'二字括經文五事。如段氏說(見下)則'官'與'反'爲一類,故史公括以'官獄'。有內,即有貨、有求,謂或藉女謁之勢,或因女謁而行苞苴、行請託也。三者亦爲一類,故史公括以'內獄'。皮氏又就《釋文》謂馬本作"求"言之云:"今古文蓋同作'求'。漢人隸字'求'或作'來',與來字相似,故託作'來'。來、求字異,不得同訓也。"

對"官、反、內、貨、來"五項的解釋,則頗紛歧,僞孔云:"五過之所病,或嘗同官位,或詐反囚辭,或內親用事,或行貨枉法,或舊相往來,皆病所在。"《孔疏》云:"《釋詁》云:'疵,病也。'此五過之所病,皆謂獄吏故出入人罪，應刑不刑、應罰不罰，致之五過而赦免之，故指言五過之疵。於五刑五罰不赦其罪，未有此病，故不言五刑之疵，五罰之疵。應刑而罰，亦是其病，於赦免言病，則赦刑以罰亦是病，可知損害王道，於政爲病，故謂之病。‘惟官’，謂嘗同官位，與吏舊同僚也。或詐反囚辭，拒諱實情，不承服也。或內親用事，囚有親戚在官，吏或望其意而曲筆也。或行貨於吏，吏受財枉法也。或囚與吏舊相往來。此五事皆是病之所在。此五事皆是枉法，但枉法多是爲貨，故於貨言枉。餘皆枉可知。”蘇軾《書傳》云：“刑之而不服則贖，贖之而不服則宥，無不可者。但恐其有疵弊耳。‘官’者，更爲請求也。‘反’者，報也。報德怨也。‘內’，女謁也。‘貨’，鬻獄也。‘來’，親友往來者爲言也。”林之奇《全解》云：“疵，病也。惟官惟反惟內惟貨惟來，皆刑罰之所病，而特言五過者，舉上文而言耳，以此文在‘五過’之下故也。……‘惟官’，王氏（安石）曰：‘貴勢也。’‘惟反’，蘇氏曰：‘報舊也。’‘惟內’，先儒曰：‘內親用事。’蘇氏曰：‘女謁。’皆通。‘惟貨’，行貨以鬻獄也。‘惟來’，舊相往來也。”呂氏《書說》云：“刑降而爲罰，罰降而爲過，每降愈輕矣。刑固欲輕，以私而故縱，則非天討，此所以嚴責典獄者五過之疵，而待以惟鈞（見下句）之刑也。故縱而宥以五過，其疵病大率有五：‘官’者，權勢也。‘反’者，報德也。‘內’者，女謁也。‘貨’者，賄賂也。‘來’者，干請也。”《蔡傳》全襲用呂氏此五項，惟“權勢”易爲“威勢”。段玉裁《撰異》云：“官者畏其高明也，反者不畏而矯枉過正也。此二者疵之最甚者也。內者女謁行也，貨者苞苴行也，來者諸雖非女謁苞苴，而請託於其間也。‘來’‘求’字異訓同。”顧師《筆記》第八卷第6294頁云：“段玉裁解之曰……此解甚善。予意：‘惟官’爲挾勢以凌下，‘惟反’爲任情以抗上。”其中“內”、“貨”意義較明確，故諸家説多接近。“官”、“反”、“來”三字則可作不同理解，所以紛歧之説較多。經過多家提解，最後歸於吕、蔡之説，似較説得通。故戴鈞衡《補商》云：“疵，猶弊也。‘官、反、内、貨、來’，解者不一，以《傳》（《蔡傳》）爲當。”然當參以段氏、顧師之説。

⑩其罪惟鈞其審克之——《周本紀》引録本句作：“閲實其罪，惟鈞其過。”未引録“其審克之”句。《集解》：“馬融曰：以此五過出入人罪，與犯法者等。”僞孔釋云：“以病所在，出入人罪，使在五過，罪與犯法者同。其當清察，能使之不行。”“其罪惟均”，釋爲“罪與犯法者同。”即典獄者用五過之疵中的不正當手段幫助犯法者逃脱刑罰，則他的罪與該犯法者所犯的罪同。即以該犯法者原應受的刑罰轉用以處罰他。故《孔疏》云：“以五病所在出入人罪，不罰不刑，使得在於五過妄赦免之，此獄吏之罪與犯法者同。諸侯國君清證審察能使之不行及爲善也。此以病所在惟出人罪耳，而《傳》並言入者，有罪而妄出與無罪而妄入，獄吏之罪等，故以出入言之。今律故出入者與同罪，即此是也。”亦《蔡傳》所云：“惟此五者之病以出入人罪，則以人之所犯坐之也。‘審克’者，察之詳而盡其能也。”

“其審克之”，段玉裁《撰異》云：“《漢書·刑法志》：元帝初立，乃下詔曰：‘《書》不云乎，惟刑之恤哉！其審核之。’兼采《堯典》、《吕刑》二篇也。‘克’、‘核’古音同在第一部，蓋《古文尚書》作克，《今文尚書》作核也。‘克’當爲‘核’之假借。僞孔訓‘能’，非。”戴鈞衡《補商》云：“今案段説是也。古字‘克’通‘刻’，‘刻’與‘劾’一字，‘核’與‘覈’一字，皆可訓‘實’，故二字可通。‘審克’者，審察核實之謂也。”依段説，則僞孔“能使之不行”、《蔡傳》“察之詳而盡其能”二者皆誤，但當爲“其審核之”。

⑪五刑之疑有赦五罰之疑有赦其審克之——《周本紀》照録此

三句。《集解》引録僞孔之釋。《孔疏》引鄭玄注云：“不言‘五過之疑有赦’者，過不赦也。《禮記》曰：‘凡執禁以齊衆者，不赦過。’”僞孔釋云：“刑疑，赦從罰；罰疑，赦從免。其當清察，能得其理。”《孔疏》：“刑疑有赦，赦從罰也。罰疑有赦，赦從免也。上云‘五罰不服，正于五過。’即是免之也。‘不言五過之疑有赦’者，知過則赦之，不得疑。其‘當清察能得其理’，不使應刑妄得罰，應罰妄得免也。《舜典》云：‘眚灾肆赦。’《大禹謨》云：‘宥過無大。’《易‧解卦象》云：‘君子以赦過宥罪。’《論語》云：‘赦小過。’是過失之罪皆當赦放，故知過即是赦之。鄭玄云（見上引），如鄭此言，‘五罰不服正于五過’者，皆言罪之也。五刑之疑赦刑取贖，五罰疑者反使服刑，是刑疑而輸贖，罰疑而受刑，不疑而更輕，可疑而益重，事之顛倒一至此乎？謂之祥刑，豈當若是。”反對鄭玄有過不赦之説，以爲過當赦。吕祖謙《書説》云：“五刑之疑有赦，即所謂正於五罰。五罰之疑有赦，即所謂正於五過。觀下文五辟疑赦而爲罰，則五罰疑赦而爲過，從可知也。皆欲其審克者，當赦而不赦，不當赦而赦，所害皆不輕也。”《蔡傳》承吕説而簡言之云：“刑疑有赦，正於五罰也；罰疑有赦，正於五過也。”

　　至王炎提出“從恕而用罰，非謂疑其無罪而姑罰之也”之説，爲陸九淵學派的東陽陳大猷《書集傳或問》所稱引。其書先設“或問”曰：“孔氏謂五刑之疑則赦而從罰，諸儒所共遵，而老泉之論尤近人情，今乃取王説，何也？”按老泉蘇洵之説見林之奇《全解》所引云：“老蘇曰：‘夫罪固有疑，今有人或誣以殺人而不能自明者，有誠殺人而官不能折其實者，是皆不可以誠殺人之法坐，由是而有減罪之律，當死而流，使彼爲不能自明者耶，去死而不得流刑，已酷矣。使彼誠爲殺人者耶，流而不死，刑已寬矣。是失實也。有失實之弊，則無辜者多怨，而僥倖者亦以免。今欲使不失實，其莫若重贖。彼罪疑者雖或非其辜，而法亦不至殘潰其肢體。若其有罪，則法雖不刑，而彼固已困於贖金矣。'"《或問》在設問後，即答曰："五簡正於五罰，'不簡'，謂罪不當於五刑。若今世有罪而情理可憫，則與之從輕者是也。故從恕而用罰，非謂疑其無罪而姑罰之也。若夫疑獄則疑而不可知者也，若爲盜而無贓證，殺人而無明驗，是爲疑獄。疑則不可知其人爲有罪矣。不可知其爲有罪，雖輕罰猶不加，況加以重罰乎？故今世疑獄雖殺人之罪而不敢遽加以刑，蓋不知其爲果殺人故也。其以爲重罪之疑而加以重罰，受罰者果何辜哉！先王之制必不爾也。故曰：五刑之疑有赦，赦則釋之而已，若更有罰，何足以爲赦？新安王氏辨之詳矣。且老泉謂或有誣以殺人而不能自明者，有誠殺人而官不能折其實者，所以必貴於贖。……果知其爲不能自明者耶，則是已知其非罪矣，非所謂疑也，罰烏可加乎？果知其爲殺人而不能折其實耶，是殺人無可疑，特吾未能折其實耳。……是真可疑者也，又烏可復加以罰哉！兼諸儒多謂'五刑之疑有赦'，即所謂'正于五罰'。'五罰之疑有赦'，即所謂'正于五過'。經文不應若是重複。蓋'五刑'、'五罰'、'五過'皆所以治之，故以'正'言。是皆明知其罪之所止者也。至於'五刑之疑'則是不知其爲有罪者也，則直赦之而已。……或曰'五刑不簡，正于五罰'，若五刑之疑者，既已竟赦之矣，則又安得有所謂五罰之疑者哉。曰：刑不見簡而正之五罰，蓋明知其罪不當於刑而罰之也。其有罪不當於刑而宜罰者，而其所以致此罰罪之由或疑而無證，則爲五罰之疑亦赦之也。"此其說在闡明"五刑不簡正于五罰"四句與此"五刑之疑有赦"兩句原是兩碼事，彼此之間不相重複。彼自"五刑不簡，正于五罰；五罰不服，正于五過"。此則"五刑之疑"直赦之，不搞什麼"五罰"；"五罰之疑”亦直赦之,不搞什麼“五過”。這是陳大猷承王炎之説進而闡述了自己見解,使人們理解到了“五刑不簡正于五罰”四句與“五刑之疑有赦”兩句之間的頗見深微的區别。

⑫簡孚有衆惟貌有稽——《周本紀》引録此兩句作“簡信有衆,惟訊有稽”。《集解》引僞孔之釋(惟僞孔末句“重刑之至”引作“重之至也”)。“貌”又作“緢”,見《説文》“糸部”所引。段玉裁《撰異》云:“《説文》十三篇《糸部》云:‘緢,旄絲也。从糸,苗聲。《周書》曰:“惟緢有稽。”’玉裁按,緢之本訓爲旄絲,旄牛尾絲也。《尚書》本作‘緢’,孔安國以今文字讀之,審爲‘貌’之假借,乃更爲‘貌’字。……《説文》多存壁中之舊文,而《尚書》則多從安國以下諸儒所讀。《孔傳》雖僞,亦多舊説。《釋文》、《正義》不言馬鄭‘惟貌’有異解也。……《周本紀》‘惟訊有稽’,此《今文尚書》也。《集解》所引孔安國‘惟察其貌’之云,如風馬牛不相及。或謂説古文家何不讀爲‘訊’而讀爲‘貌’也?曰:‘訊’與‘緢’音絶不類,今文與古文或彼此絶異。”陳喬樅《經説考》云:“《説文》編字,皆以誼類相從。其‘緢’字次‘細’下,‘細’字次‘纖’下。而‘纖’訓細,‘細’訓微,則‘緢’訓旄絲,亦微細之誼也(按此段據江聲《音疏》説)。……緢訓爲細,謂當細訊其情,故《史記》以詁訓代之,云‘惟訊有稽’也。‘簡孚’作‘簡訊’,亦以詁訓字代之。”

僞孔釋爲:“簡核誠信,言合衆心,惟察其貌,有所考合,重刑之至。”由於誤“緢”爲“貌”,故段玉裁譏其釋如風馬牛不相及。《孔疏》亦從而可知其不相及。宋學諸家亦皆從“貌”爲釋,則其不相及益遠。

江聲《音疏》釋“簡孚有衆”爲誠信於有衆。而將“貌”字改回爲“緢”字。以“貌”爲衛包所改。“緢”字則據《説文》編字以義相從,知緧亦微細義。“稽”字則據《周禮》之《宮正》職、《質人》職鄭注，並云“稽，考也”，又《小宰》職鄭仲師注云：“稽，計也，合也。”合此諸義以爲稽字義。王鳴盛《後案》亦舉此諸字訓義而後云：“罪狀誠實，衆論僉同，且察其精至微細之處，皆有所考合，然後刑之。”孫星衍《注疏》則云：“‘簡孚有衆’者，即《王制》所云‘疑獄氾與衆共’也。……《周禮·小司寇》：‘以三刺斷庶民獄訟之中，一曰訊群臣，二曰訊群吏，三曰訊萬民。’蓋欲其誠信有衆，必用三訊之法與官民共治之也。‘稽’者，鄭注《周禮》云：‘考合也。’史公‘貌’作‘訊’者，《詩傳》云：‘訊，問也。’……‘緧’次細字纖字後，則爲細微必加考察之義。”有此諸家之釋，可參互以尋其義了。

⑬無簡不聽具嚴天威——《周本紀》引本句作“無簡不疑，共嚴天威”。《集解》引僞孔之釋。段玉裁《撰異》：“《周本紀》‘聽’作‘疑’，此《今文尚書》之異。‘具’作‘共’，則故訓也。‘具’訓‘俱’，‘俱’訓‘共’。”

僞孔釋云：“無簡核誠信，不聽理其獄，皆當嚴敬天威；無輕用刑。”《孔疏》：“‘無簡核誠信’者，謂簡核之於罪，無誠信效驗可簡核，即是無罪之人，當赦之。”蘇軾《書傳》：“初無核實之狀，則此獄不當聽也。所以如此者，畏天威也。”《彙纂》引張九成說（當係據黃倫《尚書精義》所錄張氏《尚書詳說》之文）云：“具，俱也。謂上所言皆敬天威也。”林之奇《全解》亦云：“苟無簡孚之辭，則不當聽其獄矣。其聽獄所以如是之審者，以其天威可畏，不可不嚴敬之也。”吕祖謙《書說》則云：“‘無簡不聽具嚴天威’者，不經衆人之簡核，則獄雖威而上有所不聽。所以爲是求詳而致嚴者，蓋刑乃天之威。非君之私權也，天明畏自我民明威，衆之所感孚，即天威之所在也。”宋儒大抵皆承蘇氏之說，或有所發揮，至《蔡傳》總承諸說而簡言之云：

"聽獄以簡核爲本，苟無情實，在所不聽。上帝臨汝，不敢有毫髮之不盡也。"皮錫瑞《考證》云："'無簡不疑'，謂既細訊之而無可信之情，則不在疑赦之列也。"

有如上漢、宋兩學諸説，則文義自明，後儒大抵無多新意。清儒及近人有補充文字訓義者。江聲《音疏》云："嚴之爲言，莊也，肅也，故云'嚴，敬也'。"孫星衍《注疏》云："'無簡不聽'，與《王制》文同。鄭注云：'簡，誠也。有其意而無其誠者，不論以爲罪。'（按此資料王鳴盛《後案》已先引）'具嚴天威'，言俱當嚴敬天威也。"楊筠如《覈詁》："'聽'，《廣雅》：'從也。''具'，《廣雅》：'共也。'《史記》作'共'，共之言，奉也。'嚴'，《詩傳》：'敬也。'"屈萬里《集釋》："'無簡'，謂無可核驗。'聽'，今語受理之意。'具'，《史記》作共。《爾雅·釋詁》：'共，具也。''嚴'，敬也，義見《詩·殷武·毛傳》，此謂敬謹。'天威'，天定之懲罰也。"

⑭墨辟疑赦其罰百鍰——"墨"，一作"黥"。"鍰"，一作"率"。"率"，亦作"選"，又一作"饌"。見《周本紀》引録本句云："黥辟疑赦，其罰百率。"《集解》："徐廣曰：'率即鍰也，音刷。'孔安國曰：'六兩曰鍰。鍰，黃鐵也。'"《索隱》："'鍰，黃鐵。'鋝亦六兩，故馬融曰：'鋝，量名，與《吕刑》鍰同。'舊本率亦作選。"又見《尚書大傳》云："禹之君民也，罰弗及强而天下治，一饌六兩。"陳壽祺輯本"案曰"："饌，他本作鐉，非。"段玉裁《撰異》："按《今文尚書》作'率'，或作'選'，或作'饌'，《古文尚書》作'饌'。《史記·周本紀》'百率'、'五百率'、'千率'，此依《今文尚書》也。徐廣曰'率音刷'。《索隱》曰'舊本"率"亦作"選"'，考《漢書·蕭望之傳》曰：'《甫刑》之罰，小過赦，薄罪罰，有金選之品。'《尚書大傳》曰：'一饌六兩。''率'與'選'、'饌'皆雙聲。今刻《尚書大傳》作'鐉'者，誤也。"

偽孔釋之云：“刻其纇而涅之曰墨刑。疑則赦，從罰六兩曰鍰。鍰，黃鐵也。”《孔疏》：“五刑之名，見於經傳，唐虞以來皆有之矣，未知上古越在何時也？漢文帝始除肉刑，其刻纇、截鼻、刖足、割勢皆法，傳於先代，孔君親見之。《說文》云：‘纇，額也（徐鉉注：“今俗作額”）。’”其下文較詳談了墨、鍰、黃鐵諸項問題，其後歷代經師亦大都有說。現即按諸項分別彙錄其資料以明其大要如下：

“墨”，《周禮·秋官》司刑職鄭玄注云：“墨，黥也。先刻其面，以墨窒之。”偽孔釋爲“刻其纇而涅之”。“纇”，《說文》釋爲額。古禮有稽纇，即將額扣至地。“涅”，音捏，染也（原義爲礬，以之染物遂有染義）。《淮南子·俶真》：“今以涅染紫則黑。”是其義。《論語·陽貨》“涅而不緇”注亦云：“涅，可以染皂。”（皂爲黑色）《孔疏》：“墨一名黥，鄭玄《周禮》注云：‘墨，黥也，先刻其面以墨窒之。’言刻額爲瘡，以墨塞瘡孔令變色也。”《東坡書傳》、《蔡傳》全承用偽孔之釋，以後經師多承之。

“辟”，陳經云：“載於法謂之‘刑’，加於人謂之‘辟’。犯墨辟而情罪之可疑者，則赦之使贖其罰，則罰之納贖也。然必檢閱核實其罪，使與罰相當，不可苟也。下仿此。”（按董鼎《纂注》、陳櫟《纂疏》皆引錄“陳氏曰”如上文，列於夏僎前，而不載其名，《彙纂》始載明陳經，然此文不見於陳《詳解》中。）呂祖謙《書說》襲用了“載於法謂之刑”兩句。本篇中載於法之刑爲墨、劓、剕、宮、大辟“五刑”，加之於人的則爲此處之“五辟”：墨辟、劓辟、剕辟、宮辟、大辟。大辟爲死刑之辟，以其爲“辟”之最大者，“大辟”遂亦爲死刑之代稱。故刑、辟實一，一爲法律中各種定刑之名，一爲該刑執行時之名。實際“辟”亦爲“刑”之通名。

“疑”、“赦”已詳上文“五刑之疑有赦”校釋。林之奇《全解》

云：“‘五刑之疑有赦’，此即上文‘五刑不簡正於五罰’，赦而從罰也。‘五罰之疑有赦’，此即上文‘五罰不服正于五過’，赦而免之也（按此説已爲王炎所非難）。五罰之疑，謂之赦可也。五刑之疑，尚不免於罰，而謂之赦者，蓋雖以金自贖，而幸其不至於殘潰其肌體，是亦赦也。下文‘墨辟疑赦’之類皆然也。薛博士説：‘麗於辟而疑於無罪，則赦。赦謂釋其罪不問，非謂赦之而從罰也。犯辟而不正當於辟，則非無罪，特不簡於正而已。於是從罰。’（此薛氏説前半與王炎同，後半異）此蓋以五刑五罰之下皆有‘赦’字，故爲此説，下文曰：‘墨辟疑赦，其罰百鍰。’於‘疑赦’之下‘罰’字之上言‘其’字者，指其上之辭，則百鍰之罰，正以疑而赦之也。如是則上下之意方連屬。……古之云赦者，以疑似之罪不可以刑辟加，故爲之差降贖罰以寬宥之，所以矜恤善良非貸免惡人也。”蘇軾《書傳》云：“五刑疑則入罰，不降，相因古之制也。所謂疑者，其罪既閱實矣，而於用法疑耳。”按，應參看王炎、陳大猷之説。

“罰”，亦已詳上文。夏僎《詳解》云：“罪實而加以法，謂之刑；罪疑而贖以金，謂之罰。互見其義，以明刑罰之條。”則此罰純爲贖金而設。《蔡傳》云：“今案皋陶所謂‘罪疑惟輕’者，降一等而罪之耳。今五刑疑赦而直罰之以金，是大辟、宫、剕、劓、墨皆不復降等用矣。蘇氏謂：‘五刑疑，各入罰不降，當因古制。’非也。舜之贖刑，官府學校鞭撲之刑耳。夫刑莫輕於鞭撲，入於鞭撲之刑，而又情法猶有可議者，則是無法以治之，故使之贖，特不欲遽釋之也。而穆王（當作吕王）之所謂贖，雖大辟亦贖也，舜豈有是制哉！”陳大猷《或問》云：“蔡氏之説，出於晦庵（朱熹號），學者所當知之。”按朱熹之説，見其《語類》，《彙纂》曾録存其數則，其主要之句爲：“想見那穆王胡做，到那晚年無錢使後，撰出那般法來。”然其他宋儒如蘇軾、林之奇、吕祖謙等及陸九淵學派諸人大都稱譽穆王（當作吕王）及《吕刑》之佳處，以爲王至晚年哀矜於刑獄，醇厚之至。明代王樵、清初王夫之都有系統的爲《吕刑》“罰贖”之制作辯護的專論。到清代後期亦有不少學者以爲《吕刑》所定罰贖之制在救當時之弊，不是爲了斂民財。這些大都給《吕刑》的罰鍰贖刑作了較平允的評論。更何况吕王是有懲於苗民的“五虐之刑”“殺戮無辜”而發，意在令出財物以代犯者死刑及各種肉刑，免於“殘潰其肌體”，還有其仁厚的主觀意圖。所以吕王之所以制定這一套贖刑，原是從正面意義積極意義出發而制訂的。詳後面“討論”（二）《吕刑》的贖刑及對其評價問題。

“鍰”，《孔疏》云：“‘六兩曰鍰’，蓋古語存於當時，未必有明文也。《考工記》云：‘戈，矛重三鋝。’馬融云：‘鋝，量名，當與《吕刑》鍰同。俗儒云鋝六兩爲一川，不知所出耳。’鄭玄云：‘鍰，稱輕重之名，今代（漢）東萊稱，或以大半兩爲鈞，十鈞爲鍰，鍰重六兩大半爾，鍰、鋝似同也。或有存行之者，十鈞爲鍰，二鍰四鈞而當一斤。’然則鍰重六兩三分兩之二。《周禮》謂鍰爲鋝，如鄭玄之言，一鍰之重六兩多於孔子所說，惟校十六銖爾。”《釋文》云：“鍰，徐：‘户關反。’六兩也。鄭（玄）及《爾雅》同。《說文》云：‘六鋝也。鋝，十一銖（按今本《說文》無“一”字）二十五分銖之十三也（今本《說文》作“十銖二十五分之十三也”）。馬（融）同。又云：賈逵說俗儒以鋝重六兩，《周官》：‘劍重九鋝。’俗儒近是。”（按，銖積而爲兩，《漢書·律曆志》：“一龠容千二百黍，重十二銖。兩之爲兩，二十四銖爲兩。”）

段玉裁《撰異》先録《說文》正其誤字，然後依次闡釋《釋文》。

其先録《說文》云：“《說文》十四篇《金部》曰：‘鋝，十一（各本無“一”，今補）銖二十五分銖（各本無“銖”，今補）之十三也。从金，寽聲。《周禮》曰：‘重三鋝。’北方（俗本此下有‘以’字，小徐及《六書故》無）二十兩爲三（各本無“三”，依東原先生補）鋝。’又曰：‘鍰，亦（各本無“亦”，今補）鋝也。《周書》曰：‘罰百鍰。’”

接着爲“玉裁按”，其自“今文作率、選、僎，古文作鍰”至“今刻《尚書大傳》作鑢者誤也”一段，已録在本句“墨辟疑赦其罰百鍰”開頭校勘文字處。段氏接在“作鑢者誤也”後面之文云：“《周禮·職金》正義云：‘夏侯、歐陽說“墨辟疑赦，其罰百率”，古以六兩爲率，古《尚書》說“百鍰”，鍰者率也。一率十一銖廿五分銖之十三也。百鍰爲三斤。鄭玄以爲古之率多作鍰。’玉裁按，此蓋出《五經異義》。《今文尚書》作率，《古文尚書》作鍰。《今文尚書》說率重六兩，《古文尚書》說鍰重十一銖二十五分銖之十三。其字其說皆異也。古文家說鍰即率者，比合伏生《尚書》言之耳。馬季長云：‘賈逵說俗儒以鋝重六兩。’‘俗儒’者，謂歐陽、夏侯，即《大傳》之‘一僎六兩’也。鄭、孔、王及《小爾雅》以六兩訓鍰，此用《今文尚書》說說《古文尚書》也。馬季長、許叔重則用古《尚書》說，謂鍰即《考工記》之鋝字。馬氏《考工記》曰：‘鋝，量名，當與《吕刑》鍰同。’（見《尚書正義》、《史記·周本紀索隱》）此許謂‘鍰即鋝’之所本也。”

以上爲段氏所引漢代關於鍰、率、鋝的資料。

而後爲段氏逐項闡釋《釋文》之說云：“《釋文》引《說文》：‘鍰，六鋝也。’……蓋‘六’乃‘亦’字之誤。謂《尚書》之‘鍰’，亦即《考工記》之鋝也。”“又《說文》：‘北方二十兩爲鋝。’‘北方’上當有‘一曰’二字，此別一義也。”“鄭君《尚書》注云：‘鍰，六兩也。’此見《釋文》。而集鄭注者皆不采，其故以《釋文》下文有云‘賈逵說俗儒以鋝重六兩。’俗儒謂歐陽夏侯也。謂鄭必不用俗儒說，而不知馬鄭王注《書》之用歐陽夏侯者多矣。鄭注《尚書大傳》云‘死罪出鐵三百七十五斤’，即六兩之説。”“《釋文》云《爾雅》説‘鍰六兩’者，謂《小爾雅》也。《小爾雅》云：‘二十四銖曰兩，兩有半曰捷，倍捷曰舉，倍舉曰鋝。鋝謂鍰。’按，以《考工記》之鋝，《古文尚書》之鍰，聯合爲一，此出於馬季長，於此可證《小爾雅》之僞。”“《釋文》引馬云：‘賈逵説俗儒以鋝重六兩（此鋝當爲鍰之誤，賈逵説《古文尚書》語也）。’《周官》‘劍重九鋝俗儒近是。’按馬云鍰即鋝，故引《周官》以明歐陽、夏侯‘六兩説’是也。鄭司農注《冶氏》云：‘鋝，讀如刷。’（如字俗本作爲字）應劭注《蕭望之傳》：‘選，音刷。’按鋝、刷、選、饌四字雙聲，則鍰請‘書還切’而爲一字。但季長始爲是説，前此未嘗爾。”“小顔注《蕭望之傳》云：‘選，字本作鋝。鋝，即鍰也。其重十一銖二十五分銖之十三。一曰重六兩。’按張敞自用今文家六兩説，不當兼用今文家十一銖有零説爲之注。且‘選字本作鋝，鋝即鍰也’，此乃依馬融説牽合，非《漢書》本作鋝也。馬注蓋兼用古今二説，故《釋文》兼引之。”此闡釋《釋文》之説，仍主要在辨析漢代“鍰”、“鋝”之資料。

　　段氏最後引戴震説云：“戴先生説：‘鋝，當爲六兩，鍰當爲十一銖二十五分銖之十三。《吕刑》字當作鋝。’説詳《考工記圖》。”按戴震《考工記圖》“重三鋝”下云：“許叔重《説文解字》云：‘鋝，鍰也。’（按此係録《説文》鋝字、鍰字全文後爲此言。《説文》原作“鍰，鋝也”。）今東萊稱或以太半兩爲鈞，十鈞爲鍰（誤作鐶者非），鍰重六兩太半兩。‘鍰’、‘鋝’似同矣。則三鋝爲一斤四兩。……鍰、鋝篆體易訛，説者合爲一，恐未然也。鍰讀如丸，十一銖二十五分銖之十三，垸其假借字也。鋝讀如刷，六兩六半兩，率、選、饌其假借字也。二十五鍰而成十二兩，三鋝而成二十兩。《吕刑》之鍰當爲鋝，故《史記》作率，《漢書》作選，伏生《大傳》作饌。《弓人》‘膠三鋝’，當爲鍰，一弓之膠三十四銖二十五分銖之十四。賈逵説俗儒以鋝重六兩，此俗儒相傳訛失，不能覈實，脱去‘太半兩’言之。《説文》云‘北方以二十兩爲鋝，正合三鋝’，蓋脱去‘三’字。”此仍釋漢代資料。《孔疏》、《釋文》、小顔（師古）《漢書》注皆爲唐時學者對漢代有關“鍰”、“鋝”資料所作研究與了解。

　　宋林之奇《全解》云：“‘鍰’，漢孔氏（指僞孔）曰：‘六兩。’《周官·考工記》曰：‘戈、戟重三鋝。劍，上制重九鋝，中制重七鋝，下制重五鋝。’鄭康成：‘《説文》云：“鋝，鍰也。”今東萊稱或以太半兩爲鈞，十鈞爲鍰。鋝重六兩太半兩，鍰、鋝似同矣。’惟鄭氏之説以鍰爲六兩太半兩，故三鋝則一斤四兩。九鋝則三斤十二兩，七鋝則二斤十四兩三分兩之二，五鋝則二斤一兩三分兩之一，皆以六兩太半兩而計之也。太半兩者，三分兩之二也。鄭康成以鋝爲鍰，雖因《説文》之言，然《説文》之所謂鋝者‘十銖二十五分之十三’，又曰‘北方以二十兩爲鋝’。鄭氏六兩太半兩之數，所異於孔氏者太半兩耳。如《説文》之言，一則比之爲太輕，一則比之爲太重也。老蘇（洵）謂一鍰之重當今三百七十斤有奇，蓋亦因孔氏六兩而計之也。”蘇洵之言未及覓讀，蘇軾《書傳》中對其父説無反映，但言“六兩曰鍰”。《蔡傳》亦但提此四字，此外未涉及“鍰”、“鋝”其他資料一字。元明儒者大都照録此僞孔“六兩曰鍰”四字，無談及鍰、鋝有關數據者。

　　清江聲《音疏》云：“今文‘鍰’爲‘率’，説云‘六兩爲率’。古文作鍰，説云：‘鍰者，率也。一率十一銖二十五分銖之十三。百鍰爲三斤。’聲謂：‘率’，假借字也。字本作‘鋝’，鋝者，六兩三分兩之二。百鋝爲四十一斤十兩三分兩之二，太重，似非也。‘鍰’則十一銖二十五分銖之十三，百鍰三斤，近之。”並自疏云：“今文、古文説皆出《五經異義》，見《周禮·職金》疏。二説多寡之數懸殊，竊以古文説爲是。但古文説合‘鍰’、‘率’爲一，猶未然也。……古文説‘百鍰爲三斤’者，鍰者，十一銖二十五分銖之十三，先以百乘十一銖爲千一百銖，又以百乘二十五分銖之十三爲千三百分，還以二十五分約之，則千分爲四十銖，三百分爲十二銖，共五十二銖。以二十四銖爲兩約之，取九百六十銖爲四十兩，餘百九十二銖又得八兩，凡四十八兩。十六兩爲斤，則四十八兩爲三斤矣。是‘百鍰爲三斤’也。……今文説云‘六兩爲率’。《説文·金部》云：‘鍰，鋝也。鋝，十一銖二十五分銖之十三也。’古文説云‘鍰者，率也。一率十一銖二十五分銖之十三。’是皆假借‘率’爲‘鋝’也。蓋鋝是差等金輕重之數名。故從金，寽聲。此正字也。‘率’與‘鋝’同音，或通用爲‘鋝’字，是假借也。云‘鋝者，六兩三分兩之二’者，《周禮·考工記》：‘冶氏爲戈，重三鋝。’鄭注云：‘三鋝爲一斤四兩。’計一斤爲十六兩，加四兩，總二十兩。取十八兩三分之，每分得六兩，餘二兩，又三分之，又每分得三分兩之二，是一鋝爲六兩三分兩之二也。云‘百鋝爲四十一斤十兩三分兩之二’者，一鋝爲六兩三分兩之二，以百乘六兩爲六百兩，其三分兩之二，二實爲十六銖，以百乘之則千六百銖。以二十四銖爲兩約之，取千四百四十銖爲六十兩，餘百六十銖又取百四十銖爲六兩，猶餘十六銖，則百鋝凡六百六十六兩三分兩之二也。以十六兩爲斤計之，則六百四十兩爲四十斤，餘二十六兩三分兩之二，又爲一斤十兩三分兩之二，總四十一斤十兩三分兩之二，爲百鋝之實也。云‘太重似非也’者，不從今文家百率之説也。但古文説：‘鍰者，率也。’《説文》亦云：‘鍰，鋝也。’今‘率’、‘鋝’之義皆不用，而云‘鍰則十一銖二十五分銖之十三，百鍰三斤爲近之’。必知‘鍰’輕於‘率’、‘鋝’者：《考工記》云：‘殺矢，刃長寸，圍寸；鋋十之；重三垸。戈，廣二寸，內倍之，胡三之，援四之，重三鋝。’以此二者之長短、大小差之,則'垸'輕於'鋝'遠甚可知矣。'鋝'、'垸'聲相近,'垸'即'鋝'之假借字也。此經今文作'率',古文作'鋝',字既不同,而所說輕重之數亦懸殊。兹從古文'鋝'字,因即從古文所說之數爾。且以三鋝計之,則三十四銖二十五分銖之十四。殺矢之鋌圍細於刃圍,刃長寸之圍寸,鋌十之。計其分量,大約三十四五銖之間爾。則'三垸'非即'三鋝',故言垸即鋝之假借字。鋝則十一銖二十五分銖之十三也。然則古文家說以'率'當'鋝'雖未是,其說鋝之數則是;準其數則百鋝爲三斤,故云近之。近之,猶言是也。"顧師《筆記》第八卷第 6469 頁起録引江氏此文,並録戴震《考工記圖》之文,兩相比覽,謂:"兩家所說相同,均以'鋝'與'鋝'爲兩字,鋝輕而鋝重。惟因篆體易訛,故《吕刑》之'鋝'誤作'鋝',而《弓人》之'鋝'誤作'鋝'。有此糾纏,故《説文》遂釋爲同義字,而數量輕重,各書脱誤相仍,至於紛紜難理之程度。"因就江氏所舉,將"鋝"與"鋝"二者數量以算式明之如下:

$$1 \text{ 鋝} = 6\frac{2}{3} \text{ 兩}$$

$$\text{百 鋝} = 41 \text{ 斤 } 10\frac{2}{3}\text{兩}$$

$$1 \text{ 鋝} = 11\frac{13}{25}\text{銖}$$

$$\text{百 鋝} = 1300 \text{ 銖} = 48 \text{ 兩} = 3 \text{ 斤}$$

$$25 \text{ 鋝} = 12 \text{ 兩}$$

$$100 \text{ 鋝} = 666\frac{2}{3}\text{兩} = 41 \text{ 斤 } 10\frac{2}{3}\text{兩}$$

$$1 \text{ 斤} + 4 \text{ 兩} = 20 \text{ 兩}$$

$$1 \text{ 鋝} = 6\frac{2}{3}\text{兩}$$

$$3 鋝 = 20 兩$$

$$1 鍰 = \frac{9}{96} 鋝$$

$$1 鋝 = \frac{20}{3} \times \frac{25}{12} = \frac{125}{9} = 13 \frac{8}{9} 鍰$$

是一鋝等於十四鍰弱。

　　王鳴盛《後案》云：“此經鄭注已亡，以鄭《考工記》注及《舜典》疏引鄭駁《異義》考之，鄭與馬意同也。何則，馬既不從古文家，而於俗儒六兩説亦但云近是，引《周禮》‘劍重九鋝’爲證。《考工記·桃氏》爲劍，‘上制重九鋝，中制七鋝，下制五鋝’。彼注以九鋝爲三斤十二兩，七鋝爲二斤十四兩三分兩之二，五鋝爲二斤一兩三分兩之一。十六兩爲一斤，則鄭意以一鋝爲六兩太半兩。馬融據此而以俗儒言一鋝六兩爲近是，是與鄭合也。《考工記》又有《冶氏》‘戈戟重三鋝’，彼注云：‘許叔重《説文解字》云：“鋝，鍰也。”今東萊稱或以太半兩爲鈞，十鈞爲鍰。鍰重六兩太半兩。’鍰、鋝似同矣。則三鋝爲一斤四兩。……又《弓人》‘膠三鋝’，彼注云：‘鋝，鍰也。’彼疏云：‘《尚書》“其罰百鍰”等言鍰。此與《冶氏》言鋝，鋝與鍰皆一物，皆是六兩太半兩也。’據此諸文，知鄭意以鍰即是鋝。其數當爲六兩太半兩，必與馬合也。……《説文》編字以類相從，鋝與鍰文雖異而義則同，故連比編之。鋝見《周禮》，故於鋝下引《周禮》爲證。鍰見《周書》，故於鍰下引《周書》爲證。雖分兩經，其義則一，故云：‘鍰，鋝也。’鄭既從之以解《考工記》，馬注《尚書》又與之同，則其説不可易也。再以許慎之意推之……十一銖二十五分銖之十三，此本《尚書》古文家説鍰字之義，非鋝字之訓，今乃人之鋝字下，聊存古義，其下即繼以二十兩爲三鋝，然後次以鍰字而注其下云：‘鋝也。’則慎意以鋝即是鍰,俱爲六兩太半兩明矣。俗儒雖脱去太半兩,但言六兩,猶爲近之,較古文家言一鍰十一銖二十五分銖之十三,百鍰僅爲銅三斤,可贖黥面之罪。推之大辟千鍰,亦只用銅三十斤可贖死罪,有是理乎?"皮氏《考證》云:"案王説是也。此古文説不及今文説之一證。今文但言六兩,舉成數耳。"其意在闡明許慎、馬融、鄭玄幾位古文大家皆以鋝即是鍰,俱爲六兩太半兩。則 1 鋝 $= 6\frac{2}{3}$ 兩 $= 1$ 鍰矣。

然則僞孔亦用"六兩曰鋝"之説,而不用十一銖有零之説,其殆亦知六兩之説較合理歟!

　　其實唯《考工記》爲鑄造兵器所用銅的重量數字,爲實際所需要的重量數字,是可靠的。漢代今文古文經師爲《吕刑》五刑所定罰金的重量數字,是間接知識,是他們憑所理解寫出的,所以彼此懸殊很大,是不足信的。讀者對《吕刑》只當心知其意,知道對贖刑規定了不同數量的罰金,當時罰金的量名爲"鍰",五刑按其輕重定不同數量的鍰。究竟一鍰多少,古代傳下來的資料只能作爲參考。顧師《筆記》第八卷第 6399 頁云:"楚國發行之金質貨幣,有'陳爰'、'郢爰'等,此即《吕刑》之爰也。"這是考古發現所得的古代楚國貨幣,陳、郢爲其地名,吕國鄰近楚,同處中原的南方,大概貨幣也以"爰"稱。以其爲金質,故又寫成"鍰"。可知《吕刑》中罰多少"鍰","鍰"爲貨幣單位,非重量單位。罰多少鍰就是罰多少個鍰。至於古代形成真正的貨幣,當在春秋迄戰國之世,在西周大概還只有準貨幣,然商代已有貝爲原始的準貨幣,則西周之有準貨幣,自在現實的可能中。故《吕刑》能將已出現的"鍰"這種準貨幣寫入篇中(字或作"鋝",亦是一樣的)。

　　《孔疏》釋此句,於最後云:"《舜典》云'金作贖刑'。《傳》以金爲‘黄金’，此言‘黄鐵’者，古者金銀銅鐵總號爲金，今別之以爲四名。此傳言黄鐵，《舜典》傳言黄金，皆是今之銅也。古人贖罪惡皆用銅，而傳或稱黄金、或言黄鐵，謂銅爲金爲鐵爾。”按《周禮·職金》職文云：“人其金錫于爲兵器之所，入其玉石丹青于守藏之所，入其要。掌受士之金罰貨罰，入于司兵。”是掌刑之士師官取得之金罰貨罰，皆歸於秋官的職金，轉交司兵器之所鑄兵器。即《管子·小匡》所説各種贖刑按輕重納入甲戟、金鈎之後，“美金以鑄戈、劍、矛、戟，試諸狗馬；惡金以鑄斤、斧、鉏、夷、鋸、欘，試諸木土。”

⑮閲實其罪——《周本紀》照録此四字（下四句同），僞孔云：“閲實其罪，使與罰名相當。”《孔疏》云：“‘閲實其罪’，檢閲核實其所犯之罪，使與罰名相當。然後收取其贖。此既罪疑而取贖，疑罪不定，恐受贖參差，故五罰之下，皆言閲實其罪，慮其不相當故也。”夏僎《詳解》云：“每條必言‘閲實其罪’，恐聽者或不詳其意，止閲實其一而忽其它，故不嫌其費辭也。”

⑯劓辟疑赦其罰惟倍——“劓”，原作“劓”。《説文·刀部》：“劓，刑鼻也。從刀，臬聲。《易》曰：‘天且劓。’（徐鉉音）魚器切。劓，臬或從鼻。”《周本紀》引録本句作：“劓辟疑赦，其罰倍灑。”《集解》：“徐廣曰：‘一作蓰。五倍曰蓰。’孔安國曰：‘倍百爲二百鍰也。’”《索隱》：“灑，音戻。蓰，音所解反。”段玉裁《撰異》云：“‘倍灑’，此《今文尚書》之異也。灑當讀如釃灑之釃（按《集韻》、《韻會》皆音所綺切。又《韻會》音“蓰”亦爲所綺切。是釃、蓰同音），即倍差也。徐廣曰：‘灑亦作蓰，五倍曰蓰。’玉裁按，‘五倍曰蓰’，此本《孟子》趙注。其實《書》之‘倍差’，《孟子》之‘倍蓰’，《史記》之‘倍灑’，三字同在支歌，古音相近。謂倍之而又不止於倍也。‘差’是正字，趙注直以下文云十、百、千、萬。故少於十而曰五倍，臆説

也。《史記》劓、臏二項蓋本皆作‘倍灑’，與古文異。後人於臏改從古文作‘差’，而劓則仍其舊。”

偽孔釋云：“截鼻曰劓刑，倍百爲二百鍰。”此釋簡明可從。

⑰刖辟疑赦其罰倍差——“刖”，《釋文》：“扶謂反。”字一作“臏”，見《周本紀》引録本句作：“臏辟疑赦，其罰倍差。”“刖”字《説文》作“跰”。見《足部》云：“跰，跀也。从足，非聲，讀若匪。”又：“跀，斷足也。从足，月聲。魚厥切。”“刖”，《廣韻》：“刖，刖足也。”《漢書·百官公卿表》“咎繇作士”師古注：“刖，去髕骨也。”《説文》：“刖，絶也。从刀，月聲。魚厥切。”段玉裁《撰異》：“凡《古文尚書》‘刖’字，《今文尚書》作‘臏’。《史記·周本紀》‘臏辟疑赦’，‘臏罰之屬五百’，《尚書大傳·虞夏傳》‘唐虞象刑，墨者、劓者、臏者、犯大辟者’，《周傳》‘《甫刑》，其刑臏，其刑宫，其刑劓，其刑墨，其刑死’，《漢書·刑法志》‘髕罰之屬五百’，《白虎通》‘臏辟之屬五百’，《公羊疏》引《元命苞》‘臏辟之屬五百’，《周禮·司刑注》及《尚書大傳》注皆云周改‘臏’作‘刖’。而《駁異義》云：皋陶改‘臏’爲‘刖’。《吕刑》有刖，周改‘刖’爲‘刖’（亦見《公羊疏》）。鄭云‘皋陶改臏爲刖、《吕刑》有刖’者，此據《古文尚書》言之。云‘周改刖爲刖’者，此據《周禮·司刑》言之。‘臏’者，《白虎通》云：‘脱其臏也。’‘刖’，《説文》作‘跰’。云：‘跀也。’‘刖’，《説文》作‘跀’，許、鄭皆云‘斷足也’。然則‘臏’與‘刖’異制（按一爲脱其臏，一爲斷足），刖與刖制同而異字耳（皆爲斷足）。鄭云‘皋陶改臏爲刖’，謂改其制；云‘周改刖爲刖’，謂改其名。但皋陶既改臏爲刖，夏刑用之，不識《今文尚書》何以作臏字，蓋‘賓’聲‘非’聲相通，如秕蠙同字（按此見《禹貢》），伏生教於齊魯之間，誤作臏字，失其實也。”只因不同文籍中用了不同的字，《大傳》作者及鄭玄遂謂皋陶改成什麽

字，夏代用什麼字，周又改用什麼字，皆妄說。這些文籍都是西周至春秋戰國以至漢代的文獻，與皋陶何干？與夏何干？這些漢代經師冬烘之說是不可據的。通儒段玉裁偶爲所蔽。

《周本紀·集解》引馬融曰：“倍二百爲四百鍰也。差者，又加四百之三分一，凡五百三十三三分一也。”僞孔釋此句云：“刖足曰‘剕’，‘倍差’，謂倍之又半，爲五百鍰。”《孔疏》：“《釋詁》云：‘剕，刖也。’李巡云：‘斷足曰剕。’《説文》云：‘刖，絶也。’是剕者斷絶之名，故刖足曰剕。贖剕倍墨，剕應倍剌，而云‘倍差’，倍之又有差，則不啻一倍也。下句贖官六百鍰，知倍之又半之爲五百鍰也。截鼻重於黥額，相校猶少。刖足重於截鼻，所校則多，刖足之罪，近於宮刑，故使贖刑不啻倍剌，而多少近於贖宮也。”《周本紀正義》云：“倍中之差，二百去三分一，合三百三十三鍰二兩也。宮刑其罰五百，臏刑既輕，其數豈加，故知孔、馬之説非也。”按，由於《周本紀》下一句誤宮辟之罰爲五百，故張守節《正義》誤爲此説，其實下句《集解》別本《史記》作“六百”，與《呂刑》原爲“六百鍰”相符合。知《正義》説不能成立。馬融、僞孔兩家各以意對“倍差”作出理解。就剕前之剌爲四百、後之宮爲六百來看，則僞孔所説之五百比馬説爲較近是，馬説無據。然林之奇《全解》引王安石説爲“四百”，則剌、剕、宮依次爲二百、四百、六百，似更合理。《全解》原文云：“馬氏曰差者……又與孔氏不同，然不如孔氏之數簡徑。孔氏之説，又不如王氏。王氏曰：‘倍差者，謂以百鍰、二百、四百相倍而爲差也。’則是以剕爲四百鍰。或曰‘惟倍’，或曰‘倍差’，駁文也。”王説爲較合理，似近原意。于鬯《香草校書》又提出一説云：“倍差者，蓋二百五十鍰也。上文……剌辟疑赦，其罰惟倍，倍者，倍墨辟百鍰之數爲二百鍰也。此云……倍差，倍者亦倍墨辟……爲二百鍰也。非於剌辟之奇而又倍之也。……不當同爲二百鍰,必有出二百鍰外者,則謂二百五十鍰,其幾矣。大抵五罰之數以倍計,劓辟之於墨辟既明著倍矣,下文云宫辟疑赦,其罰六百鍰,《周本紀》六作五,當據以訂正。五百鍰者,正倍劓辟二百五十鍰之數也。大辟疑赦,其罰千鍰,又倍宫辟五百鍰之數也。"其説殊牽强。

⑱宫辟疑赦其罰六百鍰——《周本紀》引本句作:"宫辟疑赦,其罰五百率。"將《吕刑》原文"六百"誤爲"五百",裴駰《集解》已指出:"徐廣曰:'一作六。'"是當時《史記》别本亦作"六",與《吕刑》原文合。張守節不應不讀原文反據誤本"五百"爲説(見上)。段玉裁《撰異》不應説"此《今文尚書》之别本也"。"鍰",《周本紀》上文"劓辟疑赦"已作"其罰百率",故此處作"五百率"(别本正確作"六百率"),下文"大辟"作"其罰千率",同作"率"。

《尚書大傳·周傳》云:"男女不以義交者,其刑宫。"僞孔則云:"宫,淫刑也。男子割其勢,婦人幽閉,次死之刑。序五刑先輕轉至重者,事之宜。"《孔疏》:"伏生《書傳》云:'男女不以義交者其刑宫。'是宫刑爲淫刑也。男子之陰名爲'勢',割去其勢,與椓去其陰,事亦同也。婦人幽閉,閉於宫,使不得出也。本制宫淫,主爲淫者,後人被此罪者未必盡皆爲淫。昭五年《左傳》:'楚子以羊舌肸爲司宫。'非坐刑也。漢除肉刑,除墨劓劅耳,宫刑猶在。近代反逆緣坐,男子十五以下不應死者,皆宫之。大隋開皇之初始除男子宫刑,婦人猶閉宫。宫是次死之刑,宫於四刑爲最重也。人犯輕刑者多,犯重刑者少,又以鍰數以倍相加,序五刑先輕後重,取事之宜。"蘇軾《書傳》簡釋爲:"宫,淫刑也,男子腐,婦人閉。"《蔡傳》全用僞孔二句。大抵漢宋兩學之説釋之已明。

⑲大辟疑赦其罰千鍰——《周本紀》引録本句作"大辟疑赦,其

罰千率”。“大辟”爲死刑，已見上文“墨辟惟赦”句下“辟”字之釋。僞孔釋此句云：“死刑也。五刑疑，各入罰，不降相因，古之制也。”《孔疏》：“《釋詁》云：‘辟，罪也。’死是罪之大者，故謂死刑爲大辟。經歷陳罰之鍰數，五刑之疑各自入罰，不降相因，不合死疑入宮，宮疑入刖者，是古之制也。所以然者，以其所犯，疑不能決，故使贖之；次刑非其所犯，故不得降相因。”蘇軾《書傳》承之而又稍異其説云：“五刑疑則入罰，不降相因；古之制也。所謂疑者，其罪既閲實矣，而於用法疑耳。”孔氏謂以其所犯之刑疑不能決；蘇氏則謂刑已閲實，惟於用法疑不能決，似非經文原意。

“其罰千率”，陳喬樅《經説考》作“其罰千饌”，並引《尚書大傳》云：“夏后氏不殺不刑，死罪罰千饌。”《大傳》又云：“禹之君民也，罰弗及强，而天下治，一饌六兩。”鄭玄注云：“饌，所出金、鐵。死罪出三百七十五劬（斤），用財少爾。”陳氏“案”云：“鄭注云三百七十五斤，通合千饌六千兩之數，此用今文家説也。如以鍰重六兩太半兩計之，當爲四百十六斤四兩太半兩。”這比王鳴盛據古文家説計算爲三十斤銅即可贖死罪之説爲多，似合理些。然上文已指出，除《考工記》所載造兵器用銅重量數字爲可信外，所有漢今文古文經師爲“五刑”所定罰金重量數字，全出他們由主觀理解所寫出，是不足信的。只要知道“鍰”是罰金的量名就行了。

⑳墨罰之屬千劓罰之屬千剕罰之屬五百宮罰之屬三百大辟之罰其屬二百五刑之屬三千——《周本紀》對此六句完全照原句引録，惟“剕罰之屬五百”引作“臏罰之屬五百”，“剕”作“臏”，與上文同。《周本紀》引録《吕刑》至此六句止，《漢書·刑法志》所引此數句全同《周本紀》。

僞孔釋之云：“別言罰屬（按此指前面“墨罰之屬千”五句），合言刑屬（指“五刑之屬三千”一句），明刑、罰同屬，互見其義以相備。”《孔疏》：“此經歷言二百、三百、五百者，各是刑之條也。每於其條有犯者，實則刑之，疑則罰之，刑屬罰屬其數同也。別言罰屬，五者各言其數，合言刑屬，但總云三千，明刑罰同其屬數，互見其義以相備也。經云‘大辟之罰其屬三百’，文異於上四罰者，‘大辟’二字不可言‘大辟罰之屬’，故分爲二句以其二字足使成文。”蘇軾《書傳》云：“墨、劓、宮、辟，皆真刑也。罰者，罰應贖者也。‘屬’，類也。凡五刑五罰之罪，皆分門而類別之也。《周禮》‘五刑之屬二千五百’，而此三千，《孝經》據而用之。”林之奇《全解》云：“屬者，條目也（按《孔疏》已作此釋），言墨之罰雖百鍰，而其條目則千也。其下皆然。《周官·司刑》之五刑共二千五百，均之皆有五百。此則三千，輕者多而重者少，皆有降殺。惟‘劓’居五刑之中，則與《周官》同，此蓋因一時之宜而爲之也。……分而言則曰罰之屬，總而言則曰刑之屬，先儒謂‘互見其義以相備’，是也。”《蔡傳》用蘇氏之説云：“屬，類也。三千，總計之也。《周禮·司刑》所掌五刑之屬二千五百，刑雖增舊，然輕罪比舊爲多，而重罪比舊爲減也。”按此據林氏“輕者多而重者少”之言爲説，二人皆誤以《周禮》爲西周初周公舊籍，《吕刑》則西周中期穆王時始有，故曰比舊增多、比舊減少，不知剛好把二書先後顛倒，《吕刑》爲西周時文，《周禮》則春秋時之作也（見拙作《周禮真僞之爭及其書寫成的真實依據》，載《古史續辨》）。

顧師《筆記》第八卷第 6297 頁有“‘五刑之屬三千’爲夸大詞”一則，首録“《後漢書》於夫餘云：‘其俗用刑嚴急，被誅者皆没入其家人爲奴隸。盗一，責十二。男女淫，皆殺之。’於高句麗云：‘無牢獄，有罪，諸加評議便殺之，没入妻子爲奴婢。’於濊云：‘箕子教以禮義，又置八條之教，其人終不相盗，無門户之閉，婦人貞信。’”然後來受漢政權影響，法禁增多，但也只有六十餘條，安得有三千之繁細者。而《孝經·五刑章》云："子曰：'五刑之屬三千，而罪莫大於不孝。'"以爲"則更以儒家之倫理思想與刑法相結合。……至於《吕刑》中何以要如此夸大，此亦當研究之問題"。至第八卷第 6383 頁則有"法律之繁簡"一則云："《漢書·地理志》云：'殷道衰，箕子去之朝鮮，教其民以禮義、田蠶、織作。樂浪朝鮮民犯禁八條：相殺，以當時償殺；相傷，以谷償；相盜者，男没入爲其家奴，女子爲婢，欲自贖者人五十萬。'按此只三條或四條耳，尚有四條或五條不知作何語。劉邦入關，與諸父老約'法三章耳，殺人者死，傷人及盜抵罪'。此即上所云云也。《地理志》又云：'是以其民終不相盜，無門户之閉，婦人貞信不淫辟。……郡初取吏於遼東，吏見民無閉藏，及賈人往者，夜則爲盜，俗稍益薄。今於犯禁浸多，至六十餘條。'是朝鮮法律本只八條，自漢武取其地，以遼東人爲其長吏，吏與漢商恣意掠奪，其俗漸澆薄，法律條文浸多，然亦只六十餘條耳。而《吕刑》一篇言：'墨罰之屬千，劓罰之屬千，剕罰之屬五百，宮罰之屬三百，五刑之屬三千。'何其繁也？將周代果有此細如牛毛之法律耶？抑將爲後世假託依附者耶？《吕刑》所言，出於誇大無疑。"

但也應該看到古代統治者用刑的苛細。《荀子·正名》説："後王之成名，刑名從商。""重刑"和"尚鬼"二者，是商代在歷史上突出的特點。周公封康叔於衛（即原殷都）的誥詞《康誥》，特諄諄囑咐他利用封在殷的有利條件，用心向殷先哲王和遺老學習刑法，康叔終於成了周初統治者中最通刑法的專家，被調回周王朝擔任司寇（司法部長）。可知西周的刑法主要是師承殷代的，而殷代刑法相傳非常繁備、非常苛細。《韓非子·内儲説上》説："殷之法，刑棄灰於街者。"又説："殷之法，棄灰於公道者，斷其手。"這比《吕刑》黥面、截鼻、斷足等酷刑外又多了斷手之刑，而和近世所見到的西藏農奴主政權還在實行的挖眼、割耳、割鼻、斷手、鉗足等酷刑毫無二致，可見西周承用殷法會相當繁細，也應是意中事，只是周公強調"明德慎罰"。呂王顯然和康叔一樣爲西周時重視刑法的專家，他和周公的"明德慎罰"思想一致，特別強調反對苗民的五虐之刑，而提倡"祥刑"。極力主張這些酷刑由罰金來代替，因此他主持的刑法主要精神在避免苛虐，但他們所承的刑法來自殷代的繁細之刑，縱使不會達到"五刑之屬三千"這樣的繁多，但其科條之細也可想見的。漢高祖約法三章："殺人者死，傷人及盜抵罪，餘悉除去秦法。"正是針對原已存在的苛細的秦法來的。今天看到出土的《睡虎地秦墓竹簡》的法律文書，確實看到秦法的繁細。而自變法以後逐步完備起來的秦法，正是西周法律發源地衞國的一個貴族衞鞅到秦國幫助建立起來的，那麼西周衞國、呂國所傳的刑法會相當繁細，是不可避免的了。不過似可肯定的是，不會真的達到"三千"之多。言"三千"，極言其多耳。

㉑上下比罪無僭亂辭——僞孔云："上下比方其罪，無聽僭亂之辭。"完全沒有釋明文意。《孔疏》云："罪條雖有多數，犯者未必當條，當取故事并之，上下比方其罪之輕重，上比重罪，下比輕罪，觀其所犯當與誰同。獄官不可盡賢，其間或有阿曲，宜預防之。'僭'，不信也。獄官與囚者或作不信之辭，以惑亂在上，人君無得聽此僭亂之辭，以自疑惑。"始釋明上比下比之義。蘇軾《書傳》云："'比'，例也。以上下罪參驗而立例也。'僭'，差也，'亂辭'，辭與情違者也。"林之奇《全解》云："'上下比罪'者，言聽獄之法，必當上下比方其罪之輕重而參驗之也。'無僭亂辭'者，陳少南曰：'無以獄辭之亂而至有僭差'是也。夫訟於心者孰不以爲彼曲而我直，其辭苟亂，

則用刑有僭差者矣。”夏僎《詳解》云：“‘上下比罪’，謂於法無此條，則上比重罪，下比輕罪，上下相比，觀其所犯當與誰同，然後定其輕重之法，如今（宋）律無明文，則許用例也。然當上下比罪之時，吏多因緣爲奸，差錯妄亂，實由以生，故又戒以不可用私意而僭差妄亂其辭。‘僭’，謂辭在此乃差而之彼。‘亂’，謂辭本直乃亂而爲曲也。”夏氏之釋最詳晰可從。《蔡傳》云：“比，附也。罪無正律，則以上下刑而比附其罪也。”則簡釋夏氏之意。僞孔、蘇、林皆指一般聽獄言，《孔疏》則指所犯之罪未必當法律某條，夏、蔡則進而謂於法無此條，則上下比之，是以謂夏氏說可從。

　　清儒江聲《音疏》云：“僭，差也。則三千條上比下比，期當其罪，毋差亂其辭使輕重失實。”自疏云：“僭，差。《毛詩·抑篇》傳有是訓也。‘毋差亂其辭使輕重失實’者，《漢書·路溫舒傳》溫舒上書有云：‘囚人不勝痛則飾詞以視之，吏治者利其然，則指道以明之；上奏畏却，則鍛鍊而周納之，是差亂罪人之辭以文致其罪也。’又《刑法志》云：‘奸吏因緣爲市，所欲活則傅生議，所欲陷則予死比。’是又差亂其決獄之辭，以出入人罪，皆輕重失實者也。”王鳴盛《後案》云：“《王制》：‘凡聽五刑，必案小大之比以成之。’注云：‘小大猶輕重，已行故事曰比。’《釋文》：‘比，必利反。’《疏》云：‘比，例也。’《大司寇》：‘凡獄訟以邦成比之。’注云：‘邦成，謂若今時決事比也。’疏云：‘邦成是舊法成事品式，若今律，其斷事皆依舊事斷之，其無條取比類以決之。’《士師職》注亦言：‘決事比。’愚謂《王制》注謂小大即輕重，而此經下文云：‘上刑適輕下服，下刑適重上服。’則此經上下之比，即彼小大輕重之比，亦即漢決事比也。”孫星衍《注疏》則綜江、王二氏之說以爲釋。

　　㉒勿用不行惟察惟法其審克之——僞孔釋云：“勿用折獄，不可

行。惟當清察罪人之辭,附以法理,其當詳審能之。”“清察罪人之辭”一句似得文意,其餘諸句文意皆不清。《孔疏》:“勿即用此僭亂之詞以之斷獄,此僭亂之言不可行用也。”則以爲勿用上句僭亂之辭。林之奇《全解》引王安石《新經義》釋“勿用不行”云:“謂責人以恕,所不可行者勿用也。《莊子》曰:‘重其任而罰不勝,遠其途而誅不至,此皆不可行,而先王之所不用也。’”林氏稱許之云:“是也。”蘇軾《書傳》釋“勿用不行”云:“立法必用衆人所能者,然後法行;若責人以所不能,則是以不可行者爲法也。”蘇氏撰《書傳》本旨在反王氏。然此釋實同於王氏之意,不過用語有異耳。蘇氏釋“惟察惟法其審克之”云:“‘察’,我心也。‘法’,國法也。内合我心,外合國法,乃爲得之。”林氏《全解》在引王説並稱許之後接着説:“漢魏尚爲雲中守,坐法免。馮唐曰:‘士卒盡家人子,起田中從軍,安知尺籍伍符。上功幕府,一言不應,文吏以法繩之。’長安賈人與渾邪王市者,坐當死五百餘人。汲黯曰:‘愚民安所知,市買長安中,而文吏以爲闌出財物如邊關乎?’若此之類,皆是所不可行而用之也。所不可行者而用之,則民無所措手足矣!‘惟察’者,察其情也。‘惟法’者,正其法也。察其情正其法,則法與吏交相爲用而不偏廢,蓋用刑如用藥⋯⋯惟察者,審其病之所由起也;惟法者,案方書而視之也。汝諸侯其審於此,而後能其事也。”有此諸宋人之説,似可探得文意。

《蔡傳》獨云:“‘無僭亂辭,勿用不行’,未詳。”顯然是在遵循朱熹所説:“《書》⋯⋯不可曉者,不要强説。縱説得出,恐未必是當時本意。”對這兩句不易懂,是“不可曉者”,所以説其義“未詳”。但他接着又不遵守這教導,提出或説云:“或曰:‘亂辭’,辭之不可聽者。‘不行’,舊有是法而今不行者。戒其無差誤於僭亂之辭,勿用今所不行之法,惟詳明法意而審克之也。”與以上諸説一樣,都是各人體會之所得，故可作爲一説備存之。其"勿用今所不行之法"之説，則後儒多承用之，不過改稱"已革之法"或"蠲除之法"。

江聲《音疏》云："'不行'，謂已革之法。若仍復用之，則刑罰不信，民無所措手足，故敕使勿用。"自疏云："既更定五刑之科條，則舊時之科條有因有革。革者，是所不行者也。……《論語·子路篇》孔子有言：'刑罰不中，則民無所措手足。'"孫星衍《注疏》云："'不行'者，謂蠲除之法。《晉書·刑法志》引《春秋保乾圖》曰：'王者三百年一蠲法，已蠲法，又行之，則刑罰不信，民無所措手足。''惟察惟法'，謂惟以明察，惟用今時之法也。"

皮錫瑞《考證》云："《大傳》曰：'聽獄之術，大略有三：治必寬，寬之術歸於察，察之術歸於義。是故聽而不寬是亂也，寬而不察是慢也。古之聽訟者言不越情，情不越義，是故聽民之術，怒必畏，畏思義。小罪勿兼。'錫瑞謹案：《大傳》蓋釋此經義與法相近。'察之術歸於義'，即經云'惟察惟法'也。"王先謙《參正》引《大傳》此文後則云："'寬之術歸於察'，不可故縱，故經云'惟察'。'察之術歸於義'，勿用非刑，故又云'惟法'。法得其宜，是義也。"楊筠如《覈詁》云："'察'，謂明察，不憒於亂辭也。'法'，謂守法，不用已除之法也。"

由上宋以來諸儒之説，對"勿用不行"一語，完全憑個人體會以成説。王安石、蘇軾、林之奇等揭其義較深，以爲用法當爲責人之可行者，否則如魏尚以一言不應而坐法，長安賈人市買論死，本爲不可行而文吏致之，刑獄之政，此弊恒有之，王氏等揭其蠹法，實爲刑獄所當重視之大事。至蔡沈忽提出勿用已不行之舊法，可以設想，當《吕刑》作者談行法時，必就已定法律言，安有漢高祖約法三章廢秦苛法後，漢廷獄吏尚有用秦法者乎？或者不遵《吕刑》所定祥刑，而用苗民五虐之刑者乎？此不可能之事，或曰完全違法之事，所謂自明之理，尚須《吕刑》作者於闡述法意時諄諄及此乎？是以雖蔡、江、孫等言之有故，皆不足信。與其逕直釋"勿用不行"爲"勿用不行之法"，不如釋爲"勿用不當行之理"，猶能涵蓋較寬。王、蘇、林等之說或尚有優於王、蘇、林等之說皆可說通矣。即用不行之法亦在不當行之理中。

㉓上刑適輕下服下刑適重上服輕重諸罰有權——"適"，或有引作"挾"者。見《後漢書·劉般傳》載劉愷曰："《尚書》曰：'上刑挾輕，下刑挾重。'"章懷注："今《尚書·吕刑篇》曰：'上刑適輕下服，下刑適重上服。'謂二罪俱發，原其本情，須有虧減，故言'適輕'、'適重'。此言'挾輕'、'挾重'，意亦不殊，與今《尚書》不同耳。"段玉裁《撰異》云："按愷所用，《今文尚書》也。以'筴'字隸多爲'筴'例之，'適'之爲'挾'，恐亦類此。"

僞孔釋云："重刑有可以虧減，則之輕，服下罪。一人有二罪，則之重而輕并數，輕重諸刑罰，各有權宜。""一人有二罪"句以下所釋不合文意。《蔡傳》云："事在上刑，而情適輕，則服下刑。舜之'宥過無大'，《康誥》所謂'大罪非終'者是也。事在下刑，而情適重，則服上刑。舜之'刑故無小'，《康誥》所謂'小罪非眚'者是也。若諸罰之輕重，亦皆有權焉。權者，進退推移以求其輕重之宜也。"此釋深合文意。

按，僞孔說既誤，《孔疏》從而爲之疏釋，亦不得要領，文繁不録。至蘇軾《書傳》云："世或謂大罪法重而情輕，則服下刑。此猶可也，不失爲仁。若小罪法輕情重而服上刑，則不可。古之用刑者，有出於法内，無入於法外。'與其殺不辜，寧失不經。'（見《左傳·襄公二十六年》引《夏書》）故知此說之非也。請設爲甲乙以解此二言。

甲初欲爲强盜，既至其所，則不强而竊，當以竊法坐之，此之謂‘上刑適輕下服’。乙初欲竊爾，既至其所則强，當以强法坐之，此之謂‘下刑適重上服’。刑貴稱罪，報其所犯之功，不報其所犯之意也。”蘇氏又釋“輕重之罰有權”云：“一人同時而犯二罪，一罪應荆，一罪應劓，劓荆不並論，當以一重荆之而已。然是人所犯劓罪應刑，荆罪應贖，則刑之歟，抑贖之歟？蓋當其劓罪而贖其餘。何謂餘？曰：劓之罰二百鍰，既刑之矣，則又贖三百鍰以足荆刑五百鍰之數。以此爲率，如權石之推移以求輕重之詳，故曰‘輕重諸罰有權’。”“輕重諸罰有權”，明明是說上刑適輕下刑適重而實行下服上服的輕重之刑罰時，其進退推移以權衡斷之，並非說一人同時犯二罪。蘇氏此釋，與僞孔之釋，其失惟鈞。林之奇《全解》云：“上刑適輕下服，下刑適輕上服，蘇氏破世俗之說，而設爲竊盜二人以發其意，說固善矣。而不如陳少南（鵬飛）之爲明白，曰：‘世之言罪重者莫如殺人，罪輕者莫如詬罵。殺人固重矣，然今所殺者，誤殺也（此三字據張九成説改），非適輕乎。故且服下刑也。詬罵固輕矣，然今所以詬罵者，父兄也。父兄而詬罵之，非適重乎？故宜服上刑也。事不止於殺人及詬罵人者，姑設二事以準之。所謂輕重諸罰有權也。所謂下服者非即服最下刑也，比之正刑爲減耳。’此言盡之。……凡此諸刑罰，皆當權其輕重也。《孟子》曰：‘權，然後知輕重。’君子之心若權衡然，不可以銖兩欺之，故輕重無不得其平也。”《彙纂》引張九成之説云：“殺人者死，此上刑也，然有誤殺者，此適輕也，則服下刑也。鬥毆不死，此下刑也，然有謀殺而適不死者，此適重也，則服上刑矣。用刑豈可不問情之輕重哉。至於用罰，亦當權其輕重。情輕則罰亦輕，情重則罰亦重。以情爲權而論疑罪之輕重，則罰亦當矣。刑權輕重以爲上下，罰權輕重以爲多少。”以上諸宋儒之説，取其與《蔡傳》合者，作爲補充資料。其不合者，作爲異説存之。

　　其訓解字義者：江聲《音疏》云：“‘服’，治也（《説文·又部》文。此江氏之自疏。下同）。下服，減等也；上服，加等也（下服是就輕，上服是加重，故云）。本在上刑之科而情適輕，則減一等治之；本在下刑之科而情適重，則加一等治之。宜輕宜重有權焉，不可執一也。‘權’者所以審輕重而酌其平（《孟子·梁惠王篇》云：‘權，然後知輕重。’《周禮·考工記》輪人職云：‘權之以眂其輕重之侔也。’權本是稱錘之名，其稱上謂之衡。權與衡恒相爲用，權可以進退而平其衡，故云酌其平也）。《春秋》所謂‘反經而有善者也’（《公羊·桓十一年傳》云：“權者，反於經然後有善者也”）。”孫星衍《注疏》云：“適者，《詩》傳云：‘過也。’過謂罪過。‘服’與‘𠬝’通，《説文》云：‘治也。’‘權’者，《公羊·恒十一年傳》云：‘反於經而後有善者也。’言當服上刑者其過輕，當以下刑治之；下刑過重，以上刑治之。下服減等也，上服加等也。輕重諸罰權宜也。”朱駿聲《便讀》云：“‘適’，之也。‘服’，𠬝也，治也。‘權’，縣（懸）也，縣以稱物輕重者也。”楊筠如《覈詁》云：“‘適’，《吕覽·適威篇》注：‘宜也。’謂律雖一定，而情有重輕，亦可原情而有權宜也。‘服’，昭八年《左傳》注：‘行也。’《孟子》‘善戰者服上刑’，是其義也。‘權’，《荀子·臣道篇》注：‘變也。’《孟子》‘執中無權’，是其義也。”可擇其便於解釋文義者用之。

　　㉔刑罰世輕世重——《荀子·正論篇》云：“刑稱罪則治，不稱罪則亂。故治則刑重，亂則刑輕，犯治之罪固重，犯亂之罪固輕也。《書》曰：‘刑罰世輕世重。’此之謂也。”楊倞注云：“治世家給人足，犯法者少，有犯則衆惡之，罪固當重也。亂世人迫於饑寒，犯法者多，不可盡用重典，罪固當輕也。《書·甫刑》言世有治亂，故法有輕

重也。"《漢書·刑法志》照引《荀子》此文。顏注引李奇曰："世所以治者,乃刑重也;世所以亂者,乃刑輕也。"《後漢書·應劭傳》載,有河間人尹次、潁川人史玉皆坐殺人當死,尹兄及史母求代罪自縊,尚書陳忠援"罪疑從輕"之義議活二人,應劭駁之,其議有云："殺人者死,傷人者刑,百王之定制,有法之成科。夫時化則刑重,時亂則刑輕(章懷注云:"犯化之罪固重,犯亂之非爲輕")。《書》曰:'刑罰時輕時重。'此之謂也。"引"世輕世重"作"時輕時重"。然陳喬樅録應劭所引仍作"世輕世重"。皮錫瑞《考證》云:"案應說亦本《荀子》,應引《書》作'時',蓋亦本是'世'字。'時化'之'化',本是'治'字。唐人作注時,避唐諱改'治'爲'化'、'世'爲'時'耳。非關今文之異。"此確有可能,但章懷太子作注時,却將《後漢書》史文中"治"字、"世"字避諱改之。不知然否。

《周禮·秋官》:"大司寇之職,掌建邦之三典,以佐王刑邦國,詰四方。一曰刑新國用輕典,二曰刑平國用中典,三曰刑亂國用重典。"鄭玄注云:"新國者,新辟地立君之國,用輕法者,爲其民未習於教。平國,承平守成之國也,用中典者,常行之法。亂國,篡弑叛逆之國,用重典者,以其化惡,伐滅之。"《蔡傳》録大司寇職之三典以印證"刑罰世輕世重",謂爲"隨世而爲輕重者也"。又《秋官·司刑》載五刑墨、劓、宫、刖、殺各五百。鄭玄注先釋明墨、劓諸刑執行的方式(如墨爲"先刻其面以墨窒之"之類),接着録《尚書大傳》所載某些罪行受某刑,然後云:"此二千五百罪(司刑所掌五刑共二千五百,與《吕刑》五刑之屬三千異)之目略也,其刑書則亡。夏刑大辟二百,臏辟三百,宫辟五百,劓、墨各千(蓋以《吕刑》五刑爲夏刑,因《書序》言"訓夏贖刑"),周則變焉。所謂'刑罰世輕世重'者也。"

以上是先秦至漢末論及"刑罰世輕世重"之資料。

僞孔云："言刑罰隨世輕重也。刑新國用輕典，刑亂國用重典，刑平國用中典。""言刑罰隨世輕重"，成爲此語最簡明的確詁。《孔疏》云："'刑罰隨世輕重'，言觀世而制刑也。刑新國用輕典，刑亂國用重典，刑平國用中典，《周禮·大司寇》文也。"又云："當視世所宜，權而行之。"《孔疏》下文備録了鄭玄注。《漢書·刑法志》引《書》云："刑罰世重世輕。"後，師古注云："《周書·甫刑》之辭也，言刑罰輕重各隨其時。"

此東晉至唐之釋。

林之奇《全解》引王安石云："上言'刑罰輕重有權'者，權一人而爲輕重也。此言'世輕世重'者，權一世而爲輕重也。"而後經師多襲用此語。如吕祖謙《書説》、陳經《詳解》以迄《蔡傳》全承用之，不過稍易其文句。蘇軾《書傳》云："穆王（當作吕王）復古而不是古，變今而不非今，厚之至也。曰各隨世輕重而已。"承用了僞孔的確詁。林氏《全解》亦引鄭玄《太司寇》注刑新國、平國、亂國之文以證"刑罰世輕世重"，謂"一輕一重，各因其世之宜而已"。接着在引王安石之説後云："世輕世重，言刑罰可也。至於上服下服，則特言刑；而於下文之，則言諸罰。亦猶五刑分數則曰罰，總數則曰刑，互見其義也。"《蔡傳》遂承亦以《周禮》刑新國、亂國、平國之文及王安石一人之輕重、一世之輕重之説爲"刑罰世輕世重"之釋。陳大猷《或問》云："'刑罰有權'，權人情而爲輕重也；'世輕世重'，權世變而爲輕重也。"王樵《日記》云："道有升降，俗有污隆，此世變之不同也。世輕世重，惟其變之所適而權焉，斯盡權之道者也。"

自先秦歷漢晉唐宋以迄明，各家釋"刑罰世輕世重"義已詳備，而以"刑罰隨世輕重"得其要義。清及近人所釋無新義，故不録。

㉕惟齊非齊有倫有要——"惟"，一作"維"。見《荀子·王制篇》引云："勢位齊而欲惡同，物不能澹，則必爭。爭則必亂，亂則窮矣。先王惡其亂也，故制禮義以分之。使有貧富貴賤之等，足以相兼臨者，是養天下之本也。《書》曰'維齊非齊'，此之謂也。"楊倞注《書·吕刑》言維齊一者乃在不齊，以諭有差等然後可以爲治也。"

僞孔釋云："凡刑所以齊非齊，各有倫理，有要義。"《孔疏》："行罰者，所以齊非齊者。有倫理，有要善，戒令審量之。"

董鼎《纂注》引王氏安石云："情之輕重、世之治亂不同，則刑罰之用當異，而欲爲一法以齊之，則其齊也不齊。以不齊齊之，則齊矣。'維齊非齊'，以不齊齊之之謂也。先後有序謂之倫；衆體所會謂之要。"蘇軾《書傳》云："民有犯罪於改法之前，而論法於今日者，可復齊於一乎？舊法輕則從舊，今法輕則從今，任其不齊，所以爲齊也。'倫'者，其例也。'要'者，其辭也。辭例相參考，必有以處之矣。"林氏《全解》云："因世之宜而輕重不同，固不齊矣。是乃所以齊之也。如《周官》五刑二千五百，穆（當作吕）王五刑三千，或少而重，或多而輕，其不齊如此，而其禁奸止惡，以期於無刑，則一也。若乃膠柱調瑟者，則不能因世而爲輕重，徒執一法以齊之，適所以爲不齊也。……'有倫有要'，蘇氏謂'倫其例也，要其辭也'。則讀與《康誥》'要囚'之'要'同，惟有倫則當惟法，惟有要則當惟察。"吕祖謙《書説》云："刑亂國者欲齊乎新國之輕，則非齊也。刑新國者欲齊乎平國之中，則非齊也。惟通其倫類，識其要會，然後知不齊之齊也。"陳經《詳解》云："斟酌升降，不拘於一。若不齊而乃所以爲齊。此中也、權也、時也。非有倫要者能之乎？"元王充耘《書管見》云："言刑罰或輕或重，以不齊齊之。然其間自有倫理，自有機要，未嘗雜然而無統，任意而爲之進退也。所謂權也，而實不離乎經焉。"吴澄《纂言》云:"'惟齊非齊'者,權也;'有倫有要'者,經也。"明王樵《日記》云:"謂之權,則有若不齊而無常,而不知是乃所以致齊而有常也。人情世變之不同,而君子之所以權乎其間者,理而已矣。理之所在,雖不爲一法以齊之,而要爲合乎人情,宜乎世變,其不齊乃所以爲齊也。惟齊之以非齊,則中乎先後輕重;序而不錯施,豈不有倫乎。歸於至當,豈不有要乎。兹權也,乃所以爲經也歟!"想不到這些宋代以來學者竟大都知道用自發的辯證法觀點來看待"惟齊非齊"問題。

《蔡傳》云:"'惟齊非齊'者,法之權也。'有倫有要'者,法之經也。言刑罰雖惟權變是適,而齊之以不齊焉。至其倫要所在,則有截然而不可紊者矣。此兩句總結上意。"

江聲《音疏》云:"上刑適輕,下刑適重,非齊也。輕重有權,隨此制宜,齊非齊也。齊其非齊,有倫理,有要會。"孫星衍《注疏》:"'倫'者,鄭注《學記》云:'理也。''要'者,鄭司農注《周禮》云:'簿書也。'又注《小宰》'要會'云:謂計最之簿書,月計曰'要',歲計曰'會'。……'惟'作'維'者,今文凡惟皆從糸,與思維有別。後人亂之,以貧富貴賤爲非齊者,斷章取義,非説此經也。"戴鈞衡《補商》云:"夫上下比罪,則罰以比而不齊;輕重有權,則罰以權而不齊;世輕世重,則罰以世而不齊。然而不齊者罰也,所以酌乎情之當而處乎理之安者,則莫不齊。用罰者惟齊其不齊,使之有倫理而不亂,有樞要而不煩而已。"朱駿聲《便讀》云:"'齊',猶一也。'倫',猶理也。'要',猶中也。言惟在齊其參差不一者而使之平,則凡刑罰無不理,而順中而正矣。"楊筠如《覈詁》:"'要',《周禮》鄭司農注:'簿書也。'《廣雅》:'約也。'《吕覽·具備篇》注:'要,約最簿書。'謂總最之簿書也。"曾運乾《正讀》:"'倫',條理也。'要',綱要也。

二句總該上文四句。”此諸清人中，江、戴仍近宋人以理闡述文意，餘諸人則循文字訓義以尋文義，體現清學特色。

㉖罰懲非死人極于病——“人”一作“佞”。見王應麟《玉海》所引。按《玉海·藝文志考》“說漢世諸儒所引《尚書》異字”云：“罰懲非死，佞及於病。”段玉裁《撰異》云：“佞與人古同部同音，如《國語》：‘佞之見佞，果喪其田。’‘佞’、‘田’爲韵。《大戴禮·公冠篇》：‘祝雍辭曰：“使王近於民，遠於佞。”’‘民’、‘佞’爲韵。《左氏春秋》‘佞夫’，《公羊》作‘年夫’。此蓋漢人所引《今文尚書》也。今未檢得出何書。”皮錫瑞《考證》云：“錫瑞謹案，今文說蓋以‘佞極于病’，即‘非佞折獄’之佞。”

僞孔釋云：“刑罰所以懲過，非殺人，欲使惡人極於病苦，莫敢犯者。”《孔疏》：“言聖人之制刑罰，所以懲創罪過，非要使人死也，欲使惡人極於病者，莫敢犯之而已。”二孔皆謂“惡人”，似即指佞人。

蘇軾《書傳》云：“時有議新法（指王安石新法）之輕，多罰而少刑，恐不足以懲奸者。故王（安石）言：‘罰之所懲雖非殺之也，而民出重贖，已極於病。’言如是亦足矣。”可能蘇氏之意，以述王氏之言，傅合於此經之文，示其不在懲奸，而在實現其變法以富國强兵之主觀願望，實際在多罰以爲當時支絀的財政斂財，即朱熹指責穆王斂財之意。林之奇《全解》云：“‘罰懲非死人極于病’，此即老蘇曰：‘刑者必痛之使人畏焉，罰者不能痛之必困之而後懲焉。’蓋言罰之所懲，雖不至於死，而其困於重贖已極於病，亦可使之遷善遠罪也。”呂祖謙《書說》云：“贖罪之所懲，雖非死傷，然殫其資財，人固已極於病矣，此穆王（當作呂王）哀矜之無窮也。此心不厚者，必謂免汝之死，始取汝之財，爲惠已多，方爲德色，寧有猶憂其病民者耶！”《蔡傳》：“罰以懲過，雖非致人於死，然民重出贖，亦甚病矣。”江聲《音疏》云：“刑罰以懲人，即非死刑，人已疾於病苦，是故折獄不可不慎也。”孫星衍《注疏》云：“‘懲’者，鄭注《表記》云：‘謂創艾。’‘極’，與劇聲相近，《文選·北征賦》注引《說文》：‘劇，一曰甚也。’（按今見《說文》新附：劇，尤甚也）言‘罰’者，謂五刑之四（？）及罰鍰也。罰所以懲創之，非欲其死，而人已苦於病矣。言當深慎，斷者不可以復續也。”楊筠如《覈詁》云：“‘懲’，《後漢書·竇融傳》注：‘創也。’‘極’，《孟子·離婁》注：‘惡而困之也。’”曾運乾《正讀》：“‘罰’，五刑之罰也。‘懲’，創艾也。‘極’者，孫星衍云：‘極與劇聲相近，《說文》一曰甚也。’按，猶言困也。言五刑罰鍰，其懲創犯者雖非至死，而人已困於病矣。此二語釋贖刑之旨。”屈萬里《集釋》：“‘非死’，言非置之死地。‘極’，困厄也。《孟子·離婁下》‘又極之於其所往’趙注：‘極者，惡而困之也。’‘病’，謂痛苦。”

㉗非佞折獄惟良折獄——僞孔云：“非口才可以斷獄，惟平良可以斷獄。”《孔疏》：“非口才辯佞之人可以斷獄，惟良善之人乃可以斷獄。”疏文釋此二句意已明。

林之奇《全解》云：“良者，王氏（安石）謂‘有仁心’，是也。”蘇軾《書傳》云：“佞，口給也。良，精也。辯者服其口不服其心也。”所云“良，精也”不知其何義。林氏《全解》自云：“‘非佞折獄’，口給也。佞者禦人以口給，則人不得以盡其情也。如周亞夫詣廷尉，責問曰：‘君侯欲反，何？’亞夫曰：‘臣所謂買器，乃葬器也。何謂反乎？’吏曰：‘君縱不欲反地上，即反地下矣。’如此者是禦人以口給也。……故惟良可以折獄。良者，王氏所謂有仁心是也。”《蔡傳》亦云：“佞，口才也。非口才辯給之人可以折獄，惟溫良長者視民如傷者能折獄。”自漢宋兩學皆釋“佞”爲口才、爲口給，自是元明以迄清代近代學人皆作此釋，且引《論語》孔安國注“佞，口才也”爲證。

佞之原義爲有才，有才而無行之人，以其才利口便佞，成爲奸佞無良之徒。而口才、口給確成爲其特點。但在此處與“良”對舉，良爲善良、賢良，則佞不止指其口才，而是善良賢良的反面，即奸佞不良者，如《孔疏》所說的“口才辯佞之人”及其下句說的佞人。即是說不能由奸佞的人斷獄，應由善良的人斷獄。查閱清人迄近人之作，唯屈萬里《集釋》云：“佞，謂佞人。”甚是。

㉘罔非在中察辭于差——段玉裁《撰異》、陳喬樅《經說考》、皮錫瑞《考證》皆引徐幹《中論·賞罰篇》云：“賞罰不可以疏，亦不可數。數則所及者多，疏則所漏者多。賞罰不可以重，亦不可以輕。賞輕則民不勸，罰輕則民亡懼。賞重則民徼倖，罰重則民無聊。故先王明庶以得之，思中以平之，而不失其節。故《書》曰：‘罔非在中，察辭于差。’”是此二語在東漢三國時被學者作爲賞罰平允的引證語。然古人引證往往斷章取義，或在數義中取其某一義，則此處似以“罔非在中”一句作爲賞罰平允所引證。

僞孔釋云：“無不在中正，察囚辭，其難在於差錯。”《孔疏》云：“言斷獄無非在其中正，佞人即不能然也。察囚之辭，其難在於言辭差錯。”疏文此處明言是佞人不能斷獄，比只釋佞爲口才者正確。

蘇軾《書傳》於“罔非在中”無釋，釋“察辭于差”云：“事之真者，不謀而同，從其差者而詰之，多得其情。”林之奇《全解》即同意蘇氏說。呂祖謙《書說》云：“溫良長者視民如傷，心誠求之，不中不遠，故其所折之獄無不在中也。……辭之實者，屢訊屢鞫，前後如一，欺罔文飾者，雖巧於對獄，其辭要必有差，因其差而察之。”（董鼎《纂注》、陳櫟《纂疏》皆引呂氏之說作：“理直者屢問無差，理不直者十次說作十樣。”）陳經《詳解》云：“溫良長者視民如傷，折獄罔非在中，中則輕重不差。辭有情僞，前後異同處真情可見。”《蔡傳》綜宋儒之説云："惟温良長者視民如傷者能折獄而無不在中也。此言聽獄者當擇其人也。'察辭于差'者，辭非情實，終必有差，聽獄之要，必於其差而察之。"宋學之釋，於此二句文義基本得之。清儒如江聲云："囚證之辭或有參差，聽獄者於其參差察之以求其情。"孫星衍云："杜預注《左傳》云：'差池不齊一。'……折獄者又當察囚辭之有參差不齊者，以求其情。"皆全承宋儒之釋。

㉙非從惟從——僞孔云："察囚辭，其難在於差錯，非從其僞辭，惟從其本情。"《孔疏》重復僞孔之説，釋"非從惟從"爲治獄者之事。

陳櫟《纂疏》引王安石説云："王氏曰：'以辯窮之，彼非心服而從，惟屈而從耳。'"蘇軾《書傳》上文已云："佞，口給……服其口不服其心。"此處云："囹圄之中，何求而不得，固有畏吏甚者，寧死而不辯，故囚之言惟吏是從者，皆非其實，不可用也。"陳大猷《或問》云："從，猶服也。因其差而察之，則真情畢見，雖巧辨不服從者，亦服從矣。"這幾家都是釋"非從惟從"爲獄囚之事。

林之奇《全解》云："'非從惟從'者，箠楚之下，何求而不得，人不勝痛則誣服者多矣。故囚惟吏之從而自誣者，皆非所當從，當有以辨明之也。"呂祖謙《書説》云："欺罔文飾者雖巧於對獄，其辭要必有差，因其差而察之，不從其僞辭，乃所以從其真情也。"（陳櫟《纂疏》所引，此二句作"不從民口之僞辭，乃所以從民心之真情也"。）《蔡傳》云："'非從惟從'者，察辭不可偏主，猶曰不然而然，所以審輕重而取中也。"王樵《日記》云："'非從惟從'又是一意，言察辭不可偏主。蓋上之人一有偏主之心，則情不可得矣。"這幾家和僞孔一致，又都是釋"非從唯從"爲治獄者之事。

董鼎《纂注》引新安胡氏（董鼎前胡氏名家有胡士行、胡方平、胡一桂等，唯胡方平爲婺源人，故稱新安胡氏）曰："'非從惟從'，諸說皆不甚通,不如闕之。"陳櫟《纂疏》引陳氏大猷曰:"愚謂'非從惟從',諸說皆意之,合缺。"此兩家對所有已出現的各種解說皆不滿意,故主張闕疑。實在由於"非從"、"惟從"爲句子結構中不完整的短語,本身沒有構成句式,它缺了謂語,自無法明其意義。朱熹所說不要勉强去解的句子,大概即指這類句子。

戴鈞衡《補商》在引了僞孔、《蔡傳》及蘇氏、吕氏、陳大猷氏諸說後云:"諸解非於本句義曲,則於下文不通,吴氏澄曰:'察獄辭之參差不齊,有不從順者,有從順者,當以哀敬之心折之,獄辭既定,當得何罪,則明白開讀律法之書,與衆有司共相推度,如卜筮之旅占咸欲,庶幾乎中正,其刑必如是,其罰亦必如是,所宜審克也。'案吴氏一氣讀下,甚捷。今取而加釋之。'非從惟從',與上文'非終惟終'一例,言順曰從(《左傳·昭公十一年》"不昭不從"注:"言順曰從"),謂順於理也。"則仍在給它尋不同於上述諸解的解釋。

江聲《音疏》云:"囚證之辭或有參差,聽獄者於其參差察之以求其情。既得其情,非從其辭,惟從其情。《大傳》曰:'君子之於人也,有其語也,無不聽者,皇於聽獄乎?必盡其辭矣,聽獄者或從其情,或止其辭。'"其自疏云:"云'既得其情,非從其辭,惟從其情'者,據《大傳》言'聽獄者或從其情或從其辭',則此經兩'從'字有'從辭'、'從情'兩誼。而斷獄則必以情,故以'非從'帖辭、'惟從'帖情言,且即引《大傳》以說也。言'皇於聽獄乎'者,鄭注云:'皇,猶"況"也。'案《大傳》此文又見於《孔叢子》,且以爲孔子說此經之言。其'或從其辭'之下尚有'辭不可從,必斷以情'二語。今不引用之者,蓋《孔叢子》與僞孔書出於一人之手,乃是後人僞造而託名於孔鮒者,不可信用。"這是江聲提到漢代今文學派關於《尚書》的專著中有着"從辭"、"從情"兩義,且以爲是說此經之文,因即取以帖釋“非從”、“惟從”二詞,似較宋儒之純憑推理爲説者爲有據。所以雖此“非從惟從”句因難得確解而當闕疑,但爲此篇今譯時,又不能置此句於不顧,只好擇其非全出蹈空推論而較爲有文獻根據者取以爲譯,故此句今譯取江聲説爲之。

　　㉚哀敬折獄明啓刑書胥占咸庶中正——“哀敬折獄”,一作“哀矜哲獄”,見《尚書大傳》引;又一作“哀鰥哲獄”,見《漢書·于定國傳》;又一作“哀矜折獄”,見《文選》李善注。“折獄”或亦作“制獄”,見《鹽鐵論·詔聖篇》。按《尚書大傳·周傳》:“子曰:‘聽訟者雖得其情,必哀矜之,死者不可復生,斷者不可復續也。《書》曰:‘哀矜哲獄。’”《漢書·于定國傳》:“贊曰:于定國父子,哀鰥哲獄。”段玉裁《撰異》云:“玉裁按,矜、鰥古同音互借,借矜爲鰥,亦借鰥爲矜。班書字作鰥而訓哀矜,顏注非也。應劭曰:‘哲,智也。’《文選·庾元規讓中書令表》李注引《尚書》‘哀矜折獄’,明啓刑書。’《孔叢子》雖僞書而作‘哀矜折獄’,疑僞孔本固作‘矜’,《傳》釋‘矜’爲‘敬’,而衛包因依傳改經耳。”皮錫瑞《考證》云:“《漢書》於‘明愍’字作愍,而此引‘哲獄’字作哲,其義當與明愍之愍不同,蓋班氏意以明愍字當從心,哲斷字當從口,應劭注‘哲,知也’失之。又案《鹽鐵論·詔聖篇》曰:‘《甫刑》制獄。’疑今文有作‘制獄’者,與古文作‘折獄’不同。如《墨子》引《吕刑》作‘折以刑’,《緇衣》引《甫刑》作‘制以刑’之例。”章炳麟《拾遺定本》云:“《大傳》作‘哀矜折獄’,敬與矜聲義皆不同,由古文敬作㪅,聲與亟同。《方言》:‘亟,憐,撫,掩,愛也。’則亟亦有憐義。《小雅》‘爰及矜人,哀此鰥寡’傳:‘矜,憐也;是亟矜字異而義同也。《梓材》:‘至于敬寡,至于屬婦’,敬亦本當作㪅,讀亟。‘亟寡’,猶矜寡也。”考訂了“敬”字誤,“哀敬”當作“哀㪅”,即“哀矜”。然段氏考定了原作“哀矜”,衛包誤

改爲"哀敬",是否原改作哀矜,就很難説了。

偽孔云:"當憐下人之犯法,敬斷獄之害人,明開刑書,相與占之,使刑當其罪,皆庶幾必得中正之道。"基本是望文生義以爲釋。《孔疏》云:"《論語》云:陽膚爲士師,曾子戒之云:'如得其情,則哀矜而勿喜。'(見《子張篇》)是斷獄者於斷之時,當憐下民之犯法也。死者不可復生,斷者不可復續,當須敬慎斷獄之害人勿得輕耳。即決之五刑之屬三千,皆著在刑書,使斷獄者依案用之,宜令斷獄諸官明開刑書,相與占之,使刑書當其罪,令人之所犯不必當條,須探測刑書之意,比附以斷其罪,若卜筮之占然,故稱占也。皆庶幾必得中正之道,令獄官同心,思使中也。此言'明啓刑書',而《左傳》云'昔先王議事''不爲刑辟'者,彼鑄刑書以寬示百姓,故云臨事制宜,不預明刑辟,人有犯罪,原其情之善惡斷其輕重,乃於刑書比附而罪之,故彼此各據其一義,不相違也。"疏文周詳闡述,對了解文義有助。

蘇軾《書傳》:"律令當令獄囚及僚吏明見,相與占考之,庶幾共得其中正也。"林之奇《全解》:"其所以哀敬者,惟以刑書而明啓之,相與占考其所以然,衆獄官以爲然,獄囚亦以爲然……如此則庶幾得其中正而無冤濫矣。如秦之任趙高,漢之任張湯、趙禹、減宣、義縱,唐之任來俊臣、侯思止,刑書未嘗明啓,亦未嘗胥占,惟意之所殺,則舞文巧詆,如此則何中正之有?"《蔡傳》云:"'哀敬折獄'者,惻怛敬畏以求其情也。'明啓刑書胥占'者,言詳明法律,而與衆占度也。'咸庶中正'者,皆庶幾其無過忒也。"

由漢宋兩學之説,此數句文義基本已明。

現補充清儒文字訓詁資料,選錄孫星衍《注疏》云:"'敬'與'矜'聲相近,今文作'矜'。'哲'即'折',假音字。'啓'與'啟'通,

《説文》云：‘省視也。’‘胥’者，《釋詁》云：‘相也。’‘占’者，《史記·平準書索隱》引郭璞云：‘自隱度也。’即《釋言》‘隱，占’注，今脱‘自’字。言當明視刑書，相與占度比附之，皆庶幾合於中正。”尚有近人楊筠如《覈詁》云：“庶，《釋言》：‘尚也。’”曾運乾《正讀》云：“咸，皆也。庶，幸也。言以哀矜之心折獄，又明啓刑書相隱度，情罪吻合，庶幾咸協於中正也。”屈氏《集釋》云：“‘哀矜’，憐憫也。‘啓’，《廣雅·釋詁三》：‘開也。’‘庶’，庶幾。”

　　章炳麟《拾遺定本》考述“明啓刑書胥占”云：“《周官》五刑之屬二千五百，未著“刑書”篇數。《逸周書·嘗麥解》：‘唯四年孟夏，王命大正正“刑書”。太史策《刑書》九篇以升，授大正。’然則周初《刑書》九篇。《春秋》傳：季孫行父稱：先君周公作《誓命》曰：‘在《九刑》不忘。’《九刑》即《刑書》九篇。此穆王（當作吕王）增刑至三千。據叔向稱：‘夏有亂政而作《禹刑》，商有亂政而作《湯刑》，周有亂政而作《九刑》。三辟之興，皆叔世也。’叔向必非指成王、周公，宜即謂穆王（吕王）矣。然則刑雖增舊，其書仍九篇也。九篇得容此數者，凡律文一條，所列事狀仍有差等，或乃多至四五，刑亦隨之。此《唐律》以下所同。是知刑雖三千，律條不過千許耳。晋秦始定律，律令合二千九百二十六條，十二萬六千三百言。若千條之律，文字當只三分之一矣。篇之大者，今《禮經》鄉射、大射各幾七千言，意刑書不能過此。九篇則六萬言，或猶未及此數，九篇分目今不可知，據《秋官·大司寇》，分野刑、軍刑、鄉刑、官刑、國刑，但有五目。或律條煩多者分上下二篇，更增具律，故得九篇矣。若《地官》州長、黨正屬民讀法，野刑、鄉刑、國刑是其所亟，軍刑、官刑蓋無事焉，慮非盡讀九篇也。”這足以幫助對“刑書”的了解，以懂“明啓刑書”的意義。

㉛其刑其罰其審克之——偽孔釋云："其所刑，其所罰，其當詳審能之，無失中正。"偽孔凡遇"克"字皆訓爲"能"，不顧其在文句中是否切合，此處即强訓爲能，不顧其不妥。《孔疏》只是重復了偽孔語。

此二句文義甚明，現即録《蔡傳》語以明其文義如下："'咸庶中正'者，皆庶幾其無過忒也。於是刑之罰之，又當審克之也。"並指自"察辭于差"至此句云："此言聽獄者當盡其心也。"王樵《日記》云："其當入於刑者，與其當降而罰者，其審克之。言罪擬既定，刑罰將加之人，非察之盡其能不可也。"上引孫星衍《注疏》在有關上數句文字訓義後，至此句云："'克'，當爲'覈'，假借字。言其刑其罰，其詳覈之。""覈"即"核"，謂當詳核之，要當以王樵之釋最簡明。

㉜獄成而孚輸而孚——偽孔云："斷獄成辭而信，當輸汝信於王，謂上其鞫劾文辭。"《孔疏》："'孚'，信也。'輸'，寫也。下而爲汝也。斷獄成辭而得信實，當輸寫汝之信實以言於王，勿藏隱其情不告王也。曲必隱情，直則無隱，令其不隱情者，欲使之無阿曲也。漢世問罪謂之鞫，斷獄謂之劾，謂上其鞫劾文辭也。"釋偽孔意較明晰。

蘇軾《書傳》云："'輸'，不成也。囚無罪如傾瀉出之也。'孚'，審慮也。成與不成皆當與衆審慮也。"所釋不明，特別是訓'孚'爲審慮，一般無此解，遂使所釋不明所指。林之奇《全解》云："'獄成而孚'者，言獄辭之成而得其情實，信爲有罪，而其輸之於上，亦當得其情實，信爲有罪，然後斷之。"吕祖謙《書説》云："論刑既終，申之以奏獄之戒。獄辭之成，既得其孚信；輸之於上，不可變易情實，必如其本辭然後謂之孚也。"《蔡傳》云："獄成於下而民信之，獄輸於上而君信之。"是林氏、吕氏提出與偽孔相同之説，蔡氏以簡要二語叙明之。至王樵《日記》云：“獄成於下而民孚焉。‘獄成’是結案時，‘孚’者，兩争者皆心服而衆人皆以爲是也。獄輸於上而君孚焉。‘輸’是奏案時，‘孚’者，情法允合，君上無所違異也。”

王引之《述聞》“輸而孚”條在引録僞孔與《孔疏》之文後云：“引之謹案，‘成’與‘輸’相對爲文。‘輸’之言，渝也，謂變更也。《爾雅》：‘渝，變也。’《廣雅》：‘輸，更也。’獄辭或有不實，又察其曲直而變更之，後世所謂平反也。獄辭定而人信之，其有變更而人亦信之，所謂民自以爲不冤也，故曰：‘獄成而孚，輸而孚。’隱六年《左傳》：‘鄭人來渝平，更成也。’《公羊》、《穀梁》‘渝’作‘輸’。秦《詛楚文》曰：‘變輸盟刺。’謂變渝也。是‘輸’與‘渝’通。《豫》‘上六’曰：‘成有渝。’是成與渝相反，先言成而孚，後言渝而孚，取相反之義也。《傳》謂輸汝信於王，則與上句文義不倫，殆失之矣。”就文字訓義提出與漢宋兩學完全不同的解釋。于省吾《新證》同意王説云：“王引之曰，‘成’與‘輸’對文。《廣雅》：‘輸，更也。’獄辭有不實者，又察其曲直而變更之，後世所謂平反也。按輸即渝，詳《顧命》‘無敢昏逾’條。《詛楚文》‘變輸盟制’，與此文作‘輸’合。”則皆以“輸”爲變革，獄辭或有不實，則察其曲直變更使之爲實。不復如漢宋兩學之輸獄辭於王。

至劉逢禄《集解》則又稍變易爲：“謹案，獄成而信，必使罪人輸其情而信也。”亦不言輸於王，而是使罪人輸其情實而可信。又戴鈞衡《補商》云：“‘獄成而孚’，謂刑當其罪也。‘輸而孚’，謂罰當其罪也。即緊承上‘其刑其罰’言之。‘輸’者，輸金入府之謂。《傳》以爲‘輸獄於上’不惟與下文‘其刑上備’雷同，且獄既輸之於上而皆孚，則必有一定之刑矣，又何‘有并兩刑’之事乎？宜其使上下文義重復不相貫注也。反復誦之，知其非是。”明確批判“輸獄於上”之誤，而以"輸"爲輸罰金入府，則與"刑"爲對舉，其釋與上引劉説更完整，而與漢宋兩學判然爲不同之説。

大抵"孚，信也"是正確的。"成與輸相對爲文"也是正確的。故蘇軾釋爲"輸，不成也"，明確其與"成"相對，顯然爲有見之説，只是他下面所釋使人不易理解。而戴鈞衡釋"輸"爲"罰"，以與獄成之"刑"對舉，亦不爲無見。所以承王引之之説啓發後，則循蘇軾、戴鈞衡、于省吾等之説以尋取此處文義，已成爲可能。

㉝其刑上備有并兩刑——章炳麟《拾遺定本》云："《石經・古文尚書》'卑服'作'卑苟'。《春秋》'叔服'作'叔苟'。則此'上備'即'上服'。蓋古文上服、下服皆作'苟'，特此未改耳。"

《尚書大傳》云："子張曰：堯舜之王，一人不刑而天下治，何？則教誠而愛深也。今一夫而被此五刑，子龍子曰：'未可謂能爲《書》。'孔子曰：'不然也，五刑有此教。'"鄭玄於"被此五刑"下注云："一人俱罪，甫侯之説刑也。'被此五刑'，喻犯數罪也。"鄭又於"五刑有此教"下注云："教然耳。犯數罪猶以上一罪刑之。"陳壽祺輯《大傳》本"案曰"："《荀子・議兵篇》：'古者帝堯之治天下也，蓋殺一人刑二人而天下治。'此《傳》云'一人不刑而天下治'，即《虞夏傳》所謂'唐虞象刑而民不犯'之意也。"皮錫瑞《考證》云："謹案鄭注之意，蓋以五刑雖并列爲教，而犯罪則科其重罪之一，而輕罪不更科。如墨劓并犯則惟劓而不墨，臏宫并犯則惟宫而不臏，大辟與墨劓臏宫并犯則惟大辟而不墨劓臏宫，此之謂'并兩刑'。若一夫被五刑，此秦漢時具五刑之事，如《刑法志》所云：'當三族，皆先黥、劓、斬左右趾，笞殺之，梟其首，菹其骨肉於市，其誹謗詈詛者又先斷舌，'故謂之'具五刑'，非古'并兩刑'之法也。"

僞孔云："其斷刑文書上王府，皆當備具。有并兩刑，亦具上之。"《孔疏》云:"'其斷刑文書上王府皆當備具',若今曹司寫案申尚書省也。'有并兩刑',謂人犯兩事,刑有上下,雖罪從重斷,有兩刑者亦并具上之,使上知其事。王或時以下刑爲重,改下爲上,故并亦上之。"

蘇軾《書傳》云:"其上刑已有餘罪矣,則并兩刑從一重論。"這是遵用鄭注之説。以後宋儒大都承此意,惟用語各有詳略,如林之奇《全解》云:"其刑之輸於上,皆當具備,不可隱漏,其有一人之身輕重二罪俱發,亦當并以兩刑而上之也,蓋恐其有司得以欺賣出入以爲奸,故以此戒之也。"吕祖謙《書説》云:"一人而有數罪,一罪而有數法,奏其刑於上,必皆備載。而上之人斷獄,則并兩刑而從其一重者以斷之焉。陳其數者有司也,制其義者人主也。"至《蔡傳》綜承宋學言之云:"其刑上備,有并兩刑者,言上其斷獄之書,當備情節。一人而犯兩事,罪雖從重,亦并兩刑而上之也。此言讞獄者,當備其辭也。"

漢宋兩學之説相同,此二句文義隨之而明。

章炳麟《拾遺定本》云:"《唐律》:'諸二罪以上俱發,以重者論。'此言'并兩刑',即并輕刑於重刑中,論以上服。與《唐律》同。'并'者,如物入薪火然,非兩罪象加,亦非兩刑俱用也。《晉律》:'象作,不過十一歲。象笞,不過千二百。'此於笞、作可爾。周時肉刑,肉刑墨劓刖宫不可兼用。兼用者惟秦之具五刑耳。《大傳》引子張曰:'今一夫而被此五刑。'此伏生親見秦制,託其言於子張爾。子張時商君法未行,安得有此。"以晉唐成例説明《吕刑》篇所言"有并兩刑"即併輕刑於重刑中是確曾實行的。唯秦趙高苛法、漢酷吏嚴刑始有"一夫而被五刑"的慘劇,以證吕王之制《吕刑》是力避苗民五虐之刑惟以仁厚以制祥刑的。

再録兩段論及此處用意之文於此。陳經《詳解》云："輸之於上，備載罪法之輕重，事情之本末，不可闕略。兩刑謂一人有兩罪，一罪有二法，并具上之以聽命於上，不敢專也。言'閱實'至於五，言'審克'至於四，重其事，故詳其戒也。"王樵《日記》云："此章節次，察辭者，問理時也；啓刑書者，擬罪時也；獄成是一時，輸是一時，問鞫以察爲主，恐任察而失哀敬之心，故勉以哀矜折獄；擬議以明爲主，恐恃明而忘中正之則，故勉以咸庶中正；歸結以孚爲主，求其孚而辭有不備，亦非盡法之道，故以備辭終焉。"也就是曾運乾《正讀》所說這些都是談"折獄之方法"。

以上這一節，是《呂刑》篇的主體，是我國古代最完整的刑法總綱，作了實行贖刑的仔細規定。包括了原有五種肉刑的具體內容及怎樣從寬贖免的實施原則，成了呂王所要實行"祥刑"的完整體系。

現將此節全文分爲七段。

第一段呂王呼告所屬要實行祥刑，提出三項注意原則。董鼎《纂注》陳櫟《纂疏》都引錄了陳大猷氏對所分各段指出了其內容大要。對此第一段陳氏復分爲兩段。陳氏說："此章首云'告爾祥刑'至'安百姓'，言制刑之本意也。'何擇'至'非及'，言用刑之綱領也。"

第二段扼要述祥刑之大略。吳闓生《大義》指出：其"五辭簡核、信有罪驗，則正之於五刑；不應五刑者，則正之於五罰，使出金贖罪；又不應五罰者，則正之於五過，從而赦免之。是其情罪當者固無可議，罪當而有可原者始議贖罪之罰，情罪皆有可原則徑免之。"

第三段"五刑之疑有赦"二句與上一段"五刑不簡正于五罰"四句既有聯繫又相區別，彼此不相重複。彼自"正于五罰"、"正于五過"，此則"五刑之疑"直赦之，不搞"五罰"；已成"五罰之疑"亦直赦之,不搞"五過"。這是陳大猷承王炎之説提出的見解。吳闓生《大義》則云:"刑、罰之疑有赦,亦付審核,核驗或多,以訊爲稽,無簡不聽,則亦甚之至矣,雖意主寬厚,固未嘗枉法以貸刑也。"

陳大猷氏分段,仍將二、三兩段合爲一段。他説:"'兩造'至'天威',言聽獄之節奏也。"

第四段規定五刑各刑的罰金數目,由犯罪受刑之輕重定罰金由少至多,最輕的墨辟罰金百鍰,最重的死刑大辟罰金千鍰,金是黄銅。

第五段制定五刑各刑該受罰的條目,即載在刑書中五刑各刑哪些情況該出罰金的項目或條款。由罪刑的輕重制定各刑該受罰的條目由多至少。最輕和較輕的墨劓二罰之條目達一千,最重的死刑大辟之罰的條目二百。五刑之屬合計條目達三千。

陳大猷氏分段,將四、五兩段合爲一段。他説:"自'墨辟'至'三千',言贖法及刑書之定目也。"

第六段談"上下比罪"問題、刑罰的權宜變動使用問題。即有對個人情況有異的權變,也有對時世不同的權變。陳大猷氏分段,只論及本段下半,未提到上半。他説:"自'上刑'至'有要',言用刑之權變也。"但他在另一處文中説:"'刑罰有權',權人情而爲輕重也。'世輕世重',權世變而爲輕重也。"

第七段是談察詞問理、斷獄擬罪、獄成定讞以迄最後之結獄奏案,即完成治理刑獄最後階段的一應辦理過程,所以作爲本節的最後一段,以見其重要性。陳大猷氏分段,又將本段分爲兩段。他説:"自'罰懲'至'克之',言折獄而用法也。自'獄成'至'兩刑',言結獄而奏案也。反復丁寧備矣。"加藤常賢以本節爲本篇第五節,亦以首句爲標題,惟以括弧注"罰金"二字爲副題。

王曰：“嗚呼！敬之哉！官伯族姓①，朕言多懼，朕敬于刑，有德惟刑②。今天相民，作配在下③，明清于單辭④。民之亂，罔不中聽獄之兩辭，無或私家于獄之兩辭⑤。獄貨非寶，惟府辜功，報以庶尤⑥。永畏惟罰，非天不中，惟人在命⑦。天罰不極，庶民罔有令政在于天下⑧。”

王曰：“嗚呼！嗣孫⑨。今往何監非德于民之中。尚明聽之哉⑩！哲人惟刑，無疆之辭⑪，屬于五極，咸中有慶⑫。受王嘉師，監于茲祥刑⑬。”

①敬之哉官伯族姓——僞孔云：“敬之哉，告使敬刑，‘官長’，諸侯。‘族’，同族。‘姓’，異姓也。”《孔疏》云：“此篇主多戒諸侯百官之長，故知官長即諸侯也。襄十二年《左傳》‘哭諸侯之例’云‘異姓臨於外’、‘同族於禰廟’，是相對則‘族’爲同姓，‘姓’爲異姓也。”

蘇軾《書傳》云：“呼其大官大族而戒之。”則渾然釋“官伯族姓”爲大官大族，亦自簡要。林之奇《全解》云：“‘官伯族姓’，蘇氏曰：‘呼其大官大族而戒之。’先儒即以‘官伯’爲諸侯，‘族’，同族。‘姓’，異姓。其說鑿矣。王氏（安石）以‘姓’爲諸侯，‘族’爲群臣，亦無以異於先儒。蓋既戒其君以敬刑，今又戒其臣也。”蘇氏、林氏之意，只要粗略地理解其爲大官大族即行，無待細求，然古代文獻中往往一詞自有其專義。如《孔疏》所引《左傳》，“族”、“姓”對舉，確自有其專義。故《蔡傳》仍承之以釋此文云：“此總告之也。‘官’，典獄之官也。‘伯’，諸侯也。‘族’，同族，‘姓’，異姓。”將“官伯”析爲二，顯因此爲談刑獄之事，故特提明爲典獄之官，略異僞孔，總之經師皆可憑自己理解提出解釋。

至清人江聲《音疏》云："'官伯'，謂司政典獄也。'族姓'，伯父伯兄仲叔季弟幼子僮孫也。遍呼而戒之。"並疏釋云："自此以下皆丁寧申戒之詞，則此所呼者，即上文所告語之人也。……此文'官伯'、'族姓'對稱，'族姓'謂同族，則'官伯'爲異姓矣。故云'官伯謂司政典獄'也。'族姓'，伯父伯兄仲叔季弟幼子僮孫也。"江氏之說與《吕刑》上文稱謂相符合，顯爲有見。故孫星衍《注疏》全襲用江氏之說，近人楊筠如、曾運乾之書亦皆承用之，是江氏之說可行。

②朕言多懼朕敬于刑有德惟刑——僞孔云："我言多可戒懼，以儆之。我敬於刑，當使有德者惟典刑。"《孔疏》云："告之以'我言多可戒懼'者，以儆戒之也。下言民無善政則天罰人主，是儆戒諸侯也。'當使有德者惟典刑'，言將選有德之人使爲刑官，刑官不用無德之人也。"

林之奇《全解》云："刑者，人命所繫，死者不可復生，斷者不可復續，此朕之言所以多懼。……言之多懼，以其難也。朕之所敬，惟在於刑，則以有德者惟哀敬於刑，我安得而不謹哉！"王天與《纂傳》云："此章以敬刑畏罰申言。按前三章上言刑，第四章全言刑罰，此章又以敬刑畏罰申言之，'敬之哉'一語提其綱，'朕敬于刑'以下，敬刑也，諸家說已得之。'永畏惟罰'以下，畏罰也，諸說皆本孔氏。"《蔡傳》云："朕之於刑，言且多懼，況用之乎？'朕敬于刑'者，畏之至也。'有德惟刑'，厚之至也。"陳櫟《纂疏》："'有德惟刑'，謂有德於民者惟此刑耳。"

江聲《音疏》："言刑罰可畏，我言之且多畏懼，我甚敬於刑也。有德於民，其惟刑乎。蓋德猶惠也，慎刑則民受其惠，故云然。"孫星衍《注疏》：“我言祥刑多畏懼之辭者，我甚敬於刑不敢妄用也，有德者當思此祥刑。”楊筠如《覈詁》：“‘有德惟刑’言慎刑則即有德也。”曾運乾《正讀》：“‘有德惟刑’者，言有德於民惟此刑耳。慎刑則人被其德，濫刑則人蒙其禍，故不可不兢兢也。”以上諸說可參考用之。

③今天相民作配在下——“相”，《釋文》：“（相），如字，馬（融）：息亮反。助也。”是馬融釋“相民”爲助民。

僞孔釋云：“今天治民，人君爲配天在下，當承天意。”《孔疏》：“《傳》以‘相’爲‘治’。‘今天治民’者，天有意治民，而天不自治，使人治之。人君爲配天在下，當承天意治民，治之當使稱天心也。”

林之奇《全解》云：“今天相助此民，而生育長養之。臨民者必當有不忍之心，然後能爲天之配於下。蓋天愛民，是配之也。”《蔡傳》：“今天以刑相治斯民，汝實任責，作配在下，可也。”不用宋人之說而仍承僞孔說，更增“以刑治民”之語。王充耘《書管見》云：“‘今天相民’，猶云‘天佑下民’相似。‘作配在下’，言汝官伯族姓、百邦有土皆配天在下以相民者也。《傳》云‘天以刑相治斯民’者，非。”

江聲《音疏》：“‘相’，助也。今天相助斯民，作之君以配在下，則承天以治民。”孫星衍《注疏》：“‘相’者，《釋詁》云：‘相，助也。’言今天助民立之君，使能配在下地，則承天以治民。”楊筠如《覈詁》：“‘相’，馬謂助也。‘作配’，謂周受命以配上帝，《召誥》‘其自時配皇天’是也。”曾運乾《正讀》：“‘相’，佐也，助也。‘配’，與天地爲配也。猶言天生民而立之君使司牧之也。”屈萬里《集釋》：“‘作配’，意謂配合天意。下，謂人間。”自以宋人清人之說爲可從。

④明清于單辭——陳喬樅《經說考》引《後漢書·明帝紀》：“永平三年詔曰：‘詳刑慎罰，明察單辭。’”則“清”即“察”。皮錫瑞《考證》亦引此詔，並引“注云：‘單辭，猶偏聽也。’”皮氏又引《後漢書·

朱浮傳》“有人單辭告浮事者”注云：“單辭，謂無證據也。《書》曰：‘明清于單辭。’”

　　僞孔釋云：“人君爲配天在下，當承天意，聽訟當清審單辭。單辭特難聽，故言之。”《孔疏》云：“人君……欲稱天心聽獄，當清審單辭。單辭謂一人獨言，未有與對之人，訟者多直己以曲彼，構辭以誣人。單辭特難聽，故言之也。孔子美子路云：‘片言可以折獄者，其由也歟！’片言即單辭也。子路行直聞於天下，不肯自道己長，妄稱彼短，得其單辭即可以斷獄者惟子路爾。凡人少能然，故難聽也。”陳喬樅《經說考》云：“蓋若聽單辭，斷不偏信，片言可以折獄，由其明清于單辭故也。單辭且能明清，況合兩辭兼聽，安有不中者哉！”

　　林之奇《全解》云：“所以配天者，惟‘明清于單辭’而已。‘單辭’有二說，皆通。先儒曰：‘單辭特難聽，故言之。’唐孔氏因引子路‘片言可以折獄’……凡人少能然，故難聽也。薛博士則曰：‘單，盡也。與“單厥心”之單同（按見《周頌·昊天有成命》）。明清而使民得盡其辭也。’皆可用以爲說。明清者，聽之審也。”呂祖謙《書說》云：“‘明清于單辭’以下，告之以敬天之實也。獄辭有單有兩，無證佐者謂之單辭，聽之爲尤難。曰‘明’而復曰‘清’，蓋篤敬之至，澄之又澄，表裏洞徹，然後能不待證佐而坐照其情也。”《蔡傳》云：“‘明清’以下，敬刑之事也。獄辭有單有兩，單辭者，無證之辭也。聽之爲尤難，明者無一毫之蔽，清者無一點之污，曰明曰清，誠敬篤至，表裏洞徹，無少私曲，然後能察其情也。”幾乎全用呂說爲之。宋學之說萃於此了。

　　江聲《音疏》：“承天以治民，聽獄可不中乎？‘單辭’，一偏之言也，明清則不偏聽，猶《論語》所謂‘片言可以折獄’也。”並疏釋云：“‘片言可以折獄’，由其‘明清于單辭’故也。”戴鈞衡《補商》云：

"'明清于單辭'以下,《傳》(《蔡傳》)謂文有未詳。遍考諸家,大同小異,均未有通順明澈者,今聊以鄙見釋之。'明清于單辭,民之亂罔不中'作一截,'聽獄之兩辭,無或私家于獄之兩辭'作一截,'獄貨非寶'以下作一截。'單辭'者,一偏之辭,孔氏穎達曰:'謂一人獨言,未有與對之人。'孔子美子路云:'片言可以折獄者,其由也與?''片言',即單辭也。"其實他對於"單辭"的解釋,與向來諸家之説,仍無大區別。朱駿聲《便讀》云:"'單辭',一人之言。《論語》所謂'片言'也。……明清於一人之辭,即知其情僞。"亦同向來之説。楊筠如《覈詁》:"按'單辭'對'兩辭'言,謂一面之辭也。"仍爲舊説,不過稍簡言之。

　　所有經師都從《孔疏》説,以"片言"即"單辭"。此大誤。此二者爲兩個不同的概念,"單辭"與"兩辭"相對、並相並立,爲獄訟中的一對專用術語,一對範疇,完全指罪犯的供詞。"片言"則不是術語,也不指罪犯的供辭,而是孔子稱許子路的話,説子路眼光敏鋭,觀察案情得其要領,又能用簡單明確的話提出處理案情的意見,誇獎他一句話(片言)就把案子斷下來了。是全就處理案情的人來説的,與罪犯的供詞無干。

　　⑤民之亂罔不中聽獄之兩辭無或私家于獄之兩辭——此段文字有三種不同句讀,及一種避不作出句讀。按先後列之:

　　(一)第一種句讀:"民之亂,罔不中聽獄之兩辭,無或私家于獄之兩辭。"主張此種句讀者,有漢學之僞孔,《孔疏》,宋學之蘇軾、林之奇、呂祖謙、陳經、陳大猷等之作及承宋學之元王天與、吳澄等之作以及承蔡沈之學的元董鼎、陳櫟,明王樵等在其書中仍承引此句讀,迄於清如江聲、王鳴盛、孫星衍等名家及其他清儒皆承此句讀,近人曾運乾、屈萬里亦承之。可知這是這段文字最主要的一種亦即傳統的一種句讀，凡一般治此經者都承用這一句讀。

（二）另一種是避不作出句讀。這是《蔡傳》的做法。它對這幾句只說：“文有未詳者，姑缺之。”這仍是遵用朱熹“《書》不可曉者不要强説”之教導，如上一節之“勿用不行”句一樣。《蔡傳》爲宋學代表作，其影響大。元、明學者特別是“時義”一派經師都會遵奉其説的。

（三）第二種句讀：“民之亂罔不中；聽獄之兩辭，無或私家于獄之兩辭。”這是清儒戴鈞衡提出。其《補商》中以爲：“向來諸家均讀‘民之亂罔不中聽獄之兩辭’爲句，解不可通。”因此主張“‘明清于單辭，民之亂罔不中’作一截”；與下兩句另作一截並立。其書成於咸豐、同治政局動亂之際，流傳不廣，因此在學術界影響小。

（四）第三種句讀：“民之亂，罔不中。聽獄之兩辭，無或私。家于獄之兩辭（連下句爲釋）。”這是承王國維之學的楊筠如《覈詁》所提出。楊氏之學承傳王學，因此在現代學術界有其影響。

現按不同句讀尋其解釋。

第一種句讀的解釋：首先是僞孔云：“民之所以治，由典獄之無不以中正聽獄之兩辭，兩辭棄虛從實，刑獄清則民治。典獄無敢有受貨聽詐，成私家於獄之兩辭。”《孔疏》云：“獄之兩辭，謂兩人競理，一虛一實。實者枉屈，虛者得理，此民之所以不得治也。民之所以得治者，由典獄之官其無不以有中正之心聽獄之兩辭，棄虛從實，實者得禮，虛者受刑，虛者不敢訟，則刑獄清而民治矣。孔子稱‘必也使無訟乎’，謂此也。典獄知其虛，受其貨，而聽其詐。詐者虛而得理，獄官致富成私家，此民之所以亂也，故戒諸侯無使獄官成私家於獄之兩辭。”僞孔及《孔疏》皆訓“亂”爲“治”，獨此處“民之所以亂也”句，用了“亂”之動亂義。

蘇軾《書傳》云：“欲濟民於險難者，當竭其中以聽兩辭也。”林之奇《全解》云：“民之所以治者，以其聽獄之兩辭而無不中，則曲直得其當，無辜者不至於枉濫，而有罪者不至於僥倖而免也。……不可以獄之兩辭而爲私家以獄爲家。”呂祖謙《書說》云：“單辭固難聽，然不常值，凡日之所聽者，無非兩辭也，故復戒之。民之所以治，罔不由中聽訟之兩辭，而有偏及，是將無所措手足矣，其可用私意而家於獄之兩辭乎？‘家’云者，出沒變化於兩辭之中以爲囊橐窟穴者也。”陳經《詳解》云：“民之亂争競紛紜，罔不執中道聽於獄之兩辭，不偏徇於一，‘無或私家’，私於其家黷貨鬻獄于獄之兩辭。”《彙纂》引葉夢得曰：“私家，私其家也。”又引徐僑曰：“無以獄之兩辭爲私家之利，謂獄以賄成也。”又引元陳師凱曰：“‘民之亂罔不中辭獄之兩辭’者，謂治民之道，惟在於聽其兩辭而得刑之中也。‘無或私家于獄之兩辭’者，不可以私意鬻獄而圖利其家於兩争之人也。”董鼎、陳櫟書皆引宋陳大猷云：“明清以聽單辭，以中而聽兩辭。鬻獄而降罰，非無道，不中。以獄乃人命生死之所在故也。苟用刑不中而天罰不極至，則典獄無所懲戒，自此庶民無復蒙善政而在於天下矣。任刑之大本在‘敬’與‘中’。用心以敬爲主，用法以中爲主。前已論之，此復提敬與中訓之，後章復申以中焉。”元吴澄《纂言》云：“民之所以治，由典獄者之無偏私。‘中聽’，聽之不偏也。‘家’者，人之所私。‘私家’，謂私之如家然。”王充耘《書管見》云：“兩辭則各執一説，非單辭之比，主於中以聽之，未可有所偏主。私家者，偏有所主之謂也。蓋以私意而主於原告，則被告雖有理亦不肯聽矣；主於被告，則原告雖得實亦不肯信矣。如此則安得爲中？”明王樵《日記》云：“兩辭雖人所易決，而一有偏徇之心則偏矣。惟有德者其心中而不偏，則能分兩辭之争，此民所以治也。然兩辭之易偏者，或不能訖於富而然也，故戒之以‘無或私家于獄之兩辭’。”

江聲《音疏》：“‘亂’，治也（《釋詁》文）。‘兩辭’，兩造之辭也。明清于單辭，則聽兩辭無不中矣。民之所以治，以無不中聽獄之兩辭也。‘私家于獄之兩辭’，謂取貨于獄，以成私家之富，所謂鬻獄也。”孫星衍《注疏》：“‘亂’者，《釋詁》云：‘治也。’……承天以治民，聽獄可不中乎？能明察一偏之辭，片言折獄，其聽于獄之兩造之訟，更無不中矣。……‘私’者，《説文》云：‘自營爲厶。’‘家’，讀如《檀弓》‘君子不家于喪’之家。……言‘無或自營而成家于獄也’。”

曾運乾《正讀》：“‘兩辭’，兩造之訟辭也。自營爲‘私’。‘家’，孫星衍云：‘讀如《檀弓》君子不家于喪之家。’言不以爲利也。‘罔不中聽獄之兩辭，無或私家于獄之兩辭’者，言聽訟當求其平，不可因偏聽而有所袒，不可因賄賂而有所私也。”屈萬里《集釋》：“‘中聽’，以中正之態度聽之。‘兩辭’，兩造之辭。‘無’，勿。按：‘家’，當爲圂之訛。‘家’，《大克鼎》作𡩙，‘圂’，《毛公鼎》作𠰥，二字形近易混。圂，與溷通；説見桂氏《説文義證》。《説文》：‘溷，亂也。’”顯然因“家”字於此很不好解，特有意另尋解釋，爲有益的探索。

第二種句讀的解釋，見戴鈞衡《補商》云：“‘民之亂罔不中’者，‘中’，平也。《國語·晉語》：‘夫以回鬻國之中。’注：‘中，平也。’‘私家’，猶‘私居’。王氏充耘謂‘偏有所主’是也。《孔傳》謂‘無敢有受貨聽詐，成私家於獄之兩辭’，後儒遂云‘君子不家於喪之家’，其義曲矣。”

第三種句讀的解釋，見楊筠如《覈詁》云：“‘亂’，即上文之‘亂辭’。當以‘民之亂，罔不中’爲句，謂民之亂辭，罔不得其中，即‘無僭亂辭’之意也。‘家’，疑當爲處。襄四年《左傳》：‘各有攸家。’《釋文》：‘本或作攸處。’是其證。此謂‘處於獄之兩辭’耳。”顯然亦因"家"字不好解，特另尋的解釋，且舉出了文獻上的證據。

文中顯然可知，"辭"、"單辭"、"兩辭"乃至"亂辭"，爲《呂刑》中關於獄訟之辭的重要專用術語。

後兩種句讀，因不滿意於前一種句讀所提出。前一種句讀之不盡愜意，自是事實。因句中顯然有誤字，致句義不明，是無可如何之事。後二種句讀是否果能解決問題，似亦未必。前一種句讀，在"民之亂"後，並立"罔不中……兩辭"、"無或私……兩辭"兩句，亦自醒目，足以扼要以成文義，可爲此篇今譯時參考取資之用。

⑥獄貨非寶惟府辜功報以庶尤——"功"，段玉裁校定當作"公"。見其《撰異》云："'辜功'之'功'，孔訓爲'事'。則其字蓋當作'公'。《詩》《天保》、《靈臺》傳，《采蘩》、《七月》箋皆云：'公，事也。'《七月》'入執宮公'，定本誤作'宮功'。此'功'字蓋亦'公'之遭改者。"段氏校字常要求較嚴，往往求之過深。此處是否亦要求過嚴。"功"字既有版本如此作，而"功"自亦可訓"事"。即在《七月》"載纘武功"毛傳云："功，事也。"則此處"功"原或爲"公"，有此可能，然謂"功"必當爲"公"，似尚可商。"尤"，漢古文作"訧"。見《說文·言部》："訧，罪也。從言，尤聲。《周書》曰：'報以庶訧。'"段玉裁《撰異》云："王伯厚《藝文志考》說漢世諸儒所引《尚書》異字：'報以庶訧。'今未檢得出何書。"陳氏《經說考》以爲"當即據《說文》所引《周書》……據《今文尚書》也。"陳爲今文家，故爲此説，《説文》所引皆古文，不得誤爲今文。

今所見最早對此作出解釋者，爲漢代伏生系今文家之《尚書大傳》（據皮錫瑞《疏證》本）云："獄貨非可寶也，然後寶之者，未能行其法者也。貪人之寶，受人之財，未有不受命以矯其上者也。親下以矯其上者，未有能成其功者也。"孫星衍《注疏》引錄此段全文後疏云：“《大傳》云：‘未有不受命以矯其上者。’今文讀‘府’爲‘誣’。聲相近也。字亦或作‘誣’，《周語》云：‘其刑矯誣。’注云：‘以詐用法曰矯，加謀無罪曰誣。’受人之財，則親下以矯誣其上也。以‘辜功’爲‘未有能其功者’，《漢書·律曆志》注孟康曰：‘辜，必也。’《一切經音義》引《漢書音義》云：‘辜，固也。’謂規固販鬻以求其利也。則事功謂取必規固以求功也。”皮錫瑞《疏證》云：“案《傳》文不必字字與經比附，孫說近鑿。”按《大傳》往往離題萬里馳騁議論，故皮言之如此。皮又在《今文尚書考證》中云：“案孫說迂迴，恐非《大傳》之旨，姑存以俟考。《潛夫論·班祿篇》曰：‘三府制法，未聞赦彼有罪獄貨爲寶者也。’”則此又引錄了漢人議論此句之文。按陳喬樅《經說考》引《潛夫論》此文，其上尚引三句：“作典以爲民極，上下共之，無有私曲。”

偽孔釋云：“受獄貨，非家寶也。惟聚罪之事，其報則以衆人見罪。”《孔疏》云：“‘府’，聚也。‘功’，事也。受獄貨非是家之寶也。惟畏聚近罪之事，爾罪多必有惡報，其報則以衆人見罪也。衆人見罪者多，天必報以禍罰，故下句戒以畏天罰也。”

蘇軾《書傳》：“‘府’，聚也。‘辜功’，猶言罪狀也。古者論罪有功意，功，其迹狀也。言獄貨非所以爲寶也，但與汝典獄者聚罪狀耳。報汝以衆罪，而所當長畏者天罰也。”林之奇《全解》：“夫以獄得貨者，非所以爲寶也，惟聚其罪耳。‘府’，聚也。言必將敗露而獲罪也。‘功’者，言罪積於身而自以爲功耳，則必將報汝以衆罪而誅殛之也。‘報’者，亦如‘報虐以威’，有是惡則必有是報，皆是出乎爾者反乎爾者也。”《蔡傳》：“‘獄貨’，鬻獄而得貨也。‘府’，聚也。‘辜功’，猶云罪狀也。‘報以庶尤’者，降之百殃也。”《蔡傳》承上述各家要說以成其解，用語簡要，可即據以釋此數句。

　　再補充一些清人近人文字訓義。江聲《音疏》:"'府',聚,'功',事,'尤'(訧),罪也(《説文·言部》文)。……"孫星衍《注疏》:"'府'者,《春秋左氏·昭十二年傳》云:'吾不爲怨府。'注云:'怨禍之聚。'《釋詁》云:'辜,罪也。''功'者,《詩·傳》云:'事也。''庶',衆也。'尤'與'訧'同,《説文》云:'罪也。'引《周書》此文。言以獄聚貨不足寶也,惟聚罪事,天將報以衆罪也。"戴鈞衡《補商》:"'府',取也。《廣雅·釋詁》文;舊訓'聚',未捷。'功',事也。'辜功',《傳》云'猶罪狀',是也。"朱駿聲《便讀》:"'寶',保也,猶守也。'府',猶聚也。'功',釭也,潰也;或曰恐也,懼也。'庶',猶衆也。'尤',訧也,辜也。……以獄得貨,貨非可守,但聚其罪,而可畏可懼,天將報之以衆罪也。"屈萬里《集釋》:"'尤',與郵通,怨也。義見《荀子·議兵篇》楊注。"

　　于氏《新證》在引僞孔之釋後云:"按'府'本應作'付',讀'孚'(《説文》休或從广,《爺伯毁》廟字不從广,《今鼎》僕作廞,又辟雍,徐鍇作廦廱,《墨子》"號令官符"之符,蘇時學謂當作府。按茅刻本符正作府。《高宗肜日》"天既孚命正厥德",孚,《漢石經》作付)。'辜'即故,詳《酒誥》'辜在商邑'條(《史記·屈賈傳》"亦夫子之辜也"。辜,《漢書》作"故")。'功'訓事,是'辜功'者,故事也,猶今人言舊例成案。'尤',《説文》作'訧,罪也'。言獄貨非寶,惟孚於故事,則報以庶罪也。"

　　惟楊筠如《覈詁》作出與上述所有諸説完全不同的解釋。其文云:"'獄貨',謂因獄致財賄也。'府',《國策》注:'聚也。''辜',謂罪也,功與罪相對成義。'尤'與訧同,《説文》:'罪也。'此謂處於獄之兩辭,不受兩面之財賄,惟聚集其功與罪,而報斷以庶刑也。"此見解值得重視,可從長考慮之。

　　章炳麟《拾遺定本》又有異解，其文云："'獄貨'，即贖鍰。'府'，即《周官·宰夫》所謂'府掌治藏'者也。'辜'，於《説文》當作'嫭'，《廣雅·釋訓》：'嫭權，都凡也。'今俗作'估'。'辜功'，即今所謂估工。言贖鍰非以爲寶，惟由治藏之官以此估計工程，令數相準，以報當諸疑罪耳。以貨估工者，如《唐律》，徒一年贖銅二十斤至徒三年贖銅六十斤之類。觀穆王（當作吕王）言此，則知家貧不能自贖者，又得計直估工，以居作代之，即《周官》'役諸司空'之類。不然，富者生全，貧者創死，贖刑之弊，其可救耶？"亦自言之有據。可知此種文字較晦澀之處，可由各家治經而肯深思有得者，各自提出其所見。

　　⑦永畏惟罰非天不中惟人在命——偽孔釋云："當長畏懼惟爲天所罰，非天道不中，惟人在教命使不中。不中，則天罰之。"《孔疏》："衆人見罪者多，天必報以禍罰，汝諸侯等當長畏懼爲天所罰。天之罰人，非天道不得其中，惟人在其教命自使不中。教命不中，則天罰之。諸侯一國之君，施教命於民者也。故戒以施教命中否也。"

　　蘇軾《書傳》："我報汝以衆罪，而所當長畏者天罰也。非天不中，惟汝罪在人命也。"林之奇《全解》："獄貨者必報以庶尤，則所長可畏者惟是天罰也。天之罰之也，非天之不中，惟人取之爾。人取之者，在其教命之不中也。教命不中，則非所謂'制百姓於刑之中以教祗德'。"《蔡傳》於"永畏惟法"可能以其平易而無釋，於下兩句釋云："非天不以中道待人，惟人自取其殃禍之命爾。"

　　江聲《音疏》："所長畏者惟天罰也。夫天之罰人，非天道不中也，惟人自取之，在其教命不中爾。"自疏云："據下承之以'非天不中'，則罰謂天罰之矣。……經言'惟人在命'，若解云'惟人之存乎命'，語意似明順，但如此解則以命爲命數，命數非人所爲，非所以爲

戒也，故從‘教命不中’爲言。教命，謂君上之政令也。”曾運乾《正
讀》：“‘永畏惟法’，言大罰可畏也。‘非天不中，惟人在命’者，
‘中’，均也。‘在’，終也。見《釋詁》。言墨吏寶貨府辜，國家報以
大罰，罪在不赦，此非天之不均，惟人自終厥命。猶祖己言非天不相
我後人，惟用淫戲用自絕也。”屈萬里《集釋》：“‘畏’，敬畏。‘罰’，
刑罰之事。‘中’，中正。‘在’，察也。義見《詩·文王》鄭箋。‘惟
人在命’，言人（官吏）當察天命行事。”以上諸家各有所見，各有可
取，當斟酌損益以用之。

　⑧天罰不極庶民罔有令政在于天下——僞孔釋云：“天道罰不
中，令衆民無有善政在於天下，由人主不中，將亦罰之。”《孔疏》：
“天道下罰，罰不中者，令使衆民無有善政在於天下，由人主不中。
爲人主不中，故無善政，天將亦罰人主。人主謂諸侯，此言戒諸侯
也。”

　蘇軾《書傳》云：“天既罰汝不中之罪，則民皆咎我，我無復有善
政在天下矣。”林之奇《全解》云：“天之罰不中，則庶民必無有善政
在於天下矣。蓋以其無有善政，故以不中而罰之也。無有善政者，
君也。而以爲庶民者，政雖出於君，而布於庶民，三苗之民泯泯棼
棼，此所謂‘庶民無有令政在於天下’也。”此釋明“庶民罔有令政在
於天下”的解義。本來有没有善政只能説是君主，今乃言之庶民，故
宛轉釋明其義。《蔡傳》於此句無釋，當亦由其不好講之故。元陳師
凱《旁通》云：“‘天罰不極，庶民罔有令政在于天下’者，謂獄貨之
人，天若不極罰之，則庶民不得蒙令善之政於天下也。”此釋較通順。

　江聲《音疏》：“‘極’，中。‘令’，善也。王者承天建中，庶民於
焉取中。不中，則天罰之，庶民無有善政取法於下矣。”所釋之
“中”，已近神秘。下文接着取《洪範》及《五行傳》比附爲釋，益不足

據。孫星衍《注疏》："'天罰'者,猶《皋陶謨》云'天討'。王者代天行罰,故云天罰。'極'者,《詩·傳》云:'中也。''令'者,《釋詁》云:'善也。'《洪範》云:'王建其有極。'謂王者承天建中。又云:'庶民于汝極。'馬氏注云:'衆民于汝取中正以歸心也。'王罰不中,則衆民無有善政於天下矣。"所引《洪範》本文較平實,惟所釋頗近江氏,然不比附《五行傳》,皆異於江氏處。

曾運乾《正讀》："'天罰',猶言天威,天討也。'極',至也。言此貪墨之吏,國法不加其身,則爲民牧者,罔有令政在於天下庶民矣。'庶民'在句首,倒裝語。"屈萬里《集釋》:"'極',至也。義見《詩·載馳》毛傳。"訓"極"爲"至",比訓"中"義爲長。指出"庶民"爲倒裝語,解明了對此語的困惑。按古人一切假用天的名義,給犯刑者以懲罰假稱"天罰",那就是必受之罰,無可逃避之罰。

⑨王曰嗚呼嗣孫——僞孔釋云:"'嗣孫',諸侯嗣世子孫,非一世。"《孔疏》:"戒之既終,王又言而歎曰:'汝諸侯嗣世子孫等……'"

蘇軾《書傳》云:"王耄矣,諸侯多其孫矣。"林之奇《全解》:"'嗣孫'者,王享國百年,故諸侯或其孫也。上言伯父伯兄仲叔季弟幼子童孫,此特言嗣孫,舉其略也。繼世而立,故曰嗣。"《蔡傳》:"此詔來世也。嗣孫,嗣世子孫也。"明吕柟《尚書說疑》有云:"嗣孫以下,則告後世也。"

江聲《音疏》:"言'嗣孫'者,未聞也。蓋詔諸侯永戒其後嗣歟!"自疏云:"上文所告語者,皆見在居官有牧民之責者,嗣孫則在後世,非見(現)有牧民之責,亦必非上文所呼之僮孫而亦呼及之,其諸不可曉,漢經師之說又不可得聞,故云'言嗣孫者未聞也'。云'蓋詔諸侯永戒其後嗣歟'者,上文所告語皆畿内畿外諸侯,畿外諸侯世其國，畿内諸侯世其官，皆子孫傳世。此言嗣孫，自是詔諸侯使戒其嗣世子孫也。此以不得其解而推求其誼，不敢自信其必然，故言‘蓋’言‘懋’以疑之也。”語有云：“事在邇而求諸遠，事本易而求諸難。”“嗣孫”之義，言“嗣世子孫”已甚明，江氏故爲高深，曲折以示其奥，大可不必。不過因江氏其他諸處解義往往有可取，而故作高深，故用古奥文字爲其一病（如此處“懋”字要寫作“與”），此處録存之以見一斑。孫星衍《注疏》：“言嗣孫者，詔諸侯永戒其後嗣。”曾運乾《正讀》：“‘嗣孫’，誥後世也。”自以吕栟、曾運乾語簡而確實。

⑩今往何監非德于民之中尚明聽之哉——舊句讀皆作：“今往何監，非德于民之中，尚明聽之哉！”故僞孔云：“自今已往，當何監視，非當立德於民爲之中正乎？庶幾明聽我言而行之哉！”僞孔於“尚”皆訓庶幾，過於拘泥，《漢書·叙傳上》注：“尚，願也。”亦即今語希望之意。蘇軾《書傳》：“自今當安所監，非以此德爲民中乎？”《蔡傳》：“言今往何所監視，非用刑成德而能全民所受之中者乎？”是漢學宋學句讀同，釋義《蔡傳》微有異，“所受之中”有神秘意味。其句讀則直至清代末期以前學者皆從同此讀。

然一讀至此句，既覺“何監非德”與上文“何擇非人”等三句句式完全一致，與《逸周書》中所習見的“何脩非躬？何慎非言？何擇非德？”（《小開》）“何嚮非利？”“何慎非遂？”“何葆非監？”（《文儆》）……等等句式根本無别，從而知此爲西周所習用的語例，則知此應讀作“何監非德”是無疑的。《説文》：“監，臨下也。”是説你們怎樣臨下呢？不是應該用德嗎？方以爲糾正了舊讀。及至看到俞樾《平議》，才知他已先我而發。其文在引僞孔之釋後云：“樾謹按，此當於‘德’字絶句，言自今以往當何所監視，豈非德乎？‘何監非德’與上文‘何擇非人’、‘何敬非刑’、‘何度非服（及）’文法一樣，枚（指梅賾）讀‘監’字爲句，非也。‘中’者，獄訟之成也。《周官·鄉士職》：‘士師受中。’鄭注曰：‘受中，謂受獄訟之成也。’是古謂獄訟之成爲‘中’。故曰：‘于民之中尚明聽之哉！’枚《傳》連上‘非德’爲句，因失其義。”當從俞釋。惟訓“監”爲監視，於此不妥。又讀戴鈞衡《補商》，亦云：“‘何監非德’句，與‘何擇非人’一例。”

王樵《日記》云：“按，‘民之中’，《蔡傳》以爲‘民所受之中’，恐非經意。曰德、曰中，乃一篇之綱領，前曰‘中聽’，下曰‘咸中’，不應獨‘民之中’爲‘受中’之中也。‘德’即‘有德惟刑’之德，‘中’即所謂‘刑之中’也。刑皆得中，而有德於民，所以爲祥刑也。‘德’作用刑成德，似牽强。”此處釋中爲中正、公正、不偏不倚之中，意義平實，並無神秘之意。

⑪哲人惟刑無疆之辭——僞孔釋云：“言智人惟用刑，乃有無窮之善辭，名聞於後世。”訓“哲”爲智。而以善辭釋爲名聞後世，顯誤。僞孔很多解釋都是望文生義，此處也是明顯的望文生義。其不望文生義之處，就是妄加一句“名聞於後世”。

蘇軾《書傳》：“古之哲人，無不以刑作德。”義亦同僞孔。林之奇《全解》：“自古之稱哲人者，惟在於用刑耳，如皋陶以智稱於後世是。蓋惟哲則能明清於單辭也。”《蔡傳》：“明哲之人用刑，而有無窮之譽。”義仍全同僞孔。《彙纂》引徐僑（當據其《尚書括旨》，徐爲呂祖謙門人）曰：“情辭雖難窮，惟智哲則有見。以哲人而用刑，雖情辭之來紛然無有疆界，而以理燭之，以辭繫法，各協其極，自然有慶矣。”（末四句係釋下面“屬于五極，咸中有慶”兩句）又引胡士行（當據其《尚書詳解》）曰：“哲則天理明，其於聽刑之際，雖僞辭紛紛無窮，而各附之極，刑無不中，而慶豈外至乎。”《彙纂》引此二説後

“案”云：“《蔡傳》云云，此從注疏舊解也。徐僑、胡士行則謂情僞之辭紛來無疆，惟哲人以理燭之，而各協其極。説亦貫穿。”按，“辭”爲獄訟之辭專用術語，僞孔、蔡氏皆釋無疆之譽，謬甚。徐僑、胡士行之釋甚確。

江聲《音疏》：“疆，竟（境）也。……哲人惟於刑周詳反復，有無竟之辭。”孫星衍《注疏》：“《吴志·步隲傳》：隲曰：‘明德慎罰，哲人惟刑，《書》《傳》所美。自今蔽獄，都下則宜顧雍，武昌則陸遜、潘濬，平心專意，務在得情。’言當擇哲人任之以刑也。”朱駿聲《便讀》：“‘惟’，思也，猶圖度也。‘疆’，竟也，猶窮也。‘辭’，詞也，猶聞譽也。言明智之人立此新法，敬慎用刑，將有無窮之聞於後世。”“無窮之聞”承上妄説。

以上自漢學、宋學、清學，無不釋爲哲人用刑。惟王引之《述聞》“哲人惟刑”條在引録僞孔之釋後云：“引之謹案，如《傳》説，則‘刑’上當增‘用’字，文義乃明，殆非也。‘哲’當讀爲‘折’。折之言，制也。‘折人惟刑’，言制民人者惟刑也。上文‘制以刑’，《墨子·尚同篇》引作‘折則刑’。上文‘伯夷降典，折民惟刑’，《傳》曰：‘伯夷下典禮，教民而斷以法。’《墨子·尚賢篇》引作‘哲民惟刑’。‘折’，正字也。‘哲’，借字也。上文‘哀敬折獄’，《困學紀聞》卷二引《尚書大傳》引作‘哀矜哲獄’。哲亦折之借字。‘哲人惟刑’，猶云‘折民惟刑’耳。”王説極確，應摒棄以上一切舊説，從用王説。知其義爲“制民人者惟刑也”。

⑫屬于五極咸中有慶——《釋文》：“屬，音燭。”僞孔釋云：“以其折獄屬五常之中正，皆中有善，所以然也。”訓“五”爲五常，“極”爲中正，“咸”爲皆，“慶”爲善。而對此兩句之釋義，令人不明。《孔疏》：“‘屬’，謂屬著也。‘極’，中也。‘慶’，善也。‘五常’，謂仁、

義、禮、智、信。人所常行之道也。言得有善辭名聞於後世者，以其斷獄能屬著於五常之中正，皆得其理，而法之有善，所以得然也。知五是五常者，以人所常行，惟有五事，知五常也。"僞孔牽强附會五極爲五常，《孔疏》特爲圓其説而無法圓其説。

　　蘇軾《書傳》："無窮之聞，必由五刑咸得其中，則有慶。'五極'，五常也。"蘇氏於行文中已以五刑之中爲五極。後又牽合於僞孔之説五常，殊無謂。林之奇《全解》："五極，五刑之得其中也。先儒以爲五常，誤矣。言有無窮之美譽者，由五刑之得中。刑得中則有餘慶矣。……'屬'，連也。言美辭由於用刑，故以屬言之。"陳經《詳解》云："'五極'，五刑，各協於極。"《蔡傳》："五極，五刑也。明哲之人用刑而有無窮之譽，蓋由五刑咸得其中，所以有慶也。"

　　元陳櫟《纂疏》云："極者，標準之名。折獄能繫屬於五刑之標準，所以皆合乎中理而有福慶也。或訓'極'爲'中'，固非；徑指'五極'爲'五刑'，亦非。"糾正宋儒之説甚確。

　　清人近人或從五常之説，或從五刑之説，或從《洪範》五極之説，皆無可取之新義，故不録。

　　此"中"字，經師們説法多，詳後面"討論"（三）。

　　⑬受王嘉師監于兹祥刑——僞孔釋云："有邦有土受王之善衆而治之者，視於此善刑。欲其勤而法之，爲無疆之辭。"訓"嘉"爲善，"師"爲衆。皆據《釋詁》。又訓"祥"爲善，亦《釋詁》文。《孔疏》簡述僞孔義云："汝有邦有土之君，受王之善衆而治之，當視於此善刑。從上以來舉善刑以告之，欲其勤而法之，使有無窮之美譽。"

　　僞孔"善衆"的訓解，竟爲歷代經師及治此文的學者奉爲定論，無一越出它的範圍，相率守其説不變。如宋代蘇軾《書傳》云："'嘉'，善也。王所以能輕刑者，以民善故也。"林之奇《全解》云：

"'嘉師',善衆也,猶言良民也。……刑所以禁奸,民既善矣,惟此祥刑可也。"吕祖謙《書說》云:"言汝諸侯汝司政典獄,受我嘉美之衆,藹然鬱然,無損缺,當共護養,其可不監於此祥刑而忍輕戕虐之乎?"夏僎《詳解》云:"民受天地之中以生,未嘗不善。其陷於罪惡,非其本然也。故民曰'嘉師'。刑雖主於刑人,然刑奸宄,所以扶善良。雖曰不祥,乃所以爲祥也,故刑曰祥刑。"陳經《詳解》云:"民嘉矣,而吾之刑其可不祥也耶?"《蔡傳》云:"'嘉',善。'師',衆也。諸侯受天子良民善衆,當監視於此祥刑,申言以結之也。"元代吳澄《纂言》云:"凡受王之良民而治之者,不可虐之以不祥之刑。"陳櫟《纂疏》云:"'嘉師',良民也。'祥刑',良法也。此申明前'告爾祥刑'之意,而欲其監觀於所告之祥刑也。"明代王樵《日記》云:"有德於民之中,則刑非凶器,而乃祥刑矣。爾受王之嘉師,其尚監視於此可焉。"清代江聲《音疏》云:"受王之善衆而治之,當監於此哲人之祥刑也。"王鳴盛《後案》全録二孔文,惟注明其字訓據《釋詁》。孫氏《注疏》云:"言受王之善衆而治之,當視此哲人之祥刑也。"王先謙《參正》云:"'嘉師',若今俗字'好百姓'矣。"戴鈞衡《補商》云:"今爾等受王嘉善之民,當監於哲人而詳審其刑也。"朱駿聲《便讀》云:"庶幾受王之良民而治之。"吳闓生《大義》云:"受天子良民而治之。"近人曾運乾《正讀》云:"'嘉',善。'師',衆也。言受王庶民而治之,當監茲祥刑也。"屈萬里《集釋》在舉二字義訓見《釋詁》後云:"嘉師,善良之民衆也。'監',正視,猶言注意,'祥刑',善刑也。"唯一變其句讀的楊筠如《覈詁》仍云:"'嘉'《釋詁》:'美也。'師'屬下讀。《釋詁》:'師,衆也。'"則仍沿用偽孔"嘉"美善、"師"衆之義。按,"監,視也",見《詩·節南山》傳。故可云"正視"。又《方言》十二:"監,察也。"有體察、察照義。

　　這是一非常可異之事。《尚書》是一非常解釋紛歧、衆說龐雜之書，幾千年來，《尚書》每一句文義、每一個字訓，極盡紛爭聚訟之能事。由本書全部"校釋"中，人們即可看到這一現象。舉如今文、古文、僞古文、漢學、宋學、清學以迄現代研究，幾乎對每一句每一字很難達到共識。《五經異義》、《經典釋文》、《通志堂經解》、《學海堂經解》、《南菁書院經解》等等，所集經解的紛繁，使人感到煩亂。獨獨此"嘉師"二字，自東晋之初由僞孔釋爲"善衆"之後，自是所有不同時代不同學派的任何經師、學者，一律遵奉不稍違，半點異議也没有，這種"道一風同"，大概是全部《尚書》解說中唯一獨特的一例（因爲無暇細檢每一句，所以只能說"大概"）。雖然此外也有不少僞孔說法爲宋學主要著作所承用，但其他著作之異說必仍不少，像這一"嘉師"之釋能使千載不同學者渾然從同概莫能外，恐難再找到同樣例子了。

　　其實，此"嘉師"之句，正是朱熹《語類》所說《尚書》的"不可曉者，不要强說。縱說得出，恐未必是當時本意"的不可曉之句。解"嘉師"爲"善衆"（良民），怎麽說也是非常牽强的，只是從訓詁書中找了"嘉"可訓爲"善"（還可有其他訓義不采用），"師"可訓爲"衆"（也還有其他訓義不采用），便生吞活剥地釋爲"善衆"（後儒從而今譯爲"良民"、"好百姓"），其牽强是很顯然的，根本無法證其與"當時本意"有任何牽涉。再就文義的"當時本意"來考慮，吕王在系統地闡述自己的祥刑體系後，爲了這一祥刑體系能獲得完善實施，特向他的下面發布兩段簡要的嚴肅告誡之辭。一段對"官伯族姓"而發，因他們皆掌着刑獄大權，所以力誡他們要公正行法，倘有貪贓枉法者，必有極嚴的天罰對待他們（所謂天罰意爲逃不掉的懲罰）。一段對政權的後繼者嗣孫們而發，大意謂施行刑法必須以德爲主導，因治理人民惟有用刑法，面對着刑法活動中無窮無盡的獄訟之“辭”（“辭”是刑訟中的專用術語，包括單辭、兩辭），要使刑獄文書（“中”）都處理得完善有益成爲可喜慶的事，那就必須遵循王的意圖，嚴格按照這祥刑的規定辦理。這是這第二段告誡的大意。那麼這“受王嘉師”的“嘉師”，應當只是指王的意圖、或意向、或要求、或籌劃、或所訂的綱領之類的意義，怎麼也扯不到“好百姓”身上去。即使要就原文字探尋，那麼這裏的“嘉師”，也很可能是“嘉謀”、“嘉猷”、“嘉政”或“嘉什麼”之類的詞彙的誤寫。很大可能“師”字是誤字。如果要勉强仍存其“師”字尋繹，那麼“師”字的訓義，除“衆”及軍旅之名、官長之義等等之外，還有“教人以道者之稱”（《周禮·師氏》注），“師者所從取法則者也”（《淮南子·主術訓》注），“師者亦使人法效之者也”（《荀子·王制》注），“師者人之模範也”（《法言·學行》），“師，道之教訓”（《漢書·賈誼傳》），“師，教示以善道者”（《禮記·內則》注）……諸訓，則取以訓解“嘉師”爲“美好的教導”、“嘉善的可師法之道”等等，不遠比“善衆”要正確要完善嗎？所以此處僞孔釋爲“善衆”，是不合原義的、不足據的。

以上這一節，是《呂刑》全篇最後一節。在呂王仔細地闡述了他所制訂的祥刑的完整體系之後，爲了完善地貫徹實施這一詳刑體系而不被貽誤或敗壞，特諄諄地發布了嚴肅的誥誡之辭。這項誥誡之辭分兩段。

第一段是對“官伯族姓”即大官大族講的。上面“校釋”文中已指出，由於他們掌着刑獄大權，所以切誡他們要公正行法，倘若貪贓枉法，必有極嚴的天罰即逃不掉的懲罰對待他們。

對於這段，過去經師們已有尋其大意。現錄元王天與《尚書纂傳》關於本段的説法如下：“此章又以敬刑畏罰申言之。‘敬之哉’

一語提其綱，‘朕敬于刑’以下敬刑也。……‘永畏惟罰’以下畏罰也。……前章屢言刑罰，不應此處兩語獨是警懼臣下。蓋穆王（應作呂王）非特敬刑，亦自畏罰。……罰雖僅傷民之財，而參以前‘罰懲非人極于病’之云，則罰亦關係於民命，民命所繫罰其可不永畏？……即一章觀之，‘朕敬于刑’一節對‘永畏惟法’一節，皆申敬哉之意。敬刑一節言天、言民、言中，而以辜功庶尤，終不敬刑之非。畏罰一節亦言天、言民、言中、言極，而以罔有政令，戒不畏罰之失。條理粲然。”他不知道這正是“獨是警懼臣下”之言，“朕敬于刑”是向臣下表示特別重視刑，“永畏惟罰”則是特加警懼臣下，誰敢貪贓枉法，必然要受到逃不掉的天罰。全段的意義明確如此。

　　第二段是對政權的繼承者嗣孫們講的。“校釋”中也已提到，此段大意是說施行刑法必須以德爲主導。因治理人民惟有用刑法，而刑法活動中有無窮無盡的獄訟之辭，只有以德才能公正處理訟辭，使刑獄文書（中）做到可稱慶的祥善公正。那就必須遵循王的意圖，嚴格按照這祥刑的規定辦理。

　　王天與《纂傳》對此段只簡單説了一句：“按，末章以祥刑終之。”

　　明人呂柟《尚書説要》則對《呂刑》全篇各段亦標出了他所見的各段大意，今附録於此以見經師們的意見：“《呂刑》之序，‘若古有訓’至‘惟腥’，言苗民承蚩尤之亂而淫刑也。‘皇帝哀矜’以下，言舜之德威也（誤以皇帝爲舜）。‘乃命重黎’以下，言舜（仍誤）之德明也。蓋皆因‘鰥寡有辭于苗’也。‘乃命三后’以下，言群臣輔舜之德威德明也（全句誤），由是而始命臯陶（誤）制刑耳。‘穆穆’以下，申制刑之故也。‘典獄’以下，言用刑之善也。‘四方司政’以下，則明當時諸侯以苗爲戒、以伯夷爲勉也。‘伯父伯兄’以下，言勉伯夷者在乎勤敬也；曰‘叔父兄弟子孫’者，即‘四方典獄’也，舉其親者而言之，欲其言之入也。‘有邦有土’者，亦即四方典獄也，舉其責者而言之，欲其言之行也；至擇人、敬刑、度及，則舉其要也。‘兩造具備’至‘有并兩刑’，即其所謂事焉耳；然‘兩造’以下皆言從輕之意，恐其出罪也，則言‘五過之疵’；‘五刑之疑有赦’以下，復言從重之意，恐其入罪也，則定刑罰之條；然此皆所謂經也。至‘上刑適輕’以下，則又言刑罰之權耳；故‘罰懲’以下，申擇人也；‘察辭’以下，申敬刑也；‘獄成’以下，申度及也。其官伯族姓以下，則又言其本也，‘本’者，明清而無私家耳。‘嗣孫’以下，則告後世也；然曰‘哲人’，曰‘屬於五極’，則亦擇人、敬刑、度及之意也。”綜覽了全篇，自然不外經師之陋說。加藤常賢以本節第一段爲本篇第六節，以“官伯族姓に教ふ”爲標題；以本節第二段爲本篇第七節，以“嗣孫に教ふ”爲標題。

（二）今　譯

　　我呂國賢明美善的國王享有國家已達百年高壽了。年紀已老，却用寬容大度的精神制定刑書，用昭法禁於四方使敬謹遵行。

　　王說：“像古時候有一種宣講史事的‘古訓’，曾講到那個蚩尤開始肆行作亂，把惡習延及到平民百姓中，遂使成群搶劫，謀財害命，像鴟梟一樣邪惡，作奸犯科，明火強奪，暗地盜竊，稱詐暴取，無惡不作。苗民之君不行善道，只知制訂重刑，創作了五虐之刑叫做‘法’，以濫行殺戮無辜，殃及没罪的人。於是開始制訂截鼻、割耳、椓破陰部、黥刻面部等酷刑，對不幸被絓誤陷入刑網的人，不問其是非,不差別其有無罪狀,一律加以刑戮。從而使平民百姓起而運用詐欺手段對付,泯泯爲亂,棼棼同惡,内心都不管什麼信義,經常違背所作的賭咒發誓。由於三苗的虐政淫威,庶民被冤受害,只好呼天搶地把無辜冤氣控告到上帝那裏,上帝看到所有被害苗民,没有德行的馨香,只有刑戮的腥臭。

"上帝哀憐被刑戮的庶民是無罪的,就對那些肆行虐刑的人報之以威嚴的懲處,斷絕那些肆虐之苗人的世系,不讓他們有後代留在下界。過去由於苗民受盡苦難,無處申訴,只好訴請上帝相救。家家以巫術直通上天。爲了糾正這種巫風盛行現象,就命重黎分別民、神事務,嚴格禁止民神雜糅,厲行"絕地天通"(斷絕地下庶民直接與上天相通),不再有民與神上下交往之事。於是諸侯及其臣下們便都尊奉明德,不復像往日那樣失去常理,就連鰥寡無告小民也没有受到傷害。

"上帝清問下民情況,見鰥寡無告小民仍在埋怨苗民虐刑之害,上帝於是以德行威,使萬民尤其是行虐之徒無不畏服其威;又以德施明,使萬民尤其是久處幽枉之民無不蒙受其明。上帝爲了降福於民,就命令三位臣神下來施行降福於民之功;伯夷降下刑典,治理人民惟以祥善之刑;禹平治水土,爲山川之主;后稷下教民播種,勉力種植嘉穀。三位巨神大功告成,其功施於民者既大且遠。於是治理人民惟用適中的刑法,從而教導人民敬行道德。

"當那個時候,穆穆地敬行美德的君主在上,明明地努力建立事功的群臣在下,其治德的光輝就灼然照射到四方,四方臣民就莫不勤於德行了。既能使四方勤於立德,所以普天之下就能用刑盡得中正,循治民之道以治民,就非同尋常彝倫秩序了。掌治刑獄的官員,不應以向民立威爲終極目標,而應該以爲民造福爲終極目標。必敬必戒,没有敗言壞語出於己身,如此才能肩任天德(是説決定一人死生壽夭之命的是天德,典刑獄的人肩任着這一天德);能任天德,就自造大命,也才配享天禄於下。"

王説:"唉!四方主管政務執掌刑獄的各級官員們,你們不是身負重任爲天牧民嗎?那麼現今你們應何所取法呢?不是應師法伯夷所播善刑之道嗎?現今你們應何所鑒戒呢?那就惟是苗民的不察於刑獄的施行之道,又不擇善人視事於五刑之中,只是權貴以威勢亂政,貪吏以貨賄奪法,割截攘折五刑條律以亂害無辜良善之民。上帝不寬免苗民統治者之罪,降給他們以懲罰。苗民統治者對於懲罰没有話可説,只得承受,於是他們的世系就被斷絶了。"

王説:"哎呀!永遠記念着不要忘記呵!我的伯、叔、兄、弟、子輩、孫輩們:都聽我的話,會有吉祥美善的好命的。現在你們無不由於我的慰勉,而日益勤奮於治刑獄的紛繁任務,你們也没有不深戒自己不勤於所職的。民有過惡,天要整齊之,使我一日司此整齊之權。人有犯大罪而非故意實出於偶然因素的,屬於'非終'之列("非終"、"惟終"爲兩個西周時法律術語,見於《康誥》,"終"之意是説最後必須判罪);人有犯小罪而出於蓄意犯罪且不坦白認罪,則屬於'惟終'之列。這全在其人本身所犯情況來決定。你們要敬迎天命,以助我這個王推行五刑之政。大家在處理五刑之政時,要不爲威屈,不爲勢奪。雖遇權勢而不畏;治獄訊得其真情本可欣喜,但應哀矜而勿喜。惟應敬於五刑之用,以成三德:刑當輕爲柔德,刑當重爲剛德,刑不輕不重爲正直之德(剛、柔、正直爲"三德",見《洪範》)。君主一人有可慶的善政,那麼億萬人民都賴以得福,天下的安寧就可保持長遠了。"

王説:"喂!有國有土的各級領主們:我把我制訂的祥刑制度的

各個方面告訴你們。現在你們要撫安百姓億萬之民，當選擇什麼呢？不是應選擇人才嗎？當敬用什麼呢？不是應敬用刑法嗎？當追及什麼治道呢？不是應追及古聖先王伯夷、禹、稷的治道嗎？

　　"訴訟雙方都到庭，諸獄官共聽獄訟中有關口供，以其涉及五刑故稱'五辭'。五辭經簡核其情屬實，信無可疑，就按五刑定罪，如應墨者處以墨，應劓者處以劓是。如果定爲五刑罪的囚犯經覆審不合已簡核的結果，就是所犯情狀不確切，不適合五刑的規定，就應降等定從五罰，令罪犯出罰金贖罪。如果定了五罰而罪犯仍然不服，應重加簡核，倘使確不是五刑之罪而只是五刑方面的過失，這叫做'五過'。如果發現所定的罰與過失不相應，就應將五罰改定按五過處理，按過失赦免他的罪。但在處理五過的過程中往往發生五種弊病，叫做'五過之疵'：一是'官'，利用權位挾勢以凌下，不公正審判；二是'反'，不顧案情，有意任情以抗上，破壞正常的審判；三是'內'，治獄官吏聽信內親妻室説情，以改變審判（即後世俗語所説的裙帶風、枕頭狀）；四是'貨'，即貪贓枉法；五是'來'，私情來干請、請託，以亂審判。凡運用'五過之疵'的手段幫助犯法者逃脱罪刑的人，其罪與犯法者等同。即犯法者是什麼罪，即判處其人以什麼罪。對此項犯罪應詳加審核以判處之。

　　"如果發現所定五刑情有可疑，即就應該赦免之；同樣，如果發現所定五罰情有可疑，也應該赦免之。這都必須詳加審核以定之。罪狀簡查審核已確實可信，且有衆多的人同予證實，還對精至細微之處都經稽考而皆合，就應科以刑罰。如果案情屬無從簡核，便不當受理該案。其聽獄必如此的審慎，是由於天威可畏，必須嚴敬。

　　"犯墨刑的如情罪有可疑而不能定，就赦免判刑，改判罰金一百鍰，還一定要簡閲核實他所犯罪情，使與所罰相當，而後收取他的贖金。犯劓刑的如情罪有可疑，也赦免判刑，改判罰金加倍（即二百鍰），也一定要簡閱核實其罪與罰相當。犯剕刑的情罪有可疑，也赦免判刑，改判罰金一倍又半（五百鍰，一說四百鍰），也一定要簡閱核實其罪與罰相當。犯宮刑的如情罪有可疑，也赦免判刑，改判罰金六百鍰，也一定要簡閱核實其罪與罰相當。犯死罪者如情罪有可疑，也赦免判刑，改判罰金一千鍰，也一定要簡閱核實其罪與罰相當。

“墨刑之罰的條款有一千條，劓刑之罰的條款也是一千條，剕刑之罰的條款五百條，宮刑之罰的條款三百條，死刑之罰的條款二百條，全部五刑的條款共三千條。

“如果所犯之罪於法無其專條時，就可上比其重罪，下比其輕罪，上下相比以定其罪。但不得差錯妄亂其供詞藉以爲奸亂法。治獄不當用不當行之理以羅致成獄，只當察其情罪而正用其法，一定要詳加審核使不錯亂。如果犯的是上刑，其情節適於輕，就可服下刑。如果犯的是下刑，但其情節可惡適於重罪，就可服上刑。量其輕重以行罰，在權衡其情況進退推移來決定（這是就個人方面的判刑輕重來說的）。刑罰還隨時世不同而或用輕用重（這是就時代方面用刑的輕重來說的）。這樣刑罰或輕或重，是一種不齊，以之齊對刑罰的客觀需要，正所以爲齊其不齊。然其間自有倫次，自有綱要，不是雜然而無統地可任意加以進退的。

“實行罰金懲處之制，使犯者獲得不死，而其被罰後困於重贖，所受痛苦亦達到極點，足使之遷善遠罪。奸佞之人不能使之斷獄，只有善良的人才可擔任斷獄。善良的人斷獄所定刑罰乃能無不合於中道，做到輕重不差。犯者的供辭常有參差不實，斷獄者要善於就其參差處察其情僞，以求得案情的真情實況。所以對待犯者參差

之辭的原則是：‘非從口供，惟從實情。’務在以哀憐矜惜之心情來處
理刑獄之事，包括明察其口供在內。治獄者要明白無誤地開讀刑
書，與衆共同參透拈準，諸獄官取得共同認識，這樣，斷獄才可望得
其中正而無冤濫過誤，因而其所判或者五刑、或者五罰，都必須詳加
審核以定之，獄成就能使人信服。其獄辭如有不實，又察其曲直加
以變更，也使人信服，承受者也會自以爲不冤。獄既判定之後，其斷
獄文書必須上報，有關文件必須備具不可有缺。如一人有數罪，一
罪有數法，奏上其刑時也必須備載。然後按‘并兩刑’原則，并輕刑
於重刑之中，惟處以重刑，而不再處以輕刑。”

　　王說：“哎呀！要特別敬慎呵！各級主管政務執掌刑獄的官員
們和我的伯叔兄弟子輩孫輩們：我說的話是多可戒懼的。我特別敬
慎於刑獄之事。要能有德於人民就只靠善於施行刑法。現在天要
治民，命令爲人君的配天在下代天治民，應當承天意以治民，那就在
聽訟時當清審明察罪犯無證據的單面之辭（單辭）。由於民之所以
治，沒有不是由治獄官吏的公正而中立不偏地聽取訴訟雙方面之辭
（兩辭）。因而不容許有偶或因治獄官吏以私家之利來淆亂獄訟的
兩辭。由賄賂而得贓，所得的不是寶，而是聚集罪證。所得到的報
應將是千禍百殃。要永遠畏懼這種天罰，天道不會有不中正的，只
是人自己在給自己造成禍殃的命運而已。如果對贓吏的天罰不極
致、不徹底，那麼普天下的庶民百姓都承受不到善良政治了。”

　　王說：“哎呀！後嗣子孫們：從今往後，你們怎樣臨下治民呢？
不是應該用德化於萬民之中嗎？希望明白地聽清楚呀！管理人民
只有用刑法來制裁，這就要處理無盡的數不清的獄訟之辭。只要根
據正理以明察的眼光燭照之，使之協調於五刑的標準，就都可斷從
中正，從而處理準確而可慶了。那就必須按照我的意圖，注意遵循

這祥刑的規定辦理。"

（三）討　論

本篇可討論問題較多，大都已隨"校釋"論及，此處至少應討論下列三個問題：

（一）《呂刑》為呂王之作與周穆王無關的問題

漢代出現的本篇《書序》竟説："呂命穆王訓夏贖刑，作《呂刑》。"不僅語句已有問題，而本篇内容與周穆王根本無涉，且篇中所言贖刑亦與夏不相干，是此序文之謬誤是很顯然的。

按，本篇由於與周穆王無關，故先秦文獻引用《呂刑》共達十六次之多，無一次涉及周穆王。而《周語》引"昔在有虞、有崇伯鯀"，《左傳》引《虞書》"數舜之功"，《孟子》引"舜使益烈山澤、穫樹五穀"，又引"禹疏九河"，《荀子》引"禹有功抑下洪"，《周語》引"盤庚曰"，其他類此必引明該文獻所涉人名者尚多。而《墨子》引《禹誓》，《孟子》、《墨子》引《湯誓》，《左傳》引《康誥》，明其為禹、湯之誓，衛康叔之誥，正如《墨子》引《呂刑》，亦明其為呂王之刑（這些詳《尚書學史》第二章）。可知《呂刑》出於呂王，原與周穆王絲毫無關。及至漢代，幾乎無不説《呂刑》為周穆王之文，自是歷代經師直至現代學者，竟無一不承穆王之説，這是《尚書》經説中的一異事。綜覽《尚書》全書各篇，其作者或篇主，在篇文中都是記載明確的，《虞夏書》四篇分別記堯舜事、皋陶事、夏王伐有扈氏事、禹治水分州事，《商書》五篇分別載湯、盤庚、高宗、西伯、微子事，《周書》十九篇中前兩篇武王伐紂，箕子陳《範》，自《金縢》至《立政》十二篇皆周公篇章，《顧命》則成王死康王繼，《文侯之命》爲晋文侯受命，《費誓》爲魯侯伐淮夷徐戎，此周十七篇與虞夏四篇、商五篇其作者或篇主無一不在篇文中記載分明，並無歧義（雖有些經過考辨不一定真確，如《禹貢》實非禹之文，但篇文中有"禹錫玄龜告厥成功"之文，則經師們按禹作釋，自不違文意）。《周書》中最後一篇《秦誓》，篇文中並未説明作者或篇主，但先秦文獻引用其文明稱《秦誓》（見該篇校釋）。又與《左傳》所載該文史事相合，則自可相信《史記》及《書序》所説該篇爲秦穆公事。獨此《吕刑》篇，篇文明載篇主是吕王，與周室任何王無涉，先秦文獻引此篇次數不少，亦無一次涉及周王，至漢代乃憑空扯上周穆王，是完全不應該的事。

考漢人之意，大概以爲"五刑"爲立國之大法制，篇中又屢稱"王曰"，必然只有周王才能説這些，以爲一個小國吕侯是無權説這些的。正如《孔疏》所云："名篇謂之《吕刑》，其經皆言'王曰'，知吕侯以穆王命作書也。"篇文説"享國百年耄荒"，他們就要找一個年紀老的周王。《孟子·公孫丑上》説："以文王之德，百年而後崩。"劉歆《世經》説："《禮記·文王世子》曰：'文王九十七而終，武王九十三而終。'"這些是漢代儒生熟習的資料，可是因爲本篇篇文中説"耄荒"，是貶義詞，他們不敢攀文王武王來抵充，就只好從西周另找一位年老的王。恰好《史記·周本紀》根據流傳的資料記載説："穆王即位，春秋已五十矣。""立五十五年崩。"正好可牽附爲"享國百年"，也正好展現他"耄"。而穆王又以盤遊無度著稱，一部《穆天子傳》反映他的風流遺韻，"八駿日行三萬里"去會西王母，正好展現他"荒"，這就實定此篇爲周穆王之文了。始作俑者西漢今文家。司馬遷采今文家之説，在《周本紀》穆王紀事中記載"甫侯言於王作修刑辟”，即接着録存《呂刑》自“王曰吁來有國有土告汝祥刑”以下直至“五刑之屬三千，命曰《甫刑》”，凡五十句。於是“俗語不實，流爲丹青”，《呂刑》爲周穆王之書在漢人口中已成定論了。

其實《呂刑》之王爲呂王，古人無法知道，今人就應該知道了。首先，近代學者已就金文研究獲知，周代各諸侯稱號往往多樣化，往往自己也稱王。如夨伯稱伯（夨伯彝）又稱王（夨王尊、夨人盤、同卣）；录伯也又稱伯又稱王（录伯𢦏殷），燕（匽）侯稱侯（匽侯𢦏戟）又稱王（匽王𢦏戟、匽王戎矛），楚君稱王（楚王顏鐘、楚王酓章鐘等）又稱公（楚公公逆□鎛）又稱侯（禽殷有𦎧侯，此字尚有歧義）又稱伯（夨公毀）又稱子（楚子暖簠），此與《春秋》稱之爲子相合，但《左傳》已稱其爲王。他如《春秋》中稱爲公侯伯子男之國，金文中往往同時出現幾種爵稱，例如徐君就有稱爲“徐王”的好幾種彝器。與徐王、楚王比鄰而處的呂國，實偪處此，可能也就不能不稱王，以便與之抗衡，這點恐怕也是呂國勢需稱王的主要原因。呂王之器金文中數見，如《三代吉金文存》五·三十《呂王鬲》云：“呂王作尊鬲。”又十二·十二《呂王壺》云：“呂王窟作大姬尊壺其永寶用享。”又呂字或作“郘”，金文中加邑與不加邑之原字爲同一字，《三代》一·五四有《郘鐘》，《金文詁林》釋云：“郘，國名，經典作呂。”是呂或作郘，在當時確切稱王，有呂王自己之器傳下爲鐵證。

由於金文的啓發，好些名學者進而闡述文獻中亦有諸侯稱王資料。王國維《古諸侯稱王説》云：“古諸侯於境内稱王，與稱君稱公無異。”並舉《詩》、《周語》、《楚辭》稱契玄王，其六世孫稱王亥，湯伐桀誓詞稱王，《史記》稱湯自立爲武王。加上金文資料，因而説：“蓋古時天澤之分未嚴，諸侯在其國，自有稱工之俗，即徐楚吴越之稱王者，亦沿周初舊習，不得盡以僭竊目之。”郭沫若氏《金文所無考》

“五等爵禄”一節亦指出“諸侯每稱王”,因而讚譽王國維之説爲“其説無可易矣”。丁山師《由三代都邑論其民族文化》中,舉《詩·六月》“王于出征,以匡王國”、“王于出征,以佐天子”等句,以爲“王國、天子自是周天子,所謂‘王于出征’之王,明係諸侯稱王者”。即出征玁狁的吉甫。顧剛師《大誥譯證·周公東征史事考證》稿中,亦補充不少文獻資料,以爲如王桓、王亥、徐、楚、吳、越、蜀王、滇王、義渠王等皆是。《周語》:“自后稷之始基靖民,十五王而文始平之,十八王而康克安之。”韋昭注即以后稷至文王周室十五個君主爲十五王,加武、成、康爲十八王。《齊世家》頃公十年尊王晉景公。《莊子·齊物論》:“驪之姬……及其至於王前,與王同筐床,食芻豢。”稱晉獻公爲王。《秦風·無衣》:“王于興師。”秦哀公自稱爲王。《史記·燕世家》:“太子立,是爲易王。”是燕稱王自易王始。又《左傳》鄭有王子伯廖、王子伯駢,杜注皆爲鄭大夫。謂鄭自以爲強,其公子竟稱王子。這些資料反映周時諸侯有國者常自稱王。這樣,吕國自然也就稱王。何況偪處徐、楚,爲了抗衡争勝,他更會稱王。

本篇開頭第一句史臣所記之辭即説:“惟吕命王享國百年。”這“吕命王”過去經師們的兩種誤説(見“校釋”)不去提它,傅斯年説當作“吕令王”,即吕靈王,和周昭王一樣,是這個吕王的稱謂。傅氏説這是吕王,是對的,但不必如他改“命”爲“令”,成爲吕靈王(這些皆見“校釋”)。“命”即可原字不動,作爲“明”或“名”的同音假借,即此王爲吕國的英明之王,或盛名之王。乃至更不假借,逕爲“膺命之王”、“受命之王”。總之是吕國的一個好王。史臣所記之辭下面接着説:“耄,荒度作刑以詰四方。”這就由史臣第一手記載記明這篇《吕刑》是吕王所作。“耄”,是説他老了,由於他針鋒相對於苗民的五虐之制,特以寬大精神(大度)制訂了刑書,叫四方敬謹施行。他這篇誥誡臣下遵行這一刑書的講話,就因是這位吕王作的,就稱爲《吕刑》,正像《禹誓》、《湯誓》、《伊訓》、《召誥》、《秦誓》等等都按其作者定名一樣。因此《吕刑》之爲吕王所作,是無可動搖的事實。《吕刑》之爲吕王所作,還有着不少主要的次要的理由。其主要的,是本篇内容中的兩個鐵證。

一是上帝派三位天神下來施功德於民。三位天神是夏后氏的始祖宗神禹,姬姓族的始祖宗神稷,和姜姓族的始祖宗神伯夷。這反映了都自承爲夏族之後的姬姜兩姓姻親族所認爲,能代表上帝下來拯救人民的尊貴的天神,只有自己兩族的宗神和共同尊仰的夏族尊神。所以這美好的神話,只能出自姬姜兩族所編。

而所有先秦文獻資料中,凡談到姬姜兩族時,總是姬在前,姜在後,如《國語·晋語四》云:“昔少典取于有蟜氏,生黄帝、炎帝。黄帝以姬水成,炎帝以姜水成。成而異德,故黄帝爲姬,炎帝爲姜。”又如談到姜與夏禹時,也總是禹在前,姜在後,如《國語·周語下》云:“伯禹……皇天嘉之,胙以天下,賜姓曰姒,氏曰有夏。……胙四岳國,命爲侯伯,賜姓曰姜,氏曰有吕。”姜總不能躍居在姬與禹之前。由《晋語》知炎帝爲姜姓族宗神,由《周語》知四岳亦爲姜姓族宗神,而《周語》並載四岳爲共工從孫,則共工亦姜姓族宗神,自爲姜姓不同先後的宗神,而《鄭語》總言之云:“姜,伯夷之後也。”顯然渾指伯夷爲姜姓很早的宗神。《山海經·海内經》云:“伯夷父生西岳(四岳之誤),西(四)岳生先龍,先龍是始生氐羌(羌即姜)。”證實了伯夷爲姜姓很早的始祖宗神。但伯夷在先秦典籍中聲名不顯赫,地位不很高,不像同在西方的黄帝、炎帝、禹、稷等,東方的太皞、少皞、顓頊、嚳、舜等,都是聲名顯赫地位很高的神。在《山海經》群神諸帝世系中,雖然也有伯夷小小的一系,但與帝俊、帝舜、太皞、少皞、黄帝、炎帝等巨大世系是無法相比的。《山海經》神話中炎帝一系下有共工，但尚未與姜姓發生聯係，而伯夷、四岳、羌一系爲獨立於炎帝系以外的小系。這是神話歧異的正常現象，不能據此以否定文獻中炎帝、共工與姜姓的關係。所以在先秦文獻中，伯夷始終是無法趕上禹、稷的。

可是，在《吕刑》中，伯夷不僅和禹、稷一道共同成爲上帝派下來無比尊貴的三位天神，而且伯夷躍居在前，在三位天神中成爲"領袖群倫"的更尊貴的第一位天神。成爲先秦文獻中伯夷地位特別尊貴的唯一的一次。此無他，只是因爲這篇《吕刑》是吕國作品，是吕王之作，所以才把自己的祖宗放在夏族祖宗和姬姓族祖宗的前面。若是周穆王作品，决不會把姜姓祖先放在姬姓祖宗前面的。這是《吕刑》必成於吕王之手的一個鐵證。

又一是稱道自己祖宗功德的問題，只要看周初周公諸誥，如《大誥》説"我幼沖人嗣無疆大歷服"、"前人受命兹不忘大功"、"予不敢不極卒文王大事"、"敢不越即敉文王大命"，《康誥》説"丕顯考文王克明德慎罰"，《酒誥》説"乃穆考文王肇國在西土"、"文王誥教小子有正有事"，《梓材》説"先王既勤用明德"，《洛誥》説"以予小子揚文武烈奉答天命"、"誕保文武受民"、"予未承保文祖受命民，越乃光烈考武王弘朕恭"，《無逸》説"惟我周太王、王季，克自抑畏，文王……用咸和萬民"，《君奭》説"我道惟文王德延"、"惟是昭文王迪見冒聞于上帝……武王誕將天威咸則厥敵"，《立政》説"亦越文王武王克知三有宅心"、"文王惟克厥宅心"、"亦越武王率惟敉功"、"以覲文王之耿光，以揚武王之大烈"，然後又如《顧命》説"用答揚文武之光訓"、"惟周文武誕受羑若克恤西土，惟新陟王（成王）畢協賞罰，戡定厥功"，《文侯之命》説"丕顯文武克慎明德"、"惟時上帝集

厥命于文王”、“汝肇型文武用會紹乃辟”，等等。周人諸誥，差不多
每篇誥詞都要頌揚文王武王的光烈，時間稍後的要加上成王的光
烈。這成了周人《書》篇必有的內容。

　　可是《呂刑》呢，一句不提到周文王、武王，如果真是周穆王的作
品，會這樣嗎？古人已有認識到這點的，如董鼎《書傳輯録纂注》云：
“《周書》未有舍文、武、成、康而不言者，穆王命君牙、伯既然矣，獨
於訓刑之作，無一語及之，豈耄荒而遂忘其祖歟？竊意其重於贖刑，
則非其家法所有，故遠取‘金作贖刑’（按《舜典》語）以爲據。孔子
未定書以前，《舜典》猶曰‘夏書’。序者謂‘訓夏贖刑’，蓋本諸此，
則知《書序》决非孔子作，贖刑亦非禹刑明矣。……五刑盡贖，非鬻
獄乎？……猶拳拳於哀矜畏懼，雖越先王之良法，而美意尚存歟？”
董鼎認識到了《呂刑》不提文、武、成、康這一問題，但使他困惑的是，
他承受傳統經説，只能相信《呂刑》是穆王作品，以爲穆王而不提自
己的祖宗，難道真是由於“耄荒”而老糊塗了嗎？但他又知道這不是
真正理由，只好另找理由，以爲穆王搞“贖刑”，違背了祖宗之法，所
以不敢提祖宗。其實他只要知道這不是穆王作品，不提文、武、成、
康是很自然的事了。所以《呂刑》這一《書》篇，只能是呂王之作，才
不理會周人祖宗文、武、成、康，成爲《周書》十九篇中特異的一篇
（像《秦誓》也不提文武成康一樣），這是《呂刑》必成於呂王之手的
又一鐵證。

　　其次，《呂刑》篇中除談五刑部分爲現實情況外，其談歷史教訓
引爲鑑戒的“古訓”部分全由神話資料構成。其中除上帝派三位天
神下來拯救人民爲本族神話外，其他好幾種神話全是南方苗族、楚
族（雖然原皆居北方但先後遷居南方）等等祖先所傳神話，呂國立國
緊鄰這幾族，長期打交道的就是這幾族，要集中全部精力所對付的

就是這幾族,因而深受影響,談的盡是他們的神話。顧頡剛師就因這一情況,曾懷疑《吕刑》可能成於楚,其《讀書筆記》第九卷第6753頁云:"《吕刑》一篇所載故事,其屬於西方系統者爲伯夷、禹、稷三后,屬於南方系統者爲絶地天通之重黎。得無吕以其地之接於楚,遂接受楚文化,以其神話與姬、姜、姒之神話聯串爲一乎? 抑此篇所謂王乃是楚王,所謂吕乃是楚邑,以吕之滅於楚,使楚人接受其神話乎? 若如後説,則此篇乃楚之刑書也。"其謂《吕刑》可能成於吕滅於楚後之楚,是一種偶然的設想,但指出了其接受楚文化這一事實。相比起來,若是周人《書》篇中有時也談到神話,情況就不同,像《堯典》篇所載神話很多(而都把它歷史化),但大都是中原各族長期流傳的各種神話,而不止限於南方苗、楚神話。所以由這點也可知《吕刑》與周人《書》篇的區别,它不會成於周人手,只會成於吕王手。

　　由此更可看到一點,周諸《誥》所譴責的對象和引爲鑑戒的,總是殷商和商紂;而《吕刑》所譴責和鑑戒的,則是苗族和蚩尤,這在本書各篇中和本篇中看得很清楚,這也看出《吕刑》與周誥諸篇的區别所在,而且區别得涇渭分明,由此也可看出《吕刑》不會成於周人手只會成於吕王手之必然性。

　　因此,《吕刑》只能是吕王之作。

　　也可能有人覺得,吕雖稱王,它實際仍是一個諸侯國,能制訂這種全局性的令天下通行的刑書嗎? 覺得它是全局性的天下通行的刑書的這一看法,只是對它觀感所得的一種概念,它本身並没有這種以天下共主的身份發布全局性的全天下通行的内涵,它所針對的並以全力糾正的只是苗民的五虐之刑。苗民的五虐之刑本來就不是全局性的天下通行的刑法,只是在苗族自己政權所及的範圍内實行,它反映的是古代奴隸主的殘酷成性(正像近代見到的西藏農奴主政權的殘酷一樣)。姜姓和姬姓合作建立起來的周王朝,懲於純恃天命尚鬼重刑的殷王朝的覆滅,特別強調"明德慎罰"以救其弊,這是周王朝建立後,姬姜兩族上層統治者的共識,周公經常強調的是明德慎罰,呂王經常強調的也是明德慎罰,只是所處的地理環境不同,剛剛就封立國的姜姓族中的呂國,可能處在衆多的苗民環伺的境地,甚至他們治理下還有很多苗民,所以呂王不得不全力對付苗民。正像剛就封立國的魯國處在淮夷徐戎的包圍之中一樣,所以全力與之鬥爭,只是後來才把淮徐趕向南遷。呂國所面對的苗民大概也一樣,只是現在從史料中見到的是呂國緊鄰楚國以立國,不知當時緊鄰的先是苗民,經過歷史的推移,可能是由於楚國勢力的日益壯大,先把苗民向南趕了,然後呂才成爲楚的緊鄰國(而且到春秋中期前終爲楚所滅)。但在當初呂國緊鄰的必是苗民,所以在《呂刑》中才把苗民作爲主要攻擊對象。既然他所針對的是苗族政權所及範圍内的刑法,那麽他所制訂的也就是自己政權所及範圍内的刑法。

　　但是,他的刑書雖然是爲自己政權所及範圍内制訂的,他的誥辭也是對自己臣下如四方司政典獄之官和同姓貴族發出的,可是他這些文件所體現的"明德慎罰"的思想,祥刑的理論,刑與罰施行的原則與規定等,却仍是具有普遍意義的。正像《秦誓》完全對秦國内臣僚講的,絲毫不對秦國以外任何人。但他所誥戒的做人的原則、態度,即是:"其心休休焉,其如有容;人之有技,若己有之;人之彦聖,其心好之,不啻自其口出,是能容之。"絶對不許:"人之有技,冒疾以惡之;人之彦聖而違之。"這也是具有普遍意義的。決不應當有一個非秦國人竟這樣説:"那是對秦國人的規定,我不是秦國人,我就可以'人之有技冒疾以惡之,人之彦聖而違之'。"那就真是太豈有此理了,怎麼可以不認識它的普遍意義呢?

所以,歷史地出現的、體現了"明德慎罰"思想、祥刑理論、備載刑與罰的施行原則與規定的,由呂王所作的《呂刑》篇,它的普遍意義尤其是法學歷史上的普遍意義,應當加以認識、加以重視的。

(二)關於《呂刑》的"贖刑"及對其評價問題

"贖刑"爲《呂刑》的主要内容,亦是《呂刑》的中心觀念。後儒對它的爭論多,推崇者說它是遠承《舜典》(即《堯典》的下半部)的"金作贖刑"而後制定的,符合"堯舜聖道"。反對者説它"開利路、傷治化",違背"唐虞之治"。關鍵是兩方面的持論者都以爲《舜典》是堯舜時期之作,而《呂刑》是西周的作品,所以《呂刑》的"贖刑"遠在舜的"金作贖刑"之後,也遠在舜所任命的皋陶所主持的刑法之後。這是剛好顛倒了歷史的先後,不知《呂刑》是西周前期呂王所作的專爲清除虐刑之害的一篇"祥刑",是我國最古最早的一篇具有完整體系及實施原則與規定的刑制專文,迄今爲止還没有發現比它更早的具有同樣規模的刑制專文。而《堯典》(包括僞古文析出的《舜典》)則是春秋之世儒家(很可能還是儒家祖師孔子)搜集很多流傳至春秋時或春秋時追懷古事所探索加工的神話故事、歷史傳説及史實遺影種種資料,加以歷史化所剪裁寫成的一篇託名堯舜的上古史總説。其中關於刑法的,主要是"象以典型,流宥五刑,鞭作官刑,撲作教刑,金作贖刑……"等八九句。其象刑、宥刑,具體的鞭刑、撲刑,以及"金作贖刑",顯然是四個不同來源的刑法資料編排在一起,而"金作贖刑"一句顯然就是承用流傳的《呂刑》中的"贖刑"資料。而其"五刑"一詞及其下文舜命皋陶作士(刑獄官)的第一句"五刑有服",顯然就是承用《呂刑》篇的"五刑"。所以《呂刑》在先,《堯典》在後,其承用之迹是很顯然的。

　　至於呂王之所以作成此篇，是西周"申呂方强"（見上文"校釋"）之際，作爲就封於今山東、河南、安徽境内的姜姓諸封國之一，和封在這些地方的姬姓諸國共同一起"以藩屏周"，各自勵精圖治，力争壯大和發展自己的國家，以達到鞏固周王朝的目的。而它所處的地理環境，偪處於頑强的苗族楚族之前，它所要全力對付的就是這兩族（正像魯國要對付淮夷徐戎一樣）。而苗族推行一種殘酷暴虐的純屬肉刑的"五刑"，即所謂"五虐之刑"，他要使自己的國家得到人民擁護以安定地發展下去，就不能實行這種殘酷的"五虐之刑"。就提出了他專針對苗民"五虐之制"而制定的一套"祥刑"之制，即儘量避免執行殘酷的"五虐"肉刑，而改用"贖刑"。正像漢文帝看到肉刑的慘酷，於心不忍，就堅決廢除肉刑一樣，他處的時代不同，就用贖刑代替肉刑。

　　當時呂王和周公同樣接受歷史教訓，同樣懷着"明德慎罰"思想，來對待刑法的歷史遺産。歷史上殷商以"尊神尚鬼重刑"爲其立國特點，它的刑法是有名的慘重苛細的，但它已形成了體系，有效地維繫了殷商王朝數百年天下，因此被人們確認"刑名從商"（《荀子·正名》語）。周王朝建立，還欠缺這重要的統治手段，所以周公在《康誥》首先表示要學習殷代刑法，把它全部學過來，然後以"明德慎罰"作爲運用刑法的指導原則。即是説先把殷代刑法全盤繼承下來，然後以"德"與"慎"來修正它，即把以酷用刑的殷代刑法，改造爲以德用刑的周代刑法。但在《康誥》篇中只談了指導原則、理論，没有談刑法的具體内容。呂王所承受的是苗民的五虐之刑，他不是先全盤接受加以修正，而是全盤否定加以徹底改造。在改造五虐之刑時，要逐項改成祥善之刑，這就很自然地在《呂刑》篇中把"五刑"的具體内容都載明了。所以就成了我國最古最早的完備載出刑法體系的篇章。

　　這是很幸運地保存下來的姜姓族諸侯中的唯一的一篇重要文獻。根據當時史官制度"君舉必書"（《左傳·莊公二十二年》語），可以想見當時周王朝和各諸侯國統治者的"誥誓號令"之篇一定是很多的,緯書《尚書璇璣鈐》說:"孔子求《書》,得黄帝玄孫帝魁之《書》,迄秦穆公,凡三千二百四十篇。"說黄帝玄孫之《書》,那是妄說,不必計較。說《書》篇具體數目爲三千二百四十篇,不用真相信,但說《書》篇數目多,至少有三千篇以上,則是可信的。但由伏生傳到漢代的竟只有二十八篇,其中《周書》僅僅十九篇,可見《書》篇損失之大,絶大多數没有傳下來,周代諸侯的只有這篇《吕刑》和魯國的《費誓》、秦國的《秦誓》,才共三篇,真是殘缺的太厲害了,可以想見,魯國的誥誓文告一定還多,秦國的誥誓文告一定還多,同樣,吕國的誥誓文告也一定還多。特别是姜姓國的首要國家齊國勵精治國,其誥誓號令一定更多。由《管子》書中看到所述及齊國史事不少,一定采録自齊國歷代的誥誓號令。可是齊國文獻一篇也没傳下來,那麼獨吕國的《吕刑》獲得傳下來,真是莫大幸事了。必然也因其内容重要,被人重視,傳習者多,所以才獲得傳下。不要懷疑吕王以一國諸侯,怎麼能講這種重要的有關全局性的法制理論。吕王這篇文告確實是對下屬治事官員及同姓貴族講的,但正如上文所述,因他所講的具有普遍意義,所以終於成爲全局性的周初有關刑法的重要文獻,正像《康誥》是周公專對康叔講的,結果成爲全局性有關執行法律原則的文告一樣。

　　吕王針對苗民"五虐之刑"而提出的"祥刑"辦法,是用"贖刑"代肉刑,是不是純從腦子裏想出來的呢? 還是另有其他外在因素? 似乎當時的客觀現實也有些蛛絲馬迹可尋。初步可尋之於先秦文獻,可以看到古代政權,當需要某種財物時,除經常賦稅徵斂外,還可叫罪犯多出該項財物以贖其罪,這可於《管子》之《中匡》、《小匡》兩篇中見之。其《中匡》載管仲答齊桓公云:"'甲兵未足也,請薄刑罰以厚甲兵。'於是死罪不殺,刑罪不罰,使以甲兵贖:死罪以犀甲一戟;刑罰以脅盾一戟;過罰以金;軍無所計而訟者,成以束矢。"《小匡》則云:"管子對曰:'……齊國寡甲兵,吾欲輕重罪而移之於甲兵。'公曰:'爲之奈何?'管子對曰:'制重罪人以兵甲犀脅二戟;輕罪人蘭盾鞈革二戟;小罪人以金鈞;分宥薄罪,人以半鈞;無坐抑而訟獄者,正三禁之而不直,則一束矢以罰之。'"《國語·齊語》所載與《小匡》小有出入云:"桓公問曰……'齊國寡甲兵爲之若何?'管子對曰:'輕過而移諸甲兵。……制重罪贖以犀甲一戟,輕罪贖以鞼盾一戟,小罪讁以金分,宥間罪,索訟者三禁,而不可上下,坐成以束矢。'"至《淮南子·氾論訓》則扼要記此事云:"齊桓公將欲征伐,甲兵不足,令有重罪者出犀甲一戟;有輕罪者贖以金分;訟而不勝者出一束箭。百姓皆悦。乃矯箭爲矢,鑄金而爲刃,以伐不義而征無道,遂霸天下。"顧頡剛師《讀書筆記》第九卷第 6812 頁論之云:"要之其目的在於多鑄兵器以强其軍,次則精其農器以事耕耘,非欲充實國庫若《呂刑》之所言也。然則《呂刑》之贖刑,殆本於《小匡》而歧出者歟?"顧師之意,《呂刑》要罪犯所出者爲"鍰",是準貨幣(見"校釋"),所以説是欲充實國庫,不像《管子》所説國家需要什麽物資叫罪犯出什麽物資。但究竟這一做法,可能成了《呂刑》制訂"贖刑"的依據。顧師以爲《呂刑》成書晚而《管子》資料可能時間早,才有此説。不過《呂刑》成於西周"申吕方强"時,是無法改變的事實。《管子》資料至早亦在春秋時。因此不能説《呂刑》本於《小匡》。《管子》書繼承有西周資料則是有可能的。

　　但顧師第一次指出《呂刑》制訂贖刑有事實依據，則是非常正確的。可以這樣來看，歷史上一個政權除經常以賦稅徵斂於民外，有時需要某種物資亦向民徵取，可以另設名目，另覓途徑。向罪犯徵取是其途徑之一，管子治齊需要甲兵就這樣做，下文將要談到的西漢張敞也這樣做，當時因討羌乏兵食，張敞就建議由罪犯出糧食以贖罪。所以，由張敞知西漢如此，由管子知東周如此，則上推西周之世當亦會如此。觀《費誓》，知西周初年的魯國因國事急迫需要軍用物資時，既從各方面努力儲備作戰器物，復以“魯人三郊三遂，峙乃楨幹……峙乃芻茭”，略可見西周徵斂情況。這是由法家著作提供綫索所推知西周情況。

　　還可從儒家典籍看，《周禮·秋官·職金》云：“掌受士之金罰、貨罰，入于司兵。”鄭玄注：“罰，罰贖也。《書》曰‘金作贖刑’。”賈公彥疏：“‘掌受士之金罰’者，謂斷獄訟者有疑，即使出贖。既言‘金罰’又曰‘貨罰’者，出罰之家時或無金，即出貨以當金值，故兩言之。”又《秋官·司圜》云：“其罰人也不虧財。”賈氏疏云：“對五刑疑出金爲罰虧財者也。”又《大司寇》云：“以兩造禁民訟，入束矢于朝，然後聽之。以兩劑禁民獄，入金鈞，三日乃致于朝，然後聽之。”鄭注：“使訟者兩至。既兩至，使入束矢乃治之也。……‘劑’，今券書也。使獄者各齎券書，既兩券書，使入鈞金，又三日乃治之。三十斤曰鈞。”則此束矢、金鈞，與《小匡》所說同。按，《周禮》成於春秋之世，係據承自西周而有所演進完備的周魯鄭衛四國官制寫成（見拙著《周禮真偽之爭及其書寫成的真實依據》，載《古史續辨》）。而據張亞初、劉羽合著《西周金文官制研究》（1986）指出：西周金文官制與《周禮》官制有“二者的一致性”，《周禮》“在其主要內容上是參照了西周官制的”。

　　由東周時法家、儒家兩部典籍，都可推知佐證西周時同樣有着和東周、西漢一樣實行過的令罪犯以實物贖罪的辦法，至少存在着各種徵斂情況，則在此背景下，呂王周詳地制定贖刑之制，也像《小匡》那樣按輕重不等，來罰交多少不同的贖金，自有其事實依據了，顯然不只是爲了要清除苗民五虐之刑的禍害而憑空想出這一辦法的了。而自《呂刑》制定之後，則自西周時期起，呂國或許還有其他姜姓國，當都已確切實行這"贖刑"了。

　　由是從西周而東周而西漢，都先後各自實行過"贖刑"，由於文獻不足之故，直到西漢始聽到對贖刑的反對意見。首先見於《漢書·蕭望之傳》云："（宣帝時）西羌反，漢遣後將軍征之。京兆尹張敞上書言：'國兵在外，軍以夏發，隴西以北，安定以西，吏民並給轉輸……縣官穀度不足以振之，願令諸有罪非盜受財殺人及犯法不得赦者，皆得以差入穀此八郡贖罪。……'事下有司，望之與少府李彊議，以爲：'……今欲令民量粟以贖罪，如此則富者得生，貧者獨死，是貧富異刑而法不壹也。……'於是天子復下其議……敞曰：'少府、左馮翊所言，常人之所守耳。昔先帝征四夷，兵行三十餘年，百姓猶不加賦而軍用給。今羌虜一隅小夷，跳梁於山谷間，漢但令罪人出財，減罪以誅之，其名賢於煩擾良民橫興賦斂也。……今因此令贖，其便明甚，何化之所亂？《甫刑》之罰，小過赦，薄罪贖，有金選之品，所從來久矣，何賊之所生？……'望之、彊復對曰：'……聞天漢四年（前97）常使死罪人入五十萬錢，減死罪一等，豪强吏民請奪假貸，至爲盜賊以贖罪。其後奸邪橫暴，群盜並起，至攻城邑，殺郡守。……愚以爲此使死罪贖之敗也。故曰不便。'"終因蕭望之等的反對，張敞建議未施行。但由蕭望之口中得知武帝天漢四年曾行贖罪之法。

接着是《漢書·貢禹傳》云："元帝初即位，徵禹爲諫大夫。……爲御史大夫，列於三公。自禹在位，數言得失，書數十上。……又言孝文皇帝時……無贖罪之法……武帝始臨天下，尊賢用士，闢地廣土數千里……用度不足，乃行壹切之變，使犯法者贖罪，入穀者補吏……故無義而有財者顯於世……故黥劓而髡鉗者猶復攘臂爲政於世，行雖犬彘家富勢足目指氣使是爲賢耳。……所以然者，皆以犯法得贖罪，求士不得其賢……之所致也。今欲興至治，致太平，宜除贖罪之法。"

蕭望之、貢禹都是説漢武帝始行贖罪之法，今按《漢書·武帝紀》："元朔六年（前123），右將軍蘇建亡軍獨身脱還，贖爲庶人。""元狩三年（前120），遣衛尉張騫、郎中令李廣皆出右北平，廣殺匈奴三千餘人，盡亡其軍四千人，獨身脱還，及公孫敖、張騫皆後期當斬，贖爲庶人。""元狩四年（前119），前將軍廣、後將軍食其皆後期，廣自殺，食其贖死。"這都是武帝按成法行贖罪，非始行贖罪，顯然贖罪之法早已存在。但至下文云："天漢四年，秋九月，令死罪人贖錢五十萬，減死一等。""太始二年（前95），九月，募死罪人贖錢五十萬，減死一等。"這就是蕭望之所説的天漢四年使贖罪之事。然漢武固早已實行將軍後期當斬贖爲庶人的辦法，這猶可謂善政。像李廣、張騫、蘇建、公孫敖這些有功的名將領，只是偶因客觀情況，行軍後期，於法當斬，不是太可惜、太嚴酷了嗎？贖爲庶人，保全了性命，像李廣、張騫後來又起而立功，所以這樣做確可説善政。至此時的措施所以異於前者，似就是所有死罪者都可贖罪，而且規定了高額的贖金，其後果引出蕭望之、貢禹等所説的許多禍患，這就成爲亂政了。

以上還只是對"贖刑"之事提出反對意見，至於對《吕刑》的"贖刑"提出反對意見的,則始於宋儒。董鼎《書傳輯録纂注》引朱熹《語類》云:"賀孫問:'贖刑所以寬鞭扑之刑,則《吕刑》之贖刑如何?'曰:'《吕刑》蓋非先王之法也。'故程子有一策問云:'商之《盤庚》、周之《吕刑》,聖人載之於書,其取之乎?抑將垂戒後世乎?'廣:'蔡仲默論五刑不贖之意?'先生曰:'是穆王(應作吕王)方有贖法,嘗見蕭望之言古不贖刑,某甚疑之,後來方省得贖刑不是古,因取《望之傳》看畢,曰:"説得也無引證。"'"董鼎書與陳櫟《集傳纂疏》又同引朱熹另一段語録云:"義剛問:'鄭敷文所謂《甫刑》之意是否?'先生曰:'便是他們都不去考那贖刑,如古之金作贖刑,只是刑之輕者,如流宥五刑之屬皆是流竄,但有鞭作官刑,扑作教刑,便是法之輕者,故贖。想見那穆王胡做。到那晚年無錢使後,撰出那般法來,聖人也是志法之變處。'"王柏《書疑》云:"昔武王之命康叔也,雖主於明德慎罰,又自有'不可不殺'之語,及'刑兹無赦'之言。……未聞五刑之俱贖也。贖刑者,贖鞭扑之刑,大辟之刑如可贖,凡有千鍰之貨者無所往而不可殺人,天下烏得而不亂哉。……《吕刑》者,律書也,法吏之辭也。徒能精察於典獄之奸,而不識聖人制刑之本意。……能精察於典獄之奸,尚可以爲後世聽訟用刑之戒,非以其贖刑之可取也。朱子謂穆王巡遊無度,財匱民勞,至其末年無以爲計,乃爲此一切權宜之術以斂民財,斯言足以得穆王之本意者歟!"最後宋學之説,發而如《蔡傳》所云:"案此篇專訓贖刑,蓋本《舜典》'金作贖刑'之語。今詳此書,實則不然。蓋《舜典》所謂贖者,官府、學校之刑爾,若五刑,則固未嘗贖也。五刑之寬,惟處以流;鞭扑之寬,方許其贖。今穆王(吕王)贖法;雖大辟亦與其贖免矣。漢張敞以討羌兵食不繼,建爲入穀贖罪之法,初亦未嘗及夫殺人及盗之罪。而蕭望之等猶以爲如此則富者得生,貧者獨死,恐開利路，而傷治化。曾謂唐虞之世而有是贖法哉！穆王巡遊無度財匱民勞，至其末年無以爲計，乃爲此一切權宜之術，以斂民財。夫子録之，蓋亦示戒。然其一篇之書，哀矜惻怛，猶可以想見三代忠厚之遺意。"（此末三句，係據上引朱熹答義剛問最末三句所云"但是它其中論不可輕於用刑之類，也有許多好説話，不可不知"文意）。由於朱熹之學爲宋學主流；自宋後他被歷代奉同聖人，所以他的話在《尚書》學中影響不小。

　　然而即使在宋儒中，仍有不少人不輕議《吕刑》之非。如蘇軾《書傳》云："穆王（實指吕王）復古而不是古，變今而不非今，厚之至也。""時有議新法之輕，多罰（即贖刑）而少刑，恐不足以懲奸者，故王言罰之所懲雖非殺之也，而民出重贖已極於病。言如是亦足矣。"林之奇《全解》云："穆王（當云吕王）能命甫侯度作刑以治四方，蓋言其血氣雖衰精力雖疲而留心於治道如此也。……《吕刑》之言，是皆以惟刑爲恤者也。……欲其哀矜於刑獄而已。……穆王（吕王）之刑既比於《周官》爲輕，今乃以其王之贖刑爲其德之衰，竊恐其説必將流而入於梁統也。"（按《後漢書·梁統傳》載統對曰："雖堯舜之盛猶誅四凶，經曰：'天討有罪，五刑五庸哉。'又曰：'爰制百姓于刑之衷。'……自高祖之興，至於孝宣……因循舊章，不輕改革，海内稱理，斷獄益少，至初元建平所減刑罰百有餘條，而盜賊浸多，歲以萬數。"因而力主用重刑治國。）吕祖謙《書説》云："穆王（吕王）作書於既耄，閱世故而察物情者亦熟矣，故古今犴獄言之略盡，用刑者所宜盡心焉。"這都是稱譽《吕刑》全篇，不言其有何不妥。東陽陳大猷《書集傳或問》在引録《蔡傳》後云："蔡氏之説出於晦庵，學者所當知。要之，穆王（吕王）之贖雖非全合古制，而所贖及於不簡者，非明知其罪而使之贖，如張敞之法也。"

　　明王樵《尚書日記》大都宗奉《蔡傳》，於此處則云："馬端臨曰：
'《吕刑》一書，蔡氏謂《舜典》贖刑施於官府、學校爾，五刑未嘗贖
也。穆王贖及大辟，蓋巡遊無度，財匱民勞，爲此一切斂財之計，夫
子録之，蓋以示戒。'愚以爲未然。熟讀此書，哀矜惻怛之意，千載之
下，猶使人感動，且拳拳乎富、貨之戒，則其不爲斂財設也審矣。鬻
獄，末世暴君污吏之所爲，而謂穆王（吕王）爲之，夫子取之乎？且其
所謂贖者，意自有在，學者惟不詳考之爾。其曰'墨辟疑赦，其罰百
鍰'，蓋謂犯墨罰之中，疑其可赦者，不遽赦之，而姑取其百鍰以示罰
爾。繼之曰'閲實其罪'，蓋言罪之無疑則刑，可疑則贖，皆當閲其實
也。其所謂'疑'者何也？蓋唐虞之時，刑清罰簡，是以贖金之法止
及鞭、扑，至於周而文繁俗弊矣，五刑之屬至於三千，若一按之法而
刑之，則舉足觸穽矣。是以穆王（吕王）哀之，而五刑之疑，各以贖
論。姑以大辟言之，夫所犯至死，而聽其贖金以免，誠不可也。然大
辟之屬二百，豈無疑赦而在可議之列者，如漢世將帥出師失期之類，
於法皆死，而贖爲庶人，亦其遺意也。或曰：'罪疑則降等施刑，可
矣。何必贖乎？'曰：古之議疑罪者，降等，一法也；罰贖，亦一法也。
《虞書》'罪疑惟輕'，此《書》'上下比罪'、'上刑適輕下服'，降等法
也；《虞書》'金作贖刑'，此《書》'五刑之贖'，罰贖法也。固並行而
不悖也。"又云："愚嘗謂周穆王、漢文帝皆黄老之學也，謂其好小仁
而不知先王之大道則可，謂其爲巡遊斂財之計，則未然也。"又云：
"齊景公時踊貴屨賤，穆王之訓未嘗行也。"意謂至春秋後期刖足者
多，肉刑尚盛行，歎息《吕刑》未獲實施。又云："穆王述唐虞之德，
哀矜之意，與漢文帝所謂'訓道不純而愚民陷焉'，又謂'今人有過，
教未施行而刑已加焉，或欲改行爲善而道無由，朕甚憫之'，皆惻然
足以爲世訓，君子所以有取也。"

　　清初王夫之《尚書引義‧吕刑篇》力爲《吕刑》"贖刑"辯護，其言云："'刑罰'之稱，連類並舉，言刑必言罰，有聞自古，未之或易也。而論者乃曰'罰非古也'，奚得哉！《舜典》曰：'鞭作官刑，扑作教刑，金作贖刑。'鞭、扑分有所屬，而贖統言之，義例明矣。乃抑爲之訓曰：'贖以施於官、教之刑，而五刑不與。'不勤道藝而罰以金，塾師不能行於里社，而況國子乎！其言曰：'五刑而得贖，則是富者生而貧者死，貧者刑而富者免，將使富人公於殺人而不忌。'夫不揣其本以極其末，則其説伸矣。乃以此爲患，則以施於官教之刑也。將富者可亢玩公事而弗勤弦誦矣乎？矧《吕刑》固曰'五刑疑赦，閲實其罪'，則法施於疑赦，而殺人及盜不與於贖，明矣。……藉曰穆王以財匱而訓贖刑，非經國之大猷，乃即有縱有罪、驕富人之弊，而以視國計已瘵，横加賦斂，吏緣爲奸，朘削農民者，不猶相逕庭耶？蕭望之刻薄之説，徒以偏辭拒張敞，遊於聖人之門者不當爲之左袒也。罰者，非穆王之昉也（昉，始也。見《列子‧黄帝》"衆昉同疑"注）。自唐虞以來未之或易也，夫豈帝王之不審而爲此哉。"（所謂"唐虞以來"即據《堯典》"金作贖刑"爲説。）是王夫之明白無誤地支持《吕刑》"贖刑"之説，以爲贖刑古已有之，本只施於疑赦，當處刑者仍當處刑。即使由於疑赦而徵斂了犯罪的富有者的財貨，使富有者沾活命的光，造成"縱有罪、驕富人之弊"，總比向全民横徵暴斂、刻削農民，要强多少倍。正直的人，不應當偏袒違背聖人之門的蕭望之刻薄片面的腐儒之説。

　　清代治經諸家治《尚書》最有成績，治其全書的三大名家江聲、王鳴盛、孫星衍之書，按章按節逐字逐句詳作校勘考釋。治其文字校詁成績尤卓絶的段玉裁，王念孫、引之父子之術，取徑更高，就文字及句讀循訓詁作了謹核的考訂和優異的論斷。但都對《吕刑》的

"贖刑"避不作出評論,或者非其屬意所在,不予置評。直至清代後期的魏源《書古微》,始謂"是篇著誼一(即顯著意義)微誼二"。"何謂著誼,曰:聖人欲廢肉刑,先漢文而發其端也。"全文馳騁議論過多,亦有不確者。惟其中云:"春秋之世,踊貴屨賤,不讀《甫刑》之書,孰知爲三苗之制? 或夫子録之於書,則知聖人用世,肉刑必當變。"(所謂"踊貴屨賤",因社會上受荆刑割足者太多,大家要買假足,不買鞋子,所以假足價貴,鞋子價賤)指出了《呂刑》的重要意義,在聖人要廢除肉刑,所以才制訂贖刑,這是非常正確的。接着是戴鈞衡《書傳補商》在録《蔡傳》之説後云:"此本朱子之意,乍讀之若精當不易,及反復經文,辭意一出於至誠惻怛哀矜不忍之心意,穆王甫侯(當並作呂王)當日實以刑辟煩多,漸流殘忍,故特斟酌重輕,詳定贖刑,以救當時之弊,非必以財匱民勞爲此斂財術也。……謂《呂刑》非先王之法則可,謂爲穆王(呂王)不應作贖刑則不可。古今時勢不能皆同,王者政刑不能無異,故在三代以前不必有贖刑,三代以後不可有贖刑,惟三代之季不可無贖刑。何也? 上世教化修明,人心渾樸,犯法者稀,第設五刑以處梗煩不帥教之夫,而千萬人中犯者一二也,何必設立贖之一法以開罪人倖生之路哉。……夏商之時不可考矣……商季以來人心日趨於詐僞,重貨財而輕犯法,王者於此壹是以五刑處之,則斷割殺傷者多有不忍;不以五刑處之,則法廢而犯者日多,聖人不得已而立贖之之法,罪實者不得倖逃,罪虛者得以全釋,界於虛實之間者,則一處之以此。……後儒因贖刑之法不可行於後世,遂議及《呂刑》之非,而一二取《呂刑》者又謂此先王仁至義盡之法,皆未通觀古今之形勢,而各主一偏之見,非篤論也。"又有季汝梅《讀書偶識序》談到《呂刑》"贖刑"云:"按,穆(呂)之罰即虞廷贖刑。世見穆之周行無度,乃謂穆作五罰乃斂民財之弊政。不知'刑罰'二字自古並舉，有刑即有罰，安得謂爲弊政。古所謂'金'大抵指銅鐵言。……百鍰至千，所值幾何，安得謂之斂財。竊嘗尋繹經義，其曰'疑赦罰鍰'，是罪在可疑而後罰以赦之，非有罪之可以罰易也。又曰'閲實其罪'，是既罰而廉得其實，仍須科以應得之罪，非罰焉而即爲無罪也。又曰'五罰不服正于五過'，是處以罰而力或不逮，可援過失之例而竟免之，非疑赦者之必令罰鍰也。穆之侈事遊幸固其失德，而《吕刑》之作正其悔心之萌，未可並訾爲弊政也。"這些都原情依理，論定《吕刑》制訂贖刑是正確的，而且它是應刑則刑，可贖則贖，合理可行的，並非弊政。更多的是談到此篇辭意出於至誠惻怛哀矜不忍之心意，全在救當時之弊，因而可敬。確也道出了吕王當日針對苗民五虐之刑之殘殺無辜毒害百姓肢體之慘酷，因而提出"祥刑"辦法、實行"贖刑"的惻怛初衷。可知《吕刑》當日制定贖刑，出於積極意義，是無可非議的。上面所引，以王樵、王夫之二人之説最確當可從。至於後世如漢代贖刑之害，王樵已指出"鬻獄，末世暴君污吏之所爲"，戴鈞衡亦以爲"後儒因贖刑之法不可行於後世遂議及《吕刑》之非，非篤論也"。這些議論也都是正確的。

所以應歷史地全面地看《吕刑》的"贖刑"問題，不可執一偏之見去輕議它。

（三）經師們所謂"中"或"德與中"爲《吕刑》全篇綱領的問題

宋吕祖謙《東萊書説》於本篇第四節"何監非德于民之中"下云："中者，《吕刑》之綱領也。苗民，罔是中者也。皋陶，明是中者也。穆王之告司政典獄，勉是中者也。至於末章之所訓迪，自中之外，亦無他説焉。今爾何所當監，豈非德於民之中乎？用刑者有意干譽，或上或下，欲以德名，而實不足以爲德，所以德者必於民之中而後可也。其施無心，其行無事，本非作德而德莫加焉，此所謂德於民之中，典獄者之大法也。"

元陳櫟《尚書集傳纂疏》於本篇第一節"罔不惟德之勤，故乃明于刑之中"下云："刑之本必主於德，而刑之用必合於中。德與中爲《吕刑》一篇之綱領。繼此曰'惟克天德'，曰'以成三德'，曰'有德惟刑'，無非以德爲本也。曰'觀于五刑之中'，曰'中聽獄之兩辭'，曰'罔非在中'，曰'咸庶中正'，曰'非德于民之中'，曰'咸中有慶'，無非以中爲用也。刑必合於中，而後刑即所以爲德，以此意讀《吕刑》，其庶幾乎？"

前於陳櫟的宋陳經《尚書詳解》云："降於民爲中，得於己爲德，中、德一也。用刑者無德，則犯刑者失其中矣。然則典獄之當監者非以德而體民之中乎。"如此以中、德並舉，不知陳櫟以中、德爲綱領是否受其影響。

董鼎《纂注》、陳櫟《纂疏》皆引滕氏曰："《書》之大意，一中字而已。'允執厥中'（僞古文《大禹謨》語），《書》所以始；'咸中有慶'（本篇第四節語），《書》所以終。以此一字讀此一書，迎刃而解矣。"此滕氏何人，《欽定書經傳説彙纂》"引用姓氏"引録歷代《尚書》學者近三百人無此人，後在《彙纂·綱領三·諸家書解得失》中，見有滕璘、滕琪兄弟二人，同爲朱熹弟子，其子輩滕鉛撰有《尚書大意》。則此滕氏當即滕鉛，爲南宋人，其説在吕祖謙後，陳櫟前，當稍後於陳經，因陳經與朱熹門人蔡沈同時，而滕鉛爲朱熹門人之子。

以上諸人把"中"字開始説得有點玄，因爲已不是平平實實的中字。而與吕祖謙基本同時或行誼稍晚的夏僎所撰的《尚書詳解》，於本篇第四節"屬于五極，咸中有慶，受王嘉師，監于兹祥刑"亦即全篇最後四句，作出解釋説："'屬于五極'，附著於五刑之極處也。極者乃總要綱領之地,末二句總結一篇之意。民受天地之中以生,未嘗不善,其陷於罪惡,非其本然也。……"而《蔡傳》亦有"非用刑成德,而能全民所受之中者乎"之語。據《彙纂》引朱熹云:"劉文公云:'人受天地之中以生'等語,亦是顯有所師承。不然,亦必曾見上世聖人之遺書。"則此"中"字顯然具有神秘性了。按,劉文公未見此語,惟《左傳·成公十三年》劉康公云:"吾聞之,民受天地之中以生,所謂命也。"當是以上諸經師立言之所本。然元代王充耘《讀書管見》云:"'中'只是刑之中,篇中'中'字不一,皆是主刑言,謂爲民所受之中,恐未然。"陳櫟《纂疏》云:"折獄能繫屬於五刑之準則,所以皆合乎中理而有福慶也,五極或訓極爲中,恐非。決不能曰極又曰咸中也。"明王樵《尚書日記》云:"按'民之中',《蔡傳》以爲'民所受之中',恐非經意。曰德曰中,乃一篇之綱領,前曰'中聽',下曰'咸中',不應獨'民之中'爲'受中'之中也。德即'有德惟刑'之德,中即所謂'刑之中'也。刑皆得中,而有德於民,所以爲祥刑也。"

經師們提出"中"或"德與中"爲全篇綱領之說,其"中"字"德"字原可作平實的解釋。但在相繼闡釋中逐漸有遠離平實的傾向,而在紛紛闡說的諸家中,至於出現"民受天地之中以生"的神秘性說教,不再是"中"字的平實意義了,所以有好幾位治《尚書》的學者王充耘、陳櫟、王樵等出而批駁"受天地之中"這一妄說,是非常正確的。其實"中"字"德"字在《尚書》中其意義原是很平實的,可以列舉以見其原義。

在本篇中共有十個"中"字,錄列如下:

　　罔中于信

　　爰制百姓于刑之中

故乃明于刑之中（以上在第一節）

罔擇吉人觀于五刑之中（在第二節）

罔非在中

咸庶中正（以上在第三節）

罔不中聽獄之兩辭

非天不中

今往何監非德于民之中

咸中有慶（以上在第四節）

除第一句的"中"字與"刑"無關外，其餘九句的"中"字都與"刑"有關。

又本篇中共有九個"德"字，亦録列如下：

罔有馨香德

德威惟畏

德明惟明

爰制百姓于刑之中以教祗德

罔不惟德之勤

惟克天德（以上在第一節）

惟敬五刑以成三德（在第二節）

有德惟刑

今往何監非德于民之中（以上在第四節）

按"德"字在《尚書》中，大抵爲道德、德行、恩惠諸義，今查上列九個德字不外此諸義，所以本篇中"德"字没有什麽大問題。有問題的是"中"字，現就"校釋"中與"刑"有關的九個"中"字釋義按句尋繹之。

第二句"爰制百姓于刑之中"的"中"字，義爲不輕不重謂之中。

或云用刑得其中正，不僭不濫不輕不重。葉夢得則據《周禮》中刑獄活動的術語有"受中"、"登中"，謂罪正所定文書中的"中"。第三句"故乃明于刑之中"的"中"，義爲明於用刑之中正，無過無不及，刑之輕重各得其中，不枉不縱。第四句"罔擇吉人觀于五刑之中"的"中"，義爲五刑之中正。第五句"罔非在中"的"中"，義爲賞罰平允，斷獄中正，輕重不差，折獄無不在中。第六句"咸庶中正"的"中"，其本句已説明其義爲中正，《蔡傳》釋爲"皆庶幾無過忒"。第七句"罔不中聽獄之兩辭"的"中"，義爲不偏仄，應執中道聽獄之兩辭。"中聽"，聽之不偏也。聽訟當求其平，不可因偏聽而有所袒。第八句"非天不中"，意爲非天道不中，非天不以中道待人。或云："中，均也。非天之不均。"第九句"今往何監非德于民之中"，僞孔釋爲："當何監視，非當立德於民爲之中正乎?"仍訓"中"爲中正。蘇軾《書傳》釋："自今當安所監，非以此德爲民之中乎?""民之中"義不明，惟以德爲之，義尚不惡。《蔡傳》則云："今往何所監視，非用刑成德而能全民所受之中者乎?"其語即方術之士神秘化的"人受天地之中以生"之語，簡云"民所受之中"。王樵《尚書日記》即駁其"非經意"。俞樾《群經平議》據鄭玄注《周禮》"士師受中"云："受中，謂受獄訟之成也。"以爲"是古謂獄訟之成爲'中'"。是鄭玄已知"中"爲獄訟中的一個專用術語。第十句"咸中有慶"，其上句爲"屬于五極"。僞孔云："折獄屬五常之中正，皆中有善。"《孔疏》："極，中也。"則又增添一"中"字了。蘇軾《書傳》："由五刑咸得其中，則有慶。"又如上文所述，至夏僎就此句提出了"民受天地之中以生"之句，加劇了"中"字意義的紛歧與爭論。

就以上九個"中"字以觀，大都意義平實，就中字的通常意義立論，主要謂其中正、正道，意爲在斷獄中不偏不倚，不輕不重，不枉不縱,不僭不濫,賞罰平允,無有過忒,無過無不及,等等。個別的釋中爲平也、均也,亦即持平爲不偏,均衡爲不輕不重,總之仍是中正之義,那麼,如果吕祖謙以此諸義之"中"爲刑獄活動中應重視的要點,應遵循的全篇綱領,可以説是没有什麼大問題的。無如他在談他的"綱領説"時,宣揚什麼苗民罔是中者也,皋陶明是中者也,穆王勉是中者也,德者必於民之中而後可也,等等,就使人感到他這"中"字有點玄。到發展至"允執厥中,《書》所以始;咸中有慶,《書》所以終",就更使人感到"玄之又玄,衆妙之門"了。"允執厥中"是宋代理學所最尊奉的"三聖傳授心法"的核心要義,"人心惟危,道心惟微,唯精唯一,允執厥中"這一高不可攀的"三聖心法",是理學家從《道經》裏抄來的,神秘高妙得可以了。宋代理學家思想是從五代及兩宋道士們那裏汲取過來,再加上些佛家心性理論,附麗於儒家倫理觀點上,所醞釀發酵形成的。而朱熹、蔡沈這一派則是受道士影響最深的一派,所以在闡釋本篇"中"字時,自然又搬來道士方術之説來緣飾,秉"人受天地之中以生"的方術神秘之語來釋"民之中"了。一些正直的《尚書》學者已加以駁斥,使人們知道這一"中爲《吕刑》全篇綱領"之説終於流爲神秘化,是不對的。

在避開其神秘性後,現代學者仍有承用其綱領説的,如吴闓生《尚書大義》云:"此文拈一'中'字以爲全篇之骨,首云'爰制百姓于刑之中',又曰'故乃明于刑之中',又曰……又曰……又曰'咸中有慶'。得此中字之義守而勿違,則刑罰之道盡矣。"曾運乾《尚書正讀》云:"中字爲全篇主旨。首云'爰制百姓于刑之中',又云……又云……云'咸中有慶',凡八用'中'字,得此中道守而弗失,庶幾其祥刑矣。"他們可能覺得稱"綱領"不適宜,所以他們都不用"綱領"二字,改稱"全篇之骨"、"全篇主旨",其用意實際一樣。其實確不必以"中"爲全篇綱領,經師們認識到了中正、公平在治獄中的重要性,而稱之爲綱領,那麼比中字更重要的主宰全篇的稱什麼呢?他們没看到真正的綱領,而特别强調中字、德字,其用意無可非,但只要充分闡明中字德字在治獄工作中的重要性於篇中予以强調就行了。篇中真正的綱領,則是吕王針對五虐之刑特提出祥刑,以贖刑代肉刑,仔細制訂何者當刑,何者當贖,規定了實施贖刑的原則、步驟、細則等等,這才是全篇的綱領,舍此是不適宜稱綱領的。如果一定要找什麼綱領,只有"祥刑"二字才是全篇的綱領。

　　所以對篇中的這些"中"字,就按其處在句中的應有的平實意義解釋就行了,不要去故弄玄虚,其中大多數當然就是中正、中道、公正;不偏向,不輕不重……等義,但是"刑之中"、"五刑之中"這幾句,則確又可有專門意義。早在漢末,鄭玄注《周禮·鄉士》"士師受中"云:"受中,謂受獄訟之成也。"然未見鄭以此義注《尚書》本篇。至宋葉夢得《書傳》釋本篇"爰制百姓于刑之中"云:"古者謂獄已定而不失其實曰中。故《小司寇》'以三刺斷庶民獄訟之中'。説者云:'中,謂罪正所定。'而《司刺》亦'以三法求民情,斷民中'。獄訟成,士師受之曰'受中',小司寇登之於天子曰'登中'。此書亦累累言之。"而後清代戴鈞衡《補商》全承葉氏之説云:"於民之中,中即《周禮》'士師受中'之中。中,罪正所定也。"並全録葉氏"小司寇以三刺斷庶民……"以下諸句,於是現代諸家亦承之。楊筠如《覈詁》承鄭玄説云:"中,謂獄訟之成也。"曾運乾《正讀》亦簡承之云:"'于民之中',即士師所受之中也。"屈萬里《集釋》承用此諸資料而稱之爲"案情"云:"'中',謂案情。《周禮·秋官·小司寇》:'歲終,則令群士計獄弊訟,登中于天府。'又《鄉士》:'獄訟成,士師受中。'中,皆謂案情也。"在上面校釋中,曾就葉夢得之説提出看法,以

爲"此釋司法活動中有此術語(指"受中"、"登中"),然所據材料見
《周禮》,最早亦不出春秋之世(按《周禮》中承有西周資料),似與
《吕刑》無關,然後來司法活動中形成此術語,很可能即據《吕刑》此
'中'字來定其名的"。

　　現在查看了王國維《釋史》一文,要稍修訂上述看法,即不是與
《吕刑》無關。不止是承用了《吕刑》"中"字,而是西周原已以"中"
字指簿書,則《吕刑》中如"刑之中"的"中"字,原即西周簿書之字。
而《吕刑》爲最早的一部法律文獻,後來的法律活動中,從語言中承
用了簿書的"中"字,當它形成法律術語時,必然要參照《吕刑》中的
用法。從而又反映了《吕刑》中"刑之中"、"五刑之中"等的中字,必
然是專用術語,而不是中字的通常平實意義。

　　王國維《釋史》(《觀堂集林》卷六)的要點有云:"《説文解字》:
'史,記事者也,從又,持中。中,正也。'其字古今篆文並作𡔈,從屮。
……中正,無形之物德,非可手持。然則史所從之中,果何物乎?吴
氏大澂曰:'史象手持簡形。'然屮與簡形殊不類。江氏永《周禮疑義
舉要》云:'凡官府簿書謂之中,故諸官言治中、受中。《小司寇》斷
庶民獄訟之中,皆謂簿書,猶今之案卷也。'此中字之本義。故掌文
書者謂之史,其字從又從中。又者,右手。以手持簿書也。……江
氏以中爲簿書,較吴氏以中爲簡者得之。顧簿書何以云中,亦不能
得其説。案《周禮·大史》職:'凡射事飾中舍筭。《大射儀》:'司射
命釋獲者設中,大史……實八筭于中。'……是中者,盛筭之器也。
……筭與簡策本是一物,又皆爲史所執,則盛筭之中,蓋亦用以盛
簡。……當時簿書亦謂之中,《周禮·天府》:'凡官府鄉州及都鄙
之治中,受而藏之,《小司寇》:'以三刺斷民獄訟之中。'又:'登中於
天府。'《鄉士》、《遂士》、《方士》:'獄訟成,士師受中。《楚語》:'左

執鬼中。'蓋均謂此物也。"其下文又就西周金文及殷代資料論證了都從中的史、吏、事三字的有關問題。而此處主要是從該文認識中字的原義,《吕刑》中的"中"字,除多數爲"無形之物德"中正、公正之義,其"刑之中"、"五刑之中"等,顯然就是獄訟案件中的簿書、案卷,不要跟着一些冬烘的經師把"中"字搞得很神秘。

文侯之命

本篇中的晋文侯與周王為何人，向來有二説。一説為《史記》及《新序》所説的周襄王（前651—前619）命晋文公為侯伯，因而發布此命書。一説為《書序》、鄭玄、偽孔本與《蔡傳》等皆説為周平王（前770—前720）命晋文侯為侯伯的命書。二説各有支持者。由篇名稱"文侯"不稱"文公"，又稱其名字為"義和"不稱"重耳"（晋文公名），是此篇當以周平王賜晋文侯之命合於史實。只是因為晋文公在歷史上較有名，才致誤認的。《史記·晋世家》遂録存了本篇第一段開頭六句及第二段最後兩句，作為晋文公所受的《文侯之命》之文。西漢伏生今文本中此為第二十七篇，伏生系的三家今文本中為第二十八篇，東漢馬鄭古文本中為第三十三篇，皆列在《周書》。東晋偽古文本中為全書的第五十六篇，《周書》的第三十篇。其情況詳後面"討論"。

（一）校　釋

王若曰："父義和①,丕顯文武,克慎明德②,昭升于上,敷聞在下③。惟時上帝,集厥命于文王④。亦惟先正,克左右昭事厥辟⑤,越小大謀猷罔不率從。肆先祖懷在位⑥。

"嗚呼！閔予小子嗣,造天丕愆⑦,珍資澤于下民⑧,侵戎我國家純⑨,即我御事,罔或耆壽俊在厥服,予則罔克⑩。曰惟祖惟父⑪,其伊恤朕躬。嗚呼！有績予一人永綏在位⑫。

"父義和,汝克昭乃顯祖,汝肇刑文武⑬,用會紹乃辟,追孝于前文人⑭。汝多修,扞我于艱,若汝予嘉⑮。"

王曰："父義和,其歸視爾師,寧爾邦⑯。用賚爾秬鬯一卣,彤弓一,彤矢百,盧弓一,盧矢百,馬四匹⑰,父往哉！柔遠能邇,惠康小民,無荒寧⑱,簡恤爾都,用成爾顯德⑲。"

①父義和——《釋文》："義,本亦作誼。"按隸古本之九條本、内野本、足利本、影天正本、上圖藏八行本及薛季宣本皆作"誼"。段氏《撰異》云："《尚書》別本義皆作誼。如《洪範》'遵王之誼'、《吕刑》'鴟誼'、《太甲》'不誼習與性成'皆是也。鄭司農注《周禮》云:古者書'儀'但爲'義',今時所謂義爲誼,好古者用此説改《尚書》義字耳。"《孔疏》引鄭玄注云："義,讀爲儀。儀、仇皆訓匹也。故名仇,字儀。"僞孔釋云："文侯同姓,故稱曰'父','義和',字也。稱父者

非一人,故以字别之。"《孔疏》:"《覲禮》説天子呼諸侯之義,同姓大國則曰伯父,其異姓則曰伯舅。同姓小國則曰叔父,其異姓則曰叔舅。晋文侯,唐叔之後,與王同姓,故稱曰父。桓二年《左傳》以文侯名仇。今呼曰義和,知是字也。"《蔡傳》:"同姓,故稱父。文侯,名仇,義和其字。不名者,尊之也。"朱駿聲《便讀》云:"天子於同姓諸侯稱伯父。'義和',文侯字也。晋穆侯以條之役生太子,故名曰仇。'仇',讎也。古人名、字相應,或相反以爲應。故字義和。'義',誼也。'和',龢也。猶言'宜和'也。義和,亦,叠韻連語。鄭康成讀義爲儀,從《爾雅》訓匹。不知'儀'、'仇'訓匹者。借'儀'爲'儷',借'仇'爲'讎'耳,恐非也。呼字不名者,尊寵之也。"

②丕顯文武克慎明德——《晋世家》録此文"克慎"作"能慎"。《蔡傳》:"丕顯者,言其德之所成;克謹者,言其德之所修。"按,丕顯文王武王,《尚書》及西周金文中習見,在盛讚文王武王之大德光顯。"明德慎罰",亦已迭見《康誥》、《多方》等篇中。"明德"亦迭見《梓材》、《召誥》、《多士》、《君奭》等篇中,始爲周公所强調,以後爲周代統治者所共信,成爲他們口中的常語,所以此處又用了它。

③昭升于上敷聞在下——《晋世家》所録此兩句作"昭登于上,布聞在下"。"升"作"登","敷"作"布",皆訓詁義。段玉裁《撰異》云:"此《今文尚書》也。如'升鼎耳而雛',《史記》、《漢書》皆作'登鼎耳'。凡古文作'升',凡今文作'登'也。……班固《典引》:'昭登之績,匪堯不興;鋪聞遺策在下之訓,匪漢不宏。'玉裁按:《今文尚書》作登、鋪,《古文尚書》作升、敷。鋪聞,即敷聞也。《書》以文武爲上,平王爲下。班以堯爲上;漢爲下,此《今文尚書》説也。"是'敷'又作鋪。皮錫瑞《考證》云:"史公敷作布,蓋用今文如《禹貢》'竹箭既布'之例。"《晋世家集解》引馬融注云:"'昭',明也。

'上',謂天。'下',謂人。"然則此是《古文尚書》説。此處自以古文馬氏説較妥。

④惟時上帝集厥命于文王——《晋世家》所録此兩句作"維時上帝,集厥命于文武"。"惟"作"維","文王"作"文武"。謂上帝以天命授與文王,亦在前面許多篇章中習見。此處僞孔合釋此四句云:"更述文王所以王也。言文王聖德明升於天,而布聞在下民,惟以是故上天集成其王命,德流子孫。"《晋世家》録本篇第一段文字至此句止。

⑤亦惟先正克左右昭事厥辟——陳喬樅《經説考》録《三國志》注引《文侯之命》"亦惟先正"(按爲《魏志·武帝紀》引)。鄭玄注云:"先正,先臣。謂卿大夫也。"又録《漢書·谷永傳》云:"永待詔公車,對曰:'經曰:"亦惟先正爲左右。"未有左右正而百官枉者也。'"亦以先正爲左右大臣。僞孔云:"言君(指上文之文王武王)既聖明,亦惟先正官賢臣,能左右明事其君,所以然。"亦釋"先正"爲賢臣,釋"昭事厥辟"爲"明事其君"。

⑥越小大謀猷罔不率從肆先祖懷在位——《蔡傳》連上句釋云:"亦惟爾祖、父能左右昭事其君,於小大謀猷無敢背違,故先王得安在位。"《彙纂》本並引薛肇明云:"懷,安也。如'邦之榮懷'之'懷',謂先王得安在位。"王先謙《參正》據孫星衍《疏》文稍加訂補明晰言之云:"'越',魏《三體石經》篆作'粤',於也。'猷'與'猶'同,《禮·緇衣》引《君雅》曰:'爾有嘉謀嘉猷。'鄭注:'猶,道也。'《釋詁》:'率,循也。肆,故也。'《詩》箋:'懷,安也。'言先臣於善謀善道,無不循而從之,庶政惟和,故先祖安於其位。"

⑦閔予小子嗣造天丕愆——《三體石經》"閔"作"愍","嗣"作"伺"。《詩·汝墳序》"能閔其君子"《釋文》:"閔,傷念也。"《詩》

"閔予小子"箋："閔，悼傷之言也。"僞孔云："歎而自痛傷也。言我小子而遭天大罪過，父死國敗，祖業隤隕。"是訓"造"爲遭。"丕"爲大，"愆"爲罪過。《孔疏》："我小子繼嗣先王之位，遭天大罪過於我周家。……王肅云：'遭天之大愆，謂幽王爲犬戎所殺。'"段玉裁《撰異》云："造字王孔皆訓遭，此必《今文尚書》作遭，故用以注古文也。於《大誥》、《吕刑》知之。"顯然爲父死國破播遷東土思痛之語。

⑧殄資澤于下民——僞孔云："言周邦喪亂，絶其資用惠澤於下民。"《孔疏》引王肅云："殄絶其先祖之澤於下民。"孫星衍《注疏》："'殄'者，《釋詁》云：'絶也。''資'者，《詩》傳云：'財也。''澤'者，趙岐注《孟子》云：'禄也。'……言傷悼予小子嗣位，遭天大過咎，絶財禄於下民。"以王肅説較妥，不過先祖之澤亦可包括財禄。

⑨侵戎我國家純——《孔疏》引王肅云："侵犯兵寇，傷我國家甚大，謂犬戎也。"是訓"戎"爲"兵"，"純"爲"大"。王先謙《參正》："《釋詁》：'純，大也。'《風俗通》：'戎，兇也。'……外夷侵凌兇禍我國家甚大。"朱駿聲《便讀》云："'純'，屯也，難也。犬戎侵犯我國家，受其屯難。"則訓釋稍異。關於"國家"，僞孔有釋云："侵兵傷我國及卿大夫之家。"蓋根據周制，君主有國，卿大夫有家而説的。

⑩即我御事罔或耆壽俊在厥服予則罔克——《漢書·成帝紀》引此"或"作"克"，"俊"作"咎"，"服"作"躬"。段玉裁《撰異》則謂："'即'，各本誤作'既'。今訂正。考開成石經作'即'，王氏鳳喈云：《傳》及《疏》亦皆言即。日本山井鼎《七經考文》據彼土古本亦爲即。'"按，今見隸古寫本九條本、内野本、影天正本、上圖八行本及薛季宣刻本亦皆作"即"，即流傳刊本亦作"即"。段所云作"既"之本已不易見。《撰異》又云："《漢書·成帝紀》鴻嘉元年詔曰：'《書》不云乎："即我御事，罔克耆壽，咎在厥躬。"'文穎曰：'此《尚

書·文侯之命》篇中辭也。言我周家用事者無能有耆老賢者，使國之危亡罪咎在其用事者也。'玉裁按，此《今文尚書》也。'或'作'克'，'俊在厥服'作'咎在厥躬'，爲異。按文穎注云'耆老賢者'，疑《漢書》'耆壽'下'咎在'上本有'俊'字。"陳喬樅《經説考》云："段説是也。隸古定本脱去'咎'字，《漢書·谷永傳》引脱去'俊'字。僞《孔傳》云'無有耆宿壽考俊德在其服位'，解與文穎合，是古文、今文並同。據文穎注補'俊'字爲允。"按《唐石經》及通行本固已有俊字。

僞孔釋此數句云："所以遇禍，即我治事之臣，無有耆宿壽考俊德在其服位，我則材劣無能之致。"上引陳喬樅語，以爲僞孔所解與文穎合。按《漢書·成帝紀》引本篇此數句後，注引文穎説如上引，接着師古曰："'咎在厥躬'，平王自謂，故帝引之以自責耳，文氏乃云咎在用事，斯失之矣。"是文穎以禍亂之責，平王諉之於臣下，而顏師古則以平王自責。皮錫瑞《考證》引侯康説云："按'咎在厥躬'以下，未知今文云何，如同古文，則下'予則罔克'方自責之辭，又不云'朕躬'而云'厥躬'，文氏之説似合。文氏生於漢末，此必三家舊訓，故采取之以訓史，小顏非之，過矣。"按僞孔釋文意，以爲平王謂所以遇禍，是由於無耆宿老成之臣在位，而自己材劣無能，才致遭禍，主旨在自責。細味經文原四句，覺僞孔之釋合原意，只是歎息無老成之臣，而並没有"使國之危亡罪咎在其用事者"之意。所以説其主旨在自責，顏師古説是對的。因此即可采僞孔及顏氏之説以釋此數句。惟孫詒讓訂正僞孔一處字義。其《駢枝》云："案孔釋'俊'爲'德'，則是耆壽與俊平列，於文例殊不合。此'俊'當讀爲'駿'，《爾雅·釋詁》云：'駿，長也。'言我御事無有耆壽能長在其位者也。'無駿在厥服'，即由於無耆壽，上下文義正相應。"

⑪曰惟祖惟父——僞孔云：“王曰：同姓諸侯，在我惟祖惟父列者。”《蔡傳》：“言諸侯在我祖父之列者。”江聲《音疏》：“惟我祖行父行之諸侯。”孫星衍《注疏》：“或即謂祖禰在天之靈也。”

⑫其伊恤朕躬嗚呼有績予一人永綏在位——《晋世家》録本篇第二段之末句即此兩句，惟按其成例往往已用訓詁字改字，並作精簡，遂作：“恤朕身，繼予一人永其在位。”是“躬”作“身”，“績”作“繼”，“綏”作“其”。除“綏”以意易“其”字外，餘皆同義通用。《晋世家》遂以頭段六句及二段此兩句作爲撮舉本篇大意，代表本篇列入《世家》中。僞孔承上句之後釋云：“其惟當憂念我身。嗚呼！能有成功，則我一人長安在王位。言恃諸侯。”是訓“績”爲成功。孫星衍《注疏》訓釋云：“‘伊’者，《釋詁》云：‘維也。’‘恤’者，《説文》云：‘憂也。收也。’‘績’者，《釋詁》云：‘繼也。功也。’‘永’者，《詩》傳云：‘久也。’‘綏’者，《釋詁》云：‘安也。’……謂我祖禰有靈，當收恤我身也。……有繼令予一人久安在位者，文公（侯）之功也。”其所録字訓有可取，其對文義的解釋似當不及僞孔之渾成。《蔡傳》及朱駿聲《便讀》之釋，其意亦同僞孔。

于省吾《新證》云：“僞《傳》云：‘能有成功，則我一人長安在王位。’是讀‘有績’二字句，不詞。《史記》作‘繼予一人永其在位’。是讀‘績’爲‘繼’。然‘繼予一人’於文義不調適。按‘績’、‘賚’古通，金文作‘賚’。《秦公殷》‘𩁹宅禹賚’，《詩·文王有聲》作‘維禹之績’，可證。賚當讀作《秦誓》‘惟受責俾如流’之‘責’。言有責予一人永安在位。觀上文‘閔予小子嗣造天丕愆’，蓋創鉅痛深，已有謙懷納諫之意矣。”

⑬汝克昭乃顯祖汝肇刑文武——僞孔云：“言汝能明汝顯祖唐叔之道，獎之。言汝今始法文武之道矣。”《孔疏》：“晋之上世有功

名者惟有唐叔耳，故知明汝顯祖唐叔之道，所以勸獎之，令其繼唐叔之業也。"按，唐叔爲晉始封之君（見《左傳·定公四年》），如周之始於文王、武王，不徒以其有功名。《蔡傳》："'顯祖'、'文人'，皆謂唐叔。即上文'先正昭事厥辟'者也。後罔或耇壽俊在厥服，則刑文武之道絶矣。今刑文武自文侯始，故曰'肇刑文武'。"合觀僞孔、《蔡傳》之釋，得此兩句文義。

按，"顯"《爾雅·釋詁》："光也。"又："明見也。"古人常尊稱死去的祖、父、母爲顯祖、顯考、顯妣。徐乾學《讀禮通考》"神主"按語云："古人於祖、考及妣之上，皆加一'皇'字。逮元大德朝，始詔改'皇'爲'顯'，以士庶不得稱皇也。不知'皇'之取義，美也，大也，初非取君之義。"今乃知元改用"顯"字亦有所本，即據本篇此"顯祖"二字，不過指其遠祖中之有明德者，不必指父之父。又據僞孔，知其訓"肇"爲"始"，係據《爾雅·釋詁》。訓"刑"爲"法"，即效法。亦見《釋詁》。不過"刑"實爲型字。詳《堯典》"觀厥刑于二女"校釋。

⑭用會紹乃辟追孝于前文人——僞孔云："用是道（承上句指文武之道）合會，繼汝君以善，使追孝於前文德之人。'汝君'，平王自謂也。繼先祖之志爲孝。"此釋"紹"爲"繼"，"乃辟"爲"汝君"。惟釋"文人"爲"文德之人"，誤。稱祖先爲"先文人"、"前文人"，爲周人習稱之語例。而以能"繼先祖之志"者爲"孝"，此釋最善，比徒能孝順、奉養、善承色笑之"孝"，意義更爲深遠閎肆。至《蔡傳》繼其上句釋云："'會'者，合之而使不離。'紹'者，繼之而使不絶。'前文人'猶云前寧人。"王樵《日記》云："'會紹'云者蓋平王失愛於父，流離顛沛，依託母家。父死於冠，國命中絶，文侯起定其難，而離者合，絶者繼也。是所以追孝於唐叔，言能繼其志也。"

吳大澂《字說》中之《文字說》云："《書·文侯之命》'追孝于前

文人'，《詩·江漢》'告於文人'，《毛傳》云：'文人，文德之人也。'濰縣陳壽卿編修介祺所藏《兮仲鐘》云：'其用追孝于皇考已伯，用侃喜前文人。'《積古齋鐘鼎彝器款識·追敦》云：'用追孝于前文人。'知'前文人'三字爲周時習見語。"其下文接着考論《大誥》將"前文人"誤爲"前寧人"，已見《大誥》"用文王遺我大寶龜"校釋。此處吳氏重要發現，除"前寧人"爲"前文人"之誤外，又闡明"前文人"爲周時習見語，即周人稱他們前代的王爲前文人（女性則爲文母）。而更指出《追敦》與《文侯之命》都有"用追孝于前文人"一語，用字完全一樣，則更知"追孝于前文人"爲當時周人表示繼承和發揚祖先的遺志時所習用的語句。由於有金文爲佐證，知《文侯之命》保存了當時習用原句，未在流傳中受到後來文字影響。于省吾《新證》補充了些重要金文及文獻資料云："《僑兒鐘》'以追孝侁祖'。《兮仲鐘》'其用追孝于皇考已伯'。'追孝'二字金文習見，乃古人語例。《詩·文王有聲》：'遹追來孝。'《禮記·祭統》：'祭者所以追養繼孝也。'"

⑮汝多修扞我于艱若汝予嘉——《說文·支部》："敿，止也。从攴，旱聲。《周書》曰：'敿我于艱。'"段玉裁《撰異》："敿、扞古今字。《眾經音義》引《說文》：'捍，止也。'又引《說文》：'扞，止也。'蓋謂捍、扞皆即敿之別體字。《說文·手部》：'扞，忮也。'《莊子》釋文：'扞，抵也。'"陳喬樅《經說考》云："抵義與止近，疑今本《說文》'忮'字乃'抵'之誤。"又錄《三國志·魏志》引獻帝詔曰：'捍朕於艱難，獲保宗廟。'"是扞字亦作敿、捍。皆捍衛義。

僞孔釋此數句云："戰功曰多。言汝之功多甚修矣，乃扞我於艱難，謂救周、誅犬戎，汝功我所善。"《孔疏》："'戰功曰多'者，《周禮·司勳》文。又云：'王功曰勳，國功曰功，民功曰庸，事功曰勞，治功曰力,戰功曰多。'彼有此六功也。言功多殊於他人,故云'汝之功多甚修矣'。言其功修整,美其功之善也。文侯之功在於誅犬戎,立平王。言乃扞蔽我於艱難,知'謂救周誅犬戎'也。'若'訓'如'也,如汝之功我所嘉也。王肅云:'如汝之功,我所善也。'"《蔡傳》亦云:"汝多所修完扞衛我於艱難,若汝之功,我所嘉美也。"王樵《日記》云:"修完於犬戎殘破之後,捍衛於犬戎侵侮之時,文侯蓋有力焉,若汝之功,予所嘉美也。"

于省吾《新證》:"僞《傳》云:'戰功曰多,言汝之功多甚、修矣。'孫詒讓讀'汝多'句,謂'修'通'攸',連下讀'攸扞我于艱'句,並非。按'修'應讀作'休'。修、休同聲,《爾雅·釋詁》:'休,美也。言汝多休美,扞衛我於艱難也。'《不嬰毀》:'女休,弗以我車函于囏,女多禽。'文法略同。"

⑯其歸視爾師寧爾邦——《儀禮·覲禮》:"伯父無事,歸寧乃邦。"鄭玄注:"'寧',安也。'乃',猶汝也。"此處即同此義。僞孔云:"遣令還晉國,視汝衆,安汝國內上下。"是訓"師"爲衆,據《釋詁》。《彙纂》引張九成曰(九成有《尚書詳說》,清初尚存,後失傳,其說大抵收在黃倫《尚書精義》中):"文侯,平王腹心之臣也,當如周公留相朝廷,而侯其子如伯禽。與之圖復國讎可也。乃使之歸視爾師寧爾邦,其志可知,可謂不知輕重者矣。"董鼎《輯錄纂注》云:"方當戡亂之際而使之歸,方當圖治之時而遣之往,賚以秬鬯,錫以弓馬,果何謂哉!"

⑰用賚爾秬鬯一卣彤弓一彤矢百盧弓一盧矢百馬四匹——"賚",《說文》:"賜也。"《釋詁》同。于省吾《新證》:"'賚'即'釐'。詳《湯誓》'予其大賚汝'條。""秬鬯",已見《洛誥》"予以秬鬯二卣"校釋。此處僞孔釋云:"黑黍曰秬,釀以鬯草。卣,中罇也。當以錫

命告其始祖,故賜鬯。"《蔡傳》釋云:"諸侯受錫命當告其始祖,故賜鬯。"《說文》:"鬯,以秬釀鬱草,芬芳攸服以降神也。"《周禮·鬯人》叙官鄭玄注云:"鬯釀秬爲酒,芬香條暢於上下也。秬如黑黍,一稃二米。"按《禮緯含文嘉》載九賜(錫)之文,其宋均注最末一項云:"慈孝父母,錫以秬鬯,以歸祭祀。"是祭其始祖之祀需用秬鬯,故錫之。"彤弓"以下四句僞孔釋云:"彤,赤。盧,黑也。諸侯有大功,賜弓矢,然後專征伐。""馬四匹"者,僞孔釋云:"馬供武用,四匹曰乘,侯伯之賜無常,以功大小爲度。"按《晋世家》載天子命晋侯爲伯,賜大輅。陳喬樅《經説考》云:"輅駕四馬。則'馬四匹'者,即大輅之服也。"按,《晋世家集解》引賈逵注云:"大輅,金輅。彤弓赤,旅弓黑也。秬,黑黍。鬯,香酒也,所以降神。卣,器名。諸侯賜圭瓚,然後爲鬯。"關於弓、矢、馬之釋,《蔡傳》全承用僞孔説,可知僞孔説爲經師對此問題的正解。

"盧",一作"玈",一作"旅",一作"旅",又有隷古變體"玆"等。本篇"盧"字較通行,皮錫瑞引《漢書·王莽傳》、何休《公羊解詁》皆同作"盧"。《法言·五百篇》則云"彤弓玈矢",字作"玈"。《左傳·僖公二十八年》"旅弓矢千"作"旅"。《晋世家》"旅弓矢千"作"旅"。隷古寫本内野本、足利本、影天正本、上圖藏八行本等皆作"玆弓一玆矢百",惟九條本玆作"玆"。隷古刻本薛季宣本則作"玈"。皮錫瑞書引司馬光曰:"玈,落胡切,與'旅'同,皆謂黑色也。"

"盧弓一盧矢百",一作"旅弓矢千"或"旅弓矢千"。見《左傳·僖公二十八年》:"王賜晋文公彤弓一、彤矢百,旅弓矢千。"又《晋世家》:"賜大輅、彤弓矢百、旅弓矢千。"(按"彤弓一、彤矢百"此亦省作"彤弓矢百"惟"百"字未改易)

于省吾《新證》:"足利學古本盧作旅,傳同。《伯晨鼎》:'錫女彚毣一卣,又彤弓彤矢,旅弓旅矢。'《說文》:'齊謂黑爲黸。'錢大昕謂黸即盧弓之盧。《法言·五百篇》:'彤弓盧矢。'《荀子·大略篇》:'大夫黑弓。'《公羊·定四年傳》注:'諸侯彤弓,士盧弓。'《左·僖二十八年、文四年傳》:'旅弓矢千。'張文虎謂古本謂黑爲盧,黸乃後起字,按,'旅',旅之或體。'旅',盧之假字。"

陳喬樅《經說考》輯存了有關本問題較詳材料,現錄如次:

《晉世家》曰:"天子命晉侯爲伯,賜大輅、彤弓矢百、旅弓矢千、秬毣一卣、珪瓚、虎賁三千人。晉侯三辭,然後稽首受之。"《左傳·僖公二十八年》云:"王賜晉文公彤弓一、彤矢百、旅弓矢千。"與《晉世家》此文合(實際是《晉世家》錄用《左傳》之文)。則作"旅弓一旅矢百"者非也。《禮記·曲禮·正義》引《含文嘉》曰:"九賜,一曰車馬,二曰衣服,三曰樂則,四曰絑戶,五曰納陛,六曰虎賁,七曰斧戉,八曰弓矢,九曰秬毣。"宋均注云:"進退有節,行步有度,賜以車馬,以代其勞;言成文章,行成法則,賜以衣服,以表其德;動作有禮,賜以納陛,以安其體;長於教誨,内懷至仁,賜以樂則,以化其民;居處修理,房内不泄,賜以絑戶,以明其別;勇猛動疾,執誼堅強,賜以虎賁,以備非常;抗揚威武,志在宿衞,賜以斧戉,使得專殺,内懷仁德,執義不傾,賜以弓矢,使得專征;慈孝父母,賜以秬毣,以歸祭祀。"此賜大輅,是"一曰車馬"也。虎賁三百人,是"六曰虎賁"也。彤弓矢旅弓矢,是"八曰弓矢"也。秬毣一卣、珪瓚,是"九曰秬毣"也。蓋九賜之中有其四焉。《詩·小雅·彤弓》序云:"天子錫有功諸侯也。"《左傳·文公四年》甯俞言敵王所愾而獻其功,於是賜之彤弓一彤矢百旅弓矢千,以覺報宴。文公此時獻楚俘於王,是敵愾獻功之事,《毛傳》、《左傳》所云,與此篇誼正合也。

皮錫瑞《考證》云:"按陳說是也。……《大傳》曰:'諸侯賜弓矢者得專征,賜圭瓚者得爲鬯以祭。'又《略說》曰:'諸侯有德者,一命以車服弓矢,再命以虎賁三百人,三命以秬鬯。諸侯三命者,皆受天子之樂以祀其宗廟。'與《禮緯》文合。"

再錄一點秬鬯資料,以增對其了解。本篇"賚爾秬鬯"傳文《孔疏》云:"《釋草》云:'秬,黑黍。'李巡曰:'黑黍一名秬。'《周禮》:'鬱人,掌和鬱鬯以實彝而陳之。'鄭云:'鬱,鬱金香草也。築鬱金煮之以和鬯酒。'鄭衆云:'鬱,爲草,若蘭。'又有:'鬯人,掌供秬鬯。'鄭玄云:'鬯,釀秬爲酒,芬香調暢於上下也。'如彼鄭說,釀黑黍之米爲酒,築鬱金之草煮以和之。此傳言'釀以鬯草',似用鬯草合釀。不同者,終是以鬯和黍米之酒,或先或後言之耳。《詩》美宣王賜召穆公云:'釐爾圭瓚,秬鬯一卣,告于文人。'知賜秬鬯者,必以圭瓚副焉。此不言圭瓚,明並賜之可知也。'卣,中尊也',《釋器》文。孫炎云:'樽,彝爲上,罍爲下,卣居中。'郭璞曰:'在罍彝之間,即犧象壺,著大山等六尊是也。《周禮·司尊彝》云:'春祠夏禴,祼用雞彝、鳥彝;秋嘗冬烝,祼用斝彝、黃彝。'則祭時實鬯酒於彝。此用卣者,未祭則盛於卣,及祭則實於彝。……此初賜未祭,故盛以卣也。《詩》稱'告于文人'。……鄭玄云:'王賜召虎以鬯酒一尊,使以祭其宗廟,告其先祖諸有德美見記者。'然則得秬鬯之賜,當遍告宗廟。此《傳》惟言告始祖者,舉祖之尊者言之耳。"又本篇《書序》,《孔疏》云:"祭之初,酌鬱鬯之酒以灌尸,圭瓚者,酌鬱鬯之杓。杓下有槃,瓚即槃之名也,是以圭爲杓之柄,故謂之圭瓚。《周禮·典瑞》:祼,圭有瓚,以肆先王,以祼賓客。……鄭玄云:'圭瓚之狀,以圭爲柄,黃金爲勺,青金爲外,朱中央。'是說圭瓚之形狀也。〔《詩》云:'瑟彼玉瓚。'〕毛傳又云:'九命然後錫以秬鬯圭瓚。'則晉文侯於時九命爲東西大伯,故得受此賜也。"按,此二者多據《周禮》之

《鬱人》、《鬯人》及《典瑞》之注與疏資料,欲更多了解,可參看該項資料。

王槌《日記》云:“按,釀秬爲酒曰‘秬鬯’。將祼,和之以鬱曰‘鬱鬯’。《周禮》《鬱人》、《鬯人》鄭氏曰:‘鬱,鬱金香草,宜以和鬯。鬯,釀秬爲酒,芬芳條暢於上下也。’又曰:‘秬鬯,不和鬱者。’然則鬯乃酒名,釀時無鬱。”這些材料均可作爲供了解秬鬯、鬱鬯等等的參考。

⑱父往哉柔遠能邇惠康小民無荒寧——僞孔釋云:“父往歸國哉!懷柔遠人,必以文德;能柔遠者,必能柔近。然後國安。安小人之道必以順,無荒廢人事而自安。”這幾句也就只是僞孔所釋之意,不用求他解。其中“柔遠能邇”、“惠康小民”爲周初以來政治文告中所習用語,見出周人對此二義的重視。“柔遠能邇”已見《堯典》此語校釋。並見於《顧命》篇。又見於金文中。並爲力求做到“近者悦遠者來”之意。“惠康小民”之意迭見周公諸誥中,如《康誥》“用保乂民”、“用康保民”、《無逸》“懷保小民,惠鮮鰥寡”,用語都同。他如《大誥》“迪民康”、“今天其相民”,《康誥》“若保赤子,惟民其康乂”,《梓材》“子子孫孫永保民”,《洛誥》“誕保文武受民”、“永保乃文武受民”,《無逸》“能保惠于庶民”、“用咸和萬民”等等,都表示重民保民之意。此誥承用了祖先遺教,仍用了惠保小民思想。

“無荒寧”,朱駿聲《便讀》釋爲:“無忘忽,無安逸。”

⑲簡恤爾都用成爾顯德——《孔疏》引鄭玄注云:“都,國都也。鄙,邊邑也。言都不言鄙,由近以及遠也。”《三國志·魏志·武帝紀》云:“簡恤爾衆,時亮庶功,用修爾顯德。”明用此二句文義。僞孔釋云:“當簡核汝所任,憂治爾都鄙之人,人和政治,則汝顯用有德

之功成矣。不言鄙,由近以及遠。"訓"簡"爲簡核,"恤"爲憂治,
"都"兼言都、鄙,"顯德"爲顯用有德,自不如《魏志》之"修爾顯
德"。蘇軾《書傳》則釋"簡恤"爲"簡閲其士,惠恤其民"。較確。
《蔡傳》即全用蘇氏之説。王樵《日記》云:"士還是卒伍之士,因賜
文侯弓矢得專征伐,故因及於簡士。或云士指賢士,非也。"朱駿聲
《便讀》釋爲:"簡閲爾衆,安靖爾民於爾國都,以成爾光明之德也。"
可采蘇軾説爲主,參以《魏志》、王樵、朱駿聲之意以釋此兩句。

以上全文未分節,以由周王一氣講下,中間雖稍停頓,仍由周王
接着一氣貫下,自不用分節。

(二) 今 譯

王這樣説:"義和伯父呵! 偉大而光輝的先祖文王武王,能兢兢
敬慎於盛業,昭明於大德,因而聖德顯赫地升聞於上天,並布聞於下
民。於是上帝就將天命授給了文王。也由於你們的祖上先代賢臣
能左右輔弼君主,於大小謀劃無不一致遵行,致使政治昌明,就使我
先祖安居在位。

"哎呀! 可憐的我小子繼嗣大位,正遭天大的罪孽,時難年荒,
斷絶了先祖所遺造福於下民的恩澤,蒙受了外寇侵害我國家深重的
災難。而在我所用事臣僚中,没有耆宿老臣在位,我又無克服災難
的能力。我要説,只有靠我祖輩父輩的諸侯們憂念我身。哎! 只要
有了功績,就能使我寡人永能安居在位。

"義和伯父呵! 您能發揚光大您光榮的先祖唐叔的功勳,又能
效法文王武王的先烈,合此兩德以成您幫助您的君主紹承大統之

功。以此繼您先祖之志，完成您追補孝行於您的先祖了。您的戰功
大，捍衛我於艱難困苦之中，像您這樣的功勳我是非常嘉獎的。”

王説：“義和伯父呵！回去整飭您的部衆，安定您的邦國上下
吧！現在賞贈給您祀禮用的秬鬯香酒一卣（等於今天説一罎）；紅色
的弓一張，紅色的箭一百；黑色的弓一張，黑色的箭一百；馬四匹。
伯父，您去吧！把遠近都安靖好，造福惠保小百姓，不要荒忽圖逸
樂。檢閲您的士衆，惠愛您的人民，成就您明顯的德業。”

（三）討　論

本篇待討論的只一個問題：是周平王命晋文侯呢，還是周襄王
命晋文公？

本篇《書序》云：“平王錫晋文侯秬鬯圭瓚，作《文侯之命》。”按，
顯然是據《左傳》、《國語》、《史記·周本紀》等所載而成此説。

《左傳·隱公六年》：“周桓公言於王曰：‘我周之東遷，晋、鄭焉
依。’”按隱公元年當周平王四十九年。至隱公三年而平王死，故犬
戎殺幽王，平王之立得晋、鄭、秦之力，並助之東遷事，遠在《春秋》及
《左傳》之前，二書不得記載其事，僅在隱公六年記載了平王之東遷
依靠了晋、鄭這麼一句話，必在此前的魯史或周的紀年載有此事，可
知晋和鄭爲平王東遷立了功的。

《國語·鄭語》在叙幽王寵褒姒廢申后，終致“九年而王室始
騷，十一年而弊”後，叙如下一句：“晋文侯於是乎定天子。”亦爲先
秦文獻中晋文侯定立平王的確證。

《史記·周本紀》:"是爲襃姒。當幽王三年,王之後宮見而愛之,生子伯服,竟廢申后及太子,以襃姒爲后,伯服爲太子。申侯怒,與繒、西夷、犬戎攻幽王。遂殺幽王驪山下,虜襃姒盡取周賂而去。於是諸侯乃即申侯而共立故幽王太子宜曰,是爲平王。"《史記·晉世家》:"穆侯四年,取齊女姜氏爲夫人。七年伐條,生太子仇。……穆侯卒,弟殤叔自立。……四年,穆侯太子仇襲殤叔而立,是爲文侯。文侯十年,周幽王無道,犬戎殺幽王,周東徙,而秦襄公始列爲諸侯。"《史記·秦本紀》:"周幽王用襃姒,廢太子,立襃姒子爲適(嫡),數欺諸侯。諸侯叛之,西戎犬戎與申侯伐周,殺幽王酈山下。而秦襄公將兵救周,戰甚力,有功。周避犬戎難,東徙雒邑,襄公以兵送周平王。平王封襄公爲諸侯,賜之岐以西之地。"此爲《史記》所録先秦的一組資料,除《秦本紀》資料較詳外,周、晉資料皆不全。如《周本紀》只説"諸侯共立平王",述其事甚明白,而不提明是哪幾個諸侯。《晉世家》提到了這事,而不提晉、鄭之功。提到了秦始列爲諸侯,也明明是關於他將兵救周送之東遷的事,竟也一點不提到。此外《鄭世家》記幽王、平王之事,竟一句也未提到鄭助平王東遷之事。可知史公搜集到的這些資料是很殘缺不全的,但彼此印證,則晉、鄭、秦在平王東遷事上出了力,是很顯然的。

還有一重要資料可印證,即《左傳·僖公二十八年》載晉文公向周襄王獻城濮之戰的楚俘,由鄭伯相襄王享醴,王命尹氏,王子虎,内史叔興父策命晉侯爲侯伯,賜大輅、弓矢、秬鬯、虎賁等,《左傳》正文云:"用平禮也。"杜預注云:"以周平王享晉文侯仇之禮享晉侯。"這是先秦正史史料中所明晰記載周王室最高層牢記周平王命晉文侯的典禮,故此時周襄王命晉文公即循故事,按照周平王命晉文侯的成規辦理。那麼周平王命晉文侯的歷史事實是很清楚了。

這些是漢以前的關於此問題的較平實的早期資料,進入漢以後經師們就按此歷史事實,如實地解說《文侯之命》是周平王策命晉文侯的命書。

本篇首句如《孔疏》引鄭玄注"義和"云:"讀'義'爲'儀'。'儀'、'仇'皆訓匹也,故名仇字儀。"闡明本篇開頭周王稱呼之"義和"爲晉文侯仇之字。又鄭玄《詩譜·王城譜》云:"晉文侯,鄭武公迎宜臼於申而立之,是爲平王,以亂故,徙居東都上(王?)城。"其《疏》在引《鄭語》及《左傳·隱公六年》之文後,繼云:"依《地理志》:'幽王敗,桓公死,其子武公與平王東遷。'(此處又錄《周本紀》立平王事。)《地理志》云:'幽王淫褒姒,滅宗周,子平王東居洛邑。'鄭所據之文也。"本篇《書序》之《孔疏》引王肅云:"幽王既滅,平王東遷,晉文侯、鄭武公夾輔王室,晉爲大國,功重,故平王命爲侯伯。"又本篇"殄資澤于下民"數句之《孔疏》引王肅:"遭天之大愍,謂幽王爲犬戎所殺。殄絕其先祖之澤於下民,侵犯兵寇,傷我國家甚大,謂犬戎也。"這是東漢班固、鄭玄及魏王肅皆只以爲是周平王命晉文侯事。

僞孔釋《文侯之命》篇名云:"所以名篇,幽王爲犬戎所殺,平王立而東遷洛邑,晉文侯迎送安定之,故錫命焉。"《孔疏》云:"幽王嬖褒姒,廢申后,逐太子宜臼。宜臼奔申,申侯與犬戎既殺幽王,晉文侯與鄭武公迎宜臼立之,是爲平王,遷於東都。平王乃以文侯爲方伯,賜其秬鬯之酒,以圭瓚副焉,爲作策書命之,史錄其策書,作《文侯之命》。"唐時尚有司馬貞《晉世家索隱》首云:"《尚書·文侯之命》是平王命晉文侯仇之語。"接着以較詳論證辯《晉世家》之非。是司馬貞堅持平王命晉文侯而反對襄王命晉文公之説。又章懷太子李賢注《後漢書·丁鴻傳》云:"平王東遷洛邑,晉文侯仇有功,平王賜以車馬弓矢而策命之，因以名篇。"是漢唐治此經者，皆以爲是平王命文侯之辭。

宋蘇軾《書傳》云："平王，幽王之子宜臼也。文侯仇，義和其字也。"又云："予讀《文侯篇》，知東周之不復興也。宗周傾覆，禍敗極矣。平王宜若衛文公、越勾踐然。今其書乃施施焉與平康之世無異，《春秋傳》曰：'厲王之禍，諸侯釋位以間王政，宣王有志而後效官。讀《文侯》之篇，知平王之無志也。"《蔡傳》云："幽王爲犬戎所殺，晋文侯與鄭武公迎太子宜臼立之，是爲平王，遷於東都。平王以文侯爲方伯，賜以秬鬯、弓矢，作策書命之，史録爲篇。"其他宋儒之書尚多持此説者。

是《尚書》學的漢學宋學兩派，都承先秦史實，一致以《文侯之命》爲周平王策命晋文侯之書，初無異義。

可是《史記·晋世家》所載不同。在晋文公以城濮之戰擊敗楚後，載："獻楚俘於周，駟介百乘，徒兵千。天子使王子虎命晋侯爲伯，賜大輅、彤弓矢百、旅弓矢千、秬鬯一卣、圭瓚、虎賁三百人。晋侯三辭、然後稽首受之。周作《晋文侯命》（此處即録本篇第一段六句與第二段兩句，以當全文）。"這裏看出全録《左傳·僖公二十八年》之文而有出入。《左傳》記明這是沿用平王命文侯之舊禮。《晋世家》上文既未載晋文侯救平王被策命事，此處亦不言沿用平王事，反而移花接木，將《文侯之命》張冠李戴爲晋文公事。此處司馬貞《索隱》力辯之云："《尚書·文侯之命》是平王命晋文侯仇之語，今此乃是襄王命文公重耳之事，代數懸隔，勳策全乖，太史公雖復彌縫《左氏》，而系（世）家頗亦時有疏謬。裴氏《集解》亦引孔、馬之注，而都不言時代乖角，何習迷而同辭也？然計平王至襄王爲七代，仇至重耳爲十一代而十三侯。又平王元年至魯僖二十八年——當襄王十年,爲一百三十餘歲矣,學者頗合討論之。劉伯莊以爲蓋天子命晉同此一辭,尤爲非也。"所論析犀利,足以否定《晉世家》之説,至於劉伯莊以爲周王先後命晉文侯和晉文公都是用這同一篇《文侯之命》,當然是不對的,但説周王命晉文侯和命晉文公都有策命之書,是合於周代禮制的,只是策晉文公之文失傳了。又史公在《晉世家》有了這一誤説,到他在《史記》篇末寫的《自序》裏又説:"嘉文公錫珪鬯,作《晉世家》。"是跟着錯的。《世家》所載又賜給文公的器物,也與本篇所載賜給文侯的器物有明顯不同,也足以證把文公説成文侯是錯誤的。

《新序·善謀篇》云:"晉文公時,周襄王有弟太叔之難,出亡居鄭。晉侯以師逆王入於王城,取太叔於温殺之。晉侯朝王,王享醴,命之侑。其後三年,文公再會諸侯以朝天子,天子錫之弓矢、秬鬯,以爲方伯,《晉文公之命》是也。"這裏有兩點異説,一、不是由於城濮之功,而是殺王弟太叔,迎襄王回王城之功;二、策命之書不叫《文侯之命》而叫《晉文公之命》。所記倒很有可能,原來記的是另一件事和另一篇命書,當然與《文侯之命》不相干,不要扯來糾纏在一起。

本篇《書序》之《釋文》云:"'平王',馬無平字。"是馬融不以爲此篇是平王命文侯之辭。又"父義和"《釋文》云:"'義和',馬云:能以義和諸侯。"則馬融又不以義和爲文侯仇之字,意即否認此爲文侯。是其説主張此篇非平王命晉文侯,顯然同意《晉世家》説,以爲是襄王命晉文公。《晉世家》誤,馬融説自然也誤。

由上文知道,以《文侯之命》爲周平王命晉文侯,是根據原始的歷史記載所作出的正確説法,是可信的,以爲是周襄王命晉文公,則是後起的不符合史實的説法,是錯誤的。何況篇名爲"文侯",却以"文公"來附會,顯見其牽强。而篇中直呼文侯仇之字而非晉文公之名或字，更是此篇爲命文侯而非文公之鐵證。所以自漢以來漢學宋學諸經師以迄清代大多數學者，都以爲是平王命文侯，是完全正確的。可是到了清代後期，竟有好些學者盛倡周襄王命晉文公之説，乃至斥持平王説者爲"不知古義"（見皮錫瑞斥司馬貞語）。是完全顛倒了是非。陳喬樅《經説考》録《晉世家》等之説爲其正文，不過並録了《書序》等之説爲其附録。是明以襄王説爲主，至孫星衍《注疏》則純主襄王説，只録《晉世家》、《新序》、馬融等之説。篇文中"義和"之釋雖引鄭玄説，而辨明釋"義"爲"儀"，別本所無。亦即否認文侯仇之字之説。皮錫瑞《考證》進而堅持襄王命文公之説，力斥平王説之非，晚近吳汝綸《尚書故》、吳闓生《大義》尤堅持襄王之説，亦斥鄭玄説之非。其實這些人不顧歷史真實，只覺晉文公在歷史上有大名，非無名的晉文侯所能及，就這樣主張晉文公了。

　　屈萬里《尚書集釋》有三段文字論此問題甚諦，今録其原文如下：

　　"王引之《春秋名字解詁·下》（《經義述聞》卷二十三）謂：'古天子於諸侯無稱字者。'因言：'或以義爲字，或以義和爲字，並當闕疑。'近人温廷敬《文侯之命釋疑》（見國立中山大學《文史學研究所月刊》二卷二期）云：'王命諸侯，絶無稱字者。然或亦以仇名不美，改稱其字；如王於諸侯大夫稱字；又魯哀公於孔子誄詞亦稱尼父之例。'按，文侯以條之役生，因名曰仇，乃取敵仇之義。當時師服已議此名之不當（見桓公二年《左傳》）。以仇既非嘉名，且文侯於平王有大功，故稱其字，以尊寵之，似甚合理。固不必泥於'古天子於諸侯無稱字者'之説也。"

　　"楊氏《尚書覈詁》云：'《詩譜》："鄭武公與晉文侯定平王於東都。"（此處接着引《左·隱六年》、《國語》、《左·僖二十八年》"用平禮也"之文。）'按，駁《史記》而申《書序》之義者，始於《史記索隱》，宋葉大慶《考古質疑》卷一亦有辨證。清代以來，論之者頗多；而以楊氏此説，言簡而意明。楊樹達《讀尚書文侯之命》（見《積微居小學述林》卷六）云：'《史記·晋世家》記晋侯燮以下……凡十五世，皆稱曰侯。至曲沃武公滅晋侯緡，盡以其寶器略周釐王，釐王命曲沃武公爲晋君，列爲諸侯，更號曰晋武公。自是以後，君皆稱公。'並舉晋侯與晋公之謚相同者凡八君。以爲謚雖相同，以公、侯異稱，不虞其混淆。是知文侯必非文公矣。"

"又按：本篇言：'閔予小子嗣，造天丕愆。'明是王新即位而遭大難之辭。此與平王合，與襄王不合。且本篇所叙王錫晋侯秬鬯彤弓等物，亦與僖公二十八年《左傳》所載襄王賜晋文公者不同。益可知本篇爲平王命晋文侯之書，而非襄王命晋文公之書。齊召南《尚書注疏考證》謂本篇作於平王元年。今按，昭公二十六年《左傳》'攜王干命，諸侯替之而建王嗣'句下，《正義》引《汲冢書紀年》云：'平王奔西申，而立伯盤以爲太子。與幽王俱死於戲。先是申侯、魯侯及許文公，立平王於申；以本太子，故稱天王。幽王既死，而虢公翰又立王子餘臣於攜。周二王並立。二十一年，攜王爲晋文公所殺。以非本適（嫡），故稱攜王。'伯盤，即伯服，《日知錄》卷二有説。'晋文公'之'公'，當作'侯'。二十一年，爲晋文侯二十一年，即周平王十一年。然則本篇蓋作於攜王被殺，平王既定於東都之時，其時當爲平王十一年也。其他與本篇著成時代有關問題，詳拙著《尚書文侯之命著成的時代》一文（見《書傭論學集》）。"

這些見解都與本篇上面的討論意見相一致，特録以作爲本處重要的補充材料。

本篇唯一的討論題既已論定，現再録一段宋儒對此全書最後

《文侯之命》等三篇的論説之文，以見過去儒者對《尚書》後面有此三篇之認識，亦不無有助於對此三篇之體會。即林之奇《全解》云：“《書》於《吕刑》之下有《文侯之命》、《費誓》、《秦誓》三篇。竊意周太史所藏典、謨、訓、誥、誓、命之文，才至《吕刑》而止。自時厥後，歷幽、厲之亂，簡編不接，其間如宣王中興，會諸侯，復境土，任賢使能，南征北伐，錫命韓侯、申伯，用張仲、仲山甫。其時大誥命必多矣。乃無一篇見於《書》，意宣王之《書》必失亡於東遷之亂。孔子既取周太史所藏，斷自《堯典》，至於《吕刑》，而於列國復得命、誓三篇，遂取而附益於其後。案襄三十年《左傳》，鄭子産曰：‘《鄭書》有之曰：“安定國家，必大焉先。”’《大學》舉《楚書》曰：‘楚國無以爲寶，惟善以爲寶。’是知春秋之世，列國皆有書，夫子周流遍觀，而於晋得《文侯之命》，於魯得《費誓》，於秦得《秦誓》，故以附於帝王《書》之末歟！”此説以爲自周宣王以後以及春秋之世，必然還有很多《書》篇，可是大都亡失了，孔子到處搜集文獻，才得晋、魯、秦這三篇。這一孔子搜集文獻的説法是對的，等於糾正了舊的孔子删書的妄説。同時實定把搜集這些《書》篇的人歸之孔子，顯然也可能是對的，孔子忙於對弟子施教的兩本主要課本是《詩》、《書》，當然由他搜集課本教材，也是很自然的事。但一定要説他是在編“帝王《書》”，把搜集到的這三篇列國之《書》只好附於其末，就太拘泥了。其實《文侯之命》和《康誥》一樣，都是“帝王”對列國之君的講話，並没有什麽區別，倒是《吕刑》則完全是一篇列國之文，即吕國之文，同於魯、秦兩國之文。所以勉强分帝王書和列國書，没有必要，只是孔子搜集到什麽政治誥命的篇章，就把它彙編爲《書》這一講授門徒的重要課本而已。但由林之奇文看出，他們體會《吕刑》以上諸篇，反映爲三代盛世之文，到《文侯之命》之篇，反映的是政治式微了，因之不免慨歟。董鼎之文此意尤顯,見其《輯録纂注》云:"此篇書體與《微子之命》、《蔡仲之命》(按二篇皆僞書)同,其事則彼爲封建,此爲錫賚耳。平王……不知務此(指宣王中興),東遷於洛,惟晋焉依,自幸於苟偷,而不復念及君父;自安於卑陋,而不思興復王室,此所以《詩》自《黍離》列爲《國風》(謂其不能列入雅頌),而春秋始於平王,則以王政自是不綱矣。"他們把《書》中的《文侯之命》,看成《詩》中的《黍離》一樣,是王政式微的反映,從此"王綱解紐",再也看不到西周"盛世"了。把《文侯之命》看成是春秋之世的開始,也不無一點道理,確實是歷史走至周平王講《文侯之命》的時候,已辭别"禮樂征伐自天子出"的時代,開始轉入"諸侯異政、百家異説"(《荀子·解蔽》語)的時代了。

費　誓

　　《費誓》，是魯侯與徐戎淮夷相争，臨戰前誓衆的一次誓詞。《史記·魯周公世家》作《肹誓》，並摘要録存了《肹誓》篇文十五句於《世家》中。《尚書大傳》則載伏生本此篇稱《鮮誓》。《魯世家》的裴駰《集解》遂云：“徐廣曰：(肹)一作‘鮮’，一作‘獮’。駰案：《尚書》作‘粊’。”司馬貞《索隱》：“《尚書》作《粊誓》。……‘粊’，地名。即魯卿季氏費邑。”所謂“《尚書》作《粊誓》”，即西漢三家今文本及東漢馬鄭古文本皆作《粊誓》。偽孔本傳至唐代始改作《費誓》。段玉裁云：“衛包用貞(指司馬貞)‘粊即魯卿季氏費邑’之云，改為‘費’字。”在西漢伏生今文本為第二十五篇，伏生系三家今文本為第二十六篇，東漢馬鄭古文本為第三十一篇，其篇次皆在《吕刑》前，同屬《周書》。東晋偽古文本改在《文侯之命》後，為全書的第五十七篇，《周書》的第三十一篇。費地及本篇作者諸情况詳後面“討論”。按《説文》粊，比聲(從段玉裁説)。

（一）校　釋

公曰①：

“嗟！人無譁，聽命②！徂兹淮夷徐戎並興③，善敹乃甲冑④，敿乃干⑤，無敢不弔⑥。備乃弓矢⑦，鍛乃戈矛，礪乃鋒刃，無敢不善⑧。

“今惟淫舍牿牛馬⑨，杜乃擭，敜乃穽⑩，無敢傷牿。牿之傷，汝則有常刑⑪。馬牛其風，臣妾逋逃，勿敢越逐⑫。祗復之，我商賚汝⑬。乃越逐不復，汝則有常刑⑭。無敢寇攘，踰垣牆、竊馬牛、誘臣妾，汝則有常刑⑮。

“甲戌，我惟征徐戎⑯。峙乃糗糧，無敢不逮，汝則有大刑⑰。魯人三郊三遂，峙乃楨榦⑱。甲戌，我惟築。無敢不供，汝則有無餘刑，非殺⑲。魯人三郊三遂，峙乃芻茭，無敢不多，汝則有大刑⑳。”

①公曰——此“公”，依《史記》當爲魯侯伯禽。據近人研究，謂爲另一魯侯。詳後面“討論”。

②嗟人無譁聽命——“譁”，《漢書·藝文志》集注：“喧也。”《國語·晉語》“士卒在陳而譁”注：“囂也。”僞孔釋云：“歎而敕之，使無喧譁，欲其静聽誓命。”

③徂兹淮夷徐戎並興——僞孔釋云：“今往征此淮浦之夷，徐州之戎，並起爲寇，此戎夷帝王所羈縻統叙，故錯居九州之内。秦始皇

逐出之。”蘇軾《書傳》云：“徐州之戎及淮浦之夷叛已久矣，及伯禽就國，則並起攻魯。故曰‘徂兹淮夷徐戎並興’。‘徂兹’者，猶云‘往者’云爾。”是“徂兹”，僞孔釋爲“往征此”，蘇氏釋爲“往者”。皆訓“徂”爲“往”。僞孔謂戎夷錯居九州之内“秦始皇逐出之”之語，爲對歷史的無知妄説。實際是周代在各地建立了許多姬姓姜姓諸侯及一些先代後裔的封國之外，廣闊土地上沒有建立諸侯之處，本來就由原住民居住，成爲當時的少數民族，被稱爲戎、夷，經過春秋戰國數百年民族交糅融合，形成統一的華夏族。所以到秦漢大一統皇朝建立後，這許多少數民族都融合入華夏族整體中去了，華夏族的主體後來稱爲漢族了。只有居住在漢族文化所不及地區的少數民族沿各自的歷史道路發展，像南北朝時的五胡，相率到中原建立政權，到隋唐統一後又融合到漢族中了，其在邊裔的各族繼續沿自己的歷史道路，在華夏這一大家庭中向前發展着。

于省吾《新證》：“僞《傳》訓‘徂’爲‘往征’，非是。按‘徂’即‘虘’，亦作覷，語詞。《小臣䛐毁》：‘覷東夷大反，伯懋父以殷八師征東夷。’上句與此文例略同。下句言‘征’，可證‘徂’之不訓‘往征’也。”楊筠如《覈詁》：“‘徂’，通作‘且’。《周頌·載芟》‘匪且有且’，《毛傳》：‘且，此也。’是‘徂’、‘兹’二字同義。《酒誥》‘我西土棐徂邦君御事小子’，‘匪徂’，謂在昔也。字通作‘覷’。《彔卣》：‘覷淮夷敢伐内國。’‘覷’，亦兹也。”吳闓生《大義》：“古彝器文每用覷字發端，‘覷東夷大反’、‘覷淮夷敢伐内國’是也。此徂即覷字。”是于氏訓爲語詞之義較妥，不必訓爲“且”。

“淮夷”，是古代居於今山東省境（主要是其東境）、自商代起陸續南遷、至西周大部分遷至今淮水流域的古代少數民族。據《大誥》篇的《書序》説：“武王崩，三監及淮夷叛。”《逸周書·作雒》則云：

"三監及殷、東、徐、奄、熊、盈以畔（叛）。"可知同三監及殷、東（郳）一道聯合反周的徐、奄、熊（楚之先）、盈（即嬴，秦之先）諸族，還有也參加叛亂的薄姑、丰等族，統稱爲淮夷。他們原都住在今山東境及其附近。《史記·魯世家》説："伯禽即位之後，有管蔡等反也。淮夷、徐戎亦與反，於是伯禽率師伐之於肸……遂平徐戎，定魯。"（言伯禽即位後管蔡等反，不合史實，詳後。）本篇《書序》遂亦云："魯侯伯禽宅曲阜，徐夷並興，東郊不開。"《國語·齊語》也説："東南多有淫亂者，萊、莒、徐夷。"《左傳·昭公元年》杜注云："徐即淮夷。"所以諸資料或以淮夷、徐戎並提（本句遂亦稱"徂茲淮夷徐戎並興"），或單稱徐戎以爲淮夷代表，或單稱淮夷以包括徐戎，或即稱徐夷。以徐戎爲主的淮夷住在魯東濰水一帶，所以他們反叛就使魯東郊不開。《詩·魯頌·泮水》迭言"淮夷攸服"，"既克淮夷"，"淮夷卒獲"，"憬彼淮夷，來獻其琛"；又《閟宮》"遂荒大東，至于海邦，淮夷來同"，等等。這些有關魯國史事的詩歌都説魯國征服了東境的淮夷，才使魯國得到安定。

拙著《禹貢青州地理叢考》（載《文史》第三十七輯）考定今山東中部北流入渤海的濰水亦稱淮水，這是原來的淮水，居住在這流域及其附近的人被稱爲淮夷。由於他們跟隨武庚一起反周，被周公擊敗後，一部分南遷至今淮水流域（詳顧剛師《周公東征史事考證》），一部分留在原地，又迭爲魯國所破，只得又步其祖先的足迹，陸續遷移到淮泗流域定居。所以西周後期金文多稱他們爲"南淮夷"，以別於留居北方原地的淮夷。從《春秋》一書中所見，東周時淮夷小國留在魯國附近的只有邾、莒、滕、杞幾國了。故《詩·閟宮》疏説，春秋中期僖公之世，東方淮夷小國見於盟會者，唯此四國而已，其餘小國及與淮夷同盟者，已不被列入於這種"列國"的政治生活中了。

陳夢家《殷虛卜辭綜述》第八章所整理的殷王乙辛時代征人方路程中，有兩片記"步於淮"、"在淮"。因此他説："始於出發自大邑商，中經商、亳，而及於淮水。……自十祀九月至十二月渡淮以後，卜辭記曰'征人方'。自十一祀正月回至淮北之攸以後，卜辭記曰'王來征人方'。"並引郭沫若《卜辭通纂》第 569 片之説云："舊多釋'尸'爲'人'，余謂當是'尸'字，假爲'夷'。它辭言'在齊餗，唯王來征尸方'，則夷方即東夷也。征夷方所至之地有在淮河流域者，則殷伐夷方乃合山東之島夷（按，當作鳥夷）與淮夷而言。"則山東之夷一部分遷至今淮水流域者，已見於商代原始記載。顯然他們一部分南遷今淮水流域後，一部分仍在山東，故入周後能與周人在山東新建之國爲敵。及至鬥爭失敗，然後始大部分跟着都遷至今淮水流域的。而南方的這條淮水的水名，實際是從商代起原居住北方的淮夷南遷後，把他們新居地的這一條最大的河，用原住地的那條生息所依的淮水水名帶來稱呼它了。然後就有南淮夷之稱，然後逐漸將新居地之水專稱淮水，而將原居地之水專稱濰水以相區別了。以至於現在只知淮水是指今安徽境的那條水，而不知道它原是山東之水。賴有《費誓》篇及《魯頌》諸詩，才知淮水和淮夷原是在今山東境內的。

"徐戎"，由上文知道他們是淮夷中主要的一支，常以它代表淮夷，有時直稱它爲"徐夷"。是我國古代東方較早的一少數民族。《左傳·定公四年》載："分魯公以……殷民六族：條氏、徐氏……使帥其宗氏，輯其分族……因商奄之民，命以《伯禽》，而封於少皞之虛。"杜預注："少皞虛，曲阜也。"可知徐人當初由屬於殷的一少數民族，改爲以曲阜爲都的魯國所屬的一少數民族。按《世本》載徐與奄、江、黃、終犁等皆嬴姓。《春秋·隱公二年》疏引《譜》載嬴姓爲

少暭之後。拙撰《冀州地理叢考》（載《文史》第二十五輯）已考定少
暭之族爲東方鳥夷族的一種，其後裔有徐及郯、莒、費、譚、奄、薄姑、
有鬲、江、黃、葛、榖、終犁、秦、梁、趙等國。嬴姓中一部分又轉化爲
偃姓（參用段玉裁《說文解字注》及劉師培《偃姓即嬴姓說》），有英、
六、蓼、舒、桐等國。據《左傳·文公五年》偃姓國爲皋陶後代，故
《氏族略》即云：“偃姓，皋陶之後。”《列女傳》曹大家注：“皋陶之子
伯益。”（實據《世本》）而“益”即燕（《古史辨》第七册上第381頁楊
寬有此說），可知仍爲鳥夷族。這些部族大抵原居山東境，逐漸及於
今淮水流域。《後漢書·東夷傳》說商代“武乙衰敗，東夷浸盛，遂
分遷淮、岱”，很顯然合於史實。故殷虚卜辭中有“隹夷”，陳夢家
《隹夷考》謂其字即鳥夷。顯然其族即淮夷。上文“淮夷”一節引陳
夢家《殷虚卜辭綜述》及郭沫若《卜辭通纂》之文正說明了這個問
題。但作爲民族大遷移，南下定居後來的淮水流域，當在周公東征
以後一較長時間裏（詳顧剛師研究《大誥》所撰《周公東征史事考
證》）。這些部族既已都居淮水流域，所以統統列在淮夷之內。《路
史·國名紀》注引《世本》遂統稱淮夷爲嬴姓。《左傳·昭公元年》
杜注在說徐、奄二國皆嬴姓後，接着說“徐即淮夷”，即反映這一歷史
事實。而金文裏就統稱他們爲南淮夷，以別於原來北居山東境之淮
夷。

　　淮夷與姬周族長期處於對立狀態中，雖然有時不得不在周人武
力下妥協，因而有前文所引《魯頌》所說“淮夷攸服”、“淮夷攸同”的
話，又《大雅·江漢》有“淮夷來求”及《常武》有“徐方來庭”的話。
金文周宣王時器《兮甲盤》也說：“淮夷舊我帛畮人。”《師寰殷》也
說：“淮夷繇我帛畮臣。”是他們已不得不向周王朝貢納帛布財賄。
而到春秋時確也進一步接近、歸向周族了。如《左傳·僖公十五

年》："楚人伐徐，徐即諸夏故也。三月，盟于牡丘……且救徐也。孟穆伯帥師及諸侯之師救徐。"但他們在漫長的歷史中和周族鬥爭的時候更多，那主要是西周時。已見上引《詩》、《書》和有關史籍中有魯東淮夷徐戎和周族鬥爭的記載，更多的是南淮夷、徐戎和周族鬥爭的記載。如宣王時《詩·常武》云"戒我師旅，率彼淮浦，省此徐土"、"徐方繹騷，震驚徐方……徐方震驚"、"鋪敦淮濆……載彼淮浦"、"不測不克，濯征徐國"等是。而西周金文中也有記載，如夷王時器《敔毀》、《禹鼎》等皆記南淮夷伐周，《翏生盨》、《鄂侯鼎》及厲王時器《虢仲盨》等皆記周伐南淮夷。《後漢書·東夷傳》也説："厲王無道，淮夷入寇。"可知西周之世淮夷與周族的鬥爭是主要的，而且往往是周王朝"無道"引起的。

徐人是淮夷中最强的一族，他代表了淮夷來同周人作鬥爭，且曾取得不少勝利。《後漢書·東夷傳》云："周公征之，遂定東夷。……後徐夷僭號，乃率九夷以伐宗周，西至河上。穆王畏其方熾，乃分東方諸侯，命徐偃王主之（《駒父盨》説"淮小大邦"，可知淮夷確有小的大的很多國）。偃王處潢池東，地方五百里，行仁義，陸地而朝者三十有六國。"《水經·泗水注》"南過徐縣北"下亦云："偃王治國，仁義著聞，欲舟行上國，乃通溝陳蔡之間，得朱弓矢，以得天瑞，遂因名爲號，自稱徐偃王。江淮諸侯，服從者三十六國。"李賢注《東夷傳》："《水經注》曰：潢水一名汪水（按大典本作"狂水"）與泡水合，至沛入泗。山陽以東，海陵以北，其地當之也。"按《水經·泗水注》"南過沛縣東"下云：'黃溝又東逕山陽郡……東北逕邵縣故城南，《地理志》曰山陽縣也。'"漢山陽郡即今山東金鄉縣所在地（在微山湖西南），海陵縣即今江蘇泰縣。則其所有區域，正是《禹貢》徐州之地。

徐人直到春秋後期還立國於這一地域。《國語·吳語》記吳王夫差與晋争盟於黄池時，越兵進襲吳國，夫差和群臣謀議，擔心如果不勝，會使“齊、宋、徐夷曰‘吳既敗矣’”。是徐在這時還是與吳、齊、宋等幾個大國並立的力量。《史記·吳世家》載吳季札北使魯過徐，徐君喜愛他的佩劍，返回時徐君已死，季札把劍挂在徐君冢墓樹上，成了一有名的故事。《正義》：“《括地志》云：‘徐君廟在泗州徐城縣西南一里，即延陵季子挂劍之徐君也。’”又《周本紀》“東伐淮夷踐奄”下《正義》：“《括地志》云：泗水徐城縣北三十里古徐國，即淮夷地。”又《秦本紀》“徐偃王爲亂”下《集解》：“《地理志》曰：臨淮有徐縣，云故徐國。”又《正義》：“大徐城在泗州徐城縣北三十里，古徐國也。”這些資料都説徐國的國都就是漢臨淮郡徐縣，亦唐泗州徐城縣，或稱大徐城，即今江蘇盱眙縣西北，安徽泗縣東南之地。《太康地記》説徐州之得名由於徐丘，其地當即是徐縣一帶，亦即徐國轄境北起微山湖之西南，南抵長江北岸的今江蘇省長江以北的全境，還包括今安徽省東北地區。《水經·泗水注》“南過徐縣北”下並云：“偃王愛民不鬥，遂爲楚敗，北走彭城武原縣（今邳縣西）東山下，百姓隨者萬數，因名其地爲徐山。”是傳説受周穆王時的徐偃王之德的春秋時的徐人，因楚人之侵偪，曾退出徐縣，但仍在彭城附近的邳縣境站住。可見南遷後的徐人自西周直至東周都立國於此。在春秋前半期還在擴展其勢力，如《春秋·僖公五年》：“徐人取舒。”又《文公七年》：“徐伐莒。”其後雖分别遭楚、齊之攻伐（見《左傳》之《昭公四年》、《昭公十六年》），至《春秋·昭公三十年》始載：“吳滅徐，徐子章羽奔楚。”這才結束了徐人立國的歷史。

　　④善敹乃甲冑——《魯世家》録作“陳爾甲冑”。王先謙《參正》云：“《夏小正》云：‘陳筋革者，省兵甲也。’省亦擇也。是陳省擇

義。”“敹”,《釋文》云:“了彫反。”《孔疏》引鄭玄注云:“敹謂穿徹之。”並釋之云:“謂甲繩省斷絶,當使敹理穿治之。”江聲《音疏》:“鄭云穿徹,即謂縫綴之也。”王先謙《參正》:“甲胄皆以革爲之,穿徹謂縫綴也。”《蔡傳》:“敹,縫完也。縫完其甲胄,勿使斷毀。”按《説文·攴部》:“敹,擇也。从攴,氣聲。《周書》曰:‘敹乃甲胄。’”則與縫綴義有異。由下文“敿乃干”、“鍛乃戈矛,礪乃鋒刃”,皆爲加工於武器之語,則此當亦然。蘇軾《書傳》云:“敹、敿、鍛、礪,皆修治也。”即是此義。于省吾《新證》:“僞《傳》敹訓簡。《史記》敹作陳,代詁也。鄭康成曰:‘敹謂穿徹之。’……《説文》:‘敹,擇也,从攴,氣聲。’段玉裁云:‘《説文·网部》罙,从冂,米聲。或从卂作罙。然則敹字古音不讀了彫切,當讀如彌綸之彌。’按足利學本敹作敹。《疏》同。《弓鎛》‘敝罨吉金’。《陳㫋殷》‘敹罨吉金’。敹作𣀊,敹擇連文。《説文》訓‘擇’允矣,餘皆臆説也。”按,《説文》訓擇,自其本義,或即指當時所見彝器文之義,因鑄彝器自然要選擇吉金,但此處對數種兵器,自皆用修治義,且段玉裁接着上引文即云:“鄭注謂穿徹之,音義略相協。”故此處仍以依鄭、蔡説釋爲穿徹、縫綴之義較妥。

“乃”,第二人稱領格,你的、你們的。

“甲胄”,《禮記·曲禮》“獻甲者執胄”注:“甲,鎧也。”又《周禮·夏官·叙官》“司甲”注:“甲,今之鎧也。”《賈疏》:“古用皮,謂之甲;今用金,謂之鎧。”按甲即古代作戰時所穿的護身衣,最早以皮製成,稱甲。後來以金屬片製成,稱鎧。“胄”,《説文·冃部》:“胄,兜鍪也。……𩊨,《司馬法》胄从革。”《孔疏》:“兜鍪,首鎧也。經典皆言甲胄,秦世以來,始有鎧、兜鍪之文。古之作甲,用皮,秦漢以來用鐵。鎧、鍪二字皆從金,蓋用鐵爲之,而因以作名也。”是古代先用皮製後用鐵片製的護身衣稱甲，護頭者稱冑。秦漢以後甲稱鎧；冑稱兜鍪，亦稱首鎧，亦稱盔。

⑤敿乃干——《魯世家》未録此句。《釋文》：“敿，居表反。”《孔疏》引鄭玄注云：“敿，猶繫也。”又引王肅云：“敿楯，當有紛繫持之。”《孔疏》又云：“干是楯也。敿乃干必施於楯，但楯無施工之處，惟繫紛於楯，故以爲‘施汝楯紛’（此僞孔語）。紛如綬而小，繫於楯以持之，且以爲飾。”楯即盾。“楯乃干”，是説把手拿盾的地方的帶子繫好。

⑥無敢不弔——《魯世家》在“敿乃干”句後，跳了八句，下接“無敢傷牿”句。但八句中録了“無敢不善”句，舊時校經者，以爲是將此句之“弔”改爲“善”。其實很可能是跳去此句未録，而是引録下面“礪乃鋒刃無敢不善”的後面這句。“弔”之義本爲善，已詳《大誥》“弗弔天”校釋，司馬遷選用彼句，正與他遇較不通行字改用通行字以便於閲讀的精神一致。

⑦備乃弓矢——《孔疏》：“‘備’，訓具也。每弓百矢。弓十，矢千。使其數備，足以弓調矢利。案《毛傳》云：‘五十矢爲束’，或臨戰用五十矢爲束。”

⑧鍛乃戈矛礪乃鋒刃無敢不善——《孔疏》：“凡金爲兵器，皆須鍛礪。有刃之兵，非獨戈矛而已，云鍛鍊戈矛，磨礪鋒刃，令其文互相通稱。諸侯兵器皆使無敢不功善，令皆利快也。”《蔡傳》：“‘鍛’，淬。‘礪’，磨也。甲冑所以衛身，弓矢戈矛所以克敵。”

⑨今惟淫舍牿牛馬——《孔疏》引“鄭玄以牿爲桎梏之梏，施梏於牛馬之脚，使不得走失”。蘇軾《書傳》云：“‘牿’，所以械牛馬者。今當用之於戰，故大釋其牿。淫，大也（按，據《釋詁》）。”然《説文·牛部》云：“牿，牛馬牢也。从牛，告聲。《周書》曰：‘今惟牿牛馬。’”

無"淫舍"二字。僞孔遂釋此句云："今軍人惟大放舍牿牢之牛馬，言軍所在必放牧也。"《孔疏》："掌牛馬之處謂之牢閑。……此言大舍牿牛馬，則是出之牢閑，牧於野澤，令其逐草而牧之，故謂此牢閑之牛馬爲牿牛馬。而知'牿'即牢閑之謂也。故言大放舍牿牢之牛馬，言軍人所在，必須放牧，此告軍旁之民也。"何以臨作戰時要放牧牛馬，且此爲本篇第二段文字，嚴申作戰紀律，專對軍人而發，何此句獨對民？顯然此處當以鄭、蘇之釋爲妥。

⑩杜乃擭敜乃穽——《大傳》云："擭，捕獸機檻。"《周禮·雍氏》："秋令塞阱杜擭。"鄭注云："'阱'，穿地爲塹，所以禦禽獸，其或超逾則陷焉，世謂之陷阱。'擭'，柞鄂也。堅地阱淺，則設柞鄂於其中。《書·柴誓》曰：'敿乃擭，敜乃阱。'"（以上據皮錫瑞《考證》引）《釋文》："杜，又作敿。""擭，華化反。""敜，乃協反。""穽，在性反。"《說文·攴部》："敿，閉也。敜，塞也。"《說文·井部》："阱，陷也。……穽，阱或从穴。"

⑪無敢傷牿牿之傷汝則有常刑——《孔疏》云："既言牛馬在牿，遂以牿爲牛馬之名。下云'無敢傷牿'，謂傷牛馬。牿之傷，謂牛馬傷也。"僞孔連上句釋云："擭，捕獸機檻，當杜塞之；穽，穿地陷獸，當以土窒敜之；無敢令傷所放牿牢之牛馬。牛馬之傷，汝則有殘人畜之常刑。"《孔疏》補充唐代的常刑云："今律文，施機搶作坑穽者杖一百，傷人之畜產者，償所減價。"

⑫馬牛其風臣妾逋逃勿敢越逐——段玉裁《撰異》云："按經文言'無敢'者六，惟'越逐'作'勿敢'。唐石經及注疏本皆然。今坊間《集傳》作'無敢越逐'，皆誤也。"《魯世家》照錄此三句。《集解》："鄭玄曰：'風'，走逸。'臣妾'，厮役之屬也。"（按《彙纂》引金履祥《書經注》云："臣妾，軍中奴婢薪炊者，戎車甲士三，徒七十二，

外有餘子二十五人，即臣妾也。"）僞孔釋云："馬牛有風佚，臣妾逋亡，勿敢棄越壘伍而求逐之。役人賤者，男曰臣，女曰妾。"《孔疏》："僖四年《左傳》云：'唯是風馬牛不相及也。'賈逵云：'風，放也。牝牡相誘謂之風。'然則馬牛風佚因牝牡相逐而遂致放佚遠去也。逋亦逃也。軍士在軍當各守部署，止則有壘壁，行則有隊伍，勿敢棄越壘伍而遠求逐之。……僖十七年《左傳》云：'晉惠公之妻梁嬴孕過期，卜招父與其子卜之。其子曰，將生一男一女。招曰，然男爲人臣，女爲人妾。'是'役人賤者男曰臣女曰妾'也。古人或以婦女從軍，故云臣妾逋逃也。"王先謙《參正》云："'臣'者，《公羊·宣十二年傳》：'廝役扈養死者數百人。'何注：'刈草爲防者曰廝，汲水漿者曰役，養馬者曰扈，炊烹者曰養。故鄭以'廝役之屬'言之。雖賤役皆必有統屬。《左·昭七年傳》：'隸臣輿，輿臣僕，僕臣臺。'此臣義同也。'妾'者，《墨子·備城門篇》：'守法，五十步，丈夫十人，丁女二十人，老小十人。計之，五十步四十人。'是軍中有女子。《書疏》云：'古者或以婦女從軍'也。"

蘇軾《書傳》云："軍亂生於動，故軍以各居其所不動爲法。若聽其越逐，則軍或亂。亦恐奸人規亂我軍，故竊牛馬誘臣妾以發之。禁其主使不得捕逐，則軍自定。"呂祖謙《書說》云："師既出，則部伍不可不嚴，馬牛其風臣妾逋逃，宜鎮之以静。故戒其本部按堵不動，無敢越逐。若縱之越逐，則奔者未及，逐者先亂，軍律不可復整矣。惟嚴之以越逐之刑，此出師鎮定變亂之法也。"

⑬祇復之我商賚汝——《魯世家》作"敬復之"，未錄"商賚"句（連下兩句皆未錄）。"敬"，《集解》："徐廣曰：'一作振。'"段玉裁《撰異》云："按作'振'者蓋《今文尚書》也。《盤庚》篇'震動萬民以遷'，石經作'祇動'。《臯陶謨》'日嚴祇敬六德'，《夏本紀》作'振

敬’。《無逸》篇‘治民祇懼’，《魯世家》作‘震懼’，《内則》記‘祇見
孺子’，鄭注云：‘祇或作振。’下《曲禮》‘臨諸侯畛於鬼神’，注云：
‘畛或作祇。’祇、振，語之轉。”于省吾《新證》云：“僞《傳》訓商爲商
度，非是。金文賞每作商，《般甗》：‘王商作册般貝。’《盆卣》：‘俎生
商盆。’《末距昷》：‘國差商末。’此例至夥。賚即釐，詳《湯誓》‘予
其大賚汝’條。是‘商賚’應讀‘賞妖’，謂賞賜也。”楊筠如《覈詁》
亦云：“‘祇’，《釋詁》：‘敬也。’‘復’，謂返之原所也。‘商’，當爲
‘賞’之省。金文賞字皆作‘賈’，《俎子鼎》：‘王賈伐□貝二朋。’《小
盂鼎》：‘王命賈孟。’皆其例也。亦省作‘商’，《般甗》：‘王商作册
般貝。’是其證。則‘商賚’即賞賚矣。”

　　僞孔釋之云：“衆人其有得佚馬牛逃臣妾，皆敬還復之。我則商
度汝功賜與汝。”其末句由於不懂“商”即“賞”，故所釋誤。《蔡傳》
亦云：“失主雖不得逐，而人得風馬牛逃臣妾者，又當敬還之，我商度
多寡以賞汝。”末句同樣錯。

　　蘇軾《書傳》云：“得此風逃者，當敬復其主，我當商度有以賜
汝。”（此句同樣錯）吕祖謙《書説》云：“又或其它部見牛馬臣妾奔逸
而至者，無敢保藏，敬而歸之，隨其多寡商度行賞（亦誤）。人誘於祇
復之賞，而憚於不復之刑，則流散者將不召而自棄，此出師招集散亡
之法也。本部不敢離局，他部不敢匿奸，部伍條達，繩引碁布，何變
亂之足憂哉！”

　　⑭乃越逐不復汝則有常刑——僞孔云：“越逐爲失伍，不還爲攘
盗，汝則有此常刑。”

　　⑮無敢寇攘踰垣墙竊馬牛誘臣妾汝則有常刑——《魯世家》録
存“無敢寇攘，踰垣墙”兩句。《集解》：“鄭玄曰：‘寇，劫取也。因其
失亡曰攘。’”于省吾《新證》：“按，‘無敢寇攘’，句。‘踰垣墙竊牛

馬誘臣妾汝則有常刑’，應作一句讀，則義自瞭然。”僞孔云：“軍人無敢暴劫人，踰人垣墻，物有自來者，無敢取之。軍人盜竊馬牛、誘偷奴婢，汝則有犯軍令之常刑。”

⑯甲戌我惟征徐戎——僞孔云：“誓後，甲戌之日，我惟征之。”下文有“甲戌我惟築”之句，《孔疏》有釋，見下文。蘇軾《書傳》則云：“徐戎淮夷近在魯東郊，不伐之於郊，而載糗糧遠征其國既以甲戌築，又以甲戌行，何也？古來未有知其説者，以予考之。伯禽初至魯，魯人未附。韓信所謂非素拊循，士大夫驅市人而戰者。若伐之東郊，魯人自戰其地，易以敗散，築城而守之，徐人必争，使土功不得成。故以是日築，亦以是日行，徐夷方空國寇魯，魯侯乃以大兵往攻其巢穴，師興之日，東郊之圍自解，所謂攻其必救，築者亦得成功也。《費誓》言征言築，而終不言戰，蓋妙於用兵。”《魯世家》遂據下文連文稱“我甲戌築而征徐戎”。

⑰峙乃糗糧無敢不逮汝則有大刑——《説文》引作“峙乃餱粻”，見《食部》：“餱，乾食也。从食，侯聲。《周書》曰‘峙乃餱粻’。”段玉裁《撰異》云：“玉裁按，‘峙’，從止，寺聲，轉寫者易止爲山耳。《爾雅·釋詁》：‘峙，具也。’亦同其義。即《説文》之偫字也（按《説文》“儲，偫也”）。孔云‘儲，峙’，即‘儲，偫也’。《説文·食部》（此處引“餱”字全文），所引與今本《古文尚書》不同，而音義皆略同。《説文·米部》無粻字，而詩《大雅》‘以峙其粻’，《王制》‘五十異粻’，《爾雅·釋言》鄭箋注皆曰‘粻，糧也’。《大雅》又云‘乃裹餱糧’。”考訂了“峙”作峙，“糗”作餱，“糧”作粻的文字情況（按《漢石經》殘字“峙乃芻茭”正作“峙”）。《説文》所引用爲東漢古文本，則今所見者爲僞古文本用字。“不逮”，《蔡傳》云：“若今之‘乏軍興’。”“大刑”，《魯世家集解》：“馬曰：‘大刑’，死刑。”

僞孔釋云:“皆當儲峙汝糗糒之糧,使足食,無敢不相逮及,汝則有乏軍興之死刑。”《孔疏》:“峙,具也。預儲米粟謂之儲峙。鄭衆云:‘糗,熬大豆及米也。’《説文》云:‘糗,熬米麥也。’鄭玄云:‘糗,擣熬穀也。謂熬米麥使熟又擣之以爲粉也,糒,乾飯也。‘糗糒’,是行軍之糧。皆當儲峙汝糗糒之糧,使在軍足食。‘無敢不相逮及’,謂儲糧少,不及衆人,汝則有乏軍興之死刑。興軍征伐而有乏少,謂之‘乏軍興’。今《律》:‘乏軍興者,斬。’”

⑱魯人三郊三遂峙乃楨榦——《魯世家》作:“魯人三郊三隧,峙爾芻茭、糗糧、楨榦。”蓋集上文之糗糧下文之芻茭於此總叙之以精簡字句,其“遂”作“隧”。王先謙《參正》:“‘遂’、‘隧’字通。《匠人》:‘廣二尺深三尺謂之隧。’《釋文》:‘隧,本作遂。’是其證。”《漢石經》殘石則“遂”作“遯”。《魯世家集解》:“王肅曰:邑外曰郊,郊外曰隧。”此釋只以地稱,較妥。《孔疏》釋爲天子六軍大國三軍出於鄉、遂,而鄉在郊,故稱郊、遂。以代表三軍,自後治經者多從之。吴闓生《大義》云:“郊外曰遂,‘郊遂’謂居民,舊説爲三軍,非是。”其説甚確。因三郊三遂之魯人只擔任提供楨榦芻茭,並非叫他們作戰,因此不能釋爲三軍。文獻中説郊、遂者,《爾雅·釋地》:“邑外謂之郊。”《説文》:“距國百里爲郊。”《王制》“不變移之郊”鄭注:“郊,鄉界之外者也。”又“不變移之遂”鄭注:“遠郊之外曰遂。”朱駿聲《便讀》引古注(?):“國外四面曰郊,鄉在郊内;郊外四面曰牧,遂在牧内。”《王制》疏引《大傳》云:“古者百里之國三十里之遂、二十里之郊;七十里之國二十里之遂、九里之郊;五十里之國九里之遂、三里之郊。”皮錫瑞、王先謙皆謂此即《大傳》解釋《費誓》篇“三郊三遂”之《傳》文,顯然過於拘泥里數了。皮氏承此説云:“魯國百里,則郊當在二十里之外,遂又在其外也。”也是拘泥了。《周禮·地

官·叙官·鄉老》疏引《司馬法》云："王城百里爲遠郊。"又引鄭司農云："百里内爲六鄉，外爲六遂。"又《遂人》疏引鄭司農云："'遂'，謂王國百里外。"至《孔疏》言天子六軍大國三軍之文可以不録，其後半段云："鄭衆云：'六遂之地在王國百里之外。'然則王國百里爲郊，鄉在郊内，遂在郊外。《釋地》云：'邑外謂之郊。'孫炎曰：'邑，國都也。'設百里之國，去國十里爲郊，則諸侯之制，亦當鄉在郊内，遂在郊外。此言三郊三遂者，三郊謂三鄉也。蓋使三鄉之民分在四郊之内，三遂之民分在四郊之外，鄉近於郊，故以郊言之。鄉遂之民分在國之四面，當有四郊四遂。惟言三郊三遂者，明東郊令留守，不令峙楨榦也。"《孔疏》此意在闡述僞孔"言三郊三遂，明東郊距守不峙"之説，實承王肅説，見《魯世家集解》引王肅曰："邑外曰郊，郊外曰遂。不言四者，東郊留守，故言三也。"

　　"楨榦"，《魯世家集解》引馬融曰："楨、榦皆築具，楨在前，榦在兩傍。"僞孔："題曰楨，旁曰榦。"（按《檀弓》"題凑也"《釋文》："題，頭也。"）《孔疏》："'峙其楨榦'，以擬築之用。'題曰楨'，謂當墻兩端者也。'旁曰榦'，謂在墻兩邊者也。《釋詁》云：'楨，榦也。'舍人曰：'楨，正也，築墻所立兩木也。榦所以當墻兩邊障土者。'"王先謙《參正》："凡築墻及城者，以繩束板置於兩旁，更竪木於其端首，乃取土實其中而築之，楨是其端首之木，故云在前，榦則其兩旁之板也。"

　　至於説"魯人三郊三遂"，僞孔釋云："總諸國之兵，而但稱魯人峙具楨榦，道近也。"《孔疏》亦從而釋之云："指言魯人，明更有他國之人。總諸國之兵而但謂魯人峙具楨榦，爲道近故也。"以"道近"爲理由解釋只説魯人，非常勉强。事實是，如《左傳·定公四年》所説："分魯公以……殷民六族：條氏、徐氏、蕭氏、索氏、長勺氏、尾勺

氏,使帥其宗氏,輯其分族,將其類醜……因商奄之民,命以《伯禽》,
而封於少皥之虛。"杜注:"少皥虛,曲阜也。"伯禽原封於今河南魯
山,就封曲阜時率其原有部伍、宗族、依附之衆前來,要駕馭分給他
的殷民六族及原在曲阜的商奄之民(曲阜即奄),就全用嚴刑峻法高
壓方式以進行統治(由本篇就看得出純用此方式),而六族中的徐氏
聯合其他原有淮夷之衆公然反抗,伯禽運用周族新興勇鋭的兵力
(可能周公還要留下些東征勁旅給他)作爲自己的主力,還强迫殷民
六族中其他各族的作戰力量跟隨自己作戰,餘下的在魯國境内(三
郊三遂)的居民——即所謂魯人,就必須擔任峙備楨榦芻茭等軍興
需用作戰物資及其緊迫的勞役等工作,這些無可逃避的戰時緊急任
務自然地由這些魯國人民擔負起來,而不是由於"道近"的問題。

⑲甲戌我惟築無敢不供汝則有無餘刑非殺——僞孔云:"甲戌
日當築攻敵壘距堙之屬,峙具楨榦,無敢不供。不供,汝則有'無餘
之刑',刑者非一也,然亦非殺汝。"《孔疏》:"上云'甲戌我惟攻徐
戎',此云'甲戌我惟築',期以至日至築,當築攻敵之壘距堙之屬。
《兵法》:'攻城築土爲山以闚望城則謂之距堙。'襄六年《左傳》云:
'晏弱城東陽而遂圍萊,甲寅堙之,環城,傅於堞。'杜預云:'堞,女
墻也。堙,土山也。周城爲土山及女墻。'宣十五年《公羊傳》:'楚
子圍宋,使司馬子反乘堙而闚宋城。宋華元亦乘堙而出見之。'何休
云:'堙,距堙。上城具也。'是攻敵城壘必有距堙。知築者築距堙之
屬也。"

《孔疏》又云:"上云'無敢不逮',此云'無敢不供',下云'無敢
不多'。文異者,糗糧難備,不得偏少,故云'無敢不逮'。楨榦易
得,惟恐闕事,故云'無敢不供'。芻茭賤物,惟多爲善,故云'無敢
不多'。量事而爲文也。不供,汝則有'無餘之刑'者,言刑者非一,

謂合家盡刑之。王肅云：‘汝則有無餘刑，父母妻子同産皆坐之，無遺免之者。故謂無餘之刑，然人於罪隸，亦不殺之。’鄭玄云：‘無餘刑非殺者，謂盡奴其妻子，不遺其種類，在軍使給厮役，反則入於罪隸舂槀，不殺之。’《周禮·司厲》云：‘其奴，男子入於罪隸，女子入於舂槀。鄭玄：‘奴從坐而没入縣官者，男女同名。’鄭衆云：‘輸於罪隸畜人、槀人之官也。然不供楨榦雖是大罪，未應緣坐盡及家人，蓋亦權以脅之使勿犯耳。”

　　孫詒讓《駢枝》在引録了僞孔、鄭玄、王肅之説後云：“案此篇魯公誓師，曰‘汝則有常刑’者三，曰‘汝則有大刑’者二，唯楨榦不供獨曰‘有無餘刑’，他書或無見文。以前後文義推之，‘常刑’謂劓刵以下諸刑，‘大刑’謂死刑（《孔傳》及《史記集解》引馬融説並如是），此特曰‘無餘刑’，則必重於常刑，又特曰‘非殺’則必輕於大刑，皆可知矣。但鄭謂盡奴其妻子，蓋據《甘誓》、《湯誓》‘孥戮’之刑，然《周禮·司厲》鄭司農注，釋‘孥爲奴’。則唯本身役作，不盡奴其妻子，其説較長。假令如鄭康成説，楨榦不供而戮及妻孥，於法既嫌太重，孔云刑者非一，亦望文生訓，恐皆未得其義。竊謂此‘餘’當爲‘舍’之借字。《説文》‘餘’從余聲，‘舍’亦從余省聲。古‘餘’字亦或省作‘余’，見《周禮·委人》，故余、舍二字得相通借。魏《三體石經·尚書》余字作‘舍’，即借‘舍’爲‘余’也。《周禮·司圜》：‘收教罷民，任之以事而收教之，能改者，上罪三年而舍，中罪二年而舍，下罪一年而舍。’注云：‘舍，釋之也。’是古者圜土繫罪人，以三年爲極限。過三年不舍則永不舍矣。此‘無餘刑’者，或流放，或役作，終身不釋，故曰‘無餘’。而究貸其死，故又云‘非殺’也。《楚辭·天問》説舜殛鯀云：‘永遏在羽山，夫何三年不施。’王逸注云：‘言堯長放鯀於羽山，絶在不毛之地，三年不舍其罪也。’此云‘無餘’與《楚辭》云‘不施’,義蓋略同。”孫氏之釋較僞孔、鄭、王之釋又別具一解。

⑳三郊三遂峙乃芻茭無敢不多汝則有大刑——孫星衍《注疏》據《魯世家》簡録本篇之末句作“無敢不及,有大刑”,遂謂“無敢不及”是此處“無敢不多”之異文。其實史公簡録此篇字句有省併改易,“無敢不及”不必是“無敢不多”之異寫。孫所作出之解釋亦可不用。《孔疏》引鄭玄云:“茭,乾芻也。”按,“芻”,草也。見《莊子·列禦寇》“食以芻菽”《釋文》。《左傳·昭公十二年》“淫芻蕘者”疏:“芻者,飼牛馬之草也。”《説文》:“芻,刈草也。”僞孔釋此數句云:“郊遂多積芻茭,供軍牛馬。不多,汝則亦有‘乏軍興’之大刑。”

于省吾《新證》:“以‘無敢傷牿,牿之傷,汝則有常刑’及‘乃越逐不復,汝則有常刑’例之,則下之‘不逮’、‘不供’、‘不多’,均應有重文。讀作:‘無敢不逮,不逮汝則在大刑。’‘無敢不供,不供汝則有無餘刑。’‘無敢不多,不多汝則有大刑。’蓋漢人誤脱重文也。《兮伯盤》:‘毋敢不即餗即𡥵,敢不用命,則即刑𠟭伐。”文例與此同。古人書往往脱去重文,詳《召誥》‘大保乃以庶邦冢君出取幣’條。(此處録文獻及金文重文例句多條)……凡此皆可以佐證予説。是篇常刑凡三見,舊解皆讀如字,非是。金文凡‘常’皆作‘尚’,尚亦通‘上’。如《詩·陟岵》‘尚慎旃哉’,尚,《漢石經》作上。《多方》‘爾尚不忘于凶德’,尚,《説文》作上。可證。是常刑即《吕刑》‘上刑適輕下服’、《孟子·離婁》‘故善戰者服上刑’之‘上刑’也。上刑、大刑、無餘刑,皆刑之重者也。如舊説讀‘常’如字,竊馬牛誘臣妾者有常刑,峙芻茭不多者有大刑,馬融謂大刑爲死刑,豈理之所宜然乎。”于氏之説較深刻,可正舊説。

以上全文未分節,然自層次分明。吕祖謙《書説》云:“伯禽撫封於魯，夷戎妄意其未更事，且乘其新造之隙。而伯禽應之者甚整暇有序，先治戎備，次之以除道路，又次之以嚴部伍，又次之以立期會。先後之序，皆不可紊。"以經師的理解來分析本篇的層次。但没有說出其全文的主要精神在嚴刑峻法，純以高壓手段治軍治民，可以看出當時的統治，是純以暴力維持的。也可能這是軍事行動，更突出了這點。

　　其實上面錄列全文分三大段，第一段宣布即將對興起叛亂的徐戎淮夷作戰，嚴令全軍作好戰鬥準備，第二段嚴申戰鬥紀律，第三段嚴令魯地居民作好各種軍需供應，否則嚴懲。

(二) 今　譯

　　魯公説：

　　"唉！大家不要喧鬧了，聽我的命令！淮夷、徐戎起來作亂了，趕快縫綴修治好你們的鎧甲和頭盔，堅實地繫好你們的盾牌，不得敢於不做好這些準備。還準備好你們的弓和箭，鍛煉好你們的戈和矛，磨快你們鋒利的刀，不得敢於不把這些做好。

　　"現在要把牛馬從桎梏中釋放出來以備作戰，要把捕獸機檻關掉，把陷穽閉塞，使不得傷害牛馬。如果傷害了牛馬，那麼你就必然被判刑。如果牛馬亂跑走失了，部隊中的廝役男女奴隸們跑掉了，不要去追。如果得到這些牛馬和廝役奴隸的，要負責地把它送還，我會給以賞賜。如果你們違紀去追逐而又没有找回來，那麼你們就必然被判刑。不許搶劫掠奪財物，爬越墻垣去盗牛馬，誘逃廝役奴隸，如果這樣，你們就必然被判刑。

“甲戌這天，我要征伐徐戎，大家儲備好乾糧，誰敢達不到儲備軍興需要的乾糧要求，就按‘乏軍興罪’判處死刑。魯國各地的居民，要準備足築墻、築壘用的器材工具，甲戌這天我們要構築進攻敵壘用的稱爲‘距堙’的重要工事。不得敢於不準備好這些重要的軍用物資。膽敢不準備好，就得受‘無餘之刑’，不過不殺掉你罷了。魯國各地居民還得儲備好飼牛馬的草料——新鮮的和乾的芻和茭。不得敢於儲備得不充足。誰敢儲備得不夠多，是嚴重的‘乏軍興罪’，那就得處死刑。”

（三）討　論

本篇至少得討論兩個問題：

（一）作誓地點

今通行僞孔本稱“費”，然而這是唐代衛包憑自己的理解錯誤地改用的，原始資料最初似作“肸”，但它同時又出現好幾種不同的用字。前面篇首的“題解”已簡略提到，現清理一下其有關資料。

《史記·魯周公世家》云：“周公卒，子伯禽固已前受封，是爲魯公。……伯禽即位之後，有管蔡等反也（按，此語誤，伯禽即位於平定管蔡之後），淮夷、徐戎亦並興反。於是伯禽率師伐之於肸，作《肸誓》：‘陳爾甲冑，無敢不善，無敢傷牿。馬牛其風，臣妾逋逃，勿敢越逐；敬復之。無敢寇攘，踰墻垣。魯人三郊三隧，峙爾芻茭、糗糧、楨榦，無敢不逮。我甲戌築而征徐戎，無敢不及，有大刑。’作此《肸誓》，遂平徐戎，定魯。”

《尚書大傳》於《周傳》之內，列篇題《鮮誓》。陳壽祺《輯校》云：“案曰，《史記‧魯世家》作《肸誓》，《索隱》云：‘《大傳》作《鮮誓》。’《困學紀聞》卷二云：‘《費誓》，《說文》作柴，《史記》作肸，《大傳》作鮮。’”

《說文‧米部》：“柴，惡米也。从米，比聲。《周書》有《柴誓》。”

《周禮‧雍氏》鄭玄注：“《書‧柴誓》曰：‘敜乃攏，斂乃阱。’時秋也，伯禽以出師征徐戎。”阮元《校勘記》：“‘《書‧柴誓》曰’，大字本、岳本、嘉靖本、閩本同；監本毛本‘柴’誤‘柴’，《疏》同。按《釋文》‘柴誓，音祕’。”

《禮記‧曾子問》“吾聞諸老聃曰：‘昔者魯公伯禽，有爲爲之也。’”鄭玄注：“伯禽，周公子，封於魯。有徐戎作難，喪卒，哭而征之，急王事也。征之作《柴誓》。”《釋文》：“柴，音祕。”段玉裁《撰異》：“今本《禮記》誤改作‘費’，《釋文》可證。”

《魯世家》“作《肸誓》”裴駰《集解》：“徐廣曰：‘一作鮮，一作獮。’駰案，《尚書》作‘柴’。孔安國曰：‘魯東郊之地名也。’”（“柴”，殿本誤作“柴”。）裴爲南朝宋人，是南朝時僞孔本尚作“柴”。

又司馬貞《索隱》：“《尚書》作《柴誓》。今《尚書大傳》作《鮮誓》，《鮮誓》即《肸誓》。古今字異，義亦變也。‘鮮’，獮也。言於肸地誓衆，因行獮田之禮，以取鮮獸而祭，故字或作鮮，或作獮。‘柴’，地名，即魯卿季氏之費邑。”（“柴”，殿本誤作“柴”。）司馬貞爲唐初人，是唐初僞孔本尚作“柴”。又開始提出“柴”即“費”之說，沒有提任何證據、任何根據，顯然是憑他自己的認識所推想的。又提出“獮田之禮”、“取鮮獸而祭”的牽强附會之說。此篇誓詞係取地名爲篇名,既作《鮮誓》或《獮誓》,則"鮮"、"獮"皆必須爲地名,提出他解皆妄。

　　段玉裁《撰異》:"《說文》七篇《米部》曰:'粊,惡米也,从米,比聲。《周書》有《粊誓》。'玉裁按,各本作'粖',北聲。《玉篇》、《廣韻》引《說文》作粖,皆誤也。北聲在之哈職德部,比聲在脂微皆灰部,粊在至韻,形誤作粖,古無從米從北之字。《經典釋文》、《五經文字》皆不誤,今訂正。《春秋》定公十年《左氏傳》曰:'若其不具用秕裸也。'陸德明曰:'又作粃,必履反。'玉裁謂'粃'即'粊'之或體也。'《周書》有《粊誓》'者,即衛包本之《費誓》也。"

　　《撰異》又云:"《周官經·雍氏》、《禮記·曾子問》鄭注皆作《粊誓》,《尚書大傳》作《鮮誓》,《史記》作《肸誓》。《集解》曰:'徐廣云肸一作鮮,一作獮。駰案《尚書》作粊。'《索隱》曰:'《尚書》作《粊誓》。今《尚書大傳》作《鮮誓》,鮮即肸,字之異也。'玉裁按,'鮮'音一讀如'斯'、'獮',古音如'徙',故與'肸'音近。蓋許鄭從《古文尚書》作'粊',《史記》用《今文尚書》也。據裴駰、司馬貞,則唐初《尚書》本作'粊',衛包用貞'粊即魯卿季氏費邑'之云,改爲'費'字。宋初陳鄂乃又改《釋文》之'粊'爲'費'。"

　　《撰異》引王氏鳳喈(即王鳴盛)曰:"粊爲魯東郊地,則應在今曲阜,而已無考。唐人改爲'費',考春秋之初費自爲國,隱元年《左傳》云:'費伯率師城郎。'後并於魯,爲季氏邑。僖元年《左傳》'公賜季友汶陽之田及費'是也。漢爲縣,屬東海。故城在今兗州府費縣西北二十里,去曲阜且三百里,人疑作戰之地即在此,皆非也。"

　　《撰異》又云:"按肸、鮮、獮三字雙聲。《尚書大傳》作'鮮',《史記》作'肸',今文也。《史記》多從今文。許君《說文》,鄭君《周禮》、《禮記》注作'粊',此古文也(按西漢三家今文亦作粊,非只古文）。……孔本經文及傳文皆作‘柲’，與許、鄭本同明甚。……陸氏《尚書音義》當有柲字音訓，又經開寶中刪改矣。柲果在東郊，則非季氏之費邑，王氏鳳喈辨甚確。《孔傳》與《正義》皆無此說，衛包蓋依小司馬陋說改之。……《廣韻·五至》：‘柲，魯東郊地名。’此用《孔傳》，蓋陸法言原文也。可證《孔傳》不作‘費’。”

按段玉裁《說文解字注》卷七上校定：“柲，從米，比聲。《周書》有《柲誓》。”《廣韻》：“柲，兵媚切，音祕。”又有“徐曰：祕音閟。”《集韻》：“秘，兵媚切，音邲，通作祕。”《唐韻》、《集韻》皆云：“邲，兵媚切。”是柲字比聲，音邲、音祕、音秘、音閟，皆爲兵媚切。司馬貞以柲爲地名即魯之費邑。費與柲同音。此純以同音牽合，毫無根據。衛包據以改《柲誓》爲《費誓》，妄甚。

郭沫若氏《兩周金文辭大系》有《明公殷》銘釋文云：“唯王令明公遣三族伐東國，在㭟，魯侯有囚功，用作旅彝。”郭氏釋之云：“本文在字下一文，上半右旁作弖，當是犬字。《召伯虎殷》有獄字作㺊，所從犬字形左右均與此同。左旁當是尒字，古璽文尒字或作尒，與此形近。此當略有剟省處。㹜，即《說文》𤜈字重文之㺊字。字形稍訛。許以爲‘從豕、示’，乃沿訛文以为说。古璽尒字亦作㹜，与古文示字全同。下半所从是邑字。㭟，即胇、柲等之本字也。徐广以为‘一作獮’者为近实。胇、柲、鮮均假借字。”此释发千古之覆，为学术上一大快事，使我们知道此地称“㭟”（即獮），此篇誓词原当称《獮誓》，其它皆假借字。吴闓生所编选《吉金文录》亦收有此器，改称“鲁侯彝”，並将“㭟”字逐隶定为“獮邑”二字（盖以“㭟”为此二字合文）。並释云：“明公與魯侯非一人也。此魯侯亦非伯禽，當是伯禽後人。‘獮邑’即《柲誓》之‘柲’。郭證此字極當。”又在其《尚書大義》中引此篇名諸異說後云：“以《魯侯彝》證之，作‘獮’者是。”

由上所列資料,藉知此地名紛歧諸情况。而最後由現代金文研究,獲知其地原稱獼邑。由《史記》據先秦資料所引用,文獻中最先稱其地爲肸,當是獼的同音假借字。同樣由秦博士伏生傳至漢代的鮮字,亦由於同音假借。而西漢三家今文用音轉的柴字,東漢古文各篇全承用了今文二十九篇篇名,故亦用柴字。東晉僞古文再承用之,直傳至唐代,故用此地名爲誓詞篇名爲《柴誓》,在《尚書》學史上使用時間爲最長。至唐天寶時改用費字,最虚妄無據。清儒已指出費爲另一地,距魯都曲阜三百餘里,怎能爲魯郊? 而且正處在魯的敵人徐戎後方腹地,怎能到敵人後方去作誓? 其虚妄是顯然的。可是由於刻成《唐石經》,爲以後一切版刻本之祖,遂貽誤至今。現在應明確,作爲地名,原稱獼邑,先秦至漢用了同音假借字肸、鮮及音轉字柴(有誤文粊、柴等),而從來不稱費。而以地名作爲篇名,應正名爲《肸誓》,事實上長期使用過假借字《肸誓》、《鮮誓》及音轉字《柴誓》,決不能誤用《費誓》。

整理古籍,最大的戒律是不要輕率改變古籍原貌。我們既確定依《唐石經》整理《尚書》,就不得輕率改變其用字,只得仍保存《費誓》舊篇名,不過指出其誤就是。

(二)作誓詞者爲誰

從《史記》及《書序》起,迭經歷代經師,直傳至現代,都明確説是周公兒子魯侯而當時稱爲魯公的伯禽。這應該是無疑問的。上引《史記·魯世家》所載的是:"伯禽率師伐之於肸,作《肸誓》。"《書序》也説:"魯侯伯禽宅曲阜,徐夷並興,東郊不開,作《柴誓》(衛包改柴爲費)。"明確如此,不易有歧義。可是近人余永梁撰《〈柴誓〉的時代考》(見《古史辨》第二册,原載 1937 年 11 月《中山大學語言歷史學研究所周刊》1 卷 1 期)。提出兩點理由:(1)商代及周初稱別國爲"方"，到春秋時期才盛稱戎、狄、蠻、夷。（2）《粊誓》的文章與周宣王時《兮甲盤》相似。因而斷定《粊誓》成於春秋中期的魯僖公。其所提理由第一點不合歷史事實，第二點牽强比附。簡析之如下：

殷虛卜辭中有"佳夷"，陳夢家《佳夷考》釋其文字爲"鳥夷"，因甲文中"佳"即"鳥"，而其族屬當屬淮夷。在其《殷虛卜辭綜述》中釋"人"字爲直立人形，而"夷"字則略近人形而爲橫臥之形，是由卜辭知殷代已明有夷字。上文引郭沫若《卜辭通纂》第569片亦明言"它辭言'在齊餗，唯王來征夷方'。則夷方即東夷也。……則殷代夷方乃合山東之鳥夷與淮夷而言。"則更明確據卜辭言殷代已有淮夷。《後漢書·東夷傳》說殷代"武乙衰敗，東夷寖盛"。則文獻中亦早已說殷代有東夷。周代則其尚處於殷世的文王祖父太王時有混夷，見《詩·大雅·緜》云："混夷駾矣。"王國維《鬼方昆夷玁狁考》釋之云："此詩自一章至七章皆言太王遷都築室之事，八章云……'混夷駾矣'，亦當言太王定都之後，混夷畏其强而驚走也。"又文王之父王季，則《古本竹書紀年》載："武乙三十五年，周王季伐西落鬼戎。俘二十翟（狄）王。"（《通鑑外紀》則引作"周俘狄王"）接着在殷王太丁二年至十一年間，連續載"周人代余無之戎"、"周人伐始呼之戎"、"周人伐翳徒之戎"等等。進入周代，《紀年》第一筆即書"周武王率西夷諸侯伐殷"。而後西周文獻中各種戎夷等等史不絕書。今余氏文中竟說戎狄蠻夷之稱流行於春秋，不是完全昧於史實嗎？

其次關於與《兮甲盤》文字類似之說。《兮甲盤》全文如下（用《吉金文錄》本，唯"帛晦"二字不從吳作"員畝"）："唯五年三月既死霸庚寅，王初格伐玁狁，于畲膚。兮甲從王，折首執訊，休亡敃。

王錫兮甲馬四匹，駒車，王命甲政嗣成周、四方賣，至于南淮夷。南淮夷舊我帛晦人，毋敢不出其帛。其賣其進，入其貯，毋敢不即餗，即市。敢不用命，則即井（刑）𢦏伐。其唯我諸侯百生厥貯毋不即市，毋敢或入𢆶宄貯。則亦刑。兮伯吉父作盤，其壽萬年無疆，子子孫永寶用。"讀者可以把它和《柴誓》篇全文對讀。其謀篇、布局、措詞、用字、語彙、文氣是否相同呢？只是同用了語言中常語"無敢"二字，和當時統治者動輒要用刑的習用語，就能説二文一致嗎？即使如余氏説二文一致，爲什麼不説《兮甲盤》和《柴誓》一樣是西周初年的作品，却一定要反過來説《柴誓》和《兮甲盤》一樣是周宣王時的作品呢？明明是兩篇文體文風都不相同的各不相干的文字，硬要扯到一起，就只好牽强比附，就形成俗諺所説的"齊得頭來脚不齊"了。

　　余氏文中還毛舉些文籍中的細故以實其説。關鍵在其説完全不符合淮夷徐戎的歷史實際。周公在擊敗武庚三監及隨同他們反周的廣義的淮夷諸族（即《作雒》所説的徐奄熊盈還有薄姑等，顯然即下文引《孔疏》所説"淮夷同盟"）以後，實行民族大遷移，將奄和薄姑遷長江南岸（即今江蘇南部），丰遷至今江蘇省的長江以北之地，熊遷丹水流域，盈遷渭水流域，以徐爲首的淮夷則大量遷今淮水流域，但淮夷族屬較多，仍留在山東原地的不少，他們自然心不服周，當伯禽新封於奄（曲阜）來建立魯國時，趁其立國未穩，所有留下的淮夷，以劃歸給伯禽的殷民六族中的徐氏一族爲首，群起反魯。上文釋"魯人三郊三遂"時闡明伯禽如何運用他的力量全軍戒備、全民動員、全力以赴地戰勝了徐戎淮夷，如《魯世家》所説的"遂平徐戎，定魯"。這時這裏的淮夷，又大批逃往淮水流域，留在魯境的淮夷就更少了。傳到春秋時，據《詩·閟宮》"泰山巖巖"章《孔疏》云：

“當僖公之世，東方淮夷小國見於盟會，唯邾、莒、滕、杞而已。其餘
小國及淮夷同盟不見於經，蓋主會者不列之耳。”是魯僖公時，魯國
附近的淮夷諸小國，追隨於華夏列國之末列，成爲“不侵不叛之臣”，
有誰能起而反魯，又怎麼需要魯僖公費伯禽那樣的氣力，用全軍戒
備、全民動員、全力以赴地發布這篇誓詞去和強敵作戰呢？ 懂得這
點歷史，就不至於發奇想説是魯僖公在東郊誓衆去和東面的強敵淮
夷作戰了。（余氏文中説：“費即今山東費縣，費縣亦在曲阜的東南，
可證《粊誓》是僖公伐徐，在費縣誓師時作的。”是明確説和魯國東
面的敵人作戰。不知王鳴盛早辨明費離曲阜三百里，遠非魯郊，且
處於徐戎後方腹地，何能跑到敵人後方去誓師。）

　　其實春秋之世淮夷徐戎的主體全在南方淮水流域。上面關於
淮夷徐戎的“校釋”文中，已簡述了他們的全歷史過程。春秋時代，
淮夷的代表者徐族，由於自西周時期起已在淮水流域建立了徐國，
以撫有全部淮夷之衆。其國都在漢時的徐縣、唐時的徐城縣，即今
江蘇盱眙縣西北、安徽泗縣東南之地。其轄境北起微山湖之西南、
南抵長江北岸的江蘇省江以北全境，還包括安徽省東北地區。此地
區內淮夷小國皆臣服於它，見於記載者三十多國。在西周前期，由
於南遷甫定，要爭取立國，所以多和宿敵姬周族作鬥爭。到國勢已
定，周穆王羈縻它，叫它主這一區域的諸侯，它和周族的矛盾緩和下
來，這時要學華夏族所倡的仁義，使在文化上和精神上向華夏族靠
攏。而促成它這樣做的，主要由於所處的地理環境，以這樣一大片
膏腴之地，却做了正在國勢向上發展、日益強大、不斷向外擴張領土
的楚國的近鄰，自然不斷遭到楚的蠶食，受到楚的威脅，它就只好向
華夏族靠攏，以求奧援。《春秋·僖公十五年》云：“楚人伐徐，三
月，公會齊侯、宋公、陳侯、衛侯、鄭伯、許男、曹伯盟於牡丘，遂次於

匡。公孫敖帥師及諸侯之大夫救徐。"這年的《左傳》云："春，楚人伐徐，徐即諸夏故也。三月，盟於牡丘，尋葵丘之盟，且救徐也。孟穆伯帥師及諸侯之師救徐。諸侯次於匡以待之。"顯然魯僖公之世，徐早已靠攏諸夏，遭到楚人進攻，魯僖公就和諸侯救徐了，哪來的什麼魯僖公伐徐呢？而這年《左傳》下文說："楚敗徐於婁林，徐恃救也。"《左傳·僖公十六年》說："夏，齊伐厲，不克，救徐而還。"同書《僖公十七年》說："春，齊人爲徐伐英氏，以報婁林之役也。"可見魯僖公之世，魯和齊是不斷救徐的。根本找不到魯和徐作戰的任何影子。《春秋》僖公十三年有魯僖公會諸侯於鹹之文，《左傳》云："夏，會於鹹，淮夷病杞故，且謀王室也。"這次會議討論兩問題，一爲淮夷族的内部矛盾，它與同族杞國鬧磨擦，一爲戎侵犯周王室。這年《左傳》說："秋，爲戎難故，諸侯戍周。"《左傳·僖公十四年》說："春，諸侯城緣陵而遷杞焉。"這樣，諸侯把這兩個問題都處理好了，再没有留下什麼下文了。可是余氏之文却移花接木地引了僖公十三年《春秋》的《經》和《傳》關於"會於鹹"之文，接着說："可知淮夷來侵，僖公伐徐，以匡王室，並保魯境。"已經是匪夷所思，竟把國勢岌岌可危仰仗諸侯相救的徐國，説成要侵犯周王室，靠"僖公伐徐以匡王室"，完全不顧歷史事實，無中生有，至於此極。還撇開諸侯處理這兩件事的後果不説，却憑空搬來與此毫不相干的《詩·魯頌·閟宮》"保有鳧繹"兩句作爲此事的後果，其文說："僖公伐徐，以匡王室，並保魯境，故《頌》謂'保有鳧繹，遂荒徐土（原文作"徐宅"）'了。"這種在學術上不老實的做法，是不足取的。

所以把《柴誓》說成是魯僖公伐徐的誓詞，完全是虛幻的想法。余永梁氏之說既誤，還有楊筠如《覈詁》雷同於余氏的說法，更不待辯了。

　　此誓詞的作者既確知是魯侯伯禽，則誓詞作成的時間問題也迎刃而解了。不是春秋中葉偏前期魯僖公時，而是周初伯禽就封於魯以後的不太長的時間裏。上文引《魯世家》説伯禽即位之後，管蔡等反，淮夷徐戎跟着反，伯禽伐之，因而作《肸誓》。把時間説成在管蔡反以前，那是錯誤的。事實上，周武王滅紂後，把殷王朝所擁有的東方土地，分爲邶、鄘、衞三國，封紂子武庚於邶，自己兒子管叔於鄘，蔡叔於衞，稱爲三監。邶在今漳河以北以淶源、易縣一帶爲中心的河北省境，鄘（亦稱東）在今河南省東北浚縣濮陽以東迄山東省境，衞在今以淇縣爲中心的豫北較廣大地區。就是説，當時力量能達到的黄河下游之地，劃分了這三大區域分封了之後，再没有地方可分封他人了。所以周武王所來得及分封的就是這三國，縱使他還想封其他建大功者，但他滅紂後兩年就死了，來不及實現其他的分封。及武王死後三監叛亂，周公東征三年平定了叛亂。《尚書大傳》説："周公攝政，一年救亂，二年克殷（武庚），三年踐奄，四年建侯衞。"就在四年把邶封給了召公的兒子，把鄘的西部稱爲小東者封給在東征中立功的康叔的兒子康伯髦，把鄘的東部稱爲大東者封給自己的兒子伯禽，把薄姑封給了太公望，把衞封給了康叔，還把三監叛亂時在西境河汾之東響應叛亂的唐滅掉，把其地封給唐叔虞。另封在今山東境内及附近之姬姓、姜姓小國十餘國。所以伯禽之封於魯，是在平定三監、淮夷等族叛亂之後的周公攝政之第四年。徐戎淮夷等之起而反叛他，使他作出此篇誓詞進而平定了徐戎淮夷，最快會在他就封於魯的當年，稍遲會在第二年，即周公攝政之四年或五年。

　　《詩·閟宫》"建爾元子"《孔疏》云："是成王即政之元年正月朔封伯禽也。"按，周公攝政七年營洛成功，請成王到洛邑舉行元祀，還政成王，翌年即被稱爲成王即政之元年，實際是周公掩護成王在位之第八年,那麽《孔疏》是說伯禽即魯侯之位在成王八年。這是根據寫成於七年十二月的《洛誥篇》的鄭玄注,説周公要退休,成王留住他,説把你的兒子封到魯國去,請你留在王朝輔佐我的説法,因而作出此説的。不知周公根本無退休之事,鄭玄説是完全錯誤的,因而《孔疏》此説也是不符合史實的。

秦　誓

　　《秦誓》是秦穆公潛師遠襲鄭國,半途被晋襄公敗之於殽地,俘其三個統軍將帥,秦穆公悔悟,對群臣講了一篇顯然是自己思想鬥爭的話,被史臣錄下,即成為這篇《秦誓》。在先秦文獻中被引到三次。《禮記·大學》引錄了本篇第三段全段。司馬遷撰《秦本紀》只簡錄了五六句。篇文在西漢伏生今文本為第二十八篇,伏生系三家今文本為第二十九篇,東漢馬鄭古文本為第三十四篇,皆屬《周書》。東晋偽古文本為全書第五十八篇,《周書》第三十二篇。有關本篇情況見後面"討論"。

(一) 校　釋

　　公曰:

　　"嗟! 我士,聽無譁①。予誓告汝群言之首②。古人有言曰③:'民訖自若是多盤④,責人斯無難,惟受責俾如流,是惟艱哉⑤！'我心之憂，日月逾邁，若弗云來⑥。

"惟古之謀人，則曰未就予忌⑦；惟今之謀人，姑將以爲親⑧。雖則云然，尚猷詢兹黃髮，則罔所愆⑨。番番良士，旅力既愆，我尚有之⑩。仡仡勇夫，射御不違，我尚不欲⑪。惟截截善諞言⑫，俾君子易辭⑬，我皇多有之⑭。

"昧昧我思之⑮，如有一介臣⑯，斷斷猗，無他技⑰，其心休休焉，其如有容⑱。人之有技，若己有之，人之彥聖，其心好之，不啻如自其口出，是能容之⑲，以保我子孫黎民，亦職有利哉⑳！人之有技，冒疾以惡之。人之彥聖而違之，俾不達，是不能容㉑，以不能保我子孫黎民，亦曰殆哉㉒！

"邦之杌陧，曰由一人，邦之榮懷，亦尚一人之慶㉓。"

①嗟我士聽無譁——《史記·秦本紀》僅錄此誓詞如下幾句："嗟！士卒，聽無譁，余誓告汝，古之人謀，黃髮番番。"此"士"作"士卒"，下句"予"作"余"。下面只選錄了下文"古之謀人"句作"古之人謀"。又選錄了不同兩句的"黃髮"、"番番"兩詞。此處"嗟"，先發出的驚嘆詞。僞孔云："誓其群臣，通稱'士'也。"則不只是指士卒。然後接着叫大家靜下來聽誓辭。

②予誓告汝群言之首——僞孔釋云："衆言之本要。"《孔疏》："我誓告汝衆言之首，告汝以言中之最要者。"《蔡傳》則云："首之爲言，第一義也。將舉古人之言，故先發此。"

③古人有言曰——僞孔云："稱古人言，悔前不順忠臣。"《孔疏》云："稱古人言者，悔前不用古人之言，不順忠臣之謀故也。"意指穆公沒有聽其臣蹇叔諫他不要伐鄭之言，致遭此敗，因而悔之。這是經師們體會秦穆公心情而作此釋。但光憑"古人有言曰"這一

句話,是否此意,尚屬未必。因所引古人之言四句,並無此意。

④民訖自若是多盤——僞孔訓"若"爲順,訓"盤"爲樂,釋此句云:"言民之行己,盡用順道,是多樂。"由於以"若"爲順,致使其釋很牽強。蘇軾《書傳》云:"'民訖自若是',民盡順我而不我違,樂則樂矣,不幾於遊盤無度以亡其國乎?"《蔡傳》遂云:"訖,盡。盤,安也。凡人盡自若是多安於徇己。"意亦未暢。朱熹始渾言其意云:"'民訖自若是多盤',想只是説人情多要安逸之意。"(《彙纂》引)《彙纂》又引應鏞曰:"民,猶言天下之人也。凡人之情,孰不知善之可爲,過之當改。然悠悠度日,多汩没於盤遊安樂之中,歲月侵尋,忽不知其已老矣。'盤'之爲樂,以它篇觀之,皆未有以爲善者。若曰'盤遊無度','不敢盤于遊田'。'若是',猶如此也。人終自如此多爲盤樂也。"應氏訓"訖"爲"終",訓"若是"爲如此,所釋此句最妥。因這是一句字面上比較費解的句子,能作此釋自可。

⑤責人斯無難惟受責俾如流是惟艱哉——僞孔釋云:"人之有非,以義責之,此無難也。若己有非,惟受人責即改之如水流下,是惟難也。"《蔡傳》亦云:"責人無難,惟受責於人俾如流水,略無扞格,是惟難哉。"原句文義明白,故兩釋皆合原文義。《蔡傳》繼云:"穆公悔前日安於自徇,而不聽蹇叔之言,深有味乎古人之語,故舉爲誓言之首也。"則進一步尋穆公講此語的用意。

⑥我心之憂日月逾邁若弗云來——僞孔云:"言我心之憂,欲改過自新,如日月並行過,如不復云來。"《孔疏》:"'逾',蓋。'邁',行也。'員',即云也。言日月蓋爲疾行,並皆過去。云似不復云來,畏其去而不復來。"段玉裁《撰異》云:"據《正義》(即《孔疏》),知經文本作'員來'。《傳》以'云'釋'員',作'云來'。故《正義》曰'員即云也'。衛包依之,改'員'爲'云'。"林之奇《全解》釋此數句云:

"思有以轉禍爲福,易危爲安,則我心之憂,惟恐日月逾邁,難得易失,若不復反,雖欲悔之,而無所改也。"江聲《音疏》則云:"'邁',往。'員',旋也。我心之所憂者,前日之事既往,今追悔而無及,若日月之邁往弗旋來也。"

⑦惟古之謀人則曰未就予忌——《説文·心部》:"慸,毒也。從心,其聲。《周書》曰:'來就慸慸。'"是"未就予忌"作"來就慸慸"。《心部》另有"忌"字云:"忌,憎惡也。從心,亡聲。"未言與《周書》有關係。段玉裁《撰異》引《説文》後云:"玉裁按,小徐本同。'來'字當是未字之誤。'慸慸'之上當脱予字,而下'慸'字之下當有脱文。……考慸字在《左傳》有訓毒者,如'慸閒王室'、'慸澆能戒之'是也。有訓教者,如'慸之脱扃'、《西京賦》'天啓其心,人慸之謀'是也。教之訓,則慸與諰同。毒之訓,則慸與忌略同。《説文》蓋當作'《周書》曰"未就予慸",慸,教也'而脱誤歟?"

僞孔釋云:"惟爲我執古義之謀人,謂忠賢蹇叔等也。則曰未成我所欲,反忌之。"王引之《述聞》云:"《傳》以'則曰未就余'五字連讀,而以'忌'字別爲一句,文義未安。今按《説文》引此忌作慸。《廣雅》:'慸,意志也。'《廣韻》:'暬,志也。'(見去聲七志)暬與慸同。'未就予慸'者,未就我之志也。謂穆公志在襲鄭,而蹇叔不肯曲從,當時憎其未就可以已意,故云'則曰未就予慸'。今之謀人曲從其意,是就予慸者也,當時誤親信之,故云'姑將以爲親'。'未就予慸',則疏遠之可知,云'姑將以爲親',則喜其就予慸可知。'忌'者,字之假借耳。"孫詒讓《駢枝》云:"按孔説迂曲不可通。此文大意謂古之善謀之人,予不及見之,則曰未即就於予身。'忌'乃語助辭。《詩》'太叔于田,叔善射忌'。《毛傳》云:'忌,辭也。'此文義與彼同。《説文·心部》引忌作慸,亦忌之假字。孔望文生訓。釋爲

‘反忌之’，大誤。”章炳麟《拾遺》則云：“《述聞》引《廣雅》：‘慗，意志也。’云‘未就予慗者，未就我之志也。謂穆公志在襲鄭，而蹇叔不肯曲從也’。案‘古之謀人’，自謂前代人物，下言‘黃髮’，方指蹇叔，不得混合爲一。‘慗’，當讀爲基，《釋詁》：‘基，謀也。’言古人已往，不能就我而謀，故親今之謀人爾。《春秋》定公《傳》：‘管蔡啓商，慗間王室。’慗亦當讀基，訓謀。王氏於彼說之不誤。”三家各有創獲，王氏謂未就我之志，孫氏謂古善謀之人已往不及見之，未即就予身，章氏謂古人已往，不能就我而謀。孫章二說較接近，宜可從，而王氏所尋慗字字義，有益於解通此處文義。

　⑧惟今之謀人姑將以爲親——僞孔云：“惟指今事爲我所謀之人，我且將以爲親而用之。悔前違古從今，以取破敗。”《孔疏》云：“此穆公自說己之前過。……其古之謀人，當謂忠賢之臣，若蹇叔之等；今之謀人，勸穆公使伐鄭者。”是“古之謀人”，實即“古之謀臣”。“今之謀人”，實即“今之謀臣”。其義可參看上文王引之氏之說。

　⑨雖則云然尚猷詢茲黃髮則罔所愆——上文已校知“若弗云來”之“云”原作“員”。據《漢書·韋賢傳》韋孟《諷諫詩》曰：“追思黃髮，秦繆（穆）以霸。”師古注：“《秦誓》曰：‘雖則員然，尚猶詢茲黃髮，則罔所愆。’謂雖有員然之失，庶幾以道謀於黃髮之賢，則行無所過矣。‘黃髮’，老壽之人也。謂髮落更生黃者也。‘員’與‘云’同。”師古注後又有所謂宋“三劉校”之劉奉世曰：“老人髮白，久而變黃色，非謂更生而黃也。”按《秦本紀正義》云：“言髮白而更黃，故云‘黃髮’。”又《李尋傳》師古注引《秦誓》：“雖則員然，尚猶詢茲黃髮，則罔所譽。”段玉裁云：“愆作譽，唐初本從籀文也。”這些資料用本句之“云”皆作“員”。又“猷”作“猶”。惟“尚猶”之義則據僞孔釋爲“庶幾以道”。又釋“黃髮”爲“老壽之人”。不過對所以稱黃髮

有二種解釋。朱駿聲據古注所撰《便讀》亦釋爲："黄髮，老人髮白復黄也。"則用後一説。又"則罔所愆"，師古照引此四字，但下文接着釋爲"則行無所過矣"。是訓"愆"爲過。而師古又另引"愆"作"譽"。皮氏《考證》引《新序·雜事篇》曰："秦穆公敗其師，曰：'黄髮之言，則無所愆。'"以爲《今文尚書》"則罔所愆"句原作"則無所愆"。恐未必。《新序》也可用訓詁字易原文，正如班固釋此句爲"行無所過"一樣；同樣，《新序》作"黄髮之言"，不能説《今文尚書》此句非"詢之黄髮"而原是"黄髮之言"一樣。

　　僞孔釋云："言前雖則有云然之過，今我庶幾以道謀此黄髮賢老，則行事無所過矣。"文義不通順，尤以訓"尚"爲庶幾，訓"猷"爲道，不合此處文義。不如《蔡傳》釋云："前日之過，雖已云然，然尚謀詢兹黄髮之人，則庶罔有所愆。"訓"猷"爲謀，"尚"用其副詞義，與今語"還"同（見《詞詮》第 238 頁）。則所釋就通順合原義了。

　　⑩番番良士旅力既愆我尚有之——《秦本紀·正義》："（番）音婆，字當作皤。皤，白頭貌。番番以申思，謂蹇叔、百里奚也。"江聲《音疏》云："'番番'，當讀爲'皤皤'，老人頭白貌也。'旅'，讀爲'呂'，脢骨也。字或作'膂'，故省而爲旅。脢强則力壯，故曰膂力。皤皤然之善士，膂力既過矣，言衰老也。"王引之《述聞》云："《傳》曰：'我今庶幾欲有此人而用之。'家大人曰，'有之'，謂親之也。古者謂相親曰'有'。昭二十年《左傳》'是不有寡君也'，杜注：'有，相親有也。'《王風·葛藟篇》曰：'謂他人母，亦莫我有。'言他人不我親也。《小雅·四月篇》曰：'盡瘁以仕，寧莫我有。'言我盡瘁事國，而王曾不我親也。下文曰：'惟戬戬善諞言，俾君子易辭，我皇多有之？'亦自悔其親佞人也。上文曰'惟今之謀人姑將以爲親'是也。《傳》皆以爲有無之'有'，失之。"于省吾《新證》："'尚'，應讀'常'。

‘有’，王静安讀‘友’。是也。《孟子》云：‘此五人者，亦有獻子之家，則不與之友矣。’又云：‘費惠公曰：‘吾於顔般則友之矣。’《命毁》：‘其永以多友毁飮。’《萬尊》：‘用作念于多友。’是‘多友’乃周人成語。‘我尚有之’者，我常有之也。（下文）‘我皇多有之’者，我暇多友之乎？舊讀‘尚’如字，訓‘有’爲有無之有，非是。”王、于兩家一訓親，一訓友，其義完全相合，兩家之釋足爲定論矣。但“尚”讀常，不能用如字，似尚有可斟酌。此句是說番番良士，雖然衰老了，我還是親之友之。若說雖已衰老了，我常親之友之，便不如說還是親之友之較妥。

⑪仡仡勇夫射御不違我尚不欲——《説文·人部》：“仡，勇壯也。从人，乞聲。《周書》曰：‘仡仡勇夫。’”《釋文》：“仡，許訖反，又魚乞反。馬（融）曰：‘訖訖，無所省録之貌。’”則仡又作訖。江聲《音疏》云：“‘仡仡’，勇壯貌。‘違’，失也。射御不失法度，言多技也。我庶幾（此沿僞孔，實不妥）不欲用之，惡其輕脱寡謀以取敗也。”實際這幾句是說在秦穆公當時心境下，雖然衰老了的可是進過忠言獻過良策的賢臣如蹇叔者，他還是要親近他聽信他，而對雖然善射能御的勇壯之士，他這時還是不想親近他重用他。經師們大都說這是指敗於殽的那幾位將領，其實在《左傳》中不斷記載秦穆公對那幾位將領如孟明等是始終重用不斷支持的。

⑫惟截截善諞言——“截截”，《説文》作戳戳。文獻中或引作諓諓、㦸㦸。“諞”，亦或作偏、諍、靖、静。段玉裁、皮錫瑞考述較詳，現依次録二氏之説於此。

段玉裁《撰異》之説原文如下（中間稍加删節）：

《説文》三篇“言部”曰：“諞，便巧言也。从言，扁聲。《周書》曰：‘戳戳善諞言。’《論語》曰：‘友諞佞。’”（大徐音部田切）《釋文》：“論，馬本作偏，云：‘少也，辭約指明，大辨佞之人。’”（按，《釋文》上文云：“馬曰：戜戜，辭語，戜削省要也。”）

《説文》十二篇：“戔，賊也。从二戈。《周書》曰：戔戔巧言。”玉裁按，《歺部》：“殘，賊也。”是戔、殘同也。《周易》“束帛戔戔”，子夏《傳》作“殘殘”。引《周書》者，《秦誓》今文也。《秦誓》“戜戜善論言”，《説文·言部》引之。馬季長本及枚氏本同，此《古文尚書》也。《今文尚書》作“戔戔靖言”。《春秋》文公十二年《公羊傳》曰：“惟諓諓善竫言，俾君子易怠，而況乎我多有之，惟一介斷斷焉無他技，其心休休，能有容。”何休注：“諓諓，淺薄之貌。‘竫’，猶撰也。”劉向《九歎》曰：“讒人諓諓，孰可愬兮。”王逸注：“諓諓，讒言貌。引《尚書》諓諓竫言。”《漢書·李尋傳》曰：“昔秦穆公悦諓諓之言，任仡仡之勇。”《説文》無“諓”字，蓋治經者加言旁於戔耳。……“《周書》曰戔戔”，句絶。下當云：“戔戔，巧言也。”……後人轉寫脱去復出之“戔戔”字，非巧言爲竫言之駁文也。賈逵《外傳》注曰：“諓諓，巧言也。”許用傳中説釋《書》也。“戔戔”，何氏淺薄之訓近是。《廣雅·釋訓》曰：“諓諓，善也。”馬季長曰：“諓諓，辭語。戜削省要也。”僞《孔傳》釋戜戜爲察察，似皆緣詞生訓。（以下略）

皮氏《考證》之説原文如下：

今文作“惟諓諓善竫言”。《公羊·文十二年傳》曰：“惟諓諓者善竫言。”何休《解詁》曰：“‘諓諓’，淺薄之貌。‘竫’，猶撰也。”劉向《九歎》曰：“讒人諓諓，孰可愬兮。”王逸注：“諓諓，讒言貌。引《尚書》諓諓竫言。”《鹽鐵論·國病篇》曰：“諓諓者賊也。”《論誹篇》曰：“風疾小人，諓諓而從，以成人之過也。”注：“諓諓，善言也。”《漢書·李尋傳》曰：“昔秦穆公悦諓諓之言。”《後漢書》樊準《勸崇儒學疏》曰：“習諓諓之辭。”《國語》范蠡曰：“又安知是諓諓者乎？”

韋注:"諓諓,巧辯之言。"賈逵注:"諓諓,巧言也。"《廣雅·釋訓》曰:"諓,善也。"

一作"惟諓諓善靖言"。《潛夫論·救邊篇》曰:"諓諓善靖,俾君子怠。"

一作"惟諓諓善静言"。王逸注《楚辭·九辯》曰:"静言,諓諓而無信。"

一作"戔戔"。《説文》:"戔,賊也。《周書》曰:'戔戔,巧言。'"

段玉裁説(此處摘録段氏第二段自"卢部殘賊也"至"似皆緣詞生訓")。錫瑞謹案:《堯典》共工"靖言"一作"静言",是靖與静通。《史記》以故訓改爲善言,是靖善同義。《論語》"異乎三子者之撰",鄭君訓撰爲善,何注"竫猶撰也",與鄭義同。然則靖言即善言,善言即巧言,非善惡之善。《廣雅》:"諓諓,善也。"賈注:"諓諓,巧言也。"正"善言即巧言"之證。巧言者必淺薄,何注正與賈逵、許慎、韋昭、張揖意同。巧言者多讒譖,故諓諓爲讒。讒言者多賊害,故諓諓又爲賊。《説文》云:"戔,賊也。"而引《周書》"戔戔巧言",亦與本義相近,非屬假借。段氏云"不盡同本義,蓋假借在其中",似失之。段氏又以何氏"淺薄"之訓近是,《廣雅》"善也"爲緣詞生訓,亦未達善言即巧言之義,而誤解爲善惡之善也。

以上段説録其絶大部分,皮説録其全文,於"截截"與"諞"之異文歧義蒐羅考述殆遍,使讀者知其大要。於此句之釋義,似仍可歸於僞孔所釋:"惟察察便巧,善爲辯佞之言。"

⑬俾君子易辭——"辭",亦作"怠"。段玉裁《撰異》:"《公羊·文十二年傳》:'俾君子易怠。'注(即《解詁》):'易怠,猶輕惰。'玉裁按:'易怠,叠字也。''易'讀如《素問》'解㑊'之㑊。《疏》云'易爲怠惰',非是。《史記·三王世家·齊王策》曰:'義之不圖,

俾君子怠。’亦用今文。”段又云：“作辭者，古文；作怠者，今文也。”

王鳴盛《後案》云：“《公羊》又引‘俾君子易怠，而況乎我多有之’。辭作怠者，《說文》云：‘辭，籀文作辝，从台。’因傳寫遂誤爲辭。《史記·三王世家·齊王策》云：‘俾君子怠。’與《公羊》合。彼何休注云：‘俾，使也。易怠，猶輕惰也。’《傳》（指僞孔）云：‘使君子回心易辭。’非也。”

皮錫瑞《考證》補充一則云：“案《潛夫論·救邊篇》曰‘俾君子怠’，用今文義。”

按，君子、小人，後世以道德分；先秦以上以身份地位分。此時之君子指在官位者。

由諸家考述，知此字原當作“怠”，作“辭”者誤。其義爲輕惰。然古文仍用辭，惟今文用怠。

⑭我皇多有之——“皇”，亦作“兄”，即“況”。此句《公羊·文十二年傳》作：“況乎我多有之。”段玉裁《撰異》云：“石經《今文尚書》‘無皇曰今日耽樂’作‘毋兄曰’，‘則皇自敬德’作‘則兄曰’。‘兄’即今‘況’字，與‘我皇多有之’作‘況乎我多有之’合。然則作‘皇’者古文，作‘兄’者今文也。徐彥《疏》引戴宏序云：‘子夏傳公羊高，高傳子平，平傳子地，地傳子敢，敢傳子壽。至漢景帝時，壽乃共弟子齊人胡母子都著於竹帛。然則此傳成於伏生書已出之後，戴宏之言可信，非公羊高成之也。”《撰異》又云：“《尚書大傳》：‘皇於聽獄乎？’此假皇爲矧況字也。《公羊傳》：‘而況乎我多有之。’此假況爲皇暇字也。‘皇’與‘況’互相假借也。‘而況乎我多有之’，猶言‘而何暇我多有之’也。《孔傳》‘皇’訓大，非。”王鳴盛《後案》云：“皇作況者，《無逸》云：‘無皇曰。’又云：‘則皇自敬德’，《漢石經》皆作‘兄’。《詩·桑柔》‘倉兄填兮’，義作況，是也。”

《蔡傳》云:"皇,遑通。"釋此句爲:"我遑暇多有之哉。"段氏以爲《公羊》況字假爲皇暇字,合此義。《詩·谷風》"遑恤我後"、《四牡》"不遑啓處"及《詩》其他"不遑"句,鄭玄箋釋皆云:"遑,暇也。"又《谷風》此句《禮記·表記》引作"皇恤我後"。《詩·殷武》"不敢怠遑",《左傳·襄公三十六年》引作"不敢怠皇",知古籍中遑、皇本互用。《爾雅·釋言》李注更作:"遑,閒暇也。"朱駿聲《便讀》據古注爲釋云:"皇,廱也,猶暇也。"不及詳其所據。上引于省吾《新證》釋"有"爲"友",故釋此句爲:"我暇多友之乎?"

⑮昧昧我思之——《蔡傳》:"昧昧而思者,深潛而静思也。"朱駿聲《便讀》據古注云:"昧昧,猶默默也。"不及尋其據哪家古注。江聲《音疏》云:"昧昧,深思之意。僞孔氏以此文屬上爲説,云我前多有之,以我昧昧思之不明故也。詳翫經文語意,實不然也。《公羊傳》'而況乎我多有之'之下即云:'惟一介斷斷焉無他技。''惟'之言,思。'惟一介',謂思一介臣也。且《秦本紀》云:'以申思不用蹇叔、百里奚之謀,故作此誓。'則'昧昧以思'云者,是穆公自道思此一介臣,非謂前日之昧昧於思也。則此文當爲下文緣起,故不從僞孔誼而以昧昧爲深思之意也。蓋穆公追思而無及,則中心鬱結若昏昧不明然,故言昧昧也。"按,《蔡傳》已移此句於下文之首,不待江聲始知之。不過江氏尋繹了應移於下文之首的理由,尚可取。

⑯如有一介臣——《禮記·大學》引此作:"若有一个臣。""如"作"若","介"作"个"。按《大學》引"《秦誓》曰",自此句起直至"不能保我子孫黎民亦曰殆哉"共十九句。字句小有出入,而基本不差。此處"如"、"若"同義,自可通用。其"介"作"个",則尋其故者有多家。《釋文》:"介音界。馬本作界,云:'一介,耿介,一心端愨者。'字又作'个',音工佐反。"此作"界",可疑。段玉裁所見《釋文》作

"介,馬本作介"。因而其《撰異》云:"此不可通。當是'馬本作矸'。《周易·豫·六二》'介於石',《釋文》:'介,古文作矸。'古文,謂費氏《古文易》也。矸即《說文》之硁字。石堅也。《爾雅》:'硁,固也。'馬云:'一矸,耿介,一心端慤者。'一心端慤,正謂堅磐。"《公羊·文公十二年》則引作"惟一介"。何休《解詁》云:"一介,猶一概。"《蔡傳》云:"介,獨也。《大學》作个。"意謂个即獨个,義自相通。王樵《日記》補充其義云:"一介者,獨立無朋也。"吳澄《纂言》則云:"介,猶个也。"王引之《述聞·通說》謂介、个一字。一箇猶言一介。王鳴盛《後案》則云:"《說文》無'个'字……今俗以个、箇皆爲物之以枚數者。……《大學》引此經竟作个……《釋文》云:'个,古賀反。'……俗學之盛,唐初已然。《公羊·文十二年》引仍作'介',《後漢書·杜詩傳》'一介之才'李賢注引《書》亦作'介',則作'个'非也。"皮錫瑞《考證》則云:"大、小《戴記》傳自夏侯始昌,與大夏侯同師,則《大學》所引確是今文。據《釋文》則'一个'當讀作'介',个即介之別體,不當讀箇。《公羊傳》作'一介',是今文本作'介'。"楊筠如《覈詁》釋《釋文》"字又作个",即據皮氏之說,釋爲"个即介之別本"。吳闓生《大義》承其父說,亦云:"介,獨也。介與一同義。一介臣即一臣,《大學》引作'个',个即介之別體。"以上這些是文獻上對"介"、"个"的討論的主要情況。

《殷契粹編》第十二片有"于帝五丰臣"之文。郭老釋云:"'帝五丰臣'或省作'帝五丰'。其文云:'癸酉貞帝五丰,其三牢'(《後》上廿六·一五)。以其字形及日辰觀之,與此乃一時所卜。丰字……余意當即小篆𠦄字,讀介。《秦誓》'若有一介臣'。《公羊傳》文十二年引作'惟一介',猶此'五丰臣'亦省作'五丰'也。介今作个,故'帝五丰臣'又省作'帝五臣'(見下片)。帝自上帝,五臣不知何所指。《史記・封禪書》關於天界之小神有‘九臣、十四臣’，舊亦不詳其説。”這一甲骨文中的資料真值得注意。于省吾先生對甲骨文中這介字（丯字）有所闡釋。其《甲骨文字釋林》的《釋丯》一文中説：“按甲骨文中玉字作王、丯，其三橫劃皆平，與丯字截然不同。玉字之作丯者，郭沫若同志謂‘當即小篆丯字’，也不可據。實則甲骨文丯字的三邪劃，大多數作彎曲形，《説文》訛變作丯，並謂：‘丯，草蔡也，象艸生之散亂也，讀若介。’《説文》的讀音是對的，而訓爲草蔡，純是臆説。戴侗《六書故》：‘丯即契也。……’按戴説甚是。……甲骨文的丯字，就其構形來説，中劃直，三邪劃作彎環之勢，象以木刻齒形。就其音讀來説，《説文》謂‘丯讀若介’。《孟子・萬章》的‘爲不若是恝’。恝字《説文》作忿，可以互證。後世典籍均借介爲丯，介與害、割、匄古通用。”因爲郭沫若氏所據之字三橫劃皆平，故于先生以爲非丯字。但于先生已明確典籍均以介爲丯，即“介”字與甲骨文“丯”字有着淵源關係。那麽就從文獻以外，得到介字的考古來源了。郭老所提出的“五介臣”與“一介臣”的類比，也足使人深思。

　　⑰斷斷猗無他技——《大學》引此句作“斷斷兮無他技”。《公羊傳・文公十二年》引此句作“斷斷焉無他技”。《説文》引此句作“𪥻𪥻猗無他技”。

　　“斷斷”，僞孔云：“斷斷猗然專一之臣。”《禮記・大學》引《秦誓》之文下鄭玄注云：“斷斷，誠一之貌也，他技，異端之技也。”《蔡傳》承之云：“斷斷，誠一之貌。”其後治經者皆承此説。段玉裁《撰異》云：“《説文》十四篇《斤部》曰：‘斷，截也。从斤、从𢇍。𢇍，古文絶。’又曰：‘𪥻，古文斷。从𣪊。𣪊，古文叀字。”《周書》曰：‘𪥻𪥻猗無他技。’”

“猗”、“兮”、“焉”皆語詞。見《詩·伐檀》：“河水清且漣猗。”疏：“猗，辭也。”又《大學》疏：“兮是語辭。”《禮記·三年問》疏：“焉是語辭。”既皆是語詞，自可通用。段玉裁《撰異》云：“《禮記正義》（指其中《大學》疏）曰：‘《古文尚書》“兮”爲“猗”。言“有一介之臣，其心斷斷猗猗然專一，與此本異”’玉裁按，此據《孔傳》也。《孔傳》：‘斷斷猗猗然專一。’俗本脱一猗字，便不可讀。而作《尚書正義》者不達其意，云猗者足句之辭，引《大學》及‘河水清且漣猗’。於理則然，而非孔説也。孔説猗猗美盛貌，與猗狔、旖旎義同。故《釋文》曰：‘猗於綺反，又於宜反。’不云胡雞反。是陸氏以前未誤也。”按“孔説”成於東晋，《大學》成於仲尼弟子、後學，《公羊》傳自戰國至遲寫定於西漢前期。二書皆引作語詞，時間早在“孔説”前，自不能以此來難二書所引語詞不合僞孔之説。

“斷斷猗無他技”，僞孔云：“斷斷猗然專一之臣雖無他技藝。”陳大猷《集傳或問》云：“惟無技，能容人之技。其無技而休休有容，所謂不可小知而可大受也。”

⑱其心休休焉其如有容——《大學》引作“其心休休焉，其如有容焉”。多後一焉字。《公羊傳·文公十二年》引作“其心休休，能有容”。《大學·釋文》引鄭玄注：“休休，寬容貌。”僞孔云：“其心休休焉樂善，其如是則能有所容。”《大學》孔疏云：“‘無他技其心休休焉其如有容焉’者，言此專一之臣，無他奇異之技，惟其心休休然寬容，形貌似有包容，如此之人，我當任用也。”《蔡傳》：“休休，易直好善之意。容，有所受也。”陳大猷云：“其如有容，莫測其限量而難乎形容也。”吳闓生《大義》：“‘休休’，寬容也。‘如’，能也。”意謂休休寬容，就能有容。（按休的常訓爲美善、美好。見《釋詁》：“休，美也。”）

⑲人之有技若己有之人之彦聖其心好之不啻如自其口出是能容之——《大學》照引此數句，惟“如”作“若”，“是”作“寔”。段玉裁《撰異》：“古‘是’、‘寔’通用，同部同音也。”《大學》引《秦誓》文下鄭玄注云：“有技，才藝之技也。若己有之不啻若自其口出，皆樂人有善之盛也。美士爲‘彦’。……‘彦’或作‘盤’。”段玉裁《撰異》：“盤與般同，大也。庚元盛説《三倉》……彦，盤音，《集韻》二十六桓：彦，蒲官切，大也，常也。”僞孔云：“‘人之有技若己有之’，樂善之至也。‘人之美聖，其心好之，不啻自其口出’，心好之至也。是人必能容之。”《蔡傳》：“彦，美士也。聖，通明也。技，才。聖，德也。心之所好，甚於口之所言也。”陳大猷云：“心之好不啻如口之稱。口之稱美有限，心之好慕無窮。此其好有德之真切，又甚於視有才者之若己有矣。是真實能容，非勉強也。”楊氏《覈詁》補充二訓義：《爾雅·釋訓》：“美士爲彦。”《無逸》鄭注：“不啻，猶不但也。”

⑳以保我子孫黎民亦職有利哉——《大學》引作“以能保我子孫黎民，尚亦有利哉”。“以保”作“以能保”，“亦職”作“尚亦”。王引之《述聞》云：“《大學》引《秦誓》曰‘尚亦有利哉’，‘尚亦’當爲‘亦尚’。今《秦誓》作‘亦職’，職、尚皆主也。與‘亦尚一人’之‘尚’正同義。”《論衡·刺孟篇》引云：“《尚書》曰：‘黎民尚亦有利哉。’”引此句“亦職”亦作“尚亦”。段玉裁《撰異》云：“按，此《今文尚書》也。‘子孫’上屬，‘黎民’下屬。斷句依此爲長，《正義》非也。”皮氏《考證》云：“王（引之）説是也。《大學》與《論衡》引經皆當作‘亦尚’，作‘尚亦’者傳寫之誤。”按，不應當兩家傳寫作同樣之誤，或者當時有傳本確有此“尚亦”誤文。《大學》引文下鄭玄注云：“黎，黑也。尚，庶幾也。釋‘尚’爲庶幾，不妥。”僞孔云：“用此好技聖之

人，安我子孫衆人，亦主有利。"《蔡傳》："職，主也。"章炳麟《拾遺定本》："《傳》訓'職'爲'主'，非也。《釋詁》：'職，常也。'此職正訓常。《記·大學》引此作'尚亦有利哉'。王氏《述聞》謂'尚亦'當爲'亦尚'，是也。尚即常字耳。而王亦訓爲主，則誤矣。此下'亦尚一人之慶'，《傳》訓'尚'爲庶幾，自可通，蓋前言'如有一介臣'，本是想望之辭，故後亦以庶幾結之，不煩改訓爲'主'。"

㉑人之有技冒疾以惡之人之彥聖而違之俾不達是不能容——《大學》照引此五句，惟"冒疾"作"媢嫉"，"達"作"通"，"是"作"寔"。鄭玄注云："'媢'，妬也。'違'，猶戾也。'俾'，使也。拂戾賢人所爲，使功不通於君也。"段玉裁《撰異》云："'冒'，《大學》作媢，是也。古文從省、假借（意謂省女旁，假借冒爲媢）。'達'，《大學》作通。凡《古文尚書》達字，《今文尚書》作通。如《禹貢》、《顧命》等篇皆可證，《大學》同於《今文尚書》也。"

王引之《述聞》云："'人之有技，冒疾以惡之。'家大人曰：'惡字若讀爲好惡之惡，則與冒疾意相複。惡當讀爲諮。《說文》：'諮，相毀也。'《玉篇》烏古切。《廣韻》作'諮，烏路切'。云：'相毀也。'《說文》作諮，《漢書·衡山王傳》注曰：'惡，謂讒毀之也。'是諮、惡古字通。以，猶而也（古者以與而同義，説見《釋詞》）。言嫉妬人之有技而讒毀之。下文云'人之彥聖而違之，俾不達'，與此義同也。《傳》、《疏》及《大學》疏皆以惡爲憎惡，失之。襄二十六年《左傳》'太子痤美而很，合左師畏而惡之'，昭二十七年《傳》'郤宛直而和，鄢將師與費無極比而惡之'，皆謂讒毀之也。《吕氏春秋》、《韓子》、《戰國策》、《史記》、《漢書》皆謂相毀爲惡。"

僞孔釋之云："見人之有技藝，蔽冒疾害以惡之，人之美聖，而違背壅塞之，使不得上通。"（因不知"冒"之爲媢，遂以覆冒之義釋之，自誤。)《蔡傳》云:"'冒',《大學》作媢,忌也。'違',背違之也。'達',窮達之達。"屈萬里《集釋》以今語釋云:"'違',鄭注《大學》云:'猶戾也。'此謂掣肘也。'達',謂達成目的,意謂成功。"

蘇軾《東坡書傳》云:"至哉穆公之論此二人也。前一人似房玄齡,後一人似李林甫,後之人主鑒此足矣。"呂祖謙《書説》云:"小人之於君子,不惟疾之、惡之、違之而已,必左右沮過,千慮百圖,非使君子不能自達,其心不厭。"陳櫟《書傳纂疏》云:"此章《大學》傅引之,其形容能容不能容者之情狀利害,可謂至言。"

㉒以不能保我子孫黎民亦曰殆哉——《大學》引録至此爲止,照引此兩句,文字無異。鄭玄注云:"殆,危也。"其《疏》云:"若此蔽賢之人,是不能容納,家國將亡,不能保我子孫,非唯如此,衆人亦曰殆危哉。"楊氏《覈詁》:"'以',猶用也。古以、用通。'殆',《釋詁》:危也。'曰'與'爰'通,猶言'於是'也。"

㉓邦之杌隉曰由一人邦之榮懷亦尚一人之慶——《釋文》:"(杌)五骨反。(隉)五結反。"孫星衍《注疏》:"'杌',俗字。《説文》作'阢',引見'隉'下云:'隉,危也。'……班固説:'不安也。'《周書》曰:'邦之阢隉。'讀若'虹蜺之蜺'。又云:'阢',石山戴土也。'榮'者,韋昭注《晉語》云:'樂也。''懷'者,《釋詁》云:'安也。''慶'者,《詩傳》云:'善也。''尚'者,高誘注《淮南》及《廣雅·釋詁》皆云:'主也。'言邦之不安,爰自一人爲之,邦之樂安,亦主一人之善。俱自責也。"王引之《述聞》云:"邦之杌隉曰由一人,邦之榮懷,亦尚一人之慶。引之謹案,高誘注《淮南·覽冥篇》曰:'尚,主也。''尚'與'由'相對,言主一人之慶也。《傳》以尚爲庶幾,文義未協。……《秦誓》作'亦職',職、尚皆主也,與'亦尚一人'之'尚'正同義。"其實即用"尚"爲"還是"之義,於此亦講得通。

僞孔云：“杌隉不安，言危也。一人所任用，國之傾危，曰由所任
不用賢。國之光榮，爲民所歸，亦庶幾其所任用賢之善也。穆公陳
戒，背賢則危，用賢則榮，自誓改前過之意。”《蔡傳》云：“杌隉，不安
也。懷，安也。言國之危殆，繫於所任一人之非；國之榮安，繫於所
任一人之是。申繳上二章意。”呂祖謙《書説》云：“安危皆由我一人
所任，公所以責己也。”《彙纂》案：“《蔡傳》言邦之安危，繫於所任一
人之是非。一人，指大臣。説與注、疏相合。是中繳上二章之意。
若薛季宣、黄度、呂祖謙諸家之説，則以一人爲穆公自稱之辭，似亦
無背於理。蓋穆公不徒望之大臣，尤宜責之一己也。”

　　本篇分三段及一結語。第一段誓告群臣衆士，以責人不難責己
難之意引出下文。第二段對當用忠言而誤用順己之言有悔意，表示
今後要親前者而疏後者。第三段深切言忠良之士與奸邪之人的不
同品德，前者對別人有才能視同己有，熱愛支持，休戚與共；後者對
別人有才能媢嫉忌妬，無所不用其極地加以破壞、傷害。用前者造
福子孫黎民，用後者貽害子孫黎民。結語剴切指明：用奸邪則國危，
用忠良則國安。

（二）今　譯

　　公説：

　　“喂！我的群臣衆士們，静下來聽我的話。我發出誓言以告你
們，講講其中最具首要意義的話。古人有這樣一句話：‘人情多要安
逸，責備別人並不難，但如果自己受到別人責備要像順着水流那樣
接受，就很難了。’我心裏之所憂的是，往事像日月的逝去一樣，不再

回來了，懊悔也來不及了。

「像古之謀臣那樣，不順着我的意志爲謀劃，而今之謀臣承順我意，我一時就親信了。雖然説是這樣，現在感到還是應當去詢問老成人的意見，才可不會有錯失。因此對那曾講忠言的滿頭白髮的老人，雖然已體衰力弱，我還是要親信他；對那些勇壯武夫，雖然是射御的好手，我此時還不想用他。而那些讒賊之徒，長於講譖毁之語，使在位正士陷於輕怠之境，我哪有暇去理會他們。

「我經過深沉默默的思考，體察到不同的臣下。有這樣一個臣子，純正專一，可是他没有其他什麽技能，而其心休休有大度，樂善而容物，看到別人有技能，就像自己有一樣高興。別人的人品高尚被稱爲彦聖佳士，他打從内心喜愛，不只是從其口中讚譽出來而已，這就真的休休有容了。用這樣的臣子當政，就能保護我子孫、黎民的安全，也能造福於他們呀！又有另一種人，看到別人有才能，就打從心裏忌妬，想方設法去毁壞他；人家品德好被稱爲彦聖，就想方設法扼殺壅塞他，使他無法通達。是一個完全不能容受他人的人。用這樣的人，就不能保住我的子孫、黎民，對子孫、萬衆只有危害呵！

「國家的危殆不安，就由於用這麽一個壞人！國家的繁榮安定，也還是一個賢臣的美善所致。」

（三）討　論

本篇没有較大的問題需要討論，只有秦穆公講這篇話的時間頗有點紛歧，現將其有關資料清理一下，從而也就可認清楚其作誓對象的問題。

　　《左傳·僖公三十年》：“九月申午，晉侯秦伯圍鄭。……使燭之武見秦君……秦伯説(悦)，與鄭人盟，使杞子、逢孫、楊孫戍之。”又《僖公三十二年》：“杞子自鄭使告於秦曰：‘鄭人使我掌其北門之管，若潛師以來，國可得也。’穆公訪諸蹇叔，蹇叔曰：‘勞師以襲遠，非所聞也。師勞力竭，遠主備之，無乃不可乎！師之所爲，鄭必知之，勤而無所，必有悖心；且行乎千里，其誰不知?’公辭焉，召孟明、西乞、白乙，使出師於東門之外。蹇叔哭之曰：‘孟子，吾見師之出，而不見其人也。’公使謂之曰：‘爾何知，中壽，爾墓之木拱矣。’蹇叔之子與師，哭而送之曰：‘晉人禦師必於殽，殽有二陵焉，其南陵，夏后皋之墓也。其北陵，文王之所辟風雨也。必死是間，余收爾骨焉。’秦師遂東。”杜預注：“殽，在弘農澠池縣西。”亦即今河南省澠池縣西，時屬晉。（而鄭在今河南省新鄭市，在鄭州之南。而秦穆公時之秦在雍，今陝西鳳翔。）《釋文》：“殽，本又作崤。户交反。劉昌宗音豪。”《左傳·僖公三十三年》又云：“秦師……至滑（今河南偃師縣南），鄭商人弦高將市於周，遇之，以乘韋先，牛十二，犒師，曰：‘寡君聞吾子將步師出於敝邑，敢犒從者……’杞子奔齊，逢孫、楊孫奔宋。孟明曰：‘鄭有備矣，吾其還也。’滅滑而還。……晉原軫曰：‘秦違蹇叔而以貪勤民，天奉我也……必伐秦師。’……遂發命，遽興姜戎，子（指晉文公子襄公，時文公死未葬）墨衰絰，梁弘御戎，萊駒爲右，夏四月辛巳，敗秦師於殽，獲百里孟明視、西乞術、白乙丙以歸。遂墨以葬文公。……文嬴（襄公母，秦穆公女）請三帥曰：……‘使歸就戮於秦。’……公許之。……秦伯素服郊次，向師而哭曰：‘孤違蹇叔，以辱二三子，孤之罪也；不替孟明，孤之過也。大夫何罪，且吾不以一眚掩大德。”又《文公元年》：“秦大夫及左右皆言於秦伯曰：‘是敗也，孟明之罪也，必殺之。’秦伯曰：‘是孤之罪也……孤實貪以禍夫子，夫子何罪。’復使爲政。”《文公二年》：“春，秦孟明視帥師伐晉，以報殽之役。二月，晉侯禦之……甲子，及秦師戰於彭衙，秦師敗績。”秦伯猶用孟明，孟明增修國政，重施於民，趙成子言於諸大夫曰：‘秦師又至，將必避之。懼而增戰，不可當也……其可敵乎。”又《文公二年》：“秦伯伐晉，濟河焚舟，取王官及郊（杜注：“王官，爲晉地。”“郊”，《史記》作“鄗”，晉邑）。晉人不出。遂自茅津濟。（杜注：“茅津在河東大陽縣西。”）封殽尸而還。遂霸西戎，用孟明也。”以上是今所能見到的文獻中最早記載這次歷史事件的原始資料，但沒有說到作《秦誓》的事。

先秦文獻中尚看到《荀子·大略篇》云：“《春秋》賢穆公，以爲能變也。”話太簡單，其所謂《春秋》顯然是指《公羊春秋》，見《公羊傳·文公十二年》云：“何賢乎繆（穆）公？以爲能變也。其爲能變奈何？惟諓諓善竫言，俾君子易怠，而況乎我多有之，惟一介斷斷焉無他技，其心休休焉，能有容，是難也。”上文“我皇多有之”校釋録段氏引戴宏序云《公羊傳》由子夏傳公羊高，遞傳五世至漢景帝時著於竹帛。今由《荀子》已引其書，則其著竹帛已在戰國時，不過遞傳五世承其學，至漢景帝時立於學官而已。是先秦時這篇《秦誓》已流傳，《禮·大學》及《公羊》都加引録，只是《春秋》和《左傳》主要爲魯史，只記其事，不爲秦國記其文，故未提到《秦誓》篇。

《史記·秦本紀》：“繆（穆）公三十二年冬，晉文公卒。鄭人有賣鄭於秦曰：‘我主其城門，鄭可襲也。’繆公問蹇叔、百里傒，對曰：‘……不可。’繆公曰：‘子不知也，吾已決矣。’遂發兵。使百里傒子孟明視、蹇叔子西乞術及白乙丙將兵。行日，百里傒、蹇叔哭之。……三十三年春，秦兵遂東。……至滑，鄭販賣賈人弦高持十二牛

……勞軍士。秦三將軍相謂曰：‘將襲鄭，鄭今已覺之，往無及已。’
滅滑。滑，晋之邊邑也。……襄公怒曰：‘秦侮我孤因喪，破我滑，遂
墨衰絰、發兵，遮秦兵於殽，擊之，大破秦軍，無一人得脱者，虜秦三
將以歸。文公夫人，秦女也（《集解》：繆公女也），爲秦三囚將請
……晋君許之，歸秦三將。三將至，繆公素服郊迎，向三人哭曰：‘孤
以不用百里傒蹇叔言，以辱三子，三子何罪乎。其悉心雪耻毋怠。’
遂復三人官秩如故。……三十四年……繆公於是復使孟明視等將
兵伐晋，戰於彭衙，秦不利。……三十六年，繆公復益厚孟子等，使
將兵伐晋，渡河焚船，大敗晋人，取王官及鄗，以報殽之役。晋人皆
城守不敢出。繆公乃自茅津渡河，封殽中尸，爲發喪，哭之三日，乃
誓於軍曰：‘嗟！ 士卒，聽無譁，余誓告汝，古之人謀，黃髮番番。’則
無所過，以申思不用蹇叔百里傒之謀，故作此誓令，後世以記余過。”
所記的史事與《左傳》完全一致，但加了作《秦誓》這件事。而作誓
時間是殽之戰三年以後，秦報復晋取得勝利，封殽尸發喪時，穆公誓
於軍中作此誓詞。

　　稍後於《史記》，在西漢出現的《書序》云：“秦穆公伐鄭，晋襄公
帥師敗諸崤，還歸，作秦誓。”是説秦穆公敗於殽後，當時歸來即作
《秦誓》。《禮記·大學》引《秦誓》文之下，鄭玄注云：“《秦誓》，《尚
書》篇名也，秦穆公伐鄭，爲晋所敗於殽。還，誓其群臣而作此篇
也。”《蔡傳》則云：“《左傳》杞子自鄭使告於秦曰：‘……若潛師以
來，國可得也。’穆公訪諸蹇叔，蹇叔曰：‘不可。’公辭焉，使孟明、西
乞、白乙伐鄭。晋襄公帥師敗秦師於殽，囚其三帥。穆公悔過，誓告
群臣，史録爲篇。”説晋敗秦於殽後，還没有放還三帥，秦穆公於當時
即作《秦誓》，與《史記》所説三年後不同。鄭、蔡還説是“誓告群
臣”，與《史記》所説“誓於軍中”不同。

　　僞孔釋《書序》"秦穆公伐鄭"句云："遣三帥帥師往伐之。"然後釋《書序》下文云："崤，晋要塞也。以其不假道伐而敗之，囚其三帥。晋舍三帥還歸秦，穆公悔過，作誓。"《孔疏》："秦穆公使孟明視、西乞術、白乙丙三帥帥師伐鄭，未至鄭而還，晋襄公帥師敗之於崤山，囚其帥，後晋舍三帥，得還歸於秦。秦穆公自悔己過，誓戒群臣，史録其誓詞，作《秦誓》。"此二者則説是放還三帥後，時間還是殽之戰的當時。《孔疏》同樣説是"誓戒群臣"。

　　綜觀以上資料，論其作誓時間，則《左傳》記事頗詳，而未記作誓事，自無由尋其時間。（惟晋放還三帥，穆公"素服郊次，向師而哭"，講了幾句自責的話。但終未記其爲作誓。）《史記》記其時間，以爲是殽之役三年後，秦報復勝利，取晋二邑，穆公並親至殽封尸發喪，作出誓詞。而後所有文獻資料大都説是殽之役的當時（惟《白虎通》説同《史記》），如《書序》、鄭玄注、《蔡傳》、僞孔、《孔疏》皆持此説，惟前三者皆説殽之役秦敗後穆公即作此誓，僞孔、《孔疏》則以爲是晋放還三帥後，穆公"素服郊次"而作此誓，倒有點依傍《史記》説成是作誓。這些紛歧，無法定其是非，且這樣一些紛歧並不影響本篇的文義，也不影響其作者是穆公，因爲各種史籍都記載得清清楚楚，確是秦穆公所作。所以這樣的紛歧完全可以不管它，這裏不過把資料理清，知道有這些小紛歧存在而已。

　　論其作誓對象，雖大範圍不錯，都是秦國人，但其具體所指，仍可稍加認定。《秦本紀》説："三將至，繆公素服郊迎，向三人哭曰。"這是承用《左傳》記三帥歸抵秦，"秦伯素服郊次，向師而哭曰"。這明明是同一資料，原爲"向師而哭"，這就主要是士兵，當然包括其軍官、將領；改爲"向三人哭"，完全只是對將領了。這在原文中還不是作誓，但被僞孔、《孔疏》引用，實際是作誓。而《秦本紀》中正式記作《秦誓》時説："封殽中尸，爲發喪，哭之三日，乃誓於軍曰。"明確説此誓詞是"乃誓於軍"，是對軍隊所作的誓詞。到鄭玄注《秦誓》時説："還，誓其群臣而作此篇也。"《孔疏》亦説："秦穆公自悔己過，誓戒群臣，史録其誓詞，作《秦誓》。"《蔡傳》也説："穆公悔過，誓其群臣，史録爲篇。"這裏就分爲主要不同兩説，一説爲"乃誓於軍"，一説爲"誓其群臣"。究竟哪一説對，只要看本篇内容就可知。本篇篇文不像《費誓》那樣，一看就知道是對軍隊發出的誓詞（只有末一段是對提供軍事後勤的魯民講的）。而本篇主旨在談君主的用人，談爲臣者的操守，乃至談爲人處世之道，談語言中的首要之義，充滿自悔自艾的情調，這哪裏有半點對作戰士兵對三軍將領講話的精神呢，即使是戰敗後作出自責，但總得對士兵講再接再厲奮發圖强等鼓氣的話才對。而文中精神完全與這背道而馳，只要看"番番良士旅力既愆我尚有之，仡仡勇夫射御不違我尚不欲"這幾句話如果去對部隊講，不馬上使武夫齒寒，甚至於涣散，那才怪。所以這篇誓詞顯然不是對軍隊對士兵講的，只能是對群臣講的。

主要引用參據書目

略　　例

一、本書目分兩部分：1. 綜合引據書目，2. 專項引據書目。

二、綜合引據書目按下列幾個歷史段落著録：1. 先秦，2. 兩漢，3. 晋至唐，4. 宋元明，5. 清，6. 現代，7. 日本現代。

三、專項引據書目分：1.《禹貢》類，2.《洪範》類，3. 文字、校勘類，4. 現代考古刊物類。

四、各部分、各段落、各項類按上列順序排列，各類之間空一行以區别之。

五、引用之書迻引用其文句，參據之書據其説以進行校釋，往往亦引用其文句，二者不嚴格區分。

六、引用刊物與引用著作同，惟先看各期目録，擇其有關者引用之。

七、經常引用之書常有簡稱，不經常引用者用全稱。

八、引用一般單篇論文於引用時記明，不列入本書目。又撰寫本書引用之書繁多，其非本書全書經常引用致未能列入本書目者亦尚不少，見書首"凡例"説明。

先　　秦

《周易正義》　王弼、韓康伯注，孔穎達正義，世界書局"十三經注疏"本。

《毛詩正義》　毛亨傳，鄭玄箋，孔穎達正義，世界書局“十三經注疏”本。

《周禮注疏》　鄭玄注，賈公彥疏，世界書局“十三經注疏”本。

《儀禮注疏》　鄭玄注，賈公彥疏，世界書局“十三經注疏”本。

《禮記正義》　鄭玄注，孔穎達正義，世界書局“十三經注疏”本。

《大戴禮記解詁》　王聘珍解詁，中華書局“十三經清人注疏”本。

《春秋左傳正義》　杜預集解，孔穎達正義，世界書局“十三經注疏”本。

《春秋公羊傳注疏》　何休解詁，徐彥疏，世界書局“十三經注疏”本。

《論語注疏》　何晏等解，邢昺疏，世界書局“十三經注疏”本。

《孟子注疏》　趙岐注，題孫奭疏，世界書局“十三經注疏”本。

《荀子集解》　楊倞注，王先謙集解，世界書局“諸子集成”本。

《莊子集解》　王先謙集解，世界書局“諸子集成”本。

《墨子閒詁》　孫詒讓撰，世界書局“諸子集成”本。

《管子》　戴望校正，世界書局“諸子集成”本。

《韓非子集解》　王先慎集解，世界書局“諸子集成”本。

《呂氏春秋》　高誘注，世界書局“諸子集成”本。

《古本竹書紀年輯校》　王國維輯校，上海古籍書店“王國維遺書”本。

《世本》　王謨、孫馮翼等八家輯，商務印書館“世本八種”本。

《逸周書》　孔晁注，“四部叢刊”影印明刻本。

《國語正義》　韋昭注，董增齡正義，巴蜀書社本。

《戰國策》　劉向集錄，高誘注，姚宏續注，上海古籍出版社本。

《天問》　王逸注，上海人民出版社《天問天對注》本。

《山海經校注》　袁珂校注,上海古籍出版社本。

《戰國縱橫家書——馬王堆漢墓帛書》,文物出版社本。

《睡虎地秦墓竹簡》　文物出版社本。

《郭店楚墓竹簡》　文物出版社本。

兩　　漢

《史記》　上海同文書局印武英殿本。

《漢書》　上海同文書局印武英殿本。

《後漢書》　上海同文書局印武英殿本。

《三國志》　上海同文書局印武英殿本。

《淮南子》　高誘注,世界書局“諸子集成”本。

《鹽鐵論》　桓寬撰,世界書局“諸子集成”本。

《新序》　劉向撰,“四部叢刊”本。

《説苑》　劉向撰,“四部叢刊”本。

《法言》　揚雄撰,世界書局“諸子集成”本。

《論衡》　王充撰,世界書局“諸子集成”本。

《潛夫論》　王符撰,世界書局“諸子集成”本。

《白虎通義》　班固撰,陳立疏證,商務印書館“國學基本叢書”本。

《尚書大傳》　伏生系今文三家撰,“古經解彙函”陳壽祺輯校本,
　　　“師伏堂叢書”皮錫瑞疏證本,皆附鄭玄注。

《韓詩外傳》　韓嬰撰,“四部叢刊”本。

《春秋繁露》　董仲舒撰,凌曙注,中華書局大字本。

《〈尚書〉馬鄭注》　王應麟初輯,孫星衍補輯,“岱南閣叢書”本。

《鄭玄〈尚書大傳〉注》　袁鈞輯“鄭氏佚書”本。

《〈禹貢〉鄭注略例》　何秋濤撰,“清經解續編”本。

晋 至 唐

《晋書》　上海同文書局印武英殿本。

《宋書》　上海同文書局印武英殿本。

《舊唐書》　上海同文書局印武英殿本。

《新唐書》　上海同文書局印武英殿本。

《帝王世紀》　皇甫謐撰,徐宗元輯,中華書局本。

《尚書王肅注》　馬國翰"玉函山房輯佚書"本。日本影印《群書治
　　要》中《尚書·舜典》篇爲王肅注。

《尚書·孔氏傳》　僞題孔安國撰,"四部備要"本。簡稱僞孔、僞
　　《孔傳》,稱其書爲僞孔本。

《尚書正義》　孔穎達撰,世界書局"十三經注疏"本。簡稱《孔疏》,
　　與他書並引時簡稱孔穎達《疏》,或孔穎達《正義》。

《群書治要·卷二尚書(節錄)》　魏徵撰,日本汲古書院刊"古典研
　　究會叢書·漢籍之部 9"寫本影印本。

宋 元 明

《宋史》　上海同文書局印武英殿本。

《明史》　上海同文書局印武英殿本。

《新經尚書義》　王安石撰,久佚,從元明人著作中蒐列。九十年代
　　後期得臺灣大學程元敏君贈所輯《三經新義輯考彙評
　　(一)——尚書》,得以校定。

《東坡書傳》　蘇軾撰,"學津討原本"。簡稱蘇氏《書傳》。

《書古文訓》　薛季宣撰,"通志堂經解"本。簡稱《古文訓》。

《尚書全解》　林之奇撰,"通志堂經解"本。簡稱林氏《全解》。

《東萊書説》 吕祖謙撰，時瀾補，"通志堂經解"本。簡稱吕氏《書
　　説》。

《尚書詳解》 夏僎撰，"叢書集成"本。簡稱夏氏《詳解》。

《尚書詳解》 陳經撰，"叢書集成"本。簡稱陳氏《詳解》。

《尚書詳解》 胡士行撰，"通志堂經解"本。

《尚書説》 黄度撰，"通志堂經解"本。

《書集傳》 蔡沈撰，鄒吉友音釋，清户部刊於江南書局本。簡稱
　　《蔡傳》。

《融堂書解》 楊時撰，"叢書集成"本。

《尚書集傳或問》 東陽陳大猷撰，"通志堂經解"本。簡稱陳氏《或
　　問》。

《書經注》 金履祥撰，"十萬卷樓叢書"本。

《尚書表注》 金履祥撰，"通志堂經解"本。簡稱《表注》。

《朱子語類》 朱熹門人後學黎靖德等編，廣州書局本。

《習學記言》 葉適撰，中華書局本。

《書疑》 王柏撰，"通志堂經解"本。

《困學紀聞》 王應麟撰，商務印書館本。

《夢溪筆談》 沈括撰，胡道静校注，中華書局本。

《書纂言》 吴澄撰，"通志堂經解"本。簡稱《纂言》。

《書傳輯録纂注》 董鼎撰，"通志堂經解"本。簡稱《纂注》。

《尚書集傳纂疏》 陳櫟撰，"通志堂經解"本。簡稱《纂疏》。

《尚書通考》 黄鎮成撰，"通志堂經解"本。簡稱《書通考》。

《書傳旁通》 陳師凱撰，"通志堂經解"本。簡稱《旁通》。

《尚書句解》 朱祖義撰，"通志堂經解"本。

《讀書管見》 王充耘撰，"通志堂經解"本。簡稱《書管見》。

《尚書纂傳》　王天與撰，"通志堂經解"本。簡稱《纂傳》。

《尚書日記》　王樵撰，明刊本。簡稱王氏《日記》。

《尚書譜》、《尚書考異》　梅鷟撰，其說存閻若璩《疏證》中，《考異》
　　有"叢書集成"本。

《尚書辨解》　郝敬撰，其說存閻若璩《疏證》中。

清

《日知錄》　顧炎武撰，"清經解"本。

《經義考》　朱彝尊撰，"四部備要"本。

《經義雜記》　臧琳撰，"清經解"本。

《經史問答》　全祖望撰，"清經解"本。

《九經古義》　惠棟撰，"清經解"本。

《群經補義》　江永撰，"清經解"本。

《經學卮言》　孔廣森撰，"清經解"本。

《經傳小記》　翟灝撰，"清經解續編"本。

《四書考異》　翟灝撰，"清經解"本。

《禮箋》　金榜撰，"清經解"本。

《述學》　汪中撰，"清經解"本。

《群經義證》　武億撰，"清經解續編"本。

《讀書脞錄》　孫志祖撰，"清經解"本。

《崔東壁遺書》　崔述撰，顧先生編訂，上海古籍出版社本。

《求古錄禮說》　金鶚撰，"清經解續編"本。

《讀書雜誌》　王念孫撰，"清經解"本。

《實事求是齋經說》　朱大韶撰，"清經解續編"本。

《左海經辨》　陳壽祺撰，"清經解"本。

《經傳考正》　朱彬撰，"清經解"本。

《經義述聞》　王引之撰，"清經解"本。

《癸巳類稿》　俞正燮撰，"清經解續編"本。

《周官注疏小箋》　曾釗撰，"清經解續編"本。

《過庭録》　宋翔鳳撰，"清經解續編"本。

《開有益齋經説》　朱緒曾撰，"清經解續編"本。

《東塾讀書記》　陳澧撰，"清經解續編"本。

《讀書偶志》　鄒漢勛撰，"清經解續編"本。

《經説略》　黄以周撰，"清經解續編"本。

《周禮正義》　孫詒讓撰，商務印書館"萬有文庫"本。

《書經稗疏》　王夫之撰，"船山遺書"本。

《尚書引義》　王夫之撰，中華書局本。

《尚書古文疏證》　閻若璩撰，"清經解續編"本。

《欽定書經傳説彙纂》　康熙命王頊齡編，同治間浙江書局摹刊殿本。

《尚書小疏》　沈彤撰，"清經解"本。

《古文尚書考》　惠棟撰，"清經解"本。

《尚書義考》　戴震撰，"聚學軒叢書"本。

《尚書集注音疏》　江聲撰，"清經解"本。簡稱《音疏》。

《尚書後案》　王鳴盛撰，"清經解"本。簡稱《後案》。

《古文尚書撰異》　段玉裁撰，"清經解"本。簡稱《撰異》。

《尚書古今文考證》　莊述祖撰，"珍藝宧叢書"本。

《尚書今古文注疏》　孫星衍撰，"清經解"本。簡稱《孫疏》、孫氏《注疏》。

《尚書補疏》　焦循撰，"清經解"本。

《尚書今古文集解》　劉逢禄撰，"清經解續編"本。

《書序述聞》　劉逢禄撰，"清經解續編"本。

《書傳補商》　戴鈞衡撰，咸豐間初刻本。簡稱《補商》。

《書古微》　魏源撰，"清經解續編"本。

《尚書古注便讀》　朱駿聲撰，四川大學鉛印綫裝本。簡稱《便讀》。

《尚書略說》　宋翔鳳撰，"清經解續編"本。

《尚書啓幪》　黄式三撰，光緒間家刻本。簡稱《啓幪》。

《尚書舊疏考證》　劉毓崧撰，"清經解續編"本。

《今文尚書經説考》　陳喬樅撰，"清經解續編"本。簡稱《經説考》。

《尚書歐陽夏侯遺説考》　陳喬樅撰，"清經解續編"本。

《尚書故》　吴汝綸撰，光緒間桐城吴氏家塾本。

《寫定尚書》　吴汝綸撰，光緒間桐城吴氏家塾本。

《群經平議》（尚書四卷）　俞樾撰，"清經解續編"本。簡稱《平議》。

《達齋書説》　俞樾撰，"曲園雜纂"自刻本。

《今文尚書考證》　皮錫瑞撰，"師伏堂叢書"本。簡稱皮氏《考證》。

《尚書孔傳參正》　王先謙撰，長沙虚受益堂刊本，簡稱王氏《參正》。

《尚書駢枝》　孫詒讓撰，燕京大學排印本。

《書經大統凡例》　廖平撰，"新訂六譯館叢書"本。

《尚書弘道編》　廖平撰，"新訂六益館叢書"本。

《尚書集注述疏》　簡朝亮撰，光緒間門人廣州刊本。

《尚書誼詁》　馬其昶撰，《抱潤軒文集》本。

《尚書商誼》　王樹枏撰，"陶廬叢刻"本。

《尚書舉要》　陳衍撰，"石遺室叢書"本。

《尚書誼略》　姚永樸撰，“集虛草堂叢書甲集”本。

《定本尚書大義》　吳闓生撰，辛巳清苑郭氏“雍睦堂叢書”本。簡
　　稱吳氏《大義》。

現　　代

《觀堂集林》卷一《尚書》專卷、卷二上半　王國維撰，上海古籍書店
　　“王國維遺書”本。

《觀堂學書記》　王國維講，劉盼遂記，清華《國學論叢》二卷一號。

《靜安先生尚書講授記》　王國維講，吳其昌記，清華《國學論叢》一
　　卷三號。

《古史新證》　王國維撰，油印本。

《雙劍誃尚書新證》　于省吾撰，北平大業印刷局代印精寫綫裝本。
　　簡稱《新證》，或于氏《新證》。

《書簡詁》　于省吾撰，手寫稿，藏中國科學院圖書館。

《甲骨文字釋林》（涉《尚書》二十餘篇）　于省吾撰，中華書局本。

《古文尚書拾遺定本》　章炳麟撰，弟子們編“章太炎先生遺著”本。
　　簡稱《拾遺定本》。

《新出三體石經考》　章炳麟撰，錢玄同手寫，“章氏叢書續編”本。

《太史公古文尚書說》　章炳麟撰，“章氏叢書續編”本。

《華國月刊》載論尚書文　章炳麟撰，《華國月刊》第二卷 1—10 期。

《中國古代社會研究》第三篇《詩書時代的社會》　郭沫若撰，1950
　　年群益出版社本。

《兩周金文辭大系圖錄考釋》（涉《尚書》部分）　郭沫若撰，1958 年
　　科學出版社本。

《殷契粹編》（涉《尚書》部分）　郭沫若撰，1965 年科學出版社本。

《卜辭通纂》(涉《尚書》部分)　郭沫若撰,1983 年科學出版社本。

《金文叢考》　郭沫若撰,科學出版社《郭沫若全集》本。

《金文餘釋之餘》　郭沫若撰,科學出版社《郭沫若全集》本。

《積微居讀書記》　楊樹達撰,1962 年中華書局本。

《積微居小學、甲文、金文數種》　楊樹達撰,五十年代中國科學院出
　　版。

探研《尚書》諸著　丁山撰,載《中山大學語歷所周刊》、《責善半月
　　刊》、《史董》等刊。

《尚書新證》　唐蘭撰,戴《中國哲學史研究》1985 年第 12 期。

《尚書通論》　陳夢家撰,商務印書館本。

《殷虛卜辭綜述》　陳夢家撰,科學出版社本。

《西周銅器斷代》　陳夢家撰,戴 1955—1956 年《考古學報》第 9 冊
　　至第 11 冊。

《尚書覈詁》　楊筠如撰,陝西人民出版社本。簡稱《覈詁》。

《尚書正讀》　曾運乾撰,中華書局本。簡稱《正讀》。

《尚書集釋》　屈萬里撰,臺灣聯經出版公司本。

《古代文史研究新探》(涉《尚書》部分)　裘錫圭撰,江蘇古籍出版
　　社本。

日本現代

《尚書集解》　日本元田彝撰,1913 年弘道館出版。

《尚書標識》　東條一堂撰,1962 年湯島聖堂內書籍文物流通會出
　　版。

《真古文尚書集釋》　加藤常賢撰,1964 年明治書院出版。簡稱加
　　藤氏《集釋》。

《中國古典文學大系1:書經》 赤塚忠撰,1978年平凡社出版。簡
　　稱赤塚氏書。

《全釋漢文大系11:尚書》 池田末利撰,1980年集英社出版。簡稱
　　池田氏書。

《禹貢》類

諸史《地理志》 引據上海同文書局“二十四史”本。

《通典》、《通志》、《通考》(主要尋其中地名) 光緒間上海圖書集
　　成局影印武英殿聚珍本。

《水經注》 酈道元撰,楊守敬熊會貞注疏,科學出版社本,又參據
　　“永樂大典本”影印本。

《括地志》 李泰撰,賀次君輯,中華書局“中國古代地理總志叢刊”
　　本

《元和郡縣圖志》 李吉甫撰,中華書局“中國古代地理總志叢刊”
　　本。

《太平寰宇記》 樂史撰,江寧書局本。

《元豐九域志》 王存等撰,江寧書局本。

《輿地廣記》 歐陽忞撰,江寧書局本。

《禹貢指南》 毛晃撰,武英殿聚珍版本。

《禹貢論》、《禹貢山川地理圖》 程大昌撰,“通志堂經解”本。

《禹貢說斷》(或誤《禹貢集解》) 傅寅撰,“通志堂經解”本。

《禹貢圖說》 鄭曉撰,中國社會科學院歷史研究所圖書館藏抄本。

《禹貢匯疏》 茅瑞徵撰,崇禎壬申茅氏自刊本。簡稱《匯疏》。

《禹貢古今合注》 夏允彝撰,必有齋活字版本。

《禹貢錐指》 胡渭撰,“清經解”本。簡稱《錐指》。

《四書釋地》及三續　　閻若璩撰，"清經解"本。

《潛丘劄記》　閻若璩撰，"清經解"本。

《尚書地理今釋》　蔣廷錫撰，"清經解"本。簡稱《今釋》。

《禹貢三江考》　程瑤田撰，"清經解"本。

《禹貢會箋》　徐文靖撰，"徐氏六種"本。簡稱《會箋》。

《禹貢鄭注釋》　焦循撰，"清經解續編"本。

《禹貢鄭注略例》　何秋濤撰，"清經解續編"本。

《禹貢正字》　王筠撰，"王菉友九種"本。簡稱《正字》。

《禹貢説》　倪文蔚撰，"清經解續編"本。

《禹貢班義述》　成蓉鏡撰，"清經解續編"本。簡稱《班義述》。

《禹貢易知編》　李慎儒撰，光緒間丹徒李氏刊本。

《禹貢本義》　楊守敬撰，光緒間自刻於鄂城菊灣本。

《禹貢新解》　辛樹幟撰，農業出版社本。

《禹貢集解》　尹世積撰，商務印書館本。

《洪範》類

《洪範圖論》　蘇洵撰，"四部叢刊"印《嘉祐集》本。

《洪範傳》　王安石撰，"四部叢刊"印《臨川先生文集》本。

《洪範論》　曾鞏撰，"四部叢刊"印《元豐類稿》本。

《定正洪範》　胡一中撰，"通志堂經解"本。

《易圖明辨》　胡渭撰，"清經解續編"本。

《河圖洛書原舛篇》　毛奇齡撰，"西河合集"本。

《洪範補説》　崔述撰，"崔東壁遺書·豐鎬考信別録"本。

《易圖條辨》　張惠言撰，"清經解續編"本。

《非五行傳》　龔自珍撰，上海人民出版社《龔自珍全集》本。

文字、校勘類

《説文解字》　許慎撰,1956 年中華書局附檢字本。

《説文解字注》　段玉裁撰,"清經解"本。

《爾雅》　郭璞注,邢昺疏,世界書局"十三經注疏"本,常用開明書
　　店"十三經白文"本,往往逕引書内《釋詁》、《釋言》等。

《爾雅正義》　邵晋涵撰,"清經解"本。

《爾雅義疏》　郝懿行撰,"清經解"本。

《廣雅疏證》　王念孫撰,"清經解"本。

《隸釋》　洪适撰,"四部叢刊三編"本。

《隸續》　洪适撰,"洪氏晦木齋叢書"本。

《字説》　吳大澂撰,光緒間思賢講舍重雕本。

《籀高述林》　孫詒讓撰,上海千頃堂書局石印本。

《經傳釋詞》　王引之撰,"清經解"本。

《古書疑義舉例》　俞樾撰,"清經解續編"本。

《助字辨略》　劉淇撰,"海源閣叢書"本。

《經詞衍釋》　吳昌瑩撰,中華書局本。

《詞詮》　楊樹達撰,中華書局本。

《古書虛字集釋》　裴學海撰,中華書局本。

《古代漢語》　王力著,中華書局本。

《比較文法》　黎錦熙撰,科學出版社本。

《文言虛字》　吕叔湘撰,上海教育出版社本。

《文言文法》　楊伯峻撰,中華書局本。

《尚書的文法及其年代》　何定生撰,中山大學《語言歷史所周刊》
　　第五集 49—51 合刊本。

《兩周金文語法研究》 管燮初撰,商務印書館本。

《殷虛甲骨刻詞的語法研究》 管燮初撰,見於《殷虛卜辭綜述》第
　　三章"文法"篇中。

《經典釋文》 陸德明撰,"四部叢刊"影印"通志堂"本。簡稱《釋
　　文》。

《唐寫本經典釋文校語》 吳士鑑撰,涵芬樓印本。

《唐寫殘本尚書釋文考證》 龔道耕撰,華西協合大學活字排印本。
　　與前書二者簡稱《唐寫釋文》。

《五經文字》 張參撰,"古經解彙函"本。

《九經字樣》 唐元度撰,"古經解彙函"本。

《九經誤字》 顧炎武撰,"清經解"本。

《七經孟子考文》 日本山井鼎撰,物觀補遺,阮元刻巾箱本。

《尚書古文考》 山井鼎、物觀書中提出,"函海"本。

《注疏考證》(內《尚書》一卷) 齊召南撰,"清經解"本。

《經讀考異》 武億撰,"清經解"本。

《尚書校勘記》 阮元撰,"清經解"本。

《香草校書》 于鬯撰,中華書局本。

現代考古刊物類

《中國大百科全書·考古學》 中國大百科全書出版社本。

《文物》 文物編輯委員會編。

《考古》 中國社會科學院考古研究所編。

《考古學報》 中國社會科學院考古研究所編。

《文物與考古》 陝西省考古研究所編。

《文博》 陝西省文博事業管理局等編。